创新之路

新三板5周年巡礼

2013

全国股转公司创立

全国股份转让系统于2012年9月20日注册
2013年1月16日正式揭牌运营，注册资本30亿元。

2014

新三板大扩容

1月24日，新三板扩容至全国

2015

三板指数发布

3月18日，三板成指、三板做市指数正式发布

2016

万家时代

12月19日，挂牌公司达1万家

2017

创新在路上……

5年发展，成就斐然！

北京时代桃源环境科技股份有限公司
董事长 宁显峰先生

四联智能

四海联手 开启新征程

四联智能技术股份有限公司
董事长、总经理 邬蜀豫

拥抱资本 赢得未来

——祝中国新三板越办越好

蓝德环保科技集团股份有限公司
董事长、总经理 施军营

全国中小企业股份转让系统
NATIONAL EQUITIES EXCHANGE AND QUOTATIONS

全国中小企业股份转让系统（简称“全国股转系统”，俗称“新三板”）是经国务院批准，依据证券法设立的继上交所、深交所之后第三家全国性证券交易场所，也是我国第一家公司制运营的证券交易场所。全国中小企业股份转让系统有限责任公司（简称“全国股转公司”）为其运营机构，于2012年9月20日在国家工商总局注册，2013年1月16日正式揭牌运营，注册资本30亿元。全国股转公司主要职能包括：提供证券交易的技术系统和设施；制定和修改全国股转系统业务规则；接受并审查股票挂牌及其他相关业务申请，安排符合条件的公司股票挂牌；组织、监督证券交易及相关活动；对挂牌公司及其他信息披露义务人进行监管；对主办券商等全国股转系统参与人进行监管；管理和公布全国股转系统相关信息；中国证监会批准的其他职能。公司建立了党委会、股东会、董事会、监事会和经营管理层，形成了党委领导下的“三会一层”的治理结构，内设16个部门。

创新、协调、绿色、开放、共享

2013年12月13日，国务院发布《关于全国中小企业股份转让系统有关问题的决定》（国发〔2013〕49号），进一步巩固了全国股转系统作为全国性公开证券市场的法制基础，明确全国股转系统主要为创新型、创业型、成长型中小微企业发展服务，境内符合条件的股份公司均可通过主办券商申请挂牌，公开转让股份，进行股权融资、债权融资、资产重组等。截至2016年12月31日，全国股转系统挂牌公司达10163家，其中创新层公司952家、基础层公司9211家；总市值约4.06万亿元；3939家挂牌公司完成5894次股票发行，融资2749.17亿元。

2017 年 7 月 19 日、20 日全国股转公司在苏州举办申请挂牌公司 2017 年第 6 期高管培训会

2017 年 10 月 30 日，全国股转公司在北京举办主办券商内核培训会

全国股转公司将在中国证监会领导下，贯彻创新、协调、绿色、开放、共享的发展理念，落实《国民经济和社会发展第十三个五年规划纲要》关于“深化新三板改革”的战略部署，深化市场分层，完备市场融资制度，改善市场流动性，完善和充分发挥服务中小微企业，特别是创新型、创业型、成长型企业的功能，全力服务供给侧结构性改革，促进创新创业、结构优化和存量盘活，激发经济增长新动力。

地址：北京市西城区金融大街丁 26 号金阳大厦　邮编：100033　电话：010-63889512　63889513

服务热线：400 001 3788

地址：北京经济技术开发区荣华南路荣华国际大厦3栋17层 / 郑州市经济技术开发区航海东路1319号天明国际
电话：010—53269798　传真：010—53269761
网址：www.biolandgroup.com

公众号：LanDeHuanBao

南宁餐厨项目

公司为客户提供城乡垃圾综合处理和垃圾渗滤液处理工程的设计、设备研发生产及供应、安装调试和投资运营管理等一系列专业化服务，是国内渗滤液处理领域的龙头企业及餐厨垃圾处理领域领军企业，研发并设计建成全国第一个 200t 厨余垃圾处理无害化处理项目，是有机垃圾综合处理技术运用的开拓者。

凭着公司技术实力、资金实力及丰富的项目经验，公司以 BOT、BT、BOO 等 PPP 模式和 EPC 模式灵活地为各地区项目提供服务，在全国成功建设了 50 多个相关项目。

杭州厨余项目

渗滤液处理项目

公司成立十余年以来，始终致力于环保领域的研发，同时进行国际先进技术引进消化，使得在固废领域技术保持在行业领先。公司积极探索有机垃圾、工业垃圾、建筑垃圾、汽车电子垃圾、畜禽粪污等无害化、资源化的处理技术，凭借多年的技术储备、强大的整合经验、资金统筹能力，不断开拓环保服务理念，率先提出垃圾协同处理的循环经济产业园、静脉产业园、垃圾综合处理园区的处理方案，针对不同城市规模和实施条件提供专业的解决方案。

设备制造

收运车

Zhongde 中德

证券简称：中德科技

股票代码：831294

多年来专注制造切断阀的积累

浙江中德自控科技股份有限公司（原中德机械集团有限公司）（公司简称：中德科技，股票代码：831294）专注于为石油、化工、煤化工、天然气等客户提供自动化控制阀门及控制系统的解决方案和进口控制阀的替代。自创立以来，中德科技致力于发展气\电\液动高性能密封蝶阀、高性能密封球阀、高温耐磨球阀、高温蝶阀、快速切断闸阀、调节阀、气动执行机构及控制系统等专业领域技术，使我们始终处在国内控制阀领域的技术领先地位。产品广泛应用于石油、化工、天然气、煤化工等高端领域，并获得了众多用户的高度信任。

长兴中学举行“中德科技　长中助学金”成立仪式

中德科技现已拥有专业阀门研发中心和一流的生产平台，并通过了ISO9001：2008质量管理体系认证，美国石油协会API 6D/609产品认证，API 607/6FA防火认证，国家特种设备压力管道制造许可“TS(A1)”认证，欧共体安全注册CE认证，产品功能安全SIL 3认证，环境管理体系认证（GB/T24001-2004/ISO14001:2004），职业健康安全管理体系认证(GB/T28001-2011/OHSAS18001:2007)。是中国石化、中石油、中海油、中化、神华、煤化工等领域的一级供应商。是浙江省科技型企业，国家高新技术企业。

公司将“客户的满意我们视之为生命”为经营宗旨，并全国建立了十二个直销和服务网络，在服务市场的广度和深度上都具有独创性。我们能满足您的需求，我们给您提供“安全、可靠、省心”产品的同时，我们的产品价值永远大于产品价格。无论您在那里，我们具有丰富经验和专业知识的团队，都能给你提供“认真、负责、快速”的优质服务。我们坚守“一个电话，一天内到达，一次性成功”的“1 1 1”服务承诺。随时可更快更好的为广大用户提供一流的售前，售中，售后服务。

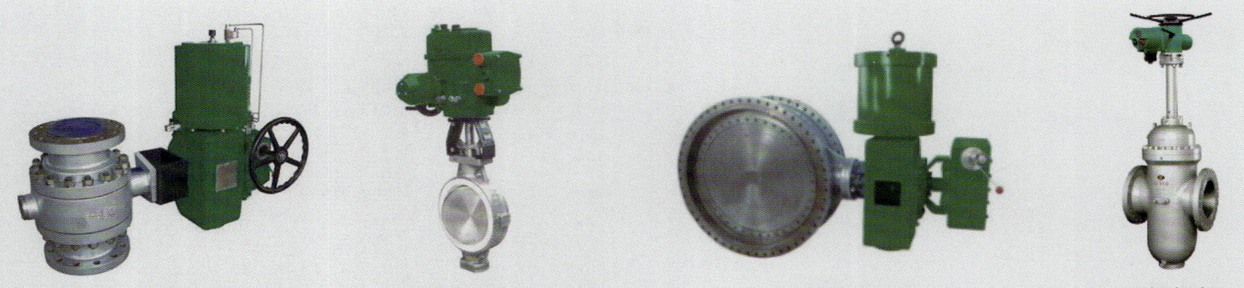

衡阳

佛山天衡地址：广东佛山市南海区桂城区深海路17号瀚天科技城A区8号楼16楼
电话：0757-8128 7860 传真：0757-8128 9208 网址：www.tianhengkids.com

湖南天衡地址：湖南省衡阳市常宁市宜阳工业区工业走廊投资创业园A基地
电话：0734-7601668 传真：0734-7601669

北京敲锤挂牌

挂牌交流会

助学湖南西岭小学

上海展

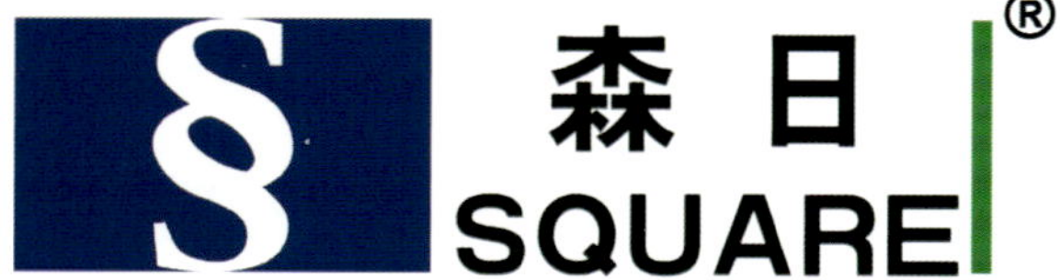

深圳市森日有机硅材料股份有限公司

SHENZHEN SQUARE SILICONE CO.,LTD.

2002年	ISO9000 2003年	21项	ISO14001 2012年	OHSAS18001 2014年
创立年份	质量管理体系	国家发明专利	环境体系认证	职业健康安全体系认证

敲钟仪式

深圳市森日有机硅材料股份有限公司成立于 2002 年，专业生产有机硅高分子材料，是中国首家依靠自主知识产权成功大规模生产注射成型液体硅橡胶的国家高新技术企业。公司的产品被广泛应用于婴儿用品、日用品、医疗器械、体育保健用品、机械工程、电力工程、电子产品、汽车、纺织品等行业和领域。

公司生产的硅橡胶材料采用优质原料，加上高素质的研发和生成管理团队，自主设计的全自动封闭式生产工艺和严格的质量检测程序，确保了优异稳定的产品质量。

公司 2003 年获得 ISO9000 质量管理体系认证，2004 年被认定为深圳市高新技术企业，2005 年被授予布吉镇重点民营企业，2006 年被授予龙岗区自主创新型中小企业。公司核心产品注射成型液体硅橡胶的技术已获得 21 项国家发明专利和深圳市龙岗区科技进步一等奖，并成为深圳市科技局高新技术示范项目，2009 年建立 ERP 管理系统，2009 年建立 CRM 客户资源管理系统，2011 年评为国家高新技术企业，2012 年通过 ISO14001 环境体系认证，2014 年通过 OHSAS18001 职业健康安全体系认证。

秦皇岛餐厨垃圾处理厂

农业秸秆与畜禽粪污厌氧发酵

马来西亚垃圾填埋场填埋气工程

四川芙蓉集团煤矿瓦斯发电项目

固废论坛颁奖盛典

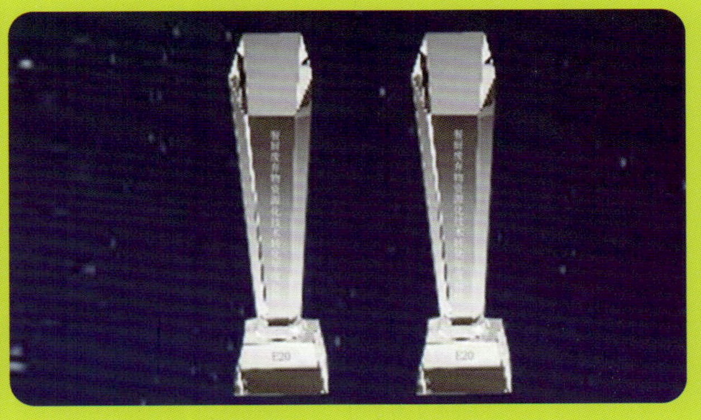

2016年12月7日，以“共谋新时代”为主题的2016（第十届）固废战略论坛在北京友谊宾馆正式开启。时代桃源荣获“餐厨废弃物资源化技术转化年度标杆”。时代桃源暨2013年起连续四年被授予“固废行业细分领域领跑者”“固废行业有机废弃物资源化利用标杆企业”等多项荣誉称号。

2017

中國證券業年鑒

CHINA SECURITIES YEAR BOOK

中国铝业

协办单位

总第二十五期

图书在版编目（CIP）数据

中国证券业年鉴. 2017/ 中国证券业年鉴编辑委员会 编.
上海:复旦大学出版社，2018.11
ISBN 978-7-309-14026-2

Ⅰ. 中… Ⅱ. 中… Ⅲ. 证券业—中国—2017—年鉴 Ⅳ. F832.91-54

中国版本图书馆 CIP 数据核字（2018）第 248305 号

中国证券业年鉴（2017・总第二十五期）
中国证券业年鉴编辑委员会 编

责任编辑　方毅超　姜作达　戚雅斯　谢同君　王雅楠
封面设计　上海众证文化传播有限公司
出版发行　复旦大学出版社有限公司出版发行
　　　　　上海市国权路 579 号　　邮编 200433
经　　销　新华书店
印　　刷　上海晨衵电脑排版印刷有限公司
开　　本　850mm×1168mm　1/16
印　　张　130.75
插　　页　210
字　　数　5540 千字
版　　次　2018 年 11 月第 1 版　2018 年 11 月第 1 次印刷

定　　价　人民币 1980 元　港币 2480 元　美元 400 元

编辑说明

《中国证券业年鉴》秉承客观、公正、全面的原则，忠实记录我国证券市场的发展轨迹，向海内外各界人士宣传、展现我国证券市场的发展成就，并给后人查阅、研究我国证券市场历史年度的动态，提供权威资料。做好中国证券业历史的编辑整理工作，保证中国证券业历史记录的有序延续，是我们的历史使命。自1993年创刊以来，《中国证券业年鉴》已经逐渐成长为一个展示公司业绩、总结市场成就、记录中国证券业历史、向海内外各界人士展现和推介中国证券市场形象的权威窗口。《中国证券业年鉴》每年出版一次，分上、中、下三册向国内外公开发行。

《中国证券业年鉴》(2017 · 总第二十五期)主要反映本年度中国金融、证券、基金、期货市场及企业制度建设和发展方面的情况和最新动态，供海内外有关机关、社团、学校、研究部门、企事业单位及社会各界人士做进一步研究参考使用，为推动中国证券业的规范化和国际化、建设中国特色社会主义市场经济服务。

《中国证券业年鉴(2017)》内容设置专论、中国金融市场、中国证券市场、中国基金市场、中国期货市场、香港地区证券市场、新三板市场、企业纪实与人物访谈、中国证券业年度人物等部分，另有彩色图片1200幅。

《中国证券业年鉴(2017)》的资料直接来源于公司的公告和报告，国务院有关部委及各省、自治区、直辖市相关单位提供的材料，保证了年鉴的权威性和准确性。《中国证券业年鉴(2017)》基本保持上一期的内容和体例，同时丰富了香港证券市场的详细资料，记录了香港证券市场年度发展动态与市场成就，进一步展示了部分市场参与主体的良好形象。但由于中国证券业仍处于快速发展阶段，加上各地区的发展不平衡以及我们的水平有限，难免出现一些疏漏，敬请读者谅解和指正。

《中国证券业年鉴》由上海证券交易所、深圳证券交易所、香港交易所协助中国证券业年鉴编辑委员会共同编辑出版，在编辑过程中得到了国务院有关部门，中国证券监督管理委员会及各省、自治区、直辖市证监局，上海证券交易所，深圳证券交易所，香港交易所，全国中小企业股份转让系统及证券界有关领导、专家的指导和支持，在此我们表示最诚挚的感谢。

中国证券业年鉴编辑部

中国证券业年鉴理事会

（以下排名不分先后）

李晓安	华龙证券股份有任公司	董事长
孔祥清	华宝基金管理有限公司	董事长
许义明	景顺长城基金管理有限公司	总经理
陈　重	新华基金管理股份有限公司	董事长
王　彬	国投瑞银基金管理有限公司	总经理
何　伟	长城基金管理有限公司	董事长
朱治理	万和证券有限责任公司	董事长
范　力	东吴基金管理有限公司	董事长
余　政	民生证券股份有限公司	董事长
许金超	农银汇理基金管理有限公司	总经理
吴　坚	西南证券股份有限公司	总裁
秦斯朝	中证鹏元资信评估股份有限公司	副总裁、评级总监
王文京	用友网络科技股份有限公司	董事长、总裁
杨　超	证通股份有限公司	综合管理部总经理
任开宇	金元顺安基金管理有限公司	董事长
徐建军	北京德恒律师事务所	副主任
张近东	苏宁云商集团股份有限公司	董事长
袁　泽	新疆新鑫矿业股份有限公司	董事局主席
陈　平	马应龙药业集团股份有限公司	董事长
李春宏	江苏连云港港口股份有限公司	董事长
徐　进	安徽口子酒业股份有限公司	董事长、总裁
方同华	黑龙江珍宝岛药业股份有限公司	董事长
倪永培	安徽迎驾贡酒股份有限公司	董事长
高　庆	南方产权联合交易中心有限责任公司	董事长
刘世春	金融街控股股份有限公司	董事长
于九洲	唐山冀东水泥股份有限公司	副董事长、总经理
宁中伟	安徽金种子酒业股份有限公司	董事长
谢长军	龙源电力股份有限公司	总经理
张永年	四川成渝高速公路股份有限公司	董事会秘书
刘　建	泰达宏利基金管理有限公司	总经理
吴晓东	华泰联合证券有限责任公司	董事长

中国证券业年鉴编辑委员会

地　　址： 上海浦东桃林路 18 号环球广场 B 座 2809 室
邮　　编： 200135
电　　话： 021－61990079
传　　真： 021－68781179
邮　　箱： bjb@ csybook. com

目 录

第一编 专 论

第二编　中国金融市场

第三编　中国证券市场

第四编 中国基金市场

第五编　中国期货市场

特载：
香港回归二十周年　聚焦香港资本市场

第六编　香港地区证券市场

第七编　中国新三板市场

第八编　中国证券市场企业发展实录

第九编　中国证券业人物纪实与访谈

插页目录

上 册

中 册

扉页

下 册

扉页

综合版

2017 中国证券业年度人物

江西长运股份有限公司

公司概况	公司名称	江西长运股份有限公司		证券简称	江西长运
	法人代表	葛黎明	董秘 吴隼	证券代码	600561
	公司网址	www.jxcy.com.cn		电子信箱	dongsihui@jxcy.com.cn
	电　　话	0791-6298107		传　　真	0791-86217722
	办公地址	江西省南昌市广场南路118号			
	经营范围	公路旅客运输、旅游服务、汽车租赁等			

	指标\报告期	2017.06.30	2016.12.31	2016.06.30	2015.12.31
主要财务指标	基本每股收益(元)	0.0400	-0.4100	0.0002	0.3300
	基本每股收益(扣除后)(元)	-0.0100	-0.6200	-0.0090	0.1000
	稀释每股收益(元)	0.0400	-0.4100	0.0002	0.3300
	每股净资产(元)	5.9590	5.8921	6.4088	6.3985
	每股经营现金净流量(元)	1.1422	1.7343	0.7388	1.5886
	每股现金流量(元)	-1.7283	1.4249	0.0905	0.8897
	每股资本公积金(元)	2.0309	2.0208	2.0203	2.0203
	每股盈余公积金(元)	0.5903	0.5903	0.5905	0.5913
	每股未分配利润(元)	2.2196	2.1810	2.6931	2.6929
	净资产收益率(%)	0.6477	-6.9900	0.0031	5.0853
	加权净资产收益率(%)	0.6500	-6.7000	0.0030	5.1100
	净资产收益率(扣除)(%)	-0.2011	-10.6010	-0.1385	1.6040
	总资产(万元)	656788.63	637914.91	596255.41	582573.56
	归属母公司股东权益(万元)	141266.64	139680.47	151929.56	151685.82
	营业收入(万元)	139664.01	261567.74	129209.68	245634.73
	营业支出(万元)	122073.13	228037.38	111020.77	209117.55
	投资收益(万元)	5.42	-16.16	-22.99	217.03
	净利润(万元)	4509.58	-7594.26	956.80	11714.82
	营业利润(万元)	5161.96	-26033.13	-4127.14	-1478.75
	利润总额(万元)	7426.79	-670.90	2995.16	17823.17

国睿科技股份有限公司

公司概况	公司名称	国睿科技股份有限公司		证券简称	国睿科技
	法人代表	胡明春	董秘 薛海瑛	证券代码	600562
	公司网址	www.glaruntech.com		电子信箱	dmbgs@glarun.com
	电　　话	025-57889698		传　　真	025-52787018
	办公地址	江苏省南京市江宁经济开发区将军大道39号			
	经营范围	通信传输设备,机电一体化设备,工业自动化设备,微波器件等			

	指标\报告期	2017.06.30	2016.12.31	2016.06.30	2015.12.31
主要财务指标	基本每股收益(元)	0.1600	0.4900	0.1800	0.7300
	基本每股收益(扣除后)(元)	0.1580	0.4600	0.1760	0.6900
	稀释每股收益(元)	0.1600	0.4900	0.1800	0.7300
	每股净资产(元)	3.5474	3.5258	3.2227	3.9898
	每股经营现金净流量(元)	-0.0437	-0.0973	-0.1374	-0.0314
	每股现金流量(元)	-0.1562	0.3763	0.7094	0.0956
	每股资本公积金(元)	1.0345	1.0345	1.0345	0.0830
	每股盈余公积金(元)	0.1801	0.1801	0.1642	0.3058
	每股未分配利润(元)	1.3328	1.3112	1.0239	2.6010
	净资产收益率(%)	4.6465	13.5302	5.3969	18.2119
	加权净资产收益率(%)	4.5700	17.0100	8.0100	19.5000
	净资产收益率(扣除)(%)	4.4654	12.9443	5.2712	17.2538
	总资产(万元)	235186.64	244545.60	238686.01	180463.78
	归属母公司股东权益(万元)	169827.20	168791.61	154280.14	102562.42
	营业收入(万元)	44038.38	125810.67	44026.99	109187.97
	营业支出(万元)	28203.11	82764.23	27023.26	70801.51
	投资收益(万元)	—	141.20	-	-
	净利润(万元)	7891.02	22837.82	8326.35	18678.57
	营业利润(万元)	8580.28	26070.74	9777.42	20991.10
	利润总额(万元)	8887.64	26962.61	10005.55	22105.99

厦门法拉电子股份有限公司

公司概况	公司名称	厦门法拉电子股份有限公司		证券简称	法拉电子
	法人代表	严春光	董秘 陈宇	证券代码	600563
	公司网址	www.faratronic.com		电子信箱	cy@faratronic.com.cn
	电　　话	0592-6208666　6208505		传　　真	0592-6208555
	办公地址	福建省厦门市海沧区新园路99号			
	经营范围	薄膜电容器、金属化膜及电子变压器的生产及销售			

	指标\报告期	2017.06.30	2016.12.31	2016.06.30	2015.12.31
主要财务指标	基本每股收益(元)	0.8425	1.7300	0.7920	1.4600
	基本每股收益(扣除后)(元)	0.8123	1.6800	0.7657	1.3800
	稀释每股收益(元)	0.8425	1.7300	0.7920	1.4600
	每股净资产(元)	9.0669	9.3246	8.3852	8.5934
	每股经营现金净流量(元)	0.7124	2.0627	0.9525	1.4459
	每股现金流量(元)	-1.7326	1.7150	1.3145	0.0332
	每股资本公积金(元)	1.1643	1.1643	1.1643	1.1643
	每股盈余公积金(元)	0.6983	0.6983	0.6983	0.6983
	每股未分配利润(元)	6.2036	6.4612	5.5218	5.7298
	净资产收益率(%)	9.2915	18.5675	9.4455	16.9621
	加权净资产收益率(%)	9.5400	19.5100	8.9800	17.8700
	净资产收益率(扣除)(%)	8.9588	18.0133	9.1312	16.0436
	总资产(万元)	239744.32	247965.65	218635.06	224082.35
	归属母公司股东权益(万元)	204006.07	209803.97	188666.09	193352.17
	营业收入(万元)	80330.76	152116.36	71802.69	139339.82
	营业支出(万元)	47249.69	87523.69	42593.98	83279.93
	投资收益(万元)	393.14	214.10	393.47	2209.23
	净利润(万元)	19707.69	40215.67	18308.33	34231.22
	营业利润(万元)	22850.94	46206.63	21441.68	39748.45
	利润总额(万元)	23137.65	47061.72	21539.68	40140.39

重庆市迪马实业股份有限公司

公司概况	公司名称	重庆市迪马实业股份有限公司		证券简称	迪马股份
	法人代表	向志鹏	董秘 张爱明	证券代码	600565
	公司网址	www.dongyuan.dongyin.com		电子信箱	cqdimagf@163.com
	电　　话	023-81155759　81155758		传　　真	86-23-81155761
	办公地址	重庆市江北区大石坝东原中心7号楼36层			
	经营范围	生产经营专用汽车、有线电视网络产品			

	指标\报告期	2017.06.30	2016.12.31	2016.06.30	2015.12.31
主要财务指标	基本每股收益(元)	0.0500	0.3300	0.0500	0.2000
	基本每股收益(扣除后)(元)	0.0400	0.2600	0.0500	0.2000
	稀释每股收益(元)	0.0500	0.3300	0.0500	0.2000
	每股净资产(元)	2.7415	2.7978	2.6144	2.6195
	每股经营现金净流量(元)	0.2139	0.5281	-0.1769	0.0672
	每股现金流量(元)	-0.0729	0.1444	0.1689	-0.4146
	每股资本公积金(元)	1.0213	1.0133	0.9795	0.9783
	每股盈余公积金(元)	0.0549	0.0555	0.0443	0.0443
	每股未分配利润(元)	0.7731	0.8341	0.5907	0.5969
	净资产收益率(%)	1.6675	11.4776	2.0582	7.6243
	加权净资产收益率(%)	1.6400	12.0500	2.0300	7.9000
	净资产收益率(扣除)(%)	1.5684	8.8998	2.0071	7.6202
	总资产(万元)	3555500.24	3051442.52	3088705.31	2677150.52
	归属母公司股东权益(万元)	665292.48	677932.98	613311.73	614490.32
	营业收入(万元)	237932.98	1426929.62	298405.73	773124.00
	营业支出(万元)	190156.02	1162621.30	235439.52	567186.55
	投资收益(万元)	-946.49	21894.73	217.82	-1437.15
	净利润(万元)	10149.41	77146.42	12597.78	46592.68
	营业利润(万元)	11240.77	109172.49	15214.86	69075.04
	利润总额(万元)	11670.60	110068.37	15269.05	68967.15

湖北济川药业股份有限公司

公司概况					
公司名称	湖北济川药业股份有限公司			证券简称	济川药业
法人代表	曹龙祥	董秘	吴宏亮	证券代码	600566
公司网址	www.jumpcan.com		电子信箱	jcyy@jumpcan.com	
电　　话	0523-89719161		传　　真	0523-89719009	
办公地址	江苏省泰兴市大庆西路宝塔湾				
经营范围	各类阀门、水工机械及环保设备的生产、销售等				

主要财务指标

指标\报告期	2017.06.30	2016.12.31	2016.06.30	2015.12.31
基本每股收益(元)	0.7190	1.1700	0.5600	0.8800
基本每股收益(扣除后)(元)	0.6740	1.1300	0.5330	0.8200
稀释每股收益(元)	0.7190	1.1700	0.5600	0.8800
每股净资产(元)	4.4450	4.5173	3.9073	3.4141
每股经营现金净流量(元)	0.8782	1.1278	0.5717	0.8260
每股现金流量(元)	-0.2732	0.7412	0.2769	-0.4783
每股资本公积金(元)	1.8857	1.9466	1.9466	1.2639
每股盈余公积金(元)	0.1999	0.1999	0.1999	0.2071
每股未分配利润(元)	1.8683	1.8797	1.2697	1.4520
净资产收益率(%)	16.1669	25.5427	13.9225	25.7337
加权净资产收益率(%)	15.6100	29.9500	15.6700	28.5700
净资产收益率(扣除)(%)	15.1550	24.6612	13.2455	24.0070
总资产(万元)	519901.26	498761.16	427389.76	358542.21
归属母公司股东权益(万元)	359877.86	365733.76	316345.44	266798.39
营业收入(万元)	281016.98	467789.16	235380.77	376783.64
营业支出(万元)	41281.39	69045.05	34705.36	59002.78
投资收益(万元)	512.99	850.61	330.46	1227.56
净利润(万元)	58229.60	93436.48	44005.13	68311.92
营业利润(万元)	63842.70	105642.17	48996.17	75562.38
利润总额(万元)	67824.05	108797.16	51389.10	79956.88

山鹰国际控股股份公司

公司概况					
公司名称	山鹰国际控股股份公司			证券简称	山鹰纸业
法人代表	吴明武	董秘	杨昊悦	证券代码	600567
公司网址	www.shanyingpaper.com		电子信箱	stock@shanyingpaper.com	
电　　话	021-62376587		传　　真	021-62376799	
办公地址	上海市长宁区虹桥路2272号虹桥商务大厦6楼F座				
经营范围	纸、纸板、纸箱的制造、公司生产产品出口及公司生产、科研所需的原辅材料、机械设备等				

主要财务指标

指标\报告期	2017.06.30	2016.12.31	2016.06.30	2015.12.31
基本每股收益(元)	0.1815	0.0900	0.0398	0.0600
基本每股收益(扣除后)(元)	0.1768	0.0700	0.0311	0.0400
稀释每股收益(元)	0.1815	0.0900	0.0398	0.0600
每股净资产(元)	2.0000	1.8405	1.6435	1.6245
每股经营现金净流量(元)	-0.0594	0.2072	0.0684	0.3672
每股现金流量(元)	0.1616	0.1965	0.0802	-0.0238
每股资本公积金(元)	0.9441	0.9424	0.8214	0.8223
每股盈余公积金(元)	0.0316	0.0316	0.0315	0.0315
每股未分配利润(元)	0.3058	0.1493	0.1333	0.1134
净资产收益率(%)	9.0768	4.2118	2.4223	3.4164
加权净资产收益率(%)	9.3900	4.9800	2.4200	3.4600
净资产收益率(扣除)(%)	8.8423	3.3548	1.8899	2.3266
总资产(万元)	2337829.37	2004892.75	1917859.00	1841346.15
归属母公司股东权益(万元)	910269.03	837653.32	619094.71	611944.90
营业收入(万元)	746148.06	1213481.08	540281.23	978699.56
营业支出(万元)	582262.66	1014988.99	449233.00	799079.39
投资收益(万元)	324.11	-419.24	-1129.57	163.75
净利润(万元)	83018.55	35888.96	15207.69	20751.14
营业利润(万元)	85255.63	20320.48	4973.55	12385.12
利润总额(万元)	88464.06	44966.84	16271.07	29396.16

中珠医疗控股股份有限公司

公司概况					
公司名称	中珠医疗控股股份有限公司			证券简称	中珠医疗
法人代表	许德来	董秘	陈小峥	证券代码	600568
公司网址	www.zzkg600568.com		电子信箱	zz600568@126.com	
电　　话	0728-6402068		传　　真	0728-6402099	
办公地址	湖北省潜江市章华南路特1号				
经营范围	房地产开发、物业管理、实业投资、基础建设投资、投资管理				

主要财务指标

指标\报告期	2017.06.30	2016.12.31	2016.06.30	2015.12.31
基本每股收益(元)	0.2433	0.4550	0.2066	0.1449
基本每股收益(扣除后)(元)	0.1290	0.2249	0.2030	0.0314
稀释每股收益(元)	0.2433	0.4550	0.2066	0.1449
每股净资产(元)	8.4254	8.2322	6.9770	4.8115
每股经营现金净流量(元)	-0.4952	0.4167	0.1097	0.3732
每股现金流量(元)	-0.6071	1.6055	-0.2256	-1.7485
每股资本公积金(元)	6.0060	6.0060	4.8768	2.6442
每股盈余公积金(元)	0.1133	0.1133	0.1000	0.1259
每股未分配利润(元)	1.3062	1.1130	1.0002	1.0414
净资产收益率(%)	2.8872	5.0207	2.7590	3.0117
加权净资产收益率(%)	2.9100	6.2700	4.2500	3.0600
净资产收益率(扣除)(%)	1.5312	2.4823	2.7100	0.6525
总资产(万元)	713018.01	713751.58	649238.43	429198.55
归属母公司股东权益(万元)	599671.93	585917.10	444693.91	243751.63
营业收入(万元)	36493.16	109897.76	77794.63	92178.24
营业支出(万元)	19702.34	69538.93	53863.55	73128.44
投资收益(万元)	10768.78	14811.50	84.85	2588.37
净利润(万元)	16880.38	29270.31	12017.74	7165.66
营业利润(万元)	21364.75	32973.13	14140.50	6510.72
利润总额(万元)	21335.51	37190.58	14555.93	9746.04

安阳钢铁股份有限公司

公司概况					
公司名称	安阳钢铁股份有限公司			证券简称	安阳钢铁
法人代表	李利剑	董秘	李志锋	证券代码	600569
公司网址	www.aysteel.com.cn		电子信箱	aygtdb312@126.com	
电　　话	0372-3120175		传　　真	0372-3120181	
办公地址	河南省安阳市殷都区梅元庄				
经营范围	钢铁及钢铁延伸产品的生产和销售				

主要财务指标

指标\报告期	2017.06.30	2016.12.31	2016.06.30	2015.12.31
基本每股收益(元)	0.0120	0.0510	0.0390	-1.0660
基本每股收益(扣除后)(元)	0.0090	0.0490	0.0370	-1.0740
稀释每股收益(元)	0.0120	0.0510	0.0390	-1.0660
每股净资产(元)	2.0346	2.0203	2.0082	1.9656
每股经营现金净流量(元)	0.9890	0.5877	0.5567	0.6282
每股现金流量(元)	0.1304	-0.2546	-0.1138	0.1894
每股资本公积金(元)	1.4463	1.4463	1.4463	1.4463
每股盈余公积金(元)	0.7198	0.7198	0.7198	0.7198
每股未分配利润(元)	-1.1595	-1.1711	-1.1832	-1.2226
净资产收益率(%)	0.5701	2.5484	1.9640	-54.2118
加权净资产收益率(%)	0.5700	2.5900	1.7300	-42.7500
净资产收益率(扣除)(%)	0.4303	2.4266	1.8420	-54.6197
总资产(万元)	3251001.73	3241073.44	3149680.56	3222658.85
归属母公司股东权益(万元)	487016.84	483593.86	480694.56	470492.34
营业收入(万元)	1152594.41	2204443.15	1148008.72	2036345.38
营业支出(万元)	1043360.65	1998586.71	1038105.88	2009863.82
投资收益(万元)	--	60.40	-86.50	-394.07
净利润(万元)	2614.99	10831.57	9275.97	-254839.25
营业利润(万元)	579.90	10018.94	7361.06	-258251.70
利润总额(万元)	1974.49	11278.42	9269.29	-255849.43

恒生电子股份有限公司

公司概况					
公司名称	恒生电子股份有限公司			证券简称	恒生电子
法人代表	彭政纲	董秘	童晨晖	证券代码	600570
公司网址	www.hundsun.com		电子信箱	investor@hundsun.com	
电　话	0571-28829702		传　真	0571-28829703	
办公地址	浙江省杭州市滨江区江南大道3588号恒生大厦				
经营范围	计算机软件的技术开发、咨询、服务、成果转让、计算机系统集成等				

主要财务指标

指标\报告期	2017.06.30	2016.12.31	2016.06.30	2015.12.31
基本每股收益(元)	0.3700	0.0300	0.2700	0.7300
基本每股收益(扣除后)(元)	0.2200	0.2900	0.2000	0.7200
稀释每股收益(元)	0.3700	0.0300	0.2700	0.7300
每股净资产(元)	4.2000	3.8863	3.8986	3.9366
每股经营现金净流量(元)	–0.3927	0.7121	–0.5680	1.6051
每股现金流量(元)	0.0155	0.0676	–0.1718	–0.3552
每股资本公积金(元)	0.3615	0.3565	0.1792	0.1758
每股盈余公积金(元)	0.4971	0.4971	0.4297	0.4297
每股未分配利润(元)	2.0689	1.7989	2.1022	2.0967
净资产收益率(%)	8.8110	0.7618	6.8110	18.6563
加权净资产收益率(%)	9.0800	0.7700	6.6300	20.9800
净资产收益率(扣除)(%)	5.3467	7.4126	5.1988	18.4134
总资产(万元)	444031.89	454847.77	355027.65	397528.03
归属母公司股东权益(万元)	259476.85	240095.98	240860.44	243206.59
营业收入(万元)	108028.79	217016.62	82057.95	222553.24
营业支出(万元)	4127.07	9949.88	2786.89	16277.41
投资收益(万元)	14639.53	11901.92	3872.55	16400.79
净利润(万元)	23253.87	–5223.63	14438.49	44879.19
营业利润(万元)	23303.27	14090.42	6480.35	42832.77
利润总额(万元)	24656.20	–5998.65	15942.41	51518.03

信雅达系统工程股份有限公司

公司概况					
公司名称	信雅达系统工程股份有限公司			证券简称	信雅达
法人代表	耿俊岭	董秘	叶晖	证券代码	600571
公司网址	www.sunyard.com		电子信箱	mail@sunyard.com	
电　话	0571-56686627		传　真	0571-56686777	
办公地址	浙江省杭州市滨江区江南大道3888号				
经营范围	电子文档影像、电子商务和信息安全等软件产品的生产、销售、提供系统集成等				

主要财务指标

指标\报告期	2017.06.30	2016.12.31	2016.06.30	2015.12.31
基本每股收益(元)	0.1000	0.2800	0.2900	0.5900
基本每股收益(扣除后)(元)	0.0700	0.2500	0.2600	0.4300
稀释每股收益(元)	0.1000	0.2800	0.2900	0.5900
每股净资产(元)	2.6412	2.6296	4.9515	4.8270
每股经营现金净流量(元)	–0.5616	0.2962	–0.9161	0.4018
每股现金流量(元)	0.0096	0.0883	0.6972	–0.4550
每股资本公积金(元)	0.4070	0.4070	1.7767	1.7696
每股盈余公积金(元)	0.1299	0.1299	0.2381	0.2381
每股未分配利润(元)	1.1043	1.0927	1.9367	1.8193
净资产收益率(%)	3.8482	10.6052	5.8034	11.4063
加权净资产收益率(%)	3.7900	11.0900	5.7800	15.2300
净资产收益率(扣除)(%)	2.6962	9.6891	5.2767	8.4079
总资产(万元)	165195.83	171743.53	171109.25	157943.46
归属母公司股东权益(万元)	116127.64	115615.98	108852.67	106115.58
营业收入(万元)	57181.87	138527.25	51559.33	107635.95
营业支出(万元)	26983.79	65223.80	20593.03	48178.02
投资收益(万元)	1071.41	1830.03	1315.10	3332.57
净利润(万元)	2920.52	14132.07	6502.65	13568.04
营业利润(万元)	2671.23	13369.55	4847.30	12121.79
利润总额(万元)	3118.31	15130.72	6577.38	14960.13

浙江康恩贝制药股份有限公司

公司概况					
公司名称	浙江康恩贝制药股份有限公司			证券简称	康恩贝
法人代表	胡季强	董秘	杨俊德	证券代码	600572
公司网址	www.conba.com.cn		电子信箱	yangjd@conbagroup.com	
电　话	0571-87774710 87774828		传　真	0571-87774709	
办公地址	浙江省杭州市高新技术开发区滨江科技经济园滨康路568号				
经营范围	化学原料药、化学药剂、中成药、非酒精饮料、营养食品、蜂产品、卫生材料及敷料的制造、销售等				

主要财务指标

指标\报告期	2017.06.30	2016.12.31	2016.06.30	2015.12.31
基本每股收益(元)	0.1530	0.1800	0.1220	0.2800
基本每股收益(扣除后)(元)	0.1540	0.1900	0.1170	0.3300
稀释每股收益(元)	0.1530	0.1800	0.1220	0.2800
每股净资产(元)	1.7476	1.7145	1.7042	2.4743
每股经营现金净流量(元)	0.1339	0.3862	0.1859	0.4966
每股现金流量(元)	–0.2743	0.2987	–0.0434	0.2960
每股资本公积金(元)	0.0270	0.0270	0.0577	0.5881
每股盈余公积金(元)	0.1136	0.0904	0.1028	0.1101
每股未分配利润(元)	0.6069	0.5969	0.5435	0.7760
净资产收益率(%)	8.7646	10.2464	7.1765	10.6332
加权净资产收益率(%)	8.5600	10.4300	7.1500	12.0200
净资产收益率(扣除)(%)	8.8297	11.3216	6.8539	12.4733
总资产(万元)	817454.84	849521.17	880854.80	956879.86
归属母公司股东权益(万元)	438769.98	430461.80	427872.57	414147.58
营业收入(万元)	234032.37	602037.11	304996.60	530197.01
营业支出(万元)	71060.79	313250.44	160688.50	248209.93
投资收益(万元)	–1767.75	–2330.30	–229.57	20257.01
净利润(万元)	38761.68	40414.34	29669.73	50371.00
营业利润(万元)	46343.90	47605.75	34105.15	56345.28
利润总额(万元)	46403.64	53449.28	36824.26	61050.05

福建省燕京惠泉啤酒股份有限公司

公司概况					
公司名称	福建省燕京惠泉啤酒股份有限公司			证券简称	惠泉啤酒
法人代表	高振安	董秘	程晓梅	证券代码	600573
公司网址	www.hqbeer.com		电子信箱	hqbeer@hqbeer.com	
电　话	0595-87396105		传　真	0595-87384369	
办公地址	福建省惠安县螺城镇惠泉北路1999号				
经营范围	生产啤酒、对外贸易				

主要财务指标

指标\报告期	2017.06.30	2016.12.31	2016.06.30	2015.12.31
基本每股收益(元)	0.0100	0.0100	–0.0700	0.0900
基本每股收益(扣除后)(元)	–0.0800	–0.0400	–0.0800	0.0400
稀释每股收益(元)	——	——	–	–
每股净资产(元)	4.3698	4.3702	4.2981	4.3935
每股经营现金净流量(元)	0.2195	0.1389	0.2255	0.1927
每股现金流量(元)	–1.2062	0.1586	–0.9661	0.1477
每股资本公积金(元)	2.0243	2.0243	2.0243	2.0243
每股盈余公积金(元)	0.5284	0.5284	0.5284	0.5284
每股未分配利润(元)	0.8171	0.8176	0.7454	0.8409
净资产收益率(%)	0.1838	0.1537	–1.5221	2.0954
加权净资产收益率(%)	0.1800	0.1500	–1.5000	2.1100
净资产收益率(扣除)(%)	–1.7733	–0.9790	–1.9049	0.9910
总资产(万元)	123732.12	118627.61	120796.03	117959.42
归属母公司股东权益(万元)	109243.97	109255.70	107452.20	109837.75
营业收入(万元)	29353.09	61757.90	30861.78	75154.82
营业支出(万元)	22906.35	40967.81	21620.81	49186.60
投资收益(万元)	170.84	1150.85	279.55	1084.60
净利润(万元)	152.46	243.54	–1616.85	2245.58
营业利润(万元)	–1819.05	655.29	–1667.98	2164.75
利润总额(万元)	571.02	1041.33	–1535.32	2549.10

安徽皖江物流(集团)股份有限公司

公司概况						
公司名称	安徽皖江物流(集团)股份有限公司			证券简称	皖江物流	
法人代表	张宝春	董秘	马进华	证券代码	600575	
公司网址	www.whpstc.com		电子信箱	whzqdb2010@163.com		
电　话	0553-5840528 5840085		传　真	0553-5840085 5840510		
办公地址	安徽省芜湖市长江中路港一路 16 号					
经营范围	煤炭、外贸集装箱、散货、件杂货等货类的装卸中转					

主要财务指标				
指标＼报告期	2017.06.30	2016.12.31	2016.06.30	2015.12.31
基本每股收益(元)	0.0500	0.1200	0.0600	0.0700
基本每股收益(扣除后)(元)	0.0500	0.0800	0.0300	0.0400
稀释每股收益(元)	0.0500	0.1200	0.0600	0.0700
每股净资产(元)	2.1115	2.0284	1.9936	1.3327
每股经营现金净流量(元)	0.1178	0.3586	0.1402	0.0749
每股现金流量(元)	−0.3274	0.1515	0.0347	0.1280
每股资本公积金(元)	1.2747	1.3300	1.2847	1.7650
每股盈余公积金(元)	0.0303	0.0303	0.0708	0.0960
每股未分配利润(元)	−0.2297	−0.2786	−0.3806	−0.5923
净资产收益率(%)	2.3162	5.9640	2.8354	5.1122
加权净资产收益率(%)	2.3200	10.4800	3.3200	5.5300
净资产收益率(扣除)(%)	2.2559	3.7050	1.7331	3.0519
总资产(万元)	1733430.83	1869657.81	1717814.09	1673993.90
归属母公司股东权益(万元)	825202.29	814310.84	779128.55	654812.21
营业收入(万元)	452875.21	675396.60	273524.57	365893.53
营业支出(万元)	395333.55	561100.62	219851.08	321612.11
投资收益(万元)	7409.58	9376.31	1275.55	1533.78
净利润(万元)	24709.58	49129.79	20092.34	19257.44
营业利润(万元)	29272.46	48711.54	20577.77	16945.80
利润总额(万元)	29225.97	54035.15	23691.35	26446.99

浙江祥源文化股份有限公司

公司概况						
公司名称	浙江祥源文化股份有限公司			证券简称	祥源文化	
法人代表	燕东来	董秘	王衡	证券代码	600576	
公司网址	www.600576.com		电子信箱	irm@600576.com		
电　话	0571-85866518 85866568		传　真	0571-85866566		
办公地址	浙江省杭州市密渡桥路 1 号白马大厦 12 楼					
经营范围	房地产投资、酒店投资管理					

主要财务指标				
指标＼报告期	2017.06.30	2016.12.31	2016.06.30	2015.12.31
基本每股收益(元)	0.0610	0.1700	0.0600	0.0500
基本每股收益(扣除后)(元)	0.0580	0.1800	0.0500	0.0400
稀释每股收益(元)	0.0610	0.1700	0.0600	0.0500
每股净资产(元)	2.8610	2.8769	2.7628	2.7052
每股经营现金净流量(元)	−0.0588	−0.0082	−0.0370	0.0528
每股现金流量(元)	−0.2061	0.3919	−0.0014	0.1826
每股资本公积金(元)	1.8390	1.7233	1.7229	1.7229
每股盈余公积金(元)	0.0723	0.0723	0.0723	0.0723
每股未分配利润(元)	0.1423	0.0813	−0.0324	−0.0900
净资产收益率(%)	2.0775	5.9540	2.0859	1.6074
加权净资产收益率(%)	2.2720	6.1400	2.1100	2.7500
净资产收益率(扣除)(%)	1.9990	6.3496	1.9341	1.2968
总资产(万元)	217430.83	195221.31	189544.97	192216.98
归属母公司股东权益(万元)	186551.09	182675.55	175428.34	171769.00
营业收入(万元)	31582.46	71691.78	27765.37	36164.73
营业支出(万元)	21719.52	45319.78	16588.63	20377.29
投资收益(万元)	64.60	635.49	12.39	616.99
净利润(万元)	3754.99	10163.62	3381.40	1990.96
营业利润(万元)	4194.63	11467.13	4024.85	3585.03
利润总额(万元)	4366.87	12324.24	4242.26	4178.65

铜陵精达特种电磁线股份有限公司

公司概况						
公司名称	铜陵精达特种电磁线股份有限公司			证券简称	精达股份	
法人代表	李晓	董秘	胡孔友	证券代码	600577	
公司网址	www.jingda.cn		电子信箱	zqb@jingda.cn		
电　话	0562-2809086		传　真	0562-2809086		
办公地址	安徽省铜陵市经济技术开发区黄山大道北段 988 号					
经营范围	漆包电磁线制造和销售					

主要财务指标				
指标＼报告期	2017.06.30	2016.12.31	2016.06.30	2015.12.31
基本每股收益(元)	0.0880	0.1100	0.0580	0.0700
基本每股收益(扣除后)(元)	0.0840	0.0800	0.0390	0.0400
稀释每股收益(元)	0.0880	0.1100	0.0580	0.0700
每股净资产(元)	1.5006	1.4932	1.4166	1.4155
每股经营现金净流量(元)	−0.1639	0.1461	0.1607	0.4285
每股现金流量(元)	0.0845	−0.0482	0.0556	0.0289
每股资本公积金(元)	0.0117	0.0117	0.0117	0.0117
每股盈余公积金(元)	0.0542	0.0481	0.0438	0.0438
每股未分配利润(元)	0.4075	0.4052	0.3558	0.3581
净资产收益率(%)	5.8913	7.6692	4.0771	4.6913
加权净资产收益率(%)	5.8000	7.8300	4.0300	4.6400
净资产收益率(扣除)(%)	5.6186	5.5038	2.7349	2.9568
总资产(万元)	555438.67	490508.28	477175.59	446287.79
归属母公司股东权益(万元)	293421.12	291972.01	276990.59	276784.90
营业收入(万元)	533306.30	813906.75	403290.12	774090.07
营业支出(万元)	472730.20	722348.01	359722.06	693433.58
投资收益(万元)	−67.04	4400.70	3031.40	3820.46
净利润(万元)	20871.55	25620.58	13651.08	14544.59
营业利润(万元)	25408.28	32368.54	17151.08	18299.56
利润总额(万元)	26649.67	35287.54	18177.05	19266.16

北京京能电力股份有限公司

公司概况						
公司名称	北京京能电力股份有限公司			证券简称	京能电力	
法人代表	刘海峡	董秘	樊俊杰	证券代码	600578	
公司网址	www.jingnengpower.com		电子信箱	jndl@powerbeijing.com		
电　话	010-65566807		传　真	010-65567196		
办公地址	北京市朝阳区八里庄陈家林 9 号华腾世纪总部公园 G 座					
经营范围	电力、热力产品的生产、销售					

主要财务指标				
指标＼报告期	2017.06.30	2016.12.31	2016.06.30	2015.12.31
基本每股收益(元)	0.0100	0.2800	0.1500	0.5700
基本每股收益(扣除后)(元)	--	0.2800	0.1400	0.5600
稀释每股收益(元)	0.0100	0.2800	0.1500	0.5700
每股净资产(元)	3.4245	3.4065	3.6104	3.4634
每股经营现金净流量(元)	0.0925	0.7140	0.2778	0.9261
每股现金流量(元)	0.2051	0.0271	0.1362	−0.2094
每股资本公积金(元)	1.2726	1.4247	0.7760	0.7760
每股盈余公积金(元)	0.5616	0.8207	0.7386	0.7386
每股未分配利润(元)	0.5903	0.8969	1.0958	0.9488
净资产收益率(%)	0.2741	8.2071	4.0715	16.3522
加权净资产收益率(%)	0.3100	7.9500	4.1600	17.2700
净资产收益率(扣除)(%)	−0.0727	6.3693	3.9443	16.0676
总资产(万元)	5734606.76	5387145.91	4039233.83	3877681.24
归属母公司股东权益(万元)	2310426.54	2053767.97	1667047.22	1599152.57
营业收入(万元)	504817.49	1111334.07	379114.24	1087321.77
营业支出(万元)	489654.66	878161.79	283765.40	719518.98
投资收益(万元)	46733.55	126452.11	57694.82	146840.54
净利润(万元)	−7563.12	185043.71	83163.76	319074.88
营业利润(万元)	−15749.92	191399.11	88267.78	351687.17
利润总额(万元)	−8976.19	205704.43	91559.21	360950.18

青岛天华院化学工程股份有限公司

公司概况	公司名称	青岛天华院化学工程股份有限公司			证券简称	天华院
	法人代表	肖世猛	董秘	阎建亭	证券代码	600579
	公司网址	www.thy.chemchina.com		电子信箱	thy@sciences.chemchina.com	
	电　话	0931-7313058		传　真	0931-7311554	
	办公地址	甘肃省兰州市西固区合水北路3号				
	经营范围	全钢丝载重子午线轮胎的制造与销售				

主要财务指标	指标\报告期	2017.06.30	2016.12.31	2016.06.30	2015.12.31
	基本每股收益(元)	0.0089	0.0200	0.0031	0.0900
	基本每股收益(扣除后)(元)	0.0008	-0.0200	-0.0032	0.0800
	稀释每股收益(元)	0.0089	0.0200	0.0031	0.0900
	每股净资产(元)	2.9402	2.9300	1.8349	1.8318
	每股经营现金净流量(元)	-0.2403	-0.0601	-0.1276	-0.0791
	每股现金流量(元)	-0.2499	0.3789	0.0151	-0.1373
	每股资本公积金(元)	3.8593	3.8593	2.8671	2.8671
	每股盈余公积金(元)	0.0705	0.0705	0.0739	0.0739
	每股未分配利润(元)	-1.9896	-1.9985	-2.1061	-2.1091
	净资产收益率(%)	0.3022	0.5217	0.1660	5.0519
	加权净资产收益率(%)	0.3000	0.7100	0.1700	5.1800
	净资产收益率(扣除)(%)	0.0287	-0.6717	-0.1733	4.4783
	总资产(万元)	161977.78	160253.60	146746.95	140099.36
	归属母公司股东权益(万元)	120736.23	120371.41	71939.80	71820.36
	营业收入(万元)	22521.78	48230.99	21304.00	69034.92
	营业支出(万元)	16523.06	35786.32	15181.75	50111.35
	投资收益(万元)	--	--	-	-
	净利润(万元)	364.82	627.99	119.44	3628.28
	营业利润(万元)	-1378.93	-2266.29	-891.24	3023.94
	利润总额(万元)	207.00	798.01	13.05	4504.54

卧龙电气集团股份有限公司

公司概况	公司名称	卧龙电气集团股份有限公司			证券简称	卧龙电气
	法人代表	刘红旗	董秘	吴剑波	证券代码	600580
	公司网址	www.wolong.com.cn		电子信箱	wolong600580@wolong.com	
	电　话	0575-82176628　82176629		传　真	0575-82176636	
	办公地址	浙江省上虞市人民西路1801号				
	经营范围	设计、生产、销售各种微分电机及其电子控制装置和电动车等产品				

主要财务指标	指标\报告期	2017.06.30	2016.12.31	2016.06.30	2015.12.31
	基本每股收益(元)	0.1007	0.1989	0.1137	0.3244
	基本每股收益(扣除后)(元)	0.0952	0.0636	0.1041	0.3032
	稀释每股收益(元)	0.1007	0.1989	0.1137	0.3244
	每股净资产(元)	4.0412	3.9674	3.9106	3.4823
	每股经营现金净流量(元)	-0.0005	0.0733	-0.1020	0.7747
	每股现金流量(元)	0.1866	0.3589	0.3529	0.2379
	每股资本公积金(元)	1.4523	1.4542	1.4642	0.8141
	每股盈余公积金(元)	0.1283	0.1283	0.1264	0.1467
	每股未分配利润(元)	1.6946	1.6238	1.5357	1.7347
	净资产收益率(%)	2.4929	4.9556	2.8405	9.3158
	加权净资产收益率(%)	2.5100	4.9900	2.8100	9.3100
	净资产收益率(扣除)(%)	2.3552	1.5857	2.6008	8.7059
	总资产(万元)	1743441.10	1608173.97	1544028.92	1406505.11
	归属母公司股东权益(万元)	520864.19	511353.98	504031.75	386724.04
	营业收入(万元)	496771.03	891393.67	426512.72	947363.22
	营业支出(万元)	386392.49	704850.87	326976.56	744919.87
	投资收益(万元)	882.77	1674.00	1182.84	1311.28
	净利润(万元)	13233.54	28791.83	16206.12	43462.17
	营业利润(万元)	15743.09	31994.37	19825.71	44404.44
	利润总额(万元)	16202.79	31739.39	21620.95	47490.40

新疆八一钢铁股份有限公司

公司概况	公司名称	新疆八一钢铁股份有限公司			证券简称	八一钢铁
	法人代表	沈东新	董秘	董新风	证券代码	600581
	公司网址	www.bygt.com.cn		电子信箱	dongxf@bygt.com.cn	
	电　话	0991-3890166　3881187		传　真	0991-3890266	
	办公地址	新疆维吾尔自治区乌鲁木齐市头屯河区新钢路				
	经营范围	钢铁冶炼、轧制、加工及其延压产品的生产和销售				

主要财务指标	指标\报告期	2017.06.30	2016.12.31	2016.06.30	2015.12.31
	基本每股收益(元)	0.5200	0.0500	-0.4100	-3.2700
	基本每股收益(扣除后)(元)	0.5200	-0.4100	-0.4200	-3.3400
	稀释每股收益(元)	0.5200	0.0500	-0.4100	-3.2700
	每股净资产(元)	3.3958	2.8671	-1.5859	-1.1814
	每股经营现金净流量(元)	0.1717	0.7876	0.5627	5.7810
	每股现金流量(元)	0.3016	0.0672	-0.2205	-0.1349
	每股资本公积金(元)	5.3606	5.3606	1.3633	1.3633
	每股盈余公积金(元)	1.0428	1.0428	1.0428	1.0428
	每股未分配利润(元)	-4.0202	-4.5440	-5.0018	-4.5924
	净资产收益率(%)	15.4244	1.6884	-	-277.0581
	加权净资产收益率(%)	16.7300	5.7400	-	-722.0300
	净资产收益率(扣除)(%)	15.3345	-14.3795	-	-282.9993
	总资产(万元)	1360785.74	1101151.09	1780363.67	1826858.48
	归属母公司股东权益(万元)	260271.58	219748.78	-121548.80	-90545.10
	营业收入(万元)	708378.88	988983.51	367261.33	1055544.99
	营业支出(万元)	609489.22	889153.67	327729.03	1158650.26
	投资收益(万元)	7.23	111.52	-	-
	净利润(万元)	40145.38	3710.32	-31379.91	-250862.50
	营业利润(万元)	29978.84	-31598.63	-31892.98	-250906.90
	利润总额(万元)	30125.38	3710.44	-31379.90	-245527.37

天地科技股份有限公司

公司概况	公司名称	天地科技股份有限公司			证券简称	天地科技
	法人代表	王金华	董秘	范建	证券代码	600582
	公司网址	www.tdtec.com		电子信箱	fanjian@tdtec.com	
	电　话	010-84262803　84262851		传　真	010-84262838	
	办公地址	北京市朝阳区和平街青年沟路5号				
	经营范围	电子产品、环保设备、矿山机电产品的生产与销售等				

主要财务指标	指标\报告期	2017.06.30	2016.12.31	2016.06.30	2015.12.31
	基本每股收益(元)	0.0810	0.2250	0.0700	0.2980
	基本每股收益(扣除后)(元)	0.0790	0.2090	0.0650	0.2690
	稀释每股收益(元)	0.0810	0.2250	0.0700	0.2980
	每股净资产(元)	3.4371	3.3866	3.2519	3.2129
	每股经营现金净流量(元)	-0.0470	0.0268	-0.1478	0.0578
	每股现金流量(元)	-0.3157	0.3195	-0.1819	0.1666
	每股资本公积金(元)	0.3083	0.3083	0.3058	0.3054
	每股盈余公积金(元)	0.0846	0.0846	0.0800	0.0800
	每股未分配利润(元)	2.0651	2.0141	1.8634	1.8235
	净资产收益率(%)	2.3569	6.6489	2.1480	9.2307
	加权净资产收益率(%)	2.3600	6.8200	2.1500	9.6900
	净资产收益率(扣除)(%)	2.3043	6.1609	1.9898	8.3541
	总资产(万元)	3518325.18	3535904.27	3253840.99	3322373.03
	归属母公司股东权益(万元)	1422487.23	1401564.62	1345819.81	1329679.17
	营业收入(万元)	551628.88	1293684.64	458122.13	1434727.35
	营业支出(万元)	350076.35	856862.53	288886.19	941632.25
	投资收益(万元)	179.66	5606.63	1816.50	4152.58
	净利润(万元)	41096.34	100816.54	25765.32	138551.19
	营业利润(万元)	53797.53	108645.99	23233.20	152468.45
	利润总额(万元)	54800.43	127091.36	30896.64	173234.60

海洋石油工程股份有限公司

公司概况	公司名称	海洋石油工程股份有限公司			证券简称	海油工程
	法人代表	金晓剑	董秘	刘连举	证券代码	600583
	公司网址	www.cnoocengineering.com		电子信箱	mingyf@mail.cooec.com.cn	
	电　话	022-59898808		传　真	022-59898800	
	办公地址	天津市港保税区海滨十五路 199 号				
	经营范围	海洋、陆地油气开发工程及配套工程的设计、建造、安装等				

主要财务指标	指标\报告期	2017.06.30	2016.12.31	2016.06.30	2015.12.31
	基本每股收益(元)	0.0500	0.3000	0.2000	0.7700
	基本每股收益(扣除后)(元)	0.0100	0.1700	0.0800	0.7000
	稀释每股收益(元)	0.0500	0.3000	0.2000	0.7700
	每股净资产(元)	5.1698	5.2372	5.1437	5.1967
	每股经营现金净流量(元)	-0.2218	0.7437	0.3053	0.8200
	每股现金流量(元)	-0.0622	0.4114	-0.0382	0.3455
	每股资本公积金(元)	0.9608	0.9608	0.9608	0.9608
	每股盈余公积金(元)	0.3086	0.3086	0.3086	0.3086
	每股未分配利润(元)	2.7547	2.8095	2.7088	2.7620
	净资产收益率(%)	0.8743	5.6803	3.8264	14.8410
	加权净资产收益率(%)	0.8600	5.7200	3.7500	15.9400
	净资产收益率(扣除)(%)	0.2200	3.2068	1.5098	13.5385
	总资产(万元)	2896177.48	2981119.80	2901024.65	3144283.19
	归属母公司股东权益(万元)	2285757.62	2315545.12	2274192.93	2297645.82
	营业收入(万元)	417833.72	1199168.33	509564.10	1620150.67
	营业支出(万元)	338717.45	1009520.60	431511.62	1122043.27
	投资收益(万元)	-8499.09	-82256.19	-72192.63	19282.79
	净利润(万元)	19746.33	131291.14	86663.99	341026.97
	营业利润(万元)	21515.20	10036.83	-27467.77	369924.34
	利润总额(万元)	28706.91	161736.43	110333.63	401242.97

江苏长电科技股份有限公司

公司概况	公司名称	江苏长电科技股份有限公司			证券简称	长电科技
	法人代表	王新潮	董秘	朱正义	证券代码	600584
	公司网址	www.cj-elec.com		电子信箱	cdkj@cj-elec.com	
	电　话	0510-86856061		传　真	0510-86199179	
	办公地址	江苏省江阴市滨江中路 275 号				
	经营范围	集成电路封装、测试和分立器件的生产、销售业务				

主要财务指标	指标\报告期	2017.06.30	2016.12.31	2016.06.30	2015.12.31
	基本每股收益(元)	0.0700	0.1000	0.0100	0.0500
	基本每股收益(扣除后)(元)	-0.1300	-0.2000	-0.1700	0.0100
	稀释每股收益(元)	0.0700	0.1000	0.0100	0.0500
	每股净资产(元)	6.4696	4.4354	4.2123	4.1589
	每股经营现金净流量(元)	1.0723	2.5767	0.7869	1.6854
	每股现金流量(元)	0.8173	-0.5010	-0.2534	-0.2279
	每股资本公积金(元)	4.6708	2.3300	2.3242	2.3242
	每股盈余公积金(元)	0.0733	0.0963	0.0851	0.0851
	每股未分配利润(元)	0.6502	0.7826	0.7014	0.7011
	净资产收益率(%)	1.0115	2.3143	0.2455	1.2069
	加权净资产收益率(%)	1.3600	2.4500	0.2500	1.4100
	净资产收益率(扣除)(%)	-2.0499	-4.4809	-3.9821	0.1357
	总资产(万元)	3099677.80	2971925.09	2864284.21	2555855.01
	归属母公司股东权益(万元)	879762.69	459468.48	436356.12	430822.21
	营业收入(万元)	1032188.11	1915452.77	751145.86	1080702.38
	营业支出(万元)	928620.14	1689061.57	665883.52	887961.60
	投资收益(万元)	8466.74	1865.59	1501.65	985.10
	净利润(万元)	-19296.95	-31613.35	-29790.68	-15838.21
	营业利润(万元)	-22550.63	-45635.06	-38433.70	-17331.21
	利润总额(万元)	-15321.85	-25097.09	-25395.68	-12229.30

安徽海螺水泥股份有限公司

公司概况	公司名称	安徽海螺水泥股份有限公司			证券简称	海螺水泥
	法人代表	高登榜	董秘	周波	证券代码	600585
	公司网址	www.conch.cn		电子信箱	dms@chinaconch.com	
	电　话	0553-8398911 8398976		传　真	0553-8398931	
	办公地址	安徽省芜湖市文化路 39 号				
	经营范围	生产和销售各种优质水泥以及生产各种高标号水泥所需的商品熟料等				

主要财务指标	指标\报告期	2017.06.30	2016.12.31	2016.06.30	2015.12.31
	基本每股收益(元)	1.2700	1.6100	0.6300	1.4200
	基本每股收益(扣除后)(元)	0.9700	1.4500	0.5600	1.0000
	稀释每股收益(元)	1.2700	1.6100	0.6300	1.4200
	每股净资产(元)	15.1686	14.4600	13.4953	13.3000
	每股经营现金净流量(元)	0.9524	2.4903	0.8807	1.8697
	每股现金流量(元)	0.2208	0.2858	0.7146	-1.5525
	每股资本公积金(元)	2.0155	2.0162	2.0162	2.0162
	每股盈余公积金(元)	0.5000	0.5000	0.5000	0.5000
	每股未分配利润(元)	11.5962	10.8288	9.8522	9.6491
	净资产收益率(%)	8.3559	11.1300	4.6912	10.6600
	加权净资产收益率(%)	8.4600	11.5900	4.6700	11.0300
	净资产收益率(扣除)(%)	6.3738	10.0300	4.1845	7.5200
	总资产(万元)	11332027.28	10951412.10	10312300.08	10578139.16
	归属母公司股东权益(万元)	8038301.99	7660892.11	7151572.76	7049188.79
	营业收入(万元)	3190791.63	5593190.10	2397310.94	5097603.60
	营业支出(万元)	2158060.83	3776995.90	1669033.64	3688785.52
	投资收益(万元)	188164.74	39908.85	-6675.81	188090.21
	净利润(万元)	705752.68	895064.26	346019.96	762795.17
	营业利润(万元)	896054.13	1076025.60	396775.86	866650.79
	利润总额(万元)	920453.69	1165320.60	450298.90	1003939.68

山东金晶科技股份有限公司

公司概况	公司名称	山东金晶科技股份有限公司			证券简称	金晶科技
	法人代表	王刚	董秘	董保森	证券代码	600586
	公司网址	www.cnggg.cn		电子信箱	dongbaosen@cnggg.cn	
	电　话	0533-3586666		传　真	0533-3585586	
	办公地址	山东省淄博市高新技术开发区宝石镇王庄				
	经营范围	浮法玻璃、在线镀膜玻璃和超白玻璃的生产、销售				

主要财务指标	指标\报告期	2017.06.30	2016.12.31	2016.06.30	2015.12.31
	基本每股收益(元)	0.0700	0.0266	0.0100	0.0200
	基本每股收益(扣除后)(元)	0.0700	0.0344	0.0100	-0.0500
	稀释每股收益(元)	0.0700	0.0259	0.0100	0.0200
	每股净资产(元)	2.8396	2.7439	2.7276	2.7154
	每股经营现金净流量(元)	0.3234	0.3440	0.1721	0.2653
	每股现金流量(元)	0.0337	-0.2187	0.0127	-0.0533
	每股资本公积金(元)	1.3364	1.3324	1.3299	1.3299
	每股盈余公积金(元)	0.0840	0.0840	0.0801	0.0801
	每股未分配利润(元)	0.4672	0.3960	0.3862	0.3740
	净资产收益率(%)	2.5064	0.9449	0.5190	0.7051
	加权净资产收益率(%)	2.5600	0.9500	0.5200	0.7500
	净资产收益率(扣除)(%)	2.3954	1.2219	0.4486	-1.7038
	总资产(万元)	954911.79	950911.84	954093.39	978362.44
	归属母公司股东权益(万元)	414265.84	400310.68	397929.25	396143.53
	营业收入(万元)	188220.74	335717.65	161135.90	332468.88
	营业支出(万元)	144232.42	247495.68	123941.93	276432.21
	投资收益(万元)	-1318.33	-5488.82	-1374.18	1769.56
	净利润(万元)	8614.53	1912.56	1038.87	3672.07
	营业利润(万元)	13324.04	12642.01	4572.34	-8303.96
	利润总额(万元)	13856.84	11115.10	4842.00	5483.43

山东新华医疗器械股份有限公司

公司概况	公司名称	山东新华医疗器械股份有限公司			证券简称	新华医疗
	法人代表	许尚峰	董秘	李财祥	证券代码	600587
	公司网址	www.shinva.com		电子信箱	shinva@163.com	
	电　话	0533-3587766		传　真	0533-3587768	
	办公地址	山东省淄博市高新技术产业开发区新华医疗科技园				
	经营范围	消毒灭菌设备、放射诊断治疗设备的生产与销售				

主要财务指标	指标\报告期	2017.06.30	2016.12.31	2016.06.30	2015.12.31
	基本每股收益(元)	0.2100	0.0900	0.2300	0.6900
	基本每股收益(扣除后)(元)	0.1300	−0.1200	0.1600	0.5100
	稀释每股收益(元)	0.2100	0.0900	0.2300	0.6900
	每股净资产(元)	8.2092	8.0002	8.2032	7.9647
	每股经营现金净流量(元)	0.5169	0.4644	−0.3051	0.2717
	每股现金流量(元)	0.0249	−0.1448	−0.6723	0.3345
	每股资本公积金(元)	3.9399	3.9399	3.9317	3.9211
	每股盈余公积金(元)	0.2621	0.2621	0.2621	0.2621
	每股未分配利润(元)	3.0005	2.7937	3.0104	2.7787
	净资产收益率(%)	2.5194	1.0652	2.8252	8.6755
	加权净资产收益率(%)	2.5500	1.0700	2.8700	8.9700
	净资产收益率(扣除)(%)	1.5302	−1.4673	1.8954	6.4530
	总资产(万元)	1202810.77	1136825.62	1047229.20	982307.31
	归属母公司股东权益(万元)	333645.00	325149.82	333401.79	323709.10
	营业收入(万元)	450842.15	836449.55	378147.68	755444.43
	营业支出(万元)	363508.35	662578.08	300182.39	587216.89
	投资收益(万元)	−129.79	−107.59	−295.58	196.46
	净利润(万元)	11664.65	12062.84	13833.73	36237.98
	营业利润(万元)	12567.33	10789.74	15184.14	38348.76
	利润总额(万元)	16639.42	20355.28	19084.51	47777.30

用友网络科技股份有限公司

公司概况	公司名称	用友网络科技股份有限公司			证券简称	用友网络
	法人代表	王文京	董秘	欧阳青	证券代码	600588
	公司网址	www.yonyou.com		电子信箱	ir@yonyou.com	
	电　话	010-62436838 62436637		传　真	010-62436639	
	办公地址	北京市海淀区北清路68号				
	经营范围	电子计算机软件、硬件及外部设备的技术开发、技术服务等				

主要财务指标	指标\报告期	2017.06.30	2016.12.31	2016.06.30	2015.12.31
	基本每股收益(元)	−0.0400	0.1400	−0.1200	0.2300
	基本每股收益(扣除后)(元)	−0.0700	0.0900	−0.1300	0.0700
	稀释每股收益(元)	−0.0400	0.1400	−0.1200	0.2300
	每股净资产(元)	3.5218	3.8800	3.5600	3.7700
	每股经营现金净流量(元)	−0.3933	0.6058	−0.3209	0.3753
	每股现金流量(元)	−1.0944	0.2213	0.1294	0.6190
	每股资本公积金(元)	1.6257	1.6293	1.5480	1.5378
	每股盈余公积金(元)	0.4615	0.4615	0.4339	0.4338
	每股未分配利润(元)	0.7455	0.9190	0.6889	0.9611
	净资产收益率(%)	−1.2366	3.4702	−3.4492	5.8661
	加权净资产收益率(%)	−1.1400	3.5200	−3.3300	6.7600
	净资产收益率(扣除)(%)	−2.0061	2.4134	−3.7722	1.9203
	总资产(万元)	1299899.44	1215513.16	1066303.47	1091858.53
	归属母公司股东权益(万元)	515661.57	568812.09	521724.32	551889.13
	营业收入(万元)	219231.19	511334.89	173976.85	445127.20
	营业支出(万元)	70579.46	160356.70	58781.74	143094.93
	投资收益(万元)	1758.79	5151.78	2023.39	18065.15
	净利润(万元)	−5087.68	24416.91	−19456.28	34299.25
	营业利润(万元)	−5680.30	−5138.34	−32206.15	1270.61
	利润总额(万元)	−4028.32	29548.92	−17388.22	36238.99

广东榕泰实业股份有限公司

公司概况	公司名称	广东榕泰实业股份有限公司			证券简称	广东榕泰
	法人代表	杨宝生	董秘	徐罗旭	证券代码	600589
	公司网址	www.gdrongtai.cn		电子信箱	600589@rongtai.com.cn	
	电　话	0663-3568053		传　真	0663-3568052	
	办公地址	广东省揭阳市揭东经济开发区西侧				
	经营范围	生产、销售氨基塑料及制品和氨基复合材料及制品、甲醛及其辅产品等				

主要财务指标	指标\报告期	2017.06.30	2016.12.31	2016.06.30	2015.12.31
	基本每股收益(元)	0.0930	0.1400	0.0710	0.0350
	基本每股收益(扣除后)(元)	0.0900	0.1400	0.0710	0.0340
	稀释每股收益(元)	0.0930	0.1400	0.0710	0.0350
	每股净资产(元)	4.2582	4.2157	4.1435	3.3882
	每股经营现金净流量(元)	−0.1415	0.0793	−0.5041	0.6609
	每股现金流量(元)	0.1428	−0.5537	−0.5794	0.8333
	每股资本公积金(元)	1.8428	1.8428	1.8428	0.9361
	每股盈余公积金(元)	0.2019	0.2019	0.1996	0.2339
	每股未分配利润(元)	1.2135	1.1710	1.1012	1.2182
	净资产收益率(%)	2.1737	3.3924	1.7099	1.0192
	加权净资产收益率(%)	2.1600	3.5300	2.0100	1.0200
	净资产收益率(扣除)(%)	2.1219	3.3178	1.7099	1.0032
	总资产(万元)	532203.99	505486.30	523755.39	408854.60
	归属母公司股东权益(万元)	300334.24	297332.45	292242.72	203880.40
	营业收入(万元)	68668.97	143727.15	60368.77	99393.91
	营业支出(万元)	50940.94	108589.45	43935.67	80542.33
	投资收益(万元)	9.16	288.72	−0.26	119.12
	净利润(万元)	6527.03	10076.60	4995.86	2071.08
	营业利润(万元)	7217.44	11742.64	5790.48	2349.63
	利润总额(万元)	7400.26	11714.83	5790.43	2388.05

泰豪科技股份有限公司

公司概况	公司名称	泰豪科技股份有限公司			证券简称	泰豪科技
	法人代表	杨剑	董秘	李结平	证券代码	600590
	公司网址	www.tellhow.com		电子信箱	tsinghua@tellhow.com	
	电　话	0791-88110590 68790276		传　真	0791-88106688	
	办公地址	江西省南昌市高新开发区泰豪大厦				
	经营范围	楼宇电气产品、发电机组产品、电力电气产品及光电信息产品等				

主要财务指标	指标\报告期	2017.06.30	2016.12.31	2016.06.30	2015.12.31
	基本每股收益(元)	0.1000	0.1900	0.0500	0.1600
	基本每股收益(扣除后)(元)	0.0300	0.1600	0.0200	0.1400
	稀释每股收益(元)	0.1000	0.1900	0.0500	0.1600
	每股净资产(元)	5.7001	5.7094	5.5647	5.0126
	每股经营现金净流量(元)	−1.2289	0.3719	−0.2781	0.4506
	每股现金流量(元)	−0.6329	0.5754	−0.3950	0.1570
	每股资本公积金(元)	3.7136	3.7045	3.6927	3.0467
	每股盈余公积金(元)	0.1378	0.1378	0.1374	0.1480
	每股未分配利润(元)	0.8518	0.8705	0.7404	0.8242
	净资产收益率(%)	1.7774	3.2518	0.9907	2.7706
	加权净资产收益率(%)	1.7600	3.3800	1.0100	3.3300
	净资产收益率(扣除)(%)	0.5495	2.7031	0.3068	2.4951
	总资产(万元)	807164.36	858770.83	738755.76	715769.82
	归属母公司股东权益(万元)	380171.31	380797.22	371140.32	310401.41
	营业收入(万元)	135754.14	390193.57	120631.61	348809.64
	营业支出(万元)	107431.53	322134.28	95132.03	294786.79
	投资收益(万元)	4245.88	7267.97	1917.27	2882.76
	净利润(万元)	6913.46	13735.86	4417.60	10085.70
	营业利润(万元)	7252.82	17545.06	3739.39	9930.93
	利润总额(万元)	7425.99	16632.62	4709.22	12036.01

福建龙溪轴承(集团)股份有限公司

公司概况	公司名称	福建龙溪轴承(集团)股份有限公司			证券简称	龙溪股份
	法人代表	曾凡沛	董秘	曾四新	证券代码	600592
	公司网址	www.ls.com.cn		电子信箱	huang@ls.com.cn	
	电　话	0596-2072091		传　真	0596-2072136	
	办公地址	福建省漳州市延安北路				
	经营范围	生产、经营关节轴承、深沟球轴承及汽车配件等机械基础件、配套件产品				

主要财务指标	指标\报告期	2017.06.30	2016.12.31	2016.06.30	2015.12.31
	基本每股收益(元)	0.0728	0.1545	0.0011	0.1310
	基本每股收益(扣除后)(元)	0.0453	-0.0873	-0.0323	-0.1700
	稀释每股收益(元)	0.0728	0.1545	0.0011	0.1310
	每股净资产(元)	4.6635	4.7319	4.7195	5.1756
	每股经营现金净流量(元)	-0.2023	-0.0716	-0.0952	0.0989
	每股现金流量(元)	0.2664	-0.3397	-0.3586	0.3185
	每股资本公积金(元)	1.7422	1.7590	1.7590	1.7590
	每股盈余公积金(元)	0.4172	0.4172	0.3918	0.3918
	每股未分配利润(元)	1.0474	1.0746	0.9466	1.0455
	净资产收益率(%)	1.5619	3.2658	0.0231	2.5318
	加权净资产收益率(%)	1.5513	3.0700	0.0221	2.3800
	净资产收益率(扣除)(%)	0.9722	-1.8439	-0.6837	-3.2900
	总资产(万元)	274262.05	261805.25	255262.71	280381.36
	归属母公司股东权益(万元)	186329.95	189065.97	188568.07	206793.36
	营业收入(万元)	42565.63	61212.10	29249.74	60016.09
	营业支出(万元)	31027.90	45705.93	23088.50	42916.24
	投资收益(万元)	484.98	10458.02	1366.36	11136.90
	净利润(万元)	2708.23	5383.04	-310.26	3355.74
	营业利润(万元)	2496.28	5115.72	-1137.21	2816.97
	利润总额(万元)	3408.89	6643.88	-223.22	6092.49

大连圣亚旅游控股股份有限公司

公司概况	公司名称	大连圣亚旅游控股股份有限公司			证券简称	大连圣亚
	法人代表	张志新	董秘	丁霞	证券代码	600593
	公司网址	www.sunasia.com		电子信箱	dingxia@sunasia.com	
	电　话	0411-84685225		传　真	0411-84685217	
	办公地址	辽宁省大连市沙河口区中山路608-6-8号				
	经营范围	建设、经营水族馆、海洋探险人造景观、游乐园等				

主要财务指标	指标\报告期	2017.06.30	2016.12.31	2016.06.30	2015.12.31
	基本每股收益(元)	0.0664	0.3647	0.0269	0.4673
	基本每股收益(扣除后)(元)	0.0672	0.4214	0.0508	0.3817
	稀释每股收益(元)	0.0664	0.3647	0.0269	0.4673
	每股净资产(元)	4.2302	4.3638	4.0260	4.1991
	每股经营现金净流量(元)	0.3367	0.9602	0.2153	1.2757
	每股现金流量(元)	-2.3425	3.0164	0.3976	0.0039
	每股资本公积金(元)	2.1495	2.1495	2.1495	2.1495
	每股盈余公积金(元)	0.2445	0.2445	0.2040	0.2040
	每股未分配利润(元)	0.8362	0.9698	0.6724	0.8456
	净资产收益率(%)	1.5698	8.3565	0.6677	11.1274
	加权净资产收益率(%)	1.5500	8.6200	0.6500	11.7100
	净资产收益率(扣除)(%)	1.5890	9.6558	1.2611	9.0892
	总资产(万元)	99651.31	102039.24	69785.06	64238.26
	归属母公司股东权益(万元)	38917.70	40146.77	37039.21	38631.92
	营业收入(万元)	13289.53	31711.63	11538.71	30528.02
	营业支出(万元)	6598.82	13145.58	6262.24	13806.31
	投资收益(万元)	--	49.54	-	512.26
	净利润(万元)	351.13	3259.62	84.73	4646.82
	营业利润(万元)	982.34	5928.48	610.09	5870.22
	利润总额(万元)	972.19	4682.86	315.77	5888.13

贵州益佰制药股份有限公司

公司概况	公司名称	贵州益佰制药股份有限公司			证券简称	益佰制药
	法人代表	窦啟玲	董秘	李刚	证券代码	600594
	公司网址	www.gzcci.com		电子信箱	600594@gz100.cn	
	电　话	0851-4705177		传　真	0851-4719910	
	办公地址	贵州省贵阳市白云大道220-1号				
	经营范围	胶囊剂、小容量注射剂、洗剂、栓剂、合剂、片剂、颗粒剂、糖浆剂等				

主要财务指标	指标\报告期	2017.06.30	2016.12.31	2016.06.30	2015.12.31
	基本每股收益(元)	0.2320	0.4860	0.2180	0.2391
	基本每股收益(扣除后)(元)	0.2160	0.4645	0.2240	0.2163
	稀释每股收益(元)	0.2320	0.4860	0.2180	0.2391
	每股净资产(元)	5.2076	4.9757	4.7283	4.5107
	每股经营现金净流量(元)	0.3505	0.4806	0.2021	0.7244
	每股现金流量(元)	-0.3867	0.0569	-0.3723	-0.0495
	每股资本公积金(元)	0.9703	0.9703	0.9703	0.9703
	每股盈余公积金(元)	0.3344	0.3344	0.3050	0.3050
	每股未分配利润(元)	2.9029	2.6710	2.4530	2.2353
	净资产收益率(%)	4.4536	9.7672	4.6040	5.3017
	加权净资产收益率(%)	4.5550	10.2670	4.7130	5.4460
	净资产收益率(扣除)(%)	4.1492	9.3353	4.7287	4.7955
	总资产(万元)	656978.56	658891.52	592267.88	558757.90
	归属母公司股东权益(万元)	412402.45	394035.71	374450.96	357211.59
	营业收入(万元)	195188.82	368682.28	172604.24	330251.92
	营业支出(万元)	51786.20	86780.87	35082.71	63228.30
	投资收益(万元)	-183.99	-327.81	180.14	-293.26
	净利润(万元)	19830.81	39339.72	17467.64	19199.48
	营业利润(万元)	21652.60	46392.78	22472.20	19453.82
	利润总额(万元)	23123.77	48333.99	21766.91	22733.31

河南中孚实业股份有限公司

公司概况	公司名称	河南中孚实业股份有限公司			证券简称	中孚实业
	法人代表	崔红松	董秘	杨萍	证券代码	600595
	公司网址	www.zfsy.com.cn		电子信箱	yangping@zfsy.com.cn	
	电　话	0371-64569088		传　真	0371-64569089	
	办公地址	河南省巩义市新华路31号				
	经营范围	电解铝、铝材、炭素的生产、销售等				

主要财务指标	指标\报告期	2017.06.30	2016.12.31	2016.06.30	2015.12.31
	基本每股收益(元)	0.0400	0.0300	0.0800	-0.2500
	基本每股收益(扣除后)(元)	-0.0100	-0.0100	0.0500	-0.2600
	稀释每股收益(元)	0.0400	0.0300	0.0800	-0.2500
	每股净资产(元)	2.8078	2.7695	2.8185	2.7349
	每股经营现金净流量(元)	0.4284	0.4417	0.5698	0.4983
	每股现金流量(元)	-0.1201	0.0703	0.0704	0.1607
	每股资本公积金(元)	1.6192	1.6180	1.6157	1.6157
	每股盈余公积金(元)	0.1456	0.1456	0.1456	0.1456
	每股未分配利润(元)	0.0430	0.0059	0.0568	-0.0266
	净资产收益率(%)	1.3214	1.2025	2.9592	-9.1471
	加权净资产收益率(%)	1.3300	1.2100	3.0000	-8.2800
	净资产收益率(扣除)(%)	-0.4996	-0.4414	1.7782	-9.6604
	总资产(万元)	2590969.33	2635831.05	2528633.17	2502461.80
	归属母公司股东权益(万元)	488981.98	482315.25	490848.72	476297.93
	营业收入(万元)	580110.86	1391554.03	713279.12	971159.92
	营业支出(万元)	521061.76	1233194.03	632309.64	924097.98
	投资收益(万元)	-1295.77	-551.17	-1003.90	835.86
	净利润(万元)	597.20	16081.38	13125.49	-111919.10
	营业利润(万元)	-8989.96	15216.67	12486.40	-129300.30
	利润总额(万元)	2667.25	23406.04	19617.10	-127627.71

浙江新安化工集团股份有限公司

公司概况	公司名称	浙江新安化工集团股份有限公司			证券简称	新安股份
	法人代表	吴建华	董秘	姜永平	证券代码	600596
	公司网址	www.wynca.com		电子信箱	jiang_yp888@sohu.com	
	电　话	0571-64715693 64726275		传　真	0571-64715693 64726275	
	办公地址	浙江省建德市江滨中路新安大厦1号				
	经营范围	农药、化工、新材料及化工机械的制造加工和销售				

	指标\报告期	2017.06.30	2016.12.31	2016.06.30	2015.12.31
主要财务指标	基本每股收益(元)	0.3107	0.1142	–0.0256	–0.3928
	基本每股收益(扣除后)(元)	0.2001	–0.1474	–0.0548	–0.4852
	稀释每股收益(元)	0.3107	0.1142	–0.0256	–0.3928
	每股净资产(元)	6.1036	5.9207	5.7787	5.8400
	每股经营现金净流量(元)	0.3641	0.9130	0.2706	0.2496
	每股现金流量(元)	0.5034	0.2414	0.1300	–0.1929
	每股资本公积金(元)	1.2150	1.1075	1.1022	1.1022
	每股盈余公积金(元)	0.5927	0.6156	0.6036	0.6036
	每股未分配利润(元)	3.1981	3.1109	2.9831	3.0587
	净资产收益率(%)	4.9005	1.9287	–0.4426	–6.7268
	加权净资产收益率(%)	5.0700	1.9500	–0.4000	–6.4600
	净资产收益率(扣除)(%)	3.1561	–2.4889	–0.9482	–8.3088
	总资产(万元)	878390.00	799448.30	790390.63	783918.95
	归属母公司股东权益(万元)	430554.36	402127.93	392483.52	396646.57
	营业收入(万元)	366539.33	680249.12	348562.94	734691.52
	营业支出(万元)	304188.43	590133.35	309955.79	664561.28
	投资收益(万元)	3081.00	2193.78	1346.33	8325.44
	净利润(万元)	21182.16	8724.37	–169.17	–25810.36
	营业利润(万元)	18859.47	6269.19	2780.28	–18751.72
	利润总额(万元)	24063.08	14805.41	4120.03	–19794.71

光明乳业股份有限公司

公司概况	公司名称	光明乳业股份有限公司			证券简称	光明乳业
	法人代表	张崇建	董秘	沈小燕	证券代码	600597
	公司网址	www.brightdairy.com		电子信箱	600597@brightdairy.com	
	电　话	021-54584520*5623		传　真	021-64013337	
	办公地址	上海市吴中路578号				
	经营范围	生产、开发与销售乳、乳制品和饲料以及便利店零售业务				

	指标\报告期	2017.06.30	2016.12.31	2016.06.30	2015.12.31
主要财务指标	基本每股收益(元)	0.2992	0.4600	0.1966	0.3400
	基本每股收益(扣除后)(元)	0.3161	0.3800	0.1812	0.2800
	稀释每股收益(元)	0.2988	0.4600	0.1964	0.3400
	每股净资产(元)	4.2502	4.0573	3.8197	3.6880
	每股经营现金净流量(元)	0.2962	2.1203	0.5608	1.5166
	每股现金流量(元)	–0.2786	0.0381	–0.8731	1.0422
	每股资本公积金(元)	1.4440	1.4423	1.4402	1.4375
	每股盈余公积金(元)	0.3641	0.3641	0.3458	0.3458
	每股未分配利润(元)	1.4908	1.3431	1.0994	1.0238
	净资产收益率(%)	7.0034	11.2794	5.1210	9.2172
	加权净资产收益率(%)	7.1100	11.8800	5.1700	9.3400
	净资产收益率(扣除)(%)	7.3993	9.3285	4.7188	7.5951
	总资产(万元)	1636070.18	1607981.00	1515822.69	1544681.24
	归属母公司股东权益(万元)	523041.13	499305.95	470066.78	453856.72
	营业收入(万元)	1092339.65	2020675.09	1026972.91	1937319.30
	营业支出(万元)	712073.93	1239067.30	601477.00	1237823.16
	投资收益(万元)	116.37	13.15	–81.60	–31.41
	净利润(万元)	42809.94	67526.15	32147.59	49609.97
	营业利润(万元)	54501.95	97551.32	46085.14	66870.59
	利润总额(万元)	51199.48	101698.08	44507.06	70490.89

黑龙江北大荒农业股份有限公司

公司概况	公司名称	黑龙江北大荒农业股份有限公司			证券简称	北大荒
	法人代表	刘长友	董秘	刘长友(代)	证券代码	600598
	公司网址	www.hacl.cn		电子信箱	600598@hacl.cn	
	电　话	0451-55195980		传　真	0451-55195986	
	办公地址	黑龙江省哈尔滨市南岗区汉水路263号				
	经营范围	水稻、小麦、大豆、玉米等粮食作物的生产、精深加工、销售等				

	指标\报告期	2017.06.30	2016.12.31	2016.06.30	2015.12.31
主要财务指标	基本每股收益(元)	0.2950	0.4140	0.3330	0.3710
	基本每股收益(扣除后)(元)	0.3000	0.4200	0.3340	0.3800
	稀释每股收益(元)	0.2950	0.4140	0.3330	0.3710
	每股净资产(元)	3.2856	3.2860	3.2062	3.1674
	每股经营现金净流量(元)	0.8803	0.9038	1.1957	0.4364
	每股现金流量(元)	0.3122	0.3226	0.7323	–0.6188
	每股资本公积金(元)	1.4057	1.3614	1.3614	1.3614
	每股盈余公积金(元)	0.7261	0.7261	0.6665	0.6665
	每股未分配利润(元)	0.1521	0.1971	0.1771	0.1388
	净资产收益率(%)	8.9762	12.5842	10.3951	11.6994
	加权净资产收益率(%)	8.7300	12.9100	9.8500	11.7600
	净资产收益率(扣除)(%)	9.1286	12.7832	10.4098	11.9929
	总资产(万元)	873331.96	774225.04	855575.42	723473.46
	归属母公司股东权益(万元)	584072.52	584151.80	569952.99	563057.08
	营业收入(万元)	150490.86	309477.86	168117.24	365377.47
	营业支出(万元)	22417.69	64289.08	48487.58	115516.48
	投资收益(万元)	–311.46	728.61	820.21	2297.58
	净利润(万元)	51559.92	71358.16	58235.91	62181.50
	营业利润(万元)	52762.84	73580.66	58816.71	67270.56
	利润总额(万元)	51574.16	71420.92	58276.08	63249.93

熊猫金控股份有限公司

公司概况	公司名称	熊猫金控股份有限公司			证券简称	熊猫金控
	法人代表	李民	董秘	黄叶璞	证券代码	600599
	公司网址	www.pandafireworks.com		电子信箱	600599@pandafireworks.com	
	电　话	0731-83620963		传　真	0731-83620966	
	办公地址	湖南省浏阳市浏阳大道271号				
	经营范围	花炮产品销售、花炮材料销售、纸品销售、印刷包装材料销售、租赁等				

	指标\报告期	2017.06.30	2016.12.31	2016.06.30	2015.12.31
主要财务指标	基本每股收益(元)	0.0564	0.1200	–0.0750	0.1200
	基本每股收益(扣除后)(元)	–0.1780	0.2300	–0.0740	0.0500
	稀释每股收益(元)	0.0564	0.1200	–0.0750	0.1200
	每股净资产(元)	4.2952	4.2988	4.1081	4.2315
	每股经营现金净流量(元)	–0.0144	–0.3640	–0.4752	–0.7141
	每股现金流量(元)	–0.3833	0.6194	0.4706	–1.8053
	每股资本公积金(元)	3.0487	3.0487	3.0487	3.0487
	每股盈余公积金(元)	0.0735	0.0735	0.0609	0.0609
	每股未分配利润(元)	0.1730	0.1766	–0.0102	0.1144
	净资产收益率(%)	1.3135	2.9028	–1.8150	2.8364
	加权净资产收益率(%)	1.3070	2.9300	–1.7850	2.8500
	净资产收益率(扣除)(%)	–4.1539	5.2806	–1.8018	1.0793
	总资产(万元)	111023.57	119584.91	109852.72	86387.24
	归属母公司股东权益(万元)	71300.26	71359.73	68193.89	70242.77
	营业收入(万元)	21827.77	33420.51	15758.84	29619.37
	营业支出(万元)	5080.76	8238.22	4873.21	9593.92
	投资收益(万元)	4750.63	894.55	–289.34	1953.20
	净利润(万元)	1197.17	1762.93	–1234.66	2003.57
	营业利润(万元)	709.89	6295.89	–905.20	3271.39
	利润总额(万元)	1419.03	2449.43	–950.76	2705.29

青岛啤酒股份有限公司

公司概况					
公司名称	青岛啤酒股份有限公司			证券简称	青岛啤酒
法人代表	孙明波	董秘	张瑞祥	证券代码	600600
公司网址	www.tsingtao.com.cn		电子信箱	secretary@tsingtao.com.cn	
电　话	0532-85713831		传　真	0532-85713240	
办公地址	山东省青岛市香港中路五四广场青啤大厦				
经营范围	啤酒制造、技术研究、开发、转让、咨询服务、国内商业、自营进出口				

主要财务指标				
指标\报告期	2017.06.30	2016.12.31	2016.06.30	2015.12.31
基本每股收益(元)	0.8500	0.7720	0.7910	1.2680
基本每股收益(扣除后)(元)	0.7640	0.6070	0.7230	0.7790
稀释每股收益(元)	0.8500	0.7720	0.7910	1.2680
每股净资产(元)	12.5797	12.0756	12.5810	12.1823
每股经营现金净流量(元)	2.6045	2.1991	2.8012	1.9057
每股现金流量(元)	2.2269	0.2621	1.2202	1.7091
每股资本公积金(元)	2.5494	2.5494	3.0164	3.0164
每股盈余公积金(元)	1.0368	1.0368	1.0368	1.0368
每股未分配利润(元)	7.9212	7.4211	7.4670	7.0657
净资产收益率(%)	6.7577	6.3963	6.2896	10.4091
加权净资产收益率(%)	6.8000	6.4300	6.2900	10.7600
净资产收益率(扣除)(%)	6.0731	5.0227	5.7483	6.3963
总资产(万元)	3266115.05	3007715.85	3079829.97	2850059.01
归属母公司股东权益(万元)	1699495.77	1631395.27	1699672.42	1645806.20
营业收入(万元)	1506272.10	2610634.37	1474611.68	2763468.60
营业支出(万元)	874374.90	1526527.95	872885.06	1719210.17
投资收益(万元)	3374.60	15096.97	2932.48	46241.28
净利润(万元)	122491.15	110569.85	107452.04	161204.35
营业利润(万元)	167744.18	164025.29	140271.55	185516.32
利润总额(万元)	172605.59	212344.18	151746.50	227482.24

方正科技集团股份有限公司

公司概况					
公司名称	方正科技集团股份有限公司			证券简称	方正科技
法人代表	刘建	董秘	侯郁波	证券代码	600601
公司网址	www.foundertech.com		电子信箱	ir@founder.com	
电　话	021-58400030		传　真	021-58408970	
办公地址	上海市浦东南路 360 号新上海国际大厦 36 层				
经营范围	电子计算机及配件、软件等				

主要财务指标				
指标\报告期	2017.06.30	2016.12.31	2016.06.30	2015.12.31
基本每股收益(元)	-0.0662	0.0299	-0.0448	0.0501
基本每股收益(扣除后)(元)	-0.0682	0.0039	-0.0482	0.0321
稀释每股收益(元)	-0.0662	0.0299	-0.0448	0.0501
每股净资产(元)	1.7210	1.6957	1.6152	1.6635
每股经营现金净流量(元)	-0.1326	0.2348	-0.1193	0.2798
每股现金流量(元)	-0.1965	-0.0636	-0.2280	-0.1262
每股资本公积金(元)	0.1583	0.0660	0.0660	0.0660
每股盈余公积金(元)	--	--	-	-
每股未分配利润(元)	0.5379	0.6041	0.5394	0.5842
净资产收益率(%)	-3.8475	1.7606	-2.7744	3.0125
加权净资产收益率(%)	-3.9800	1.7800	-2.7300	3.0500
净资产收益率(扣除)(%)	-3.9608	0.2324	-2.9813	1.9291
总资产(万元)	1059358.58	1055702.38	947215.51	946228.84
归属母公司股东权益(万元)	377747.85	372185.71	354526.89	365111.28
营业收入(万元)	228681.61	661371.37	269011.71	651566.92
营业支出(万元)	190009.42	553066.83	232040.49	555581.49
投资收益(万元)	-54.68	-46.55	-40.67	-26.43
净利润(万元)	-14625.31	6703.85	-9877.66	11106.79
营业利润(万元)	-16081.92	3104.19	-11318.97	10518.50
利润总额(万元)	-15163.97	10136.44	-10153.05	15897.94

云赛智联股份有限公司

公司概况					
公司名称	云赛智联股份有限公司			证券简称	云赛智联
法人代表	黄金刚	董秘	张杏兴	证券代码	600602
公司网址	www.inesa-e.com		电子信箱	webmaster@inesa-e.com	
电　话	021-62980202 34695939		传　真	021-62982121	
办公地址	上海市徐汇区宜州路 180 号华鑫天地二期 3 号楼 9-10 楼				
经营范围	真空光电子器件及其应用产品、配件的生产和销售				

主要财务指标				
指标\报告期	2017.06.30	2016.12.31	2016.06.30	2015.12.31
基本每股收益(元)	0.0983	0.1790	0.0533	0.1250
基本每股收益(扣除后)(元)	0.0588	0.0170	0.0430	0.0050
稀释每股收益(元)	0.0983	0.1790	0.0533	0.1250
每股净资产(元)	2.6839	2.6470	2.5084	2.4817
每股经营现金净流量(元)	-0.2564	0.0656	-0.1429	-0.0223
每股现金流量(元)	-0.0753	-0.5003	-0.8382	0.0816
每股资本公积金(元)	1.0783	1.0783	1.0761	1.0905
每股盈余公积金(元)	0.2560	0.2560	0.2500	0.2500
每股未分配利润(元)	0.3353	0.2907	0.1720	0.1545
净资产收益率(%)	3.6640	6.7685	2.1254	4.9161
加权净资产收益率(%)	3.6900	6.9670	2.1400	5.1680
净资产收益率(扣除)(%)	2.1894	0.6234	1.7150	0.1689
总资产(万元)	508885.52	516836.58	472709.33	461353.82
归属母公司股东权益(万元)	356115.15	351214.06	332823.17	331053.28
营业收入(万元)	162772.80	409383.72	157264.83	299738.60
营业支出(万元)	133429.64	316403.36	128836.49	239816.35
投资收益(万元)	5215.95	6831.70	4102.11	13942.64
净利润(万元)	13435.57	30876.49	8755.72	22076.86
营业利润(万元)	9469.57	30902.87	8064.34	20870.53
利润总额(万元)	15185.66	36908.35	10461.01	25422.27

广汇物流股份有限公司

公司概况					
公司名称	广汇物流股份有限公司			证券简称	广汇物流
法人代表	蒙科良	董秘	王玉琴	证券代码	600603
公司网址	www.chinaghwl.com		电子信箱	ghwl@chinaghfz.com	
电　话	0991-6602888		传　真	0991-6603888	
办公地址	新疆维吾尔自治区乌鲁木齐市天山区新华北路 165 号				
经营范围	对新能源、新材料、矿产资源、光电、网络科技产业的投资及投资管理				

主要财务指标				
指标\报告期	2017.06.30	2016.12.31	2016.06.30	2015.12.31
基本每股收益(元)	0.2000	0.7100	-0.1107	-1.0000
基本每股收益(扣除后)(元)	0.2400	0.8100	-0.0997	-1.0100
稀释每股收益(元)	0.2000	0.7100	-0.1107	-1.0000
每股净资产(元)	9.0413	8.0222	-0.8908	-0.7801
每股经营现金净流量(元)	0.0589	0.0779	-0.1773	-0.0595
每股现金流量(元)	0.7568	0.6068	-0.1231	0.0378
每股资本公积金(元)	2.1608	0.7207	2.8050	2.8050
每股盈余公积金(元)	0.4743	0.6109	0.3418	0.3418
每股未分配利润(元)	4.7034	5.4210	-5.0619	-4.9512
净资产收益率(%)	1.9714	5.8756	-	-
加权净资产收益率(%)	2.2500	6.0600	-	-
净资产收益率(扣除)(%)	2.3611	6.6407	-	129.2129
总资产(万元)	747057.57	703892.41	24591.48	25837.43
归属母公司股东权益(万元)	567584.32	450165.73	-17338.38	-15183.36
营业收入(万元)	30050.74	63071.29	77.17	3767.91
营业支出(万元)	6097.46	14805.32	46.87	2914.97
投资收益(万元)	686.82	962.43	-8.90	-86.62
净利润(万元)	11189.28	24687.11	-2293.98	-23244.29
营业利润(万元)	14068.51	28220.30	-2074.82	-23322.56
利润总额(万元)	13643.76	27886.68	-2293.98	-23199.47

上海市北高新股份有限公司

公司概况	公司名称	上海市北高新股份有限公司			证券简称	市北高新
	法人代表	罗岚	董秘	胡申	证券代码	600604
	公司网址	www.shibeiht.com		电子信箱	zhengquan@shibei.com	
	电　话	021-66528130		传　真	021-56770134	
	办公地址	上海市江场三路 262 号 1 楼				
	经营范围	生产销售纺纱机械、化纤机械等产品				

主要财务指标	指标\报告期	2017.06.30	2016.12.31	2016.06.30	2015.12.31
	基本每股收益(元)	0.0400	0.1900	0.1000	0.2000
	基本每股收益(扣除后)(元)	0.0300	0.1800	0.0900	0.1800
	稀释每股收益(元)	0.0400	0.1900	0.1000	0.2000
	每股净资产(元)	3.0596	6.0624	3.8732	3.7963
	每股经营现金净流量(元)	-0.5950	0.0245	-1.0380	-1.6694
	每股现金流量(元)	-0.6904	2.2863	-0.2357	1.3021
	每股资本公积金(元)	1.6459	4.2918	2.0287	2.0287
	每股盈余公积金(元)	0.0189	0.0378	0.0331	0.0331
	每股未分配利润(元)	0.3931	0.7328	0.8114	0.7345
	净资产收益率(%)	1.1992	2.7027	2.5024	4.5616
	加权净资产收益率(%)	1.2000	4.0000	2.5200	5.2400
	净资产收益率(扣除)(%)	1.0529	2.5850	2.3989	4.2087
	总资产(万元)	1296464.56	1283847.23	1053604.62	880556.18
	归属母公司股东权益(万元)	573159.83	567837.90	294477.58	288629.03
	营业收入(万元)	43523.12	118013.86	56202.24	99119.60
	营业支出(万元)	27313.51	70001.13	32481.68	59911.17
	投资收益(万元)	4628.91	3877.36	-244.93	2433.53
	净利润(万元)	8723.05	15482.73	6956.06	11772.01
	营业利润(万元)	11066.06	21885.92	10839.88	16865.53
	利润总额(万元)	11678.51	22341.34	10940.12	17108.06

上海汇通能源股份有限公司

公司概况	公司名称	上海汇通能源股份有限公司			证券简称	汇通能源
	法人代表	郑树昌	董秘	邵宗超	证券代码	600605
	公司网址	www.huitongenergy.com		电子信箱	shaozongchao@sohu.com	
	电　话	021-62560000*108 147		传　真	021-62566022	
	办公地址	上海市南京西路 1576 号轻工机械大厦 4 楼				
	经营范围	轻工机械及成套设备的制造、销售				

主要财务指标	指标\报告期	2017.06.30	2016.12.31	2016.06.30	2015.12.31
	基本每股收益(元)	0.0760	0.1680	0.0970	0.0700
	基本每股收益(扣除后)(元)	0.0760	0.1560	0.1000	0.0610
	稀释每股收益(元)	0.0760	0.1680	0.0970	0.0700
	每股净资产(元)	3.9422	3.9168	3.8456	3.7693
	每股经营现金净流量(元)	0.2402	0.2715	-0.3518	0.1098
	每股现金流量(元)	-0.1805	-0.2402	-0.9455	0.6392
	每股资本公积金(元)	1.2142	1.2142	1.2142	1.2142
	每股盈余公积金(元)	0.5475	0.5475	0.5428	0.5428
	每股未分配利润(元)	1.1804	1.1551	1.0886	1.0123
	净资产收益率(%)	1.9370	4.3011	2.5303	1.8501
	加权净资产收益率(%)	1.9310	4.3836	2.5490	2.1003
	净资产收益率(扣除)(%)	1.9259	3.9765	2.6064	1.6051
	总资产(万元)	121840.11	123847.20	120244.11	126219.80
	归属母公司股东权益(万元)	58085.76	57711.99	56663.49	55538.89
	营业收入(万元)	121567.18	214948.64	91719.89	184224.56
	营业支出(万元)	117203.87	205825.02	86724.55	177375.83
	投资收益(万元)	-50.11	-59.70	-55.33	-93.03
	净利润(万元)	1125.10	2482.26	1433.76	1027.51
	营业利润(万元)	1193.44	2535.68	1697.89	1048.99
	利润总额(万元)	1202.07	2792.32	1652.08	1230.75

绿地控股股份有限公司

公司概况	公司名称	绿地控股股份有限公司			证券简称	绿地控股
	法人代表	张玉良	董秘	王晓东	证券代码	600606
	公司网址	www.ldjt.com.cn		电子信箱	ir@ldjt.com.cn	
	电　话	021-63600606 23296400		传　真	021-53188660*6400	
	办公地址	上海市黄浦区打浦路 700 号				
	经营范围	实业投资，房地产开发经营、租赁、置换等				

主要财务指标	指标\报告期	2017.06.30	2016.12.31	2016.06.30	2015.12.31
	基本每股收益(元)	0.3800	0.5900	0.3800	0.5800
	基本每股收益(扣除后)(元)	0.3300	0.5600	0.4100	0.4700
	稀释每股收益(元)	0.3800	0.5900	0.3800	0.5800
	每股净资产(元)	4.7688	4.6200	4.4626	4.3619
	每股经营现金净流量(元)	0.9841	-0.3581	-0.9639	-1.9920
	每股现金流量(元)	-0.3954	1.4577	-0.1618	0.7181
	每股资本公积金(元)	0.7404	0.7407	0.7409	0.7428
	每股盈余公积金(元)	0.2844	0.2844	0.2674	0.2674
	每股未分配利润(元)	2.7255	2.5970	2.4173	2.2393
	净资产收益率(%)	8.0266	12.8081	8.4688	12.9747
	加权净资产收益率(%)	7.9500	13.0100	8.3700	14.1200
	净资产收益率(扣除)(%)	6.9460	12.1421	9.1264	10.5990
	总资产(万元)	74509010.30	73313795.55	61713917.61	60043607.04
	归属母公司股东权益(万元)	5802798.37	5627129.27	5430211.85	5307575.45
	营业收入(万元)	12597557.39	24740015.49	10802103.60	20725659.48
	营业支出(万元)	10801434.56	20980660.46	9092993.56	17667305.60
	投资收益(万元)	148702.67	597718.80	225385.36	447289.25
	净利润(万元)	624820.07	939736.05	478311.48	738477.22
	营业利润(万元)	851472.72	1532875.18	642364.28	1018471.18
	利润总额(万元)	829783.01	1444034.80	634442.00	1057528.07

上海宽频科技股份有限公司

公司概况	公司名称	上海宽频科技股份有限公司			证券简称	*ST 沪科
	法人代表	雷升逵	董秘	刘文鑫	证券代码	600608
	公司网址	www.600608.net		电子信箱	invest@600608.net	
	电　话	0871-63202050 62317066		传　真	021-62317066	
	办公地址	云南省昆明市西山区盘龙路 25 号院 5 号楼 3 楼				
	经营范围	通信网络设备、计算机信息工程、集成电路设计与销售等				

主要财务指标	指标\报告期	2017.06.30	2016.12.31	2016.06.30	2015.12.31
	基本每股收益(元)	-0.0400	-0.0700	-0.0500	0.1100
	基本每股收益(扣除后)(元)	-0.0400	-0.0900	-0.0500	-0.0700
	稀释每股收益(元)	-0.0400	-0.0700	-0.0500	0.1100
	每股净资产(元)	-0.0799	-0.0400	-0.0145	0.0324
	每股经营现金净流量(元)	-0.0409	-0.1758	-0.0694	0.2955
	每股现金流量(元)	-0.1321	-0.2024	-0.0727	0.2755
	每股资本公积金(元)	1.3350	1.3350	1.3350	1.3350
	每股盈余公积金(元)	0.1423	0.1423	0.1423	0.1423
	每股未分配利润(元)	-2.5572	-2.5173	-2.4918	-2.4449
	净资产收益率(%)	49.9648	—	–	328.6393
	加权净资产收益率(%)	—	—	–	–
	净资产收益率(扣除)(%)	47.9702	235.1472	–	-210.3803
	总资产(万元)	14929.17	19282.07	22407.90	26768.30
	归属母公司股东权益(万元)	-2627.93	-1314.89	-475.55	1064.74
	营业收入(万元)	7565.98	26295.66	3960.40	19017.16
	营业支出(万元)	7351.91	25710.03	4029.11	17573.62
	投资收益(万元)	—	—	–	–
	净利润(万元)	-1445.38	-2546.43	-1705.17	3497.60
	营业利润(万元)	-1366.41	-3095.80	-1723.20	-2326.74
	利润总额(万元)	-1445.38	-2546.43	-1705.17	5228.67

金杯汽车股份有限公司

公司概况	公司名称	金杯汽车股份有限公司		证券简称	金杯汽车
	法人代表	刘鹏程	董秘 赵晓军	证券代码	600609
	公司网址	www.jinbei.com		电子信箱	stock@syjbauto.com.cn
	电　　话	024-24803399 24815610		传　　真	024-24163399
	办公地址	辽宁省沈阳市沈河区万柳塘路 38 号			
	经营范围	汽车及配件制造			

主要财务指标	指标＼报告期	2017.06.30	2016.12.31	2016.06.30	2015.12.31
	基本每股收益(元)	-0.3090	-0.1900	-0.0400	0.0330
	基本每股收益(扣除后)(元)	-0.3250	-0.4000	-0.0590	-0.0600
	稀释每股收益(元)	-0.3090	-0.1900	-0.0400	0.0330
	每股净资产(元)	-0.2345	0.0660	0.2141	0.2406
	每股经营现金净流量(元)	-0.6345	0.4395	-0.1428	-0.4507
	每股现金流量(元)	-0.0207	0.6548	-0.0676	-0.9866
	每股资本公积金(元)	1.0069	1.0069	1.0069	1.0069
	每股盈余公积金(元)	0.3786	0.3786	0.3786	0.3786
	每股未分配利润(元)	-2.6282	-2.3196	-2.1689	-2.1289
	净资产收益率(%)	131.5837	-288.3416	-18.6675	13.5952
	加权净资产收益率(%)	-350.1400	-124.5100	-18.1200	13.9900
	净资产收益率(扣除)(%)	138.5204	-587.6657	-27.4531	-25.0445
	总资产(万元)	1162373.50	1137017.38	1029500.97	1004219.89
	归属母公司股东权益(万元)	-25620.50	7228.06	23397.03	26293.68
	营业收入(万元)	257955.60	480150.23	234102.72	463812.43
	营业支出(万元)	217113.40	410014.79	197462.67	386055.84
	投资收益(万元)	24.65	1325.39	-302.72	503.84
	净利润(万元)	-20252.06	70.89	4037.09	19725.54
	营业利润(万元)	-17723.23	-15674.83	5207.59	11616.04
	利润总额(万元)	-15946.04	7498.72	7263.16	25759.42

上海中毅达股份有限公司

公司概况	公司名称	上海中毅达股份有限公司		证券简称	中毅达
	法人代表	党悦栋	董秘 党悦栋(代)	证券代码	600610
	公司网址	www.600610.com.cn		电子信箱	zhongyida@600610.com.cn
	电　　话	021-33568806		传　　真	021-33568802
	办公地址	上海市徐汇区淮海中路 1010 号嘉华中心 3704 室			
	经营范围	纺织机械及有关器材的生产与销售等			

主要财务指标	指标＼报告期	2017.06.30	2016.12.31	2016.06.30	2015.12.31
	基本每股收益(元)	0.0010	0.0044	-0.0130	-0.0100
	基本每股收益(扣除后)(元)	0.0020	0.0061	-0.0130	-0.0200
	稀释每股收益(元)	0.0010	0.0044	-0.0130	-0.0100
	每股净资产(元)	1.0873	1.0862	1.0676	1.0818
	每股经营现金净流量(元)	-0.1376	0.0231	-0.0121	-0.0938
	每股现金流量(元)	-0.0039	0.0329	-0.0329	-0.0292
	每股资本公积金(元)	0.3572	0.3572	0.3572	0.3572
	每股盈余公积金(元)	--	--	-	-
	每股未分配利润(元)	-0.2699	-0.2710	-0.2895	-0.2753
	净资产收益率(%)	0.1008	0.4029	-1.3274	-0.5649
	加权净资产收益率(%)	0.0010	0.0044	-1.3000	-0.6100
	净资产收益率(扣除)(%)	0.1429	0.5599	-1.2477	-1.7740
	总资产(万元)	214963.30	188289.02	120358.60	124190.98
	归属母公司股东权益(万元)	116478.79	116361.42	114374.43	115892.60
	营业收入(万元)	32322.72	60844.53	1829.08	6716.74
	营业支出(万元)	27181.59	52793.45	1566.46	5330.28
	投资收益(万元)	-31.02	-206.40	-44.60	160.41
	净利润(万元)	1240.60	3106.83	-1518.17	-654.63
	营业利润(万元)	2304.19	3715.79	-1669.01	-1736.17
	利润总额(万元)	2326.01	3892.05	-1517.24	-564.52

大众交通(集团)股份有限公司

公司概况	公司名称	大众交通(集团)股份有限公司		证券简称	大众交通
	法人代表	杨国平	董秘 赵思渊	证券代码	600611
	公司网址	www.96822.com		电子信箱	dzjt@96822.com
	电　　话	021-64285708 64289122		传　　真	021-64285642
	办公地址	上海市徐汇区中山西路 1515 号大众大厦 22 楼			
	经营范围	企业经营管理咨询、现代物流、交通运输等			

主要财务指标	指标＼报告期	2017.06.30	2016.12.31	2016.06.30	2015.12.31
	基本每股收益(元)	0.1200	0.2400	0.1100	0.3200
	基本每股收益(扣除后)(元)	0.0800	0.1500	0.0700	0.1900
	稀释每股收益(元)	0.1200	0.2400	0.1100	0.3200
	每股净资产(元)	3.8666	3.9208	3.8411	5.4392
	每股经营现金净流量(元)	0.1157	0.5981	0.2768	0.7901
	每股现金流量(元)	-0.1296	-0.0483	-0.0418	0.8169
	每股资本公积金(元)	0.0032	0.0606	0.0682	0.4024
	每股盈余公积金(元)	0.3746	0.4025	0.3794	0.5691
	每股未分配利润(元)	1.2136	1.1729	1.0695	1.7395
	净资产收益率(%)	2.9932	6.0291	2.8601	5.9720
	加权净资产收益率(%)	2.9600	6.2900	2.9300	6.8800
	净资产收益率(扣除)(%)	2.1590	3.7875	1.8500	3.4923
	总资产(万元)	1551086.58	1593802.23	1585446.15	1470202.44
	归属母公司股东权益(万元)	914102.03	926924.15	908081.12	857266.55
	营业收入(万元)	116479.93	306007.08	110857.08	222027.72
	营业支出(万元)	84146.19	211678.27	78214.45	155161.71
	投资收益(万元)	18153.98	40386.21	22344.70	39731.43
	净利润(万元)	30008.95	62023.67	27662.16	56156.72
	营业利润(万元)	36016.32	72376.57	33870.94	65820.87
	利润总额(万元)	38555.39	79225.67	35760.48	69513.66

老凤祥股份有限公司

公司概况	公司名称	老凤祥股份有限公司		证券简称	老 凤 祥
	法人代表	石力华	董秘 周富良	证券代码	600612
	公司网址	www.chinafirstpencil.com		电子信箱	cfp612@126.com
	电　　话	021-54480605 64833388*608		传　　真	021-54481529
	办公地址	上海市漕溪路 270 号六楼			
	经营范围	黄金首饰、铅笔制造、铅笔机械、化工原料、制笔零件等			

主要财务指标	指标＼报告期	2017.06.30	2016.12.31	2016.06.30	2015.12.31
	基本每股收益(元)	1.1137	2.0215	0.9996	2.1359
	基本每股收益(扣除后)(元)	1.0576	1.8808	0.9200	1.7717
	稀释每股收益(元)	1.1137	2.0215	0.9996	2.1359
	每股净资产(元)	10.7565	9.6755	9.6052	8.6833
	每股经营现金净流量(元)	1.7925	-1.8707	-1.6705	1.8289
	每股现金流量(元)	0.4261	0.2212	-1.3702	0.1833
	每股资本公积金(元)	0.9772	0.9772	0.9756	0.9756
	每股盈余公积金(元)	0.6409	0.6409	0.6409	0.6409
	每股未分配利润(元)	7.8979	6.7842	6.7222	5.7227
	净资产收益率(%)	10.3537	20.8930	10.4066	24.5983
	加权净资产收益率(%)	10.9000	21.8300	10.9300	26.0900
	净资产收益率(扣除)(%)	9.8321	19.4389	9.5786	20.4031
	总资产(万元)	1368394.99	1405613.20	1105951.75	1156011.80
	归属母公司股东权益(万元)	562690.88	506143.15	502463.05	454240.04
	营业收入(万元)	2289191.24	3496377.51	2022422.56	3571237.29
	营业支出(万元)	2112685.21	3183412.52	1864987.39	3271753.76
	投资收益(万元)	1369.62	3794.32	2663.57	3895.88
	净利润(万元)	75745.81	136540.28	67744.13	142163.86
	营业利润(万元)	96450.92	171463.99	84602.74	166665.47
	利润总额(万元)	101524.35	182178.39	91849.92	190118.67

上海神奇制药投资管理股份有限公司

公司概况	公司名称	上海神奇制药投资管理股份有限公司			证券简称	神奇制药
	法人代表	张芝庭	董秘	梅君	证券代码	600613
	公司网址	www.gzsq.com		电子信箱	shanghaiys@126.com	
	电　话	021-53750009		传　真	021-53750012	
	办公地址	上海市威海路128号长发大厦613室				
	经营范围	在国家法律允许和政策鼓励的范围内进行投资管理				

	指标\报告期	2017.06.30	2016.12.31	2016.06.30	2015.12.31
主要财务指标	基本每股收益(元)	0.1000	0.3400	0.1300	0.4400
	基本每股收益(扣除后)(元)	0.1000	0.3100	0.1300	0.4400
	稀释每股收益(元)	0.1000	0.3400	0.1300	0.4400
	每股净资产(元)	4.4807	4.4169	4.2400	4.1755
	每股经营现金净流量(元)	–0.0244	0.0011	0.1560	0.0564
	每股现金流量(元)	0.1160	0.0855	0.1054	–0.0620
	每股资本公积金(元)	1.8150	1.8150	1.8150	1.8150
	每股盈余公积金(元)	0.0970	0.0970	0.0741	0.0741
	每股未分配利润(元)	1.4720	1.3955	1.2530	1.1442
	净资产收益率(%)	2.1392	7.7179	3.0554	9.7188
	加权净资产收益率(%)	2.4600	7.8400	3.6100	10.4500
	净资产收益率(扣除)(%)	2.1806	7.0814	3.0140	9.5533
	总资产(万元)	314404.19	300249.78	276260.82	267081.70
	归属母公司股东权益(万元)	239300.79	235893.67	226446.27	223001.32
	营业收入(万元)	69840.52	159786.79	64582.31	159291.25
	营业支出(万元)	30070.90	54118.00	22424.60	41361.67
	投资收益(万元)	26.52	257.57	41.22	298.71
	净利润(万元)	4626.43	17665.21	6922.01	21826.57
	营业利润(万元)	5620.59	19456.66	8021.50	25446.76
	利润总额(万元)	5377.09	21275.41	8122.53	25878.68

鹏起科技发展股份有限公司

公司概况	公司名称	鹏起科技发展股份有限公司			证券简称	鹏起科技
	法人代表	张朋起	董秘	胡湧	证券代码	600614
	公司网址	www.600614.com		电子信箱	pqkj600614@163.com	
	电　话	86-21-35071889		传　真	86-21-35080120	
	办公地址	上海市浦东新区陆家嘴环路1318号8楼				
	经营范围	房地产开发、销售、物业管理、建筑材料的销售				

	指标\报告期	2017.06.30	2016.12.31	2016.06.30	2015.12.31
主要财务指标	基本每股收益(元)	0.1170	0.0500	0.0700	0.0500
	基本每股收益(扣除后)(元)	0.0980	0.1000	0.0700	0.0300
	稀释每股收益(元)	0.1170	0.0500	0.0700	0.0500
	每股净资产(元)	2.7340	2.6342	2.6496	2.5867
	每股经营现金净流量(元)	–0.0241	0.3122	–0.0301	–0.1637
	每股现金流量(元)	–0.0056	0.2957	–0.0183	0.1136
	每股资本公积金(元)	1.4586	1.4586	1.4586	1.4586
	每股盈余公积金(元)	0.0187	0.0187	0.0169	0.0169
	每股未分配利润(元)	0.2434	0.1461	0.1667	0.1056
	净资产收益率(%)	4.2898	1.9859	2.6828	1.0384
	加权净资产收益率(%)	4.3610	2.0000	2.7100	1.8300
	净资产收益率(扣除)(%)	3.5823	3.7732	2.6189	0.7198
	总资产(万元)	835242.78	792112.31	841338.45	830494.91
	归属母公司股东权益(万元)	479215.68	461715.42	464416.14	453398.34
	营业收入(万元)	107879.34	232679.96	115428.10	171656.71
	营业支出(万元)	71760.96	164657.07	80141.31	132142.06
	投资收益(万元)	463.73	–15280.29	–634.89	4318.84
	净利润(万元)	21101.74	7429.09	11624.43	3100.35
	营业利润(万元)	21951.45	10470.43	14334.22	1438.85
	利润总额(万元)	25063.01	13996.50	14662.30	5073.68

上海丰华(集团)股份有限公司

公司概况	公司名称	上海丰华(集团)股份有限公司			证券简称	丰华股份
	法人代表	涂建敏	董秘	曹际东	证券代码	600615
	公司网址	www.fenghwa.sh.cn		电子信箱	gfzhang615@163.com	
	电　话	021-58702762		传　真	021-58702762	
	办公地址	上海市浦东新区浦建路76号上海由由国际广场1507室				
	经营范围	房地产开发、房屋租赁、物业管理、酒店管理、对外投资等				

	指标\报告期	2017.06.30	2016.12.31	2016.06.30	2015.12.31
主要财务指标	基本每股收益(元)	0.5400	0.0490	0.0410	0.0190
	基本每股收益(扣除后)(元)	–0.0030	0.0220	0.0200	–0.0280
	稀释每股收益(元)	0.5400	0.0490	0.0410	0.0190
	每股净资产(元)	3.1174	2.5806	2.5723	2.5366
	每股经营现金净流量(元)	0.3665	0.0080	–0.0509	–0.1017
	每股现金流量(元)	–0.1242	1.5800	1.6609	0.0556
	每股资本公积金(元)	2.3189	2.3189	2.3189	2.3189
	每股盈余公积金(元)	0.3140	0.3140	0.3140	0.3140
	每股未分配利润(元)	–0.5359	–1.0756	–1.0839	–1.1248
	净资产收益率(%)	17.3110	1.9079	1.5933	0.7471
	加权净资产收益率(%)	18.9420	1.9200	1.6040	0.7200
	净资产收益率(扣除)(%)	–0.1001	0.8463	0.7827	–1.0928
	总资产(万元)	66468.85	64684.00	63366.10	62899.22
	归属母公司股东权益(万元)	58613.92	48520.54	48363.73	47692.91
	营业收入(万元)	4838.00	10530.56	4987.90	8184.00
	营业支出(万元)	3814.09	7911.99	3640.32	6334.74
	投资收益(万元)	12332.30	—	541.02	1255.89
	净利润(万元)	10164.86	985.58	804.96	763.97
	营业利润(万元)	12238.18	1543.45	910.23	919.16
	利润总额(万元)	12243.75	1278.10	889.96	842.18

上海金枫酒业股份有限公司

公司概况	公司名称	上海金枫酒业股份有限公司			证券简称	金枫酒业
	法人代表	龚如杰	董秘	张黎云	证券代码	600616
	公司网址	www.jinfengwine.com		电子信箱	lily@jinfengwine.com	
	电　话	021-58352625　50812727*908		传　真	021-58352620	
	办公地址	上海市普陀区宁夏路777号(海棠大厦内)				
	经营范围	食品销售管理(非实物方式)、酒、仓储货运、租赁				

	指标\报告期	2017.06.30	2016.12.31	2016.06.30	2015.12.31
主要财务指标	基本每股收益(元)	0.0600	0.1300	0.0700	0.1500
	基本每股收益(扣除后)(元)	0.0600	0.1300	0.0600	0.1400
	稀释每股收益(元)	0.0600	0.1300	0.0700	0.1500
	每股净资产(元)	3.8965	3.8841	3.8213	3.8033
	每股经营现金净流量(元)	–0.0905	0.2405	–0.0950	0.3117
	每股现金流量(元)	–0.1401	–0.1295	–0.3003	–0.1736
	每股资本公积金(元)	1.0298	1.0298	1.0298	1.0298
	每股盈余公积金(元)	0.1321	0.1321	0.1217	0.1217
	每股未分配利润(元)	1.7347	1.7223	1.6698	1.6518
	净资产收益率(%)	1.6028	3.3667	1.7778	3.9634
	加权净资产收益率(%)	1.6000	3.4000	1.7700	4.0100
	净资产收益率(扣除)(%)	1.5936	3.2735	1.6742	3.7497
	总资产(万元)	234104.88	244281.78	221311.64	246546.41
	归属母公司股东权益(万元)	200523.85	199883.08	196649.31	195726.41
	营业收入(万元)	43014.95	107540.48	48002.66	106721.50
	营业支出(万元)	23209.63	56737.01	25035.76	54963.83
	投资收益(万元)	293.49	660.44	398.66	1416.92
	净利润(万元)	3301.24	5350.01	3222.58	7040.15
	营业利润(万元)	4541.03	8072.33	4486.64	9671.01
	利润总额(万元)	4534.28	8105.37	4759.41	10293.94

山西省国新能源股份有限公司

公司概况	公司名称	山西省国新能源股份有限公司			证券简称	国新能源
	法人代表	刘军	董秘	张帆	证券代码	600617
	公司网址	www.600617.net		电子信箱	zhangfan600617@163.com	
	电　话	0351—2981617		传　真	0351—2981616	
	办公地址	山西省太原市高新技术产业开发区中心街6号				
	经营范围	生产销售聚酯切片、合成纤维及深加工产品、投资兴办企业、销售自产产品				

主要财务指标	指标\报告期	2017.06.30	2016.12.31	2016.06.30	2015.12.31
	基本每股收益(元)	0.0925	0.3425	0.2690	0.5344
	基本每股收益(扣除后)(元)	0.0817	0.3132	0.2669	0.5307
	稀释每股收益(元)	0.0925	0.3425	0.2690	0.5344
	每股净资产(元)	3.5090	3.4216	3.3658	3.2446
	每股经营现金净流量(元)	0.3010	0.2355	0.0221	0.8137
	每股现金流量(元)	0.0384	−0.1574	0.2238	0.7369
	每股资本公积金(元)	0.8636	0.8926	0.8829	0.8829
	每股盈余公积金(元)	0.1296	0.1296	0.0916	0.0916
	每股未分配利润(元)	1.5053	1.4129	1.3845	1.2654
	净资产收益率(%)	2.6352	10.0107	7.9930	15.4058
	加权净资产收益率(%)	2.6700	10.0700	7.9600	22.2800
	净资产收益率(扣除)(%)	2.3291	9.1546	7.9303	15.2978
	总资产(万元)	2402993.06	2172391.65	1899428.48	1733081.02
	归属母公司股东权益(万元)	380610.81	373773.47	365074.37	351927.81
	营业收入(万元)	495107.47	698018.42	330888.31	676441.16
	营业支出(万元)	416009.85	546440.20	246147.48	513426.80
	投资收益(万元)	−89.11	124.29	437.49	39.34
	净利润(万元)	6276.56	35085.01	28051.22	53693.32
	营业利润(万元)	12915.22	46691.82	38172.85	73783.14
	利润总额(万元)	13807.96	50055.72	38609.12	74061.01

上海氯碱化工股份有限公司

公司概况	公司名称	上海氯碱化工股份有限公司			证券简称	氯碱化工
	法人代表	黄岱列	董秘	董燕	证券代码	600618
	公司网址	www.scacc.com		电子信箱	dshmss@scacc.com	
	电　话	021-23530000 23536618		传　真	021-23536618	
	办公地址	上海市黄浦区徐家汇路560号华仑大厦				
	经营范围	聚氯乙烯、烧碱、氯系列等基本化工原料及加工产品				

主要财务指标	指标\报告期	2017.06.30	2016.12.31	2016.06.30	2015.12.31
	基本每股收益(元)	0.2167	−0.2837	0.0107	0.0827
	基本每股收益(扣除后)(元)	0.2252	−0.0629	0.0394	−0.0272
	稀释每股收益(元)	0.2167	−0.2837	0.0107	0.0827
	每股净资产(元)	1.8941	1.6791	1.9768	1.9557
	每股经营现金净流量(元)	0.2235	0.4227	0.1757	0.2645
	每股现金流量(元)	0.0197	0.1674	0.1590	−0.1402
	每股资本公积金(元)	1.4478	1.4478	1.4478	1.4478
	每股盈余公积金(元)	0.0098	0.0098	0.0098	0.0098
	每股未分配利润(元)	−0.5796	−0.7963	−0.5019	−0.5126
	净资产收益率(%)	11.4390	−16.8970	0.5396	4.2279
	加权净资产收益率(%)	12.1274	−15.6113	0.5425	4.3130
	净资产收益率(扣除)(%)	11.8908	−3.7463	1.9940	−1.3892
	总资产(万元)	471012.52	448961.60	490123.83	484785.44
	归属母公司股东权益(万元)	219038.18	194172.08	228593.76	226154.50
	营业收入(万元)	364326.58	675439.71	311854.23	617087.42
	营业支出(万元)	328306.50	612851.72	287718.13	555943.98
	投资收益(万元)	7031.81	13118.96	4130.78	14712.52
	净利润(万元)	25076.61	−33651.70	1147.62	10488.95
	营业利润(万元)	25221.23	−35982.28	1050.91	−10971.46
	利润总额(万元)	25169.99	−33481.36	1205.06	10956.19

上海海立(集团)股份有限公司

公司概况	公司名称	上海海立(集团)股份有限公司			证券简称	海立股份
	法人代表	董鑑华	董秘	罗敏	证券代码	600619
	公司网址	www.highly.cc		电子信箱	luomin@highly.cc	
	电　话	021-58547777 58547618		传　真	021-50326960	
	办公地址	上海市浦东新区金桥出口加工区宁桥路888号				
	经营范围	生产销售空调压缩机、冰箱压缩机以及除湿机压缩机等				

主要财务指标	指标\报告期	2017.06.30	2016.12.31	2016.06.30	2015.12.31
	基本每股收益(元)	0.1300	0.2000	0.0400	0.0900
	基本每股收益(扣除后)(元)	0.1100	0.1100	0.0300	0.0300
	稀释每股收益(元)	0.1300	0.2000	0.0400	0.0900
	每股净资产(元)	4.6453	4.6079	4.4392	4.4936
	每股经营现金净流量(元)	−0.2599	1.0041	0.2412	0.5853
	每股现金流量(元)	−0.2142	0.3715	0.2253	0.1808
	每股资本公积金(元)	2.4238	2.4238	2.4296	2.4296
	每股盈余公积金(元)	0.2945	0.2945	0.2756	0.2756
	每股未分配利润(元)	0.8937	0.8625	0.7201	0.7631
	净资产收益率(%)	2.8414	4.4131	0.9458	1.7582
	加权净资产收益率(%)	2.8200	4.4800	0.9300	2.3900
	净资产收益率(扣除)(%)	2.4456	2.3740	0.6544	0.5938
	总资产(万元)	1316399.40	1168404.19	1117807.73	1058917.22
	归属母公司股东权益(万元)	402427.01	399184.72	384573.42	389286.73
	营业收入(万元)	528848.15	738373.06	376520.05	589625.58
	营业支出(万元)	459973.76	619267.19	321944.67	498371.05
	投资收益(万元)	183.00	4918.15	355.89	1696.98
	净利润(万元)	14404.07	21484.81	5620.52	10220.42
	营业利润(万元)	16669.19	19662.90	5641.97	8411.96
	利润总额(万元)	16736.82	25818.24	7543.57	13361.43

上海市天宸股份有限公司

公司概况	公司名称	上海市天宸股份有限公司			证券简称	天宸股份
	法人代表	叶茂菁	董秘	潘露	证券代码	600620
	公司网址	www.shstc.com		电子信箱	xuxuyu@shstc.com	
	电　话	021-62782233		传　真	021-62789070	
	办公地址	上海市长宁区仙霞路8号29楼				
	经营范围	实业投资、信息网络安全产品开发、国内贸易、房地产开发经营				

主要财务指标	指标\报告期	2017.06.30	2016.12.31	2016.06.30	2015.12.31
	基本每股收益(元)	0.0903	0.0900	0.0776	0.1100
	基本每股收益(扣除后)(元)	0.0758	0.0400	0.0547	0.0700
	稀释每股收益(元)	0.0903	0.0900	0.0776	0.1100
	每股净资产(元)	3.7356	3.9440	4.5527	9.2584
	每股经营现金净流量(元)	−0.0290	−0.0065	−0.0240	−0.0139
	每股现金流量(元)	−0.1028	0.0480	0.0055	0.0738
	每股资本公积金(元)	0.0114	0.0119	0.0119	0.0128
	每股盈余公积金(元)	0.1752	0.1752	0.1649	0.2474
	每股未分配利润(元)	0.1838	0.1235	0.1237	0.6091
	净资产收益率(%)	2.4184	2.2223	1.7047	1.1724
	加权净资产收益率(%)	2.3500	1.4100	1.4500	1.9600
	净资产收益率(扣除)(%)	2.0285	0.9031	1.2007	0.7565
	总资产(万元)	314395.68	334246.92	389940.89	539471.19
	归属母公司股东权益(万元)	256512.23	270822.22	312626.46	423835.37
	营业收入(万元)	2460.13	4839.84	2250.52	4463.73
	营业支出(万元)	1469.42	3337.72	1725.53	3242.71
	投资收益(万元)	8284.06	7844.60	6888.92	8010.23
	净利润(万元)	6086.34	5846.97	5271.57	4911.92
	营业利润(万元)	6088.76	4154.01	5221.50	5393.95
	利润总额(万元)	6106.25	5922.30	5303.97	5516.32

上海华鑫股份有限公司

公司概况	公司名称	上海华鑫股份有限公司			证券简称	华鑫股份
	法人代表	蔡小庆	董秘	胡之奎	证券代码	600621
	公司网址	www.shchinafortune.com		电子信箱	shcf@shchinafortune.com	
	电话	021-34612017 34698813		传真	86-21-34698990	
	办公地址	上海市宛平南路8号4-5层				
	经营范围	房地产开发经营、自有房屋租赁				

主要财务指标	指标\报告期	2017.06.30	2016.12.31	2016.06.30	2015.12.31
	基本每股收益(元)	0.0600	0.2900	0.2700	0.2488
	基本每股收益(扣除后)(元)	0.0200	0.2100	0.2700	0.2163
	稀释每股收益(元)	0.0600	0.2900	0.2700	0.2488
	每股净资产(元)	5.3351	3.7562	3.7290	3.5309
	每股经营现金净流量(元)	-0.0161	-0.8395	-0.6561	-0.0313
	每股现金流量(元)	-0.8665	0.1559	-0.2906	-0.9651
	每股资本公积金(元)	1.6101	3.1937	0.4151	0.4151
	每股盈余公积金(元)	0.2027	0.4103	0.3743	0.3743
	每股未分配利润(元)	2.4975	4.9267	1.8839	1.6875
	净资产收益率(%)	1.1953	7.8340	7.2774	7.0461
	加权净资产收益率(%)	1.3100	8.0800	7.4200	7.2200
	净资产收益率(扣除)(%)	0.3849	5.4883	7.1941	6.1253
	总资产(万元)	1660968.96	2063717.90	391864.34	359959.26
	归属母公司股东权益(万元)	566003.01	502060.58	195431.02	185047.90
	营业收入(万元)	20058.87	60934.33	40667.62	36533.80
	营业支出(万元)	12625.40	22204.97	10670.50	20699.72
	投资收益(万元)	4767.35	4389.00	2158.65	6714.99
	净利润(万元)	4915.95	13082.74	13074.79	11280.16
	营业利润(万元)	6513.41	15599.44	15891.59	11508.46
	利润总额(万元)	8360.66	17612.03	16117.30	12383.16

光大嘉宝股份有限公司

公司概况	公司名称	光大嘉宝股份有限公司			证券简称	光大嘉宝
	法人代表	陈爽	董秘	孙红良	证券代码	600622
	公司网址	www.jbjt.com		电子信箱	jbdm@jbjt.com	
	电话	021-59529711		传真	021-59536931	
	办公地址	上海市嘉定区依玛路333弄1-6号嘉宝大厦10-15F				
	经营范围	房地产开发经营，自有房屋租赁，投资管理，资产管理等				

主要财务指标	指标\报告期	2017.06.30	2016.12.31	2016.06.30	2015.12.31
	基本每股收益(元)	0.3100	0.4400	0.2040	0.5340
	基本每股收益(扣除后)(元)	0.2900	0.3700	0.1800	0.3240
	稀释每股收益(元)	0.3100	0.4400	0.2040	0.5340
	每股净资产(元)	5.8465	7.4825	7.1893	6.1239
	每股经营现金净流量(元)	-0.2422	2.5501	1.3998	1.5353
	每股现金流量(元)	-1.3743	3.0777	2.5306	1.6256
	每股资本公积金(元)	2.2929	3.2807	3.2807	1.1885
	每股盈余公积金(元)	0.2437	0.3168	0.3096	0.4109
	每股未分配利润(元)	2.1983	2.6705	2.4398	3.2575
	净资产收益率(%)	5.2271	5.7904	2.7185	8.7199
	加权净资产收益率(%)	5.2000	6.0600	2.8390	8.9900
	净资产收益率(扣除)(%)	4.9599	4.8945	2.3999	5.2834
	总资产(万元)	1211944.12	1435751.25	1142321.37	927909.19
	归属母公司股东权益(万元)	518812.09	510762.45	490742.54	314956.01
	营业收入(万元)	118162.55	236356.13	117869.02	209554.24
	营业支出(万元)	59392.04	164426.75	81938.22	154042.14
	投资收益(万元)	730.56	2937.05	685.00	2205.87
	净利润(万元)	31078.99	29077.17	13099.89	29403.59
	营业利润(万元)	41916.67	36561.07	17291.81	28400.35
	利润总额(万元)	41983.50	38824.19	18012.47	39756.42

上海华谊集团股份有限公司

公司概况	公司名称	上海华谊集团股份有限公司			证券简称	华谊集团
	法人代表	刘训峰	董秘	方广清	证券代码	600623
	公司网址	www.doublecoinholdings.com		电子信箱	sunwen@shhuayi.com	
	电话	021-23530152 23530180		传真	021-64456042-880152	
	办公地址	上海市静安区常德路809号华谊综合大厦				
	经营范围	轮胎、制皂、电池、油墨等业务				

主要财务指标	指标\报告期	2017.06.30	2016.12.31	2016.06.30	2015.12.31
	基本每股收益(元)	0.1518	0.2000	0.1000	0.3800
	基本每股收益(扣除后)(元)	0.1414	-0.0100	0.0400	-0.4800
	稀释每股收益(元)	0.1518	0.2000	0.1000	0.3800
	每股净资产(元)	7.7534	7.6654	7.5366	7.5931
	每股经营现金净流量(元)	-0.3702	1.5023	0.1425	1.8478
	每股现金流量(元)	-0.7347	0.5679	-0.5117	0.9692
	每股资本公积金(元)	4.2771	4.2977	4.2362	4.2362
	每股盈余公积金(元)	0.1096	0.1096	0.1047	0.1047
	每股未分配利润(元)	2.3078	2.2184	2.1223	2.1300
	净资产收益率(%)	1.9577	2.5772	1.2903	4.3791
	加权净资产收益率(%)	1.9600	2.5900	1.2900	5.6800
	净资产收益率(扣除)(%)	1.8231	-0.1797	0.5137	-3.6314
	总资产(万元)	3669896.64	3632018.71	3333759.46	3278720.43
	归属母公司股东权益(万元)	1641730.41	1628239.16	1595821.03	1607787.63
	营业收入(万元)	2435027.76	4091534.89	1986945.93	4061631.13
	营业支出(万元)	2282009.03	3836015.36	1859434.57	3825383.59
	投资收益(万元)	13205.79	50020.10	29719.87	63875.45
	净利润(万元)	25821.52	49359.56	21285.40	52899.28
	营业利润(万元)	33155.63	-3800.80	21793.60	-13465.25
	利润总额(万元)	36910.79	72673.13	27493.69	71779.76

上海复旦复华科技股份有限公司

公司概况	公司名称	上海复旦复华科技股份有限公司			证券简称	复旦复华
	法人代表	赵文斌	董秘	沈敏	证券代码	600624
	公司网址	www.forwardgroup.com		电子信箱	shareholder@forwardgroup.com	
	电话	021-63872288		传真	021-63869700	
	办公地址	上海市国权路525号				
	经营范围	电脑系统、通讯设备、自动化仪表、生物技术、光源照明等				

主要财务指标	指标\报告期	2017.06.30	2016.12.31	2016.06.30	2015.12.31
	基本每股收益(元)	0.0269	0.0560	0.0441	0.0990
	基本每股收益(扣除后)(元)	0.0341	0.0110	0.0310	0.0680
	稀释每股收益(元)	0.0269	0.0560	0.0441	0.0990
	每股净资产(元)	1.5931	1.5930	2.0405	2.0203
	每股经营现金净流量(元)	-0.0100	-0.0380	-0.0888	0.1323
	每股现金流量(元)	-0.0709	0.2549	0.0437	-0.0559
	每股资本公积金(元)	0.2520	0.2520	0.6276	0.6276
	每股盈余公积金(元)	0.0284	0.0284	0.0355	0.0355
	每股未分配利润(元)	0.3377	0.3358	0.4096	0.3955
	净资产收益率(%)	1.6884	3.4974	2.1609	4.9101
	加权净资产收益率(%)	1.6700	3.5370	2.1600	4.9950
	净资产收益率(扣除)(%)	2.1433	0.7124	1.5183	3.3615
	总资产(万元)	231968.15	230498.82	188898.98	183714.01
	归属母公司股东权益(万元)	109078.09	109095.98	107474.18	106411.44
	营业收入(万元)	34158.49	67124.18	31229.75	71765.28
	营业支出(万元)	20360.36	43557.08	20237.51	50404.16
	投资收益(万元)	-74.85	587.32	207.49	169.39
	净利润(万元)	2201.98	4210.74	2612.73	5842.01
	营业利润(万元)	3456.20	4548.66	2539.50	5378.52
	利润总额(万元)	3180.35	7786.53	3236.73	7535.48

上海申达股份有限公司

公司概况						
	公司名称	上海申达股份有限公司			证券简称	申达股份
	法人代表	姚明华	董秘	陆志军	证券代码	600626
	公司网址	www.cnshenda.com.cn		电子信箱	600626@sh-shenda.com	
	电　　话	021-62328282		传　　真	021-62317250	
	办公地址	上海市江宁路 1500 号申达国际大厦				
	经营范围	纺纱织布、两纱两布、各类纺织品服装、复制品及技术出口等				

主要财务指标	指标\报告期	2017.06.30	2016.12.31	2016.06.30	2015.12.31
	基本每股收益(元)	0.0860	0.2734	0.1129	0.2393
	基本每股收益(扣除后)(元)	0.0625	0.1805	0.0678	0.1197
	稀释每股收益(元)	0.0860	0.2734	0.1129	0.2393
	每股净资产(元)	3.4697	3.4726	3.3023	3.3166
	每股经营现金净流量(元)	-0.0033	0.3072	-0.1797	0.2045
	每股现金流量(元)	0.3790	-0.2396	-0.6187	0.4962
	每股资本公积金(元)	0.2004	0.2001	0.2001	0.2001
	每股盈余公积金(元)	0.9703	0.9703	0.9528	0.9528
	每股未分配利润(元)	1.2614	1.2755	1.1326	1.1197
	净资产收益率(%)	2.4787	7.8733	3.4192	7.2149
	加权净资产收益率(%)	2.4400	8.1100	3.3700	7.3400
	净资产收益率(扣除)(%)	1.8019	5.1978	2.0521	3.6091
	总资产(万元)	571935.46	537644.18	502877.74	481536.71
	归属母公司股东权益(万元)	246433.94	246637.97	234544.69	235561.65
	营业收入(万元)	415382.37	867512.09	409940.78	770624.94
	营业支出(万元)	370091.70	772569.90	366164.96	707469.55
	投资收益(万元)	4342.75	12294.51	7062.64	12221.26
	净利润(万元)	7047.55	22892.60	8454.27	18848.87
	营业利润(万元)	6970.93	25495.67	12189.78	23159.02
	利润总额(万元)	8613.34	30121.69	12586.78	24852.87

上海新世界股份有限公司

公司概况						
	公司名称	上海新世界股份有限公司			证券简称	新 世 界
	法人代表	徐若海	董秘	王文华	证券代码	600628
	公司网址	www.newworld-china.com		电子信箱	xsjhuyi@163.com	
	电　　话	021-63588888 3329		传　　真	021-63583331	
	办公地址	上海市南京西路 2-88 号				
	经营范围	日用百货零售与批发、兼营房地产、酒店、旅游、投资咨询、成衣加工等				

主要财务指标	指标\报告期	2017.06.30	2016.12.31	2016.06.30	2015.12.31
	基本每股收益(元)	0.5600	0.4500	0.0600	0.1000
	基本每股收益(扣除后)(元)	0.1800	0.0100	-0.0100	0.0100
	稀释每股收益(元)	0.5600	0.4500	0.0600	0.1000
	每股净资产(元)	6.7082	6.1994	4.6148	4.7696
	每股经营现金净流量(元)	0.2815	0.7074	0.3162	0.9402
	每股现金流量(元)	0.1116	1.5234	0.2523	0.1986
	每股资本公积金(元)	2.4198	2.4711	0.7089	0.8716
	每股盈余公积金(元)	0.4840	0.4842	0.5445	0.5447
	每股未分配利润(元)	2.7802	2.2204	2.3464	2.3304
	净资产收益率(%)	8.3451	6.3018	1.3206	2.0583
	加权净资产收益率(%)	8.6900	8.6600	1.3000	2.0300
	净资产收益率(扣除)(%)	2.6331	0.1917	-0.1495	0.2029
	总资产(万元)	578337.14	578226.89	470338.11	478475.47
	归属母公司股东权益(万元)	433935.42	401025.99	245412.86	253646.47
	营业收入(万元)	141121.64	301844.71	146145.57	311415.00
	营业支出(万元)	98401.78	213331.84	102264.80	221188.91
	投资收益(万元)	20250.70	-1158.43	-13006.05	-20227.65
	净利润(万元)	36240.88	25329.05	3269.41	6208.07
	营业利润(万元)	37030.03	28202.68	3954.04	8272.60
	利润总额(万元)	40353.87	34281.69	7571.15	14492.88

华东建筑集团股份有限公司

公司概况						
	公司名称	华东建筑集团股份有限公司			证券简称	华建集团
	法人代表	秦云	董秘	徐志浩	证券代码	600629
	公司网址	www.arcplus.com.cn		电子信箱	chenyl@lengguang.sh.cn	
	电　　话	021-62464018 52524567		传　　真	021-62464000	
	办公地址	上海市静安区石门二路 258 号				
	经营范围	实业投资、自有房屋出租、石英玻璃、电子仪表、半导体材料、机电设备等				

主要财务指标	指标\报告期	2017.06.30	2016.12.31	2016.06.30	2015.12.31
	基本每股收益(元)	0.1862	0.6723	0.2628	0.4181
	基本每股收益(扣除后)(元)	0.1291	0.4958	0.1619	0.4308
	稀释每股收益(元)	0.1862	0.6723	0.2628	0.4181
	每股净资产(元)	5.3388	2.7979	2.3406	2.0550
	每股经营现金净流量(元)	-0.9025	0.4862	-1.0658	0.5796
	每股现金流量(元)	-0.3607	0.2609	-1.3661	0.1473
	每股资本公积金(元)	3.3117	0.5258	0.5258	0.5258
	每股盈余公积金(元)	0.2047	0.2464	0.2464	0.2464
	每股未分配利润(元)	1.6097	1.7325	1.3230	1.0602
	净资产收益率(%)	3.1919	24.0284	11.2285	19.8742
	加权净资产收益率(%)	4.4500	27.7100	11.9600	22.4400
	净资产收益率(扣除)(%)	2.2141	17.7205	6.9160	20.4789
	总资产(万元)	645391.67	483857.54	395804.35	418838.11
	归属母公司股东权益(万元)	230747.86	100462.77	84039.90	73785.61
	营业收入(万元)	212669.77	455081.10	174840.41	426780.19
	营业支出(万元)	159401.10	332827.90	126390.29	304137.52
	投资收益(万元)	62.68	222.41	2.40	112.70
	净利润(万元)	8952.89	25997.56	9914.52	16001.27
	营业利润(万元)	8762.05	24573.40	8369.62	19305.27
	利润总额(万元)	11356.69	32321.15	12674.02	20507.16

上海龙头(集团)股份有限公司

公司概况						
	公司名称	上海龙头(集团)股份有限公司			证券简称	龙头股份
	法人代表	王卫民	董秘	陈峰	证券代码	600630
	公司网址	www.shanghaidragon.com.cn		电子信箱	ltdsh@shanghaidragon.com.cn	
	电　　话	021-34061116 63159108		传　　真	021-54666630 63158280	
	办公地址	上海市制造局路 584 号 A 座 4 楼				
	经营范围	纺织品制造业、针织、家用纺织品、服装服饰及纺织品印染等				

主要财务指标	指标\报告期	2017.06.30	2016.12.31	2016.06.30	2015.12.31
	基本每股收益(元)	0.0900	0.0500	0.1200	0.1900
	基本每股收益(扣除后)(元)	0.0700	0.1000	0.0700	0.1100
	稀释每股收益(元)	0.0900	0.0500	0.1200	0.1900
	每股净资产(元)	4.0757	3.9895	4.0491	3.9888
	每股经营现金净流量(元)	-0.4386	0.1233	-0.0681	-0.1116
	每股现金流量(元)	-0.2872	0.2122	-0.0901	-0.0014
	每股资本公积金(元)	2.1955	2.1955	2.1955	2.1955
	每股盈余公积金(元)	0.0362	0.0362	0.0362	0.0362
	每股未分配利润(元)	0.8122	0.7253	0.7950	0.7344
	净资产收益率(%)	2.1320	1.2259	2.9276	4.7750
	加权净资产收益率(%)	2.1500	1.2300	2.9300	4.8600
	净资产收益率(扣除)(%)	1.8346	2.4609	1.7470	2.7970
	总资产(万元)	251779.35	257968.27	247974.27	239878.52
	归属母公司股东权益(万元)	173161.29	169496.62	172032.58	169469.97
	营业收入(万元)	188961.93	424998.31	193428.31	426331.64
	营业支出(万元)	138685.64	327718.51	149700.02	338896.23
	投资收益(万元)	7.80	1092.15	689.30	3192.59
	净利润(万元)	3813.03	2098.75	5056.73	8093.38
	营业利润(万元)	4166.47	6297.88	3543.41	8331.06
	利润总额(万元)	4843.12	4066.68	5778.22	10079.14

浙报数字文化集团股份有限公司

公司概况	公司名称	浙报数字文化集团股份有限公司			证券简称	浙数文化
	法人代表	张雪南	董秘	梁楠	证券代码	600633
	公司网址	www.600633.cn		电子信箱	zdm@600633.cn	
	电　　话	0571-85311338		传　　真	86-571-85058016	
	办公地址	浙江省杭州市体育场路 178 号 26-27 楼				
	经营范围	传播与文化产业的投资、开发、管理及咨询服务				

主要财务指标	指标＼报告期	2017.06.30	2016.12.31	2016.06.30	2015.12.31
	基本每股收益(元)	1.0135	0.5147	0.2567	0.5136
	基本每股收益(扣除后)(元)	0.0968	0.2096	0.1743	0.3448
	稀释每股收益(元)	1.0135	0.5147	0.2567	0.5136
	每股净资产(元)	5.8238	4.9724	3.6524	3.5562
	每股经营现金净流量(元)	–0.0153	0.2936	–0.0365	0.3765
	每股现金流量(元)	–0.5938	0.9002	–0.2976	0.0955
	每股资本公积金(元)	2.5138	2.5341	1.3168	1.3177
	每股盈余公积金(元)	0.0901	0.0901	0.0877	0.0877
	每股未分配利润(元)	2.2779	1.3594	1.2479	1.1508
	净资产收益率(%)	17.4027	9.4481	7.0274	14.4423
	加权净资产收益率(%)	18.6600	13.7800	6.9700	15.1600
	净资产收益率(扣除)(%)	1.6617	3.8473	4.7724	9.6971
	总资产(万元)	864805.07	931954.38	727857.86	802106.26
	归属母公司股东权益(万元)	758211.42	647362.84	434011.69	422621.63
	营业收入(万元)	85716.62	354993.18	148197.02	345754.98
	营业支出(万元)	41223.87	232613.13	88494.28	200677.17
	投资收益(万元)	122635.54	59214.78	1974.69	41874.31
	净利润(万元)	134235.77	102513.01	33099.85	88244.89
	营业利润(万元)	137009.64	91769.32	25072.88	90143.25
	利润总额(万元)	136929.20	108991.40	37290.49	95027.24

上海富控互动娱乐股份有限公司

公司概况	公司名称	上海富控互动娱乐股份有限公司			证券简称	富控互动
	法人代表	王晓强	董秘	苏行嘉	证券代码	600634
	公司网址	www.zpzchina.com		电子信箱	zpz@zpzchina.com	
	电　　话	021-63288082		传　　真	021-63288083	
	办公地址	上海市黄浦区中山东二路 88 号外滩 SOHO-C 座 22 层				
	经营范围	预应力离心混凝土空心方桩、预应力混凝土管桩、U 型板桩等				

主要财务指标	指标＼报告期	2017.06.30	2016.12.31	2016.06.30	2015.12.31
	基本每股收益(元)	0.1000	0.3000	0.0600	0.2100
	基本每股收益(扣除后)(元)	0.0400	–0.0600	0.0100	0.1600
	稀释每股收益(元)	0.1000	0.3000	0.0600	0.2100
	每股净资产(元)	5.1235	5.0152	4.4687	4.3328
	每股经营现金净流量(元)	0.4866	–0.4851	–1.5012	0.4267
	每股现金流量(元)	1.3011	–0.3827	–0.1498	1.3159
	每股资本公积金(元)	3.3602	3.3602	2.0960	1.9500
	每股盈余公积金(元)	0.0940	0.0940	0.1354	0.1354
	每股未分配利润(元)	0.6614	0.5632	1.2374	1.2474
	净资产收益率(%)	1.9166	5.9677	1.2313	4.9103
	加权净资产收益率(%)	1.9400	6.4000	1.2600	5.0400
	净资产收益率(扣除)(%)	0.8030	–1.1947	0.2722	3.7848
	总资产(万元)	659222.36	595930.10	721259.37	664306.58
	归属母公司股东权益(万元)	294974.70	288738.39	257279.36	249451.90
	营业收入(万元)	41258.70	234147.65	65181.59	184106.16
	营业支出(万元)	7419.27	196513.96	45003.92	131491.25
	投资收益(万元)	148.92	18226.34	631.63	–317.89
	净利润(万元)	15573.14	18527.87	3472.62	13279.37
	营业利润(万元)	15158.66	18966.72	2982.19	15418.27
	利润总额(万元)	15143.57	21684.18	4959.13	17954.76

上海大众公用事业(集团)股份有限公司

公司概况	公司名称	上海大众公用事业(集团)股份有限公司			证券简称	大众公用
	法人代表	杨国平	董秘	金波	证券代码	600635
	公司网址	www.dzug.cn		电子信箱	master@dzug.cn	
	电　　话	021-64280679		传　　真	021-64288727	
	办公地址	上海市徐汇区中山西路 1515 号大众大厦 8 楼				
	经营范围	交通运输业和城市燃气业等				

主要财务指标	指标＼报告期	2017.06.30	2016.12.31	2016.06.30	2015.12.31
	基本每股收益(元)	0.0700	0.2200	0.1300	0.1900
	基本每股收益(扣除后)(元)	0.0700	0.2100	0.1300	0.1100
	稀释每股收益(元)	0.0700	0.2200	0.1300	0.1900
	每股净资产(元)	2.4190	2.4526	2.3722	2.3403
	每股经营现金净流量(元)	0.1509	0.2049	0.1873	0.1245
	每股现金流量(元)	–0.0551	0.5888	0.1609	0.0079
	每股资本公积金(元)	0.3707	0.3553	0.0688	0.0686
	每股盈余公积金(元)	0.1566	0.1592	0.1735	0.1735
	每股未分配利润(元)	0.4573	0.4563	0.4555	0.3887
	净资产收益率(%)	2.8387	7.6925	5.3431	7.9861
	加权净资产收益率(%)	2.8200	9.4700	5.3800	9.0300
	净资产收益率(扣除)(%)	2.7669	7.4221	5.6553	4.5623
	总资产(万元)	1843467.40	1735538.95	1587601.78	1449300.28
	归属母公司股东权益(万元)	714180.58	711921.12	585297.85	577422.85
	营业收入(万元)	241484.00	444346.96	248813.07	452083.55
	营业支出(万元)	202824.95	382043.10	214658.44	389028.71
	投资收益(万元)	27164.46	68745.93	37593.63	65676.60
	净利润(万元)	29146.12	63381.21	37434.04	53305.98
	营业利润(万元)	35471.74	66183.38	44192.67	63826.95
	利润总额(万元)	34830.36	68051.24	43814.82	57049.19

上海三爱富新材料股份有限公司

公司概况	公司名称	上海三爱富新材料股份有限公司			证券简称	*ST 爱富
	法人代表	徐忠伟	董秘	李莉	证券代码	600636
	公司网址	www.sh3f.com		电子信箱	bod@sh3f.com	
	电　　话	021-64823549 64823552		传　　真	021-64823550	
	办公地址	上海市漕溪路 250 号银海大楼 A805 室				
	经营范围	有机氟原料及其产品的生产和销售				

主要财务指标	指标＼报告期	2017.06.30	2016.12.31	2016.06.30	2015.12.31
	基本每股收益(元)	0.2354	–0.6888	0.0982	–0.6960
	基本每股收益(扣除后)(元)	0.2710	–0.1409	0.0907	–0.6930
	稀释每股收益(元)	0.2354	–0.6888	0.0982	–0.7500
	每股净资产(元)	5.7816	5.5475	6.3336	6.2354
	每股经营现金净流量(元)	0.0737	0.4573	0.3000	–0.1663
	每股现金流量(元)	1.0766	–0.7150	0.2121	0.3938
	每股资本公积金(元)	3.3542	3.3542	3.3542	3.3542
	每股盈余公积金(元)	0.2038	0.2038	0.2038	0.2038
	每股未分配利润(元)	1.2334	0.9980	1.7851	1.6869
	净资产收益率(%)	4.0711	–12.4172	1.5502	–11.1599
	加权净资产收益率(%)	4.1600	–11.1900	1.5600	–14.0900
	净资产收益率(扣除)(%)	4.6886	–2.5397	1.4314	–11.1156
	总资产(万元)	504918.77	415891.25	474187.69	456997.28
	归属母公司股东权益(万元)	258403.23	247943.06	283075.64	278687.44
	营业收入(万元)	288224.57	473709.22	230734.27	357119.06
	营业支出(万元)	240829.41	407317.99	202419.21	324784.87
	投资收益(万元)	1110.87	729.25	160.49	469.54
	净利润(万元)	17798.57	–23026.77	7581.75	–30751.20
	营业利润(万元)	24494.72	–1295.37	9762.50	–29729.74
	利润总额(万元)	22737.46	–15962.37	10104.78	–28564.29

东方明珠新媒体股份有限公司

公司概况	公司名称	东方明珠新媒体股份有限公司		证券简称	东方明珠
	法人代表	张炜	董秘 稽绯绯	证券代码	600637
	公司网址	www.oriental-pearl.cn		电子信箱	dongban@bestv.com.cn
	电　话	021-33396637		传　真	86-21-33396636
	办公地址	上海市徐汇区宜山路 757 号			
	经营范围	电子、信息、网络产品的设计、研究、开发、委托加工、销售、维修等			

主要财务指标	指标\报告期	2017.06.30	2016.12.31	2016.06.30	2015.12.31
	基本每股收益(元)	0.4647	1.1171	0.4868	1.5332
	基本每股收益(扣除后)(元)	0.3100	0.7161	0.2902	0.4254
	稀释每股收益(元)	0.4654	1.1171	0.4868	1.5332
	每股净资产(元)	10.1529	10.0270	9.6154	9.5192
	每股经营现金净流量(元)	-0.3120	0.8725	0.0607	0.3785
	每股现金流量(元)	0.2712	-0.6776	1.7101	0.1840
	每股资本公积金(元)	4.6268	4.6316	4.5636	4.5636
	每股盈余公积金(元)	0.4615	0.4642	0.4044	0.4044
	每股未分配利润(元)	3.9736	3.8719	3.3180	3.0612
	净资产收益率(%)	4.5622	11.0764	5.0630	11.6257
	加权净资产收益率(%)	4.5161	11.4216	5.0063	14.4917
	净资产收益率(扣除)(%)	3.0472	7.1005	3.0178	3.2259
	总资产(万元)	3615263.15	3679655.42	3559254.43	3527898.11
	归属母公司股东权益(万元)	2682133.92	2648877.44	2525531.00	2500255.67
	营业收入(万元)	879743.34	1944548.64	951146.22	2112597.12
	营业支出(万元)	673381.42	1435763.29	755955.75	1652239.53
	投资收益(万元)	57457.23	136357.27	58093.92	160301.08
	净利润(万元)	136114.28	319630.32	135702.71	309030.55
	营业利润(万元)	159289.43	374329.91	154924.28	359545.49
	利润总额(万元)	166817.91	399101.37	167635.05	389595.11

上海新黄浦置业股份有限公司

公司概况	公司名称	上海新黄浦置业股份有限公司		证券简称	新黄浦
	法人代表	程齐鸣	董秘 程齐鸣(代)	证券代码	600638
	公司网址	www.600638.com		电子信箱	stock@600638.com
	电　话	021-63238888		传　真	021-63237777
	办公地址	上海市北京东路 668 号西楼 32 层			
	经营范围	房地产开发经营及危旧房改造,物业管理等			

主要财务指标	指标\报告期	2017.06.30	2016.12.31	2016.06.30	2015.12.31
	基本每股收益(元)	1.1024	0.1820	0.1439	0.4040
	基本每股收益(扣除后)(元)	0.0060	0.0810	0.0906	0.1340
	稀释每股收益(元)	1.1024	0.1820	0.1439	0.4040
	每股净资产(元)	7.5821	6.5043	6.4567	6.4466
	每股经营现金净流量(元)	-0.6905	1.0274	-0.2792	0.8794
	每股现金流量(元)	3.0725	0.4458	1.2985	-0.0811
	每股资本公积金(元)	1.8339	1.8545	1.8312	1.8312
	每股盈余公积金(元)	0.5504	0.5504	0.5504	0.5504
	每股未分配利润(元)	4.1068	3.0044	2.9658	2.9523
	净资产收益率(%)	14.5390	2.8008	2.2288	6.2683
	加权净资产收益率(%)	15.6200	2.8100	2.2100	6.3700
	净资产收益率(扣除)(%)	0.0796	1.2418	1.4038	2.0710
	总资产(万元)	977540.36	1055105.08	1017271.42	937881.20
	归属母公司股东权益(万元)	425479.66	364998.28	362326.89	361761.10
	营业收入(万元)	125262.30	113413.93	70571.44	119444.13
	营业支出(万元)	107992.72	93129.94	61912.38	100287.50
	投资收益(万元)	86202.09	14089.64	5792.07	28786.49
	净利润(万元)	59133.83	11072.83	9504.82	23338.55
	营业利润(万元)	79737.95	12369.46	5556.68	24030.29
	利润总额(万元)	79980.14	15667.39	10797.30	27862.56

上海金桥出口加工区开发股份有限公司

公司概况	公司名称	上海金桥出口加工区开发股份有限公司		证券简称	浦东金桥
	法人代表	王颖	董秘 严少云	证券代码	600639
	公司网址	www.58991818.com		电子信箱	jqir@58991818.com
	电　话	021-50307702		传　真	021-50301533
	办公地址	上海浦东新区新金桥路 27 号 10 号楼 2 楼			
	经营范围	房地产开发和销售业务;房地产租赁业务;酒店公寓业务			

主要财务指标	指标\报告期	2017.06.30	2016.12.31	2016.06.30	2015.12.31
	基本每股收益(元)	0.3304	0.5495	0.3096	0.4706
	基本每股收益(扣除后)(元)	0.3284	0.5355	0.3002	0.4592
	稀释每股收益(元)	--	--	0.3096	-
	每股净资产(元)	7.6977	7.7032	7.5996	8.1061
	每股经营现金净流量(元)	-0.0530	0.9842	0.1377	-1.6719
	每股现金流量(元)	-0.2169	0.1805	0.3166	0.4470
	每股资本公积金(元)	1.5226	1.5226	1.5226	1.5226
	每股盈余公积金(元)	0.6307	0.6307	0.5768	0.5768
	每股未分配利润(元)	3.0633	2.9028	2.7168	2.5473
	净资产收益率(%)	4.2926	7.1332	4.0734	5.1824
	加权净资产收益率(%)	4.2400	6.9500	3.9100	6.3500
	净资产收益率(扣除)(%)	4.2663	6.9520	3.9502	5.0572
	总资产(万元)	1785161.45	1814161.91	1806775.19	1770166.08
	归属母公司股东权益(万元)	863996.44	864617.94	852993.42	909842.76
	营业收入(万元)	80686.03	146931.73	77359.08	149964.41
	营业支出(万元)	24758.04	51753.96	25823.85	54752.75
	投资收益(万元)	3746.15	7470.60	6282.88	5601.16
	净利润(万元)	37036.16	61579.10	34752.77	47151.95
	营业利润(万元)	48763.83	71376.50	43171.08	60550.96
	利润总额(万元)	49067.22	73465.05	44571.53	62033.39

号百控股股份有限公司

公司概况	公司名称	号百控股股份有限公司		证券简称	号百控股
	法人代表	李安民	董秘 李培忠	证券代码	600640
	公司网址	www.besttoneh.com		电子信箱	02162762171@189.cn
	电　话	021-62762171		传　真	021-62763321
	办公地址	上海市江宁路 1207 号			
	经营范围	无线通信、图像、数据及各类通信产品、通信系统的设计、开发、开通等			

主要财务指标	指标\报告期	2017.06.30	2016.12.31	2016.06.30	2015.12.31
	基本每股收益(元)	0.1809	0.0334	0.0253	0.0864
	基本每股收益(扣除后)(元)	0.1047	-0.0623	-0.0073	-0.0342
	稀释每股收益(元)	0.1809	0.0334	0.0253	0.0864
	每股净资产(元)	5.4301	4.7643	4.7562	4.7569
	每股经营现金净流量(元)	0.1010	0.3697	-0.1742	0.2230
	每股现金流量(元)	-2.2925	0.2288	-2.4533	1.7182
	每股资本公积金(元)	3.2369	4.7650	2.5359	2.5359
	每股盈余公积金(元)	0.2888	0.4293	0.4293	0.4293
	每股未分配利润(元)	0.9043	1.1046	0.7910	0.7917
	净资产收益率(%)	2.9675	0.4573	0.5315	1.8162
	加权净资产收益率(%)	3.0809	0.7012	0.5300	1.8216
	净资产收益率(扣除)(%)	1.7185	-1.3079	-0.1534	-0.7185
	总资产(万元)	599849.61	622481.33	360367.95	368861.16
	归属母公司股东权益(万元)	432071.26	390758.45	254630.53	254669.14
	营业收入(万元)	242607.76	255889.77	123981.43	338098.91
	营业支出(万元)	184158.77	219492.76	105920.85	301381.62
	投资收益(万元)	1432.49	4107.59	1551.86	5813.09
	净利润(万元)	14003.33	2073.74	1545.73	5448.03
	营业利润(万元)	16560.12	1317.28	1906.24	4560.36
	利润总额(万元)	16965.84	3921.98	2619.78	6926.00

上海万业企业股份有限公司

公司概况	公司名称	上海万业企业股份有限公司		证券简称	万业企业
	法人代表	朱旭东	董秘 吴云韶	证券代码	600641
	公司网址	www.600641.com.cn		电子信箱	wyqy@vip.sina.com
	电　话	021-50367718		传　真	021-50366858
	办公地址	上海市浦东大道 720 号 9 楼			
	经营范围	实业投资、资产经营、房地产开发经营、钢材、木材、建筑材料等			

主要财务指标	指标\报告期	2017.06.30	2016.12.31	2016.06.30	2015.12.31
	基本每股收益(元)	1.9567	0.8912	0.0775	0.2623
	基本每股收益(扣除后)(元)	0.9138	0.6837	0.0711	0.2281
	稀释每股收益(元)	1.9567	0.8912	0.0775	0.2623
	每股净资产(元)	7.1176	5.4119	4.5976	4.6015
	每股经营现金净流量(元)	–0.3511	3.2880	1.4929	1.8650
	每股现金流量(元)	–0.1459	2.2261	–0.5672	0.5904
	每股资本公积金(元)	0.2373	0.2373	0.2373	0.2373
	每股盈余公积金(元)	1.1115	1.0801	1.0488	1.0243
	每股未分配利润(元)	4.7062	3.0509	2.2685	2.2956
	净资产收益率(%)	27.4916	16.4669	1.6851	5.7008
	加权净资产收益率(%)	30.6100	17.7700	1.6700	5.7400
	净资产收益率(扣除)(%)	12.8381	12.6328	1.5458	4.9568
	总资产(万元)	776369.10	777242.71	716801.35	674937.05
	归属母公司股东权益(万元)	573792.68	436282.53	370640.09	370954.93
	营业收入(万元)	184738.85	318839.94	89316.52	243764.52
	营业支出(万元)	70441.16	217968.74	72090.39	177692.13
	投资收益(万元)	108719.64	17693.87	359.13	298.20
	净利润(万元)	157744.57	72278.61	6657.94	26363.40
	营业利润(万元)	206574.14	91360.64	8324.40	32485.51
	利润总额(万元)	206593.02	96789.88	8713.62	35285.90

申能股份有限公司

公司概况	公司名称	申能股份有限公司		证券简称	申能股份
	法人代表	吴建雄	董秘 周燕飞	证券代码	600642
	公司网址	www.shenergy.net.cn		电子信箱	zhengquan@shenergy.com.cn
	电　话	021-63900642 33570888		传　真	021-33588616
	办公地址	上海市虹井路 159 号 5 楼			
	经营范围	电力、石油天然气的投资、建设和经营管理			

主要财务指标	指标\报告期	2017.06.30	2016.12.31	2016.06.30	2015.12.31
	基本每股收益(元)	0.2130	0.5410	0.2540	0.4680
	基本每股收益(扣除后)(元)	0.1850	0.4390	0.2460	0.4150
	稀释每股收益(元)	0.2130	0.5410	0.2540	0.4680
	每股净资产(元)	5.5293	5.5617	5.2645	5.2452
	每股经营现金净流量(元)	0.3241	0.7814	0.4047	0.7963
	每股现金流量(元)	0.1271	0.1876	0.1988	0.0472
	每股资本公积金(元)	0.7087	0.7085	0.7084	0.7082
	每股盈余公积金(元)	2.6829	2.6829	2.4296	2.4296
	每股未分配利润(元)	0.9356	0.9429	0.9100	0.8556
	净资产收益率(%)	3.8453	9.7204	4.8318	8.9272
	加权净资产收益率(%)	3.7700	10.0900	4.8000	9.1000
	净资产收益率(扣除)(%)	3.3461	7.8997	4.6777	7.9106
	总资产(万元)	5395950.57	5367509.74	5144308.95	5156262.82
	归属母公司股东权益(万元)	2516962.19	2531699.99	2396436.66	2387632.36
	营业收入(万元)	1546066.75	2775885.22	1367444.41	2864892.84
	营业支出(万元)	1438529.66	2475784.45	1231445.52	2592105.35
	投资收益(万元)	79268.94	185296.96	75802.58	175086.79
	净利润(万元)	117077.14	311143.00	147715.72	262401.38
	营业利润(万元)	137648.04	360990.23	165628.75	317177.39
	利润总额(万元)	138194.45	377557.91	170157.83	324515.80

上海爱建集团股份有限公司

公司概况	公司名称	上海爱建集团股份有限公司		证券简称	爱建集团
	法人代表	王均金	董秘 侯学东	证券代码	600643
	公司网址	www.aj.com.cn		电子信箱	dongmi@aj.com.cn
	电　话	021-64396600		传　真	021-64392118
	办公地址	上海市徐汇区肇嘉浜路 746 号			
	经营范围	实业投资、投资管理、房地产开发、经营及咨询、外经贸部批准的进出口业务			

主要财务指标	指标\报告期	2017.06.30	2016.12.31	2016.06.30	2015.12.31
	基本每股收益(元)	0.2500	0.4320	0.2170	0.3860
	基本每股收益(扣除后)(元)	0.2380	0.3550	0.2090	0.3060
	稀释每股收益(元)	0.2500	0.4320	0.2170	0.3860
	每股净资产(元)	4.6968	4.4413	4.2077	3.9983
	每股经营现金净流量(元)	0.1019	–0.1320	0.3628	0.4491
	每股现金流量(元)	0.1086	–0.1103	0.2729	0.2552
	每股资本公积金(元)	1.7773	1.7773	1.7773	1.7773
	每股盈余公积金(元)	0.0123	0.0123	–	–
	每股未分配利润(元)	1.6275	1.3773	1.2308	1.0135
	净资产收益率(%)	5.3270	9.7216	5.1636	9.6531
	加权净资产收益率(%)	5.4800	10.2300	5.3000	10.1800
	净资产收益率(扣除)(%)	5.0581	7.9872	4.9558	7.6536
	总资产(万元)	1614792.87	1566329.69	1095160.74	1072827.51
	归属母公司股东权益(万元)	674988.95	638271.90	604699.99	574614.04
	营业收入(万元)	25905.81	53171.18	20267.73	36024.22
	营业支出(万元)	16543.97	32394.78	9800.97	15089.93
	投资收益(万元)	14315.09	29907.87	9340.52	17746.40
	净利润(万元)	35982.86	62039.49	31193.98	55435.87
	营业利润(万元)	51349.01	84656.43	43132.35	76345.30
	利润总额(万元)	51350.13	85886.23	43430.42	77081.85

乐山电力股份有限公司

公司概况	公司名称	乐山电力股份有限公司		证券简称	乐山电力
	法人代表	廖政权	董秘 王迅	证券代码	600644
	公司网址	www.lsep.com.cn		电子信箱	600644@vip.163.com
	电　话	0833-2445800		传　真	0833-2445800
	办公地址	四川省乐山市市中区嘉定北路 46 号			
	经营范围	电力设施承装、承修、承试等			

主要财务指标	指标\报告期	2017.06.30	2016.12.31	2016.06.30	2015.12.31
	基本每股收益(元)	0.1126	0.3928	0.3069	0.2146
	基本每股收益(扣除后)(元)	0.1071	0.1337	0.0833	0.0559
	稀释每股收益(元)	0.1126	0.3928	0.3069	0.2146
	每股净资产(元)	2.3814	2.2686	2.1831	1.8763
	每股经营现金净流量(元)	0.0892	0.6424	0.1871	0.2769
	每股现金流量(元)	0.1064	0.1532	0.1923	–1.3368
	每股资本公积金(元)	2.5505	2.5504	2.5508	2.5508
	每股盈余公积金(元)	0.1890	0.1890	0.1890	0.1890
	每股未分配利润(元)	–1.3581	–1.4708	–1.5567	–1.8635
	净资产收益率(%)	4.7296	17.3135	14.0561	11.4353
	加权净资产收益率(%)	4.8400	18.9500	15.1200	12.1300
	净资产收益率(扣除)(%)	4.4983	5.8916	3.8175	2.9781
	总资产(万元)	281499.47	253972.03	260691.63	241916.70
	归属母公司股东权益(万元)	128217.02	122143.06	117538.81	101017.44
	营业收入(万元)	99892.78	190560.07	91751.41	165491.74
	营业支出(万元)	75062.02	138435.12	66726.02	118477.12
	投资收益(万元)	704.15	768.82	648.67	255.21
	净利润(万元)	6656.48	22480.64	17068.33	12664.90
	营业利润(万元)	7493.19	19347.62	15552.19	9360.43
	利润总额(万元)	7836.89	25679.22	19262.58	18340.06

中源协和细胞基因工程股份有限公司

公司概况	公司名称	中源协和细胞基因工程股份有限公司			证券简称	中源协和
	法人代表	李德福	董秘	张晴	证券代码	600645
	公司网址	www.vcanbio.com		电子信箱	zhongyuanxiehe@sohu.com	
	电话	022-58617160		传真	022-58617161	
	办公地址	天津市南开区华苑产业园区梅苑路 12 号				
	经营范围	生命科学开发、干细胞基因工程产业化、风险投资、投资理财、投资咨询等				

	指标\报告期	2017.06.30	2016.12.31	2016.06.30	2015.12.31
主要财务指标	基本每股收益(元)	0.0200	0.1000	0.0400	0.5400
	基本每股收益(扣除后)(元)	-0.0200	0.1300	0.0800	0.1400
	稀释每股收益(元)	0.0200	0.1000	0.0400	0.5400
	每股净资产(元)	3.8921	4.1126	4.0266	4.0219
	每股经营现金净流量(元)	-0.0527	0.3721	0.1998	0.0212
	每股现金流量(元)	-0.1716	-0.7637	-0.2468	0.5652
	每股资本公积金(元)	2.5896	2.8298	2.8021	2.7451
	每股盈余公积金(元)	0.0600	0.0600	0.0600	0.0600
	每股未分配利润(元)	0.2477	0.2259	0.1693	0.1278
	净资产收益率(%)	0.5582	2.3844	1.0289	13.4122
	加权净资产收益率(%)	0.5500	2.4100	1.0200	14.8800
	净资产收益率(扣除)(%)	-0.6010	3.0586	1.8879	3.3848
	总资产(万元)	297686.42	300363.46	295584.59	281614.72
	归属母公司股东权益(万元)	150272.14	158783.00	155462.50	155346.28
	营业收入(万元)	40811.98	83790.06	36244.02	70899.49
	营业支出(万元)	12926.18	29493.18	12421.98	24534.72
	投资收益(万元)	1114.11	-1872.19	-1085.20	12468.31
	净利润(万元)	1561.08	5008.42	2510.63	21703.88
	营业利润(万元)	3591.10	8052.41	3895.01	25237.78
	利润总额(万元)	3607.97	9303.72	4303.74	26225.81

上海同达创业投资股份有限公司

公司概况	公司名称	上海同达创业投资股份有限公司			证券简称	同达创业
	法人代表	刘社梅	董秘	薛玉宝	证券代码	600647
	公司网址	www.shtdcy.com		电子信箱	xueyb@126.com	
	电话	021-68871928 61638809		传真	021-58792032	
	办公地址	上海市浦东商城路 660 号乐凯大厦 21 楼				
	经营范围	主要经营中式快餐连锁业及产品贸易代理				

	指标\报告期	2017.06.30	2016.12.31	2016.06.30	2015.12.31
主要财务指标	基本每股收益(元)	0.0972	0.5793	0.5417	0.4897
	基本每股收益(扣除后)(元)	0.0970	-0.0316	-0.0653	-0.0843
	稀释每股收益(元)	0.0972	0.5793	0.5417	0.4897
	每股净资产(元)	2.5885	2.7078	2.4931	1.9694
	每股经营现金净流量(元)	-0.1173	0.0547	-0.0283	0.0830
	每股现金流量(元)	0.3009	-0.1114	0.1465	0.4056
	每股资本公积金(元)	0.0049	0.0049	0.0049	0.0049
	每股盈余公积金(元)	0.2082	0.2082	0.1525	0.1525
	每股未分配利润(元)	1.3212	1.3290	1.3472	0.8054
	净资产收益率(%)	3.7531	21.3955	21.7291	24.8656
	加权净资产收益率(%)	3.6100	25.3200	24.4200	26.4100
	净资产收益率(扣除)(%)	3.7483	-1.1663	-2.6205	-4.2810
	总资产(万元)	58848.79	60545.80	60252.24	54455.14
	归属母公司股东权益(万元)	36017.84	37677.18	34689.63	27402.34
	营业收入(万元)	1722.59	7560.01	2933.39	9989.77
	营业支出(万元)	715.44	3987.49	2301.06	6881.63
	投资收益(万元)	2705.56	10584.63	10410.81	11312.57
	净利润(万元)	1137.12	7952.06	7486.28	6815.40
	营业利润(万元)	1901.58	10898.45	10174.59	9240.05
	利润总额(万元)	1902.97	11073.62	10177.45	9287.08

上海外高桥集团股份有限公司

公司概况	公司名称	上海外高桥集团股份有限公司			证券简称	外 高 桥
	法人代表	刘宏	董秘	黄礤	证券代码	600648
	公司网址	www.china-ftz.com		电子信箱	gudong@shwgq.com	
	电话	021-51980848		传真	021-51980850	
	办公地址	上海市浦东新区洲海路 999 号森兰国际大厦 B 座 15-16 楼				
	经营范围	房地产开发与租赁、贸易及物流、酒店经营管理等				

	指标\报告期	2017.06.30	2016.12.31	2016.06.30	2015.12.31
主要财务指标	基本每股收益(元)	0.2400	0.6400	0.3200	0.4800
	基本每股收益(扣除后)(元)	0.2100	0.5400	0.2800	0.4300
	稀释每股收益(元)	0.2400	0.6400	0.3200	0.4800
	每股净资产(元)	8.3149	8.2942	7.9435	7.9417
	每股经营现金净流量(元)	0.2782	-0.4719	-0.3514	-0.3044
	每股现金流量(元)	0.3602	0.1700	-0.0667	-0.3793
	每股资本公积金(元)	3.3120	3.3120	3.3120	3.5818
	每股盈余公积金(元)	0.5332	0.5332	0.4971	0.4971
	每股未分配利润(元)	3.1180	3.0755	2.7985	2.6253
	净资产收益率(%)	2.9165	7.6730	4.0686	5.9825
	加权净资产收益率(%)	2.8900	7.7957	3.9700	6.0252
	净资产收益率(扣除)(%)	2.5246	6.5706	3.5052	5.4715
	总资产(万元)	2999850.87	2961170.01	2849942.28	2926513.41
	归属母公司股东权益(万元)	944033.11	941678.78	901863.29	918911.04
	营业收入(万元)	324051.41	865711.40	396032.50	789484.60
	营业支出(万元)	258680.83	627937.15	280166.54	596954.91
	投资收益(万元)	13173.02	4768.71	1070.11	4546.29
	净利润(万元)	29580.48	75682.98	38148.43	58309.20
	营业利润(万元)	37170.38	103363.88	54590.73	79736.75
	利润总额(万元)	38385.55	106439.84	55424.48	85411.30

上海城投控股股份有限公司

公司概况	公司名称	上海城投控股股份有限公司			证券简称	城投控股
	法人代表	汲广林	董秘	俞有勤	证券代码	600649
	公司网址	www.sh600649.com		电子信箱	ctkg@600649sh.com	
	电话	021-66981556 66981171		传真	021-66986655	
	办公地址	上海市虹口区吴淞路 130 号				
	经营范围	从事原水供应业务				

	指标\报告期	2017.06.30	2016.12.31	2016.06.30	2015.12.31
主要财务指标	基本每股收益(元)	0.3300	0.6500	0.5000	1.2100
	基本每股收益(扣除后)(元)	0.1100	0.5400	0.3600	0.4700
	稀释每股收益(元)	0.3300	0.6500	0.5000	1.2100
	每股净资产(元)	7.2147	6.9800	7.0647	6.7775
	每股经营现金净流量(元)	-0.6205	0.5239	0.0445	1.0523
	每股现金流量(元)	-0.3931	0.3053	-0.0317	0.4567
	每股资本公积金(元)	0.5690	1.3021	1.3608	1.3762
	每股盈余公积金(元)	0.8056	0.6377	0.6181	0.6181
	每股未分配利润(元)	4.5938	3.7757	3.8442	3.3458
	净资产收益率(%)	4.9480	9.2826	7.0546	17.8385
	加权净资产收益率(%)	4.6400	9.6200	7.2000	19.5700
	净资产收益率(扣除)(%)	1.7009	7.1255	5.0508	6.9436
	总资产(万元)	3137787.05	4460063.32	4260300.62	4381941.20
	归属母公司股东权益(万元)	1825008.12	2256623.76	2110599.21	2024806.75
	营业收入(万元)	141438.87	947652.57	483205.36	797694.54
	营业支出(万元)	93278.08	665316.31	318001.26	597277.74
	投资收益(万元)	82750.26	121507.52	87595.45	369128.87
	净利润(万元)	91080.55	217941.73	150293.98	362480.77
	营业利润(万元)	111308.20	251195.70	182731.64	451422.81
	利润总额(万元)	117912.20	270405.49	189166.74	457916.55

上海锦江国际实业投资股份有限公司

公司概况					
公司名称	上海锦江国际实业投资股份有限公司			证券简称	锦江投资
法人代表	邵晓明	董秘	沈赟	证券代码	600650
公司网址	www.jjtz.com		电子信箱	dshms@jjtz.com	
电　　话	021-63218800		传　　真	021-63213119	
办公地址	上海市延安东路 100 号 28 楼				
经营范围	宾馆、物业管理、俱乐部、商场、房地产开发经营、车辆服务、洗涤制衣等				

主要财务指标 指标\报告期	2017.06.30	2016.12.31	2016.06.30	2015.12.31
基本每股收益(元)	0.2350	0.4300	0.2320	0.4020
基本每股收益(扣除后)(元)	0.2310	0.4100	0.2320	0.3460
稀释每股收益(元)	—	—	-	-
每股净资产(元)	6.0495	5.8991	5.7237	6.2857
每股经营现金净流量(元)	0.1985	0.4917	0.1743	0.5947
每股现金流量(元)	0.2696	-0.3756	-0.0094	-0.1589
每股资本公积金(元)	0.6245	0.6245	0.7172	0.7172
每股盈余公积金(元)	0.5194	0.5194	0.5194	0.5194
每股未分配利润(元)	2.1589	2.1742	1.9776	1.9959
净资产收益率(%)	3.8789	7.2835	4.0491	6.3913
加权净资产收益率(%)	3.8700	7.0400	3.7800	7.6500
净资产收益率(扣除)(%)	3.8263	6.9436	4.0533	5.5118
总资产(万元)	473919.68	446471.67	466927.00	495472.24
归属母公司股东权益(万元)	333697.54	325400.88	315727.73	346725.71
营业收入(万元)	118911.00	235627.52	114480.37	219211.15
营业支出(万元)	98236.68	193752.54	93380.97	177143.13
投资收益(万元)	11634.19	18691.11	10517.84	17658.20
净利润(万元)	15916.84	28500.27	15071.17	26775.46
营业利润(万元)	17191.32	28993.71	16356.41	26940.67
利润总额(万元)	17716.55	32138.76	16709.26	30694.70

上海飞乐音响股份有限公司

公司概况					
公司名称	上海飞乐音响股份有限公司			证券简称	飞乐音响
法人代表	黄金刚	董秘	赵开兰	证券代码	600651
公司网址	www.facs.com.cn		电子信箱	office@facs.com.cn	
电　　话	021-59900651		传　　真	86-21-33565001	
办公地址	上海市徐汇区桂林路 406 号 1 号楼 11-13 层				
经营范围	IC 卡、绿色照明、其他电子产品的生产和销售等				

主要财务指标 指标\报告期	2017.06.30	2016.12.31	2016.06.30	2015.12.31
基本每股收益(元)	0.2980	0.3550	0.0560	0.3820
基本每股收益(扣除后)(元)	0.1020	0.3120	0.0370	0.3700
稀释每股收益(元)	0.2960	0.3550	0.0560	0.3820
每股净资产(元)	3.7956	3.6141	3.2036	3.3073
每股经营现金净流量(元)	-0.7394	-0.4923	-1.2648	-0.5776
每股现金流量(元)	-0.2113	0.0545	-0.0955	0.2988
每股资本公积金(元)	1.5258	1.5183	1.4530	1.4553
每股盈余公积金(元)	0.1772	0.1772	0.0536	0.0536
每股未分配利润(元)	1.1820	0.9948	0.7327	0.7938
净资产收益率(%)	7.7906	9.7935	1.7623	11.5434
加权净资产收益率(%)	7.8680	10.2940	1.6940	12.1600
净资产收益率(扣除)(%)	2.6786	8.6083	1.3071	11.1923
总资产(万元)	1385028.88	1184329.35	1216316.44	837041.67
归属母公司股东权益(万元)	376486.41	358494.00	315628.63	325846.43
营业收入(万元)	337204.67	717795.21	302719.69	507181.12
营业支出(万元)	245247.70	524587.70	215456.31	402654.43
投资收益(万元)	45477.39	32282.24	2795.84	11921.12
净利润(万元)	28566.72	32800.55	6384.54	38777.48
营业利润(万元)	58449.88	61572.66	8511.79	44688.31
利润总额(万元)	55349.30	47300.60	10544.75	48617.91

上海游久游戏股份有限公司

公司概况					
公司名称	上海游久游戏股份有限公司			证券简称	游久游戏
法人代表	谢鹏	董秘	许鹿鹏	证券代码	600652
公司网址	www.u9game.com.cn		电子信箱	zhangliang@u9game.com.cn	
电　　话	021-64710022-8301		传　　真	86-21-64711120	
办公地址	上海市肇嘉浜路 666 号				
经营范围	从事游戏制作、运营的技术开发、技术服务、技术咨询、技术转让等				

主要财务指标 指标\报告期	2017.06.30	2016.12.31	2016.06.30	2015.12.31
基本每股收益(元)	0.0510	0.1400	0.0279	0.0900
基本每股收益(扣除后)(元)	0.0500	0.0300	0.0240	-0.0800
稀释每股收益(元)	0.0510	0.1400	0.0279	0.0900
每股净资产(元)	2.6234	2.6065	2.5156	2.4914
每股经营现金净流量(元)	0.0979	0.1079	0.0238	0.4287
每股现金流量(元)	-0.0377	-0.2545	-0.2468	0.2378
每股资本公积金(元)	1.0696	1.0696	1.0696	1.0696
每股盈余公积金(元)	0.0275	0.0275	0.0275	0.0275
每股未分配利润(元)	0.4991	0.4915	0.4055	0.3776
净资产收益率(%)	1.9301	5.4054	1.1091	3.5967
加权净资产收益率(%)	1.9200	5.5200	1.1100	3.6800
净资产收益率(扣除)(%)	1.9062	1.0396	0.9434	-3.1214
总资产(万元)	247899.61	248375.35	252087.25	244619.50
归属母公司股东权益(万元)	218450.94	217041.37	209475.69	207456.00
营业收入(万元)	10096.81	30809.30	15122.73	142047.70
营业支出(万元)	3275.09	7248.66	3582.34	90620.97
投资收益(万元)	1987.54	1934.42	-3029.72	13328.49
净利润(万元)	4216.30	11732.00	2323.29	-2144.02
营业利润(万元)	3933.23	11817.13	2385.98	-3872.65
利润总额(万元)	3988.06	12061.65	2530.98	-2268.48

上海申华控股股份有限公司

公司概况					
公司名称	上海申华控股股份有限公司			证券简称	申华控股
法人代表	祁玉民	董秘	张鑫	证券代码	600653
公司网址	www.shkg.com.cn		电子信箱	stock@shkg.com.cn	
电　　话	021-63372010 63372011		传　　真	021-63372000	
办公地址	上海市宁波路 1 号				
经营范围	实业投资、兴办各类经济实体、国内商业等				

主要财务指标 指标\报告期	2017.06.30	2016.12.31	2016.06.30	2015.12.31
基本每股收益(元)	-0.0896	0.0351	-0.0441	0.0303
基本每股收益(扣除后)(元)	-0.1018	-0.2049	-0.0815	-0.2010
稀释每股收益(元)	-0.0896	0.0351	-0.0441	0.0303
每股净资产(元)	1.1347	1.2254	1.1477	1.0370
每股经营现金净流量(元)	-0.1563	-0.2469	-0.0235	0.1698
每股现金流量(元)	-0.1497	0.0438	-0.1016	-0.0204
每股资本公积金(元)	0.1780	0.1780	0.1780	0.0227
每股盈余公积金(元)	—	—	-	-
每股未分配利润(元)	-0.0488	0.0408	-0.0352	0.0074
净资产收益率(%)	-7.9003	2.7924	-3.6454	2.9256
加权净资产收益率(%)	-7.6000	2.9940	-4.0270	2.8760
净资产收益率(扣除)(%)	-8.9694	-16.2888	-6.7376	-19.3839
总资产(万元)	871447.10	965116.43	907429.08	865457.10
归属母公司股东权益(万元)	220859.98	238512.91	223379.64	181107.97
营业收入(万元)	223396.30	874391.92	468553.69	715235.03
营业支出(万元)	222575.56	864857.78	463332.58	697722.21
投资收益(万元)	4911.73	23311.66	2831.70	20541.31
净利润(万元)	-16710.10	7502.68	-7331.93	5525.52
营业利润(万元)	-16561.79	-20240.17	-13389.29	-15032.52
利润总额(万元)	-15923.42	8963.87	-6660.65	6625.04

中安消股份有限公司

公司概况					
公司名称	中安消股份有限公司			证券简称	*ST 中安
法人代表	涂国身	董秘	李振东	证券代码	600654
公司网址	www.600654.com			电子信箱	zqtzb@zhonganxiao.com
电　话	021-61070029			传　真	021-61070017
办公地址	上海市普陀区同普路 800 弄中安消智慧科创园 D 栋 10 楼				
经营范围	计算机系统集成，计算机软件领域的技术开发、技术转让、技术咨询等				

主要财务指标

指标＼报告期	2017.06.30	2016.12.31	2016.06.30	2015.12.31
基本每股收益(元)	–0.0400	0.2100	0.1600	0.2200
基本每股收益(扣除后)(元)	–0.0700	0.0500	0.0400	0.1800
稀释每股收益(元)	–0.0400	0.2100	0.1600	0.2200
每股净资产(元)	2.2891	2.3191	2.2627	2.2657
每股经营现金净流量(元)	0.0102	–0.9896	–0.1985	–0.8946
每股现金流量(元)	–0.7755	0.1514	–0.5281	0.4537
每股资本公积金(元)	0.7842	0.7842	0.7812	0.9037
每股盈余公积金(元)	0.0798	0.0798	0.0798	0.0798
每股未分配利润(元)	0.3445	0.3879	0.3526	0.3570
净资产收益率(%)	–1.8946	9.2121	8.5786	9.6361
加权净资产收益率(%)	–1.8800	9.3100	6.7200	8.3400
净资产收益率(扣除)(%)	–3.0370	2.2150	1.5881	8.0668
总资产(万元)	994696.32	1075431.58	752380.36	660014.80
归属母公司股东权益(万元)	293697.88	297549.11	290308.61	305761.52
营业收入(万元)	144086.85	348499.47	133337.84	197616.43
营业支出(万元)	109003.01	261065.98	97607.79	134722.58
投资收益(万元)	52.56	–112.12	–43.63	200.26
净利润(万元)	–5564.47	27410.47	24904.27	28011.58
营业利润(万元)	–3475.77	41551.26	33741.19	31708.94
利润总额(万元)	–3405.12	42647.60	33963.02	32661.46

上海豫园旅游商城股份有限公司

公司概况					
公司名称	上海豫园旅游商城股份有限公司			证券简称	豫园商城
法人代表	徐晓亮	董秘	蒋伟	证券代码	600655
公司网址	www.yuyuantm.com.cn			电子信箱	obd@yuyuantm.com.cn
电　话	021-63559999			传　真	021-23028573
办公地址	上海市方浜中路 269 号				
经营范围	综合百货、黄金饰品、餐饮业、食品、烟酒饮料、进出口贸易等				

主要财务指标

指标＼报告期	2017.06.30	2016.12.31	2016.06.30	2015.12.31
基本每股收益(元)	0.2280	0.3330	0.0990	0.5620
基本每股收益(扣除后)(元)	0.1790	0.1150	0.0790	0.4750
稀释每股收益(元)	0.2280	0.3330	0.0990	0.5620
每股净资产(元)	7.6373	7.3551	6.6331	5.5321
每股经营现金净流量(元)	0.6359	0.2764	0.3188	–0.2136
每股现金流量(元)	0.1535	–0.0762	–0.0197	0.1093
每股资本公积金(元)	0.6870	0.6395	0.5791	0.5790
每股盈余公积金(元)	0.4887	0.4887	0.4622	0.4622
每股未分配利润(元)	4.2511	4.1227	3.9154	3.9860
净资产收益率(%)	2.9909	4.5295	1.4988	10.1518
加权净资产收益率(%)	3.0290	4.9730	1.6490	10.4840
净资产收益率(扣除)(%)	2.3479	1.5666	1.1922	8.5908
总资产(万元)	2355764.76	2317898.47	2065717.39	1817452.02
归属母公司股东权益(万元)	1097728.80	1057167.15	953393.63	870530.57
营业收入(万元)	918542.46	1564305.32	878741.96	1755148.04
营业支出(万元)	790442.04	1317764.53	749111.13	1553854.46
投资收益(万元)	9577.43	–17266.78	–12829.51	50359.42
净利润(万元)	31913.39	44522.02	12239.33	81371.70
营业利润(万元)	36718.50	48176.05	14535.76	89857.88
利润总额(万元)	40693.11	71640.58	18600.40	96647.97

信达地产股份有限公司

公司概况					
公司名称	信达地产股份有限公司			证券简称	信达地产
法人代表	丁晓杰	董秘	陈戈	证券代码	600657
公司网址	www.cindare.com			电子信箱	dongban_dc@cinda.com.cn
电　话	010-82190959			传　真	010-82190958
办公地址	北京市海淀区中关村南大街甲 18 号北京国际大厦 A 座				
经营范围	房地产开发、经营、投资及物业管理				

主要财务指标

指标＼报告期	2017.06.30	2016.12.31	2016.06.30	2015.12.31
基本每股收益(元)	0.1600	0.5800	0.0900	0.5600
基本每股收益(扣除后)(元)	0.1200	0.4000	–0.0500	0.5300
稀释每股收益(元)	0.1600	0.5800	0.0900	0.5600
每股净资产(元)	5.9571	5.9165	5.4262	5.5403
每股经营现金净流量(元)	2.5549	–0.9783	–0.2237	–2.8509
每股现金流量(元)	0.2501	1.7449	2.0731	2.2424
每股资本公积金(元)	1.0097	1.0101	1.0122	1.0121
每股盈余公积金(元)	——	——	–	–
每股未分配利润(元)	3.9474	3.9064	3.4140	3.4284
净资产收益率(%)	2.7022	9.7689	1.5765	10.1857
加权净资产收益率(%)	2.6800	10.0900	1.5400	10.6000
净资产收益率(扣除)(%)	1.9679	6.7292	–0.8489	9.4814
总资产(万元)	6700375.07	6512473.67	5963146.19	5218412.55
归属母公司股东权益(万元)	908015.03	901832.31	827091.58	844483.88
营业收入(万元)	604917.32	1157068.20	306813.72	813559.29
营业支出(万元)	475940.78	870601.51	236528.33	577918.72
投资收益(万元)	21796.67	93937.74	25000.93	28603.27
净利润(万元)	26118.76	85287.04	11032.56	81273.16
营业利润(万元)	50926.47	128070.96	25246.31	103199.88
利润总额(万元)	51180.71	130826.32	27410.95	106218.71

北京电子城投资开发股份有限公司

公司概况					
公司名称	北京电子城投资开发股份有限公司			证券简称	电子城
法人代表	王岩	董秘	吕延强	证券代码	600658
公司网址	www.bez.com.cn			电子信箱	bez@bez.com.cn
电　话	010-58833515			传　真	010-58833599
办公地址	北京市朝阳区酒仙桥北路甲 10 号院 205 楼 6 层(电子城 IT 产业园 B5 楼 6 层)				
经营范围	投资及投资管理；房地产开发及商品房销售等				

主要财务指标

指标＼报告期	2017.06.30	2016.12.31	2016.06.30	2015.12.31
基本每股收益(元)	0.0900	0.6400	0.1700	0.9000
基本每股收益(扣除后)(元)	0.0600	0.5900	0.1700	0.8800
稀释每股收益(元)	0.0900	0.6400	0.1700	0.9000
每股净资产(元)	7.4081	7.5060	5.7529	5.8467
每股经营现金净流量(元)	–1.5112	–0.5010	–0.5093	1.0177
每股现金流量(元)	–1.4352	3.0232	0.0229	0.4605
每股资本公积金(元)	3.5181	3.5181	1.1733	1.1725
每股盈余公积金(元)	0.2167	0.2167	0.2786	0.2786
每股未分配利润(元)	2.6184	2.7162	3.1897	3.2842
净资产收益率(%)	1.2038	7.0025	3.0327	15.3175
加权净资产收益率(%)	1.1900	9.7300	2.9600	16.2900
净资产收益率(扣除)(%)	0.8724	6.4660	2.9489	15.1124
总资产(万元)	804492.66	901455.84	542471.42	521737.77
归属母公司股东权益(万元)	591902.09	599717.93	333724.41	339164.38
营业收入(万元)	29644.63	151553.90	36850.81	174050.01
营业支出(万元)	15410.19	48391.86	12862.05	48681.40
投资收益(万元)	28.91	2828.60	81.93	310.25
净利润(万元)	7084.33	42084.48	10083.04	51342.09
营业利润(万元)	10138.10	55947.58	13519.40	69135.71
利润总额(万元)	10135.70	56562.14	13559.65	69479.35

福耀玻璃工业集团股份有限公司

公司概况					
公司名称	福耀玻璃工业集团股份有限公司			证券简称	福耀玻璃
法人代表	曹德旺	董秘	李小溪	证券代码	600660
公司网址	www.fuyaogroup.com		电子信箱	600660@fuyaogroup.com	
电　　话	0591-85383777		传　　真	0591-85363983	
办公地址	福建省福清市福耀工业村 II 区				
经营范围	生产汽车玻璃、装饰玻璃和其它工业技术玻璃及玻璃安装、售后服务等				

主要财务指标 指标＼报告期	2017.06.30	2016.12.31	2016.06.30	2015.12.31
基本每股收益(元)	0.5500	1.2500	0.5800	1.1000
基本每股收益(扣除后)(元)	0.5400	1.2200	0.5700	1.1000
稀释每股收益(元)	0.5500	1.2500	0.5800	1.1000
每股净资产(元)	6.9511	7.1887	6.4095	6.5409
每股经营现金净流量(元)	0.6855	1.4498	0.5920	1.2016
每股现金流量(元)	−0.0431	0.5153	0.5915	2.1553
每股资本公积金(元)	2.4829	2.4829	2.4830	2.4830
每股盈余公积金(元)	0.6515	0.6515	0.5354	0.5354
每股未分配利润(元)	2.8205	3.0180	2.4614	2.6307
净资产收益率(%)	7.9494	17.4354	9.0604	15.8781
加权净资产收益率(%)	7.6600	18.6200	8.6600	18.8800
净资产收益率(扣除)(%)	7.7300	17.0193	8.9571	15.9098
总资产(万元)	3067901.14	2986584.54	2803957.64	2482697.14
归属母公司股东权益(万元)	1743763.06	1803361.75	1607887.77	1640862.74
营业收入(万元)	871396.26	1662133.63	758442.50	1357349.51
营业支出(万元)	496861.22	946331.39	430652.97	781434.32
投资收益(万元)	−24.61	4195.63	206.59	2378.18
净利润(万元)	138467.18	314271.66	145751.13	260749.86
营业利润(万元)	168062.29	383986.03	176018.32	305123.99
利润总额(万元)	168636.90	391962.57	177925.01	304272.47

上海新南洋股份有限公司

公司概况					
公司名称	上海新南洋股份有限公司			证券简称	新南洋
法人代表	刘玉文	董秘	杨夏	证券代码	600661
公司网址	www.xin-ny.com		电子信箱	yangxia@xin-ny.com`	
电　　话	8021-62818544　62811383		传　　真	021-62801900	
办公地址	上海市淮海西路 55 号申通信息广场 11 楼 C 座				
经营范围	高新技术产品的生产销售、教育产业投资、技工贸一体化服务等				

主要财务指标 指标＼报告期	2017.06.30	2016.12.31	2016.06.30	2015.12.31
基本每股收益(元)	0.1476	0.7058	0.1481	0.2320
基本每股收益(扣除后)(元)	0.1486	0.2074	0.1213	0.1993
稀释每股收益(元)	0.1476	0.7058	0.1481	0.2320
每股净资产(元)	5.1982	3.6162	3.0798	3.2309
每股经营现金净流量(元)	0.4669	1.7510	0.6869	0.9677
每股现金流量(元)	1.5161	0.7259	0.3287	−0.2381
每股资本公积金(元)	2.8292	0.9811	0.9811	0.9811
每股盈余公积金(元)	0.2031	0.2247	0.1815	0.1719
每股未分配利润(元)	0.9316	1.0884	0.5739	0.5154
净资产收益率(%)	2.8388	19.5186	4.8079	7.1802
加权净资产收益率(%)	4.2300	21.0100	4.7080	7.3000
净资产收益率(扣除)(%)	2.8588	5.7340	3.9402	6.1689
总资产(万元)	291286.20	225023.08	198073.42	186085.12
归属母公司股东权益(万元)	148954.24	93687.88	79790.40	83704.15
营业收入(万元)	79307.45	138975.51	65369.09	116520.33
营业支出(万元)	45326.08	78553.38	37686.07	70247.56
投资收益(万元)	1059.72	16472.05	948.39	1305.67
净利润(万元)	3962.79	18247.74	4483.37	2072.63
营业利润(万元)	4925.05	21542.09	5013.76	3226.09
利润总额(万元)	4770.68	22459.80	5898.06	4366.56

上海强生控股股份有限公司

公司概况					
公司名称	上海强生控股股份有限公司			证券简称	强生控股
法人代表	李仲秋	董秘	刘红威	证券代码	600662
公司网址	www.62580000.com.cn		电子信箱	liuhw@jiushi.com.cn	
电　　话	86-21-61353187		传　　真	021-61353135	
办公地址	上海市南京西路 920 号 18 楼				
经营范围	汽车出租、公交汽车专线和汽车修理业务等				

主要财务指标 指标＼报告期	2017.06.30	2016.12.31	2016.06.30	2015.12.31
基本每股收益(元)	0.0285	0.1750	0.0890	0.1710
基本每股收益(扣除后)(元)	0.0274	0.1542	0.0783	0.2027
稀释每股收益(元)	0.0285	0.1750	0.0890	0.1710
每股净资产(元)	3.1209	3.0924	3.1067	3.0175
每股经营现金净流量(元)	0.0986	1.0286	0.5885	0.8000
每股现金流量(元)	−0.6303	0.2606	−0.0495	0.2423
每股资本公积金(元)	0.7285	0.7285	0.7289	0.7285
每股盈余公积金(元)	0.4165	0.4165	0.4065	0.4065
每股未分配利润(元)	0.9759	0.9474	0.9714	0.8825
净资产收益率(%)	0.9126	5.6583	2.8637	5.6681
加权净资产收益率(%)	0.9200	5.7122	2.9100	5.7178
净资产收益率(扣除)(%)	0.8778	4.9860	2.5201	6.7191
总资产(万元)	585586.17	661219.19	681411.93	690563.71
归属母公司股东权益(万元)	328745.12	325745.08	327251.86	317846.99
营业收入(万元)	193942.26	500454.10	228901.38	472328.69
营业支出(万元)	169466.07	419807.76	189475.14	385138.80
投资收益(万元)	2223.92	2665.03	1176.53	2765.49
净利润(万元)	2849.27	21333.41	10397.00	22498.43
营业利润(万元)	4602.01	26776.43	13728.32	32378.46
利润总额(万元)	5504.10	29965.22	14928.42	33123.67

上海陆家嘴金融贸易区开发股份有限公司

公司概况					
公司名称	上海陆家嘴金融贸易区开发股份有限公司			证券简称	陆家嘴
法人代表	李晋昭	董秘	王辉	证券代码	600663
公司网址	www.ljz.com.cn		电子信箱	invest@ljz.com.cn	
电　　话	021-33848801		传　　真	021-33848818	
办公地址	中国上海市浦东新区杨高南路 729 号陆家嘴世纪金融广场 1 号楼 27 楼以及 31 楼 3103、3104 单元				
经营范围	房地产开发、经营、销售、出租和中介等				

主要财务指标 指标＼报告期	2017.06.30	2016.12.31	2016.06.30	2015.12.31
基本每股收益(元)	0.3432	0.7879	0.2622	1.0173
基本每股收益(扣除后)(元)	0.3301	0.6415	0.2563	0.9686
稀释每股收益(元)	0.3432	0.7879	0.2622	1.0173
每股净资产(元)	4.0159	4.0626	3.8137	6.9590
每股经营现金净流量(元)	−0.3761	−0.3732	0.2849	1.7687
每股现金流量(元)	−0.3404	−0.8134	0.9984	−0.4498
每股资本公积金(元)	0.0116	0.0116	0.0116	0.0208
每股盈余公积金(元)	0.3406	0.3406	0.8164	1.4696
每股未分配利润(元)	2.1559	2.2067	1.9047	4.2645
净资产收益率(%)	8.5454	19.3938	6.8759	14.6186
加权净资产收益率(%)	5.8600	12.1300	6.5900	15.6600
净资产收益率(扣除)(%)	8.2194	15.7903	6.7197	13.9192
总资产(万元)	7994372.09	7982575.49	5377393.74	5244890.28
归属母公司股东权益(万元)	1350067.01	1365762.57	1282092.57	1299726.24
营业收入(万元)	562339.27	1280714.81	378847.62	563135.79
营业支出(万元)	288467.96	676275.66	157327.42	255832.42
投资收益(万元)	18723.78	47503.67	18188.13	109811.53
净利润(万元)	147379.01	326914.05	117167.32	212190.49
营业利润(万元)	186814.84	418920.56	151510.36	268107.99
利润总额(万元)	193118.27	428929.11	153527.53	277503.15

哈药集团股份有限公司

公司概况	公司名称	哈药集团股份有限公司			证券简称	哈药股份
	法人代表	张镇平	董秘	孟晓东	证券代码	600664
	公司网址	www.hayao.com			电子信箱	mengxd@hayao.com
	电　话	0451-51870077			传　真	0451-51870277
	办公地址	黑龙江省哈尔滨市道里区群力大道7号				
	经营范围	医药原料药及制剂、中成药及中药粉针剂、滋补保健品制造、生物制药和医药商业等				

	指标\报告期	2017.06.30	2016.12.31	2016.06.30	2015.12.31
主要财务指标	基本每股收益(元)	0.1400	0.3200	0.1500	0.3000
	基本每股收益(扣除后)(元)	0.1200	0.2900	0.1400	0.2900
	稀释每股收益(元)	0.1400	0.3100	0.1500	0.3000
	每股净资产(元)	2.7268	3.0900	2.9813	3.6782
	每股经营现金净流量(元)	0.1096	1.0932	0.7808	0.8657
	每股现金流量(元)	-0.4200	1.1080	0.7681	-0.2686
	每股资本公积金(元)	0.2794	0.2794	0.2148	0.5793
	每股盈余公积金(元)	0.5057	0.5057	0.5156	0.6703
	每股未分配利润(元)	1.0249	1.3881	1.2508	1.4286
	净资产收益率(%)	5.0156	10.0364	5.0953	8.2255
	加权净资产收益率(%)	4.7000	10.5800	5.2300	7.2100
	净资产收益率(扣除)(%)	4.3412	9.0725	4.5550	7.7918
	总资产(万元)	1344456.82	1505274.49	1428995.39	1376600.87
	归属母公司股东权益(万元)	692940.98	785248.02	743152.63	705286.79
	营业收入(万元)	616790.79	1412688.60	711494.01	1585620.78
	营业支出(万元)	454200.49	1039178.08	533493.85	1190351.41
	投资收益(万元)	3049.12	600.41	1304.40	33.63
	净利润(万元)	38108.32	84379.56	40970.71	61447.92
	营业利润(万元)	45170.63	96634.04	46280.06	74130.56
	利润总额(万元)	47811.40	105323.28	49583.82	78620.66

天地源股份有限公司

公司概况	公司名称	天地源股份有限公司			证券简称	天地源
	法人代表	俞向前	董秘	刘宇	证券代码	600665
	公司网址	www.tande.cn			电子信箱	liuyu@tande.cn
	电　话	029-88326035			传　真	029-88325961
	办公地址	陕西省西安市高新技术开发区科技路33号高新国际商务中心27层				
	经营范围	房地产开发和经营、自有房屋租赁、物业管理、实业投资、资产管理				

	指标\报告期	2017.06.30	2016.12.31	2016.06.30	2015.12.31
主要财务指标	基本每股收益(元)	0.1214	0.2665	-0.0675	0.2395
	基本每股收益(扣除后)(元)	0.1252	0.2463	-0.0887	0.1796
	稀释每股收益(元)	0.1214	0.2665	-0.0675	0.2395
	每股净资产(元)	3.3518	3.3104	2.9763	3.1238
	每股经营现金净流量(元)	0.4160	1.5798	1.4904	-1.6191
	每股现金流量(元)	0.0051	0.7553	0.2347	0.8219
	每股资本公积金(元)	0.2327	0.2327	0.2327	0.2327
	每股盈余公积金(元)	0.3567	0.3567	0.3567	0.3567
	每股未分配利润(元)	1.7624	1.7210	1.3869	1.5344
	净资产收益率(%)	3.6216	8.0518	-2.2664	7.6654
	加权净资产收益率(%)	3.6000	8.2900	-2.1800	7.8800
	净资产收益率(扣除)(%)	3.7362	7.4410	-2.9798	5.7502
	总资产(万元)	1946831.93	1912305.93	1818819.51	1734498.72
	归属母公司股东权益(万元)	289636.80	286057.44	257186.68	269936.76
	营业收入(万元)	181390.13	372507.73	91306.76	297453.49
	营业支出(万元)	146624.67	286120.76	86248.21	223238.72
	投资收益(万元)	17.84	32.98	13.71	12.44
	净利润(万元)	10408.23	22670.32	-5994.12	20329.11
	营业利润(万元)	13851.44	27897.95	-11337.05	20506.92
	利润总额(万元)	13385.52	30238.29	-8885.55	27492.54

奥瑞德光电股份有限公司

公司概况	公司名称	奥瑞德光电股份有限公司			证券简称	奥瑞德
	法人代表	左洪波	董秘	张世铭	证券代码	600666
	公司网址	www.aurora-sapphire.cn			电子信箱	zhengquan@aurora-sapphire.cn
	电　话	0451-51775068			传　真	0451-51775068
	办公地址	黑龙江省哈尔滨市宾西经济技术开发区海滨路6号				
	经营范围	生产、销售片剂、胶囊剂、颗粒剂、粉针剂、大容量注射剂等				

	指标\报告期	2017.06.30	2016.12.31	2016.06.30	2015.12.31
主要财务指标	基本每股收益(元)	0.0600	0.6100	0.0900	0.5000
	基本每股收益(扣除后)(元)	0.0300	0.5600	0.0600	0.4800
	稀释每股收益(元)	0.0600	0.6100	0.0900	0.5000
	每股净资产(元)	2.1633	3.3630	2.8436	2.7569
	每股经营现金净流量(元)	0.1358	-0.1349	-0.3805	0.3615
	每股现金流量(元)	-0.1830	-0.4151	-0.7040	0.7425
	每股资本公积金(元)	0.6439	1.6302	1.6307	1.6307
	每股盈余公积金(元)	0.0752	0.1203	0.0822	0.0822
	每股未分配利润(元)	0.8267	1.2245	0.7427	0.6560
	净资产收益率(%)	2.8380	18.0376	3.0485	14.2147
	加权净资产收益率(%)	2.8800	19.8200	3.1000	19.9700
	净资产收益率(扣除)(%)	1.1598	16.6423	2.2444	13.6333
	总资产(万元)	672100.33	683570.46	573570.01	582651.50
	归属母公司股东权益(万元)	265506.26	257971.13	218129.18	211479.54
	营业收入(万元)	45481.97	147863.70	31432.00	115083.69
	营业支出(万元)	35787.60	74497.40	19150.53	65951.80
	投资收益(万元)	6.71	304.22	217.85	332.34
	净利润(万元)	7726.04	46670.46	6635.66	29966.51
	营业利润(万元)	2576.11	48176.85	5503.36	34195.26
	利润总额(万元)	8718.62	54118.22	7935.15	35916.74

无锡市太极实业股份有限公司

公司概况	公司名称	无锡市太极实业股份有限公司			证券简称	太极实业
	法人代表	赵振元	董秘	李佳颐	证券代码	600667
	公司网址	www.wxtj.com			电子信箱	wxtj600667@wxtj.com
	电　话	0510-85419120			传　真	0510-85430760
	办公地址	江苏省无锡市下甸桥南堍				
	经营范围	化学纤维及制品、化纤产品、化纤机械及配件、纺织机械及配件等				

	指标\报告期	2017.06.30	2016.12.31	2016.06.30	2015.12.31
主要财务指标	基本每股收益(元)	0.0800	0.1400	0.0220	0.0200
	基本每股收益(扣除后)(元)	0.0800	0.0700	-0.0020	-0.0100
	稀释每股收益(元)	0.0800	0.1400	0.0220	0.0200
	每股净资产(元)	2.8241	2.3035	1.3915	1.3645
	每股经营现金净流量(元)	-0.1878	0.2436	-0.2035	0.6713
	每股现金流量(元)	0.1022	0.0144	-0.4525	0.2614
	每股资本公积金(元)	1.5474	0.8004	0.2562	0.2562
	每股盈余公积金(元)	0.0221	0.0221	0.0329	0.0329
	每股未分配利润(元)	0.2382	0.1989	0.1081	0.0957
	净资产收益率(%)	2.8061	5.9683	1.6062	1.4501
	加权净资产收益率(%)	2.7900	6.7900	1.6200	1.4800
	净资产收益率(扣除)(%)	2.7363	2.2412	-0.1597	-0.6143
	总资产(万元)	1685315.53	1549135.34	518550.63	562625.86
	归属母公司股东权益(万元)	594808.79	389593.34	165768.07	162553.83
	营业收入(万元)	530544.21	961617.53	196983.34	439564.04
	营业支出(万元)	454346.64	818592.51	172012.54	392543.54
	投资收益(万元)	1938.69	2855.87	-	83.48
	净利润(万元)	22226.29	41491.39	6593.30	14036.57
	营业利润(万元)	25664.92	44378.84	5763.17	14640.69
	利润总额(万元)	26064.03	49375.00	8608.12	19289.65

浙江尖峰集团股份有限公司

公司概况	公司名称	浙江尖峰集团股份有限公司			证券简称	尖峰集团
	法人代表	蒋晓萌	董秘	朱坚卫	证券代码	600668
	公司网址	www.jianfeng.com.cn		电子信箱	jf@jianfeng.com.cn	
	电话	0579-82320582 82324699		传真	0579-82324611 82320582	
	办公地址	浙江省金华市婺江东路88号				
	经营范围	水泥及药品的生产和销售				

	指标\报告期	2017.06.30	2016.12.31	2016.06.30	2015.12.31
主要财务指标	基本每股收益(元)	0.6991	0.8290	0.3012	0.5800
	基本每股收益(扣除后)(元)	0.6730	0.7700	0.2731	0.5000
	稀释每股收益(元)	0.6991	0.8290	0.3012	0.5800
	每股净资产(元)	7.2991	6.9334	6.3963	6.2958
	每股经营现金净流量(元)	0.3070	1.1581	0.3757	0.4751
	每股现金流量(元)	-0.1308	0.1006	-0.1991	-0.6915
	每股资本公积金(元)	1.1056	1.0985	1.1604	1.1831
	每股盈余公积金(元)	0.4507	0.4507	0.3913	0.3913
	每股未分配利润(元)	4.1518	3.7027	3.2343	3.1132
	净资产收益率(%)	9.5774	11.9559	4.7086	9.2739
	加权净资产收益率(%)	9.6500	12.5600	4.6700	9.4700
	净资产收益率(扣除)(%)	9.2202	11.1207	4.2699	7.8903
	总资产(万元)	422624.37	399479.11	357786.57	363148.22
	归属母公司股东权益(万元)	251150.43	238567.69	220086.75	216628.95
	营业收入(万元)	130593.27	237912.59	110282.85	225853.45
	营业支出(万元)	89935.42	180002.72	86225.05	178907.52
	投资收益(万元)	9712.45	12800.76	2801.71	9664.47
	净利润(万元)	25587.12	30886.74	11173.48	22308.54
	营业利润(万元)	30760.47	35218.48	12853.79	22984.79
	利润总额(万元)	31037.86	37314.90	13763.26	27398.75

杭州天目山药业股份有限公司

公司概况	公司名称	杭州天目山药业股份有限公司			证券简称	天目药业
	法人代表	祝政	董秘	吴建刚	证券代码	600671
	公司网址	www.hztmyy.com		电子信箱	tiaomuyaoye@126.com	
	电话	0571-63722229		传真	0571-63715400	
	办公地址	浙江省杭州市文二西路738号西溪乐谷3号楼				
	经营范围	生物制药、中成药、西药、电子产品、机制纸的制造和销售等				

	指标\报告期	2017.06.30	2016.12.31	2016.06.30	2015.12.31
主要财务指标	基本每股收益(元)	-0.0594	0.0100	-0.0678	-0.1800
	基本每股收益(扣除后)(元)	-0.0679	-0.1200	-0.0937	-0.1800
	稀释每股收益(元)	-0.0594	0.0100	-0.0678	-0.1800
	每股净资产(元)	0.4249	0.4842	0.4019	0.4696
	每股经营现金净流量(元)	-0.1508	0.0132	-0.0351	-0.0120
	每股现金流量(元)	-0.1543	0.1889	0.0477	-0.1826
	每股资本公积金(元)	0.4229	0.4229	0.4183	0.4183
	每股盈余公积金(元)	0.1986	0.1986	0.1986	0.1986
	每股未分配利润(元)	-1.1966	-1.1372	-1.2150	-1.1472
	净资产收益率(%)	-13.9702	2.0641	-16.8619	-37.6683
	加权净资产收益率(%)	-13.0600	2.0900	-15.5508	-31.7000
	净资产收益率(扣除)(%)	-15.9745	-24.0086	-23.3275	-37.7479
	总资产(万元)	29348.89	30619.30	28623.36	28038.22
	归属母公司股东权益(万元)	5174.19	5897.03	4894.08	5719.31
	营业收入(万元)	4572.19	12372.55	5120.85	9476.58
	营业支出(万元)	2666.55	7607.18	3631.28	6499.23
	投资收益(万元)	-9.63	1069.21	-1.07	-0.08
	净利润(万元)	-743.00	262.69	-828.47	-2249.19
	营业利润(万元)	-810.43	-333.32	-1104.96	-2126.50
	利润总额(万元)	-705.25	418.77	-785.74	-2120.43

广东东阳光科技控股股份有限公司

公司概况	公司名称	广东东阳光科技控股股份有限公司			证券简称	东阳光科
	法人代表	张寓帅	董秘	陈铁生	证券代码	600673
	公司网址	www.hec-al.com		电子信箱	cts@dyg-hec.com	
	电话	0769-85370225		传真	0769-85370230	
	办公地址	广东省东莞市长安镇上沙村第五工业区				
	经营范围	亲水箔的产品和销售				

	指标\报告期	2017.06.30	2016.12.31	2016.06.30	2015.12.31
主要财务指标	基本每股收益(元)	0.0840	0.0440	0.0140	0.0400
	基本每股收益(扣除后)(元)	0.0700	0.0430	0.0080	0.0100
	稀释每股收益(元)	0.0840	0.0440	0.0140	0.0400
	每股净资产(元)	1.5677	1.4721	1.4439	1.4569
	每股经营现金净流量(元)	0.1044	0.1849	0.0882	0.2427
	每股现金流量(元)	0.2026	-0.1297	-0.0547	-0.1163
	每股资本公积金(元)	0.0579	0.0579	0.0623	0.0597
	每股盈余公积金(元)	0.0298	0.0298	0.0298	0.0298
	每股未分配利润(元)	0.4715	0.3870	0.3571	0.3727
	净资产收益率(%)	5.3846	3.0123	0.9996	2.7648
	加权净资产收益率(%)	5.7100	3.0400	0.9900	2.7800
	净资产收益率(扣除)(%)	4.7355	2.9156	0.5496	0.7212
	总资产(万元)	1261203.60	1117772.76	1062116.13	1092865.25
	归属母公司股东权益(万元)	387044.79	363454.99	356481.25	359695.75
	营业收入(万元)	345567.50	510225.68	239888.09	468604.04
	营业支出(万元)	282207.43	417445.95	200628.80	392249.26
	投资收益(万元)	984.46	1111.53	429.82	1206.85
	净利润(万元)	19871.97	5654.41	3154.98	8067.60
	营业利润(万元)	23020.80	16837.98	4550.93	6441.11
	利润总额(万元)	24365.99	13717.29	5726.63	12744.73

四川川投能源股份有限公司

公司概况	公司名称	四川川投能源股份有限公司			证券简称	川投能源
	法人代表	刘国强	董秘	龚圆	证券代码	600674
	公司网址	www.scte.com.cn		电子信箱	gongyuan@invest.com.cn	
	电话	028-86098649		传真	028-86098648	
	办公地址	四川省成都市武侯区临江西路1号				
	经营范围	电力开发、电力生产经营、电力行业技术服务和咨询等				

	指标\报告期	2017.06.30	2016.12.31	2016.06.30	2015.12.31
主要财务指标	基本每股收益(元)	0.2793	0.3173	0.3173	0.8798
	基本每股收益(扣除后)(元)	0.2764	0.3148	0.3148	0.8713
	稀释每股收益(元)	0.2793	0.3173	0.3173	0.8798
	每股净资产(元)	4.6428	4.1824	4.1824	4.1352
	每股经营现金净流量(元)	0.0617	0.0354	0.0354	0.1359
	每股现金流量(元)	0.2562	-0.0394	-0.0394	-0.1075
	每股资本公积金(元)	0.9204	0.9204	0.9204	0.9204
	每股盈余公积金(元)	0.8117	0.6081	0.6081	0.6081
	每股未分配利润(元)	1.9048	1.6476	1.6476	1.6002
	净资产收益率(%)	6.0166	7.5877	7.5877	21.2756
	加权净资产收益率(%)	6.2000	7.3900	7.3900	22.6600
	净资产收益率(扣除)(%)	5.9527	7.5272	7.5272	21.0704
	总资产(万元)	2896639.89	2451788.71	2451788.71	2421462.78
	归属母公司股东权益(万元)	2043846.70	1841135.55	1841135.55	1820353.36
	营业收入(万元)	35196.95	50678.03	50678.03	111659.19
	营业支出(万元)	19088.08	30810.56	30810.56	60675.23
	投资收益(万元)	127737.46	141990.60	141990.60	387957.06
	净利润(万元)	124617.43	141590.01	141590.01	391944.75
	营业利润(万元)	125190.06	142670.02	142670.02	394877.50
	利润总额(万元)	125857.63	142773.98	142773.98	395570.62

中华企业股份有限公司

公司概况	公司名称	中华企业股份有限公司			证券简称	中华企业
	法人代表	蔡顺明	董秘	印学青	证券代码	600675
	公司网址	www.cecl.com.cn		电子信箱	zhqydm@cecl.com.cn	
	电　话	021-20772222		传　真	021-20772766	
	办公地址	上海市浦东新区雪野路 928 号 6 楼				
	经营范围	商品房设计、建造、买卖、租赁及调剂业务等				

主要财务指标	指标\报告期	2017.06.30	2016.12.31	2016.06.30	2015.12.31
	基本每股收益(元)	0.2000	0.3510	−0.0330	−1.3320
	基本每股收益(扣除后)(元)	0.1900	0.0480	−0.0620	−1.6980
	稀释每股收益(元)	0.2000	0.3510	−0.0330	−1.3320
	每股净资产(元)	1.9450	1.7453	1.3834	1.4564
	每股经营现金净流量(元)	1.2086	4.8130	1.6749	2.6394
	每股现金流量(元)	0.2637	1.4322	0.2372	−0.2597
	每股资本公积金(元)	0.0323	0.0323	0.0212	0.0212
	每股盈余公积金(元)	0.2634	0.2634	0.2634	0.2634
	每股未分配利润(元)	0.6502	0.4464	0.0627	0.0957
	净资产收益率(%)	10.4833	20.1151	−2.3837	−91.4660
	加权净资产收益率(%)	11.0400	21.9400	−2.3200	−63.7700
	净资产收益率(扣除)(%)	9.6801	2.7221	−4.4503	−116.5730
	总资产(万元)	2869710.26	3044160.95	3243129.22	3661757.33
	归属母公司股东权益(万元)	363140.99	325798.87	258284.55	271912.36
	营业收入(万元)	411694.09	1419675.42	733822.51	465446.89
	营业支出(万元)	321120.88	1005658.26	504339.83	365993.55
	投资收益(万元)	1923.09	57907.77	1512.24	62514.19
	净利润(万元)	47180.32	88784.99	11295.47	−280081.41
	营业利润(万元)	54877.02	169022.26	66893.40	−255110.91
	利润总额(万元)	58335.13	172631.68	70679.88	−250396.91

上海交运集团股份有限公司

公司概况	公司名称	上海交运集团股份有限公司			证券简称	交运股份
	法人代表	张仁良	董秘	徐以刚	证券代码	600676
	公司网址	www.cnsjy.com		电子信箱	jygf@sh163.net	
	电　话	021-63172168　63178257		传　真	021-63173388	
	办公地址	上海市恒丰路 288 号				
	经营范围	运输业与物流服务、汽车零部件制造与汽车后服务等				

主要财务指标	指标\报告期	2017.06.30	2016.12.31	2016.06.30	2015.12.31
	基本每股收益(元)	0.1622	0.3500	0.1751	0.4000
	基本每股收益(扣除后)(元)	0.1422	0.2800	0.1511	0.3200
	稀释每股收益(元)	0.1622	0.3500	0.1751	0.4000
	每股净资产(元)	5.2385	5.1767	4.3584	4.3036
	每股经营现金净流量(元)	0.0879	0.5485	0.2325	0.7969
	每股现金流量(元)	−0.2038	1.2575	−0.1802	0.0792
	每股资本公积金(元)	2.3578	2.3578	1.3713	1.3713
	每股盈余公积金(元)	0.3029	0.3029	0.3362	0.3362
	每股未分配利润(元)	1.5763	1.5141	1.6492	1.5942
	净资产收益率(%)	3.0963	5.7788	4.0165	9.2110
	加权净资产收益率(%)	3.0800	7.8400	4.0000	9.5200
	净资产收益率(扣除)(%)	2.7137	4.6095	3.4672	7.3761
	总资产(万元)	899552.53	911633.72	730675.81	735552.95
	归属母公司股东权益(万元)	538773.77	532416.41	375857.81	371133.35
	营业收入(万元)	419714.36	846482.34	396887.91	821092.96
	营业支出(万元)	372073.40	745599.96	349894.54	716208.92
	投资收益(万元)	2445.06	3488.89	1510.08	3204.44
	净利润(万元)	19550.56	35451.52	17595.96	39385.94
	营业利润(万元)	20833.83	37213.94	18893.33	40713.28
	利润总额(万元)	23927.29	45331.62	22166.34	49911.29

航天通信控股集团股份有限公司

公司概况	公司名称	航天通信控股集团股份有限公司			证券简称	航天通信
	法人代表	敖刚	董秘	吴从曙	证券代码	600677
	公司网址	www.aerocom.cn		电子信箱	stock@aerocom.cn	
	电　话	0571-87034676　87079526		传　真	0571-87034676	
	办公地址	浙江省杭州市解放路 138 号航天通信大厦一号楼				
	经营范围	通信产业投资、通信工程、通信设备代维、轻纺产品及原辅材料、针纺织品的生产和销售等				

主要财务指标	指标\报告期	2017.06.30	2016.12.31	2016.06.30	2015.12.31
	基本每股收益(元)	0.0145	0.0500	0.0288	0.0300
	基本每股收益(扣除后)(元)	−0.0193	−0.0800	0.0028	−0.7400
	稀释每股收益(元)	0.0145	0.0500	0.0288	0.0300
	每股净资产(元)	5.9750	5.9805	5.9602	5.9514
	每股经营现金净流量(元)	−0.7987	−3.0833	−2.0319	0.2357
	每股现金流量(元)	−0.5781	−0.6535	−1.2557	−0.1923
	每股资本公积金(元)	4.0703	4.0703	4.0703	4.0703
	每股盈余公积金(元)	0.0276	0.0276	0.0177	0.0177
	每股未分配利润(元)	0.8767	0.8822	0.8721	0.8634
	净资产收益率(%)	0.2422	0.8145	0.4827	0.3485
	加权净资产收益率(%)	0.2400	0.8100	0.4800	0.6500
	净资产收益率(扣除)(%)	−0.3224	−1.2721	0.0463	−10.0861
	总资产(万元)	1367259.19	1354025.86	1272134.55	846803.18
	归属母公司股东权益(万元)	311770.12	312058.72	310999.96	310541.29
	营业收入(万元)	628519.50	1182332.01	462164.21	602538.94
	营业支出(万元)	556775.38	1029044.09	399362.22	523823.38
	投资收益(万元)	13.86	−17.44	−	28853.52
	净利润(万元)	3142.14	16804.48	7372.92	8271.40
	营业利润(万元)	3716.26	11358.77	7848.38	3561.24
	利润总额(万元)	6410.35	21560.11	10424.25	11058.68

四川金顶(集团)股份有限公司

公司概况	公司名称	四川金顶(集团)股份有限公司			证券简称	四川金顶
	法人代表	骆耀	董秘	杨业	证券代码	600678
	公司网址	www.scjd.cn		电子信箱	scjd600678@163.com	
	电　话	0833-2602213		传　真	0833-2601128	
	办公地址	四川省乐山市市中区鹤翔路 428 号 4 栋 13 楼 11-13 号				
	经营范围	水泥制造、销售、房地产开发经营、汽车修理、客货运输等				

主要财务指标	指标\报告期	2017.06.30	2016.12.31	2016.06.30	2015.12.31
	基本每股收益(元)	−0.0158	−0.0809	−0.0484	0.0120
	基本每股收益(扣除后)(元)	−0.0150	−0.0775	−0.0451	−0.1340
	稀释每股收益(元)	−0.0158	−0.0809	−0.0484	0.0120
	每股净资产(元)	−0.0108	0.0076	0.0318	0.0808
	每股经营现金净流量(元)	0.0042	0.0166	−0.0187	−0.0733
	每股现金流量(元)	−0.0053	−0.0577	−0.0609	0.0169
	每股资本公积金(元)	0.8750	0.8750	0.8750	0.8750
	每股盈余公积金(元)	0.0795	0.0795	0.0795	0.0795
	每股未分配利润(元)	−1.9795	−1.9638	−1.9313	−1.8828
	净资产收益率(%)	—	−1063.4810	−152.1915	14.8860
	加权净资产收益率(%)	—	−200.8600	−86.0371	16.2100
	净资产收益率(扣除)(%)	—	−1018.0294	−141.6243	−165.8974
	总资产(万元)	34044.25	34469.32	35342.05	37580.45
	归属母公司股东权益(万元)	−377.21	265.61	1110.64	2818.60
	营业收入(万元)	6280.67	8887.67	3652.73	5272.42
	营业支出(万元)	4889.46	7473.35	3428.39	5563.80
	投资收益(万元)	—	—	−	1146.95
	净利润(万元)	−550.96	−2887.70	−1756.71	189.29
	营业利润(万元)	−523.99	−2400.06	−1639.34	−3805.67
	利润总额(万元)	−550.96	−2887.70	−1756.71	189.29

上海凤凰企业(集团)股份有限公司

公司概况	公司名称	上海凤凰企业(集团)股份有限公司			证券简称	上海凤凰
	法人代表	周卫中	董秘	刘峰	证券代码	600679
	公司网址	www.jskfjs.com	电子信箱	lf@jskfjs.com		
	电　话	021-32795656　32795679	传　真	021-32795557		
	办公地址	上海市长宁区福泉北路518号6座4楼				
	经营范围	生产销售自行车、助动车、两轮摩托车、童车、健身器材、自行车工业设备及模具				

主要财务指标 指标\报告期	2017.06.30	2016.12.31	2016.06.30	2015.12.31
基本每股收益(元)	0.1070	0.1310	0.0423	0.0103
基本每股收益(扣除后)(元)	0.0750	0.0980	0.0325	−0.0665
稀释每股收益(元)	0.1070	0.1310	0.0423	0.0103
每股净资产(元)	3.2461	3.1401	3.0290	3.0298
每股经营现金净流量(元)	0.0585	0.0796	−0.0170	0.0741
每股现金流量(元)	0.0336	0.1023	0.0017	0.0301
每股资本公积金(元)	1.8959	1.8959	1.8959	1.8959
每股盈余公积金(元)	--	0.1435	0.1435	0.1435
每股未分配利润(元)	0.1130	−0.1371	−0.2263	−0.2686
净资产收益率(%)	3.2855	4.1875	1.3967	0.3000
加权净资产收益率(%)	3.3400	4.2480	1.3867	0.5490
净资产收益率(扣除)(%)	2.3164	3.1334	1.0722	−1.9309
总资产(万元)	195317.87	175751.44	171084.41	167865.01
归属母公司股东权益(万元)	130557.83	126295.57	121827.74	121859.10
营业收入(万元)	79792.19	63013.42	28509.56	46074.94
营业支出(万元)	67970.32	47785.83	21256.42	39670.73
投资收益(万元)	2394.23	1455.37	−175.72	−124.11
净利润(万元)	5436.15	5944.65	1949.05	408.20
营业利润(万元)	6153.27	6220.27	1872.83	−2602.45
利润总额(万元)	6238.60	7043.75	2403.35	1074.07

上海普天邮通科技股份有限公司

公司概况	公司名称	上海普天邮通科技股份有限公司			证券简称	*ST上普
	法人代表	王治义	董秘	李中耀	证券代码	600680
	公司网址	www.shpte.com	电子信箱	zhengquanb@shpte.com		
	电　话	021-64832699　64360900-2371	传　真	86-21-64832699		
	办公地址	上海市宜山路700号				
	经营范围	设计、生产、销售各类通信设备、元器件、计算机网络及外围配套设备等				

主要财务指标 指标\报告期	2017.06.30	2016.12.31	2016.06.30	2015.12.31
基本每股收益(元)	−0.3610	−1.2350	0.0040	−0.2490
基本每股收益(扣除后)(元)	−0.3620	−1.2510	-	−0.3520
稀释每股收益(元)	−0.3610	−1.2350	0.0040	−0.2490
每股净资产(元)	1.7303	2.0927	3.3324	3.3282
每股经营现金净流量(元)	−0.0902	0.0222	0.0001	−0.4532
每股现金流量(元)	0.0041	−0.0978	0.1008	−0.1412
每股资本公积金(元)	2.2718	2.2718	2.2718	2.2718
每股盈余公积金(元)	0.3105	0.3105	0.3105	0.3105
每股未分配利润(元)	−1.8520	−1.4897	−0.2499	−0.2541
净资产收益率(%)	−20.8520	−59.0231	0.1265	−7.4779
加权净资产收益率(%)	−18.8800	−45.4570	0.1300	−7.1840
净资产收益率(扣除)(%)	−20.9440	−59.8014	0.0013	−10.5608
总资产(万元)	278654.36	272995.60	334277.45	317124.88
归属母公司股东权益(万元)	66136.35	79986.69	127374.10	127212.96
营业收入(万元)	24144.56	69928.67	39886.37	125546.30
营业支出(万元)	19856.88	61420.76	30716.67	108803.07
投资收益(万元)	243.50	227.59	91.79	5887.57
净利润(万元)	−13802.38	−47589.38	77.45	−9870.59
营业利润(万元)	−13826.83	−48200.71	−46.99	−12195.86
利润总额(万元)	−13765.53	−47571.04	122.25	−9817.84

百川能源股份有限公司

公司概况	公司名称	百川能源股份有限公司			证券简称	百川能源
	法人代表	王东海	董秘	韩啸	证券代码	600681
	公司网址	www.bestsungas.com	电子信箱	baichuandsh@163.com		
	电　话	010-85670030	传　真	010-85670030		
	办公地址	北京市朝阳区建国门外大街甲6号中环世贸中心C座6层601				
	经营范围	园林绿化、建筑装饰				

主要财务指标 指标\报告期	2017.06.30	2016.12.31	2016.06.30	2015.12.31
基本每股收益(元)	0.1900	0.6300	0.1700	−0.0200
基本每股收益(扣除后)(元)	0.1900	0.6300	0.1700	−0.0100
稀释每股收益(元)	0.1900	0.6300	0.1700	−0.0200
每股净资产(元)	2.4243	2.2137	2.7646	0.0945
每股经营现金净流量(元)	−0.0661	0.2996	0.1806	−0.1108
每股现金流量(元)	0.3728	0.1149	0.7923	−0.0124
每股资本公积金(元)	0.5128	0.4938	0.4745	0.0574
每股盈余公积金(元)	0.0603	0.0603	0.0594	0.2279
每股未分配利润(元)	1.1816	0.9928	0.5633	1.6178
净资产收益率(%)	7.7891	25.8243	8.0299	−17.0072
加权净资产收益率(%)	8.1400	32.9400	10.8600	−18.2600
净资产收益率(扣除)(%)	7.7791	25.6477	7.9950	−13.9529
总资产(万元)	467637.34	342557.34	268072.52	182198.16
归属母公司股东权益(万元)	233737.19	213432.06	169742.72	86037.57
营业收入(万元)	84769.07	171988.47	64350.74	1772.64
营业支出(万元)	50211.05	86108.74	39809.82	1012.38
投资收益(万元)	554.86	317.69	9.45	-
净利润(万元)	18664.25	55360.46	13711.95	−448.14
营业利润(万元)	25666.74	73775.24	18401.97	−481.02
利润总额(万元)	25697.99	74294.71	18477.39	−480.96

南京新街口百货商店股份有限公司

公司概况	公司名称	南京新街口百货商店股份有限公司			证券简称	南京新百
	法人代表	杨怀珍	董秘	潘利建	证券代码	600682
	公司网址	www.njxb.com	电子信箱	irm@njxb.com		
	电　话	025-84717494　84761696	传　真	025-84717494　84761696		
	办公地址	江苏省南京市白下区中山南路1号				
	经营范围	预包装食品、散装食品(炒货、蜜饯、糕点、茶叶)、保健食品、冷热饮品销售等				

主要财务指标 指标\报告期	2017.06.30	2016.12.31	2016.06.30	2015.12.31
基本每股收益(元)	0.0800	0.4800	−0.3200	0.4500
基本每股收益(扣除后)(元)	0.0800	0.5000	−0.3100	0.1500
稀释每股收益(元)	0.0800	0.4800	−0.3200	0.4500
每股净资产(元)	6.3733	3.1575	2.4483	2.8736
每股经营现金净流量(元)	−0.8341	3.0902	0.7603	2.9479
每股现金流量(元)	−0.3878	−0.1203	−0.3705	2.9308
每股资本公积金(元)	3.8647	0.8281	0.2830	0.2830
每股盈余公积金(元)	0.3004	0.4035	0.3839	0.3839
每股未分配利润(元)	1.0127	1.3725	0.7602	1.0837
净资产收益率(%)	1.2520	15.2940	−13.1989	15.4033
加权净资产收益率(%)	2.5900	15.9700	−11.9200	19.0200
净资产收益率(扣除)(%)	1.2432	15.9837	−12.5504	4.7206
总资产(万元)	2329306.05	1963706.04	1720537.24	1759455.59
归属母公司股东权益(万元)	708695.90	313851.62	202720.98	237939.08
营业收入(万元)	781781.41	1627569.15	668750.61	1585294.52
营业支出(万元)	498485.33	1043138.22	439044.67	1030408.64
投资收益(万元)	−122.03	497.59	15.20	43654.42
净利润(万元)	11765.61	40353.26	−30474.31	35908.57
营业利润(万元)	25410.88	49993.89	−27479.15	56363.47
利润总额(万元)	25567.69	50063.97	−27673.93	50731.50

京投发展股份有限公司

公司概况	公司名称	京投发展股份有限公司			证券简称	京投发展
	法人代表	田振清	董秘	田锋	证券代码	600683
	公司网址	www.600683.com		电子信箱	ir@600683.com	
	电　话	010-65636620 65636622		传　真	010-85172628	
	办公地址	北京市朝阳区建国门外大街 2 号银泰中心 C 座 17 层				
	经营范围	百货零售、对外贸易和房地产开发与经营等业务				

	指标\报告期	2017.06.30	2016.12.31	2016.06.30	2015.12.31
主要财务指标	基本每股收益(元)	0.0600	0.3900	0.0500	0.1600
	基本每股收益(扣除后)(元)	−0.0200	0.2300	0.0030	0.0600
	稀释每股收益(元)	0.0600	0.3900	0.0500	0.1600
	每股净资产(元)	2.8012	2.9399	2.6012	2.6778
	每股经营现金净流量(元)	0.3467	6.8243	1.1401	4.7233
	每股现金流量(元)	−0.6453	0.9243	−1.1734	−0.1744
	每股资本公积金(元)	0.4425	0.4425	0.4425	0.4425
	每股盈余公积金(元)	0.1464	0.1464	0.1464	0.1464
	每股未分配利润(元)	1.2123	1.3510	1.0123	1.0889
	净资产收益率(%)	2.1896	13.3375	2.0547	5.8170
	加权净资产收益率(%)	2.0900	14.0100	1.9900	5.9900
	净资产收益率(扣除)(%)	−0.6399	7.7115	0.1122	2.2603
	总资产(万元)	2951402.18	2877637.82	2739390.46	2757644.90
	归属母公司股东权益(万元)	207507.23	217779.14	192692.03	198362.91
	营业收入(万元)	210176.14	592186.22	136731.82	843607.63
	营业支出(万元)	154034.86	401102.76	103073.28	625701.33
	投资收益(万元)	−283.98	1569.67	1037.05	2283.36
	净利润(万元)	20908.95	74591.67	10108.69	61572.06
	营业利润(万元)	31477.50	104537.75	13776.76	97711.26
	利润总额(万元)	31603.23	106211.39	15071.00	97728.76

广州珠江实业开发股份有限公司

公司概况	公司名称	广州珠江实业开发股份有限公司			证券简称	珠江实业
	法人代表	郑暑平	董秘	黄静	证券代码	600684
	公司网址	www.gzzjsy.com		电子信箱	ir@gzzjsy.com	
	电　话	020-83752828 83752439		传　真	020-83752663	
	办公地址	广东省广州市环市东路 362-366 号好世界广场 30 楼				
	经营范围	房地产开发、销售及物业出租				

	指标\报告期	2017.06.30	2016.12.31	2016.06.30	2015.12.31
主要财务指标	基本每股收益(元)	0.3200	0.4700	0.2200	0.4000
	基本每股收益(扣除后)(元)	0.2900	0.4400	0.2200	0.4000
	稀释每股收益(元)	0.3200	0.4700	0.2200	0.4000
	每股净资产(元)	3.9420	3.6245	3.3790	3.2361
	每股经营现金净流量(元)	0.6273	1.5852	−0.0316	0.5360
	每股现金流量(元)	2.1104	1.3374	1.3942	0.8444
	每股资本公积金(元)	0.1208	0.1208	0.1208	0.1208
	每股盈余公积金(元)	0.2624	0.2624	0.2527	0.2527
	每股未分配利润(元)	2.5587	2.2413	2.0054	1.8626
	净资产收益率(%)	8.1964	12.9244	6.5956	12.4607
	加权净资产收益率(%)	8.5300	13.7100	6.7100	13.1400
	净资产收益率(扣除)(%)	7.2623	12.1856	6.5317	12.4230
	总资产(万元)	1475016.40	1255516.90	1171032.03	1034847.55
	归属母公司股东权益(万元)	280360.00	257784.11	240317.31	230156.75
	营业收入(万元)	249618.62	410103.13	201833.72	332913.14
	营业支出(万元)	161050.06	304131.10	145756.65	222067.12
	投资收益(万元)	1783.31	2664.48	208.95	128.47
	净利润(万元)	37015.04	34985.70	16667.76	36492.13
	营业利润(万元)	48321.40	47306.22	25482.63	48385.54
	利润总额(万元)	48316.99	47360.12	25498.48	48369.28

中船海洋与防务装备股份有限公司

公司概况	公司名称	中船海洋与防务装备股份有限公司			证券简称	中船防务
	法人代表	韩广德	董秘	李志东	证券代码	600685
	公司网址	comec.cssc.net.cn		电子信箱	shiwd@comec.cssc.net.cn	
	电　话	020-81636688		传　真	020-81891575	
	办公地址	广东省广州市荔湾区芳村大道南 40 号				
	经营范围	造船、钢结构工程以及机电产品等				

	指标\报告期	2017.06.30	2016.12.31	2016.06.30	2015.12.31
主要财务指标	基本每股收益(元)	0.0311	0.0504	0.0262	0.0709
	基本每股收益(扣除后)(元)	−0.0131	−0.0679	−0.0476	−1.2291
	稀释每股收益(元)	0.0311	0.0504	0.0262	0.0709
	每股净资产(元)	7.3381	7.3207	7.2965	7.2996
	每股经营现金净流量(元)	−2.6687	−2.6608	−2.6519	−0.7487
	每股现金流量(元)	−2.3375	0.4618	−0.1342	0.6305
	每股资本公积金(元)	4.8587	4.8587	4.8585	4.8585
	每股盈余公积金(元)	0.6737	0.6737	0.6677	0.6677
	每股未分配利润(元)	0.8454	0.8303	0.8122	0.8160
	净资产收益率(%)	0.4239	0.6883	0.3595	0.9529
	加权净资产收益率(%)	0.4200	0.6900	0.3600	0.9900
	净资产收益率(扣除)(%)	−0.1789	−0.9277	−0.6519	−15.6971
	总资产(万元)	4326682.15	4626858.58	5076333.32	4899595.43
	归属母公司股东权益(万元)	1037240.11	1034780.31	1031363.73	1031804.82
	营业收入(万元)	1041753.12	2334960.49	1135994.83	2551923.98
	营业支出(万元)	956957.40	2171370.80	1063567.03	2482115.84
	投资收益(万元)	2691.70	−4837.15	−7479.09	203430.81
	净利润(万元)	5195.60	8668.82	4377.71	10389.76
	营业利润(万元)	4123.27	−1806.22	655.18	18488.18
	利润总额(万元)	6306.77	11943.48	6761.14	46971.18

厦门金龙汽车集团股份有限公司

公司概况	公司名称	厦门金龙汽车集团股份有限公司			证券简称	金龙汽车
	法人代表	黄莼	董秘	刘湘玫	证券代码	600686
	公司网址	www.xmklm.com.cn		电子信箱	kinglong@xmklm.com.cn	
	电　话	0592-2969815		传　真	0592-2960686	
	办公地址	福建省厦门市湖里区东港北路 31 号港务大厦 7、11 层				
	经营范围	大、中、轻型客车的生产和销售等				

	指标\报告期	2017.06.30	2016.12.31	2016.06.30	2015.12.31
主要财务指标	基本每股收益(元)	0.0600	−1.1800	0.2700	0.9700
	基本每股收益(扣除后)(元)	−0.1300	−1.1800	0.1500	0.7700
	稀释每股收益(元)	0.0600	−1.1800	–	0.9700
	每股净资产(元)	5.9295	5.8805	6.5078	6.3933
	每股经营现金净流量(元)	−0.9689	−2.8293	−3.8131	1.4710
	每股现金流量(元)	−1.4529	−0.2937	−1.6091	2.9158
	每股资本公积金(元)	1.8628	1.8628	1.8618	1.8618
	每股盈余公积金(元)	0.4288	0.4288	0.4026	0.4026
	每股未分配利润(元)	1.7842	1.7418	3.2261	3.1154
	净资产收益率(%)	1.0664	−20.1403	4.1596	13.7971
	加权净资产收益率(%)	1.0700	−20.4800	4.1600	16.2600
	净资产收益率(扣除)(%)	−2.2604	−20.0989	2.3198	10.9057
	总资产(万元)	2186640.90	2518992.08	2670326.17	2538151.85
	归属母公司股东权益(万元)	359764.60	356793.05	394850.38	387908.65
	营业收入(万元)	574254.97	2182796.17	1107904.53	2683490.13
	营业支出(万元)	496773.68	1988495.47	944707.51	2223386.45
	投资收益(万元)	3834.31	5245.89	2366.50	8505.16
	净利润(万元)	1752.15	−189440.35	22983.70	94604.36
	营业利润(万元)	−886.02	−157056.20	19714.99	115814.92
	利润总额(万元)	3566.43	−175972.05	27281.03	110680.59

甘肃刚泰控股(集团)股份有限公司

公司概况	公司名称	甘肃刚泰控股(集团)股份有限公司			证券简称	刚泰控股
	法人代表	徐建刚	董秘	李敏	证券代码	600687
	公司网址	www.gangtaikonggu.com		电子信箱	gangtaikonggu@163.com	
	电　话	021-68865161		传　真	021-68816081	
	办公地址	上海浦东新区陆家嘴环路958号华能联合大厦32楼				
	经营范围	实业投资、矿业投资、货运代理、设备、自有房屋租赁、装卸、仓储服务、物流信息咨询等				

主要财务指标	指标\报告期	2017.06.30	2016.12.31	2016.06.30	2015.12.31
	基本每股收益(元)	0.1710	0.3330	0.1660	0.3220
	基本每股收益(扣除后)(元)	0.1430	0.3700	0.2450	0.2920
	稀释每股收益(元)	0.1710	0.3330	0.1660	0.3220
	每股净资产(元)	3.9072	3.7707	3.6158	3.4803
	每股经营现金净流量(元)	–0.9150	–0.9970	–1.0192	–0.4729
	每股现金流量(元)	–0.1818	–1.1967	–0.9913	3.1622
	每股资本公积金(元)	1.9500	1.9500	1.9636	2.7103
	每股盈余公积金(元)	0.0500	0.0500	0.0275	0.0380
	每股未分配利润(元)	0.8964	0.7605	0.6160	0.6622
	净资产收益率(%)	4.3730	8.8371	4.5982	6.7081
	加权净资产收益率(%)	4.4400	9.1800	4.6700	19.6100
	净资产收益率(扣除)(%)	3.6662	9.8116	6.7759	6.0713
	总资产(万元)	1250204.46	1138499.33	1098022.88	929058.47
	归属母公司股东权益(万元)	581670.52	561346.13	538295.38	518110.18
	营业收入(万元)	397247.94	1066387.40	507500.38	884520.89
	营业支出(万元)	338459.61	922701.41	432043.09	815125.45
	投资收益(万元)	6884.01	–11920.45	–1239.25	2305.55
	净利润(万元)	25227.70	50992.03	25094.21	34755.15
	营业利润(万元)	32817.73	68677.86	32188.97	47949.24
	利润总额(万元)	33993.76	71435.18	33927.22	48974.42

中国石化上海石油化工股份有限公司

公司概况	公司名称	中国石化上海石油化工股份有限公司			证券简称	上海石化
	法人代表	吴海君	董秘	郭晓军	证券代码	600688
	公司网址	www.spc.com.cn		电子信箱	spc@spc.com.cn	
	电　话	021-57943143　57933728		传　真	021-57940050	
	办公地址	上海市金山区金一路48号				
	经营范围	原油加工、油品、化工产品、合成纤维及单体、塑料及制品、针纺织原料及制品等				

主要财务指标	指标\报告期	2017.06.30	2016.12.31	2016.06.30	2015.12.31
	基本每股收益(元)	0.2380	0.5510	0.2870	0.3010
	基本每股收益(扣除后)(元)	0.2380	0.5500	0.2890	0.2900
	稀释每股收益(元)	0.2380	0.5510	0.2870	0.3000
	每股净资产(元)	2.2829	2.2920	2.0284	1.8370
	每股经营现金净流量(元)	0.2184	0.6677	0.4301	0.4762
	每股现金流量(元)	0.2329	0.4040	0.3124	0.0739
	每股资本公积金(元)	0.0503	0.0495	0.0489	0.0478
	每股盈余公积金(元)	0.4723	0.4723	0.4160	0.4160
	每股未分配利润(元)	0.7567	0.7682	0.5597	0.3730
	净资产收益率(%)	10.4460	24.0629	14.1360	16.3611
	加权净资产收益率(%)	9.8210	26.3830	14.4650	17.8310
	净资产收益率(扣除)(%)	10.4302	23.9272	14.2314	15.7788
	总资产(万元)	3730166.40	3412369.30	3192494.90	2802217.10
	归属母公司股东权益(万元)	2465509.20	2475004.80	2190632.80	1983886.20
	营业收入(万元)	4310695.00	7789428.50	3699319.10	8080342.20
	营业支出(万元)	3284197.10	5574330.60	2517762.80	6008929.70
	投资收益(万元)	56006.80	90675.40	37674.50	59918.90
	净利润(万元)	258015.30	596858.30	310176.30	328195.20
	营业利润(万元)	323663.80	770008.60	407369.40	406828.60
	利润总额(万元)	325122.60	776540.50	405000.40	420872.90

上海三毛企业(集团)股份有限公司

公司概况	公司名称	上海三毛企业(集团)股份有限公司			证券简称	上海三毛
	法人代表	邹宁	董秘	邹宁(代)	证券代码	600689
	公司网址	www.600689.com		电子信箱	zoun@600689.com	
	电　话	021-63059496		传　真	021-63018850	
	办公地址	上海市浦东新区航头镇下沙新街200弄51号				
	经营范围	生产、销售毛条、毛纱、纺织品及服装、销售自产产品等				

主要财务指标	指标\报告期	2017.06.30	2016.12.31	2016.06.30	2015.12.31
	基本每股收益(元)	0.1720	0.4600	–0.0860	–0.1900
	基本每股收益(扣除后)(元)	–0.0470	–0.2200	–0.0910	–0.1800
	稀释每股收益(元)	0.1720	0.4600	–0.0860	–0.1900
	每股净资产(元)	2.3481	1.5543	1.5543	1.6400
	每股经营现金净流量(元)	–0.1310	0.0972	0.0876	0.0002
	每股现金流量(元)	–0.0534	0.6739	0.1587	0.0248
	每股资本公积金(元)	1.0537	1.0537	1.0537	1.0537
	每股盈余公积金(元)	0.1921	0.1921	0.1921	0.1921
	每股未分配利润(元)	–0.0057	–0.1776	–0.7242	–0.6377
	净资产收益率(%)	7.3175	21.8223	–5.5650	–11.7847
	加权净资产收益率(%)	7.7100	24.4900	–5.4200	–10.3700
	净资产收益率(扣除)(%)	–2.0057	–10.2306	–5.8491	–11.1331
	总资产(万元)	74572.24	79301.31	73265.95	76400.70
	归属母公司股东权益(万元)	47194.41	42383.24	31239.18	32897.52
	营业收入(万元)	57219.83	115122.16	53774.38	112847.70
	营业支出(万元)	53041.01	106763.77	49372.84	105075.55
	投资收益(万元)	2153.39	248.25	–218.22	5566.29
	净利润(万元)	3411.04	9145.80	–1801.16	–3843.76
	营业利润(万元)	1515.76	–3768.14	–1850.50	1119.28
	利润总额(万元)	5137.72	9523.79	–1751.21	–4676.27

青岛海尔股份有限公司

公司概况	公司名称	青岛海尔股份有限公司			证券简称	青岛海尔
	法人代表	梁海山	董秘	明国珍	证券代码	600690
	公司网址	www.haier.com		电子信箱	9999@haier.com	
	电　话	0532-88931670		传　真	0532-88931689	
	办公地址	山东省青岛市崂山区海尔信息产业园内				
	经营范围	空调器、电冰箱、电冰柜、洗碗机、燃气灶等家电产品的生产与销售				

主要财务指标	指标\报告期	2017.06.30	2016.12.31	2016.06.30	2015.12.31
	基本每股收益(元)	0.7260	0.8260	0.5430	0.7050
	基本每股收益(扣除后)(元)	0.6190	0.7100	0.4530	0.6030
	稀释每股收益(元)	0.7260	0.8230	0.5430	0.7050
	每股净资产(元)	4.8122	4.3238	4.1795	3.7063
	每股经营现金净流量(元)	1.3765	1.3210	0.7788	0.9112
	每股现金流量(元)	0.9110	–0.2471	–0.4634	–1.0513
	每股资本公积金(元)	0.0517	0.0175	0.0137	0.0136
	每股盈余公积金(元)	0.3402	0.3402	0.3291	0.3310
	每股未分配利润(元)	3.3553	2.8853	2.8013	2.2774
	净资产收益率(%)	15.0873	19.1038	12.9923	18.9511
	加权净资产收益率(%)	15.4700	20.4100	13.7800	16.2200
	净资产收益率(扣除)(%)	12.8730	16.4328	10.8378	16.1935
	总资产(万元)	13977385.75	13146915.73	12071524.50	7596071.83
	归属母公司股东权益(万元)	2934309.38	2643818.82	2551643.02	2273333.47
	营业收入(万元)	7757575.00	11906582.52	4878660.69	8974832.04
	营业支出(万元)	5415490.58	8212688.22	3467573.21	6465846.32
	投资收益(万元)	65384.27	161971.74	102919.38	132030.22
	净利润(万元)	528503.05	669133.43	397184.22	592208.95
	营业利润(万元)	581862.76	711755.47	422869.90	645231.78
	利润总额(万元)	604305.27	818320.03	463254.06	697485.89

阳煤化工股份有限公司

公司概况					
公司名称	阳煤化工股份有限公司			证券简称	阳煤化工
法人代表	冯志武	董秘	冯志武(代)	证券代码	600691
公司网址	www.ymhg.com.cn		电子信箱	ymhg600691@163.com	
电　　话	0351-7255821		传　　真	0351-7255820	
办公地址	山西省太原市高新区科技街阳煤大厦				
经营范围	制造、销售电碳炭素制品、机械密封、粉末冶金制品				

主要财务指标				
指标\报告期	2017.06.30	2016.12.31	2016.06.30	2015.12.31
基本每股收益(元)	0.0347	–0.5170	–0.1941	0.0247
基本每股收益(扣除后)(元)	0.0170	–0.5786	–0.2110	–0.0186
稀释每股收益(元)	0.0347	–0.5170	–0.1941	0.0247
每股净资产(元)	2.1388	2.1030	2.4242	2.6153
每股经营现金净流量(元)	0.7331	0.0481	0.3715	0.0977
每股现金流量(元)	0.3750	–0.4409	–0.0520	0.2356
每股资本公积金(元)	1.6801	1.6801	1.6801	1.6801
每股盈余公积金(元)	0.0225	0.0225	0.0225	0.0225
每股未分配利润(元)	–0.5860	–0.6207	–0.2977	–0.1036
净资产收益率(%)	1.6238	–24.5910	–8.0089	0.9431
加权净资产收益率(%)	1.6400	–21.9200	–7.7100	0.9500
净资产收益率(扣除)(%)	0.7944	–27.5155	–8.7035	–0.7098
总资产(万元)	4286479.48	4094449.33	4118380.28	3899405.23
归属母公司股东权益(万元)	375739.48	369450.32	425877.28	459445.24
营业收入(万元)	1070456.45	1659192.37	947846.56	1775883.64
营业支出(万元)	959613.12	1551131.01	891410.74	1566282.09
投资收益(万元)	1461.86	1556.16	–242.11	–4657.42
净利润(万元)	5349.82	–111561.15	–43324.13	4438.91
营业利润(万元)	5523.45	–106859.64	–43774.80	6730.65
利润总额(万元)	10230.22	–97014.23	–40190.62	16917.15

上海亚通股份有限公司

公司概况					
公司名称	上海亚通股份有限公司			证券简称	亚通股份
法人代表	张忠	董秘	张忠(代)	证券代码	600692
公司网址	www.shanghiyateng.com		电子信箱	cfs600692@sina.com	
电　　话	021-69695918　39306201		传　　真	021-69691970	
办公地址	上海市崇明县城桥镇寒山寺路 297 号				
经营范围	内河旅客、客滚运输、沿海客滚、化工品运输、陆上出租汽车等				

主要财务指标				
指标\报告期	2017.06.30	2016.12.31	2016.06.30	2015.12.31
基本每股收益(元)	0.0622	0.1340	0.0310	0.1172
基本每股收益(扣除后)(元)	0.0600	0.0909	0.0230	0.0555
稀释每股收益(元)	0.0622	0.1340	0.0310	0.1172
每股净资产(元)	1.8646	1.8024	1.6998	1.6685
每股经营现金净流量(元)	–0.2099	0.5391	0.3136	1.8158
每股现金流量(元)	–0.1476	–0.3704	–0.5773	1.3344
每股资本公积金(元)	0.1741	0.1741	0.1741	0.1741
每股盈余公积金(元)	0.1650	0.1650	0.1500	0.1500
每股未分配利润(元)	0.5256	0.4633	0.3757	0.3444
净资产收益率(%)	3.3363	7.4320	1.8249	7.0240
加权净资产收益率(%)	3.3400	7.7200	1.8400	7.2800
净资产收益率(扣除)(%)	3.2200	5.0412	1.3556	3.3279
总资产(万元)	227338.92	254935.53	241392.40	251378.96
归属母公司股东权益(万元)	65591.32	63402.99	59791.34	58690.87
营业收入(万元)	67907.07	92477.02	33675.91	52285.95
营业支出(万元)	57810.46	76011.74	28329.28	43716.73
投资收益(万元)	127.36	1135.64	468.36	280.82
净利润(万元)	3119.68	6200.20	1501.59	5971.88
营业利润(万元)	4565.64	10301.68	1982.68	5528.87
利润总额(万元)	4533.08	11664.04	2116.84	7398.99

福建东百集团股份有限公司

公司概况					
公司名称	福建东百集团股份有限公司			证券简称	东百集团
法人代表	施文义	董秘	刘夷	证券代码	600693
公司网址	www.dongbai.com		电子信箱	db600693@126.com	
电　　话	0591-87531724		传　　真	0591-87531804	
办公地址	福建省福州市八一七北路 84 号东百大厦 17 层				
经营范围	百货零售为主业，兼营商业物业管理、广告信息、酒店餐饮、房地产开发业务				

主要财务指标				
指标\报告期	2017.06.30	2016.12.31	2016.06.30	2015.12.31
基本每股收益(元)	0.1038	0.1125	0.0114	0.1168
基本每股收益(扣除后)(元)	0.0985	0.1154	0.0125	0.0334
稀释每股收益(元)	0.1038	0.1125	0.0114	0.1168
每股净资产(元)	2.2341	2.1303	2.0293	4.0357
每股经营现金净流量(元)	0.1166	–0.0332	–0.0853	–0.1872
每股现金流量(元)	0.3947	–0.1952	–0.1387	0.1557
每股资本公积金(元)	0.1418	0.1418	0.1419	1.2837
每股盈余公积金(元)	0.2063	0.2063	0.1999	0.3999
每股未分配利润(元)	0.8860	0.7822	0.6875	1.3521
净资产收益率(%)	4.6466	5.2807	0.5623	2.7240
加权净资产收益率(%)	4.7600	5.4200	0.5600	2.9600
净资产收益率(扣除)(%)	4.4082	5.4175	0.6156	0.7786
总资产(万元)	645340.91	583297.30	584209.61	528704.62
归属母公司股东权益(万元)	200676.85	191352.27	182273.50	181248.51
营业收入(万元)	189701.07	300989.89	79916.07	162619.68
营业支出(万元)	155104.85	225250.09	63942.15	124553.17
投资收益(万元)	450.98	942.91	418.66	3018.93
净利润(万元)	12229.59	20281.10	585.61	4124.13
营业利润(万元)	15875.13	29089.83	881.17	5591.31
利润总额(万元)	16351.89	28024.24	996.29	6327.77

大商股份有限公司

公司概况					
公司名称	大商股份有限公司			证券简称	大商股份
法人代表	牛钢	董秘	牛钢(代)	证券代码	600694
公司网址	www.dashanggufen.com		电子信箱	dashanggufen@126.com	
电　　话	0411-83643215		传　　真	0411-83880798	
办公地址	辽宁省大连市中山区青三街 1 号				
经营范围	商品零售兼批发、加工服务、仓储、农副产品收购、电子计算机技术服务等				

主要财务指标				
指标\报告期	2017.06.30	2016.12.31	2016.06.30	2015.12.31
基本每股收益(元)	1.7700	2.3900	1.7400	2.2500
基本每股收益(扣除后)(元)	1.7300	2.2600	1.6600	2.1700
稀释每股收益(元)	1.7700	2.3900	1.7400	2.2500
每股净资产(元)	24.3486	23.6365	23.0392	21.7547
每股经营现金净流量(元)	0.9892	6.8581	4.0445	4.4251
每股现金流量(元)	–2.1205	–1.4394	2.3209	–1.9717
每股资本公积金(元)	4.5096	4.8475	4.8991	4.8991
每股盈余公积金(元)	2.3155	2.3155	1.9565	1.9565
每股未分配利润(元)	16.5235	15.4735	15.1836	13.8991
净资产收益率(%)	7.2694	10.1260	7.5719	10.3621
加权净资产收益率(%)	7.2200	10.5300	7.7600	10.6600
净资产收益率(扣除)(%)	7.1013	9.5503	7.2254	9.9891
总资产(万元)	1751646.93	1793584.02	1727117.49	1656785.91
归属母公司股东权益(万元)	715163.00	694247.56	676703.25	638975.16
营业收入(万元)	1407161.65	2808752.00	1509702.36	3083206.11
营业支出(万元)	1087939.87	2181426.52	1169489.31	2416211.18
投资收益(万元)	3088.92	2620.30	42.22	239.96
净利润(万元)	52367.97	65332.76	52536.40	61761.65
营业利润(万元)	75382.80	108964.83	71547.10	98162.91
利润总额(万元)	77051.51	108676.35	75035.70	101508.04

上海绿庭投资控股集团股份有限公司

公司概况	公司名称	上海绿庭投资控股集团股份有限公司		证券简称	绿庭投资
	法人代表	俞乃奋	董秘	李冬青	证券代码	600695
	公司网址	www.greencourtinvestment.com		电子信箱	info@greencourtinvestment.com
	电　话	021-60200777-8030、8020		传　真	021-60200779
	办公地址	上海市浦东新区世纪大道 88 号 2501 室			
	经营范围	实行饲料生产、良种繁育、畜禽饲养、屠宰加工、内外销售"一条龙"等			

主要财务指标	指标\报告期	2017.06.30	2016.12.31	2016.06.30	2015.12.31
	基本每股收益(元)	0.0200	0.0746	–0.0200	0.0677
	基本每股收益(扣除后)(元)	–0.0400	–0.0445	–0.0300	0.0182
	稀释每股收益(元)	0.0200	0.0746	–0.0200	0.0677
	每股净资产(元)	0.9896	1.0176	0.9426	1.0897
	每股经营现金净流量(元)	0.0103	–0.0521	0.0545	–0.1592
	每股现金流量(元)	0.0092	–0.0446	–0.1761	0.1873
	每股资本公积金(元)	0.5411	0.5411	0.5411	0.5481
	每股盈余公积金(元)	0.1093	0.1093	0.1093	0.1090
	每股未分配利润(元)	–0.9984	–1.0164	–1.1103	–1.0879
	净资产收益率(%)	1.8248	7.3339	–2.0407	6.2098
	加权净资产收益率(%)	1.7600	7.1300	–1.7800	9.1000
	净资产收益率(扣除)(%)	–3.9094	–4.3775	–3.4401	1.6661
	总资产(万元)	145597.84	129888.86	110949.61	128196.48
	归属母公司股东权益(万元)	70372.48	72362.31	67030.26	77719.22
	营业收入(万元)	2081.90	5022.35	3124.06	24216.92
	营业支出(万元)	110.30	1969.72	1508.04	21612.07
	投资收益(万元)	910.70	3364.47	988.32	9127.86
	净利润(万元)	1342.54	5227.58	–1565.71	4785.75
	营业利润(万元)	–2692.75	–2256.91	–1654.81	4726.90
	利润总额(万元)	1342.54	5248.17	–1565.71	4787.27

上海岩石企业发展股份有限公司

公司概况	公司名称	上海岩石企业发展股份有限公司			证券简称	*ST 匹凸
	法人代表	张佟	董秘	张佟(代)	证券代码	600696
	公司网址	www.SH600696.com		电子信箱	irm600696@163.com	
	电　话	021-80133216		传　真	021-80130922	
	办公地址	上海市浦东新区松林路 357 号 26 层				
	经营范围	房地产行业等				

主要财务指标	指标\报告期	2017.06.30	2016.12.31	2016.06.30	2015.12.31
	基本每股收益(元)	0.0200	–1.3500	–0.1100	–0.3000
	基本每股收益(扣除后)(元)	–0.0100	–0.5700	–0.0900	–0.2960
	稀释每股收益(元)	0.0200	–1.3500	–0.1100	–0.3000
	每股净资产(元)	0.1464	0.1305	1.3667	1.4805
	每股经营现金净流量(元)	0.1792	–1.0554	–0.0302	–0.6415
	每股现金流量(元)	0.0164	0.1223	–0.1088	0.3300
	每股资本公积金(元)	0.1202	0.1202	0.1202	0.1202
	每股盈余公积金(元)	0.0942	0.0942	0.0942	0.0942
	每股未分配利润(元)	–1.0680	–1.0840	0.1522	0.2660
	净资产收益率(%)	10.8939	–1034.6485	–8.3283	–20.3138
	加权净资产收益率(%)	11.5200	–167.6000	–8.0000	–18.8200
	净资产收益率(扣除)(%)	–6.0080	–439.9723	–6.8799	–20.0003
	总资产(万元)	36092.56	54706.34	131429.40	137120.96
	归属母公司股东权益(万元)	4987.08	4443.79	46544.99	50421.37
	营业收入(万元)	7548.16	5045.86	291.16	2104.58
	营业支出(万元)	6930.29	4634.02	184.02	1258.02
	投资收益(万元)	1065.81	685.49	–	3853.57
	净利润(万元)	547.18	–56541.08	–4351.78	–16804.13
	营业利润(万元)	521.26	–21989.55	–3250.49	–7807.19
	利润总额(万元)	526.51	–56347.50	–4351.78	–16203.37

长春欧亚集团股份有限公司

公司概况	公司名称	长春欧亚集团股份有限公司			证券简称	欧亚集团
	法人代表	曹和平	董秘	席汝珍	证券代码	600697
	公司网址	www.cn-eurasiagroup.com		电子信箱	ccoyjt@sina.com	
	电　话	0431-87666905		传　真	0431-87666813	
	办公地址	吉林省长春市高新技术产业开发区飞跃路 2686 号				
	经营范围	综合百货业务				

主要财务指标	指标\报告期	2017.06.30	2016.12.31	2016.06.30	2015.12.31
	基本每股收益(元)	0.8400	2.0600	0.8300	2.0400
	基本每股收益(扣除后)(元)	0.7900	1.9600	0.8200	1.9400
	稀释每股收益(元)	0.8400	2.0600	0.8300	2.0400
	每股净资产(元)	17.8623	17.1480	12.5405	11.7464
	每股经营现金净流量(元)	1.7143	6.3936	–0.0876	2.2900
	每股现金流量(元)	–0.9502	2.8904	1.2101	0.6382
	每股资本公积金(元)	1.8734	1.8734	1.8734	1.8734
	每股盈余公积金(元)	0.5000	0.5000	0.5000	0.5000
	每股未分配利润(元)	10.6618	9.9379	9.1070	8.2760
	净资产收益率(%)	4.6769	11.9971	6.6270	17.3575
	加权净资产收益率(%)	6.0800	16.3200	6.8400	18.7100
	净资产收益率(扣除)(%)	4.4472	11.4558	6.5427	16.4966
	总资产(万元)	1907959.93	1815759.34	1661855.69	1569768.38
	归属母公司股东权益(万元)	284167.98	272804.11	199504.13	186871.86
	营业收入(万元)	669182.07	1302360.45	660810.87	1290499.01
	营业支出(万元)	531543.98	1028890.99	533472.60	1033561.34
	投资收益(万元)	–218.62	–871.06	–67.04	–112.63
	净利润(万元)	26352.36	56986.24	22861.61	54380.90
	营业利润(万元)	35838.51	72492.53	30602.82	69312.81
	利润总额(万元)	35875.49	76800.36	30881.84	72575.16

湖南天雁机械股份有限公司

公司概况	公司名称	湖南天雁机械股份有限公司			证券简称	湖南天雁
	法人代表	周建国	董秘	周建国(代)	证券代码	600698
	公司网址	www.tyen.com.cn		电子信箱	tyen5617@163.com	
	电　话	0734-8532012		传　真	0734-8532003	
	办公地址	湖南省衡阳市石鼓区合江套路 195 号				
	经营范围	增压器，活塞环，冷却风扇，节温器，气门及其他发动机零部件的设计等				

主要财务指标	指标\报告期	2017.06.30	2016.12.31	2016.06.30	2015.12.31
	基本每股收益(元)	0.0059	0.0103	0.0075	–0.0483
	基本每股收益(扣除后)(元)	0.0007	0.0023	0.0061	–0.0561
	稀释每股收益(元)	0.0059	0.0103	0.0075	–0.0483
	每股净资产(元)	0.6864	0.6805	0.6777	0.6702
	每股经营现金净流量(元)	–0.0014	0.0034	–0.0173	–0.0032
	每股现金流量(元)	–0.0037	0.0867	0.0890	0.0188
	每股资本公积金(元)	0.3850	0.3850	0.3850	0.3850
	每股盈余公积金(元)	0.0864	0.0864	0.0864	0.0864
	每股未分配利润(元)	–0.7850	–0.7910	–0.7938	–0.8013
	净资产收益率(%)	0.8661	1.5116	1.1060	–7.2030
	加权净资产收益率(%)	0.8700	1.5200	1.1100	–6.9500
	净资产收益率(扣除)(%)	0.1091	0.3414	0.9068	–8.3650
	总资产(万元)	143912.14	137299.48	130126.59	112891.52
	归属母公司股东权益(万元)	66709.78	66131.98	65860.81	65132.35
	营业收入(万元)	32921.77	56176.11	27527.03	44487.50
	营业支出(万元)	26604.31	43827.90	21106.69	37385.29
	投资收益(万元)	—	184.87	–	–
	净利润(万元)	577.80	999.63	728.45	–4691.47
	营业利润(万元)	104.92	237.87	625.11	–5457.71
	利润总额(万元)	609.97	1011.79	756.35	–4697.84

宁波均胜电子股份有限公司

公司概况				
公司名称	宁波均胜电子股份有限公司		证券简称	均胜电子
法人代表	王剑峰	董秘 喻凯	证券代码	600699
公司网址	www.joyson.cn		电子信箱	600699@joyson.cn
电　　话	0574-87907001　89078965		传　　真	0574-87402859
办公地址	浙江省宁波市高新区聚贤路 1266 号			
经营范围	电子产品、电子元件、汽车电子装置(车身电子控制系统)、光电机一体化产品等			

主要财务指标：指标\报告期	2017.06.30	2016.12.31	2016.06.30	2015.12.31
基本每股收益(元)	0.6500	0.6600	0.3600	0.6100
基本每股收益(扣除后)(元)	0.3900	0.5600	0.3300	0.5000
稀释每股收益(元)	0.6500	0.6600	0.3600	0.6100
每股净资产(元)	14.0505	13.3820	5.8139	5.5039
每股经营现金净流量(元)	1.1313	0.9773	–0.0213	0.8488
每股现金流量(元)	–6.2390	8.2770	–2.5257	4.1630
每股资本公积金(元)	10.6520	14.6682	3.1018	3.2687
每股盈余公积金(元)	0.0782	0.1077	0.0797	0.0797
每股未分配利润(元)	2.2441	2.4880	2.2437	1.8884
净资产收益率(%)	4.6154	3.5714	6.1119	10.5386
加权净资产收益率(%)	4.7000	9.3000	6.5000	13.5100
净资产收益率(扣除)(%)	2.7589	3.0489	5.6051	8.5411
总资产(万元)	3329458.60	3723257.08	2672668.80	1140939.11
归属母公司股东权益(万元)	1333801.31	1270340.89	400789.78	379423.01
营业收入(万元)	1309070.01	1855240.92	595070.75	808253.42
营业支出(万元)	1071817.55	1505579.22	473451.86	633288.04
投资收益(万元)	39315.53	1851.69	2884.00	7324.70
净利润(万元)	79535.98	67535.58	27349.39	41717.71
营业利润(万元)	93768.07	75969.30	33777.35	51572.13
利润总额(万元)	96333.23	80948.87	36488.04	55894.53

哈尔滨工大高新技术产业开发股份有限公司

公司概况				
公司名称	哈尔滨工大高新技术产业开发股份有限公司		证券简称	工大高新
法人代表	张大成	董秘 吕莹	证券代码	600701
公司网址	hit-hi-tech.cn		电子信箱	lvying-hit@vip.sina.com
电　　话	0451-86269034		传　　真	0451-86269032
办公地址	黑龙江省哈尔滨市南岗区西大直街 118 号			
经营范围	高新技术及产品的开发、生产、销售和技术服务、技术咨询、技术培训、技术转让等			

主要财务指标：指标\报告期	2017.06.30	2016.12.31	2016.06.30	2015.12.31
基本每股收益(元)	0.1410	0.1210	0.0520	–0.0368
基本每股收益(扣除后)(元)	0.1380	–0.0097	–0.1170	–0.0613
稀释每股收益(元)	0.1410	0.1210	0.0520	–0.0368
每股净资产(元)	4.2480	4.1312	1.8287	1.7791
每股经营现金净流量(元)	–0.2657	–0.0722	0.0445	0.7628
每股现金流量(元)	–0.0385	0.3420	–0.0382	–0.1821
每股资本公积金(元)	2.6910	2.6910	0.2124	0.2144
每股盈余公积金(元)	0.0894	0.0894	0.1811	0.1811
每股未分配利润(元)	0.3978	0.2568	0.4352	0.3835
净资产收益率(%)	3.3195	1.7915	2.8250	–2.0694
加权净资产收益率(%)	3.3700	4.4291	2.8600	–2.0482
净资产收益率(扣除)(%)	3.2555	–0.1432	–6.3841	–3.4435
总资产(万元)	841321.02	713984.78	304894.12	309518.15
归属母公司股东权益(万元)	439557.58	427468.49	91212.60	88735.83
营业收入(万元)	172904.73	165111.11	45822.56	83979.39
营业支出(万元)	123377.37	126137.78	30868.23	59430.97
投资收益(万元)	–74.97	5926.86	5920.16	–18.06
净利润(万元)	13514.51	3721.02	369.54	–2542.08
营业利润(万元)	15867.46	2263.19	–1918.88	–3268.38
利润总额(万元)	16609.55	6686.75	1321.23	–1817.04

四川沱牌舍得酒业股份有限公司

公司概况				
公司名称	四川沱牌舍得酒业股份有限公司		证券简称	沱牌舍得
法人代表	刘力	董秘 马力军	证券代码	600702
公司网址	www.tuopaishede.cn		电子信箱	tuopai@tuopaishede.cn
电　　话	0825-6618268　6618269		传　　真	0825-6618269
办公地址	四川省遂宁市射洪县沱牌镇沱牌大道 999 号			
经营范围	粮食收购、酒类及纯净水生产、销售、普通货运、危险货物运输等			

主要财务指标：指标\报告期	2017.06.30	2016.12.31	2016.06.30	2015.12.31
基本每股收益(元)	0.1848	0.2378	0.0687	0.0211
基本每股收益(扣除后)(元)	0.1775	0.2312	0.0710	0.0071
稀释每股收益(元)	0.1848	0.2378	0.0687	0.0211
每股净资产(元)	7.0067	6.8939	6.7349	6.6583
每股经营现金净流量(元)	0.1258	0.6827	0.0287	0.3582
每股现金流量(元)	–0.3515	0.6917	0.0579	0.0658
每股资本公积金(元)	2.3776	2.3776	2.3776	2.3697
每股盈余公积金(元)	0.7283	0.7283	0.7283	0.7283
每股未分配利润(元)	2.9008	2.7880	2.6289	2.5602
净资产收益率(%)	2.6376	3.4489	1.0201	0.3174
加权净资产收益率(%)	2.6600	3.5100	1.0300	0.3200
净资产收益率(扣除)(%)	2.5334	3.3543	1.0541	0.1072
总资产(万元)	393536.41	396509.73	374208.61	376132.05
归属母公司股东权益(万元)	236337.34	232532.18	227166.96	224583.28
营业收入(万元)	87909.40	146158.26	77986.80	115613.51
营业支出(万元)	23271.19	52386.64	39072.18	57301.59
投资收益(万元)	–84.71	–899.53	–625.64	1492.87
净利润(万元)	6233.72	8019.90	2317.38	712.81
营业利润(万元)	12892.62	18054.94	6312.03	2716.23
利润总额(万元)	13009.49	18371.02	6320.11	3275.29

三安光电股份有限公司

公司概况				
公司名称	三安光电股份有限公司		证券简称	三安光电
法人代表	林志强	董秘 李雪炭	证券代码	600703
公司网址	www.sanan-e.com		电子信箱	600703@sanan.cn
电　　话	0592-5937117		传　　真	0592-5937117
办公地址	福建省厦门市思明区吕岭路 1721-1725 号			
经营范围	电子工业技术研究、咨询服务、电子产品生产、销售等			

主要财务指标：指标\报告期	2017.06.30	2016.12.31	2016.06.30	2015.12.31
基本每股收益(元)	0.3700	0.5300	0.3800	0.7100
基本每股收益(扣除后)(元)	0.3200	0.4300	0.2500	0.5900
稀释每股收益(元)	0.3700	0.5300	0.3800	0.7100
每股净资产(元)	4.4543	4.2751	6.6123	6.2450
每股经营现金净流量(元)	0.3229	0.5041	0.3171	0.9379
每股现金流量(元)	–0.2419	0.1989	0.5186	0.6780
每股资本公积金(元)	1.7354	1.7354	3.3764	3.3852
每股盈余公积金(元)	0.0914	0.0914	0.1127	0.1127
每股未分配利润(元)	1.6151	1.4437	2.1224	1.7433
净资产收益率(%)	8.3385	12.4264	5.7332	10.6451
加权净资产收益率(%)	8.3300	12.9500	5.8900	14.2100
净资产收益率(扣除)(%)	7.1760	9.9796	3.8093	8.9195
总资产(万元)	2413292.38	2357325.16	2313485.32	2077956.34
归属母公司股东权益(万元)	1816661.88	1743581.25	1685474.29	1591858.91
营业收入(万元)	406661.57	627260.27	277836.57	485825.38
营业支出(万元)	210404.70	366028.78	173233.45	261655.04
投资收益(万元)	1153.84	844.72	–155.77	335.90
净利润(万元)	151480.56	216667.47	96635.14	174750.47
营业利润(万元)	162755.83	211282.09	80090.39	150528.17
利润总额(万元)	188319.44	261674.03	116234.99	210049.68

物产中大集团股份有限公司

公司概况						
公司名称	物产中大集团股份有限公司			证券简称	物产中大	
法人代表	王挺革	董秘	陈继达	证券代码	600704	
公司网址	www.wuchanzhongda.cn		电子信箱	stock@zhongda.com		
电　话	0571-85777029		传　真	0571-85778008		
办公地址	杭州市环城西路56号					
经营范围	主要从事各类服装、纺织品、食品、茶叶等进出口贸易等					

主要财务指标

指标\报告期	2017.06.30	2016.12.31	2016.06.30	2015.12.31
基本每股收益(元)	0.1904	0.6700	0.2126	0.6000
基本每股收益(扣除后)(元)	0.1006	0.2300	0.1998	0.3500
稀释每股收益(元)	0.1904	0.6700	0.2126	0.6000
每股净资产(元)	4.5709	7.0205	6.5738	8.5100
每股经营现金净流量(元)	-2.0944	-0.1895	-0.2448	1.7020
每股现金流量(元)	0.4036	-0.2769	-0.4777	2.1346
每股资本公积金(元)	0.9339	1.9004	1.9063	2.7904
每股盈余公积金(元)	0.1284	0.1926	0.1266	0.1646
每股未分配利润(元)	1.3714	2.2297	1.8833	2.3676
净资产收益率(%)	4.7745	10.6879	3.8702	7.3666
加权净资产收益率(%)	4.9300	12.3200	4.0400	9.5400
净资产收益率(扣除)(%)	2.8098	4.5210	3.6745	2.6755
总资产(万元)	8720945.67	7657117.72	7972790.85	7296928.47
归属母公司股东权益(万元)	1968541.74	2015658.39	1887411.05	1879479.32
营业收入(万元)	12416920.98	20689887.24	8598418.76	18236007.67
营业支出(万元)	12080489.06	19978614.77	8270422.24	17661045.14
投资收益(万元)	63299.70	238601.86	8925.43	104438.57
净利润(万元)	123006.01	253790.46	104088.01	184475.11
营业利润(万元)	162672.25	316188.25	125818.71	196503.53
利润总额(万元)	164745.10	330521.53	132280.51	221316.43

中航资本控股股份有限公司

公司概况						
公司名称	中航资本控股股份有限公司			证券简称	中航资本	
法人代表	录大恩	董秘	闫灵喜	证券代码	600705	
公司网址	www.aviccapital.com		电子信箱	dongmi@aviccapital.com		
电　话	010-65675115　84878692		传　真	010-65675911　0451-84878701		
办公地址	北京市朝阳区东三环中路乙10号艾维克大厦20层					
经营范围	实业投资、股权投资、投资咨询					

主要财务指标

指标\报告期	2017.06.30	2016.12.31	2016.06.30	2015.12.31
基本每股收益(元)	0.1400	0.2600	0.1300	0.6100
基本每股收益(扣除后)(元)	0.1400	0.2400	0.1100	0.5800
稀释每股收益(元)	0.1400	0.2600	0.1300	0.6100
每股净资产(元)	2.4839	2.4773	2.2925	4.6600
每股经营现金净流量(元)	-3.4744	-1.4214	-3.7885	4.3125
每股现金流量(元)	-2.9247	-0.8995	-3.3871	5.9748
每股资本公积金(元)	0.4556	0.4547	0.4537	1.9073
每股盈余公积金(元)	0.0321	0.0321	0.0233	0.0466
每股未分配利润(元)	0.6360	0.5609	0.4514	0.8162
净资产收益率(%)	5.7211	10.4517	5.4877	11.0557
加权净资产收益率(%)	5.7300	10.7700	5.3500	15.2000
净资产收益率(扣除)(%)	5.4506	9.8354	4.9781	10.4779
总资产(万元)	15370977.67	15990703.23	12802585.65	15238890.48
归属母公司股东权益(万元)	2229601.82	2223700.04	2057827.65	2091479.21
营业收入(万元)	253704.05	419984.31	183601.05	327780.22
营业支出(万元)	118739.98	187173.96	89003.40	144187.79
投资收益(万元)	33704.01	67840.40	41790.19	118512.19
净利润(万元)	162316.96	298764.76	147716.57	353666.54
营业利润(万元)	216524.36	386940.05	190157.31	461629.42
利润总额(万元)	216738.05	396230.56	192485.98	466348.75

西安曲江文化旅游股份有限公司

公司概况						
公司名称	西安曲江文化旅游股份有限公司			证券简称	曲江文旅	
法人代表	李耀杰	董秘	高艳	证券代码	600706	
公司网址	www.qjtourism.com		电子信箱	cadsh@pub.xaonline.com		
电　话	029-89129355		传　真	029-89129350		
办公地址	陕西省西安市雁塔南路292号曲江文化大厦7-8层					
经营范围	景区运营管理业务、酒店餐饮管理业务、旅行社业务、演出演艺业务等					

主要财务指标

指标\报告期	2017.06.30	2016.12.31	2016.06.30	2015.12.31
基本每股收益(元)	0.2800	0.3000	0.2400	0.2700
基本每股收益(扣除后)(元)	0.2800	0.2000	0.2300	0.2000
稀释每股收益(元)	0.2800	0.3000	0.2400	0.2700
每股净资产(元)	5.2185	4.9361	4.8756	4.6386
每股经营现金净流量(元)	0.2692	0.9675	0.2224	0.7009
每股现金流量(元)	-0.4348	0.1959	-0.1971	0.2356
每股资本公积金(元)	2.4984	2.4984	2.4984	2.4984
每股盈余公积金(元)	—	—	-	-
每股未分配利润(元)	1.7201	1.4377	1.3772	1.1402
净资产收益率(%)	5.4118	6.0267	4.8612	5.7552
加权净资产收益率(%)	5.5600	6.2100	4.9800	5.9300
净资产收益率(扣除)(%)	5.3320	4.0036	4.6212	4.2916
总资产(万元)	170529.78	177968.64	173605.43	173255.49
归属母公司股东权益(万元)	93676.62	88607.07	87521.54	83266.97
营业收入(万元)	49962.32	104839.52	47624.32	98936.55
营业支出(万元)	33718.34	74017.05	30782.64	64905.86
投资收益(万元)	40.93	37.50	-	12.00
净利润(万元)	5038.51	5179.14	4246.83	4699.03
营业利润(万元)	5809.85	4736.16	5038.20	4657.26
利润总额(万元)	5898.46	6861.70	5282.36	6159.70

彩虹显示器件股份有限公司

公司概况						
公司名称	彩虹显示器件股份有限公司			证券简称	彩虹股份	
法人代表	陈忠国	董秘	龙涛	证券代码	600707	
公司网址	www.chgf.com.cn		电子信箱	gfoffice@ch.com.cn		
电　话	029-33332866　33333109		传　真	029-33332028		
办公地址	陕西省咸阳市彩虹路一号					
经营范围	显示器件的生产、开发与经营					

主要财务指标

指标\报告期	2017.06.30	2016.12.31	2016.06.30	2015.12.31
基本每股收益(元)	-0.1000	-0.3700	-0.1470	0.0700
基本每股收益(扣除后)(元)	-0.1440	-0.4200	-0.1520	-0.4400
稀释每股收益(元)	-0.1000	-0.3700	-0.1470	0.0700
每股净资产(元)	1.6632	1.7635	1.9739	2.1211
每股经营现金净流量(元)	-0.0374	-0.1456	-0.0608	-0.1881
每股现金流量(元)	-0.2098	-0.0137	0.5719	0.3069
每股资本公积金(元)	5.9067	5.9067	5.8945	5.8945
每股盈余公积金(元)	0.3124	0.3124	0.3124	0.3124
每股未分配利润(元)	-5.5559	-5.4556	-5.2329	-5.0857
净资产收益率(%)	-6.0310	-20.9747	-7.4573	3.2133
加权净资产收益率(%)	-5.8500	-19.1000	-7.1900	3.5000
净资产收益率(扣除)(%)	-8.6627	-23.8755	-7.7248	-20.7981
总资产(万元)	670488.98	686225.58	662350.49	615171.20
归属母公司股东权益(万元)	122534.32	129924.36	145430.74	156275.97
营业收入(万元)	19102.24	33717.35	15431.82	23489.95
营业支出(万元)	19043.76	35195.63	16224.53	29293.72
投资收益(万元)	—	—	-	-
净利润(万元)	-8476.36	-30699.00	-12489.37	4255.63
营业利润(万元)	-12087.48	-34799.12	-12927.72	-38159.60
利润总额(万元)	-8476.36	-30699.00	-12489.37	4255.63

光明房地产集团股份有限公司

公司概况	公司名称	光明房地产集团股份有限公司			证券简称	光明地产
	法人代表	沈宏泽	董秘	王宏伟	证券代码	600708
	公司网址	www.bre600708.com		电子信箱	tzzrx@bre600708.com	
	电　话	86-21-32211128		传　真	86-21-32211128	
	办公地址	上海市静安区西藏北路 199 号				
	经营范围	工业品加工、批发、零售，有色金属加工、经销，农副产品加工、批发、零售等				

	指标\报告期	2017.06.30	2016.12.31	2016.06.30	2015.12.31
主要财务指标	基本每股收益(元)	0.1519	0.7667	0.1079	0.4637
	基本每股收益(扣除后)(元)	0.1781	0.7639	0.1031	0.9594
	稀释每股收益(元)	0.1519	0.7667	0.1079	0.4637
	每股净资产(元)	5.1826	6.6900	6.1310	6.0231
	每股经营现金净流量(元)	0.3767	6.9392	0.7105	0.6960
	每股现金流量(元)	-0.1677	2.0285	1.3759	1.2428
	每股资本公积金(元)	1.1957	1.8544	1.8544	1.8544
	每股盈余公积金(元)	0.1950	0.2535	0.2535	0.2535
	每股未分配利润(元)	2.7918	3.5819	3.0231	2.9152
	净资产收益率(%)	2.9302	11.4608	1.7602	6.4244
	加权净资产收益率(%)	2.9200	12.0600	1.7800	8.8000
	净资产收益率(扣除)(%)	3.4374	11.4189	1.6808	8.7008
	总资产(万元)	4885117.96	4851647.42	5419521.58	4992481.81
	归属母公司股东权益(万元)	888470.73	882217.93	808506.26	794275.31
	营业收入(万元)	593865.03	2078184.62	478084.93	1238728.51
	营业支出(万元)	487804.40	1639702.47	376932.33	935688.68
	投资收益(万元)	--	437.50	356.77	159.58
	净利润(万元)	23151.63	115323.96	16979.67	50281.19
	营业利润(万元)	44361.46	169365.01	26796.90	83060.05
	利润总额(万元)	36716.03	170684.40	27818.81	84782.28

苏美达股份有限公司

公司概况	公司名称	苏美达股份有限公司			证券简称	ST 常林
	法人代表	杨永清	董秘	赵建国	证券代码	600710
	公司网址	www.sumec.com		电子信箱	tzz@sumec.com.cn	
	电　话	025-84531968		传　真	025-84411772	
	办公地址	江苏省南京市长江路 198 号				
	经营范围	生产装载机等工程机械产品				

	指标\报告期	2017.06.30	2016.12.31	2016.06.30	2015.12.31
主要财务指标	基本每股收益(元)	0.1300	0.2000	0.0100	-0.2800
	基本每股收益(扣除后)(元)	0.1100	0.0700	-0.0900	-0.8300
	稀释每股收益(元)	0.1300	0.2000	0.0100	-0.2800
	每股净资产(元)	2.9120	2.8434	1.6846	1.8158
	每股经营现金净流量(元)	0.3836	-1.4331	-0.3194	0.3737
	每股现金流量(元)	0.4147	1.2942	2.7133	1.8668
	每股资本公积金(元)	0.9558	0.9558	0.8687	1.7110
	每股盈余公积金(元)	0.1549	0.1549	0.2094	0.3053
	每股未分配利润(元)	0.7895	0.7175	-0.3920	1.1541
	净资产收益率(%)	4.3261	5.5618	-7.8086	-45.3313
	加权净资产收益率(%)	4.3500	6.9100	0.2900	-9.1200
	净资产收益率(扣除)(%)	3.6570	1.4455	-8.1125	-45.9537
	总资产(万元)	4124611.92	3702167.23	188192.50	2926592.84
	归属母公司股东权益(万元)	380530.44	371565.33	107861.67	267067.05
	营业收入(万元)	3403429.77	5017273.29	2136965.09	4147874.38
	营业支出(万元)	3221250.28	4657681.84	1998109.71	3854638.73
	投资收益(万元)	2048.76	-13762.08	-1988.79	-16686.56
	净利润(万元)	37782.86	102833.82	23546.18	50884.35
	营业利润(万元)	53103.54	116416.57	28751.92	69697.12
	利润总额(万元)	58979.93	136880.62	34332.01	80472.62

盛屯矿业集团股份有限公司

公司概况	公司名称	盛屯矿业集团股份有限公司			证券简称	盛屯矿业
	法人代表	陈东	董秘	邹亚鹏	证券代码	600711
	公司网址	www.600711.com		电子信箱	zouyp@600711.com	
	电　话	0592-5891697 5891693		传　真	0592-5366287	
	办公地址	福建省厦门市思明区金桥路 101 号办公楼第四层东侧 A 区				
	经营范围	有色金属采选业务、综合贸易业务等				

	指标\报告期	2017.06.30	2016.12.31	2016.06.30	2015.12.31
主要财务指标	基本每股收益(元)	0.1480	0.1260	0.0360	0.0920
	基本每股收益(扣除后)(元)	0.1330	0.1780	0.0320	0.0780
	稀释每股收益(元)	0.1480	0.1260	0.0360	0.0920
	每股净资产(元)	2.8075	2.6783	2.5856	2.5675
	每股经营现金净流量(元)	0.0964	0.0916	-0.0107	-0.5630
	每股现金流量(元)	-0.1206	0.1246	-0.0348	-0.0970
	每股资本公积金(元)	1.3271	1.3271	1.3263	1.3251
	每股盈余公积金(元)	0.0093	0.0093	0.0027	0.0027
	每股未分配利润(元)	0.4588	0.3306	0.2474	0.2312
	净资产收益率(%)	5.2812	4.7030	1.3981	3.6022
	加权净资产收益率(%)	5.3870	4.8100	1.3980	3.7670
	净资产收益率(扣除)(%)	4.7252	6.6623	1.2566	3.0361
	总资产(万元)	1107494.17	989775.50	859266.25	820749.99
	归属母公司股东权益(万元)	420291.39	400949.21	387082.40	384365.16
	营业收入(万元)	745618.57	1271002.15	465330.95	666199.77
	营业支出(万元)	692490.30	1189420.93	439253.77	613636.19
	投资收益(万元)	3594.31	-11688.80	-58.00	1494.97
	净利润(万元)	22058.38	19461.91	5866.48	15469.94
	营业利润(万元)	28616.15	23492.37	7542.14	19224.51
	利润总额(万元)	28544.43	22362.86	7622.24	19619.76

南宁百货大楼股份有限公司

公司概况	公司名称	南宁百货大楼股份有限公司			证券简称	南宁百货
	法人代表	黄永干	董秘	周宁星	证券代码	600712
	公司网址	www.nnbh.com.cn		电子信箱	dshoffice@nnbh.cn	
	电　话	0771-2610906 2098826		传　真	0771-2610906	
	办公地址	广西壮族自治区南宁市朝阳路 39 号				
	经营范围	商品零售、批发、进出口贸易、广告、物业管理等				

	指标\报告期	2017.06.30	2016.12.31	2016.06.30	2015.12.31
主要财务指标	基本每股收益(元)	-0.0230	-0.0600	-0.0095	0.0500
	基本每股收益(扣除后)(元)	-0.0254	-0.0600	-0.0108	-0.0700
	稀释每股收益(元)	-0.0230	-0.0600	-0.0095	0.0500
	每股净资产(元)	1.9266	1.9496	2.0191	2.0285
	每股经营现金净流量(元)	-0.4791	0.2856	-0.2367	0.1671
	每股现金流量(元)	-0.2024	0.0707	-0.0595	0.0344
	每股资本公积金(元)	0.6791	0.6791	0.6791	0.6791
	每股盈余公积金(元)	0.0929	0.0929	0.0911	0.0911
	每股未分配利润(元)	0.1547	0.1776	0.2489	0.2583
	净资产收益率(%)	-1.1913	-3.2280	-0.4686	2.5052
	加权净资产收益率(%)	-1.1800	-3.1600	-0.4700	2.5300
	净资产收益率(扣除)(%)	-1.3189	-3.3876	-0.5352	-3.4915
	总资产(万元)	197389.74	224262.33	209333.43	221664.91
	归属母公司股东权益(万元)	104935.14	106185.22	109969.05	110484.31
	营业收入(万元)	104838.59	220715.52	110583.75	236655.56
	营业支出(万元)	89475.06	188252.50	93413.69	203286.14
	投资收益(万元)	3.14	41.95	69.21	6558.54
	净利润(万元)	-1250.08	-3427.64	-515.26	2767.85
	营业利润(万元)	-1329.72	-3378.24	-290.86	2754.74
	利润总额(万元)	-1172.16	-3165.72	-203.45	2965.99

南京医药股份有限公司

公司概况	公司名称	南京医药股份有限公司			证券简称	南京医药
	法人代表	陶昀	董秘	李文骏	证券代码	600713
	公司网址	www.njyy.com		电子信箱	600713@njyy.com	
	电话	025-84552601 84552680		传真	025-84552601	
	办公地址	南京市雨花台区小行尤家凹1号(南京国际健康产业园)8号楼				
	经营范围	经营药品、医疗器械、化学试剂、玻璃仪器四类商品研制、开发、生产、销售				

主要财务指标	指标\报告期	2017.06.30	2016.12.31	2016.06.30	2015.12.31
	基本每股收益(元)	0.1250	0.2010	0.0910	0.1750
	基本每股收益(扣除后)(元)	0.1090	0.2050	0.0910	0.1620
	稀释每股收益(元)	0.1250	0.2010	0.0910	0.1750
	每股净资产(元)	3.0071	2.9263	2.6314	2.5642
	每股经营现金净流量(元)	-0.8059	-0.2684	-0.1936	-0.3411
	每股现金流量(元)	0.1120	-0.0771	0.1063	-0.3640
	每股资本公积金(元)	1.3058	1.3058	1.2064	1.2094
	每股盈余公积金(元)	0.0840	0.0840	0.0658	0.0658
	每股未分配利润(元)	0.5292	0.4490	0.3571	0.2864
	净资产收益率(%)	4.1638	6.8644	3.4471	6.8107
	加权净资产收益率(%)	4.1890	7.3130	3.4830	7.0590
	净资产收益率(扣除)(%)	3.6100	7.0042	3.4411	6.3136
	总资产(万元)	1473527.88	1396183.39	1346222.86	1259478.80
	归属母公司股东权益(万元)	269865.32	262618.09	236148.15	230116.49
	营业收入(万元)	1349249.79	2672050.07	1296047.06	2481308.73
	营业支出(万元)	1264883.39	2514900.69	1220061.10	2334412.07
	投资收益(万元)	12.40	-732.23	237.74	1389.92
	净利润(万元)	14685.65	23859.44	11052.52	19268.68
	营业利润(万元)	19362.11	34684.73	15850.91	25899.46
	利润总额(万元)	21703.76	33978.63	15803.57	27110.27

青海金瑞矿业发展股份有限公司

公司概况	公司名称	青海金瑞矿业发展股份有限公司			证券简称	金瑞矿业
	法人代表	程国勋	董秘	李军颜	证券代码	600714
	公司网址	www.china-shanchuan.com		电子信箱	ljyjrky@163.com	
	电话	0971-6321867 6321653		传真	0971-6330915	
	办公地址	青海省西宁市新宁路36号				
	经营范围	锶系列产品的研究、生产、开发、加工和销售等				

主要财务指标	指标\报告期	2017.06.30	2016.12.31	2016.06.30	2015.12.31
	基本每股收益(元)	0.0326	0.2000	-0.1605	-0.1300
	基本每股收益(扣除后)(元)	0.0266	-0.3600	-0.1800	-0.1500
	稀释每股收益(元)	0.0326	0.2000	-0.1605	-0.1300
	每股净资产(元)	2.0766	2.0439	1.6381	1.8417
	每股经营现金净流量(元)	0.0111	-0.1832	-0.0206	0.7437
	每股现金流量(元)	0.7668	-0.1755	-0.2305	0.2732
	每股资本公积金(元)	1.0416	1.0416	0.7465	0.7465
	每股盈余公积金(元)	0.0925	0.0925	0.1083	0.1083
	每股未分配利润(元)	-0.0615	-0.0940	-0.2346	-0.0741
	净资产收益率(%)	1.5680	9.7831	-9.7974	-6.8318
	加权净资产收益率(%)	1.5800	10.3000	-9.2200	-6.9700
	净资产收益率(扣除)(%)	1.2798	-17.7888	-10.9884	-7.8692
	总资产(万元)	72978.64	71225.15	114879.51	120995.37
	归属母公司股东权益(万元)	59843.05	58901.08	47207.50	53072.23
	营业收入(万元)	3073.45	13338.15	8072.12	32782.15
	营业支出(万元)	2615.69	13005.33	8516.89	24509.09
	投资收益(万元)	368.78	16106.23	-	-
	净利润(万元)	938.34	5762.33	-4625.09	-3625.81
	营业利润(万元)	768.67	4847.13	-5115.72	-3260.69
	利润总额(万元)	971.43	5617.77	-4549.07	-2692.51

文投控股股份有限公司

公司概况	公司名称	文投控股股份有限公司			证券简称	文投控股
	法人代表	赵磊	董秘	高海涛	证券代码	600715
	公司网址			电子信箱	zhengquan@600715sh.com	
	电话	010-87497920		传真	010-87497920	
	办公地址	辽宁省沈阳市苏家屯白松路22号				
	经营范围	汽车车身配套及汽车零部件制造与销售等				

主要财务指标	指标\报告期	2017.06.30	2016.12.31	2016.06.30	2015.12.31
	基本每股收益(元)	0.2100	0.3600	0.1500	0.3200
	基本每股收益(扣除后)(元)	0.2100	0.3200	0.1500	0.2900
	稀释每股收益(元)	0.2100	0.3600	0.1500	0.3200
	每股净资产(元)	3.8530	2.7438	2.5478	4.7871
	每股经营现金净流量(元)	0.2818	-0.1430	-0.1307	0.3560
	每股现金流量(元)	1.0755	-0.1059	-0.3247	1.3444
	每股资本公积金(元)	2.6606	1.7399	1.7478	4.4798
	每股盈余公积金(元)	0.0050	0.0057	0.0057	0.0113
	每股未分配利润(元)	0.1874	-0.0017	-0.2056	-0.7040
	净资产收益率(%)	4.9024	13.2838	5.7451	3.4914
	加权净资产收益率(%)	7.4500	14.1500	5.9300	10.4900
	净资产收益率(扣除)(%)	4.8854	11.8347	5.7309	3.0662
	总资产(万元)	990215.86	733630.08	578170.10	572143.05
	归属母公司股东权益(万元)	714666.18	452496.12	420168.46	394730.01
	营业收入(万元)	127668.40	225193.45	85321.51	76685.43
	营业支出(万元)	69390.31	126225.77	40433.53	43664.88
	投资收益(万元)	30.24	8207.37	-	-
	净利润(万元)	35419.16	60862.74	24195.29	13781.61
	营业利润(万元)	43399.85	74247.66	30145.17	17178.62
	利润总额(万元)	43249.02	76087.56	30449.76	19824.89

江苏凤凰置业投资股份有限公司

公司概况	公司名称	江苏凤凰置业投资股份有限公司			证券简称	凤凰股份
	法人代表	周斌	董秘	毕胜	证券代码	600716
	公司网址	www.fhzy.cn		电子信箱	fhzy@ppm.cn	
	电话	025-83566283 83566267		传真	025-83566299	
	办公地址	江苏省南京市中央路389号凤凰国际大厦六楼				
	经营范围	房地产投资及其他投资、房屋租赁、物业管理				

主要财务指标	指标\报告期	2017.06.30	2016.12.31	2016.06.30	2015.12.31
	基本每股收益(元)	-0.0776	0.0570	0.0066	-0.1010
	基本每股收益(扣除后)(元)	-0.0805	0.0570	0.0070	-0.1006
	稀释每股收益(元)	-0.0776	0.0570	0.0066	-0.1010
	每股净资产(元)	3.6690	3.7466	3.6969	2.6663
	每股经营现金净流量(元)	-0.0548	0.7615	-0.5636	0.5555
	每股现金流量(元)	-0.0786	2.0478	2.3384	-0.9791
	每股资本公积金(元)	1.5807	1.5807	1.5807	0.2634
	每股盈余公积金(元)	0.1517	0.1517	0.1482	0.1873
	每股未分配利润(元)	0.9366	1.0142	0.9680	1.2155
	净资产收益率(%)	-2.1145	1.4951	0.1710	-3.7872
	加权净资产收益率(%)	-2.0900	1.5600	0.1800	-3.6500
	净资产收益率(扣除)(%)	-2.1937	1.4958	0.1825	-3.7729
	总资产(万元)	1000720.00	980283.49	1006749.85	773153.90
	归属母公司股东权益(万元)	343444.69	350706.88	346055.35	197464.09
	营业收入(万元)	44376.01	181847.94	80172.38	106447.62
	营业支出(万元)	36898.44	130306.84	61839.32	62395.01
	投资收益(万元)	671.21	3003.11	-	3003.11
	净利润(万元)	-7207.23	5012.34	640.97	-7788.42
	营业利润(万元)	-5214.27	12554.00	824.60	-4161.37
	利润总额(万元)	-5505.25	12520.26	772.03	-4250.80

天津港股份有限公司

公司概况	公司名称	天津港股份有限公司			证券简称	天 津 港
	法人代表	梁永岑	董秘	郭小薇	证券代码	600717
	公司网址	www.tianjin-port.com		电子信箱	tianjinport@tianjin-port.com	
	电　话	022-25706615 25702708		传　真	022-25706615	
	办公地址	天津市塘沽区津港路 99 号				
	经营范围	商品储存、中转联运、汽车运输、装卸搬运、集装箱储运、拆装箱及相关业务				

主要财务指标	指标\报告期	2017.06.30	2016.12.31	2016.06.30	2015.12.31
	基本每股收益(元)	0.3400	0.7500	0.3900	0.7300
	基本每股收益(扣除后)(元)	0.3300	0.7400	0.3900	0.7100
	稀释每股收益(元)	0.3400	0.7500	0.3900	0.7300
	每股净资产(元)	9.3175	9.1683	8.7955	8.6397
	每股经营现金净流量(元)	0.4673	1.4094	0.9030	1.3478
	每股现金流量(元)	0.4889	-0.2425	0.3631	0.9771
	每股资本公积金(元)	2.0787	3.1847	2.0795	2.0783
	每股盈余公积金(元)	0.9366	1.1154	0.8269	0.8269
	每股未分配利润(元)	5.1440	5.0662	4.7814	4.6163
	净资产收益率(%)	3.6009	8.2299	4.4090	8.4688
	加权净资产收益率(%)	3.5900	8.4700	4.3900	8.7300
	净资产收益率(扣除)(%)	3.5503	8.1174	4.3815	8.2456
	总资产(万元)	3355149.53	3587468.15	3302622.66	3359351.46
	归属母公司股东权益(万元)	1560473.06	1755366.32	1473047.15	1446951.23
	营业收入(万元)	679406.82	1304668.70	595383.03	1540241.68
	营业支出(万元)	528730.40	940581.09	419587.03	1192434.91
	投资收益(万元)	16678.47	30918.69	15760.61	39104.46
	净利润(万元)	76389.14	180072.86	90277.77	168673.42
	营业利润(万元)	94109.20	221357.50	111789.44	207853.14
	利润总额(万元)	93607.24	221897.94	111201.72	211601.76

东软集团股份有限公司

公司概况	公司名称	东软集团股份有限公司			证券简称	东软集团
	法人代表	刘积仁	董秘	王楠	证券代码	600718
	公司网址	www.neusoft.com		电子信箱	investor@neusoft.com	
	电　话	024-83662115		传　真	024-23783375	
	办公地址	辽宁省沈阳市浑南新区新秀街 2 号东软软件园				
	经营范围	软件开发和软件服务、系统集成及提供全面解决方案、医疗系统产品生产和销售等				

主要财务指标	指标\报告期	2017.06.30	2016.12.31	2016.06.30	2015.12.31
	基本每股收益(元)	0.1000	1.5100	0.0800	0.3100
	基本每股收益(扣除后)(元)	0.0600	0.1800	0.0500	0.1800
	稀释每股收益(元)	0.1000	1.5000	0.0800	0.3100
	每股净资产(元)	6.3064	6.2033	5.4170	4.8899
	每股经营现金净流量(元)	-0.8252	0.1184	-1.0702	0.2313
	每股现金流量(元)	-0.8832	0.1648	-0.6107	0.6257
	每股资本公积金(元)	0.6702	0.5522	0.9799	0.6640
	每股盈余公积金(元)	0.9036	0.9036	0.7515	0.7515
	每股未分配利润(元)	3.9042	3.9060	2.6461	2.6657
	净资产收益率(%)	1.5552	24.0015	1.3888	6.3587
	加权净资产收益率(%)	1.5700	26.7600	1.4000	6.9300
	净资产收益率(扣除)(%)	0.8999	2.9313	1.0168	3.6404
	总资产(万元)	1118903.82	1174964.14	1321943.12	1211272.05
	归属母公司股东权益(万元)	784004.17	771193.58	673101.62	607604.24
	营业收入(万元)	270880.72	773484.81	338228.88	775169.17
	营业支出(万元)	177994.94	537049.55	222554.79	531968.45
	投资收益(万元)	-97.57	160258.92	-444.20	3305.44
	净利润(万元)	4698.56	170464.67	189.75	30644.77
	营业利润(万元)	3650.51	165780.63	-4632.85	13711.63
	利润总额(万元)	7910.29	188795.91	6123.08	39473.69

大连热电股份有限公司

公司概况	公司名称	大连热电股份有限公司			证券简称	大连热电
	法人代表	邵阳	董秘	沈军	证券代码	600719
	公司网址	www.dlrd.com		电子信箱	shenjun_dl@163.com	
	电　话	0411-82298181 82298188		传　真	0411-82298177	
	办公地址	辽宁省大连市中山区昆明街 32 号				
	经营范围	发电、供热、热电联产				

主要财务指标	指标\报告期	2017.06.30	2016.12.31	2016.06.30	2015.12.31
	基本每股收益(元)	0.0410	0.0340	0.0670	0.0263
	基本每股收益(扣除后)(元)	0.0400	-0.0380	0.0680	0.0457
	稀释每股收益(元)	0.0410	0.0340	0.0670	0.0263
	每股净资产(元)	1.8291	1.7992	1.8323	1.7756
	每股经营现金净流量(元)	-0.0177	0.0967	-0.1652	0.2756
	每股现金流量(元)	-0.0862	-0.2206	-0.2316	0.1124
	每股资本公积金(元)	0.2525	0.2525	0.2525	0.2525
	每股盈余公积金(元)	0.4102	0.4102	0.4020	0.4020
	每股未分配利润(元)	0.1664	0.1364	0.1777	0.1210
	净资产收益率(%)	2.2372	1.8673	3.6384	1.4813
	加权净资产收益率(%)	2.2490	1.8800	3.6850	1.4900
	净资产收益率(扣除)(%)	2.1644	-2.1334	3.6990	2.5718
	总资产(万元)	136216.27	166481.68	125301.97	146637.37
	归属母公司股东权益(万元)	74005.64	72795.01	74132.95	71840.29
	营业收入(万元)	48906.78	70739.19	39399.48	68437.40
	营业支出(万元)	41854.70	58719.57	28591.30	54204.89
	投资收益(万元)	--	--	-	-
	净利润(万元)	1655.68	1359.32	2697.26	1064.14
	营业利润(万元)	2199.92	-2174.86	3557.90	2370.68
	利润总额(万元)	2271.76	1829.16	3498.03	1606.23

甘肃祁连山水泥集团股份有限公司

公司概况	公司名称	甘肃祁连山水泥集团股份有限公司			证券简称	祁 连 山
	法人代表	脱利成	董秘	罗鸿基	证券代码	600720
	公司网址	www.qlssn.com		电子信箱	qlssn@163.com	
	电　话	0931-4900619 4900608		传　真	0931-4900697	
	办公地址	甘肃省兰州市城关区力行新村 3 号祁连山大厦				
	经营范围	水泥研究制造、批发零售，商品熟料的生产与销售等				

主要财务指标	指标\报告期	2017.06.30	2016.12.31	2016.06.30	2015.12.31
	基本每股收益(元)	0.2383	0.2146	-0.0240	0.2309
	基本每股收益(扣除后)(元)	0.2560	0.2101	-0.0283	0.0776
	稀释每股收益(元)	0.2383	0.2146	-0.0240	0.2309
	每股净资产(元)	6.5051	6.2788	6.0807	6.2000
	每股经营现金净流量(元)	0.7751	1.1037	0.6284	0.8270
	每股现金流量(元)	-0.0912	-0.2302	-0.2036	0.2667
	每股资本公积金(元)	1.7278	1.7251	1.7265	1.7265
	每股盈余公积金(元)	0.4326	0.4326	0.4283	0.4283
	每股未分配利润(元)	2.9924	2.7541	2.5898	2.6138
	净资产收益率(%)	3.6629	3.4176	-0.3948	3.7265
	加权净资产收益率(%)	3.7300	3.4300	-0.3900	3.7200
	净资产收益率(扣除)(%)	3.9350	3.3458	-0.4646	1.2528
	总资产(万元)	1038607.13	1066416.31	1078315.52	1084027.72
	归属母公司股东权益(万元)	504985.23	487413.67	472035.25	480938.52
	营业收入(万元)	260474.47	511447.42	205094.42	484254.16
	营业支出(万元)	182661.20	367030.08	160796.21	377833.02
	投资收益(万元)	--	248.81	278.16	17471.00
	净利润(万元)	18119.15	13521.69	-4353.15	13498.15
	营业利润(万元)	24359.79	13395.95	-4441.45	5382.08
	利润总额(万元)	21976.14	18616.56	-3048.68	16070.00

新疆百花村股份有限公司

公司概况					
公司名称	新疆百花村股份有限公司			证券简称	百花村
法人代表	郑彩红	董秘	张军	证券代码	600721
公司网址	www.xjbhc.net		电子信箱	xjbhc@hotmail.com	
电　话	0991-2356619　2356600		传　真	0991-2356610	
办公地址	新疆维吾尔自治区乌鲁木齐市中山路141号				
经营范围	电子计算机软硬件的开发销售及培训，电子元器件、五金交电租赁等				

主要财务指标				
指标＼报告期	2017.06.30	2016.12.31	2016.06.30	2015.12.31
基本每股收益(元)	0.1101	0.4934	-0.5842	-1.6225
基本每股收益(扣除后)(元)	0.1079	-0.6141	-0.5977	-1.7867
稀释每股收益(元)	0.1101	0.4934	-0.5842	-1.6225
每股净资产(元)	5.8187	5.7085	0.7584	1.3414
每股经营现金净流量(元)	0.0982	-0.3104	-0.5684	1.7044
每股现金流量(元)	-0.1847	0.3162	-0.5941	0.3885
每股资本公积金(元)	5.7999	6.6541	2.5805	2.5805
每股盈余公积金(元)	0.0126	0.0144	0.1004	0.1004
每股未分配利润(元)	-0.9951	-1.2680	-2.9246	-2.3405
净资产收益率(%)	1.8930	6.0874	-77.0245	-121.7846
加权净资产收益率(%)	1.9100	17.3800	-55.6700	-78.4305
净资产收益率(扣除)(%)	1.8549	-7.5768	-78.8060	-134.1098
总资产(万元)	276925.02	278393.32	380252.30	406298.63
归属母公司股东权益(万元)	232972.55	228562.31	18848.25	33336.12
营业收入(万元)	25811.65	74457.42	28742.37	80880.52
营业支出(万元)	17914.91	71088.35	35001.84	87247.59
投资收益(万元)	-2.38	30180.70	1.64	983.18
净利润(万元)	4414.18	5617.57	-21714.44	-54374.35
营业利润(万元)	5304.03	8605.21	-21942.61	-61436.33
利润总额(万元)	5399.95	9878.45	-21446.24	-57603.29

河北金牛化工股份有限公司

公司概况					
公司名称	河北金牛化工股份有限公司			证券简称	金牛化工
法人代表	何长海	董秘	洪波	证券代码	600722
公司网址	www.hbjnhg.com		电子信箱	600722@hbjnhg.com	
电　话	86-317-5299303		传　真	86-317-5299303	
办公地址	河北省沧州市运河区金鼎大厦B座6-8层				
经营范围	聚氯乙烯树脂、烧碱和水泥的生产、销售等				

主要财务指标				
指标＼报告期	2017.06.30	2016.12.31	2016.06.30	2015.12.31
基本每股收益(元)	0.0313	0.0381	0.0085	0.3593
基本每股收益(扣除后)(元)	0.0310	0.0312	0.0076	-0.1650
稀释每股收益(元)	0.0313	0.0381	0.0085	0.3593
每股净资产(元)	1.3273	1.2953	1.2663	1.2572
每股经营现金净流量(元)	-0.0031	-0.0517	-0.1024	-0.0570
每股现金流量(元)	0.1736	-0.2431	-0.2494	0.0646
每股资本公积金(元)	2.4184	2.4184	2.4184	2.4184
每股盈余公积金(元)	0.1308	0.1308	0.1308	0.1308
每股未分配利润(元)	-2.2279	-2.2592	-2.2889	-2.2973
净资产收益率(%)	2.3599	2.9410	0.6683	28.5799
加权净资产收益率(%)	2.3900	2.9800	0.6707	33.3500
净资产收益率(扣除)(%)	2.3376	2.4121	0.5975	-13.1239
总资产(万元)	132774.38	126153.10	124488.36	128498.90
归属母公司股东权益(万元)	90301.62	88122.42	86151.43	85531.86
营业收入(万元)	43597.99	67368.41	33405.06	60002.61
营业支出(万元)	38734.82	61606.18	31509.01	54822.17
投资收益(万元)	-242.85	111.46	36.30	42212.42
净利润(万元)	4055.44	4313.08	996.28	25349.42
营业利润(万元)	4051.97	3736.14	875.23	31893.56
利润总额(万元)	4057.65	4321.78	996.75	25184.61

北京首商集团股份有限公司

公司概况					
公司名称	北京首商集团股份有限公司			证券简称	首商股份
法人代表	傅跃红	董秘	王健	证券代码	600723
公司网址	www.xdsc.com.cn		电子信箱	ssgf600723@126.com	
电　话	010-82270256		传　真	010-82270251	
办公地址	北京市西城区北三环中路23号燕莎盛世大厦二层				
经营范围	购销针纺织品、百货、五金交电化工、机械电器设备、电动自行车、土产品等				

主要财务指标				
指标＼报告期	2017.06.30	2016.12.31	2016.06.30	2015.12.31
基本每股收益(元)	0.2615	0.4490	0.2264	0.5230
基本每股收益(扣除后)(元)	0.2460	0.4140	0.2219	0.5410
稀释每股收益(元)	--	--	-	-
每股净资产(元)	5.3979	5.2864	5.0634	4.9971
每股经营现金净流量(元)	0.0325	0.6046	0.2030	0.5171
每股现金流量(元)	-0.6393	-1.3459	-0.8012	0.0133
每股资本公积金(元)	1.2531	1.2531	1.2531	1.2531
每股盈余公积金(元)	0.4941	0.4941	0.4476	0.4476
每股未分配利润(元)	2.6507	2.5391	2.3627	2.2964
净资产收益率(%)	4.8452	8.4991	4.4705	10.4649
加权净资产收益率(%)	4.8300	8.7400	4.4300	10.8300
净资产收益率(扣除)(%)	4.5517	7.8331	4.3817	10.8182
总资产(万元)	635667.25	643215.41	630740.09	623986.85
归属母公司股东权益(万元)	355402.01	348058.27	333380.43	329011.04
营业收入(万元)	513745.53	1007740.32	516685.14	1093586.42
营业支出(万元)	396529.75	774204.21	397054.19	844683.66
投资收益(万元)	1158.64	1283.86	1.71	-
净利润(万元)	22971.93	40663.00	21526.46	50045.07
营业利润(万元)	31517.51	54817.54	30056.43	69127.54
利润总额(万元)	31516.29	56328.45	30397.51	68414.41

宁波富达股份有限公司

公司概况					
公司名称	宁波富达股份有限公司			证券简称	宁波富达
法人代表	庄立峰	董秘	赵立明	证券代码	600724
公司网址	www.fuda.com		电子信箱	syq@fuda.com	
电　话	0574-87647859		传　真	0574-87647853	
办公地址	浙江省宁波市海曙区解放南路208号建设大厦18楼				
经营范围	水泥的生产和销售，商品房的建造和销售，商业广场的建设开发和经营				

主要财务指标				
指标＼报告期	2017.06.30	2016.12.31	2016.06.30	2015.12.31
基本每股收益(元)	0.0537	0.0881	0.2582	-0.8015
基本每股收益(扣除后)(元)	0.0467	0.0477	0.2334	-0.8308
稀释每股收益(元)	0.0537	0.0881	0.2582	-0.8015
每股净资产(元)	1.8430	1.7893	1.9594	1.7012
每股经营现金净流量(元)	0.7569	0.7623	0.4224	0.4643
每股现金流量(元)	-0.4387	0.2989	0.2967	-0.1528
每股资本公积金(元)	0.1800	0.1800	0.1800	0.1800
每股盈余公积金(元)	0.1464	0.1464	0.1464	0.1464
每股未分配利润(元)	0.5166	0.4629	0.6330	0.3748
净资产收益率(%)	2.9121	4.9249	13.1775	-47.1166
加权净资产收益率(%)	2.9552	5.0493	14.1069	-37.5378
净资产收益率(扣除)(%)	2.5360	2.6683	11.9125	-48.8361
总资产(万元)	1526989.74	1549259.01	1664687.43	1775551.65
归属母公司股东权益(万元)	266356.98	258600.32	283180.52	245864.47
营业收入(万元)	151575.86	555889.71	294500.57	274649.34
营业支出(万元)	105034.06	374787.72	178025.02	178290.83
投资收益(万元)	-335.17	-2325.09	22.14	4713.90
净利润(万元)	11200.40	27078.00	47721.47	-111643.51
营业利润(万元)	18509.90	44930.08	62391.30	-102641.66
利润总额(万元)	18802.20	55536.50	67791.08	-96836.32

云南云维股份有限公司

公司概况	公司名称	云南云维股份有限公司			证券简称	ST 云维
	法人代表	凡剑	董秘	李斌	证券代码	600725
	公司网址	www.ywgf.cn		电子信箱	yunwei@ywgf.cn	
	电　话	0874-3068588		传　真	0874-3065519	
	办公地址	云南省曲靖市沾益区花山街道				
	经营范围	化工及化纤材料、水泥、氧气产品销售				

主要财务指标	指标\报告期	2017.06.30	2016.12.31	2016.06.30	2015.12.31
	基本每股收益(元)	0.0017	2.4800	–0.4600	–4.2200
	基本每股收益(扣除后)(元)	0.0017	–2.4600	–0.4300	–4.2400
	稀释每股收益(元)	0.0017	2.4800	–0.4600	–4.2200
	每股净资产(元)	0.2186	0.0778	–3.4832	–3.0302
	每股经营现金净流量(元)	–0.0939	–0.2977	0.0210	–0.1653
	每股现金流量(元)	0.1418	–0.0593	–0.0639	–0.0223
	每股资本公积金(元)	1.4613	1.3222	2.9394	2.9394
	每股盈余公积金(元)	0.0856	0.0856	0.2016	0.2016
	每股未分配利润(元)	–2.3283	–2.3300	–7.6552	–7.1969
	净资产收益率(%)	0.7837	1610.6107	–	–
	加权净资产收益率(%)	1.3700	---	–	–
	净资产收益率(扣除)(%)	0.7837	–1598.8054	–	139.8395
	总资产(万元)	33654.15	21755.08	672874.00	790342.78
	归属母公司股东权益(万元)	26940.67	9589.92	–214646.38	–186732.96
	营业收入(万元)	22190.34	187115.86	82835.78	279090.81
	营业支出(万元)	21423.87	190443.46	90718.79	313113.87
	投资收益(万元)	---	22964.72	–14.93	–12.27
	净利润(万元)	211.15	161968.21	–51575.79	–371242.40
	营业利润(万元)	211.15	–157567.53	–49239.81	–367023.80
	利润总额(万元)	211.15	162249.52	–51550.11	–367401.23

华电能源股份有限公司

公司概况	公司名称	华电能源股份有限公司			证券简称	华电能源
	法人代表	董凤亮	董秘	梅君超	证券代码	600726
	公司网址	www.hdenergy.com		电子信箱	hdenergy@hdenergy.com	
	电　话	0451-82525998 82525778		传　真	0451-82525878	
	办公地址	黑龙江省哈尔滨市南岗区大成街 209 号				
	经营范围	建设、经营、维修电厂、生产销售电力、电力行业的技术服务、技术咨询等				

主要财务指标	指标\报告期	2017.06.30	2016.12.31	2016.06.30	2015.12.31
	基本每股收益(元)	0.0500	0.0800	0.1700	0.0100
	基本每股收益(扣除后)(元)	0.0500	0.0600	0.1600	–0.0400
	稀释每股收益(元)	0.0500	0.0800	0.1700	0.0100
	每股净资产(元)	1.7869	1.7246	1.7948	1.6249
	每股经营现金净流量(元)	0.0956	1.2310	0.4823	1.3871
	每股现金流量(元)	–0.1335	–0.1590	–0.2604	0.2662
	每股资本公积金(元)	0.8606	0.8586	0.7632	0.7632
	每股盈余公积金(元)	0.0638	0.0638	0.1419	0.1419
	每股未分配利润(元)	–0.1728	–0.2260	–0.1345	–0.3015
	净资产收益率(%)	2.9820	4.3755	9.3030	0.7321
	加权净资产收益率(%)	3.0400	4.5400	9.7700	0.7400
	净资产收益率(扣除)(%)	2.5612	3.3294	8.8995	–2.7586
	总资产(万元)	2483271.83	2545395.82	2384722.27	2453276.04
	归属母公司股东权益(万元)	351415.62	339182.54	352986.79	319556.26
	营业收入(万元)	448329.75	863301.71	420316.87	920072.97
	营业支出(万元)	387713.37	759552.15	341135.52	815423.67
	投资收益(万元)	–2598.21	1391.77	4180.04	3580.76
	净利润(万元)	13570.01	17223.09	38432.52	2763.35
	营业利润(万元)	11874.68	13034.43	40340.27	399.05
	利润总额(万元)	17255.98	22253.42	41995.84	10041.35

山东鲁北化工股份有限公司

公司概况	公司名称	山东鲁北化工股份有限公司			证券简称	鲁北化工
	法人代表	陈树常	董秘	张金增	证券代码	600727
	公司网址	www.lubeichem.com		电子信箱	lubeichem@lubei.com.cn	
	电　话	0543-6451265		传　真	0543-6451265	
	办公地址	山东省滨州市无棣县埕口镇				
	经营范围	磷复肥、硫酸、水泥、烧碱、溴素、电等产品的生产和销售				

主要财务指标	指标\报告期	2017.06.30	2016.12.31	2016.06.30	2015.12.31
	基本每股收益(元)	0.0800	0.0900	0.0400	0.0800
	基本每股收益(扣除后)(元)	0.0800	0.0900	0.0300	0.0500
	稀释每股收益(元)	0.0800	0.0900	0.0400	0.0800
	每股净资产(元)	3.1668	3.0917	3.0440	3.0085
	每股经营现金净流量(元)	0.1724	0.7654	0.1376	0.0515
	每股现金流量(元)	0.8187	–0.2009	–0.0228	–0.1075
	每股资本公积金(元)	2.4906	2.4906	2.4906	2.4906
	每股盈余公积金(元)	0.5002	0.5002	0.5002	0.5002
	每股未分配利润(元)	–0.8326	–0.9091	–0.9584	–0.9950
	净资产收益率(%)	2.4172	2.7792	1.2040	2.6250
	加权净资产收益率(%)	2.4500	2.8200	1.2100	2.6600
	净资产收益率(扣除)(%)	2.4750	2.8267	0.9226	1.5135
	总资产(万元)	137895.97	149496.33	137160.51	135483.39
	归属母公司股东权益(万元)	111151.25	108515.32	106841.98	105595.15
	营业收入(万元)	26263.07	51346.03	25072.05	57070.13
	营业支出(万元)	19307.21	40132.97	19254.18	45429.32
	投资收益(万元)	---	---	–	666.60
	净利润(万元)	2686.71	3015.84	1286.39	2771.85
	营业利润(万元)	2751.00	3003.45	1291.50	3314.22
	利润总额(万元)	2686.71	3015.84	1286.39	2771.85

佳都新太科技股份有限公司

公司概况	公司名称	佳都新太科技股份有限公司			证券简称	佳都新太
	法人代表	刘伟	董秘	刘佳	证券代码	600728
	公司网址	www.pci-suntektech.com		电子信箱	info@pci-suntektech.com	
	电　话	020-85550260		传　真	020-85577907	
	办公地址	广东省广州市天河软件园建工路 4 号				
	经营范围	计算机新产品生产、研制及其工程承接，计算机软、硬件的技术引进等				

主要财务指标	指标\报告期	2017.06.30	2016.12.31	2016.06.30	2015.12.31
	基本每股收益(元)	0.0209	0.0713	0.0005	0.3408
	基本每股收益(扣除后)(元)	0.0057	0.0407	–0.0101	0.2590
	稀释每股收益(元)	0.0208	0.0708	0.0005	0.3408
	每股净资产(元)	1.8921	1.7275	1.6615	2.8027
	每股经营现金净流量(元)	–0.2518	–0.1144	–0.3906	0.3975
	每股现金流量(元)	0.0486	–0.1023	–0.2595	0.3293
	每股资本公积金(元)	0.8679	0.7240	0.7280	2.0076
	每股盈余公积金(元)	0.0448	0.0461	0.0468	0.1432
	每股未分配利润(元)	–0.0206	–0.0425	–0.1133	–0.3482
	净资产收益率(%)	1.0965	4.0200	0.0293	12.1616
	加权净资产收益率(%)	1.1300	4.3600	0.0300	13.1000
	净资产收益率(扣除)(%)	0.2965	2.2962	–0.6145	9.2429
	总资产(万元)	534297.38	491867.31	387745.78	352881.01
	归属母公司股东权益(万元)	302515.70	268489.41	254133.75	140067.67
	营业收入(万元)	144441.31	284819.49	97449.55	266716.64
	营业支出(万元)	125783.21	238295.90	82989.78	216469.84
	投资收益(万元)	1517.01	2329.41	867.85	250.24
	净利润(万元)	3828.24	12470.65	112.65	17599.50
	营业利润(万元)	3819.13	11283.70	–359.41	13073.41
	利润总额(万元)	4655.72	15012.88	680.27	18875.61

重庆百货大楼股份有限公司

公司概况	公司名称	重庆百货大楼股份有限公司			证券简称	重庆百货
	法人代表	何谦	董秘	陈果	证券代码	600729
	公司网址	www.e-cbest.com		电子信箱	cbdsh@e-cbest.com	
	电　话	023-63845365		传　真	023-63845365	
	办公地址	重庆市渝中区民权路28号(英利国际金融中心)第30层,31层,32层				
	经营范围	批发、零售预包装食品、散装食品、粮油制品、副食品、其他食品、乳制品等				

主要财务指标	指标\报告期	2017.06.30	2016.12.31	2016.06.30	2015.12.31
	基本每股收益(元)	1.1500	1.0300	0.9400	0.9000
	基本每股收益(扣除后)(元)	1.1100	0.8400	0.8500	0.7800
	稀释每股收益(元)	1.1500	1.0300	0.9400	0.9000
	每股净资产(元)	12.0277	11.4394	11.3509	11.7636
	每股经营现金净流量(元)	1.5264	1.1371	0.1415	1.0390
	每股现金流量(元)	-1.5022	-0.6676	-3.2894	0.7462
	每股资本公积金(元)	0.9922	0.9922	1.0178	2.7482
	每股盈余公积金(元)	0.8200	0.8200	0.8200	0.8200
	每股未分配利润(元)	9.2115	8.6232	8.5080	7.8478
	净资产收益率(%)	9.5470	9.0037	8.2844	7.6818
	加权净资产收益率(%)	9.5600	8.9800	7.8500	7.8800
	净资产收益率(扣除)(%)	9.2129	7.3489	7.5097	6.5973
	总资产(万元)	1209490.14	1231652.13	1226383.24	1445026.63
	归属母公司股东权益(万元)	488961.26	465045.66	461447.07	504955.77
	营业收入(万元)	1690537.44	3384677.26	1813325.07	3007937.71
	营业支出(万元)	1389612.22	2815996.54	1525851.79	2446091.53
	投资收益(万元)	4301.76	6287.78	346.13	2633.14
	净利润(万元)	49045.32	43981.90	39355.66	36453.60
	营业利润(万元)	57688.03	49204.40	45768.97	40768.84
	利润总额(万元)	58582.13	51888.28	46515.09	43787.44

中国高科集团股份有限公司

公司概况	公司名称	中国高科集团股份有限公司			证券简称	中国高科
	法人代表	马建斌	董秘	马建斌(代)	证券代码	600730
	公司网址	www.chinahitech.com.cn		电子信箱	hi-tech@china-hi-tech.com	
	电　话	010-82524758		传　真	86-10-82524580	
	办公地址	北京市海淀区成府路298号中关村方正大厦8层				
	经营范围	实业投资、创业投资、技术及商品展示、投资及经济技术咨询服务等				

主要财务指标	指标\报告期	2017.06.30	2016.12.31	2016.06.30	2015.12.31
	基本每股收益(元)	0.1250	0.9600	-0.0370	0.2200
	基本每股收益(扣除后)(元)	0.0660	-0.2300	-0.0600	0.0700
	稀释每股收益(元)	0.1250	0.9600	-0.0370	0.2200
	每股净资产(元)	3.4720	3.3185	2.3463	2.3957
	每股经营现金净流量(元)	-0.4351	0.3214	0.0940	-0.5652
	每股现金流量(元)	-0.3164	2.3956	2.5707	-0.5200
	每股资本公积金(元)	0.0862	0.0862	0.0862	0.0862
	每股盈余公积金(元)	0.1389	0.1389	0.1389	0.1389
	每股未分配利润(元)	1.6527	1.5280	0.5303	0.5675
	净资产收益率(%)	3.5904	28.9451	-1.5813	4.9518
	加权净资产收益率(%)	3.6700	33.6200	-1.5600	5.0400
	净资产收益率(扣除)(%)	1.9019	-6.7939	-2.5582	1.6277
	总资产(万元)	370895.28	450662.85	426237.47	280564.34
	归属母公司股东权益(万元)	203689.44	194679.75	137645.08	140547.62
	营业收入(万元)	26894.13	5792.79	79683.69	131210.26
	营业支出(万元)	11556.02	1876.11	76796.91	107759.29
	投资收益(万元)	2974.27	96251.88	1039.77	3582.76
	净利润(万元)	8002.21	55671.94	-2358.01	7584.22
	营业利润(万元)	10664.98	80608.15	-2545.05	9986.83
	利润总额(万元)	10450.14	80028.63	-2158.98	10866.18

湖南海利化工股份有限公司

公司概况	公司名称	湖南海利化工股份有限公司			证券简称	湖南海利
	法人代表	尹霖	董秘	刘洪波	证券代码	600731
	公司网址	www.hnhlc.com		电子信箱	hbliu0731@sina.com	
	电　话	0731-85357830 85357829		传　真	0731-85540475	
	办公地址	湖南省长沙市芙蓉中路二段251号				
	经营范围	化肥、化工产品、农药开发、生产及自产产品销售等				

主要财务指标	指标\报告期	2017.06.30	2016.12.31	2016.06.30	2015.12.31
	基本每股收益(元)	0.0474	0.0430	0.0368	0.0420
	基本每股收益(扣除后)(元)	0.0414	0.0310	0.0350	0.0360
	稀释每股收益(元)	0.0474	0.0430	0.0368	0.0420
	每股净资产(元)	2.3880	2.3399	2.3408	2.2942
	每股经营现金净流量(元)	0.3298	0.4157	0.3165	0.3195
	每股现金流量(元)	0.1160	-0.0754	-0.0190	0.1519
	每股资本公积金(元)	1.4781	1.4781	1.4781	1.4781
	每股盈余公积金(元)	0.1075	0.1075	0.1075	0.1075
	每股未分配利润(元)	-0.2079	-0.2553	-0.2618	-0.2986
	净资产收益率(%)	1.9866	1.8482	1.5706	1.8326
	加权净资产收益率(%)	2.0100	1.8700	1.5900	1.8500
	净资产收益率(扣除)(%)	1.7343	1.3386	1.4952	1.5818
	总资产(万元)	181057.20	181981.25	184478.48	185503.28
	归属母公司股东权益(万元)	78161.08	76587.37	76618.75	75093.73
	营业收入(万元)	65176.00	113082.10	54872.56	105715.87
	营业支出(万元)	48954.30	86207.89	41259.33	80308.06
	投资收益(万元)	9.96	47.61	6.64	36.22
	净利润(万元)	2434.81	3006.85	1913.81	2180.30
	营业利润(万元)	3044.73	3818.10	2736.71	2813.27
	利润总额(万元)	3279.55	4258.70	2800.06	3036.32

上海新梅置业股份有限公司

公司概况	公司名称	上海新梅置业股份有限公司			证券简称	ST新梅
	法人代表	李勇军	董秘	李煜坤	证券代码	600732
	公司网址	www.600732.com.cn		电子信箱	liyukun@shinmay.com.cn	
	电　话	021-50381202		传　真	021-50381219	
	办公地址	上海市天目中路585号新梅大厦21楼				
	经营范围	房地产开发与经营等				

主要财务指标	指标\报告期	2017.06.30	2016.12.31	2016.06.30	2015.12.31
	基本每股收益(元)	0.1601	0.0438	-0.0210	-0.1530
	基本每股收益(扣除后)(元)	0.0613	0.0347	-0.0220	-0.0500
	稀释每股收益(元)	0.1601	0.0438	-0.0210	-0.1530
	每股净资产(元)	1.0268	0.8667	1.0838	1.1046
	每股经营现金净流量(元)	-0.0075	0.3363	-0.1880	-0.1082
	每股现金流量(元)	0.0828	0.0966	-0.1842	-0.7909
	每股资本公积金(元)	0.0273	0.0273	0.3706	0.3706
	每股盈余公积金(元)	0.0598	0.0598	0.0176	0.0176
	每股未分配利润(元)	-0.0603	-0.2205	-0.3044	-0.2837
	净资产收益率(%)	15.5954	5.0526	-1.9152	-13.8790
	加权净资产收益率(%)	16.9100	5.2580	-1.8970	-12.9780
	净资产收益率(扣除)(%)	5.9743	4.0047	-2.0384	-4.5162
	总资产(万元)	56033.01	66353.50	42726.88	46328.56
	归属母公司股东权益(万元)	45836.62	38688.23	21414.36	21824.48
	营业收入(万元)	3045.06	20023.10	482.28	1064.97
	营业支出(万元)	1273.67	9127.54	263.86	772.56
	投资收益(万元)	4860.00	—	26.84	42.64
	净利润(万元)	7159.99	2561.48	-537.29	-3776.68
	营业利润(万元)	8569.13	3873.73	-480.60	-1212.70
	利润总额(万元)	8568.94	3874.86	-516.77	-3303.43

成都前锋电子股份有限公司

公司概况	公司名称	成都前锋电子股份有限公司			证券简称	S*ST 前锋
	法人代表	杨维彬	董秘	王允慧	证券代码	600733
	公司网址			电子信箱	1195672991@qq.com	
	电　话	028-69765222 69765187		传　真	028-69765187 53970029	
	办公地址	四川省成都市高新区吉庆三路 333 号蜀都中心二期一栋三单元 23 楼 2303 号				
	经营范围	电子、通信、计算机、光机电一体化技术的开发、研制、技术服务及咨询等				

主要财务指标	指标＼报告期	2017.06.30	2016.12.31	2016.06.30	2015.12.31
	基本每股收益(元)	-0.0080	-0.1690	-0.0210	-0.1530
	基本每股收益(扣除后)(元)	-0.0210	-0.0720	-0.0220	-0.0500
	稀释每股收益(元)	-0.0080	-0.1690	-0.0210	-0.1530
	每股净资产(元)	0.9271	0.9355	1.0838	1.1046
	每股经营现金净流量(元)	-0.1829	-0.4259	-0.1880	-0.1082
	每股现金流量(元)	-0.0309	-0.2168	-0.1842	-0.7909
	每股资本公积金(元)	0.3706	0.3706	0.3706	0.3706
	每股盈余公积金(元)	0.0176	0.0176	0.0176	0.0176
	每股未分配利润(元)	-0.4611	-0.4527	-0.3044	-0.2837
	净资产收益率(%)	-0.9067	-18.0706	-1.9152	-13.8790
	加权净资产收益率(%)	-0.9000	-16.5730	-1.8970	-12.9780
	净资产收益率(扣除)(%)	-2.2400	-7.6777	-2.0384	-4.5162
	总资产(万元)	37624.98	37126.18	42726.88	46328.56
	归属母公司股东权益(万元)	18318.18	18484.27	21414.36	21824.48
	营业收入(万元)	1017.85	536.76	482.28	1064.97
	营业支出(万元)	778.98	277.63	263.86	772.56
	投资收益(万元)	4.47	113.68	26.84	42.64
	净利润(万元)	-295.64	-4331.51	-537.29	-3776.68
	营业利润(万元)	-295.22	-525.93	-480.60	-1212.70
	利润总额(万元)	-295.23	-3080.37	-516.77	-3303.43

福建实达集团股份有限公司

公司概况	公司名称	福建实达集团股份有限公司			证券简称	实达集团
	法人代表	景百孚	董秘	吴波	证券代码	600734
	公司网址	www.start.com.cn		电子信箱	start@start.com.cn	
	电　话	0591-83725878 83709680		传　真	0591-83708128	
	办公地址	福建省福州市鼓楼区洪山园路 67 号实达大厦 12、13 楼				
	经营范围	电子计算机及其外部设备、仪器仪表及电传、办公设备等				

主要财务指标	指标＼报告期	2017.06.30	2016.12.31	2016.06.30	2015.12.31
	基本每股收益(元)	0.0841	0.3744	0.2204	0.4404
	基本每股收益(扣除后)(元)	0.0788	0.1939	0.0281	-0.1019
	稀释每股收益(元)	0.0841	0.3744	0.2204	0.4404
	每股净资产(元)	4.4479	4.1692	3.7601	0.7736
	每股经营现金净流量(元)	-0.3351	0.1997	-0.0130	0.2968
	每股现金流量(元)	-0.5727	0.8289	0.9024	0.4107
	每股资本公积金(元)	3.4051	3.2109	2.9685	0.3502
	每股盈余公积金(元)	0.0306	0.0314	0.0323	0.0542
	每股未分配利润(元)	0.0122	-0.0734	-0.2408	-0.6496
	净资产收益率(%)	1.8826	7.2518	3.8863	56.9267
	加权净资产收益率(%)	1.9222	12.6433	13.7698	79.5800
	净资产收益率(扣除)(%)	1.7637	3.7549	0.4954	-13.1687
	总资产(万元)	595260.55	712345.53	527364.81	36735.98
	归属母公司股东权益(万元)	277334.59	253387.78	221935.28	27196.24
	营业收入(万元)	250945.25	423298.85	71219.66	31033.80
	营业支出(万元)	226241.79	390429.04	66157.68	23464.00
	投资收益(万元)	0.34	7488.00	7488.45	19279.90
	净利润(万元)	5229.93	18291.22	8624.06	13990.15
	营业利润(万元)	5519.81	18819.56	9140.90	14859.53
	利润总额(万元)	5881.88	20612.59	9177.84	14429.23

山东新华锦国际股份有限公司

公司概况	公司名称	山东新华锦国际股份有限公司			证券简称	新 华 锦
	法人代表	张建华	董秘	盛强	证券代码	600735
	公司网址	www.hikinginternational.com		电子信箱	600735@hiking.cn	
	电　话	0532-85967156 85967622		传　真	0532-85877680	
	办公地址	山东省青岛市崂山区松岭路 127 号 11 号楼				
	经营范围	备案范围内的进出口业务、纺织品、针织品、工艺美术品的加工、销售				

主要财务指标	指标＼报告期	2017.06.30	2016.12.31	2016.06.30	2015.12.31
	基本每股收益(元)	0.0921	0.1480	0.0672	0.1041
	基本每股收益(扣除后)(元)	0.0888	0.1477	0.0666	0.1039
	稀释每股收益(元)	0.0921	0.1480	0.0672	0.1041
	每股净资产(元)	2.1164	2.0354	1.9239	1.8477
	每股经营现金净流量(元)	0.1830	0.3403	0.1140	0.3313
	每股现金流量(元)	-0.0609	0.2740	0.1099	0.1133
	每股资本公积金(元)	0.3797	0.3797	0.3789	0.3922
	每股盈余公积金(元)	0.0670	0.0670	0.0670	0.0670
	每股未分配利润(元)	0.6430	0.5509	0.4700	0.4029
	净资产收益率(%)	4.3538	7.2720	3.4906	5.6356
	加权净资产收益率(%)	4.4400	7.6400	3.5700	5.8500
	净资产收益率(扣除)(%)	4.1969	7.2551	3.4626	5.6217
	总资产(万元)	108559.64	101915.18	99118.24	91051.51
	归属母公司股东权益(万元)	79573.15	76530.24	72337.67	69473.65
	营业收入(万元)	65390.98	130427.53	64611.66	131186.26
	营业支出(万元)	48969.92	98994.68	50478.16	101946.87
	投资收益(万元)	12.95	-2.54	26.10	109.67
	净利润(万元)	5222.26	8422.21	3715.37	5860.21
	营业利润(万元)	7197.61	12145.27	5355.72	9143.69
	利润总额(万元)	7355.06	12156.47	5387.94	9135.89

苏州新区高新技术产业股份有限公司

公司概况	公司名称	苏州新区高新技术产业股份有限公司			证券简称	苏州高新
	法人代表	王星	董秘	宋才俊	证券代码	600736
	公司网址	www.sndht.com		电子信箱	song.cj@sndnt.com	
	电　话	0512-67379010 67379026		传　真	0512-60379060	
	办公地址	江苏省苏州市高新区锦峰路 199 号锦峰国际商务广场 A 座 19-20 楼				
	经营范围	高新技术产品的投资、开发和生产等				

主要财务指标	指标＼报告期	2017.06.30	2016.12.31	2016.06.30	2015.12.31
	基本每股收益(元)	0.2166	0.2600	0.2209	0.1700
	基本每股收益(扣除后)(元)	-0.0424	0.1200	0.1319	-0.4900
	稀释每股收益(元)	0.2166	0.2600	0.2209	0.1700
	每股净资产(元)	4.8029	4.4589	4.2980	4.1269
	每股经营现金净流量(元)	1.5741	1.3232	2.6715	0.0009
	每股现金流量(元)	0.7246	0.0182	0.4027	0.1863
	每股资本公积金(元)	1.4992	1.4803	1.4804	1.4802
	每股盈余公积金(元)	0.2597	0.2597	0.2422	0.2422
	每股未分配利润(元)	1.7323	1.5939	1.5752	1.4043
	净资产收益率(%)	4.5099	5.7671	5.1401	3.8837
	加权净资产收益率(%)	4.6500	6.0500	5.2200	4.4300
	净资产收益率(扣除)(%)	-0.8833	2.6810	3.0678	-11.3152
	总资产(万元)	2456100.46	2044990.26	2087378.22	2024259.25
	归属母公司股东权益(万元)	573606.23	532524.24	513311.49	492869.49
	营业收入(万元)	156575.99	558337.66	372876.75	325072.00
	营业支出(万元)	125416.29	439561.17	297272.61	276801.59
	投资收益(万元)	3621.42	16678.48	4422.08	36944.65
	净利润(万元)	36260.72	40260.91	34113.55	23446.75
	营业利润(万元)	-1344.43	34595.54	22224.65	-30388.43
	利润总额(万元)	50538.59	53996.01	41153.91	42712.46

中粮屯河股份有限公司

公司概况					
公司名称	中粮屯河股份有限公司			证券简称	中粮屯河
法人代表	夏令和	董秘	蒋学工	证券代码	600737
公司网址	www.cofcotunhe.com		电子信箱	jiangxg@cofco.com	
电　　话	0991-6173332		传　　真	0991-5571600	
办公地址	新疆维吾尔自治区乌鲁木齐市黄河路2号招商银行大厦20楼				
经营范围	番茄、糖、林果三大产业等				

主要财务指标				
指标\报告期	2017.06.30	2016.12.31	2016.06.30	2015.12.31
基本每股收益(元)	0.1706	0.2510	0.0461	0.0371
基本每股收益(扣除后)(元)	0.1813	0.1804	0.0002	0.0151
稀释每股收益(元)	0.1706	0.2510	0.0461	0.0371
每股净资产(元)	3.3367	3.2415	2.8905	2.8919
每股经营现金净流量(元)	0.5422	-0.6898	0.4583	0.3483
每股现金流量(元)	0.7467	-0.5397	-0.0955	0.3537
每股资本公积金(元)	2.0172	2.0125	2.0127	2.0127
每股盈余公积金(元)	0.1072	0.1072	0.0920	0.0920
每股未分配利润(元)	0.1214	0.0807	-0.1090	-0.1201
净资产收益率(%)	5.1141	7.7436	1.5949	1.2822
加权净资产收益率(%)	5.3500	8.1600	1.5300	1.3100
净资产收益率(扣除)(%)	5.4326	5.5649	0.0074	0.5222
总资产(万元)	2110548.70	1898073.05	1586742.94	1469656.62
归属母公司股东权益(万元)	684640.21	665122.98	593098.69	593389.46
营业收入(万元)	831619.06	1355714.55	440457.29	1166755.21
营业支出(万元)	692648.25	1158733.61	390992.15	1031803.93
投资收益(万元)	-5654.53	18734.77	12336.40	-14940.22
净利润(万元)	29523.26	51045.55	8980.29	6845.75
营业利润(万元)	43061.05	65129.29	10529.79	12338.75
利润总额(万元)	42424.84	66761.35	11084.50	17003.17

兰州民百(集团)股份有限公司

公司概况					
公司名称	兰州民百(集团)股份有限公司			证券简称	兰州民百
法人代表	张　宏	董秘	成志坚	证券代码	600738
公司网址	www.lzminbai.com		电子信箱	lzminbaiczj@126.com	
电　　话	0931-8473891		传　　真	0931-8473866	
办公地址	甘肃省兰州市城关区中山路120号				
经营范围	百货的批发与零售				

主要财务指标				
指标\报告期	2017.06.30	2016.12.31	2016.06.30	2015.12.31
基本每股收益(元)	0.1040	0.1690	0.1090	0.2290
基本每股收益(扣除后)(元)	0.1020	0.1640	0.1070	0.2320
稀释每股收益(元)	0.1040	0.1690	0.1090	0.2290
每股净资产(元)	2.2607	4.6400	3.3103	3.2017
每股经营现金净流量(元)	0.1817	0.0971	-0.4127	-0.3561
每股现金流量(元)	0.5421	0.0259	-0.3819	-0.1632
每股资本公积金(元)	0.4961	2.1685	1.0841	1.0841
每股盈余公积金(元)	0.0886	0.1882	0.1406	0.1406
每股未分配利润(元)	0.6760	1.2850	1.0856	0.9770
净资产收益率(%)	4.5834	5.0214	3.2796	7.1536
加权净资产收益率(%)	4.6600	5.1500	3.3300	7.4200
净资产收益率(扣除)(%)	4.5303	4.8808	3.2259	7.2330
总资产(万元)	514764.00	469841.29	203489.06	202457.27
归属母公司股东权益(万元)	177033.88	171218.34	122106.57	118102.01
营业收入(万元)	69837.96	102653.59	52588.22	112066.52
营业支出(万元)	46163.75	77249.02	39436.32	84416.78
投资收益(万元)	--	--	-	95.58
净利润(万元)	8114.11	6243.88	4004.57	8448.49
营业利润(万元)	11353.20	8697.52	5357.08	11426.96
利润总额(万元)	11447.14	8634.43	5422.64	11303.55

辽宁成大股份有限公司

公司概况					
公司名称	辽宁成大股份有限公司			证券简称	辽宁成大
法人代表	尚书志	董秘	于占洋	证券代码	600739
公司网址	www.chengda.com.cn		电子信箱	lncd@chengda.com.cn	
电　　话	0411-82512731 82512618		传　　真	0411-82691187	
办公地址	辽宁省大连市中山区人民路71号				
经营范围	进出口贸易、商品流通、生物制药、能源开发				

主要财务指标				
指标\报告期	2017.06.30	2016.12.31	2016.06.30	2015.12.31
基本每股收益(元)	0.5673	1.0500	0.4732	0.3419
基本每股收益(扣除后)(元)	0.4042	0.7283	0.4933	0.9913
稀释每股收益(元)	0.5673	0.6196	0.4732	0.3419
每股净资产(元)	12.7711	10.3000	11.7781	11.3961
每股经营现金净流量(元)	-0.0303	0.3857	0.1191	0.1640
每股现金流量(元)	-0.2060	-0.7310	0.6238	1.1788
每股资本公积金(元)	4.1885	4.1892	4.0905	4.0160
每股盈余公积金(元)	0.5389	0.5389	0.5389	0.5389
每股未分配利润(元)	6.7688	6.2015	6.0551	5.5819
净资产收益率(%)	4.4424	5.1059	4.0177	2.9513
加权净资产收益率(%)	4.5600	10.2900	4.0900	3.1900
净资产收益率(扣除)(%)	3.1647	6.0013	4.1882	8.5564
总资产(万元)	3389553.64	35980135.34	3380671.58	2661252.29
归属母公司股东权益(万元)	1953607.14	7853020.95	1801702.91	1743275.39
营业收入(万元)	639642.60	2071434.78	380432.37	913999.75
营业支出(万元)	543431.93	692157.97	296751.49	742519.63
投资收益(万元)	123571.65	160897.77	99546.08	208834.84
净利润(万元)	86029.54	106955.31	73441.13	47425.03
营业利润(万元)	108528.95	1052857.29	82784.77	157434.47
利润总额(万元)	91616.08	1070506.05	79158.83	59294.26

山西焦化股份有限公司

公司概况					
公司名称	山西焦化股份有限公司			证券简称	山西焦化
法人代表	郭文仓	董秘	李峰	证券代码	600740
公司网址	www.sxjh.com.cn		电子信箱	sjgf@public.lf.sx.cn	
电　　话	0357-6626012 6625471		传　　真	0357-6625045	
办公地址	山西省临汾市洪洞县广胜寺镇				
经营范围	焦炭及其相关化工产品的生产、销售等				

主要财务指标				
指标\报告期	2017.06.30	2016.12.31	2016.06.30	2015.12.31
基本每股收益(元)	0.0260	0.0577	-0.1128	-1.0842
基本每股收益(扣除后)(元)	0.0419	0.0381	-0.1150	-1.0436
稀释每股收益(元)	--	--	-	-1.0842
每股净资产(元)	2.6908	2.6652	2.4938	2.6072
每股经营现金净流量(元)	0.0588	1.4846	0.1014	-0.9392
每股现金流量(元)	0.5244	0.3804	0.3780	-0.0977
每股资本公积金(元)	2.9465	2.9465	2.9465	2.9465
每股盈余公积金(元)	0.2935	0.2935	0.2935	0.2935
每股未分配利润(元)	-1.5501	-1.5761	-1.7467	-1.6339
净资产收益率(%)	0.9654	2.1667	-4.5235	-41.5859
加权净资产收益率(%)	0.9700	2.1900	-4.5200	-34.4300
净资产收益率(扣除)(%)	1.5561	1.4294	-4.5928	-40.0268
总资产(万元)	1120766.15	1070879.09	1093678.08	1060133.66
归属母公司股东权益(万元)	206031.16	204075.83	190947.32	199636.82
营业收入(万元)	267116.27	403815.02	143395.32	336584.10
营业支出(万元)	240760.65	355604.71	134875.64	364161.39
投资收益(万元)	113.73	94.96	80.66	176.69
净利润(万元)	1990.71	4552.53	-8567.39	-83062.99
营业利润(万元)	3287.38	4311.17	-8660.25	-77301.09
利润总额(万元)	1998.36	4624.88	-8527.85	-80414.40

华域汽车系统股份有限公司

公司概况	公司名称	华域汽车系统股份有限公司			证券简称	华域汽车
	法人代表	陈虹	董秘	茅其炜	证券代码	600741
	公司网址	www.huayu-auto.com		电子信箱	huayuqiche@huayu-auto.com	
	电　话	021-22011701		传　真	021-22011790	
	办公地址	上海市威海路 489 号				
	经营范围	汽车、摩托车、拖拉机等交通运输车辆和工程机械的零部件及其总成的设计、研发和销售等				

主要财务指标 指标\报告期	2017.06.30	2016.12.31	2016.06.30	2015.12.31
基本每股收益(元)	1.0250	1.9270	0.9720	1.8520
基本每股收益(扣除后)(元)	0.9760	1.8200	0.8910	1.6740
稀释每股收益(元)	--	--	-	-
每股净资产(元)	12.0318	12.0838	11.0627	10.5557
每股经营现金净流量(元)	1.1017	3.6081	2.0098	2.2685
每股现金流量(元)	0.1151	3.3134	1.5355	0.0041
每股资本公积金(元)	4.0268	4.0238	3.9690	3.4585
每股盈余公积金(元)	0.5821	0.5821	0.4628	0.5648
每股未分配利润(元)	5.8281	5.8132	4.9922	5.9039
净资产收益率(%)	8.5224	15.9482	8.7840	17.5425
加权净资产收益率(%)	8.2200	16.8400	9.1100	18.8900
净资产收益率(扣除)(%)	8.1110	15.0644	8.0538	15.8620
总资产(万元)	11418106.62	10761171.35	9855286.59	9015588.26
归属母公司股东权益(万元)	3793304.22	3809676.86	3487775.49	3065605.93
营业收入(万元)	6839400.09	12429581.30	6133979.13	9112020.45
营业支出(万元)	5866715.54	10607459.19	5282262.99	7808091.00
投资收益(万元)	191691.86	351309.61	172071.70	295613.13
净利润(万元)	458269.37	858232.69	433889.95	692865.23
营业利润(万元)	504525.43	941363.31	468674.12	736293.59
利润总额(万元)	527574.36	986078.18	508108.10	772675.27

长春一汽富维汽车零部件股份有限公司

公司概况	公司名称	长春一汽富维汽车零部件股份有限公司			证券简称	一汽富维
	法人代表	张丕杰	董秘	李文东	证券代码	600742
	公司网址	www.fawfw.com.cn		电子信箱	fw_fw@faw.com.cn	
	电　话	0431-85765685 85765755		传　真	0431-85765338	
	办公地址	吉林省长春市汽车产业开发区东风南街 1399 号				
	经营范围	汽车零部件系列产品的研制、生产和销售等				

主要财务指标 指标\报告期	2017.06.30	2016.12.31	2016.06.30	2015.12.31
基本每股收益(元)	0.6900	1.0100	0.4100	2.0100
基本每股收益(扣除后)(元)	0.6600	1.0000	0.4100	1.9400
稀释每股收益(元)	0.6900	1.0100	0.4100	2.0100
每股净资产(元)	10.3462	10.1416	9.5407	18.7362
每股经营现金净流量(元)	0.0833	2.0824	0.5947	1.9358
每股现金流量(元)	-1.5473	1.8455	0.1316	1.8329
每股资本公积金(元)	1.0494	1.0494	1.0494	2.5987
每股盈余公积金(元)	1.4427	1.4396	1.3537	2.7075
每股未分配利润(元)	6.7843	6.5984	6.0889	12.3486
净资产收益率(%)	6.6588	9.9588	4.3456	10.7259
加权净资产收益率(%)	6.5700	10.3500	4.3300	11.1900
净资产收益率(扣除)(%)	6.4037	9.8391	4.3148	10.3419
总资产(万元)	808363.26	835994.58	756415.81	712626.20
归属母公司股东权益(万元)	437692.85	429036.68	403617.58	396313.62
营业收入(万元)	611942.18	1199248.22	567169.34	986362.16
营业支出(万元)	571094.64	1120871.87	533116.05	927999.52
投资收益(万元)	21491.32	35113.32	14704.39	39927.89
净利润(万元)	35641.71	52540.24	20190.65	45639.22
营业利润(万元)	37448.19	55480.62	22158.22	48398.31
利润总额(万元)	38629.79	56601.55	22402.54	48403.38

华远地产股份有限公司

公司概况	公司名称	华远地产股份有限公司			证券简称	华远地产
	法人代表	孙秋艳	董秘	张全亮	证券代码	600743
	公司网址	www.hy-online.com		电子信箱	xieq@hy-online.com	
	电　话	010-68036688*526		传　真	010-68012167	
	办公地址	北京市西城区北展北街 11 号华远企业中心 11 号楼				
	经营范围	房地产开发销售等				

主要财务指标 指标\报告期	2017.06.30	2016.12.31	2016.06.30	2015.12.31
基本每股收益(元)	0.1280	0.3200	0.1340	0.4000
基本每股收益(扣除后)(元)	0.0930	0.2000	0.1330	0.4000
稀释每股收益(元)	0.1280	0.3200	0.1340	0.4000
每股净资产(元)	2.8905	2.8620	2.4626	2.4082
每股经营现金净流量(元)	0.2031	0.9184	-0.9754	-0.1216
每股现金流量(元)	0.2524	1.5349	0.4483	-0.5019
每股资本公积金(元)	0.5341	0.5341	0.0220	0.0220
每股盈余公积金(元)	0.1136	0.1136	0.1465	0.1465
每股未分配利润(元)	1.2428	1.2143	1.2940	1.2397
净资产收益率(%)	4.4445	11.0404	5.4561	16.6884
加权净资产收益率(%)	4.3900	13.7300	5.4300	17.7300
净资产收益率(扣除)(%)	3.2316	7.0937	5.3968	16.5140
总资产(万元)	2948954.08	2809428.32	2388938.63	2155258.13
归属母公司股东权益(万元)	678141.62	671464.08	447608.22	437727.49
营业收入(万元)	382763.87	760840.99	396059.34	744900.24
营业支出(万元)	297913.70	616577.04	326887.20	571030.53
投资收益(万元)	7552.88	36590.76	-291.58	13200.43
净利润(万元)	38167.54	77332.20	26035.38	81785.06
营业利润(万元)	53062.77	106610.36	35749.01	110722.77
利润总额(万元)	53510.16	106988.35	36063.08	111059.01

大唐华银电力股份有限公司

公司概况	公司名称	大唐华银电力股份有限公司			证券简称	华银电力
	法人代表	邹嘉华	董秘	周浩	证券代码	600744
	公司网址	www.hypower.com.cn		电子信箱	hy600744@188.com	
	电　话	0731-85388088 85388028		传　真	0731-85510188	
	办公地址	湖南省长沙市芙蓉中路 3 段 255 号				
	经营范围	电力生产和销售、电力规划、勘测设计、科研、电力工程施工、设备安装等				

主要财务指标 指标\报告期	2017.06.30	2016.12.31	2016.06.30	2015.12.31
基本每股收益(元)	-0.2570	0.1100	-0.1400	0.2300
基本每股收益(扣除后)(元)	-0.2630	0.0030	-0.1700	-0.0900
稀释每股收益(元)	-0.2570	0.1100	-0.1400	0.2300
每股净资产(元)	2.0689	2.3259	2.0768	2.2203
每股经营现金净流量(元)	0.2064	0.8932	0.6372	1.9732
每股现金流量(元)	-0.0186	-0.1647	-0.1435	0.0103
每股资本公积金(元)	2.7444	2.7444	2.7444	2.7444
每股盈余公积金(元)	0.0776	0.0776	0.0776	0.0776
每股未分配利润(元)	-1.7531	-1.4962	-1.7452	-1.6017
净资产收益率(%)	-12.4193	4.5388	-6.9093	9.6371
加权净资产收益率(%)	-11.6900	4.6400	-6.6800	13.5000
净资产收益率(扣除)(%)	-12.7067	0.1451	-8.2488	-3.7601
总资产(万元)	1910731.45	1928817.11	1850503.95	1982028.46
归属母公司股东权益(万元)	368499.26	414264.18	369903.93	395461.58
营业收入(万元)	330117.92	640518.37	214218.15	740635.35
营业支出(万元)	335688.22	561166.49	207731.35	589180.14
投资收益(万元)	-6562.88	-165.16	-	2030.09
净利润(万元)	-45970.65	17841.67	-26119.00	38180.15
营业利润(万元)	-46758.90	3135.59	-29777.93	30253.39
利润总额(万元)	-45200.47	22190.53	-24563.55	45082.09

闻泰科技股份有限公司

公司概况					
公司名称	闻泰科技股份有限公司			证券简称	闻泰科技
法人代表	张学政	董秘	周斌	证券代码	600745
公司网址	www.wingtech.com		电子信箱	600745mail@wingtech.com	
电　　话	0573-82582899		传　　真	0573-82582880	
办公地址	浙江省嘉兴市南湖区亚中路777号				
经营范围	房地产开发、经营以及物业管理等				

主要财务指标 指标\报告期	2017.06.30	2016.12.31	2016.06.30	2015.12.31
基本每股收益(元)	0.2700	0.0800	0.0300	-0.3000
基本每股收益(扣除后)(元)	0.1800	0.0200	0.0100	-0.3200
稀释每股收益(元)	0.2700	0.0800	0.0300	-0.3000
每股净资产(元)	5.3088	6.7500	6.7382	6.7118
每股经营现金净流量(元)	1.1396	0.4560	0.1592	-0.5229
每股现金流量(元)	0.7457	0.0427	0.0567	-0.7947
每股资本公积金(元)	3.7282	5.4796	5.4805	5.4806
每股盈余公积金(元)	0.0677	0.0677	0.0677	0.0677
每股未分配利润(元)	0.5125	0.2383	0.1894	0.1630
净资产收益率(%)	5.1651	1.1092	0.3919	-3.4242
加权净资产收益率(%)	5.4600	1.1200	0.3900	-5.7800
净资产收益率(扣除)(%)	3.4345	0.2862	0.1789	-3.6054
总资产(万元)	1117367.78	1287983.78	1170579.27	1118326.54
归属母公司股东权益(万元)	338314.35	432562.36	429405.63	427721.23
营业收入(万元)	788860.53	1341691.35	475837.60	71601.04
营业支出(万元)	726131.63	1234055.80	431194.25	59338.32
投资收益(万元)	7269.81	1207.97	301.06	68.82
净利润(万元)	17361.59	19165.70	7481.46	-14384.66
营业利润(万元)	19504.93	18734.40	8308.97	-14082.93
利润总额(万元)	20615.70	25146.03	10034.43	-14136.88

江苏索普化工股份有限公司

公司概况					
公司名称	江苏索普化工股份有限公司			证券简称	江苏索普
法人代表	胡宗贵	董秘	范立明	证券代码	600746
公司网址	www.sopo.com.cn		电子信箱	jssopo@sopo.com.cn	
电　　话	0511-88995888　88995001		传　　真	86-511-88995648	
办公地址	江苏省镇江市谏壁镇越河街50号				
经营范围	化工原料及产品的制造销售、电力、蒸汽生产等				

主要财务指标 指标\报告期	2017.06.30	2016.12.31	2016.06.30	2015.12.31
基本每股收益(元)	0.1973	0.0711	0.0444	-0.0663
基本每股收益(扣除后)(元)	0.1609	0.0590	0.0445	-0.0691
稀释每股收益(元)	--	--	-	-
每股净资产(元)	1.6317	1.4327	1.4098	1.3616
每股经营现金净流量(元)	0.1506	0.5852	0.1827	0.0583
每股现金流量(元)	0.0795	0.0422	0.1829	0.0634
每股资本公积金(元)	0.2026	0.2026	0.2026	0.2026
每股盈余公积金(元)	0.1255	0.1255	0.1184	0.1184
每股未分配利润(元)	0.3008	0.1035	0.0839	0.0395
净资产收益率(%)	12.0945	4.9619	3.1493	-4.8667
加权净资产收益率(%)	12.8866	5.0900	3.2085	-4.7500
净资产收益率(扣除)(%)	9.8629	4.1207	3.1547	-5.0736
总资产(万元)	73281.68	63698.98	60342.00	51572.94
归属母公司股东权益(万元)	49999.57	43899.53	43198.67	41722.32
营业收入(万元)	40559.72	62347.16	30437.62	57940.95
营业支出(万元)	30534.93	53782.10	26835.06	58221.52
投资收益(万元)	264.62	34.40	2.80	344.66
净利润(万元)	6047.22	2178.27	1360.46	-2030.51
营业利润(万元)	6839.79	2501.87	1823.72	-2930.72
利润总额(万元)	8062.96	2959.88	1820.64	-2819.17

大连大福控股股份有限公司

公司概况					
公司名称	大连大福控股股份有限公司			证券简称	*ST大控
法人代表	肖贤辉	董秘	刘俊余	证券代码	600747
公司网址	www.dl-hold.com		电子信箱	dxdl@mail.dlptt.ln.cn	
电　　话	0411-65919276		传　　真	0411-65919275	
办公地址	辽宁省大连保税区仓储加工区IC-33号				
经营范围	多种金属矿业投资、开发及技术咨询，房屋租赁、仓储等				

主要财务指标 指标\报告期	2017.06.30	2016.12.31	2016.06.30	2015.12.31
基本每股收益(元)	-0.0130	-0.0700	-0.0260	-0.0600
基本每股收益(扣除后)(元)	-0.0130	-0.0700	-0.0250	-0.0600
稀释每股收益(元)	-0.0130	-0.0700	-0.0260	-0.0600
每股净资产(元)	1.3161	1.3291	1.3702	1.3963
每股经营现金净流量(元)	0.0085	-0.0930	-0.2950	-0.2320
每股现金流量(元)	0.0009	-0.1298	-0.0715	-0.1380
每股资本公积金(元)	0.6803	0.6803	0.6803	0.6803
每股盈余公积金(元)	0.0789	0.0789	0.0789	0.0789
每股未分配利润(元)	-0.4431	-0.4301	-0.3890	-0.3629
净资产收益率(%)	-0.9890	-5.0593	-1.9075	-4.0137
加权净资产收益率(%)	-0.9700	-4.9300	-1.8150	-3.9300
净资产收益率(扣除)(%)	-0.9948	-5.0158	-1.8631	-3.9945
总资产(万元)	245182.76	246859.96	254438.13	256500.82
归属母公司股东权益(万元)	192714.34	194620.20	200639.49	204466.65
营业收入(万元)	13914.51	170270.67	145967.33	190240.00
营业支出(万元)	13032.47	168447.97	144988.50	189961.56
投资收益(万元)	-18.98	59.36	108.21	710.24
净利润(万元)	-1874.88	-9787.39	-3687.02	-8314.38
营业利润(万元)	-1886.14	-9722.00	-3598.05	-7582.24
利润总额(万元)	-1874.88	-9787.39	-3687.02	-8313.81

上海实业发展股份有限公司

公司概况					
公司名称	上海实业发展股份有限公司			证券简称	上实发展
法人代表	曾明	董秘	胡文魄	证券代码	600748
公司网址	www.sidlgroup.com		电子信箱	sid748@sidlgroup.com	
电　　话	021-53858686		传　　真	86-21-53858879	
办公地址	上海市淮海中路98号金钟广场20层				
经营范围	房地产开发和经营、实业投资、资产经营、国内贸易、信息服务等				

主要财务指标 指标\报告期	2017.06.30	2016.12.31	2016.06.30	2015.12.31
基本每股收益(元)	0.1200	0.3200	0.1500	0.4800
基本每股收益(扣除后)(元)	0.1200	0.2600	0.1400	0.2200
稀释每股收益(元)	0.1200	0.3200	0.1500	0.4800
每股净资产(元)	5.0204	4.9350	6.1623	4.4040
每股经营现金净流量(元)	-0.1172	3.0648	0.9100	-1.2462
每股现金流量(元)	-0.5374	2.5015	0.7134	-0.1789
每股资本公积金(元)	1.6857	1.6857	2.5099	0.0311
每股盈余公积金(元)	0.1982	0.1982	0.2552	0.3343
每股未分配利润(元)	1.9832	1.8978	2.1979	2.7776
净资产收益率(%)	2.4579	6.5018	2.3587	10.8916
加权净资产收益率(%)	2.4700	6.6800	2.3700	11.5900
净资产收益率(扣除)(%)	2.3189	5.2960	2.2242	4.9783
总资产(万元)	3548147.70	3493677.22	2950654.10	2727518.41
归属母公司股东权益(万元)	926038.49	910295.83	874365.78	477117.13
营业收入(万元)	235845.36	648880.92	222563.92	661917.51
营业支出(万元)	143986.87	435368.59	141336.28	431128.45
投资收益(万元)	-1901.03	-2807.76	-1007.23	16306.59
净利润(万元)	21463.97	74509.30	21717.82	60457.27
营业利润(万元)	30407.40	78689.61	31349.56	97260.37
利润总额(万元)	31810.61	89936.21	32440.63	97923.43

西藏旅游股份有限公司

公司概况						
公司名称	西藏旅游股份有限公司			证券简称	西藏旅游
法人代表	欧阳旭	董秘	汝易	证券代码	600749
公司网址	www.600749.com		电子信箱	zhangxl@tibtour.com	
电　话	0891-6339150		传　真	0891-6339041	
办公地址	西藏自治区拉萨市林廓东路6号				
经营范围	旅游、酒店和有线电视网络等				

主要财务指标 指标\报告期	2017.06.30	2016.12.31	2016.06.30	2015.12.31
基本每股收益(元)	-0.1349	-0.5029	-0.2078	0.0283
基本每股收益(扣除后)(元)	-0.1310	-0.4752	-0.2267	-0.3305
稀释每股收益(元)	-0.1349	-0.5029	-0.2078	0.0283
每股净资产(元)	2.7181	2.8530	3.1482	3.3560
每股经营现金净流量(元)	0.0618	-0.1288	-0.1445	0.1996
每股现金流量(元)	-0.1240	-2.6340	-1.5413	2.7758
每股资本公积金(元)	2.3257	2.3257	2.3257	2.3257
每股盈余公积金(元)	0.0299	0.0299	0.0299	0.0299
每股未分配利润(元)	-0.6374	-0.5025	-0.2074	0.0004
净资产收益率(%)	-4.9638	-17.6280	-6.5998	0.8437
加权净资产收益率(%)	-4.8435	-16.2001	-6.3890	0.8473
净资产收益率(扣除)(%)	-4.8203	-16.6576	-7.2024	-9.8491
总资产(万元)	132866.69	132495.11	156202.11	185330.69
归属母公司股东权益(万元)	51409.99	53961.85	59544.46	63474.27
营业收入(万元)	6031.74	12624.85	4910.37	15204.85
营业支出(万元)	3960.86	8161.71	3414.89	10349.03
投资收益(万元)	--	--	-	2051.82
净利润(万元)	-2624.40	-9827.32	-4031.57	324.10
营业利润(万元)	-2549.81	-9216.07	-4345.26	-4299.76
利润总额(万元)	-2623.59	-9819.25	-3981.58	661.20

江中药业股份有限公司

公司概况						
公司名称	江中药业股份有限公司			证券简称	江中药业
法人代表	钟虹光	董秘	田永静	证券代码	600750
公司网址	www.jzjt.com		电子信箱	jzyy@jzjt.com	
电　话	0791-88169323		传　真	0791-88162532	
办公地址	江西省南昌市高新区火炬大道788号				
经营范围	中成药片剂、冲剂、胶囊剂、保健食品生产经营等				

主要财务指标 指标\报告期	2017.06.30	2016.12.31	2016.06.30	2015.12.31
基本每股收益(元)	0.7000	1.2700	0.6600	1.2200
基本每股收益(扣除后)(元)	0.7200	1.2500	0.6500	1.1400
稀释每股收益(元)	0.7000	1.2700	0.6600	1.2200
每股净资产(元)	9.0203	8.7200	8.1030	7.8477
每股经营现金净流量(元)	0.2708	2.3268	1.2779	1.7026
每股现金流量(元)	-0.5255	2.1589	1.1863	-1.1839
每股资本公积金(元)	1.8356	1.8356	1.8306	1.8306
每股盈余公积金(元)	0.5655	0.5655	0.5655	0.5655
每股未分配利润(元)	5.6190	5.3175	4.7069	4.4516
净资产收益率(%)	7.7767	14.5195	8.0863	15.5889
加权净资产收益率(%)	7.7300	15.2900	8.0100	16.5600
净资产收益率(扣除)(%)	7.9626	14.3475	7.9833	14.5046
总资产(万元)	301193.65	306575.00	285445.78	267829.76
归属母公司股东权益(万元)	270609.58	261554.00	243088.88	235431.99
营业收入(万元)	87766.55	156186.00	87064.21	259735.14
营业支出(万元)	26715.73	45496.69	23320.50	128606.41
投资收益(万元)	758.04	1261.83	824.76	2098.32
净利润(万元)	21044.71	37976.00	19658.81	36802.01
营业利润(万元)	25379.77	44570.00	23109.72	43063.13
利润总额(万元)	24504.77	44359.00	23033.87	44014.03

天津天海投资发展股份有限公司

公司概况						
公司名称	天津天海投资发展股份有限公司			证券简称	天海投资
法人代表	童甫	董秘	胡伟	证券代码	600751
公司网址	www.tianhaiinvestment.com		电子信箱	tmsc600751@126.com	
电　话	022-58679088		传　真	022-58087380	
办公地址	天津市和平区南京路219号天津中心写字楼2801室				
经营范围	国际船舶集装箱运输、仓储服务、陆海联运、集装箱租赁买卖等				

主要财务指标 指标\报告期	2017.06.30	2016.12.31	2016.06.30	2015.12.31
基本每股收益(元)	0.0086	0.1109	0.0312	0.0851
基本每股收益(扣除后)(元)	0.0962	0.0626	0.0084	0.0176
稀释每股收益(元)	0.0086	0.1109	0.0312	0.0851
每股净资产(元)	4.4120	4.4044	4.2174	4.1860
每股经营现金净流量(元)	-1.2999	0.5757	-0.2337	-0.0138
每股现金流量(元)	-0.6007	0.1862	-0.0084	-1.3081
每股资本公积金(元)	3.4902	3.5088	3.4934	3.4934
每股盈余公积金(元)	0.0384	0.0384	0.0384	0.0384
每股未分配利润(元)	-0.2271	-0.2357	-0.3153	-0.3465
净资产收益率(%)	0.1944	2.5177	0.7407	2.0328
加权净资产收益率(%)	0.1900	2.6100	0.7400	2.0500
净资产收益率(扣除)(%)	2.1812	1.4219	0.1982	0.4214
总资产(万元)	11341947.30	11796614.80	1425438.25	1278297.71
归属母公司股东权益(万元)	1279191.40	1276981.20	1222762.83	1213648.64
营业收入(万元)	14602652.70	3756120.80	137658.67	72018.77
营业支出(万元)	13658244.00	3500836.80	128990.08	65575.65
投资收益(万元)	8171.70	16770.10	7797.67	23180.17
净利润(万元)	1345.50	40943.10	9670.34	24773.42
营业利润(万元)	-17683.90	62096.40	11753.94	29279.40
利润总额(万元)	-17778.70	65122.90	12509.14	29446.06

河南东方银星投资股份有限公司

公司概况						
公司名称	河南东方银星投资股份有限公司			证券简称	东方银星
法人代表	梁衍锋	董秘	蒋华明	证券代码	600753
公司网址	www.yinxingdf.com		电子信箱	jhmdfyx2015@163.com	
电　话	021-33887070		传　真	021-33887073	
办公地址	上海市闵行区闵虹路166号城开中心1号楼32层				
经营范围	房地产开发等				

主要财务指标 指标\报告期	2017.06.30	2016.12.31	2016.06.30	2015.12.31
基本每股收益(元)	0.0160	0.0200	-0.0280	0.3020
基本每股收益(扣除后)(元)	0.0130	-0.0430	-0.0320	-0.0360
稀释每股收益(元)	0.0160	0.0200	-0.0280	0.3020
每股净资产(元)	1.1299	1.1139	1.0656	1.0934
每股经营现金净流量(元)	-0.0132	-0.1722	-0.1124	1.5778
每股现金流量(元)	0.0657	-1.6562	-0.1126	1.6844
每股资本公积金(元)	1.1050	1.1050	1.1050	1.1050
每股盈余公积金(元)	--	--	-	-
每股未分配利润(元)	-0.9752	-0.9911	-1.0394	-1.0116
净资产收益率(%)	1.4126	1.8396	-2.6079	27.5894
加权净资产收益率(%)	1.4200	1.8600	-2.6000	32.0000
净资产收益率(扣除)(%)	1.1295	-3.8734	-3.0318	-3.2583
总资产(万元)	20717.71	20620.85	21297.65	23055.54
归属母公司股东权益(万元)	14462.34	14258.04	13640.04	13995.76
营业收入(万元)	5494.13	3006.61	1608.62	1312.85
营业支出(万元)	5204.91	2998.62	1604.25	1188.02
投资收益(万元)	4.59	14.77	-	630.03
净利润(万元)	204.30	262.29	-355.72	3886.74
营业利润(万元)	258.85	-703.20	-384.64	-97.00
利润总额(万元)	308.85	382.88	-326.75	5011.05

上海锦江国际酒店发展股份有限公司

公司概况						
	公司名称	上海锦江国际酒店发展股份有限公司			证券简称	锦江股份
	法人代表	俞敏亮	董秘	胡暋	证券代码	600754
	公司网址	www.jinjianghotels.sh.cn		电子信箱	jjir@jinjianghotels.com	
	电　　话	021-63217132		传　　真	021-63217720	
	办公地址	上海市延安东路100号25楼				
	经营范围	宾馆、餐饮、食品生产线及连锁经营、旅游等				

主要财务指标	指标\报告期	2017.06.30	2016.12.31	2016.06.30	2015.12.31
	基本每股收益(元)	0.4306	0.7998	0.3718	0.7925
	基本每股收益(扣除后)(元)	0.2082	0.4406	0.1264	0.3750
	稀释每股收益(元)	--	--	-	-
	每股净资产(元)	13.2226	13.3633	9.8838	10.2966
	每股经营现金净流量(元)	1.4586	2.3822	0.9478	1.3974
	每股现金流量(元)	-1.1682	2.6734	2.7909	0.3052
	每股资本公积金(元)	9.1971	9.2332	5.5712	5.5712
	每股盈余公积金(元)	0.6476	0.6476	0.7200	0.7200
	每股未分配利润(元)	1.8053	1.8547	1.7681	1.8762
	净资产收益率(%)	3.2563	5.4259	3.7622	7.6971
	加权净资产收益率(%)	3.2200	6.9400	3.7200	7.5500
	净资产收益率(扣除)(%)	1.5747	2.9891	1.2788	3.6415
	总资产(万元)	4228640.30	4419606.52	4290230.80	2702637.85
	归属母公司股东权益(万元)	1266638.29	1280118.25	795166.96	828379.90
	营业收入(万元)	628901.32	1063554.43	436818.11	556270.31
	营业支出(万元)	60377.51	100485.93	43409.63	49483.95
	投资收益(万元)	26120.71	47523.37	33300.43	51897.39
	净利润(万元)	45107.22	71886.05	30339.21	64148.56
	营业利润(万元)	48153.76	85779.71	36019.33	85624.81
	利润总额(万元)	46986.65	97809.03	42023.72	88012.33

厦门国贸集团股份有限公司

公司概况						
	公司名称	厦门国贸集团股份有限公司			证券简称	厦门国贸
	法人代表	许晓曦	董秘	范丹	证券代码	600755
	公司网址	www.itg.com.cn		电子信箱	cathy@itg.com.cn	
	电　　话	0592-5161888　5897363		传　　真	0592-5160280	
	办公地址	福建省厦门市思明区湖滨南路国贸大厦18层				
	经营范围	从事进出口贸易、房地产开发与经营、投资以及其他服务贸易等				

主要财务指标	指标\报告期	2017.06.30	2016.12.31	2016.06.30	2015.12.31
	基本每股收益(元)	0.3800	0.6200	0.3700	0.3900
	基本每股收益(扣除后)(元)	0.0800	0.6900	0.3200	0.0800
	稀释每股收益(元)	0.3400	0.5500	0.3300	-
	每股净资产(元)	9.5057	9.2356	5.1527	4.7715
	每股经营现金净流量(元)	-1.8664	1.3746	-3.5355	1.8994
	每股现金流量(元)	-0.1499	0.2703	-0.1971	0.4251
	每股资本公积金(元)	1.0775	1.0766	1.0753	1.2836
	每股盈余公积金(元)	0.2033	0.2034	0.1707	0.1707
	每股未分配利润(元)	3.1026	2.8462	2.6287	2.3613
	净资产收益率(%)	4.9834	6.7860	7.1303	8.1906
	加权净资产收益率(%)	6.8000	11.7600	7.1600	8.4900
	净资产收益率(扣除)(%)	0.1256	7.5372	6.1783	1.7196
	总资产(万元)	6508751.83	5477323.73	5169145.38	4006523.08
	归属母公司股东权益(万元)	1582660.55	1537274.36	857647.40	805130.02
	营业收入(万元)	6837904.21	9807656.68	4074822.50	6421988.05
	营业支出(万元)	6574392.23	9280144.28	3811957.08	6048622.54
	投资收益(万元)	103252.07	12301.27	7817.56	92748.85
	净利润(万元)	99874.04	138212.76	89247.00	96089.10
	营业利润(万元)	180035.12	179511.40	112558.19	131196.18
	利润总额(万元)	130696.88	182915.50	114112.02	133738.60

浪潮软件股份有限公司

公司概况						
	公司名称	浪潮软件股份有限公司			证券简称	浪潮软件
	法人代表	王柏华	董秘	王亚飞	证券代码	600756
	公司网址	www.inspur.com		电子信箱	600756@inspur.com	
	电　　话	0531-85105606		传　　真	0531-85105600	
	办公地址	山东省济南市高新区浪潮路1036号				
	经营范围	通信及计算机软硬件技术开发、生产、销售等				

主要财务指标	指标\报告期	2017.06.30	2016.12.31	2016.06.30	2015.12.31
	基本每股收益(元)	0.0440	0.3600	0.0710	0.3900
	基本每股收益(扣除后)(元)	0.0400	0.3500	0.0690	0.3700
	稀释每股收益(元)	0.0440	0.3600	0.0710	0.3900
	每股净资产(元)	6.2679	6.3124	6.0156	3.4524
	每股经营现金净流量(元)	-0.8696	0.3255	-0.7060	0.4392
	每股现金流量(元)	-0.2881	0.6328	0.0345	-0.2309
	每股资本公积金(元)	3.1985	3.1770	3.1688	0.3140
	每股盈余公积金(元)	0.2612	0.2612	0.2510	0.2918
	每股未分配利润(元)	1.8082	1.8743	1.5959	1.8466
	净资产收益率(%)	0.7003	5.6445	1.1255	11.2034
	加权净资产收益率(%)	0.6900	6.3200	1.3500	11.9300
	净资产收益率(扣除)(%)	0.6429	5.3839	1.0947	10.7049
	总资产(万元)	273440.01	309203.55	262574.98	181338.81
	归属母公司股东权益(万元)	203142.53	204585.37	194966.37	96234.54
	营业收入(万元)	45135.55	136840.63	36077.40	122992.66
	营业支出(万元)	23049.35	85964.69	17158.18	80179.60
	投资收益(万元)	4774.94	8580.17	4430.62	9439.31
	净利润(万元)	1392.77	11334.33	2082.87	10558.06
	营业利润(万元)	1545.68	11468.89	2645.02	9708.01
	利润总额(万元)	1547.22	12664.29	2972.66	10704.37

长江出版传媒股份有限公司

公司概况						
	公司名称	长江出版传媒股份有限公司			证券简称	长江传媒
	法人代表	陈义国	董秘	冷雪	证券代码	600757
	公司网址	www.cjcm.com.cn		电子信箱	cjcbcm@163.com	
	电　　话	027-87673688　87673612		传　　真	027-87673612	
	办公地址	湖北省武汉市武昌区雄楚大街268号B座11-12楼				
	经营范围	公开发行的国内版图书、报刊、电子出版物等				

主要财务指标	指标\报告期	2017.06.30	2016.12.31	2016.06.30	2015.12.31
	基本每股收益(元)	0.3100	0.4900	0.2500	0.2700
	基本每股收益(扣除后)(元)	0.2600	0.4000	0.2500	0.1900
	稀释每股收益(元)	0.3100	0.4900	0.2500	0.2700
	每股净资产(元)	4.8284	4.5585	4.3418	4.1355
	每股经营现金净流量(元)	-0.4589	0.5509	-0.2475	0.5952
	每股现金流量(元)	0.1560	-0.1113	0.4122	-0.1870
	每股资本公积金(元)	1.4955	1.4908	1.4872	1.4890
	每股盈余公积金(元)	0.1278	0.1015	0.0295	0.0295
	每股未分配利润(元)	2.1647	1.9273	1.7595	1.5430
	净资产收益率(%)	6.4974	10.7036	5.7123	6.4662
	加权净资产收益率(%)	6.6600	11.2200	5.8300	6.6400
	净资产收益率(扣除)(%)	5.3797	8.6681	5.6716	4.6572
	总资产(万元)	987070.90	975784.86	1040597.28	942800.12
	归属母公司股东权益(万元)	585997.12	553495.42	526940.08	502133.29
	营业收入(万元)	454066.67	1378940.04	725201.36	1188776.88
	营业支出(万元)	375447.17	1217917.73	648840.29	1043295.74
	投资收益(万元)	10694.72	22339.63	4481.10	13234.91
	净利润(万元)	38421.84	60241.12	29778.01	33019.79
	营业利润(万元)	33012.43	50096.48	26124.26	22529.44
	利润总额(万元)	38741.83	61428.70	30753.90	34515.62

辽宁红阳能源投资股份有限公司

公司概况	公司名称	辽宁红阳能源投资股份有限公司			证券简称	红阳能源
	法人代表	林守信	董秘	李飚	证券代码	600758
	公司网址	www.jdjs.net		电子信箱	hongyang600758@126.com	
	电　话	024-86131586		传　真	024-86801050	
	办公地址	辽宁省沈阳市沈河区青年大街 1-1 号市府恒隆广场 1 座 29 层				
	经营范围	能源投资开发、电力、热力生产、销售、城市集中供热、供汽、供热等				

主要财务指标	指标\报告期	2017.06.30	2016.12.31	2016.06.30	2015.12.31
	基本每股收益(元)	0.3400	0.1300	−0.1674	−0.4300
	基本每股收益(扣除后)(元)	0.3200	0.0700	−0.1821	−0.2400
	稀释每股收益(元)	0.3400	0.1300	−0.1674	−0.4300
	每股净资产(元)	4.2180	3.8706	3.5630	3.7048
	每股经营现金净流量(元)	0.1567	0.4692	0.0643	1.3902
	每股现金流量(元)	0.2961	−1.2253	−1.1599	1.4995
	每股资本公积金(元)	2.5607	2.5577	2.5355	2.5355
	每股盈余公积金(元)	0.0858	0.0857	0.0800	0.0800
	每股未分配利润(元)	0.4589	0.1605	−0.1322	0.0352
	净资产收益率(%)	8.0191	3.3690	−4.6990	−9.3678
	加权净资产收益率(%)	8.3400	3.4200	−4.6000	−10.2400
	净资产收益率(扣除)(%)	7.4846	1.8269	−5.1120	−5.3232
	总资产(万元)	1657647.82	1659106.20	1664965.43	1792128.27
	归属母公司股东权益(万元)	561582.45	515336.84	477756.35	496772.70
	营业收入(万元)	400427.91	716071.15	273949.75	592199.47
	营业支出(万元)	297559.18	578001.09	239560.35	480606.67
	投资收益(万元)	1272.36	3514.49	877.76	1502.79
	净利润(万元)	45033.90	17361.57	−22449.85	−46536.67
	营业利润(万元)	46680.87	18786.72	−17940.61	−47658.94
	利润总额(万元)	49196.30	22861.01	−17158.86	−44127.62

洲际油气股份有限公司

公司概况	公司名称	洲际油气股份有限公司			证券简称	洲际油气
	法人代表	姜亮	董秘	谈煊	证券代码	600759
	公司网址	www.600759.com		电子信箱	zhgf@600759.com	
	电　话	0898-66787367 010-51081891		传　真	86-898-66757661	
	办公地址	海南省海口市国贸大道 2 号海南时代广场 17 层				
	经营范围	高新技术项目及产品的投资、开发、生产与经营等				

主要财务指标	指标\报告期	2017.06.30	2016.12.31	2016.06.30	2015.12.31
	基本每股收益(元)	−0.0213	0.0190	0.0074	0.0286
	基本每股收益(扣除后)(元)	−0.0254	−0.0928	−0.0101	−0.0686
	稀释每股收益(元)	−0.0213	0.0190	0.0074	0.0286
	每股净资产(元)	2.2895	2.4661	2.2767	2.3154
	每股经营现金净流量(元)	−0.0237	0.1092	0.0935	0.0393
	每股现金流量(元)	0.1392	−0.0542	0.0284	−0.5942
	每股资本公积金(元)	1.0835	1.0806	1.0806	1.0759
	每股盈余公积金(元)	0.0219	0.0219	0.0219	0.0219
	每股未分配利润(元)	0.2736	0.3049	0.2933	0.3019
	净资产收益率(%)	−0.9316	0.7723	0.3246	1.2365
	加权净资产收益率(%)	−0.0090	0.7900	0.3200	1.2200
	净资产收益率(扣除)(%)	−1.1075	−3.7614	−0.4435	−2.9613
	总资产(万元)	1833331.23	1737575.08	1470833.28	1419520.96
	归属母公司股东权益(万元)	518238.13	558192.59	515338.40	524102.76
	营业收入(万元)	136074.53	120597.65	55962.85	126065.52
	营业支出(万元)	70661.51	59967.79	28076.84	59854.93
	投资收益(万元)	416.09	4231.27	1579.96	315.18
	净利润(万元)	−841.87	3474.06	1646.31	6444.25
	营业利润(万元)	−2766.23	6116.49	−821.68	10516.21
	利润总额(万元)	−2292.37	10292.64	1353.56	13909.00

中航沈飞股份有限公司

公司概况	公司名称	中航沈飞股份有限公司			证券简称	中航沈飞
	法人代表	郭殿满	董秘	刘预	证券代码	600760
	公司网址	www.heibao.com.cn		电子信箱	yannan2323@163.com	
	电　话	0631-8087751		传　真	024-86598852	
	办公地址	辽宁省沈阳市皇姑区陵北街 1 号				
	经营范围	制造、销售黑豹牌微型汽、柴油载重汽车及其配件制造，厢式柴油专用汽车制造				

主要财务指标	指标\报告期	2017.06.30	2016.12.31	2016.06.30	2015.12.31
	基本每股收益(元)	−0.0800	0.0800	−0.1200	−0.6400
	基本每股收益(扣除后)(元)	−0.0900	−0.3100	−0.1400	−0.7100
	稀释每股收益(元)	−0.0800	0.0800	−0.1200	−0.6400
	每股净资产(元)	1.1946	1.2733	1.0205	1.1407
	每股经营现金净流量(元)	0.1033	0.3843	0.1727	0.2921
	每股现金流量(元)	−0.4353	0.2623	0.0662	−0.1172
	每股资本公积金(元)	1.6710	1.6710	1.6189	1.6189
	每股盈余公积金(元)	0.0410	0.0410	0.0410	0.0410
	每股未分配利润(元)	−1.5174	−1.4387	−1.6394	−1.5192
	净资产收益率(%)	−6.5879	6.3215	−11.7796	−56.1139
	加权净资产收益率(%)	−6.3800	6.6700	−11.1200	−43.3900
	净资产收益率(扣除)(%)	−7.1770	−22.4016	−13.8425	−62.4053
	总资产(万元)	145645.86	169859.90	198098.46	255000.46
	归属母公司股东权益(万元)	41207.03	43921.70	35201.22	39347.78
	营业收入(万元)	54756.58	115443.92	52156.96	169674.81
	营业支出(万元)	50116.13	108911.08	49606.86	162150.76
	投资收益(万元)	−2121.71	6388.80	−1584.12	570.13
	净利润(万元)	−3071.33	1948.47	−6744.51	−33925.95
	营业利润(万元)	−3546.76	−5955.16	−7675.46	−37071.39
	利润总额(万元)	−3071.33	2029.49	−6744.32	−33611.53

安徽合力股份有限公司

公司概况	公司名称	安徽合力股份有限公司			证券简称	安徽合力
	法人代表	张德进	董秘	张孟青	证券代码	600761
	公司网址	www.helichina.com		电子信箱	zmq@helichina.com	
	电　话	0551-63689611 63689002		传　真	0551-63689787	
	办公地址	安徽省合肥市经济技术开发区方兴大道 668 号				
	经营范围	叉车、装载机、工程机械、矿山起重运输机械及配件、铸锻件、热处理件制造及销售				

主要财务指标	指标\报告期	2017.06.30	2016.12.31	2016.06.30	2015.12.31
	基本每股收益(元)	0.3600	0.6400	0.3100	0.6400
	基本每股收益(扣除后)(元)	0.3300	0.5400	0.2800	0.5000
	稀释每股收益(元)	0.3600	0.6400	0.3100	0.6400
	每股净资产(元)	7.0505	6.9866	6.6658	6.5508
	每股经营现金净流量(元)	0.5064	1.2698	0.5139	0.8936
	每股现金流量(元)	−0.4343	0.3722	−0.4856	0.5840
	每股资本公积金(元)	0.8972	0.8972	0.9029	0.9029
	每股盈余公积金(元)	0.8602	0.8602	0.7980	0.7980
	每股未分配利润(元)	4.2925	4.2296	3.9652	3.8503
	净资产收益率(%)	5.1469	9.1818	4.7232	9.8367
	加权净资产收益率(%)	5.0600	9.5200	4.8400	10.1800
	净资产收益率(扣除)(%)	4.6689	7.7273	4.1919	7.6425
	总资产(万元)	694131.34	638065.96	613611.16	573204.07
	归属母公司股东权益(万元)	434886.51	430944.38	411160.41	404065.77
	营业收入(万元)	408915.64	620061.90	296897.29	568568.17
	营业支出(万元)	328169.56	480483.44	231853.81	442677.98
	投资收益(万元)	1514.16	4328.74	2116.15	3538.59
	净利润(万元)	26846.20	45945.37	21504.36	42835.24
	营业利润(万元)	31545.72	50986.69	24142.33	43547.29
	利润总额(万元)	31702.31	55249.72	24805.38	50599.00

通策医疗投资股份有限公司

公司概况	公司名称	通策医疗投资股份有限公司		证券简称	通策医疗
	法人代表	吕建明	董秘 张华	证券代码	600763
	公司网址	www.tcmedical.com.cn		电子信箱	huangyuhua@eetop.com
	电　话	0571-88868808 88970616		传　真	0571-87283502
	办公地址	浙江省杭州市灵溪北路21号合生国贸中心5号楼			
	经营范围	投资管理、医疗器材的经营、进出口业务技术开发、技术咨询、技术培训和技术服务等			

主要财务指标	指标\报告期	2017.06.30	2016.12.31	2016.06.30	2015.12.31
	基本每股收益(元)	0.2800	0.4200	0.2300	0.6000
	基本每股收益(扣除后)(元)	0.2700	0.4100	0.2200	0.3900
	稀释每股收益(元)	0.2800	0.4200	0.2300	0.6000
	每股净资产(元)	2.6956	2.5501	2.7896	2.5639
	每股经营现金净流量(元)	0.2695	0.5021	0.0209	0.5739
	每股现金流量(元)	0.1162	-0.0885	-0.1449	0.1400
	每股资本公积金(元)	--	--	0.1184	0.1184
	每股盈余公积金(元)	0.0344	0.0344	0.0315	0.0315
	每股未分配利润(元)	1.6612	1.5157	1.6397	1.4140
	净资产收益率(%)	10.2200	16.6530	8.0913	23.4139
	加权净资产收益率(%)	10.2500	18.1700	8.4300	26.5200
	净资产收益率(扣除)(%)	10.1119	16.2202	7.8917	15.2953
	总资产(万元)	137830.16	128604.91	133581.36	132997.05
	归属母公司股东权益(万元)	86430.76	81765.87	89445.84	82208.47
	营业收入(万元)	50793.43	87876.37	37932.40	76235.57
	营业支出(万元)	29933.81	51483.82	22701.13	45893.99
	投资收益(万元)	3.21	-0.47	81.90	5641.39
	净利润(万元)	9215.65	13284.21	7393.10	19364.14
	营业利润(万元)	10992.30	16521.97	8641.64	23515.23
	利润总额(万元)	11094.01	16757.60	8852.25	23969.91

中国船舶重工集团海洋防务与信息对抗股份有限公司

公司概况	公司名称	中国船舶重工集团海洋防务与信息对抗股份有限公司		证券简称	中电广通
	法人代表	范国平	董秘 杨琼	证券代码	600764
	公司网址	www.cecgt.com		电子信箱	qyang@cecgt.com
	电　话	010-82222765		传　真	010-62276737
	办公地址	北京市海淀区学院南路34号院2号楼4层			
	经营范围	计算机服务器、存储器、集成电路(IC)卡、模块封装			

主要财务指标	指标\报告期	2017.06.30	2016.12.31	2016.06.30	2015.12.31
	基本每股收益(元)	0.0880	0.0220	0.0370	-0.3790
	基本每股收益(扣除后)(元)	0.0880	0.0640	0.0440	-0.3880
	稀释每股收益(元)	0.0880	0.0220	0.0370	-0.3790
	每股净资产(元)	1.6409	1.5524	1.5014	1.4623
	每股经营现金净流量(元)	-0.0841	0.0603	0.0067	0.2694
	每股现金流量(元)	-0.1264	1.3645	0.0770	0.0556
	每股资本公积金(元)	0.1321	0.1321	0.1109	0.1192
	每股盈余公积金(元)	0.1918	0.1918	0.1918	0.1918
	每股未分配利润(元)	0.2909	0.2024	0.1573	0.1803
	净资产收益率(%)	5.3928	1.4197	2.4931	-25.9240
	加权净资产收益率(%)	5.5400	1.4700	2.5300	-22.8800
	净资产收益率(扣除)(%)	5.3754	4.1526	2.9106	-26.5142
	总资产(万元)	128428.06	123740.75	89063.96	122404.28
	归属母公司股东权益(万元)	54104.19	51186.48	49505.69	48215.28
	营业收入(万元)	14935.63	27351.94	14802.26	40916.34
	营业支出(万元)	11128.35	20380.44	11167.29	32726.85
	投资收益(万元)	2422.86	13271.42	13098.48	4654.34
	净利润(万元)	3634.76	1940.65	1832.16	-12146.26
	营业利润(万元)	3915.30	13677.88	13874.28	-12409.17
	利润总额(万元)	3934.36	2211.51	2168.66	-11863.69

中航重机股份有限公司

公司概况	公司名称	中航重机股份有限公司		证券简称	中航重机
	法人代表	姬苏春	董秘 孙继兵	证券代码	600765
	公司网址	www.hm.avic.com		电子信箱	invest@avic.com
	电　话	010-57827109 57827163		传　真	010-57827101
	办公地址	贵州省贵阳市乌当区北衙路501号			
	经营范围	股权投资及经营管理、军民共用液压件、液压系统、锻件、换热器等			

主要财务指标	指标\报告期	2017.06.30	2016.12.31	2016.06.30	2015.12.31
	基本每股收益(元)	0.1400	0.3100	0.0900	-0.3900
	基本每股收益(扣除后)(元)	0.1300	0.2100	0.1300	-0.3500
	稀释每股收益(元)	0.1400	0.3100	0.0900	-0.3900
	每股净资产(元)	4.6211	4.5030	4.2471	4.1737
	每股经营现金净流量(元)	0.2022	0.2249	-0.1218	0.8225
	每股现金流量(元)	-0.3193	-0.4731	-0.7564	0.5314
	每股资本公积金(元)	1.7875	1.7799	1.7410	1.7294
	每股盈余公积金(元)	0.1417	0.1417	0.1365	0.1365
	每股未分配利润(元)	1.6529	1.5534	1.3414	1.2870
	净资产收益率(%)	3.0172	6.9210	2.2221	-9.2415
	加权净资产收益率(%)	3.0500	7.2100	2.2500	-8.8800
	净资产收益率(扣除)(%)	2.8444	4.7614	3.1159	-8.2959
	总资产(万元)	1453995.66	1394742.75	1365884.69	1318493.67
	归属母公司股东权益(万元)	359522.66	350331.25	330428.08	324713.22
	营业收入(万元)	267383.46	536856.01	266635.20	587730.42
	营业支出(万元)	191723.99	398611.08	195129.72	455381.43
	投资收益(万元)	-696.36	-504.92	-266.86	8205.13
	净利润(万元)	11261.19	22541.39	4736.99	-53942.36
	营业利润(万元)	12895.86	17599.93	13169.78	-31170.26
	利润总额(万元)	14209.45	28846.50	8223.58	-45666.76

烟台园城黄金股份有限公司

公司概况	公司名称	烟台园城黄金股份有限公司		证券简称	园城黄金
	法人代表	徐成义	董秘 刘昌喜	证券代码	600766
	公司网址	www.ytycgf.com		电子信箱	yuanyuan82827@126.com
	电　话	0535-6636299		传　真	0535-6636299
	办公地址	山东省烟台市芝罘区南大街261号			
	经营范围	药品的生产和销售、商品零售及批发、房地产、印刷、旅游等			

主要财务指标	指标\报告期	2017.06.30	2016.12.31	2016.06.30	2015.12.31
	基本每股收益(元)	0.0100	0.0100	0.0100	0.0700
	基本每股收益(扣除后)(元)	0.0100	0.0100	0.0100	0.0200
	稀释每股收益(元)	0.0100	0.0100	0.0100	0.0700
	每股净资产(元)	0.2491	0.2339	0.2294	0.2114
	每股经营现金净流量(元)	0.0089	0.0252	-0.0029	0.0818
	每股现金流量(元)	-0.0025	-0.0039	-0.0074	0.0114
	每股资本公积金(元)	1.0574	1.0574	1.0574	1.0574
	每股盈余公积金(元)	--	--	-	-
	每股未分配利润(元)	-1.7807	-1.7902	-1.7927	-1.8042
	净资产收益率(%)	3.8178	5.9991	5.0520	31.0400
	加权净资产收益率(%)	3.9900	6.4200	5.3400	34.8500
	净资产收益率(扣除)(%)	3.8178	6.0093	5.0520	8.9486
	总资产(万元)	16617.39	16452.48	16451.91	16542.33
	归属母公司股东权益(万元)	5585.17	5243.96	5142.73	4740.04
	营业收入(万元)	533.01	1086.17	555.30	1689.80
	营业支出(万元)	19.71	47.31	25.15	593.45
	投资收益(万元)	-0.70	-54.44	-3.47	-50.16
	净利润(万元)	213.23	314.59	259.81	1471.31
	营业利润(万元)	222.66	297.58	254.92	235.71
	利润总额(万元)	222.66	296.86	254.92	1631.90

运盛(上海)医疗科技股份有限公司

公司概况	公司名称	运盛(上海)医疗科技股份有限公司		证券简称	运盛医疗
	法人代表	徐慧涛	董秘 孙奉军	证券代码	600767
	公司网址	www.winsan.cn		电子信箱	600767@winsan.cn
	电话	021-50720222		传真	021-50720222
	办公地址	上海市浦东新区银城中路 68 号 1702-04 单元			
	经营范围	从事医疗科技领域内的科技技术开发、技术咨询、技术服务、技术转让等			

指标\报告期	2017.06.30	2016.12.31	2016.06.30	2015.12.31
基本每股收益(元)	-0.0930	-0.1670	-0.0870	-0.2060
基本每股收益(扣除后)(元)	-0.0860	-0.1590	-0.0920	-0.2250
稀释每股收益(元)	-0.0930	-0.1670	-0.0870	-0.2060
每股净资产(元)	0.5626	0.6553	0.7348	0.8686
每股经营现金净流量(元)	-0.0601	0.0321	-0.0531	-0.0479
每股现金流量(元)	-0.3340	0.4013	0.0713	0.0030
每股资本公积金(元)	0.1094	0.1094	0.1090	0.1561
每股盈余公积金(元)	0.0181	0.0181	0.0181	0.0181
每股未分配利润(元)	-0.5628	-0.4703	-0.3902	-0.3035
净资产收益率(%)	-16.4540	-25.4538	-11.8093	-23.7158
加权净资产收益率(%)	-15.2000	-22.0040	-10.6160	-21.2000
净资产收益率(扣除)(%)	-15.3613	-24.2613	-12.4544	-25.8691
总资产(万元)	62004.44	74128.35	59242.24	58330.96
归属母公司股东权益(万元)	19185.55	22346.63	25055.74	29619.02
营业收入(万元)	3275.93	9427.58	2386.80	5033.80
营业支出(万元)	1378.08	3118.19	803.21	1906.95
投资收益(万元)	171.80	52.23	78.84	80.62
净利润(万元)	-3430.52	-6976.47	-3420.94	-7096.42
营业利润(万元)	-3322.92	-6198.72	-3484.40	-7187.42
利润总额(万元)	-3531.42	-6654.12	-3547.48	-6977.04

宁波富邦精业集团股份有限公司

公司概况	公司名称	宁波富邦精业集团股份有限公司		证券简称	宁波富邦
	法人代表	陈炜	董秘 魏会兵	证券代码	600768
	公司网址	www.600768.com.cn		电子信箱	fbjy@600768.com.cn
	电话	0574-87410501 87410500		传真	0574-87410501
	办公地址	浙江省宁波市鄞州区天童北路 702 号工业城办公大楼三楼			
	经营范围	有色金属复合材料,新型合金材料,铝及铝合金板、带、箔及制品等			

指标\报告期	2017.06.30	2016.12.31	2016.06.30	2015.12.31
基本每股收益(元)	-0.1000	0.1370	-0.0900	-0.3950
基本每股收益(扣除后)(元)	-0.1020	-0.1980	-0.1040	-0.3830
稀释每股收益(元)	-0.1000	0.1370	-0.0900	-0.3950
每股净资产(元)	0.3815	0.4814	0.2540	0.3445
每股经营现金净流量(元)	0.1320	0.2141	0.1290	-0.4795
每股现金流量(元)	0.2038	0.6640	0.2681	-0.8033
每股资本公积金(元)	0.0302	0.0302	0.0302	0.0302
每股盈余公积金(元)	0.1018	0.1018	0.1018	0.1018
每股未分配利润(元)	-0.7506	-0.6506	-0.8780	-0.7876
净资产收益率(%)	-26.2040	28.4434	-35.6002	-114.5335
加权净资产收益率(%)	-23.1700	33.1600	-30.2200	-72.8300
净资产收益率(扣除)(%)	-26.7058	-41.1434	-41.0585	-111.1864
总资产(万元)	69498.83	72143.55	63949.04	60820.37
归属母公司股东权益(万元)	5101.82	6438.70	3397.72	4607.32
营业收入(万元)	39530.02	75680.60	33752.35	81466.11
营业支出(万元)	38431.48	72476.58	32959.27	80327.25
投资收益(万元)	26.62	151.45	67.56	78.98
净利润(万元)	-1336.88	1831.38	-1209.60	-5276.92
营业利润(万元)	-1308.09	-2449.62	-1272.13	-4966.06
利润总额(万元)	-1302.46	1855.49	-1184.41	-5252.14

武汉祥龙电业股份有限公司

公司概况	公司名称	武汉祥龙电业股份有限公司		证券简称	祥龙电业
	法人代表	杨雄	董秘 曹文明	证券代码	600769
	公司网址	www.whghjt.com		电子信箱	pxldy@public.wh.hb.cn
	电话	027-87602482		传真	027-87600367
	办公地址	湖北省武汉市洪山区葛化街化工路 31 号			
	经营范围	发电、供电、供热及基本化工原料产品的生产和销售等			

指标\报告期	2017.06.30	2016.12.31	2016.06.30	2015.12.31
基本每股收益(元)	0.0070	0.0050	0.0072	0.0200
基本每股收益(扣除后)(元)	0.0026	-0.0050	-0.0030	-0.0100
稀释每股收益(元)	0.0070	0.0050	0.0072	0.0200
每股净资产(元)	0.1252	0.1182	0.1206	0.1134
每股经营现金净流量(元)	-0.0006	-0.0015	-0.0065	-0.0309
每股现金流量(元)	0.0015	-0.0249	0.0114	0.0551
每股资本公积金(元)	0.9791	0.9791	0.9791	0.9791
每股盈余公积金(元)	0.1154	0.1154	0.1154	0.1154
每股未分配利润(元)	-1.9693	-1.9763	-1.9739	-1.9811
净资产收益率(%)	5.6069	4.0439	5.9446	14.8449
加权净资产收益率(%)	5.7700	4.1300	6.1300	16.0400
净资产收益率(扣除)(%)	2.0481	-3.8313	-2.4643	-10.3924
总资产(万元)	10132.95	9725.59	9557.16	9507.18
归属母公司股东权益(万元)	4694.43	4431.22	4520.76	4252.02
营业收入(万元)	4161.46	2234.06	1216.34	2076.89
营业支出(万元)	3905.28	2100.54	1151.61	1917.65
投资收益(万元)	-53.68	199.98	216.40	795.27
净利润(万元)	264.59	179.62	268.80	634.19
营业利润(万元)	78.54	11.90	167.29	414.49
利润总额(万元)	274.15	181.77	268.80	648.79

江苏综艺股份有限公司

公司概况	公司名称	江苏综艺股份有限公司		证券简称	综艺股份
	法人代表	昝圣达	董秘 顾政巍	证券代码	600770
	公司网址	www.600770.com		电子信箱	zygf@zy600770.com
	电话	0513-86639999 86639987		传真	0513-86563501 86639987
	办公地址	江苏省南通市通州区兴东镇综艺数码城			
	经营范围	新能源、太阳能电池、组件及应用产品的开发、销售、服务等			

指标\报告期	2017.06.30	2016.12.31	2016.06.30	2015.12.31
基本每股收益(元)	0.0200	0.0394	0.0300	-0.1895
基本每股收益(扣除后)(元)	0.0200	0.0233	-0.0100	-0.1820
稀释每股收益(元)	0.0200	0.0394	0.0300	-0.1895
每股净资产(元)	2.6860	2.6168	2.6343	2.5535
每股经营现金净流量(元)	-0.0424	0.0439	-0.0093	0.1263
每股现金流量(元)	0.3811	-0.3095	0.0340	-0.1601
每股资本公积金(元)	1.7120	1.7120	1.7082	1.6956
每股盈余公积金(元)	0.0506	0.0506	0.0506	0.0506
每股未分配利润(元)	-0.0795	-0.0950	-0.1096	-0.1344
净资产收益率(%)	0.5759	1.5061	0.9423	-7.4200
加权净资产收益率(%)	0.5800	1.5240	0.9600	-7.3000
净资产收益率(扣除)(%)	0.7168	0.8896	-0.2172	-7.1264
总资产(万元)	635966.14	632974.35	657321.14	668769.67
归属母公司股东权益(万元)	349184.73	340177.73	342454.88	331959.42
营业收入(万元)	36111.13	92063.55	50901.92	56423.70
营业支出(万元)	27734.81	68552.72	40009.32	35459.36
投资收益(万元)	27727.86	23325.99	6344.00	25352.52
净利润(万元)	7297.19	9962.34	4215.67	-17935.70
营业利润(万元)	9837.57	8680.86	920.84	-13727.95
利润总额(万元)	10314.62	16184.96	6275.27	-12295.39

广誉远中药股份有限公司

公司概况	公司名称	广誉远中药股份有限公司			证券简称	广誉远
	法人代表	张斌	董秘	郑延莉	证券代码	600771
	公司网址	www.guangyuyuan.com		电子信箱	yanli.zheng@guangyuyuan.com	
	电　话	029-88332288		传　真	029-88330835	
	办公地址	陕西省西安市高新区高新六路52号立人科技园A座六层				
	经营范围	中药原料药、西药原料药、片剂、硬胶囊剂、软胶囊剂、颗粒剂等				

主要财务指标	指标\报告期	2017.06.30	2016.12.31	2016.06.30	2015.12.31
	基本每股收益(元)	0.2200	0.4400	0.0800	0.0100
	基本每股收益(扣除后)(元)	0.2100	0.3900	0.0800	-0.0200
	稀释每股收益(元)	0.2200	0.4400	0.0800	0.0100
	每股净资产(元)	5.0605	4.8377	2.6514	2.5739
	每股经营现金净流量(元)	-0.5870	-0.5998	-0.4534	-0.2160
	每股现金流量(元)	-1.8338	1.3168	-1.5603	1.6880
	每股资本公积金(元)	5.0551	5.0551	3.6843	3.6843
	每股盈余公积金(元)	0.0839	0.0839	0.1066	0.1066
	每股未分配利润(元)	-1.0785	-1.3013	-2.1396	-2.2171
	净资产收益率(%)	4.4029	7.1892	2.9225	0.2839
	加权净资产收益率(%)	4.5000	15.8200	2.9700	0.5900
	净资产收益率(扣除)(%)	4.0660	6.4124	2.9928	-0.7335
	总资产(万元)	215694.45	214286.86	110023.26	106643.64
	归属母公司股东权益(万元)	178692.40	170824.81	73657.12	71504.47
	营业收入(万元)	50372.57	93699.32	39680.55	42843.61
	营业支出(万元)	10852.72	20667.96	9208.64	11665.14
	投资收益(万元)	-157.53	279.97	141.48	1266.25
	净利润(万元)	8411.22	15390.67	4337.23	932.70
	营业利润(万元)	10345.11	17908.18	6311.51	1561.17
	利润总额(万元)	11038.07	18740.14	6196.68	2149.75

西藏城市发展投资股份有限公司

公司概况	公司名称	西藏城市发展投资股份有限公司			证券简称	西藏城投
	法人代表	朱贤麟	董秘	符蓉	证券代码	600773
	公司网址	www.600773sh.com		电子信箱	xzct600773@163.com	
	电　话	021-63536929		传　真	021-63535429	
	办公地址	西藏自治区拉萨市金珠西路75号2楼				
	经营范围	对房地产投资、开发销售、咨询服务、矿业投资、金融投资等				

主要财务指标	指标\报告期	2017.06.30	2016.12.31	2016.06.30	2015.12.31
	基本每股收益(元)	0.0530	0.1000	0.0500	0.0900
	基本每股收益(扣除后)(元)	0.0380	0.0600	0.0400	0.0500
	稀释每股收益(元)	0.0530	0.1000	0.0500	0.0900
	每股净资产(元)	3.5511	3.5083	3.4520	3.4119
	每股经营现金净流量(元)	0.5450	-0.1086	-0.4374	1.6422
	每股现金流量(元)	1.4844	-1.8952	-0.6640	-0.1507
	每股资本公积金(元)	1.5846	2.2031	1.5787	1.5787
	每股盈余公积金(元)	--	--	-	-
	每股未分配利润(元)	0.9665	0.9258	0.8732	0.8331
	净资产收益率(%)	1.4860	2.8684	1.4362	2.5092
	加权净资产收益率(%)	1.4900	2.9100	1.4400	2.5400
	净资产收益率(扣除)(%)	1.0579	1.7392	1.1615	1.3486
	总资产(万元)	966290.44	1005312.49	1003678.76	1106477.66
	归属母公司股东权益(万元)	258950.18	301090.27	251721.81	248797.85
	营业收入(万元)	57951.93	275086.52	138782.99	76152.46
	营业支出(万元)	45899.80	242383.68	119637.22	57714.20
	投资收益(万元)	1423.76	2680.87	694.77	2620.69
	净利润(万元)	3259.95	6153.58	3083.84	5728.63
	营业利润(万元)	3759.84	8792.33	4419.75	7157.03
	利润总额(万元)	3760.12	8680.84	4420.06	9780.16

武汉市汉商集团股份有限公司

公司概况	公司名称	武汉市汉商集团股份有限公司			证券简称	汉商集团
	法人代表	张宪华	董秘	冯振宇	证券代码	600774
	公司网址	www.whhsg.com		电子信箱	hsjt@public.wh.hb.cn	
	电　话	027-84843197 68849119		传　真	027-84842384	
	办公地址	湖北省武汉市汉阳大道134号				
	经营范围	商贸业、会议展览、旅游服务等				

主要财务指标	指标\报告期	2017.06.30	2016.12.31	2016.06.30	2015.12.31
	基本每股收益(元)	0.0420	0.0667	0.0310	0.0600
	基本每股收益(扣除后)(元)	0.0390	-0.0058	0.0310	0.0600
	稀释每股收益(元)	0.0420	0.0667	0.0310	0.0600
	每股净资产(元)	3.2917	3.2894	3.2534	3.2628
	每股经营现金净流量(元)	0.1523	0.6075	0.1396	0.4244
	每股现金流量(元)	-0.4104	0.4660	0.0793	-0.0617
	每股资本公积金(元)	0.7386	0.7386	0.7386	0.7386
	每股盈余公积金(元)	0.4271	0.4271	0.4160	0.4160
	每股未分配利润(元)	1.1016	1.0993	1.0744	1.0838
	净资产收益率(%)	1.2707	2.0276	0.9423	1.7881
	加权净资产收益率(%)	1.2700	2.0400	0.9400	1.8000
	净资产收益率(扣除)(%)	1.1901	-0.1763	0.9386	1.7895
	总资产(万元)	165163.12	171539.39	165247.65	165794.78
	归属母公司股东权益(万元)	57465.58	57425.66	56796.51	56959.60
	营业收入(万元)	48599.63	94919.74	47704.91	98407.26
	营业支出(万元)	32781.20	64563.02	33086.04	69637.34
	投资收益(万元)	41.71	-411.31	221.29	590.94
	净利润(万元)	537.85	445.72	355.43	653.05
	营业利润(万元)	835.40	-910.79	555.79	1103.69
	利润总额(万元)	897.38	1151.17	558.78	1103.96

南京熊猫电子股份有限公司

公司概况	公司名称	南京熊猫电子股份有限公司			证券简称	南京熊猫
	法人代表	夏德传	董秘	沈见龙	证券代码	600775
	公司网址	www.panda.cn		电子信箱	dms@panda.cn	
	电　话	025-84801144		传　真	025-84820729	
	办公地址	江苏省南京市经天路7号				
	经营范围	无线电通信设备、广播电视设备、五金交电、电子元器件等				

主要财务指标	指标\报告期	2017.06.30	2016.12.31	2016.06.30	2015.12.31
	基本每股收益(元)	0.0491	0.1305	0.0598	0.1574
	基本每股收益(扣除后)(元)	0.0342	0.0443	0.0111	0.1194
	稀释每股收益(元)	0.0491	0.1305	0.0598	0.1574
	每股净资产(元)	3.6125	3.6333	3.5628	3.5710
	每股经营现金净流量(元)	0.1498	0.0582	0.0897	0.1193
	每股现金流量(元)	-0.1030	0.3150	0.0933	0.1548
	每股资本公积金(元)	1.6022	1.6022	1.6023	1.6023
	每股盈余公积金(元)	0.2756	0.2756	0.2690	0.2690
	每股未分配利润(元)	0.7347	0.7556	0.6915	0.6996
	净资产收益率(%)	1.3597	3.5913	1.6787	4.4077
	加权净资产收益率(%)	1.3547	3.6700	1.6700	4.4649
	净资产收益率(扣除)(%)	0.9472	1.2197	0.3123	3.3440
	总资产(万元)	553248.68	523997.64	513676.93	489179.94
	归属母公司股东权益(万元)	330120.39	332027.06	325579.26	326327.94
	营业收入(万元)	175157.59	370276.34	151919.61	361348.29
	营业支出(万元)	150120.00	316785.60	130590.59	308070.13
	投资收益(万元)	3892.86	10856.61	7120.34	20695.67
	净利润(万元)	6563.36	16900.97	7700.05	18911.92
	营业利润(万元)	6938.37	13897.46	4862.12	21064.34
	利润总额(万元)	7960.93	20238.86	9276.26	22274.70

东方通信股份有限公司

公司概况	公司名称	东方通信股份有限公司		证券简称	东方通信
	法人代表	郭端端	董秘	赵威	证券代码	600776
	公司网址	www.eastcom.com		电子信箱	inquiry@eastcom.com
	电　　话	0571-86676198		传　　真	0571-86676197
	办公地址	浙江省杭州市滨江高新技术开发区东信大道 66 号			
	经营范围	移动通信、IC 卡、传输设备、ATM 系列等			

主要财务指标	指标\报告期	2017.06.30	2016.12.31	2016.06.30	2015.12.31
	基本每股收益(元)	0.0450	0.0730	0.0398	0.1352
	基本每股收益(扣除后)(元)	0.0360	0.0345	0.0199	0.0909
	稀释每股收益(元)	0.0450	0.0730	0.0398	0.1352
	每股净资产(元)	2.3561	2.3715	2.3350	2.3552
	每股经营现金净流量(元)	–0.3182	–0.0466	–0.3007	–0.0086
	每股现金流量(元)	–0.2986	0.0645	–0.2416	–0.3988
	每股资本公积金(元)	0.7139	0.7139	0.7106	0.7106
	每股盈余公积金(元)	0.0822	0.0822	0.0771	0.0771
	每股未分配利润(元)	0.5600	0.5754	0.5473	0.5675
	净资产收益率(%)	1.8943	3.0761	1.7050	5.7400
	加权净资产收益率(%)	1.8600	3.0900	1.6800	5.8300
	净资产收益率(扣除)(%)	1.5258	1.4535	0.8507	3.8604
	总资产(万元)	373101.46	384652.93	357341.58	371730.70
	归属母公司股东权益(万元)	295928.30	297858.43	293281.70	295817.34
	营业收入(万元)	101834.74	198028.90	124278.66	356592.55
	营业支出(万元)	83612.59	157589.94	106540.74	307770.55
	投资收益(万元)	1584.15	5630.67	3545.37	4608.92
	净利润(万元)	5504.09	9227.26	4926.74	16933.63
	营业利润(万元)	5386.49	8246.56	5129.46	13838.17
	利润总额(万元)	6328.16	12190.63	6319.85	19180.91

山东新潮能源股份有限公司

公司概况	公司名称	山东新潮能源股份有限公司			证券简称	新潮能源
	法人代表	卢绍杰	董秘	何再权	证券代码	600777
	公司网址	www.xinchaoshiye.com		电子信箱	hezaiquan@126.com	
	电　　话	0535-2109779		传　　真	0535-2103111	
	办公地址	山东省烟台市莱山区港城东大街 289 号南山世纪大厦 B 座 14 楼				
	经营范围	石油及天然气勘探、开采、销售等				

主要财务指标	指标\报告期	2017.06.30	2016.12.31	2016.06.30	2015.12.31
	基本每股收益(元)	0.0101	–0.0500	–0.0381	0.0500
	基本每股收益(扣除后)(元)	0.0024	–0.0400	–0.0456	–0.1700
	稀释每股收益(元)	0.0101	–0.0500	–0.0381	0.0500
	每股净资产(元)	1.3433	1.3500	5.1556	4.0100
	每股经营现金净流量(元)	0.0069	0.0673	–0.0629	0.2595
	每股现金流量(元)	0.4840	0.0665	0.4898	–0.0546
	每股资本公积金(元)	0.3212	0.3212	4.0197	2.8510
	每股盈余公积金(元)	0.0229	0.0229	0.0872	0.1080
	每股未分配利润(元)	–0.0325	–0.0426	–0.0260	0.0105
	净资产收益率(%)	0.7486	–3.3242	–0.6439	0.8821
	加权净资产收益率(%)	0.7400	–3.8500	–0.8500	2.2100
	净资产收益率(扣除)(%)	0.1794	–2.7390	–0.7698	–3.2419
	总资产(万元)	604965.91	608307.84	698583.84	518063.38
	归属母公司股东权益(万元)	544201.38	545863.89	549782.52	344701.05
	营业收入(万元)	11625.51	24310.62	10829.80	43024.13
	营业支出(万元)	5866.15	18279.94	9956.60	33551.40
	投资收益(万元)	3110.26	–3516.60	575.07	9159.48
	净利润(万元)	4073.69	–19280.39	–3786.53	3420.45
	营业利润(万元)	4086.79	–11517.41	–5201.40	–4098.34
	利润总额(万元)	4073.69	–11806.81	–5533.18	1158.18

新疆友好(集团)股份有限公司

公司概况	公司名称	新疆友好(集团)股份有限公司			证券简称	友好集团
	法人代表	聂如旋	董秘	聂如旋(代)	证券代码	600778
	公司网址	www.xjyh.com.cn		电子信箱	yhjt600778@163.com	
	电　　话	0991-4553700　4552701		传　　真	0991-4815090	
	办公地址	新疆维吾尔自治区乌鲁木齐市友好南路 668 号				
	经营范围	百货商场、购物中心、大型综合超市、标准超市、超市便利店等				

主要财务指标	指标\报告期	2017.06.30	2016.12.31	2016.06.30	2015.12.31
	基本每股收益(元)	–0.6300	–1.2832	–0.3011	0.0491
	基本每股收益(扣除后)(元)	–0.6600	–1.3455	–0.3159	–0.9167
	稀释每股收益(元)	–0.6300	–1.2832	–0.3011	0.0491
	每股净资产(元)	3.2211	3.8481	4.8302	5.1313
	每股经营现金净流量(元)	0.1871	0.5174	–0.4679	1.4604
	每股现金流量(元)	2.0772	–1.3848	–1.2646	0.4387
	每股资本公积金(元)	1.2957	1.2957	1.2957	1.2957
	每股盈余公积金(元)	0.3424	0.3424	0.3424	0.3424
	每股未分配利润(元)	0.5830	1.2099	2.1921	2.4932
	净资产收益率(%)	–19.4650	–33.3477	–6.2333	0.9571
	加权净资产收益率(%)	–17.7400	–28.5800	–6.0400	0.9000
	净资产收益率(扣除)(%)	–20.4729	–34.9663	–6.5396	–17.8652
	总资产(万元)	614066.07	599217.23	655155.75	723039.20
	归属母公司股东权益(万元)	100333.98	119863.95	150457.38	159835.84
	营业收入(万元)	281673.86	611149.60	294886.15	653869.91
	营业支出(万元)	218148.56	477418.01	229153.65	503970.82
	投资收益(万元)	1146.87	2206.53	1183.22	22855.15
	净利润(万元)	–19174.06	–39847.29	–9501.62	11826.91
	营业利润(万元)	–18456.80	–42140.93	–9846.65	–1049.31
	利润总额(万元)	–17979.31	–40824.80	–9365.56	18818.42

四川水井坊股份有限公司

公司概况	公司名称	四川水井坊股份有限公司			证券简称	水井坊
	法人代表	范祥福	董秘	田冀东	证券代码	600779
	公司网址	www.swellfun.com		电子信箱	dongshiban@swellfun.com	
	电　　话	028-86252847		传　　真	028-86695460	
	办公地址	四川省成都市金牛区全兴路 9 号				
	经营范围	生产销售酒、生物材料及其制品等				

主要财务指标	指标\报告期	2017.06.30	2016.12.31	2016.06.30	2015.12.31
	基本每股收益(元)	0.2344	0.4601	0.1865	0.1801
	基本每股收益(扣除后)(元)	0.2416	0.4397	0.1761	0.1837
	稀释每股收益(元)	0.2344	0.4601	0.1865	0.1801
	每股净资产(元)	2.7823	3.0080	2.7343	2.6228
	每股经营现金净流量(元)	0.2192	0.7817	0.1799	0.4790
	每股现金流量(元)	0.1428	0.2879	0.1659	0.5417
	每股资本公积金(元)	0.8177	0.8177	0.8177	0.8177
	每股盈余公积金(元)	0.7279	0.7279	0.7273	0.7273
	每股未分配利润(元)	0.2367	0.4623	0.1892	0.0777
	净资产收益率(%)	8.4235	15.2969	6.8209	6.8656
	加权净资产收益率(%)	7.5000	16.2900	6.8200	7.1100
	净资产收益率(扣除)(%)	8.6843	14.6194	6.4389	7.0025
	总资产(万元)	229351.89	220354.38	184797.11	179475.02
	归属母公司股东权益(万元)	135929.27	146952.41	133584.97	128137.32
	营业收入(万元)	84050.03	117637.41	49260.32	85486.72
	营业支出(万元)	18471.16	28040.14	12657.17	21114.73
	投资收益(万元)	—	—	–	–
	净利润(万元)	11449.96	22479.19	9111.74	8797.36
	营业利润(万元)	15229.63	25849.73	11812.65	10822.72
	利润总额(万元)	14913.00	26829.67	12275.79	10587.09

山西通宝能源股份有限公司

公司概况	公司名称	山西通宝能源股份有限公司			证券简称	通宝能源
	法人代表	王启瑞	董秘	李志炳	证券代码	600780
	公司网址	www.600780.net		电子信箱	tecllx@vip.163.com	
	电　话	0351-7021857 7031995		传　真	0351-7031995	
	办公地址	山西省太原市长治路272号				
	经营范围	火力发电、配电业务等				

主要财务指标	指标\报告期	2017.06.30	2016.12.31	2016.06.30	2015.12.31
	基本每股收益(元)	0.0224	0.0890	0.0733	0.3226
	基本每股收益(扣除后)(元)	0.0227	0.0858	0.0785	0.3334
	稀释每股收益(元)	0.0224	0.0890	0.0733	0.3226
	每股净资产(元)	4.1270	4.1042	4.0709	3.9945
	每股经营现金净流量(元)	0.3985	0.9934	0.6260	0.9768
	每股现金流量(元)	0.0227	0.3053	0.0735	0.3562
	每股资本公积金(元)	0.9902	0.9898	0.9710	1.1424
	每股盈余公积金(元)	0.2494	0.2494	0.2494	0.2494
	每股未分配利润(元)	1.8854	1.8630	1.8474	1.7740
	净资产收益率(%)	0.5429	2.1674	1.8014	8.0770
	加权净资产收益率(%)	0.5400	2.1900	1.7800	8.2800
	净资产收益率(扣除)(%)	0.5495	2.0918	1.9284	8.3456
	总资产(万元)	1194589.02	1206999.10	947634.55	936527.32
	归属母公司股东权益(万元)	473163.74	470544.83	466730.98	477974.15
	营业收入(万元)	225956.61	488450.32	235591.76	567283.45
	营业支出(万元)	194195.24	410859.61	195032.68	447680.71
	投资收益(万元)	500.75	2452.49	-426.48	-1363.82
	净利润(万元)	2383.11	7150.62	7270.96	35912.63
	营业利润(万元)	4813.54	13931.65	11191.07	52219.04
	利润总额(万元)	4440.37	11116.11	9935.53	49658.36

辅仁药业集团实业股份有限公司

公司概况	公司名称	辅仁药业集团实业股份有限公司			证券简称	辅仁药业
	法人代表	朱文臣	董秘	张海杰	证券代码	600781
	公司网址	www.shfuren.cn		电子信箱	zhanghj@shfuren.cn	
	电　话	0371-60107778		传　真	0371-60107755	
	办公地址	河南省郑州市花园路25号辅仁大厦9楼				
	经营范围	服装、服饰、鞋帽、家用纺织装饰品及床上用品的生产、加工及销售等				

主要财务指标	指标\报告期	2017.06.30	2016.12.31	2016.06.30	2015.12.31
	基本每股收益(元)	0.0570	0.1000	0.0801	0.1600
	基本每股收益(扣除后)(元)	0.0505	0.1000	0.0668	0.1200
	稀释每股收益(元)	0.0570	0.1000	0.0801	0.1600
	每股净资产(元)	2.1296	2.0786	2.0592	1.9947
	每股经营现金净流量(元)	0.4826	0.6504	0.2719	0.5242
	每股现金流量(元)	0.4168	0.1181	0.1876	-0.1073
	每股资本公积金(元)	0.7284	0.7284	0.7284	0.7284
	每股盈余公积金(元)	0.0615	0.0615	0.0615	0.0615
	每股未分配利润(元)	0.2965	0.2395	0.2202	0.1400
	净资产收益率(%)	2.6765	4.7831	3.8919	7.8404
	加权净资产收益率(%)	2.7100	4.8800	3.9500	8.3000
	净资产收益率(扣除)(%)	2.3705	5.0333	3.2440	5.9748
	总资产(万元)	131313.89	127293.18	121772.47	117944.64
	归属母公司股东权益(万元)	37820.54	36914.85	36569.07	35425.20
	营业收入(万元)	26265.14	49563.13	22036.03	46205.98
	营业支出(万元)	14945.44	28438.20	14053.61	23629.23
	投资收益(万元)	38.11	72.51	-	894.97
	净利润(万元)	1194.37	2223.37	1670.50	3291.43
	营业利润(万元)	1555.04	1950.49	1444.45	3368.24
	利润总额(万元)	1480.35	2888.21	1828.69	4172.80

新余钢铁股份有限公司

公司概况	公司名称	新余钢铁股份有限公司			证券简称	新钢股份
	法人代表	夏文勇	董秘	林榕	证券代码	600782
	公司网址	www.xinsteel.com.cn		电子信箱	ir_600782@163.com	
	电　话	0790-6290782 6292577		传　真	0790-6294999	
	办公地址	江西省新余市冶金路1号				
	经营范围	生产销售钢丝、钢绞线、铝包钢线三大系列产品				

主要财务指标	指标\报告期	2017.06.30	2016.12.31	2016.06.30	2015.12.31
	基本每股收益(元)	0.2050	0.1805	0.0800	0.0435
	基本每股收益(扣除后)(元)	0.1920	0.1457	0.0400	-0.2544
	稀释每股收益(元)	0.2050	0.1805	0.0800	0.0435
	每股净资产(元)	3.2601	3.0764	5.8664	5.8154
	每股经营现金净流量(元)	0.9361	0.4157	0.4466	1.4698
	每股现金流量(元)	0.5380	-0.5972	-1.0721	-1.0247
	每股资本公积金(元)	1.5380	1.5380	4.0760	4.0760
	每股盈余公积金(元)	0.1017	0.1017	0.1822	0.1822
	每股未分配利润(元)	0.6171	0.4319	0.6037	0.5541
	净资产收益率(%)	6.2948	5.8659	1.3556	0.7473
	加权净资产收益率(%)	6.4770	6.0313	1.3600	0.7503
	净资产收益率(扣除)(%)	5.8856	4.7369	0.6891	-4.3742
	总资产(万元)	2836561.92	2918567.98	2642517.47	2822623.73
	归属母公司股东权益(万元)	908544.95	857366.88	817448.07	810350.38
	营业收入(万元)	2261401.25	3046149.92	1231103.11	2537101.36
	营业支出(万元)	2126619.17	2851633.75	1150529.72	2450344.30
	投资收益(万元)	3535.08	2098.06	1489.80	44415.81
	净利润(万元)	59022.49	51251.43	10580.32	5444.59
	营业利润(万元)	67723.61	50865.08	8514.05	-6804.25
	利润总额(万元)	72722.45	61414.20	14257.17	3082.34

鲁信创业投资集团股份有限公司

公司概况	公司名称	鲁信创业投资集团股份有限公司			证券简称	鲁信创投
	法人代表	王飚	董秘	王晶	证券代码	600783
	公司网址	www.600783.cn		电子信箱	lxct600783@126.com	
	电　话	0531-86566770		传　真	0531-86969598	
	办公地址	山东省济南市经十路9999号黄金时代广场C座4层				
	经营范围	磨具、磨料、硅碳棒、金属镁、耐火材料及制品的生产、销售等				

主要财务指标	指标\报告期	2017.06.30	2016.12.31	2016.06.30	2015.12.31
	基本每股收益(元)	0.2500	0.5000	0.4100	0.3000
	基本每股收益(扣除后)(元)	0.2400	0.5200	0.4100	0.4300
	稀释每股收益(元)	0.2500	0.5000	0.4100	0.3000
	每股净资产(元)	5.1910	4.9948	5.0144	4.6033
	每股经营现金净流量(元)	-0.1894	-0.1467	-0.0328	-0.1724
	每股现金流量(元)	0.0953	0.3729	0.0008	-0.1273
	每股资本公积金(元)	1.4841	1.5329	1.5715	1.4642
	每股盈余公积金(元)	0.1799	0.1799	0.1616	0.1616
	每股未分配利润(元)	2.4747	2.2216	2.2535	1.8398
	净资产收益率(%)	4.8764	10.0140	8.2512	6.5396
	加权净资产收益率(%)	4.9700	10.4000	8.6000	6.6700
	净资产收益率(扣除)(%)	4.6601	10.3660	8.2479	9.4259
	总资产(万元)	578614.81	563287.46	558355.94	531859.09
	归属母公司股东权益(万元)	386399.46	371790.16	373250.09	342651.00
	营业收入(万元)	10311.93	18567.36	8825.29	19069.90
	营业支出(万元)	6195.63	13314.45	6411.33	14089.75
	投资收益(万元)	20284.44	71891.53	44834.52	59560.52
	净利润(万元)	19153.87	37582.02	31142.98	22517.63
	营业利润(万元)	21612.09	52416.51	39116.36	41195.97
	利润总额(万元)	22446.03	51242.47	39128.51	33664.68

鲁银投资集团股份有限公司

公司概况	公司名称	鲁银投资集团股份有限公司			证券简称	鲁银投资
	法人代表	刘卫国	董秘	刘方潭	证券代码	600784
	公司网址	www.luyin.cn		电子信箱	luyin784@163.com	
	电　话	0531-82024156		传　真	0531-82024179	
	办公地址	山东省济南市经十路 10777 号				
	经营范围	股权投资、经营与管理、投资高新材料、生物医药、网络技术等高科技产业				

主要财务指标	指标\报告期	2017.06.30	2016.12.31	2016.06.30	2015.12.31
	基本每股收益(元)	0.0100	0.0730	0.1170	−0.1140
	基本每股收益(扣除后)(元)	0.0100	−0.3100	0.1250	−0.1150
	稀释每股收益(元)	0.0100	0.0730	0.1170	−0.1140
	每股净资产(元)	2.7938	2.8186	2.6177	2.5364
	每股经营现金净流量(元)	−0.0205	0.9241	0.5504	0.1731
	每股现金流量(元)	−0.2086	−0.2095	0.1235	0.1498
	每股资本公积金(元)	1.0285	1.0291	0.7910	0.8245
	每股盈余公积金(元)	0.1792	0.1792	0.1410	0.1410
	每股未分配利润(元)	0.5709	0.5908	0.6730	0.5555
	净资产收益率(%)	0.3609	2.6049	4.4886	−4.5000
	加权净资产收益率(%)	0.3600	2.7500	4.5300	−4.4800
	净资产收益率(扣除)(%)	0.1801	−11.0600	4.7562	−4.5537
	总资产(万元)	449295.45	460179.28	497699.76	535601.48
	归属母公司股东权益(万元)	158735.58	160146.66	148731.57	144110.12
	营业收入(万元)	75674.49	299156.12	153402.97	234232.42
	营业支出(万元)	64634.15	281923.13	143687.26	208938.68
	投资收益(万元)	2858.05	34537.74	30958.18	5266.95
	净利润(万元)	472.48	1258.56	2623.81	−8146.60
	营业利润(万元)	265.85	3748.81	3409.42	−7233.11
	利润总额(万元)	392.87	2908.83	2907.64	−7131.40

银川新华百货商业集团股份有限公司

公司概况	公司名称	银川新华百货商业集团股份有限公司			证券简称	新华百货
	法人代表	曲奎	董秘	李宝生	证券代码	600785
	公司网址	www.xhds.com.cn		电子信箱	xhds600785@163.com	
	电　话	0951-6071161		传　真	0951-6071161	
	办公地址	宁夏回族自治区银川市兴庆区解放西街 2 号				
	经营范围	商业零售业务、乳制品生产销售业务等				

主要财务指标	指标\报告期	2017.06.30	2016.12.31	2016.06.30	2015.12.31
	基本每股收益(元)	0.4814	0.2800	0.1683	0.6100
	基本每股收益(扣除后)(元)	0.5305	0.3500	0.2744	0.6100
	稀释每股收益(元)	0.4814	0.2800	0.1683	0.6100
	每股净资产(元)	8.8098	8.5033	8.3926	8.2243
	每股经营现金净流量(元)	0.4846	0.7631	−0.1541	0.6785
	每股现金流量(元)	0.1346	−0.3462	−0.4330	−0.4681
	每股资本公积金(元)	1.3710	1.3710	1.3955	1.3710
	每股盈余公积金(元)	0.8723	0.8723	0.8467	0.8467
	每股未分配利润(元)	5.5665	5.2601	5.1504	5.0066
	净资产收益率(%)	5.4649	3.2814	2.0056	7.3682
	加权净资产收益率(%)	5.5100	3.3400	2.0300	7.6500
	净资产收益率(扣除)(%)	6.0216	4.1429	3.2695	7.3570
	总资产(万元)	411037.46	445250.33	405863.16	435309.46
	归属母公司股东权益(万元)	198775.91	191861.64	189363.73	185565.82
	营业收入(万元)	375950.73	704897.44	374939.64	740399.68
	营业支出(万元)	299297.00	562166.63	301398.63	591577.94
	投资收益(万元)	550.95	757.21	28.44	357.55
	净利润(万元)	9635.19	3501.35	2370.80	10804.76
	营业利润(万元)	14474.07	10090.51	7523.01	17075.58
	利润总额(万元)	12786.51	8061.35	5017.31	17394.91

中储发展股份有限公司

公司概况	公司名称	中储发展股份有限公司			证券简称	中储股份
	法人代表	韩铁林	董秘	薛斌	证券代码	600787
	公司网址	www.cmstd.com.cn		电子信箱	zhengquanbu@cmstd.com.cn	
	电　话	86-10-83673673		传　真	86-10-83673332	
	办公地址	北京市丰台区南四环西路 188 号 6 区 18 号楼				
	经营范围	商品储存、加工、维修、包装、代展、检验、库场设备租赁等				

主要财务指标	指标\报告期	2017.06.30	2016.12.31	2016.06.30	2015.12.31
	基本每股收益(元)	0.0446	0.3489	0.1863	0.3582
	基本每股收益(扣除后)(元)	0.0409	−0.0124	0.0234	−0.0459
	稀释每股收益(元)	0.0446	0.3489	0.1863	0.3582
	每股净资产(元)	4.2704	4.2600	4.0900	3.9370
	每股经营现金净流量(元)	0.0376	−1.7743	−1.3363	−0.0320
	每股现金流量(元)	0.3469	−0.9941	−0.9867	0.7132
	每股资本公积金(元)	1.6226	1.6226	1.6221	1.6604
	每股盈余公积金(元)	0.5312	0.5312	0.4556	0.4556
	每股未分配利润(元)	1.1130	1.0979	1.0108	0.8565
	净资产收益率(%)	1.0453	8.1979	4.5554	7.6929
	加权净资产收益率(%)	1.0436	8.3581	4.5797	10.3378
	净资产收益率(扣除)(%)	0.9583	−0.2914	0.5729	−0.9853
	总资产(万元)	2099421.42	1973599.38	1679636.56	1525957.62
	归属母公司股东权益(万元)	939409.73	936150.37	899718.55	874461.64
	营业收入(万元)	1248778.05	1528096.44	641278.94	1773676.54
	营业支出(万元)	1195348.98	1453111.35	603012.90	1711333.81
	投资收益(万元)	345.74	−88.19	1261.96	834.81
	净利润(万元)	10265.45	77620.03	41134.56	66078.51
	营业利润(万元)	11776.97	−11155.64	7241.02	−7092.80
	利润总额(万元)	12843.54	106437.61	54959.95	91023.59

山东鲁抗医药股份有限公司

公司概况	公司名称	山东鲁抗医药股份有限公司			证券简称	鲁抗医药
	法人代表	彭欣	董秘	田立新	证券代码	600789
	公司网址	www.lkpc.com		电子信箱	tlx600789@163.com	
	电　话	0537-2983174 2983060		传　真	0537-2983097	
	办公地址	山东省济宁市太白楼西路 152 号				
	经营范围	化学原料药及制剂、医药生产用化工原料、辅料及中间体、兽用药等				

主要财务指标	指标\报告期	2017.06.30	2016.12.31	2016.06.30	2015.12.31
	基本每股收益(元)	0.0600	0.0500	0.0200	0.0100
	基本每股收益(扣除后)(元)	0.0400	0.0300	0.0100	−0.0400
	稀释每股收益(元)	0.0600	0.0500	0.0200	0.0100
	每股净资产(元)	3.2252	3.1901	3.1622	3.1126
	每股经营现金净流量(元)	0.1956	0.5094	0.1122	0.1348
	每股现金流量(元)	0.3273	0.0052	−0.1078	0.0841
	每股资本公积金(元)	1.8843	1.8843	1.8843	1.8568
	每股盈余公积金(元)	0.2590	0.2590	0.2590	0.2590
	每股未分配利润(元)	0.0819	0.0468	0.0189	−0.0032
	净资产收益率(%)	1.7063	1.5686	0.6989	0.4363
	加权净资产收益率(%)	1.7100	1.5900	0.7000	0.4900
	净资产收益率(扣除)(%)	1.3718	0.9763	0.4715	−1.3028
	总资产(万元)	478002.52	417804.37	403430.66	401827.18
	归属母公司股东权益(万元)	187567.34	185530.04	183905.19	181019.84
	营业收入(万元)	127500.17	250559.19	123897.77	241028.77
	营业支出(万元)	95557.65	191703.95	97164.95	193561.42
	投资收益(万元)	190.52	1711.79	127.62	1995.70
	净利润(万元)	3780.30	2950.66	1420.80	756.95
	营业利润(万元)	3103.20	2647.37	1015.53	745.96
	利润总额(万元)	3927.36	3613.70	1603.16	1702.17

浙江中国轻纺城集团股份有限公司

公司概况						
公司名称	浙江中国轻纺城集团股份有限公司				证券简称	轻纺城
法人代表	翁桂珍	董秘	张伟夫		证券代码	600790
公司网址	www.qfcgroup.com		电子信箱		zwf@qfcgroup.com	
电　话	0575-84116158 84135815		传　真		0575-84116045	
办公地址	浙江省绍兴市绍兴县柯桥镇鉴湖路1号中轻大厦					
经营范围	市场开发建设、市场租赁、市场物业管理、仓储运输服务、劳动服务等					

主要财务指标：指标\报告期	2017.06.30	2016.12.31	2016.06.30	2015.12.31
基本每股收益(元)	0.2300	0.3400	0.2000	0.2800
基本每股收益(扣除后)(元)	0.2100	0.3000	0.1800	0.2500
稀释每股收益(元)	0.2300	0.3400	0.2000	0.2800
每股净资产(元)	4.6774	4.5191	4.1238	3.5393
每股经营现金净流量(元)	-0.1427	0.3705	0.3426	-0.0722
每股现金流量(元)	0.1031	0.0157	0.1189	-0.0543
每股资本公积金(元)	1.5889	1.5889	1.4081	1.4081
每股盈余公积金(元)	0.2410	0.2410	0.2072	0.2072
每股未分配利润(元)	1.1759	1.0499	0.9460	0.8448
净资产收益率(%)	4.8315	7.4976	4.8786	7.9743
加权净资产收益率(%)	4.9000	9.3000	5.2300	8.3100
净资产收益率(扣除)(%)	4.5177	6.6213	4.4663	6.9382
总资产(万元)	797225.66	816012.01	793383.02	703329.86
归属母公司股东权益(万元)	489721.55	473145.08	431760.68	370561.80
营业收入(万元)	42554.12	81206.75	40087.37	79071.40
营业支出(万元)	14971.58	30043.52	14087.59	30254.24
投资收益(万元)	10670.65	12169.49	9274.31	7352.32
净利润(万元)	23753.53	35747.67	21149.24	29705.65
营业利润(万元)	28222.04	43200.90	25073.94	37346.11
利润总额(万元)	29002.91	45049.23	25940.50	39170.89

京能置业股份有限公司

公司概况						
公司名称	京能置业股份有限公司				证券简称	京能置业
法人代表	李育海	董秘	朱兆梅		证券代码	600791
公司网址	www.beih-zy.com		电子信箱		jnzy@beih-zy.com	
电　话	010-62698709 62698639		传　真		010-62698709	
办公地址	北京市海淀区彩和坊路8号天创科技大厦12层西侧					
经营范围	房地产开发、房地产代理销售、租赁、室内装饰等					

主要财务指标：指标\报告期	2017.06.30	2016.12.31	2016.06.30	2015.12.31
基本每股收益(元)	0.0100	0.1000	0.0800	0.1700
基本每股收益(扣除后)(元)	0.0100	0.1000	0.0800	0.1300
稀释每股收益(元)	0.0100	0.1000	0.0800	0.1700
每股净资产(元)	3.3884	3.3962	3.3739	3.3161
每股经营现金净流量(元)	0.6890	-0.1439	-0.4024	-0.4969
每股现金流量(元)	0.2487	-1.2251	-0.2238	-1.2561
每股资本公积金(元)	0.2918	0.2918	0.2918	0.2918
每股盈余公积金(元)	0.1774	0.1774	0.1322	0.1322
每股未分配利润(元)	1.8767	1.8846	1.9058	1.8480
净资产收益率(%)	0.2100	2.9992	2.3067	5.2307
加权净资产收益率(%)	0.2100	3.0700	2.3200	5.3500
净资产收益率(扣除)(%)	0.2129	3.0252	2.3225	3.9710
总资产(万元)	525924.93	510082.02	524045.87	530421.59
归属母公司股东权益(万元)	153451.62	153808.77	152796.77	150177.91
营业收入(万元)	17914.55	76223.09	40294.46	82972.09
营业支出(万元)	10955.56	36326.10	18421.38	40228.81
投资收益(万元)	--	-947.62	-	1782.02
净利润(万元)	107.71	7801.48	6201.33	13738.26
营业利润(万元)	96.31	11844.55	8281.08	18105.30
利润总额(万元)	89.52	11762.58	8235.01	17585.82

云南煤业能源股份有限公司

公司概况						
公司名称	云南煤业能源股份有限公司				证券简称	云煤能源
法人代表	彭伟	董秘	张小可		证券代码	600792
公司网址	www.ymnygf.com		电子信箱		ymny600792@163.com	
电　话	0871-68758679		传　真		0871-68757603	
办公地址	云南省昆明市西山区环城南路777号昆钢科技大厦7楼					
经营范围	焦炭、焦炉煤气、煤焦油深加工和苯加氢深加工等产品					

主要财务指标：指标\报告期	2017.06.30	2016.12.31	2016.06.30	2015.12.31
基本每股收益(元)	-0.0800	0.0500	-0.0400	-0.7000
基本每股收益(扣除后)(元)	-0.1100	-0.3000	-0.0800	-0.7400
稀释每股收益(元)	-0.0800	0.0500	-0.0400	-0.7000
每股净资产(元)	2.9258	3.0025	2.7504	2.7824
每股经营现金净流量(元)	0.7757	0.6348	-0.1282	0.6221
每股现金流量(元)	0.0069	-0.0399	0.0047	0.1229
每股资本公积金(元)	2.2953	2.2953	1.8557	1.8557
每股盈余公积金(元)	0.1201	0.1201	0.1201	0.1201
每股未分配利润(元)	-0.5188	-0.4398	-0.2621	-0.2274
净资产收益率(%)	-2.6977	1.6332	-1.2603	-25.2994
加权净资产收益率(%)	-2.6600	1.6500	-0.0300	-22.5700
净资产收益率(扣除)(%)	-3.7858	-10.0832	-2.9047	-26.5429
总资产(万元)	558414.05	641351.19	580708.07	591891.78
归属母公司股东权益(万元)	289636.11	297222.83	272267.19	275440.66
营业收入(万元)	183796.40	337516.60	130023.14	345381.43
营业支出(万元)	179897.31	299398.85	124214.90	358718.46
投资收益(万元)	1795.28	11985.03	6268.81	4323.48
净利润(万元)	-7492.45	5676.17	-3431.44	-69684.77
营业利润(万元)	-8610.64	-13370.88	-8741.35	-66918.21
利润总额(万元)	-7252.09	10055.78	-3474.17	-66862.06

宜宾纸业股份有限公司

公司概况						
公司名称	宜宾纸业股份有限公司				证券简称	宜宾纸业
法人代表	易从	董秘	王强		证券代码	600793
公司网址	www.yb-zy.com		电子信箱		ybzydsh@163.com	
电　话	0831-3309399 3309377		传　真		0831-3309600	
办公地址	四川省宜宾市南溪区裴石轻工业园区					
经营范围	生产经营纸及纸制品等					

主要财务指标：指标\报告期	2017.06.30	2016.12.31	2016.06.30	2015.12.31
基本每股收益(元)	1.2530	0.0302	-0.2084	0.0843
基本每股收益(扣除后)(元)	-0.7108	-0.9997	-0.2141	-0.2164
稀释每股收益(元)	1.2530	0.0302	-0.2084	0.0843
每股净资产(元)	1.7586	0.5056	0.2670	0.4754
每股经营现金净流量(元)	-0.3067	-0.1769	-0.0314	0.2400
每股现金流量(元)	0.0519	0.0087	-0.0988	0.1684
每股资本公积金(元)	1.0007	1.0007	1.0007	1.0007
每股盈余公积金(元)	0.0348	0.0348	0.0348	0.0348
每股未分配利润(元)	-0.2769	-1.5299	-1.7685	-1.5601
净资产收益率(%)	71.2504	5.9698	-78.0584	17.7316
加权净资产收益率(%)	110.6800	6.1500	-56.1500	19.4600
净资产收益率(扣除)(%)	-40.4206	-197.7181	-80.1770	-45.5214
总资产(万元)	360656.74	353411.41	357535.81	319888.48
归属母公司股东权益(万元)	18518.22	5323.91	2811.49	5006.08
营业收入(万元)	49270.20	44487.95	12036.88	1368.77
营业支出(万元)	45338.49	43485.04	12008.42	1395.67
投资收益(万元)	--	47.15	-	132.54
净利润(万元)	13194.31	317.82	-2194.60	887.66
营业利润(万元)	-7477.61	-10255.82	-2253.74	-2087.32
利润总额(万元)	13201.88	321.29	-2194.18	1079.18

张家港保税科技(集团)股份有限公司

公司概况					
公司名称	张家港保税科技(集团)股份有限公司			证券简称	保税科技
法人代表	唐勇	董秘	唐勇(代)	证券代码	600794
公司网址	www.zftc.net		电子信箱	dengyq@zftc.net	
电　话	0512-58320358 58320165		传　真	0512-58320652 58320655	
办公地址	江苏省张家港市保税区金港路8号江苏化工品交易中心大厦27-28楼				
经营范围	生物高新技术应用、开发、高新技术及电子商务、网络应用开发等				

主要财务指标 指标\报告期	2017.06.30	2016.12.31	2016.06.30	2015.12.31
基本每股收益(元)	−0.0717	0.0200	0.0230	0.0200
基本每股收益(扣除后)(元)	−0.0049	0.0100	0.0030	−0.0300
稀释每股收益(元)	−0.0717	0.0200	0.0230	0.0200
每股净资产(元)	1.5945	1.6563	1.5786	1.5820
每股经营现金净流量(元)	−0.1193	0.0838	0.0957	0.2971
每股现金流量(元)	−0.2843	0.0996	−0.1303	−0.3398
每股资本公积金(元)	0.2194	0.2194	0.1312	0.1312
每股盈余公积金(元)	0.0683	0.0683	0.0659	0.0659
每股未分配利润(元)	0.2911	0.3728	0.3849	0.3722
净资产收益率(%)	−4.4971	1.2284	1.4340	1.3029
加权净资产收益率(%)	−4.4100	1.2800	1.4300	1.3800
净资产收益率(扣除)(%)	−0.3055	0.4923	0.1633	−1.6508
总资产(万元)	327383.26	363856.01	298099.19	322026.75
归属母公司股东权益(万元)	193279.03	200774.61	188105.06	188508.71
营业收入(万元)	33517.16	84184.69	22961.36	63875.38
营业支出(万元)	24096.13	64181.69	12434.31	47863.19
投资收益(万元)	−1013.20	−3768.53	−336.58	4430.85
净利润(万元)	−7239.85	3806.78	3552.52	2908.06
营业利润(万元)	−7154.88	5276.66	5486.09	5299.30
利润总额(万元)	−8908.29	6325.53	5780.97	4022.89

国电电力发展股份有限公司

公司概况					
公司名称	国电电力发展股份有限公司			证券简称	国电电力
法人代表	乔保平	董秘	李忠军	证券代码	600795
公司网址	www.600795.com.cn		电子信箱	lizhongjun@600795.com.cn	
电　话	010-58682100		传　真	010-64829902	
办公地址	北京市朝阳区安慧北里安园19号楼				
经营范围	电力、热力生产、销售、电网经营、新能源项目、高新技术、环保产业的开发与应用等				

主要财务指标 指标\报告期	2017.06.30	2016.12.31	2016.06.30	2015.12.31
基本每股收益(元)	0.0860	0.2320	0.1820	0.2150
基本每股收益(扣除后)(元)	0.0840	0.2170	0.1780	0.1920
稀释每股收益(元)	0.0860	0.2320	0.1820	0.2150
每股净资产(元)	2.6275	2.5112	2.7419	2.5640
每股经营现金净流量(元)	0.4056	1.1915	0.5857	1.2363
每股现金流量(元)	0.1835	−0.0120	0.1581	0.0556
每股资本公积金(元)	0.2789	0.2789	0.3260	0.3260
每股盈余公积金(元)	0.2125	0.2125	0.1879	0.1879
每股未分配利润(元)	0.9452	0.9677	1.0468	0.8607
净资产收益率(%)	3.4331	9.0874	6.7853	8.6606
加权净资产收益率(%)	3.3750	9.1140	7.2380	8.9450
净资产收益率(扣除)(%)	3.1918	8.1880	6.4836	7.4269
总资产(万元)	27461920.51	27126694.55	25587864.73	25018481.09
归属母公司股东权益(万元)	5163063.17	4934547.13	5112581.85	5038371.40
营业收入(万元)	2874386.54	5841604.98	2730908.38	5458255.88
营业支出(万元)	2333890.54	4347318.05	1839940.35	3765413.01
投资收益(万元)	108238.35	171390.76	79454.35	17161.08
净利润(万元)	226865.82	701848.47	523328.71	714724.38
营业利润(万元)	270838.64	865032.22	621565.65	928238.26
利润总额(万元)	279548.65	910897.70	636304.88	975766.60

浙江钱江生物化学股份有限公司

公司概况					
公司名称	浙江钱江生物化学股份有限公司			证券简称	钱江生化
法人代表	高云跃	董秘	宋将林	证券代码	600796
公司网址	www.600796.com		电子信箱	qjbioch@600796.com	
电　话	0573-87038237 87088718		传　真	0573-87035640	
办公地址	浙江省海宁市海洲街道钱江西路178号钱江大厦				
经营范围	生物农药、生物兽药的制造、销售、出口和技术服务				

主要财务指标 指标\报告期	2017.06.30	2016.12.31	2016.06.30	2015.12.31
基本每股收益(元)	0.1170	0.1100	0.0800	0.0900
基本每股收益(扣除后)(元)	0.1030	0.0400	0.0600	0.0600
稀释每股收益(元)	0.1170	0.1100	0.0800	0.0900
每股净资产(元)	2.0765	2.0090	1.9794	1.8996
每股经营现金净流量(元)	0.1122	0.0987	0.0590	0.1624
每股现金流量(元)	−0.1740	0.0192	−0.0640	0.0054
每股资本公积金(元)	0.1247	0.1247	0.1247	0.1247
每股盈余公积金(元)	0.2632	0.2632	0.2572	0.2572
每股未分配利润(元)	0.6902	0.6229	0.5992	0.5199
净资产收益率(%)	5.6450	5.4220	4.0045	4.6362
加权净资产收益率(%)	5.7100	5.5700	4.0900	4.7500
净资产收益率(扣除)(%)	4.9732	1.9387	3.0636	2.9763
总资产(万元)	100050.19	102852.40	103980.61	107319.11
归属母公司股东权益(万元)	62585.29	60553.20	59658.36	57253.45
营业收入(万元)	23270.24	44408.11	22449.35	47402.01
营业支出(万元)	18183.25	31956.54	16036.94	35690.32
投资收益(万元)	2196.32	−823.17	328.87	−713.54
净利润(万元)	3805.19	4021.73	2712.29	3214.12
营业利润(万元)	3653.91	2487.21	2587.30	3108.38
利润总额(万元)	4083.67	4720.28	3141.33	3955.64

浙大网新科技股份有限公司

公司概况					
公司名称	浙大网新科技股份有限公司			证券简称	浙大网新
法人代表	史烈	董秘	许克菲	证券代码	600797
公司网址	www.insigma.com.cn		电子信箱	xukefei@insigma.com.cn	
电　话	0571-87950500		传　真	0571-87988110	
办公地址	浙江省杭州市西湖区西园一路18号浙大网新软件园A楼15层				
经营范围	计算机及网络系统、电子商务、计算机系统集成、电子工程的研究开发等				

主要财务指标 指标\报告期	2017.06.30	2016.12.31	2016.06.30	2015.12.31
基本每股收益(元)	0.1800	0.2700	0.0400	0.2500
基本每股收益(扣除后)(元)	0.0100	0.0700	0.0300	−0.2600
稀释每股收益(元)	0.1800	0.2700	0.0400	0.2500
每股净资产(元)	2.7131	2.4785	2.2581	2.2461
每股经营现金净流量(元)	−0.4968	0.0893	−0.3666	0.0364
每股现金流量(元)	−0.4018	−0.0387	−0.3889	0.0158
每股资本公积金(元)	0.5177	0.4361	0.4507	0.5831
每股盈余公积金(元)	0.1812	0.1812	0.1480	0.1480
每股未分配利润(元)	1.0361	0.8817	0.6808	0.6725
净资产收益率(%)	6.7999	10.8244	1.6934	10.3711
加权净资产收益率(%)	7.1900	10.9800	1.6900	12.0600
净资产收益率(扣除)(%)	0.4354	2.6647	1.1698	−11.0242
总资产(万元)	389417.60	406063.32	414312.29	427838.91
归属母公司股东权益(万元)	247991.72	226548.47	206403.49	205303.48
营业收入(万元)	126471.87	407956.21	155741.22	526921.08
营业支出(万元)	97048.24	324698.50	119806.01	450481.51
投资收益(万元)	18955.71	19865.51	501.41	48348.62
净利润(万元)	17064.24	26998.09	4234.69	23189.02
营业利润(万元)	18434.38	29863.18	3664.61	24970.45
利润总额(万元)	19269.91	31637.86	5193.54	27004.72

宁波海运股份有限公司

公司概况	公司名称	宁波海运股份有限公司			证券简称	宁波海运
	法人代表	胡敏	董秘	黄敏辉	证券代码	600798
	公司网址	www.nbmc.com.cn		电子信箱	hminhui@nbmc.com.cn	
	电　话	0574-87659140		传　真	0574-87355051	
	办公地址	浙江省宁波市北岸财富中心1幢				
	经营范围	沿海、内河（长江）货物运输、国际远洋运输和交通基础设施等				

	指标\报告期	2017.06.30	2016.12.31	2016.06.30	2015.12.31
主要财务指标	基本每股收益(元)	0.0560	0.0857	0.0062	0.0165
	基本每股收益(扣除后)(元)	0.0557	0.0851	0.0059	0.0116
	稀释每股收益(元)	0.0560	0.0857	0.0062	0.0165
	每股净资产(元)	2.6588	2.6322	2.5534	2.5560
	每股经营现金净流量(元)	0.3093	0.4725	0.2083	0.4584
	每股现金流量(元)	–0.0666	0.0779	0.0159	–0.0536
	每股资本公积金(元)	1.1333	1.1333	1.1333	1.1333
	每股盈余公积金(元)	0.2232	0.2232	0.2184	0.2184
	每股未分配利润(元)	0.3066	0.2806	0.2058	0.2096
	净资产收益率(%)	2.1055	3.2569	0.2422	0.6090
	加权净资产收益率(%)	2.1081	3.3100	0.2400	0.6700
	净资产收益率(扣除)(%)	2.0937	3.2327	0.2300	0.4302
	总资产(万元)	630327.69	638740.22	621308.19	626536.62
	归属母公司股东权益(万元)	274077.52	271338.15	263213.82	263484.22
	营业收入(万元)	78042.71	113157.28	49304.59	104694.93
	营业支出(万元)	60261.89	78748.25	37267.08	77972.11
	投资收益(万元)	16.97	–243.68	–502.65	269.07
	净利润(万元)	7627.50	12457.89	1320.03	2252.44
	营业利润(万元)	8645.29	14381.97	1451.74	2589.25
	利润总额(万元)	8689.56	14470.75	1494.24	3072.03

天津环球磁卡股份有限公司

公司概况	公司名称	天津环球磁卡股份有限公司			证券简称	天津磁卡
	法人代表	郭锴	董秘	李金宏	证券代码	600800
	公司网址	www.gmcc.com.cn		电子信箱	jrzqb@gmcc.com.cn	
	电　话	022-58585662 58585858*2191		传　真	022-58585633	
	办公地址	天津市河西区解放南路325号				
	经营范围	软件系统设计、网络集成技术及高科技产品的开发等				

	指标\报告期	2017.06.30	2016.12.31	2016.06.30	2015.12.31
主要财务指标	基本每股收益(元)	–0.0500	0.0300	–0.0593	–0.0400
	基本每股收益(扣除后)(元)	–0.0500	–0.1300	–0.0627	–0.0800
	稀释每股收益(元)	–0.0500	0.0300	–0.0593	–0.0400
	每股净资产(元)	0.1392	0.1935	0.0860	0.1456
	每股经营现金净流量(元)	–0.0685	–0.1442	–0.0880	–0.0962
	每股现金流量(元)	–0.0466	–0.0940	–0.0398	0.0565
	每股资本公积金(元)	0.2210	0.2210	0.2210	0.2210
	每股盈余公积金(元)	0.0736	0.0736	0.0736	0.0736
	每股未分配利润(元)	–1.1563	–1.1023	–1.2094	–1.1501
	净资产收益率(%)	–38.8194	16.3726	–68.9187	–24.5470
	加权净资产收益率(%)	–32.4900	17.8400	–51.2100	–21.9000
	净资产收益率(扣除)(%)	–38.7977	–66.5910	–72.9731	–52.3436
	总资产(万元)	55494.30	59914.86	62093.26	64406.43
	归属母公司股东权益(万元)	8509.35	11826.79	5259.66	8897.38
	营业收入(万元)	6355.85	13266.07	6052.45	13228.88
	营业支出(万元)	4933.70	10784.95	4811.86	10518.32
	投资收益(万元)	–409.90	–102.65	–72.45	430.15
	净利润(万元)	–3414.41	1249.21	–3724.30	–2446.23
	营业利润(万元)	–3412.56	–8586.82	–3937.55	–5020.21
	利润总额(万元)	–3414.41	1249.22	–3724.30	–1743.80

华新水泥股份有限公司

公司概况	公司名称	华新水泥股份有限公司			证券简称	华新水泥
	法人代表	李叶青	董秘	王锡明	证券代码	600801
	公司网址	www.huaxincem.com		电子信箱	investor@huaxincem.com	
	电　话	027-87773896 87773898		传　真	027-87773992	
	办公地址	湖北省武汉市洪山区光谷大道1号国际企业中心5号楼				
	经营范围	水泥、商品混凝土及其他建材制品、包装制品的制造、销售等				

	指标\报告期	2017.06.30	2016.12.31	2016.06.30	2015.12.31
主要财务指标	基本每股收益(元)	0.4900	0.3000	0.0100	0.0700
	基本每股收益(扣除后)(元)	0.4600	0.3100	–0.0200	0.0400
	稀释每股收益(元)	0.4900	0.3000	0.0100	0.0700
	每股净资产(元)	7.0526	6.6740	6.3645	6.4142
	每股经营现金净流量(元)	0.8024	2.0674	0.5402	1.8385
	每股现金流量(元)	–0.7243	1.1885	–0.1252	–0.4900
	每股资本公积金(元)	1.6769	1.6759	1.6754	1.6754
	每股盈余公积金(元)	0.3931	0.3931	0.3705	0.3705
	每股未分配利润(元)	3.9893	3.6032	3.3297	3.3743
	净资产收益率(%)	6.8925	4.5217	0.0844	1.0697
	加权净资产收益率(%)	7.0500	4.6100	0.0800	1.0600
	净资产收益率(扣除)(%)	6.4834	4.6437	–0.2983	0.6251
	总资产(万元)	2892280.66	2742674.94	2495927.90	2548667.18
	归属母公司股东权益(万元)	1056173.04	999486.42	953125.94	960566.93
	营业收入(万元)	937434.92	1352575.95	573801.61	1327131.92
	营业支出(万元)	692483.40	997100.07	443695.79	1013195.57
	投资收益(万元)	6004.62	8551.16	2278.22	3756.11
	净利润(万元)	74533.96	62083.27	5916.88	22559.26
	营业利润(万元)	88285.52	78374.57	–2323.26	18966.49
	利润总额(万元)	91843.33	80699.55	4851.27	33702.05

福建水泥股份有限公司

公司概况	公司名称	福建水泥股份有限公司			证券简称	福建水泥
	法人代表	洪海山	董秘	蔡宣能	证券代码	600802
	公司网址	www.fjcement.com		电子信箱	caixuanneng@sina.com	
	电　话	0591-87617751		传　真	0591-88561717	
	办公地址	福建省福州市鼓楼区琴亭路29号福能方圆大厦				
	经营范围	建筑材料制造及技术服务、工业生产(不含汽车)、大型货车维修等				

	指标\报告期	2017.06.30	2016.12.31	2016.06.30	2015.12.31
主要财务指标	基本每股收益(元)	–0.1130	0.0360	–0.2870	–1.0220
	基本每股收益(扣除后)(元)	–0.1180	–0.4760	–0.2970	–1.0590
	稀释每股收益(元)	–0.1130	0.0360	–0.2870	–1.0220
	每股净资产(元)	1.8537	1.9200	2.0212	2.5100
	每股经营现金净流量(元)	–0.6435	0.4702	–0.2080	0.2839
	每股现金流量(元)	–0.3273	0.0097	–0.3487	–0.5573
	每股资本公积金(元)	0.5601	0.5601	0.5601	0.5601
	每股盈余公积金(元)	0.1566	0.1566	0.1174	0.1174
	每股未分配利润(元)	–0.7947	–0.6710	–0.9546	–0.6680
	净资产收益率(%)	–6.0833	1.8807	–14.1803	–40.7675
	加权净资产收益率(%)	–5.9300	1.5800	–13.1200	–34.5200
	净资产收益率(扣除)(%)	–6.3686	–24.7429	–14.6881	–42.2431
	总资产(万元)	428269.63	443274.98	474572.41	504652.50
	归属母公司股东权益(万元)	70788.32	73445.23	77183.77	95769.12
	营业收入(万元)	75029.78	132331.73	50614.12	152446.63
	营业支出(万元)	66867.15	121771.54	50242.27	149192.29
	投资收益(万元)	2002.64	27911.34	3113.48	3251.62
	净利润(万元)	–6662.61	–5588.88	–15572.97	–53546.79
	营业利润(万元)	–6701.44	–4731.87	–15810.16	–55034.33
	利润总额(万元)	–6676.81	–3406.16	–15325.39	–54299.50

新奥生态控股股份有限公司

公司概况	公司名称	新奥生态控股股份有限公司			证券简称	新奥股份
	法人代表	王玉锁	董秘	史玉江	证券代码	600803
	公司网址	www.enn-ec.com.cn		电子信箱	veyong@veyong.com	
	电　话	0316-2597675　2595599		传　真	86-316-2597561	
	办公地址	河北省石家庄市和平东路 383 号;河北省廊坊市开发区华祥路 118 号 B 座				
	经营范围	生物化工产品、精细化工产品的制造、销售等				

主要财务指标	指标\报告期	2017.06.30	2016.12.31	2016.06.30	2015.12.31
	基本每股收益(元)	0.1000	0.5300	0.1700	0.8200
	基本每股收益(扣除后)(元)	0.0900	0.1900	-0.6300	0.7500
	稀释每股收益(元)	0.1000	0.5300	0.1700	0.8200
	每股净资产(元)	4.7011	4.6096	4.1867	4.3192
	每股经营现金净流量(元)	0.4017	0.9927	0.2643	1.1064
	每股现金流量(元)	0.1461	0.3896	-0.0421	0.1463
	每股资本公积金(元)	-0.1933	-0.1760	-	-
	每股盈余公积金(元)	0.0175	0.0175	0.0082	0.0082
	每股未分配利润(元)	3.6275	3.6269	3.0659	3.2100
	净资产收益率(%)	2.1391	11.4147	-1.0539	18.9219
	加权净资产收益率(%)	2.1400	11.6500	3.9900	17.8200
	净资产收益率(扣除)(%)	1.9728	4.1751	-2.5296	17.2228
	总资产(万元)	1932047.89	1837569.91	1687195.57	1137540.97
	归属母公司股东权益(万元)	463424.94	454408.87	434089.97	425776.11
	营业收入(万元)	461419.43	639559.29	261108.36	565916.55
	营业支出(万元)	338766.32	468780.70	191566.94	387691.04
	投资收益(万元)	-35336.10	-19697.84	-25760.48	7519.45
	净利润(万元)	13347.89	57062.26	-1099.09	88450.44
	营业利润(万元)	24789.05	38653.52	-2913.97	104228.78
	利润总额(万元)	25582.57	72015.42	4636.76	105784.30

鹏博士电信传媒集团股份有限公司

公司概况	公司名称	鹏博士电信传媒集团股份有限公司			证券简称	鹏博士
	法人代表	杨学平	董秘	陈曦	证券代码	600804
	公司网址	www.drpeng.com.cn		电子信箱	chenxi20@btte.net	
	电　话	028-86755190　86742976		传　真	028-86622006	
	办公地址	四川省成都市顺城大街 229 号顺城大厦 8 楼				
	经营范围	计算机软件、通信产品的开发、生产和销售等				

主要财务指标	指标\报告期	2017.06.30	2016.12.31	2016.06.30	2015.12.31
	基本每股收益(元)	0.2800	0.5500	0.3000	0.5300
	基本每股收益(扣除后)(元)	0.2700	0.5200	0.2900	0.4900
	稀释每股收益(元)	0.2800	0.5500	0.2900	0.5100
	每股净资产(元)	4.8580	4.4898	4.3054	3.9249
	每股经营现金净流量(元)	1.2622	2.9271	1.3033	3.3261
	每股现金流量(元)	1.8409	0.1561	0.1641	0.3618
	每股资本公积金(元)	1.6285	1.5604	1.4893	1.4213
	每股盈余公积金(元)	0.1889	0.1913	0.1497	0.1511
	每股未分配利润(元)	2.0253	1.7750	1.7199	1.4478
	净资产收益率(%)	5.6130	12.0747	6.6390	13.0367
	加权净资产收益率(%)	5.9500	12.9800	7.0700	14.0400
	净资产收益率(扣除)(%)	5.5076	11.3695	6.5557	12.1315
	总资产(万元)	2380978.31	2050799.20	1970745.49	1858971.80
	归属母公司股东权益(万元)	695731.55	634890.99	608725.79	549658.16
	营业收入(万元)	424962.00	884971.24	438463.52	792594.13
	营业支出(万元)	205206.82	376607.27	182449.55	323642.01
	投资收益(万元)	-184.74	-1929.20	-1603.29	6426.21
	净利润(万元)	38850.06	75896.15	40194.84	71772.42
	营业利润(万元)	44374.22	86278.09	45654.45	75113.44
	利润总额(万元)	45237.07	92675.45	46993.78	79916.20

江苏悦达投资股份有限公司

公司概况	公司名称	江苏悦达投资股份有限公司			证券简称	悦达投资
	法人代表	王连春	董秘	葛俊兰	证券代码	600805
	公司网址	www.yueda.com		电子信箱	600805@yueda.com	
	电　话	0515-80983060　88202867		传　真	0515-88334601	
	办公地址	江苏省盐城市世纪大道东路 2 号				
	经营范围	实业投资、资产管理、财务顾问、社会经济咨询服务、机械设备等				

主要财务指标	指标\报告期	2017.06.30	2016.12.31	2016.06.30	2015.12.31
	基本每股收益(元)	0.0100	0.1300	0.0950	0.1500
	基本每股收益(扣除后)(元)	-0.0560	0.1500	0.0870	0.1100
	稀释每股收益(元)	0.0100	0.1300	0.0950	0.1500
	每股净资产(元)	7.6058	7.7120	7.4220	7.4272
	每股经营现金净流量(元)	0.2977	-0.1630	0.3171	0.1615
	每股现金流量(元)	0.2212	-0.2557	0.1694	-0.0340
	每股资本公积金(元)	0.4491	0.4491	0.4491	0.4491
	每股盈余公积金(元)	0.7574	0.7574	0.7574	0.7574
	每股未分配利润(元)	5.1599	5.2499	5.2155	5.2204
	净资产收益率(%)	0.1320	1.6786	1.2807	2.0542
	加权净资产收益率(%)	0.1300	1.7200	1.2700	2.0600
	净资产收益率(扣除)(%)	-0.7367	1.8887	1.1708	1.4463
	总资产(万元)	994300.12	982228.06	1001501.67	1021163.45
	归属母公司股东权益(万元)	647174.80	656210.77	631530.62	631973.98
	营业收入(万元)	73730.67	154883.00	76488.77	176416.65
	营业支出(万元)	58762.83	135903.61	65309.88	152863.27
	投资收益(万元)	7052.82	48678.45	21423.55	47866.12
	净利润(万元)	2841.35	13425.87	7972.38	12529.57
	营业利润(万元)	-169.97	13230.89	8100.65	11380.76
	利润总额(万元)	5452.56	15567.06	8794.93	15522.15

山东天业恒基股份有限公司

公司概况	公司名称	山东天业恒基股份有限公司			证券简称	天业股份
	法人代表	曾昭秦	董秘	蒋涛	证券代码	600807
	公司网址	www.tyanhome.com.cn		电子信箱	600807@vip.163.com	
	电　话	0531-86171188		传　真	0531-86171188	
	办公地址	山东省济南市历下区龙奥北路 1577 号天业中心主办公楼				
	经营范围	商业零售兼批发				

主要财务指标	指标\报告期	2017.06.30	2016.12.31	2016.06.30	2015.12.31
	基本每股收益(元)	0.0800	0.1500	0.0800	0.1500
	基本每股收益(扣除后)(元)	-0.1700	0.0700	0.0700	0.1600
	稀释每股收益(元)	0.0800	0.1500	0.0800	0.1500
	每股净资产(元)	2.2920	2.1655	2.1906	1.9111
	每股经营现金净流量(元)	-0.6764	-1.5431	-0.7238	-0.1647
	每股现金流量(元)	-0.4419	1.1468	-0.2979	0.6868
	每股资本公积金(元)	1.3095	1.2954	1.2505	1.0900
	每股盈余公积金(元)	---	---	-	-
	每股未分配利润(元)	0.1717	0.0965	0.0216	-0.0577
	净资产收益率(%)	3.2781	7.0665	3.5348	6.8498
	加权净资产收益率(%)	3.4400	7.6000	3.7800	13.7600
	净资产收益率(扣除)(%)	-7.1334	3.3274	3.2843	7.2716
	总资产(万元)	987349.32	941457.49	715100.21	539570.07
	归属母公司股东权益(万元)	202755.25	191568.29	193791.88	163927.34
	营业收入(万元)	82255.77	209825.15	87387.70	121314.42
	营业支出(万元)	57249.97	143351.63	63147.03	79617.01
	投资收益(万元)	13813.42	66.82	-1.82	-0.84
	净利润(万元)	6729.69	12575.15	6963.13	11456.01
	营业利润(万元)	9544.40	12111.08	9271.38	14378.13
	利润总额(万元)	9656.86	14501.99	9600.28	13689.01

马鞍山钢铁股份有限公司

公司概况

公司名称	马鞍山钢铁股份有限公司			证券简称	马钢股份
法人代表	丁毅	董秘	丁毅(代)	证券代码	600808
公司网址	www.magang.com.cn		电子信箱	mggfdms@magang.com.cn	
电　话	0555-2888158 2875251		传　真	0555-2887284	
办公地址	安徽省马鞍山市九华西路8号				
经营范围	钢铁产品的生产和销售等				

主要财务指标

指标＼报告期	2017.06.30	2016.12.31	2016.06.30	2015.12.31
基本每股收益(元)	0.2130	0.1600	0.0590	-0.6240
基本每股收益(扣除后)(元)	0.1990	0.1830	0.0610	-0.6660
稀释每股收益(元)	0.2130	0.1600	0.0590	-0.6240
每股净资产(元)	2.7824	2.5665	2.4615	2.3967
每股经营现金净流量(元)	0.1895	0.5999	0.0685	0.7617
每股现金流量(元)	-0.1140	0.1010	-0.0970	0.1086
每股资本公积金(元)	1.0841	1.0842	1.0816	1.0816
每股盈余公积金(元)	0.4991	0.4991	0.4991	0.4991
每股未分配利润(元)	0.1887	-0.0247	-0.1189	-0.1777
净资产收益率(%)	7.6699	6.2178	2.3885	-26.0313
加权净资产收益率(%)	7.9800	6.4300	2.4200	-23.0100
净资产收益率(扣除)(%)	7.1459	7.1338	2.4784	-27.7934
总资产(万元)	6622327.52	6624553.10	5956504.83	6245446.60
归属母公司股东权益(万元)	2142663.50	1976417.20	1895553.39	1845583.80
营业收入(万元)	3518757.96	4827510.03	2100116.26	4510892.67
营业支出(万元)	3130862.01	4255748.77	1817730.75	4548844.06
投资收益(万元)	28662.80	29139.65	7869.76	9372.52
净利润(万元)	190413.38	125669.53	43091.83	-510448.44
营业利润(万元)	222264.90	124799.11	35443.24	-509309.35
利润总额(万元)	224205.30	136857.55	49307.56	-472657.20

山西杏花村汾酒厂股份有限公司

公司概况

公司名称	山西杏花村汾酒厂股份有限公司			证券简称	山西汾酒
法人代表	谭忠豹	董秘	王涛	证券代码	600809
公司网址	www.fenjiu.com.cn		电子信箱	sxfj@fenjiu.com.cn	
电　话	0358-7329809		传　真	0358-7329809	
办公地址	山西省汾阳市杏花村				
经营范围	生产及销售汾酒、竹叶青酒及其系列酒并提供广告服务等				

主要财务指标

指标＼报告期	2017.06.30	2016.12.31	2016.06.30	2015.12.31
基本每股收益(元)	0.6949	0.6989	0.4145	0.6013
基本每股收益(扣除后)(元)	0.6943	0.6962	0.4123	0.5995
稀释每股收益(元)	0.6949	0.6989	0.4145	0.6013
每股净资产(元)	5.6479	5.4976	5.2089	5.1103
每股经营现金净流量(元)	0.1976	0.6767	0.1338	0.4941
每股现金流量(元)	-0.1077	0.1638	-0.0741	0.2917
每股资本公积金(元)	0.2781	0.2781	0.2781	0.2781
每股盈余公积金(元)	0.5449	0.5449	0.5449	0.5449
每股未分配利润(元)	3.7659	3.6210	3.3367	3.2421
净资产收益率(%)	12.3038	12.7126	7.9584	11.7658
加权净资产收益率(%)	12.9800	13.2400	8.2000	12.5200
净资产收益率(扣除)(%)	12.2937	12.6637	7.9149	11.7311
总资产(万元)	823410.62	741662.66	707547.70	670662.67
归属母公司股东权益(万元)	489024.59	476006.51	451008.33	442473.03
营业收入(万元)	342102.16	440494.83	242318.91	412855.85
营业支出(万元)	98947.76	137953.56	76120.58	134720.91
投资收益(万元)	35.19	-88.00	-81.14	37.53
净利润(万元)	64184.07	64157.37	37602.32	54180.78
营业利润(万元)	98513.88	92965.96	54868.11	77207.65
利润总额(万元)	98206.24	92006.03	54443.51	75985.12

神马实业股份有限公司

公司概况

公司名称	神马实业股份有限公司			证券简称	神马股份
法人代表	郑晓广	董秘	刘臻	证券代码	600810
公司网址	www.shenma.com		电子信箱	liuzhen600810@126.com	
电　话	0375-3921231		传　真	0375-3921500	
办公地址	河南省平顶山市建设路63号				
经营范围	帘子布、工业用布、化学纤维及制品的制造、加工、销售等				

主要财务指标

指标＼报告期	2017.06.30	2016.12.31	2016.06.30	2015.12.31
基本每股收益(元)	0.1100	0.1900	0.0900	0.1400
基本每股收益(扣除后)(元)	0.1000	0.1700	0.1000	0.1300
稀释每股收益(元)	0.1100	0.1900	0.0900	0.1400
每股净资产(元)	5.6812	5.5677	5.4809	5.3929
每股经营现金净流量(元)	1.5605	2.6423	0.7543	-0.3945
每股现金流量(元)	-0.6129	1.1876	1.2115	0.5277
每股资本公积金(元)	4.0478	4.0478	4.0617	4.0617
每股盈余公积金(元)	0.5386	0.5386	0.5386	0.5386
每股未分配利润(元)	0.0947	-0.0188	-0.1194	-0.2074
净资产收益率(%)	1.9980	3.4473	1.6051	2.6467
加权净资产收益率(%)	2.0200	3.4900	1.6100	2.6800
净资产收益率(扣除)(%)	1.7854	3.0242	1.8734	2.3570
总资产(万元)	934435.57	985629.53	909462.90	819866.70
归属母公司股东权益(万元)	251266.92	246246.52	242409.26	238518.38
营业收入(万元)	557618.97	1004025.61	456331.92	808898.71
营业支出(万元)	515585.91	928084.73	418307.35	752433.93
投资收益(万元)	4122.00	4581.62	2093.30	9273.98
净利润(万元)	8319.72	10564.21	4722.14	6810.11
营业利润(万元)	8737.14	10514.85	6005.94	6349.46
利润总额(万元)	8858.68	11578.19	5163.51	7112.75

东方集团股份有限公司

公司概况

公司名称	东方集团股份有限公司			证券简称	东方集团
法人代表	孙明涛	董秘	王华清	证券代码	600811
公司网址	www.china-orient.com		电子信箱	dfjt@orientgroup.com.cn	
电　话	0451-53666028		传　真	0451-53666028	
办公地址	黑龙江省哈尔滨市南岗区花园街235号				
经营范围	商业银行、人寿保险业务、建材连锁超市、港口交通、加工制造业和房地产开发等				

主要财务指标

指标＼报告期	2017.06.30	2016.12.31	2016.06.30	2015.12.31
基本每股收益(元)	0.1087	0.3228	0.2394	0.3854
基本每股收益(扣除后)(元)	0.0558	0.2468	0.2188	0.3894
稀释每股收益(元)	0.1087	0.3228	0.2394	0.3854
每股净资产(元)	5.3100	6.7800	6.7561	6.2303
每股经营现金净流量(元)	-0.9856	-0.5473	-0.7402	-0.0578
每股现金流量(元)	-0.7275	3.8478	3.4394	-0.3365
每股资本公积金(元)	3.3830	3.3827	3.3715	1.3344
每股盈余公积金(元)	0.7896	0.7896	0.7091	1.2156
每股未分配利润(元)	1.7619	1.6206	1.6550	2.5692
净资产收益率(%)	2.0461	3.9325	2.3130	6.1861
加权净资产收益率(%)	2.0600	4.9100	3.7300	6.2600
净资产收益率(扣除)(%)	1.0504	3.0070	2.1145	6.2499
总资产(万元)	4835824.75	4761898.62	4027608.74	2124073.31
归属母公司股东权益(万元)	1973440.65	1938383.65	1930462.01	1038470.80
营业收入(万元)	359518.27	634319.57	258251.57	621436.93
营业支出(万元)	349058.30	612944.15	256080.38	613714.28
投资收益(万元)	106086.46	153454.24	78581.84	159257.70
净利润(万元)	38889.73	72048.01	43073.36	48993.35
营业利润(万元)	37851.36	62991.38	43294.25	89676.52
利润总额(万元)	38410.11	68587.05	43595.54	50000.81

华北制药股份有限公司

公司概况					
公司名称	华北制药股份有限公司			证券简称	华北制药
法人代表	郭周克	董秘	常志山	证券代码	600812
公司网址	www.ncpc.com			电子信箱	yangjingcw@ncpc.com
电　话	0311-86691718　85992039			传　真	0311-86060942
办公地址	河北省石家庄市和平东路 388 号				
经营范围	医药化工产品的生产及销售等				

主要财务指标				
指标＼报告期	2017.06.30	2016.12.31	2016.06.30	2015.12.31
基本每股收益(元)	0.0190	0.0330	0.0180	0.0390
基本每股收益(扣除后)(元)	0.0100	-0.0310	0.0130	0.0010
稀释每股收益(元)	0.0190	0.0330	0.0180	0.0390
每股净资产(元)	3.2621	3.2577	3.2421	3.2428
每股经营现金净流量(元)	0.0148	-0.2738	-0.1900	0.0751
每股现金流量(元)	-0.0976	-0.0181	0.0553	-0.0210
每股资本公积金(元)	2.1345	2.1280	2.1280	2.1280
每股盈余公积金(元)	0.1306	0.1306	0.1184	0.1184
每股未分配利润(元)	-0.0076	-0.0065	-0.0092	-0.0077
净资产收益率(%)	0.5788	1.0242	0.5697	1.1884
加权净资产收益率(%)	0.5800	1.0300	0.5700	1.1900
净资产收益率(扣除)(%)	0.3216	-0.9642	0.4090	0.0453
总资产(万元)	1680754.83	1647625.40	1632580.17	1599723.01
归属母公司股东权益(万元)	531988.72	531274.67	528722.05	528841.20
营业收入(万元)	400331.55	808246.28	395906.19	790250.23
营业支出(万元)	306983.96	651782.17	321624.80	646485.72
投资收益(万元)	1717.86	3102.19	1541.16	4138.17
净利润(万元)	2926.92	5163.13	2877.41	5085.07
营业利润(万元)	4472.31	-3574.69	2654.08	1009.02
利润总额(万元)	4352.57	7814.53	3517.38	7321.15

杭州解百集团股份有限公司

公司概况					
公司名称	杭州解百集团股份有限公司			证券简称	杭州解百
法人代表	童民强	董秘	毕铃	证券代码	600814
公司网址	www.jiebai.cn			电子信箱	bil@jiebai.com
电　话	0571-87085159			传　真	0571-87080657
办公地址	浙江省杭州市下城区环城北路 208 号坤和中心 36-37 楼				
经营范围	百货零售、批发以及酒店、进出口业务等				

主要财务指标				
指标＼报告期	2017.06.30	2016.12.31	2016.06.30	2015.12.31
基本每股收益(元)	0.1200	0.2700	0.1500	0.3200
基本每股收益(扣除后)(元)	0.1100	0.2300	0.1500	0.2900
稀释每股收益(元)	0.1200	0.2700	0.1500	0.3200
每股净资产(元)	3.1442	3.1058	2.8596	2.8055
每股经营现金净流量(元)	-0.1235	0.6546	0.1072	0.2269
每股现金流量(元)	-0.1136	0.3453	-0.0405	-0.3665
每股资本公积金(元)	0.0200	0.0200	0.0200	0.0200
每股盈余公积金(元)	0.1757	0.1757	0.1634	0.1634
每股未分配利润(元)	1.8230	1.7836	1.6762	1.6221
净资产收益率(%)	3.8934	8.8135	5.3881	11.2765
加权净资产收益率(%)	3.8800	9.4200	5.3800	11.6800
净资产收益率(扣除)(%)	3.5186	7.5340	5.1294	10.2976
总资产(万元)	478840.74	498394.53	446766.46	455746.43
归属母公司股东权益(万元)	224821.91	222075.34	204467.16	200600.49
营业收入(万元)	274933.98	524145.03	251497.70	536610.77
营业支出(万元)	212900.50	405675.47	194200.19	420557.07
投资收益(万元)	-2343.05	-2085.92	257.37	3794.05
净利润(万元)	14198.48	31412.28	17622.15	35798.44
营业利润(万元)	20693.71	42724.83	23620.91	47699.49
利润总额(万元)	20577.27	43442.00	23620.77	47590.84

厦门厦工机械股份有限公司

公司概况					
公司名称	厦门厦工机械股份有限公司			证券简称	*ST 厦工
法人代表	许振明	董秘	刘焕寿	证券代码	600815
公司网址	www.xiagong.com			电子信箱	stock@xiagong.com
电　话	0592-6389300			传　真	0592-6389301
办公地址	福建省厦门市灌口南路 668 号之八				
经营范围	装载、挖掘机等工程机械产品及其配件制造、加工和销售等				

主要财务指标				
指标＼报告期	2017.06.30	2016.12.31	2016.06.30	2015.12.31
基本每股收益(元)	0.1500	-2.8000	-0.2500	-1.0400
基本每股收益(扣除后)(元)	-0.0700	-2.8400	-0.2600	-1.0700
稀释每股收益(元)	0.1500	-2.8000	-0.2500	-1.0400
每股净资产(元)	0.5850	0.4015	2.9618	3.2074
每股经营现金净流量(元)	0.1639	0.1526	-0.2389	0.2204
每股现金流量(元)	-0.0900	-0.0553	0.1883	-0.2267
每股资本公积金(元)	2.1450	2.1081	2.1080	2.1079
每股盈余公积金(元)	0.2860	0.2860	0.2860	0.2860
每股未分配利润(元)	-2.8428	-2.9888	-0.4292	-0.1839
净资产收益率(%)	24.9714	-698.6347	-8.2847	-32.5045
加权净资产收益率(%)	29.6200	-155.4500	-7.9500	-27.9700
净资产收益率(扣除)(%)	-12.4399	-706.1689	-8.7387	-33.4551
总资产(万元)	697124.44	766300.12	1006893.16	951785.71
归属母公司股东权益(万元)	56096.95	38501.99	284027.64	307582.46
营业收入(万元)	222952.98	324103.98	194429.74	306793.99
营业支出(万元)	201564.94	302738.70	177987.51	283801.44
投资收益(万元)	10550.13	-3986.93	135.39	551.90
净利润(万元)	18077.57	-267077.40	-22659.23	-97983.38
营业利润(万元)	12161.68	-285218.28	-27604.82	-118747.75
利润总额(万元)	21911.92	-286123.14	-26456.93	-115447.46

安信信托股份有限公司

公司概况					
公司名称	安信信托股份有限公司			证券简称	安信信托
法人代表	王少钦	董秘	武国建	证券代码	600816
公司网址	www.anxintrust.com			电子信箱	600816@anxintrust.com
电　话	021-63410710			传　真	021-63410712
办公地址	上海市黄浦区广东路 689 号海通证券大厦 1/2/29 楼				
经营范围	主要从事信托、证券、实业等业务				

主要财务指标				
指标＼报告期	2017.06.30	2016.12.31	2016.06.30	2015.12.31
基本每股收益(元)	0.3537	1.7142	0.7870	1.0482
基本每股收益(扣除后)(元)	0.3244	1.6588	0.7319	0.9933
稀释每股收益(元)	0.3537	1.7142	0.7870	1.0482
每股净资产(元)	3.0954	6.6219	4.0039	3.5646
每股经营现金净流量(元)	0.2454	1.4451	1.0839	1.0207
每股现金流量(元)	-0.4421	1.0124	-	-
每股资本公积金(元)	0.8804	3.1368	-	-
每股盈余公积金(元)	0.1356	0.2983	-	-
每股未分配利润(元)	0.9663	1.9476	-	-
净资产收益率(%)	11.4267	22.1163	19.6556	27.2970
加权净资产收益率(%)	11.7600	41.1500	20.8000	42.7300
净资产收益率(扣除)(%)	10.4816	21.4021	18.2799	25.8681
总资产(万元)	2037989.39	1912569.51	1041979.98	915895.12
归属母公司股东权益(万元)	1410751.35	1371816.66	708648.91	630891.93
营业收入(万元)	235116.01	524595.90	205536.39	295476.73
营业支出(万元)	45574.60	122336.35	34384.40	-
投资收益(万元)	34549.39	27977.43	-	-
净利润(万元)	161201.72	303394.74	139289.04	172214.85
营业利润(万元)	189541.41	402259.55	171152.00	230563.50
利润总额(万元)	207317.46	415322.13	184150.30	236143.57

西安宏盛科技发展股份有限公司

公司概况	公司名称	西安宏盛科技发展股份有限公司			证券简称	*ST 宏盛
	法人代表	程涛	董秘	徐强	证券代码	600817
	公司网址	www.Norcent.com.cn		电子信箱	hskj2017@126.com	
	电　话	029-88661759		传　真	029-88661759	
	办公地址	陕西省西安市曲江新区雁南五路商通大道曲江行政商务区会所裙楼三层 306 室				
	经营范围	主要从事信托、证券、实业等业务				

主要财务指标	指标＼报告期	2017.06.30	2016.12.31	2016.06.30	2015.12.31
	基本每股收益(元)	-0.0071	0.0200	-0.0027	-0.0800
	基本每股收益(扣除后)(元)	-0.0071	-0.0500	-0.0053	-0.0900
	稀释每股收益(元)	-0.0071	0.0200	-0.0027	-0.0800
	每股净资产(元)	0.6025	0.6096	0.5863	0.5890
	每股经营现金净流量(元)	-0.0209	-0.3738	-0.4056	-0.1191
	每股现金流量(元)	-0.0209	-0.3488	-0.5174	-0.0439
	每股资本公积金(元)	1.3193	1.3193	1.3193	1.3193
	每股盈余公积金(元)	0.0512	0.0512	0.0512	0.0512
	每股未分配利润(元)	-1.7680	-1.7608	-1.7841	-1.7814
	净资产收益率(%)	-1.1842	3.3747	-0.4604	-14.1569
	加权净资产收益率(%)	-1.1773	3.4300	-0.2024	-13.2200
	净资产收益率(扣除)(%)	-1.1842	-7.6503	-0.9076	-14.5733
	总资产(万元)	16690.13	16995.15	34566.13	35572.77
	归属母公司股东权益(万元)	9694.28	9809.08	9434.61	9478.05
	营业收入(万元)	304.88	538.94	331.25	1204.24
	营业支出(万元)	18.97	184.66	145.70	459.29
	投资收益(万元)	--	751.10	-	-
	净利润(万元)	-65.00	-355.92	-69.78	-2659.73
	营业利润(万元)	-9.66	-548.20	-102.43	-2593.46
	利润总额(万元)	-9.66	-136.61	22.58	-2476.53

中路股份有限公司

公司概况	公司名称	中路股份有限公司			证券简称	中路股份
	法人代表	陈闪	董秘	袁志坚	证券代码	600818
	公司网址	www.600818.cn		电子信箱	600818@zhonglu.com.cn	
	电　话	021-50596906		传　真	021-68458517	
	办公地址	上海市浦东新区南六公路 818 号				
	经营范围	自行车及零部件、助力车等各类特种车辆和自行车相关的配套产品等				

主要财务指标	指标＼报告期	2017.06.30	2016.12.31	2016.06.30	2015.12.31
	基本每股收益(元)	0.1000	0.2800	0.0400	0.1600
	基本每股收益(扣除后)(元)	-0.0200	-0.0700	-0.0300	-0.1000
	稀释每股收益(元)	0.1000	0.2800	0.0400	0.1600
	每股净资产(元)	2.0353	1.8351	1.5086	1.5201
	每股经营现金净流量(元)	-0.2909	0.4969	0.1219	0.3301
	每股现金流量(元)	-0.2779	-0.0338	-0.3174	0.1490
	每股资本公积金(元)	0.1042	0.0453	0.0453	0.0453
	每股盈余公积金(元)	0.0521	0.0521	0.0363	0.0363
	每股未分配利润(元)	0.5287	0.4332	0.2096	0.1979
	净资产收益率(%)	4.6889	15.3188	2.7653	10.6268
	加权净资产收益率(%)	4.9800	16.7600	2.7300	11.6000
	净资产收益率(扣除)(%)	-0.7644	-3.8060	-2.0642	-6.4578
	总资产(万元)	103225.36	100989.78	88758.21	94487.48
	归属母公司股东权益(万元)	65423.42	58989.78	48493.20	48864.11
	营业收入(万元)	31131.11	68111.44	29822.52	65636.62
	营业支出(万元)	27484.09	60160.23	25983.26	54314.30
	投资收益(万元)	3990.77	1024.60	-169.50	6701.82
	净利润(万元)	2605.12	8388.61	855.24	4320.07
	营业利润(万元)	1870.88	-17223.64	-15548.10	4387.71
	利润总额(万元)	2813.55	11663.14	1490.40	6300.28

上海耀皮玻璃集团股份有限公司

公司概况	公司名称	上海耀皮玻璃集团股份有限公司			证券简称	耀皮玻璃
	法人代表	赵健	董秘	陆铭红	证券代码	600819
	公司网址	www.sypglass.com		电子信箱	stock@sypglass.com	
	电　话	021-61633599 61633522		传　真	021-58801554	
	办公地址	上海市浦东新区张东路 1388 号 4-5 幢				
	经营范围	生产和销售透明浮法玻璃、本体着色浮法玻璃及其深加工系列产品等				

主要财务指标	指标＼报告期	2017.06.30	2016.12.31	2016.06.30	2015.12.31
	基本每股收益(元)	0.0180	0.2400	0.0100	-0.3900
	基本每股收益(扣除后)(元)	-0.0600	-0.3600	-0.0700	-0.5300
	稀释每股收益(元)	0.0180	0.2400	0.0100	-0.3900
	每股净资产(元)	3.2437	3.2317	3.0259	3.0766
	每股经营现金净流量(元)	0.0378	0.4705	0.2338	0.5679
	每股现金流量(元)	0.1186	-0.0354	-0.0384	0.1609
	每股资本公积金(元)	1.2012	1.2012	1.2012	1.2012
	每股盈余公积金(元)	0.5265	0.5265	0.5265	0.5265
	每股未分配利润(元)	0.5359	0.5175	0.2864	0.2760
	净资产收益率(%)	0.5664	7.4727	0.3433	-12.6640
	加权净资产收益率(%)	0.5700	7.5500	0.3400	-12.1900
	净资产收益率(扣除)(%)	-1.9444	-11.2289	-2.3884	-17.1340
	总资产(万元)	737265.21	746339.73	792863.35	820265.22
	归属母公司股东权益(万元)	303262.35	302132.42	282897.06	287638.95
	营业收入(万元)	150635.65	294301.10	139408.61	274774.33
	营业支出(万元)	123771.02	234505.99	110634.15	226732.83
	投资收益(万元)	3156.89	67966.40	5298.56	9404.08
	净利润(万元)	2486.60	21123.41	836.59	-48890.83
	营业利润(万元)	3295.67	33375.24	-508.53	-50152.04
	利润总额(万元)	3378.71	38241.15	2041.67	-46561.69

上海隧道工程股份有限公司

公司概况	公司名称	上海隧道工程股份有限公司			证券简称	隧道股份
	法人代表	张焰	董秘	田军	证券代码	600820
	公司网址	www.stec.net		电子信箱	stecodd@stec.net	
	电　话	021-65419590		传　真	86-21-65419227	
	办公地址	上海市徐汇区宛平南路 1099 号				
	经营范围	建筑业、土木工程建设项目总承包、隧道、市政、建筑、公路及桥梁、交通等				

主要财务指标	指标＼报告期	2017.06.30	2016.12.31	2016.06.30	2015.12.31
	基本每股收益(元)	0.2400	0.5300	0.2200	0.4700
	基本每股收益(扣除后)(元)	0.2200	0.4800	0.2100	0.4200
	稀释每股收益(元)	0.2400	0.5300	0.2200	0.4700
	每股净资产(元)	5.7589	5.6628	5.3664	5.2955
	每股经营现金净流量(元)	0.0510	1.2589	0.0900	0.4732
	每股现金流量(元)	-0.5606	0.5370	-0.7145	1.1822
	每股资本公积金(元)	2.1732	2.1732	2.1719	2.1719
	每股盈余公积金(元)	0.2424	0.2424	0.2290	0.2290
	每股未分配利润(元)	2.1877	2.1049	1.8160	1.7425
	净资产收益率(%)	4.2174	9.2841	4.1636	8.8930
	加权净资产收益率(%)	4.2600	9.5900	4.2500	9.1500
	净资产收益率(扣除)(%)	3.8667	8.4772	3.8521	7.9185
	总资产(万元)	6256465.25	6701284.97	6230659.12	6288691.81
	归属母公司股东权益(万元)	1810638.01	1780447.83	1687240.49	1664947.19
	营业收入(万元)	1199898.66	2882846.88	1136452.99	2680317.46
	营业支出(万元)	1053069.34	2541198.55	993168.91	2336759.67
	投资收益(万元)	65948.57	135144.31	66279.85	204525.31
	净利润(万元)	77440.31	167655.49	71112.21	150430.49
	营业利润(万元)	97580.14	197789.63	89809.02	182268.46
	利润总额(万元)	97484.31	214629.21	96706.88	195152.50

天津劝业场(集团)股份有限公司

公司概况	公司名称	天津劝业场(集团)股份有限公司			证券简称	津劝业
	法人代表	刘明	董秘	董画天	证券代码	600821
	公司网址	www.qyc.com.cn		电子信箱	tjqy600821@163.com	
	电　话	022-27304989		传　真	022-27304989	
	办公地址	天津市和平区和平路 290 号				
	经营范围	商业、各类物资的批发及零售				

主要财务指标	指标\报告期	2017.06.30	2016.12.31	2016.06.30	2015.12.31
	基本每股收益(元)	-0.1900	-0.2400	0.0050	0.0100
	基本每股收益(扣除后)(元)	-0.1900	-0.2400	0.0040	-
	稀释每股收益(元)	-0.1900	-0.2400	0.0050	0.0100
	每股净资产(元)	1.0210	1.2130	1.4552	1.4502
	每股经营现金净流量(元)	-0.1371	-0.3260	-0.2054	-0.1394
	每股现金流量(元)	-0.0488	0.0976	0.3964	-0.2165
	每股资本公积金(元)	0.4292	0.4292	0.4292	0.4292
	每股盈余公积金(元)	0.2336	0.2336	0.2336	0.2336
	每股未分配利润(元)	-0.6418	-0.4498	-0.2075	-0.2125
	净资产收益率(%)	-18.8040	-19.5611	0.3437	0.8440
	加权净资产收益率(%)	-17.1900	-17.8200	0.3400	0.8500
	净资产收益率(扣除)(%)	-18.7269	-19.6522	0.2819	-0.0053
	总资产(万元)	166645.27	175645.56	197725.39	180221.41
	归属母公司股东权益(万元)	42500.28	50492.02	60577.00	60368.81
	营业收入(万元)	11489.12	27231.49	15635.03	55015.20
	营业支出(万元)	9092.56	22282.76	11806.42	42659.50
	投资收益(万元)	-1364.81	5784.14	3049.55	5099.16
	净利润(万元)	-7991.74	-9876.79	208.19	509.50
	营业利润(万元)	-7961.93	-9911.36	202.46	83.72
	利润总额(万元)	-7991.74	-9876.79	208.19	509.50

上海物资贸易股份有限公司

公司概况	公司名称	上海物资贸易股份有限公司			证券简称	上海物贸
	法人代表	秦青林	董秘	许伟	证券代码	600822
	公司网址	www.sh600822.com		电子信箱	600822@shwuzi.com	
	电　话	021-63231818		传　真	021-63292367	
	办公地址	上海市黄浦区南苏州路 325 号 7 楼				
	经营范围	燃料油、金属材料、化工原料、建材、汽车等机电产品的经营及进出口贸易等				

主要财务指标	指标\报告期	2017.06.30	2016.12.31	2016.06.30	2015.12.31
	基本每股收益(元)	0.0250	0.0300	0.0039	-3.1900
	基本每股收益(扣除后)(元)	0.0278	-0.0960	-0.0196	-3.3200
	稀释每股收益(元)	0.0250	0.0300	0.0039	-3.1900
	每股净资产(元)	1.0919	1.0688	1.0354	0.5591
	每股经营现金净流量(元)	-0.1264	-0.4404	-0.6959	0.5449
	每股现金流量(元)	-0.3796	0.2892	-0.0248	-0.5822
	每股资本公积金(元)	3.3889	3.3889	3.3877	2.9097
	每股盈余公积金(元)	0.1072	0.1072	0.1072	0.1072
	每股未分配利润(元)	-3.6447	-3.6697	-3.6954	-3.6993
	净资产收益率(%)	2.2851	2.7758	0.3758	-571.3948
	加权净资产收益率(%)	2.3095	3.6500	0.4881	-890.0500
	净资产收益率(扣除)(%)	2.5485	-9.0191	-1.8905	-593.8193
	总资产(万元)	210041.14	207805.89	309674.10	538702.09
	归属母公司股东权益(万元)	54153.20	53008.35	51351.08	27728.72
	营业收入(万元)	307145.72	1642244.01	1348271.56	5702594.60
	营业支出(万元)	290506.96	1607692.23	1329570.48	5652412.63
	投资收益(万元)	1317.89	3308.35	1409.79	2296.64
	净利润(万元)	1584.49	2400.07	742.88	-168476.34
	营业利润(万元)	2432.49	1983.31	397.10	-174132.58
	利润总额(万元)	2339.85	4259.97	1786.18	-167351.55

上海世茂股份有限公司

公司概况	公司名称	上海世茂股份有限公司			证券简称	世茂股份
	法人代表	刘赛飞	董秘	俞峰	证券代码	600823
	公司网址	www.shimaoco.com		电子信箱	600823@shimao.com.cn	
	电　话	021-20203388		传　真	021-20203399	
	办公地址	上海市银城中路 68 号时代金融中心 43 楼				
	经营范围	实业投资、房地产综合开发、本公司商标特许经营、针纺织品等				

主要财务指标	指标\报告期	2017.06.30	2016.12.31	2016.06.30	2015.12.31
	基本每股收益(元)	0.3700	0.7900	0.5200	1.1600
	基本每股收益(扣除后)(元)	0.2800	0.6300	0.4600	0.5200
	稀释每股收益(元)	0.3700	0.7900	0.5200	1.1600
	每股净资产(元)	5.5851	7.3914	7.4329	10.1688
	每股经营现金净流量(元)	1.0739	0.4236	0.6115	0.2326
	每股现金流量(元)	0.9152	0.4784	0.0372	0.7573
	每股资本公积金(元)	0.1839	0.6758	1.1182	1.9652
	每股盈余公积金(元)	0.1002	0.1402	0.1402	0.1963
	每股未分配利润(元)	3.2597	4.1223	3.8573	4.7834
	净资产收益率(%)	6.6663	10.6987	6.9852	10.5111
	加权净资产收益率(%)	6.8200	8.7700	6.9000	11.9500
	净资产收益率(扣除)(%)	5.0851	8.5370	6.2485	4.7411
	总资产(万元)	8294565.39	8255864.23	6403933.14	6534777.67
	归属母公司股东权益(万元)	2095074.44	1980666.55	1991566.03	1946163.69
	营业收入(万元)	1009333.57	1370802.51	636725.43	1503280.48
	营业支出(万元)	600663.25	879463.46	434397.69	957331.49
	投资收益(万元)	319.30	108393.61	103174.33	92353.87
	净利润(万元)	238476.44	273836.10	164851.09	291910.15
	营业利润(万元)	318085.19	397979.24	230275.02	400603.87
	利润总额(万元)	321451.00	382879.97	226468.13	398863.82

上海益民商业集团股份有限公司

公司概况	公司名称	上海益民商业集团股份有限公司			证券简称	益民集团
	法人代表	杨传华	董秘	钱国富	证券代码	600824
	公司网址	www.yimingroup.com		电子信箱	yimin@yimingroup.com	
	电　话	021-64339888		传　真	021-64721377	
	办公地址	上海市淮海中路 809 号甲				
	经营范围	百货零售业等				

主要财务指标	指标\报告期	2017.06.30	2016.12.31	2016.06.30	2015.12.31
	基本每股收益(元)	0.0950	0.1430	0.0890	0.1830
	基本每股收益(扣除后)(元)	0.0910	0.1340	0.0910	0.1430
	稀释每股收益(元)	0.0950	0.1430	0.0890	0.1830
	每股净资产(元)	1.9940	1.9424	1.8885	1.8546
	每股经营现金净流量(元)	0.1399	0.2524	0.1177	0.2636
	每股现金流量(元)	-0.0214	0.0448	-0.0452	0.1005
	每股资本公积金(元)	0.1484	0.1484	0.1484	0.1484
	每股盈余公积金(元)	0.1886	0.1886	0.1767	0.1767
	每股未分配利润(元)	0.6566	0.6049	0.5629	0.5286
	净资产收益率(%)	4.7463	7.3674	4.7240	9.8742
	加权净资产收益率(%)	4.7600	7.5400	4.7000	10.2700
	净资产收益率(扣除)(%)	4.5736	6.8887	4.7977	7.7229
	总资产(万元)	286644.08	283248.11	286934.33	276498.22
	归属母公司股东权益(万元)	210171.58	204734.24	199053.09	195478.73
	营业收入(万元)	104853.78	284224.82	148259.59	311194.18
	营业支出(万元)	68322.03	216791.38	111391.51	240836.01
	投资收益(万元)	554.56	196.22	41.97	2247.34
	净利润(万元)	10088.79	15444.13	9609.45	19873.22
	营业利润(万元)	13316.18	18911.73	12292.98	23448.73
	利润总额(万元)	13298.83	19945.63	12415.21	27133.74

上海新华传媒股份有限公司

公司概况	公司名称	上海新华传媒股份有限公司			证券简称	新华传媒
	法人代表	陈启伟	董秘	陈榕	证券代码	600825
	公司网址	www.xhmedia.com			电子信箱	xhcm600825@gmail.com
	电　话	021-60376284			传　真	021-60376284
	办公地址	上海市漕溪北路331号中金国际广场A楼7-8层				
	经营范围	图书报刊、电子出版物零售(连锁经营)、图书报刊、电子出版物批发等				

主要财务指标	指标＼报告期	2017.06.30	2016.12.31	2016.06.30	2015.12.31
	基本每股收益(元)	0.0200	0.0500	0.0250	0.0600
	基本每股收益(扣除后)(元)	-0.0180	-0.0400	-0.0070	-0.0900
	稀释每股收益(元)	0.0200	0.0500	0.0250	0.0600
	每股净资产(元)	2.4993	2.4786	2.4741	2.4494
	每股经营现金净流量(元)	0.0358	0.2769	0.0560	0.2377
	每股现金流量(元)	-0.0480	-0.1484	-0.0468	-0.2716
	每股资本公积金(元)	0.5350	0.5313	0.5314	0.5314
	每股盈余公积金(元)	0.1679	0.1682	0.1639	0.1639
	每股未分配利润(元)	0.7964	0.7790	0.7788	0.7541
	净资产收益率(%)	0.8170	1.8691	1.0003	2.2582
	加权净资产收益率(%)	0.8200	1.8800	1.0100	2.2700
	净资产收益率(扣除)(%)	-0.7100	-1.5872	-0.2788	-3.8596
	总资产(万元)	391927.51	394893.12	387626.28	432294.33
	归属母公司股东权益(万元)	261149.52	258985.83	258518.32	255932.44
	营业收入(万元)	66749.80	152457.34	71976.10	157270.68
	营业支出(万元)	42786.77	101439.14	47581.90	107975.94
	投资收益(万元)	-618.53	3350.69	1152.30	8098.19
	净利润(万元)	1923.45	4052.58	1998.64	5012.01
	营业利润(万元)	1974.59	2866.86	2674.13	6557.79
	利润总额(万元)	2454.23	4865.36	2852.47	7612.75

上海兰生股份有限公司

公司概况	公司名称	上海兰生股份有限公司			证券简称	兰生股份
	法人代表	王强	董秘	杨敏	证券代码	600826
	公司网址	www.lansheng.com			电子信箱	yangmin@lansheng.com
	电　话	021-51991608　51991611			传　真	021-33772705*608 611
	办公地址	上海市中山北二路1800号				
	经营范围	机电产品、纺织原料及制品、鞋、塑料及其制品、箱包等				

主要财务指标	指标＼报告期	2017.06.30	2016.12.31	2016.06.30	2015.12.31
	基本每股收益(元)	0.1100	2.0000	1.6800	1.2150
	基本每股收益(扣除后)(元)	0.0670	0.2800	0.0780	0.1910
	稀释每股收益(元)	0.1100	2.0000	1.6800	1.2150
	每股净资产(元)	8.9862	9.1621	8.8665	7.6664
	每股经营现金净流量(元)	0.0151	-0.6518	-0.8579	-0.1816
	每股现金流量(元)	-1.1368	0.0947	1.3960	1.5641
	每股资本公积金(元)	0.3239	0.3355	0.3279	0.3279
	每股盈余公积金(元)	0.5005	0.5005	0.5000	0.5000
	每股未分配利润(元)	4.0319	3.9226	3.6021	2.3033
	净资产收益率(%)	1.2157	21.8069	18.9342	15.8437
	加权净资产收益率(%)	1.2000	23.7500	20.3100	12.1200
	净资产收益率(扣除)(%)	0.7412	3.0522	0.8809	2.4849
	总资产(万元)	510382.76	519190.81	479485.91	452720.08
	归属母公司股东权益(万元)	377999.03	385736.66	372964.23	322479.79
	营业收入(万元)	167042.10	259092.80	113480.82	239348.02
	营业支出(万元)	156288.34	244415.64	106346.38	227508.83
	投资收益(万元)	4548.82	106316.93	91509.79	62496.31
	净利润(万元)	5202.81	85020.54	71120.97	51793.54
	营业利润(万元)	6384.93	110994.76	94003.77	65350.62
	利润总额(万元)	6438.35	111280.88	94011.43	66862.86

上海百联集团股份有限公司

公司概况	公司名称	上海百联集团股份有限公司			证券简称	百联股份
	法人代表	叶永明	董秘	郑小芸	证券代码	600827
	公司网址	www.bailian.sh.cn			电子信箱	blgf600827@163.com
	电　话	021-63223344　63229537			传　真	021-63517447
	办公地址	上海市六合路58号新一百大厦13楼				
	经营范围	综合百货、医疗器械、装潢装饰材料、服装针纺织品、五金交电等				

主要财务指标	指标＼报告期	2017.06.30	2016.12.31	2016.06.30	2015.12.31
	基本每股收益(元)	0.3500	0.5100	0.4000	0.7400
	基本每股收益(扣除后)(元)	0.3400	0.3900	0.3800	0.4500
	稀释每股收益(元)	0.3500	0.5100	0.4000	0.7400
	每股净资产(元)	9.3795	9.2958	9.1213	8.7889
	每股经营现金净流量(元)	0.2791	0.9443	0.0008	0.9287
	每股现金流量(元)	-0.8194	-0.2684	-1.3509	-0.5482
	每股资本公积金(元)	1.6340	1.6404	1.6366	1.4405
	每股盈余公积金(元)	0.7069	0.7069	0.6387	0.6616
	每股未分配利润(元)	4.1884	4.0138	3.9686	3.7091
	净资产收益率(%)	3.7805	5.4287	4.2507	8.4250
	加权净资产收益率(%)	3.7600	5.6400	4.4300	8.0800
	净资产收益率(扣除)(%)	3.5954	4.1303	4.0805	5.1385
	总资产(万元)	4434871.08	4560959.63	4211038.43	4339064.25
	归属母公司股东权益(万元)	1673452.01	1658522.21	1627400.22	1525849.54
	营业收入(万元)	2463603.70	4707723.66	2513475.76	4921816.23
	营业支出(万元)	1933152.20	3707226.77	1951150.53	3825269.98
	投资收益(万元)	20060.23	27651.66	18584.96	55604.65
	净利润(万元)	81098.79	76733.65	85580.45	118544.93
	营业利润(万元)	108216.04	101970.29	112910.83	172112.31
	利润总额(万元)	115249.76	124883.96	119892.68	192638.66

茂业商业股份有限公司

公司概况	公司名称	茂业商业股份有限公司			证券简称	茂业商业
	法人代表	高宏彪	董秘	叶静	证券代码	600828
	公司网址	www.cpds.cn			电子信箱	cpds_600828@cpds.cn
	电　话	028-86665088			传　真	028-86652529
	办公地址	四川省成都市东御街19号				
	经营范围	百货零售				

主要财务指标	指标＼报告期	2017.06.30	2016.12.31	2016.06.30	2015.12.31
	基本每股收益(元)	0.2196	0.3280	0.1944	0.1349
	基本每股收益(扣除后)(元)	0.2187	0.2934	0.1257	0.1295
	稀释每股收益(元)	0.2196	0.3280	0.1944	0.1349
	每股净资产(元)	2.1723	2.2553	2.1304	2.2807
	每股经营现金净流量(元)	0.2885	0.3926	-0.1336	0.1188
	每股现金流量(元)	0.0249	-0.2712	-0.1155	-0.1099
	每股资本公积金(元)	0.1800	0.1800	0.1918	1.0077
	每股盈余公积金(元)	0.1782	0.1782	0.0940	0.2860
	每股未分配利润(元)	0.2711	0.3514	0.3334	2.3351
	净资产收益率(%)	10.1089	14.5418	9.1262	5.9157
	加权净资产收益率(%)	9.4900	14.9600	7.8900	6.0800
	净资产收益率(扣除)(%)	10.0692	11.5541	5.8996	5.6791
	总资产(万元)	1549597.05	1583835.69	1564786.12	644388.83
	归属母公司股东权益(万元)	376241.68	390617.07	368988.60	351922.45
	营业收入(万元)	574532.45	941425.34	373355.68	190924.03
	营业支出(万元)	418927.82	694929.03	274322.88	148180.02
	投资收益(万元)	381.95	1303.87	1038.87	833.93
	净利润(万元)	40901.09	57169.22	33761.35	7644.66
	营业利润(万元)	56976.24	83403.03	44561.18	10274.25
	利润总额(万元)	57143.43	83665.07	44828.34	10677.95

哈药集团人民同泰医药股份有限公司

公司概况					
公司名称	哈药集团人民同泰医药股份有限公司			证券简称	人民同泰
法人代表	张镇平	董秘	程轶颖	证券代码	600829
公司网址	www.hyrmtt.com.cn		电子信箱	chengyy@hyrmtt.com.cn	
电　话	0451-84600888		传　真	0451-84600888	
办公地址	黑龙江省哈尔滨市道里区哈药路 418 号				
经营范围	医药制造、医药经销和投资管理等				

主要财务指标 指标\报告期	2017.06.30	2016.12.31	2016.06.30	2015.12.31
基本每股收益(元)	0.2399	0.3872	0.2165	0.2396
基本每股收益(扣除后)(元)	0.2355	0.3880	0.2138	0.2276
稀释每股收益(元)	0.2399	0.3872	0.2165	0.2396
每股净资产(元)	2.5814	2.8415	2.6709	2.4544
每股经营现金净流量(元)	0.2707	0.0793	−0.0433	0.5760
每股现金流量(元)	−0.2163	0.0085	−0.0587	−0.1825
每股资本公积金(元)	--	--	-	-
每股盈余公积金(元)	0.0482	0.0482	0.0020	0.0020
每股未分配利润(元)	1.5332	1.7933	1.6689	1.4524
净资产收益率(%)	9.2922	13.6250	8.1063	9.7604
加权净资产收益率(%)	8.8500	14.6200	8.4500	7.8700
净资产收益率(扣除)(%)	9.1233	13.6544	8.0046	9.2716
总资产(万元)	428398.80	481007.98	427603.63	423251.01
归属母公司股东权益(万元)	149693.01	164777.65	154881.78	142326.66
营业收入(万元)	400280.44	900555.90	451649.58	890931.53
营业支出(万元)	355290.28	810305.78	408048.14	792141.81
投资收益(万元)	--	--	-	-
净利润(万元)	13909.79	22450.99	12555.12	13254.28
营业利润(万元)	18222.32	32292.79	16437.09	22009.54
利润总额(万元)	18559.43	30260.08	16647.11	22938.10

香溢融通控股集团股份有限公司

公司概况					
公司名称	香溢融通控股集团股份有限公司			证券简称	香溢融通
法人代表	潘昵琥	董秘	林蔚晴	证券代码	600830
公司网址	www.sunnyloantop.cn		电子信箱	slt@sunnyloantop.cn	
电　话	0574-87315310		传　真	0574-87294676	
办公地址	浙江省宁波市西河街 158 号				
经营范围	商业、广告、进出口、餐饮服务、娱乐及旅游等				

主要财务指标 指标\报告期	2017.06.30	2016.12.31	2016.06.30	2015.12.31
基本每股收益(元)	0.0670	0.2380	0.1190	0.3120
基本每股收益(扣除后)(元)	0.0240	0.1190	0.0470	0.0710
稀释每股收益(元)	0.0670	0.2380	0.1190	0.3120
每股净资产(元)	4.5030	4.4365	4.3177	4.4401
每股经营现金净流量(元)	−0.3436	−0.6024	−0.4413	0.3049
每股现金流量(元)	−0.4166	0.1531	−0.4255	0.6643
每股资本公积金(元)	1.1545	1.1545	1.1545	1.1545
每股盈余公积金(元)	0.2460	0.2447	0.2404	0.2302
每股未分配利润(元)	2.1025	2.0374	1.9228	1.9140
净资产收益率(%)	1.4771	5.3601	2.7562	7.0249
加权净资产收益率(%)	1.4880	5.3880	2.6970	7.3120
净资产收益率(扣除)(%)	0.5334	2.6717	1.0908	1.5962
总资产(万元)	322416.97	331641.16	349387.07	359129.07
归属母公司股东权益(万元)	204582.17	201560.36	196163.24	201722.64
营业收入(万元)	51943.76	199217.22	71625.78	170093.65
营业支出(万元)	40982.20	178506.91	63530.86	148744.05
投资收益(万元)	79.88	5277.47	4830.69	10724.48
净利润(万元)	3325.41	11726.93	5678.84	15529.74
营业利润(万元)	4252.03	13742.08	6390.72	20107.35
利润总额(万元)	4612.50	15437.24	7269.91	21124.21

陕西广电网络传媒(集团)股份有限公司

公司概况					
公司名称	陕西广电网络传媒(集团)股份有限公司			证券简称	广电网络
法人代表	晏兆祥	董秘	杨莎	证券代码	600831
公司网址	www.600831.com		电子信箱	600831@china.com	
电　话	029-87991255 87991258		传　真	029-87991266	
办公地址	陕西省西安市曲江新区行政商务区曲江·首座大厦				
经营范围	有线电视网络运营、广告代理、影视制作等				

主要财务指标 指标\报告期	2017.06.30	2016.12.31	2016.06.30	2015.12.31
基本每股收益(元)	0.1953	0.2309	0.1980	0.2365
基本每股收益(扣除后)(元)	0.1828	0.2149	0.1940	0.2191
稀释每股收益(元)	--	--	-	-
每股净资产(元)	4.8241	4.6317	3.5826	3.3842
每股经营现金净流量(元)	0.7695	1.0806	0.4711	1.2587
每股现金流量(元)	0.0462	0.6699	0.0252	−0.0304
每股资本公积金(元)	1.9035	1.9064	0.7682	0.7682
每股盈余公积金(元)	0.1720	0.1720	0.1631	0.1631
每股未分配利润(元)	1.7487	1.5534	1.6512	1.4528
净资产收益率(%)	4.0481	4.7563	5.5386	6.9870
加权净资产收益率(%)	4.1300	5.9800	5.7000	7.2100
净资产收益率(扣除)(%)	3.7884	4.4281	5.4067	6.4755
总资产(万元)	668683.86	651634.46	570519.77	541061.08
归属母公司股东权益(万元)	291841.27	280205.32	201860.02	190679.72
营业收入(万元)	135766.24	259618.51	128702.86	238686.02
营业支出(万元)	89471.23	173144.27	80938.11	156027.05
投资收益(万元)	214.22	703.93	59.78	494.99
净利润(万元)	11740.78	13392.23	11313.73	13239.17
营业利润(万元)	11067.07	12281.10	10992.93	12157.51
利润总额(万元)	11825.92	13308.46	11342.74	13232.90

上海第一医药股份有限公司

公司概况					
公司名称	上海第一医药股份有限公司			证券简称	第一医药
法人代表	徐子瑛	董秘	孙炳	证券代码	600833
公司网址	www.dyyy.com.cn		电子信箱	shcred@online.sh.cn	
电　话	021-64337282		传　真	021-64337191	
办公地址	上海市徐汇区小木桥路 681 号 20 楼				
经营范围	经销化学原料药、化学药制剂、生物制品、中西药、百货等				

主要财务指标 指标\报告期	2017.06.30	2016.12.31	2016.06.30	2015.12.31
基本每股收益(元)	0.1100	0.2100	0.1081	0.1800
基本每股收益(扣除后)(元)	0.1085	0.2000	0.1071	0.1700
稀释每股收益(元)	0.1100	0.2100	0.1081	0.1800
每股净资产(元)	3.2100	3.2677	3.3190	3.4788
每股经营现金净流量(元)	0.1834	0.1630	0.2149	0.2188
每股现金流量(元)	0.1803	0.1254	0.2104	0.1638
每股资本公积金(元)	0.2922	0.2922	0.2922	0.2922
每股盈余公积金(元)	0.1795	0.1795	0.1598	0.1598
每股未分配利润(元)	0.7240	0.6840	0.6654	0.5573
净资产收益率(%)	3.4252	6.3148	3.2566	5.3046
加权净资产收益率(%)	3.3600	6.1200	3.1800	5.8000
净资产收益率(扣除)(%)	3.3805	6.1117	3.2269	4.8560
总资产(万元)	117770.32	118528.71	115906.77	123013.47
归属母公司股东权益(万元)	71611.15	72898.88	74042.47	77608.36
营业收入(万元)	81900.46	151902.94	80289.04	149095.98
营业支出(万元)	69304.94	128077.36	67988.70	126208.29
投资收益(万元)	14.67	718.54	20.52	391.69
净利润(万元)	2452.86	4603.42	2411.26	4116.85
营业利润(万元)	3223.84	5626.49	2994.17	4989.27
利润总额(万元)	3262.80	5822.26	3023.85	5455.12

上海申通地铁股份有限公司

公司概况						
公司概况	公司名称	上海申通地铁股份有限公司			证券简称	申通地铁
	法人代表	俞光耀	董秘	孙斯惠	证券代码	600834
	公司网址	www.shtmetro.com		电子信箱	600834@shtmetro.com	
	电　话	021-54259953 54259971		传　真	021-54257330	
	办公地址	上海市桂林路909号3号楼2楼				
	经营范围	地铁经营及相关综合开发、轨道交通投资、附设分支机构等				

主要财务指标	指标\报告期	2017.06.30	2016.12.31	2016.06.30	2015.12.31
	基本每股收益(元)	0.1000	0.1088	0.0700	0.1445
	基本每股收益(扣除后)(元)	0.0900	0.0967	0.0700	0.1296
	稀释每股收益(元)	0.1000	0.1088	0.0700	0.1445
	每股净资产(元)	3.0938	3.0026	3.0126	2.9460
	每股经营现金净流量(元)	-0.2893	0.3976	0.2066	0.0295
	每股现金流量(元)	-0.0241	0.0736	0.0410	-0.0103
	每股资本公积金(元)	0.1670	0.1670	0.1670	0.1670
	每股盈余公积金(元)	0.4236	0.4236	0.4152	0.4152
	每股未分配利润(元)	1.4932	1.3971	1.4203	1.3467
	净资产收益率(%)	3.1039	3.6238	2.4436	4.9037
	加权净资产收益率(%)	3.1500	3.6500	2.4700	4.9800
	净资产收益率(扣除)(%)	2.8550	3.2210	2.4177	4.3981
	总资产(万元)	262801.38	234238.91	247878.78	248296.15
	归属母公司股东权益(万元)	147691.93	143336.67	143817.71	140637.76
	营业收入(万元)	36791.34	75589.04	36887.10	77404.93
	营业支出(万元)	30885.05	70627.17	33169.80	69880.46
	投资收益(万元)	1380.17	2775.50	1387.75	1668.26
	净利润(万元)	4584.21	5194.22	3514.39	6896.52
	营业利润(万元)	5655.79	2417.69	2312.48	3345.88
	利润总额(万元)	6120.00	7174.03	4919.98	9202.95

上海机电股份有限公司

公司概况						
公司概况	公司名称	上海机电股份有限公司			证券简称	上海机电
	法人代表	陈嘉明	董秘	桂江生	证券代码	600835
	公司网址	www.chinasec.cn		电子信箱	shjddm@chinasec.cn	
	电　话	021-68547168		传　真	021-68547170 68547550	
	办公地址	上海市浦东新区民生路1286号汇商大厦9楼				
	经营范围	机电一体化产品、设备的设计、生产、销售自产产品等				

主要财务指标	指标\报告期	2017.06.30	2016.12.31	2016.06.30	2015.12.31
	基本每股收益(元)	0.6200	1.4200	0.7300	1.7900
	基本每股收益(扣除后)(元)	0.6000	1.0900	0.5500	0.7300
	稀释每股收益(元)	0.6200	1.4200	0.7300	1.7900
	每股净资产(元)	9.2026	9.0097	8.3738	7.9386
	每股经营现金净流量(元)	0.4269	1.9551	1.2871	1.3090
	每股现金流量(元)	0.8285	1.4136	1.0423	0.4550
	每股资本公积金(元)	1.9950	1.9950	1.9950	1.9989
	每股盈余公积金(元)	1.2913	1.2913	1.2913	1.2913
	每股未分配利润(元)	4.7879	4.6020	3.9907	3.5258
	净资产收益率(%)	6.7011	15.7261	8.6669	22.5957
	加权净资产收益率(%)	6.7200	16.7600	8.8700	22.7600
	净资产收益率(扣除)(%)	6.5023	12.1183	6.5758	9.2168
	总资产(万元)	3152190.45	3174103.92	3094786.65	2985273.41
	归属母公司股东权益(万元)	941190.49	921458.45	856424.61	811911.14
	营业收入(万元)	961321.95	1893855.19	927131.52	1929553.47
	营业支出(万元)	763369.27	1478096.79	729136.20	1511787.84
	投资收益(万元)	15514.71	56483.14	32623.77	115120.61
	净利润(万元)	105568.55	241360.65	116493.97	280037.59
	营业利润(万元)	118693.87	263314.11	129637.86	269756.26
	利润总额(万元)	118835.86	275772.58	129646.07	319485.78

上海界龙实业集团股份有限公司

公司概况						
公司概况	公司名称	上海界龙实业集团股份有限公司			证券简称	界龙实业
	法人代表	费屹立	董秘	楼福良	证券代码	600836
	公司网址	www.jielong-printing.com		电子信箱	loufl@jielongcorp.com	
	电　话	021-58600836		传　真	021-58926698	
	办公地址	上海市浦东新区杨高中路2112号(界龙总部园5楼)				
	经营范围	包装印刷业务				

主要财务指标	指标\报告期	2017.06.30	2016.12.31	2016.06.30	2015.12.31
	基本每股收益(元)	-0.0190	-0.0170	0.0050	0.0570
	基本每股收益(扣除后)(元)	-0.0240	-0.0360	-0.0060	0.0420
	稀释每股收益(元)	-0.0190	-0.0170	0.0050	0.0570
	每股净资产(元)	1.2784	1.2977	1.3191	2.6485
	每股经营现金净流量(元)	0.0937	0.5416	-0.0960	-1.5240
	每股现金流量(元)	-0.0069	-0.0431	-0.1689	-0.1406
	每股资本公积金(元)	0.1512	0.1512	0.1512	1.3025
	每股盈余公积金(元)	0.0084	0.0084	0.0042	0.0084
	每股未分配利润(元)	0.1188	0.1381	0.1637	0.3377
	净资产收益率(%)	-1.5055	-1.2771	0.3688	2.0798
	加权净资产收益率(%)	-1.4900	-1.2600	0.3700	2.8300
	净资产收益率(扣除)(%)	-1.9090	-2.7457	-0.4666	1.5544
	总资产(万元)	342928.01	340428.36	334056.38	369646.27
	归属母公司股东权益(万元)	84727.24	86002.78	87423.55	87765.69
	营业收入(万元)	49561.60	173309.22	84749.83	154292.06
	营业支出(万元)	41556.94	144953.00	72174.44	121220.35
	投资收益(万元)	43.79	184.80	119.03	91.72
	净利润(万元)	-1285.47	-1389.95	461.93	2693.44
	营业利润(万元)	-1518.15	-1341.07	106.28	4205.22
	利润总额(万元)	-1166.39	368.79	1128.20	5212.57

海通证券股份有限公司

公司概况						
公司概况	公司名称	海通证券股份有限公司			证券简称	海通证券
	法人代表	周杰	董秘	姜诚君	证券代码	600837
	公司网址	www.htsec.com		电子信箱	haitong@htsec.com	
	电　话	021-23219000		传　真	021-63410707	
	办公地址	中国上海市广东路689号				
	经营范围	证券经纪、证券自营、证券承销与保荐、证券投资咨询等				

主要财务指标	指标\报告期	2017.06.30	2016.12.31	2016.06.30	2015.12.31
	基本每股收益(元)	0.3500	0.7000	0.3700	1.4800
	基本每股收益(扣除后)(元)	0.3200	0.6700	0.3500	1.4700
	稀释每股收益(元)	0.3500	0.7000	0.3700	1.4800
	每股净资产(元)	9.7782	9.5800	9.1366	9.3634
	每股经营现金净流量(元)	-0.8061	-4.3626	-3.2497	1.3548
	每股现金流量(元)	-0.7904	-4.0751	-2.3778	6.7428
	每股资本公积金(元)	4.8982	4.8983	4.8995	4.9015
	每股盈余公积金(元)	0.4421	0.4421	0.3923	0.3923
	每股未分配利润(元)	2.4184	2.2894	2.1216	2.2014
	净资产收益率(%)	3.5775	7.3035	4.0579	14.7072
	加权净资产收益率(%)	3.5700	7.3900	3.9100	17.5600
	净资产收益率(扣除)(%)	3.2235	6.9680	3.8044	14.6135
	总资产(万元)	53489431.73	56086584.62	54233192.88	57644889.23
	归属母公司股东权益(万元)	11246567.47	11013012.73	10508684.70	10769454.47
	营业收入(万元)	1281395.61	2801166.53	1207951.68	3808626.77
	营业支出(万元)	743996.45	1736264.89	694924.79	-
	投资收益(万元)	487302.76	653969.20	256057.80	1346210.20
	净利润(万元)	451693.41	893051.83	466570.92	1684131.57
	营业利润(万元)	537399.16	1064901.64	513026.89	2095247.74
	利润总额(万元)	581040.34	1116172.70	549481.58	2111886.85

上海九百股份有限公司

公司概况					
公司名称	上海九百股份有限公司			证券简称	上海九百
法人代表	许骅	董秘	张敏	证券代码	600838
公司网址	www.shjb600838.com		电子信箱	shjb838@sina.com	
电　话	021-62569866		传　真	021-62569821	
办公地址	上海市常德路 940 号				
经营范围	日用百货、家用电器、针纺织品、文教用品等的零售与批发等				

主要财务指标：指标\报告期	2017.06.30	2016.12.31	2016.06.30	2015.12.31
基本每股收益(元)	0.1248	0.4563	0.3550	0.2303
基本每股收益(扣除后)(元)	0.1248	0.2247	0.1144	0.1950
稀释每股收益(元)	0.1248	0.4563	0.3550	0.2303
每股净资产(元)	3.0150	3.1026	3.1302	2.8723
每股经营现金净流量(元)	-0.0356	-0.0141	-0.0080	-0.0168
每股现金流量(元)	-0.1354	0.3171	0.1560	0.0741
每股资本公积金(元)	0.4582	0.4582	0.4582	0.4582
每股盈余公积金(元)	0.1818	0.1818	0.1320	0.1320
每股未分配利润(元)	0.7937	0.8059	0.8244	0.4694
净资产收益率(%)	4.1383	14.7080	11.3423	8.0162
加权净资产收益率(%)	3.9700	15.0400	11.5100	10.3500
净资产收益率(扣除)(%)	4.1376	7.2410	3.6550	6.7889
总资产(万元)	142593.21	147038.22	148326.72	144807.79
归属母公司股东权益(万元)	120866.70	124376.98	125483.26	115146.52
营业收入(万元)	4474.23	8997.80	3913.00	9064.26
营业支出(万元)	2247.19	4760.86	1770.24	4501.63
投资收益(万元)	5889.73	20619.27	15159.12	11680.34
净利润(万元)	5001.85	18293.38	14232.69	9230.39
营业利润(万元)	5002.02	18818.72	14399.01	8607.47
利润总额(万元)	5002.84	18739.34	14398.02	9230.39

四川长虹电器股份有限公司

公司概况					
公司名称	四川长虹电器股份有限公司			证券简称	四川长虹
法人代表	赵勇	董秘	薛向岭	证券代码	600839
公司网址	www.changhong.com		电子信箱	600839@changhong.com	
电　话	0816-2418436 2417979		传　真	0816-2418518	
办公地址	四川省绵阳市高新区绵兴东路 35 号				
经营范围	家用电器、电子产品及零配件、通信设备、计算机及其他电子设备等				

主要财务指标：指标\报告期	2017.06.30	2016.12.31	2016.06.30	2015.12.31
基本每股收益(元)	0.0335	0.1202	0.1001	-0.4280
基本每股收益(扣除后)(元)	-0.0127	0.0511	0.0358	-0.3637
稀释每股收益(元)	0.0335	0.1202	0.1001	-0.4280
每股净资产(元)	2.7795	2.7315	2.7200	2.6227
每股经营现金净流量(元)	-0.2300	1.0118	0.3890	0.7011
每股现金流量(元)	0.2138	0.3935	0.3226	-0.5330
每股资本公积金(元)	0.8569	0.8471	0.8468	0.8465
每股盈余公积金(元)	0.0149	0.0149	0.4733	0.4733
每股未分配利润(元)	0.9103	0.8769	0.3984	0.2984
净资产收益率(%)	1.2043	4.3999	3.6788	-16.3203
加权净资产收益率(%)	1.2116	4.4893	3.7478	-15.1008
净资产收益率(扣除)(%)	-0.4575	1.8695	1.3167	-13.8669
总资产(万元)	6453724.13	5986297.40	5612546.52	5561534.14
归属母公司股东权益(万元)	1283090.98	1260911.72	1255606.33	1210682.65
营业收入(万元)	3476320.43	6717534.32	3277483.61	6484781.31
营业支出(万元)	2999878.56	5758547.51	2788317.28	5625335.69
投资收益(万元)	24507.08	34634.90	26748.51	13586.03
净利润(万元)	44424.66	115943.43	76505.11	-172453.11
营业利润(万元)	51712.41	117045.69	77295.81	-118855.08
利润总额(万元)	60894.01	144187.79	91068.50	-144045.50

上海柴油机股份有限公司

公司概况					
公司名称	上海柴油机股份有限公司			证券简称	上柴股份
法人代表	蓝青松	董秘	汪宏彬	证券代码	600841
公司网址	www.sdec.com.cn		电子信箱	sdecdsh@sdec.com.cn	
电　话	021-60652207 60652288		传　真	021-65749845	
办公地址	上海市杨浦区军工路 2636 号				
经营范围	柴油机、工程机械、油泵及配件、柴油电站、船用成套机组等				

主要财务指标：指标\报告期	2017.06.30	2016.12.31	2016.06.30	2015.12.31
基本每股收益(元)	0.0800	0.1100	0.0600	0.1100
基本每股收益(扣除后)(元)	0.0600	0.0900	0.0500	0.0800
稀释每股收益(元)	--	--	-	-
每股净资产(元)	4.1124	4.0743	4.0239	4.0062
每股经营现金净流量(元)	0.2350	0.0616	0.0176	0.4583
每股现金流量(元)	0.4898	-0.2395	0.1362	0.4813
每股资本公积金(元)	1.2971	1.2971	1.2972	1.2972
每股盈余公积金(元)	0.5987	0.5987	0.5843	0.5843
每股未分配利润(元)	1.2069	1.1666	1.1297	1.1031
净资产收益率(%)	1.8322	2.7712	1.5306	2.6765
加权净资产收益率(%)	1.8300	2.8000	1.5300	2.6900
净资产收益率(扣除)(%)	1.5496	2.1630	1.3488	2.0265
总资产(万元)	627674.92	570413.18	554234.45	531943.06
归属母公司股东权益(万元)	356413.53	353118.27	348743.34	347217.36
营业收入(万元)	179633.53	254512.15	131030.75	216318.46
营业支出(万元)	152832.49	215533.12	111631.22	177378.91
投资收益(万元)	5912.15	12476.42	6659.80	12307.64
净利润(万元)	6481.82	9703.78	5255.75	9128.49
营业利润(万元)	5147.75	6384.87	4320.08	7377.01
利润总额(万元)	6254.76	8379.03	5066.17	8233.98

上工申贝(集团)股份有限公司

公司概况					
公司名称	上工申贝(集团)股份有限公司			证券简称	上工申贝
法人代表	张敏	董秘	周勇强	证券代码	600843
公司网址	www.sgsbgroup.com		电子信箱	sgsb@sgsbgroup.com	
电　话	021-68407515 68407700		传　真	021-63302939	
办公地址	上海市浦东新区新金桥路 1566 号 3 楼				
经营范围	研发、生产、维修缝制设备及零部件，缝纫机专用设备、制衣、塑料制品等				

主要财务指标：指标\报告期	2017.06.30	2016.12.31	2016.06.30	2015.12.31
基本每股收益(元)	0.2296	0.2629	0.1844	0.2869
基本每股收益(扣除后)(元)	0.2065	0.2141	0.1749	0.2440
稀释每股收益(元)	0.2296	0.2629	0.1844	0.2869
每股净资产(元)	3.7646	3.4932	3.3982	3.2350
每股经营现金净流量(元)	-0.1090	0.1806	-0.0837	0.0928
每股现金流量(元)	-0.1847	0.0103	-0.2747	0.2969
每股资本公积金(元)	1.7649	1.7711	1.7648	1.7432
每股盈余公积金(元)	0.0083	0.0083	0.0083	0.0083
每股未分配利润(元)	1.1315	0.9019	0.8234	0.6390
净资产收益率(%)	6.1001	7.5264	5.4267	8.8702
加权净资产收益率(%)	6.3648	7.8098	5.5425	9.3992
净资产收益率(扣除)(%)	5.4852	6.1276	5.1457	7.5414
总资产(万元)	363674.12	350617.30	340953.47	314670.17
归属母公司股东权益(万元)	206522.47	191634.94	186420.97	177467.41
营业收入(万元)	153256.26	275985.51	135934.25	231403.96
营业支出(万元)	108880.20	203734.40	95450.03	161475.02
投资收益(万元)	1849.59	5196.29	1816.58	4240.94
净利润(万元)	13884.46	16156.53	11415.78	17625.69
营业利润(万元)	17325.50	20127.31	15518.05	20971.87
利润总额(万元)	18534.37	23324.57	15953.92	22953.98

丹化化工科技股份有限公司

公司概况	公司名称	丹化化工科技股份有限公司			证券简称	*ST 丹科
	法人代表	花峻	董秘	杨金涛	证券代码	600844
	公司网址	www.600844.com		电子信箱	s600844@126.com	
	电　话	021-64015596 64016400		传　真	021-64016411	
	办公地址	上海市长宁区虹桥路 2297 弄 6 号				
	经营范围	单一的醋酐产品				

	指标\报告期	2017.06.30	2016.12.31	2016.06.30	2015.12.31
主要财务指标	基本每股收益(元)	0.0462	−0.1915	−0.0896	−0.0394
	基本每股收益(扣除后)(元)	0.0373	−0.1994	−0.0912	−0.0685
	稀释每股收益(元)	0.0462	−0.1915	−0.0896	−0.0394
	每股净资产(元)	1.8723	1.8261	0.9719	1.0516
	每股经营现金净流量(元)	0.2154	0.0617	0.0504	0.2923
	每股现金流量(元)	0.0019	0.1539	0.0699	0.0928
	每股资本公积金(元)	1.7333	1.7333	1.0349	1.0250
	每股盈余公积金(元)	0.0552	0.0552	0.0721	0.0721
	每股未分配利润(元)	−0.9162	−0.9625	−1.1351	−1.0455
	净资产收益率(%)	2.4694	−8.8514	−9.2191	−3.7455
	加权净资产收益率(%)	2.5002	−13.8900	−8.8997	−3.6800
	净资产收益率(扣除)(%)	1.9926	−9.2168	−9.3786	−6.5144
	总资产(万元)	355840.32	330914.99	311730.00	306542.41
	归属母公司股东权益(万元)	190325.90	185626.06	75674.00	81878.40
	营业收入(万元)	55799.44	71200.82	33964.05	104521.85
	营业支出(万元)	36272.40	65893.67	30965.98	80151.29
	投资收益(万元)	−114.06	−210.60	–	20.31
	净利润(万元)	6295.34	−25390.44	−12576.61	−4925.17
	营业利润(万元)	4848.36	−29052.42	−12862.46	−10237.88
	利润总额(万元)	6238.97	−28013.29	−12599.57	−5580.77

上海宝信软件股份有限公司

公司概况	公司名称	上海宝信软件股份有限公司			证券简称	宝信软件
	法人代表	夏雪松	董秘	吕子男	证券代码	600845
	公司网址	www.baosight.com		电子信箱	investor@baosight.com	
	电　话	021-20378893		传　真	021-20378895	
	办公地址	中国(上海)自由贸易试验区郭守敬路 515 号				
	经营范围	计算机、自动化、网络通讯系统及软硬件产品的研究、设计、开发、制造等				

	指标\报告期	2017.06.30	2016.12.31	2016.06.30	2015.12.31
主要财务指标	基本每股收益(元)	0.2610	0.4290	0.2460	0.8470
	基本每股收益(扣除后)(元)	0.2400	0.3190	0.1930	0.6440
	稀释每股收益(元)	0.2610	0.4290	0.2460	0.8470
	每股净资产(元)	5.4284	5.2972	5.1203	9.9958
	每股经营现金净流量(元)	0.8628	1.0554	0.7499	0.6993
	每股现金流量(元)	0.3534	0.0880	0.2653	2.9315
	每股资本公积金(元)	1.7388	1.7388	1.7437	4.4874
	每股盈余公积金(元)	0.2902	0.2902	0.2516	0.5033
	每股未分配利润(元)	2.4006	2.2695	2.1259	4.0089
	净资产收益率(%)	4.8099	8.0901	4.8120	7.9799
	加权净资产收益率(%)	4.8700	8.3600	4.7900	10.9900
	净资产收益率(扣除)(%)	4.4202	6.0201	3.7676	6.0616
	总资产(万元)	705087.96	683808.66	646181.75	637702.12
	归属母公司股东权益(万元)	425175.87	414902.12	401044.69	391461.25
	营业收入(万元)	204472.88	396027.33	171697.55	393768.48
	营业支出(万元)	145784.73	281737.21	120338.53	286416.69
	投资收益(万元)	−159.12	−978.95	−620.55	3668.46
	净利润(万元)	21825.22	36506.04	19557.85	33144.25
	营业利润(万元)	24756.41	33032.79	18374.88	30060.67
	利润总额(万元)	24463.68	41113.75	22100.58	38215.57

上海同济科技实业股份有限公司

公司概况	公司名称	上海同济科技实业股份有限公司			证券简称	同济科技
	法人代表	丁洁民	董秘	骆君君	证券代码	600846
	公司网址	www.tjkjsy.com.cn		电子信箱	tjkjsy@tjkjsy.com.cn	
	电　话	021-65985860		传　真	021-33626510	
	办公地址	上海市四平路 1398 号同济联合广场 B 座 20 层				
	经营范围	实业投资、教育产业投资及人才培训、房地产投资与开发经营及咨询服务等				

	指标\报告期	2017.06.30	2016.12.31	2016.06.30	2015.12.31
主要财务指标	基本每股收益(元)	0.0900	0.2900	0.0700	0.2600
	基本每股收益(扣除后)(元)	0.0900	0.2600	0.0600	0.2200
	稀释每股收益(元)	0.0900	0.2900	0.0700	0.2600
	每股净资产(元)	3.0308	3.0556	2.8275	2.8604
	每股经营现金净流量(元)	−0.5091	2.3271	−0.1538	−2.6903
	每股现金流量(元)	1.0677	0.3486	−0.3065	−0.0106
	每股资本公积金(元)	0.3592	0.3587	0.3512	0.3512
	每股盈余公积金(元)	0.2080	0.2080	0.1902	0.1902
	每股未分配利润(元)	1.4550	1.4690	1.2681	1.2960
	净资产收益率(%)	2.8397	9.5135	2.5488	8.9674
	加权净资产收益率(%)	2.7800	9.8600	2.5000	9.2100
	净资产收益率(扣除)(%)	2.8997	8.3955	2.2189	7.7027
	总资产(万元)	996367.55	890857.39	904130.92	848372.04
	归属母公司股东权益(万元)	189352.35	190899.42	176653.92	178706.11
	营业收入(万元)	155392.63	315768.52	157468.25	326729.31
	营业支出(万元)	133474.72	255303.89	131779.94	269232.37
	投资收益(万元)	3591.18	6230.23	1932.22	7717.69
	净利润(万元)	6874.26	30034.05	8391.49	23040.21
	营业利润(万元)	10001.87	36143.26	11306.16	26544.02
	利润总额(万元)	9710.29	40804.71	12726.17	29832.46

重庆万里新能源股份有限公司

公司概况	公司名称	重庆万里新能源股份有限公司			证券简称	*ST 万里
	法人代表	刘悉承	董秘	张晶	证券代码	600847
	公司网址	www.cqwanli.net.cn		电子信箱	cqwanli2010@126.com	
	电　话	023-85532408		传　真	023-85532408	
	办公地址	重庆市江津区双福街道创业路 26 号				
	经营范围	生产和销售各类铅酸蓄电池等				

	指标\报告期	2017.06.30	2016.12.31	2016.06.30	2015.12.31
主要财务指标	基本每股收益(元)	−0.0072	−0.2800	−0.0437	−0.1300
	基本每股收益(扣除后)(元)	−0.0282	−0.3000	−0.0521	−0.1500
	稀释每股收益(元)	−0.0072	−0.2800	−0.0437	−0.1300
	每股净资产(元)	4.3545	4.3617	4.5135	4.4895
	每股经营现金净流量(元)	−0.1084	−0.3478	−0.1589	−0.1682
	每股现金流量(元)	−0.0309	−0.2070	0.3215	−0.4825
	每股资本公积金(元)	4.2383	4.2383	4.2862	4.3441
	每股盈余公积金(元)	—	—	–	–
	每股未分配利润(元)	−0.8838	−0.8766	−0.6333	−0.5801
	净资产收益率(%)	−0.1645	−6.3866	−0.9831	−2.7925
	加权净资产收益率(%)	−0.1644	−6.2100	−0.9800	−2.7900
	净资产收益率(扣除)(%)	−0.6474	−6.8811	−1.1711	−3.1971
	总资产(万元)	72287.42	72631.98	76293.81	89257.59
	归属母公司股东权益(万元)	66749.55	66859.35	70257.85	70948.55
	营业收入(万元)	16364.99	35186.13	9361.92	24887.65
	营业支出(万元)	14398.05	34065.15	8527.85	23026.05
	投资收益(万元)	244.44	−167.71	108.46	−108.63
	净利润(万元)	−106.34	−4271.59	−680.65	−1983.81
	营业利润(万元)	−91.43	−4328.87	−704.29	−1916.86
	利润总额(万元)	−106.34	−4271.59	−680.65	−1985.62

上海临港控股股份有限公司

公司概况	公司名称	上海临港控股股份有限公司			证券简称	上海临港
	法人代表	袁国华	董秘	陆雯	证券代码	600848
	公司网址	www.linganginvestment.com		电子信箱	ir@shlingang.com	
	电　　话	021-64855827		传　　真	021-64852187	
	办公地址	上海市松江区莘砖公路668号B座18楼				
	经营范围	制造工业用控制系统和仪表、汽车电子装置、分析仪器、办公楼控制系统及家用电器				

主要财务指标	指标＼报告期	2017.06.30	2016.12.31	2016.06.30	2015.12.31
	基本每股收益(元)	0.1715	0.4000	0.0715	0.4700
	基本每股收益(扣除后)(元)	0.1651	0.3100	0.0681	0.4600
	稀释每股收益(元)	0.1715	0.4000	0.0715	0.4700
	每股净资产(元)	5.6160	4.5620	3.5585	3.4784
	每股经营现金净流量(元)	0.0139	–0.1579	–0.0860	–0.5142
	每股现金流量(元)	0.9807	0.3074	0.5017	–0.1177
	每股资本公积金(元)	3.7859	3.2066	2.2196	2.2110
	每股盈余公积金(元)	0.0505	0.0632	0.0106	0.0106
	每股未分配利润(元)	0.7795	0.7623	0.3283	0.2568
	净资产收益率(%)	3.0303	8.7257	2.0099	7.6870
	加权净资产收益率(%)	3.1400	9.1300	2.0300	10.3800
	净资产收益率(扣除)(%)	2.9161	6.0897	1.9129	7.5385
	总资产(万元)	1257551.20	1073012.63	722479.12	698003.95
	归属母公司股东权益(万元)	628942.43	462270.87	318545.46	311377.53
	营业收入(万元)	90546.00	179905.07	29248.06	90107.83
	营业支出(万元)	43190.77	77598.81	7868.11	36088.55
	投资收益(万元)	–224.89	3466.43	197.52	2752.86
	净利润(万元)	19253.94	38868.20	5243.71	24239.93
	营业利润(万元)	24895.70	51478.49	6856.71	31407.34
	利润总额(万元)	25093.40	52525.91	7312.70	32152.47

上海华东电脑股份有限公司

公司概况	公司名称	上海华东电脑股份有限公司			证券简称	华东电脑
	法人代表	游小明	董秘	侯志平	证券代码	600850
	公司网址	www.shecc.com		电子信箱	dm@shecc.com	
	电　　话	021-33390000　33390288		传　　真	021-33390011	
	办公地址	上海市徐汇区桂平路391号新漕河泾国际商务中心B幢27楼				
	经营范围	计算机、电子及通信设备、系统集成、软件开发及软件工程和电子工程设计与施工等				

主要财务指标	指标＼报告期	2017.06.30	2016.12.31	2016.06.30	2015.12.31
	基本每股收益(元)	0.3537	0.6576	0.3114	0.9517
	基本每股收益(扣除后)(元)	0.3537	0.5958	0.2937	0.9106
	稀释每股收益(元)	0.3518	0.6514	0.3075	0.9390
	每股净资产(元)	4.6102	4.4334	4.0109	5.1565
	每股经营现金净流量(元)	–0.9968	–0.0409	–1.0485	1.5803
	每股现金流量(元)	–1.5362	–0.2849	–1.2254	0.9506
	每股资本公积金(元)	–0.0519	–0.0877	–0.1716	0.0769
	每股盈余公积金(元)	0.1114	0.1117	0.0842	0.1094
	每股未分配利润(元)	3.5456	3.4006	3.0950	3.9686
	净资产收益率(%)	7.6718	14.7776	7.7645	18.4561
	加权净资产收益率(%)	7.7000	15.7800	7.7200	22.3900
	净资产收益率(扣除)(%)	7.6424	13.3906	7.3215	17.6595
	总资产(万元)	476193.71	516040.97	484550.09	477232.69
	归属母公司股东权益(万元)	194038.96	186118.94	167764.36	165909.27
	营业收入(万元)	292413.30	605745.98	263330.46	606137.89
	营业支出(万元)	241397.04	500211.80	216420.92	503788.22
	投资收益(万元)	–40.22	757.55	–173.19	207.81
	净利润(万元)	14961.23	29127.52	13326.54	32975.01
	营业利润(万元)	16942.07	31814.97	14259.28	35804.81
	利润总额(万元)	17005.18	34054.89	15293.60	38854.21

上海海欣集团股份有限公司

公司概况	公司名称	上海海欣集团股份有限公司			证券简称	海欣股份
	法人代表	孟文波	董秘	何莉莉	证券代码	600851
	公司网址	www.haixin.com.cn		电子信箱	hxsecretary@haixin.com	
	电　　话	021-63917000		传　　真	021-63917678	
	办公地址	上海市福州路666号金陵海欣大厦18楼				
	经营范围	研究开发、生产涤纶、腈纶等化纤类及动植物混纺纱及其面料、毛毯、玩具等				

主要财务指标	指标＼报告期	2017.06.30	2016.12.31	2016.06.30	2015.12.31
	基本每股收益(元)	0.0509	0.0745	0.0997	0.1304
	基本每股收益(扣除后)(元)	0.0535	0.0543	0.0988	0.0884
	稀释每股收益(元)	0.0509	0.0745	0.0997	0.1304
	每股净资产(元)	3.3456	3.4357	3.6864	3.7897
	每股经营现金净流量(元)	–0.0238	–0.0164	–0.0395	–0.0977
	每股现金流量(元)	–0.0434	0.0717	0.0645	–0.1123
	每股资本公积金(元)	0.3604	0.3607	0.3606	0.3606
	每股盈余公积金(元)	0.3824	0.3824	0.3646	0.3646
	每股未分配利润(元)	0.2310	0.2032	0.2461	0.2164
	净资产收益率(%)	1.5202	2.1694	2.7044	3.4416
	加权净资产收益率(%)	1.4949	2.0600	2.6670	3.1700
	净资产收益率(扣除)(%)	1.5985	1.5797	2.6795	2.3335
	总资产(万元)	528292.39	542797.47	597437.19	604434.25
	归属母公司股东权益(万元)	403827.71	414710.15	444964.22	457439.37
	营业收入(万元)	44544.23	101180.96	44494.23	105182.02
	营业支出(万元)	33027.83	76931.21	33788.24	79975.19
	投资收益(万元)	9589.01	23357.39	14804.47	16067.43
	净利润(万元)	5294.02	4405.41	11566.79	17357.35
	营业利润(万元)	5407.21	5925.63	11584.90	11262.56
	利润总额(万元)	5466.24	6002.13	11728.55	18408.29

龙建路桥股份有限公司

公司概况	公司名称	龙建路桥股份有限公司			证券简称	龙建股份
	法人代表	尚云龙	董秘	王征宇	证券代码	600853
	公司网址	www.longjianlq.com		电子信箱	zhengyu-wang@sohu.com	
	电　　话	0451-82281860　82281430		传　　真	0451-82281253	
	办公地址	黑龙江省哈尔滨市南岗区嵩山路109号				
	经营范围	公路工程施工总承包(特级)、公路路面工程专业承包(壹级)等				

主要财务指标	指标＼报告期	2017.06.30	2016.12.31	2016.06.30	2015.12.31
	基本每股收益(元)	0.0354	0.0546	0.0106	0.0371
	基本每股收益(扣除后)(元)	0.0282	0.0529	0.0005	0.0366
	稀释每股收益(元)	0.0354	0.0546	0.0106	0.0371
	每股净资产(元)	1.5720	1.5349	1.4818	1.4957
	每股经营现金净流量(元)	–1.9142	–2.6418	–1.3256	1.0650
	每股现金流量(元)	0.8918	0.0813	–0.7585	0.6879
	每股资本公积金(元)	0.2007	0.2007	0.1870	0.2804
	每股盈余公积金(元)	0.0092	0.0092	0.0096	0.0098
	每股未分配利润(元)	0.3452	0.3268	0.2941	0.3366
	净资产收益率(%)	2.2506	3.5570	0.7151	2.4803
	加权净资产收益率(%)	2.2651	3.4983	0.6522	2.5003
	净资产收益率(扣除)(%)	1.7943	3.4434	0.0360	2.4463
	总资产(万元)	1083381.92	946060.93	872210.39	785765.12
	归属母公司股东权益(万元)	84384.79	82393.66	79543.26	86922.19
	营业收入(万元)	300764.00	757990.68	224878.58	671634.47
	营业支出(万元)	277802.33	711638.91	205040.65	619691.68
	投资收益(万元)	—	—	–	–
	净利润(万元)	1620.93	2761.60	435.49	2003.90
	营业利润(万元)	2872.35	2966.05	972.36	1479.43
	利润总额(万元)	3069.58	4459.18	1051.14	3521.43

江苏春兰制冷设备股份有限公司

公司概况

公司名称	江苏春兰制冷设备股份有限公司			证券简称	春兰股份
法人代表	沈华平	董秘	徐来林	证券代码	600854
公司网址	www.chunlan.com		电子信箱	clgfzqb@chunlan.com	
电　话	0523-86663663 86217958		传　真	0523-86663839 82129858	
办公地址	江苏省泰州市春兰工业园区春兰路1号				
经营范围	生产、销售空调器等				

主要财务指标

指标\报告期	2017.06.30	2016.12.31	2016.06.30	2015.12.31
基本每股收益(元)	0.1557	0.0233	0.1029	0.0215
基本每股收益(扣除后)(元)	0.1541	-0.0550	0.0973	-0.0676
稀释每股收益(元)	0.1557	0.0233	0.1029	0.0215
每股净资产(元)	3.8790	3.7232	3.8029	3.7000
每股经营现金净流量(元)	0.3954	-0.0710	-0.0311	-0.2598
每股现金流量(元)	0.4352	0.0653	0.0739	-0.0054
每股资本公积金(元)	2.9522	2.9522	2.9522	2.9522
每股盈余公积金(元)	1.0025	1.0025	1.0025	1.0025
每股未分配利润(元)	-1.0757	-1.2315	-1.1518	-1.2547
净资产收益率(%)	4.0151	0.6251	2.7059	0.5823
加权净资产收益率(%)	4.0973	0.6270	2.7430	0.5840
净资产收益率(扣除)(%)	3.9724	-1.4763	2.5597	-1.8276
总资产(万元)	267677.09	228339.43	245874.59	245007.00
归属母公司股东权益(万元)	201496.43	193406.22	197542.52	192197.31
营业收入(万元)	21629.46	18646.93	10724.52	25877.13
营业支出(万元)	18667.26	18679.86	9007.60	19883.70
投资收益(万元)	12069.18	9097.63	8952.43	6721.30
净利润(万元)	6902.51	-1214.47	4439.77	611.29
营业利润(万元)	7180.76	-6281.70	4503.43	-5337.51
利润总额(万元)	7135.72	-744.69	4870.37	1049.40

北京航天长峰股份有限公司

公司概况

公司名称	北京航天长峰股份有限公司			证券简称	航天长峰
法人代表	史燕中	董秘	娄岩峰	证券代码	600855
公司网址	www.ascf.com.cn		电子信箱	db@china-ccf.cn	
电　话	010-68386000 88525789		传　真	010-88219811	
办公地址	北京市海淀区永定路51号航天数控大楼				
经营范围	电子信息产品、数控机床、医疗器械及制药机械、环保产业等				

主要财务指标

指标\报告期	2017.06.30	2016.12.31	2016.06.30	2015.12.31
基本每股收益(元)	0.0004	0.1741	0.0325	0.0883
基本每股收益(扣除后)(元)	-0.0091	0.0948	0.0196	0.0186
稀释每股收益(元)	0.0004	0.1741	0.0325	0.0883
每股净资产(元)	2.6084	2.6610	2.5683	2.5746
每股经营现金净流量(元)	-0.8894	0.2680	-0.5612	0.2727
每股现金流量(元)	-0.9249	0.2803	-0.6080	0.2894
每股资本公积金(元)	0.7864	0.7864	0.7864	0.7864
每股盈余公积金(元)	0.0728	0.0728	0.0648	0.0648
每股未分配利润(元)	0.7492	0.8018	0.6683	0.6627
净资产收益率(%)	0.0144	6.5437	1.2663	3.4281
加权净资产收益率(%)	0.0100	6.5800	1.2650	3.4700
净资产收益率(扣除)(%)	-0.3472	3.5638	0.7629	0.7206
总资产(万元)	167661.27	171872.31	167284.27	167456.26
归属母公司股东权益(万元)	86499.28	88244.92	85169.36	85378.19
营业收入(万元)	51548.15	113325.34	44590.29	87893.47
营业支出(万元)	39678.31	88298.01	34364.44	68415.59
投资收益(万元)	55.72	2028.28	-	1466.37
净利润(万元)	291.70	6865.83	1913.93	3623.39
营业利润(万元)	575.11	7068.59	1773.95	3183.53
利润总额(万元)	971.28	8246.60	2369.98	4640.61

长春中天能源股份有限公司

公司概况

公司名称	长春中天能源股份有限公司			证券简称	中天能源
法人代表	邓天洲	董秘	陈正刚	证券代码	600856
公司网址	www.snencn.cn		电子信箱	chen.zg@snencn.cn	
电　话	010-84929823		传　真	010-84928665	
办公地址	北京市朝阳区望京soho塔2-B座29层				
经营范围	零售百货、针纺织品、五金、交电、食品、副食品、通讯器材、工艺美术品等				

主要财务指标

指标\报告期	2017.06.30	2016.12.31	2016.06.30	2015.12.31
基本每股收益(元)	0.2403	0.3800	0.3991	0.5700
基本每股收益(扣除后)(元)	0.2249	0.3000	0.1992	0.4300
稀释每股收益(元)	0.2403	0.3800	0.3991	0.5700
每股净资产(元)	2.2847	2.0393	3.5611	3.2926
每股经营现金净流量(元)	0.4278	0.3064	0.5677	0.1267
每股现金流量(元)	0.0325	0.2061	1.1181	0.1398
每股资本公积金(元)	0.6126	0.6126	1.2255	1.2255
每股盈余公积金(元)	0.0255	0.0255	0.0299	0.0299
每股未分配利润(元)	1.1071	0.8668	1.4015	0.9880
净资产收益率(%)	10.5182	18.7979	11.2079	15.2157
加权净资产收益率(%)	9.1900	20.8000	11.8455	15.2200
净资产收益率(扣除)(%)	9.8428	14.7355	5.5932	11.3745
总资产(万元)	1470129.06	1266259.15	1236790.95	469951.57
归属母公司股东权益(万元)	259165.32	231325.19	209275.93	186746.73
营业收入(万元)	342811.39	363541.92	100959.81	197895.36
营业支出(万元)	270231.22	264892.46	75984.94	155873.89
投资收益(万元)	96.79	759.08	-112.82	2955.77
净利润(万元)	38766.17	50714.09	24476.25	29111.65
营业利润(万元)	38902.74	50085.35	16231.38	32825.25
利润总额(万元)	43060.92	60074.20	28050.57	37413.38

宁波中百股份有限公司

公司概况

公司名称	宁波中百股份有限公司			证券简称	宁波中百
法人代表	应飞军	董秘	严鹏	证券代码	600857
公司网址	www.600857.com.cn		电子信箱	yanpeng@600857.com.cn	
电　话	0574-87367060 87367521		传　真	0574-87367996	
办公地址	浙江省宁波市海曙区和义路77号汇金大厦21层				
经营范围	商业和旅游饮食服务、计算机软、硬件开发和销售及系统集成等				

主要财务指标

指标\报告期	2017.06.30	2016.12.31	2016.06.30	2015.12.31
基本每股收益(元)	0.0940	0.1890	0.1170	0.1920
基本每股收益(扣除后)(元)	0.0850	0.1300	0.1040	0.1760
稀释每股收益(元)	0.0940	0.1890	0.1170	0.1920
每股净资产(元)	2.8696	2.8359	2.7720	2.7158
每股经营现金净流量(元)	-0.1809	0.1685	-0.0189	0.1259
每股现金流量(元)	-0.4868	0.1804	-0.1222	-0.6100
每股资本公积金(元)	0.2901	0.2901	0.2901	0.2901
每股盈余公积金(元)	0.2875	0.2875	0.2696	0.2696
每股未分配利润(元)	1.2920	1.2583	1.2035	1.1467
净资产收益率(%)	3.2664	6.6807	4.2119	7.0737
加权净资产收益率(%)	3.2500	6.8300	4.2200	7.2700
净资产收益率(扣除)(%)	2.9746	4.5719	3.7406	6.4846
总资产(万元)	78775.59	82234.84	77663.95	77777.44
归属母公司股东权益(万元)	64371.04	63614.36	62182.59	60919.79
营业收入(万元)	46206.74	90603.01	45527.91	107820.95
营业支出(万元)	39904.55	79170.15	39493.46	95110.04
投资收益(万元)	648.83	2648.74	1247.13	2106.83
净利润(万元)	2102.60	4249.91	2619.08	4309.26
营业利润(万元)	2556.51	5237.93	3099.45	5104.61
利润总额(万元)	2570.37	5337.51	3194.24	5147.02

银座集团股份有限公司

公司概况					
公司名称	银座集团股份有限公司			证券简称	银座股份
法人代表	王志盛	董秘	张美清	证券代码	600858
公司网址	www.yinzuostock.com		电子信箱	600858@sina.com	
电　话	0531-83175518 86988888		传　真	0531-86966666	
办公地址	山东省济南市泺源大街 66 号银座大厦 C 座				
经营范围	商品零售与批发业务等				

主要财务指标 指标\报告期	2017.06.30	2016.12.31	2016.06.30	2015.12.31
基本每股收益(元)	0.0961	0.0424	0.1061	0.1994
基本每股收益(扣除后)(元)	0.0755	0.0239	0.0835	0.2098
稀释每股收益(元)	0.0961	0.0424	0.1061	0.1994
每股净资产(元)	5.8036	5.7275	5.7911	5.7450
每股经营现金净流量(元)	0.9099	0.2549	0.0388	0.3988
每股现金流量(元)	-0.7592	0.9095	0.3791	-1.4180
每股资本公积金(元)	1.8565	1.8565	1.8565	1.8565
每股盈余公积金(元)	0.1775	0.1775	0.1732	0.1732
每股未分配利润(元)	2.7696	2.6935	2.7614	2.7153
净资产收益率(%)	1.6559	0.7411	1.8321	3.4714
加权净资产收益率(%)	1.6640	0.7400	1.8299	3.4987
净资产收益率(扣除)(%)	1.3012	0.4172	1.4421	3.6514
总资产(万元)	1144444.39	1200315.68	1174750.35	1154729.18
归属母公司股东权益(万元)	301823.63	297865.84	301176.11	298778.66
营业收入(万元)	668316.97	1284530.35	671672.77	1459137.28
营业支出(万元)	547245.71	1039433.12	545974.81	1185985.40
投资收益(万元)	-257.07	-684.66	-318.20	-482.89
净利润(万元)	3043.36	-2386.77	3495.28	9842.33
营业利润(万元)	7510.94	7922.74	9391.83	27150.27
利润总额(万元)	7942.77	7839.42	9719.51	25159.18

王府井集团股份有限公司

公司概况					
公司名称	王府井集团股份有限公司			证券简称	王 府 井
法人代表	刘毅	董秘	岳继鹏	证券代码	600859
公司网址	www.wfj.com.cn		电子信箱	wfjdshh@126.com	
电　话	010-65125960		传　真	010-65133133	
办公地址	北京市东城区王府井大街 253 号				
经营范围	综合百货业的经营和管理等				

主要财务指标 指标\报告期	2017.06.30	2016.12.31	2016.06.30	2015.12.31
基本每股收益(元)	0.6550	0.8910	0.5650	1.4290
基本每股收益(扣除后)(元)	0.5840	0.5440	0.4440	1.2250
稀释每股收益(元)	0.6550	0.8910	0.5650	1.4290
每股净资产(元)	12.6325	13.3676	11.9880	15.9517
每股经营现金净流量(元)	0.3736	1.2629	-0.2245	1.4055
每股现金流量(元)	-2.5916	2.8026	-1.2198	-0.2680
每股资本公积金(元)	5.8078	5.8078	5.0967	6.9257
每股盈余公积金(元)	1.7073	1.7073	2.0892	2.7160
每股未分配利润(元)	3.6572	3.4318	3.5099	4.7089
净资产收益率(%)	5.1882	5.5397	4.7100	8.9576
加权净资产收益率(%)	5.2260	7.0960	4.5290	9.2490
净资产收益率(扣除)(%)	4.6249	3.3814	3.7021	7.6817
总资产(万元)	2023315.83	2301728.79	1345125.14	1395358.85
归属母公司股东权益(万元)	980594.50	944020.69	721194.68	738193.37
营业收入(万元)	1280577.58	1779511.98	868785.82	1732763.13
营业支出(万元)	1015363.50	1399015.78	679219.11	1361455.64
投资收益(万元)	-473.79	-258.45	4144.32	18269.89
净利润(万元)	52503.69	56552.12	33700.23	66135.42
营业利润(万元)	73185.23	78857.57	48449.06	105954.53
利润总额(万元)	73547.35	84853.28	48613.68	93573.48

北京京城机电股份有限公司

公司概况					
公司名称	北京京城机电股份有限公司			证券简称	*ST 京城
法人代表	王军	董秘	栾杰	证券代码	600860
公司网址	www.jingchenggf.com.cn		电子信箱	jcgf@btic.com.cn	
电　话	010-67365383		传　真	010-87392058	
办公地址	中国北京市通州区漷县镇漷县南三街 2 号				
经营范围	开发、设计、销售、修理、安装印刷机械、锻压设备、包装机械等				

主要财务指标 指标\报告期	2017.06.30	2016.12.31	2016.06.30	2015.12.31
基本每股收益(元)	-0.1000	-0.3500	-0.1500	-0.4900
基本每股收益(扣除后)(元)	-0.1100	-0.3900	-0.1700	-0.5100
稀释每股收益(元)	-0.1000	-0.3500	-0.1500	-0.4900
每股净资产(元)	1.2338	1.3393	1.5448	1.6888
每股经营现金净流量(元)	-0.1481	-0.0309	-0.0045	0.3452
每股现金流量(元)	-0.0975	-0.1735	-0.1783	0.1192
每股资本公积金(元)	1.6204	1.6204	1.6204	1.6204
每股盈余公积金(元)	0.1082	0.1082	0.1082	0.1082
每股未分配利润(元)	-1.4993	-1.3949	-1.1897	-1.0424
净资产收益率(%)	-8.4606	-26.3249	-9.5359	-29.1607
加权净资产收益率(%)	-8.4600	-23.3100	-9.1100	-25.4600
净资产收益率(扣除)(%)	-8.9968	-29.1711	-10.7857	-30.3415
总资产(万元)	189423.26	184990.89	195645.49	207749.21
归属母公司股东权益(万元)	52065.08	56519.79	65189.92	71266.31
营业收入(万元)	53580.61	88952.53	48507.48	107659.63
营业支出(万元)	47357.89	79150.55	45896.26	101533.93
投资收益(万元)	-250.66	681.96	241.44	156.36
净利润(万元)	-4834.27	-18065.79	-8127.74	-29671.92
营业利润(万元)	-4914.08	-19784.52	-8985.63	-29815.78
利润总额(万元)	-4625.23	-17901.45	-7993.52	-29088.61

北京城乡商业(集团)股份有限公司

公司概况					
公司名称	北京城乡商业(集团)股份有限公司			证券简称	北京城乡
法人代表	王禄征	董秘	陈红	证券代码	600861
公司网址	www.bjcx.com.cn		电子信箱	bg8225@sina.com	
电　话	010-68296595		传　真	010-68216933	
办公地址	北京市海淀区复兴路甲 23 号				
经营范围	商品零售及批发、公共饮食业、物资供销业、仓储业、日用品修理等				

主要财务指标 指标\报告期	2017.06.30	2016.12.31	2016.06.30	2015.12.31
基本每股收益(元)	0.1456	0.2801	0.1279	0.3411
基本每股收益(扣除后)(元)	0.1460	0.2933	0.1323	0.3261
稀释每股收益(元)	0.1456	0.2801	0.1279	0.3411
每股净资产(元)	7.2394	7.4286	7.2748	7.3041
每股经营现金净流量(元)	0.2340	2.6911	0.1166	-0.5604
每股现金流量(元)	-0.8823	0.9735	-0.0536	-0.9496
每股资本公积金(元)	2.4820	2.7092	2.7043	2.7043
每股盈余公积金(元)	1.9599	1.9599	1.9398	1.9398
每股未分配利润(元)	1.7720	1.7764	1.6114	1.6335
净资产收益率(%)	2.0109	3.7701	1.7586	4.6705
加权净资产收益率(%)	1.9500	3.8100	1.7400	4.7300
净资产收益率(扣除)(%)	2.0168	3.9482	1.8192	4.4644
总资产(万元)	415093.10	454978.89	435602.61	456428.70
归属母公司股东权益(万元)	229347.66	236563.69	230468.25	231398.97
营业收入(万元)	116467.40	258332.98	125229.93	271425.17
营业支出(万元)	80196.65	177290.79	89460.17	200642.35
投资收益(万元)	-85.52	625.66	37.54	1099.13
净利润(万元)	4331.64	9157.22	4245.91	11127.91
营业利润(万元)	6094.14	17150.22	6669.85	17024.30
利润总额(万元)	6161.98	16043.15	6485.64	16705.19

中航航空高科技股份有限公司

公司概况					
公司名称	中航航空高科技股份有限公司			证券简称	中航高科
法人代表	李志强	董秘	李志强(代)	证券代码	600862
公司网址	www.tonmac.com.cn		电子信箱	webmaster@tonmac.com.cn	
电　　话	0513-81110507　83580382		传　　真	0513-85512271	
办公地址	江苏省南通市港闸区永和路1号				
经营范围	信息电子、数控机床、草地机械等产品以及软件和网络技术的开发、生产、销售、服务及贸易				

指标\报告期	2017.06.30	2016.12.31	2016.06.30	2015.12.31
基本每股收益(元)	0.1500	0.0500	0.0100	0.2300
基本每股收益(扣除后)(元)	0.1400	0.0152	0.0100	0.2100
稀释每股收益(元)	0.1500	0.0500	0.0100	0.2300
每股净资产(元)	2.5871	2.4355	2.4027	2.4009
每股经营现金净流量(元)	−0.0064	0.5955	0.0029	0.3558
每股现金流量(元)	−0.0319	−0.0291	−0.4379	0.8000
每股资本公积金(元)	1.0359	1.0371	1.0371	1.0371
每股盈余公积金(元)	0.0241	0.0241	0.0137	0.0137
每股未分配利润(元)	0.3390	0.1852	0.1577	0.1429
净资产收益率(%)	5.9414	2.1641	0.6158	4.3236
加权净资产收益率(%)	6.1200	2.2200	0.4900	9.4300
净资产收益率(扣除)(%)	5.5188	0.6260	0.3710	4.0765
总资产(万元)	777185.51	852478.49	825830.92	969677.38
归属母公司股东权益(万元)	360392.70	339274.23	334713.73	334459.17
营业收入(万元)	176010.31	291173.86	107900.71	198790.55
营业支出(万元)	130512.29	235719.41	85767.36	150915.91
投资收益(万元)	1063.96	4616.33	99.49	−128.26
净利润(万元)	21437.68	6814.82	1672.53	14286.11
营业利润(万元)	27200.34	5314.19	2755.88	17100.66
利润总额(万元)	28987.10	10989.56	3711.48	18178.55

内蒙古蒙电华能热电股份有限公司

公司概况					
公司名称	内蒙古蒙电华能热电股份有限公司			证券简称	内蒙华电
法人代表	李向良	董秘	王晓戎	证券代码	600863
公司网址	www.nmhdwz.com		电子信箱	nmhd@nmhdwz.com	
电　　话	0471-6222388		传　　真	0471-6228410	
办公地址	内蒙古自治区呼和浩特市锡林南路工艺厂巷电力科技楼				
经营范围	火力发电、供应、蒸汽、热水的生产、供应、销售、维护和管理等				

指标\报告期	2017.06.30	2016.12.31	2016.06.30	2015.12.31
基本每股收益(元)	0.0400	0.0600	0.0600	0.1200
基本每股收益(扣除后)(元)	−0.0040	0.0600	0.0600	0.1200
稀释每股收益(元)	0.0400	0.0600	0.0600	0.1200
每股净资产(元)	1.7972	1.7691	1.7783	1.7690
每股经营现金净流量(元)	0.2052	0.3688	0.1975	0.5161
每股现金流量(元)	0.0368	0.0094	0.0133	−0.0112
每股资本公积金(元)	0.1428	0.1428	0.1428	0.1429
每股盈余公积金(元)	0.2386	0.2386	0.2299	0.2299
每股未分配利润(元)	0.4045	0.3839	0.3995	0.3953
净资产收益率(%)	2.4288	3.2383	3.6113	6.8052
加权净资产收益率(%)	2.4300	3.2400	3.5600	6.6800
净资产收益率(扣除)(%)	−0.2241	3.2309	3.5824	6.8567
总资产(万元)	3919964.54	3968275.87	3908337.04	3821459.24
归属母公司股东权益(万元)	1043742.69	1027424.70	1032767.70	1027373.52
营业收入(万元)	487869.16	918583.44	426637.11	1082935.30
营业支出(万元)	429580.50	777697.70	356917.76	874187.39
投资收益(万元)	40162.94	42971.46	45213.88	73374.48
净利润(万元)	29197.30	59536.42	58489.82	121940.90
营业利润(万元)	37359.35	80042.29	70206.25	155508.00
利润总额(万元)	37679.56	79465.27	70649.93	154633.89

哈尔滨哈投投资股份有限公司

公司概况					
公司名称	哈尔滨哈投投资股份有限公司			证券简称	哈投股份
法人代表	赵洪波	董秘	张名佳	证券代码	600864
公司网址			电子信箱	sbrd27@sohu.com	
电　　话	0451-51939831		传　　真	0451-51939825	
办公地址	黑龙江省哈尔滨市松北区创新二路277号				
经营范围	实业投资、股权投资和投资咨询,电力、热力生产和供应等				

指标\报告期	2017.06.30	2016.12.31	2016.06.30	2015.12.31
基本每股收益(元)	0.1200	0.2400	0.1600	0.2000
基本每股收益(扣除后)(元)	0.1200	0.2100	0.1600	0.1300
稀释每股收益(元)	0.1200	0.2400	0.1600	0.2000
每股净资产(元)	6.6797	6.4332	6.6114	7.0772
每股经营现金净流量(元)	−1.7019	−4.4096	−0.4698	0.2754
每股现金流量(元)	−0.5783	−1.3038	−0.4556	−0.3980
每股资本公积金(元)	3.5548	3.5548	0.0518	8.3745
每股盈余公积金(元)	0.2006	0.2006	0.5477	0.5329
每股未分配利润(元)	1.0418	0.9207	2.4981	3.2262
净资产收益率(%)	1.8132	2.5254	2.4027	2.7999
加权净资产收益率(%)	1.8500	3.9900	2.3200	2.5300
净资产收益率(扣除)(%)	1.7828	1.7469	2.3619	1.8430
总资产(万元)	3922815.58	2955319.90	542210.17	2542207.25
归属母公司股东权益(万元)	1408433.09	1356446.55	361234.00	889061.86
营业收入(万元)	67109.34	112651.17	61526.84	116650.51
营业支出(万元)	46344.05	83085.70	42817.32	86459.42
投资收益(万元)	29549.67	30832.82	2672.28	2799.33
净利润(万元)	25992.01	45359.08	9342.03	12406.51
营业利润(万元)	34452.94	60196.97	11493.44	12042.46
利润总额(万元)	34608.02	59394.08	11519.72	12370.58

百大集团股份有限公司

公司概况					
公司名称	百大集团股份有限公司			证券简称	百大集团
法人代表	陈夏鑫	董秘	陈琳玲	证券代码	600865
公司网址	www.baidagroup.com		电子信箱	invest@baidagroup.com	
电　　话	0571-85823016		传　　真	0571-85174900	
办公地址	浙江省杭州市庆春东路1-1号西子联合大厦18楼				
经营范围	批发,零售,百货,五金,交电,针,纺织品,化工产品等				

指标\报告期	2017.06.30	2016.12.31	2016.06.30	2015.12.31
基本每股收益(元)	0.0900	0.2500	0.1590	0.3700
基本每股收益(扣除后)(元)	0.0500	0.1300	0.0990	0.2400
稀释每股收益(元)	0.0900	0.2500	0.1590	0.3700
每股净资产(元)	4.6262	4.5390	3.9692	3.9303
每股经营现金净流量(元)	−0.0685	0.3788	0.0073	0.2193
每股现金流量(元)	−0.0441	0.0350	0.0627	−0.0451
每股资本公积金(元)	0.6205	0.6205	0.6205	0.6205
每股盈余公积金(元)	0.4976	0.4823	0.4564	0.4564
每股未分配利润(元)	2.0312	1.9532	1.8923	1.8534
净资产收益率(%)	2.0174	5.4134	4.0037	9.5102
加权净资产收益率(%)	2.0400	6.0400	3.9800	9.9900
净资产收益率(扣除)(%)	1.0906	2.9212	2.4880	6.1467
总资产(万元)	202500.80	207059.35	172720.38	178481.25
归属母公司股东权益(万元)	174054.79	170759.33	149337.94	147873.72
营业收入(万元)	49279.63	107059.41	49340.00	110281.44
营业支出(万元)	36272.60	79003.39	36403.95	79587.31
投资收益(万元)	−769.75	822.55	1622.50	3487.68
净利润(万元)	3511.46	9243.80	5979.10	14063.14
营业利润(万元)	5160.73	10700.94	6908.46	15098.90
利润总额(万元)	5385.95	13011.32	7966.51	18250.42

广东肇庆星湖生物科技股份有限公司

公司概况	公司名称	广东肇庆星湖生物科技股份有限公司			证券简称	星湖科技
	法人代表	陈武	董秘	钟济祥	证券代码	600866
	公司网址	www.starlake.com.cn		电子信箱	sl@starlake.com.cn	
	电　话	0758-2291130		传　真	0758-2239449	
	办公地址	广东省肇庆市工农北路67号				
	经营范围	化学药品原药制造业(包括肌苷、利巴韦林、脯氨酸等)				

	指标\报告期	2017.06.30	2016.12.31	2016.06.30	2015.12.31
主要财务指标	基本每股收益(元)	-0.0636	0.0377	-0.0282	-0.6544
	基本每股收益(扣除后)(元)	-0.0709	-0.0654	-0.0512	-0.6764
	稀释每股收益(元)	-0.0636	0.0377	-0.0282	-0.6544
	每股净资产(元)	1.5981	1.6616	1.5958	1.6240
	每股经营现金净流量(元)	0.0449	0.0638	0.0562	0.0043
	每股现金流量(元)	0.3995	-0.0374	0.2718	-0.3159
	每股资本公积金(元)	1.1793	1.1793	1.1793	1.1793
	每股盈余公积金(元)	0.2678	0.2678	0.2678	0.2678
	每股未分配利润(元)	-0.8491	-0.7855	-0.8514	-0.8232
	净资产收益率(%)	-3.9775	2.2665	-1.7661	-40.2970
	加权净资产收益率(%)	-3.9000	2.2900	-1.7500	-33.5300
	净资产收益率(扣除)(%)	-4.4350	-3.9369	-3.2086	-41.6493
	总资产(万元)	177172.58	171031.35	186283.89	184398.41
	归属母公司股东权益(万元)	103138.61	107240.98	102991.41	104810.36
	营业收入(万元)	27892.99	67984.75	32446.03	72976.15
	营业支出(万元)	23668.47	54096.43	28992.92	69052.52
	投资收益(万元)	349.23	4152.89	435.79	-6278.56
	净利润(万元)	-4102.37	2430.62	-1818.94	-42236.44
	营业利润(万元)	-4160.95	321.69	-2812.83	-43202.65
	利润总额(万元)	-4058.89	2798.33	-1529.85	-42638.66

通化东宝药业股份有限公司

公司概况	公司名称	通化东宝药业股份有限公司			证券简称	通化东宝
	法人代表	李一奎	董秘	王君业	证券代码	600867
	公司网址	www.thdb.com		电子信箱	thdbwjy@qq.com	
	电　话	0435-5088025 5088126		传　真	0435- 5088002	
	办公地址	吉林省通化县东宝新村				
	经营范围	生产、销售中西成药、生物制品、非PVC软袋大输液产品及建材				

	指标\报告期	2017.06.30	2016.12.31	2016.06.30	2015.12.31
主要财务指标	基本每股收益(元)	0.2400	0.4600	0.2300	0.4300
	基本每股收益(扣除后)(元)	0.2400	0.4500	0.2300	0.4100
	稀释每股收益(元)	0.2400	0.4600	0.2300	0.4300
	每股净资产(元)	2.3825	2.7703	1.8630	2.1652
	每股经营现金净流量(元)	0.2701	0.5104	0.2704	0.2594
	每股现金流量(元)	0.0972	0.0165	-0.0681	0.0091
	每股资本公积金(元)	0.7044	0.8453	0.1469	0.1833
	每股盈余公积金(元)	0.2277	0.2732	0.2379	0.2855
	每股未分配利润(元)	0.4594	0.6627	0.4994	0.7218
	净资产收益率(%)	10.0952	16.2703	12.4119	20.0445
	加权净资产收益率(%)	9.9000	20.7800	12.0400	21.8100
	净资产收益率(扣除)(%)	9.9815	15.8168	12.2918	18.7754
	总资产(万元)	475897.79	467500.85	394886.71	378812.98
	归属母公司股东权益(万元)	406522.35	393921.95	253928.33	245931.69
	营业收入(万元)	118157.01	204039.45	89045.97	166931.24
	营业支出(万元)	29418.81	49185.26	20326.09	41292.25
	投资收益(万元)	661.87	-1431.20	197.64	2022.09
	净利润(万元)	41024.60	63920.60	31428.92	49006.43
	营业利润(万元)	48501.67	73889.35	36910.19	56921.16
	利润总额(万元)	48146.54	75893.32	37269.24	57051.86

广东梅雁吉祥水电股份有限公司

公司概况	公司名称	广东梅雁吉祥水电股份有限公司			证券简称	梅雁吉祥
	法人代表	温增勇	董秘	胡苏平	证券代码	600868
	公司网址	www.chinameiyan.com		电子信箱	mysd@chinameiyan.com	
	电　话	0753-2218286		传　真	0753-2218286	
	办公地址	广东省梅州市梅县新县城沿江南路1号				
	经营范围	电力生产业、房产开发与经营、养殖业、电子计算机生产销售等				

	指标\报告期	2017.06.30	2016.12.31	2016.06.30	2015.12.31
主要财务指标	基本每股收益(元)	0.0578	0.0359	0.0207	0.0104
	基本每股收益(扣除后)(元)	0.0057	0.0511	0.0360	-0.0276
	稀释每股收益(元)	0.0578	0.0359	0.0207	0.0104
	每股净资产(元)	1.2114	1.1748	1.1567	1.1327
	每股经营现金净流量(元)	0.0207	0.1030	0.0474	0.0433
	每股现金流量(元)	-0.0060	0.0565	-0.0033	0.0083
	每股资本公积金(元)	0.2173	0.2236	0.2207	0.2174
	每股盈余公积金(元)	0.0256	0.0256	0.0226	0.0226
	每股未分配利润(元)	-0.0315	-0.0744	-0.0866	-0.1073
	净资产收益率(%)	4.7750	3.0586	1.7918	0.9195
	加权净资产收益率(%)	4.6600	3.1500	1.7800	0.9200
	净资产收益率(扣除)(%)	0.4682	4.3484	3.1088	-2.4403
	总资产(万元)	242086.20	250057.40	255735.62	260483.70
	归属母公司股东权益(万元)	229933.41	223002.54	219566.17	214997.12
	营业收入(万元)	11599.96	36348.58	18124.80	24849.97
	营业支出(万元)	7171.51	12791.55	6605.82	17647.36
	投资收益(万元)	9299.27	956.22	-111.44	4488.79
	净利润(万元)	11004.20	6702.93	3721.94	1284.59
	营业利润(万元)	10387.54	9486.49	6229.60	-2132.23
	利润总额(万元)	12277.89	6977.72	3642.57	1302.84

远东智慧能源股份有限公司

公司概况	公司名称	远东智慧能源股份有限公司			证券简称	智慧能源
	法人代表	蒋承志	董秘	王征	证券代码	600869
	公司网址	www.600869.com		电子信箱	87249788@600869.com	
	电　话	0510-87249788		传　真	0510-87249922	
	办公地址	江苏省宜兴市高塍远东大道6号				
	经营范围	电线电缆,电缆材料,电缆附件,电力金具的设计、制造等				

	指标\报告期	2017.06.30	2016.12.31	2016.06.30	2015.12.31
主要财务指标	基本每股收益(元)	0.0484	0.1333	0.0996	0.2123
	基本每股收益(扣除后)(元)	0.0373	0.1254	0.0951	0.1350
	稀释每股收益(元)	0.0484	0.1333	0.0996	0.2123
	每股净资产(元)	2.5429	2.5354	2.4997	1.9964
	每股经营现金净流量(元)	-0.4710	-0.0973	0.0090	0.6632
	每股现金流量(元)	-0.0115	0.0245	0.4015	-0.0741
	每股资本公积金(元)	0.9380	0.9380	0.9380	0.4976
	每股盈余公积金(元)	0.0768	0.0768	0.0768	0.0818
	每股未分配利润(元)	0.5280	0.5206	0.4848	0.4170
	净资产收益率(%)	1.9049	5.0955	3.7392	10.1545
	加权净资产收益率(%)	1.8900	5.8600	4.8700	12.8000
	净资产收益率(扣除)(%)	1.4659	4.7944	3.5722	6.4553
	总资产(万元)	1613371.80	1361036.43	1479839.67	1316242.34
	归属母公司股东权益(万元)	564349.63	562698.83	554770.41	415850.73
	营业收入(万元)	787084.89	1224276.46	564909.50	1171099.77
	营业支出(万元)	687130.64	1012085.98	463366.83	944764.96
	投资收益(万元)	2091.52	-334.36	131.79	13533.10
	净利润(万元)	12506.49	30810.19	21198.93	45129.06
	营业利润(万元)	12547.85	26055.81	22405.23	44367.86
	利润总额(万元)	14362.02	35698.60	26463.62	54874.86

厦门华侨电子股份有限公司

公司概况						
	公司名称	厦门华侨电子股份有限公司			证券简称	厦华电子
	法人代表	王春芳	董秘	林志钦	证券代码	600870
	公司网址	www.iprima.com.cn		电子信箱	SH600870@126.com	
	电　　话	0592-5510275		传　　真	0592-5510262	
	办公地址	福建省厦门市思明区环岛南路3088号三楼302室				
	经营范围	主营彩色电视机、彩色监视器等产品				

主要财务指标	指标\报告期	2017.06.30	2016.12.31	2016.06.30	2015.12.31
	基本每股收益(元)	-0.0051	-0.0098	0.0023	0.0267
	基本每股收益(扣除后)(元)	-0.0034	-0.0111	-0.0006	0.0063
	稀释每股收益(元)	-0.0051	-0.0098	0.0023	0.0267
	每股净资产(元)	0.0238	0.0284	0.0398	0.0372
	每股经营现金净流量(元)	-0.0301	-0.0083	-0.0049	0.0767
	每股现金流量(元)	-0.0471	0.0294	-0.0049	0.0420
	每股资本公积金(元)	4.3667	4.3659	4.3658	4.3658
	每股盈余公积金(元)	0.1051	0.1051	0.1051	0.1051
	每股未分配利润(元)	-5.4821	-5.4770	-5.4650	-5.4673
	净资产收益率(%)	-21.3174	-34.3182	5.8443	71.8283
	加权净资产收益率(%)	-19.5700	-29.7500	6.0600	114.3400
	净资产收益率(扣除)(%)	-14.1302	-39.0929	-1.5537	16.9304
	总资产(万元)	5442.46	5261.62	3323.39	3561.11
	归属母公司股东权益(万元)	1243.31	1486.70	2082.82	1947.74
	营业收入(万元)	279.16	37297.27	20665.66	21677.28
	营业支出(万元)	24.82	36020.58	20062.85	20360.82
	投资收益(万元)	-30.99	--	-	-
	净利润(万元)	-265.04	-510.21	121.73	1399.03
	营业利润(万元)	-175.30	-440.02	103.57	939.11
	利润总额(万元)	-264.66	-496.83	129.85	1399.03

中石化石油工程技术服务股份有限公司

公司概况						
	公司名称	中石化石油工程技术服务股份有限公司			证券简称	石化油服
	法人代表	焦方正	董秘	李洪海	证券代码	600871
	公司网址	ssc.sinopec.com		电子信箱	ir.ssc@sinopec.com	
	电　　话	86-10-59965998		传　　真	86-10-59965997	
	办公地址	北京市朝阳区吉市口路9号				
	经营范围	化纤及化工产品的生产及销售等				

主要财务指标	指标\报告期	2017.06.30	2016.12.31	2016.06.30	2015.12.31
	基本每股收益(元)	-0.1620	-1.1390	-0.3190	0.0020
	基本每股收益(扣除后)(元)	-0.1650	-1.1440	-0.3220	-0.0040
	稀释每股收益(元)	-0.1620	-1.1390	-0.3190	0.0020
	每股净资产(元)	0.4469	0.6000	1.4300	1.7421
	每股经营现金净流量(元)	-0.1406	-0.2763	-0.2199	0.1821
	每股现金流量(元)	-0.0306	0.0321	0.0291	0.0560
	每股资本公积金(元)	0.6297	0.6291	0.6289	0.6289
	每股盈余公积金(元)	0.0142	0.0142	0.0142	0.0142
	每股未分配利润(元)	-1.2203	-1.0587	-0.2382	0.0807
	净资产收益率(%)	-36.1615	-190.8684	-22.3239	0.0994
	加权净资产收益率(%)	-31.3000	-97.1900	-20.1500	0.1000
	净资产收益率(扣除)(%)	-36.8475	-191.5684	-22.5735	-0.2375
	总资产(万元)	6847891.70	7449316.60	7747726.00	8530777.70
	归属母公司股东权益(万元)	631976.80	844286.80	2019995.10	2463809.40
	营业收入(万元)	1984231.80	4292350.00	1868986.30	6034933.40
	营业支出(万元)	1986836.40	5351674.40	2106936.30	5456896.00
	投资收益(万元)	-1287.80	2903.40	667.90	-891.00
	净利润(万元)	-228535.60	-1611489.80	-450950.40	2431.90
	营业利润(万元)	-211623.80	-1601195.20	-443942.20	12544.50
	利润总额(万元)	-208598.60	-1580370.20	-439629.40	50574.00

中炬高新技术实业(集团)股份有限公司

公司概况						
	公司名称	中炬高新技术实业(集团)股份有限公司			证券简称	中炬高新
	法人代表	熊炜	董秘	彭海泓	证券代码	600872
	公司网址	www.jonjee.com		电子信箱	penghaihong@jonjee.com	
	电　　话	0760-85596818 2033		传　　真	0760-85596877	
	办公地址	广东省中山市中山火炬高技术产业开发区火炬大厦				
	经营范围	城市基础设施的投资、房地产经营、物业管理等				

主要财务指标	指标\报告期	2017.06.30	2016.12.31	2016.06.30	2015.12.31
	基本每股收益(元)	0.2643	0.4549	0.1792	0.3104
	基本每股收益(扣除后)(元)	0.2573	0.4230	0.1707	0.2616
	稀释每股收益(元)	0.2643	0.4549	0.1792	0.3104
	每股净资产(元)	3.6382	3.5138	3.2349	3.1557
	每股经营现金净流量(元)	0.3973	0.8494	0.3320	0.4945
	每股现金流量(元)	-0.1445	0.1090	-0.1080	0.1058
	每股资本公积金(元)	0.3541	0.3541	0.3504	0.3504
	每股盈余公积金(元)	0.2326	0.2326	0.2189	0.2189
	每股未分配利润(元)	2.0310	1.9067	1.6451	1.5659
	净资产收益率(%)	7.2646	12.9452	5.5398	9.8358
	加权净资产收益率(%)	7.2500	13.6400	5.5200	10.1600
	净资产收益率(扣除)(%)	7.0733	12.0373	5.2779	8.2889
	总资产(万元)	517060.42	491086.66	467972.39	452311.52
	归属母公司股东权益(万元)	289831.06	279925.92	257706.15	251397.98
	营业收入(万元)	180422.68	315798.89	149026.95	275858.53
	营业支出(万元)	109824.04	199937.57	94112.64	179123.59
	投资收益(万元)	3351.03	4538.10	2322.85	2908.72
	净利润(万元)	23697.07	41026.40	15993.46	27406.27
	营业利润(万元)	28414.93	46738.15	19847.35	30080.90
	利润总额(万元)	28163.99	48626.25	19931.80	33911.93

梅花生物科技集团股份有限公司

公司概况						
	公司名称	梅花生物科技集团股份有限公司			证券简称	梅花生物
	法人代表	王爱军	董秘	刘现芳	证券代码	600873
	公司网址	www.meihuagrp.com		电子信箱	mhzqb@meihuagrp.com	
	电　　话	0316-2359652		传　　真	0316-2359670	
	办公地址	河北省廊坊市经济技术开发区华祥路66号				
	经营范围	味精、氨基酸、有机肥等生物发酵领域等				

主要财务指标	指标\报告期	2017.06.30	2016.12.31	2016.06.30	2015.12.31
	基本每股收益(元)	0.2000	0.3400	0.1300	0.1400
	基本每股收益(扣除后)(元)	0.1600	0.2700	0.1200	0.0800
	稀释每股收益(元)	0.2000	0.3400	0.1300	0.1400
	每股净资产(元)	2.8158	2.9161	2.7110	2.6810
	每股经营现金净流量(元)	0.2607	0.9840	0.4354	1.1080
	每股现金流量(元)	0.0123	0.6940	0.2630	-0.1010
	每股资本公积金(元)	0.7215	0.7215	0.7215	0.7215
	每股盈余公积金(元)	0.1167	0.1167	0.0811	0.0811
	每股未分配利润(元)	0.9776	1.0780	0.9085	0.8785
	净资产收益率(%)	7.0892	11.4926	4.7956	5.1056
	加权净资产收益率(%)	6.6900	11.9800	4.7600	5.1700
	净资产收益率(扣除)(%)	5.8433	9.2980	4.2725	3.1151
	总资产(万元)	1686453.35	1698301.21	1732605.15	1816949.67
	归属母公司股东权益(万元)	875199.41	906401.91	842642.50	833315.18
	营业收入(万元)	560579.42	1109277.20	542093.63	1185317.43
	营业支出(万元)	410299.26	828083.67	414359.36	944376.82
	投资收益(万元)	3007.09	10907.09	1042.00	3573.52
	净利润(万元)	63265.53	106716.93	41420.51	44554.74
	营业利润(万元)	64566.76	106643.44	43688.12	42497.26
	利润总额(万元)	74447.70	116510.49	47144.72	57026.64

天津创业环保集团股份有限公司

公司概况						
公司名称	天津创业环保集团股份有限公司			证券简称	创业环保	
法人代表	刘玉军	董秘	牛波	证券代码	600874	
公司网址	www.tjcep.com		电子信箱	tjcep@tjcep.com		
电　　话	022-23930128　22180920		传　　真	022-23930126		
办公地址	天津市南开区卫津南路 76 号创业环保大厦					
经营范围	污水与自来水以及其他水处理设施的投资、建设、设计、管理、经营等					

主要财务指标　指标\报告期	2017.06.30	2016.12.31	2016.06.30	2015.12.31
基本每股收益(元)	0.1800	0.3100	0.1700	0.2300
基本每股收益(扣除后)(元)	0.1700	0.2900	0.1600	0.2100
稀释每股收益(元)	0.1800	0.3100	0.1700	0.2300
每股净资产(元)	3.4079	3.3242	3.1795	3.0837
每股经营现金净流量(元)	0.2271	0.2828	0.1721	1.6190
每股现金流量(元)	0.2216	−0.1033	−0.0207	0.3599
每股资本公积金(元)	0.2796	0.2796	0.2679	0.2679
每股盈余公积金(元)	0.3117	0.3117	0.2903	0.2903
每股未分配利润(元)	1.8165	1.7328	1.6213	1.5255
净资产收益率(%)	5.2440	9.3409	5.2157	7.5103
加权净资产收益率(%)	5.3100	9.7100	5.3000	7.7300
净资产收益率(扣除)(%)	4.9487	8.5751	5.0460	6.7537
总资产(万元)	1136404.10	1064089.70	1031425.40	1004930.20
归属母公司股东权益(万元)	486384.80	474437.70	453789.20	440111.50
营业收入(万元)	98663.50	195866.60	92756.10	193420.60
营业支出(万元)	57041.70	115001.20	55721.60	120194.40
投资收益(万元)	40.00	−364.00	−212.60	−534.90
净利润(万元)	26941.90	46790.60	23887.20	34447.90
营业利润(万元)	34603.10	42917.60	23233.10	37064.80
利润总额(万元)	36519.50	62222.80	31287.00	49018.20

东方电气股份有限公司

公司概况						
公司名称	东方电气股份有限公司			证券简称	东方电气	
法人代表	邹磊	董秘	龚丹	证券代码	600875	
公司网址	www.dec-ltd.cn		电子信箱	dsb@dongfang.com		
电　　话	028-87583666		传　　真	028-87583551		
办公地址	四川省成都市高新西区西芯大道 18 号					
经营范围	通用设备制造业、电气机械及器材制造业等					

主要财务指标　指标\报告期	2017.06.30	2016.12.31	2016.06.30	2015.12.31
基本每股收益(元)	0.1600	−0.7600	−0.1500	0.1900
基本每股收益(扣除后)(元)	0.1400	−0.8500	−0.1400	0.1400
稀释每股收益(元)	0.1600	−0.7600	−0.1500	0.1900
每股净资产(元)	9.2168	9.0480	9.6634	9.8642
每股经营现金净流量(元)	−0.4903	3.8363	1.3463	1.7784
每股现金流量(元)	−0.7106	3.1357	0.8659	1.3968
每股资本公积金(元)	3.7778	3.7778	3.7779	3.7779
每股盈余公积金(元)	0.3291	0.3291	0.3127	0.3127
每股未分配利润(元)	4.0954	3.9341	4.5678	4.7740
净资产收益率(%)	1.7507	−8.4387	−1.5129	1.9047
加权净资产收益率(%)	1.7700	−8.0700	−1.4900	1.9400
净资产收益率(扣除)(%)	1.5513	−9.3765	−1.4345	1.3722
总资产(万元)	8141939.81	8470260.03	8566273.42	8613442.33
归属母公司股东权益(万元)	2153874.28	2114429.22	2258248.10	2305158.91
营业收入(万元)	1457770.24	3328572.38	1821961.43	3601794.37
营业支出(万元)	1207713.09	2927776.61	1620903.50	2995976.14
投资收益(万元)	3582.04	24453.47	13865.28	19183.65
净利润(万元)	42354.15	−175943.84	−33720.97	45949.76
营业利润(万元)	37911.65	−199593.31	−34313.59	38398.23
利润总额(万元)	43372.37	−194406.40	−34366.86	53289.94

洛阳玻璃股份有限公司

公司概况						
公司名称	洛阳玻璃股份有限公司			证券简称	洛阳玻璃	
法人代表	张冲	董秘	吴知新	证券代码	600876	
公司网址	www.zhglb.com		电子信箱	lywzhx@126.com		
电　　话	0379-63908833		传　　真	0379-63251984		
办公地址	河南省洛阳市西工区唐宫中路 9 号					
经营范围	生产玻璃、深加工制品、机械成套设备、电器与配件、销售自产产品等					

主要财务指标　指标\报告期	2017.06.30	2016.12.31	2016.06.30	2015.12.31
基本每股收益(元)	0.0022	0.0219	−0.0491	0.2800
基本每股收益(扣除后)(元)	−0.0346	−0.1463	−0.0554	−0.4300
稀释每股收益(元)	0.0022	0.0219	−0.0491	0.2800
每股净资产(元)	0.9956	0.9934	0.8775	0.5405
每股经营现金净流量(元)	−0.0422	0.0580	−0.1440	−0.2544
每股现金流量(元)	−0.0984	0.1332	−0.0113	0.0089
每股资本公积金(元)	2.7965	2.7965	2.7514	2.4299
每股盈余公积金(元)	0.0975	0.0975	0.0975	0.0997
每股未分配利润(元)	−2.8984	−2.9007	−2.9714	−2.9892
净资产收益率(%)	0.2246	2.2008	−5.5699	51.9079
加权净资产收益率(%)	0.2200	2.4200	−5.8500	18.3000
净资产收益率(扣除)(%)	−3.4759	−14.6983	−6.2884	−77.5485
总资产(万元)	126708.73	135691.70	127586.95	131403.51
归属母公司股东权益(万元)	52444.74	52326.94	46222.44	27834.50
营业收入(万元)	15496.93	39209.56	13723.97	66215.66
营业支出(万元)	11259.00	34370.96	12848.75	63365.36
投资收益(万元)	—	—	–	60345.79
净利润(万元)	117.80	1151.61	−2574.56	13441.10
营业利润(万元)	393.52	−8025.62	−2677.12	14484.40
利润总额(万元)	560.84	2117.05	−2258.29	14430.70

中国嘉陵工业股份有限公司(集团)

公司概况						
公司名称	中国嘉陵工业股份有限公司(集团)			证券简称	*ST 嘉陵	
法人代表	李华光	董秘	周鸿彦	证券代码	600877	
公司网址	www.jialing.com.cn		电子信箱	zqc@jialing.com.cn		
电　　话	023-61954095		传　　真	023-61951111		
办公地址	重庆市璧山区璧泉街道永嘉大道 111 号					
经营范围	摩托车及其发动机、零部件的制造和销售等					

主要财务指标　指标\报告期	2017.06.30	2016.12.31	2016.06.30	2015.12.31
基本每股收益(元)	0.1095	−0.4478	−0.1194	−0.2326
基本每股收益(扣除后)(元)	−0.1223	−0.4907	−0.1206	−0.2962
稀释每股收益(元)	0.1095	−0.4478	−0.1194	−0.2326
每股净资产(元)	−0.3560	−0.4772	−0.1798	0.0116
每股经营现金净流量(元)	−0.0402	−0.2591	−0.2185	−0.2467
每股现金流量(元)	−0.1039	0.1208	−0.0726	−0.2285
每股资本公积金(元)	0.1453	0.1420	0.1420	0.1420
每股盈余公积金(元)	0.8521	0.8521	0.8521	0.8521
每股未分配利润(元)	−2.3127	−2.4223	−2.1499	−1.9744
净资产收益率(%)	−30.7720	−93.8487	–	−2011.9189
加权净资产收益率(%)	—	—	–	−142.9300
净资产收益率(扣除)(%)	34.3418	−102.8335	–	−2561.8895
总资产(万元)	175407.89	183606.02	194281.18	200948.16
归属母公司股东权益(万元)	−24466.99	−32796.05	−8504.68	794.70
营业收入(万元)	31310.80	70279.10	34068.98	106269.19
营业支出(万元)	28523.64	67552.01	31977.68	94147.38
投资收益(万元)	11974.81	3298.86	1638.34	4987.54
净利润(万元)	8308.29	−30733.98	−8487.11	−16197.41
营业利润(万元)	2491.40	−33624.89	−8321.66	−19406.50
利润总额(万元)	8330.76	−30737.51	−8482.03	−16189.89

航天时代电子技术股份有限公司

公司概况					
公司名称	航天时代电子技术股份有限公司			证券简称	航天电子
法人代表	刘眉玄	董秘	吕凡	证券代码	600879
公司网址	www.catec-ltd.cn		电子信箱	lufan@catec-ltd.cn	
电　话	027-84792199 010-88106362		传　真	027-84792102	
办公地址	湖北省武汉市经济技术开发区高科技园				
经营范围	民用航天与运载火箭及配套装备、计算机技术及软硬件、电子测量与自动控制等				

主要财务指标				
指标\报告期	2017.06.30	2016.12.31	2016.06.30	2015.12.31
基本每股收益(元)	0.0780	0.3990	0.0970	0.2550
基本每股收益(扣除后)(元)	0.0700	0.3340	0.0810	0.2300
稀释每股收益(元)	0.0780	0.3990	0.0970	0.2550
每股净资产(元)	4.0709	7.0509	5.2980	5.2881
每股经营现金净流量(元)	-0.4337	-0.2061	-0.5591	0.0672
每股现金流量(元)	0.0396	0.0385	0.1305	0.2190
每股资本公积金(元)	1.7555	3.3106	1.8315	3.7077
每股盈余公积金(元)	0.0460	0.1022	0.1047	0.1047
每股未分配利润(元)	1.2410	2.5894	2.3176	2.8846
净资产收益率(%)	1.8869	5.5495	1.8381	4.8274
加权净资产收益率(%)	2.0490	5.9320	1.8210	4.9610
净资产收益率(扣除)(%)	1.6856	4.4351	1.5316	4.3465
总资产(万元)	2161827.77	1958150.44	1197552.22	1652871.91
归属母公司股东权益(万元)	1106998.31	862007.60	550749.70	805547.96
营业收入(万元)	558337.83	1154806.47	223153.83	560932.96
营业支出(万元)	467180.43	955270.05	177533.09	445163.24
投资收益(万元)	-74.40	91.67	-36.70	-250.41
净利润(万元)	21544.00	50661.76	10773.22	28604.57
营业利润(万元)	23022.03	51376.21	10746.71	32794.26
利润总额(万元)	25617.81	58531.38	12737.67	35739.05

成都博瑞传播股份有限公司

公司概况					
公司名称	成都博瑞传播股份有限公司			证券简称	博瑞传播
法人代表	曹建春	董秘	荀军	证券代码	600880
公司网址	www.b-raymedia.com		电子信箱	b-raymedia@b-ray.com.cn	
电　话	028-87651183 62560962		传　真	028-62560793	
办公地址	四川省成都市锦江区三色路38号"博瑞·创意成都"大厦A座23楼				
经营范围	信息传播服务(不含国家限制项目)、报刊投递服务、高科技产品开发等				

主要财务指标				
指标\报告期	2017.06.30	2016.12.31	2016.06.30	2015.12.31
基本每股收益(元)	-0.0279	0.0600	0.0054	0.0700
基本每股收益(扣除后)(元)	-0.0290	-0.0200	-0.0029	0.0300
稀释每股收益(元)	-0.0279	0.0600	0.0054	0.0700
每股净资产(元)	3.2616	3.3095	3.2588	3.2834
每股经营现金净流量(元)	-0.1058	0.1323	-0.0689	0.2960
每股现金流量(元)	-0.1273	-0.2641	-0.1294	-0.0340
每股资本公积金(元)	0.7378	0.7378	0.7367	0.7367
每股盈余公积金(元)	0.3091	0.3091	0.2680	0.2680
每股未分配利润(元)	1.2056	1.2535	1.2461	1.2706
净资产收益率(%)	-0.8556	1.6620	0.1667	2.0798
加权净资产收益率(%)	-0.8500	1.6700	0.1700	2.0800
净资产收益率(扣除)(%)	-0.8890	-0.7091	-0.0883	0.7803
总资产(万元)	428617.52	434226.52	446300.64	450269.42
归属母公司股东权益(万元)	356599.86	361837.51	356295.27	358983.05
营业收入(万元)	39734.97	96897.75	46535.70	119719.55
营业支出(万元)	29430.55	63475.21	29947.69	71851.42
投资收益(万元)	439.53	-2025.41	-521.86	767.25
净利润(万元)	-3573.13	5472.85	362.90	6386.55
营业利润(万元)	-3340.28	-1979.74	290.52	4790.96
利润总额(万元)	-3179.13	9414.26	1538.68	9543.20

吉林亚泰(集团)股份有限公司

公司概况					
公司名称	吉林亚泰(集团)股份有限公司			证券简称	亚泰集团
法人代表	宋尚龙	董秘	秦音	证券代码	600881
公司网址	www.yatai.com		电子信箱	qinyin@yatai.com	
电　话	0431-84956688		传　真	0431-84951400	
办公地址	吉林省长春市吉林大路1801号				
经营范围	房地产、水泥、证券、制药等				

主要财务指标				
指标\报告期	2017.06.30	2016.12.31	2016.06.30	2015.12.31
基本每股收益(元)	0.0300	0.0600	0.0200	-0.0800
基本每股收益(扣除后)(元)	0.0300	-0.0400	0.0200	-0.2000
稀释每股收益(元)	0.0300	0.0600	0.0200	-0.0800
每股净资产(元)	4.4522	4.4179	4.4061	4.4238
每股经营现金净流量(元)	0.2745	0.9961	0.3713	0.9911
每股现金流量(元)	0.7498	-0.5425	-0.4714	0.7220
每股资本公积金(元)	2.6070	2.3475	2.3625	2.3617
每股盈余公积金(元)	0.1486	0.1856	0.1639	0.1639
每股未分配利润(元)	0.7000	0.8475	0.8302	0.8108
净资产收益率(%)	0.4898	1.3227	0.4409	-1.6484
加权净资产收益率(%)	0.6100	1.3100	0.4400	-1.9000
净资产收益率(扣除)(%)	0.4610	-0.8016	0.3646	-4.1285
总资产(万元)	5502286.75	5192332.21	5337559.79	5379010.66
归属母公司股东权益(万元)	1446495.38	1148630.12	1145553.80	1150156.72
营业收入(万元)	515267.57	1101073.05	501534.86	1101166.90
营业支出(万元)	373174.04	823747.72	383213.15	875731.18
投资收益(万元)	27513.21	69895.74	35536.03	125490.02
净利润(万元)	7078.56	13910.44	1792.57	-52098.43
营业利润(万元)	9969.75	-20643.43	3340.92	-71498.16
利润总额(万元)	10252.67	20016.42	4810.46	-52729.28

上海广泽食品科技股份有限公司

公司概况					
公司名称	上海广泽食品科技股份有限公司			证券简称	广泽股份
法人代表	柴琇	董秘	白丽君	证券代码	600882
公司网址	www.groundmilk.com		电子信箱	ir@milkland.com.cn	
电　话	021-50188700		传　真	021-50188918	
办公地址	上海市浦东新区金桥路1398号金台大厦				
经营范围	对矿山、资源类企业进行投资				

主要财务指标				
指标\报告期	2017.06.30	2016.12.31	2016.06.30	2015.12.31
基本每股收益(元)	-0.0300	0.0800	-0.0900	-0.6900
基本每股收益(扣除后)(元)	-0.0300	-0.0400	-0.1000	-0.7000
稀释每股收益(元)	-0.0300	0.0800	-0.0900	-0.6900
每股净资产(元)	2.8197	2.9053	2.5982	2.6930
每股经营现金净流量(元)	-0.2281	0.2253	-0.0728	0.4773
每股现金流量(元)	0.2779	1.0608	-0.1875	0.7085
每股资本公积金(元)	4.0864	4.0697	-	-
每股盈余公积金(元)	0.1727	0.1767	0.3232	0.3232
每股未分配利润(元)	-2.3137	-2.3410	1.1592	1.2508
净资产收益率(%)	-1.0587	2.7769	-3.5261	-25.5696
加权净资产收益率(%)	-1.0600	1.6800	-3.4600	-22.6300
净资产收益率(扣除)(%)	-1.0549	-1.2919	-3.6986	-26.1008
总资产(万元)	253001.04	217083.07	167554.79	162945.49
归属母公司股东权益(万元)	115195.57	115992.62	103730.82	107514.55
营业收入(万元)	43249.94	51156.92	16413.51	36086.09
营业支出(万元)	34206.77	37474.41	14672.96	35953.54
投资收益(万元)	-10.53	5617.02	398.14	247.47
净利润(万元)	-1219.54	3155.25	-3721.70	-27699.93
营业利润(万元)	-2457.91	561.48	-4229.81	-33128.42
利润总额(万元)	-1566.10	1500.73	-4066.36	-32629.56

云南博闻科技实业股份有限公司

公司概况					
公司名称	云南博闻科技实业股份有限公司			证券简称	博闻科技
法人代表	刘志波	董秘	杨庆宏	证券代码	600883
公司网址	www.ynbowin.com		电子信箱	yn600883@163.com	
电　话	0871-7197370		传　真	0871-7197694	
办公地址	云南省昆明市官渡区春城路 219 号东航投资大厦 806 室				
经营范围	计算机硬件生产、软件开发和网络开发、信息服务等				

主要财务指标 指标\报告期	2017.06.30	2016.12.31	2016.06.30	2015.12.31
基本每股收益(元)	0.1720	0.0603	-0.0142	0.3124
基本每股收益(扣除后)(元)	0.0478	-0.0314	-0.0197	-0.0507
稀释每股收益(元)	0.1720	0.0603	-0.0142	0.3124
每股净资产(元)	2.8570	2.7446	2.7080	2.8236
每股经营现金净流量(元)	-0.0393	-0.1856	-0.1644	-0.1025
每股现金流量(元)	-0.0637	-0.2815	-0.3576	0.6741
每股资本公积金(元)	0.0295	0.0300	0.0298	0.0311
每股盈余公积金(元)	0.2670	0.2670	0.2600	0.2600
每股未分配利润(元)	1.2273	1.0753	1.0078	1.1220
净资产收益率(%)	6.0198	2.1957	-0.5252	11.0640
加权净资产收益率(%)	6.0198	2.1600	-0.5252	11.2500
净资产收益率(扣除)(%)	1.6744	-1.1432	-0.7290	-1.7959
总资产(万元)	72488.05	70797.71	69678.15	75011.58
归属母公司股东权益(万元)	67449.41	64796.42	63932.57	66660.78
营业收入(万元)	1253.72	1317.89	840.14	1254.46
营业支出(万元)	1147.32	1496.23	960.59	1510.47
投资收益(万元)	4522.53	3234.24	384.10	11985.63
净利润(万元)	3962.80	1299.10	-398.03	7286.79
营业利润(万元)	3729.02	1869.50	-402.96	10518.36
利润总额(万元)	3733.13	1860.56	-398.03	10242.17

宁波杉杉股份有限公司

公司概况					
公司名称	宁波杉杉股份有限公司			证券简称	杉杉股份
法人代表	庄巍	董秘	钱程	证券代码	600884
公司网址	www.ssgf.net		电子信箱	ssgf@shanshan.com	
电　话	0574-88208337		传　真	0574-88208375	
办公地址	浙江省宁波市望春工业园区云林中路 218 号				
经营范围	服装、针织品、皮革制品的制造、加工、批发、零售等				

主要财务指标 指标\报告期	2017.06.30	2016.12.31	2016.06.30	2015.12.31
基本每股收益(元)	0.3020	0.4040	0.2010	1.6180
基本每股收益(扣除后)(元)	0.2270	0.3140	0.1930	0.5100
稀释每股收益(元)	0.3020	0.4040	0.2010	1.6180
每股净资产(元)	7.7428	7.2521	7.3526	11.6800
每股经营现金净流量(元)	-0.2337	-0.5148	-0.4662	-0.6279
每股现金流量(元)	0.0215	1.4519	1.6381	-0.6983
每股资本公积金(元)	2.6100	2.6137	2.9679	1.2266
每股盈余公积金(元)	0.1218	0.1218	0.1218	0.6062
每股未分配利润(元)	2.1443	1.9223	1.8268	4.7214
净资产收益率(%)	3.9001	4.0549	2.5375	13.8537
加权净资产收益率(%)	4.0490	4.1700	2.8390	14.7100
净资产收益率(扣除)(%)	2.9366	3.1494	2.4435	4.3690
总资产(万元)	1771729.09	1458641.59	1334205.91	1019798.45
归属母公司股东权益(万元)	869331.76	814241.73	825528.17	479883.06
营业收入(万元)	385236.06	547476.94	215411.83	430229.94
营业支出(万元)	288155.21	410856.95	153346.06	337058.36
投资收益(万元)	12165.83	21074.11	14010.40	75728.92
净利润(万元)	39423.86	39794.18	23073.73	67746.73
营业利润(万元)	36897.40	44220.60	26531.59	78335.08
利润总额(万元)	47584.31	47540.55	27207.18	80038.53

宏发科技股份有限公司

公司概况					
公司名称	宏发科技股份有限公司			证券简称	宏发股份
法人代表	郭满金	董秘	林旦旦	证券代码	600885
公司网址	www.hongfa.com		电子信箱	zqb@hongfa.com	
电　话	0592-6106688 6196768		传　真	0592-6106678	
办公地址	福建省厦门市集美北部工业区东林路 564 号				
经营范围	研制,生产和销售继电器,低压电器,接触器,自动化设备等				

主要财务指标 指标\报告期	2017.06.30	2016.12.31	2016.06.30	2015.12.31
基本每股收益(元)	0.7600	1.0900	0.6100	0.8900
基本每股收益(扣除后)(元)	0.7500	1.0600	0.6000	0.8400
稀释每股收益(元)	0.7600	1.0900	0.6100	0.8900
每股净资产(元)	6.9319	6.3840	5.8963	5.4836
每股经营现金净流量(元)	-0.0641	0.9356	0.3257	1.4252
每股现金流量(元)	-0.2235	0.0249	-0.2572	-0.2774
每股资本公积金(元)	1.2470	1.2470	1.2470	1.2470
每股盈余公积金(元)	0.6677	0.5843	0.5758	0.4259
每股未分配利润(元)	3.9896	3.5305	3.0592	2.7952
净资产收益率(%)	10.9460	17.1305	10.4105	16.1907
加权净资产收益率(%)	8.5200	18.1300	8.0200	16.6400
净资产收益率(扣除)(%)	10.8174	16.6526	10.1451	15.3266
总资产(万元)	738508.35	649770.31	610136.84	539561.94
归属母公司股东权益(万元)	368759.40	339610.74	313665.21	291713.03
营业收入(万元)	302831.80	508275.86	246489.68	424783.78
营业支出(万元)	175260.86	307403.56	141792.80	260409.91
投资收益(万元)	30.05	-1561.00	-523.33	1746.98
净利润(万元)	54979.47	81102.33	45358.79	66020.68
营业利润(万元)	65296.04	94930.97	54740.24	76089.59
利润总额(万元)	66532.29	98865.97	56071.10	80052.30

国投电力控股股份有限公司

公司概况					
公司名称	国投电力控股股份有限公司			证券简称	国投电力
法人代表	胡刚	董秘	杨林	证券代码	600886
公司网址	www.sdicpower.com		电子信箱	gtdl@sdicpower.com	
电　话	010-88006378		传　真	010-88006368	
办公地址	北京市西城区西直门南小街 147 号国投 5 号楼				
经营范围	投资建设、经营管理以电力生产为主的能源项目等				

主要财务指标 指标\报告期	2017.06.30	2016.12.31	2016.06.30	2015.12.31
基本每股收益(元)	0.1901	0.5771	0.2190	0.7998
基本每股收益(扣除后)(元)	0.1865	0.6374	0.2991	0.8258
稀释每股收益(元)	0.1901	0.5771	0.2190	0.7998
每股净资产(元)	4.4145	4.2264	3.8521	3.9166
每股经营现金净流量(元)	1.0233	2.8097	1.1386	3.3741
每股现金流量(元)	0.0929	-0.2902	-0.2013	-0.1847
每股资本公积金(元)	0.9536	0.9536	0.9533	0.9533
每股盈余公积金(元)	0.1573	0.1573	0.1197	0.1197
每股未分配利润(元)	2.2934	2.1033	1.7827	1.8436
净资产收益率(%)	4.3063	13.6555	5.6859	20.4207
加权净资产收益率(%)	4.4000	14.1700	5.4400	21.8400
净资产收益率(扣除)(%)	4.2252	15.0802	7.7642	21.0838
总资产(万元)	20634550.58	20329103.03	19281662.51	18354478.12
归属母公司股东权益(万元)	2995698.04	2868041.82	2614076.57	2657847.45
营业收入(万元)	1396310.33	2927080.30	1313856.43	3127969.98
营业支出(万元)	833080.01	1510062.85	648513.88	1494995.88
投资收益(万元)	17109.33	80777.73	36720.16	57933.95
净利润(万元)	265298.00	785960.98	323238.95	1010258.28
营业利润(万元)	276186.51	848724.21	384045.71	956440.09
利润总额(万元)	317106.36	891710.06	377089.53	1098063.75

内蒙古伊利实业集团股份有限公司

公司概况	公司名称	内蒙古伊利实业集团股份有限公司		证券简称	伊利股份
	法人代表	潘刚	董秘 胡利平	证券代码	600887
	公司网址	www.yili.com		电子信箱	huliping@yili.com
	电　话	0471-3350092		传　真	0471-3601621
	办公地址	内蒙古自治区呼和浩特市金山开发区金山大街1号			
	经营范围	乳制品制造、食品、饮料加工、农畜产品及饲料加工等			

主要财务指标	指标\报告期	2017.06.30	2016.12.31	2016.06.30	2015.12.31
	基本每股收益(元)	0.5500	0.9300	0.5300	0.7600
	基本每股收益(扣除后)(元)	0.5100	0.7500	0.4200	0.6600
	稀释每股收益(元)	0.5500	0.9300	0.5300	0.7600
	每股净资产(元)	3.7430	3.8059	3.3642	3.2951
	每股经营现金净流量(元)	0.4654	2.1134	1.2370	1.5724
	每股现金流量(元)	0.7615	0.1640	-0.3211	-0.0402
	每股资本公积金(元)	0.4488	0.4083	0.4092	0.4084
	每股盈余公积金(元)	0.3102	0.3110	0.2399	0.2399
	每股未分配利润(元)	1.9756	2.0269	1.6939	1.6144
	净资产收益率(%)	14.7847	24.5294	15.7403	23.1770
	加权净资产收益率(%)	14.3000	26.5800	15.1500	23.8700
	净资产收益率(扣除)(%)	13.7054	19.6124	12.4966	20.1075
	总资产(万元)	4438390.00	3926227.29	3465379.18	3963096.82
	归属母公司股东权益(万元)	2275397.93	2308176.67	2040303.12	1998439.74
	营业收入(万元)	3330176.63	6031200.97	2992553.10	5986348.57
	营业支出(万元)	2058321.20	3742743.54	1826768.14	3837557.81
	投资收益(万元)	6827.91	39926.10	31790.39	18634.75
	净利润(万元)	336776.32	566903.52	322210.32	465442.51
	营业利润(万元)	405330.15	552041.22	326567.27	489432.20
	利润总额(万元)	399874.54	663207.20	380706.09	552353.35

南京化纤股份有限公司

公司概况	公司名称	南京化纤股份有限公司		证券简称	南京化纤
	法人代表	丁明国	董秘 陈波	证券代码	600889
	公司网址	www.ncfe.cn		电子信箱	cb_008@126.com
	电　话	025-84208005		传　真	025-57518852
	办公地址	江苏省南京市六合区瓜埠镇郁庄路2号新材料产业园			
	经营范围	化学纤维生产、主要产品为粘胶长、短丝等			

主要财务指标	指标\报告期	2017.06.30	2016.12.31	2016.06.30	2015.12.31
	基本每股收益(元)	0.1350	0.3000	0.0530	1.4900
	基本每股收益(扣除后)(元)	0.1200	0.3000	0.0470	0.0600
	稀释每股收益(元)	0.1350	0.3000	0.0530	1.4900
	每股净资产(元)	4.8314	4.8164	4.5667	4.5488
	每股经营现金净流量(元)	-0.6739	1.1707	0.4593	0.2191
	每股现金流量(元)	-0.7873	1.1948	0.4281	0.0059
	每股资本公积金(元)	0.7406	0.7406	0.7406	0.7406
	每股盈余公积金(元)	0.6990	0.6990	0.6496	0.6496
	每股未分配利润(元)	2.3788	2.3638	2.1703	2.1524
	净资产收益率(%)	2.7940	6.1416	1.1586	32.7542
	加权净资产收益率(%)	2.7800	6.3200	1.1600	39.4500
	净资产收益率(扣除)(%)	2.4801	6.3023	1.0291	1.2479
	总资产(万元)	222773.19	222841.61	206746.69	217104.02
	归属母公司股东权益(万元)	148355.96	147895.78	140228.44	139678.51
	营业收入(万元)	85845.39	166483.30	70505.31	151847.34
	营业支出(万元)	75694.08	143227.24	61462.30	131277.07
	投资收益(万元)	1653.54	2448.75	-438.70	50081.05
	净利润(万元)	4173.08	9135.75	1650.00	45792.09
	营业利润(万元)	5030.14	10815.90	1730.05	52562.98
	利润总额(万元)	5138.90	10340.88	1752.44	51750.13

新疆众和股份有限公司

公司概况	公司名称	新疆众和股份有限公司		证券简称	新疆众和
	法人代表	孙健	董秘 刘建昊	证券代码	600888
	公司网址	www.joinworld.com		电子信箱	xjjw600888@126.com
	电　话	0991-6689800		传　真	0991-6689882
	办公地址	新疆维吾尔自治区乌鲁木齐市喀什东路18号			
	经营范围	高纯铝、电子铝箔、腐蚀箔、化成箔等电子元器件原料的生产、销售等			

主要财务指标	指标\报告期	2017.06.30	2016.12.31	2016.06.30	2015.12.31
	基本每股收益(元)	0.0864	0.0613	0.0317	0.0385
	基本每股收益(扣除后)(元)	0.0646	-0.0197	-0.0234	-0.1138
	稀释每股收益(元)	0.0864	0.0613	0.0317	0.0385
	每股净资产(元)	3.9729	5.0778	5.0388	5.0316
	每股经营现金净流量(元)	-0.3675	0.0868	-0.3020	0.6613
	每股现金流量(元)	-0.3887	0.2084	0.1913	-0.1918
	每股资本公积金(元)	2.1505	3.0894	3.0822	3.0864
	每股盈余公积金(元)	0.2200	0.2860	0.2860	0.2860
	每股未分配利润(元)	0.6007	0.6986	0.6691	0.6574
	净资产收益率(%)	2.1737	1.2066	0.6296	0.7646
	加权净资产收益率(%)	2.1868	1.2127	0.6310	0.7697
	净资产收益率(扣除)(%)	1.6250	-0.3881	-0.4642	-2.2618
	总资产(万元)	923111.57	969782.28	949008.53	895638.13
	归属母公司股东权益(万元)	331176.08	325602.05	323103.11	322640.33
	营业收入(万元)	233231.50	554688.11	346994.94	762743.91
	营业支出(万元)	202354.17	506685.97	326734.47	717781.84
	投资收益(万元)	2348.15	614.42	1823.21	2601.09
	净利润(万元)	7127.17	3782.18	1986.07	2500.02
	营业利润(万元)	6653.65	-1951.98	-808.26	-5421.20
	利润总额(万元)	7899.88	4440.51	2727.71	4356.01

中房置业股份有限公司

公司概况	公司名称	中房置业股份有限公司		证券简称	中房股份
	法人代表	朱雷	董秘 郭洪洁	证券代码	600890
	公司网址	www.credholding.com		电子信箱	guihongzhi@credholding.com
	电　话	010-82608847		传　真	010-82611808
	办公地址	北京市海淀区苏州街18号院长远天地大厦C座二层			
	经营范围	房地产开发、物业管理、制造销售动力机械、激光打印机、数字照相机等			

主要财务指标	指标\报告期	2017.06.30	2016.12.31	2016.06.30	2015.12.31
	基本每股收益(元)	-0.0315	-0.0725	-0.0300	0.0200
	基本每股收益(扣除后)(元)	-0.0319	-0.0880	-0.0300	-0.0300
	稀释每股收益(元)	-0.0315	-0.0725	-0.0300	0.0200
	每股净资产(元)	0.4621	0.4936	0.5370	0.5661
	每股经营现金净流量(元)	-0.0314	-0.0638	-0.0414	-0.0329
	每股现金流量(元)	-0.2060	-0.0063	-0.1412	0.1271
	每股资本公积金(元)	0.0351	0.0351	0.0351	0.0351
	每股盈余公积金(元)	0.1466	0.1466	0.1466	0.1466
	每股未分配利润(元)	-0.7196	-0.6882	-0.6447	-0.6156
	净资产收益率(%)	-6.8061	-14.6987	-5.4111	3.7005
	加权净资产收益率(%)	-6.5800	-13.6900	-5.2700	3.7700
	净资产收益率(扣除)(%)	-6.8945	-17.8376	-5.5335	-5.3390
	总资产(万元)	29797.80	31848.39	34512.18	36514.29
	归属母公司股东权益(万元)	26765.11	28586.76	31105.49	32788.64
	营业收入(万元)	87.77	1083.35	184.87	1591.93
	营业支出(万元)	319.30	1855.88	352.33	1170.51
	投资收益(万元)	-42.59	450.67	-	2655.40
	净利润(万元)	-1821.70	-4201.93	-1683.24	1213.29
	营业利润(万元)	-1796.10	-4118.96	-1721.31	943.06
	利润总额(万元)	-1821.70	-4201.93	-1683.24	1293.89

哈尔滨秋林集团股份有限公司

公司概况					
公司名称	哈尔滨秋林集团股份有限公司			证券简称	秋林集团
法人代表	李亚	董秘	隋吉平	证券代码	600891
公司网址	www.qlgroup.com.cn		电子信箱	zqb@qlgroup.com.cn	
电　话	0451-53644632		传　真	0451-53649282	
办公地址	黑龙江省哈尔滨市南岗区东大直街 319 号				
经营范围	零售兼批发百货、食品、副食品、纺织品、节目录像带等业务				

主要财务指标 指标\报告期	2017.06.30	2016.12.31	2016.06.30	2015.12.31
基本每股收益(元)	0.1300	0.3300	0.2300	0.4200
基本每股收益(扣除后)(元)	0.1300	0.3300	0.2300	0.2300
稀释每股收益(元)	0.1300	0.3300	0.2300	0.4200
每股净资产(元)	4.8297	4.7002	4.6785	4.4476
每股经营现金净流量(元)	-2.1898	-0.2237	-1.2031	0.0486
每股现金流量(元)	0.7053	-1.2467	-0.8705	0.6282
每股资本公积金(元)	2.4289	2.4289	2.4289	2.4289
每股盈余公积金(元)	0.1443	0.1443	0.1388	0.1388
每股未分配利润(元)	1.2561	1.1266	1.1104	0.8794
净资产收益率(%)	2.6820	7.0765	4.9367	8.5024
加权净资产收益率(%)	2.7200	7.2600	5.0600	10.5000
净资产收益率(扣除)(%)	2.6532	8.0270	4.9320	3.1423
总资产(万元)	591023.72	508987.44	401134.26	361535.23
归属母公司股东权益(万元)	298276.18	290276.41	288939.80	274675.81
营业收入(万元)	289520.53	635866.98	261865.07	515602.49
营业支出(万元)	265931.18	583119.61	231180.72	478775.22
投资收益(万元)	1090.48	-2532.96	1586.79	2121.02
净利润(万元)	8044.02	20256.00	14307.90	23395.16
营业利润(万元)	10734.40	28236.51	19138.83	21006.27
利润总额(万元)	10848.32	28162.31	19147.93	32394.04

大晟时代文化投资股份有限公司

公司概况					
公司名称	大晟时代文化投资股份有限公司			证券简称	大晟文化
法人代表	周镇科	董秘	方吉槟	证券代码	600892
公司网址	www.baochengshare.com		电子信箱	dswh@600892.com.cn	
电　话	0755-82359089		传　真	0755-82610489	
办公地址	广东省深圳市罗湖区笋岗街道梨园路 6 号物资控股置地大厦 21 层 08 室				
经营范围	投资与资产管理、销售金属矿石、金属材料、建筑材料、五金交电、机械设备等				

主要财务指标 指标\报告期	2017.06.30	2016.12.31	2016.06.30	2015.12.31
基本每股收益(元)	0.0600	1.0900	0.2500	-0.0200
基本每股收益(扣除后)(元)	0.0400	0.7400	0.2400	-0.0500
稀释每股收益(元)	0.0600	1.0900	0.2500	-0.0200
每股净资产(元)	3.0467	11.9380	11.0994	10.8464
每股经营现金净流量(元)	0.1074	1.3009	0.4000	-0.1429
每股现金流量(元)	0.0749	-5.5147	-3.2125	13.7949
每股资本公积金(元)	2.0667	11.2666	11.2666	24.9635
每股盈余公积金(元)	0.0154	0.0614	0.0614	0.1361
每股未分配利润(元)	-0.0353	-0.3900	-1.2286	-3.2829
净资产收益率(%)	2.0414	9.1442	2.2793	-0.0646
加权净资产收益率(%)	2.0600	9.5800	2.3100	-14.1000
净资产收益率(扣除)(%)	1.4282	6.2004	2.2046	-0.1897
总资产(万元)	243448.83	249794.00	235636.62	271740.24
归属母公司股东权益(万元)	170452.40	166972.72	155242.81	151704.41
营业收入(万元)	9959.69	35597.69	9961.13	1943.36
营业支出(万元)	1970.66	14509.92	2656.43	455.53
投资收益(万元)	869.58	1368.10	137.60	19.25
净利润(万元)	3417.92	15218.21	3529.75	-111.59
营业利润(万元)	2985.38	11093.50	3850.31	-259.88
利润总额(万元)	3585.74	17304.71	3999.75	-260.28

中国航发动力股份有限公司

公司概况					
公司名称	中国航发动力股份有限公司			证券简称	航发动力
法人代表	张民生	董秘	王洪雷	证券代码	600893
公司网址	www.xaec.com		电子信箱	hkdl2008@xaec.com	
电　话	029-86152008 86152009		传　真	86-29-86629636	
办公地址	陕西省西安市未央区徐家湾				
经营范围	航空发动机、燃气轮机、烟气透平动力装置、航天发动机及其零部件等				

主要财务指标 指标\报告期	2017.06.30	2016.12.31	2016.06.30	2015.12.31
基本每股收益(元)	0.0800	0.4600	0.0400	0.5300
基本每股收益(扣除后)(元)	0.0400	0.3700	-0.0100	0.3200
稀释每股收益(元)	0.0800	0.4600	0.0400	0.5300
每股净资产(元)	7.9590	8.0114	7.6034	7.7285
每股经营现金净流量(元)	-1.6415	-0.9873	-2.5872	1.5085
每股现金流量(元)	-0.5712	-1.5733	-1.7268	1.3262
每股资本公积金(元)	5.0610	5.0606	5.0534	5.0532
每股盈余公积金(元)	0.1802	0.1802	0.1529	0.1529
每股未分配利润(元)	1.7616	1.8178	1.4322	1.5481
净资产收益率(%)	1.0271	5.7052	0.5800	6.8612
加权净资产收益率(%)	1.0300	5.8200	0.5700	7.0800
净资产收益率(扣除)(%)	0.4961	4.6472	-0.0933	4.0904
总资产(万元)	5172522.52	4934541.37	4924972.01	4761754.12
归属母公司股东权益(万元)	1550990.49	1561188.29	1481694.64	1506058.99
营业收入(万元)	785449.89	2221728.57	753424.85	2348002.30
营业支出(万元)	624962.41	1788339.44	606384.63	1928407.77
投资收益(万元)	2624.01	8402.74	3760.98	30095.05
净利润(万元)	15813.99	91599.88	11379.58	107586.94
营业利润(万元)	20050.56	98797.43	9171.21	106048.46
利润总额(万元)	22394.13	116518.99	19173.84	131401.53

广州广日股份有限公司

公司概况					
公司名称	广州广日股份有限公司			证券简称	广日股份
法人代表	孙维元	董秘	杜景来	证券代码	600894
公司网址	www.guangrigf.com		电子信箱	grgf@guangrigf.com	
电　话	020-38371213		传　真	020-38373152	
办公地址	广东省广州市天河区珠江新城华利路 59 号保利大厦东塔 13 楼				
经营范围	生产、加工、销售冶金产品、焦碳化工产品、各种气体、炉料和有关原材料等				

主要财务指标 指标\报告期	2017.06.30	2016.12.31	2016.06.30	2015.12.31
基本每股收益(元)	0.2905	1.2422	0.3846	2.4940
基本每股收益(扣除后)(元)	0.2756	0.8403	0.3796	0.7989
稀释每股收益(元)	0.2905	1.2422	0.3846	2.4940
每股净资产(元)	7.7877	8.0040	7.1208	7.4704
每股经营现金净流量(元)	0.0470	0.7704	-0.2523	2.4300
每股现金流量(元)	-0.7668	-0.8534	-1.3878	1.6215
每股资本公积金(元)	2.8411	2.8411	2.8347	2.8347
每股盈余公积金(元)	0.4984	0.4984	0.4539	0.4539
每股未分配利润(元)	3.5086	3.5982	2.7850	3.1504
净资产收益率(%)	3.7298	15.5197	5.4014	33.3852
加权净资产收益率(%)	3.6200	16.1900	5.0100	39.8600
净资产收益率(扣除)(%)	3.5392	10.4980	5.3308	10.6940
总资产(万元)	886140.65	956736.84	858691.94	927369.49
归属母公司股东权益(万元)	669699.42	688298.22	612353.36	642417.31
营业收入(万元)	215437.27	472764.51	203221.44	482595.14
营业支出(万元)	172755.25	362878.40	155958.87	376060.56
投资收益(万元)	16186.87	41530.26	18127.91	39906.67
净利润(万元)	25681.51	109870.35	33985.19	215763.95
营业利润(万元)	26155.11	83183.97	36137.24	77587.85
利润总额(万元)	28069.42	143562.40	36656.11	248691.27

上海张江高科技园区开发股份有限公司

公司概况	公司名称	上海张江高科技园区开发股份有限公司			证券简称	张江高科
	法人代表	刘樱	董秘	卢缨	证券代码	600895
	公司网址	www.600895.com		电子信箱	investors@600895.com	
	电　话	021-38959000		传　真	021-50800492	
	办公地址	上海市浦东新区松涛路560号8层				
	经营范围	房地产开发与经营				

主要财务指标	指标\报告期	2017.06.30	2016.12.31	2016.06.30	2015.12.31
	基本每股收益(元)	0.2000	0.4700	0.1900	0.3100
	基本每股收益(扣除后)(元)	0.1800	0.3300	0.1800	0.2600
	稀释每股收益(元)	0.2000	0.4700	0.1900	0.3100
	每股净资产(元)	5.3579	5.3285	4.9061	4.8827
	每股经营现金净流量(元)	−0.0850	0.2883	0.0128	0.9483
	每股现金流量(元)	−0.2262	0.1248	0.0295	0.2185
	每股资本公积金(元)	1.7024	1.7024	1.7092	1.7092
	每股盈余公积金(元)	0.3315	0.3315	0.3225	0.3225
	每股未分配利润(元)	2.0120	1.9615	1.6890	1.6213
	净资产收益率(%)	3.7417	8.8052	3.8255	6.3690
	加权净资产收益率(%)	3.7000	9.1800	3.7900	6.5600
	净资产收益率(扣除)(%)	3.3233	6.2019	3.7332	5.2626
	总资产(万元)	1893978.66	1904078.41	1731888.94	1853058.92
	归属母公司股东权益(万元)	829774.18	825216.99	759797.21	756177.64
	营业收入(万元)	49626.69	208766.09	117844.96	241916.98
	营业支出(万元)	23719.50	127674.03	61019.26	165797.50
	投资收益(万元)	32049.21	79723.91	15149.55	67206.45
	净利润(万元)	30537.96	72712.60	29786.92	48984.57
	营业利润(万元)	37046.03	88692.71	38187.69	59903.52
	利润总额(万元)	37095.00	87552.63	38470.94	56734.43

览海医疗产业投资股份有限公司

公司概况	公司名称	览海医疗产业投资股份有限公司			证券简称	览海投资
	法人代表	密春雷	董秘	胡晓鹏	证券代码	600896
	公司网址	www.lanhaimedical.com		电子信箱	security@lanhaimedical.com	
	电　话	021-50292908		传　真	021-62758258	
	办公地址	上海市浦东新区世纪大道201号20楼				
	经营范围	医疗领域内的医疗服务、医疗投资、健康管理、高科技开发及应用				

主要财务指标	指标\报告期	2017.06.30	2016.12.31	2016.06.30	2015.12.31
	基本每股收益(元)	−0.2000	−0.5700	−0.9800	0.0400
	基本每股收益(扣除后)(元)	−0.0700	−1.0500	−1.0000	−0.8700
	稀释每股收益(元)	−0.2000	−0.5700	−0.9800	0.0400
	每股净资产(元)	2.5192	2.7672	2.9893	2.5601
	每股经营现金净流量(元)	−0.1960	−0.1908	0.0889	0.3266
	每股现金流量(元)	−0.3386	0.0354	0.3321	0.5110
	每股资本公积金(元)	2.0968	2.1392	2.1419	0.3214
	每股盈余公积金(元)	0.1568	0.1561	0.1561	0.2345
	每股未分配利润(元)	−0.7357	−0.5293	−0.8215	−0.0050
	净资产收益率(%)	−8.0883	−19.0091	−27.3718	1.6221
	加权净资产收益率(%)	−7.7500	−23.5300	−34.8700	1.3700
	净资产收益率(扣除)(%)	−2.6690	−34.6611	−27.8690	−33.8900
	总资产(万元)	445734.98	436703.71	502907.61	551637.87
	归属母公司股东权益(万元)	218946.54	241656.00	261052.30	148822.63
	营业收入(万元)	2231.34	85422.43	37431.23	95224.51
	营业支出(万元)	82.10	78024.65	36106.32	90395.65
	投资收益(万元)	--	28199.79	2642.65	53402.78
	净利润(万元)	−17910.77	−43240.55	−68541.39	7502.33
	营业利润(万元)	−17607.17	−34478.22	−68166.92	2795.09
	利润总额(万元)	−17632.45	−38588.72	−66862.60	9992.42

元翔(厦门)国际航空港股份有限公司

公司概况	公司名称	元翔(厦门)国际航空港股份有限公司			证券简称	厦门空港
	法人代表	林伟民	董秘	朱昭	证券代码	600897
	公司网址	www.xiamenairport.com.cn		电子信箱	600897@iport.com.cn	
	电　话	86-592-5706078		传　真	86-592-5730699	
	办公地址	福建省厦门市高崎国际机场内厦门国际航空港股份有限公司办公楼				
	经营范围	航空运输、提供候机楼设施的使用保障和服务等				

主要财务指标	指标\报告期	2017.06.30	2016.12.31	2016.06.30	2015.12.31
	基本每股收益(元)	0.7427	1.3382	0.7160	1.2408
	基本每股收益(扣除后)(元)	0.7310	1.2987	0.7002	1.2037
	稀释每股收益(元)	0.7427	1.3382	0.7160	1.2408
	每股净资产(元)	10.8105	11.0778	10.4608	10.1248
	每股经营现金净流量(元)	0.8217	2.3150	1.0637	2.0367
	每股现金流量(元)	0.4988	−1.9602	−2.1256	1.9489
	每股资本公积金(元)	0.6077	0.6077	0.6077	0.6077
	每股盈余公积金(元)	1.5284	1.5284	1.4127	1.4127
	每股未分配利润(元)	7.6744	7.9417	7.4403	7.1044
	净资产收益率(%)	6.8698	12.0800	6.8443	12.2551
	加权净资产收益率(%)	6.5800	12.6200	6.8700	12.7300
	净资产收益率(扣除)(%)	6.7619	11.7232	6.6932	11.8890
	总资产(万元)	451802.00	430914.81	404156.59	393356.99
	归属母公司股东权益(万元)	321946.65	329908.43	311532.51	301527.23
	营业收入(万元)	81016.38	151059.10	74343.25	142437.60
	营业支出(万元)	46101.78	89099.08	41309.97	84638.08
	投资收益(万元)	608.15	2433.46	210.93	1763.03
	净利润(万元)	23191.43	41308.88	22071.14	38578.27
	营业利润(万元)	31010.36	55257.34	29070.96	51083.12
	利润总额(万元)	31100.08	55117.41	29569.49	51627.42

国美通讯设备股份有限公司

公司概况	公司名称	国美通讯设备股份有限公司			证券简称	国美通讯
	法人代表	宋林林	董秘	邵杰	证券代码	600898
	公司网址	www.gometech.com.cn		电子信箱	slss600898db@163.com	
	电　话	0531-81675201　81675202		传　真	0531-81675313	
	办公地址	山东省济南市历下区趵突泉北路12号				
	经营范围	以家电为主的百货				

主要财务指标	指标\报告期	2017.06.30	2016.12.31	2016.06.30	2015.12.31
	基本每股收益(元)	−0.0561	0.0641	0.0303	0.0927
	基本每股收益(扣除后)(元)	−0.0619	0.0863	0.0233	0.0809
	稀释每股收益(元)	−0.0561	0.0641	0.0303	0.0927
	每股净资产(元)	1.3943	1.4735	1.4349	1.4545
	每股经营现金净流量(元)	−0.2481	0.0670	0.3072	−0.3021
	每股现金流量(元)	−0.0439	0.2116	−0.0247	0.0145
	每股资本公积金(元)	0.1785	0.1785	0.1785	0.1785
	每股盈余公积金(元)	0.1117	0.1119	0.1083	0.1083
	每股未分配利润(元)	0.1007	0.1803	0.1481	0.1677
	净资产收益率(%)	−4.0208	4.3520	2.1147	6.3732
	加权净资产收益率(%)	−3.8800	4.3900	2.0800	6.5400
	净资产收益率(扣除)(%)	−4.4365	5.8557	1.6238	5.5608
	总资产(万元)	186031.50	223902.51	64430.39	69644.16
	归属母公司股东权益(万元)	35208.28	37259.97	36233.58	36729.96
	营业收入(万元)	61453.62	115009.33	42327.35	87989.40
	营业支出(万元)	53936.42	99728.49	36720.18	76479.63
	投资收益(万元)	82.46	516.91	309.62	1027.17
	净利润(万元)	−1331.35	1722.87	766.23	2340.88
	营业利润(万元)	−1890.65	1317.01	282.29	2969.77
	利润总额(万元)	−1773.50	1752.98	791.24	3167.19

中国长江电力股份有限公司

公司概况	公司名称	中国长江电力股份有限公司			证券简称	长江电力
	法人代表	卢纯	董秘	李绍平	证券代码	600900
	公司网址	www.cypc.com.cn		电子信箱	cypc@cypc.com.cn	
	电　话	86-10-58688900		传　真	86-10-58688898	
	办公地址	北京市西城区金融大街 19 号富凯大厦 B 座				
	经营范围	电力生产、经营和投资；电力生产技术咨询；水电工程检修维护				

	指标 \ 报告期	2017.06.30	2016.12.31	2016.06.30	2015.12.31
主要财务指标	基本每股收益(元)	0.3684	0.9446	0.3432	—
	基本每股收益(扣除后)(元)	0.3648	1.0163	0.3829	—
	稀释每股收益(元)	0.3684	0.9446	0.3432	—
	每股净资产(元)	5.4899	5.8300	5.2014	—
	每股经营现金净流量(元)	0.6237	1.7723	0.6331	—
	每股现金流量(元)	0.0911	−0.0527	0.0768	—
	每股资本公积金(元)	2.0145	2.0115	1.9846	—
	每股盈余公积金(元)	0.8847	0.8847	0.8082	—
	每股未分配利润(元)	1.4300	1.7746	1.2948	—
	净资产收益率(%)	6.7105	16.2101	6.7121	—
	加权净资产收益率(%)	6.2500	16.8800	6.2500	—
	净资产收益率(扣除)(%)	6.6449	15.9867	6.2483	—
	总资产(万元)	30150949.42	29889500.00	30486865.36	—
	归属母公司股东权益(万元)	12077800.93	12819900.00	11443061.95	—
	营业收入(万元)	1929032.44	4893900.00	2006859.30	—
	营业支出(万元)	864224.20	1923799.50	859489.58	—
	投资收益(万元)	158213.68	133418.87	84083.90	—
	净利润(万元)	810493.00	2093777.57	768048.76	—
	营业利润(万元)	971787.42	2227700.00	828704.95	—
	利润总额(万元)	972121.77	2515400.00	946524.91	—

贵州燃气集团股份有限公司

公司概况	公司名称	贵州燃气集团股份有限公司			证券简称	贵州燃气
	法人代表	洪鸣	董秘	杨梅	证券代码	600903
	公司网址	www.guizhougas.com		电子信箱	gzrq@gzgas.com.cn	
	电　话	0851-85830557		传　真	0851-85822970	
	办公地址	贵州省贵阳市云岩区新添大道南段 298 号				
	经营范围	城市燃气运营业务				

	指标 \ 报告期	2017.06.30	2016.12.31	2016.06.30	2015.12.31
主要财务指标	基本每股收益(元)	0.1300	0.1500	0.0500	0.0700
	基本每股收益(扣除后)(元)	0.1200	0.1200	0.0300	0.0900
	稀释每股收益(元)	0.1300	0.1500	0.0500	0.0700
	每股净资产(元)	3.3900	3.2600	1.6600	2.2000
	每股经营现金净流量(元)	0.5853	0.5041	0.3908	−0.0641
	每股现金流量(元)	0.3854	−0.1234	0.1971	−0.5948
	每股资本公积金(元)	0.5864	0.5864	0.5862	0.7494
	每股盈余公积金(元)	0.0168	0.0168	0.0104	0.1134
	每股未分配利润(元)	0.2530	0.1254	0.0398	0.3101
	净资产收益率(%)	3.7680	4.4172	3.1298	4.3499
	加权净资产收益率(%)	3.8400	6.7300	3.3600	6.5700
	净资产收益率(扣除)(%)	3.5351	3.4830	1.7718	5.7363
	总资产(万元)	768760.48	760413.52	607696.32	584374.21
	归属母公司股东权益(万元)	234109.50	225424.89	115004.26	105187.82
	营业收入(万元)	129391.52	226906.75	105357.51	205637.36
	营业支出(万元)	99442.03	168737.45	78446.84	156332.48
	投资收益(万元)	3711.94	3139.72	1997.36	3087.58
	净利润(万元)	8666.61	10269.78	3669.95	2401.79
	营业利润(万元)	9413.16	11446.15	4506.02	3900.46
	利润总额(万元)	9778.31	12130.76	4664.78	4143.14

无锡农村商业银行股份有限公司

公司概况	公司名称	无锡农村商业银行股份有限公司			证券简称	无锡银行
	法人代表	任晓平	董秘	王洪顺	证券代码	600908
	公司网址	www.wrcb.com.cn		电子信箱	contact@wrcb.com.cn	
	电　话	0510-82830815		传　真	0510-82830815	
	办公地址	江苏省无锡市金融二街 9 号				
	经营范围	公司存款业务、公司贷款业务、公司结算业务、其他公司业务				

	指标 \ 报告期	2017.06.30	2016.12.31	2016.06.30	2015.12.31
主要财务指标	基本每股收益(元)	0.2800	0.5200	0.2800	—
	基本每股收益(扣除后)(元)	0.2900	0.5200	0.2800	—
	稀释每股收益(元)	0.2800	0.5200	0.2800	—
	每股净资产(元)	4.8056	4.7500	4.6082	—
	每股经营现金净流量(元)	1.0277	1.6726	1.1665	—
	每股现金流量(元)	−2.8280	−2.7126	−1.7157	—
	每股资本公积金(元)	0.5275	0.5275	0.2227	—
	每股盈余公积金(元)	2.2816	2.2816	2.1677	—
	每股未分配利润(元)	0.2693	0.1370	0.3755	—
	净资产收益率(%)	5.8800	10.1800	6.1663	—
	加权净资产收益率(%)	5.8800	11.5200	6.3600	—
	净资产收益率(扣除)(%)	5.9328	10.2000	6.1836	—
	总资产(万元)	12591717.80	12463300.00	11810595.29	—
	归属母公司股东权益(万元)	888124.90	877200.00	766478.13	—
	营业收入(万元)	138553.20	252200.00	122763.00	—
	营业支出(万元)	73496.50	142560.00	64201.70	—
	投资收益(万元)	4543.00	4276.00	3457.00	—
	净利润(万元)	52125.90	88352.70	46910.50	—
	营业利润(万元)	65056.70	109600.00	58561.30	—
	利润总额(万元)	64379.10	109400.00	58383.80	—

华安证券股份有限公司

公司概况	公司名称	华安证券股份有限公司			证券简称	华安证券
	法人代表	章宏韬	董秘	赵万利	证券代码	600909
	公司网址	www.hazq.com		电子信箱	bgs@hazq.com	
	电　话	0551-65161691		传　真	0551-65161600	
	办公地址	安徽省合肥市政务文化新区天鹅湖路 198 号				
	经营范围	证券经纪；证券投资咨询；与证券交易、证券投资活动有关的财务顾问				

	指标 \ 报告期	2017.06.30	2016.12.31	2016.06.30	2015.12.31
主要财务指标	基本每股收益(元)	0.1100	0.2100	0.0900	0.6600
	基本每股收益(扣除后)(元)	0.1100	0.2100	0.0900	0.6600
	稀释每股收益(元)	0.1100	0.2100	0.0900	0.6600
	每股净资产(元)	3.3171	3.2707	2.3145	2.3769
	每股经营现金净流量(元)	0.4484	−2.1691	−0.5355	1.2983
	每股现金流量(元)	0.3256	−1.4804	−1.1681	2.4697
	每股资本公积金(元)	1.4113	1.4113	0.3295	0.3292
	每股盈余公积金(元)	0.0972	0.0972	0.1001	0.1001
	每股未分配利润(元)	0.5354	0.4832	0.5733	0.6275
	净资产收益率(%)	3.3841	5.0833	4.0767	27.8157
	加权净资产收益率(%)	3.3800	8.4900	4.0900	32.1800
	净资产收益率(扣除)(%)	3.3963	5.0580	4.0711	27.8402
	总资产(万元)	4051364.44	3458801.58	3286334.46	3801428.44
	归属母公司股东权益(万元)	1201113.09	1184303.74	652906.97	670511.53
	营业收入(万元)	100506.03	173435.98	82207.67	381620.49
	营业支出(万元)	47117.04	93456.01	46602.89	135908.50
	投资收益(万元)	30378.40	45178.80	23828.47	77665.15
	净利润(万元)	41660.14	60441.88	26617.40	186513.31
	营业利润(万元)	53457.63	79979.97	35604.77	245711.99
	利润总额(万元)	53198.27	80383.38	35654.92	245551.97

重庆燃气集团股份有限公司

公司概况						
	公司名称	重庆燃气集团股份有限公司			证券简称	重庆燃气
	法人代表	王颂秋	董秘	李金艳	证券代码	600917
	公司网址	www.cqgas.cn		电子信箱	dbcqgas@163.com	
	电话	023-67952837		传真	023-67952837	
	办公地址	重庆市江北区鸿恩路7号				
	经营范围	燃气供应、输、储、配、销售及管网的设计、制造、安装、维修、销售、管理及技术咨询				

主要财务指标	指标\报告期	2017.06.30	2016.12.31	2016.06.30	2015.12.31
	基本每股收益(元)	0.1200	0.2400	0.1300	—
	基本每股收益(扣除后)(元)	0.1100	0.2100	0.1200	—
	稀释每股收益(元)	0.1200	0.2400	0.1300	—
	每股净资产(元)	2.3277	2.3300	2.2127	—
	每股经营现金净流量(元)	0.2106	0.5009	0.3619	—
	每股现金流量(元)	-0.0445	-0.1917	-0.0341	—
	每股资本公积金(元)	0.6480	0.6480	0.6375	—
	每股盈余公积金(元)	0.1174	0.1174	0.0970	—
	每股未分配利润(元)	0.5101	0.5192	0.4328	—
	净资产收益率(%)	5.1944	10.2407	5.9569	—
	加权净资产收益率(%)	5.0500	10.4500	5.7300	—
	净资产收益率(扣除)(%)	4.8690	9.0952	5.6140	—
	总资产(万元)	824534.48	808569.15	810707.40	—
	归属母公司股东权益(万元)	362188.78	362501.22	344291.46	—
	营业收入(万元)	280308.47	548882.61	274166.35	—
	营业支出(万元)	236663.34	463593.02	226568.44	—
	投资收益(万元)	1646.25	2625.81	2115.27	—
	净利润(万元)	18693.86	36662.50	20443.00	—
	营业利润(万元)	21064.00	39919.60	22348.66	—
	利润总额(万元)	22492.04	43642.29	23841.77	—

江苏银行股份有限公司

公司概况						
	公司名称	江苏银行股份有限公司			证券简称	江苏银行
	法人代表	夏平	董秘	吴典军	证券代码	600919
	公司网址	www.jsbchina.cn		电子信箱	dshbgs@jsbchina.cn	
	电话	025-52890919		传真	025-58588273	
	办公地址	江苏省南京市中华路26号				
	经营范围	吸收公众存款；发放短期、中期和长期贷款				

主要财务指标	指标\报告期	2017.06.30	2016.12.31	2016.06.30	2015.12.31
	基本每股收益(元)	0.5400	0.9800	0.5400	—
	基本每股收益(扣除后)(元)	0.5300	0.9700	0.5400	—
	稀释每股收益(元)	0.5400	0.9800	0.5400	—
	每股净资产(元)	7.4285	7.1600	6.8017	—
	每股经营现金净流量(元)	-3.8959	7.1565	3.7676	—
	每股现金流量(元)	6.5199	-3.2179	-3.4644	—
	每股资本公积金(元)	1.3925	1.3925	0.9718	—
	每股盈余公积金(元)	1.0519	0.9613	0.9675	—
	每股未分配利润(元)	2.2319	1.9818	2.2985	—
	净资产收益率(%)	7.2026	12.8356	7.9377	—
	加权净资产收益率(%)	7.3100	14.4700	8.2600	—
	净资产收益率(扣除)(%)	7.1552	12.7893	7.9718	—
	总资产(万元)	172717178.00	159829200.00	143667376.50	—
	归属母公司股东权益(万元)	8575820.30	8266500.00	7066983.00	—
	营业收入(万元)	1702034.20	3145600.00	1616851.80	—
	营业支出(万元)	998634.90	1789025.70	910913.20	—
	投资收益(万元)	8692.40	2283.00	2010.10	—
	净利润(万元)	622135.80	1063692.80	562868.30	—
	营业利润(万元)	703399.30	1356600.00	705938.60	—
	利润总额(万元)	708839.80	1352400.00	704527.70	—

杭州银行股份有限公司

公司概况						
	公司名称	杭州银行股份有限公司			证券简称	杭州银行
	法人代表	陈震山	董秘	徐国民	证券代码	600926
	公司网址	www.hzbank.com.cn		电子信箱	ir@hzbank.com.cn	
	电话	0571-85064656		传真	0571-85151339	
	办公地址	浙江省杭州市下城区庆春路46号				
	经营范围	为城乡中、小企业客户及居民家庭提供全面的商业银行产品及服务				

主要财务指标	指标\报告期	2017.06.30	2016.12.31	2016.06.30	2015.12.31
	基本每股收益(元)	0.6900	1.2000	0.7100	—
	基本每股收益(扣除后)(元)	0.6900	1.6800	0.7200	—
	稀释每股收益(元)	0.6900	1.6800	0.7100	—
	每股净资产(元)	10.9600	10.5200	14.3800	—
	每股经营现金净流量(元)	4.5376	31.7993	3.0940	—
	每股现金流量(元)	5.7468	8.9075	-4.3219	—
	每股资本公积金(元)	2.8197	4.3476	3.4056	—
	每股盈余公积金(元)	0.8079	1.1310	1.0854	—
	每股未分配利润(元)	3.9274	4.8313	5.7750	—
	净资产收益率(%)	6.3015	10.4300	6.9260	—
	加权净资产收益率(%)	6.3900	11.8300	7.1400	—
	净资产收益率(扣除)(%)	6.2826	10.4418	6.9699	—
	总资产(万元)	75408525.40	72042400.00	56688898.90	—
	归属母公司股东权益(万元)	4016687.40	3856200.00	3388171.60	—
	营业收入(万元)	658267.40	1373300.00	680298.30	—
	营业支出(万元)	364819.20	901259.20	393070.80	—
	投资收益(万元)	13842.80	19562.00	-3816.40	—
	净利润(万元)	253111.90	398676.90	231326.70	—
	营业利润(万元)	293448.20	472000.00	287227.50	—
	利润总额(万元)	294579.50	472500.00	285255.90	—

爱柯迪股份有限公司

公司概况						
	公司名称	爱柯迪股份有限公司			证券简称	爱柯迪
	法人代表	张建成	董秘	盛洪	证券代码	600933
	公司网址	www.ikd-china.com		电子信箱	ikd@ikd-china.com	
	电话	0574-87562112		传真	0574-87562112	
	办公地址	浙江省宁波市江北区金山路588号				
	经营范围	汽车铝合金精密压铸件的研发、生产及销售				

主要财务指标	指标\报告期	2017.06.30	2016.12.31	2016.06.30	2015.12.31
	基本每股收益(元)	0.3200	0.6900	0.3300	0.5300
	基本每股收益(扣除后)(元)	0.3200	0.6400	0.3000	0.5100
	稀释每股收益(元)	0.3200	0.6900	0.3300	0.5300
	每股净资产(元)	2.6812	2.6200	2.2586	1.8428
	每股经营现金净流量(元)	0.3781	0.7805	0.3990	0.6158
	每股现金流量(元)	-0.1471	0.3142	0.3900	0.1838
	每股资本公积金(元)	0.7003	0.7003	0.7003	0.5043
	每股盈余公积金(元)	0.1286	0.1286	0.0603	0.0628
	每股未分配利润(元)	0.8458	0.7773	0.4938	0.2732
	净资产收益率(%)	11.8765	26.1048	14.6592	27.7292
	加权净资产收益率(%)	11.4700	29.9600	15.6500	31.0800
	净资产收益率(扣除)(%)	11.8499	24.2068	13.2215	26.8338
	总资产(万元)	265642.35	261189.32	235121.80	180238.61
	归属母公司股东权益(万元)	189611.24	185012.84	159727.41	125312.36
	营业收入(万元)	101795.23	181244.99	83012.35	146568.12
	营业支出(万元)	60156.71	104607.76	47537.73	83723.20
	投资收益(万元)	315.18	265.37	88.15	1027.40
	净利润(万元)	22910.03	48656.02	23678.00	35728.78
	营业利润(万元)	29332.81	60423.94	28361.04	45469.88
	利润总额(万元)	30283.69	64146.57	31301.07	47648.57

广西广播电视信息网络股份有限公司

公司概况						
	公司名称	广西广播电视信息网络股份有限公司			证券简称	广西广电
	法人代表	谢向阳	董秘	张超	证券代码	600936
	公司网址	www.96335.com		电子信箱	gxgdwl@96335.com	
	电　话	0771-5905955		传　真	0771-2305955	
	办公地址	广西壮族自治区南宁市云景路景晖巷 8 号广西广电网络综合大楼				
	经营范围	广播电视网络的设计、建设、改造、经营、维护、管理、多功能开发及技术服务				

主要财务指标

指标\报告期	2017.06.30	2016.12.31	2016.06.30	2015.12.31
基本每股收益(元)	0.0700	0.2000	0.1400	0.2800
基本每股收益(扣除后)(元)	0.0600	0.1700	0.1000	0.2500
稀释每股收益(元)	0.0700	0.2000	0.1400	0.2800
每股净资产(元)	2.1399	2.0657	1.5800	1.4639
每股经营现金净流量(元)	0.0752	0.4090	0.0727	0.6244
每股现金流量(元)	-0.2963	0.3007	-0.1437	0.0717
每股资本公积金(元)	0.6500	0.6500	0.0185	0.0185
每股盈余公积金(元)	0.1210	0.1210	0.1251	0.1251
每股未分配利润(元)	0.3689	0.2947	0.4359	0.3204
净资产收益率(%)	3.4676	8.7221	8.8095	18.9519
加权净资产收益率(%)	3.5200	11.5300	9.0700	16.3600
净资产收益率(扣除)(%)	2.8164	7.3667	8.0319	17.3985
总资产(万元)	667997.10	675789.31	557745.70	527932.44
归属母公司股东权益(万元)	357589.97	345190.29	216546.74	200711.05
营业收入(万元)	109738.98	279528.39	118811.69	244358.02
营业支出(万元)	81383.02	207685.02	80295.92	164637.51
投资收益(万元)	2350.11	1961.55	310.10	455.98
净利润(万元)	12378.89	30044.97	19048.61	37998.76
营业利润(万元)	10025.67	25357.32	17375.12	34861.32
利润总额(万元)	12364.10	30042.93	19058.87	37989.05

重庆建工集团股份有限公司

公司概况						
	公司名称	重庆建工集团股份有限公司			证券简称	重庆建工
	法人代表	魏福生	董秘	窦波	证券代码	600939
	公司网址	www.cceg.cn		电子信箱	zqb@cceg.cn	
	电　话	023-63511570		传　真	023-63525880	
	办公地址	重庆市经开区北区金开大道 1596 号				
	经营范围	房屋建筑工程、基础设施建设与投资及其他相关业务				

主要财务指标

指标\报告期	2017.06.30	2016.12.31	2016.06.30	2015.12.31
基本每股收益(元)	0.0800	0.1800	0.1200	0.4800
基本每股收益(扣除后)(元)	0.0700	0.1800	0.1100	0.1500
稀释每股收益(元)	0.0800	0.1800	0.1200	0.4800
每股净资产(元)	2.7275	2.6151	2.6813	2.5704
每股经营现金净流量(元)	0.4950	-0.3503	-0.4637	0.8203
每股现金流量(元)	-0.5194	-0.3681	-1.5820	1.3648
每股资本公积金(元)	0.6339	0.4852	0.4814	0.4788
每股盈余公积金(元)	0.0786	0.0873	0.0915	0.0822
每股未分配利润(元)	0.8976	0.9117	0.9943	0.8864
净资产收益率(%)	2.8287	6.8995	4.3700	18.6000
加权净资产收益率(%)	2.9800	6.9200	4.4800	19.1300
净资产收益率(扣除)(%)	2.4655	6.8484	3.9918	5.8837
总资产(万元)	6202872.61	6366264.79	6145958.13	6089954.71
归属母公司股东权益(万元)	494910.64	427042.00	437852.60	419752.76
营业收入(万元)	2117615.99	4320523.13	2132481.93	4608558.63
营业支出(万元)	2009467.78	4067385.44	1991311.08	4226648.18
投资收益(万元)	1588.62	988.30	53.62	34405.21
净利润(万元)	14985.93	31750.14	20294.20	81275.76
营业利润(万元)	18700.00	40967.51	22933.08	72641.54
利润总额(万元)	19789.40	41246.64	24936.24	94851.14

东方证券股份有限公司

公司概况						
	公司名称	东方证券股份有限公司			证券简称	东方证券
	法人代表	潘鑫军	董秘	王如富	证券代码	600958
	公司网址	www.dfzq.com.cn		电子信箱	wangrf@orientsec.com.cn	
	电　话	86-21-63325888		传　真	86-21-63326010	
	办公地址	上海市中山南路 318 号 2 号楼 22 层、23 层、25 层-29 层				
	经营范围	证券经纪;融资融券;证券投资咨询等				

主要财务指标

指标\报告期	2017.06.30	2016.12.31	2016.06.30	2015.12.31
基本每股收益(元)	0.2800	0.4100	0.2400	—
基本每股收益(扣除后)(元)	0.2500	0.3800	0.2100	—
稀释每股收益(元)	0.2800	0.4100	0.2400	—
每股净资产(元)	6.5760	6.5100	6.2380	—
每股经营现金净流量(元)	-2.1548	-3.3771	-3.0490	—
每股现金流量(元)	-2.1197	-1.8084	-2.7651	—
每股资本公积金(元)	2.9006	2.9006	2.3807	—
每股盈余公积金(元)	0.4321	0.4321	0.4654	—
每股未分配利润(元)	1.2725	1.1442	1.3007	—
净资产收益率(%)	4.2944	5.7159	3.8954	—
加权净资产收益率(%)	4.2700	6.2500	3.7100	—
净资产收益率(扣除)(%)	3.7674	5.3463	3.4263	—
总资产(万元)	21245712.39	21241108.74	19253384.92	—
归属母公司股东权益(万元)	4087278.32	4048289.85	3294763.71	—
营业收入(万元)	462793.04	687618.89	289290.09	—
营业支出(万元)	274448.98	427350.92	154850.09	—
投资收益(万元)	207207.78	361385.59	171659.72	—
净利润(万元)	180860.32	242665.07	135637.72	—
营业利润(万元)	188344.06	260267.97	134440.01	—
利润总额(万元)	218227.72	281332.29	156060.37	—

江苏省广电有线信息网络股份有限公司

公司概况						
	公司名称	江苏省广电有线信息网络股份有限公司			证券简称	江苏有线
	法人代表	顾汉德	董秘	陈侃晔	证券代码	600959
	公司网址	www.jscnnet.com		电子信箱	JSCN@jscnnet.com	
	电　话	025-83187799		传　真	025-83187722	
	办公地址	江苏省南京市北京东路 4 号				
	经营范围	第二类增值电信业务中的信息服务业务				

主要财务指标

指标\报告期	2017.06.30	2016.12.31	2016.06.30	2015.12.31
基本每股收益(元)	0.1000	0.2300	0.1100	0.2100
基本每股收益(扣除后)(元)	0.0900	0.2000	0.1000	0.2000
稀释每股收益(元)	0.1000	0.2300	0.1100	0.2100
每股净资产(元)	3.3354	3.3375	4.1867	4.0463
每股经营现金净流量(元)	0.4465	0.6524	0.2182	0.7708
每股现金流量(元)	-0.2998	0.4660	0.0396	1.0060
每股资本公积金(元)	1.6631	1.6631	2.4621	2.4621
每股盈余公积金(元)	0.1530	0.1530	0.1723	0.1723
每股未分配利润(元)	0.5193	0.5214	0.5523	0.4119
净资产收益率(%)	2.9342	6.7417	3.3533	6.4035
加权净资产收益率(%)	2.9300	6.9800	3.4100	8.6600
净资产收益率(扣除)(%)	2.7154	6.0577	3.1646	5.9245
总资产(万元)	3110927.06	3166020.27	1905390.05	1858444.92
归属母公司股东权益(万元)	1295645.83	1296474.19	1251020.12	1209070.01
营业收入(万元)	389584.68	542182.37	238765.93	466145.39
营业支出(万元)	266249.07	347425.14	151342.17	295138.74
投资收益(万元)	703.15	1460.27	1010.94	2237.95
净利润(万元)	53098.01	106822.50	46318.70	85146.23
营业利润(万元)	47435.80	93099.48	43929.55	78711.57
利润总额(万元)	53156.49	106950.85	46486.55	85289.77

渤海汽车系统股份有限公司

公司概况						
	公司名称	渤海汽车系统股份有限公司			证券简称	渤海活塞
	法人代表	林风华	董秘	王洪波	证券代码	600960
	公司网址	www.bhpiston.com		电子信箱	dsh@bhpiston.com	
	电　　话	86-543-3288868		传　　真	86-543-3288899	
	办公地址	山东省滨州市渤海二十一路 569 号				
	经营范围	活塞产品的设计、开发、制造和销售				

主要财务指标	指标＼报告期	2017.06.30	2016.12.31	2016.06.30	2015.12.31
	基本每股收益(元)	0.1266	0.1241	0.1190	0.0403
	基本每股收益(扣除后)(元)	0.1259	0.1427	0.0594	0.0060
	稀释每股收益(元)	0.1266	0.1241	0.1190	0.0403
	每股净资产(元)	4.6148	4.5124	3.9327	3.8805
	每股经营现金净流量(元)	-0.0968	0.2100	0.2398	0.4394
	每股现金流量(元)	-0.7000	1.6890	-0.3134	-0.0635
	每股资本公积金(元)	2.7925	2.7925	1.7747	2.3034
	每股盈余公积金(元)	0.0852	0.0852	0.1497	0.1528
	每股未分配利润(元)	0.7353	0.6347	1.0084	0.9647
	净资产收益率(%)	2.7435	2.7492	1.5822	1.0965
	加权净资产收益率(%)	2.7700	4.6800	2.6500	1.8000
	净资产收益率(扣除)(%)	2.7275	1.8640	1.2437	0.2276
	总资产(万元)	635682.55	669586.03	325472.15	355767.84
	归属母公司股东权益(万元)	438641.02	428914.23	206357.16	231975.34
	营业收入(万元)	117817.52	176875.14	84455.07	147115.06
	营业支出(万元)	92958.73	134208.69	64122.78	115305.95
	投资收益(万元)	5652.83	10506.29	2982.33	1338.67
	净利润(万元)	11645.76	14258.54	7216.35	5131.04
	营业利润(万元)	11695.57	22660.59	7815.27	4648.68
	利润总额(万元)	11668.10	15477.28	8241.01	5704.47

株洲冶炼集团股份有限公司

公司概况						
	公司名称	株洲冶炼集团股份有限公司			证券简称	株冶集团
	法人代表	黄忠民	董秘	何献忠	证券代码	600961
	公司网址	www.torchcn.com		电子信箱	zytorch@torchcn.com	
	电　　话	86-731-28392172		传　　真	86-731-28390145	
	办公地址	湖南省株洲市石峰区清水塘				
	经营范围	锌及锌合金、工业硫酸的生产和销售				

主要财务指标	指标＼报告期	2017.06.30	2016.12.31	2016.06.30	2015.12.31
	基本每股收益(元)	0.0100	0.0400	0.0200	-1.1500
	基本每股收益(扣除后)(元)	0.0500	0.1700	0.0200	-1.3600
	稀释每股收益(元)	0.0100	0.0400	0.0200	-1.1500
	每股净资产(元)	0.3065	0.3046	0.2663	0.2347
	每股经营现金净流量(元)	0.0874	0.5730	-0.1165	0.6615
	每股现金流量(元)	-0.1102	0.8206	0.0391	0.2344
	每股资本公积金(元)	1.6445	1.6442	1.6442	1.6442
	每股盈余公积金(元)	0.1803	0.1803	0.1803	0.1803
	每股未分配利润(元)	-2.5059	-2.5190	-2.5359	-2.5582
	净资产收益率(%)	4.2456	12.8791	8.3662	-488.3730
	加权净资产收益率(%)	4.2600	14.5500	8.8900	-139.5700
	净资产收益率(扣除)(%)	15.3114	55.7914	9.3886	-577.6862
	总资产(万元)	623616.60	589981.78	582164.74	568331.94
	归属母公司股东权益(万元)	16168.88	16064.41	14043.86	12380.40
	营业收入(万元)	657285.17	1268523.73	563733.59	1377069.85
	营业支出(万元)	628439.09	1193946.77	533138.89	1368221.00
	投资收益(万元)	-649.90	-13474.11	724.42	4403.27
	净利润(万元)	682.36	2070.31	1176.13	-60460.50
	营业利润(万元)	-257.54	-2609.15	-1408.66	-66850.68
	利润总额(万元)	1164.40	3033.54	1436.50	-60244.56

国投中鲁果汁股份有限公司

公司概况						
	公司名称	国投中鲁果汁股份有限公司			证券简称	国投中鲁
	法人代表	李俊喜	董秘	金晶	证券代码	600962
	公司网址	www.sdiczl.com		电子信箱	600962@sdiczl.com	
	电　　话	010-88009021		传　　真	010-88009099	
	办公地址	北京市西城区阜成门外大街 2 号万通新世界广场 B 座 21 层				
	经营范围	生产、销售浓缩果蔬汁、饮料				

主要财务指标	指标＼报告期	2017.06.30	2016.12.31	2016.06.30	2015.12.31
	基本每股收益(元)	0.0062	0.0034	0.0368	0.1219
	基本每股收益(扣除后)(元)	0.0019	-0.0100	0.0303	-0.0143
	稀释每股收益(元)	0.0062	0.0034	0.0368	0.1219
	每股净资产(元)	3.1253	3.1223	3.1522	3.1125
	每股经营现金净流量(元)	1.5693	0.5582	1.6754	0.4218
	每股现金流量(元)	-0.0863	-0.0550	-0.3188	-0.5756
	每股资本公积金(元)	2.0091	2.0091	2.0091	2.0091
	每股盈余公积金(元)	0.1393	0.1393	0.1393	0.1393
	每股未分配利润(元)	-0.0335	-0.0397	-0.0046	-0.0414
	净资产收益率(%)	0.1974	0.1099	1.1684	3.9177
	加权净资产收益率(%)	0.2000	0.1100	1.1800	4.0000
	净资产收益率(扣除)(%)	0.0624	-0.3214	0.9604	-0.4594
	总资产(万元)	133741.49	176260.81	138393.16	187540.77
	归属母公司股东权益(万元)	81949.45	81869.74	82653.45	81611.79
	营业收入(万元)	42814.04	96405.56	49601.65	109790.82
	营业支出(万元)	32616.53	77166.48	39576.09	86934.33
	投资收益(万元)	—	—	—	—
	净利润(万元)	603.90	904.09	1091.30	4790.16
	营业利润(万元)	655.00	714.65	912.35	921.79
	利润总额(万元)	767.01	1110.99	1087.92	6352.00

岳阳林纸股份有限公司

公司概况						
	公司名称	岳阳林纸股份有限公司			证券简称	岳阳林纸
	法人代表	刘雨露	董秘	施湘燕	证券代码	600963
	公司网址	www.yypaper.com		电子信箱	zqb-yylz@chinapaper.com.cn	
	电　　话	0730-8590683		传　　真	0730-8562203	
	办公地址	湖南省岳阳市岳阳楼区城陵矶光明路				
	经营范围	纸浆、机制纸的制造、销售				

主要财务指标	指标＼报告期	2017.06.30	2016.12.31	2016.06.30	2015.12.31
	基本每股收益(元)	0.0700	0.0300	0.0130	-0.3700
	基本每股收益(扣除后)(元)	0.0540	-0.1200	0.0040	-0.4400
	稀释每股收益(元)	0.0700	0.0300	0.0130	-0.3700
	每股净资产(元)	5.4290	5.0355	5.0216	5.0085
	每股经营现金净流量(元)	0.4318	0.8982	0.5184	0.0096
	每股现金流量(元)	0.1226	-0.4322	-0.3780	0.1525
	每股资本公积金(元)	4.2574	3.8836	3.8836	3.8836
	每股盈余公积金(元)	0.1139	0.1527	0.1476	0.1476
	每股未分配利润(元)	0.0577	-0.0007	-0.0096	-0.0226
	净资产收益率(%)	1.0720	0.5374	0.2603	-7.4642
	加权净资产收益率(%)	1.3500	0.5400	0.2600	-7.2900
	净资产收益率(扣除)(%)	0.8195	-2.4594	0.0872	-8.8658
	总资产(万元)	1584958.96	1422822.87	1519631.78	1554971.47
	归属母公司股东权益(万元)	758833.63	525287.86	523828.54	522464.99
	营业收入(万元)	250610.32	479857.16	239267.58	592910.60
	营业支出(万元)	192645.40	399308.47	200979.74	512338.80
	投资收益(万元)	134.00	645.20	289.00	519.20
	净利润(万元)	8135.05	2822.86	1363.55	-38997.67
	营业利润(万元)	11080.49	-8128.30	834.74	-58886.09
	利润总额(万元)	10788.15	4208.66	1851.00	-37936.29

河北福成五丰食品股份有限公司

公司概况	公司名称	河北福成五丰食品股份有限公司			证券简称	福成股份
	法人代表	李高生	董秘	赵永刚	证券代码	600965
	公司网址	www.fucheng.net		电子信箱	Fortune600965@163.com	
	电　话	86-10-61595607		传　真	86-10-61595618	
	办公地址	河北省三河市燕郊经济技术开发区华冠大街 12 号				
	经营范围	批发兼零售预包装食品、乳制品				

	指标＼报告期	2017.06.30	2016.12.31	2016.06.30	2015.12.31
主要财务指标	基本每股收益(元)	0.0800	0.2300	0.1000	0.2000
	基本每股收益(扣除后)(元)	0.0800	0.2000	0.1000	0.1600
	稀释每股收益(元)	0.0800	0.2300	0.1000	0.2000
	每股净资产(元)	2.1529	2.1429	2.0210	1.9873
	每股经营现金净流量(元)	0.0781	0.2590	0.0548	0.3153
	每股现金流量(元)	–0.1186	0.2491	0.1889	0.0051
	每股资本公积金(元)	0.3636	0.3636	0.3636	0.3636
	每股盈余公积金(元)	0.0751	0.0751	0.0716	0.0716
	每股未分配利润(元)	0.7143	0.7043	0.5858	0.5520
	净资产收益率(%)	3.7175	10.5303	5.1335	10.2264
	加权净资产收益率(%)	3.6900	10.9300	5.0900	10.5800
	净资产收益率(扣除)(%)	3.6339	9.1566	5.1276	6.6467
	总资产(万元)	220781.34	260254.60	217569.28	201634.10
	归属母公司股东权益(万元)	176262.08	175440.43	165460.03	162697.02
	营业收入(万元)	62077.53	137099.59	67917.16	134381.24
	营业支出(万元)	39149.30	82324.08	40644.36	79401.88
	投资收益(万元)	485.58	137.94	–95.38	563.27
	净利润(万元)	6547.09	18428.47	8487.20	16624.54
	营业利润(万元)	8474.72	22007.82	10978.79	20915.97
	利润总额(万元)	8886.00	24911.47	10991.89	21801.42

山东博汇纸业股份有限公司

公司概况	公司名称	山东博汇纸业股份有限公司			证券简称	博汇纸业
	法人代表	郑鹏远	董秘	刘鹏	证券代码	600966
	公司网址	www.bohui.net		电子信箱	zqb@bohui.com	
	电　话	0533–8539966		传　真	0533–8539966	
	办公地址	山东省淄博市桓台县马桥镇工业路北首				
	经营范围	文化纸和包装纸板的生产和销售				

	指标＼报告期	2017.06.30	2016.12.31	2016.06.30	2015.12.31
主要财务指标	基本每股收益(元)	0.3032	0.1506	0.0492	0.0288
	基本每股收益(扣除后)(元)	0.3025	0.1213	0.0195	–0.0741
	稀释每股收益(元)	0.3032	0.1506	0.0492	0.0288
	每股净资产(元)	3.3763	3.0817	2.9802	2.9318
	每股经营现金净流量(元)	0.5062	0.6641	0.2739	0.3532
	每股现金流量(元)	–0.0200	0.1671	0.2313	–0.3761
	每股资本公积金(元)	0.9981	0.9859	0.9837	0.9837
	每股盈余公积金(元)	0.1513	0.1513	0.1475	0.1475
	每股未分配利润(元)	1.2298	0.9486	0.8509	0.8018
	净资产收益率(%)	8.9810	4.8867	1.6494	0.9835
	加权净资产收益率(%)	9.3800	5.0100	1.6600	0.9900
	净资产收益率(扣除)(%)	8.9592	3.9372	0.6555	–2.5277
	总资产(万元)	1275234.89	1204365.53	1237807.30	1213973.13
	归属母公司股东权益(万元)	451360.77	411970.70	398406.66	391937.05
	营业收入(万元)	405771.99	779626.07	332428.27	705775.60
	营业支出(万元)	303169.78	665680.83	288888.33	621947.57
	投资收益(万元)	––	85.92	––	187.54
	净利润(万元)	42277.29	21437.62	7192.57	4312.06
	营业利润(万元)	56015.19	23625.41	4184.61	–12343.63
	利润总额(万元)	56343.97	29619.37	10043.29	5996.16

内蒙古第一机械集团股份有限公司

公司概况	公司名称	内蒙古第一机械集团股份有限公司			证券简称	内蒙一机
	法人代表	李全文	董秘	石书宏	证券代码	600967
	公司网址	www.bfcy.cc		电子信箱	bcssh@163.com	
	电　话	0472–3117903		传　真	0472–3117182	
	办公地址	内蒙古自治区包头市青山区民主路				
	经营范围	铁路车辆、结构件、铸造、车辆弹簧的生产和销售				

	指标＼报告期	2017.06.30	2016.12.31	2016.06.30	2015.12.31
主要财务指标	基本每股收益(元)	0.1160	0.3200	0.1180	0.2370
	基本每股收益(扣除后)(元)	0.1150	0.0100	0.1170	0.3510
	稀释每股收益(元)	0.1160	0.3200	0.1180	0.2370
	每股净资产(元)	4.3801	4.2877	2.7059	2.7474
	每股经营现金净流量(元)	0.3465	0.4168	–0.0886	0.9807
	每股现金流量(元)	–0.0932	1.0178	–0.5396	–0.1744
	每股资本公积金(元)	2.3039	2.3039	0.8695	3.5722
	每股盈余公积金(元)	0.0570	0.0570	0.1169	0.1169
	每股未分配利润(元)	1.0045	0.9184	0.7026	2.0868
	净资产收益率(%)	2.6506	6.8534	–1.7244	–2.5062
	加权净资产收益率(%)	2.6700	8.5200	3.2000	6.7700
	净资产收益率(扣除)(%)	2.6325	0.2837	–1.7252	–3.0181
	总资产(万元)	1427868.26	1407402.81	317304.27	1148963.45
	归属母公司股东权益(万元)	740083.94	724467.35	222645.61	557921.56
	营业收入(万元)	458232.04	1005989.18	458313.58	1003640.30
	营业支出(万元)	405680.07	881254.26	417766.29	885723.17
	投资收益(万元)	––	774.22	277.26	867.12
	净利润(万元)	19658.09	49615.06	18142.58	36583.16
	营业利润(万元)	21610.21	49093.62	18619.90	35013.55
	利润总额(万元)	21767.57	55533.66	18672.42	39489.24

湖南郴电国际发展股份有限公司

公司概况	公司名称	湖南郴电国际发展股份有限公司			证券简称	郴电国际
	法人代表	范培顺	董秘	袁志勇	证券代码	600969
	公司网址	www.chinacdi.com		电子信箱	yzycdgj@163.com	
	电　话	0735–2339226		传　真	0735–2339226	
	办公地址	湖南省郴州市青年大道万国大厦				
	经营范围	电力供应和中、小水电综合开发				

	指标＼报告期	2017.06.30	2016.12.31	2016.06.30	2015.12.31
主要财务指标	基本每股收益(元)	0.1874	0.3791	0.2200	0.4023
	基本每股收益(扣除后)(元)	0.1757	0.3480	0.2188	0.3267
	稀释每股收益(元)	0.1874	0.3791	0.2200	0.4023
	每股净资产(元)	12.3818	12.2607	11.8368	11.6932
	每股经营现金净流量(元)	1.2441	1.4785	0.8239	2.4153
	每股现金流量(元)	2.4411	–0.8573	2.2758	6.4501
	每股资本公积金(元)	9.1255	9.1255	8.8607	8.8607
	每股盈余公积金(元)	0.2468	0.2468	0.1997	0.1997
	每股未分配利润(元)	1.9836	1.8626	1.7506	1.6070
	净资产收益率(%)	1.5136	3.0923	1.8588	3.4404
	加权净资产收益率(%)	1.5200	3.2000	1.8600	4.0900
	净资产收益率(扣除)(%)	1.4194	2.8387	1.8482	2.7938
	总资产(万元)	1176846.25	1110101.61	1036224.45	902966.62
	归属母公司股东权益(万元)	327276.74	324078.17	312873.08	309077.75
	营业收入(万元)	116950.52	241542.00	117759.24	230047.15
	营业支出(万元)	96468.13	200662.64	96637.82	190880.43
	投资收益(万元)	77.45	1305.30	698.77	4632.38
	净利润(万元)	7694.83	15554.56	8144.48	16893.35
	营业利润(万元)	10373.12	20776.64	11037.23	20511.99
	利润总额(万元)	10756.56	21816.67	11051.60	21080.55

中国中材国际工程股份有限公司

公司概况					
公司名称	中国中材国际工程股份有限公司			证券简称	中材国际
法人代表	宋寿顺	董秘	范丽婷	证券代码	600970
公司网址	www.sinoma.com.cn		电子信箱	600970@sinoma.com.cn	
电　话	86-10-64399502		传　真	86-10-64399500	
办公地址	北京市朝阳区望京北路16号中材国际大厦				
经营范围	非金属新材料、建筑材料及非金属矿的研究、开发、技术咨询等				

主要财务指标

指标\报告期	2017.06.30	2016.12.31	2016.06.30	2015.12.31
基本每股收益(元)	0.2500	0.2900	0.1800	0.3900
基本每股收益(扣除后)(元)	0.2400	0.1700	0.1600	0.2900
稀释每股收益(元)	0.2500	0.2900	0.1800	0.3900
每股净资产(元)	4.1090	3.9070	3.7594	5.5116
每股经营现金净流量(元)	0.3266	1.3680	0.3873	1.6804
每股现金流量(元)	1.0109	0.7511	0.1309	1.6864
每股资本公积金(元)	0.5892	0.5882	0.5884	1.2770
每股盈余公积金(元)	0.2005	0.2005	0.1870	0.2806
每股未分配利润(元)	2.2427	2.0773	1.9765	2.9710
净资产收益率(%)	6.1798	7.4613	4.7149	10.3055
加权净资产收益率(%)	6.3100	7.7300	4.7400	12.9700
净资产收益率(扣除)(%)	5.8620	4.2394	4.3699	7.5270
总资产(万元)	3063331.56	2779971.91	2772094.24	2853513.13
归属母公司股东权益(万元)	720828.76	685384.15	659490.58	644582.89
营业收入(万元)	884139.35	1900693.27	856163.89	2259622.77
营业支出(万元)	744449.14	1668066.04	740907.01	2015792.81
投资收益(万元)	88.24	-1788.90	415.41	1520.79
净利润(万元)	44728.17	50946.59	31274.54	64942.55
营业利润(万元)	52890.22	55718.73	35618.17	76450.39
利润总额(万元)	54997.90	65586.87	39226.56	81910.09

安徽恒源煤电股份有限公司

公司概况					
公司名称	安徽恒源煤电股份有限公司			证券简称	恒源煤电
法人代表	袁兆杰	董秘	袁兆杰(代)	证券代码	600971
公司网址	www.ahhymd.com.cn		电子信箱	905939872@qq.com	
电　话	0557-3982147　3982062		传　真	0557-3982260	
办公地址	安徽省宿州市西昌路157号				
经营范围	煤炭开采、洗选、销售				

主要财务指标

指标\报告期	2017.06.30	2016.12.31	2016.06.30	2015.12.31
基本每股收益(元)	0.6314	0.0400	0.0568	-1.3800
基本每股收益(扣除后)(元)	0.6368	-0.0100	0.0319	-1.4800
稀释每股收益(元)	0.6314	0.0400	0.0568	-1.3800
每股净资产(元)	6.5131	5.6678	5.7773	5.5362
每股经营现金净流量(元)	0.8884	1.9382	1.1533	-0.2302
每股现金流量(元)	0.3947	2.0134	0.7482	0.3121
每股资本公积金(元)	2.1043	2.1043	2.1043	2.1043
每股盈余公积金(元)	0.5131	0.5131	0.5131	0.5131
每股未分配利润(元)	2.2798	1.6484	1.6699	1.6131
净资产收益率(%)	9.6938	0.6226	0.9830	-24.9864
加权净资产收益率(%)	10.2741	0.6300	1.0000	-22.4100
净资产收益率(扣除)(%)	9.7776	-0.1419	0.5518	-26.7395
总资产(万元)	1434770.66	1354646.86	1295040.77	1297264.24
归属母公司股东权益(万元)	651310.69	566786.68	577735.75	553618.70
营业收入(万元)	328226.41	462561.24	185300.32	396625.62
营业支出(万元)	211574.15	313911.98	147289.03	443791.61
投资收益(万元)	--	1615.49	--	1356.35
净利润(万元)	63640.60	4013.96	6113.48	-137495.13
营业利润(万元)	64495.16	176.96	3669.49	-146451.37
利润总额(万元)	63949.62	4568.97	6231.25	-136990.40

宝胜科技创新股份有限公司

公司概况					
公司名称	宝胜科技创新股份有限公司			证券简称	宝胜股份
法人代表	杨泽元	董秘	夏成军	证券代码	600973
公司网址	www.baoshengcable.com		电子信箱	600973@baosheng.cn	
电　话	86-514-88248910　88248896		传　真	86-514-88248897	
办公地址	江苏省扬州市宝应县安宜镇苏中路1号				
经营范围	电线电缆产品的设计、研发、制造与销售				

主要财务指标

指标\报告期	2017.06.30	2016.12.31	2016.06.30	2015.12.31
基本每股收益(元)	0.0580	0.2980	0.0750	0.2130
基本每股收益(扣除后)(元)	0.0510	0.2450	0.0530	0.3920
稀释每股收益(元)	0.0580	0.2980	0.0750	0.2100
每股净资产(元)	2.9413	3.9787	3.8053	5.2512
每股经营现金净流量(元)	-2.8040	1.7728	-0.7609	-0.0615
每股现金流量(元)	-0.7327	0.8741	0.2995	-0.0039
每股资本公积金(元)	1.0171	1.7231	1.7345	2.1127
每股盈余公积金(元)	0.1116	0.1506	0.1337	0.2921
每股未分配利润(元)	0.8146	1.1152	0.9380	1.9550
净资产收益率(%)	1.9095	7.3760	2.6119	7.3761
加权净资产收益率(%)	1.9500	11.0300	2.7000	7.5000
净资产收益率(扣除)(%)	1.7258	6.1306	1.8788	7.4168
总资产(万元)	1264652.42	1113609.36	1058803.74	884916.55
归属母公司股东权益(万元)	359465.89	360181.94	344483.36	217596.22
营业收入(万元)	790187.14	1512669.86	722607.90	1298843.02
营业支出(万元)	735489.94	1386603.73	664483.75	1190099.71
投资收益(万元)	--	422.10	4.97	861.29
净利润(万元)	7101.57	27063.36	9207.08	16658.29
营业利润(万元)	8191.58	28533.75	7947.29	19427.23
利润总额(万元)	9122.45	33129.47	10620.20	19951.21

湖南新五丰股份有限公司

公司概况					
公司名称	湖南新五丰股份有限公司			证券简称	新五丰
法人代表	邱卫	董秘	罗雁飞	证券代码	600975
公司网址	www.newwf.com		电子信箱	nwf_123456@126.com	
电　话	86-731-84449588*811		传　真	86-731-84449593	
办公地址	湖南省长沙市五一西路2号"第一大道"19、20楼				
经营范围	生猪养殖和供港澳出口与内销				

主要财务指标

指标\报告期	2017.06.30	2016.12.31	2016.06.30	2015.12.31
基本每股收益(元)	0.0600	0.3000	0.2200	0.0600
基本每股收益(扣除后)(元)	0.0600	0.2900	0.2200	0.0400
稀释每股收益(元)	0.0600	0.3000	0.2200	0.0600
每股净资产(元)	1.8380	1.7700	1.8323	3.2776
每股经营现金净流量(元)	0.2308	0.2109	0.1999	0.2631
每股现金流量(元)	-0.5584	0.4158	0.4159	0.7252
每股资本公积金(元)	0.3865	0.3865	0.4265	1.8530
每股盈余公积金(元)	0.1046	0.1046	0.0726	0.1452
每股未分配利润(元)	0.3470	0.3840	0.3332	0.2794
净资产收益率(%)	3.4288	16.0669	11.9272	3.4558
加权净资产收益率(%)	3.3100	16.9700	12.5000	4.2100
净资产收益率(扣除)(%)	3.3272	15.3636	11.8812	2.7314
总资产(万元)	183799.79	191483.52	179812.86	169085.76
归属母公司股东权益(万元)	119962.90	122376.34	119591.66	106959.43
营业收入(万元)	86397.49	169137.43	80326.62	132603.67
营业支出(万元)	76810.05	139863.53	62341.14	119685.85
投资收益(万元)	-67.62	8.01	-52.70	4.32
净利润(万元)	3704.87	17355.46	12969.94	584.78
营业利润(万元)	3495.74	14321.49	12406.53	-2279.28
利润总额(万元)	3736.70	17279.15	13057.82	409.96

健民药业集团股份有限公司

公司概况	公司名称	健民药业集团股份有限公司			证券简称	健民集团
	法人代表	刘勤强	董秘	胡振波	证券代码	600976
	公司网址	www.whjm.com		电子信箱	zhoujie2212@sina.com	
	电　话	86-27-84523350		传　真	86-27-84523350	
	办公地址	湖北省武汉市汉阳区鹦鹉大道 484 号				
	经营范围	中成药的研究、制造、开发及经营				

	指标＼报告期	2017.06.30	2016.12.31	2016.06.30	2015.12.31
主要财务指标	基本每股收益(元)	0.3100	0.4200	0.2700	0.5600
	基本每股收益(扣除后)(元)	0.2900	0.3200	0.2600	0.4000
	稀释每股收益(元)	0.3100	0.4200	0.2700	0.5600
	每股净资产(元)	6.8252	6.6113	6.4662	6.3898
	每股经营现金净流量(元)	–0.3405	0.7421	0.0491	0.3158
	每股现金流量(元)	–0.2669	0.9657	1.7416	–0.1585
	每股资本公积金(元)	1.9677	1.9677	1.9704	1.9677
	每股盈余公积金(元)	0.9560	0.9560	0.9174	0.9174
	每股未分配利润(元)	2.9016	2.6877	2.5784	2.5047
	净资产收益率(%)	4.6000	6.3753	4.2329	8.7229
	加权净资产收益率(%)	4.6700	6.4800	4.2600	8.7600
	净资产收益率(扣除)(%)	4.2885	4.7722	4.0865	6.2441
	总资产(万元)	179384.44	180779.72	164740.05	160208.01
	归属母公司股东权益(万元)	104698.05	101415.91	99190.76	98018.32
	营业收入(万元)	147462.09	236365.31	116137.28	228122.06
	营业支出(万元)	113541.77	179396.33	89196.96	180660.52
	投资收益(万元)	2167.26	3159.86	1513.51	2976.02
	净利润(万元)	4856.05	6506.50	4143.72	8699.95
	营业利润(万元)	5444.88	6031.98	4730.87	8552.68
	利润总额(万元)	5415.78	7130.16	4737.73	9860.36

中国电影股份有限公司

公司概况	公司名称	中国电影股份有限公司			证券简称	中国电影
	法人代表	喇培康	董秘	付国昌	证券代码	600977
	公司网址	www.zgdygf.com		电子信箱	ir@chinafilm.com	
	电　话	010-88321280		传　真	010-88310012	
	办公地址	北京市西城区北展北街 7 号华远企业号 E 座				
	经营范围	影视制片制作、电影发行、电影放映及影视服务业务				

	指标＼报告期	2017.06.30	2016.12.31	2016.06.30	2015.12.31
主要财务指标	基本每股收益(元)	0.3220	0.5900	0.4320	0.6200
	基本每股收益(扣除后)(元)	0.3080	0.4690	0.3920	0.5180
	稀释每股收益(元)	0.3220	0.5900	0.4320	0.6200
	每股净资产(元)	5.3281	5.2376	3.8107	3.4244
	每股经营现金净流量(元)	0.5490	0.1889	0.3288	1.4366
	每股现金流量(元)	0.3797	1.9818	0.1866	0.7857
	每股资本公积金(元)	2.2627	2.2627	0.4276	0.4277
	每股盈余公积金(元)	0.1836	0.1616	0.1924	0.1675
	每股未分配利润(元)	1.8772	1.7903	2.1876	1.7802
	净资产收益率(%)	6.0398	9.3823	11.3444	18.1120
	加权净资产收益率(%)	5.9600	13.8700	11.8700	20.1000
	净资产收益率(扣除)(%)	5.7776	7.4557	10.2838	15.1127
	总资产(万元)	1553928.65	1435873.60	1096933.46	1089147.68
	归属母公司股东权益(万元)	994763.44	977856.95	533504.82	479416.38
	营业收入(万元)	455197.09	784071.22	447690.66	729652.69
	营业支出(万元)	342535.86	621694.81	347091.20	558207.43
	投资收益(万元)	3608.81	11773.52	5793.95	9125.81
	净利润(万元)	67602.13	106391.74	68782.29	103637.68
	营业利润(万元)	89319.81	111520.23	80784.50	114324.28
	利润总额(万元)	89623.09	139156.14	89275.83	136541.59

宜华生活科技股份有限公司

公司概况	公司名称	宜华生活科技股份有限公司			证券简称	宜华生活
	法人代表	刘壮超	董秘	刘伟宏	证券代码	600978
	公司网址	www.yihualife.com		电子信箱	liuwh@yihua.com	
	电　话	86-754-85100989		传　真	86-754-85100797	
	办公地址	广东省汕头市澄海区莲下镇槐东工业区				
	经营范围	木家具、木地板等木制品的生产和销售				

	指标＼报告期	2017.06.30	2016.12.31	2016.06.30	2015.12.31
主要财务指标	基本每股收益(元)	0.3200	0.4800	0.2600	0.4200
	基本每股收益(扣除后)(元)	0.3100	0.4700	0.2600	0.4100
	稀释每股收益(元)	0.3200	0.4800	0.2600	0.4200
	每股净资产(元)	5.2357	4.9900	4.7638	4.6134
	每股经营现金净流量(元)	0.2768	0.8618	0.6113	0.7063
	每股现金流量(元)	0.6502	0.2006	–0.2418	0.7838
	每股资本公积金(元)	1.6584	1.6584	1.6584	1.6584
	每股盈余公积金(元)	0.2701	0.2701	0.2340	0.2340
	每股未分配利润(元)	2.3071	2.0454	1.8655	1.7281
	净资产收益率(%)	6.0492	9.5797	5.5088	9.0034
	加权净资产收益率(%)	6.1700	9.9100	5.5400	9.2900
	净资产收益率(扣除)(%)	6.0030	9.3478	5.4930	8.8761
	总资产(万元)	1716407.32	1597501.62	1316979.25	1272465.14
	归属母公司股东权益(万元)	776393.19	740565.63	706403.16	684112.69
	营业收入(万元)	332104.15	570016.88	224333.32	459166.76
	营业支出(万元)	206276.22	364302.68	142332.69	308781.92
	投资收益(万元)	265.28	705.91	980.10	452.83
	净利润(万元)	46723.88	70781.24	38817.78	61086.85
	营业利润(万元)	53658.31	86778.06	46538.07	72367.94
	利润总额(万元)	54204.36	87616.01	46711.49	72767.42

四川广安爱众股份有限公司

公司概况	公司名称	四川广安爱众股份有限公司			证券简称	广安爱众
	法人代表	罗庆红	董秘	何非	证券代码	600979
	公司网址	www.sc-aaa.com		电子信箱	gaazhf@sina.cn	
	电　话	0826-2983218		传　真	0826-2983358	
	办公地址	四川省广安市广安区渠江北路 86 号				
	经营范围	水力发电、供电等				

	指标＼报告期	2017.06.30	2016.12.31	2016.06.30	2015.12.31
主要财务指标	基本每股收益(元)	0.1586	0.2451	0.1555	0.2164
	基本每股收益(扣除后)(元)	0.1373	0.0943	0.1136	0.1470
	稀释每股收益(元)	0.1586	0.2451	0.1555	0.2164
	每股净资产(元)	3.5606	3.4519	3.3657	2.1733
	每股经营现金净流量(元)	0.2106	0.6066	0.1859	0.7721
	每股现金流量(元)	–0.2748	0.5948	0.4162	0.0704
	每股资本公积金(元)	1.9260	1.9260	1.9380	0.7798
	每股盈余公积金(元)	0.0702	0.0702	0.0470	0.0621
	每股未分配利润(元)	0.5558	0.4472	0.3755	0.3237
	净资产收益率(%)	4.4537	6.5252	3.8722	9.9574
	加权净资产收益率(%)	4.4900	9.2700	4.8700	10.5100
	净资产收益率(扣除)(%)	3.8569	2.5116	2.8284	6.7628
	总资产(万元)	812629.31	796690.50	760284.99	644942.65
	归属母公司股东权益(万元)	337503.91	327200.47	319035.65	156017.22
	营业收入(万元)	95252.11	188703.92	86416.40	170055.21
	营业支出(万元)	63744.52	130048.89	55621.66	109451.23
	投资收益(万元)	923.35	1072.03	3763.94	2509.92
	净利润(万元)	15386.77	22731.22	13499.99	14271.92
	营业利润(万元)	18408.44	12734.85	14773.47	14046.64
	利润总额(万元)	18335.49	27333.24	15866.36	16789.77

北矿科技股份有限公司

公司概况	公司名称	北矿科技股份有限公司			证券简称	北矿科技
	法人代表	夏晓鸥	董秘	冉红想	证券代码	600980
	公司网址	www.bgrimmtec.com		电子信箱	bgrimmtec@bgrimm.com	
	电　话	010-63299988		传　真	010-63299988	
	办公地址	北京市丰台区南四环西路188号18区23号楼				
	经营范围	磁性材料和磁器件的研发、生产和销售				

主要财务指标	指标\报告期	2017.06.30	2016.12.31	2016.06.30	2015.12.31
	基本每股收益(元)	0.1016	0.2428	0.0817	0.2489
	基本每股收益(扣除后)(元)	0.1016	0.2029	0.0676	0.0239
	稀释每股收益(元)	0.1016	0.2428	0.0817	0.2489
	每股净资产(元)	3.5178	3.4135	3.2504	3.1638
	每股经营现金净流量(元)	0.3381	–0.4106	–0.3005	–0.0812
	每股现金流量(元)	0.2939	–0.4515	–0.3523	0.7676
	每股资本公积金(元)	1.7975	1.7973	1.7970	1.7968
	每股盈余公积金(元)	0.1768	0.1768	0.1768	0.1768
	每股未分配利润(元)	0.4947	0.3931	0.2320	0.1503
	净资产收益率(%)	2.8876	7.1142	2.5142	7.8388
	加权净资产收益率(%)	2.9300	7.3800	2.5500	8.1800
	净资产收益率(扣除)(%)	2.8880	5.9434	2.0792	0.6539
	总资产(万元)	79405.03	77376.70	73856.94	75508.40
	归属母公司股东权益(万元)	53544.73	51957.40	49474.57	48156.89
	营业收入(万元)	19793.81	39782.74	14442.18	41206.50
	营业支出(万元)	13893.94	27710.44	10004.28	30066.34
	投资收益(万元)	2.10	–1.30	–0.54	0.88
	净利润(万元)	1546.17	3696.37	1243.90	3774.92
	营业利润(万元)	2039.07	3782.24	1143.56	4004.35
	利润总额(万元)	2038.92	4511.01	1415.29	4563.64

江苏汇鸿国际集团股份有限公司

公司概况	公司名称	江苏汇鸿国际集团股份有限公司			证券简称	汇鸿集团
	法人代表	张剑	董秘	陆备	证券代码	600981
	公司网址	www.high-hope.com		电子信箱	ir@highhope.com	
	电　话	86-25-84691002		传　真	86-25-84691339	
	办公地址	江苏省南京市白下路91号				
	经营范围	进出口业务、房地产业务或其他业务				

主要财务指标	指标\报告期	2017.06.30	2016.12.31	2016.06.30	2015.12.31
	基本每股收益(元)	0.1100	0.3000	0.1600	0.4300
	基本每股收益(扣除后)(元)	–0.0300	–0.0100	–0.0030	0.0200
	稀释每股收益(元)	0.1100	0.3000	0.1600	0.4300
	每股净资产(元)	3.5467	3.6073	3.3217	3.3484
	每股经营现金净流量(元)	–0.1028	0.4782	0.4049	–0.0215
	每股现金流量(元)	–0.3279	0.0401	–0.0957	0.4816
	每股资本公积金(元)	0.3764	0.3764	0.3759	0.3759
	每股盈余公积金(元)	0.1187	0.1187	0.0926	0.0926
	每股未分配利润(元)	0.5856	0.4775	0.3648	0.2366
	净资产收益率(%)	3.0492	8.2052	4.7317	10.1562
	加权净资产收益率(%)	2.9500	8.5000	4.5900	11.4800
	净资产收益率(扣除)(%)	–0.9759	–0.3307	–0.1025	0.3712
	总资产(万元)	3016338.29	3096324.07	3072453.52	3144872.09
	归属母公司股东权益(万元)	795330.91	808910.13	744863.23	750847.05
	营业收入(万元)	1432483.11	3198321.57	1341681.93	3914010.03
	营业支出(万元)	1353239.79	3029632.15	1266925.12	3724339.17
	投资收益(万元)	57608.75	129222.53	54211.83	145971.16
	净利润(万元)	30866.07	84337.03	43770.21	98692.87
	营业利润(万元)	36995.40	88487.27	39500.42	107937.80
	利润总额(万元)	39813.21	106167.02	55671.44	126356.02

宁波热电股份有限公司

公司概况	公司名称	宁波热电股份有限公司			证券简称	宁波热电
	法人代表	吕建伟	董秘	夏雪玲	证券代码	600982
	公司网址	www.nbtp.com.cn		电子信箱	nbtp@nbtp.com.cn	
	电　话	86-574-86897102		传　真	86-574-87008281	
	办公地址	浙江省宁波市江东区昌乐路187号发展大厦B座7F				
	经营范围	电力电量、热量、灰渣的生产及其咨询服务				

主要财务指标	指标\报告期	2017.06.30	2016.12.31	2016.06.30	2015.12.31
	基本每股收益(元)	0.0847	0.1124	0.0507	0.1232
	基本每股收益(扣除后)(元)	–0.0031	0.0799	0.0148	0.0231
	稀释每股收益(元)	—	—	—	—
	每股净资产(元)	3.3020	3.2396	3.2432	3.2666
	每股经营现金净流量(元)	–0.1982	–0.0854	–0.2071	0.1882
	每股现金流量(元)	0.1262	–0.8731	–0.9126	0.1491
	每股资本公积金(元)	1.4045	1.4045	1.4045	1.4045
	每股盈余公积金(元)	0.0828	0.0828	0.0764	0.0764
	每股未分配利润(元)	0.6905	0.6408	0.5856	0.6049
	净资产收益率(%)	2.5663	3.4710	1.5635	3.7715
	加权净资产收益率(%)	2.9600	3.4600	1.5600	3.8600
	净资产收益率(扣除)(%)	–0.4757	2.4675	0.4560	0.7081
	总资产(万元)	381409.90	347179.01	340234.92	328070.16
	归属母公司股东权益(万元)	246635.49	241977.27	242242.54	243993.64
	营业收入(万元)	74870.29	121302.11	52468.86	100179.85
	营业支出(万元)	63843.68	101109.86	43159.93	87202.33
	投资收益(万元)	3706.85	6001.09	1836.51	11799.30
	净利润(万元)	6976.08	9515.66	4571.49	10275.53
	营业利润(万元)	8719.96	11041.13	5000.46	11939.54
	利润总额(万元)	9074.03	12555.13	6093.16	13449.20

惠而浦(中国)股份有限公司

公司概况	公司名称	惠而浦(中国)股份有限公司			证券简称	惠而浦
	法人代表	艾小明	董秘	方斌	证券代码	600983
	公司网址	www.whirlpool.com.cn		电子信箱	fangbin@whirlpool-china.com	
	电　话	86-551-65338028		传　真	86-551-65320313	
	办公地址	安徽省合肥市高新技术产业开发区北区L-2号				
	经营范围	全自动洗衣机、电子程控器、离合器、微波炉及其他相关产品的生产、销售和服务				

主要财务指标	指标\报告期	2017.06.30	2016.12.31	2016.06.30	2015.12.31
	基本每股收益(元)	–0.1100	0.4900	0.2500	0.5700
	基本每股收益(扣除后)(元)	–0.1700	0.2100	0.1200	0.3200
	稀释每股收益(元)	–0.1100	0.4900	0.2500	0.5700
	每股净资产(元)	5.1221	5.6693	6.0150	5.7798
	每股经营现金净流量(元)	0.1502	1.3845	0.2695	1.1724
	每股现金流量(元)	–0.5147	1.0549	0.3657	–0.9266
	每股资本公积金(元)	1.6190	1.6160	2.2322	2.5561
	每股盈余公积金(元)	0.3953	0.3594	0.3630	0.3630
	每股未分配利润(元)	2.1079	2.3346	2.4199	2.5791
	净资产收益率(%)	–2.1875	8.5676	3.9113	8.2785
	加权净资产收益率(%)	–2.1400	7.5300	3.9200	9.3600
	净资产收益率(扣除)(%)	–3.2544	3.7574	2.8769	5.4998
	总资产(万元)	879151.74	897904.98	824789.26	921587.93
	归属母公司股东权益(万元)	392577.15	406974.44	461015.91	497857.52
	营业收入(万元)	338064.92	693087.69	331245.77	676855.67
	营业支出(万元)	268698.17	487223.73	236004.66	475846.71
	投资收益(万元)	749.44	1118.06	87.40	2206.39
	净利润(万元)	–8587.47	37227.75	19451.51	44064.64
	营业利润(万元)	–8132.88	34434.20	18162.72	41608.23
	利润总额(万元)	–8170.08	45074.89	23612.14	55016.12

陕西建设机械股份有限公司

公司概况					
公司名称	陕西建设机械股份有限公司			证券简称	建设机械
法人代表	杨宏军	董秘	白海红	证券代码	600984
公司网址	www.scmc-xa.com		电子信箱	scmc600984@163.com	
电　话	029-82592288		传　真	029-82592287	
办公地址	陕西省西安市金花北路418号				
经营范围	工程机械、钢结构、设备租赁				

主要财务指标　指标\报告期	2017.06.30	2016.12.31	2016.06.30	2015.12.31
基本每股收益(元)	0.0888	0.1291	0.0491	0.0173
基本每股收益(扣除后)(元)	0.0794	0.0260	-0.0221	-0.0303
稀释每股收益(元)	0.0888	0.1291	0.0491	0.0173
每股净资产(元)	5.1040	5.0150	4.9311	4.8808
每股经营现金净流量(元)	0.0117	-0.0700	-0.0561	-0.0509
每股现金流量(元)	-0.0944	-0.1426	-0.2371	0.4953
每股资本公积金(元)	4.3785	4.3785	4.3759	4.3764
每股盈余公积金(元)	0.0259	0.0259	0.0259	0.0259
每股未分配利润(元)	-0.3141	-0.4029	-0.4828	-0.5319
净资产收益率(%)	1.7395	2.5741	0.9961	0.1958
加权净资产收益率(%)	1.7500	2.6100	1.0000	0.4800
净资产收益率(扣除)(%)	1.5547	0.5177	-0.4476	-0.3430
总资产(万元)	599525.08	552434.06	519204.45	512920.47
归属母公司股东权益(万元)	325002.66	319336.12	313995.80	310789.15
营业收入(万元)	74107.81	137558.09	56414.04	70125.59
营业支出(万元)	54429.74	98763.56	42654.47	50015.87
投资收益(万元)	--	-39.00	-16.87	-3.37
净利润(万元)	5707.59	8231.39	3126.91	608.62
营业利润(万元)	6900.65	-5361.50	722.86	2185.09
利润总额(万元)	7231.74	11132.48	4601.60	2401.04

安徽雷鸣科化股份有限公司

公司概况					
公司名称	安徽雷鸣科化股份有限公司			证券简称	雷鸣科化
法人代表	李明鲁	董秘	徐卫东	证券代码	600985
公司网址	www.lmkh.com		电子信箱	ahlmkh@hbcoal.com	
电　话	0561-2338135　2338588		传　真	0561-3091910	
办公地址	安徽省淮北市东山路148号				
经营范围	民用爆破器材、高岭土产品的制造、加工、销售				

主要财务指标　指标\报告期	2017.06.30	2016.12.31	2016.06.30	2015.12.31
基本每股收益(元)	0.1900	0.3400	0.2100	0.4400
基本每股收益(扣除后)(元)	0.1800	0.3000	0.2100	0.4300
稀释每股收益(元)	0.1900	0.3400	0.2100	0.4400
每股净资产(元)	5.5710	4.7151	4.5826	4.4092
每股经营现金净流量(元)	0.2024	0.8488	0.2105	0.4538
每股现金流量(元)	0.6754	0.4098	0.0764	-0.3087
每股资本公积金(元)	2.6787	1.6526	1.6533	1.6533
每股盈余公积金(元)	0.1722	0.1967	0.1833	0.1833
每股未分配利润(元)	1.5293	1.6658	1.5476	1.3865
净资产收益率(%)	3.0610	7.2667	4.6056	10.0279
加权净资产收益率(%)	3.6700	7.8600	4.6800	10.9200
净资产收益率(扣除)(%)	2.9675	6.3601	4.5794	9.7690
总资产(万元)	231039.08	209325.55	199171.28	160072.12
归属母公司股东权益(万元)	167216.09	123937.70	120456.75	115897.79
营业收入(万元)	41898.34	83585.41	38143.14	90414.75
营业支出(万元)	25336.82	47006.97	21498.26	52079.02
投资收益(万元)	130.48	444.37	-54.03	183.30
净利润(万元)	5294.27	9346.74	5551.02	11832.03
营业利润(万元)	6652.29	11345.06	6592.00	13800.72
利润总额(万元)	6617.82	11308.63	6632.02	13861.71

科达集团股份有限公司

公司概况					
公司名称	科达集团股份有限公司			证券简称	科达股份
法人代表	刘锋杰	董秘	姜志涛	证券代码	600986
公司网址	www.keda-group.com		电子信箱	jiangzhitao@kedabeijing.com	
电　话	010-80456027		传　真	010-80456027	
办公地址	北京市朝阳区建国门外大街甲8号IFC大厦(北京国际财源中心)B座3306室				
经营范围	基础设施设计、施工与房地产开发				

主要财务指标　指标\报告期	2017.06.30	2016.12.31	2016.06.30	2015.12.31
基本每股收益(元)	0.2300	0.4800	0.1700	0.2300
基本每股收益(扣除后)(元)	0.1900	0.4500	0.1600	0.1700
稀释每股收益(元)	0.2300	0.4800	0.1700	0.2300
每股净资产(元)	6.0941	4.8600	4.5837	4.4089
每股经营现金净流量(元)	-0.1803	0.8069	0.0181	0.5480
每股现金流量(元)	-0.0428	0.0819	-0.3418	1.1610
每股资本公积金(元)	4.0751	2.9064	2.9038	2.9038
每股盈余公积金(元)	0.1290	0.1430	0.1338	0.1338
每股未分配利润(元)	0.9086	0.8106	0.5460	0.3713
净资产收益率(%)	3.4795	9.8457	3.8131	3.0580
加权净资产收益率(%)	4.2300	10.3200	3.8900	6.4900
净资产收益率(扣除)(%)	2.9779	9.2271	3.5748	2.2125
总资产(万元)	1013066.44	816361.61	852088.87	888452.00
归属母公司股东权益(万元)	586740.27	422277.96	398268.91	383082.72
营业收入(万元)	377031.13	702542.96	293975.80	241696.48
营业支出(万元)	328653.75	597959.02	247300.99	199080.41
投资收益(万元)	160.82	2473.54	4.76	7418.08
净利润(万元)	21607.07	40706.10	14481.69	12256.97
营业利润(万元)	25837.04	47419.46	16581.66	18338.33
利润总额(万元)	25803.05	46719.22	16632.23	17174.14

浙江航民股份有限公司

公司概况					
公司名称	浙江航民股份有限公司			证券简称	航民股份
法人代表	朱重庆	董秘	李军晓	证券代码	600987
公司网址	www.hmgf.com		电子信箱	hmgf@hmgf.com	
电　话	0571-82551588		传　真	0571-82553288	
办公地址	浙江省杭州市萧山区瓜沥镇航民村				
经营范围	布匹、电、蒸汽				

主要财务指标　指标\报告期	2017.06.30	2016.12.31	2016.06.30	2015.12.31
基本每股收益(元)	0.3830	0.8500	0.3720	0.7600
基本每股收益(扣除后)(元)	0.3580	0.8100	0.3470	0.7200
稀释每股收益(元)	0.3830	0.8500	0.3720	0.7600
每股净资产(元)	5.0708	4.9479	4.4737	4.3312
每股经营现金净流量(元)	0.5506	1.3663	0.7207	1.0679
每股现金流量(元)	0.0984	-0.2178	-0.0797	-0.1393
每股资本公积金(元)	0.1635	0.1635	0.1632	0.1632
每股盈余公积金(元)	0.3878	0.3878	0.3346	0.3346
每股未分配利润(元)	3.5195	3.3966	2.9758	2.8333
净资产收益率(%)	7.5514	17.2679	8.3259	17.6016
加权净资产收益率(%)	7.5100	18.5500	8.3200	18.9000
净资产收益率(扣除)(%)	7.0512	16.2781	7.8320	16.5279
总资产(万元)	435703.04	428368.63	425009.91	403562.57
归属母公司股东权益(万元)	322154.76	314345.77	284215.95	275164.60
营业收入(万元)	161632.66	319062.17	158541.22	302765.91
营业支出(万元)	113295.47	216890.18	109810.27	210511.32
投资收益(万元)	1341.53	2709.46	1222.89	2854.95
净利润(万元)	28546.72	63338.82	27849.77	56346.32
营业利润(万元)	35402.71	76686.42	34500.56	68744.32
利润总额(万元)	35443.73	78369.87	35184.89	69710.38

赤峰吉隆黄金矿业股份有限公司

公司概况	公司名称	赤峰吉隆黄金矿业股份有限公司			证券简称	赤峰黄金
	法人代表	吕晓兆	董秘	周新兵	证券代码	600988
	公司网址	www.600988.com.cn		电子信箱	A600988@126.com	
	电　话	86-476-8283822		传　真	86-476-8283075	
	办公地址	内蒙古自治区赤峰市新城玉龙大街金帝大厦B座1区				
	经营范围	黄金矿产品销售；对采矿业及其他国家允许投资的行业的投资与管理				

	指标\报告期	2017.06.30	2016.12.31	2016.06.30	2015.12.31
主要财务指标	基本每股收益(元)	0.1100	0.4500	0.1200	0.3400
	基本每股收益(扣除后)(元)	0.1100	0.4400	0.1100	0.3200
	稀释每股收益(元)	0.1100	0.4500	0.1200	0.3400
	每股净资产(元)	3.5861	3.4681	3.1066	2.9947
	每股经营现金净流量(元)	-0.3248	0.0948	-0.0615	0.2366
	每股现金流量(元)	0.6979	-0.2407	-0.0131	0.3604
	每股资本公积金(元)	1.3231	1.3231	1.2896	1.3070
	每股盈余公积金(元)	—	—	—	—
	每股未分配利润(元)	1.2373	1.1263	0.8007	0.6758
	净资产收益率(%)	3.1146	12.9885	4.0188	10.8270
	加权净资产收益率(%)	3.1700	13.9400	4.0900	15.6300
	净资产收益率(扣除)(%)	3.0295	12.6491	3.6122	10.1409
	总资产(万元)	481500.08	384460.34	360991.09	342981.33
	归属母公司股东权益(万元)	255755.88	247340.46	221556.64	213582.15
	营业收入(万元)	97796.48	211210.46	86715.95	159115.85
	营业支出(万元)	74914.19	137745.07	60672.38	105799.22
	投资收益(万元)	4357.74	8164.42	7021.19	-807.23
	净利润(万元)	8409.84	33712.14	9617.59	23674.03
	营业利润(万元)	10639.59	42295.48	10162.12	29723.82
	利润总额(万元)	10844.42	43248.86	11363.24	31679.02

安徽四创电子股份有限公司

公司概况	公司名称	安徽四创电子股份有限公司			证券简称	四创电子
	法人代表	陈信平	董秘	王向新	证券代码	600990
	公司网址	www.sun-create.com		电子信箱	liuyongyue@sun-create.com	
	电　话	0551-65391324		传　真	0551-65391322	
	办公地址	安徽省合肥市高新技术产业开发区香樟大道199号				
	经营范围	雷达整机及雷达配套产品、无线通信设备产品的研制、生产和销售				

	指标\报告期	2017.06.30	2016.12.31	2016.06.30	2015.12.31
主要财务指标	基本每股收益(元)	-0.2777	0.9500	-0.2674	0.8400
	基本每股收益(扣除后)(元)	-0.0741	0.7300	-0.0271	0.6600
	稀释每股收益(元)	-0.2777	0.9500	-0.2674	0.8400
	每股净资产(元)	11.9804	8.3441	7.4585	7.4972
	每股经营现金净流量(元)	-4.9593	1.7970	-4.6428	0.0477
	每股现金流量(元)	-3.6742	1.3771	-4.4867	0.0190
	每股资本公积金(元)	5.7236	4.9502	3.0459	3.0459
	每股盈余公积金(元)	0.8874	1.0333	0.4577	0.4577
	每股未分配利润(元)	4.3694	5.5040	2.9549	2.9936
	净资产收益率(%)	-2.2667	11.3491	0.8222	11.2502
	加权净资产收益率(%)	-2.5100	11.9600	-2.8000	11.8400
	净资产收益率(扣除)(%)	-0.6049	8.7772	-0.4116	8.8138
	总资产(万元)	560129.73	519413.11	318770.69	319653.95
	归属母公司股东权益(万元)	190702.24	170707.76	101959.00	102487.67
	营业收入(万元)	93210.15	304613.79	93333.12	249813.86
	营业支出(万元)	78723.38	267297.26	79960.51	213653.77
	投资收益(万元)	13.89	—	—	126.07
	净利润(万元)	-4161.63	13341.47	-4001.93	11851.46
	营业利润(万元)	-4715.13	12427.02	-5250.77	10832.69
	利润总额(万元)	-4676.68	15499.79	-3980.89	13270.73

贵州钢绳股份有限公司

公司概况	公司名称	贵州钢绳股份有限公司			证券简称	贵绳股份
	法人代表	黄忠渠	董秘	杨期屏	证券代码	600992
	公司网址	www.gzgsgf.com.cn		电子信箱	yqp@gzgs.com.cn	
	电　话	0851-28419247　28419570		传　真	0851-28419075　28419570	
	办公地址	贵州省遵义市桃溪路47号				
	经营范围	钢丝、钢丝绳、钢绞线				

	指标\报告期	2017.06.30	2016.12.31	2016.06.30	2015.12.31
主要财务指标	基本每股收益(元)	0.0390	0.0858	0.0343	0.0749
	基本每股收益(扣除后)(元)	0.0350	0.0689	0.0340	0.0710
	稀释每股收益(元)	0.0390	0.0858	0.0343	0.0749
	每股净资产(元)	5.5554	5.5463	5.4948	5.4905
	每股经营现金净流量(元)	0.0109	0.4575	0.0106	0.6784
	每股现金流量(元)	-0.1689	0.3074	-0.2005	0.1096
	每股资本公积金(元)	3.4288	3.4288	3.4288	3.4288
	每股盈余公积金(元)	0.2565	0.2565	0.2479	0.2479
	每股未分配利润(元)	0.8701	0.8611	0.8181	0.8138
	净资产收益率(%)	0.7028	1.5474	0.6243	1.3642
	加权净资产收益率(%)	0.7000	1.5600	0.6200	1.3700
	净资产收益率(扣除)(%)	0.6294	1.2414	0.6193	1.2932
	总资产(万元)	229025.56	217866.59	205110.72	198192.47
	归属母公司股东权益(万元)	136157.13	135935.46	134672.68	134567.21
	营业收入(万元)	79838.93	141088.17	62756.25	149841.60
	营业支出(万元)	69347.89	118074.96	52090.89	127629.34
	投资收益(万元)	—	34.07	—	34.07
	净利润(万元)	956.94	2103.52	840.74	1835.77
	营业利润(万元)	1143.11	1986.64	935.38	2049.98
	利润总额(万元)	1260.69	2476.00	943.22	2162.33

马应龙药业集团股份有限公司

公司概况	公司名称	马应龙药业集团股份有限公司			证券简称	马应龙
	法人代表	陈平	董秘	夏有章	证券代码	600993
	公司网址	www.mayinglong.cn		电子信箱	xiayouzhang@sohu.com	
	电　话	86-27-87389583		传　真	86-27-87291724	
	办公地址	湖北省武汉市武昌南湖周家湾100号				
	经营范围	中西药制造				

	指标\报告期	2017.06.30	2016.12.31	2016.06.30	2015.12.31
主要财务指标	基本每股收益(元)	0.4000	0.5800	0.3700	0.5200
	基本每股收益(扣除后)(元)	0.3700	0.5100	0.3200	0.4500
	稀释每股收益(元)	0.4000	0.5800	0.3700	0.5200
	每股净资产(元)	4.7626	4.5012	4.3043	4.1389
	每股经营现金净流量(元)	0.3323	0.5558	0.0130	0.4242
	每股现金流量(元)	0.1448	-0.1769	-0.0756	-0.1306
	每股资本公积金(元)	0.3142	0.2525	0.2756	0.2778
	每股盈余公积金(元)	0.6850	0.6850	0.6237	0.6237
	每股未分配利润(元)	2.7554	2.5509	2.3989	2.2317
	净资产收益率(%)	8.4924	12.8973	8.5297	12.5136
	加权净资产收益率(%)	8.8200	13.4700	8.7000	13.2500
	净资产收益率(扣除)(%)	7.8120	11.2653	7.5373	10.7992
	总资产(万元)	257615.69	249672.67	254600.91	240986.68
	归属母公司股东权益(万元)	205293.84	194027.59	185540.63	178410.23
	营业收入(万元)	78211.68	210280.69	94834.71	178368.24
	营业支出(万元)	36374.06	133943.57	58656.75	107957.32
	投资收益(万元)	1852.73	3070.88	1680.72	2832.11
	净利润(万元)	17187.34	23299.74	15208.18	21094.35
	营业利润(万元)	19990.63	26133.74	16994.03	23737.21
	利润总额(万元)	20372.79	27968.69	17948.58	24775.67

云南文山电力股份有限公司

公司概况	公司名称	云南文山电力股份有限公司			证券简称	文山电力
	法人代表	黄兴仓	董秘	雷鹏	证券代码	600995
	公司网址	www.wsdl.com.cn		电子信箱	wsdl@wsdl.sina.net	
	电　话	0871-68177335　68177735		传　真	0871-68177720	
	办公地址	云南省文山市凤凰路29号				
	经营范围	水力发电、供电和配电				

主要财务指标	指标\报告期	2017.06.30	2016.12.31	2016.06.30	2015.12.31
	基本每股收益(元)	0.4200	0.3300	0.2500	0.2200
	基本每股收益(扣除后)(元)	0.4100	0.3200	0.2500	0.0900
	稀释每股收益(元)	0.4200	0.3300	0.2500	0.2200
	每股净资产(元)	3.6454	3.3289	3.2446	3.0659
	每股经营现金净流量(元)	0.6230	1.0133	0.5740	0.7571
	每股现金流量(元)	0.3245	0.0027	−0.0152	−0.1940
	每股资本公积金(元)	0.3252	0.3252	0.3252	0.3252
	每股盈余公积金(元)	0.3373	0.3373	0.3065	0.3065
	每股未分配利润(元)	1.9829	1.6664	1.6129	1.4342
	净资产收益率(%)	11.4239	10.0048	7.6646	7.0315
	加权净资产收益率(%)	11.9400	10.4300	7.8200	7.2400
	净资产收益率(扣除)(%)	11.3589	9.5918	7.6663	2.8772
	总资产(万元)	274450.32	263571.86	283688.51	285978.21
	归属母公司股东权益(万元)	174441.79	159298.97	155261.61	146711.10
	营业收入(万元)	105342.48	183626.89	96940.36	195383.75
	营业支出(万元)	69479.66	141429.45	71279.38	156492.10
	投资收益(万元)	−481.42	859.35	405.95	−1597.23
	净利润(万元)	19928.08	15937.56	11900.20	10315.96
	营业利润(万元)	23497.00	17988.28	14177.35	5450.34
	利润总额(万元)	23630.34	18722.74	14174.57	12411.09

贵州省广播电视信息网络股份有限公司

公司概况	公司名称	贵州省广播电视信息网络股份有限公司			证券简称	贵广网络
	法人代表	刘文岚	董秘	黄宗文	证券代码	600996
	公司网址	www.gzgdwl.com		电子信箱	dmb@gzcbn.com	
	电　话	0851-84115592		传　真	0851-84721009	
	办公地址	贵州省贵阳市观山湖区金阳南路36号				
	经营范围	广电网络的建设运营				

主要财务指标	指标\报告期	2017.06.30	2016.12.31	2016.06.30	2015.12.31
	基本每股收益(元)	0.3080	0.5320	0.3700	0.5000
	基本每股收益(扣除后)(元)	0.3010	0.5330	0.3800	0.4900
	稀释每股收益(元)	0.3080	0.5320	0.3700	0.5000
	每股净资产(元)	3.9145	3.7175	2.3157	2.0100
	每股经营现金净流量(元)	0.1728	0.6154	0.4241	0.6730
	每股现金流量(元)	−0.6850	1.8546	0.0517	−0.0211
	每股资本公积金(元)	1.5391	1.5391	0.0022	0.0022
	每股盈余公积金(元)	0.1294	0.1294	0.1082	0.1082
	每股未分配利润(元)	1.2459	1.0489	1.2053	0.9026
	净资产收益率(%)	7.8425	11.4287	15.9745	24.7861
	加权净资产收益率(%)	7.8500	23.8200	16.8400	28.1100
	净资产收益率(扣除)(%)	7.6768	11.4529	16.3020	24.1333
	总资产(万元)	726347.74	660876.37	410341.31	359267.42
	归属母公司股东权益(万元)	408111.72	387573.64	192794.95	167596.88
	营业收入(万元)	116578.44	228917.46	114184.61	210261.53
	营业支出(万元)	63195.23	130264.09	59984.87	118297.50
	投资收益(万元)	54.40	10.50	40.53	305.14
	净利润(万元)	32088.42	44306.34	30773.34	41530.55
	营业利润(万元)	31480.12	44445.31	31416.67	40453.68
	利润总额(万元)	32156.39	44319.27	30785.33	41547.78

开滦能源化工股份有限公司

公司概况	公司名称	开滦能源化工股份有限公司			证券简称	开滦股份
	法人代表	张建公	董秘	侯树忠	证券代码	600997
	公司网址	www.kkcc.com.cn		电子信箱	kcc@kailuan.com.cn	
	电　话	86-315-2812013　3027380		传　真	86-315-3026507	
	办公地址	河北省唐山市新华东道70号东楼				
	经营范围	洗精煤、冶金焦				

主要财务指标	指标\报告期	2017.06.30	2016.12.31	2016.06.30	2015.12.31
	基本每股收益(元)	0.1500	0.3500	0.0400	−0.3400
	基本每股收益(扣除后)(元)	0.1500	0.3400	0.0400	−0.3400
	稀释每股收益(元)	0.1500	0.3500	0.0400	−0.3400
	每股净资产(元)	5.6937	5.6907	5.4165	5.3110
	每股经营现金净流量(元)	0.3160	0.7217	0.1534	0.9561
	每股现金流量(元)	0.8220	−1.1425	−0.0248	0.2118
	每股资本公积金(元)	1.6166	0.8315	0.8315	0.8315
	每股盈余公积金(元)	0.5891	0.7577	0.7268	0.7268
	每股未分配利润(元)	2.3432	2.9585	2.6835	2.6397
	净资产收益率(%)	2.5069	6.1443	0.8088	−6.3581
	加权净资产收益率(%)	2.6000	6.3600	0.8200	−6.1500
	净资产收益率(扣除)(%)	2.4789	6.0330	0.7355	−6.3998
	总资产(万元)	2263378.89	2033860.20	2118935.81	2033963.76
	归属母公司股东权益(万元)	904051.58	702601.72	668744.43	655716.33
	营业收入(万元)	905128.06	1172877.01	481399.64	1041959.67
	营业支出(万元)	811740.19	996673.40	421344.02	979516.69
	投资收益(万元)	4773.21	4651.82	1355.44	3619.86
	净利润(万元)	20367.72	56431.03	7863.81	−53221.76
	营业利润(万元)	32519.75	61641.66	7534.15	−48114.96
	利润总额(万元)	32581.31	62302.04	7946.33	−47966.44

九州通医药集团股份有限公司

公司概况	公司名称	九州通医药集团股份有限公司			证券简称	九州通
	法人代表	刘宝林	董秘	林新扬	证券代码	600998
	公司网址	www.jztey.com		电子信箱	lxy1777@vip.sina.com	
	电　话	86-27-84683017		传　真	027-84451256	
	办公地址	湖北省武汉市汉阳区龙阳大道特8号				
	经营范围	药品、医疗器械等产品的批发、零售连锁及药品生产和研发以及有关增值服务业务				

主要财务指标	指标\报告期	2017.06.30	2016.12.31	2016.06.30	2015.12.31
	基本每股收益(元)	0.4900	0.5400	0.1900	0.4300
	基本每股收益(扣除后)(元)	0.2500	0.5100	0.1900	0.3600
	稀释每股收益(元)	0.4800	0.5400	0.1900	0.4300
	每股净资产(元)	7.6905	6.8475	6.4919	5.6800
	每股经营现金净流量(元)	−2.1783	0.2618	−1.8605	0.2647
	每股现金流量(元)	0.4921	−0.8996	−0.8117	1.0171
	每股资本公积金(元)	2.6103	2.4155	2.4292	2.4213
	每股盈余公积金(元)	0.1698	0.1748	0.1425	0.1425
	每股未分配利润(元)	2.3428	1.9609	1.6838	1.6255
	净资产收益率(%)	6.0810	7.7739	2.9001	7.4241
	加权净资产收益率(%)	6.5300	8.2900	3.0400	8.4200
	净资产收益率(扣除)(%)	3.1172	7.3217	2.8751	6.1689
	总资产(万元)	4469646.46	3872854.18	3688368.75	3258496.61
	归属母公司股东权益(万元)	1304043.01	1127803.54	1069224.68	935509.09
	营业收入(万元)	3622843.90	6155683.99	2978591.85	4958924.63
	营业支出(万元)	3329466.25	5673260.03	2757118.21	4583444.19
	投资收益(万元)	1487.98	873.06	−360.65	4753.80
	净利润(万元)	80172.71	90434.03	31408.74	70386.98
	营业利润(万元)	57247.49	104916.05	39921.66	85997.80
	利润总额(万元)	107883.80	110564.86	41909.05	95581.23

招商证券股份有限公司

公司概况						
	公司名称	招商证券股份有限公司			证券简称	招商证券
	法人代表	霍达	董秘	吴慧峰	证券代码	600999
	公司网址	www.newone.com.cn			电子信箱	IR@cmschina.com.cn
	电　　话	86-755-82943666 82960432			传　　真	86-755-82944669
	办公地址	广东省深圳市福田区益田路江苏大厦A座38-45层				
	经营范围	证券经纪、投资银行、资产管理、基金管理、证券自营、证券投资管理、直接投资等				

主要财务指标	指标\报告期	2017.06.30	2016.12.31	2016.06.30	2015.12.31
	基本每股收益(元)	0.3529	0.9071	0.3860	1.8782
	基本每股收益(扣除后)(元)	0.3549	0.8988	0.3818	1.8704
	稀释每股收益(元)	0.3529	0.9071	0.3860	1.8782
	每股净资产(元)	11.4245	8.9301	8.2320	8.3247
	每股经营现金净流量(元)	0.1516	-3.5741	2.5073	0.2063
	每股现金流量(元)	-0.9784	-2.9442	-2.5974	5.6450
	每股资本公积金(元)	4.1099	4.1099	3.3408	3.3408
	每股盈余公积金(元)	0.5785	0.5785	0.5881	0.5881
	每股未分配利润(元)	2.3351	2.1431	2.3194	2.1805
	净资产收益率(%)	3.3347	9.0319	4.6888	22.5615
	加权净资产收益率(%)	3.8800	10.5800	4.6400	23.9500
	净资产收益率(扣除)(%)	3.3523	8.9490	4.6383	22.4676
	总资产(万元)	24281714.99	24305842.75	24526462.11	29165558.48
	归属母公司股东权益(万元)	7653713.60	5982633.70	4781267.78	4835111.85
	营业收入(万元)	585924.22	1169545.36	519779.72	2529179.41
	营业支出(万元)	275424.93	530869.23	238412.04	1171539.73
	投资收益(万元)	66566.82	362027.71	214139.83	638240.37
	净利润(万元)	254768.87	541708.16	223557.43	1092825.45
	营业利润(万元)	310499.29	638676.12	281367.67	1357639.67
	利润总额(万元)	308686.99	645291.99	284473.45	1363399.07

唐山港集团股份有限公司

公司概况						
	公司名称	唐山港集团股份有限公司			证券简称	唐山港
	法人代表	宣国宝	董秘	杨光	证券代码	601000
	公司网址	www.jtport.com.cn			电子信箱	tspgc@china.com
	电　　话	0315-2916409			传　　真	0315-2916409
	办公地址	河北省唐山市海港经济开发区唐山港大厦				
	经营范围	从事港口综合运输业务				

主要财务指标	指标\报告期	2017.06.30	2016.12.31	2016.06.30	2015.12.31
	基本每股收益(元)	0.1600	0.3300	0.1600	0.5600
	基本每股收益(扣除后)(元)	0.1600	0.3300	0.1600	0.5600
	稀释每股收益(元)	0.1600	0.3300	0.1600	0.5600
	每股净资产(元)	3.0371	2.9700	2.6442	4.6238
	每股经营现金净流量(元)	0.1648	0.3340	0.0360	0.4825
	每股现金流量(元)	-0.2724	0.3934	-0.0564	0.3784
	每股资本公积金(元)	0.7788	0.7788	0.4682	1.6427
	每股盈余公积金(元)	0.1373	0.1373	0.1248	0.2246
	每股未分配利润(元)	1.1080	1.0472	1.0400	1.7398
	净资产收益率(%)	5.2944	9.7381	5.9272	11.5405
	加权净资产收益率(%)	5.2900	12.1600	5.9500	13.4400
	净资产收益率(扣除)(%)	5.2571	9.8699	6.1878	11.6140
	总资产(万元)	1925018.60	2029324.39	1691343.57	1664443.51
	归属母公司股东权益(万元)	1384423.62	1355756.73	1070140.68	1039630.70
	营业收入(万元)	270173.98	562644.05	285177.39	515736.92
	营业支出(万元)	165975.18	353299.29	183480.66	306153.07
	投资收益(万元)	13127.54	4458.24	3155.04	3976.55
	净利润(万元)	77673.71	142674.78	68976.01	129383.74
	营业利润(万元)	92600.84	166707.76	81669.99	159598.21
	利润总额(万元)	93272.99	165814.16	79990.78	159448.97

大同煤业股份有限公司

公司概况						
	公司名称	大同煤业股份有限公司			证券简称	大同煤业
	法人代表	张有喜	董秘	钱建军	证券代码	601001
	公司网址	www.dtmy.com.cn			电子信箱	dtqianjianjun@126.com
	电　　话	86-352-7010476 7023956			传　　真	86-352-7011070
	办公地址	山西省大同市矿区新平旺				
	经营范围	煤炭采掘、洗选加工、销售				

主要财务指标	指标\报告期	2017.06.30	2016.12.31	2016.06.30	2015.12.31
	基本每股收益(元)	0.3600	0.1100	0.2300	-1.0800
	基本每股收益(扣除后)(元)	0.0500	-0.3300	-0.2000	-1.0800
	稀释每股收益(元)	0.3600	0.1100	0.2300	-1.0800
	每股净资产(元)	3.3781	2.9821	3.1365	2.9096
	每股经营现金净流量(元)	1.6062	1.5889	-0.2415	-0.9480
	每股现金流量(元)	0.3734	0.7226	-0.3145	0.2076
	每股资本公积金(元)	0.6734	0.6734	0.6726	0.6854
	每股盈余公积金(元)	0.5344	0.5344	0.5344	0.5344
	每股未分配利润(元)	0.5720	0.2136	0.3334	0.1026
	净资产收益率(%)	10.6078	3.7208	7.3561	-36.9831
	加权净资产收益率(%)	11.3300	3.7400	7.6300	-28.2100
	净资产收益率(扣除)(%)	1.4081	-11.0000	-6.4694	-37.1663
	总资产(万元)	2762772.81	2627302.25	2631553.67	2644129.18
	归属母公司股东权益(万元)	565398.79	499121.50	524962.57	486984.84
	营业收入(万元)	488489.51	739144.35	270873.16	712864.49
	营业支出(万元)	196766.22	377006.44	156043.62	459015.14
	投资收益(万元)	4164.41	11047.89	3102.03	7275.65
	净利润(万元)	93539.39	45755.85	43549.93	-182883.33
	营业利润(万元)	65503.83	-1156.73	-23491.80	-170482.19
	利润总额(万元)	119081.05	72814.46	48991.30	-168778.33

晋亿实业股份有限公司

公司概况						
	公司名称	晋亿实业股份有限公司			证券简称	晋亿实业
	法人代表	蔡永龙	董秘	俞杰	证券代码	601002
	公司网址	www.GEM-YEAR.com			电子信箱	zzj@gem-year.net
	电　　话	0573-84185042			传　　真	0573-84098111
	办公地址	浙江省嘉兴市嘉善经济开发区晋亿大道8号				
	经营范围	各类紧固件产成品、中间产品的研发、生产和销售				

主要财务指标	指标\报告期	2017.06.30	2016.12.31	2016.06.30	2015.12.31
	基本每股收益(元)	0.1030	0.0900	0.0300	-0.0200
	基本每股收益(扣除后)(元)	0.1030	0.0740	0.0200	-0.0200
	稀释每股收益(元)	0.1030	0.0900	0.0300	-0.0200
	每股净资产(元)	3.0315	2.9258	2.8602	2.8304
	每股经营现金净流量(元)	-0.1934	0.3896	0.2763	0.2473
	每股现金流量(元)	-0.2213	0.0291	0.0421	0.0965
	每股资本公积金(元)	1.3906	1.3906	1.3906	1.3906
	每股盈余公积金(元)	0.1811	0.1811	0.1723	0.1723
	每股未分配利润(元)	0.4343	0.3308	0.2766	0.2498
	净资产收益率(%)	3.4139	3.0696	0.9386	-0.6045
	加权净资产收益率(%)	3.4700	3.1200	0.9400	-0.5900
	净资产收益率(扣除)(%)	3.4058	2.5316	0.6755	-0.8435
	总资产(万元)	425186.90	424302.46	400329.43	396840.32
	归属母公司股东权益(万元)	240307.04	231922.12	226723.17	224362.78
	营业收入(万元)	129463.22	228440.14	107257.82	227810.56
	营业支出(万元)	93427.77	177639.53	83701.48	191425.14
	投资收益(万元)	189.68	-2162.10	66.66	380.55
	净利润(万元)	9467.84	8208.30	2264.27	-2002.51
	营业利润(万元)	13649.01	10161.46	2679.58	-544.25
	利润总额(万元)	13522.07	11463.79	3275.56	-361.71

柳州钢铁股份有限公司

公司概况					
公司名称	柳州钢铁股份有限公司			证券简称	柳钢股份
法人代表	陈有升	董秘	裴侃	证券代码	601003
公司网址	www.liusteel.com		电子信箱	liscl@163.com	
电　话	86-772-2595971		传　真	86-772-2595971	
办公地址	广西壮族自治区柳州市北雀路 117 号				
经营范围	烧结、炼铁、炼钢及其副产品的销售,钢材轧制、加工及其副产品的销售				

主要财务指标 指标\报告期	2017.06.30	2016.12.31	2016.06.30	2015.12.31
基本每股收益(元)	0.1544	0.0766	0.0308	–0.4641
基本每股收益(扣除后)(元)	0.1511	0.0792	0.0308	–0.4257
稀释每股收益(元)	0.1544	0.0766	0.0308	–0.4641
每股净资产(元)	1.9626	1.8085	1.7625	1.7318
每股经营现金净流量(元)	0.7740	0.6196	0.4567	0.1109
每股现金流量(元)	0.8036	–1.0518	–0.9398	0.1595
每股资本公积金(元)	0.0813	0.0813	0.0813	0.0813
每股盈余公积金(元)	0.3794	0.3794	0.3718	0.3718
每股未分配利润(元)	0.4997	0.3454	0.3072	0.2764
净资产收益率(%)	7.8654	4.2382	1.7488	–26.7999
加权净资产收益率(%)	8.1900	4.3300	1.7600	–23.4400
净资产收益率(扣除)(%)	7.6972	4.3796	1.7458	–24.5802
总资产(万元)	2284785.64	2081190.29	1993061.75	2262628.52
归属母公司股东权益(万元)	502978.23	463490.46	451700.94	443821.93
营业收入(万元)	1909477.89	2665040.13	1228316.70	2590945.86
营业支出(万元)	1837849.71	2523569.95	1159791.19	2513870.35
投资收益(万元)	17.25	–20.00	–105.22	99.64
净利润(万元)	39561.00	19643.81	7899.37	–118943.94
营业利润(万元)	38977.99	22353.26	7127.83	–122114.66
利润总额(万元)	39561.00	22236.66	7899.37	–132670.35

重庆钢铁股份有限公司

公司概况					
公司名称	重庆钢铁股份有限公司			证券简称	*ST 重钢
法人代表	周竹平	董秘	虞红	证券代码	601005
公司网址	www.cqgt.cn		电子信箱	clarapeng@email.cqgt.cn	
电　话	86-23-68983482 68873311		传　真	86-23-68873189	
办公地址	重庆市长寿经开区钢城大道 1 号				
经营范围	生产、加工和销售板材、型材、线材、棒材、钢坯、钢带				

主要财务指标 指标\报告期	2017.06.30	2016.12.31	2016.06.30	2015.12.31
基本每股收益(元)	–0.2300	–1.0600	–0.4000	–1.3500
基本每股收益(扣除后)(元)	–0.2300	–1.2200	–0.4300	–2.1000
稀释每股收益(元)	–0.2300	–1.0600	–0.4000	–1.3500
每股净资产(元)	–0.2684	–0.0452	0.4958	0.8992
每股经营现金净流量(元)	–0.0185	–0.1012	–0.1030	–0.3783
每股现金流量(元)	0.0018	0.1607	0.0453	–0.0256
每股资本公积金(元)	1.6147	1.6128	1.5010	1.5008
每股盈余公积金(元)	0.1368	0.1368	0.1368	0.1368
每股未分配利润(元)	–3.0199	–2.7948	–2.1420	–1.7384
净资产收益率(%)	--	–2337.2051	–81.4054	–150.0987
加权净资产收益率(%)	--	–284.5900	–57.8700	–85.7600
净资产收益率(扣除)(%)	0.0844	2.6895	–86.7327	–233.2221
总资产(万元)	3650627.30	3643845.40	3793660.20	3922807.90
归属母公司股东权益(万元)	–119046.80	–20049.40	219929.20	398887.30
营业收入(万元)	452172.70	441490.20	278941.20	835002.20
营业支出(万元)	441281.70	616261.00	343269.90	1050920.90
投资收益(万元)	–191.10	59.90	--	--
净利润(万元)	–99882.30	–468568.40	–179033.30	–598718.60
营业利润(万元)	–99839.00	–538416.30	–190748.30	–928489.30
利润总额(万元)	–99882.10	–468566.70	–179032.10	–596921.30

大秦铁路股份有限公司

公司概况					
公司名称	大秦铁路股份有限公司			证券简称	大秦铁路
法人代表	赵春雷	董秘	黄松青	证券代码	601006
公司网址	www.daqintielu.com		电子信箱	dqtl@daqintielu.com	
电　话	86-351-2620620		传　真	86-351-2620604	
办公地址	山西省大同市站北街 14 号;山西省太原市建设北路 202 号				
经营范围	煤炭运输为主的铁路货物运输业务以及旅客运输业务				

主要财务指标 指标\报告期	2017.06.30	2016.12.31	2016.06.30	2015.12.31
基本每股收益(元)	0.5100	0.4800	0.2500	0.8500
基本每股收益(扣除后)(元)	0.5100	0.4900	0.2500	0.8500
稀释每股收益(元)	0.5100	0.4800	0.2500	0.8500
每股净资产(元)	6.3040	6.0422	5.7916	5.9940
每股经营现金净流量(元)	0.5130	0.4221	0.0238	0.9496
每股现金流量(元)	–0.1666	0.2287	0.3763	–0.1097
每股资本公积金(元)	1.6639	1.6640	1.6640	1.6640
每股盈余公积金(元)	0.7517	0.7517	0.7018	0.7018
每股未分配利润(元)	2.9577	2.6949	2.5102	2.7126
净资产收益率(%)	8.1334	7.9803	4.2743	14.1930
加权净资产收益率(%)	8.2000	7.7500	4.1000	14.3500
净资产收益率(扣除)(%)	8.1644	8.0840	4.3113	14.2607
总资产(万元)	12128579.26	12348313.35	12228685.00	11454878.51
归属母公司股东权益(万元)	9372009.38	8982778.76	8610245.11	8911223.70
营业收入(万元)	2735656.82	4462488.00	2122519.72	5253136.69
营业支出(万元)	1850228.20	3695204.92	1738734.90	3697847.20
投资收益(万元)	155901.81	267765.45	136170.73	209808.03
净利润(万元)	755003.39	707754.91	364086.38	1265489.30
营业利润(万元)	969276.23	891227.40	452037.26	1643590.16
利润总额(万元)	965426.01	878793.23	447783.35	1635544.33

金陵饭店股份有限公司

公司概况					
公司名称	金陵饭店股份有限公司			证券简称	金陵饭店
法人代表	李茜	董秘	张胜新	证券代码	601007
公司网址	www.jinlinghotel.com		电子信箱	securities@jinlinghotel.com	
电　话	86-25-87707858		传　真	86-25-84711666	
办公地址	江苏省南京市汉中路 2 号				
经营范围	酒店经营,主要提供住宿、餐饮、会议等综合性服务				

主要财务指标 指标\报告期	2017.06.30	2016.12.31	2016.06.30	2015.12.31
基本每股收益(元)	0.1620	0.1390	0.0570	0.1770
基本每股收益(扣除后)(元)	0.1330	0.0600	0.0220	0.1060
稀释每股收益(元)	0.1620	0.1390	0.0570	0.1770
每股净资产(元)	4.8261	4.6639	4.6323	4.6673
每股经营现金净流量(元)	0.3268	0.3873	0.0472	0.4360
每股现金流量(元)	0.1779	–0.7697	–0.7742	0.2519
每股资本公积金(元)	1.3463	1.3463	1.3463	1.5752
每股盈余公积金(元)	0.2957	0.2957	0.2856	0.2856
每股未分配利润(元)	2.1841	2.0219	2.0004	1.9432
净资产收益率(%)	3.3608	2.9752	1.2324	3.5604
加权净资产收益率(%)	3.4200	2.9700	1.2100	3.7400
净资产收益率(扣除)(%)	2.7589	1.2873	0.4644	2.0938
总资产(万元)	299102.40	305919.56	315869.70	331191.90
归属母公司股东权益(万元)	144782.00	139916.13	138969.81	144122.68
营业收入(万元)	42750.03	83465.09	39220.59	75899.93
营业支出(万元)	15855.97	33068.97	14328.18	28756.47
投资收益(万元)	2266.72	–112.39	214.06	2527.54
净利润(万元)	6171.84	5266.78	2257.60	4269.30
营业利润(万元)	6002.01	5200.86	2411.86	4612.52
利润总额(万元)	7052.30	7558.75	3418.41	6312.74

江苏连云港港口股份有限公司

公司概况	公司名称	江苏连云港港口股份有限公司			证券简称	连云港
	法人代表	李春宏	董秘	沙晓春	证券代码	601008
	公司网址	www.jlpcl.com		电子信箱	shaxiaochun@jlpcl.com	
	电　话	0518-82389269　82387588		传　真	0518-82380588	
	办公地址	江苏省连云港市连云区中华路18号港口大厦22-23层				
	经营范围	装卸业务、堆存业务、港务管理业务				

	指标\报告期	2017.06.30	2016.12.31	2016.06.30	2015.12.31
主要财务指标	基本每股收益(元)	0.0040	0.0100	0.0060	0.0500
	基本每股收益(扣除后)(元)	-0.0300	0.0030	0.0030	0.0400
	稀释每股收益(元)	0.0040	0.0100	0.0060	0.0500
	每股净资产(元)	3.1504	3.1566	3.1542	3.1682
	每股经营现金净流量(元)	0.0355	0.0645	-0.0527	0.0457
	每股现金流量(元)	0.0913	-0.0290	-0.1149	-0.1030
	每股资本公积金(元)	1.5906	1.5906	1.5906	1.5906
	每股盈余公积金(元)	0.1342	0.1342	0.1342	0.1342
	每股未分配利润(元)	0.4256	0.4318	0.4295	0.4434
	净资产收益率(%)	0.1209	0.2656	0.1919	1.6589
	加权净资产收益率(%)	0.1200	0.2700	0.1900	1.6700
	净资产收益率(扣除)(%)	-0.8108	0.0847	0.0902	1.4125
	总资产(万元)	750687.00	687336.10	669317.27	670564.96
	归属母公司股东权益(万元)	319832.14	320460.59	320224.18	321640.01
	营业收入(万元)	60917.74	116713.05	59068.92	124285.42
	营业支出(万元)	46749.04	86757.36	43742.30	94188.57
	投资收益(万元)	1724.77	5100.07	2633.15	4409.18
	净利润(万元)	183.67	380.86	380.76	5116.69
	营业利润(万元)	-2969.23	-240.62	-104.70	3835.59
	利润总额(万元)	10.70	300.31	270.96	5735.42

南京银行股份有限公司

公司概况	公司名称	南京银行股份有限公司			证券简称	南京银行
	法人代表	胡昇荣	董秘	江志纯	证券代码	601009
	公司网址	www.njcb.com.cn		电子信箱	boardoffice@njcb.com.cn	
	电　话	86-025-86775067		传　真	86-25-86775054	
	办公地址	江苏省南京市玄武区中山路288号				
	经营范围	商业银行业务				

	指标\报告期	2017.06.30	2016.12.31	2016.06.30	2015.12.31
主要财务指标	基本每股收益(元)	0.6000	0.9500	0.5100	—
	基本每股收益(扣除后)(元)	0.6000	1.3300	0.5100	—
	稀释每股收益(元)	0.6000	1.3300	0.5100	—
	每股净资产(元)	10.5882	7.3000	8.1800	—
	每股经营现金净流量(元)	-6.0948	8.1085	17.4971	—
	每股现金流量(元)	-2.1590	4.9984	3.2233	—
	每股资本公积金(元)	2.5085	2.5087	2.5065	—
	每股盈余公积金(元)	0.6737	0.5401	0.5401	—
	每股未分配利润(元)	3.0378	2.5912	2.4685	—
	净资产收益率(%)	7.9570	13.3421	8.0156	—
	加权净资产收益率(%)	9.5100	16.2500	8.9400	—
	净资产收益率(扣除)(%)	7.9368	13.3453	8.0057	—
	总资产(万元)	113284853.40	106390000.00	101524885.90	—
	归属母公司股东权益(万元)	6415118.60	6192200.00	5441653.70	—
	营业收入(万元)	1242508.30	2662100.00	1497698.50	—
	营业支出(万元)	607974.60	1610910.20	910085.40	—
	投资收益(万元)	25547.40	136382.60	71885.10	—
	净利润(万元)	516036.30	834637.40	441357.20	—
	营业利润(万元)	634533.70	1051200.00	587613.10	—
	利润总额(万元)	636622.90	1051300.00	588547.40	—

文峰大世界连锁发展股份有限公司

公司概况	公司名称	文峰大世界连锁发展股份有限公司			证券简称	文峰股份
	法人代表	陈松林	董秘	王钺	证券代码	601010
	公司网址	www.wfdsj.cn		电子信箱	wf@wfdsj.cn	
	电　话	86-513-85505666*8968		传　真	86-513-85121565	
	办公地址	江苏省南通市青年中路59号				
	经营范围	百货、超市、电器销售专业店的连锁经营				

	指标\报告期	2017.06.30	2016.12.31	2016.06.30	2015.12.31
主要财务指标	基本每股收益(元)	0.0900	0.1400	0.0800	0.1400
	基本每股收益(扣除后)(元)	0.0900	0.1200	0.0800	0.1400
	稀释每股收益(元)	0.0900	0.1400	0.0800	0.1400
	每股净资产(元)	2.3301	2.2367	2.1798	2.1438
	每股经营现金净流量(元)	0.1025	0.4200	0.1292	-0.0003
	每股现金流量(元)	-0.0403	0.1246	0.0014	-0.0756
	每股资本公积金(元)	0.4547	0.4541	0.4533	0.4528
	每股盈余公积金(元)	0.1898	0.1898	0.1708	0.1708
	每股未分配利润(元)	0.6856	0.5928	0.5557	0.5202
	净资产收益率(%)	3.9833	6.1094	3.6908	6.4923
	加权净资产收益率(%)	4.0700	6.2400	3.6800	6.6000
	净资产收益率(扣除)(%)	3.9677	5.4220	3.8264	6.5108
	总资产(万元)	629650.59	665948.75	660284.50	691587.36
	归属母公司股东权益(万元)	430607.24	413347.44	402818.97	396181.90
	营业收入(万元)	359898.19	677198.30	343139.85	721923.26
	营业支出(万元)	289539.93	548622.06	278704.74	585401.39
	投资收益(万元)	254.78	5047.94	4777.27	295.13
	净利润(万元)	17177.14	25105.21	14776.64	25505.41
	营业利润(万元)	25149.92	40832.92	23536.60	40648.04
	利润总额(万元)	25029.18	40082.06	22887.76	40760.88

宝泰隆新材料股份有限公司

公司概况	公司名称	宝泰隆新材料股份有限公司			证券简称	宝泰隆
	法人代表	焦云	董秘	王维舟	证券代码	601011
	公司网址	www.btlgf.com		电子信箱	wwz0451@163.com	
	电　话	86-464-2915999　2919908		传　真	86-464-2915999	
	办公地址	黑龙江省七台河市新兴区宝泰隆16号				
	经营范围	炼焦、焦炉煤气制甲醇、煤焦油加氢(试生产阶段)				

	指标\报告期	2017.06.30	2016.12.31	2016.06.30	2015.12.31
主要财务指标	基本每股收益(元)	0.0400	0.0700	0.0100	0.0700
	基本每股收益(扣除后)(元)	0.0400	0.0500	-0.0100	-0.0300
	稀释每股收益(元)	0.0400	0.0700	0.0100	0.0700
	每股净资产(元)	3.2254	3.1781	3.1163	3.1063
	每股经营现金净流量(元)	0.2934	0.2429	0.1116	0.1083
	每股现金流量(元)	0.0469	0.0393	0.0152	-0.1588
	每股资本公积金(元)	1.5485	1.5485	1.5485	1.5485
	每股盈余公积金(元)	0.0494	0.0494	0.0384	0.0384
	每股未分配利润(元)	0.6024	0.5578	0.5109	0.5005
	净资产收益率(%)	1.3812	2.1477	0.3322	2.1464
	加权净资产收益率(%)	1.3900	2.1700	0.3300	2.2000
	净资产收益率(扣除)(%)	1.2277	1.5412	-0.3584	-1.0696
	总资产(万元)	930518.10	900965.85	801756.10	803956.59
	归属母公司股东权益(万元)	441068.25	434602.55	426152.04	424783.41
	营业收入(万元)	125795.41	179829.51	70663.83	152281.97
	营业支出(万元)	92308.06	130933.08	57666.51	124691.70
	投资收益(万元)	-99.92	539.49	31.52	15036.83
	净利润(万元)	5791.80	8943.21	1247.94	8977.18
	营业利润(万元)	7570.40	10746.15	-3183.03	5743.85
	利润总额(万元)	8191.51	13495.43	622.85	8805.42

隆基绿能科技股份有限公司

公司概况						
	公司名称	隆基绿能科技股份有限公司			证券简称	隆基股份
	法人代表	李振国	董秘	刘晓东	证券代码	601012
	公司网址	www.longigroup.com		电子信箱	longi-board@longi-silicon.com	
	电　话	86-29-81566863		传　真	86-29-81566685	
	办公地址	西安市经济技术开发区尚稷路 8989 号西安服务外包产业园创新孵化中心 B 座				
	经营范围	单晶硅棒、单晶硅片、太阳能电池片、太阳能电池组件、集中式电站开发业务、分布式光伏业务				

主要财务指标	指标\报告期	2017.06.30	2016.12.31	2016.06.30	2015.12.31
	基本每股收益(元)	0.6200	0.8600	0.4900	0.3100
	基本每股收益(扣除后)(元)	0.6200	0.8300	0.4800	0.3100
	稀释每股收益(元)	0.6100	0.8500	0.4800	0.3100
	每股净资产(元)	5.5867	5.0548	3.6226	3.1754
	每股经营现金净流量(元)	0.0571	0.2683	0.2990	0.2058
	每股现金流量(元)	–0.1267	1.7135	0.0296	0.5185
	每股资本公积金(元)	2.7078	2.6964	1.4366	1.4375
	每股盈余公积金(元)	0.0954	0.0954	0.0777	0.0778
	每股未分配利润(元)	1.8638	1.3440	1.1551	0.7161
	净资产收益率(%)	11.0861	15.3305	13.3923	9.2350
	加权净资产收益率(%)	11.5700	21.7700	14.1800	11.8100
	净资产收益率(扣除)(%)	11.0556	14.8960	13.3089	9.3613
	总资产(万元)	2667923.36	1917240.45	1262563.45	1020870.96
	归属母公司股东权益(万元)	1115051.42	1009255.02	642779.71	563425.28
	营业收入(万元)	627620.99	1153053.35	642378.57	594703.26
	营业支出(万元)	407244.60	836143.32	476088.50	473574.11
	投资收益(万元)	5110.16	5090.51	1145.31	60.76
	净利润(万元)	122872.17	155105.58	86856.04	52073.28
	营业利润(万元)	152420.16	176634.45	100055.26	56863.01
	利润总额(万元)	152826.43	179269.94	100752.24	59257.23

陕西黑猫焦化股份有限公司

公司概况						
	公司名称	陕西黑猫焦化股份有限公司			证券简称	陕西黑猫
	法人代表	李保平	董秘	何晓明	证券代码	601015
	公司网址	www.heimaocoking.com		电子信箱	heimaocoking@126.com	
	电　话	0913–5326936　5326928		传　真	0913–5326903	
	办公地址	陕西省韩城市煤化工业园				
	经营范围	主营业务为焦炭煤焦油粗苯甲醇合成氨 LNG 等产品的生产与销售				

主要财务指标	指标\报告期	2017.06.30	2016.12.31	2016.06.30	2015.12.31
	基本每股收益(元)	0.1000	0.2300	0.0400	–0.3000
	基本每股收益(扣除后)(元)	0.0900	0.1500	–0.0300	–0.3800
	稀释每股收益(元)	––	––	––	––
	每股净资产(元)	3.0397	2.9404	4.0652	4.0121
	每股经营现金净流量(元)	0.4490	0.7520	0.8850	–0.0924
	每股现金流量(元)	0.0750	–0.2145	–0.3310	–1.0051
	每股资本公积金(元)	0.6934	0.6934	1.4794	1.4794
	每股盈余公积金(元)	0.1269	0.1269	0.1510	0.1510
	每股未分配利润(元)	1.2106	1.1109	1.4182	1.3581
	净资产收益率(%)	3.2774	7.8850	1.4787	–11.2936
	加权净资产收益率(%)	3.3300	8.2600	1.4900	–10.5700
	净资产收益率(扣除)(%)	3.0570	5.2617	–1.1245	–14.1152
	总资产(万元)	1012131.47	1065325.64	936546.46	1029792.38
	归属母公司股东权益(万元)	282692.63	273460.87	252044.30	248749.80
	营业收入(万元)	509716.06	555843.09	235554.19	521878.77
	营业支出(万元)	465518.68	469731.46	213928.13	507650.15
	投资收益(万元)	683.70	8900.32	7533.45	2540.21
	净利润(万元)	11651.82	23198.34	–2563.11	–51999.70
	营业利润(万元)	14464.15	29034.15	–5146.51	–64585.80
	利润总额(万元)	14527.05	29694.44	–4884.38	–61123.42

中节能风力发电股份有限公司

公司概况						
	公司名称	中节能风力发电股份有限公司			证券简称	节能风电
	法人代表	李书升	董秘		证券代码	601016
	公司网址	www.cecwpc.cn		电子信箱	cecwpc@cecwpc.cn	
	电　话	010–83052221		传　真	010–83052204	
	办公地址	北京市海淀区西直门北大街 42 号节能大厦 A 座 12 层、11 层				
	经营范围	风力发电的项目开发、建设及运营				

主要财务指标	指标\报告期	2017.06.30	2016.12.31	2016.06.30	2015.12.31
	基本每股收益(元)	0.0550	0.0450	0.0360	––
	基本每股收益(扣除后)(元)	0.0530	0.0700	0.0320	––
	稀释每股收益(元)	––	––	––	––
	每股净资产(元)	1.5700	3.0570	3.0388	––
	每股经营现金净流量(元)	0.1216	0.5479	0.2613	––
	每股现金流量(元)	–0.0446	–0.9520	–0.9302	––
	每股资本公积金(元)	0.2821	1.5643	1.5643	––
	每股盈余公积金(元)	0.0248	0.0497	0.0397	––
	每股未分配利润(元)	0.2571	0.4447	0.4361	––
	净资产收益率(%)	3.5200	2.9689	2.3738	––
	加权净资产收益率(%)	3.5700	3.0000	2.3700	––
	净资产收益率(扣除)(%)	3.3585	2.2773	2.1151	––
	总资产(万元)	1889448.24	1794228.76	1713351.24	––
	归属母公司股东权益(万元)	652439.89	635248.17	631396.70	––
	营业收入(万元)	92923.82	141519.24	77840.22	––
	营业支出(万元)	43418.62	77851.57	38209.91	––
	投资收益(万元)	–17.39	1233.98	803.81	––
	净利润(万元)	26426.94	26935.23	19621.24	––
	营业利润(万元)	28896.00	22547.13	19420.81	––
	利润总额(万元)	30363.02	33661.83	23841.89	––

宁波舟山港股份有限公司

公司概况						
	公司名称	宁波舟山港股份有限公司			证券简称	宁波港
	法人代表	毛剑宏	董秘	蒋伟	证券代码	601018
	公司网址	www.nbport.com.cn		电子信箱	ird@nbport.com.cn	
	电　话	0574–27686151　27697137		传　真	0574–27687001	
	办公地址	浙江省宁波市江东区宁东路 269 号宁波环球航运广场				
	经营范围	经营码头、仓储、轮驳、外轮理货、专用铁路等港口及相关业务				

主要财务指标	指标\报告期	2017.06.30	2016.12.31	2016.06.30	2015.12.31
	基本每股收益(元)	0.1000	0.1700	0.0900	––
	基本每股收益(扣除后)(元)	0.1000	0.1600	0.0900	––
	稀释每股收益(元)	0.1000	0.1700	0.0900	––
	每股净资产(元)	2.6652	2.6300	2.5200	––
	每股经营现金净流量(元)	0.0272	0.3589	0.1533	––
	每股现金流量(元)	–0.1266	0.2366	0.0286	––
	每股资本公积金(元)	0.6551	0.6551	0.6151	––
	每股盈余公积金(元)	0.1438	0.1378	0.1282	––
	每股未分配利润(元)	0.8354	0.8078	0.7553	––
	净资产收益率(%)	3.9219	6.6462	3.6642	––
	加权净资产收益率(%)	3.9300	6.8200	3.7500	––
	净资产收益率(扣除)(%)	3.7925	6.1796	3.5395	––
	总资产(万元)	6077631.80	5814791.50	4933006.90	––
	归属母公司股东权益(万元)	3510825.80	3459011.20	3226003.20	––
	营业收入(万元)	800753.10	1632532.90	862770.80	––
	营业支出(万元)	562299.80	1226562.90	659795.40	––
	投资收益(万元)	37482.60	78494.40	41329.50	––
	净利润(万元)	148437.00	248939.50	133814.20	––
	营业利润(万元)	182332.30	301820.40	160380.80	––
	利润总额(万元)	185282.80	312050.40	165708.70	––

山东出版传媒股份有限公司

公司概况	公司名称	山东出版传媒股份有限公司			证券简称	山东出版
	法人代表	张志华	董秘	薛严丽	证券代码	601019
	公司网址	www.sdcbcm.com			电子信箱	zqflb@sdcbcm.com
	电　话	0531-82098193			传　真	0531-82098193
	办公地址	山东省济南市英雄山路189号				
	经营范围	图书,期刊及电子音像出版物				

主要财务指标	指标\报告期	2017.06.30	2016.12.31	2016.06.30	2015.12.31
	基本每股收益(元)	0.3700	0.5800	—	0.5400
	基本每股收益(扣除后)(元)	0.3400	0.5100	—	0.4900
	稀释每股收益(元)	0.3700	0.5800	—	0.5400
	每股净资产(元)	2.9500	2.8000	—	2.4200
	每股经营现金净流量(元)	0.1017	0.6407	—	0.4305
	每股现金流量(元)	−0.2493	0.1847	—	0.2428
	每股资本公积金(元)	−0.0919	−0.0855	—	−0.0888
	每股盈余公积金(元)	0.1181	0.1181	—	0.0909
	每股未分配利润(元)	1.9526	1.8016	—	1.4733
	净资产收益率(%)	12.5753	20.5769	—	22.3360
	加权净资产收益率(%)	12.4400	22.1400	—	23.1400
	净资产收益率(扣除)(%)	11.6018	18.1217	—	20.0638
	总资产(万元)	976673.45	992969.74	—	975508.33
	归属母公司股东权益(万元)	536993.36	508967.14	—	440639.97
	营业收入(万元)	396347.34	803395.85	—	775031.34
	营业支出(万元)	251173.82	539996.83	—	530756.23
	投资收益(万元)	1039.42	2355.80	—	2443.87
	净利润(万元)	67292.56	104748.73	—	98408.32
	营业利润(万元)	67369.74	91805.66	—	88296.17
	利润总额(万元)	67191.22	104891.40	—	98407.87

西藏华钰矿业股份有限公司

公司概况	公司名称	西藏华钰矿业股份有限公司			证券简称	华钰矿业
	法人代表	刘建军	董秘	孙艳春	证券代码	601020
	公司网址	www.huayumining.com			电子信箱	Lpj6611@163.com
	电　话	0891-6329000*8054			传　真	0891-6329000*8100
	办公地址	西藏自治区拉萨市经济技术开发区格桑路华钰大厦				
	经营范围	有色金属采矿、选矿、地质勘查及贸易业务				

主要财务指标	指标\报告期	2017.06.30	2016.12.31	2016.06.30	2015.12.31
	基本每股收益(元)	0.2400	0.3600	0.1000	0.3500
	基本每股收益(扣除后)(元)	0.2200	0.3700	0.1100	0.3600
	稀释每股收益(元)	0.2400	0.3600	0.1000	0.3500
	每股净资产(元)	3.0757	2.9233	2.6894	2.2932
	每股经营现金净流量(元)	−0.0141	0.4813	−0.0736	0.5460
	每股现金流量(元)	−0.3645	0.5845	0.0494	0.1495
	每股资本公积金(元)	0.6994	0.6879	0.5604	0.0210
	每股盈余公积金(元)	0.2746	0.2746	0.2411	0.2667
	每股未分配利润(元)	1.1958	1.0795	0.8719	0.9655
	净资产收益率(%)	7.6787	12.1797	3.4442	15.1448
	加权净资产收益率(%)	7.7700	15.3500	3.9800	16.0600
	净资产收益率(扣除)(%)	7.2354	12.5735	3.7810	15.6843
	总资产(万元)	271028.00	251443.55	228832.43	219245.24
	归属母公司股东权益(万元)	161774.72	153670.59	139850.13	106721.30
	营业收入(万元)	28511.97	66819.30	23700.77	59835.32
	营业支出(万元)	8326.14	21874.06	9396.70	25564.20
	投资收益(万元)	901.86	57.24	—	—
	净利润(万元)	12222.11	18162.27	4585.76	15930.12
	营业利润(万元)	14020.64	22564.01	6782.94	17113.02
	利润总额(万元)	14040.36	21792.29	6344.95	19140.25

春秋航空股份有限公司

公司概况	公司名称	春秋航空股份有限公司			证券简称	春秋航空
	法人代表	王煜	董秘	陈可	证券代码	601021
	公司网址	www.ch.com			电子信箱	ir@ch.com
	电　话	021-22353088			传　真	021-22353089
	办公地址	上海市虹桥机场空港一路528号航友宾馆				
	经营范围	国内航空客货运输业务等				

主要财务指标	指标\报告期	2017.06.30	2016.12.31	2016.06.30	2015.12.31
	基本每股收益(元)	0.6900	1.1900	0.9300	1.6800
	基本每股收益(扣除后)(元)	0.5600	0.2600	0.3600	0.8200
	稀释每股收益(元)	0.6900	1.1900	0.9300	1.6800
	每股净资产(元)	9.6797	9.1477	8.8899	8.1747
	每股经营现金净流量(元)	0.9091	2.5478	0.5600	2.0129
	每股现金流量(元)	−0.5196	2.0030	2.4963	0.9327
	每股资本公积金(元)	1.9349	1.9349	1.9179	1.9179
	每股盈余公积金(元)	0.4551	0.4551	0.3494	0.3494
	每股未分配利润(元)	6.3073	5.7753	5.6226	4.9074
	净资产收益率(%)	7.1486	12.9790	10.4071	20.3043
	加权净资产收益率(%)	7.3300	13.7400	10.7600	23.0100
	净资产收益率(扣除)(%)	5.7540	2.7955	4.0888	9.9791
	总资产(万元)	1973826.08	1964656.06	1937011.10	1602898.88
	归属母公司股东权益(万元)	774936.78	732348.98	711192.65	653977.90
	营业收入(万元)	506523.86	842940.43	395342.19	809367.25
	营业支出(万元)	460034.50	735040.31	321829.08	646640.85
	投资收益(万元)	111.54	−9070.08	−5031.28	−11728.57
	净利润(万元)	55397.08	95051.90	74014.75	132785.88
	营业利润(万元)	59905.86	28914.81	37171.38	90369.47
	利润总额(万元)	74314.99	128353.80	97085.40	180402.22

江苏玉龙钢管股份有限公司

公司概况	公司名称	江苏玉龙钢管股份有限公司			证券简称	玉龙股份
	法人代表	王美	董秘	胡艳丽	证券代码	601028
	公司网址	www.yulongsteelpipe.com			电子信箱	zqb@china-yulong.com
	电　话	0510-83896205			传　真	86-510-83896205
	办公地址	江苏省无锡市玉祁镇玉龙路15号				
	经营范围	焊接钢管的生产、销售				

主要财务指标	指标\报告期	2017.06.30	2016.12.31	2016.06.30	2015.12.31
	基本每股收益(元)	−0.0003	−0.8200	0.0400	0.1700
	基本每股收益(扣除后)(元)	−0.0026	−0.4300	0.0300	0.1400
	稀释每股收益(元)	−0.0003	−0.8200	0.0400	0.1700
	每股净资产(元)	2.4827	2.4847	3.3307	3.3440
	每股经营现金净流量(元)	0.2519	0.3327	−0.0677	0.3224
	每股现金流量(元)	0.5224	1.0275	−0.1993	−0.3472
	每股资本公积金(元)	1.1545	1.1545	1.1578	1.1578
	每股盈余公积金(元)	0.1583	0.1583	0.1579	0.1579
	每股未分配利润(元)	0.1694	0.1697	1.0191	1.0338
	净资产收益率(%)	−0.0135	−32.8446	1.0609	4.9531
	加权净资产收益率(%)	−0.0135	−28.0200	1.0798	5.0200
	净资产收益率(扣除)(%)	−0.1037	−17.4633	0.6599	4.2495
	总资产(万元)	293318.97	310112.65	327128.62	325946.38
	归属母公司股东权益(万元)	194808.05	194963.39	261868.54	262921.74
	营业收入(万元)	64034.74	181450.76	72796.11	222722.19
	营业支出(万元)	59625.65	153780.13	61059.12	183427.65
	投资收益(万元)	123.89	−30361.01	769.54	877.12
	净利润(万元)	−26.29	−64452.92	2731.32	12852.90
	营业利润(万元)	−194.23	−59873.26	2890.01	13265.46
	利润总额(万元)	40.08	−64182.23	3288.83	14629.99

第一拖拉机股份有限公司

公司概况	公司名称	第一拖拉机股份有限公司			证券简称	一拖股份
	法人代表	赵剡水	董秘	于丽娜	证券代码	601038
	公司网址	www.first-tractor.com.cn		电子信箱	msc0038@ytogroup.com	
	电　话	86-379-64967038		传　真	86-379-64967438	
	办公地址	河南省洛阳市建设路154号				
	经营范围	集团主要从事制造及销售农业机械、制造及销售动力机械、制造及销售其他机械				

主要财务指标	指标\报告期	2017.06.30	2016.12.31	2016.06.30	2015.12.31
	基本每股收益(元)	0.0326	0.2245	0.1590	0.1359
	基本每股收益(扣除后)(元)	0.0010	0.1627	0.1432	0.0593
	稀释每股收益(元)	0.0326	0.2245	0.1590	0.1359
	每股净资产(元)	4.8118	4.8492	4.8084	4.6931
	每股经营现金净流量(元)	-0.9629	2.1018	0.4891	0.6404
	每股现金流量(元)	-0.6531	1.2090	-0.0544	-0.0599
	每股资本公积金(元)	2.1298	2.1354	2.1339	2.1330
	每股盈余公积金(元)	0.4300	0.4257	0.3913	0.3913
	每股未分配利润(元)	1.2836	1.2947	1.2657	1.1477
	净资产收益率(%)	0.6733	4.6253	3.3067	2.8953
	加权净资产收益率(%)	0.6700	4.6900	3.3600	2.9200
	净资产收益率(扣除)(%)	0.0207	3.3516	2.9788	1.2636
	总资产(万元)	1257297.35	1321051.33	1266199.66	1327244.96
	归属母公司股东权益(万元)	479205.82	482934.05	478870.25	467387.99
	营业收入(万元)	420332.02	868750.22	504126.02	929984.07
	营业支出(万元)	357368.66	708878.31	410913.44	761742.08
	投资收益(万元)	3052.27	7423.59	2861.27	9536.48
	净利润(万元)	3471.79	22588.52	16569.79	13905.43
	营业利润(万元)	1772.55	24272.29	21100.99	17314.40
	利润总额(万元)	6504.33	28009.54	22445.52	22167.76

赛轮金宇集团股份有限公司

公司概况	公司名称	赛轮金宇集团股份有限公司			证券简称	赛轮金宇
	法人代表	杜玉岱	董秘	宋军	证券代码	601058
	公司网址	www.sailunjinyu.com		电子信箱	ziben@sailunjinyu.com	
	电　话	0532-68862851		传　真	0532-68862850	
	办公地址	山东省青岛市郑州路43号橡胶谷B栋				
	经营范围	轮胎、橡胶制品、机械设备、模具、化工产品的研发、生产、销售、安装及相关服务				

主要财务指标	指标\报告期	2017.06.30	2016.12.31	2016.06.30	2015.12.31
	基本每股收益(元)	0.0100	0.1600	0.0900	--
	基本每股收益(扣除后)(元)	0.0100	0.1600	0.0900	--
	稀释每股收益(元)	0.0100	0.1600	0.0900	--
	每股净资产(元)	1.9190	1.9800	1.9344	--
	每股经营现金净流量(元)	-0.1643	0.5146	0.3052	--
	每股现金流量(元)	0.0409	-0.0992	-0.1555	--
	每股资本公积金(元)	0.4197	0.4197	0.4524	--
	每股盈余公积金(元)	0.0685	0.0685	0.0458	--
	每股未分配利润(元)	0.4364	0.4880	0.4435	--
	净资产收益率(%)	0.4366	7.9926	4.6854	--
	加权净资产收益率(%)	0.4300	8.3100	4.7700	--
	净资产收益率(扣除)(%)	0.3407	7.9617	4.5617	--
	总资产(万元)	1382597.76	1290774.60	1246761.29	--
	归属母公司股东权益(万元)	440214.78	453229.98	443738.88	--
	营业收入(万元)	652599.17	1113300.92	514980.88	--
	营业支出(万元)	567382.60	899886.03	415228.58	--
	投资收益(万元)	14.65	80.88	13.50	--
	净利润(万元)	2155.56	37121.86	21305.71	--
	营业利润(万元)	2828.09	43602.62	24665.58	--
	利润总额(万元)	3368.87	42967.46	25297.07	--

西部黄金股份有限公司

公司概况	公司名称	西部黄金股份有限公司			证券简称	西部黄金
	法人代表	张国华	董秘	唐向阳	证券代码	601069
	公司网址	www.w-r-g.cn		电子信箱	wrgold@w-r-g.cn	
	电　话	0991-3771795		传　真	0991-3705167	
	办公地址	新疆维吾尔自治区乌鲁木齐市经济技术开发区融合南路501号				
	经营范围	黄金、铬矿石、铁矿采选;普通货物运输				

主要财务指标	指标\报告期	2017.06.30	2016.12.31	2016.06.30	2015.12.31
	基本每股收益(元)	0.1456	0.1990	0.1020	0.0973
	基本每股收益(扣除后)(元)	0.1485	0.2259	0.1206	0.0779
	稀释每股收益(元)	0.1456	0.1990	0.1020	0.0973
	每股净资产(元)	2.7551	2.6800	2.5809	2.5190
	每股经营现金净流量(元)	0.2020	0.4014	0.2059	0.1719
	每股现金流量(元)	-0.1232	0.0998	-0.0289	0.0834
	每股资本公积金(元)	0.7990	0.7990	0.7990	0.7990
	每股盈余公积金(元)	0.0937	0.0719	0.0741	0.0595
	每股未分配利润(元)	0.8269	0.7671	0.6680	0.6136
	净资产收益率(%)	5.2853	7.4245	3.9521	4.0218
	加权净资产收益率(%)	5.2900	7.6600	3.9800	3.9600
	净资产收益率(扣除)(%)	5.3896	8.4301	4.6717	3.0426
	总资产(万元)	259349.30	268841.35	248220.27	254583.00
	归属母公司股东权益(万元)	175226.80	170447.77	164148.14	159853.04
	营业收入(万元)	59100.60	111325.65	57770.46	101442.34
	营业支出(万元)	37637.77	69491.60	38216.17	73044.71
	投资收益(万元)	22.12	-1755.37	-950.95	1204.19
	净利润(万元)	9261.24	12654.97	6487.32	6088.91
	营业利润(万元)	11292.99	16628.09	8290.06	7844.04
	利润总额(万元)	11025.92	16326.89	8348.62	7876.61

甘肃国芳工贸(集团)股份有限公司

公司概况	公司名称	甘肃国芳工贸(集团)股份有限公司			证券简称	国芳集团
	法人代表	张国芳	董秘	孟丽	证券代码	601086
	公司网址	www.guofanggroup.com		电子信箱	gfzhengquan@guofanggroup.com	
	电　话	0931-8803618		传　真	0931-8803618	
	办公地址	甘肃省兰州市城关区广场南路4-6号				
	经营范围	从事以百货业为主超市、电器为辅的连锁零售业务				

主要财务指标	指标\报告期	2017.06.30	2016.12.31	2016.06.30	2015.12.31
	基本每股收益(元)	0.1500	0.1800	--	0.2100
	基本每股收益(扣除后)(元)	0.1300	0.1800	--	0.1900
	稀释每股收益(元)	0.1500	0.1800	--	0.2100
	每股净资产(元)	2.5400	2.3400	--	2.1500
	每股经营现金净流量(元)	0.0473	0.4651	--	0.2230
	每股现金流量(元)	-0.0679	0.2635	--	-0.0584
	每股资本公积金(元)	0.0409	0.0409	--	0.0409
	每股盈余公积金(元)	0.1722	0.1722	--	0.1627
	每股未分配利润(元)	0.7703	0.6235	--	0.6015
	净资产收益率(%)	5.7840	7.7693	--	9.6063
	加权净资产收益率(%)	6.0200	8.1000	--	11.4000
	净资产收益率(扣除)(%)	5.2746	7.7974	--	9.0667
	总资产(万元)	226362.30	231685.99	--	210519.00
	归属母公司股东权益(万元)	128405.22	118198.02	--	108626.29
	营业收入(万元)	145490.66	284003.76	--	292923.09
	营业支出(万元)	119401.30	233647.47	--	239507.89
	投资收益(万元)	752.97	1003.96	--	193.00
	净利润(万元)	7426.99	9183.12	--	10435.01
	营业利润(万元)	10498.36	14994.56	--	15157.27
	利润总额(万元)	10409.05	13877.67	--	15610.65

中国神华能源股份有限公司

公司概况	公司名称	中国神华能源股份有限公司			证券简称	中国神华
	法人代表	凌文	董秘	黄清	证券代码	601088
	公司网址	www.csec.com		电子信箱	1088@shenhua.cc	
	电　话	010-58133399　58133355		传　真	86-10-58131804	
	办公地址	北京市东城区安定门西滨河路22号				
	经营范围	煤炭开采、煤炭经营等				

	指标\报告期	2017.06.30	2016.12.31	2016.06.30	2015.12.31
主要财务指标	基本每股收益(元)	1.2220	1.1420	0.4940	0.8120
	基本每股收益(扣除后)(元)	1.1950	1.1750	0.4990	0.7600
	稀释每股收益(元)	1.2220	1.1420	0.4940	0.8120
	每股净资产(元)	14.0800	15.7000	14.9700	14.7200
	每股经营现金净流量(元)	2.3951	4.1169	1.9210	2.7857
	每股现金流量(元)	2.3704	−0.0571	1.1999	0.3198
	每股资本公积金(元)	3.7572	3.7572	3.7572	3.7572
	每股盈余公积金(元)	0.5748	0.5748	0.5748	0.5748
	每股未分配利润(元)	8.1464	9.8939	9.2444	9.0703
	净资产收益率(%)	8.6849	7.2712	3.3015	5.5138
	加权净资产收益率(%)	7.4700	7.5100	3.2900	5.4800
	净资产收益率(扣除)(%)	8.4924	7.4831	3.3331	5.1604
	总资产(万元)	60796600.00	57166400.00	56000300.00	55396500.00
	归属母公司股东权益(万元)	27996800.00	31235700.00	29768500.00	29279000.00
	营业收入(万元)	12051800.00	18312700.00	7872300.00	17706900.00
	营业支出(万元)	6992100.00	11076900.00	4662300.00	11042700.00
	投资收益(万元)	89900.00	30200.00	5200.00	64400.00
	净利润(万元)	2856800.00	2953600.00	1367700.00	2326400.00
	营业利润(万元)	3508900.00	3933200.00	1814000.00	3208800.00
	利润总额(万元)	3580900.00	3889600.00	1842000.00	3308200.00

中南出版传媒集团股份有限公司

公司概况	公司名称	中南出版传媒集团股份有限公司			证券简称	中南传媒
	法人代表	龚曙光	董秘	高军	证券代码	601098
	公司网址	www.zncmjt.com		电子信箱	zncmjt@zncmjt.com	
	电　话	86-731-84405062　85891098		传　真	86-731-84405056	
	办公地址	湖南省长沙市开福区营盘东路38号				
	经营范围	从事出版、发行、报纸与新媒体经营、印刷、印刷物资销售				

	指标\报告期	2017.06.30	2016.12.31	2016.06.30	2015.12.31
主要财务指标	基本每股收益(元)	0.4900	1.0000	0.4700	--
	基本每股收益(扣除后)(元)	0.4900	0.9900	0.4600	--
	稀释每股收益(元)	0.4900	1.0000	0.4700	--
	每股净资产(元)	7.0598	7.0900	6.5520	--
	每股经营现金净流量(元)	0.5587	1.2053	0.2464	--
	每股现金流量(元)	−0.1527	0.4970	−0.1936	--
	每股资本公积金(元)	2.4532	2.4741	2.4741	--
	每股盈余公积金(元)	0.3675	0.3675	0.2835	--
	每股未分配利润(元)	3.1976	3.2059	2.7675	--
	净资产收益率(%)	6.9648	14.1748	7.1404	--
	加权净资产收益率(%)	6.7900	14.9800	7.1300	--
	净资产收益率(扣除)(%)	6.9063	14.0328	7.0273	--
	总资产(万元)	1909359.07	1861874.81	1708401.67	--
	归属母公司股东权益(万元)	1267947.45	1273185.50	1176738.07	--
	营业收入(万元)	493578.80	1110452.00	474491.95	--
	营业支出(万元)	276598.16	654331.98	266651.57	--
	投资收益(万元)	1352.64	3272.43	203.03	--
	净利润(万元)	91656.29	190054.40	87355.88	--
	营业利润(万元)	95252.03	184036.77	80492.04	--
	利润总额(万元)	93519.67	193309.68	88874.08	--

太平洋证券股份有限公司

公司概况	公司名称	太平洋证券股份有限公司			证券简称	太平洋
	法人代表	李长伟	董秘	唐卫华	证券代码	601099
	公司网址	www.tpyzq.com		电子信箱	luanluan@tpyzq.com	
	电　话	0871-68898121		传　真	86-871-68898100	
	办公地址	云南省昆明市北京路926号同德广场写字楼31楼				
	经营范围	证券承销和上市推荐、证券自营买卖、证券代理买卖等业务				

	指标\报告期	2017.06.30	2016.12.31	2016.06.30	2015.12.31
主要财务指标	基本每股收益(元)	−0.0180	0.1000	0.0330	0.2140
	基本每股收益(扣除后)(元)	−0.0190	0.0990	0.0330	0.3195
	稀释每股收益(元)	−0.0180	0.1000	0.0330	0.2140
	每股净资产(元)	1.6845	1.7337	2.5122	2.0967
	每股经营现金净流量(元)	0.2023	−0.5906	−0.5898	−2.2678
	每股现金流量(元)	−0.4255	0.1162	0.2366	0.6155
	每股资本公积金(元)	0.4105	0.4105	1.1157	0.5169
	每股盈余公积金(元)	0.0487	0.0487	0.0624	0.0803
	每股未分配利润(元)	0.1429	0.1910	0.2038	0.3239
	净资产收益率(%)	−1.0730	5.6504	1.2816	15.3066
	加权净资产收益率(%)	−1.0500	5.8700	1.3500	16.5700
	净资产收益率(扣除)(%)	−1.1033	5.6234	1.2718	15.2372
	总资产(万元)	3949015.30	4036469.71	3641902.79	3409216.41
	归属母公司股东权益(万元)	1148214.79	1181717.67	1141579.58	740242.05
	营业收入(万元)	37354.41	180397.23	59397.53	274337.07
	营业支出(万元)	45763.34	104548.27	44093.77	130159.49
	投资收益(万元)	17474.57	60933.17	10048.55	131144.25
	净利润(万元)	−11260.54	66613.19	14380.22	113475.64
	营业利润(万元)	−8408.93	75848.96	15303.76	144177.58
	利润总额(万元)	−7937.53	76288.22	15452.24	144862.58

江苏恒立液压股份有限公司

公司概况	公司名称	江苏恒立液压股份有限公司			证券简称	恒立液压
	法人代表	汪立平	董秘	丁浩	证券代码	601100
	公司网址	www.henglihydraulic.com		电子信箱	hlzqb@henglihydraulic.com	
	电　话	0519-86163673		传　真	0519-86153331	
	办公地址	江苏省常州市武进区高新技术产业开发区龙潜路99号				
	经营范围	高压油缸的生产、销售				

	指标\报告期	2017.06.30	2016.12.31	2016.06.30	2015.12.31
主要财务指标	基本每股收益(元)	0.2600	0.1100	0.0500	0.1000
	基本每股收益(扣除后)(元)	0.2300	−0.0500	−0.0300	−0.0700
	稀释每股收益(元)	0.2600	0.1100	0.0500	0.1000
	每股净资产(元)	5.7505	5.5630	5.4977	5.5123
	每股经营现金净流量(元)	0.0565	0.0117	−0.0212	0.2536
	每股现金流量(元)	0.4069	0.3377	0.2524	0.3646
	每股资本公积金(元)	3.3112	3.3112	3.3112	3.3112
	每股盈余公积金(元)	0.2082	0.2082	0.1865	0.1865
	每股未分配利润(元)	1.2333	1.0427	0.9977	1.0127
	净资产收益率(%)	4.4629	2.0074	0.8174	1.8289
	加权净资产收益率(%)	4.5700	2.0200	0.8100	1.8400
	净资产收益率(扣除)(%)	4.0740	−0.9103	−0.5577	−1.2499
	总资产(万元)	575104.76	519906.53	510128.00	470071.61
	归属母公司股东权益(万元)	362283.88	350469.76	346355.92	347274.07
	营业收入(万元)	135902.12	137010.03	59025.96	108758.84
	营业支出(万元)	97722.20	106837.32	47256.52	85665.83
	投资收益(万元)	1917.88	5316.74	2812.22	3490.96
	净利润(万元)	16189.31	6737.77	2723.08	6063.19
	营业利润(万元)	19454.15	7043.33	2715.76	1829.87
	利润总额(万元)	19543.59	9205.51	3661.99	7481.53

北京昊华能源股份有限公司

公司概况					
公司名称	北京昊华能源股份有限公司			证券简称	昊华能源
法人代表	耿养谋	董秘	关杰	证券代码	601101
公司网址	www.bjhhny.com		电子信箱	bjhhyzqb@163.com	
电　　话	010-69839412		传　　真	010-69839412	
办公地址	北京市门头沟区新桥南大街2号				
经营范围	主营煤炭生产、销售及贸易业务				

主要财务指标

指标\报告期	2017.06.30	2016.12.31	-0.1200	2015.12.31
基本每股收益(元)	0.4000	-0.0100	-0.1200	0.0500
基本每股收益(扣除后)(元)	0.3700	-0.0300	-0.1200	-0.0400
稀释每股收益(元)	0.4000	-0.0100	5.3772	0.0500
每股净资产(元)	5.9044	5.5315	0.1293	5.4581
每股经营现金净流量(元)	0.6296	0.8503	-0.2044	-0.1074
每股现金流量(元)	0.1281	0.1290	2.6957	0.1961
每股资本公积金(元)	2.6957	2.6957	0.6839	2.6957
每股盈余公积金(元)	0.6839	0.6839	0.9474	0.6839
每股未分配利润(元)	1.4597	1.0594	-2.2135	1.0896
净资产收益率(%)	6.7797	-0.1259	-2.1900	0.8794
加权净资产收益率(%)	6.9500	-0.1300	-2.2121	0.8500
净资产收益率(扣除)(%)	6.2940	-0.5445	2011746.55	-0.6911
总资产(万元)	2053038.20	2023243.66	645264.52	1981071.22
归属母公司股东权益(万元)	708525.08	663774.49	190668.45	654968.04
营业收入(万元)	318940.77	510322.90	157936.94	657183.18
营业支出(万元)	191312.17	389866.81	-956.32	567181.56
投资收益(万元)	227.92	-3674.43	-14766.29	2263.89
净利润(万元)	52410.71	1263.52	-14715.44	5418.98
营业利润(万元)	59509.70	2957.52	-14738.86	3905.16
利润总额(万元)	66351.67	10582.22	-0.1200	4200.88

中国第一重型机械股份公司

公司概况					
公司名称	中国第一重型机械股份公司			证券简称	*ST 一重
法人代表	马克	董秘	沈月华	证券代码	601106
公司网址	www.cfhi.com		电子信箱	liu.cr@cfhi.com	
电　　话	86-452-6810123　6805591		传　　真	86-452-6810111	
办公地址	黑龙江省齐齐哈尔市富拉尔基区红宝石办事处厂前路9号				
经营范围	重型机械及成套设备,金属制品的设计,制造,安装,修理等				

主要财务指标

指标\报告期	2017.06.30	2016.12.31	2016.06.30	2015.12.31
基本每股收益(元)	0.0030	-0.8770	-0.1038	-0.2746
基本每股收益(扣除后)(元)	-0.0037	-0.8881	-0.1053	-0.2968
稀释每股收益(元)	0.0030	-0.8770	-0.1038	-0.2746
每股净资产(元)	1.4114	1.4079	2.1758	2.2792
每股经营现金净流量(元)	0.1523	0.0765	-0.2620	-0.0656
每股现金流量(元)	0.2885	-0.0377	-0.0702	-0.0338
每股资本公积金(元)	1.2892	1.2892	1.2871	1.2871
每股盈余公积金(元)	0.0192	0.0192	0.0192	0.0192
每股未分配利润(元)	-0.9092	-0.9122	-0.1389	-0.0351
净资产收益率(%)	0.2124	-62.2941	-4.7695	-12.0461
加权净资产收益率(%)	0.2126	-47.6400	-4.6591	-11.7107
净资产收益率(扣除)(%)	-0.2596	-63.0831	-4.8402	-13.0199
总资产(万元)	3305996.48	3041694.96	3636747.91	3806777.05
归属母公司股东权益(万元)	922799.05	920476.07	1422528.21	1490156.03
营业收入(万元)	398631.57	320440.32	150425.04	501217.65
营业支出(万元)	330886.36	396426.79	143125.62	487399.35
投资收益(万元)	-155.83	986.89	179.54	11334.78
净利润(万元)	1216.22	-579001.73	-69650.57	-181432.23
营业利润(万元)	-1911.82	-562108.52	-68274.60	-187259.23
利润总额(万元)	3210.14	-554710.60	-67827.27	-181198.37

四川成渝高速公路股份有限公司

公司概况					
公司名称	四川成渝高速公路股份有限公司			证券简称	四川成渝
法人代表	周黎明	董秘	张永年	证券代码	601107
公司网址	www.cygs.com		电子信箱	cygszh@163.com	
电　　话	86-28-8552-7510		传　　真	86-28-8553-0753	
办公地址	四川省成都市武侯祠大街252号				
经营范围	集团的主要业务为投资、建设,管理及经营高速公路和一座高等级收费桥				

主要财务指标

指标\报告期	2017.06.30	2016.12.31	2016.06.30	2015.12.31
基本每股收益(元)	0.1910	0.3424	0.2209	0.3256
基本每股收益(扣除后)(元)	0.1830	0.3321	0.2186	0.3211
稀释每股收益(元)	0.1910	0.3424	0.2209	0.3256
每股净资产(元)	4.4392	4.3571	4.2338	4.0939
每股经营现金净流量(元)	0.3284	0.6922	0.2186	0.5201
每股现金流量(元)	0.1757	0.2699	0.1114	-0.1798
每股资本公积金(元)	0.6030	0.6030	0.6030	0.6038
每股盈余公积金(元)	1.4326	1.4326	1.2632	1.2632
每股未分配利润(元)	1.3826	1.3015	1.3494	1.2085
净资产收益率(%)	4.3032	7.8592	5.2170	7.9532
加权净资产收益率(%)	4.2900	8.1000	5.2500	8.2000
净资产收益率(扣除)(%)	4.1222	7.6228	5.1622	7.8439
总资产(万元)	3663063.39	3637937.75	3457454.73	3354019.94
归属母公司股东权益(万元)	1357519.73	1332420.12	1294711.45	1251926.21
营业收入(万元)	342157.04	826588.57	329316.16	960770.09
营业支出(万元)	216628.19	604210.79	207744.57	733996.82
投资收益(万元)	2520.68	5238.41	1623.69	2917.68
净利润(万元)	61988.18	112349.71	71379.37	108410.68
营业利润(万元)	75955.29	139199.02	87514.88	134382.85
利润总额(万元)	78434.59	141844.56	88297.24	135423.60

财通证券股份有限公司

公司概况					
公司名称	财通证券股份有限公司			证券简称	财通证券
法人代表	沈继宁	董秘	申建新	证券代码	601108
公司网址	www.ctsec.com		电子信箱	ir@ctsec.com	
电　　话	0571-87821312		传　　真	0571-87821312	
办公地址	浙江省杭州市杭大路15号嘉华国际商务中心201,501,502,1103,1601-1615,1701-1716室				
经营范围	主要从事证券经纪业务、投资银行业务、资产管理业务、证券自营业务、证券信用业务以及研究业务				

主要财务指标

指标\报告期	2017.06.30	2016.12.31	2016.06.30	2015.12.31
基本每股收益(元)	0.2500	—	0.2700	0.9700
基本每股收益(扣除后)(元)	0.2500	—	—	0.4800
稀释每股收益(元)	0.2500	—	0.2700	0.9700
每股净资产(元)	4.8838	—	—	3.9188
每股经营现金净流量(元)	-0.5809	—	-0.4717	0.7182
每股现金流量(元)	-1.0307	—	-1.1168	-0.3758
每股资本公积金(元)	1.4436	—	1.5019	1.4438
每股盈余公积金(元)	0.1718	—	0.1011	0.1245
每股未分配利润(元)	1.5154	—	1.0118	0.8635
净资产收益率(%)	5.2036	—	6.4855	24.2969
加权净资产收益率(%)	5.3500	—	—	27.9400
净资产收益率(扣除)(%)	5.0265	—	—	18.0484
总资产(万元)	4783402.09	—	8986809.14	6417127.21
归属母公司股东权益(万元)	1577455.72	—	1368855.74	1265758.22
营业收入(万元)	216307.55	—	447474.39	1024134.03
营业支出(万元)	113196.30	—	321494.99	633658.99
投资收益(万元)	123538.59	—	79456.91	149340.19
净利润(万元)	79718.96	—	101460.85	332106.71
营业利润(万元)	103111.24	—	125979.40	390475.04
利润总额(万元)	104211.97	—	125925.23	420984.49

中国国际航空股份有限公司

公司概况	公司名称	中国国际航空股份有限公司			证券简称	中国国航
	法人代表	蔡剑江	董秘	周峰	证券代码	601111
	公司网址	www.airchina.com.cn		电子信箱	ir@airchina.com	
	电　话	010-61461959,010-61462791		传　真	86-10-61462805	
	办公地址	北京市顺义区空港工业区天柱路30号				
	经营范围	国际、国内定期和不定期航空客、货、邮和行李运输业务				

主要财务指标	指标\报告期	2017.06.30	2016.12.31	2016.06.30	2015.12.31
	基本每股收益(元)	0.2500	0.5500	0.2800	0.5500
	基本每股收益(扣除后)(元)	0.2500	0.5000	0.2500	0.5200
	稀释每股收益(元)	—	—	—	—
	每股净资产(元)	5.5846	5.2639	4.8290	4.5718
	每股经营现金净流量(元)	0.7303	2.3481	0.9730	2.4267
	每股现金流量(元)	0.2952	-0.0222	0.0555	-0.1148
	每股资本公积金(元)	1.8087	1.2617	1.2617	1.2617
	每股盈余公积金(元)	0.5840	0.5984	0.5485	0.5069
	每股未分配利润(元)	2.3792	2.5563	2.3507	2.2351
	净资产收益率(%)	4.1008	9.8931	5.4721	11.3239
	加权净资产收益率(%)	4.3300	10.6100	5.5800	11.8400
	净资产收益率(扣除)(%)	4.0179	8.9604	4.8515	10.6048
	总资产(万元)	22911374.60	22412819.20	22544835.50	21370353.50
	归属母公司股东权益(万元)	8111586.30	6887649.60	6318587.80	5982039.60
	营业收入(万元)	5815498.90	11396399.00	5352445.80	10892911.40
	营业支出(万元)	4766396.30	8720270.80	4116041.20	8369489.80
	投资收益(万元)	-36402.10	8785.10	29257.60	167598.80
	净利润(万元)	390647.30	776353.70	378370.10	722014.80
	营业利润(万元)	503422.70	918076.70	448914.70	833979.70
	利润总额(万元)	515475.70	1021937.60	502492.60	904324.50

义乌华鼎锦纶股份有限公司

公司概况	公司名称	义乌华鼎锦纶股份有限公司			证券简称	华鼎股份
	法人代表	丁尔民	董秘	胡方波	证券代码	601113
	公司网址	www.hdnylon.com		电子信箱	zq@hdnylon.com	
	电　话	86-579-85261479		传　真	86-579-85261475	
	办公地址	浙江省义乌市北苑街道雪峰西路751号				
	经营范围	锦纶纤维,差别化化学纤维的生产、销售				

主要财务指标	指标\报告期	2017.06.30	2016.12.31	2016.06.30	2015.12.31
	基本每股收益(元)	0.0300	0.0900	-0.0200	0.1500
	基本每股收益(扣除后)(元)	—	0.0400	-0.0400	-0.1300
	稀释每股收益(元)	0.0300	0.0900	-0.0200	0.1500
	每股净资产(元)	3.2845	3.3067	3.1988	3.2693
	每股经营现金净流量(元)	0.0400	0.3185	0.1424	0.2664
	每股现金流量(元)	-0.1100	0.1637	-0.5569	0.8319
	每股资本公积金(元)	1.7900	1.7900	1.7900	1.7900
	每股盈余公积金(元)	0.0652	0.0652	0.0588	0.0588
	每股未分配利润(元)	0.4294	0.4515	0.3500	0.4206
	净资产收益率(%)	0.8475	2.6404	-0.6429	3.6804
	加权净资产收益率(%)	0.8400	2.6600	-0.6300	5.1500
	净资产收益率(扣除)(%)	0.0034	1.1420	-1.2109	-3.3638
	总资产(万元)	441083.85	443569.85	412602.71	425605.94
	归属母公司股东权益(万元)	273614.43	275460.79	266474.34	272352.74
	营业收入(万元)	123027.20	214326.83	82788.58	159218.73
	营业支出(万元)	112683.19	187381.20	77013.41	147180.62
	投资收益(万元)	192.26	3774.31	313.72	18106.59
	净利润(万元)	2519.46	7969.00	-1634.26	10023.65
	营业利润(万元)	2634.11	8074.00	-1925.74	8540.76
	利润总额(万元)	3091.33	9940.92	-1108.87	10029.40

三江购物俱乐部股份有限公司

公司概况	公司名称	三江购物俱乐部股份有限公司			证券简称	三江购物
	法人代表	陈念慈	董秘	泮霄波	证券代码	601116
	公司网址	home.sanjiang.com		电子信箱	sj@sanjiang.com	
	电　话	86-574-83886893　83886805		传　真	86-574-83886700	
	办公地址	浙江省宁波市海曙区环城西路北段197号				
	经营范围	社区平价超市的连锁经营				

主要财务指标	指标\报告期	2017.06.30	2016.12.31	2016.06.30	2015.12.31
	基本每股收益(元)	0.1608	0.2500	0.1225	—
	基本每股收益(扣除后)(元)	0.1392	0.1790	0.0758	—
	稀释每股收益(元)	0.1608	0.2462	0.1225	—
	每股净资产(元)	3.8598	3.9000	3.7727	—
	每股经营现金净流量(元)	0.3966	0.4522	0.3192	—
	每股现金流量(元)	0.1353	0.4407	0.3019	—
	每股资本公积金(元)	1.6251	1.6251	1.6251	—
	每股盈余公积金(元)	0.2481	0.2481	0.2189	—
	每股未分配利润(元)	0.9758	1.0150	0.9205	—
	净资产收益率(%)	4.1664	6.3158	3.2459	—
	加权净资产收益率(%)	4.0753	6.3800	3.1577	—
	净资产收益率(扣除)(%)	3.6065	4.5946	2.0100	—
	总资产(万元)	261833.48	267943.12	266142.48	—
	归属母公司股东权益(万元)	158546.20	160092.05	154966.57	—
	营业收入(万元)	192467.72	409594.95	216078.34	—
	营业支出(万元)	148108.87	322203.43	171910.51	—
	投资收益(万元)	-57.99	2074.85	2060.50	—
	净利润(万元)	6605.70	10111.08	5030.09	—
	营业利润(万元)	7661.70	12077.58	6202.97	—
	利润总额(万元)	8848.34	13699.39	6703.30	—

中国化学工程股份有限公司

公司概况	公司名称	中国化学工程股份有限公司			证券简称	中国化学
	法人代表	戴和根	董秘	李涛	证券代码	601117
	公司网址	www.cncec.com.cn		电子信箱	litao@cncec.com.cn	
	电　话	010-59765697　59765657		传　真	86-10-59765659	
	办公地址	北京市东城区东直门内大街2号				
	经营范围	对外派遣实施与其实力、规模、业绩相适应的国外工程项目所需的劳务人员				

主要财务指标	指标\报告期	2017.06.30	2016.12.31	2016.06.30	2015.12.31
	基本每股收益(元)	0.1700	0.3600	0.1700	0.5800
	基本每股收益(扣除后)(元)	0.1700	0.3300	0.1600	0.5600
	稀释每股收益(元)	0.1700	0.3600	0.1700	0.5800
	每股净资产(元)	5.6317	5.5688	5.3816	5.2990
	每股经营现金净流量(元)	-0.2885	0.5743	-0.2250	0.3858
	每股现金流量(元)	-0.2895	0.7168	-0.0048	0.0970
	每股资本公积金(元)	1.1177	1.1177	1.1177	1.1177
	每股盈余公积金(元)	0.0942	0.0942	0.0788	0.0788
	每股未分配利润(元)	3.4610	3.3972	3.2247	3.1407
	净资产收益率(%)	3.0510	6.4446	3.1772	10.8714
	加权净资产收益率(%)	3.0400	6.5900	3.1800	11.4500
	净资产收益率(扣除)(%)	2.9831	5.9892	2.9767	10.4840
	总资产(万元)	8492724.83	8388417.32	8133507.67	8174641.92
	归属母公司股东权益(万元)	2778121.80	2747098.40	2654725.69	2614005.81
	营业收入(万元)	2494409.46	5307575.56	2482222.46	6353233.97
	营业支出(万元)	2151217.66	4563615.64	2164933.63	5479604.56
	投资收益(万元)	3821.20	10132.05	7835.84	20793.95
	净利润(万元)	93702.36	177524.58	83834.57	296457.65
	营业利润(万元)	117086.99	202156.27	91666.85	349079.59
	利润总额(万元)	119296.75	219470.33	97989.61	361186.12

海南天然橡胶产业集团股份有限公司

	公司名称	海南天然橡胶产业集团股份有限公司		证券简称	海南橡胶
公司概况	法人代表	王任飞	董秘 董敏军	证券代码	601118
	公司网址	www.hirub.cn		电子信箱	info@hirub.cn
	电　话	86-898-31669317 31669309		传　真	0898-31661486
	办公地址	海南省海口市滨海大道103号财富广场四层			
	经营范围	天然橡胶的种植、加工、仓储物流、销售贸易			

主要财务指标	指标\报告期	2017.06.30	2016.12.31	2016.06.30	2015.12.31
	基本每股收益(元)	-0.0315	0.0156	-0.0550	-0.2518
	基本每股收益(扣除后)(元)	-0.0965	-0.1313	-0.0798	-0.3230
	稀释每股收益(元)	-0.0315	0.0156	-0.0550	-0.2518
	每股净资产(元)	2.0123	2.0438	1.9748	2.0312
	每股经营现金净流量(元)	-0.0939	0.1364	0.2116	-0.0605
	每股现金流量(元)	-0.1250	0.2132	0.0345	-0.0209
	每股资本公积金(元)	0.9633	0.9633	0.9635	0.9629
	每股盈余公积金(元)	0.0908	0.0908	0.0906	0.0906
	每股未分配利润(元)	-0.0373	-0.0058	-0.0762	-0.0211
	净资产收益率(%)	-1.5656	0.7630	-2.7868	-12.3946
	加权净资产收益率(%)	-1.5500	0.7637	-2.7500	-11.6654
	净资产收益率(扣除)(%)	-4.7964	-6.4250	-4.0415	-15.9015
	总资产(万元)	1344502.41	1369413.76	1320371.72	1289157.89
	归属母公司股东权益(万元)	791058.60	803469.28	776319.33	798500.39
	营业收入(万元)	545906.79	887650.68	374313.35	840012.15
	营业支出(万元)	520691.59	834397.00	359635.29	830567.97
	投资收益(万元)	7029.99	-10060.36	-8538.36	17896.24
	净利润(万元)	-13431.11	6420.06	-21648.05	-98294.70
	营业利润(万元)	-31158.36	-53538.55	-32908.96	-115529.20
	利润总额(万元)	-13039.70	8807.73	-19879.69	-102610.86

北京四方继保自动化股份有限公司

	公司名称	北京四方继保自动化股份有限公司		证券简称	四方股份
公司概况	法人代表	张伟峰	董秘 郗沐阳	证券代码	601126
	公司网址	www.sf-auto.com		电子信箱	ir@sf-auto.com
	电　话	010-82181000		传　真	010-62981004
	办公地址	北京市海淀区上地信息产业基地四街9号			
	经营范围	主要从事继电保护,电网自动化及发电厂自动化产品的研发,生产,销售和技术服务			

主要财务指标	指标\报告期	2017.06.30	2016.12.31	2016.06.30	2015.12.31
	基本每股收益(元)	0.0402	0.3600	0.0944	0.4200
	基本每股收益(扣除后)(元)	0.0190	0.3200	0.0901	0.4000
	稀释每股收益(元)	0.0402	0.3600	0.0944	0.4200
	每股净资产(元)	4.6028	4.7330	4.4626	4.5275
	每股经营现金净流量(元)	-0.1959	0.1860	-0.3332	0.0884
	每股现金流量(元)	0.0919	-0.1293	-0.2616	0.0685
	每股资本公积金(元)	1.7403	1.7327	1.7319	1.7314
	每股盈余公积金(元)	0.2612	0.2612	0.2212	0.2212
	每股未分配利润(元)	1.6008	1.7385	1.5090	1.5746
	净资产收益率(%)	0.8736	7.6891	2.1157	9.3468
	加权净资产收益率(%)	0.8600	7.8600	2.0600	9.6900
	净资产收益率(扣除)(%)	0.4124	6.7897	2.0191	8.8461
	总资产(万元)	580151.59	552299.25	559900.41	557195.79
	归属母公司股东权益(万元)	374290.77	384875.86	362884.07	368165.65
	营业收入(万元)	118605.59	313920.96	124613.81	330587.61
	营业支出(万元)	71024.75	188267.56	73867.74	196949.49
	投资收益(万元)	7493.99	11981.02	6782.23	3687.55
	净利润(万元)	3043.27	28349.38	7266.54	33879.38
	营业利润(万元)	1040.47	19938.91	2470.94	23569.62
	利润总额(万元)	3133.14	31898.09	7534.59	38441.33

重庆小康工业集团股份有限公司

	公司名称	重庆小康工业集团股份有限公司		证券简称	小康股份
公司概况	法人代表	方朝阳	董秘 沈月华	证券代码	601127
	公司网址	www.sokon.cc		电子信箱	xk601127@sokon.com
	电　话	023-89851058		传　真	023-89059825
	办公地址	重庆市沙坪坝区井口工业园A区小康股份综合办公大楼			
	经营范围	汽车整车及其发动机、零部件的研发、生产、销售和服务			

主要财务指标	指标\报告期	2017.06.30	2016.12.31	2016.06.30	2015.12.31
	基本每股收益(元)	0.4400	0.6300	0.2600	0.5000
	基本每股收益(扣除后)(元)	0.4100	0.5300	0.2100	0.3800
	稀释每股收益(元)	0.4400	—	0.2600	—
	每股净资产(元)	4.4528	4.3140	3.9641	3.4608
	每股经营现金净流量(元)	0.4091	1.2839	0.6877	0.5222
	每股现金流量(元)	0.9601	1.7598	1.1536	0.3768
	每股资本公积金(元)	1.2160	1.2160	1.2160	0.6452
	每股盈余公积金(元)	0.2070	0.2070	0.0854	0.1016
	每股未分配利润(元)	2.0371	1.8996	1.6650	1.7206
	净资产收益率(%)	9.8246	13.3372	5.5286	14.3464
	加权净资产收益率(%)	9.9800	15.9300	7.2600	15.6700
	净资产收益率(扣除)(%)	9.2688	11.2357	4.4738	10.9813
	总资产(万元)	2047321.09	1983568.24	1519363.98	1243873.00
	归属母公司股东权益(万元)	397416.11	385026.36	353793.93	259556.70
	营业收入(万元)	1007090.30	1619243.33	633555.57	1055447.55
	营业支出(万元)	792478.28	1306080.12	507075.93	851592.83
	投资收益(万元)	1064.93	1708.56	481.16	2682.47
	净利润(万元)	52903.11	63509.51	21651.54	38877.05
	营业利润(万元)	64207.37	66929.33	23147.32	35839.18
	利润总额(万元)	66632.54	77843.24	27366.22	45561.63

江苏常熟农村商业银行股份有限公司

	公司名称	江苏常熟农村商业银行股份有限公司		证券简称	常熟银行
公司概况	法人代表	宋建明	董秘 徐惠春	证券代码	601128
	公司网址	www.csrcbank.com		电子信箱	xhch@csrcbank.com
	电　话	0512-52909021		传　真	0512-52962000
	办公地址	江苏省常熟市新世纪大道58号			
	经营范围	吸收公众存款;发放短期、中期和长期贷款等			

主要财务指标	指标\报告期	2017.06.30	2016.12.31	2016.06.30	2015.12.31
	基本每股收益(元)	0.2600	0.5100	0.2600	—
	基本每股收益(扣除后)(元)	0.2500	0.5000	0.2600	—
	稀释每股收益(元)	0.2600	0.5100	0.2600	—
	每股净资产(元)	4.4457	4.4300	4.2804	—
	每股经营现金净流量(元)	-2.4781	3.0757	1.6740	—
	每股现金流量(元)	0.0239	1.3630	1.8419	—
	每股资本公积金(元)	0.3132	0.3131	0.0025	—
	每股盈余公积金(元)	1.2829	1.2829	1.2699	—
	每股未分配利润(元)	0.8186	0.7417	0.8790	—
	净资产收益率(%)	5.7780	10.5595	6.1648	—
	加权净资产收益率(%)	5.7100	11.9100	6.3400	—
	净资产收益率(扣除)(%)	5.6878	10.4508	6.1155	—
	总资产(万元)	14048686.70	12998200.00	12238342.89	—
	归属母公司股东权益(万元)	988156.10	985400.00	856280.38	—
	营业收入(万元)	236199.40	447500.00	210348.70	—
	营业支出(万元)	162834.80	318813.50	143075.40	—
	投资收益(万元)	5737.20	14578.10	7003.80	—
	净利润(万元)	60468.40	105464.80	55150.90	—
	营业利润(万元)	73364.60	128700.00	67273.30	—
	利润总额(万元)	74994.80	131200.00	68539.20	—

宁波博威合金材料股份有限公司

公司概况	公司名称	宁波博威合金材料股份有限公司			证券简称	博威合金
	法人代表	谢识才	董秘	章培嘉	证券代码	601137
	公司网址	www.pwalloy.com			电子信箱	zpj@pwalloy.com
	电　话	0574-82829383　82829375			传　真	0574-82829378
	办公地址	浙江省宁波市鄞州区云龙镇太平桥				
	经营范围	高性能、高精度有色合金棒、线、板带新材料的研发、生产和销售				

	指标＼报告期	2017.06.30	2016.12.31	2016.06.30	2015.12.31
主要财务指标	基本每股收益(元)	0.2300	0.3700	0.2200	0.2000
	基本每股收益(扣除后)(元)	0.2100	0.2400	0.0900	0.1400
	稀释每股收益(元)	0.2300	0.3700	0.2200	0.2000
	每股净资产(元)	5.0954	4.9822	4.8120	9.5040
	每股经营现金净流量(元)	0.2234	0.5005	0.5868	1.0194
	每股现金流量(元)	-0.1208	0.1238	-0.0485	-0.1920
	每股资本公积金(元)	2.9935	2.9935	2.7013	7.9278
	每股盈余公积金(元)	0.1095	0.1095	0.1476	0.2951
	每股未分配利润(元)	0.9790	0.8355	0.9508	1.7506
	净资产收益率(%)	4.5825	5.8673	2.3801	3.4503
	加权净资产收益率(%)	4.5900	7.1900	3.8700	3.7500
	净资产收益率(扣除)(%)	4.1905	3.7681	1.8576	2.9765
	总资产(万元)	462380.81	461264.93	277589.99	337859.83
	归属母公司股东权益(万元)	319595.20	312496.40	206916.19	235908.12
	营业收入(万元)	270335.25	424267.70	199027.12	326990.50
	营业支出(万元)	234349.24	370119.58	172868.05	288380.02
	投资收益(万元)	923.20	-1553.77	-43.19	-537.07
	净利润(万元)	14645.58	21305.64	11352.00	7050.23
	营业利润(万元)	15178.51	19808.09	10900.87	8131.60
	利润总额(万元)	15882.84	22124.29	12009.84	9464.92

深圳市燃气集团股份有限公司

公司概况	公司名称	深圳市燃气集团股份有限公司			证券简称	深圳燃气
	法人代表	李真	董秘	刘钊彦	证券代码	601139
	公司网址	www.szgas.com.cn			电子信箱	xgq@szgas.com.cn
	电　话	0755-83601139			传　真	0755-83601139
	办公地址	广东省深圳市福田区梅坳一路 268 号				
	经营范围	从事深圳市管道燃气供应、液化石油气批发、瓶装液化石油气零售、燃气投资业务				

	指标＼报告期	2017.06.30	2016.12.31	2016.06.30	2015.12.31
主要财务指标	基本每股收益(元)	0.2600	0.3500	0.2500	—
	基本每股收益(扣除后)(元)	0.2500	0.3400	0.2400	—
	稀释每股收益(元)	0.2600	0.3500	0.2500	—
	每股净资产(元)	3.6500	3.4900	3.4200	—
	每股经营现金净流量(元)	0.3450	0.6966	0.2936	—
	每股现金流量(元)	-0.1909	0.2773	0.1168	—
	每股资本公积金(元)	1.1951	1.1845	1.1345	—
	每股盈余公积金(元)	0.1953	0.1955	0.1705	—
	每股未分配利润(元)	1.3191	1.1669	1.1063	—
	净资产收益率(%)	7.0764	10.0086	7.2528	—
	加权净资产收益率(%)	7.1400	10.4200	7.3000	—
	净资产收益率(扣除)(%)	6.9682	9.7857	7.1485	—
	总资产(万元)	1755107.58	1724350.00	1634553.22	—
	归属母公司股东权益(万元)	808383.14	771349.00	745153.36	—
	营业收入(万元)	513140.17	850895.00	418419.27	—
	营业支出(万元)	394739.86	634344.40	303857.50	—
	投资收益(万元)	10865.92	13319.15	12567.75	—
	净利润(万元)	58749.71	78866.84	55368.61	—
	营业利润(万元)	74104.02	99792.00	69510.17	—
	利润总额(万元)	74533.04	101830.00	70640.84	—

新城控股集团股份有限公司

公司概况	公司名称	新城控股集团股份有限公司			证券简称	新城控股
	法人代表	王振华	董秘	陈鹏	证券代码	601155
	公司网址	www.futureland.com.cn			电子信箱	xckg@futureland.com.cn
	电　话	021-32522907			传　真	021-32522909
	办公地址	上海市普陀区中江路 388 弄 6 号新城控股大厦 A 座				
	经营范围	房地产开发与销售				

	指标＼报告期	2017.06.30	2016.12.31	2016.06.30	2015.12.31
主要财务指标	基本每股收益(元)	0.5100	1.3600	0.4500	1.1600
	基本每股收益(扣除后)(元)	0.4400	1.1500	0.3800	0.7800
	稀释每股收益(元)	0.5100	1.3600	0.4500	1.1600
	每股净资产(元)	6.7752	6.5754	5.7084	7.1023
	每股经营现金净流量(元)	-3.3037	3.5844	0.4654	-0.5604
	每股现金流量(元)	2.0825	2.6693	2.1635	0.7392
	每股资本公积金(元)	1.1552	1.1379	1.0634	1.7130
	每股盈余公积金(元)	0.0300	0.0299	0.1624	0.0273
	每股未分配利润(元)	4.6997	4.5242	3.4949	4.3362
	净资产收益率(%)	7.4451	20.3264	6.7245	15.1368
	加权净资产收益率(%)	7.4400	22.4400	6.8100	22.5300
	净资产收益率(扣除)(%)	6.4007	17.1360	5.6591	10.2314
	总资产(万元)	13984165.05	10317060.75	8179644.66	6780211.56
	归属母公司股东权益(万元)	1530163.68	1485374.41	1267539.78	1213121.87
	营业收入(万元)	1132793.72	2796928.25	907157.44	2356879.31
	营业支出(万元)	722416.96	2017415.59	671345.89	1725034.16
	投资收益(万元)	4799.57	15977.27	-8174.50	11864.13
	净利润(万元)	114648.86	315593.83	86037.85	239960.47
	营业利润(万元)	164028.77	423192.48	122835.32	327222.44
	利润总额(万元)	164494.39	428996.36	124205.06	329085.39

重庆水务集团股份有限公司

公司概况	公司名称	重庆水务集团股份有限公司			证券简称	重庆水务
	法人代表	王世安	董秘	吕祥红	证券代码	601158
	公司网址	www.cncqsw.com			电子信箱	swjtdsb@cqswjt.com
	电　话	023-63860827			传　真	023-63860827
	办公地址	重庆市渝中区龙家湾 1 号				
	经营范围	自来水销售、污水处理服务				

	指标＼报告期	2017.06.30	2016.12.31	2016.06.30	2015.12.31
主要财务指标	基本每股收益(元)	0.2100	0.2200	0.1600	0.3200
	基本每股收益(扣除后)(元)	0.2000	0.1800	0.1400	0.2800
	稀释每股收益(元)	0.2100	0.2200	0.1600	0.3200
	每股净资产(元)	2.7389	2.7944	2.7294	2.8322
	每股经营现金净流量(元)	0.1540	0.4436	0.1972	0.4276
	每股现金流量(元)	-0.3015	-0.0192	-0.1766	0.2974
	每股资本公积金(元)	0.9646	0.9574	0.9574	0.9574
	每股盈余公积金(元)	0.2476	0.2476	0.2290	0.2290
	每股未分配利润(元)	0.5235	0.5901	0.5438	0.6461
	净资产收益率(%)	7.7911	7.9630	5.7774	11.4129
	加权净资产收益率(%)	7.4700	8.0300	5.5000	11.6500
	净资产收益率(扣除)(%)	7.2624	6.5898	5.0133	9.7144
	总资产(万元)	1900105.92	2023712.35	1914056.49	1958763.04
	归属母公司股东权益(万元)	1314671.57	1341322.05	1310128.40	1359478.43
	营业收入(万元)	200996.99	445366.06	215412.06	448809.87
	营业支出(万元)	108470.76	277964.52	112455.13	245305.30
	投资收益(万元)	8282.35	19788.74	9999.73	28193.38
	净利润(万元)	102535.74	106906.41	75798.89	155180.25
	营业利润(万元)	106894.06	87334.19	69757.41	136943.94
	利润总额(万元)	114935.45	111275.10	78004.08	156619.82

三角轮胎股份有限公司

公司概况	公司名称	三角轮胎股份有限公司			证券简称	三角轮胎
	法人代表	丁玉华	董秘	钟丹芳	证券代码	601163
	公司网址	www.triangle.com.cn		电子信箱	jqgc@triangle.com.cn	
	电　话	0631-5305527		传　真	0631-5319950	
	办公地址	山东省威海市青岛中路 56 号				
	经营范围	各种轮胎的研发、制造和销售				

主要财务指标	指标\报告期	2017.06.30	2016.12.31	2016.06.30	2015.12.31
	基本每股收益(元)	0.3400	1.2700	0.6500	1.3400
	基本每股收益(扣除后)(元)	0.2700	1.1500	0.6300	1.2800
	稀释每股收益(元)	0.3400	1.2700	0.6500	1.3400
	每股净资产(元)	9.7434	9.8013	5.2000	4.5600
	每股经营现金净流量(元)	–0.1272	0.4381	0.9801	1.3565
	每股现金流量(元)	–0.3486	0.3297	–1.1764	–0.7817
	每股资本公积金(元)	5.1550	5.1550	0.0654	0.0654
	每股盈余公积金(元)	0.9701	0.9701	1.1651	1.1651
	每股未分配利润(元)	2.6205	2.6806	2.9737	2.3274
	净资产收益率(%)	3.4885	10.5226	12.4256	29.4714
	加权净资产收益率(%)	3.4100	19.5700	13.2500	26.1400
	净资产收益率(扣除)(%)	2.7215	9.5052	12.0631	28.1098
	总资产(万元)	1434456.21	1321562.06	958977.48	886360.50
	归属母公司股东权益(万元)	779472.93	784102.91	312076.84	273344.37
	营业收入(万元)	408239.37	670991.06	332462.38	718694.40
	营业支出(万元)	334038.95	499329.34	242158.29	553658.52
	投资收益(万元)	4359.88	1179.80	289.91	—
	净利润(万元)	27214.70	82504.03	38671.80	80541.29
	营业利润(万元)	30105.66	89119.51	44710.61	87620.30
	利润总额(万元)	32258.79	96342.12	45829.62	91933.14

兴业银行股份有限公司

公司概况	公司名称	兴业银行股份有限公司			证券简称	兴业银行
	法人代表	高建平	董秘	陈信健	证券代码	601166
	公司网址	www.cib.com.cn		电子信箱	irm@cib.com.cn	
	电　话	86-591-87824863		传　真	86-591-87842633	
	办公地址	福建省福州市湖东路 154 号				
	经营范围	提供银行及相关金融服务				

主要财务指标	指标\报告期	2017.06.30	2016.12.31	2016.06.30	2015.12.31
	基本每股收益(元)	1.5100	2.7700	1.4900	—
	基本每股收益(扣除后)(元)	1.4700	2.6900	1.4500	—
	稀释每股收益(元)	1.5100	2.7700	1.4900	—
	每股净资产(元)	17.6700	17.0200	15.8800	—
	每股经营现金净流量(元)	–2.0238	10.6558	1.4592	—
	每股现金流量(元)	2.1669	6.3358	0.0059	—
	每股资本公积金(元)	3.6122	2.6695	2.6695	—
	每股盈余公积金(元)	0.4729	0.5156	0.5156	—
	每股未分配利润(元)	9.1898	9.1078	8.3093	—
	净资产收益率(%)	8.0410	15.3800	8.9652	—
	加权净资产收益率(%)	8.6100	17.2800	9.4600	—
	净资产收益率(扣除)(%)	7.8031	14.9656	8.7880	—
	总资产(万元)	638465800.00	608589500.00	570969200.00	—
	归属母公司股东权益(万元)	39299900.00	35012900.00	32839100.00	—
	营业收入(万元)	6810700.00	15706000.00	8087000.00	—
	营业支出(万元)	3136600.00	9367800.00	4525700.00	—
	投资收益(万元)	319000.00	1183600.00	870200.00	—
	净利润(万元)	3183900.00	5432700.00	2961000.00	—
	营业利润(万元)	3674100.00	6338200.00	3561300.00	—
	利润总额(万元)	3708000.00	6392500.00	3583900.00	—

西部矿业股份有限公司

公司概况	公司名称	西部矿业股份有限公司			证券简称	西部矿业
	法人代表	张永利	董秘	陈斌	证券代码	601168
	公司网址	www.westmining.com		电子信箱	wm@westmining.com	
	电　话	0971-6108188		传　真	0971-6122926	
	办公地址	青海省西宁市城西区五四大街 52 号				
	经营范围	铜、铅、锌等有色金属矿和锰等黑色金属矿的探矿、采矿、选矿、冶炼、加工及其产品的销售				

主要财务指标	指标\报告期	2017.06.30	2016.12.31	2016.06.30	2015.12.31
	基本每股收益(元)	0.1100	0.0400	0.0100	0.0100
	基本每股收益(扣除后)(元)	0.1100	0.0400	0.0200	–0.0300
	稀释每股收益(元)	0.1100	0.0400	0.0100	0.0100
	每股净资产(元)	4.8885	4.8165	4.7407	4.7738
	每股经营现金净流量(元)	–0.0274	1.1212	–0.0565	1.0198
	每股现金流量(元)	–0.2785	–0.3193	–0.4912	0.9004
	每股资本公积金(元)	2.2626	2.2625	2.2083	2.2083
	每股盈余公积金(元)	0.2284	0.2284	0.2142	0.2142
	每股未分配利润(元)	1.2782	1.2190	1.2305	1.2676
	净资产收益率(%)	2.2323	0.8695	0.2717	0.2670
	加权净资产收益率(%)	2.2500	0.8800	0.2700	0.2700
	净资产收益率(扣除)(%)	2.2188	0.7619	0.3710	–0.6718
	总资产(万元)	3179762.54	3216630.83	2915407.04	2856941.03
	归属母公司股东权益(万元)	1164920.06	1147762.10	1129704.86	1137605.04
	营业收入(万元)	1515560.99	2777604.71	1530114.03	2676701.96
	营业支出(万元)	1381511.71	2609131.65	1470563.33	2542249.02
	投资收益(万元)	456.67	–7438.04	–9200.19	–19212.57
	净利润(万元)	32726.90	10152.36	5859.94	10746.01
	营业利润(万元)	46909.76	22242.47	10224.74	16533.35
	利润总额(万元)	47146.83	24734.59	11283.38	23621.83

北京银行股份有限公司

公司概况	公司名称	北京银行股份有限公司			证券简称	北京银行
	法人代表	张东宁	董秘	杨书剑	证券代码	601169
	公司网址	www.bankofbeijing.com.cn		电子信箱	snow@bankofbeijing.com.cn	
	电　话	010-66223826　66426500		传　真	86-10-66426519	
	办公地址	北京市西城区金融大街丙 17 号				
	经营范围	商业银行业务				

主要财务指标	指标\报告期	2017.06.30	2016.12.31	2016.06.30	2015.12.31
	基本每股收益(元)	0.5800	1.1600	0.5800	1.1100
	基本每股收益(扣除后)(元)	0.5800	1.1600	0.5800	1.1100
	稀释每股收益(元)	0.5800	1.1600	0.5800	1.1100
	每股净资产(元)	7.1300	7.7900	7.8200	7.3400
	每股经营现金净流量(元)	0.4710	–0.3481	–7.3743	2.8739
	每股现金流量(元)	–4.8615	–4.8295	–5.7751	8.4925
	每股资本公积金(元)	1.7253	1.7253	2.0704	2.0618
	每股盈余公积金(元)	0.7760	0.7760	0.7927	0.7927
	每股未分配利润(元)	3.4218	2.9792	3.6062	3.0186
	净资产收益率(%)	7.4881	14.3200	8.5833	15.0800
	加权净资产收益率(%)	8.2100	14.9200	9.1300	16.2600
	净资产收益率(扣除)(%)	7.4894	14.3500	8.5825	15.0500
	总资产(万元)	223916700.00	211633900.00	197140800.00	184490900.00
	归属母公司股东权益(万元)	14795500.00	14212000.00	12374000.00	11655100.00
	营业收入(万元)	2649800.00	4745600.00	2465500.00	4408100.00
	营业支出(万元)	1255600.00	2512500.00	1141200.00	2304500.00
	投资收益(万元)	16900.00	36800.00	38700.00	71300.00
	净利润(万元)	1115500.00	1792300.00	1067400.00	1688300.00
	营业利润(万元)	1394200.00	2233100.00	1324300.00	2103600.00
	利润总额(万元)	1393900.00	2229800.00	1324600.00	2108500.00

平安银行股份有限公司

公司概况	公司名称	平安银行股份有限公司		证券简称	平安银行
	法人代表	谢永林	董秘	周强	证券代码	000001
	公司网址	www.bank.pingan.com		电子信箱	pabdsh@pingan.com.cn
	电　话	86-755-82080387		传　真	86-755-82080386
	办公地址	广东省深圳市罗湖区深南东路5047号			
	经营范围	办理人民币存、贷、结算、汇兑业务、人民币票据承兑和贴现等			

主要财务指标	指标\报告期	2017.06.30	2016.12.31	2016.06.30	2015.12.31
	基本每股收益(元)	0.6800	1.3200	0.7200	1.5600
	基本每股收益(扣除后)(元)	0.6800	1.3200	0.7200	1.5600
	稀释每股收益(元)	0.6800	1.3200	0.7200	1.5600
	每股净资产(元)	11.1500	10.6100	10.0000	9.4100
	每股经营现金净流量(元)	–7.4652	0.6400	–1.9334	–0.1276
	每股现金流量(元)	–6.3547	–1.6265	–2.8069	5.4432
	每股资本公积金(元)	3.2885	3.2885	3.2885	4.1462
	每股盈余公积金(元)	0.6279	0.6279	0.4963	0.5955
	每股未分配利润(元)	4.2579	3.7357	3.6712	3.6994
	净资产收益率(%)	6.1000	11.1800	6.4100	13.5387
	加权净资产收益率(%)	6.2100	13.1800	7.3500	14.9400
	净资产收益率(扣除)(%)	6.0800	11.1800	6.4100	13.5616
	总资产(万元)	309214200.00	295343400.00	280098300.00	250714900.00
	归属母公司股东权益(万元)	21145400.00	20217100.00	19170000.00	16150000.00
	营业收入(万元)	5407300.00	10771500.00	5476900.00	9616300.00
	营业支出(万元)	1388900.00	3141800.00	3861300.00	–
	投资收益(万元)	73900.00	236800.00	160800.00	392400.00
	净利润(万元)	1255400.00	2259900.00	1229200.00	2186500.00
	营业利润(万元)	1646800.00	2977900.00	1615600.00	2889500.00
	利润总额(万元)	1643200.00	2993500.00	1615400.00	2884600.00

万科企业股份有限公司

公司概况	公司名称	万科企业股份有限公司		证券简称	万科A
	法人代表	郁亮	董秘	朱旭	证券代码	000002
	公司网址	www.vanke.com		电子信箱	ir@vanke.com
	电　话	0755-25606666 25531696		传　真	0755-25531696
	办公地址	广东省深圳市盐田区大梅沙环梅路33号万科中心			
	经营范围	公司为专业化房地产公司、主要产品为商品住宅			

主要财务指标	指标\报告期	2017.06.30	2016.12.31	2016.06.30	2015.12.31
	基本每股收益(元)	0.6600	1.9000	0.4800	1.6400
	基本每股收益(扣除后)(元)	0.6500	1.9000	0.4832	1.6000
	稀释每股收益(元)	0.6600	1.9000	0.4800	1.6400
	每股净资产(元)	10.2000	10.2800	8.8300	9.0800
	每股经营现金净流量(元)	1.9793	3.5842	2.3369	1.4519
	每股现金流量(元)	1.8292	2.5131	1.7356	–0.8963
	每股资本公积金(元)	0.8341	0.7490	0.7318	0.7397
	每股盈余公积金(元)	2.9478	2.9478	2.5427	2.5398
	每股未分配利润(元)	5.4155	5.5439	4.5294	4.7593
	净资产收益率(%)	6.4800	18.5300	5.4900	18.0900
	加权净资产收益率(%)	6.2200	19.6800	5.2000	19.1400
	净资产收益率(扣除)(%)	6.3241	18.4489	5.4749	17.5837
	总资产(万元)	92926591.62	83067421.39	71230669.12	61129556.77
	归属母公司股东权益(万元)	11264065.51	11344476.67	9746072.73	10018351.78
	营业收入(万元)	6981047.76	24047723.69	7479529.43	19554913.00
	营业支出(万元)	4701502.47	16974240.34	5511748.79	13815062.87
	投资收益(万元)	151984.28	501383.59	134240.21	356190.81
	净利润(万元)	1005298.95	2835025.55	709463.06	2594943.80
	营业利润(万元)	1366165.37	3902377.88	990460.52	3312277.73
	利润总额(万元)	1382691.14	3925361.17	998034.28	3380261.76

深圳中国农大科技股份有限公司

公司概况	公司名称	深圳中国农大科技股份有限公司		证券简称	国农科技
	法人代表	李林琳	董秘	徐文苏	证券代码	000004
	公司网址	www.sz000004.cn		电子信箱	gnkjsz@163.com
	电　话	0755-83521596		传　真	0755-83521727
	办公地址	广东省深圳市南山区中心路(深圳湾段)3333号中铁南方总部大厦503室			
	经营范围	房地产开发和销售、生物制药的研发与销售			

主要财务指标	指标\报告期	2017.06.30	2016.12.31	2016.06.30	2015.12.31
	基本每股收益(元)	–0.0449	0.4680	0.0356	0.0149
	基本每股收益(扣除后)(元)	–0.0464	0.1887	0.0357	0.0103
	稀释每股收益(元)	–0.0449	0.4680	0.0356	0.0149
	每股净资产(元)	1.3938	1.4388	1.0063	0.9708
	每股经营现金净流量(元)	–0.0695	1.7616	1.2510	0.1103
	每股现金流量(元)	0.0854	0.5275	1.1977	0.1378
	每股资本公积金(元)	0.0079	0.0079	0.0079	0.0079
	每股盈余公积金(元)	0.1318	0.1318	0.1318	0.1318
	每股未分配利润(元)	0.2541	0.2991	–0.1334	–0.1689
	净资产收益率(%)	–3.2226	32.5265	3.5330	1.5298
	加权净资产收益率(%)	–3.1800	38.8400	3.6000	1.5400
	净资产收益率(扣除)(%)	–3.3268	13.1143	3.5472	1.0614
	总资产(万元)	22868.67	22371.63	46383.19	39867.35
	归属母公司股东权益(万元)	11705.04	12082.25	8450.89	8152.32
	营业收入(万元)	2928.78	28767.00	10215.05	12045.44
	营业支出(万元)	2205.90	18807.27	7372.23	7795.71
	投资收益(万元)	––	2646.79	–12.79	81.89
	净利润(万元)	–575.59	3971.63	299.24	685.72
	营业利润(万元)	–599.35	5157.64	417.41	1013.70
	利润总额(万元)	–573.68	4618.57	439.69	1080.86

深圳世纪星源股份有限公司

公司概况	公司名称	深圳世纪星源股份有限公司		证券简称	世纪星源
	法人代表	丁芃	董秘	罗晓春	证券代码	000005
	公司网址	www.fountain.com.cn		电子信箱	xiaochun@sfc.com.cn
	电　话	0755-82208888		传　真	0755-82207055
	办公地址	广东省深圳市罗湖区深南东路2017号华乐大厦3楼			
	经营范围	房地产、酒店、物业管理、商务咨询、顾问、计算机软件开发、投资及其他第三产业			

主要财务指标	指标\报告期	2017.06.30	2016.12.31	2016.06.30	2015.12.31
	基本每股收益(元)	–0.0168	0.1026	0.1200	–0.0596
	基本每股收益(扣除后)(元)	–0.0214	–0.0141	–0.0110	–0.0640
	稀释每股收益(元)	–0.0168	0.1026	0.1200	–0.0596
	每股净资产(元)	1.1948	1.2116	1.2051	1.0852
	每股经营现金净流量(元)	–0.3493	–0.1756	–0.0318	0.0149
	每股现金流量(元)	0.0020	–0.0851	–0.0248	0.1058
	每股资本公积金(元)	0.6028	0.6028	0.6028	0.6028
	每股盈余公积金(元)	0.1413	0.1413	0.1413	0.1413
	每股未分配利润(元)	–0.4524	–0.4356	–0.4183	–0.5383
	净资产收益率(%)	–1.4040	8.4722	9.9537	–4.8088
	加权净资产收益率(%)	–1.3900	8.9400	10.4800	–8.0700
	净资产收益率(扣除)(%)	–1.7947	–1.1644	–0.9299	–5.1586
	总资产(万元)	277169.70	252723.54	233789.85	219400.88
	归属母公司股东权益(万元)	126476.35	128252.08	127568.93	114871.13
	营业收入(万元)	20359.88	48186.34	18995.26	8412.60
	营业支出(万元)	14157.86	33652.30	13068.19	5760.82
	投资收益(万元)	–130.73	12846.69	13779.95	7.89
	净利润(万元)	–1505.80	11696.24	13136.35	–5403.17
	营业利润(万元)	–1492.94	12901.06	13530.49	–5937.74
	利润总额(万元)	–998.86	12676.46	13634.64	–5317.78

深圳市振业(集团)股份有限公司

公司概况	公司名称	深圳市振业(集团)股份有限公司		证券简称	深振业 A
	法人代表	赵宏伟	董秘	杜汛	证券代码	000006
	公司网址	www.zhenye.com		电子信箱	szzygp@126.com
	电　话	0755-25863061 25863893		传　真	0755-25863012
	办公地址	广东省深圳市罗湖区宝安南路 2014 号振业大厦 B 座 11-17 层			
	经营范围	房地产开发、销售及租赁			

指标\报告期	2017.06.30	2016.12.31	2016.06.30	2015.12.31
基本每股收益(元)	0.1849	0.0756	0.0756	0.3087
基本每股收益(扣除后)(元)	0.1849	0.0747	0.0747	0.3100
稀释每股收益(元)	0.1849	0.0756	0.0756	0.3087
每股净资产(元)	3.7124	3.2088	3.2088	3.2541
每股经营现金净流量(元)	0.5922	0.8122	0.8122	−0.2249
每股现金流量(元)	0.6572	0.1215	0.1215	0.3530
每股资本公积金(元)	0.3588	0.3588	0.3588	0.3588
每股盈余公积金(元)	0.9324	0.8181	0.8181	0.8181
每股未分配利润(元)	1.4213	1.0295	1.0295	1.0739
净资产收益率(%)	4.9804	2.3566	2.3566	9.4866
加权净资产收益率(%)	4.8700	2.3000	2.3000	9.7700
净资产收益率(扣除)(%)	4.9811	2.3264	2.3264	9.5073
总资产(万元)	1301214.82	1312300.50	1312300.50	1270350.42
归属母公司股东权益(万元)	501174.50	433186.42	433186.42	439308.02
营业收入(万元)	186959.79	86868.92	86868.92	365430.95
营业支出(万元)	134250.33	49881.83	49881.83	238834.29
投资收益(万元)	845.88	−985.14	−985.14	−341.40
净利润(万元)	26330.48	10602.97	10602.97	43878.59
营业利润(万元)	35812.51	14094.82	14094.82	59210.28
利润总额(万元)	35759.73	14272.47	14272.47	59311.91

深圳市全新好股份有限公司

公司概况	公司名称	深圳市全新好股份有限公司			证券简称	全新好
	法人代表	智德宇	董秘	陈伟彬	证券代码	000007
	公司网址	www.sz000007.com		电子信箱	stock0007@126.com	
	电　话	0755-83280053		传　真	0755-83281722	
	办公地址	广东省深圳市福田区华强北路现代之窗大厦 A 座 26 楼				
	经营范围	投资兴办实业、房地产开发与销售等				

指标\报告期	2017.06.30	2016.12.31	2016.06.30	2015.12.31
基本每股收益(元)	0.0607	0.3378	−0.1200	0.0600
基本每股收益(扣除后)(元)	−0.0200	−0.0673	−0.0512	0.0501
稀释每股收益(元)	0.0607	0.3378	−0.1200	0.0600
每股净资产(元)	1.1301	1.6040	1.4762	1.5985
每股经营现金净流量(元)	−0.0091	−0.1046	−0.0356	1.0277
每股现金流量(元)	0.0868	−0.6938	−0.7675	0.6242
每股资本公积金(元)	0.4532	1.1799	1.8325	1.8325
每股盈余公积金(元)	0.0260	0.0390	0.0390	0.0390
每股未分配利润(元)	−0.3491	−0.6148	−1.3933	−1.2779
净资产收益率(%)	5.3750	21.0594	−7.8210	3.7909
加权净资产收益率(%)	5.5200	19.1300	−7.4900	3.8700
净资产收益率(扣除)(%)	−2.2102	−4.1947	−3.4713	3.1323
总资产(万元)	44621.91	51436.77	53814.86	48036.45
归属母公司股东权益(万元)	39151.47	37047.06	34094.02	36920.79
营业收入(万元)	2172.56	3886.04	1716.39	9896.15
营业支出(万元)	665.86	1313.81	518.49	2163.86
投资收益(万元)	3879.31	13058.02	566.09	2006.13
净利润(万元)	954.52	8156.80	−2025.47	1323.89
营业利润(万元)	602.99	9115.47	−747.02	1261.67
利润总额(万元)	571.51	9020.74	−1047.68	1524.91

神州高铁技术股份有限公司

公司概况	公司名称	神州高铁技术股份有限公司			证券简称	神州高铁
	法人代表	王志全	董秘	耿协送	证券代码	000008
	公司网址	www.shenzhou-gaotie.com		电子信箱	liangyanhui@vip.163.com	
	电　话	010-56500561		传　真	010-56500561	
	办公地址	北京市海淀区高梁桥斜街 59 号院 1 号楼中坤大厦 16 层				
	经营范围	电子科技、网络工程、房屋租赁等业务				

指标\报告期	2017.06.30	2016.12.31	2016.06.30	2015.12.31
基本每股收益(元)	0.0198	0.1920	0.0100	0.0780
基本每股收益(扣除后)(元)	0.0141	0.1490	0.0100	0.0720
稀释每股收益(元)	0.0198	0.1920	0.0100	0.0780
每股净资产(元)	2.1955	2.1762	2.0415	1.2069
每股经营现金净流量(元)	−0.0850	−0.0200	−0.0189	−0.0301
每股现金流量(元)	0.0238	0.2305	0.2033	0.0963
每股资本公积金(元)	1.0140	1.0081	0.9546	0.1323
每股盈余公积金(元)	0.0062	0.0062	0.0016	0.0019
每股未分配利润(元)	0.2479	0.2381	0.0739	0.0664
净资产收益率(%)	0.9039	8.5370	0.7450	6.3847
加权净资产收益率(%)	0.9100	9.3700	1.2500	7.0200
净资产收益率(扣除)(%)	0.6439	6.6496	0.6965	5.7249
总资产(万元)	839447.02	819265.66	689923.69	358935.47
归属母公司股东权益(万元)	616552.78	611300.68	562976.16	290806.20
营业收入(万元)	56844.32	187600.65	61580.86	129507.61
营业支出(万元)	30540.64	88600.81	31520.56	68013.77
投资收益(万元)	1665.34	15872.64	−6.92	1581.52
净利润(万元)	6275.55	53054.16	4196.21	18990.92
营业利润(万元)	6095.66	56374.08	3246.64	19574.00
利润总额(万元)	7706.59	64285.90	5616.50	23332.95

中国宝安集团股份有限公司

公司概况	公司名称	中国宝安集团股份有限公司			证券简称	中国宝安
	法人代表	陈政立	董秘	郭山清	证券代码	000009
	公司网址	www.chinabaoan.com		电子信箱	zgbajt@163.net	
	电　话	0755-25170336 25170382		传　真	0755-25170300 25170367	
	办公地址	广东省深圳市笋岗东路 1002 号宝安广场 A 座 28-29 层				
	经营范围	高新技术产业、生物医药业和房地产产业				

指标\报告期	2017.06.30	2016.12.31	2016.06.30	2015.12.31
基本每股收益(元)	0.0373	0.1100	0.0460	0.5000
基本每股收益(扣除后)(元)	0.0016	−0.0070	0.0250	0.0010
稀释每股收益(元)	0.0373	0.1100	0.0460	0.5000
每股净资产(元)	2.1102	2.0809	2.8535	2.8090
每股经营现金净流量(元)	0.0084	−0.0057	0.0132	0.0079
每股现金流量(元)	0.5231	−0.8364	−0.5376	1.0782
每股资本公积金(元)	0.1460	0.1521	0.3973	0.3005
每股盈余公积金(元)	0.1210	0.1210	0.1632	0.1632
每股未分配利润(元)	0.8150	0.7977	1.2502	1.2747
净资产收益率(%)	1.7657	5.2180	1.5962	17.6427
加权净资产收益率(%)	1.7700	5.2000	1.6100	19.7000
净资产收益率(扣除)(%)	0.0760	−0.3239	0.8812	0.0316
总资产(万元)	2424922.72	2162292.58	1871045.30	1811489.61
归属母公司股东权益(万元)	453545.93	447267.50	454313.02	447215.59
营业收入(万元)	293917.53	641174.94	279444.51	486535.14
营业支出(万元)	191660.45	444568.96	186211.14	323802.72
投资收益(万元)	11700.59	40536.45	6080.17	104612.30
净利润(万元)	21821.26	41948.21	20119.08	96589.84
营业利润(万元)	22303.35	45113.11	19741.04	114974.18
利润总额(万元)	26321.30	54172.92	23854.89	123634.46

深圳美丽生态股份有限公司

公司概况					
公司名称	深圳美丽生态股份有限公司			证券简称	美丽生态
法人代表	贾明辉	董秘	单军	证券代码	000010
公司网址			电子信箱	shenhuaxin000010@163.com	
电　话	86-755-33228575		传　真	86-755-33375373	
办公地址	广东省深圳市福田区中心四路 1-1 号嘉里建设广场第三座 3201 室				
经营范围	园林绿化工程施工、园林景观设计、园林养护及绿化苗木种植等				

主要财务指标　指标＼报告期	2017.06.30	2016.12.31	2016.06.30	2015.12.31
基本每股收益(元)	–0.0556	0.0486	0.0321	0.0542
基本每股收益(扣除后)(元)	–0.0548	–0.0900	0.0328	–0.0020
稀释每股收益(元)	–0.0556	0.0486	0.0321	0.0542
每股净资产(元)	2.6469	2.7024	2.6856	2.6533
每股经营现金净流量(元)	0.7312	–0.0988	–0.2205	–0.4733
每股现金流量(元)	0.0026	–1.1727	–0.9309	0.8778
每股资本公积金(元)	1.8239	1.8239	1.8239	1.8239
每股盈余公积金(元)	0.0105	0.0105	0.0105	0.0105
每股未分配利润(元)	–0.1916	–0.1361	–0.1526	–0.1847
净资产收益率(%)	–2.0994	1.7999	1.1955	1.5374
加权净资产收益率(%)	–2.0800	1.8100	1.2000	4.0500
净资产收益率(扣除)(%)	–2.0696	–3.3322	1.2231	–0.0565
总资产(万元)	389998.62	486576.06	475558.40	517465.59
归属母公司股东权益(万元)	217011.33	221553.61	220181.51	217529.60
营业收入(万元)	27339.54	105352.94	56087.83	95737.93
营业支出(万元)	20255.07	76326.57	40417.85	75715.79
投资收益(万元)	161.64	2993.97	1726.99	769.96
净利润(万元)	–4607.91	3893.53	2578.22	3244.71
营业利润(万元)	–5134.64	7000.98	4242.30	2566.50
利润总额(万元)	–5220.84	6871.25	4154.42	5849.73

深圳市物业发展(集团)股份有限公司

公司概况					
公司名称	深圳市物业发展(集团)股份有限公司			证券简称	深物业 A
法人代表	陈玉刚	董秘	范维平	证券代码	000011
公司网址	www.szwuye.com.cn		电子信箱	000011touzizhe@163.com	
电　话	0755-82211020		传　真	0755-82210610 82212043	
办公地址	广东省深圳市人民南路国贸大厦 39、42 层				
经营范围	房地产开发及商品房销售，商品楼宇的建筑、管理，房屋租赁等				

主要财务指标　指标＼报告期	2017.06.30	2016.12.31	2016.06.30	2015.12.31
基本每股收益(元)	0.6114	0.5954	–0.0088	0.2631
基本每股收益(扣除后)(元)	0.6172	0.5999	–0.0098	0.0310
稀释每股收益(元)	0.6114	0.5954	–0.0088	0.2631
每股净资产(元)	4.4732	4.0445	3.4363	3.5235
每股经营现金净流量(元)	–0.8399	3.7787	2.5324	0.5198
每股现金流量(元)	–1.0241	3.2283	1.9845	0.2087
每股资本公积金(元)	0.2013	0.2013	0.2013	0.2013
每股盈余公积金(元)	0.4255	0.4255	0.2595	0.2595
每股未分配利润(元)	2.8503	2.4189	1.9807	2.0695
净资产收益率(%)	13.6670	14.7217	–0.2563	7.4679
加权净资产收益率(%)	14.2500	15.7900	–0.2500	7.5900
净资产收益率(扣除)(%)	13.7970	14.8322	–0.2864	0.8801
总资产(万元)	593726.01	665435.61	591028.53	437976.35
归属母公司股东权益(万元)	266595.64	241043.47	204798.06	209990.68
营业收入(万元)	131714.67	205920.41	37205.75	107741.85
营业支出(万元)	49858.12	87253.42	29500.78	64857.29
投资收益(万元)	141.28	222.57	115.86	773.84
净利润(万元)	36435.58	35485.72	–524.87	15682.00
营业利润(万元)	47327.47	49469.94	–342.11	4764.93
利润总额(万元)	46797.91	49120.77	–263.67	21639.17

中国南玻集团股份有限公司

公司概况					
公司名称	中国南玻集团股份有限公司			证券简称	南　玻　A
法人代表	陈琳	董秘	杨昕宇	证券代码	000012
公司网址	www.csgholding.com		电子信箱	securities@csgholding.com	
电　话	0755-26860666		传　真	0755-26692755	
办公地址	广东省深圳市蛇口工业区工业六路一号南玻大厦				
经营范围	高级浮法玻璃原片、工程玻璃、精细玻璃、汽车玻璃、新型电子元器件等				

主要财务指标　指标＼报告期	2017.06.30	2016.12.31	2016.06.30	2015.12.31
基本每股收益(元)	0.1900	0.3800	0.2200	0.3000
基本每股收益(扣除后)(元)	0.1700	0.3700	0.2000	0.1400
稀释每股收益(元)	0.1900	0.3800	0.2200	0.3000
每股净资产(元)	3.8950	3.7644	3.7182	3.7942
每股经营现金净流量(元)	0.4914	1.0798	0.5044	0.5266
每股现金流量(元)	0.1674	0.0047	–0.0819	0.2014
每股资本公积金(元)	0.6505	0.6075	0.6074	0.6078
每股盈余公积金(元)	0.4283	0.4283	0.4250	0.4250
每股未分配利润(元)	1.8129	1.7236	1.6776	1.7526
净资产收益率(%)	4.8617	10.2111	6.0504	7.9341
加权净资产收益率(%)	4.9400	10.3200	5.9900	7.7000
净资产收益率(扣除)(%)	4.4653	9.9452	5.4885	3.8058
总资产(万元)	1793028.16	1697923.56	1697522.14	1548960.02
归属母公司股东权益(万元)	808335.93	781233.50	771652.05	787431.10
营业收入(万元)	494433.79	897408.34	422816.56	743088.91
营业支出(万元)	373751.45	656221.44	307681.85	582479.26
投资收益(万元)	––	–27918.78	–1426.44	28804.48
净利润(万元)	40021.40	80422.65	46530.13	63983.27
营业利润(万元)	46537.01	86493.43	49376.78	61693.04
利润总额(万元)	48066.71	95610.86	54314.45	73365.33

沙河实业股份有限公司

公司概况					
公司名称	沙河实业股份有限公司			证券简称	沙河股份
法人代表	陈勇	董秘	王凡	证券代码	000014
公司网址	www.shahe.cn		电子信箱	wf000014@163.com	
电　话	0755-86091298		传　真	0755-86090688	
办公地址	广东省深圳市南山区白石路 2222 号沙河世纪楼				
经营范围	房地产开发与销售				

主要财务指标　指标＼报告期	2017.06.30	2016.12.31	2016.06.30	2015.12.31
基本每股收益(元)	0.0196	0.1418	–0.0518	0.2626
基本每股收益(扣除后)(元)	0.0196	0.0796	–0.0871	0.1857
稀释每股收益(元)	0.0196	0.1418	–0.0518	0.2626
每股净资产(元)	3.6545	3.6499	3.4563	3.5451
每股经营现金净流量(元)	1.5225	2.2028	0.4905	0.1978
每股现金流量(元)	–0.5850	0.6579	0.1737	–0.5964
每股资本公积金(元)	0.0494	0.0494	0.0494	0.0494
每股盈余公积金(元)	1.0838	1.0838	1.0838	1.0054
每股未分配利润(元)	1.5213	1.5167	1.3231	1.4903
净资产收益率(%)	0.5355	3.8843	–1.4988	7.4067
加权净资产收益率(%)	0.5400	3.9500	–1.4800	7.6800
净资产收益率(扣除)(%)	–0.2983	2.1805	–2.8466	5.2370
总资产(万元)	156330.29	187381.44	214358.66	217051.50
归属母公司股东权益(万元)	73712.92	73620.76	69716.17	71507.37
营业收入(万元)	30230.02	62075.72	12251.74	41321.37
营业支出(万元)	25736.36	49098.48	9818.44	23718.80
投资收益(万元)	––	––	–	145.98
净利润(万元)	426.92	2911.27	–1036.17	5341.08
营业利润(万元)	–285.50	2287.59	–2307.10	5188.94
利润总额(万元)	597.97	3960.91	–1356.68	7199.20

康佳集团股份有限公司

公司概况	公司名称	康佳集团股份有限公司			证券简称	深康佳 A
	法人代表	刘凤喜	董秘	吴勇军	证券代码	000016
	公司网址	www.konka.com			电子信箱	szkonka@konka.com
	电　话	0755-26608866			传　真	0755-26601139
	办公地址	广东省深圳市南山区科技南十二路 28 号康佳研发大厦 23-24 层				
	经营范围	研究开发、生产经营电视机、冰箱、洗衣机、日用小家电等家用电器产品等				

主要财务指标	指标\报告期	2017.06.30	2016.12.31	2016.06.30	2015.12.31
	基本每股收益(元)	0.0128	0.0397	0.0053	-0.5200
	基本每股收益(扣除后)(元)	-0.0185	-0.1177	-0.0119	-0.4693
	稀释每股收益(元)	0.0128	0.0397	0.0053	-0.5200
	每股净资产(元)	1.2164	1.2050	1.1689	1.1688
	每股经营现金净流量(元)	-0.9402	-0.4037	-0.0521	0.5356
	每股现金流量(元)	0.1270	0.2212	0.4077	-0.0632
	每股资本公积金(元)	0.0326	0.0331	0.0336	0.0325
	每股盈余公积金(元)	0.3521	0.3521	0.3521	0.3521
	每股未分配利润(元)	-0.1646	-0.1774	-0.2118	-0.2171
	净资产收益率(%)	1.0540	3.2974	0.4560	-44.6570
	加权净资产收益率(%)	1.0600	3.3500	0.4600	-36.3000
	净资产收益率(扣除)(%)	-1.5178	-9.7695	-1.0209	-40.1509
	总资产(万元)	2066605.99	1724311.96	1488178.85	1425036.75
	归属母公司股东权益(万元)	292893.66	290148.16	281474.85	281438.29
	营业收入(万元)	1140596.60	2029934.81	860908.08	1839517.70
	营业支出(万元)	1011019.13	1751833.03	717772.51	1605549.72
	投资收益(万元)	6700.56	34844.59	1058.64	1357.47
	净利润(万元)	3439.63	9217.54	990.70	-127584.48
	营业利润(万元)	-8915.40	-23223.99	-14004.37	-156922.51
	利润总额(万元)	3055.76	2773.49	1061.29	-154546.77

深圳中华自行车(集团)股份有限公司

公司概况	公司名称	深圳中华自行车(集团)股份有限公司			证券简称	深中华 A
	法人代表	李海	董秘	孙龙龙	证券代码	000017
	公司网址	www.cbc.com.cn			电子信箱	dmc@szcbc.com
	电　话	0755-28181666			传　真	0755-28181009
	办公地址	深圳市笋岗东路 3002 号万通大厦 1201 室				
	经营范围	生产装配各种类型的自行车及自行车零件、部件、配件、机械产品、运动机械等				

主要财务指标	指标\报告期	2017.06.30	2016.12.31	2016.06.30	2015.12.31
	基本每股收益(元)	-0.0031	0.0047	0.0008	-0.0003
	基本每股收益(扣除后)(元)	-0.0035	0.0037	0.0004	-0.0008
	稀释每股收益(元)	-0.0031	0.0047	0.0008	-0.0003
	每股净资产(元)	0.0230	0.0261	0.0222	0.0213
	每股经营现金净流量(元)	-0.0160	0.0012	-0.0086	-0.0055
	每股现金流量(元)	-0.0160	-0.0050	-0.0140	-0.0062
	每股资本公积金(元)	1.1387	1.1387	1.1387	1.1387
	每股盈余公积金(元)	0.0593	0.0593	0.0593	0.0593
	每股未分配利润(元)	-2.1750	-2.1719	-2.1758	-2.1766
	净资产收益率(%)	-13.3418	18.1202	3.6710	-1.1760
	加权净资产收益率(%)	-12.5100	19.9300	3.7400	-1.1700
	净资产收益率(扣除)(%)	-15.0097	14.1227	1.5878	-3.5381
	总资产(万元)	4895.48	5408.83	5847.85	4586.91
	归属母公司股东权益(万元)	1267.73	1436.87	1221.34	1176.50
	营业收入(万元)	4892.97	14197.05	6577.40	17099.00
	营业支出(万元)	4568.63	12624.34	6032.12	15939.93
	投资收益(万元)	--	--	-	-
	净利润(万元)	-212.73	389.16	51.89	-10.59
	营业利润(万元)	-240.73	421.39	37.42	-38.05
	利润总额(万元)	-211.56	479.82	71.48	-1.13

神州长城股份有限公司

公司概况	公司名称	神州长城股份有限公司			证券简称	神州长城
	法人代表	陈略	董秘	杨春玲	证券代码	000018
	公司网址	www.sgwde.com			电子信箱	000018sz@sina.com
	电　话	86-10-89045855			传　真	86-10-89045856
	办公地址	北京市经济技术开发区锦绣街 3 号神州长城大厦				
	经营范围	生产经营纺织工业品及所需的原材料、辅料、各种面料服装、机械设备等				

主要财务指标	指标\报告期	2017.06.30	2016.12.31	2016.06.30	2015.12.31
	基本每股收益(元)	0.1600	0.2800	0.1200	1.5000
	基本每股收益(扣除后)(元)	0.1600	0.2000	0.1000	1.5000
	稀释每股收益(元)	0.1600	0.2800	0.1200	1.5000
	每股净资产(元)	1.1521	1.0469	0.8918	2.8692
	每股经营现金净流量(元)	-0.3156	-0.9939	-0.7399	-0.6535
	每股现金流量(元)	0.2961	0.2125	0.0167	0.7585
	每股资本公积金(元)	-0.7676	-0.7651	-0.7665	-0.1127
	每股盈余公积金(元)	0.0497	0.0497	0.0497	0.1888
	每股未分配利润(元)	0.8218	0.7237	0.5648	1.6901
	净资产收益率(%)	13.7284	26.6409	13.3573	27.0343
	加权净资产收益率(%)	14.3900	21.8400	14.4700	34.5200
	净资产收益率(扣除)(%)	13.5391	26.4504	11.6167	27.0770
	总资产(万元)	951672.04	798617.90	578174.21	401746.28
	归属母公司股东权益(万元)	195657.76	177794.81	151452.52	128225.67
	营业收入(万元)	302508.24	466499.91	195357.48	401035.90
	营业支出(万元)	231959.86	345937.77	146072.71	316502.72
	投资收益(万元)	--	222.64	4.69	-
	净利润(万元)	27947.14	47209.29	20157.76	34610.31
	营业利润(万元)	33134.71	55649.77	21306.31	43143.67
	利润总额(万元)	33569.86	56133.78	23944.04	43079.20

深圳市深宝实业股份有限公司

公司概况	公司名称	深圳市深宝实业股份有限公司			证券简称	深深宝 A
	法人代表	郑煜曦	董秘	李亦研	证券代码	000019
	公司网址	www.sbsy.com.cn			电子信箱	shenbao@sbsy.com.cn
	电　话	0755-82027522			传　真	0755-82027522
	办公地址	广东省深圳市南山区学府路科技园南区软件产业基地 4 栋 B 座 8 层				
	经营范围	生产食品罐头、饮料、土产品等				

主要财务指标	指标\报告期	2017.06.30	2016.12.31	2016.06.30	2015.12.31
	基本每股收益(元)	-0.0357	0.2139	-0.0334	-0.1171
	基本每股收益(扣除后)(元)	-0.0390	-0.1426	-0.0450	-0.1487
	稀释每股收益(元)	-0.0357	0.2139	-0.0334	-0.1171
	每股净资产(元)	1.9957	2.2846	2.0383	3.1076
	每股经营现金净流量(元)	-0.1015	0.1367	0.0700	-0.1527
	每股现金流量(元)	-0.3081	0.4673	-0.0058	-0.3964
	每股资本公积金(元)	0.7391	0.8130	0.8141	1.7211
	每股盈余公积金(元)	0.1102	0.1212	0.1100	0.1650
	每股未分配利润(元)	0.1464	0.3504	0.1142	0.2215
	净资产收益率(%)	-1.7913	9.3646	-1.6403	-3.7682
	加权净资产收益率(%)	-1.7400	9.8200	-1.6300	-3.7000
	净资产收益率(扣除)(%)	-1.9525	-6.2412	-2.2089	-4.7867
	总资产(万元)	112154.92	117854.37	104731.23	106045.88
	归属母公司股东权益(万元)	99142.76	103176.84	92052.32	93562.23
	营业收入(万元)	13815.84	27338.36	14915.55	33822.45
	营业支出(万元)	10440.08	20464.86	11689.32	24744.37
	投资收益(万元)	109.34	16249.35	-89.87	53.55
	净利润(万元)	-2057.70	9014.55	-1946.03	-4296.06
	营业利润(万元)	-2150.90	9417.78	-2580.94	-4823.44
	利润总额(万元)	-2054.04	11420.61	-1996.20	-4042.50

深圳中恒华发股份有限公司

公司概况	公司名称	深圳中恒华发股份有限公司			证券简称	深华发 A
	法人代表	李中秋	董秘	杨斌	证券代码	000020
	公司网址	www.hwafa.com		电子信箱	hwafainvestor@126.com	
	电　话	0755-86360220 86360201		传　真	0755-86360206	
	办公地址	广东省深圳市南山区大冲商务中心 2 号楼 33 层				
	经营范围	生产经营各种彩色电视机、液晶显示器、液晶显示屏、收录机、音响设备、电子表等				

主要财务指标	指标＼报告期	2017.06.30	2016.12.31	2016.06.30	2015.12.31
	基本每股收益(元)	0.0076	0.0193	0.0257	−0.0238
	基本每股收益(扣除后)(元)	0.0052	0.0180	0.0218	−0.0532
	稀释每股收益(元)	0.0076	0.0193	0.0257	−0.0238
	每股净资产(元)	1.1366	1.1290	1.1254	1.0998
	每股经营现金净流量(元)	−0.1250	−0.0660	−0.0898	0.6127
	每股现金流量(元)	−0.1136	−1.8676	−2.0253	2.1559
	每股资本公积金(元)	0.5177	0.5177	0.5166	0.5166
	每股盈余公积金(元)	0.2733	0.2733	0.2733	0.2733
	每股未分配利润(元)	−0.6544	−0.6620	−0.6645	−0.6902
	净资产收益率(%)	0.6669	1.7071	2.2822	−2.1378
	加权净资产收益率(%)	0.6700	1.7200	2.3100	−2.2700
	净资产收益率(扣除)(%)	0.4590	1.5984	1.9400	−10.1930
	总资产(万元)	68340.04	63247.55	61974.84	115508.92
	归属母公司股东权益(万元)	32184.50	31969.86	31867.95	31140.66
	营业收入(万元)	43948.01	61916.78	30953.85	49945.58
	营业支出(万元)	39891.39	53473.66	26428.84	41800.11
	投资收益(万元)	--	33.40	-	2524.72
	净利润(万元)	214.65	545.77	727.30	−673.15
	营业利润(万元)	197.79	839.10	820.18	−630.04
	利润总额(万元)	287.02	868.30	965.72	−346.94

深圳长城开发科技股份有限公司

公司概况	公司名称	深圳长城开发科技股份有限公司			证券简称	深科技
	法人代表	谭文鋕	董秘	葛伟强	证券代码	000021
	公司网址	www.kaifa.cn		电子信箱	stock@kaifa.cn	
	电　话	0755-83200095 83205285		传　真	0755-83275075	
	办公地址	广东省深圳市福田区彩田路 7006 号				
	经营范围	开发、生产、经营计算机软、硬件系统及其外部设备、通讯设备、电子仪器仪表及其零部件等				

主要财务指标	指标＼报告期	2017.06.30	2016.12.31	2016.06.30	2015.12.31
	基本每股收益(元)	0.2090	0.1457	0.1479	0.1228
	基本每股收益(扣除后)(元)	0.0413	0.0653	0.0623	0.1210
	稀释每股收益(元)	0.2090	0.1457	0.1479	0.1228
	每股净资产(元)	3.8578	3.5742	3.5988	3.5370
	每股经营现金净流量(元)	0.2076	0.2423	−0.0328	0.3334
	每股现金流量(元)	−0.0126	−0.8126	−0.4370	0.2355
	每股资本公积金(元)	0.4610	0.4610	0.4610	0.4610
	每股盈余公积金(元)	0.7548	0.7548	0.7293	0.7293
	每股未分配利润(元)	1.3611	1.2022	1.2297	1.1318
	净资产收益率(%)	5.4166	4.0776	4.1085	3.4716
	加权净资产收益率(%)	5.6800	4.0700	4.0700	3.5700
	净资产收益率(扣除)(%)	1.0703	1.8278	1.7302	3.4211
	总资产(万元)	1469744.80	1171737.15	1047263.67	1433751.53
	归属母公司股东权益(万元)	567587.03	525855.40	529474.59	520389.35
	营业收入(万元)	718688.22	1506917.05	686876.34	1536181.48
	营业支出(万元)	676127.53	1421445.57	651251.02	1469672.08
	投资收益(万元)	10643.97	3504.19	2050.31	586.68
	净利润(万元)	32245.64	22374.07	21753.83	18066.03
	营业利润(万元)	38365.57	33882.21	29883.64	19769.12
	利润总额(万元)	38637.70	37339.98	30653.36	27744.93

深圳赤湾港航股份有限公司

公司概况	公司名称	深圳赤湾港航股份有限公司			证券简称	深赤湾 A
	法人代表	白景涛	董秘	王永立	证券代码	000022
	公司网址	www.szcwh.com		电子信箱	cwh@cndi.com	
	电　话	0755-26694222		传　真	0755-26684117	
	办公地址	广东省深圳市南山区招商街道赤湾石油大厦八楼				
	经营范围	集装箱和散杂货的港口装卸、仓储、运输及其他配套服务				

主要财务指标	指标＼报告期	2017.06.30	2016.12.31	2016.06.30	2015.12.31
	基本每股收益(元)	0.4290	0.8260	0.4130	0.8190
	基本每股收益(扣除后)(元)	0.4270	0.8230	0.4110	0.8190
	稀释每股收益(元)	0.4290	0.8260	0.4130	0.8190
	每股净资产(元)	7.2451	7.3047	6.8943	6.8856
	每股经营现金净流量(元)	0.6507	1.2838	0.5718	1.5166
	每股现金流量(元)	0.2598	−0.3988	−0.4300	0.3327
	每股资本公积金(元)	0.2598	0.2598	0.2598	0.2568
	每股盈余公积金(元)	0.8066	0.8066	0.8066	0.8066
	每股未分配利润(元)	5.1771	5.2352	4.8321	4.8287
	净资产收益率(%)	5.9171	11.3036	5.9960	11.8874
	加权净资产收益率(%)	5.7600	11.6370	5.8800	12.3400
	净资产收益率(扣除)(%)	5.8986	11.2662	5.9551	11.8939
	总资产(万元)	678442.15	779093.09	662676.13	691377.29
	归属母公司股东权益(万元)	467137.49	473650.58	444520.35	443960.05
	营业收入(万元)	92960.85	190510.71	90480.97	187260.86
	营业支出(万元)	53597.28	105046.59	49215.85	100271.59
	投资收益(万元)	6951.00	12048.39	6930.03	10081.77
	净利润(万元)	32024.51	66984.97	33477.07	65271.77
	营业利润(万元)	37747.70	76811.94	38229.39	72810.16
	利润总额(万元)	37914.16	77065.87	38443.17	72802.73

深圳市天地(集团)股份有限公司

公司概况	公司名称	深圳市天地(集团)股份有限公司			证券简称	深天地 A
	法人代表	杨国富	董秘	侯剑	证券代码	000023
	公司网址	www.sztiansi.com		电子信箱	std000023@vip.163.com	
	电　话	0755-86154212		传　真	0755-86154040	
	办公地址	广东省深圳市南山区高新技术产业园(北区)朗山路东物商业大楼 10 楼				
	经营范围	商品混凝土及其原材料的生产、销售				

主要财务指标	指标＼报告期	2017.06.30	2016.12.31	2016.06.30	2015.12.31
	基本每股收益(元)	0.1382	0.0717	0.0559	0.1926
	基本每股收益(扣除后)(元)	0.0156	0.0623	0.0553	0.2356
	稀释每股收益(元)	0.1382	0.0717	0.0559	0.1926
	每股净资产(元)	2.8903	2.7911	2.7752	2.7681
	每股经营现金净流量(元)	0.7296	0.5116	0.0695	0.2124
	每股现金流量(元)	0.4849	0.3693	−0.0635	0.0513
	每股资本公积金(元)	0.7389	0.7389	0.7389	0.7389
	每股盈余公积金(元)	0.3469	0.3469	0.3462	0.3462
	每股未分配利润(元)	0.7981	0.6998	0.6848	0.6789
	净资产收益率(%)	4.7825	2.5697	2.0151	6.9596
	加权净资产收益率(%)	4.8700	2.5800	2.0200	7.1700
	净资产收益率(扣除)(%)	0.5396	2.2327	1.9913	8.5109
	总资产(万元)	171500.72	151396.52	150067.17	156586.56
	归属母公司股东权益(万元)	40104.68	38728.47	38507.45	38408.67
	营业收入(万元)	54554.22	100996.04	45029.45	103780.41
	营业支出(万元)	49326.73	87889.25	38387.59	85084.23
	投资收益(万元)	--	--	-	-
	净利润(万元)	1696.81	1582.85	962.49	2663.39
	营业利润(万元)	261.12	1919.52	1476.65	5289.73
	利润总额(万元)	2517.32	2174.93	1526.64	4293.72

深圳市特力(集团)股份有限公司

公司概况	公司名称	深圳市特力(集团)股份有限公司			证券简称	特力A
	法人代表	吕航	董秘	祁鹏	证券代码	000025
	公司网址	www.tellus.cn		电子信箱	ir@tellus.cn	
	电　话	0755-83989378 83989339		传　真	0755-83989386	
	办公地址	广东省深圳市福田区深南中路中核大厦十五楼				
	经营范围	汽车销售、汽车检测维修及配件销售、物业租赁及服务等				

主要财务指标	指标\报告期	2017.06.30	2016.12.31	2016.06.30	2015.12.31
	基本每股收益(元)	0.0827	0.0915	0.0597	0.1538
	基本每股收益(扣除后)(元)	0.0596	0.0815	0.0520	0.1298
	稀释每股收益(元)	0.0827	0.0915	0.0597	0.1538
	每股净资产(元)	3.0980	3.0118	2.9801	2.9204
	每股经营现金净流量(元)	0.0248	0.1947	0.0806	0.2714
	每股现金流量(元)	-0.1859	0.2668	0.1070	0.0644
	每股资本公积金(元)	1.9013	1.8978	1.8978	1.8978
	每股盈余公积金(元)	0.0099	0.0099	0.0099	0.0099
	每股未分配利润(元)	0.1868	0.1041	0.0723	0.0126
	净资产收益率(%)	2.6707	3.0372	2.0033	4.9263
	加权净资产收益率(%)	2.7100	3.0840	2.0200	6.2100
	净资产收益率(扣除)(%)	1.9224	2.7066	1.7439	3.2930
	总资产(万元)	121799.89	118900.11	116732.95	116866.79
	归属母公司股东权益(万元)	92099.32	89536.26	88591.70	86816.91
	营业收入(万元)	16098.41	32424.08	15714.72	30372.68
	营业支出(万元)	11802.48	22904.28	11282.24	21799.22
	投资收益(万元)	963.66	509.90	510.06	2099.23
	净利润(万元)	2340.14	2761.79	1796.95	4273.80
	营业利润(万元)	2371.25	3180.06	1852.78	4689.89
	利润总额(万元)	2402.51	3048.53	1856.74	4729.31

飞亚达(集团)股份有限公司

公司概况	公司名称	飞亚达(集团)股份有限公司			证券简称	飞亚达A
	法人代表	黄勇峰	董秘	陆万军	证券代码	000026
	公司网址	www.fiytagroup.com		电子信箱	investor@fiyta.com.cn	
	电　话	0755-86013669 86013198		传　真	0755-83348369	
	办公地址	广东省深圳市南山区高新南一道飞亚达科技大厦20楼				
	经营范围	钟表及其零配件的设计、开发、制造、销售和维修等				

主要财务指标	指标\报告期	2017.06.30	2016.12.31	2016.06.30	2015.12.31
	基本每股收益(元)	0.1976	0.2522	0.1379	0.3099
	基本每股收益(扣除后)(元)	0.1959	0.2215	0.1359	0.2890
	稀释每股收益(元)	0.1976	0.2522	0.1379	0.3099
	每股净资产(元)	5.5189	5.4049	5.3002	5.2404
	每股经营现金净流量(元)	0.6307	1.0388	0.4960	1.0088
	每股现金流量(元)	-0.0993	-0.4790	-0.3198	1.3303
	每股资本公积金(元)	2.4216	2.4216	2.4216	2.7050
	每股盈余公积金(元)	0.4421	0.4421	0.4097	0.4576
	每股未分配利润(元)	1.6657	1.5681	1.4862	1.6178
	净资产收益率(%)	3.5810	4.6666	2.6022	5.2932
	加权净资产收益率(%)	3.6500	4.7400	2.5900	7.2400
	净资产收益率(扣除)(%)	3.5492	4.0989	2.5712	4.9339
	总资产(万元)	384499.09	400489.76	401280.32	424667.00
	归属母公司股东权益(万元)	242137.34	237137.05	232543.21	229921.57
	营业收入(万元)	159954.11	299386.46	147952.78	316219.62
	营业支出(万元)	94147.97	177281.17	88166.33	192951.37
	投资收益(万元)	18.89	44.66	0.02	83.18
	净利润(万元)	8661.18	11037.48	6036.32	12204.37
	营业利润(万元)	11162.78	12738.24	7526.96	12462.40
	利润总额(万元)	11257.72	14503.13	7614.30	13553.02

深圳能源集团股份有限公司

公司概况	公司名称	深圳能源集团股份有限公司			证券简称	深圳能源
	法人代表	熊佩锦	董秘	邵崇	证券代码	000027
	公司网址	www.sec.com.cn		电子信箱	ir@sec.com.cn	
	电　话	0755-83684138		传　真	0755-83684128	
	办公地址	广东省深圳市福田区深南中路2068号华能大厦5、33、35-36、38-41层				
	经营范围	各种常规能源和新能源的开发、生产、购销等				

主要财务指标	指标\报告期	2017.06.30	2016.12.31	2016.06.30	2015.12.31
	基本每股收益(元)	0.1017	0.3400	0.2150	0.4500
	基本每股收益(扣除后)(元)	0.0973	0.3300	0.2127	0.4400
	稀释每股收益(元)	0.1017	0.3400	0.2150	0.4500
	每股净资产(元)	5.4497	5.4504	5.2806	5.4765
	每股经营现金净流量(元)	0.2387	0.6944	0.2633	0.9674
	每股现金流量(元)	0.0144	-0.9761	-0.6247	0.9527
	每股资本公积金(元)	1.0898	1.0898	1.0897	1.0897
	每股盈余公积金(元)	0.7320	0.7320	0.7110	0.7110
	每股未分配利润(元)	1.9977	2.0556	1.9517	1.9505
	净资产收益率(%)	1.8667	6.2341	4.0706	8.2463
	加权净资产收益率(%)	1.8500	6.0200	3.8500	9.1900
	净资产收益率(扣除)(%)	1.7859	6.1217	4.0274	7.9652
	总资产(万元)	6801586.26	6086218.62	5804956.50	5806742.74
	归属母公司股东权益(万元)	2160528.90	2160804.88	2093501.62	2171135.52
	营业收入(万元)	617421.80	1131811.22	502987.34	1112998.30
	营业支出(万元)	467567.20	804357.49	340095.95	779676.30
	投资收益(万元)	16165.50	34411.68	23400.84	53926.17
	净利润(万元)	43293.27	140663.55	91931.72	205769.27
	营业利润(万元)	59258.39	187026.50	107935.58	227572.95
	利润总额(万元)	61774.95	204186.72	116012.47	261339.00

国药集团一致药业股份有限公司

公司概况	公司名称	国药集团一致药业股份有限公司			证券简称	国药一致
	法人代表	林兆雄	董秘	陈常兵	证券代码	000028
	公司网址	www.szaccord.com.cn		电子信箱	investor@szaccord.com.cn	
	电　话	0755-25875195		传　真	0755-25195435	
	办公地址	广东省深圳市福田区八卦四路15号一致药业大厦				
	经营范围	中成药、化学原料药、化学药制剂、抗生素原料药、抗生素制剂等				

主要财务指标	指标\报告期	2017.06.30	2016.12.31	2016.06.30	2015.12.31
	基本每股收益(元)	1.2990	2.8000	1.4950	2.1000
	基本每股收益(扣除后)(元)	1.2760	2.2300	1.1150	1.9700
	稀释每股收益(元)	1.2990	2.8000	1.4950	2.1000
	每股净资产(元)	20.7052	23.3023	16.2333	15.0384
	每股经营现金净流量(元)	0.5333	4.0607	1.3585	2.8899
	每股现金流量(元)	-0.2960	2.7207	1.2733	1.9717
	每股资本公积金(元)	7.3612	8.6940	5.1399	5.1399
	每股盈余公积金(元)	0.4235	0.5000	0.5000	0.5000
	每股未分配利润(元)	11.9205	12.9340	9.5934	8.3985
	净资产收益率(%)	6.2737	14.0424	9.2092	13.9603
	加权净资产收益率(%)	6.4100	15.0600	9.5300	14.9400
	净资产收益率(扣除)(%)	6.1623	9.8739	6.8716	13.1150
	总资产(万元)	2219977.50	2131654.82	1448558.66	1321834.97
	归属母公司股东权益(万元)	886445.51	845242.69	588672.62	545339.37
	营业收入(万元)	2052480.77	4124842.93	1408905.29	2599313.93
	营业支出(万元)	1836403.45	3664823.69	1304049.38	2397204.26
	投资收益(万元)	14672.60	22346.79	14954.53	5741.39
	净利润(万元)	59953.37	128188.03	55437.20	78734.79
	营业利润(万元)	75659.36	154815.85	65348.17	90659.32
	利润总额(万元)	75957.48	160025.71	66482.89	96130.79

深圳经济特区房地产(集团)股份有限公司

公司概况	公司名称	深圳经济特区房地产(集团)股份有限公司			证券简称	深深房A
	法人代表	周建国	董秘	陈继	证券代码	000029
	公司网址	www.sfjt.com.cn		电子信箱	spg@163.net	
	电　话	0755-82293000*4718		传　真	0755-82294024	
	办公地址	广东省深圳市罗湖区人民南路深房广场47楼				
	经营范围	房地产开发及商品房销售、物业租赁及管理、建筑装饰安装、商品零售及贸易等				

	指标\报告期	2017.06.30	2016.12.31	2016.06.30	2015.12.31
主要财务指标	基本每股收益(元)	0.1356	0.3080	0.1332	0.2977
	基本每股收益(扣除后)(元)	0.1355	0.3001	0.1259	0.2975
	稀释每股收益(元)	0.1356	0.3080	0.1332	0.2977
	每股净资产(元)	2.7505	2.6134	2.4365	2.3048
	每股经营现金净流量(元)	-0.0966	0.5206	0.4213	1.0845
	每股现金流量(元)	-0.1005	0.0949	0.3232	0.4939
	每股资本公积金(元)	0.9670	0.9670	0.9670	0.9670
	每股盈余公积金(元)	0.0587	0.0587	0.0404	0.0404
	每股未分配利润(元)	0.7128	0.5772	0.4208	0.2876
	净资产收益率(%)	4.9317	11.7846	5.4672	12.9146
	加权净资产收益率(%)	5.0600	12.5300	5.6200	13.2100
	净资产收益率(扣除)(%)	4.9265	11.4837	5.1654	12.9074
	总资产(万元)	379534.88	378560.08	447697.17	417993.71
	归属母公司股东权益(万元)	278252.31	264386.04	246489.59	233170.41
	营业收入(万元)	73130.70	235202.35	109788.70	216336.56
	营业支出(万元)	49494.98	166864.58	81602.72	138962.73
	投资收益(万元)	65.00	46.09	62.52	38.87
	净利润(万元)	13719.97	31149.58	13472.80	30106.91
	营业利润(万元)	18417.74	41920.04	17589.98	40968.32
	利润总额(万元)	18437.28	42529.17	18101.27	40990.49

富奥汽车零部件股份有限公司

公司概况	公司名称	富奥汽车零部件股份有限公司			证券简称	富奥股份
	法人代表	甘先国	董秘	王晓平	证券代码	000030
	公司网址	www.fawer.com.cn		电子信箱	000030@fawer.com.cn	
	电　话	0431-85122797		传　真	0431-85122756	
	办公地址	吉林省长春汽车经济技术开发区东风南街777号				
	经营范围	汽车零部件及相关产品的研究、设计、制造,国内销售及售后服务				

	指标\报告期	2017.06.30	2016.12.31	2016.06.30	2015.12.31
主要财务指标	基本每股收益(元)	0.3500	0.5200	0.2900	0.3900
	基本每股收益(扣除后)(元)	0.3400	0.5000	0.2700	0.3800
	稀释每股收益(元)	0.3500	0.5200	0.2900	0.3900
	每股净资产(元)	4.1563	4.0008	3.7617	3.6222
	每股经营现金净流量(元)	0.1230	0.4645	0.1225	0.2580
	每股现金流量(元)	0.1831	0.2011	0.0379	0.2776
	每股资本公积金(元)	0.4128	0.4096	0.4083	0.4049
	每股盈余公积金(元)	0.3293	0.3293	0.2752	0.2752
	每股未分配利润(元)	2.4037	2.2531	2.0694	1.9347
	净资产收益率(%)	8.4358	13.0789	7.5887	10.7424
	加权净资产收益率(%)	8.3900	13.7300	7.5800	11.1900
	净资产收益率(扣除)(%)	8.0943	12.5531	7.2677	10.4657
	总资产(万元)	939492.91	907298.73	846842.14	808537.69
	归属母公司股东权益(万元)	537516.67	517406.74	486481.96	468442.89
	营业收入(万元)	342214.13	585693.76	276516.31	433151.35
	营业支出(万元)	279118.31	476702.31	227949.65	353451.60
	投资收益(万元)	27644.67	44616.64	26831.35	43578.64
	净利润(万元)	44009.90	67661.91	37567.55	52494.57
	营业利润(万元)	48376.24	64934.31	37319.34	52277.45
	利润总额(万元)	49088.79	70583.12	39451.97	53615.49

中粮地产(集团)股份有限公司

公司概况	公司名称	中粮地产(集团)股份有限公司			证券简称	中粮地产
	法人代表	周政	董秘	宋冰心	证券代码	000031
	公司网址	www.cofco-property.cn		电子信箱	cofco-property@cofco.com	
	电　话	86-755-23999288 23999262		传　真	0755-23999009	
	办公地址	广东省深圳市福田区福华一路1号大中华国际交易广场35层				
	经营范围	商品房开发与销售、物业租赁、来料加工等				

	指标\报告期	2017.06.30	2016.12.31	2016.06.30	2015.12.31
主要财务指标	基本每股收益(元)	0.0900	0.4000	0.0900	0.4000
	基本每股收益(扣除后)(元)	0.0200	0.2800	0.0900	0.0600
	稀释每股收益(元)	0.0900	0.4000	0.0900	0.4000
	每股净资产(元)	3.1625	3.2486	3.0803	3.2963
	每股经营现金净流量(元)	-2.8540	3.7699	0.8512	-1.0014
	每股现金流量(元)	-3.0603	2.1589	1.5159	1.1150
	每股资本公积金(元)	--	0.0672	0.1542	0.1542
	每股盈余公积金(元)	0.5843	0.6516	0.5334	0.5334
	每股未分配利润(元)	1.5675	1.5218	1.3791	1.5585
	净资产收益率(%)	2.7075	12.2223	2.8807	12.0733
	加权净资产收益率(%)	2.7000	11.6100	2.7200	12.0000
	净资产收益率(扣除)(%)	0.6603	8.5617	2.9683	1.7598
	总资产(万元)	6437870.44	6127695.01	5947418.51	5556969.27
	归属母公司股东权益(万元)	573599.56	589212.77	558680.05	591691.35
	营业收入(万元)	458784.64	1802519.15	619813.38	1349954.27
	营业支出(万元)	303681.18	1184898.33	418042.83	992930.26
	投资收益(万元)	710.34	4938.78	1302.95	88263.33
	净利润(万元)	37247.93	133345.90	52353.26	100122.23
	营业利润(万元)	67733.30	222404.65	74267.95	138620.27
	利润总额(万元)	67850.35	223413.16	74693.49	140053.03

深圳市桑达实业股份有限公司

公司概况	公司名称	深圳市桑达实业股份有限公司			证券简称	深桑达A
	法人代表	周剑	董秘	钟彦	证券代码	000032
	公司网址	www.sedind.com		电子信箱	sed@sedind.com	
	电　话	0755-86316073		传　真	0755-86316006	
	办公地址	广东省深圳市南山区科技园科技路1号桑达科技大厦15-17层				
	经营范围	电子设备、电子器件、电子消费通信产品及房地产开发等				

	指标\报告期	2017.06.30	2016.12.31	2016.06.30	2015.12.31
主要财务指标	基本每股收益(元)	0.0600	0.1438	0.0910	0.1600
	基本每股收益(扣除后)(元)	0.0570	0.1300	0.0840	-0.1600
	稀释每股收益(元)	0.0600	0.1438	0.0910	0.1600
	每股净资产(元)	3.4413	3.4000	3.3412	3.9211
	每股经营现金净流量(元)	0.0182	0.1861	-0.1142	0.9516
	每股现金流量(元)	0.0101	-0.3148	-0.4248	0.4495
	每股资本公积金(元)	0.6249	0.6249	0.6174	0.9409
	每股盈余公积金(元)	0.6001	0.6001	0.5925	0.7110
	每股未分配利润(元)	1.2114	1.1713	1.1259	1.2621
	净资产收益率(%)	1.7462	4.2284	2.7168	3.9566
	加权净资产收益率(%)	1.7500	4.3200	2.7400	3.9800
	净资产收益率(扣除)(%)	1.6620	3.8346	2.5083	-2.7487
	总资产(万元)	200832.66	195541.50	196200.35	212573.72
	归属母公司股东权益(万元)	145310.95	143583.87	141082.87	137975.47
	营业收入(万元)	73739.18	198730.43	97835.43	197005.75
	营业支出(万元)	60724.36	170974.62	85286.11	168607.19
	投资收益(万元)	163.74	--	-	840.48
	净利润(万元)	1900.59	4575.70	3524.59	4946.14
	营业利润(万元)	3102.89	5477.53	3786.84	3099.24
	利润总额(万元)	3117.66	7104.64	4474.45	8279.48

神州数码集团股份有限公司

公司概况					
公司名称	神州数码集团股份有限公司			证券简称	神州数码
法人代表	郭为	董秘	王继业	证券代码	000034
公司网址	www.digitalchina.com		电子信箱	dcg-ir@digitalchina.com	
电话	010-82705411		传真	010-82705651	
办公地址	北京市海淀区上地九街九号数码科技广场				
经营范围	电话机产品的生产与销售及饲料产品的生产及销售				

主要财务指标 指标\报告期	2017.06.30	2016.12.31	2016.06.30	2015.12.31
基本每股收益(元)	0.3116	0.6700	0.4535	0.0600
基本每股收益(扣除后)(元)	0.2736	0.3100	0.0991	-0.0400
稀释每股收益(元)	0.3116	0.6700	0.4535	0.0600
每股净资产(元)	4.3493	4.0487	3.8003	0.5224
每股经营现金净流量(元)	0.8177	0.5288	0.2801	-0.0377
每股现金流量(元)	1.4302	1.4655	2.4463	0.2378
每股资本公积金(元)	3.6397	3.6397	3.6397	1.7899
每股盈余公积金(元)	0.1005	0.1005	0.1005	0.1836
每股未分配利润(元)	-0.4153	-0.7269	-0.9565	-2.4511
净资产收益率(%)	7.1648	15.2481	10.1316	11.4242
加权净资产收益率(%)	7.4200	19.0400	14.6100	12.1200
净资产收益率(扣除)(%)	6.2918	7.1567	2.2147	-7.2252
总资产(万元)	1829709.30	1703872.53	1629152.34	44800.83
归属母公司股东权益(万元)	284473.82	264816.34	248564.99	18699.99
营业收入(万元)	2609994.03	4053112.35	1171025.35	45806.34
营业支出(万元)	2472196.82	3855424.13	1105354.39	40906.29
投资收益(万元)	1731.88	25398.51	20461.60	1500.10
净利润(万元)	20759.82	40278.37	25183.67	2136.32
营业利润(万元)	25769.76	46095.60	26074.02	-706.91
利润总额(万元)	26128.86	49772.60	26663.18	2454.53

中国天楹股份有限公司

公司概况					
公司名称	中国天楹股份有限公司			证券简称	中国天楹
法人代表	严圣军	董秘	程健	证券代码	000035
公司网址	www.ctyi.com.cn		电子信箱	cy@ctyi.com.cn	
电话	0513-80688810		传真	0513-80688820	
办公地址	江苏省海安县城黄海大道(西)268 号				
经营范围	开发、生产、销售数字移动电话机				

主要财务指标 指标\报告期	2017.06.30	2016.12.31	2016.06.30	2015.12.31
基本每股收益(元)	0.0582	0.1709	0.0581	0.3700
基本每股收益(扣除后)(元)	0.0560	0.1630	0.1000	0.3500
稀释每股收益(元)	0.0582	0.1709	0.0581	0.3700
每股净资产(元)	1.7245	1.6652	1.5521	2.9880
每股经营现金净流量(元)	0.0679	0.1820	0.0331	0.2546
每股现金流量(元)	-0.0356	-0.0048	-0.0344	-0.1560
每股资本公积金(元)	0.7634	0.7623	0.7621	1.5241
每股盈余公积金(元)	0.0466	0.0466	0.0322	0.0643
每股未分配利润(元)	0.6269	0.5687	0.4703	0.8243
净资产收益率(%)	3.3763	10.2656	3.7441	12.3324
加权净资产收益率(%)	3.4400	10.8200	3.8200	13.1400
净资产收益率(扣除)(%)	3.2493	9.7889	3.6354	11.6432
总资产(万元)	662559.70	599849.43	456372.19	439902.44
归属母公司股东权益(万元)	213584.44	206246.17	192235.29	185037.74
营业收入(万元)	54219.71	98049.97	35247.11	82539.91
营业支出(万元)	31554.85	54080.87	16744.43	41701.52
投资收益(万元)	0.31	0.06	0.08	0.02
净利润(万元)	7211.26	21172.45	7197.55	22819.52
营业利润(万元)	9837.88	19472.89	6616.43	24139.59
利润总额(万元)	9851.19	25036.10	8766.33	27020.20

华联控股股份有限公司

公司概况					
公司名称	华联控股股份有限公司			证券简称	华联控股
法人代表	董炳根	董秘	孔庆富	证券代码	000036
公司网址	www.udcgroup.com		电子信箱	hlkg000036@udcgroup.com	
电话	0755-83667450 83667257		传真	0755-83667583	
办公地址	广东省深圳市福田区深南中路 2008 号华联大厦 11 层				
经营范围	房地产开发及自有物业租赁管理业务等				

主要财务指标 指标\报告期	2017.06.30	2016.12.31	2016.06.30	2015.12.31
基本每股收益(元)	0.9220	1.1800	0.3845	0.0617
基本每股收益(扣除后)(元)	0.9380	0.6300	-0.0161	0.0612
稀释每股收益(元)	0.9220	1.1800	0.3790	0.0612
每股净资产(元)	3.5833	2.9600	2.1588	1.7900
每股经营现金净流量(元)	-0.2134	1.8420	1.4334	0.0955
每股现金流量(元)	-0.9908	1.4431	1.3482	0.8491
每股资本公积金(元)	0.2044	0.2031	0.2073	0.2200
每股盈余公积金(元)	0.1939	0.1939	0.0844	0.0844
每股未分配利润(元)	2.2174	1.5958	0.9035	0.5246
净资产收益率(%)	25.7146	39.9078	17.5632	3.3949
加权净资产收益率(%)	26.9300	49.6600	19.1400	3.4800
净资产收益率(扣除)(%)	25.7772	21.1204	-0.7355	3.3695
总资产(万元)	825377.24	972547.63	875239.85	646374.08
归属母公司股东权益(万元)	409026.65	337914.54	246036.50	204147.82
营业收入(万元)	284933.91	217174.38	9922.85	40902.79
营业支出(万元)	87908.76	61385.73	5087.84	14810.52
投资收益(万元)	2095.62	91577.30	60523.54	1425.28
净利润(万元)	106517.85	135308.30	43257.64	9469.54
营业利润(万元)	119134.35	179036.64	57852.33	12066.45
利润总额(万元)	118632.14	179076.41	57867.54	12147.56

深圳南山热电股份有限公司

公司概况					
公司名称	深圳南山热电股份有限公司			证券简称	深南电 A
法人代表	李新威	董秘	张杰	证券代码	000037
公司网址	www.nsrd.com.cn		电子信箱	public@nspower.com.cn	
电话	0755-26948888		传真	0755-26003684	
办公地址	广东省深圳市南山区华侨城汉唐大厦 16、17 楼				
经营范围	供电、供热、提供相关技术咨询和技术服务等				

主要财务指标 指标\报告期	2017.06.30	2016.12.31	2016.06.30	2015.12.31
基本每股收益(元)	-0.0400	2.1700	-0.0900	-1.0500
基本每股收益(扣除后)(元)	-0.0400	-0.2100	-0.1100	-1.2200
稀释每股收益(元)	-0.0400	2.1700	-0.0900	-1.0500
每股净资产(元)	3.1855	3.2230	0.9615	1.0552
每股经营现金净流量(元)	-0.1086	1.5368	0.3047	0.6411
每股现金流量(元)	-1.7736	0.6191	0.1311	0.7430
每股资本公积金(元)	0.6018	0.6018	0.6018	0.6018
每股盈余公积金(元)	0.5523	0.5523	0.5523	0.5523
每股未分配利润(元)	1.0313	1.0689	-1.1926	-1.0990
净资产收益率(%)	-1.1786	67.2613	-9.7409	-99.7825
加权净资产收益率(%)	-1.1700	101.3400	-10.9600	-77.3800
净资产收益率(扣除)(%)	-1.3079	-6.6398	-11.3997	-115.9760
总资产(万元)	304307.07	436370.36	459781.12	457985.37
归属母公司股东权益(万元)	192008.47	194271.39	57956.43	63600.67
营业收入(万元)	87296.27	157408.90	69768.83	134501.82
营业支出(万元)	82776.16	144290.10	63991.98	149281.48
投资收益(万元)	-101.94	165864.84	-108.29	-207.71
净利润(万元)	-3071.26	126475.84	-7948.08	-82932.45
营业利润(万元)	-2962.59	147340.06	-8999.39	-122956.40
利润总额(万元)	-2979.21	148856.29	-7839.58	-82814.65

深圳大通实业股份有限公司

公司概况	公司名称	深圳大通实业股份有限公司			证券简称	深大通
	法人代表	郝亮	董秘	郝亮	证券代码	000038
	公司网址	www.chinadatong.com		电子信箱	datongstock@163.com	
	电话	0755-26926508		传真	0755-26910599	
	办公地址	广东省深圳市南山区科苑中路15号科兴科学园B座1单元1002				
	经营范围	房地产开发和经营				

主要财务指标	指标\报告期	2017.06.30	2016.12.31	2016.06.30	2015.12.31
	基本每股收益(元)	0.5628	0.9278	0.5006	0.0620
	基本每股收益(扣除后)(元)	0.5217	0.8431	0.4067	0.0790
	稀释每股收益(元)	0.5628	0.9278	0.5006	0.0620
	每股净资产(元)	15.9713	15.5085	14.9592	1.2030
	每股经营现金净流量(元)	-0.1267	1.0893	0.6901	0.7286
	每股现金流量(元)	-2.5649	6.2360	8.7662	0.7287
	每股资本公积金(元)	13.8032	13.8032	13.6980	0.2322
	每股盈余公积金(元)	0.0799	0.0799	0.0180	0.0612
	每股未分配利润(元)	1.0882	0.6254	0.2432	-0.0904
	净资产收益率(%)	3.5238	4.6032	1.8035	5.1258
	加权净资产收益率(%)	3.5600	6.8100	4.0100	6.7200
	净资产收益率(扣除)(%)	3.2667	4.1833	1.4653	6.5623
	总资产(万元)	609374.23	639362.36	653405.28	74477.75
	归属母公司股东权益(万元)	521838.65	506717.38	488771.01	11576.55
	营业收入(万元)	85143.92	102919.63	38437.95	30543.09
	营业支出(万元)	56127.02	61671.63	22291.62	23198.23
	投资收益(万元)	1333.18	356.96	17.70	-
	净利润(万元)	18454.82	24047.65	9619.32	806.24
	营业利润(万元)	24086.98	27145.09	9123.45	1988.66
	利润总额(万元)	24093.22	30735.66	12615.05	1742.49

中国国际海运集装箱(集团)股份有限公司

公司概况	公司名称	中国国际海运集装箱(集团)股份有限公司			证券简称	中集集团
	法人代表	王宏	董秘	于玉群	证券代码	000039
	公司网址	www.cimc.com		电子信箱	shareholder@cimc.com	
	电话	0755-26691130 26802706		传真	0755-26826579 26813950	
	办公地址	广东省深圳市南山区蛇口港湾大道2号中集研发中心				
	经营范围	制造修理集装箱及其有关业务				

主要财务指标	指标\报告期	2017.06.30	2016.12.31	2016.06.30	2015.12.31
	基本每股收益(元)	0.2554	0.1400	-0.1444	0.7200
	基本每股收益(扣除后)(元)	0.2783	0.1300	-0.1861	0.6200
	稀释每股收益(元)	0.2544	0.1400	-0.1444	0.7100
	每股净资产(元)	10.0100	9.8300	8.6100	8.9000
	每股经营现金净流量(元)	-0.2242	0.7862	0.3135	-1.2124
	每股现金流量(元)	-0.1336	1.0339	-	0.1088
	每股资本公积金(元)	1.0321	1.0497	1.0500	1.0685
	每股盈余公积金(元)	1.1003	1.1010	1.0756	1.0758
	每股未分配利润(元)	6.0651	5.8736	5.5663	5.9316
	净资产收益率(%)	2.6721	1.8427	-1.3684	6.9163
	加权净资产收益率(%)	2.7600	2.0000	-1.6400	8.0000
	净资产收益率(扣除)(%)	2.9007	1.7463	-1.8179	6.0306
	总资产(万元)	12949885.40	12461474.80	11479991.70	10676317.10
	归属母公司股东权益(万元)	2982281.30	2928597.00	2762549.30	2854131.90
	营业收入(万元)	3338715.20	5111165.20	2354284.30	5868580.40
	营业支出(万元)	2724156.40	4148201.70	1912649.60	4808124.30
	投资收益(万元)	-1062.80	23441.00	-8732.80	77610.60
	净利润(万元)	106650.90	73498.30	-54116.00	227196.10
	营业利润(万元)	152420.30	80053.80	-31898.80	294373.60
	利润总额(万元)	157614.20	170205.10	-16584.40	320635.20

东旭蓝天新能源股份有限公司

公司概况	公司名称	东旭蓝天新能源股份有限公司			证券简称	东旭蓝天
	法人代表	朱胜利	董秘	柏志伟	证券代码	000040
	公司网址	www.bahjdc.com.cn		电子信箱	sz000040@bahjdc.com	
	电话	0755-82367726		传真	0755-82367780	
	办公地址	广东省深圳市罗湖区东门中路1011号鸿基大厦25-27楼				
	经营范围	装卸搬运、公司历史用地的房地产开发、自有物业的管理等				

主要财务指标	指标\报告期	2017.06.30	2016.12.31	2016.06.30	2015.12.31
	基本每股收益(元)	0.1130	0.1900	0.1700	0.1300
	基本每股收益(扣除后)(元)	0.1140	0.1400	0.1700	0.1400
	稀释每股收益(元)	0.1130	0.1900	0.1700	0.1300
	每股净资产(元)	8.2968	8.1993	8.1260	2.8233
	每股经营现金净流量(元)	-1.0029	-0.2119	-0.0632	0.4068
	每股现金流量(元)	-1.6472	4.3908	23.6212	4.5114
	每股资本公积金(元)	6.6361	6.6361	18.8964	0.5840
	每股盈余公积金(元)	0.1410	0.1410	0.4014	0.4014
	每股未分配利润(元)	0.5138	0.4145	0.9782	0.8168
	净资产收益率(%)	1.3656	1.5996	0.7408	4.6802
	加权净资产收益率(%)	1.3700	2.8500	5.8600	4.7900
	净资产收益率(扣除)(%)	1.3705	1.1539	0.7394	4.9827
	总资产(万元)	2112409.33	1728796.72	1903343.15	676890.93
	归属母公司股东权益(万元)	1109424.59	1096388.47	1086580.68	132579.86
	营业收入(万元)	321704.12	377350.17	129127.12	166572.92
	营业支出(万元)	276969.07	314710.57	97729.26	111331.22
	投资收益(万元)	0.51	5072.07	-334.11	-906.70
	净利润(万元)	15144.08	17533.91	8047.40	6204.46
	营业利润(万元)	17763.35	22146.63	11342.36	10752.78
	利润总额(万元)	17669.18	23035.58	11378.40	10188.66

深圳市中洲投资控股股份有限公司

公司概况	公司名称	深圳市中洲投资控股股份有限公司			证券简称	中洲控股
	法人代表	姚日波	董秘	尹善峰	证券代码	000042
	公司网址	www.zztzkg.com		电子信箱	dongshihui@zztzkg.com	
	电话	0755-88393698 88393605		传真	0755-88393600	
	办公地址	广东省深圳市南山区海德一道88号中洲控股金融中心A座39层				
	经营范围	房地产开发及商品房销售、管理、承接建筑安装工程、自有物业租赁				

主要财务指标	指标\报告期	2017.06.30	2016.12.31	2016.06.30	2015.12.31
	基本每股收益(元)	0.2276	0.3959	0.0403	0.8377
	基本每股收益(扣除后)(元)	0.2266	0.4195	0.0574	0.8554
	稀释每股收益(元)	0.2276	0.3959	0.0403	0.8377
	每股净资产(元)	8.9805	8.8519	8.3108	8.4429
	每股经营现金净流量(元)	-2.9093	2.6299	-0.9534	-1.2733
	每股现金流量(元)	4.5746	2.0658	1.1734	1.6831
	每股资本公积金(元)	3.7621	3.7621	3.7531	3.7306
	每股盈余公积金(元)	0.7482	0.7482	0.7461	0.7458
	每股未分配利润(元)	3.4515	3.3039	2.9539	3.1130
	净资产收益率(%)	2.5345	4.4270	0.4789	7.1446
	加权净资产收益率(%)	2.5400	4.5700	0.4700	11.6100
	净资产收益率(扣除)(%)	2.5235	4.7406	0.6807	7.2961
	总资产(万元)	3543308.47	2916160.85	2928900.70	2462139.35
	归属母公司股东权益(万元)	597051.05	588503.71	552524.83	561510.93
	营业收入(万元)	326013.27	811575.53	332150.44	504782.40
	营业支出(万元)	243929.65	574486.45	249013.11	303508.13
	投资收益(万元)	2618.25	-309.60	1100.91	3883.24
	净利润(万元)	15096.33	22154.03	2032.46	39985.16
	营业利润(万元)	25858.91	53840.25	15116.25	63015.98
	利润总额(万元)	25060.91	52597.98	13614.11	61707.24

中航地产股份有限公司

公司概况	公司名称	中航地产股份有限公司			证券简称	中航地产
	法人代表	石正林	董秘	杨祥	证券代码	000043
	公司网址	www.carec.com.cn		电子信箱	sng@carec.com.cn	
	电　话	0755-83244582 83244503		传　真	0755-83688903	
	办公地址	广东省深圳市福田区振华路163号飞亚达大厦六楼				
	经营范围	工业实业、旅游服务业、房地产等				

主要财务指标	指标\报告期	2017.06.30	2016.12.31	2016.06.30	2015.12.31
	基本每股收益(元)	–0.2107	0.2420	0.0050	0.6016
	基本每股收益(扣除后)(元)	–0.1640	–0.5512	–0.1647	0.1410
	稀释每股收益(元)	–0.2107	0.2420	0.0050	0.6016
	每股净资产(元)	5.8371	6.1212	5.8847	5.9339
	每股经营现金净流量(元)	2.2135	3.5046	1.3325	0.8082
	每股现金流量(元)	–0.3192	0.8170	–0.2760	0.9374
	每股资本公积金(元)	0.8204	0.8238	0.8272	0.8448
	每股盈余公积金(元)	0.4628	0.4628	0.4195	0.4195
	每股未分配利润(元)	3.5454	3.8260	3.6324	3.6774
	净资产收益率(%)	–3.6096	3.9531	0.0857	10.1377
	加权净资产收益率(%)	–3.6100	4.0200	0.0900	10.9000
	净资产收益率(扣除)(%)	–2.8094	–9.0052	–2.7992	2.3674
	总资产(万元)	1904727.43	2173318.53	2349618.26	2288101.86
	归属母公司股东权益(万元)	389311.32	408259.80	392488.94	395769.37
	营业收入(万元)	238046.51	632269.36	271543.57	551875.90
	营业支出(万元)	188879.87	504664.35	213799.15	418385.35
	投资收益(万元)	90.72	37998.82	10929.69	20147.41
	净利润(万元)	–12423.16	13731.30	–538.63	37071.09
	营业利润(万元)	–6719.28	28323.03	2626.64	56605.95
	利润总额(万元)	–10101.93	29622.70	2841.28	60565.59

深圳市纺织(集团)股份有限公司

公司概况	公司名称	深圳市纺织(集团)股份有限公司			证券简称	深纺织A
	法人代表	朱军	董秘	姜澎	证券代码	000045
	公司网址	www.chinasthc.com		电子信箱	jiangp@chinasthc.com	
	电　话	0755-83776043		传　真	0755-83776139	
	办公地址	广东省深圳市福田区华强北路3号深纺大厦6楼				
	经营范围	生产、加工纺织品、针织品、服装、装饰布、带、商标带、工艺品等				

主要财务指标	指标\报告期	2017.06.30	2016.12.31	2016.06.30	2015.12.31
	基本每股收益(元)	0.0300	–0.1700	–0.0600	0.0200
	基本每股收益(扣除后)(元)	–0.0100	–0.2000	–0.0639	–0.1800
	稀释每股收益(元)	0.0300	–0.1700	–0.0600	0.0200
	每股净资产(元)	4.6473	4.6200	4.2298	4.2931
	每股经营现金净流量(元)	–0.1938	–0.1091	–0.0776	0.0781
	每股现金流量(元)	0.1728	0.3582	–0.1646	–0.6901
	每股资本公积金(元)	3.6271	3.6271	3.1294	3.1294
	每股盈余公积金(元)	0.1455	0.1455	0.1393	0.1393
	每股未分配利润(元)	–0.1319	–0.1605	–0.0413	0.0181
	净资产收益率(%)	0.6142	–3.7302	–1.4048	0.3908
	加权净资产收益率(%)	0.6100	–4.1000	–1.4000	0.3900
	净资产收益率(扣除)(%)	–0.1821	–4.3926	–1.5113	–4.2427
	总资产(万元)	407183.87	411959.00	286043.98	296939.50
	归属母公司股东权益(万元)	235393.80	233955.00	214246.23	217456.95
	营业收入(万元)	73933.78	119820.00	55215.76	122674.68
	营业支出(万元)	67761.72	112813.45	51124.97	114251.10
	投资收益(万元)	2295.50	522.34	226.72	9481.26
	净利润(万元)	1253.64	–8727.06	–3009.79	849.72
	营业利润(万元)	1975.45	–9292.00	–2813.80	1929.01
	利润总额(万元)	2027.94	–7799.00	–2586.07	4315.17

泛海控股股份有限公司

公司概况	公司名称	泛海控股股份有限公司			证券简称	泛海控股
	法人代表	卢志强	董秘	陈怀东	证券代码	000046
	公司网址	www.fhkg.com		电子信箱	dsh@fhkg.com	
	电　话	86-10-85259601 85259655		传　真	86-10-85259797	
	办公地址	北京市东城区建国门内大街28号民生金融中心C座22层				
	经营范围	房地产开发经营、国内外项目投资等				

主要财务指标	指标\报告期	2017.06.30	2016.12.31	2016.06.30	2015.12.31
	基本每股收益(元)	0.1739	0.6045	0.1789	0.4433
	基本每股收益(扣除后)(元)	0.1219	0.3672	0.1448	0.3903
	稀释每股收益(元)	0.1739	0.6045	0.1789	0.4433
	每股净资产(元)	3.6320	3.5266	3.0284	2.2576
	每股经营现金净流量(元)	–2.1732	–2.9308	–1.0927	–0.0392
	每股现金流量(元)	–2.0702	–0.2346	0.0729	3.9378
	每股资本公积金(元)	1.0110	1.0685	1.0976	0.6920
	每股盈余公积金(元)	0.1593	0.1593	0.1144	0.1304
	每股未分配利润(元)	1.2677	1.0938	0.7496	0.8259
	净资产收益率(%)	4.7888	16.9666	5.7863	19.6355
	加权净资产收益率(%)	4.8700	18.1700	5.5300	20.9700
	净资产收益率(扣除)(%)	3.3558	10.3058	4.6832	17.2907
	总资产(万元)	17818979.34	16783599.94	13898273.55	12237009.08
	归属母公司股东权益(万元)	1887280.01	1832480.51	1573609.37	1263454.45
	营业收入(万元)	222953.49	1862156.78	933562.15	944049.35
	营业支出(万元)	136080.27	1089448.41	511948.13	489380.47
	投资收益(万元)	89101.54	–6447.23	1626.48	33638.85
	净利润(万元)	92098.46	305696.87	91154.74	236645.59
	营业利润(万元)	82786.03	360629.51	148257.29	316808.06
	利润总额(万元)	110077.11	425762.35	149029.80	319412.62

深圳市康达尔(集团)股份有限公司

公司概况	公司名称	深圳市康达尔(集团)股份有限公司			证券简称	康达尔
	法人代表	罗爱华	董秘	胡琴	证券代码	000048
	公司网址	www.kondarl.com		电子信箱	a000048@126.com	
	电　话	0755-25425020-6330		传　真	86-755-25420155	
	办公地址	广东省深圳市福田区深南大道和泰然大道交汇处绿景纪元大厦24楼				
	经营范围	养殖肉鸡、鸡苗、禽蛋、生产制造肉制品、饮料、鸡场设备、自酿鲜啤等				

主要财务指标	指标\报告期	2017.06.30	2016.12.31	2016.06.30	2015.12.31
	基本每股收益(元)	–0.0818	0.0153	0.0375	0.5200
	基本每股收益(扣除后)(元)	–0.0647	–0.0600	0.0344	0.4900
	稀释每股收益(元)	–0.0818	0.0153	0.0375	0.5200
	每股净资产(元)	1.7894	1.8694	1.8945	1.8349
	每股经营现金净流量(元)	–0.7506	–1.5810	–1.3480	0.7934
	每股现金流量(元)	0.1524	–1.5266	–1.4802	0.4549
	每股资本公积金(元)	0.1128	0.1128	0.1128	0.1128
	每股盈余公积金(元)	0.0399	0.0399	0.0367	0.0367
	每股未分配利润(元)	0.6091	0.6909	0.7163	0.6788
	净资产收益率(%)	–4.5741	0.8160	1.9784	28.4488
	加权净资产收益率(%)	–4.4700	0.8300	2.0100	33.0500
	净资产收益率(扣除)(%)	–3.6132	–3.3490	1.8142	26.8060
	总资产(万元)	232138.34	195973.69	193947.35	194080.13
	归属母公司股东权益(万元)	69924.03	73048.92	74031.72	71702.39
	营业收入(万元)	66765.09	156123.09	74267.40	230201.76
	营业支出(万元)	57920.61	128503.49	58773.22	157868.94
	投资收益(万元)	–31.58	15.45	31.57	126.13
	净利润(万元)	–4008.81	600.49	1767.07	20977.64
	营业利润(万元)	–3821.83	–2102.49	2638.11	24616.94
	利润总额(万元)	–4768.42	2039.97	2834.50	25917.00

深圳市德赛电池科技股份有限公司

公司概况					
公司名称	深圳市德赛电池科技股份有限公司			证券简称	德赛电池
法人代表	刘其	董秘	王锋	证券代码	000049
公司网址	www.desaybattery.com		电子信箱	ir@desaybattery.com	
电　话	0755-86299888		传　真	0755-86299889	
办公地址	广东省深圳市南山区高新科技园南区高新南一道德赛科技大厦26楼				
经营范围	无汞碱锰电池、一次锂电池、锌空气电池、镍氢电池、锂聚合物电池等				

主要财务指标　指标\报告期	2017.06.30	2016.12.31	2016.06.30	2015.12.31
基本每股收益(元)	0.5578	1.2439	0.3536	1.1217
基本每股收益(扣除后)(元)	0.5414	1.1715	0.3248	1.0304
稀释每股收益(元)	0.5578	1.2439	0.3536	1.1217
每股净资产(元)	5.9468	5.6304	4.7445	4.5355
每股经营现金净流量(元)	-0.0009	0.4169	-0.0473	3.1175
每股现金流量(元)	-0.4945	-0.2775	-0.6705	0.8010
每股资本公积金(元)	0.0398	0.0398	0.0398	0.0398
每股盈余公积金(元)	0.2629	0.2629	0.2209	0.2209
每股未分配利润(元)	4.6356	4.3278	3.4795	3.2759
净资产收益率(%)	9.3799	22.0923	7.4532	24.7317
加权净资产收益率(%)	9.5700	24.6000	7.5800	27.7500
净资产收益率(扣除)(%)	9.1039	20.8072	6.8456	22.7183
总资产(万元)	455386.57	514579.22	287284.13	340257.45
归属母公司股东权益(万元)	122055.02	115561.35	97378.81	93088.21
营业收入(万元)	466834.97	872441.23	300343.76	843418.52
营业支出(万元)	425094.15	787741.55	271487.38	768193.90
投资收益(万元)	725.41	1261.76	382.46	5082.54
净利润(万元)	14281.60	34968.69	9159.80	30809.47
营业利润(万元)	19519.78	43638.69	12204.07	38784.11
利润总额(万元)	19763.95	44074.74	12396.35	39126.88

天马微电子股份有限公司

公司概况					
公司名称	天马微电子股份有限公司			证券简称	深天马A
法人代表	陈宏良	董秘	陈冰峡	证券代码	000050
公司网址	www.tianma.cn		电子信箱	sztmzq@tianma.cn	
电　话	0755-86225886 26094882		传　真	0755-86225772	
办公地址	广东省深圳市南山区马家龙工业城64栋7层				
经营范围	制造销售各类液晶显示器及与之相关的材料、设备和产品等				

主要财务指标　指标\报告期	2017.06.30	2016.12.31	2016.06.30	2015.12.31
基本每股收益(元)	0.3196	0.4062	0.1889	0.4901
基本每股收益(扣除后)(元)	0.1717	0.1814	0.0312	0.0255
稀释每股收益(元)	0.3196	0.4062	0.1889	0.4901
每股净资产(元)	10.1462	9.8201	9.6351	9.4557
每股经营现金净流量(元)	-0.0955	0.6999	-1.1271	3.9400
每股现金流量(元)	-1.4087	-2.0517	-1.9006	5.7644
每股资本公积金(元)	8.0920	8.0920	8.0920	10.0179
每股盈余公积金(元)	0.1135	0.1135	0.1011	0.1252
每股未分配利润(元)	0.9897	0.6701	0.4652	0.4163
净资产收益率(%)	3.1496	4.1368	1.9608	4.1868
加权净资产收益率(%)	3.2000	4.2100	1.9800	6.6100
净资产收益率(扣除)(%)	1.6920	1.8470	0.3241	0.2175
总资产(万元)	2468572.11	2167933.63	1969220.82	2162869.22
归属母公司股东权益(万元)	1421583.70	1375895.95	1349973.89	1324833.42
营业收入(万元)	620436.94	1073675.64	497045.32	1053000.27
营业支出(万元)	483151.97	856973.87	398175.84	880972.35
投资收益(万元)	-277.26	766.35	376.25	-323.94
净利润(万元)	44773.77	56917.74	26469.69	55557.32
营业利润(万元)	29648.20	35569.40	6057.30	1899.21
利润总额(万元)	53033.11	69307.22	30365.15	60794.84

方大集团股份有限公司

公司概况					
公司名称	方大集团股份有限公司			证券简称	方大集团
法人代表	熊建明	董秘	周志刚	证券代码	000055
公司网址	www.fangda.com		电子信箱	zqb@fangda.com	
电　话	0755-26788571 6622		传　真	0755-26788353	
办公地址	广东省深圳市高新区科技南十二路方大大厦20楼				
经营范围	生产经营建筑幕墙系统、地铁屏蔽门及相关软件等				

主要财务指标　指标\报告期	2017.06.30	2016.12.31	2016.06.30	2015.12.31
基本每股收益(元)	0.1926	0.9100	0.0700	0.1400
基本每股收益(扣除后)(元)	0.1846	0.8100	0.0600	0.0400
稀释每股收益(元)	0.1926	0.9100	0.0700	0.1400
每股净资产(元)	1.9552	3.0000	1.7149	1.7433
每股经营现金净流量(元)	0.1819	0.5902	0.3943	-0.4758
每股现金流量(元)	-0.1214	0.8720	0.1583	0.1917
每股资本公积金(元)	0.0615	0.5923	0.1045	0.1045
每股盈余公积金(元)	0.0751	0.1126	0.0675	0.0675
每股未分配利润(元)	0.8184	1.2886	0.5413	0.5711
净资产收益率(%)	9.8519	29.5211	4.0952	8.1298
加权净资产收益率(%)	9.3700	38.8300	3.9900	8.4200
净资产收益率(扣除)(%)	9.4413	26.3539	3.4102	2.2031
总资产(万元)	629586.20	678705.13	519776.22	446414.78
归属母公司股东权益(万元)	231430.05	236426.26	129800.77	131949.63
营业收入(万元)	139971.09	420386.62	100945.60	255046.75
营业支出(万元)	90339.79	259517.05	83130.76	217152.42
投资收益(万元)	688.06	6122.88	-28.99	28.09
净利润(万元)	22751.82	65599.04	4862.83	6821.54
营业利润(万元)	28968.70	84859.42	5451.08	9199.09
利润总额(万元)	29528.63	85997.58	5753.00	10342.52

深圳市皇庭国际企业股份有限公司

公司概况					
公司名称	深圳市皇庭国际企业股份有限公司			证券简称	皇庭国际
法人代表	郑康豪	董秘	曹剑	证券代码	000056
公司网址	www.china-ia.com		电子信箱	cj000056@21cn.com	
电　话	0755-82281888 82285565		传　真	0755-82285573	
办公地址	广东省深圳市福田区金田路2028号皇岗商务中心58楼				
经营范围	商业、房地产开发、物业管理和林业种植等				

主要财务指标　指标\报告期	2017.06.30	2016.12.31	2016.06.30	2015.12.31
基本每股收益(元)	0.0900	0.1000	0.0900	0.0900
基本每股收益(扣除后)(元)	0.0900	0.0500	0.0900	-0.1300
稀释每股收益(元)	0.0900	0.1000	0.0900	0.0900
每股净资产(元)	4.5530	4.4700	8.8004	8.7119
每股经营现金净流量(元)	-0.1588	0.0251	0.0717	0.2578
每股现金流量(元)	-0.1922	0.5605	0.1513	0.1608
每股资本公积金(元)	1.5707	1.6085	4.0931	4.0931
每股盈余公积金(元)	0.1097	0.1097	0.2194	0.2194
每股未分配利润(元)	1.8726	1.7873	3.4878	3.3994
净资产收益率(%)	1.8719	2.2140	1.0051	0.7669
加权净资产收益率(%)	1.8700	2.2400	1.0100	1.0500
净资产收益率(扣除)(%)	1.9177	1.2302	0.9873	-1.1027
总资产(万元)	1222501.39	1070904.55	975198.81	799571.43
归属母公司股东权益(万元)	522587.56	517142.83	505047.23	499970.85
营业收入(万元)	28844.02	32583.99	14168.71	26828.80
营业支出(万元)	6901.94	9799.70	4060.81	7383.09
投资收益(万元)	6122.72	6320.27	4158.00	8154.44
净利润(万元)	11542.22	11640.66	5076.38	3834.50
营业利润(万元)	12515.11	10161.61	5015.44	2278.32
利润总额(万元)	12256.37	11142.75	5105.69	5234.89

深圳赛格股份有限公司

公司概况	公司名称	深圳赛格股份有限公司			证券简称	深赛格
	法人代表	王立	董秘	刘志军(代)	证券代码	000058
	公司网址	www.segcl.com.cn			电子信箱	segcl@segcl.com.cn
	电　话	0755-83747939			传　真	0755-83975237
	办公地址	广东省深圳市福田区华强北路群星广场 A 座 31 层				
	经营范围	投资电子电器产品、电子化工、计算机、兴办实业、电子信息系统等				

主要财务指标	指标\报告期	2017.06.30	2016.12.31	2016.06.30	2015.12.31
	基本每股收益(元)	0.0405	0.1371	0.0342	0.0946
	基本每股收益(扣除后)(元)	0.0265	0.0379	0.0366	0.1082
	稀释每股收益(元)	0.0405	0.1371	0.0342	0.0946
	每股净资产(元)	1.4517	1.9727	1.8836	1.8796
	每股经营现金净流量(元)	0.0754	-0.1529	-0.1265	-0.0159
	每股现金流量(元)	0.0740	-0.1224	-0.1685	-0.1357
	每股资本公积金(元)	0.1417	1.6493	0.6455	0.6454
	每股盈余公积金(元)	0.0986	0.1552	0.1401	0.1401
	每股未分配利润(元)	0.2113	0.2689	0.0978	0.0937
	净资产收益率(%)	2.7879	6.9474	1.8168	5.0329
	加权净资产收益率(%)	2.6700	7.1100	1.8200	5.1900
	净资产收益率(扣除)(%)	1.7159	1.9187	1.9413	5.7576
	总资产(万元)	742326.28	692327.31	247969.61	261466.05
	归属母公司股东权益(万元)	179377.55	241230.11	147824.31	147512.62
	营业收入(万元)	59234.66	67238.43	36267.32	74153.37
	营业支出(万元)	42666.15	57849.47	32099.69	61806.27
	投资收益(万元)	40.89	9914.59	126.65	1764.75
	净利润(万元)	6470.17	14223.03	4421.82	10796.87
	营业利润(万元)	9680.71	18100.58	6859.74	15538.88
	利润总额(万元)	10348.41	18753.69	6625.69	14306.86

北方华锦化学工业股份有限公司

公司概况	公司名称	北方华锦化学工业股份有限公司			证券简称	华锦股份
	法人代表	李春建	董秘	王维良	证券代码	000059
	公司网址	www.huajinchem.com			电子信箱	huajincorp@163.com
	电　话	0427-5855742			传　真	0427-5855742
	办公地址	辽宁省盘锦市双台子区红旗大街				
	经营范围	无机化工产品、石油及石油化工产品生产与销售等				

主要财务指标	指标\报告期	2017.06.30	2016.12.31	2016.06.30	2015.12.31
	基本每股收益(元)	0.5184	1.1300	0.5659	0.2100
	基本每股收益(扣除后)(元)	0.5238	1.1600	0.5660	0.1600
	稀释每股收益(元)	0.5184	1.1300	0.5659	0.2100
	每股净资产(元)	6.9699	6.6688	6.1203	5.5312
	每股经营现金净流量(元)	0.2959	2.6408	1.3348	2.9241
	每股现金流量(元)	0.5540	0.5662	-0.0686	-1.1101
	每股资本公积金(元)	3.8779	3.8779	3.8779	3.8779
	每股盈余公积金(元)	0.2041	0.2041	0.1419	0.1419
	每股未分配利润(元)	1.8269	1.5325	1.0332	0.4672
	净资产收益率(%)	7.4379	16.9058	9.2470	3.7153
	加权净资产收益率(%)	7.4800	19.1100	9.7300	3.4900
	净资产收益率(扣除)(%)	7.5156	17.3440	9.2480	2.9667
	总资产(万元)	3047114.50	3137060.86	3075091.01	2992028.54
	归属母公司股东权益(万元)	1114793.49	1066643.14	978904.94	884689.66
	营业收入(万元)	1561653.84	2910394.23	1308075.79	3090931.99
	营业支出(万元)	1210189.01	2090093.11	910940.99	2599902.49
	投资收益(万元)	5908.63	13686.08	1740.08	31300.48
	净利润(万元)	87034.31	184814.45	92588.83	36253.06
	营业利润(万元)	125598.22	226041.66	105003.38	30722.04
	利润总额(万元)	124382.51	217189.73	104999.43	34348.35

深圳市中金岭南有色金属股份有限公司

公司概况	公司名称	深圳市中金岭南有色金属股份有限公司			证券简称	中金岭南
	法人代表	余刚	董秘	黄建民	证券代码	000060
	公司网址	www.nonfemet.com			电子信箱	dsh@nonfemet.com.cn
	电　话	0755-82839363			传　真	0755-83474889
	办公地址	广东省深圳市福田区深南大道 6013 号中国有色大厦 24-26 楼				
	经营范围	以铅、锌、银、铜等有色金属采矿、选矿、冶炼及深加工为主业等				

主要财务指标	指标\报告期	2017.06.30	2016.12.31	2016.06.30	2015.12.31
	基本每股收益(元)	0.2500	0.1500	0.0200	0.0900
	基本每股收益(扣除后)(元)	0.2400	0.1100	0.0120	-0.0800
	稀释每股收益(元)	0.2500	0.1500	0.0200	0.0900
	每股净资产(元)	4.0611	3.4721	3.3652	3.3194
	每股经营现金净流量(元)	0.5448	0.6356	0.1627	0.1514
	每股现金流量(元)	0.8574	0.0646	0.0179	0.1582
	每股资本公积金(元)	1.2557	0.6659	0.6659	0.6659
	每股盈余公积金(元)	0.3530	0.3530	0.3319	0.3319
	每股未分配利润(元)	1.8020	1.5825	1.4772	1.4675
	净资产收益率(%)	5.7125	4.2074	0.5849	2.7360
	加权净资产收益率(%)	6.9500	4.3100	0.5900	2.8200
	净资产收益率(扣除)(%)	5.5844	3.2214	0.3575	-2.3429
	总资产(万元)	1829346.16	1696910.59	1615995.76	1588283.56
	归属母公司股东权益(万元)	966444.92	768242.26	744590.34	734464.25
	营业收入(万元)	987800.60	1505911.43	588309.90	1693792.37
	营业支出(万元)	862607.13	1338274.34	532764.08	1592061.34
	投资收益(万元)	4182.81	-5625.68	860.56	22544.02
	净利润(万元)	55966.27	34191.05	4881.30	26072.05
	营业利润(万元)	70912.58	37357.59	3713.80	9504.64
	利润总额(万元)	71027.85	43502.78	4708.92	32938.68

深圳市农产品股份有限公司

公司概况	公司名称	深圳市农产品股份有限公司			证券简称	农产品
	法人代表	蔡颖	董秘	江疆	证券代码	000061
	公司网址	www.szap.com			电子信箱	ir@szap.com
	电　话	0755-82589021			传　真	0755-82589021
	办公地址	广东省深圳市福田区深南大道 7028 号时代科技大厦 13 楼				
	经营范围	开发、建设、经营、管理农产品批发市场等				

主要财务指标	指标\报告期	2017.06.30	2016.12.31	2016.06.30	2015.12.31
	基本每股收益(元)	0.0060	0.0521	0.0191	0.0121
	基本每股收益(扣除后)(元)	-0.0135	-0.0972	0.0102	-0.0400
	稀释每股收益(元)	0.0060	0.0521	0.0191	0.0121
	每股净资产(元)	2.8322	2.8547	2.8215	2.8352
	每股经营现金净流量(元)	0.1953	0.3111	0.2312	0.6851
	每股现金流量(元)	0.2527	0.0085	0.0695	0.0790
	每股资本公积金(元)	1.5686	1.5471	1.5471	1.5298
	每股盈余公积金(元)	0.1297	0.1297	0.1141	0.1141
	每股未分配利润(元)	0.1340	0.1780	0.1605	0.1915
	净资产收益率(%)	0.2113	1.8261	0.6778	0.4272
	加权净资产收益率(%)	0.2100	1.8300	0.6800	0.4200
	净资产收益率(扣除)(%)	-0.4753	-3.4046	0.3599	-1.4150
	总资产(万元)	1812182.23	1724918.77	1681369.89	1613148.03
	归属母公司股东权益(万元)	480610.50	484427.22	478796.32	481118.66
	营业收入(万元)	110773.51	202007.91	97686.57	173665.07
	营业支出(万元)	73054.43	131466.16	57226.70	89340.89
	投资收益(万元)	9447.59	39962.33	6355.77	7904.60
	净利润(万元)	3341.67	9327.42	5505.41	4426.68
	营业利润(万元)	8113.31	19501.18	8593.90	485.54
	利润总额(万元)	9322.61	26079.51	10519.08	13425.19

深圳华强实业股份有限公司

公司概况	公司名称	深圳华强实业股份有限公司		证券简称	深圳华强
	法人代表	胡新安	董秘 王瑛	证券代码	000062
	公司网址	www.szhq0062.com		电子信箱	wying@szhq.com
	电　话	0755-83216296 83030136		传　真	0755-83217376
	办公地址	广东省深圳市福田区华强北路华强广场A座5楼			
	经营范围	投资兴办各类实业(具体项目需另行申报)、经营国内商业等			

	指标\报告期	2017.06.30	2016.12.31	2016.06.30	2015.12.31
主要财务指标	基本每股收益(元)	0.2710	0.5904	0.1790	0.5556
	基本每股收益(扣除后)(元)	0.2710	0.5733	0.1760	0.3173
	稀释每股收益(元)	0.2710	0.5904	0.1790	0.5556
	每股净资产(元)	5.5646	5.5220	5.0774	4.9963
	每股经营现金净流量(元)	0.4903	-0.5120	-0.2368	0.2241
	每股现金流量(元)	0.3872	-0.5194	-0.7380	0.8461
	每股资本公积金(元)	1.3470	1.3470	1.3417	1.3379
	每股盈余公积金(元)	0.3757	0.3757	0.3454	0.3454
	每股未分配利润(元)	2.8207	2.7495	2.3684	2.2893
	净资产收益率(%)	4.8746	10.6916	3.5262	10.4215
	加权净资产收益率(%)	4.8900	11.2400	3.5300	14.3400
	净资产收益率(扣除)(%)	4.8655	10.3821	3.4605	5.9515
	总资产(万元)	774570.71	692264.51	597309.16	618236.03
	归属母公司股东权益(万元)	401386.96	398313.83	366242.86	360389.45
	营业收入(万元)	309827.40	554459.90	225516.83	203365.07
	营业支出(万元)	253805.06	448232.47	180364.69	134467.28
	投资收益(万元)	905.02	7042.54	-830.72	23773.57
	净利润(万元)	21051.20	43980.37	13140.16	37371.04
	营业利润(万元)	28254.67	54946.30	19208.74	47974.65
	利润总额(万元)	28371.73	56505.06	19482.76	48999.83

中兴通讯股份有限公司

公司概况	公司名称	中兴通讯股份有限公司		证券简称	中兴通讯
	法人代表	殷一民	董秘 曹巍	证券代码	000063
	公司网址	www.zte.com.cn		电子信箱	IR@zte.com.cn
	电　话	0755-26770282		传　真	0755-26770286
	办公地址	广东省深圳市南山区高新技术产业园科技南路中兴通讯大厦			
	经营范围	集团致力於设计、开发、生产、分销及安装各种先进的电信系统和设备等			

	指标\报告期	2017.06.30	2016.12.31	2016.06.30	2015.12.31
主要财务指标	基本每股收益(元)	0.5500	-0.5700	0.4300	0.7800
	基本每股收益(扣除后)(元)	0.4700	0.5100	0.4000	0.6200
	稀释每股收益(元)	0.5500	-0.5700	0.4200	0.7700
	每股净资产(元)	6.9200	6.3100	7.4600	7.1500
	每股经营现金净流量(元)	-1.0039	1.2570	0.5669	1.7839
	每股现金流量(元)	-0.9885	0.8203	0.3164	2.2615
	每股资本公积金(元)	2.5747	2.5652	2.5428	2.5281
	每股盈余公积金(元)	0.4827	0.4834	0.4869	0.4873
	每股未分配利润(元)	3.0012	2.4571	3.7178	3.2953
	净资产收益率(%)	6.0137	-8.9292	5.7033	8.2293
	加权净资产收益率(%)	8.2800	-8.4000	5.8300	12.2800
	净资产收益率(扣除)(%)	5.1184	5.9649	5.4025	8.6915
	总资产(万元)	14467031.70	14164091.00	12991628.30	12089389.70
	归属母公司股东权益(万元)	2898997.40	3572247.80	3097145.90	2966009.40
	营业收入(万元)	5401059.60	10123318.20	4775730.20	10018638.90
	营业支出(万元)	3644774.10	7010065.80	3182438.70	6910044.70
	投资收益(万元)	5199.60	164027.90	35796.50	69561.90
	净利润(万元)	254321.60	-140786.90	218835.40	374027.00
	营业利润(万元)	329662.10	116554.80	49541.60	32047.10
	利润总额(万元)	328740.00	-76775.10	270778.10	430353.20

北方国际合作股份有限公司

公司概况	公司名称	北方国际合作股份有限公司		证券简称	北方国际
	法人代表	王粤涛	董秘 杜晓东	证券代码	000065
	公司网址	www.norinco-intl.com		电子信箱	bfgj@norinco-intl.com
	电　话	86-10-68137579		传　真	86-10-68137466
	办公地址	北京市石景山区政达路6号院北方国际大厦19-22层			
	经营范围	各类型工业、能源、交通、民用工程建设项目的施工总承包等			

	指标\报告期	2017.06.30	2016.12.31	2016.06.30	2015.12.31
主要财务指标	基本每股收益(元)	0.3900	0.9500	0.4000	0.8200
	基本每股收益(扣除后)(元)	0.3800	0.8400	0.3900	0.8200
	稀释每股收益(元)	0.3900	0.9500	0.4000	0.8200
	每股净资产(元)	6.5136	6.2156	7.4110	7.0858
	每股经营现金净流量(元)	3.8749	0.2808	0.3716	1.3823
	每股现金流量(元)	3.8520	0.2173	0.8094	2.7454
	每股资本公积金(元)	2.2820	2.2804	3.3327	3.3327
	每股盈余公积金(元)	0.2258	0.2258	0.3006	0.3006
	每股未分配利润(元)	3.0261	2.7293	2.7705	2.4490
	净资产收益率(%)	5.9382	14.4592	5.4169	11.2570
	加权净资产收益率(%)	6.0300	16.7900	5.5100	14.4100
	净资产收益率(扣除)(%)	5.8523	11.1139	5.2823	11.2237
	总资产(万元)	1256225.31	1214817.72	833490.80	661755.08
	归属母公司股东权益(万元)	334151.77	318860.96	203337.15	194413.68
	营业收入(万元)	498781.04	876192.34	221748.68	428557.40
	营业支出(万元)	449740.94	772194.44	200432.14	395401.04
	投资收益(万元)	762.34	1333.48	48.08	180.59
	净利润(万元)	20356.76	52832.03	10950.60	23044.96
	营业利润(万元)	24989.10	62822.26	13093.78	27211.66
	利润总额(万元)	25385.72	64178.22	13348.26	27286.87

中国长城科技集团股份有限公司

公司概况	公司名称	中国长城科技集团股份有限公司		证券简称	中国长城
	法人代表	靳宏荣	董秘 郭镇	证券代码	000066
	公司网址	www.greatwall.cn		电子信箱	stock@greatwall.com.cn
	电　话	0755-26634759		传　真	0755-26631106
	办公地址	广东省深圳市南山区科技工业园长城计算机大厦			
	经营范围	电子计算机硬件、软件系统及网络系统、电子产品、液晶电视等			

	指标\报告期	2017.06.30	2016.12.31	2016.06.30	2015.12.31
主要财务指标	基本每股收益(元)	0.0970	0.0250	-0.0050	-0.0270
	基本每股收益(扣除后)(元)	0.0740	0.0290	0.0960	-0.2830
	稀释每股收益(元)	0.0970	0.0250	-0.0050	-0.0270
	每股净资产(元)	2.2384	2.0931	1.9812	1.9571
	每股经营现金净流量(元)	-0.2786	1.5674	0.3549	1.2749
	每股现金流量(元)	-1.9031	0.9627	-0.0985	0.0357
	每股资本公积金(元)	0.3307	1.2632	0.5246	0.5246
	每股盈余公积金(元)	0.1330	0.2959	0.2621	0.2621
	每股未分配利润(元)	0.7242	1.3078	0.4344	0.4398
	净资产收益率(%)	4.3306	1.1965	-0.2773	-1.3769
	加权净资产收益率(%)	4.4990	1.2520	-0.2800	-1.3900
	净资产收益率(扣除)(%)	3.3199	1.3772	4.8396	-14.4613
	总资产(万元)	1405553.24	5189345.48	3716996.87	3945606.72
	归属母公司股东权益(万元)	659014.03	527868.50	262235.24	259035.68
	营业收入(万元)	450683.09	6912816.49	3158254.09	7293585.17
	营业支出(万元)	352188.14	6235483.19	2808413.32	6626579.31
	投资收益(万元)	3116.58	7435.06	25912.14	90105.99
	净利润(万元)	34978.58	21463.27	1677.74	-19480.97
	营业利润(万元)	33229.78	33665.53	-678.90	-17544.57
	利润总额(万元)	40822.88	59698.30	15302.03	9492.97

深圳华控赛格股份有限公司

公司概况	公司名称	深圳华控赛格股份有限公司		证券简称	华控赛格
	法人代表	黄俞	董秘	丁勤	证券代码	000068
	公司网址	www.huakongseg.com.cn	电子信箱	sz_hksg@163.com	
	电　　话	86-755-28339057	传　　真	86-755-89938787	
	办公地址	广东省深圳市大工业区兰竹东路 23 号			
	经营范围	环保设备及材料、电子元器件、技术咨询规划服务、仓租服务业等			

主要财务指标	指标\报告期	2017.06.30	2016.12.31	2016.06.30	2015.12.31
	基本每股收益(元)	-0.0159	0.0099	-0.0234	0.0070
	基本每股收益(扣除后)(元)	-0.0186	0.0018	-0.0251	-0.0090
	稀释每股收益(元)	-0.0159	0.0099	-0.0234	0.0070
	每股净资产(元)	0.6042	0.6201	0.5868	0.6102
	每股经营现金净流量(元)	-0.0784	0.0478	-0.0555	0.0282
	每股现金流量(元)	0.2740	0.3217	-0.0363	0.1665
	每股资本公积金(元)	1.1864	1.1864	1.1864	1.1864
	每股盈余公积金(元)	0.1567	0.1567	0.1567	0.1567
	每股未分配利润(元)	-1.7388	-1.7229	-1.7563	-1.7328
	净资产收益率(%)	-2.6250	1.5980	-3.9913	1.1405
	加权净资产收益率(%)	-2.5900	1.6100	-3.9100	1.2300
	净资产收益率(扣除)(%)	-3.0856	0.2977	-4.2829	-1.4641
	总资产(万元)	181497.69	131372.41	73572.49	75787.79
	归属母公司股东权益(万元)	60826.26	62422.99	59067.84	61425.38
	营业收入(万元)	9277.72	29756.32	4271.98	17061.89
	营业支出(万元)	5754.86	17135.37	2963.51	10596.42
	投资收益(万元)	-485.96	-486.28	-302.81	15.78
	净利润(万元)	-1747.11	872.33	-2686.10	813.38
	营业利润(万元)	-1711.26	2193.15	-2797.16	-59.99
	利润总额(万元)	-1657.51	2332.83	-2722.86	953.25

深圳华侨城股份有限公司

公司概况	公司名称	深圳华侨城股份有限公司			证券简称	华侨城 A
	法人代表	段先念	董秘	关山	证券代码	000069
	公司网址	www.octholding.com		电子信箱	000069IR@chinaoct.com	
	电　　话	0755-26909069　26600248		传　　真	0755-26600936	
	办公地址	广东省深圳市南山区华侨城集团办公大楼				
	经营范围	旅游综合、房地产和纸包装业务				

主要财务指标	指标\报告期	2017.06.30	2016.12.31	2016.06.30	2015.12.31
	基本每股收益(元)	0.2113	0.8395	0.1925	0.6370
	基本每股收益(扣除后)(元)	0.2101	0.7486	0.1920	0.5879
	稀释每股收益(元)	0.2113	0.8395	0.1925	0.6370
	每股净资产(元)	5.5002	5.3277	4.6876	4.6414
	每股经营现金净流量(元)	-2.1562	0.5367	-0.0963	-0.2546
	每股现金流量(元)	0.2307	0.0442	-0.0333	0.1339
	每股资本公积金(元)	0.6828	0.6775	0.6959	0.7919
	每股盈余公积金(元)	0.3419	0.3419	0.3100	0.3459
	每股未分配利润(元)	3.5049	3.3925	2.7775	2.9623
	净资产收益率(%)	3.8413	15.7568	4.1070	12.1848
	加权净资产收益率(%)	3.8500	16.8400	4.1000	15.3500
	净资产收益率(扣除)(%)	3.8198	14.0514	4.0956	11.2448
	总资产(万元)	17551360.18	14634488.90	12180267.43	11526617.44
	归属母公司股东权益(万元)	4513274.86	4371712.56	3846487.59	3808583.85
	营业收入(万元)	1378890.92	3548110.48	1146022.95	3223632.95
	营业支出(万元)	710411.30	1658446.43	620042.32	1509020.93
	投资收益(万元)	11868.99	62303.08	34922.37	35957.38
	净利润(万元)	180282.92	731094.10	171022.20	524332.69
	营业利润(万元)	259316.14	857103.63	230067.89	688832.14
	利润总额(万元)	260460.94	945744.09	230908.48	733151.61

深圳市特发信息股份有限公司

公司概况	公司名称	深圳市特发信息股份有限公司			证券简称	特发信息
	法人代表	蒋勤俭	董秘	张大军	证券代码	000070
	公司网址	www.sdgi.com.cn		电子信箱	zhangdj@sdgi.com.cn	
	电　　话	0755-26506648　26506649		传　　真	0755-26506800	
	办公地址	广东省深圳市南山区高新区中区科丰路 2 号特发信息港大厦 B 栋 18 楼				
	经营范围	光纤、光缆、铝电解电容器的研发、生产、销售以及通信系统集成及技术服务等				

主要财务指标	指标\报告期	2017.06.30	2016.12.31	2016.06.30	2015.12.31
	基本每股收益(元)	0.1689	0.6245	0.2503	0.3349
	基本每股收益(扣除后)(元)	0.1600	0.5767	0.2468	0.3107
	稀释每股收益(元)	0.1689	0.6245	0.2503	0.3349
	每股净资产(元)	2.9058	5.5486	5.1744	4.9541
	每股经营现金净流量(元)	-0.6120	0.9585	-0.6162	0.5706
	每股现金流量(元)	-0.1711	0.3839	-0.1343	0.4428
	每股资本公积金(元)	1.1784	3.0568	3.0568	3.0568
	每股盈余公积金(元)	0.0703	0.1406	0.1253	0.1253
	每股未分配利润(元)	0.6570	1.3512	0.9923	0.7720
	净资产收益率(%)	5.8142	11.2554	4.8373	5.9199
	加权净资产收益率(%)	5.9100	11.9000	4.9300	8.0300
	净资产收益率(扣除)(%)	5.5056	10.3944	4.7700	5.4919
	总资产(万元)	545389.21	506549.20	484037.84	404445.13
	归属母公司股东权益(万元)	182189.05	173947.41	162215.78	155309.39
	营业收入(万元)	248815.43	461241.80	214124.62	244979.74
	营业支出(万元)	207433.64	381423.03	180387.46	200273.38
	投资收益(万元)	-93.16	28.45	-14.90	47.77
	净利润(万元)	12401.63	22906.67	8908.46	11361.99
	营业利润(万元)	13928.96	24386.39	10471.62	11915.20
	利润总额(万元)	14609.97	26403.40	10608.42	12727.60

深圳市海王生物工程股份有限公司

公司概况	公司名称	深圳市海王生物工程股份有限公司			证券简称	海王生物
	法人代表	张思民	董秘	沈大凯	证券代码	000078
	公司网址	www.neptunus.com		电子信箱	sz000078@vip.sina.com	
	电　　话	0755-26980336		传　　真	0755-26968995	
	办公地址	广东省深圳市南山区科技园科技中三路 1 号海王银河科技大厦 24 楼				
	经营范围	生产经营生物化学原料、制品、试剂及其他相关制品等				

主要财务指标	指标\报告期	2017.06.30	2016.12.31	2016.06.30	2015.12.31
	基本每股收益(元)	0.0890	0.1884	0.0979	0.6488
	基本每股收益(扣除后)(元)	0.0899	0.1820	0.1008	0.1855
	稀释每股收益(元)	0.0887	0.1876	0.0976	0.6467
	每股净资产(元)	2.0758	2.0300	1.8600	2.3978
	每股经营现金净流量(元)	-0.2562	-0.5653	-0.1612	0.1203
	每股现金流量(元)	0.1262	0.0820	0.3267	0.9184
	每股资本公积金(元)	0.9460	1.0049	0.9788	1.9589
	每股盈余公积金(元)	0.0086	0.0086	0.0086	0.0304
	每股未分配利润(元)	0.1424	0.0535	-0.0668	-0.3679
	净资产收益率(%)	4.2869	7.7971	2.0374	26.3099
	加权净资产收益率(%)	4.3000	11.8700	4.5700	28.1600
	净资产收益率(扣除)(%)	4.3324	7.5328	2.0987	7.5225
	总资产(万元)	2160514.42	1666146.65	1482661.23	1276225.92
	归属母公司股东权益(万元)	549711.24	536605.49	491489.15	180438.29
	营业收入(万元)	922164.28	1360592.17	635973.18	1111773.50
	营业支出(万元)	802601.10	1158226.67	554516.93	948949.20
	投资收益(万元)	-355.31	748.34	-157.34	38338.68
	净利润(万元)	32347.25	49884.56	12396.60	51848.80
	营业利润(万元)	44333.88	64774.10	16570.05	62274.42
	利润总额(万元)	44371.30	65382.02	16409.44	62923.36

深圳市盐田港股份有限公司

公司概况	公司名称	深圳市盐田港股份有限公司			证券简称	盐 田 港
	法人代表	乔宏伟	董秘	陈磊	证券代码	000088
	公司网址	www.yantian-port.com		电子信箱	ytg000088@sina.cn	
	电　话	0755-25290180		传　真	0755-25290932	
	办公地址	广东省深圳市盐田区盐田港海港大厦十八层-十九层				
	经营范围	码头的开发与经营、货物装卸与运输、港口配套交通设施建设与经营等				

	指标\报告期	2017.06.30	2016.12.31	2016.06.30	2015.12.31
主要财务指标	基本每股收益(元)	0.0790	0.1800	0.0815	0.2200
	基本每股收益(扣除后)(元)	0.0773	0.1770	0.0804	0.1716
	稀释每股收益(元)	0.0790	0.1800	0.0815	0.2200
	每股净资产(元)	3.1312	3.0291	2.9179	2.8364
	每股经营现金净流量(元)	0.0296	0.0286	0.0059	0.0082
	每股现金流量(元)	-0.0028	-0.1350	-0.1167	0.0722
	每股资本公积金(元)	0.4094	0.3660	0.3660	0.3660
	每股盈余公积金(元)	0.4768	0.4768	0.4616	0.4616
	每股未分配利润(元)	1.2872	1.2242	1.1647	1.0832
	净资产收益率(%)	2.5246	5.9802	2.7931	7.9071
	加权净资产收益率(%)	2.5800	6.1800	2.8400	8.2000
	净资产收益率(扣除)(%)	2.4684	5.8467	2.7540	6.0504
	总资产(万元)	870486.69	825712.57	798735.36	787882.82
	归属母公司股东权益(万元)	608135.94	588317.68	566711.54	550882.79
	营业收入(万元)	15766.35	28373.69	12458.90	24891.24
	营业支出(万元)	8104.70	14161.80	5486.29	12446.83
	投资收益(万元)	14324.31	32850.87	14575.37	32409.09
	净利润(万元)	17047.76	38479.03	17572.43	52266.55
	营业利润(万元)	18391.49	42326.76	18869.52	37966.66
	利润总额(万元)	18887.47	42559.45	19164.58	61079.44

深圳市机场股份有限公司

公司概况	公司名称	深圳市机场股份有限公司			证券简称	深圳机场
	法人代表	罗育德	董秘	孙郑岭	证券代码	000089
	公司网址	www.szairport.com		电子信箱	szjc@szairport.cn	
	电　话	0755-23456331		传　真	0755-23456327	
	办公地址	广东省深圳市宝安国际机场T3商务办公楼A座				
	经营范围	向航空公司提供航空地面保障及航空地面代理服务业务等				

	指标\报告期	2017.06.30	2016.12.31	2016.06.30	2015.12.31
主要财务指标	基本每股收益(元)	0.1548	0.2743	0.1289	0.2739
	基本每股收益(扣除后)(元)	0.1496	0.2677	0.1207	0.2212
	稀释每股收益(元)	0.1548	0.2743	0.1289	0.2661
	每股净资产(元)	5.3626	5.2079	5.0637	4.9858
	每股经营现金净流量(元)	0.2256	0.5562	0.2519	0.5768
	每股现金流量(元)	-0.0374	-0.0292	-0.0539	-0.0180
	每股资本公积金(元)	1.3645	1.3645	1.3657	1.3657
	每股盈余公积金(元)	0.3711	0.3711	0.3562	0.3562
	每股未分配利润(元)	2.6270	2.4723	2.3420	2.2640
	净资产收益率(%)	2.8860	5.2661	2.5451	5.1032
	加权净资产收益率(%)	2.9300	5.3800	2.5500	5.6500
	净资产收益率(扣除)(%)	2.7904	5.1403	2.3839	4.1210
	总资产(万元)	1299304.11	1247987.56	1224413.23	1195501.97
	归属母公司股东权益(万元)	1099752.59	1068013.21	1038451.72	1022463.13
	营业收入(万元)	156821.11	303630.86	145397.69	295255.10
	营业支出(万元)	108458.22	220847.73	105234.53	205907.13
	投资收益(万元)	2401.16	4735.39	1707.85	542.80
	净利润(万元)	32348.67	57495.83	26870.33	53293.83
	营业利润(万元)	43249.58	75449.47	35364.19	75001.15
	利润总额(万元)	43249.05	75510.19	35280.59	73951.52

深圳市天健(集团)股份有限公司

公司概况	公司名称	深圳市天健(集团)股份有限公司			证券简称	天健集团
	法人代表	韩德宏	董秘	高建柏	证券代码	000090
	公司网址	www.tagen.cn		电子信箱	info@tagen.cn	
	电　话	0755-82990659　82992565		传　真	0755-83990006	
	办公地址	广东省深圳市福田区滨河大道5020号证券大厦20、21、23、24层				
	经营范围	提供商品住宅的开发及销售、工程施工劳务、物业租赁服务				

	指标\报告期	2017.06.30	2016.12.31	2016.06.30	2015.12.31
主要财务指标	基本每股收益(元)	0.2890	0.3728	0.1481	0.7108
	基本每股收益(扣除后)(元)	0.2787	0.2597	0.0645	0.6843
	稀释每股收益(元)	0.2890	0.3728	0.1481	0.7108
	每股净资产(元)	5.2937	5.2512	4.9974	7.2015
	每股经营现金净流量(元)	0.0156	-0.6104	0.1341	-2.5634
	每股现金流量(元)	-0.4178	-0.5332	-0.3289	2.4352
	每股资本公积金(元)	1.9042	1.9042	1.9042	3.0659
	每股盈余公积金(元)	0.4244	0.4244	0.4026	0.5636
	每股未分配利润(元)	1.5506	1.4616	1.2588	1.7550
	净资产收益率(%)	5.4584	7.0990	2.9645	6.3742
	加权净资产收益率(%)	5.3400	7.2700	2.9200	9.9200
	净资产收益率(扣除)(%)	5.2651	4.9451	1.2907	6.1362
	总资产(万元)	2255933.98	1929063.35	1628496.89	1655382.41
	归属母公司股东权益(万元)	634077.71	628986.66	598584.04	616132.96
	营业收入(万元)	311497.70	620901.77	241916.12	631777.71
	营业支出(万元)	202133.23	483179.64	193482.05	498250.05
	投资收益(万元)	576.26	11016.39	12097.09	98.69
	净利润(万元)	34530.04	44614.00	17701.41	39238.32
	营业利润(万元)	47370.56	62705.82	25821.13	50325.51
	利润总额(万元)	49004.21	64473.93	26180.17	52112.73

深圳市广聚能源股份有限公司

公司概况	公司名称	深圳市广聚能源股份有限公司			证券简称	广聚能源
	法人代表	张桂泉	董秘	嵇元弘	证券代码	000096
	公司网址	www.gj000096.com		电子信箱	gjnygf@126.com	
	电　话	0755-86000096		传　真	0755-86331111	
	办公地址	广东省深圳市南山区海德三道天利中央商务广场22楼				
	经营范围	油品、液化石油气销售及电力投资等				

	指标\报告期	2017.06.30	2016.12.31	2016.06.30	2015.12.31
主要财务指标	基本每股收益(元)	0.1826	0.5500	0.1550	0.2800
	基本每股收益(扣除后)(元)	0.1755	0.5400	0.1500	0.0400
	稀释每股收益(元)	0.1826	0.5500	0.1550	0.2800
	每股净资产(元)	4.4046	4.3226	3.9209	3.7850
	每股经营现金净流量(元)	0.0101	-0.0861	-0.1103	0.1091
	每股现金流量(元)	0.0109	0.0095	-0.1369	0.4425
	每股资本公积金(元)	0.6654	0.6654	0.6650	0.6650
	每股盈余公积金(元)	0.6774	0.6774	0.6578	0.6578
	每股未分配利润(元)	2.0692	1.9866	1.6066	1.4716
	净资产收益率(%)	4.1466	12.8328	3.9534	7.3683
	加权净资产收益率(%)	4.1500	13.6900	4.0400	7.6300
	净资产收益率(扣除)(%)	3.9846	12.4863	3.8255	0.9306
	总资产(万元)	248196.45	242987.44	224298.89	221705.22
	归属母公司股东权益(万元)	232561.91	228233.21	207022.92	199847.34
	营业收入(万元)	52499.42	90509.61	42534.73	99783.74
	营业支出(万元)	44594.24	73498.65	34594.68	85937.99
	投资收益(万元)	6617.36	23168.26	5197.40	15510.35
	净利润(万元)	9914.59	29683.21	8368.70	14936.35
	营业利润(万元)	10775.95	32364.17	9587.86	21387.57
	利润总额(万元)	11046.40	32379.86	9593.24	21379.73

中信海洋直升机股份有限公司

公司概况					
公司名称	中信海洋直升机股份有限公司			证券简称	中信海直
法人代表	蒲坚	董秘	徐树田	证券代码	000099
公司网址	www.cohc.citic		电子信箱	xushutian@cohc.citic	
电　话	0755-26723146　26971630		传　真	0755-26723146	
办公地址	广东省深圳市南山区南海大道 21 号深圳直升机场				
经营范围	陆上石油服务、海上石油服务、人工降水、医疗救护、航空探矿等				

主要财务指标 指标\报告期	2017.06.30	2016.12.31	2016.06.30	2015.12.31
基本每股收益(元)	0.0682	0.1400	0.0688	0.2795
基本每股收益(扣除后)(元)	0.0507	0.0600	0.0688	0.2774
稀释每股收益(元)	0.0682	0.1400	0.0688	0.2795
每股净资产(元)	4.7525	4.6844	4.5840	4.5902
每股经营现金净流量(元)	0.2319	0.4794	-0.0730	0.5414
每股现金流量(元)	0.1134	-0.0407	-0.4464	0.0660
每股资本公积金(元)	1.7049	1.7049	1.7049	1.7049
每股盈余公积金(元)	0.3649	0.3649	0.3544	0.3544
每股未分配利润(元)	1.7202	1.6520	1.5906	1.5968
净资产收益率(%)	1.4346	3.0267	1.5011	6.0896
加权净资产收益率(%)	1.4400	3.0700	1.4900	6.1600
净资产收益率(扣除)(%)	1.0667	1.2132	1.5010	6.0427
总资产(万元)	504117.29	489319.48	474752.54	496175.97
归属母公司股东权益(万元)	288036.92	283904.74	277823.03	278198.03
营业收入(万元)	55363.66	117192.52	52510.76	128940.06
营业支出(万元)	47257.14	94746.29	39899.76	85952.88
投资收益(万元)	224.38	451.23	225.62	217.40
净利润(万元)	4154.04	8969.82	4411.91	17347.27
营业利润(万元)	4090.87	449.76	5664.50	18874.58
利润总额(万元)	5565.45	11493.68	5800.97	23243.34

TCL 集团股份有限公司

公司概况					
公司名称	TCL 集团股份有限公司			证券简称	TCL 集团
法人代表	李东生	董秘	廖骞	证券代码	000100
公司网址	www.tcl.com		电子信箱	ir@tcl.com	
电　话	0755-33311666　33311668		传　真	0755-33313819	
办公地址	广东省惠州市仲恺高新区惠风三路 17 号 TCL 科技大厦				
经营范围	研究、开发、生产、销售电子产品及通讯设备、新型光电、液晶显示器件等				

主要财务指标 指标\报告期	2017.06.30	2016.12.31	2016.06.30	2015.12.31
基本每股收益(元)	0.0846	0.1312	0.0496	0.2141
基本每股收益(扣除后)(元)	0.0507	0.0011	0.0073	0.1401
稀释每股收益(元)	0.0846	0.1312	0.0496	0.2141
每股净资产(元)	1.9376	1.8639	1.9710	1.9798
每股经营现金净流量(元)	0.2843	0.6573	0.1557	0.6047
每股现金流量(元)	-0.1316	0.9014	0.1597	0.1815
每股资本公积金(元)	0.2913	0.2891	0.4520	0.4151
每股盈余公积金(元)	0.0883	0.0883	0.0791	0.0790
每股未分配利润(元)	0.6028	0.5982	0.5258	0.5556
净资产收益率(%)	4.3687	7.0377	2.5162	10.6030
加权净资产收益率(%)	4.4700	7.1700	2.4300	10.4000
净资产收益率(扣除)(%)	2.6166	0.0586	0.3679	6.9395
总资产(万元)	15131672.30	14713678.53	12900080.09	11175482.04
归属母公司股东权益(万元)	2366480.50	2276489.20	2407265.11	2421010.63
营业收入(万元)	5217451.70	10647350.00	4834246.42	10457948.20
营业支出(万元)	4129397.80	8847011.30	4103941.90	8728283.90
投资收益(万元)	79924.50	234560.10	69138.20	170988.20
净利润(万元)	166131.90	213754.00	78800.10	323000.90
营业利润(万元)	211568.90	12853.60	-32350.90	134070.00
利润总额(万元)	222238.00	279696.90	94165.60	386870.40

宜华健康医疗股份有限公司

公司概况					
公司名称	宜华健康医疗股份有限公司			证券简称	宜华健康
法人代表	陈奕民	董秘	邱海涛	证券代码	000150
公司网址	www.yihuarealestate.com		电子信箱	securities.yre@yihua.com	
电　话	0754-85899788		传　真	0754-85890788	
办公地址	广东省汕头市澄海区文冠路口右侧宜都花园				
经营范围	房地产开发与销售等				

主要财务指标 指标\报告期	2017.06.30	2016.12.31	2016.06.30	2015.12.31
基本每股收益(元)	0.2297	1.6623	2.0849	0.1200
基本每股收益(扣除后)(元)	0.2306	1.7192	2.0990	0.1275
稀释每股收益(元)	0.2297	1.6623	2.0849	0.1200
每股净资产(元)	5.4336	5.4039	5.7859	3.7417
每股经营现金净流量(元)	-0.0432	-1.2636	-1.6206	0.8415
每股现金流量(元)	-1.3659	2.5339	0.6077	0.6981
每股资本公积金(元)	2.1801	2.1801	2.1394	2.1801
每股盈余公积金(元)	0.2041	0.2041	0.0392	0.0392
每股未分配利润(元)	2.0493	2.0197	2.6073	0.5223
净资产收益率(%)	4.2269	30.7609	36.0348	3.0804
加权净资产收益率(%)	4.2300	36.3500	36.0300	3.3300
净资产收益率(扣除)(%)	4.2435	31.8145	36.2786	3.2839
总资产(万元)	716782.00	719998.56	558787.54	454964.10
归属母公司股东权益(万元)	243319.47	241990.68	259093.64	167554.39
营业收入(万元)	90663.97	129645.71	52811.76	103122.63
营业支出(万元)	59550.56	96047.07	32705.53	78682.36
投资收益(万元)	-133.17	104495.78	105235.33	7902.62
净利润(万元)	9809.98	74273.61	93343.21	5506.09
营业利润(万元)	12529.77	103664.44	109966.72	6586.73
利润总额(万元)	12470.33	102880.98	109345.85	6772.04

中成进出口股份有限公司

公司概况					
公司名称	中成进出口股份有限公司			证券简称	中成股份
法人代表	刘艳	董秘	张朋	证券代码	000151
公司网址	www.complant-ltd.com.cn		电子信箱	complant@complant-ltd.com	
电　话	010-84759518		传　真	010-64218032	
办公地址	北京市东城区安定门西滨河路 9 号				
经营范围	成套设备及技术进出口业务和境外投资经营业务				

主要财务指标 指标\报告期	2017.06.30	2016.12.31	2016.06.30	2015.12.31
基本每股收益(元)	0.1749	0.3408	0.1839	0.4547
基本每股收益(扣除后)(元)	0.1437	0.2921	0.1756	0.4423
稀释每股收益(元)	0.1749	0.3408	0.1839	0.4547
每股净资产(元)	3.2253	3.3497	3.1883	3.4079
每股经营现金净流量(元)	0.0202	-1.1841	-1.6980	-1.5233
每股现金流量(元)	-0.4367	-1.4994	-1.8852	-1.8025
每股资本公积金(元)	1.4934	1.4934	1.4934	1.4934
每股盈余公积金(元)	0.4752	0.4752	0.4421	0.4421
每股未分配利润(元)	0.2633	0.3884	0.2606	0.4807
净资产收益率(%)	5.4237	10.1751	5.7692	13.3431
加权净资产收益率(%)	5.3200	10.0900	5.5800	13.4300
净资产收益率(扣除)(%)	4.4562	8.7201	5.1837	12.9778
总资产(万元)	212146.23	206873.39	183691.47	241567.02
归属母公司股东权益(万元)	95461.20	99143.91	94366.83	100865.77
营业收入(万元)	99096.15	176736.12	69152.98	121243.48
营业支出(万元)	84434.07	156202.47	57717.33	97634.93
投资收益(万元)	23.46	85.09	85.09	24.29
净利润(万元)	5177.47	10088.53	5444.29	13431.95
营业利润(万元)	5650.15	12888.51	7995.64	16683.63
利润总额(万元)	5949.82	13252.82	8065.28	16741.45

安徽丰原药业股份有限公司

公司概况	公司名称	安徽丰原药业股份有限公司		证券简称	丰原药业
	法人代表	何宏满	董秘 张军	证券代码	000153
	公司网址	www.bbcayy.com		电子信箱	xlyyzj@163.com
	电　　话	0551-4846153 4846018		传　　真	0551-4846000
	办公地址	安徽省合肥市包河工业区纬四路16号			
	经营范围	生物药、中药、化学合成药及其制剂等方面的研究、开发、生产和销售			

主要财务指标	指标\报告期	2017.06.30	2016.12.31	2016.06.30	2015.12.31
	基本每股收益(元)	0.0600	1.8500	0.0646	0.1038
	基本每股收益(扣除后)(元)	0.0700	0.0300	0.0843	0.0685
	稀释每股收益(元)	0.0600	1.8500	3.5942	0.1038
	每股净资产(元)	2.3119	2.2472	0.0491	3.6864
	每股经营现金净流量(元)	-0.2040	-0.9278	-0.1546	0.1458
	每股现金流量(元)	-0.2042	1.6685	1.5311	-0.0234
	每股资本公积金(元)	2.7163	3.1944	0.0866	1.6782
	每股盈余公积金(元)	0.1554	0.1569	0.7456	0.0866
	每股未分配利润(元)	-1.5903	-1.6194	2.3446	0.7613
	净资产收益率(%)	2.7988	30.4345	2.3100	2.8148
	加权净资产收益率(%)	2.8400	-87.1900	1.7976	2.8600
	净资产收益率(扣除)(%)	2.8135	0.4300	244654.01	1.8574
	总资产(万元)	319378.59	594180.60	112189.77	233961.83
	归属母公司股东权益(万元)	293612.04	350805.86	89140.73	117112.55
	营业收入(万元)	225106.75	181239.79	64842.74	155429.45
	营业支出(万元)	217944.87	175501.43	77.16	113669.39
	投资收益(万元)	--	37105.43	2618.16	693.43
	净利润(万元)	8217.72	86535.89	3245.92	3146.78
	营业利润(万元)	8217.72	36854.91	3605.05	3022.93
	利润总额(万元)	8217.72	86647.69	0.0843	4207.00

川化股份有限公司

公司概况	公司名称	川化股份有限公司		证券简称	川化股份
	法人代表	王诚	董秘 甄佳	证券代码	000155
	公司网址	www.scwltd.com		电子信箱	scc@scwltd.com
	电　　话	028-65258987		传　　真	86-28-89301890
	办公地址	四川省成都市武侯区航空路1号国航世纪中心A座7层			
	经营范围	肥料制造、基础化学原料制造及销售			

主要财务指标	指标\报告期	2017.06.30	2016.12.31	2016.06.30	2015.12.31
	基本每股收益(元)	0.0600	1.8500	0.6500	-1.2000
	基本每股收益(扣除后)(元)	0.0700	0.0300	-0.0900	-1.2300
	稀释每股收益(元)	0.0600	1.8500	0.6500	-1.2000
	每股净资产(元)	2.3119	2.2472	-2.4933	-3.0280
	每股经营现金净流量(元)	-0.2040	-0.9278	-0.1730	-0.3318
	每股现金流量(元)	-0.2042	1.6685	0.8660	-0.2660
	每股资本公积金(元)	2.7163	3.1944	1.7237	1.7240
	每股盈余公积金(元)	0.1554	0.1569	0.4200	0.4200
	每股未分配利润(元)	-1.5903	-1.6194	-5.7091	-6.3074
	净资产收益率(%)	2.7988	30.4345	-26.1053	-39.7246
	加权净资产收益率(%)	2.8400	-87.1900	-23.9600	-50.8100
	净资产收益率(扣除)(%)	2.8135	0.4300	3.1941	-40.4881
	总资产(万元)	319378.59	594180.60	52761.58	74455.69
	归属母公司股东权益(万元)	293612.04	350805.86	-117184.29	-139843.06
	营业收入(万元)	225106.75	181239.79	21480.24	31962.94
	营业支出(万元)	217944.87	175501.43	20340.98	29577.34
	投资收益(万元)	--	37105.43	36854.02	8.44
	净利润(万元)	8217.72	86535.89	30314.04	-71057.19
	营业利润(万元)	8217.72	36854.91	19391.06	-72325.33
	利润总额(万元)	8217.72	86647.69	30441.31	-70445.24

华数传媒控股股份有限公司

公司概况	公司名称	华数传媒控股股份有限公司		证券简称	华数传媒
	法人代表	王健儿	董秘 王颖轶	证券代码	000156
	公司网址	www.wasu.com		电子信箱	000156@wasu.com
	电　　话	0571-28327789		传　　真	0571-28327791
	办公地址	浙江省杭州市滨江区长江路79号华数白马湖数字电视产业园B座			
	经营范围	有线电视、数字电视网络及产业投资			

主要财务指标	指标\报告期	2017.06.30	2016.12.31	2016.06.30	2015.12.31
	基本每股收益(元)	0.2147		0.2061	0.4000
	基本每股收益(扣除后)(元)	0.1989		0.2004	0.4000
	稀释每股收益(元)	0.2147		0.2061	0.4000
	每股净资产(元)	7.0307		6.6240	6.4529
	每股经营现金净流量(元)	0.2326		0.1882	0.8419
	每股现金流量(元)	0.2878		-0.3736	1.1477
	每股资本公积金(元)	4.3353		4.3354	4.3354
	每股盈余公积金(元)	0.1073		0.0944	0.0944
	每股未分配利润(元)	1.3943		1.1184	0.9473
	净资产收益率(%)	3.0542		3.1111	5.7686
	加权净资产收益率(%)	3.0000		3.1400	7.8400
	净资产收益率(扣除)(%)	2.8293		3.0258	5.7471
	总资产(万元)	1411564.10		1301653.31	1267499.79
	归属母公司股东权益(万元)	1007747.17		949451.76	924930.32
	营业收入(万元)	149749.95		139998.60	285857.21
	营业支出(万元)	83287.88		76685.37	159375.71
	投资收益(万元)	1105.81		-278.21	-323.84
	净利润(万元)	30794.89		29427.45	53257.51
	营业利润(万元)	30580.17		28573.07	50905.66
	利润总额(万元)	30837.13		29921.78	54684.58

中联重科股份有限公司

公司概况	公司名称	中联重科股份有限公司		证券简称	中联重科
	法人代表	詹纯新	董秘 申柯	证券代码	000157
	公司网址	www.zoomlion.com		电子信箱	157@zoomlion.com
	电　　话	0731-85650157		传　　真	0731-85651157
	办公地址	湖南省长沙市银盆南路361号			
	经营范围	开发、生产、销售工程机械、环卫机械、汽车起重机及其专用底盘等			

主要财务指标	指标\报告期	2017.06.30	2016.12.31	2016.06.30	2015.12.31
	基本每股收益(元)	0.1500	-0.1200	-0.1100	0.0100
	基本每股收益(扣除后)(元)	-1.0400	-0.2200	-0.1100	-0.0600
	稀释每股收益(元)	0.1500	-0.1200	-0.1100	0.0100
	每股净资产(元)	4.8477	4.8034	4.8739	5.2108
	每股经营现金净流量(元)	0.0914	0.2829	-0.0394	-0.4351
	每股现金流量(元)	0.5283	-0.6409	-0.3304	-0.3910
	每股资本公积金(元)	1.6998	1.6563	1.6476	1.7048
	每股盈余公积金(元)	0.3854	0.3834	0.3806	0.3806
	每股未分配利润(元)	1.9608	1.9524	1.9679	2.2270
	净资产收益率(%)	3.0456	-2.5363	-2.2394	0.2090
	加权净资产收益率(%)	3.0200	-2.4400	-2.1300	0.2100
	净资产收益率(扣除)(%)	-21.4923	-4.5574	-2.2884	-1.1243
	总资产(万元)	9076246.24	8914102.35	9363665.38	9372302.00
	归属母公司股东权益(万元)	3715362.40	3681356.27	3735393.05	3993660.04
	营业收入(万元)	1279014.09	2002251.67	900379.31	2075334.66
	营业支出(万元)	1029927.25	1524468.69	678037.04	1514595.59
	投资收益(万元)	1081477.32	-2448.51	-3750.35	8337.71
	净利润(万元)	107507.63	-90480.84	-83215.91	9115.74
	营业利润(万元)	104973.93	-180345.12	-99832.82	-60513.65
	利润总额(万元)	107433.33	-101522.54	-97602.56	3328.63

石家庄常山北明科技股份有限公司

公司概况	公司名称	石家庄常山北明科技股份有限公司			证券简称	常山北明
	法人代表	肖荣智	董秘	池俊平	证券代码	000158
	公司网址	www.changshantex.com		电子信箱	chijunp52@sohu.com	
	电　　话	0311-86673856		传　　真	0311-86673929	
	办公地址	河北省石家庄市和平东路 183 号				
	经营范围	天然纤维和人造纤维的纺织产品、针织品、服装加工等				

主要财务指标	指标＼报告期	2017.06.30	2016.12.31	2016.06.30	2015.12.31
	基本每股收益(元)	0.0403	0.2800	–0.0145	0.2400
	基本每股收益(扣除后)(元)	–0.0501	–0.0300	–0.0119	0.0400
	稀释每股收益(元)	0.0403	0.2800	–0.0145	0.2400
	每股净资产(元)	4.5550	4.5140	4.2240	4.2701
	每股经营现金净流量(元)	–0.5270	0.3434	–0.8655	–0.3847
	每股现金流量(元)	–0.8220	0.7093	–0.1950	0.6020
	每股资本公积金(元)	2.5786	2.5786	2.5786	2.5687
	每股盈余公积金(元)	0.1769	0.1769	0.1658	0.1658
	每股未分配利润(元)	0.7909	0.7506	0.4720	0.5265
	净资产收益率(%)	0.8846	6.0969	–0.3433	4.5932
	加权净资产收益率(%)	0.8900	6.2700	–0.3400	5.8400
	净资产收益率(扣除)(%)	–1.0997	–0.6601	–0.2823	0.7508
	总资产(万元)	1214616.75	1280419.16	1157535.02	1094186.31
	归属母公司股东权益(万元)	579143.03	573926.26	537057.44	542920.99
	营业收入(万元)	454493.16	1097432.31	503833.68	890193.60
	营业支出(万元)	420675.27	1014032.48	469906.16	829294.20
	投资收益(万元)	388.84	395.42	358.91	30.15
	净利润(万元)	5054.34	34699.49	–1921.19	24872.15
	营业利润(万元)	5798.31	–8555.92	–1851.23	1293.69
	利润总额(万元)	5735.37	33566.00	–1382.08	28643.04

新疆国际实业股份有限公司

公司概况	公司名称	新疆国际实业股份有限公司			证券简称	国际实业
	法人代表	丁治平	董秘	李润起	证券代码	000159
	公司网址	www.xjgjsy.com		电子信箱	zqb@xjgjsy.com	
	电　　话	0991-5854232		传　　真	0991-2861579	
	办公地址	新疆维吾尔自治区乌鲁木齐市北京南路 358 号大成国际大厦 9 楼				
	经营范围	焦炭、煤炭及深加工产品的生产与销售等				

主要财务指标	指标＼报告期	2017.06.30	2016.12.31	2016.06.30	2015.12.31
	基本每股收益(元)	–0.1255	0.0732	–0.0322	0.1164
	基本每股收益(扣除后)(元)	–0.0813	–0.0248	–0.0195	–0.0937
	稀释每股收益(元)	–0.1255	0.0732	–0.0322	0.1164
	每股净资产(元)	4.4239	4.5502	4.4670	4.4977
	每股经营现金净流量(元)	–0.1021	–0.0699	–0.1748	–0.3440
	每股现金流量(元)	–0.0525	–0.1323	–0.0680	–0.1345
	每股资本公积金(元)	0.7776	0.7776	0.7779	0.7779
	每股盈余公积金(元)	0.2692	0.2692	0.2692	0.2692
	每股未分配利润(元)	2.4100	2.5355	2.4601	2.5223
	净资产收益率(%)	–2.8370	1.6086	–0.7207	2.5888
	加权净资产收益率(%)	–2.8000	1.6100	–0.7200	2.5900
	净资产收益率(扣除)(%)	–1.8380	–0.5456	–0.4375	–2.0836
	总资产(万元)	304470.22	311624.98	301361.07	294899.55
	归属母公司股东权益(万元)	212852.66	218929.52	214925.23	216400.34
	营业收入(万元)	13224.59	52320.26	22306.44	67973.83
	营业支出(万元)	11385.41	43259.87	18577.73	52903.51
	投资收益(万元)	985.59	3202.55	766.05	8959.66
	净利润(万元)	–6164.81	3586.52	–1569.10	6007.41
	营业利润(万元)	–7112.03	4943.39	–1630.18	7695.35
	利润总额(万元)	–7114.05	4841.53	–1761.92	9220.49

申万宏源集团股份有限公司

公司概况	公司名称	申万宏源集团股份有限公司			证券简称	申万宏源
	法人代表	陈亮	董秘	阳昌云	证券代码	000166
	公司网址	www.sywg.com		电子信箱	swhy@swhygh.com	
	电　　话	0991-2301870		传　　真	0991-2301779	
	办公地址	新疆维吾尔自治区乌鲁木齐市高新区北京南路 358 号大成国际大厦 20 楼 2001 室				
	经营范围	投资管理，实业投资，股权投资，投资咨询				

主要财务指标	指标＼报告期	2017.06.30	2016.12.31	2016.06.30	2015.12.31
	基本每股收益(元)	0.1000	0.2700	0.1400	0.8200
	基本每股收益(扣除后)(元)	0.1000	0.2600	0.1400	0.8200
	稀释每股收益(元)	0.1000	0.2700	0.1400	0.8200
	每股净资产(元)	2.6200	2.6100	3.2787	3.3812
	每股经营现金净流量(元)	–0.8517	–1.9199	–0.9781	3.3967
	每股现金流量(元)	–0.2103	–1.8286	–2.0538	3.9399
	每股资本公积金(元)	0.2216	0.2216	0.2992	0.2992
	每股盈余公积金(元)	0.1449	0.1449	0.1710	0.1710
	每股未分配利润(元)	0.8318	0.8303	1.3534	1.3626
	净资产收益率(%)	3.9002	10.3414	4.3196	24.1950
	加权净资产收益率(%)	3.8400	10.5900	4.1900	27.4100
	净资产收益率(扣除)(%)	3.8626	10.1431	4.2285	24.1070
	总资产(万元)	28296574.01	27548926.26	27569083.26	33356946.95
	归属母公司股东权益(万元)	5256015.15	5230481.18	4871071.94	5023429.13
	营业收入(万元)	606248.08	1471997.61	609026.07	3046260.31
	营业支出(万元)	332174.15	848335.03	–	–
	投资收益(万元)	151804.87	390208.05	122540.15	713373.80
	净利润(万元)	210513.63	552828.53	216957.15	1242843.57
	营业利润(万元)	274073.93	623662.58	250536.86	1749640.33
	利润总额(万元)	273953.03	638531.27	255989.29	1754673.10

江苏吴江中国东方丝绸市场股份有限公司

公司概况	公司名称	江苏吴江中国东方丝绸市场股份有限公司			证券简称	东方市场
	法人代表	计高雄	董秘	汪钟颖	证券代码	000301
	公司网址	www.cesm.com.cn		电子信箱	wangzy.2006@yahoo.com.cn	
	电　　话	0512-63573480 63527635		传　　真	0512-63552272	
	办公地址	江苏省吴江市盛泽镇市场路丝绸股份大厦				
	经营范围	房地产开发、营业房出租、热电、石油、天然气等				

主要财务指标	指标＼报告期	2017.06.30	2016.12.31	2016.06.30	2015.12.31
	基本每股收益(元)	0.1200	0.1210	0.0736	0.1371
	基本每股收益(扣除后)(元)	0.0700	0.1170	0.0734	0.1365
	稀释每股收益(元)	0.1200	0.1210	0.0736	0.1371
	每股净资产(元)	2.9111	2.8425	2.7252	2.6516
	每股经营现金净流量(元)	0.1949	0.7023	–0.0124	0.1821
	每股现金流量(元)	0.2811	0.0910	0.1104	–0.0537
	每股资本公积金(元)	0.5278	0.5278	0.5225	0.5225
	每股盈余公积金(元)	0.2170	0.2170	0.2024	0.2024
	每股未分配利润(元)	1.0515	0.9828	1.0002	0.9266
	净资产收益率(%)	4.0787	4.2560	2.7020	5.1723
	加权净资产收益率(%)	4.0900	4.0000	2.7400	5.0000
	净资产收益率(扣除)(%)	2.3916	4.1189	2.6944	5.1479
	总资产(万元)	454552.25	496775.75	476976.49	439733.05
	归属母公司股东权益(万元)	354641.09	346286.25	331993.74	323023.21
	营业收入(万元)	52902.05	79311.02	34743.65	69406.59
	营业支出(万元)	37040.68	44576.77	17733.88	35216.54
	投资收益(万元)	5830.14	651.19	387.83	737.32
	净利润(万元)	14419.90	14720.31	8977.18	16713.10
	营业利润(万元)	12724.86	20843.40	12316.32	25646.55
	利润总额(万元)	12591.96	21071.06	12122.21	25251.55

美的集团股份有限公司

公司概况						
	公司名称	美的集团股份有限公司			证券简称	美的集团
	法人代表	方洪波	董秘	江鹏	证券代码	000333
	公司网址	www.midea.com.cn		电子信箱	IR@midea.com	
	电话	0757-23274957 22607708		传真	0757-26605456	
	办公地址	广东省佛山市顺德区北滘镇美的大道6号美的总部大楼B区26-28楼				
	经营范围	生产经营家用电器、电机及零部件等				

主要财务指标	指标\报告期	2017.06.30	2016.12.31	2016.06.30	2015.12.31
	基本每股收益(元)	1.6700	2.2900	1.4800	2.9900
	基本每股收益(扣除后)(元)	1.5300	2.1000	1.4200	2.5700
	稀释每股收益(元)	1.6600	2.2800	1.4800	2.9900
	每股净资产(元)	10.1714	9.4640	8.6100	11.5312
	每股经营现金净流量(元)	2.1314	4.1331	1.2653	6.2726
	每股现金流量(元)	1.2689	1.1343	0.7953	-0.0199
	每股资本公积金(元)	2.2600	2.1051	1.9972	3.4009
	每股盈余公积金(元)	0.4302	0.4342	0.2874	0.4328
	每股未分配利润(元)	6.5113	5.8998	5.2772	6.9208
	净资产收益率(%)	16.3032	24.0227	17.1624	25.8257
	加权净资产收益率(%)	16.4600	26.8800	17.6400	29.0600
	净资产收益率(扣除)(%)	14.9166	22.0735	16.4463	22.1767
	总资产(万元)	23101649.20	17060071.10	16750274.70	12884193.50
	归属母公司股东权益(万元)	6631401.70	6112692.30	5533309.80	4920185.20
	营业收入(万元)	12445006.50	15904404.10	7752228.70	13844122.60
	营业支出(万元)	9305108.10	11561543.70	5486616.00	10266281.80
	投资收益(万元)	119945.20	128596.10	71408.20	201126.90
	净利润(万元)	1154807.10	1586191.20	1023089.80	1362465.50
	营业利润(万元)	1303615.30	1743597.50	1137809.60	1491687.30
	利润总额(万元)	1360712.40	1891460.30	1217756.90	1605135.40

潍柴动力股份有限公司

公司概况						
	公司名称	潍柴动力股份有限公司			证券简称	潍柴动力
	法人代表	谭旭光	董秘	戴立新	证券代码	000338
	公司网址	www.weichaipower.com		电子信箱	weichai@weichai.com	
	电话	0536-2297068 8197069		传真	0536-8197073	
	办公地址	山东省潍坊市高新技术产业开发区福寿东街197号甲				
	经营范围	柴油机及配套产品的设计、开发、生产、销售、维修、进出口等				

主要财务指标	指标\报告期	2017.06.30	2016.12.31	2016.06.30	2015.12.31
	基本每股收益(元)	0.3300	0.6100	0.2600	0.3500
	基本每股收益(扣除后)(元)	0.3200	0.5400	0.2300	0.2700
	稀释每股收益(元)	0.3300	0.6100	0.2600	0.3500
	每股净资产(元)	8.1734	7.9373	7.9915	7.9351
	每股经营现金净流量(元)	1.1919	2.0633	0.5061	1.6941
	每股现金流量(元)	0.4452	0.1111	0.2768	0.1300
	每股资本公积金(元)	0.0161	0.0075	0.0116	0.0070
	每股盈余公积金(元)	—	—	0.3021	0.3021
	每股未分配利润(元)	7.3916	6.9789	6.8950	6.7320
	净资产收益率(%)	8.1085	7.6916	3.2906	4.3826
	加权净资产收益率(%)	8.1000	7.6500	3.2800	4.3300
	净资产收益率(扣除)(%)	7.7692	6.8228	2.8459	3.4260
	总资产(万元)	18105226.82	16399068.05	12532883.16	11487338.78
	归属母公司股东权益(万元)	3268247.01	3173826.96	3195502.25	3172945.57
	营业收入(万元)	7231326.56	9318352.14	4228651.12	7371991.58
	营业支出(万元)	5698741.12	7209998.31	3262510.19	5676011.61
	投资收益(万元)	13520.47	12049.01	8297.71	11495.46
	净利润(万元)	347609.11	359625.37	160151.42	216267.41
	营业利润(万元)	432789.08	411830.76	186051.52	257812.10
	利润总额(万元)	438329.66	463764.68	207863.08	308341.99

许继电气股份有限公司

公司概况						
	公司名称	许继电气股份有限公司			证券简称	许继电气
	法人代表	张旭升	董秘	李维扬	证券代码	000400
	公司网址	www.xjec.com		电子信箱	gszl@xjgc.com	
	电话	0374-3212348 3212022		传真	0374-3363549	
	办公地址	河南省许昌市许继大道1298号				
	经营范围	生产经营电网自动化、继电保护及控制装置等				

主要财务指标	指标\报告期	2017.06.30	2016.12.31	2016.06.30	2015.12.31
	基本每股收益(元)	0.1591	0.8617	0.1087	0.7147
	基本每股收益(扣除后)(元)	0.1575	0.8189	0.1087	0.6881
	稀释每股收益(元)	0.1591	0.8617	0.1087	0.7147
	每股净资产(元)	7.0591	6.9999	6.2469	6.2383
	每股经营现金净流量(元)	-0.6783	1.2367	-0.0653	0.4992
	每股现金流量(元)	-0.8268	0.8851	-0.2743	0.0777
	每股资本公积金(元)	0.8228	0.8228	0.8229	0.8229
	每股盈余公积金(元)	0.5106	0.5106	0.4121	0.4121
	每股未分配利润(元)	4.7256	4.6665	4.0120	4.0033
	净资产收益率(%)	2.2545	12.3108	1.7395	11.4565
	加权净资产收益率(%)	2.2500	13.0200	1.7300	11.9500
	净资产收益率(扣除)(%)	2.2314	11.6926	1.7333	11.0307
	总资产(万元)	1472222.66	1430083.66	1293443.98	1248733.68
	归属母公司股东权益(万元)	711784.68	705820.90	629894.54	629020.44
	营业收入(万元)	325728.00	960700.96	289838.74	734630.04
	营业支出(万元)	262386.40	737148.89	235791.59	529212.75
	投资收益(万元)	-21.65	332.74	-	-284.70
	净利润(万元)	16295.76	94048.61	11129.11	80586.11
	营业利润(万元)	21324.80	96705.02	12100.33	78550.91
	利润总额(万元)	21565.79	108529.06	14369.34	92981.65

唐山冀东水泥股份有限公司

公司概况						
	公司名称	唐山冀东水泥股份有限公司			证券简称	冀东水泥
	法人代表	姜长禄	董秘	刘宇	证券代码	000401
	公司网址	www.jdsn.com.cn		电子信箱	zqb@jdsn.com.cn	
	电话	0315-3244005		传真	0315-3244005	
	办公地址	北京市东城区北三环东路36号环球贸易中心A座22层				
	经营范围	生产和销售水泥、熟料以及石灰石开采和销售				

主要财务指标	指标\报告期	2017.06.30	2016.12.31	2016.06.30	2015.12.31
	基本每股收益(元)	-0.0820	0.0390	-0.6880	-1.2730
	基本每股收益(扣除后)(元)	-0.0240	-0.4860	-0.6020	-2.0440
	稀释每股收益(元)	-0.0820	0.0390	-0.6880	-1.2730
	每股净资产(元)	7.3068	7.4103	6.6421	7.4660
	每股经营现金净流量(元)	0.5692	1.9972	1.0876	0.6807
	每股现金流量(元)	0.2447	0.5668	0.3263	-0.7354
	每股资本公积金(元)	3.6524	3.6524	3.6575	3.6523
	每股盈余公积金(元)	0.7530	0.7530	0.7530	0.7530
	每股未分配利润(元)	1.8314	1.9136	1.1807	1.8744
	净资产收益率(%)	-1.1247	0.5296	-10.3649	-17.0489
	加权净资产收益率(%)	-1.1200	0.5200	-9.6700	-15.6800
	净资产收益率(扣除)(%)	-0.3297	-6.5535	-9.0620	-27.3778
	总资产(万元)	4123375.69	4148004.59	4040428.26	4128123.38
	归属母公司股东权益(万元)	984612.29	998548.57	895034.43	1006061.08
	营业收入(万元)	654379.99	1233515.49	525949.17	1110824.78
	营业支出(万元)	466567.91	935331.32	453375.46	940603.16
	投资收益(万元)	-97.65	55764.40	-6987.44	95113.60
	净利润(万元)	-9454.12	-2365.34	-102793.90	-215034.41
	营业利润(万元)	-8047.66	-43727.92	-123504.45	-198799.03
	利润总额(万元)	-5524.89	19884.45	-114820.92	-173565.57

金融街控股股份有限公司

公司概况					
公司名称	金融街控股股份有限公司			证券简称	金 融 街
法人代表	高靓	董秘	张晓鹏	证券代码	000402
公司网址	www.jrjkg.com		电子信箱	investors@jrjkg.com	
电 话	010-66573088 66573955		传 真	010-66573956	
办公地址	北京市西城区金城坊街7号				
经营范围	房地产开发、销售商品房、物业管理、新技术及产品项目投资等				

主要财务指标：指标＼报告期	2017.06.30	2016.12.31	2016.06.30	2015.12.31
基本每股收益(元)	0.3600	0.9400	0.2500	0.7500
基本每股收益(扣除后)(元)	0.3400	0.4300	0.2400	0.2000
稀释每股收益(元)	0.3600	0.9400	0.2500	0.7500
每股净资产(元)	9.2506	9.2819	8.5537	8.5272
每股经营现金净流量(元)	0.8251	5.7164	1.2140	-4.2964
每股现金流量(元)	0.0505	2.0998	2.4160	-0.3342
每股资本公积金(元)	2.2995	2.3035	2.3035	2.3033
每股盈余公积金(元)	0.3678	0.3678	0.3673	0.3673
每股未分配利润(元)	5.3349	5.3797	4.6963	4.8420
净资产收益率(%)	3.8388	10.1084	2.9673	8.8404
加权净资产收益率(%)	3.8100	10.6000	2.9600	9.0300
净资产收益率(扣除)(%)	3.6254	4.6588	2.7516	2.3572
总资产(万元)	11626162.13	11283551.47	11496966.64	10567867.59
归属母公司股东权益(万元)	2764953.73	2774303.79	2556636.75	2548727.07
营业收入(万元)	999082.70	1985254.37	616703.59	1556475.00
营业支出(万元)	679845.34	1388993.16	366949.58	1088681.71
投资收益(万元)	4065.61	2200.53	963.55	7462.68
净利润(万元)	117900.28	281559.63	75406.66	226505.54
营业利润(万元)	161045.05	419595.98	104547.13	318897.19
利润总额(万元)	162121.37	421508.90	106148.30	320784.94

振兴生化股份有限公司

公司概况					
公司名称	振兴生化股份有限公司			证券简称	ST生化
法人代表	史曜瑜	董秘	闫治仲	证券代码	000403
公司网址	www.999yichun.cn		电子信箱	zxzqb000403@163.com	
电 话	86-351-7038776		传 真	0351-7038776	
办公地址	山西省太原市长治路227号高新国际大厦16层				
经营范围	生物医药和工程机械产品的研究、开发、生产和销售				

主要财务指标：指标＼报告期	2017.06.30	2016.12.31	2016.06.30	2015.12.31
基本每股收益(元)	0.1600	0.1977	0.1600	0.2800
基本每股收益(扣除后)(元)	0.1900	0.1504	0.1600	0.2200
稀释每股收益(元)	0.1600	0.1977	0.1600	0.2800
每股净资产(元)	2.1973	2.0337	1.9912	1.8360
每股经营现金净流量(元)	-0.0940	0.2292	0.1760	0.2579
每股现金流量(元)	-0.3132	0.5546	-0.0657	0.0291
每股资本公积金(元)	0.4180	0.4180	0.4180	0.4180
每股盈余公积金(元)	0.2228	0.2228	0.2228	0.2228
每股未分配利润(元)	0.5566	0.3930	0.3504	0.1953
净资产收益率(%)	7.4444	9.7223	7.7919	15.4985
加权净资产收益率(%)	7.8300	10.2200	9.6100	16.8000
净资产收益率(扣除)(%)	8.4937	7.3917	7.8542	11.8024
总资产(万元)	131599.91	124331.81	126847.15	126530.92
归属母公司股东权益(万元)	59894.00	55435.24	54274.69	50045.65
营业收入(万元)	32139.74	56743.64	28245.17	50026.93
营业支出(万元)	12550.20	24956.58	13308.66	23543.39
投资收益(万元)	—	319.64	-	-
净利润(万元)	4265.24	4432.06	3777.43	6684.00
营业利润(万元)	6761.48	5515.36	5286.94	6831.80
利润总额(万元)	6133.02	6877.91	5253.33	9225.91

华意压缩机股份有限公司

公司概况					
公司名称	华意压缩机股份有限公司			证券简称	华意压缩
法人代表	杨秀彪	董秘	杨秀彪(代)	证券代码	000404
公司网址	www.hua-yi.cn		电子信箱	hyzq@hua-yi.cn	
电 话	0798-8470237		传 真	0798-8470221	
办公地址	江西省景德镇市高新区长虹大道1号(高新开发区内)				
经营范围	冰箱压缩机及商用压缩机的研发、生产和销售等				

主要财务指标：指标＼报告期	2017.06.30	2016.12.31	2016.06.30	2015.12.31
基本每股收益(元)	0.2171	0.4508	0.2257	0.3894
基本每股收益(扣除后)(元)	0.1938	0.3631	0.1941	0.3305
稀释每股收益(元)	0.2171	0.4508	0.2257	0.3894
每股净资产(元)	4.5600	4.3718	4.1477	4.0007
每股经营现金净流量(元)	-0.9843	0.3493	-0.5651	1.2965
每股现金流量(元)	-0.1976	1.9527	1.7400	-0.4502
每股资本公积金(元)	2.2890	1.9718	1.9718	1.9718
每股盈余公积金(元)	0.0568	0.0706	0.0424	0.0424
每股未分配利润(元)	1.2243	1.3368	1.1399	0.9942
净资产收益率(%)	3.9790	10.3121	5.4423	9.7324
加权净资产收益率(%)	5.0000	10.7700	5.5100	10.1600
净资产收益率(扣除)(%)	3.5519	8.3046	4.6789	8.2617
总资产(万元)	950762.01	810249.40	808165.14	697050.26
归属母公司股东权益(万元)	317681.08	244655.71	232113.81	223886.48
营业收入(万元)	436560.83	696508.89	351182.85	685615.68
营业支出(万元)	381116.61	600959.44	300402.92	581269.50
投资收益(万元)	1901.41	4880.56	2653.76	4966.49
净利润(万元)	20847.67	39576.56	19662.04	33161.57
营业利润(万元)	23612.22	43810.43	22490.58	37208.11
利润总额(万元)	24365.18	45862.51	22808.65	38928.67

山东胜利股份有限公司

公司概况					
公司名称	山东胜利股份有限公司			证券简称	胜利股份
法人代表	王鹏	董秘	杜以宏	证券代码	000407
公司网址	www.vicome.com		电子信箱	sd000407@sina.com	
电 话	0531-86920495 88725687		传 真	0531-86018518	
办公地址	山东省济南市高新区港兴三路北段济南药谷1号楼B座27-33F				
经营范围	生物产业、塑胶产业、农化产业和贸易产业				

主要财务指标：指标＼报告期	2017.06.30	2016.12.31	2016.06.30	2015.12.31
基本每股收益(元)	0.0500	-0.3500	0.0230	0.0400
基本每股收益(扣除后)(元)	0.0500	-0.4100	-0.0500	0.0300
稀释每股收益(元)	0.0500	-0.3500	0.0230	0.0400
每股净资产(元)	2.4514	2.4100	2.7817	2.3210
每股经营现金净流量(元)	0.0746	0.0581	-0.0629	0.0846
每股现金流量(元)	-0.2218	-0.0582	-0.3311	0.0743
每股资本公积金(元)	1.1543	1.1537	1.1570	0.6386
每股盈余公积金(元)	0.1347	0.1347	0.1347	0.1532
每股未分配利润(元)	0.1485	0.1001	0.4737	0.5147
净资产收益率(%)	1.9726	-13.8238	0.7544	1.5997
加权净资产收益率(%)	1.9900	-14.1800	0.9200	1.6100
净资产收益率(扣除)(%)	2.0638	-16.4138	-1.5719	1.4607
总资产(万元)	434818.31	430256.09	393942.66	415164.69
归属母公司股东权益(万元)	215745.06	211727.41	244816.50	179653.94
营业收入(万元)	164772.68	264979.49	119088.76	250939.67
营业支出(万元)	140202.04	230604.65	103331.76	226059.75
投资收益(万元)	22396.74	9397.11	6499.55	13484.33
净利润(万元)	7615.03	-32519.17	58.20	4146.66
营业利润(万元)	31926.88	-25072.11	-463.43	2807.47
利润总额(万元)	10382.27	-25139.57	233.82	2692.24

藏格控股股份有限公司

公司概况					
公司名称	藏格控股股份有限公司			证券简称	藏格控股
法人代表	肖永明	董秘	蒋秀恒	证券代码	000408
公司网址			电子信箱	zgjf000408@163.com	
电　话	028-65531312		传　真	0979-8433995	
办公地址	四川省成都市高新区天府大道中段 279 号成达大厦 11 楼 1107 室				
经营范围	矿业投资以及国际、国内贸易及珠宝等业务				

主要财务指标：指标\报告期	2017.06.30	2016.12.31	2016.06.30	2015.12.31
基本每股收益(元)	0.1518	0.5000	0.0060	0.2060
基本每股收益(扣除后)(元)	0.1510	0.4900	-0.0300	0.2000
稀释每股收益(元)	0.1518	0.5000	0.0060	0.2060
每股净资产(元)	3.0064	2.8752	2.3964	2.3902
每股经营现金净流量(元)	-0.2847	0.1943	-0.0536	-0.5418
每股现金流量(元)	-0.3200	0.6204	-0.2186	0.2328
每股资本公积金(元)	0.4828	0.5013	0.9808	0.9808
每股盈余公积金(元)	0.1655	0.1328	--	--
每股未分配利润(元)	1.3410	1.2218	0.4144	0.4080
净资产收益率(%)	5.0501	15.3038	0.2684	8.6175
加权净资产收益率(%)	5.1500	21.5600	0.2700	9.0100
净资产收益率(扣除)(%)	5.0216	15.1640	-1.1216	8.3781
总资产(万元)	701519.79	736072.02	577163.15	567648.37
归属母公司股东权益(万元)	622988.53	595806.04	113281.21	112987.08
营业收入(万元)	107950.18	260288.42	136620.44	221958.77
营业支出(万元)	32128.52	73767.59	115877.79	171813.73
投资收益(万元)	1143.86	1343.17	--	486.76
净利润(万元)	31718.67	91924.43	2851.27	12336.43
营业利润(万元)	36561.89	108554.06	2425.77	20504.48
利润总额(万元)	36669.62	108742.63	4492.06	20884.14

山东地矿股份有限公司

公司概况					
公司名称	山东地矿股份有限公司			证券简称	山东地矿
法人代表	张虹	董秘	姜世涛	证券代码	000409
公司网址	www.sddkgf.com.cn		电子信箱	stock000409@126.com	
电　话	86-531-88550409		传　真	0531-88190331	
办公地址	山东省济南市历下区工业南路 57-1 号济南高新万达广场 J3 写字楼				
经营范围	矿石的开采、加工及矿产品销售				

主要财务指标：指标\报告期	2017.06.30	2016.12.31	2016.06.30	2015.12.31
基本每股收益(元)	-0.1406	-0.4095	0.0060	0.2060
基本每股收益(扣除后)(元)	-0.1429	-0.4442	-0.0300	0.2000
稀释每股收益(元)	-0.1406	-0.4095	0.0060	0.2060
每股净资产(元)	1.6932	1.9799	2.3964	2.3902
每股经营现金净流量(元)	-0.0143	-0.4255	-0.0536	-0.5418
每股现金流量(元)	0.3494	-0.2885	-0.2186	0.2328
每股资本公积金(元)	0.8327	0.9808	0.9808	0.9808
每股盈余公积金(元)	--	--	--	--
每股未分配利润(元)	-0.1419	-0.0015	0.4144	0.4080
净资产收益率(%)	-8.3032	-20.6808	0.2684	8.6175
加权净资产收益率(%)	-7.9800	-18.7400	0.2700	9.0100
净资产收益率(扣除)(%)	-8.4412	-22.4340	-1.1216	8.3781
总资产(万元)	653983.41	619825.96	577163.15	567648.37
归属母公司股东权益(万元)	86513.26	93593.07	113281.21	112987.08
营业收入(万元)	90204.01	221739.66	136620.44	221958.77
营业支出(万元)	80542.76	195187.62	115877.79	171813.73
投资收益(万元)	--	--	--	486.76
净利润(万元)	-7342.08	-19180.87	2851.27	12336.43
营业利润(万元)	-7099.16	-20079.90	2425.77	20504.48
利润总额(万元)	-6852.89	-17707.56	4492.06	20884.14

沈阳机床股份有限公司

公司概况					
公司名称	沈阳机床股份有限公司			证券简称	*ST 沈机
法人代表	赵彪	董秘	张天右	证券代码	000410
公司网址	www.smtcl.com		电子信箱	smtcl410@smtcl.com	
电　话	024-25190865		传　真	024-25190877	
办公地址	辽宁省沈阳市经济技术开发区开发大路 17 甲 1 号				
经营范围	机械设备制造、机床制造、机械加工、进出口贸易等				

主要财务指标：指标\报告期	2017.06.30	2016.12.31	2016.06.30	2015.12.31
基本每股收益(元)	-0.6500	-1.8300	-0.5800	-0.8300
基本每股收益(扣除后)(元)	-0.6600	-1.8700	-0.6000	-0.8876
稀释每股收益(元)	-0.6500	-1.8300	-0.5800	-0.8300
每股净资产(元)	0.2131	0.8603	2.1070	2.6907
每股经营现金净流量(元)	-0.0427	-2.5288	-1.6892	-3.7377
每股现金流量(元)	0.7121	-0.4863	0.7139	-0.1139
每股资本公积金(元)	1.6281	1.6281	1.6281	1.6281
每股盈余公积金(元)	0.1480	0.1480	0.1480	0.1480
每股未分配利润(元)	-2.5979	-1.9486	-0.6950	-0.1153
净资产收益率(%)	-304.7124	-213.1091	-27.5120	-30.9781
加权净资产收益率(%)	-121.2100	-103.3400	-24.1400	-26.7400
净资产收益率(扣除)(%)	-310.9633	-217.4027	-28.2592	-32.9896
总资产(万元)	2706355.75	2479838.37	2542807.73	2228963.72
归属母公司股东权益(万元)	16309.76	65850.28	161284.54	205963.07
营业收入(万元)	224742.05	624379.26	314569.20	638390.08
营业支出(万元)	164616.32	480606.36	242170.45	468984.83
投资收益(万元)	-69.59	236.77	-35.73	-216.74
净利润(万元)	-49538.29	-143744.18	-45647.95	-63987.40
营业利润(万元)	-51076.76	-152284.20	-51564.83	-80204.94
利润总额(万元)	-49874.63	-149053.19	-50121.51	-75253.03

浙江英特集团股份有限公司

公司概况					
公司名称	浙江英特集团股份有限公司			证券简称	英特集团
法人代表	姜巨舫	董秘	谭江	证券代码	000411
公司网址	www.intmedic.com		电子信箱	bao_zhihu@sina.com	
电　话	0571-85068752 85067873		传　真	0571-85068752	
办公地址	浙江省杭州市滨江区江南大道 96 号·中化大厦				
经营范围	实业投资、投资管理、市场营销策划、医药信息咨询等				

主要财务指标：指标\报告期	2017.06.30	2016.12.31	2016.06.30	2015.12.31
基本每股收益(元)	0.2000	0.4200	0.1900	0.3300
基本每股收益(扣除后)(元)	0.2000	0.4000	0.1900	0.3200
稀释每股收益(元)	0.2000	0.4200	0.1900	0.3300
每股净资产(元)	3.8495	3.6573	3.4285	3.2488
每股经营现金净流量(元)	-2.4996	0.6822	-1.3398	0.4547
每股现金流量(元)	2.5568	0.4219	-0.5314	0.5565
每股资本公积金(元)	0.1610	0.1667	0.1667	0.1667
每股盈余公积金(元)	0.0707	0.0707	0.0707	0.0707
每股未分配利润(元)	2.5744	2.3710	2.1461	1.9524
净资产收益率(%)	5.2826	11.4468	5.6505	10.2022
加权净资产收益率(%)	5.4200	12.1200	5.8000	10.7200
净资产收益率(扣除)(%)	5.1806	10.9073	5.5553	9.7837
总资产(万元)	851911.45	698714.16	660061.03	612497.38
归属母公司股东权益(万元)	79858.83	75870.81	71124.30	67395.74
营业收入(万元)	918869.65	1725732.66	835097.65	1546643.69
营业支出(万元)	867596.16	1628092.29	789309.93	1460614.41
投资收益(万元)	--	15.27	15.27	26.41
净利润(万元)	9655.99	19187.89	8667.86	15390.24
营业利润(万元)	13703.52	25981.34	12660.98	21008.77
利润总额(万元)	13937.50	26574.94	12099.69	21480.26

东旭光电科技股份有限公司

公司概况					
公司名称	东旭光电科技股份有限公司			证券简称	东旭光电
法人代表	李兆廷	董秘	龚昕	证券代码	000413
公司网址	www.dongxuguangdian.com.cn		电子信箱	bs@bseg.cn	
电　　话	86-10-68297016		传　　真	86-10-68297016	
办公地址	北京市海淀区复兴路甲 23 号临 5 院				
经营范围	电真空玻璃器件及配套的电子元器件等				

主要财务指标

指标\报告期	2017.06.30	2016.12.31	2016.06.30	2015.12.31
基本每股收益(元)	0.1300	0.2900	0.1400	0.4800
基本每股收益(扣除后)(元)	0.1100	0.2300	0.1200	0.3000
稀释每股收益(元)	0.1300	0.2900	0.1400	0.4800
每股净资产(元)	4.5561	4.4973	3.7988	3.7339
每股经营现金净流量(元)	-0.2863	0.2814	0.3341	0.4642
每股现金流量(元)	-0.6299	2.6463	0.9843	2.2463
每股资本公积金(元)	3.0785	3.0784	2.4495	2.4488
每股盈余公积金(元)	0.0381	0.0381	0.0346	0.0346
每股未分配利润(元)	0.4404	0.3817	0.3171	0.2528
净资产收益率(%)	2.8252	5.5812	3.7475	9.2617
加权净资产收益率(%)	2.8400	7.3100	3.7900	14.9900
净资产收益率(扣除)(%)	2.4881	4.2933	3.1568	5.7453
总资产(万元)	4774648.75	4682631.96	3348303.19	2879862.33
归属母公司股东权益(万元)	2250690.59	2221630.04	1456855.04	1431948.19
营业收入(万元)	464128.55	690132.11	288205.92	465020.84
营业支出(万元)	333887.51	482160.28	193830.96	280035.35
投资收益(万元)	667.69	55.32	8.18	414.72
净利润(万元)	69582.94	131052.47	57032.44	139252.37
营业利润(万元)	80964.04	117605.31	55711.12	107320.89
利润总额(万元)	87526.01	152521.87	66060.80	163030.67

渤海金控投资股份有限公司

公司概况					
公司名称	渤海金控投资股份有限公司			证券简称	渤海金控
法人代表	卓逸群	董秘	王景然	证券代码	000415
公司网址	www.bohaileasing.com		电子信箱	000415@bohaileasing.com	
电　　话	0991-2327723　57583606		传　　真	0991-2327709	
办公地址	新疆维吾尔自治区乌鲁木齐市新华北路 165 号广汇中天广场 41 楼				
经营范围	市政基础设施租赁、电力设施和设备租赁、交通运输基础设施和设备租赁以及新能源等				

主要财务指标

指标\报告期	2017.06.30	2016.12.31	2016.06.30	2015.12.31
基本每股收益(元)	0.1660	0.3700	0.1186	0.3700
基本每股收益(扣除后)(元)	0.1560	0.2700	0.1159	0.3200
稀释每股收益(元)	0.1660	0.3700	0.1186	0.3700
每股净资产(元)	5.0138	5.0364	4.5856	4.4128
每股经营现金净流量(元)	1.4312	2.2548	1.6413	1.9766
每股现金流量(元)	0.3962	-2.4687	-2.2471	6.4524
每股资本公积金(元)	2.7905	2.7885	2.7859	4.8252
每股盈余公积金(元)	0.0282	0.0282	0.0206	0.0360
每股未分配利润(元)	1.0239	0.9080	0.6830	0.9837
净资产收益率(%)	3.3101	7.3097	2.5854	4.7798
加权净资产收益率(%)	3.2900	7.7900	2.6400	12.2800
净资产收益率(扣除)(%)	3.1116	5.4594	2.5282	4.1574
总资产(万元)	30451974.60	21663210.00	18325925.10	13190089.60
归属母公司股东权益(万元)	3100807.30	3114770.60	2835988.30	2729109.80
营业收入(万元)	1971650.90	2425754.80	1183830.60	965902.30
营业支出(万元)	1288175.40	1536510.80	774198.20	483744.70
投资收益(万元)	512.40	39058.70	-9241.40	3596.10
净利润(万元)	127862.40	284120.90	107455.80	178823.60
营业利润(万元)	163079.70	299495.30	120795.30	184191.80
利润总额(万元)	166727.70	330292.30	128142.00	209596.50

民生控股股份有限公司

公司概况					
公司名称	民生控股股份有限公司			证券简称	民生控股
法人代表	余政	董秘	张颖	证券代码	000416
公司网址			电子信箱	sz000416@163.com	
电　　话	010-85259007　85259036		传　　真	010-85259595	
办公地址	北京市东城区建国门内大街 28 号民生金融中心 A 座 15 层				
经营范围	股权投资、资产管理、资本经营及相关咨询与服务				

主要财务指标

指标\报告期	2017.06.30	2016.12.31	2016.06.30	2015.12.31
基本每股收益(元)	0.0270	0.0313	-0.0064	0.0401
基本每股收益(扣除后)(元)	0.0124	-0.0638	-0.0900	-0.0246
稀释每股收益(元)	0.0270	0.0313	-0.0064	0.0401
每股净资产(元)	1.6244	1.6493	1.5813	1.6366
每股经营现金净流量(元)	-0.0865	-0.7205	-0.3847	0.1172
每股现金流量(元)	-0.0965	-0.0533	-0.0455	-0.5796
每股资本公积金(元)	0.0528	0.0528	0.0250	0.0250
每股盈余公积金(元)	0.0791	0.0791	0.0776	0.0776
每股未分配利润(元)	0.4873	0.5103	0.4741	0.5305
净资产收益率(%)	1.6618	1.8972	-0.4066	2.4513
加权净资产收益率(%)	1.6400	1.9200	-0.4000	2.3500
净资产收益率(扣除)(%)	0.7633	-3.8673	-5.6889	-1.5040
总资产(万元)	90597.43	92088.60	141645.61	142096.57
归属母公司股东权益(万元)	86397.19	87723.50	84105.90	87043.79
营业收入(万元)	398.93	28222.08	12335.78	18547.11
营业支出(万元)	1.54	15.80	9.27	33.46
投资收益(万元)	296.52	6249.47	3528.92	3088.72
净利润(万元)	1570.68	1862.87	-256.54	2318.20
营业利润(万元)	2340.14	2441.91	-901.88	3131.02
利润总额(万元)	2328.26	2783.15	-579.74	3645.61

合肥百货大楼集团股份有限公司

公司概况					
公司名称	合肥百货大楼集团股份有限公司			证券简称	合肥百货
法人代表	刘浩	董秘	戴登安	证券代码	000417
公司网址	www.hfbh.com.cn		电子信箱	hfbhdl@mail.hf.ah.cn	
电　　话	0551-65771035		传　　真	0551-65771005	
办公地址	安徽省合肥市长江西路 689 号				
经营范围	综合百货、进出口等				

主要财务指标

指标\报告期	2017.06.30	2016.12.31	2016.06.30	2015.12.31
基本每股收益(元)	0.2263	0.3635	0.2363	0.3364
基本每股收益(扣除后)(元)	0.2096	0.3241	0.2248	0.3007
稀释每股收益(元)	0.2263	0.3635	0.2363	0.3364
每股净资产(元)	4.6512	4.5788	4.4504	4.3306
每股经营现金净流量(元)	-0.0580	0.8757	0.1450	0.3749
每股现金流量(元)	-0.3545	0.4198	-0.3283	-0.8100
每股资本公积金(元)	0.3960	0.3960	0.3960	0.3960
每股盈余公积金(元)	0.9053	0.9053	0.8131	0.8131
每股未分配利润(元)	2.3376	2.2613	2.2264	2.1101
净资产收益率(%)	4.8654	7.9384	5.3100	7.7678
加权净资产收益率(%)	4.8200	8.1600	5.3100	7.9100
净资产收益率(扣除)(%)	4.5068	7.0791	5.0508	6.9447
总资产(万元)	943632.50	919854.13	840575.72	829492.54
归属母公司股东权益(万元)	362740.37	357095.47	347079.76	337734.18
营业收入(万元)	540034.83	973583.84	517831.62	976477.20
营业支出(万元)	439571.11	779920.35	413578.39	782471.95
投资收益(万元)	1301.44	846.80	1055.43	1046.15
净利润(万元)	20154.91	36257.27	23315.51	33252.55
营业利润(万元)	26414.66	47787.31	31157.32	44942.50
利润总额(万元)	27311.67	51106.17	31969.82	48424.29

无锡小天鹅股份有限公司

公司概况					
公司名称	无锡小天鹅股份有限公司			证券简称	小天鹅 A
法人代表	方洪波	董秘	周斯秀	证券代码	000418
公司网址	www.littleswan.com		电子信箱	IR_littleswan@littleswan.com.cn	
电话	0510-81082320 81082377		传真	0510-83720879	
办公地址	江苏省无锡市国家高新技术开发区长江南路 18 号				
经营范围	家用电器及零配件等的生产、销售和技术服务等				

主要财务指标 指标\报告期	2017.06.30	2016.12.31	2016.06.30	2015.12.31
基本每股收益(元)	1.1600	1.8600	0.9200	1.4500
基本每股收益(扣除后)(元)	1.1400	1.8400	0.9000	1.4300
稀释每股收益(元)	1.1600	1.8600	0.9200	1.4500
每股净资产(元)	9.8612	9.4608	8.4946	8.1027
每股经营现金净流量(元)	-0.2252	6.1599	2.5409	5.6897
每股现金流量(元)	-1.6992	2.1803	-1.3808	2.0173
每股资本公积金(元)	1.9209	1.8838	1.8619	1.8404
每股盈余公积金(元)	0.5259	0.5259	0.5259	0.5259
每股未分配利润(元)	6.3459	5.9393	4.9998	4.6814
净资产收益率(%)	11.7289	19.6371	10.8106	17.9357
加权净资产收益率(%)	11.6900	21.1400	10.8200	19.3200
净资产收益率(扣除)(%)	11.4604	19.4347	10.5615	17.6276
总资产(万元)	1865528.72	1888598.68	1548278.16	1432765.54
归属母公司股东权益(万元)	623708.28	598384.79	537273.95	512486.62
营业收入(万元)	1056806.09	1633491.45	798478.72	1313162.69
营业支出(万元)	786137.18	1211121.33	581259.18	964639.08
投资收益(万元)	18166.59	20023.93	6731.55	20174.96
净利润(万元)	83276.03	134277.53	66492.33	105312.48
营业利润(万元)	96846.19	155402.53	77297.46	121030.40
利润总额(万元)	98100.59	158442.70	79222.57	122542.16

长沙通程控股股份有限公司

公司概况					
公司名称	长沙通程控股股份有限公司			证券简称	通程控股
法人代表	周兆达	董秘	杨格艺	证券代码	000419
公司网址	www.e-tongcheng.com		电子信箱	wqm0708@263.net	
电话	0731-85534994		传真	0731-85535588	
办公地址	湖南省长沙市劳动西路 589 号				
经营范围	综合零售,食品、饮料及烟草制品专门零售,文化、体育用品及器材专门零售等				

主要财务指标 指标\报告期	2017.06.30	2016.12.31	2016.06.30	2015.12.31
基本每股收益(元)	0.1475	0.1881	0.1376	0.1884
基本每股收益(扣除后)(元)	0.1345	0.1408	0.1175	0.1455
稀释每股收益(元)	0.1475	0.1881	0.1376	0.1884
每股净资产(元)	3.7278	3.5803	3.5298	3.3922
每股经营现金净流量(元)	-0.2317	0.1634	-0.1299	0.2800
每股现金流量(元)	-0.1821	0.0303	-0.2649	0.0507
每股资本公积金(元)	0.7679	0.7679	0.7679	0.7679
每股盈余公积金(元)	0.2517	0.2517	0.2359	0.2359
每股未分配利润(元)	1.7082	1.5607	1.5260	1.3884
净资产收益率(%)	3.9564	5.2538	3.8993	5.5539
加权净资产收益率(%)	4.0400	5.4000	3.9800	5.5700
净资产收益率(扣除)(%)	3.6075	3.9335	3.3293	4.2894
总资产(万元)	411136.05	397758.88	367771.12	384299.23
归属母公司股东权益(万元)	202635.46	194618.40	191875.38	184393.55
营业收入(万元)	196715.49	377395.28	188496.32	416470.62
营业支出(万元)	156897.07	301990.36	150526.69	337724.74
投资收益(万元)	2604.54	3638.56	2543.04	2862.65
净利润(万元)	8885.82	11641.40	8318.62	11077.85
营业利润(万元)	11392.52	15155.12	11031.26	14251.82
利润总额(万元)	11550.39	16008.10	11234.49	15982.79

吉林化纤股份有限公司

公司概况					
公司名称	吉林化纤股份有限公司			证券简称	吉林化纤
法人代表	宋德武	董秘	徐建国	证券代码	000420
公司网址	www.jlhxjt.com		电子信箱	xjg6806@163.com	
电话	86-432-63502452		传真	86-432-63502329	
办公地址	吉林省吉林市昌邑区九站街 516-1 号				
经营范围	生产和销售粘胶长丝和粘胶短纤维等				

主要财务指标 指标\报告期	2017.06.30	2016.12.31	2016.06.30	2015.12.31
基本每股收益(元)	0.0291	0.0279	0.0094	0.0201
基本每股收益(扣除后)(元)	0.0270	0.0248	0.0088	-0.0359
稀释每股收益(元)	0.0291	0.0279	0.0094	0.0201
每股净资产(元)	1.3998	1.3707	2.7161	1.3565
每股经营现金净流量(元)	-0.0121	-0.0582	-0.1188	-0.2296
每股现金流量(元)	-0.1952	0.3240	0.7478	-0.4983
每股资本公积金(元)	0.7051	0.7051	2.4102	1.3215
每股盈余公积金(元)	0.0967	0.0967	0.1933	0.2658
每股未分配利润(元)	-0.4020	-0.4311	-0.8875	-1.2309
净资产收益率(%)	2.0756	1.2033	0.2830	1.4795
加权净资产收益率(%)	2.1000	1.5300	0.4900	1.4000
净资产收益率(扣除)(%)	1.8680	1.0678	0.2661	-2.6219
总资产(万元)	508398.72	462070.42	453561.05	265013.42
归属母公司股东权益(万元)	275850.00	270124.35	267631.35	97208.77
营业收入(万元)	100121.38	139451.93	58084.75	103622.97
营业支出(万元)	87636.72	123159.14	49922.36	88544.63
投资收益(万元)	471.94	591.12	-	431.59
净利润(万元)	5804.62	2314.43	313.54	250.44
营业利润(万元)	6014.33	2108.03	347.11	-4708.60
利润总额(万元)	6250.64	2520.34	370.03	-28.27

南京公用发展股份有限公司

公司概况					
公司名称	南京公用发展股份有限公司			证券简称	南京公用
法人代表	潘明	董秘	徐宁	证券代码	000421
公司网址	www.nj-public.com		电子信箱	securities@zhong-bei.com	
电话	025-86383611		传真	025-86383600	
办公地址	江苏省南京市建邺区应天大街 927 号				
经营范围	汽车出租、跨省市公路客运、客车租赁、汽车维修、汽车票代办等				

主要财务指标 指标\报告期	2017.06.30	2016.12.31	2016.06.30	2015.12.31
基本每股收益(元)	0.1167	0.3363	0.2069	0.3984
基本每股收益(扣除后)(元)	0.1266	0.3319	0.1854	0.3984
稀释每股收益(元)	0.1167	0.3363	0.2069	0.3984
每股净资产(元)	4.1914	4.1822	4.0933	3.9975
每股经营现金净流量(元)	1.8226	-0.2393	-0.8746	-0.1800
每股现金流量(元)	1.5028	-0.2384	-0.0653	0.3941
每股资本公积金(元)	0.7085	0.7071	0.7071	0.7072
每股盈余公积金(元)	0.1954	0.1954	0.1527	0.1527
每股未分配利润(元)	2.1893	2.1726	2.0858	1.9789
净资产收益率(%)	2.7850	8.0422	5.0534	9.9671
加权净资产收益率(%)	2.7600	8.2100	5.0500	10.2500
净资产收益率(扣除)(%)	3.0209	7.9371	4.5305	9.9751
总资产(万元)	797443.30	704230.87	713407.64	668276.47
归属母公司股东权益(万元)	240017.90	239493.27	234402.03	228915.80
营业收入(万元)	175475.71	388766.20	193735.42	398406.20
营业支出(万元)	132561.72	310522.64	169066.83	334291.06
投资收益(万元)	1244.76	5983.67	3618.14	6415.28
净利润(万元)	11336.93	28902.78	15394.31	36046.68
营业利润(万元)	17574.70	19103.66	-1804.65	8987.74
利润总额(万元)	15871.42	38609.40	19586.50	45232.06

湖北宜化化工股份有限公司

公司概况	公司名称	湖北宜化化工股份有限公司			证券简称	湖北宜化
	法人代表	张忠华	董秘	强炜	证券代码	000422
	公司网址	www.hbyh.cn		电子信箱	qw5649@vip.sina.com	
	电　话	0717-8868081		传　真	0717-8868048	
	办公地址	北京市丰台区南四环西四路188号总部基地15区3号楼				
	经营范围	化肥、化工产品的生产与销售等				

	指标\报告期	2017.06.30	2016.12.31	2016.06.30	2015.12.31
主要财务指标	基本每股收益(元)	0.0230	–1.4310	0.0180	0.0390
	基本每股收益(扣除后)(元)	–0.1120	–1.5210	–0.0170	–0.0390
	稀释每股收益(元)	0.0230	–1.4310	0.0180	0.0390
	每股净资产(元)	6.5055	6.4758	7.8915	7.4673
	每股经营现金净流量(元)	3.6667	2.7328	2.0674	5.3869
	每股现金流量(元)	–1.5699	0.8430	0.6396	0.3444
	每股资本公积金(元)	1.9755	1.9755	1.9655	1.9655
	每股盈余公积金(元)	0.4329	0.4329	0.4323	0.4323
	每股未分配利润(元)	1.9266	1.9037	3.3238	3.3456
	净资产收益率(%)	1.4140	–21.4890	0.2270	0.5279
	加权净资产收益率(%)	0.3500	–20.0600	0.2300	0.5800
	净资产收益率(扣除)(%)	–0.6668	–22.8671	–0.2166	–0.5178
	总资产(万元)	3928319.09	3977298.27	4162469.20	3997931.45
	归属母公司股东权益(万元)	584106.41	581436.65	708548.60	670465.97
	营业收入(万元)	629531.09	1518192.99	825101.67	1833736.03
	营业支出(万元)	517319.11	1337522.59	705853.75	1552438.93
	投资收益(万元)	–250.28	2284.27	2066.16	2008.59
	净利润(万元)	9182.48	–140768.13	–4650.60	5430.83
	营业利润(万元)	559.75	–142635.40	–3136.55	342.93
	利润总额(万元)	15827.24	–133436.98	913.63	9307.73

东阿阿胶股份有限公司

公司概况	公司名称	东阿阿胶股份有限公司			证券简称	东阿阿胶
	法人代表	秦玉峰	董秘	吴怀锋	证券代码	000423
	公司网址	www.dongeejiao.com		电子信箱	wuhf@dongeejiao.com	
	电　话	0635-3264069		传　真	0635-3260786	
	办公地址	山东省聊城市东阿县阿胶街78号				
	经营范围	中成药、生物制药、保健食品、药用辅料、医疗器械、包装印刷等生产经营				

	指标\报告期	2017.06.30	2016.12.31	2016.06.30	2015.12.31
主要财务指标	基本每股收益(元)	1.3783	2.8324	1.2675	2.4847
	基本每股收益(扣除后)(元)	1.2826	2.6591	1.2150	2.2890
	稀释每股收益(元)	1.3783	2.8324	1.2675	2.4847
	每股净资产(元)	13.2350	12.7812	11.1920	10.7242
	每股经营现金净流量(元)	–0.9041	0.9550	–1.3903	1.4948
	每股现金流量(元)	0.2877	–0.3730	–0.2616	–1.3627
	每股资本公积金(元)	1.0560	1.0560	1.0668	1.0665
	每股盈余公积金(元)	0.7128	0.7128	0.7128	0.7128
	每股未分配利润(元)	10.4504	9.9721	8.4071	7.9397
	净资产收益率(%)	10.4144	22.1610	11.3249	23.1689
	加权净资产收益率(%)	10.6000	24.1000	11.1600	24.7800
	净资产收益率(扣除)(%)	9.6912	20.8047	10.8556	21.3445
	总资产(万元)	1162119.00	994956.52	894670.83	860901.64
	归属母公司股东权益(万元)	865599.22	835916.50	731981.21	701382.71
	营业收入(万元)	293439.16	631713.53	267435.03	544966.32
	营业支出(万元)	99399.00	208751.97	82916.12	192874.99
	投资收益(万元)	7099.32	10692.10	3769.98	15187.92
	净利润(万元)	90268.28	185513.99	83344.77	163781.36
	营业利润(万元)	106137.35	216305.45	98592.85	192027.30
	利润总额(万元)	106794.96	219618.17	99173.34	192718.56

徐工集团工程机械股份有限公司

公司概况	公司名称	徐工集团工程机械股份有限公司			证券简称	徐工机械
	法人代表	王民	董秘	费广胜	证券代码	000425
	公司网址	www.xcmg.com		电子信箱	fgs@xcmg.com	
	电　话	0516-87565621		传　真	0516-87565610	
	办公地址	江苏省徐州市经济技术开发区驮蓝山路26号				
	经营范围	从事工程机械及成套设备、专用汽车、建筑工程机械、矿山机械、环卫机械等				

	指标\报告期	2017.06.30	2016.12.31	2016.06.30	2015.12.31
主要财务指标	基本每股收益(元)	0.0790	0.0300	0.0180	0.0070
	基本每股收益(扣除后)(元)	0.0680	–0.0010	0.0030	–0.1200
	稀释每股收益(元)	0.0790	0.0300	0.0180	0.0070
	每股净资产(元)	2.9842	2.9193	2.9000	2.9066
	每股经营现金净流量(元)	0.2376	0.3204	0.0766	0.0152
	每股现金流量(元)	–0.0825	0.0266	–0.0090	–0.0033
	每股资本公积金(元)	0.4772	0.4772	0.4715	0.4931
	每股盈余公积金(元)	0.1191	0.1191	0.1153	0.1141
	每股未分配利润(元)	1.3900	1.3265	1.3186	1.2873
	净资产收益率(%)	2.6315	1.0196	0.6243	0.2457
	加权净资产收益率(%)	2.6600	1.0100	0.6200	0.2400
	净资产收益率(扣除)(%)	2.2852	–0.0303	0.0976	–4.1334
	总资产(万元)	4565776.16	4397705.37	4375050.50	4276039.83
	归属母公司股东权益(万元)	2091249.35	2045784.65	2034438.00	2060409.45
	营业收入(万元)	1444050.97	1689122.99	813847.55	1665782.93
	营业支出(万元)	1167752.65	1360717.31	651229.37	1324287.68
	投资收益(万元)	9283.24	19905.90	7202.33	86223.38
	净利润(万元)	55229.82	21659.05	13149.31	–6268.15
	营业利润(万元)	64075.14	11915.64	9992.76	–14225.22
	利润总额(万元)	67056.10	23989.16	17901.25	4625.07

内蒙古兴业矿业股份有限公司

公司概况	公司名称	内蒙古兴业矿业股份有限公司			证券简称	兴业矿业
	法人代表	吉兴业	董秘	孙凯	证券代码	000426
	公司网址	www.nmxyky.com		电子信箱	nmxyky@vip.sina.com	
	电　话	0476-8833387		传　真	0476-8833383	
	办公地址	内蒙古自治区赤峰市新城区玉龙大街76号兴业大厦				
	经营范围	有色金属采选、冶炼、加工、销售等				

	指标\报告期	2017.06.30	2016.12.31	2016.06.30	2015.12.31
主要财务指标	基本每股收益(元)	0.1102	0.0568	0.0196	–0.0208
	基本每股收益(扣除后)(元)	0.1101	0.0596	0.0190	–0.0206
	稀释每股收益(元)	0.1102	0.0568	0.0196	–0.0208
	每股净资产(元)	2.6967	2.8087	2.2832	2.2598
	每股经营现金净流量(元)	0.2607	0.1134	0.0099	–0.0393
	每股现金流量(元)	–0.5795	0.5684	0.1621	0.0332
	每股资本公积金(元)	1.2199	1.3161	0.7062	0.7062
	每股盈余公积金(元)	0.0744	0.0803	0.1128	0.1128
	每股未分配利润(元)	0.3945	0.3283	0.4602	0.4406
	净资产收益率(%)	4.0870	1.8390	0.8589	–0.9209
	加权净资产收益率(%)	4.1400	3.1200	0.8600	–0.9000
	净资产收益率(扣除)(%)	4.0832	1.9289	0.8319	–0.9125
	总资产(万元)	891903.53	976277.61	446873.05	407424.71
	归属母公司股东权益(万元)	503886.47	486449.22	272585.05	269794.98
	营业收入(万元)	80297.26	86570.96	23850.91	82971.34
	营业支出(万元)	29448.26	47882.18	11968.36	56599.98
	投资收益(万元)	44.09	40.08	40.08	805.23
	净利润(万元)	20594.01	8920.23	2341.15	–2484.95
	营业利润(万元)	27996.65	14964.80	3564.09	–2558.27
	利润总额(万元)	28053.79	15000.66	3565.17	–2606.19

华天酒店集团股份有限公司

公司概况						
	公司名称	华天酒店集团股份有限公司			证券简称	华天酒店
	法人代表	蒋利亚	董秘	刘胜(代)	证券代码	000428
	公司网址	www.huatian-hotel.com		电子信箱	huatianzqb@163.com	
	电　　话	0731-84442888 80928		传　　真	0731-84449370 84442270	
	办公地址	湖南省长沙市芙蓉区解放东路 300 号华天大酒店贵宾楼五楼				
	经营范围	提供住宿、餐饮、洗衣、物业清洗服务、房地产开发、销售等				

主要财务指标	指标＼报告期	2017.06.30	2016.12.31	2016.06.30	2015.12.31
	基本每股收益(元)	-0.1000	-0.2800	-0.0900	0.0200
	基本每股收益(扣除后)(元)	-0.1000	-0.2800	-0.0900	-0.2700
	稀释每股收益(元)	-0.1000	-0.2800	-0.0900	0.0200
	每股净资产(元)	2.7516	2.8474	3.0448	3.1305
	每股经营现金净流量(元)	0.0701	0.1009	0.0107	0.1799
	每股现金流量(元)	-0.0499	-0.2656	-0.2849	0.4193
	每股资本公积金(元)	1.4261	1.4261	1.4261	1.4261
	每股盈余公积金(元)	0.0632	0.0632	0.0632	0.0632
	每股未分配利润(元)	0.2623	0.3581	0.5555	0.6413
	净资产收益率(%)	-3.4787	-9.9457	-2.8159	0.4021
	加权净资产收益率(%)	-3.4200	-9.0000	-2.7800	0.7600
	净资产收益率(扣除)(%)	-3.7881	-9.7879	-2.9038	-6.3633
	总资产(万元)	874678.29	890882.91	929234.18	952343.16
	归属母公司股东权益(万元)	280371.64	290125.01	310243.67	318979.87
	营业收入(万元)	45589.66	100377.65	50114.68	119459.47
	营业支出(万元)	18241.67	43612.73	22660.09	54641.72
	投资收益(万元)	-162.61	-158.61	-23.67	24012.79
	净利润(万元)	-14495.50	-43780.60	-13397.66	-3499.23
	营业利润(万元)	-15223.84	-41811.13	-13612.74	1475.15
	利润总额(万元)	-14257.45	-42712.49	-13033.81	614.86

广东省高速公路发展股份有限公司

公司概况						
	公司名称	广东省高速公路发展股份有限公司			证券简称	粤高速 A
	法人代表	郑任发	董秘	杨汉明	证券代码	000429
	公司网址	www.gpedcl.com		电子信箱	139221590@qq.com	
	电　　话	020-29004523 29004619		传　　真	020-38787002	
	办公地址	广东省广州市天河区珠江新城珠江东路 32 号利通广场 45,46 层				
	经营范围	主营高速公路、等级公路、桥梁的建设施工,公路、桥梁的收费和养护管理等				

主要财务指标	指标＼报告期	2017.06.30	2016.12.31	2016.06.30	2015.12.31
	基本每股收益(元)	0.4300	0.5200	0.2900	0.3700
	基本每股收益(扣除后)(元)	0.3100	0.4900	0.2700	0.3500
	稀释每股收益(元)	0.4300	0.5200	0.2900	0.3700
	每股净资产(元)	4.0193	3.9600	3.7107	4.1438
	每股经营现金净流量(元)	0.4890	0.9203	0.7421	0.7931
	每股现金流量(元)	-0.0034	0.6713	0.3802	0.3380
	每股资本公积金(元)	1.1997	1.1997	1.9954	1.3073
	每股盈余公积金(元)	0.1755	0.1755	0.2352	0.2352
	每股未分配利润(元)	1.4879	1.3969	1.9859	1.7335
	净资产收益率(%)	10.6247	12.0787	6.5206	9.0106
	加权净资产收益率(%)	10.5500	14.1800	8.3900	9.2200
	净资产收益率(扣除)(%)	7.6389	10.2181	4.5999	8.4880
	总资产(万元)	1607370.70	1607244.52	1517558.82	1512691.25
	归属母公司股东权益(万元)	840348.77	828902.03	775842.53	585540.43
	营业收入(万元)	144022.26	282504.98	133349.22	154549.86
	营业支出(万元)	53368.98	128103.26	55894.75	86798.60
	投资收益(万元)	22343.04	44153.76	22743.07	50539.21
	净利润(万元)	99051.21	117235.77	60414.16	53943.00
	营业利润(万元)	91137.25	142455.79	69867.16	62009.46
	利润总额(万元)	97057.21	148656.48	76147.45	64241.59

张家界旅游集团股份有限公司

公司概况						
	公司名称	张家界旅游集团股份有限公司			证券简称	张 家 界
	法人代表	赵文胜	董秘	金鑫	证券代码	000430
	公司网址	www.zjjgf.com.cn		电子信箱	zjj000430@sina.com	
	电　　话	0744-8288630		传　　真	0744-8353597	
	办公地址	湖南省张家界市三角坪 145 号张家界国际大酒店三楼				
	经营范围	旅游资源开发、旅游基础设施建设、旅游配套服务、与旅游有关的高科技开发等				

主要财务指标	指标＼报告期	2017.06.30	2016.12.31	2016.06.30	2015.12.31
	基本每股收益(元)	0.1200	0.1900	0.1092	0.3600
	基本每股收益(扣除后)(元)	0.0400	0.1900	0.1097	0.3500
	稀释每股收益(元)	0.1200	0.1900	0.1092	0.3600
	每股净资产(元)	2.1318	2.0878	2.0052	1.8910
	每股经营现金净流量(元)	0.1702	0.4129	0.0755	0.6516
	每股现金流量(元)	0.2770	0.0181	-0.1114	0.1752
	每股资本公积金(元)	0.3028	0.3028	0.3028	0.3028
	每股盈余公积金(元)	0.0897	0.0897	0.0780	0.0780
	每股未分配利润(元)	0.7217	0.6855	0.6158	0.5065
	净资产收益率(%)	5.6510	9.1298	5.4480	18.8552
	加权净资产收益率(%)	5.6100	9.6000	5.6100	20.8600
	净资产收益率(扣除)(%)	2.0602	9.1836	5.4688	18.5628
	总资产(万元)	221548.69	204416.52	125477.29	87279.91
	归属母公司股东权益(万元)	68395.86	66985.16	64333.32	60670.88
	营业收入(万元)	22914.05	59218.33	24243.91	67488.00
	营业支出(万元)	14407.31	35836.83	14660.32	38301.68
	投资收益(万元)	296.11	-63.30	-7.16	157.96
	净利润(万元)	3860.66	6044.17	3518.96	11433.71
	营业利润(万元)	2059.51	9243.57	4882.43	15803.50
	利润总额(万元)	4545.08	9210.91	5042.38	15838.17

山东晨鸣纸业集团股份有限公司

公司概况						
	公司名称	山东晨鸣纸业集团股份有限公司			证券简称	晨鸣纸业
	法人代表	陈洪国	董秘		证券代码	000488
	公司网址	www.chenmingpaper.com		电子信箱	chenmmingpaper@163.com	
	电　　话	0536-2158008		传　　真	0536-2158977	
	办公地址	山东省寿光市农圣东街 2199 号				
	经营范围	机制纸及板纸和造纸原料、造纸机械、电力、热力的生产与销售等				

主要财务指标	指标＼报告期	2017.06.30	2016.12.31	2016.06.30	2015.12.31
	基本每股收益(元)	0.7500	0.9900	0.4500	0.5000
	基本每股收益(扣除后)(元)	0.6900	0.7500	0.3400	0.3400
	稀释每股收益(元)	0.7500	0.9900	0.4500	0.5000
	每股净资产(元)	11.7516	11.4743	9.9742	8.7128
	每股经营现金净流量(元)	-2.1240	1.1119	-1.3931	-5.0203
	每股现金流量(元)	0.2281	0.0474	0.8672	0.4710
	每股资本公积金(元)	3.1756	3.1756	3.1755	3.1755
	每股盈余公积金(元)	0.5846	0.5846	0.5846	0.5846
	每股未分配利润(元)	3.6729	3.4838	2.9820	2.7970
	净资产收益率(%)	7.6706	9.2894	4.8626	6.0530
	加权净资产收益率(%)	7.2400	9.5900	5.8900	6.7300
	净资产收益率(扣除)(%)	7.1335	7.2530	3.8408	4.2669
	总资产(万元)	9176811.34	8228535.45	8662849.42	7796169.95
	归属母公司股东权益(万元)	2275580.02	2221880.84	1931418.24	1687149.46
	营业收入(万元)	1374923.50	2290711.82	1060635.87	2024190.61
	营业支出(万元)	917106.70	1578734.04	726396.73	1476466.34
	投资收益(万元)	6586.47	8436.99	3700.84	8871.55
	净利润(万元)	174771.77	202260.58	92605.44	97793.16
	营业利润(万元)	192400.24	209240.50	101018.04	110785.03
	利润总额(万元)	207897.10	258316.63	123308.58	141016.90

山东高速路桥集团股份有限公司

公司概况	公司名称	山东高速路桥集团股份有限公司			证券简称	山东路桥
	法人代表	艾贻忠	董秘	管士广	证券代码	000498
	公司网址	www.sdluqiao.com		电子信箱	sdlq000498@163.com	
	电　话	0531-87069908		传　真	0531-87069902	
	办公地址	山东省济南市经五路 330 号				
	经营范围	公路、桥梁工程，隧道工程，市政工程，建筑工程，交通工程，港口与航道工程等				

主要财务指标	指标＼报告期	2017.06.30	2016.12.31	2016.06.30	2015.12.31
	基本每股收益(元)	0.2312	0.3836	0.1184	0.3370
	基本每股收益(扣除后)(元)	0.2115	0.3589	0.1159	0.3320
	稀释每股收益(元)	0.2312	0.3836	0.1184	0.3370
	每股净资产(元)	3.3080	3.0950	2.8203	2.7110
	每股经营现金净流量(元)	0.1699	0.7269	-0.0803	0.7433
	每股现金流量(元)	-0.7744	1.3784	-0.1589	-0.0669
	每股资本公积金(元)	-0.4969	-0.4969	-0.4969	-0.4969
	每股盈余公积金(元)	0.1818	0.1818	0.1416	0.1416
	每股未分配利润(元)	2.0113	1.7801	1.5551	1.4367
	净资产收益率(%)	6.9881	12.3948	4.1976	12.4152
	加权净资产收益率(%)	7.2200	13.2100	4.2700	13.2700
	净资产收益率(扣除)(%)	6.3762	11.5755	4.1094	12.2478
	总资产(万元)	1608043.41	1504315.36	1109049.76	1041588.22
	归属母公司股东权益(万元)	370542.78	346681.98	315908.53	303664.35
	营业收入(万元)	423941.94	814765.13	197391.01	741869.01
	营业支出(万元)	363792.67	698258.21	168474.62	621632.74
	投资收益(万元)	-62.06	2185.09	-	-
	净利润(万元)	25947.86	43096.44	13302.49	37769.61
	营业利润(万元)	34030.90	60093.18	18757.07	52867.68
	利润总额(万元)	34034.38	60410.17	19135.25	53258.97

武汉武商集团股份有限公司

公司概况	公司名称	武汉武商集团股份有限公司			证券简称	鄂武商 A
	法人代表	陈军	董秘	李轩	证券代码	000501
	公司网址	www.wushang.com.cn		电子信箱	xuanl528@163.com	
	电　话	027-85714295		传　真	027-85714011	
	办公地址	湖北省武汉市江汉区解放大道 690 号				
	经营范围	百货、五金、交电、家具、其他食品、针纺织品、日用杂品、酒等				

主要财务指标	指标＼报告期	2017.06.30	2016.12.31	2016.06.30	2015.12.31
	基本每股收益(元)	0.8800	1.7900	0.9600	1.5800
	基本每股收益(扣除后)(元)	0.8300	1.7400	0.9300	1.5300
	稀释每股收益(元)	0.8800	1.7700	0.9500	1.5700
	每股净资产(元)	8.5351	10.2288	9.3227	7.8059
	每股经营现金净流量(元)	0.4806	2.5125	0.6168	1.6132
	每股现金流量(元)	-0.6862	0.3125	0.0316	-0.4404
	每股资本公积金(元)	1.7841	2.5335	2.4322	1.1901
	每股盈余公积金(元)	0.9773	1.2705	1.0198	1.1408
	每股未分配利润(元)	4.8869	5.6601	5.1060	4.7382
	净资产收益率(%)	10.0305	16.3805	9.3394	19.3560
	加权净资产收益率(%)	10.2900	18.5200	10.6200	20.7300
	净资产收益率(扣除)(%)	9.3622	15.9667	9.0713	18.8421
	总资产(万元)	1664402.25	1779056.89	1743995.23	1775330.73
	归属母公司股东权益(万元)	656676.48	605373.25	551747.26	412949.87
	营业收入(万元)	885149.78	1768964.16	858809.98	1752365.78
	营业支出(万元)	685482.37	1376135.85	663884.26	1371023.45
	投资收益(万元)	4018.13	1080.16	93.09	2112.00
	净利润(万元)	65867.62	99305.52	51529.66	80076.98
	营业利润(万元)	86025.37	129988.78	67125.02	106872.34
	利润总额(万元)	86683.20	132023.84	69037.32	107303.46

绿景控股股份有限公司

公司概况	公司名称	绿景控股股份有限公司			证券简称	绿景控股
	法人代表	余斌	董秘	王斌	证券代码	000502
	公司网址	www.000502.cn		电子信箱	ljkgdmb@163.com	
	电　话	020-22082999 22082969		传　真	020-22082922	
	办公地址	广东省广州市天河区林和中路 136 号天誉花园二期 501 房				
	经营范围	房地产开发经营、室内外装饰装修工程、花木园林工程设计等				

主要财务指标	指标＼报告期	2017.06.30	2016.12.31	2016.06.30	2015.12.31
	基本每股收益(元)	-0.2100	0.1700	-0.1300	-0.1300
	基本每股收益(扣除后)(元)	-0.2100	0.1000	-0.1800	-0.1500
	稀释每股收益(元)	-0.2100	0.1700	-0.1300	-0.1300
	每股净资产(元)	0.9374	1.1486	0.8494	0.9749
	每股经营现金净流量(元)	-0.5549	1.1025	-0.2133	-0.1347
	每股现金流量(元)	-0.9227	1.2325	0.4367	0.3619
	每股资本公积金(元)	0.1235	0.1235	0.1235	0.1235
	每股盈余公积金(元)	0.0373	0.0373	0.0373	0.0373
	每股未分配利润(元)	-0.2234	-0.0121	-0.3113	-0.1858
	净资产收益率(%)	-22.5393	15.1271	-14.7677	-13.1415
	加权净资产收益率(%)	-20.2600	16.3600	-13.7500	-12.3300
	净资产收益率(扣除)(%)	-22.6522	9.0638	-21.2285	-15.8227
	总资产(万元)	48928.86	62277.20	48978.16	40469.95
	归属母公司股东权益(万元)	17324.27	21229.03	15699.28	18017.69
	营业收入(万元)	861.54	29950.15	803.44	1976.45
	营业支出(万元)	748.27	13793.82	561.73	1249.13
	投资收益(万元)	-57.16	1130.74	554.22	505.62
	净利润(万元)	-3884.67	4216.24	-2291.12	-2420.37
	营业利润(万元)	-3914.06	5168.34	-2059.34	-2398.64
	利润总额(万元)	-3885.94	5179.79	-2012.11	-2403.90

海虹企业(控股)股份有限公司

公司概况	公司名称	海虹企业(控股)股份有限公司			证券简称	海虹控股
	法人代表	康健	董秘	肖琴	证券代码	000503
	公司网址	www.searainbow.com		电子信箱	ir@searainbow.com	
	电　话	010-64424355		传　真	0898-68510496	
	办公地址	海南省海口市文华路 18 号君华海逸大酒店(原文华大酒店)七层				
	经营范围	主要集中在医药、以联众游戏为代表的数字娱乐、高科技化纤等业务				

主要财务指标	指标＼报告期	2017.06.30	2016.12.31	2016.06.30	2015.12.31
	基本每股收益(元)	-0.0890	0.0312	-0.0619	0.0257
	基本每股收益(扣除后)(元)	-0.0819	-0.1099	-0.0614	-0.0655
	稀释每股收益(元)	-0.0890	0.0312	-0.0619	0.0257
	每股净资产(元)	1.4798	1.5821	1.4768	1.5314
	每股经营现金净流量(元)	-0.2034	0.0255	-0.3333	0.0149
	每股现金流量(元)	-0.2729	0.1232	-0.3745	0.1100
	每股资本公积金(元)	0.0258	0.0258	0.0258	0.0258
	每股盈余公积金(元)	0.0038	0.0038	0.0038	0.0038
	每股未分配利润(元)	0.5766	0.6656	0.5725	0.6345
	净资产收益率(%)	-6.0138	1.9705	-4.1946	1.6756
	加权净资产收益率(%)	-5.7900	2.0200	-4.1300	1.7400
	净资产收益率(扣除)(%)	-5.5355	-6.9484	-4.1546	-4.2798
	总资产(万元)	136367.32	149226.99	138640.74	148181.58
	归属母公司股东权益(万元)	133011.29	142199.86	132739.04	137644.66
	营业收入(万元)	8138.61	21683.33	9937.55	19382.73
	营业支出(万元)	6382.45	14724.71	5312.91	11009.12
	投资收益(万元)	440.26	11372.87	143.66	14485.41
	净利润(万元)	-9128.80	1310.25	-7100.75	964.39
	营业利润(万元)	-9121.31	2490.30	-7043.22	3886.18
	利润总额(万元)	-9113.81	2934.34	-7035.59	4020.48

南华生物医药股份有限公司

公司概况						
公司名称	南华生物医药股份有限公司			证券简称	南华生物	
法人代表	石磊	董秘	陈勇	证券代码	000504	
公司网址	www.nhbiogroup.com		电子信箱	nhsw@nhbiogroup.com		
电话	0731-85196775		传真	0731-85196144		
办公地址	湖南省长沙市天心区城南西路3号财信大厦13楼					
经营范围	生物资源、干细胞和免疫细胞储存等					

主要财务指标：指标\报告期	2017.06.30	2016.12.31	2016.06.30	2015.12.31
基本每股收益(元)	-0.0386	0.0700	-0.0403	-0.0700
基本每股收益(扣除后)(元)	-0.0399	-0.0700	-0.0402	-0.0800
稀释每股收益(元)	-0.0386	0.0700	-0.0403	-0.0700
每股净资产(元)	-0.0217	0.0169	-0.0933	-0.0530
每股经营现金净流量(元)	0.0114	-0.0469	-0.0458	-0.0551
每股现金流量(元)	0.0896	0.1374	-0.0527	0.0644
每股资本公积金(元)	0.2733	0.2733	0.2732	0.2732
每股盈余公积金(元)	0.1109	0.1109	0.1109	0.1109
每股未分配利润(元)	-1.4059	-1.3672	-1.4774	-1.4371
净资产收益率(%)	177.9502	412.6349	-	-
加权净资产收益率(%)	1614.0700	-386.6800	-	-
净资产收益率(扣除)(%)	183.7832	-408.7335	-	143.2466
总资产(万元)	32992.21	30118.73	10600.53	12275.74
归属母公司股东权益(万元)	-676.39	527.25	-2907.91	-1650.85
营业收入(万元)	1419.45	6725.14	532.34	1337.42
营业支出(万元)	1022.67	4558.38	490.51	1193.11
投资收益(万元)	6.94	2491.32	-	-
净利润(万元)	-1308.10	2889.74	-1266.36	-2153.23
营业利润(万元)	-1316.52	1404.39	-1263.21	-2396.24
利润总额(万元)	-1313.36	3282.29	-1266.36	-2153.23

海南珠江控股股份有限公司

公司概况						
公司名称	海南珠江控股股份有限公司			证券简称	珠江控股	
法人代表	王国丰	董秘	赵寅虎	证券代码	000505	
公司网址			电子信箱	hnpearlriver@21cn.net		
电话	010-51672029		传真	010-51672010		
办公地址	海南省海口市滨海大道珠江广场帝豪大厦29楼					
经营范围	房地产开发经营及综合投资					

主要财务指标：指标\报告期	2017.06.30	2016.12.31	2016.06.30	2015.12.31
基本每股收益(元)	0.0400	0.1700	-0.1100	-0.2500
基本每股收益(扣除后)(元)	0.0400	-0.3200	-0.2000	-0.5600
稀释每股收益(元)	0.0400	0.1700	-0.1100	-0.2500
每股净资产(元)	0.1929	0.1525	-0.6198	-0.5088
每股经营现金净流量(元)	-0.1634	0.6044	0.3781	0.6083
每股现金流量(元)	-0.1843	0.0838	-0.1468	0.3008
每股资本公积金(元)	1.2739	6.0997	0.7843	0.7843
每股盈余公积金(元)	0.2566	0.2566	0.2566	0.2566
每股未分配利润(元)	-2.3375	-2.5941	-2.6607	-2.5497
净资产收益率(%)	20.9272	112.6171	-	-
加权净资产收益率(%)	23.3700	--	-	-
净资产收益率(扣除)(%)	22.6010	-207.4022	-	109.5869
总资产(万元)	112649.94	500734.33	179019.52	171444.40
归属母公司股东权益(万元)	8231.44	203224.29	-26450.75	-21713.69
营业收入(万元)	39383.68	96914.09	14903.25	26706.88
营业支出(万元)	28860.20	70584.41	12202.99	20847.52
投资收益(万元)	-109.54	21092.81	3792.89	12609.51
净利润(万元)	2054.04	7747.97	-5116.92	-12712.14
营业利润(万元)	2873.63	12646.62	-5035.87	-11252.87
利润总额(万元)	2774.21	13465.30	-5098.55	-11041.71

中润资源投资股份有限公司

公司概况						
公司名称	中润资源投资股份有限公司			证券简称	中润资源	
法人代表	李明吉	董秘	贺明	证券代码	000506	
公司网址	www.sdzr.com		电子信箱	zhongruntouzi@126.com		
电话	0531-81665777		传真	0531-81665888		
办公地址	山东省济南市经十路13777号中润世纪广场17栋					
经营范围	矿产资源勘探与开发投资、矿产品加工与销售、公司股权投资					

主要财务指标：指标\报告期	2017.06.30	2016.12.31	2016.06.30	2015.12.31
基本每股收益(元)	-0.1448	0.0095	0.0043	0.0234
基本每股收益(扣除后)(元)	-0.1439	0.0006	0.0042	0.0200
稀释每股收益(元)	-0.1448	0.0095	0.0043	0.0234
每股净资产(元)	1.4398	1.5895	1.6286	1.5449
每股经营现金净流量(元)	0.0159	-0.2913	-0.1523	-0.1091
每股现金流量(元)	0.0196	-0.0316	-0.0095	0.0566
每股资本公积金(元)	0.0552	0.0552	0.0554	0.0335
每股盈余公积金(元)	0.0839	0.0839	0.0839	0.0839
每股未分配利润(元)	0.2909	0.4357	0.4535	0.4492
净资产收益率(%)	-10.0568	0.5952	0.2639	1.5143
加权净资产收益率(%)	-9.5800	0.6000	0.2800	1.4100
净资产收益率(扣除)(%)	-9.9909	0.0364	0.2600	1.5223
总资产(万元)	315456.97	322890.88	337456.46	324034.64
归属母公司股东权益(万元)	133761.80	147666.12	151299.19	143524.15
营业收入(万元)	27118.84	81213.30	37903.21	138782.85
营业支出(万元)	24066.36	50734.18	22150.11	103899.94
投资收益(万元)	--	--	-	-
净利润(万元)	-14556.35	988.51	662.17	580.79
营业利润(万元)	-14407.36	4093.73	1896.25	4355.62
利润总额(万元)	-14719.09	4140.17	1904.47	4335.33

珠海港股份有限公司

公司概况						
公司名称	珠海港股份有限公司			证券简称	珠海港	
法人代表	欧辉生	董秘	薛楠	证券代码	000507	
公司网址	www.0507.com.cn		电子信箱	zph916@163.com		
电话	0756-3292216 3292215		传真	0756-3321889		
办公地址	广东省珠海市情侣南路278号					
经营范围	港口及其配套设施的项目投资、电力项目投资等					

主要财务指标：指标\报告期	2017.06.30	2016.12.31	2016.06.30	2015.12.31
基本每股收益(元)	0.1253	0.1320	0.0924	0.0996
基本每股收益(扣除后)(元)	0.1210	0.1059	0.0679	0.0857
稀释每股收益(元)	0.1253	0.1320	0.0924	0.0996
每股净资产(元)	3.4203	3.3142	3.2936	3.2006
每股经营现金净流量(元)	0.1712	0.3538	0.1485	0.2616
每股现金流量(元)	0.1555	-0.1134	0.3129	0.0384
每股资本公积金(元)	0.9993	0.9993	0.9990	0.9990
每股盈余公积金(元)	0.1771	0.1771	0.1771	0.1771
每股未分配利润(元)	1.2418	1.1365	1.1169	1.0245
净资产收益率(%)	3.6624	3.9828	2.8044	3.1114
加权净资产收益率(%)	3.7200	4.0500	2.8400	3.1600
净资产收益率(扣除)(%)	3.5375	3.1949	2.0616	2.6787
总资产(万元)	594335.26	572101.55	571521.62	547445.24
归属母公司股东权益(万元)	270049.51	261670.87	260046.75	252698.89
营业收入(万元)	84564.93	180112.59	87926.83	202266.04
营业支出(万元)	64558.92	139763.39	69087.83	163298.66
投资收益(万元)	7428.53	8513.31	6536.73	9342.33
净利润(万元)	10821.29	12022.32	7678.67	8055.09
营业利润(万元)	12418.33	14087.23	8538.15	8439.06
利润总额(万元)	12641.27	15209.23	9031.65	9937.42

华塑控股股份有限公司

公司概况					
公司名称	华塑控股股份有限公司			证券简称	华塑控股
法人代表	吴奕中	董秘	王鸿	证券代码	000509
公司网址				电子信箱	DB000509@163.com
电　话	028-85365657			传　真	028-85365657
办公地址	四川省成都市武侯区火车南站西路 15 号麦田中心 15F				
经营范围	计算机软件开发、生产、开发、生产、销售电子产品及元器件等				

主要财务指标 指标\报告期	2017.06.30	2016.12.31	2016.06.30	2015.12.31
基本每股收益(元)	–0.0131	–0.0865	–0.0298	0.0198
基本每股收益(扣除后)(元)	–0.0032	–0.2336	–0.0198	–0.1941
稀释每股收益(元)	–0.0131	–0.0865	–0.0298	0.0198
每股净资产(元)	0.0307	0.0438	0.0419	0.0719
每股经营现金净流量(元)	–0.0135	–0.0841	–0.0713	–0.0112
每股现金流量(元)	–0.0181	–0.0399	–0.1162	–0.0054
每股资本公积金(元)	0.2571	0.2571	0.1982	0.1982
每股盈余公积金(元)	0.0350	0.0350	0.0350	0.0350
每股未分配利润(元)	–1.2624	–1.2493	–1.1926	–1.1628
净资产收益率(%)	–42.6872	–197.2115	–71.0322	27.4982
加权净资产收益率(%)	–35.1500	–301.9200	–52.3300	32.0400
净资产收益率(扣除)(%)	–10.4584	–532.8769	–47.3226	–269.7269
总资产(万元)	34924.70	34152.19	53266.18	56782.71
归属母公司股东权益(万元)	2532.72	3618.80	3459.21	5932.09
营业收入(万元)	73025.60	7883.50	4362.94	17683.67
营业支出(万元)	72119.89	7338.23	3996.67	14585.51
投资收益(万元)	--	18267.25	–	13886.41
净利润(万元)	–1085.39	–7480.99	–2514.95	1984.86
营业利润(万元)	–161.61	–1515.24	–1694.62	–1798.78
利润总额(万元)	–977.87	–7847.85	–2514.78	1962.79

四川金路集团股份有限公司

公司概况					
公司名称	四川金路集团股份有限公司			证券简称	金路集团
法人代表	刘江东	董秘	成景豪	证券代码	000510
公司网址	www.jinlugroup.cn			电子信箱	scjinlugroup@163.com
电　话	0838-2207936　2301092			传　真	0838-2207936
办公地址	四川省德阳市泰山南路二段 733 号银鑫·五洲广场一期 21 栋 22-23 层				
经营范围	生产销售 PVC 树脂、烧碱系列化工原料及其加工产品等				

主要财务指标 指标\报告期	2017.06.30	2016.12.31	2016.06.30	2015.12.31
基本每股收益(元)	0.0594	0.0953	0.0136	0.0231
基本每股收益(扣除后)(元)	0.0582	0.0833	0.0067	–0.2391
稀释每股收益(元)	0.0594	0.0953	0.0136	0.0231
每股净资产(元)	1.3794	1.3190	1.2387	1.2264
每股经营现金净流量(元)	0.0128	0.4274	0.0112	0.0731
每股现金流量(元)	–0.0009	–0.2090	–0.2288	0.0371
每股资本公积金(元)	0.0737	0.0737	0.0737	0.0737
每股盈余公积金(元)	0.1834	0.1834	0.1834	0.1834
每股未分配利润(元)	0.1194	0.0600	–0.0217	–0.0353
净资产收益率(%)	4.3066	7.2275	1.0950	1.8816
加权净资产收益率(%)	4.4000	7.4800	1.1000	1.9000
净资产收益率(扣除)(%)	4.2164	6.3128	0.5399	–19.4933
总资产(万元)	128008.96	132170.53	139989.47	154252.73
归属母公司股东权益(万元)	84031.66	80352.69	75459.10	74713.16
营业收入(万元)	82054.71	153415.42	65128.07	162008.92
营业支出(万元)	69546.56	127258.53	56677.85	153048.69
投资收益(万元)	–89.22	–129.97	–37.69	8763.32
净利润(万元)	2448.56	5432.09	549.27	653.73
营业利润(万元)	2323.24	4731.14	–54.77	–6549.93
利润总额(万元)	2455.64	5428.67	561.07	2070.84

丽珠医药集团股份有限公司

公司概况					
公司名称	丽珠医药集团股份有限公司			证券简称	丽珠集团
法人代表	朱保国	董秘	杨亮	证券代码	000513
公司网址	www.livzon.com.cn			电子信箱	yangliang2014@livzon.com.cn
电　话	0756-8135888			传　真	0756-8886002
办公地址	广东省珠海市金湾区创业北路 38 号总部大楼				
经营范围	中西原料药、医药中间体、中药材、中药饮片医疗器械的生产和销售等				

主要财务指标 指标\报告期	2017.06.30	2016.12.31	2016.06.30	2015.12.31
基本每股收益(元)	1.1900	1.9800	1.0400	1.6200
基本每股收益(扣除后)(元)	1.0800	1.7200	0.9300	1.4000
稀释每股收益(元)	1.1900	1.9700	1.0400	1.6000
每股净资产(元)	16.1137	15.2800	11.7633	10.9508
每股经营现金净流量(元)	1.0513	3.0048	0.7758	2.3376
每股现金流量(元)	1.4988	3.0414	0.3488	0.1461
每股资本公积金(元)	4.3106	4.2757	1.0472	0.9970
每股盈余公积金(元)	1.3800	1.3794	1.3772	1.3772
每股未分配利润(元)	9.6428	8.9550	8.7622	8.2316
净资产收益率(%)	7.3498	12.0559	8.7617	14.3259
加权净资产收益率(%)	7.4200	15.4800	8.9500	15.5100
净资产收益率(扣除)(%)	6.6391	10.4898	7.7931	12.3869
总资产(万元)	1553811.52	1052926.30	863249.61	807753.78
归属母公司股东权益(万元)	685740.30	650598.74	466874.19	434625.53
营业收入(万元)	427475.84	765177.53	378429.97	662051.65
营业支出(万元)	150321.55	274778.84	135531.55	257533.05
投资收益(万元)	508.44	134.06	168.42	677.64
净利润(万元)	55039.17	82991.55	42746.67	65956.34
营业利润(万元)	60319.91	87648.03	46319.94	69279.91
利润总额(万元)	66464.02	100506.12	52042.18	80792.13

重庆渝开发股份有限公司

公司概况					
公司名称	重庆渝开发股份有限公司			证券简称	渝 开 发
法人代表	徐平	董秘	谢勇彬	证券代码	000514
公司网址	www.cqukf.com			电子信箱	1061667203@qq.com
电　话	023-63855506　63856995			传　真	023-63826995
办公地址	重庆市南岸区铜元局刘家花园 96 号				
经营范围	房地产开发(壹级)、房屋销售及租赁、房地产信息咨询、城市基础设施等				

主要财务指标 指标\报告期	2017.06.30	2016.12.31	2016.06.30	2015.12.31
基本每股收益(元)	0.0557	0.1454	0.0063	0.0087
基本每股收益(扣除后)(元)	0.0518	–0.0328	0.0046	0.0097
稀释每股收益(元)	0.0557	0.1454	0.0063	0.0087
每股净资产(元)	3.5186	3.4694	3.3111	3.3203
每股经营现金净流量(元)	0.5717	0.2575	0.0490	0.0553
每股现金流量(元)	0.3724	0.4000	–0.1609	–0.3414
每股资本公积金(元)	1.4058	1.4058	1.4058	1.4058
每股盈余公积金(元)	0.1251	0.1251	0.1249	0.1249
每股未分配利润(元)	0.9084	0.8727	0.7338	0.7275
净资产收益率(%)	1.5835	4.1901	0.1889	0.2631
加权净资产收益率(%)	1.5900	4.2800	0.1900	0.2600
净资产收益率(扣除)(%)	1.4735	–0.9450	0.1393	0.2922
总资产(万元)	658985.39	658203.41	713522.92	735816.42
归属母公司股东权益(万元)	296889.19	292741.55	279383.83	280158.53
营业收入(万元)	56595.29	68262.56	32584.36	115504.00
营业支出(万元)	44076.75	44392.94	23738.58	88699.74
投资收益(万元)	600.00	18762.44	502.13	374.39
净利润(万元)	3962.53	7737.49	–2278.72	–10065.26
营业利润(万元)	4967.81	9461.86	–2536.20	–6861.10
利润总额(万元)	5293.34	8955.30	–2351.39	–7003.45

西安国际医学投资股份有限公司

公司概况

公司名称	西安国际医学投资股份有限公司			证券简称	国际医学
法人代表	史今	董秘	管港	证券代码	000516
公司网址	www.000516.cn		电子信箱	IMIC@000516.cn	
电　话	029-87217854		传　真	029-87217705	
办公地址	陕西省西安市解放市场 6 号				
经营范围	百货零售业与医疗服务等				

主要财务指标

指标＼报告期	2017.06.30	2016.12.31	2016.06.30	2015.12.31
基本每股收益(元)	0.0620	0.1000	0.0670	0.3200
基本每股收益(扣除后)(元)	0.0640	0.1100	0.0710	0.2900
稀释每股收益(元)	0.0620	0.1000	0.0670	0.3200
每股净资产(元)	1.8316	1.7690	1.7326	4.2131
每股经营现金净流量(元)	0.0462	0.2229	0.0687	0.3478
每股现金流量(元)	–0.1159	0.1442	0.0214	1.6370
每股资本公积金(元)	0.1441	0.1441	0.1421	1.8553
每股盈余公积金(元)	0.0789	0.0789	0.0730	0.1825
每股未分配利润(元)	0.6082	0.5459	0.5170	1.1738
净资产收益率(%)	3.4023	5.7806	3.8948	7.2560
加权净资产收益率(%)	3.4600	5.9300	3.9300	8.9400
净资产收益率(扣除)(%)	3.5123	6.1752	4.1191	6.6433
总资产(万元)	548268.08	555531.48	534739.79	531335.59
归属母公司股东权益(万元)	361014.48	348741.87	341501.88	332171.03
营业收入(万元)	205334.34	393068.20	199956.81	390036.95
营业支出(万元)	165361.41	313476.44	159556.87	311130.30
投资收益(万元)	–940.57	–2384.59	860.11	2866.33
净利润(万元)	12197.82	20129.46	13299.99	24099.48
营业利润(万元)	15781.30	26279.82	16974.37	31362.36
利润总额(万元)	16085.52	26626.50	17235.90	31613.89

荣安地产股份有限公司

公司概况

公司名称	荣安地产股份有限公司			证券简称	荣安地产
法人代表	王久芳	董秘	王久芳(代)	证券代码	000517
公司网址	www.rongan.com.cn		电子信箱	stock@000517.com	
电　话	0574-87312566　87312638		传　真	0574-87310668	
办公地址	浙江省宁波市鄞州区天童南路 700 号荣安大厦 18F(A)、19F、20F				
经营范围	房地产开发和经营等				

主要财务指标

指标＼报告期	2017.06.30	2016.12.31	2016.06.30	2015.12.31
基本每股收益(元)	0.1475	0.0468	0.0056	0.0324
基本每股收益(扣除后)(元)	0.1371	0.0324	–0.0025	0.0283
稀释每股收益(元)	0.1475	0.0468	0.0056	0.0324
每股净资产(元)	1.3023	1.1548	1.1136	1.1380
每股经营现金净流量(元)	0.1248	0.0570	0.1509	0.2074
每股现金流量(元)	0.3607	0.1606	0.1530	–0.0148
每股资本公积金(元)	–0.5312	–0.5312	–0.5312	–0.5312
每股盈余公积金(元)	0.0261	0.0261	0.0261	0.0261
每股未分配利润(元)	0.8074	0.6599	0.6187	0.6431
净资产收益率(%)	11.3280	4.0508	0.5073	2.8501
加权净资产收益率(%)	12.0100	4.1000	0.5000	2.8200
净资产收益率(扣除)(%)	10.5269	2.8019	–0.2264	2.4879
总资产(万元)	1075344.24	1110663.45	846408.80	793461.62
归属母公司股东权益(万元)	414633.75	367664.19	354569.49	362322.43
营业收入(万元)	369875.19	172763.89	55725.03	112446.10
营业支出(万元)	282703.85	130760.53	43228.26	79806.99
投资收益(万元)	4370.84	7231.07	4768.62	5240.08
净利润(万元)	46950.55	14893.44	1798.74	10326.52
营业利润(万元)	60546.63	19704.72	2785.76	11657.73
利润总额(万元)	60627.44	19864.34	2785.96	11819.96

江苏四环生物股份有限公司

公司概况

公司名称	江苏四环生物股份有限公司			证券简称	四环生物
法人代表	孙国建	董秘	周扬	证券代码	000518
公司网址	www.shsw000518.com		电子信箱	0518shsw@163.com	
电　话	0510-86408558		传　真	0510-86408558	
办公地址	江苏省江阴市滨江开发区滨江东路 7 号				
经营范围	原料药、片剂、酒剂、注射剂及生物制品的制造、销售等				

主要财务指标

指标＼报告期	2017.06.30	2016.12.31	2016.06.30	2015.12.31
基本每股收益(元)	0.0185	0.0043	–0.0048	–0.0723
基本每股收益(扣除后)(元)	–0.0051	0.0006	–0.0041	–0.0860
稀释每股收益(元)	0.0185	0.0043	–0.0048	–0.0723
每股净资产(元)	0.6221	0.5936	0.5844	0.5892
每股经营现金净流量(元)	–0.2862	0.0112	0.0298	–0.1322
每股现金流量(元)	–0.0453	0.0438	–0.0012	–0.0077
每股资本公积金(元)	0.0346	0.0246	0.0246	0.0246
每股盈余公积金(元)	0.0368	0.0368	0.0368	0.0368
每股未分配利润(元)	–0.4501	–0.4687	–0.4778	–0.4730
净资产收益率(%)	2.9812	0.7320	–0.8167	–12.2721
加权净资产收益率(%)	3.2900	0.7300	–0.8100	–11.5600
净资产收益率(扣除)(%)	–0.8179	0.0935	–0.7145	–14.6026
总资产(万元)	92428.15	101735.79	107753.26	83452.77
归属母公司股东权益(万元)	64044.18	61109.50	60170.79	60662.21
营业收入(万元)	19730.92	32731.33	13201.90	23784.38
营业支出(万元)	6753.64	11318.36	4961.43	9001.41
投资收益(万元)	2243.24	–1213.70	–	269.50
净利润(万元)	1930.79	560.87	–527.86	–11290.34
营业利润(万元)	2065.80	–101.74	–257.40	–10865.34
利润总额(万元)	2058.35	1276.67	–323.83	–9530.26

中兵红箭股份有限公司

公司概况

公司名称	中兵红箭股份有限公司			证券简称	中兵红箭
法人代表	陈建华	董秘	温振祥	证券代码	000519
公司网址	www.diamond-zn.com		电子信箱	zqswb@zhongnan.net	
电　话	0377-83880269　83880277		传　真	0377-83882888	
办公地址	河南省南阳市仲景北路 1669 号中南钻石有限公司院内				
经营范围	各型内燃机的关键基础件——气缸套、铝活塞的生产、销售等				

主要财务指标

指标＼报告期	2017.06.30	2016.12.31	2016.06.30	2015.12.31
基本每股收益(元)	–0.0014	0.1100	0.0288	0.2406
基本每股收益(扣除后)(元)	–0.0014	0.0600	0.0276	0.2072
稀释每股收益(元)	–0.0014	0.1100	0.0288	0.2406
每股净资产(元)	5.2535	5.2484	4.0826	4.0506
每股经营现金净流量(元)	0.0491	0.1521	–0.0435	–0.1368
每股现金流量(元)	–0.4293	1.8755	–0.1277	–0.1736
每股资本公积金(元)	2.4869	3.3781	0.9909	0.9876
每股盈余公积金(元)	0.0397	0.0539	0.0539	0.0539
每股未分配利润(元)	1.6707	2.2713	2.0351	2.0064
净资产收益率(%)	–0.0268	1.8687	0.7052	5.9388
加权净资产收益率(%)	–0.0300	2.4700	0.7100	6.0500
净资产收益率(扣除)(%)	–0.0257	0.9257	0.6757	5.1141
总资产(万元)	980087.50	1026650.12	510062.11	517375.85
归属母公司股东权益(万元)	737315.10	736599.52	421827.15	418520.61
营业收入(万元)	164645.39	378226.45	70176.52	154816.47
营业支出(万元)	137048.80	298541.33	55329.79	98242.93
投资收益(万元)	44.67	270.76	–	1338.78
净利润(万元)	–200.06	13711.42	2968.52	24897.46
营业利润(万元)	1576.02	12546.08	3624.10	29014.12
利润总额(万元)	1566.99	15781.40	3853.28	30504.20

长航凤凰股份有限公司

公司概况					
公司名称	长航凤凰股份有限公司			证券简称	长航凤凰
法人代表	王涛	董秘	肖湘	证券代码	000520
公司网址	www.csc-hy.com.cn		电子信箱	csc-hy@tom.com	
电　　话	022-66312981　82763901		传　　真	022-66312981	
办公地址	湖北省武汉市汉口民权路 39 号汇江大厦 10 楼				
经营范围	长江干线和干支直达、江海直达、沿海、近洋、远洋货物的干散货、石油、液化气、集装箱运输				

主要财务指标：指标\报告期	2017.06.30	2016.12.31	2016.06.30	2015.12.31
基本每股收益(元)	0.0186	0.0096	-0.0156	0.1211
基本每股收益(扣除后)(元)	0.0109	0.0140	-0.0109	0.0146
稀释每股收益(元)	0.0186	0.0096	-0.0156	0.1211
每股净资产(元)	0.2815	0.2627	0.2371	0.2531
每股经营现金净流量(元)	0.0361	-0.0094	-0.0251	0.0212
每股现金流量(元)	0.0595	0.0214	-0.0077	0.0366
每股资本公积金(元)	1.9362	1.9362	1.9355	1.9355
每股盈余公积金(元)	0.2891	0.2891	0.2891	0.2891
每股未分配利润(元)	-2.9029	-2.9215	-2.9467	-2.9311
净资产收益率(%)	6.5983	3.6551	-6.5916	47.8601
加权净资产收益率(%)	6.8300	3.7200	-6.3700	66.1300
净资产收益率(扣除)(%)	3.8715	5.3256	-4.6153	5.7780
总资产(万元)	53231.74	52778.27	50222.95	51333.32
归属母公司股东权益(万元)	28494.46	26582.69	23997.46	25615.24
营业收入(万元)	37689.65	71210.11	30878.71	76998.97
营业支出(万元)	32645.98	57754.02	26667.90	66215.42
投资收益(万元)	-144.27	-499.03	-256.02	-347.74
净利润(万元)	1880.16	971.63	-1581.82	12310.73
营业利润(万元)	1303.21	1724.06	-1013.82	1533.09
利润总额(万元)	2129.12	1438.38	-1434.60	12622.79

合肥美菱股份有限公司

公司概况					
公司名称	合肥美菱股份有限公司			证券简称	美菱电器
法人代表	李伟	董秘	李霞	证券代码	000521
公司网址	www.meiling.com		电子信箱	info@meiling.com	
电　　话	0551-2219021		传　　真	0551-2219021	
办公地址	安徽省合肥市经济技术开发区莲花路 2163 号				
经营范围	制冷电器、空调器、洗衣机、电脑数控注塑机、电脑热水器、塑料制品等				

主要财务指标：指标\报告期	2017.06.30	2016.12.31	2016.06.30	2015.12.31
基本每股收益(元)	0.0881	0.2717	0.1440	0.0347
基本每股收益(扣除后)(元)	0.0640	0.1955	0.1189	0.1230
稀释每股收益(元)	0.0881	0.2717	0.1440	0.0347
每股净资产(元)	4.9008	4.8776	4.5060	4.5505
每股经营现金净流量(元)	0.4636	0.9433	1.1413	0.2769
每股现金流量(元)	0.7882	1.7853	2.5424	-0.7759
每股资本公积金(元)	2.5707	2.5732	1.8714	2.0022
每股盈余公积金(元)	0.3743	0.3743	0.4806	0.4806
每股未分配利润(元)	0.9549	0.9268	1.1546	1.0706
净资产收益率(%)	1.7986	4.3221	3.1962	0.7829
加权净资产收益率(%)	1.7900	5.7700	3.1200	0.7800
净资产收益率(扣除)(%)	1.3069	3.1100	2.6385	2.7759
总资产(万元)	1668950.98	1250756.73	1175597.54	923728.84
归属母公司股东权益(万元)	511937.62	509516.03	344140.18	347537.76
营业收入(万元)	851779.42	1252671.09	686663.13	1041582.92
营业支出(万元)	699622.60	1002839.34	543246.17	831939.39
投资收益(万元)	2359.33	1430.25	415.31	-1204.36
净利润(万元)	9809.47	22016.95	10992.36	2122.02
营业利润(万元)	9549.84	19724.54	10908.70	10356.55
利润总额(万元)	10753.43	24921.36	12873.98	3244.72

广州市浪奇实业股份有限公司

公司概况					
公司名称	广州市浪奇实业股份有限公司			证券简称	广州浪奇
法人代表	傅勇国	董秘	王志刚	证券代码	000523
公司网址	www.lonkey.com.cn		电子信箱	lk@lonkey.com.cn	
电　　话	020-82162933　82161128		传　　真	020-82162986	
办公地址	广东省广州市天河区黄埔大道东 128 号				
经营范围	“浪奇“高富力”和“维可倚”等品牌的洗涤用品和磺酸、精甘油、AES 等化工原料的开发、生产和销售				

主要财务指标：指标\报告期	2017.06.30	2016.12.31	2016.06.30	2015.12.31
基本每股收益(元)	0.0330	0.0800	0.0200	0.0700
基本每股收益(扣除后)(元)	0.0200	0.0600	0.0100	0.0600
稀释每股收益(元)	0.0330	0.0800	0.0200	0.0700
每股净资产(元)	3.4242	3.4100	3.3100	2.4517
每股经营现金净流量(元)	-0.1793	-1.3297	0.0329	-0.0921
每股现金流量(元)	0.0616	0.1614	0.1488	-0.0026
每股资本公积金(元)	1.9747	1.9747	1.9252	1.0030
每股盈余公积金(元)	0.1091	0.1091	0.1017	0.1193
每股未分配利润(元)	0.3406	0.3279	0.2837	0.3286
净资产收益率(%)	0.9543	2.2013	0.7097	2.9123
加权净资产收益率(%)	0.9600	2.3200	0.5300	2.9600
净资产收益率(扣除)(%)	0.5942	1.6284	0.4298	2.4765
总资产(万元)	427907.55	417026.93	344154.73	352994.41
归属母公司股东权益(万元)	179067.39	178404.40	173161.21	109332.19
营业收入(万元)	530853.18	984907.37	445402.14	757042.41
营业支出(万元)	516369.93	954623.45	434168.95	728847.03
投资收益(万元)	-149.64	-207.65	-105.03	-263.74
净利润(万元)	1156.87	3899.21	1175.02	2967.02
营业利润(万元)	896.92	4175.87	1073.51	2961.13
利润总额(万元)	1664.54	5404.68	1659.97	3557.42

广州岭南集团控股股份有限公司

公司概况					
公司名称	广州岭南集团控股股份有限公司			证券简称	岭南控股
法人代表	张竹筠	董秘	郑定全	证券代码	000524
公司网址	www.gzdongfanghotel.com		电子信箱	gzlnholdings@126.com	
电　　话	020-86662791		传　　真	020-86662791	
办公地址	广东省广州市流花路 120 号				
经营范围	旅馆业、餐饮业、旅游业和场地出租等				

主要财务指标：指标\报告期	2017.06.30	2016.12.31	2016.06.30	2015.12.31
基本每股收益(元)	0.1200	0.1100	0.0790	0.1500
基本每股收益(扣除后)(元)	0.1300	0.1000	0.0720	0.1200
稀释每股收益(元)	0.1200	0.1100	0.0790	0.1500
每股净资产(元)	3.6725	2.3111	2.2348	2.2846
每股经营现金净流量(元)	0.3850	0.1572	0.0232	0.2026
每股现金流量(元)	1.6619	-0.4981	-0.6400	0.5432
每股资本公积金(元)	1.8138	2.3991	0.7478	0.7478
每股盈余公积金(元)	0.2200	0.5467	0.1277	0.1277
每股未分配利润(元)	0.5345	1.0296	0.0988	0.0569
净资产收益率(%)	3.2729	4.9122	3.5283	6.3678
加权净资产收益率(%)	5.2600	4.9500	3.5200	6.7100
净资产收益率(扣除)(%)	2.9085	4.1152	2.7933	5.3687
总资产(万元)	444941.13	331406.29	80595.03	84343.32
归属母公司股东权益(万元)	246132.44	142153.91	60267.92	61609.92
营业收入(万元)	281446.24	30277.73	13758.69	30581.96
营业支出(万元)	231626.56	13696.40	5662.51	13168.93
投资收益(万元)	1012.17	959.67	587.19	1042.76
净利润(万元)	8406.54	3061.49	2126.45	3923.17
营业利润(万元)	10811.16	3542.43	2344.61	4701.00
利润总额(万元)	11017.53	4010.16	2607.41	4729.13

南京红太阳股份有限公司

公司概况	公司名称	南京红太阳股份有限公司			证券简称	红 太 阳
	法人代表	杨寿海	董秘	唐志军	证券代码	000525
	公司网址	www.chinaredsun.com		电子信箱	redsunir@163.com	
	电　话	025-87132156　87132155		传　真	025-87132166	
	办公地址	江苏省南京市江宁区竹山南路589号				
	经营范围	农药、三药中间体及精细化工产品的生产、销售、技术咨询和服务等				

	指标\报告期	2017.06.30	2016.12.31	2016.06.30	2015.12.31
主要财务指标	基本每股收益(元)	0.6039	0.2220	0.0986	0.3590
	基本每股收益(扣除后)(元)	0.5704	0.0650	0.0485	0.1780
	稀释每股收益(元)	0.6039	0.2220	0.0986	0.3590
	每股净资产(元)	8.8042	8.2100	8.1013	7.6900
	每股经营现金净流量(元)	0.7507	0.4583	0.6173	0.4845
	每股现金流量(元)	0.3307	0.2207	0.7469	-0.4734
	每股资本公积金(元)	5.0614	5.0614	5.0614	3.9018
	每股盈余公积金(元)	0.2631	0.2631	0.2247	0.2573
	每股未分配利润(元)	2.4164	1.8124	1.7318	2.4424
	净资产收益率(%)	6.8594	2.6521	1.2170	4.6613
	加权净资产收益率(%)	7.1000	2.7000	1.4600	4.6800
	净资产收益率(扣除)(%)	6.4786	0.7761	0.5988	2.3084
	总资产(万元)	1124160.69	1050953.58	1001575.94	822617.95
	归属母公司股东权益(万元)	511323.78	476658.52	470500.52	390333.13
	营业收入(万元)	244295.72	353751.24	217397.00	455656.80
	营业支出(万元)	170506.98	288688.64	186460.68	397065.52
	投资收益(万元)	787.46	680.39	60.56	6746.84
	净利润(万元)	35812.33	12699.37	5692.69	13212.43
	营业利润(万元)	39864.19	7956.28	2869.39	13392.02
	利润总额(万元)	41168.69	17660.29	6381.95	19221.83

厦门紫光学大股份有限公司

公司概况	公司名称	厦门紫光学大股份有限公司			证券简称	*ST紫学
	法人代表	乔志城	董秘	刁月霞	证券代码	000526
	公司网址			电子信箱	zg000526@163.com	
	电　话	010-82151909		传　真	010-82158922	
	办公地址	福建省厦门市湖里区火炬东路11号厦门创业园诚业楼4层				
	经营范围	电子产品及通讯设备、仪器仪表、文化办公用机械及器材制造等				

	指标\报告期	2017.06.30	2016.12.31	2016.06.30	2015.12.31
主要财务指标	基本每股收益(元)	1.0439	-1.0259	-0.1196	-0.1410
	基本每股收益(扣除后)(元)	1.0190	-1.0834	-0.1146	-0.1378
	稀释每股收益(元)	1.0439	-1.0259	-0.1196	-0.1410
	每股净资产(元)	1.4863	0.4992	1.3686	1.4850
	每股经营现金净流量(元)	1.7776	0.8966	-1.1823	0.0322
	每股现金流量(元)	-2.3379	8.7986	12.4453	0.2116
	每股资本公积金(元)	0.6038	0.6038	0.6038	0.6038
	每股盈余公积金(元)	0.0477	0.0477	0.0477	0.0477
	每股未分配利润(元)	-0.1485	-1.1924	-0.2862	-0.1665
	净资产收益率(%)	70.2347	-205.5105	-8.7402	-9.4944
	加权净资产收益率(%)	105.1500	-103.4100	-8.3900	-9.0600
	净资产收益率(扣除)(%)	68.5586	-217.0463	-8.3749	-9.2813
	总资产(万元)	353125.94	344138.67	380613.94	33535.90
	归属母公司股东权益(万元)	14297.32	4801.86	13164.79	14284.81
	营业收入(万元)	162855.95	130685.33	21995.42	2506.54
	营业支出(万元)	106232.77	97893.31	15052.68	898.73
	投资收益(万元)	511.25	229.97	44.48	-
	净利润(万元)	9993.44	-10088.76	-1172.35	-1347.61
	营业利润(万元)	14838.01	-11277.27	-383.04	-1012.44
	利润总额(万元)	14651.45	-11350.61	-447.14	-1043.18

广西柳工机械股份有限公司

公司概况	公司名称	广西柳工机械股份有限公司			证券简称	柳　工
	法人代表	曾光安	董秘	黄华琳	证券代码	000528
	公司网址	www.liugong.com		电子信箱	stock@liugong.com	
	电　话	0772-3886510　3887266		传　真	0772-3691147	
	办公地址	广西壮族自治区柳州市柳太路1号				
	经营范围	装载机、挖掘机、压路机、叉车、起重机、摊铺机、平地机、滑移装载机等				

	指标\报告期	2017.06.30	2016.12.31	2016.06.30	2015.12.31
主要财务指标	基本每股收益(元)	0.2165	0.0438	0.0142	0.0189
	基本每股收益(扣除后)(元)	0.1936	-0.0959	-0.0313	-0.1019
	稀释每股收益(元)	0.2165	0.0438	0.0142	0.0189
	每股净资产(元)	8.0257	7.8618	7.8585	7.9128
	每股经营现金净流量(元)	0.6544	1.2248	0.5864	0.1292
	每股现金流量(元)	-1.2495	0.3802	0.6590	0.3089
	每股资本公积金(元)	3.1289	3.1289	3.1289	3.1288
	每股盈余公积金(元)	0.6275	0.6275	0.6275	0.6275
	每股未分配利润(元)	3.3342	3.2178	3.1882	3.2687
	净资产收益率(%)	2.6973	0.5568	0.1808	0.2394
	加权净资产收益率(%)	2.7300	0.5600	0.1800	0.2400
	净资产收益率(扣除)(%)	2.4123	-1.2193	-0.3985	-1.2883
	总资产(万元)	2044179.58	2058410.12	2138174.34	2038440.68
	归属母公司股东权益(万元)	903090.51	884639.65	884272.17	890377.98
	营业收入(万元)	545747.53	700539.54	362806.20	665581.56
	营业支出(万元)	417826.72	526324.66	273067.57	495677.82
	投资收益(万元)	128.63	-3760.66	-2679.16	-1919.38
	净利润(万元)	24262.08	4756.96	1552.16	2076.52
	营业利润(万元)	29193.28	-7564.44	-1782.65	-11420.41
	利润总额(万元)	30058.85	11803.71	4563.83	5130.72

广东广弘控股股份有限公司

公司概况	公司名称	广东广弘控股股份有限公司			证券简称	广弘控股
	法人代表	蔡飚	董秘	苏东明	证券代码	000529
	公司网址	www.ghkg000529.com		电子信箱	sdm@ghkg000529.com	
	电　话	020-83603985　83603995		传　真	020-83603989	
	办公地址	广东省广州市东风中路437号越秀城市广场南塔19楼				
	经营范围	食品冷藏设备的经营与管理、实业投资、资本运营管理、货物进出口等				

	指标\报告期	2017.06.30	2016.12.31	2016.06.30	2015.12.31
主要财务指标	基本每股收益(元)	0.0900	0.1800	0.0800	0.1300
	基本每股收益(扣除后)(元)	0.0900	0.1800	0.0800	0.1200
	稀释每股收益(元)	0.0900	0.1800	0.0800	0.1300
	每股净资产(元)	2.1700	2.1239	2.0218	1.9495
	每股经营现金净流量(元)	0.3837	0.3193	0.3960	0.0914
	每股现金流量(元)	0.4950	-0.4410	-0.3319	-0.0356
	每股资本公积金(元)	0.9780	0.9780	0.9780	0.9999
	每股盈余公积金(元)	0.0966	0.0966	0.0648	0.0648
	每股未分配利润(元)	0.0954	0.0493	-0.0211	-0.0999
	净资产收益率(%)	4.1988	8.5192	3.8981	6.5848
	加权净资产收益率(%)	4.4200	8.8500	3.9500	6.8100
	净资产收益率(扣除)(%)	4.1841	8.3758	3.7809	6.3372
	总资产(万元)	182163.85	158804.31	164628.88	146350.35
	归属母公司股东权益(万元)	126684.66	123992.52	118030.22	114708.36
	营业收入(万元)	104581.47	206749.82	104025.89	192715.86
	营业支出(万元)	89690.34	177986.51	88659.41	169445.05
	投资收益(万元)	967.75	-42.17	-892.24	1033.37
	净利润(万元)	5279.43	10761.30	4664.90	7439.80
	营业利润(万元)	7415.43	13172.16	5819.09	8595.79
	利润总额(万元)	7434.32	14761.00	6642.93	10632.28

大连冷冻机股份有限公司

公司概况	公司名称	大连冷冻机股份有限公司			证券简称	大冷股份
	法人代表	纪志坚	董秘	宋文宝	证券代码	000530
	公司网址	www.daleng.cn			电子信箱	000530@bingshan.com
	电　话	0411-86538130　87968822			传　真	0411-87968125
	办公地址	辽宁省大连市经济技术开发区辽河东路106号				
	经营范围	制冷设备及配套辅机、阀门、配件以及制冷工程所需配套产品的加工、制造				

	指标\报告期	2017.06.30	2016.12.31	2016.06.30	2015.12.31
主要财务指标	基本每股收益(元)	0.1150	0.3100	0.1200	0.3600
	基本每股收益(扣除后)(元)	0.0820	0.2500	0.1100	0.3500
	稀释每股收益(元)	0.1150	0.3100	0.1200	0.3600
	每股净资产(元)	3.8643	5.3088	5.1518	7.3511
	每股经营现金净流量(元)	−0.1735	−0.0126	−0.0722	−0.1404
	每股现金流量(元)	−0.2905	0.7094	1.1473	−0.7048
	每股资本公积金(元)	0.8851	1.7207	1.5932	1.7499
	每股盈余公积金(元)	0.7587	1.0144	1.0118	1.6125
	每股未分配利润(元)	0.7705	1.0658	0.8886	1.4602
	净资产收益率(%)	2.9688	5.5001	2.1873	4.9081
	加权净资产收益率(%)	2.9500	5.8700	2.5200	6.3800
	净资产收益率(扣除)(%)	2.1138	4.4716	2.0066	4.7636
	总资产(万元)	537293.98	509598.64	481833.27	408249.99
	归属母公司股东权益(万元)	330973.04	330108.77	308536.25	264760.91
	营业收入(万元)	100237.87	177949.92	77991.99	160751.84
	营业支出(万元)	81728.19	145859.63	63319.66	130984.38
	投资收益(万元)	8787.53	17373.75	7694.23	12890.81
	净利润(万元)	9874.13	18192.98	6791.77	13121.50
	营业利润(万元)	9813.98	17211.48	6463.19	12959.42
	利润总额(万元)	10490.29	18817.88	7207.61	13594.77

广州恒运企业集团股份有限公司

公司概况	公司名称	广州恒运企业集团股份有限公司			证券简称	穗恒运A
	法人代表	郭晓光	董秘	张晖	证券代码	000531
	公司网址	www.hengyun.com.cn			电子信箱	hengyun@hengyun.com.cn
	电　话	020-82068252			传　真	020-82068252
	办公地址	广东省广州市开发区开发大道235号恒运大厦6~6M层				
	经营范围	电力、热力的生产和销售等				

	指标\报告期	2017.06.30	2016.12.31	2016.06.30	2015.12.31
主要财务指标	基本每股收益(元)	0.1646	0.8371	0.3413	0.6570
	基本每股收益(扣除后)(元)	0.1649	0.8376	0.3424	0.6520
	稀释每股收益(元)	0.1646	0.8371	0.3413	0.6570
	每股净资产(元)	5.6057	5.7335	5.3006	5.2432
	每股经营现金净流量(元)	0.3851	1.2328	0.6214	0.3780
	每股现金流量(元)	−0.0038	0.6483	0.5040	−0.5379
	每股资本公积金(元)	1.3097	1.3131	1.3131	1.3131
	每股盈余公积金(元)	0.4782	0.4782	0.4309	0.4309
	每股未分配利润(元)	2.8039	2.8893	2.4408	2.2495
	净资产收益率(%)	2.9369	14.5995	6.4387	12.5299
	加权净资产收益率(%)	2.8400	15.2200	6.3600	13.5500
	净资产收益率(扣除)(%)	2.9419	14.6088	6.4588	12.4351
	总资产(万元)	902775.62	918646.37	896061.42	837237.78
	归属母公司股东权益(万元)	384037.45	392795.20	363132.43	359200.97
	营业收入(万元)	152213.67	263538.67	103510.12	222594.44
	营业支出(万元)	119195.34	177474.39	69546.37	151596.15
	投资收益(万元)	2702.41	24190.71	12338.00	23527.11
	净利润(万元)	13227.65	58737.40	23601.74	49033.39
	营业利润(万元)	16956.66	71905.62	27699.89	58255.57
	利润总额(万元)	16966.76	71870.00	27652.57	58669.03

珠海华金资本股份有限公司

公司概况	公司名称	珠海华金资本股份有限公司			证券简称	华金资本
	法人代表	李光宁	董秘	高小军	证券代码	000532
	公司网址	www.huajinct.com			电子信箱	gaoxiaojun@chinalihe.com
	电　话	0756-3612810　3612808			传　真	0756-3612812
	办公地址	广东省珠海市香洲区唐家湾镇唐家大学路101号清华科技园创业大楼第六层东楼				
	经营范围	微电子、电力电子、环境保护产品的开发、生产及销售等				

	指标\报告期	2017.06.30	2016.12.31	2016.06.30	2015.12.31
主要财务指标	基本每股收益(元)	0.0438	0.1185	0.0662	0.1097
	基本每股收益(扣除后)(元)	0.0398	0.1121	0.0587	0.1027
	稀释每股收益(元)	0.0438	0.1185	0.0662	0.1097
	每股净资产(元)	2.0571	2.0737	2.0125	1.9872
	每股经营现金净流量(元)	0.2029	0.2608	0.1702	0.0536
	每股现金流量(元)	0.1755	0.0875	0.9083	−0.2552
	每股资本公积金(元)	0.0730	0.0730	0.0736	0.0736
	每股盈余公积金(元)	0.1301	0.1301	0.1214	0.1214
	每股未分配利润(元)	0.8211	0.8373	0.7938	0.7575
	净资产收益率(%)	2.1275	5.7144	3.2915	5.5186
	加权净资产收益率(%)	2.0900	5.8300	3.2800	5.4500
	净资产收益率(扣除)(%)	1.9361	5.4055	2.9186	5.1673
	总资产(万元)	233709.47	195643.20	170449.77	122373.56
	归属母公司股东权益(万元)	70909.66	71480.93	69373.16	68500.31
	营业收入(万元)	17834.05	31003.27	11984.85	21226.78
	营业支出(万元)	10481.79	17486.22	6520.31	12683.54
	投资收益(万元)	126.66	1744.00	1728.84	6589.14
	净利润(万元)	1974.10	5413.12	2878.47	5440.30
	营业利润(万元)	2115.24	5181.82	2574.81	6642.62
	利润总额(万元)	2578.29	6105.81	3324.08	7287.94

广东万家乐股份有限公司

公司概况	公司名称	广东万家乐股份有限公司			证券简称	万家乐
	法人代表	陈环	董秘	黄志雄	证券代码	000533
	公司网址	www.chinamacro.cn			电子信箱	huangzx@gdwanjiale.com
	电　话	0757-22321229　22321232			传　真	0757-22321237
	办公地址	广东省佛山市顺德区大良街道顺峰山工业区				
	经营范围	燃气用具、家用电器、机电产品、塑料机械设备、纸类包装印刷品等				

	指标\报告期	2017.06.30	2016.12.31	2016.06.30	2015.12.31
主要财务指标	基本每股收益(元)	0.0350	0.3300	0.0660	0.1800
	基本每股收益(扣除后)(元)	0.0180	0.0100	0.0640	0.1300
	稀释每股收益(元)	0.0350	0.3300	0.0660	0.1800
	每股净资产(元)	2.3226	2.2876	2.0525	1.9863
	每股经营现金净流量(元)	−0.1656	0.3787	0.0205	0.7279
	每股现金流量(元)	0.0108	0.1215	0.2876	−0.1348
	每股资本公积金(元)	0.0591	0.0591	0.0844	0.0844
	每股盈余公积金(元)	0.1400	0.1400	0.1145	0.1145
	每股未分配利润(元)	1.1235	1.0886	0.8536	0.7875
	净资产收益率(%)	1.5043	14.3424	3.2219	9.0217
	加权净资产收益率(%)	1.1600	15.2600	3.2700	9.2500
	净资产收益率(扣除)(%)	0.7817	0.3190	3.1193	6.6787
	总资产(万元)	354821.12	325886.13	430346.77	416528.89
	归属母公司股东权益(万元)	160447.24	158033.68	141787.97	137219.77
	营业收入(万元)	220305.15	433846.97	197836.87	413036.42
	营业支出(万元)	197726.08	292554.04	132972.06	281868.04
	投资收益(万元)	34.58	24055.43	498.85	4415.92
	净利润(万元)	4025.55	26179.76	6478.89	17191.88
	营业利润(万元)	4011.33	28809.10	9399.25	23371.14
	利润总额(万元)	6052.36	29220.11	9611.54	23939.84

万泽实业股份有限公司

公司概况					
公司名称	万泽实业股份有限公司			证券简称	万泽股份
法人代表	黄振光	董秘	蔡勇峰	证券代码	000534
公司网址	www.wedgeind.com		电子信箱	wzgf0534@163.com	
电　话	0755-83260208　0754-88857382		传　真	0755-83364466	
办公地址	广东省汕头市珠池路23号光明大厦B幢8楼				
经营范围	房地产、制造业等				

主要财务指标 指标\报告期	2017.06.30	2016.12.31	2016.06.30	2015.12.31
基本每股收益(元)	0.0178	0.1500	0.1827	0.0900
基本每股收益(扣除后)(元)	0.0172	−0.2100	−0.1240	−0.0200
稀释每股收益(元)	0.0178	0.1500	0.1827	0.0900
每股净资产(元)	2.7942	2.8177	2.8004	2.6677
每股经营现金净流量(元)	0.7829	−0.4167	−0.4378	−0.0167
每股现金流量(元)	0.5035	1.2017	1.0882	0.0173
每股资本公积金(元)	0.8072	0.7985	0.7535	0.7535
每股盈余公积金(元)	0.2691	0.2691	0.2534	0.2534
每股未分配利润(元)	0.7179	0.7501	0.7935	0.6609
净资产收益率(%)	0.6371	5.4984	6.5223	3.5389
加权净资产收益率(%)	0.6300	5.7000	4.4200	3.5400
净资产收益率(扣除)(%)	0.6157	−7.3971	−4.4267	−0.6376
总资产(万元)	266556.10	235588.56	252381.10	328942.06
归属母公司股东权益(万元)	137414.66	138568.65	137718.86	131194.72
营业收入(万元)	17685.77	19467.97	2583.64	49181.08
营业支出(万元)	9282.49	12524.16	2018.62	23915.19
投资收益(万元)	−139.97	18280.50	18385.02	5236.48
净利润(万元)	359.60	7153.18	8604.92	3780.00
营业利润(万元)	1524.76	7667.22	10020.97	7037.51
利润总额(万元)	1564.09	8471.87	10522.36	7410.36

华映科技(集团)股份有限公司

公司概况					
公司名称	华映科技(集团)股份有限公司			证券简称	华映科技
法人代表	林盛昌	董秘	陈伟	证券代码	000536
公司网址	www.cpttg.com		电子信箱	gw@cptf.com.cn	
电　话	0591-88022590		传　真	0591-88022061	
办公地址	福建省福州市马尾区儒江西路6号1#楼三、四层				
经营范围	电机制造、机电产品的贸易、金属材料的经营等				

主要财务指标 指标\报告期	2017.06.30	2016.12.31	2016.06.30	2015.12.31
基本每股收益(元)	0.0256	0.3892	0.5104	0.1950
基本每股收益(扣除后)(元)	0.0157	−0.0543	−0.0765	0.1492
稀释每股收益(元)	0.0256	0.3892	0.5104	0.1950
每股净资产(元)	4.6460	7.4925	3.9351	3.7359
每股经营现金净流量(元)	−0.3100	−0.1005	0.2092	2.5521
每股现金流量(元)	−0.3754	2.3699	0.6520	−0.4546
每股资本公积金(元)	3.1058	5.5695	0.8852	0.8958
每股盈余公积金(元)	0.1850	0.2960	0.2963	0.6521
每股未分配利润(元)	0.3550	0.6272	1.7548	0.8885
净资产收益率(%)	0.5505	3.0547	12.9710	5.2209
加权净资产收益率(%)	0.5500	7.2600	13.3100	5.3900
净资产收益率(扣除)(%)	0.3385	−0.4259	−1.9429	3.9950
总资产(万元)	1960432.66	1894357.84	932220.42	897266.61
归属母公司股东权益(万元)	1285008.44	1295288.32	306584.69	291065.32
营业收入(万元)	211531.63	443599.27	194340.05	543356.67
营业支出(万元)	181181.12	376438.01	169524.87	469293.32
投资收益(万元)	519.87	59137.33	59417.74	19.13
净利润(万元)	6773.12	38072.32	38934.15	20059.99
营业利润(万元)	8109.80	61544.50	54022.72	24480.50
利润总额(万元)	11301.48	63424.59	55579.63	29507.48

天津广宇发展股份有限公司

公司概况					
公司名称	天津广宇发展股份有限公司			证券简称	广宇发展
法人代表	周悦刚	董秘	韩玉卫	证券代码	000537
公司网址	www.gyfz000537.com		电子信箱	tjgyfz@163.com	
电　话	010-85727717　85727702		传　真	010-85727714	
办公地址	北京市朝阳区朝外大街5号10层				
经营范围	房地产开发及商品房销售、对住宿酒店及餐饮酒店投资等				

主要财务指标 指标\报告期	2017.06.30	2016.12.31	2016.06.30	2015.12.31
基本每股收益(元)	0.0500	0.6700	0.1800	0.2800
基本每股收益(扣除后)(元)	0.0500	0.5400	0.0400	0.2500
稀释每股收益(元)	0.0500	0.6700	0.1800	0.2800
每股净资产(元)	4.4734	4.4812	3.9849	3.8077
每股经营现金净流量(元)	2.8857	−12.9688	−2.1785	−5.0997
每股现金流量(元)	1.8555	−0.4648	1.9813	0.5336
每股资本公积金(元)	0.1690	0.1690	0.1691	0.1690
每股盈余公积金(元)	0.1325	0.1325	0.1316	0.1316
每股未分配利润(元)	3.1719	3.1797	2.6842	2.5071
净资产收益率(%)	1.1670	15.0287	4.4445	7.2922
加权净资产收益率(%)	1.1700	16.2500	4.5500	7.5700
净资产收益率(扣除)(%)	1.1037	11.9752	1.0013	6.5413
总资产(万元)	2077108.37	1835662.11	1165512.95	799459.23
归属母公司股东权益(万元)	229360.16	229759.87	204311.13	195229.89
营业收入(万元)	143626.89	393277.16	72063.61	144364.36
营业支出(万元)	113597.37	263407.69	35441.29	69280.65
投资收益(万元)	−226.69	−3447.17	−6406.03	1465.39
净利润(万元)	4599.52	53740.78	14112.05	24300.86
营业利润(万元)	6083.44	58168.31	7602.03	31003.50
利润总额(万元)	6094.27	58220.66	7636.98	31057.15

云南白药集团股份有限公司

公司概况					
公司名称	云南白药集团股份有限公司			证券简称	云南白药
法人代表	王明辉	董秘	吴伟	证券代码	000538
公司网址	www.yunnanbaiyao.com.cn		电子信箱	wuwei@yunnanbaiyao.com.cn	
电　话	0871-6324159　6226106		传　真	0871-66324169	
办公地址	云南省昆明市呈贡区云南白药街3686号				
经营范围	化学原料药、化学药制剂、中成药、中药材、生物制品、保健食品等				

主要财务指标 指标\报告期	2017.06.30	2016.12.31	2016.06.30	2015.12.31
基本每股收益(元)	1.5000	2.8000	1.3300	2.6600
基本每股收益(扣除后)(元)	1.3800	2.5900	1.2700	2.5100
稀释每股收益(元)	1.5000	2.8000	1.3300	2.6600
每股净资产(元)	16.6033	15.1005	13.6319	12.8990
每股经营现金净流量(元)	0.8771	2.8661	2.0083	2.0929
每股现金流量(元)	0.7566	−0.7413	−0.0985	0.5941
每股资本公积金(元)	1.1976	1.1976	1.2002	1.2002
每股盈余公积金(元)	0.8157	0.8157	0.7398	0.7398
每股未分配利润(元)	13.5900	12.0872	10.6919	9.9590
净资产收益率(%)	9.0514	18.5676	9.7779	20.6271
加权净资产收益率(%)	9.4800	20.0300	9.8300	22.4300
净资产收益率(扣除)(%)	8.3043	17.1697	9.2984	19.4688
总资产(万元)	2604248.23	2458664.60	2147430.55	1929094.04
归属母公司股东权益(万元)	1729071.74	1572566.80	1419626.25	1343301.01
营业收入(万元)	1196032.03	2241065.44	1045241.45	2073812.62
营业支出(万元)	815981.09	1571796.12	730561.35	1440590.48
投资收益(万元)	10328.95	19385.91	9654.70	17499.35
净利润(万元)	155505.79	293088.96	138519.95	275558.11
营业利润(万元)	180195.51	331982.97	157454.63	316824.13
利润总额(万元)	181836.38	339750.54	162009.45	321533.52

广东电力发展股份有限公司

公司概况					
公司名称	广东电力发展股份有限公司			证券简称	粤电力 A
法人代表	黄镇海	董秘	刘维	证券代码	000539
公司网址	www.ged.com.cn		电子信箱	ged@ged.com.cn	
电　　话	020-87570276 87570251		传　　真	020-85138084	
办公地址	广东省广州市天河东路 2 号粤电广场南塔 23-26 楼				
经营范围	电力项目的投资、建设和经营管理、电力的生产和销售、电力行业技术咨询和服务				

主要财务指标：指标＼报告期	2017.06.30	2016.12.31	2016.06.30	2015.12.31
基本每股收益(元)	0.0245	0.1800	0.1400	0.6200
基本每股收益(扣除后)(元)	0.0299	0.2000	0.1400	0.5600
稀释每股收益(元)	0.0245	0.1800	0.1400	0.6200
每股净资产(元)	4.4006	4.4529	4.4146	4.5244
每股经营现金净流量(元)	0.3007	1.6580	0.8945	1.9889
每股现金流量(元)	–0.0549	–0.0081	0.1678	0.1332
每股资本公积金(元)	0.9529	0.9529	0.9538	0.9537
每股盈余公积金(元)	1.4457	1.3037	1.3037	1.1070
每股未分配利润(元)	0.9712	1.1686	1.1309	1.4169
净资产收益率(%)	0.5572	4.0059	3.1857	13.6299
加权净资产收益率(%)	0.5500	3.9900	3.0900	14.4200
净资产收益率(扣除)(%)	0.6787	4.5969	3.2078	12.4354
总资产(万元)	7023057.31	7067700.38	7204134.44	7191993.41
归属母公司股东权益(万元)	2310452.63	2337884.72	2317812.77	2375459.70
营业收入(万元)	1238548.66	2268112.00	1023498.96	2572381.08
营业支出(万元)	1112669.00	1779362.64	776791.02	1805375.48
投资收益(万元)	22754.29	34136.47	12872.15	80139.81
净利润(万元)	27971.28	128606.23	104921.34	463014.34
营业利润(万元)	45877.57	202251.18	146825.35	571330.46
利润总额(万元)	42840.46	190490.72	146469.54	579312.77

中天金融集团股份有限公司

公司概况					
公司名称	中天金融集团股份有限公司			证券简称	中天金融
法人代表	罗玉平	董秘	谭忠游	证券代码	000540
公司网址	www.ztcn.cn		电子信箱	ztct@ztcn.cn	
电　　话	0851-86988177		传　　真	0851-86988377	
办公地址	贵州省贵阳市观山湖区中天路 3 号 201 中心				
经营范围	一级房地产开发、城市基础设施及配套项目开发、拆迁安置及服务等				

主要财务指标：指标＼报告期	2017.06.30	2016.12.31	2016.06.30	2015.12.31
基本每股收益(元)	0.3034	0.6332	0.3615	0.6073
基本每股收益(扣除后)(元)	0.3047	0.6267	0.3615	0.5262
稀释每股收益(元)	0.3061	0.6308	0.3646	0.6064
每股净资产(元)	3.2976	3.1750	2.8621	2.6939
每股经营现金净流量(元)	–0.8430	0.0949	–0.1489	–0.0225
每股现金流量(元)	–0.4053	0.4040	–0.8802	0.8577
每股资本公积金(元)	0.7617	0.7580	0.7844	0.8425
每股盈余公积金(元)	0.1582	0.1582	0.1139	0.1237
每股未分配利润(元)	1.3533	1.2502	1.0294	0.9452
净资产收益率(%)	9.1835	19.7120	12.5340	20.6631
加权净资产收益率(%)	9.2400	21.9000	13.0900	32.1800
净资产收益率(扣除)(%)	9.2061	19.5099	12.4097	17.9042
总资产(万元)	7329464.48	7115927.29	5086870.94	5540014.59
归属母公司股东权益(万元)	1549795.29	1491159.05	1342187.02	1261563.46
营业收入(万元)	960224.30	1946054.12	1042883.69	1538609.47
营业支出(万元)	584426.26	1288965.67	689217.12	993345.53
投资收益(万元)	5760.47	7798.92	2047.24	4543.78
净利润(万元)	141560.75	295279.74	167493.40	261433.73
营业利润(万元)	158954.34	341999.73	194016.22	268729.61
利润总额(万元)	158451.83	344079.21	195878.61	292052.96

佛山电器照明股份有限公司

公司概况					
公司名称	佛山电器照明股份有限公司			证券简称	佛山照明
法人代表	何勇	董秘	林奕辉	证券代码	000541
公司网址	www.chinafsl.com		电子信箱	gzfsligh@pub.foshan.gd.cn	
电　　话	0757-82966028 82810239		传　　真	0757-82816276	
办公地址	广东省佛山市禅城区汾江北路 64 号				
经营范围	研究、开发、生产电光源产品、电光源设备、电光源配套器件等				

主要财务指标：指标＼报告期	2017.06.30	2016.12.31	2016.06.30	2015.12.31
基本每股收益(元)	0.1796	0.8429	0.1627	0.0420
基本每股收益(扣除后)(元)	0.1786	0.2761	0.1624	0.1200
稀释每股收益(元)	0.1796	0.8429	0.1627	0.0420
每股净资产(元)	3.7006	3.9229	4.2094	3.9489
每股经营现金净流量(元)	–0.0244	0.2279	0.2292	0.1480
每股现金流量(元)	–0.5222	0.4290	–0.1202	–0.0441
每股资本公积金(元)	0.2247	0.2247	0.2329	0.2329
每股盈余公积金(元)	0.5769	0.5769	0.4940	0.4940
每股未分配利润(元)	0.9895	1.2299	0.6325	0.4824
净资产收益率(%)	4.8536	21.4878	3.8642	1.0631
加权净资产收益率(%)	4.9900	21.4000	3.9400	1.2700
净资产收益率(扣除)(%)	4.8258	7.0382	3.8588	2.9878
总资产(万元)	577313.26	610016.94	650258.37	604829.64
归属母公司股东权益(万元)	470769.09	499046.66	535489.44	502354.69
营业收入(万元)	202392.56	336645.50	175567.09	287665.91
营业支出(万元)	154693.18	251816.41	132298.26	218555.86
投资收益(万元)	1400.93	88207.95	1372.07	1952.38
净利润(万元)	23188.50	107325.64	20661.23	3768.47
营业利润(万元)	27322.99	128211.49	24938.03	17967.89
利润总额(万元)	27448.25	127323.30	24603.82	4599.30

安徽省皖能股份有限公司

公司概况					
公司名称	安徽省皖能股份有限公司			证券简称	皖能电力
法人代表	张飞飞	董秘	周庆霞	证券代码	000543
公司网址	www.wenergy.cn		电子信箱	wn000543@wenergy.cn	
电　　话	0551-2225811 62225966		传　　真	0551-2225800	
办公地址	安徽省合肥市马鞍山路 76 号能源大厦 5、8-10 层				
经营范围	公司主营电力、节能及相关项目投资、经营				

主要财务指标：指标＼报告期	2017.06.30	2016.12.31	2016.06.30	2015.12.31
基本每股收益(元)	–0.0306	0.5000	0.2897	0.6500
基本每股收益(扣除后)(元)	–0.0312	0.4900	0.2856	0.6000
稀释每股收益(元)	–0.0306	0.5000	0.2897	0.6500
每股净资产(元)	5.8741	6.1538	4.8410	5.0873
每股经营现金净流量(元)	0.2725	1.0839	0.6395	1.7791
每股现金流量(元)	–0.0912	0.2619	0.3523	0.0858
每股资本公积金(元)	1.1159	1.1159	1.1204	1.1204
每股盈余公积金(元)	0.5959	0.5959	0.5228	0.5228
每股未分配利润(元)	1.6387	1.7192	1.5854	1.5958
净资产收益率(%)	–0.5201	8.0691	5.9838	12.6788
加权净资产收益率(%)	–0.5100	8.8300	5.8400	12.8900
净资产收益率(扣除)(%)	–0.5308	7.9164	5.8988	11.8071
总资产(万元)	2627723.93	2708555.34	2292647.33	2277914.87
归属母公司股东权益(万元)	1051700.55	1101780.00	866727.64	910826.29
营业收入(万元)	536218.70	1063347.09	423414.11	1129772.70
营业支出(万元)	535678.92	937924.52	349403.09	870444.23
投资收益(万元)	4498.89	56841.29	31283.94	34394.47
净利润(万元)	–16046.74	121826.27	72943.52	198098.84
营业利润(万元)	–15200.82	139040.75	85407.92	243718.24
利润总额(万元)	–15067.30	145115.65	87317.12	248984.25

中原环保股份有限公司

公司概况					
公司名称	中原环保股份有限公司			证券简称	中原环保
法人代表	李建平	董秘	郑玉民	证券代码	000544
公司网址	www.cpepgc.com		电子信箱	zyhb@cpepgc.com	
电　　话	0371-65376969　65376616		传　　真	0371-55356772	
办公地址	河南省郑州市郑东新区才高街6号东方鼎盛中心A座10层				
经营范围	污水、污泥处理,养殖,种植,中水利用,供热及管网维修等				

主要财务指标　指标\报告期	2017.06.30	2016.12.31	2016.06.30	2015.12.31
基本每股收益(元)	0.2700	0.5000	0.2200	0.3800
基本每股收益(扣除后)(元)	0.1900	0.3700	0.1700	0.2400
稀释每股收益(元)	0.2700	0.5000	0.2200	0.3800
每股净资产(元)	8.1935	7.9736	7.1985	3.6379
每股经营现金净流量(元)	0.4320	0.3662	0.0194	1.6290
每股现金流量(元)	0.1884	0.8395	-0.0190	0.6615
每股资本公积金(元)	6.4531	6.4531	5.5781	12.6664
每股盈余公积金(元)	0.0854	0.0854	0.0620	0.1315
每股未分配利润(元)	0.6550	0.4350	0.5584	0.7539
净资产收益率(%)	3.2952	5.7420	3.0819	10.4325
加权净资产收益率(%)	3.3400	7.1400	3.1600	10.9500
净资产收益率(扣除)(%)	2.3523	4.2487	1.5103	6.5997
总资产(万元)	624326.91	620332.71	557182.31	536113.21
归属母公司股东权益(万元)	532408.36	518113.57	411384.57	392111.81
营业收入(万元)	46421.10	93677.57	44366.19	51827.69
营业支出(万元)	26774.84	55486.19	26182.32	37061.65
投资收益(万元)	1010.42	918.56	-	900.00
净利润(万元)	17615.78	29836.84	12747.56	10349.62
营业利润(万元)	18693.76	21393.68	9573.66	7376.95
利润总额(万元)	18693.76	31498.61	14048.47	12471.34

金浦钛业股份有限公司

公司概况					
公司名称	金浦钛业股份有限公司			证券简称	金浦钛业
法人代表	郭金东	董秘	郭金东(代)	证券代码	000545
公司网址	www.nthcl.com		电子信箱	nj000545@sina.cn	
电　　话	025-83799778		传　　真	025-58366500	
办公地址	江苏省南京市六合区南京化工园大玮东路229号				
经营范围	生产经营原料药、医药中间体、中西药制剂、化工产品、保健品等				

主要财务指标　指标\报告期	2017.06.30	2016.12.31	2016.06.30	2015.12.31
基本每股收益(元)	0.0977	0.1200	0.0300	0.1300
基本每股收益(扣除后)(元)	0.1050	0.0400	0.0100	0.0060
稀释每股收益(元)	0.0977	0.1200	0.0300	0.1300
每股净资产(元)	1.9606	1.9284	1.7977	1.7888
每股经营现金净流量(元)	0.0462	-0.1311	-0.1282	0.0683
每股现金流量(元)	-0.0031	-0.0395	-0.0956	0.0884
每股资本公积金(元)	-0.0650	-0.0650	-0.0650	-0.0799
每股盈余公积金(元)	0.0628	0.0628	0.0628	0.0628
每股未分配利润(元)	0.9558	0.8881	0.7998	0.7957
净资产收益率(%)	4.9852	6.3479	1.9004	7.4315
加权净资产收益率(%)	5.0300	6.5800	1.9100	7.7400
净资产收益率(扣除)(%)	5.3544	2.2035	0.8041	0.4270
总资产(万元)	265562.75	269595.29	244311.78	252483.19
归属母公司股东权益(万元)	193483.21	190303.79	177406.39	176522.31
营业收入(万元)	88711.36	104607.26	33742.21	70987.23
营业支出(万元)	65390.60	85873.04	27359.19	60019.76
投资收益(万元)	188.66	7943.98	1665.70	10290.84
净利润(万元)	9645.53	12080.38	3371.36	13118.22
营业利润(万元)	10931.78	12641.10	3138.50	10971.61
利润总额(万元)	11787.26	14065.38	3936.22	15339.36

金圆水泥股份有限公司

公司概况					
公司名称	金圆水泥股份有限公司			证券简称	金圆股份
法人代表	赵辉	董秘	王函颖	证券代码	000546
公司网址	www.jysn.com		电子信箱	jygf@jysn.com	
电　　话	0571-86602265		传　　真	0571-85286821	
办公地址	浙江省杭州市滨江区江虹路1750号润和信雅达创意中心1号楼22楼				
经营范围	房地产开发和销售				

主要财务指标　指标\报告期	2017.06.30	2016.12.31	2016.06.30	2015.12.31
基本每股收益(元)	0.1363	0.5133	0.1331	0.4418
基本每股收益(扣除后)(元)	0.1345	0.4939	0.1300	0.3200
稀释每股收益(元)	0.1363	0.5133	0.1331	0.4415
每股净资产(元)	3.2904	3.6408	3.2434	3.1051
每股经营现金净流量(元)	0.2624	-0.0405	-0.1216	0.4668
每股现金流量(元)	-0.2061	0.3774	-0.1142	0.0989
每股资本公积金(元)	1.0383	1.0367	1.0297	1.0260
每股盈余公积金(元)	0.1425	0.1425	0.0691	0.0691
每股未分配利润(元)	1.1026	1.4663	1.1544	1.0214
净资产收益率(%)	4.1415	14.0973	4.1036	14.2277
加权净资产收益率(%)	3.7200	15.2000	4.2000	15.0600
净资产收益率(扣除)(%)	4.0885	13.5653	4.0080	10.3354
总资产(万元)	497289.02	511996.68	445436.81	438279.14
归属母公司股东权益(万元)	195855.92	216715.69	194095.77	185824.41
营业收入(万元)	95785.28	216408.24	84832.37	186523.65
营业支出(万元)	69108.20	136427.61	52800.03	124313.92
投资收益(万元)	-127.88	13.86	-864.31	5480.82
净利润(万元)	8229.57	32781.20	8783.22	29025.04
营业利润(万元)	10285.55	38149.52	11363.04	31286.32
利润总额(万元)	10256.28	41785.65	11752.17	35234.48

航天工业发展股份有限公司

公司概况					
公司名称	航天工业发展股份有限公司			证券简称	航天发展
法人代表	刘著平	董秘	吴小兰	证券代码	000547
公司网址	www.casic-addsino.com		电子信箱	htfz@casic-addsino.com	
电　　话	0591-83283128		传　　真	0591-83296358	
办公地址	福建省福州市台江区五一南路17号工行五一支行13层				
经营范围	电子、电子计算机、通讯、网络信息、环境保护等				

主要财务指标　指标\报告期	2017.06.30	2016.12.31	2016.06.30	2015.12.31
基本每股收益(元)	0.0800	0.1700	0.0600	0.2300
基本每股收益(扣除后)(元)	0.0700	0.1600	0.0600	0.2200
稀释每股收益(元)	0.0800	0.1700	0.0600	0.2300
每股净资产(元)	3.6652	3.6373	3.7263	3.7185
每股经营现金净流量(元)	-0.2123	0.1235	-0.1990	0.1199
每股现金流量(元)	-0.7595	-0.1403	-0.1994	1.5404
每股资本公积金(元)	2.9818	2.9818	3.1999	3.1999
每股盈余公积金(元)	0.0326	0.0326	0.0296	0.0296
每股未分配利润(元)	0.5347	0.5087	0.3847	0.3660
净资产收益率(%)	2.2107	4.6927	1.7102	3.9030
加权净资产收益率(%)	2.2200	4.5800	1.7100	7.2900
净资产收益率(扣除)(%)	2.0324	4.3836	1.7079	3.8192
总资产(万元)	721266.05	694547.62	679254.93	678504.36
归属母公司股东权益(万元)	523987.30	520000.65	532729.00	531604.88
营业收入(万元)	87837.95	204210.00	71758.14	112272.55
营业支出(万元)	50800.32	124964.01	40074.57	58918.35
投资收益(万元)	0.29	837.00	17.00	270.60
净利润(万元)	13310.99	27957.01	11575.32	21616.46
营业利润(万元)	14559.25	32406.48	13582.19	24324.69
利润总额(万元)	15742.32	32923.08	13584.32	24671.82

湖南投资集团股份有限公司

公司概况					
公司名称	湖南投资集团股份有限公司			证券简称	湖南投资
法人代表	刘林平	董秘	马宁	证券代码	000548
公司网址	www.hntz.com.cn		电子信箱	hntz0548@126.com	
电　话	0731-82327666		传　真	0731-82327566	
办公地址	湖南省长沙市芙蓉中路508号之三君逸康年大酒店12楼				
经营范围	投资建设并收费经营公路、桥梁及各类城市基础设施等				

主要财务指标 指标\报告期	2017.06.30	2016.12.31	2016.06.30	2015.12.31
基本每股收益(元)	0.2510	0.1200	0.0940	0.0400
基本每股收益(扣除后)(元)	0.2500	0.0300	0.0020	0.0300
稀释每股收益(元)	0.2510	0.1200	0.0940	0.0400
每股净资产(元)	3.3447	3.0868	3.0632	2.9692
每股经营现金净流量(元)	0.3074	0.4680	0.9657	0.1575
每股现金流量(元)	0.3080	0.1650	0.7169	0.0464
每股资本公积金(元)	0.9580	0.9580	0.9580	0.9580
每股盈余公积金(元)	0.2237	0.2237	0.2082	0.2082
每股未分配利润(元)	1.1630	0.9051	0.8969	0.8029
净资产收益率(%)	7.5032	3.8082	3.0675	1.2732
加权净资产收益率(%)	7.7900	3.8800	3.1100	1.2700
净资产收益率(扣除)(%)	7.4880	0.8339	0.0755	1.0105
总资产(万元)	208882.73	237497.86	231007.43	205839.19
归属母公司股东权益(万元)	166971.29	154096.29	152918.76	148227.99
营业收入(万元)	85054.52	21148.13	8848.47	18288.00
营业支出(万元)	57067.89	8700.29	3946.20	7188.49
投资收益(万元)	-114.66	-277.76	-281.59	43.09
净利润(万元)	12096.71	5001.32	4185.71	746.20
营业利润(万元)	16414.64	1628.36	5700.78	1826.23
利润总额(万元)	16448.57	7896.83	5853.56	1887.82

江铃汽车股份有限公司

公司概况					
公司名称	江铃汽车股份有限公司			证券简称	江铃汽车
法人代表	邱天高	董秘	宛虹	证券代码	000550
公司网址	www.jmc.com.cn		电子信箱	relations@jmc.com.cn	
电　话	86-791-85266178		传　真	86-791-85232839	
办公地址	江西省南昌市迎宾北大道509号				
经营范围	生产和销售轻型汽车以及相关的零部件				

主要财务指标 指标\报告期	2017.06.30	2016.12.31	2016.06.30	2015.12.31
基本每股收益(元)	0.6400	1.5300	0.8200	2.5700
基本每股收益(扣除后)(元)	0.4400	1.0000	0.5700	1.8400
稀释每股收益(元)	0.6400	1.5300	0.8200	2.5700
每股净资产(元)	14.4061	14.3800	13.6658	13.8797
每股经营现金净流量(元)	-1.0417	5.3213	1.1444	2.2305
每股现金流量(元)	-1.3766	3.2648	0.7204	-0.1337
每股资本公积金(元)	0.9725	0.9725	0.9725	0.9725
每股盈余公积金(元)	0.5000	0.5000	0.5000	0.5000
每股未分配利润(元)	11.9401	11.9096	11.1988	11.4127
净资产收益率(%)	4.4461	10.6213	5.9722	18.5463
加权净资产收益率(%)	4.3600	10.7400	5.7100	19.5600
净资产收益率(扣除)(%)	3.0256	6.9889	4.1609	13.2553
总资产(万元)	2419997.37	2449400.00	2130788.61	2105072.57
归属母公司股东权益(万元)	1243557.88	1240900.00	1179654.83	1198114.21
营业收入(万元)	1566647.59	2663400.00	1081073.56	2452789.28
营业支出(万元)	1237195.72	2061272.29	835608.32	1813113.50
投资收益(万元)	503.00	1672.18	530.22	872.35
净利润(万元)	55290.31	131801.61	70451.67	222206.11
营业利润(万元)	40536.36	95500.00	54009.81	180190.80
利润总额(万元)	61533.79	148200.00	77061.95	250960.37

创元科技股份有限公司

公司概况					
公司名称	创元科技股份有限公司			证券简称	创元科技
法人代表	刘春奇	董秘	周成明	证券代码	000551
公司网址	www.000551.cn		电子信箱	dmc@cykj000551.com	
电　话	0512-68241551		传　真	0512-68245551	
办公地址	江苏省苏州市苏州工业园区苏桐路37号				
经营范围	空气净化设备、洁净产品、停车设备、仪器仪表、磨具磨料、高压绝缘子等				

主要财务指标 指标\报告期	2017.06.30	2016.12.31	2016.06.30	2015.12.31
基本每股收益(元)	0.1200	0.1200	0.1000	0.0600
基本每股收益(扣除后)(元)	0.1000	0.0800	0.0700	0.0200
稀释每股收益(元)	0.1200	0.1200	0.1000	0.0600
每股净资产(元)	4.1076	4.0059	3.4147	3.2890
每股经营现金净流量(元)	0.0008	0.5014	0.0890	0.3711
每股现金流量(元)	-0.1455	0.5951	-0.0538	0.0379
每股资本公积金(元)	0.8151	0.8151	0.8177	0.7896
每股盈余公积金(元)	0.3680	0.3680	0.3652	0.3652
每股未分配利润(元)	1.3761	1.2513	1.2316	1.1339
净资产收益率(%)	3.0397	3.1055	2.8598	1.8324
加权净资产收益率(%)	3.0700	3.6900	2.9100	1.8300
净资产收益率(扣除)(%)	2.4372	2.0614	1.9551	0.5125
总资产(万元)	408024.86	401111.54	339488.96	331819.09
归属母公司股东权益(万元)	164336.06	160270.07	136617.13	131585.31
营业收入(万元)	130243.97	228215.42	111930.69	215012.23
营业支出(万元)	96521.89	168334.84	81915.48	161007.72
投资收益(万元)	740.66	571.48	240.73	1007.99
净利润(万元)	8699.88	10717.33	6728.59	6214.86
营业利润(万元)	9266.62	9821.08	6123.81	4257.51
利润总额(万元)	9996.78	12537.39	7847.65	7527.46

甘肃靖远煤电股份有限公司

公司概况					
公司名称	甘肃靖远煤电股份有限公司			证券简称	靖远煤电
法人代表	杨先春	董秘	滕万军	证券代码	000552
公司网址	www.jymdgs.com		电子信箱	jingymd@163.com	
电　话	86-931-8508220		传　真	86-931-8508220	
办公地址	甘肃省白银市平川区大桥路1号				
经营范围	煤炭开采、洗选、销售、洁净能源的再加工利用、燃煤和瓦斯发电等				

主要财务指标 指标\报告期	2017.06.30	2016.12.31	2016.06.30	2015.12.31
基本每股收益(元)	0.1223	0.0969	0.0335	0.1623
基本每股收益(扣除后)(元)	0.1223	0.0886	0.0333	0.1404
稀释每股收益(元)	0.1223	0.0969	0.0335	0.1623
每股净资产(元)	2.9094	2.7467	2.6938	5.3539
每股经营现金净流量(元)	0.0008	0.2134	-0.0025	-0.0190
每股现金流量(元)	-0.0200	-0.1456	-0.3060	1.0918
每股资本公积金(元)	0.8049	0.8049	0.8044	2.5084
每股盈余公积金(元)	0.0991	0.0991	0.0911	0.1821
每股未分配利润(元)	0.8300	0.7278	0.6722	1.4178
净资产收益率(%)	4.2000	3.5296	1.2369	2.9373
加权净资产收益率(%)	4.3100	3.6900	1.2400	5.7600
净资产收益率(扣除)(%)	4.1541	3.2240	1.2348	2.5414
总资产(万元)	993561.95	904149.47	936871.73	925757.39
归属母公司股东权益(万元)	665374.82	628169.66	616071.43	612213.21
营业收入(万元)	194073.89	297758.07	143451.99	264687.67
营业支出(万元)	131722.54	236181.41	115006.84	206999.68
投资收益(万元)	474.07	564.02	-	1183.15
净利润(万元)	27963.46	22246.81	7659.69	18020.96
营业利润(万元)	33212.40	24373.74	8993.85	18658.99
利润总额(万元)	32935.20	25724.09	8846.58	19680.76

湖北沙隆达股份有限公司

公司概况	公司名称	湖北沙隆达股份有限公司			证券简称	沙隆达 A
	法人代表	安礼如	董秘	李忠禧	证券代码	000553
	公司网址	www.sanonda.cn		电子信箱	Chen Lichtenstein	
	电　　话	0716-8208632		传　　真	0716-8321099	
	办公地址	湖北省荆州市北京东路 93 号				
	经营范围	农药与化工产品的生产和销售等				

主要财务指标	指标\报告期	2017.06.30	2016.12.31	2016.06.30	2015.12.31
	基本每股收益(元)	0.2849	-0.1254	0.0283	0.2388
	基本每股收益(扣除后)(元)	0.2813	-0.1555	0.0108	0.2388
	稀释每股收益(元)	0.2849	-0.1254	0.0283	0.2388
	每股净资产(元)	3.6626	3.3760	3.5402	3.5314
	每股经营现金净流量(元)	0.3725	0.4519	0.0787	0.4649
	每股现金流量(元)	0.0913	0.2246	0.0538	-0.0215
	每股资本公积金(元)	0.4429	23.0010	0.4429	0.4429
	每股盈余公积金(元)	0.3211	0.3211	0.3211	0.3211
	每股未分配利润(元)	1.8634	3.0051	1.7322	1.7289
	净资产收益率(%)	7.7778	-3.7151	0.7994	6.7627
	加权净资产收益率(%)	8.0900	-3.6300	0.8000	6.9000
	净资产收益率(扣除)(%)	7.6795	-4.6054	0.3043	6.5476
	总资产(万元)	308640.37	3649251.40	304379.40	297726.82
	归属母公司股东权益(万元)	217530.69	1691779.40	210258.86	209738.25
	营业收入(万元)	146570.32	185473.27	100569.72	216993.66
	营业支出(万元)	110118.47	160116.80	85918.81	172941.68
	投资收益(万元)	--	440.72	7.55	166.72
	净利润(万元)	16919.14	-7449.00	1680.76	14195.56
	营业利润(万元)	21481.11	-12042.89	922.71	18332.25
	利润总额(万元)	21749.75	-9698.25	2310.65	18902.54

中国石化山东泰山石油股份有限公司

公司概况	公司名称	中国石化山东泰山石油股份有限公司			证券简称	泰山石油
	法人代表	任君	董秘	李支清	证券代码	000554
	公司网址			电子信箱	tslizhq@sina.com	
	电　　话	0538-6269630		传　　真	0538-8265450	
	办公地址	山东省泰安市东岳大街 104 号				
	经营范围	汽油、柴油、煤油的批发和零售、许可证范围内的天然气经营等				

主要财务指标	指标\报告期	2017.06.30	2016.12.31	2016.06.30	2015.12.31
	基本每股收益(元)	0.0016	0.0090	0.0025	0.0078
	基本每股收益(扣除后)(元)	0.0075	0.0190	0.0080	0.0202
	稀释每股收益(元)	0.0016	0.0090	0.0025	0.0078
	每股净资产(元)	1.9049	1.9033	1.8968	1.8942
	每股经营现金净流量(元)	0.1702	0.1437	0.0971	0.0933
	每股现金流量(元)	0.0727	-0.0043	0.0119	-0.0638
	每股资本公积金(元)	0.3894	0.3894	0.3894	0.3894
	每股盈余公积金(元)	0.2323	0.2323	0.2299	0.2299
	每股未分配利润(元)	0.2832	0.2816	0.2775	0.2750
	净资产收益率(%)	0.0855	0.4729	0.1338	0.4106
	加权净资产收益率(%)	0.1000	0.4700	0.1300	0.4100
	净资产收益率(扣除)(%)	0.3958	0.9895	0.4213	1.0657
	总资产(万元)	112550.05	108598.68	107819.48	106256.40
	归属母公司股东权益(万元)	91585.71	91507.44	91196.72	91074.11
	营业收入(万元)	136520.56	276733.23	135927.83	294008.83
	营业支出(万元)	125147.98	251702.80	124397.82	270893.48
	投资收益(万元)	11.84	-28.67	-32.62	-34.13
	净利润(万元)	90.00	465.26	141.18	380.72
	营业利润(万元)	448.28	2445.85	480.61	1421.60
	利润总额(万元)	164.04	1944.64	219.14	823.43

神州数码信息服务股份有限公司

公司概况	公司名称	神州数码信息服务股份有限公司			证券简称	神州信息
	法人代表	郭为	董秘	张云飞	证券代码	000555
	公司网址	www.dcits.com		电子信箱	dcits-ir@dcits.com	
	电　　话	010-61853676		传　　真	010-62694810	
	办公地址	北京市海淀区西北旺东路 10 号院东区 18 号楼神州信息大厦				
	经营范围	经销电器以及提供 TEC5200 综合业务接入网、VE-NET100 等产品				

主要财务指标	指标\报告期	2017.06.30	2016.12.31	2016.06.30	2015.12.31
	基本每股收益(元)	0.0954	0.2637	0.0865	0.3820
	基本每股收益(扣除后)(元)	0.0835	0.2651	0.0839	0.3557
	稀释每股收益(元)	0.0954	0.2637	0.0865	0.3820
	每股净资产(元)	4.8639	4.7763	3.5870	3.5403
	每股经营现金净流量(元)	-1.1313	0.5856	-0.1427	0.0854
	每股现金流量(元)	-0.9322	-0.1422	-1.1244	0.1952
	每股资本公积金(元)	2.3198	2.3043	1.2176	1.2174
	每股盈余公积金(元)	0.0240	0.0240	0.0222	0.0222
	每股未分配利润(元)	1.4499	1.3805	1.2749	1.2284
	净资产收益率(%)	1.9614	5.2588	2.4124	10.7906
	加权净资产收益率(%)	1.9800	7.2300	2.4200	11.3400
	净资产收益率(扣除)(%)	1.7172	5.2869	2.3385	10.0465
	总资产(万元)	973478.83	949823.45	776123.42	737166.09
	归属母公司股东权益(万元)	468600.91	460165.83	329215.47	324931.90
	营业收入(万元)	368458.12	801431.28	355806.13	671285.58
	营业支出(万元)	298633.42	644855.14	296610.92	532616.33
	投资收益(万元)	2477.41	2579.69	1016.06	2574.05
	净利润(万元)	10981.92	25512.57	8097.39	37198.73
	营业利润(万元)	10599.41	30808.57	6513.22	42158.21
	利润总额(万元)	10619.20	32568.34	7589.82	45805.62

宁夏西部创业实业股份有限公司

公司概况	公司名称	宁夏西部创业实业股份有限公司			证券简称	西部创业
	法人代表	李广林	董秘	刘登昭	证券代码	000557
	公司网址	www.guangxia.com.cn		刘登昭	guangxiayinchuan@sina.com	
	电　　话	0951-3975696		传　　真	0951-3975696	
	办公地址	宁夏回族自治区银川市北京中路 168 号 C 座一楼				
	经营范围	生态农业产业化、天然物产的种植、加工和销售等				

主要财务指标	指标\报告期	2017.06.30	2016.12.31	2016.06.30	2015.12.31
	基本每股收益(元)	0.0170	0.0060	-0.0443	-0.0254
	基本每股收益(扣除后)(元)	0.0171	-0.0280	-0.0436	0.0011
	稀释每股收益(元)	0.0170	0.0060	-0.0436	-0.0254
	每股净资产(元)	2.7159	2.6989	2.6525	0.1795
	每股经营现金净流量(元)	0.1032	0.0511	0.0582	-0.0132
	每股现金流量(元)	0.1039	-0.1475	-0.0119	-0.1741
	每股资本公积金(元)	2.4442	2.4442	1.3543	6.2520
	每股盈余公积金(元)	0.0927	0.0927	0.0915	0.1971
	每股未分配利润(元)	-0.8271	-0.8442	0.2013	-1.6119
	净资产收益率(%)	0.6266	0.2119	-	-14.1590
	加权净资产收益率(%)	0.6300	0.2500	-	-0.6800
	净资产收益率(扣除)(%)	0.6292	-0.9971	-	-0.6345
	总资产(万元)	502040.06	504939.50	513166.49	547126.72
	归属母公司股东权益(万元)	396077.61	393595.97	386840.51	401311.51
	营业收入(万元)	26964.77	46312.59	14746.54	1828.09
	营业支出(万元)	16970.66	33230.74	14616.06	1037.86
	投资收益(万元)	4.00	196.67	177.97	509.93
	净利润(万元)	2481.54	826.33	-5899.01	-1710.70
	营业利润(万元)	3329.00	-3616.56	-5782.71	-1671.42
	利润总额(万元)	3317.00	1611.22	-5883.39	-1680.47

莱茵达体育发展股份有限公司

公司概况					
公司名称	莱茵达体育发展股份有限公司			证券简称	莱茵体育
法人代表	高继胜	董秘	李钢孟	证券代码	000558
公司网址	www.lander.com.cn		电子信箱	lyzy000558@126.com	
电　话	0571-87851738		传　真	0571-87851739	
办公地址	浙江省杭州市文三路535号莱茵达大厦				
经营范围	实业投资、体育活动的组织、策划等				

主要财务指标：指标\报告期	2017.06.30	2016.12.31	2016.06.30	2015.12.31
基本每股收益(元)	0.0112	0.0300	0.0269	-0.4200
基本每股收益(扣除后)(元)	0.0089	0.0200	0.0227	-0.4200
稀释每股收益(元)	0.0112	0.0300	0.0269	-0.4200
每股净资产(元)	1.0173	1.5103	1.5161	1.4892
每股经营现金净流量(元)	-0.0705	0.3392	0.1887	-0.0564
每股现金流量(元)	-0.0119	-0.0639	-0.1750	0.0442
每股资本公积金(元)	0.0543	0.5815	0.5935	0.5935
每股盈余公积金(元)	0.0488	0.0732	0.0732	0.0732
每股未分配利润(元)	-0.0875	-0.1482	-0.1506	-0.1775
净资产收益率(%)	1.1055	1.9407	1.7714	-27.9992
加权净资产收益率(%)	1.1100	1.9500	1.7900	-24.4300
净资产收益率(扣除)(%)	0.8795	1.0964	1.4967	-28.0359
总资产(万元)	242974.27	254489.24	228745.30	283074.01
归属母公司股东权益(万元)	131158.67	129809.50	130306.60	127998.40
营业收入(万元)	99576.30	380025.51	129927.25	252813.99
营业支出(万元)	93335.84	351850.71	111228.77	223942.62
投资收益(万元)	76.65	397.90	380.15	-2311.68
净利润(万元)	1451.56	5497.61	4701.22	-35216.00
营业利润(万元)	776.47	11384.31	9016.74	-33213.20
利润总额(万元)	1190.41	11352.76	9062.72	-33516.31

万向钱潮股份有限公司

公司概况					
公司名称	万向钱潮股份有限公司			证券简称	万向钱潮
法人代表	管大源	董秘	邓文	证券代码	000559
公司网址	www.wxqc.com.cn		电子信箱	wxqc@wanxiang.com.cn	
电　话	0571-82832999		传　真	0571-82602132	
办公地址	浙江省杭州市萧山区万向路				
经营范围	汽车零部件及相关机电产品的开发、制造和销售等				

主要财务指标：指标\报告期	2017.06.30	2016.12.31	2016.06.30	2015.12.31
基本每股收益(元)	0.1610	0.3630	0.2110	0.3400
基本每股收益(扣除后)(元)	0.1570	0.3470	0.2000	0.3200
稀释每股收益(元)	0.1610	0.3630	0.2110	0.3400
每股净资产(元)	1.6683	1.8959	1.7859	1.8246
每股经营现金净流量(元)	0.2281	0.5440	0.2650	0.5306
每股现金流量(元)	-0.1411	-0.7009	-0.1167	0.2113
每股资本公积金(元)	0.0838	0.0880	0.1312	0.1311
每股盈余公积金(元)	0.1313	0.1576	0.1250	0.1250
每股未分配利润(元)	0.4531	0.6503	0.5297	0.5685
净资产收益率(%)	9.6653	19.1693	11.8281	18.6226
加权净资产收益率(%)	9.9600	19.5200	11.1800	19.5500
净资产收益率(扣除)(%)	9.4379	18.2796	11.1998	17.4433
总资产(万元)	1101961.31	1151773.52	1245105.01	1274682.88
归属母公司股东权益(万元)	459297.52	434969.73	409730.25	418607.11
营业收入(万元)	553533.98	1078582.17	532303.24	1024143.41
营业支出(万元)	437712.49	841865.00	412261.68	806503.10
投资收益(万元)	7703.14	15940.68	10541.35	17446.23
净利润(万元)	47143.54	89051.51	51676.26	83853.09
营业利润(万元)	50303.86	97176.20	56315.79	87035.96
利润总额(万元)	51400.18	100308.13	57572.98	92463.82

昆明百货大楼(集团)股份有限公司

公司概况					
公司名称	昆明百货大楼(集团)股份有限公司			证券简称	昆百大A
法人代表	谢勇	董秘	文彬	证券代码	000560
公司网址	000560.kunbuy.com		电子信箱	wenbin@kunbuy.com	
电　话	86-871-65626688		传　真	86-871-65626688	
办公地址	云南省昆明市东风西路1号				
经营范围	商业、房地产业和旅游服务等				

主要财务指标：指标\报告期	2017.06.30	2016.12.31	2016.06.30	2015.12.31
基本每股收益(元)	0.0218	0.0676	0.0311	0.0333
基本每股收益(扣除后)(元)	0.0207	0.0182	0.0168	0.0148
稀释每股收益(元)	0.0218	0.0676	0.0311	0.0333
每股净资产(元)	3.2136	3.2176	3.1806	3.2002
每股经营现金净流量(元)	0.0257	0.1132	0.0380	-0.0217
每股现金流量(元)	-0.0067	-0.0846	-0.5392	0.5411
每股资本公积金(元)	1.3150	1.3150	1.3150	1.3150
每股盈余公积金(元)	0.0735	0.0735	0.0720	0.0720
每股未分配利润(元)	0.6417	0.6339	0.5988	0.6183
净资产收益率(%)	0.6777	2.1025	0.9776	0.8232
加权净资产收益率(%)	0.6700	2.1200	0.9800	1.0900
净资产收益率(扣除)(%)	0.6438	0.5651	0.5295	0.3658
总资产(万元)	619779.91	668679.90	613096.48	609635.37
归属母公司股东权益(万元)	376063.82	376530.48	372209.07	374501.96
营业收入(万元)	63311.19	191660.32	107087.80	133848.42
营业支出(万元)	43614.00	146030.28	81391.37	94303.92
投资收益(万元)	1478.52	4864.01	1816.44	2019.70
净利润(万元)	2481.93	8768.82	4048.24	2022.32
营业利润(万元)	2478.88	11309.37	5100.74	1449.71
利润总额(万元)	2833.06	11244.66	5488.62	1864.54

陕西烽火电子股份有限公司

公司概况					
公司名称	陕西烽火电子股份有限公司			证券简称	烽火电子
法人代表	唐大楷	董秘	赵兰平(代)	证券代码	000561
公司网址	www.fenghuo.cn		电子信箱	sxfh769@163.com	
电　话	0917-3626561		传　真	0917-3625666	
办公地址	陕西省宝鸡市清姜路72号				
经营范围	军民用通信装备及电声器材科研生产等				

主要财务指标：指标\报告期	2017.06.30	2016.12.31	2016.06.30	2015.12.31
基本每股收益(元)	0.0300	0.1500	0.0600	0.1300
基本每股收益(扣除后)(元)	0.0300	0.1500	0.0500	0.1200
稀释每股收益(元)	0.0300	0.1500	0.0600	0.1300
每股净资产(元)	1.9447	1.9161	1.7780	1.7163
每股经营现金净流量(元)	-0.0335	-0.0480	-0.0651	0.2475
每股现金流量(元)	-0.1208	-0.2873	-0.1470	0.2322
每股资本公积金(元)	0.1349	0.1349	0.0872	0.0872
每股盈余公积金(元)	--	--	-	-
每股未分配利润(元)	0.7990	0.7713	0.6837	0.6232
净资产收益率(%)	1.4218	7.7287	3.4003	7.4771
加权净资产收益率(%)	1.4300	8.2700	3.4600	7.8000
净资产收益率(扣除)(%)	1.4256	7.5859	2.8968	7.0994
总资产(万元)	234316.67	230846.40	221491.46	226640.46
归属母公司股东权益(万元)	115873.36	114171.98	105943.91	102262.14
营业收入(万元)	44075.09	111910.17	39736.42	107706.96
营业支出(万元)	25430.71	63273.04	22901.40	63435.10
投资收益(万元)	46.83	0.35	0.35	59.58
净利润(万元)	2353.94	10599.15	4234.08	9335.92
营业利润(万元)	3026.86	10755.87	3632.40	9479.40
利润总额(万元)	2964.21	11088.30	4417.29	10020.35

陕西省国际信托股份有限公司

公司概况	公司名称	陕西省国际信托股份有限公司		证券简称	陕国投 A
	法人代表	薛季民	董秘 李玲	证券代码	000563
	公司网址	www.siti.com.cn		电子信箱	sgtdm@siti.com.cn
	电　话	029-81870262 88897633		传　真	029-88851989
	办公地址	陕西省西安市高新区科技路 50 号金桥国际广场 C 座			
	经营范围	受托经营资金信托业务、受托经营动产、不动产及其他财产的信托业务等			

	指标\报告期	2017.06.30	2016.12.31	2016.06.30	2015.12.31
主要财务指标	基本每股收益(元)	0.0866	0.1667	0.0916	0.3654
	基本每股收益(扣除后)(元)	0.0867	0.1357	0.0610	0.0931
	稀释每股收益(元)	0.0866	0.1667	0.0916	0.3654
	每股净资产(元)	2.5025	2.5000	2.4644	4.9533
	每股经营现金净流量(元)	0.1416	0.0511	-0.1643	0.2306
	每股现金流量(元)	--	--	-0.3554	1.1107
	每股资本公积金(元)	--	--	0.8879	2.7759
	每股盈余公积金(元)	--	--	0.0636	0.1272
	每股未分配利润(元)	--	--	0.4433	0.7335
	净资产收益率(%)	3.4590	6.6668	3.7155	5.9308
	加权净资产收益率(%)	3.4500	6.7900	3.7000	10.3500
	净资产收益率(扣除)(%)	3.4665	5.4281	2.4754	1.5113
	总资产(万元)	1019343.10	950466.69	806411.01	874385.80
	归属母公司股东权益(万元)	773399.86	772836.06	761620.65	765414.12
	营业收入(万元)	51924.19	101357.21	56099.94	115097.24
	营业支出(万元)	16204.47	32901.59	18563.55	-
	投资收益(万元)	--	--	19212.81	52500.22
	净利润(万元)	26751.88	51523.76	28297.68	45395.12
	营业利润(万元)	35719.72	68455.62	37536.40	60770.44
	利润总额(万元)	35719.52	68554.37	37634.14	60816.96

供销大集集团股份有限公司

公司概况	公司名称	供销大集集团股份有限公司		证券简称	供销大集
	法人代表	何家福	董秘 李仲煦	证券代码	000564
	公司网址	www.cnminsheng.com		电子信箱	000564@minsheng.cn
	电　话	0898-69961810		传　真	0898-68877760
	办公地址	海南省海口市美兰区国兴大道 5 号海南大厦			
	经营范围	商业零售等			

	指标\报告期	2017.06.30	2016.12.31	2016.06.30	2015.12.31
主要财务指标	基本每股收益(元)	0.0573	0.1155	0.0444	0.0750
	基本每股收益(扣除后)(元)	0.0506	0.1177	0.0369	0.0397
	稀释每股收益(元)	0.0573	0.1155	0.0444	0.0750
	每股净资产(元)	4.9673	4.6436	3.1364	3.0849
	每股经营现金净流量(元)	0.0689	0.7428	0.0585	0.4477
	每股现金流量(元)	0.1100	0.9691	0.0404	-0.0599
	每股资本公积金(元)	4.1587	4.2755	1.4174	1.4103
	每股盈余公积金(元)	0.0189	0.0228	0.1407	0.1407
	每股未分配利润(元)	-0.2101	-0.2251	0.5784	0.5340
	净资产收益率(%)	1.1529	1.4388	1.4156	1.8280
	加权净资产收益率(%)	1.1600	3.0600	1.4300	2.0800
	净资产收益率(扣除)(%)	1.0182	1.4663	1.1770	0.9671
	总资产(万元)	5120184.19	5009117.44	900366.26	914236.01
	归属母公司股东权益(万元)	2984274.14	3048284.19	236147.44	232273.24
	营业收入(万元)	978168.82	1335349.79	289291.13	584758.00
	营业支出(万元)	816844.62	1028344.58	226536.04	446789.33
	投资收益(万元)	-8577.54	6043.72	-	3.41
	净利润(万元)	35103.23	42468.22	3584.83	4463.24
	营业利润(万元)	47442.08	51917.47	4482.89	6387.87
	利润总额(万元)	46592.47	51190.06	4902.81	6331.74

重庆三峡油漆股份有限公司

公司概况	公司名称	重庆三峡油漆股份有限公司		证券简称	渝三峡 A
	法人代表	苏中俊	董秘 楼晓波	证券代码	000565
	公司网址	www.sanxia.com		电子信箱	sxyq000565@163.com
	电　话	023-61525006		传　真	023-61525007
	办公地址	重庆市江津区德感工业园区			
	经营范围	各类涂料、合成树脂及印铁包装桶的生产、开发、销售等			

	指标\报告期	2017.06.30	2016.12.31	2016.06.30	2015.12.31
主要财务指标	基本每股收益(元)	0.0900	0.5200	0.0800	0.3300
	基本每股收益(扣除后)(元)	0.0800	0.1200	0.0800	0.0500
	稀释每股收益(元)	0.0900	0.5200	0.0800	0.3300
	每股净资产(元)	2.3092	2.2659	1.8597	1.7934
	每股经营现金净流量(元)	-0.3881	0.1897	-0.6391	0.0367
	每股现金流量(元)	-0.1301	0.5967	-0.1191	0.0724
	每股资本公积金(元)	0.1334	0.1334	0.1665	0.1665
	每股盈余公积金(元)	0.2638	0.2638	0.2150	0.2150
	每股未分配利润(元)	0.8984	0.8561	0.4676	0.3995
	净资产收益率(%)	3.9993	22.7468	4.1999	18.5920
	加权净资产收益率(%)	4.0200	25.1800	4.2600	20.8000
	净资产收益率(扣除)(%)	3.6372	5.1842	4.2002	2.7520
	总资产(万元)	160238.45	133266.59	132949.66	106081.77
	归属母公司股东权益(万元)	100125.58	98247.31	80634.35	77761.16
	营业收入(万元)	234439.45	235731.55	109904.16	64834.18
	营业支出(万元)	225449.60	217853.63	102086.98	50128.76
	投资收益(万元)	1335.10	17995.10	953.32	13726.74
	净利润(万元)	4004.36	22348.12	3386.55	14457.37
	营业利润(万元)	3936.54	22594.60	3625.52	14495.84
	利润总额(万元)	4299.17	22828.55	3625.26	14619.20

海南海药股份有限公司

公司概况	公司名称	海南海药股份有限公司		证券简称	海南海药
	法人代表	刘悉承	董秘 张晖	证券代码	000566
	公司网址	www.haiyao.com.cn		电子信箱	hnhy000566@21cn.com
	电　话	0898-68653568		传　真	0898-68656780
	办公地址	海南省海口市秀英区南海大道 192 号			
	经营范围	精细化工产品、化学原料药、中药材、土特产品、中药成药、西药成药等			

	指标\报告期	2017.06.30	2016.12.31	2016.06.30	2015.12.31
主要财务指标	基本每股收益(元)	0.0850	0.1400	0.1100	0.3600
	基本每股收益(扣除后)(元)	0.0451	0.0900	0.0800	0.2700
	稀释每股收益(元)	0.0850	0.1400	0.1100	0.3600
	每股净资产(元)	4.0016	4.2100	2.2100	4.2067
	每股经营现金净流量(元)	-0.0174	-0.0133	-0.0212	0.2597
	每股现金流量(元)	1.0206	0.3661	-0.5826	0.6328
	每股资本公积金(元)	2.4879	2.4845	0.5467	2.0924
	每股盈余公积金(元)	0.0385	0.0385	0.0241	0.0482
	每股未分配利润(元)	0.4739	0.5389	0.6373	1.0644
	净资产收益率(%)	2.1245	3.0326	4.7559	8.5121
	加权净资产收益率(%)	2.0700	4.8800	4.8700	9.2500
	净资产收益率(扣除)(%)	1.1272	1.9268	3.5003	6.3401
	总资产(万元)	1119211.38	960728.80	494611.36	488219.92
	归属母公司股东权益(万元)	534609.69	542869.89	240964.60	229405.66
	营业收入(万元)	76320.29	150895.35	76153.82	164382.26
	营业支出(万元)	44290.31	71856.89	45808.42	94675.20
	投资收益(万元)	4675.68	1375.76	923.36	2371.17
	净利润(万元)	11002.64	15933.36	11893.98	19769.25
	营业利润(万元)	12877.13	15887.21	11205.27	22184.32
	利润总额(万元)	12966.68	19559.40	13866.23	23753.12

海南海德实业股份有限公司

公司概况	公司名称	海南海德实业股份有限公司			证券简称	海德股份
	法人代表	郭怀保	董秘	朱新民	证券代码	000567
	公司网址	www.000567.com			电子信箱	haide@hd-amc.cn
	电　话	86-10-63211809			传　真	86-10-63211809
	办公地址	海南省海口市龙昆南路72号耀江商厦三层				
	经营范围	信息产业、高新技术产业、房地产开发经营、房地产销售代理服务等				

主要财务指标	指标\报告期	2017.06.30	2016.12.31	2016.06.30	2015.12.31
	基本每股收益(元)	0.2500	0.0197	0.0076	0.1537
	基本每股收益(扣除后)(元)	0.2200	-0.0023	-0.0125	-0.1031
	稀释每股收益(元)	0.2500	0.0197	0.0076	0.1537
	每股净资产(元)	1.6741	1.4478	1.4519	1.4443
	每股经营现金净流量(元)	-2.1169	-6.0499	0.7415	0.0387
	每股现金流量(元)	0.2124	0.5210	1.0476	0.8901
	每股资本公积金(元)	0.7730	0.7730	0.7720	0.7720
	每股盈余公积金(元)	0.0040	0.0040	0.0040	0.0040
	每股未分配利润(元)	-0.0643	-0.3120	-0.3241	-0.3317
	净资产收益率(%)	14.7923	1.3603	0.5225	10.6434
	加权净资产收益率(%)	15.8600	1.3600	0.5200	11.2400
	净资产收益率(扣除)(%)	13.2690	-0.1594	-0.8614	-7.1383
	总资产(万元)	168967.46	128040.62	32664.76	22899.30
	归属母公司股东权益(万元)	25312.38	21890.15	21952.66	21837.96
	营业收入(万元)	8383.10	4442.87	69.55	1559.42
	营业支出(万元)	---	2332.28	27.19	1499.44
	投资收益(万元)	188.71	33.79	-	2954.34
	净利润(万元)	3744.27	297.77	114.70	2322.86
	营业利润(万元)	4314.31	251.11	-62.81	2436.03
	利润总额(万元)	4313.59	385.45	46.69	2436.61

泸州老窖股份有限公司

公司概况	公司名称	泸州老窖股份有限公司			证券简称	泸州老窖
	法人代表	刘淼	董秘	王洪波	证券代码	000568
	公司网址	www.lzlj.com.cn			电子信箱	lzlj@lzlj.com.cn
	电　话	0830-2398826			传　真	0830-2398864
	办公地址	四川省泸州市南光路泸州老窖营销网络指挥中心				
	经营范围	泸州老窖系列酒的生产、销售等				

主要财务指标	指标\报告期	2017.06.30	2016.12.31	2016.06.30	2015.12.31
	基本每股收益(元)	1.0460	1.3750	0.7933	1.0500
	基本每股收益(扣除后)(元)	1.0450	1.3800	0.7899	1.0327
	稀释每股收益(元)	1.0460	1.3750	0.7933	1.0500
	每股净资产(元)	7.9472	7.8663	7.2803	7.3283
	每股经营现金净流量(元)	0.9611	1.8721	1.1138	0.1090
	每股现金流量(元)	-0.3865	0.8695	1.1011	-0.8190
	每股资本公积金(元)	0.4640	0.4640	0.4645	0.4636
	每股盈余公积金(元)	1.0000	1.0000	1.0000	1.0000
	每股未分配利润(元)	5.3477	5.2615	4.6943	4.7010
	净资产收益率(%)	13.1645	17.4765	10.8966	14.3339
	加权净资产收益率(%)	12.4900	17.7900	10.3000	14.7400
	净资产收益率(扣除)(%)	13.1592	17.5635	10.8303	14.0913
	总资产(万元)	1378808.23	1396561.97	1332316.03	1320439.74
	归属母公司股东权益(万元)	1114396.73	1100981.38	1020881.00	1027268.89
	营业收入(万元)	511601.43	830399.68	426951.88	690015.69
	营业支出(万元)	160812.22	311954.23	174045.99	349174.64
	投资收益(万元)	7752.21	22505.36	7203.84	29824.89
	净利润(万元)	150932.40	194969.68	115226.85	155072.35
	营业利润(万元)	195707.33	253997.58	151799.98	193361.05
	利润总额(万元)	195951.84	252987.78	152740.32	196706.76

常柴股份有限公司

公司概况	公司名称	常柴股份有限公司			证券简称	苏常柴A
	法人代表	史新昆	董秘	何建江	证券代码	000570
	公司网址	www.changchai.com.cn			电子信箱	ccsjc@changchai.com
	电　话	86-519-68683155			传　真	0519-86630954
	办公地址	江苏省常州市怀德中路123号				
	经营范围	农用柴油机、农用运输车、联合收割机等产品的制造与销售等				

主要财务指标	指标\报告期	2017.06.30	2016.12.31	2016.06.30	2015.12.31
	基本每股收益(元)	0.0700	0.1100	0.0600	0.1300
	基本每股收益(扣除后)(元)	0.0400	0.1000	0.0500	0.1100
	稀释每股收益(元)	0.0700	0.1100	0.0600	0.1300
	每股净资产(元)	4.1058	4.1393	3.5186	3.5679
	每股经营现金净流量(元)	0.1147	0.1772	0.2103	0.2279
	每股现金流量(元)	0.0110	0.1008	0.1215	0.1104
	每股资本公积金(元)	0.2927	0.2927	0.2927	0.2927
	每股盈余公积金(元)	0.5556	0.5556	0.5447	0.5447
	每股未分配利润(元)	1.2010	1.1603	1.1222	1.0828
	净资产收益率(%)	1.7215	2.6914	1.7728	3.5500
	加权净资产收益率(%)	1.7100	3.0000	1.7600	3.5300
	净资产收益率(扣除)(%)	0.9013	2.4459	1.4434	3.0749
	总资产(万元)	381416.60	372485.73	320441.68	323240.61
	归属母公司股东权益(万元)	230491.57	232371.29	197525.53	200291.03
	营业收入(万元)	130810.62	228302.89	116366.07	251979.95
	营业支出(万元)	114139.23	186661.73	98459.43	211021.61
	投资收益(万元)	935.81	412.87	190.11	912.01
	净利润(万元)	4005.06	6371.67	3540.36	7248.43
	营业利润(万元)	3034.29	7004.47	3549.70	8363.14
	利润总额(万元)	4572.16	7491.79	4198.53	8916.88

新大洲控股股份有限公司

公司概况	公司名称	新大洲控股股份有限公司			证券简称	新大洲A
	法人代表	王磊	董秘	任春雨	证券代码	000571
	公司网址	www.sundiro.com			电子信箱	renchunyu@sundiro.com
	电　话	021-61050111			传　真	021-61050136
	办公地址	上海市长宁区红宝石路500号东银中心B栋2801室				
	经营范围	摩托车及发动机配件的生产经营;高科技开发,物业管理;进出口业务等				

主要财务指标	指标\报告期	2017.06.30	2016.12.31	2016.06.30	2015.12.31
	基本每股收益(元)	0.0595	0.0404	0.0448	0.0698
	基本每股收益(扣除后)(元)	-0.0637	-0.0054	0.0241	0.0709
	稀释每股收益(元)	0.0595	0.0404	0.0448	0.0698
	每股净资产(元)	2.7229	2.7040	2.7241	2.7087
	每股经营现金净流量(元)	0.2309	0.1324	0.1021	-0.1696
	每股现金流量(元)	0.0843	-0.0751	-0.0349	-0.0764
	每股资本公积金(元)	0.7947	0.7986	0.7949	0.7949
	每股盈余公积金(元)	0.0906	0.0906	0.0793	0.0793
	每股未分配利润(元)	0.8337	0.8028	0.8405	0.8253
	净资产收益率(%)	2.1859	1.4923	1.6449	2.5757
	加权净资产收益率(%)	2.1900	1.4900	1.6400	2.6100
	净资产收益率(扣除)(%)	-2.3399	-0.1987	0.8840	2.6171
	总资产(万元)	481307.87	499340.76	510437.82	488295.11
	归属母公司股东权益(万元)	221665.07	220124.68	221760.59	220507.38
	营业收入(万元)	46319.30	87033.24	38308.59	91697.29
	营业支出(万元)	36811.00	63096.37	26909.05	62507.58
	投资收益(万元)	13362.10	10495.86	3704.05	9639.20
	净利润(万元)	2887.85	30.81	4762.82	3512.82
	营业利润(万元)	5807.01	906.95	2699.06	6537.16
	利润总额(万元)	5906.14	-206.82	5702.71	6170.77

海马汽车集团股份有限公司

公司概况	公司名称	海马汽车集团股份有限公司			证券简称	海马汽车
	法人代表	孙忠春	董秘	肖丹	证券代码	000572
	公司网址	www.haima.com		电子信箱	000572@haima.com	
	电　话	0898-66822672		传　真	0898-66820329	
	办公地址	海南省海口市金盘工业区金牛路2号				
	经营范围	汽车产业投资、实业投资、房地产投资、汽车租赁、仓储运输等				

主要财务指标	指标\报告期	2017.06.30	2016.12.31	2016.06.30	2015.12.31
	基本每股收益(元)	0.0148	0.1400	0.1061	0.0988
	基本每股收益(扣除后)(元)	-0.0011	0.0910	0.0872	0.0653
	稀释每股收益(元)	0.0148	0.1400	0.1061	0.0988
	每股净资产(元)	4.5765	4.5612	4.5284	4.4745
	每股经营现金净流量(元)	-0.6638	0.2155	0.4451	0.4300
	每股现金流量(元)	-0.7008	-0.2699	0.0427	0.0457
	每股资本公积金(元)	2.2895	2.2895	2.2895	2.2895
	每股盈余公积金(元)	0.0533	0.0533	0.0526	0.0526
	每股未分配利润(元)	1.2244	1.2096	1.1764	1.1203
	净资产收益率(%)	0.3238	3.0691	2.3439	2.2077
	加权净资产收益率(%)	0.3200	3.1000	2.3600	2.2300
	净资产收益率(扣除)(%)	-0.0236	1.9940	1.9259	1.4596
	总资产(万元)	1586244.58	1819812.96	1658824.02	1739694.30
	归属母公司股东权益(万元)	752668.65	750154.17	744750.51	735886.87
	营业收入(万元)	510282.64	1389007.10	672777.05	1218095.75
	营业支出(万元)	441608.51	1199837.18	570987.05	1028991.42
	投资收益(万元)	-2968.53	-4869.47	-1913.12	-960.10
	净利润(万元)	2215.98	1296.72	11256.19	10200.49
	营业利润(万元)	1490.50	-3044.88	10438.50	5869.79
	利润总额(万元)	4686.93	6213.31	14672.01	12579.78

东莞宏远工业区股份有限公司

公司概况	公司名称	东莞宏远工业区股份有限公司			证券简称	粤宏远A
	法人代表	周明轩	董秘	鄢国根	证券代码	000573
	公司网址	www.winnerway.com.cn		电子信箱	0573@21cn.com	
	电　话	0769-22412655		传　真	0769-22412655	
	办公地址	广东省东莞市宏远工业区宏远大厦16楼				
	经营范围	开发经营工业区、房地产开发等				

主要财务指标	指标\报告期	2017.06.30	2016.12.31	2016.06.30	2015.12.31
	基本每股收益(元)	0.1118	0.3166	0.0287	-0.1478
	基本每股收益(扣除后)(元)	0.1110	0.3306	0.0281	-0.1508
	稀释每股收益(元)	0.1118	0.3166	0.0287	-0.1478
	每股净资产(元)	2.7441	2.7322	2.4430	2.4151
	每股经营现金净流量(元)	-0.1217	0.9527	0.4160	0.2073
	每股现金流量(元)	0.2487	0.5284	0.5470	-0.1161
	每股资本公积金(元)	0.8908	0.8908	0.8908	0.8908
	每股盈余公积金(元)	0.3417	0.3417	0.3417	0.3417
	每股未分配利润(元)	0.5078	0.4959	0.2081	0.1793
	净资产收益率(%)	4.0745	11.5879	1.1766	-6.1212
	加权净资产收益率(%)	4.0100	12.3000	1.1800	-5.9400
	净资产收益率(扣除)(%)	4.0447	12.1014	1.1490	-6.2422
	总资产(万元)	302694.01	276045.48	323009.54	318672.85
	归属母公司股东权益(万元)	170891.08	170149.26	152141.59	150398.84
	营业收入(万元)	31830.53	112533.90	43447.59	30956.74
	营业支出(万元)	24774.41	81406.10	32874.66	22296.21
	投资收益(万元)	5623.46	18095.87	3724.33	-2271.07
	净利润(万元)	6803.86	19246.12	1519.99	-9884.48
	营业利润(万元)	7443.05	21915.91	1607.48	-11364.58
	利润总额(万元)	7513.53	20746.49	1663.44	-11428.87

江门甘蔗化工厂(集团)股份有限公司

公司概况	公司名称	江门甘蔗化工厂(集团)股份有限公司			证券简称	广东甘化
	法人代表	胡成中	董秘	沙伟	证券代码	000576
	公司网址	www.gdganhua.com		电子信箱	gdgh@gdganhua.com	
	电　话	0750-3277650 3277651		传　真	0750-3277666	
	办公地址	广东省江门市甘化路62号				
	经营范围	经营本企业和本企业成员企业自产产品及相关技术的出口业务等				

主要财务指标	指标\报告期	2017.06.30	2016.12.31	2016.06.30	2015.12.31
	基本每股收益(元)	-0.0453	0.2300	-0.0781	0.4000
	基本每股收益(扣除后)(元)	-0.0777	-0.3000	-0.1102	-0.1800
	稀释每股收益(元)	-0.0453	0.2300	-0.0781	0.4000
	每股净资产(元)	2.8823	2.9356	2.6263	2.7044
	每股经营现金净流量(元)	-0.2287	0.0029	-0.0472	-0.1552
	每股现金流量(元)	0.1675	-0.8847	-1.0883	1.1596
	每股资本公积金(元)	1.9022	1.9005	1.9005	1.9005
	每股盈余公积金(元)	0.0986	0.0986	0.0499	0.0499
	每股未分配利润(元)	-0.1272	-0.0818	-0.3425	-0.2644
	净资产收益率(%)	-1.5727	7.8770	-2.9737	14.8057
	加权净资产收益率(%)	-1.5600	8.1500	-2.9300	15.8800
	净资产收益率(扣除)(%)	-2.6950	-10.2855	-4.1951	-6.6278
	总资产(万元)	159982.37	157648.55	141224.65	195810.96
	归属母公司股东权益(万元)	127647.02	130006.04	116306.83	119765.41
	营业收入(万元)	39998.91	47319.98	16364.20	39814.23
	营业支出(万元)	40066.46	51426.22	16651.34	38222.69
	投资收益(万元)	214.43	-0.08	-	-5.25
	净利润(万元)	-2008.21	10239.22	-3459.36	17730.64
	营业利润(万元)	-3226.35	-16257.46	-4879.29	-10089.32
	利润总额(万元)	-2008.21	14999.06	-3458.73	23901.70

无锡威孚高科技集团股份有限公司

公司概况	公司名称	无锡威孚高科技集团股份有限公司			证券简称	威孚高科
	法人代表	陈学军	董秘	周卫星	证券代码	000581
	公司网址	www.weifu.com.cn		电子信箱	wfjt@public1.wx.js.cn	
	电　话	86-0510-80505999		传　真	86-0510-80505199	
	办公地址	江苏省无锡市新区华山路5号				
	经营范围	柴油燃油喷射系统产品和汽车后处理系统产品的生产和销售等				

主要财务指标	指标\报告期	2017.06.30	2016.12.31	2016.06.30	2015.12.31
	基本每股收益(元)	1.3100	1.6600	0.9400	1.4900
	基本每股收益(扣除后)(元)	1.2000	1.4200	0.8200	1.2100
	稀释每股收益(元)	1.3100	1.6600	0.9400	1.4900
	每股净资产(元)	13.4879	12.8127	12.0586	11.6787
	每股经营现金净流量(元)	0.3493	0.5227	0.1918	0.5372
	每股现金流量(元)	-2.1805	0.7482	-1.9692	1.0031
	每股资本公积金(元)	3.3875	3.3875	3.3668	3.3668
	每股盈余公积金(元)	0.5056	0.5056	0.5056	0.5056
	每股未分配利润(元)	8.4902	7.7760	7.0538	6.6187
	净资产收益率(%)	9.7432	12.9356	7.7554	12.8606
	加权净资产收益率(%)	9.8400	13.5300	7.7200	13.3200
	净资产收益率(扣除)(%)	8.8787	11.1080	6.8190	10.4587
	总资产(万元)	1886562.28	1726377.19	1669662.03	1570409.31
	归属母公司股东权益(万元)	1360862.51	1292734.43	1216656.38	1178322.83
	营业收入(万元)	472812.56	642270.04	336647.65	574164.37
	营业支出(万元)	373629.09	488445.81	263328.20	439523.73
	投资收益(万元)	95543.79	137794.57	71195.26	133307.08
	净利润(万元)	136836.74	172600.48	97474.90	155276.42
	营业利润(万元)	146349.87	177825.77	102665.18	160281.43
	利润总额(万元)	146239.33	181854.67	104306.34	166351.68

北部湾港股份有限公司

公司概况					
公司名称	北部湾港股份有限公司			证券简称	北部湾港
法人代表	周小溪	董秘	何典治	证券代码	000582
公司网址	www.bhport.cn		电子信箱	000582abc@163.com	
电　　话	0771-2519601　2519801		传　　真	0771-2519608	
办公地址	广西壮族自治区南宁市青秀区金浦路 33 号港务大厦 9 层				
经营范围	投资兴建港口、码头、装卸管理及服务、交通运输等				

主要财务指标 指标\报告期	2017.06.30	2016.12.31	2016.06.30	2015.12.31
基本每股收益(元)	0.2380	0.4730	0.2770	0.4420
基本每股收益(扣除后)(元)	0.2400	0.4730	0.2750	0.4200
稀释每股收益(元)	0.2380	0.4730	0.2770	0.4420
每股净资产(元)	5.2412	6.6373	6.4321	6.2473
每股经营现金净流量(元)	0.4171	1.1550	0.6324	0.4960
每股现金流量(元)	–0.0137	–0.1316	–0.2132	0.9909
每股资本公积金(元)	1.9833	2.8783	2.8783	2.9075
每股盈余公积金(元)	0.2522	0.3139	0.3111	0.3038
每股未分配利润(元)	1.9757	2.4116	2.2181	2.0102
净资产收益率(%)	4.5462	7.1339	4.3098	6.6158
加权净资产收益率(%)	4.5800	7.3700	4.3600	7.2800
净资产收益率(扣除)(%)	4.5654	7.1206	4.2819	6.3324
总资产(万元)	1225859.55	1226421.54	1224695.84	1235529.85
归属母公司股东权益(万元)	650050.33	633226.08	613655.17	596020.11
营业收入(万元)	146663.25	299454.15	137127.93	305473.00
营业支出(万元)	89264.46	196601.95	83738.18	210410.31
投资收益(万元)	7.90	17.02	–12.46	57.25
净利润(万元)	31144.19	48021.29	27557.32	40812.83
营业利润(万元)	36279.79	55824.03	31125.86	45426.17
利润总额(万元)	36140.75	56062.00	31401.45	47622.26

江苏哈工智能机器人股份有限公司

公司概况					
公司名称	江苏哈工智能机器人股份有限公司			证券简称	哈工智能
法人代表	乔徽	董秘	王妍	证券代码	000584
公司网址	www.hgzngroup.com.cn		电子信箱	ylkgdsb@163.com	
电　　话	021-61921326　61921328		传　　真	021-65336669-8029	
办公地址	上海市闵行区吴中路 1799 号 D 栋 8 楼 808				
经营范围	工业机器人、工业自动控制系统装置、计算机的研发、技术咨询、技术服务、技术转让、制造与维修				

主要财务指标 指标\报告期	2017.06.30	2016.12.31	2016.06.30	2015.12.31
基本每股收益(元)	0.0648	–0.6670	–0.0545	0.0428
基本每股收益(扣除后)(元)	0.0104	–0.6377	–0.0569	0.0032
稀释每股收益(元)	0.0648	–0.6670	–0.0545	0.0428
每股净资产(元)	2.5324	2.4693	3.0824	3.1421
每股经营现金净流量(元)	0.1355	–0.1241	–0.1292	0.3279
每股现金流量(元)	–0.1623	–0.2783	–0.4286	0.2780
每股资本公积金(元)	1.1009	1.1009	1.1009	1.1009
每股盈余公积金(元)	0.1296	0.1296	0.1296	0.1296
每股未分配利润(元)	0.2842	0.2194	0.8319	0.8864
净资产收益率(%)	2.5582	–27.0138	–1.7676	1.3624
加权净资产收益率(%)	2.5900	–23.7700	–1.7500	1.3700
净资产收益率(扣除)(%)	0.4113	–25.8259	–1.8465	0.1019
总资产(万元)	332919.57	224311.00	266643.57	295452.41
归属母公司股东权益(万元)	155317.25	151446.52	189051.58	192713.67
营业收入(万元)	56561.97	73417.22	38810.83	107516.77
营业支出(万元)	46295.20	67838.75	33842.40	86166.59
投资收益(万元)	5874.36	732.39	–	808.99
净利润(万元)	5167.30	–50200.40	–5222.92	1357.07
营业利润(万元)	5555.33	–47526.48	–4601.67	1686.77
利润总额(万元)	5547.14	–49438.15	–4499.62	3157.54

东北电气发展股份有限公司

公司概况					
公司名称	东北电气发展股份有限公司			证券简称	东北电气
法人代表	刘道骐	董秘	苏伟国	证券代码	000585
公司网址	www.nee.com.cn		电子信箱	nee@nee.com.cn	
电　　话	0519-6981811　69818116		传　　真	0519-69818115	
办公地址	江苏省常州市新北区太湖东路 9 号 4 幢 23 层				
经营范围	全封闭组合电器、高压开关、电力电容器及封闭母线				

主要财务指标 指标\报告期	2017.06.30	2016.12.31	2016.06.30	2015.12.31
基本每股收益(元)	–0.0228	–0.1139	–0.0151	0.0100
基本每股收益(扣除后)(元)	–0.0234	–0.1141	–0.0151	–0.0010
稀释每股收益(元)	–0.0228	–0.1139	–0.0151	0.0100
每股净资产(元)	0.2090	0.2322	0.3273	0.3400
每股经营现金净流量(元)	0.0317	–0.0342	–0.0363	–0.0209
每股现金流量(元)	0.0056	–0.0906	–0.0455	–0.0238
每股资本公积金(元)	1.0115	1.0115	1.0115	1.0115
每股盈余公积金(元)	0.1243	0.1243	0.1243	0.1243
每股未分配利润(元)	–1.8973	–1.8744	–1.7756	–1.7605
净资产收益率(%)	–10.9203	–49.0625	–4.6039	1.6611
加权净资产收益率(%)	–10.9200	–39.4000	–4.6000	1.6800
净资产收益率(扣除)(%)	–11.1840	–49.1215	–4.6760	–0.2613
总资产(万元)	35007.84	40183.03	45472.85	48344.57
归属母公司股东权益(万元)	18250.27	20278.99	28584.54	29698.71
营业收入(万元)	1761.25	6351.44	3450.20	15163.96
营业支出(万元)	1335.50	5395.01	2780.08	11122.76
投资收益(万元)	—	42.71	32.90	85.91
净利润(万元)	–2028.55	–9958.86	–1316.93	485.75
营业利润(万元)	–2076.69	–9231.60	–1304.66	751.90
利润总额(万元)	–2028.55	–9263.17	–1316.93	766.30

四川汇源光通信股份有限公司

公司概况					
公司名称	四川汇源光通信股份有限公司			证券简称	汇源通信
法人代表	罗劲	董秘	张轩	证券代码	000586
公司网址	www.schy.com.cn		电子信箱	sz000586@126.com	
电　　话	028-85516608		传　　真	028-85516606	
办公地址	四川省成都市高新区吉泰三路新希望国际 C 座 15 层 1507-1508 号				
经营范围	制造电线、电缆、光缆、电工器材、通信设备、信息传输等				

主要财务指标 指标\报告期	2017.06.30	2016.12.31	2016.06.30	2015.12.31
基本每股收益(元)	–0.0050	0.0200	0.0030	0.0900
基本每股收益(扣除后)(元)	–0.0180	–0.0200	–0.0050	–0.0400
稀释每股收益(元)	–0.0050	0.0200	0.0030	0.0900
每股净资产(元)	1.2125	1.2179	1.1999	1.1964
每股经营现金净流量(元)	–0.2483	–0.0176	–0.0530	–0.1285
每股现金流量(元)	–0.0676	0.0352	–0.1108	–0.1709
每股资本公积金(元)	0.3301	0.3301	0.3301	0.3301
每股盈余公积金(元)	0.0922	0.0922	0.0922	0.0922
每股未分配利润(元)	–0.2004	–0.1950	–0.2071	–0.2106
净资产收益率(%)	–0.4472	1.2817	0.2872	7.3386
加权净资产收益率(%)	–0.4500	1.2900	0.2900	7.6500
净资产收益率(扣除)(%)	–1.5005	–1.9060	–0.4092	–3.2924
总资产(万元)	58014.14	55154.53	50884.08	53045.67
归属母公司股东权益(万元)	23454.21	23559.09	23210.15	23143.48
营业收入(万元)	20116.33	45497.82	20508.17	43495.38
营业支出(万元)	16143.50	37440.79	16436.62	36225.23
投资收益(万元)	–49.10	–7.82	8.82	4.47
净利润(万元)	–235.78	379.38	6.36	1775.88
营业利润(万元)	–232.88	–223.56	–118.91	889.05
利润总额(万元)	–237.33	645.01	67.03	1944.85

金洲慈航集团股份有限公司

公司概况					
公司名称	金洲慈航集团股份有限公司			证券简称	金洲慈航
法人代表	朱要文	董秘	韩雪	证券代码	000587
公司网址	www.goldzb.com		电子信箱	jinye000587@163.com	
电话	010-64100338		传真	010-64106991	
办公地址	北京市朝阳区建国路91号金地中心A座30层				
经营范围	加工、销售贵金属首饰,珠宝玉器,工艺美术品,金银回收等				

主要财务指标 指标\报告期	2017.06.30	2016.12.31	2016.06.30	2015.12.31
基本每股收益(元)	0.3500	0.9800	0.4600	0.4600
基本每股收益(扣除后)(元)	0.3200	0.9600	0.4500	0.4600
稀释每股收益(元)	0.3500	0.9600	0.4600	0.4600
每股净资产(元)	8.2966	7.9496	7.5840	7.1282
每股经营现金净流量(元)	-0.2312	1.4600	0.0490	0.0882
每股现金流量(元)	0.2627	0.6954	0.2975	0.8606
每股资本公积金(元)	5.5125	5.5125	5.5125	5.5175
每股盈余公积金(元)	0.0379	0.0379	0.0208	0.0208
每股未分配利润(元)	1.7465	1.3997	1.0507	0.5899
净资产收益率(%)	4.1802	12.2879	6.0762	3.9321
加权净资产收益率(%)	4.2700	12.8300	6.2600	12.1600
净资产收益率(扣除)(%)	3.8927	12.0190	5.9322	3.9200
总资产(万元)	3637818.85	3424492.94	2782737.13	1910072.91
归属母公司股东权益(万元)	880999.53	844153.08	805324.51	756921.52
营业收入(万元)	424129.37	1056425.62	543560.47	992315.63
营业支出(万元)	384827.02	860027.08	445803.73	914553.70
投资收益(万元)	33514.52	968.79	565.66	980.62
净利润(万元)	40066.49	112562.36	53304.98	30695.42
营业利润(万元)	49107.77	141281.10	68774.90	39718.70
利润总额(万元)	52805.32	144208.69	70435.24	39938.68

贵州轮胎股份有限公司

公司概况					
公司名称	贵州轮胎股份有限公司			证券简称	黔轮胎A
法人代表	马世春	董秘	李尚武	证券代码	000589
公司网址	www.gztyre.com		电子信箱	dmc@gztire.com	
电话	0851-4763651 4767251		传真	0851-4767826	
办公地址	贵州省贵阳市云岩区百花大道41号				
经营范围	轮胎生产与销售等				

主要财务指标 指标\报告期	2017.06.30	2016.12.31	2016.06.30	2015.12.31
基本每股收益(元)	0.0100	0.0196	-0.0650	-0.3300
基本每股收益(扣除后)(元)	-0.1800	-0.3500	-0.0710	-0.3600
稀释每股收益(元)	0.0100	0.0196	-0.0650	-0.3300
每股净资产(元)	4.6311	4.6207	4.4383	4.4956
每股经营现金净流量(元)	0.0730	0.2868	0.6324	0.7468
每股现金流量(元)	-1.1343	-1.1306	-0.5269	1.7802
每股资本公积金(元)	2.3669	2.3669	2.3669	2.3669
每股盈余公积金(元)	0.2264	0.2264	0.2108	0.2108
每股未分配利润(元)	0.9302	0.9195	0.8502	0.9154
净资产收益率(%)	0.2325	0.4250	-1.4707	-7.4289
加权净资产收益率(%)	0.2300	0.4300	-1.4600	-7.1400
净资产收益率(扣除)(%)	-3.9241	-7.6038	-1.6003	-7.9043
总资产(万元)	961640.65	1042827.74	1083771.59	1117573.39
归属母公司股东权益(万元)	359126.83	358321.34	344177.47	348614.62
营业收入(万元)	316044.33	558729.23	261698.77	473346.75
营业支出(万元)	287969.88	498941.24	223565.98	417366.65
投资收益(万元)	152.10	2658.80	1158.80	2866.20
净利润(万元)	745.58	1476.54	-5046.27	-25850.30
营业利润(万元)	-16569.98	-29886.37	-7266.98	-32379.30
利润总额(万元)	992.31	1376.85	-6703.73	-30351.01

启迪古汉集团股份有限公司

公司概况					
公司名称	启迪古汉集团股份有限公司			证券简称	启迪古汉
法人代表	王书贵	董秘	曹定兴	证券代码	000590
公司网址	www.guhan.com		电子信箱	stocks@guhan.com	
电话	0734-8239335		传真	0734-8239335	
办公地址	湖南省衡阳市蒸湘区蔡伦路33号				
经营范围	研制、开发、生产口服液、大输液、片剂、原料药、丸剂、冲剂、酒剂等				

主要财务指标 指标\报告期	2017.06.30	2016.12.31	2016.06.30	2015.12.31
基本每股收益(元)	0.0618	0.2471	0.0535	0.1002
基本每股收益(扣除后)(元)	0.0509	0.0575	0.0518	0.0812
稀释每股收益(元)	0.0618	0.2471	0.0535	0.1002
每股净资产(元)	2.3138	1.1685	0.9750	0.9215
每股经营现金净流量(元)	-0.2935	-0.1456	-0.0166	-0.2712
每股现金流量(元)	0.8344	0.2992	0.0948	0.0359
每股资本公积金(元)	1.7349	0.6826	0.6826	0.6826
每股盈余公积金(元)	0.1917	0.2055	0.2055	0.2055
每股未分配利润(元)	-0.6128	-0.7196	-0.9132	-0.9667
净资产收益率(%)	2.5215	21.1424	5.4873	10.8712
加权净资产收益率(%)	4.4400	23.6400	5.6400	11.4800
净资产收益率(扣除)(%)	2.0750	4.9171	5.3099	8.8090
总资产(万元)	84726.00	63067.92	61147.28	58743.46
归属母公司股东权益(万元)	55408.71	26096.96	21774.27	20579.41
营业收入(万元)	15993.64	31741.05	16386.16	29471.96
营业支出(万元)	7326.69	15056.17	7796.48	13195.90
投资收益(万元)	--	2.04	2.04	276.75
净利润(万元)	1202.75	5010.82	1137.35	2237.23
营业利润(万元)	1472.84	1703.55	1551.14	2914.19
利润总额(万元)	1721.02	6624.93	1592.27	3087.06

中节能太阳能股份有限公司

公司概况					
公司名称	中节能太阳能股份有限公司			证券简称	太阳能
法人代表	曹华斌	董秘	张蓉蓉	证券代码	000591
公司网址	www.cecsec.cn		电子信箱	cecsec@cecsec.cn	
电话	010-83052461		传真	010-83052459	
办公地址	北京市海淀区西直门北大街42号节能大厦7层				
经营范围	太阳能发电及电力储备				

主要财务指标 指标\报告期	2017.06.30	2016.12.31	2016.06.30	2015.12.31
基本每股收益(元)	0.1307	0.5250	0.1963	0.6500
基本每股收益(扣除后)(元)	0.1217	0.4860	0.1884	0.5900
稀释每股收益(元)	0.1307	0.5250	0.1963	0.6500
每股净资产(元)	3.8600	8.2647	7.9587	6.0156
每股经营现金净流量(元)	0.0940	0.9943	0.3867	0.7563
每股现金流量(元)	-0.0993	-0.2766	0.4240	0.2294
每股资本公积金(元)	2.2258	5.8987	5.8954	3.7448
每股盈余公积金(元)	0.0210	0.0461	-	-
每股未分配利润(元)	0.6368	1.3655	1.0949	1.2749
净资产收益率(%)	3.3828	5.7826	2.0259	7.8509
加权净资产收益率(%)	3.4300	6.9200	2.8700	8.1800
净资产收益率(扣除)(%)	3.1491	5.3517	1.9445	7.1764
总资产(万元)	3149519.06	2976845.28	2916285.52	2273721.37
归属母公司股东权益(万元)	1161752.58	1129676.49	1087842.35	602168.73
营业收入(万元)	230966.82	433348.03	213237.91	363028.06
营业支出(万元)	147768.27	290949.05	151268.50	237972.91
投资收益(万元)	2628.13	3061.07	82.59	1762.70
净利润(万元)	39726.08	67861.34	23469.87	49317.27
营业利润(万元)	41443.51	68038.37	22992.29	48384.90
利润总额(万元)	41539.43	72857.29	25219.97	52679.81

中福海峡(平潭)发展股份有限公司

公司概况	公司名称	中福海峡(平潭)发展股份有限公司			证券简称	平潭发展
	法人代表	刘平山	董秘	李茜	证券代码	000592
	公司网址	www.000592.com		电子信箱	zhongfu@000592.com	
	电　话	0591-87871990-102		传　真	0591-87383288	
	办公地址	福建省福州市鼓楼区五四路159号世界金龙大厦23层				
	经营范围	造林、营林、林产品加工与销售等				

	指标＼报告期	2017.06.30	2016.12.31	2016.06.30	2015.12.31
主要财务指标	基本每股收益(元)	0.0017	0.0105	0.0103	0.0440
	基本每股收益(扣除后)(元)	0.0001	-0.0028	0.0063	0.0284
	稀释每股收益(元)	0.0017	0.0105	0.0103	0.0440
	每股净资产(元)	1.6375	1.6357	1.6354	3.2502
	每股经营现金净流量(元)	-0.0251	-0.0191	0.0069	-0.2231
	每股现金流量(元)	-0.4126	-0.0585	-0.5214	1.2507
	每股资本公积金(元)	0.7381	0.7381	0.7380	2.4759
	每股盈余公积金(元)	0.0171	0.0171	0.0171	0.0342
	每股未分配利润(元)	-0.1178	-0.1195	-0.1197	-0.2600
	净资产收益率(%)	0.1054	0.6418	0.6305	1.2013
	加权净资产收益率(%)	0.1100	0.6400	0.6300	2.8600
	净资产收益率(扣除)(%)	0.0052	-0.1702	0.3865	0.7764
	总资产(万元)	433082.94	417057.45	376829.07	379789.56
	归属母公司股东权益(万元)	316326.32	315979.47	315924.71	313932.72
	营业收入(万元)	34633.77	78623.06	39673.72	96318.17
	营业支出(万元)	29535.13	67013.14	34369.93	79324.05
	投资收益(万元)	281.19	2568.43	359.26	758.32
	净利润(万元)	-302.11	534.87	1629.23	4179.06
	营业利润(万元)	-222.18	-1080.93	328.84	2339.43
	利润总额(万元)	-101.97	1580.50	1738.95	4745.78

四川大通燃气开发股份有限公司

公司概况	公司名称	四川大通燃气开发股份有限公司			证券简称	大通燃气
	法人代表	李占通	董秘	郑蜀闽	证券代码	000593
	公司网址	www.dtrq.com		电子信箱	sz000593@163.com	
	电　话	028-68539558		传　真	028-68539800	
	办公地址	四川省成都市建设路55号				
	经营范围	城市管道燃气、零售商业等				

	指标＼报告期	2017.06.30	2016.12.31	2016.06.30	2015.12.31
主要财务指标	基本每股收益(元)	0.0260	-0.1690	0.0220	0.0500
	基本每股收益(扣除后)(元)	0.0260	-0.0910	0.0270	0.0430
	稀释每股收益(元)	0.0260	-0.1690	0.0220	0.0500
	每股净资产(元)	3.1197	3.0959	3.1900	2.3213
	每股经营现金净流量(元)	0.0982	-0.2495	0.1105	0.1947
	每股现金流量(元)	0.1822	-0.2570	0.2766	-0.3154
	每股资本公积金(元)	1.9056	1.9056	1.9056	0.9649
	每股盈余公积金(元)	0.0348	0.0348	0.0348	0.0446
	每股未分配利润(元)	0.1816	0.1555	0.3274	0.3960
	净资产收益率(%)	0.8343	-4.9613	0.5741	2.1690
	加权净资产收益率(%)	0.8400	-6.3600	0.8800	2.1400
	净资产收益率(扣除)(%)	0.8213	-2.2867	0.6889	1.8586
	总资产(万元)	168667.25	158078.33	157038.15	79022.73
	归属母公司股东权益(万元)	111880.47	111028.21	114402.16	64982.26
	营业收入(万元)	22364.80	47350.26	23268.75	42136.94
	营业支出(万元)	15925.52	34515.26	16753.94	29014.36
	投资收益(万元)	-182.25	-61.01	-62.76	-21.61
	净利润(万元)	1054.90	-5167.50	716.79	1409.46
	营业利润(万元)	1445.88	-5512.68	1110.13	1729.65
	利润总额(万元)	1462.67	-5653.70	935.10	1998.56

宝塔实业股份有限公司

公司概况	公司名称	宝塔实业股份有限公司			证券简称	*ST 宝实
	法人代表	赵立宝	董秘	项新周	证券代码	000595
	公司网址	www.nxz.com.cn		电子信箱	nxz@nxz.com.cn	
	电　话	0951-5610007		传　真	0951-5610017	
	办公地址	宁夏回族自治区银川市金凤区宁安大街88号				
	经营范围	各类滚动轴承的生产和销售				

	指标＼报告期	2017.06.30	2016.12.31	2016.06.30	2015.12.31
主要财务指标	基本每股收益(元)	0.0170	-0.1100	-0.0750	-0.3900
	基本每股收益(扣除后)(元)	-0.0050	-0.1100	-0.0600	-0.3600
	稀释每股收益(元)	0.0170	-0.1100	-0.0750	-0.3900
	每股净资产(元)	0.9060	0.8894	1.9292	2.0039
	每股经营现金净流量(元)	-0.0213	-0.0591	-0.0566	-0.1668
	每股现金流量(元)	0.0789	-0.0893	-0.1762	0.1649
	每股资本公积金(元)	0.5866	0.5866	2.1732	2.1732
	每股盈余公积金(元)	0.0126	0.0126	0.0252	0.0252
	每股未分配利润(元)	-0.6955	-0.7121	-1.2722	-1.1975
	净资产收益率(%)	1.8323	-12.7441	-3.8711	-18.3889
	加权净资产收益率(%)	1.9100	-11.9900	-3.0200	-19.1700
	净资产收益率(扣除)(%)	-0.4515	-11.8382	-3.6852	-16.8979
	总资产(万元)	136215.44	120056.27	124357.78	120914.28
	归属母公司股东权益(万元)	67487.80	66252.29	72280.12	74631.83
	营业收入(万元)	19013.76	35569.91	9417.07	26157.18
	营业支出(万元)	16228.28	34181.61	8898.60	26408.69
	投资收益(万元)	—	—	–	–
	净利润(万元)	1236.57	-8443.25	-2781.39	-13723.98
	营业利润(万元)	-304.60	-7842.53	-2647.26	-12609.86
	利润总额(万元)	1236.69	-8442.73	-2780.85	-13722.62

安徽古井贡酒股份有限公司

公司概况	公司名称	安徽古井贡酒股份有限公司			证券简称	古井贡酒
	法人代表	梁金辉	董秘	叶长青	证券代码	000596
	公司网址	www.gujing.com		电子信箱	ycq@gujing.com.cn	
	电　话	0558-5712231 5710057		传　真	0558-5317706	
	办公地址	安徽省亳州市古井镇				
	经营范围	古井、古井贡、老八大和野太阳品牌及其系列酒的生产和销售				

	指标＼报告期	2017.06.30	2016.12.31	2016.06.30	2015.12.31
主要财务指标	基本每股收益(元)	1.0900	1.6500	0.8600	1.4200
	基本每股收益(扣除后)(元)	0.9600	1.5700	0.8400	1.3600
	稀释每股收益(元)	1.0900	1.6500	0.8600	1.4200
	每股净资产(元)	11.5607	11.1102	10.3183	9.5983
	每股经营现金净流量(元)	0.8446	2.3495	0.6476	1.5689
	每股现金流量(元)	0.3093	-1.0177	0.1003	0.7109
	每股资本公积金(元)	2.5723	2.5723	2.5714	2.5714
	每股盈余公积金(元)	0.5101	0.5101	0.5101	0.5101
	每股未分配利润(元)	7.4460	6.9561	6.1646	5.4087
	净资产收益率(%)	9.4279	14.8277	8.2954	14.8039
	加权净资产收益率(%)	9.8600	15.8800	8.5400	15.9100
	净资产收益率(扣除)(%)	8.3126	14.1647	8.1450	14.1250
	总资产(万元)	959876.59	873620.52	876256.93	718314.76
	归属母公司股东权益(万元)	582195.48	559512.14	519629.72	483372.16
	营业收入(万元)	367012.78	601714.37	304503.47	525341.15
	营业支出(万元)	91317.92	152358.58	78039.44	150953.61
	投资收益(万元)	8101.75	9783.75	4432.49	6925.60
	净利润(万元)	57211.49	85031.81	43670.32	71557.84
	营业利润(万元)	73815.39	111739.40	57863.39	93035.51
	利润总额(万元)	77513.15	115075.43	58168.50	96626.94

东北制药集团股份有限公司

公司概况						
公司名称	东北制药集团股份有限公司			证券简称	东北制药
法人代表	魏海军	董秘	张利东	证券代码	000597
公司网址	www.negpf.com.cn		电子信箱	stock000597@163.com	
电　　话	024-25806963		传　　真	024-25806100	
办公地址	辽宁省沈阳市经济技术开发区昆明湖街8号				
经营范围	生产和销售化学原料药品及制剂药品、经营医药产品批发及零售等				

主要财务指标 指标\报告期	2017.06.30	2016.12.31	2016.06.30	2015.12.31
基本每股收益(元)	0.0800	0.0500	0.0100	−0.8100
基本每股收益(扣除后)(元)	0.0700	−0.0200	−0.0100	−0.7900
稀释每股收益(元)	0.0800	0.0500	0.0100	−0.8100
每股净资产(元)	4.9590	4.8761	4.8304	4.8229
每股经营现金净流量(元)	−0.4261	0.8101	0.1643	0.2100
每股现金流量(元)	0.2023	−0.1199	0.2662	−0.2366
每股资本公积金(元)	3.7451	3.7451	3.7450	3.7450
每股盈余公积金(元)	0.2107	0.2107	0.2107	0.2107
每股未分配利润(元)	0.0012	−0.0825	−0.1260	−0.1326
净资产收益率(%)	1.6864	1.0278	0.1372	−16.7901
加权净资产收益率(%)	1.7000	1.0300	0.1400	−15.5300
净资产收益率(扣除)(%)	1.3887	−0.4843	−0.2142	−16.4718
总资产(万元)	995920.73	978998.09	970373.26	869263.43
归属母公司股东权益(万元)	235381.93	231447.84	229277.25	228919.39
营业收入(万元)	276558.16	481440.17	240437.70	383443.20
营业支出(万元)	179688.85	329511.74	164391.33	281713.67
投资收益(万元)	813.38	282.40	8.90	239.63
净利润(万元)	4274.34	2634.52	701.93	−39215.01
营业利润(万元)	4867.28	159.73	391.76	−40316.61
利润总额(万元)	4847.33	3742.80	1244.44	−40689.25

成都市兴蓉环境股份有限公司

公司概况					
公司名称	成都市兴蓉环境股份有限公司			证券简称	兴蓉环境
法人代表	李本文	董秘	董昱	证券代码	000598
公司网址	www.cdxrec.com		电子信箱	xrtz000598@xrtz.cn	
电　　话	028-85913967		传　　真	028-85007805	
办公地址	四川省成都市武侯区锦城大道1000号4-5层				
经营范围	自来水供应、污水处理及垃圾渗滤液处理等				

主要财务指标 指标\报告期	2017.06.30	2016.12.31	2016.06.30	2015.12.31
基本每股收益(元)	0.1500	0.2900	0.1600	0.2800
基本每股收益(扣除后)(元)	0.1500	0.2700	0.1400	0.2200
稀释每股收益(元)	0.1500	0.2900	0.1600	0.2800
每股净资产(元)	3.0945	3.0004	2.8646	2.7482
每股经营现金净流量(元)	0.2202	0.4755	0.2028	0.4468
每股现金流量(元)	−0.0158	−0.2617	−0.3033	0.1154
每股资本公积金(元)	0.5961	0.5961	0.5961	0.5961
每股盈余公积金(元)	0.0687	0.0687	0.0575	0.0575
每股未分配利润(元)	1.4253	1.3319	1.2079	1.0919
净资产收益率(%)	4.9087	9.7570	5.4971	10.0495
加权净资产收益率(%)	5.0000	10.2200	5.5900	10.5400
净资产收益率(扣除)(%)	4.8892	2.2396	5.0093	8.1346
总资产(万元)	1766341.33	1691933.57	1469663.51	1420213.90
归属母公司股东权益(万元)	924083.36	895984.49	855432.46	820668.16
营业收入(万元)	174014.18	305833.55	144348.40	306248.71
营业支出(万元)	102667.08	177530.94	79387.97	176652.11
投资收益(万元)	496.28	−−	−	7681.70
净利润(万元)	45744.17	87175.65	46652.54	85240.32
营业利润(万元)	54206.27	86088.03	46965.51	86042.96
利润总额(万元)	54181.93	104118.95	56142.52	98904.85

青岛双星股份有限公司

公司概况					
公司名称	青岛双星股份有限公司			证券简称	青岛双星
法人代表	柴永森	董秘	刘兵	证券代码	000599
公司网址	www.doublestar.com.cn		电子信箱	gqb@doublestar.com.cn	
电　　话	0532-67710729		传　　真	0532-67710729	
办公地址	山东省青岛市黄岛区月亮湾路1号				
经营范围	橡胶轮胎、机械、绣品的制造、销售、国内外贸易等				

主要财务指标 指标\报告期	2017.06.30	2016.12.31	2016.06.30	2015.12.31
基本每股收益(元)	0.0800	0.1400	0.0800	0.0900
基本每股收益(扣除后)(元)	0.0600	0.1000	0.0800	0.0700
稀释每股收益(元)	0.0800	0.1400	0.0800	0.0900
每股净资产(元)	3.9809	3.9146	3.8538	3.7825
每股经营现金净流量(元)	−0.5637	0.0435	0.1407	0.1841
每股现金流量(元)	−0.2785	−0.3423	0.0638	0.2749
每股资本公积金(元)	1.7722	1.7722	1.7722	1.7722
每股盈余公积金(元)	0.0668	0.0668	0.0637	0.0637
每股未分配利润(元)	1.1271	1.0621	1.0040	0.9339
净资产收益率(%)	2.1345	3.6103	2.0778	2.4010
加权净资产收益率(%)	2.1500	3.6700	2.1400	2.4300
净资产收益率(扣除)(%)	1.5695	2.5302	1.9697	1.9336
总资产(万元)	772925.98	724837.52	682240.03	590470.68
归属母公司股东权益(万元)	268540.80	264073.50	259967.97	255161.44
营业收入(万元)	207099.99	492772.62	245694.71	299370.53
营业支出(万元)	173234.44	420649.58	210185.64	241019.65
投资收益(万元)	276.67	641.14	423.78	1436.26
净利润(万元)	5399.09	7791.83	5660.39	5919.93
营业利润(万元)	4600.67	6092.09	6421.91	5597.99
利润总额(万元)	6367.79	9468.06	6764.37	7053.77

河北建投能源投资股份有限公司

公司概况					
公司名称	河北建投能源投资股份有限公司			证券简称	建投能源
法人代表	米大斌	董秘	孙原	证券代码	000600
公司网址	www.jei.com.cn		电子信箱	jei@jei.com.cn	
电　　话	0311-85518633		传　　真	0311-85518601	
办公地址	河北省石家庄市裕华西路9号裕园广场A座17层				
经营范围	投资建设、经营管理以电力生产为主的能源项目				

主要财务指标 指标\报告期	2017.06.30	2016.12.31	2016.06.30	2015.12.31
基本每股收益(元)	0.1310	0.8110	0.6440	1.1410
基本每股收益(扣除后)(元)	0.1200	0.8040	0.6380	1.1550
稀释每股收益(元)	0.1310	0.8110	0.6440	1.1410
每股净资产(元)	5.9968	6.2674	6.1015	5.9073
每股经营现金净流量(元)	0.1763	1.5994	0.9615	1.9469
每股现金流量(元)	−0.1891	0.4700	−0.1370	−0.7208
每股资本公积金(元)	2.4578	2.4578	2.4586	2.4586
每股盈余公积金(元)	0.3356	0.3356	0.2394	0.2394
每股未分配利润(元)	2.2024	2.4717	2.4013	2.2068
净资产收益率(%)	2.1798	12.9412	10.5624	19.3167
加权净资产收益率(%)	2.0900	13.4060	10.6000	20.8900
净资产收益率(扣除)(%)	2.0087	12.8296	10.4619	19.5464
总资产(万元)	2867640.96	2923994.98	2623788.63	2584523.70
归属母公司股东权益(万元)	1074401.61	1122879.87	1093163.84	1058366.35
营业收入(万元)	478956.57	938705.30	454146.83	962590.70
营业支出(万元)	394704.50	643995.72	252085.59	567816.69
投资收益(万元)	4525.04	61777.84	38956.68	82269.87
净利润(万元)	33646.13	194508.01	153232.33	262426.14
营业利润(万元)	44960.58	244687.67	194012.54	326546.95
利润总额(万元)	46687.21	247179.65	195560.65	328132.00

广东韶能集团股份有限公司

公司概况	公司名称	广东韶能集团股份有限公司			证券简称	韶能股份
	法人代表	陈来泉	董秘	胡启金	证券代码	000601
	公司网址	www.shaoneng.com.cn		电子信箱	shaonenggf@163.com	
	电　话	0751-8153162		传　真	0751-8535226	
	办公地址	广东省韶关市武江区沿江路 16 号				
	经营范围	公司主营业务范围包括电力、水泥、机械加工等				

主要财务指标	指标\报告期	2017.06.30	2016.12.31	2016.06.30	2015.12.31
	基本每股收益(元)	0.2981	0.4100	0.3460	0.2600
	基本每股收益(扣除后)(元)	0.2911	0.4000	0.3403	0.2500
	稀释每股收益(元)	0.2981	0.4100	0.3460	0.2600
	每股净资产(元)	4.0104	3.9122	3.8504	3.6544
	每股经营现金净流量(元)	0.2662	1.0638	0.5618	0.7719
	每股现金流量(元)	0.1143	0.0316	0.1750	-0.0102
	每股资本公积金(元)	1.4671	1.4671	1.4671	1.4671
	每股盈余公积金(元)	0.5193	0.4955	0.4717	0.4581
	每股未分配利润(元)	1.0237	0.9494	0.9114	0.7290
	净资产收益率(%)	7.4342	10.4220	8.9860	7.1206
	加权净资产收益率(%)	7.3400	10.7400	9.0400	7.2500
	净资产收益率(扣除)(%)	7.2589	10.3321	8.8378	6.8728
	总资产(万元)	915851.26	883319.84	887200.28	850765.48
	归属母公司股东权益(万元)	433339.87	422734.46	416058.22	394875.43
	营业收入(万元)	180083.17	319876.53	169506.73	300722.18
	营业支出(万元)	118615.47	208694.30	95911.92	207847.79
	投资收益(万元)	--	22.16	36.69	105.15
	净利润(万元)	32878.32	46321.92	39380.08	30154.33
	营业利润(万元)	40326.87	60492.61	51119.05	40429.66
	利润总额(万元)	42495.52	62178.69	52047.44	42012.68

盛达矿业股份有限公司

公司概况	公司名称	盛达矿业股份有限公司			证券简称	盛达矿业
	法人代表	马江河	董秘	代继陈	证券代码	000603
	公司网址	www.sdjt.com		电子信箱	daijc@sdkygf.com	
	电　话	0931-8806789　8781211		传　真	0931-8781211	
	办公地址	北京市丰台区南方庄 158 号盛达大厦 2 层				
	经营范围	对有色金属矿采选业进行投资、矿山工程技术咨询服务、销售矿产品等				

主要财务指标	指标\报告期	2017.06.30	2016.12.31	2016.06.30	2015.12.31
	基本每股收益(元)	0.1300	0.2800	0.1500	0.5100
	基本每股收益(扣除后)(元)	0.0900	0.2800	0.1400	0.5100
	稀释每股收益(元)	0.1300	0.2800	0.1500	0.5100
	每股净资产(元)	3.1163	3.4817	2.3551	1.8971
	每股经营现金净流量(元)	0.0060	0.4930	0.3786	0.5167
	每股现金流量(元)	-0.6227	1.1896	0.2629	-0.9826
	每股资本公积金(元)	1.8809	1.8809	0.3497	0.3960
	每股盈余公积金(元)	--	--	-	-
	每股未分配利润(元)	1.0486	1.4144	1.7726	1.6224
	净资产收益率(%)	4.3072	8.0325	6.3782	27.0626
	加权净资产收益率(%)	3.7800	11.8000	6.5900	30.8300
	净资产收益率(扣除)(%)	3.0345	8.1041	5.7993	26.6595
	总资产(万元)	272033.27	284114.55	182785.24	164836.90
	归属母公司股东权益(万元)	225192.12	251598.89	118930.57	111344.96
	营业收入(万元)	28769.21	68638.17	24442.06	82433.95
	营业支出(万元)	10810.35	14859.29	5965.68	17117.97
	投资收益(万元)	2500.00	560.00	932.58	144.74
	净利润(万元)	13935.26	33143.13	12063.68	41747.31
	营业利润(万元)	17416.80	44230.04	15350.80	55931.99
	利润总额(万元)	17777.11	44549.92	16037.26	56218.55

渤海水业股份有限公司

公司概况	公司名称	渤海水业股份有限公司			证券简称	渤海股份
	法人代表	江波	董秘	李新霞	证券代码	000605
	公司网址	www.bohai-water.com		电子信箱	dongmi@binhaiwater.com	
	电　话	022-23916822		传　真	022-23916515	
	办公地址	天津市河西区环岛西路梅江中心大厦 22 层				
	经营范围	生物医药、中西药的研究开发等				

主要财务指标	指标\报告期	2017.06.30	2016.12.31	2016.06.30	2015.12.31
	基本每股收益(元)	0.1200	0.2200	0.0700	0.2300
	基本每股收益(扣除后)(元)	0.1100	0.2100	0.0600	0.2300
	稀释每股收益(元)	0.1200	0.2200	0.0700	0.2300
	每股净资产(元)	7.7546	5.3666	5.2145	5.1484
	每股经营现金净流量(元)	-0.4972	0.7621	0.5016	0.3353
	每股现金流量(元)	0.2955	0.8075	0.2104	0.1545
	每股资本公积金(元)	5.2081	2.5194	2.5194	2.5194
	每股盈余公积金(元)	0.1739	0.2247	0.1965	0.1965
	每股未分配利润(元)	1.3725	1.6225	1.4987	1.4325
	净资产收益率(%)	1.5029	4.0658	1.2687	4.5180
	加权净资产收益率(%)	1.6400	4.1500	1.2800	4.6200
	净资产收益率(扣除)(%)	1.4184	3.8952	1.1171	4.4952
	总资产(万元)	516954.23	346469.45	250191.90	244243.02
	归属母公司股东权益(万元)	195337.15	104642.99	101678.44	100388.40
	营业收入(万元)	66883.84	79878.43	37138.63	76124.07
	营业支出(万元)	48289.95	61579.33	28570.56	57677.48
	投资收益(万元)	-97.67	-533.17	-219.65	-1588.11
	净利润(万元)	4924.18	4468.82	1103.89	4687.36
	营业利润(万元)	6211.20	6737.19	1894.03	7250.23
	利润总额(万元)	6434.52	7088.02	2111.67	7314.59

神州易桥信息服务股份有限公司

公司概况	公司名称	神州易桥信息服务股份有限公司			证券简称	神州易桥
	法人代表	彭聪	董秘	华彧民	证券代码	000606
	公司网址	www.eqiao.com.cn		电子信箱	zongcb@my0606.com.cn	
	电　话	0971-8013495		传　真	0971-5226338	
	办公地址	青海省西宁市城西区五四西路 57 号 5 号楼				
	经营范围	明胶系列产品、硬胶囊系列产品生产与销售等				

主要财务指标	指标\报告期	2017.06.30	2016.12.31	2016.06.30	2015.12.31
	基本每股收益(元)	-0.0503	0.0726	0.0218	-0.3370
	基本每股收益(扣除后)(元)	-0.0621	0.0372	0.0119	-0.3671
	稀释每股收益(元)	-0.0503	0.0726	0.0218	-0.3370
	每股净资产(元)	3.5983	3.6456	2.6543	1.3533
	每股经营现金净流量(元)	-0.1040	0.0288	-0.0771	0.0436
	每股现金流量(元)	-0.3768	1.1328	0.0526	-0.1863
	每股资本公积金(元)	2.7226	2.7226	2.0019	0.8177
	每股盈余公积金(元)	0.0366	0.0366	0.0453	0.0593
	每股未分配利润(元)	-0.3187	-0.2684	-0.3928	-0.5402
	净资产收益率(%)	-1.3977	1.6412	0.7249	-24.9050
	加权净资产收益率(%)	-1.3900	2.6300	1.0400	-22.0100
	净资产收益率(扣除)(%)	-1.7253	0.8404	0.3961	-27.1278
	总资产(万元)	330135.01	312974.03	198777.86	101341.21
	归属母公司股东权益(万元)	275558.47	279181.84	164289.50	63889.15
	营业收入(万元)	22566.88	41185.77	15670.99	26890.28
	营业支出(万元)	14601.29	28354.11	10660.75	30673.61
	投资收益(万元)	2141.28	2954.26	1020.51	8739.94
	净利润(万元)	-3667.38	4117.62	1122.44	-14879.60
	营业利润(万元)	-2136.02	4557.53	1885.42	-12323.66
	利润总额(万元)	-2834.17	4372.96	1945.39	-14345.54

浙江华媒控股股份有限公司

公司概况					
公司名称	浙江华媒控股股份有限公司			证券简称	华媒控股
法人代表	董悦	董秘	高坚强	证券代码	000607
公司网址	www.000607.cn			电子信箱	ir000607@000607.cn
电　话	86-571-85098807			传　真	0571-85155005-8807
办公地址	浙江省杭州市下城区体育场路 218 号				
经营范围	设计、制作、代理、发布国内各类广告等				

主要财务指标

指标＼报告期	2017.06.30	2016.12.31	2016.06.30	2015.12.31
基本每股收益(元)	0.0300	0.2200	0.0500	0.2800
基本每股收益(扣除后)(元)	0.0300	0.2100	0.0500	0.2000
稀释每股收益(元)	0.0300	0.2200	0.0500	0.2800
每股净资产(元)	1.7665	1.7360	1.5643	1.5129
每股经营现金净流量(元)	–0.1648	0.2846	–0.0695	0.0904
每股现金流量(元)	–0.2981	–0.1105	–0.3056	0.4464
每股资本公积金(元)	–0.2269	–0.2268	–0.2307	–0.2307
每股盈余公积金(元)	0.0679	0.0679	0.0440	0.0440
每股未分配利润(元)	0.9255	0.8949	0.7509	0.6995
净资产收益率(%)	1.7342	12.6259	3.2862	18.4136
加权净资产收益率(%)	1.7500	13.5000	3.3400	20.2000
净资产收益率(扣除)(%)	1.5283	12.3422	3.3808	12.9796
总资产(万元)	298788.42	296303.56	268489.35	239480.01
归属母公司股东权益(万元)	179773.73	176671.33	159198.96	153967.33
营业收入(万元)	76407.58	182433.14	68894.46	155403.07
营业支出(万元)	56272.43	125903.36	49016.39	112249.65
投资收益(万元)	585.01	2923.10	1243.39	11204.84
净利润(万元)	4618.55	28354.50	6838.18	31530.08
营业利润(万元)	4626.42	29095.95	7036.89	31171.98
利润总额(万元)	4996.44	29512.84	7044.34	31912.17

阳光新业地产股份有限公司

公司概况					
公司名称	阳光新业地产股份有限公司			证券简称	阳光股份
法人代表	唐军	董秘	赵博	证券代码	000608
公司网址	www.yangguangxinye.com			电子信箱	yangguangxinye@yangguangxinye.com
电　话	010-68361088			传　真	010-88365280
办公地址	北京市西城区西直门外大街 112 号阳光大厦 11 层				
经营范围	房地产开发经营、装饰装修工程、自有商品房的租赁等				

主要财务指标

指标＼报告期	2017.06.30	2016.12.31	2016.06.30	2015.12.31
基本每股收益(元)	–0.1100	–0.6200	–0.1800	0.0300
基本每股收益(扣除后)(元)	–0.1000	–0.4100	–0.1800	–0.1700
稀释每股收益(元)	–0.1100	–0.6200	–0.1800	0.0300
每股净资产(元)	3.6901	3.7958	4.2390	4.4200
每股经营现金净流量(元)	0.1323	0.2346	0.1660	–0.0208
每股现金流量(元)	–0.0647	–0.0915	–0.4343	0.0358
每股资本公积金(元)	0.6816	0.6816	0.6816	0.6816
每股盈余公积金(元)	0.1374	0.1374	0.1319	0.1319
每股未分配利润(元)	1.6241	1.7293	2.1782	2.3592
净资产收益率(%)	–2.8491	–16.4495	–4.2697	0.6088
加权净资产收益率(%)	–2.8100	–15.2000	–4.1800	0.6100
净资产收益率(扣除)(%)	–2.6091	–10.6946	–4.2852	–3.7581
总资产(万元)	963183.50	980093.70	993973.90	1025232.40
归属母公司股东权益(万元)	276723.70	284651.60	317889.70	331463.10
营业收入(万元)	36886.10	63955.50	23419.70	64760.00
营业支出(万元)	21182.50	33952.10	9897.20	24433.60
投资收益(万元)	313.20	–958.30	–1081.30	39011.10
净利润(万元)	–5446.00	–43889.10	–11301.10	6833.10
营业利润(万元)	–2417.80	–21050.60	–7668.20	21406.70
利润总额(万元)	–3082.50	–37397.60	–7621.90	21771.80

北京绵石投资集团股份有限公司

公司概况					
公司名称	北京绵石投资集团股份有限公司			证券简称	绵石投资
法人代表	李勤	董秘	何帆(代)	证券代码	000609
公司网址	www.mainstreets.cn			电子信箱	lgc@mainstreets.cn
电　话	010-65275609			传　真	010-65279466
办公地址	北京市东城区建国门内大街 19 号中纺大厦 3 层				
经营范围	资产经营、投资开发经营房地产业及物业管理等				

主要财务指标

指标＼报告期	2017.06.30	2016.12.31	2016.06.30	2015.12.31
基本每股收益(元)	0.4300	0.4500	0.4680	0.0765
基本每股收益(扣除后)(元)	0.4300	0.2900	0.4707	0.0507
稀释每股收益(元)	0.4200	0.4500	0.4677	0.0765
每股净资产(元)	5.2912	4.8265	4.6708	4.3648
每股经营现金净流量(元)	–0.2621	–0.1087	–0.1353	0.1076
每股现金流量(元)	0.4580	–1.4080	–1.0059	0.9907
每股资本公积金(元)	0.2668	0.3484	0.1737	0.0405
每股盈余公积金(元)	0.4678	0.4696	0.3577	0.3577
每股未分配利润(元)	3.7024	3.3013	3.4322	2.9666
净资产收益率(%)	7.8172	9.2519	9.9683	1.7525
加权净资产收益率(%)	8.2000	9.8300	10.1200	1.7600
净资产收益率(扣除)(%)	7.8217	5.9803	10.0268	1.1613
总资产(万元)	181863.72	211670.36	205190.95	198236.02
归属母公司股东权益(万元)	158327.11	143876.09	139234.48	130111.97
营业收入(万元)	21337.88	13149.86	403.16	45467.61
营业支出(万元)	14416.31	8520.08	275.19	27123.01
投资收益(万元)	14746.32	25108.89	22552.63	5833.37
净利润(万元)	12372.70	13300.22	13868.60	1815.16
营业利润(万元)	15697.39	8126.90	12637.80	4184.33
利润总额(万元)	15649.77	12511.85	12579.71	4018.74

西安旅游股份有限公司

公司概况					
公司名称	西安旅游股份有限公司			证券简称	西安旅游
法人代表	谢平伟	董秘	梦蕾	证券代码	000610
公司网址	www.xatourism.com			电子信箱	xatour@000610.com
电　话	029-82065529			传　真	029-82065500
办公地址	陕西省西安市碑林区南二环西段 27 号旅游大厦 7 层				
经营范围	旅游饭店、餐饮、服务经营和石油开发、开采及旅游景区、景点的开发经营等				

主要财务指标

指标＼报告期	2017.06.30	2016.12.31	2016.06.30	2015.12.31
基本每股收益(元)	–0.0307	0.0453	0.0156	0.0470
基本每股收益(扣除后)(元)	–0.0590	–0.1762	–0.0502	–0.1256
稀释每股收益(元)	–0.0307	0.0453	0.0156	0.0470
每股净资产(元)	3.3325	3.3820	3.3385	3.3229
每股经营现金净流量(元)	–0.4827	–0.2125	–0.2511	–0.4666
每股现金流量(元)	0.8030	–0.2911	–0.1384	0.1469
每股资本公积金(元)	1.6672	1.6672	1.6672	1.6672
每股盈余公积金(元)	0.1620	0.1620	0.1537	0.1537
每股未分配利润(元)	0.4882	0.5389	0.5176	0.5020
净资产收益率(%)	–0.9211	1.3380	0.4683	1.3760
加权净资产收益率(%)	–0.9100	1.3500	0.4700	1.4900
净资产收益率(扣除)(%)	–1.7709	–5.2093	–1.5027	–3.6746
总资产(万元)	142032.61	138184.83	129702.31	115698.97
归属母公司股东权益(万元)	78895.92	80068.49	79038.53	78668.32
营业收入(万元)	31236.52	80036.36	36110.96	76040.27
营业支出(万元)	28900.25	75009.56	33884.97	71199.97
投资收益(万元)	932.64	4148.16	2021.62	765.35
净利润(万元)	–866.33	909.74	295.96	860.47
营业利润(万元)	–800.85	–920.97	503.79	–3405.19
利润总额(万元)	–761.24	1647.52	565.28	1069.82

内蒙古天首科技发展股份有限公司

公司概况	公司名称	内蒙古天首科技发展股份有限公司			证券简称	天首发展
	法人代表	邱士杰	董秘	姜琴	证券代码	000611
	公司网址			电子信箱	sd000611@163.com	
	电　话	86-10-81030656		传　真	86-10-81030656	
	办公地址	北京市朝阳区朝外大街 16 号中国人寿大厦 13 层 07 单元				
	经营范围	通信终端设备制造及相关技术咨询服务				

	指标＼报告期	2017.06.30	2016.12.31	2016.06.30	2015.12.31
主要财务指标	基本每股收益(元)	−0.0260	0.0159	−0.0548	−1.1064
	基本每股收益(扣除后)(元)	−0.0252	−0.1239	−0.0547	−1.0879
	稀释每股收益(元)	−0.0260	0.0159	−0.0548	−1.1064
	每股净资产(元)	1.6483	0.6061	0.5335	0.5882
	每股经营现金净流量(元)	1.2315	0.1504	−0.0009	0.0070
	每股现金流量(元)	1.2315	0.1464	−0.0009	0.0060
	每股资本公积金(元)	1.5007	0.4324	0.4305	0.4305
	每股盈余公积金(元)	—	—	—	—
	每股未分配利润(元)	−0.8524	−0.8263	−0.8971	−0.8423
	净资产收益率(%)	−1.5799	2.6296	−10.2699	−188.0820
	加权净资产收益率(%)	−2.3100	2.6700	−9.7700	−96.9300
	净资产收益率(扣除)(%)	−1.5315	−23.7517	−10.2475	−184.9443
	总资产(万元)	69578.58	41678.75	38535.13	40226.44
	归属母公司股东权益(万元)	53046.37	19504.23	17168.02	18931.16
	营业收入(万元)	2984.57	2982.93	1410.98	3391.42
	营业支出(万元)	2878.81	2918.44	1383.16	3310.85
	投资收益(万元)	−66.67	−2082.91	−1358.29	−2183.27
	净利润(万元)	−838.08	512.89	−1763.14	−35606.12
	营业利润(万元)	−812.43	−3987.13	−1759.29	−35012.10
	利润总额(万元)	−838.08	1158.34	−1763.14	−35606.12

焦作万方铝业股份有限公司

公司概况	公司名称	焦作万方铝业股份有限公司			证券简称	焦作万方
	法人代表	周传良	董秘	周传良(代)	证券代码	000612
	公司网址	www.jzwfly.cn		电子信箱	longer_lzymp@yeah.net	
	电　话	0391-2535596		传　真	0391-2535597	
	办公地址	河南省焦作市马村区待王镇焦新路南侧				
	经营范围	铝冶炼及加工、铝制品、金属材料销售、普通货物运输等				

	指标＼报告期	2017.06.30	2016.12.31	2016.06.30	2015.12.31
主要财务指标	基本每股收益(元)	0.0910	0.0840	0.0780	−0.0530
	基本每股收益(扣除后)(元)	0.0190	0.1340	0.0670	−0.0900
	稀释每股收益(元)	0.0910	0.0830	0.0770	−0.0520
	每股净资产(元)	3.8925	3.7964	4.0497	3.9606
	每股经营现金净流量(元)	−0.1033	0.1929	0.2379	−0.0361
	每股现金流量(元)	−0.1619	−0.0453	1.2980	0.1858
	每股资本公积金(元)	1.3474	1.3474	1.3436	1.3438
	每股盈余公积金(元)	0.2665	0.2665	0.2559	0.2559
	每股未分配利润(元)	1.2047	1.1143	1.3563	1.2802
	净资产收益率(%)	2.3219	2.1923	1.8804	−1.3124
	加权净资产收益率(%)	2.3600	2.1400	1.9100	−1.3200
	净资产收益率(扣除)(%)	0.4764	3.5051	1.6103	−2.2185
	总资产(万元)	730153.72	728094.04	826265.88	862833.21
	归属母公司股东权益(万元)	464066.58	452603.66	487044.52	476402.08
	营业收入(万元)	228466.15	392600.06	216115.74	465834.27
	营业支出(万元)	224251.35	345927.94	187140.34	446312.32
	投资收益(万元)	4925.31	6932.15	−6364.17	3890.20
	净利润(万元)	10775.23	9922.36	9158.41	−6252.30
	营业利润(万元)	−1803.50	24556.58	8452.33	−20220.56
	利润总额(万元)	11930.21	13294.45	14135.12	−9133.16

海南大东海旅游中心股份有限公司

公司概况	公司名称	海南大东海旅游中心股份有限公司			证券简称	*ST 东海 A
	法人代表	黎愿斌	董秘	汪宏娟	证券代码	000613
	公司网址			电子信箱	hnddh@21cn.com	
	电　话	0898-88219921		传　真	0898-88214998	
	办公地址	海南省三亚市大东海				
	经营范围	住宿及饮食业				

	指标＼报告期	2017.06.30	2016.12.31	2016.06.30	2015.12.31
主要财务指标	基本每股收益(元)	0.0047	−0.0073	0.0005	−0.0205
	基本每股收益(扣除后)(元)	0.0047	−0.0112	0.0003	−0.0260
	稀释每股收益(元)	0.0047	−0.0073	0.0005	−0.0205
	每股净资产(元)	0.2087	0.2040	0.2118	0.2113
	每股经营现金净流量(元)	0.0089	0.0076	0.0040	−0.0048
	每股现金流量(元)	−0.0470	0.0204	−0.0219	−0.0076
	每股资本公积金(元)	0.1487	0.1487	0.1487	0.1487
	每股盈余公积金(元)	—	—	–	–
	每股未分配利润(元)	−0.9400	−0.9447	−0.9369	−0.9374
	净资产收益率(%)	2.2623	−3.5826	0.2232	−9.7194
	加权净资产收益率(%)	2.2900	−3.5200	0.2200	−9.2700
	净资产收益率(扣除)(%)	2.2623	−5.4832	0.1228	−12.3139
	总资产(万元)	9620.08	10544.42	10386.73	10488.76
	归属母公司股东权益(万元)	7599.57	7427.64	7710.96	7693.75
	营业收入(万元)	1509.63	2170.89	1206.28	1588.59
	营业支出(万元)	525.61	1025.84	55.47	62.67
	投资收益(万元)	—	139.09	–	42.20
	净利润(万元)	171.93	−266.11	17.21	−747.79
	营业利润(万元)	171.90	−268.18	15.21	−905.20
	利润总额(万元)	171.93	−266.11	22.95	−747.79

京汉实业投资股份有限公司

公司概况	公司名称	京汉实业投资股份有限公司			证券简称	京汉股份
	法人代表	田汉	董秘	李红	证券代码	000615
	公司网址	www.000615.com.cn		电子信箱	lihong8878@sohu.com	
	电　话	0710-2105321 2108234		传　真	0710-2108233 2105321	
	办公地址	湖北省襄阳市樊城区陈家湖				
	经营范围	粘胶纤维、玻璃纸(含食品包装用)制造、销售等				

	指标＼报告期	2017.06.30	2016.12.31	2016.06.30	2015.12.31
主要财务指标	基本每股收益(元)	−0.0370	0.1400	−0.1000	0.6100
	基本每股收益(扣除后)(元)	−0.0575	0.1200	−0.1000	0.1100
	稀释每股收益(元)	−0.0370	0.1400	−0.1000	0.6100
	每股净资产(元)	2.0969	2.1800	3.9256	4.2386
	每股经营现金净流量(元)	−0.3990	1.0577	0.0046	4.6472
	每股现金流量(元)	0.3595	−0.4015	−0.3880	1.2514
	每股资本公积金(元)	—	—	0.6101	0.6101
	每股盈余公积金(元)	0.1767	0.1767	0.3535	0.3535
	每股未分配利润(元)	0.8569	0.9340	1.7807	2.0792
	净资产收益率(%)	−1.7653	6.4225	−5.0230	14.3738
	加权净资产收益率(%)	−1.7100	6.4700	−4.2700	14.3500
	净资产收益率(扣除)(%)	−2.7827	5.5540	−5.1399	1.6518
	总资产(万元)	759236.10	681726.12	789365.08	734294.06
	归属母公司股东权益(万元)	163613.95	170096.54	153147.72	165359.62
	营业收入(万元)	67150.22	424261.69	65840.52	241328.13
	营业支出(万元)	54407.61	348934.67	53502.20	178801.86
	投资收益(万元)	1189.22	635.33	641.75	14870.27
	净利润(万元)	−1533.62	19013.20	−7702.89	26348.86
	营业利润(万元)	−1613.67	21538.61	−9017.48	35477.85
	利润总额(万元)	−1480.40	22509.92	−9017.91	35775.75

海航投资集团股份有限公司

公司概况					
公司名称	海航投资集团股份有限公司			证券简称	海航投资
法人代表	于波	董秘	杜璟	证券代码	000616
公司网址	www.hnainvestment.com			电子信箱	htgf@hnainvestment.com
电　　话	010-50960309			传　　真	010-50960300
办公地址	北京市朝阳区建国路108号海航实业大厦16层				
经营范围	房地产项目开发、销售商品房、自有房屋物业管理、智能教育开发、基础教育等				

主要财务指标：指标\报告期	2017.06.30	2016.12.31	2016.06.30	2015.12.31
基本每股收益(元)	0.0300	-0.3000	0.0035	0.1600
基本每股收益(扣除后)(元)	-0.0400	-0.3000	0.0037	-0.1200
稀释每股收益(元)	0.0300	-0.3000	0.0035	0.1600
每股净资产(元)	2.7916	2.7746	3.0674	3.0839
每股经营现金净流量(元)	-0.0764	0.0322	0.0168	0.1927
每股现金流量(元)	0.8981	-0.1750	-0.2336	0.7421
每股资本公积金(元)	0.1409	0.1409	0.1409	0.1409
每股盈余公积金(元)	0.2153	0.2153	0.2153	0.2153
每股未分配利润(元)	1.4303	1.4033	1.7112	1.7277
净资产收益率(%)	0.9662	-10.9697	0.1147	5.0304
加权净资产收益率(%)	0.9700	-10.4200	0.1100	5.1400
净资产收益率(扣除)(%)	-1.6017	-10.9490	0.1191	-3.9148
总资产(万元)	1022362.09	889780.54	886458.24	876374.33
归属母公司股东权益(万元)	399266.90	396827.92	438707.50	441063.78
营业收入(万元)	3771.74	28668.37	21538.58	123134.63
营业支出(万元)	1705.68	17172.86	12241.28	96431.96
投资收益(万元)	12664.50	2693.15	1387.66	44052.82
净利润(万元)	3621.87	-47755.86	466.47	22109.22
营业利润(万元)	4409.46	-46732.63	838.13	35914.57
利润总额(万元)	4384.73	-46853.39	810.52	34717.50

中国石油集团资本股份有限公司

公司概况					
公司名称	中国石油集团资本股份有限公司			证券简称	中油资本
法人代表	蒋尚军	董秘	王华	证券代码	000617
公司网址	www.jichai.com			电子信箱	zyzb@cnpc.com.cn
电　　话	010-89025598　89025597			传　　真	010-89025555
办公地址	北京市西城区金融街一号金亚光大厦B座21层				
经营范围	柴油机、气体发动机、柴油及气体发电机组的制造、销售、租赁、修理等				

主要财务指标：指标\报告期	2017.06.30	2016.12.31	2016.06.30	2015.12.31
基本每股收益(元)	0.4000	0.7600	0.4100	0.8300
基本每股收益(扣除后)(元)	0.4000	-1.2700	-0.5800	-0.3400
稀释每股收益(元)	0.4000	0.7600	0.4100	0.8300
每股净资产(元)	7.6533	7.2902	1.2881	1.8331
每股经营现金净流量(元)	0.0083	-85.9739	133.3871	40.6604
每股现金流量(元)	-4.5710	-72.5208	52.3814	44.0181
每股资本公积金(元)	4.2924	134.8004	0.1474	107.8985
每股盈余公积金(元)	0.4977	15.6294	0.3034	14.8855
每股未分配利润(元)	1.3340	29.4118	-0.1627	52.3738
净资产收益率(%)	5.1930	8.4085	-42.3077	-14.4535
加权净资产收益率(%)	5.3200	10.7200	5.2800	11.3900
净资产收益率(扣除)(%)	5.1936	-0.5540	-44.8010	-18.7293
总资产(万元)	78657489.14	77529624.69	197647.42	73299935.85
归属母公司股东权益(万元)	6910998.59	6583124.20	37039.14	5565451.64
营业收入(万元)	16069.75	74610.38	30605.45	110999.37
营业支出(万元)	13583.73	73529.19	33583.71	88440.71
投资收益(万元)	116949.15	164072.74	98719.26	426524.33
净利润(万元)	700300.05	1220087.82	689451.81	1153432.39
营业利润(万元)	845613.46	1429287.22	796718.51	1326403.59
利润总额(万元)	845578.42	1450980.19	801723.53	1360466.88

芜湖海螺型材科技股份有限公司

公司概况					
公司名称	芜湖海螺型材科技股份有限公司			证券简称	海螺型材
法人代表	万涌	董秘	汪涛	证券代码	000619
公司网址	profile.conch.cn			电子信箱	hlxc@chinaconch.com
电　　话	0553-8396868　8396856			传　　真	0553-8396808
办公地址	安徽省芜湖市镜湖区文化路39号芜湖海螺国际大酒店10-11层				
经营范围	塑料型材、板材、门窗、五金制品、钢龙骨制造、销售、安装等				

主要财务指标：指标\报告期	2017.06.30	2016.12.31	2016.06.30	2015.12.31
基本每股收益(元)	0.0065	0.2110	0.1573	0.2626
基本每股收益(扣除后)(元)	-0.0920	0.0981	0.0988	0.1615
稀释每股收益(元)	0.0065	0.2110	0.1573	0.2626
每股净资产(元)	6.7643	6.8578	6.8041	6.7468
每股经营现金净流量(元)	-0.0741	0.9299	0.3670	1.1621
每股现金流量(元)	-0.1192	-0.9018	-0.5285	-0.0841
每股资本公积金(元)	1.2249	1.2249	1.2249	1.2249
每股盈余公积金(元)	0.7256	0.7256	0.7061	0.7061
每股未分配利润(元)	3.8138	3.9073	3.8731	3.8158
净资产收益率(%)	0.0958	3.0773	2.3120	3.8929
加权净资产收益率(%)	0.1000	3.1000	2.3200	3.9500
净资产收益率(扣除)(%)	-1.3602	1.4298	1.4520	2.3937
总资产(万元)	393244.17	387538.09	399474.11	390929.72
归属母公司股东权益(万元)	243515.18	246881.80	244947.74	242884.58
营业收入(万元)	145713.59	318451.47	146441.27	342909.64
营业支出(万元)	130508.63	271968.03	120742.55	288989.80
投资收益(万元)	1178.83	1980.46	720.41	1285.50
净利润(万元)	397.72	8712.98	6255.52	11780.78
营业利润(万元)	781.65	8264.38	6474.04	12392.44
利润总额(万元)	979.36	12047.41	8559.27	16375.08

新华联文化旅游发展股份有限公司

公司概况					
公司名称	新华联文化旅游发展股份有限公司			证券简称	新 华 联
法人代表	丁伟	董秘	杭冠宇	证券代码	000620
公司网址				电子信箱	xin000620@126.com
电　　话	010-80559199			传　　真	010-80559190
办公地址	北京市通州区台湖镇政府大街新华联集团总部大厦				
经营范围	房地产开发、销售自行开发后的商品房等				

主要财务指标：指标\报告期	2017.06.30	2016.12.31	2016.06.30	2015.12.31
基本每股收益(元)	0.1000	0.2800	0.0600	0.1700
基本每股收益(扣除后)(元)	0.0300	0.2600	0.0500	0.0900
稀释每股收益(元)	0.1000	0.2800	0.0600	0.1700
每股净资产(元)	3.2539	3.2523	3.0750	3.1204
每股经营现金净流量(元)	0.3208	-0.5218	-0.8612	-1.5291
每股现金流量(元)	-0.9634	1.1392	-0.3600	0.7687
每股资本公积金(元)	1.1126	1.1123	1.1203	1.1095
每股盈余公积金(元)	0.1301	0.1301	0.1301	0.1301
每股未分配利润(元)	1.7620	1.7638	1.5469	1.5912
净资产收益率(%)	3.0161	8.4928	1.8131	5.1829
加权净资产收益率(%)	2.9800	8.6900	1.7800	5.8900
净资产收益率(扣除)(%)	0.8782	7.9483	1.6545	2.6593
总资产(万元)	4581040.14	4457437.85	3968885.37	3399415.30
归属母公司股东权益(万元)	617159.97	616867.55	583230.06	591843.01
营业收入(万元)	221994.67	751581.11	163616.86	464668.35
营业支出(万元)	163342.47	535799.30	124129.11	341431.21
投资收益(万元)	27722.50	27593.29	16293.00	18239.18
净利润(万元)	17884.23	47656.17	8147.76	28792.28
营业利润(万元)	25780.51	72342.07	8775.78	25083.92
利润总额(万元)	27374.86	73979.18	10070.69	39151.55

恒立实业发展集团股份有限公司

公司概况	公司名称	恒立实业发展集团股份有限公司		证券简称	恒立实业
	法人代表	马伟进	董秘	李滔	证券代码	000622
	公司网址	www.yyhengli.com	电子信箱	yueyuan421@.163.com	
	电　话	0730-8245282	传　真	0730-8245129	
	办公地址	湖南省岳阳市金鹗中路228号景源商务中心四楼			
	经营范围	从事汽车空调设备的制造、销售、安装、维修、加工、销售机械设备等			

指标\报告期	2017.06.30	2016.12.31	2016.06.30	2015.12.31
基本每股收益(元)	-0.0187	0.1129	-0.0255	-0.1100
基本每股收益(扣除后)(元)	-0.0212	-0.1204	-0.0268	-0.1200
稀释每股收益(元)	-0.0187	0.1129	-0.0255	-0.1100
每股净资产(元)	0.4554	0.4740	0.3356	0.3612
每股经营现金净流量(元)	-0.0502	-0.0072	0.0106	-0.0667
每股现金流量(元)	0.1261	0.3546	0.1214	-0.2118
每股资本公积金(元)	0.4302	0.4302	0.4302	0.4302
每股盈余公积金(元)	0.0030	0.0030	0.0030	0.0030
每股未分配利润(元)	-0.9778	-0.9591	-1.0975	-1.0720
净资产收益率(%)	-4.1005	23.8125	-7.6124	-30.4845
加权净资产收益率(%)	-4.0200	27.0300	-7.3300	-26.4500
净资产收益率(扣除)(%)	-4.6618	-25.4032	-7.9888	-32.3435
总资产(万元)	40618.55	46646.66	28753.51	30617.70
归属母公司股东权益(万元)	19363.12	20157.11	14270.84	15357.20
营业收入(万元)	2118.19	4186.97	1828.86	4704.20
营业支出(万元)	1830.96	3665.37	1686.00	4405.07
投资收益(万元)	-35.16	10053.65	22.35	124.61
净利润(万元)	-877.71	4357.40	-1221.91	-5236.68
营业利润(万元)	-952.51	4511.08	-1280.66	-5662.86
利润总额(万元)	-843.83	4648.28	-1221.91	-5113.73

吉林敖东药业集团股份有限公司

公司概况	公司名称	吉林敖东药业集团股份有限公司			证券简称	吉林敖东
	法人代表	李秀林	董秘	陈永丰	证券代码	000623
	公司网址	www.jlaod.com	电子信箱	000623@jlaod.com		
	电　话	0433-6238973	传　真	0433-6238973		
	办公地址	吉林省敦化市敖东大街2158号				
	经营范围	种植养殖、商业(国家专项控制、专营除外)、机械修理、仓储等				

指标\报告期	2017.06.30	2016.12.31	2016.06.30	2015.12.31
基本每股收益(元)	0.7800	1.4500	0.7200	2.9000
基本每股收益(扣除后)(元)	0.7300	1.7600	0.9300	2.7700
稀释每股收益(元)	0.7800	1.8900	0.7200	2.9000
每股净资产(元)	16.6681	16.0300	19.1215	19.4298
每股经营现金净流量(元)	0.0632	0.3732	0.1411	0.4338
每股现金流量(元)	-0.1748	-0.5483	-1.3525	0.1368
每股资本公积金(元)	3.4988	4.5485	4.5451	4.5454
每股盈余公积金(元)	1.1946	1.5529	1.4191	1.4191
每股未分配利润(元)	10.4655	13.1864	12.3943	11.7504
净资产收益率(%)	4.7016	8.9408	4.9013	14.9239
加权净资产收益率(%)	4.7800	9.4300	4.8000	17.3300
净资产收益率(扣除)(%)	4.4016	8.3567	4.8458	14.2755
总资产(万元)	2097115.82	2034050.33	1961690.11	1983401.63
归属母公司股东权益(万元)	1938118.89	1863914.55	1710296.18	1737877.16
营业收入(万元)	122563.26	273669.71	121693.06	233476.08
营业支出(万元)	38518.49	79290.57	35847.37	72484.64
投资收益(万元)	73999.12	131520.30	65209.75	224037.86
净利润(万元)	91099.58	165584.14	84009.68	260182.94
营业利润(万元)	92855.61	162803.64	85494.29	255451.42
利润总额(万元)	94919.70	174008.63	87410.91	267031.13

重庆长安汽车股份有限公司

公司概况	公司名称	重庆长安汽车股份有限公司			证券简称	长安汽车
	法人代表	张宝林	董秘	黎军	证券代码	000625
	公司网址	www.changan.com.cn	电子信箱	cazqc@changan.com.cn		
	电　话	023-67594008	传　真	023-67866055		
	办公地址	重庆市江北区建新东路260号				
	经营范围	乘用车和商用车的开发、制造和销售等				

指标\报告期	2017.06.30	2016.12.31	2016.06.30	2015.12.31
基本每股收益(元)	0.9600	2.1900	1.1800	2.1300
基本每股收益(扣除后)(元)	0.7400	2.0200	1.0800	2.0460
稀释每股收益(元)	0.9600	--	1.1800	-
每股净资产(元)	9.3907	9.0729	7.8916	7.3742
每股经营现金净流量(元)	1.0327	0.4761	0.9910	1.1613
每股现金流量(元)	0.7945	1.0968	0.7215	1.7935
每股资本公积金(元)	1.0641	1.0589	0.6922	0.6922
每股盈余公积金(元)	0.5000	0.5000	0.5000	0.5000
每股未分配利润(元)	6.8020	6.4812	5.6622	5.1254
净资产收益率(%)	10.2451	23.6043	14.9222	28.9448
加权净资产收益率(%)	10.4200	26.8100	15.4300	33.1400
净资产收益率(扣除)(%)	7.8864	21.6844	13.7273	27.8027
总资产(万元)	10728271.91	10651047.37	9547868.42	8941398.87
归属母公司股东权益(万元)	4510000.17	4357381.24	3679744.36	3438518.91
营业收入(万元)	3355521.31	7854244.18	3580176.29	6677158.05
营业支出(万元)	2879275.57	6448760.59	2986733.82	5340671.07
投资收益(万元)	383161.90	961901.63	520899.13	949740.91
净利润(万元)	466746.26	1027659.47	547675.16	992255.35
营业利润(万元)	466891.36	945817.15	520162.75	958745.62
利润总额(万元)	470845.87	1034982.48	570629.81	1001188.50

远大产业控股股份有限公司

公司概况	公司名称	远大产业控股股份有限公司			证券简称	远大控股
	法人代表	金波	董秘	张勉	证券代码	000626
	公司网址	www.grand-holding.cn	电子信箱	ydkg@grand-holding.cn		
	电　话	0518-85153595	传　真	0518-85150105		
	办公地址	江苏省连云港市经济技术开发区高新八路4号				
	经营范围	进出口贸易业务				

指标\报告期	2017.06.30	2016.12.31	2016.06.30	2015.12.31
基本每股收益(元)	0.4128	0.7500	0.7189	0.7600
基本每股收益(扣除后)(元)	-0.1962	0.3500	-1.0165	-1.7800
稀释每股收益(元)	0.4128	0.7500	0.7189	0.7600
每股净资产(元)	5.1450	4.7343	9.6068	4.7485
每股经营现金净流量(元)	-1.8233	-0.0522	-4.4421	-3.4409
每股现金流量(元)	-0.0034	1.1619	2.9272	4.3656
每股资本公积金(元)	2.0651	2.0651	5.1293	0.1626
每股盈余公积金(元)	0.0189	0.0189	0.0149	0.0221
每股未分配利润(元)	2.0898	1.6769	3.4540	3.5530
净资产收益率(%)	8.0239	13.7939	10.9326	32.0391
加权净资产收益率(%)	8.3600	19.0200	22.6900	38.2700
净资产收益率(扣除)(%)	-3.8129	6.3794	-7.7288	-37.4380
总资产(万元)	1263921.33	1233308.07	1294027.86	861779.95
归属母公司股东权益(万元)	307994.57	283412.94	287546.83	96157.95
营业收入(万元)	4860471.34	7575212.88	3070652.41	5536623.80
营业支出(万元)	4849028.78	7400386.27	3018161.44	5488352.83
投资收益(万元)	71597.44	8245.92	55207.31	187774.65
净利润(万元)	21162.72	55325.45	50151.91	62782.79
营业利润(万元)	6889.52	67207.10	63473.45	72126.21
利润总额(万元)	26111.05	85804.64	78540.49	83806.69

天茂实业集团股份有限公司

	公司名称	天茂实业集团股份有限公司			证券简称	天茂集团
公司概况	法人代表	刘益谦	董秘	龙飞	证券代码	000627
	公司网址	www.biocause.com			电子信箱	tmjt@biocause.net
	电话	0724-2223218			传真	0724-2217652
	办公地址	湖北省荆门市杨湾路132号				
	经营范围	化工产品(不含危险化学品、需经审批的项目持有效许可证经营)的生产、销售等				

	指标\报告期	2017.06.30	2016.12.31	2016.06.30	2015.12.31
主要财务指标	基本每股收益(元)	0.1500	0.4400	0.2200	0.1800
	基本每股收益(扣除后)(元)	0.1500	--	0.0900	-0.1100
	稀释每股收益(元)	0.1500	0.4400	0.1900	0.1800
	每股净资产(元)	3.1616	3.2405	2.9995	1.2852
	每股经营现金净流量(元)	2.7185	-0.5500	-0.9909	-0.0345
	每股现金流量(元)	-0.0910	2.5530	3.7074	0.0120
	每股资本公积金(元)	1.6287	1.6241	1.5515	0.0221
	每股盈余公积金(元)	0.0256	0.0256	0.0256	0.0807
	每股未分配利润(元)	0.5734	0.4514	0.2287	0.1364
	净资产收益率(%)	4.6474	12.8876	6.4988	14.2134
	加权净资产收益率(%)	4.5900	15.0200	8.0500	15.7300
	净资产收益率(扣除)(%)	4.6367	8.8473	2.7081	-8.7790
	总资产(万元)	12990896.52	11787672.22	10992007.18	240921.35
	归属母公司股东权益(万元)	1346594.72	1380176.03	1277540.33	173966.70
	营业收入(万元)	28055.25	48132.62	24765.76	54110.71
	营业支出(万元)	23215.67	40636.60	21860.25	51797.18
	投资收益(万元)	--	734250.26	-	54351.10
	净利润(万元)	126039.84	310884.25	120045.40	25053.85
	营业利润(万元)	126203.34	342480.39	114103.20	33219.28
	利润总额(万元)	126401.25	343256.12	114212.46	33443.35

成都高新发展股份有限公司

	公司名称	成都高新发展股份有限公司			证券简称	高新发展
公司概况	法人代表	陈明乾	董秘	杨砚琪	证券代码	000628
	公司网址	www.cdgxfz.com			电子信箱	cdgxfz000628@163.com
	电话	028-85137070 85130316			传真	028-85184099
	办公地址	四川省成都市高新技术产业开发区九兴大道8号				
	经营范围	高新技术产品的开发、生产、经营、高新技术的交流转让等				

	指标\报告期	2017.06.30	2016.12.31	2016.06.30	2015.12.31
主要财务指标	基本每股收益(元)	0.0550	0.0940	0.0167	0.1660
	基本每股收益(扣除后)(元)	0.0060	0.0750	0.0125	-0.2370
	稀释每股收益(元)	0.0550	0.0940	0.0167	0.1660
	每股净资产(元)	2.3978	2.3445	2.2655	2.2477
	每股经营现金净流量(元)	0.4550	0.2055	-0.0325	-0.3227
	每股现金流量(元)	0.4600	-0.4557	-0.4669	0.3872
	每股资本公积金(元)	2.3386	2.3386	2.3386	2.3386
	每股盈余公积金(元)	0.0312	0.0312	0.0312	0.0312
	每股未分配利润(元)	-0.9726	-1.0278	-1.1054	-1.1221
	净资产收益率(%)	2.3020	4.0213	0.7369	6.6660
	加权净资产收益率(%)	2.3300	4.1100	0.7400	9.0700
	净资产收益率(扣除)(%)	0.2312	3.2181	0.5507	-9.5191
	总资产(万元)	370232.26	348360.54	411752.65	397106.49
	归属母公司股东权益(万元)	74686.36	73027.66	70564.77	70010.34
	营业收入(万元)	32850.29	111376.33	80626.81	177075.83
	营业支出(万元)	25804.42	94768.87	72912.32	160760.35
	投资收益(万元)	1710.65	583.53	315.18	13801.20
	净利润(万元)	1908.68	3369.84	618.93	4919.34
	营业利润(万元)	2149.31	3471.52	836.18	7992.28
	利润总额(万元)	2204.52	4205.07	939.60	6330.64

铜陵有色金属集团股份有限公司

	公司名称	铜陵有色金属集团股份有限公司			证券简称	铜陵有色
公司概况	法人代表	杨军	董秘	吴和平	证券代码	000630
	公司网址	www.tlys.cn			电子信箱	tlys@126.com
	电话	0562-5860159 5860149			传真	0562-2825082
	办公地址	安徽省铜陵市长江西路有色大院西楼				
	经营范围	铜产品、黄金等副产品、化工及其他产品等				

	指标\报告期	2017.06.30	2016.12.31	2016.06.30	2015.12.31
主要财务指标	基本每股收益(元)	0.0220	0.0200	0.0050	-0.0700
	基本每股收益(扣除后)(元)	0.0220	0.0100	0.0010	-0.0900
	稀释每股收益(元)	0.0220	0.0200	0.0050	-0.0700
	每股净资产(元)	1.6115	1.7402	1.4479	1.4519
	每股经营现金净流量(元)	-0.0121	0.5061	0.1613	0.5098
	每股现金流量(元)	-0.2306	0.3069	-0.1227	0.0892
	每股资本公积金(元)	0.2291	0.2522	0.0758	0.0758
	每股盈余公积金(元)	0.0926	0.1019	0.0990	0.0990
	每股未分配利润(元)	0.2795	0.2830	0.2729	0.2680
	净资产收益率(%)	1.3930	1.0838	0.3339	-4.8009
	加权净资产收益率(%)	1.4100	1.2900	0.3300	-4.6300
	净资产收益率(扣除)(%)	1.3822	0.3981	0.0920	-5.8669
	总资产(万元)	4396491.01	4459388.38	4143302.11	4416748.98
	归属母公司股东权益(万元)	1696369.39	1663773.51	1384312.05	1388130.96
	营业收入(万元)	3832051.73	8667410.33	4181515.05	8689660.41
	营业支出(万元)	3678092.85	8349314.08	4043952.25	8463820.69
	投资收益(万元)	2773.83	10993.33	1673.44	6901.81
	净利润(万元)	33737.85	32441.25	10425.01	-72981.72
	营业利润(万元)	43370.39	42428.99	14957.83	-88122.89
	利润总额(万元)	43189.90	51565.45	19865.69	-75926.26

顺发恒业股份公司

	公司名称	顺发恒业股份公司			证券简称	顺发恒业
公司概况	法人代表	管大源	董秘	程捷	证券代码	000631
	公司网址	www.sfhy.cn			电子信箱	chengjie@sfhy.cn
	电话	0431-85180631			传真	0431-81150631
	办公地址	吉林省长春市朝阳区延安大路1号盛世国际写字间3026室				
	经营范围	房地产经营开发、物业管理、装修装饰、房屋和土木工程建设业等				

	指标\报告期	2017.06.30	2016.12.31	2016.06.30	2015.12.31
主要财务指标	基本每股收益(元)	0.1200	0.1600	0.1100	0.2200
	基本每股收益(扣除后)(元)	0.1200	0.1600	0.1100	0.2300
	稀释每股收益(元)	0.1200	0.1600	0.1100	0.2200
	每股净资产(元)	2.3176	2.2955	2.2375	2.5707
	每股经营现金净流量(元)	0.2610	1.3585	0.7171	2.1714
	每股现金流量(元)	-0.9133	2.4404	1.5714	0.4200
	每股资本公积金(元)	0.5716	0.5716	0.5716	0.1477
	每股盈余公积金(元)	0.1139	0.1139	0.1085	0.1802
	每股未分配利润(元)	0.6236	0.5993	0.5509	1.2348
	净资产收益率(%)	5.3624	6.5604	4.3232	8.6875
	加权净资产收益率(%)	5.3500	7.6400	5.7400	9.0200
	净资产收益率(扣除)(%)	5.3700	6.6760	4.4180	8.9327
	总资产(万元)	1478879.89	1663939.82	1485969.19	1189184.03
	归属母公司股东权益(万元)	563754.60	558377.50	544279.80	376270.27
	营业收入(万元)	317565.21	363531.89	214526.40	347411.52
	营业支出(万元)	259973.28	262861.88	156731.13	258278.97
	投资收益(万元)	5255.82	-1416.25	-552.58	-1234.94
	净利润(万元)	29928.90	36114.82	23493.82	32688.44
	营业利润(万元)	38645.51	50515.36	32456.07	46018.20
	利润总额(万元)	38635.13	49649.33	31819.68	44392.88

福建三木集团股份有限公司

公司概况						
	公司名称	福建三木集团股份有限公司			证券简称	三木集团
	法人代表	卢少辉	董秘	陈昕	证券代码	000632
	公司网址	www.san-mu.com		电子信箱	zqsw@san-mu.com	
	电　　话	0591-83355146		传　　真	0591-83341504	
	办公地址	福建省福州市台江区江滨西大道 118 号 IFC 福州国际金融中心 41 层				
	经营范围	房地产、进出口贸易				

主要财务指标	指标＼报告期	2017.06.30	2016.12.31	2016.06.30	2015.12.31
	基本每股收益(元)	0.0108	0.0356	0.0075	0.0261
	基本每股收益(扣除后)(元)	-0.0015	-0.0523	-0.0098	-0.0919
	稀释每股收益(元)	0.0108	0.0356	0.0075	0.0261
	每股净资产(元)	2.6868	2.6771	2.6490	2.6415
	每股经营现金净流量(元)	0.4613	0.5171	-1.5706	0.9203
	每股现金流量(元)	0.4989	0.3471	-0.2848	0.1166
	每股资本公积金(元)	--	--	-	-
	每股盈余公积金(元)	--	--	-	-
	每股未分配利润(元)	0.3021	0.2924	0.2643	0.2568
	净资产收益率(%)	0.4006	1.3300	0.2824	0.9890
	加权净资产收益率(%)	0.4000	1.3400	0.2800	0.9900
	净资产收益率(扣除)(%)	-0.0571	-1.9550	-0.3682	-3.4793
	总资产(万元)	739807.18	675669.07	716425.71	715301.32
	归属母公司股东权益(万元)	125077.61	124622.36	123313.95	122967.64
	营业收入(万元)	211527.35	491907.66	222187.01	462308.63
	营业支出(万元)	188927.21	452818.05	203007.47	417829.86
	投资收益(万元)	-1016.64	1621.77	575.21	-2156.86
	净利润(万元)	729.44	3994.20	2076.10	3586.57
	营业利润(万元)	2150.88	5589.92	3951.16	9279.43
	利润总额(万元)	3061.03	9695.59	4148.31	9011.16

新疆合金投资股份有限公司

公司概况						
	公司名称	新疆合金投资股份有限公司			证券简称	合金投资
	法人代表	康莹	董秘	冯少伟	证券代码	000633
	公司网址	www.hjinv.com		电子信箱	hjtzdsh@dingtalk.com	
	电　　话	024-89350633		传　　真	024-23769620	
	办公地址	辽宁省沈阳市浑南新区天赐街 7-1 号曙光大厦 A 座 7 层				
	经营范围	投资入股、国内贸易等				

主要财务指标	指标＼报告期	2017.06.30	2016.12.31	2016.06.30	2015.12.31
	基本每股收益(元)	-0.0381	0.0686	-0.0710	-0.1096
	基本每股收益(扣除后)(元)	-0.0388	-0.0669	-0.0695	-0.1075
	稀释每股收益(元)	-0.0381	0.0686	-0.0710	-0.1096
	每股净资产(元)	0.4348	0.4729	0.3333	0.4043
	每股经营现金净流量(元)	-0.2686	-0.1409	-0.0476	0.1023
	每股现金流量(元)	1.4329	0.0892	-0.0653	0.0421
	每股资本公积金(元)	0.1243	0.1243	0.1243	0.1243
	每股盈余公积金(元)	0.1690	0.1690	0.1690	0.1690
	每股未分配利润(元)	-0.8585	-0.8204	-0.9600	-0.8890
	净资产收益率(%)	-8.7525	14.5003	-21.2953	-27.1176
	加权净资产收益率(%)	-8.3900	15.6300	-19.2500	-23.8800
	净资产收益率(扣除)(%)	-8.9267	-14.1503	-21.4207	-26.5798
	总资产(万元)	97000.94	96566.99	19620.05	21978.16
	归属母公司股东权益(万元)	16745.72	18211.39	12837.01	15570.68
	营业收入(万元)	2800.12	5200.70	2039.74	4481.62
	营业支出(万元)	2276.26	4253.60	1926.36	5099.48
	投资收益(万元)	5.51	6878.97	-	-24.93
	净利润(万元)	-1537.61	2518.91	-2767.31	-4222.48
	营业利润(万元)	-1490.28	2906.86	-2788.77	-4121.52
	利润总额(万元)	-1493.57	2984.79	-2767.30	-4233.16

宁夏英力特化工股份有限公司

公司概况						
	公司名称	宁夏英力特化工股份有限公司			证券简称	英 力 特
	法人代表	宗维海	董秘	李学军	证券代码	000635
	公司网址	www.yinglitechem.com		电子信箱	ylt_zqb@yinglitechem.com	
	电　　话	0952-3689323		传　　真	0952-3689589	
	办公地址	宁夏回族自治区石嘴山市惠农区钢电路				
	经营范围	电石及其系列延伸产品的生产和销售等				

主要财务指标	指标＼报告期	2017.06.30	2016.12.31	2016.06.30	2015.12.31
	基本每股收益(元)	0.2300	0.3600	0.1090	0.0980
	基本每股收益(扣除后)(元)	0.2300	0.2900	0.1010	0.0700
	稀释每股收益(元)	0.2300	0.3600	0.1090	0.0980
	每股净资产(元)	9.7899	9.5520	9.3007	9.2159
	每股经营现金净流量(元)	0.4125	0.6599	0.0747	0.3878
	每股现金流量(元)	0.4838	0.5443	0.0231	0.3542
	每股资本公积金(元)	6.1981	6.1981	6.1981	6.1981
	每股盈余公积金(元)	0.3172	0.3172	0.2805	0.2805
	每股未分配利润(元)	2.2492	2.0147	1.7980	1.7192
	净资产收益率(%)	2.3956	3.7924	1.1697	1.0636
	加权净资产收益率(%)	2.4300	3.8600	1.1700	1.0700
	净资产收益率(扣除)(%)	2.3087	3.0818	1.0900	0.7356
	总资产(万元)	340284.44	333009.06	313935.45	314381.53
	归属母公司股东权益(万元)	296718.92	289509.97	281892.20	279323.69
	营业收入(万元)	100766.08	159605.13	76362.51	169581.67
	营业支出(万元)	82830.97	127143.56	63994.44	145422.42
	投资收益(万元)	53.94	-148.99	-0.37	-
	净利润(万元)	7108.10	10979.40	3297.28	2970.92
	营业利润(万元)	9235.02	12550.65	4132.68	2837.06
	利润总额(万元)	9532.13	14851.51	4468.42	4042.43

广东风华高新科技股份有限公司

公司概况						
	公司名称	广东风华高新科技股份有限公司			证券简称	风华高科
	法人代表	幸建超	董秘	陈绪运	证券代码	000636
	公司网址	www.fenghua-advanced.com		电子信箱	000636@china-fenghua.com	
	电　　话	0758-2844724		传　　真	0758-2865223	
	办公地址	广东省肇庆市风华路 18 号风华电子工业城				
	经营范围	研究、开发、生产、销售各类型高科技新型电子元器件等				

主要财务指标	指标＼报告期	2017.06.30	2016.12.31	2016.06.30	2015.12.31
	基本每股收益(元)	0.1200	0.1600	0.0900	0.0800
	基本每股收益(扣除后)(元)	0.0800	-0.0100	-0.0022	-0.0100
	稀释每股收益(元)	0.1200	0.1600	0.0900	0.0800
	每股净资产(元)	5.0072	5.0345	5.1228	5.2835
	每股经营现金净流量(元)	0.0824	0.2425	0.1380	0.0185
	每股现金流量(元)	0.0722	-0.9952	-0.5196	0.0025
	每股资本公积金(元)	2.7010	2.6956	2.6902	2.7015
	每股盈余公积金(元)	0.3392	0.3392	0.3222	0.3222
	每股未分配利润(元)	0.7575	0.6527	0.6047	0.5446
	净资产收益率(%)	2.4916	3.0820	1.7601	1.3051
	加权净资产收益率(%)	2.4500	2.8700	1.6900	1.6300
	净资产收益率(扣除)(%)	1.6843	-0.1004	-0.0424	-0.2385
	总资产(万元)	658511.67	668846.47	665092.84	658818.62
	归属母公司股东权益(万元)	448263.60	450701.80	458606.77	472992.48
	营业收入(万元)	147203.73	277434.72	122257.85	193957.25
	营业支出(万元)	114569.01	221829.50	99177.88	157761.07
	投资收益(万元)	5028.72	17349.33	9753.69	4842.18
	净利润(万元)	11730.78	14620.95	8492.82	6478.05
	营业利润(万元)	12840.60	15267.15	8972.43	3700.71
	利润总额(万元)	14007.59	18737.06	10283.61	8830.92

茂名石化实华股份有限公司

公司概况	公司名称	茂名石化实华股份有限公司			证券简称	茂化实华
	法人代表	范洪岩	董秘	袁国强	证券代码	000637
	公司网址	www.mhsh0637.com.cn		电子信箱	mhsh000637@163.net	
	电　话	0668-2276176 2231342		传　真	0668-2281965	
	办公地址	广东省茂名市官渡路162号				
	经营范围	生产销售聚丙烯及其制品、石油化工产品、水泥、电器机械制造等				

	指标\报告期	2017.06.30	2016.12.31	2016.06.30	2015.12.31
主要财务指标	基本每股收益(元)	0.1010	0.1200	0.0090	0.1700
	基本每股收益(扣除后)(元)	0.0850	0.1200	0.0250	0.1600
	稀释每股收益(元)	0.1010	0.1200	0.0090	0.1700
	每股净资产(元)	1.6472	1.6449	1.5321	1.6519
	每股经营现金净流量(元)	0.1649	0.5929	0.3419	0.3451
	每股现金流量(元)	–0.1276	0.0021	–0.0578	0.0348
	每股资本公积金(元)	0.0134	0.0134	0.0134	0.0134
	每股盈余公积金(元)	0.3728	0.3728	0.3613	0.3613
	每股未分配利润(元)	0.2517	0.2509	0.1536	0.2742
	净资产收益率(%)	6.1220	7.1808	0.6131	10.4114
	加权净资产收益率(%)	5.9500	7.1800	0.5700	10.6900
	净资产收益率(扣除)(%)	5.1800	7.3426	1.6549	9.8449
	总资产(万元)	116947.37	127984.05	108972.87	127179.76
	归属母公司股东权益(万元)	85631.98	85514.65	79651.49	85876.82
	营业收入(万元)	220152.81	296025.08	123364.12	306697.39
	营业支出(万元)	206661.28	269632.92	113076.80	271610.30
	投资收益(万元)	311.46	–374.96	–272.87	274.33
	净利润(万元)	6302.54	7358.51	765.64	13526.50
	营业利润(万元)	7748.58	9945.86	1411.22	16772.61
	利润总额(万元)	7750.96	10094.54	1252.54	16831.37

万方城镇投资发展股份有限公司

公司概况	公司名称	万方城镇投资发展股份有限公司			证券简称	万方发展
	法人代表	张晖	董秘	刘戈林	证券代码	000638
	公司网址	www.vanfund.cn		电子信箱	vanfund@vanfund.cn	
	电　话	010-64656161		传　真	010-64656767	
	办公地址	北京市朝阳区曙光西里甲一号第三置业大厦A座30层				
	经营范围	房地产开发及开发的商品房销售等				

	指标\报告期	2017.06.30	2016.12.31	2016.06.30	2015.12.31
主要财务指标	基本每股收益(元)	0.0168	0.0337	0.0116	–0.1144
	基本每股收益(扣除后)(元)	0.0220	–0.0449	–0.0380	–0.1330
	稀释每股收益(元)	0.0168	0.0337	0.0116	–0.1144
	每股净资产(元)	0.7313	0.7144	0.6922	0.6674
	每股经营现金净流量(元)	0.7647	2.2968	–2.3655	–2.3258
	每股现金流量(元)	0.2037	–2.6482	–2.7638	–2.9648
	每股资本公积金(元)	0.3037	0.3037	0.3037	0.2904
	每股盈余公积金(元)	0.0157	0.0157	0.0157	0.0157
	每股未分配利润(元)	–0.5881	–0.6049	–0.6271	–0.6387
	净资产收益率(%)	2.3011	4.7233	1.6687	–17.1401
	加权净资产收益率(%)	1.1600	4.8800	1.7000	–16.1200
	净资产收益率(扣除)(%)	3.0087	–6.2831	–5.4712	–19.9331
	总资产(万元)	166073.88	149411.68	208367.68	253777.81
	归属母公司股东权益(万元)	22625.39	22104.76	21418.08	20649.67
	营业收入(万元)	8526.54	15617.19	9046.37	23948.42
	营业支出(万元)	4460.09	13754.98	8741.52	24719.84
	投资收益(万元)	–168.59	2437.37	2102.90	–
	净利润(万元)	1184.27	1372.72	248.93	–3823.66
	营业利润(万元)	1937.03	1519.02	351.45	–4155.89
	利润总额(万元)	1946.62	1726.95	312.92	–3515.09

西王食品股份有限公司

公司概况	公司名称	西王食品股份有限公司			证券简称	西王食品
	法人代表	王棣	董秘	王超	证券代码	000639
	公司网址	www.xwsp.cc		电子信箱	xiwangfoodstuffs@xiwang.com.cn	
	电　话	0543-4868888		传　真	0543-4868888	
	办公地址	山东省滨州市邹平县西王工业园				
	经营范围	预包装食品的批发兼零售等				

	指标\报告期	2017.06.30	2016.12.31	2016.06.30	2015.12.31
主要财务指标	基本每股收益(元)	0.3100	0.3000	0.2100	0.3900
	基本每股收益(扣除后)(元)	0.3100	0.2700	0.2100	0.3800
	稀释每股收益(元)	0.3100	0.3000	0.2100	0.3900
	每股净资产(元)	4.4403	4.2255	4.1503	3.6105
	每股经营现金净流量(元)	–0.0753	–0.3254	–0.3384	0.3621
	每股现金流量(元)	–1.0857	0.5418	0.3428	–0.6332
	每股资本公积金(元)	1.4207	1.4207	1.4207	0.6418
	每股盈余公积金(元)	0.2163	0.2163	0.1892	0.2283
	每股未分配利润(元)	1.8212	1.6017	1.5404	1.7404
	净资产收益率(%)	6.9688	7.0194	5.0168	10.7567
	加权净资产收益率(%)	7.0900	7.3400	6.8100	11.3600
	净资产收益率(扣除)(%)	6.9074	6.2655	4.3108	10.5882
	总资产(万元)	650296.49	668966.82	221771.87	174247.86
	归属母公司股东权益(万元)	201824.36	192061.28	188642.41	135989.29
	营业收入(万元)	288093.48	337522.23	117272.69	224378.10
	营业支出(万元)	180337.69	238718.53	84467.92	161538.77
	投资收益(万元)	–2.75	–42.36	–37.88	
	净利润(万元)	20565.33	15968.17	9463.89	14627.98
	营业利润(万元)	29593.06	19950.21	9443.22	16359.35
	利润总额(万元)	29738.60	21437.83	10791.44	16627.92

仁和药业股份有限公司

公司概况	公司名称	仁和药业股份有限公司			证券简称	仁和药业
	法人代表	梅强	董秘	姜锋	证券代码	000650
	公司网址	www.renheyaoye.com		电子信箱	rh000650@126.com	
	电　话	0791-83896755		传　真	0791-83896755	
	办公地址	江西省南昌市红谷滩新区红谷中大道998号绿地中央广场B区元创国际18层				
	经营范围	中药材种植、药材种苗培植、纸箱生产、销售、计算机软件开发、设计等				

	指标\报告期	2017.06.30	2016.12.31	2016.06.30	2015.12.31
主要财务指标	基本每股收益(元)	0.1305	0.3000	0.1432	0.3200
	基本每股收益(扣除后)(元)	0.1275	0.2800	0.1404	0.2900
	稀释每股收益(元)	0.1305	0.3000	0.1432	0.3200
	每股净资产(元)	2.2527	2.2222	2.0724	1.9292
	每股经营现金净流量(元)	0.1097	0.4216	0.1226	0.3511
	每股现金流量(元)	–0.0073	0.1900	–0.1340	0.1403
	每股资本公积金(元)	0.2378	0.2378	0.2455	0.2455
	每股盈余公积金(元)	0.1630	0.1630	0.1303	0.1303
	每股未分配利润(元)	0.8519	0.8214	0.6966	0.5534
	净资产收益率(%)	5.7913	13.5320	6.9117	16.3793
	加权净资产收益率(%)	5.7000	14.5600	7.1600	17.7000
	净资产收益率(扣除)(%)	5.6599	12.3796	6.7734	15.2024
	总资产(万元)	389378.32	386489.55	371029.62	315627.07
	归属母公司股东权益(万元)	278956.96	275185.10	256639.54	238901.45
	营业收入(万元)	178778.18	356707.83	174408.81	252384.27
	营业支出(万元)	111724.23	226105.15	111511.14	139921.08
	投资收益(万元)	578.77	2593.09	551.82	2255.34
	净利润(万元)	19831.60	43079.18	20821.46	43558.87
	营业利润(万元)	25147.89	55022.20	27262.89	56020.89
	利润总额(万元)	25871.36	55886.44	27812.60	57223.98

珠海格力电器股份有限公司

公司概况						
公司名称	珠海格力电器股份有限公司			证券简称	格力电器	
法人代表	董明珠	董秘	望靖东	证券代码	000651	
公司网址	www.gree.com.cn		电子信箱	gree0651@gree.com.cn		
电　话	0756-8669232		传　真	0756-8622581		
办公地址	广东省珠海市前山金鸡西路					
经营范围	生产销售空调器、自营空调器出口业务及其相关零配件的进出口业务等					

主要财务指标 指标\报告期	2017.06.30	2016.12.31	2016.06.30	2015.12.31
基本每股收益(元)	1.5700	2.5600	1.0600	2.0800
基本每股收益(扣除后)(元)	1.5000	2.5900	1.1700	2.0500
稀释每股收益(元)	1.5700	2.5600	1.0600	2.0800
每股净资产(元)	8.7202	8.9538	7.4658	7.8995
每股经营现金净流量(元)	0.6046	2.4702	1.9042	7.3771
每股现金流量(元)	0.8666	-1.0046	2.0139	5.6283
每股资本公积金(元)	0.0305	0.0305	0.0309	0.0309
每股盈余公积金(元)	0.5818	0.5818	0.5818	0.5818
每股未分配利润(元)	7.0979	7.3266	5.8374	6.2731
净资产收益率(%)	18.0191	28.6295	14.2554	26.3722
加权净资产收益率(%)	16.1400	30.4100	12.6200	27.3100
净资产收益率(扣除)(%)	17.1640	28.9628	15.7067	25.9117
总资产(万元)	20457812.59	18236970.50	17209081.28	16169801.63
归属母公司股东权益(万元)	5245821.53	5386395.13	4491253.86	4752137.61
营业收入(万元)	6918452.16	10830256.53	4918282.01	9774513.72
营业支出(万元)	4708885.48	7288564.12	3162758.52	6601735.37
投资收益(万元)	16403.56	-222135.63	-96554.08	9665.49
净利润(万元)	950336.86	1552463.49	644661.26	1262373.26
营业利润(万元)	1094892.67	1745569.78	726846.44	1351617.70
利润总额(万元)	1118769.55	1853119.01	774723.27	1490941.95

天津泰达股份有限公司

公司概况						
公司名称	天津泰达股份有限公司			证券简称	泰达股份	
法人代表	胡军	董秘	谢剑琳	证券代码	000652	
公司网址	www.tedastock.com		电子信箱	dm@tedastock.com		
电　话	022-65175652		传　真	022-65175653		
办公地址	天津市滨海新区第二大街62号MSD-B1座16层1601					
经营范围	交通、能源、高科技工业投资、空气液体净化过滤材料、化纤等					

主要财务指标 指标\报告期	2017.06.30	2016.12.31	2016.06.30	2015.12.31
基本每股收益(元)	0.0237	0.1836	0.0218	0.1726
基本每股收益(扣除后)(元)	0.0228	0.1802	0.0207	0.1693
稀释每股收益(元)	0.0237	0.1836	0.0218	0.1726
每股净资产(元)	2.3880	2.3895	2.1110	2.1241
每股经营现金净流量(元)	0.0187	-0.7176	-0.0809	-0.3700
每股现金流量(元)	0.0096	0.0139	-0.0775	0.2634
每股资本公积金(元)	0.4644	0.4644	0.3386	0.3385
每股盈余公积金(元)	0.2370	0.2370	0.2291	0.2291
每股未分配利润(元)	0.6516	0.6429	0.4890	0.4772
净资产收益率(%)	0.9930	7.6824	1.0305	8.1276
加权净资产收益率(%)	0.9900	8.3000	1.0200	10.2300
净资产收益率(扣除)(%)	0.9538	7.5423	0.9791	7.8388
总资产(万元)	3302283.03	3207500.57	3003693.55	2857162.15
归属母公司股东权益(万元)	352370.23	352583.62	311488.76	313433.38
营业收入(万元)	746267.72	1563180.63	607666.48	965556.47
营业支出(万元)	723055.03	1460034.72	581232.53	886740.49
投资收益(万元)	3500.75	15072.58	9803.57	33225.94
净利润(万元)	1413.82	42792.68	6712.25	31733.91
营业利润(万元)	1662.21	54326.14	7733.24	34858.83
利润总额(万元)	1701.04	60059.01	9894.21	38028.30

山东金岭矿业股份有限公司

公司概况						
公司名称	山东金岭矿业股份有限公司			证券简称	金岭矿业	
法人代表	刘远清	董秘	邱卫东	证券代码	000655	
公司网址	www.sdjlky.com		电子信箱	sz000655@163.com		
电　话	0533-3088888		传　真	0533-3089666		
办公地址	山东省淄博市张店区中埠镇					
经营范围	铁矿开采、铁精粉、铜精粉、钴精粉的生产、销售等					

主要财务指标 指标\报告期	2017.06.30	2016.12.31	2016.06.30	2015.12.31
基本每股收益(元)	0.0960	-0.9450	-0.2000	0.0175
基本每股收益(扣除后)(元)	0.0970	-0.9470	-0.2000	-0.1430
稀释每股收益(元)	0.0960	-0.9450	-0.2000	0.0175
每股净资产(元)	4.4818	4.3831	5.1281	5.3275
每股经营现金净流量(元)	0.1521	-0.1610	-0.1383	0.0595
每股现金流量(元)	0.1755	0.0266	0.0636	-0.0513
每股资本公积金(元)	0.8197	0.8197	0.8197	0.8197
每股盈余公积金(元)	0.4994	0.4994	0.4994	0.4994
每股未分配利润(元)	2.1476	2.0512	2.7965	2.9962
净资产收益率(%)	2.1494	-21.5589	-3.8941	0.3294
加权净资产收益率(%)	2.1700	-19.4600	-3.8200	0.3300
净资产收益率(扣除)(%)	2.1322	-21.6134	-3.9108	-2.6763
总资产(万元)	305631.98	300273.95	345061.42	343006.56
归属母公司股东权益(万元)	266820.10	260942.74	305294.68	317165.84
营业收入(万元)	54855.62	62592.52	29781.65	78641.69
营业支出(万元)	34368.39	58404.76	32050.36	70214.25
投资收益(万元)	1984.33	241.14	-971.48	3080.93
净利润(万元)	5611.34	-56953.78	-12303.25	524.77
营业利润(万元)	6650.37	-60960.32	-12725.34	-9186.92
利润总额(万元)	6636.84	-60874.28	-12630.44	577.74

金科地产集团股份有限公司

公司概况						
公司名称	金科地产集团股份有限公司			证券简称	金科股份	
法人代表	蒋思海	董秘	刘忠海	证券代码	000656	
公司网址	www.jinke.com		电子信箱	ir@jinke.com		
电　话	023-63023656		传　真	023-63023656		
办公地址	重庆市北部新区春兰三路1号地矿大厦7楼					
经营范围	房地产开发、物业管理;制造、加工、销售钢材、锰铁、机械加工等					

主要财务指标 指标\报告期	2017.06.30	2016.12.31	2016.06.30	2015.12.31
基本每股收益(元)	0.0600	0.2800	0.1400	0.2700
基本每股收益(扣除后)(元)	0.0500	0.2700	0.1300	0.2500
稀释每股收益(元)	0.0700	0.2800	0.1300	0.2700
每股净资产(元)	3.5624	3.7442	3.0673	2.9706
每股经营现金净流量(元)	-1.4134	1.1686	-0.2080	0.0953
每股现金流量(元)	-0.1002	1.7389	0.3460	0.4997
每股资本公积金(元)	0.7382	0.7548	0.1430	0.1341
每股盈余公积金(元)	0.0736	0.0736	0.0716	0.0716
每股未分配利润(元)	1.2084	1.3412	1.5257	1.4407
净资产收益率(%)	2.3934	6.9741	5.0236	9.8565
加权净资产收益率(%)	2.1300	9.4200	4.9800	10.2600
净资产收益率(扣除)(%)	1.6045	5.9910	4.1999	7.9191
总资产(万元)	13373043.56	10924916.41	9903365.45	9555279.67
归属母公司股东权益(万元)	1903533.97	2000639.45	1186972.29	1145400.20
营业收入(万元)	1041540.06	3223544.16	1313908.84	1939857.33
营业支出(万元)	863683.07	2554960.32	1009559.41	1388700.37
投资收益(万元)	3389.22	-9872.06	-5766.85	3683.84
净利润(万元)	49487.96	179034.90	89928.26	123364.61
营业利润(万元)	52496.61	225644.91	105395.38	174344.01
利润总额(万元)	52749.74	223146.75	107487.59	178468.01

中钨高新材料股份有限公司

公司概况						
公司概况	公司名称	中钨高新材料股份有限公司			证券简称	中钨高新
	法人代表	李仲泽	董秘	邓英杰	证券代码	000657
	公司网址			电子信箱	zwgx000657@126.com	
	电　话	0731-22165522 22165587		传　真	0731-22165500	
	办公地址	湖南省株洲市荷塘区钻石路288号钻石大厦10-12楼				
	经营范围	硬质合金和钨、钼、钽、铌等有色金属及其深加工产品和装备的研制、开发、生产、销售等				

主要财务指标	指标\报告期	2017.06.30	2016.12.31	2016.06.30	2015.12.31
	基本每股收益(元)	0.0933	0.0212	0.0080	-0.8207
	基本每股收益(扣除后)(元)	0.0729	-0.0824	-0.0296	-0.8756
	稀释每股收益(元)	0.0933	0.0212	0.0080	-0.8207
	每股净资产(元)	4.8244	4.7333	4.7098	4.7019
	每股经营现金净流量(元)	0.2797	0.7431	0.0658	0.9133
	每股现金流量(元)	0.0477	0.1759	0.1489	0.3140
	每股资本公积金(元)	4.3604	4.3604	4.3604	4.3604
	每股盈余公积金(元)	0.0763	0.0763	0.0763	0.0763
	每股未分配利润(元)	-0.4931	-0.5864	-0.5996	-0.6075
	净资产收益率(%)	1.9340	0.4471	0.1690	-17.4536
	加权净资产收益率(%)	1.9500	0.4500	0.1700	-16.0300
	净资产收益率(扣除)(%)	1.5116	-1.7409	-0.6275	-18.6222
	总资产(万元)	700518.60	667267.56	697627.11	683001.54
	归属母公司股东权益(万元)	303288.17	297559.22	296085.66	295587.55
	营业收入(万元)	306758.57	519604.51	263157.59	585739.65
	营业支出(万元)	243307.87	413870.70	213452.16	521244.97
	投资收益(万元)	--	113.35	-	21.00
	净利润(万元)	8621.76	5351.72	1885.41	-52812.53
	营业利润(万元)	9689.49	2724.46	2098.12	-57126.15
	利润总额(万元)	11208.60	10450.00	4655.08	-53013.12

珠海中富实业股份有限公司

公司概况						
公司概况	公司名称	珠海中富实业股份有限公司			证券简称	*ST中富
	法人代表	刘锦钟	董秘	韩惠明	证券代码	000659
	公司网址	www.zhongfu.com.cn		电子信箱	zfzjb@zhongfu.com.cn	
	电　话	0756-8931119 8931176		传　真	0756-8812870	
	办公地址	广东省珠海市保税区联锋路				
	经营范围	生产和销售自产的饮料容器、瓶胚、PET高级饮料瓶、纸杯、防冒瓶盖等				

主要财务指标	指标\报告期	2017.06.30	2016.12.31	2016.06.30	2015.12.31
	基本每股收益(元)	0.0081	-0.4500	-0.0435	-0.0500
	基本每股收益(扣除后)(元)	0.0072	-0.4300	-0.0411	-0.0700
	稀释每股收益(元)	0.0081	-0.4500	-0.0435	-0.0500
	每股净资产(元)	0.3851	0.3745	0.7754	0.8154
	每股经营现金净流量(元)	0.0610	0.2020	0.0430	0.2739
	每股现金流量(元)	0.0112	-0.0575	-0.0385	-0.1929
	每股资本公积金(元)	0.2063	0.2063	0.2063	0.2063
	每股盈余公积金(元)	0.2845	0.2845	0.2845	0.2845
	每股未分配利润(元)	-1.1080	-1.1161	-0.7135	-0.6700
	净资产收益率(%)	2.0943	-119.1161	-5.6135	-6.3298
	加权净资产收益率(%)	2.1300	-75.3000	-5.4800	-6.1100
	净资产收益率(扣除)(%)	1.8762	-114.4480	-5.3000	-8.9683
	总资产(万元)	281609.57	261741.51	319026.73	317524.96
	归属母公司股东权益(万元)	49517.46	48145.84	99693.79	104840.15
	营业收入(万元)	82584.44	161956.84	84525.55	187498.14
	营业支出(万元)	64878.52	136480.42	68659.12	152387.86
	投资收益(万元)	2.84	5.17	1.40	7.78
	净利润(万元)	992.88	-58834.66	-5612.13	-7166.49
	营业利润(万元)	2232.62	-54966.09	-4197.40	-5107.10
	利润总额(万元)	2258.89	-57294.60	-4460.06	-4691.90

长春高新技术产业(集团)股份有限公司

公司概况						
公司概况	公司名称	长春高新技术产业(集团)股份有限公司			证券简称	长春高新
	法人代表	杨占民	董秘	张德申	证券代码	000661
	公司网址	www.cchn.com.cn		电子信箱	cchn@public.cc.jl.cn	
	电　话	0431-85666367		传　真	0431-85675390	
	办公地址	吉林省长春市同志街2400号火炬大厦5层				
	经营范围	高新技术产品的开发、生产、销售及服务、基础设施的开发建设、物业管理等				

主要财务指标	指标\报告期	2017.06.30	2016.12.31	2016.06.30	2015.12.31
	基本每股收益(元)	1.6700	3.0800	1.4900	2.9300
	基本每股收益(扣除后)(元)	1.6100	2.9600	1.4900	2.8700
	稀释每股收益(元)	1.6700	2.8500	1.4900	2.9300
	每股净资产(元)	23.7948	22.9251	21.3377	13.5383
	每股经营现金净流量(元)	-1.4196	1.8110	-0.6901	5.8678
	每股现金流量(元)	-1.8035	0.7008	7.5402	2.5767
	每股资本公积金(元)	11.5627	11.5627	11.5630	2.0074
	每股盈余公积金(元)	2.0026	2.0026	1.0971	1.4211
	每股未分配利润(元)	9.2296	8.3598	7.6777	9.1098
	净资产收益率(%)	7.0172	12.4326	5.9170	21.6251
	加权净资产收益率(%)	7.1500	15.6200	8.9000	23.9000
	净资产收益率(扣除)(%)	6.7563	11.9487	5.9052	21.1799
	总资产(万元)	670559.27	620352.14	570832.94	381550.19
	归属母公司股东权益(万元)	404779.42	389984.36	362981.00	177793.24
	营业收入(万元)	160006.76	289743.98	127555.84	240208.96
	营业支出(万元)	20396.06	59626.49	24689.78	52074.43
	投资收益(万元)	2241.21	1424.76	-64.95	-112.77
	净利润(万元)	42560.60	67691.95	30423.59	53849.75
	营业利润(万元)	51314.21	80990.79	36629.45	62443.53
	利润总额(万元)	50472.61	81709.45	36759.89	65259.99

天夏智慧城市科技股份有限公司

公司概况						
公司概况	公司名称	天夏智慧城市科技股份有限公司			证券简称	天夏智慧
	法人代表	夏建统	董秘	贾国华	证券代码	000662
	公司网址	www.txgis.com		电子信箱	master@teamaxsc.com	
	电　话	0571-87753750		传　真	0571-81951215	
	办公地址	浙江省杭州市滨江区六和路368号1幢北四楼A4068室				
	经营范围	精细化工产业、化妆品制造业、化学药品原药制药业、化学药品制造业等				

主要财务指标	指标\报告期	2017.06.30	2016.12.31	2016.06.30	2015.12.31
	基本每股收益(元)	0.2095	0.4604	0.0771	-0.0088
	基本每股收益(扣除后)(元)	0.1471	0.4545	0.0644	-0.0218
	稀释每股收益(元)	0.2095	0.4604	0.0771	-0.0088
	每股净资产(元)	6.1142	5.9547	5.6393	1.9801
	每股经营现金净流量(元)	-0.3873	0.7584	0.4412	-0.0875
	每股现金流量(元)	-0.3225	0.5048	0.4835	-0.6274
	每股资本公积金(元)	4.5524	4.5524	4.5795	0.9301
	每股盈余公积金(元)	0.0774	0.0774	0.0712	0.2080
	每股未分配利润(元)	0.4843	0.3249	-0.0114	-0.1567
	净资产收益率(%)	3.4261	6.4610	0.9179	-0.4453
	加权净资产收益率(%)	3.4600	8.4800	4.3600	-0.4400
	净资产收益率(扣除)(%)	2.4057	6.3774	0.7668	-1.1022
	总资产(万元)	566566.90	569133.25	518479.00	67994.03
	归属母公司股东权益(万元)	514104.98	500695.60	474179.42	57023.89
	营业收入(万元)	39370.36	127733.97	34729.86	44599.03
	营业支出(万元)	24725.92	81274.15	26584.88	39845.05
	投资收益(万元)	5911.35	-439.87	137.99	549.73
	净利润(万元)	17224.18	32051.16	4311.71	-292.76
	营业利润(万元)	15204.20	36893.17	4388.36	-366.39
	利润总额(万元)	19332.70	40534.31	5251.51	-433.02

福建省永安林业(集团)股份有限公司

公司概况	公司名称	福建省永安林业(集团)股份有限公司			证券简称	永安林业
	法人代表	吴景贤	董秘	谢红	证券代码	000663
	公司网址	www.yonglin.com		电子信箱	stock@yonglin.com	
	电　话	0598-3614875 3600083		传　真	0598-3633415	
	办公地址	福建省永安市燕江东路 819 号				
	经营范围	(竹)材采运、加工、林化产品制造等				

主要财务指标	指标\报告期	2017.06.30	2016.12.31	2016.06.30	2015.12.31
	基本每股收益(元)	0.0200	0.3600	0.0200	0.2000
	基本每股收益(扣除后)(元)	-0.0030	-0.0040	0.0100	0.1500
	稀释每股收益(元)	0.0200	0.3600	0.0200	0.2000
	每股净资产(元)	6.2620	6.2386	5.9080	5.9030
	每股经营现金净流量(元)	-0.0388	0.6726	0.0084	0.1548
	每股现金流量(元)	-0.3557	0.3787	0.1034	0.3685
	每股资本公积金(元)	4.7201	4.7201	4.7195	4.7195
	每股盈余公积金(元)	0.0498	0.0498	0.0498	0.0498
	每股未分配利润(元)	0.4086	0.3896	0.0491	0.0292
	净资产收益率(%)	0.3039	5.7778	0.3377	2.2298
	加权净资产收益率(%)	0.3000	5.9200	0.3400	6.8800
	净资产收益率(扣除)(%)	-0.0471	-0.0685	0.1092	1.7121
	总资产(万元)	432716.40	432394.12	400276.50	398367.14
	归属母公司股东权益(万元)	213528.22	212729.42	201473.94	201302.95
	营业收入(万元)	53483.45	155398.41	63899.94	89166.13
	营业支出(万元)	40633.84	121147.29	47935.75	67831.09
	投资收益(万元)	117.76	9666.31	54.96	1457.31
	净利润(万元)	736.38	12911.79	1026.87	4749.52
	营业利润(万元)	1980.92	10777.19	1651.25	4480.13
	利润总额(万元)	2016.79	18135.73	2111.77	6506.61

湖北省广播电视信息网络股份有限公司

公司概况	公司名称	湖北省广播电视信息网络股份有限公司			证券简称	湖北广电
	法人代表	王祺扬	董秘	赵洪涛	证券代码	000665
	公司网址	www.hrtn.net		电子信箱	hbsgdwl@163.com	
	电　话	027-86653990		传　真	027-86653873	
	办公地址	湖北省武汉市武昌区中北路 101 号(楚商大厦)				
	经营范围	有线电视网络运营				

主要财务指标	指标\报告期	2017.06.30	2016.12.31	2016.06.30	2015.12.31
	基本每股收益(元)	0.3100	0.4800	0.3000	0.5800
	基本每股收益(扣除后)(元)	0.2900	0.4500	0.3000	0.5800
	稀释每股收益(元)	0.3100	0.4800	0.3000	0.5800
	每股净资产(元)	9.0029	8.7982	8.6995	8.4086
	每股经营现金净流量(元)	0.3835	1.6556	0.6997	1.8210
	每股现金流量(元)	-0.1581	-0.3878	-0.2437	-0.8502
	每股资本公积金(元)	5.4501	5.4501	5.4501	5.4501
	每股盈余公积金(元)	0.1418	0.1418	0.1145	0.1145
	每股未分配利润(元)	2.4215	2.1934	2.0462	1.8441
	净资产收益率(%)	3.4222	5.4178	3.4731	6.9567
	加权净资产收益率(%)	3.4600	5.5500	3.5400	7.1800
	净资产收益率(扣除)(%)	3.2609	5.1037	3.4481	6.8716
	总资产(万元)	828112.63	811958.16	765612.47	760523.68
	归属母公司股东权益(万元)	572782.83	559759.68	553476.55	534970.53
	营业收入(万元)	115211.29	248247.72	111987.36	240814.86
	营业支出(万元)	61931.72	135580.10	59687.19	125131.31
	投资收益(万元)	320.95	976.77	409.57	1051.32
	净利润(万元)	19288.27	29922.33	19137.16	37025.01
	营业利润(万元)	18426.60	29120.50	18922.72	36637.10
	利润总额(万元)	19288.27	30342.57	19061.01	37092.39

经纬纺织机械股份有限公司

公司概况	公司名称	经纬纺织机械股份有限公司			证券简称	经纬纺机
	法人代表	叶茂新	董秘	叶雪华	证券代码	000666
	公司网址	www.jwgf.com		电子信箱	jwgf@jwgf.com	
	电　话	010-84534078-8188 8501		传　真	010-84534135	
	办公地址	北京市朝阳区亮马桥路 39 号第一上海中心七层				
	经营范围	开发、生产、销售纺织机械及其配套件等				

主要财务指标	指标\报告期	2017.06.30	2016.12.31	2016.06.30	2015.12.31
	基本每股收益(元)	0.7100	0.7700	0.3800	0.6500
	基本每股收益(扣除后)(元)	0.6800	0.7200	0.3200	0.3400
	稀释每股收益(元)	0.7100	0.7700	0.3800	0.6500
	每股净资产(元)	9.9868	9.5471	8.9642	8.6114
	每股经营现金净流量(元)	1.4096	0.5774	-0.4412	3.4111
	每股现金流量(元)	0.9979	4.8290	4.3258	4.8092
	每股资本公积金(元)	2.7074	2.7074	2.7111	2.7111
	每股盈余公积金(元)	1.5714	1.5714	1.4449	1.4449
	每股未分配利润(元)	4.2217	3.5854	3.3938	3.0633
	净资产收益率(%)	7.1067	8.1005	4.2171	7.5526
	加权净资产收益率(%)	7.2600	8.6500	4.2800	7.8600
	净资产收益率(扣除)(%)	6.7955	7.5719	3.5891	3.9931
	总资产(万元)	3602882.66	3532035.18	3152633.18	2806583.78
	归属母公司股东权益(万元)	703200.81	672243.10	631193.50	606353.72
	营业收入(万元)	262490.02	631404.43	272683.69	565367.45
	营业支出(万元)	144877.71	330116.51	157197.35	347002.87
	投资收益(万元)	44069.44	35463.39	14373.59	20671.64
	净利润(万元)	117757.53	220117.43	91610.38	198584.06
	营业利润(万元)	148281.22	262858.37	113507.64	241240.29
	利润总额(万元)	151960.72	303075.85	123200.76	275591.04

美好置业集团股份有限公司

公司概况	公司名称	美好置业集团股份有限公司			证券简称	美好置业
	法人代表	汤国强	董秘	冯娴	证券代码	000667
	公司网址	www.000667.com		电子信箱	ir@000667.com	
	电　话	027-87838669		传　真	027-87836606	
	办公地址	湖北省武汉市武昌区东湖路 10 号水果湖广场 5 楼				
	经营范围	房地产开发销售及投资等				

主要财务指标	指标\报告期	2017.06.30	2016.12.31	2016.06.30	2015.12.31
	基本每股收益(元)	0.1172	0.2598	0.1067	0.1673
	基本每股收益(扣除后)(元)	0.1173	0.2555	0.1056	0.1686
	稀释每股收益(元)	0.1172	0.2598	0.1067	0.1673
	每股净资产(元)	2.6237	2.5315	2.3790	2.2968
	每股经营现金净流量(元)	-0.3720	1.3336	0.1459	0.1870
	每股现金流量(元)	-0.7192	1.2158	0.3100	-0.1798
	每股资本公积金(元)	0.6046	0.6046	0.6046	0.6046
	每股盈余公积金(元)	0.0978	0.0978	0.0978	0.0978
	每股未分配利润(元)	0.9214	0.8292	0.6767	0.5944
	净资产收益率(%)	4.4674	10.2606	4.4870	7.2835
	加权净资产收益率(%)	4.5400	10.7900	4.5400	7.5600
	净资产收益率(扣除)(%)	4.4704	10.0924	4.4385	7.3416
	总资产(万元)	1705090.18	1799553.97	1692362.94	1745465.75
	归属母公司股东权益(万元)	671571.00	647968.20	608939.74	587880.78
	营业收入(万元)	186517.74	520457.59	211720.51	467880.59
	营业支出(万元)	111220.46	332779.30	136650.62	333156.40
	投资收益(万元)	61.03	743.99	21.30	-
	净利润(万元)	29622.95	65942.23	27007.91	42480.67
	营业利润(万元)	42367.18	97696.05	42912.34	58822.83
	利润总额(万元)	42341.09	97935.85	43204.61	58389.39

荣丰控股集团股份有限公司

公司概况				
公司名称	荣丰控股集团股份有限公司		证券简称	荣丰控股
法人代表	王征	董秘	谢高	证券代码	000668
公司网址	www.rongfengholding.com		电子信箱	ir@rongfengholding.com
电　话	86-10-51757687		传　真	86-10-51757666
办公地址	北京市丰台区南四环西路186号四区汉威国际广场6号楼3层			
经营范围	房地产开发经营，商品房销售，租赁等			

主要财务指标	2017.06.30	2016.12.31	2016.06.30	2015.12.31
指标＼报告期	2017.06.30	2016.12.31	2016.06.30	2015.12.31
基本每股收益(元)	−0.0300	−0.2800	−0.1500	0.1700
基本每股收益(扣除后)(元)	−0.0400	−0.2900	−0.1400	0.0027
稀释每股收益(元)	−0.0300	−0.2800	−0.1500	0.1700
每股净资产(元)	4.0809	4.1151	4.2686	4.4139
每股经营现金净流量(元)	−0.1653	−0.6966	−0.5807	−1.0819
每股现金流量(元)	−0.4260	−0.0514	0.3887	−1.8655
每股资本公积金(元)	0.5480	0.5480	0.5480	0.5480
每股盈余公积金(元)	0.7597	0.7597	0.7597	0.7597
每股未分配利润(元)	1.7732	1.8074	1.9609	2.1062
净资产收益率(%)	−0.8390	−6.7743	−3.4028	3.9331
加权净资产收益率(%)	−0.8400	−6.5300	−3.3500	4.0100
净资产收益率(扣除)(%)	−0.9829	−7.0292	−3.2029	0.0609
总资产(万元)	183857.57	202643.79	196561.66	144122.89
归属母公司股东权益(万元)	59924.70	60427.44	62681.65	64814.61
营业收入(万元)	432.41	1300.19	278.34	10662.07
营业支出(万元)	251.47	361.71	99.94	2852.20
投资收益(万元)	747.38	498.25	498.25	1137.74
净利润(万元)	−499.65	−4229.69	−2180.99	2913.28
营业利润(万元)	−1119.87	−5089.11	−2221.04	1495.00
利润总额(万元)	−992.14	−4836.79	−2353.65	3883.47

金鸿控股集团股份有限公司

公司概况					
公司名称	金鸿控股集团股份有限公司			证券简称	金鸿控股
法人代表	陈义和	董秘	焦玉文	证券代码	000669
公司网址	www.spjhe.com		电子信箱	jhkg669@163.com	
电　话	010-64255501-8225		传　真	010-82809491	
办公地址	北京市朝阳区安华西里二区18号楼二层				
经营范围	能源开发利用；资产经营管理、投资咨询、技术开发与咨询服务、国内批发与零售贸易等				

指标＼报告期	2017.06.30	2016.12.31	2016.06.30	2015.12.31
基本每股收益(元)	0.3600	0.3921	0.2714	0.5091
基本每股收益(扣除后)(元)	0.2502	0.3733	0.2706	0.4955
稀释每股收益(元)	0.3600	0.3921	0.2714	0.5091
每股净资产(元)	8.4527	8.0974	7.9615	7.8401
每股经营现金净流量(元)	0.2817	1.4350	0.2322	0.8993
每股现金流量(元)	−1.3510	1.4506	1.0969	−3.2694
每股资本公积金(元)	3.6983	3.6983	3.6830	3.6830
每股盈余公积金(元)	0.2127	0.2127	0.1414	0.1414
每股未分配利润(元)	3.5417	3.1864	3.1370	3.0156
净资产收益率(%)	4.2035	4.8417	3.4087	6.4941
加权净资产收益率(%)	4.2900	4.9200	3.4000	6.1800
净资产收益率(扣除)(%)	2.9599	4.6102	3.3994	6.3202
总资产(万元)	1248296.00	1216175.53	1039701.44	919634.36
归属母公司股东权益(万元)	410808.76	393540.23	386931.49	381031.80
营业收入(万元)	163671.98	247114.30	111195.83	257303.19
营业支出(万元)	120034.23	164754.15	70380.12	175261.86
投资收益(万元)	4636.91	535.92	524.41	466.00
净利润(万元)	18210.86	21403.74	14143.36	28681.94
营业利润(万元)	21347.44	30724.69	20216.10	39751.24
利润总额(万元)	26827.70	33181.66	20557.38	41300.96

盈方微电子股份有限公司

公司概况					
公司名称	盈方微电子股份有限公司			证券简称	盈方微
法人代表	陈志成	董秘	方旭升(代)	证券代码	000670
公司网址	www.infotmic.com.cn		电子信箱	infotmic@infotmic.com.cn	
电　话	021-58853066		传　真	021-58853100	
办公地址	上海市浦东新区盛夏路500弄4号2层				
经营范围	集成电路芯片、电子产品及计算机软硬件的研发、设计和销售				

指标＼报告期	2017.06.30	2016.12.31	2016.06.30	2015.12.31
基本每股收益(元)	0.0061	0.0296	0.0283	0.0257
基本每股收益(扣除后)(元)	0.0021	0.0176	0.0250	0.0274
稀释每股收益(元)	0.0061	0.0296	0.0283	0.0257
每股净资产(元)	0.8691	0.8697	0.8457	0.7009
每股经营现金净流量(元)	0.0279	0.0572	−0.0702	0.0251
每股现金流量(元)	−0.0528	−0.0140	−0.0646	−0.1514
每股资本公积金(元)	0.3611	0.3611	0.3492	0.2236
每股盈余公积金(元)	0.0091	0.0091	0.0091	0.0091
每股未分配利润(元)	0.1325	0.1265	0.1252	0.0969
净资产收益率(%)	0.6964	3.4033	3.3445	3.6705
加权净资产收益率(%)	0.7000	3.7600	3.6900	4.1300
净资产收益率(扣除)(%)	0.2387	2.0202	2.9577	3.9068
总资产(万元)	75779.91	79958.19	79379.14	71358.87
归属母公司股东权益(万元)	70972.64	71025.25	69063.89	56247.57
营业收入(万元)	15788.02	47636.41	30511.78	37572.10
营业支出(万元)	8399.81	32143.29	21966.87	24578.03
投资收益(万元)	—	—	−	−657.74
净利润(万元)	419.32	2323.77	2274.89	1914.36
营业利润(万元)	178.44	1191.05	1948.46	1645.24
利润总额(万元)	503.43	2349.15	2263.27	2256.83

阳光城集团股份有限公司

公司概况					
公司名称	阳光城集团股份有限公司			证券简称	阳光城
法人代表	林腾蛟	董秘	罗瑞华	证券代码	000671
公司网址	www.yango.com.cn		电子信箱	000671@yango.com.cn	
电　话	0591-83353145 88089227		传　真	0591-88089227	
办公地址	上海市杨浦区杨树浦路1058号滨江国际广场1号楼				
经营范围	房地产业务为主、贸易业务为补充等				

指标＼报告期	2017.06.30	2016.12.31	2016.06.30	2015.12.31
基本每股收益(元)	0.0800	0.3000	0.0400	0.4400
基本每股收益(扣除后)(元)	0.0700	0.2800	0.0400	0.4300
稀释每股收益(元)	0.0800	0.3000	0.0400	0.4300
每股净资产(元)	3.3146	3.2599	2.9718	2.9926
每股经营现金净流量(元)	1.4595	−0.6373	−0.3075	−0.9661
每股现金流量(元)	2.8833	0.6789	−0.5446	2.5459
每股资本公积金(元)	0.8762	0.8956	0.8957	0.8966
每股盈余公积金(元)	0.0387	0.0387	0.0212	0.0214
每股未分配利润(元)	1.2211	1.1901	0.9466	0.9653
净资产收益率(%)	2.4444	9.3166	1.4220	11.8041
加权净资产收益率(%)	2.4500	9.7500	1.4100	20.4200
净资产收益率(扣除)(%)	2.1246	8.6531	1.2890	11.7044
总资产(万元)	18045492.02	12043052.17	8350414.21	7017329.66
归属母公司股东权益(万元)	1342425.61	1320292.73	1203056.76	1201447.94
营业收入(万元)	752480.06	1959802.01	409224.22	2237996.92
营业支出(万元)	573764.73	1503056.41	277261.75	1665963.05
投资收益(万元)	−2050.51	−3475.13	−863.90	956.28
净利润(万元)	34345.52	143136.70	31664.95	173271.79
营业利润(万元)	70755.39	206601.77	47338.85	234896.34
利润总额(万元)	70917.00	205340.34	49088.63	236041.23

甘肃上峰水泥股份有限公司

公司概况	公司名称	甘肃上峰水泥股份有限公司			证券简称	上峰水泥
	法人代表	俞锋	董秘	瞿辉	证券代码	000672
	公司网址	www.sfsn.cn			电子信箱	sfsn123@sina.com
	电　　话	0571-56030516			传　　真	0571-56075060
	办公地址	浙江省杭州市西湖区文二西路712号西溪乐谷创意产业园1幢E单元				
	经营范围	水泥及水泥制品的生产和销售				

主要财务指标	指标＼报告期	2017.06.30	2016.12.31	2016.06.30	2015.12.31
	基本每股收益(元)	0.3200	0.1800	0.0200	0.0800
	基本每股收益(扣除后)(元)	0.3158	0.1300	0.0200	0.0400
	稀释每股收益(元)	0.3200	0.1800	0.0200	0.0800
	每股净资产(元)	2.0891	1.8029	2.1298	2.1364
	每股经营现金净流量(元)	0.5310	0.6695	0.0702	0.2234
	每股现金流量(元)	0.0773	0.0709	0.0724	-0.2101
	每股资本公积金(元)	-1.1936	-1.1936	-0.5922	-0.5922
	每股盈余公积金(元)	0.2167	0.2167	0.2024	0.2024
	每股未分配利润(元)	1.9807	1.6888	1.4324	1.4441
	净资产收益率(%)	15.4118	9.9007	0.8628	3.5197
	加权净资产收益率(%)	16.5500	8.3100	0.8600	3.5200
	净资产收益率(扣除)(%)	15.1170	7.2588	0.7574	1.8069
	总资产(万元)	609778.85	581305.11	459968.98	467806.40
	归属母公司股东权益(万元)	169971.09	146686.55	173286.80	173824.90
	营业收入(万元)	181774.03	291606.47	98004.15	202554.47
	营业支出(万元)	124952.34	232566.43	79256.36	168701.29
	投资收益(万元)	478.21	2130.83	24.67	-348.93
	净利润(万元)	25531.85	13904.78	1331.98	6007.37
	营业利润(万元)	33611.20	16112.50	1659.35	1510.22
	利润总额(万元)	35865.06	19169.90	2077.85	8541.37

当代东方投资股份有限公司

公司概况	公司名称	当代东方投资股份有限公司			证券简称	当代东方
	法人代表	王春芳	董秘	艾雯露	证券代码	000673
	公司网址	www.sz000673.com			电子信箱	sxddtz@126.com
	电　　话	010-59407655			传　　真	010-59407600
	办公地址	北京市朝阳区光华东路5号世纪财富中心1号楼701室				
	经营范围	文化艺术活动策划展览;房地产业的投资经营与开发;物流业投资、矿业投资				

主要财务指标	指标＼报告期	2017.06.30	2016.12.31	2016.06.30	2015.12.31
	基本每股收益(元)	0.0312	0.2245	0.0397	0.3684
	基本每股收益(扣除后)(元)	0.0298	0.1836	0.0370	0.3039
	稀释每股收益(元)	0.0312	0.2245	0.0397	0.3684
	每股净资产(元)	2.9463	2.9307	2.7274	5.3093
	每股经营现金净流量(元)	-0.1476	-0.1186	-0.2677	-1.2462
	每股现金流量(元)	-0.1254	-0.0206	-0.3138	0.8243
	每股资本公积金(元)	1.8445	1.8445	1.8389	4.6141
	每股盈余公积金(元)	0.0311	0.0311	0.0311	0.0628
	每股未分配利润(元)	0.0727	0.0415	-0.1428	-0.3677
	净资产收益率(%)	1.0595	7.6684	1.4436	5.3067
	加权净资产收益率(%)	1.0600	8.0500	1.4800	10.5600
	净资产收益率(扣除)(%)	1.0126	6.2716	1.3469	4.3764
	总资产(万元)	347811.46	315076.35	271243.36	256566.70
	归属母公司股东权益(万元)	233739.28	231430.52	216372.90	208697.63
	营业收入(万元)	40416.01	98552.82	24137.80	49298.45
	营业支出(万元)	24884.15	69286.73	17050.82	28863.32
	投资收益(万元)	--	1640.87	-	1.55
	净利润(万元)	5834.86	18946.04	3092.56	11578.48
	营业利润(万元)	7492.82	19238.64	4330.52	13415.33
	利润总额(万元)	7692.28	21193.97	4609.54	16003.82

智度科技股份有限公司

公司概况	公司名称	智度科技股份有限公司			证券简称	智度股份
	法人代表	赵立仁	董秘	李凌霄	证券代码	000676
	公司网址	www.genimous.com			电子信箱	zhidugufen@genimous.com
	电　　话	0371-55139520			传　　真	0371-55139521
	办公地址	北京市西城区西绒线胡同51号北门				
	经营范围	仪器、仪表、工业自动化设备、电子计算机软硬件及网络设备的开发等				

主要财务指标	指标＼报告期	2017.06.30	2016.12.31	2016.06.30	2015.12.31
	基本每股收益(元)	0.2259	0.4552	0.2048	0.0111
	基本每股收益(扣除后)(元)	0.1876	0.3487	0.0876	-0.1264
	稀释每股收益(元)	0.2259	0.4552	0.2048	0.0111
	每股净资产(元)	4.9692	4.7715	4.4983	0.4597
	每股经营现金净流量(元)	-0.1625	0.1735	0.1017	0.0996
	每股现金流量(元)	1.3461	0.4397	2.1586	0.0917
	每股资本公积金(元)	3.6263	3.6263	3.6285	0.2099
	每股盈余公积金(元)	0.0329	0.0329	0.0329	0.1010
	每股未分配利润(元)	0.2759	0.0500	-0.1876	-0.8512
	净资产收益率(%)	4.5456	6.8603	1.9946	2.4227
	加权净资产收益率(%)	4.6400	11.6700	9.9400	2.4400
	净资产收益率(扣除)(%)	3.7745	5.2534	0.8534	-27.4884
	总资产(万元)	692277.25	649127.45	585834.19	31256.65
	归属母公司股东权益(万元)	479877.25	460785.06	434405.36	14461.35
	营业收入(万元)	254436.43	236400.72	65331.78	31758.32
	营业支出(万元)	219463.08	185556.62	51856.31	20785.50
	投资收益(万元)	3390.00	6304.90	4354.23	3319.97
	净利润(万元)	21894.19	31625.97	8635.31	-422.05
	营业利润(万元)	22817.19	35001.47	9248.94	-1441.28
	利润总额(万元)	23416.37	36203.78	9998.94	-218.57

恒天海龙股份有限公司

公司概况	公司名称	恒天海龙股份有限公司			证券简称	恒天海龙
	法人代表	孙健	董秘	姜大广	证券代码	000677
	公司网址	www.helon.cn			电子信箱	716071958@qq.com
	电　　话	0536-2275007			传　　真	0536-7530677
	办公地址	山东省潍坊市寒亭区海龙路555号				
	经营范围	粘胶纤维、棉浆粕、帘帆布的生产与销售等				

主要财务指标	指标＼报告期	2017.06.30	2016.12.31	2016.06.30	2015.12.31
	基本每股收益(元)	0.0034	0.0052	0.0010	0.0634
	基本每股收益(扣除后)(元)	0.0033	-0.0001	0.0013	-0.3785
	稀释每股收益(元)	0.0034	0.0052	0.0010	0.0634
	每股净资产(元)	0.3165	0.3131	0.3089	0.3079
	每股经营现金净流量(元)	-0.0447	0.0032	-0.0070	0.0832
	每股现金流量(元)	-0.0613	0.0007	-0.0088	-0.1276
	每股资本公积金(元)	0.8075	0.8075	0.8075	0.8075
	每股盈余公积金(元)	0.2461	0.2461	0.2461	0.2461
	每股未分配利润(元)	-1.7371	-1.7405	-1.7447	-1.7457
	净资产收益率(%)	1.0597	1.6713	0.3243	20.5875
	加权净资产收益率(%)	1.0700	1.6900	0.3200	22.9500
	净资产收益率(扣除)(%)	1.0299	-0.0164	0.4182	-122.8238
	总资产(万元)	82575.31	84438.59	83041.92	82755.91
	归属母公司股东权益(万元)	27343.09	27053.32	26687.74	26601.18
	营业收入(万元)	27131.93	48609.92	23881.71	207052.76
	营业支出(万元)	23304.86	41126.56	20477.68	203068.37
	投资收益(万元)	--	15.35	-	60.38
	净利润(万元)	745.88	1626.59	452.48	5880.25
	营业利润(万元)	710.88	1046.84	477.43	-31686.05
	利润总额(万元)	726.80	1531.11	434.92	6371.19

襄阳汽车轴承股份有限公司

公司概况					
公司名称	襄阳汽车轴承股份有限公司			证券简称	襄阳轴承
法人代表	高少兵	董秘	廖永高	证券代码	000678
公司网址	www.zxy.com.cn		电子信箱	xf_lyg@163.com	
电　话	0710-3577209 3577678		传　真	0710-3564019	
办公地址	湖北省襄阳市襄城区轴承路一号				
经营范围	轴承及其零部件的生产、科研、销售及相关业务等				

主要财务指标				
指标\报告期	2017.06.30	2016.12.31	2016.06.30	2015.12.31
基本每股收益(元)	0.0102	0.0300	–0.0060	–0.1800
基本每股收益(扣除后)(元)	–0.0023	–0.0300	–0.0330	–0.2300
稀释每股收益(元)	0.0102	0.0300	–0.0060	–0.1800
每股净资产(元)	2.6980	2.6600	2.2749	2.2910
每股经营现金净流量(元)	–0.0762	–0.0772	–0.0472	–0.2825
每股现金流量(元)	–0.1987	0.1111	–0.0602	–
每股资本公积金(元)	1.6759	1.6759	1.3178	1.3178
每股盈余公积金(元)	0.1599	0.1599	0.1713	0.1713
每股未分配利润(元)	–0.1415	–0.1517	–0.1951	–0.1896
净资产收益率(%)	0.3761	0.9521	–0.2394	–8.0248
加权净资产收益率(%)	0.3600	1.0600	–0.2400	–7.7200
净资产收益率(扣除)(%)	–0.0868	–1.0813	–1.4601	–10.0324
总资产(万元)	270957.24	257829.66	243734.24	235017.94
归属母公司股东权益(万元)	124005.27	122390.15	97612.14	98300.60
营业收入(万元)	79626.37	139509.95	67360.55	125252.34
营业支出(万元)	70426.10	123832.85	60701.35	114672.36
投资收益(万元)	--	2.11	–	7.27
净利润(万元)	646.11	1661.01	–37.76	–7407.61
营业利润(万元)	107.60	–722.37	–1168.93	–9008.56
利润总额(万元)	788.16	2170.15	232.86	–7034.11

大连友谊(集团)股份有限公司

公司概况					
公司名称	大连友谊(集团)股份有限公司			证券简称	大连友谊
法人代表	熊强	董秘	姜广威	证券代码	000679
公司网址	www.dlyy.com.cn		电子信箱	dlyyinfo@dlyy.com.cn	
电　话	0411-82802712 82691470		传　真	0411-82650892	
办公地址	辽宁省大连市沙河口区星海广场 B3 区 35-4 号公建				
经营范围	商品零售、酒店、对船供应、旅游、进出口贸易、仓储、免税商品等				

主要财务指标				
指标\报告期	2017.06.30	2016.12.31	2016.06.30	2015.12.31
基本每股收益(元)	0.0280	0.3752	0.0290	–0.5200
基本每股收益(扣除后)(元)	0.0280	–0.7019	–0.1370	–0.8710
稀释每股收益(元)	0.0280	0.3752	0.0290	–0.5200
每股净资产(元)	3.9361	3.9037	3.6178	3.5417
每股经营现金净流量(元)	–0.2656	0.5883	0.9449	0.1841
每股现金流量(元)	–1.3410	1.1426	1.4937	–3.1329
每股资本公积金(元)	0.1931	0.1931	0.1989	0.1989
每股盈余公积金(元)	0.5418	0.5418	0.4329	0.4329
每股未分配利润(元)	2.1478	2.1197	1.9385	1.8534
净资产收益率(%)	0.7133	9.6120	0.7952	–14.8186
加权净资产收益率(%)	0.7200	10.0800	0.8100	–13.6800
净资产收益率(扣除)(%)	0.7095	–17.9039	–3.7883	–24.5937
总资产(万元)	607399.89	694129.68	817554.38	842798.97
归属母公司股东权益(万元)	140283.59	139128.32	128938.97	126225.98
营业收入(万元)	111334.68	192731.57	101152.92	279384.12
营业支出(万元)	90668.06	150387.18	77518.54	215229.32
投资收益(万元)	–179.36	54999.57	10634.98	345.91
净利润(万元)	870.94	2950.18	2382.86	–22372.74
营业利润(万元)	1540.40	7698.84	4676.99	–34649.41
利润总额(万元)	1545.83	3775.36	4689.61	–16394.19

山推工程机械股份有限公司

公司概况					
公司名称	山推工程机械股份有限公司			证券简称	山推股份
法人代表	张秀文	董秘	袁青	证券代码	000680
公司网址	www.shantui.com		电子信箱	shantui@shantui.com	
电　话	0537-2909532 2907336		传　真	86-537-2340411	
办公地址	山东省济宁市高新区 327 国道 58 号				
经营范围	建筑工程机械、矿山机械、农田基本建设机械、收获机械及配件的研究、开发等				

主要财务指标				
指标\报告期	2017.06.30	2016.12.31	2016.06.30	2015.12.31
基本每股收益(元)	0.0452	0.0350	0.0111	–0.7056
基本每股收益(扣除后)(元)	0.0380	–0.1201	–0.0261	–0.7126
稀释每股收益(元)	0.0452	0.0350	0.0111	–0.7056
每股净资产(元)	2.6495	2.6004	2.5756	2.5628
每股经营现金净流量(元)	0.3485	0.2201	0.0527	0.2013
每股现金流量(元)	0.3072	–0.0818	–0.1988	–0.2580
每股资本公积金(元)	0.9592	0.9592	0.9591	0.9591
每股盈余公积金(元)	0.3204	0.3204	0.3204	0.3204
每股未分配利润(元)	0.3922	0.3470	0.3231	0.3120
净资产收益率(%)	1.7052	1.3468	0.4313	–27.5334
加权净资产收益率(%)	1.7200	1.3600	0.4300	–24.0800
净资产收益率(扣除)(%)	1.4353	–4.6197	–1.0137	–27.8057
总资产(万元)	982364.03	926204.13	937446.33	939884.53
归属母公司股东权益(万元)	328745.43	322648.40	319581.29	317984.92
营业收入(万元)	348234.73	440446.11	238233.52	377074.05
营业支出(万元)	292796.33	363475.86	201227.09	358815.36
投资收益(万元)	7714.31	7802.80	3802.56	4318.25
净利润(万元)	5500.07	1764.84	470.92	–96814.48
营业利润(万元)	4643.99	–15059.68	–4463.69	–96209.24
利润总额(万元)	5553.89	1587.57	308.37	–94797.02

视觉(中国)文化发展股份有限公司

公司概况					
公司名称	视觉(中国)文化发展股份有限公司			证券简称	视觉中国
法人代表	廖杰	董秘	柴继军	证券代码	000681
公司网址	www.chinafareast.com		电子信箱	ss000681@163.com	
电　话	010-57950209		传　真	010-57950213	
办公地址	北京市朝阳区酒仙桥路 10 号院恒通国际商务园,B5/B8				
经营范围	数字影片设计制作等				

主要财务指标				
指标\报告期	2017.06.30	2016.12.31	2016.06.30	2015.12.31
基本每股收益(元)	0.1363	0.3064	0.0999	0.2299
基本每股收益(扣除后)(元)	0.1424	0.3024	0.0985	0.2282
稀释每股收益(元)	0.1363	0.3064	0.0999	0.2299
每股净资产(元)	3.4122	3.2784	3.0680	2.9696
每股经营现金净流量(元)	0.0345	0.3347	0.0290	0.1714
每股现金流量(元)	–0.1885	–0.2624	–0.5153	0.5280
每股资本公积金(元)	2.2843	2.2843	2.2843	2.2843
每股盈余公积金(元)	0.0007	0.0007	0.0007	0.0007
每股未分配利润(元)	1.0201	0.8838	0.6772	0.5774
净资产收益率(%)	3.9945	9.3461	3.2547	7.5733
加权净资产收益率(%)	4.0700	9.8100	3.3100	19.2600
净资产收益率(扣除)(%)	4.1733	9.2247	3.2094	7.5180
总资产(万元)	367551.32	352356.65	283384.00	277012.48
归属母公司股东权益(万元)	239048.22	229677.81	214934.01	208043.77
营业收入(万元)	38266.17	73549.70	28048.76	54290.25
营业支出(万元)	14991.89	30501.82	9646.41	22939.01
投资收益(万元)	3375.10	5416.08	1227.99	2941.43
净利润(万元)	9921.09	23055.76	6862.31	17104.94
营业利润(万元)	11569.31	27021.59	8812.21	21139.95
利润总额(万元)	11593.49	27645.52	8997.95	21203.63

东方电子股份有限公司

公司概况					
公司名称	东方电子股份有限公司			证券简称	东方电子
法人代表	丁振华	董秘	王清刚	证券代码	000682
公司网址	www.dongfangelec.com		电子信箱	zhengquan@dongfang-china.com	
电　　话	0535-5520066		传　　真	0535-5520069	
办公地址	山东省烟台市芝罘区机场路 2 号				
经营范围	电力自动化及工业自动化控制系统、电子产品及通信设备、电气机械及器材等				

主要财务指标 指标\报告期	2017.06.30	2016.12.31	2016.06.30	2015.12.31
基本每股收益(元)	0.0268	0.0611	0.0231	0.0513
基本每股收益(扣除后)(元)	0.0224	0.0456	0.0130	0.0369
稀释每股收益(元)	0.0268	0.0611	0.0231	0.0513
每股净资产(元)	1.7431	1.6059	1.5680	1.5465
每股经营现金净流量(元)	-0.0875	-0.0615	-0.1471	0.1700
每股现金流量(元)	0.8108	-0.0905	-0.1066	0.1041
每股资本公积金(元)	0.4639	0.3531	0.3531	0.3547
每股盈余公积金(元)	0.0154	0.0154	0.0127	0.0127
每股未分配利润(元)	0.2648	0.2380	0.2027	0.1796
净资产收益率(%)	1.5364	3.8022	1.4761	3.3192
加权净资产收益率(%)	1.6500	3.8800	1.4900	3.3700
净资产收益率(扣除)(%)	1.2878	2.8388	0.8294	2.3846
总资产(万元)	449168.25	340685.60	329765.54	326842.53
归属母公司股东权益(万元)	170502.38	157083.56	153379.41	151269.26
营业收入(万元)	102473.19	237174.69	99383.00	208325.76
营业支出(万元)	68064.66	165603.39	68980.46	142218.61
投资收益(万元)	133.61	893.95	759.14	963.26
净利润(万元)	6661.72	14818.78	5830.31	11340.39
营业利润(万元)	7305.98	10839.07	3968.60	7994.94
利润总额(万元)	7415.89	16952.18	6554.41	13094.14

内蒙古远兴能源股份有限公司

公司概况					
公司名称	内蒙古远兴能源股份有限公司			证券简称	远兴能源
法人代表	宋为兔	董秘	纪玉虎	证券代码	000683
公司网址	www.yuanxing.com		电子信箱	yxny@berun.cc	
电　　话	0477-8139874 8139873		传　　真	0477-8139833	
办公地址	内蒙古自治区鄂尔多斯市东胜区鄂托克西街博源大厦十二层				
经营范围	化工产品及其原材料的生产、销售等				

主要财务指标 指标\报告期	2017.06.30	2016.12.31	2016.06.30	2015.12.31
基本每股收益(元)	0.0800	-0.1600	0.0100	0.0400
基本每股收益(扣除后)(元)	0.0800	-0.1600	0.0100	0.0300
稀释每股收益(元)	0.0800	-0.1600	0.0100	0.0400
每股净资产(元)	2.1579	2.0828	2.0920	3.7431
每股经营现金净流量(元)	0.1434	0.1236	0.1264	0.3988
每股现金流量(元)	-0.3838	0.5125	0.2027	-0.4572
每股资本公积金(元)	0.4342	0.4418	0.0429	0.8772
每股盈余公积金(元)	0.0590	0.0590	0.0790	0.1423
每股未分配利润(元)	0.6594	0.5776	0.9627	1.7086
净资产收益率(%)	3.7898	-6.3113	0.6612	0.9374
加权净资产收益率(%)	3.8500	-7.9500	0.6600	0.9400
净资产收益率(扣除)(%)	3.7428	-6.3125	0.6197	0.7036
总资产(万元)	2173502.08	2223342.65	2082426.34	1938173.50
归属母公司股东权益(万元)	841765.58	812470.23	609610.58	605973.99
营业收入(万元)	534462.42	913594.45	345663.52	731809.13
营业支出(万元)	396247.19	736199.28	257026.88	515668.14
投资收益(万元)	1381.81	-3681.52	221.43	1240.78
净利润(万元)	41493.95	-63360.14	5465.97	10472.60
营业利润(万元)	51886.64	-51718.02	13793.72	27599.31
利润总额(万元)	52343.06	-51521.62	14175.79	29669.94

中山公用事业集团股份有限公司

公司概况					
公司名称	中山公用事业集团股份有限公司			证券简称	中山公用
法人代表	何锐驹	董秘	曹晖	证券代码	000685
公司网址	www.zpug.net		电子信箱	zpug@zpug.net	
电　　话	0760-88380018 89886813		传　　真	0760-88380022	
办公地址	广东省中山市兴中道 18 号财兴大厦北座				
经营范围	公用事业的投资及管理、市场的经营及管理、投资及投资策划、咨询和管理等业务				

主要财务指标 指标\报告期	2017.06.30	2016.12.31	2016.06.30	2015.12.31
基本每股收益(元)	0.3600	0.6500	0.3200	1.0500
基本每股收益(扣除后)(元)	0.3500	0.6200	0.3100	1.0100
稀释每股收益(元)	0.3600	0.6500	0.3200	1.0500
每股净资产(元)	7.8816	7.6809	7.2432	7.3683
每股经营现金净流量(元)	0.1340	0.2927	0.1292	0.2181
每股现金流量(元)	-0.1043	-0.6321	-0.6991	0.6123
每股资本公积金(元)	1.3968	1.3968	1.4009	1.4532
每股盈余公积金(元)	0.4403	0.4403	0.3856	0.3856
每股未分配利润(元)	4.3888	4.2323	3.9521	3.9347
净资产收益率(%)	4.5236	8.4965	4.3828	13.6574
加权净资产收益率(%)	4.5600	8.7200	4.3100	17.3500
净资产收益率(扣除)(%)	4.4244	8.0848	4.2621	13.1034
总资产(万元)	1636949.93	1505910.49	1471271.11	1408204.00
归属母公司股东权益(万元)	1162629.93	1133023.14	1068451.92	1089258.94
营业收入(万元)	69637.79	146260.17	66478.78	123027.23
营业支出(万元)	47339.74	98452.38	43659.07	73776.66
投资收益(万元)	49914.85	95807.95	45608.82	141270.50
净利润(万元)	53993.65	99971.75	48292.79	152005.64
营业利润(万元)	55458.34	104571.62	49574.62	156230.99
利润总额(万元)	55796.85	106444.90	50886.30	158715.05

东北证券股份有限公司

公司概况					
公司名称	东北证券股份有限公司			证券简称	东北证券
法人代表	李福春	董秘	徐冰	证券代码	000686
公司网址	www.nesc.cn		电子信箱	xub@nesc.cn	
电　　话	0431-85096806		传　　真	0431-85096816	
办公地址	吉林省长春市生态大街 6666 号				
经营范围	证券经纪业务、投资银行业务、证券投资业务等				

主要财务指标 指标\报告期	2017.06.30	2016.12.31	2016.06.30	2015.12.31
基本每股收益(元)	0.1300	0.5800	0.2700	1.3400
基本每股收益(扣除后)(元)	0.1300	0.5700	0.2700	1.3400
稀释每股收益(元)	0.1300	0.5800	0.2700	1.3400
每股净资产(元)	6.7247	6.6600	6.2884	5.8202
每股经营现金净流量(元)	1.5614	-6.9340	-1.6320	-1.9974
每股现金流量(元)	-1.5255	-0.5230	-0.9582	4.7435
每股资本公积金(元)	2.4548	2.4548	2.4493	1.3876
每股盈余公积金(元)	0.3458	0.3458	0.2998	0.3585
每股未分配利润(元)	2.1644	2.0316	1.8643	2.1681
净资产收益率(%)	1.9757	8.4360	3.9959	23.0887
加权净资产收益率(%)	1.9900	9.3600	4.6200	26.2100
净资产收益率(扣除)(%)	1.9089	8.1785	3.8409	22.9754
总资产(万元)	6703060.63	7515701.34	7913411.65	7400595.02
归属母公司股东权益(万元)	1573891.62	1558720.54	1471781.11	1139110.14
营业收入(万元)	211440.17	448162.87	175177.80	674576.02
营业支出(万元)	174179.95	288222.89	101090.45	-
投资收益(万元)	50688.23	213839.69	81903.35	267867.61
净利润(万元)	32609.02	136208.95	59960.67	269214.44
营业利润(万元)	37260.22	159939.98	74087.35	339746.34
利润总额(万元)	38657.95	165289.66	77022.59	341444.74

华讯方舟股份有限公司

公司概况	公司名称	华讯方舟股份有限公司			证券简称	华讯方舟
	法人代表	吴光胜	董秘	李湘平	证券代码	000687
	公司网址	www.huaxunchina.com.cn		电子信箱	hxfz@huaxunchina.com.cn	
	电　话	0755-29663118		传　真	0755-29663108	
	办公地址	广东省深圳市宝安区西乡宝田一路臣田工业区37栋				
	经营范围	粘胶长丝的生产与销售等				

	指标＼报告期	2017.06.30	2016.12.31	2016.06.30	2015.12.31
主要财务指标	基本每股收益(元)	0.0847	0.2127	0.1545	-0.3607
	基本每股收益(扣除后)(元)	0.0783	0.2009	0.1526	-0.5352
	稀释每股收益(元)	0.0847	0.2127	0.1545	-0.3607
	每股净资产(元)	1.8620	1.7715	1.7239	1.4682
	每股经营现金净流量(元)	-0.1140	0.0079	0.1451	-0.4468
	每股现金流量(元)	-0.4911	0.9358	0.1995	-0.2153
	每股资本公积金(元)	1.0958	1.0900	1.1007	0.9994
	每股盈余公积金(元)	0.0237	0.0237	0.0237	0.0237
	每股未分配利润(元)	-0.2575	-0.3422	-0.4004	-0.5549
	净资产收益率(%)	4.5488	12.0064	8.9603	-24.5672
	加权净资产收益率(%)	4.6600	13.1300	10.0000	-21.8800
	净资产收益率(扣除)(%)	4.2064	11.3398	8.8507	-36.4554
	总资产(万元)	355225.22	394157.93	285979.84	262748.29
	归属母公司股东权益(万元)	141019.27	134166.95	130565.97	111195.52
	营业收入(万元)	64223.94	160306.69	97219.10	87786.77
	营业支出(万元)	40643.09	117455.41	75929.14	79744.94
	投资收益(万元)	70.37	10.81	9.67	12895.72
	净利润(万元)	6035.38	15737.70	11564.51	-27294.13
	营业利润(万元)	7649.75	16271.83	12436.04	-27176.41
	利润总额(万元)	8129.49	19959.51	14083.96	-26242.91

建新矿业股份有限责任公司

公司概况	公司名称	建新矿业股份有限责任公司			证券简称	建新矿业
	法人代表	夏勇	董秘	熊为民	证券代码	000688
	公司网址	www.jianxin0688.com		电子信箱	944198308@qq.com	
	电　话	023-63067268		传　真	86-23-63067269	
	办公地址	重庆市北部新区新南路164号水晶国际808室				
	经营范围	电子计算机及网络服务器,微晶玻璃板材,节能灯及电子镇流器的制造等				

	指标＼报告期	2017.06.30	2016.12.31	2016.06.30	2015.12.31
主要财务指标	基本每股收益(元)	0.2123	0.2060	0.0539	0.2536
	基本每股收益(扣除后)(元)	0.2126	0.2195	0.0538	0.2498
	稀释每股收益(元)	0.2123	0.2060	0.0539	0.2536
	每股净资产(元)	1.7601	1.5382	1.3727	1.3099
	每股经营现金净流量(元)	0.2239	0.3634	0.1708	0.1698
	每股现金流量(元)	0.1824	0.1740	0.0577	-0.0048
	每股资本公积金(元)	0.1660	0.1660	0.1660	0.1660
	每股盈余公积金(元)	0.1355	0.1355	0.1355	0.1355
	每股未分配利润(元)	0.4199	0.2075	0.0554	0.0015
	净资产收益率(%)	12.0644	13.3946	3.9271	19.3583
	加权净资产收益率(%)	12.8800	14.4700	4.0300	21.4000
	净资产收益率(扣除)(%)	12.0791	14.2695	3.9209	19.0683
	总资产(万元)	220798.48	195717.15	184087.92	192187.84
	归属母公司股东权益(万元)	200175.53	174938.95	156113.54	148975.88
	营业收入(万元)	63758.16	111431.28	48791.91	109065.21
	营业支出(万元)	26418.28	64589.90	34327.55	58909.40
	投资收益(万元)	--	--	-	-
	净利润(万元)	24083.59	23274.66	6053.75	28795.82
	营业利润(万元)	28748.60	30233.79	7696.61	35027.92
	利润总额(万元)	28722.86	28589.22	7708.94	34952.91

广东宝丽华新能源股份有限公司

公司概况	公司名称	广东宝丽华新能源股份有限公司			证券简称	宝新能源
	法人代表	宁远喜	董秘	刘沣	证券代码	000690
	公司网址	www.baolihua.com.cn		电子信箱	bxnygd@sina.com	
	电　话	0753-2511298　020-38773338		传　真	0753-2511398　020-38770958	
	办公地址	广东省梅州市梅县华侨城香港花园香港大道宝丽华综合大楼				
	经营范围	电力、房地产、建筑施工、投资等等				

	指标＼报告期	2017.06.30	2016.12.31	2016.06.30	2015.12.31
主要财务指标	基本每股收益(元)	0.1200	0.3300	0.2100	0.3700
	基本每股收益(扣除后)(元)	0.0200	0.3100	0.1900	0.3400
	稀释每股收益(元)	0.1200	0.3300	0.2100	0.3700
	每股净资产(元)	3.8940	3.7854	3.6710	2.9296
	每股经营现金净流量(元)	0.1325	0.5165	0.3201	0.6634
	每股现金流量(元)	-0.2645	1.2570	0.4145	-0.4833
	每股资本公积金(元)	1.3545	1.3538	1.3534	0.1906
	每股盈余公积金(元)	0.3623	0.3623	0.3304	0.4164
	每股未分配利润(元)	1.2835	1.1607	1.0634	1.3641
	净资产收益率(%)	3.1535	8.1899	4.9295	12.7380
	加权净资产收益率(%)	3.2000	9.4200	6.3200	12.9100
	净资产收益率(扣除)(%)	0.3907	7.5245	4.4885	11.5436
	总资产(万元)	1614976.59	1574531.08	1283074.25	970152.82
	归属母公司股东权益(万元)	847288.11	823657.40	798768.25	505823.16
	营业收入(万元)	132709.01	353985.12	162157.45	357411.44
	营业支出(万元)	103880.25	225333.24	95054.99	231477.91
	投资收益(万元)	33826.46	11180.53	9201.68	18613.69
	净利润(万元)	26718.72	67454.53	39374.15	64431.54
	营业利润(万元)	29411.46	90409.49	51049.11	85972.51
	利润总额(万元)	29376.39	90321.68	51598.31	85212.24

海南亚太实业发展股份有限公司

公司概况	公司名称	海南亚太实业发展股份有限公司			证券简称	亚太实业
	法人代表	马兵	董秘	王瑞华	证券代码	000691
	公司网址	www.lzytgroup.com		电子信箱	ytsy000691@163.com	
	电　话	0931-8439763		传　真	0931-8427597	
	办公地址	甘肃省兰州市城关区张掖路87号中广商务大厦24楼				
	经营范围	旅游业开发、高科技开发、商业贸易、建材、旅游工艺品,普通机械的批发、零售等				

	指标＼报告期	2017.06.30	2016.12.31	2016.06.30	2015.12.31
主要财务指标	基本每股收益(元)	-0.0123	0.0042	-0.0052	0.0359
	基本每股收益(扣除后)(元)	-0.0123	0.0042	-0.0052	0.0069
	稀释每股收益(元)	-0.0123	0.0042	-0.0052	0.0359
	每股净资产(元)	0.2445	0.1137	0.2465	0.2517
	每股经营现金净流量(元)	0.0293	0.0291	-0.0114	-0.1080
	每股现金流量(元)	0.0240	0.0108	-0.0114	0.0247
	每股资本公积金(元)	0.4721	0.4721	0.4574	0.4721
	每股盈余公积金(元)	0.0471	0.0471	0.0471	0.0471
	每股未分配利润(元)	-1.2747	-1.2623	-1.2580	-1.2675
	净资产收益率(%)	-5.0479	3.6623	-2.1064	14.2509
	加权净资产收益率(%)	-4.9200	2.5100	-1.8000	16.2600
	净资产收益率(扣除)(%)	-5.0479	5.2941	-2.1064	2.7392
	总资产(万元)	28828.72	34157.93	28988.95	28690.42
	归属母公司股东权益(万元)	7902.39	8301.29	7967.87	8135.49
	营业收入(万元)	1455.54	4624.30	1020.24	10471.61
	营业支出(万元)	1296.96	3573.35	759.54	8216.13
	投资收益(万元)	--	16.54	-	926.99
	净利润(万元)	-427.11	239.54	-164.61	1420.94
	营业利润(万元)	-427.11	299.52	-104.61	1411.40
	利润总额(万元)	-427.11	239.54	-164.61	1420.94

沈阳惠天热电股份有限公司

公司概况	公司名称	沈阳惠天热电股份有限公司			证券简称	惠天热电
	法人代表	李久旭	董秘	马晓荣	证券代码	000692
	公司网址	www.htrd.cn		电子信箱	htrd2012@126.com	
	电话	024-22905836 22928062		传真	024-22939480	
	办公地址	辽宁省沈阳市沈河区热闹路47号				
	经营范围	供暖、设备安装、工业管道、土建工程施工、非标准结构件制造、安装等				

主要财务指标	指标\报告期	2017.06.30	2016.12.31	2016.06.30	2015.12.31
	基本每股收益(元)	0.0071	0.0987	0.0752	0.1399
	基本每股收益(扣除后)(元)	-0.0689	-0.1365	0.0198	0.0795
	稀释每股收益(元)	0.0071	0.0987	0.0752	0.1399
	每股净资产(元)	2.6219	2.6456	2.6264	2.5831
	每股经营现金净流量(元)	-1.0827	-0.3182	-1.3602	0.3304
	每股现金流量(元)	0.3537	0.1069	-0.1458	0.0557
	每股资本公积金(元)	0.7117	0.7117	0.7147	0.7147
	每股盈余公积金(元)	0.2361	0.2361	0.2286	0.2286
	每股未分配利润(元)	0.6217	0.6507	0.6347	0.5594
	净资产收益率(%)	0.2700	3.7318	2.8645	5.4177
	加权净资产收益率(%)	0.2700	3.7500	2.8700	5.6400
	净资产收益率(扣除)(%)	-2.6269	-5.1612	0.7546	3.0556
	总资产(万元)	528859.85	489014.08	424872.85	427877.77
	归属母公司股东权益(万元)	139703.13	140964.33	139941.21	137633.69
	营业收入(万元)	94288.91	182997.67	86582.14	156899.22
	营业支出(万元)	84876.82	168660.99	74219.10	131474.51
	投资收益(万元)	-293.11	4397.89	1703.85	2317.21
	净利润(万元)	176.33	6059.70	4215.17	7975.75
	营业利润(万元)	-4315.94	-5822.41	4101.75	7155.36
	利润总额(万元)	1286.25	8067.11	5834.70	11452.35

成都华泽钴镍材料股份有限公司

公司概况	公司名称	成都华泽钴镍材料股份有限公司			证券简称	*ST华泽
	法人代表	王应虎	董秘	吴正悦	证券代码	000693
	公司网址	www.hzmetal.com		电子信箱	hz000693@163.com	
	电话	029-88310063-8051		传真	029-88310063-8049	
	办公地址	四川省成都市温江区凤溪大道北段666号双子国际写字楼西楼1512室				
	经营范围	有色金属,矿产品的生产和销售等				

主要财务指标	指标\报告期	2017.06.30	2016.12.31	2016.06.30	2015.12.31
	基本每股收益(元)	-0.1378	-0.6769	-0.0980	-0.2860
	基本每股收益(扣除后)(元)	-0.1410	-0.6769	-0.0961	-0.2224
	稀释每股收益(元)	-0.1378	-0.6769	-0.0980	-0.2860
	每股净资产(元)	1.4298	1.5687	2.2196	2.3126
	每股经营现金净流量(元)	0.0005	-1.4842	-1.5073	0.0127
	每股现金流量(元)	-0.0029	-0.0350	-0.7920	-0.3405
	每股资本公积金(元)	-0.0562	-0.0562	-0.0562	-0.0562
	每股盈余公积金(元)	0.1504	0.1504	0.1504	0.1504
	每股未分配利润(元)	0.2099	0.3477	0.9985	1.0915
	净资产收益率(%)	-9.6356	-47.4157	-4.4172	-12.3654
	加权净资产收益率(%)	-9.6400	-38.3300	-4.3300	-11.6400
	净资产收益率(扣除)(%)	-9.8611	-42.2001	-4.3283	-9.6175
	总资产(万元)	379713.65	380950.94	435534.91	543236.06
	归属母公司股东权益(万元)	77707.24	85255.66	120635.65	125686.81
	营业收入(万元)	34757.99	205643.64	113498.23	850813.71
	营业支出(万元)	34795.21	209069.72	113624.87	843815.97
	投资收益(万元)	--	--	-	-
	净利润(万元)	-7487.55	-40424.53	-5328.78	-15541.64
	营业利润(万元)	-7662.77	-34626.39	-5221.53	-11145.98
	利润总额(万元)	-7487.55	-39875.70	-5328.78	-15209.19

天津滨海能源发展股份有限公司

公司概况	公司名称	天津滨海能源发展股份有限公司			证券简称	滨海能源
	法人代表	肖占鹏	董秘	郭锐	证券代码	000695
	公司网址	www.binhaienergy.com		电子信箱	bhe_ir@126.com	
	电话	022-66202230		传真	022-66202232	
	办公地址	天津市开发区第十一大街27号				
	经营范围	生产、销售热力、电力、发电、燃汽、自来水及上述系统设备及零配件等				

主要财务指标	指标\报告期	2017.06.30	2016.12.31	2016.06.30	2015.12.31
	基本每股收益(元)	-0.0700	0.0175	-0.0167	0.0154
	基本每股收益(扣除后)(元)	-0.0800	0.0015	-0.0194	0.0100
	稀释每股收益(元)	-0.0700	0.0175	-0.0167	0.0154
	每股净资产(元)	1.4079	1.4761	1.4422	1.4578
	每股经营现金净流量(元)	0.1530	0.3843	0.4531	0.3300
	每股现金流量(元)	0.0512	0.2366	-0.0779	0.0764
	每股资本公积金(元)	0.3427	0.3427	0.3427	0.3427
	每股盈余公积金(元)	0.0554	0.0554	0.0554	0.0554
	每股未分配利润(元)	-0.0299	0.0384	0.0042	0.0209
	净资产收益率(%)	-4.8479	1.1842	-1.1557	1.0583
	加权净资产收益率(%)	-4.7300	1.1900	-1.1500	1.0700
	净资产收益率(扣除)(%)	-6.0302	0.1049	-1.3420	0.9979
	总资产(万元)	112328.78	113505.88	101261.36	111641.67
	归属母公司股东权益(万元)	31275.87	32792.10	32037.92	32383.71
	营业收入(万元)	38094.28	60456.04	30429.46	60739.34
	营业支出(万元)	37088.91	60091.59	28282.16	58175.10
	投资收益(万元)	-52.39	-3.23	-1.41	-10.68
	净利润(万元)	-1516.22	388.33	-370.26	342.71
	营业利润(万元)	-1719.47	-4928.18	-239.44	-2761.56
	利润总额(万元)	-1775.48	817.10	-159.87	520.19

陕西炼石有色资源股份有限公司

公司概况	公司名称	陕西炼石有色资源股份有限公司			证券简称	炼石有色
	法人代表	张政	董秘	赵卫军	证券代码	000697
	公司网址	www.lsmin.com		电子信箱	bzhao0697@sohu.com	
	电话	029-33675902		传真	029-33675902	
	办公地址	陕西省咸阳市西咸新区世纪大道55号启迪科技会展中心1602室				
	经营范围	钼、铼及其他有色金属矿产的开发、贸易,新材料、冶炼新技术的研发、投资等				

主要财务指标	指标\报告期	2017.06.30	2016.12.31	2016.06.30	2015.12.31
	基本每股收益(元)	-0.2597	-0.0680	-0.0185	0.1068
	基本每股收益(扣除后)(元)	-0.2609	-0.0865	-0.0252	0.0498
	稀释每股收益(元)	-0.2597	-0.0680	-0.0185	0.1068
	每股净资产(元)	2.3021	2.5451	2.5946	2.6280
	每股经营现金净流量(元)	-0.5970	-0.1377	-0.0806	0.1023
	每股现金流量(元)	0.2362	-0.3317	-0.4681	0.2606
	每股资本公积金(元)	1.0128	1.0128	1.0128	1.0128
	每股盈余公积金(元)	0.0665	0.0665	0.0665	0.0665
	每股未分配利润(元)	0.2061	0.4657	0.5152	0.5487
	净资产收益率(%)	-11.2793	-2.6704	-0.7124	4.0643
	加权净资产收益率(%)	-10.7100	-2.6300	-0.7100	4.1400
	净资产收益率(扣除)(%)	-11.3328	-3.3971	-0.9711	1.8953
	总资产(万元)	502436.39	163838.70	157097.76	168744.56
	归属母公司股东权益(万元)	128845.50	142442.95	145212.27	147086.30
	营业收入(万元)	8341.18	1265.38	85.47	15495.96
	营业支出(万元)	6513.10	665.88	-	6870.85
	投资收益(万元)	124.19	791.52	303.37	3035.71
	净利润(万元)	-14782.59	-4244.77	-1194.99	6058.62
	营业利润(万元)	-14293.20	-4336.21	-1244.33	6789.38
	利润总额(万元)	-14618.58	-4119.47	-1198.46	6970.88

沈阳化工股份有限公司

公司概况					
公司名称	沈阳化工股份有限公司			证券简称	沈阳化工
法人代表	王大壮	董秘	杨志国	证券代码	000698
公司网址	www.sychem.com			电子信箱	000698@126.com
电　　话	024-25553506			传　　真	024-25553060
办公地址	辽宁省沈阳市经济技术开发区沈西三东路55号				
经营范围	化工产品、化工设备、压力容器、防腐设备等				

主要财务指标

指标\报告期	2017.06.30	2016.12.31	2016.06.30	2015.12.31
基本每股收益(元)	0.1390	0.4200	0.1680	0.2300
基本每股收益(扣除后)(元)	0.0920	0.0500	0.0570	-0.2500
稀释每股收益(元)	0.1390	--	0.1680	0.2300
每股净资产(元)	5.2387	5.1547	4.9110	4.7392
每股经营现金净流量(元)	-0.0701	0.8804	0.5541	0.6845
每股现金流量(元)	-0.1889	0.5486	0.0930	0.7212
每股资本公积金(元)	1.6306	1.6306	1.6306	1.6306
每股盈余公积金(元)	0.3695	0.3695	0.3470	0.3470
每股未分配利润(元)	2.2290	2.1546	1.9299	1.7616
净资产收益率(%)	2.6619	8.0602	3.4273	4.8369
加权净资产收益率(%)	2.6700	8.4000	3.4900	4.9500
净资产收益率(扣除)(%)	1.8500	0.9796	1.1646	-5.2239
总资产(万元)	969295.53	1059789.29	966657.97	963062.46
归属母公司股东权益(万元)	429318.83	422434.07	402466.63	388384.84
营业收入(万元)	612149.57	884676.55	365452.40	966390.05
营业支出(万元)	563558.66	799302.94	323472.38	902909.53
投资收益(万元)	--	--	-	-
净利润(万元)	11482.74	33912.58	13797.52	18603.40
营业利润(万元)	9458.61	4113.83	5358.55	-16462.10
利润总额(万元)	13376.57	38330.19	15684.03	19397.32

江南模塑科技股份有限公司

公司概况					
公司名称	江南模塑科技股份有限公司			证券简称	模塑科技
法人代表	曹克波	董秘	单陈燕	证券代码	000700
公司网址	www.000700.com			电子信箱	scy@000700.com
电　　话	0510-86242802			传　　真	0510-86242818
办公地址	江苏省江阴市周庄镇长青路8号				
经营范围	汽车零部件、塑料制品、模具、塑钢门窗、模塑高科技产品的开发、研制等				

主要财务指标

指标\报告期	2017.06.30	2016.12.31	2016.06.30	2015.12.31
基本每股收益(元)	0.1163	0.2600	0.1585	0.8360
基本每股收益(扣除后)(元)	0.1160	0.1730	0.1610	0.6550
稀释每股收益(元)	0.1046	0.2600	0.1585	0.8360
每股净资产(元)	4.4559	4.3270	3.3693	6.7271
每股经营现金净流量(元)	0.1470	0.4353	0.2866	0.7268
每股现金流量(元)	1.0382	0.2555	0.1391	0.0054
每股资本公积金(元)	0.2690	0.2690	0.2675	1.5350
每股盈余公积金(元)	0.0656	0.0656	0.0510	0.1020
每股未分配利润(元)	1.7164	1.7100	1.6250	3.0329
净资产收益率(%)	2.6110	5.9991	4.7058	12.2870
加权净资产收益率(%)	2.6700	7.1900	4.7600	13.7500
净资产收益率(扣除)(%)	2.6066	3.9926	4.7888	9.6314
总资产(万元)	703353.54	593436.75	454496.91	455773.40
归属母公司股东权益(万元)	319578.69	310332.55	241646.46	241236.75
营业收入(万元)	170495.68	319102.18	143920.15	313635.41
营业支出(万元)	133501.35	247933.13	110379.78	239930.51
投资收益(万元)	5661.85	16864.66	5775.57	14417.98
净利润(万元)	8344.20	18617.31	11371.28	29640.82
营业利润(万元)	10716.03	23531.02	14922.05	33392.55
利润总额(万元)	10808.93	23312.10	13814.99	34372.27

厦门信达股份有限公司

公司概况					
公司名称	厦门信达股份有限公司			证券简称	厦门信达
法人代表	杜少华	董秘	陈弘	证券代码	000701
公司网址	www.xindeco.com			电子信箱	board@xindeco.com.cn
电　　话	0592-5608117			传　　真	0592-6021391
办公地址	福建省厦门市湖里区泗水道669号国贸商务中心第十一层				
经营范围	网络信息服务及信息产品的开发与生产、商业批发零售、贸易和房地产开发等				

主要财务指标

指标\报告期	2017.06.30	2016.12.31	2016.06.30	2015.12.31
基本每股收益(元)	0.0044	0.0930	0.1117	0.3100
基本每股收益(扣除后)(元)	0.0844	-0.1920	0.0880	-0.5200
稀释每股收益(元)	0.0044	0.0930	0.1117	0.3100
每股净资产(元)	12.2623	7.9100	7.8700	11.8887
每股经营现金净流量(元)	-12.7951	1.5656	-14.2261	0.8694
每股现金流量(元)	-0.3560	-0.8421	-1.0464	1.4652
每股资本公积金(元)	4.8954	4.8954	4.8954	2.5690
每股盈余公积金(元)	0.2830	0.2830	0.2702	0.3535
每股未分配利润(元)	1.5936	1.6818	1.6800	2.1685
净资产收益率(%)	1.0655	2.7822	1.9004	2.9558
加权净资产收益率(%)	0.0600	1.2100	1.4700	5.2600
净资产收益率(扣除)(%)	0.6883	0.5206	1.7154	-4.0597
总资产(万元)	2239654.41	1599291.82	1967205.06	1420106.97
归属母公司股东权益(万元)	498601.19	502441.98	499771.76	369600.39
营业收入(万元)	2420350.16	4029075.39	1882456.23	2930508.19
营业支出(万元)	2356466.41	3884232.63	1813983.97	2827433.40
投资收益(万元)	4081.86	7450.41	1255.62	25615.56
净利润(万元)	9422.74	12770.71	11092.66	12205.06
营业利润(万元)	10270.03	10316.21	11376.19	4535.45
利润总额(万元)	12481.89	17638.08	14767.39	17026.94

湖南正虹科技发展股份有限公司

公司概况					
公司名称	湖南正虹科技发展股份有限公司			证券简称	正虹科技
法人代表	夏壮华	董秘	刘浩	证券代码	000702
公司网址	www.chinazhjt.com.cn			电子信箱	dms@chinazhjt.com.cn
电　　话	0730-5715016			传　　真	0730-5715017
办公地址	湖南省岳阳市屈原管理区营田镇				
经营范围	各类饲料的研制、生产、销售、饲料原料销售等				

主要财务指标

指标\报告期	2017.06.30	2016.12.31	2016.06.30	2015.12.31
基本每股收益(元)	-0.0105	0.0076	-0.0165	0.0183
基本每股收益(扣除后)(元)	-0.0164	-0.0136	-0.0281	-0.0512
稀释每股收益(元)	-0.0105	0.0076	-0.0165	0.0183
每股净资产(元)	1.7166	1.6947	1.6715	1.7149
每股经营现金净流量(元)	0.0021	0.2379	0.3835	0.0275
每股现金流量(元)	-0.0344	0.0943	0.2567	0.0138
每股资本公积金(元)	0.6848	0.6848	0.6848	0.6847
每股盈余公积金(元)	0.0970	0.0970	0.0970	0.0970
每股未分配利润(元)	-0.1979	-0.1874	-0.2115	-0.1950
净资产收益率(%)	-0.6092	0.4480	-0.9868	1.0680
加权净资产收益率(%)	-0.6100	0.4500	-0.9700	1.0300
净资产收益率(扣除)(%)	-0.9578	-0.8006	-1.6818	-2.9840
总资产(万元)	68005.04	64013.79	69961.38	62847.12
归属母公司股东权益(万元)	45770.95	45187.69	44567.62	45725.12
营业收入(万元)	58504.32	122999.02	56994.82	131688.01
营业支出(万元)	52542.57	110959.33	51241.21	119102.19
投资收益(万元)	27.92	221.12	126.31	1083.72
净利润(万元)	-357.12	127.13	-489.46	455.32
营业利润(万元)	-441.81	-235.71	-609.80	258.68
利润总额(万元)	-262.39	340.23	-288.69	698.76

恒逸石化股份有限公司

公司概况					
公司名称	恒逸石化股份有限公司			证券简称	恒逸石化
法人代表	方贤水	董秘	郑新刚	证券代码	000703
公司网址	www.hengyishihua.com		电子信箱	hysh@hengyi.com	
电　　话	0571-83871991		传　　真	0571-83871992	
办公地址	浙江省杭州市萧山区市心北路 260 号恒逸·南岸明珠 3 栋				
经营范围	生产和销售精对苯二甲酸(PTA)和聚酯纤维(涤纶)等相关产品				

主要财务指标				
指标＼报告期	2017.06.30	2016.12.31	2016.06.30	2015.12.31
基本每股收益(元)	0.5300	0.6100	0.2700	0.1600
基本每股收益(扣除后)(元)	0.5200	0.3800	0.2100	–0.3700
稀释每股收益(元)	0.5300	0.6100	0.2700	0.1600
每股净资产(元)	7.3192	6.7438	4.9770	4.7869
每股经营现金净流量(元)	0.1089	1.9113	1.3923	0.3140
每股现金流量(元)	–0.7317	1.3977	–0.1663	–0.4386
每股资本公积金(元)	3.1241	2.6958	0.6425	0.7250
每股盈余公积金(元)	0.1820	0.1852	0.2296	0.2296
每股未分配利润(元)	3.1501	2.7796	3.0809	2.8115
净资产收益率(%)	7.0621	7.6010	5.4148	2.9526
加权净资产收益率(%)	7.5100	11.4100	5.4800	3.5500
净资产收益率(扣除)(%)	7.0022	4.7566	4.1346	–6.8490
总资产(万元)	3062508.83	2753430.14	2431208.56	2520875.49
归属母公司股东权益(万元)	1206515.13	1092409.36	650067.49	625236.75
营业收入(万元)	2846887.75	3241933.95	1369362.11	3031770.67
营业支出(万元)	2743266.68	3130691.12	1317157.59	2899578.36
投资收益(万元)	35553.14	60525.90	23713.45	50260.59
净利润(万元)	95357.06	88864.54	39917.04	16213.88
营业利润(万元)	99973.92	78064.97	40442.49	16691.85
利润总额(万元)	101343.88	99211.18	44539.24	21442.33

浙江震元股份有限公司

公司概况					
公司名称	浙江震元股份有限公司			证券简称	浙江震元
法人代表	吕军	董秘	周黔莉	证券代码	000705
公司网址	www.zjzy.com		电子信箱	000705@zjzy.com	
电　　话	0575-85144161		传　　真	0575-85148805	
办公地址	浙江省绍兴市解放北路 289 号				
经营范围	从事药品、中药饮片的生产经营和销售等				

主要财务指标				
指标＼报告期	2017.06.30	2016.12.31	2016.06.30	2015.12.31
基本每股收益(元)	0.1278	0.1400	0.0782	0.1100
基本每股收益(扣除后)(元)	0.1146	0.1100	0.0700	0.0800
稀释每股收益(元)	0.1278	0.1400	0.0782	0.1100
每股净资产(元)	4.0273	3.8708	3.8142	3.7871
每股经营现金净流量(元)	–0.0213	0.3472	–0.1556	0.1698
每股现金流量(元)	–0.0883	0.1325	–0.1750	–0.4727
每股资本公积金(元)	1.6066	1.6066	1.6077	1.6077
每股盈余公积金(元)	0.1344	0.1344	0.1182	0.1182
每股未分配利润(元)	1.1077	0.9999	0.9669	0.9137
净资产收益率(%)	3.1722	3.5008	2.0491	2.8629
加权净资产收益率(%)	3.2300	3.5300	2.0500	2.9300
净资产收益率(扣除)(%)	2.8465	2.9683	1.8142	2.0489
总资产(万元)	210500.17	201714.03	201814.27	183768.47
归属母公司股东权益(万元)	134562.89	129330.97	127441.91	123021.91
营业收入(万元)	125445.57	244000.39	118042.32	216350.55
营业支出(万元)	105732.11	208931.75	101706.94	183679.51
投资收益(万元)	112.96	117.44	379.94	383.10
净利润(万元)	4419.76	4675.41	2674.56	3706.73
营业利润(万元)	5496.44	5860.85	3340.38	3401.85
利润总额(万元)	5528.35	5847.11	3341.41	4290.50

湖北双环科技股份有限公司

公司概况					
公司名称	湖北双环科技股份有限公司			证券简称	双环科技
法人代表	李元海	董秘	张雷	证券代码	000707
公司网址	www.hbshkj.cn		电子信箱	sh0707@163.com	
电　　话	0712-3591099		传　　真	0712-3591099	
办公地址	湖北省应城市东马坊团结大道 26 号				
经营范围	生产销售纯碱、氯化铵和氯化聚乙烯				

主要财务指标				
指标＼报告期	2017.06.30	2016.12.31	2016.06.30	2015.12.31
基本每股收益(元)	0.0863	–1.3532	0.0227	0.0255
基本每股收益(扣除后)(元)	0.0198	–1.3937	–0.0125	–0.0819
稀释每股收益(元)	0.0863	–1.3532	0.0227	0.0255
每股净资产(元)	1.9337	1.9169	3.1149	3.0934
每股经营现金净流量(元)	0.4975	0.3815	0.7256	1.4287
每股现金流量(元)	1.4184	–0.0403	0.1826	0.3786
每股资本公积金(元)	1.5806	1.5806	1.5806	1.5806
每股盈余公积金(元)	0.4526	0.4526	0.4526	0.4526
每股未分配利润(元)	–1.2238	–1.3101	0.0757	0.0530
净资产收益率(%)	4.4646	–70.5907	0.7291	0.8231
加权净资产收益率(%)	4.4000	–55.9900	0.7300	0.8200
净资产收益率(扣除)(%)	1.0252	–72.7043	–0.4020	–2.6463
总资产(万元)	1113201.09	1060049.42	1077634.00	1108258.94
归属母公司股东权益(万元)	89751.09	88973.70	144577.77	143580.11
营业收入(万元)	209148.99	397062.77	249236.80	388278.60
营业支出(万元)	173940.94	366768.66	203871.63	324135.31
投资收益(万元)	–1256.73	–2755.07	–631.79	3003.85
净利润(万元)	3907.68	–62491.50	2469.67	1536.73
营业利润(万元)	808.43	–64408.95	2281.85	–5006.22
利润总额(万元)	4526.83	–62141.64	4238.24	966.84

大冶特殊钢股份有限公司

公司概况					
公司名称	大冶特殊钢股份有限公司			证券简称	大冶特钢
法人代表	俞亚鹏	董秘	郭培锋	证券代码	000708
公司网址	www.dayesteel.com.cn		电子信箱	dytg0708@163.com	
电　　话	0714-6297373		传　　真	0714-6297280	
办公地址	湖北省黄石市黄石大道 316 号				
经营范围	钢铁冶炼、钢材轧制、金属改制、压延加工、钢铁材料检测				

主要财务指标				
指标＼报告期	2017.06.30	2016.12.31	2016.06.30	2015.12.31
基本每股收益(元)	0.4210	0.6510	0.3240	0.6020
基本每股收益(扣除后)(元)	0.4510	0.6480	0.3080	0.5120
稀释每股收益(元)	0.4210	0.6510	0.3240	0.6020
每股净资产(元)	8.5061	8.2849	7.9577	7.7836
每股经营现金净流量(元)	–1.5158	1.7585	–0.0204	0.2166
每股现金流量(元)	–1.8005	1.5749	–0.2441	–0.0173
每股资本公积金(元)	1.0807	1.0807	1.0807	1.0807
每股盈余公积金(元)	0.5031	0.5031	0.5031	0.5031
每股未分配利润(元)	5.9223	5.7011	5.3739	5.1998
净资产收益率(%)	4.9527	7.8608	4.0724	7.7299
加权净资产收益率(%)	5.0000	8.1310	4.1000	7.9700
净资产收益率(扣除)(%)	5.2970	7.8214	3.8709	6.5784
总资产(万元)	616485.52	584713.34	539356.95	513755.82
归属母公司股东权益(万元)	382272.91	372328.24	357623.89	349801.30
营业收入(万元)	483851.88	639268.66	328716.71	619718.21
营业支出(万元)	429029.94	558612.97	289989.10	550197.34
投资收益(万元)	—	—	–	–
净利润(万元)	18932.84	29268.07	14563.72	27039.29
营业利润(万元)	24453.23	34347.30	16439.52	27547.97
利润总额(万元)	22075.37	34066.48	16991.99	31826.76

河钢股份有限公司

公司概况	公司名称	河钢股份有限公司			证券简称	河钢股份
	法人代表	于勇	董秘	李卜海	证券代码	000709
	公司网址	www.hebgtgf.com		电子信箱	hbgtgf@hebgtjt.com	
	电　　话	0311-66770709		传　　真	0311-66778711	
	办公地址	河北省石家庄市体育南大街385号				
	经营范围	钢铁冶炼、钢材轧制及销售等				

主要财务指标	指标\报告期	2017.06.30	2016.12.31	2016.06.30	2015.12.31
	基本每股收益(元)	0.1180	0.1500	0.0390	0.0500
	基本每股收益(扣除后)(元)	0.1200	0.1400	0.0400	0.0500
	稀释每股收益(元)	0.1180	0.1500	0.0390	0.0500
	每股净资产(元)	4.2625	4.2209	4.1194	4.1073
	每股经营现金净流量(元)	0.5486	0.1154	0.7894	1.3529
	每股现金流量(元)	-0.0409	-0.2088	-0.0384	0.0324
	每股资本公积金(元)	2.1854	2.1854	2.1854	2.1854
	每股盈余公积金(元)	0.2018	0.2018	0.1872	0.1872
	每股未分配利润(元)	0.8667	0.8289	0.7355	0.7270
	净资产收益率(%)	2.7635	3.4705	0.9350	1.3148
	加权净资产收益率(%)	2.7500	3.5200	0.9300	1.3200
	净资产收益率(扣除)(%)	2.7682	3.4187	0.9086	1.1329
	总资产(万元)	18795535.04	18598992.42	17614949.53	17881154.90
	归属母公司股东权益(万元)	4526211.33	4482036.56	4374269.58	4361359.31
	营业收入(万元)	5445994.05	7455100.75	3791115.81	7310343.44
	营业支出(万元)	4790606.01	6426120.21	3327603.79	6336598.81
	投资收益(万元)	7945.82	18962.33	1451.91	9119.72
	净利润(万元)	129316.30	142975.41	37123.33	40175.18
	营业利润(万元)	169733.18	157971.56	43204.60	53932.69
	利润总额(万元)	169437.44	161605.87	45171.40	56012.04

成都市贝瑞和康基因技术股份有限公司

公司概况	公司名称	成都市贝瑞和康基因技术股份有限公司			证券简称	贝瑞基因
	法人代表	高扬	董秘	王冬	证券代码	000710
	公司网址	www.txyb.com.cn		电子信箱	000710@berrygenomics.com	
	电　　话	010-53259188		传　　真	010-84306824	
	办公地址	北京市昌平区科技园区生命园路4号院5号楼				
	经营范围	以测序为基础的基因检测服务与设备试剂销售				

主要财务指标	指标\报告期	2017.06.30	2016.12.31	2016.06.30	2015.12.31
	基本每股收益(元)	-0.0500	-0.0277	-0.0109	-0.0860
	基本每股收益(扣除后)(元)	-0.0700	-0.0522	-0.0093	-0.0860
	稀释每股收益(元)	-0.0500	-0.0277	-0.0109	-0.0860
	每股净资产(元)	0.7058	0.7545	0.7694	0.7784
	每股经营现金净流量(元)	-0.3264	-0.0939	-0.0649	-0.4683
	每股现金流量(元)	-0.1468	0.0617	-0.0734	-0.1856
	每股资本公积金(元)	0.3063	4.8611	0.3063	0.3063
	每股盈余公积金(元)	0.0729	0.0850	0.0729	0.0729
	每股未分配利润(元)	-0.6938	0.6507	-0.6283	-0.6174
	净资产收益率(%)	-6.8984	-3.6694	-1.4120	-11.0535
	加权净资产收益率(%)	-6.6700	-3.6200	-1.4100	-10.5300
	净资产收益率(扣除)(%)	-9.6463	-6.9169	-1.2032	-11.0540
	总资产(万元)	52091.81	122319.29	50102.26	49888.25
	归属母公司股东权益(万元)	10671.40	105118.17	11633.91	11768.85
	营业收入(万元)	11962.87	24738.03	12137.83	23005.68
	营业支出(万元)	11346.74	23063.42	11421.16	22169.01
	投资收益(万元)	1650.53	2656.48	1243.47	2790.71
	净利润(万元)	-736.16	-418.59	-164.27	-1300.87
	营业利润(万元)	-735.39	-789.05	-139.99	-1300.92
	利润总额(万元)	-736.16	-418.59	-164.27	-1300.87

京蓝科技股份有限公司

公司概况	公司名称	京蓝科技股份有限公司			证券简称	京蓝科技
	法人代表	杨仁贵	董秘	刘欣	证券代码	000711
	公司网址	www.kingland-tech.com.cn		电子信箱	securities@ikingland.cn	
	电　　话	010-63300361		传　　真	010-63300361-8062	
	办公地址	北京市丰台区广安路9号国投财富广场3号楼5层				
	经营范围	物业租赁、房地产咨询业务				

主要财务指标	指标\报告期	2017.06.30	2016.12.31	2016.06.30	2015.12.31
	基本每股收益(元)	0.1500	0.0600	-0.0900	0.2300
	基本每股收益(扣除后)(元)	0.1500	0.0400	-0.1100	-3.6500
	稀释每股收益(元)	0.1500	0.0600	-0.0900	0.2300
	每股净资产(元)	4.6655	9.1219	1.7148	1.8076
	每股经营现金净流量(元)	-0.7528	-0.7908	-0.3381	-0.3096
	每股现金流量(元)	-0.4133	2.7340	0.8140	0.3328
	每股资本公积金(元)	3.3675	7.7350	0.0937	0.0937
	每股盈余公积金(元)	0.0466	0.0932	0.1886	0.1886
	每股未分配利润(元)	0.2514	0.2937	0.4324	0.5252
	净资产收益率(%)	3.3118	0.4037	-5.4133	12.9372
	加权净资产收益率(%)	3.3400	1.4400	-5.2700	13.8000
	净资产收益率(扣除)(%)	3.2695	0.2869	-6.5745	-201.6639
	总资产(万元)	506049.01	408552.85	36826.26	29762.26
	归属母公司股东权益(万元)	303810.38	297004.43	27590.07	29083.62
	营业收入(万元)	47762.10	46081.36	2935.39	7208.83
	营业支出(万元)	31106.85	32643.01	2153.40	3087.80
	投资收益(万元)	61.24	3.20	-	64542.82
	净利润(万元)	10068.16	1896.44	-1298.00	-1000.59
	营业利润(万元)	8222.11	2999.27	-1275.51	1544.35
	利润总额(万元)	8303.43	2949.93	-1270.80	-585.11

广东锦龙发展股份有限公司

公司概况	公司名称	广东锦龙发展股份有限公司			证券简称	锦龙股份
	法人代表	蓝永强	董秘	张丹丹	证券代码	000712
	公司网址	www.jlgf.com		电子信箱	jlgf000712@163.com	
	电　　话	0763-3369393		传　　真	0763-3362693	
	办公地址	广东省清远市新城八号区方正二街1号锦龙大厦				
	经营范围	自来水的生产和供应业				

主要财务指标	指标\报告期	2017.06.30	2016.12.31	2016.06.30	2015.12.31
	基本每股收益(元)	0.1100	0.4100	0.1800	1.0200
	基本每股收益(扣除后)(元)	0.1100	0.4200	0.1800	1.0200
	稀释每股收益(元)	0.1100	0.4100	0.1800	1.0200
	每股净资产(元)	4.0579	4.0829	3.8480	3.7739
	每股经营现金净流量(元)	-1.5558	-1.6135	-1.7439	1.2646
	每股现金流量(元)	-0.5913	-1.0051	-1.8222	3.0223
	每股资本公积金(元)	0.7968	0.7968	0.7968	0.7968
	每股盈余公积金(元)	0.1992	0.1839	0.1839	0.1403
	每股未分配利润(元)	2.0341	2.0414	1.8170	1.7770
	净资产收益率(%)	2.6607	9.9928	4.7719	27.0068
	加权净资产收益率(%)	2.6100	10.3900	4.7500	30.7400
	净资产收益率(扣除)(%)	2.6223	10.2197	4.7558	26.9996
	总资产(万元)	3031438.45	2616800.33	1989230.96	1986512.55
	归属母公司股东权益(万元)	363586.68	365826.15	344783.29	338144.70
	营业收入(万元)	1289.19	2858.41	1398.69	2601.85
	营业支出(万元)	253.17	506.11	383.64	516.65
	投资收益(万元)	42925.77	64326.26	26770.16	124079.68
	净利润(万元)	11680.00	48344.04	22349.40	127031.82
	营业利润(万元)	13523.93	66143.13	28489.77	155547.48
	利润总额(万元)	13633.02	64271.12	28449.72	155561.20

合肥丰乐种业股份有限公司

公司概况

公司名称	合肥丰乐种业股份有限公司			证券简称	丰乐种业
法人代表	杨林	董秘	顾晓新	证券代码	000713
公司网址	www.fengle.com.cn		电子信箱	gxx@fengle.com.cn	
电　话	0551-2239888 62239956		传　真	0551-2239957	
办公地址	安徽省合肥市长江西路501号丰乐大厦				
经营范围	农作物种子、农药、专用肥、植物生长素、农化产品、薄荷油及其衍生产品等				

主要财务指标

指标\报告期	2017.06.30	2016.12.31	2016.06.30	2015.12.31
基本每股收益(元)	-0.0796	0.0700	-0.0142	0.1018
基本每股收益(扣除后)(元)	-0.0776	-0.1700	-0.0323	0.0460
稀释每股收益(元)	-0.0796	0.0700	-0.0142	0.1018
每股净资产(元)	4.5401	4.6441	4.5462	4.5573
每股经营现金净流量(元)	-0.5102	-0.8966	-0.2590	0.3771
每股现金流量(元)	-0.1733	-0.3050	-0.3282	-0.2724
每股资本公积金(元)	1.6894	1.6894	1.6894	1.6894
每股盈余公积金(元)	0.2926	0.2926	0.2770	0.2770
每股未分配利润(元)	1.3046	1.4040	1.3541	1.3681
净资产收益率(%)	-1.7535	1.5406	-0.3131	2.2344
加权净资产收益率(%)	-1.7300	1.5500	-0.3100	2.2600
净资产收益率(扣除)(%)	-1.7086	-3.6576	-0.7097	1.0085
总资产(万元)	197314.02	207286.56	187890.44	186286.71
归属母公司股东权益(万元)	135693.50	138802.33	135874.69	136206.87
营业收入(万元)	66491.97	121769.31	52466.96	111265.56
营业支出(万元)	57840.86	101423.76	44141.22	85828.56
投资收益(万元)	142.76	609.58	523.71	404.14
净利润(万元)	-2414.56	2222.00	-402.55	3043.44
营业利润(万元)	-2287.93	-4664.86	-757.39	1675.06
利润总额(万元)	-2360.59	2982.74	-400.70	3130.97

中兴-沈阳商业大厦(集团)股份有限公司

公司概况

公司名称	中兴-沈阳商业大厦(集团)股份有限公司			证券简称	中兴商业
法人代表	李晓航	董秘	高仲(代)	证券代码	000715
公司网址	www.zxbusiness.com		电子信箱	zxstock@vip.sina.com	
电　话	024-23838888-3715 3703		传　真	024-23408889	
办公地址	辽宁省沈阳市和平区太原北街86号				
经营范围	国内一般商业贸易、汽车修理、汽车配件、仓储搬运等				

主要财务指标

指标\报告期	2017.06.30	2016.12.31	2016.06.30	2015.12.31
基本每股收益(元)	0.1230	0.3200	0.0880	0.2500
基本每股收益(扣除后)(元)	0.1320	0.3100	0.1370	0.3600
稀释每股收益(元)	0.1230	0.3200	0.0880	0.2500
每股净资产(元)	4.4089	4.3554	4.1957	4.1076
每股经营现金净流量(元)	0.2100	0.1818	0.0378	0.2627
每股现金流量(元)	-0.5096	1.0050	0.7752	-0.0430
每股资本公积金(元)	1.1352	1.1352	1.1352	1.1352
每股盈余公积金(元)	0.4689	0.4689	0.4290	0.4290
每股未分配利润(元)	1.7874	1.7339	1.6141	1.5261
净资产收益率(%)	2.8010	7.2969	2.0980	6.0965
加权净资产收益率(%)	2.8200	7.4900	2.1200	6.1400
净资产收益率(扣除)(%)	3.0043	7.0526	3.2579	8.8357
总资产(万元)	213667.63	212819.71	214419.40	216735.33
归属母公司股东权益(万元)	123011.95	121519.47	117061.33	114605.34
营业收入(万元)	122572.14	244149.57	127519.56	276964.07
营业支出(万元)	98670.61	196807.11	101652.36	223536.43
投资收益(万元)	36.15	853.97	426.08	1447.79
净利润(万元)	3445.52	8867.11	2455.99	6986.90
营业利润(万元)	4656.27	14842.90	2980.70	9964.19
利润总额(万元)	4656.56	12836.23	3228.69	10538.65

南方黑芝麻集团股份有限公司

公司概况

公司名称	南方黑芝麻集团股份有限公司			证券简称	黑芝麻
法人代表	韦清文	董秘	龙耐坚	证券代码	000716
公司网址	www.nanfangfood.com		电子信箱	nfkg008@sina.com	
电　话	0771-5308096 5308080		传　真	0771-5308639	
办公地址	广西壮族自治区南宁市双拥路36号				
经营范围	对食品、管道燃气、物流、房地产、物业管理、航空服务项目的投资等				

主要财务指标

指标\报告期	2017.06.30	2016.12.31	2016.06.30	2015.12.31
基本每股收益(元)	0.0440	0.0250	0.0330	0.4770
基本每股收益(扣除后)(元)	0.0390	0.0440	0.0220	0.4960
稀释每股收益(元)	0.0430	0.0260	0.0330	0.4730
每股净资产(元)	2.7700	2.7246	2.7303	5.4500
每股经营现金净流量(元)	0.1769	-0.1075	-0.0750	0.5061
每股现金流量(元)	0.2334	-0.4477	-0.2716	-0.7797
每股资本公积金(元)	1.3925	1.3903	1.3994	3.7809
每股盈余公积金(元)	0.0467	0.0467	0.0467	0.0935
每股未分配利润(元)	0.3925	0.3486	0.3513	0.7375
净资产收益率(%)	1.5617	0.9392	1.2230	8.5906
加权净资产收益率(%)	1.5700	0.9400	1.2200	7.7100
净资产收益率(扣除)(%)	1.3811	1.6110	0.8018	8.9117
总资产(万元)	353188.27	311569.70	304000.82	282475.00
归属母公司股东权益(万元)	176617.97	173718.69	174352.68	173605.36
营业收入(万元)	93237.33	231448.07	73171.24	188760.59
营业支出(万元)	67448.47	177446.70	51055.57	127249.54
投资收益(万元)	1.46	43.91	36.13	3.51
净利润(万元)	3279.47	2516.51	2392.23	14909.19
营业利润(万元)	2617.74	-1335.03	1333.57	14783.94
利润总额(万元)	3069.31	-2113.31	2170.89	15259.46

广东韶钢松山股份有限公司

公司概况

公司名称	广东韶钢松山股份有限公司			证券简称	韶钢松山
法人代表	刘建荣	董秘	刘二	证券代码	000717
公司网址	www.sgss.com.cn		电子信箱	sgss@sgis.com.cn	
电　话	0751-8787265		传　真	0751-8787676	
办公地址	广东省韶关市曲江区韶钢办公楼				
经营范围	制造、加工、销售钢铁冶金产品、金属制品、焦炭、煤化工产品等				

主要财务指标

指标\报告期	2017.06.30	2016.12.31	2016.06.30	2015.12.31
基本每股收益(元)	0.2685	0.0400	-0.0946	-1.0700
基本每股收益(扣除后)(元)	0.2783	-0.1300	-0.1056	-1.1000
稀释每股收益(元)	0.2685	0.0400	-0.0946	-1.0700
每股净资产(元)	0.4582	0.1895	0.0521	0.1467
每股经营现金净流量(元)	-0.0179	0.1785	-0.0640	0.2049
每股现金流量(元)	-0.1729	0.1322	-0.0346	0.0539
每股资本公积金(元)	1.3346	1.3345	1.3338	1.3338
每股盈余公积金(元)	0.2642	0.2642	0.2642	0.2642
每股未分配利润(元)	-2.1416	-2.4101	-2.5466	-2.4520
净资产收益率(%)	58.6013	22.1220	-181.4977	-731.3355
加权净资产收益率(%)	82.9100	24.9400	-95.1500	-158.3500
净资产收益率(扣除)(%)	60.7365	-68.5139	-202.5967	-748.7862
总资产(万元)	1422800.48	1497555.57	1553751.54	1656030.78
归属母公司股东权益(万元)	110858.87	45849.16	12607.52	35489.87
营业收入(万元)	1133664.76	1397286.71	578339.60	1114458.75
营业支出(万元)	1024605.23	1332647.28	563230.40	1252497.13
投资收益(万元)	4937.34	1765.85	778.98	320.77
净利润(万元)	64964.78	10142.73	-22882.36	-259550.05
营业利润(万元)	62277.50	-21849.20	-25542.42	-255967.13
利润总额(万元)	64964.78	10142.73	-22882.36	-250757.26

苏宁环球股份有限公司

公司概况	公司名称	苏宁环球股份有限公司		证券简称	苏宁环球
	法人代表	张桂平	董秘 贾森	证券代码	000718
	公司网址	www.suning-universal.com		电子信箱	suning@suning.com.cn
	电　　话	025-83247946		传　　真	025-83247136
	办公地址	江苏省南京市鼓楼区广州路188号17楼			
	经营范围	房地产开发经营与混凝土生产销售等			

主要财务指标	指标\报告期	2017.06.30	2016.12.31	2016.06.30	2015.12.31
	基本每股收益(元)	0.0586	0.3530	0.0570	0.3390
	基本每股收益(扣除后)(元)	0.0542	0.3810	0.0580	0.3410
	稀释每股收益(元)	0.0586	0.3530	0.0570	0.3390
	每股净资产(元)	2.3439	2.4854	2.9595	3.0010
	每股经营现金净流量(元)	0.2156	1.1766	0.6678	1.0386
	每股现金流量(元)	-0.1870	-0.7849	-0.7720	1.2909
	每股资本公积金(元)	0.3419	0.3419	1.1063	1.1063
	每股盈余公积金(元)	0.0719	0.0719	-	-
	每股未分配利润(元)	0.9296	1.0710	0.8502	0.8930
	净资产收益率(%)	2.5000	14.2026	1.9323	9.8844
	加权净资产收益率(%)	2.4300	12.5400	3.8000	16.9100
	净资产收益率(扣除)(%)	2.3143	15.3095	1.9631	9.9318
	总资产(万元)	2034132.83	2119286.18	2486181.57	2478372.21
	归属母公司股东权益(万元)	711292.44	754225.16	898113.84	910687.04
	营业收入(万元)	169803.37	824652.73	185339.57	737518.38
	营业支出(万元)	122981.91	542126.41	134098.82	487095.70
	投资收益(万元)	980.39	2715.14	217.64	-1743.07
	净利润(万元)	17781.67	106083.83	17212.75	88235.50
	营业利润(万元)	24748.01	168834.19	20053.34	135027.53
	利润总额(万元)	25061.54	153404.69	19766.25	134076.31

中原大地传媒股份有限公司

公司概况	公司名称	中原大地传媒股份有限公司		证券简称	中原传媒
	法人代表	李永臻	董秘 毋晓冬	证券代码	000719
	公司网址	www.zyddcm.com		电子信箱	ddcm000719@126.com
	电　　话	0371-87528527		传　　真	0371-87528528
	办公地址	河南省郑州市金水东路39号中国(河南)出版产业园A座			
	经营范围	对新闻、出版、教育、文化、广播、电影、电视节目等进行互联网信息服务等			

主要财务指标	指标\报告期	2017.06.30	2016.12.31	2016.06.30	2015.12.31
	基本每股收益(元)	0.3200	0.6600	0.3100	0.8900
	基本每股收益(扣除后)(元)	0.3000	0.6200	0.2900	0.8500
	稀释每股收益(元)	0.3200	0.6600	0.3100	0.8900
	每股净资产(元)	6.6424	6.5074	6.1339	7.7516
	每股经营现金净流量(元)	0.2011	0.6864	0.2290	1.1507
	每股现金流量(元)	-0.9442	0.0780	-0.0311	0.1255
	每股资本公积金(元)	2.6885	2.6885	2.6883	3.7947
	每股盈余公积金(元)	0.1748	0.1748	0.1516	0.1971
	每股未分配利润(元)	2.7901	2.6541	2.3293	2.8057
	净资产收益率(%)	4.7573	10.1087	5.0471	11.5253
	加权净资产收益率(%)	4.8100	10.5000	5.1200	12.0500
	净资产收益率(扣除)(%)	4.5282	9.5974	4.6628	10.9179
	总资产(万元)	1038502.89	1014831.48	966761.36	929865.57
	归属母公司股东权益(万元)	679655.05	665835.08	627619.06	610110.21
	营业收入(万元)	380717.61	788967.92	334898.67	713861.06
	营业支出(万元)	269954.08	561866.54	234903.81	503255.72
	投资收益(万元)	496.47	1453.37	387.62	1650.85
	净利润(万元)	32510.40	67204.44	31715.62	69781.31
	营业利润(万元)	31556.98	61946.35	29410.15	60763.23
	利润总额(万元)	33218.09	69708.79	32597.53	71415.94

山东新能泰山发电股份有限公司

公司概况	公司名称	山东新能泰山发电股份有限公司		证券简称	新能泰山
	法人代表	吴永钢	董秘 刘昭营	证券代码	000720
	公司网址	www.sz000720.com		电子信箱	zqb@sz000720.com
	电　　话	0538-8232022		传　　真	0538-8232000
	办公地址	山东省泰安市长城西路6号国贸大厦11-14层			
	经营范围	电力生产、销售、电线电缆、电子产品、电器机械及器材、输变电设备等			

主要财务指标	指标\报告期	2017.06.30	2016.12.31	2016.06.30	2015.12.31
	基本每股收益(元)	-0.1213	-0.0773	-0.0208	0.0935
	基本每股收益(扣除后)(元)	-0.1216	-0.0829	-0.0243	0.0930
	稀释每股收益(元)	-0.1213	-0.0773	-0.0208	0.0935
	每股净资产(元)	0.8950	1.0162	1.0723	1.0916
	每股经营现金净流量(元)	-0.0336	0.5634	0.3779	0.8638
	每股现金流量(元)	0.0151	-0.0304	0.0931	0.0359
	每股资本公积金(元)	0.3433	0.4766	0.3428	0.3428
	每股盈余公积金(元)	0.1655	0.1655	0.1655	0.1655
	每股未分配利润(元)	-0.6181	-0.4968	-0.4403	-0.4195
	净资产收益率(%)	-13.5531	-7.6024	-1.9359	8.5645
	加权净资产收益率(%)	-12.6900	-7.3300	-1.9200	8.9500
	净资产收益率(扣除)(%)	-13.5890	-8.1610	-2.2650	7.9440
	总资产(万元)	531440.79	877074.34	529114.38	538255.92
	归属母公司股东权益(万元)	77282.05	141871.79	92584.79	94254.53
	营业收入(万元)	120770.30	248580.25	114376.69	329316.90
	营业支出(万元)	117420.75	217516.04	98442.70	275063.98
	投资收益(万元)	-263.66	-226.00	-118.84	-385.82
	净利润(万元)	-11275.17	-4971.87	-499.45	13570.88
	营业利润(万元)	-10557.94	-1958.10	1550.27	17064.61
	利润总额(万元)	-10523.56	-691.58	2291.05	18358.43

西安饮食股份有限公司

公司概况	公司名称	西安饮食股份有限公司		证券简称	西安饮食
	法人代表	胡昌民	董秘 郭养团	证券代码	000721
	公司网址	www.xcsg.com		电子信箱	xcsg@xcsg.com
	电　　话	029-82065865		传　　真	029-82065899
	办公地址	陕西省西安市碑林区南二环西段27号西安旅游大厦6层			
	经营范围	国内商业、物资供销业、物业管理、投资项目信息咨询及中介服务等			

主要财务指标	指标\报告期	2017.06.30	2016.12.31	2016.06.30	2015.12.31
	基本每股收益(元)	-0.0022	0.0247	0.0418	-0.0634
	基本每股收益(扣除后)(元)	-0.0065	-0.0460	-0.0230	-0.0800
	稀释每股收益(元)	-0.0022	0.0247	0.0418	-0.0634
	每股净资产(元)	1.3469	1.3491	1.3662	1.3243
	每股经营现金净流量(元)	0.0079	0.0493	0.0121	0.0051
	每股现金流量(元)	0.0760	-0.0164	0.0523	-0.0465
	每股资本公积金(元)	0.1112	0.1112	0.1112	0.1112
	每股盈余公积金(元)	0.1019	0.1019	0.0968	0.0968
	每股未分配利润(元)	0.1338	0.1359	0.1581	0.1163
	净资产收益率(%)	-0.1622	1.8345	3.0622	-4.7884
	加权净资产收益率(%)	-0.1600	2.0000	3.1100	-5.0000
	净资产收益率(扣除)(%)	-0.4860	-3.4084	-1.6538	-5.9325
	总资产(万元)	113654.44	105013.60	112669.90	108700.12
	归属母公司股东权益(万元)	67218.33	67327.37	68180.06	66092.25
	营业收入(万元)	25173.06	50054.94	25080.17	49900.16
	营业支出(万元)	15989.13	31484.67	15577.84	30962.20
	投资收益(万元)	206.67	-72.63	-	-286.62
	净利润(万元)	-192.59	980.98	2080.10	-3310.90
	营业利润(万元)	-68.58	-2631.09	-1175.63	-4580.92
	利润总额(万元)	14.92	2086.06	3111.58	-3560.64

湖南发展集团股份有限公司

公司概况	公司名称	湖南发展集团股份有限公司			证券简称	湖南发展
	法人代表	谭建华	董秘	苏千里	证券代码	000722
	公司网址	www.hnfzgf.com		电子信箱	hnfz@hnfzgf.com	
	电　话	0731-88789296		传　真	0731-88789290	
	办公地址	湖南省长沙市天心区芙蓉中路三段 142 号 B 座光大发展大厦第 27 楼				
	经营范围	水力发电项目综合经营、房地产项目投资、土地资源、矿产资源的储备及综合经营等				

主要财务指标	指标＼报告期	2017.06.30	2016.12.31	2016.06.30	2015.12.31
	基本每股收益(元)	0.1500	0.3000	0.2100	0.2800
	基本每股收益(扣除后)(元)	0.1500	0.3000	0.2100	0.2800
	稀释每股收益(元)	0.1500	0.3000	0.2100	0.2800
	每股净资产(元)	5.9527	5.8564	5.7620	5.5537
	每股经营现金净流量(元)	0.1456	0.2450	0.2093	0.2692
	每股现金流量(元)	0.2437	0.4867	0.0924	-0.0586
	每股资本公积金(元)	4.6056	4.6056	4.6056	4.6056
	每股盈余公积金(元)	0.0471	0.0471	0.0205	0.0205
	每股未分配利润(元)	0.3000	0.2036	0.1359	-0.0725
	净资产收益率(%)	2.4585	5.1684	3.6153	4.9904
	加权净资产收益率(%)	2.4700	5.3100	3.6800	5.1200
	净资产收益率(扣除)(%)	2.4608	5.1365	3.6117	4.9899
	总资产(万元)	310680.97	305641.61	300229.47	289919.02
	归属母公司股东权益(万元)	276301.65	271829.45	267449.40	257780.31
	营业收入(万元)	14883.92	28171.20	16471.12	27609.59
	营业支出(万元)	6192.09	12594.57	6016.09	11623.71
	投资收益(万元)	2667.19	7212.53	4234.58	5796.12
	净利润(万元)	6380.27	13529.66	9606.07	12722.91
	营业利润(万元)	8444.69	17584.35	12314.70	16464.46
	利润总额(万元)	8436.53	17691.41	12327.49	16464.72

山西美锦能源股份有限公司

公司概况	公司名称	山西美锦能源股份有限公司			证券简称	美锦能源
	法人代表	姚锦龙	董秘	朱庆华	证券代码	000723
	公司网址	www.mjenergy.com		电子信箱	meijinenergy@126.com	
	电　话	0351-4236095		传　真	0351-4236092	
	办公地址	山西省太原市迎泽区劲松北路 31 号哈伯中心 12 层				
	经营范围	焦化厂、煤矿、煤层气的开发、投资，批发零售焦炭、金属材料、建材等				

主要财务指标	指标＼报告期	2017.06.30	2016.12.31	2016.06.30	2015.12.31
	基本每股收益(元)	0.1222	0.3000	0.0430	-0.1900
	基本每股收益(扣除后)(元)	0.1160	0.3000	0.0413	-0.1000
	稀释每股收益(元)	0.1222	0.3000	0.0430	-0.1900
	每股净资产(元)	1.7502	3.0304	2.7802	3.1917
	每股经营现金净流量(元)	0.1276	0.1073	-0.1086	0.5045
	每股现金流量(元)	0.0334	-0.5238	-0.5370	0.6237
	每股资本公积金(元)	0.4289	1.5726	1.5737	1.8325
	每股盈余公积金(元)	0.0099	0.0177	0.0177	0.0207
	每股未分配利润(元)	0.2923	0.4049	0.1499	0.1245
	净资产收益率(%)	6.9845	9.8321	1.5458	-5.8255
	加权净资产收益率(%)	7.0100	10.3100	1.5600	-10.4600
	净资产收益率(扣除)(%)	6.6259	9.9144	1.4868	-3.2287
	总资产(万元)	1261664.44	1259625.45	1350388.47	1486074.79
	归属母公司股东权益(万元)	718603.63	691267.76	634172.87	625312.20
	营业收入(万元)	600675.11	710991.66	235427.11	570168.18
	营业支出(万元)	466253.22	493137.67	165340.52	504195.90
	投资收益(万元)	365.01	-193.11	-10.87	-1.36
	净利润(万元)	56256.24	76669.24	9102.61	-40794.88
	营业利润(万元)	71415.71	104064.42	11904.64	-58339.20
	利润总额(万元)	73949.27	103194.35	12473.19	-53861.79

京东方科技集团股份有限公司

公司概况	公司名称	京东方科技集团股份有限公司			证券简称	京东方 A
	法人代表	王东升	董秘	刘洪峰	证券代码	000725
	公司网址	www.boe.com.cn		电子信箱	web.master@boe.com.cn	
	电　话	010-64318888		传　真	010-64366264	
	办公地址	北京市北京经济技术开发区西环中路 12 号				
	经营范围	电子产品、通信设备、电子计算机软硬件的制造及购销等				

主要财务指标	指标＼报告期	2017.06.30	2016.12.31	2016.06.30	2015.12.31
	基本每股收益(元)	0.1230	0.0540	-0.0150	0.0460
	基本每股收益(扣除后)(元)	0.1150	--	-0.0660	0.0170
	稀释每股收益(元)	0.1230	0.0540	-0.0150	0.0460
	每股净资产(元)	2.3273	2.2388	2.1791	2.2042
	每股经营现金净流量(元)	0.3026	0.2866	0.0778	0.2985
	每股现金流量(元)	-0.1865	0.3747	0.1096	-0.0092
	每股资本公积金(元)	1.1160	1.1103	1.1103	1.1100
	每股盈余公积金(元)	0.0211	0.0211	0.0168	0.0168
	每股未分配利润(元)	0.2067	0.1141	0.0501	0.0748
	净资产收益率(%)	5.2592	2.3921	-0.6742	2.1117
	加权净资产收益率(%)	4.4800	2.4000	-0.6700	2.1300
	净资产收益率(扣除)(%)	4.9111	0.0159	-3.0152	0.7922
	总资产(万元)	22547248.41	20513501.10	17027578.50	15259289.44
	归属母公司股东权益(万元)	8181129.98	7869998.85	7660114.08	7748527.56
	营业收入(万元)	4460502.80	6889565.90	2644831.07	4862373.23
	营业支出(万元)	3223526.66	5658569.61	2398709.12	3875509.07
	投资收益(万元)	1916.22	15100.66	6499.43	18719.17
	净利润(万元)	459456.20	204517.08	-58750.36	163810.99
	营业利润(万元)	550474.37	50529.45	-231910.12	95370.47
	利润总额(万元)	553482.36	251239.91	-53124.53	201324.31

鲁泰纺织股份有限公司

公司概况	公司名称	鲁泰纺织股份有限公司			证券简称	鲁　泰 A
	法人代表	刘子斌	董秘	秦桂玲	证券代码	000726
	公司网址	www.lttc.com.cn		电子信箱	qinguiling@lttc.com.cn	
	电　话	0533-5285166		传　真	0533-5418805	
	办公地址	山东省淄博市淄川区松龄东路 81 号				
	经营范围	生产销售棉纱、色织布、衬衣、服装饰品、保健内衣等纺织品及配套系列产品等				

主要财务指标	指标＼报告期	2017.06.30	2016.12.31	2016.06.30	2015.12.31
	基本每股收益(元)	0.4300	0.8500	0.3700	0.7500
	基本每股收益(扣除后)(元)	0.4200	0.8000	0.3500	0.7500
	稀释每股收益(元)	0.4300	0.8500	0.3700	0.7500
	每股净资产(元)	7.4301	7.5200	6.8093	7.1536
	每股经营现金净流量(元)	0.3717	1.4207	0.5895	1.0752
	每股现金流量(元)	-0.0583	-0.1202	-0.1962	0.1217
	每股资本公积金(元)	0.8167	0.8166	1.0538	1.0538
	每股盈余公积金(元)	0.9633	0.9633	0.8534	0.8534
	每股未分配利润(元)	4.6083	4.6823	4.1142	4.2407
	净资产收益率(%)	5.7341	11.6092	5.2956	10.4166
	加权净资产收益率(%)	5.5800	11.7100	5.1000	10.6600
	净资产收益率(扣除)(%)	5.6175	10.9466	5.1203	10.5054
	总资产(万元)	955016.39	940710.33	902123.54	909117.05
	归属母公司股东权益(万元)	685501.29	693798.57	650809.07	683711.31
	营业收入(万元)	299045.97	598175.13	283132.68	617332.28
	营业支出(万元)	204993.92	400502.14	193739.96	434103.49
	投资收益(万元)	182.53	-6077.97	-3364.12	3154.00
	净利润(万元)	40989.74	85307.35	34265.71	73554.30
	营业利润(万元)	49002.19	96562.27	41870.08	84141.59
	利润总额(万元)	48854.68	102534.89	43217.56	88344.90

南京华东电子信息科技股份有限公司

公司概况	公司名称	南京华东电子信息科技股份有限公司			证券简称	华东科技
	法人代表	徐国飞	董秘	胡进文	证券代码	000727
	公司网址	www.huadongtech.com		电子信箱	hjw@huadongtech.com	
	电　话	025-6606-7777-5028		传　真	025-66852680	
	办公地址	江苏省南京市栖霞区天佑路7号				
	经营范围	电子产品、平板显示器件及模块、石英晶体产品、电子线路产品等				

	指标\报告期	2017.06.30	2016.12.31	2016.06.30	2015.12.31
主要财务指标	基本每股收益(元)	−0.0492	0.0052	−0.0060	0.0050
	基本每股收益(扣除后)(元)	−0.0523	−0.0926	−0.0197	−0.0664
	稀释每股收益(元)	−0.0492	0.0052	−0.0060	0.0050
	每股净资产(元)	2.3286	2.3778	2.3673	4.7465
	每股经营现金净流量(元)	0.0080	0.1966	−0.0173	−0.0133
	每股现金流量(元)	−0.2330	0.1016	0.0875	−0.7651
	每股资本公积金(元)	1.4512	1.4512	1.4512	3.9025
	每股盈余公积金(元)	0.0219	0.0219	0.0219	0.0438
	每股未分配利润(元)	−0.1444	−0.0950	−0.1058	−0.1998
	净资产收益率(%)	−2.1133	0.2191	−0.2522	0.0980
	加权净资产收益率(%)	−2.0900	0.2200	−0.2500	0.1000
	净资产收益率(扣除)(%)	−2.2451	−3.8932	−0.8314	−1.3013
	总资产(万元)	3285700.23	3379211.22	3123581.81	3194457.99
	归属母公司股东权益(万元)	1054735.95	1077061.65	1072279.99	1074983.71
	营业收入(万元)	295633.65	157659.20	42185.69	115633.36
	营业支出(万元)	299276.94	153184.67	40962.24	108960.28
	投资收益(万元)	−3430.46	11606.86	8877.45	10356.15
	净利润(万元)	−32828.88	8345.49	−3224.99	1735.77
	营业利润(万元)	−34368.18	−49395.88	−4474.56	−2946.28
	利润总额(万元)	−32773.19	16109.98	−3122.16	2689.63

国元证券股份有限公司

公司概况	公司名称	国元证券股份有限公司			证券简称	国元证券
	法人代表	蔡咏	董秘	刘锦峰	证券代码	000728
	公司网址	www.gyzq.com.cn		电子信箱	dshbgs@gyzq.com.cn	
	电　话	0551-62207323　62207968		传　真	0551-62207322	
	办公地址	安徽省合肥市梅山路18号				
	经营范围	证券经纪、证券投资咨询，与证券交易、证券投资活动有关的财务顾问等				

	指标\报告期	2017.06.30	2016.12.31	2016.06.30	2015.12.31
主要财务指标	基本每股收益(元)	0.1700	0.4800	0.2600	1.4100
	基本每股收益(扣除后)(元)	0.1700	0.7200	0.2600	1.4100
	稀释每股收益(元)	0.1700	0.7200	0.2600	1.4100
	每股净资产(元)	6.9900	10.5600	9.9767	10.1490
	每股经营现金净流量(元)	0.2465	−3.2770	−0.7518	0.5481
	每股现金流量(元)	−0.3957	−3.5438	−2.7243	5.5013
	每股资本公积金(元)	3.0049	5.0074	5.0280	5.0280
	每股盈余公积金(元)	0.4001	0.6002	0.5360	0.5360
	每股未分配利润(元)	1.5617	2.3811	2.2815	2.2678
	净资产收益率(%)	2.4951	6.7756	2.6055	10.1490
	加权净资产收益率(%)	2.4600	6.9700	2.5700	14.9000
	净资产收益率(扣除)(%)	2.4944	6.7721	2.5710	13.9258
	总资产(万元)	7299316.29	7168904.26	6724338.76	7255064.30
	归属母公司股东权益(万元)	2058908.75	2074206.61	1959518.70	1993365.42
	营业收入(万元)	157161.20	337552.05	140282.72	577338.21
	营业支出(万元)	90097.94	159931.60	80099.72	-
	投资收益(万元)	85601.07	157855.01	56795.75	188398.30
	净利润(万元)	51768.87	141539.39	51374.61	278441.45
	营业利润(万元)	67063.26	177620.45	60183.01	365351.61
	利润总额(万元)	67135.62	177958.73	61220.90	366475.13

北京燕京啤酒股份有限公司

公司概况	公司名称	北京燕京啤酒股份有限公司			证券简称	燕京啤酒
	法人代表	赵晓东	董秘	徐月香	证券代码	000729
	公司网址	www.yanjing.com.cn		电子信箱	yanjing@public.bta.net.cn	
	电　话	010-89490729		传　真	010-89495569	
	办公地址	北京市顺义区双河路9号				
	经营范围	啤酒、矿泉水、啤酒原料、饲料、酵母、塑料箱的制造和销售等				

	指标\报告期	2017.06.30	2016.12.31	2016.06.30	2015.12.31
主要财务指标	基本每股收益(元)	0.1740	0.1110	0.1600	0.2090
	基本每股收益(扣除后)(元)	0.1320	0.0640	0.1470	0.1340
	稀释每股收益(元)	0.1740	0.1110	0.1600	0.2090
	每股净资产(元)	4.7122	4.5378	4.6580	4.4977
	每股经营现金净流量(元)	0.4831	0.4418	0.4035	0.5758
	每股现金流量(元)	0.0788	−0.0227	0.1779	0.0035
	每股资本公积金(元)	1.6303	1.6303	1.6309	1.6309
	每股盈余公积金(元)	0.6498	0.6498	0.5941	0.5941
	每股未分配利润(元)	1.4322	1.2577	1.4330	1.2727
	净资产收益率(%)	3.7014	2.4401	3.4422	4.6358
	加权净资产收益率(%)	3.7700	2.4500	3.5000	4.7100
	净资产收益率(扣除)(%)	2.8037	1.4048	3.1472	2.9669
	总资产(万元)	1901522.12	1825519.06	1916551.91	1824277.74
	归属母公司股东权益(万元)	1328162.38	1279001.23	1312884.49	1267692.37
	营业收入(万元)	633843.43	1157319.55	629367.98	1253826.70
	营业支出(万元)	376259.44	697814.89	359244.77	753216.18
	投资收益(万元)	170.84	2162.29	279.55	3471.76
	净利润(万元)	52863.23	31884.79	48394.26	62744.07
	营业利润(万元)	54533.25	35754.28	60380.41	59128.06
	利润总额(万元)	70061.20	51399.20	64699.77	84023.52

四川美丰化工股份有限公司

公司概况	公司名称	四川美丰化工股份有限公司			证券简称	四川美丰
	法人代表	陈红浪	董秘	王东	证券代码	000731
	公司网址	www.scmeif.com		电子信箱	mfzqb@163.com	
	电　话	0838-2304235		传　真	0838-2304228	
	办公地址	四川省德阳市蓥华南路一段10号				
	经营范围	公司属化肥生产行业，主要经营化学肥料、尿素、碳酸氢胺、合成氨等				

	指标\报告期	2017.06.30	2016.12.31	2016.06.30	2015.12.31
主要财务指标	基本每股收益(元)	0.1443	−0.4233	−0.0761	0.0937
	基本每股收益(扣除后)(元)	0.1396	−0.4540	−0.0814	0.0721
	稀释每股收益(元)	0.1443	−0.4233	−0.0761	0.0937
	每股净资产(元)	4.3117	4.1704	4.5143	4.5908
	每股经营现金净流量(元)	0.0967	0.5113	0.0473	0.5288
	每股现金流量(元)	−0.3945	−0.0949	−0.1786	0.2900
	每股资本公积金(元)	1.0835	1.0835	1.0835	1.0835
	每股盈余公积金(元)	0.6985	0.6985	0.6985	0.6985
	每股未分配利润(元)	1.5272	1.3829	1.7301	1.8062
	净资产收益率(%)	3.3458	−10.1501	−1.6860	2.0418
	加权净资产收益率(%)	3.4000	−9.6600	−1.6700	2.0600
	净资产收益率(扣除)(%)	3.2366	−10.8874	−1.8026	1.5701
	总资产(万元)	428051.31	474203.45	469451.48	508253.42
	归属母公司股东权益(万元)	255029.11	246671.33	267014.16	271535.75
	营业收入(万元)	142744.35	237006.37	141154.38	392827.42
	营业支出(万元)	113341.97	213382.09	124764.70	348598.12
	投资收益(万元)	−575.28	−1674.42	−546.78	−460.01
	净利润(万元)	8264.89	−26178.89	−5282.14	5693.24
	营业利润(万元)	9160.25	−26536.07	−4993.62	5653.59
	利润总额(万元)	9496.86	−24809.75	−4616.77	6711.72

泰禾集团股份有限公司

公司概况					
公司名称	泰禾集团股份有限公司			证券简称	泰禾集团
法人代表	黄其森	董秘	夏亮	证券代码	000732
公司网址	www.thaihot.com.cn	电子信箱	dongmi@thaihot.com.cn		
电话	0591-87580732 87731557	传真	0591-87731800		
办公地址	福建省福州市晋安区岳峰镇横屿路9号东二环泰禾城市广场2号楼20-31层				
经营范围	房地产、农药双主业经营				

主要财务指标 指标\报告期	2017.06.30	2016.12.31	2016.06.30	2015.12.31
基本每股收益(元)	0.7390	1.3719	0.6226	1.2339
基本每股收益(扣除后)(元)	0.6478	0.8199	0.4809	1.2771
稀释每股收益(元)	0.7390	1.3719	0.6226	1.2339
每股净资产(元)	14.9105	14.4649	10.9355	10.8044
每股经营现金净流量(元)	-7.3905	-8.1489	-9.3870	-1.8890
每股现金流量(元)	4.1552	3.2053	0.8287	2.0129
每股资本公积金(元)	3.7184	3.7184	3.7775	3.7728
每股盈余公积金(元)	0.1186	0.1186	0.1043	0.1043
每股未分配利润(元)	4.3814	3.8357	3.1007	2.5781
净资产收益率(%)	4.9565	9.4847	5.6934	9.8557
加权净资产收益率(%)	5.0000	11.9600	5.7000	20.6300
净资产收益率(扣除)(%)	4.3447	5.6680	4.3980	10.2010
总资产(万元)	16189688.85	12336469.76	10399466.16	8478162.79
归属母公司股东权益(万元)	1855541.38	1800083.60	1360868.75	1344554.93
营业收入(万元)	892739.72	2072794.17	661793.92	1481325.84
营业支出(万元)	647561.13	1625553.18	484681.27	1038383.14
投资收益(万元)	-3729.07	57918.38	25484.75	1206.70
净利润(万元)	89088.14	171393.06	77678.45	126452.24
营业利润(万元)	98438.06	234549.01	104686.70	174068.49
利润总额(万元)	110420.75	231021.36	104163.26	167789.00

中国振华(集团)科技股份有限公司

公司概况					
公司名称	中国振华(集团)科技股份有限公司			证券简称	振华科技
法人代表	杨林	董秘	齐靖	证券代码	000733
公司网址	www.czst.com.cn	电子信箱	qijing@czelec.com.cn		
电话	0851-6301078 6301022	传真	0851-6302674		
办公地址	贵州省贵阳市乌当区新添大道北段268号				
经营范围	自产自销电子产品、机械产品、贸易、建筑、经济信息咨询、技术咨询、开发等				

主要财务指标 指标\报告期	2017.06.30	2016.12.31	2016.06.30	2015.12.31
基本每股收益(元)	0.3050	0.3870	0.2489	0.3800
基本每股收益(扣除后)(元)	0.2910	0.2820	0.1794	0.3100
稀释每股收益(元)	0.3050	0.3870	0.2489	0.3800
每股净资产(元)	8.7839	8.4938	7.7109	7.4972
每股经营现金净流量(元)	-1.0195	0.3567	0.2460	0.7547
每股现金流量(元)	-0.3476	0.1805	0.0461	0.3859
每股资本公积金(元)	5.2225	5.1978	4.8922	4.8922
每股盈余公积金(元)	0.3539	0.3539	0.2989	0.2989
每股未分配利润(元)	1.8741	1.6089	1.5262	1.3073
净资产收益率(%)	3.4748	4.5530	3.2277	5.0163
加权净资产收益率(%)	3.5300	4.9700	3.2700	5.1700
净资产收益率(扣除)(%)	3.2200	3.3164	2.3270	4.1992
总资产(万元)	914349.41	818240.41	742007.37	665605.04
归属母公司股东权益(万元)	412264.07	398647.63	361903.23	351875.38
营业收入(万元)	441230.88	658904.98	282955.03	506357.17
营业支出(万元)	372079.76	549788.52	227032.67	404687.87
投资收益(万元)	4660.88	1887.67	1208.60	1917.25
净利润(万元)	14304.09	18795.20	12182.55	18623.82
营业利润(万元)	15340.55	17057.87	11259.20	19849.85
利润总额(万元)	16528.54	22591.38	13998.19	22431.69

罗牛山股份有限公司

公司概况					
公司名称	罗牛山股份有限公司			证券简称	罗牛山
法人代表	徐自力	董秘	张慧	证券代码	000735
公司网址	www.luoniushan.com	电子信箱	lns@luoniushan.com		
电话	0898-68581213 68585243	传真	0898-68585243		
办公地址	海南省海口市美兰区国兴大道5号海南大厦农信楼10楼				
经营范围	种养植业、兴办工业、房地产开发经营、建筑装璜工程、农副畜水产品及饲料销售等				

主要财务指标 指标\报告期	2017.06.30	2016.12.31	2016.06.30	2015.12.31
基本每股收益(元)	0.1132	0.0737	0.0200	0.0690
基本每股收益(扣除后)(元)	0.1008	-0.0060	-0.0190	-0.1770
稀释每股收益(元)	0.1132	0.0737	0.0200	0.0690
每股净资产(元)	3.0938	2.9806	2.9286	1.9563
每股经营现金净流量(元)	0.1120	0.2508	0.0630	0.0288
每股现金流量(元)	-0.2644	0.6619	0.7702	-0.2353
每股资本公积金(元)	1.3539	1.3539	1.3539	0.2270
每股盈余公积金(元)	0.1286	0.1198	0.1178	0.1542
每股未分配利润(元)	0.6114	0.5070	0.4572	0.5751
净资产收益率(%)	3.6602	2.3274	0.6016	3.5330
加权净资产收益率(%)	3.7300	2.6800	0.8000	3.5700
净资产收益率(扣除)(%)	3.2595	-0.1958	-0.5714	-9.0631
总资产(万元)	584262.47	618465.64	567809.19	450260.16
归属母公司股东权益(万元)	356259.48	343222.92	337232.25	172177.90
营业收入(万元)	88439.00	89107.73	34353.01	72999.89
营业支出(万元)	57923.25	62906.58	24345.09	60018.58
投资收益(万元)	833.50	579.30	206.20	4841.05
净利润(万元)	13359.93	8911.62	2786.24	6453.98
营业利润(万元)	16416.06	-1733.31	-1188.48	-12512.44
利润总额(万元)	17423.51	10730.50	3140.97	7712.33

中房地产股份有限公司

公司概况					
公司名称	中房地产股份有限公司			证券简称	中房地产
法人代表	蒋灿明	董秘	田玉利	证券代码	000736
公司网址	www.china-propertyholding.com	电子信箱	zfdc000736@163.com		
电话	023-67530016	传真	023-67530016		
办公地址	重庆市渝北区洪湖东路9号财富大厦B座9楼				
经营范围	房地产开发、住宅建设及产业化、土地开发与土地整理等				

主要财务指标 指标\报告期	2017.06.30	2016.12.31	2016.06.30	2015.12.31
基本每股收益(元)	-0.2400	0.0400	0.0015	0.1000
基本每股收益(扣除后)(元)	-0.2900	0.0500	0.0015	0.1000
稀释每股收益(元)	-0.2400	0.0400	0.0015	0.1000
每股净资产(元)	4.6486	4.9051	5.7320	5.7505
每股经营现金净流量(元)	-4.0086	-6.8074	-3.2014	-1.9573
每股现金流量(元)	3.7238	3.8721	0.4291	0.4276
每股资本公积金(元)	0.8472	0.8472	1.7126	1.7126
每股盈余公积金(元)	0.1516	0.1516	0.1462	0.1462
每股未分配利润(元)	2.6498	2.9063	2.8732	2.8917
净资产收益率(%)	-5.0869	0.8141	0.0254	1.6632
加权净资产收益率(%)	-4.9400	0.7200	0.0100	1.6800
净资产收益率(扣除)(%)	-6.2164	1.0859	0.0255	1.6524
总资产(万元)	2557340.63	1732578.01	1037445.45	812693.80
归属母公司股东权益(万元)	138154.64	145776.87	170350.92	170902.03
营业收入(万元)	35645.00	209401.20	37413.84	111226.92
营业支出(万元)	29048.21	163723.52	26929.55	84041.15
投资收益(万元)	-201.27	43.63	-95.06	-17.80
净利润(万元)	-8042.15	2593.40	-485.53	2778.43
营业利润(万元)	-10130.26	5799.57	-466.76	4549.30
利润总额(万元)	-10076.97	5416.36	-475.56	4575.86

南风化工集团股份有限公司

公司概况	公司名称	南风化工集团股份有限公司			证券简称	南风化工
	法人代表	李堂锁	董秘	高翔林	证券代码	000737
	公司网址	www.nafine.com		电子信箱	nafine@nafine.com	
	电　话	0359-8967118		传　真	0359-8967035	
	办公地址	山西省运城市红旗东街 376 号				
	经营范围	主要生产销售无机盐系列产品、日用化工及其他精细化工产品、化学肥料系列产品等				

	指标＼报告期	2017.06.30	2016.12.31	2016.06.30	2015.12.31
主要财务指标	基本每股收益(元)	-0.2915	0.0382	-0.1419	-0.3853
	基本每股收益(扣除后)(元)	-0.2957	-0.1459	-0.1459	-0.4075
	稀释每股收益(元)	-0.2915	0.0382	-0.1419	-0.3853
	每股净资产(元)	0.0180	0.3095	0.1445	0.2864
	每股经营现金净流量(元)	-0.1392	0.0849	0.1286	0.5239
	每股现金流量(元)	0.0437	-0.0557	0.0269	-0.0016
	每股资本公积金(元)	1.1405	1.1405	1.1388	1.1388
	每股盈余公积金(元)	0.1620	0.1620	0.1620	0.1620
	每股未分配利润(元)	-2.2845	-1.9930	-2.1563	-2.0144
	净资产收益率(%)	-1618.0385	12.3291	-98.1747	-134.5324
	加权净资产收益率(%)	-178.0000	13.2000	-65.8500	-80.4300
	净资产收益率(扣除)(%)	-1641.4744	-47.1435	-100.9460	-142.2723
	总资产(万元)	276039.23	279648.62	300469.16	304320.11
	归属母公司股东权益(万元)	988.69	16986.10	7930.74	15716.72
	营业收入(万元)	93922.57	213519.73	109042.96	214516.77
	营业支出(万元)	73981.49	159682.57	84031.12	170297.45
	投资收益(万元)	15.99	8980.06	26.53	357.83
	净利润(万元)	-16187.13	1802.62	-7930.47	-21402.58
	营业利润(万元)	-15752.00	1187.10	-7874.59	-22527.82
	利润总额(万元)	-15517.41	2933.30	-7636.74	-21142.67

中国航发动力控制股份有限公司

公司概况	公司名称	中国航发动力控制股份有限公司			证券简称	航发控制
	法人代表	朱静波	董秘	樊文辉	证券代码	000738
	公司网址	www.aaec.com.cn		电子信箱	zhdk@aaec.com.cn	
	电　话	0510-85700611 85700738		传　真	0510-85500738	
	办公地址	江苏省无锡市滨湖区梁溪路 792 号				
	经营范围	航空、航天发动机控制系统产品的研制、生产、销售、修理等				

	指标＼报告期	2017.06.30	2016.12.31	2016.06.30	2015.12.31
主要财务指标	基本每股收益(元)	0.1251	0.1823	0.0986	0.1713
	基本每股收益(扣除后)(元)	0.1192	0.1085	0.0919	0.1427
	稀释每股收益(元)	0.1251	0.1823	0.0986	0.1713
	每股净资产(元)	4.4173	4.3076	4.2234	4.1417
	每股经营现金净流量(元)	0.1331	0.1630	-0.1120	0.5539
	每股现金流量(元)	-0.1048	-0.0667	-0.1847	0.3356
	每股资本公积金(元)	2.3281	2.3281	2.3281	2.3281
	每股盈余公积金(元)	0.0515	0.0515	0.0435	0.0435
	每股未分配利润(元)	1.0234	0.9184	0.8428	0.7642
	净资产收益率(%)	2.8309	4.2319	2.3352	4.1359
	加权净资产收益率(%)	2.8600	4.3200	2.3500	4.2200
	净资产收益率(扣除)(%)	2.6991	2.5177	2.1770	3.4459
	总资产(万元)	686332.81	684711.36	689959.25	694847.17
	归属母公司股东权益(万元)	506064.89	493501.94	483848.20	474488.29
	营业收入(万元)	122491.41	250391.18	121562.10	259843.30
	营业支出(万元)	86155.70	187787.14	87115.96	199801.15
	投资收益(万元)	133.76	266.89	149.31	583.92
	净利润(万元)	14170.63	21069.76	11382.72	19937.50
	营业利润(万元)	15877.80	14529.26	12422.00	19186.90
	利润总额(万元)	16671.18	24615.22	13372.64	23173.89

普洛药业股份有限公司

公司概况	公司名称	普洛药业股份有限公司			证券简称	普洛药业
	法人代表	祝方猛	董秘	葛向全	证券代码	000739
	公司网址	www.apeloa.com		电子信箱	000739@apeloa.com	
	电　话	0579-86557527		传　真	86-579-86558122	
	办公地址	浙江省东阳市横店江南路 333 号				
	经营范围	医药化工产品的研制、生产和销售等				

	指标＼报告期	2017.06.30	2016.12.31	2016.06.30	2015.12.31
主要财务指标	基本每股收益(元)	0.1100	0.2300	0.0996	0.1800
	基本每股收益(扣除后)(元)	0.0087	0.1800	0.0758	0.1600
	稀释每股收益(元)	0.1100	0.2300	0.0996	0.1800
	每股净资产(元)	2.3380	2.2814	2.1518	2.1072
	每股经营现金净流量(元)	0.1069	0.1573	-0.0036	0.3847
	每股现金流量(元)	0.0403	-0.0468	-0.1014	0.0461
	每股资本公积金(元)	0.1949	0.1824	0.1824	0.1824
	每股盈余公积金(元)	0.0763	0.0763	0.0688	0.0688
	每股未分配利润(元)	1.0670	1.0227	0.9006	0.8560
	净资产收益率(%)	4.8451	10.0477	4.6279	8.6163
	加权净资产收益率(%)	4.8900	10.4500	4.6400	8.7900
	净资产收益率(扣除)(%)	4.4739	7.8766	3.6599	7.5183
	总资产(万元)	565011.31	561895.71	545309.74	539493.87
	归属母公司股东权益(万元)	268143.38	261649.41	246782.23	241669.10
	营业收入(万元)	274049.38	477218.89	220058.92	433794.12
	营业支出(万元)	198979.30	344429.40	161825.74	314973.48
	投资收益(万元)	123.31	1691.88	1214.49	-1589.47
	净利润(万元)	12991.93	26289.71	11420.91	20823.03
	营业利润(万元)	15556.50	27363.58	12533.17	20234.23
	利润总额(万元)	16235.97	33532.66	13715.25	24700.59

国海证券股份有限公司

公司概况	公司名称	国海证券股份有限公司			证券简称	国海证券
	法人代表	何春梅	董秘	刘峻	证券代码	000750
	公司网址	www.ghzq.com.cn		电子信箱	dshbgs@ghzq.com.cn	
	电　话	0771-5539038 5532512		传　真	0771-5530903	
	办公地址	广西壮族自治区南宁市滨湖路 46 号国海大厦				
	经营范围	证券经纪、证券投资咨询，与证券交易、证券投资活动有关的财务顾问等				

	指标＼报告期	2017.06.30	2016.12.31	2016.06.30	2015.12.31
主要财务指标	基本每股收益(元)	0.0800	0.2400	0.1300	0.7100
	基本每股收益(扣除后)(元)	0.0800	0.2400	0.1300	0.7100
	稀释每股收益(元)	0.0800	0.2400	0.1300	0.7100
	每股净资产(元)	3.2517	3.2635	3.1627	4.7175
	每股经营现金净流量(元)	-0.4621	-1.2508	-1.2570	-2.1367
	每股现金流量(元)	-0.3281	-1.1540	-1.4389	3.2714
	每股资本公积金(元)	1.4888	1.4888	1.4888	2.5332
	每股盈余公积金(元)	0.1381	0.1381	0.1148	0.1722
	每股未分配利润(元)	0.3542	0.3693	0.3273	0.5976
	净资产收益率(%)	2.6108	7.3815	4.0753	13.5235
	加权净资产收益率(%)	2.5900	7.5600	4.0800	18.8900
	净资产收益率(扣除)(%)	2.4328	7.2812	4.0679	13.4794
	总资产(万元)	6622910.74	6796135.50	5014280.88	5252009.23
	归属母公司股东权益(万元)	1370777.32	1375750.97	1333267.84	1325784.11
	营业收入(万元)	143801.36	383758.12	169374.67	495915.72
	营业支出(万元)	96762.43	243841.03	94122.36	-
	投资收益(万元)	59085.33	88659.09	36518.34	56288.00
	净利润(万元)	37673.73	106577.47	57453.68	184097.27
	营业利润(万元)	47038.93	139917.09	75252.31	243675.05
	利润总额(万元)	50283.14	142597.20	75397.42	244840.15

葫芦岛锌业股份有限公司

公司概况	公司名称	葫芦岛锌业股份有限公司			证券简称	锌业股份
	法人代表	于恩沅	董秘	刘建平	证券代码	000751
	公司网址	www.hldxygf.com			电子信箱	hld_xygf@163.com
	电　话	0429-2024121			传　真	0429-2101801
	办公地址	辽宁省葫芦岛市龙港区锌厂路 24 号				
	经营范围	锌、铜冶炼及深加工产品，硫酸、硫酸铜、镉、铟综合利用产品加工、重有色金属及制品加工				

主要财务指标	指标\报告期	2017.06.30	2016.12.31	2016.06.30	2015.12.31
	基本每股收益(元)	0.0572	0.0950	0.0401	0.0600
	基本每股收益(扣除后)(元)	0.0590	0.1100	0.0393	0.0600
	稀释每股收益(元)	0.0572	0.0950	0.0401	0.0600
	每股净资产(元)	1.5889	1.5318	1.4766	1.4364
	每股经营现金净流量(元)	−0.0989	0.0057	0.1212	0.0065
	每股现金流量(元)	−0.1771	−0.0259	−0.0529	0.1532
	每股资本公积金(元)	0.9333	0.9333	0.9333	0.9333
	每股盈余公积金(元)	0.2637	0.2637	0.2637	0.2637
	每股未分配利润(元)	−0.6080	−0.6652	−0.7204	−0.7606
	净资产收益率(%)	3.5993	6.2233	2.7177	4.4818
	加权净资产收益率(%)	3.6700	6.4200	2.7600	4.5600
	净资产收益率(扣除)(%)	3.7139	7.0742	2.6589	4.2163
	总资产(万元)	384653.13	414494.43	376355.84	364289.77
	归属母公司股东权益(万元)	224019.96	215956.74	208174.64	202517.12
	营业收入(万元)	313425.31	471333.90	196685.91	412708.35
	营业支出(万元)	279782.44	412240.14	169789.83	354048.45
	投资收益(万元)	341.94	209.05	–	–
	净利润(万元)	8063.15	13439.63	5657.52	9076.69
	营业利润(万元)	8319.82	15277.29	5535.25	8539.03
	利润总额(万元)	8063.15	13439.63	5657.52	9076.69

西藏银河科技发展股份有限公司

公司概况	公司名称	西藏银河科技发展股份有限公司			证券简称	西藏发展
	法人代表	王承波	董秘	杨岚岚	证券代码	000752
	公司网址				电子信箱	xzfz000752@163.com
	电　话	028-85238616			传　真	028-65223967
	办公地址	四川省成都市武侯区人民南路 4 段 45 号新希望大厦 1608				
	经营范围	啤酒(熟啤酒)生产；国内及进出口贸易等				

主要财务指标	指标\报告期	2017.06.30	2016.12.31	2016.06.30	2015.12.31
	基本每股收益(元)	0.0266	0.0302	0.0101	0.0624
	基本每股收益(扣除后)(元)	0.0264	0.0295	0.0101	0.0698
	稀释每股收益(元)	0.0266	0.0302	0.0101	0.0624
	每股净资产(元)	3.0008	2.9742	3.0041	2.9940
	每股经营现金净流量(元)	0.1416	0.3684	0.1176	0.4343
	每股现金流量(元)	−0.6384	−0.2653	0.1151	0.3348
	每股资本公积金(元)	0.0912	0.0912	0.0912	0.0912
	每股盈余公积金(元)	0.1935	0.1935	0.1935	0.1935
	每股未分配利润(元)	1.7161	1.6895	1.7194	1.7093
	净资产收益率(%)	0.8858	1.0165	0.3376	2.0838
	加权净资产收益率(%)	0.8900	1.0100	0.3400	2.1000
	净资产收益率(扣除)(%)	0.8787	0.9917	0.3353	2.3318
	总资产(万元)	142292.93	140107.84	142801.19	142383.59
	归属母公司股东权益(万元)	79149.20	78448.08	79236.98	78969.32
	营业收入(万元)	17749.09	35745.29	16807.16	39082.70
	营业支出(万元)	12754.26	26850.55	13015.12	28261.42
	投资收益(万元)	−594.96	−1478.11	−580.63	−1497.06
	净利润(万元)	2422.43	3979.05	1498.71	5674.85
	营业利润(万元)	2750.52	4580.65	1744.53	6679.32
	利润总额(万元)	2762.97	4622.15	1748.66	6488.48

福建漳州发展股份有限公司

公司概况	公司名称	福建漳州发展股份有限公司			证券简称	漳州发展
	法人代表	黄键鹏	董秘	韩金鹏	证券代码	000753
	公司网址	www.zzdc.com.cn			电子信箱	zzdc753@sina.cn
	电　话	0596-2671753			传　真	0596-2671876
	办公地址	福建省漳州市胜利东路漳州发展广场 21 楼				
	经营范围	城市基础设施开发与建设、市政工程的投资与管理等				

主要财务指标	指标\报告期	2017.06.30	2016.12.31	2016.06.30	2015.12.31
	基本每股收益(元)	0.0115	0.2310	0.0050	−0.0950
	基本每股收益(扣除后)(元)	0.0081	−1.5950	−0.0010	−0.1110
	稀释每股收益(元)	0.0115	0.2310	0.0050	−0.0950
	每股净资产(元)	2.1084	2.1269	1.4929	1.4878
	每股经营现金净流量(元)	0.1644	0.1642	−0.0563	0.0245
	每股现金流量(元)	−0.1029	0.8780	0.0952	−0.5610
	每股资本公积金(元)	0.6641	0.6641	0.1997	0.1997
	每股盈余公积金(元)	0.0399	0.0399	0.0407	0.0407
	每股未分配利润(元)	0.4040	0.4225	0.2523	0.2472
	净资产收益率(%)	0.5460	9.6722	0.3441	−6.3856
	加权净资产收益率(%)	0.5400	14.3900	0.3400	−5.9800
	净资产收益率(扣除)(%)	0.3851	−8.1195	−0.0822	−7.4285
	总资产(万元)	525525.91	541010.95	436820.00	382215.24
	归属母公司股东权益(万元)	209039.18	210882.79	131994.10	131540.21
	营业收入(万元)	130257.20	314370.24	143653.86	312257.40
	营业支出(万元)	108644.04	282682.73	127299.38	282651.38
	投资收益(万元)	−227.98	36471.87	−12.63	−13.26
	净利润(万元)	940.94	19709.15	287.35	−9098.21
	营业利润(万元)	1867.86	23860.74	862.83	−8803.06
	利润总额(万元)	2199.51	24969.50	1427.77	−7566.78

山西三维集团股份有限公司

公司概况	公司名称	山西三维集团股份有限公司			证券简称	*ST 三维
	法人代表	杨志贵	董秘	梁国胜	证券代码	000755
	公司网址	www.sxsanwei.com			电子信箱	sxsw000755@126.com
	电　话	0357-6663423　6663175			传　真	0357-6663566
	办公地址	山西省临汾市洪洞县赵城镇				
	经营范围	化工产品、化纤产品及焦炭的生产、销售及出口贸易等				

主要财务指标	指标\报告期	2017.06.30	2016.12.31	2016.06.30	2015.12.31
	基本每股收益(元)	−0.5100	−1.4382	−0.6100	−1.0766
	基本每股收益(扣除后)(元)	−0.5566	−1.4479	−0.6179	−1.0833
	稀释每股收益(元)	−0.5100	−1.4382	−0.6100	−1.0766
	每股净资产(元)	0.6417	1.1487	1.9768	2.5872
	每股经营现金净流量(元)	−0.5379	0.1184	0.2033	0.0298
	每股现金流量(元)	−0.0372	−0.1240	0.1228	−0.3550
	每股资本公积金(元)	2.4067	2.4067	2.4067	2.4067
	每股盈余公积金(元)	0.2811	0.2811	0.2811	0.2811
	每股未分配利润(元)	−3.0473	−2.5399	−1.7153	−1.1017
	净资产收益率(%)	−79.0570	−125.2000	−31.0385	−41.6144
	加权净资产收益率(%)	−56.6700	−76.9900	−26.1500	−33.8700
	净资产收益率(扣除)(%)	−86.7422	−126.0861	−31.2556	−41.8732
	总资产(万元)	516683.06	515165.37	531792.93	577651.56
	归属母公司股东权益(万元)	30111.69	53906.50	92763.17	121405.97
	营业收入(万元)	111046.53	389578.83	197949.09	757738.80
	营业支出(万元)	113662.41	401540.66	205650.12	757378.05
	投资收益(万元)	—	—	–	–
	净利润(万元)	−24434.27	−70138.38	−29479.60	−52527.29
	营业利润(万元)	−27095.58	−70611.22	−29737.80	−52474.08
	利润总额(万元)	−24371.20	−70036.43	−29476.73	−52082.25

山东新华制药股份有限公司

公司概况	公司名称	山东新华制药股份有限公司			证券简称	新华制药
	法人代表	张代铭	董秘	曹长求	证券代码	000756
	公司网址	www.xhzy.com		电子信箱	xhzy@xhzy.com	
	电　话	0533-2196024		传　真	0533-2287508	
	办公地址	山东省淄博市高新技术产业开发区鲁泰大道1号				
	经营范围	开发、制造及销售化学原料药、制剂、化工及其他产品				

	指标\报告期	2017.06.30	2016.12.31	2016.06.30	2015.12.31
主要财务指标	基本每股收益(元)	0.2300	0.2700	0.1000	0.1800
	基本每股收益(扣除后)(元)	0.1900	0.2200	0.1000	0.0900
	稀释每股收益(元)	0.2300	0.2700	0.1000	0.1800
	每股净资产(元)	4.6446	4.3481	4.1716	4.1203
	每股经营现金净流量(元)	0.0209	0.9607	0.1833	0.7624
	每股现金流量(元)	0.1061	0.2765	-0.1538	0.1863
	每股资本公积金(元)	1.1220	1.1220	1.1220	1.1220
	每股盈余公积金(元)	0.4837	0.4837	0.4668	0.4668
	每股未分配利润(元)	1.6710	1.4375	1.2874	1.2071
	净资产收益率(%)	5.0270	6.1492	2.4043	4.4082
	加权净资产收益率(%)	5.1900	6.3100	2.4000	4.4400
	净资产收益率(扣除)(%)	4.1081	5.0787	2.3437	2.1730
	总资产(万元)	499767.74	472278.60	438704.64	449212.24
	归属母公司股东权益(万元)	212404.65	198841.98	190771.36	188425.66
	营业收入(万元)	240327.42	401496.31	199850.04	359703.32
	营业支出(万元)	174322.34	301358.46	154070.04	276038.60
	投资收益(万元)	5.01	785.27	1.30	529.71
	净利润(万元)	11403.99	13304.73	5258.77	9400.88
	营业利润(万元)	12990.73	14716.65	6864.95	9206.78
	利润总额(万元)	14756.24	15996.85	6788.63	11772.96

四川浩物机电股份有限公司

公司概况	公司名称	四川浩物机电股份有限公司			证券简称	浩物股份
	法人代表	颜广彤	董秘	赵吉杰	证券代码	000757
	公司网址	hwgf757.com		电子信箱	hwgf757@hwgf757.com	
	电　话	028-67691568		传　真	86-28-67691570	
	办公地址	成都市高新区天晖中街56号曙光国际大厦1栋20层2028号				
	经营范围	机械制造业和电子产品制造业				

	指标\报告期	2017.06.30	2016.12.31	2016.06.30	2015.12.31
主要财务指标	基本每股收益(元)	0.0500	0.0600	0.0400	0.0300
	基本每股收益(扣除后)(元)	0.0500	0.0600	0.0400	0.0400
	稀释每股收益(元)	0.0500	0.0600	0.0400	0.0300
	每股净资产(元)	1.3164	1.2685	1.2470	1.2102
	每股经营现金净流量(元)	0.0474	0.1402	0.0911	0.1024
	每股现金流量(元)	-0.3021	0.1181	-0.1653	-0.2724
	每股资本公积金(元)	1.8483	1.8483	1.8483	1.8483
	每股盈余公积金(元)	0.1505	0.1505	0.1505	0.1505
	每股未分配利润(元)	-1.6824	-1.7303	-1.7518	-1.7886
	净资产收益率(%)	3.6414	4.5944	2.9528	2.7506
	加权净资产收益率(%)	3.7100	4.7000	3.0000	2.8000
	净资产收益率(扣除)(%)	3.7504	4.4130	2.9155	3.4831
	总资产(万元)	103589.94	99601.44	86941.83	89266.75
	归属母公司股东权益(万元)	59451.77	57286.87	56317.85	54654.89
	营业收入(万元)	31846.68	51848.92	27476.41	47270.89
	营业支出(万元)	23201.87	36127.77	20180.25	34527.64
	投资收益(万元)	52.22	-65.04	8.01	89.09
	净利润(万元)	2164.90	2631.98	1662.96	1503.35
	营业利润(万元)	2805.05	3780.52	1975.16	2926.38
	利润总额(万元)	2728.45	3904.56	1998.76	2455.28

中国有色金属建设股份有限公司

公司概况	公司名称	中国有色金属建设股份有限公司			证券简称	中色股份
	法人代表	武翔	董秘	刘依斌	证券代码	000758
	公司网址	www.nfc.com.cn		电子信箱	investor@nfc-china.com	
	电　话	010-84427227		传　真	010-84427222	
	办公地址	北京市朝阳区安定路10号中国有色大厦				
	经营范围	从事国际工程承包、开发国内外有色金属资源、装备制造、国际技术承包等				

	指标\报告期	2017.06.30	2016.12.31	2016.06.30	2015.12.31
主要财务指标	基本每股收益(元)	0.0886	0.1503	0.0629	0.3810
	基本每股收益(扣除后)(元)	0.0843	0.1331	0.0544	0.3250
	稀释每股收益(元)	0.0886	0.1503	0.0629	0.3810
	每股净资产(元)	2.6479	2.5834	2.4398	4.7814
	每股经营现金净流量(元)	-0.2572	-1.1609	-0.6623	1.4519
	每股现金流量(元)	0.1115	-0.7856	-0.5802	1.5060
	每股资本公积金(元)	0.4847	0.4847	0.4683	1.9365
	每股盈余公积金(元)	0.1588	0.1588	0.1464	0.2928
	每股未分配利润(元)	1.0702	1.0017	0.9060	1.7363
	净资产收益率(%)	3.3450	5.8183	2.5770	7.9679
	加权净资产收益率(%)	3.3700	6.0200	3.7500	8.0900
	净资产收益率(扣除)(%)	3.1824	5.1509	2.2288	6.8026
	总资产(万元)	2390008.10	2390996.87	2191368.77	2280849.84
	归属母公司股东权益(万元)	521469.85	508762.01	480481.40	470819.47
	营业收入(万元)	1008772.82	1911435.76	791586.41	1960688.01
	营业支出(万元)	899023.37	1719256.53	708592.32	1792291.76
	投资收益(万元)	343.59	5024.19	2215.95	9890.28
	净利润(万元)	25753.28	34262.12	11529.66	30706.84
	营业利润(万元)	39255.02	54553.15	18698.66	44681.48
	利润总额(万元)	40319.93	60544.57	21393.88	50567.52

中百控股集团股份有限公司

公司概况	公司名称	中百控股集团股份有限公司			证券简称	中百集团
	法人代表	张锦松	董秘	程军(代)	证券代码	000759
	公司网址	www.whzb.com		电子信箱	whzbyxh@sina.com	
	电　话	027-82832006		传　真	027-82832006	
	办公地址	湖北省武汉市硚口区古田二路南泥湾大道65-71号汇丰企业总部8号楼B座				
	经营范围	商业零售及商品的网上销售、农产品加工等				

	指标\报告期	2017.06.30	2016.12.31	2016.06.30	2015.12.31
主要财务指标	基本每股收益(元)	0.2000	0.0095	-0.0900	0.0100
	基本每股收益(扣除后)(元)	-0.1100	-0.3400	-0.1200	-0.0600
	稀释每股收益(元)	0.2000	0.0095	-0.0900	0.0100
	每股净资产(元)	4.4875	4.3691	4.2679	4.3596
	每股经营现金净流量(元)	0.5291	1.0178	0.5139	0.1633
	每股现金流量(元)	-1.0881	0.5574	0.1655	-0.3406
	每股资本公积金(元)	1.5710	1.5726	1.5726	1.5726
	每股盈余公积金(元)	0.5068	0.5068	0.4514	0.4514
	每股未分配利润(元)	1.4096	1.2896	1.2439	1.3356
	净资产收益率(%)	4.4570	0.2173	-2.1488	0.1890
	加权净资产收益率(%)	4.4800	0.2200	-2.1300	0.1900
	净资产收益率(扣除)(%)	-2.4561	-7.8473	-2.8076	-1.2678
	总资产(万元)	771831.77	908461.09	801207.92	861638.04
	归属母公司股东权益(万元)	305608.98	297543.31	290651.15	296896.71
	营业收入(万元)	770164.72	1536634.66	802327.55	1640138.48
	营业支出(万元)	603874.48	1213481.68	639850.18	1298593.26
	投资收益(万元)	24336.22	5448.89	83.43	7114.73
	净利润(万元)	13902.69	887.71	-6339.08	334.95
	营业利润(万元)	18011.22	-20632.33	-7784.04	6324.86
	利润总额(万元)	14674.94	6433.68	-5431.27	5319.86

斯太尔动力股份有限公司

公司概况	公司名称	斯太尔动力股份有限公司			证券简称	斯太尔
	法人代表	高立用	董秘	高立用(代)	证券代码	000760
	公司网址	www.steyr-motors.cn		电子信箱	000760@sterdl.com	
	电　话	86-519-81595631 81595760		传　真	86-519-81595779	
	办公地址	江苏省常州市武进国家高新区武宜南路377号创新产业园2号楼				
	经营范围	汽车配件制造及销售等				

	指标\报告期	2017.06.30	2016.12.31	2016.06.30	2015.12.31
主要财务指标	基本每股收益(元)	0.1500	0.0600	-0.1000	-0.2500
	基本每股收益(扣除后)(元)	-0.1600	0.0200	-0.1000	-0.2700
	稀释每股收益(元)	0.1500	0.0600	-0.1000	-0.2500
	每股净资产(元)	2.6940	2.5515	2.0816	1.9252
	每股经营现金净流量(元)	-0.1882	0.0585	-0.0892	-0.2042
	每股现金流量(元)	0.4803	0.1588	-0.0143	-0.1838
	每股资本公积金(元)	1.8950	1.9246	1.6941	1.4823
	每股盈余公积金(元)	0.0236	0.0236	0.0236	0.0241
	每股未分配利润(元)	-0.1044	-0.2572	-0.4141	-0.3224
	净资产收益率(%)	5.6716	2.2891	-4.7340	-12.7369
	加权净资产收益率(%)	5.7800	2.6700	-5.1800	-12.5200
	净资产收益率(扣除)(%)	-6.0063	0.6880	-4.9848	-13.9183
	总资产(万元)	276619.15	299302.86	214522.30	194877.40
	归属母公司股东权益(万元)	212419.50	201181.83	164160.69	151827.10
	营业收入(万元)	6311.16	35640.67	8112.06	34657.52
	营业支出(万元)	7756.30	12766.47	7350.28	33642.90
	投资收益(万元)	32746.85	12.60	-	1376.63
	净利润(万元)	11954.59	4374.78	-8245.40	-19493.88
	营业利润(万元)	19393.93	4074.78	-8523.18	-21078.53
	利润总额(万元)	19230.42	7680.42	-8111.48	-20490.32

本钢板材股份有限公司

公司概况	公司名称	本钢板材股份有限公司			证券简称	本钢板材
	法人代表	汪澍	董秘	孙延斌	证券代码	000761
	公司网址			电子信箱	bgbc761@126.com	
	电　话	024-47828360 47827003		传　真	024-47827004	
	办公地址	辽宁省本溪市平山区人民路16号				
	经营范围	钢铁治炼及压延加工等				

	指标\报告期	2017.06.30	2016.12.31	2016.06.30	2015.12.31
主要财务指标	基本每股收益(元)	0.1670	0.2490	0.0600	-1.0500
	基本每股收益(扣除后)(元)	0.1620	0.2380	0.0500	-1.0500
	稀释每股收益(元)	0.1670	0.2490	0.0600	-1.0500
	每股净资产(元)	4.2249	4.0546	3.8656	3.8055
	每股经营现金净流量(元)	-1.2906	3.0476	0.7624	-0.7350
	每股现金流量(元)	-0.2515	2.4429	0.8819	-1.5033
	每股资本公积金(元)	2.9065	2.9065	2.9065	2.9065
	每股盈余公积金(元)	0.3065	0.3065	0.3065	0.3065
	每股未分配利润(元)	0.0085	-0.1585	-0.3494	-0.4076
	净资产收益率(%)	3.9522	6.1443	1.5058	-27.5984
	加权净资产收益率(%)	4.0400	6.3400	1.5200	-24.1100
	净资产收益率(扣除)(%)	3.8408	5.8800	1.3571	-28.9266
	总资产(万元)	5463149.65	5415571.07	4818907.67	4446164.33
	归属母公司股东权益(万元)	1324927.45	1271535.46	1212249.21	1193410.04
	营业收入(万元)	2073648.69	2952601.27	1262958.46	2925363.86
	营业支出(万元)	1869066.60	2567766.52	1091418.23	2981189.50
	投资收益(万元)	329.46	201.91	-	722.66
	净利润(万元)	52996.77	82547.94	20629.57	-324092.84
	营业利润(万元)	63065.17	99522.77	32226.68	-383323.71
	利润总额(万元)	64707.28	103875.75	34635.80	-368131.86

西藏矿业发展股份有限公司

公司概况	公司名称	西藏矿业发展股份有限公司			证券简称	西藏矿业
	法人代表	戴扬	董秘	王迎春	证券代码	000762
	公司网址			电子信箱	xzkydsh@sina.com	
	电　话	0891-6872095 028-85355661		传　真	0891-6872095 028-85351955	
	办公地址	西藏自治区拉萨市中和国际城金珠二路8号				
	经营范围	铬铁矿开采和销售,铬铁合金加工与销售,铜、锂、硼等矿的开采等				

	指标\报告期	2017.06.30	2016.12.31	2016.06.30	2015.12.31
主要财务指标	基本每股收益(元)	-0.0626	0.0417	0.0212	0.0652
	基本每股收益(扣除后)(元)	-0.0614	0.0400	0.0207	0.0651
	稀释每股收益(元)	-0.0626	0.0417	0.0212	0.0652
	每股净资产(元)	4.0119	4.0753	4.0550	3.4658
	每股经营现金净流量(元)	-0.1765	0.5352	0.2223	0.6448
	每股现金流量(元)	0.1418	0.7748	0.7552	0.1070
	每股资本公积金(元)	3.0389	3.0389	3.0389	2.4695
	每股盈余公积金(元)	0.1051	0.1051	0.1007	0.1102
	每股未分配利润(元)	-0.1355	-0.0729	-0.0891	-0.1197
	净资产收益率(%)	-1.5608	1.0022	0.5001	1.8803
	加权净资产收益率(%)	-1.5500	1.0600	0.5600	1.9000
	净资产收益率(扣除)(%)	-1.5306	0.9603	0.4880	1.8770
	总资产(万元)	306253.77	292155.38	295489.74	240254.12
	归属母公司股东权益(万元)	208948.94	212247.43	211190.38	164963.38
	营业收入(万元)	16432.73	69560.97	27525.00	91089.27
	营业支出(万元)	14791.78	51657.58	16828.63	74937.45
	投资收益(万元)	-35.88	154.92	-148.38	-281.00
	净利润(万元)	-3759.25	5670.62	4013.23	3569.50
	营业利润(万元)	-3007.46	6924.44	4775.03	4061.89
	利润总额(万元)	-3135.73	6773.81	4794.46	4209.29

通化金马药业集团股份有限公司

公司概况	公司名称	通化金马药业集团股份有限公司			证券简称	通化金马
	法人代表	姬彦锋	董秘	贾伟林	证券代码	000766
	公司网址	www.thjm.cn		电子信箱	thjmjt@163.com	
	电　话	0435-3910232 3907298		传　真	0435-3907298 3910232	
	办公地址	吉林省通化市二道江区金马路999号				
	经营范围	生产中西成药、生化制剂、营养及保健制品等				

	指标\报告期	2017.06.30	2016.12.31	2016.06.30	2015.12.31
主要财务指标	基本每股收益(元)	0.1290	0.2300	0.1036	0.0100
	基本每股收益(扣除后)(元)	0.1249	0.2200	0.1036	0.0100
	稀释每股收益(元)	0.1290	0.2300	0.1036	0.0100
	每股净资产(元)	4.3949	4.2658	4.1413	3.0955
	每股经营现金净流量(元)	-0.0560	0.0938	-0.2168	-0.2807
	每股现金流量(元)	0.1395	0.1359	0.5250	0.0436
	每股资本公积金(元)	3.7687	3.7687	3.7687	3.8692
	每股盈余公积金(元)	0.1124	0.1124	0.1124	0.1895
	每股未分配利润(元)	-0.4863	-0.6153	-0.7398	-1.4070
	净资产收益率(%)	2.9354	5.1774	2.2954	0.3055
	加权净资产收益率(%)	2.9500	5.7100	2.7000	0.6300
	净资产收益率(扣除)(%)	2.8688	4.8544	2.1876	0.2858
	总资产(万元)	540221.47	530351.62	466062.24	415568.71
	归属母公司股东权益(万元)	424760.26	412292.00	400255.56	224637.47
	营业收入(万元)	55782.10	85008.34	32037.36	19755.87
	营业支出(万元)	14623.54	26573.08	10422.89	9644.75
	投资收益(万元)	2910.15	3243.16	2923.86	2582.13
	净利润(万元)	12415.13	21192.03	9142.14	686.31
	营业利润(万元)	14262.48	23375.86	9905.26	480.80
	利润总额(万元)	14273.81	24778.07	10454.60	573.26

山西漳泽电力股份有限公司

公司概况	公司名称	山西漳泽电力股份有限公司			证券简称	漳泽电力
	法人代表	文生元	董秘	郭爱峰	证券代码	000767
	公司网址	www.zhangzepower.com		电子信箱	info@zhangzepower.com	
	电　　话	0351-7785891　7785895		传　　真	0351-7785894	
	办公地址	太原市晋阳街南一条10号				
	经营范围	电力商品生产和销售、热力商品生产与销售、燃料、材料、电力高新技术等				

	指标\报告期	2017.06.30	2016.12.31	2016.06.30	2015.12.31
主要财务指标	基本每股收益(元)	-0.1952	0.0370	-0.0518	0.1828
	基本每股收益(扣除后)(元)	-0.1914	-0.0110	-0.0629	0.1572
	稀释每股收益(元)	-0.1952	0.0370	-0.0518	0.1828
	每股净资产(元)	2.6682	3.9128	2.5145	2.5664
	每股经营现金净流量(元)	0.2775	0.5318	0.2849	1.2323
	每股现金流量(元)	-0.8632	1.8358	0.3790	-0.3789
	每股资本公积金(元)	1.4336	1.9573	1.0126	1.0126
	每股盈余公积金(元)	0.0638	0.0871	0.0780	0.0780
	每股未分配利润(元)	0.1708	0.4996	0.4239	0.4758
	净资产收益率(%)	-7.3146	0.9710	-2.0616	7.1212
	加权净资产收益率(%)	-7.0600	1.4100	-2.0400	7.5300
	净资产收益率(扣除)(%)	-7.1744	-0.2837	-2.5013	6.1266
	总资产(万元)	4849182.65	4864864.03	3670256.88	3319595.32
	归属母公司股东权益(万元)	820983.73	881035.74	566695.14	578390.67
	营业收入(万元)	428275.63	825816.72	344428.88	909749.49
	营业支出(万元)	432784.57	701117.96	303631.85	703765.11
	投资收益(万元)	5054.99	25629.83	9153.04	-2181.46
	净利润(万元)	-73786.90	13770.82	-12455.87	60000.53
	营业利润(万元)	-72021.54	20504.17	-10559.59	82220.60
	利润总额(万元)	-70406.06	35207.90	-7030.69	89458.76

中航飞机股份有限公司

公司概况	公司名称	中航飞机股份有限公司			证券简称	中航飞机
	法人代表	刘选民	董秘	陈和潮	证券代码	000768
	公司网址	www.aircraft_co.avic.com		电子信箱	zhfj000768@avic.com	
	电　　话	029-86847885　86847070		传　　真	029-86846031	
	办公地址	陕西省西安市阎良区西飞大道一号				
	经营范围	飞机、飞行器零部件的设计、试验、生产、维修、改装、销售、服务及相关业务等				

	指标\报告期	2017.06.30	2016.12.31	2016.06.30	2015.12.31
主要财务指标	基本每股收益(元)	0.0331	0.1492	0.0290	0.1481
	基本每股收益(扣除后)(元)	0.0219	0.1041	0.0146	0.0951
	稀释每股收益(元)	0.0331	0.1492	0.0290	0.1481
	每股净资产(元)	5.5414	5.5491	5.4262	5.5096
	每股经营现金净流量(元)	-0.2235	0.5135	-0.0965	0.4776
	每股现金流量(元)	-0.4636	0.2213	-0.3416	1.2280
	每股资本公积金(元)	3.6600	3.6597	3.6536	3.6536
	每股盈余公积金(元)	0.3473	0.3473	0.3343	0.3343
	每股未分配利润(元)	0.4472	0.4657	0.3585	0.4295
	净资产收益率(%)	0.5972	2.6890	0.5347	2.6226
	加权净资产收益率(%)	0.6000	2.7000	0.5300	3.0100
	净资产收益率(扣除)(%)	0.3950	1.8768	0.2698	1.6846
	总资产(万元)	4120294.21	3921683.50	3779989.34	3746405.54
	归属母公司股东权益(万元)	1534210.79	1536357.29	1502324.23	1525411.07
	营业收入(万元)	1074971.14	2612184.88	943042.18	2411576.62
	营业支出(万元)	998843.89	2425930.27	871935.92	2224305.23
	投资收益(万元)	1219.62	3140.90	827.26	3341.99
	净利润(万元)	5058.04	45497.79	7886.78	46068.31
	营业利润(万元)	6632.43	38592.97	3922.00	31524.88
	利润总额(万元)	8751.44	54507.69	8809.90	51444.99

广发证券股份有限公司

公司概况	公司名称	广发证券股份有限公司			证券简称	广发证券
	法人代表	孙树明	董秘	罗斌华	证券代码	000776
	公司网址	www.gf.com.cn		电子信箱	lbh@gf.com.cn	
	电　　话	020-87550265　87550565		传　　真	020-87553600　87554163	
	办公地址	广东省广州市天河区天河北路183-187号大都会广场5楼、18楼、19楼、36楼、38楼、39楼、41-44楼				
	经营范围	证券代理买卖、自营买卖、证券承销和上市推荐等业务				

	指标\报告期	2017.06.30	2016.12.31	2016.06.30	2015.12.31
主要财务指标	基本每股收益(元)	0.5600	1.0500	0.5300	1.8700
	基本每股收益(扣除后)(元)	0.5400	1.0400	0.5300	1.8700
	稀释每股收益(元)	0.5600	1.0500	0.5300	1.8700
	每股净资产(元)	10.5988	10.3000	9.6573	10.1717
	每股经营现金净流量(元)	-0.2374	-2.7755	-0.3299	5.0056
	每股现金流量(元)	-1.7359	-4.6493	-3.6600	6.2522
	每股资本公积金(元)	4.1810	4.1810	4.1810	4.1810
	每股盈余公积金(元)	0.6238	0.6238	0.5427	0.5427
	每股未分配利润(元)	3.0950	2.8851	2.6406	2.9173
	净资产收益率(%)	5.3252	10.2255	5.4763	17.0293
	加权净资产收益率(%)	5.3400	10.2900	5.1300	21.1400
	净资产收益率(扣除)(%)	5.1246	10.1072	5.4521	16.9819
	总资产(万元)	35832839.48	35980135.34	35760905.64	41909701.47
	归属母公司股东权益(万元)	8077450.13	7853020.95	7359905.20	7751927.36
	营业收入(万元)	1005047.75	2071434.78	1013005.91	3344663.99
	营业支出(万元)	454876.24	1018577.49	-	-
	投资收益(万元)	462777.42	675015.33	347207.25	1031496.09
	净利润(万元)	449652.05	840932.20	420283.24	1361235.34
	营业利润(万元)	550171.51	1052857.29	528582.09	1767919.38
	利润总额(万元)	579752.49	1070506.05	530496.91	1780571.23

中核苏阀科技实业股份有限公司

公司概况	公司名称	中核苏阀科技实业股份有限公司			证券简称	中核科技
	法人代表	彭新英	董秘	陆振学	证券代码	000777
	公司网址	www.chinasufa.com		电子信箱	dongm@chinasufa.com	
	电　　话	0512-66672245		传　　真	0512-67526983	
	办公地址	江苏省苏州市国家高新技术产业开发区珠江路501号				
	经营范围	各类工业用阀门的设计、制造和销售等				

	指标\报告期	2017.06.30	2016.12.31	2016.06.30	2015.12.31
主要财务指标	基本每股收益(元)	0.0060	0.2750	0.0788	0.2260
	基本每股收益(扣除后)(元)	-0.0108	0.1230	0.0610	0.1796
	稀释每股收益(元)	0.0060	0.2750	0.0788	0.2260
	每股净资产(元)	3.2469	3.3256	2.9973	2.9745
	每股经营现金净流量(元)	-0.1823	0.0284	-0.1699	0.2020
	每股现金流量(元)	-0.2566	0.0680	-0.2327	0.1936
	每股资本公积金(元)	0.6507	0.6507	0.6507	0.6507
	每股盈余公积金(元)	0.2990	0.2990	0.2771	0.2771
	每股未分配利润(元)	1.1655	1.2395	1.0653	1.0465
	净资产收益率(%)	0.1851	8.2680	2.6301	7.5974
	加权净资产收益率(%)	0.1800	8.7400	2.6200	7.8300
	净资产收益率(扣除)(%)	-0.3320	3.6973	2.0365	6.0381
	总资产(万元)	192083.25	192420.56	182023.54	190142.91
	归属母公司股东权益(万元)	124490.80	127507.49	114922.63	114048.95
	营业收入(万元)	33657.25	96714.46	44447.15	103490.03
	营业支出(万元)	27843.69	76006.47	34622.68	78567.68
	投资收益(万元)	2622.01	8603.33	1696.65	4878.40
	净利润(万元)	32.72	10223.59	2818.69	8365.67
	营业利润(万元)	-20.67	8556.45	2198.62	6420.88
	利润总额(万元)	77.14	10653.97	3151.09	8846.89

新兴铸管股份有限公司

公司概况	公司名称	新兴铸管股份有限公司			证券简称	新兴铸管
	法人代表	李成章	董秘	包晓颖	证券代码	000778
	公司网址	www.xinxing-pipes.com		电子信箱	xxzg0778@163.com	
	电　话	0310-5792011		传　真	0310-5796999	
	办公地址	河北省武安市上洛阳村北(2672 厂区)				
	经营范围	离心球墨铸铁管及配套管件、钢铁冶炼及压延加工、铸造制品等				

主要财务指标	指标\报告期	2017.06.30	2016.12.31	2016.06.30	2015.12.31
	基本每股收益(元)	0.1293	0.1208	0.0518	0.1646
	基本每股收益(扣除后)(元)	0.1135	-0.0306	0.0397	-0.0852
	稀释每股收益(元)	0.1293	0.1208	0.0518	0.1646
	每股净资产(元)	4.9100	4.7738	4.7147	4.6612
	每股经营现金净流量(元)	0.2836	0.3030	-0.1349	0.5745
	每股现金流量(元)	0.0848	-0.1820	-0.2726	0.0058
	每股资本公积金(元)	2.1770	1.9950	1.9950	1.9950
	每股盈余公积金(元)	0.2741	0.2825	0.2886	0.2793
	每股未分配利润(元)	1.4395	1.4570	1.4118	1.3693
	净资产收益率(%)	2.5559	2.5311	1.0981	3.5309
	加权净资产收益率(%)	2.7000	2.5600	1.1000	3.5700
	净资产收益率(扣除)(%)	2.2438	-0.6411	0.8419	-1.8280
	总资产(万元)	5090309.60	4927183.58	5109896.69	5087128.62
	归属母公司股东权益(万元)	1960354.29	1739246.37	1717710.61	1698226.42
	营业收入(万元)	2522511.30	5215988.35	2693070.94	5003063.98
	营业支出(万元)	2333280.16	4928640.58	2547528.58	4773556.58
	投资收益(万元)	986.80	6854.79	704.06	82325.67
	净利润(万元)	47497.09	45049.52	19836.74	46703.56
	营业利润(万元)	53035.93	14250.82	20665.08	8032.67
	利润总额(万元)	60509.91	80608.21	24886.69	80210.49

兰州三毛实业股份有限公司

公司概况	公司名称	兰州三毛实业股份有限公司			证券简称	三毛派神
	法人代表	阮英	董秘	柳雷	证券代码	000779
	公司网址	www.chinapaishen.com		电子信箱	sxd@chinapaishen.com	
	电　话	0931-4592238		传　真	0931-4592238 4592289	
	办公地址	甘肃省兰州市兰州新区嘉陵江街 568 号				
	经营范围	毛精纺呢绒的生产与销售等				

主要财务指标	指标\报告期	2017.06.30	2016.12.31	2016.06.30	2015.12.31
	基本每股收益(元)	0.1900	0.0704	-0.1800	-0.4200
	基本每股收益(扣除后)(元)	-0.1100	-0.3900	-0.1800	-0.4400
	稀释每股收益(元)	0.1900	0.0704	-0.1800	-0.4200
	每股净资产(元)	1.3611	1.1737	0.9240	1.1033
	每股经营现金净流量(元)	-0.0610	0.1552	1.1165	0.0791
	每股现金流量(元)	0.6066	-0.1484	-0.2684	-0.0287
	每股资本公积金(元)	1.7261	1.7261	1.7261	1.7261
	每股盈余公积金(元)	0.1869	0.1869	0.1869	0.1869
	每股未分配利润(元)	-1.5518	-1.7392	-1.9890	-1.8097
	净资产收益率(%)	13.7663	6.0051	-19.4044	-38.4374
	加权净资产收益率(%)	14.7800	6.1900	-17.6900	-32.2400
	净资产收益率(扣除)(%)	-7.9917	-33.3884	-21.1501	-40.0073
	总资产(万元)	75487.80	71751.84	91195.07	72575.22
	归属母公司股东权益(万元)	25376.84	21883.39	17226.55	20569.25
	营业收入(万元)	12804.91	24889.98	10747.49	20692.27
	营业支出(万元)	11122.90	22943.77	9889.77	19083.70
	投资收益(万元)	132.27	95.74	80.92	50.40
	净利润(万元)	3493.45	1314.13	-3342.71	-7906.28
	营业利润(万元)	-2028.05	-7311.86	-3643.44	-8229.19
	利润总额(万元)	3493.45	1314.13	-3342.71	-7906.28

内蒙古平庄能源股份有限公司

公司概况	公司名称	内蒙古平庄能源股份有限公司			证券简称	*ST 平能
	法人代表	徐晓惠	董秘	张建忠	证券代码	000780
	公司网址	www.nmgpzny.com		电子信箱	pznyzjz@163.com	
	电　话	0476-3328279 3324281		传　真	0476-3328220	
	办公地址	内蒙古自治区赤峰市元宝山区平庄镇哈河街平庄能源公司				
	经营范围	煤炭生产、洗选加工、销售(仅限分公司经营)				

主要财务指标	指标\报告期	2017.06.30	2016.12.31	2016.06.30	2015.12.31
	基本每股收益(元)	0.1300	-0.3200	-0.2200	-0.3900
	基本每股收益(扣除后)(元)	0.1300	-0.3200	-0.2200	-0.3800
	稀释每股收益(元)	0.1300	-0.3200	-0.2200	-0.3900
	每股净资产(元)	4.1979	4.0275	4.0845	4.2522
	每股经营现金净流量(元)	0.4044	0.2498	-0.1068	0.6369
	每股现金流量(元)	0.3951	0.2304	-0.1071	0.3026
	每股资本公积金(元)	1.4291	1.4291	1.4291	1.4291
	每股盈余公积金(元)	0.2429	0.2429	0.2429	0.2429
	每股未分配利润(元)	0.9977	0.8640	0.9610	1.1831
	净资产收益率(%)	3.1845	-7.9216	-5.4366	-9.0566
	加权净资产收益率(%)	3.2500	-7.7100	-5.3300	-8.7000
	净资产收益率(扣除)(%)	3.2054	-7.9684	-5.4303	-9.0026
	总资产(万元)	545573.24	530880.34	536399.64	568288.52
	归属母公司股东权益(万元)	425799.79	408512.25	414298.44	431300.08
	营业收入(万元)	121955.88	216666.64	85210.69	204387.82
	营业支出(万元)	69628.05	186304.55	82074.52	175028.30
	投资收益(万元)	--	--	-	-
	净利润(万元)	13559.77	-32360.65	-22523.93	-39061.11
	营业利润(万元)	13229.38	-31789.93	-22381.96	-39426.95
	利润总额(万元)	13137.97	-31598.72	-22394.73	-39875.43

广东新会美达锦纶股份有限公司

公司概况	公司名称	广东新会美达锦纶股份有限公司			证券简称	美达股份
	法人代表	李坚之	董秘	朱明辉	证券代码	000782
	公司网址	www.meidanylon.com		电子信箱	zmhlq@hotmail.com	
	电　话	0750-6107981 6109778		传　真	0750-6103091	
	办公地址	广东省江门市新会区江会路上浅口				
	经营范围	锦纶 6 切片、纺丝、印染的生产与销售等				

主要财务指标	指标\报告期	2017.06.30	2016.12.31	2016.06.30	2015.12.31
	基本每股收益(元)	0.0200	-0.1500	-0.0400	0.0900
	基本每股收益(扣除后)(元)	0.0100	-0.1700	-0.0600	0.0500
	稀释每股收益(元)	0.0200	-0.1500	-0.0400	0.0900
	每股净资产(元)	2.2181	2.2194	2.3315	2.3924
	每股经营现金净流量(元)	-0.4541	0.6757	0.1217	0.0040
	每股现金流量(元)	-0.2007	0.2973	0.1111	-0.3550
	每股资本公积金(元)	1.2085	1.2085	1.2085	1.2085
	每股盈余公积金(元)	0.1255	0.1255	0.1224	0.1224
	每股未分配利润(元)	-0.1051	-0.1042	0.0117	0.0732
	净资产收益率(%)	0.8636	-6.9541	-1.7766	3.8628
	加权净资产收益率(%)	0.8600	-6.6900	-1.7500	3.9000
	净资产收益率(扣除)(%)	0.5614	-7.9424	-2.4615	2.0948
	总资产(万元)	237674.21	254445.30	216531.70	229741.60
	归属母公司股东权益(万元)	117144.71	117215.86	123134.18	126352.85
	营业收入(万元)	168018.26	241990.83	112054.96	284710.31
	营业支出(万元)	156081.66	223401.91	102320.14	261530.20
	投资收益(万元)	560.81	665.98	537.39	8618.92
	净利润(万元)	1223.49	-8158.33	-2152.06	4709.76
	营业利润(万元)	931.40	-9191.22	-2999.31	4817.95
	利润总额(万元)	1223.49	-8157.23	-2152.06	5035.13

长江证券股份有限公司

公司概况	公司名称	长江证券股份有限公司			证券简称	长江证券
	法人代表	尤习贵	董秘	李佳	证券代码	000783
	公司网址	www.cjsc.com		电子信箱	lijia@cjsc.com	
	电　话	027-65799866		传　真	027-85481726	
	办公地址	湖北省武汉市江汉区新华路特8号				
	经营范围	证券代理买卖、代理证券的还本付息、分红派息等				

主要财务指标	指标\报告期	2017.06.30	2016.12.31	2016.06.30	2015.12.31
	基本每股收益(元)	0.1800	0.4400	0.2400	0.7400
	基本每股收益(扣除后)(元)	0.1800	0.4300	0.2300	0.7300
	稀释每股收益(元)	0.1800	0.4400	0.2400	0.7400
	每股净资产(元)	4.6914	4.6100	3.3800	3.5500
	每股经营现金净流量(元)	-2.3420	-2.4826	0.4845	0.2756
	每股现金流量(元)	-0.8464	-0.8831	-0.2389	2.8222
	每股资本公积金(元)	1.8926	1.8911	0.6258	0.6258
	每股盈余公积金(元)	0.2684	0.2684	0.2755	0.2755
	每股未分配利润(元)	0.9003	0.8704	0.9171	1.0320
	净资产收益率(%)	3.8357	8.6484	6.9556	20.7728
	加权净资产收益率(%)	3.8600	10.9700	6.7100	23.0000
	净资产收益率(扣除)(%)	3.8008	8.5408	6.8956	20.6427
	总资产(万元)	10800431.79	10709496.78	9135182.65	9962502.22
	归属母公司股东权益(万元)	2594114.14	2551424.47	1602868.53	1681703.31
	营业收入(万元)	276363.83	585735.53	257572.04	849964.38
	营业支出(万元)	151826.20	315723.81	125833.48	-
	投资收益(万元)	47714.11	114840.94	58876.90	160408.48
	净利润(万元)	100806.74	221687.63	111747.52	349594.88
	营业利润(万元)	124537.64	270011.73	131738.56	439773.99
	利润总额(万元)	125728.04	273585.88	133008.33	440442.39

武汉中商集团股份有限公司

公司概况	公司名称	武汉中商集团股份有限公司			证券简称	武汉中商
	法人代表	郝健	董秘	易国华	证券代码	000785
	公司网址	www.zhongshang.com.cn		电子信箱	zncgzsjt@163.com	
	电　话	027-87362507		传　真	027-87307723	
	办公地址	湖北省武汉市武昌区中南路9号				
	经营范围	百货、日用杂品销售、超级市场零售、物流配送、仓储服务等				

主要财务指标	指标\报告期	2017.06.30	2016.12.31	2016.06.30	2015.12.31
	基本每股收益(元)	0.1800	0.0100	0.1300	-0.1900
	基本每股收益(扣除后)(元)	0.1700	0.0200	0.1300	-0.1800
	稀释每股收益(元)	0.1800	0.0100	0.1300	-0.1900
	每股净资产(元)	3.2616	3.0846	3.2112	3.0765
	每股经营现金净流量(元)	0.1677	0.9121	-0.0069	0.6186
	每股现金流量(元)	-0.1357	0.0475	-0.1070	-0.3690
	每股资本公积金(元)	0.2930	0.2930	0.2930	0.2930
	每股盈余公积金(元)	0.8499	0.8499	0.8474	0.8474
	每股未分配利润(元)	1.1187	0.9416	1.0707	0.9360
	净资产收益率(%)	5.4284	0.2634	4.1951	-6.2087
	加权净资产收益率(%)	5.5800	0.2600	4.2800	-5.9300
	净资产收益率(扣除)(%)	5.3278	0.4936	4.0367	-5.9301
	总资产(万元)	260079.73	286734.72	255328.73	263744.07
	归属母公司股东权益(万元)	81939.42	77491.39	80671.53	77287.28
	营业收入(万元)	201801.64	401081.27	206188.41	440758.55
	营业支出(万元)	159000.60	316809.91	161549.96	354338.49
	投资收益(万元)	166.45	231.81	7.18	801.07
	净利润(万元)	6280.92	3707.66	5066.44	-1579.41
	营业利润(万元)	8391.90	7228.90	6432.70	1534.76
	利润总额(万元)	8260.87	6879.46	6506.27	1154.79

北新集团建材股份有限公司

公司概况	公司名称	北新集团建材股份有限公司			证券简称	北新建材
	法人代表	王兵	董秘	史可平	证券代码	000786
	公司网址	www.bnbm.com.cn		电子信箱	skp@bnbm.com.cn	
	电　话	010-68138786		传　真	010-68138822	
	办公地址	北京市海淀区复兴路17号国海广场2号楼15层				
	经营范围	新型建材材料、新型墙体材料、化工产品、装饰材料、能源技术及产品等				

主要财务指标	指标\报告期	2017.06.30	2016.12.31	2016.06.30	2015.12.31
	基本每股收益(元)	0.3810	0.7930	0.3250	0.6340
	基本每股收益(扣除后)(元)	0.4120	0.7780	0.3290	0.6040
	稀释每股收益(元)	0.3810	0.7930	0.3250	0.6340
	每股净资产(元)	6.0126	5.8011	5.6670	5.5171
	每股经营现金净流量(元)	0.2540	0.9551	0.2857	1.3502
	每股现金流量(元)	0.0934	0.1882	0.3107	-0.5238
	每股资本公积金(元)	1.7009	1.7009	1.2488	1.2488
	每股盈余公积金(元)	0.2953	0.2953	0.3593	0.3593
	每股未分配利润(元)	3.0153	2.8038	3.0576	2.9077
	净资产收益率(%)	6.3449	11.2866	5.7338	11.4969
	加权净资产收益率(%)	6.4300	13.7500	5.7500	11.9500
	净资产收益率(扣除)(%)	6.8513	11.0742	5.8061	10.9551
	总资产(万元)	1496501.50	1434932.71	1362870.27	1360436.83
	归属母公司股东权益(万元)	1075397.54	1037576.25	801305.36	780104.98
	营业收入(万元)	456159.24	815607.91	361970.83	755117.88
	营业支出(万元)	314236.28	536807.13	237372.73	519097.14
	投资收益(万元)	3065.04	4527.72	2466.58	9321.51
	净利润(万元)	68721.84	146539.71	61030.82	121578.10
	营业利润(万元)	84680.41	167535.35	73342.57	144392.09
	利润总额(万元)	77096.73	166629.73	70714.33	140727.67

北大医药股份有限公司

公司概况	公司名称	北大医药股份有限公司			证券简称	北大医药
	法人代表	袁平东	董秘	陈凯鸿	证券代码	000788
	公司网址	www.pku-hc.com		电子信箱	zqb@pku-hc.com	
	电　话	023-67525366		传　真	023-67525300	
	办公地址	重庆市渝北区金开大道56号两江天地1单元9楼、10楼				
	经营范围	研制开发、生产销售医药原料药及制剂产品等				

主要财务指标	指标\报告期	2017.06.30	2016.12.31	2016.06.30	2015.12.31
	基本每股收益(元)	0.0400	0.0200	0.0200	0.0400
	基本每股收益(扣除后)(元)	0.0200	0.0100	0.0200	-0.4200
	稀释每股收益(元)	0.0400	0.0200	0.0200	0.0400
	每股净资产(元)	1.9546	1.9166	1.9211	1.9009
	每股经营现金净流量(元)	0.0221	-0.1962	-0.2731	0.6857
	每股现金流量(元)	-0.0625	-1.1662	0.0095	1.3221
	每股资本公积金(元)	0.3342	0.3342	0.3342	0.3342
	每股盈余公积金(元)	0.0741	0.0741	0.0741	0.0741
	每股未分配利润(元)	0.5534	0.5177	0.5163	0.4966
	净资产收益率(%)	1.8257	1.0995	1.0217	2.2092
	加权净资产收益率(%)	1.8400	1.1000	1.0300	2.2300
	净资产收益率(扣除)(%)	1.0734	0.7706	0.8919	-22.2350
	总资产(万元)	201173.57	204178.31	237120.27	312386.26
	归属母公司股东权益(万元)	116493.34	114226.57	114494.35	113293.69
	营业收入(万元)	104666.01	207026.25	87669.15	201072.64
	营业支出(万元)	81485.01	166957.23	70908.33	176020.45
	投资收益(万元)	-488.00	-1022.59	-426.00	22685.61
	净利润(万元)	2054.52	1116.72	1168.39	1172.31
	营业利润(万元)	2526.05	2892.54	1732.12	-4468.44
	利润总额(万元)	2548.76	3339.88	1902.95	3381.89

江西万年青水泥股份有限公司

公司概况					
公司名称	江西万年青水泥股份有限公司			证券简称	万年青
法人代表	江尚文	董秘	方真	证券代码	000789
公司网址	www.wnq.com.cn		电子信箱	wnqzqb@126.com	
电　话	0791-88120789		传　真	0791-88160230	
办公地址	江西省南昌市高新技术开发区京东大道 399 号万年青科技园				
经营范围	硅酸盐水泥熟料及硅酸盐水泥的生产和销售				

主要财务指标

指标＼报告期	2017.06.30	2016.12.31	2016.06.30	2015.12.31
基本每股收益(元)	0.1427	0.3738	0.1096	0.4053
基本每股收益(扣除后)(元)	0.1354	0.4492	0.1086	0.3858
稀释每股收益(元)	0.1427	0.3738	0.1096	0.4053
每股净资产(元)	4.5144	4.5717	4.3075	4.2980
每股经营现金净流量(元)	0.1585	1.4884	0.2749	1.2966
每股现金流量(元)	-0.7575	-0.3940	-0.3087	0.3812
每股资本公积金(元)	0.4531	0.4531	0.4531	0.4531
每股盈余公积金(元)	0.2632	0.2632	0.2477	0.2477
每股未分配利润(元)	2.7981	2.8554	2.6067	2.5971
净资产收益率(%)	3.1609	8.1754	2.5437	9.4305
加权净资产收益率(%)	3.0700	8.4436	2.5200	9.7200
净资产收益率(扣除)(%)	2.9987	9.8266	2.5202	8.9763
总资产(万元)	801885.25	848048.42	872605.06	900807.51
归属母公司股东权益(万元)	276898.02	280412.80	264208.48	263621.45
营业收入(万元)	274492.49	565776.57	228369.90	558302.81
营业支出(万元)	221805.51	432702.37	186734.73	440732.60
投资收益(万元)	1049.72	1066.70	346.70	1098.15
净利润(万元)	20408.55	38660.25	10296.79	34291.68
营业利润(万元)	25082.60	44457.91	11864.86	39888.72
利润总额(万元)	26080.47	49121.88	14157.57	46743.87

成都泰合健康科技集团股份有限公司

公司概况					
公司名称	成都泰合健康科技集团股份有限公司			证券简称	泰合健康
法人代表	王仁果	董秘		证券代码	000790
公司网址	www.huasungrp.com		电子信箱	hsjt@taihe-health.com	
电　话	86-28-66616659　66616680		传　真	028-66616656	
办公地址	四川省成都市高新区蜀新大道 1168 号				
经营范围	高新技术产品开发生产、经营、中西制剂、原料药的生产等				

主要财务指标

指标＼报告期	2017.06.30	2016.12.31	2016.06.30	2015.12.31
基本每股收益(元)	0.0260	0.1914	0.0389	-0.0868
基本每股收益(扣除后)(元)	0.0431	0.0842	0.0384	-0.1126
稀释每股收益(元)	0.0260	0.1914	0.0389	-0.0868
每股净资产(元)	1.5708	1.5448	1.3923	1.3534
每股经营现金净流量(元)	-0.0933	0.1197	0.0580	-0.1404
每股现金流量(元)	-0.0327	0.1357	-0.2355	0.0165
每股资本公积金(元)	0.0887	0.0887	0.0887	0.0887
每股盈余公积金(元)	0.2346	0.2086	0.1826	0.1798
每股未分配利润(元)	0.2475	0.2475	0.1210	0.0849
净资产收益率(%)	1.6545	12.3898	2.7937	-6.4126
加权净资产收益率(%)	1.6700	13.2100	2.8300	-6.1600
净资产收益率(扣除)(%)	2.7416	5.4517	2.7643	-8.3205
总资产(万元)	125077.28	109103.41	82678.82	92584.70
归属母公司股东权益(万元)	67704.91	66584.76	60011.59	58335.01
营业收入(万元)	26061.56	57519.42	24103.52	46331.19
营业支出(万元)	13601.59	26031.96	9798.83	21473.78
投资收益(万元)	176.21	-258.43	-157.64	-46.25
净利润(万元)	1120.15	8249.74	1676.57	-3740.80
营业利润(万元)	2128.26	4841.74	2072.74	-4241.47
利润总额(万元)	1951.70	10763.28	2093.59	-2938.47

甘肃电投能源发展股份有限公司

公司概况					
公司名称	甘肃电投能源发展股份有限公司			证券简称	甘肃电投
法人代表	李宁平	董秘	寇世民	证券代码	000791
公司网址	www.gepiced.com		电子信箱	nyfzksm@163.com	
电　话	9031-8378559		传　真	0931-8378560	
办公地址	甘肃省兰州市城关区北滨河东路 69 号甘肃投资集团大厦 24 楼				
经营范围	以水力发电为主的可再生能源，新能源的投资开发，高科技研发，生产经营及相关信息咨询服务				

主要财务指标

指标＼报告期	2017.06.30	2016.12.31	2016.06.30	2015.12.31
基本每股收益(元)	-0.0120	-0.1129	-0.1829	0.0449
基本每股收益(扣除后)(元)	-0.0257	-0.0815	-0.1453	0.0455
稀释每股收益(元)	-0.0120	-0.1129	-0.1829	0.0449
每股净资产(元)	5.4247	5.1460	5.0887	4.5234
每股经营现金净流量(元)	0.3705	1.0584	0.3336	1.2157
每股现金流量(元)	0.4146	-0.4843	-0.2878	0.1592
每股资本公积金(元)	3.8145	3.5039	3.5038	3.4268
每股盈余公积金(元)	0.0898	0.0898	0.0773	0.1039
每股未分配利润(元)	0.5205	0.5524	0.5076	0.9343
净资产收益率(%)	-0.2203	-2.1359	-3.2866	0.9932
加权净资产收益率(%)	-0.2300	-2.2000	-4.0200	0.8900
净资产收益率(扣除)(%)	-0.4734	-1.5413	-2.6117	0.9019
总资产(万元)	1920634.90	1893040.76	1929565.26	1958056.84
归属母公司股东权益(万元)	526808.78	499745.05	494174.25	394662.50
营业收入(万元)	74804.71	159153.69	64893.67	132562.46
营业支出(万元)	49073.73	107674.09	51624.03	81000.87
投资收益(万元)	2403.28	4770.41	2620.61	6567.19
净利润(万元)	-1480.42	-11450.97	-16897.68	3066.53
营业利润(万元)	-2095.72	-8899.57	-17555.09	6126.62
利润总额(万元)	-783.71	-8972.61	-17582.32	6053.56

青海盐湖工业股份有限公司

公司概况					
公司名称	青海盐湖工业股份有限公司			证券简称	盐湖股份
法人代表	王兴富	董秘	李舜	证券代码	000792
公司网址	www.qhyhgf.com		电子信箱	yhjf0792@sina.com	
电　话	0979-8448123		传　真	0979-8434445	
办公地址	青海省格尔木市黄河路 28 号				
经营范围	氯化钾产品的开发、生产、销售				

主要财务指标

指标＼报告期	2017.06.30	2016.12.31	2016.06.30	2015.12.31
基本每股收益(元)	-0.1875	0.1837	0.1773	0.3514
基本每股收益(扣除后)(元)	-0.1990	-0.0669	0.1056	0.0923
稀释每股收益(元)	-0.1875	0.1837	0.1773	0.3514
每股净资产(元)	8.5730	13.2037	13.2317	12.3350
每股经营现金净流量(元)	0.1440	1.0923	0.2963	0.4054
每股现金流量(元)	0.0237	-1.6920	-1.5208	3.0860
每股资本公积金(元)	3.4020	5.6030	5.6030	5.6465
每股盈余公积金(元)	0.6625	0.9937	0.9204	0.9204
每股未分配利润(元)	2.9064	4.7037	4.7706	4.6243
净资产收益率(%)	-2.1876	1.3915	1.3401	2.4397
加权净资产收益率(%)	-2.1600	1.4400	1.4300	3.1300
净资产收益率(扣除)(%)	-2.3223	-0.5066	0.5422	0.6411
总资产(万元)	8377034.47	8294588.79	8077521.19	8071320.75
归属母公司股东权益(万元)	2388503.28	2452446.89	2457644.56	2291090.48
营业收入(万元)	506541.69	1036413.89	527322.81	1088222.25
营业支出(万元)	354175.92	594061.97	259363.15	519211.90
投资收益(万元)	1696.04	30526.36	25120.48	2151.88
净利润(万元)	-52058.44	20959.16	36351.23	54423.51
营业利润(万元)	-53139.31	23508.07	42793.35	22361.15
利润总额(万元)	-48576.79	48940.73	44158.14	76237.74

华闻传媒投资集团股份有限公司

公司概况	公司名称	华闻传媒投资集团股份有限公司			证券简称	华闻传媒
	法人代表	汪方怀	董秘	金日	证券代码	000793
	公司网址	www.000793.com		电子信箱	hwm@000793.com	
	电　话	0898-66254650 66196060		传　真	0898-66254650 66255636	
	办公地址	海南省海口市海甸四东路民生大厦				
	经营范围	传播与文化产业的投资、开发、管理及咨询服务、信息集成等				

	指标\报告期	2017.06.30	2016.12.31	2016.06.30	2015.12.31
主要财务指标	基本每股收益(元)	0.1782	0.4290	0.1574	0.4122
	基本每股收益(扣除后)(元)	0.0668	0.3689	0.0851	0.3791
	稀释每股收益(元)	0.1782	0.4290	0.1574	0.4122
	每股净资产(元)	4.8847	4.7056	4.4725	4.3104
	每股经营现金净流量(元)	0.0270	0.3374	–0.0615	0.4010
	每股现金流量(元)	–0.5951	–0.1881	–0.5980	0.6641
	每股资本公积金(元)	1.7766	1.7735	1.7536	1.7082
	每股盈余公积金(元)	0.1904	0.1904	0.1721	0.1695
	每股未分配利润(元)	1.8883	1.7101	1.4554	1.3191
	净资产收益率(%)	3.6482	9.1943	3.5746	9.4762
	加权净资产收益率(%)	3.7200	9.5200	3.6000	10.3400
	净资产收益率(扣除)(%)	1.3665	7.9058	1.9336	8.7183
	总资产(万元)	1302896.82	1340268.95	1293753.92	1281825.71
	归属母公司股东权益(万元)	985423.74	949287.31	902270.58	884166.85
	营业收入(万元)	147347.46	457142.67	174327.12	433554.85
	营业支出(万元)	85307.66	288466.58	104558.17	243154.05
	投资收益(万元)	26708.52	92108.62	22810.63	14860.95
	净利润(万元)	39303.02	104073.81	34097.98	89679.71
	营业利润(万元)	47941.45	120800.22	41209.14	87625.10
	利润总额(万元)	48677.32	123461.77	41901.89	92039.62

英洛华科技股份有限公司

公司概况	公司名称	英洛华科技股份有限公司			证券简称	英洛华
	法人代表	许晓华	董秘	周玉旺	证券代码	000795
	公司网址	www.twin-tower.com		电子信箱	tygydmc@twin-tower.com	
	电　话	0351-6080338		传　真	0351-6080065	
	办公地址	山西省太原市万柏林区新晋祠路147号尚德峰国际14层				
	经营范围	稀土永磁材料与制品、棕刚玉系列产品、物流设备与控制和信息系统等				

	指标\报告期	2017.06.30	2016.12.31	2016.06.30	2015.12.31
主要财务指标	基本每股收益(元)	0.0460	0.0300	0.0200	–0.1400
	基本每股收益(扣除后)(元)	0.0370	–0.0300	–0.0100	–0.2300
	稀释每股收益(元)	0.0460	0.0300	0.0200	–0.1400
	每股净资产(元)	1.7836	1.7376	1.7269	2.6581
	每股经营现金净流量(元)	–0.0015	0.1244	–0.0119	–0.4397
	每股现金流量(元)	–0.0451	0.3553	0.5247	–0.9284
	每股资本公积金(元)	0.9441	0.9441	0.9441	2.6203
	每股盈余公积金(元)	0.0419	0.0419	0.0419	0.1068
	每股未分配利润(元)	–0.2024	–0.2484	–0.2591	–0.7113
	净资产收益率(%)	2.5781	1.7555	1.1484	–4.9051
	加权净资产收益率(%)	2.6100	2.0300	1.6600	–5.2000
	净资产收益率(扣除)(%)	2.0793	–1.4754	–0.4319	–8.3058
	总资产(万元)	253536.26	252508.86	282144.35	222968.47
	归属母公司股东权益(万元)	202200.91	196987.92	195778.23	134048.76
	营业收入(万元)	81621.81	165105.43	77221.69	112680.54
	营业支出(万元)	63590.06	133873.49	63379.45	94833.73
	投资收益(万元)	––	–1084.57	6.34	–2000.14
	净利润(万元)	5065.27	3137.94	2161.06	–5933.47
	营业利润(万元)	5115.84	608.72	1211.42	–7960.68
	利润总额(万元)	6297.70	5463.47	3215.17	–4767.07

海航凯撒旅游集团股份有限公司

公司概况	公司名称	海航凯撒旅游集团股份有限公司			证券简称	凯撒旅游
	法人代表	祝涛	董秘	江丽妮	证券代码	000796
	公司网址	www.hnacaissa.com		电子信箱	hhks@hnair.com	
	电　话	010-59156848		传　真	010-59156946	
	办公地址	北京市朝阳区东三环北路乙2号海南航空大厦A座17层				
	经营范围	百货、纺织品、摩托车、普通机械、电器设备、塑料制品、化工产品及原料等				

	指标\报告期	2017.06.30	2016.12.31	2016.06.30	2015.12.31
主要财务指标	基本每股收益(元)	0.1674	0.2647	0.0709	0.2941
	基本每股收益(扣除后)(元)	0.0917	0.2697	0.0760	0.1029
	稀释每股收益(元)	0.1674	0.2647	0.0709	0.2941
	每股净资产(元)	2.3974	2.3330	2.1435	2.0495
	每股经营现金净流量(元)	–0.1045	0.4023	–0.1891	0.3586
	每股现金流量(元)	0.1676	–0.6376	–1.1898	1.3939
	每股资本公积金(元)	0.7897	0.7897	0.7825	0.7753
	每股盈余公积金(元)	0.0796	0.0796	0.0663	0.0663
	每股未分配利润(元)	0.5250	0.4576	0.2920	0.2084
	净资产收益率(%)	6.9834	11.3478	3.3080	12.5045
	加权净资产收益率(%)	6.9300	12.1300	3.4000	28.5000
	净资产收益率(扣除)(%)	3.8269	11.5588	3.5451	4.3733
	总资产(万元)	585268.08	540108.76	412052.44	353651.46
	归属母公司股东权益(万元)	192508.41	187338.55	172119.35	164577.87
	营业收入(万元)	340465.89	663601.01	260212.70	493450.17
	营业支出(万元)	278295.40	543226.71	210252.57	397932.89
	投资收益(万元)	5905.59	273.34	373.42	291.28
	净利润(万元)	15639.15	24062.27	7137.86	22873.33
	营业利润(万元)	18933.07	30946.96	9690.10	29363.53
	利润总额(万元)	19189.38	31432.83	9728.82	29518.86

中国武夷实业股份有限公司

公司概况	公司名称	中国武夷实业股份有限公司			证券简称	中国武夷
	法人代表	丘亮新	董秘	宋宇辉	证券代码	000797
	公司网址	www.chinawuyi.com.cn		电子信箱	gzb@chinawuyi.com.cn	
	电　话	0591-83170122 83170123		传　真	0591-83170222	
	办公地址	福建省福州市五四路89号置地广场4层				
	经营范围	投资开发、国际工程承包及外经外贸等				

	指标\报告期	2017.06.30	2016.12.31	2016.06.30	2015.12.31
主要财务指标	基本每股收益(元)	0.0500	0.4600	0.0900	0.3300
	基本每股收益(扣除后)(元)	0.0500	0.3900	0.0700	0.1700
	稀释每股收益(元)	0.0500	0.4600	0.0900	0.3300
	每股净资产(元)	2.2376	4.4887	4.1329	3.1562
	每股经营现金净流量(元)	0.0886	2.7539	1.3769	–1.3521
	每股现金流量(元)	0.7920	0.3111	0.4593	2.0133
	每股资本公积金(元)	0.3490	1.6981	1.6661	0.2222
	每股盈余公积金(元)	0.0584	0.1168	0.0406	0.0521
	每股未分配利润(元)	0.7844	1.5604	1.2892	1.5517
	净资产收益率(%)	2.4210	9.7914	1.9375	10.3836
	加权净资产收益率(%)	2.3900	10.9600	2.2400	10.8900
	净资产收益率(扣除)(%)	2.3492	8.4440	1.6235	5.4840
	总资产(万元)	1223044.43	1090782.83	1097386.68	1000183.61
	归属母公司股东权益(万元)	223668.33	224343.79	206560.78	121995.46
	营业收入(万元)	93910.81	257117.36	84409.48	240900.03
	营业支出(万元)	66169.84	204485.47	66544.25	165091.30
	投资收益(万元)	167.23	24991.08	2610.97	5578.91
	净利润(万元)	6385.29	21281.32	3809.93	12913.81
	营业利润(万元)	11588.46	34036.22	4573.89	14424.81
	利润总额(万元)	11560.89	32998.80	4419.81	15070.49

中水集团远洋股份有限公司

公司概况	公司名称	中水集团远洋股份有限公司			证券简称	中水渔业
	法人代表	宗文峰	董秘	杨丽丹	证券代码	000798
	公司网址	www.cofc.com.cn		电子信箱	chenming@cofc.com.cn	
	电　话	010-88067461		传　真	010-88067463	
	办公地址	北京市西城区西单民丰胡同 31 号				
	经营范围	远洋水产品的捕捞、储运、加工、销售和进出口等				

主要财务指标	指标＼报告期	2017.06.30	2016.12.31	2016.06.30	2015.12.31
	基本每股收益(元)	0.0085	0.1116	−0.0764	−0.7540
	基本每股收益(扣除后)(元)	−0.0146	0.1036	−0.0807	−0.7630
	稀释每股收益(元)	0.0085	0.1116	−0.0764	−0.7540
	每股净资产(元)	2.2134	1.9729	1.6727	1.8295
	每股经营现金净流量(元)	0.1835	0.0949	−0.1759	0.2012
	每股现金流量(元)	−0.1741	0.1151	−0.2832	−0.4323
	每股资本公积金(元)	1.4728	1.4728	1.0347	1.0347
	每股盈余公积金(元)	0.2205	0.2205	0.2051	0.2051
	每股未分配利润(元)	−0.3842	−0.3927	−0.4637	−0.3873
	净资产收益率(%)	0.3819	5.6576	−4.5654	−41.2128
	加权净资产收益率(%)	0.3800	6.1500	−4.4600	−34.0700
	净资产收益率(扣除)(%)	−0.6601	5.1601	−4.8262	−41.6954
	总资产(万元)	121528.10	114051.84	80218.94	82560.59
	归属母公司股东权益(万元)	70708.95	70469.51	53435.79	55855.52
	营业收入(万元)	43050.81	53445.97	20841.47	52152.33
	营业支出(万元)	37906.31	49385.72	20202.81	47273.84
	投资收益(万元)	59.10	371.91	86.94	609.92
	净利润(万元)	96.93	2814.94	−2639.49	−35772.12
	营业利润(万元)	−4.87	−4705.71	−2743.83	−38539.56
	利润总额(万元)	96.93	2944.45	−2639.49	−35733.31

酒鬼酒股份有限公司

公司概况	公司名称	酒鬼酒股份有限公司			证券简称	酒鬼酒
	法人代表	江国金	董秘	李文生	证券代码	000799
	公司网址	www.jiuguijiu000799.com		电子信箱	jgj000799@126.com	
	电　话	0731-88186030		传　真	0731-88186005	
	办公地址	湖南省吉首市振武营酒鬼工业园				
	经营范围	生产、销售酒鬼酒系列白酒和湘泉系列白酒等				

主要财务指标	指标＼报告期	2017.06.30	2016.12.31	2016.06.30	2015.12.31
	基本每股收益(元)	0.2547	0.3342	0.1192	0.2726
	基本每股收益(扣除后)(元)	0.1862	0.3157	0.1117	0.2463
	稀释每股收益(元)	0.2547	0.3342	0.1192	0.2726
	每股净资产(元)	5.8854	5.7407	5.5257	5.4065
	每股经营现金净流量(元)	−0.0078	0.6749	0.1508	0.7099
	每股现金流量(元)	−0.4494	−0.2096	−0.3382	0.3965
	每股资本公积金(元)	3.5739	3.5739	3.5739	3.5739
	每股盈余公积金(元)	0.6189	0.6189	0.6096	0.6096
	每股未分配利润(元)	0.6927	0.5479	0.3422	0.2230
	净资产收益率(%)	4.3283	5.8213	2.1581	5.0417
	加权净资产收益率(%)	4.3400	6.0000	2.1800	5.1700
	净资产收益率(扣除)(%)	3.1631	5.4996	2.0209	4.5561
	总资产(万元)	232052.29	236079.79	228284.62	228097.34
	归属母公司股东权益(万元)	191235.01	186530.85	179547.19	175672.42
	营业收入(万元)	37061.02	65485.06	29106.11	60122.45
	营业支出(万元)	8546.18	16376.45	8078.87	17752.66
	投资收益(万元)	2484.75	788.84	517.31	1139.34
	净利润(万元)	8083.69	9702.23	3392.76	7422.67
	营业利润(万元)	10491.55	11159.32	3969.07	9644.45
	利润总额(万元)	10590.43	11192.89	4002.73	9988.17

一汽轿车股份有限公司

公司概况	公司名称	一汽轿车股份有限公司			证券简称	一汽轿车
	法人代表	王国强	董秘	陈清华	证券代码	000800
	公司网址	www.fawcar.com.cn		电子信箱	fawcar0800@faw.com.cn	
	电　话	0431-85781108 85781107		传　真	0431-85781100	
	办公地址	吉林省长春市高新技术产业开发区蔚山路 4888 号				
	经营范围	轿车整车及配件的生产与销售等				

主要财务指标	指标＼报告期	2017.06.30	2016.12.31	2016.06.30	2015.12.31
	基本每股收益(元)	0.1662	−0.5864	−0.5076	0.0325
	基本每股收益(扣除后)(元)	0.1557	−0.6934	−0.5217	0.0225
	稀释每股收益(元)	0.1662	−0.5864	−0.5076	0.0325
	每股净资产(元)	4.8950	4.7243	4.8012	5.3530
	每股经营现金净流量(元)	0.1932	0.3488	−0.1136	0.5159
	每股现金流量(元)	−0.4101	0.2678	−0.2669	−0.0688
	每股资本公积金(元)	1.5293	1.5293	1.5293	1.5293
	每股盈余公积金(元)	0.6127	0.6127	0.6127	0.6127
	每股未分配利润(元)	1.7416	1.5754	1.6554	2.2060
	净资产收益率(%)	3.3949	−12.4120	−10.5716	0.6078
	加权净资产收益率(%)	3.4600	−11.6400	−10.0000	0.6100
	净资产收益率(扣除)(%)	3.1818	−14.6772	−10.8662	0.4203
	总资产(万元)	1750144.14	1904887.39	1689108.32	1803845.82
	归属母公司股东权益(万元)	796658.47	768874.66	781398.00	871195.77
	营业收入(万元)	1340134.23	2270998.42	849050.46	2666384.15
	营业支出(万元)	1000508.57	1822541.36	723882.12	2117275.65
	投资收益(万元)	19377.66	23758.81	14699.44	21271.69
	净利润(万元)	43311.84	−100273.72	−87614.67	6057.16
	营业利润(万元)	54837.17	−116208.24	−98368.08	7573.26
	利润总额(万元)	56534.78	−99217.75	−96053.11	8568.99

四川九洲电器股份有限公司

公司概况	公司名称	四川九洲电器股份有限公司			证券简称	四川九洲
	法人代表	霞晖	董秘	程晓伟	证券代码	000801
	公司网址	www.jiuzhoutech.com		电子信箱	dsb@jiuzhoutech.com	
	电　话	0816-2336252		传　真	0816-2336335	
	办公地址	四川省绵阳市科创园区九洲大道 259 号				
	经营范围	电子音响设备，卫星电视接收系统，整机装饰件的制造、加工销售和安装等				

主要财务指标	指标＼报告期	2017.06.30	2016.12.31	2016.06.30	2015.12.31
	基本每股收益(元)	−0.0187	0.1863	0.0592	0.4259
	基本每股收益(扣除后)(元)	−0.0437	0.1587	0.0460	0.3110
	稀释每股收益(元)	−0.0187	0.1863	0.0592	0.4259
	每股净资产(元)	2.2568	2.2957	2.1818	4.3442
	每股经营现金净流量(元)	−0.1481	0.0627	−0.0691	0.3214
	每股现金流量(元)	−0.0573	0.0552	−0.0698	0.4343
	每股资本公积金(元)	0.2724	0.2724	0.2892	1.5785
	每股盈余公积金(元)	0.0497	0.0497	0.0476	0.0952
	每股未分配利润(元)	0.9263	0.9650	0.8399	1.6616
	净资产收益率(%)	−0.8284	8.1158	2.7116	9.7496
	加权净资产收益率(%)	−0.8200	8.2200	2.6900	10.6400
	净资产收益率(扣除)(%)	−1.9360	6.9129	2.1097	7.1196
	总资产(万元)	495697.85	510864.03	474355.05	475775.11
	归属母公司股东权益(万元)	230827.87	234806.60	223153.92	222164.81
	营业收入(万元)	142639.96	391573.29	170711.49	333503.69
	营业支出(万元)	123043.21	304397.24	131600.56	248303.45
	投资收益(万元)	−31.52	61.26	13.41	−246.12
	净利润(万元)	−2062.14	19893.52	6540.30	23343.07
	营业利润(万元)	−3674.38	19133.94	5842.62	22023.53
	利润总额(万元)	−1353.49	22352.46	7309.65	26207.42

北京京西文化旅游股份有限公司

公司概况						
	公司名称	北京京西文化旅游股份有限公司			证券简称	北京文化
	法人代表	宋歌	董秘	陈晨	证券代码	000802
	公司网址	www.bjwhmedia.com			电子信箱	000802@ibjtour.com
	电 话	010-57807786 57807780			传 真	010-57807778
	办公地址	北京市朝阳区将台西路 9-5 号				
	经营范围	旅游项目投资及管理、旅游开发服务、生产销售旅游产品、酒店客房等				

主要财务指标	指标\报告期	2017.06.30	2016.12.31	2016.06.30	2015.12.31
	基本每股收益(元)	0.0532	0.8625	0.0186	0.0546
	基本每股收益(扣除后)(元)	0.0467	0.3013	-0.0305	-0.0805
	稀释每股收益(元)	0.0532	0.8625	0.0186	0.0546
	每股净资产(元)	6.0533	6.0771	5.5023	2.6013
	每股经营现金净流量(元)	-0.6030	0.0003	-0.2485	0.1321
	每股现金流量(元)	-0.7166	2.0634	0.8349	-0.3510
	每股资本公积金(元)	4.4991	4.4991	4.3133	1.4409
	每股盈余公积金(元)	0.0580	0.0580	0.0193	0.0351
	每股未分配利润(元)	0.8073	0.8311	0.1697	0.2819
	净资产收益率(%)	0.8793	11.8364	0.2622	2.0997
	加权净资产收益率(%)	0.8800	16.1900	0.4200	2.2700
	净资产收益率(扣除)(%)	0.7711	4.1351	-0.4307	-3.4543
	总资产(万元)	518608.48	527662.25	442033.08	142274.57
	归属母公司股东权益(万元)	439622.03	441348.41	388599.73	101085.65
	营业收入(万元)	16673.09	92655.03	15610.24	34935.26
	营业支出(万元)	4199.89	42957.97	7426.75	18004.89
	投资收益(万元)	81.19	37577.09	857.48	4529.54
	净利润(万元)	3761.84	52410.85	682.57	2057.63
	营业利润(万元)	3479.80	62431.91	-1835.66	504.64
	利润总额(万元)	4004.28	66171.66	869.13	3220.57

四川金宇汽车城(集团)股份有限公司

公司概况						
	公司名称	四川金宇汽车城(集团)股份有限公司			证券简称	*ST 金宇
	法人代表	刘猛	董秘	吴小辉	证券代码	000803
	公司网址	www.000803.cn			电子信箱	scjymy@vip.sina.com
	电 话	0817-6170888			传 真	0817-6170777
	办公地址	四川省南充市嘉陵区嘉南路三段 1 号盛世天城				
	经营范围	汽车贸易、二手车交易、摩托车交易、汽车(摩托车)配件研发制造、维修等				

主要财务指标	指标\报告期	2017.06.30	2016.12.31	2016.06.30	2015.12.31
	基本每股收益(元)	-0.2000	-0.4800	-0.1800	-0.2600
	基本每股收益(扣除后)(元)	-0.2000	-0.4700	-0.1700	-0.2100
	稀释每股收益(元)	-0.2000	-0.4800	-0.1800	-0.2600
	每股净资产(元)	0.2831	0.4808	0.7462	0.9220
	每股经营现金净流量(元)	-0.0739	-0.0805	-0.1808	-0.2412
	每股现金流量(元)	-0.0075	0.0018	0.0296	-0.0328
	每股资本公积金(元)	0.1574	0.1574	0.1574	0.1574
	每股盈余公积金(元)	0.1887	0.1887	0.1887	0.1887
	每股未分配利润(元)	-1.1043	-0.9066	-0.5998	-0.4241
	净资产收益率(%)	-69.8215	-100.3656	-23.5525	-28.2583
	加权净资产收益率(%)	-51.7500	-70.9000	-21.0700	-24.7600
	净资产收益率(扣除)(%)	-69.6963	-98.4803	-23.1857	-23.0721
	总资产(万元)	52243.31	52560.28	48964.25	47369.01
	归属母公司股东权益(万元)	3616.42	6141.46	9531.43	11776.32
	营业收入(万元)	1470.39	7298.83	4578.25	10229.13
	营业支出(万元)	1649.62	7958.23	4762.08	8717.96
	投资收益(万元)	0.02	47.22	0.04	0.04
	净利润(万元)	-2525.04	-6163.58	-2244.88	-3331.81
	营业利润(万元)	-2520.49	-6163.92	-2209.92	-2477.47
	利润总额(万元)	-2525.04	-6195.59	-2244.88	-3077.91

北海银河生物产业投资股份有限公司

公司概况						
	公司名称	北海银河生物产业投资股份有限公司			证券简称	银河生物
	法人代表	徐宏军	董秘	王肃	证券代码	000806
	公司网址	www.g-biomed.com			电子信箱	yhtech@g-biomed.com
	电 话	0779-3202636			传 真	0779-3926916
	办公地址	广西壮族自治区北海市银河软件科技园综合办公楼				
	经营范围	输配电、控制设备制造及电子信息业等				

主要财务指标	指标\报告期	2017.06.30	2016.12.31	2016.06.30	2015.12.31
	基本每股收益(元)	-0.0193	0.0117	0.0059	0.1025
	基本每股收益(扣除后)(元)	-0.0122	-0.0011	0.0025	-0.0186
	稀释每股收益(元)	-0.0193	0.0117	0.0059	0.1025
	每股净资产(元)	1.8661	1.8490	1.8385	1.8300
	每股经营现金净流量(元)	-0.0840	0.0786	-0.0109	-0.0888
	每股现金流量(元)	-0.0525	-0.1536	-0.1137	0.3217
	每股资本公积金(元)	0.9971	0.9607	0.9607	0.9497
	每股盈余公积金(元)	0.0845	0.0845	0.0845	0.0845
	每股未分配利润(元)	-0.2123	-0.1930	-0.1988	-0.2047
	净资产收益率(%)	-1.0316	0.6330	0.3199	5.0931
	加权净资产收益率(%)	-1.0400	0.6400	0.3200	6.0300
	净资产收益率(扣除)(%)	-0.6542	-0.0573	0.1350	-0.9215
	总资产(万元)	304446.29	288652.66	272976.13	269983.42
	归属母公司股东权益(万元)	205254.41	203377.17	202213.77	201280.76
	营业收入(万元)	56226.16	120460.25	53011.15	83235.60
	营业支出(万元)	42067.46	88930.63	38525.64	61068.15
	投资收益(万元)	-169.98	325.58	352.95	11259.49
	净利润(万元)	-2552.72	1642.25	1165.96	10258.50
	营业利润(万元)	-2674.70	2437.97	1244.44	9727.69
	利润总额(万元)	-2360.21	3636.10	1762.95	13811.20

云南铝业股份有限公司

公司概况						
	公司名称	云南铝业股份有限公司			证券简称	云铝股份
	法人代表	田永	董秘	饶罡	证券代码	000807
	公司网址	www.ylgf.com			电子信箱	raog@ylgf.com
	电 话	0871-67455268			传 真	0871-67455605
	办公地址	云南省昆明市呈贡县七甸乡				
	经营范围	铝冶炼和铝加工产品的生产和销售等				

主要财务指标	指标\报告期	2017.06.30	2016.12.31	2016.06.30	2015.12.31
	基本每股收益(元)	0.0600	0.0500	0.0270	0.0200
	基本每股收益(扣除后)(元)	0.0600	0.0500	0.0090	-0.2100
	稀释每股收益(元)	0.0600	0.0500	0.0270	0.0200
	每股净资产(元)	3.6040	3.5437	2.9932	2.9585
	每股经营现金净流量(元)	0.3274	0.3496	0.3155	1.6202
	每股现金流量(元)	-0.3197	0.4717	-0.3927	0.4887
	每股资本公积金(元)	2.4621	2.4632	1.9226	1.9226
	每股盈余公积金(元)	0.1294	0.1294	0.1767	0.1767
	每股未分配利润(元)	0.0029	-0.0535	-0.1045	-0.1313
	净资产收益率(%)	1.5649	1.1965	0.8973	0.5233
	加权净资产收益率(%)	1.5800	1.7600	0.9000	0.5700
	净资产收益率(扣除)(%)	1.5410	1.0915	0.3069	-6.6044
	总资产(万元)	3208950.08	3193853.55	2878989.67	2928150.78
	归属母公司股东权益(万元)	939515.60	924145.44	568298.03	561700.15
	营业收入(万元)	1010731.62	1554330.59	710156.70	1585231.09
	营业支出(万元)	899543.38	1334137.35	622613.29	1473509.51
	投资收益(万元)	-1677.40	59.48	212.03	-268.50
	净利润(万元)	17188.91	20673.71	10035.22	-43853.56
	营业利润(万元)	22671.24	26054.30	8312.78	-91850.41
	利润总额(万元)	22975.21	27209.73	12703.33	-36165.19

铁岭新城投资控股股份有限公司

公司概况	公司名称	铁岭新城投资控股股份有限公司			证券简称	*ST 新城
	法人代表	隋景宝	董秘	迟峰	证券代码	000809
	公司网址	www.tielingnewcity.com.cn		电子信箱	tlxc809@163.com	
	电　话	024-74997822		传　真	024-74997827	
	办公地址	辽宁省铁岭市新城区金沙江路 11 号				
	经营范围	区域土地征用、市政基础设施建设、土地开发、项目开发、投资、管理咨询				

主要财务指标	指标\报告期	2017.06.30	2016.12.31	2016.06.30	2015.12.31
	基本每股收益(元)	-0.0970	-0.2900	-0.0900	-0.2200
	基本每股收益(扣除后)(元)	-0.0970	-0.3000	-0.0900	-0.2300
	稀释每股收益(元)	-0.0970	-0.2900	-0.0900	-0.2200
	每股净资产(元)	3.5449	3.6419	3.8456	3.9335
	每股经营现金净流量(元)	-0.0832	-0.3623	-0.2378	0.1269
	每股现金流量(元)	-0.0612	-0.2181	-0.0240	0.1847
	每股资本公积金(元)	0.0388	0.0388	0.0388	0.0388
	每股盈余公积金(元)	0.2386	0.2386	0.2386	0.2386
	每股未分配利润(元)	2.2675	2.3646	2.5682	2.6561
	净资产收益率(%)	-2.7371	-8.0054	-2.2858	-5.5278
	加权净资产收益率(%)	-2.7000	-7.7000	-2.2600	-5.3100
	净资产收益率(扣除)(%)	-2.7473	-8.1170	-2.3109	-5.8890
	总资产(万元)	641699.64	637874.59	651897.26	630231.54
	归属母公司股东权益(万元)	292381.10	300383.75	317180.67	324430.80
	营业收入(万元)	894.89	2102.84	913.62	3438.10
	营业支出(万元)	1203.32	2663.22	1341.28	3312.59
	投资收益(万元)	--	87.45	-	0.88
	净利润(万元)	-8002.65	-24047.05	-7250.13	-17933.97
	营业利润(万元)	-8361.63	-31664.19	-8142.16	-23166.11
	利润总额(万元)	-8331.77	-31416.48	-8062.50	-23002.43

创维数字股份有限公司

公司概况	公司名称	创维数字股份有限公司			证券简称	创维数字
	法人代表	赖伟德	董秘	张知	证券代码	000810
	公司网址	www.skyworthdigital.com		电子信箱	skydigital@skyworth.com	
	电　话	0755-26010018		传　真	0755-26010028	
	办公地址	广东省深圳市南山区科技园高新南一道创维大厦 A 座				
	经营范围	数字电视机顶盒及前端系统的研发、生产和销售				

主要财务指标	指标\报告期	2017.06.30	2016.12.31	2016.06.30	2015.12.31
	基本每股收益(元)	0.0526	0.4800	0.2699	0.4161
	基本每股收益(扣除后)(元)	0.0334	0.4300	0.2490	0.4000
	稀释每股收益(元)	0.0526	0.4800	0.2699	0.4161
	每股净资产(元)	2.5276	2.5685	2.2252	2.3052
	每股经营现金净流量(元)	-0.5700	0.4270	0.2266	0.4437
	每股现金流量(元)	-0.5852	0.4690	-0.0588	-0.4107
	每股资本公积金(元)	0.2271	0.2353	0.0295	0.0424
	每股盈余公积金(元)	0.0346	0.0346	-	0.0062
	每股未分配利润(元)	1.2860	1.3434	1.2105	1.4859
	净资产收益率(%)	2.0805	18.3045	12.1272	18.0513
	加权净资产收益率(%)	2.0500	21.3300	12.2600	19.5200
	净资产收益率(扣除)(%)	1.3195	16.3040	11.1894	17.1720
	总资产(万元)	658997.65	658146.74	638904.65	610382.67
	归属母公司股东权益(万元)	261494.41	265728.02	222189.89	252813.83
	营业收入(万元)	343548.73	592709.14	307396.04	410782.99
	营业支出(万元)	297256.62	467036.87	239877.67	319043.37
	投资收益(万元)	162.43	474.76	205.34	82.85
	净利润(万元)	6000.39	52706.17	29124.25	41259.12
	营业利润(万元)	4871.59	47066.24	29500.98	38652.95
	利润总额(万元)	6538.30	58859.77	34063.96	47306.33

冰轮环境技术股份有限公司

公司概况	公司名称	冰轮环境技术股份有限公司			证券简称	冰轮环境
	法人代表	李增群	董秘	孙秀欣	证券代码	000811
	公司网址	www.yantaimoon.cn		电子信箱	zqb@yantaimoon.cn	
	电　话	0535-6697075 6243558		传　真	0535-6243558	
	办公地址	山东省烟台市芝罘区冰轮路 1 号				
	经营范围	制冷空调设备、机械设备零配件、塑料制品(不含农膜)、装饰材料等				

主要财务指标	指标\报告期	2017.06.30	2016.12.31	2016.06.30	2015.12.31
	基本每股收益(元)	0.3300	0.6900	0.3900	0.7200
	基本每股收益(扣除后)(元)	0.1800	0.4800	0.2000	0.2200
	稀释每股收益(元)	0.3300	0.6900	0.3900	0.7200
	每股净资产(元)	5.8192	5.2248	4.9580	4.5488
	每股经营现金净流量(元)	-0.3451	0.6064	0.1301	0.6651
	每股现金流量(元)	0.0071	0.4476	-0.0751	0.1529
	每股资本公积金(元)	0.6155	0.6292	0.6155	0.6163
	每股盈余公积金(元)	0.5120	0.5173	0.4759	0.4759
	每股未分配利润(元)	3.3248	2.9769	2.7783	2.3849
	净资产收益率(%)	5.7532	13.2274	7.9343	15.5302
	加权净资产收益率(%)	6.2100	13.5500	8.2900	14.8600
	净资产收益率(扣除)(%)	3.0442	9.1437	3.9589	4.4856
	总资产(万元)	531688.00	529737.80	464740.84	441660.51
	归属母公司股东权益(万元)	253351.46	227926.73	215856.47	198042.87
	营业收入(万元)	147508.44	302273.84	132996.38	286902.67
	营业支出(万元)	104220.14	211598.22	94254.21	204924.70
	投资收益(万元)	13285.49	6723.46	4195.19	27716.23
	净利润(万元)	15367.63	32018.48	17941.05	32780.73
	营业利润(万元)	20918.41	25299.93	10893.01	37351.24
	利润总额(万元)	21107.15	36242.09	21018.79	38732.14

陕西金叶科教集团股份有限公司

公司概况	公司名称	陕西金叶科教集团股份有限公司			证券简称	陕西金叶
	法人代表	袁汉源	董秘	闫凯	证券代码	000812
	公司网址	www.jinyegroup.cn		电子信箱	jinye000812@163.com	
	电　话	029-81778561		传　真	029-81778533	
	办公地址	陕西省西安市高新区锦业路 1 号都市之门 B 座 19 层				
	经营范围	烟标及卷烟过滤材料生产销售、教育产业等				

主要财务指标	指标\报告期	2017.06.30	2016.12.31	2016.06.30	2015.12.31
	基本每股收益(元)	0.0226	0.0781	0.0301	0.0440
	基本每股收益(扣除后)(元)	0.0230	0.0756	0.0277	0.0320
	稀释每股收益(元)	0.0226	0.0781	0.0301	0.0440
	每股净资产(元)	2.0197	1.9971	1.9490	1.9540
	每股经营现金净流量(元)	-0.0222	0.3781	-0.0124	0.3453
	每股现金流量(元)	0.0285	0.0518	0.0041	-0.1275
	每股资本公积金(元)	0.0377	0.0377	0.0377	0.0377
	每股盈余公积金(元)	0.2466	0.2466	0.2445	0.2445
	每股未分配利润(元)	0.7353	0.7127	0.6668	0.6718
	净资产收益率(%)	1.1200	3.9093	1.5421	2.2650
	加权净资产收益率(%)	1.1300	3.9600	1.5300	2.2700
	净资产收益率(扣除)(%)	1.1367	3.7864	1.4232	1.6128
	总资产(万元)	176013.23	179562.80	207902.17	195692.54
	归属母公司股东权益(万元)	90355.58	89343.63	87195.65	87416.42
	营业收入(万元)	36483.38	99384.29	28153.66	52827.35
	营业支出(万元)	27244.81	76400.39	20145.43	36585.01
	投资收益(万元)	317.76	--	-	-
	净利润(万元)	2103.05	5756.45	2673.83	4742.87
	营业利润(万元)	2572.24	7377.19	2786.57	4407.92
	利润总额(万元)	2516.97	7486.50	2911.68	5029.30

德展大健康股份有限公司

公司概况	公司名称	德展大健康股份有限公司			证券简称	德展健康
	法人代表	张湧	董秘	杜业松	证券代码	000813
	公司网址	www.chinatianshan.com		电子信箱	dzjkzqb@163.com	
	电　话	010-65852237 0991-4336069		传　真	010-65850951 0991-4310456	
	办公地址	北京市朝阳区工体东路乙2号美林大厦10层				
	经营范围	矿业和毛纺织				

主要财务指标	指标\报告期	2017.06.30	2016.12.31	2016.06.30	2015.12.31
	基本每股收益(元)	0.1907	0.6700	0.2545	0.5800
	基本每股收益(扣除后)(元)	0.1888	0.6700	–0.0539	--
	稀释每股收益(元)	0.1907	0.6700	0.2545	0.5800
	每股净资产(元)	1.8651	2.5117	2.2318	2.2758
	每股经营现金净流量(元)	0.1281	0.1756	0.3532	0.2272
	每股现金流量(元)	0.1906	1.0507	0.0498	0.0451
	每股资本公积金(元)	0.3169	0.9753	2.3015	0.0599
	每股盈余公积金(元)	0.0115	0.0172	0.0991	0.0549
	每股未分配利润(元)	1.1149	1.3864	–1.1696	3.0163
	净资产收益率(%)	10.2220	17.6290	–2.1219	0.5790
	加权净资产收益率(%)	10.7700	35.7100	20.1100	41.0700
	净资产收益率(扣除)(%)	10.1205	17.6281	–2.4156	33.6633
	总资产(万元)	439381.10	392693.12	199027.21	173913.03
	归属母公司股东权益(万元)	418065.32	375330.53	104333.34	149430.14
	营业收入(万元)	79526.97	144299.86	65336.92	117927.14
	营业支出(万元)	11293.04	22290.32	11099.43	18102.11
	投资收益(万元)	290.61	307.11	110.55	525.05
	净利润(万元)	42605.48	65919.86	33326.38	50629.66
	营业利润(万元)	50073.18	77526.60	38158.78	60565.38
	利润总额(万元)	50258.41	77698.04	38281.44	60761.42

中冶美利云产业投资股份有限公司

公司概况	公司名称	中冶美利云产业投资股份有限公司			证券简称	美利云
	法人代表	许仕清	董秘	唐黎明	证券代码	000815
	公司网址	www.china-meili.com		电子信箱	tsw3998@163.com	
	电　话	0955-7679339 7679334		传　真	0955-7679216	
	办公地址	宁夏回族自治区中卫市沙坡头区柔远镇				
	经营范围	机制纸、板纸、加工纸等中、高档文化用纸及生活用纸的生产、经营等				

主要财务指标	指标\报告期	2017.06.30	2016.12.31	2016.06.30	2015.12.31
	基本每股收益(元)	–0.0100	0.0100	–0.1100	0.4700
	基本每股收益(扣除后)(元)	–0.0200	–0.1600	–0.1100	–0.4300
	稀释每股收益(元)	–0.0100	0.0100	–0.1100	0.4700
	每股净资产(元)	2.8222	2.8272	2.7530	0.1100
	每股经营现金净流量(元)	–0.1413	0.1267	–0.0468	–0.0163
	每股现金流量(元)	–0.1396	0.1786	1.4826	–0.0340
	每股资本公积金(元)	2.8189	2.8189	2.8188	1.2975
	每股盈余公积金(元)	0.0993	0.0993	0.0993	0.2179
	每股未分配利润(元)	–1.0960	–1.0910	–1.1651	–2.4054
	净资产收益率(%)	–0.1783	0.1796	–2.5075	424.7616
	加权净资产收益率(%)	–0.1800	0.2700	–7.5500	–
	净资产收益率(扣除)(%)	–0.5834	–4.6849	–2.6436	–395.0832
	总资产(万元)	288769.68	286450.74	268219.91	140694.18
	归属母公司股东权益(万元)	196214.53	196564.39	191408.14	3486.17
	营业收入(万元)	37288.61	58736.28	26709.87	55671.14
	营业支出(万元)	32907.06	54962.89	25012.10	52651.29
	投资收益(万元)	932.07	513.43	–	–
	净利润(万元)	–346.43	394.58	–4799.57	14807.93
	营业利润(万元)	–143.74	–7971.04	–4765.75	–13173.17
	利润总额(万元)	–349.55	959.84	–4799.53	14808.05

江苏农华智慧农业科技股份有限公司

公司概况	公司名称	江苏农华智慧农业科技股份有限公司			证券简称	智慧农业
	法人代表	贾浚	董秘	孙晋	证券代码	000816
	公司网址	www.jd.dongyin.com		电子信箱	zhny@dongyin.com	
	电　话	0515-88881908		传　真	0515-88881816	
	办公地址	江苏省盐城市经济技术开发区希望大道南路58号				
	经营范围	单多缸柴油机、汽油机及终端产品、拖拉机等产品的制造与销售等				

主要财务指标	指标\报告期	2017.06.30	2016.12.31	2016.06.30	2015.12.31
	基本每股收益(元)	–0.0365	–0.1000	0.0109	0.0200
	基本每股收益(扣除后)(元)	–0.0400	–0.1000	0.0084	–0.1400
	稀释每股收益(元)	–0.0365	–0.1000	0.0109	0.0200
	每股净资产(元)	2.3132	2.3591	2.4565	2.3786
	每股经营现金净流量(元)	–0.1010	0.0933	0.0231	0.1099
	每股现金流量(元)	–0.0507	0.0238	0.0713	–0.1176
	每股资本公积金(元)	0.9969	0.9969	0.9969	0.9112
	每股盈余公积金(元)	0.0739	0.0739	0.0739	0.0739
	每股未分配利润(元)	0.2607	0.2971	0.4054	0.4045
	净资产收益率(%)	–1.5768	–4.1254	0.4457	0.8123
	加权净资产收益率(%)	–1.5600	–4.1100	0.4500	0.8200
	净资产收益率(扣除)(%)	–1.8729	–4.3310	0.3430	–5.7322
	总资产(万元)	665338.12	647367.64	675537.36	662641.09
	归属母公司股东权益(万元)	328203.93	334710.16	348527.33	337474.48
	营业收入(万元)	84919.55	183432.08	95761.80	187719.32
	营业支出(万元)	74533.48	156450.45	79023.43	168220.55
	投资收益(万元)	6.00	108.67	108.00	13878.25
	净利润(万元)	–6585.15	–16443.58	570.76	414.00
	营业利润(万元)	–8094.43	–19088.85	213.87	–11004.82
	利润总额(万元)	–6954.61	–18724.69	666.59	–1163.76

方大锦化化工科技股份有限公司

公司概况	公司名称	方大锦化化工科技股份有限公司			证券简称	方大化工
	法人代表	蔡卫东	董秘	王东冬	证券代码	000818
	公司网址	www.fangdachemical.com		电子信箱	fdhgzqb@126.com	
	电　话	0429-2709027		传　真	0429-2709818	
	办公地址	辽宁省葫芦岛市连山区化工街1号				
	经营范围	烧碱、氯、氯化苯、盐酸、环氧丙烷、聚醚、丙二醇、聚氯乙烯等化工产品的生产与销售等				

主要财务指标	指标\报告期	2017.06.30	2016.12.31	2016.06.30	2015.12.31
	基本每股收益(元)	0.0883	0.1600	0.0154	0.1787
	基本每股收益(扣除后)(元)	0.0977	0.1613	0.0061	0.1854
	稀释每股收益(元)	0.0883	0.1600	0.0153	0.1787
	每股净资产(元)	3.3267	3.2900	3.1109	3.0967
	每股经营现金净流量(元)	–0.0662	0.2238	–0.0571	0.2667
	每股现金流量(元)	–0.1382	0.1501	–0.0748	–0.0499
	每股资本公积金(元)	1.8666	1.8670	1.8355	1.8366
	每股盈余公积金(元)	0.0846	0.0846	0.0702	0.0702
	每股未分配利润(元)	0.3744	0.3333	0.2052	0.1898
	净资产收益率(%)	2.6531	4.9354	0.4952	5.7693
	加权净资产收益率(%)	2.6500	5.1600	0.5000	5.9500
	净资产收益率(扣除)(%)	2.9382	4.8441	0.1964	5.9861
	总资产(万元)	269015.11	266571.00	252015.91	257633.97
	归属母公司股东权益(万元)	229980.67	227085.00	211543.63	210573.64
	营业收入(万元)	149508.17	260560.00	110271.66	258237.13
	营业支出(万元)	120087.73	221655.65	97555.93	215024.03
	投资收益(万元)	300.00	270.00	–	336.61
	净利润(万元)	6051.31	11154.33	893.71	12117.22
	营业利润(万元)	8801.66	10525.00	139.35	13559.12
	利润总额(万元)	7924.61	11138.00	983.66	12906.59

岳阳兴长石化股份有限公司

公司概况					
公司名称	岳阳兴长石化股份有限公司			证券简称	岳阳兴长
法人代表	李华	董秘	谭人杰	证券代码	000819
公司网址	www.yyxc0819.com		电子信箱	yyxczqbu@163.com	
电　　话	0730-8829916　8452599		传　　真	0730-8829752	
办公地址	湖南省岳阳市岳阳大道岳阳兴长大厦九楼				
经营范围	开发、生产、销售石油化工产品(不含成品油)、塑料及其制品等				

主要财务指标 指标\报告期	2017.06.30	2016.12.31	2016.06.30	2015.12.31
基本每股收益(元)	-0.0190	0.1120	0.0600	0.1970
基本每股收益(扣除后)(元)	-0.0190	0.1190	0.0630	0.1970
稀释每股收益(元)	-0.0190	0.1170	0.0600	0.1970
每股净资产(元)	2.5272	2.7100	2.6527	2.7569
每股经营现金净流量(元)	0.0077	0.3101	0.1399	0.2706
每股现金流量(元)	-0.1886	0.0892	-0.0540	-0.0573
每股资本公积金(元)	0.2595	0.2724	0.2724	0.3361
每股盈余公积金(元)	0.4870	0.5114	0.5114	0.5369
每股未分配利润(元)	0.7423	0.8992	0.8445	0.8709
净资产收益率(%)	-0.7467	4.3325	2.3615	7.1634
加权净资产收益率(%)	-0.7300	4.4000	2.3600	7.4700
净资产收益率(扣除)(%)	-0.7350	4.3924	2.3655	7.1291
总资产(万元)	80514.56	82732.03	81768.63	81880.15
归属母公司股东权益(万元)	68572.58	70023.81	68549.77	67850.47
营业收入(万元)	56924.76	136261.44	64748.64	148231.57
营业支出(万元)	52258.57	120668.60	57760.38	132304.61
投资收益(万元)	-357.94	-600.39	-340.34	-265.26
净利润(万元)	-623.54	1157.63	1213.22	4714.83
营业利润(万元)	-286.25	3337.38	2044.22	6664.40
利润总额(万元)	-259.10	3290.52	2040.54	6690.01

神雾节能股份有限公司

公司概况					
公司名称	神雾节能股份有限公司			证券简称	神雾节能
法人代表	宋彬	董秘	沈龙强	证券代码	000820
公司网址	www.sw-es.cn		电子信箱	stocks@shenwu.com.cn	
电　　话	025-83223688-8608		传　　真	025-83681099	
办公地址	江苏省南京市建邺区创智路1号北纬国际中心B座22楼				
经营范围	节能低碳技术开发、技术培训、技术咨询、技术服务、技术转让等				

主要财务指标 指标\报告期	2017.06.30	2016.12.31	2016.06.30	2015.12.31
基本每股收益(元)	0.3300	0.7500	-0.1500	0.0400
基本每股收益(扣除后)(元)	0.3300	0.7300	-0.1300	-0.1006
稀释每股收益(元)	0.3300	0.7500	-0.1500	0.0400
每股净资产(元)	1.4747	1.1488	0.8126	0.9145
每股经营现金净流量(元)	0.5336	-0.1632	0.0155	-0.0010
每股现金流量(元)	1.2548	0.2153	0.0131	-0.0198
每股资本公积金(元)	0.0140	0.0140	1.7013	1.6498
每股盈余公积金(元)	0.0629	0.0629	0.3122	0.3122
每股未分配利润(元)	1.2546	0.9287	-2.2009	-2.0475
净资产收益率(%)	22.1041	45.5307	-18.8785	4.3518
加权净资产收益率(%)	24.8500	62.6600	-11.0700	4.8700
净资产收益率(扣除)(%)	22.2046	44.6650	-16.6350	-10.9978
总资产(万元)	194222.58	120719.31	65203.17	69677.50
归属母公司股东权益(万元)	93976.59	73203.91	23389.24	26322.81
营业收入(万元)	48388.12	86535.07	1899.07	24315.18
营业支出(万元)	19521.13	32919.78	2213.38	20006.16
投资收益(万元)	--	--	-	-
净利润(万元)	20772.69	33330.22	-4415.54	1145.52
营业利润(万元)	24865.01	38679.46	-3890.81	-80.84
利润总额(万元)	24773.64	39129.08	-4415.54	955.61

湖北京山轻工机械股份有限公司

公司概况					
公司名称	湖北京山轻工机械股份有限公司			证券简称	京山轻机
法人代表	李健	董秘	谢杏平	证券代码	000821
公司网址	www.jspackmach.com		电子信箱	jsqj000821@jspackmach.com	
电　　话	0724-7210972		传　　真	0724-7210972	
办公地址	湖北省荆门市京山县经济技术开发区轻机工业园				
经营范围	纸制品包装机械，印刷机械的生产、销售				

主要财务指标 指标\报告期	2017.06.30	2016.12.31	2016.06.30	2015.12.31
基本每股收益(元)	0.1500	0.1800	0.0600	0.1200
基本每股收益(扣除后)(元)	0.1300	0.2000	0.0900	0.0100
稀释每股收益(元)	0.1500	0.1800	0.0600	0.1200
每股净资产(元)	3.7632	3.6376	3.5167	3.4682
每股经营现金净流量(元)	0.0630	0.1593	0.0571	0.3236
每股现金流量(元)	0.0868	0.4465	-0.0349	0.3739
每股资本公积金(元)	1.8067	1.8062	1.8062	1.8062
每股盈余公积金(元)	0.3262	0.3262	0.3262	0.3262
每股未分配利润(元)	0.6422	0.5129	0.3925	0.3442
净资产收益率(%)	3.9673	4.9122	1.6568	3.0533
加权净资产收益率(%)	4.0200	5.0300	1.6700	3.4700
净资产收益率(扣除)(%)	3.4502	5.4366	2.4655	0.3304
总资产(万元)	295823.09	295324.38	288374.01	277838.58
归属母公司股东权益(万元)	179778.66	173778.47	168003.23	165685.28
营业收入(万元)	68766.78	128152.93	56727.55	102712.58
营业支出(万元)	47637.68	91036.30	39398.33	76619.66
投资收益(万元)	1439.43	-2691.01	89.33	7498.10
净利润(万元)	7757.90	9788.21	3349.45	6563.85
营业利润(万元)	8034.48	10435.04	3616.49	6926.33
利润总额(万元)	8493.98	11617.56	3833.87	7137.08

山东海化股份有限公司

公司概况					
公司名称	山东海化股份有限公司			证券简称	山东海化
法人代表	方勇	董秘	杨玉华	证券代码	000822
公司网址	www.chinahaihua.com		电子信箱	hhgf@wfhaihua.sina.net	
电　　话	0536-5329842　5329931		传　　真	86-536-5329879	
办公地址	山东省潍坊市滨海经济技术开发区				
经营范围	纯碱、工业溴及溴素、醋酸乙酯、苯胺、二氯甲烷、三氯甲烷、盐酸等				

主要财务指标 指标\报告期	2017.06.30	2016.12.31	2016.06.30	2015.12.31
基本每股收益(元)	0.3800	-0.1400	0.0300	0.1400
基本每股收益(扣除后)(元)	0.3800	0.1500	0.0600	0.1200
稀释每股收益(元)	0.3800	-0.1400	0.0300	0.1400
每股净资产(元)	2.7763	2.3966	2.5630	2.5337
每股经营现金净流量(元)	0.1418	0.3214	0.0813	0.3013
每股现金流量(元)	0.1265	-0.1476	-0.1124	-0.0067
每股资本公积金(元)	1.6836	1.6812	1.6813	1.6812
每股盈余公积金(元)	0.3722	0.3722	0.3722	0.3722
每股未分配利润(元)	-0.2822	-0.6590	-0.4919	-0.5215
净资产收益率(%)	13.5717	-5.7378	1.1539	5.4079
加权净资产收益率(%)	14.5800	-5.5800	1.1600	5.5700
净资产收益率(扣除)(%)	13.5920	6.3795	2.1747	4.6497
总资产(万元)	372316.34	375550.82	348484.23	371410.91
归属母公司股东权益(万元)	248502.74	214520.54	229416.12	226791.73
营业收入(万元)	222622.54	336074.61	133507.61	352289.86
营业支出(万元)	170760.74	280702.91	111191.20	299705.15
投资收益(万元)	333.94	226.63	204.96	2499.65
净利润(万元)	33745.16	-12341.91	2627.31	12216.72
营业利润(万元)	33908.21	20001.15	6868.86	19056.16
利润总额(万元)	34025.00	-14435.42	2565.21	19205.43

广东汕头超声电子股份有限公司

公司概况	公司名称	广东汕头超声电子股份有限公司			证券简称	超声电子
	法人代表	许统广	董秘	陈东屏	证券代码	000823
	公司网址	www.gd-goworld.com		电子信箱	csdz@gd-goworld.com	
	电话	0754-88192281*3012 3033		传真	0754-83931233	
	办公地址	广东省汕头市龙湖区龙江路12号				
	经营范围	制造、加工、销售超声电子仪器、仪器仪表、电子元器件、电子材料等				

	指标\报告期	2017.06.30	2016.12.31	2016.06.30	2015.12.31
主要财务指标	基本每股收益(元)	0.1787	0.3487	0.1049	0.1702
	基本每股收益(扣除后)(元)	0.1707	0.2952	0.1036	0.1671
	稀释每股收益(元)	0.1787	0.3487	0.1049	0.1702
	每股净资产(元)	5.6657	5.5775	5.4013	5.3009
	每股经营现金净流量(元)	0.2595	0.9317	0.4858	0.6530
	每股现金流量(元)	-0.1054	0.3570	0.2067	0.1489
	每股资本公积金(元)	2.6531	2.6531	2.6531	2.6531
	每股盈余公积金(元)	0.3038	0.3038	0.2826	0.2826
	每股未分配利润(元)	1.6021	1.5234	1.3360	1.2510
	净资产收益率(%)	3.1540	6.2513	1.9424	3.2108
	加权净资产收益率(%)	3.1500	6.4100	1.9600	3.2000
	净资产收益率(扣除)(%)	3.0132	5.2924	1.9186	3.1530
	总资产(万元)	484773.07	471886.43	447428.20	461451.37
	归属母公司股东权益(万元)	304230.87	299494.90	290029.15	284639.87
	营业收入(万元)	200475.44	353255.99	164153.63	363889.44
	营业支出(万元)	157126.85	281202.58	132297.71	299038.45
	投资收益(万元)	-65.43	2724.87	-16.15	412.50
	净利润(万元)	12422.00	23272.69	7888.50	12213.19
	营业利润(万元)	14420.34	25062.64	8940.73	14055.26
	利润总额(万元)	14978.77	25644.10	9042.68	14304.35

山西太钢不锈钢股份有限公司

公司概况	公司名称	山西太钢不锈钢股份有限公司			证券简称	太钢不锈
	法人代表	张志方	董秘	张志方(代)	证券代码	000825
	公司网址	www.tisco.com.cn		电子信箱	tgbx@tisco.com.cn	
	电话	0351-3017728 3017729		传真	0351-3017729	
	办公地址	山西省太原市尖草坪街2号				
	经营范围	不锈钢及其他黑色钢材、钢坯、钢锭、金属制品的生产、销售等				

	指标\报告期	2017.06.30	2016.12.31	2016.06.30	2015.12.31
主要财务指标	基本每股收益(元)	0.1300	0.2010	0.0530	-0.6520
	基本每股收益(扣除后)(元)	0.1230	0.1920	0.0480	-0.6700
	稀释每股收益(元)	0.1300	0.2010	0.0530	-0.6520
	每股净资产(元)	4.0470	3.9401	3.7900	3.7362
	每股经营现金净流量(元)	0.6255	1.3437	0.6358	0.4790
	每股现金流量(元)	-0.0960	0.3091	0.1347	0.0461
	每股资本公积金(元)	1.1874	1.1960	1.1943	1.1943
	每股盈余公积金(元)	0.3642	0.3642	0.3443	0.3443
	每股未分配利润(元)	1.4952	1.3853	1.2494	1.1965
	净资产收益率(%)	3.2100	5.1046	1.3968	-17.4389
	加权净资产收益率(%)	3.2400	5.2400	1.4100	-16.0500
	净资产收益率(扣除)(%)	3.0409	4.8638	1.2833	-17.9225
	总资产(万元)	7095379.44	7265608.95	7135714.21	7244781.97
	归属母公司股东权益(万元)	2305251.87	2249757.19	2158861.63	2128228.03
	营业收入(万元)	3303706.61	5673819.00	2511887.01	6791271.26
	营业支出(万元)	2930168.27	4843658.05	2138141.21	6469318.29
	投资收益(万元)	9607.71	10503.15	3465.42	648.32
	净利润(万元)	67477.30	102177.47	24213.71	-382631.87
	营业利润(万元)	68586.70	98329.32	21843.77	-380576.82
	利润总额(万元)	68185.09	103746.18	24707.67	-370723.63

启迪桑德环境资源股份有限公司

公司概况	公司名称	启迪桑德环境资源股份有限公司			证券简称	启迪桑德
	法人代表	文一波	董秘	马勒思	证券代码	000826
	公司网址	www.soundenvironmental.cn		电子信箱	ss000826@126.com	
	电话	0717-6442936		传真	0717-6442830	
	办公地址	湖北省宜昌市西陵区绿萝路77号				
	经营范围	固体废弃物处置系统工程设计、承建及固体废弃物处置设备系统集成业务等				

	指标\报告期	2017.06.30	2016.12.31	2016.06.30	2015.12.31
主要财务指标	基本每股收益(元)	0.5190	1.2490	0.5150	1.1010
	基本每股收益(扣除后)(元)	0.4720	1.2250	0.5070	1.0850
	稀释每股收益(元)	0.5190	1.2490	0.5150	1.0940
	每股净资产(元)	11.1502	9.6308	8.3438	7.2403
	每股经营现金净流量(元)	-0.6408	-0.5418	-0.4301	0.2115
	每股现金流量(元)	0.5741	0.6994	-0.6542	1.5549
	每股资本公积金(元)	2.5804	2.5814	2.6299	2.4393
	每股盈余公积金(元)	0.4798	0.4798	0.3999	0.4036
	每股未分配利润(元)	4.7558	4.4025	3.7304	3.3974
	净资产收益率(%)	5.1753	13.1431	6.1586	15.1853
	加权净资产收益率(%)	5.2600	15.7900	6.7800	16.5300
	净资产收益率(扣除)(%)	4.7529	12.8954	6.0553	14.9691
	总资产(万元)	2636788.28	2294359.54	1802424.19	1584869.72
	归属母公司股东权益(万元)	952556.75	822760.07	712804.77	612920.31
	营业收入(万元)	391176.21	691655.55	341262.15	634058.72
	营业支出(万元)	271925.16	464221.28	239139.96	440420.98
	投资收益(万元)	22.53	1192.84	-57.98	865.86
	净利润(万元)	49514.98	108356.53	43927.79	93476.08
	营业利润(万元)	54951.08	120196.84	50864.77	104923.37
	利润总额(万元)	60205.30	129917.97	53156.43	110949.38

东莞发展控股股份有限公司

公司概况	公司名称	东莞发展控股股份有限公司			证券简称	东莞控股
	法人代表	张庆文	董秘	李雪军	证券代码	000828
	公司网址	www.dgholdings.cn		电子信箱	dgkg@dgholdings.cn	
	电话	0769-22083320		传真	0769-22083320	
	办公地址	广东省东莞市寮步镇浮竹山佛岭水库路侧莞深高速公路管理中心				
	经营范围	东莞高速公路的投资、建设、经营				

	指标\报告期	2017.06.30	2016.12.31	2016.06.30	2015.12.31
主要财务指标	基本每股收益(元)	0.4439	0.7975	0.3888	0.7855
	基本每股收益(扣除后)(元)	0.4421	0.7578	0.3556	0.7339
	稀释每股收益(元)	0.4439	0.7975	0.3888	0.7855
	每股净资产(元)	5.0385	4.9067	4.4953	4.4090
	每股经营现金净流量(元)	-0.0348	-0.9380	0.5149	-1.1499
	每股现金流量(元)	0.8182	-0.6272	0.3173	0.3522
	每股资本公积金(元)	1.0967	1.0967	1.0967	1.0967
	每股盈余公积金(元)	0.5862	0.5862	0.5193	0.5193
	每股未分配利润(元)	2.3562	2.2123	1.8704	1.7816
	净资产收益率(%)	8.8111	16.2533	8.6485	17.8151
	加权净资产收益率(%)	9.1900	17.1200	8.4500	18.9900
	净资产收益率(扣除)(%)	8.7745	15.4434	7.9098	16.6459
	总资产(万元)	1021612.57	891404.35	850596.67	832232.67
	归属母公司股东权益(万元)	523763.42	510061.46	467296.80	458326.71
	营业收入(万元)	69286.67	125199.13	58070.14	109687.48
	营业支出(万元)	23302.47	43207.71	17077.35	39372.23
	投资收益(万元)	12395.50	28816.78	14104.49	42517.65
	净利润(万元)	46269.72	82935.13	40414.38	81727.14
	营业利润(万元)	57483.23	101263.86	49143.06	96984.04
	利润总额(万元)	57599.15	102881.85	50507.99	97369.20

天音通信控股股份有限公司

公司概况	公司名称	天音通信控股股份有限公司			证券简称	天音控股
	法人代表	黄绍文	董秘	孙海龙	证券代码	000829
	公司网址	www.chinatelling.com		电子信箱	ir@chinatelling.com	
	电　　话	010-58300807		传　　真	010-58300805	
	办公地址	北京市西城区德外大街117号德胜尚城D座				
	经营范围	移动电话销售及白酒、水果的生产与销售等				

	指标\报告期	2017.06.30	2016.12.31	2016.06.30	2015.12.31
主要财务指标	基本每股收益(元)	0.0100	0.2400	-0.0300	-0.2400
	基本每股收益(扣除后)(元)	0.0100	0.1500	-0.0310	-0.2500
	稀释每股收益(元)	0.0100	0.2300	-0.0300	-0.2400
	每股净资产(元)	2.3355	2.3000	2.0964	2.0867
	每股经营现金净流量(元)	2.7966	-1.1449	-1.3714	1.4144
	每股现金流量(元)	0.9352	-1.0017	-1.1206	-0.1998
	每股资本公积金(元)	0.3256	0.3078	0.3054	0.2531
	每股盈余公积金(元)	0.1302	0.1304	0.1063	0.1077
	每股未分配利润(元)	0.9307	0.9259	0.6847	0.7260
	净资产收益率(%)	0.2589	10.1331	-1.5416	-11.5133
	加权净资产收益率(%)	0.2600	10.4800	-1.4700	-10.8900
	净资产收益率(扣除)(%)	0.4745	6.5024	-1.4620	-12.1205
	总资产(万元)	1357371.38	1178977.82	1032997.31	1119014.76
	归属母公司股东权益(万元)	224047.33	220491.40	201003.69	197592.70
	营业收入(万元)	1773239.09	3384524.58	1700001.52	4303013.90
	营业支出(万元)	1698008.00	3236989.99	1633511.42	4176418.33
	投资收益(万元)	194.70	16147.90	4784.89	461.80
	净利润(万元)	2099.53	26860.49	-6690.60	-37404.43
	营业利润(万元)	1757.39	19034.73	-5651.29	-37251.06
	利润总额(万元)	2625.32	19009.58	-6014.91	-36127.92

鲁西化工集团股份有限公司

公司概况	公司名称	鲁西化工集团股份有限公司			证券简称	鲁西化工
	法人代表	张金成	董秘	蔡英强	证券代码	000830
	公司网址	www.luxichemical.com		电子信箱	000830@lxhg.com	
	电　　话	0635-3481198		传　　真	0635-3481044	
	办公地址	山东省聊城市高新技术产业开发区化工新材料产业园				
	经营范围	化学肥料及安全生产许可证范围内化工原料的生产销售				

	指标\报告期	2017.06.30	2016.12.31	2016.06.30	2015.12.31
主要财务指标	基本每股收益(元)	0.3300	0.0900	0.0500	0.1800
	基本每股收益(扣除后)(元)	0.3200	0.0600	0.0300	0.1400
	稀释每股收益(元)	0.3300	0.0900	0.0500	0.1800
	每股净资产(元)	6.1403	5.7624	5.4391	5.3335
	每股经营现金净流量(元)	1.2357	0.7390	0.3996	1.1901
	每股现金流量(元)	0.0774	0.1999	0.2997	0.1355
	每股资本公积金(元)	1.4910	1.4910	1.5088	1.4909
	每股盈余公积金(元)	0.2423	0.2423	0.2361	0.2361
	每股未分配利润(元)	1.7015	1.3253	1.3296	1.2422
	净资产收益率(%)	6.1281	2.9924	1.6074	3.7030
	加权净资产收益率(%)	6.3200	3.0900	0.9300	3.9100
	净资产收益率(扣除)(%)	5.9567	2.4078	1.2998	2.8900
	总资产(万元)	2601450.01	2506453.31	2313063.44	2236681.32
	归属母公司股东权益(万元)	899472.31	844117.93	796754.11	781287.96
	营业收入(万元)	728755.12	1094855.65	511394.18	1287089.68
	营业支出(万元)	589376.23	923166.89	445078.71	1096554.78
	投资收益(万元)	54.64	-495.35	570.27	707.92
	净利润(万元)	55120.24	25259.80	12807.21	28931.38
	营业利润(万元)	69742.89	25236.07	13141.94	31440.67
	利润总额(万元)	70911.16	31736.51	16362.95	39406.88

五矿稀土股份有限公司

公司概况	公司名称	五矿稀土股份有限公司			证券简称	五矿稀土
	法人代表	王炯辉	董秘	王宏源	证券代码	000831
	公司网址	www.cmreltd.com		电子信箱	cmre@cmreltd.com	
	电　　话	0797-8398390		传　　真	0797-8398385	
	办公地址	江西省赣州市章江南大道18号豪德银座A栋14、15层				
	经营范围	稀土冶炼分离及稀土技术研发及服务				

	指标\报告期	2017.06.30	2016.12.31	2016.06.30	2015.12.31
主要财务指标	基本每股收益(元)	0.0269	0.0190	-0.0370	-0.4060
	基本每股收益(扣除后)(元)	0.0116	-0.1010	-0.0380	-0.4260
	稀释每股收益(元)	0.0269	0.0190	-0.0370	-0.4060
	每股净资产(元)	2.0560	2.0303	2.0985	2.1337
	每股经营现金净流量(元)	0.0626	0.1567	0.1459	0.0871
	每股现金流量(元)	0.0296	-0.1650	0.1328	0.0841
	每股资本公积金(元)	0.7545	0.7545	0.7701	0.7701
	每股盈余公积金(元)	0.1624	0.1624	0.1624	0.1624
	每股未分配利润(元)	0.1059	0.0790	0.1275	0.1643
	净资产收益率(%)	1.3100	0.9334	-1.7526	-19.0080
	加权净资产收益率(%)	1.3200	0.8500	-1.7400	-17.3800
	净资产收益率(扣除)(%)	0.5659	-4.9732	-1.8192	-19.9488
	总资产(万元)	217799.99	217882.73	219997.40	223681.48
	归属母公司股东权益(万元)	201674.60	199150.58	205840.05	209291.26
	营业收入(万元)	27656.71	44774.08	8320.83	45916.17
	营业支出(万元)	24125.63	38826.72	6042.29	36956.62
	投资收益(万元)	49.49	12804.07	121.83	-21.82
	净利润(万元)	2940.25	1708.18	-3633.38	-41156.61
	营业利润(万元)	2285.15	7289.70	-4049.37	-47788.60
	利润总额(万元)	3792.36	7658.23	-3861.09	-45134.23

广西贵糖(集团)股份有限公司

公司概况	公司名称	广西贵糖(集团)股份有限公司			证券简称	贵糖股份
	法人代表	朱冰	董秘	杨正	证券代码	000833
	公司网址	www.guitang.com		电子信箱	gtgfgs@ppp.nn.gx.cn	
	电　　话	0775-4201833 4201380		传　　真	0775-4260833	
	办公地址	广西壮族自治区贵港市广西贵糖(集团)股份有限公司办公大楼				
	经营范围	食糖、纸、酒精及轻质碳酸钙的制造、销售等				

	指标\报告期	2017.06.30	2016.12.31	2016.06.30	2015.12.31
主要财务指标	基本每股收益(元)	0.0499	0.0600	-0.0057	0.2200
	基本每股收益(扣除后)(元)	0.0398	-0.0200	-0.0076	-0.0116
	稀释每股收益(元)	0.0499	0.0600	-0.0057	0.2200
	每股净资产(元)	3.9917	3.9380	3.8878	3.9456
	每股经营现金净流量(元)	-0.2382	0.4937	-0.0628	0.0713
	每股现金流量(元)	-0.1264	0.4310	0.0092	0.5579
	每股资本公积金(元)	2.0085	2.0085	2.0085	2.0085
	每股盈余公积金(元)	0.1318	0.1318	0.1318	0.1318
	每股未分配利润(元)	0.8434	0.7935	0.7299	0.7856
	净资产收益率(%)	1.2491	1.4717	-0.1453	5.1004
	加权净资产收益率(%)	1.2600	1.4700	-0.1400	6.2700
	净资产收益率(扣除)(%)	0.9983	-0.4348	-0.1949	-0.1926
	总资产(万元)	350880.86	341917.07	346608.29	340560.19
	归属母公司股东权益(万元)	266802.82	263219.64	259861.61	263723.42
	营业收入(万元)	85436.14	179211.90	85483.73	173540.47
	营业支出(万元)	71423.10	154300.37	73359.01	134549.00
	投资收益(万元)	44.32	64.95	3.65	-101.92
	净利润(万元)	3392.91	3873.81	-377.68	13450.92
	营业利润(万元)	3388.15	-195.17	-475.71	7966.00
	利润总额(万元)	4130.95	4913.23	-256.67	16920.96

长城国际动漫游戏股份有限公司

公司概况						
公司概况	公司名称	长城国际动漫游戏股份有限公司			证券简称	长城动漫
	法人代表	马利清	董秘	沈琼	证券代码	000835
	公司网址	www.000835.com		电子信箱	shenq@sdsycorp.com	
	电　话	028-85322086		传　真	028-85322166	
	办公地址	四川省成都市高新区天府大道北段 1700 号新世纪环球中心 E5 区 E9 层 3-2-1412				
	经营范围	生产销售焦炭系列产品及动漫游戏等				

	指标＼报告期	2017.06.30	2016.12.31	2016.06.30	2015.12.31
主要财务指标	基本每股收益(元)	0.0895	−0.2500	−0.2968	0.0600
	基本每股收益(扣除后)(元)	0.0512	−0.4400	0.0104	−0.0600
	稀释每股收益(元)	0.0895	−0.2500	−0.2968	0.0600
	每股净资产(元)	1.1754	1.0900	1.1132	1.1300
	每股经营现金净流量(元)	0.1975	0.1914	0.0166	0.2918
	每股现金流量(元)	−0.0851	0.1117	−0.0787	0.0351
	每股资本公积金(元)	0.2913	0.2913	0.3171	0.0376
	每股盈余公积金(元)	––	––	–	–
	每股未分配利润(元)	−0.1159	−0.2054	−0.2483	0.0443
	净资产收益率(%)	7.6123	−22.7230	−26.0199	5.3314
	加权净资产收益率(%)	7.9100	−20.6900	−31.8100	2.7800
	净资产收益率(扣除)(%)	4.3519	−39.5503	0.9135	−5.2356
	总资产(万元)	138527.20	137379.87	151207.30	147517.40
	归属母公司股东权益(万元)	38408.54	35484.78	36375.22	34487.01
	营业收入(万元)	10407.89	32668.77	17673.57	35740.77
	营业支出(万元)	4039.97	17824.58	10663.52	23859.75
	投资收益(万元)	––	13521.24	–	–
	净利润(万元)	2920.96	−8129.76	−9503.76	1807.74
	营业利润(万元)	1735.38	−1714.36	−340.85	−1218.77
	利润总额(万元)	3406.14	−9082.03	−9020.80	3492.31

天津鑫茂科技股份有限公司

公司概况						
公司概况	公司名称	天津鑫茂科技股份有限公司			证券简称	鑫茂科技
	法人代表	徐洪	董秘	韩伟	证券代码	000836
	公司网址	www.xinmaokeji.com.cn		电子信箱	hanwei@xinmaokeji.com.cn	
	电　话	022-83710888　23080182		传　真	022-83710199	
	办公地址	天津市滨海高新区华苑产业区榕苑路 1 号 A 区八层				
	经营范围	计算机软件、硬件、信息系统集成、信息处理与服务、光机电一体化等				

	指标＼报告期	2017.06.30	2016.12.31	2016.06.30	2015.12.31
主要财务指标	基本每股收益(元)	0.0387	0.0393	0.0188	0.3585
	基本每股收益(扣除后)(元)	0.0102	0.0024	0.0032	−0.1975
	稀释每股收益(元)	0.0387	0.0393	0.0188	0.3585
	每股净资产(元)	1.4291	1.3903	1.3699	4.0532
	每股经营现金净流量(元)	0.0803	0.0165	0.0160	0.8105
	每股现金流量(元)	−0.0429	−0.1668	−0.1195	2.8756
	每股资本公积金(元)	0.1663	0.1663	0.1663	2.4990
	每股盈余公积金(元)	0.0452	0.0452	0.0452	0.1357
	每股未分配利润(元)	0.2175	0.1788	0.1584	0.4186
	净资产收益率(%)	2.7099	2.8240	1.3756	8.4410
	加权净资产收益率(%)	2.7500	2.8600	1.3800	9.7500
	净资产收益率(扣除)(%)	0.7116	0.1712	0.2330	−4.6497
	总资产(万元)	271854.68	260910.28	268405.69	334913.65
	归属母公司股东权益(万元)	172695.81	168015.93	165542.88	163271.22
	营业收入(万元)	97423.45	185997.86	84819.14	160797.32
	营业支出(万元)	85875.11	170501.67	77456.99	149994.10
	投资收益(万元)	952.35	5624.56	1629.18	923.71
	净利润(万元)	7109.53	7729.89	3669.89	13324.19
	营业利润(万元)	5485.92	7961.49	3641.80	−10814.27
	利润总额(万元)	8096.53	8429.78	3969.57	16814.48

秦川机床工具集团股份公司

公司概况						
公司概况	公司名称	秦川机床工具集团股份公司			证券简称	秦川机床
	法人代表	龙兴元	董秘	付林兴	证券代码	000837
	公司网址	www.qinchuan.com		电子信箱	fulx@qinchuan.com	
	电　话	0917-3670654　3670788		传　真	0917-3390957	
	办公地址	陕西省宝鸡市姜谭路 22 号				
	经营范围	金属切削机床、塑料加工机械、液压系统、液压件、汽车零部件、功能部件等				

	指标＼报告期	2017.06.30	2016.12.31	2016.06.30	2015.12.31
主要财务指标	基本每股收益(元)	0.0053	0.0216	−0.0796	−0.3407
	基本每股收益(扣除后)(元)	−0.0683	−0.1892	−0.1028	−0.4135
	稀释每股收益(元)	0.0053	0.0216	−0.0796	−0.3407
	每股净资产(元)	4.0567	4.0529	3.9487	4.0276
	每股经营现金净流量(元)	−0.0367	−0.1113	−0.1821	−0.2839
	每股现金流量(元)	0.1809	−0.1086	−0.0976	0.1808
	每股资本公积金(元)	2.0954	2.0954	2.0929	2.0883
	每股盈余公积金(元)	0.1369	0.1369	0.1349	0.1349
	每股未分配利润(元)	0.8193	0.8141	0.7149	0.7944
	净资产收益率(%)	0.1301	0.5327	−2.0153	−8.4595
	加权净资产收益率(%)	0.1300	0.5300	−2.0000	−8.1500
	净资产收益率(扣除)(%)	−1.6847	−4.6683	−2.6046	−10.2663
	总资产(万元)	795549.71	782123.16	707454.87	673347.27
	归属母公司股东权益(万元)	281282.52	281015.85	273793.43	279262.69
	营业收入(万元)	158063.31	270441.30	136858.63	254825.80
	营业支出(万元)	132323.96	232255.70	119547.92	227815.30
	投资收益(万元)	3215.49	5029.31	−95.59	816.44
	净利润(万元)	1678.08	2229.89	−5764.56	−24813.79
	营业利润(万元)	−272.30	−15405.03	−8247.32	−28896.19
	利润总额(万元)	2415.92	3496.57	−5157.57	−22920.34

财信国兴地产发展股份有限公司

公司概况						
公司概况	公司名称	财信国兴地产发展股份有限公司			证券简称	财信发展
	法人代表	彭陵江	董秘	刘晓林	证券代码	000838
	公司网址	www.casindev.com		电子信箱	casin@casindev.com	
	电　话	010-58321838　58321924		传　真	010-58321839	
	办公地址	北京市朝阳区建国路 91 号院 8 号楼 28 层 2808 单元				
	经营范围	房地产开发、销售自行开发的商品房				

	指标＼报告期	2017.06.30	2016.12.31	2016.06.30	2015.12.31
主要财务指标	基本每股收益(元)	0.0136	0.1011	0.0902	0.3913
	基本每股收益(扣除后)(元)	0.0135	0.1009	0.0903	0.1668
	稀释每股收益(元)	0.0136	0.1011	0.0902	0.3913
	每股净资产(元)	1.4959	1.4823	1.4714	4.8882
	每股经营现金净流量(元)	−0.5298	−0.0413	−0.1287	−0.1701
	每股现金流量(元)	−0.1216	−0.0809	−0.2176	2.4828
	每股资本公积金(元)	0.2198	0.2198	0.2198	3.2692
	每股盈余公积金(元)	0.0113	0.0113	0.0088	0.0309
	每股未分配利润(元)	0.2648	0.2513	0.2428	0.5881
	净资产收益率(%)	0.9061	6.8234	6.1295	5.4574
	加权净资产收益率(%)	0.9100	7.0500	6.2900	11.6300
	净资产收益率(扣除)(%)	0.8756	6.8060	6.1345	2.3267
	总资产(万元)	648951.01	530319.75	474773.75	522010.82
	归属母公司股东权益(万元)	164618.07	163126.40	161920.52	153693.46
	营业收入(万元)	40822.14	171608.73	97168.71	66787.71
	营业支出(万元)	32523.63	131213.21	73887.04	43526.40
	投资收益(万元)	206.42	224.15	61.22	25.81
	净利润(万元)	1630.71	10350.81	9713.31	7751.52
	营业利润(万元)	2918.49	14733.49	13294.33	4448.88
	利润总额(万元)	2986.99	14668.50	13308.68	6115.73

中信国安信息产业股份有限公司

公司概况					
公司名称	中信国安信息产业股份有限公司			证券简称	中信国安
法人代表	罗宁	董秘	张荣亮	证券代码	000839
公司网址	www.citicguoaninfo.com			电子信箱	guoan@citicguoaninfo.com
电　话	86-10-65008037			传　真	86-10-65061482
办公地址	北京市朝阳区关东店北街1号国安大厦五层				
经营范围	新能源技术产品				

主要财务指标

指标\报告期	2017.06.30	2016.12.31	2016.06.30	2015.12.31
基本每股收益(元)	0.0614	0.0587	0.1099	0.2242
基本每股收益(扣除后)(元)	0.0141	0.0563	0.1077	0.0371
稀释每股收益(元)	--	--	-	-
每股净资产(元)	1.7867	1.6658	4.2363	4.2598
每股经营现金净流量(元)	-0.0773	-0.0607	-0.2443	0.0183
每股现金流量(元)	0.2153	0.0137	0.1916	0.1268
每股资本公积金(元)	0.2572	0.1723	1.6037	1.5965
每股盈余公积金(元)	0.1141	0.1141	0.2826	0.2826
每股未分配利润(元)	0.3955	0.3340	1.2213	1.1114
净资产收益率(%)	3.4389	3.5254	2.5943	5.2622
加权净资产收益率(%)	3.6000	3.4800	2.5900	5.2600
净资产收益率(扣除)(%)	0.7905	3.3795	2.5417	0.8721
总资产(万元)	1644865.42	1482975.28	1242290.70	1100179.22
归属母公司股东权益(万元)	700357.77	652977.22	664228.87	667913.93
营业收入(万元)	230165.38	392705.02	167373.82	280942.97
营业支出(万元)	181081.50	314829.89	133158.28	237607.48
投资收益(万元)	37533.89	28953.97	15088.57	53644.30
净利润(万元)	28848.91	22829.58	17852.94	35205.47
营业利润(万元)	38731.47	25441.57	20326.99	38331.00
利润总额(万元)	39635.00	26576.89	20245.35	39124.70

河北承德露露股份有限公司

公司概况					
公司名称	河北承德露露股份有限公司			证券简称	承德露露
法人代表	管大源	董秘	王新国	证券代码	000848
公司网址	www.lolo.com.cn			电子信箱	wxg@lolo.com.cn
电　话	0314-2059888　2128181			传　真	0314-2059100
办公地址	河北省承德市高新技术产业开发区(西区8号)				
经营范围	饮料、罐头食品的开发、生产与销售、马口铁包装罐的生产和销售等				

主要财务指标

指标\报告期	2017.06.30	2016.12.31	2016.06.30	2015.12.31
基本每股收益(元)	0.2300	0.4600	0.2800	0.6200
基本每股收益(扣除后)(元)	0.2249	0.4600	0.2800	0.6058
稀释每股收益(元)	0.2300	0.4600	0.2800	0.6200
每股净资产(元)	1.8521	2.0195	1.8382	2.2270
每股经营现金净流量(元)	-0.3950	0.8497	-0.0455	1.0570
每股现金流量(元)	-0.8045	0.6742	-0.2115	0.8453
每股资本公积金(元)	0.0177	0.0177	0.0177	0.0230
每股盈余公积金(元)	0.3103	0.3103	0.2665	0.3465
每股未分配利润(元)	0.5241	0.6915	0.5540	0.8576
净资产收益率(%)	12.5604	22.7896	15.1746	27.6331
加权净资产收益率(%)	11.2400	24.8300	15.3800	31.1600
净资产收益率(扣除)(%)	12.1442	22.9252	15.1676	27.2031
总资产(万元)	216846.30	309633.05	215760.00	249142.69
归属母公司股东权益(万元)	181241.58	197619.42	179878.56	167637.52
营业收入(万元)	103827.17	252089.76	146230.47	270623.81
营业支出(万元)	56979.98	141326.25	79095.04	152926.66
投资收益(万元)	-20.03	-669.62	-72.00	-150.69
净利润(万元)	22945.96	45572.39	27708.35	46858.23
营业利润(万元)	30398.22	61192.77	37444.06	61335.06
利润总额(万元)	31411.20	60837.48	37460.76	62295.89

安徽华茂纺织股份有限公司

公司概况					
公司名称	安徽华茂纺织股份有限公司			证券简称	华茂股份
法人代表	倪俊龙	董秘	罗朝晖	证券代码	000850
公司网址	www.chinahuamao.net			电子信箱	aqfz@mail.hf.ah.cn
电　话	0556-5919977　5919978			传　真	86-556-5919978
办公地址	安徽省安庆市纺织南路80号				
经营范围	棉、毛、麻、丝和人造纤维的纯、混纺纱线及其织物、针织品、服装、印染加工等				

主要财务指标

指标\报告期	2017.06.30	2016.12.31	2016.06.30	2015.12.31
基本每股收益(元)	0.0140	0.1000	0.0820	0.0900
基本每股收益(扣除后)(元)	-0.0400	-0.2000	-0.0970	-0.1600
稀释每股收益(元)	0.0140	0.1000	0.0820	0.0900
每股净资产(元)	4.9894	4.8797	4.8325	5.5783
每股经营现金净流量(元)	-0.0417	0.2219	0.1275	0.1773
每股现金流量(元)	0.0469	0.1652	0.0537	0.0375
每股资本公积金(元)	0.0223	0.0223	0.0648	0.0641
每股盈余公积金(元)	0.3408	0.0035	0.3247	0.3247
每股未分配利润(元)	1.4981	1.5340	1.5274	1.5457
净资产收益率(%)	0.2824	2.1407	1.6903	1.5385
加权净资产收益率(%)	0.2800	2.1400	1.6800	1.8400
净资产收益率(扣除)(%)	-1.1652	-4.0065	-2.0156	-2.8159
总资产(万元)	813359.46	779544.06	772401.37	857172.57
归属母公司股东权益(万元)	470831.35	460477.24	456024.17	526406.32
营业收入(万元)	104190.31	196550.93	80142.73	193049.13
营业支出(万元)	93020.84	178866.28	75168.71	178586.56
投资收益(万元)	5243.70	28747.87	16878.75	27538.57
净利润(万元)	334.44	6461.19	6530.01	4485.22
营业利润(万元)	778.19	5522.16	5886.81	3563.29
利润总额(万元)	715.08	9284.06	7289.03	7148.69

大唐高鸿数据网络技术股份有限公司

公司概况					
公司名称	大唐高鸿数据网络技术股份有限公司			证券简称	高鸿股份
法人代表	付景林	董秘	王芊	证券代码	000851
公司网址	www.gohigh.com.cn			电子信箱	gohigh@gohigh.com.cn
电　话	010-62301907			传　真	010-62301900
办公地址	北京市海淀区学院路40号大唐电信集团主楼11层				
经营范围	多业务宽带电信网络产品、通信器材、通信终端设备、仪器仪表等				

主要财务指标

指标\报告期	2017.06.30	2016.12.31	2016.06.30	2015.12.31
基本每股收益(元)	0.0656	0.1347	0.0457	0.1444
基本每股收益(扣除后)(元)	0.0600	0.0830	0.0250	0.1103
稀释每股收益(元)	0.0656	0.1347	0.0457	0.1444
每股净资产(元)	4.9105	4.8632	4.5002	4.4277
每股经营现金净流量(元)	-1.0660	0.5099	-0.6911	1.0706
每股现金流量(元)	-1.1299	1.0931	-0.4886	0.5872
每股资本公积金(元)	3.3598	3.3582	3.0661	3.0258
每股盈余公积金(元)	0.0459	0.0459	0.0360	0.0360
每股未分配利润(元)	0.5443	0.4985	0.4562	0.4305
净资产收益率(%)	1.3364	2.6056	1.0159	3.2611
加权净资产收益率(%)	1.3300	2.9000	1.0000	3.2800
净资产收益率(扣除)(%)	1.2224	1.6064	0.5552	2.4920
总资产(万元)	773143.17	775764.20	750013.10	648779.61
归属母公司股东权益(万元)	310394.64	307404.56	266127.80	261837.15
营业收入(万元)	382252.04	867363.35	346457.50	742491.23
营业支出(万元)	354229.59	811972.46	320935.45	685803.95
投资收益(万元)	43.66	1240.38	588.05	843.70
净利润(万元)	4263.91	12085.58	3936.98	11705.70
营业利润(万元)	4663.13	12649.86	4155.45	12829.36
利润总额(万元)	5519.01	16978.45	5417.17	16150.53

中石化石油机械股份有限公司

公司概况	公司名称	中石化石油机械股份有限公司			证券简称	石化机械
	法人代表	袁建强	董秘	赵进斌	证券代码	000852
	公司网址	sofe.sinopec.com		电子信箱	info@kingdream.com	
	电　话	86-27-52306809		传　真	86-27-52306868	
	办公地址	湖北省武汉市东湖新技术开发区光谷大道77号光谷金融港A2座12层				
	经营范围	制造、销售石油钻采设备等				

	指标\报告期	2017.06.30	2016.12.31	2016.06.30	2015.12.31
主要财务指标	基本每股收益(元)	−0.2657	−1.3900	−0.3800	0.0100
	基本每股收益(扣除后)(元)	−0.2800	−1.4400	−0.3900	−0.1700
	稀释每股收益(元)	−0.2657	−1.3900	−0.3800	0.0100
	每股净资产(元)	2.6702	2.8600	5.1487	5.5237
	每股经营现金净流量(元)	−0.0762	−0.1995	−0.2571	0.2832
	每股现金流量(元)	0.0939	0.0892	0.1100	0.0309
	每股资本公积金(元)	1.6519	1.5835	2.3585	2.3585
	每股盈余公积金(元)	0.3135	0.3135	0.4075	0.4075
	每股未分配利润(元)	−0.3030	−0.0373	1.3751	1.7576
	净资产收益率(%)	−9.9509	−48.4481	−7.4294	0.2297
	加权净资产收益率(%)	−9.6900	−38.9600	−7.1700	0.2400
	净资产收益率(扣除)(%)	−10.5513	−50.4236	−7.5290	−2.9610
	总资产(万元)	649678.02	652012.64	696244.62	737834.50
	归属母公司股东权益(万元)	159718.55	171053.49	236900.67	254157.02
	营业收入(万元)	134546.04	344416.80	147200.37	509552.67
	营业支出(万元)	119329.07	328355.34	131870.31	411927.76
	投资收益(万元)	127.28	319.97	237.23	279.93
	净利润(万元)	−15538.29	−80784.76	−17024.65	4257.20
	营业利润(万元)	−14552.86	−82274.18	−20045.79	−2741.47
	利润总额(万元)	−14427.97	−78270.94	−19768.31	4059.72

唐山冀东装备工程股份有限公司

公司概况	公司名称	唐山冀东装备工程股份有限公司			证券简称	冀东装备
	法人代表	刘文彦	董秘	刘福生	证券代码	000856
	公司网址	www.jdzbgc.com		电子信箱	tsjdzbgc@126.com	
	电　话	0315-8216998		传　真	0315-3338198	
	办公地址	河北省唐山市路北区大庆道1号				
	经营范围	资本运营、运营管理、水泥机械设备及配件、普通机械设备及配件制造等				

	指标\报告期	2017.06.30	2016.12.31	2016.06.30	2015.12.31
主要财务指标	基本每股收益(元)	0.0200	0.1000	0.2400	−0.8900
	基本每股收益(扣除后)(元)	0.0200	−0.3400	−0.1900	−0.9000
	稀释每股收益(元)	0.0200	0.1000	0.2400	−0.8900
	每股净资产(元)	1.3103	1.2887	1.4245	1.0521
	每股经营现金净流量(元)	−0.2701	0.0258	0.1029	−0.1791
	每股现金流量(元)	−0.0831	−0.0383	0.9166	−0.0683
	每股资本公积金(元)	1.7123	1.7123	1.7097	1.5777
	每股盈余公积金(元)	0.1583	0.1583	0.1583	0.1583
	每股未分配利润(元)	−1.5603	−1.5819	−1.4434	−1.6867
	净资产收益率(%)	1.6502	7.9052	16.8765	−85.0438
	加权净资产收益率(%)	1.6600	8.7000	19.4100	−60.2000
	净资产收益率(扣除)(%)	1.6199	−26.0489	−13.6116	−85.4384
	总资产(万元)	167223.55	164708.72	185343.63	223808.74
	归属母公司股东权益(万元)	29743.99	29252.47	32336.42	23882.97
	营业收入(万元)	87699.17	107190.45	50701.31	141579.38
	营业支出(万元)	78359.58	97962.80	46976.82	136420.62
	投资收益(万元)	——	8838.42	8865.25	−44.25
	净利润(万元)	815.06	2304.65	5556.88	−20056.94
	营业利润(万元)	996.66	150.45	4534.68	−20386.04
	利润总额(万元)	1009.75	1275.88	5531.50	−20266.75

宜宾五粮液股份有限公司

公司概况	公司名称	宜宾五粮液股份有限公司			证券简称	五粮液
	法人代表	刘中国	董秘	彭智辅	证券代码	000858
	公司网址	www.wuliangye.com.cn		电子信箱	000858-wly@sohu.com	
	电　话	0831-3566838 3567000		传　真	0831-3555958	
	办公地址	四川省宜宾市翠屏区岷江西路150号				
	经营范围	酒类产品及相关辅助产品(瓶盖、商标、标识及包装制品)的生产经营				

	指标\报告期	2017.06.30	2016.12.31	2016.06.30	2015.12.31
主要财务指标	基本每股收益(元)	1.3100	1.7870	1.0240	1.6270
	基本每股收益(扣除后)(元)	1.3060	1.7710	1.0230	1.6240
	稀释每股收益(元)	1.3100	1.7870	1.0240	1.6270
	每股净资产(元)	12.8115	12.4018	11.6384	11.4145
	每股经营现金净流量(元)	0.8337	3.0814	1.1357	1.7627
	每股现金流量(元)	−0.0541	2.1975	1.1194	1.0385
	每股资本公积金(元)	0.2511	0.2511	0.2511	0.2511
	每股盈余公积金(元)	2.4637	2.4637	2.1529	2.1529
	每股未分配利润(元)	9.0967	8.6870	8.2344	8.0104
	净资产收益率(%)	10.2227	14.4116	8.7979	14.2540
	加权净资产收益率(%)	10.0300	15.0100	8.5900	14.9300
	净资产收益率(扣除)(%)	10.1977	14.2836	8.7899	14.2261
	总资产(万元)	6443336.75	6217440.66	5996292.53	5254663.49
	归属母公司股东权益(万元)	4863186.52	4707672.97	4417900.96	4332891.76
	营业收入(万元)	1562112.77	2454379.27	1325563.86	2165928.74
	营业支出(万元)	442852.91	731425.25	397615.33	667196.33
	投资收益(万元)	2239.65	3342.88	1014.75	3414.46
	净利润(万元)	518981.00	705676.56	402662.46	641048.43
	营业利润(万元)	696237.07	923721.11	529243.65	824623.74
	利润总额(万元)	699641.04	933741.07	532297.44	828749.40

安徽国风塑业股份有限公司

公司概况	公司名称	安徽国风塑业股份有限公司			证券简称	国风塑业
	法人代表	黄琼宜	董秘	胡静	证券代码	000859
	公司网址	www.guofeng.com		电子信箱	ir@guofeng.com	
	电　话	0551-68560860		传　真	0551-68560801	
	办公地址	安徽省合肥市高新区长宁大道与铭传路交口				
	经营范围	塑胶建材及附件、塑料薄膜、其他塑料制品、非金属新型材料及金属制品的制造等				

	指标\报告期	2017.06.30	2016.12.31	2016.06.30	2015.12.31
主要财务指标	基本每股收益(元)	0.0325	0.0248	−0.0112	0.0100
	基本每股收益(扣除后)(元)	−0.0177	−0.0600	−0.0260	−0.0900
	稀释每股收益(元)	0.0325	0.0248	−0.0112	0.0100
	每股净资产(元)	1.9387	1.9163	1.8802	1.8914
	每股经营现金净流量(元)	0.0258	0.0362	0.0146	0.0673
	每股现金流量(元)	0.0662	0.0995	−0.1633	−0.1447
	每股资本公积金(元)	0.7974	0.7974	0.7974	0.7974
	每股盈余公积金(元)	0.0785	0.0785	0.0779	0.0779
	每股未分配利润(元)	0.0628	0.0404	0.0049	0.0162
	净资产收益率(%)	1.6744	1.2955	−0.5971	0.6815
	加权净资产收益率(%)	1.6800	1.2500	−0.6000	0.6800
	净资产收益率(扣除)(%)	−0.9155	−3.0684	−1.3814	−4.8492
	总资产(万元)	211716.46	208885.76	186088.10	193807.53
	归属母公司股东权益(万元)	143359.69	141698.69	139032.69	139862.92
	营业收入(万元)	54570.41	114481.59	49526.21	109027.93
	营业支出(万元)	48883.56	102584.68	44484.17	99416.40
	投资收益(万元)	242.38	693.97	459.65	3661.30
	净利润(万元)	1873.63	890.79	−1151.53	418.05
	营业利润(万元)	−1759.78	−4910.16	−1903.42	−3785.09
	利润总额(万元)	1827.35	898.02	−1160.76	425.52

北京顺鑫农业股份有限公司

公司概况					
公司名称	北京顺鑫农业股份有限公司			证券简称	顺鑫农业
法人代表	王泽	董秘	安元芝	证券代码	000860
公司网址	www.000860.com		电子信箱	sxnygf000860@163.com	
电　话	010-69420860		传　真	010-69443137	
办公地址	北京市顺义区站前街1号院1号楼顺鑫国际商务中心12层				
经营范围	从事白酒生产与销售、肉食品加工与销售、良种繁育、农业科技服务等				

主要财务指标：指标\报告期	2017.06.30	2016.12.31	2016.06.30	2015.12.31
基本每股收益(元)	0.4287	0.7231	0.4042	0.6594
基本每股收益(扣除后)(元)	0.4309	0.4015	0.4086	0.6545
稀释每股收益(元)	0.4287	0.7231	0.4042	0.6594
每股净资产(元)	12.1168	11.8213	9.7654	9.4612
每股经营现金净流量(元)	1.1056	1.7670	1.0789	0.6140
每股现金流量(元)	0.7055	1.1256	1.1102	–0.1921
每股资本公积金(元)	4.9046	4.9046	4.9046	4.9046
每股盈余公积金(元)	0.7399	0.7399	0.6286	0.6286
每股未分配利润(元)	3.7198	3.4243	3.2323	2.9281
净资产收益率(%)	3.5379	6.1166	4.1396	6.9700
加权净资产收益率(%)	3.5700	7.0900	4.1900	7.2000
净资产收益率(扣除)(%)	3.5565	3.3961	4.1846	6.9173
总资产(万元)	1822090.67	1783458.09	1644737.61	1589734.34
归属母公司股东权益(万元)	691370.90	674511.86	557205.93	539845.82
营业收入(万元)	654812.76	1119722.91	626769.19	963742.34
营业支出(万元)	418036.60	732956.40	388607.69	604426.86
投资收益(万元)	117.37	18643.55	–	429.38
净利润(万元)	24951.64	42467.78	23883.20	38328.03
营业利润(万元)	34647.48	54819.73	33989.34	55740.44
利润总额(万元)	34475.13	54459.83	33654.09	56008.95

广东海印集团股份有限公司

公司概况					
公司名称	广东海印集团股份有限公司			证券简称	海印股份
法人代表	邵建明	董秘	潘尉	证券代码	000861
公司网址	www.000861.com		电子信箱	ir000861@163.com	
电　话	020-28828222		传　真	020-28828899*8222	
办公地址	广东省广州市越秀区东华南路98号海印中心				
经营范围	销售日用百货、市场商品信息咨询服务、出租柜台、物业管理等				

主要财务指标：指标\报告期	2017.06.30	2016.12.31	2016.06.30	2015.12.31
基本每股收益(元)	0.0300	0.0900	0.0400	0.0900
基本每股收益(扣除后)(元)	0.0200	0.0700	0.0400	0.0600
稀释每股收益(元)	0.0300	0.0800	0.0400	0.0900
每股净资产(元)	1.3923	1.3600	1.3826	1.2427
每股经营现金净流量(元)	0.0203	0.2254	0.1574	0.1615
每股现金流量(元)	–0.3308	0.5556	0.4229	–0.2524
每股资本公积金(元)	—	—	–	–
每股盈余公积金(元)	0.0558	0.0558	0.0507	0.0507
每股未分配利润(元)	0.2424	0.2133	0.2313	0.1885
净资产收益率(%)	2.0949	6.7283	3.0942	7.0073
加权净资产收益率(%)	2.1200	6.9300	3.3900	6.6900
净资产收益率(扣除)(%)	1.6699	5.3051	2.8399	5.0395
总资产(万元)	1038106.35	1017398.06	896774.06	773241.67
归属母公司股东权益(万元)	313251.40	306685.84	311057.12	279600.76
营业收入(万元)	95913.42	199371.15	99351.74	165238.72
营业支出(万元)	62457.32	121964.12	58960.69	100024.53
投资收益(万元)	2023.57	6677.20	3191.07	5681.98
净利润(万元)	7832.01	24346.38	11354.43	20673.88
营业利润(万元)	10131.75	32014.18	15930.50	25722.31
利润总额(万元)	11466.44	35387.77	16873.33	30335.76

宁夏银星能源股份有限公司

公司概况					
公司名称	宁夏银星能源股份有限公司			证券简称	银星能源
法人代表	高原	董秘	李正科	证券代码	000862
公司网址	www.nxyxny.com.cn		电子信箱	wylws0862@sina.com	
电　话	0951-8887883 8887923		传　真	0951-8887900	
办公地址	宁夏回族自治区银川市西夏区六盘山西路166号				
经营范围	风力发电、风电设备制造、太阳能发电设备等				

主要财务指标：指标\报告期	2017.06.30	2016.12.31	2016.06.30	2015.12.31
基本每股收益(元)	–0.0206	0.0200	–0.1335	–0.2160
基本每股收益(扣除后)(元)	–0.0238	–0.0450	–0.1307	–0.2380
稀释每股收益(元)	–0.0206	0.0200	–0.1335	–0.2160
每股净资产(元)	3.9094	3.9162	2.8202	2.9039
每股经营现金净流量(元)	0.0944	0.8448	0.4587	1.3123
每股现金流量(元)	–0.6561	1.0289	–0.2224	–0.3830
每股资本公积金(元)	3.8314	3.8143	3.1491	3.0993
每股盈余公积金(元)	0.0347	0.0346	0.0452	0.0452
每股未分配利润(元)	–0.9567	–0.9327	–1.3741	–1.2406
净资产收益率(%)	–0.5294	0.3975	–4.7330	–7.4407
加权净资产收益率(%)	–0.1300	0.7000	–4.6800	–7.1700
净资产收益率(扣除)(%)	–0.6102	–0.8855	–4.6403	–8.1953
总资产(万元)	957611.80	1001508.83	923292.16	936188.35
归属母公司股东权益(万元)	276049.10	277510.62	152750.03	157285.31
营业收入(万元)	48826.23	144255.82	63844.18	120517.64
营业支出(万元)	32723.72	101957.36	50064.24	82770.00
投资收益(万元)	10.09	–660.73	–131.54	210.20
净利润(万元)	–1426.53	1810.18	–7669.56	–12304.76
营业利润(万元)	–1631.40	–3502.78	–8132.47	–16022.70
利润总额(万元)	–1396.67	2216.57	–7657.27	–12574.20

三湘印象股份有限公司

公司概况					
公司名称	三湘印象股份有限公司			证券简称	三湘印象
法人代表	黄辉	董秘	徐玉	证券代码	000863
公司网址	www.sxgf.com		电子信箱	sxgf000863@sxgf.com	
电　话	021-65364018		传　真	021-65363840	
办公地址	上海市杨浦区逸仙路333号501室				
经营范围	投资兴办实业(具体项目另行申报)、国内贸易等				

主要财务指标：指标\报告期	2017.06.30	2016.12.31	2016.06.30	2015.12.31
基本每股收益(元)	0.0700	0.5800	0.4800	0.1100
基本每股收益(扣除后)(元)	0.0500	0.5700	0.4700	–0.2600
稀释每股收益(元)	0.0700	0.5800	0.4700	0.1100
每股净资产(元)	4.7011	4.5946	4.5000	3.1092
每股经营现金净流量(元)	–1.0451	0.4997	–0.2776	–0.8039
每股现金流量(元)	–0.4349	0.4718	0.6942	–1.6972
每股资本公积金(元)	2.3555	2.3500	2.3493	0.9227
每股盈余公积金(元)	0.1366	0.1366	0.0886	0.1287
每股未分配利润(元)	1.6140	1.5471	1.5115	1.7129
净资产收益率(%)	1.4237	11.1001	7.3769	3.5185
加权净资产收益率(%)	1.4500	14.2700	13.7000	3.5100
净资产收益率(扣除)(%)	1.1157	10.7418	7.2372	–8.3494
总资产(万元)	1254214.28	1386201.68	1554736.93	1347658.05
归属母公司股东权益(万元)	650153.00	635420.38	624584.37	297387.75
营业收入(万元)	87828.89	670484.85	399582.23	51950.29
营业支出(万元)	50830.65	453944.12	292838.43	31395.42
投资收益(万元)	–385.75	435.50	30.60	42327.55
净利润(万元)	7258.27	93920.57	44833.20	7958.78
营业利润(万元)	10973.49	126913.76	62757.01	9031.74
利润总额(万元)	13420.44	128941.19	63859.50	10299.88

安徽安凯汽车股份有限公司

公司概况	公司名称	安徽安凯汽车股份有限公司		证券简称	安凯客车
	法人代表	戴茂方	董秘 刘勇(代)	证券代码	000868
	公司网址	www.ankai.com		电子信箱	zqb@ankai.com
	电 话	0551-62297712 63732002		传 真	0551-62297710
	办公地址	安徽省合肥市包河区葛淝路1号			
	经营范围	大中型客车、底盘生产销售、汽车配件销售、汽车设计、维修、咨询、实验等			

主要财务指标	指标\报告期	2017.06.30	2016.12.31	2016.06.30	2015.12.31
	基本每股收益(元)	−0.0400	0.0700	0.0300	0.0600
	基本每股收益(扣除后)(元)	−0.0900	−0.0107	0.0100	0.0100
	稀释每股收益(元)	−0.0400	0.0700	0.0300	0.0600
	每股净资产(元)	1.8576	1.8981	1.8512	1.8396
	每股经营现金净流量(元)	1.1391	−1.8062	−1.6980	−0.4159
	每股现金流量(元)	−0.0697	−0.7005	−0.6113	−0.4571
	每股资本公积金(元)	0.5508	0.5536	0.5536	0.5536
	每股盈余公积金(元)	0.0713	0.0713	0.0635	0.0635
	每股未分配利润(元)	0.2233	0.2646	0.2262	0.2186
	净资产收益率(%)	−2.2277	3.8895	1.4914	3.1446
	加权净资产收益率(%)	−2.2000	3.9600	1.5000	3.2000
	净资产收益率(扣除)(%)	−5.0951	−0.5616	0.6919	0.5067
	总资产(万元)	898788.81	907841.35	727276.36	617558.48
	归属母公司股东权益(万元)	129211.14	132024.49	128762.45	127955.84
	营业收入(万元)	237669.38	475732.66	177932.99	402211.25
	营业支出(万元)	217297.80	561534.07	223281.39	456318.76
	投资收益(万元)	−183.82	81.12	−46.78	159.40
	净利润(万元)	−5420.97	4681.09	1864.83	1093.78
	营业利润(万元)	−8458.73	−190110.86	−81962.77	−132528.53
	利润总额(万元)	−6405.42	7876.90	2480.48	186.22

烟台张裕葡萄酿酒股份有限公司

公司概况	公司名称	烟台张裕葡萄酿酒股份有限公司		证券简称	张 裕A
	法人代表	孙利强	董秘 曲为民	证券代码	000869
	公司网址	www.changyu.com.cn		电子信箱	webmaster@changyu.com.cn
	电 话	0535-6633656		传 真	0535-6633639
	办公地址	山东省烟台市大马路56号			
	经营范围	葡萄酒、白兰地、香槟酒和保健酒的酿制、生产与销售等			

主要财务指标	指标\报告期	2017.06.30	2016.12.31	2016.06.30	2015.12.31
	基本每股收益(元)	0.9800	1.4300	1.0100	1.5000
	基本每股收益(扣除后)(元)	0.9500	1.3700	0.9900	1.4500
	稀释每股收益(元)	0.9800	1.4300	1.0100	1.5000
	每股净资产(元)	12.9555	11.9758	12.0581	11.0350
	每股经营现金净流量(元)	0.6132	1.2983	0.9960	1.6676
	每股现金流量(元)	−0.0401	0.2403	0.8048	0.1922
	每股资本公积金(元)	0.8257	0.8257	0.8257	0.8257
	每股盈余公积金(元)	0.5000	0.5000	0.5000	0.5000
	每股未分配利润(元)	10.6354	9.6579	9.7385	8.7246
	净资产收益率(%)	7.5454	11.9681	8.4088	13.6179
	加权净资产收益率(%)	7.8400	12.5500	8.7800	14.4000
	净资产收益率(扣除)(%)	7.3521	11.4719	8.2087	13.1314
	总资产(万元)	1227397.85	1152807.80	1128432.50	1034421.15
	归属母公司股东权益(万元)	888053.89	820901.10	826537.08	756409.90
	营业收入(万元)	276709.82	471759.65	275303.28	464972.24
	营业支出(万元)	92575.41	157577.10	90273.41	151250.30
	投资收益(万元)	--	--	–	–
	净利润(万元)	67001.08	98058.94	69566.99	103027.56
	营业利润(万元)	87629.76	128381.65	91279.56	133999.94
	利润总额(万元)	89876.35	133761.88	93438.53	138815.99

吉林电力股份有限公司

公司概况	公司名称	吉林电力股份有限公司		证券简称	吉电股份
	法人代表	才延福	董秘 赵民	证券代码	000875
	公司网址	www.cpijl.com		电子信箱	jdgf875@cpijl.com
	电 话	86-431-81150933 81150998		传 真	86-431-81150997
	办公地址	吉林省长春市人民大街9699号			
	经营范围	火电、水电、供热、二业供气,新能源的开发、投资、建设、生产与销售等			

主要财务指标	指标\报告期	2017.06.30	2016.12.31	2016.06.30	2015.12.31
	基本每股收益(元)	0.0177	0.0089	0.0600	0.0806
	基本每股收益(扣除后)(元)	0.0090	−0.0294	0.0200	0.0045
	稀释每股收益(元)	0.0177	0.0089	0.0600	0.0806
	每股净资产(元)	3.5875	3.5591	2.7028	2.6390
	每股经营现金净流量(元)	0.2335	1.0026	0.5809	1.0828
	每股现金流量(元)	−0.4448	0.5815	0.1993	0.0860
	每股资本公积金(元)	2.6680	3.9048	1.7922	1.7922
	每股盈余公积金(元)	0.0459	0.0674	0.0674	0.0674
	每股未分配利润(元)	−0.1264	−0.2117	−0.1568	−0.2206
	净资产收益率(%)	0.4926	0.1702	2.3612	3.0550
	加权净资产收益率(%)	0.5000	0.3400	2.3900	3.1000
	净资产收益率(扣除)(%)	0.2454	−0.5618	1.6236	0.1699
	总资产(万元)	3143363.88	3007337.96	2728927.18	2287249.69
	归属母公司股东权益(万元)	769980.95	763895.82	394772.94	385451.65
	营业收入(万元)	241012.59	440452.37	206970.28	430202.19
	营业支出(万元)	195509.86	351785.69	155849.58	340200.48
	投资收益(万元)	834.76	323.26	834.87	49.88
	净利润(万元)	7337.81	2702.64	8780.28	14646.32
	营业利润(万元)	6542.40	488.97	10521.51	2254.93
	利润总额(万元)	7650.49	5595.20	11462.46	16403.05

新希望六和股份有限公司

公司概况	公司名称	新希望六和股份有限公司		证券简称	新 希 望
	法人代表	刘畅	董秘 向川	证券代码	000876
	公司网址	www.newhopeagri.com		电子信箱	000876@newhope.cn
	电 话	028-85950011 82000876		传 真	028-85950022
	办公地址	四川省成都市锦江工业园区金石路376号			
	经营范围	配合饲料、浓缩饲料、精料补充料的生产、加工、销售等			

主要财务指标	指标\报告期	2017.06.30	2016.12.31	2016.06.30	2015.12.31
	基本每股收益(元)	0.2700	0.5900	0.3400	1.0600
	基本每股收益(扣除后)(元)	0.2700	0.5700	0.3300	0.9500
	稀释每股收益(元)	0.2700	0.5900	0.3400	1.0600
	每股净资产(元)	5.2127	4.6200	4.6887	9.2445
	每股经营现金净流量(元)	0.2340	0.7465	0.3346	1.5296
	每股现金流量(元)	0.3447	−0.1407	−0.1754	0.2157
	每股资本公积金(元)	0.5872	0.5135	0.5184	2.0372
	每股盈余公积金(元)	0.3870	0.3918	0.3047	0.6040
	每股未分配利润(元)	3.2778	3.0441	2.8821	5.6330
	净资产收益率(%)	5.1469	12.0352	7.3207	11.4761
	加权净资产收益率(%)	5.3000	12.1900	7.3700	11.9800
	净资产收益率(扣除)(%)	5.2418	11.5452	7.0033	10.3272
	总资产(万元)	4234559.65	3738503.96	3667146.75	3521707.65
	归属母公司股东权益(万元)	2197679.87	2051542.84	1954343.95	1926661.66
	营业收入(万元)	2978849.39	6087952.32	2778906.67	6151964.98
	营业支出(万元)	2749831.46	5602748.51	2543402.64	5724253.31
	投资收益(万元)	124200.17	209082.14	120550.60	243271.50
	净利润(万元)	145102.19	313243.87	183216.57	295966.31
	营业利润(万元)	164533.60	323098.31	190118.77	314225.35
	利润总额(万元)	158234.79	327100.46	192260.03	318038.97

新疆天山水泥股份有限公司

公司概况						
	公司名称	新疆天山水泥股份有限公司			证券简称	天山股份
	法人代表	赵新军	董秘	李雪芹	证券代码	000877
	公司网址	www.sinoma-tianshan.cn		电子信箱	tsgfyehong@126.com	
	电话	86-991-6686798		传真	0991-6686782	
	办公地址	新疆维吾尔自治区乌鲁木齐市河北东路 1256 号天合大厦				
	经营范围	水泥及其相关产品的生产、经营及销售等				

主要财务指标	指标\报告期	2017.06.30	2016.12.31	2016.06.30	2015.12.31
	基本每股收益(元)	0.0290	0.1134	-0.1180	-0.5966
	基本每股收益(扣除后)(元)	0.0262	-0.1189	-0.1184	-0.7243
	稀释每股收益(元)	0.0290	0.1134	-0.1180	-0.5966
	每股净资产(元)	6.8447	6.6623	7.1475	7.3134
	每股经营现金净流量(元)	0.4629	0.6578	0.3395	0.2690
	每股现金流量(元)	0.0550	-0.5826	-0.3764	0.3734
	每股资本公积金(元)	3.5031	3.5031	4.1123	4.1123
	每股盈余公积金(元)	0.2872	0.2872	0.2469	0.2469
	每股未分配利润(元)	1.7458	1.7528	1.5617	1.6797
	净资产收益率(%)	0.4234	1.7018	-1.6514	-8.1573
	加权净资产收益率(%)	0.4300	1.6100	-1.6400	-7.8000
	净资产收益率(扣除)(%)	0.3821	-1.7839	-1.6568	-9.9034
	总资产(万元)	1902073.77	1847210.71	1987380.17	2053036.64
	归属母公司股东权益(万元)	602405.43	586348.80	629049.57	643655.84
	营业收入(万元)	259701.19	500126.21	199308.50	504665.04
	营业支出(万元)	195460.07	392408.07	159631.14	438343.55
	投资收益(万元)	2.87	11054.42	148.13	4960.68
	净利润(万元)	1445.79	1899.49	-13948.23	-66974.27
	营业利润(万元)	3955.65	-11153.73	-16406.41	-85519.08
	利润总额(万元)	4590.97	5530.16	-14508.65	-66713.70

云南铜业股份有限公司

公司概况						
	公司名称	云南铜业股份有限公司			证券简称	云南铜业
	法人代表	武建强	董秘	彭捍东	证券代码	000878
	公司网址	www.yunnan-copper.com		电子信箱	ytdm@yunnancopper.com	
	电话	0871-3106732 3106792		传真	0871-3106735	
	办公地址	云南省昆明市人民东路 111 号云南铜业股份有限公司 615 室				
	经营范围	生产和销售电解铜、异型铜线杆为主，工业硫酸、黄金、白银等附加产品为辅				

主要财务指标	指标\报告期	2017.06.30	2016.12.31	2016.06.30	2015.12.31
	基本每股收益(元)	0.0910	0.1440	0.0080	0.0180
	基本每股收益(扣除后)(元)	0.0220	0.0590	-0.0130	-0.2480
	稀释每股收益(元)	0.0910	0.1440	0.0080	0.0180
	每股净资产(元)	4.2044	3.9522	3.9350	3.7010
	每股经营现金净流量(元)	0.3251	1.9322	-0.5989	0.7859
	每股现金流量(元)	0.2062	0.4364	-0.0495	-0.0280
	每股资本公积金(元)	3.1072	3.1072	3.1053	3.1053
	每股盈余公积金(元)	0.3141	0.3141	0.3141	0.3141
	每股未分配利润(元)	-0.3222	-0.4130	-0.5485	-0.5561
	净资产收益率(%)	2.1603	3.6340	0.1924	0.4951
	加权净资产收益率(%)	2.2300	3.7500	0.2000	0.4800
	净资产收益率(扣除)(%)	0.5250	1.4962	-0.3318	-6.7084
	总资产(万元)	2403984.75	2304751.42	2405380.77	2330900.76
	归属母公司股东权益(万元)	595515.28	559786.41	557346.14	524204.07
	营业收入(万元)	2953616.86	5919481.97	1653703.64	5665555.03
	营业支出(万元)	2867814.53	5718240.86	1575519.87	5500915.74
	投资收益(万元)	2812.56	20085.51	10371.03	20737.68
	净利润(万元)	18352.85	17441.97	63.72	6425.61
	营业利润(万元)	19893.81	14217.67	123.78	-11383.21
	利润总额(万元)	22143.77	21803.95	1862.28	17713.64

潍柴重机股份有限公司

公司概况						
	公司名称	潍柴重机股份有限公司			证券简称	潍柴重机
	法人代表	徐宏	董秘	韩彬	证券代码	000880
	公司网址	www.weichaihm.com		电子信箱	webmaster@weichaihm.com	
	电话	0536-2098008 2098017		传真	0536-2098020	
	办公地址	山东省潍坊市滨海经济技术开发区富海大街 17 号				
	经营范围	内燃机及配件生产、销售，发电机及发电机组的生产、销售等				

主要财务指标	指标\报告期	2017.06.30	2016.12.31	2016.06.30	2015.12.31
	基本每股收益(元)	0.0800	0.0700	0.0562	0.1100
	基本每股收益(扣除后)(元)	0.0590	0.0100	0.0316	0.0800
	稀释每股收益(元)	0.0800	0.0700	0.0562	0.1100
	每股净资产(元)	4.8068	4.7261	4.7100	4.6488
	每股经营现金净流量(元)	0.7732	-0.2594	0.2874	0.4326
	每股现金流量(元)	0.8132	-0.2608	0.1914	0.1006
	每股资本公积金(元)	2.1337	2.1337	2.1337	2.1337
	每股盈余公积金(元)	0.2615	0.2615	0.2581	0.2581
	每股未分配利润(元)	1.3884	1.3083	1.2967	1.2405
	净资产收益率(%)	1.6666	1.5082	1.1934	2.3316
	加权净资产收益率(%)	1.6800	1.5200	1.2000	2.3600
	净资产收益率(扣除)(%)	1.2239	0.1951	0.6712	1.6526
	总资产(万元)	343390.13	313689.50	340796.15	344761.39
	归属母公司股东权益(万元)	132715.53	130486.51	130042.36	128354.83
	营业收入(万元)	93753.79	174421.82	87850.98	243521.05
	营业支出(万元)	79144.41	151039.78	74607.07	212866.70
	投资收益(万元)	2493.30	3855.98	1891.69	3074.69
	净利润(万元)	2199.00	2047.48	1596.98	3092.37
	营业利润(万元)	1605.65	-348.89	855.86	2205.93
	利润总额(万元)	2303.89	1675.71	1654.14	3228.45

中广核核技术发展股份有限公司

公司概况						
	公司名称	中广核核技术发展股份有限公司			证券简称	中广核技
	法人代表	张剑锋	董秘	杨彬	证券代码	000881
	公司网址	www.cgnnt.com.cn		电子信箱	business_ATC@cgnpc.com.cn	
	电话	0755-88619316 88619309		传真	0755-82781956	
	办公地址	广东省深圳市深南大道 2002 号中广核大厦北楼 16 层				
	经营范围	核技术开发、技术转让、技术咨询、技术服务等				

主要财务指标	指标\报告期	2017.06.30	2016.12.31	2016.06.30	2015.12.31
	基本每股收益(元)	0.1369	0.6512	0.0010	-2.6500
	基本每股收益(扣除后)(元)	0.1231	0.6397	0.0140	-2.6600
	稀释每股收益(元)	0.1369	0.6512	0.0010	-2.6500
	每股净资产(元)	4.8575	4.8478	2.6867	2.6760
	每股经营现金净流量(元)	-0.0989	0.0633	0.3678	1.1010
	每股现金流量(元)	-1.8083	3.2039	0.4240	-0.7425
	每股资本公积金(元)	2.9490	3.0484	0.8213	0.8213
	每股盈余公积金(元)	0.0372	0.0372	0.5074	0.5074
	每股未分配利润(元)	0.8668	0.7599	0.5686	0.5672
	净资产收益率(%)	2.8190	6.0952	0.0498	-99.0246
	加权净资产收益率(%)	2.8000	23.0300	0.0500	-66.4000
	净资产收益率(扣除)(%)	2.5349	5.9876	0.5031	-99.4862
	总资产(万元)	1147933.56	1109557.99	488565.04	492511.56
	归属母公司股东权益(万元)	512758.98	511733.14	82996.96	82665.43
	营业收入(万元)	273513.09	302277.53	93385.81	210010.73
	营业支出(万元)	224338.11	239989.68	81564.41	185673.92
	投资收益(万元)	493.73	36.00	4.84	73.37
	净利润(万元)	15865.99	31559.46	-1203.85	-128095.11
	营业利润(万元)	16797.12	30790.14	190.48	-137739.40
	利润总额(万元)	18093.61	36422.76	-226.92	-129964.91

北京华联商厦股份有限公司

公司概况	公司名称	北京华联商厦股份有限公司			证券简称	华联股份
	法人代表	阳烽	董秘	周剑军	证券代码	000882
	公司网址	www.bhgmall.com.cn		电子信箱	hlgf000882@sina.com	
	电　　话	010-68364987		传　　真	010-68364987	
	办公地址	北京市西城区阜成门外大街1号四川大厦5层				
	经营范围	销售百货和商业地产开发与购物中心运营管理				

主要财务指标	指标\报告期	2017.06.30	2016.12.31	2016.06.30	2015.12.31
	基本每股收益(元)	0.0103	0.0521	0.0207	0.0992
	基本每股收益(扣除后)(元)	-0.0313	-0.1017	-0.0530	-0.1777
	稀释每股收益(元)	0.0103	0.0521	0.0207	0.0992
	每股净资产(元)	2.8734	2.7951	2.8137	2.7475
	每股经营现金净流量(元)	0.0031	0.0528	0.0721	0.0496
	每股现金流量(元)	-0.1548	-0.2349	-0.1733	0.8417
	每股资本公积金(元)	1.7006	1.5557	1.5557	1.5557
	每股盈余公积金(元)	0.0499	0.0613	0.0566	0.0566
	每股未分配利润(元)	0.0989	0.1096	0.0828	0.1263
	净资产收益率(%)	0.3426	1.8639	0.7349	3.6116
	加权净资产收益率(%)	0.4300	1.8800	0.6800	3.6600
	净资产收益率(扣除)(%)	-1.0381	-3.6388	-1.8825	-6.4677
	总资产(万元)	1384810.35	1074778.32	1148469.69	1360658.34
	归属母公司股东权益(万元)	786537.39	622213.95	626347.30	611618.80
	营业收入(万元)	49606.38	101700.30	52546.20	119174.84
	营业支出(万元)	32220.95	71548.90	36440.10	81848.94
	投资收益(万元)	21088.72	60455.04	29304.74	107581.48
	净利润(万元)	2840.44	10444.69	3525.57	19444.00
	营业利润(万元)	3850.44	17048.56	5785.90	54294.51
	利润总额(万元)	4147.12	12419.72	3549.41	21313.06

湖北能源集团股份有限公司

公司概况	公司名称	湖北能源集团股份有限公司			证券简称	湖北能源
	法人代表	肖宏江	董秘	周江	证券代码	000883
	公司网址	www.hbny.com.cn		电子信箱	hbnyzq@hbny.com.cn	
	电　　话	027-86621100		传　　真	027-86621109	
	办公地址	湖北省武汉市洪山区徐东大街137号能源大厦				
	经营范围	发电、天然气、房地产、煤炭销售、专用汽车、汽车零配件等				

主要财务指标	指标\报告期	2017.06.30	2016.12.31	2016.06.30	2015.12.31
	基本每股收益(元)	0.2100	0.2900	0.2000	0.2900
	基本每股收益(扣除后)(元)	0.2100	0.2890	0.2000	0.2814
	稀释每股收益(元)	0.2100	0.2900	0.2000	0.2900
	每股净资产(元)	3.7856	3.6471	3.4469	3.3400
	每股经营现金净流量(元)	0.2124	0.5574	0.2365	0.5318
	每股现金流量(元)	0.0457	-0.8738	-0.8384	0.9410
	每股资本公积金(元)	1.6617	1.6617	1.5574	1.5567
	每股盈余公积金(元)	0.0814	0.0814	0.0807	0.0807
	每股未分配利润(元)	1.0081	0.8927	0.7985	0.6910
	净资产收益率(%)	5.4538	8.0434	5.7591	7.2594
	加权净资产收益率(%)	5.5100	8.4200	5.9300	10.4500
	净资产收益率(扣除)(%)	5.4401	7.9298	5.7433	6.9250
	总资产(万元)	4329019.43	4176173.20	4075049.07	4298780.77
	归属母公司股东权益(万元)	2463464.00	2373330.60	2243063.56	2173471.74
	营业收入(万元)	569816.58	937035.90	443138.66	708511.97
	营业支出(万元)	379611.06	606072.87	252217.50	441018.54
	投资收益(万元)	16587.67	30201.83	24919.19	73322.27
	净利润(万元)	137768.92	195966.85	140028.47	161803.48
	营业利润(万元)	172663.34	226237.10	169157.61	187505.75
	利润总额(万元)	173308.51	239536.92	175502.84	202596.68

河南同力水泥股份有限公司

公司概况	公司名称	河南同力水泥股份有限公司			证券简称	同力水泥
	法人代表	何毅敏	董秘	侯绍民	证券代码	000885
	公司网址	www.tlcement.com		电子信箱	tlsn000885@163.com	
	电　　话	0371-69158113 69158315		传　　真	0371-69158112	
	办公地址	河南省郑州市农业路41号投资大厦A座8、9层				
	经营范围	水泥制造业				

主要财务指标	指标\报告期	2017.06.30	2016.12.31	2016.06.30	2015.12.31
	基本每股收益(元)	0.2578	0.0899	0.0023	0.0760
	基本每股收益(扣除后)(元)	0.2534	0.0716	-0.0037	0.0004
	稀释每股收益(元)	0.2578	0.0899	0.0023	0.0760
	每股净资产(元)	5.3193	4.6925	4.6018	4.6115
	每股经营现金净流量(元)	0.8474	0.9213	0.4423	1.3212
	每股现金流量(元)	0.1659	-1.1266	-0.7959	1.2751
	每股资本公积金(元)	2.9360	6.1534	2.5069	2.5069
	每股盈余公积金(元)	0.1934	1.1406	0.1770	0.1770
	每股未分配利润(元)	1.1268	3.5206	0.8585	0.8662
	净资产收益率(%)	4.8113	1.9163	0.0502	1.6483
	加权净资产收益率(%)	5.0200	1.9300	0.0500	1.6100
	净资产收益率(扣除)(%)	4.7292	1.5262	-0.0770	0.0085
	总资产(万元)	663240.35	1402421.81	584950.46	593497.31
	归属母公司股东权益(万元)	264039.20	564066.09	218493.58	218954.13
	营业收入(万元)	195073.15	313663.46	147344.57	323177.78
	营业支出(万元)	135197.43	234191.62	116942.42	255420.87
	投资收益(万元)	17.82	116.09	26.91	138.97
	净利润(万元)	16601.75	7464.23	1577.09	8369.37
	营业利润(万元)	21140.04	6529.56	1203.44	-4100.63
	利润总额(万元)	21457.47	15031.52	4158.28	16463.52

海南高速公路股份有限公司

公司概况	公司名称	海南高速公路股份有限公司			证券简称	海南高速
	法人代表	曾国华	董秘	陈求仲	证券代码	000886
	公司网址	www.hi-expressway.com		电子信箱	ss000886@163.com	
	电　　话	0898-66768394		传　　真	0898-66790647	
	办公地址	海南省海口市蓝天路16号高速公路大楼				
	经营范围	高等级公路勘测、设计、养护、管理服务、房地产开发经营等				

主要财务指标	指标\报告期	2017.06.30	2016.12.31	2016.06.30	2015.12.31
	基本每股收益(元)	0.0920	0.0640	0.0330	-0.2290
	基本每股收益(扣除后)(元)	0.0930	0.0650	0.0330	-0.1630
	稀释每股收益(元)	0.0920	0.0640	0.0330	-0.2290
	每股净资产(元)	2.7079	2.6159	2.5739	2.5427
	每股经营现金净流量(元)	0.2623	0.0947	-0.0211	-0.0388
	每股现金流量(元)	-0.0198	-0.2197	-0.2228	0.0622
	每股资本公积金(元)	0.9546	0.9546	0.9546	0.9546
	每股盈余公积金(元)	0.3563	0.3563	0.3527	0.3527
	每股未分配利润(元)	0.3754	0.2830	0.2552	0.2225
	净资产收益率(%)	3.4146	2.4516	1.2714	-9.0198
	加权净资产收益率(%)	3.4700	2.4900	1.2800	-8.6300
	净资产收益率(扣除)(%)	3.4173	2.4867	1.2933	-6.4224
	总资产(万元)	318120.56	312661.78	311560.64	312464.57
	归属母公司股东权益(万元)	267769.56	258666.33	254519.02	251428.44
	营业收入(万元)	37025.38	35096.87	9897.75	21223.99
	营业支出(万元)	20932.86	16623.52	3212.16	11043.75
	投资收益(万元)	1948.11	2177.03	1873.12	5095.57
	净利润(万元)	9143.38	6179.29	3237.07	-22681.62
	营业利润(万元)	11509.60	8540.12	4254.21	-13435.98
	利润总额(万元)	11493.22	8441.18	4184.28	-19992.10

安徽中鼎密封件股份有限公司

公司概况	公司名称	安徽中鼎密封件股份有限公司			证券简称	中鼎股份
	法人代表	夏鼎湖	董秘	蒋伟坚	证券代码	000887
	公司网址	www.zhongdinggroup.com		电子信箱	jiangwj@zhongdinggroup.com	
	电　话	0563-4181887		传　真	0563-4181880*6071	
	办公地址	安徽省宁国市经济技术开发区				
	经营范围	液压气动密封件、汽车非轮胎橡胶制品(制动、减震除外)生产和销售等				

主要财务指标	指标\报告期	2017.06.30	2016.12.31	2016.06.30	2015.12.31
	基本每股收益(元)	0.5100	0.7600	0.4100	0.6400
	基本每股收益(扣除后)(元)	0.4900	0.7200	0.3800	0.6100
	稀释每股收益(元)	0.5100	0.7600	–	–
	每股净资产(元)	5.6349	5.2316	4.9046	3.2846
	每股经营现金净流量(元)	0.3561	0.7377	0.2685	0.9777
	每股现金流量(元)	0.2941	0.0420	0.5142	0.7925
	每股资本公积金(元)	1.9536	1.9536	1.7958	0.3261
	每股盈余公积金(元)	0.2395	0.2395	0.2196	0.2392
	每股未分配利润(元)	2.5863	2.1808	1.8876	1.7186
	净资产收益率(%)	8.9714	13.9523	7.9398	19.4791
	加权净资产收益率(%)	9.2200	16.7500	10.4200	21.6900
	净资产收益率(扣除)(%)	8.6085	13.0851	7.5033	18.6647
	总资产(万元)	1448706.87	1186530.83	1022017.16	747111.35
	归属母公司股东权益(万元)	695595.53	645806.16	595762.37	366395.12
	营业收入(万元)	538151.14	838436.89	363755.75	654308.02
	营业支出(万元)	377213.77	589850.80	248016.30	453070.78
	投资收益(万元)	1650.84	1880.13	164.44	–86.97
	净利润(万元)	64021.30	92879.56	48806.54	74993.04
	营业利润(万元)	79122.91	105608.77	57043.85	87601.92
	利润总额(万元)	79380.15	110083.14	60067.80	91105.39

峨眉山旅游股份有限公司

公司概况	公司名称	峨眉山旅游股份有限公司			证券简称	峨眉山 A
	法人代表	王东	董秘	张华仙	证券代码	000888
	公司网址	www.ems517.com		电子信箱	000888@ems517.com	
	电　话	0833-5544568 5528075		传　真	0833-5526666	
	办公地址	四川省峨眉山市名山南路 639 号				
	经营范围	提供旅游、索道运输、旅店、中餐、西餐、酒水、茶座、游艺室、音乐厅等				

主要财务指标	指标\报告期	2017.06.30	2016.12.31	2016.06.30	2015.12.31
	基本每股收益(元)	0.1191	0.3629	0.1127	0.3724
	基本每股收益(扣除后)(元)	0.1198	0.2929	0.1110	0.2673
	稀释每股收益(元)	0.1191	0.3629	0.1127	0.3724
	每股净资产(元)	3.9315	3.8923	3.6422	3.6295
	每股经营现金净流量(元)	0.2540	0.4662	0.0999	0.5110
	每股现金流量(元)	–0.2577	0.4432	–0.0160	0.0509
	每股资本公积金(元)	0.8107	0.8107	0.8107	0.8107
	每股盈余公积金(元)	0.3229	0.3229	0.2881	0.2881
	每股未分配利润(元)	1.7979	1.7588	1.5434	1.5307
	净资产收益率(%)	3.0306	9.3227	3.0945	10.2619
	加权净资产收益率(%)	3.0400	9.3500	3.0900	10.7000
	净资产收益率(扣除)(%)	3.0483	7.5261	3.0490	7.3643
	总资产(万元)	256062.16	263554.30	253335.57	246850.63
	归属母公司股东权益(万元)	207153.97	205091.22	191910.11	191240.51
	营业收入(万元)	52365.03	104157.92	48239.89	106550.03
	营业支出(万元)	30424.87	61226.32	28930.60	63211.63
	投资收益(万元)	–280.55	3988.43	–422.71	–915.62
	净利润(万元)	6285.68	18693.79	5715.24	19093.88
	营业利润(万元)	7551.67	22289.44	6850.02	16582.46
	利润总额(万元)	7572.06	21909.21	6950.77	22987.41

茂业通信网络股份有限公司

公司概况	公司名称	茂业通信网络股份有限公司			证券简称	茂业通信
	法人代表	吴鹰	董秘	焦海青	证券代码	000889
	公司网址	www.hlsc.com.cn		电子信箱	hlsc000889@163.com	
	电　话	0335-3733868 3280602		传　真	0335-3023349	
	办公地址	河北省秦皇岛市海港区河北大街 146 号金原国际商务大厦 27 层				
	经营范围	通信工程、计算机网络工程的设计等				

主要财务指标	指标\报告期	2017.06.30	2016.12.31	2016.06.30	2015.12.31
	基本每股收益(元)	0.1734	0.3537	0.2056	0.2470
	基本每股收益(扣除后)(元)	0.1736	0.3457	0.2022	0.2499
	稀释每股收益(元)	0.1734	0.3537	0.2056	0.2470
	每股净资产(元)	4.1211	3.9478	3.8247	3.6191
	每股经营现金净流量(元)	–0.1999	0.2387	–0.1173	0.2262
	每股现金流量(元)	–0.0781	0.1818	–0.0618	–0.0932
	每股资本公积金(元)	1.7764	1.7764	1.7764	1.7764
	每股盈余公积金(元)	0.1438	0.1438	0.1376	0.1376
	每股未分配利润(元)	1.2010	1.0276	0.9107	0.7051
	净资产收益率(%)	4.2069	8.9600	5.3766	6.8255
	加权净资产收益率(%)	4.3000	9.3400	5.5300	7.0500
	净资产收益率(扣除)(%)	4.2129	8.7563	5.2877	6.9054
	总资产(万元)	301506.63	298990.18	295316.96	339316.07
	归属母公司股东权益(万元)	256264.02	245483.31	237829.57	225042.46
	营业收入(万元)	86806.66	181465.81	89019.17	221586.74
	营业支出(万元)	66223.71	136485.51	68602.29	172116.00
	投资收益(万元)	267.27	118.41	–	18457.52
	净利润(万元)	10780.71	21995.41	12787.11	15360.32
	营业利润(万元)	12264.99	25196.56	14928.47	31621.27
	利润总额(万元)	12246.61	25792.52	15165.72	31019.93

江苏法尔胜股份有限公司

公司概况	公司名称	江苏法尔胜股份有限公司			证券简称	法 尔 胜
	法人代表	张越	董秘	张文栋	证券代码	000890
	公司网址	www.fasten.com.cn		电子信箱	info@chinafasten.com	
	电　话	0510-86119890		传　真	0510-86102007	
	办公地址	江苏省江阴市澄江中路 165 号				
	经营范围	钢丝、钢丝绳、缆索、光缆等产品的生产及销售，钢材的销售等				

主要财务指标	指标\报告期	2017.06.30	2016.12.31	2016.06.30	2015.12.31
	基本每股收益(元)	0.0775	0.3700	0.1038	0.0146
	基本每股收益(扣除后)(元)	0.0700	–0.0400	–0.0347	–0.0675
	稀释每股收益(元)	0.0775	0.3700	0.1038	0.0146
	每股净资产(元)	2.2690	2.1150	1.8205	2.7576
	每股经营现金净流量(元)	–1.7680	–6.6460	–1.3080	0.2469
	每股现金流量(元)	0.3160	0.5258	0.5103	–0.2218
	每股资本公积金(元)	0.0363	0.0363	0.0363	2.8262
	每股盈余公积金(元)	0.2129	0.2129	–	0.1914
	每股未分配利润(元)	0.7826	0.8051	0.7570	0.6939
	净资产收益率(%)	3.4152	17.6037	5.6999	0.5281
	加权净资产收益率(%)	3.5300	10.9100	3.1800	–2.4500
	净资产收益率(扣除)(%)	3.1149	–2.1266	–1.9072	–2.4462
	总资产(万元)	980364.58	879062.83	730188.42	619459.90
	归属母公司股东权益(万元)	86139.07	80294.15	69115.49	178865.62
	营业收入(万元)	119739.79	190673.52	94434.78	142654.21
	营业支出(万元)	104787.15	161491.32	78225.87	123426.95
	投资收益(万元)	626.18	11216.72	833.40	3297.52
	净利润(万元)	3281.96	15443.49	4997.02	1255.19
	营业利润(万元)	3306.55	15381.79	4882.99	888.17
	利润总额(万元)	3506.03	15458.62	5032.27	1545.08

欢瑞世纪联合股份有限公司

公司概况	公司名称	欢瑞世纪联合股份有限公司			证券简称	欢瑞世纪
	法人代表	钟君艳	董秘	徐虹	证券代码	000892
	公司网址	www.chinacfc.com		电子信箱	stellarmegaunion@aliyun.cn	
	电　话	023-88639066　88639062		传　真	023-88639061	
	办公地址	重庆市江北区北城天街15号富力海洋广场6幢2201室				
	经营范围	通信产业投资、通信设备制造、通信工程及技术咨询等				

主要财务指标	指标\报告期	2017.06.30	2016.12.31	2016.06.30	2015.12.31
	基本每股收益(元)	−0.0404	0.6200	−0.0004	0.0031
	基本每股收益(扣除后)(元)	−0.0567	0.5900	−0.0004	0.0031
	稀释每股收益(元)	−0.0404	0.6200	−0.0004	0.0031
	每股净资产(元)	2.7102	2.7506	0.0100	0.0103
	每股经营现金净流量(元)	−0.8893	0.0504	0.0072	−0.0022
	每股现金流量(元)	−1.4514	2.0484	0.0048	−0.0025
	每股资本公积金(元)	1.1527	1.4037	0.2144	0.2144
	每股盈余公积金(元)	0.0314	0.0383	–	–
	每股未分配利润(元)	0.5261	0.6899	−1.2045	−1.2041
	净资产收益率(%)	−1.4907	9.8238	−3.8064	30.4115
	加权净资产收益率(%)	−1.4800	24.8900	−3.7400	35.8700
	净资产收益率(扣除)(%)	−2.0922	9.2588	−3.8064	30.3090
	总资产(万元)	329935.17	328481.69	819.88	870.29
	归属母公司股东权益(万元)	265867.69	269827.59	411.88	427.56
	营业收入(万元)	25407.87	73855.26	619.41	1343.58
	营业支出(万元)	22258.32	28160.67	333.78	661.98
	投资收益(万元)	585.89	––	–	–
	净利润(万元)	−3964.77	26506.26	−15.68	130.03
	营业利润(万元)	−3388.58	26929.60	43.38	281.04
	利润总额(万元)	−3376.78	29008.47	43.38	281.48

广州东凌国际投资股份有限公司

公司概况	公司名称	广州东凌国际投资股份有限公司			证券简称	东凌国际
	法人代表	赖宁昌	董秘	程晓娜	证券代码	000893
	公司网址	www.dongling.cn		电子信箱	stock@dongling.cn	
	电　话	020-85506292		传　真	020-85506216	
	办公地址	广东省广州市海珠区新港东路1166号环汇商业广场南塔19层				
	经营范围	植物油加工业等				

主要财务指标	指标\报告期	2017.06.30	2016.12.31	2016.06.30	2015.12.31
	基本每股收益(元)	−0.0271	0.0300	0.0175	0.0900
	基本每股收益(扣除后)(元)	−0.0281	0.0100	0.0067	−0.7200
	稀释每股收益(元)	−0.0271	0.0300	0.0175	0.0900
	每股净资产(元)	5.6559	5.6835	5.6248	5.6544
	每股经营现金净流量(元)	−0.1613	0.1572	−0.2434	−0.4793
	每股现金流量(元)	−0.3059	−0.2543	−0.5676	−0.2331
	每股资本公积金(元)	4.9818	4.9818	4.9336	4.9818
	每股盈余公积金(元)	0.0417	0.0417	0.0417	0.0417
	每股未分配利润(元)	−0.3733	−0.3462	−0.3545	−0.3720
	净资产收益率(%)	−0.4788	0.4538	0.3106	0.9967
	加权净资产收益率(%)	−0.4800	0.4500	0.3100	2.6800
	净资产收益率(扣除)(%)	−0.4975	0.1410	0.1186	−8.3319
	总资产(万元)	527878.29	517086.46	535063.24	635122.19
	归属母公司股东权益(万元)	428093.26	430189.39	425741.24	427983.40
	营业收入(万元)	69025.81	239995.48	116491.12	1115405.51
	营业支出(万元)	65998.53	228830.29	108272.36	1111470.67
	投资收益(万元)	15.39	−3319.31	−2795.45	48631.70
	净利润(万元)	−2782.08	1356.36	1868.84	4335.46
	营业利润(万元)	−1796.82	1042.32	1998.63	3382.46
	利润总额(万元)	−1784.73	1111.31	2038.58	4778.01

河南双汇投资发展股份有限公司

公司概况	公司名称	河南双汇投资发展股份有限公司			证券简称	双汇发展
	法人代表	万隆	董秘	张立文	证券代码	000895
	公司网址	www.shuanghui.net		电子信箱	0895@shuanghui.net	
	电　话	0395-2676158　2676530		传　真	0395-2693259	
	办公地址	河南省漯河市双汇路1号双汇大厦				
	经营范围	畜禽屠宰、加工销售肉类食品、肉类罐头、速冻肉制品等				

主要财务指标	指标\报告期	2017.06.30	2016.12.31	2016.06.30	2015.12.31
	基本每股收益(元)	0.5771	1.3346	0.6518	1.2892
	基本每股收益(扣除后)(元)	0.5771	1.2442	0.6518	1.1896
	稀释每股收益(元)	0.5771	1.3346	0.6518	1.2892
	每股净资产(元)	3.6923	4.3045	4.5078	5.0872
	每股经营现金净流量(元)	0.6778	1.6808	0.8606	1.7469
	每股现金流量(元)	−0.1663	0.1761	−0.3012	−0.1463
	每股资本公积金(元)	0.5649	0.5549	0.5424	0.5242
	每股盈余公积金(元)	0.5552	0.5552	0.5550	0.5550
	每股未分配利润(元)	1.5722	2.1943	2.4104	3.0081
	净资产收益率(%)	15.6290	31.0154	14.4592	25.3422
	加权净资产收益率(%)	13.7400	28.3300	12.5200	27.2400
	净资产收益率(扣除)(%)	14.7247	28.9130	13.6292	23.3845
	总资产(万元)	2033168.96	2135191.94	2047862.42	2288446.72
	归属母公司股东权益(万元)	1218280.72	1420279.30	1487950.81	1679233.87
	营业收入(万元)	2399716.28	5182236.60	2552722.78	4469666.76
	营业支出(万元)	1953417.20	4243954.04	2093273.48	3541334.85
	投资收益(万元)	3694.82	9808.40	7015.80	15602.72
	净利润(万元)	198329.09	456154.16	222815.95	441646.34
	营业利润(万元)	245637.27	555625.36	278817.26	540999.41
	利润总额(万元)	257715.85	586199.93	288761.09	567515.32

天津津滨发展股份有限公司

公司概况	公司名称	天津津滨发展股份有限公司			证券简称	津滨发展
	法人代表	华志忠	董秘	于志丹	证券代码	000897
	公司网址	www.jbdc.com.cn		电子信箱	ZM@TEDA.TJ.CN	
	电　话	022-66223200		传　真	022-66223273	
	办公地址	天津市河西区体院北道36号D座				
	经营范围	基础设施开发、建设、经营,各类物资、商品的批发、零售等				

主要财务指标	指标\报告期	2017.06.30	2016.12.31	2016.06.30	2015.12.31
	基本每股收益(元)	−0.0238	0.0291	0.0152	−0.1157
	基本每股收益(扣除后)(元)	−0.0247	0.0302	0.0144	−0.0893
	稀释每股收益(元)	−0.0238	0.0291	0.0152	−0.1157
	每股净资产(元)	0.7794	0.8032	0.7893	0.7741
	每股经营现金净流量(元)	−0.1151	0.5085	0.2304	0.2065
	每股现金流量(元)	−0.2085	0.3635	0.1277	−0.2263
	每股资本公积金(元)	0.1915	0.1915	0.1915	0.1915
	每股盈余公积金(元)	0.0402	0.0402	0.0402	0.0402
	每股未分配利润(元)	−0.4523	−0.4284	−0.4423	−0.4575
	净资产收益率(%)	−3.0571	3.6226	1.9262	−14.9437
	加权净资产收益率(%)	−3.0100	3.6900	1.9500	−13.9900
	净资产收益率(扣除)(%)	−3.1697	3.7576	1.8253	−11.5370
	总资产(万元)	667834.57	669981.05	646612.24	629093.66
	归属母公司股东权益(万元)	126043.05	129896.34	127649.56	125189.31
	营业收入(万元)	6727.79	89330.23	40898.01	74047.12
	营业支出(万元)	4673.44	55624.29	25101.62	47612.80
	投资收益(万元)	1977.43	535.03	−204.24	958.57
	净利润(万元)	−3686.40	838.39	2055.65	−18662.83
	营业利润(万元)	−3515.11	5702.84	4231.01	−8904.37
	利润总额(万元)	−3569.28	5243.60	4174.65	−15010.33

鞍钢股份有限公司

公司概况	公司名称	鞍钢股份有限公司			证券简称	鞍钢股份
	法人代表	王义栋	董秘		证券代码	000898
	公司网址	www.ansteel.com.cn		电子信箱	zhangjf@ansteel.com.cn	
	电　　话	0412-6734878		传　　真	0412-6727772	
	办公地址	辽宁省鞍山市铁西区鞍钢厂区				
	经营范围	黑色金属冶炼及钢压延加工等				

	指标\报告期	2017.06.30	2016.12.31	2016.06.30	2015.12.31
主要财务指标	基本每股收益(元)	0.2520	0.2230	0.0410	-0.6350
	基本每股收益(扣除后)(元)	0.2530	0.2200	0.0380	-0.6460
	稀释每股收益(元)	0.2520	0.2230	0.0410	-0.6350
	每股净资产(元)	6.3906	6.2000	6.0235	5.9800
	每股经营现金净流量(元)	0.0843	0.6011	0.1989	0.7100
	每股现金流量(元)	0.0180	-0.2257	-0.1650	0.2611
	每股资本公积金(元)	4.3566	4.3566	4.3566	4.3566
	每股盈余公积金(元)	0.4948	0.4948	0.4948	0.4948
	每股未分配利润(元)	0.5283	0.3433	0.1614	0.1200
	净资产收益率(%)	3.9429	3.6006	0.6884	-10.6138
	加权净资产收益率(%)	3.9800	3.6700	0.6900	-10.0600
	净资产收益率(扣除)(%)	3.9667	3.5515	0.6310	-10.8033
	总资产(万元)	8753200.00	8806900.00	8720800.00	8859600.00
	归属母公司股东权益(万元)	4623500.00	4488200.00	4358000.00	4327400.00
	营业收入(万元)	3905700.00	5788200.00	2543000.00	5275900.00
	营业支出(万元)	3467500.00	5018600.00	2221700.00	4946900.00
	投资收益(万元)	22900.00	42700.00	22400.00	39100.00
	净利润(万元)	183100.00	161500.00	29700.00	-460000.00
	营业利润(万元)	188300.00	159100.00	27500.00	-387300.00
	利润总额(万元)	186900.00	162000.00	30800.00	-376300.00

江西赣能股份有限公司

公司概况	公司名称	江西赣能股份有限公司			证券简称	赣能股份
	法人代表	姚迪明	董秘	曹宇	证券代码	000899
	公司网址	www.000899.com		电子信箱	caoyu@000899.com	
	电　　话	0791-88109899　88106200		传　　真	0791-88106119	
	办公地址	江西省南昌市高新技术开发区火炬大街 199 号				
	经营范围	火力、水力发电，节能项目开发等				

	指标\报告期	2017.06.30	2016.12.31	2016.06.30	2015.12.31
主要财务指标	基本每股收益(元)	0.0939	0.4000	0.2623	0.8900
	基本每股收益(扣除后)(元)	0.0961	0.4100	0.2665	0.8400
	稀释每股收益(元)	0.0939	0.4000	0.2623	0.8900
	每股净资产(元)	4.6685	4.8876	4.7504	4.0571
	每股经营现金净流量(元)	0.3639	0.3811	0.3643	1.4803
	每股现金流量(元)	0.2098	0.7886	1.5067	0.0255
	每股资本公积金(元)	2.4941	2.4941	2.4944	0.9468
	每股盈余公积金(元)	0.3259	0.3259	0.2871	0.4332
	每股未分配利润(元)	0.8369	1.0430	0.9564	1.6507
	净资产收益率(%)	2.0117	7.9317	5.5223	21.8994
	加权净资产收益率(%)	1.9300	8.2400	5.6400	24.3000
	净资产收益率(扣除)(%)	2.0582	8.0615	5.6101	20.8140
	总资产(万元)	750238.54	756767.59	747781.38	597408.09
	归属母公司股东权益(万元)	455492.43	476868.57	463484.58	262363.23
	营业收入(万元)	106362.86	217656.15	94147.72	255263.29
	营业支出(万元)	92134.35	157551.30	55153.18	161345.68
	投资收益(万元)	4462.54	6549.81	3038.74	8814.00
	净利润(万元)	9163.17	37823.58	25595.08	57455.90
	营业利润(万元)	10861.30	49249.32	33663.97	75117.42
	利润总额(万元)	10649.44	48494.98	33257.16	75029.67

现代投资股份有限公司

公司概况	公司名称	现代投资股份有限公司			证券简称	现代投资
	法人代表	周志中	董秘	马玉国	证券代码	000900
	公司网址	www.xdtz.net		电子信箱	dongban@xdtz.net	
	电　　话	0731-88749800　88749898		传　　真	0731-88749811	
	办公地址	湖南省长沙市天心区芙蓉南路二段 128 号现代广场写字楼 7、8、9 楼				
	经营范围	投资经营公路、桥梁、隧道和渡口，投资高新技术产业、广告业等				

	指标\报告期	2017.06.30	2016.12.31	2016.06.30	2015.12.31
主要财务指标	基本每股收益(元)	0.4021	0.8100	0.3384	0.5600
	基本每股收益(扣除后)(元)	0.3895	0.7000	0.3002	0.4400
	稀释每股收益(元)	0.4021	0.8100	0.3384	0.5600
	每股净资产(元)	8.0606	7.6357	7.1646	6.8840
	每股经营现金净流量(元)	0.4839	1.4745	0.4682	1.4177
	每股现金流量(元)	0.1827	0.5785	0.2740	0.8262
	每股资本公积金(元)	0.9599	0.9599	0.9613	0.9599
	每股盈余公积金(元)	0.8223	0.8223	0.7518	0.7518
	每股未分配利润(元)	5.1611	4.7604	4.3620	4.0658
	净资产收益率(%)	4.9884	10.6347	4.7228	8.1377
	加权净资产收益率(%)	5.1200	11.2000	4.8100	8.4300
	净资产收益率(扣除)(%)	4.8320	9.1617	4.1900	6.4430
	总资产(万元)	2290987.29	2201657.86	2064860.31	1869701.54
	归属母公司股东权益(万元)	815635.60	772645.78	724974.74	696579.79
	营业收入(万元)	458260.71	952369.02	390044.20	651614.08
	营业支出(万元)	382114.42	790245.48	312925.90	515723.68
	投资收益(万元)	14745.22	13045.45	6726.67	14454.62
	净利润(万元)	40111.97	83198.66	34839.49	57963.52
	营业利润(万元)	53593.10	95473.53	41013.04	64522.06
	利润总额(万元)	53000.95	106492.57	45660.89	76811.78

航天科技控股集团股份有限公司

公司概况	公司名称	航天科技控股集团股份有限公司			证券简称	航天科技
	法人代表	徐涛	董秘	王玉伟	证券代码	000901
	公司网址	www.as-hitecn.com		电子信箱	wudan@as-hitech.com	
	电　　话	010-83636061		传　　真	010-83636060	
	办公地址	北京市丰台区科学城海鹰路 1 号海鹰科技大厦 15,16 层				
	经营范围	汽车电子、环保监测、航天产品的研发、生产和销售的高新技术企业				

	指标\报告期	2017.06.30	2016.12.31	2016.06.30	2015.12.31
主要财务指标	基本每股收益(元)	0.1737	0.2507	0.0255	0.1600
	基本每股收益(扣除后)(元)	0.1695	0.2200	0.0231	0.1100
	稀释每股收益(元)	0.1737	0.2507	0.0255	0.1600
	每股净资产(元)	9.0429	8.5796	4.3015	4.2745
	每股经营现金净流量(元)	0.3859	1.0743	-0.2186	-0.0895
	每股现金流量(元)	-0.0067	0.4330	-0.1973	-0.8452
	每股资本公积金(元)	6.3785	6.3785	1.9853	1.9842
	每股盈余公积金(元)	0.1277	0.1277	0.1615	0.1615
	每股未分配利润(元)	1.4433	1.2696	1.1491	1.1236
	净资产收益率(%)	1.9208	2.9217	0.5929	3.6730
	加权净资产收益率(%)	1.9700	4.4000	0.5900	3.7400
	净资产收益率(扣除)(%)	1.8747	2.1191	0.5375	2.5452
	总资产(万元)	595118.09	572981.13	213906.77	212962.53
	归属母公司股东权益(万元)	370269.48	351299.55	139208.51	138332.34
	营业收入(万元)	274301.14	548151.64	80450.66	181003.29
	营业支出(万元)	216620.02	433903.06	63020.22	143843.67
	投资收益(万元)	1288.98	1204.07	1298.46	960.62
	净利润(万元)	7296.06	15536.04	1104.75	6699.34
	营业利润(万元)	9369.98	16103.24	1465.10	4990.25
	利润总额(万元)	9590.14	21545.24	1699.97	8047.70

湖北新洋丰肥业股份有限公司

公司概况	公司名称	湖北新洋丰肥业股份有限公司			证券简称	新洋丰	
	法人代表	杨才学	董秘	杜轶学	证券代码	000902	
	公司网址	www.xinyf.com		电子信箱	000902@xinyf.com		
	电　话	0724-8706677		传　真	0724-8706679		
	办公地址	湖北省荆门市掇刀区月亮湖北路附7号					
	经营范围	新型复混肥料、磷铵、化工原料及化肥系列产品等					

主要财务指标	指标\报告期	2017.06.30	2016.12.31	2016.06.30	2015.12.31
	基本每股收益(元)	0.3300	0.4300	0.3500	1.1800
	基本每股收益(扣除后)(元)	0.3200	0.4200	0.3500	1.1600
	稀释每股收益(元)	0.3300	0.4300	0.3500	1.1800
	每股净资产(元)	4.1580	3.9400	3.6850	7.1102
	每股经营现金净流量(元)	0.8859	0.5707	0.2393	0.9770
	每股现金流量(元)	0.7399	−0.5603	−0.2253	1.2864
	每股资本公积金(元)	0.4518	0.4961	0.4707	1.9414
	每股盈余公积金(元)	0.1818	0.1803	0.1445	0.2890
	每股未分配利润(元)	2.4568	2.2587	2.2156	4.0222
	净资产收益率(%)	7.9362	10.8585	9.4172	15.9504
	加权净资产收益率(%)	8.0200	11.5300	9.5600	19.6500
	净资产收益率(扣除)(%)	7.8790	10.6967	9.3582	15.7302
	总资产(万元)	825577.14	788901.11	693359.93	697048.96
	归属母公司股东权益(万元)	542422.07	518565.54	496308.56	468722.14
	营业收入(万元)	512737.79	827633.99	506111.78	961908.44
	营业支出(万元)	418278.52	694100.22	417807.04	781328.27
	投资收益(万元)	828.31	1018.64	354.49	394.11
	净利润(万元)	44067.70	57943.21	48723.85	77785.54
	营业利润(万元)	54745.09	72157.95	59541.39	95486.90
	利润总额(万元)	55155.00	73210.92	59960.32	96707.04

昆明云内动力股份有限公司

公司概况	公司名称	昆明云内动力股份有限公司			证券简称	云内动力	
	法人代表	杨波	董秘	翟建峰	证券代码	000903	
	公司网址	www.yunneidongli.com		电子信箱	assets@yunneidongli.com		
	电　话	0871-5625802		传　真	0871-5633176		
	办公地址	云南省昆明经济技术开发区经景路66号					
	经营范围	多缸小缸径多缸柴油机及轻型载货车的开发、生产和销售等					

主要财务指标	指标\报告期	2017.06.30	2016.12.31	2016.06.30	2015.12.31
	基本每股收益(元)	0.0950	0.2800	0.1370	0.2200
	基本每股收益(扣除后)(元)	0.0780	0.0720	0.0950	0.0470
	稀释每股收益(元)	0.0950	0.2800	0.1370	0.2200
	每股净资产(元)	2.5930	5.0845	4.6506	4.5812
	每股经营现金净流量(元)	−0.2614	0.1600	0.2585	0.5319
	每股现金流量(元)	−0.1759	0.4924	0.0948	0.7481
	每股资本公积金(元)	1.0143	2.7285	2.3045	2.3045
	每股盈余公积金(元)	0.1611	0.3222	0.3246	0.3246
	每股未分配利润(元)	0.4169	1.0241	1.0130	0.9459
	净资产收益率(%)	3.6563	5.0109	2.9486	4.7949
	加权净资产收益率(%)	3.6600	5.9900	2.9500	4.8800
	净资产收益率(扣除)(%)	3.0259	1.2882	2.0378	1.0161
	总资产(万元)	951796.46	866853.86	790152.26	711245.18
	归属母公司股东权益(万元)	455731.06	446810.96	371587.63	366046.64
	营业收入(万元)	291357.34	392562.54	180499.08	283179.28
	营业支出(万元)	252832.75	338553.99	148145.68	235881.69
	投资收益(万元)	--	8782.70	1.07	8102.99
	净利润(万元)	16363.99	22351.79	10736.14	17120.31
	营业利润(万元)	16939.26	15419.77	8899.28	14335.68
	利润总额(万元)	19406.03	25993.65	13085.60	20182.93

厦门港务发展股份有限公司

公司概况	公司名称	厦门港务发展股份有限公司			证券简称	厦门港务	
	法人代表	柯东	董秘	刘翔	证券代码	000905	
	公司网址	www.xmgw.com.cn		电子信箱	liux@xmgw.com.cn		
	电　话	0592-5826220		传　真	0592-5826223		
	办公地址	福建省厦门市湖里区东港北路31号港务大厦20楼、21楼					
	经营范围	码头及港口设施、货物装卸、仓储、综合物流、转运、多式联运等					

主要财务指标	指标\报告期	2017.06.30	2016.12.31	2016.06.30	2015.12.31
	基本每股收益(元)	0.1200	0.3900	0.1600	0.4900
	基本每股收益(扣除后)(元)	0.0800	0.1900	0.0900	0.1800
	稀释每股收益(元)	0.1200	0.3900	0.1600	0.4900
	每股净资产(元)	4.9500	4.8815	5.3419	5.2254
	每股经营现金净流量(元)	−0.1098	0.5793	−0.0181	1.0575
	每股现金流量(元)	−0.8333	0.1928	0.6236	0.2857
	每股资本公积金(元)	0.0150	0.0150	0.4914	0.4914
	每股盈余公积金(元)	0.3098	0.3098	0.4859	0.4859
	每股未分配利润(元)	3.6027	3.5345	3.3423	3.2270
	净资产收益率(%)	2.4270	7.9708	2.9268	9.3016
	加权净资产收益率(%)	2.4300	6.5600	2.9500	9.7300
	净资产收益率(扣除)(%)	1.5707	3.8272	1.6714	3.5257
	总资产(万元)	709858.77	739015.26	584143.23	516933.50
	归属母公司股东权益(万元)	263083.56	259206.85	283654.20	277468.12
	营业收入(万元)	648321.96	899194.68	381121.04	726115.03
	营业支出(万元)	623872.78	845006.36	363182.42	688333.03
	投资收益(万元)	141.00	−327.00	−17.37	425.69
	净利润(万元)	10065.47	33758.92	9689.08	28784.28
	营业利润(万元)	11809.17	27705.81	9352.19	17104.05
	利润总额(万元)	13724.52	42781.29	13773.86	38496.03

浙商中拓集团股份有限公司

公司概况	公司名称	浙商中拓集团股份有限公司			证券简称	浙商中拓	
	法人代表	袁仁军	董秘	潘洁	证券代码	000906	
	公司网址	www.zmd.com.cn		电子信箱	zmd000906@zmd.com.cn		
	电　话	0571-86850618　86850678		传　真	0571-86850639		
	办公地址	浙江省杭州市下城区文晖路303号浙江省交通集团大厦8-10楼					
	经营范围	金属材料、钢铁炉料、铁合金、焦炭、矿产品经营等					

主要财务指标	指标\报告期	2017.06.30	2016.12.31	2016.06.30	2015.12.31
	基本每股收益(元)	0.1700	0.3200	0.1800	0.2500
	基本每股收益(扣除后)(元)	0.1300	0.4300	0.2000	−0.0900
	稀释每股收益(元)	0.1700	0.3200	0.1800	0.2500
	每股净资产(元)	3.4472	4.3125	4.1726	4.0532
	每股经营现金净流量(元)	−1.1714	0.7311	−1.7343	−0.2272
	每股现金流量(元)	−0.1874	0.5291	0.0307	0.4261
	每股资本公积金(元)	1.4521	2.1872	2.1872	2.1872
	每股盈余公积金(元)	0.1101	0.1432	0.1217	0.1217
	每股未分配利润(元)	0.8868	0.9845	0.8657	0.7470
	净资产收益率(%)	4.8733	7.3973	4.2806	5.4092
	加权净资产收益率(%)	4.9700	7.6300	4.3400	6.7800
	净资产收益率(扣除)(%)	3.8340	9.9486	4.8133	−1.9344
	总资产(万元)	923760.25	728339.42	729003.84	601446.81
	归属母公司股东权益(万元)	176085.42	169452.95	163956.53	159264.58
	营业收入(万元)	2158108.40	3297504.99	1364794.42	2102357.86
	营业支出(万元)	2112816.54	3209283.46	1324807.23	2040796.29
	投资收益(万元)	−119.33	−8278.17	−179.99	5437.27
	净利润(万元)	9530.21	11854.64	7583.09	7669.95
	营业利润(万元)	11864.54	13309.37	8501.66	713.15
	利润总额(万元)	12225.02	16197.42	9051.88	10358.91

湖南景峰医药股份有限公司

公司概况	公司名称	湖南景峰医药股份有限公司			证券简称	景峰医药
	法人代表	叶湘武	董秘	欧阳艳丽	证券代码	000908
	公司网址	www.jfzhiyao.com		电子信箱	ir@jfzhiyao.com	
	电　话	0731-88913276　58360092		传　真	0731-88913276	
	办公地址	上海市浦东新区张杨路 500 号华润时代广场 30 楼				
	经营范围	稠油泵、油气混输泵、工业潜污泵、系列潜水电泵等				

主要财务指标	指标\报告期	2017.06.30	2016.12.31	2016.06.30	2015.12.31
	基本每股收益(元)	0.0670	0.3900	0.1350	0.4100
	基本每股收益(扣除后)(元)	0.0550	0.3600	0.1190	0.3900
	稀释每股收益(元)	0.0670	0.3900	0.1350	0.4100
	每股净资产(元)	2.6500	2.7191	2.4769	2.7178
	每股经营现金净流量(元)	0.0211	0.0140	-0.0289	0.1155
	每股现金流量(元)	-0.1994	0.7754	0.0207	0.3816
	每股资本公积金(元)	0.8382	1.0334	1.0358	1.2810
	每股盈余公积金(元)	0.0944	0.0944	0.0833	0.0916
	每股未分配利润(元)	1.1840	1.1173	0.8841	0.9240
	净资产收益率(%)	2.5756	14.2141	5.4489	14.9104
	加权净资产收益率(%)	2.4200	15.0800	5.3700	17.3600
	净资产收益率(扣除)(%)	2.1248	13.1479	4.8105	14.2393
	总资产(万元)	517930.70	513400.75	391290.21	344264.75
	归属母公司股东权益(万元)	227918.84	239219.44	217910.77	217365.96
	营业收入(万元)	90779.97	264050.36	98341.60	245903.87
	营业支出(万元)	22449.42	55925.67	22892.24	46351.78
	投资收益(万元)	-285.81	-297.66	-36.80	282.90
	净利润(万元)	8134.86	38810.44	13410.97	37019.35
	营业利润(万元)	9636.57	44091.52	14111.72	41575.36
	利润总额(万元)	10858.38	47058.61	15718.50	43370.03

数源科技股份有限公司

公司概况	公司名称	数源科技股份有限公司			证券简称	数源科技
	法人代表	章国经	董秘	陈欣	证券代码	000909
	公司网址	www.soyea.com.cn		电子信箱	stock@soyea.com.cn	
	电　话	0571-88271018		传　真	0571-88271038	
	办公地址	浙江省杭州市西湖区教工路一号				
	经营范围	数字(模拟)彩色电视机、数字视音频产品、数字电子计算机及外部设备等				

主要财务指标	指标\报告期	2017.06.30	2016.12.31	2016.06.30	2015.12.31
	基本每股收益(元)	0.0630	0.0730	0.0600	0.1000
	基本每股收益(扣除后)(元)	0.0420	0.0040	0.0300	0.0500
	稀释每股收益(元)	0.0630	0.0730	0.0600	0.1000
	每股净资产(元)	3.3397	3.5383	2.5280	2.4695
	每股经营现金净流量(元)	-0.0151	2.5859	0.5230	-1.2648
	每股现金流量(元)	0.0219	1.4047	-0.0466	-0.0838
	每股资本公积金(元)	1.5113	1.6056	0.7586	0.7586
	每股盈余公积金(元)	0.0492	0.0523	0.0492	0.0492
	每股未分配利润(元)	0.6989	0.6760	0.6615	0.6061
	净资产收益率(%)	1.8760	2.0613	2.1898	3.8814
	加权净资产收益率(%)	1.8800	2.8600	2.2200	3.9200
	净资产收益率(扣除)(%)	1.2664	0.1125	1.0828	2.0352
	总资产(万元)	474732.65	466416.71	446178.40	439522.25
	归属母公司股东权益(万元)	104317.32	104027.45	74323.26	72603.58
	营业收入(万元)	89768.56	157502.06	60842.20	234568.14
	营业支出(万元)	76796.33	137317.28	54038.93	242399.28
	投资收益(万元)	531.13	1449.44	545.33	469.22
	净利润(万元)	4741.44	3764.96	1365.46	2332.93
	营业利润(万元)	6416.67	4468.42	927.66	-28112.31
	利润总额(万元)	6435.54	5438.82	1417.76	3196.65

大亚科技股份有限公司

公司概况	公司名称	大亚科技股份有限公司			证券简称	大亚科技
	法人代表	陈晓龙	董秘	吴谷华	证券代码	000910
	公司网址	www.daretechnology.com		电子信箱	wuguhua@cndare.com	
	电　话	0511-86981046		传　真	0511-86885000	
	办公地址	江苏省丹阳市经济开发区齐梁路 99 号大亚工业园				
	经营范围	涉及森工业、包装业及汽配业等				

主要财务指标	指标\报告期	2017.06.30	2016.12.31	2016.06.30	2015.12.31
	基本每股收益(元)	0.2600	1.0200	0.2000	0.6000
	基本每股收益(扣除后)(元)	0.2500	1.0200	0.1900	0.4900
	稀释每股收益(元)	0.2600	1.0200	0.2000	0.6000
	每股净资产(元)	5.6138	5.4709	4.4992	4.3513
	每股经营现金净流量(元)	0.8771	1.9514	0.7851	2.8200
	每股现金流量(元)	0.5182	-0.6033	-0.5180	0.4278
	每股资本公积金(元)	0.0491	0.0416	-	-
	每股盈余公积金(元)	0.4490	0.4490	0.4518	0.4518
	每股未分配利润(元)	3.9969	3.8535	3.0472	2.9016
	净资产收益率(%)	4.6924	18.6348	4.3632	13.8499
	加权净资产收益率(%)	4.7400	21.2200	4.4200	11.5000
	净资产收益率(扣除)(%)	4.5015	18.6063	4.3004	11.2283
	总资产(万元)	602290.41	593161.53	597519.38	647541.27
	归属母公司股东权益(万元)	297961.01	290379.99	237332.80	229530.51
	营业收入(万元)	295232.76	653137.61	272282.63	767670.19
	营业支出(万元)	192041.89	431401.73	180111.53	545184.11
	投资收益(万元)	457.32	32.60	288.93	3241.74
	净利润(万元)	15345.39	53414.29	11357.46	39051.78
	营业利润(万元)	20048.81	53122.31	13441.04	31715.20
	利润总额(万元)	20685.03	68792.54	15692.90	48584.24

南宁糖业股份有限公司

公司概况	公司名称	南宁糖业股份有限公司			证券简称	南宁糖业
	法人代表	肖凌	董秘	滕正朋	证券代码	000911
	公司网址	www.nnsugar.com		电子信箱	nnty@nnsugar.com	
	电　话	0771-4914317		传　真	0771-4910755	
	办公地址	广西壮族自治区南宁市青秀区古城路 10 号				
	经营范围	机制糖、机制纸、蔗渣浆、酒精的生产、加工、销售和提供售后服务等				

主要财务指标	指标\报告期	2017.06.30	2016.12.31	2016.06.30	2015.12.31
	基本每股收益(元)	-0.2200	0.0600	-0.6200	0.1900
	基本每股收益(扣除后)(元)	-0.3300	-0.2600	-0.6600	-0.2300
	稀释每股收益(元)	-0.2200	0.0600	-0.6200	0.1900
	每股净资产(元)	4.7003	4.9243	4.2956	4.9146
	每股经营现金净流量(元)	-3.4496	1.1595	-3.9426	0.5290
	每股现金流量(元)	-1.8049	0.6469	-1.4771	-0.0293
	每股资本公积金(元)	4.4455	4.4455	4.4944	4.4944
	每股盈余公积金(元)	0.4661	0.4661	0.4661	0.4661
	每股未分配利润(元)	-1.2113	-0.9873	-1.6649	-1.0459
	净资产收益率(%)	-4.7649	1.1893	-14.4096	3.7579
	加权净资产收益率(%)	-4.6500	1.1900	-15.5300	4.4100
	净资产收益率(扣除)(%)	-6.6591	-5.1859	-15.2592	-4.5221
	总资产(万元)	676611.33	669903.19	608666.72	566973.89
	归属母公司股东权益(万元)	152328.37	159586.73	139212.63	159272.60
	营业收入(万元)	119315.46	358881.97	92028.60	313842.34
	营业支出(万元)	101632.62	304832.97	84540.67	267532.91
	投资收益(万元)	2833.58	111.06	145.00	5425.55
	净利润(万元)	-7521.84	2003.66	-20179.47	5294.58
	营业利润(万元)	-11519.09	-8850.58	-21312.76	-4662.71
	利润总额(万元)	-8297.85	3335.06	-19915.01	4792.85

四川泸天化股份有限公司

公司概况					
公司名称	四川泸天化股份有限公司			证券简称	*ST天化
法人代表	廖廷君	董秘	王斌	证券代码	000912
公司网址	www.sclth.com		电子信箱	lth@lthcn.com	
电　话	86-830-4122476		传　真	86-830-4123267	
办公地址	四川省泸州市纳溪区				
经营范围	化肥、化工原材料的生产与销售等				

主要财务指标：指标\报告期	2017.06.30	2016.12.31	2016.06.30	2015.12.31
基本每股收益(元)	-0.0700	-1.0900	-0.3121	0.0312
基本每股收益(扣除后)(元)	-0.0800	-1.1100	-0.3145	-0.4800
稀释每股收益(元)	-0.0700	-1.0900	-0.3121	0.0312
每股净资产(元)	0.1359	0.1977	0.9696	1.2730
每股经营现金净流量(元)	0.4017	0.5381	0.6518	0.2289
每股现金流量(元)	-0.1026	-0.0919	-0.0827	-0.3885
每股资本公积金(元)	1.6741	1.6741	1.6741	1.6741
每股盈余公积金(元)	0.7861	0.7861	0.7861	0.7861
每股未分配利润(元)	-3.3674	-3.3010	-2.5239	-2.2118
净资产收益率(%)	-48.8157	-551.0224	-32.1863	2.4536
加权净资产收益率(%)	-40.3100	-148.1300	-27.9400	2.3600
净资产收益率(扣除)(%)	-58.2080	-561.5716	-32.4319	-37.8144
总资产(万元)	731268.52	766463.18	815139.03	828647.79
归属母公司股东权益(万元)	7947.86	11563.97	56723.05	74468.21
营业收入(万元)	189950.88	305917.50	146673.65	302780.53
营业支出(万元)	166258.53	299616.98	134657.61	274266.29
投资收益(万元)	-2.99	244.10	253.66	16460.35
净利润(万元)	-3926.57	-63795.43	-18302.43	-2961.64
营业利润(万元)	-4725.61	-65694.98	-18727.86	-6552.22
利润总额(万元)	-3980.93	-64210.24	-18574.73	-1252.73

浙江钱江摩托股份有限公司

公司概况					
公司名称	浙江钱江摩托股份有限公司			证券简称	钱江摩托
法人代表	林华中	董秘	王海斌	证券代码	000913
公司网址	www.qjmotor.com		电子信箱	office@qjmotor.com	
电　话	0576-86192111		传　真	0576-86139081	
办公地址	浙江省温岭市经济开发区				
经营范围	生产、研究、设计和开发摩托车及配件、销售自产产品并提供产品售后服务				

主要财务指标：指标\报告期	2017.06.30	2016.12.31	2016.06.30	2015.12.31
基本每股收益(元)	0.1100	0.7200	0.1100	-0.2900
基本每股收益(扣除后)(元)	0.1200	-0.5300	-0.0300	-0.3400
稀释每股收益(元)	0.1100	0.7200	0.1100	-0.2900
每股净资产(元)	5.4143	5.1631	4.7187	4.4105
每股经营现金净流量(元)	-0.1077	0.5613	0.0030	0.3638
每股现金流量(元)	-0.2499	0.7909	0.0386	-0.1554
每股资本公积金(元)	2.9450	2.9450	2.9482	2.9482
每股盈余公积金(元)	0.2858	0.2858	0.2670	0.2670
每股未分配利润(元)	0.7197	0.7080	0.1143	0.0031
净资产收益率(%)	2.0627	14.0177	2.3568	-6.5112
加权净资产收益率(%)	2.1000	15.2100	2.4500	-6.3900
净资产收益率(扣除)(%)	2.1551	-10.3323	-0.6597	-7.6693
总资产(万元)	384746.15	359331.89	357137.92	342827.04
归属母公司股东权益(万元)	245556.07	234164.88	214009.61	200033.78
营业收入(万元)	124710.09	225807.00	108150.13	213931.51
营业支出(万元)	97059.37	178762.67	87674.51	173352.78
投资收益(万元)	-546.39	61734.82	7913.45	-25.13
净利润(万元)	5038.64	30673.22	4146.33	-15469.67
营业利润(万元)	5342.56	38688.21	6165.08	-15650.37
利润总额(万元)	5752.94	39955.39	6445.44	-13040.60

山东山大华特科技股份有限公司

公司概况					
公司名称	山东山大华特科技股份有限公司			证券简称	山大华特
法人代表	崇学文	董秘	范智胜	证券代码	000915
公司网址	www.sd-wit.com		电子信箱	wit@sd-wit.com	
电　话	0531-85198601　85198606		传　真	86-531-85198080	
办公地址	山东省济南市经十路17703号华特广场				
经营范围	环保、医药和电子信息产品的生产销售等				

主要财务指标：指标\报告期	2017.06.30	2016.12.31	2016.06.30	2015.12.31
基本每股收益(元)	–	–	0.5900	0.8500
基本每股收益(扣除后)(元)	–	–	0.5700	0.7900
稀释每股收益(元)	–	–	0.5900	0.8500
每股净资产(元)	–	–	6.7012	6.1138
每股经营现金净流量(元)	–	–	0.9442	1.6101
每股现金流量(元)	–	–	-0.1829	0.0185
每股资本公积金(元)	–	–	0.1919	0.1919
每股盈余公积金(元)	–	–	0.2653	0.2653
每股未分配利润(元)	–	–	5.2441	4.6566
净资产收益率(%)	–	–	8.7659	13.8339
加权净资产收益率(%)	–	–	9.1700	14.7500
净资产收益率(扣除)(%)	–	–	8.5640	12.8758
总资产(万元)	–	–	227349.83	208090.94
归属母公司股东权益(万元)	–	–	120793.26	110204.63
营业收入(万元)	–	–	71564.36	123296.63
营业支出(万元)	–	–	26614.58	46487.02
投资收益(万元)	–	–	64.24	294.52
净利润(万元)	–	–	18817.63	26147.29
营业利润(万元)	–	–	21478.46	29099.21
利润总额(万元)	–	–	22054.03	30399.60

湖南电广传媒股份有限公司

公司概况					
公司名称	湖南电广传媒股份有限公司			证券简称	电广传媒
法人代表	陈刚	董秘	汤振羽	证券代码	000917
公司网址	www.tik.com.cn		电子信箱	dgcm@tik.com.cn	
电　话	86-0731-84252080		传　真	86-0731-84252096	
办公地址	湖南省长沙市浏阳河大桥东湖南金鹰影视文化城				
经营范围	影视节目的制作、发行和销售，有线电视网络及信息传播服务等				

主要财务指标：指标\报告期	2017.06.30	2016.12.31	2016.06.30	2015.12.31
基本每股收益(元)	0.0900	0.2400	0.1000	0.2700
基本每股收益(扣除后)(元)	0.0800	0.1700	0.0700	0.2600
稀释每股收益(元)	0.0900	0.2400	0.1000	0.2700
每股净资产(元)	7.7512	7.7541	7.6206	7.5639
每股经营现金净流量(元)	-0.3698	-0.2078	-0.3818	0.4109
每股现金流量(元)	0.0703	-0.3092	-0.1887	0.2292
每股资本公积金(元)	4.3434	4.3249	4.3247	4.3132
每股盈余公积金(元)	0.1467	0.1467	0.1467	0.1467
每股未分配利润(元)	1.8883	1.8022	1.7025	1.6072
净资产收益率(%)	1.1104	3.0308	1.2504	3.5567
加权净资产收益率(%)	1.1100	3.0700	1.2500	3.7300
净资产收益率(扣除)(%)	1.0649	2.2128	0.8991	3.4004
总资产(万元)	2334706.10	2251681.24	2120781.91	2015257.24
归属母公司股东权益(万元)	1098774.88	1099191.38	1080256.90	1072221.55
营业收入(万元)	378801.48	748639.25	349498.73	598534.86
营业支出(万元)	292218.91	543288.68	252197.12	411803.26
投资收益(万元)	42930.45	78340.83	25150.59	66021.43
净利润(万元)	25192.26	47679.60	16982.64	47342.47
营业利润(万元)	28995.49	61196.80	18300.72	59068.54
利润总额(万元)	30105.31	65573.93	20592.94	61070.13

嘉凯城集团股份有限公司

公司概况	公司名称	嘉凯城集团股份有限公司			证券简称	嘉凯城
	法人代表	甄立涛	董秘	李怀彬	证券代码	000918
	公司网址	www.calxon-group.com		电子信箱	ir000918@evergrande.com	
	电话	021-24267777 24267786		传真	0571-87922209	
	办公地址	上海市徐汇区虹桥路 536 号嘉凯城集团上海办公中心				
	经营范围	房地产开发和经营等				

	指标\报告期	2017.06.30	2016.12.31	2016.06.30	2015.12.31
主要财务指标	基本每股收益(元)	-0.4000	0.2200	-0.5300	-1.3000
	基本每股收益(扣除后)(元)	-0.3900	-1.0900	-0.5300	-1.4300
	稀释每股收益(元)	-0.4000	0.2200	-0.5300	-1.3000
	每股净资产(元)	1.0749	1.7060	0.5530	1.1069
	每股经营现金净流量(元)	0.4028	-0.4627	-0.2086	-0.3986
	每股现金流量(元)	-0.6106	0.5389	0.1121	-0.1277
	每股资本公积金(元)	-0.3736	-0.4992	-0.4992	-0.4992
	每股盈余公积金(元)	--	0.0951	0.1029	0.1029
	每股未分配利润(元)	0.0526	0.7142	-0.0507	0.4772
	净资产收益率(%)	-36.9465	12.9575	-95.4680	-117.3397
	加权净资产收益率(%)	-26.3500	17.2300	-63.6100	-74.3800
	净资产收益率(扣除)(%)	-35.8233	-63.6114	-96.0831	-129.6038
	总资产(万元)	3241507.03	3559139.17	3415743.58	3468431.00
	归属母公司股东权益(万元)	193939.00	307799.82	99766.90	199714.33
	营业收入(万元)	42536.69	307434.23	214180.62	405565.49
	营业支出(万元)	40337.41	291019.17	203864.39	407380.11
	投资收益(万元)	-9.94	267918.97	416.40	30191.98
	净利润(万元)	-74342.64	27290.36	-106741.43	-268358.41
	营业利润(万元)	-67924.23	117582.24	-105201.92	-265845.22
	利润总额(万元)	-70807.11	116894.97	-104955.67	-266394.34

金陵药业股份有限公司

公司概况	公司名称	金陵药业股份有限公司			证券简称	金陵药业
	法人代表	李春敏	董秘	徐俊扬	证券代码	000919
	公司网址	www.jlyy000919.com		电子信箱	jlyy@jlpharm.com	
	电话	025-83118511		传真	025-83112486	
	办公地址	江苏省南京市中央路 238 号金陵药业大厦				
	经营范围	中西药原料和制剂、生化制品、医药包装制品、医疗器械、保健食品等				

	指标\报告期	2017.06.30	2016.12.31	2016.06.30	2015.12.31
主要财务指标	基本每股收益(元)	0.1996	0.3574	0.2178	0.4129
	基本每股收益(扣除后)(元)	0.1950	0.3513	0.2084	0.3449
	稀释每股收益(元)	0.1996	0.3574	0.2178	0.4129
	每股净资产(元)	5.0613	5.0381	4.8967	4.8494
	每股经营现金净流量(元)	0.3325	0.1908	-0.1192	0.4215
	每股现金流量(元)	0.1920	0.0712	-0.0075	-0.0769
	每股资本公积金(元)	0.9183	0.9251	0.9251	0.9251
	每股盈余公积金(元)	0.6517	0.6517	0.6301	0.6301
	每股未分配利润(元)	2.4726	2.4430	2.3249	2.2771
	净资产收益率(%)	3.9433	7.0948	4.4473	8.5147
	加权净资产收益率(%)	3.8800	7.2300	4.3900	8.7400
	净资产收益率(扣除)(%)	3.8521	6.9726	4.2566	7.1121
	总资产(万元)	397134.19	385788.21	404171.55	385025.76
	归属母公司股东权益(万元)	255091.62	253921.61	246792.17	244412.15
	营业收入(万元)	171112.20	357865.28	180845.21	322137.54
	营业支出(万元)	134730.38	284493.36	141455.55	251378.28
	投资收益(万元)	1867.30	2201.96	1255.12	7902.45
	净利润(万元)	12283.06	22233.44	12767.51	26200.43
	营业利润(万元)	15489.33	28300.12	16513.05	32201.42
	利润总额(万元)	15560.40	28205.97	16569.83	32917.30

南方汇通股份有限公司

公司概况	公司名称	南方汇通股份有限公司			证券简称	南方汇通
	法人代表	黄纪湘	董秘	简勇	证券代码	000920
	公司网址	www.csrgc.com.cn/ht		电子信箱	dshbgs@nfht.com.cn	
	电话	86-851-84470866		传真	0851-4470866	
	办公地址	贵州省贵阳市乌当区高新路 126 号				
	经营范围	水处理工程技术、产品、设备研发、制造、销售				

	指标\报告期	2017.06.30	2016.12.31	2016.06.30	2015.12.31
主要财务指标	基本每股收益(元)	0.1490	0.2300	0.1210	0.2000
	基本每股收益(扣除后)(元)	0.1430	0.1900	0.1100	0.1800
	稀释每股收益(元)	0.1490	0.2300	0.1210	0.2000
	每股净资产(元)	1.9482	1.8580	2.2300	2.1514
	每股经营现金净流量(元)	0.0351	0.4477	0.2267	0.5222
	每股现金流量(元)	-0.3597	0.2516	0.1327	-0.1585
	每股资本公积金(元)	--	--	0.0471	0.0471
	每股盈余公积金(元)	0.0050	0.0050	0.1439	0.1439
	每股未分配利润(元)	0.5491	0.4303	0.6268	0.5354
	净资产收益率(%)	7.6337	12.5823	5.4429	9.2640
	加权净资产收益率(%)	7.7000	10.3800	5.5000	9.0700
	净资产收益率(扣除)(%)	7.3180	10.2646	4.9363	8.1961
	总资产(万元)	175576.34	178725.23	173798.02	167315.41
	归属母公司股东权益(万元)	82212.67	78409.29	94107.66	90787.72
	营业收入(万元)	53157.44	100938.01	50242.66	90459.36
	营业支出(万元)	30141.59	56586.61	28273.85	50614.69
	投资收益(万元)	-2.82	2676.31	291.74	406.37
	净利润(万元)	6847.01	13483.84	6957.27	12123.63
	营业利润(万元)	7895.66	13608.35	7822.33	12955.68
	利润总额(万元)	8300.15	16066.00	8381.24	14205.28

海信科龙电器股份有限公司

公司概况	公司名称	海信科龙电器股份有限公司			证券简称	海信科龙
	法人代表	汤业国	董秘	黄倩梅	证券代码	000921
	公司网址	www.kelon.com		电子信箱	kelonsec@hisense.com	
	电话	0757-28362570		传真	0757-28361055	
	办公地址	广东省佛山市顺德区容桂街道容港路 8 号				
	经营范围	开发、制造电冰箱等家用电器，产品内、外销售和提供售后服务，运输自营产品等				

	指标\报告期	2017.06.30	2016.12.31	2016.06.30	2015.12.31
主要财务指标	基本每股收益(元)	0.4900	0.8000	0.4100	0.4300
	基本每股收益(扣除后)(元)	0.4400	0.7300	0.2100	0.1700
	稀释每股收益(元)	0.4900	0.8000	0.4100	0.4300
	每股净资产(元)	3.7641	3.5719	3.2287	2.9676
	每股经营现金净流量(元)	0.4404	2.1471	0.7828	0.3554
	每股现金流量(元)	0.3511	-0.1594	0.7859	0.1043
	每股资本公积金(元)	1.5358	1.5358	1.5818	1.5818
	每股盈余公积金(元)	0.2302	0.2302	0.1766	0.1766
	每股未分配利润(元)	0.9886	0.7954	0.4612	0.2008
	净资产收益率(%)	13.1030	22.3470	12.7113	14.3505
	加权净资产收益率(%)	13.0900	24.2300	13.0400	15.4900
	净资产收益率(扣除)(%)	11.7853	20.5019	11.7995	5.7483
	总资产(万元)	2142861.30	1905505.86	1759685.33	1429281.70
	归属母公司股东权益(万元)	512936.88	486746.62	439985.04	404401.77
	营业收入(万元)	1760635.74	2673021.95	1312295.15	2347160.29
	营业支出(万元)	1434770.08	2048665.31	1004425.82	1844073.90
	投资收益(万元)	36625.17	52207.91	19051.91	53017.17
	净利润(万元)	70536.78	114159.38	59062.78	54427.64
	营业利润(万元)	73084.36	106525.52	64127.93	31399.11
	利润总额(万元)	82336.03	127034.15	69656.01	62365.42

浙江新和成股份有限公司

公司概况					
公司名称	浙江新和成股份有限公司			证券简称	新和成
法人代表	胡柏藩	董秘	石观群	证券代码	002001
公司网址	www.cnhu.com		电子信箱	002001@cnhu.com	
电话	0575-86017157		传真	0575-86125377	
办公地址	浙江省绍兴市新昌县七星街道大道西路418号				
经营范围	有机化工产品及饲料添加剂的生产、销售等				

主要财务指标 指标\报告期	2017.06.30	2016.12.31	2016.06.30	2015.12.31
基本每股收益(元)	0.5400	1.1000	0.4700	0.3700
基本每股收益(扣除后)(元)	0.5100	1.0500	0.4600	0.3300
稀释每股收益(元)	0.5400	1.1000	0.4700	0.3700
每股净资产(元)	7.3392	7.4042	6.7516	6.4728
每股经营现金净流量(元)	0.3906	1.0931	0.4023	0.8926
每股现金流量(元)	0.4704	-0.2402	-0.1432	-0.4115
每股资本公积金(元)	0.6617	0.6594	0.6594	0.6594
每股盈余公积金(元)	0.5000	0.5000	0.4173	0.4173
每股未分配利润(元)	5.1491	5.2110	4.6628	4.3892
净资产收益率(%)	7.3318	14.9163	7.0144	5.7044
加权净资产收益率(%)	7.0100	15.9200	7.0500	5.7400
净资产收益率(扣除)(%)	6.9689	14.2347	6.8556	5.0298
总资产(万元)	1183790.85	1141038.59	1046405.07	972426.15
归属母公司股东权益(万元)	799177.17	806256.78	735189.27	704839.41
营业收入(万元)	260802.24	469627.73	230266.63	382254.30
营业支出(万元)	148757.06	256287.11	133039.63	278209.16
投资收益(万元)	2909.45	6073.51	3035.38	5549.99
净利润(万元)	58568.42	122538.48	53545.85	38983.59
营业利润(万元)	68075.37	146970.00	65661.74	46937.84
利润总额(万元)	68769.88	150002.12	66545.91	48117.91

鸿达兴业股份有限公司

公司概况					
公司名称	鸿达兴业股份有限公司			证券简称	鸿达兴业
法人代表	周奕丰	董秘	林少韩	证券代码	002002
公司网址	www.002002.cn		电子信箱	hdxygf@hdxy.cn	
电话	0514-87270833 020-81802222		传真	0514-87270939 020-81652222	
办公地址	广东省广州市广州圆路1号广州圆大厦28层				
经营范围	聚氯乙烯、烧碱、纯碱、电石等基础化工产品及PVC下游制品				

主要财务指标 指标\报告期	2017.06.30	2016.12.31	2016.06.30	2015.12.31
基本每股收益(元)	0.2091	0.3382	0.1136	0.5728
基本每股收益(扣除后)(元)	0.2083	0.3305	0.1104	0.5586
稀释每股收益(元)	0.2083	0.3365	0.1130	0.5653
每股净资产(元)	1.6888	1.5792	3.5888	4.2737
每股经营现金净流量(元)	0.0152	0.2615	-0.0445	0.3412
每股现金流量(元)	-0.1436	-0.0906	-0.4132	0.0896
每股资本公积金(元)	0.0170	0.0159	0.9542	2.2150
每股盈余公积金(元)	0.0772	0.0772	0.1541	0.1541
每股未分配利润(元)	0.6016	0.4930	1.4773	1.1934
净资产收益率(%)	12.3519	21.3937	8.0217	12.4955
加权净资产收益率(%)	12.5100	23.6200	7.8700	15.2800
净资产收益率(扣除)(%)	12.3047	20.9087	7.7925	12.1849
总资产(万元)	1302387.98	1273798.37	1218259.33	1215013.57
归属母公司股东权益(万元)	408808.12	382263.89	344111.75	440381.64
营业收入(万元)	307324.77	615773.68	223678.61	380998.26
营业支出(万元)	196003.80	426403.04	159027.18	264295.45
投资收益(万元)	-696.18	-460.49	-470.24	1757.10
净利润(万元)	50207.38	82334.25	28067.29	53980.07
营业利润(万元)	62607.68	101358.65	33525.13	65265.97
利润总额(万元)	62848.72	103590.86	34443.91	66524.58

浙江伟星实业发展股份有限公司

公司概况					
公司名称	浙江伟星实业发展股份有限公司			证券简称	伟星股份
法人代表	章卡鹏	董秘	谢瑾琨	证券代码	002003
公司网址	www.weixing.cn		电子信箱	002003@weixing.cn	
电话	0576-85125002		传真	0576-85126598	
办公地址	浙江省临海市前江南路8号				
经营范围	钮扣、拉链、人造水晶钻及其他服饰辅料等				

主要财务指标 指标\报告期	2017.06.30	2016.12.31	2016.06.30	2015.12.31
基本每股收益(元)	0.2800	0.7000	0.3200	0.6100
基本每股收益(扣除后)(元)	0.2700	0.6900	0.3200	0.5900
稀释每股收益(元)	0.2700	0.6900	0.3200	0.6000
每股净资产(元)	3.7230	4.9285	4.6665	4.5229
每股经营现金净流量(元)	0.2063	0.7462	0.1775	0.8312
每股现金流量(元)	-0.1609	0.3342	0.0128	-0.3063
每股资本公积金(元)	1.4646	2.1696	2.0188	1.6069
每股盈余公积金(元)	0.3570	0.4641	0.4429	0.4677
每股未分配利润(元)	1.0319	1.4777	1.2048	1.4482
净资产收益率(%)	7.5153	13.3662	6.6702	13.4244
加权净资产收益率(%)	7.2100	14.5200	6.9600	13.7600
净资产收益率(扣除)(%)	7.3811	13.3145	6.6246	13.0217
总资产(万元)	295282.52	267467.80	253807.59	215311.33
归属母公司股东权益(万元)	217083.31	221061.20	200957.61	184426.18
营业收入(万元)	117500.82	217390.51	97431.65	187371.90
营业支出(万元)	67997.92	124354.28	56420.03	111496.01
投资收益(万元)	-244.15	-198.60	93.97	167.64
净利润(万元)	16864.65	31351.18	13674.70	24844.35
营业利润(万元)	21655.00	41346.46	18126.41	31704.50
利润总额(万元)	21960.24	41122.79	17944.57	31725.66

华邦生命健康股份有限公司

公司概况					
公司名称	华邦生命健康股份有限公司			证券简称	华邦健康
法人代表	张松山	董秘	彭云辉	证券代码	002004
公司网址	www.huapont.cn		电子信箱	huapont@163.com	
电话	86-23-67886900 67886985		传真	86-23-67886986	
办公地址	重庆市渝北区人和星光大道69号				
经营范围	从事投资业务,精细化工、生物化学、试剂产品开发及自销				

主要财务指标 指标\报告期	2017.06.30	2016.12.31	2016.06.30	2015.12.31
基本每股收益(元)	0.1600	-	0.2000	0.3400
基本每股收益(扣除后)(元)	0.1500	-	0.2000	0.3400
稀释每股收益(元)	0.1600	-	0.2000	0.3400
每股净资产(元)	4.7589	-	4.6640	4.6800
每股经营现金净流量(元)	-0.0824	-	0.0338	0.1683
每股现金流量(元)	-0.7532	-	-0.4540	1.3976
每股资本公积金(元)	2.6899	-	2.6943	2.7260
每股盈余公积金(元)	0.1007	-	0.0773	0.0773
每股未分配利润(元)	0.9747	-	0.9092	0.9050
净资产收益率(%)	3.4582	-	4.3790	6.6850
加权净资产收益率(%)	3.4200	-	4.2500	9.0100
净资产收益率(扣除)(%)	3.2523	-	4.2195	6.6977
总资产(万元)	2509432.26	-	2199195.24	1971039.73
归属母公司股东权益(万元)	968352.74	-	949068.77	952314.45
营业收入(万元)	428924.52	-	333554.23	617430.57
营业支出(万元)	298184.92	-	221824.26	404040.42
投资收益(万元)	13742.80	-	12483.47	12328.65
净利润(万元)	37081.07	-	45829.25	65682.32
营业利润(万元)	41074.10	-	51234.29	75276.17
利润总额(万元)	42464.08	-	53017.99	75731.26

广东德豪润达电气股份有限公司

公司概况					
公司名称	广东德豪润达电气股份有限公司			证券简称	德豪润达
法人代表	王冬雷	董秘	邓飞	证券代码	002005
公司网址	www.electech.com.cn		电子信箱	002005dongmi@electech.com.cn	
电　　话	86-756-3390188		传　　真	86-756-3390238	
办公地址	广东省珠海市香洲区唐家湾镇金凤路 1 号				
经营范围	开发、生产、销售家用电器、电机、电子、轻工产品、电动器具等				

主要财务指标				
指标＼报告期	2017.06.30	2016.12.31	2016.06.30	2015.12.31
基本每股收益(元)	-0.0481	0.0227	0.0100	0.0142
基本每股收益(扣除后)(元)	-0.0735	-0.2327	-0.0700	-0.4057
稀释每股收益(元)	-0.0481	0.0227	0.0100	0.0142
每股净资产(元)	3.7686	3.8353	3.9521	3.9561
每股经营现金净流量(元)	0.0662	0.8769	0.1732	0.3386
每股现金流量(元)	0.1677	0.2190	-0.0381	0.1928
每股资本公积金(元)	2.2932	2.2932	2.4409	2.4409
每股盈余公积金(元)	0.0624	0.0624	0.0621	0.0621
每股未分配利润(元)	0.4226	0.4707	0.4598	0.4484
净资产收益率(%)	-1.2762	0.5923	0.2906	0.3595
加权净资产收益率(%)	-1.1600	0.5700	0.2900	0.3600
净资产收益率(扣除)(%)	-3.1821	-6.0679	-1.7828	-10.2558
总资产(万元)	1358936.46	1352969.89	1319187.23	1343144.00
归属母公司股东权益(万元)	526245.28	535555.26	551866.17	552427.82
营业收入(万元)	192338.99	404976.48	170703.51	450635.69
营业支出(万元)	153423.10	332005.26	137278.06	374384.56
投资收益(万元)	2669.69	18959.03	1270.71	1528.41
净利润(万元)	-4046.33	2783.17	2770.61	1413.13
营业利润(万元)	-16791.95	-14091.48	-10878.72	-66874.94
利润总额(万元)	74.65	6250.25	6318.11	3021.77

浙江精功科技股份有限公司

公司概况					
公司名称	浙江精功科技股份有限公司			证券简称	精功科技
法人代表	金越顺	董秘	黄伟明	证券代码	002006
公司网址	www.jgtec.com.cn		电子信箱	zjjgkj@jgtec.com.cn	
电　　话	86-575-84138692		传　　真	86-575-84886600	
办公地址	浙江省绍兴市柯桥区鉴湖路 1809 号				
经营范围	太阳能光伏专用装备、新型建筑节能专用设备、轻纺专用设备的研制开发、生产销售等				

主要财务指标				
指标＼报告期	2017.06.30	2016.12.31	2016.06.30	2015.12.31
基本每股收益(元)	0.0600	0.1400	0.0700	0.0300
基本每股收益(扣除后)(元)	0.0600	0.1300	0.0600	0.0100
稀释每股收益(元)	0.0600	0.1400	0.0700	0.0300
每股净资产(元)	2.0870	2.0450	1.9705	1.9034
每股经营现金净流量(元)	-0.0205	0.4078	0.0688	0.3805
每股现金流量(元)	0.0662	-0.1726	-0.1571	0.0136
每股资本公积金(元)	0.5922	0.5922	0.5922	0.5922
每股盈余公积金(元)	0.1777	0.1777	0.1645	0.1645
每股未分配利润(元)	0.3003	0.2596	0.1999	0.1347
净资产收益率(%)	2.9071	6.7530	3.3124	1.8311
加权净资产收益率(%)	2.9200	7.0000	3.3700	1.8500
净资产收益率(扣除)(%)	2.7122	6.3712	3.2811	0.7868
总资产(万元)	163392.77	161906.15	147824.31	156167.71
归属母公司股东权益(万元)	94992.52	93079.74	89688.32	86633.76
营业收入(万元)	40610.72	69754.31	39697.95	65133.42
营业支出(万元)	29937.46	48069.95	30104.17	48271.76
投资收益(万元)	43.31	381.07	170.56	231.51
净利润(万元)	2766.51	5747.58	2851.37	1401.05
营业利润(万元)	2678.06	5508.62	2818.51	772.44
利润总额(万元)	2762.14	5815.18	2851.37	1401.05

华兰生物工程股份有限公司

公司概况					
公司名称	华兰生物工程股份有限公司			证券简称	华兰生物
法人代表	安康	董秘	谢军民	证券代码	002007
公司网址	www.hualanbio.com		电子信箱	hualan@hualanbio.com	
电　　话	86-373-3559989		传　　真	86-373-3559991	
办公地址	河南省新乡市华兰大道甲 1 号				
经营范围	生产、销售自产的生物制品、血液制品				

主要财务指标				
指标＼报告期	2017.06.30	2016.12.31	2016.06.30	2015.12.31
基本每股收益(元)	0.4635	0.8390	0.4412	0.6334
基本每股收益(扣除后)(元)	0.4226	0.7300	0.3645	0.8719
稀释每股收益(元)	0.4635	0.8390	0.4412	0.6334
每股净资产(元)	4.5985	4.5350	4.1328	6.2927
每股经营现金净流量(元)	-0.0337	0.3547	0.1925	0.9438
每股现金流量(元)	0.0493	0.1255	0.0640	-0.5415
每股资本公积金(元)	0.4242	0.4242	0.4198	0.6577
每股盈余公积金(元)	0.4146	0.4146	0.3566	0.5706
每股未分配利润(元)	2.7597	2.6962	2.3564	4.0643
净资产收益率(%)	10.0800	18.4999	10.6746	16.1052
加权净资产收益率(%)	9.7200	19.8500	10.6200	16.7200
净资产收益率(扣除)(%)	9.1905	16.0962	8.8204	13.8553
总资产(万元)	476727.71	465046.34	428985.32	402149.35
归属母公司股东权益(万元)	427700.83	421792.29	384386.63	365794.84
营业收入(万元)	101284.10	193466.97	85655.56	147176.33
营业支出(万元)	36055.96	76351.18	31085.98	61894.03
投资收益(万元)	5430.97	4345.34	2038.61	4627.14
净利润(万元)	42382.72	77136.44	40796.97	58199.86
营业利润(万元)	49616.42	83845.03	43231.92	66836.17
利润总额(万元)	50222.77	90418.37	48314.64	69252.76

大族激光科技产业集团股份有限公司

公司概况					
公司名称	大族激光科技产业集团股份有限公司			证券简称	大族激光
法人代表	高云峰	董秘	杜永刚	证券代码	002008
公司网址	www.hanslaser.com		电子信箱	bsd@hanslaser.com	
电　　话	0755-86161340		传　　真	0755-86161327	
办公地址	广东省深圳市南山区深南大道 9988 号				
经营范围	激光加工、PCB、光伏、LED 封装等专用设备的研发、生产及销售等				

主要财务指标				
指标＼报告期	2017.06.30	2016.12.31	2016.06.30	2015.12.31
基本每股收益(元)	0.8600	0.7100	0.3800	0.7100
基本每股收益(扣除后)(元)	0.8900	0.6700	0.3700	0.6300
稀释每股收益(元)	0.8600	0.7100	0.3800	0.7100
每股净资产(元)	5.7180	4.9700	4.6121	4.4574
每股经营现金净流量(元)	-0.4087	0.7463	-0.0663	0.5067
每股现金流量(元)	-0.0147	-0.0341	0.0662	-0.1849
每股资本公积金(元)	0.7423	0.7412	0.7375	0.7291
每股盈余公积金(元)	0.4234	0.4234	0.3641	0.3653
每股未分配利润(元)	3.3948	2.7382	2.4652	2.2983
净资产收益率(%)	14.9818	14.2143	8.1252	15.7581
加权净资产收益率(%)	15.8300	15.0500	8.1300	16.9900
净资产收益率(扣除)(%)	15.5021	13.4863	7.9228	14.1458
总资产(万元)	1335090.67	1036947.68	936803.33	758241.86
归属母公司股东权益(万元)	610148.72	530635.91	491814.50	474010.66
营业收入(万元)	553581.64	695888.80	312231.11	558734.47
营业支出(万元)	314984.60	429829.76	185162.75	347239.36
投资收益(万元)	1280.48	2250.11	1303.00	3923.23
净利润(万元)	91866.19	75436.56	40111.60	74637.06
营业利润(万元)	108025.60	69115.43	41289.68	61442.31
利润总额(万元)	101135.16	86725.00	47804.44	84378.63

天奇自动化工程股份有限公司

公司概况

公司名称	天奇自动化工程股份有限公司			证券简称	天奇股份
法人代表	白开军	董秘	费新毅	证券代码	002009
公司网址	www.chinaconveyor.com			电子信箱	fxy1973@vip.163.com
电　　话	0510-82720289			传　　真	0510-82720289
办公地址	江苏省无锡市惠山区洛社镇洛藕路288号				
经营范围	物流机械设备、风电产业及房地产业等				

主要财务指标

指标\报告期	2017.06.30	2016.12.31	2016.06.30	2015.12.31
基本每股收益(元)	0.1400	0.2800	0.1300	0.2700
基本每股收益(扣除后)(元)	0.1200	0.1700	0.0700	0.1400
稀释每股收益(元)	0.1400	0.2800	0.1300	0.2700
每股净资产(元)	5.2609	5.1575	4.8806	4.7852
每股经营现金净流量(元)	-0.2731	0.0876	-0.3354	1.9545
每股现金流量(元)	-0.7727	0.7133	-0.2125	0.8373
每股资本公积金(元)	2.4675	2.4701	2.3072	2.3058
每股盈余公积金(元)	0.1637	0.1637	0.1505	0.1505
每股未分配利润(元)	1.6208	1.5143	1.4130	1.3189
净资产收益率(%)	2.6707	5.4388	2.7317	5.6507
加权净资产收益率(%)	2.6900	5.7700	2.7500	5.9200
净资产收益率(扣除)(%)	2.2835	3.3085	1.4466	2.5586
总资产(万元)	480839.17	481807.53	428832.37	459180.35
归属母公司股东权益(万元)	194941.77	191109.70	178056.61	174574.93
营业收入(万元)	107440.43	243678.66	92126.02	217479.16
营业支出(万元)	79646.61	189092.22	70518.29	168768.70
投资收益(万元)	466.54	655.73	213.84	1223.15
净利润(万元)	6262.48	9903.10	5472.66	12039.12
营业利润(万元)	7855.66	7998.21	3146.77	9505.47
利润总额(万元)	8351.85	13512.94	6173.54	12985.36

传化智联股份有限公司

公司概况

公司名称	传化智联股份有限公司			证券简称	传化智联
法人代表	徐冠巨	董秘	朱江英	证券代码	002010
公司网址	www.transfarchem.com			电子信箱	zqb@etransfar.com
电　　话	0571-82872991			传　　真	0571-83782070
办公地址	浙江省杭州市萧山钱江世纪城民和路945号传化大厦16楼				
经营范围	经营印染助剂、化纤油剂、活性染料、合成橡胶等四大业务				

主要财务指标

指标\报告期	2017.06.30	2016.12.31	2016.06.30	2015.12.31
基本每股收益(元)	0.0600	0.1800	0.1400	0.2000
基本每股收益(扣除后)(元)	0.0100	-0.0500	0.0200	0.2800
稀释每股收益(元)	0.0600	0.1800	0.1400	0.2000
每股净资产(元)	3.4056	3.4154	3.3729	3.3375
每股经营现金净流量(元)	-0.4559	-0.1230	0.0508	0.1271
每股现金流量(元)	-0.6531	-0.3811	0.1204	1.7917
每股资本公积金(元)	1.8280	1.8280	1.8224	1.8224
每股盈余公积金(元)	0.0603	0.0603	0.0549	0.0549
每股未分配利润(元)	0.5105	0.5524	0.4967	0.4610
净资产收益率(%)	1.7073	5.2216	4.0220	5.0642
加权净资产收益率(%)	1.6800	5.2900	3.9800	18.2800
净资产收益率(扣除)(%)	0.3826	-1.4991	0.4780	1.7683
总资产(万元)	1899103.94	1711049.71	1505434.79	1448232.84
归属母公司股东权益(万元)	1109480.70	1118679.59	1098833.81	1087298.86
营业收入(万元)	578642.31	816672.68	238115.24	534034.04
营业支出(万元)	480502.30	693376.73	181254.45	403886.74
投资收益(万元)	4318.69	9782.23	3970.71	28692.54
净利润(万元)	26589.39	65054.31	49277.88	61841.14
营业利润(万元)	19431.91	-14320.44	156.19	42397.07
利润总额(万元)	40342.22	90911.89	60970.55	81123.59

浙江盾安人工环境股份有限公司

公司概况

公司名称	浙江盾安人工环境股份有限公司			证券简称	盾安环境
法人代表	冯忠波	董秘	何晓梅	证券代码	002011
公司网址	www.dunan.net			电子信箱	dazq@dunan.net
电　　话	0571-87113798 87113776			传　　真	0571-87113775
办公地址	浙江省杭州市滨江区滨安路1190号智汇领地科技园B座				
经营范围	制冷通用设备、家用电力器具部件、金属材料的制造、销售和服务等				

主要财务指标

指标\报告期	2017.06.30	2016.12.31	2016.06.30	2015.12.31
基本每股收益(元)	0.0700	0.0900	0.0700	0.1000
基本每股收益(扣除后)(元)	0.0300	-0.0700	0.0200	0.0100
稀释每股收益(元)	0.0700	0.0900	0.0700	0.1000
每股净资产(元)	4.7941	4.8538	4.9082	4.3915
每股经营现金净流量(元)	-0.1269	0.1240	0.0050	0.3195
每股现金流量(元)	0.3040	0.4066	0.6828	0.2995
每股资本公积金(元)	2.3070	2.3063	2.3151	1.6253
每股盈余公积金(元)	0.1452	0.1452	0.1349	0.1467
每股未分配利润(元)	1.2738	1.3020	1.2864	1.3287
净资产收益率(%)	1.4970	1.8646	1.3148	2.2174
加权净资产收益率(%)	1.4700	1.9300	1.4400	2.2800
净资产收益率(扣除)(%)	0.6426	-1.4483	0.3778	0.1899
总资产(万元)	1375856.92	1177878.57	1138168.09	1035268.44
归属母公司股东权益(万元)	439716.14	445197.89	450181.88	370387.58
营业收入(万元)	385772.07	583019.13	259170.01	585886.08
营业支出(万元)	317261.51	474711.64	203807.08	477311.84
投资收益(万元)	68.59	10339.90	90.89	1501.37
净利润(万元)	5071.62	8035.99	5363.73	6778.18
营业利润(万元)	7753.07	2446.88	1254.49	-752.03
利润总额(万元)	7222.06	14376.94	6289.60	8258.05

浙江凯恩特种材料股份有限公司

公司概况

公司名称	浙江凯恩特种材料股份有限公司			证券简称	凯恩股份
法人代表	杜简丞	董秘	周茜莉	证券代码	002012
公司网址	www.zjkan.com			电子信箱	admin@zjkan.com
电　　话	86-578-8128682			传　　真	86-578-8123717
办公地址	浙江省丽水市遂昌县凯恩路1008号				
经营范围	电子材料、纸及纸制品的制造、加工、销售				

主要财务指标

指标\报告期	2017.06.30	2016.12.31	2016.06.30	2015.12.31
基本每股收益(元)	0.0500	0.0200	-0.0100	0.0400
基本每股收益(扣除后)(元)	0.0100	---	-0.0100	0.0300
稀释每股收益(元)	0.0500	0.0200	-0.0100	0.0400
每股净资产(元)	2.5689	2.5422	2.5172	2.5235
每股经营现金净流量(元)	0.0639	0.1916	0.0331	0.1154
每股现金流量(元)	0.0431	0.0736	0.0683	0.0462
每股资本公积金(元)	0.5819	0.5819	0.5818	0.5818
每股盈余公积金(元)	0.1509	0.1509	0.1483	0.1483
每股未分配利润(元)	0.8361	0.8094	0.7872	0.7934
净资产收益率(%)	1.8180	0.7309	-0.2490	1.6355
加权净资产收益率(%)	1.8200	0.7300	-0.2500	1.6500
净资产收益率(扣除)(%)	0.4492	0.1553	-0.3941	1.0127
总资产(万元)	173889.53	174860.90	169045.47	162386.19
归属母公司股东权益(万元)	120126.93	118880.32	117711.95	118005.02
营业收入(万元)	46759.04	94257.02	41812.93	89250.06
营业支出(万元)	35132.91	68944.20	31160.62	64863.99
投资收益(万元)	1697.98	392.46	202.76	543.20
净利润(万元)	2657.12	1799.76	-75.91	2757.94
营业利润(万元)	2942.22	1766.50	0.33	2153.10
利润总额(万元)	2948.42	2325.26	19.89	2769.81

中航工业机电系统股份有限公司

公司概况	公司名称	中航工业机电系统股份有限公司		证券简称	中航机电
	法人代表	王坚	董秘 李兵	证券代码	002013
	公司网址	www.avicem.com	电子信箱	lib@avic.com	
	电　话	010-58354876	传　真	010-58354804	
	办公地址	北京市朝阳区三元桥曙光西里甲 5 号院 20 号楼			
	经营范围	汽车座椅调角器及各类精冲制品；精冲模具的研究、设计、开发、制造和销售			

主要财务指标	指标\报告期	2017.06.30	2016.12.31	2016.06.30	2015.12.31
	基本每股收益(元)	0.0700	0.3700	0.0600	0.3700
	基本每股收益(扣除后)(元)	0.0600	0.2700	0.0400	0.2800
	稀释每股收益(元)	0.0700	0.3700	0.0600	0.3700
	每股净资产(元)	3.1654	4.6745	4.4143	5.8873
	每股经营现金净流量(元)	-0.1605	0.5074	-0.4066	0.6240
	每股现金流量(元)	-0.5010	0.3958	0.6894	0.1742
	每股资本公积金(元)	0.8667	1.8001	1.8792	2.1873
	每股盈余公积金(元)	0.2068	0.3101	0.3100	0.5340
	每股未分配利润(元)	1.0565	1.5073	1.2392	2.0386
	净资产收益率(%)	2.3668	7.7782	1.9185	9.4392
	加权净资产收益率(%)	2.3800	7.9200	2.2700	9.9500
	净资产收益率(扣除)(%)	1.8099	5.6809	0.8802	5.1131
	总资产(万元)	2032479.44	2006735.12	2008034.20	1911670.20
	归属母公司股东权益(万元)	761515.33	749711.72	707981.46	548208.46
	营业收入(万元)	403421.75	851248.44	375389.36	794164.02
	营业支出(万元)	311646.91	640341.27	295491.65	604289.13
	投资收益(万元)	-567.06	-325.90	-186.04	13392.23
	净利润(万元)	18079.04	57582.64	14629.35	50795.99
	营业利润(万元)	18795.07	54657.09	8731.89	52089.12
	利润总额(万元)	22016.16	66329.02	17461.54	61263.49

黄山永新股份有限公司

公司概况	公司名称	黄山永新股份有限公司		证券简称	永新股份
	法人代表	孙毅	董秘 方洲	证券代码	002014
	公司网址	www.novel.com.cn	电子信箱	novel@novel.com.cn	
	电　话	86-559-3517878 3514242	传　真	86-559-3516357	
	办公地址	安徽省黄山市徽州区徽州东路 188 号			
	经营范围	从事彩印复合包装产品和真空镀铝膜产品的生产和销售			

主要财务指标	指标\报告期	2017.06.30	2016.12.31	2016.06.30	2015.12.31
	基本每股收益(元)	0.2500	0.6000	0.2600	—
	基本每股收益(扣除后)(元)	0.2300	0.5600	0.2500	—
	稀释每股收益(元)	0.2500	0.6000	0.2600	—
	每股净资产(元)	4.8911	5.1400	4.7983	—
	每股经营现金净流量(元)	0.1439	0.8358	0.2863	—
	每股现金流量(元)	-0.7276	0.1627	-0.3436	—
	每股资本公积金(元)	1.7831	1.7831	1.7683	—
	每股盈余公积金(元)	0.4885	0.4885	0.4450	—
	每股未分配利润(元)	1.6072	1.8591	1.5727	—
	净资产收益率(%)	5.0730	11.7396	5.3977	—
	加权净资产收益率(%)	4.9500	12.3100	5.4000	—
	净资产收益率(扣除)(%)	4.7451	10.8975	5.1785	—
	总资产(万元)	210785.89	227692.50	201745.06	—
	归属母公司股东权益(万元)	164216.19	172672.67	161099.67	—
	营业收入(万元)	89658.21	190419.38	84258.76	—
	营业支出(万元)	70494.67	146011.10	65256.13	—
	投资收益(万元)	—	—	—	—
	净利润(万元)	8511.58	20752.53	8913.01	—
	营业利润(万元)	10070.59	22948.54	10068.31	—
	利润总额(万元)	10128.64	24315.61	10493.12	—

江苏霞客环保色纺股份有限公司

公司概况	公司名称	江苏霞客环保色纺股份有限公司		证券简称	霞客环保
	法人代表	汪瑞敏	董秘 陈银凤	证券代码	002015
	公司网址	www.seeker-cn.com	电子信箱	sales@seeker-cn.com	
	电　话	0510-86525555 86520126	传　真	0510-86520112	
	办公地址	江苏省江阴市徐霞客镇马镇东街 7 号			
	经营范围	废弃聚酯的综合处理、有色聚酯纤维及色纺纱线的生产和销售			

主要财务指标	指标\报告期	2017.06.30	2016.12.31	2016.06.30	2015.12.31
	基本每股收益(元)	-0.0250	-0.1030	-0.0410	0.2720
	基本每股收益(扣除后)(元)	-0.0250	-0.0720	-0.0400	-0.0020
	稀释每股收益(元)	-0.0250	-0.1030	-0.0410	0.2720
	每股净资产(元)	0.6977	0.7226	0.7845	0.8221
	每股经营现金净流量(元)	-0.0409	-0.1192	-0.1904	-0.1861
	每股现金流量(元)	-0.0047	-0.1898	-0.1957	0.2446
	每股资本公积金(元)	2.5152	2.5152	2.5152	2.5119
	每股盈余公积金(元)	0.0448	0.0448	0.0448	0.0448
	每股未分配利润(元)	-2.8624	-2.8375	-2.7755	-2.7346
	净资产收益率(%)	-3.5650	-14.2443	-5.2199	33.0510
	加权净资产收益率(%)	-3.5000	-13.3100	-5.2200	—
	净资产收益率(扣除)(%)	-3.5407	-9.9652	-5.0246	-0.2030
	总资产(万元)	30362.83	30976.74	32567.77	35717.15
	归属母公司股东权益(万元)	27956.53	28953.18	31436.42	32943.62
	营业收入(万元)	14319.04	37974.14	25769.38	39318.16
	营业支出(万元)	13579.42	37447.82	25437.71	36147.03
	投资收益(万元)	3.19	30.19	18.04	353.13
	净利润(万元)	-996.65	-4124.19	-1640.95	10874.22
	营业利润(万元)	-986.65	-4062.77	-1579.54	359.91
	利润总额(万元)	-996.65	-4124.19	-1640.95	10874.22

广东世荣兆业股份有限公司

公司概况	公司名称	广东世荣兆业股份有限公司		证券简称	世荣兆业
	法人代表	梁家荣	董秘 余劲	证券代码	002016
	公司网址	www.gdsrzy.com	电子信箱	shirongzhaoye@sohu.com	
	电　话	0756-5888899	传　真	0756-5888882	
	办公地址	广东省珠海市斗门区珠峰大道 288 号 1 区 17 号楼			
	经营范围	房地产开发经营、房产租赁、建筑材料销售、日用品、电器、机械产品等			

主要财务指标	指标\报告期	2017.06.30	2016.12.31	2016.06.30	2015.12.31
	基本每股收益(元)	-0.0140	0.1157	0.1652	0.0817
	基本每股收益(扣除后)(元)	-0.0221	0.1222	0.1763	0.0791
	稀释每股收益(元)	-0.0140	0.1157	0.1652	0.0817
	每股净资产(元)	1.8182	2.2122	2.2616	2.0964
	每股经营现金净流量(元)	-0.1396	3.1381	1.2788	0.0375
	每股现金流量(元)	0.0873	1.6484	1.3661	-0.2426
	每股资本公积金(元)	0.0637	0.0637	0.0637	0.0637
	每股盈余公积金(元)	0.1716	0.1716	0.1360	0.1360
	每股未分配利润(元)	0.5829	0.9769	1.0619	0.8967
	净资产收益率(%)	-0.7703	5.2312	7.3046	3.7660
	加权净资产收益率(%)	-0.6400	5.3700	7.5800	3.8200
	净资产收益率(扣除)(%)	-1.2136	5.5233	7.7954	3.6464
	总资产(万元)	775776.11	718860.07	655978.29	504075.77
	归属母公司股东权益(万元)	147106.60	178985.45	182989.02	169622.37
	营业收入(万元)	19595.52	143295.55	103679.65	134901.80
	营业支出(万元)	10963.21	89864.69	66649.51	93851.17
	投资收益(万元)	-882.00	-4617.94	-1641.40	-5397.18
	净利润(万元)	-1262.35	8765.36	13325.00	6194.53
	营业利润(万元)	498.96	17539.06	19914.89	10662.94
	利润总额(万元)	441.17	16617.10	19013.22	11004.22

东信和平科技股份有限公司

公司概况	公司名称	东信和平科技股份有限公司			证券简称	东信和平
	法人代表	张晓川	董秘	陈宗潮	证券代码	002017
	公司网址	www.eastcompeace.com			电子信箱	webmaster@eastcompeace.com
	电　　话	0756-8682893			传　　真	0756-8682166
	办公地址	广东省珠海市南屏科技工业园屏工中路8号				
	经营范围	生产和销售移动通信用智能卡、非接触式智能卡及配套应用系统等				

	指标＼报告期	2017.06.30	2016.12.31	2016.06.30	2015.12.31
主要财务指标	基本每股收益(元)	0.0675	0.2400	0.0786	0.1855
	基本每股收益(扣除后)(元)	0.0590	0.2100	0.0717	0.1633
	稀释每股收益(元)	0.0675	0.2400	0.0786	0.1855
	每股净资产(元)	2.6654	2.6308	2.4305	2.3723
	每股经营现金净流量(元)	–0.3268	0.4691	–0.4432	0.5150
	每股现金流量(元)	–0.5162	0.1805	–0.6522	0.1756
	每股资本公积金(元)	0.6138	0.6195	0.6248	0.6205
	每股盈余公积金(元)	0.2208	0.2208	0.2033	0.2033
	每股未分配利润(元)	0.8649	0.8274	0.6873	0.6387
	净资产收益率(%)	2.5320	8.9660	3.2319	7.8236
	加权净资产收益率(%)	2.5400	9.5300	3.2600	8.1700
	净资产收益率(扣除)(%)	2.2144	8.0264	2.9479	6.8942
	总资产(万元)	153479.27	159005.09	147055.79	154637.88
	归属母公司股东权益(万元)	92334.22	91135.39	84230.02	82210.28
	营业收入(万元)	57867.19	149676.79	61095.31	143934.80
	营业支出(万元)	41857.34	110240.07	44659.49	107696.20
	投资收益(万元)	–540.60	–466.85	–138.92	–164.82
	净利润(万元)	2285.21	8720.83	3145.58	7016.99
	营业利润(万元)	1711.29	6880.92	2919.88	5708.01
	利润总额(万元)	2712.96	9714.09	3585.02	8014.91

安徽华信国际控股股份有限公司

公司概况	公司名称	安徽华信国际控股股份有限公司			证券简称	华信国际
	法人代表	李勇	董秘	孙为民	证券代码	002018
	公司网址	www.cefcih.com			电子信箱	zhaokebin@cefcih.com
	电　　话	021-23577799			传　　真	021-23577800
	办公地址	上海市徐汇区天钥桥路327号嘉汇广场G座21楼				
	经营范围	成品油贸易和燃料油贸易及保理业务				

	指标＼报告期	2017.06.30	2016.12.31	2016.06.30	2015.12.31
主要财务指标	基本每股收益(元)	0.1100	0.1600	0.0467	0.1300
	基本每股收益(扣除后)(元)	0.1100	0.1700	0.0445	–0.0200
	稀释每股收益(元)	0.1100	0.1600	0.0467	0.1300
	每股净资产(元)	1.4640	1.3876	1.2887	2.4174
	每股经营现金净流量(元)	–0.1758	–0.8482	–0.4249	0.0267
	每股现金流量(元)	0.0663	–0.0174	0.0629	0.0440
	每股资本公积金(元)	0.0415	0.0415	0.0415	0.9788
	每股盈余公积金(元)	0.0393	0.0393	0.0374	0.0711
	每股未分配利润(元)	0.3835	0.2953	0.1823	0.2876
	净资产收益率(%)	7.1848	11.6440	3.6223	5.4564
	加权净资产收益率(%)	7.3000	12.0300	3.6200	5.3000
	净资产收益率(扣除)(%)	7.1810	12.3840	3.4570	–1.0302
	总资产(万元)	1019601.49	988443.23	674414.57	539305.83
	归属母公司股东权益(万元)	333477.33	316077.00	293535.53	289809.83
	营业收入(万元)	893749.31	1902765.73	526554.69	798333.46
	营业支出(万元)	855016.01	1825436.34	494575.37	761678.00
	投资收益(万元)	–56.58	1043.96	–6964.42	16003.34
	净利润(万元)	25957.24	41030.22	13789.03	19423.27
	营业利润(万元)	33704.31	54906.46	18912.98	29908.49
	利润总额(万元)	33721.35	56265.73	19560.07	32198.52

亿帆医药股份有限公司

公司概况	公司名称	亿帆医药股份有限公司			证券简称	亿帆医药
	法人代表	程先锋	董秘	冯德崎	证券代码	002019
	公司网址	www.xinfupharm.com			电子信箱	xz@yifanyy.com
	电　　话	0571-63807806 63759205			传　　真	0571-63759225
	办公地址	浙江省杭州市临安市锦城街道琴山50号				
	经营范围	食品添加剂、饲料添加剂的开发、生产、销售、药品生产等				

	指标＼报告期	2017.06.30	2016.12.31	2016.06.30	2015.12.31
主要财务指标	基本每股收益(元)	0.4400	0.6400	0.3300	0.8200
	基本每股收益(扣除后)(元)	0.4000	0.6400	0.3300	0.6800
	稀释每股收益(元)	0.4400	0.6400	0.3300	0.8200
	每股净资产(元)	3.5233	3.2000	2.8876	6.4909
	每股经营现金净流量(元)	0.3434	0.7775	0.1352	0.9129
	每股现金流量(元)	–0.0650	0.4324	0.1115	–0.0392
	每股资本公积金(元)	1.0378	1.0563	1.0562	4.1406
	每股盈余公积金(元)	0.0676	0.0676	0.0487	0.1218
	每股未分配利润(元)	1.5661	1.2291	0.9387	1.6194
	净资产收益率(%)	12.4014	19.9957	11.4595	12.6159
	加权净资产收益率(%)	12.6500	22.0200	12.0100	13.2900
	净资产收益率(扣除)(%)	11.2741	20.1076	11.4633	10.4065
	总资产(万元)	695960.46	698350.44	657394.32	454673.66
	归属母公司股东权益(万元)	387839.28	352457.85	317871.72	285808.44
	营业收入(万元)	185687.50	350460.10	173167.48	243492.98
	营业支出(万元)	86175.14	173306.18	89644.27	145142.47
	投资收益(万元)	–20.17	62.52	24.66	1606.22
	净利润(万元)	46126.18	68339.57	36467.75	36196.15
	营业利润(万元)	56812.38	89945.80	46907.71	37719.93
	利润总额(万元)	61744.38		46831.23	44433.41

浙江京新药业股份有限公司

公司概况	公司名称	浙江京新药业股份有限公司			证券简称	京新药业
	法人代表	吕钢	董秘	金志平	证券代码	002020
	公司网址	www.jingxinpharm.com			电子信箱	jingxin@jingxinpharm.com
	电　　话	86-575-86176531			传　　真	86-575-86096898
	办公地址	浙江省绍兴市新昌县羽林街道新昌大道东路800号				
	经营范围	心脑血管类药物、抗感染药物、特色中药等产品的研发、生产和销售				

	指标＼报告期	2017.06.30	2016.12.31	2016.06.30	2015.12.31
主要财务指标	基本每股收益(元)	0.2660	0.3320	0.2164	0.2900
	基本每股收益(扣除后)(元)	0.2410	0.3010	0.1990	0.4990
	稀释每股收益(元)	0.2660	0.3320	0.2164	0.2900
	每股净资产(元)	3.8983	3.7251	3.6060	6.9367
	每股经营现金净流量(元)	0.2603	0.3955	0.1251	0.4527
	每股现金流量(元)	–0.0223	–0.1237	0.0475	0.1882
	每股资本公积金(元)	1.8959	1.8906	1.8906	4.7812
	每股盈余公积金(元)	0.0861	0.0860	0.0538	0.1077
	每股未分配利润(元)	0.9161	0.7484	0.6615	1.0478
	净资产收益率(%)	6.8351	8.9015	6.0009	7.4900
	加权净资产收益率(%)	6.8900	9.2400	6.0700	11.3400
	净资产收益率(扣除)(%)	6.1867	8.0674	5.5318	6.4485
	总资产(万元)	340586.46	329062.57	309302.58	293989.21
	归属母公司股东权益(万元)	248710.43	238100.77	230485.60	221688.20
	营业收入(万元)	99856.39	187546.09	89206.00	141569.64
	营业支出(万元)	42598.30	86440.41	42348.90	69874.48
	投资收益(万元)	1205.16	862.31	565.65	1823.42
	净利润(万元)	17288.24	21672.88	13990.24	16661.72
	营业利润(万元)	19300.50	23626.65	15211.20	18609.05
	利润总额(万元)	19977.17	25530.57	16188.50	19670.14

中捷资源投资股份有限公司

公司概况	公司名称	中捷资源投资股份有限公司			证券简称	中捷资源
	法人代表	周海涛	董秘	郑学国	证券代码	002021
	公司网址	www.zoje.com		电子信箱	zhxg@zoje.com	
	电　话	0576-87378885		传　真	0576-87335536	
	办公地址	浙江省台州市玉环县大麦屿街道兴港东路198号				
	经营范围	工业缝纫机及其配件、铸件的生产、销售				

主要财务指标	指标\报告期	2017.06.30	2016.12.31	2016.06.30	2015.12.31
	基本每股收益(元)	–0.0600	0.0200	–0.0700	–0.6200
	基本每股收益(扣除后)(元)	–0.0600	–0.2000	–0.0700	–0.4500
	稀释每股收益(元)	–0.0600	0.0200	–0.0700	–0.6200
	每股净资产(元)	1.4339	1.4969	1.4098	1.4795
	每股经营现金净流量(元)	0.0809	–0.0061	0.0146	–0.1284
	每股现金流量(元)	–0.0132	0.0035	–0.0191	–1.1843
	每股资本公积金(元)	0.7275	0.7275	0.7275	0.7275
	每股盈余公积金(元)	0.0623	0.0623	0.0623	0.0623
	每股未分配利润(元)	–0.3493	–0.2856	–0.3784	–0.3082
	净资产收益率(%)	–4.4402	1.5108	–4.9807	–42.0605
	加权净资产收益率(%)	–4.3500	1.5200	–4.8600	–35.2000
	净资产收益率(扣除)(%)	–4.3106	–13.6967	–4.9079	–31.9802
	总资产(万元)	184844.02	174581.15	155957.87	164606.67
	归属母公司股东权益(万元)	98627.39	102957.99	96965.01	101764.96
	营业收入(万元)	42331.79	64425.71	33934.21	72706.22
	营业支出(万元)	35151.09	54808.60	29635.74	64195.10
	投资收益(万元)	--	15523.99	19.90	–1677.64
	净利润(万元)	–4524.22	1717.09	–4927.23	–44865.35
	营业利润(万元)	–4465.26	903.22	–4897.35	–47563.87
	利润总额(万元)	–4362.44	1535.00	–4769.22	–47475.33

上海科华生物工程股份有限公司

公司概况	公司名称	上海科华生物工程股份有限公司			证券简称	科华生物
	法人代表	胡勇敏	董秘	王锡林	证券代码	002022
	公司网址	www.skhb.com		电子信箱	kehua@skhb.com	
	电　话	86-21-64850088		传　真	86-21-64851044	
	办公地址	上海市徐汇区钦州北路1189号				
	经营范围	生化试剂，临床诊断试剂，医疗器械产品，兽用针剂等				

主要财务指标	指标\报告期	2017.06.30	2016.12.31	2016.06.30	2015.12.31
	基本每股收益(元)	0.2464	0.4534	0.2694	--
	基本每股收益(扣除后)(元)	0.2342	0.4205	0.2484	--
	稀释每股收益(元)	0.2464	0.4534	0.2694	--
	每股净资产(元)	3.7253	3.6772	3.4290	--
	每股经营现金净流量(元)	0.0496	0.5487	0.0943	--
	每股现金流量(元)	–0.1763	0.1950	–0.0954	--
	每股资本公积金(元)	0.5629	0.5629	0.5689	--
	每股盈余公积金(元)	0.3526	0.3526	0.3188	--
	每股未分配利润(元)	1.7881	1.6767	1.5266	--
	净资产收益率(%)	6.6137	12.5974	7.8560	--
	加权净资产收益率(%)	6.6100	13.2000	7.9200	--
	净资产收益率(扣除)(%)	6.2869	11.6830	7.2434	--
	总资产(万元)	234682.72	232319.48	214649.25	--
	归属母公司股东权益(万元)	190948.50	188483.25	175758.63	--
	营业收入(万元)	75103.46	139667.21	69012.92	--
	营业支出(万元)	45046.40	81416.48	40203.61	--
	投资收益(万元)	–26.24	135.99	230.29	--
	净利润(万元)	12600.96	23082.83	13728.98	--
	营业利润(万元)	14385.96	25613.65	14663.18	--
	利润总额(万元)	15138.78	27220.31	15641.71	--

四川海特高新技术股份有限公司

公司概况	公司名称	四川海特高新技术股份有限公司			证券简称	海特高新
	法人代表	李飚	董秘	居平	证券代码	002023
	公司网址	www.schtgx.com		电子信箱	board@haitegroup.com	
	电　话	028-85921029		传　真	028-85921038	
	办公地址	四川省成都市高新区科园南路1号				
	经营范围	航空新技术研发与制造、航空维修、航空培训及航空金融服务				

主要财务指标	指标\报告期	2017.06.30	2016.12.31	2016.06.30	2015.12.31
	基本每股收益(元)	0.0300	0.0500	0.0700	0.0600
	基本每股收益(扣除后)(元)	0.0240	0.0300	0.0600	0.0400
	稀释每股收益(元)	0.0300	0.0500	0.0700	0.0600
	每股净资产(元)	4.7470	4.8104	4.3649	4.3444
	每股经营现金净流量(元)	–0.0638	0.0683	–0.0979	–0.0426
	每股现金流量(元)	–0.1591	0.3332	0.3118	0.4648
	每股资本公积金(元)	2.4915	2.4915	2.4959	2.5443
	每股盈余公积金(元)	0.1216	0.1216	0.1216	0.1216
	每股未分配利润(元)	0.6681	0.7377	0.7501	0.6838
	净资产收益率(%)	0.6424	1.1199	1.5198	1.2061
	加权净资产收益率(%)	0.7000	1.2300	1.5200	1.9200
	净资产收益率(扣除)(%)	0.5031	0.7256	1.3800	0.7510
	总资产(万元)	619793.71	592542.31	527023.19	454080.64
	归属母公司股东权益(万元)	359245.93	364048.61	330335.11	328777.21
	营业收入(万元)	20963.08	49474.76	23906.68	42852.68
	营业支出(万元)	11417.87	25511.27	11135.02	18567.64
	投资收益(万元)	1145.25	624.65	328.93	1648.09
	净利润(万元)	1792.53	3393.75	4627.19	2497.00
	营业利润(万元)	1038.62	1599.56	4055.30	1603.64
	利润总额(万元)	2765.97	4746.85	5908.64	3315.57

苏宁易购集团股份有限公司

公司概况	公司名称	苏宁易购集团股份有限公司			证券简称	苏宁易购
	法人代表	张近东	董秘	黄巍	证券代码	002024
	公司网址	www.suning.cn		电子信箱	stock@cnsuning.com	
	电　话	025-84418888*888122		传　真	025-84418888*2*888480	
	办公地址	江苏省南京市玄武区苏宁大道1号				
	经营范围	家用电器及消费类电子产品的销售和服务等				

主要财务指标	指标\报告期	2017.06.30	2016.12.31	2016.06.30	2015.12.31
	基本每股收益(元)	0.0300	0.0800	–0.0200	0.1200
	基本每股收益(扣除后)(元)	–0.0200	–0.1300	–0.0900	–0.2000
	稀释每股收益(元)	0.0300	0.0800	–0.0200	0.1200
	每股净资产(元)	8.0419	7.0600	6.3600	4.1287
	每股经营现金净流量(元)	–0.5286	0.4124	–0.1783	0.2348
	每股现金流量(元)	0.1390	0.1164	0.6934	0.6123
	每股资本公积金(元)	3.8973	3.8491	3.4805	0.7094
	每股盈余公积金(元)	0.1382	0.1382	0.1247	0.1572
	每股未分配利润(元)	1.7403	1.7876	1.7213	2.2499
	净资产收益率(%)	0.3893	1.0720	–0.2047	2.8623
	加权净资产收益率(%)	0.4400	1.4100	–0.3500	2.8700
	净资产收益率(扣除)(%)	–0.2620	–1.6856	–1.1661	–4.8056
	总资产(万元)	14748399.20	13716724.10	12561654.50	8807567.20
	归属母公司股东权益(万元)	7486996.20	6570968.00	5919183.00	3048255.60
	营业收入(万元)	8374587.10	14858533.10	6871475.90	13554763.30
	营业支出(万元)	7205589.80	12724754.10	5875531.90	11598118.20
	投资收益(万元)	47504.60	144542.00	–2458.10	165476.40
	净利润(万元)	22050.60	49323.20	–18656.70	75773.20
	营业利润(万元)	26448.10	205.20	–91319.70	–61002.10
	利润总额(万元)	30861.10	90088.70	–21587.40	88895.70

贵州航天电器股份有限公司

公司概况	公司名称	贵州航天电器股份有限公司			证券简称	航天电器
	法人代表	张兆勇	董秘	张旺	证券代码	002025
	公司网址	www.gzhtdq.com.cn		电子信箱	htdq@gzhtdq.com.cn	
	电　话	0851-8697168 8697026		传　真	0851-8697000	
	办公地址	贵州省贵阳市小河区红河路7号				
	经营范围	电器、电机、电源、仪器仪表、遥测遥控设备、伺服控制系统等的研制、生产和销售等				

	指标＼报告期	2017.06.30	2016.12.31	2016.06.30	2015.12.31
主要财务指标	基本每股收益(元)	0.3500	0.6100	0.2900	0.5400
	基本每股收益(扣除后)(元)	0.3200	0.5900	0.2900	0.5300
	稀释每股收益(元)	0.3500	0.6100	0.2900	0.5400
	每股净资产(元)	5.1373	5.0234	4.7011	4.5744
	每股经营现金净流量(元)	-0.0187	0.5622	0.1199	0.9600
	每股现金流量(元)	-0.2710	0.0689	-0.2712	0.6993
	每股资本公积金(元)	0.9848	0.9848	0.9842	0.9842
	每股盈余公积金(元)	0.7596	0.7596	0.6737	0.6737
	每股未分配利润(元)	2.2981	2.2010	1.9722	1.8584
	净资产收益率(%)	6.7577	12.1143	6.2511	11.8890
	加权净资产收益率(%)	6.6800	12.7100	6.2200	12.4900
	净资产收益率(扣除)(%)	6.2883	11.8430	6.0957	11.5214
	总资产(万元)	399753.47	371508.14	356921.77	323259.61
	归属母公司股东权益(万元)	220389.81	215502.83	201677.10	196242.25
	营业收入(万元)	127248.33	225640.33	109926.58	187343.41
	营业支出(万元)	79064.97	145442.62	68773.33	119519.50
	投资收益(万元)	52.96	210.64	-	285.17
	净利润(万元)	16749.64	29181.47	14420.94	25750.03
	营业利润(万元)	18248.80	32626.80	16488.97	28461.39
	利润总额(万元)	19846.66	33741.24	17142.85	29607.97

山东威达机械股份有限公司

公司概况	公司名称	山东威达机械股份有限公司			证券简称	山东威达
	法人代表	杨明燕	董秘	宋战友	证券代码	002026
	公司网址	www.weidapeacock.com		电子信箱	weida@weidapeacock.com	
	电　话	0631-8549156		传　真	86-631-8545388	
	办公地址	山东省威海市临港经济技术开发区苘山镇中韩路2号				
	经营范围	钻夹头及配件的生产与销售等				

	指标＼报告期	2017.06.30	2016.12.31	2016.06.30	2015.12.31
主要财务指标	基本每股收益(元)	0.1900	0.2600	0.1200	0.2300
	基本每股收益(扣除后)(元)	0.1600	0.2100	0.1100	0.1500
	稀释每股收益(元)	0.1900	0.2600	0.1200	0.2300
	每股净资产(元)	5.4684	5.3418	5.1994	4.6149
	每股经营现金净流量(元)	0.0159	0.0566	-0.0141	0.3060
	每股现金流量(元)	0.1383	-0.2881	0.2099	1.1349
	每股资本公积金(元)	2.9573	2.9573	2.9519	2.2843
	每股盈余公积金(元)	0.1995	0.1995	0.1755	0.2082
	每股未分配利润(元)	1.3045	1.1794	1.0667	1.1937
	净资产收益率(%)	3.3854	4.6333	2.0261	4.8970
	加权净资产收益率(%)	3.4100	5.2500	2.4700	4.9700
	净资产收益率(扣除)(%)	2.8544	3.7001	1.7923	3.2187
	总资产(万元)	282777.37	277064.44	267134.06	206128.10
	归属母公司股东权益(万元)	229728.40	224409.79	218428.03	166178.02
	营业收入(万元)	65683.48	118058.14	49181.30	82827.83
	营业支出(万元)	46667.26	87729.71	36616.50	63744.96
	投资收益(万元)	1227.89	1597.07	957.76	2978.77
	净利润(万元)	7689.59	10372.06	4430.71	8003.18
	营业利润(万元)	8468.04	11181.74	4960.60	7974.38
	利润总额(万元)	9381.21	12747.05	5205.74	9117.84

分众传媒信息技术股份有限公司

公司概况	公司名称	分众传媒信息技术股份有限公司			证券简称	分众传媒
	法人代表	刘杰良	董秘	孔微微	证券代码	002027
	公司网址	www.focusmedia.cn		电子信箱	FM002027@focusmedia.cn	
	电　话	86-21-22165288		传　真	86-21-22165288	
	办公地址	上海市长宁区江苏路369号兆丰大厦28层				
	经营范围	软件和信息技术服务业等				

	指标＼报告期	2017.06.30	2016.12.31	2016.06.30	2015.12.31
主要财务指标	基本每股收益(元)	0.2900	0.5200	0.4500	7.5500
	基本每股收益(扣除后)(元)	0.2400	0.4200	0.3800	6.8400
	稀释每股收益(元)	0.2900	0.5200	0.4500	7.5500
	每股净资产(元)	0.7919	0.9146	0.6200	1.1173
	每股经营现金净流量(元)	0.2094	0.5494	0.1910	0.6391
	每股现金流量(元)	0.4092	0.1583	0.0642	0.3781
	每股资本公积金(元)	0.0209	0.0209	0.0197	0.0491
	每股盈余公积金(元)	0.0134	0.0167	0.0087	0.0185
	每股未分配利润(元)	0.7158	0.8339	0.5511	0.9733
	净资产收益率(%)	36.6122	55.7033	35.1053	73.6973
	加权净资产收益率(%)	29.3100	70.7300	34.2800	73.2000
	净资产收益率(扣除)(%)	30.4718	45.4478	29.4854	66.7430
	总资产(万元)	1451231.67	1212905.98	878240.03	1250166.80
	归属母公司股东权益(万元)	691832.63	799092.62	541563.20	459873.11
	营业收入(万元)	564066.65	1021313.43	492694.24	862741.16
	营业支出(万元)	164661.02	301910.67	150216.19	253976.32
	投资收益(万元)	529.24	7.40	7.40	-65.74
	净利润(万元)	252341.94	444785.35	189280.99	338577.28
	营业利润(万元)	308950.94	430246.38	188237.98	349760.21
	利润总额(万元)	307792.48	531625.76	227420.43	396795.57

思源电气股份有限公司

公司概况	公司名称	思源电气股份有限公司			证券简称	思源电气
	法人代表	董增平	董秘	林凌	证券代码	002028
	公司网址	www.sieyuan.com		电子信箱	ir@sieyuan.com	
	电　话	021-61610958		传　真	021-61610959	
	办公地址	上海市闵行区华宁路3399号				
	经营范围	电力自动化保护设备、高压开关、高压互感器、电力电容器及电抗器等				

	指标＼报告期	2017.06.30	2016.12.31	2016.06.30	2015.12.31
主要财务指标	基本每股收益(元)	0.1900	0.4900	0.1900	—
	基本每股收益(扣除后)(元)	0.1400	0.4000	0.1500	—
	稀释每股收益(元)	0.1900	0.4600	0.1900	—
	每股净资产(元)	5.6235	5.5300	5.2443	—
	每股经营现金净流量(元)	-0.1844	0.2239	-0.4720	—
	每股现金流量(元)	-0.3375	0.3508	-0.5725	—
	每股资本公积金(元)	0.1184	0.1073	0.0772	—
	每股盈余公积金(元)	0.3954	0.3960	0.3551	—
	每股未分配利润(元)	4.1080	4.0236	3.8113	—
	净资产收益率(%)	3.3902	8.3733	3.6468	—
	加权净资产收益率(%)	3.4000	8.7000	3.6600	—
	净资产收益率(扣除)(%)	2.4541	6.7739	2.8724	—
	总资产(万元)	643315.11	646022.15	599646.06	—
	归属母公司股东权益(万元)	427506.05	419696.72	396200.02	—
	营业收入(万元)	187193.87	440373.04	169412.14	—
	营业支出(万元)	123925.02	285046.14	112544.02	—
	投资收益(万元)	809.96	3817.25	1889.65	—
	净利润(万元)	15672.36	40184.78	15914.42	—
	营业利润(万元)	13053.81	42746.62	16404.64	—
	利润总额(万元)	17566.17	47466.16	18393.69	—

福建七匹狼实业股份有限公司

公司概况	公司名称	福建七匹狼实业股份有限公司			证券简称	七匹狼
	法人代表	周少明	董秘	陈平	证券代码	002029
	公司网址	www.septwolves.com		电子信箱	zqb@septwolves.com	
	电　话	0595-85337739		传　真	0595-85337766	
	办公地址	福建省晋江市金井镇南工业区				
	经营范围	服装、服饰产品的设计、制造及销售等				

	指标＼报告期	2017.06.30	2016.12.31	2016.06.30	2015.12.31
主要财务指标	基本每股收益(元)	0.1600	0.3500	0.1400	0.3600
	基本每股收益(扣除后)(元)	0.1100	0.1800	0.0750	0.2000
	稀释每股收益(元)	0.1600	0.3500	0.1400	0.3600
	每股净资产(元)	6.9602	6.8783	6.6860	6.6448
	每股经营现金净流量(元)	0.0823	0.7798	0.1137	0.8482
	每股现金流量(元)	–0.0443	–0.5895	–0.5255	0.2089
	每股资本公积金(元)	2.4879	2.4878	2.4876	2.4876
	每股盈余公积金(元)	0.7648	0.7648	0.7220	0.7220
	每股未分配利润(元)	2.6692	2.6077	2.4362	2.3970
	净资产收益率(%)	2.3197	5.1405	2.0827	5.4374
	加权净资产收益率(%)	2.3300	5.2400	2.0800	5.5700
	净资产收益率(扣除)(%)	1.6303	2.5938	1.1200	3.0199
	总资产(万元)	776102.88	791966.43	659365.17	739780.80
	归属母公司股东权益(万元)	525960.38	519775.53	505243.24	502130.93
	营业收入(万元)	128201.11	263960.30	114407.57	248646.91
	营业支出(万元)	81775.09	147989.70	69622.60	142109.17
	投资收益(万元)	3319.13	10668.84	4863.13	9716.03
	净利润(万元)	12646.05	27760.91	10577.80	28008.38
	营业利润(万元)	16005.72	30196.87	12319.29	21337.16
	利润总额(万元)	15838.57	35911.10	13880.39	25779.29

中山大学达安基因股份有限公司

公司概况	公司名称	中山大学达安基因股份有限公司			证券简称	达安基因
	法人代表	何蕴韶	董秘	张斌	证券代码	002030
	公司网址	www.daangene.com		电子信箱	zhangbin@daangene.com	
	电　话	020-32290420		传　真	020-32290231	
	办公地址	广东省广州市高新技术开发区科学城香山路 19 号				
	经营范围	主要从事荧光 PCR 检测技术研究、开发和应用				

	指标＼报告期	2017.06.30	2016.12.31	2016.06.30	2015.12.31
主要财务指标	基本每股收益(元)	0.0800	0.1500	0.0900	0.1400
	基本每股收益(扣除后)(元)	0.0600	0.1000	0.0600	0.1000
	稀释每股收益(元)	0.0800	0.1500	0.0900	0.1400
	每股净资产(元)	2.2553	2.2201	1.9123	2.0137
	每股经营现金净流量(元)	–0.2213	–0.5260	–0.2444	–0.0088
	每股现金流量(元)	–0.4522	0.4269	0.2026	1.4978
	每股资本公积金(元)	0.8451	0.8451	0.6028	0.6426
	每股盈余公积金(元)	0.1302	0.1302	0.1194	0.1313
	每股未分配利润(元)	0.2761	0.2410	0.1904	0.2401
	净资产收益率(%)	3.5540	6.6288	4.6362	7.6285
	加权净资产收益率(%)	3.5500	7.7100	4.7300	10.0900
	净资产收益率(扣除)(%)	2.5997	4.3578	3.3851	4.8875
	总资产(万元)	411025.88	413965.93	349425.19	304173.62
	归属母公司股东权益(万元)	163490.56	160942.18	138628.87	132708.65
	营业收入(万元)	77108.09	161256.05	78934.97	147433.91
	营业支出(万元)	42615.02	91226.15	45452.62	91951.17
	投资收益(万元)	662.73	1655.85	96.68	575.50
	净利润(万元)	7138.12	13591.25	7277.29	11775.26
	营业利润(万元)	7695.30	10100.53	5851.16	8703.46
	利润总额(万元)	8623.84	15200.86	8317.07	13662.43

巨轮智能装备股份有限公司

公司概况	公司名称	巨轮智能装备股份有限公司			证券简称	巨轮智能
	法人代表	吴潮忠	董秘	吴豪	证券代码	002031
	公司网址	www.greatoo.com		电子信箱	greatoo@greatoo.com	
	电　话	0663-3271838		传　真	0663-3269266	
	办公地址	广东省揭阳市揭东经济开发区 5 号路中段				
	经营范围	制造和销售汽车子午线轮胎活络模具、轮胎二半模具及轮胎成型设备等				

	指标＼报告期	2017.06.30	2016.12.31	2016.06.30	2015.12.31
主要财务指标	基本每股收益(元)	0.0134	0.0143	0.0090	0.0588
	基本每股收益(扣除后)(元)	0.0001	–0.0088	0.0015	0.1550
	稀释每股收益(元)	0.0134	0.0143	0.0090	0.0588
	每股净资产(元)	1.3528	1.3405	1.3331	4.0703
	每股经营现金净流量(元)	0.0642	0.1095	0.0533	–0.0162
	每股现金流量(元)	–0.1332	–0.3268	–0.3138	0.1386
	每股资本公积金(元)	0.0181	0.0181	0.0181	1.6543
	每股盈余公积金(元)	0.0672	0.0672	0.0658	0.1975
	每股未分配利润(元)	0.2682	0.2598	0.2559	1.2405
	净资产收益率(%)	0.9885	1.0700	0.6774	4.3342
	加权净资产收益率(%)	0.9900	1.0600	0.6600	4.4100
	净资产收益率(扣除)(%)	0.0110	–0.6595	0.1096	3.8071
	总资产(万元)	579398.86	475565.75	471509.03	436915.05
	归属母公司股东权益(万元)	297532.71	294825.78	293209.61	298409.07
	营业收入(万元)	50262.91	81793.98	37519.15	98758.39
	营业支出(万元)	30863.76	59096.06	27183.10	70094.31
	投资收益(万元)	1087.40	2484.78	857.33	2012.73
	净利润(万元)	6277.06	4372.85	2267.79	13017.08
	营业利润(万元)	6592.14	2188.38	1490.19	15036.31
	利润总额(万元)	7850.68	5833.00	2675.16	15337.79

浙江苏泊尔股份有限公司

公司概况	公司名称	浙江苏泊尔股份有限公司			证券简称	苏泊尔
	法人代表	Frédéric VERWAERDE	董秘	叶继德	证券代码	002032
	公司网址	www.supor.com.cn		电子信箱	002032@supor.com	
	电　话	0571-86858778		传　真	0571-86858678	
	办公地址	浙江省杭州市高新技术产业区江晖路 1772 号苏泊尔大厦 19 层				
	经营范围	厨房炊具和厨卫小家电、大家电、健康家电的研发、制造和销售等				

	指标＼报告期	2017.06.30	2016.12.31	2016.06.30	2015.12.31
主要财务指标	基本每股收益(元)	0.7280	1.7120	0.5740	1.4130
	基本每股收益(扣除后)(元)	0.6920	1.5590	0.6680	1.3220
	稀释每股收益(元)	0.7270	1.7050	0.5730	1.4060
	每股净资产(元)	5.6832	7.1867	6.2148	6.9857
	每股经营现金净流量(元)	0.6805	2.1986	0.3271	1.7904
	每股现金流量(元)	–0.3054	–0.2378	–0.4680	0.7441
	每股资本公积金(元)	0.0731	0.0661	0.0574	0.8810
	每股盈余公积金(元)	0.3600	0.4680	0.2990	0.3119
	每股未分配利润(元)	4.2798	5.6887	4.8972	4.8248
	净资产收益率(%)	12.7899	23.7322	11.9842	20.1082
	加权净资产收益率(%)	12.7600	22.7900	10.3700	21.9000
	净资产收益率(扣除)(%)	12.1476	21.6024	10.6999	18.7803
	总资产(万元)	739586.49	785777.96	683076.14	739610.54
	归属母公司股东权益(万元)	466753.53	454201.75	392630.15	442110.33
	营业收入(万元)	690946.66	1194712.32	575192.08	1090968.66
	营业支出(万元)	483403.96	829999.91	401279.98	774920.60
	投资收益(万元)	2469.56	6107.99	5339.87	3851.32
	净利润(万元)	59727.93	113395.37	52601.84	98650.61
	营业利润(万元)	71773.31	131582.22	65702.34	114447.06
	利润总额(万元)	72894.32	136746.77	67041.83	117368.24

丽江玉龙旅游股份有限公司

公司概况	公司名称	丽江玉龙旅游股份有限公司			证券简称	丽江旅游
	法人代表	和献中	董秘	杨宁	证券代码	002033
	公司网址	www.ltg.cn		电子信箱	ljyn@vip.sina.com	
	电　话	0888-5105981 5306320		传　真	0888-5306333	
	办公地址	云南省丽江市古城区香格里大道760号丽江玉龙旅游大楼				
	经营范围	旅游索道及其他相关配套设施，对旅游、房地产等行业投资、建设等				

	指标\报告期	2017.06.30	2016.12.31	2016.06.30	2015.12.31
主要财务指标	基本每股收益(元)	0.1819	0.5295	0.2746	0.4670
	基本每股收益(扣除后)(元)	0.1816	0.5169	0.2736	0.4710
	稀释每股收益(元)	0.1819	0.5295	0.2746	0.4670
	每股净资产(元)	4.0403	5.1341	5.0346	4.8600
	每股经营现金净流量(元)	0.2293	0.8127	0.3335	0.9589
	每股现金流量(元)	0.0257	0.2089	0.0559	0.2822
	每股资本公积金(元)	1.0155	1.6383	1.7938	1.7938
	每股盈余公积金(元)	0.2758	0.3585	0.2957	0.2957
	每股未分配利润(元)	1.7490	2.1372	1.9452	1.7706
	净资产收益率(%)	4.5011	10.3139	5.4545	9.6020
	加权净资产收益率(%)	4.5300	10.4500	5.5100	9.9600
	净资产收益率(扣除)(%)	4.4953	10.0689	5.4583	9.6961
	总资产(万元)	289647.99	277773.86	272788.47	273969.84
	归属母公司股东权益(万元)	222011.30	217011.04	212806.40	205426.90
	营业收入(万元)	31888.47	77968.25	35974.06	78601.22
	营业支出(万元)	8534.28	19720.48	8114.78	19389.91
	投资收益(万元)	109.62	512.49	378.83	437.69
	净利润(万元)	10954.36	25511.28	13778.65	24858.29
	营业利润(万元)	13178.41	31728.59	16620.07	30385.55
	利润总额(万元)	13190.74	31348.23	16616.59	30132.23

旺能环境股份有限公司

公司概况	公司名称	旺能环境股份有限公司			证券简称	旺能环境
	法人代表	管会斌	董秘	王学庚	证券代码	002034
	公司网址	www.mizuda.com		电子信箱	lzh@mizuda.net	
	电　话	0572-2619935 2619936		传　真	0572-2619937	
	办公地址	浙江省湖州市美欣达路588号				
	经营范围	全棉灯芯绒、纱卡的印染及后整理等				

	指标\报告期	2017.06.30	2016.12.31	2016.06.30	2015.12.31
主要财务指标	基本每股收益(元)	0.0500	0.2000	0.0800	0.4700
	基本每股收益(扣除后)(元)	-0.0003	0.1600	0.0600	0.4500
	稀释每股收益(元)	0.0500	0.2000	0.0800	0.4700
	每股净资产(元)	7.7976	7.7433	8.1194	5.6944
	每股经营现金净流量(元)	-0.0174	0.2751	-0.2080	0.6132
	每股现金流量(元)	1.8113	1.2615	1.4123	-0.3554
	每股资本公积金(元)	5.5828	5.5828	5.5840	2.8594
	每股盈余公积金(元)	0.4227	0.4227	0.4122	0.5133
	每股未分配利润(元)	0.7921	0.7378	1.1232	1.3838
	净资产收益率(%)	0.6957	2.4143	0.7610	8.2104
	加权净资产收益率(%)	0.7000	2.7600	1.2200	8.5800
	净资产收益率(扣除)(%)	-0.0042	1.9310	0.6420	7.8452
	总资产(万元)	108681.75	108883.93	113395.01	79699.77
	归属母公司股东权益(万元)	84244.96	83658.86	87721.78	47787.59
	营业收入(万元)	35973.24	81885.84	43252.53	89861.57
	营业支出(万元)	29945.02	67777.47	36058.74	74151.87
	投资收益(万元)	217.52	-293.92	-20.46	-153.82
	净利润(万元)	699.91	2294.88	797.32	4136.40
	营业利润(万元)	666.41	2411.48	631.33	4827.75
	利润总额(万元)	699.90	2826.81	709.35	5033.74

华帝股份有限公司

公司概况	公司名称	华帝股份有限公司			证券简称	华帝股份
	法人代表	潘叶江	董秘	吴刚	证券代码	002035
	公司网址	www.vatti.com.cn		电子信箱	002035ir@vatti.com.cn	
	电　话	0760-22839177 22839622		传　真	0760-22839256	
	办公地址	广东省中山市小榄镇工业大道南华园路1号				
	经营范围	生产销售燃气具系列产品、太阳能及类似能源器具、家庭厨房用品等				

	指标\报告期	2017.06.30	2016.12.31	2016.06.30	2015.12.31
主要财务指标	基本每股收益(元)	0.4100	0.9100	0.4300	0.5800
	基本每股收益(扣除后)(元)	0.3934	0.8600	0.4100	0.4900
	稀释每股收益(元)	0.4100	0.9100	0.4300	0.5800
	每股净资产(元)	3.2065	4.7754	4.2850	4.2537
	每股经营现金净流量(元)	0.1697	2.2509	0.7717	0.7532
	每股现金流量(元)	-1.1140	1.9738	0.3147	-0.1616
	每股资本公积金(元)	0.3758	1.1947	1.0333	1.0324
	每股盈余公积金(元)	0.3202	0.5123	0.4377	0.4377
	每股未分配利润(元)	1.5841	2.1860	1.8141	1.7835
	净资产收益率(%)	12.6403	18.8626	10.0469	13.6081
	加权净资产收益率(%)	12.7100	20.2200	9.7800	13.9000
	净资产收益率(扣除)(%)	12.2696	17.8533	9.5673	11.6231
	总资产(万元)	368641.21	359329.86	292663.59	277589.10
	归属母公司股东权益(万元)	186543.41	173635.11	153772.08	152647.73
	营业收入(万元)	270760.42	439503.63	207702.77	371978.23
	营业支出(万元)	152070.85	252544.83	121098.83	228526.08
	投资收益(万元)	431.48	664.33	111.01	204.93
	净利润(万元)	24500.60	34147.52	16018.23	21745.12
	营业利润(万元)	28123.53	37831.74	18782.09	22166.87
	利润总额(万元)	28950.42	39915.29	19649.60	25753.72

联创电子科技股份有限公司

公司概况	公司名称	联创电子科技股份有限公司			证券简称	联创电子
	法人代表	韩盛龙	董秘	黄倬桢	证券代码	002036
	公司网址	www.lcetron.com		电子信箱	hzz@lcetron.com	
	电　话	86-791-88161608		传　真	86-791-88161608	
	办公地址	江西省南昌市高新技术开发区京东大道1699号				
	经营范围	“牦牛”“宝马”黑炭衬系列产品，“宾霸”里布，汉麻产品等				

	指标\报告期	2017.06.30	2016.12.31	2016.06.30	2015.12.31
主要财务指标	基本每股收益(元)	0.1427	0.3600	0.1163	0.4500
	基本每股收益(扣除后)(元)	0.1382	0.3000	0.0942	0.4000
	稀释每股收益(元)	0.1427	0.3600	0.1163	0.4500
	每股净资产(元)	2.9870	2.7588	2.5518	2.3784
	每股经营现金净流量(元)	0.0024	0.2609	-0.3179	0.0095
	每股现金流量(元)	-0.2388	-0.3909	-0.5301	0.6155
	每股资本公积金(元)	0.8542	0.7775	0.7775	0.7378
	每股盈余公积金(元)	0.1223	0.1173	0.0995	0.0965
	每股未分配利润(元)	1.0098	0.8610	0.6752	0.5364
	净资产收益率(%)	4.9823	13.1065	4.6614	11.4322
	加权净资产收益率(%)	5.0500	13.9400	4.7700	17.4400
	净资产收益率(扣除)(%)	4.8272	10.9615	3.7779	10.1164
	总资产(万元)	441073.13	386546.30	301802.66	286116.57
	归属母公司股东权益(万元)	166681.23	160591.43	148544.09	141124.42
	营业收入(万元)	216300.17	297151.47	75022.82	142332.67
	营业支出(万元)	193920.88	251671.48	59737.28	107188.90
	投资收益(万元)	554.43	1470.49	474.83	942.77
	净利润(万元)	8957.10	22897.54	7476.89	17023.90
	营业利润(万元)	9289.32	20534.34	6130.96	15871.33
	利润总额(万元)	9453.47	25862.89	8411.48	19225.96

贵州久联民爆器材发展股份有限公司

公司概况					
公司名称	贵州久联民爆器材发展股份有限公司			证券简称	久联发展
法人代表	安胜杰	董秘	王丽春	证券代码	002037
公司网址	www.gzjulian.com		电子信箱	jiulianfz@163.com	
电　话	0851-86790686 86751504		传　真	0851-86790686	
办公地址	贵州省贵阳市宝山北路 213 号				
经营范围	民爆器材的研发、生产、销售				

指标\报告期	2017.06.30	2016.12.31	2016.06.30	2015.12.31
基本每股收益(元)	0.1200	0.1900	0.0100	0.2500
基本每股收益(扣除后)(元)	0.1100	0.1800	0.0100	0.1900
稀释每股收益(元)	0.1200	0.1900	0.0100	0.2500
每股净资产(元)	6.2632	6.1557	6.0017	6.0241
每股经营现金净流量(元)	0.2620	2.3879	1.1361	0.6108
每股现金流量(元)	-0.7037	-0.7597	-0.5950	0.8390
每股资本公积金(元)	1.8939	1.8939	1.8940	1.8940
每股盈余公积金(元)	0.5127	0.5127	0.4965	0.4965
每股未分配利润(元)	2.7020	2.6269	2.4674	2.5040
净资产收益率(%)	1.8376	3.0735	0.2236	4.1176
加权净资产收益率(%)	1.8500	3.0900	0.2200	4.1500
净资产收益率(扣除)(%)	1.7349	2.9813	0.1869	3.2178
总资产(万元)	751563.38	730931.18	748746.87	831322.00
归属母公司股东权益(万元)	205037.09	201519.39	196477.40	197210.41
营业收入(万元)	197711.38	338507.18	126864.56	316453.51
营业支出(万元)	158749.17	248689.89	94057.35	226021.78
投资收益(万元)	7.33	139.22	11.83	26.29
净利润(万元)	4669.92	7923.32	418.36	8954.76
营业利润(万元)	6681.05	12131.45	1397.58	10976.79
利润总额(万元)	6975.85	12304.15	1538.18	13653.07

北京双鹭药业股份有限公司

公司概况					
公司名称	北京双鹭药业股份有限公司			证券简称	双鹭药业
法人代表	徐明波	董秘	梁淑洁	证券代码	002038
公司网址	www.slpharm.com.cn		电子信箱	lsj@slpharm.com.cn	
电　话	86-10-88627635		传　真	86-10-88795883	
办公地址	北京市海淀区阜石路 69 号碧桐园一号楼				
经营范围	基因工程药物及生化、化学药物的研究开发、生产经营				

指标\报告期	2017.06.30	2016.12.31	2016.06.30	2015.12.31
基本每股收益(元)	0.3399	0.6601	0.3702	0.8396
基本每股收益(扣除后)(元)	0.2811	0.6085	0.3515	0.7679
稀释每股收益(元)	0.3399	0.6601	0.3702	0.8396
每股净资产(元)	6.0320	5.6892	5.5842	5.2239
每股经营现金净流量(元)	0.3408	0.5794	0.2577	0.7371
每股现金流量(元)	0.8280	-0.4349	-0.5887	0.9116
每股资本公积金(元)	0.0109	0.0109	0.0108	0.0108
每股盈余公积金(元)	0.5914	0.5914	0.5240	0.5240
每股未分配利润(元)	4.4101	4.0703	4.0478	3.6776
净资产收益率(%)	5.6342	11.6029	6.6295	16.0725
加权净资产收益率(%)	5.8000	12.0600	6.8500	17.0400
净资产收益率(扣除)(%)	4.6599	10.6962	6.2939	14.7001
总资产(万元)	431507.96	408127.23	399522.79	376161.93
归属母公司股东权益(万元)	413129.08	389651.27	382459.40	357784.77
营业收入(万元)	46611.11	100984.74	47235.85	115654.82
营业支出(万元)	13543.81	35126.47	12718.04	39358.86
投资收益(万元)	2799.97	3848.94	1668.91	6898.43
净利润(万元)	22929.08	44738.55	25055.78	57721.71
营业利润(万元)	25292.05	50718.12	28441.83	65681.61
利润总额(万元)	26367.09	52736.25	29076.34	66874.52

贵州黔源电力股份有限公司

公司概况					
公司名称	贵州黔源电力股份有限公司			证券简称	黔源电力
法人代表	刘靖	董秘	刘靖(代)	证券代码	002039
公司网址	www.gzqydl.cn		电子信箱	liumd@gzqydl.cn	
电　话	0851-85218803 85218944		传　真	0851-85218925	
办公地址	贵州省贵阳市都司高架桥路 46 号				
经营范围	水力、火力发电站的开发建设与经营管理				

指标\报告期	2017.06.30	2016.12.31	2016.06.30	2015.12.31
基本每股收益(元)	0.1543	0.4244	0.3356	1.1771
基本每股收益(扣除后)(元)	0.1525	0.3996	0.3209	1.0774
稀释每股收益(元)	0.1543	0.4244	0.3356	1.1771
每股净资产(元)	6.8217	6.9674	6.8737	7.0381
每股经营现金净流量(元)	1.5920	6.4565	3.7879	7.1512
每股现金流量(元)	-0.2257	0.0681	-0.3047	-0.8843
每股资本公积金(元)	3.7461	3.7461	3.7412	3.7412
每股盈余公积金(元)	0.4339	0.4339	0.3553	0.3553
每股未分配利润(元)	1.6417	1.7874	1.7772	1.9416
净资产收益率(%)	2.2623	6.0913	4.8824	16.7242
加权净资产收益率(%)	2.2200	6.1400	4.7700	17.8700
净资产收益率(扣除)(%)	2.2363	5.7348	4.6679	15.3076
总资产(万元)	1732062.97	1748627.47	1763555.94	1822995.77
归属母公司股东权益(万元)	208335.04	212783.81	209922.24	214943.04
营业收入(万元)	79900.02	191810.81	106509.02	269994.05
营业支出(万元)	38681.31	97112.76	47674.04	116650.31
投资收益(万元)	—	258.00	—	222.00
净利润(万元)	7300.96	23963.89	18825.32	63347.86
营业利润(万元)	8473.41	25085.01	20283.60	65755.48
利润总额(万元)	8539.87	26921.72	21319.26	72795.35

南京港股份有限公司

公司概况					
公司名称	南京港股份有限公司			证券简称	南京港
法人代表	熊俊	董秘	杨灯富	证券代码	002040
公司网址	www.nj-port.com		电子信箱	gfgs@nj-port.com	
电　话	025-58815738		传　真	025-58812758	
办公地址	江苏省南京市建邺区江东中路 108 号万达广场 C 座 22 层				
经营范围	原油、成品油、液体化工产品的装卸、仓储服务、场地租赁、货物装卸等				

指标\报告期	2017.06.30	2016.12.31	2016.06.30	2015.12.31
基本每股收益(元)	0.1251	0.3364	0.0600	0.0882
基本每股收益(扣除后)(元)	0.1177	0.1529	0.0533	0.0732
稀释每股收益(元)	0.1251	0.3364	0.0600	0.0882
每股净资产(元)	6.3216	6.2176	2.7726	2.7126
每股经营现金净流量(元)	0.2615	0.2047	0.0494	0.1751
每股现金流量(元)	0.1480	1.0694	-0.1300	0.1130
每股资本公积金(元)	4.4331	4.4331	0.8489	0.8489
每股盈余公积金(元)	0.1543	0.1543	0.2207	0.2207
每股未分配利润(元)	0.7342	0.6302	0.7030	0.6430
净资产收益率(%)	1.9619	3.6554	2.1625	3.2517
加权净资产收益率(%)	2.0000	10.9100	2.1900	3.3300
净资产收益率(扣除)(%)	1.8449	1.6614	1.9236	2.6986
总资产(万元)	476897.26	469211.75	105712.20	109041.75
归属母公司股东权益(万元)	235341.64	231469.02	68169.96	66695.81
营业收入(万元)	32208.61	22273.77	9252.61	15815.80
营业支出(万元)	16832.20	11439.50	4885.45	9942.56
投资收益(万元)	693.56	6062.98	418.84	1693.34
净利润(万元)	5821.48	8911.49	1605.81	2330.94
营业利润(万元)	7243.62	9544.17	1724.14	1820.16
利润总额(万元)	7610.80	9781.15	1941.27	2312.02

山东登海种业股份有限公司

公司概况					
公司名称	山东登海种业股份有限公司			证券简称	登海种业
法人代表	陶旭东	董秘	原绍刚	证券代码	002041
公司网址	www.sddhzy.com		电子信箱	denghai@sddhzy.com	
电 话	0535-2788889 2788926		传 真	0535-2788875	
办公地址	山东省莱州市城山路农科院南邻				
经营范围	农作物新品种的选育、生产、分装、销售等				

主要财务指标				
指标\报告期	2017.06.30	2016.12.31	2016.06.30	2015.12.31
基本每股收益(元)	0.1379	0.5025	0.2623	0.4186
基本每股收益(扣除后)(元)	0.1348	0.4963	0.2590	0.4372
稀释每股收益(元)	0.1379	0.5025	0.2623	0.4186
每股净资产(元)	3.1364	3.0545	2.8143	2.5520
每股经营现金净流量(元)	-0.1483	0.1193	-0.0787	0.6407
每股现金流量(元)	0.1695	-0.0110	-0.1935	-0.1330
每股资本公积金(元)	0.0333	0.0333	0.0333	0.0333
每股盈余公积金(元)	0.2332	0.2332	0.1863	0.1863
每股未分配利润(元)	1.8699	1.7880	1.5947	1.3323
净资产收益率(%)	4.3973	16.4512	9.3209	17.2217
加权净资产收益率(%)	4.4300	17.9300	9.7800	17.3500
净资产收益率(扣除)(%)	4.2982	16.2486	9.2017	16.9654
总资产(万元)	439032.77	446748.27	414838.74	429757.74
归属母公司股东权益(万元)	276002.22	268793.50	247657.71	224573.82
营业收入(万元)	45038.79	160263.07	73069.13	153077.33
营业支出(万元)	24186.47	75312.31	35128.41	71806.31
投资收益(万元)	3510.64	8182.50	4374.18	8914.73
净利润(万元)	11250.48	52259.61	25946.16	53495.99
营业利润(万元)	11208.96	57513.54	27805.28	54867.13
利润总额(万元)	11505.56	58134.39	28121.85	55288.60

华孚时尚股份有限公司

公司概况					
公司名称	华孚时尚股份有限公司			证券简称	华孚时尚
法人代表	孙伟挺	董秘	张正	证券代码	002042
公司网址	www.e-huafu.com		电子信箱	dongban@e-huafu.com	
电 话	0755-83735645		传 真	0755-83735585	
办公地址	广东省深圳市福田区滨河大道5022号联合广场B座14楼				
经营范围	纤维、纱线、面料等纺织品、印染品的制造、进出口贸易等				

主要财务指标				
指标\报告期	2017.06.30	2016.12.31	2016.06.30	2015.12.31
基本每股收益(元)	0.4800	0.5800	0.3600	0.4000
基本每股收益(扣除后)(元)	0.3500	0.3100	0.2400	0.2400
稀释每股收益(元)	0.4800	0.5700	0.3600	0.4000
每股净资产(元)	6.5198	4.7884	4.6391	4.3904
每股经营现金净流量(元)	-0.6752	0.9907	0.2848	0.1135
每股现金流量(元)	1.7667	0.4264	0.1688	-0.1527
每股资本公积金(元)	2.9778	1.2067	1.2038	1.2038
每股盈余公积金(元)	0.1107	0.1344	0.1188	0.1188
每股未分配利润(元)	2.4518	2.5085	2.3099	2.0489
净资产收益率(%)	6.6537	12.0129	7.7831	9.1855
加权净资产收益率(%)	8.2800	12.4300	7.9000	9.4600
净资产收益率(扣除)(%)	4.8897	6.4262	5.1218	5.4987
总资产(万元)	1405065.02	1099882.91	925209.45	939768.98
归属母公司股东权益(万元)	659462.90	398868.06	386435.21	365719.18
营业收入(万元)	541806.36	883690.75	425769.85	680365.79
营业支出(万元)	465709.96	780317.45	369130.90	587141.85
投资收益(万元)	-542.57	1637.39	643.29	1068.15
净利润(万元)	45318.37	51253.38	31041.53	33937.55
营业利润(万元)	50156.64	14661.21	16335.66	7518.88
利润总额(万元)	49943.10	57655.78	34572.77	37478.83

德华兔宝宝装饰新材股份有限公司

公司概况					
公司名称	德华兔宝宝装饰新材股份有限公司			证券简称	兔 宝 宝
法人代表	丁鸿敏	董秘	徐俊	证券代码	002043
公司网址	www.dhwooden.com		电子信箱	dehua_ss@dhwooden.com	
电 话	0572-8405322 8405635		传 真	0572-8405322 8822225	
办公地址	浙江省湖州市德清县武康镇临溪街588号				
经营范围	人造板、装饰贴面板、木质地板、其他木制品及化工产品等				

主要财务指标				
指标\报告期	2017.06.30	2016.12.31	2016.06.30	2015.12.31
基本每股收益(元)	0.1900	0.3200	0.1200	0.2000
基本每股收益(扣除后)(元)	0.1600	0.2800	0.1100	0.1500
稀释每股收益(元)	0.1900	0.3200	0.1200	0.2000
每股净资产(元)	1.9855	1.9100	1.7123	1.8426
每股经营现金净流量(元)	0.2380	0.4692	0.2000	0.3826
每股现金流量(元)	0.1276	-0.0173	0.0442	0.0021
每股资本公积金(元)	0.6938	0.5198	0.5198	0.1980
每股盈余公积金(元)	0.0823	0.0856	0.0629	0.1075
每股未分配利润(元)	0.4368	0.3155	0.1429	0.5776
净资产收益率(%)	9.2389	16.4412	6.9142	10.9262
加权净资产收益率(%)	9.5000	17.5700	7.3800	11.5200
净资产收益率(扣除)(%)	7.9137	14.6057	6.1854	8.0355
总资产(万元)	238342.00	198429.91	176321.70	116564.96
归属母公司股东权益(万元)	170965.63	158036.00	141782.38	89226.46
营业收入(万元)	182502.36	267701.23	106089.19	164680.70
营业支出(万元)	151524.22	215842.82	84827.50	135955.99
投资收益(万元)	1986.46	2589.82	929.95	858.85
净利润(万元)	15708.10	25806.53	9759.99	9715.39
营业利润(万元)	18732.82	29768.88	11570.93	9533.03
利润总额(万元)	19174.31	30749.26	11943.57	11614.20

美年大健康产业控股股份有限公司

公司概况					
公司名称	美年大健康产业控股股份有限公司			证券简称	美年健康
法人代表	俞熔	董秘	熊芳君	证券代码	002044
公司网址	www.health-100.cn		电子信箱	xiongfj@health-100.cn	
电 话	86-21-66773289		传 真	021-66773220	
办公地址	上海市静安区灵石路697号健康智谷9号楼三楼				
经营范围	从事医疗技术专业领域内的技术开发、技术咨询、技术转让、技术服务等				

主要财务指标				
指标\报告期	2017.06.30	2016.12.31	2016.06.30	2015.12.31
基本每股收益(元)	0.0100	0.1400	-0.0100	0.1300
基本每股收益(扣除后)(元)	0.0100	0.1300	-0.0100	0.2100
稀释每股收益(元)	0.0100	0.1400	-0.0100	0.1300
每股净资产(元)	1.3635	1.3700	1.2500	2.5244
每股经营现金净流量(元)	-0.0321	0.2920	-0.0076	0.2724
每股现金流量(元)	0.1020	-0.0014	-0.2529	0.4361
每股资本公积金(元)	0.0076	0.0089	0.0385	1.0862
每股盈余公积金(元)	0.0006	0.0006	0.0002	0.0003
每股未分配利润(元)	0.3552	0.3584	0.2097	0.4379
净资产收益率(%)	0.8638	10.2309	-0.7428	8.5157
加权净资产收益率(%)	0.8600	10.6300	-0.7400	10.3200
净资产收益率(扣除)(%)	0.4848	9.3787	-0.9979	7.0602
总资产(万元)	737227.87	598961.71	468381.58	448094.65
归属母公司股东权益(万元)	330178.89	331262.91	302275.97	305639.18
营业收入(万元)	162136.21	308186.07	104253.33	210148.21
营业支出(万元)	91226.27	159309.99	64599.61	109380.33
投资收益(万元)	1415.15	3711.89	479.35	5357.08
净利润(万元)	3652.77	37851.55	-2186.04	28616.02
营业利润(万元)	6381.28	49695.63	-2337.58	35766.45
利润总额(万元)	6333.75	49897.38	-2144.07	35889.25

国光电器股份有限公司

公司概况	公司名称	国光电器股份有限公司			证券简称	国光电器
	法人代表	郝旭明	董秘	张金辉	证券代码	002045
	公司网址	www.ggec.com.cn		电子信箱	guoguang@ggec.com.cn	
	电　话	86-20-28609688		传　真	86-20-28609396	
	办公地址	广东省广州市花都区新雅街镜湖大道 8 号				
	经营范围	电子元器件扬声器、音箱及其零部件的设计、生产和销售				

主要财务指标	2017.06.30	2016.12.31	2016.06.30	2015.12.31
基本每股收益(元)	0.0800	0.1400	0.0100	0.1200
基本每股收益(扣除后)(元)	0.0500	0.0900	-0.0100	0.0900
稀释每股收益(元)	0.0800	0.1400	0.0100	0.1200
每股净资产(元)	3.2208	3.2224	3.0775	3.1467
每股经营现金净流量(元)	0.3857	0.4147	0.4552	0.4180
每股现金流量(元)	-0.2180	-0.2910	-0.4271	0.0048
每股资本公积金(元)	0.9894	0.9894	0.9866	0.9866
每股盈余公积金(元)	0.3014	0.2898	0.2779	0.2722
每股未分配利润(元)	0.9158	0.9249	0.8011	0.8775
净资产收益率(%)	2.5642	4.4976	0.3032	3.6562
加权净资产收益率(%)	2.5400	4.5500	0.3000	3.7000
净资产收益率(扣除)(%)	1.6516	2.8180	-0.1790	2.9669
总资产(万元)	302580.64	300435.10	231588.14	287749.80
归属母公司股东权益(万元)	134277.41	134345.19	128302.90	131186.43
营业收入(万元)	139269.57	256891.17	88724.48	223140.06
营业支出(万元)	115084.79	208058.89	70430.43	178690.42
投资收益(万元)	-257.55	-528.98	-427.27	-538.05
净利润(万元)	3211.70	5530.31	188.15	4387.71
营业利润(万元)	4125.66	3770.42	-260.54	5082.92
利润总额(万元)	3979.13	6266.61	259.96	5866.25

洛阳轴研科技股份有限公司

公司概况	公司名称	洛阳轴研科技股份有限公司			证券简称	轴研科技
	法人代表	朱峰	董秘	赵祥功	证券代码	002046
	公司网址	www.zys.com.cn		电子信箱	stock@zys.com.cn	
	电　话	0371-67619230		传　真	0371-86095152	
	办公地址	河南省郑州市梧桐街 121 号				
	经营范围	轴承、电主轴的研发和生产以及国家、各级地方政府和其他企业所委托的技术开发业务				

主要财务指标	2017.06.30	2016.12.31	2016.06.30	2015.12.31
基本每股收益(元)	-0.0210	0.0400	-0.1500	-0.5200
基本每股收益(扣除后)(元)	-0.0230	-0.3100	-0.1130	-0.5600
稀释每股收益(元)	-0.0210	0.0400	-0.1500	-0.5200
每股净资产(元)	3.8316	3.8615	3.7245	3.5709
每股经营现金净流量(元)	0.0825	0.1101	-0.0937	0.2495
每股现金流量(元)	-0.1383	0.3840	-0.0299	0.0510
每股资本公积金(元)	2.3219	2.3219	2.3208	2.0479
每股盈余公积金(元)	0.1520	0.1520	0.1381	0.1434
每股未分配利润(元)	0.3527	0.3848	0.2630	0.3770
净资产收益率(%)	-0.5483	0.9212	-2.6870	-14.6638
加权净资产收益率(%)	-0.5500	0.9500	-2.8000	-13.8100
净资产收益率(扣除)(%)	-0.6102	-7.9554	-3.0059	-15.6374
总资产(万元)	231738.87	234025.06	227176.65	224269.43
归属母公司股东权益(万元)	135489.01	136545.74	131702.90	121611.79
营业收入(万元)	23806.27	42695.07	20684.54	42439.60
营业支出(万元)	18137.92	31331.94	17686.46	36314.29
投资收益(万元)	-585.28	-34.21	-111.94	59.52
净利润(万元)	-757.55	1050.51	-3614.22	-18396.68
营业利润(万元)	-509.15	-10439.31	-3624.18	-21205.01
利润总额(万元)	-414.91	3135.92	-3124.55	-20020.56

深圳市宝鹰建设控股集团股份有限公司

公司概况	公司名称	深圳市宝鹰建设控股集团股份有限公司			证券简称	宝鹰股份
	法人代表	古少波	董秘	古少波(代)	证券代码	002047
	公司网址	www.szby.cn		电子信箱	zq@szby.cn	
	电　话	86-755-82924810		传　真	86-755-88374949	
	办公地址	广东省深圳市福田区车公庙泰然四路 303 栋 4 楼				
	经营范围	生产经营水龙头、卫浴洁具及其配件及生产经营精冲模、精密型腔模等				

主要财务指标	2017.06.30	2016.12.31	2016.06.30	2015.12.31
基本每股收益(元)	0.1500	0.2700	0.1400	0.2700
基本每股收益(扣除后)(元)	0.1500	0.2500	0.1400	0.2600
稀释每股收益(元)	0.1500	0.2700	0.1400	0.2700
每股净资产(元)	2.2607	2.1429	2.0100	1.9242
每股经营现金净流量(元)	-0.3448	-0.4508	-0.4640	0.2726
每股现金流量(元)	-0.4568	0.2728	-0.0086	0.2187
每股资本公积金(元)	0.8345	0.8345	0.8345	0.8345
每股盈余公积金(元)	0.1009	0.1009	0.0796	0.0796
每股未分配利润(元)	1.0349	0.9232	0.8189	0.7456
净资产收益率(%)	6.7093	12.5432	7.1302	13.8008
加权净资产收益率(%)	6.8300	12.9900	7.1600	14.9000
净资产收益率(扣除)(%)	6.8355	11.7987	7.1122	13.7000
总资产(万元)	906639.56	876233.98	791886.86	689563.66
归属母公司股东权益(万元)	285549.29	270671.05	253883.06	243040.29
营业收入(万元)	329200.95	681551.01	310025.31	685366.13
营业支出(万元)	278214.47	564952.73	258419.84	566172.92
投资收益(万元)	-632.37	-171.68	-416.20	306.05
净利润(万元)	20287.57	42079.66	19282.30	37680.86
营业利润(万元)	24508.09	52976.22	25585.29	48727.59
利润总额(万元)	24099.09	55127.99	25646.27	49235.25

宁波华翔电子股份有限公司

公司概况	公司名称	宁波华翔电子股份有限公司			证券简称	宁波华翔
	法人代表	周晓峰	董秘	韩铭扬	证券代码	002048
	公司网址	www.nbhx.com.cn		电子信箱	stock-dp@nbhx.com.cn	
	电　话	021-68948127 68949998		传　真	021-68942260 68942221	
	办公地址	上海市浦东新区世纪大道 1168 号东方金融广场 A 栋 6 楼				
	经营范围	从事汽车零部件的开发、生产和销售等				

主要财务指标	2017.06.30	2016.12.31	2016.06.30	2015.12.31
基本每股收益(元)	0.7400	1.3500	0.5900	0.3000
基本每股收益(扣除后)(元)	0.7300	1.2300	0.5100	0.2200
稀释每股收益(元)	0.7400	1.3500	0.5900	0.3000
每股净资产(元)	10.4482	9.7657	8.4530	8.7586
每股经营现金净流量(元)	1.2498	2.7033	1.2535	1.1324
每股现金流量(元)	0.0126	-0.1635	-0.2503	0.6163
每股资本公积金(元)	1.4754	1.4754	1.2411	1.2411
每股盈余公积金(元)	0.5414	0.5414	0.3748	0.3748
每股未分配利润(元)	5.7885	5.1985	4.6049	4.1183
净资产收益率(%)	7.0829	13.7915	6.9405	3.4571
加权净资产收益率(%)	7.3300	14.7300	7.0800	3.8000
净资产收益率(扣除)(%)	6.9804	12.6311	6.0883	2.4652
总资产(万元)	1375015.73	1351981.33	1029937.21	1052862.45
归属母公司股东权益(万元)	553804.03	517627.49	448046.46	464244.66
营业收入(万元)	711742.98	1250596.31	564431.55	980992.94
营业支出(万元)	560865.51	982156.87	452243.60	804093.65
投资收益(万元)	10200.35	17222.35	10377.70	15954.66
净利润(万元)	56243.71	109708.46	49408.25	41646.64
营业利润(万元)	71229.19	125422.26	53679.50	58905.99
利润总额(万元)	71667.56	133329.00	60765.00	63317.06

紫光国芯股份有限公司

公司概况					
公司名称	紫光国芯股份有限公司			证券简称	紫光国芯
法人代表	赵伟国	董秘	杜林虎	证券代码	002049
公司网址	www.gosinoic.com		电子信箱	zhengquan@gosinoic.com	
电　话	0315-6198161 6198181		传　真	0315-6198179	
办公地址	河北省唐山市玉田县无终西街3129号				
经营范围	压电石英晶体元器件的开发、生产和销售等				

主要财务指标：指标\报告期	2017.06.30	2016.12.31	2016.06.30	2015.12.31
基本每股收益(元)	0.2035	0.5539	0.2477	0.5529
基本每股收益(扣除后)(元)	0.1645	0.3922	0.2253	0.4278
稀释每股收益(元)	0.2035	0.5539	0.2477	0.5529
每股净资产(元)	5.4226	5.2616	4.9278	4.7381
每股经营现金净流量(元)	0.3413	0.2142	–0.0740	0.6642
每股现金流量(元)	0.0785	–0.0269	–0.2129	–0.0588
每股资本公积金(元)	1.0201	1.0307	1.0307	1.0307
每股盈余公积金(元)	0.1600	0.1600	0.1386	0.1386
每股未分配利润(元)	3.2382	3.0907	2.8059	2.6141
净资产收益率(%)	3.7526	10.5269	5.0271	11.6683
加权净资产收益率(%)	3.8000	11.0900	5.1100	12.2400
净资产收益率(扣除)(%)	3.0332	7.4538	4.5725	9.0285
总资产(万元)	466238.64	446661.21	418645.76	412944.56
归属母公司股东权益(万元)	329055.74	319284.45	299026.61	287514.51
营业收入(万元)	80053.37	141857.23	64556.09	124979.50
营业支出(万元)	53768.95	87924.80	37910.95	73468.93
投资收益(万元)	273.98	238.53	234.46	–
净利润(万元)	12175.54	33286.00	14820.23	33235.68
营业利润(万元)	13897.76	22473.98	12239.27	29335.61
利润总额(万元)	13890.93	35224.05	14402.15	39363.47

浙江三花智能控制股份有限公司

公司概况					
公司名称	浙江三花智能控制股份有限公司			证券简称	三花智控
法人代表	张亚波	董秘	胡凯程	证券代码	002050
公司网址	www.zjshc.com		电子信箱	shc@zjshc.com	
电　话	0571-28020008 0575-86255360		传　真	0571-28876605	
办公地址	浙江省绍兴市新昌县梅渚镇沃西大道219号三花工业园区办公大楼				
经营范围	截止阀、电子膨胀阀、排水泵、电磁阀、单向阀、压缩机、压力管道元件等				

主要财务指标：指标\报告期	2017.06.30	2016.12.31	2016.06.30	2015.12.31
基本每股收益(元)	0.2800	0.4800	0.2200	0.3400
基本每股收益(扣除后)(元)	0.2700	0.4300	0.2100	0.3400
稀释每股收益(元)	0.2800	0.4800	0.2200	0.3400
每股净资产(元)	2.9462	2.9546	2.7227	2.5823
每股经营现金净流量(元)	0.1394	0.7273	0.3825	0.4547
每股现金流量(元)	0.0037	0.2234	–0.0158	0.3248
每股资本公积金(元)	0.2548	0.3495	0.2557	0.2557
每股盈余公积金(元)	0.1417	0.1821	0.1124	0.1124
每股未分配利润(元)	1.5562	1.7496	1.3465	1.2248
净资产收益率(%)	9.6633	16.1096	8.1431	13.0139
加权净资产收益率(%)	9.4900	17.2400	8.2500	15.2000
净资产收益率(扣除)(%)	9.2466	14.6075	7.8534	11.7646
总资产(万元)	885103.76	954713.05	809843.96	803948.33
归属母公司股东权益(万元)	530756.03	588714.71	490482.02	465198.65
营业收入(万元)	428043.58	676920.67	341809.13	616081.77
营业支出(万元)	305576.60	475405.57	244984.19	440447.77
投资收益(万元)	1021.02	3380.76	–92.83	–757.81
净利润(万元)	52157.44	86182.41	40340.43	60835.24
营业利润(万元)	61796.55	92570.08	47115.58	68795.43
利润总额(万元)	63676.40	101878.98	48528.27	72837.41

中工国际工程股份有限公司

公司概况					
公司名称	中工国际工程股份有限公司			证券简称	中工国际
法人代表	罗艳	董秘	张春燕	证券代码	002051
公司网址	www.camce.com.cn		电子信箱	002051@camce.cn	
电　话	010-82688606 82688653		传　真	010-82688582	
办公地址	北京市海淀区丹棱街3号				
经营范围	国际工程承包、核心内容为成套设备及技术出口等				

主要财务指标：指标\报告期	2017.06.30	2016.12.31	2016.06.30	2015.12.31
基本每股收益(元)	0.4400	1.3800	0.4500	1.3600
基本每股收益(扣除后)(元)	0.4400	1.3900	0.4400	1.3600
稀释每股收益(元)	0.4400	1.3800	0.4500	1.3600
每股净资产(元)	6.5748	7.6950	6.6537	7.6961
每股经营现金净流量(元)	–1.5106	–0.8580	–0.7839	1.7648
每股现金流量(元)	–1.9883	–1.0378	–3.7090	–0.0143
每股资本公积金(元)	1.6343	1.9627	1.9600	2.3419
每股盈余公积金(元)	0.7173	0.8603	0.7077	0.8489
每股未分配利润(元)	3.4432	4.1464	3.3656	4.0024
净资产收益率(%)	6.7605	17.9238	6.6990	17.6549
加权净资产收益率(%)	6.6900	19.5500	6.8500	18.8700
净资产收益率(扣除)(%)	6.7366	18.1094	6.6701	17.6970
总资产(万元)	1784668.17	1878562.97	1945827.80	1984041.53
归属母公司股东权益(万元)	731621.97	713913.50	617305.84	595229.29
营业收入(万元)	348756.01	806615.30	271181.68	811994.05
营业支出(万元)	251097.82	630977.47	218241.88	641607.03
投资收益(万元)	107.84	–557.55	1111.97	149.42
净利润(万元)	45743.41	123160.13	37827.28	98632.08
营业利润(万元)	54809.58	144994.05	45843.32	109055.09
利润总额(万元)	55225.58	144187.73	46261.20	109037.62

深圳市同洲电子股份有限公司

公司概况					
公司名称	深圳市同洲电子股份有限公司			证券简称	同洲电子
法人代表	袁明	董秘	贺磊	证券代码	002052
公司网址	www.coship.com		电子信箱	coship@coship.com	
电　话	86-755-26990000*8880		传　真	86-755-26722666	
办公地址	广东省深圳市南山区高新区北区第五工业区彩虹科技大楼6A				
经营范围	有线数字机顶盒及卫星机顶盒生产与销售中间件销售等				

主要财务指标：指标\报告期	2017.06.30	2016.12.31	2016.06.30	2015.12.31
基本每股收益(元)	0.0028	–0.8200	–0.0910	0.1000
基本每股收益(扣除后)(元)	–0.0115	–0.7900	–0.1151	–0.0800
稀释每股收益(元)	0.0028	–0.8200	–0.0910	0.1000
每股净资产(元)	1.2329	1.2288	1.9720	2.0633
每股经营现金净流量(元)	–0.1454	0.3113	0.1240	0.2654
每股现金流量(元)	–0.0533	–0.1795	–0.2490	0.6943
每股资本公积金(元)	1.1759	1.1759	1.1759	1.1753
每股盈余公积金(元)	0.1066	0.1066	0.1066	0.1066
每股未分配利润(元)	–1.0598	–1.0625	–0.3353	–0.2443
净资产收益率(%)	0.2261	–66.5879	–4.6143	4.3620
加权净资产收益率(%)	0.2300	–49.4700	–4.5100	7.7500
净资产收益率(扣除)(%)	–0.9332	–64.1682	–5.8342	–3.6980
总资产(万元)	190832.01	190754.56	256755.66	306752.90
归属母公司股东权益(万元)	91972.27	91666.45	147105.73	153913.71
营业收入(万元)	38399.79	56349.53	30199.82	102806.77
营业支出(万元)	28329.03	47746.24	23288.71	73752.64
投资收益(万元)	–79.90	1142.00	–303.87	8036.05
净利润(万元)	207.96	–61038.73	–6787.83	6713.67
营业利润(万元)	–503.78	–57711.58	–8429.17	3477.84
利润总额(万元)	262.10	–60991.71	–6634.64	7508.76

云南能源投资股份有限公司

公司概况	公司名称	云南能源投资股份有限公司			证券简称	云南能投
	法人代表	杨万华	董秘	李政良	证券代码	002053
	公司网址	www.ynyh.com		电子信箱	yhzjh@email.ynyh.com	
	电　话	0871-63127429		传　真	0871-63126346	
	办公地址	云南省昆明市官渡区春城路276号				
	经营范围	盐及其系列产品的开发、加工和销售				

主要财务指标	指标\报告期	2017.06.30	2016.12.31	2016.06.30	2015.12.31
	基本每股收益(元)	0.1716	0.4838	0.1656	0.2451
	基本每股收益(扣除后)(元)	0.1523	0.4733	0.3143	0.4667
	稀释每股收益(元)	0.1716	0.4838	0.1656	0.2451
	每股净资产(元)	4.1097	4.0381	7.4399	6.7876
	每股经营现金净流量(元)	-0.1849	0.7739	0.5573	1.1779
	每股现金流量(元)	-1.0568	1.1958	1.6744	0.3086
	每股资本公积金(元)	2.1246	2.1246	5.2489	4.8182
	每股盈余公积金(元)	0.1878	0.1878	0.2781	0.2781
	每股未分配利润(元)	0.7971	0.7255	0.9120	0.6818
	净资产收益率(%)	4.1764	11.9812	4.4509	5.4109
	加权净资产收益率(%)	4.1800	12.9500	4.7100	8.7100
	净资产收益率(扣除)(%)	3.7059	11.7211	4.2251	5.1515
	总资产(万元)	334277.94	327119.08	309425.91	404387.31
	归属母公司股东权益(万元)	229456.63	225458.67	207695.36	189486.46
	营业收入(万元)	74149.15	145501.87	67334.34	166553.42
	营业支出(万元)	42620.15	58243.53	29102.29	93825.41
	投资收益(万元)	1450.82	568.77	37.21	-85.25
	净利润(万元)	9677.88	26036.56	8215.96	11319.34
	营业利润(万元)	11095.94	31946.49	10581.78	10333.01
	利润总额(万元)	11417.12	32030.30	11001.94	10633.94

广东德美精细化工集团股份有限公司

公司概况	公司名称	广东德美精细化工集团股份有限公司			证券简称	德美化工
	法人代表	黄冠雄	董秘	朱闽翀	证券代码	002054
	公司网址	www.dymatic.com		电子信箱	info@dymatic.com	
	电　话	0757-28399088*316		传　真	0757-28803001	
	办公地址	广东省佛山市顺德区容桂街道广珠路海尾路段44号				
	经营范围	精细化学品、石油化工品和农牧食品				

主要财务指标	指标\报告期	2017.06.30	2016.12.31	2016.06.30	2015.12.31
	基本每股收益(元)	0.0608	0.3500	0.2372	--
	基本每股收益(扣除后)(元)	0.0370	0.1100	0.0728	--
	稀释每股收益(元)	0.0608	0.3500	0.2372	--
	每股净资产(元)	4.2395	4.3000	4.2010	--
	每股经营现金净流量(元)	0.1051	0.4227	0.1785	--
	每股现金流量(元)	-0.0455	0.1127	0.1162	--
	每股资本公积金(元)	0.3234	0.3318	0.3535	--
	每股盈余公积金(元)	0.2806	0.2806	0.3154	--
	每股未分配利润(元)	2.6125	2.6717	2.5242	--
	净资产收益率(%)	1.4331	8.2215	5.6514	--
	加权净资产收益率(%)	1.4000	7.6700	5.1400	--
	净资产收益率(扣除)(%)	0.8729	2.5676	1.7344	--
	总资产(万元)	287832.17	294336.19	294691.62	--
	归属母公司股东权益(万元)	177732.13	180415.91	176117.32	--
	营业收入(万元)	135873.24	241190.46	102829.11	--
	营业支出(万元)	111763.45	183325.28	76925.19	--
	投资收益(万元)	2439.50	11464.32	8717.37	--
	净利润(万元)	2719.20	17529.43	10710.01	--
	营业利润(万元)	3509.12	20039.00	12676.08	--
	利润总额(万元)	4040.43	22376.69	13661.39	--

深圳市得润电子股份有限公司

公司概况	公司名称	深圳市得润电子股份有限公司			证券简称	得润电子
	法人代表	邱建民	董秘	王少华	证券代码	002055
	公司网址	www.deren.com.cn		电子信箱	002055@deren.com	
	电　话	86-755-89492166		传　真	86-755-89492167	
	办公地址	广东省深圳市光明新区光明街道三十三路9号得润电子工业园				
	经营范围	电子连接器和精密组件的研发、生产及销售				

主要财务指标	指标\报告期	2017.06.30	2016.12.31	2016.06.30	2015.12.31
	基本每股收益(元)	0.2034	0.0858	0.1183	0.1943
	基本每股收益(扣除后)(元)	0.0261	-0.0095	0.0782	0.1805
	稀释每股收益(元)	0.2034	0.0858	0.1183	0.1943
	每股净资产(元)	3.9688	3.8518	3.8566	3.7737
	每股经营现金净流量(元)	-0.8692	0.1444	-0.2450	-0.1873
	每股现金流量(元)	-0.6724	1.2475	-0.0639	0.2355
	每股资本公积金(元)	1.3959	1.4062	1.4062	1.4062
	每股盈余公积金(元)	0.0923	0.0923	0.0868	0.0868
	每股未分配利润(元)	1.5350	1.3516	1.3895	1.2712
	净资产收益率(%)	5.1253	2.2288	3.0670	5.0105
	加权净资产收益率(%)	5.2100	2.1700	3.1000	5.3300
	净资产收益率(扣除)(%)	0.6582	-0.2457	2.0277	4.6556
	总资产(万元)	700113.80	703935.29	587198.90	541586.74
	归属母公司股东权益(万元)	178798.43	173526.43	173744.03	170009.07
	营业收入(万元)	241001.41	458352.92	198929.43	303778.68
	营业支出(万元)	206040.64	387490.12	163575.59	249120.03
	投资收益(万元)	5310.95	92.11	1.49	-471.19
	净利润(万元)	6927.28	-1344.73	3963.40	6080.40
	营业利润(万元)	4042.57	-6092.50	1652.92	5832.14
	利润总额(万元)	8299.83	-1066.40	3504.79	6559.88

横店集团东磁股份有限公司

公司概况	公司名称	横店集团东磁股份有限公司			证券简称	横店东磁
	法人代表	何时金	董秘	吴雪萍	证券代码	002056
	公司网址	www.chinadmegc.com		电子信箱	gfgs@dmegc.com.cn	
	电　话	0579-86551999		传　真	0579-86555328	
	办公地址	浙江省东阳市横店工业区				
	经营范围	磁性器材、电池、电子产品的生产、销售等				

主要财务指标	指标\报告期	2017.06.30	2016.12.31	2016.06.30	2015.12.31
	基本每股收益(元)	0.1350	0.5400	0.1260	0.3900
	基本每股收益(扣除后)(元)	0.1090	0.4300	0.2200	0.5500
	稀释每股收益(元)	0.1350	0.5400	0.1260	0.3900
	每股净资产(元)	2.5400	4.8200	4.5000	8.6090
	每股经营现金净流量(元)	0.0317	1.1424	0.4697	1.9592
	每股现金流量(元)	0.2480	0.2172	0.0702	-1.0611
	每股资本公积金(元)	0.1793	1.3174	1.2762	3.4702
	每股盈余公积金(元)	0.1952	0.3903	0.3364	0.6729
	每股未分配利润(元)	1.1629	2.1158	1.8845	3.4657
	净资产收益率(%)	5.3199	11.1277	5.5956	9.1358
	加权净资产收益率(%)	5.4400	11.8000	5.7000	9.6100
	净资产收益率(扣除)(%)	4.2866	8.9259	4.8237	6.3808
	总资产(万元)	546962.88	582865.72	535497.24	513954.59
	归属母公司股东权益(万元)	416895.00	396475.20	369629.45	353743.26
	营业收入(万元)	273844.23	471042.12	235508.45	395828.82
	营业支出(万元)	216256.68	353757.40	176752.67	301755.40
	投资收益(万元)	1789.03	4212.46	1999.08	3987.58
	净利润(万元)	22160.80	44085.35	20678.53	32307.20
	营业利润(万元)	26121.15	46061.44	23214.28	33826.79
	利润总额(万元)	25853.37	50558.80	24389.75	37567.63

中钢集团安徽天源科技股份有限公司

公司概况	公司名称	中钢集团安徽天源科技股份有限公司			证券简称	中钢天源
	法人代表	毛海波	董秘	章超	证券代码	002057
	公司网址	www.ty-magnet.com		电子信箱	zhangchao214@126.com	
	电　话	0555-5200209		传　真	0555-5200222	
	办公地址	安徽省马鞍山市雨山区霍里山大道南段9号				
	经营范围	磁性材料、磁器件、磁分离设备、过滤脱水设备、环保设备等				

主要财务指标	指标\报告期	2017.06.30	2016.12.31	2016.06.30	2015.12.31
	基本每股收益(元)	0.2302	0.1724	0.1176	0.0823
	基本每股收益(扣除后)(元)	0.0271	-0.0130	0.0192	-0.0142
	稀释每股收益(元)	0.2302	0.1724	0.1176	0.0823
	每股净资产(元)	3.8654	2.7285	2.5767	2.5655
	每股经营现金净流量(元)	-0.1251	0.1709	0.0744	0.1176
	每股现金流量(元)	-0.0089	-0.1398	0.1264	-0.1241
	每股资本公积金(元)	1.8084	2.3144	1.1261	1.1261
	每股盈余公积金(元)	0.1213	0.1431	0.0834	0.0834
	每股未分配利润(元)	0.9103	0.8226	0.3625	0.3517
	净资产收益率(%)	5.9562	6.3192	0.8057	3.2078
	加权净资产收益率(%)	6.1200	6.5100	3.4500	3.2500
	净资产收益率(扣除)(%)	5.2567	-0.4780	0.7434	-0.5530
	总资产(万元)	124655.05	120947.48	63626.55	60266.57
	归属母公司股东权益(万元)	90955.01	85779.25	51375.33	51150.85
	营业收入(万元)	56981.73	34494.37	42545.93	30725.36
	营业支出(万元)	41732.66	27308.02	31706.54	25064.73
	投资收益(万元)	311.01	334.70	130.09	29.86
	净利润(万元)	5421.69	3427.82	2766.10	1628.53
	营业利润(万元)	5755.59	-183.62	3297.21	-344.64
	利润总额(万元)	6373.19	3940.40	3359.06	1919.03

上海威尔泰工业自动化股份有限公司

公司概况	公司名称	上海威尔泰工业自动化股份有限公司			证券简称	威尔泰
	法人代表	李彧	董秘	殷骏	证券代码	002058
	公司网址	www.welltech.com.cn		电子信箱	dm@welltech.com.cn	
	电　话	021-64656465		传　真	021-64659671	
	办公地址	上海市闵行区虹中路263号1幢				
	经营范围	仪表仪器、传感器的制造，自动化控制系统集成、设备成套、电气成套等				

主要财务指标	指标\报告期	2017.06.30	2016.12.31	2016.06.30	2015.12.31
	基本每股收益(元)	-0.0320	0.0400	-0.0150	-0.0800
	基本每股收益(扣除后)(元)	-0.0380	-0.0200	-0.0190	-0.0900
	稀释每股收益(元)	-0.0320	0.0400	-0.0150	-0.0800
	每股净资产(元)	1.2559	1.3080	1.2566	1.2715
	每股经营现金净流量(元)	-0.0683	0.0948	-0.0413	0.0084
	每股现金流量(元)	-0.0531	0.0990	0.0349	-0.0034
	每股资本公积金(元)	0.0026	0.0026	0.0026	0.0026
	每股盈余公积金(元)	0.1176	0.1176	0.1176	0.1176
	每股未分配利润(元)	0.1357	0.1878	0.1364	0.1512
	净资产收益率(%)	-2.5591	2.7945	-1.1829	-6.1040
	加权净资产收益率(%)	-2.4900	2.8300	-1.1800	-5.8800
	净资产收益率(扣除)(%)	-2.9868	-1.4858	-4.3817	-7.1580
	总资产(万元)	20562.61	21771.00	20727.01	22477.51
	归属母公司股东权益(万元)	18015.48	18763.42	18025.85	18239.08
	营业收入(万元)	3846.74	9968.78	3717.63	9796.45
	营业支出(万元)	2435.31	6156.42	2458.26	6328.31
	投资收益(万元)	62.07	576.15	527.94	33.69
	净利润(万元)	-461.04	454.68	-282.89	-1191.05
	营业利润(万元)	-409.53	150.55	-400.57	-1447.21
	利润总额(万元)	-394.48	686.37	-228.01	-1072.78

云南旅游股份有限公司

公司概况	公司名称	云南旅游股份有限公司			证券简称	云南旅游
	法人代表	张睿	董秘	毛新礼	证券代码	002059
	公司网址	www.expo99km.com		电子信箱	expo99km@163.com	
	电　话	0871-5012059　65012363		传　真	0871-65012141	
	办公地址	云南省昆明市世博路10号云南旅游股份有限公司办公楼				
	经营范围	景点投资、经营及管理，园林园艺产品展示、旅游房地产投资等				

主要财务指标	指标\报告期	2017.06.30	2016.12.31	2016.06.30	2015.12.31
	基本每股收益(元)	0.0260	0.0914	0.0427	0.1142
	基本每股收益(扣除后)(元)	0.0200	0.0689	0.0424	0.1079
	稀释每股收益(元)	0.0260	0.0914	0.0427	0.1142
	每股净资产(元)	2.0504	2.0449	2.3354	2.2928
	每股经营现金净流量(元)	-0.1569	-0.0497	-0.1157	0.1227
	每股现金流量(元)	0.2646	-0.1341	-0.2657	-0.0603
	每股资本公积金(元)	0.4614	0.4614	0.7794	0.7794
	每股盈余公积金(元)	0.1101	0.1101	0.1047	0.1047
	每股未分配利润(元)	0.4705	0.4645	0.4436	0.4009
	净资产收益率(%)	1.2703	4.4699	1.8292	4.9807
	加权净资产收益率(%)	1.2700	4.0000	1.8500	5.1100
	净资产收益率(扣除)(%)	0.9738	3.3699	1.8138	4.7065
	总资产(万元)	422544.65	397050.22	384677.77	404053.27
	归属母公司股东权益(万元)	149841.69	149437.57	170667.76	167557.87
	营业收入(万元)	51832.20	145953.45	62754.84	142649.75
	营业支出(万元)	37159.01	106869.31	45125.53	95684.73
	投资收益(万元)	1.79	329.40	-68.73	277.97
	净利润(万元)	2137.83	8832.76	3941.21	10805.13
	营业利润(万元)	2796.56	11198.64	5639.81	13350.04
	利润总额(万元)	3402.60	12851.20	5743.37	13551.50

广东水电二局股份有限公司

公司概况	公司名称	广东水电二局股份有限公司			证券简称	粤水电
	法人代表	朱丹	董秘	林广喜	证券代码	002060
	公司网址	www.gdsdej.com		电子信箱	lgxi-0731@163.com	
	电　话	020-61776998		传　真	020-82607092	
	办公地址	广东省广州市增城区新塘镇广深大道西1号1幢水电广场A-1商务中心				
	经营范围	水利水电工程施工业务				

主要财务指标	指标\报告期	2017.06.30	2016.12.31	2016.06.30	2015.12.31
	基本每股收益(元)	0.0428	0.2240	0.0854	0.1780
	基本每股收益(扣除后)(元)	0.0427	0.2023	0.0489	0.1811
	稀释每股收益(元)	0.0428	0.2240	0.0854	0.1780
	每股净资产(元)	2.2883	4.5525	4.7028	4.3327
	每股经营现金净流量(元)	0.1064	0.8886	-0.5937	2.5996
	每股现金流量(元)	-0.3172	-0.4434	-0.8762	1.3921
	每股资本公积金(元)	0.5411	2.0821	2.3487	1.9994
	每股盈余公积金(元)	0.0942	0.1885	0.1689	0.1689
	每股未分配利润(元)	0.6438	1.2520	1.1444	1.0977
	净资产收益率(%)	1.8690	4.9203	1.8154	4.1628
	加权净资产收益率(%)	1.8700	5.0500	1.9300	4.2100
	净资产收益率(扣除)(%)	1.8679	4.4427	1.0393	4.1787
	总资产(万元)	1669945.84	1571635.72	1488551.45	1459444.35
	归属母公司股东权益(万元)	275116.03	273664.29	282700.71	259768.76
	营业收入(万元)	300580.13	632274.55	269034.37	668578.20
	营业支出(万元)	263106.46	555020.66	241058.82	584970.78
	投资收益(万元)	46.91	1618.67	384.46	501.90
	净利润(万元)	5191.10	13609.98	5081.22	10789.91
	营业利润(万元)	6985.55	16226.99	5721.99	14864.84
	利润总额(万元)	7045.06	18174.51	7984.29	15445.15

浙江交通科技股份有限公司

公司概况					
公司名称	浙江交通科技股份有限公司			证券简称	浙江交科
法人代表	邵文年	董秘	邹宏	证券代码	002061
公司网址	www.jiangshanchem.com		电子信箱	zjjshgstock@sina.com	
电　　话	0570-4057919		传　　真	0570-4057346	
办公地址	浙江省江山市景星东路 38 号				
经营范围	化工产品的开发、生产和销售				

主要财务指标：指标\报告期	2017.06.30	2016.12.31	2016.06.30	2015.12.31
基本每股收益(元)	0.3200	0.1200	0.0300	-0.4800
基本每股收益(扣除后)(元)	0.3200	0.0900	-0.0030	-0.3837
稀释每股收益(元)	0.3200	0.1200	0.0300	-0.4800
每股净资产(元)	4.1617	2.8967	2.8061	1.9427
每股经营现金净流量(元)	0.5443	1.2463	0.6609	0.4262
每股现金流量(元)	0.4520	0.2807	0.9512	0.0340
每股资本公积金(元)	3.0875	2.1630	2.6510	3.1967
每股盈余公积金(元)	0.2439	0.2906	0.3237	0.3237
每股未分配利润(元)	-0.1729	-0.5569	-0.7611	-0.7964
净资产收益率(%)	7.0793	4.1189	1.0237	-20.8217
加权净资产收益率(%)	8.9400	4.0500	1.0300	-18.0300
净资产收益率(扣除)(%)	7.1337	2.9155	-0.1158	-10.3046
总资产(万元)	500309.74	469544.93	536424.71	500995.60
归属母公司股东权益(万元)	275376.54	160915.60	155883.86	168796.08
营业收入(万元)	222095.87	364630.23	165259.81	298208.50
营业支出(万元)	178055.89	305494.07	141845.77	274606.84
投资收益(万元)	33.00	0.87	---	---
净利润(万元)	19494.65	6627.97	1595.78	-26514.41
营业利润(万元)	19245.17	7482.95	2496.17	-25106.68
利润总额(万元)	19510.00	8557.21	2753.02	-25638.45

宏润建设集团股份有限公司

公司概况					
公司名称	宏润建设集团股份有限公司			证券简称	宏润建设
法人代表	郑宏舫	董秘	赵余夫	证券代码	002062
公司网址	www.chinahongrun.com		电子信箱	hrir@chinahongrun.com	
电　　话	86-21-54976007		传　　真	86-21-54976008	
办公地址	上海市徐汇区龙漕路 200 弄 28 号宏润大厦				
经营范围	市政公用工程、房屋建筑工程、城市轨道交通工程施工和房地产开发				

主要财务指标：指标\报告期	2017.06.30	2016.12.31	2016.06.30	2015.12.31
基本每股收益(元)	0.1100	0.2100	0.0900	0.1900
基本每股收益(扣除后)(元)	0.1100	0.1900	0.1000	0.2700
稀释每股收益(元)	0.1100	0.2100	0.0900	0.1900
每股净资产(元)	2.3531	2.2935	2.1790	3.0315
每股经营现金净流量(元)	0.4542	1.7955	0.6696	1.8760
每股现金流量(元)	0.1564	0.3302	-0.0842	0.8137
每股资本公积金(元)	0.0363	0.0363	0.0363	0.0508
每股盈余公积金(元)	0.2754	0.2754	0.2593	0.3630
每股未分配利润(元)	1.0038	0.9444	0.8403	1.5489
净资产收益率(%)	4.6465	9.2143	4.1775	8.8436
加权净资产收益率(%)	4.6700	9.5300	4.0800	9.1100
净资产收益率(扣除)(%)	4.6357	8.1650	3.6227	8.9010
总资产(万元)	1303030.71	1334640.65	1443391.60	1489723.53
归属母公司股东权益(万元)	259424.65	252863.31	240235.68	238730.32
营业收入(万元)	374015.84	879777.50	357692.85	850798.43
营业支出(万元)	338039.96	779396.07	312081.33	746723.67
投资收益(万元)	630.20	3640.61	1692.46	-923.26
净利润(万元)	12565.97	22961.66	10125.02	21283.96
营业利润(万元)	16585.36	30361.46	12718.88	26658.70
利润总额(万元)	16616.25	30338.92	12562.87	26520.71

远光软件股份有限公司

公司概况					
公司名称	远光软件股份有限公司			证券简称	远光软件
法人代表	陈利浩	董秘	戴文斌	证券代码	002063
公司网址	www.ygsoft.com		电子信箱	ygstock@ygsoft.com	
电　　话	86-756-3399888		传　　真	86-756-3399666	
办公地址	广东省珠海市港湾大道科技一路 3 号				
经营范围	提供电力行业财务和管理信息化全面解决方案				

主要财务指标：指标\报告期	2017.06.30	2016.12.31	2016.06.30	2015.12.31
基本每股收益(元)	0.1235	0.2206	0.1222	0.2027
基本每股收益(扣除后)(元)	0.1082	0.1906	0.1087	0.1572
稀释每股收益(元)	0.1235	0.2206	0.1222	0.2027
每股净资产(元)	3.1169	2.9535	2.9246	2.8236
每股经营现金净流量(元)	-0.5574	0.1205	-0.5710	0.0535
每股现金流量(元)	-0.9701	0.2160	-1.0009	-0.2237
每股资本公积金(元)	0.3439	0.3926	0.2335	0.3031
每股盈余公积金(元)	0.3213	0.3185	0.3070	0.3040
每股未分配利润(元)	1.6365	1.4988	1.4593	1.3725
净资产收益率(%)	3.9650	7.3333	4.2000	7.1970
加权净资产收益率(%)	4.0600	7.5700	4.2200	7.3900
净资产收益率(扣除)(%)	3.4747	6.3360	3.7372	5.5827
总资产(万元)	238317.26	232755.22	204156.67	203590.73
归属母公司股东权益(万元)	187414.32	179148.04	172778.69	168442.35
营业收入(万元)	52418.98	109432.91	54678.04	91478.69
营业支出(万元)	16774.13	41495.36	21787.76	34280.41
投资收益(万元)	437.67	1155.88	151.63	-12.69
净利润(万元)	6614.05	14208.98	6392.34	11001.15
营业利润(万元)	5255.32	10846.05	4809.77	7839.31
利润总额(万元)	6391.55	13974.87	6166.06	12306.49

浙江华峰氨纶股份有限公司

公司概况					
公司名称	浙江华峰氨纶股份有限公司			证券简称	华峰氨纶
法人代表	杨从登	董秘	陈章良	证券代码	002064
公司网址	www.spandex.com.cn		电子信箱	chen.zhangliang@huafeng.com	
电　　话	0577-65178053		传　　真	0577-65537858	
办公地址	浙江省瑞安市瑞安经济开发区开发区大道 1788 号				
经营范围	氨纶纤维的加工制造、销售及技术研发				

主要财务指标：指标\报告期	2017.06.30	2016.12.31	2016.06.30	2015.12.31
基本每股收益(元)	0.1100	-0.1800	-0.2500	0.1500
基本每股收益(扣除后)(元)	0.1100	-0.1900	-0.2500	0.1500
稀释每股收益(元)	0.1100	-0.1800	-0.2500	0.1500
每股净资产(元)	1.9131	1.7984	1.7540	2.0003
每股经营现金净流量(元)	0.0063	0.3667	0.1162	0.1445
每股现金流量(元)	-0.0136	0.0729	-0.0181	-0.2098
每股资本公积金(元)	0.0117	0.0117	0.0117	0.0117
每股盈余公积金(元)	0.1619	0.1619	0.1619	0.1619
每股未分配利润(元)	0.7404	0.6255	0.5803	0.8267
净资产收益率(%)	6.0019	-10.0746	-14.0496	7.5768
加权净资产收益率(%)	6.1900	-9.5300	-13.1300	7.8200
净资产收益率(扣除)(%)	5.9277	-10.5372	-14.0720	7.2698
总资产(万元)	543545.29	538712.18	503888.87	538501.69
归属母公司股东权益(万元)	320788.71	301558.44	294104.88	335402.64
营业收入(万元)	184586.97	284422.84	122448.60	254736.19
营业支出(万元)	144744.24	234561.63	102047.64	187477.82
投资收益(万元)	1223.73	1023.77	371.56	352.30
净利润(万元)	19253.30	-30380.88	-41320.53	25412.65
营业利润(万元)	22552.01	-29569.20	-40451.80	30762.88
利润总额(万元)	22541.54	-28055.20	-40444.32	31626.79

东华软件股份公司

公司概况					
公司名称	东华软件股份公司			证券简称	东华软件
法人代表	薛向东	董秘	杨健	证券代码	002065
公司网址	www.dhcc.com.cn		电子信箱	strongyang@dhcc.com.cn	
电　话	010-62662188		传　真	010-62662299	
办公地址	北京市海淀区紫金数码园3号楼16层				
经营范围	技术研发、技术咨询、技术服务、技术推广、技术转让等				

主要财务指标：指标\报告期	2017.06.30	2016.12.31	2016.06.30	2015.12.31
基本每股收益(元)	0.3902	0.5731	0.2085	0.7416
基本每股收益(扣除后)(元)	0.1616	0.4671	0.1612	0.6083
稀释每股收益(元)	0.3902	0.5731	0.2080	0.7397
每股净资产(元)	5.7826	5.5944	5.4224	5.4352
每股经营现金净流量(元)	-0.2924	-0.3192	-0.6306	-0.0221
每股现金流量(元)	-0.1564	-0.0034	-0.3258	0.0082
每股资本公积金(元)	1.4915	1.4915	1.4741	1.4741
每股盈余公积金(元)	0.3048	0.3048	0.2474	0.2474
每股未分配利润(元)	2.9863	2.5961	2.4473	2.2388
净资产收益率(%)	6.7483	10.2436	3.8453	13.4279
加权净资产收益率(%)	6.7400	10.1300	3.8400	15.2800
净资产收益率(扣除)(%)	2.7945	8.3490	2.9735	11.0137
总资产(万元)	1367794.83	1242818.89	1175875.81	1115671.37
归属母公司股东权益(万元)	907811.70	878256.74	848365.98	850377.25
营业收入(万元)	251884.99	647674.77	216757.86	562941.66
营业支出(万元)	170608.75	433261.76	142292.70	374372.58
投资收益(万元)	37384.95	13065.20	7195.34	20340.98
净利润(万元)	61227.39	89045.89	32340.42	113894.29
营业利润(万元)	63832.04	89809.58	32160.49	114941.13
利润总额(万元)	67937.09	99981.31	35605.32	123936.30

瑞泰科技股份有限公司

公司概况					
公司名称	瑞泰科技股份有限公司			证券简称	瑞泰科技
法人代表	曾大凡	董秘	朱爱华	证券代码	002066
公司网址	www.bjruitai.com		电子信箱	dongmi@bjruitai.com	
电　话	010-57987966　57987959		传　真	010-57987805	
办公地址	北京市朝阳区五里桥一街一号院27号楼				
经营范围	从事熔铸锆刚玉系列耐火材料、熔铸氧化铝系列耐火材料的生产和销售业务等				

主要财务指标：指标\报告期	2017.06.30	2016.12.31	2016.06.30	2015.12.31
基本每股收益(元)	0.0237	0.1093	0.0221	-0.3461
基本每股收益(扣除后)(元)	0.0194	-0.1056	-0.0238	-0.4071
稀释每股收益(元)	0.0237	0.1093	0.0221	-0.3461
每股净资产(元)	1.7336	1.7100	1.6228	1.6007
每股经营现金净流量(元)	0.1001	0.5778	-0.0716	0.0767
每股现金流量(元)	0.5227	0.0751	-0.3008	0.2673
每股资本公积金(元)	0.7122	0.7122	0.7122	0.7122
每股盈余公积金(元)	0.0966	0.0966	0.0966	0.0966
每股未分配利润(元)	-0.0752	-0.0989	-0.1860	-0.2081
净资产收益率(%)	1.3644	6.3894	1.3639	-21.6246
加权净资产收益率(%)	1.4700	6.6000	1.3700	-19.5100
净资产收益率(扣除)(%)	1.0088	-6.1761	-1.4637	-25.4315
总资产(万元)	361710.34	338841.15	353140.72	351065.09
归属母公司股东权益(万元)	40046.67	39500.25	37487.72	36976.42
营业收入(万元)	92668.05	175537.75	89551.11	184546.69
营业支出(万元)	68418.01	133340.80	68203.24	140892.50
投资收益(万元)	13.00	--	--	-
净利润(万元)	2331.99	1876.54	1023.55	-5583.42
营业利润(万元)	2616.15	-4014.79	233.14	-7070.64
利润总额(万元)	2864.45	2679.52	1722.35	-4599.58

浙江景兴纸业股份有限公司

公司概况					
公司名称	浙江景兴纸业股份有限公司			证券简称	景兴纸业
法人代表	朱在龙	董秘	姚洁青	证券代码	002067
公司网址	www.jxpaper.com.cn		电子信箱	yaojq0518@126.com	
电　话	0573-85969328		传　真	0573-85963320	
办公地址	浙江省平湖市曹桥街道				
经营范围	绿色环保再生纸、特种纸及其他纸品及纸制品、造纸原料的制造和销售等				

主要财务指标：指标\报告期	2017.06.30	2016.12.31	2016.06.30	2015.12.31
基本每股收益(元)	0.2200	0.2900	0.1600	0.0100
基本每股收益(扣除后)(元)	0.2100	0.1300	0.0600	0.0100
稀释每股收益(元)	0.2200	0.2900	0.1600	0.0100
每股净资产(元)	3.1454	3.0001	2.8377	2.6804
每股经营现金净流量(元)	-0.0513	0.5082	0.1364	0.1990
每股现金流量(元)	-0.0666	-0.0766	-0.0128	-0.2715
每股资本公积金(元)	1.4510	1.4514	1.4184	1.4233
每股盈余公积金(元)	0.0638	0.0638	0.0523	0.0523
每股未分配利润(元)	0.6306	0.4848	0.3668	0.2048
净资产收益率(%)	6.8596	9.7146	5.7060	0.3969
加权净资产收益率(%)	6.9700	10.3300	5.8700	0.4000
净资产收益率(扣除)(%)	6.8016	4.2858	2.1637	0.3017
总资产(万元)	579984.77	569045.65	575991.88	571828.51
归属母公司股东权益(万元)	344093.31	328195.10	310425.23	293222.60
营业收入(万元)	235043.53	368096.98	168360.12	295410.56
营业支出(万元)	190145.49	317098.54	147721.42	256953.94
投资收益(万元)	1024.30	27113.72	17550.60	3633.95
净利润(万元)	25599.03	31524.10	17543.84	208.04
营业利润(万元)	28869.02	25401.72	13350.94	-3152.60
利润总额(万元)	28973.96	34264.01	17978.75	194.91

江西黑猫炭黑股份有限公司

公司概况					
公司名称	江西黑猫炭黑股份有限公司			证券简称	黑猫股份
法人代表	王耀	董秘	李毅	证券代码	002068
公司网址	www.jx-blackcat.com		电子信箱	heimaoth@126.com	
电　话	0798-8399126		传　真	0798-8399126	
办公地址	江西省景德镇市历尧				
经营范围	炭黑、焦油精制和白炭黑等产品的生产与销售				

主要财务指标：指标\报告期	2017.06.30	2016.12.31	2016.06.30	2015.12.31
基本每股收益(元)	0.3500	0.1600	-0.0900	0.0300
基本每股收益(扣除后)(元)	0.3500	0.1400	-0.1000	0.0100
稀释每股收益(元)	0.3500	0.1600	-0.0900	0.0300
每股净资产(元)	3.6667	3.3568	3.1066	3.2186
每股经营现金净流量(元)	-0.0889	0.8068	0.3365	-0.5239
每股现金流量(元)	0.0129	-0.1107	0.2485	-0.3240
每股资本公积金(元)	1.3924	1.3924	1.3914	1.4197
每股盈余公积金(元)	0.1136	0.1136	0.0996	0.0997
每股未分配利润(元)	1.1533	0.8486	0.6145	0.7174
净资产收益率(%)	9.6736	4.6194	-3.0283	0.8668
加权净资产收益率(%)	10.0600	4.6800	-2.9500	0.8200
净资产收益率(扣除)(%)	9.4947	4.1713	-3.3144	0.3447
总资产(万元)	664328.97	617948.13	631414.32	635354.68
归属母公司股东权益(万元)	222593.43	203781.02	188590.98	196538.21
营业收入(万元)	306947.99	438109.73	195017.81	480011.27
营业支出(万元)	245520.16	358483.02	167142.51	404823.62
投资收益(万元)	93.74	-133.49	-14.02	-510.75
净利润(万元)	22250.30	10228.78	-5942.11	1764.95
营业利润(万元)	24369.38	8910.26	-6622.08	1469.38
利润总额(万元)	24779.95	12831.54	-5376.86	4559.63

獐子岛集团股份有限公司

公司概况	公司名称	獐子岛集团股份有限公司			证券简称	獐子岛
	法人代表	吴厚刚	董秘	孙福君	证券代码	002069
	公司网址	www.zhangzidao.com			电子信箱	zhangzidao@zhangzidao.com
	电　话	0411-39016969　39016968			传　真	0411-39989999
	办公地址	辽宁省大连市中山区港兴路6号大连万达中心写字楼27层				
	经营范围	主要从事虾夷扇贝、海参、鲍鱼等海珍品育苗、养殖、加工、销售等业务				

主要财务指标	指标\报告期	2017.06.30	2016.12.31	2016.06.30	2015.12.31
	基本每股收益(元)	0.0400	0.1119	0.0090	–0.3416
	基本每股收益(扣除后)(元)	0.0400	–0.0392	–0.0300	–0.6904
	稀释每股收益(元)	0.0400	0.1119	0.0090	–0.3416
	每股净资产(元)	1.5521	1.5087	1.2634	1.2454
	每股经营现金净流量(元)	–0.2271	0.4325	0.0053	0.4468
	每股现金流量(元)	0.0056	–0.1346	–0.1196	0.1868
	每股资本公积金(元)	1.3753	1.3712	1.2341	1.2317
	每股盈余公积金(元)	0.3448	0.3448	0.3448	0.3448
	每股未分配利润(元)	–1.1581	–1.1953	–1.2979	–1.3073
	净资产收益率(%)	2.7883	7.4189	0.7444	–27.4314
	加权净资产收益率(%)	2.8300	8.4700	0.7500	–24.0400
	净资产收益率(扣除)(%)	2.8896	–2.5982	–2.7465	–55.4326
	总资产(万元)	462506.76	447423.16	441837.32	448538.71
	归属母公司股东权益(万元)	110370.26	107284.00	89844.72	88561.49
	营业收入(万元)	150531.89	305210.19	133690.08	272678.02
	营业支出(万元)	124269.72	259036.89	112681.69	240608.16
	投资收益(万元)	156.77	5257.05	454.75	252.00
	净利润(万元)	2972.66	7571.45	627.78	–24543.90
	营业利润(万元)	3420.04	2044.18	–2401.74	–30796.07
	利润总额(万元)	3028.30	8292.53	682.83	–6067.15

福建众和股份有限公司

公司概况	公司名称	福建众和股份有限公司			证券简称	*ST 众和
	法人代表	许建成	董秘		证券代码	002070
	公司网址	www.zhonghe.com			电子信箱	security@zhonghe.com
	电　话	0592-5376599			传　真	0592-5376594
	办公地址	福建省莆田市秀屿区西许工业区5-8号				
	经营范围	服装面料及其他纺织品的开发、生产、销售				

主要财务指标	指标\报告期	2017.06.30	2016.12.31	2016.06.30	2015.12.31
	基本每股收益(元)	–0.1086	–0.0760	0.0491	–0.2311
	基本每股收益(扣除后)(元)	–0.0664	–0.0800	0.0415	–0.2443
	稀释每股收益(元)	–0.1086	–0.0760	0.0491	–0.2311
	每股净资产(元)	0.9241	1.0326	1.1557	1.1060
	每股经营现金净流量(元)	0.0647	0.2296	0.1035	0.0131
	每股现金流量(元)	0.0180	–0.0038	–0.0029	–0.0360
	每股资本公积金(元)	––	––	––	––
	每股盈余公积金(元)	0.0293	0.0293	0.0295	0.0295
	每股未分配利润(元)	–0.1222	–0.0136	0.1114	0.0625
	净资产收益率(%)	–11.7558	–7.3624	4.2513	–20.8975
	加权净资产收益率(%)	–4.4600	–7.1200	4.3600	–18.9500
	净资产收益率(扣除)(%)	–11.8455	–7.7516	3.5940	–22.0897
	总资产(万元)	269326.90	271866.41	266319.88	270642.70
	归属母公司股东权益(万元)	58706.31	65597.90	73418.96	70257.81
	营业收入(万元)	41893.25	88610.15	46607.30	68901.59
	营业支出(万元)	35746.87	59605.09	31969.07	59986.72
	投资收益(万元)	93.99	186.39	91.16	182.99
	净利润(万元)	–6797.61	–4855.74	3337.96	–15142.91
	营业利润(万元)	–8560.01	–3799.01	3459.00	–19790.68
	利润总额(万元)	–8177.59	–3375.88	4565.03	–17854.23

长城影视股份有限公司

公司概况	公司名称	长城影视股份有限公司			证券简称	长城影视
	法人代表	赵锐均	董秘	张珂	证券代码	002071
	公司网址	www.chinaccys.com			电子信箱	chinaccys@126.com
	电　话	0571-85026150			传　真	0571-85021376
	办公地址	浙江省杭州市文二西路683号西溪湿地创意产业园西区				
	经营范围	电视剧的投资、制作与发行及其衍生业务				

主要财务指标	指标\报告期	2017.06.30	2016.12.31	2016.06.30	2015.12.31
	基本每股收益(元)	0.1235	0.4900	0.1222	0.4400
	基本每股收益(扣除后)(元)	0.1174	0.4300	0.1002	0.3900
	稀释每股收益(元)	0.1235	0.4900	0.1222	0.4400
	每股净资产(元)	1.7112	1.5877	1.2221	1.8346
	每股经营现金净流量(元)	–0.1118	0.5783	0.2638	0.2866
	每股现金流量(元)	–0.0924	0.0733	–0.0624	0.1114
	每股资本公积金(元)	–1.0491	–1.0491	–1.0491	–0.8849
	每股盈余公积金(元)	––	––	––	0.0882
	每股未分配利润(元)	1.7604	1.6368	1.2712	1.6314
	净资产收益率(%)	7.2192	30.7267	10.0005	24.0601
	加权净资产收益率(%)	7.4900	31.9400	6.2000	22.2800
	净资产收益率(扣除)(%)	6.8583	27.3205	8.3819	21.0771
	总资产(万元)	307555.07	298198.16	289776.07	291712.27
	归属母公司股东权益(万元)	89913.15	83422.18	64210.71	96397.48
	营业收入(万元)	26312.88	135562.16	59724.92	99344.34
	营业支出(万元)	17091.72	80537.25	40371.41	51465.70
	投资收益(万元)	––	––	––	––
	净利润(万元)	8063.22	30641.77	9535.87	29049.12
	营业利润(万元)	9801.62	31277.09	9839.78	33836.32
	利润总额(万元)	10240.58	35017.41	11196.78	38392.07

凯瑞德控股股份有限公司

公司概况	公司名称	凯瑞德控股股份有限公司			证券简称	凯瑞德
	法人代表	张培峰	董秘	张彬	证券代码	002072
	公司网址	www.kruide.com			电子信箱	dmzhangbin@163.com
	电　话	0534-2436506			传　真	0534-2436506
	办公地址	山东省德州市德城区顺河西路18号				
	经营范围	从事长丝布、色织布和本色坯布等中高档服装面料和装饰面料的生产经营等				

主要财务指标	指标\报告期	2017.06.30	2016.12.31	2016.06.30	2015.12.31
	基本每股收益(元)	0.0160	0.0820	0.2110	–0.6020
	基本每股收益(扣除后)(元)	0.0190	–0.3100	–0.1790	–0.6600
	稀释每股收益(元)	0.0160	0.0820	0.2110	–0.6020
	每股净资产(元)	0.5602	0.5447	0.6738	0.4631
	每股经营现金净流量(元)	–0.0251	–0.0329	–0.0337	–0.1168
	每股现金流量(元)	–0.0012	0.0540	0.0028	–0.0182
	每股资本公积金(元)	1.0891	1.0891	1.0891	1.0891
	每股盈余公积金(元)	0.2174	0.2174	0.2174	0.2174
	每股未分配利润(元)	–1.7463	–1.7618	–1.6327	–1.8434
	净资产收益率(%)	2.7700	14.9765	31.2726	–129.9282
	加权净资产收益率(%)	2.8100	16.1900	37.0700	–78.7600
	净资产收益率(扣除)(%)	3.4122	–56.9645	–26.5445	–144.0146
	总资产(万元)	69804.05	70012.88	66602.10	71723.70
	归属母公司股东权益(万元)	9859.05	9585.96	11858.91	8150.32
	营业收入(万元)	5102.48	3363.36	532.85	6035.04
	营业支出(万元)	3041.95	2084.94	549.66	8450.75
	投资收益(万元)	–114.36	–65.21	–1.20	–602.66
	净利润(万元)	273.10	1435.64	3708.59	–10589.57
	营业利润(万元)	611.46	–5265.34	–3147.70	–11376.29
	利润总额(万元)	548.15	1630.79	3708.77	–10540.09

软控股份有限公司

公司概况	公司名称	软控股份有限公司		证券简称	软控股份
	法人代表	袁仲雪	董秘 鲁丽娜	证券代码	002073
	公司网址	www.mesnac.com		电子信箱	luln@mesnac.com
	电　话	0532-84012387		传　真	0532-84011517
	办公地址	山东省青岛市郑州路43号			
	经营范围	机械设备、模具、计算机软硬件、大规模集成电路、自动化系统等			

主要财务指标	指标\报告期	2017.06.30	2016.12.31	2016.06.30	2015.12.31
	基本每股收益(元)	0.0700	−0.9166	0.0200	0.2700
	基本每股收益(扣除后)(元)	−0.0158	−1.1359	−0.1600	0.0800
	稀释每股收益(元)	0.0700	−0.9148	0.0200	0.2700
	每股净资产(元)	4.8900	4.8800	5.0831	5.2146
	每股经营现金净流量(元)	0.1442	0.0503	−0.3237	0.0268
	每股现金流量(元)	0.1401	0.3860	−0.1675	0.2071
	每股资本公积金(元)	2.1931	2.1937	1.1611	1.1571
	每股盈余公积金(元)	0.3233	0.3222	0.3709	0.3695
	每股未分配利润(元)	1.3683	1.2979	2.4904	2.4587
	净资产收益率(%)	1.3473	−16.8297	0.4391	4.9101
	加权净资产收益率(%)	1.3500	−18.7400	0.4300	5.4700
	净资产收益率(扣除)(%)	−0.3221	−20.8562	−3.2096	1.4069
	总资产(万元)	861027.37	824225.39	820620.45	806070.19
	归属母公司股东权益(万元)	457726.63	458353.41	414512.40	426858.25
	营业收入(万元)	124784.99	193291.17	91890.65	251632.97
	营业支出(万元)	98006.40	160278.32	72879.48	172369.30
	投资收益(万元)	8113.12	14711.95	12029.57	11209.00
	净利润(万元)	5185.69	−78683.59	1024.75	19699.07
	营业利润(万元)	3009.02	−78112.88	−6349.37	15411.82
	利润总额(万元)	3437.60	−71035.29	274.86	24616.35

国轩高科股份有限公司

公司概况	公司名称	国轩高科股份有限公司		证券简称	国轩高科
	法人代表	李缜	董秘 马桂富	证券代码	002074
	公司网址	www.hfgxgk.com		电子信箱	jsdydq@126.com
	电　话	0551-62100213 62100919		传　真	0551-62100175
	办公地址	安徽省合肥市新站区岱河路599号			
	经营范围	高、低压开关及成套设备、电器自动化、配网自动化设备及元器件的制造和销售等			

主要财务指标	指标\报告期	2017.06.30	2016.12.31	2016.06.30	2015.12.31
	基本每股收益(元)	0.5100	1.1900	0.6100	0.8000
	基本每股收益(扣除后)(元)	0.4000	1.1000	0.5900	0.7500
	稀释每股收益(元)	0.5100	1.1800	0.6100	0.8000
	每股净资产(元)	4.8947	4.4923	3.9119	3.4416
	每股经营现金净流量(元)	0.2537	1.4549	0.1393	0.5938
	每股现金流量(元)	0.1314	0.3870	−0.6585	1.2913
	每股资本公积金(元)	1.4938	1.4627	1.4567	1.4465
	每股盈余公积金(元)	0.1386	0.1388	0.1308	0.1308
	每股未分配利润(元)	2.5466	2.1930	1.6329	1.1740
	净资产收益率(%)	10.3645	26.1945	15.5641	19.3833
	加权净资产收益率(%)	10.7900	29.8600	16.4500	27.0000
	净资产收益率(扣除)(%)	8.6557	24.2482	15.0310	18.1651
	总资产(万元)	1198089.89	1021471.04	846558.34	671327.25
	归属母公司股东权益(万元)	429562.32	393570.56	342823.43	301605.66
	营业收入(万元)	239679.09	475793.19	239938.30	274549.62
	营业支出(万元)	151489.57	252526.51	125528.49	149938.58
	投资收益(万元)	−126.01	−60.89	−13.49	210.44
	净利润(万元)	44591.57	103285.29	53405.62	58730.62
	营业利润(万元)	48293.70	110616.20	62467.87	63847.15
	利润总额(万元)	52322.44	119741.34	64635.77	68022.38

江苏沙钢股份有限公司

公司概况	公司名称	江苏沙钢股份有限公司		证券简称	沙钢股份
	法人代表	何春生	董秘 杨华	证券代码	002075
	公司网址	www.shaganggf.com		电子信箱	sggf@shasteel.cn
	电　话	0512-58987088		传　真	0512-58682018
	办公地址	江苏省张家港市锦丰镇沙钢大厦			
	经营范围	优特钢、中厚板钢铁产品及铜制品的生产与销售等			

主要财务指标	指标\报告期	2017.06.30	2016.12.31	2016.06.30	2015.12.31
	基本每股收益(元)	0.0857	0.1000	0.0298	−0.0370
	基本每股收益(扣除后)(元)	0.0817	0.0950	0.0283	−0.0310
	稀释每股收益(元)	0.0857	0.1000	0.0298	−0.0370
	每股净资产(元)	1.3228	1.2408	1.0753	1.0453
	每股经营现金净流量(元)	0.3921	0.1408	0.1418	0.2765
	每股现金流量(元)	0.1042	−0.1670	−0.1617	0.1477
	每股资本公积金(元)	−0.2758	−0.2758	−0.2758	−0.2758
	每股盈余公积金(元)	0.0180	0.0180	0.0180	0.0180
	每股未分配利润(元)	0.4832	0.3976	0.3278	0.2980
	净资产收益率(%)	6.4752	8.0344	2.7701	−3.4952
	加权净资产收益率(%)	6.6800	8.7200	2.8100	−3.4300
	净资产收益率(扣除)(%)	6.1774	7.6761	2.6341	−2.9296
	总资产(万元)	851914.13	783881.66	671353.92	655005.69
	归属母公司股东权益(万元)	291918.66	273815.80	237298.43	230667.19
	营业收入(万元)	611014.33	758548.57	333010.43	735734.42
	营业支出(万元)	539460.76	669650.48	299134.34	703609.83
	投资收益(万元)	1641.73	1245.03	469.71	−7369.57
	净利润(万元)	40236.57	43418.25	12628.51	−12943.48
	营业利润(万元)	54319.39	57269.54	15703.82	−11978.55
	利润总额(万元)	54211.51	57400.61	16350.00	−18797.02

广东雪莱特光电科技股份有限公司

公司概况	公司名称	广东雪莱特光电科技股份有限公司		证券简称	雪莱特
	法人代表	柴国生	董秘 张桃华	证券代码	002076
	公司网址	www.cnlight.com		电子信箱	info@cnlight.com
	电　话	86-757-86695590		传　真	0757-86236050
	办公地址	广东省佛山市南海区狮山工业科技工业园A区			
	经营范围	LED显示屏、LED照明产品的研发、制造和销售等			

主要财务指标	指标\报告期	2017.06.30	2016.12.31	2016.06.30	2015.12.31
	基本每股收益(元)	0.0204	0.1103	0.0255	0.1613
	基本每股收益(扣除后)(元)	0.0077	0.0953	0.0450	0.1401
	稀释每股收益(元)	0.0204	0.1103	0.0255	0.1613
	每股净资产(元)	1.3867	2.7620	2.6710	2.6853
	每股经营现金净流量(元)	−0.0440	0.0102	−0.0609	0.5365
	每股现金流量(元)	0.0286	0.3549	0.2244	0.6383
	每股资本公积金(元)	0.1981	1.3950	1.3970	1.3923
	每股盈余公积金(元)	0.0380	0.0760	0.0731	0.0731
	每股未分配利润(元)	0.1746	0.3389	0.2828	0.3018
	净资产收益率(%)	1.4725	3.9959	1.9088	5.7607
	加权净资产收益率(%)	1.4700	4.1100	1.8200	6.2300
	净资产收益率(扣除)(%)	0.5518	3.4510	1.6831	5.0041
	总资产(万元)	203649.48	167549.55	148002.03	143216.63
	归属母公司股东权益(万元)	101784.88	101363.75	98069.33	98593.57
	营业收入(万元)	45228.15	81339.71	36932.36	80161.50
	营业支出(万元)	33404.76	58586.58	26881.80	58956.07
	投资收益(万元)	471.02	46.93	46.22	10.85
	净利润(万元)	1027.63	2654.34	1291.75	5197.33
	营业利润(万元)	611.13	2471.54	1238.34	5315.46
	利润总额(万元)	1414.58	3065.57	1522.90	6181.87

江苏大港股份有限公司

公司概况	公司名称	江苏大港股份有限公司		证券简称	大港股份
	法人代表	谢恒福	董秘 吴晓坚	证券代码	002077
	公司网址	www.dggf.cn		电子信箱	dggf2077@sina.cn
	电　话	0511-88901009		传　真	0511-88901188
	办公地址	江苏省镇江新区大港通港路1号			
	经营范围	高新技术产品的投资、开发			

主要财务指标	2017.06.30	2016.12.31	2016.06.30	2015.12.31
基本每股收益(元)	-0.0300	0.0800	0.0300	-0.0500
基本每股收益(扣除后)(元)	-0.0200	0.0300	--	-0.2500
稀释每股收益(元)	-0.0300	0.0800	0.0300	-0.0500
每股净资产(元)	6.5732	6.5990	6.5459	4.2299
每股经营现金净流量(元)	0.1084	0.1280	-0.2465	0.7780
每股现金流量(元)	-0.0960	-0.3368	0.6540	0.6218
每股资本公积金(元)	4.8567	4.8567	4.8567	2.2803
每股盈余公积金(元)	0.1885	0.1885	0.1885	0.2668
每股未分配利润(元)	0.5277	0.5535	0.5003	0.6821
净资产收益率(%)	-0.3931	1.0861	0.2809	-1.0625
加权净资产收益率(%)	-0.3900	1.4100	0.5600	-1.2300
净资产收益率(扣除)(%)	-0.3515	0.3545	0.0226	-5.1587
总资产(万元)	701965.55	692410.86	726006.18	526619.57
归属母公司股东权益(万元)	381472.56	382972.16	379891.69	173425.51
营业收入(万元)	65701.06	136959.41	64253.54	107770.79
营业支出(万元)	50888.84	105501.25	53654.44	86254.09
投资收益(万元)	2195.53	-1720.88	-638.68	502.36
净利润(万元)	-2068.41	1967.23	629.59	-4253.47
营业利润(万元)	-75.44	3835.45	387.60	-5173.28
利润总额(万元)	-986.79	4865.22	888.51	-3968.30

山东太阳纸业股份有限公司

公司概况	公司名称	山东太阳纸业股份有限公司		证券简称	太阳纸业
	法人代表	李洪信	董秘 庞福成	证券代码	002078
	公司网址	www.sunpapergroup.com		电子信箱	sunpaper@sunpaper.cn
	电　话	0537-7928715		传　真	0537-7928762
	办公地址	山东省济宁市兖州区友谊路1号			
	经营范围	造纸和纸制品业			

主要财务指标	2017.06.30	2016.12.31	2016.06.30	2015.12.31
基本每股收益(元)	0.3500	0.4200	0.1400	0.2700
基本每股收益(扣除后)(元)	0.3400	0.4100	0.1400	0.3000
稀释每股收益(元)	0.3500	0.4200	0.1400	0.2700
每股净资产(元)	3.4264	3.1403	2.8993	2.7540
每股经营现金净流量(元)	0.2659	1.1104	0.6075	0.2702
每股现金流量(元)	0.1576	-0.1752	0.0195	0.2156
每股资本公积金(元)	0.4766	0.4762	0.4754	0.4744
每股盈余公积金(元)	0.2361	0.2361	0.2002	0.2002
每股未分配利润(元)	1.7052	1.4102	1.2179	1.0790
净资产收益率(%)	10.0690	13.2703	4.7939	9.5428
加权净资产收益率(%)	10.4200	14.1200	4.9200	10.3400
净资产收益率(扣除)(%)	10.0108	13.1168	4.7210	10.6321
总资产(万元)	2328187.81	2019419.02	2032778.03	1971785.35
归属母公司股东权益(万元)	868892.71	796335.26	735441.44	698596.10
营业收入(万元)	869657.80	1445549.11	655958.40	1082512.39
营业支出(万元)	652504.60	1128739.17	526042.04	829275.00
投资收益(万元)	479.70	2108.70	970.53	-13616.75
净利润(万元)	96359.75	115820.34	37900.76	75510.19
营业利润(万元)	121439.08	145298.29	49340.99	88634.42
利润总额(万元)	121906.98	146821.94	50100.78	104047.35

苏州固锝电子股份有限公司

公司概况	公司名称	苏州固锝电子股份有限公司		证券简称	苏州固锝
	法人代表	吴念博	董秘 滕有西	证券代码	002079
	公司网址	www.goodark.com		电子信箱	y.x.teng@goodark.com
	电　话	0512-68188888-2079		传　真	0512-68189999
	办公地址	江苏省苏州市高新区通安镇华金路200号			
	经营范围	设计、制造和销售各类半导体芯片等			

主要财务指标	2017.06.30	2016.12.31	2016.06.30	2015.12.31
基本每股收益(元)	0.0740	0.1560	0.0710	0.0310
基本每股收益(扣除后)(元)	0.0650	0.1330	0.0660	0.0190
稀释每股收益(元)	0.0740	0.1560	0.0710	0.0310
每股净资产(元)	2.0326	2.0120	1.9483	1.7576
每股经营现金净流量(元)	0.0133	0.2322	0.1303	0.1120
每股现金流量(元)	0.0450	0.0898	-0.0590	-0.2819
每股资本公积金(元)	0.4134	0.4349	0.4555	0.3156
每股盈余公积金(元)	0.1132	0.1132	0.0984	0.0984
每股未分配利润(元)	0.5045	0.4640	0.3970	0.3430
净资产收益率(%)	3.6173	7.7430	3.6400	1.7846
加权净资产收益率(%)	3.6300	8.0600	3.8300	1.7900
净资产收益率(扣除)(%)	3.2060	6.6036	3.3988	1.0659
总资产(万元)	192028.28	175603.08	167595.76	148961.53
归属母公司股东权益(万元)	147965.27	146468.11	141828.51	127948.76
营业收入(万元)	83529.82	118733.44	53300.27	81194.59
营业支出(万元)	67634.65	95578.96	43293.93	69560.44
投资收益(万元)	112.77	1930.66	1983.13	340.06
净利润(万元)	7180.40	13211.25	5789.47	1871.21
营业利润(万元)	7677.13	14996.90	6673.00	1946.81
利润总额(万元)	8222.30	15231.04	6817.29	2366.16

中材科技股份有限公司

公司概况	公司名称	中材科技股份有限公司		证券简称	中材科技
	法人代表	薛忠民	董秘 陈志斌	证券代码	002080
	公司网址	www.sinomatech.com		电子信箱	sinoma@sinomatech.com
	电　话	86-10-88437909		传　真	86-10-88437712
	办公地址	北京市海淀区板井路69号商务中心写字楼12Fa			
	经营范围	特种纤维复合材料			

主要财务指标	2017.06.30	2016.12.31	2016.06.30	2015.12.31
基本每股收益(元)	0.4630	0.5276	0.3813	--
基本每股收益(扣除后)(元)	0.4388	0.3949	0.4417	--
稀释每股收益(元)	0.4630	0.5276	0.3813	--
每股净资产(元)	10.2529	9.9000	9.8770	--
每股经营现金净流量(元)	0.4471	1.3415	0.3490	--
每股现金流量(元)	0.0570	0.6225	0.9182	--
每股资本公积金(元)	6.8523	6.8523	6.8418	--
每股盈余公积金(元)	0.2645	0.2645	0.2004	--
每股未分配利润(元)	2.1296	1.7816	1.8320	--
净资产收益率(%)	4.5157	5.0231	3.4203	--
加权净资产收益率(%)	4.5700	5.5500	4.1700	--
净资产收益率(扣除)(%)	4.2794	3.3165	2.9686	--
总资产(万元)	2171567.86	2057704.71	2048394.09	--
归属母公司股东权益(万元)	827197.26	799111.66	796866.63	--
营业收入(万元)	447859.65	896892.91	379266.80	--
营业支出(万元)	318294.50	666946.09	280924.22	--
投资收益(万元)	111.35	178.14	79.34	--
净利润(万元)	39526.09	42346.57	28046.89	--
营业利润(万元)	46856.58	35337.28	22342.02	--
利润总额(万元)	47398.78	56309.64	34443.52	--

苏州金螳螂建筑装饰股份有限公司

公司概况	公司名称	苏州金螳螂建筑装饰股份有限公司			证券简称	金螳螂
	法人代表	倪林	董秘	潘洁	证券代码	002081
	公司网址	www.goldmantis.com		电子信箱	tzglb@goldmantis.com	
	电　话	86-512-68660622		传　真	86-512-68660622	
	办公地址	江苏省苏州市西环路888号				
	经营范围	承接各类建筑室内、室外装修装饰工程的设计及施工等				

	指标\报告期	2017.06.30	2016.12.31	2016.06.30	2015.12.31
主要财务指标	基本每股收益(元)	0.3392	0.6400	0.3360	0.9100
	基本每股收益(扣除后)(元)	0.3340	0.6100	0.3371	0.8800
	稀释每股收益(元)	0.3392	0.6400	0.3360	0.9100
	每股净资产(元)	3.9566	3.7713	3.4684	4.8899
	每股经营现金净流量(元)	-0.0929	0.4164	-0.2022	0.0465
	每股现金流量(元)	-0.0835	0.2460	0.0652	-0.3009
	每股资本公积金(元)	0.0601	0.0601	0.0601	0.0901
	每股盈余公积金(元)	0.3133	0.3133	0.2577	0.3866
	每股未分配利润(元)	2.5804	2.3930	2.1477	3.4150
	净资产收益率(%)	8.5720	16.8865	9.6873	18.5951
	加权净资产收益率(%)	8.6600	18.1100	9.8600	20.2900
	净资产收益率(扣除)(%)	8.4478	16.1950	9.7205	17.9289
	总资产(万元)	2671390.51	2682251.54	2473467.88	2480488.58
	归属母公司股东权益(万元)	1045844.80	996883.96	916797.67	861697.60
	营业收入(万元)	949768.24	1960065.54	910159.95	1865409.26
	营业支出(万元)	791597.05	1635770.47	765796.86	1533226.56
	投资收益(万元)	9406.06	18675.60	9192.87	14590.24
	净利润(万元)	89917.13	169559.10	89021.51	160568.23
	营业利润(万元)	106723.97	197469.73	105919.57	188673.76
	利润总额(万元)	107111.80	199729.57	106278.35	189550.77

万邦德新材股份有限公司

公司概况	公司名称	万邦德新材股份有限公司			证券简称	万邦德
	法人代表	赵守明	董秘	姜全州	证券代码	002082
	公司网址	www.dongliang.com.cn		电子信箱	info@dongliang.com.cn	
	电　话	0572-3158810　2699791		传　真	0572-2699791	
	办公地址	浙江省湖州市织里镇栋梁路				
	经营范围	铝合金型材、铝棒、五金制品及模具、镁合金制品的制造加工、销售等				

	指标\报告期	2017.06.30	2016.12.31	2016.06.30	2015.12.31
主要财务指标	基本每股收益(元)	0.1200	0.2900	0.1600	0.2600
	基本每股收益(扣除后)(元)	0.1200	0.2600	0.1500	0.2500
	稀释每股收益(元)	0.1200	0.2900	0.1600	0.2600
	每股净资产(元)	5.6850	5.8101	5.6781	5.6171
	每股经营现金净流量(元)	-0.1228	1.3055	0.3367	0.0704
	每股现金流量(元)	-1.2807	1.1898	-0.2427	0.0556
	每股资本公积金(元)	1.0160	1.0160	1.0160	1.0160
	每股盈余公积金(元)	0.4086	0.4086	0.3879	0.3879
	每股未分配利润(元)	3.2604	3.3855	3.2741	3.2131
	净资产收益率(%)	2.1973	5.0431	2.8352	4.7144
	加权净资产收益率(%)	2.1600	5.1600	2.8600	4.8100
	净资产收益率(扣除)(%)	2.0326	4.5318	2.5946	4.3649
	总资产(万元)	165413.18	165842.32	160747.86	161727.08
	归属母公司股东权益(万元)	135302.98	138279.98	135137.87	133686.42
	营业收入(万元)	586881.17	918346.63	369211.17	1157219.78
	营业支出(万元)	578862.06	900863.64	359753.64	1138932.44
	投资收益(万元)	28.17	440.43	121.07	154.20
	净利润(万元)	3102.61	7338.49	4035.34	6843.34
	营业利润(万元)	3415.75	7764.70	4363.03	8082.95
	利润总额(万元)	3682.11	8138.57	4560.42	8295.49

孚日集团股份有限公司

公司概况	公司名称	孚日集团股份有限公司			证券简称	孚日股份
	法人代表	孙日贵	董秘	张萌	证券代码	002083
	公司网址	www.sunvim.com		电子信箱	furigufen@126.com	
	电　话	0536-2308043		传　真	0536-5828777	
	办公地址	山东省潍坊市高密市孚日街1号				
	经营范围	生产和销售巾被系列产品和装饰布系列产品				

	指标\报告期	2017.06.30	2016.12.31	2016.06.30	2015.12.31
主要财务指标	基本每股收益(元)	0.2684	0.4200	0.1900	0.3400
	基本每股收益(扣除后)(元)	0.2432	0.3700	0.1700	0.3300
	稀释每股收益(元)	0.2684	0.4200	0.1900	0.3400
	每股净资产(元)	3.5771	3.5088	3.2848	3.2915
	每股经营现金净流量(元)	0.2979	1.2844	0.6357	0.9785
	每股现金流量(元)	-0.1049	-0.0018	0.1414	-0.0331
	每股资本公积金(元)	1.3890	1.3890	1.3890	1.3890
	每股盈余公积金(元)	0.2176	0.2176	0.1695	0.1695
	每股未分配利润(元)	0.9702	0.9018	0.7265	0.7335
	净资产收益率(%)	7.5043	11.8697	5.8762	10.3992
	加权净资产收益率(%)	7.5700	12.1300	5.8600	10.7700
	净资产收益率(扣除)(%)	6.7992	10.4469	5.2385	9.9664
	总资产(万元)	712041.59	712476.03	743084.90	766240.59
	归属母公司股东权益(万元)	324798.45	318594.80	298261.69	298864.58
	营业收入(万元)	236128.29	437497.64	221179.11	418377.88
	营业支出(万元)	176173.90	334991.70	170065.73	325162.35
	投资收益(万元)	2769.96	5633.34	2016.67	3109.98
	净利润(万元)	24714.00	38075.76	17673.91	31260.26
	营业利润(万元)	32544.98	48714.18	24462.05	41536.78
	利润总额(万元)	32829.64	49549.24	24662.89	41890.07

广州海鸥住宅工业股份有限公司

公司概况	公司名称	广州海鸥住宅工业股份有限公司			证券简称	海鸥住工
	法人代表	唐台英	董秘	陈巍	证券代码	002084
	公司网址	www.seagullgroup.cn		电子信箱	seagull@seagullgroup.cn	
	电　话	020-34807004　34808178		传　真	020-34808171	
	办公地址	广东省广州市番禺区沙头街禺山西路363号联邦工业城内				
	经营范围	开发、生产高档水暖器材及五金件；销售本企业产品等				

	指标\报告期	2017.06.30	2016.12.31	2016.06.30	2015.12.31
主要财务指标	基本每股收益(元)	0.0870	0.1862	0.0498	0.1102
	基本每股收益(扣除后)(元)	0.0708	0.1569	0.0351	0.1122
	稀释每股收益(元)	0.0870	0.1862	0.0498	0.1102
	每股净资产(元)	2.5747	2.5965	2.4497	2.4433
	每股经营现金净流量(元)	0.2056	0.4532	0.2407	0.4034
	每股现金流量(元)	0.1904	-0.0965	0.1973	0.2918
	每股资本公积金(元)	0.5754	0.5795	0.5762	0.5671
	每股盈余公积金(元)	0.1497	0.1497	0.1433	0.1433
	每股未分配利润(元)	0.8435	0.8565	0.7264	0.7266
	净资产收益率(%)	3.3784	7.1721	2.0317	4.1381
	加权净资产收益率(%)	3.3200	7.4300	2.0700	5.2200
	净资产收益率(扣除)(%)	2.7515	6.0420	1.4349	4.2115
	总资产(万元)	194786.83	186880.31	191038.17	183981.39
	归属母公司股东权益(万元)	117485.65	118481.46	111782.08	111491.72
	营业收入(万元)	97562.19	178656.22	81485.59	171490.94
	营业支出(万元)	76937.23	138694.61	65598.71	135800.00
	投资收益(万元)	-89.52	-1207.94	-957.01	-1720.06
	净利润(万元)	4206.15	8702.24	2460.28	4665.80
	营业利润(万元)	4388.94	8641.37	2967.56	3277.40
	利润总额(万元)	4717.47	9280.48	3191.27	5504.30

浙江万丰奥威汽轮股份有限公司

公司概况					
公司名称	浙江万丰奥威汽轮股份有限公司			证券简称	万丰奥威
法人代表	陈爱莲	董秘	章银凤	证券代码	002085
公司网址	www.wfaw.com.cn		电子信箱	wfirm@wfjt.com	
电　　话	86-575-86298339		传　　真	86-575-86298339	
办公地址	浙江省绍兴市新昌县工业区				
经营范围	汽车铝合金车轮及其他零部件的生产与销售				

主要财务指标 指标＼报告期	2017.06.30	2016.12.31	2016.06.30	2015.12.31
基本每股收益(元)	0.2200	0.4400	0.2194	—
基本每股收益(扣除后)(元)	0.2100	0.4900	0.2600	—
稀释每股收益(元)	0.2200	0.5300	0.2194	—
每股净资产(元)	2.5552	2.4300	2.5404	—
每股经营现金净流量(元)	0.2877	0.7372	0.3872	—
每股现金流量(元)	−0.0615	−0.0240	0.1220	—
每股资本公积金(元)	0.0526	0.0631	0.0399	—
每股盈余公积金(元)	0.1361	0.1634	0.1113	—
每股未分配利润(元)	1.3697	1.6796	1.3899	—
净资产收益率(%)	8.6094	18.0617	10.3646	—
加权净资产收益率(%)	8.7200	20.5300	11.0700	—
净资产收益率(扣除)(%)	8.0468	16.7946	10.1251	—
总资产(万元)	918039.15	928854.05	896290.68	—
归属母公司股东权益(万元)	558786.11	530383.81	462971.34	—
营业收入(万元)	495525.11	948572.59	455878.52	—
营业支出(万元)	381442.30	723654.99	340619.73	—
投资收益(万元)	−1489.12	−3468.09	−2103.90	—
净利润(万元)	52434.05	108238.80	54614.79	—
营业利润(万元)	65235.12	127093.71	67189.27	—
利润总额(万元)	66123.21	133398.33	68574.11	—

山东东方海洋科技股份有限公司

公司概况					
公司名称	山东东方海洋科技股份有限公司			证券简称	东方海洋
法人代表	车轼	董秘	于德海	证券代码	002086
公司网址	www.dfhy.cc		电子信箱	mpydh@126.com	
电　　话	0535-6929011　6729111		传　　真	0535-6729055*9055	
办公地址	山东省烟台市莱山区澳柯玛大街 18 号				
经营范围	海水动植物养殖、育种、育苗；预包装食品批发兼零售等				

主要财务指标 指标＼报告期	2017.06.30	2016.12.31	2016.06.30	2015.12.31
基本每股收益(元)	0.1497	0.1114	0.1522	—
基本每股收益(扣除后)(元)	0.1446	0.0748	0.1406	—
稀释每股收益(元)	0.1497	0.1114	0.1522	—
每股净资产(元)	4.3061	4.1600	4.1214	—
每股经营现金净流量(元)	−0.0502	0.1708	0.0235	—
每股现金流量(元)	0.0573	−0.9582	−0.9600	—
每股资本公积金(元)	2.3058	2.3058	2.3058	—
每股盈余公积金(元)	0.1064	0.1064	0.0981	—
每股未分配利润(元)	0.8926	0.7429	0.7159	—
净资产收益率(%)	3.4761	2.6790	1.8461	—
加权净资产收益率(%)	3.5400	2.7100	1.8500	—
净资产收益率(扣除)(%)	3.3584	1.7978	1.7053	—
总资产(万元)	406904.59	384309.48	377587.09	—
归属母公司股东权益(万元)	296133.36	285989.10	283429.46	—
营业收入(万元)	41914.05	70671.09	36506.27	—
营业支出(万元)	29767.07	53258.57	26061.18	—
投资收益(万元)	3996.00	−1.45	—	—
净利润(万元)	10092.14	7384.06	5248.90	—
营业利润(万元)	9749.27	5014.20	4850.60	—
利润总额(万元)	10105.84	7543.69	5253.28	—

河南新野纺织股份有限公司

公司概况					
公司名称	河南新野纺织股份有限公司			证券简称	新野纺织
法人代表	魏学柱	董秘	许勤芝	证券代码	002087
公司网址	www.xinye-tex.com		电子信箱	002087xyfz@sina.cn	
电　　话	0377-66221824　66215788		传　　真	0377-66265092	
办公地址	河南省南阳市新野县城关镇书院路 15 号				
经营范围	从事中高档棉纺织品的生产与销售				

主要财务指标 指标＼报告期	2017.06.30	2016.12.31	2016.06.30	2015.12.31
基本每股收益(元)	0.1680	0.2721	0.1005	0.1735
基本每股收益(扣除后)(元)	0.1681	0.1985	0.1187	0.1365
稀释每股收益(元)	0.1680	0.2721	0.1005	0.1735
每股净资产(元)	3.7607	3.6128	4.4773	3.8938
每股经营现金净流量(元)	0.0563	0.1882	−0.5079	0.3011
每股现金流量(元)	0.1386	0.9072	1.7499	−0.0140
每股资本公积金(元)	1.2753	1.2753	1.9579	1.1556
每股盈余公积金(元)	0.1512	0.1512	0.1865	0.2254
每股未分配利润(元)	1.3343	1.1863	1.3301	1.5073
净资产收益率(%)	4.4660	7.0302	2.4133	5.7922
加权净资产收益率(%)	4.5400	8.3400	3.4500	5.9600
净资产收益率(扣除)(%)	4.4686	5.1287	2.1938	3.5053
总资产(万元)	846987.97	793443.29	814821.52	621699.65
归属母公司股东权益(万元)	307175.73	295090.92	281313.12	202384.29
营业收入(万元)	258318.39	408546.73	182356.72	304670.90
营业支出(万元)	209694.56	336744.78	146796.41	255686.87
投资收益(万元)	—	326.42	10.18	−13.48
净利润(万元)	13718.40	20745.52	6788.92	11722.47
营业利润(万元)	17315.62	9778.50	7115.96	2180.69
利润总额(万元)	17310.03	22430.24	8468.18	13112.23

山东鲁阳节能材料股份有限公司

公司概况					
公司名称	山东鲁阳节能材料股份有限公司			证券简称	鲁阳节能
法人代表	鹿成滨	董秘	张振明	证券代码	002088
公司网址	www.luyang.com		电子信箱	zhangzhenming@luyang.com	
电　　话	0533-3287211　3283708		传　　真	0533-3282059	
办公地址	山东省淄博市沂源县沂河路 11 号				
经营范围	硅酸铝耐火纤维材料、珍珠岩保温材料、玻璃钢产品、高温粘结剂等				

主要财务指标 指标＼报告期	2017.06.30	2016.12.31	2016.06.30	2015.12.31
基本每股收益(元)	0.1800	0.4500	0.0700	0.2500
基本每股收益(扣除后)(元)	0.1700	0.4000	0.0800	0.2700
稀释每股收益(元)	0.1800	0.4500	0.0700	0.2500
每股净资产(元)	4.9096	7.1965	6.8591	6.8492
每股经营现金净流量(元)	0.4423	1.5185	0.6536	0.6879
每股现金流量(元)	0.2625	0.6505	0.4181	−0.0812
每股资本公积金(元)	1.1994	2.2992	2.2992	2.2992
每股盈余公积金(元)	0.3983	0.5974	0.5594	0.5594
每股未分配利润(元)	2.3119	3.3000	3.0006	2.9906
净资产收益率(%)	3.6369	6.2161	1.6034	3.5909
加权净资产收益率(%)	3.6600	6.3700	1.5900	3.6300
净资产收益率(扣除)(%)	3.5341	5.5364	1.2172	3.8833
总资产(万元)	218359.31	211710.17	210043.57	210145.70
归属母公司股东权益(万元)	172309.80	168382.87	160489.28	160255.83
营业收入(万元)	65760.66	118951.83	51058.62	113274.65
营业支出(万元)	43328.00	79932.61	35944.55	79954.80
投资收益(万元)	44.68	1.74	—	5.76
净利润(万元)	6266.72	10466.82	2573.23	5754.57
营业利润(万元)	6910.99	10517.98	1875.73	6079.16
利润总额(万元)	7063.95	13183.55	2951.25	6905.38

新海宜科技集团股份有限公司

公司概况	公司名称	新海宜科技集团股份有限公司			证券简称	新 海 宜
	法人代表	张亦斌	董秘	徐磊	证券代码	002089
	公司网址	www.nsu.com.cn		电子信箱	nsu@nsu.com.cn	
	电　话	0512-67606666*8638		传　真	0512-67260021	
	办公地址	江苏省苏州市工业园区泾茂路 168 号新海宜科技园				
	经营范围	通信网络设备及配套软件、相关电子产品、安装线缆、电器机械及器材等				

主要财务指标	指标＼报告期	2017.06.30	2016.12.31	2016.06.30	2015.12.31
	基本每股收益(元)	0.0408	0.0400	0.0571	0.2000
	基本每股收益(扣除后)(元)	0.0171	0.0030	0.0558	0.1600
	稀释每股收益(元)	0.0408	0.0400	0.0571	0.2000
	每股净资产(元)	1.3906	2.7598	2.8019	2.7448
	每股经营现金净流量(元)	–0.0751	0.2999	–0.2286	0.6642
	每股现金流量(元)	–0.2443	0.0026	–0.7113	0.5015
	每股资本公积金(元)	0.0166	0.5333	0.5332	0.5332
	每股盈余公积金(元)	0.0630	0.1260	0.1210	0.1210
	每股未分配利润(元)	0.3110	1.1004	1.1477	1.0906
	净资产收益率(%)	2.9305	1.4438	2.0389	7.3065
	加权净资产收益率(%)	2.9100	1.4500	2.0600	7.5500
	净资产收益率(扣除)(%)	1.2265	0.1035	1.9917	5.9288
	总资产(万元)	514468.56	537544.94	397436.67	487999.26
	归属母公司股东权益(万元)	191165.75	189687.69	192584.64	188658.03
	营业收入(万元)	62224.56	190060.17	131194.72	174198.12
	营业支出(万元)	48858.01	165340.98	109185.60	129382.57
	投资收益(万元)	6605.10	8008.01	1306.49	2159.44
	净利润(万元)	6397.81	5712.62	7675.77	15811.35
	营业利润(万元)	6752.94	6278.75	9481.02	15391.55
	利润总额(万元)	7441.83	7341.29	9588.27	18625.30

江苏金智科技股份有限公司

公司概况	公司名称	江苏金智科技股份有限公司			证券简称	金智科技
	法人代表	徐兵	董秘	李剑	证券代码	002090
	公司网址	www.wiscom.com.cn		电子信箱	tzb@wiscom.com.cn	
	电　话	025-52762230 52762205		传　真	025-52762929	
	办公地址	江苏省南京市江宁开发区将军大道 100 号				
	经营范围	电力自动化业务、IT 服务及建筑智能化业务和新能源业务等				

主要财务指标	指标＼报告期	2017.06.30	2016.12.31	2016.06.30	2015.12.31
	基本每股收益(元)	0.3261	0.4680	0.2086	0.5982
	基本每股收益(扣除后)(元)	0.2916	0.3450	0.1873	0.3616
	稀释每股收益(元)	0.3261	0.4662	0.2045	0.5845
	每股净资产(元)	5.0901	5.0229	4.7162	4.6402
	每股经营现金净流量(元)	–1.4945	1.0212	–0.5458	0.0601
	每股现金流量(元)	–0.6869	1.7523	0.2964	0.5740
	每股资本公积金(元)	1.5638	1.6739	1.5785	1.5684
	每股盈余公积金(元)	0.2991	0.3007	0.2834	0.2835
	每股未分配利润(元)	2.2449	2.0802	1.8845	1.8266
	净资产收益率(%)	6.3992	9.1898	4.4228	12.1226
	加权净资产收益率(%)	6.4100	9.7200	4.4100	16.8100
	净资产收益率(扣除)(%)	5.7210	6.7750	3.9715	7.3293
	总资产(万元)	407765.24	381818.06	329271.37	264244.01
	归属母公司股东权益(万元)	121043.89	118814.23	109282.41	107481.85
	营业收入(万元)	125431.88	187422.56	70919.68	124138.84
	营业支出(万元)	96898.03	136652.21	46871.06	84871.89
	投资收益(万元)	181.33	1096.81	23.20	5010.20
	净利润(万元)	8458.83	14305.29	6465.07	13901.45
	营业利润(万元)	9356.38	8567.41	5476.61	9530.87
	利润总额(万元)	9324.98	15040.63	7232.67	14689.66

江苏国泰国际集团国贸股份有限公司

公司概况	公司名称	江苏国泰国际集团国贸股份有限公司			证券简称	江苏国泰
	法人代表	张子燕	董秘	郭盛虎	证券代码	002091
	公司网址	www.gtiggm.com		电子信箱	gsh@gtiggm.com	
	电　话	0512-58696087 58988273		传　真	0512-58673937	
	办公地址	江苏省张家港市国泰时代广场 11-24 楼				
	经营范围	纺织品、轻工品、机电和化工产品的进出口业务和外派劳务业务等				

主要财务指标	指标＼报告期	2017.06.30	2016.12.31	2016.06.30	2015.12.31
	基本每股收益(元)	0.2300	0.7500	0.2900	0.6700
	基本每股收益(扣除后)(元)	0.2200	0.7200	0.2900	0.6350
	稀释每股收益(元)	0.2300	0.7400	0.2900	0.6600
	每股净资产(元)	4.2000	6.8713	3.1892	4.8236
	每股经营现金净流量(元)	–1.0496	2.4766	0.0033	–0.4371
	每股现金流量(元)	0.6022	1.5486	0.2619	–0.1322
	每股资本公积金(元)	2.0049	1.8373	0.1312	0.1521
	每股盈余公积金(元)	0.1979	0.5687	0.3315	0.5029
	每股未分配利润(元)	0.9912	2.6160	1.7209	3.1724
	净资产收益率(%)	5.5866	14.3912	9.2450	13.8224
	加权净资产收益率(%)	6.0200	19.1700	8.6100	14.7300
	净资产收益率(扣除)(%)	5.2776	9.2290	8.9458	13.1621
	总资产(万元)	1742113.87	1420272.00	395668.75	374463.86
	归属母公司股东权益(万元)	660060.66	375741.78	173519.21	173648.35
	营业收入(万元)	1615992.15	2970654.65	347932.00	729299.68
	营业支出(万元)	1432582.28	2617581.57	294414.08	631447.84
	投资收益(万元)	7014.00	8107.29	429.16	1320.61
	净利润(万元)	56717.01	104732.38	17087.25	25292.70
	营业利润(万元)	70807.33	134599.29	21440.19	32089.43
	利润总额(万元)	73093.04	139330.19	22096.99	32867.65

新疆中泰化学股份有限公司

公司概况	公司名称	新疆中泰化学股份有限公司			证券简称	中泰化学
	法人代表	王洪欣	董秘	潘玉英	证券代码	002092
	公司网址	www.zthx.com		电子信箱	panyuying1111@163.com	
	电　话	0991-8751690		传　真	0991-8751690	
	办公地址	新疆维吾尔自治区乌鲁木齐市经济技术开发区阳澄湖路 39 号				
	经营范围	聚氯乙烯树脂、离子膜烧碱的生产和销售				

主要财务指标	指标＼报告期	2017.06.30	2016.12.31	2016.06.30	2015.12.31
	基本每股收益(元)	0.5797	0.9487	0.1756	0.0204
	基本每股收益(扣除后)(元)	0.5733	0.9112	0.0948	–0.1030
	稀释每股收益(元)	0.5797	0.9487	0.1756	0.0204
	每股净资产(元)	8.0817	7.5858	6.8676	7.3192
	每股经营现金净流量(元)	0.5938	0.8958	0.2513	0.6031
	每股现金流量(元)	0.4030	0.3542	0.3394	–0.3220
	每股资本公积金(元)	4.3234	4.3234	3.9589	4.1061
	每股盈余公积金(元)	0.1266	0.1266	0.1536	0.1954
	每股未分配利润(元)	1.9192	1.4294	0.9049	0.9759
	净资产收益率(%)	7.1733	11.3218	2.2404	0.0754
	加权净资产收益率(%)	8.1100	14.7400	2.8100	0.3500
	净资产收益率(扣除)(%)	7.0932	10.7142	1.2093	–1.4070
	总资产(万元)	5243247.44	4666825.59	4056921.55	3757243.44
	归属母公司股东权益(万元)	1734706.57	1628251.84	1215154.95	1022300.12
	营业收入(万元)	1680018.91	2336232.41	963877.62	1647055.48
	营业支出(万元)	1323229.22	1720431.40	733149.41	1286790.54
	投资收益(万元)	1685.34	–13791.14	–6660.91	–8112.98
	净利润(万元)	127290.59	193621.11	35403.47	23209.04
	营业利润(万元)	149501.73	192291.52	28921.04	–13.75
	利润总额(万元)	151046.75	225882.09	42001.12	30268.53

国脉科技股份有限公司

公司概况						
公司名称	国脉科技股份有限公司			证券简称	国脉科技	
法人代表	陈学华	董秘	冯静	证券代码	002093	
公司网址	www.guomaitech.com		电子信箱	zq@guomaitech.com		
电　　话	86-591-87307399		传　　真	86-591-87307308		
办公地址	福建省福州市马尾区江滨东大道116号					
经营范围	电信外包服务，其中主要服务内容是电信网络技术服务和电信网络集成					

主要财务指标：指标\报告期	2017.06.30	2016.12.31	2016.06.30	2015.12.31
基本每股收益(元)	0.0789	0.0894	0.0469	0.0485
基本每股收益(扣除后)(元)	0.0699	0.0658	0.0435	0.0361
稀释每股收益(元)	0.0778	0.0894	0.0469	0.0485
每股净资产(元)	2.8810	3.2850	1.5958	1.5488
每股经营现金净流量(元)	0.0852	0.1769	−0.0854	−0.2504
每股现金流量(元)	−1.0786	1.6814	−0.0591	−0.1058
每股资本公积金(元)	1.3852	1.5427	0.0140	0.0140
每股盈余公积金(元)	0.0566	0.0659	0.0580	0.0580
每股未分配利润(元)	0.5332	0.5422	0.5079	0.4609
净资产收益率(%)	2.6915	2.7219	2.9425	3.1346
加权净资产收益率(%)	2.7000	5.6100	2.9900	3.1800
净资产收益率(扣除)(%)	2.3853	2.0026	2.7290	2.3287
总资产(万元)	470399.77	465961.81	290823.57	284745.60
归属母公司股东权益(万元)	290259.78	286643.66	138037.23	133970.12
营业收入(万元)	66629.33	123091.72	54516.34	49750.11
营业支出(万元)	41819.15	89235.34	37589.86	21090.25
投资收益(万元)	2223.88	3059.51	1079.40	1136.66
净利润(万元)	7688.07	7869.60	4117.35	3914.90
营业利润(万元)	9085.76	6663.70	3908.46	2605.35
利润总额(万元)	9134.60	7757.52	4313.97	3530.16

青岛金王应用化学股份有限公司

公司概况						
公司名称	青岛金王应用化学股份有限公司			证券简称	青岛金王	
法人代表	陈索斌	董秘	杜心强	证券代码	002094	
公司网址	www.chinakingking.com		电子信箱	stock@chinakingking.com		
电　　话	86-532-85779728		传　　真	86-532-85718686		
办公地址	山东省青岛市崂山区香港东路195号上实中心T3楼15、16楼					
经营范围	新材料蜡烛制品和相关工艺制品的开发、生产和销售					

主要财务指标：指标\报告期	2017.06.30	2016.12.31	2016.06.30	2015.12.31
基本每股收益(元)	0.8130	0.5300	0.1586	0.2800
基本每股收益(扣除后)(元)	0.0700	0.4800	0.1487	0.2800
稀释每股收益(元)	0.8130	0.5300	0.1586	0.2800
每股净资产(元)	6.4454	4.6623	4.2629	2.3667
每股经营现金净流量(元)	−0.4476	−0.1647	−0.2532	0.5915
每股现金流量(元)	0.3321	0.3470	0.2795	0.8306
每股资本公积金(元)	2.9147	1.9950	1.9940	0.0492
每股盈余公积金(元)	0.1967	0.1752	0.1533	0.1795
每股未分配利润(元)	2.2388	1.4261	1.0957	1.1231
净资产收益率(%)	12.6090	10.5376	3.2206	11.8879
加权净资产收益率(%)	16.0300	14.7100	6.5700	13.3400
净资产收益率(扣除)(%)	3.4010	9.8335	3.0200	11.7312
总资产(万元)	445885.55	288429.52	278109.00	191798.33
归属母公司股东权益(万元)	243150.47	175882.39	160816.74	76189.49
营业收入(万元)	200025.51	237099.63	106394.13	147688.84
营业支出(万元)	166750.61	188326.91	90092.97	115910.39
投资收益(万元)	23584.52	4085.47	1484.14	2431.06
净利润(万元)	31991.59	19938.22	5947.05	11310.62
营业利润(万元)	34097.86	23361.44	6735.37	13381.08
利润总额(万元)	34659.68	24181.91	7145.26	13611.56

浙江网盛生意宝股份有限公司

公司概况						
公司名称	浙江网盛生意宝股份有限公司			证券简称	生意宝	
法人代表	孙德良	董秘	范悦龙	证券代码	002095	
公司网址	corp.netsun.com		电子信箱	zqb@netsun.com		
电　　话	86-571-88228198		传　　真	0571-87671502		
办公地址	浙江省杭州市莫干山路187号易盛大厦12F					
经营范围	化工行业、纺织行业的商务资讯服务、网站建设和维护服务以及广告服务					

主要财务指标：指标\报告期	2017.06.30	2016.12.31	2016.06.30	2015.12.31
基本每股收益(元)	0.0500	0.0500	0.0500	0.0700
基本每股收益(扣除后)(元)	0.0500	0.0500	0.0500	0.0700
稀释每股收益(元)	0.0500	0.0500	0.0500	0.0700
每股净资产(元)	3.2549	3.2493	2.0068	1.9560
每股经营现金净流量(元)	−0.3755	−0.0651	0.0162	−0.1401
每股现金流量(元)	−0.4547	2.0733	0.0066	−0.4246
每股资本公积金(元)	1.2906	1.2906	0.0479	0.0479
每股盈余公积金(元)	0.1675	0.1675	0.1506	0.1506
每股未分配利润(元)	0.8045	0.8002	0.8174	0.7672
净资产收益率(%)	1.6690	1.5368	2.5029	3.6618
加权净资产收益率(%)	1.6200	2.1800	2.4700	3.6500
净资产收益率(扣除)(%)	1.6595	1.4315	2.3772	3.5714
总资产(万元)	121227.78	118911.52	62816.62	59184.56
归属母公司股东权益(万元)	82258.78	82115.31	50715.92	49431.78
营业收入(万元)	17675.82	32349.83	12674.17	17613.59
营业支出(万元)	11237.58	22845.08	7098.05	6270.91
投资收益(万元)	11.78	65.75	0.12	44.45
净利润(万元)	1350.37	1201.40	1247.78	1792.11
营业利润(万元)	1705.87	1095.61	1494.86	2110.37
利润总额(万元)	1719.28	1198.06	1570.65	2130.80

湖南南岭民用爆破器材股份有限公司

公司概况						
公司名称	湖南南岭民用爆破器材股份有限公司			证券简称	南岭民爆	
法人代表	陈纪明	董秘	孟建新	证券代码	002096	
公司网址	www.hnnlmb.com		电子信箱	nanlingminbao@21cn.com		
电　　话	0731-88936007 88936156		传　　真	0731-88936158		
办公地址	湖南省长沙市岳麓区金星中路319号新天地大厦					
经营范围	工业炸药、工业导火索的生产和销售等					

主要财务指标：指标\报告期	2017.06.30	2016.12.31	2016.06.30	2015.12.31
基本每股收益(元)	0.0409	0.0900	0.0400	0.2900
基本每股收益(扣除后)(元)	0.0184	0.0800	0.0100	0.2100
稀释每股收益(元)	0.0409	0.0900	0.0400	0.2900
每股净资产(元)	5.4354	5.5150	5.8103	6.1713
每股经营现金净流量(元)	−1.0425	0.0040	−1.1275	0.3746
每股现金流量(元)	−0.9116	1.0523	−0.2285	0.0011
每股资本公积金(元)	1.4989	1.4991	1.7457	1.7457
每股盈余公积金(元)	0.2539	0.2539	0.2539	0.2539
每股未分配利润(元)	2.5077	2.5068	2.4578	2.4556
净资产收益率(%)	0.7520	1.6532	0.7261	4.7763
加权净资产收益率(%)	0.7400	1.4900	0.6800	5.3800
净资产收益率(扣除)(%)	0.3378	1.3679	0.2303	3.3731
总资产(万元)	433811.53	445770.35	391584.17	369767.40
归属母公司股东权益(万元)	201808.06	204765.66	215728.27	229132.51
营业收入(万元)	147216.27	266140.41	113821.94	219855.12
营业支出(万元)	116936.16	200180.01	85537.93	148474.60
投资收益(万元)	134.45	−2255.26	−666.68	−3315.20
净利润(万元)	1469.01	3966.56	1821.56	12576.40
营业利润(万元)	1650.57	6190.61	2297.02	14881.11
利润总额(万元)	2391.80	6343.92	2809.78	16230.34

山河智能装备股份有限公司

公司概况	公司名称	山河智能装备股份有限公司			证券简称	山河智能
	法人代表	何清华	董秘	王剑	证券代码	002097
	公司网址	www.sunward.com.cn		电子信箱	wangjian2@sunward.com.cn	
	电话	0731-83572980 83572658		传真	0731-83572980	
	办公地址	湖南省长沙市经济技术开发区漓湘中路16号				
	经营范围	研究、设计、生产销售建设机械、工程机械、农业机械、林业机械等				

	指标\报告期	2017.06.30	2016.12.31	2016.06.30	2015.12.31
主要财务指标	基本每股收益(元)	0.1114	0.0886	0.0234	-0.0387
	基本每股收益(扣除后)(元)	0.0702	0.0054	0.0005	-0.2099
	稀释每股收益(元)	0.1114	0.0886	0.0234	-0.0387
	每股净资产(元)	3.2506	3.2725	3.1750	3.1506
	每股经营现金净流量(元)	-0.1995	0.2598	-0.2569	0.2016
	每股现金流量(元)	-0.0934	0.0428	0.1130	-0.2020
	每股资本公积金(元)	1.2815	1.2815	1.2815	1.2815
	每股盈余公积金(元)	0.1629	0.1629	0.1499	0.1499
	每股未分配利润(元)	0.7851	0.7737	0.7214	0.6981
	净资产收益率(%)	3.4269	2.7074	0.7356	-1.2287
	加权净资产收益率(%)	3.3500	2.7700	0.7400	-1.2200
	净资产收益率(扣除)(%)	2.1610	0.1639	0.0148	-6.6611
	总资产(万元)	1079048.34	1017248.14	702889.86	631916.31
	归属母公司股东权益(万元)	245523.26	247180.61	239816.52	237976.21
	营业收入(万元)	177034.93	199160.37	84316.82	145619.73
	营业支出(万元)	114839.86	132653.98	56955.98	104484.87
	投资收益(万元)	-121.46	-163.57	-57.61	388.36
	净利润(万元)	13325.31	9414.97	1510.38	-3525.80
	营业利润(万元)	15165.86	3960.77	566.42	-18148.43
	利润总额(万元)	18819.67	11249.09	2573.98	-2376.29

福建浔兴拉链科技股份有限公司

公司概况	公司名称	福建浔兴拉链科技股份有限公司			证券简称	浔兴股份
	法人代表	王立军	董秘	谢静波	证券代码	002098
	公司网址	www.sbszipper.com.cn		电子信箱	stock@sbszipper.com	
	电话	86-595-88298019 82080153		传真	0595-88282502	
	办公地址	福建省晋江市深沪乌漏沟东工业区				
	经营范围	生产拉链、模具、金属及塑料冲压铸件、拉链配件等				

	指标\报告期	2017.06.30	2016.12.31	2016.06.30	2015.12.31
主要财务指标	基本每股收益(元)	0.1793	0.3300	0.1760	0.2300
	基本每股收益(扣除后)(元)	0.1834	0.3100	0.1780	0.1958
	稀释每股收益(元)	0.1793	0.3300	0.1760	0.2300
	每股净资产(元)	3.2555	3.1563	3.0050	2.9092
	每股经营现金净流量(元)	0.0869	0.4550	0.1365	0.4900
	每股现金流量(元)	-0.0247	-0.2280	-0.2395	0.1801
	每股资本公积金(元)	0.8646	0.8646	0.8646	0.8646
	每股盈余公积金(元)	0.1806	0.1806	0.1584	0.1584
	每股未分配利润(元)	1.2095	1.1102	0.9813	0.8855
	净资产收益率(%)	5.5080	10.4869	5.8486	6.9100
	加权净资产收益率(%)	5.5200	10.9400	5.8600	10.1000
	净资产收益率(扣除)(%)	5.6323	9.7826	5.9217	5.8270
	总资产(万元)	163141.33	146196.80	148779.49	147691.04
	归属母公司股东权益(万元)	116547.65	112993.94	107579.76	104150.72
	营业收入(万元)	69737.93	117549.02	55404.68	104145.69
	营业支出(万元)	48570.69	78708.20	35909.32	72243.80
	投资收益(万元)	---	32.73	32.73	73.05
	净利润(万元)	6419.45	11849.59	6291.93	7196.83
	营业利润(万元)	7825.61	13276.96	7844.73	7575.79
	利润总额(万元)	7662.72	14151.99	7757.50	8748.29

浙江海翔药业股份有限公司

公司概况	公司名称	浙江海翔药业股份有限公司			证券简称	海翔药业
	法人代表	杨思卫	董秘	许华青	证券代码	002099
	公司网址	www.hisoar.com		电子信箱	stock@hisoar.com	
	电话	0576-88828065		传真	0576-88820221	
	办公地址	浙江省台州市椒江区外沙支路100号				
	经营范围	原料药及医药中间体的制造与销售等				

	指标\报告期	2017.06.30	2016.12.31	2016.06.30	2015.12.31
主要财务指标	基本每股收益(元)	0.1500	0.1500	0.2100	0.7100
	基本每股收益(扣除后)(元)	0.1500	0.2800	0.2000	0.7000
	稀释每股收益(元)	0.1500	0.1500	0.2000	0.7100
	每股净资产(元)	3.1023	2.9380	2.4948	4.7193
	每股经营现金净流量(元)	0.1378	0.3879	0.2128	0.6083
	每股现金流量(元)	-0.4760	1.2543	0.4646	0.5382
	每股资本公积金(元)	1.6152	1.6022	1.0851	3.1260
	每股盈余公积金(元)	0.0485	0.0485	0.0403	0.0808
	每股未分配利润(元)	0.5013	0.3811	0.4694	0.7406
	净资产收益率(%)	4.8361	4.7196	8.0006	14.4075
	加权净资产收益率(%)	4.9700	5.7900	8.2300	14.5200
	净资产收益率(扣除)(%)	4.7124	8.7237	7.9143	14.1117
	总资产(万元)	694189.50	690559.91	573084.74	483076.34
	归属母公司股东权益(万元)	503425.79	476769.70	379922.83	358554.55
	营业收入(万元)	122796.96	243386.21	128625.21	246449.55
	营业支出(万元)	67446.54	136831.84	71367.69	132517.36
	投资收益(万元)	-182.18	-18179.20	1982.26	-254.43
	净利润(万元)	24377.09	22456.25	29783.25	50949.67
	营业利润(万元)	28682.84	32726.33	34865.22	61316.61
	利润总额(万元)	28965.50	33471.29	35261.54	62424.14

天康生物股份有限公司

公司概况	公司名称	天康生物股份有限公司			证券简称	天康生物
	法人代表	杨焰	董秘	郭运江	证券代码	002100
	公司网址	www.tcsw.com.cn		电子信箱	tcsw@tcsw.com.cn	
	电话	0991-6626101		传真	0991-6679242	
	办公地址	新疆维吾尔自治区乌鲁木齐市高新区长春南路528号天康企业大厦				
	经营范围	饲料及以兽用生物制品为主的兽药的生产与销售等				

	指标\报告期	2017.06.30	2016.12.31	2016.06.30	2015.12.31
主要财务指标	基本每股收益(元)	0.2000	0.4100	0.2000	0.2700
	基本每股收益(扣除后)(元)	0.1900	0.3700	0.2000	0.1800
	稀释每股收益(元)	0.2000	0.4100	0.2000	0.2700
	每股净资产(元)	2.8259	2.7289	2.5208	2.4413
	每股经营现金净流量(元)	0.2214	0.3281	0.1933	0.5317
	每股现金流量(元)	0.2151	0.0746	-0.2974	0.0830
	每股资本公积金(元)	0.5866	0.5866	0.5867	0.5865
	每股盈余公积金(元)	0.1481	0.1481	0.1306	0.1306
	每股未分配利润(元)	1.0901	0.9932	0.8034	0.7242
	净资产收益率(%)	6.9700	14.9312	7.9039	10.4506
	加权净资产收益率(%)	7.0100	15.8200	7.9000	10.9000
	净资产收益率(扣除)(%)	6.6442	13.5223	7.7856	7.1352
	总资产(万元)	468560.32	449081.79	368724.72	380526.18
	归属母公司股东权益(万元)	272240.98	262899.59	242849.51	235194.93
	营业收入(万元)	226947.33	444413.81	216377.34	416728.94
	营业支出(万元)	178420.12	335425.02	166942.03	325780.20
	投资收益(万元)	32.79	-51.07	115.92	4105.80
	净利润(万元)	18795.74	38988.31	19164.45	24481.36
	营业利润(万元)	18198.47	38729.71	20460.42	24041.05
	利润总额(万元)	18988.89	42619.10	20773.53	26995.14

广东鸿图科技股份有限公司

公司概况	公司名称	广东鸿图科技股份有限公司			证券简称	广东鸿图
	法人代表	黎柏其	董秘	莫劲刚	证券代码	002101
	公司网址	www.ght-china.com		电子信箱	mjg@ght-china.com	
	电话	0758-8512880 8512658		传真	0758-8512996	
	办公地址	广东省肇庆市高要区金渡世纪大道 168 号				
	经营范围	汽车类和通讯类精密压铸件产品的开发、设计、生产和销售				

主要财务指标	指标\报告期	2017.06.30	2016.12.31	2016.06.30	2015.12.31
	基本每股收益(元)	0.5400	0.6900	0.2800	0.5800
	基本每股收益(扣除后)(元)	0.4900	0.6700	0.2665	0.6700
	稀释每股收益(元)	0.5400	0.6900	0.2800	0.5800
	每股净资产(元)	11.8300	8.7100	8.2304	7.5976
	每股经营现金净流量(元)	0.4133	1.2628	0.2545	0.8514
	每股现金流量(元)	1.3512	0.5694	0.8409	-0.1107
	每股资本公积金(元)	8.4883	4.6941	4.6941	3.6393
	每股盈余公积金(元)	0.3040	0.4347	0.3849	0.4980
	每股未分配利润(元)	2.1060	2.5370	2.1539	2.4804
	净资产收益率(%)	3.6467	7.7275	2.8769	8.8355
	加权净资产收益率(%)	5.3900	8.8000	3.5400	9.1500
	净资产收益率(扣除)(%)	3.3223	7.4820	2.7475	8.7747
	总资产(万元)	761893.60	378725.85	315149.67	276157.66
	归属母公司股东权益(万元)	419746.89	214930.41	204133.02	145645.90
	营业收入(万元)	212769.34	267823.35	117432.34	225868.86
	营业支出(万元)	161141.36	204519.26	90189.89	176112.45
	投资收益(万元)	239.13	--	--	--
	净利润(万元)	16424.12	16762.77	5872.78	12868.50
	营业利润(万元)	17185.67	18107.93	6602.88	14460.13
	利润总额(万元)	19088.87	18745.02	6913.70	14564.22

冠福控股股份有限公司

公司概况	公司名称	冠福控股股份有限公司			证券简称	冠福股份
	法人代表	林文智	董秘	黄华伦	证券代码	002102
	公司网址	www.guanfu.com		电子信箱	guanfu@guanfu.com	
	电话	86-595-23551999		传真	86-595-27251999	
	办公地址	福建省泉州市德化县冠福产业园				
	经营范围	日用陶瓷等家用品的开发生产和销售				

主要财务指标	指标\报告期	2017.06.30	2016.12.31	2016.06.30	2015.12.31
	基本每股收益(元)	0.0302	0.1120	0.1112	0.2700
	基本每股收益(扣除后)(元)	0.0331	0.0390	0.0652	-0.0500
	稀释每股收益(元)	0.0302	0.1120	0.1112	0.2700
	每股净资产(元)	1.9402	1.7977	4.0440	3.9328
	每股经营现金净流量(元)	-0.0674	0.0072	0.0386	0.0933
	每股现金流量(元)	-0.0353	0.1210	0.5207	0.0785
	每股资本公积金(元)	0.6308	0.5866	2.3076	2.3076
	每股盈余公积金(元)	0.0057	0.0069	0.0207	0.0207
	每股未分配利润(元)	0.2476	0.2624	0.5615	0.4503
	净资产收益率(%)	1.5382	5.3938	2.7496	6.7443
	加权净资产收益率(%)	1.7100	8.1700	2.7900	7.5300
	净资产收益率(扣除)(%)	1.6842	1.8901	1.6133	-1.1167
	总资产(万元)	757957.98	711983.17	478420.93	487170.92
	归属母公司股东权益(万元)	511013.80	454966.82	294700.23	286597.18
	营业收入(万元)	392063.85	88720.69	52484.80	131623.34
	营业支出(万元)	371621.68	59996.57	35962.93	99280.96
	投资收益(万元)	388.58	1429.46	1467.52	13405.56
	净利润(万元)	7794.23	24751.87	8006.33	19130.19
	营业利润(万元)	6703.97	23659.22	8082.91	15104.26
	利润总额(万元)	8248.31	31429.98	9867.02	22591.71

广博集团股份有限公司

公司概况	公司名称	广博集团股份有限公司			证券简称	广博股份
	法人代表	王利平	董秘	江淑莹	证券代码	002103
	公司网址	www.guangbo.net		电子信箱	stock@guangbo.net	
	电话	86-574-28827003		传真	86-574-28827006	
	办公地址	浙江省宁波市海曙区石碶街道车何				
	经营范围	以纸制品文具为主的文化用品的生产和销售				

主要财务指标	指标\报告期	2017.06.30	2016.12.31	2016.06.30	2015.12.31
	基本每股收益(元)	0.1200	0.2600	0.0700	0.2000
	基本每股收益(扣除后)(元)	0.1100	0.1800	0.0700	0.2600
	稀释每股收益(元)	0.1200	0.2600	0.0700	0.2000
	每股净资产(元)	3.1534	3.7270	3.5257	5.3109
	每股经营现金净流量(元)	-0.1040	0.4549	0.2382	-0.0554
	每股现金流量(元)	0.1256	-0.1687	-0.0065	0.1853
	每股资本公积金(元)	1.3335	1.7790	1.7648	3.1472
	每股盈余公积金(元)	0.1133	0.1360	0.1151	0.1727
	每股未分配利润(元)	0.7047	0.8057	0.6496	0.9982
	净资产收益率(%)	3.7000	7.0055	2.3850	5.0833
	加权净资产收益率(%)	3.6900	7.2200	2.3600	6.6000
	净资产收益率(扣除)(%)	3.4248	4.9475	1.8997	4.3615
	总资产(万元)	286425.59	261730.02	210318.78	214924.10
	归属母公司股东权益(万元)	173186.27	170577.00	161364.41	162045.67
	营业收入(万元)	108271.49	164320.99	69195.34	145713.01
	营业支出(万元)	88269.60	129888.46	54490.70	115936.39
	投资收益(万元)	914.14	2503.36	16.36	670.08
	净利润(万元)	6354.23	11748.60	3900.22	8303.02
	营业利润(万元)	6787.26	8761.30	3565.93	9268.51
	利润总额(万元)	7172.41	12584.62	4344.63	10029.66

恒宝股份有限公司

公司概况	公司名称	恒宝股份有限公司			证券简称	恒宝股份
	法人代表	钱京	董秘	钱京	证券代码	002104
	公司网址	www.hengbao.com		电子信箱	qianj@hengbao.com	
	电话	0511-86644324		传真	0511-86644324	
	办公地址	江苏省丹阳市横塘工业区				
	经营范围	磁卡、IC 卡、电子标签、票证、票据、电脑票据、磁卡存折等				

主要财务指标	指标\报告期	2017.06.30	2016.12.31	2016.06.30	2015.12.31
	基本每股收益(元)	0.1300	0.2050	0.1200	0.5300
	基本每股收益(扣除后)(元)	0.1200	0.2300	0.1200	0.4900
	稀释每股收益(元)	0.1300	0.2050	0.1200	0.5200
	每股净资产(元)	2.4211	2.2922	2.1998	2.1821
	每股经营现金净流量(元)	-0.8652	0.4269	-0.1394	0.2722
	每股现金流量(元)	-0.8607	0.2724	0.0050	-0.0904
	每股资本公积金(元)	0.1193	0.1188	0.1270	0.1328
	每股盈余公积金(元)	0.2464	0.2464	0.2230	0.2230
	每股未分配利润(元)	1.0654	0.9362	0.8772	0.8546
	净资产收益率(%)	5.3350	8.9500	5.5722	23.8232
	加权净资产收益率(%)	5.4800	9.1700	5.4800	26.8200
	净资产收益率(扣除)(%)	4.8516	9.8588	5.2972	22.1993
	总资产(万元)	216052.60	203402.50	191626.54	192072.27
	归属母公司股东权益(万元)	172783.18	163580.90	156953.17	155702.90
	营业收入(万元)	65880.39	135335.26	61549.11	182066.18
	营业支出(万元)	44167.34	88240.35	40137.94	116469.13
	投资收益(万元)	160.79	1911.46	652.14	3273.75
	净利润(万元)	9593.97	15276.02	9081.48	37417.12
	营业利润(万元)	9576.44	14028.03	6778.51	35436.55
	利润总额(万元)	10509.71	15316.11	8149.17	41296.13

深圳信隆健康产业发展股份有限公司

公司概况					
公司名称	深圳信隆健康产业发展股份有限公司			证券简称	信隆健康
法人代表	廖学金	董秘	陈丽秋	证券代码	002105
公司网址	www.hlcorp.com		电子信箱	cmo@hlcorp.com	
电　话	0755-27749423 8105		传　真	0755-27746236	
办公地址	深圳市宝安区松岗街道办碧头第三工业区				
经营范围	生产经营运动器材、康复辅助器材、计算机配件、铝挤型锻造成型等				

指标\报告期	2017.06.30	2016.12.31	2016.06.30	2015.12.31
基本每股收益(元)	0.0840	0.0770	0.0500	–0.1490
基本每股收益(扣除后)(元)	0.0750	0.0550	0.0210	–0.0200
稀释每股收益(元)	0.0840	0.0770	0.0500	–0.1490
每股净资产(元)	1.3945	1.3117	1.2810	1.2305
每股经营现金净流量(元)	0.0342	0.2783	0.1770	0.2517
每股现金流量(元)	–0.0705	0.0956	0.1433	–0.0132
每股资本公积金(元)	0.1653	0.1653	0.1653	0.1653
每股盈余公积金(元)	0.1550	0.1550	0.1371	0.1371
每股未分配利润(元)	0.0757	–0.0085	–0.0185	–0.0680
净资产收益率(%)	6.0355	5.9067	3.8649	–12.0919
加权净资产收益率(%)	6.2200	6.1000	3.9400	–11.2200
净资产收益率(扣除)(%)	5.3722	4.2019	1.6330	–1.6352
总资产(万元)	150713.96	139304.13	132766.68	131328.58
归属母公司股东权益(万元)	51386.03	48337.49	47204.75	45345.69
营业收入(万元)	91027.07	138219.53	63604.08	135890.11
营业支出(万元)	76124.07	116079.68	53808.97	116403.10
投资收益(万元)	—	–38.37	–44.84	39.24
净利润(万元)	2850.40	1461.71	1409.68	–6942.29
营业利润(万元)	3784.02	1546.43	372.90	–6702.51
利润总额(万元)	4210.88	2568.59	1600.73	–6826.27

深圳莱宝高科技股份有限公司

公司概况					
公司名称	深圳莱宝高科技股份有限公司			证券简称	莱宝高科
法人代表	臧卫东	董秘	王行村	证券代码	002106
公司网址	www.laibao.com.cn		电子信箱	lbgk@laibao.com.cn	
电　话	86-755-29891909		传　真	86-755-29891997	
办公地址	深圳市光明新区光明高新技术产业园区五号路9号				
经营范围	ITO导电玻璃和彩色滤光片(CF)的生产和销售等				

指标\报告期	2017.06.30	2016.12.31	2016.06.30	2015.12.31
基本每股收益(元)	0.0900	0.3000	0.0954	–0.8500
基本每股收益(扣除后)(元)	0.0800	0.2800	0.0887	–0.3100
稀释每股收益(元)	0.0900	0.3000	0.0954	–0.8500
每股净资产(元)	5.1714	5.1823	4.9766	4.8806
每股经营现金净流量(元)	0.4680	0.2311	0.2892	0.1450
每股现金流量(元)	0.1367	0.3004	0.3508	–0.0304
每股资本公积金(元)	2.9439	2.9439	2.9439	2.9439
每股盈余公积金(元)	0.4156	0.4156	0.4156	0.4156
每股未分配利润(元)	0.8117	0.8216	0.6170	0.5216
净资产收益率(%)	1.7412	5.7897	1.9177	–17.3456
加权净资产收益率(%)	1.7200	5.9500	1.9400	–15.9300
净资产收益率(扣除)(%)	1.5403	5.4042	1.7830	–6.4259
总资产(万元)	452069.60	464721.14	433421.81	428134.16
归属母公司股东权益(万元)	365002.32	365777.37	351255.27	344480.98
营业收入(万元)	165515.75	335392.21	128461.67	242379.94
营业支出(万元)	141514.19	285572.01	109296.91	233919.21
投资收益(万元)	124.61	54.94	59.22	468.89
净利润(万元)	6684.56	22275.27	7217.17	–60879.98
营业利润(万元)	7550.42	24426.63	8320.59	–65549.47
利润总额(万元)	8427.89	26898.69	9195.60	–63737.85

山东沃华医药科技股份有限公司

公司概况					
公司名称	山东沃华医药科技股份有限公司			证券简称	沃华医药
法人代表	赵丙贤	董秘	于涛	证券代码	002107
公司网址	www.wohua.cn		电子信箱	dongmi_002107@163.com	
电　话	0536-8553373		传　真	0536-8553373	
办公地址	山东省潍坊市高新技术产业开发区梨园街3517号				
经营范围	心脑血管中成药的研发、生产和销售等				

指标\报告期	2017.06.30	2016.12.31	2016.06.30	2015.12.31
基本每股收益(元)	0.1000	0.1400	0.0700	0.2000
基本每股收益(扣除后)(元)	0.1000	0.1300	0.0700	0.1700
稀释每股收益(元)	0.1000	0.1400	0.0700	0.2000
每股净资产(元)	1.4551	1.3555	1.2911	1.3202
每股经营现金净流量(元)	0.1476	0.2021	0.1062	0.3682
每股现金流量(元)	0.1356	0.0092	–0.0445	–0.4485
每股资本公积金(元)	—	—	–	–
每股盈余公积金(元)	0.0198	0.0198	0.0133	0.0133
每股未分配利润(元)	0.4353	0.3357	0.2778	0.3070
净资产收益率(%)	6.8409	9.9812	5.4867	14.9839
加权净资产收益率(%)	7.0800	10.1800	5.2900	11.0600
净资产收益率(扣除)(%)	6.6174	9.3885	5.1329	12.7904
总资产(万元)	77892.15	70562.65	66424.19	66822.80
归属母公司股东权益(万元)	52492.58	48901.61	46576.17	47628.22
营业收入(万元)	32526.08	56284.56	27576.06	46892.37
营业支出(万元)	7170.55	14259.76	6950.31	12963.20
投资收益(万元)	—	—	–	–
净利润(万元)	4703.91	6145.39	2912.31	8192.84
营业利润(万元)	5133.20	6662.08	3060.05	7821.52
利润总额(万元)	5356.64	7013.13	3262.76	8548.79

沧州明珠塑料股份有限公司

公司概况					
公司名称	沧州明珠塑料股份有限公司			证券简称	沧州明珠
法人代表	陈宏伟	董秘	李繁联	证券代码	002108
公司网址	www.cz-mz.com		电子信箱	cz-mz@cz-mz.com	
电　话	86-317-2075318 2075245		传　真	86-317-2075246	
办公地址	河北省沧州市吉林大道与永济西路交叉口处明珠大厦				
经营范围	燃气、给水、排水、通信用聚乙烯管材管件和BOPA薄膜制品等				

指标\报告期	2017.06.30	2016.12.31	2016.06.30	2015.12.31
基本每股收益(元)	0.2600	0.4468	0.2400	—
基本每股收益(扣除后)(元)	0.2500	0.7900	0.4100	—
稀释每股收益(元)	0.2600	0.7900	0.2400	—
每股净资产(元)	2.6553	2.4900	3.1524	—
每股经营现金净流量(元)	0.0530	0.2693	0.1976	—
每股现金流量(元)	–0.1069	0.7048	0.1567	—
每股资本公积金(元)	0.4686	1.4966	0.7272	—
每股盈余公积金(元)	0.1232	0.2094	0.1720	—
每股未分配利润(元)	1.0635	1.5238	1.2533	—
净资产收益率(%)	9.8384	17.9567	13.1696	—
加权净资产收益率(%)	9.9800	24.1000	13.4900	—
净资产收益率(扣除)(%)	9.5201	18.0010	12.9152	—
总资产(万元)	414876.88	363139.48	299670.08	—
归属母公司股东权益(万元)	289613.15	271385.29	194965.23	—
营业收入(万元)	163492.74	276481.75	121594.89	—
营业支出(万元)	115278.72	185636.42	78624.42	—
投资收益(万元)	387.23	541.60	452.36	—
净利润(万元)	28520.60	48658.23	25676.23	—
营业利润(万元)	35514.86	61220.92	31135.31	—
利润总额(万元)	36368.06	61274.95	31789.32	—

陕西兴化化学股份有限公司

公司概况	公司名称	陕西兴化化学股份有限公司			证券简称	兴化股份
	法人代表	陈团柱	董秘	席永生	证券代码	002109
	公司网址	www.snxhchem.com		电子信箱	snxhchem002109@163.com	
	电　话	86-29-38839966　38839912		传　真	86-29-38822614	
	办公地址	陕西省兴平市东城区迎宾大道				
	经营范围	合成氨、甲醇、甲胺、DMF 的生产与销售				

	指标\报告期	2017.06.30	2016.12.31	2016.06.30	2015.12.31
主要财务指标	基本每股收益(元)	0.1425	0.0400	–0.0533	–0.2058
	基本每股收益(扣除后)(元)	0.1425	–0.1436	–0.1191	–0.3619
	稀释每股收益(元)	0.1425	0.0400	–0.0533	–0.2058
	每股净资产(元)	4.5968	4.4482	2.7257	11.0483
	每股经营现金净流量(元)	0.2695	0.3040	0.2784	–0.3470
	每股现金流量(元)	–0.0365	0.0081	0.0689	–0.2205
	每股资本公积金(元)	3.6784	3.6769	0.5492	10.5635
	每股盈余公积金(元)	0.1783	0.1783	0.3492	0.3492
	每股未分配利润(元)	–0.3124	–0.4550	0.7700	–0.9695
	净资产收益率(%)	3.1010	0.8994	–4.7772	–13.1478
	加权净资产收益率(%)	3.1500	0.7300	–0.9500	–12.6600
	净资产收益率(扣除)(%)	3.1002	–1.8961	–4.3699	–12.6661
	总资产(万元)	434519.62	443917.55	178052.42	637168.59
	归属母公司股东权益(万元)	322676.50	312248.08	97688.67	395971.87
	营业收入(万元)	93346.97	203759.38	98337.67	228974.85
	营业支出(万元)	73948.35	176915.22	87799.05	210151.30
	投资收益(万元)	—	399.62	80.00	40.00
	净利润(万元)	10006.25	2816.87	–3804.86	–14909.08
	营业利润(万元)	13205.48	1857.33	–2677.56	–33106.50
	利润总额(万元)	13194.72	6358.42	–3224.96	–30145.38

福建三钢闽光股份有限公司

公司概况	公司名称	福建三钢闽光股份有限公司			证券简称	三钢闽光
	法人代表	黎立璋	董秘	钟嘉豪	证券代码	002110
	公司网址	www.sgmg.com.cn		电子信箱	15356742@qq.com	
	电　话	0598-8205889　8205188		传　真	0598-8205013	
	办公地址	福建省三明市梅列区工业中路群工三路				
	经营范围	钢铁冶炼、轧制、加工及延压产品的生产和销售				

	指标\报告期	2017.06.30	2016.12.31	2016.06.30	2015.12.31
主要财务指标	基本每股收益(元)	0.7870	0.9800	0.5440	–1.7400
	基本每股收益(扣除后)(元)	0.7800	1.0300	0.5430	–1.7300
	稀释每股收益(元)	0.7870	0.9800	0.5440	–1.7400
	每股净资产(元)	5.9032	5.3100	4.1200	3.0840
	每股经营现金净流量(元)	0.6321	0.7265	1.0593	0.7745
	每股现金流量(元)	–0.3032	1.4049	0.5526	–0.5226
	每股资本公积金(元)	3.3359	3.3359	2.2574	1.3207
	每股盈余公积金(元)	0.3077	0.3077	0.3596	0.6172
	每股未分配利润(元)	1.2801	0.6934	0.5219	0.2217
	净资产收益率(%)	13.3263	12.6959	9.5238	–56.3144
	加权净资产收益率(%)	13.7900	21.6800	14.8800	–43.6800
	净资产收益率(扣除)(%)	13.2209	13.2520	9.5009	–56.0254
	总资产(万元)	1308336.38	1257539.93	1040353.33	712411.97
	归属母公司股东权益(万元)	810869.98	729789.59	378350.40	164902.19
	营业收入(万元)	980643.52	1411793.33	614052.21	1254194.55
	营业支出(万元)	818555.99	1234966.95	541971.21	1310429.26
	投资收益(万元)	2511.32	3573.69	1008.38	–314.52
	净利润(万元)	108058.72	92653.47	36033.51	–92863.64
	营业利润(万元)	142170.07	129311.72	49965.65	–126951.08
	利润总额(万元)	143126.71	123603.07	50081.66	–127465.43

威海广泰空港设备股份有限公司

公司概况	公司名称	威海广泰空港设备股份有限公司			证券简称	威海广泰
	法人代表	李光太	董秘	任伟	证券代码	002111
	公司网址	www.guangtai.com.cn		电子信箱	guangtai@guangtai.com.cn	
	电　话	86-631-3953335　3953162		传　真	86-631-3953451*3335	
	办公地址	山东省威海市环翠区黄河街 16 号				
	经营范围	开发、生产、销售各类航空地面设备				

	指标\报告期	2017.06.30	2016.12.31	2016.06.30	2015.12.31
主要财务指标	基本每股收益(元)	0.2800	0.4600	0.2500	0.5000
	基本每股收益(扣除后)(元)	0.2700	0.4100	0.2400	0.4600
	稀释每股收益(元)	0.2800	0.4600	0.2500	0.5000
	每股净资产(元)	7.2284	6.9400	5.6607	5.5265
	每股经营现金净流量(元)	–0.7692	0.2234	–0.3998	0.3426
	每股现金流量(元)	–0.0720	–0.4060	–0.7619	0.4508
	每股资本公积金(元)	3.8589	3.8589	2.6694	2.6694
	每股盈余公积金(元)	0.2616	0.2616	0.2317	0.2317
	每股未分配利润(元)	2.1069	1.8225	1.7597	1.6254
	净资产收益率(%)	3.9336	6.3575	4.4918	8.3591
	加权净资产收益率(%)	4.0100	7.5400	4.5100	10.2700
	净资产收益率(扣除)(%)	3.7338	5.6859	4.2438	7.6935
	总资产(万元)	432864.44	415757.26	341593.76	333884.37
	归属母公司股东权益(万元)	275998.99	265104.25	204403.71	199555.45
	营业收入(万元)	78077.56	155529.11	68979.25	132309.46
	营业支出(万元)	50333.80	95537.42	44575.90	84638.70
	投资收益(万元)	729.18	859.06	584.55	743.42
	净利润(万元)	11094.89	18279.45	9939.34	17811.35
	营业利润(万元)	12526.28	19221.03	11077.99	18450.59
	利润总额(万元)	12983.80	21867.26	11704.23	20107.99

三变科技股份有限公司

公司概况	公司名称	三变科技股份有限公司			证券简称	三变科技
	法人代表	卢旭日	董秘	卢旭日(代)	证券代码	002112
	公司网址	www.sanbian.cn		电子信箱	master@sanbian.cn	
	电　话	0576-83381688　83381318		传　真	0576-83381921	
	办公地址	浙江省台州市三门县西区大道 369 号				
	经营范围	电力变压器产品的研制、生产和销售等				

	指标\报告期	2017.06.30	2016.12.31	2016.06.30	2015.12.31
主要财务指标	基本每股收益(元)	–0.1500	0.0300	0.2000	0.0500
	基本每股收益(扣除后)(元)	–0.1600	–0.2800	–0.0330	0.0300
	稀释每股收益(元)	–0.1500	0.0300	0.2000	0.0500
	每股净资产(元)	2.3558	2.5070	2.6856	2.4028
	每股经营现金净流量(元)	0.1133	0.3494	0.2893	–0.0761
	每股现金流量(元)	–0.0741	–0.0085	0.1459	0.0055
	每股资本公积金(元)	0.4311	0.4311	0.4313	0.3430
	每股盈余公积金(元)	0.1761	0.1761	0.1735	0.1735
	每股未分配利润(元)	0.7486	0.8997	1.0809	0.8863
	净资产收益率(%)	–6.4161	1.0399	7.6177	1.9946
	加权净资产收益率(%)	–6.2200	1.0600	8.1700	2.0100
	净资产收益率(扣除)(%)	–6.7921	–11.1420	–1.2460	1.1725
	总资产(万元)	114713.32	122993.62	141450.94	143378.32
	归属母公司股东权益(万元)	47493.77	50541.04	54142.49	48440.66
	营业收入(万元)	21356.29	48446.81	29568.04	92848.27
	营业支出(万元)	18927.29	39950.74	23775.38	72643.98
	投资收益(万元)	752.80	449.86	226.88	364.42
	净利润(万元)	–3047.27	525.60	4124.40	977.83
	营业利润(万元)	–3225.75	–5594.09	–1953.01	614.88
	利润总额(万元)	–3047.27	528.96	3667.99	979.50

湖南天润数字娱乐文化传媒股份有限公司

公司概况	公司名称	湖南天润数字娱乐文化传媒股份有限公司		证券简称	天润数娱
	法人代表	麦少军	董秘	江峰	证券代码	002113
	公司网址	www.trfz.com		电子信箱	trkg002113@163.com
	电　话	0730-8961178 8961179		传　真	0730-8961178
	办公地址	湖南省岳阳市岳阳大道兴长石化大厦6楼			
	经营范围	生产、销售尿素、液氨、甲醇、农用碳酸氢铵及复合肥等			

主要财务指标	指标\报告期	2017.06.30	2016.12.31	2016.06.30	2015.12.31
	基本每股收益(元)	0.0227	0.0740	0.0970	–0.0371
	基本每股收益(扣除后)(元)	0.0226	0.0707	0.0922	–0.0385
	稀释每股收益(元)	0.0227	0.0740	0.0970	–0.0371
	每股净资产(元)	1.2936	1.2574	4.8179	0.7663
	每股经营现金净流量(元)	0.0038	0.0162	0.1246	–0.0037
	每股现金流量(元)	–0.0662	0.2562	1.0709	–0.0037
	每股资本公积金(元)	0.4181	0.4046	4.6205	1.1610
	每股盈余公积金(元)	0.0731	0.0731	0.2923	0.4656
	每股未分配利润(元)	–0.1975	–0.2202	–1.0949	–1.8604
	净资产收益率(%)	1.7575	5.7039	1.5137	–4.8368
	加权净资产收益率(%)	1.7900	8.2800	3.7600	–4.7300
	净资产收益率(扣除)(%)	1.7472	5.4472	1.4394	–5.0287
	总资产(万元)	107007.68	111738.80	108734.77	11087.95
	归属母公司股东权益(万元)	97602.43	94869.83	90875.64	9072.52
	营业收入(万元)	9137.52	13119.13	3599.11	1651.02
	营业支出(万元)	559.72	914.91	382.12	665.30
	投资收益(万元)	–158.15	76.75	15.12	–
	净利润(万元)	1715.41	5411.31	1375.62	–438.82
	营业利润(万元)	1586.91	5156.49	1501.82	–410.25
	利润总额(万元)	1596.96	5418.45	1575.11	–392.85

云南罗平锌电股份有限公司

公司概况	公司名称	云南罗平锌电股份有限公司		证券简称	罗平锌电
	法人代表	杨建兴	董秘	喻永贤	证券代码	002114
	公司网址	www.lpxdgf.cn		电子信箱	lpxdgf@china.com
	电　话	0874-8256825		传　真	0874-8256039
	办公地址	云南省曲靖市罗平县罗雄镇长家湾			
	经营范围	水力发电、铅锌等有色金属的开采，锌冶炼及其延伸产品的生产与销售等			

主要财务指标	指标\报告期	2017.06.30	2016.12.31	2016.06.30	2015.12.31
	基本每股收益(元)	0.0200	0.3100	–0.0900	0.0700
	基本每股收益(扣除后)(元)	0.0200	0.2100	–0.1400	0.0490
	稀释每股收益(元)	0.0200	0.3100	–0.0900	0.0700
	每股净资产(元)	5.4214	3.3086	2.9236	3.0064
	每股经营现金净流量(元)	–0.5729	0.6778	–0.0748	–0.0501
	每股现金流量(元)	–0.0225	0.0198	0.2448	0.1184
	每股资本公积金(元)	4.6242	2.5800	2.5800	2.5800
	每股盈余公积金(元)	0.1061	0.1262	0.1262	0.1262
	每股未分配利润(元)	–0.3482	–0.4346	–0.8265	–0.7396
	净资产收益率(%)	0.4447	9.2186	–2.9728	2.1693
	加权净资产收益率(%)	0.4800	9.6600	–2.9300	2.2000
	净资产收益率(扣除)(%)	0.4095	6.2530	–4.7745	1.6204
	总资产(万元)	237233.56	189219.44	195528.62	178902.27
	归属母公司股东权益(万元)	175324.64	89941.83	79474.65	81726.25
	营业收入(万元)	51102.88	100372.55	24853.18	93909.01
	营业支出(万元)	42338.79	79318.15	22310.34	75138.13
	投资收益(万元)	–813.61	–192.25	–629.95	787.53
	净利润(万元)	645.36	8162.56	–2436.77	1717.22
	营业利润(万元)	1462.77	7915.68	–1966.30	925.22
	利润总额(万元)	1476.50	9715.03	–1965.35	2051.72

三维通信股份有限公司

公司概况	公司名称	三维通信股份有限公司		证券简称	三维通信
	法人代表	李越伦	董秘	王萍	证券代码	002115
	公司网址	www.sunwave.com.cn		电子信箱	zqb@sunwave.com.cn
	电　话	0571-88923377		传　真	0571-88923377
	办公地址	浙江省杭州市滨江火炬大道581号			
	经营范围	通信设备、无线电发射与接收设备、仪器仪表的开发制造、咨询和维修等			

主要财务指标	指标\报告期	2017.06.30	2016.12.31	2016.06.30	2015.12.31
	基本每股收益(元)	0.0414	0.0672	–0.0585	0.0462
	基本每股收益(扣除后)(元)	0.0066	0.0238	–0.0756	–0.0136
	稀释每股收益(元)	0.0408	0.0669	–0.0585	0.0462
	每股净资产(元)	2.1835	2.2430	2.1193	2.2763
	每股经营现金净流量(元)	0.0937	0.3221	–0.0342	0.5919
	每股现金流量(元)	–0.2843	0.6097	–0.5721	0.1196
	每股资本公积金(元)	0.6786	0.6678	0.6017	0.6017
	每股盈余公积金(元)	0.1435	0.1435	0.1355	0.1355
	每股未分配利润(元)	0.4259	0.4851	0.3759	0.5344
	净资产收益率(%)	1.8707	2.9561	–2.7615	2.0309
	加权净资产收益率(%)	1.8200	2.9700	–2.6200	2.0500
	净资产收益率(扣除)(%)	0.2970	1.0488	–3.5667	–0.5976
	总资产(万元)	281826.14	260913.73	201730.25	206779.07
	归属母公司股东权益(万元)	90891.28	93366.85	87035.94	93484.52
	营业收入(万元)	45142.23	98876.46	37757.09	86502.01
	营业支出(万元)	33541.32	72302.71	29209.26	59899.81
	投资收益(万元)	1989.73	1530.07	322.83	1768.51
	净利润(万元)	2013.67	2514.05	–2470.76	1918.03
	营业利润(万元)	1688.13	1457.69	–3063.64	724.58
	利润总额(万元)	2158.91	2591.44	–2555.25	1897.50

中国海诚工程科技股份有限公司

公司概况	公司名称	中国海诚工程科技股份有限公司		证券简称	中国海诚
	法人代表	徐大同	董秘	胡小平	证券代码	002116
	公司网址	www.haisum.com		电子信箱	haisum@haisum.com
	电　话	86-21-64314018		传　真	86-21-64334045
	办公地址	上海市宝庆路21号			
	经营范围	打火机、点火枪、模具、电器配件、电子元件、塑料制品、文具的制造等			

主要财务指标	指标\报告期	2017.06.30	2016.12.31	2016.06.30	2015.12.31
	基本每股收益(元)	0.2100	0.3300	0.2300	—
	基本每股收益(扣除后)(元)	0.1500	0.4300	0.2100	—
	稀释每股收益(元)	0.2100	0.3200	0.2200	—
	每股净资产(元)	2.7860	2.7700	2.9605	—
	每股经营现金净流量(元)	–0.2613	1.0013	–0.1180	—
	每股现金流量(元)	–0.6583	–0.2897	–0.0698	—
	每股资本公积金(元)	0.2437	0.2319	0.2130	—
	每股盈余公积金(元)	0.2346	0.2351	0.2028	—
	每股未分配利润(元)	1.2660	1.2582	1.5009	—
	净资产收益率(%)	7.5653	11.6195	7.5973	—
	加权净资产收益率(%)	7.3200	11.9100	8.1000	—
	净资产收益率(扣除)(%)	5.2396	15.2651	7.1283	—
	总资产(万元)	382298.84	379902.36	356770.73	—
	归属母公司股东权益(万元)	116350.25	115558.26	122583.01	—
	营业收入(万元)	189978.92	447281.26	233703.56	—
	营业支出(万元)	171347.69	399818.48	211325.17	—
	投资收益(万元)	2078.60	177.48	11.66	—
	净利润(万元)	8802.25	13427.28	9312.94	—
	营业利润(万元)	10568.55	20790.40	9891.91	—
	利润总额(万元)	10720.71	15041.96	10574.38	—

东港股份有限公司

公司概况	公司名称	东港股份有限公司			证券简称	东港股份
	法人代表	王爱先	董秘	齐利国	证券代码	002117
	公司网址	www.tungkong.com.cn		电子信箱	dggf@tungkong.com.cn	
	电　话	86-531-88904590		传　真	86-531-82672218	
	办公地址	山东省济南市山大北路23号				
	经营范围	主要从事商业票据印刷以及纸制品的加工、销售业务				

主要财务指标	指标\报告期	2017.06.30	2016.12.31	2016.06.30	2015.12.31
	基本每股收益(元)	0.2745	0.6000	0.2674	0.5900
	基本每股收益(扣除后)(元)	0.2637	0.5900	0.2607	0.5700
	稀释每股收益(元)	0.2745	0.6000	0.2674	0.5900
	每股净资产(元)	4.1578	4.1841	3.8521	3.8847
	每股经营现金净流量(元)	-0.1874	0.5290	-0.2067	0.8161
	每股现金流量(元)	0.2728	-0.3387	-0.7447	0.2833
	每股资本公积金(元)	1.0423	1.0423	1.0423	1.0423
	每股盈余公积金(元)	0.5630	0.5071	0.4792	0.4246
	每股未分配利润(元)	1.5525	1.6346	1.3305	1.4178
	净资产收益率(%)	6.6017	14.3976	6.9418	15.3006
	加权净资产收益率(%)	6.4300	15.1100	6.8200	16.1900
	净资产收益率(扣除)(%)	6.3416	13.7320	6.7690	14.6709
	总资产(万元)	203801.18	220909.74	192268.79	202881.99
	归属母公司股东权益(万元)	151252.10	152208.98	140130.67	141316.38
	营业收入(万元)	72073.01	149136.44	69615.58	125624.81
	营业支出(万元)	43314.70	88946.46	43068.27	75473.22
	投资收益(万元)	1052.64	1823.62	160.90	2525.93
	净利润(万元)	11215.49	23768.41	10252.66	23221.02
	营业利润(万元)	12827.47	26487.58	11787.39	25950.80
	利润总额(万元)	13409.64	27891.63	12139.98	27197.40

吉林紫鑫药业股份有限公司

公司概况	公司名称	吉林紫鑫药业股份有限公司			证券简称	紫鑫药业
	法人代表	郭春林	董秘	张万恒	证券代码	002118
	公司网址	www.jilinzixin.com.cn		电子信箱	zixin@zxpc.cc	
	电　话	86-431-81916633		传　真	86-431-88698366	
	办公地址	吉林省长春市南关区东头道街137号				
	经营范围	中成药的研发、生产、销售和中药材种植业务				

主要财务指标	指标\报告期	2017.06.30	2016.12.31	2016.06.30	2015.12.31
	基本每股收益(元)	0.0900	0.1300	0.0300	0.0400
	基本每股收益(扣除后)(元)	0.0700	0.1000	0.0300	0.0200
	稀释每股收益(元)	0.0900	0.1300	0.0300	0.0400
	每股净资产(元)	3.0077	2.9227	5.6231	3.9246
	每股经营现金净流量(元)	-0.4897	-0.1811	-0.3574	0.4236
	每股现金流量(元)	-0.1297	0.1525	0.0029	1.1163
	每股资本公积金(元)	1.1844	1.1856	3.3717	1.4025
	每股盈余公积金(元)	0.0622	0.0622	0.1155	0.1442
	每股未分配利润(元)	0.7575	0.6713	1.1288	1.3691
	净资产收益率(%)	2.8645	4.3589	0.5703	1.9665
	加权净资产收益率(%)	2.9000	5.2000	0.8100	1.9800
	净资产收益率(扣除)(%)	2.4281	3.4455	0.4907	0.4806
	总资产(万元)	767121.62	663383.46	602918.34	499810.70
	归属母公司股东权益(万元)	385208.15	374326.85	360094.23	201330.63
	营业收入(万元)	45351.29	81951.55	34757.00	63326.00
	营业支出(万元)	12429.34	21389.72	11336.93	21018.43
	投资收益(万元)	977.45	980.00	980.00	980.00
	净利润(万元)	11045.29	16267.38	2032.93	3923.21
	营业利润(万元)	11568.67	16059.80	2242.62	860.70
	利润总额(万元)	13561.11	19992.43	2573.49	4401.28

宁波康强电子股份有限公司

公司概况	公司名称	宁波康强电子股份有限公司			证券简称	康强电子
	法人代表	郑康定	董秘	赵勤攻	证券代码	002119
	公司网址	www.kangqiang.com		电子信箱	board@kangqiang.com	
	电　话	86-574-56807119		传　真	86-574-56807088	
	办公地址	浙江省宁波市鄞州投资创业中心金源路988号				
	经营范围	引线框架、键合丝等半导体封装材料的制造和销售				

主要财务指标	指标\报告期	2017.06.30	2016.12.31	2016.06.30	2015.12.31
	基本每股收益(元)	0.1600	0.2100	0.0900	-0.2800
	基本每股收益(扣除后)(元)	0.1400	0.2100	0.1000	-0.1900
	稀释每股收益(元)	0.1600	0.2100	0.0900	-0.2800
	每股净资产(元)	3.4389	3.3771	3.2508	3.1656
	每股经营现金净流量(元)	-0.1533	0.7584	0.2894	0.7384
	每股现金流量(元)	-0.1486	0.2352	0.0376	-0.1373
	每股资本公积金(元)	1.1855	1.1855	1.1855	1.1855
	每股盈余公积金(元)	0.2067	0.2067	0.2028	0.2028
	每股未分配利润(元)	1.0467	0.9849	0.8625	0.7773
	净资产收益率(%)	4.7039	6.2637	2.6225	-8.7752
	加权净资产收益率(%)	4.7500	6.4700	2.6600	-8.4100
	净资产收益率(扣除)(%)	4.1496	6.2080	3.0406	-6.0909
	总资产(万元)	168212.63	158825.84	146110.65	142924.15
	归属母公司股东权益(万元)	70909.41	69635.92	67032.05	65274.13
	营业收入(万元)	58776.88	119675.45	56322.39	102103.40
	营业支出(万元)	45801.62	96107.22	45901.71	86702.19
	投资收益(万元)	17.96	445.18	0.58	-255.70
	净利润(万元)	3924.11	5101.32	2162.92	-5398.71
	营业利润(万元)	4779.46	6525.89	3177.80	-5194.71
	利润总额(万元)	4762.74	6106.18	2620.13	-6029.95

韵达控股股份有限公司

公司概况	公司名称	韵达控股股份有限公司			证券简称	韵达股份
	法人代表	聂腾云	董秘	符勤	证券代码	002120
	公司网址	www.yundaex.com		电子信箱	ir@yundaex.com	
	电　话	021-39296789		传　真	021-39296863	
	办公地址	上海市青浦区盈港东路6679号				
	经营范围	打火机、点火枪、模具、电器配件、电子元件、塑料制品、文具的制造等				

主要财务指标	指标\报告期	2017.06.30	2016.12.31	2016.06.30	2015.12.31
	基本每股收益(元)	0.7400	1.3200	0.6100	0.7600
	基本每股收益(扣除后)(元)	0.7100	1.2900	0.2600	0.3300
	稀释每股收益(元)	0.7400	1.3200	0.6100	0.7600
	每股净资产(元)	4.3252	3.6828	2.8850	3.7651
	每股经营现金净流量(元)	0.7689	1.9420	3.8341	7.1254
	每股现金流量(元)	0.2560	0.0755	-1.3618	-1.1235
	每股资本公积金(元)	0.6122	0.5881	---	-0.7246
	每股盈余公积金(元)	0.2150	0.2151	---	0.7788
	每股未分配利润(元)	2.4981	1.8796	1.8989	5.5165
	净资产收益率(%)	17.0404	31.5349	9.1947	8.8045
	加权净资产收益率(%)	18.1800	37.8000	19.5200	38.7500
	净资产收益率(扣除)(%)	16.3077	30.8477	8.9621	8.8320
	总资产(万元)	722012.06	670934.01	94067.72	370559.84
	归属母公司股东权益(万元)	438800.31	373308.90	43355.93	170094.74
	营业收入(万元)	430998.56	734971.54	301037.72	505347.46
	营业支出(万元)	296532.45	505983.15	203342.50	348283.28
	投资收益(万元)	2985.25	1682.95	330.14	1246.65
	净利润(万元)	74754.57	118146.71	52881.48	53448.39
	营业利润(万元)	104618.24	161703.59	69575.57	81115.37
	利润总额(万元)	102845.83	159296.58	71052.52	81087.84

深圳市科陆电子科技股份有限公司

公司概况	公司名称	深圳市科陆电子科技股份有限公司			证券简称	科陆电子
	法人代表	饶陆华	董秘	黄幼平	证券代码	002121
	公司网址	www.szclou.com		电子信箱	sz-clou@szclou.com	
	电　话	0755-26719528		传　真	0755-26719679	
	办公地址	深圳市南山区高新技术产业园北区宝深路科陆大厦22楼				
	经营范围	电力测量仪器仪表及检定装置、电子式电能表、用电管理系统及设备等				

主要财务指标	指标＼报告期	2017.06.30	2016.12.31	2016.06.30	2015.12.31
	基本每股收益(元)	0.1038	0.2293	0.0618	0.4383
	基本每股收益(扣除后)(元)	-0.0066	0.0561	0.0437	0.2816
	稀释每股收益(元)	0.1037	0.2282	0.0617	0.4354
	每股净资产(元)	3.2400	2.2241	2.0000	4.8789
	每股经营现金净流量(元)	-0.0572	-0.0551	-0.2635	-0.6260
	每股现金流量(元)	0.7627	0.2067	-0.0381	0.3471
	每股资本公积金(元)	1.3996	0.3116	0.2540	2.1269
	每股盈余公积金(元)	0.0748	0.0883	0.0764	0.1913
	每股未分配利润(元)	0.7737	0.8298	0.6757	1.5872
	净资产收益率(%)	2.9531	10.2501	3.0847	8.4465
	加权净资产收益率(%)	3.7200	11.0100	3.1200	9.8200
	净资产收益率(扣除)(%)	-0.1867	2.5071	2.1812	5.4272
	总资产(万元)	1472471.28	1222367.68	1114661.00	1031297.72
	归属母公司股东权益(万元)	456420.21	265162.80	238378.07	232280.14
	营业收入(万元)	152540.93	316190.46	131452.12	226142.34
	营业支出(万元)	94846.64	215454.25	87404.93	153132.14
	投资收益(万元)	13699.00	22052.46	2988.62	1774.41
	净利润(万元)	14164.70	27710.04	7555.77	20203.23
	营业利润(万元)	14745.69	18607.56	4246.52	8818.28
	利润总额(万元)	14813.17	29624.03	8207.31	17705.33

天马轴承集团股份有限公司

公司概况	公司名称	天马轴承集团股份有限公司			证券简称	天马股份
	法人代表	傅淼	董秘	王薇	证券代码	002122
	公司网址	www.tmb.net.cn		电子信箱	dsh@igalaxyinternet.com	
	电　话	010-59065226		传　真	010-59065226　59065515	
	办公地址	北京市海淀区信息路18号上地创新大厦				
	经营范围	轴承及机床的研发、制造和销售				

主要财务指标	指标＼报告期	2017.06.30	2016.12.31	2016.06.30	2015.12.31
	基本每股收益(元)	0.0300	-0.2100	0.0200	0.0400
	基本每股收益(扣除后)(元)	---	-0.2100	-0.0200	-0.2200
	稀释每股收益(元)	0.0300	-0.2100	0.0200	0.0400
	每股净资产(元)	3.7977	3.7560	3.9839	3.9990
	每股经营现金净流量(元)	-0.0440	0.7535	0.2452	0.1783
	每股现金流量(元)	-0.1657	0.1396	0.0343	-0.0031
	每股资本公积金(元)	0.8654	0.8660	0.8657	0.8657
	每股盈余公积金(元)	0.2715	0.2715	0.2509	0.2509
	每股未分配利润(元)	1.6391	1.6092	1.8627	1.8921
	净资产收益率(%)	0.7862	-5.6512	0.5155	0.9938
	加权净资产收益率(%)	0.7900	-5.4800	0.5100	1.0000
	净资产收益率(扣除)(%)	0.0445	-5.4889	-0.3886	-5.4053
	总资产(万元)	667243.27	664836.80	735535.65	755512.09
	归属母公司股东权益(万元)	451166.87	446206.86	473289.88	475075.33
	营业收入(万元)	123707.12	215828.08	110937.55	209870.49
	营业支出(万元)	97797.13	165316.84	85138.68	171796.75
	投资收益(万元)	-50.68	277.63	162.98	92.44
	净利润(万元)	3843.16	-25752.33	3150.89	5342.95
	营业利润(万元)	2203.15	-19536.50	836.26	-23826.57
	利润总额(万元)	5697.16	-21075.44	5467.72	8325.90

梦网荣信科技集团股份有限公司

公司概况	公司名称	梦网荣信科技集团股份有限公司			证券简称	梦网集团
	法人代表	余文胜	董秘	李稷文	证券代码	002123
	公司网址	www.montnets.com		电子信箱	zhuwenwen@montnets.com	
	电　话	0755-86019901　86019902		传　真	0755-86019903	
	办公地址	广东省深圳市南山区高新中四道30号龙泰利科技大厦2层				
	经营范围	从事节能大功率电力电子设备的设计和制造业务				

主要财务指标	指标＼报告期	2017.06.30	2016.12.31	2016.06.30	2015.12.31
	基本每股收益(元)	0.1800	0.3000	0.1700	0.1600
	基本每股收益(扣除后)(元)	0.0800	0.1100	0.1100	0.0300
	稀释每股收益(元)	0.1800	0.3000	0.1700	0.1600
	每股净资产(元)	5.9627	5.9701	5.9777	5.5970
	每股经营现金净流量(元)	0.0086	0.3631	-0.0388	0.0569
	每股现金流量(元)	-0.0898	-0.3875	-0.6473	0.7264
	每股资本公积金(元)	3.3802	3.3801	3.4315	3.4267
	每股盈余公积金(元)	0.1543	0.1543	0.1543	0.1543
	每股未分配利润(元)	1.3460	1.2862	1.1598	0.9889
	净资产收益率(%)	3.0156	4.9795	2.8587	2.0438
	加权净资产收益率(%)	2.9800	5.1200	2.9800	3.4800
	净资产收益率(扣除)(%)	1.2591	1.7720	1.8767	0.3983
	总资产(万元)	683158.89	696666.15	718235.02	734007.94
	归属母公司股东权益(万元)	513742.40	514379.85	515035.88	482233.94
	营业收入(万元)	119331.61	280017.24	122998.98	180446.16
	营业支出(万元)	83169.96	195977.88	82409.50	113302.73
	投资收益(万元)	7373.41	15805.99	6302.21	-3551.96
	净利润(万元)	15866.89	25442.64	14619.23	10640.25
	营业利润(万元)	16856.49	28226.55	15590.50	280.45
	利润总额(万元)	18408.91	29846.56	17680.63	11989.51

天邦食品股份有限公司

公司概况	公司名称	天邦食品股份有限公司			证券简称	天邦股份
	法人代表	张邦辉	董秘	张宇	证券代码	002124
	公司网址	www.tianbang.com		电子信箱	techbank@tianbang.com	
	电　话	021-54484578		传　真	021-54484520	
	办公地址	上海市徐汇区桂箐路65号新研大厦11层				
	经营范围	饲料及饲料原料、养殖及食品加工、生物制品、生物柴油及化工油脂				

主要财务指标	指标＼报告期	2017.06.30	2016.12.31	2016.06.30	2015.12.31
	基本每股收益(元)	0.1923	0.5900	0.3193	0.5100
	基本每股收益(扣除后)(元)	0.1612	0.5300	0.2706	0.2100
	稀释每股收益(元)	0.1923	0.5900	0.3193	0.5100
	每股净资产(元)	3.7768	2.2058	1.9429	3.7642
	每股经营现金净流量(元)	0.0381	0.8058	0.1802	0.7621
	每股现金流量(元)	0.7348	-0.2403	-0.2067	0.3669
	每股资本公积金(元)	1.7762	0.0712	0.0712	1.3560
	每股盈余公积金(元)	0.0705	0.0856	0.0773	0.1700
	每股未分配利润(元)	0.9261	1.0633	0.8082	1.2757
	净资产收益率(%)	4.6432	26.5519	16.4347	10.1219
	加权净资产收益率(%)	6.1300	30.0400	17.1900	17.1900
	净资产收益率(扣除)(%)	3.8905	24.0240	13.9290	4.1612
	总资产(万元)	390994.38	249009.22	207046.08	196730.23
	归属母公司股东权益(万元)	291978.11	140437.98	123701.70	108936.52
	营业收入(万元)	134613.86	237046.23	107983.86	214129.37
	营业支出(万元)	101313.56	161418.49	71380.84	171102.26
	投资收益(万元)	-558.38	1487.22	1576.30	5182.82
	净利润(万元)	13487.34	37273.89	20270.17	10760.30
	营业利润(万元)	12130.95	37606.33	20278.48	10820.28
	利润总额(万元)	14246.37	38380.55	20662.24	12578.92

湘潭电化科技股份有限公司

公司概况					
公司名称	湘潭电化科技股份有限公司			证券简称	湘潭电化
法人代表	谭新乔	董秘	汪咏梅	证券代码	002125
公司网址	www.chinaemd.com		电子信箱	zqb@chinaemd.com	
电　　话	0731-55544161　55544048		传　　真	0731-55544101	
办公地址	湖南省湘潭市雨湖区九华步步高大道5号五矿尊城				
经营范围	生产、销售电解二氧化锰、电解金属锰				

主要财务指标 指标\报告期	2017.06.30	2016.12.31	2016.06.30	2015.12.31
基本每股收益(元)	0.0640	0.0600	0.0300	0.0700
基本每股收益(扣除后)(元)	0.0640	0.0600	0.0100	0.0500
稀释每股收益(元)	0.0640	0.0600	0.0300	0.0700
每股净资产(元)	3.1146	3.0500	4.8001	4.7747
每股经营现金净流量(元)	0.1147	0.0703	-0.0644	0.6005
每股现金流量(元)	-0.2281	-1.5841	-2.9160	3.8222
每股资本公积金(元)	1.9966	1.9966	3.7946	5.0643
每股盈余公积金(元)	0.0474	0.0474	0.0759	0.1013
每股未分配利润(元)	0.0681	0.0044	-0.0704	-0.1281
净资产收益率(%)	2.0452	2.1105	0.5319	1.1088
加权净资产收益率(%)	2.0700	2.1300	0.5300	2.7100
净资产收益率(扣除)(%)	1.9274	1.8436	0.2913	0.7541
总资产(万元)	222804.48	217851.14	203698.62	263199.35
归属母公司股东权益(万元)	107641.16	105381.17	103682.56	103132.69
营业收入(万元)	34083.05	65767.73	26141.29	62554.02
营业支出(万元)	25374.98	50250.74	19161.88	47906.95
投资收益(万元)	-40.60	-0.53	--	21.70
净利润(万元)	2392.76	2573.51	665.55	1227.43
营业利润(万元)	2646.47	2362.82	630.87	1171.15
利润总额(万元)	2768.58	3093.79	1104.90	1722.35

浙江银轮机械股份有限公司

公司概况					
公司名称	浙江银轮机械股份有限公司			证券简称	银轮股份
法人代表	徐小敏	董秘	陈敏	证券代码	002126
公司网址	www.yinlun.cn		电子信箱	002126@yinlun.cn	
电　　话	86-576-83938250		传　　真	86-576-83938806	
办公地址	浙江省台州市天台县福溪街道始丰东路8号				
经营范围	实业投资;汽车零部件,船用配件,机械配件,摩托车配件				

主要财务指标 指标\报告期	2017.06.30	2016.12.31	2016.06.30	2015.12.31
基本每股收益(元)	0.2300	0.3600	0.1600	0.2800
基本每股收益(扣除后)(元)	0.2200	0.3400	0.1500	0.5300
稀释每股收益(元)	0.2300	0.3600	0.1600	0.2800
每股净资产(元)	3.9019	3.1610	2.9652	5.6567
每股经营现金净流量(元)	0.1145	0.6592	0.1884	0.6245
每股现金流量(元)	0.8838	-0.0474	-0.0899	-0.1202
每股资本公积金(元)	1.3507	0.6290	0.6274	2.2505
每股盈余公积金(元)	0.1565	0.1739	0.1436	0.2871
每股未分配利润(元)	1.3919	1.3529	1.1919	2.1167
净资产收益率(%)	5.3393	11.2634	5.5189	9.8260
加权净资产收益率(%)	7.0800	11.9000	5.6300	11.0300
净资产收益率(扣除)(%)	5.0757	10.8079	5.2146	9.1346
总资产(万元)	582695.48	479414.54	454839.98	392467.10
归属母公司股东权益(万元)	312574.10	227933.24	213812.71	203944.99
营业收入(万元)	200715.84	311859.33	144191.74	272196.49
营业支出(万元)	147352.93	221923.10	105140.47	199384.74
投资收益(万元)	797.62	670.46	581.22	424.63
净利润(万元)	18088.83	27019.00	12132.18	21274.98
营业利润(万元)	21510.18	31484.63	14333.62	24644.52
利润总额(万元)	21560.04	32477.34	14999.42	25957.50

南极电商股份有限公司

公司概况					
公司名称	南极电商股份有限公司			证券简称	南极电商
法人代表	张玉祥	董秘	刘楠楠	证券代码	002127
公司网址	www.nanjids.com		电子信箱	liunannan@nanjids.com	
电　　话	0512-63574760		传　　真	0512-63551976	
办公地址	上海市黄浦区凤阳路29号新世界商务楼17-18楼				
经营范围	丝绸及其原料业务,包括化纤纺丝、各类丝绸织品的织造和印染				

主要财务指标 指标\报告期	2017.06.30	2016.12.31	2016.06.30	2015.12.31
基本每股收益(元)	0.0900	0.2000	0.0600	0.3000
基本每股收益(扣除后)(元)	0.0800	0.1900	0.0513	0.5700
稀释每股收益(元)	0.0900	0.2000	0.0600	0.3000
每股净资产(元)	1.0884	0.9975	0.8569	2.7623
每股经营现金净流量(元)	0.0630	0.2973	0.0388	0.0831
每股现金流量(元)	0.1724	-0.1356	0.0392	1.1887
每股资本公积金(元)	0.3435	0.3435	0.3435	1.1834
每股盈余公积金(元)	0.0353	0.0353	0.0186	0.0642
每股未分配利润(元)	0.4384	0.3475	0.2235	0.5800
净资产收益率(%)	8.3528	19.6264	6.4543	13.9324
加权净资产收益率(%)	8.7200	21.7600	6.0500	43.8800
净资产收益率(扣除)(%)	7.4661	18.9303	5.9843	13.4353
总资产(万元)	216391.72	204679.64	145015.34	137278.99
归属母公司股东权益(万元)	167422.76	153438.23	131817.04	123323.76
营业收入(万元)	25179.39	52098.15	15901.92	38922.91
营业支出(万元)	4983.17	6654.90	2667.20	10718.92
投资收益(万元)	486.59	180.30	77.92	110.22
净利润(万元)	14030.56	30306.30	8533.00	17226.61
营业利润(万元)	16478.90	34338.76	9418.69	19794.67
利润总额(万元)	16706.39	35418.24	10071.23	20520.11

内蒙古霍林河露天煤业股份有限公司

公司概况					
公司名称	内蒙古霍林河露天煤业股份有限公司			证券简称	露天煤业
法人代表	刘明胜	董秘	温泉	证券代码	002128
公司网址	www.nmghlhltmy.com		电子信箱	ltmy@vip.163.com	
电　　话	0475-6196970		传　　真	0475-6196998	
办公地址	内蒙古自治区霍林河露天煤业股份有限公司机关办公楼				
经营范围	煤炭系列产品的研制、生产和销售等				

主要财务指标 指标\报告期	2017.06.30	2016.12.31	2016.06.30	2015.12.31
基本每股收益(元)	0.6400	0.5000	0.2100	0.3300
基本每股收益(扣除后)(元)	0.6400	0.5100	0.2100	0.3300
稀释每股收益(元)	0.6400	0.5100	0.2100	0.3300
每股净资产(元)	6.2467	5.8148	5.5666	5.4017
每股经营现金净流量(元)	0.7203	0.6445	-0.0191	1.2014
每股现金流量(元)	0.1366	0.0992	-0.1690	0.2390
每股资本公积金(元)	0.7656	0.7687	0.7681	0.7681
每股盈余公积金(元)	0.4850	0.4850	0.4543	0.4543
每股未分配利润(元)	3.8827	3.5394	3.2789	3.1659
净资产收益率(%)	10.2989	8.6699	3.8256	6.0469
加权净资产收益率(%)	10.5800	9.0000	3.8500	6.1900
净资产收益率(扣除)(%)	10.2712	8.8565	3.8618	6.1901
总资产(万元)	1508394.00	1401891.44	1421322.48	1407999.00
归属母公司股东权益(万元)	1020940.01	950463.72	909791.65	882838.90
营业收入(万元)	398346.52	550078.95	240854.33	558665.07
营业支出(万元)	213036.70	353027.76	155629.72	396111.32
投资收益(万元)	618.26	2765.15	1397.30	8209.76
净利润(万元)	105769.09	82686.69	34983.08	53267.38
营业利润(万元)	124129.23	97413.94	40212.94	65153.26
利润总额(万元)	124111.96	95420.18	39646.81	63788.87

天津中环半导体股份有限公司

公司概况	公司名称	天津中环半导体股份有限公司			证券简称	中环股份
	法人代表	沈浩平	董秘	秦世龙	证券代码	002129
	公司网址	www.tjsemi.com		电子信箱	tjsc@tjsemi.com	
	电　话	022-23789787		传　真	022-23789786	
	办公地址	天津市新技术产业园区华苑产业区(环外)海泰东路12号				
	经营范围	单晶硅材料和半导体器件的研发、生产和销售等				

	指标＼报告期	2017.06.30	2016.12.31	2016.06.30	2015.12.31
主要财务指标	基本每股收益(元)	0.1036	0.1520	0.0949	0.0869
	基本每股收益(扣除后)(元)	0.1016	0.1206	0.0749	0.0387
	稀释每股收益(元)	0.1036	0.1520	0.0949	0.0869
	每股净资产(元)	4.0638	3.9882	3.9522	3.8562
	每股经营现金净流量(元)	0.1710	0.3098	0.1217	0.3008
	每股现金流量(元)	-0.0012	-0.3069	-1.0935	1.3159
	每股资本公积金(元)	2.6054	2.6033	2.6033	2.6033
	每股盈余公积金(元)	0.0223	0.0223	0.0168	0.0168
	每股未分配利润(元)	0.4362	0.3626	0.3309	0.2360
	净资产收益率(%)	2.5503	3.8120	2.4002	1.9818
	加权净资产收益率(%)	2.5700	3.8700	2.2500	2.9200
	净资产收益率(扣除)(%)	2.4998	3.0235	1.8959	0.8831
	总资产(万元)	2516926.65	2299452.34	1806240.63	2108308.65
	归属母公司股东权益(万元)	1074577.77	1054569.67	1045047.41	1019657.51
	营业收入(万元)	421655.94	678333.53	363466.51	503763.27
	营业支出(万元)	344661.72	584149.66	316885.85	428599.30
	投资收益(万元)	2642.82	4973.25	3245.19	531.39
	净利润(万元)	27647.93	40388.82	24977.60	21249.36
	营业利润(万元)	32683.03	37623.61	22330.83	20634.73
	利润总额(万元)	33023.53	47203.17	28394.49	29663.04

深圳市沃尔核材股份有限公司

公司概况	公司名称	深圳市沃尔核材股份有限公司			证券简称	沃尔核材
	法人代表	周和平	董秘	王占君	证券代码	002130
	公司网址	www.woer.com		电子信箱	fz@woer.com	
	电　话	0755-28299020		传　真	0755-28299020	
	办公地址	广东省深圳市坪山新区兰景北路沃尔工业园				
	经营范围	热缩材料、冷缩材料、阻燃材料、绝缘材料、耐高温耐腐蚀新型材料等				

	指标＼报告期	2017.06.30	2016.12.31	2016.06.30	2015.12.31
主要财务指标	基本每股收益(元)	0.0431	0.1854	0.1000	1.0000
	基本每股收益(扣除后)(元)	0.0352	0.1465	0.0600	0.1500
	稀释每股收益(元)	0.0428	0.1854	0.1000	1.0000
	每股净资产(元)	2.1295	4.1841	2.9388	2.9714
	每股经营现金净流量(元)	0.0266	0.0759	0.0512	0.0891
	每股现金流量(元)	-0.0635	0.5059	0.1688	0.1552
	每股资本公积金(元)	0.1517	1.2668	0.0496	0.0496
	每股盈余公积金(元)	0.0809	0.1631	0.1715	0.1715
	每股未分配利润(元)	0.8545	1.6654	1.7497	1.7612
	净资产收益率(%)	2.0274	4.0942	3.3530	33.6825
	加权净资产收益率(%)	2.0600	5.7100	3.3000	34.6900
	净资产收益率(扣除)(%)	1.6564	3.2354	2.1463	5.1991
	总资产(万元)	600077.90	536039.17	424192.25	367287.89
	归属母公司股东权益(万元)	268813.85	262022.30	167331.49	169189.64
	营业收入(万元)	108697.53	186335.47	79397.95	162142.21
	营业支出(万元)	76709.94	128721.18	54708.95	112564.36
	投资收益(万元)	1345.26	3243.67	2497.01	56302.72
	净利润(万元)	5271.62	10604.69	5592.03	56700.79
	营业利润(万元)	5901.07	7466.89	4817.72	64399.37
	利润总额(万元)	5828.59	10925.96	6214.47	66919.02

利欧集团股份有限公司

公司概况	公司名称	利欧集团股份有限公司			证券简称	利欧股份
	法人代表	王相荣	董秘	张旭波	证券代码	002131
	公司网址	www.leogroup.cn		电子信箱	sec@leogroup.cn	
	电　话	021-60158601		传　真	021-60158602	
	办公地址	上海市中山北路3300号月星环球港B座40楼				
	经营范围	泵、园林机械、清洁设备、电机、汽油机、阀门、模具、五金工具、动力柜等				

	指标＼报告期	2017.06.30	2016.12.31	2016.06.30	2015.12.31
主要财务指标	基本每股收益(元)	0.0569	0.3700	0.0517	0.1900
	基本每股收益(扣除后)(元)	0.0500	0.3400	0.1700	0.1700
	稀释每股收益(元)	0.0569	0.3700	0.0517	0.1900
	每股净资产(元)	1.3624	4.5926	3.9433	3.7920
	每股经营现金净流量(元)	-0.0328	0.0472	0.0389	0.2183
	每股现金流量(元)	0.0076	-0.0466	-0.1630	0.3884
	每股资本公积金(元)	0.0997	2.8566	2.1894	2.1894
	每股盈余公积金(元)	0.0206	0.0718	0.0733	0.0733
	每股未分配利润(元)	0.2800	0.8157	0.6795	0.5287
	净资产收益率(%)	4.1756	7.7384	4.5848	3.9381
	加权净资产收益率(%)	4.2500	9.1100	4.6700	10.7200
	净资产收益率(扣除)(%)	3.8660	7.1634	4.2695	3.5690
	总资产(万元)	1221552.29	1125268.99	901363.91	--
	归属母公司股东权益(万元)	764002.72	737048.83	595215.67	--
	营业收入(万元)	457824.95	735438.13	306474.37	439222.77
	营业支出(万元)	377789.81	579468.13	234768.87	338380.52
	投资收益(万元)	1505.11	3710.75	1868.11	323.12
	净利润(万元)	33093.09	58886.51	28448.86	23997.48
	营业利润(万元)	33857.17	66197.97	35176.91	25510.15
	利润总额(万元)	36821.89	69589.94	35828.40	28717.85

河南恒星科技股份有限公司

公司概况	公司名称	河南恒星科技股份有限公司			证券简称	恒星科技
	法人代表	谢晓博	董秘	李明	证券代码	002132
	公司网址	www.hengxingchinese.com		电子信箱	hengxing@hengxingchinese.com	
	电　话	0371-69588999		传　真	0371-69588000	
	办公地址	河南省巩义市康店镇恒星工业园				
	经营范围	钢帘线、超精细钢丝、胶管钢丝、镀锌钢绞线、镀锌钢丝、预应力钢绞线				

	指标＼报告期	2017.06.30	2016.12.31	2016.06.30	2015.12.31
主要财务指标	基本每股收益(元)	0.0600	0.0900	0.0500	0.0400
	基本每股收益(扣除后)(元)	0.0400	0.0900	0.0500	0.0600
	稀释每股收益(元)	0.0600	0.0900	0.0500	0.0400
	每股净资产(元)	2.1942	2.2121	1.6943	2.5251
	每股经营现金净流量(元)	0.1857	0.1738	0.1498	0.1663
	每股现金流量(元)	0.1151	-0.0160	-0.0970	-0.2892
	每股资本公积金(元)	0.8327	0.8304	0.2588	0.8691
	每股盈余公积金(元)	0.0754	0.0754	0.0701	0.1053
	每股未分配利润(元)	0.3510	0.3409	0.3772	0.5856
	净资产收益率(%)	2.7389	3.8043	3.1831	2.2141
	加权净资产收益率(%)	2.6800	5.8900	3.1600	2.4600
	净资产收益率(扣除)(%)	1.6908	3.7068	3.1548	2.0482
	总资产(万元)	588698.25	427920.52	328521.90	281383.59
	归属母公司股东权益(万元)	275757.73	278006.68	179780.86	178362.18
	营业收入(万元)	136495.01	206445.56	89213.77	173579.89
	营业支出(万元)	114167.18	159522.49	67781.32	139043.28
	投资收益(万元)	1418.03	511.05	226.84	413.33
	净利润(万元)	8329.28	10815.09	5984.24	4111.64
	营业利润(万元)	6847.56	11193.72	6178.92	2659.14
	利润总额(万元)	9476.16	13548.85	7167.15	4557.49

广宇集团股份有限公司

公司概况	公司名称	广宇集团股份有限公司		证券简称	广宇集团
	法人代表	王轶磊	董秘 华欣	证券代码	002133
	公司网址	www.cosmosgroup.com.cn		电子信箱	gyjtdb@163.com
	电话	0571-87925786		传真	0571-87925813
	办公地址	浙江省杭州市平海路8号			
	经营范围	房地产投资、房地产开发经营、商品房销售及出租、实业投资等			

	指标\报告期	2017.06.30	2016.12.31	2016.06.30	2015.12.31
主要财务指标	基本每股收益(元)	0.0800	0.2000	0.2000	-0.0800
	基本每股收益(扣除后)(元)	0.0700	0.1800	0.1900	-0.1000
	稀释每股收益(元)	0.0800	0.2000	0.2000	-0.0800
	每股净资产(元)	3.6419	3.6429	3.6392	3.5209
	每股经营现金净流量(元)	0.7614	2.3906	0.8201	1.9595
	每股现金流量(元)	-0.2894	0.3234	0.3534	-0.1608
	每股资本公积金(元)	1.0772	1.0772	1.0708	1.0708
	每股盈余公积金(元)	0.2351	0.2351	0.2040	0.2040
	每股未分配利润(元)	1.3296	1.3306	1.3643	1.2461
	净资产收益率(%)	2.1702	5.3686	5.4480	-2.3628
	加权净资产收益率(%)	2.1500	5.4600	5.5000	-2.3000
	净资产收益率(扣除)(%)	1.8469	4.9545	5.2239	-2.9704
	总资产(万元)	790731.82	818322.30	788570.30	873502.05
	归属母公司股东权益(万元)	281936.84	282011.30	281725.24	272569.99
	营业收入(万元)	195900.47	419365.43	297564.19	171953.72
	营业支出(万元)	168218.84	311766.25	211271.64	152715.97
	投资收益(万元)	1030.54	-2064.33	-3057.56	-1270.84
	净利润(万元)	8362.86	40835.29	36848.27	-5802.20
	营业利润(万元)	11454.03	58040.67	51186.65	-4769.19
	利润总额(万元)	11455.42	58251.56	51420.66	-3963.53

天津普林电路股份有限公司

公司概况	公司名称	天津普林电路股份有限公司		证券简称	*ST 普林
	法人代表	曲德福	董秘 林晓华	证券代码	002134
	公司网址	www.toppcb.com		电子信箱	ir@tianjin-pcb.com
	电话	86-22-24893466		传真	86-22-24890198
	办公地址	天津自贸试验区(空港经济区)航海路53号			
	经营范围	印刷电路板及相关产品的生产、销售、委托加工			

	指标\报告期	2017.06.30	2016.12.31	2016.06.30	2015.12.31
主要财务指标	基本每股收益(元)	-0.0300	-0.4000	-0.1200	-0.2000
	基本每股收益(扣除后)(元)	-0.0400	-0.4100	-0.1200	-0.2000
	稀释每股收益(元)	-0.0300	-0.4000	-0.1200	-0.2000
	每股净资产(元)	1.6946	1.7229	2.0090	2.1249
	每股经营现金净流量(元)	0.0502	-0.0602	0.0439	0.1933
	每股现金流量(元)	0.0419	-0.2096	-0.0596	0.0999
	每股资本公积金(元)	1.2295	1.2295	1.2295	1.2295
	每股盈余公积金(元)	0.0849	0.0849	0.0849	0.0849
	每股未分配利润(元)	-0.6198	-0.5914	-0.3053	-0.1895
	净资产收益率(%)	-1.9454	-23.3317	-5.7685	-9.2376
	加权净资产收益率(%)	-1.9300	-20.8900	-5.6100	-8.8400
	净资产收益率(扣除)(%)	-2.1440	-23.8314	-5.9428	-9.5945
	总资产(万元)	60676.25	61887.97	67338.25	71813.06
	归属母公司股东权益(万元)	41661.47	42357.82	49391.35	52240.50
	营业收入(万元)	20563.41	36858.92	17789.63	38371.03
	营业支出(万元)	19211.41	37057.57	19006.28	39151.14
	投资收益(万元)	-16.45	55.63	3.99	59.06
	净利润(万元)	-810.48	-9886.68	-2849.16	-4830.00
	营业利润(万元)	-838.47	-10092.34	-2935.37	-5046.37
	利润总额(万元)	-755.74	-9924.63	-2849.29	-4859.93

浙江东南网架股份有限公司

公司概况	公司名称	浙江东南网架股份有限公司		证券简称	东南网架
	法人代表	徐春祥	董秘 蒋建华	证券代码	002135
	公司网址	www.dongnanwangjia.com		电子信箱	stock@dongnanwangjia.com
	电话	86-571-82783358		传真	86-571-82783358
	办公地址	浙江省杭州市萧山区衙前镇衙前路593号			
	经营范围	大跨度空间钢结构、高层重钢结构、轻钢结构和住宅钢结构的设计、制造、安装			

	指标\报告期	2017.06.30	2016.12.31	2016.06.30	2015.12.31
主要财务指标	基本每股收益(元)	0.0800	0.0600	0.0400	0.0500
	基本每股收益(扣除后)(元)	0.0700	0.0400	0.0400	0.0200
	稀释每股收益(元)	0.0800	0.0600	0.0400	0.0500
	每股净资产(元)	2.9140	2.8396	2.8244	2.7881
	每股经营现金净流量(元)	0.1030	0.0464	-0.1495	-0.1378
	每股现金流量(元)	-0.0284	0.0651	-0.1679	0.0117
	每股资本公积金(元)	1.0713	1.0713	1.0713	1.2229
	每股盈余公积金(元)	0.1000	0.1000	0.0972	0.1109
	每股未分配利润(元)	0.7427	0.6684	0.6559	0.7074
	净资产收益率(%)	2.7571	2.0245	1.4954	1.4515
	加权净资产收益率(%)	2.7900	2.0400	1.5000	1.8400
	净资产收益率(扣除)(%)	2.3347	1.4129	1.3345	0.6591
	总资产(万元)	886920.80	859895.89	846143.34	902378.27
	归属母公司股东权益(万元)	249007.94	242655.34	241352.06	238255.60
	营业收入(万元)	325833.88	573846.82	269362.79	519604.31
	营业支出(万元)	290107.84	508586.55	240568.95	459872.11
	投资收益(万元)	---	---	---	---
	净利润(万元)	7059.40	5392.56	3877.13	3749.19
	营业利润(万元)	7111.51	4757.41	4820.18	5002.70
	利润总额(万元)	7927.66	6260.16	5079.15	6594.18

安徽安纳达钛业股份有限公司

公司概况	公司名称	安徽安纳达钛业股份有限公司		证券简称	安纳达
	法人代表	陈书勤	董秘 王先龙	证券代码	002136
	公司网址	www.andty.com		电子信箱	th_wxl@sina.com
	电话	0562-3862867 3867798		传真	0562-3861769
	办公地址	安徽省铜陵市铜官大道南段1288号			
	经营范围	钛白粉系列产品和磷酸铁系列产品			

	指标\报告期	2017.06.30	2016.12.31	2016.06.30	2015.12.31
主要财务指标	基本每股收益(元)	0.3775	0.1977	0.0189	-0.6213
	基本每股收益(扣除后)(元)	0.3706	0.1904	0.0159	-0.6326
	稀释每股收益(元)	0.3775	0.1977	0.0189	-0.6213
	每股净资产(元)	2.7235	2.3417	2.1647	2.1440
	每股经营现金净流量(元)	0.3610	0.3029	0.0866	0.0183
	每股现金流量(元)	-0.0172	0.1326	0.0641	-0.1089
	每股资本公积金(元)	1.6290	1.6290	1.6290	1.6290
	每股盈余公积金(元)	0.0656	0.0656	0.0656	0.0656
	每股未分配利润(元)	0.0247	-0.3529	-0.5317	-0.5506
	净资产收益率(%)	13.8626	8.4430	0.8742	-28.9808
	加权净资产收益率(%)	14.9100	8.8200	0.8800	-25.3100
	净资产收益率(扣除)(%)	13.6076	8.1305	0.7361	-29.5074
	总资产(万元)	100822.33	96874.97	94226.62	95087.38
	归属母公司股东权益(万元)	58560.62	50350.98	46545.28	46099.87
	营业收入(万元)	56086.42	81908.38	38328.59	60648.68
	营业支出(万元)	42639.28	69406.82	33559.79	59287.62
	投资收益(万元)	---	---	-	-
	净利润(万元)	8325.61	4499.85	536.98	-13330.27
	营业利润(万元)	8342.77	4481.28	514.56	-13516.69
	利润总额(万元)	8428.56	4644.30	591.86	-13229.40

深圳市麦达数字股份有限公司

公司概况					
公司名称	深圳市麦达数字股份有限公司			证券简称	麦达数字
法人代表	陈亚妹	董秘	朱蕾	证券代码	002137
公司网址	www.mindatagroup.com		电子信箱	dmb@sz-seastar.com	
电　　话	0755-29672878		传　　真	0755-29672878	
办公地址	广东省深圳市福田区彩田路新浩 e 都 A 座 2801				
经营范围	兴办实业(具体项目另行申报)、电子产品的技术开发、生产、销售等				

主要财务指标 指标\报告期	2017.06.30	2016.12.31	2016.06.30	2015.12.31
基本每股收益(元)	0.0620	0.2630	0.2307	0.0392
基本每股收益(扣除后)(元)	0.0433	0.0293	0.0321	0.0242
稀释每股收益(元)	0.0619	0.2625	0.2304	0.0391
每股净资产(元)	2.8744	2.7920	2.7594	1.7589
每股经营现金净流量(元)	0.0255	0.0604	-0.0096	0.1057
每股现金流量(元)	-0.0774	0.1181	0.0087	-0.2281
每股资本公积金(元)	1.6345	1.6163	1.6286	0.8700
每股盈余公积金(元)	0.0316	0.0315	0.0263	0.0297
每股未分配利润(元)	0.2083	0.1461	0.1172	-0.1229
净资产收益率(%)	2.1573	9.3204	8.1975	2.0235
加权净资产收益率(%)	2.1900	10.1000	9.1200	3.3700
净资产收益率(扣除)(%)	1.5069	1.0371	1.1409	1.2485
总资产(万元)	193728.20	190373.02	192242.44	133303.25
归属母公司股东权益(万元)	165504.07	160924.09	159044.39	89809.20
营业收入(万元)	40582.78	79890.65	36703.86	41813.61
营业支出(万元)	30690.64	60205.80	27888.91	34233.85
投资收益(万元)	-559.39	11316.41	10797.62	157.94
净利润(万元)	3812.06	15274.08	13171.19	1915.34
营业利润(万元)	4732.11	17733.25	14643.28	2015.82
利润总额(万元)	5278.07	18100.42	15152.27	2304.33

深圳顺络电子股份有限公司

公司概况					
公司名称	深圳顺络电子股份有限公司			证券简称	顺络电子
法人代表	袁金钰	董秘	徐祖华	证券代码	002138
公司网址	www.sunlordinc.com		电子信箱	info@sunlordinc.com	
电　　话	0755-29832586		传　　真	0755-29832339	
办公地址	广东省深圳市宝安区观澜街道大富工业区顺络观澜工业园				
经营范围	研发、设计、生产、销售新型电子元器件等				

主要财务指标 指标\报告期	2017.06.30	2016.12.31	2016.06.30	2015.12.31
基本每股收益(元)	0.2300	0.4800	0.2400	0.3600
基本每股收益(扣除后)(元)	0.1800	0.4600	0.2300	0.3300
稀释每股收益(元)	0.2300	0.4800	0.2400	0.3600
每股净资产(元)	3.7791	3.5303	3.3373	3.2515
每股经营现金净流量(元)	0.3179	0.5765	0.2396	0.4789
每股现金流量(元)	-0.1091	0.1529	0.0834	0.0730
每股资本公积金(元)	1.3521	1.3329	1.1863	1.1862
每股盈余公积金(元)	0.1935	0.1935	0.1557	0.1557
每股未分配利润(元)	1.4086	1.1785	0.9950	0.9585
净资产收益率(%)	6.0884	13.4657	7.0862	10.9323
加权净资产收益率(%)	6.3100	14.3500	7.1600	11.6400
净资产收益率(扣除)(%)	4.6779	12.7705	6.9576	10.1685
总资产(万元)	435437.98	404132.41	358644.50	323962.39
归属母公司股东权益(万元)	285501.68	266701.88	247276.71	240916.25
营业收入(万元)	81395.70	173625.88	74999.85	131927.60
营业支出(万元)	50196.96	109373.85	46374.46	83774.47
投资收益(万元)	3338.09	594.67	284.29	-90.58
净利润(万元)	17576.29	35805.14	17443.46	26153.57
营业利润(万元)	19500.89	36821.18	17193.45	26777.91
利润总额(万元)	19921.75	39002.39	17567.62	28956.53

深圳拓邦股份有限公司

公司概况					
公司名称	深圳拓邦股份有限公司			证券简称	拓邦股份
法人代表	武永强	董秘	文朝晖	证券代码	002139
公司网址	www.topband-e.com		电子信箱	wenzh@topband.com.cn	
电　　话	0755-26957035		传　　真	0755-26957440	
办公地址	广东省深圳市宝安区石岩镇塘头大道拓邦工业园				
经营范围	各类电子智能控制器、电磁炉智能控制器、电力自动化系统设备等				

主要财务指标 指标\报告期	2017.06.30	2016.12.31	2016.06.30	2015.12.31
基本每股收益(元)	0.1400	0.3500	0.0800	0.2100
基本每股收益(扣除后)(元)	0.1400	0.3100	0.1200	0.3200
稀释每股收益(元)	0.1400	0.3300	0.0800	0.2100
每股净资产(元)	2.6558	3.7800	3.5300	3.6900
每股经营现金净流量(元)	0.0897	0.4134	0.1079	0.5486
每股现金流量(元)	0.0137	-0.2525	-0.0002	1.0600
每股资本公积金(元)	1.1119	2.1373	2.1001	1.9636
每股盈余公积金(元)	0.0972	0.1457	0.1162	0.2001
每股未分配利润(元)	0.5705	0.7980	0.6214	1.0531
净资产收益率(%)	5.2034	8.4197	3.1078	8.3211
加权净资产收益率(%)	5.2500	9.7400	3.8300	9.5200
净资产收益率(扣除)(%)	4.8955	7.5679	2.9299	7.8978
总资产(万元)	285905.82	271527.00	244786.33	162871.11
归属母公司股东权益(万元)	180558.42	171377.24	159826.60	96897.13
营业收入(万元)	120251.82	182710.26	73749.54	144595.41
营业支出(万元)	90915.77	142352.84	57781.62	117654.87
投资收益(万元)	411.43	760.39	43.81	246.83
净利润(万元)	10252.34	15347.96	5230.91	7929.88
营业利润(万元)	11163.77	16475.00	5747.69	8758.09
利润总额(万元)	11497.44	17936.25	6165.03	9142.19

东华工程科技股份有限公司

公司概况					
公司名称	东华工程科技股份有限公司			证券简称	东华科技
法人代表	吴光美	董秘	王崇桂	证券代码	002140
公司网址	www.chinaecec.com		电子信箱	luoshousheng@chinaecec.com	
电　　话	0551-63626000		传　　真	0551-63626768	
办公地址	安徽省合肥市望江东路 70 号				
经营范围	化工工程、石油化工工程、建筑工程、市政工程设计、工程总承包等				

主要财务指标 指标\报告期	2017.06.30	2016.12.31	2016.06.30	2015.12.31
基本每股收益(元)	0.1506	0.1800	0.1318	0.4000
基本每股收益(扣除后)(元)	0.1489	0.1700	0.1306	0.3900
稀释每股收益(元)	0.1506	0.1800	0.1318	0.4000
每股净资产(元)	4.6729	4.5735	4.5182	4.4355
每股经营现金净流量(元)	0.4772	0.4285	0.4327	-0.2492
每股现金流量(元)	0.7899	0.3506	0.3665	-0.3671
每股资本公积金(元)	0.2032	0.2032	0.2032	0.2032
每股盈余公积金(元)	0.4669	0.4669	0.4459	0.4459
每股未分配利润(元)	2.9994	2.8988	2.8682	2.7864
净资产收益率(%)	3.2230	4.0100	2.9164	9.0515
加权净资产收益率(%)	3.2400	4.0700	2.9300	9.3800
净资产收益率(扣除)(%)	3.1865	3.6704	2.8895	8.7709
总资产(万元)	670991.08	584609.92	569068.53	574336.13
归属母公司股东权益(万元)	208429.26	203992.28	201528.08	197839.08
营业收入(万元)	84677.59	167297.36	74404.28	363296.77
营业支出(万元)	71307.72	136920.57	58684.93	316779.48
投资收益(万元)	538.63	1144.20	520.47	822.14
净利润(万元)	6755.30	8332.79	5882.99	18053.87
营业利润(万元)	7903.49	9011.20	6857.05	19886.12
利润总额(万元)	7991.76	9968.95	6921.50	20545.24

贤丰控股股份有限公司

公司概况	公司名称	贤丰控股股份有限公司			证券简称	贤丰控股
	法人代表	陈文才	董秘	张志刚	证券代码	002141
	公司网址	www.ronsen.com.cn		电子信箱	stock@sz002141.com	
	电　话	0755-23900666		传　真	0755-83255175	
	办公地址	广东省深圳市福田区益田路 6001 号太平金融大厦 32 楼				
	经营范围	漆包线及其相关产品的研发、生产和销售				

	指标＼报告期	2017.06.30	2016.12.31	2016.06.30	2015.12.31
主要财务指标	基本每股收益(元)	0.0047	0.0103	0.0193	0.0379
	基本每股收益(扣除后)(元)	-0.0033	-0.0146	-0.0223	-0.0432
	稀释每股收益(元)	0.0047	0.0103	0.0193	0.0379
	每股净资产(元)	1.1497	1.1470	4.0020	1.6940
	每股经营现金净流量(元)	-0.0633	-0.0133	0.0111	0.4120
	每股现金流量(元)	-0.0266	0.0916	0.1273	-0.0107
	每股资本公积金(元)	0.0823	0.0823	2.7880	0.3369
	每股盈余公积金(元)	0.0171	0.0171	0.0555	0.0989
	每股未分配利润(元)	0.0503	0.0476	0.1584	0.2579
	净资产收益率(%)	0.4112	0.6481	0.3412	2.2345
	加权净资产收益率(%)	0.4100	0.8700	0.6900	2.2600
	净资产收益率(扣除)(%)	-0.2835	-0.9115	-0.3947	-2.5531
	总资产(万元)	143032.15	146452.79	142862.40	56578.62
	归属母公司股东权益(万元)	130450.49	130140.32	129738.64	30811.05
	营业收入(万元)	54465.29	87440.86	37055.73	81881.36
	营业支出(万元)	48308.05	78393.58	33150.22	73703.77
	投资收益(万元)	631.68	1257.04	144.43	-12.05
	净利润(万元)	277.36	464.00	355.83	656.79
	营业利润(万元)	235.12	-243.16	-462.08	-1114.50
	利润总额(万元)	307.47	793.39	426.16	633.13

宁波银行股份有限公司

公司概况	公司名称	宁波银行股份有限公司			证券简称	宁波银行
	法人代表	陆华裕	董秘	俞罡	证券代码	002142
	公司网址	www.nbcb.com.cn		电子信箱	dsh@nbcb.com.cn	
	电　话	86-574-87050028		传　真	86-574-87050027	
	办公地址	浙江省宁波市鄞州区宁东路 345 号				
	经营范围	吸收公众存款;发放短期,中期和长期贷款;办理国内外结算等				

	指标＼报告期	2017.06.30	2016.12.31	2016.06.30	2015.12.31
主要财务指标	基本每股收益(元)	0.9400	1.5000	0.8200	--
	基本每股收益(扣除后)(元)	0.9400	1.9500	0.8200	--
	稀释每股收益(元)	0.9400	1.9500	0.8200	--
	每股净资产(元)	9.5500	8.9700	11.3400	--
	每股经营现金净流量(元)	-5.1850	28.0558	23.7402	--
	每股现金流量(元)	-3.1746	6.3599	4.0802	--
	每股资本公积金(元)	2.5514	2.5510	2.5510	--
	每股盈余公积金(元)	1.0120	1.0120	0.8157	--
	每股未分配利润(元)	6.1077	5.1835	4.9731	--
	净资产收益率(%)	9.8400	16.6900	9.3600	--
	加权净资产收益率(%)	10.1500	17.7400	9.8100	--
	净资产收益率(扣除)(%)	9.8500	16.7000	9.3500	--
	总资产(万元)	93852852.20	88502000.00	83369297.60	--
	归属母公司股东权益(万元)	5327795.30	5027800.00	4906000.80	--
	营业收入(万元)	1231599.70	2364500.00	1204604.80	--
	营业支出(万元)	676871.50	1399168.50	710171.50	--
	投资收益(万元)	51564.90	94283.20	64955.60	--
	净利润(万元)	477431.20	782274.20	414578.60	--
	营业利润(万元)	554728.20	965300.00	494433.30	--
	利润总额(万元)	553946.20	965200.00	494967.10	--

印纪娱乐传媒股份有限公司

公司概况	公司名称	印纪娱乐传媒股份有限公司			证券简称	印纪传媒
	法人代表	吴冰	董秘	吴冰(代)	证券代码	002143
	公司网址	www.d-m-g.com		电子信箱	zhengquanbu@dmgmedia.com	
	电　话	010-85653696		传　真	010-85653202	
	办公地址	北京市朝阳区朝外大街 26 号 A 座 25 层				
	经营范围	制作、发行,专题、专栏、综艺、动画片、广播剧、电视剧等				

	指标＼报告期	2017.06.30	2016.12.31	2016.06.30	2015.12.31
主要财务指标	基本每股收益(元)	0.2421	0.6608	0.2351	0.5192
	基本每股收益(扣除后)(元)	0.2058	0.6110	0.1900	0.4600
	稀释每股收益(元)	0.2421	0.6608	0.2351	0.5192
	每股净资产(元)	2.1985	2.0610	1.6150	1.4428
	每股经营现金净流量(元)	0.0163	0.0460	0.1550	0.1668
	每股现金流量(元)	0.0949	0.0115	0.3202	0.0042
	每股资本公积金(元)	-0.0147	-0.0147	-0.0150	-0.0150
	每股盈余公积金(元)	0.0924	0.0924	0.0924	0.0924
	每股未分配利润(元)	2.0296	1.8775	1.4519	1.2867
	净资产收益率(%)	11.0114	32.0632	14.5598	35.9873
	加权净资产收益率(%)	11.2100	37.7200	15.1500	43.2500
	净资产收益率(扣除)(%)	9.3617	29.6456	11.9822	31.6312
	总资产(万元)	393679.06	361701.19	324486.72	263063.95
	归属母公司股东权益(万元)	243183.18	227973.24	178642.25	159594.47
	营业收入(万元)	77110.20	250551.78	97081.03	188152.42
	营业支出(万元)	36384.32	145479.21	58109.39	99269.74
	投资收益(万元)	-522.00	-215.40	-225.58	-104.22
	净利润(万元)	26295.23	73703.35	25789.32	57728.26
	营业利润(万元)	24242.70	77442.34	26845.87	63961.77
	利润总额(万元)	29413.46	84717.50	33018.64	72908.43

宏达高科控股股份有限公司

公司概况	公司名称	宏达高科控股股份有限公司			证券简称	宏达高科
	法人代表	沈国甫	董秘	朱海东	证券代码	002144
	公司网址	www.zjhongda.com.cn		电子信箱	hdzhd2008@163.com	
	电　话	0573-87550882		传　真	0573-87552681	
	办公地址	浙江省海宁市许村镇建设路 118 号				
	经营范围	交运面料、服饰面料、染整加工、医疗器械等				

	指标＼报告期	2017.06.30	2016.12.31	2016.06.30	2015.12.31
主要财务指标	基本每股收益(元)	0.2900	0.5700	0.3100	0.7100
	基本每股收益(扣除后)(元)	0.2700	0.4800	0.2800	0.1000
	稀释每股收益(元)	0.2900	0.5700	0.3100	0.7100
	每股净资产(元)	9.4462	9.5959	9.0453	9.6471
	每股经营现金净流量(元)	0.2392	0.7862	0.2140	0.2285
	每股现金流量(元)	-0.0127	0.2255	0.1982	-0.2118
	每股资本公积金(元)	3.9511	3.9511	3.8868	3.8868
	每股盈余公积金(元)	0.4695	0.4695	0.4046	0.4046
	每股未分配利润(元)	2.9650	2.6776	2.4848	2.2721
	净资产收益率(%)	3.0423	5.9434	3.4573	7.3183
	加权净资产收益率(%)	3.0200	5.9400	3.3300	7.3000
	净资产收益率(扣除)(%)	2.8166	5.0038	3.0612	1.0025
	总资产(万元)	200239.26	205470.86	202795.62	207125.25
	归属母公司股东权益(万元)	166973.03	169619.74	159886.90	170523.85
	营业收入(万元)	28864.65	56969.24	26833.18	52664.90
	营业支出(万元)	19410.12	39834.20	18511.16	38664.34
	投资收益(万元)	1683.05	4291.41	2860.99	14388.97
	净利润(万元)	5020.16	10044.45	5463.68	12476.12
	营业利润(万元)	5675.27	9076.29	5829.39	14251.91
	利润总额(万元)	5696.72	10612.51	6314.55	14838.41

中核华原钛白股份有限公司

公司名称	中核华原钛白股份有限公司			证券简称	中核钛白
法人代表	李建锋	董秘	邱北	证券代码	002145
公司网址	www.sinotio2.com		电子信箱	qiubei@sinotio2.com	
电　话	0510-83798658		传　真	0510-83799951	
办公地址	江苏省无锡市锡山区锡北镇张泾工业园区幸福路8号				
经营范围	金红石型钛白粉与氧化铁颜料的研发、生产和销售等				

指标＼报告期	2017.06.30	2016.12.31	2016.06.30	2015.12.31
基本每股收益(元)	0.1475	0.0500	0.0066	-0.2700
基本每股收益(扣除后)(元)	0.1514	0.0600	0.0030	-0.2900
稀释每股收益(元)	0.1475	0.0500	0.0066	-0.2700
每股净资产(元)	1.8369	1.6089	1.5651	4.4012
每股经营现金净流量(元)	0.0947	0.2311	0.0291	-1.0413
每股现金流量(元)	-0.0630	-0.0285	0.0143	0.2476
每股资本公积金(元)	0.5407	0.5406	0.5340	3.4122
每股盈余公积金(元)	0.0367	0.0366	0.0270	0.0805
每股未分配利润(元)	0.2141	0.0663	0.0298	0.0689
净资产收益率(%)	8.0381	3.2799	0.4241	-5.3602
加权净资产收益率(%)	8.4500	3.2900	0.4300	-6.8600
净资产收益率(扣除)(%)	8.2510	3.6542	0.1935	-5.7199
总资产(万元)	547269.79	522594.59	497262.24	479082.61
归属母公司股东权益(万元)	292399.17	256381.44	249414.33	235747.53
营业收入(万元)	163411.90	204816.58	93341.91	162940.38
营业支出(万元)	110359.86	153587.32	75771.79	128870.66
投资收益(万元)	32.39	353.03	-	591.32
净利润(万元)	23503.41	8409.07	1057.78	-12636.65
营业利润(万元)	28525.21	12691.33	650.44	-12370.60
利润总额(万元)	27638.96	11375.24	1314.83	-11514.88

荣盛房地产发展股份有限公司

公司名称	荣盛房地产发展股份有限公司			证券简称	荣盛发展
法人代表	耿建明	董秘	陈金海	证券代码	002146
公司网址	www.risesun.cn		电子信箱	dongmichu@risesun.cn	
电　话	0316-5909688		传　真	0316-5908567	
办公地址	河北省廊坊市经济技术开发区祥云道81号				
经营范围	房地产开发与经营(一级资质)				

指标＼报告期	2017.06.30	2016.12.31	2016.06.30	2015.12.31
基本每股收益(元)	0.3900	0.9500	0.3000	0.6400
基本每股收益(扣除后)(元)	0.3400	0.9400	0.2900	0.6200
稀释每股收益(元)	0.3900	0.9500	0.3000	0.6400
每股净资产(元)	5.4301	5.4400	4.7888	4.7459
每股经营现金净流量(元)	-1.7189	-0.8498	-1.1996	-0.5689
每股现金流量(元)	-0.7872	1.4511	0.7019	1.6567
每股资本公积金(元)	1.0656	1.0656	1.0661	1.0829
每股盈余公积金(元)	0.8346	0.7442	0.7141	0.4541
每股未分配利润(元)	2.5299	2.6328	2.0086	2.2190
净资产收益率(%)	7.1348	17.5281	6.2570	11.7671
加权净资产收益率(%)	6.8700	18.7400	6.1200	16.4900
净资产收益率(扣除)(%)	6.3042	17.2097	5.9938	11.4062
总资产(万元)	17178521.80	14574488.00	12071932.64	10384023.55
归属母公司股东权益(万元)	2361086.04	2366542.27	2082260.29	2067988.51
营业收入(万元)	1341585.95	3062201.45	1138830.01	2343194.59
营业支出(万元)	943959.91	2111438.50	781402.54	1675003.82
投资收益(万元)	-1302.53	1233.46	6038.79	1103.64
净利润(万元)	184922.05	437215.56	134156.48	257216.55
营业利润(万元)	230693.39	563643.28	180761.98	320737.81
利润总额(万元)	258477.27	572063.92	182424.75	327602.00

新光圆成股份有限公司

公司名称	新光圆成段份有限公司			证券简称	新光圆成
法人代表	周晓光	董秘	杨畅生	证券代码	002147
公司网址	www.masfy.com		电子信箱	dsh@masfy.com	
电　话	0555-3506900　3506934		传　真	0555-3506930	
办公地址	安徽省马鞍山市经济技术开发区超山西路				
经营范围	生产和销售回转支承、机械设备、锻压设备、销售金属制品、建材等				

指标＼报告期	2017.06.30	2016.12.31	2016.06.30	2015.12.31
基本每股收益(元)	0.0263	1.2200	-0.0300	0.0130
基本每股收益(扣除后)(元)	0.0253	1.2100	-0.0300	-0.2670
稀释每股收益(元)	0.0263	1.2200	-0.0300	0.0130
每股净资产(元)	5.2658	5.2390	4.8907	3.2121
每股经营现金净流量(元)	-1.1888	0.4351	-0.4808	-0.0157
每股现金流量(元)	-1.2097	1.6554	2.2098	-0.0049
每股资本公积金(元)	2.0626	2.0621	2.5361	1.5528
每股盈余公积金(元)	0.0490	0.0490	0.0487	0.2509
每股未分配利润(元)	2.1542	2.1279	1.1907	5.8185
净资产收益率(%)	0.5002	20.7632	-0.6218	0.4094
加权净资产收益率(%)	0.5000	30.0500	-1.3100	0.4100
净资产收益率(扣除)(%)	0.4796	20.5143	-0.6263	-8.3032
总资产(万元)	1549545.11	1536272.06	1371681.86	953660.86
归属母公司股东权益(万元)	740482.81	736716.27	582769.71	236907.87
营业收入(万元)	95823.16	373646.63	35772.97	21687.85
营业支出(万元)	57421.63	101963.00	21497.24	19464.44
投资收益(万元)	-2.28	15.65	-33.29	6050.79
净利润(万元)	3142.05	151983.92	-3879.12	-320.99
营业利润(万元)	4828.65	203256.72	-5899.44	-1905.13
利润总额(万元)	4926.22	205156.85	-5864.20	-135.20

北京北纬通信科技股份有限公司

公司名称	北京北纬通信科技股份有限公司			证券简称	北纬科技
法人代表	傅乐民	董秘	黄潇	证券代码	002148
公司网址	www.bisp.com		电子信箱	ir@bw30.com	
电　话	86-10-88356661		传　真	86-10-88356273	
办公地址	北京市海淀区首体南路22号国兴大厦5层、26层				
经营范围	移动通信转售业务、因特网信息服务业务等				

指标＼报告期	2017.06.30	2016.12.31	2016.06.30	2015.12.31
基本每股收益(元)	0.1400	0.3100	0.0900	-0.0700
基本每股收益(扣除后)(元)	0.1100	0.2900	0.0900	-0.1500
稀释每股收益(元)	0.1400	0.3100	0.0900	-0.0700
每股净资产(元)	2.0148	4.2321	4.0386	3.9490
每股经营现金净流量(元)	0.1880	0.1683	0.0592	0.0164
每股现金流量(元)	-0.1778	0.4192	0.1995	-0.4078
每股资本公积金(元)	0.4065	2.1017	2.0149	2.0135
每股盈余公积金(元)	0.0637	0.1412	0.1377	0.1377
每股未分配利润(元)	0.5840	1.1023	0.8860	0.7977
净资产收益率(%)	6.7934	7.2228	2.1864	-1.8903
加权净资产收益率(%)	6.8700	7.5000	2.2000	-0.9300
净资产收益率(扣除)(%)	5.3717	6.8455	1.9379	-3.8244
总资产(万元)	133559.68	122272.11	110910.12	111116.97
归属母公司股东权益(万元)	114309.56	109141.78	103328.75	101035.06
营业收入(万元)	29128.70	39440.89	13960.59	19360.52
营业支出(万元)	15848.40	20740.55	6663.08	11216.16
投资收益(万元)	2591.65	1040.09	713.51	2436.00
净利润(万元)	7698.00	7911.41	2187.58	-2252.04
营业利润(万元)	10135.16	8786.21	2387.38	-2816.46
利润总额(万元)	10089.67	8875.63	2391.53	-2276.71

西部金属材料股份有限公司

公司概况	公司名称	西部金属材料股份有限公司			证券简称	西部材料
	法人代表	巨建辉	董秘	顾亮	证券代码	002149
	公司网址	www.c-wmm.com		电子信箱	002149@c-wmm.com	
	电　话	029-86968418　86968603		传　真	029-86968416	
	办公地址	陕西省西安市经开区泾渭工业园西金路西段 15 号				
	经营范围	稀有金属材料的研发、生产和销售等				

	指标＼报告期	2017.06.30	2016.12.31	2016.06.30	2015.12.31
主要财务指标	基本每股收益(元)	0.0473	0.1114	0.0144	-0.7600
	基本每股收益(扣除后)(元)	0.0223	-0.1210	-0.0130	-0.8777
	稀释每股收益(元)	0.0473	0.1114	0.0144	-0.7600
	每股净资产(元)	4.0924	8.0057	4.4074	4.3735
	每股经营现金净流量(元)	-0.4661	-0.3383	-0.4205	-0.1476
	每股现金流量(元)	-0.0938	0.8643	-0.4429	0.3311
	每股资本公积金(元)	2.9665	6.8523	3.3059	3.3059
	每股盈余公积金(元)	0.0829	0.1658	0.1932	0.1932
	每股未分配利润(元)	0.0236	-0.0473	-0.1417	-0.1704
	净资产收益率(%)	1.1549	1.2462	0.6514	-17.3239
	加权净资产收益率(%)	1.1700	1.8300	0.6500	-16.1500
	净资产收益率(扣除)(%)	0.5457	-1.3537	-0.2949	-20.0674
	总资产(万元)	385985.30	332772.46	303913.15	286669.36
	归属母公司股东权益(万元)	174095.80	170286.45	76966.01	76374.93
	营业收入(万元)	64063.72	121333.77	59549.43	98305.78
	营业支出(万元)	51234.28	98220.69	47885.45	92520.08
	投资收益(万元)	--	--	--	--
	净利润(万元)	3606.35	4089.75	1661.25	-17509.32
	营业利润(万元)	2522.25	-4455.36	692.06	-23979.04
	利润总额(万元)	4572.80	4253.38	2176.58	-20135.46

江苏通润装备科技股份有限公司

公司概况	公司名称	江苏通润装备科技股份有限公司			证券简称	通润装备
	法人代表	柳振江	董秘	蔡岚	证券代码	002150
	公司网址	www.tongrunindustries.com		电子信箱	jstr@tongrunindustries.com	
	电　话	0512-52343523　52343635		传　真	0512-52346558	
	办公地址	江苏省常熟市海虞镇周行通港工业开发区				
	经营范围	金属工具箱柜产品及精密钣金制品的生产、研发及销售				

	指标＼报告期	2017.06.30	2016.12.31	2016.06.30	2015.12.31
主要财务指标	基本每股收益(元)	0.1600	0.3900	0.1400	--
	基本每股收益(扣除后)(元)	0.1600	0.3900	0.1500	--
	稀释每股收益(元)	0.1600	0.3900	0.1400	--
	每股净资产(元)	3.8898	3.8400	2.4826	--
	每股经营现金净流量(元)	0.1483	0.6364	0.1817	--
	每股现金流量(元)	-0.9605	1.7703	-0.0637	--
	每股资本公积金(元)	1.4723	1.4324	0.1812	--
	每股盈余公积金(元)	0.2358	0.2358	0.2136	--
	每股未分配利润(元)	1.1817	1.1749	1.0878	--
	净资产收益率(%)	4.0310	9.4244	6.1244	--
	加权净资产收益率(%)	4.0000	14.5600	5.9500	--
	净资产收益率(扣除)(%)	4.0035	9.3413	6.0721	--
	总资产(万元)	141187.05	137182.29	89154.28	--
	归属母公司股东权益(万元)	106675.30	105395.71	62114.19	--
	营业收入(万元)	58607.04	103609.97	43659.94	--
	营业支出(万元)	43498.89	75836.72	31732.15	--
	投资收益(万元)	118.51	--	--	--
	净利润(万元)	4799.77	10680.17	4034.83	--
	营业利润(万元)	6559.30	14046.32	5332.56	--
	利润总额(万元)	6600.06	14165.13	5371.10	--

北京北斗星通导航技术股份有限公司

公司概况	公司名称	北京北斗星通导航技术股份有限公司			证券简称	北斗星通
	法人代表	周儒欣	董秘	潘国平	证券代码	002151
	公司网址	www.BDStar.com		电子信箱	BDStar@BDStar.com	
	电　话	86-10-69939966　69939006		传　真	86-10-69939100	
	办公地址	北京市海淀区丰贤东路 7 号北斗星通大厦南二层				
	经营范围	导航定位产品、基于位置的信息系统应用、基于位置的运营服务				

	指标＼报告期	2017.06.30	2016.12.31	2016.06.30	2015.12.31
主要财务指标	基本每股收益(元)	0.0500	0.1100	0.0300	0.1300
	基本每股收益(扣除后)(元)	0.0100	0.1100	0.0148	--
	稀释每股收益(元)	0.0500	0.1100	0.0300	0.1300
	每股净资产(元)	8.3162	8.4148	8.4165	9.0017
	每股经营现金净流量(元)	-0.2976	-0.0818	-0.2755	0.3405
	每股现金流量(元)	1.2997	0.1573	2.2077	0.8636
	每股资本公积金(元)	7.0117	7.0935	6.9945	7.1714
	每股盈余公积金(元)	0.0543	0.0544	0.0550	0.0949
	每股未分配利润(元)	0.4384	0.4392	0.3678	0.7397
	净资产收益率(%)	0.5984	1.1994	0.3057	1.9174
	加权净资产收益率(%)	0.6000	1.4900	0.4900	2.6500
	净资产收益率(扣除)(%)	0.0814	1.2647	0.1533	0.0294
	总资产(万元)	604246.88	563226.45	529802.75	379180.32
	归属母公司股东权益(万元)	426422.89	430890.63	426184.32	264389.09
	营业收入(万元)	84119.71	161718.86	68202.16	110785.36
	营业支出(万元)	57897.27	109741.53	47222.89	75368.21
	投资收益(万元)	1712.46	1902.65	64.70	2139.54
	净利润(万元)	2012.49	6001.64	1405.96	4741.75
	营业利润(万元)	3398.22	8657.88	938.70	1447.57
	利润总额(万元)	3252.43	8547.11	1953.34	5759.29

广州广电运通金融电子股份有限公司

公司概况	公司名称	广州广电运通金融电子股份有限公司			证券简称	广电运通
	法人代表	黄跃珍	董秘	任斌	证券代码	002152
	公司网址	www.grgbanking.com		电子信箱	securities@grgbanking.com	
	电　话	020-82188517　82188900		传　真	020-82188517	
	办公地址	广州市高新技术产业开发区科学城科林路 9、11 号				
	经营范围	研制、生产、销售:电子计算机设备、货币类自助设备、税务应用设备等				

	指标＼报告期	2017.06.30	2016.12.31	2016.06.30	2015.12.31
主要财务指标	基本每股收益(元)	0.2200	0.5400	0.1500	0.6700
	基本每股收益(扣除后)(元)	0.0500	0.4700	0.2200	0.9200
	稀释每股收益(元)	0.2200	0.5400	0.1500	0.6700
	每股净资产(元)	3.5449	5.1725	4.8004	5.0296
	每股经营现金净流量(元)	-0.2428	0.6866	-0.2553	0.9564
	每股现金流量(元)	-0.1203	0.4412	0.0808	-0.0011
	每股资本公积金(元)	0.9462	1.9192	1.9226	0.2018
	每股盈余公积金(元)	0.2219	0.3328	0.2902	0.5241
	每股未分配利润(元)	1.3795	1.8405	1.5820	3.3020
	净资产收益率(%)	6.1819	10.0766	4.5856	19.9218
	加权净资产收益率(%)	6.1600	11.8200	5.7400	20.9800
	净资产收益率(扣除)(%)	1.3838	8.7340	4.1088	18.2769
	总资产(万元)	1194928.15	1190655.23	1030846.07	770017.81
	归属母公司股东权益(万元)	861005.25	837555.65	777315.53	450995.36
	营业收入(万元)	152994.99	442365.00	167278.98	397294.13
	营业支出(万元)	90564.29	234481.66	88761.18	189936.21
	投资收益(万元)	44961.70	5255.64	2419.01	4839.23
	净利润(万元)	56045.56	89165.55	37569.00	91757.86
	营业利润(万元)	67373.50	82148.37	36627.88	82420.56
	利润总额(万元)	67269.95	100249.09	44740.43	105349.96

北京中长石基信息技术股份有限公司

公司概况	公司名称	北京中长石基信息技术股份有限公司			证券简称	石基信息
	法人代表	李仲初	董秘	罗芳	证券代码	002153
	公司网址	www.shijinet.com.cn		电子信箱	luofang@shijinet.com.cn	
	电　话	010-68249356		传　真	010-68183776	
	办公地址	北京市石景山区玉泉路59号院2号楼燕保大厦六层				
	经营范围	从事酒店管理系统集成、软件开发、技术支持与服务				

主要财务指标	指标\报告期	2017.06.30	2016.12.31	2016.06.30	2015.12.31
	基本每股收益(元)	0.1700	0.3600	0.1600	1.1700
	基本每股收益(扣除后)(元)	0.1700	0.3500	0.1600	1.1200
	稀释每股收益(元)	0.1700	0.3600	0.1600	1.1700
	每股净资产(元)	4.7580	4.6300	4.4449	13.0118
	每股经营现金净流量(元)	0.0219	0.5748	0.0280	0.9514
	每股现金流量(元)	-1.2002	0.6162	0.1365	3.5858
	每股资本公积金(元)	1.5296	1.5164	1.5134	6.5403
	每股盈余公积金(元)	0.0162	0.0162	0.0093	0.0280
	每股未分配利润(元)	2.2207	2.0897	1.8967	5.3162
	净资产收益率(%)	3.5954	7.8712	3.7051	7.8020
	加权净资产收益率(%)	3.6400	8.0900	3.7400	17.4700
	净资产收益率(扣除)(%)	3.4882	7.6027	3.5213	7.4565
	总资产(万元)	613867.36	605726.93	564640.50	527680.29
	归属母公司股东权益(万元)	507573.67	493938.77	474177.41	462695.26
	营业收入(万元)	122017.56	266260.81	104880.12	198666.36
	营业支出(万元)	65925.53	158529.81	57559.79	118604.50
	投资收益(万元)	1103.05	1669.35	-904.18	1974.03
	净利润(万元)	18285.28	40579.78	18016.70	37286.02
	营业利润(万元)	19583.29	34848.08	16102.29	34938.83
	利润总额(万元)	19652.28	47760.43	19259.64	40480.23

报喜鸟控股股份有限公司

公司概况	公司名称	报喜鸟控股股份有限公司			证券简称	报喜鸟
	法人代表	吴志泽	董秘	谢海静	证券代码	002154
	公司网址	www.bxn.com		电子信箱	stock@baoxiniao.com.cn	
	电　话	0577-67379161		传　真	0577-67315986	
	办公地址	浙江省永嘉县瓯北镇双塔路2299号报喜鸟研发大楼11层证券部				
	经营范围	服装、皮鞋、皮革制品的生产、销售				

主要财务指标	指标\报告期	2017.06.30	2016.12.31	2016.06.30	2015.12.31
	基本每股收益(元)	-0.0300	-0.3300	-0.0800	0.0900
	基本每股收益(扣除后)(元)	-0.0300	-0.3700	-0.1200	0.0200
	稀释每股收益(元)	-0.0300	-0.3300	-0.0800	0.0900
	每股净资产(元)	2.0609	2.0469	2.2936	2.3867
	每股经营现金净流量(元)	-0.0358	0.2369	-0.0367	0.2624
	每股现金流量(元)	-0.0380	0.0022	-0.1480	0.0170
	每股资本公积金(元)	0.1556	0.0460	0.0460	0.0460
	每股盈余公积金(元)	0.1468	0.1564	0.1564	0.1564
	每股未分配利润(元)	0.7585	0.8444	1.0912	1.1843
	净资产收益率(%)	-1.1890	-16.1191	-3.6248	3.5755
	加权净资产收益率(%)	-1.2700	-14.9000	-3.5500	3.6300
	净资产收益率(扣除)(%)	-1.5140	-18.0415	-5.1358	0.7675
	总资产(万元)	400688.89	416166.87	415912.14	453369.19
	归属母公司股东权益(万元)	257385.17	239900.02	268813.54	279727.43
	营业收入(万元)	114770.55	200822.48	92515.40	224151.09
	营业支出(万元)	44782.08	99044.92	42890.15	94218.86
	投资收益(万元)	135.50	-113.02	0.78	1863.95
	净利润(万元)	-3229.01	-38717.09	-9744.07	10001.71
	营业利润(万元)	-1486.39	-40017.51	-9784.20	16622.91
	利润总额(万元)	-1156.00	-38179.36	-8903.65	17620.86

湖南黄金股份有限公司

公司概况	公司名称	湖南黄金股份有限公司			证券简称	湖南黄金
	法人代表	黄启富	董秘	王文松	证券代码	002155
	公司网址	www.hngoldcorp.com		电子信箱	hngold_security@126.com	
	电　话	0731-82290893		传　真	0731-82290893	
	办公地址	湖南省长沙市雨花区芙蓉中路二段金源大酒店16楼				
	经营范围	黄金、钨、锑等有色金属矿的地质勘探、开采、选冶、金锭、锑锭等				

主要财务指标	指标\报告期	2017.06.30	2016.12.31	2016.06.30	2015.12.31
	基本每股收益(元)	0.1354	0.1200	0.0425	0.0300
	基本每股收益(扣除后)(元)	0.1475	0.1300	0.0775	0.0100
	稀释每股收益(元)	0.1354	0.1200	0.0425	0.0300
	每股净资产(元)	3.6848	3.5932	3.0371	2.9940
	每股经营现金净流量(元)	0.1454	0.3830	0.1859	0.5329
	每股现金流量(元)	-0.0240	0.0956	-0.0460	-0.0348
	每股资本公积金(元)	1.0741	1.0741	0.5020	0.5020
	每股盈余公积金(元)	0.2190	0.2190	0.2322	0.2322
	每股未分配利润(元)	1.3732	1.2878	1.2884	1.2459
	净资产收益率(%)	3.6747	3.3225	1.4003	0.8454
	加权净资产收益率(%)	3.7000	3.9400	1.4100	0.8500
	净资产收益率(扣除)(%)	4.0018	3.4812	2.5509	0.3618
	总资产(万元)	659786.29	648942.66	589766.96	574955.91
	归属母公司股东权益(万元)	442928.57	431917.21	343756.71	338878.36
	营业收入(万元)	447277.79	678113.52	310981.67	579242.34
	营业支出(万元)	385212.06	571237.93	267625.63	501789.73
	投资收益(万元)	432.63	-1022.27	-2767.83	-299.97
	净利润(万元)	15888.94	12458.17	4510.57	1865.22
	营业利润(万元)	22328.18	15287.90	3460.93	324.48
	利润总额(万元)	20203.28	15451.66	3654.11	2023.45

通富微电子股份有限公司

公司概况	公司名称	通富微电子股份有限公司			证券简称	通富微电
	法人代表	石明达	董秘	蒋澍	证券代码	002156
	公司网址	www.tfme.com		电子信箱	tfme_stock@tfme.com	
	电　话	86-513-85058919		传　真	86-513-85058929	
	办公地址	江苏省南通市崇川开发区崇川路288号				
	经营范围	集成电路封装测试				

主要财务指标	指标\报告期	2017.06.30	2016.12.31	2016.06.30	2015.12.31
	基本每股收益(元)	0.0900	0.1900	0.0900	0.1500
	基本每股收益(扣除后)(元)	0.0400	0.1100	0.0400	0.0260
	稀释每股收益(元)	0.0900	0.1900	0.0900	0.1500
	每股净资产(元)	4.1073	4.0287	3.9066	4.9993
	每股经营现金净流量(元)	0.3399	0.8069	0.6914	0.3093
	每股现金流量(元)	-0.3220	0.1998	0.8148	1.0499
	每股资本公积金(元)	2.0832	2.0832	2.0832	3.0082
	每股盈余公积金(元)	0.1212	0.1212	0.0999	0.1299
	每股未分配利润(元)	0.8914	0.8033	0.7264	0.8604
	净资产收益率(%)	2.1446	4.6145	2.2499	3.9388
	加权净资产收益率(%)	2.1600	4.7400	2.2600	4.5000
	净资产收益率(扣除)(%)	0.9230	2.7195	0.9107	0.4973
	总资产(万元)	1118826.26	1120312.49	1044372.72	651194.29
	归属母公司股东权益(万元)	399491.69	391839.35	379970.32	374038.87
	营业收入(万元)	297357.43	459165.67	174244.33	232190.31
	营业支出(万元)	251738.56	376536.69	142273.74	181565.99
	投资收益(万元)	86.07	-49.67	5.98	1402.72
	净利润(万元)	12203.30	23670.51	11065.28	14732.54
	营业利润(万元)	8898.41	14379.82	4724.30	2683.79
	利润总额(万元)	10963.71	24379.63	11826.39	16182.07

江西正邦科技股份有限公司

公司概况						
	公司名称	江西正邦科技股份有限公司			证券简称	正邦科技
	法人代表	程凡贵	董秘	王飞	证券代码	002157
	公司网址	www.zhengbang.com			电子信箱	zqb@zhengbang.com
	电　　话	86-791-86397153			传　　真	86-791-88338132
	办公地址	江西省南昌市高新技术开发区艾溪湖一路 569 号				
	经营范围	饲料的生产与销售;种猪、商品猪的养殖与销售;畜禽屠宰加工与销售				

主要财务指标	指标\报告期	2017.06.30	2016.12.31	2016.06.30	2015.12.31
	基本每股收益(元)	0.1200	0.5200	0.2700	0.1600
	基本每股收益(扣除后)(元)	0.1200	0.4800	0.8400	0.3200
	稀释每股收益(元)	0.1200	0.5200	0.2700	0.1600
	每股净资产(元)	2.6162	2.5359	5.5807	4.6592
	每股经营现金净流量(元)	-0.1964	0.8394	0.9477	1.2149
	每股现金流量(元)	-0.1669	0.4002	-0.7311	1.7065
	每股资本公积金(元)	0.7979	0.8955	2.6016	2.8824
	每股盈余公积金(元)	0.0603	0.0686	0.1132	0.1257
	每股未分配利润(元)	0.7788	0.8060	1.9610	1.1688
	净资产收益率(%)	4.5854	18.0055	16.2699	9.9460
	加权净资产收益率(%)	4.4800	28.5800	17.7000	13.7000
	净资产收益率(扣除)(%)	4.5329	16.7438	15.0867	5.9703
	总资产(万元)	1440297.65	1225894.79	995144.25	976351.60
	归属母公司股东权益(万元)	599315.50	580909.30	374737.96	313124.45
	营业收入(万元)	903887.86	1892014.48	869427.25	1641626.72
	营业支出(万元)	786595.67	1631190.80	728263.52	1489281.84
	投资收益(万元)	1849.74	5906.70	2745.98	4742.04
	净利润(万元)	28447.88	103828.36	59846.03	33589.66
	营业利润(万元)	29278.43	99945.87	55762.40	28118.78
	利润总额(万元)	29699.02	107116.71	60475.15	36806.31

上海汉钟精机股份有限公司

公司概况						
	公司名称	上海汉钟精机股份有限公司			证券简称	汉钟精机
	法人代表	余昱暄	董秘	邱玉英	证券代码	002158
	公司网址	www.hanbell.com.cn			电子信箱	gracechiu@hanbell.cn
	电　　话	021-57350280*1005			传　　真	021-57351127
	办公地址	上海市金山区枫泾工业开发区亭枫公路 8289 号				
	经营范围	螺杆式压缩机应用技术的研制开发、生产销售及售后服务				

主要财务指标	指标\报告期	2017.06.30	2016.12.31	2016.06.30	2015.12.31
	基本每股收益(元)	0.1560	0.3943	0.1524	--
	基本每股收益(扣除后)(元)	0.1399	0.2864	0.1371	--
	稀释每股收益(元)	0.1560	0.3138	0.1524	--
	每股净资产(元)	3.6085	3.9600	3.5113	--
	每股经营现金净流量(元)	0.1606	0.3911	0.1281	--
	每股现金流量(元)	-0.6308	0.0057	-0.1132	--
	每股资本公积金(元)	1.3799	1.3799	1.3799	--
	每股盈余公积金(元)	0.2493	0.2493	0.2181	--
	每股未分配利润(元)	0.9788	1.0428	0.9126	--
	净资产收益率(%)	4.3219	8.5426	4.3397	--
	加权净资产收益率(%)	4.2400	10.4200	4.3400	--
	净资产收益率(扣除)(%)	3.8781	7.7954	3.9040	--
	总资产(万元)	248871.80	291035.61	231381.80	--
	归属母公司股东权益(万元)	191387.27	209930.87	186233.80	--
	营业收入(万元)	55950.55	124588.96	43635.50	--
	营业支出(万元)	36969.39	62201.18	27769.78	--
	投资收益(万元)	840.06	1701.79	649.38	--
	净利润(万元)	8233.57	16086.16	8060.36	--
	营业利润(万元)	9426.67	23823.97	8948.61	--
	利润总额(万元)	9395.64	23586.44	9139.15	--

武汉三特索道集团股份有限公司

公司概况						
	公司名称	武汉三特索道集团股份有限公司			证券简称	三特索道
	法人代表	卢胜	董秘	王栎栎	证券代码	002159
	公司网址	www.sante.com.cn			电子信箱	sante002159@126.com
	电　　话	86-27-87341812			传　　真	86-27-87341811
	办公地址	湖北省武汉市东湖开发区关山一路特 1 号光谷软件园 D1 栋				
	经营范围	以观光索道运营为主,景区、旅游酒店及旅游地产经营为辅				

主要财务指标	指标\报告期	2017.06.30	2016.12.31	2016.06.30	2015.12.31
	基本每股收益(元)	-0.2400	-0.3900	-0.2000	0.3100
	基本每股收益(扣除后)(元)	-0.2600	-0.4200	-0.2100	-0.1800
	稀释每股收益(元)	-0.2400	-0.3900	-0.2000	0.3100
	每股净资产(元)	5.6749	5.9327	6.1209	6.9077
	每股经营现金净流量(元)	0.3892	0.2743	0.0516	0.2163
	每股现金流量(元)	-0.2459	-0.5293	-0.1767	-1.4038
	每股资本公积金(元)	3.3081	3.3238	3.3263	3.9098
	每股盈余公积金(元)	0.4545	0.4545	0.4545	0.4545
	每股未分配利润(元)	0.9123	1.1544	1.3401	1.5434
	净资产收益率(%)	-4.2661	-6.5567	-3.3216	4.4899
	加权净资产收益率(%)	-4.1700	-6.1100	-3.0300	4.5900
	净资产收益率(扣除)(%)	-4.4701	-7.1109	-3.3942	-2.6971
	总资产(万元)	259693.77	257439.35	230039.00	223829.55
	归属母公司股东权益(万元)	78691.91	82267.13	84876.64	95786.71
	营业收入(万元)	21486.63	45135.65	20153.62	42864.07
	营业支出(万元)	11294.15	22030.03	10003.12	20596.00
	投资收益(万元)	-300.06	-1611.61	-325.91	5803.01
	净利润(万元)	-3378.52	-4412.96	-2101.22	6254.36
	营业利润(万元)	-1519.44	-753.29	-443.50	9393.98
	利润总额(万元)	-1360.82	-414.78	-384.24	9569.23

江苏常铝铝业股份有限公司

公司概况						
	公司名称	江苏常铝铝业股份有限公司			证券简称	常铝股份
	法人代表	张平	董秘	孙连键	证券代码	002160
	公司网址	www.alcha.com			电子信箱	sunlianjian@alcha.com
	电　　话	0512-52359011			传　　真	0512-52892675
	办公地址	江苏省常熟市白茆镇西				
	经营范围	铝箔、铝材、铝板、铝带制造				

主要财务指标	指标\报告期	2017.06.30	2016.12.31	2016.06.30	2015.12.31
	基本每股收益(元)	0.0893	0.2260	0.0570	0.2000
	基本每股收益(扣除后)(元)	0.0774	0.1960	0.0350	0.1880
	稀释每股收益(元)	0.0893	0.2260	0.0570	0.2000
	每股净资产(元)	4.3864	4.3984	4.2141	3.6972
	每股经营现金净流量(元)	-0.4328	-0.5839	-0.1336	0.3270
	每股现金流量(元)	0.1138	0.1298	0.1332	0.0986
	每股资本公积金(元)	3.0122	3.0084	3.0025	2.4977
	每股盈余公积金(元)	0.0550	0.0550	0.0453	0.0514
	每股未分配利润(元)	0.3117	0.3223	0.1686	0.1542
	净资产收益率(%)	2.0356	4.9180	1.2535	5.0197
	加权净资产收益率(%)	2.0100	5.3100	1.4700	6.2900
	净资产收益率(扣除)(%)	1.7582	4.2716	0.7745	4.7351
	总资产(万元)	611529.52	570361.61	540102.80	471170.41
	归属母公司股东权益(万元)	317697.19	318560.47	305261.40	235909.35
	营业收入(万元)	187188.29	328536.93	130521.94	253775.72
	营业支出(万元)	154448.19	263160.31	106677.74	200459.92
	投资收益(万元)	21.36	450.25	98.21	51.20
	净利润(万元)	6425.67	15610.12	3813.49	11841.88
	营业利润(万元)	7315.00	15922.76	2259.47	12517.61
	利润总额(万元)	7250.52	17773.97	3943.35	13117.12

深圳市远望谷信息技术股份有限公司

公司概况	公司名称	深圳市远望谷信息技术股份有限公司			证券简称	远望谷
	法人代表	陈光珠	董秘	马琳	证券代码	002161
	公司网址	www.invengo.cn		电子信箱	stock@invengo.cn	
	电　话	0755-26711735		传　真	86-755-26711693	
	办公地址	广东省深圳市南山区高新技术产业园南区T2栋B座3楼				
	经营范围	射频识别技术(RFID)及系统解决方案的开发,射频识别系统产品的生产、销售				

	指标\报告期	2017.06.30	2016.12.31	2016.06.30	2015.12.31
主要财务指标	基本每股收益(元)	-0.0293	0.0500	-0.0057	0.0300
	基本每股收益(扣除后)(元)	-0.0321	-0.0100	-0.0109	0.0100
	稀释每股收益(元)	-0.0293	0.0500	-0.0057	0.0300
	每股净资产(元)	2.1405	2.1756	2.1583	2.1664
	每股经营现金净流量(元)	-0.0285	-0.0224	-0.0764	0.0568
	每股现金流量(元)	0.0129	-0.1067	-0.1899	0.0511
	每股资本公积金(元)	0.6211	0.6177	0.6235	0.6235
	每股盈余公积金(元)	0.0948	0.0948	0.0915	0.0884
	每股未分配利润(元)	0.4289	0.4713	0.4459	0.4303
	净资产收益率(%)	-1.3667	2.5023	-0.2633	1.0770
	加权净资产收益率(%)	-1.3500	2.5200	-0.2600	1.3200
	净资产收益率(扣除)(%)	-1.4996	-0.5179	-0.5066	0.5810
	总资产(万元)	212066.78	213320.89	187239.49	188059.38
	归属母公司股东权益(万元)	158342.28	160939.62	159659.29	157931.10
	营业收入(万元)	21699.71	48647.07	19848.50	50728.31
	营业支出(万元)	12399.45	26488.53	10490.38	31113.16
	投资收益(万元)	1054.13	8673.21	1092.40	6803.63
	净利润(万元)	-2225.28	3802.46	-542.26	1252.06
	营业利润(万元)	-2466.17	3249.17	-966.36	189.73
	利润总额(万元)	-2267.98	3921.69	-436.22	1293.75

上海悦心健康集团股份有限公司

公司概况	公司名称	上海悦心健康集团股份有限公司			证券简称	悦心健康
	法人代表	李慈雄	董秘	程梅	证券代码	002162
	公司网址	www.cimic.com		电子信箱	zqb@cimic.com	
	电　话	021-54333699		传　真	021-54331229	
	办公地址	上海市闵行区浦江镇恒南路1288号				
	经营范围	生产精密陶瓷、建筑陶瓷、卫生陶瓷、配套件、高性能功能陶瓷产品等				

	指标\报告期	2017.06.30	2016.12.31	2016.06.30	2015.12.31
主要财务指标	基本每股收益(元)	0.0144	0.0200	-0.0044	0.0220
	基本每股收益(扣除后)(元)	0.0035	-0.0245	-0.0137	-0.0635
	稀释每股收益(元)	0.0144	0.0200	-0.0044	0.0220
	每股净资产(元)	1.0165	0.9894	0.9585	1.2461
	每股经营现金净流量(元)	0.0544	0.1467	0.0356	0.0374
	每股现金流量(元)	0.0102	0.0073	0.0038	0.0201
	每股资本公积金(元)	0.0684	0.0684	0.0684	0.3889
	每股盈余公积金(元)	0.0684	0.0684	0.0625	0.0812
	每股未分配利润(元)	-0.2393	-0.2539	-0.2724	-0.3484
	净资产收益率(%)	1.4145	2.0194	-0.4539	1.7670
	加权净资产收益率(%)	1.4900	2.0600	-0.4500	1.7800
	净资产收益率(扣除)(%)	0.3446	-2.4721	-1.4323	-5.0967
	总资产(万元)	209929.47	205908.40	213336.08	214363.17
	归属母公司股东权益(万元)	86620.44	84315.26	81681.97	81685.05
	营业收入(万元)	40427.23	77788.88	32352.35	68420.22
	营业支出(万元)	25952.18	50519.27	20726.73	46075.07
	投资收益(万元)	326.60	-173.93	-	3695.78
	净利润(万元)	1166.68	1579.99	-387.63	1429.60
	营业利润(万元)	1020.93	-956.00	76.04	1779.80
	利润总额(万元)	1519.58	2169.30	164.49	2078.50

中航三鑫股份有限公司

公司概况	公司名称	中航三鑫股份有限公司			证券简称	中航三鑫
	法人代表	朱强华	董秘	姚婧	证券代码	002163
	公司网址	www.sanxinglass.com		电子信箱	sxzqb@sanxinglass.com	
	电　话	0755-26067916		传　真	0755-26063692	
	办公地址	广东省深圳市南山区南海大道2061号新保辉大厦17层				
	经营范围	建筑幕墙工程设计、施工;生产、销售幕墙玻璃制品、家电玻璃等				

	指标\报告期	2017.06.30	2016.12.31	2016.06.30	2015.12.31
主要财务指标	基本每股收益(元)	-0.0500	0.0100	-0.0100	-0.2900
	基本每股收益(扣除后)(元)	-0.0500	0.0008	-0.0100	-0.3000
	稀释每股收益(元)	-0.0500	0.0100	-0.0100	-0.2900
	每股净资产(元)	0.8803	0.9162	0.8981	0.9044
	每股经营现金净流量(元)	0.1793	0.3413	0.0150	0.1931
	每股现金流量(元)	-0.1153	-0.1539	-0.3183	0.0906
	每股资本公积金(元)	0.7426	0.7291	0.7291	0.7291
	每股盈余公积金(元)	0.0738	0.0738	0.0692	0.0692
	每股未分配利润(元)	-0.9361	-0.8867	-0.9001	-0.8938
	净资产收益率(%)	-5.6170	1.2853	-0.7015	-31.6510
	加权净资产收益率(%)	-5.5500	1.2900	-0.7000	-27.2000
	净资产收益率(扣除)(%)	-5.9167	0.0864	-1.1969	-32.7286
	总资产(万元)	646475.62	677438.79	655386.61	702048.61
	归属母公司股东权益(万元)	70737.67	73620.74	72168.21	72674.49
	营业收入(万元)	178056.31	448313.00	198319.71	453912.77
	营业支出(万元)	155034.53	385880.97	170757.03	423733.29
	投资收益(万元)	-427.91	98.23	-145.78	290.58
	净利润(万元)	-8010.43	-7151.99	-4016.51	-55643.32
	营业利润(万元)	-7661.94	-6240.15	-3386.74	-58001.37
	利润总额(万元)	-7346.64	-4592.26	-2703.37	-56202.86

宁波东力股份有限公司

公司概况	公司名称	宁波东力股份有限公司			证券简称	宁波东力
	法人代表	宋济隆	董秘	陈晓忠	证券代码	002164
	公司网址	www.donly.com.cn		电子信箱	dm@donly.com.cn	
	电　话	86-574-87587000		传　真	0574-87587999	
	办公地址	浙江省宁波市江北区银海路1号				
	经营范围	减速电机、齿轮箱等传动设备的设计、制造与销售				

	指标\报告期	2017.06.30	2016.12.31	2016.06.30	2015.12.31
主要财务指标	基本每股收益(元)	0.0300	0.0300	0.0100	—
	基本每股收益(扣除后)(元)	0.0300	0.0100	0.0010	—
	稀释每股收益(元)	0.0300	0.0300	0.0100	—
	每股净资产(元)	2.4816	2.4500	2.4290	—
	每股经营现金净流量(元)	0.0807	0.3521	0.0668	—
	每股现金流量(元)	-0.0057	-0.0265	-0.0094	—
	每股资本公积金(元)	0.9837	0.9837	0.9837	—
	每股盈余公积金(元)	0.0992	0.0992	0.0933	—
	每股未分配利润(元)	0.3987	0.3648	0.3519	—
	净资产收益率(%)	1.3633	1.0604	0.2940	—
	加权净资产收益率(%)	1.3700	1.0700	0.2900	—
	净资产收益率(扣除)(%)	1.1763	0.4674	0.0357	—
	总资产(万元)	177107.37	171883.14	182403.66	—
	归属母公司股东权益(万元)	110586.28	109078.62	108240.10	—
	营业收入(万元)	33061.61	51484.43	23904.19	—
	营业支出(万元)	25579.25	38942.79	18247.89	—
	投资收益(万元)	145.26	354.81	216.17	—
	净利润(万元)	1509.37	1119.46	288.78	—
	营业利润(万元)	1461.49	653.51	46.53	—
	利润总额(万元)	1709.71	1404.24	347.54	—

红宝丽集团股份有限公司

公司概况					
公司名称	红宝丽集团股份有限公司			证券简称	红宝丽
法人代表	芮益民	董秘	王玉生	证券代码	002165
公司网址	www.hongbaoli.com		电子信箱	yswang188@126.com	
电　　话	025-57350997		传　　真	025-57350997	
办公地址	江苏省南京市高淳区经济开发区双高路29号				
经营范围	聚氨酯硬泡组合聚醚和异丙醇胺生产经营				

主要财务指标　指标\报告期	2017.06.30	2016.12.31	2016.06.30	2015.12.31
基本每股收益(元)	0.0700	0.2200	0.1200	0.1900
基本每股收益(扣除后)(元)	0.0700	0.1100	0.1100	0.1817
稀释每股收益(元)	0.0700	0.2200	0.1200	0.1900
每股净资产(元)	2.5810	2.5937	2.4756	1.9789
每股经营现金净流量(元)	–0.1530	0.1936	0.2228	0.3585
每股现金流量(元)	–0.4097	0.4725	0.6758	–0.0120
每股资本公积金(元)	0.5735	0.5735	0.5796	0.0914
每股盈余公积金(元)	0.1171	0.1171	0.1076	0.1206
每股未分配利润(元)	0.8903	0.9029	0.8017	0.7818
净资产收益率(%)	2.6119	8.1192	4.2267	9.6143
加权净资产收益率(%)	2.5900	9.6500	5.7600	9.9100
净资产收益率(扣除)(%)	2.6326	3.9804	3.8656	9.1927
总资产(万元)	271641.20	249847.39	221064.30	179248.06
归属母公司股东权益(万元)	155391.73	156155.07	149739.10	106717.67
营业收入(万元)	112474.03	183383.78	86063.37	182747.68
营业支出(万元)	94989.16	148477.85	66613.53	145650.41
投资收益(万元)	--	–102.56	–4.28	–178.44
净利润(万元)	4452.46	13524.07	6831.42	10875.28
营业利润(万元)	5327.06	9483.31	8141.84	14292.50
利润总额(万元)	5287.55	17200.43	8786.66	14739.16

桂林莱茵生物科技股份有限公司

公司概况					
公司名称	桂林莱茵生物科技股份有限公司			证券简称	莱茵生物
法人代表	秦本军	董秘	罗华阳	证券代码	002166
公司网址	www.layn.com.cn		电子信箱	002166@layn.com.cn	
电　　话	0773-3568809		传　　真	86-773-3568872	
办公地址	广西壮族自治区桂林市临桂区人民南路15号				
经营范围	植物制品与农副土特产品的研发、生产、销售、自营进出口				

主要财务指标　指标\报告期	2017.06.30	2016.12.31	2016.06.30	2015.12.31
基本每股收益(元)	0.1600	0.1600	0.0600	0.1700
基本每股收益(扣除后)(元)	0.1600	0.1500	0.0600	0.1500
稀释每股收益(元)	0.1600	0.1600	0.0600	0.1700
每股净资产(元)	2.0966	1.9341	1.8323	1.8202
每股经营现金净流量(元)	0.1281	–0.1145	0.2124	0.0358
每股现金流量(元)	–0.0249	–0.3821	–0.0802	0.2871
每股资本公积金(元)	0.5984	0.5984	0.5984	0.5984
每股盈余公积金(元)	0.0378	0.0378	0.0279	0.0279
每股未分配利润(元)	0.4514	0.2882	0.2006	0.1888
净资产收益率(%)	7.7842	8.2370	3.3727	9.4604
加权净资产收益率(%)	8.1000	8.5400	3.3700	12.5600
净资产收益率(扣除)(%)	7.5291	7.5750	3.1203	8.1477
总资产(万元)	276297.27	243126.97	204148.68	202992.74
归属母公司股东权益(万元)	91680.02	84573.47	80125.00	79593.82
营业收入(万元)	37835.29	57144.82	20373.15	51447.12
营业支出(万元)	25663.34	42549.11	15125.55	35583.17
投资收益(万元)	562.22	419.15	37.47	357.59
净利润(万元)	7133.33	6955.46	2702.41	7529.03
营业利润(万元)	8246.90	7501.09	2692.79	7701.99
利润总额(万元)	8254.45	8109.32	2862.44	8547.43

广东东方锆业科技股份有限公司

公司概况					
公司名称	广东东方锆业科技股份有限公司			证券简称	东方锆业
法人代表	吴锦鹏	董秘	吴锦鹏(代)	证券代码	002167
公司网址	www.orientzr.com		电子信箱	orientzr@orientzr.com	
电　　话	86-754-85510311		传　　真	86-754-85500848	
办公地址	广东省汕头市澄海区莱美路宇田科技园				
经营范围	从事锆系列制品的研究、开发、生产和销售				

主要财务指标　指标\报告期	2017.06.30	2016.12.31	2016.06.30	2015.12.31
基本每股收益(元)	0.0300	0.0400	–0.0200	–0.4500
基本每股收益(扣除后)(元)	0.0300	0.0300	–0.0200	–0.4300
稀释每股收益(元)	0.0300	0.0400	–0.0200	–0.4500
每股净资产(元)	1.7548	1.7309	1.6659	1.6817
每股经营现金净流量(元)	0.0787	0.1348	–0.1298	0.0441
每股现金流量(元)	–0.0012	0.0154	0.0916	–0.0866
每股资本公积金(元)	0.9633	0.9633	0.9633	0.9633
每股盈余公积金(元)	0.0593	0.0593	0.0583	0.0583
每股未分配利润(元)	–0.1397	–0.1650	–0.2257	–0.2049
净资产收益率(%)	1.4420	2.3674	–1.2464	–26.4940
加权净资产收益率(%)	1.4500	2.4100	–1.2400	–23.2600
净资产收益率(扣除)(%)	1.4466	1.6353	–1.1653	–24.3017
总资产(万元)	275500.53	270244.33	276978.50	270982.35
归属母公司股东权益(万元)	108963.80	107480.11	103442.22	104425.16
营业收入(万元)	32929.67	82690.10	27896.83	56482.78
营业支出(万元)	23996.71	60043.18	21775.00	46776.12
投资收益(万元)	138.08	–295.09	67.50	--
净利润(万元)	1705.66	2658.08	–1120.73	–35850.69
营业利润(万元)	1844.09	2212.48	–1036.82	–34587.94
利润总额(万元)	1705.66	2863.60	–1120.73	–36059.93

深圳市惠程电气股份有限公司

公司概况					
公司名称	深圳市惠程电气股份有限公司			证券简称	深圳惠程
法人代表	徐海啸	董秘	刘扬	证券代码	002168
公司网址	www.hifuture.com		电子信箱	wenqiuping@hifuture.com	
电　　话	86-755-89921086 82763639		传　　真	86-755-89921082	
办公地址	广东省深圳市坪山新区大工业区兰景路以东、锦绣路以南惠程科技工业厂区				
经营范围	电缆分支箱、环网柜、电力电缆附件等高分子绝缘制品及相关材料等				

主要财务指标　指标\报告期	2017.06.30	2016.12.31	2016.06.30	2015.12.31
基本每股收益(元)	–0.0800	0.0900	–0.0300	0.1700
基本每股收益(扣除后)(元)	–0.0800	0.0500	–0.0300	0.0400
稀释每股收益(元)	–0.0800	0.0900	–0.0300	0.1700
每股净资产(元)	1.6451	1.6402	1.4786	1.5018
每股经营现金净流量(元)	–0.0563	–0.0008	0.0075	0.0037
每股现金流量(元)	0.0900	–0.3838	0.5563	0.0084
每股资本公积金(元)	0.5770	0.5564	0.1756	0.0897
每股盈余公积金(元)	0.0946	0.0940	0.0907	0.0916
每股未分配利润(元)	0.4407	0.5165	0.3950	0.4264
净资产收益率(%)	–4.8066	5.6051	–1.8204	11.0572
加权净资产收益率(%)	–5.1100	6.0900	–1.8200	11.6300
净资产收益率(扣除)(%)	–5.0258	2.9331	–2.2626	2.3012
总资产(万元)	204646.27	204228.84	139258.44	138755.43
归属母公司股东权益(万元)	134997.45	135435.08	115477.81	116061.77
营业收入(万元)	15227.87	28861.84	10733.35	20937.03
营业支出(万元)	11060.17	17682.97	6591.61	13787.52
投资收益(万元)	–1120.70	12012.95	2007.57	20143.36
净利润(万元)	–6504.81	7591.25	–2102.16	12322.45
营业利润(万元)	–8028.87	6733.17	–1582.59	12879.40
利润总额(万元)	–7646.83	8048.84	–1424.91	13529.76

广州智光电气股份有限公司

公司概况	公司名称	广州智光电气股份有限公司			证券简称	智光电气
	法人代表	芮冬阳	董秘	曹承锋	证券代码	002169
	公司网址	www.gzzg.com.cn		电子信箱	sec@gzzg.com.cn	
	电 话	020-32113288 32113300		传 真	020-32113456*3300	
	办公地址	广东省广州市黄埔区瑞和路 89 号				
	经营范围	电气控制设备、电力电缆、综合节能服务及用电服务等				

	指标\报告期	2017.06.30	2016.12.31	2016.06.30	2015.12.31
主要财务指标	基本每股收益(元)	0.0852	0.3319	0.1032	0.3534
	基本每股收益(扣除后)(元)	0.0647	0.2450	0.1702	0.2256
	稀释每股收益(元)	0.0852	0.3319	0.1032	0.3534
	每股净资产(元)	3.4458	6.9000	3.7420	3.6357
	每股经营现金净流量(元)	-0.1782	0.1088	-0.2510	0.5051
	每股现金流量(元)	-0.1032	-0.1916	-0.4951	0.5652
	每股资本公积金(元)	1.9540	4.9049	1.6505	1.6505
	每股盈余公积金(元)	0.0332	0.0664	0.0741	0.0741
	每股未分配利润(元)	0.4586	0.9268	1.0175	0.9111
	净资产收益率(%)	2.4739	4.0990	5.5140	9.3986
	加权净资产收益率(%)	2.4500	7.1600	5.5700	12.3700
	净资产收益率(扣除)(%)	1.8765	3.0253	4.5484	5.3943
	总资产(万元)	377380.25	371618.57	303863.93	306101.57
	归属母公司股东权益(万元)	271454.48	271711.91	118290.18	114928.76
	营业收入(万元)	62479.70	139818.83	59257.60	130693.30
	营业支出(万元)	46284.78	104682.38	42575.08	97495.25
	投资收益(万元)	647.11	686.06	11.38	74.92
	净利润(万元)	7654.44	14684.55	7606.84	13887.61
	营业利润(万元)	8531.51	11244.58	5972.02	10804.86
	利润总额(万元)	8521.66	15769.70	8316.54	15463.33

深圳市芭田生态工程股份有限公司

公司概况	公司名称	深圳市芭田生态工程股份有限公司			证券简称	芭田股份
	法人代表	黄培钊	董秘	郑宇	证券代码	002170
	公司网址	www.batian.com.cn		电子信箱	zqb26584355@163.com	
	电 话	86-755-86578985 26951598		传 真	86-755-26584355	
	办公地址	广东省深圳市南山区高新技术园粤兴二道 10 号 7-8 楼				
	经营范围	复合肥产品的研发、生产和销售				

	指标\报告期	2017.06.30	2016.12.31	2016.06.30	2015.12.31
主要财务指标	基本每股收益(元)	0.0126	0.1019	0.0731	0.1838
	基本每股收益(扣除后)(元)	0.0090	0.0864	0.0660	0.1745
	稀释每股收益(元)	0.0126	0.1019	0.0731	0.1838
	每股净资产(元)	2.2853	2.3115	2.1399	2.1768
	每股经营现金净流量(元)	-0.0602	0.3393	-0.0370	0.3302
	每股现金流量(元)	0.0525	-0.2783	-0.1707	-0.0197
	每股资本公积金(元)	0.5528	0.5528	0.3987	0.3987
	每股盈余公积金(元)	0.1080	0.1080	0.1034	0.1034
	每股未分配利润(元)	0.6233	0.6506	0.6377	0.6746
	净资产收益率(%)	0.5533	4.3520	3.4175	8.3210
	加权净资产收益率(%)	0.5500	4.4200	3.3900	9.1200
	净资产收益率(扣除)(%)	0.3952	3.6924	3.0820	7.8994
	总资产(万元)	387295.40	421660.50	394562.75	392013.26
	归属母公司股东权益(万元)	203406.28	205737.10	187623.94	190856.50
	营业收入(万元)	83194.28	201174.39	91529.23	217030.55
	营业支出(万元)	67152.33	157655.56	70540.07	170529.74
	投资收益(万元)	38.83	169.08	267.69	280.84
	净利润(万元)	944.23	7998.28	6252.41	15950.03
	营业利润(万元)	301.13	5869.01	5741.00	16197.87
	利润总额(万元)	690.10	7369.21	6529.04	17148.58

安徽楚江科技新材料股份有限公司

公司概况	公司名称	安徽楚江科技新材料股份有限公司			证券简称	楚江新材
	法人代表	姜纯	董秘	王刚	证券代码	002171
	公司网址	www.jcty.cn		电子信箱	truchum@sina.com	
	电 话	0553-5315978		传 真	0553-5315978	
	办公地址	安徽省芜湖市鸠江区龙腾路 88 号				
	经营范围	铜板带、铜棒线、铜杆、钢带(管)、装备制造、运输服务等				

	指标\报告期	2017.06.30	2016.12.31	2016.06.30	2015.12.31
主要财务指标	基本每股收益(元)	0.3220	0.4200	0.1800	0.1800
	基本每股收益(扣除后)(元)	0.2030	0.3600	0.1600	0.1100
	稀释每股收益(元)	0.3220	0.4210	0.1800	0.1800
	每股净资产(元)	6.2712	5.9500	3.9025	3.7383
	每股经营现金净流量(元)	-0.0821	-0.2114	-0.1225	0.8347
	每股现金流量(元)	-1.8381	2.4874	-0.4593	0.3152
	每股资本公积金(元)	3.9815	4.7863	1.9835	1.9769
	每股盈余公积金(元)	0.0830	0.0998	0.0853	0.0853
	每股未分配利润(元)	1.2067	1.0630	0.8337	0.6761
	净资产收益率(%)	5.1409	5.8926	4.5509	4.2376
	加权净资产收益率(%)	5.2800	10.6900	4.6400	6.0700
	净资产收益率(扣除)(%)	3.2353	5.0304	4.1261	2.5696
	总资产(万元)	434765.75	433477.94	266510.56	283705.07
	归属母公司股东权益(万元)	335261.74	318026.37	173551.32	166249.65
	营业收入(万元)	491308.85	791846.75	364121.70	801122.30
	营业支出(万元)	461574.74	739159.51	339532.36	767949.97
	投资收益(万元)	-378.82	-73.26	301.78	-148.84
	净利润(万元)	17235.37	19032.83	8190.79	7587.97
	营业利润(万元)	22623.67	19603.56	9282.09	5511.51
	利润总额(万元)	22518.03	22898.51	10054.85	9405.37

江苏澳洋科技股份有限公司

公司概况	公司名称	江苏澳洋科技股份有限公司			证券简称	澳洋科技
	法人代表	沈学如	董秘	马科文	证券代码	002172
	公司网址	www.aykj.cn		电子信箱	aykj@aoang.com	
	电 话	86-512-58598699		传 真	86-512-58598552	
	办公地址	江苏省张家港市杨舍镇塘市澳洋国际大厦				
	经营范围	粘胶短纤、棉浆粕的生产及销售;电力的供应				

	指标\报告期	2017.06.30	2016.12.31	2016.06.30	2015.12.31
主要财务指标	基本每股收益(元)	0.1300	0.3800	0.1400	0.2000
	基本每股收益(扣除后)(元)	0.1400	0.3300	0.1200	0.1300
	稀释每股收益(元)	0.1300	0.3700	0.1400	0.2000
	每股净资产(元)	1.8187	1.6230	1.4654	1.4664
	每股经营现金净流量(元)	-0.0310	0.7568	0.1425	0.4816
	每股现金流量(元)	0.2015	0.2358	-0.0292	0.1806
	每股资本公积金(元)	1.2865	1.2225	1.0032	1.1399
	每股盈余公积金(元)	0.0506	0.0506	0.0534	0.0534
	每股未分配利润(元)	-0.2035	-0.3352	-0.5912	-0.7269
	净资产收益率(%)	7.2430	21.7772	9.2608	13.3331
	加权净资产收益率(%)	9.0900	21.8400	9.6900	14.7200
	净资产收益率(扣除)(%)	6.5416	18.5358	8.1297	9.5597
	总资产(万元)	523527.88	412252.69	383462.08	367575.96
	归属母公司股东权益(万元)	133397.85	119042.78	101826.40	101898.66
	营业收入(万元)	260979.18	487581.78	220634.03	380877.86
	营业支出(万元)	230180.32	423788.06	192459.80	328415.33
	投资收益(万元)	—	390.00	—	—
	净利润(万元)	10028.03	27342.36	9330.14	10675.34
	营业利润(万元)	9508.68	23867.10	8830.21	7006.81
	利润总额(万元)	11282.13	29474.29	10537.83	11643.34

创新医疗管理股份有限公司

公司概况					
公司名称	创新医疗管理股份有限公司			证券简称	创新医疗
法人代表	陈海军	董秘	田金明	证券代码	002173
公司网址	www.shanxiahu.com		电子信箱	qzzz002173@163.com	
电　　话	0571-87381223		传　　真	0571-87381200	
办公地址	浙江省诸暨市山下湖镇珍珠工业园				
经营范围	医院投资与医院管理;医疗器械、医疗用品、医药产品的研究开发及技术咨询				

主要财务指标 指标\报告期	2017.06.30	2016.12.31	2016.06.30	2015.12.31
基本每股收益(元)	0.1300	0.2600	0.1400	-0.3200
基本每股收益(扣除后)(元)	0.1500	0.2500	0.1200	-0.1500
稀释每股收益(元)	0.1300	0.2600	0.1400	-0.3200
每股净资产(元)	7.8100	7.7299	7.5722	2.0444
每股经营现金净流量(元)	0.1965	0.5476	0.1671	0.1657
每股现金流量(元)	-1.9448	2.7356	3.0672	0.3722
每股资本公积金(元)	6.0543	6.0712	6.0711	0.1935
每股盈余公积金(元)	0.0640	0.0639	0.0639	0.1444
每股未分配利润(元)	0.6919	0.5637	0.4371	0.7065
净资产收益率(%)	1.6270	3.2482	1.6434	-15.8060
加权净资产收益率(%)	1.6300	3.4700	1.9400	-14.6500
净资产收益率(扣除)(%)	1.9861	3.0690	1.4740	-7.7551
总资产(万元)	469190.02	456697.48	470355.32	107308.08
归属母公司股东权益(万元)	356120.60	353157.22	345950.16	41337.22
营业收入(万元)	39464.75	76278.84	37287.46	13704.18
营业支出(万元)	23021.59	46756.83	22089.92	9101.56
投资收益(万元)	1524.34	67.28	66.45	73.80
净利润(万元)	5795.13	11477.75	5688.79	-6533.77
营业利润(万元)	10918.54	16599.41	8075.61	-6394.36
利润总额(万元)	8663.99	15991.21	8139.64	-6423.53

游族网络股份有限公司

公司概况					
公司名称	游族网络股份有限公司			证券简称	游族网络
法人代表	林奇	董秘	刘楠	证券代码	002174
公司网址	www.youzu.com		电子信箱	ir@youzu.com	
电　　话	021-33671551		传　　真	021-33676520	
办公地址	上海市徐汇区宜山路711号华鑫商务中心2号楼				
经营范围	网页网络游戏、移动网络游戏的研发和运营				

主要财务指标 指标\报告期	2017.06.30	2016.12.31	2016.06.30	2015.12.31
基本每股收益(元)	0.3900	0.6800	0.2700	0.6200
基本每股收益(扣除后)(元)	0.3800	0.6400	0.2700	1.7500
稀释每股收益(元)	0.3900	0.6800	0.2700	0.6200
每股净资产(元)	3.5217	3.1481	2.7431	7.6216
每股经营现金净流量(元)	0.2382	0.6518	0.3196	1.1441
每股现金流量(元)	0.1017	0.2111	0.0790	0.1568
每股资本公积金(元)	0.2271	0.2271	0.2189	2.6566
每股盈余公积金(元)	0.0482	0.0482	0.0377	0.1130
每股未分配利润(元)	2.1889	1.8648	1.4650	3.7583
净资产收益率(%)	11.1921	21.6812	9.9238	23.5611
加权净资产收益率(%)	11.7000	24.1200	10.3000	42.1900
净资产收益率(扣除)(%)	10.7635	20.4631	9.8649	22.1161
总资产(万元)	586219.09	470386.30	418890.41	292468.38
归属母公司股东权益(万元)	303330.92	271147.78	236264.73	218821.12
营业收入(万元)	167969.03	253011.44	101592.52	153468.75
营业支出(万元)	88911.43	132528.11	49699.27	64431.34
投资收益(万元)	-1569.97	3237.83	-305.60	984.66
净利润(万元)	33869.94	59707.55	23398.83	50512.94
营业利润(万元)	34135.42	52801.05	22953.74	43026.93
利润总额(万元)	34638.82	58524.15	23345.69	49427.93

东方时代网络传媒股份有限公司

公司概况					
公司名称	东方时代网络传媒股份有限公司			证券简称	东方网络
法人代表	彭朋	董秘	祝丽玮	证券代码	002175
公司网址	www.eastwindows.com		电子信箱	gldmb@guanglu.com.cn	
电　　话	0773-5820465		传　　真	0773-5834866	
办公地址	广西壮族自治区桂林市国家高新区5号区				
经营范围	影视、动漫、游戏等互联网信息服务业务				

主要财务指标 指标\报告期	2017.06.30	2016.12.31	2016.06.30	2015.12.31
基本每股收益(元)	0.0677	0.0828	0.0848	0.2315
基本每股收益(扣除后)(元)	0.0100	0.0700	0.0729	0.2000
稀释每股收益(元)	0.0677	0.0828	0.0848	0.2315
每股净资产(元)	1.7880	1.9375	4.8494	3.7132
每股经营现金净流量(元)	0.0131	0.0981	0.0388	-0.0448
每股现金流量(元)	-0.0057	0.1421	1.0464	-0.0476
每股资本公积金(元)	0.6967	0.6967	3.4149	2.0657
每股盈余公积金(元)	0.0288	0.0288	0.0748	0.0941
每股未分配利润(元)	0.0625	0.2120	0.3597	0.5534
净资产收益率(%)	3.7839	4.1885	1.5703	6.2331
加权净资产收益率(%)	3.4300	4.6900	1.9100	6.4300
净资产收益率(扣除)(%)	0.4825	3.3207	1.3494	5.2685
总资产(万元)	291286.35	278668.36	286498.81	199490.68
归属母公司股东权益(万元)	134776.20	146043.37	140591.04	85614.74
营业收入(万元)	31297.07	57462.05	24995.73	40431.14
营业支出(万元)	17469.93	31905.14	14198.21	22542.95
投资收益(万元)	-86.62	-133.05	-407.82	579.77
净利润(万元)	5551.82	7009.41	2550.81	6660.81
营业利润(万元)	2787.09	7830.55	2690.23	6253.24
利润总额(万元)	6852.99	8972.19	3193.40	7277.50

江西特种电机股份有限公司

公司概况					
公司名称	江西特种电机股份有限公司			证券简称	江特电机
法人代表	朱军	董秘	翟忠南	证券代码	002176
公司网址	www.jiangte.com.cn		电子信箱	zhaizn681122@163.com	
电　　话	0795-3266280		传　　真	0795-3274523	
办公地址	江西省宜春市环城南路581号				
经营范围	电动机、发电机及发电机组、通用设备、水轮机及辅机、液压和气压等				

主要财务指标 指标\报告期	2017.06.30	2016.12.31	2016.06.30	2015.12.31
基本每股收益(元)	-	-	0.0800	0.0300
基本每股收益(扣除后)(元)	-	-	0.0700	0.0200
稀释每股收益(元)	-	-	0.0800	0.0300
每股净资产(元)	-	-	3.1530	1.9758
每股经营现金净流量(元)	-	-	-0.2393	0.0165
每股现金流量(元)	-	-	0.0375	-0.3473
每股资本公积金(元)	-	-	1.8505	0.7031
每股盈余公积金(元)	-	-	0.0315	0.0374
每股未分配利润(元)	-	-	0.2702	0.2344
净资产收益率(%)	-	-	2.3094	1.6120
加权净资产收益率(%)	-	-	3.3500	1.9200
净资产收益率(扣除)(%)	-	-	2.1037	1.1221
总资产(万元)	-	-	873000.87	678412.75
归属母公司股东权益(万元)	-	-	463231.08	244339.09
营业收入(万元)	-	-	132183.19	89284.70
营业支出(万元)	-	-	94369.32	66681.19
投资收益(万元)	-	-	55.02	7750.80
净利润(万元)	-	-	11047.55	3420.77
营业利润(万元)	-	-	12113.46	1519.79
利润总额(万元)	-	-	13274.52	2677.93

广州御银科技股份有限公司

公司概况					
公司名称	广州御银科技股份有限公司			证券简称	御银股份
法人代表	谭骅	董秘	谭骅	证券代码	002177
公司网址	www.kingteller.com.cn		电子信箱	zqb@kingteller.com.cn	
电　　话	0020-29087848		传　　真	0020-29087850	
办公地址	广东省广州市萝岗区瑞发路12号				
经营范围	电子产品、通讯产品、电脑软件、金融机具设备及网络等				

主要财务指标：指标＼报告期	2017.06.30	2016.12.31	2016.06.30	2015.12.31
基本每股收益(元)	0.0236	0.0300	0.0743	0.0900
基本每股收益(扣除后)(元)	0.0071	0.0352	0.0670	0.0989
稀释每股收益(元)	0.0236	0.0300	0.0743	0.0900
每股净资产(元)	2.2265	2.2029	2.2466	2.1723
每股经营现金净流量(元)	-0.1920	0.4983	-0.1933	0.3947
每股现金流量(元)	-0.4534	-0.0414	-0.4993	0.2027
每股资本公积金(元)	0.0390	0.0390	0.0390	0.0390
每股盈余公积金(元)	0.0681	0.0681	0.0634	0.0634
每股未分配利润(元)	1.1193	1.0957	1.1441	1.0698
净资产收益率(%)	1.0603	1.3863	3.3054	4.1999
加权净资产收益率(%)	1.0700	1.4000	3.3600	4.2500
净资产收益率(扣除)(%)	0.3178	1.5982	2.9810	4.5515
总资产(万元)	189393.63	216826.58	215077.22	231282.65
归属母公司股东权益(万元)	169478.06	167686.15	171007.00	165352.44
营业收入(万元)	29394.46	77094.25	53088.08	109700.35
营业支出(万元)	18713.68	51367.45	34260.28	69344.21
投资收益(万元)	96.21	412.56	402.83	-130.91
净利润(万元)	1796.99	2324.62	5652.51	6944.68
营业利润(万元)	613.29	1358.65	4633.85	5962.40
利润总额(万元)	1797.53	2439.58	6048.55	7136.76

上海延华智能科技(集团)股份有限公司

公司概况					
公司名称	上海延华智能科技(集团)股份有限公司			证券简称	延华智能
法人代表	顾燕芳	董秘	迟为国(代)	证券代码	002178
公司网址	www.chinaforwards.com		电子信箱	yanhua_sh@126.com	
电　　话	021-61818686*309		传　　真	021-61818696	
办公地址	上海市西康路1255号普陀科技大厦6、7、11楼				
经营范围	楼宇智能化工程、公共安全防范工程设计、施工、维修、计算机网络系统集成等				

主要财务指标：指标＼报告期	2017.06.30	2016.12.31	2016.06.30	2015.12.31
基本每股收益(元)	-0.0100	0.0600	0.0500	0.1500
基本每股收益(扣除后)(元)	-0.0600	0.0300	0.0400	0.1300
稀释每股收益(元)	-0.0100	0.0600	0.0500	0.1500
每股净资产(元)	1.5682	1.5971	1.5800	1.5799
每股经营现金净流量(元)	-0.1185	-0.0365	-0.2146	0.1096
每股现金流量(元)	-0.1436	-0.0362	-0.2564	-0.0567
每股资本公积金(元)	0.3962	0.4296	0.4462	0.4628
每股盈余公积金(元)	0.0409	0.0402	0.0382	0.0381
每股未分配利润(元)	0.1311	0.1536	0.1475	0.1541
净资产收益率(%)	-0.5490	3.8273	3.3584	8.8622
加权净资产收益率(%)	-0.5300	3.8900	3.3100	11.1500
净资产收益率(扣除)(%)	-4.0577	1.8335	2.5728	7.9116
总资产(万元)	206663.00	229881.79	201012.43	211579.34
归属母公司股东权益(万元)	112290.38	116174.68	114958.06	115347.96
营业收入(万元)	55081.75	109927.83	50936.24	111659.35
营业支出(万元)	52635.19	91145.32	40593.99	86140.90
投资收益(万元)	110.08	506.23	43.31	485.78
净利润(万元)	-700.40	4847.42	3703.81	11465.72
营业利润(万元)	-4962.34	2051.57	2980.63	10034.48
利润总额(万元)	-493.61	5558.84	4349.70	13248.79

中航光电科技股份有限公司

公司概况					
公司名称	中航光电科技股份有限公司			证券简称	中航光电
法人代表	郭泽义	董秘	刘阳	证券代码	002179
公司网址	www.jonhon.cn		电子信箱	zhengquan@jonhon.cn	
电　　话	0379-63011079		传　　真	0379-63011077	
办公地址	河南省洛阳市高新技术开发区周山路10号				
经营范围	光电元器件及电子信息产品的生产、销售等				

主要财务指标：指标＼报告期	2017.06.30	2016.12.31	2016.06.30	2015.12.31
基本每股收益(元)	0.5638	1.2200	0.5063	0.9400
基本每股收益(扣除后)(元)	0.5239	1.1500	0.6360	0.9200
稀释每股收益(元)	0.5602	1.2200	0.5063	0.9400
每股净资产(元)	5.6903	6.8166	6.2442	5.6388
每股经营现金净流量(元)	0.1870	0.3834	0.0719	1.0351
每股现金流量(元)	0.1853	0.0100	-0.2573	0.3902
每股资本公积金(元)	1.2253	1.6275	1.6174	1.5753
每股盈余公积金(元)	0.9374	1.0821	0.9634	0.8514
每股未分配利润(元)	2.7164	3.0829	2.6420	2.1958
净资产收益率(%)	9.8117	17.8658	10.5410	16.7289
加权净资产收益率(%)	10.2500	19.5700	11.0400	18.2100
净资产收益率(扣除)(%)	9.1164	16.8000	10.1851	16.3531
总资产(万元)	893615.29	850987.71	806639.96	746374.25
归属母公司股东权益(万元)	450108.90	410709.07	376223.21	339746.60
营业收入(万元)	303273.00	585480.21	300303.72	472519.66
营业支出(万元)	191736.82	387887.87	198545.47	313285.43
投资收益(万元)	539.50	2844.68	1325.21	2105.83
净利润(万元)	47814.91	77648.90	42510.37	60332.32
营业利润(万元)	50639.74	83943.81	47481.40	67631.82
利润总额(万元)	54445.97	88963.10	49202.20	69460.65

纳思达股份有限公司

公司概况					
公司名称	纳思达股份有限公司			证券简称	纳思达
法人代表	汪东颖	董秘	张剑洲	证券代码	002180
公司网址	www.apexmic.cn		电子信箱	sec@apexmic.cn	
电　　话	0756-3265238		传　　真	0756-3265238	
办公地址	广东省珠海市香洲区珠海大道3883号01栋2楼,7楼B区,02栋,03栋,04栋1楼2楼3楼5楼,05栋				
经营范围	研究、开发、设计、生产和销售各种类集成电路产品及组件、计算机外设等				

主要财务指标：指标＼报告期	2017.06.30	2016.12.31	2016.06.30	2015.12.31
基本每股收益(元)	-1.0199	0.0613	0.2335	0.2989
基本每股收益(扣除后)(元)	-1.0512	0.0405	0.2200	0.3300
稀释每股收益(元)	-1.0199	0.0612	0.2335	0.2989
每股净资产(元)	0.7424	1.7700	2.0462	3.3318
每股经营现金净流量(元)	-0.1620	0.1248	0.1984	0.3735
每股现金流量(元)	-0.0108	0.0452	-0.3808	1.1468
每股资本公积金(元)	0.2744	0.2519	--	0.7602
每股盈余公积金(元)	0.0953	0.0953	0.0510	0.0863
每股未分配利润(元)	-0.3058	0.7275	0.9573	1.4172
净资产收益率(%)	-135.1489	3.4351	11.4119	14.8320
加权净资产收益率(%)	-79.6800	3.3100	11.9200	23.7500
净资产收益率(扣除)(%)	-139.2865	2.2677	10.5355	9.4623
总资产(万元)	4966851.90	5267760.68	492035.31	311925.47
归属母公司股东权益(万元)	75131.44	177798.17	203808.22	189630.98
营业收入(万元)	1112358.87	580546.23	142951.13	204902.01
营业支出(万元)	880093.48	373500.81	82301.51	122308.93
投资收益(万元)	3603.90	-290.85	-283.78	1260.65
净利润(万元)	-211437.59	-27211.41	23351.78	29508.19
营业利润(万元)	-310606.53	-41098.18	25841.13	31473.43
利润总额(万元)	-311136.91	-36429.82	27474.48	33761.40

广东广州日报传媒股份有限公司

公司概况	公司名称	广东广州日报传媒股份有限公司		证券简称	粤传媒
	法人代表	钟华强	董秘 郭献军	证券代码	002181
	公司网址	www.gdgzrb.com		电子信箱	ycm2181@gdgzrb.com
	电话	86-20-83569319		传真	86-20-83569332
	办公地址	广东省广州市白云区增槎路 1113 号			
	经营范围	设计、制作、代理国内各类广告业务、印刷出版物等			

主要财务指标	指标\报告期	2017.06.30	2016.12.31	2016.06.30	2015.12.31
	基本每股收益(元)	-0.0432	0.1632	-0.0925	-0.0464
	基本每股收益(扣除后)(元)	-0.0214	-0.1380	-0.0585	-0.3741
	稀释每股收益(元)	-0.0432	0.1632	-0.0925	-0.0464
	每股净资产(元)	3.2164	3.2580	3.2707	3.3423
	每股经营现金净流量(元)	-0.0269	0.3013	-0.1808	0.0682
	每股现金流量(元)	-0.1717	0.0237	-0.1374	-0.6272
	每股资本公积金(元)	1.1022	1.1006	1.1006	1.1008
	每股盈余公积金(元)	0.2550	0.2550	0.1770	0.2109
	每股未分配利润(元)	0.8586	0.9017	0.9925	0.7826
	净资产收益率(%)	-1.3430	5.0105	-2.1934	-11.4782
	加权净资产收益率(%)	-1.3300	5.1400	-3.0300	-1.4900
	净资产收益率(扣除)(%)	-0.6639	-4.2352	-1.7884	-11.1920
	总资产(万元)	458888.67	469000.75	456240.44	437001.27
	归属母公司股东权益(万元)	373438.07	378278.15	379744.83	359298.35
	营业收入(万元)	43120.31	102082.96	49889.16	128585.16
	营业支出(万元)	30386.56	76704.07	39031.68	91174.38
	投资收益(万元)	3068.55	4764.74	1782.90	6877.53
	净利润(万元)	-5248.11	18630.61	-10839.27	-5405.81
	营业利润(万元)	-2715.51	-15966.23	-9253.30	-3819.07
	利润总额(万元)	-5244.56	18495.80	-10898.53	-5528.21

南京云海特种金属股份有限公司

公司概况	公司名称	南京云海特种金属股份有限公司		证券简称	云海金属
	法人代表	梅小明	董秘 吴剑飞	证券代码	002182
	公司网址	www.rsm.com.cn		电子信箱	yunhai@rsm.com.cn
	电话	025-57234888		传真	025-57234168
	办公地址	江苏省南京市溧水经济开发区秀山东路 9 号			
	经营范围	镁合金、铝合金、金属锶、镁粒子、中间合金等产品的研发、生产和销售			

主要财务指标	指标\报告期	2017.06.30	2016.12.31	2016.06.30	2015.12.31
	基本每股收益(元)	0.1480	0.5385	0.1082	0.1046
	基本每股收益(扣除后)(元)	0.0931	0.4772	0.2109	0.0823
	稀释每股收益(元)	0.1480	0.5385	0.1082	0.1046
	每股净资产(元)	2.3047	4.4134	4.0858	3.1775
	每股经营现金净流量(元)	0.2114	0.3749	0.2641	0.8418
	每股现金流量(元)	-0.0224	0.3482	0.3808	-0.1159
	每股资本公积金(元)	0.7210	2.4421	2.4205	1.5610
	每股盈余公积金(元)	0.0468	0.0756	0.0838	0.0800
	每股未分配利润(元)	0.5345	0.8909	0.5753	0.5290
	净资产收益率(%)	6.4237	11.8688	5.2955	3.2932
	加权净资产收益率(%)	6.5800	13.2400	5.6200	3.3100
	净资产收益率(扣除)(%)	4.0385	10.5178	4.9422	2.5899
	总资产(万元)	365877.51	348635.12	321046.59	292863.09
	归属母公司股东权益(万元)	148983.62	142645.27	132056.06	91511.19
	营业收入(万元)	234462.93	404809.17	176894.96	311266.65
	营业支出(万元)	203320.76	343996.12	151301.20	277605.17
	投资收益(万元)	-26.48	-19.18	-11.10	-8.76
	净利润(万元)	9464.76	17473.51	6944.85	2326.18
	营业利润(万元)	7208.43	19466.97	7739.11	1860.39
	利润总额(万元)	11040.25	21769.78	8470.56	3064.98

深圳市怡亚通供应链股份有限公司

公司概况	公司名称	深圳市怡亚通供应链股份有限公司		证券简称	怡亚通
	法人代表	周国辉	董秘 夏镔	证券代码	002183
	公司网址	www.eascs.com		电子信箱	002183@eascs.com
	电话	0755-88393181		传真	86-755-88393322*3172
	办公地址	广东省深圳市龙岗区南湾街道李朗路 3 号怡亚通供应链整合物流中心 1 号楼			
	经营范围	生产型供应链服务、流通消费型供应链服务、供应链金融服务等			

主要财务指标	指标\报告期	2017.06.30	2016.12.31	2016.06.30	2015.12.31
	基本每股收益(元)	0.1600	0.2500	0.1500	0.2400
	基本每股收益(扣除后)(元)	0.1500	0.2400	0.1400	0.3800
	稀释每股收益(元)	0.1600	0.2500	0.1500	0.2400
	每股净资产(元)	2.6732	2.6031	2.4520	4.8207
	每股经营现金净流量(元)	-1.0401	-1.9665	-1.1228	-1.7254
	每股现金流量(元)	-0.1462	-0.2620	0.0001	1.9934
	每股资本公积金(元)	0.6042	0.5920	0.5667	2.1129
	每股盈余公积金(元)	0.0718	0.0722	0.0641	0.1285
	每股未分配利润(元)	0.7699	0.6975	0.6096	1.1776
	净资产收益率(%)	5.8303	9.4504	6.0199	9.7621
	加权净资产收益率(%)	5.7900	9.9900	5.9900	11.4400
	净资产收益率(扣除)(%)	5.5173	9.0412	5.7680	7.6397
	总资产(万元)	4342047.70	4238182.74	3716663.91	3281347.08
	归属母公司股东权益(万元)	566535.14	548921.93	514775.94	504434.63
	营业收入(万元)	3015740.33	5791367.11	2635221.64	3964107.23
	营业支出(万元)	2815003.92	5410387.84	2459202.13	3705981.89
	投资收益(万元)	4180.04	11601.39	5696.02	7946.22
	净利润(万元)	32108.78	53515.10	32772.76	46892.05
	营业利润(万元)	39186.51	63056.59	38192.68	55024.60
	利润总额(万元)	40120.19	66324.64	39750.09	55446.49

上海海得控制系统股份有限公司

公司概况	公司名称	上海海得控制系统股份有限公司		证券简称	海得控制
	法人代表	许泓	董秘 吴秋农	证券代码	002184
	公司网址	www.hite.com.cn		电子信箱	linn@hite.com.cn
	电话	021-60572990		传真	021-60572990
	办公地址	上海市闵行区新骏环路 777 号			
	经营范围	主营工业自动化、电子电气及信息领域的系统集成和相关产品的研发、制造、销售等			

主要财务指标	指标\报告期	2017.06.30	2016.12.31	2016.06.30	2015.12.31
	基本每股收益(元)	-	-	0.0454	0.3539
	基本每股收益(扣除后)(元)	-	-	0.0313	0.3232
	稀释每股收益(元)	-	-	0.0454	0.3539
	每股净资产(元)	-	-	4.6196	3.6961
	每股经营现金净流量(元)	-	-	-0.1053	0.0594
	每股现金流量(元)	-	-	-0.3566	0.2694
	每股资本公积金(元)	-	-	2.3120	1.1694
	每股盈余公积金(元)	-	-	0.2121	0.2308
	每股未分配利润(元)	-	-	1.0955	1.2959
	净资产收益率(%)	-	-	0.9170	9.5752
	加权净资产收益率(%)	-	-	1.2500	9.8500
	净资产收益率(扣除)(%)	-	-	0.6320	8.7455
	总资产(万元)	-	-	192564.88	193916.87
	归属母公司股东权益(万元)	-	-	110589.09	81314.33
	营业收入(万元)	-	-	76837.75	174198.39
	营业支出(万元)	-	-	60324.82	132823.78
	投资收益(万元)	-	-	-85.85	430.92
	净利润(万元)	-	-	1385.89	8914.76
	营业利润(万元)	-	-	382.86	7110.09
	利润总额(万元)	-	-	1697.15	10070.99

天水华天科技股份有限公司

公司概况	公司名称	天水华天科技股份有限公司			证券简称	华天科技
	法人代表	肖胜利	董秘	常文瑛	证券代码	002185
	公司网址	www.tshtkj.com		电子信箱	htcwy2000@163.com	
	电　话	0938-8631816 8631990		传　真	0938-8630216 8632260	
	办公地址	甘肃省天水市秦州区双桥路14号				
	经营范围	半导体集成电路研发、生产、封装、测试、销售等				

	指标\报告期	2017.06.30	2016.12.31	2016.06.30	2015.12.31
主要财务指标	基本每股收益(元)	0.1197	0.3669	0.2196	0.4504
	基本每股收益(扣除后)(元)	0.1127	0.3201	0.1956	0.2986
	稀释每股收益(元)	0.1197	0.3669	0.2196	0.4504
	每股净资产(元)	2.3971	4.6061	4.4650	5.6716
	每股经营现金净流量(元)	0.2285	0.8095	0.2766	0.8339
	每股现金流量(元)	-0.1655	-0.9338	-0.9104	1.8368
	每股资本公积金(元)	0.5293	2.0587	2.1188	3.0829
	每股盈余公积金(元)	0.0737	0.1473	0.1195	0.1553
	每股未分配利润(元)	0.7903	1.3913	1.2212	1.4280
	净资产收益率(%)	4.9915	7.9648	3.7832	6.8516
	加权净资产收益率(%)	5.0600	8.1900	3.8000	11.7600
	净资产收益率(扣除)(%)	4.7005	6.9486	3.3703	4.5435
	总资产(万元)	813724.81	767724.41	725140.12	706871.35
	归属母公司股东权益(万元)	510854.27	490808.19	475776.04	464876.35
	营业收入(万元)	331231.07	547502.78	247788.66	387401.71
	营业支出(万元)	268403.34	448717.47	207152.08	307896.23
	投资收益(万元)	33.75	1792.38	858.40	385.61
	净利润(万元)	27901.59	41328.08	19215.82	32833.27
	营业利润(万元)	32708.05	41601.37	19862.82	24952.06
	利润总额(万元)	32788.41	47834.56	22512.25	37716.38

中国全聚德(集团)股份有限公司

公司概况	公司名称	中国全聚德(集团)股份有限公司			证券简称	全聚德
	法人代表	邢颖	董秘	唐颖	证券代码	002186
	公司网址	www.quanjude.com.cn		电子信箱	quanjude@quanjude.com.cn	
	电　话	010-83156608		传　真	010-83156818	
	办公地址	北京市宣武区前门西河沿217号				
	经营范围	餐饮服务及食品加工销售等				

	指标\报告期	2017.06.30	2016.12.31	2016.06.30	2015.12.31
主要财务指标	基本每股收益(元)	0.2490	0.4525	0.2291	0.4251
	基本每股收益(扣除后)(元)	0.2431	0.4105	0.2245	0.3861
	稀释每股收益(元)	--	--	-	-
	每股净资产(元)	4.7028	4.6939	4.4704	4.4613
	每股经营现金净流量(元)	0.2858	0.7027	0.2413	0.7826
	每股现金流量(元)	-1.5012	0.3686	-1.1327	0.4563
	每股资本公积金(元)	1.7499	1.7499	1.7499	1.7499
	每股盈余公积金(元)	0.4144	0.4144	0.3664	0.3664
	每股未分配利润(元)	1.5386	1.5297	1.3542	1.3451
	净资产收益率(%)	5.2941	9.6409	5.1246	9.5293
	加权净资产收益率(%)	5.2100	9.9700	5.0500	9.8500
	净资产收益率(扣除)(%)	5.1698	8.7461	5.0224	8.6543
	总资产(万元)	195417.29	198045.87	182527.01	186020.75
	归属母公司股东权益(万元)	145065.92	144789.05	137896.76	137616.28
	营业收入(万元)	86355.72	184718.36	87352.93	185320.57
	营业支出(万元)	32353.29	72336.86	35247.05	77404.80
	投资收益(万元)	1202.07	3770.47	1032.10	3367.58
	净利润(万元)	8424.71	15007.64	7432.63	14278.01
	营业利润(万元)	10750.92	19429.70	9677.62	18865.84
	利润总额(万元)	10882.63	19720.21	9807.02	18987.68

广州市广百股份有限公司

公司概况	公司名称	广州市广百股份有限公司			证券简称	广百股份
	法人代表	王华俊	董秘	钟芬(代)	证券代码	002187
	公司网址	www.grandbuy.com.cn		电子信箱	grandbuyoffice@163.com	
	电　话	020-83322348		传　真	020-83331334	
	办公地址	广东省广州市越秀区西湖路12号10-12楼				
	经营范围	百货零售、电器批发代理及购物中心业务				

	指标\报告期	2017.06.30	2016.12.31	2016.06.30	2015.12.31
主要财务指标	基本每股收益(元)	0.2900	0.4600	0.2600	0.7300
	基本每股收益(扣除后)(元)	0.2800	0.3000	0.2500	0.5600
	稀释每股收益(元)	0.2900	0.4600	0.2600	0.7300
	每股净资产(元)	7.5060	7.5200	7.3624	7.4012
	每股经营现金净流量(元)	-0.2886	0.7959	-0.1884	0.2707
	每股现金流量(元)	-3.6099	-0.3730	-3.4278	-0.0443
	每股资本公积金(元)	2.6696	2.6696	2.7102	2.7102
	每股盈余公积金(元)	0.7059	0.6836	0.6572	0.6131
	每股未分配利润(元)	3.1306	3.1677	2.9950	3.0779
	净资产收益率(%)	3.7981	6.1217	3.5476	9.8897
	加权净资产收益率(%)	3.7700	6.2000	3.5100	10.2600
	净资产收益率(扣除)(%)	3.7586	4.0174	3.4579	7.6087
	总资产(万元)	391819.24	422370.29	422077.49	461218.00
	归属母公司股东权益(万元)	257023.11	257533.82	252104.27	253433.39
	营业收入(万元)	343990.74	652580.85	352196.71	732937.79
	营业支出(万元)	284105.47	529399.31	288670.71	591485.25
	投资收益(万元)	238.53	4290.11	644.51	6537.46
	净利润(万元)	9389.69	14888.06	8570.06	24496.46
	营业利润(万元)	11815.78	16611.52	10718.73	30872.54
	利润总额(万元)	11769.10	21086.60	11322.29	33710.05

巴士在线股份有限公司

公司概况	公司名称	巴士在线股份有限公司			证券简称	ST巴士
	法人代表	蒋中瀚	董秘	蒋中瀚	证券代码	002188
	公司网址	www.busonline.com		电子信箱	stock@busonline.com	
	电　话	86-573-84252627		传　真	86-573-84252318	
	办公地址	浙江省嘉兴市嘉善县经济开发区东升路36号				
	经营范围	微型受话器、扬声器的销售和生产				

	指标\报告期	2017.06.30	2016.12.31	2016.06.30	2015.12.31
主要财务指标	基本每股收益(元)	0.0700	0.3100	0.0400	0.0600
	基本每股收益(扣除后)(元)	0.0600	0.2900	0.0200	-0.0100
	稀释每股收益(元)	0.0700	0.3100	0.0400	0.0600
	每股净资产(元)	7.0503	6.9793	6.7074	6.6668
	每股经营现金净流量(元)	0.1547	-0.1337	-0.0291	-0.0940
	每股现金流量(元)	-0.0422	-0.2611	-0.1151	0.5005
	每股资本公积金(元)	5.5207	5.5207	5.5207	5.5207
	每股盈余公积金(元)	0.0259	0.0259	0.0259	0.0259
	每股未分配利润(元)	0.5047	0.4336	0.1618	0.1212
	净资产收益率(%)	1.0075	4.4766	0.6050	0.5441
	加权净资产收益率(%)	1.0100	4.5800	0.6100	2.4300
	净资产收益率(扣除)(%)	0.9211	4.1178	0.2463	-0.1148
	总资产(万元)	235972.89	235396.83	220191.36	223212.44
	归属母公司股东权益(万元)	211217.80	209088.49	200944.20	199727.32
	营业收入(万元)	34364.56	65768.68	22671.56	18260.46
	营业支出(万元)	20341.30	32797.37	12525.14	10903.36
	投资收益(万元)	35.15	187.04	22.62	1168.67
	净利润(万元)	2127.99	9338.48	1213.71	1061.10
	营业利润(万元)	2653.76	12289.35	1678.59	1768.86
	利润总额(万元)	2820.78	11600.35	1686.98	1715.57

利达光电股份有限公司

公司概况					
公司名称	利达光电股份有限公司			证券简称	利达光电
法人代表	李智超	董秘	张子民	证券代码	002189
公司网址	www.lida-oe.com		电子信箱	zzm@lida-oe.com.cn	
电　话	0377-63865031		传　真	0377-63167800	
办公地址	河南省南阳市工业南路 508 号				
经营范围	光学元件、光学辅材、光敏电阻等光电产品的研发、生产和销售				

主要财务指标 指标\报告期	2017.06.30	2016.12.31	2016.06.30	2015.12.31
基本每股收益(元)	0.0400	0.0900	0.0300	---
基本每股收益(扣除后)(元)	0.0400	0.0800	0.0200	---
稀释每股收益(元)	0.0400	0.0900	0.0300	---
每股净资产(元)	2.7163	2.6939	2.6336	---
每股经营现金净流量(元)	0.3743	0.2744	0.1590	---
每股现金流量(元)	0.3975	-0.2021	-0.2940	---
每股资本公积金(元)	0.9293	0.9293	0.9293	---
每股盈余公积金(元)	0.1092	0.1092	0.0996	---
每股未分配利润(元)	0.6779	0.6555	0.6047	---
净资产收益率(%)	1.5619	3.2273	1.0111	---
加权净资产收益率(%)	1.5600	3.2700	1.0100	---
净资产收益率(扣除)(%)	1.5616	2.9939	0.7957	---
总资产(万元)	94089.59	86445.15	84359.89	---
归属母公司股东权益(万元)	54120.12	53673.28	52471.64	---
营业收入(万元)	44832.85	82431.01	39844.75	---
营业支出(万元)	38419.08	71420.62	35461.74	---
投资收益(万元)	---	---	---	---
净利润(万元)	816.79	1470.76	403.38	---
营业利润(万元)	1004.14	1404.25	272.75	---
利润总额(万元)	1004.34	1551.62	405.75	---

四川成飞集成科技股份有限公司

公司概况					
公司名称	四川成飞集成科技股份有限公司			证券简称	成飞集成
法人代表	石晓卿	董秘	程雁	证券代码	002190
公司网址	www.cac-citc.com.cn		电子信箱	stock@cac-citc.cn	
电　话	0379-60695336		传　真	0379-60697339	
办公地址	四川省成都市青羊区日月大道二段 666 号附 1 号/河南省洛阳市高新区滨河北路 66 号				
经营范围	生物技术和生物医药的研发				

主要财务指标 指标\报告期	2017.06.30	2016.12.31	2016.06.30	2015.12.31
基本每股收益(元)	0.0082	0.4000	0.1488	0.2600
基本每股收益(扣除后)(元)	-0.0001	0.3400	0.1165	0.2000
稀释每股收益(元)	0.0082	0.4000	0.1488	0.2600
每股净资产(元)	5.1078	5.2161	4.9699	4.9148
每股经营现金净流量(元)	-0.2303	0.6922	-0.0646	0.5365
每股现金流量(元)	-1.1551	4.3853	2.9541	1.7172
每股资本公积金(元)	2.8270	2.8270	2.8270	2.8270
每股盈余公积金(元)	0.2721	0.2721	0.2608	0.2608
每股未分配利润(元)	0.9831	1.0950	0.8561	0.8073
净资产收益率(%)	0.1601	7.6487	2.9947	5.1936
加权净资产收益率(%)	0.1600	7.8800	2.9800	5.2900
净资产收益率(扣除)(%)	-0.0016	6.4766	2.3451	4.0511
总资产(万元)	863615.92	883390.45	697087.87	464321.67
归属母公司股东权益(万元)	176315.20	180053.02	171556.59	169652.24
营业收入(万元)	57166.36	219867.30	80857.33	162340.36
营业支出(万元)	44285.65	164766.13	59364.53	122391.29
投资收益(万元)	-120.05	34.24	20.28	322.61
净利润(万元)	-1398.28	18934.17	8359.68	11461.57
营业利润(万元)	306.51	16269.45	7890.57	9779.04
利润总额(万元)	1048.25	20999.94	10034.35	13091.67

深圳劲嘉集团股份有限公司

公司概况					
公司名称	深圳劲嘉集团股份有限公司			证券简称	劲嘉股份
法人代表	乔鲁予	董秘	李晓华	证券代码	002191
公司网址	www.jinjia.com		电子信箱	jjcp@jinjia.com	
电　话	0755-86708116		传　真	86-755-26498899	
办公地址	广东省深圳市南山区高新产业园区科技中二路劲嘉科技大厦 18-19 层				
经营范围	包装材料及印刷材料技术的设计、研发等				

主要财务指标 指标\报告期	2017.06.30	2016.12.31	2016.06.30	2015.12.31
基本每股收益(元)	0.2300	0.4400	0.2700	---
基本每股收益(扣除后)(元)	0.2200	0.3400	0.1900	---
稀释每股收益(元)	0.2300	0.4300	0.2700	---
每股净资产(元)	3.4846	3.4200	3.2138	---
每股经营现金净流量(元)	0.2905	0.6980	0.2330	---
每股现金流量(元)	-0.1378	0.1412	0.0723	---
每股资本公积金(元)	0.2226	0.1898	0.1870	---
每股盈余公积金(元)	0.2904	0.2884	0.2684	---
每股未分配利润(元)	1.9814	1.9849	1.8372	---
净资产收益率(%)	6.6596	12.7002	8.3275	---
加权净资产收益率(%)	6.4900	13.3000	8.2300	---
净资产收益率(扣除)(%)	6.3548	9.7791	5.7939	---
总资产(万元)	636935.07	668067.71	636392.90	---
归属母公司股东权益(万元)	455102.87	449380.16	422779.96	---
营业收入(万元)	142190.23	277695.48	130125.01	---
营业支出(万元)	78590.19	162925.91	74633.69	---
投资收益(万元)	716.87	11406.64	11256.75	---
净利润(万元)	34953.07	63788.28	38135.23	---
营业利润(万元)	39682.73	69758.54	43528.64	---
利润总额(万元)	41049.76	72693.08	45651.03	---

融捷股份有限公司

公司概况					
公司名称	融捷股份有限公司			证券简称	融捷股份
法人代表	吕向阳	董秘	陈新华	证券代码	002192
公司网址	www.luxiang.cn		电子信箱	lxgf@luxiang.cn	
电　话	020-38289069		传　真	020-38289867	
办公地址	广东省广州市天河区珠江西路 5 号广州国际金融中心 45 层 04-05 单元				
经营范围	企业自有资金投资;城市及道路照明工程施工等				

主要财务指标 指标\报告期	2017.06.30	2016.12.31	2016.06.30	2015.12.31
基本每股收益(元)	0.0024	0.0200	0.0040	0.0600
基本每股收益(扣除后)(元)	-0.0135	-0.0110	-0.0010	0.0400
稀释每股收益(元)	0.0024	0.0200	0.0040	0.0600
每股净资产(元)	2.8254	2.8266	2.8227	4.2282
每股经营现金净流量(元)	-0.0055	-0.0011	-0.0034	0.1990
每股现金流量(元)	-0.1624	0.0083	-0.0418	0.2116
每股资本公积金(元)	1.9677	1.9712	1.9712	3.4568
每股盈余公积金(元)	0.0541	0.0541	0.0541	0.0811
每股未分配利润(元)	-0.1994	-0.2019	-0.2061	-0.3157
净资产收益率(%)	0.0855	0.7229	0.1529	1.2165
加权净资产收益率(%)	0.0900	0.7300	0.1000	1.6400
净资产收益率(扣除)(%)	-0.4763	-0.3837	-0.0414	0.9104
总资产(万元)	98157.87	91300.55	95425.82	92974.33
归属母公司股东权益(万元)	73362.28	73393.90	73293.67	73192.26
营业收入(万元)	9417.13	24776.41	8721.88	23245.12
营业支出(万元)	6493.55	16840.38	5206.38	15165.65
投资收益(万元)	47.43	588.27	95.77	-
净利润(万元)	489.09	1554.92	731.18	1594.01
营业利润(万元)	-166.07	664.59	318.22	1159.53
利润总额(万元)	483.30	1409.78	697.35	1940.24

山东如意毛纺服装集团股份有限公司

公司概况					
公司名称	山东如意毛纺服装集团股份有限公司			证券简称	如意集团
法人代表	邱亚夫	董秘	徐长瑞	证券代码	002193
公司网址	www.shandongruyi.com		电子信箱	ryzqb@chinaruyi.com	
电　话	0537-2933069		传　真	0537-2935395	
办公地址	山东省济宁市高新区如意工业园				
经营范围	纺织品、服装、纺织机械及配件、纺织原料及辅料等相关产品的生产、销售等				

主要财务指标

指标\报告期	2017.06.30	2016.12.31	2016.06.30	2015.12.31
基本每股收益(元)	0.0700	0.1300	0.0800	0.1100
基本每股收益(扣除后)(元)	0.0500	0.0800	0.0400	0.0500
稀释每股收益(元)	0.0700	0.1300	0.0800	0.1100
每股净资产(元)	9.4727	9.4923	4.3523	4.2854
每股经营现金净流量(元)	–1.2672	1.5081	–0.5350	2.2612
每股现金流量(元)	–2.6722	5.3038	–0.8774	0.5115
每股资本公积金(元)	6.0919	6.0919	1.3922	1.3922
每股盈余公积金(元)	0.2597	0.2522	0.3703	0.3625
每股未分配利润(元)	2.1150	2.0685	1.5810	1.5201
净资产收益率(%)	0.7807	1.3190	1.9216	2.4966
加权净资产收益率(%)	0.7800	2.1600	1.9400	2.5200
净资产收益率(扣除)(%)	0.4896	0.8375	1.0188	1.0523
总资产(万元)	432781.83	461410.81	192007.22	191644.96
归属母公司股东权益(万元)	247914.88	246489.39	69636.49	68566.21
营业收入(万元)	53443.95	90612.30	26159.37	59235.69
营业支出(万元)	43247.84	74133.92	20331.81	49763.09
投资收益(万元)	10.99	19.67	–	486.00
净利润(万元)	2129.79	3276.79	1338.15	1711.84
营业利润(万元)	1380.66	1355.65	846.49	1599.13
利润总额(万元)	2033.22	4581.01	1586.07	2498.11

武汉凡谷电子技术股份有限公司

公司概况					
公司名称	武汉凡谷电子技术股份有限公司			证券简称	武汉凡谷
法人代表	孟凡博	董秘	邹堃	证券代码	002194
公司网址	www.fingu.com		电子信箱	fingu@fingu.com	
电　话	027-81388855		传　真	027-81383847	
办公地址	湖北省武汉市江夏区藏龙岛科技园九凤街 5 号				
经营范围	通讯、电子、计算机软件开发、研制、技术服务等				

主要财务指标

指标\报告期	2017.06.30	2016.12.31	2016.06.30	2015.12.31
基本每股收益(元)	–0.4151	–0.3000	0.0369	0.1300
基本每股收益(扣除后)(元)	–0.4785	–0.3200	0.0349	0.1300
稀释每股收益(元)	–0.4151	–0.3000	0.0369	0.1300
每股净资产(元)	3.1227	3.5378	3.7012	3.6743
每股经营现金净流量(元)	–0.5793	0.6542	–0.3078	–0.0094
每股现金流量(元)	–0.4073	0.7466	–0.2510	–0.1964
每股资本公积金(元)	1.4616	1.4616	1.2740	1.2740
每股盈余公积金(元)	0.3453	0.3453	0.3507	0.3507
每股未分配利润(元)	0.3156	0.7308	1.0765	1.0496
净资产收益率(%)	–13.2941	–8.2727	0.9971	3.6737
加权净资产收益率(%)	–12.4700	–8.3100	1.0000	3.7000
净资产收益率(扣除)(%)	–15.3242	–9.0314	0.9441	3.4513
总资产(万元)	243919.76	255053.14	262018.06	249633.93
归属母公司股东权益(万元)	176327.27	199769.40	205744.29	204248.63
营业收入(万元)	79159.72	167535.83	91140.91	177118.34
营业支出(万元)	87478.34	159451.73	76126.00	145598.71
投资收益(万元)	—	—	–	–
净利润(万元)	–23441.13	–16526.29	2051.54	7503.41
营业利润(万元)	–23571.55	–16758.43	3047.69	8621.73
利润总额(万元)	–23192.88	–15234.48	3157.27	9150.55

上海二三四五网络控股集团股份有限公司

公司概况					
公司名称	上海二三四五网络控股集团股份有限公司			证券简称	二三四五
法人代表	陈于冰	董秘	邱俊祺	证券代码	002195
公司网址	www.2345.net		电子信箱	stock@2345.com	
电　话	021-64822345		传　真	021-64822236	
办公地址	上海市浦东新区环科路 555 弄 2 号楼 9 楼				
经营范围	计算机软、硬件系统及相关系统的集成、开发、咨询、销售及服务等				

主要财务指标

指标\报告期	2017.06.30	2016.12.31	2016.06.30	2015.12.31
基本每股收益(元)	0.1400	0.3300	0.1200	0.4800
基本每股收益(扣除后)(元)	0.1300	0.2700	0.1300	0.4400
稀释每股收益(元)	0.1400	0.3300	0.1200	0.4800
每股净资产(元)	2.1400	3.4355	3.2575	5.0968
每股经营现金净流量(元)	–0.3801	0.0461	–0.0511	0.5549
每股现金流量(元)	–0.2598	1.1046	0.6967	0.8072
每股资本公积金(元)	0.6810	1.8344	1.7931	3.2375
每股盈余公积金(元)	0.0204	0.0346	0.0234	0.0513
每股未分配利润(元)	0.4809	0.6331	0.4412	0.8103
净资产收益率(%)	6.4332	9.5634	3.7294	9.3895
加权净资产收益率(%)	6.6500	10.2200	3.9200	9.8300
净资产收益率(扣除)(%)	5.9660	7.7920	3.8951	8.6398
总资产(万元)	799523.39	736125.46	655605.14	482151.30
归属母公司股东权益(万元)	704198.62	663956.14	622340.49	444306.28
营业收入(万元)	106607.73	174160.20	79646.74	146991.48
营业支出(万元)	9491.58	47740.35	26303.68	45357.66
投资收益(万元)	4014.15	15483.79	1971.38	6398.50
净利润(万元)	45231.90	63483.18	23205.20	41767.41
营业利润(万元)	53490.28	64554.59	23523.28	43076.35
利润总额(万元)	54070.41	69294.53	23924.09	46610.17

浙江方正电机股份有限公司

公司概况					
公司名称	浙江方正电机股份有限公司			证券简称	方正电机
法人代表	张敏	董秘	牟健	证券代码	002196
公司网址	www.fdm.com.cn		电子信箱	liny.shu@fdm.com.cn	
电　话	0578-2171041　2021217		传　真	0578-2276502	
办公地址	浙江省丽水市莲都区水阁工业区石牛路 73 号				
经营范围	电机、缝纫机的制造、销售				

主要财务指标

指标\报告期	2017.06.30	2016.12.31	2016.06.30	2015.12.31
基本每股收益(元)	0.1280	0.4600	0.1104	0.3700
基本每股收益(扣除后)(元)	0.1163	0.3500	0.1700	0.2600
稀释每股收益(元)	0.1266	0.4500	0.1092	0.3500
每股净资产(元)	5.3278	8.8283	8.4879	8.3398
每股经营现金净流量(元)	0.0004	0.1368	–0.0925	0.1378
每股现金流量(元)	–0.0467	–0.4164	–0.4623	0.0725
每股资本公积金(元)	3.7653	7.0960	7.1053	7.0800
每股盈余公积金(元)	0.0692	0.1176	0.0887	0.0926
每股未分配利润(元)	0.5699	0.8044	0.4974	0.4832
净资产收益率(%)	2.3673	5.0517	2.1790	2.6683
加权净资产收益率(%)	2.4000	5.1700	2.2100	6.7400
净资产收益率(扣除)(%)	2.2068	3.8616	1.9433	2.1340
总资产(万元)	299339.20	290411.95	277300.26	278421.31
归属母公司股东权益(万元)	240230.30	234157.89	225127.97	223236.42
营业收入(万元)	54364.03	104933.34	46967.64	79441.71
营业支出(万元)	41465.75	78296.21	35703.62	64591.73
投资收益(万元)	–18.05	249.61	240.41	669.29
净利润(万元)	5677.99	11883.08	4754.77	6322.85
营业利润(万元)	5741.53	12685.71	4852.29	6750.80
利润总额(万元)	6465.55	14356.27	5463.03	7436.67

深圳市证通电子股份有限公司

公司概况					
公司名称	深圳市证通电子股份有限公司			证券简称	证通电子
法人代表	曾胜强	董秘	傅德亮	证券代码	002197
公司网址	www.szzt.com.cn		电子信箱	fudeliang@szzt.com.cn	
电　话	86-755-26490118		传　真	86-755-26490099	
办公地址	广东省深圳市光明新区同观路3号证通电子产业园9楼				
经营范围	计算机软件、硬件、外围设备,电子产品,自助设备及配件等				

主要财务指标 指标\报告期	2017.06.30	2016.12.31	2016.06.30	2015.12.31
基本每股收益(元)	0.0200	0.1200	0.0200	0.1900
基本每股收益(扣除后)(元)	0.0100	0.1100	0.0200	0.1900
稀释每股收益(元)	0.0200	0.1200	0.0200	0.1900
每股净资产(元)	5.2263	5.2604	2.8044	2.8279
每股经营现金净流量(元)	-1.1998	0.2825	-0.5656	-0.1142
每股现金流量(元)	-1.1548	1.5153	-0.1516	0.2376
每股资本公积金(元)	3.4748	3.4748	0.9990	0.9864
每股盈余公积金(元)	0.0581	0.0581	0.0606	0.0606
每股未分配利润(元)	0.7356	0.7677	0.8420	0.8780
净资产收益率(%)	0.3422	1.9898	0.8542	6.7725
加权净资产收益率(%)	0.3400	3.1800	0.8400	7.0200
净资产收益率(扣除)(%)	0.2624	1.7992	0.7175	6.5124
总资产(万元)	500479.71	474908.57	358774.10	294229.67
归属母公司股东权益(万元)	271601.75	273371.23	119477.78	120477.72
营业收入(万元)	75096.60	179590.68	59551.60	112744.14
营业支出(万元)	55926.19	136573.04	42394.33	77548.68
投资收益(万元)	-27.76	-55.04	-24.90	-101.04
净利润(万元)	630.70	5030.87	1039.92	8165.10
营业利润(万元)	1546.13	5414.92	1425.77	8533.55
利润总额(万元)	1387.85	6189.37	1765.28	9358.50

广东嘉应制药股份有限公司

公司概况					
公司名称	广东嘉应制药股份有限公司			证券简称	嘉应制药
法人代表	陈泳洪	董秘	黄康民	证券代码	002198
公司网址	www.gdjyzy.com.cn		电子信箱	gdjyzy@163.com	
电　话	0753-2321916		传　真	0753-2321586	
办公地址	广东省梅州市东升工业园B区				
经营范围	货物进出口,技术进出口等				

主要财务指标 指标\报告期	2017.06.30	2016.12.31	2016.06.30	2015.12.31
基本每股收益(元)	0.0195	0.1087	0.0314	0.1307
基本每股收益(扣除后)(元)	0.0197	0.1088	0.0312	0.1256
稀释每股收益(元)	0.0195	0.1087	0.0314	0.1307
每股净资产(元)	1.9600	1.9406	1.8633	1.8319
每股经营现金净流量(元)	-0.0018	0.1047	-0.0104	0.0834
每股现金流量(元)	-0.0096	0.0534	-0.0382	0.0422
每股资本公积金(元)	0.2432	0.2432	0.2432	0.2432
每股盈余公积金(元)	0.0536	0.0536	0.0438	0.0438
每股未分配利润(元)	0.6632	0.6438	0.5763	0.5449
净资产收益率(%)	0.9952	5.6019	1.6859	7.1372
加权净资产收益率(%)	1.0000	5.7600	1.7000	7.4000
净资产收益率(扣除)(%)	1.0043	5.6062	1.6723	6.8559
总资产(万元)	110146.34	109925.44	103654.05	104799.74
归属母公司股东权益(万元)	99470.53	98487.25	94564.29	92970.05
营业收入(万元)	18675.26	44995.09	16611.09	47580.50
营业支出(万元)	5204.25	10473.34	4534.79	12670.83
投资收益(万元)	-65.04	219.04	230.69	206.97
净利润(万元)	989.93	5517.20	1594.25	6635.49
营业利润(万元)	1241.43	6668.60	1904.73	7444.78
利润总额(万元)	1229.37	6662.57	1919.90	7823.26

浙江东晶电子股份有限公司

公司概况					
公司名称	浙江东晶电子股份有限公司			证券简称	东晶电子
法人代表	王皓	董秘	彭敏	证券代码	002199
公司网址	www.ecec.com.cn		电子信箱	public@tech-long.com	
电　话	0579-89186668		传　真	0579-89186677	
办公地址	浙江省金华市宾虹西路555号				
经营范围	石英晶体谐振器、瓷介管状电容器的开发、生产和销售				

主要财务指标 指标\报告期	2017.06.30	2016.12.31	2016.06.30	2015.12.31
基本每股收益(元)	-0.0068	0.0700	-0.2586	-1.1300
基本每股收益(扣除后)(元)	-0.0098	-0.5400	-0.2801	-1.2200
稀释每股收益(元)	-0.0068	0.0700	-0.2586	-1.1300
每股净资产(元)	1.8782	1.8850	1.5599	1.8185
每股经营现金净流量(元)	0.0236	0.1023	-0.0275	-0.1567
每股现金流量(元)	-0.4574	0.6186	-0.0693	-0.1489
每股资本公积金(元)	2.1178	2.1178	2.1178	2.1178
每股盈余公积金(元)	0.0773	0.0773	0.0773	0.0773
每股未分配利润(元)	-1.3169	-1.3101	-1.6352	-1.3766
净资产收益率(%)	-0.3612	3.5295	-16.5769	-62.0486
加权净资产收益率(%)	-0.3600	3.5900	-15.3100	-47.3600
净资产收益率(扣除)(%)	-0.5210	-28.5840	-17.9686	-66.9385
总资产(万元)	57858.89	66033.46	136817.94	138405.85
归属母公司股东权益(万元)	45723.99	45889.13	37974.47	44269.46
营业收入(万元)	9977.38	25716.70	12424.21	33779.41
营业支出(万元)	8597.24	25244.85	11561.89	33540.79
投资收益(万元)	13.86	12142.78	4.92	1495.27
净利润(万元)	-165.14	739.78	-6729.37	-30016.98
营业利润(万元)	-227.00	-972.03	-7250.94	-31565.00
利润总额(万元)	-165.14	737.55	-6729.98	-30804.46

云南云投生态环境科技股份有限公司

公司概况					
公司名称	云南云投生态环境科技股份有限公司			证券简称	云投生态
法人代表	杨槐璋	董秘	谭仁力	证券代码	002200
公司网址	www.yt-eco.com		电子信箱	tanrl@yt-eco.com	
电　话	86-871-67279185 67355849		传　真	0871-67279185 67355849	
办公地址	云南省昆明市国家经济技术开发区经浦路6号				
经营范围	植物种苗工厂化生产、观赏植物盆景、植物科研、培训、示范推广等				

主要财务指标 指标\报告期	2017.06.30	2016.12.31	2016.06.30	2015.12.31
基本每股收益(元)	-0.1490	0.1816	0.1370	0.0600
基本每股收益(扣除后)(元)	-0.1320	-0.0035	0.1220	0.1000
稀释每股收益(元)	-0.1490	0.1816	0.1370	0.0600
每股净资产(元)	4.4673	4.6161	4.5710	4.4345
每股经营现金净流量(元)	-0.0400	-2.8407	-2.1226	-0.4697
每股现金流量(元)	-0.2766	-0.7379	-0.8753	1.0194
每股资本公积金(元)	4.1955	4.1955	4.1955	4.1955
每股盈余公积金(元)	0.2250	0.2250	0.2250	0.2250
每股未分配利润(元)	-0.9531	-0.8043	-0.8494	-0.9859
净资产收益率(%)	-3.3305	3.9337	2.9864	1.2551
加权净资产收益率(%)	-3.2900	4.0100	3.0300	1.2600
净资产收益率(扣除)(%)	-2.9531	-0.0757	2.6688	2.1867
总资产(万元)	356734.79	343681.43	313868.20	288463.23
归属母公司股东权益(万元)	82258.07	84997.64	84167.67	81654.07
营业收入(万元)	50929.65	100974.28	46753.13	84326.74
营业支出(万元)	40470.69	72072.15	32022.96	59267.47
投资收益(万元)	--	-81.01	-	-
净利润(万元)	-2429.75	6774.49	3367.00	3703.76
营业利润(万元)	-2432.38	5514.21	4884.08	5405.12
利润总额(万元)	-2747.99	8980.87	5087.70	4394.19

江苏九鼎新材料股份有限公司

公司概况	公司名称	江苏九鼎新材料股份有限公司			证券简称	九鼎新材
	法人代表	王文银	董秘	任正勇	证券代码	002201
	公司网址	www.cjdg.com		电子信箱	jdxc@jiudinggroup.com	
	电话	0513-87530125		传真	0513-80695809	
	办公地址	江苏省如皋市中山东路1号				
	经营范围	玻璃纤维及其深加工制品的研发、生产与销售等				

	指标\报告期	2017.06.30	2016.12.31	2016.06.30	2015.12.31
主要财务指标	基本每股收益(元)	0.0130	0.0200	0.0230	0.0700
	基本每股收益(扣除后)(元)	-0.0090	-0.0500	0.0060	0.0300
	稀释每股收益(元)	0.0130	0.0200	0.0230	0.0700
	每股净资产(元)	2.6669	3.4496	3.4538	3.4428
	每股经营现金净流量(元)	0.2798	0.2188	0.1050	0.2858
	每股现金流量(元)	0.1098	0.1102	-0.0040	-0.4160
	每股资本公积金(元)	1.1063	1.7382	1.7382	1.7382
	每股盈余公积金(元)	0.0875	0.1137	0.1056	0.1056
	每股未分配利润(元)	0.4726	0.5971	0.6093	0.5984
	净资产收益率(%)	0.5003	0.5431	0.6632	1.8194
	加权净资产收益率(%)	0.5000	0.5400	0.6600	2.5900
	净资产收益率(扣除)(%)	-0.3559	-1.5167	0.1669	0.7255
	总资产(万元)	254554.66	242206.15	236760.35	213756.17
	归属母公司股东权益(万元)	88664.71	88221.14	88327.79	88048.88
	营业收入(万元)	42885.08	79374.09	36403.46	68796.52
	营业支出(万元)	32540.21	62052.23	27353.42	51046.06
	投资收益(万元)	124.21	285.06	192.65	529.23
	净利润(万元)	434.93	391.75	551.50	1537.66
	营业利润(万元)	298.14	-315.41	308.01	811.99
	利润总额(万元)	741.71	833.98	773.82	1848.58

新疆金风科技股份有限公司

公司概况	公司名称	新疆金风科技股份有限公司			证券简称	金风科技
	法人代表	武钢	董秘	马金儒	证券代码	002202
	公司网址	www.goldwind.com.cn		电子信箱	goldwind@goldwind.com.cn	
	电话	010-67511996		传真	010-67511985	
	办公地址	北京北京经济技术开发区博兴1路8号				
	经营范围	风力发电机组及零部件的生产及销售				

	指标\报告期	2017.06.30	2016.12.31	2016.06.30	2015.12.31
主要财务指标	基本每股收益(元)	0.3087	1.0841	0.5301	1.0522
	基本每股收益(扣除后)(元)	0.2976	1.0276	0.5227	0.9959
	稀释每股收益(元)	0.3087	1.0841	0.5301	1.0522
	每股净资产(元)	7.5254	7.3025	6.5764	6.1273
	每股经营现金净流量(元)	-0.5672	1.1342	-0.7681	1.7460
	每股现金流量(元)	-1.3245	0.5063	-0.2505	-1.2365
	每股资本公积金(元)	2.9907	2.9922	2.9952	2.9957
	每股盈余公积金(元)	0.4001	0.4001	0.2984	0.2984
	每股未分配利润(元)	2.5932	2.4050	1.9573	1.9072
	净资产收益率(%)	5.5033	15.0328	8.0606	17.0003
	加权净资产收益率(%)	5.7600	16.8700	8.2900	18.1300
	净资产收益率(扣除)(%)	5.3122	14.2596	7.9477	16.0919
	总资产(万元)	6495394.01	6443716.50	5945397.82	5257240.08
	归属母公司股东权益(万元)	2058617.39	1997615.20	1799007.32	1676144.61
	营业收入(万元)	983952.41	2639582.93	1092065.71	3006209.96
	营业支出(万元)	667000.91	1867141.41	753241.24	2209301.32
	投资收益(万元)	22529.34	62185.59	28272.79	36232.75
	净利润(万元)	118745.37	310573.19	150652.70	287539.12
	营业利润(万元)	134268.88	329107.83	166240.68	305088.32
	利润总额(万元)	133594.71	355195.63	170591.42	324682.97

浙江海亮股份有限公司

公司概况	公司名称	浙江海亮股份有限公司			证券简称	海亮股份
	法人代表	朱张泉	董秘	钱自强	证券代码	002203
	公司网址	www.hailiang.com		电子信箱	gfoffice@hailiang.com	
	电话	0575-87669333 87069033		传真	0575-87069031	
	办公地址	浙江省诸暨市店口镇工业区				
	经营范围	制造、加工铜管、铜板带、铜箔及相关铜制品				

	指标\报告期	2017.06.30	2016.12.31	2016.06.30	2015.12.31
主要财务指标	基本每股收益(元)	0.2407	0.3298	0.1766	0.2732
	基本每股收益(扣除后)(元)	0.1502	0.3054	0.1408	0.1859
	稀释每股收益(元)	0.2390	0.3295	0.1766	0.2732
	每股净资产(元)	2.7255	2.5500	2.3995	2.2799
	每股经营现金净流量(元)	-1.3946	0.5240	0.1558	0.0004
	每股现金流量(元)	-0.4461	0.1053	0.0515	-0.6123
	每股资本公积金(元)	0.1339	0.1240	0.0934	0.0934
	每股盈余公积金(元)	0.1365	0.1365	0.1039	0.1039
	每股未分配利润(元)	1.5434	1.3656	1.2637	1.1471
	净资产收益率(%)	8.7247	12.7838	7.3619	11.9847
	加权净资产收益率(%)	8.9700	13.6100	7.4900	12.5200
	净资产收益率(扣除)(%)	5.4430	11.8361	5.8684	7.9538
	总资产(万元)	1464648.82	1276429.45	1133537.79	921972.73
	归属母公司股东权益(万元)	461194.83	431207.92	401047.72	381062.47
	营业收入(万元)	1218026.94	1791710.71	738562.59	1359099.30
	营业支出(万元)	1138763.68	1655818.28	676044.04	1279226.56
	投资收益(万元)	11474.76	19965.48	6080.60	26541.70
	净利润(万元)	41084.45	56531.81	30231.78	47864.41
	营业利润(万元)	45162.42	64265.88	34060.39	45708.23
	利润总额(万元)	45551.16	69244.60	35252.07	50455.83

大连华锐重工集团股份有限公司

公司概况	公司名称	大连华锐重工集团股份有限公司			证券简称	大连重工
	法人代表	丛红	董秘	卫旭峰	证券代码	002204
	公司网址	www.dhidcw.com		电子信箱	dlzg002204@dhidcw.com	
	电话	0411-86852187 86852802		传真	0411-86852222	
	办公地址	辽宁省大连市西岗区八一路169号				
	经营范围	机械设备设计制造、安装调试、备、配件供应、金属制品、金属结构制造等				

	指标\报告期	2017.06.30	2016.12.31	2016.06.30	2015.12.31
主要财务指标	基本每股收益(元)	0.0073	0.0100	0.0200	0.0200
	基本每股收益(扣除后)(元)	-0.0100	-0.0500	-0.0048	-0.1500
	稀释每股收益(元)	0.0073	0.0100	0.0200	0.0200
	每股净资产(元)	3.4062	3.4033	3.3988	6.7698
	每股经营现金净流量(元)	-0.1110	-0.0882	-0.0013	0.0396
	每股现金流量(元)	-0.0125	-0.0641	-0.0134	0.1530
	每股资本公积金(元)	1.2487	1.2456	1.2353	3.4705
	每股盈余公积金(元)	0.1163	0.1163	0.1092	0.2184
	每股未分配利润(元)	1.0312	1.0339	1.0482	2.0688
	净资产收益率(%)	0.2133	0.4151	0.6258	0.3347
	加权净资产收益率(%)	0.2100	0.4200	0.6300	0.3400
	净资产收益率(扣除)(%)	-0.4115	-1.3479	-0.1400	-2.1447
	总资产(万元)	1665600.09	1639555.51	1680854.93	1712758.64
	归属母公司股东权益(万元)	657858.80	657297.37	656428.88	653749.88
	营业收入(万元)	228692.40	643254.42	311720.13	714704.57
	营业支出(万元)	186539.39	524230.77	266820.71	591107.52
	投资收益(万元)	-37.30	-229.46	-134.17	3170.08
	净利润(万元)	1365.47	911.94	3127.26	599.22
	营业利润(万元)	4028.35	-9165.65	143.50	-10960.64
	利润总额(万元)	8056.97	1623.17	4219.59	1695.85

新疆国统管道股份有限公司

公司概况

公司名称	新疆国统管道股份有限公司			证券简称	国统股份
法人代表	徐永平	董秘	徐永平(代)	证券代码	002205
公司网址	www.xjgt.com			电子信箱	gtgf521@xjgt.com
电　　话	0991-3325685			传　　真	0991-3325685
办公地址	新疆维吾尔自治区乌鲁木齐市林泉西路 765 号				
经营范围	预应力钢筒砼管(简称 PCCP)、各种输水管道及其异型管件和配件等				

主要财务指标

指标\报告期	2017.06.30	2016.12.31	2016.06.30	2015.12.31
基本每股收益(元)	-0.0404	0.1148	-0.1292	-0.4556
基本每股收益(扣除后)(元)	-0.0468	0.1088	-0.1242	-0.4826
稀释每股收益(元)	-0.0404	0.1148	-0.1292	-0.4556
每股净资产(元)	7.8433	7.8837	7.6397	7.7690
每股经营现金净流量(元)	-0.9793	2.4426	0.1702	-0.5352
每股现金流量(元)	-1.6099	-0.3729	-1.1912	0.6135
每股资本公积金(元)	4.4973	4.4973	4.4973	4.4973
每股盈余公积金(元)	0.3028	0.3028	0.2840	0.2840
每股未分配利润(元)	2.0431	2.0835	1.8584	1.9876
净资产收益率(%)	-0.5148	1.4556	-1.6915	-5.8649
加权净资产收益率(%)	-0.5100	1.4700	-1.6800	-5.6300
净资产收益率(扣除)(%)	-0.5962	1.3799	-1.6260	-6.2124
总资产(万元)	215511.57	214508.31	160832.34	167743.14
归属母公司股东权益(万元)	91101.86	91570.89	88737.00	90238.03
营业收入(万元)	27829.38	60073.42	12343.47	39298.48
营业支出(万元)	23513.94	45720.36	8438.51	32367.50
投资收益(万元)	115.11	--	-	-
净利润(万元)	-698.73	444.30	-2149.18	-6086.89
营业利润(万元)	-699.72	1159.06	-2146.98	-6383.59
利润总额(万元)	-611.39	1173.44	-2273.75	-6029.07

浙江海利得新材料股份有限公司

公司概况

公司名称	浙江海利得新材料股份有限公司			证券简称	海 利 得
法人代表	高利民	董秘	吕佩芬	证券代码	002206
公司网址	www.halead.com			电子信箱	002206@halead.com
电　　话	0573-87989886 87989889			传　　真	0573-87123648
办公地址	浙江省海宁市马桥镇经编产业园区新民路 18 号				
经营范围	电脑喷绘胶片布、土工格栅材料、PVC 涂层材料、篷盖材料等				

主要财务指标

指标\报告期	2017.06.30	2016.12.31	2016.06.30	2015.12.31
基本每股收益(元)	0.1400	0.2100	0.1300	0.4400
基本每股收益(扣除后)(元)	0.1200	0.4900	0.3100	0.3900
稀释每股收益(元)	0.1400	0.5400	0.1300	0.4300
每股净资产(元)	2.2211	5.7100	5.4795	4.7030
每股经营现金净流量(元)	0.2062	1.0159	0.3886	0.7988
每股现金流量(元)	0.1833	0.0362	1.8658	-0.6937
每股资本公积金(元)	0.7169	3.2913	3.5489	2.3199
每股盈余公积金(元)	0.1377	0.3443	0.3184	0.3198
每股未分配利润(元)	0.3659	1.0679	0.9641	1.0628
净资产收益率(%)	6.2462	9.1768	5.4841	9.2407
加权净资产收益率(%)	5.9800	10.4900	6.7900	9.5200
净资产收益率(扣除)(%)	5.5309	8.2049	5.2203	8.2486
总资产(万元)	462324.34	419634.02	453763.07	363794.99
归属母公司股东权益(万元)	270542.06	277995.22	266978.01	211528.82
营业收入(万元)	149936.34	256654.87	120718.51	212094.14
营业支出(万元)	115126.30	195821.07	91503.43	165220.06
投资收益(万元)	763.59	960.63	1.25	202.10
净利润(万元)	17091.45	25632.85	14756.61	19793.24
营业利润(万元)	17919.09	29489.49	16210.96	21437.97
利润总额(万元)	19658.20	30858.69	16828.99	23105.09

新疆准东石油技术股份有限公司

公司概况

公司名称	新疆准东石油技术股份有限公司			证券简称	*ST 准油
法人代表	王金伦	董秘	吕占民	证券代码	002207
公司网址	www.zygf.com.cn			电子信箱	zygf@zygf.cn
电　　话	0994-3830619 3830616			传　　真	0994-3830616
办公地址	新疆维吾尔自治区阜康市准东石油基地				
经营范围	石油技术业务、油田管理业务、建筑安装业务、运输服务业务和化工产品销售				

主要财务指标

指标\报告期	2017.06.30	2016.12.31	2016.06.30	2015.12.31
基本每股收益(元)	0.1800	-0.3800	-0.1900	-0.7700
基本每股收益(扣除后)(元)	-0.2000	-0.4100	-0.2000	-0.8100
稀释每股收益(元)	0.1800	-0.3800	-0.1900	-0.7700
每股净资产(元)	1.6148	1.4321	1.6290	1.8224
每股经营现金净流量(元)	-0.2746	0.1226	-0.2029	0.6790
每股现金流量(元)	-0.4635	0.0901	-0.3758	-0.7224
每股资本公积金(元)	0.9223	0.9223	0.9223	0.9223
每股盈余公积金(元)	0.0948	0.0948	0.0948	0.0948
每股未分配利润(元)	-0.5293	-0.7111	-0.5210	-0.3276
净资产收益率(%)	11.2558	-26.7788	-11.8752	-42.2335
加权净资产收益率(%)	11.9300	-23.5700	-10.7900	-36.0100
净资产收益率(扣除)(%)	-12.2758	-28.6673	-12.0112	-44.6033
总资产(万元)	80870.69	91520.68	89807.70	98854.20
归属母公司股东权益(万元)	38622.26	34252.79	38962.51	43587.28
营业收入(万元)	7365.50	22370.74	9962.45	28065.32
营业支出(万元)	8367.55	22537.05	10045.55	30643.06
投资收益(万元)	9440.71	-313.96	294.17	-419.67
净利润(万元)	4347.25	-9172.49	-4626.87	-18408.42
营业利润(万元)	4345.50	-9213.29	-4638.21	-19026.30
利润总额(万元)	4352.88	-9074.60	-4575.84	-17992.08

合肥城建发展股份有限公司

公司概况

公司名称	合肥城建发展股份有限公司			证券简称	合肥城建
法人代表	王晓毅	董秘	田峰	证券代码	002208
公司网址	www.hucd.cn			电子信箱	hucdtf@sina.com
电　　话	0551-2661906			传　　真	0551-2661906
办公地址	安徽省合肥市蜀山区潜山路 100 号琥珀五环国际 A 座 10-14 层				
经营范围	普通商品住宅及其配套商业地产与综合商务楼的开发、销售、服务				

主要财务指标

指标\报告期	2017.06.30	2016.12.31	2016.06.30	2015.12.31
基本每股收益(元)	0.0963	0.3400	0.2190	0.2900
基本每股收益(扣除后)(元)	0.0951	0.3230	0.2047	0.2900
稀释每股收益(元)	0.0963	0.3400	0.2190	0.2900
每股净资产(元)	5.1274	5.1311	5.0103	4.8413
每股经营现金净流量(元)	-2.7278	-1.1776	-1.3282	1.5124
每股现金流量(元)	-0.3393	1.9709	0.3117	0.9302
每股资本公积金(元)	0.9060	0.9060	0.9060	0.9060
每股盈余公积金(元)	0.8702	0.8702	0.8297	0.8297
每股未分配利润(元)	2.3511	2.3548	2.2746	2.1056
净资产收益率(%)	1.8781	6.6217	4.3711	5.9056
加权净资产收益率(%)	1.8600	6.8300	4.4200	6.0200
净资产收益率(扣除)(%)	1.8553	6.2920	4.0862	5.9220
总资产(万元)	1109745.81	978058.58	781276.15	669736.19
归属母公司股东权益(万元)	164127.84	164246.43	160380.86	154970.99
营业收入(万元)	109714.87	262674.85	116390.84	188112.35
营业支出(万元)	83698.55	216275.30	94076.56	140023.81
投资收益(万元)	--	--	-	-73.69
净利润(万元)	2837.12	10052.94	6732.90	8782.42
营业利润(万元)	3601.65	15073.86	8846.46	12137.12
利润总额(万元)	3653.70	15804.64	9456.32	12140.38

广州达意隆包装机械股份有限公司

公司概况					
公司名称	广州达意隆包装机械股份有限公司			证券简称	达意隆
法人代表	杜力	董秘	李春燕	证券代码	002209
公司网址	www.tech-long.com		电子信箱	lichunyan@tech-long.com	
电　话	020-62956877 62956848		传　真	020-82266911	
办公地址	广东省广州市萝岗区云埔一路23号				
经营范围	从事液体包装机械的研发、生产和销售				

主要财务指标：指标＼报告期	2017.06.30	2016.12.31	2016.06.30	2015.12.31
基本每股收益(元)	-0.0460	-0.2321	-0.0737	0.0656
基本每股收益(扣除后)(元)	-0.0802	-0.3172	-0.1180	-0.1497
稀释每股收益(元)	-0.0460	-0.2321	-0.0737	0.0656
每股净资产(元)	3.0946	3.1369	3.3125	3.3879
每股经营现金净流量(元)	0.1196	-0.5499	-0.4726	0.8904
每股现金流量(元)	-0.1049	-0.1204	0.0329	0.6117
每股资本公积金(元)	1.1404	1.1404	1.1531	1.1434
每股盈余公积金(元)	0.1659	0.1659	0.1659	0.1659
每股未分配利润(元)	0.7908	0.8368	0.9952	1.0789
净资产收益率(%)	-1.4856	-7.3993	-2.2241	1.9357
加权净资产收益率(%)	-1.4800	-7.1100	-2.2000	1.9500
净资产收益率(扣除)(%)	-2.5922	-10.1103	-3.5625	-4.4189
总资产(万元)	160960.44	163789.20	157465.32	160938.69
归属母公司股东权益(万元)	60420.35	61246.80	64674.53	66146.54
营业收入(万元)	41893.02	78351.24	40650.60	80541.73
营业支出(万元)	31346.16	59941.41	31240.81	60776.99
投资收益(万元)	-142.58	-669.51	-300.80	3502.72
净利润(万元)	-897.61	-4531.81	-1438.40	1280.42
营业利润(万元)	-1537.31	-6632.18	-2431.16	42.99
利润总额(万元)	-926.05	-4668.35	-1408.86	1256.99

深圳市飞马国际供应链股份有限公司

公司概况					
公司名称	深圳市飞马国际供应链股份有限公司			证券简称	飞马国际
法人代表	黄壮勉	董秘	费益昭	证券代码	002210
公司网址	www.fmscm.com		电子信箱	fmscm@fmscm.com	
电　话	0755-33356333-8899		传　真	0755-33356399	
办公地址	广东省深圳市福田区深南大道7008号阳光高尔夫大厦26楼				
经营范围	供应链管理服务以及物流园经营服务				

主要财务指标：指标＼报告期	2017.06.30	2016.12.31	2016.06.30	2015.12.31
基本每股收益(元)	0.0800	1.5800	0.1100	0.2600
基本每股收益(扣除后)(元)	0.1100	0.1700	0.1600	0.3600
稀释每股收益(元)	0.0800	1.5800	0.1100	0.2600
每股净资产(元)	4.2023	4.0600	2.5354	3.2066
每股经营现金净流量(元)	0.0582	-1.7170	0.2736	-1.2720
每股现金流量(元)	-0.1830	1.2385	-0.4277	0.9830
每股资本公积金(元)	1.0506	1.0506	1.1536	1.7996
每股盈余公积金(元)	0.0843	0.0843	0.0662	0.0860
每股未分配利润(元)	2.0881	1.9441	0.3254	0.3354
净资产收益率(%)	3.4266	38.8164	4.4808	7.2840
加权净资产收益率(%)	3.4900	38.7100	4.5000	11.8900
净资产收益率(扣除)(%)	4.3667	4.2275	6.2840	9.8688
总资产(万元)	2136385.98	1968489.34	1954018.27	2057490.93
归属母公司股东权益(万元)	408582.36	394674.51	246510.95	239822.56
营业收入(万元)	3820226.98	5216286.34	1917514.38	4763722.49
营业支出(万元)	3787267.92	5173591.14	1903361.41	4739707.57
投资收益(万元)	315.39	-20120.82	-1929.95	-5091.10
净利润(万元)	14203.39	158668.83	11232.49	17512.75
营业利润(万元)	16355.28	204783.94	12786.56	21104.55
利润总额(万元)	16326.77	207476.06	12848.52	21590.64

江苏宏达新材料股份有限公司

公司概况					
公司名称	江苏宏达新材料股份有限公司			证券简称	宏达新材
法人代表	何百祥	董秘	郭北琼	证券代码	002211
公司网址	www.hongda-chemical.com		何百祥(代)	zhengquanbu@hongda-chemical.com	
电　话	0511-88226078		传　真	0511-83365478	
办公地址	江苏省扬中市明珠广场				
经营范围	从事高温硅橡胶系列产品的生产和销售				

主要财务指标：指标＼报告期	2017.06.30	2016.12.31	2016.06.30	2015.12.31
基本每股收益(元)	0.0350	0.0300	-0.0136	-0.1400
基本每股收益(扣除后)(元)	0.0190	-0.0400	-0.0016	-0.1500
稀释每股收益(元)	0.0350	0.0300	-0.0136	-0.1400
每股净资产(元)	1.8270	1.7920	1.7536	1.7673
每股经营现金净流量(元)	0.0318	0.5788	0.2979	0.0545
每股现金流量(元)	-0.2913	0.3314	0.0959	-0.0278
每股资本公积金(元)	2.3999	2.3999	2.3999	2.3999
每股盈余公积金(元)	0.0668	0.0668	0.0668	0.0668
每股未分配利润(元)	-1.6397	-1.6747	-1.7130	-1.6994
净资产收益率(%)	1.9155	1.4244	-0.7770	-7.9357
加权净资产收益率(%)	1.9300	1.4300	-0.7700	-7.6300
净资产收益率(扣除)(%)	1.0521	-2.2032	-0.0931	-8.6978
总资产(万元)	108847.25	106779.05	98256.98	103389.43
归属母公司股东权益(万元)	79012.67	77499.16	75840.96	76430.21
营业收入(万元)	44131.57	68281.17	28512.32	67124.20
营业支出(万元)	38746.07	58978.65	24877.48	59039.44
投资收益(万元)	636.90	1773.25	1708.11	-153.60
净利润(万元)	1740.79	1182.45	-505.09	-6004.04
营业利润(万元)	1594.50	471.57	27.63	-6517.96
利润总额(万元)	1757.58	1145.24	-560.81	-5954.70

南洋天融信科技集团股份有限公司

公司概况					
公司名称	南洋天融信科技集团股份有限公司			证券简称	南洋股份
法人代表	郑汉武	董秘	彭韶敏	证券代码	002212
公司网址	www.nanyangcable.com		电子信箱	peng.shaomin@nanyangcable.com	
电　话	0754-86332188		传　真	0754-86332188	
办公地址	广东省汕头市珠津工业区珠津二街1号				
经营范围	主要从事电力电缆与电气装备用电线电缆的研发、生产和销售				

主要财务指标：指标＼报告期	2017.06.30	2016.12.31	2016.06.30	2015.12.31
基本每股收益(元)	-0.0100	0.1400	0.0900	0.1100
基本每股收益(扣除后)(元)	-0.0300	0.1100	0.0800	0.0600
稀释每股收益(元)	-0.0100	0.1400	0.0900	0.1100
每股净资产(元)	6.6108	5.9527	3.5933	3.5242
每股经营现金净流量(元)	-0.3039	-0.0963	-0.2603	0.3692
每股现金流量(元)	-0.7909	1.9057	-0.0923	0.2461
每股资本公积金(元)	4.8978	7.3452	1.0689	1.0689
每股盈余公积金(元)	0.0722	0.1622	0.1622	0.1622
每股未分配利润(元)	0.6011	1.4145	1.3635	1.2948
净资产收益率(%)	-0.1545	1.2717	2.4131	3.1353
加权净资产收益率(%)	-0.1600	3.8000	2.4300	3.1800
净资产收益率(扣除)(%)	-0.4074	1.0087	2.2663	1.5833
总资产(万元)	884442.75	894463.97	313086.86	315561.66
归属母公司股东权益(万元)	758193.23	552614.07	183350.24	179825.20
营业收入(万元)	181421.94	287071.33	119837.35	228149.05
营业支出(万元)	149092.46	250904.36	103680.33	194039.34
投资收益(万元)	498.84	6136.94	2802.38	5525.68
净利润(万元)	-1171.61	7027.58	4424.35	5638.05
营业利润(万元)	-2458.63	7870.84	5971.15	6646.24
利润总额(万元)	-833.18	8978.50	6210.73	7366.08

深圳市特尔佳科技股份有限公司

公司概况	公司名称	深圳市特尔佳科技股份有限公司		证券简称	特尔佳
	法人代表	连松育	董秘	何强	证券代码	002213
	公司网址	www.terca.cn		电子信箱	terca@terca.cn
	电　话	0755-86555281		传　真	0755-86338185
	办公地址	广东省深圳市龙华新区观澜高新技术产业园特尔佳观澜厂区			
	经营范围	电涡流缓速器和液力缓速器等			

主要财务指标	指标\报告期	2017.06.30	2016.12.31	2016.06.30	2015.12.31
	基本每股收益(元)	0.0100	0.0400	0.0400	0.0500
	基本每股收益(扣除后)(元)	--	0.0300	0.0300	0.0400
	稀释每股收益(元)	0.0100	0.0400	0.0400	0.0500
	每股净资产(元)	1.7343	1.7375	1.7368	1.6988
	每股经营现金净流量(元)	-0.0125	0.1781	0.0705	0.2340
	每股现金流量(元)	-0.0171	0.1782	0.0733	0.2669
	每股资本公积金(元)	0.0037	0.0037	0.0037	0.0037
	每股盈余公积金(元)	0.1255	0.1255	0.1197	0.1197
	每股未分配利润(元)	0.6050	0.6083	0.6133	0.5753
	净资产收益率(%)	0.3905	2.2303	2.1884	3.1212
	加权净资产收益率(%)	0.3900	2.2600	2.2100	3.1500
	净资产收益率(扣除)(%)	-0.0944	1.8659	1.8688	2.1992
	总资产(万元)	43024.02	44017.14	43103.30	44031.57
	归属母公司股东权益(万元)	35726.22	35792.71	35777.37	34994.44
	营业收入(万元)	4984.39	15068.05	6867.01	18802.02
	营业支出(万元)	3103.26	8937.58	4037.58	11560.64
	投资收益(万元)	--	--	-	548.01
	净利润(万元)	139.51	798.28	782.94	1092.25
	营业利润(万元)	-0.99	796.02	782.69	1243.38
	利润总额(万元)	202.83	1025.99	960.01	1235.64

浙江大立科技股份有限公司

公司概况	公司名称	浙江大立科技股份有限公司			证券简称	大立科技
	法人代表	庞惠民	董秘	范奇	证券代码	002214
	公司网址	www.dali-tech.com		电子信箱	dali5625@dali-tech.com	
	电　话	0571-86695670 86695649		传　真	0571-86695649	
	办公地址	浙江省杭州市滨江区滨康路639号				
	经营范围	红外热像仪系列产品和数字硬盘录像机系列产品的生产和销售				

主要财务指标	指标\报告期	2017.06.30	2016.12.31	2016.06.30	2015.12.31
	基本每股收益(元)	0.0400	0.0700	0.0400	0.0700
	基本每股收益(扣除后)(元)	0.0100	-0.0200	0.0200	0.0300
	稀释每股收益(元)	0.0400	0.0700	0.0400	0.0700
	每股净资产(元)	2.1421	2.1294	2.0944	2.0823
	每股经营现金净流量(元)	0.0182	0.0774	-0.0070	-0.1053
	每股现金流量(元)	0.0700	-0.0661	-0.0863	-0.0328
	每股资本公积金(元)	0.4320	0.4320	0.4320	0.4320
	每股盈余公积金(元)	0.0971	0.0971	0.0898	0.0898
	每股未分配利润(元)	0.6129	0.6003	0.5725	0.5604
	净资产收益率(%)	1.7574	3.3898	1.7716	3.3977
	加权净资产收益率(%)	1.7600	3.4300	1.7700	3.4400
	净资产收益率(扣除)(%)	0.6321	-0.8102	0.8543	1.5211
	总资产(万元)	133083.70	124967.46	139708.47	141870.55
	归属母公司股东权益(万元)	98250.28	97670.33	96061.32	95506.13
	营业收入(万元)	15071.14	33940.82	19163.59	32307.08
	营业支出(万元)	7197.67	17327.96	10780.37	15818.18
	投资收益(万元)	--	175.48	170.69	902.58
	净利润(万元)	1709.51	3284.77	1695.53	3220.61
	营业利润(万元)	515.26	-2653.95	319.59	285.14
	利润总额(万元)	1815.88	3616.75	1801.28	3564.23

深圳诺普信农化股份有限公司

公司概况	公司名称	深圳诺普信农化股份有限公司			证券简称	诺普信
	法人代表	卢柏强	董秘	王时豪	证券代码	002215
	公司网址	www.noposion.com		电子信箱	szwsh@126.com	
	电　话	0755-29977586		传　真	0755-27697715	
	办公地址	广东省深圳市宝安区西乡水库路113号				
	经营范围	杀虫剂、杀菌剂、除草剂等三大系列产品的研发、生产和销售				

主要财务指标	指标\报告期	2017.06.30	2016.12.31	2016.06.30	2015.12.31
	基本每股收益(元)	0.2600	-0.3000	0.0200	0.2500
	基本每股收益(扣除后)(元)	0.2055	-0.3900	-0.0600	0.2500
	稀释每股收益(元)	0.2600	-0.3000	0.0200	0.2500
	每股净资产(元)	2.0325	1.7730	2.0637	1.9061
	每股经营现金净流量(元)	-0.6158	-0.4137	-0.3226	0.9331
	每股现金流量(元)	-0.0804	-0.0672	-0.3960	-0.0101
	每股资本公积金(元)	0.3247	0.3247	0.3999	0.0639
	每股盈余公积金(元)	0.1069	0.1069	0.1057	0.1069
	每股未分配利润(元)	0.5946	0.3378	0.6539	0.7408
	净资产收益率(%)	12.6340	-17.0456	1.0209	13.2457
	加权净资产收益率(%)	13.5100	-16.3800	1.1200	14.2600
	净资产收益率(扣除)(%)	10.1127	-22.1286	-2.9565	13.1301
	总资产(万元)	349376.06	314842.75	333295.67	307704.87
	归属母公司股东权益(万元)	185786.07	162063.04	190777.14	174292.09
	营业收入(万元)	166083.62	196292.64	150923.37	220974.49
	营业支出(万元)	107037.47	123985.99	96724.61	122627.75
	投资收益(万元)	5895.13	11312.81	10057.06	4668.81
	净利润(万元)	24369.26	-27641.78	2554.36	23322.35
	营业利润(万元)	25834.69	-30137.25	0.05	25221.64
	利润总额(万元)	25904.22	-28572.04	413.46	25875.09

三全食品股份有限公司

公司概况	公司名称	三全食品股份有限公司			证券简称	三全食品
	法人代表	陈南	董秘	贾冬郑	证券代码	002216
	公司网址	www.sanquan.com		电子信箱	sanquan@sanquan.com	
	电　话	0371-63987832		传　真	0371-63988183	
	办公地址	河南省郑州市综合投资区长兴路中段				
	经营范围	速冻食品、方便快餐食品、常温食品、速冻调制食品的生产和销售				

主要财务指标	指标\报告期	2017.06.30	2016.12.31	2016.06.30	2015.12.31
	基本每股收益(元)	0.0900	0.0500	0.0800	0.0400
	基本每股收益(扣除后)(元)	0.0700	0.0200	0.0500	-0.0200
	稀释每股收益(元)	0.0900	0.0500	0.0800	0.0400
	每股净资产(元)	2.4426	2.3446	2.4031	2.3375
	每股经营现金净流量(元)	0.1048	0.4132	0.0220	0.0647
	每股现金流量(元)	-0.1126	-0.0110	-0.2590	0.2735
	每股资本公积金(元)	0.3649	0.3464	0.3066	0.3057
	每股盈余公积金(元)	0.0616	0.0616	0.0605	0.0605
	每股未分配利润(元)	1.0720	0.9926	1.0359	0.9713
	净资产收益率(%)	3.6606	2.0665	3.2305	1.8567
	加权净资产收益率(%)	3.7300	2.0900	3.2700	1.8700
	净资产收益率(扣除)(%)	2.8708	0.8798	2.1386	-0.8527
	总资产(万元)	351583.54	415208.46	330881.61	384137.17
	归属母公司股东权益(万元)	198997.37	191010.11	193261.78	187986.40
	营业收入(万元)	284042.31	478101.22	252970.58	423739.90
	营业支出(万元)	183679.75	310112.18	164092.41	284196.09
	投资收益(万元)	263.20	406.37	330.28	4047.85
	净利润(万元)	7291.17	3946.66	6243.65	3490.27
	营业利润(万元)	10169.53	675.89	5267.02	-5463.75
	利润总额(万元)	11251.68	6418.37	8193.94	30.58

合力泰科技股份有限公司

公司概况	公司名称	合力泰科技股份有限公司			证券简称	合力泰
	法人代表	文开福	董秘	金波	证券代码	002217
	公司网址	www.lianhechem.com.cn		电子信箱	jinbo@holitech.net	
	电　话	0796-8979766　0533-2343868		传　真	0796-7088855　0533-2343856	
	办公地址	山东省淄博市沂源县城南外环 89 号				
	经营范围	液氨、硝酸、硝酸铵、硝酸钠、亚硝酸钠、硝基复合肥、甲醇等				

	指标\报告期	2017.06.30	2016.12.31	2016.06.30	2015.12.31
主要财务指标	基本每股收益(元)	0.1631	0.6100	0.2189	0.1900
	基本每股收益(扣除后)(元)	0.1345	0.5400	0.2189	0.1000
	稀释每股收益(元)	0.1631	0.6100	0.2189	0.1900
	每股净资产(元)	2.9964	5.7486	4.0896	3.8880
	每股经营现金净流量(元)	0.0464	0.1616	0.0773	0.1412
	每股现金流量(元)	–0.5920	2.2582	–0.0818	0.4378
	每股资本公积金(元)	1.4317	4.2483	2.5146	2.5146
	每股盈余公积金(元)	0.0353	0.0776	0.0501	0.0501
	每股未分配利润(元)	0.5277	0.8940	0.5262	0.3233
	净资产收益率(%)	5.4449	9.7177	5.3521	3.9436
	加权净资产收益率(%)	5.5200	14.6400	5.4900	8.7000
	净资产收益率(扣除)(%)	4.4901	8.5577	4.9505	2.0561
	总资产(万元)	1655362.50	1699617.55	1031442.45	915465.35
	归属母公司股东权益(万元)	937356.00	899176.95	581732.45	553064.96
	营业收入(万元)	609423.95	1184484.78	491558.59	495317.35
	营业支出(万元)	502419.04	983917.02	416547.39	406647.99
	投资收益(万元)	109.04	124.61	–	4928.40
	净利润(万元)	50866.55	87304.87	31111.03	21718.02
	营业利润(万元)	47535.31	87311.37	32847.94	22358.29
	利润总额(万元)	58546.12	98851.56	35594.29	28818.01

深圳市拓日新能源科技股份有限公司

公司概况	公司名称	深圳市拓日新能源科技股份有限公司			证券简称	拓日新能
	法人代表	陈五奎	董秘	杨国强	证券代码	002218
	公司网址	www.topraysolar.cn		电子信箱	yangguoqiang@topraysolar.com	
	电　话	0755-86612300　29680031		传　真	0755-86612620	
	办公地址	广东省深圳市南山区侨香路 6060 号香年广场 A 栋 802-804				
	经营范围	研发、生产及销售太阳电池芯片等				

	指标\报告期	2017.06.30	2016.12.31	2016.06.30	2015.12.31
主要财务指标	基本每股收益(元)	0.1410	0.2100	0.0940	0.0500
	基本每股收益(扣除后)(元)	0.1410	0.1800	0.0810	0.0200
	稀释每股收益(元)	0.1410	0.2100	0.0940	0.0500
	每股净资产(元)	4.5110	4.3739	4.3135	4.2179
	每股经营现金净流量(元)	0.0191	0.0530	0.0105	0.0616
	每股现金流量(元)	–0.1614	0.2385	0.3094	–0.1893
	每股资本公积金(元)	3.1285	3.1285	3.1285	3.1285
	每股盈余公积金(元)	0.0457	0.0457	0.0453	0.0453
	每股未分配利润(元)	0.3631	0.2222	0.1585	0.0644
	净资产收益率(%)	3.1230	4.7604	2.1828	1.1913
	加权净资产收益率(%)	3.1700	4.8500	2.2100	1.3500
	净资产收益率(扣除)(%)	3.1215	4.0179	1.8759	0.5240
	总资产(万元)	532766.47	480388.40	487977.69	424847.16
	归属母公司股东权益(万元)	278859.09	270382.99	266649.87	260741.43
	营业收入(万元)	82873.90	114155.94	64067.75	72799.04
	营业支出(万元)	64226.53	83690.83	47710.08	52508.66
	投资收益(万元)	--	–4.35	–4.47	–
	净利润(万元)	8708.87	12871.21	5820.32	3106.17
	营业利润(万元)	9269.08	10704.47	5219.29	1543.41
	利润总额(万元)	9274.07	12765.49	6072.88	3405.24

恒康医疗集团股份有限公司

公司概况	公司名称	恒康医疗集团股份有限公司			证券简称	恒康医疗
	法人代表	周先敏	董秘	曹维	证券代码	002219
	公司网址	www.hkmg.com		电子信箱	hkmgdsh@hkmg.com	
	电　话	028-85950888-8955		传　真	028-85950552	
	办公地址	四川省成都市锦江工业开发区金石路 456 号				
	经营范围	片剂、糖浆剂、散剂、酒剂、硬胶囊剂、软胶囊剂、口服液、合剂等				

	指标\报告期	2017.06.30	2016.12.31	2016.06.30	2015.12.31
主要财务指标	基本每股收益(元)	0.0887	0.2139	0.0761	0.1854
	基本每股收益(扣除后)(元)	0.0832	0.1898	0.0552	0.1482
	稀释每股收益(元)	0.0887	0.2139	0.0761	0.1854
	每股净资产(元)	2.2788	2.1900	2.0467	1.9706
	每股经营现金净流量(元)	–0.0133	–0.3739	0.0133	0.1158
	每股现金流量(元)	–0.0654	–0.3924	0.0245	0.4328
	每股资本公积金(元)	0.6332	0.6332	0.6348	0.6348
	每股盈余公积金(元)	0.0694	0.0694	0.0334	0.0334
	每股未分配利润(元)	0.5762	0.4875	0.3784	0.3023
	净资产收益率(%)	3.8935	9.8809	3.7160	8.6833
	加权净资产收益率(%)	3.9700	10.2900	3.7900	11.9400
	净资产收益率(扣除)(%)	3.6492	8.7667	2.6971	6.9412
	总资产(万元)	758188.44	598470.96	499674.99	478034.66
	归属母公司股东权益(万元)	425044.85	408495.94	387082.21	372698.12
	营业收入(万元)	110930.89	217522.12	77395.25	118172.82
	营业支出(万元)	75992.60	139210.38	51459.82	62827.12
	投资收益(万元)	--	369.10	–	579.29
	净利润(万元)	16079.60	39616.79	14222.13	32211.05
	营业利润(万元)	17342.87	43002.48	13891.83	32806.09
	利润总额(万元)	18564.22	46158.31	18532.00	40054.02

大连天宝绿色食品股份有限公司

公司概况	公司名称	大连天宝绿色食品股份有限公司			证券简称	天宝食品
	法人代表	黄作庆	董秘	孙立涛	证券代码	002220
	公司网址	www.cn-tianbao.com		电子信箱	zqhwang@cn-tianbao.com	
	电　话	86-411-39330110		传　真	86-411-39330296	
	办公地址	辽宁省大连市金州区拥政街道三里村 624 号				
	经营范围	以水产品加工出口为主的农副产品加工和销售				

	指标\报告期	2017.06.30	2016.12.31	2016.06.30	2015.12.31
主要财务指标	基本每股收益(元)	0.1600	0.3400	0.1600	0.3300
	基本每股收益(扣除后)(元)	0.1600	0.3400	0.1600	0.3400
	稀释每股收益(元)	0.1600	0.3400	0.1600	0.3300
	每股净资产(元)	4.9656	4.8482	4.6900	4.1009
	每股经营现金净流量(元)	0.2058	0.4424	0.1309	0.3170
	每股现金流量(元)	0.5485	0.0501	0.2989	0.3282
	每股资本公积金(元)	1.8411	1.8411	1.8411	1.0842
	每股盈余公积金(元)	0.2325	0.2325	0.1997	0.2353
	每股未分配利润(元)	1.8980	1.7900	1.6472	1.8156
	净资产收益率(%)	3.1829	6.8392	3.3309	8.1618
	加权净资产收益率(%)	3.2200	7.1900	3.4900	8.5000
	净资产收益率(扣除)(%)	3.1686	7.0002	3.3424	8.1824
	总资产(万元)	510435.62	477933.96	471613.74	456976.89
	归属母公司股东权益(万元)	271862.25	265433.12	256525.09	190581.49
	营业收入(万元)	61974.14	147728.64	64276.82	153691.12
	营业支出(万元)	47957.80	117157.72	51109.42	120961.70
	投资收益(万元)	62.47	74.21	79.18	44.23
	净利润(万元)	8659.02	18157.33	8550.97	15550.07
	营业利润(万元)	8807.24	19103.17	8524.91	15840.96
	利润总额(万元)	8858.79	18614.11	8485.51	15793.96

东华能源股份有限公司

公司概况						
公司名称	东华能源股份有限公司			证券简称	东华能源	
法人代表	周一峰	董秘	陈圆圆	证券代码	002221	
公司网址	www.chinadhe.com		电子信箱	tzz@chinadhe.com		
电　　话	0512-58322508 025-86771100		传　　真	0512-58728098		
办公地址	江苏省南京市仙林大道徐庄软件园紫气路 1 号					
经营范围	再生资源、钢材销售与配送					

指标\报告期	2017.06.30	2016.12.31	2016.06.30	2015.12.31
基本每股收益(元)	0.3003	0.3250	0.1200	0.5900
基本每股收益(扣除后)(元)	0.2669	0.2853	0.1136	0.5800
稀释每股收益(元)	0.3003	0.3250	0.1200	0.5900
每股净资产(元)	4.3297	4.0904	2.4517	4.6646
每股经营现金净流量(元)	–0.0438	0.6009	–0.2819	0.6778
每股现金流量(元)	1.0379	–0.4546	–0.0938	0.3780
每股资本公积金(元)	2.3207	2.3207	0.8003	2.5689
每股盈余公积金(元)	0.0215	0.0215	0.0222	0.0446
每股未分配利润(元)	0.9148	0.6645	0.5583	0.9328
净资产收益率(%)	6.9370	7.0912	4.8769	12.7306
加权净资产收益率(%)	7.0900	11.1600	5.0100	13.4400
净资产收益率(扣除)(%)	6.1642	6.2248	4.6161	12.4399
总资产(万元)	2330535.90	2028226.82	1821285.00	1489705.77
归属母公司股东权益(万元)	701390.49	662624.72	341187.57	322953.79
营业收入(万元)	1436125.59	1997503.29	903454.42	1719598.16
营业支出(万元)	1329204.61	1866053.75	849219.34	1620260.00
投资收益(万元)	3685.26	855.41	209.60	284.29
净利润(万元)	49334.72	47061.70	16691.05	40555.98
营业利润(万元)	65652.61	58672.29	22079.07	49187.08
利润总额(万元)	67018.54	60856.13	23265.64	50438.66

福建福晶科技股份有限公司

公司概况						
公司名称	福建福晶科技股份有限公司			证券简称	福晶科技	
法人代表	陈辉	董秘	蔡德全	证券代码	002222	
公司网址	www.castech.com		电子信箱	securities@castech.com		
电　　话	0591-83770347 83719323		传　　真	0591-83719323		
办公地址	福建省福州市鼓楼区软件大道 89 号福州软件园 F 区 9 号楼					
经营范围	光学晶体、晶体材料、激光器件的制造及其技术咨询、技术服务等					

指标\报告期	2017.06.30	2016.12.31	2016.06.30	2015.12.31
基本每股收益(元)	0.1548	0.1645	0.0800	0.1248
基本每股收益(扣除后)(元)	0.1517	0.1595	0.0800	0.1336
稀释每股收益(元)	0.1548	0.1645	0.0800	0.1248
每股净资产(元)	1.6370	1.5800	1.4960	2.1775
每股经营现金净流量(元)	0.1423	0.2397	0.0871	0.2236
每股现金流量(元)	–0.0104	0.0969	0.0581	0.0886
每股资本公积金(元)	0.1559	0.1566	0.1566	0.7349
每股盈余公积金(元)	0.1181	0.1181	0.1035	0.1552
每股未分配利润(元)	0.3629	0.3081	0.2360	0.2874
净资产收益率(%)	9.4594	10.3938	5.1957	5.7321
加权净资产收益率(%)	9.4200	10.8600	5.2300	5.9000
净资产收益率(扣除)(%)	9.2641	10.0766	5.1009	6.1377
总资产(万元)	80806.83	76176.93	72106.62	69415.62
归属母公司股东权益(万元)	69980.79	67665.35	63955.31	62057.36
营业收入(万元)	22138.49	30816.82	14361.79	21056.08
营业支出(万元)	9120.67	14147.59	6908.24	10183.59
投资收益(万元)	220.28	278.02	94.26	–302.25
净利润(万元)	6765.95	7252.04	3408.86	3605.04
营业利润(万元)	7795.22	8126.17	3963.09	3834.13
利润总额(万元)	7957.38	8368.14	4015.14	4128.91

江苏鱼跃医疗设备股份有限公司

公司概况						
公司名称	江苏鱼跃医疗设备股份有限公司			证券简称	鱼跃医疗	
法人代表	吴光明	董秘	陈坚	证券代码	002223	
公司网址	www.yuyue.com.cn		电子信箱	dongmi@yuyue.com.cn		
电　　话	0511-86900802 86900876		传　　真	0511-86900876		
办公地址	江苏省丹阳市云阳工业园(振新路南)					
经营范围	医疗器械和保健用品的生产和销售					

指标\报告期	2017.06.30	2016.12.31	2016.06.30	2015.12.31
基本每股收益(元)	0.4000	0.8000	0.5700	0.6200
基本每股收益(扣除后)(元)	0.3800	0.7800	0.5300	0.6000
稀释每股收益(元)	0.4000	0.8000	0.5700	0.6200
每股净资产(元)	5.0331	7.3462	7.0933	3.6183
每股经营现金净流量(元)	0.0654	1.0130	0.4258	0.9290
每股现金流量(元)	–0.6053	2.8102	3.6282	0.1673
每股资本公积金(元)	2.1202	3.6802	3.6802	0.0275
每股盈余公积金(元)	0.2135	0.3202	0.2299	0.2628
每股未分配利润(元)	1.6927	2.3433	2.1810	2.3258
净资产收益率(%)	7.8906	10.1893	6.9909	17.2195
加权净资产收益率(%)	7.8600	14.3200	14.5300	18.8500
净资产收益率(扣除)(%)	7.6341	9.9683	6.4931	16.5778
总资产(万元)	641777.46	580743.48	568712.18	292587.43
归属母公司股东权益(万元)	504555.77	490961.51	474059.78	211587.23
营业收入(万元)	186132.18	263259.47	142846.82	210373.73
营业支出(万元)	108320.41	161399.53	84509.09	126601.71
投资收益(万元)	2181.32	2286.58	891.08	229.16
净利润(万元)	41130.43	50158.52	33270.66	36668.11
营业利润(万元)	46429.25	54064.31	35554.91	37540.62
利润总额(万元)	48099.29	57251.25	39300.46	40780.05

三力士股份有限公司

公司概况						
公司名称	三力士股份有限公司			证券简称	三力士	
法人代表	吴培生	董秘	郭利军	证券代码	002224	
公司网址	www.v-belt.com		电子信箱	sanlux@sanlux.org		
电　　话	00575-85670540 84313688		传　　真	0575-84318666		
办公地址	浙江省绍兴市柯桥区柯岩街道余渚工业园区					
经营范围	三角橡胶带和胶管的生产与销售					

指标\报告期	2017.06.30	2016.12.31	2016.06.30	2015.12.31
基本每股收益(元)	0.1300	0.3400	0.1500	0.3800
基本每股收益(扣除后)(元)	0.1200	0.3100	0.1500	0.3700
稀释每股收益(元)	0.1300	0.3400	0.1500	0.3700
每股净资产(元)	2.4558	2.4200	2.2395	2.1750
每股经营现金净流量(元)	–0.0581	0.3370	0.0850	0.5972
每股现金流量(元)	0.0356	–0.2272	–0.3629	0.3526
每股资本公积金(元)	0.1833	0.1782	0.1870	0.1715
每股盈余公积金(元)	0.1757	0.1758	0.1405	0.1405
每股未分配利润(元)	1.0968	1.0684	0.9120	0.8620
净资产收益率(%)	5.2608	14.1791	6.7095	17.3107
加权净资产收益率(%)	5.3000	15.0100	6.7500	18.7900
净资产收益率(扣除)(%)	4.7906	12.9532	6.6367	17.1663
总资产(万元)	177387.93	177185.82	162067.91	158039.35
归属母公司股东权益(万元)	161608.65	159269.21	147039.10	142645.79
营业收入(万元)	41536.33	83563.16	39524.07	93111.07
营业支出(万元)	25168.82	47460.28	22247.78	53373.99
投资收益(万元)	1359.20	2167.57	130.76	–136.48
净利润(万元)	8396.00	22343.33	9737.03	24422.27
营业利润(万元)	9819.86	26338.02	11288.59	28302.36
利润总额(万元)	9932.82	26679.72	11341.48	28585.02

濮阳濮耐高温材料(集团)股份有限公司

公司概况	公司名称	濮阳濮耐高温材料(集团)股份有限公司			证券简称	濮耐股份
	法人代表	刘百宽	董秘	彭艳鸣	证券代码	002225
	公司网址	www.punai.com.cn		电子信箱	pengyanming@punai.com	
	电　话	0393-3214228		传　真	0393-3214218	
	办公地址	河南省濮阳市西环路中段				
	经营范围	耐火材料原料和制品、功能陶瓷材料、高温结构材料				

	指标\报告期	2017.06.30	2016.12.31	2016.06.30	2015.12.31
主要财务指标	基本每股收益(元)	0.0600	-0.2100	0.0600	0.1000
	基本每股收益(扣除后)(元)	0.0600	-0.2100	0.0500	0.0800
	稀释每股收益(元)	0.0600	-0.2100	0.0600	0.1000
	每股净资产(元)	2.6875	2.6707	2.9392	2.8851
	每股经营现金净流量(元)	0.0558	0.1997	0.0440	-0.0984
	每股现金流量(元)	0.2124	0.0650	-0.0190	0.0323
	每股资本公积金(元)	1.1137	1.1028	1.1028	1.0881
	每股盈余公积金(元)	0.1066	0.1078	0.0917	0.0907
	每股未分配利润(元)	0.5073	0.4694	0.7524	0.7179
	净资产收益率(%)	2.3319	-7.8618	1.9378	3.2960
	加权净资产收益率(%)	2.3500	-7.4500	1.9400	3.3800
	净资产收益率(扣除)(%)	2.2269	-8.0025	1.7561	2.6385
	总资产(万元)	488826.52	467989.47	501374.34	515485.50
	归属母公司股东权益(万元)	239278.25	235249.26	258907.09	256788.29
	营业收入(万元)	122940.28	233854.08	115191.07	279373.50
	营业支出(万元)	83237.73	163757.02	80445.26	196053.58
	投资收益(万元)	-37.29	-118.66	34.16	211.38
	净利润(万元)	6004.25	-17644.27	5402.00	8880.40
	营业利润(万元)	6656.23	-17848.52	5978.12	9297.16
	利润总额(万元)	7236.48	-16621.11	6649.41	11215.37

安徽江南化工股份有限公司

公司概况	公司名称	安徽江南化工股份有限公司			证券简称	江南化工
	法人代表	冯忠波	董秘	王敦福	证券代码	002226
	公司网址	www.ahjnhg.com		电子信箱	ahjnhg@ahjnhg.com	
	电　话	0551-65862589　65862558		传　真	0551-5862577	
	办公地址	安徽省合肥市政务文化新区怀宁路1639号平安大厦17层				
	经营范围	工业炸药的生产、销售、主要产品为胶状乳化炸药、粉状乳化炸药				

	指标\报告期	2017.06.30	2016.12.31	2016.06.30	2015.12.31
主要财务指标	基本每股收益(元)	0.0692	0.0747	0.0531	0.0450
	基本每股收益(扣除后)(元)	0.0557	0.0734	0.0483	0.0365
	稀释每股收益(元)	0.0692	0.0747	0.0531	0.0450
	每股净资产(元)	3.9687	4.0435	3.5244	3.9707
	每股经营现金净流量(元)	0.0353	0.2143	0.0258	0.2950
	每股现金流量(元)	-0.1044	0.1400	-0.0160	-0.3320
	每股资本公积金(元)	2.1335	2.1348	1.4084	1.4076
	每股盈余公积金(元)	0.0973	0.0973	0.1082	0.1082
	每股未分配利润(元)	0.4595	0.4454	0.4922	0.4392
	净资产收益率(%)	1.7432	1.6639	1.5053	1.1368
	加权净资产收益率(%)	1.7200	1.9300	1.4200	1.2700
	净资产收益率(扣除)(%)	1.4032	1.6357	1.3713	0.9225
	总资产(万元)	501725.97	512057.00	441450.93	463533.05
	归属母公司股东权益(万元)	361661.54	368476.35	278882.11	314194.41
	营业收入(万元)	67762.92	135203.04	61710.70	135808.65
	营业支出(万元)	36164.67	71788.63	32489.98	70926.70
	投资收益(万元)	834.95	1211.48	910.00	1903.76
	净利润(万元)	8288.31	8544.82	5294.38	7043.45
	营业利润(万元)	9610.69	11663.89	6324.80	10249.69
	利润总额(万元)	10419.22	11949.92	6809.19	10770.36

深圳奥特迅电力设备股份有限公司

公司概况	公司名称	深圳奥特迅电力设备股份有限公司			证券简称	奥特迅
	法人代表	廖晓霞	董秘	吴云虹	证券代码	002227
	公司网址	www.atc-a.com		电子信箱	atczq@vip.163.com	
	电　话	0755-26520515		传　真	0755-26520515	
	办公地址	广东省深圳市南山区高新技术产业园北区松坪山路3号奥特迅电力大厦				
	经营范围	生产经营高频开关电源、电力电源设备、无功补偿装置、绝缘监测装置				

	指标\报告期	2017.06.30	2016.12.31	2016.06.30	2015.12.31
主要财务指标	基本每股收益(元)	0.0048	0.0413	-0.0387	0.0438
	基本每股收益(扣除后)(元)	0.0031	0.0257	-0.0372	0.0289
	稀释每股收益(元)	0.0048	0.0413	-0.0387	0.0436
	每股净资产(元)	3.5937	3.5994	3.5224	3.5193
	每股经营现金净流量(元)	-0.1983	-0.1868	-0.5661	0.1275
	每股现金流量(元)	-0.3183	-0.1017	-0.4098	-0.0568
	每股资本公积金(元)	1.4202	1.4202	1.4024	1.3928
	每股盈余公积金(元)	0.2726	0.2695	0.2662	0.2559
	每股未分配利润(元)	0.9005	0.9092	0.8532	0.9020
	净资产收益率(%)	0.1333	1.1480	-1.0984	1.2313
	加权净资产收益率(%)	0.1300	1.1600	-1.1000	1.2600
	净资产收益率(扣除)(%)	0.0866	0.7136	-1.0586	0.8127
	总资产(万元)	97935.83	100056.88	95967.65	100947.65
	归属母公司股东权益(万元)	79277.00	79402.16	77668.31	77657.89
	营业收入(万元)	13772.60	36096.58	14583.76	34376.27
	营业支出(万元)	7839.90	24108.30	9871.23	22814.94
	投资收益(万元)	—	—	-	-
	净利润(万元)	72.75	904.11	-883.71	877.97
	营业利润(万元)	-83.79	109.91	-1185.73	359.83
	利润总额(万元)	-41.39	1042.17	-1035.64	1284.33

厦门合兴包装印刷股份有限公司

公司概况	公司名称	厦门合兴包装印刷股份有限公司			证券简称	合兴包装
	法人代表	许晓光	董秘	康春华	证券代码	002228
	公司网址	www.hxpp.com.cn		电子信箱	zqb@hxpp.com.cn	
	电　话	0592-7896162		传　真	0592-7896162	
	办公地址	福建省厦门市同安工业集中区梧侣路19号				
	经营范围	生产中高档瓦楞纸箱及纸、塑等各种包装印刷制品、研究和开发新型彩色印刷产品				

	指标\报告期	2017.06.30	2016.12.31	2016.06.30	2015.12.31
主要财务指标	基本每股收益(元)	0.0700	0.1000	0.0500	0.3200
	基本每股收益(扣除后)(元)	0.0700	0.0800	0.0400	0.3000
	稀释每股收益(元)	0.0700	0.1000	0.0500	0.3200
	每股净资产(元)	1.5837	1.5600	1.5167	4.2099
	每股经营现金净流量(元)	-0.3478	0.3751	0.0919	0.4304
	每股现金流量(元)	-0.1193	0.0175	-0.0388	0.3494
	每股资本公积金(元)	0.0108	0.0103	0.0124	1.8346
	每股盈余公积金(元)	0.0388	0.0366	0.0309	0.0829
	每股未分配利润(元)	0.5341	0.5175	0.4734	1.2923
	净资产收益率(%)	4.3028	6.3089	3.2205	7.3169
	加权净资产收益率(%)	4.2600	6.4400	3.2000	8.2800
	净资产收益率(扣除)(%)	4.2840	5.1916	2.7073	7.0109
	总资产(万元)	403994.19	370650.83	322679.94	298319.26
	归属母公司股东权益(万元)	165176.59	163161.88	158182.48	156813.04
	营业收入(万元)	254328.06	354237.31	161055.65	285247.40
	营业支出(万元)	215229.19	294085.66	132790.86	228991.35
	投资收益(万元)	57.93	269.97	98.16	213.61
	净利润(万元)	8904.47	12493.70	5911.02	12314.91
	营业利润(万元)	11191.28	13440.64	6177.90	15357.10
	利润总额(万元)	11530.75	15706.25	7727.02	15988.87

鸿博股份有限公司

公司概况	公司名称	鸿博股份有限公司			证券简称	鸿博股份
	法人代表	尤友岳	董秘	陈显章	证券代码	002229
	公司网址	www.hb-print.com.cn		电子信箱	hongbo_printing@hb-group.com.cn	
	电　　话	0591-88070028		传　　真	0591-83840666	
	办公地址	福建省福州市金山开发区金达路 136 号				
	经营范围	出版物、包装装潢印刷品、其他印刷品印刷、磁卡、智能卡的研制与加工等				

主要财务指标	指标\报告期	2017.06.30	2016.12.31	2016.06.30	2015.12.31
	基本每股收益(元)	−0.0331	0.0409	−0.0636	0.0308
	基本每股收益(扣除后)(元)	−0.0375	0.0014	−0.0640	−0.0969
	稀释每股收益(元)	−0.0331	0.0409	−0.0636	0.0308
	每股净资产(元)	3.2047	4.9445	2.8654	2.9212
	每股经营现金净流量(元)	−0.0989	0.3807	−0.4468	0.3375
	每股现金流量(元)	−1.1983	1.5580	−0.8857	0.9868
	每股资本公积金(元)	1.7966	3.1905	1.1212	1.1212
	每股盈余公积金(元)	0.0820	0.1237	0.1319	0.1319
	每股未分配利润(元)	0.3746	0.6303	0.6123	0.6680
	净资产收益率(%)	−1.0314	0.7697	−2.2196	1.0531
	加权净资产收益率(%)	−1.0100	1.1200	−2.2000	1.0600
	净资产收益率(扣除)(%)	−1.1672	0.0267	−2.2329	−3.3174
	总资产(万元)	219482.22	243370.95	180810.57	204580.87
	归属母公司股东权益(万元)	161115.08	164733.80	85442.81	87105.69
	营业收入(万元)	29035.05	84637.66	38963.41	66071.61
	营业支出(万元)	23568.41	58939.22	27330.86	50152.82
	投资收益(万元)	602.59	1360.20	210.00	4552.03
	净利润(万元)	−1861.96	4104.52	−502.28	1696.09
	营业利润(万元)	−2233.46	5872.17	−608.09	892.15
	利润总额(万元)	−2011.21	6523.68	−564.51	1822.25

科大讯飞股份有限公司

公司概况	公司名称	科大讯飞股份有限公司			证券简称	科大讯飞
	法人代表	刘庆峰	董秘	江涛	证券代码	002230
	公司网址	www.iflytek.com		电子信箱	xunfei@iflytek.com	
	电　　话	0551-5331880		传　　真	0551-5331802	
	办公地址	安徽省合肥市高新开发区望江西路 666 号				
	经营范围	语音核心技术及其相关产品研发、生产与销售				

主要财务指标	指标\报告期	2017.06.30	2016.12.31	2016.06.30	2015.12.31
	基本每股收益(元)	0.0800	0.3700	0.1200	0.3400
	基本每股收益(扣除后)(元)	0.0600	0.2000	0.0700	0.2600
	稀释每股收益(元)	0.0800	0.3700	0.1200	0.3400
	每股净资产(元)	5.8852	5.3679	4.8723	4.8714
	每股经营现金净流量(元)	−0.5265	0.2275	−0.3530	0.4007
	每股现金流量(元)	−0.2046	−0.1098	−0.2369	1.2263
	每股资本公积金(元)	3.7333	3.1329	2.8717	2.8846
	每股盈余公积金(元)	0.0801	0.0846	0.0764	0.0768
	每股未分配利润(元)	1.0720	1.1507	0.9241	0.9100
	净资产收益率(%)	1.3127	6.8602	2.4425	6.7855
	加权净资产收益率(%)	1.4400	7.5000	2.4100	9.1700
	净资产收益率(扣除)(%)	0.9650	3.6135	1.4044	5.0457
	总资产(万元)	1168623.55	1041394.24	917364.96	839034.14
	归属母公司股东权益(万元)	817271.60	706143.87	630358.87	626773.45
	营业收入(万元)	210236.27	332047.67	146211.03	250079.91
	营业支出(万元)	107548.49	164298.43	76349.31	127803.06
	投资收益(万元)	−265.32	14656.08	2190.10	3911.29
	净利润(万元)	10110.06	49677.83	14606.56	43658.43
	营业利润(万元)	13383.11	38374.64	10447.54	29774.83
	利润总额(万元)	13103.74	56085.97	18286.59	46454.17

奥维通信股份有限公司

公司概况	公司名称	奥维通信股份有限公司			证券简称	奥维通信
	法人代表	杜方	董秘	吕琦	证券代码	002231
	公司网址	www.syallwin.com		电子信箱	pub@syallwin.com	
	电　　话	024-83782200		传　　真	024-83782200	
	办公地址	辽宁省沈阳市浑南新区高歌路 6 号				
	经营范围	通信产品、视频监控设备、广播电视发射设备、无线电发射与接收设备等				

主要财务指标	指标\报告期	2017.06.30	2016.12.31	2016.06.30	2015.12.31
	基本每股收益(元)	−0.0435	0.0203	−0.0545	0.0248
	基本每股收益(扣除后)(元)	−0.0428	0.0036	−0.0624	0.0124
	稀释每股收益(元)	−0.0435	0.0203	−0.0545	0.0248
	每股净资产(元)	1.8537	1.8972	1.7870	1.8412
	每股经营现金净流量(元)	−0.1846	0.0994	−0.0963	0.1690
	每股现金流量(元)	−0.1805	0.0612	−0.1149	0.0619
	每股资本公积金(元)	0.4633	0.4633	0.4265	0.4265
	每股盈余公积金(元)	0.0820	0.0820	0.0799	0.0799
	每股未分配利润(元)	0.3084	0.3519	0.2806	0.3348
	净资产收益率(%)	−2.3477	1.0709	−3.0482	1.3494
	加权净资产收益率(%)	−2.3200	1.1000	−3.0000	1.3500
	净资产收益率(扣除)(%)	−2.3087	0.1873	−3.4910	0.6759
	总资产(万元)	81538.38	87335.38	81192.29	84945.84
	归属母公司股东权益(万元)	66139.89	67692.65	63760.84	65693.38
	营业收入(万元)	14317.46	47946.88	13934.51	38980.12
	营业支出(万元)	13077.59	36528.49	11474.35	29163.74
	投资收益(万元)	0.14	0.14	–	–
	净利润(万元)	−1552.76	307.15	−2235.90	472.88
	营业利润(万元)	−1411.42	45.18	−2289.39	133.35
	利润总额(万元)	−1437.36	814.99	−1978.32	821.03

启明信息技术股份有限公司

公司概况	公司名称	启明信息技术股份有限公司			证券简称	启明信息
	法人代表	董海洋	董秘	高英	证券代码	002232
	公司网址	www.qm.cn		电子信箱	qm@qm.cn	
	电　　话	0431-89603547		传　　真	0431-89603547	
	办公地址	吉林省长春市净月高新技术产业开发区百合街 1009 号				
	经营范围	软件开发、汽车电子、技术服务、系统集成、硬件销售五大类				

主要财务指标	指标\报告期	2017.06.30	2016.12.31	2016.06.30	2015.12.31
	基本每股收益(元)	0.0147	0.1119	0.0030	0.0077
	基本每股收益(扣除后)(元)	0.0147	0.0060	−0.0077	0.0355
	稀释每股收益(元)	0.0147	0.1119	0.0030	0.0077
	每股净资产(元)	2.4877	2.5730	2.4640	2.4621
	每股经营现金净流量(元)	−0.4235	0.3392	−0.2988	0.5776
	每股现金流量(元)	−0.5109	0.3440	−0.2999	0.5460
	每股资本公积金(元)	0.6410	0.6410	0.6410	0.6410
	每股盈余公积金(元)	0.1394	0.1394	0.1316	0.1316
	每股未分配利润(元)	0.7073	0.7926	0.6915	0.6895
	净资产收益率(%)	0.5927	4.3491	0.1203	0.3112
	加权净资产收益率(%)	0.5300	4.4300	0.1200	0.3100
	净资产收益率(扣除)(%)	0.1562	0.2329	−0.3112	1.4419
	总资产(万元)	167961.99	172142.86	161447.53	168094.73
	归属母公司股东权益(万元)	101636.53	105119.52	100667.65	100587.38
	营业收入(万元)	57543.81	126987.45	37235.18	138899.21
	营业支出(万元)	50089.42	103021.71	29747.67	109470.82
	投资收益(万元)	—	—	–	–
	净利润(万元)	995.88	5027.95	269.88	460.73
	营业利润(万元)	770.95	128.05	−123.93	2435.13
	利润总额(万元)	1293.83	5324.06	395.25	1097.27

广东塔牌集团股份有限公司

公司概况					
公司名称	广东塔牌集团股份有限公司			证券简称	塔牌集团
法人代表	何坤皇	董秘	曾皓平	证券代码	002233
公司网址	www.tapai.com		电子信箱	gdtpzhp@126.com	
电　话	0753-7887036		传　真	0753-7887233	
办公地址	广东省梅州市蕉岭县蕉城镇(塔牌大厦)				
经营范围	制造水泥、水泥熟料;制造、加工、销售建筑材料、水泥机械及零部件等				

主要财务指标 指标\报告期	2017.06.30	2016.12.31	2016.06.30	2015.12.31
基本每股收益(元)	0.3472	0.5077	0.1231	0.4258
基本每股收益(扣除后)(元)	0.3160	0.4697	0.1153	0.3787
稀释每股收益(元)	0.3472	0.5077	0.1231	0.4258
每股净资产(元)	5.3682	5.2284	4.8330	4.8900
每股经营现金净流量(元)	0.1295	1.0854	0.1455	1.1721
每股现金流量(元)	-0.3989	0.3449	0.1706	-0.2274
每股资本公积金(元)	1.2010	1.2010	1.2010	1.2010
每股盈余公积金(元)	0.3178	0.3178	0.2566	0.2566
每股未分配利润(元)	2.7743	2.6371	2.3138	2.3707
净资产收益率(%)	6.4678	9.7107	2.5467	8.7142
加权净资产收益率(%)	6.5500	10.1000	2.5200	8.9000
净资产收益率(扣除)(%)	5.8874	8.9835	2.3849	7.7485
总资产(万元)	654619.45	673378.71	583504.50	603495.14
归属母公司股东权益(万元)	480269.22	467764.55	432387.07	437204.44
营业收入(万元)	197167.71	362916.65	152878.26	383374.68
营业支出(万元)	142356.71	268187.47	120797.45	293977.81
投资收益(万元)	3879.49	3411.27	2303.63	3919.11
净利润(万元)	31095.46	45467.34	11027.61	38046.57
营业利润(万元)	41979.88	60061.19	14668.20	50336.74
利润总额(万元)	41666.01	60436.58	14851.01	51300.16

山东民和牧业股份有限公司

公司概况					
公司名称	山东民和牧业股份有限公司			证券简称	民和股份
法人代表	孙希民	董秘	张东明	证券代码	002234
公司网址	www.minhe.cn		电子信箱	minhe7525@126.com	
电　话	0535-5637723		传　真	0535-5855999	
办公地址	山东省烟台蓬莱市南关路2-3号				
经营范围	羊、牛的饲养;种鸡饲养;种蛋、鸡苗销售				

主要财务指标 指标\报告期	2017.06.30	2016.12.31	2016.06.30	2015.12.31
基本每股收益(元)	-0.6000	0.5100	0.5100	-1.0400
基本每股收益(扣除后)(元)	-0.6100	0.5100	0.4900	-1.0800
稀释每股收益(元)	-0.6000	0.5100	0.5100	-1.0400
每股净资产(元)	2.8072	3.4116	3.4140	2.9024
每股经营现金净流量(元)	-0.1690	0.9391	0.4487	0.5905
每股现金流量(元)	-0.1650	0.3422	0.6124	-0.3799
每股资本公积金(元)	2.8535	2.8535	2.8535	2.8535
每股盈余公积金(元)	0.3922	0.3922	0.3922	0.3922
每股未分配利润(元)	-1.4384	-0.8341	-0.8316	-1.3432
净资产收益率(%)	-21.5289	14.9245	14.9860	-35.9918
加权净资产收益率(%)	-19.4400	16.1300	16.2000	-30.5000
净资产收益率(扣除)(%)	-21.7538	14.8721	14.3097	-37.2408
总资产(万元)	216691.58	217868.67	217119.42	180905.69
归属母公司股东权益(万元)	84790.82	103045.34	103119.84	87666.35
营业收入(万元)	44990.77	140870.29	64666.93	90079.97
营业支出(万元)	52657.90	97342.81	41630.92	96423.43
投资收益(万元)	-1972.10	-1185.36	-678.21	-2623.69
净利润(万元)	-18254.52	15378.98	15453.49	-31552.73
营业利润(万元)	-18435.05	14576.49	14793.12	-32561.58
利润总额(万元)	-18244.30	15450.31	15490.45	-31466.66

厦门安妮股份有限公司

公司概况					
公司名称	厦门安妮股份有限公司			证券简称	安妮股份
法人代表	张杰	董秘	黄清华(代)	证券代码	002235
公司网址	www.anne.com.cn		电子信箱	anne@anne.com.cn	
电　话	0592-3152372		传　真	0592-3152406	
办公地址	福建省厦门市集美区杏林锦园南路99号				
经营范围	从事商务信息用纸的研发、生产、销售及综合应用服务				

主要财务指标 指标\报告期	2017.06.30	2016.12.31	2016.06.30	2015.12.31
基本每股收益(元)	0.0910	0.0366	0.0200	0.0558
基本每股收益(扣除后)(元)	0.0600	0.0148	0.0100	0.0356
稀释每股收益(元)	0.0910	0.0366	0.0200	0.0558
每股净资产(元)	5.8290	5.7378	1.2638	1.8662
每股经营现金净流量(元)	-0.2007	0.1801	-0.0852	0.5912
每股现金流量(元)	-0.2928	1.0880	-0.0964	0.1861
每股资本公积金(元)	4.7120	4.7120	0.2476	0.8713
每股盈余公积金(元)	0.0474	0.0474	0.0670	0.1005
每股未分配利润(元)	0.0697	-0.0216	-0.0507	-0.1057
净资产收益率(%)	1.5643	0.4912	1.5590	2.9903
加权净资产收益率(%)	1.5800	1.4800	1.5700	3.0400
净资产收益率(扣除)(%)	0.9982	0.1977	0.6380	1.9082
总资产(万元)	267859.41	267840.97	63469.44	64746.61
归属母公司股东权益(万元)	241168.69	237392.30	36967.38	36391.07
营业收入(万元)	28606.44	43055.10	15555.56	43568.31
营业支出(万元)	20547.47	29773.49	11393.53	32244.61
投资收益(万元)	876.17	156.71	153.76	-67.64
净利润(万元)	3714.82	1149.58	867.92	2198.38
营业利润(万元)	3359.06	1567.79	884.23	2586.12
利润总额(万元)	3890.45	1952.55	1074.64	2747.54

浙江大华技术股份有限公司

公司概况					
公司名称	浙江大华技术股份有限公司			证券简称	大华股份
法人代表	傅利泉	董秘	吴坚	证券代码	002236
公司网址	www.dahuatech.com		电子信箱	zqsw@dahuatech.com	
电　话	0571-28939522		传　真	0571-28051737	
办公地址	浙江省杭州市滨江区滨安路1199号				
经营范围	计算机软件的开发、服务、销售;电子产品及通讯产品的设计、开发、生产、安装及销售等				

主要财务指标 指标\报告期	2017.06.30	2016.12.31	2016.06.30	2015.12.31
基本每股收益(元)	0.3400	0.6300	0.2500	1.2000
基本每股收益(扣除后)(元)	0.3400	0.6000	0.2400	1.1800
稀释每股收益(元)	0.3400	0.6300	0.2500	1.1800
每股净资产(元)	3.1291	2.8400	2.4530	5.5975
每股经营现金净流量(元)	-0.3178	0.1624	-0.2296	0.1731
每股现金流量(元)	-0.1745	0.1289	-0.1824	0.3783
每股资本公积金(元)	0.2059	0.2033	0.2009	1.2057
每股盈余公积金(元)	0.2475	0.2475	0.1822	0.4554
每股未分配利润(元)	1.6742	1.4351	1.1156	3.1771
净资产收益率(%)	10.8375	22.1585	9.9792	21.1368
加权净资产收益率(%)	11.2900	24.8000	10.4300	23.5900
净资产收益率(扣除)(%)	10.7006	20.8713	9.7615	20.7993
总资产(万元)	1699798.62	1536639.79	1188399.11	1150347.08
归属母公司股东权益(万元)	907036.60	823701.14	711219.01	649248.36
营业收入(万元)	746466.49	1332909.40	494974.69	1007783.34
营业支出(万元)	452004.08	830333.05	304678.51	632672.98
投资收益(万元)	-1401.85	664.28	1278.21	1401.35
净利润(万元)	97982.37	181015.23	71037.09	138112.35
营业利润(万元)	111721.51	143349.72	57480.70	120181.65
利润总额(万元)	113318.44	201233.75	81676.49	157824.71

山东恒邦冶炼股份有限公司

公司概况	公司名称	山东恒邦冶炼股份有限公司		证券简称	恒邦股份
	法人代表	曲胜利	董秘	夏晓波	证券代码	002237
	公司网址	www.hbyl.cn		电子信箱	manage@humon.cn
	电 话	0535-4631769		传 真	0535-4631176
	办公地址	山东省烟台市牟平区水道镇金政街 11 号			
	经营范围	黄金的采选、冶炼及化工生产			

主要财务指标 指标\报告期	2017.06.30	2016.12.31	2016.06.30	2015.12.31
基本每股收益(元)	0.2200	0.2200	0.1200	0.2000
基本每股收益(扣除后)(元)	0.2600	0.3600	0.1150	0.1200
稀释每股收益(元)	0.2200	0.2200	0.1200	0.2000
每股净资产(元)	4.4442	4.1913	4.0078	4.0194
每股经营现金净流量(元)	−0.1064	0.2854	0.8371	0.9637
每股现金流量(元)	−0.1667	0.2904	0.3484	−0.2204
每股资本公积金(元)	1.0784	1.0784	1.0789	1.0789
每股盈余公积金(元)	0.2722	0.2722	0.2480	0.2480
每股未分配利润(元)	2.0796	1.8627	1.7857	1.6636
净资产收益率(%)	4.8801	5.3283	3.0472	4.9388
加权净资产收益率(%)	5.0300	5.3900	2.9900	3.4300
净资产收益率(扣除)(%)	5.7374	8.5757	2.8757	2.9279
总资产(万元)	1379859.68	1328502.41	1130499.82	1178844.39
归属母公司股东权益(万元)	404602.17	381576.14	364873.85	365922.19
营业收入(万元)	1024931.33	1639742.42	752813.42	1414400.60
营业支出(万元)	959619.98	1528557.35	709613.25	1327330.96
投资收益(万元)	9046.89	−6112.09	−2441.45	9178.64
净利润(万元)	19857.07	20418.70	11087.35	16297.42
营业利润(万元)	23481.16	36955.39	13168.10	20073.65
利润总额(万元)	23642.63	25307.92	14016.11	19849.32

深圳市天威视讯股份有限公司

公司概况	公司名称	深圳市天威视讯股份有限公司		证券简称	天威视讯
	法人代表	郑鼎文	董秘	林杨	证券代码	002238
	公司网址	www.topway.com.cn		电子信箱	do@topway.cn
	电 话	0755-83067777		传 真	0755-83067777
	办公地址	广东省深圳市福田区彩田路 6001 号			
	经营范围	有线广播电视网络及其他通讯网络规划建设及技术服务等			

主要财务指标 指标\报告期	2017.06.30	2016.12.31	2016.06.30	2015.12.31
基本每股收益(元)	0.2121	0.4942	0.2576	0.5292
基本每股收益(扣除后)(元)	0.2062	0.4700	0.2508	0.5100
稀释每股收益(元)	0.2121	0.4900	0.2576	0.5292
每股净资产(元)	4.2521	4.3798	4.1247	4.8439
每股经营现金净流量(元)	0.2657	1.0537	0.3993	1.3916
每股现金流量(元)	−0.2462	−0.0388	−0.1141	0.3969
每股资本公积金(元)	0.3565	0.3963	0.3956	0.6756
每股盈余公积金(元)	0.3671	0.3671	0.3435	0.4122
每股未分配利润(元)	2.5285	2.6164	2.3856	2.7560
净资产收益率(%)	4.9880	11.2432	6.1955	10.9243
加权净资产收益率(%)	4.7400	11.7200	6.1600	11.3600
净资产收益率(扣除)(%)	4.8493	10.7427	6.0815	10.4404
总资产(万元)	373951.69	379420.09	366440.16	358033.91
归属母公司股东权益(万元)	262503.72	270387.81	254642.30	249197.33
营业收入(万元)	78821.32	169295.93	82173.76	178876.84
营业支出(万元)	49258.59	105890.45	52019.25	118214.70
投资收益(万元)	−449.04	1142.57	576.37	-
净利润(万元)	13237.64	30478.80	15679.22	28072.66
营业利润(万元)	13137.21	30298.15	15518.97	27963.05
利润总额(万元)	13237.73	31025.46	15862.60	28656.90

奥特佳新能源科技股份有限公司

公司概况	公司名称	奥特佳新能源科技股份有限公司		证券简称	奥特佳
	法人代表	张永明	董秘	郑维龙	证券代码	002239
	公司网址	www.aotecar002239.com		电子信箱	aotecar002239@126.com
	电 话	0513-80169096 80167888		传 真	0513-80167999
	办公地址	江苏省南通市高新技术产业开发区文昌路 666 号			
	经营范围	生产服装及服装辅料、梭织面料、针织面料，销售自产产品			

主要财务指标 指标\报告期	2017.06.30	2016.12.31	2016.06.30	2015.12.31
基本每股收益(元)	0.0589	0.4100	0.1700	0.2800
基本每股收益(扣除后)(元)	0.0578	0.3900	0.1600	0.2400
稀释每股收益(元)	0.0589	0.4100	0.1700	0.2800
每股净资产(元)	1.5992	4.3700	3.7343	3.5659
每股经营现金净流量(元)	0.0504	0.4539	0.1056	0.1362
每股现金流量(元)	−0.0277	0.1520	−0.0688	0.1594
每股资本公积金(元)	0.2869	2.6034	2.1930	2.1938
每股盈余公积金(元)	0.0080	0.0224	0.0132	0.0132
每股未分配利润(元)	0.2973	0.7273	0.5192	0.3531
净资产收益率(%)	3.6855	9.1235	4.4459	5.8357
加权净资产收益率(%)	3.7000	10.5500	4.5500	9.0000
净资产收益率(扣除)(%)	3.6140	8.7229	4.1951	5.1022
总资产(万元)	853508.74	833750.77	708626.26	669504.57
归属母公司股东权益(万元)	500766.83	488924.13	400679.69	382615.84
营业收入(万元)	268802.24	522939.46	245536.67	248356.00
营业支出(万元)	211454.93	399653.96	188849.60	185535.82
投资收益(万元)	1375.28	3916.44	1930.19	729.83
净利润(万元)	18382.38	45045.17	17876.72	22321.62
营业利润(万元)	21207.66	49720.55	20108.66	22032.68
利润总额(万元)	21651.29	52264.26	21496.04	25586.79

广东威华股份有限公司

公司概况	公司名称	广东威华股份有限公司		证券简称	威华股份
	法人代表	王天广	董秘	邓伟军	证券代码	002240
	公司网址	www.weihuaonline.com		电子信箱	002240@gdweihua.cn
	电 话	0755-82557707		传 真	0755-82725977
	办公地址	广东省深圳市福田区华富路 1018 号中航中心 31 楼 3101-3102			
	经营范围	人造板、家私、木材、木制品加工和销售以及造林工程设计、林木种植等业务			

主要财务指标 指标\报告期	2017.06.30	2016.12.31	2016.06.30	2015.12.31
基本每股收益(元)	0.0159	0.0500	−0.1300	−0.3970
基本每股收益(扣除后)(元)	0.0040	−0.2009	−0.1222	−0.3970
稀释每股收益(元)	0.0159	0.0500	−0.1300	−0.3970
每股净资产(元)	2.9004	2.8857	2.6938	2.8236
每股经营现金净流量(元)	0.1175	0.1020	−0.0480	0.2037
每股现金流量(元)	−0.1146	0.0581	0.1226	−0.0121
每股资本公积金(元)	1.9554	1.9565	1.9422	1.9422
每股盈余公积金(元)	0.1706	0.1706	0.1668	0.1668
每股未分配利润(元)	−0.2256	−0.2414	−0.4152	−0.2853
净资产收益率(%)	0.5465	1.6529	−4.8215	−14.0612
加权净资产收益率(%)	0.5500	1.6800	−4.7100	−13.1400
净资产收益率(扣除)(%)	0.1394	−6.9577	−4.5370	−14.1959
总资产(万元)	249659.77	252243.61	239430.63	240202.82
归属母公司股东权益(万元)	142325.36	141600.59	132184.18	138557.43
营业收入(万元)	87266.90	140156.52	57837.21	143984.60
营业支出(万元)	80346.74	129449.20	53906.15	135592.85
投资收益(万元)	−26.68	9377.53	18662.27	-
净利润(万元)	929.30	2167.40	−6439.19	−19888.00
营业利润(万元)	469.17	−5194.02	−6692.98	−24617.64
利润总额(万元)	1181.41	2136.42	−6263.95	−19690.19

歌尔股份有限公司

公司概况	公司名称	歌尔股份有限公司		证券简称	歌尔股份	
	法人代表	姜滨	董秘	贾军安	证券代码	002241
	公司网址	www.goertek.com		电子信箱	ir@goertek.com	
	电　话	0536-8525688		传　真	0536-8525669	
	办公地址	山东省潍坊市高新技术产业开发区东方路268号				
	经营范围	微型电声元器件和消费类电声产品的研发、制造和销售				

主要财务指标	指标\报告期	2017.06.30	2016.12.31	2016.06.30	2015.12.31
	基本每股收益(元)	0.2300	1.0800	0.3100	0.8200
	基本每股收益(扣除后)(元)	0.2100	1.0500	0.2800	0.7900
	稀释每股收益(元)	0.2300	1.0800	0.3100	0.8200
	每股净资产(元)	4.2200	7.1040	6.3728	6.1614
	每股经营现金净流量(元)	0.4660	1.4861	0.2898	1.5782
	每股现金流量(元)	-0.0678	-0.4598	-1.2486	-0.1221
	每股资本公积金(元)	0.9295	1.3079	1.3363	1.3356
	每股盈余公积金(元)	0.2281	0.4848	0.4059	0.4060
	每股未分配利润(元)	2.0646	4.0679	3.3768	3.1665
	净资产收益率(%)	5.2506	15.2279	4.8748	13.3028
	加权净资产收益率(%)	6.4600	16.3000	4.9200	14.0800
	净资产收益率(扣除)(%)	4.7053	14.7400	4.4021	12.8858
	总资产(万元)	2484588.24	2291209.25	2029018.82	1924794.60
	归属母公司股东权益(万元)	1369054.56	1084523.48	972879.62	940512.14
	营业收入(万元)	997393.75	1928780.76	654509.90	1365602.58
	营业支出(万元)	776579.70	1496906.02	504632.97	1025614.50
	投资收益(万元)	511.23	186.55	-281.21	23.64
	净利润(万元)	70656.51	160894.94	46278.29	124040.54
	营业利润(万元)	76340.63	184179.17	49990.46	144273.56
	利润总额(万元)	85489.68	190472.22	55620.56	149058.06

九阳股份有限公司

公司概况	公司名称	九阳股份有限公司		证券简称	九阳股份	
	法人代表	王旭宁	董秘	韩润	证券代码	002242
	公司网址	www.joyoung.com		电子信箱	shaojisheng@joyoung.com	
	电　话	0571-81639093 81639178		传　真	0571-81639096	
	办公地址	山东省济南市槐荫区经十路28038号				
	经营范围	豆浆机和厨房小家电产品的研发、生产和销售				

主要财务指标	指标\报告期	2017.06.30	2016.12.31	2016.06.30	2015.12.31
	基本每股收益(元)	0.4700	0.9100	0.4700	0.8100
	基本每股收益(扣除后)(元)	0.4200	0.7800	0.4000	0.7100
	稀释每股收益(元)	0.4700	0.9100	0.4700	0.8100
	每股净资产(元)	4.9589	4.4868	4.0376	4.2664
	每股经营现金净流量(元)	-0.0756	1.3116	-0.0899	1.1218
	每股现金流量(元)	0.3554	-0.3793	-0.3116	-0.2899
	每股资本公积金(元)	1.2204	1.2185	1.2165	1.2172
	每股盈余公积金(元)	0.5183	0.5183	0.5183	0.5182
	每股未分配利润(元)	2.2328	1.7620	1.3269	1.5527
	净资产收益率(%)	9.4909	20.2591	11.7369	18.9303
	加权净资产收益率(%)	9.9700	21.3600	10.5200	19.7200
	净资产收益率(扣除)(%)	8.3901	17.3211	10.0228	16.6139
	总资产(万元)	518460.85	559256.30	462684.64	589059.70
	归属母公司股东权益(万元)	380608.18	344400.99	309915.84	327538.14
	营业收入(万元)	326881.40	731480.46	331000.44	706008.91
	营业支出(万元)	221518.54	492295.44	222836.82	480884.57
	投资收益(万元)	2856.44	3554.54	319.62	3926.92
	净利润(万元)	36833.39	73336.23	37898.18	67092.45
	营业利润(万元)	44129.81	75634.69	40915.42	74567.62
	利润总额(万元)	44318.27	85405.73	45710.51	79056.71

深圳市通产丽星股份有限公司

公司概况	公司名称	深圳市通产丽星股份有限公司		证券简称	通产丽星	
	法人代表	陈寿	董秘	彭晓华	证券代码	002243
	公司网址	www.beautystar.cn		电子信箱	bs@beautystar.cn	
	电　话	0755-28483234		传　真	0755-28483900*8102	
	办公地址	广东省深圳市龙岗区龙岗大道(坪地段)1001号				
	经营范围	化妆品塑料包装的生产和销售				

主要财务指标	指标\报告期	2017.06.30	2016.12.31	2016.06.30	2015.12.31
	基本每股收益(元)	0.0701	0.0720	0.0273	0.0209
	基本每股收益(扣除后)(元)	0.0570	0.0398	0.0173	-0.0163
	稀释每股收益(元)	0.0701	0.0720	0.0273	0.0209
	每股净资产(元)	4.0548	4.0347	3.9899	3.9627
	每股经营现金净流量(元)	0.0223	0.5461	0.1282	0.3769
	每股现金流量(元)	-0.3853	0.4275	0.0595	-0.2714
	每股资本公积金(元)	2.0818	2.0818	2.0818	2.0818
	每股盈余公积金(元)	0.0952	0.0952	0.0903	0.0903
	每股未分配利润(元)	0.8778	0.8577	0.8179	0.7906
	净资产收益率(%)	1.7291	1.7847	0.6838	0.5280
	加权净资产收益率(%)	1.7300	1.8000	0.6900	0.5300
	净资产收益率(扣除)(%)	1.4069	0.9873	0.4344	-0.3443
	总资产(万元)	185278.29	180988.07	174343.62	175662.94
	归属母公司股东权益(万元)	147978.68	147244.70	145612.49	144616.85
	营业收入(万元)	56642.98	105663.01	50689.25	102097.20
	营业支出(万元)	43702.82	84707.89	40610.94	84742.90
	投资收益(万元)	39.22	46.76	1.44	109.15
	净利润(万元)	3037.34	3422.10	1198.02	1311.14
	营业利润(万元)	3550.66	2867.04	1275.93	407.79
	利润总额(万元)	3460.94	3958.30	1680.72	1584.67

杭州滨江房产集团股份有限公司

公司概况	公司名称	杭州滨江房产集团股份有限公司		证券简称	滨江集团	
	法人代表	戚金兴	董秘	李渊	证券代码	002244
	公司网址	www.binjiang.com.cn		电子信箱	office@binjiang.com.cn	
	电　话	0571-86987771		传　真	0571-86987779	
	办公地址	浙江省杭州市庆春东路38号				
	经营范围	房地产开发、房屋建筑、商品房销售、水电安装、室内外装潢				

主要财务指标	指标\报告期	2017.06.30	2016.12.31	2016.06.30	2015.12.31
	基本每股收益(元)	0.3000	0.4600	0.2300	0.3700
	基本每股收益(扣除后)(元)	0.2200	0.4500	0.2300	0.3700
	稀释每股收益(元)	0.3000	0.4600	0.2300	0.3700
	每股净资产(元)	4.3524	4.1121	3.8784	3.2414
	每股经营现金净流量(元)	1.2810	4.2203	2.1645	2.9766
	每股现金流量(元)	0.0504	1.7412	1.0169	0.6280
	每股资本公积金(元)	0.7603	0.7514	0.7514	0.0089
	每股盈余公积金(元)	0.2350	0.2350	0.2241	0.2579
	每股未分配利润(元)	2.3483	2.1205	1.8985	1.9732
	净资产收益率(%)	6.7967	10.9328	5.5872	11.4419
	加权净资产收益率(%)	6.9400	12.2100	6.4500	12.0200
	净资产收益率(扣除)(%)	5.0050	10.4782	5.5877	11.3197
	总资产(万元)	5208061.96	4954482.94	4820310.31	4223021.76
	归属母公司股东权益(万元)	1354216.17	1279454.06	1206728.63	876479.08
	营业收入(万元)	496768.20	1945224.54	842151.64	1261755.52
	营业支出(万元)	285382.24	1457976.15	591374.19	854566.77
	投资收益(万元)	32099.34	7649.71	1.96	87.41
	净利润(万元)	120801.32	197098.56	86177.61	150385.65
	营业利润(万元)	167989.83	283003.66	128863.12	206642.78
	利润总额(万元)	168320.23	281577.30	127956.96	207164.48

江苏澳洋顺昌股份有限公司

公司概况	公司名称	江苏澳洋顺昌股份有限公司			证券简称	澳洋顺昌
	法人代表	沈学如	董秘	林文华	证券代码	002245
	公司网址	www.aucksun.com		电子信箱	secretary@aucksun.com	
	电　话	0512-58161276		传　真	0512-58161233	
	办公地址	江苏省张家港市杨舍镇新泾中路 10 号				
	经营范围	从事冷轧钢板的涂层生产及涂层板、镀锌板、铝合金板等金属材料的加工等				

	指标＼报告期	2017.06.30	2016.12.31	2016.06.30	2015.12.31
主要财务指标	基本每股收益(元)	0.1516	0.2110	0.0917	0.2493
	基本每股收益(扣除后)(元)	0.1349	0.1708	0.0759	0.1771
	稀释每股收益(元)	0.1487	0.2107	0.0912	0.2476
	每股净资产(元)	2.1663	1.9490	1.8008	1.6733
	每股经营现金净流量(元)	−0.0567	0.1523	0.1034	0.3691
	每股现金流量(元)	−0.1119	0.0584	−0.0322	0.0545
	每股资本公积金(元)	0.2605	0.1005	0.0778	0.0619
	每股盈余公积金(元)	0.0856	0.0867	0.0653	0.0654
	每股未分配利润(元)	0.8260	0.7096	0.6105	0.5500
	净资产收益率(%)	6.9273	10.8182	5.0680	14.8200
	加权净资产收益率(%)	7.3100	11.6100	5.3000	15.9300
	净资产收益率(扣除)(%)	6.1684	8.7559	4.1943	10.5288
	总资产(万元)	555060.60	502682.01	388447.55	248779.53
	归属母公司股东权益(万元)	213870.74	190070.01	175614.59	162912.22
	营业收入(万元)	148864.55	192598.94	69897.12	158438.16
	营业支出(万元)	114285.55	151508.49	54382.06	125688.56
	投资收益(万元)	8.00	−50.00	6.71	78.25
	净利润(万元)	21859.09	26612.65	11038.80	27913.18
	营业利润(万元)	23370.54	27626.19	12061.72	25693.91
	利润总额(万元)	26243.92	32481.49	13883.32	34754.08

四川北方硝化棉股份有限公司

公司概况	公司名称	四川北方硝化棉股份有限公司			证券简称	北化股份
	法人代表	黄万福	董秘	黄卫平	证券代码	002246
	公司网址	www.sn-nc.com		电子信箱	cngchwp@126.com	
	电　话	0830-2796927		传　真	0830-2796924	
	办公地址	四川省成都市锦江工业园三色路 209 号火炬动力港南区 8 栋 9 楼				
	经营范围	硝化棉产品的研发、生产与销售				

	指标＼报告期	2017.06.30	2016.12.31	2016.06.30	2015.12.31
主要财务指标	基本每股收益(元)	0.0600	0.2000	0.0900	0.1300
	基本每股收益(扣除后)(元)	0.0500	0.1800	0.0800	0.1000
	稀释每股收益(元)	0.0600	0.2000	0.0900	0.1300
	每股净资产(元)	3.0111	2.9688	2.8575	2.7831
	每股经营现金净流量(元)	0.2231	0.1756	0.2325	0.2049
	每股现金流量(元)	0.1691	0.1107	0.1811	0.0161
	每股资本公积金(元)	0.7350	1.7391	0.7350	0.7350
	每股盈余公积金(元)	0.1051	0.1051	0.0888	0.0888
	每股未分配利润(元)	1.1573	1.6189	1.0271	0.9535
	净资产收益率(%)	2.0623	6.8373	3.2732	4.7653
	加权净资产收益率(%)	2.0700	7.0600	3.3100	4.8500
	净资产收益率(扣除)(%)	1.7986	6.0906	2.8902	3.4646
	总资产(万元)	171849.75	296677.99	165157.30	159117.18
	归属母公司股东权益(万元)	124565.32	186153.06	118212.41	115134.40
	营业收入(万元)	62182.31	127918.83	60726.84	150486.96
	营业支出(万元)	48331.03	93881.90	45200.86	123113.74
	投资收益(万元)	——	——	–	14.71
	净利润(万元)	2718.44	8776.82	4023.94	5978.60
	营业利润(万元)	2991.74	9085.30	4237.38	4876.25
	利润总额(万元)	3397.72	10226.56	4804.92	6733.62

浙江帝龙新材料股份有限公司

公司概况	公司名称	浙江帝龙新材料股份有限公司			证券简称	帝龙新材
	法人代表	余海峰	董秘	禹碧琼(代)	证券代码	002247
	公司网址	www.dilong.cc		电子信箱	dsh@dilong.cc	
	电　话	0571-63818733		传　真	0571-63818603	
	办公地址	浙江省临安市玲珑街道玲珑工业区环南路 1958 号				
	经营范围	新型建筑装饰材料的研发、生产和销售				

	指标＼报告期	2017.06.30	2016.12.31	2016.06.30	2015.12.31
主要财务指标	基本每股收益(元)	0.2400	0.5400	0.1900	0.3300
	基本每股收益(扣除后)(元)	0.2300	0.4600	0.1900	0.3200
	稀释每股收益(元)	0.2400	0.5300	0.1900	0.3200
	每股净资产(元)	5.5204	5.3800	5.0475	4.0087
	每股经营现金净流量(元)	−0.0364	0.3595	0.0109	0.5077
	每股现金流量(元)	−0.0845	0.2349	0.6213	0.1199
	每股资本公积金(元)	3.5563	3.5593	3.6902	1.6390
	每股盈余公积金(元)	0.0635	0.0635	0.0538	0.1662
	每股未分配利润(元)	0.9155	0.7756	0.4898	1.3022
	净资产收益率(%)	4.3443	8.2599	2.5201	8.0923
	加权净资产收益率(%)	4.3600	12.4800	6.8600	8.4000
	净资产收益率(扣除)(%)	4.2421	7.1518	2.4612	7.7745
	总资产(万元)	524235.15	498749.66	530444.91	133379.90
	归属母公司股东权益(万元)	470120.58	458463.26	429947.43	106024.94
	营业收入(万元)	117789.60	165007.12	60365.55	89518.08
	营业支出(万元)	84912.08	113435.41	42514.01	68104.00
	投资收益(万元)	1597.24	1110.50	770.07	1789.47
	净利润(万元)	20423.62	37986.63	10882.85	8641.12
	营业利润(万元)	23137.72	32832.05	10367.56	8678.38
	利润总额(万元)	23771.13	39425.46	11134.47	9871.62

威海华东数控股份有限公司

公司概况	公司名称	威海华东数控股份有限公司			证券简称	*ST 东数
	法人代表	刘永强	董秘	孙吉庆	证券代码	002248
	公司网址	www.huadongcnc.com		电子信箱	hdsjq@126.com	
	电　话	0631-5912929		传　真	0631-5967988	
	办公地址	山东省威海市经济技术开发区环山路 698 号				
	经营范围	数控系统、数控机床、切削工具、手工具、金属切削机床、机床附件等				

	指标＼报告期	2017.06.30	2016.12.31	2016.06.30	2015.12.31
主要财务指标	基本每股收益(元)	−0.2900	−0.7600	−0.1800	−0.6886
	基本每股收益(扣除后)(元)	−0.2800	−0.7538	−0.1900	−0.6926
	稀释每股收益(元)	−0.2900	−0.7600	−0.1800	−0.6886
	每股净资产(元)	1.8045	2.0874	2.6665	2.8397
	每股经营现金净流量(元)	−0.0075	−0.0158	−0.0515	−0.1292
	每股现金流量(元)	−0.0253	−0.0615	0.0142	−0.0011
	每股资本公积金(元)	2.3885	2.3885	2.3885	2.3882
	每股盈余公积金(元)	0.1841	0.1841	0.1841	0.1841
	每股未分配利润(元)	−1.8127	−1.5272	−0.9463	−0.7695
	净资产收益率(%)	−15.8232	−36.2991	−6.6329	−24.2503
	加权净资产收益率(%)	−14.6800	−30.7900	−6.4300	−21.6900
	净资产收益率(扣除)(%)	−15.7159	−36.1100	−7.0545	−24.3912
	总资产(万元)	176091.99	187289.09	211967.67	216039.03
	归属母公司股东权益(万元)	55487.08	64186.86	81994.86	87319.78
	营业收入(万元)	6332.25	16770.18	7964.64	23042.87
	营业支出(万元)	7291.25	19835.33	8660.81	23131.84
	投资收益(万元)	——	——	–	29.95
	净利润(万元)	−10839.69	−28798.21	−6869.18	−24846.08
	营业利润(万元)	−10767.93	−26496.22	−7215.67	−24890.55
	利润总额(万元)	−10828.87	−27048.59	−6868.78	−24769.52

中山大洋电机股份有限公司

公司概况	公司名称	中山大洋电机股份有限公司			证券简称	大洋电机
	法人代表	鲁楚平	董秘	熊杰明	证券代码	002249
	公司网址	www.broad-ocean.com.cn		电子信箱	bom@broad-ocean.com	
	电　话	0760-88555306		传　真	0760-88559031	
	办公地址	广东省中山市西区沙朗第三工业区				
	经营范围	微特电机的生产与销售				

	指标\报告期	2017.06.30	2016.12.31	2016.06.30	2015.12.31
主要财务指标	基本每股收益(元)	0.0600	0.2300	0.0900	0.2000
	基本每股收益(扣除后)(元)	0.0500	0.2000	0.0800	0.1700
	稀释每股收益(元)	0.0600	0.2200	0.0900	0.2000
	每股净资产(元)	3.6755	3.6175	3.4760	2.0791
	每股经营现金净流量(元)	-0.0377	0.2270	0.0528	0.1534
	每股现金流量(元)	0.0829	0.0293	0.1592	0.3531
	每股资本公积金(元)	2.2024	2.1995	2.1969	0.6563
	每股盈余公积金(元)	0.1016	0.0958	0.0870	0.1097
	每股未分配利润(元)	0.3203	0.3453	0.2231	0.3312
	净资产收益率(%)	1.6653	5.9467	2.4156	9.5248
	加权净资产收益率(%)	1.6700	6.6600	2.6300	9.5600
	净资产收益率(扣除)(%)	1.4204	5.3422	2.2697	8.2519
	总资产(万元)	1543782.21	1451230.41	1300752.60	760595.53
	归属母公司股东权益(万元)	870923.76	856531.82	822164.18	358196.36
	营业收入(万元)	396628.27	680520.52	299691.57	491222.99
	营业支出(万元)	318859.94	519462.92	229652.50	383963.92
	投资收益(万元)	-319.59	487.67	102.51	262.22
	净利润(万元)	15416.73	54847.03	21326.78	37210.96
	营业利润(万元)	16147.39	58958.52	24253.00	37226.26
	利润总额(万元)	19064.27	65198.84	25926.65	43442.62

联化科技股份有限公司

公司概况	公司名称	联化科技股份有限公司			证券简称	联化科技
	法人代表	王萍	董秘	陈飞彪	证券代码	002250
	公司网址	www.lianhetech.com		电子信箱	ltss@lianhetech.com	
	电　话	0576-84275238　84289160		传　真	0576-84275238	
	办公地址	浙江省台州市黄岩区劳动北路总商会大厦17楼				
	经营范围	精细化学高级中间体的研发、生产和销售				

	指标\报告期	2017.06.30	2016.12.31	2016.06.30	2015.12.31
主要财务指标	基本每股收益(元)	0.2000	0.3200	0.3000	0.7700
	基本每股收益(扣除后)(元)	0.2100	0.2600	0.2300	0.7700
	稀释每股收益(元)	0.2000	0.3200	0.2900	0.7700
	每股净资产(元)	5.9781	5.2100	5.1442	4.9572
	每股经营现金净流量(元)	0.2740	0.6563	0.4998	0.7721
	每股现金流量(元)	1.0432	-0.2018	-0.2363	0.1617
	每股资本公积金(元)	2.2796	1.1040	1.1143	1.1020
	每股盈余公积金(元)	0.2634	0.2922	0.2413	0.2413
	每股未分配利润(元)	2.6571	2.8554	2.8840	2.7093
	净资产收益率(%)	3.0435	6.0659	5.7295	15.4175
	加权净资产收益率(%)	3.1200	6.2500	5.7700	16.6100
	净资产收益率(扣除)(%)	3.0862	4.9452	4.4257	15.4239
	总资产(万元)	860494.11	600107.48	593450.66	634516.39
	归属母公司股东权益(万元)	553515.52	434977.53	429477.46	413862.61
	营业收入(万元)	193733.36	309930.97	177223.58	400778.69
	营业支出(万元)	131044.56	206457.66	118755.28	251515.76
	投资收益(万元)	230.87	493.04	325.72	542.84
	净利润(万元)	17655.90	26917.73	24979.35	64457.63
	营业利润(万元)	21763.49	25188.81	22853.12	73612.09
	利润总额(万元)	21285.82	31027.11	29439.18	73610.31

步步高商业连锁股份有限公司

公司概况	公司名称	步步高商业连锁股份有限公司			证券简称	步步高
	法人代表	王填	董秘	师茜	证券代码	002251
	公司网址	www.bbg.com.cn		电子信箱	bbgshiqian@163.com	
	电　话	0731-52322517		传　真	0731-52339867	
	办公地址	湖南省湘潭市韶山西路309号步步高大厦				
	经营范围	投资商业、普通货物运输、物业管理、仓储保管、商品配送、农副产品加工等				

	指标\报告期	2017.06.30	2016.12.31	2016.06.30	2015.12.31
主要财务指标	基本每股收益(元)	0.2408	0.1688	0.2210	0.2781
	基本每股收益(扣除后)(元)	0.2344	0.0912	0.1758	0.2047
	稀释每股收益(元)	0.2408	0.1688	0.2210	0.2781
	每股净资产(元)	7.2792	7.1389	6.3879	6.3162
	每股经营现金净流量(元)	0.9846	1.1391	0.6283	0.7293
	每股现金流量(元)	-0.0464	0.5722	0.7946	0.6872
	每股资本公积金(元)	4.7825	4.7825	3.8335	3.8335
	每股盈余公积金(元)	0.2547	0.2547	0.2686	0.2686
	每股未分配利润(元)	1.2412	1.1003	1.2848	1.2138
	净资产收益率(%)	3.3086	2.1517	3.4596	4.3458
	加权净资产收益率(%)	3.3300	2.6400	3.4500	4.5000
	净资产收益率(扣除)(%)	3.2204	1.1624	2.7528	3.1986
	总资产(万元)	1482764.67	1454677.96	1288807.08	1227937.62
	归属母公司股东权益(万元)	628850.25	616734.24	497608.02	492020.44
	营业收入(万元)	868707.58	1547040.12	791531.02	1545160.90
	营业支出(万元)	680938.95	1215679.18	619824.37	1206398.33
	投资收益(万元)	-88.14	-342.32	7.01	6.14
	净利润(万元)	21076.36	13960.43	17434.48	21451.14
	营业利润(万元)	26484.41	13526.59	19051.76	20200.01
	利润总额(万元)	26947.92	20012.51	22476.74	26435.75

上海莱士血液制品股份有限公司

公司概况	公司名称	上海莱士血液制品股份有限公司			证券简称	上海莱士
	法人代表	陈杰	董秘	刘峥	证券代码	002252
	公司网址	www.raas-corp.com		电子信箱	raas@raas-corp.com	
	电　话	021-22130888-217		传　真	021-37515869	
	办公地址	上海市奉贤区望园路2009号				
	经营范围	生产和销售血液制品、疫苗、诊断试剂及检测技术器具和检测技术并提供检测服务				

	指标\报告期	2017.06.30	2016.12.31	2016.06.30	2015.12.31
主要财务指标	基本每股收益(元)	0.1400	0.3250	0.2350	0.5200
	基本每股收益(扣除后)(元)	0.0500	0.1800	0.1540	0.2500
	稀释每股收益(元)	0.1400	0.3250	0.2350	0.5200
	每股净资产(元)	2.4773	2.3579	4.0525	3.8635
	每股经营现金净流量(元)	0.0101	0.1285	0.1115	0.2766
	每股现金流量(元)	-0.1311	0.0336	-0.0360	0.1699
	每股资本公积金(元)	0.6117	0.6043	2.0518	2.0498
	每股盈余公积金(元)	0.0633	0.0633	0.0893	0.0893
	每股未分配利润(元)	0.8058	0.6938	0.9239	0.7394
	净资产收益率(%)	5.7569	13.7773	5.8011	13.5330
	加权净资产收益率(%)	5.8800	14.1600	5.9100	14.8800
	净资产收益率(扣除)(%)	2.2073	7.6786	3.8014	6.4017
	总资产(万元)	1402109.78	1322562.67	1239242.89	1155601.17
	归属母公司股东权益(万元)	1231283.37	1170876.34	1117976.39	1065847.24
	营业收入(万元)	86736.52	232625.03	103862.25	201332.16
	营业支出(万元)	32773.96	84340.58	36026.13	77750.82
	投资收益(万元)	39035.30	67230.51	428.05	970.52
	净利润(万元)	70723.50	165041.27	67029.52	148042.82
	营业利润(万元)	82319.57	194816.90	78796.52	172932.33
	利润总额(万元)	83725.48	195935.46	79486.11	174919.18

四川川大智胜软件股份有限公司

公司概况	公司名称	四川川大智胜软件股份有限公司			证券简称	川大智胜
	法人代表	游志胜	董秘	王洋	证券代码	002253
	公司网址	www.wisesoft.com.cn		电子信箱	wisesoft@wisesoft.com.cn	
	电话	028-68727816		传真	028-84173422	
	办公地址	四川省成都市武科东一路七号				
	经营范围	软件、硬件及配套系统开发、系统集成和图象图形工程				

	指标\报告期	2017.06.30	2016.12.31	2016.06.30	2015.12.31
主要财务指标	基本每股收益(元)	0.0607	0.1700	0.0600	0.2400
	基本每股收益(扣除后)(元)	0.0467	0.1300	0.0513	0.2100
	稀释每股收益(元)	0.0607	0.1700	0.0600	0.2400
	每股净资产(元)	5.6338	5.6900	5.5800	8.4815
	每股经营现金净流量(元)	0.0013	0.2503	−0.1998	0.8158
	每股现金流量(元)	−0.2631	−0.7726	−0.6583	–
	每股资本公积金(元)	3.5064	3.5064	3.5064	5.7596
	每股盈余公积金(元)	0.2374	0.2374	0.2190	0.3220
	每股未分配利润(元)	0.8900	0.9493	0.8553	1.3998
	净资产收益率(%)	1.0781	3.0277	1.0751	2.6190
	加权净资产收益率(%)	1.0600	3.0400	1.0600	3.7200
	净资产收益率(扣除)(%)	0.8283	2.3563	0.9184	2.3044
	总资产(万元)	149293.96	151653.34	145135.95	160707.37
	归属母公司股东权益(万元)	127114.09	128451.25	125915.90	127576.41
	营业收入(万元)	9762.44	31594.58	14246.72	26123.98
	营业支出(万元)	6457.96	22296.23	10422.13	17024.44
	投资收益(万元)	33.72	194.51	122.93	−0.09
	净利润(万元)	1409.56	4286.47	1651.99	3703.75
	营业利润(万元)	1277.21	4031.44	1482.51	3544.93
	利润总额(万元)	1652.16	4873.28	1885.67	4120.93

烟台泰和新材料股份有限公司

公司概况	公司名称	烟台泰和新材料股份有限公司			证券简称	泰和新材
	法人代表	孙茂健	董秘	迟海平	证券代码	002254
	公司网址	www.tayho.com.cn		电子信箱	securities@tayho.com.cn	
	电话	0535-6394123		传真	0535-6371234 6394123	
	办公地址	山东省烟台市经济技术开发区黑龙江路 10 号				
	经营范围	氨纶纤维、芳纶纤维系列产品的开发、制造和销售				

	指标\报告期	2017.06.30	2016.12.31	2016.06.30	2015.12.31
主要财务指标	基本每股收益(元)	0.1000	0.1000	0.0600	0.1600
	基本每股收益(扣除后)(元)	0.1000	0.0800	0.0500	0.1300
	稀释每股收益(元)	0.1000	0.1000	0.0600	0.1600
	每股净资产(元)	3.3679	3.2671	3.2258	3.1703
	每股经营现金净流量(元)	0.2281	0.5334	0.3145	0.1612
	每股现金流量(元)	0.1397	0.5072	0.4013	−0.0902
	每股资本公积金(元)	0.3792	0.3791	0.3791	0.3788
	每股盈余公积金(元)	0.5010	0.5010	0.4897	0.4897
	每股未分配利润(元)	1.4876	1.3867	1.3567	1.3017
	净资产收益率(%)	2.9947	2.9483	1.7063	4.9153
	加权净资产收益率(%)	3.0400	2.9900	1.7200	4.9900
	净资产收益率(扣除)(%)	2.7235	2.5482	1.5020	4.1357
	总资产(万元)	269761.16	259860.99	249521.07	255772.05
	归属母公司股东权益(万元)	205724.72	199565.70	197040.18	193651.62
	营业收入(万元)	83921.15	158080.65	73949.10	159848.13
	营业支出(万元)	68470.38	134108.83	62272.41	129268.39
	投资收益(万元)	429.96	756.65	370.06	942.17
	净利润(万元)	6592.38	6386.96	3400.27	10911.46
	营业利润(万元)	7616.86	6941.69	3914.45	12091.67
	利润总额(万元)	8013.87	7460.26	4197.88	13343.33

苏州海陆重工股份有限公司

公司概况	公司名称	苏州海陆重工股份有限公司			证券简称	海陆重工
	法人代表	徐元生	董秘	张郭一	证券代码	002255
	公司网址	www.hailu-boiler.cn		电子信箱	stock@hailu-boiler.cn	
	电话	0512-58913056		传真	0512-58683105	
	办公地址	江苏省张家港市东南大道 1 号(张家港经济技术开发区)				
	经营范围	锅炉(特种锅炉、工业锅炉)、核承压设备、锅炉辅机、压力容器				

	指标\报告期	2017.06.30	2016.12.31	2016.06.30	2015.12.31
主要财务指标	基本每股收益(元)	0.0750	0.1210	0.0461	0.1590
	基本每股收益(扣除后)(元)	0.0710	0.1040	0.0397	0.1230
	稀释每股收益(元)	0.0750	0.1210	0.0461	0.1590
	每股净资产(元)	3.8015	3.7262	3.6496	3.6325
	每股经营现金净流量(元)	0.0989	0.0855	−0.0689	0.1583
	每股现金流量(元)	−0.0789	−0.0153	−0.1016	0.2546
	每股资本公积金(元)	1.4090	1.4090	1.4078	1.4078
	每股盈余公积金(元)	0.1420	0.1420	0.1378	0.1378
	每股未分配利润(元)	1.2495	1.1750	1.1039	1.0878
	净资产收益率(%)	1.9619	3.2583	1.2642	3.7616
	加权净资产收益率(%)	1.9800	3.3000	1.2600	5.0200
	净资产收益率(扣除)(%)	1.8726	2.7958	1.0865	2.9018
	总资产(万元)	372491.83	369033.75	360085.52	366239.67
	归属母公司股东权益(万元)	235935.42	231262.00	226506.63	225446.59
	营业收入(万元)	46198.73	106550.86	43417.20	149881.38
	营业支出(万元)	32854.90	77465.07	30605.61	121079.36
	投资收益(万元)	240.19	406.00	238.21	433.64
	净利润(万元)	5097.69	8287.54	3715.52	10458.54
	营业利润(万元)	5721.41	8871.25	3830.18	9801.23
	利润总额(万元)	6308.16	10909.06	4644.90	12043.44

深圳市兆新能源股份有限公司

公司概况	公司名称	深圳市兆新能源股份有限公司			证券简称	兆新股份
	法人代表	陈永弟	董秘	金红英	证券代码	002256
	公司网址	www.7cf.com		电子信箱	dongsh@rainbowvc.com	
	电话	0755-86922889 86922886		传真	0755-86922800	
	办公地址	广东省深圳市南山区高新技术产业园二期科技中二路深圳软件园 11 栋 6 楼				
	经营范围	气雾剂系列产品的技术开发、生产与销售				

	指标\报告期	2017.06.30	2016.12.31	2016.06.30	2015.12.31
主要财务指标	基本每股收益(元)	0.0300	0.0600	0.2000	0.1600
	基本每股收益(扣除后)(元)	0.0300	0.0400	0.0900	0.1500
	稀释每股收益(元)	0.0300	0.0600	0.2000	0.1600
	每股净资产(元)	1.1621	1.1772	4.6170	1.8553
	每股经营现金净流量(元)	0.0366	0.0755	0.0741	0.2183
	每股现金流量(元)	0.0067	0.3376	2.8982	0.1618
	每股资本公积金(元)	0.0154	0.0155	3.0696	0.2622
	每股盈余公积金(元)	0.0218	0.0218	0.0802	0.1066
	每股未分配利润(元)	0.1249	0.1412	0.4723	0.5000
	净资产收益率(%)	2.8873	5.2258	3.1767	8.7587
	加权净资产收益率(%)	2.8300	7.5700	7.9000	9.1400
	净资产收益率(扣除)(%)	2.4916	2.9510	1.4070	7.8826
	总资产(万元)	344451.36	334949.39	383956.64	186249.03
	归属母公司股东权益(万元)	218757.01	221852.85	217535.01	58488.63
	营业收入(万元)	28926.43	63610.05	35640.26	50625.53
	营业支出(万元)	17548.62	41140.63	24020.19	32191.29
	投资收益(万元)	380.64	4281.50	3123.58	598.27
	净利润(万元)	6227.61	11696.96	7058.10	5191.51
	营业利润(万元)	6251.80	10694.26	6490.39	5044.65
	利润总额(万元)	6498.21	12747.39	7846.59	5597.18

利尔化学股份有限公司

公司概况	公司名称	利尔化学股份有限公司			证券简称	利尔化学
	法人代表	尹英遂	董秘	刘军	证券代码	002258
	公司网址	www.lierchem.com		电子信箱	tzfzb@lierchem.com	
	电　话	0816-2841069		传　真	0816-2845140	
	办公地址	四川省绵阳市经济技术开发区绵州大道南段327号				
	经营范围	农药原药、制剂、化工材料及化工产品的研发、生产、销售				

主要财务指标	指标＼报告期	2017.06.30	2016.12.31	2016.06.30	2015.12.31
	基本每股收益(元)	0.2800	0.4000	0.1900	0.6800
	基本每股收益(扣除后)(元)	0.2900	0.3800	0.1900	0.6300
	稀释每股收益(元)	0.2800	0.4000	0.1900	0.6800
	每股净资产(元)	4.1653	3.8765	3.6685	6.4174
	每股经营现金净流量(元)	0.1011	0.3525	0.0162	0.7745
	每股现金流量(元)	0.3190	0.0800	0.1990	0.3307
	每股资本公积金(元)	1.5450	1.5450	1.5450	2.1012
	每股盈余公积金(元)	0.2095	0.2095	0.1740	0.4507
	每股未分配利润(元)	1.3853	1.1004	0.9254	2.8196
	净资产收益率(%)	6.8382	10.2495	5.0931	10.6571
	加权净资产收益率(%)	7.0800	10.9800	5.4000	11.2700
	净资产收益率(扣除)(%)	6.8854	9.6922	5.0902	9.7538
	总资产(万元)	365893.18	311643.67	290333.26	255667.63
	归属母公司股东权益(万元)	218414.90	203274.60	192368.30	129916.62
	营业收入(万元)	121888.50	198230.26	91819.21	148907.15
	营业支出(万元)	89261.34	150209.95	68136.69	112981.11
	投资收益(万元)	173.13	64.09	13.41	-231.17
	净利润(万元)	15816.32	22351.83	10322.20	14475.28
	营业利润(万元)	19026.76	24428.07	12181.27	15523.20
	利润总额(万元)	18901.77	25838.41	12317.60	16820.08

四川升达林业产业股份有限公司

公司概况	公司名称	四川升达林业产业股份有限公司			证券简称	升达林业
	法人代表	江昌政	董秘	龙何平	证券代码	002259
	公司网址	www.shengdawood.com		电子信箱	mail@shengdawood.com	
	电　话	028-86783590		传　真	028-86755286	
	办公地址	四川省成都市锦江区东华正街42号				
	经营范围	林木种植、中纤板的生产与销售、木地板的生产与销售				

主要财务指标	指标＼报告期	2017.06.30	2016.12.31	2016.06.30	2015.12.31
	基本每股收益(元)	0.0118	0.1010	0.0118	0.0210
	基本每股收益(扣除后)(元)	-0.0040	0.0150	0.0107	-0.0060
	稀释每股收益(元)	0.0118	0.1010	0.0118	0.0210
	每股净资产(元)	2.2140	2.2129	2.1356	1.3262
	每股经营现金净流量(元)	0.0276	0.1275	0.0082	0.2940
	每股现金流量(元)	0.7868	0.7072	0.9871	0.3445
	每股资本公积金(元)	0.9555	0.9555	0.9617	0.1355
	每股盈余公积金(元)	0.0410	0.0410	0.0277	0.0324
	每股未分配利润(元)	0.2133	0.2155	0.1443	0.1566
	净资产收益率(%)	0.5339	4.2877	0.4848	1.6059
	加权净资产收益率(%)	0.5300	5.4000	0.7900	1.6100
	净资产收益率(扣除)(%)	-0.1806	0.6327	0.4390	-0.4682
	总资产(万元)	300119.25	369663.48	401384.57	318076.52
	归属母公司股东权益(万元)	166561.99	166481.05	160663.80	85314.07
	营业收入(万元)	57908.36	155540.10	65652.69	65688.53
	营业支出(万元)	49039.84	127583.09	54786.92	49651.21
	投资收益(万元)	-78.21	13568.45	183.28	-3.42
	净利润(万元)	3584.50	9058.52	1960.89	1881.20
	营业利润(万元)	4006.45	15353.80	2016.21	1453.40
	利润总额(万元)	4004.48	12056.46	2111.12	2489.04

德奥通用航空股份有限公司

公司概况	公司名称	德奥通用航空股份有限公司			证券简称	德奥通航
	法人代表	王鑫文	董秘	陈国辉	证券代码	002260
	公司网址	www.elecpro.com		电子信箱	dmb@deaga.net	
	电　话	0757-88374384		传　真	0757-88374990	
	办公地址	广东省佛山市南海区松岗松夏工业园工业大道西				
	经营范围	电饭煲、电烤炉、电奶锅、铁板烧、电压力锅等家用小电器				

主要财务指标	指标＼报告期	2017.06.30	2016.12.31	2016.06.30	2015.12.31
	基本每股收益(元)	-0.1500	0.0200	-0.0400	-0.0800
	基本每股收益(扣除后)(元)	-0.1500	-0.0400	-0.0500	-0.0900
	稀释每股收益(元)	-0.1500	0.0200	-0.0400	-0.0800
	每股净资产(元)	1.1743	1.2809	1.2233	1.2352
	每股经营现金净流量(元)	-0.3061	0.1635	-0.0211	-0.0404
	每股现金流量(元)	-0.2572	-0.1605	-0.1597	0.2358
	每股资本公积金(元)	0.0485	0.0485	0.0485	0.0485
	每股盈余公积金(元)	0.0727	0.0727	0.0610	0.0610
	每股未分配利润(元)	0.0010	0.1508	0.1045	0.1431
	净资产收益率(%)	-12.7496	1.5137	-3.1489	-6.6107
	加权净资产收益率(%)	-12.2000	1.5400	-3.1300	-6.4000
	净资产收益率(扣除)(%)	-13.1551	-2.9541	-4.3790	-7.0300
	总资产(万元)	107980.61	99280.68	93362.37	86146.85
	归属母公司股东权益(万元)	31142.34	33969.48	32443.19	32756.58
	营业收入(万元)	32830.57	71721.20	27276.13	65442.58
	营业支出(万元)	25192.39	53723.53	20851.98	53099.55
	投资收益(万元)	-24.51	1449.42	-	-9.35
	净利润(万元)	-3983.94	525.01	-1023.48	-2153.60
	营业利润(万元)	-4195.36	363.93	-1714.64	-2771.20
	利润总额(万元)	-4051.37	960.05	-1185.20	-2675.52

拓维信息系统股份有限公司

公司概况	公司名称	拓维信息系统股份有限公司			证券简称	拓维信息
	法人代表	张忠革	董秘	龙麒	证券代码	002261
	公司网址	www.talkweb.com.cn		电子信箱	longqi@talkweb.com.cn	
	电　话	0731-88668270 89852892		传　真	0731-88668270	
	办公地址	湖南省长沙市岳麓区桐梓坡西路298号				
	经营范围	从事电信行业软件开发及无线增值业务				

主要财务指标	指标＼报告期	2017.06.30	2016.12.31	2016.06.30	2015.12.31
	基本每股收益(元)	0.1200	0.1900	0.1200	0.4800
	基本每股收益(扣除后)(元)	0.1000	0.1600	0.0900	0.2400
	稀释每股收益(元)	0.1200	0.1900	0.1200	0.4800
	每股净资产(元)	3.5214	3.4016	3.2901	6.3838
	每股经营现金净流量(元)	0.0150	0.1793	-0.0448	0.1536
	每股现金流量(元)	-0.0799	-0.1094	-0.1931	0.0182
	每股资本公积金(元)	1.7373	1.7173	1.7101	4.4160
	每股盈余公积金(元)	0.0491	0.0491	0.0461	0.0923
	每股未分配利润(元)	0.7525	0.6554	0.5825	0.9731
	净资产收益率(%)	3.3197	5.5947	3.5241	5.8877
	加权净资产收益率(%)	3.3700	5.7800	3.5800	12.9000
	净资产收益率(扣除)(%)	2.9732	4.5376	2.6439	2.9382
	总资产(万元)	432034.64	424321.54	415876.65	432337.75
	归属母公司股东权益(万元)	391283.68	378087.44	366701.18	355756.66
	营业收入(万元)	55076.22	102849.13	49037.33	76867.22
	营业支出(万元)	19874.11	36474.13	17087.14	32343.13
	投资收益(万元)	356.70	-124.15	-137.91	7662.66
	净利润(万元)	12857.39	20668.13	12813.54	21419.41
	营业利润(万元)	12727.00	19659.73	11976.23	21226.54
	利润总额(万元)	13730.22	22743.82	14802.74	23318.36

江苏恩华药业股份有限公司

公司概况					
公司名称	江苏恩华药业股份有限公司			证券简称	恩华药业
法人代表	孙彭生	董秘	段保州	证券代码	002262
公司网址	www.nhwa-group.com		电子信箱	dbz1966@126.com	
电话	0516-87661189 87661012		传真	0516-87767118	
办公地址	江苏省徐州市民主南路69号恩华大厦				
经营范围	冻干粉针剂、小容量注射剂、片剂、硬胶囊剂等				

主要财务指标 指标\报告期	2017.06.30	2016.12.31	2016.06.30	2015.12.31
基本每股收益(元)	0.2073	0.4911	0.2726	0.5400
基本每股收益(扣除后)(元)	0.2069	0.4747	0.2720	0.5281
稀释每股收益(元)	0.2073	0.4911	0.2726	0.5400
每股净资产(元)	2.2464	3.3200	3.1040	3.7402
每股经营现金净流量(元)	0.1572	0.4394	0.1122	0.4210
每股现金流量(元)	0.0300	0.0376	-0.0187	0.7210
每股资本公积金(元)	0.0110	0.6176	0.6171	1.1022
每股盈余公积金(元)	0.1432	0.2291	0.1785	0.2320
每股未分配利润(元)	1.0922	1.4759	1.3085	1.4060
净资产收益率(%)	9.2271	14.7807	8.7823	14.2369
加权净资产收益率(%)	9.5600	15.8800	9.0700	18.1300
净资产收益率(扣除)(%)	9.2126	14.2879	8.7614	13.9254
总资产(万元)	315045.98	297488.99	275347.62	255092.24
归属母公司股东权益(万元)	226691.35	209558.50	195773.44	181462.78
营业收入(万元)	167805.79	301778.58	151469.71	276656.76
营业支出(万元)	83821.46	162686.11	86549.02	160782.41
投资收益(万元)	—	74.19	-	-
净利润(万元)	19899.71	30168.58	16920.13	25528.14
营业利润(万元)	23384.55	34425.77	20052.91	29389.21
利润总额(万元)	23424.84	35849.43	20096.38	30097.26

浙江大东南股份有限公司

公司概况					
公司名称	浙江大东南股份有限公司			证券简称	大东南
法人代表	黄飞刚	董秘	王陈	证券代码	002263
公司网址	www.chinaddn.com		电子信箱	ddn@chinaddn.com	
电话	0575-87380698 87380005		传真	0575-87380005	
办公地址	浙江省诸暨市陶朱街道千禧路5号				
经营范围	塑料薄膜、塑料包装制品的生产、销售、服装、纺织品的生产				

主要财务指标 指标\报告期	2017.06.30	2016.12.31	2016.06.30	2015.12.31
基本每股收益(元)	—	-0.1000	-0.0100	0.0200
基本每股收益(扣除后)(元)	-0.0070	-0.1000	-0.0100	-0.1300
稀释每股收益(元)	—	-0.1000	-0.0100	0.0200
每股净资产(元)	1.4558	1.4573	1.5461	3.1422
每股经营现金净流量(元)	-0.0138	0.0569	-0.0050	0.2590
每股现金流量(元)	0.0600	-0.0387	-0.0340	0.3439
每股资本公积金(元)	0.4470	0.4470	0.4470	1.8940
每股盈余公积金(元)	0.0204	0.0204	0.0180	0.0360
每股未分配利润(元)	-0.0116	-0.0102	0.0811	0.2121
净资产收益率(%)	-0.0988	-6.7807	-0.6453	0.5185
加权净资产收益率(%)	-0.1000	-6.5300	-0.6400	0.5400
净资产收益率(扣除)(%)	-0.4509	-7.1437	-0.7215	-4.1072
总资产(万元)	403132.12	397108.55	413542.00	421439.97
归属母公司股东权益(万元)	273457.84	273728.03	290414.91	295106.35
营业收入(万元)	46484.92	95066.56	40147.27	89814.70
营业支出(万元)	42721.38	84836.43	35612.08	85621.54
投资收益(万元)	1785.06	-169.97	74.97	-74.97
净利润(万元)	-350.98	-19234.70	-2050.64	-347.21
营业利润(万元)	-1078.95	-19478.73	-2091.78	-14089.71
利润总额(万元)	-281.64	-18560.51	-1829.17	-343.28

新华都购物广场股份有限公司

公司概况					
公司名称	新华都购物广场股份有限公司			证券简称	新华都
法人代表	金志国	董秘	郭建生	证券代码	002264
公司网址	www.nhd-mart.com		电子信箱	info@nhd.com.cn	
电话	0591-87987972		传真	0591-87987982	
办公地址	福建省福州市五四路162号华城国际北楼7层				
经营范围	批发零售百货、纺织品、仪器仪表、通讯设备、五金交电化工				

主要财务指标 指标\报告期	2017.06.30	2016.12.31	2016.06.30	2015.12.31
基本每股收益(元)	0.0611	0.0800	0.0737	-0.6900
基本每股收益(扣除后)(元)	0.0328	-0.1800	0.0340	-0.6700
稀释每股收益(元)	0.0611	0.0800	0.0737	-0.6900
每股净资产(元)	2.5422	2.4811	2.5243	1.2560
每股经营现金净流量(元)	0.1209	-0.2461	-0.2892	-0.1631
每股现金流量(元)	0.0366	-0.0548	-0.2059	-0.1846
每股资本公积金(元)	1.6704	1.6704	1.7219	0.5959
每股盈余公积金(元)	0.1614	0.1614	0.1130	0.1429
每股未分配利润(元)	-0.2897	-0.3508	-0.3107	-0.4827
净资产收益率(%)	2.4034	3.2020	2.8194	-54.9781
加权净资产收益率(%)	2.4300	3.3700	3.1700	-43.1200
净资产收益率(扣除)(%)	1.2915	-7.0520	1.2989	-53.6403
总资产(万元)	330269.31	374235.99	393040.96	351655.21
归属母公司股东权益(万元)	174027.28	169844.69	172803.87	68015.29
营业收入(万元)	341703.23	670954.92	339491.15	648816.67
营业支出(万元)	265949.12	525988.91	264513.64	515998.96
投资收益(万元)	280.01	20816.74	-	1950.00
净利润(万元)	3438.81	4894.95	4985.77	-39445.20
营业利润(万元)	6297.31	1875.29	5572.79	-25199.36
利润总额(万元)	6488.06	3917.64	7891.36	-31253.79

云南西仪工业股份有限公司

公司概况					
公司名称	云南西仪工业股份有限公司			证券简称	西仪股份
法人代表	谢力	董秘	王家兴	证券代码	002265
公司网址	www.ynxygf.com		电子信箱	xygf002265@163.com	
电话	86-871-68580658 68580370		传真	0871-68598357	
办公地址	云南省昆明市西山区海口镇山冲				
经营范围	汽车发动机连杆、其他工业产品、机床零部件及其他机械产品的研发等				

主要财务指标 指标\报告期	2017.06.30	2016.12.31	2016.06.30	2015.12.31
基本每股收益(元)	0.0480	0.0200	0.0110	-0.1100
基本每股收益(扣除后)(元)	0.0320	-0.0009	-0.0050	-0.1300
稀释每股收益(元)	0.0480	0.0200	0.0110	-0.1100
每股净资产(元)	3.0149	1.6787	1.6658	1.6546
每股经营现金净流量(元)	0.0611	0.0898	0.1000	0.0623
每股现金流量(元)	0.2485	0.1002	0.0714	-0.0374
每股资本公积金(元)	1.7964	0.4908	0.4908	0.4908
每股盈余公积金(元)	0.0804	0.0880	0.0856	0.0856
每股未分配利润(元)	0.1381	0.0999	0.0894	0.0781
净资产收益率(%)	1.5531	1.4354	0.6756	-6.4763
加权净资产收益率(%)	1.6800	1.4500	0.6800	-6.2400
净资产收益率(扣除)(%)	1.0506	-0.0564	-0.2741	-7.6432
总资产(万元)	149882.31	78886.90	77539.86	77049.61
归属母公司股东权益(万元)	96043.79	48853.19	48479.47	48151.93
营业收入(万元)	46471.32	52596.07	26444.90	45978.28
营业支出(万元)	37705.05	45527.46	23666.10	42927.35
投资收益(万元)	—	—	-	-69.44
净利润(万元)	1504.44	706.82	326.58	-3284.60
营业利润(万元)	1473.77	-33.39	-216.88	-4147.02
利润总额(万元)	2106.77	697.39	326.58	-3413.00

浙富控股集团股份有限公司

公司概况	公司名称	浙富控股集团股份有限公司		证券简称	浙富控股	
	法人代表	孙毅	董秘	房振武	证券代码	002266
	公司网址	www.zhefu.cn		电子信箱	stock-dept@zhefu.cn	
	电　话	0571-89939661		传　真	0571-89939660	
	办公地址	浙江省杭州市西湖区古墩路702号赞宇大厦11楼				
	经营范围	成套水轮发电机组的研制、生产及销售				

	指标\报告期	2017.06.30	2016.12.31	2016.06.30	2015.12.31
主要财务指标	基本每股收益(元)	0.0260	0.0300	0.0180	0.0400
	基本每股收益(扣除后)(元)	0.0230	0.0300	0.0170	0.0100
	稀释每股收益(元)	0.0260	0.0300	0.0180	0.0400
	每股净资产(元)	1.5040	1.4870	1.4759	1.4672
	每股经营现金净流量(元)	0.0426	0.3616	0.0427	0.0610
	每股现金流量(元)	0.0038	0.1067	0.0220	–0.0038
	每股资本公积金(元)	0.0634	0.0634	0.0655	0.0682
	每股盈余公积金(元)	0.0620	0.0620	0.0576	0.0576
	每股未分配利润(元)	0.3835	0.3675	0.3575	0.3493
	净资产收益率(%)	1.7286	2.1861	1.2311	2.4439
	加权净资产收益率(%)	1.7300	2.2000	1.2300	2.4600
	净资产收益率(扣除)(%)	1.5272	1.8885	1.1667	0.4207
	总资产(万元)	697301.29	672498.28	561009.87	521229.49
	归属母公司股东权益(万元)	297598.77	294237.23	292040.64	290310.72
	营业收入(万元)	53592.75	112214.33	53530.27	70746.80
	营业支出(万元)	40221.60	82661.49	39360.69	55038.17
	投资收益(万元)	7796.54	10662.08	3769.36	19708.29
	净利润(万元)	7251.21	12421.51	5788.46	10053.62
	营业利润(万元)	7791.63	13232.65	5968.18	8919.78
	利润总额(万元)	7913.77	13757.09	6111.20	9953.48

陕西省天然气股份有限公司

公司概况	公司名称	陕西省天然气股份有限公司		证券简称	陕天然气	
	法人代表	李谦益	董秘	梁倩	证券代码	002267
	公司网址	www.shaanxigas.com		电子信箱	wendyliang81@yahoo.com	
	电　话	029-86156168　86156198		传　真	029-86156196	
	办公地址	陕西省西安市经济技术开发区A1区开元路2号				
	经营范围	天然气输送、天然气相关产品开发、天然气综合利用、天然气发电				

	指标\报告期	2017.06.30	2016.12.31	2016.06.30	2015.12.31
主要财务指标	基本每股收益(元)	0.2266	0.4573	0.3456	0.5272
	基本每股收益(扣除后)(元)	0.2251	0.4536	0.3416	0.5178
	稀释每股收益(元)	0.2266	0.4573	0.3456	0.5272
	每股净资产(元)	4.8999	4.7900	4.6449	4.4629
	每股经营现金净流量(元)	0.3824	0.8995	0.3699	1.2189
	每股现金流量(元)	–0.1627	–0.1483	–0.0356	–0.2077
	每股资本公积金(元)	1.1599	1.1599	1.1599	1.1599
	每股盈余公积金(元)	0.3804	0.3804	0.3346	0.3346
	每股未分配利润(元)	2.1632	2.0867	2.0207	1.8751
	净资产收益率(%)	4.6239	9.5542	7.4403	11.8126
	加权净资产收益率(%)	4.6200	10.1100	7.5100	12.4300
	净资产收益率(扣除)(%)	4.5938	9.4773	7.3546	11.6019
	总资产(万元)	1054396.27	1035745.65	1026921.49	1010033.09
	归属母公司股东权益(万元)	544904.92	532261.38	516548.57	496308.39
	营业收入(万元)	407052.93	721058.41	383628.88	679033.24
	营业支出(万元)	362340.10	631674.12	323505.88	575509.58
	投资收益(万元)	1060.44	852.96	349.95	2896.76
	净利润(万元)	25365.04	50929.73	38656.72	59125.96
	营业利润(万元)	29720.44	61006.59	45020.71	69241.74
	利润总额(万元)	29898.65	61418.06	45509.86	70449.07

成都卫士通信息产业股份有限公司

公司概况	公司名称	成都卫士通信息产业股份有限公司		证券简称	卫士通	
	法人代表	李成刚	董秘	胡凯春	证券代码	002268
	公司网址	www.westone.com.cn		电子信箱	westone_dm@163.com	
	电　话	028-62386166		传　真	028-62386030	
	办公地址	四川省成都市高新技术产业开发区云华路333号				
	经营范围	通信保密与信息安全、信息网络与多媒体终端及系统产品的开发、生产、销售等				

	指标\报告期	2017.06.30	2016.12.31	2016.06.30	2015.12.31
主要财务指标	基本每股收益(元)	–0.1626	0.3601	–0.0880	0.3440
	基本每股收益(扣除后)(元)	–0.1662	0.2514	–0.1340	0.2863
	稀释每股收益(元)	–0.1626	0.3601	–0.0880	0.3440
	每股净资产(元)	4.7723	3.4428	2.9797	3.1678
	每股经营现金净流量(元)	–0.4778	–0.3173	–0.9297	0.4637
	每股现金流量(元)	1.4056	–0.0880	–0.6776	–0.4298
	每股资本公积金(元)	3.0499	0.6943	0.6794	0.6794
	每股盈余公积金(元)	0.0572	0.1109	0.1024	0.1024
	每股未分配利润(元)	0.6652	1.6376	1.1979	1.3860
	净资产收益率(%)	–3.1102	10.4596	–2.9546	10.8584
	加权净资产收益率(%)	–4.5200	10.9500	–2.8500	11.4300
	净资产收益率(扣除)(%)	–3.1779	7.3017	–4.4977	9.0385
	总资产(万元)	506738.45	364949.88	314581.08	262370.11
	归属母公司股东权益(万元)	400077.36	148907.31	128880.35	137013.42
	营业收入(万元)	56507.99	179890.18	47704.61	160312.38
	营业支出(万元)	42702.25	116475.36	31545.79	103890.93
	投资收益(万元)	177.39	187.25	730.31	385.67
	净利润(万元)	–12731.06	17295.24	–3617.60	16255.91
	营业利润(万元)	–15690.42	11953.01	–7127.06	13183.13
	利润总额(万元)	–15360.11	19606.61	–4019.31	18235.50

上海美特斯邦威服饰股份有限公司

公司概况	公司名称	上海美特斯邦威服饰股份有限公司		证券简称	美邦服饰	
	法人代表	胡佳佳	董秘	庄涛	证券代码	002269
	公司网址	www.metersbonwe.com		电子信箱	corporate@metersbonwe.com	
	电　话	021-38119999		传　真	021-68183939	
	办公地址	中国(上海)自由贸易试验区康桥东路800号				
	经营范围	服装制造加工、服装、鞋、针纺织品、皮革制品、羽绒制品、箱包、玩具等				

	指标\报告期	2017.06.30	2016.12.31	2016.06.30	2015.12.31
主要财务指标	基本每股收益(元)	–0.0180	0.0100	–0.0200	–0.1700
	基本每股收益(扣除后)(元)	–0.0210	–0.2100	–0.0300	–0.1800
	稀释每股收益(元)	–0.0180	0.0100	–0.0200	–0.1700
	每股净资产(元)	1.2327	1.2438	1.2051	1.2289
	每股经营现金净流量(元)	–0.0353	0.1297	0.0445	–0.0732
	每股现金流量(元)	–0.0144	–0.1587	–0.1585	–0.0979
	每股资本公积金(元)	0.0643	0.0834	0.0828	0.0828
	每股盈余公积金(元)	0.2010	0.1999	0.2073	0.2073
	每股未分配利润(元)	–0.0326	–0.0147	–0.0601	–0.0363
	净资产收益率(%)	–1.4448	1.1508	–1.9774	–13.9141
	加权净资产收益率(%)	–1.4300	1.0000	–1.9600	–13.0000
	净资产收益率(扣除)(%)	–1.6772	–16.4783	–2.2765	–14.3397
	总资产(万元)	557333.50	618719.97	635584.28	695496.92
	归属母公司股东权益(万元)	309721.33	314194.89	304400.35	310419.43
	营业收入(万元)	289639.02	651919.21	307447.32	629478.38
	营业支出(万元)	143097.48	366791.84	170039.69	352412.61
	投资收益(万元)	2070.63	57149.53	953.78	–64.03
	净利润(万元)	–4475.00	3615.86	–6019.08	–43192.15
	营业利润(万元)	–5874.56	15688.16	–5919.52	–15057.79
	利润总额(万元)	–5482.10	16334.61	–4701.98	–13239.66

华明电力装备股份有限公司

公司概况	公司名称	华明电力装备股份有限公司			证券简称	华明装备
	法人代表	肖毅	董秘	李胜刚	证券代码	002270
	公司网址	www.huaming.com		电子信箱	dsh@huaming.com	
	电　话	021-52708824		传　真	021-52708824	
	办公地址	山东省济南市天辰大街 389 号				
	经营范围	钢结构数控成套加工设备的研发、制造、销售				

	指标\报告期	2017.06.30	2016.12.31	2016.06.30	2015.12.31
主要财务指标	基本每股收益(元)	0.1900	0.4700	0.1800	0.7200
	基本每股收益(扣除后)(元)	0.1800	0.4400	0.1600	0.7200
	稀释每股收益(元)	0.1900	0.4700	0.1800	0.7200
	每股净资产(元)	3.8921	3.6983	3.4151	3.3109
	每股经营现金净流量(元)	-0.8429	-0.2581	0.0963	0.2074
	每股现金流量(元)	-0.2475	-0.4686	-0.0665	0.8888
	每股资本公积金(元)	1.8871	1.8871	1.8871	1.8871
	每股盈余公积金(元)	0.0339	0.0339	0.0308	0.0308
	每股未分配利润(元)	1.7922	1.5975	1.3160	1.2123
	净资产收益率(%)	5.0030	12.6632	5.3797	12.1313
	加权净资产收益率(%)	5.1300	13.3900	5.4000	32.9400
	净资产收益率(扣除)(%)	4.5792	11.8151	4.7837	12.0338
	总资产(万元)	276936.11	227506.76	202678.13	203251.88
	归属母公司股东权益(万元)	197002.10	187194.65	172858.80	167585.71
	营业收入(万元)	77020.32	103671.79	46873.01	60291.98
	营业支出(万元)	49225.61	53971.64	26235.73	21409.74
	投资收益(万元)	12.42	273.93	229.15	-
	净利润(万元)	9805.19	23421.41	9138.80	20314.58
	营业利润(万元)	10862.68	26326.36	9842.70	23262.95
	利润总额(万元)	11859.80	28064.81	10872.97	23938.80

北京东方雨虹防水技术股份有限公司

公司概况	公司名称	北京东方雨虹防水技术股份有限公司			证券简称	东方雨虹
	法人代表	李卫国	董秘	谭文彬	证券代码	002271
	公司网址	www.yuhong.com.cn		电子信箱	stocks@yuhong.com.cn	
	电　话	010-85762629		传　真	010-85762629	
	办公地址	北京市朝阳区高碑店北路康家园小区 4 号楼				
	经营范围	新型建筑防水材料的研发、生产、销售和防水工程施工业务				

	指标\报告期	2017.06.30	2016.12.31	2016.06.30	2015.12.31
主要财务指标	基本每股收益(元)	0.5600	1.2200	0.4400	0.8900
	基本每股收益(扣除后)(元)	0.5300	1.1300	0.4300	0.7600
	稀释每股收益(元)	0.5600	1.2000	0.4400	0.8900
	每股净资产(元)	6.1547	5.6357	5.0733	4.8952
	每股经营现金净流量(元)	-0.9011	0.6689	-0.1343	0.5072
	每股现金流量(元)	-0.2942	1.0645	0.4286	-0.3702
	每股资本公积金(元)	2.1253	2.0082	1.6456	1.6430
	每股盈余公积金(元)	0.0976	0.0976	0.1037	0.1037
	每股未分配利润(元)	3.5581	3.1477	2.5527	2.2128
	净资产收益率(%)	9.0880	20.6796	8.6465	17.9449
	加权净资产收益率(%)	9.3800	23.1700	8.7200	19.6100
	净资产收益率(扣除)(%)	8.6596	19.2274	8.4461	15.4228
	总资产(万元)	1054385.12	885654.85	785418.90	608405.97
	归属母公司股东权益(万元)	543266.16	497451.43	421433.79	406641.06
	营业收入(万元)	431059.08	700023.28	292108.88	530399.04
	营业支出(万元)	256848.17	401576.98	166586.44	314197.07
	投资收益(万元)	---	2315.19	-194.43	63.65
	净利润(万元)	49159.26	102632.27	36260.59	72881.46
	营业利润(万元)	55782.73	109655.42	40499.13	72807.39
	利润总额(万元)	55753.42	115685.13	41889.63	83723.48

四川川润股份有限公司

公司概况	公司名称	四川川润股份有限公司			证券简称	川润股份
	法人代表	罗永忠	董秘	曾金山	证券代码	002272
	公司网址	www.chuanrun.com		电子信箱	chuanrun@chuanrun.com	
	电　话	028-61777787		传　真	028-61777787	
	办公地址	四川省成都市郫县现代工业港港北六路 85 号				
	经营范围	稀油、干油集中润滑系统及设备的设计、制造、销售等				

	指标\报告期	2017.06.30	2016.12.31	2016.06.30	2015.12.31
主要财务指标	基本每股收益(元)	0.0067	0.0347	0.0086	-0.1617
	基本每股收益(扣除后)(元)	-0.0128	0.0087	-0.0061	-0.1760
	稀释每股收益(元)	0.0067	0.0347	0.0086	-0.1617
	每股净资产(元)	2.7887	2.7821	2.7560	2.7474
	每股经营现金净流量(元)	-0.0115	0.0101	-0.0596	-0.0136
	每股现金流量(元)	-0.0214	0.0456	-0.0153	-0.2399
	每股资本公积金(元)	1.5194	1.5194	1.5194	1.5194
	每股盈余公积金(元)	0.0563	0.0563	0.0554	0.0554
	每股未分配利润(元)	0.2130	0.2063	0.1811	0.1725
	净资产收益率(%)	0.2397	1.2460	0.3123	-5.8856
	加权净资产收益率(%)	0.2400	1.2500	0.3100	-5.7200
	净资产收益率(扣除)(%)	-0.4600	0.3141	-0.2208	-6.4049
	总资产(万元)	159551.33	163895.81	164208.72	173813.96
	归属母公司股东权益(万元)	117043.73	116763.09	115669.68	115308.45
	营业收入(万元)	31532.89	60961.19	25924.73	78929.39
	营业支出(万元)	25340.33	48263.25	20754.26	66923.96
	投资收益(万元)	---	8.15	-	7.33
	净利润(万元)	280.52	1454.82	361.29	-6786.59
	营业利润(万元)	52.79	637.65	-247.21	-8401.50
	利润总额(万元)	257.25	1681.39	355.08	-8184.77

浙江水晶光电科技股份有限公司

公司概况	公司名称	浙江水晶光电科技股份有限公司			证券简称	水晶光电
	法人代表	林敏	董秘	孔文君	证券代码	002273
	公司网址	www.crystal-optech.com		电子信箱	sjzqb@crystal-optech.com	
	电　话	0576-89811900　89811901		传　真	0576-88038266	
	办公地址	浙江省台州市椒江区三甲街道开发大道东段 2198 号				
	经营范围	光学光电子元器件的研发、生产和销售				

	指标\报告期	2017.06.30	2016.12.31	2016.06.30	2015.12.31
主要财务指标	基本每股收益(元)	0.2300	0.3900	0.1600	0.3700
	基本每股收益(扣除后)(元)	0.2100	0.3400	0.1500	0.3400
	稀释每股收益(元)	0.2300	0.3900	0.1600	0.3700
	每股净资产(元)	4.5168	4.3700	4.1900	6.1482
	每股经营现金净流量(元)	0.3467	0.4988	0.1418	0.4864
	每股现金流量(元)	0.2418	0.0838	-0.1395	0.6970
	每股资本公积金(元)	2.2159	2.2014	2.0874	3.6311
	每股盈余公积金(元)	0.1528	0.1528	0.1267	0.1901
	每股未分配利润(元)	1.2954	1.1632	0.9756	1.3270
	净资产收益率(%)	5.1421	8.7546	3.7617	5.5570
	加权净资产收益率(%)	5.1900	9.1000	3.7800	7.7200
	净资产收益率(扣除)(%)	4.6307	7.7367	3.5460	5.1908
	总资产(万元)	356146.91	340420.10	304755.77	308591.69
	归属母公司股东权益(万元)	299425.50	289753.45	274433.21	268437.43
	营业收入(万元)	94005.67	168019.33	65788.47	118155.78
	营业支出(万元)	64804.75	114956.25	45699.46	83952.98
	投资收益(万元)	2373.14	3809.68	931.60	1849.09
	净利润(万元)	15624.93	25825.42	10615.26	15236.31
	营业利润(万元)	18725.29	28230.77	11783.09	16818.50
	利润总额(万元)	18758.90	29772.99	12491.90	17548.18

江苏华昌化工股份有限公司

公司概况	公司名称	江苏华昌化工股份有限公司			证券简称	华昌化工
	法人代表	朱郁健	董秘	卢龙	证券代码	002274
	公司网址	www.huachangchem.cn		电子信箱	huachang@huachangchem.cn	
	电　话	0512-58727158		传　真	0512-58727155	
	办公地址	江苏省张家港市金港镇保税区扬子江国际化学工业园南海路 1 号				
	经营范围	从事基础化工业务、为农业生产、玻璃行业、精细化工行业提供产品				

主要财务指标	指标＼报告期	2017.06.30	2016.12.31	2016.06.30	2015.12.31
	基本每股收益(元)	0.0477	0.0482	0.0200	0.0539
	基本每股收益(扣除后)(元)	0.0258	–0.2049	–0.0093	–0.3129
	稀释每股收益(元)	0.0477	0.0482	0.0200	0.0539
	每股净资产(元)	4.1173	4.3472	4.5229	4.3637
	每股经营现金净流量(元)	0.2864	0.5893	0.1596	0.2686
	每股现金流量(元)	0.0018	–0.1916	–0.3190	0.5716
	每股资本公积金(元)	2.4405	2.4405	2.4405	2.4405
	每股盈余公积金(元)	0.1215	0.1215	0.1215	0.1215
	每股未分配利润(元)	0.3285	0.3808	0.3526	0.4326
	净资产收益率(%)	1.1586	1.1088	0.4413	1.0607
	加权净资产收益率(%)	1.1300	1.1100	0.4500	1.3500
	净资产收益率(扣除)(%)	0.6260	–4.7130	–0.2062	–6.1546
	总资产(万元)	597117.48	615910.67	645387.30	625460.76
	归属母公司股东权益(万元)	261410.20	276010.22	287160.69	277054.64
	营业收入(万元)	266723.44	401939.63	197092.28	403530.20
	营业支出(万元)	239433.14	376477.73	176406.52	362792.72
	投资收益(万元)	1761.35	21251.96	2438.50	28753.70
	净利润(万元)	3129.26	3063.90	1261.22	2954.38
	营业利润(万元)	3685.30	3806.83	1377.83	2699.03
	利润总额(万元)	4128.13	4327.91	1636.38	3781.73

桂林三金药业股份有限公司

公司概况	公司名称	桂林三金药业股份有限公司			证券简称	桂林三金
	法人代表	邹节明	董秘	邹洵	证券代码	002275
	公司网址	www.sanjin.com.cn		电子信箱	dsh@sanjin.com.cn	
	电　话	0773-5829106 5829109		传　真	0773-5838652	
	办公地址	广西壮族自治区桂林市金星路 1 号				
	经营范围	片剂、硬胶囊剂、散剂、颗粒剂、酊剂等				

主要财务指标	指标＼报告期	2017.06.30	2016.12.31	2016.06.30	2015.12.31
	基本每股收益(元)	0.4278	0.6700	0.3839	0.6382
	基本每股收益(扣除后)(元)	0.4100	0.6400	0.3730	0.6000
	稀释每股收益(元)	0.4278	0.6700	0.3839	0.6382
	每股净资产(元)	4.1375	4.1098	3.8539	3.9700
	每股经营现金净流量(元)	0.3198	0.9096	0.4904	0.6752
	每股现金流量(元)	–0.1107	–0.0202	–0.2911	0.1365
	每股资本公积金(元)	1.1695	1.1695	1.1501	1.1501
	每股盈余公积金(元)	0.5515	0.5515	0.5486	0.5486
	每股未分配利润(元)	1.4165	1.3888	1.1551	1.2713
	净资产收益率(%)	10.3387	16.2295	9.9605	16.0757
	加权净资产收益率(%)	10.3900	16.3300	9.4100	16.3600
	净资产收益率(扣除)(%)	9.9700	15.6432	9.6884	15.0912
	总资产(万元)	293278.94	286984.68	261247.16	275971.32
	归属母公司股东权益(万元)	244197.83	242558.96	227458.21	234312.31
	营业收入(万元)	73006.55	152522.40	66441.67	137182.12
	营业支出(万元)	19553.75	41021.14	18844.12	37690.66
	投资收益(万元)	415.84	507.05	173.18	1036.08
	净利润(万元)	25246.87	39366.00	22655.89	37667.28
	营业利润(万元)	28909.22	46734.23	26022.61	42300.68
	利润总额(万元)	29607.14	47956.60	26577.49	44030.31

浙江万马股份有限公司

公司概况	公司名称	浙江万马股份有限公司			证券简称	万马股份
	法人代表	何若虚	董秘	赵宇恺	证券代码	002276
	公司网址	www.wanma-cable.cn		电子信箱	investor@zjwanma.com	
	电　话	0571-61097518　63755256		传　真	0571-63755256	
	办公地址	浙江省临安市经济开发区南环路 88 号				
	经营范围	电力电缆的研发、生产和销售				

主要财务指标	指标＼报告期	2017.06.30	2016.12.31	2016.06.30	2015.12.31
	基本每股收益(元)	0.0600	0.2300	0.1100	0.2900
	基本每股收益(扣除后)(元)	0.0400	0.2200	0.1102	0.2800
	稀释每股收益(元)	0.0600	0.2300	0.1100	0.2900
	每股净资产(元)	3.8515	3.2663	3.1464	3.1356
	每股经营现金净流量(元)	–0.9829	0.2984	–0.3166	0.2858
	每股现金流量(元)	0.8331	–0.1319	–0.1791	–0.0116
	每股资本公积金(元)	1.6551	0.8423	0.8418	0.8410
	每股盈余公积金(元)	0.1930	0.1930	0.1683	0.1683
	每股未分配利润(元)	1.2919	1.2310	1.1364	1.1263
	净资产收益率(%)	1.4339	7.0160	3.4960	9.2313
	加权净资产收益率(%)	1.8500	7.1600	3.4500	9.6300
	净资产收益率(扣除)(%)	1.0177	6.6463	3.5036	8.8689
	总资产(万元)	662504.78	503196.90	500886.92	504390.32
	归属母公司股东权益(万元)	398815.04	306754.71	295535.69	294532.25
	营业收入(万元)	320341.92	637964.60	273418.23	684714.76
	营业支出(万元)	274318.16	537452.05	221478.62	582951.41
	投资收益(万元)	–6.41	351.19	175.62	304.77
	净利润(万元)	5313.97	20890.27	10208.89	27619.05
	营业利润(万元)	4599.27	16444.44	9753.03	27488.87
	利润总额(万元)	5866.38	22415.13	11560.86	31516.32

湖南友谊阿波罗商业股份有限公司

公司概况	公司名称	湖南友谊阿波罗商业股份有限公司			证券简称	友阿股份
	法人代表	胡子敬	董秘	陈学文	证券代码	002277
	公司网址	www.your-mart.cn		电子信箱	cxw5448@126.com	
	电　话	0731-82293541　82295528		传　真	0731-82243046　82294448	
	办公地址	湖南省长沙市芙蓉区八一路 1 号				
	经营范围	商品零售业及相关配套服务、酒店业、餐饮业、休闲娱乐业的投资等				

主要财务指标	指标＼报告期	2017.06.30	2016.12.31	2016.06.30	2015.12.31
	基本每股收益(元)	0.1896	0.4695	0.3686	0.5481
	基本每股收益(扣除后)(元)	0.1912	0.4417	0.3664	0.5361
	稀释每股收益(元)	0.1896	0.4695	0.3686	0.5481
	每股净资产(元)	3.6156	6.9521	6.8378	5.7107
	每股经营现金净流量(元)	0.1442	0.7519	–0.1508	–1.6037
	每股现金流量(元)	0.1932	0.3583	1.0673	–0.1507
	每股资本公积金(元)	0.8976	2.7952	2.7973	1.1777
	每股盈余公积金(元)	0.2130	0.4259	0.3686	0.4612
	每股未分配利润(元)	1.5047	2.7302	2.6598	3.0592
	净资产收益率(%)	5.2429	6.0756	4.3089	9.5944
	加权净资产收益率(%)	5.3500	7.3300	6.2700	10.0100
	净资产收益率(扣除)(%)	5.2894	5.7155	4.2828	9.3840
	总资产(万元)	1263607.28	1180913.21	1204839.32	1052666.21
	归属母公司股东权益(万元)	512189.21	492418.70	484325.09	323294.66
	营业收入(万元)	373618.80	622753.41	317025.93	617961.86
	营业支出(万元)	298242.77	505788.75	256112.51	508749.04
	投资收益(万元)	3546.74	2950.59	2618.46	4866.29
	净利润(万元)	27130.58	22225.73	17909.84	30077.06
	营业利润(万元)	36343.25	33783.11	26299.36	42977.59
	利润总额(万元)	35883.97	35521.54	26180.73	41835.79

上海神开石油化工装备股份有限公司

公司概况					
公司名称	上海神开石油化工装备股份有限公司			证券简称	神开股份
法人代表	孙晔	董秘	李芳英(代)	证券代码	002278
公司网址	www.shenkai.com		电子信箱	shenkai@shenkai.com	
电　话	021-64293895		传　真	021-54336696	
办公地址	上海市闵行区浦星公路 1769 号				
经营范围	研发、制造、销售石油勘探设备、钻井井控设备、采油和井口设备等				

主要财务指标 指标\报告期	2017.06.30	2016.12.31	2016.06.30	2015.12.31
基本每股收益(元)	-0.0300	-0.3000	-0.0800	0.0300
基本每股收益(扣除后)(元)	-0.0600	-0.3400	-0.0800	-0.2500
稀释每股收益(元)	-0.0300	-0.3000	-0.0800	0.0300
每股净资产(元)	2.8985	2.9315	3.1520	3.2241
每股经营现金净流量(元)	-0.0076	-0.1480	-0.1102	-0.1051
每股现金流量(元)	0.0489	-0.2667	0.1303	-0.1560
每股资本公积金(元)	1.3191	1.3191	1.3191	1.3191
每股盈余公积金(元)	0.1788	0.1788	0.1788	0.1788
每股未分配利润(元)	0.3874	0.4163	0.6444	0.7205
净资产收益率(%)	-0.9994	-10.2334	-2.4147	0.9477
加权净资产收益率(%)	-0.9900	-9.7500	-2.3900	0.9400
净资产收益率(扣除)(%)	-1.9792	-11.6462	-2.9687	-7.7615
总资产(万元)	152759.15	162423.13	167973.43	174730.18
归属母公司股东权益(万元)	105480.26	106681.40	114702.57	117328.99
营业收入(万元)	21228.02	41603.86	21032.40	61384.36
营业支出(万元)	14675.34	28938.09	15043.90	40362.90
投资收益(万元)	184.43	311.22	164.53	372.68
净利润(万元)	-1079.02	-10287.83	-2832.41	1622.50
营业利润(万元)	-1783.61	-12008.77	-3322.98	417.32
利润总额(万元)	-928.14	-10675.80	-2841.23	1658.24

北京久其软件股份有限公司

公司概况					
公司名称	北京久其软件股份有限公司			证券简称	久其软件
法人代表	赵福君	董秘	王海霞	证券代码	002279
公司网址	www.jiuqi.com.cn		电子信箱	002279@jiuqi.com.cn	
电　话	010-88551199 58022988		传　真	010-58022897	
办公地址	北京市经济技术开发区西环中路 6 号				
经营范围	从事报表管理软件、电子政务软件、集团管控软件、商业智能软件等				

主要财务指标 指标\报告期	2017.06.30	2016.12.31	2016.06.30	2015.12.31
基本每股收益(元)	0.0712	0.3105	0.0224	0.6827
基本每股收益(扣除后)(元)	0.0665	0.3918	0.0239	0.6184
稀释每股收益(元)	0.0712	0.4037	0.0224	0.6827
每股净资产(元)	3.3425	3.9960	3.6200	9.0749
每股经营现金净流量(元)	-0.1895	0.1782	-0.2793	0.8011
每股现金流量(元)	0.6273	-0.2749	-0.3753	2.5760
每股资本公积金(元)	1.2061	1.8667	1.8667	6.1668
每股盈余公积金(元)	0.0875	0.1137	0.0952	0.2381
每股未分配利润(元)	0.8278	1.0132	0.6571	1.6698
净资产收益率(%)	2.1318	10.1031	0.8059	6.8671
加权净资产收益率(%)	2.2900	10.6000	0.8000	10.1900
净资产收益率(扣除)(%)	1.9893	9.8044	0.6610	6.2200
总资产(万元)	403837.58	279587.06	237910.08	249728.57
归属母公司股东权益(万元)	235196.17	216379.84	196019.71	196559.67
营业收入(万元)	59862.45	132080.20	43381.09	71667.93
营业支出(万元)	27045.65	55414.78	19872.22	24431.79
投资收益(万元)	48.25	288.27	20.99	1382.45
净利润(万元)	5897.01	21123.41	965.70	12978.30
营业利润(万元)	6770.52	20725.75	991.72	13705.16
利润总额(万元)	7149.68	23444.62	2010.97	15130.72

杭州联络互动信息科技股份有限公司

公司概况					
公司名称	杭州联络互动信息科技股份有限公司			证券简称	联络互动
法人代表	何志涛	董秘	俞竣华	证券代码	002280
公司网址	www.lianluo.com		电子信箱	ir@haolianluo.com	
电　话	86-571-28280882		传　真	86-571-28280883	
办公地址	浙江省杭州市滨江区物联网街 451 号芯图大厦 18 层				
经营范围	应用软件开发与销售、系统集成及技术支持与服务				

主要财务指标 指标\报告期	2017.06.30	2016.12.31	2016.06.30	2015.12.31
基本每股收益(元)	0.0100	0.1700	0.0900	0.4500
基本每股收益(扣除后)(元)	-0.0300	0.1100	0.0800	0.4400
稀释每股收益(元)	0.0100	0.1700	0.0900	0.4500
每股净资产(元)	2.8500	2.8435	2.7377	1.6084
每股经营现金净流量(元)	-0.4637	0.0645	-0.0811	0.0197
每股现金流量(元)	-0.6031	1.2814	-0.0188	-0.0692
每股资本公积金(元)	1.4431	1.4421	1.4401	-0.1953
每股盈余公积金(元)	0.0123	0.0123	0.0099	0.0307
每股未分配利润(元)	0.3529	0.3384	0.2674	0.7387
净资产收益率(%)	0.5069	5.7123	3.2527	27.9637
加权净资产收益率(%)	0.5000	6.3100	3.7300	32.4800
净资产收益率(扣除)(%)	-1.0445	3.7037	2.9122	27.6584
总资产(万元)	1440119.08	815657.94	630941.35	185762.62
归属母公司股东权益(万元)	620490.34	619068.07	596037.21	112991.13
营业收入(万元)	377041.06	120121.27	59008.95	67635.53
营业支出(万元)	301899.19	63965.46	25456.98	19272.52
投资收益(万元)	11855.42	16811.61	1110.64	-903.82
净利润(万元)	3337.04	35471.31	20182.23	32110.40
营业利润(万元)	7768.58	40500.34	23140.74	37693.56
利润总额(万元)	6963.00	40272.23	23345.78	37903.39

武汉光迅科技股份有限公司

公司概况					
公司名称	武汉光迅科技股份有限公司			证券简称	光迅科技
法人代表	余少华	董秘	毛浩	证券代码	002281
公司网址	www.accelink.com		电子信箱	investor@accelink.com	
电　话	027-87694060		传　真	027-87694060	
办公地址	湖北省武汉市江夏区藏龙岛开发区潭湖路 1 号				
经营范围	信息技术领域光、电器件技术及产品的研制、生产、销售和相关技术服务				

主要财务指标 指标\报告期	2017.06.30	2016.12.31	2016.06.30	2015.12.31
基本每股收益(元)	0.2730	1.3600	0.7300	1.1600
基本每股收益(扣除后)(元)	0.2671	1.1300	0.6100	0.9300
稀释每股收益(元)	0.2730	1.3600	0.7300	1.1600
每股净资产(元)	4.6300	13.5185	12.9107	12.6449
每股经营现金净流量(元)	-0.1008	0.8631	-0.0245	0.6688
每股现金流量(元)	-0.2846	1.8527	0.3793	-1.5300
每股资本公积金(元)	1.7057	7.0962	7.1145	7.0983
每股盈余公积金(元)	0.1560	0.4680	0.3741	0.3738
每股未分配利润(元)	1.7684	4.9766	4.4391	4.2065
净资产收益率(%)	5.8934	10.0571	5.6523	9.1658
加权净资产收益率(%)	5.7900	10.4800	5.6800	9.5700
净资产收益率(扣除)(%)	5.7660	8.3665	4.7166	7.3132
总资产(万元)	490230.56	481699.23	488142.61	421137.64
归属母公司股东权益(万元)	291307.42	283403.70	270773.62	265607.15
营业收入(万元)	239131.17	405921.46	198336.51	313997.87
营业支出(万元)	194252.72	317032.34	155101.02	233345.70
投资收益(万元)	--	-56.43	-	4.85
净利润(万元)	17311.46	27393.66	14444.68	24326.16
营业利润(万元)	19596.00	26740.23	15010.18	25955.45
利润总额(万元)	19806.14	31675.78	17583.30	28806.01

博深工具股份有限公司

公司概况	公司名称	博深工具股份有限公司		证券简称	博深工具
	法人代表	陈怀荣	董秘 井成铭	证券代码	002282
	公司网址	www.bosuntools.com		电子信箱	bod@bosuntools.com
	电话	0311-85962650		传真	0311-85965550
	办公地址	河北省石家庄市高新区长江大道289号			
	经营范围	生产销售人造金刚石及刮品、粉末冶金制品、电动工具及配件以及相关技术服务			

指标\报告期	2017.06.30	2016.12.31	2016.06.30	2015.12.31
基本每股收益(元)	0.1300	0.0400	0.0400	0.0200
基本每股收益(扣除后)(元)	0.0300	0.0300	0.0300	0.0100
稀释每股收益(元)	0.1300	0.0400	0.0400	0.0200
每股净资产(元)	2.4825	2.3707	2.3511	2.3122
每股经营现金净流量(元)	0.0504	0.2955	0.0751	0.2807
每股现金流量(元)	0.2176	0.0148	0.1292	0.1639
每股资本公积金(元)	0.9132	0.9132	0.9132	0.9132
每股盈余公积金(元)	0.0871	0.0871	0.0865	0.0865
每股未分配利润(元)	0.4818	0.3781	0.3797	0.3718
净资产收益率(%)	5.3854	1.5574	1.6107	0.8437
加权净资产收益率(%)	5.5200	1.5900	1.6300	0.8400
净资产收益率(扣除)(%)	1.3426	1.1563	1.3459	0.5084
总资产(万元)	105136.60	103004.31	106476.70	103592.83
归属母公司股东权益(万元)	83940.98	80161.78	79499.16	78182.60
营业收入(万元)	25062.35	42996.81	22887.66	43438.44
营业支出(万元)	16129.63	27187.95	15359.19	28305.13
投资收益(万元)	3731.69	−49.39	−185.82	−68.95
净利润(万元)	4520.56	1248.45	1280.51	659.67
营业利润(万元)	5089.20	843.73	1289.12	431.39
利润总额(万元)	5179.21	1250.44	1487.62	711.23

天润曲轴股份有限公司

公司概况	公司名称	天润曲轴股份有限公司		证券简称	天润曲轴
	法人代表	邢运波	董秘 刘立	证券代码	002283
	公司网址	www.tianrun.com		电子信箱	liuli@tianrun.com
	电话	0631-8982313 8982177		传真	0631-8982333
	办公地址	山东省文登市天润路2-13号			
	经营范围	曲轴、机床、机械配件等的生产、销售			

指标\报告期	2017.06.30	2016.12.31	2016.06.30	2015.12.31
基本每股收益(元)	0.1200	0.1700	0.1400	0.2700
基本每股收益(扣除后)(元)	0.1100	0.1400	0.1300	0.2400
稀释每股收益(元)	0.1100	0.1700	0.1400	0.2700
每股净资产(元)	3.2776	3.1711	6.1200	6.0022
每股经营现金净流量(元)	−0.1423	0.3397	0.5059	0.8695
每股现金流量(元)	−0.0352	0.0080	−0.0190	0.0222
每股资本公积金(元)	1.1845	1.1743	3.3324	3.3153
每股盈余公积金(元)	0.0985	0.0987	0.1665	0.1666
每股未分配利润(元)	0.9946	0.8950	1.6228	1.5203
净资产收益率(%)	3.6413	5.4654	2.3522	4.4751
加权净资产收益率(%)	3.7000	5.6200	2.3700	4.5900
净资产收益率(扣除)(%)	3.4003	4.5640	2.0543	3.9693
总资产(万元)	546478.48	512367.11	497067.40	478607.76
归属母公司股东权益(万元)	368687.27	355501.11	342792.99	335772.75
营业收入(万元)	133925.39	182150.83	81568.62	168983.50
营业支出(万元)	99458.32	130186.63	58220.02	125656.43
投资收益(万元)	−1.18	--	-	-
净利润(万元)	13937.12	20046.05	8271.24	15321.14
营业利润(万元)	15545.91	19547.34	8236.56	15724.36
利润总额(万元)	16540.44	23218.56	9432.69	17620.78

浙江亚太机电股份有限公司

公司概况	公司名称	浙江亚太机电股份有限公司		证券简称	亚太股份
	法人代表	黄伟中	董秘 邱蓉	证券代码	002284
	公司网址	www.apg.cn		电子信箱	qr@apg.cn;yqy@apg.cn
	电话	0571-82765229 82761316		传真	0571-82761666
	办公地址	浙江省杭州市萧山区蜀山街道亚太路1399号			
	经营范围	开发、生产、销售汽车制动系统			

指标\报告期	2017.06.30	2016.12.31	2016.06.30	2015.12.31
基本每股收益(元)	0.0900	0.2000	0.1300	0.1900
基本每股收益(扣除后)(元)	0.0800	0.1600	0.1200	0.1300
稀释每股收益(元)	0.0900	0.2000	0.1300	0.1900
每股净资产(元)	3.5858	3.5974	3.5375	3.5029
每股经营现金净流量(元)	−0.1829	0.2972	0.0109	0.3587
每股现金流量(元)	−0.1870	0.0732	0.0571	0.3133
每股资本公积金(元)	1.5416	1.5416	1.5416	1.5416
每股盈余公积金(元)	0.1850	0.1850	0.1670	0.1670
每股未分配利润(元)	0.8531	0.8648	0.8231	0.7884
净资产收益率(%)	2.4635	5.4345	3.8071	5.4927
加权净资产收益率(%)	2.4500	5.5300	3.8100	5.6200
净资产收益率(扣除)(%)	2.3181	4.5129	3.3689	3.7813
总资产(万元)	509716.14	491798.40	454003.74	425212.31
归属母公司股东权益(万元)	264469.21	265329.51	260912.89	258355.22
营业收入(万元)	195486.63	341895.83	168766.00	305947.85
营业支出(万元)	163699.18	283661.66	138593.91	255131.60
投资收益(万元)	−667.95	103.60	437.69	2671.11
净利润(万元)	6802.56	15157.59	10279.71	14868.82
营业利润(万元)	8467.28	14882.17	11111.94	15748.39
利润总额(万元)	8299.63	17601.71	11942.56	17007.73

深圳世联行地产顾问股份有限公司

公司概况	公司名称	深圳世联行地产顾问股份有限公司		证券简称	世联行
	法人代表	陈劲松	董秘 袁鸿昌	证券代码	002285
	公司网址	www.worldunion.com.cn		电子信箱	info@worldunion.com.cn
	电话	0755-22162144 22162708		传真	0755-22162231
	办公地址	广东省深圳市罗湖区深南东路2028号罗湖商务中心12楼			
	经营范围	房地产咨询、房地产代理、房地产经纪、物业管理			

指标\报告期	2017.06.30	2016.12.31	2016.06.30	2015.12.31
基本每股收益(元)	0.1400	0.3700	0.1000	0.3800
基本每股收益(扣除后)(元)	0.1300	0.3500	0.1000	0.3700
稀释每股收益(元)	0.1400	0.3700	0.1000	0.3800
每股净资产(元)	2.1174	2.0483	1.7783	2.4555
每股经营现金净流量(元)	−0.9476	1.1219	0.4196	0.3117
每股现金流量(元)	−0.2244	0.1914	0.0544	1.4401
每股资本公积金(元)	0.2837	0.2834	0.2797	0.6332
每股盈余公积金(元)	0.1955	0.1955	0.1482	0.2096
每股未分配利润(元)	0.6690	0.6097	0.3908	0.6127
净资产收益率(%)	6.5781	17.8386	5.5750	14.3495
加权净资产收益率(%)	6.7000	19.4700	5.6400	17.6700
净资产收益率(扣除)(%)	6.2918	17.0658	5.4495	14.1567
总资产(万元)	998145.23	778415.10	692928.12	739802.33
归属母公司股东权益(万元)	432992.59	418874.36	363657.73	354986.91
营业收入(万元)	333762.69	626992.13	269526.46	471055.32
营业支出(万元)	256465.49	452490.67	206222.86	317782.76
投资收益(万元)	2035.62	1841.78	476.78	514.46
净利润(万元)	30219.18	78289.52	21138.05	54400.79
营业利润(万元)	45033.91	110004.60	31445.55	74755.21
利润总额(万元)	45894.47	111405.33	31915.03	75454.68

保龄宝生物股份有限公司

公司概况	公司名称	保龄宝生物股份有限公司			证券简称	保龄宝
	法人代表	邓淑芬	董秘	李霞	证券代码	002286
	公司网址	www.blb-cn.com		电子信箱	tzzgx@blb-cn.com	
	电话	0534-8918658		传真	0534-2126058	
	办公地址	山东省德州市禹城市国家高新技术产业开发区东外环路 1 号				
	经营范围	以农副产品为原料经生物工程深加工生产、销售低聚糖、果葡糖浆、糖醇等产品				

	指标\报告期	2017.06.30	2016.12.31	2016.06.30	2015.12.31
主要财务指标	基本每股收益(元)	0.1000	0.1300	0.0800	0.1100
	基本每股收益(扣除后)(元)	0.0800	0.1100	0.0700	0.0800
	稀释每股收益(元)	0.1000	0.1300	0.0800	0.1100
	每股净资产(元)	4.0944	4.0767	4.0268	4.0030
	每股经营现金净流量(元)	-0.0776	0.2951	-0.0563	0.2098
	每股现金流量(元)	-0.2072	0.0180	-0.1013	0.3599
	每股资本公积金(元)	2.1675	2.1662	2.1660	2.1653
	每股盈余公积金(元)	0.1088	0.1088	0.0981	0.0981
	每股未分配利润(元)	0.8208	0.8025	0.7621	0.7396
	净资产收益率(%)	2.4015	3.2779	2.0500	2.7701
	加权净资产收益率(%)	2.3800	3.3200	2.0500	2.8000
	净资产收益率(扣除)(%)	2.0000	2.5995	1.6773	1.9991
	总资产(万元)	199103.20	193156.41	191244.71	191355.04
	归属母公司股东权益(万元)	151187.75	150533.20	148690.23	147811.49
	营业收入(万元)	79650.89	137742.43	62095.07	119628.17
	营业支出(万元)	68171.76	117170.50	51940.01	103202.41
	投资收益(万元)	710.49	1787.28	1109.71	1796.16
	净利润(万元)	3609.01	4920.37	3048.20	4094.60
	营业利润(万元)	3693.08	4970.03	3144.13	3675.38
	利润总额(万元)	4282.55	5842.55	3561.32	4780.85

西藏奇正藏药股份有限公司

公司概况	公司名称	西藏奇正藏药股份有限公司			证券简称	奇正藏药
	法人代表	雷菊芳	董秘	冯平	证券代码	002287
	公司网址	www.cheezheng.com.cn		电子信箱	qzzy@qzh.cn	
	电话	010-84766012		传真	010-84766081	
	办公地址	西藏自治区林芝市巴宜区德吉路 2 号				
	经营范围	藏药的研发、生产和销售,包括外用止痛药物、口服药等				

	指标\报告期	2017.06.30	2016.12.31	2016.06.30	2015.12.31
主要财务指标	基本每股收益(元)	0.4179	0.7100	0.3972	0.6500
	基本每股收益(扣除后)(元)	0.4028	0.5498	0.3800	0.5600
	稀释每股收益(元)	0.4179	0.7139	0.3972	0.6500
	每股净资产(元)	4.3000	4.2700	3.9554	3.9682
	每股经营现金净流量(元)	0.6910	0.9586	0.3377	0.6350
	每股现金流量(元)	0.5332	0.1214	0.5402	0.0435
	每股资本公积金(元)	1.0122	1.0122	1.0122	1.0122
	每股盈余公积金(元)	0.4353	0.4353	0.3669	0.3669
	每股未分配利润(元)	1.8525	1.8247	1.5763	1.5891
	净资产收益率(%)	9.7176	16.7117	10.0417	16.4431
	加权净资产收益率(%)	9.4600	17.4700	9.6900	17.0100
	净资产收益率(扣除)(%)	9.3680	12.8703	9.6098	14.0392
	总资产(万元)	225561.06	207569.33	219776.22	207013.24
	归属母公司股东权益(万元)	174578.73	173447.82	160587.27	161107.65
	营业收入(万元)	45828.85	96835.39	43987.00	99472.78
	营业支出(万元)	5723.50	15003.17	6309.41	20104.74
	投资收益(万元)	348.10	2676.51	345.50	2392.06
	净利润(万元)	16939.20	28778.56	16005.88	26135.74
	营业利润(万元)	18099.37	27531.54	17210.70	27308.58
	利润总额(万元)	18365.95	31376.25	17636.14	29137.11

广东超华科技股份有限公司

公司概况	公司名称	广东超华科技股份有限公司			证券简称	超华科技
	法人代表	梁健锋	董秘	梁健锋(代)	证券代码	002288
	公司网址	www.chaohuatech.com		电子信箱	002288@chaohuatech.com	
	电话	0755-83432838		传真	0755-83433868	
	办公地址	广东省梅州市梅县区宪梓南路 19 号				
	经营范围	高精度电子铜箔、各类覆铜板等电子基材和印制电路板的研发、生产和销售				

	指标\报告期	2017.06.30	2016.12.31	2016.06.30	2015.12.31
主要财务指标	基本每股收益(元)	0.0334	-0.0665	0.0033	0.0294
	基本每股收益(扣除后)(元)	0.0313	-0.0778	-0.0040	0.0099
	稀释每股收益(元)	0.0334	-0.0665	0.0033	0.0294
	每股净资产(元)	1.8320	1.7989	1.8695	1.8675
	每股经营现金净流量(元)	0.0221	0.1349	0.0227	0.0230
	每股现金流量(元)	-0.0762	0.0295	-0.0483	-0.0553
	每股资本公积金(元)	0.5891	0.5891	0.5891	0.5891
	每股盈余公积金(元)	0.0197	0.0197	0.0197	0.0197
	每股未分配利润(元)	0.2223	0.1889	0.2587	0.2584
	净资产收益率(%)	1.8235	-3.6954	0.1765	1.4934
	加权净资产收益率(%)	1.8400	-3.6300	0.1800	1.6800
	净资产收益率(扣除)(%)	1.7098	-4.3251	-0.2005	0.5014
	总资产(万元)	287163.27	247933.72	256085.58	260404.18
	归属母公司股东权益(万元)	170677.97	167597.72	174169.17	173987.99
	营业收入(万元)	62627.59	103527.94	42200.56	104776.72
	营业支出(万元)	52831.61	92825.69	38514.16	90093.55
	投资收益(万元)	768.36	1654.51	425.75	910.36
	净利润(万元)	3112.31	-6193.43	307.48	2782.81
	营业利润(万元)	3101.18	-8660.62	-567.38	1310.36
	利润总额(万元)	3295.25	-7590.50	89.36	3043.49

深圳市宇顺电子股份有限公司

公司概况	公司名称	深圳市宇顺电子股份有限公司			证券简称	宇顺电子
	法人代表	张旸	董秘	胡九成	证券代码	002289
	公司网址	www.szsuccess.com.cn		电子信箱	ysdz@szsuccess.com.cn	
	电话	0755-86028112		传真	0755-86028498	
	办公地址	广东省深圳市南山区深圳市软件产业基地 1 栋 A 座 13 层				
	经营范围	黑白显示模组、触控显示一体化模组、盖板玻璃等产品的研发、设计、生产与销售				

	指标\报告期	2017.06.30	2016.12.31	2016.06.30	2015.12.31
主要财务指标	基本每股收益(元)	-0.1933	0.1598	-0.8465	-5.8772
	基本每股收益(扣除后)(元)	-0.2288	-1.8869	-0.9135	-5.8512
	稀释每股收益(元)	-0.1933	0.1598	-0.8465	-5.8772
	每股净资产(元)	3.0102	3.2034	2.2074	3.0515
	每股经营现金净流量(元)	1.6491	-1.2930	0.5467	0.1368
	每股现金流量(元)	0.0473	-0.0809	-0.5534	-0.3145
	每股资本公积金(元)	9.6271	9.6271	9.6271	9.6271
	每股盈余公积金(元)	0.0852	0.0852	0.0852	0.0852
	每股未分配利润(元)	-7.7022	-7.5089	-8.5152	-7.6687
	净资产收益率(%)	-6.4206	4.9882	-38.3477	-192.6002
	加权净资产收益率(%)	-6.2200	5.1000	-32.1700	-98.1800
	净资产收益率(扣除)(%)	-7.6023	-58.9041	-41.4187	-191.7487
	总资产(万元)	112178.61	138670.96	214148.09	321023.51
	归属母公司股东权益(万元)	56240.45	59851.45	41241.31	57012.93
	营业收入(万元)	22015.42	130122.77	68353.42	338031.63
	营业支出(万元)	21182.71	120498.69	63816.22	306189.25
	投资收益(万元)	--	-6092.31	-	69.30
	净利润(万元)	-3785.62	2703.39	-15841.09	-110287.95
	营业利润(万元)	-4403.54	-42636.47	-17885.49	-109077.89
	利润总额(万元)	-3739.19	1710.67	-16600.97	-109517.25

苏州中科创新型材料股份有限公司

公司概况	公司名称	苏州中科创新型材料股份有限公司			证券简称	中科新材
	法人代表	范鸣春	董秘	王文其	证券代码	002290
	公司网址	www.szhssm.com.cn		电子信箱	wenqi.wang@szhssm.com.cn	
	电　话	0512-65073528 65073880		传　真	0512-65073400	
	办公地址	江苏省苏州市工业园区后戴街 108 号				
	经营范围	家电用外观部件复合材料的研发、生产和销售				

主要财务指标	指标\报告期	2017.06.30	2016.12.31	2016.06.30	2015.12.31
	基本每股收益(元)	0.1300	0.1300	0.0900	0.1300
	基本每股收益(扣除后)(元)	0.1000	0.1000	0.0800	0.1100
	稀释每股收益(元)	0.1300	0.1300	0.0900	0.1300
	每股净资产(元)	5.0912	4.9700	3.9636	3.9696
	每股经营现金净流量(元)	-3.3288	-0.0153	-0.1714	-0.2443
	每股现金流量(元)	0.8834	0.7444	0.1784	-0.3034
	每股资本公积金(元)	3.1941	3.1941	2.1128	2.1128
	每股盈余公积金(元)	0.1805	0.1805	0.2038	0.2038
	每股未分配利润(元)	0.7165	0.5916	0.6470	0.6530
	净资产收益率(%)	2.4548	2.3201	2.3709	3.3802
	加权净资产收益率(%)	2.4900	3.0100	2.3500	3.3800
	净资产收益率(扣除)(%)	1.9778	1.8362	2.0979	2.7727
	总资产(万元)	293800.15	195431.42	148143.32	133536.35
	归属母公司股东权益(万元)	123569.82	120536.37	83501.13	83628.12
	营业收入(万元)	64087.67	105031.64	46508.07	108233.99
	营业支出(万元)	51914.86	87640.63	39032.84	92992.93
	投资收益(万元)	418.51	15.84	-	-62.28
	净利润(万元)	3033.45	2796.62	1979.72	2826.81
	营业利润(万元)	3479.16	2801.41	2047.54	2868.73
	利润总额(万元)	3479.21	3471.86	2320.88	3478.29

星期六股份有限公司

公司概况	公司名称	星期六股份有限公司			证券简称	星 期 六
	法人代表	张泽民	董秘	何建锋	证券代码	002291
	公司网址	www.st-sat.com		电子信箱	zhengquan@st-sat.com	
	电　话	0757-86256351		传　真	0757-86252172	
	办公地址	广东省佛山市南海区桂城街道庆安路 2 号				
	经营范围	生产经营皮鞋、皮革制品、服装、服饰等				

主要财务指标	指标\报告期	2017.06.30	2016.12.31	2016.06.30	2015.12.31
	基本每股收益(元)	0.0559	0.0500	0.0505	0.0600
	基本每股收益(扣除后)(元)	0.0531	0.0500	0.0472	0.0500
	稀释每股收益(元)	0.0559	0.0500	0.0505	0.0600
	每股净资产(元)	4.6619	4.6055	4.5976	4.5473
	每股经营现金净流量(元)	0.1070	0.2763	0.0738	0.0847
	每股现金流量(元)	0.1493	-0.1614	-0.1164	0.1860
	每股资本公积金(元)	2.3787	2.3787	2.3719	2.3719
	每股盈余公积金(元)	0.1753	0.1753	0.1707	0.1707
	每股未分配利润(元)	1.1083	1.0524	1.0552	1.0047
	净资产收益率(%)	1.1998	1.1343	1.0990	1.2423
	加权净资产收益率(%)	1.2100	1.1400	1.2100	1.3000
	净资产收益率(扣除)(%)	1.1393	1.0262	1.0265	0.9977
	总资产(万元)	358263.68	298683.05	304030.72	302758.47
	归属母公司股东权益(万元)	185973.77	183724.96	183409.02	181399.78
	营业收入(万元)	78956.06	148426.53	70864.35	164212.51
	营业支出(万元)	35742.90	66948.81	32058.51	76531.18
	投资收益(万元)	-34.13	16.74	3.42	-31.52
	净利润(万元)	2441.92	2105.32	2063.36	2390.67
	营业利润(万元)	2964.70	2669.92	2662.32	2731.28
	利润总额(万元)	3114.74	2928.14	2839.71	3322.08

奥飞娱乐股份有限公司

公司概况	公司名称	奥飞娱乐股份有限公司			证券简称	奥飞娱乐
	法人代表	蔡东青	董秘	王晶	证券代码	002292
	公司网址	www.gdalpha.com		电子信箱	invest@gdalpha.com	
	电　话	020-38983278-3886		传　真	020-38336260	
	办公地址	广东省广州市天河区珠江新城金穗路 62 号侨鑫国际金融中心 37 楼				
	经营范围	制作、复制、发行:电视剧、综艺、专题、动画故事片等				

主要财务指标	指标\报告期	2017.06.30	2016.12.31	2016.06.30	2015.12.31
	基本每股收益(元)	0.1000	0.3900	0.2300	0.3900
	基本每股收益(扣除后)(元)	0.0730	0.2600	0.1400	0.2800
	稀释每股收益(元)	0.1000	0.3900	0.2300	0.3900
	每股净资产(元)	3.7045	3.6700	3.4756	2.3957
	每股经营现金净流量(元)	0.0916	0.1422	0.2208	-0.0764
	每股现金流量(元)	0.2147	0.2799	0.5468	-0.3856
	每股资本公积金(元)	1.1196	1.1197	1.1195	0.1924
	每股盈余公积金(元)	0.1186	0.1186	0.0936	0.0969
	每股未分配利润(元)	1.4376	1.3741	1.2405	1.0942
	净资产收益率(%)	2.7888	10.3947	6.4293	16.1426
	加权净资产收益率(%)	2.8200	11.7400	7.7700	17.4600
	净资产收益率(扣除)(%)	1.9711	7.0753	3.8942	11.6912
	总资产(万元)	870168.16	836621.35	790159.49	480928.69
	归属母公司股东权益(万元)	484503.42	479516.72	454929.28	302950.73
	营业收入(万元)	177867.45	336066.84	151760.08	258917.08
	营业支出(万元)	89279.97	169981.84	75406.41	120710.40
	投资收益(万元)	3323.99	13507.58	11869.96	10361.31
	净利润(万元)	12338.18	47717.43	28188.93	48070.46
	营业利润(万元)	16324.02	51921.06	31857.66	50802.94
	利润总额(万元)	16396.57	56298.68	33384.33	54952.73

罗莱生活科技股份有限公司

公司概况	公司名称	罗莱生活科技股份有限公司			证券简称	罗莱生活
	法人代表	薛伟斌	董秘	田霖	证券代码	002293
	公司网址	www.luolai.com.cn		电子信箱	ir@luolai.com.cn	
	电　话	021-23137924		传　真	021-23138776-340	
	办公地址	江苏省南通市经济技术开发区源兴路 555 号				
	经营范围	家用纺织品的生产与销售				

主要财务指标	指标\报告期	2017.06.30	2016.12.31	2016.06.30	2015.12.31
	基本每股收益(元)	0.2303	0.4521	0.2149	0.5800
	基本每股收益(扣除后)(元)	0.2242	0.3790	0.1832	0.4600
	稀释每股收益(元)	0.2303	0.4521	0.2149	0.5800
	每股净资产(元)	3.9021	3.9028	3.6628	3.6426
	每股经营现金净流量(元)	-0.1533	0.7201	0.0745	0.4838
	每股现金流量(元)	-0.6655	0.6866	-0.0336	-0.0821
	每股资本公积金(元)	0.5183	0.4966	0.4962	0.4924
	每股盈余公积金(元)	0.4060	0.4078	0.3677	0.3677
	每股未分配利润(元)	2.0159	1.9945	1.7974	1.7824
	净资产收益率(%)	5.8763	11.5842	5.8678	16.0414
	加权净资产收益率(%)	5.7800	12.0500	5.7800	16.6300
	净资产收益率(扣除)(%)	5.7206	9.7108	5.0024	12.6900
	总资产(万元)	434541.38	420828.72	356005.75	348484.93
	归属母公司股东权益(万元)	275059.29	273903.71	257058.21	255643.55
	营业收入(万元)	198143.59	315221.64	134308.33	291563.39
	营业支出(万元)	109022.32	162455.48	67689.09	148807.79
	投资收益(万元)	2773.76	3051.89	1483.77	5480.21
	净利润(万元)	17528.35	33881.33	15862.86	42308.91
	营业利润(万元)	21983.73	39102.33	19436.39	48181.95
	利润总额(万元)	21961.55	41952.29	20270.85	51170.10

深圳信立泰药业股份有限公司

公司概况

公司名称	深圳信立泰药业股份有限公司			证券简称	信立泰
法人代表	叶澄海	董秘	杨健锋	证券代码	002294
公司网址	www.salubris.cn		电子信箱	investor@salubris.cn	
电　话	0755-83867888		传　真	0755-83867338	
办公地址	广东省深圳市福田区深南大道 6009 号车公庙绿景广场主楼 37 层				
经营范围	心血管类、头孢类抗生素、骨吸收抑制剂类等药物的研发、生产和销售				

主要财务指标

指标\报告期	2017.06.30	2016.12.31	2016.06.30	2015.12.31
基本每股收益(元)	0.7000	1.3300	0.6600	1.2100
基本每股收益(扣除后)(元)	0.6800	1.3200	0.6600	1.1900
稀释每股收益(元)	0.7000	1.3300	0.6600	1.2100
每股净资产(元)	5.1194	5.1245	4.4513	4.3876
每股经营现金净流量(元)	0.7142	1.3717	0.6455	1.0096
每股现金流量(元)	–0.7633	0.6772	0.3534	0.1476
每股资本公积金(元)	0.1739	0.1739	0.1739	0.1739
每股盈余公积金(元)	0.5000	0.5000	0.3968	0.3968
每股未分配利润(元)	3.4450	3.4467	2.8788	2.8150
净资产收益率(%)	13.6399	26.0509	14.9126	27.5829
加权净资产收益率(%)	13.3300	28.6800	14.6900	30.8200
净资产收益率(扣除)(%)	13.2832	25.7361	14.7291	27.1697
总资产(万元)	610566.76	653413.91	579089.45	538688.27
归属母公司股东权益(万元)	535498.41	536032.61	465609.29	458951.46
营业收入(万元)	203467.76	383349.02	189177.52	347769.29
营业支出(万元)	41901.14	94987.92	48236.24	91228.84
投资收益(万元)	639.74	–126.34	–8.93	1318.26
净利润(万元)	72340.86	139003.88	69251.58	126967.37
营业利润(万元)	84720.29	163084.80	81075.41	147847.78
利润总额(万元)	86157.49	165047.52	82038.58	149148.81

广东精艺金属股份有限公司

公司概况

公司名称	广东精艺金属股份有限公司			证券简称	精艺股份
法人代表	卫国	董秘	张舟	证券代码	002295
公司网址	www.jingyimetal.com		电子信箱	jy@jingyimetal.com	
电　话	0757-26336931		传　真	0757-22397895	
办公地址	广东省佛山市顺德区北滘镇西海工业区				
经营范围	金属加工设备、精密铜管和铜管深加工产品的生产和销售				

主要财务指标

指标\报告期	2017.06.30	2016.12.31	2016.06.30	2015.12.31
基本每股收益(元)	0.1488	0.0365	0.0177	0.0269
基本每股收益(扣除后)(元)	0.1567	0.0326	0.0073	0.0162
稀释每股收益(元)	0.1488	0.0365	0.0177	0.0269
每股净资产(元)	4.4148	4.2600	4.1939	4.1900
每股经营现金净流量(元)	–1.1031	0.0810	–0.5373	0.7188
每股现金流量(元)	0.2832	0.0244	–0.2427	0.3555
每股资本公积金(元)	2.4638	2.4582	2.4395	2.4205
每股盈余公积金(元)	0.1193	0.1192	0.1192	0.1192
每股未分配利润(元)	0.8794	0.7303	0.7115	0.7338
净资产收益率(%)	3.3710	0.8573	0.4219	0.6039
加权净资产收益率(%)	3.4300	0.8700	0.4200	0.6600
净资产收益率(扣除)(%)	3.5504	0.7664	0.1737	0.3626
总资产(万元)	173891.02	153922.94	139891.54	125544.98
归属母公司股东权益(万元)	111036.51	107130.18	105517.54	105420.05
营业收入(万元)	251496.50	388910.21	169846.19	307901.88
营业支出(万元)	240347.45	376301.58	164713.51	297007.03
投资收益(万元)	130.65	683.24	116.99	386.11
净利润(万元)	3743.03	918.43	445.21	636.61
营业利润(万元)	4946.25	1858.17	862.96	778.32
利润总额(万元)	4750.83	1598.17	981.15	1004.85

河南辉煌科技股份有限公司

公司概况

公司名称	河南辉煌科技股份有限公司			证券简称	辉煌科技
法人代表	李海鹰	董秘	韩瑞	证券代码	002296
公司网址	www.hhkj.cn		电子信箱	hanrui@hhkj.cn	
电　话	0371-67371035		传　真	0371-67388201	
办公地址	河南省郑州市高新技术产业开发区科学大道 74 号				
经营范围	铁路信号通信领域产品的研制开发、生产及销售				

主要财务指标

指标\报告期	2017.06.30	2016.12.31	2016.06.30	2015.12.31
基本每股收益(元)	0.0663	0.2259	0.1031	0.1989
基本每股收益(扣除后)(元)	0.0620	0.2171	0.0978	0.1920
稀释每股收益(元)	0.0663	0.2259	0.1031	0.1989
每股净资产(元)	4.1509	4.0946	3.9268	3.8537
每股经营现金净流量(元)	–0.0948	0.3626	0.1103	0.2515
每股现金流量(元)	–0.2506	0.0334	–0.1255	–0.0549
每股资本公积金(元)	1.7324	1.7324	1.6873	1.6873
每股盈余公积金(元)	0.1632	0.1632	0.1430	0.1430
每股未分配利润(元)	1.2553	1.1990	1.0964	1.0234
净资产收益率(%)	1.5970	5.5159	2.6246	5.1617
加权净资产收益率(%)	1.6100	5.7200	2.6500	5.2800
净资产收益率(扣除)(%)	1.4936	5.3029	2.4897	4.9827
总资产(万元)	224247.80	223497.78	218548.75	214298.21
归属母公司股东权益(万元)	156347.11	154226.92	147904.47	145152.62
营业收入(万元)	21600.76	51460.91	20586.44	56602.69
营业支出(万元)	12247.62	26576.82	11218.60	29320.33
投资收益(万元)	–707.10	–1416.64	–661.47	–200.01
净利润(万元)	2627.94	8507.01	3881.83	7492.38
营业利润(万元)	3135.81	6638.94	2879.56	7927.88
利润总额(万元)	3318.65	10641.04	4717.81	8808.54

湖南博云新材料股份有限公司

公司概况

公司名称	湖南博云新材料股份有限公司			证券简称	博云新材
法人代表	廖寄乔	董秘	曾光辉	证券代码	002297
公司网址	www.hnboyun.com.cn		电子信箱	hnboyun@hnboyun.com.cn	
电　话	0731-85302297		传　真	0731-88122777	
办公地址	湖南省长沙市岳麓区雷锋大道 346 号				
经营范围	研究、生产、销售：粉末冶金摩擦材料、炭/炭复合材料、纳米材料及其制品				

主要财务指标

指标\报告期	2017.06.30	2016.12.31	2016.06.30	2015.12.31
基本每股收益(元)	–0.0250	0.0100	–0.0533	–0.3400
基本每股收益(扣除后)(元)	–0.0324	–0.1300	–0.0658	–0.3600
稀释每股收益(元)	–0.0250	0.0100	–0.0533	–0.3400
每股净资产(元)	3.3495	3.3746	3.3134	2.5034
每股经营现金净流量(元)	–0.0409	0.1835	0.0078	0.0432
每股现金流量(元)	–0.3116	0.6591	0.8686	–0.0802
每股资本公积金(元)	2.4591	2.4591	2.4591	1.6190
每股盈余公积金(元)	0.0423	0.0423	0.0423	0.0500
每股未分配利润(元)	–0.1519	–0.1268	–0.1880	–0.1657
净资产收益率(%)	–0.7478	0.3956	–1.4441	–13.6367
加权净资产收益率(%)	–0.7500	0.4500	–1.9100	–12.7700
净资产收益率(扣除)(%)	–0.9673	–3.7852	–1.7833	–14.2754
总资产(万元)	227971.56	238819.47	238728.72	175001.11
归属母公司股东权益(万元)	157869.23	159049.83	156165.47	99840.23
营业收入(万元)	26895.25	51509.31	21484.57	31942.93
营业支出(万元)	20369.47	38486.87	16438.30	27346.74
投资收益(万元)	–1697.69	–4935.18	–2372.45	–4727.02
净利润(万元)	–1044.89	924.94	–2081.65	–13961.56
营业利润(万元)	–967.97	–5361.02	–2435.19	–16183.03
利润总额(万元)	–606.98	2069.59	–1886.11	–15372.85

安徽中电兴发与鑫龙科技股份有限公司

公司概况					
公司名称	安徽中电兴发与鑫龙科技股份有限公司			证券简称	中电鑫龙
法人代表	束龙胜	董秘	汪宇	证券代码	002298
公司网址	www.ah-xinlong.com		电子信箱	xinlongdsb@126.com	
电　话	0553-5772627		传　真	0553-5312688	
办公地址	安徽省芜湖市经济技术开发区电器部件园(九华北路118)				
经营范围	高低压成套开关设备、元器件和自动化产品的生产和销售				

指标\报告期	2017.06.30	2016.12.31	2016.06.30	2015.12.31
基本每股收益(元)	0.1156	0.2394	0.1152	0.1358
基本每股收益(扣除后)(元)	0.0975	0.2028	0.0916	0.1085
稀释每股收益(元)	0.1156	0.2394	0.1152	0.1358
每股净资产(元)	6.0224	5.9068	4.8091	4.7260
每股经营现金净流量(元)	−0.0745	0.4186	0.0476	0.3865
每股现金流量(元)	0.3072	0.5085	−0.1459	0.2249
每股资本公积金(元)	4.1234	4.1234	3.0688	3.0688
每股盈余公积金(元)	0.0663	0.0663	0.0688	0.0688
每股未分配利润(元)	0.8327	0.7171	0.6715	0.5884
净资产收益率(%)	1.9197	3.7468	2.3946	2.2182
加权净资产收益率(%)	1.9400	4.7000	2.4100	3.5300
净资产收益率(扣除)(%)	1.6186	3.1734	1.9049	1.7736
总资产(万元)	571513.83	541884.90	498786.63	509548.81
归属母公司股东权益(万元)	423956.72	415818.02	304379.42	299116.11
营业收入(万元)	77196.28	167111.17	67462.26	87270.59
营业支出(万元)	52113.97	112075.61	41531.73	51769.02
投资收益(万元)	−79.03	−216.10	−125.92	−348.57
净利润(万元)	9193.41	17389.75	7968.83	7777.56
营业利润(万元)	10423.45	17679.48	8225.86	7484.27
利润总额(万元)	10978.35	20550.67	9996.88	8993.70

福建圣农发展股份有限公司

公司概况					
公司名称	福建圣农发展股份有限公司			证券简称	圣农发展
法人代表	傅光明	董秘	陈剑华	证券代码	002299
公司网址	www.sunnercn.com		电子信箱	sn023@sunnercn.com	
电　话	0599-7951250 7951242		传　真	0599-7951250	
办公地址	福建省南平市光泽县十里铺圣农总部办公大楼				
经营范围	畜、牧、禽、鱼、鳖养殖、茶果种植、混配合饲料生产				

指标\报告期	2017.06.30	2016.12.31	2016.06.30	2015.12.31
基本每股收益(元)	0.0161	0.6110	0.2212	−0.3714
基本每股收益(扣除后)(元)	−0.0272	0.4929	0.1678	−0.5353
稀释每股收益(元)	0.0161	0.6110	0.2212	−0.3714
每股净资产(元)	4.8342	5.3181	4.9284	4.7072
每股经营现金净流量(元)	0.3467	1.1975	0.3135	0.3897
每股现金流量(元)	0.2217	0.0178	0.3422	0.0093
每股资本公积金(元)	3.5608	3.5608	3.5608	3.5608
每股盈余公积金(元)	0.1741	0.1741	0.1354	0.1354
每股未分配利润(元)	0.0993	0.5832	0.2322	0.0109
净资产收益率(%)	0.3329	11.4884	4.4889	−7.4158
加权净资产收益率(%)	0.3100	12.1900	4.5900	−8.4100
净资产收益率(扣除)(%)	−0.5623	9.2683	3.4051	−10.6892
总资产(万元)	1182982.74	1141214.97	1129295.63	1096083.91
归属母公司股东权益(万元)	537035.15	590792.59	547496.41	522919.79
营业收入(万元)	432716.12	834042.05	392448.90	693982.53
营业支出(万元)	410858.72	729609.72	350184.56	694530.36
投资收益(万元)	383.09	202.18	20.04	−226.77
净利润(万元)	−2220.99	68250.60	24262.95	−49903.72
营业利润(万元)	−2212.50	54860.09	18722.28	−68800.48
利润总额(万元)	−2232.06	68318.49	24215.85	−49947.95

福建南平太阳电缆股份有限公司

公司概况					
公司名称	福建南平太阳电缆股份有限公司			证券简称	太阳电缆
法人代表	李云孝	董秘	江永涛	证券代码	002300
公司网址	www.npcable.com		电子信箱	sunbss@163.com	
电　话	0599-8736341		传　真	0599-8736321	
办公地址	福建省南平市工业路102号				
经营范围	主要从事电线电缆的生产和销售				

指标\报告期	2017.06.30	2016.12.31	2016.06.30	2015.12.31
基本每股收益(元)	0.0700	0.2900	0.1600	0.4000
基本每股收益(扣除后)(元)	0.0400	0.2300	0.1400	0.2800
稀释每股收益(元)	0.0700	0.2900	0.1600	0.4000
每股净资产(元)	2.5425	2.4654	2.9700	2.8217
每股经营现金净流量(元)	−0.3770	0.7106	0.1816	0.4669
每股现金流量(元)	0.1966	−0.0660	−0.0774	0.1414
每股资本公积金(元)	0.6410	0.6410	0.7692	0.7692
每股盈余公积金(元)	0.2778	0.2778	0.3015	0.3015
每股未分配利润(元)	0.5493	0.4755	0.8191	0.6589
净资产收益率(%)	2.9037	11.6094	5.3927	14.1916
加权净资产收益率(%)	2.9500	11.8500	5.5200	14.5700
净资产收益率(扣除)(%)	1.6872	9.2270	4.8344	10.0534
总资产(万元)	341649.65	307170.31	331713.33	304839.93
归属母公司股东权益(万元)	137979.40	133797.39	134316.96	127610.76
营业收入(万元)	171717.48	347930.13	160138.78	360337.38
营业支出(万元)	156971.37	302233.03	137857.60	313179.71
投资收益(万元)	930.65	187.40	174.60	557.47
净利润(万元)	4324.83	16488.34	7629.21	18948.23
营业利润(万元)	5416.92	17472.66	9350.53	14795.35
利润总额(万元)	5941.46	21960.08	10443.35	25203.50

深圳齐心集团股份有限公司

公司概况					
公司名称	深圳齐心集团股份有限公司			证券简称	齐心集团
法人代表	陈钦鹏	董秘	沈蜀江	证券代码	002301
公司网址	www.comix.com.cn		电子信箱	stock@comix.com.cn	
电　话	0755-83002400		传　真	0755-83002300	
办公地址	广东省深圳市福田区深南大道1006号国际创新中心A座34楼				
经营范围	文件管理用品、办公设备、桌面文具等综合办公用品的研发、生产、销售				

指标\报告期	2017.06.30	2016.12.31	2016.06.30	2015.12.31
基本每股收益(元)	0.2000	0.2800	0.1200	0.0500
基本每股收益(扣除后)(元)	0.1400	0.2300	0.1100	−0.0800
稀释每股收益(元)	0.2000	0.2800	0.1200	0.0500
每股净资产(元)	5.5593	3.3024	3.1390	3.0226
每股经营现金净流量(元)	−0.3672	0.9839	0.5398	−0.1079
每股现金流量(元)	1.1870	0.6308	1.0206	−0.0224
每股资本公积金(元)	3.2467	0.9962	0.9962	0.9962
每股盈余公积金(元)	0.0964	0.1104	0.1104	0.1104
每股未分配利润(元)	1.2196	1.2047	1.0489	0.9240
净资产收益率(%)	3.3751	8.5016	3.9787	1.7453
加权净资产收益率(%)	6.3000	8.8800	4.0500	1.7300
净资产收益率(扣除)(%)	2.4324	7.0878	3.4673	−2.6137
总资产(万元)	437499.12	379865.56	324063.79	244358.34
归属母公司股东权益(万元)	237866.09	123377.73	117274.33	112923.65
营业收入(万元)	134062.23	286496.32	102686.68	158189.66
营业支出(万元)	107237.92	236577.66	83301.93	131234.74
投资收益(万元)	1033.92	179.94	95.01	5889.09
净利润(万元)	8123.10	10476.99	4685.65	1980.98
营业利润(万元)	8538.78	10046.94	4380.19	−496.69
利润总额(万元)	9246.74	11806.16	5040.70	411.36

中建西部建设股份有限公司

公司概况	公司名称	中建西部建设股份有限公司			证券简称	西部建设
	法人代表	吴文贵	董秘	林彬	证券代码	002302
	公司网址	www.cwcg.cscec.com		电子信箱	zjxbjs@cscec.com	
	电　话	028-83335732　83332715		传　真	028-83332761	
	办公地址	四川省成都市高新区交子大道 177 号中海国际中心 B 座 22 楼				
	经营范围	预拌混凝土的生产和销售				

主要财务指标 指标\报告期	2017.06.30	2016.12.31	2016.06.30	2015.12.31
基本每股收益(元)	−0.0200	0.3100	0.0700	0.6700
基本每股收益(扣除后)(元)	−0.0200	0.2600	0.0600	0.6500
稀释每股收益(元)	−0.0200	0.3100	0.0700	0.6700
每股净资产(元)	4.0698	4.1500	3.9198	7.7748
每股经营现金净流量(元)	−1.6369	0.8945	−0.7526	1.5233
每股现金流量(元)	−0.9911	0.4577	−0.8996	1.1274
每股资本公积金(元)	1.0213	1.0213	1.0198	3.0395
每股盈余公积金(元)	0.1005	0.1005	0.0926	0.1852
每股未分配利润(元)	1.9407	2.0236	1.7998	3.5501
净资产收益率(%)	−0.4371	7.3921	1.9066	8.6423
加权净资产收益率(%)	−0.4300	7.6400	1.9100	8.9800
净资产收益率(扣除)(%)	−0.3969	6.1610	1.5574	8.4021
总资产(万元)	1619385.16	1414966.91	1303688.83	1255622.08
归属母公司股东权益(万元)	420094.43	427902.99	404614.53	401271.38
营业收入(万元)	623231.46	1152949.45	497061.34	1029492.92
营业支出(万元)	578365.01	1026017.00	439116.67	896905.02
投资收益(万元)	149.93	−234.53	−98.15	−199.44
净利润(万元)	−1051.92	32098.84	7426.91	36668.05
营业利润(万元)	532.95	36755.19	9555.48	45381.20
利润总额(万元)	565.97	43071.18	11225.84	46566.46

美盈森集团股份有限公司

公司概况	公司名称	美盈森集团股份有限公司			证券简称	美盈森
	法人代表	张珍义	董秘	黄琳	证券代码	002303
	公司网址	www.szmys.com		电子信箱	mys.stock@szmys.com	
	电　话	0755-29751877		传　真	86-755-28234302	
	办公地址	广东省深圳市宝安区光明新陂头村美盈森厂区 A 栋				
	经营范围	纸箱、木箱、轻型环保包装制品、重型环保包装制品的生产及销售				

主要财务指标 指标\报告期	2017.06.30	2016.12.31	2016.06.30	2015.12.31
基本每股收益(元)	0.0936	0.1542	0.0784	0.1541
基本每股收益(扣除后)(元)	0.0924	0.1046	0.0758	0.1098
稀释每股收益(元)	0.0936	0.1542	0.0784	0.1541
每股净资产(元)	2.6669	2.5700	1.7407	1.6614
每股经营现金净流量(元)	0.0099	0.0646	−0.0063	0.1460
每股现金流量(元)	−0.0697	0.8122	−0.0932	−0.0908
每股资本公积金(元)	0.8379	0.8379	0.0113	0.0113
每股盈余公积金(元)	0.0740	0.0740	0.0709	0.0709
每股未分配利润(元)	0.7427	0.6491	0.6551	0.5766
净资产收益率(%)	3.5097	5.6415	4.5048	9.2775
加权净资产收益率(%)	3.5800	8.2600	4.5900	9.5000
净资产收益率(扣除)(%)	3.4633	3.8264	4.3564	6.6083
总资产(万元)	503050.17	481570.16	313600.75	322650.14
归属母公司股东权益(万元)	411321.89	395988.79	248995.55	237653.70
营业收入(万元)	124226.52	221927.64	107143.72	201642.29
营业支出(万元)	83485.20	156568.96	78753.16	148095.97
投资收益(万元)	--	−441.04	−101.93	150.43
净利润(万元)	14381.75	21838.25	11266.21	21608.00
营业利润(万元)	17163.23	26249.17	13191.26	15818.74
利润总额(万元)	17370.62	27256.19	13660.61	25117.89

江苏洋河酒厂股份有限公司

公司概况	公司名称	江苏洋河酒厂股份有限公司			证券简称	洋河股份
	法人代表	王耀	董秘	丛学年	证券代码	002304
	公司网址	www.chinayanghe.com		电子信箱	yanghe002304@vip.163.com	
	电　话	025-52489218		传　真	025-52489218	
	办公地址	江苏省宿迁市洋河中大街 118 号				
	经营范围	洋河蓝色经典、洋河大曲、敦煌古酿等系列品牌浓香型白酒的生产、加工和销售				

主要财务指标 指标\报告期	2017.06.30	2016.12.31	2016.06.30	2015.12.31
基本每股收益(元)	2.5900	3.8700	2.2700	3.5600
基本每股收益(扣除后)(元)	2.4700	3.5900	2.2100	3.2600
稀释每股收益(元)	2.5900	3.8700	2.2700	3.5600
每股净资产(元)	17.7813	17.2880	15.6924	15.2205
每股经营现金净流量(元)	0.5815	4.9138	1.8872	3.8729
每股现金流量(元)	−0.7312	−1.4938	−1.8327	0.2394
每股资本公积金(元)	0.4922	0.4922	0.4922	0.4922
每股盈余公积金(元)	0.5000	0.5000	0.5000	0.5000
每股未分配利润(元)	15.7885	15.2950	13.7002	13.2283
净资产收益率(%)	14.5851	22.3668	14.4780	23.3909
加权净资产收益率(%)	14.2200	24.0100	14.1500	25.3700
净资产收益率(扣除)(%)	13.8631	20.7524	14.0610	21.4322
总资产(万元)	3606758.85	3880406.22	3241450.10	3386032.10
归属母公司股东权益(万元)	2679624.44	2605277.11	2364833.29	2293709.64
营业收入(万元)	1153049.11	1718310.96	1019359.93	1605244.41
营业支出(万元)	462380.15	620297.88	400958.22	611506.91
投资收益(万元)	24624.52	54721.00	15048.11	57793.86
净利润(万元)	390011.73	580492.91	341944.67	536519.93
营业利润(万元)	520087.12	772728.46	454850.20	714008.67
利润总额(万元)	522178.50	776096.56	455530.96	716531.90

南国置业股份有限公司

公司概况	公司名称	南国置业股份有限公司			证券简称	南国置业
	法人代表	薛志勇	董秘	谭永忠	证券代码	002305
	公司网址	www.langold.com.cn		电子信箱	ir@langold.com.cn	
	电　话	027-83988055		传　真	027-83988055	
	办公地址	湖北省武汉市武昌区昙华林路 202 号泛悦中心 B 座				
	经营范围	房地产综合开发、商品房销售、租赁、物业管理				

主要财务指标 指标\报告期	2017.06.30	2016.12.31	2016.06.30	2015.12.31
基本每股收益(元)	0.0063	0.0300	0.0033	0.0211
基本每股收益(扣除后)(元)	0.0061	0.0300	0.0030	0.0213
稀释每股收益(元)	0.0063	0.0300	0.0033	0.0211
每股净资产(元)	2.5753	2.6190	2.5821	2.0106
每股经营现金净流量(元)	0.5803	0.2711	−0.1456	−3.3756
每股现金流量(元)	0.7170	−0.0197	0.0618	0.5972
每股资本公积金(元)	0.7537	0.7537	0.8761	0.0117
每股盈余公积金(元)	0.0829	0.0829	0.0949	0.0951
每股未分配利润(元)	0.7387	0.7823	0.9055	0.9038
净资产收益率(%)	0.2463	0.9529	0.1068	1.0462
加权净资产收益率(%)	0.2400	1.0800	0.1600	1.0300
净资产收益率(扣除)(%)	0.2360	0.9361	0.0972	1.0556
总资产(万元)	2263964.99	2079357.27	1978048.23	1908666.03
归属母公司股东权益(万元)	446618.56	454187.47	447574.20	293307.96
营业收入(万元)	75675.46	289906.86	137183.06	305088.19
营业支出(万元)	60818.90	214867.90	112940.66	207793.52
投资收益(万元)	−848.60	28.77	159.26	9678.30
净利润(万元)	36.19	3994.37	2409.56	8376.38
营业利润(万元)	321.59	12186.57	3275.98	19274.95
利润总额(万元)	380.43	12323.38	3358.53	19363.78

中科云网科技集团股份有限公司

公司概况					
公司名称	中科云网科技集团股份有限公司			证券简称	*ST 云网
法人代表	王禹皓	董秘	荣春献	证券代码	002306
公司网址	www.cltg.com.cn		电子信箱	zkywbgs@sina.com	
电　　话	010-88137895		传　　真	010-88137895	
办公地址	北京市朝阳区鼓楼外大街 23 号龙德行大厦 6 层				
经营范围	提供融湘鄂情特色菜品与湘鄂情特色服务为一体的餐饮服务				

主要财务指标 指标 \ 报告期	2017.06.30	2016.12.31	2016.06.30	2015.12.31
基本每股收益(元)	-0.0110	-0.0700	-0.0200	0.0800
基本每股收益(扣除后)(元)	-0.0110	-0.0470	-0.0145	-0.2700
稀释每股收益(元)	-0.0110	-0.0700	-0.0200	0.0800
每股净资产(元)	-0.0132	-0.0401	0.0062	0.0242
每股经营现金净流量(元)	-0.0117	-0.0227	-0.0134	-0.0495
每股现金流量(元)	-0.0131	0.0008	0.0076	-0.0973
每股资本公积金(元)	0.3612	0.3237	0.3204	0.3204
每股盈余公积金(元)	0.0433	0.0433	0.0433	0.0433
每股未分配利润(元)	-1.4177	-1.4071	-1.3575	-1.3395
净资产收益率(%)	80.1975	-168.4962	-292.4920	338.6537
加权净资产收益率(%)	-39.7600	-701.3500	-118.7800	-122.2700
净资产收益率(扣除)(%)	83.3115	-101.4671	-241.4815	-1126.0134
总资产(万元)	9841.67	11246.26	13487.06	17955.21
归属母公司股东权益(万元)	-1057.80	-3209.47	493.34	1936.32
营业收入(万元)	4867.73	10028.57	5140.31	37663.59
营业支出(万元)	2694.17	5490.74	2869.65	16400.31
投资收益(万元)	--	--	-	20432.84
净利润(万元)	-859.77	-5383.55	-1442.67	5024.71
营业利润(万元)	-806.89	-3130.24	-1158.81	-1969.15
利润总额(万元)	-807.26	-5312.78	-1440.46	5155.89

新疆北新路桥集团股份有限公司

公司概况					
公司名称	新疆北新路桥集团股份有限公司			证券简称	北新路桥
法人代表	汪伟	董秘	陈曦	证券代码	002307
公司网址	www.bxlq.com		电子信箱	xj_chenxi@foxmail.com	
电　　话	0991-3631208		传　　真	0991-3631269	
办公地址	新疆维吾尔自治区乌鲁木齐市高新区高新街 217 号盈科广场 A 座 16-17 层				
经营范围	公路工程施工总承包一级、公路路面工程专业承包一级				

主要财务指标 指标 \ 报告期	2017.06.30	2016.12.31	2016.06.30	2015.12.31
基本每股收益(元)	0.0321	0.0700	0.0250	0.0600
基本每股收益(扣除后)(元)	0.0340	0.0600	0.0180	-0.0040
稀释每股收益(元)	0.0321	0.0700	0.0250	0.0600
每股净资产(元)	3.3066	3.1625	2.6845	2.6618
每股经营现金净流量(元)	-0.0930	0.3156	-0.5822	-0.0862
每股现金流量(元)	1.4492	-0.4394	-0.6574	2.2889
每股资本公积金(元)	1.5467	1.3343	0.8981	0.8981
每股盈余公积金(元)	0.0661	0.0661	0.0625	0.0625
每股未分配利润(元)	0.6512	0.6994	0.6559	0.6309
净资产收益率(%)	0.9700	2.2781	0.9296	2.2681
加权净资产收益率(%)	0.9700	2.4700	0.9300	2.4300
净资产收益率(扣除)(%)	1.0132	1.7846	0.6703	-0.1336
总资产(万元)	1642672.49	1537082.31	1314440.69	1270805.29
归属母公司股东权益(万元)	184287.93	176255.07	149614.66	148350.60
营业收入(万元)	256208.64	652995.63	163399.95	511471.09
营业支出(万元)	227859.99	590700.96	143273.83	455041.83
投资收益(万元)	190.65	1292.88	915.57	3266.22
净利润(万元)	1374.41	3090.62	357.53	907.38
营业利润(万元)	2452.55	4453.41	138.18	-90.10
利润总额(万元)	2432.10	5661.35	598.82	2091.33

威创集团股份有限公司

公司概况					
公司名称	威创集团股份有限公司			证券简称	威创股份
法人代表	何正宇	董秘	李亦争	证券代码	002308
公司网址	www.vtron.com		电子信箱	irm@vtron.com	
电　　话	020-22213431		传　　真	020-83903598	
办公地址	广东省广州高新技术产业开发区科珠路 233 号				
经营范围	超高分辨率数字拼接墙系统、交互数字平台及相关软件的研发、生产、销售和服务				

主要财务指标 指标 \ 报告期	2017.06.30	2016.12.31	2016.06.30	2015.12.31
基本每股收益(元)	0.1200	0.2200	0.0900	0.1400
基本每股收益(扣除后)(元)	0.1100	0.2000	0.0800	0.1300
稀释每股收益(元)	0.1200	0.2200	0.0900	0.1400
每股净资产(元)	2.8934	2.7666	2.6643	2.5940
每股经营现金净流量(元)	0.0150	0.3571	0.0899	0.3601
每股现金流量(元)	-0.4109	0.1162	-0.1778	-0.9533
每股资本公积金(元)	0.7742	0.7828	0.6926	0.6926
每股盈余公积金(元)	0.1918	0.1915	0.1906	0.1906
每股未分配利润(元)	1.0222	0.8982	0.7818	0.7114
净资产收益率(%)	4.2383	7.7734	3.2045	5.5118
加权净资产收益率(%)	4.3300	8.0800	3.2400	5.6300
净资产收益率(扣除)(%)	3.6237	7.2776	2.9362	5.1115
总资产(万元)	288496.36	312242.84	275083.56	288171.98
归属母公司股东权益(万元)	244805.62	234430.91	222628.20	216754.10
营业收入(万元)	47469.29	105063.16	45284.97	93714.68
营业支出(万元)	20818.97	46663.24	19287.97	46083.85
投资收益(万元)	335.95	258.82	90.44	194.94
净利润(万元)	10272.75	18277.70	7055.52	11913.25
营业利润(万元)	11077.54	16568.21	5748.23	9036.39
利润总额(万元)	11158.88	21325.66	7997.00	14026.49

江苏中利集团股份有限公司

公司概况					
公司名称	江苏中利集团股份有限公司			证券简称	中利集团
法人代表	王柏兴	董秘	程娴	证券代码	002309
公司网址	www.zhongli.com		电子信箱	zhonglidm@zhongli.com	
电　　话	0512-52571118		传　　真	0512-52572288	
办公地址	江苏省常熟市东南经济开发区				
经营范围	阻燃耐火软电缆、铜导体、电缆料等，属于电缆行业等				

主要财务指标 指标 \ 报告期	2017.06.30	2016.12.31	2016.06.30	2015.12.31
基本每股收益(元)	0.0600	0.1200	-0.0900	0.7300
基本每股收益(扣除后)(元)	0.0500	-0.0600	-0.1300	0.6600
稀释每股收益(元)	0.0600	0.1200	-0.0900	0.7300
每股净资产(元)	8.9457	8.8425	7.7559	7.9565
每股经营现金净流量(元)	-1.2405	-2.0986	0.0869	-1.1300
每股现金流量(元)	-0.2544	-0.1889	-0.4442	-0.1397
每股资本公积金(元)	5.1995	5.1946	4.1284	4.1220
每股盈余公积金(元)	0.1939	0.1939	0.1879	0.1879
每股未分配利润(元)	2.5468	2.4869	2.5992	2.7872
净资产收益率(%)	0.6694	1.3092	-1.1434	9.1206
加权净资产收益率(%)	0.6700	1.4800	-1.1200	9.4700
净资产收益率(扣除)(%)	0.5354	-0.6440	-1.6837	8.3124
总资产(万元)	2652639.25	2492254.42	2255386.52	2134767.83
归属母公司股东权益(万元)	573784.18	567161.77	443814.83	455294.61
营业收入(万元)	854334.96	1129163.49	484376.61	1213997.66
营业支出(万元)	725002.95	908216.88	392627.83	937840.10
投资收益(万元)	1622.08	9860.95	1028.15	5296.26
净利润(万元)	4772.17	9241.29	-6787.57	52625.12
营业利润(万元)	5209.71	5812.21	-10103.79	62636.11
利润总额(万元)	5236.36	11318.34	-7150.15	65283.85

北京东方园林生态股份有限公司

公司概况	公司名称	北京东方园林生态股份有限公司		证券简称	东方园林
	法人代表	何巧女	董秘 杨丽晶	证券代码	002310
	公司网址	www.orientscape.com		电子信箱	orientlandscape@163.com
	电　话	010-59388886		传　真	010-59388885
	办公地址	北京市朝阳区酒仙桥北路甲 10 号院 104 号楼			
	经营范围	主要从事园林环境景观设计和园林绿化工程施工			

指标\报告期	2017.06.30	2016.12.31	2016.06.30	2015.12.31
基本每股收益(元)	0.1700	0.5100	0.2900	0.6000
基本每股收益(扣除后)(元)	0.2200	0.4900	0.2500	0.5900
稀释每股收益(元)	0.1700	0.5100	0.2900	0.6000
每股净资产(元)	3.5749	3.4308	6.4312	6.1965
每股经营现金净流量(元)	0.0832	0.5856	0.5458	0.3646
每股现金流量(元)	0.1558	-0.0089	-0.4310	-0.5573
每股资本公积金(元)	0.6588	0.6583	1.7114	1.7114
每股盈余公积金(元)	0.1619	0.1621	0.3514	0.3514
每股未分配利润(元)	1.7543	1.6121	3.3684	3.1337
净资产收益率(%)	4.8791	14.1050	4.5822	9.6307
加权净资产收益率(%)	4.9800	18.1300	4.6500	10.1000
净资产收益率(扣除)(%)	6.1141	13.5570	3.9399	9.5325
总资产(万元)	2588606.94	2401050.24	1832668.77	1769563.56
归属母公司股东权益(万元)	958495.79	919010.39	648720.49	625047.36
营业收入(万元)	498429.69	856399.70	291833.74	538067.78
营业支出(万元)	339225.81	575249.55	206848.96	363942.22
投资收益(万元)	-12069.40	2912.76	2854.64	-37.14
净利润(万元)	51414.12	138110.55	33602.99	60007.94
营业利润(万元)	64192.61	156657.06	37489.53	69409.45
利润总额(万元)	64320.52	163759.71	41450.84	71077.40

广东海大集团股份有限公司

公司概况	公司名称	广东海大集团股份有限公司		证券简称	海大集团
	法人代表	薛华	董秘 黄志健	证券代码	002311
	公司网址	www.haid.com.cn		电子信箱	zqbgs@haid.com.cn
	电　话	020-39388960		传　真	020-39388958
	办公地址	广东省广州市番禺区南村镇万博四路 42 号海大大厦 2 座 701 房			
	经营范围	饲料、添加剂的生产和技术开发、技术服务、畜牧、水产品的养殖等			

指标\报告期	2017.06.30	2016.12.31	2016.06.30	2015.12.31
基本每股收益(元)	0.3300	0.5500	0.2500	0.5100
基本每股收益(扣除后)(元)	0.3200	0.5300	0.2400	0.4800
稀释每股收益(元)	0.3300	0.5500	0.2500	0.5100
每股净资产(元)	3.6395	3.6652	3.3048	3.2527
每股经营现金净流量(元)	-0.1254	0.7410	0.2856	0.9198
每股现金流量(元)	-0.4093	0.2630	-0.1692	0.1759
每股资本公积金(元)	1.1350	0.9815	0.9320	0.9067
每股盈余公积金(元)	0.1882	0.1924	0.1244	0.1247
每股未分配利润(元)	1.5040	1.5080	1.2702	1.2740
净资产收益率(%)	9.0435	15.1482	7.5484	15.5977
加权净资产收益率(%)	8.8400	16.1700	7.5100	16.7200
净资产收益率(扣除)(%)	8.6826	14.4498	7.0989	14.5883
总资产(万元)	1252969.85	1028789.01	1015311.78	818466.76
归属母公司股东权益(万元)	573572.28	564959.23	509430.61	500060.86
营业收入(万元)	1453233.78	2718531.00	1162037.82	2556740.25
营业支出(万元)	1293337.11	2462541.62	1032655.81	2315944.61
投资收益(万元)	6807.12	5517.64	-2962.88	449.78
净利润(万元)	53463.30	87258.03	40229.53	79189.21
营业利润(万元)	64182.74	100061.21	46578.53	92476.10
利润总额(万元)	64763.39	104397.83	49374.63	98892.54

成都三泰控股集团股份有限公司

公司概况	公司名称	成都三泰控股集团股份有限公司		证券简称	*ST 三泰
	法人代表	补建	董秘 宋华梅	证券代码	002312
	公司网址	www.isantai.com		电子信箱	songxx@isantai.com
	电　话	028-62825254　62825222		传　真	028-62825188
	办公地址	四川省成都市金牛区高科技产业园区蜀西路 42 号			
	经营范围	生产、销售:商用密码产品、安全技术防范等			

指标\报告期	2017.06.30	2016.12.31	2016.06.30	2015.12.31
基本每股收益(元)	-0.1400	-0.9500	-0.1300	-0.0400
基本每股收益(扣除后)(元)	-0.1000	-0.9400	-0.1400	-0.0800
稀释每股收益(元)	-0.1400	-0.9500	-0.1300	-0.0400
每股净资产(元)	2.0972	2.2401	4.6976	4.8279
每股经营现金净流量(元)	-0.0415	-0.2314	-0.3023	-0.1477
每股现金流量(元)	-0.1029	-1.1463	-1.3324	1.6329
每股资本公积金(元)	1.9942	1.9942	3.4898	3.4898
每股盈余公积金(元)	0.0453	0.0453	0.0680	0.0680
每股未分配利润(元)	-0.9423	-0.7994	0.1399	0.2701
净资产收益率(%)	-6.8143	-42.2356	-2.7725	-0.8551
加权净资产收益率(%)	-6.5900	-34.6400	-2.7300	-2.0600
净资产收益率(扣除)(%)	-4.5544	-41.7873	-2.9083	-1.4732
总资产(万元)	426163.27	477306.34	627547.85	687508.21
归属母公司股东权益(万元)	289011.54	308705.56	431584.50	443550.34
营业收入(万元)	38034.87	103945.41	52064.00	142629.14
营业支出(万元)	33193.99	86686.11	36756.62	92654.34
投资收益(万元)	2189.52	3122.73	2511.49	76.90
净利润(万元)	-19700.23	-130383.54	-11965.84	-3792.79
营业利润(万元)	-12861.26	-124237.52	-14172.62	-8127.06
利润总额(万元)	-19171.38	-128549.66	-11886.91	-2325.52

深圳日海通讯技术股份有限公司

公司概况	公司名称	深圳日海通讯技术股份有限公司		证券简称	日海通讯
	法人代表	刘平	董秘 李玮	证券代码	002313
	公司网址	www.sunseagroup.com		电子信箱	fanglingling@sunseagroup.com
	电　话	0755-27521988　86185752		传　真	0755-26030222-3218
	办公地址	深圳市龙华区观澜观盛四路日海工业园研发新楼			
	经营范围	从事通讯产品的研发、生产经营通讯用配线设备、户外设施及相关集成			

指标\报告期	2017.06.30	2016.12.31	2016.06.30	2015.12.31
基本每股收益(元)	0.0900	0.2200	-0.1000	-0.0900
基本每股收益(扣除后)(元)	0.0200	0.0100	-0.1200	-0.1300
稀释每股收益(元)	0.0900	0.2200	-0.1000	-0.0900
每股净资产(元)	6.1105	6.4363	6.0704	6.1488
每股经营现金净流量(元)	-0.2904	0.9559	-0.5795	1.1879
每股现金流量(元)	0.0463	-0.3539	-0.6072	0.5051
每股资本公积金(元)	3.4227	3.8105	3.7655	3.7393
每股盈余公积金(元)	0.1794	0.1794	0.1794	0.1794
每股未分配利润(元)	1.5083	1.4463	1.1254	1.2301
净资产收益率(%)	1.5059	3.3596	-1.7237	-1.5089
加权净资产收益率(%)	0.8900	3.4500	-1.7200	-1.5100
净资产收益率(扣除)(%)	0.2681	0.1847	-1.9824	-2.0550
总资产(万元)	378381.25	390060.89	399535.75	440245.59
归属母公司股东权益(万元)	190646.81	200812.72	189397.22	191842.82
营业收入(万元)	101691.59	270679.35	107226.60	286924.68
营业支出(万元)	79313.94	212472.21	83408.34	221273.81
投资收益(万元)	--	3292.58	-396.85	-388.44
净利润(万元)	2956.26	8990.73	-3100.11	-4936.35
营业利润(万元)	759.84	7097.66	-3914.39	-2585.51
利润总额(万元)	3559.23	9919.79	-2782.66	-2239.05

深圳市新南山控股(集团)股份有限公司

公司概况	公司名称	深圳市新南山控股(集团)股份有限公司			证券简称	南山控股
	法人代表	田俊彦	董秘	沈启盟	证券代码	002314
	公司网址	www.xnskg.cn		电子信箱	nskg@xnskg.cn	
	电话	0755-33372314		传真	0755-33202314	
	办公地址	广东省深圳市南山区海德三道卓越后海中心 1801 号				
	经营范围	集成房屋的生产、租赁和销售业务				

	指标\报告期	2017.06.30	2016.12.31	2016.06.30	2015.12.31
主要财务指标	基本每股收益(元)	0.0700	0.2800	0.2200	0.1200
	基本每股收益(扣除后)(元)	0.0700	0.2900	0.2300	0.1300
	稀释每股收益(元)	0.0700	0.2800	0.2200	0.1200
	每股净资产(元)	2.8683	3.0023	2.9412	3.0992
	每股经营现金净流量(元)	0.0049	0.5206	-0.0802	1.0982
	每股现金流量(元)	0.1436	0.5643	0.0935	0.7275
	每股资本公积金(元)	1.4944	1.4944	1.4944	1.7508
	每股盈余公积金(元)	0.1477	0.1477	0.1247	0.1247
	每股未分配利润(元)	0.2256	0.3596	0.3218	0.2900
	净资产收益率(%)	2.5450	9.3491	7.4718	3.8140
	加权净资产收益率(%)	2.1200	8.7500	6.5700	4.5000
	净资产收益率(扣除)(%)	2.2788	9.5508	7.6250	3.9461
	总资产(万元)	1556472.97	1471606.85	1213622.57	1180788.24
	归属母公司股东权益(万元)	538526.32	563685.94	552226.39	594402.65
	营业收入(万元)	223811.50	498581.21	342487.97	488310.24
	营业支出(万元)	113084.77	307423.19	213796.39	368153.23
	投资收益(万元)	526.11	5743.64	1060.17	22032.09
	净利润(万元)	34703.04	60108.34	46831.32	22572.65
	营业利润(万元)	50237.15	86598.11	64107.97	40937.01
	利润总额(万元)	51441.88	85581.42	64231.16	40849.37

焦点科技股份有限公司

公司概况	公司名称	焦点科技股份有限公司			证券简称	焦点科技
	法人代表	沈锦华	董秘	顾军	证券代码	002315
	公司网址	www.focuschina.com		电子信箱	zqb@made-in-china.com	
	电话	025-86991866		传真	025-58694317	
	办公地址	江苏省南京市高新开发区星火路软件大厦 A 座 12F				
	经营范围	综合型第三方 BZB 电子商务平台、专注服务于全球贸易领域				

	指标\报告期	2017.06.30	2016.12.31	2016.06.30	2015.12.31
主要财务指标	基本每股收益(元)	0.1400	0.4700	0.0800	1.3379
	基本每股收益(扣除后)(元)	0.0700	0.1066	-0.0909	0.0045
	稀释每股收益(元)	0.1400	0.9500	0.0800	1.3379
	每股净资产(元)	7.8236	16.5600	16.2087	17.1417
	每股经营现金净流量(元)	-0.4972	0.7346	0.0065	0.5829
	每股现金流量(元)	-1.7371	0.2631	3.1278	0.7916
	每股资本公积金(元)	4.5450	10.0144	10.2723	9.8327
	每股盈余公积金(元)	0.2500	0.5000	0.5000	0.5000
	每股未分配利润(元)	1.4459	3.6106	2.8281	3.6655
	净资产收益率(%)	1.7971	5.7054	1.0032	7.8051
	加权净资产收益率(%)	1.6900	5.8000	1.0000	8.1000
	净资产收益率(扣除)(%)	0.8805	0.6437	-0.5608	0.0261
	总资产(万元)	245522.65	254507.84	239389.67	245422.11
	归属母公司股东权益(万元)	183854.92	194631.47	190452.70	201414.70
	营业收入(万元)	63084.37	68496.77	28938.04	49451.52
	营业支出(万元)	37667.46	26186.39	10760.31	19958.71
	投资收益(万元)	1367.62	8560.35	2912.19	15525.91
	净利润(万元)	3166.23	10774.45	1736.41	15539.63
	营业利润(万元)	2918.61	9830.31	2394.18	17219.26
	利润总额(万元)	3403.43	12042.13	2683.63	18725.85

深圳键桥通讯技术股份有限公司

公司概况	公司名称	深圳键桥通讯技术股份有限公司			证券简称	键桥通讯
	法人代表	王永彬	董秘	华建强	证券代码	002316
	公司网址	www.keybridge.com.cn		电子信箱	keybridge@keybridge.com.cn	
	电话	0755-26551650		传真	0755-26635033	
	办公地址	深圳市南山区高新科技园后海大道 2388 号怡化金融科技大厦 24 层				
	经营范围	专网通讯技术解决方案业务的服务商				

	指标\报告期	2017.06.30	2016.12.31	2016.06.30	2015.12.31
主要财务指标	基本每股收益(元)	-0.1029	0.0065	-0.0100	0.0589
	基本每股收益(扣除后)(元)	-0.1055	-0.1600	-0.0300	0.0700
	稀释每股收益(元)	-0.1029	0.0065	-0.0100	0.0589
	每股净资产(元)	2.0777	2.1812	2.1576	2.1814
	每股经营现金净流量(元)	-0.3106	0.0242	-0.3240	0.9323
	每股现金流量(元)	-0.1473	0.6194	-0.1589	0.1205
	每股资本公积金(元)	0.6299	0.6299	0.6296	0.6296
	每股盈余公积金(元)	0.0878	0.0878	0.0810	0.0810
	每股未分配利润(元)	0.3572	0.4602	0.4459	0.4706
	净资产收益率(%)	-4.9529	0.2964	-0.6778	2.6983
	加权净资产收益率(%)	-4.8300	0.3000	-0.6700	2.7000
	净资产收益率(扣除)(%)	-5.0785	-7.2939	-1.2391	2.1984
	总资产(万元)	177346.71	209483.53	185271.06	196043.22
	归属母公司股东权益(万元)	81677.97	85747.96	84819.28	85756.05
	营业收入(万元)	21595.28	70181.29	29534.80	84849.80
	营业支出(万元)	19377.70	60720.13	24267.15	68279.67
	投资收益(万元)	206.90	7605.62	677.41	844.75
	净利润(万元)	-4020.69	-455.06	-760.42	1663.25
	营业利润(万元)	-3825.46	72.84	-1041.54	1640.91
	利润总额(万元)	-3731.01	635.06	-683.97	1799.10

广东众生药业股份有限公司

公司概况	公司名称	广东众生药业股份有限公司			证券简称	众生药业
	法人代表	陈永红	董秘	周雪莉	证券代码	002317
	公司网址	www.zspcl.com		电子信箱	zqb@zspcl.com	
	电话	0769-86188130		传真	0769-86188082	
	办公地址	广东省东莞市石龙镇西湖工业区信息产业园				
	经营范围	主要从事药品的研发、生产与销售				

	指标\报告期	2017.06.30	2016.12.31	2016.06.30	2015.12.31
主要财务指标	基本每股收益(元)	0.3100	0.5500	0.3100	0.4100
	基本每股收益(扣除后)(元)	0.3000	0.4900	0.3000	0.4000
	稀释每股收益(元)	0.3000	0.5400	0.3000	0.4000
	每股净资产(元)	4.3399	4.1661	3.0089	2.7911
	每股经营现金净流量(元)	0.2187	0.4152	0.3881	0.2603
	每股现金流量(元)	-0.0009	0.1919	0.0196	-0.1336
	每股资本公积金(元)	1.7490	1.7455	0.7005	0.6942
	每股盈余公积金(元)	0.1916	0.1915	0.1712	0.1711
	每股未分配利润(元)	1.3989	1.2745	1.1881	1.0204
	净资产收益率(%)	7.0032	12.2065	10.0411	14.3957
	加权净资产收益率(%)	7.0200	16.2000	10.3100	15.1300
	净资产收益率(扣除)(%)	6.8577	10.8191	9.8917	14.0197
	总资产(万元)	423191.93	422540.70	312756.85	333402.72
	归属母公司股东权益(万元)	353466.20	339466.64	222055.50	206112.83
	营业收入(万元)	96053.22	169248.58	81574.99	157773.66
	营业支出(万元)	36942.27	51619.86	25690.64	57314.42
	投资收益(万元)	1218.25	3859.23	2782.63	1847.78
	净利润(万元)	24785.33	42048.71	22346.00	29563.28
	营业利润(万元)	28930.04	45830.21	25387.33	33271.92
	利润总额(万元)	28914.40	48339.10	25830.98	34190.31

浙江久立特材科技股份有限公司

公司概况	公司名称	浙江久立特材科技股份有限公司			证券简称	久立特材
	法人代表	李郑周	董秘	寿昊添	证券代码	002318
	公司网址	www.jiuli.com		电子信箱	jlgf@jiuli.com	
	电　话	0572-2539125　2539041		传　真	86-572-2539799	
	办公地址	浙江省湖州市中兴大道 1899 号				
	经营范围	工业用不锈钢及特种合金管材、管件的研发、生产和销售				

主要财务指标	指标＼报告期	2017.06.30	2016.12.31	2016.06.30	2015.12.31
	基本每股收益(元)	0.0800	0.2000	0.0700	0.1500
	基本每股收益(扣除后)(元)	0.0700	0.1800	0.0600	0.1300
	稀释每股收益(元)	0.0800	0.2000	0.0700	0.1500
	每股净资产(元)	3.1258	3.1065	2.9828	2.9247
	每股经营现金净流量(元)	-0.0538	0.3643	-0.0025	0.4088
	每股现金流量(元)	-0.1306	-0.0195	-0.1613	0.1026
	每股资本公积金(元)	0.7991	0.7991	0.8003	0.7967
	每股盈余公积金(元)	0.1517	0.1517	0.1315	0.1315
	每股未分配利润(元)	1.1751	1.1558	1.0511	0.9967
	净资产收益率(%)	2.5366	6.4177	2.4949	4.9894
	加权净资产收益率(%)	2.5300	6.6200	2.5100	5.0700
	净资产收益率(扣除)(%)	2.2911	5.6695	2.0890	4.3429
	总资产(万元)	390678.60	387725.42	378617.90	364602.46
	归属母公司股东权益(万元)	263035.30	261412.28	251004.28	246117.71
	营业收入(万元)	137438.80	269810.37	131601.35	272132.48
	营业支出(万元)	108854.40	207514.29	102337.20	218315.63
	投资收益(万元)	-28.75	-79.03	40.67	-95.40
	净利润(万元)	6539.49	15864.81	6099.28	11287.41
	营业利润(万元)	6661.92	16822.49	6394.25	11972.12
	利润总额(万元)	7559.67	19142.01	7493.20	13633.69

珠海市乐通化工股份有限公司

公司概况	公司名称	珠海市乐通化工股份有限公司			证券简称	乐通股份
	法人代表	周宇斌	董秘	张勇	证券代码	002319
	公司网址	www.letongink.com		电子信箱	lt@letongink.com	
	电　话	0756-3383338　6886888		传　真	0756-3383339	
	办公地址	广东省珠海市金鼎官塘乐通工业园				
	经营范围	生产和销售自产的各类油墨、涂料及相关配套产品				

主要财务指标	指标＼报告期	2017.06.30	2016.12.31	2016.06.30	2015.12.31
	基本每股收益(元)	0.0360	0.0040	0.0280	0.0100
	基本每股收益(扣除后)(元)	0.0200	0.0400	-	0.0040
	稀释每股收益(元)	0.0360	0.0040	0.0280	0.0100
	每股净资产(元)	2.4460	2.4008	2.8228	2.7860
	每股经营现金净流量(元)	0.2175	0.4480	0.2552	0.5221
	每股现金流量(元)	0.0760	-0.1472	0.0366	0.2017
	每股资本公积金(元)	0.5188	0.5188	0.9303	0.9303
	每股盈余公积金(元)	0.1079	0.1079	0.1017	0.1017
	每股未分配利润(元)	0.6667	0.6304	0.6602	0.6373
	净资产收益率(%)	1.4848	0.1836	0.9901	0.4640
	加权净资产收益率(%)	1.5000	0.1600	1.0000	0.4300
	净资产收益率(扣除)(%)	0.8002	1.6537	2.0890	0.1368
	总资产(万元)	110086.06	112567.80	115613.31	119718.13
	归属母公司股东权益(万元)	48919.54	48015.08	56456.32	55720.23
	营业收入(万元)	24783.81	52024.45	26818.40	44174.10
	营业支出(万元)	18397.74	36139.60	18583.46	31242.39
	投资收益(万元)	--	--	-	-
	净利润(万元)	726.37	870.68	1232.57	472.79
	营业利润(万元)	207.00	1294.72	1917.43	375.08
	利润总额(万元)	611.03	472.79	1194.74	598.61

海南海峡航运股份有限公司

公司概况	公司名称	海南海峡航运股份有限公司			证券简称	海峡股份
	法人代表	林健	董秘	叶伟	证券代码	002320
	公司网址	www.hnss.net.cn		电子信箱	haixiagufen@163.com	
	电　话	0898-68615335　68623640		传　真	0898-68615225	
	办公地址	海口市滨海大道 157 号港航大厦 14 楼				
	经营范围	国内沿海及近洋汽车、旅客运输、物流、旅游投资、房地产投资				

主要财务指标	指标＼报告期	2017.06.30	2016.12.31	2016.06.30	2015.12.31
	基本每股收益(元)	0.3500	0.3700	0.2700	0.2800
	基本每股收益(扣除后)(元)	0.3400	0.3100	0.2700	0.2200
	稀释每股收益(元)	0.3500	0.3700	0.2700	0.2800
	每股净资产(元)	6.9391	5.5274	5.1054	4.8555
	每股经营现金净流量(元)	0.6246	0.7636	0.4240	0.5680
	每股现金流量(元)	0.6168	0.5166	0.2642	0.1711
	每股资本公积金(元)	3.9734	4.7730	2.3853	2.3853
	每股盈余公积金(元)	0.3011	0.3592	0.3225	0.3225
	每股未分配利润(元)	1.4998	1.4096	1.3947	1.1475
	净资产收益率(%)	4.9881	6.6639	5.3510	5.6715
	加权净资产收益率(%)	5.0900	7.1000	5.4900	5.8200
	净资产收益率(扣除)(%)	4.8641	5.6606	5.3025	4.6298
	总资产(万元)	380615.19	365080.00	236364.69	227118.59
	归属母公司股东权益(万元)	352516.92	335232.96	217429.24	206786.05
	营业收入(万元)	55116.64	75182.64	41774.55	68261.65
	营业支出(万元)	27535.59	45418.77	21982.82	46086.30
	投资收益(万元)	--	--	-	-
	净利润(万元)	17584.03	15769.01	11713.93	11645.98
	营业利润(万元)	22860.07	17926.99	15344.12	12662.16
	利润总额(万元)	23129.34	21145.92	15554.72	15674.67

河南华英农业发展股份有限公司

公司概况	公司名称	河南华英农业发展股份有限公司			证券简称	华英农业
	法人代表	曹家富	董秘	杜道峰	证券代码	002321
	公司网址	www.hua-ying.com		电子信箱	huaying@hua-ying.com	
	电　话	0371-55697518　55697517		传　真	0371-55697519	
	办公地址	河南省郑州市金水路 219 号盛润白宫西塔 11 层				
	经营范围	种禽养殖孵化、禽苗销售、商品禽养殖、屠宰加工及其制品的生产与销售,饲料加工				

主要财务指标	指标＼报告期	2017.06.30	2016.12.31	2016.06.30	2015.12.31
	基本每股收益(元)	0.0316	0.1710	0.1274	0.0410
	基本每股收益(扣除后)(元)	0.0174	0.0762	0.0512	-0.0543
	稀释每股收益(元)	0.0316	0.1710	0.1274	0.0410
	每股净资产(元)	4.5410	4.5094	4.4656	3.2810
	每股经营现金净流量(元)	-1.0540	0.5203	0.2184	1.4532
	每股现金流量(元)	-1.1079	0.0919	1.1945	1.6675
	每股资本公积金(元)	3.0221	3.0221	3.0221	2.0787
	每股盈余公积金(元)	0.0749	0.0749	0.0749	0.0940
	每股未分配利润(元)	0.4440	0.4124	0.3686	0.3027
	净资产收益率(%)	0.6952	3.7965	2.8522	1.1814
	加权净资产收益率(%)	0.7000	3.9900	3.5200	1.1900
	净资产收益率(扣除)(%)	0.3829	1.6611	1.1471	-1.5612
	总资产(万元)	701502.13	620409.28	557601.95	496352.19
	归属母公司股东权益(万元)	242621.54	240934.84	238592.85	147979.16
	营业收入(万元)	164907.54	251470.85	105409.86	185749.95
	营业支出(万元)	149834.43	221655.46	94957.91	164082.22
	投资收益(万元)	210.12	62.30	8.87	20.89
	净利润(万元)	3023.94	10323.99	6900.67	1732.52
	营业利润(万元)	2989.38	5863.23	2857.53	-2357.37
	利润总额(万元)	3753.88	11168.97	6950.09	1782.74

宁波理工环境能源科技股份有限公司

公司概况

公司名称	宁波理工环境能源科技股份有限公司			证券简称	理工环科
法人代表	周方洁	董秘	李雪会	证券代码	002322
公司网址	www.lgom.com.cn	电子信箱	ir@lgom.com.cn		
电　　话	0574-86821166	传　　真	0574-86995616		
办公地址	浙江省宁波市北仑保税南区曹娥江路22号				
经营范围	电力高压设备在线监测产品的开发、生产和销售				

主要财务指标

指标\报告期	2017.06.30	2016.12.31	2016.06.30	2015.12.31
基本每股收益(元)	0.2600	0.3800	0.0600	0.3500
基本每股收益(扣除后)(元)	0.2600	0.3200	0.0600	0.3300
稀释每股收益(元)	0.2600	0.3800	0.0600	0.3500
每股净资产(元)	7.4295	7.4076	7.0651	7.0398
每股经营现金净流量(元)	-0.0401	-0.0240	-0.4930	0.3826
每股现金流量(元)	-0.0848	-0.5863	-0.2269	0.3140
每股资本公积金(元)	4.7409	4.7328	4.7088	4.6983
每股盈余公积金(元)	0.1855	0.1855	0.1599	0.1586
每股未分配利润(元)	1.4505	1.4894	1.1964	1.2203
净资产收益率(%)	3.5104	5.1106	0.9257	3.7707
加权净资产收益率(%)	3.4500	5.2100	0.9200	6.1800
净资产收益率(扣除)(%)	3.4771	4.3527	0.8670	3.6556
总资产(万元)	324881.70	326148.14	306601.02	326232.72
归属母公司股东权益(万元)	295719.60	297279.66	284722.49	286080.54
营业收入(万元)	32543.90	68728.27	19540.75	44880.25
营业支出(万元)	9680.02	30245.47	7811.53	21552.36
投资收益(万元)	-341.92	160.57	90.00	-402.50
净利润(万元)	10377.52	15019.87	2562.78	10618.75
营业利润(万元)	11792.20	11135.23	1910.73	8918.20
利润总额(万元)	11798.36	16763.00	3076.29	12492.07

江苏雅百特科技股份有限公司

公司概况

公司名称	江苏雅百特科技股份有限公司			证券简称	雅百特
法人代表	唐继勇	董秘	缪真	证券代码	002323
公司网址	www.yabaite.com	电子信箱	dsb@yabaite.com		
电　　话	86-21-32579919　88700680	传　　真	86-21-32579996		
办公地址	上海市长宁区天山西路789号				
经营范围	矿用隔爆型移动变电站、干式变压器的开发、生产、销售等				

主要财务指标

指标\报告期	2017.06.30	2016.12.31	2016.06.30	2015.12.31
基本每股收益(元)	0.1563	0.3230	0.0993	1.3970
基本每股收益(扣除后)(元)	0.1448	0.3245	0.0993	1.3327
稀释每股收益(元)	0.1563	0.3230	0.0993	1.3970
每股净资产(元)	1.2156	1.0957	0.8807	2.4540
每股经营现金净流量(元)	-0.4273	-0.2121	-0.1551	0.1210
每股现金流量(元)	-0.0905	-0.0359	-0.0518	0.1942
每股资本公积金(元)	0.1215	0.1215	0.1215	0.3645
每股盈余公积金(元)	0.0785	0.0785	0.0490	0.1471
每股未分配利润(元)	0.8544	0.7322	0.5379	1.4237
净资产收益率(%)	12.8542	29.4816	11.2762	43.6372
加权净资产收益率(%)	13.3200	33.9600	11.6900	60.2500
净资产收益率(扣除)(%)	11.9123	29.6154	11.2785	41.6303
总资产(万元)	241022.27	212621.34	141783.67	94148.01
归属母公司股东权益(万元)	90653.30	81712.91	65679.05	61000.83
营业收入(万元)	62402.65	128528.47	46533.72	92563.55
营业支出(万元)	41273.73	83166.53	32646.02	52535.56
投资收益(万元)	——	——	–	–
净利润(万元)	11657.67	24103.80	7412.51	26619.05
营业利润(万元)	14006.76	29524.82	9449.23	30560.93
利润总额(万元)	14009.92	29421.94	9448.47	31783.59

上海普利特复合材料股份有限公司

公司概况

公司名称	上海普利特复合材料股份有限公司			证券简称	普利特
法人代表	周文	董秘	储民宏	证券代码	002324
公司网址	www.pret.com.cn	电子信箱	dsh@pret.com.cn		
电　　话	021-69210096	传　　真	021-51685255		
办公地址	上海市青浦区工业园区新业路558号				
经营范围	汽车用改性塑料产品的生产、研发、销售和服务				

主要财务指标

指标\报告期	2017.06.30	2016.12.31	2016.06.30	2015.12.31
基本每股收益(元)	0.4600	1.0300	0.6100	0.9600
基本每股收益(扣除后)(元)	0.3200	0.9500	0.5600	0.8600
稀释每股收益(元)	0.4600	1.0300	0.6100	0.9600
每股净资产(元)	8.2801	7.8638	7.3649	6.8133
每股经营现金净流量(元)	-0.1145	0.4658	0.0075	0.9061
每股现金流量(元)	0.0442	-0.0636	0.0308	-0.5727
每股资本公积金(元)	2.1433	2.1433	2.1433	2.1433
每股盈余公积金(元)	0.5000	0.5000	0.4386	0.4386
每股未分配利润(元)	4.4769	4.0143	3.6612	3.1463
净资产收益率(%)	5.5869	13.0905	8.3490	14.1551
加权净资产收益率(%)	5.7300	14.1600	8.6600	15.3100
净资产收益率(扣除)(%)	3.8095	12.0905	7.6693	12.5601
总资产(万元)	353269.12	343895.54	300814.25	291817.01
归属母公司股东权益(万元)	223562.90	212323.78	198851.73	183957.97
营业收入(万元)	160983.17	315792.01	143408.31	278742.42
营业支出(万元)	130047.59	232648.03	105351.26	212663.34
投资收益(万元)	-77.96	-133.71	–	10.45
净利润(万元)	12490.25	27794.21	16602.09	26039.43
营业利润(万元)	13243.80	30875.96	17811.48	28047.08
利润总额(万元)	14657.57	33286.38	19408.47	31466.43

深圳市洪涛装饰股份有限公司

公司概况

公司名称	深圳市洪涛装饰股份有限公司			证券简称	洪涛股份
法人代表	刘年新	董秘	王小连	证券代码	002325
公司网址	www.szhongtao.cn	电子信箱	hongtao@szhongtao.cn		
电　　话	0755-29999999　722	传　　真	0755-82451183		
办公地址	广东省深圳市罗湖区泥岗西洪涛路17号				
经营范围	承接酒店、剧院会场、写字楼、图书馆、医院、体育场馆等公共装饰工程的设计及施工				

主要财务指标

指标\报告期	2017.06.30	2016.12.31	2016.06.30	2015.12.31
基本每股收益(元)	0.0800	0.1100	0.1000	0.3600
基本每股收益(扣除后)(元)	0.0800	0.1000	0.1000	0.3300
稀释每股收益(元)	0.0800	0.1100	0.1000	0.3600
每股净资产(元)	2.8695	2.8941	2.7851	3.2506
每股经营现金净流量(元)	-0.2879	-0.4600	-0.4247	-0.2027
每股现金流量(元)	-0.2732	0.3924	0.0765	0.1762
每股资本公积金(元)	0.7087	0.6229	0.6236	0.9457
每股盈余公积金(元)	0.1285	0.1330	0.1222	0.1467
每股未分配利润(元)	1.0872	1.0597	1.0658	1.1919
净资产收益率(%)	2.9033	3.7607	3.7397	10.9810
加权净资产收益率(%)	2.8700	3.9300	3.7700	11.7500
净资产收益率(扣除)(%)	2.8038	3.4603	3.6858	10.1801
总资产(万元)	1077003.24	919529.07	765977.47	673628.59
归属母公司股东权益(万元)	356923.40	347821.68	334726.86	325565.38
营业收入(万元)	195098.32	287712.40	169122.97	300634.03
营业支出(万元)	155311.92	216359.47	128623.82	221530.32
投资收益(万元)	260.73	376.11	137.80	2621.18
净利润(万元)	9642.77	11884.69	11688.41	34260.40
营业利润(万元)	11863.73	13857.98	14121.74	40689.53
利润总额(万元)	12311.66	15248.05	14333.42	41227.22

浙江永太科技股份有限公司

公司概况						
公司名称	浙江永太科技股份有限公司			证券简称	永太科技	
法人代表	王莺妹	董秘	张江山	证券代码	002326	
公司网址	www.yongtaitech.com		电子信箱	zhengquan@yongtaitech.com		
电　　话	0576-85588006 85588960		传　　真	0576-85588006		
办公地址	浙江省临海市化学原料药基地临海园区东海第五大道一号					
经营范围	主要从事氟精细化学品的研发、生产和销售					

主要财务指标 指标\报告期	2017.06.30	2016.12.31	2016.06.30	2015.12.31
基本每股收益(元)	0.2710	0.3500	0.1390	0.1800
基本每股收益(扣除后)(元)	0.1140	0.0800	0.1300	0.1800
稀释每股收益(元)	0.2710	0.3500	0.1390	0.1800
每股净资产(元)	3.2901	2.6211	2.4354	2.3440
每股经营现金净流量(元)	-0.2468	0.1055	0.0479	0.0830
每股现金流量(元)	0.0039	0.3704	-0.0621	0.0977
每股资本公积金(元)	1.2353	0.7441	0.7712	0.7707
每股盈余公积金(元)	0.1066	0.1093	0.0768	0.0768
每股未分配利润(元)	1.0226	0.7723	0.5967	0.5178
净资产收益率(%)	8.1596	13.2359	5.7011	7.7059
加权净资产收益率(%)	8.9400	14.0200	5.7600	8.2200
净资产收益率(扣除)(%)	3.4200	2.8621	5.3336	7.5628
总资产(万元)	592494.71	446509.51	386678.87	343706.42
归属母公司股东权益(万元)	270573.80	209293.67	194490.23	187212.52
营业收入(万元)	123431.45	174853.63	93122.05	154201.26
营业支出(万元)	89840.42	137911.09	68974.90	117449.12
投资收益(万元)	15954.32	27438.45	1281.78	2378.43
净利润(万元)	22087.68	27596.02	11030.68	14333.71
营业利润(万元)	26002.37	31692.81	12106.13	16827.20
利润总额(万元)	26606.09	32928.38	13196.98	17902.95

深圳市富安娜家居用品股份有限公司

公司概况						
公司名称	深圳市富安娜家居用品股份有限公司			证券简称	富安娜	
法人代表	林国芳	董秘	黎峻江	证券代码	002327	
公司网址	www.fuanna.com.cn		电子信箱	huzhenchao@fuanna.com.cn		
电　　话	0755-26055091		传　　真	0755-26055076		
办公地址	广东省深圳市南山区南光路富安娜工业大厦					
经营范围	套件、被芯、枕芯等床上用品及其他家纺产品的研发、设计、生产和销售					

主要财务指标 指标\报告期	2017.06.30	2016.12.31	2016.06.30	2015.12.31
基本每股收益(元)	0.1860	0.5200	0.2040	0.4700
基本每股收益(扣除后)(元)	0.1720	0.4800	0.1880	0.4500
稀释每股收益(元)	0.1820	0.5000	0.2010	0.4700
每股净资产(元)	3.2503	3.1291	2.7864	2.6594
每股经营现金净流量(元)	-0.1967	0.4929	0.0912	0.3378
每股现金流量(元)	-0.3236	-0.2316	-0.3572	-0.2495
每股资本公积金(元)	0.1713	0.0959	0.0933	0.1643
每股盈余公积金(元)	0.0321	0.0327	-	0.1535
每股未分配利润(元)	2.2634	2.1235	1.8404	1.7345
净资产收益率(%)	5.6135	16.5007	7.1407	17.5347
加权净资产收益率(%)	5.7300	15.7400	7.4000	16.3300
净资产收益率(扣除)(%)	5.1813	15.3829	6.5740	16.5909
总资产(万元)	354584.27	352822.63	299775.49	292782.53
归属母公司股东权益(万元)	282508.52	266062.57	237178.66	228818.14
营业收入(万元)	96129.00	231157.55	88114.93	209260.83
营业支出(万元)	47857.72	115034.52	42989.70	102430.95
投资收益(万元)	1327.40	2241.98	1258.21	1830.97
净利润(万元)	15858.64	43902.07	16936.11	40122.54
营业利润(万元)	19249.12	53663.48	20992.70	48088.08
利润总额(万元)	20249.75	55695.29	21526.39	49127.90

上海新朋实业股份有限公司

公司概况						
公司名称	上海新朋实业股份有限公司			证券简称	新朋股份	
法人代表	宋琳	董秘	宋琳(代)	证券代码	002328	
公司网址	www.xinpeng.com		电子信箱	xiaowf@xinpeng.com		
电　　话	86-21-31166512		传　　真	86-21-31166513		
办公地址	上海市青浦区华新镇华隆路 1698 号					
经营范围	各类金属冲压钣金件和微型电机的生产					

主要财务指标 指标\报告期	2017.06.30	2016.12.31	2016.06.30	2015.12.31
基本每股收益(元)	0.1100	0.2100	0.1200	0.2000
基本每股收益(扣除后)(元)	0.0800	0.1900	0.0700	0.1700
稀释每股收益(元)	0.1100	0.2100	0.1200	0.2000
每股净资产(元)	5.2595	5.1953	5.0986	5.0047
每股经营现金净流量(元)	0.2590	1.3005	0.6260	0.1926
每股现金流量(元)	0.0680	0.2896	0.2731	-0.5624
每股资本公积金(元)	2.6865	2.6865	2.6865	2.7061
每股盈余公积金(元)	0.1767	0.1767	0.1354	0.1348
每股未分配利润(元)	1.4008	1.3356	1.2823	1.2039
净资产收益率(%)	2.0950	4.0982	2.3196	4.0325
加权净资产收益率(%)	2.1000	4.1700	2.3300	4.0700
净资产收益率(扣除)(%)	1.5976	3.5648	1.4611	3.4373
总资产(万元)	399232.07	403762.63	382035.27	388827.69
归属母公司股东权益(万元)	235678.89	232802.16	228467.63	225211.06
营业收入(万元)	184097.39	396094.33	202441.86	395602.13
营业支出(万元)	158876.68	343289.70	179688.76	352089.74
投资收益(万元)	1282.52	2038.60	1507.78	1018.68
净利润(万元)	8968.14	18531.93	9083.61	15176.54
营业利润(万元)	11295.91	20511.29	10102.16	17158.04
利润总额(万元)	11838.75	22562.15	11282.85	18210.52

皇氏集团股份有限公司

公司概况						
公司名称	皇氏集团股份有限公司			证券简称	皇氏集团	
法人代表	黄嘉棣	董秘	何海晏	证券代码	002329	
公司网址	www.gxhsry.com		电子信箱	hsryhhy@126.com		
电　　话	0771-3211086		传　　真	0771-3221828		
办公地址	广西壮族自治区南宁市科园大道 66 号					
经营范围	液态乳和液态乳制品的生产、加工、销售以及与此产业关联的奶牛养殖和牧草种植业务					

主要财务指标 指标\报告期	2017.06.30	2016.12.31	2016.06.30	2015.12.31
基本每股收益(元)	0.1065	0.3469	0.1205	0.2300
基本每股收益(扣除后)(元)	0.0896	0.3184	0.1169	0.2179
稀释每股收益(元)	0.1065	0.3469	0.1205	0.2300
每股净资产(元)	3.3203	3.2669	3.2105	3.0900
每股经营现金净流量(元)	0.5301	0.2927	0.0389	0.5152
每股现金流量(元)	0.2155	-0.1369	-0.2007	0.1946
每股资本公积金(元)	1.3995	1.3925	1.5625	1.5625
每股盈余公积金(元)	0.0592	0.0592	0.0514	0.0514
每股未分配利润(元)	0.8616	0.8152	0.5966	0.4761
净资产收益率(%)	3.2061	10.6196	3.7536	7.1327
加权净资产收益率(%)	3.2100	10.7700	3.8300	9.7700
净资产收益率(扣除)(%)	2.6998	9.7468	3.6425	6.7586
总资产(万元)	546834.94	520245.09	483710.62	445353.45
归属母公司股东权益(万元)	278124.66	273646.33	268926.30	258831.95
营业收入(万元)	99004.65	244643.07	110031.51	168513.77
营业支出(万元)	65828.83	159232.49	76544.24	110248.23
投资收益(万元)	-89.86	-315.13	99.85	139.62
净利润(万元)	9908.93	32720.01	12171.06	21531.26
营业利润(万元)	8954.98	32362.27	12085.75	20277.84
利润总额(万元)	10163.64	34009.21	12550.59	21974.50

山东得利斯食品股份有限公司

公司概况					
公司名称	山东得利斯食品股份有限公司			证券简称	得利斯
法人代表	郑思敏	董秘	李光强	证券代码	002330
公司网址	www.delisi.com.cn		电子信箱	wssc007@126.com	
电话	0536-6339032 6339137		传真	0536-6339137	
办公地址	山东省潍坊市诸城市昌城镇驻地				
经营范围	低温肉制品、酱卤肉制品及其他肉制品、蛋制品、速冻面米食品等				

主要财务指标 指标\报告期	2017.06.30	2016.12.31	2016.06.30	2015.12.31
基本每股收益(元)	0.0022	0.0180	0.0320	0.0450
基本每股收益(扣除后)(元)	–0.0060	–0.0110	0.0260	0.0330
稀释每股收益(元)	0.0022	0.0180	0.0320	0.0450
每股净资产(元)	2.6278	2.6202	2.6324	2.6006
每股经营现金净流量(元)	–0.0158	0.1765	0.0681	0.2827
每股现金流量(元)	–0.1436	0.2278	0.0009	–0.0682
每股资本公积金(元)	0.9665	0.9611	0.9595	0.9595
每股盈余公积金(元)	0.0403	0.0403	0.0403	0.0403
每股未分配利润(元)	0.6210	0.6187	0.6326	0.6007
净资产收益率(%)	0.0849	0.6867	1.2089	1.7318
加权净资产收益率(%)	0.0800	0.7500	1.1800	1.7300
净资产收益率(扣除)(%)	–0.2186	–0.4254	1.0187	1.2525
总资产(万元)	165138.96	178367.70	170656.92	172841.58
归属母公司股东权益(万元)	131914.54	131531.91	132145.33	130547.84
营业收入(万元)	69402.56	157559.30	82804.89	155099.25
营业支出(万元)	61732.51	137886.84	71210.42	132475.55
投资收益(万元)	--	150.80	–	270.20
净利润(万元)	38.39	828.87	1568.92	2223.56
营业利润(万元)	–376.79	–157.74	1638.30	2841.85
利润总额(万元)	58.35	1465.48	1906.94	3288.41

安徽皖通科技股份有限公司

公司概况					
公司名称	安徽皖通科技股份有限公司			证券简称	皖通科技
法人代表	王中胜	董秘	陈新	证券代码	002331
公司网址	www.wantong-tech.net		电子信箱	wtkjfz@mail.hf.ah.cn	
电话	0551-62969206		传真	0551-62969207	
办公地址	安徽省合肥市高新区皖水路589号				
经营范围	计算机软件和硬件的开发、生产与销售,信息系统集成等				

主要财务指标 指标\报告期	2017.06.30	2016.12.31	2016.06.30	2015.12.31
基本每股收益(元)	0.0919	0.2194	0.0825	0.2380
基本每股收益(扣除后)(元)	0.0817	0.1609	0.0743	0.1716
稀释每股收益(元)	0.0919	0.2194	0.0825	0.2380
每股净资产(元)	3.7297	3.6878	3.5509	4.2121
每股经营现金净流量(元)	–0.3067	0.3151	0.0016	0.4245
每股现金流量(元)	–0.3983	–0.1018	–0.2024	0.6621
每股资本公积金(元)	1.5522	1.5522	1.5522	2.0626
每股盈余公积金(元)	0.1101	0.1101	0.0962	0.1154
每股未分配利润(元)	1.0674	1.0255	0.9026	1.0341
净资产收益率(%)	2.4635	5.9501	2.3242	5.6514
加权净资产收益率(%)	2.4800	6.1000	2.3200	5.8000
净资产收益率(扣除)(%)	2.1912	4.3643	2.0912	4.0738
总资产(万元)	181907.45	188018.94	177441.93	178763.67
归属母公司股东权益(万元)	130662.36	129195.09	124399.11	122967.51
营业收入(万元)	48314.46	99213.68	48701.16	88203.70
营业支出(万元)	37795.15	78678.05	39434.31	69906.11
投资收益(万元)	6.44	687.81	35.94	1109.20
净利润(万元)	3503.37	8317.87	3206.71	7485.47
营业利润(万元)	3944.32	7680.62	3286.21	7300.96
利润总额(万元)	4410.30	9813.86	3845.30	8791.22

浙江仙琚制药股份有限公司

公司概况					
公司名称	浙江仙琚制药股份有限公司			证券简称	仙琚制药
法人代表	张宇松	董秘	张王伟	证券代码	002332
公司网址	www.xjpharma.com		电子信箱	dmb@xjpharma.com	
电话	0576-87731138 87730127		传真	0576-87774487	
办公地址	浙江省台州市仙居县仙药路1号				
经营范围	甾体原料药和制剂的研制、生产与销售				

主要财务指标 指标\报告期	2017.06.30	2016.12.31	2016.06.30	2015.12.31
基本每股收益(元)	0.0900	0.2400	0.1000	0.2000
基本每股收益(扣除后)(元)	0.0900	0.2100	0.1000	0.1800
稀释每股收益(元)	0.0900	0.2400	0.1000	0.2000
每股净资产(元)	2.4511	3.6434	3.5004	3.5039
每股经营现金净流量(元)	0.0674	0.2552	0.1521	0.3268
每股现金流量(元)	0.4450	–0.1126	–0.1382	0.3420
每股资本公积金(元)	0.9589	1.9384	1.9384	1.9384
每股盈余公积金(元)	0.1365	0.2047	0.1820	0.1820
每股未分配利润(元)	0.3553	0.5000	0.3798	0.3834
净资产收益率(%)	3.6144	6.5689	2.7553	4.9785
加权净资产收益率(%)	3.6100	6.7100	2.7400	7.7000
净资产收益率(扣除)(%)	3.5054	5.8731	2.7388	4.3607
总资产(万元)	410879.83	362074.07	350282.13	343894.32
归属母公司股东权益(万元)	224569.22	222542.76	213807.62	214020.73
营业收入(万元)	127392.60	250373.03	120531.03	248024.62
营业支出(万元)	58099.35	122861.78	60351.81	139578.94
投资收益(万元)	–148.89	1659.38	6.49	1061.25
净利润(万元)	8308.38	14641.26	5775.84	10460.19
营业利润(万元)	10567.46	17805.88	7006.43	11624.32
利润总额(万元)	10255.10	18302.93	6901.62	12790.13

苏州罗普斯金铝业股份有限公司

公司概况					
公司名称	苏州罗普斯金铝业股份有限公司			证券简称	罗普斯金
法人代表	吴明福	董秘	施健	证券代码	002333
公司网址	www.lpsk.com.cn		电子信箱	lpskdsh@lpsk.com.cn	
电话	0512-65768211		传真	0512-65498037	
办公地址	江苏省苏州市相城区黄埭镇潘阳工业园太东路2777号				
经营范围	铝挤压材产品的研发、生产和销售				

主要财务指标 指标\报告期	2017.06.30	2016.12.31	2016.06.30	2015.12.31
基本每股收益(元)	–0.0105	0.2802	0.2900	0.8200
基本每股收益(扣除后)(元)	–0.0620	–0.0700	–0.0200	–0.1200
稀释每股收益(元)	–0.0105	0.2800	0.2900	0.8200
每股净资产(元)	2.9942	3.1000	3.1137	5.8490
每股经营现金净流量(元)	–0.0231	–0.0831	–0.0447	–0.0969
每股现金流量(元)	–0.0898	–0.0159	0.0498	–0.6106
每股资本公积金(元)	0.9041	0.9041	0.9041	2.8081
每股盈余公积金(元)	0.1936	0.1936	0.1607	0.3214
每股未分配利润(元)	0.8965	1.0070	1.0489	1.7194
净资产收益率(%)	–0.3504	9.0247	9.2879	14.0237
加权净资产收益率(%)	–0.3400	9.3200	9.4700	14.7400
净资产收益率(扣除)(%)	–2.0709	–2.1387	–0.5150	–2.1082
总资产(万元)	169528.78	176222.94	184571.36	162570.77
归属母公司股东权益(万元)	150488.08	156041.42	156494.17	146985.25
营业收入(万元)	48553.67	97717.25	48438.94	108016.74
营业支出(万元)	44243.29	86350.83	42557.73	97866.43
投资收益(万元)	321.13	–293.43	–183.31	–256.42
净利润(万元)	–527.30	14082.20	14534.95	20612.72
营业利润(万元)	–2609.63	–3757.08	–613.01	–3875.07
利润总额(万元)	43.99	19629.51	19834.81	24159.31

深圳市英威腾电气股份有限公司

公司概况	公司名称	深圳市英威腾电气股份有限公司			证券简称	英威腾
	法人代表	黄申力	董秘	鄢光敏	证券代码	002334
	公司网址	www.invt.com.cn		电子信箱	sec@invt.com.cn	
	电　话	0755-86312861 86312975		传　真	0755-86312975	
	办公地址	广东省深圳市南山区龙井高发科技工业园4号厂房				
	经营范围	高、中、低压变频器及伺服驱动器等的研发、制造和销售的高新技术企业				

主要财务指标	指标\报告期	2017.06.30	2016.12.31	2016.06.30	2015.12.31
	基本每股收益(元)	0.1204	0.0933	0.0373	0.2081
	基本每股收益(扣除后)(元)	0.0768	0.0717	0.0303	0.1847
	稀释每股收益(元)	0.1204	0.0924	0.0373	0.2079
	每股净资产(元)	2.2082	2.1840	2.2741	2.1895
	每股经营现金净流量(元)	-0.0894	-0.0591	-0.1111	0.0125
	每股现金流量(元)	-0.3430	0.4876	-0.0570	-0.0039
	每股资本公积金(元)	0.4008	0.4488	0.4035	0.2679
	每股盈余公积金(元)	0.1020	0.1025	0.0976	0.1018
	每股未分配利润(元)	0.8850	0.8182	0.7733	0.8200
	净资产收益率(%)	5.4572	4.1304	1.6283	9.4696
	加权净资产收益率(%)	5.3700	3.9400	1.7200	9.9200
	净资产收益率(扣除)(%)	3.4788	3.1700	1.3220	8.4037
	总资产(万元)	265519.96	258314.15	222828.37	203535.25
	归属母公司股东权益(万元)	166610.43	164795.02	170330.86	157219.48
	营业收入(万元)	88434.54	132398.22	56536.10	108336.26
	营业支出(万元)	55471.96	80079.44	33917.36	62089.32
	投资收益(万元)	3532.65	1823.95	1213.34	2439.58
	净利润(万元)	8203.65	6503.95	2996.18	15053.20
	营业利润(万元)	8109.93	2224.26	1433.92	11283.09
	利润总额(万元)	9373.70	7183.45	3456.73	16488.74

厦门科华恒盛股份有限公司

公司概况	公司名称	厦门科华恒盛股份有限公司			证券简称	科华恒盛
	法人代表	陈成辉	董秘	林韬	证券代码	002335
	公司网址	www.kehua.com.cn		电子信箱	lintao@kehua.com	
	电　话	0592-5163990		传　真	86-592-5162166	
	办公地址	福建省厦门市火炬高新区火炬园马垄路457号				
	经营范围	信息设备用不间断电源产品和工业动力用不间断电源产品的研发、生产、销售和服务				

主要财务指标	指标\报告期	2017.06.30	2016.12.31	2016.06.30	2015.12.31
	基本每股收益(元)	1.0300	0.6700	0.1700	0.6600
	基本每股收益(扣除后)(元)	0.1900	0.5700	0.1500	0.6000
	稀释每股收益(元)	1.0300	0.6700	0.1700	0.6600
	每股净资产(元)	11.9998	11.2613	10.9576	5.7268
	每股经营现金净流量(元)	-0.6493	1.0617	-0.6675	0.8884
	每股现金流量(元)	-1.6175	3.7076	2.5855	0.0235
	每股资本公积金(元)	7.5656	7.5520	7.4879	1.9313
	每股盈余公积金(元)	0.3581	0.3582	0.3470	0.3731
	每股未分配利润(元)	3.0725	2.3513	2.1820	2.4944
	净资产收益率(%)	8.5217	5.6210	1.3743	11.3511
	加权净资产收益率(%)	8.7400	7.0200	2.2000	12.1600
	净资产收益率(扣除)(%)	1.6216	4.7727	1.2234	10.2351
	总资产(万元)	556091.39	506260.60	500955.01	318645.59
	归属母公司股东权益(万元)	325286.66	305225.13	296642.86	128560.44
	营业收入(万元)	87370.23	176999.64	69149.51	166972.81
	营业支出(万元)	58162.13	111688.83	43492.33	109241.58
	投资收益(万元)	25587.19	1268.07	12.12	-380.24
	净利润(万元)	28172.34	18020.01	4158.58	15763.70
	营业利润(万元)	29798.67	17177.30	4505.87	15941.55
	利润总额(万元)	31060.94	19679.14	5213.84	18073.84

人人乐连锁商业集团股份有限公司

公司概况	公司名称	人人乐连锁商业集团股份有限公司			证券简称	人人乐
	法人代表	何金明	董秘	蔡慧明	证券代码	002336
	公司网址	www.renrenle.cn		电子信箱	caihuiming@renrenle.cn	
	电　话	0755-86058141		传　真	0755-26093560	
	办公地址	深圳市南山区前海路心语家园裙楼二层				
	经营范围	从事大卖场、综合超市及百货的连锁经营业务				

主要财务指标	指标\报告期	2017.06.30	2016.12.31	2016.06.30	2015.12.31
	基本每股收益(元)	-0.3369	0.1512	0.0408	-1.1868
	基本每股收益(扣除后)(元)	-0.2102	-0.2500	-0.0133	-1.0424
	稀释每股收益(元)	-0.3369	0.1512	0.0408	-1.1868
	每股净资产(元)	5.4301	5.7670	5.6566	5.6158
	每股经营现金净流量(元)	-0.0597	0.2512	-0.0154	-0.3903
	每股现金流量(元)	-1.8892	-0.1062	0.1813	-0.3180
	每股资本公积金(元)	6.1897	6.1897	6.1897	6.1897
	每股盈余公积金(元)	0.2482	0.2482	0.2482	0.2482
	每股未分配利润(元)	-2.0078	-1.6710	-1.7814	-1.8222
	净资产收益率(%)	-6.2037	2.6218	0.7216	-21.1337
	加权净资产收益率(%)	-6.0200	2.6600	0.7200	-19.1100
	净资产收益率(扣除)(%)	-3.8702	-4.2779	-0.2353	-18.5628
	总资产(万元)	521225.90	565474.74	568711.78	620098.56
	归属母公司股东权益(万元)	217205.19	230680.06	226264.71	224632.00
	营业收入(万元)	477253.25	1015677.81	533291.97	1121804.97
	营业支出(万元)	369673.80	781071.43	411374.88	870214.73
	投资收益(万元)	480.17	1649.55	779.70	1658.79
	净利润(万元)	-13474.86	6048.06	1632.71	-47472.96
	营业利润(万元)	-6610.26	-7845.37	2292.79	-34983.14
	利润总额(万元)	-11961.61	11209.78	3790.74	-44341.96

天津赛象科技股份有限公司

公司概况	公司名称	天津赛象科技股份有限公司			证券简称	赛象科技
	法人代表	张晓辰	董秘	焦君涵	证券代码	002337
	公司网址	www.chinarpm.com		电子信箱	tstzqb@sina.com	
	电　话	022-23788169 23788188*8308		传　真	022-23788199	
	办公地址	天津市华苑新技术产业园区(环外)海泰发展四道9号				
	经营范围	子午线轮胎生产成套装备和检测设备的研发、生产和销售				

主要财务指标	指标\报告期	2017.06.30	2016.12.31	2016.06.30	2015.12.31
	基本每股收益(元)	0.0800	0.0200	-0.0400	-0.1700
	基本每股收益(扣除后)(元)	-0.0003	-0.0300	-0.0400	-0.1800
	稀释每股收益(元)	0.0800	0.0200	-0.0400	-0.1700
	每股净资产(元)	2.0481	2.0536	1.9889	2.0291
	每股经营现金净流量(元)	0.1315	0.0678	0.0700	-0.3635
	每股现金流量(元)	-0.0285	0.0220	-0.0640	-0.3480
	每股资本公积金(元)	0.6518	0.7366	0.7464	0.7464
	每股盈余公积金(元)	0.1112	0.1112	0.1065	0.1065
	每股未分配利润(元)	0.2850	0.2059	0.1456	0.1858
	净资产收益率(%)	3.8659	1.0680	-2.0213	-8.1962
	加权净资产收益率(%)	3.8600	1.0700	-2.0000	-7.9300
	净资产收益率(扣除)(%)	-0.0139	-1.2587	-2.0536	-8.8443
	总资产(万元)	173589.87	171081.19	164175.40	168967.02
	归属母公司股东权益(万元)	120551.70	120879.75	118199.67	120588.81
	营业收入(万元)	17706.30	37463.31	12552.06	35421.97
	营业支出(万元)	9872.00	23154.99	8345.51	26152.54
	投资收益(万元)	-261.84	287.24	-315.25	664.90
	净利润(万元)	4595.31	1829.24	-2158.77	-9647.45
	营业利润(万元)	-1010.34	-1569.63	-2616.66	-10543.62
	利润总额(万元)	4404.36	2248.70	-1993.95	-9432.96

长春奥普光电技术股份有限公司

公司概况	公司名称	长春奥普光电技术股份有限公司			证券简称	奥普光电
	法人代表	贾平	董秘	王小东	证券代码	002338
	公司网址	www.up-china.com		电子信箱	up@up-china.com	
	电　　话	0431-86176789		传　　真	86-431-86176788	
	办公地址	吉林省长春市经济技术开发区营口路588号				
	经营范围	光电测控仪器设备及光学材料的研发、生产与销售				

主要财务指标	指标\报告期	2017.06.30	2016.12.31	2016.06.30	2015.12.31
	基本每股收益(元)	0.1100	0.2200	0.1100	0.3600
	基本每股收益(扣除后)(元)	0.0600	0.0700	0.1900	0.2700
	稀释每股收益(元)	0.1100	0.4400	0.1100	0.3600
	每股净资产(元)	6.3644	6.3400	6.1077	6.0403
	每股经营现金净流量(元)	−0.4018	−0.1583	−0.0488	0.5982
	每股现金流量(元)	−0.5247	0.1375	−0.0947	0.0735
	每股资本公积金(元)	3.0619	3.0619	3.0466	3.0466
	每股盈余公积金(元)	0.4257	0.4257	0.3832	0.3832
	每股未分配利润(元)	1.8767	1.8565	1.6779	1.6105
	净资产收益率(%)	3.4606	6.9119	3.5596	6.0292
	加权净资产收益率(%)	3.4200	7.1000	3.5500	6.1100
	净资产收益率(扣除)(%)	2.5609	1.1080	3.0619	4.5336
	总资产(万元)	98321.29	97503.12	100722.08	98757.53
	归属母公司股东权益(万元)	76372.57	76129.63	73292.28	72483.34
	营业收入(万元)	17409.96	34185.78	15485.75	34472.60
	营业支出(万元)	8990.52	20922.56	7915.45	20601.58
	投资收益(万元)	98.41	3634.62	145.62	179.98
	净利润(万元)	3346.52	5961.26	2916.49	4994.35
	营业利润(万元)	2313.87	5415.15	2772.17	2138.52
	利润总额(万元)	3814.89	6820.55	3309.33	5491.74

积成电子股份有限公司

公司概况	公司名称	积成电子股份有限公司			证券简称	积成电子
	法人代表	杨志强	董秘	姚斌	证券代码	002339
	公司网址	www.ieslab.com.cn		电子信箱	dongban@ieslab.com.cn	
	电　　话	0531-88061716		传　　真	0531-88061716	
	办公地址	山东省济南市花园路东段188号				
	经营范围	发电、输电、变电、配电、用电、调度控制系统和设备				

主要财务指标	指标\报告期	2017.06.30	2016.12.31	2016.06.30	2015.12.31
	基本每股收益(元)	−0.0200	0.2100	0.0500	0.3800
	基本每股收益(扣除后)(元)	−0.0200	0.1800	0.0500	0.3600
	稀释每股收益(元)	−0.0200	0.2100	0.0500	0.3800
	每股净资产(元)	3.9868	4.0376	3.8822	3.8893
	每股经营现金净流量(元)	−0.5454	−0.4391	−0.6400	−0.1536
	每股现金流量(元)	−0.6052	0.0561	−0.5693	0.0666
	每股资本公积金(元)	1.2111	1.2114	1.2115	1.2115
	每股盈余公积金(元)	0.1833	0.1833	0.1752	0.1752
	每股未分配利润(元)	1.5923	1.6429	1.4955	1.5025
	净资产收益率(%)	−0.5153	5.1629	1.3642	9.7789
	加权净资产收益率(%)	−0.5100	5.2700	1.3600	10.2300
	净资产收益率(扣除)(%)	−0.5763	4.5527	1.3100	9.1942
	总资产(万元)	304282.01	292045.02	264993.52	234416.37
	归属母公司股东权益(万元)	151056.93	152984.68	147096.61	147363.36
	营业收入(万元)	44278.22	142163.50	52170.10	128578.55
	营业支出(万元)	25007.22	92643.37	29709.87	80199.90
	投资收益(万元)	392.88	942.75	87.15	−45.34
	净利润(万元)	−719.47	10427.83	2305.86	16298.50
	营业利润(万元)	−665.28	8521.20	1496.51	15175.56
	利润总额(万元)	−509.19	11980.74	2630.46	18890.40

格林美股份有限公司

公司概况	公司名称	格林美股份有限公司			证券简称	格林美
	法人代表	许开华	董秘	欧阳铭志	证券代码	002340
	公司网址	www.gemchina.com		电子信箱	info@gemchina.com	
	电　　话	0755-33386666		传　　真	0755-33895777	
	办公地址	广东省深圳市宝安区宝安中心区兴华路南侧荣超滨海大厦A栋20层				
	经营范围	废弃钴镍资源与电子废弃物的循环利用以及钴镍粉体材料、铜与塑木型材的生产、销售				

主要财务指标	指标\报告期	2017.06.30	2016.12.31	2016.06.30	2015.12.31
	基本每股收益(元)	0.0700	0.0900	0.0600	0.1300
	基本每股收益(扣除后)(元)	0.0700	0.0600	0.0500	0.0600
	稀释每股收益(元)	0.0700	0.0900	0.0600	0.1300
	每股净资产(元)	1.8916	2.3644	2.3001	4.5084
	每股经营现金净流量(元)	0.0269	0.0398	−0.2004	−0.2053
	每股现金流量(元)	−0.0596	0.0527	0.1064	0.1662
	每股资本公积金(元)	0.5317	0.9745	0.9686	2.9624
	每股盈余公积金(元)	0.0082	0.0107	0.0101	0.0202
	每股未分配利润(元)	0.3255	0.3430	0.3121	0.5261
	净资产收益率(%)	3.7771	3.8320	2.5674	2.3502
	加权净资产收益率(%)	3.8500	3.9500	2.5900	3.4200
	净资产收益率(扣除)(%)	3.6184	2.6001	2.1991	1.1127
	总资产(万元)	1955860.04	1907227.55	1800772.42	1593932.29
	归属母公司股东权益(万元)	721811.99	688231.62	669535.07	656170.11
	营业收入(万元)	428652.98	783589.85	328575.63	511716.65
	营业支出(万元)	335366.60	660501.51	277620.91	424088.38
	投资收益(万元)	1212.43	8892.23	1432.28	−48.83
	净利润(万元)	28536.02	29963.31	18334.51	21864.02
	营业利润(万元)	36378.36	32620.82	17258.38	14679.14
	利润总额(万元)	35484.89	35596.29	20538.64	24874.38

深圳市新纶科技股份有限公司

公司概况	公司名称	深圳市新纶科技股份有限公司			证券简称	新纶科技
	法人代表	侯毅	董秘	高翔	证券代码	002341
	公司网址	www.szselen.com		电子信箱	gaoxiang@szselen.com	
	电　　话	0755-26993098		传　　真	0755-26993313	
	办公地址	广东省深圳市南山区南海大道3025号创意大厦13-14楼				
	经营范围	防静电/洁净室耗品的研发、生产、销售				

主要财务指标	指标\报告期	2017.06.30	2016.12.31	2016.06.30	2015.12.31
	基本每股收益(元)	0.1470	0.1343	0.1120	−0.2855
	基本每股收益(扣除后)(元)	0.1107	−0.0140	0.1055	−0.2540
	稀释每股收益(元)	0.1470	0.1343	0.1120	−0.2855
	每股净资产(元)	6.4484	6.4484	3.9686	3.8568
	每股经营现金净流量(元)	−0.0214	0.2120	−0.0574	0.3474
	每股现金流量(元)	−0.2466	2.9421	−0.1868	−0.3240
	每股资本公积金(元)	4.6486	4.7873	2.1003	2.1003
	每股盈余公积金(元)	0.0762	0.0762	0.1026	0.1026
	每股未分配利润(元)	0.7212	0.5850	0.7660	0.6540
	净资产收益率(%)	2.2790	1.5454	2.8219	−7.4023
	加权净资产收益率(%)	2.2500	2.1400	2.8600	−7.1300
	净资产收益率(扣除)(%)	1.7174	−0.1697	2.6753	−6.5846
	总资产(万元)	632538.33	629276.65	394638.29	363539.00
	归属母公司股东权益(万元)	324491.84	324495.80	148203.83	144028.88
	营业收入(万元)	90330.17	165844.95	57393.77	102409.86
	营业支出(万元)	66708.87	124958.25	38899.29	75839.18
	投资收益(万元)	417.39	1757.20	−96.65	−207.39
	净利润(万元)	7104.67	4942.78	3621.98	−12030.03
	营业利润(万元)	6766.66	400.55	3789.51	−11226.69
	利润总额(万元)	8360.23	5355.09	4030.61	−12729.41

巨力索具股份有限公司

公司概况	公司名称	巨力索具股份有限公司		证券简称	巨力索具
	法人代表	杨建忠	董秘 张云	证券代码	002342
	公司网址	www.julisling.com		电子信箱	fuqiang@julisling.com
	电话	0312-8608520		传真	0312-8608086
	办公地址	河北省保定市徐水县巨力路			
	经营范围	索具及相关产品的研发、设计、生产和销售			

主要财务指标 指标\报告期	2017.06.30	2016.12.31	2016.06.30	2015.12.31
基本每股收益(元)	0.0210	0.0200	0.0190	0.0300
基本每股收益(扣除后)(元)	0.0100	0.0110	0.0110	0.0220
稀释每股收益(元)	0.0210	0.0200	0.0190	0.0300
每股净资产(元)	2.5374	2.5204	2.5227	2.5084
每股经营现金净流量(元)	0.0076	0.0872	0.0028	0.1298
每股现金流量(元)	0.0259	0.0271	0.2346	-0.1786
每股资本公积金(元)	0.7010	0.7010	0.7059	0.7059
每股盈余公积金(元)	0.1259	0.1259	0.1236	0.1236
每股未分配利润(元)	0.7109	0.6939	0.6942	0.6798
净资产收益率(%)	0.8270	0.8528	0.7684	1.1266
加权净资产收益率(%)	0.8300	0.8500	0.7700	1.1300
净资产收益率(扣除)(%)	0.3840	0.4209	0.4396	0.8761
总资产(万元)	414270.07	407075.49	419277.98	387882.16
归属母公司股东权益(万元)	243587.15	241959.13	242182.99	240803.41
营业收入(万元)	72611.22	136511.11	72396.70	133448.90
营业支出(万元)	58034.87	104990.78	56504.57	100182.90
投资收益(万元)	22.03	11.85	6.46	158.03
净利润(万元)	2014.53	2063.36	1860.88	2712.86
营业利润(万元)	823.30	1200.43	1025.09	2154.50
利润总额(万元)	2220.46	2448.65	2057.19	3056.96

慈文传媒股份有限公司

公司概况	公司名称	慈文传媒股份有限公司		证券简称	慈文传媒
	法人代表	马中骏	董秘 陈明友	证券代码	002343
	公司网址	www.ciwen.com.cn		电子信箱	lsm_9981@163.com
	电话	021-33623250		传真	021-33623251*802
	办公地址	上海市虹口区东大名路948号白金湾广场1703室			
	经营范围	影视剧、游戏产品、艺人经纪服务、信息技术服务			

主要财务指标 指标\报告期	2017.06.30	2016.12.31	2016.06.30	2015.12.31
基本每股收益(元)	0.2400	0.9200	0.2900	0.7600
基本每股收益(扣除后)(元)	0.2100	0.8900	0.2868	0.7100
稀释每股收益(元)	0.2400	0.9200	0.2900	0.7600
每股净资产(元)	4.4270	4.2800	3.6343	3.3766
每股经营现金净流量(元)	-0.3545	0.3216	0.3788	-0.3076
每股现金流量(元)	-0.4793	1.4520	0.9642	0.5412
每股资本公积金(元)	0.3352	0.3352	0.3200	0.3555
每股盈余公积金(元)	0.0416	0.0416	0.0416	0.0416
每股未分配利润(元)	2.6499	2.5007	1.8720	1.5782
净资产收益率(%)	5.4717	21.5671	8.0834	18.7587
加权净资产收益率(%)	5.5800	24.1700	8.3300	21.5500
净资产收益率(扣除)(%)	4.6494	20.7600	7.8914	17.4982
总资产(万元)	405483.96	395915.09	344497.77	289472.39
归属母公司股东权益(万元)	139234.21	134514.93	114301.47	106197.61
营业收入(万元)	33317.33	182618.96	42897.37	85599.90
营业支出(万元)	20008.19	121238.79	26659.73	43325.14
投资收益(万元)	-67.18	122.52	3.79	-38.29
净利润(万元)	7821.98	30413.65	9213.82	20224.07
营业利润(万元)	8168.11	37808.12	11795.00	25171.86
利润总额(万元)	9372.56	39139.92	12097.57	26951.55

海宁中国皮革城股份有限公司

公司概况	公司名称	海宁中国皮革城股份有限公司		证券简称	海宁皮城
	法人代表	张月明	董秘 孙宇民	证券代码	002344
	公司网址	www.zgpgc.com		电子信箱	pgc@chinaleather.com
	电话	0573-87217777		传真	0573-87217999
	办公地址	浙江省海宁市海州西路201号			
	经营范围	皮革专业市场的开发、租赁和服务			

主要财务指标 指标\报告期	2017.06.30	2016.12.31	2016.06.30	2015.12.31
基本每股收益(元)	0.1600	0.4900	0.3400	0.4900
基本每股收益(扣除后)(元)	0.1400	0.4000	0.3100	0.4200
稀释每股收益(元)	0.1600	0.4900	0.3400	0.4900
每股净资产(元)	5.6410	5.5289	4.6824	4.3393
每股经营现金净流量(元)	0.2731	0.4004	0.5093	0.1407
每股现金流量(元)	-0.1906	0.7866	0.5250	-0.2104
每股资本公积金(元)	1.4558	1.4566	0.2765	0.2765
每股盈余公积金(元)	0.2683	0.2683	0.2677	0.2677
每股未分配利润(元)	2.9169	2.8040	3.1382	2.7950
净资产收益率(%)	2.8868	7.7548	7.3283	11.2922
加权净资产收益率(%)	2.9000	10.4500	7.6100	11.5800
净资产收益率(扣除)(%)	2.4273	6.4567	6.7261	9.6669
总资产(万元)	1244838.45	1311976.01	1156497.43	1028191.00
归属母公司股东权益(万元)	723594.41	709219.00	524433.04	486001.12
营业收入(万元)	89596.87	216894.96	105580.64	183666.67
营业支出(万元)	43807.66	88632.77	34446.90	66608.73
投资收益(万元)	1840.46	3587.33	2203.36	2527.67
净利润(万元)	20339.05	53062.20	38675.58	55891.07
营业利润(万元)	26032.43	66110.58	49312.82	68303.45
利润总额(万元)	28577.36	74443.08	52425.64	76029.34

广东潮宏基实业股份有限公司

公司概况	公司名称	广东潮宏基实业股份有限公司		证券简称	潮宏基
	法人代表	廖木枝	董秘 徐俊雄	证券代码	002345
	公司网址	www.chjchina.com		电子信箱	stock@chjchina.com
	电话	0754-88781767		传真	0754-88781755
	办公地址	广东省汕头市龙湖区龙新工业区龙新五街四号1-4楼			
	经营范围	从事高档时尚珠宝首饰产品的设计、研发、生产及销售			

主要财务指标 指标\报告期	2017.06.30	2016.12.31	2016.06.30	2015.12.31
基本每股收益(元)	0.1900	0.2800	0.1700	0.3000
基本每股收益(扣除后)(元)	0.1800	0.2500	0.1500	0.2300
稀释每股收益(元)	0.1900	0.2800	0.1700	0.3000
每股净资产(元)	3.3383	3.1829	3.0710	3.0091
每股经营现金净流量(元)	0.3480	0.2921	0.2945	0.3817
每股现金流量(元)	-0.1451	0.2117	0.0623	0.2142
每股资本公积金(元)	1.0710	1.1420	1.0706	1.0706
每股盈余公积金(元)	0.1539	0.1539	0.1295	0.1295
每股未分配利润(元)	1.1426	0.9501	0.8997	0.8324
净资产收益率(%)	5.7651	8.6856	5.4478	10.0402
加权净资产收益率(%)	5.8100	8.9700	5.4400	10.2700
净资产收益率(扣除)(%)	5.4443	7.7569	4.9916	7.5517
总资产(万元)	487388.92	507092.78	410502.33	437607.38
归属母公司股东权益(万元)	282120.60	272020.76	259529.93	254305.70
营业收入(万元)	156869.85	273868.44	138228.47	269071.47
营业支出(万元)	95867.55	170122.04	83645.12	169745.98
投资收益(万元)	2245.50	1895.66	699.62	1229.10
净利润(万元)	16320.31	23184.12	14224.10	25569.46
营业利润(万元)	19245.54	26668.50	16743.05	24971.95
利润总额(万元)	19456.69	28210.79	17648.46	31136.66

上海柘中集团股份有限公司

公司概况	公司名称	上海柘中集团股份有限公司		证券简称	柘中股份
	法人代表	陆仁军	董秘 郭加广	证券代码	002346
	公司网址	www.ch-zzcc.com		电子信箱	guojg@ch-zzcc.com
	电　　话	021-57403737		传　　真	021-57401222
	办公地址	上海市化工区奉贤分区苍工路368号			
	经营范围	预应力高强度混凝土管桩(PHC管桩)的生产与销售			

主要财务指标	指标\报告期	2017.06.30	2016.12.31	2016.06.30	2015.12.31
	基本每股收益(元)	0.0900	0.0500	0.1800	0.2600
	基本每股收益(扣除后)(元)	0.0400	0.0400	0.1100	0.0200
	稀释每股收益(元)	0.0900	0.0500	0.1800	0.2600
	每股净资产(元)	3.8843	3.7322	3.6747	3.3716
	每股经营现金净流量(元)	0.0750	-0.5186	0.1516	0.0357
	每股现金流量(元)	0.0239	0.0674	-0.0796	0.1740
	每股资本公积金(元)	1.1794	1.1794	0.9983	0.9983
	每股盈余公积金(元)	0.1601	0.1601	0.1449	0.1449
	每股未分配利润(元)	1.3384	1.2463	1.4287	1.3576
	净资产收益率(%)	2.3714	1.2234	4.9105	7.7795
	加权净资产收益率(%)	2.4200	1.3000	5.1200	7.9300
	净资产收益率(扣除)(%)	0.9420	1.1556	2.9424	0.5333
	总资产(万元)	195345.69	193372.51	206601.67	200098.96
	归属母公司股东权益(万元)	171521.61	164806.37	151016.26	148880.79
	营业收入(万元)	13619.88	42183.42	16769.42	43757.26
	营业支出(万元)	9894.60	32243.50	11637.58	33317.14
	投资收益(万元)	2339.58	3443.89	8242.89	12470.22
	净利润(万元)	4063.56	2318.03	7968.02	11582.23
	营业利润(万元)	5629.11	3923.12	9514.56	10553.08
	利润总额(万元)	5080.60	4055.87	9589.15	13372.82

泰尔重工股份有限公司

公司概况	公司名称	泰尔重工股份有限公司		证券简称	泰尔重工
	法人代表	邰正彪	董秘 杨晓明	证券代码	002347
	公司网址	www.taiergroup.com		电子信箱	taier@taiergroup.com
	电　　话	0555-2202118		传　　真	0555-2202118
	办公地址	安徽省马鞍山市经济技术开发区超山路669号			
	经营范围	万向轴、鼓形联轴器、安全联轴器生产、剪刃、轧辊、模具、减速机、液压件、电器元件生产与销售			

主要财务指标	指标\报告期	2017.06.30	2016.12.31	2016.06.30	2015.12.31
	基本每股收益(元)	0.0191	0.0223	0.0459	0.0500
	基本每股收益(扣除后)(元)	0.0158	0.0034	0.0320	-0.0100
	稀释每股收益(元)	0.0191	0.0223	0.0459	0.0500
	每股净资产(元)	2.7380	2.7182	5.4343	5.3881
	每股经营现金净流量(元)	-0.1649	0.0056	-0.5475	0.0196
	每股现金流量(元)	-0.2392	0.1213	-0.3292	-0.2459
	每股资本公积金(元)	1.1585	1.1674	3.3170	3.3170
	每股盈余公积金(元)	0.0823	0.0823	0.1573	0.1573
	每股未分配利润(元)	0.4926	0.4749	0.9555	0.9096
	净资产收益率(%)	0.6980	0.8219	0.8446	0.9587
	加权净资产收益率(%)	0.7000	0.8300	0.8500	0.9600
	净资产收益率(扣除)(%)	0.5784	0.1241	0.5880	-0.2069
	总资产(万元)	181073.90	183812.56	175686.32	173079.20
	归属母公司股东权益(万元)	123032.71	122654.78	122095.58	121057.24
	营业收入(万元)	18160.23	36684.68	17741.51	37584.01
	营业支出(万元)	11870.15	23560.59	11590.20	24060.06
	投资收益(万元)	652.32	-554.68	332.16	-132.31
	净利润(万元)	851.28	994.69	1028.87	1161.81
	营业利润(万元)	785.36	521.21	803.59	-122.02
	利润总额(万元)	958.78	1529.86	1175.21	1547.54

广东高乐玩具股份有限公司

公司概况	公司名称	广东高乐玩具股份有限公司		证券简称	高乐股份
	法人代表	杨旭恩	董秘 杨广城	证券代码	002348
	公司网址	www.goldlok.com		电子信箱	gary@goldlok.com
	电　　话	0663-2348056		传　　真	0663-2348055
	办公地址	广东省普宁市占陇加工区振如大厦			
	经营范围	开发、设计、生产经营各式玩具、儿童用品等			

主要财务指标	指标\报告期	2017.06.30	2016.12.31	2016.06.30	2015.12.31
	基本每股收益(元)	0.0321	0.0449	0.0241	0.1179
	基本每股收益(扣除后)(元)	0.0100	0.0361	0.0243	0.1170
	稀释每股收益(元)	0.0321	0.0449	0.0241	0.1179
	每股净资产(元)	1.3195	1.3091	1.2855	2.5704
	每股经营现金净流量(元)	-0.0642	0.0970	0.0466	0.1113
	每股现金流量(元)	-0.0146	0.0027	-0.0426	0.0918
	每股资本公积金(元)	0.0105	0.0105	0.0105	0.9209
	每股盈余公积金(元)	0.0648	0.0648	0.0604	0.1208
	每股未分配利润(元)	0.2426	0.2305	0.2140	0.5298
	净资产收益率(%)	2.4357	3.4314	1.8767	4.5883
	加权净资产收益率(%)	2.4300	3.4685	1.8700	4.6600
	净资产收益率(扣除)(%)	0.7501	2.7602	1.8897	4.5520
	总资产(万元)	130762.02	131863.27	125262.45	124181.03
	归属母公司股东权益(万元)	124979.89	123993.88	121764.55	121736.28
	营业收入(万元)	27753.24	40350.74	20405.87	41443.30
	营业支出(万元)	20823.29	28785.47	14086.40	28982.73
	投资收益(万元)	--	--	-	71.61
	净利润(万元)	3038.63	4245.67	2282.12	5585.58
	营业利润(万元)	1168.19	4024.08	2720.86	6593.63
	利润总额(万元)	3633.18	5005.79	2694.28	6573.92

精华制药集团股份有限公司

公司概况	公司名称	精华制药集团股份有限公司		证券简称	精华制药
	法人代表	朱春林	董秘 王剑锋	证券代码	002349
	公司网址	www.ntjhzy.com		电子信箱	yxj@jhoa.net
	电　　话	0513-85609109　85609123		传　　真	0513-85609115
	办公地址	江苏省南通市港闸经济开发区兴泰路9号			
	经营范围	中成药、原料药及医药中间体和西药制剂的研发、生产和销售			

主要财务指标	指标\报告期	2017.06.30	2016.12.31	2016.06.30	2015.12.31
	基本每股收益(元)	0.1146	0.3927	0.1923	0.2984
	基本每股收益(扣除后)(元)	0.1120	0.3850	0.1880	0.2901
	稀释每股收益(元)	0.1146	0.3927	0.1923	0.2984
	每股净资产(元)	2.6184	5.1133	4.9685	7.2667
	每股经营现金净流量(元)	-0.0257	0.8180	0.4547	-0.2713
	每股现金流量(元)	-0.0944	-0.2298	-0.0311	-1.3999
	每股资本公积金(元)	1.0834	3.1846	3.1848	5.2777
	每股盈余公积金(元)	0.0474	0.0948	0.0744	0.1117
	每股未分配利润(元)	0.4801	0.8810	0.7011	0.8631
	净资产收益率(%)	4.3761	7.6791	3.8707	3.8348
	加权净资产收益率(%)	4.4500	7.8900	3.9200	5.5600
	净资产收益率(扣除)(%)	4.2786	7.5036	3.7841	3.7287
	总资产(万元)	276066.89	253049.50	247521.99	250608.54
	归属母公司股东权益(万元)	220104.08	214908.43	208825.48	203609.95
	营业收入(万元)	58207.82	88148.72	42773.79	78033.40
	营业支出(万元)	29133.92	44381.43	21275.60	47969.81
	投资收益(万元)	99.93	699.93	164.12	557.50
	净利润(万元)	11007.96	17345.96	8417.77	8184.20
	营业利润(万元)	12036.24	19368.85	9804.77	9298.93
	利润总额(万元)	12326.07	20198.53	10170.99	9672.40

北京科锐配电自动化股份有限公司

公司概况				
公司名称	北京科锐配电自动化股份有限公司		证券简称	北京科锐
法人代表	张新育	董秘 郭文亮	证券代码	002350
公司网址	www.creat-da.com.cn	电子信箱	ir@creat-da.com.cn	
电　　话	010-62981321	传　　真	010-82701909	
办公地址	北京市海淀区上地创业路8号3号楼4层			
经营范围	12kV配电、控制设备及35kV永磁开关设备的研发、生产和销售			

指标\报告期	2017.06.30	2016.12.31	2016.06.30	2015.12.31
基本每股收益(元)	0.0373	0.3503	0.0827	0.2000
基本每股收益(扣除后)(元)	0.0303	0.3233	0.0767	0.1600
稀释每股收益(元)	0.0358	—	–	–
每股净资产(元)	2.9754	5.2962	5.0229	4.9902
每股经营现金净流量(元)	–0.4030	0.2809	–0.2373	0.1609
每股现金流量(元)	–0.2873	0.4670	–0.2046	–0.4316
每股资本公积金(元)	1.1632	2.2614	2.2557	2.2557
每股盈余公积金(元)	0.1941	0.3442	0.3132	0.3132
每股未分配利润(元)	0.9011	1.6906	1.4539	1.4213
净资产收益率(%)	1.2029	6.6141	1.6459	3.9297
加权净资产收益率(%)	1.1900	6.8100	1.6500	3.9600
净资产收益率(扣除)(%)	0.9757	6.1049	1.5275	3.2738
总资产(万元)	263944.77	234752.73	204434.65	193225.62
归属母公司股东权益(万元)	115149.17	115604.37	109639.05	108925.90
营业收入(万元)	88906.30	177659.43	72935.86	146222.01
营业支出(万元)	67174.00	131106.52	54850.31	111410.08
投资收益(万元)	–38.27	170.45	97.62	–1.28
净利润(万元)	1880.00	8293.84	1814.83	4268.03
营业利润(万元)	1926.31	7828.51	2017.02	3308.67
利润总额(万元)	2260.68	9876.43	2610.58	5414.54

深圳市漫步者科技股份有限公司

公司概况				
公司名称	深圳市漫步者科技股份有限公司		证券简称	漫 步 者
法人代表	张文东	董秘 李晓东	证券代码	002351
公司网址	www.edifier.com	电子信箱	main@edifier.com	
电　　话	0755-86029885	传　　真	0755-26970904	
办公地址	深圳市南山区科技园深南大道9998号万利达科技大厦22层9单元			
经营范围	生产销售音响设备及配件、耳机、汽车音响、模具			

指标\报告期	2017.06.30	2016.12.31	2016.06.30	2015.12.31
基本每股收益(元)	0.1193	0.1500	0.0802	0.3400
基本每股收益(扣除后)(元)	0.0925	0.0900	0.0506	0.1900
稀释每股收益(元)	0.1193	0.1500	0.0802	0.3400
每股净资产(元)	2.9865	2.9739	2.8962	5.8246
每股经营现金净流量(元)	0.0244	–0.1069	–0.0396	0.1433
每股现金流量(元)	–0.2593	0.1154	0.0995	0.2358
每股资本公积金(元)	1.2209	1.2209	1.2209	3.4417
每股盈余公积金(元)	0.0987	0.0921	0.0852	0.1704
每股未分配利润(元)	0.6607	0.6480	0.5873	1.2143
净资产收益率(%)	3.9935	4.9703	2.7687	5.8843
加权净资产收益率(%)	3.9300	5.0400	2.7200	5.9800
净资产收益率(扣除)(%)	3.0970	3.1267	1.7459	3.2912
总资产(万元)	194113.43	194152.51	183603.78	189064.54
归属母公司股东权益(万元)	175603.95	174864.63	170294.87	171243.24
营业收入(万元)	42549.27	72617.26	31491.40	66147.13
营业支出(万元)	27834.98	48300.06	21214.36	45271.22
投资收益(万元)	1939.56	3727.08	2227.38	5829.63
净利润(万元)	7237.73	8218.67	4554.66	9735.46
营业利润(万元)	8827.51	9689.80	5590.50	12453.53
利润总额(万元)	8841.81	10029.14	5624.59	12390.59

顺丰控股股份有限公司

公司概况				
公司名称	顺丰控股股份有限公司		证券简称	顺丰控股
法人代表	王卫	董秘 甘玲	证券代码	002352
公司网址	www.sf-express.com	电子信箱	sfir@sf-express.com	
电　　话	0555-6615924	传　　真	0555-2916511	
办公地址	广东省深圳市福田区新洲十一街万基商务大厦			
经营范围	国际快递业务、国内快递业务、保价、代收货款、其他增值服务等			

指标\报告期	2017.06.30	2016.12.31	2016.06.30	2015.12.31
基本每股收益(元)	0.4500	1.0600	0.4400	0.2800
基本每股收益(扣除后)(元)	0.4300	0.6700	0.0500	0.1900
稀释每股收益(元)	0.4500	1.0600	0.4400	0.2800
每股净资产(元)	5.2248	4.9000	3.0093	6.0645
每股经营现金净流量(元)	0.4316	24.3050	12.9193	23.8302
每股现金流量(元)	0.9552	12.5271	–3.9232	9.3616
每股资本公积金(元)	1.9897	35.2761	1.8173	38.8941
每股盈余公积金(元)	0.0650	1.1654	0.1265	0.1796
每股未分配利润(元)	2.1555	32.3462	0.0654	43.8842
净资产收益率(%)	8.6171	20.3806	1.5636	3.5495
加权净资产收益率(%)	8.8400	22.4600	9.9600	7.8300
净资产收益率(扣除)(%)	8.2068	12.8863	1.5963	3.3753
总资产(万元)	4454512.78	4413488.56	86415.62	3471657.33
归属母公司股东权益(万元)	2185908.65	2051176.77	70264.40	1369573.62
营业收入(万元)	3216093.24	5748269.81	2608706.00	4810115.48
营业支出(万元)	2534747.73	4616516.66	1999282.48	3858590.38
投资收益(万元)	–1400.22	25811.46	10998.55	41014.66
净利润(万元)	186935.60	416078.49	173867.21	109422.11
营业利润(万元)	255446.77	369268.75	227563.08	140106.96
利润总额(万元)	258627.73	519073.14	239137.91	169050.50

烟台杰瑞石油服务集团股份有限公司

公司概况				
公司名称	烟台杰瑞石油服务集团股份有限公司		证券简称	杰瑞股份
法人代表	孙伟杰	董秘 程永峰	证券代码	002353
公司网址	www.jereh.com	电子信箱	zqb@jereh.com	
电　　话	0535-6723532	传　　真	0535-6723172	
办公地址	山东省烟台市莱山区杰瑞路5号			
经营范围	油田专用设备制造与油田工程技术服务为公司战略发展业务			

指标\报告期	2017.06.30	2016.12.31	2016.06.30	2015.12.31
基本每股收益(元)	0.0300	0.1300	0.1100	0.1500
基本每股收益(扣除后)(元)	0.0093	0.0800	0.1100	0.1200
稀释每股收益(元)	0.0300	0.1300	0.1100	0.1500
每股净资产(元)	8.2004	8.2005	8.1813	8.1359
每股经营现金净流量(元)	0.1772	0.3616	0.1840	0.0720
每股现金流量(元)	0.1231	–0.4073	–0.3172	–0.6458
每股资本公积金(元)	3.8634	3.8634	3.8607	3.8607
每股盈余公积金(元)	0.3220	0.3220	0.2877	0.2877
每股未分配利润(元)	3.1548	3.1531	3.1733	3.0914
净资产收益率(%)	0.3866	1.5363	1.3682	1.8578
加权净资产收益率(%)	0.3900	1.5400	1.3700	1.8500
净资产收益率(扣除)(%)	0.1135	0.9916	1.2846	1.4843
总资产(万元)	1022856.23	1005869.72	1012934.77	1039285.63
归属母公司股东权益(万元)	785483.23	785492.43	783650.91	779296.69
营业收入(万元)	129975.23	283383.00	133608.44	282657.20
营业支出(万元)	100202.06	208185.71	93997.37	191957.46
投资收益(万元)	3987.98	5902.59	1925.84	5929.44
净利润(万元)	3258.19	11989.74	9721.97	14461.74
营业利润(万元)	1665.99	9990.90	11967.10	14385.45
利润总额(万元)	4400.51	15704.07	13338.59	18893.54

大连天神娱乐股份有限公司

公司概况						
公司名称	大连天神娱乐股份有限公司			证券简称	天神娱乐
法人代表	朱晔	董秘	张执交	证券代码	002354
公司网址	www.tianshenyule.com		电子信箱	ir@tianshenyule.com	
电话	010-87926860		传真	010-87926860	
办公地址	北京市朝阳区青年路8号达美中心T4座16层				
经营范围	中高档实木复合地板的研发、设计、生产和销售				

主要财务指标				
指标\报告期	2017.06.30	2016.12.31	2016.06.30	2015.12.31
基本每股收益(元)	0.5800	1.8700	0.6900	1.5900
基本每股收益(扣除后)(元)	0.5300	1.7000	0.7000	1.6000
稀释每股收益(元)	0.5800	1.8700	0.6900	1.5900
每股净资产(元)	8.9455	19.5496	16.7680	17.0276
每股经营现金净流量(元)	0.5943	1.7192	0.8777	1.0949
每股现金流量(元)	0.9545	–0.5689	–0.6642	1.6953
每股资本公积金(元)	5.5950	12.1787	12.5512	12.4346
每股盈余公积金(元)	0.0182	0.0562	0.0562	0.0562
每股未分配利润(元)	1.8497	4.4241	3.2438	2.8003
净资产收益率(%)	6.2706	9.5747	4.1238	7.2806
加权净资产收益率(%)	8.1200	10.2400	4.0100	32.1300
净资产收益率(扣除)(%)	5.7700	8.6897	4.1580	7.3278
总资产(万元)	1319114.09	739026.02	582508.33	730584.49
归属母公司股东权益(万元)	805661.90	571018.88	489769.63	497354.57
营业收入(万元)	158916.54	167486.06	85882.61	94084.76
营业支出(万元)	62487.08	68195.39	39966.93	29453.46
投资收益(万元)	4557.89	3837.90	–219.73	4228.39
净利润(万元)	61242.08	54557.81	20066.79	35642.30
营业利润(万元)	61155.66	56186.99	21242.65	36692.87
利润总额(万元)	61060.08	56884.08	21443.92	36093.56

兴民智通(集团)股份有限公司

公司概况						
公司名称	兴民智通(集团)股份有限公司			证券简称	兴民智通
法人代表	高赫男	董秘	宋晓刚	证券代码	002355
公司网址	www.xingmin.com		电子信箱	cjh@xingmin.com	
电话	0535-8882355 8881578		传真	0535-8886708	
办公地址	山东省龙口市龙口经济开发区				
经营范围	加工制造车轮、钢管、橡塑制品、钢化玻璃、五金配件等				

主要财务指标				
指标\报告期	2017.06.30	2016.12.31	2016.06.30	2015.12.31
基本每股收益(元)	0.0800	0.1000	0.0500	0.0500
基本每股收益(扣除后)(元)	0.0700	0.0700	0.0500	0.0400
稀释每股收益(元)	0.0800	0.1000	0.0500	0.0500
每股净资产(元)	4.0083	3.9405	3.9028	3.8482
每股经营现金净流量(元)	–0.0029	0.3356	0.0938	0.2174
每股现金流量(元)	–0.4301	0.4222	–0.1740	–0.1633
每股资本公积金(元)	1.9150	1.9150	1.9150	1.9150
每股盈余公积金(元)	0.1135	0.1135	0.1112	0.1112
每股未分配利润(元)	0.9750	0.9071	0.8751	0.8205
净资产收益率(%)	1.9428	2.5104	1.3980	1.3814
加权净资产收益率(%)	1.8800	2.5400	1.4100	1.3900
净资产收益率(扣除)(%)	1.7241	1.8875	1.1921	0.9242
总资产(万元)	406353.07	397165.42	330395.18	324228.51
归属母公司股东权益(万元)	205907.83	202421.12	200487.11	197683.37
营业收入(万元)	84982.99	129515.17	60150.22	110605.58
营业支出(万元)	66756.90	102414.55	46920.21	92795.29
投资收益(万元)	70.90	283.82	186.25	315.73
净利润(万元)	6060.38	8265.52	4277.57	3266.23
营业利润(万元)	7168.87	7889.60	4547.36	3527.04
利润总额(万元)	7217.88	9835.79	5148.40	4198.59

深圳赫美集团股份有限公司

公司概况						
公司名称	深圳赫美集团股份有限公司			证券简称	赫美集团
法人代表	王磊	董秘	李丽	证券代码	002356
公司网址	www.hemei.cn		电子信箱	li_li@hemei.cn	
电话	0755-26755598		传真	0755-26755598	
办公地址	广东省深圳市福田区深南大道6011号NEO大厦A栋34楼				
经营范围	研发生产经营电工仪器仪表、微电子及元器件、水电气热计量自动化管理终端及系统等				

主要财务指标				
指标\报告期	2017.06.30	2016.12.31	2016.06.30	2015.12.31
基本每股收益(元)	0.2743	0.4485	0.3000	0.3400
基本每股收益(扣除后)(元)	0.1780	0.4484	0.3000	0.2000
稀释每股收益(元)	0.2743	0.4485	0.3000	0.3400
每股净资产(元)	5.5721	5.3783	5.2312	4.9998
每股经营现金净流量(元)	–0.7877	0.1683	–1.2348	–0.6360
每股现金流量(元)	–0.5755	0.3446	–0.3425	–0.1306
每股资本公积金(元)	3.1935	3.1739	3.1739	3.1739
每股盈余公积金(元)	0.0745	0.0745	0.0739	0.0739
每股未分配利润(元)	1.3042	1.1299	0.9834	0.7520
净资产收益率(%)	4.9229	8.3388	5.7621	6.8022
加权净资产收益率(%)	5.3400	8.6600	5.8800	7.0200
净资产收益率(扣除)(%)	3.1945	8.1769	5.7128	4.0214
总资产(万元)	556273.84	474571.68	422725.76	260822.41
归属母公司股东权益(万元)	173000.80	166981.83	162416.24	155230.91
营业收入(万元)	135775.49	212670.86	99602.53	126202.05
营业支出(万元)	84484.85	125436.55	56496.44	82186.88
投资收益(万元)	4760.91	1352.94	195.38	2865.57
净利润(万元)	11281.88	16752.02	11681.47	10429.02
营业利润(万元)	14801.68	21404.67	14904.88	13118.57
利润总额(万元)	14486.89	22020.99	15203.12	14404.20

四川富临运业集团股份有限公司

公司概况						
公司名称	四川富临运业集团股份有限公司			证券简称	富临运业
法人代表	李亿中	董秘	曹洪	证券代码	002357
公司网址	www.scflyy.cn		电子信箱	zhengquan@scflyy.cn	
电话	028-83262759 83290679		传真	028-83251560	
办公地址	四川省成都市青羊区广富路239号N区29栋				
经营范围	汽车客、货运输、客运站经营、石油制品销售、汽车租赁服务等				

主要财务指标				
指标\报告期	2017.06.30	2016.12.31	2016.06.30	2015.12.31
基本每股收益(元)	0.2032	0.3026	0.1988	0.5732
基本每股收益(扣除后)(元)	0.2022	0.2981	0.1651	0.3141
稀释每股收益(元)	0.2032	0.3026	0.1988	0.5732
每股净资产(元)	3.3117	3.2487	3.1271	3.0985
每股经营现金净流量(元)	0.3128	0.7578	0.3549	0.9466
每股现金流量(元)	0.0861	–0.1947	–0.2645	–0.5034
每股资本公积金(元)	0.5750	0.5750	0.5750	0.5504
每股盈余公积金(元)	0.2292	0.2292	0.1864	0.1864
每股未分配利润(元)	1.4182	1.3650	1.3041	1.2953
净资产收益率(%)	6.1351	9.3138	6.3579	18.4989
加权净资产收益率(%)	6.1000	9.5600	6.2600	9.7700
净资产收益率(扣除)(%)	6.1058	9.1770	5.2817	10.1366
总资产(万元)	283994.62	291629.65	299773.63	285361.30
归属母公司股东权益(万元)	103819.27	101844.56	98029.83	97136.01
营业收入(万元)	56356.91	119037.25	60258.34	129142.68
营业支出(万元)	39839.53	84618.78	41636.87	86690.24
投资收益(万元)	4340.25	6606.20	2304.38	2992.11
净利润(万元)	6031.23	9826.47	6651.67	19073.98
营业利润(万元)	7807.85	12176.82	7106.83	21571.12
利润总额(万元)	7816.60	13976.96	8494.23	23427.93

河南森源电气股份有限公司

公司概况	公司名称	河南森源电气股份有限公司			证券简称	森源电气
	法人代表	杨合岭	董秘	崔付军	证券代码	002358
	公司网址	www.hnsyec.com		电子信箱	hnsyzqb@163.com	
	电　话	0374-6108288		传　真	0374-6108288	
	办公地址	河南省长葛市魏武大道南段西侧				
	经营范围	高低压配电成套装置、高压电器元器件系列产品开发、生产和销售等				

	指标\报告期	2017.06.30	2016.12.31	2016.06.30	2015.12.31
主要财务指标	基本每股收益(元)	0.2100	0.3900	0.1700	0.2300
	基本每股收益(扣除后)(元)	0.2100	0.3200	0.1400	0.2200
	稀释每股收益(元)	0.2100	0.3900	0.1700	0.2300
	每股净资产(元)	4.9928	4.8691	2.8936	2.7281
	每股经营现金净流量(元)	–0.0846	0.3672	0.5556	0.0213
	每股现金流量(元)	–0.0030	1.4612	0.7119	–0.0304
	每股资本公积金(元)	2.5711	2.5711	0.5332	0.5332
	每股盈余公积金(元)	0.1628	0.1628	0.1530	0.1530
	每股未分配利润(元)	1.2589	1.1352	1.2074	1.0419
	净资产收益率(%)	4.2800	7.3018	5.7180	8.4133
	加权净资产收益率(%)	4.3100	10.8800	5.8900	8.5900
	净资产收益率(扣除)(%)	4.2402	5.9920	4.9565	8.1507
	总资产(万元)	772022.18	747785.35	560886.85	462516.58
	归属母公司股东权益(万元)	464204.72	452704.41	230212.60	217049.09
	营业收入(万元)	154524.02	295270.04	147350.38	168992.21
	营业支出(万元)	112639.59	223454.10	113472.45	111987.68
	投资收益(万元)	723.05	4387.90	–	199.45
	净利润(万元)	19760.74	31694.53	12355.61	17206.69
	营业利润(万元)	23253.40	34121.96	12839.36	20638.92
	利润总额(万元)	23476.11	36371.59	14914.73	21353.68

北讯集团股份有限公司

公司概况	公司名称	北讯集团股份有限公司			证券简称	北讯集团
	法人代表	陈岩	董秘	周倩	证券代码	002359
	公司网址	www.qxtt.cn		电子信箱	qx002359@sina.com	
	电　话	0543-4305986		传　真	0543-4305298	
	办公地址	山东省滨州市邹平县开发区会仙二路				
	经营范围	输电塔、通讯塔和立体停车设备等相关产品的研发、生产和销售				

	指标\报告期	2017.06.30	2016.12.31	2016.06.30	2015.12.31
主要财务指标	基本每股收益(元)	0.0520	–0.1162	0.0547	0.0273
	基本每股收益(扣除后)(元)	0.0542	0.1008	0.0531	0.0252
	稀释每股收益(元)	0.0520	–0.1162	0.0547	0.0273
	每股净资产(元)	9.2177	2.1431	2.3129	2.2581
	每股经营现金净流量(元)	0.6788	0.0138	0.0187	–0.0361
	每股现金流量(元)	3.0785	0.0847	–0.0175	–0.0341
	每股资本公积金(元)	8.1415	1.0935	1.0935	1.0935
	每股盈余公积金(元)	0.0353	0.0542	0.0542	0.0542
	每股未分配利润(元)	0.0351	–0.0074	0.1635	0.1088
	净资产收益率(%)	0.4329	–5.4201	2.3650	1.2111
	加权净资产收益率(%)	1.0000	–5.2800	2.3900	1.2200
	净资产收益率(扣除)(%)	0.4513	4.7031	2.2942	1.1139
	总资产(万元)	984686.56	180833.09	145709.45	139860.18
	归属母公司股东权益(万元)	589494.09	89324.95	96402.49	94117.70
	营业收入(万元)	68881.25	94012.78	38254.81	66156.43
	营业支出(万元)	51021.90	68877.84	28234.61	50538.86
	投资收益(万元)	--	--	–	5.61
	净利润(万元)	2551.67	–4844.15	2276.66	1128.99
	营业利润(万元)	7310.43	4313.35	2260.24	1012.92
	利润总额(万元)	7149.82	–6540.45	2329.94	1116.46

山西同德化工股份有限公司

公司概况	公司名称	山西同德化工股份有限公司			证券简称	同德化工
	法人代表	张云升	董秘	邬庆文	证券代码	002360
	公司网址	www.tondchem.com		电子信箱	td2@tondchem.com	
	电　话	0350-7264191		传　真	0350-7264191	
	办公地址	山西省忻州市河曲县文笔镇焦尾城大茂口				
	经营范围	工业炸药、白炭黑产品的生产与销售				

	指标\报告期	2017.06.30	2016.12.31	2016.06.30	2015.12.31
主要财务指标	基本每股收益(元)	0.0900	0.2113	0.0800	0.2100
	基本每股收益(扣除后)(元)	0.0900	0.1894	0.0735	0.1933
	稀释每股收益(元)	0.0900	0.2113	0.0800	0.2100
	每股净资产(元)	2.4797	2.5942	2.4617	2.4878
	每股经营现金净流量(元)	0.0328	0.3827	0.0032	0.2751
	每股现金流量(元)	–0.5148	0.4769	0.1340	–0.4267
	每股资本公积金(元)	0.0564	0.1614	0.1614	0.1614
	每股盈余公积金(元)	0.1620	0.1620	0.1515	0.1515
	每股未分配利润(元)	1.1991	1.2126	1.0902	1.1117
	净资产收益率(%)	3.4882	8.1463	3.1886	8.3203
	加权净资产收益率(%)	3.4400	8.3700	3.3500	8.5800
	净资产收益率(扣除)(%)	3.2303	7.3002	2.9876	7.7678
	总资产(万元)	126784.50	143088.24	135729.68	130231.55
	归属母公司股东权益(万元)	97083.83	101566.95	96377.44	97402.32
	营业收入(万元)	26844.72	64649.34	22702.54	67455.23
	营业支出(万元)	15621.93	34111.43	12597.97	35758.74
	投资收益(万元)	–7.72	523.60	413.50	24.69
	净利润(万元)	3549.91	9273.78	3467.65	8621.75
	营业利润(万元)	4559.82	12848.69	4556.51	12126.04
	利润总额(万元)	4819.19	13376.11	4784.07	12717.15

安徽神剑新材料股份有限公司

公司概况	公司名称	安徽神剑新材料股份有限公司			证券简称	神剑股份
	法人代表	刘志坚	董秘	吴昌国	证券代码	002361
	公司网址	www.shen-jian.com		电子信箱	wang@shen-jian.com	
	电　话	0553-5316355 5316333		传　真	0553-5316577	
	办公地址	安徽省芜湖市芜湖经济技术开发区保顺路 8 号				
	经营范围	聚酯树脂系列产品的生产销售				

	指标\报告期	2017.06.30	2016.12.31	0.0900	0.3000
主要财务指标	基本每股收益(元)	0.0600	0.2000	0.0800	0.2800
	基本每股收益(扣除后)(元)	0.0700	0.1900	0.0900	0.3000
	稀释每股收益(元)	0.0600	0.2000	2.0367	3.9956
	每股净资产(元)	2.1578	2.1436	0.1606	0.4920
	每股经营现金净流量(元)	–0.1450	0.2511	0.0914	–0.1261
	每股现金流量(元)	–0.0791	0.1067	0.5619	2.1238
	每股资本公积金(元)	0.5619	0.5619	0.0579	0.1157
	每股盈余公积金(元)	0.0729	0.0729	0.4169	0.7561
	每股未分配利润(元)	0.5229	0.5088	4.3645	6.7796
	净资产收益率(%)	2.9719	9.1350	4.3700	9.1600
	加权净资产收益率(%)	2.9600	9.4900	4.1504	6.2520
	净资产收益率(扣除)(%)	3.0266	8.6771	242615.73	234793.49
	总资产(万元)	290557.85	260043.02	175684.75	172330.00
	归属母公司股东权益(万元)	186126.89	184908.45	61703.13	117868.84
	营业收入(万元)	80983.57	141315.61	45111.63	90648.62
	营业支出(万元)	65041.84	105913.16	–69.68	–343.28
	投资收益(万元)	213.46	–114.64	7669.23	11689.17
	净利润(万元)	5725.19	16892.12	8581.51	13149.06
	营业利润(万元)	6892.74	18628.69	9024.13	14193.95
	利润总额(万元)	6772.84	19637.23	0.0900	0.3000

汉王科技股份有限公司

公司概况	公司名称	汉王科技股份有限公司			证券简称	汉王科技
	法人代表	刘迎建	董秘	朱德永	证券代码	002362
	公司网址	www.hanwang.com.cn		电子信箱	zhudy@hanwang.com.cn	
	电　话	010-82786816		传　真	010-82786786	
	办公地址	北京市海淀区东北旺西路8号5号楼三层				
	经营范围	技术开发、技术转让、技术咨询、技术服务、技术培训等				

	指标\报告期	2017.06.30	2016.12.31	2016.06.30	2015.12.31
主要财务指标	基本每股收益(元)	0.0900	0.0996	0.0400	0.0200
	基本每股收益(扣除后)(元)	0.0900	0.0952	0.0300	-0.0032
	稀释每股收益(元)	0.0900	0.0996	0.0400	0.0200
	每股净资产(元)	3.8234	3.5843	3.5025	3.4647
	每股经营现金净流量(元)	0.0122	0.2426	0.0212	0.1686
	每股现金流量(元)	-0.1441	0.2288	-0.2251	-0.4328
	每股资本公积金(元)	4.7116	4.5931	4.5730	4.5730
	每股盈余公积金(元)	0.1094	0.1109	0.1109	0.1109
	每股未分配利润(元)	-1.9976	-2.1197	-2.1814	-2.2193
	净资产收益率(%)	2.4277	2.7780	1.0805	0.6501
	加权净资产收益率(%)	2.5300	2.8300	1.0900	0.6600
	净资产收益率(扣除)(%)	2.3865	2.6552	0.9765	-0.0931
	总资产(万元)	98429.98	93873.18	86661.06	85067.75
	归属母公司股东权益(万元)	83006.03	76741.73	74989.82	74179.59
	营业收入(万元)	26215.07	41562.65	18418.42	36415.89
	营业支出(万元)	13767.21	21584.46	9390.93	18709.45
	投资收益(万元)	643.77	1027.32	248.89	1263.92
	净利润(万元)	2214.93	2448.49	871.36	499.08
	营业利润(万元)	1801.06	1254.63	322.14	-701.52
	利润总额(万元)	2304.73	2772.60	960.38	1187.08

山东隆基机械股份有限公司

公司概况	公司名称	山东隆基机械股份有限公司			证券简称	隆基机械
	法人代表	张海燕	董秘	刘建	证券代码	002363
	公司网址	www.sdljjx.com.cn		电子信箱	liujian@longjigroup.cn	
	电　话	0535-8881898 8842175		传　真	0535-8881899	
	办公地址	山东省龙口市外向型经济开发区				
	经营范围	生产、销售盘式制动器总成、制动毂、制动盘、轮毂、刹车片、刹车等				

	指标\报告期	2017.06.30	2016.12.31	2016.06.30	2015.12.31
主要财务指标	基本每股收益(元)	0.1100	0.1600	0.1100	0.1900
	基本每股收益(扣除后)(元)	0.1100	0.1600	0.1100	0.1500
	稀释每股收益(元)	0.1100	0.1600	0.1100	0.1900
	每股净资产(元)	4.9013	4.8101	4.7544	4.5124
	每股经营现金净流量(元)	0.3803	0.4703	0.4208	0.9837
	每股现金流量(元)	-0.1604	0.2837	0.2056	0.0497
	每股资本公积金(元)	2.7989	2.7989	2.7989	2.3821
	每股盈余公积金(元)	0.1109	0.1109	0.0946	0.1222
	每股未分配利润(元)	0.9914	0.9002	0.8609	1.0082
	净资产收益率(%)	2.2693	3.2410	2.1079	4.1184
	加权净资产收益率(%)	2.2900	3.4200	2.3200	4.1800
	净资产收益率(扣除)(%)	2.2878	3.2273	2.1449	3.3855
	总资产(万元)	267063.70	270201.57	253460.48	218673.89
	归属母公司股东权益(万元)	189127.57	185607.46	183460.22	134831.83
	营业收入(万元)	92046.90	147176.28	76374.20	138649.91
	营业支出(万元)	76605.57	121360.46	62591.58	115702.00
	投资收益(万元)	363.32	195.64	-75.45	-12.85
	净利润(万元)	4197.70	5885.26	3825.07	5302.26
	营业利润(万元)	4865.91	7056.01	4615.60	4972.87
	利润总额(万元)	4825.71	7074.06	4537.03	6304.03

杭州中恒电气股份有限公司

公司概况	公司名称	杭州中恒电气股份有限公司			证券简称	中恒电气
	法人代表	朱国锭	董秘	陈志云	证券代码	002364
	公司网址	www.hzzh.com		电子信箱	zhengquan@hzzh.com	
	电　话	0571-86699838		传　真	0571-86699755	
	办公地址	浙江省杭州市高新区之江科技工业园东信大道69号				
	经营范围	高频开关电源设备、不间断电源设备、逆变器、光纤通信设备、电力自动化设备等				

	指标\报告期	2017.06.30	2016.12.31	2016.06.30	2015.12.31
主要财务指标	基本每股收益(元)	0.1100	0.2900	0.1900	0.2700
	基本每股收益(扣除后)(元)	0.1000	0.2700	0.1900	0.2700
	稀释每股收益(元)	0.1100	0.2900	0.1900	0.2700
	每股净资产(元)	4.1451	4.1400	2.4223	2.2615
	每股经营现金净流量(元)	-0.0846	0.2208	-0.0952	0.0338
	每股现金流量(元)	-0.1576	0.4163	-0.0386	-0.0676
	每股资本公积金(元)	1.8906	1.8906	0.2244	0.2244
	每股盈余公积金(元)	0.1110	0.1110	0.0981	0.0981
	每股未分配利润(元)	1.1762	1.1695	1.1700	1.0124
	净资产收益率(%)	2.5742	6.7901	7.7476	12.1251
	加权净资产收益率(%)	2.5500	9.9600	8.0000	13.5400
	净资产收益率(扣除)(%)	2.3372	6.2588	7.6411	11.7309
	总资产(万元)	261292.68	265384.66	173689.71	163643.54
	归属母公司股东权益(万元)	233605.65	233105.52	126745.23	118332.04
	营业收入(万元)	35657.63	89115.01	38641.90	84182.97
	营业支出(万元)	21033.75	49500.33	18259.31	48964.18
	投资收益(万元)	-147.37	-499.73	-215.06	-611.47
	净利润(万元)	5495.96	16222.49	9565.06	14677.57
	营业利润(万元)	5409.63	14329.52	10913.34	11601.99
	利润总额(万元)	5991.29	16430.30	11288.82	13193.46

潜江永安药业股份有限公司

公司概况	公司名称	潜江永安药业股份有限公司			证券简称	永安药业
	法人代表	陈勇	董秘	吴晓波	证券代码	002365
	公司网址	www.chinataurine.com		电子信箱	tzz@chinataurine.com	
	电　话	0728-6204039		传　真	0728-6202797	
	办公地址	湖北省潜江市泽口经济开发区广泽大道2号				
	经营范围	主要从事牛磺酸产品的研发、生产和销售				

	指标\报告期	2017.06.30	2016.12.31	2016.06.30	2015.12.31
主要财务指标	基本每股收益(元)	0.3500	0.3300	0.1800	0.0942
	基本每股收益(扣除后)(元)	0.2900	0.2200	0.1200	-0.0016
	稀释每股收益(元)	0.3500	0.3300	0.1800	-
	每股净资产(元)	6.2843	6.2700	6.1520	5.9648
	每股经营现金净流量(元)	0.3950	0.4521	0.3215	0.3776
	每股现金流量(元)	0.3058	0.0942	0.1236	0.1539
	每股资本公积金(元)	3.7301	3.2330	3.2330	3.2330
	每股盈余公积金(元)	0.3331	0.3499	0.3106	0.3106
	每股未分配利润(元)	1.8517	1.6687	1.5895	1.4049
	净资产收益率(%)	5.7819	5.3094	3.0007	1.5790
	加权净资产收益率(%)	5.8700	5.4300	3.0500	1.5800
	净资产收益率(扣除)(%)	4.6912	3.4685	1.9862	-0.0260
	总资产(万元)	144577.07	127331.84	122385.09	120298.85
	归属母公司股东权益(万元)	123457.98	117333.93	115042.68	111542.24
	营业收入(万元)	42844.03	54939.97	29190.81	55589.37
	营业支出(万元)	29288.77	40844.54	21780.70	45731.46
	投资收益(万元)	847.37	1464.93	691.41	1338.98
	净利润(万元)	7156.26	6198.87	3433.99	1718.26
	营业利润(万元)	7792.67	6294.51	3501.29	1339.62
	利润总额(万元)	8541.25	7332.81	4112.04	2086.18

台海玛努尔核电设备股份有限公司

公司概况	公司名称	台海玛努尔核电设备股份有限公司			证券简称	台海核电
	法人代表	王雪欣	董秘	马明	证券代码	002366
	公司网址	www.scdanfu.cn		电子信箱	zq@ytthm.com	
	电 话	0535-3725967 3725997		传 真	86-535-3725577	
	办公地址	山东省烟台市莱山经济开发区恒源路6号				
	经营范围	制冷压缩机、冷冻冷藏设备、冷气工程、环试设备的生产、销售				

主要财务指标 指标\报告期	2017.06.30	2016.12.31	2016.06.30	2015.12.31
基本每股收益(元)	0.9800	0.9000	0.6500	0.0500
基本每股收益(扣除后)(元)	0.9800	0.7900	0.6500	0.0300
稀释每股收益(元)	0.9800	0.9000	0.6500	0.0500
每股净资产(元)	5.0024	4.1083	3.8529	3.2498
每股经营现金净流量(元)	0.1119	0.2394	0.2147	0.5583
每股现金流量(元)	-0.7584	-0.3112	-0.5512	1.1758
每股资本公积金(元)	1.7080	1.7080	1.7080	1.7080
每股盈余公积金(元)	0.1677	0.1677	0.0875	0.0875
每股未分配利润(元)	2.5354	1.6442	1.4725	0.8694
净资产收益率(%)	19.6350	22.0280	16.9505	1.2481
加权净资产收益率(%)	21.3600	24.6100	18.2600	1.7000
净资产收益率(扣除)(%)	19.5339	19.2675	16.8792	0.7805
总资产(万元)	566512.83	514794.86	422889.99	430492.56
归属母公司股东权益(万元)	216867.36	178107.29	167032.27	140887.13
营业收入(万元)	105203.14	121007.14	56524.62	39355.52
营业支出(万元)	40918.85	51801.15	14930.00	19902.54
投资收益(万元)	—	—	-	-
净利润(万元)	44095.02	41664.58	28555.55	2710.50
营业利润(万元)	52040.47	42945.52	33173.63	1982.13
利润总额(万元)	52308.78	48912.36	33313.64	2641.77

康力电梯股份有限公司

公司概况	公司名称	康力电梯股份有限公司			证券简称	康力电梯
	法人代表	王友林	董秘	吴贤	证券代码	002367
	公司网址	www.canny-elevator.com		电子信箱	dongmiban@canny-elevator.com	
	电 话	0512-63293967		传 真	0512-63299905	
	办公地址	江苏省苏州市汾湖高新技术产业开发区康力大道888号				
	经营范围	制造加工销售电梯、自动扶梯、自动人行道、停车设备、电控设备等				

主要财务指标 指标\报告期	2017.06.30	2016.12.31	2016.06.30	2015.12.31
基本每股收益(元)	0.2559	0.5592	0.3302	0.6617
基本每股收益(扣除后)(元)	0.1748	0.4905	0.3045	0.5994
稀释每股收益(元)	0.2559	0.5592	0.3302	0.6617
每股净资产(元)	4.6335	4.3743	3.5019	3.1682
每股经营现金净流量(元)	0.1493	0.4513	0.2554	0.2537
每股现金流量(元)	0.0518	0.0801	0.1471	-0.3100
每股资本公积金(元)	1.4664	1.4664	0.4736	0.4736
每股盈余公积金(元)	0.2267	0.2267	0.1809	0.1809
每股未分配利润(元)	1.9176	1.6617	1.8305	1.5002
净资产收益率(%)	5.5237	12.1539	9.4295	20.8864
加权净资产收益率(%)	5.6800	15.1000	9.9000	22.7000
净资产收益率(扣除)(%)	3.7730	10.6595	8.6968	18.9189
总资产(万元)	557000.53	520883.18	431111.39	404897.43
归属母公司股东权益(万元)	369594.45	348914.75	258647.44	234006.40
营业收入(万元)	156643.28	331405.81	163289.34	327031.25
营业支出(万元)	104331.99	209610.06	100962.85	208176.52
投资收益(万元)	7546.73	4847.74	1999.84	4624.67
净利润(万元)	20523.29	42911.37	24569.77	49028.23
营业利润(万元)	25119.39	50703.94	29974.35	58405.94
利润总额(万元)	24452.42	51590.85	29963.45	58754.33

太极计算机股份有限公司

公司概况	公司名称	太极计算机股份有限公司			证券简称	太极股份
	法人代表	刘学林	董秘	柴永茂	证券代码	002368
	公司网址	www.taiji.com.cn		电子信箱	dongsh@mail.taiji.com.cn	
	电 话	010-57702596		传 真	010-57702596	
	办公地址	北京市朝阳区容达路7号				
	经营范围	行业解决方案与服务、IT咨询及IT产品增值服务				

主要财务指标 指标\报告期	2017.06.30	2016.12.31	2016.06.30	2015.12.31
基本每股收益(元)	0.0500	0.7327	0.0400	0.4895
基本每股收益(扣除后)(元)	0.0471	0.6614	0.0200	0.3971
稀释每股收益(元)	0.0500	0.7257	0.0400	0.4856
每股净资产(元)	5.6318	5.8026	5.0669	5.1736
每股经营现金净流量(元)	-1.8087	0.2659	-1.9528	0.5963
每股现金流量(元)	-1.5854	0.2876	-1.6384	0.3827
每股资本公积金(元)	2.3680	2.3680	2.3147	2.3147
每股盈余公积金(元)	0.2588	0.2588	0.2034	0.2034
每股未分配利润(元)	2.1109	2.2818	1.6548	1.7615
净资产收益率(%)	0.8369	12.5062	0.8539	9.3715
加权净资产收益率(%)	0.8100	13.1100	0.8300	9.5700
净资产收益率(扣除)(%)	0.2888	11.2888	0.4475	7.6024
总资产(万元)	612827.65	760140.42	482323.80	580650.52
归属母公司股东权益(万元)	234054.95	241156.11	210578.24	215014.02
营业收入(万元)	237261.01	516407.56	220199.33	482948.72
营业支出(万元)	195531.29	415192.76	184859.20	401468.97
投资收益(万元)	-343.07	-4.63	-665.26	147.87
净利润(万元)	1456.09	29463.78	1198.17	20117.75
营业利润(万元)	-1063.88	27375.27	-1797.88	18219.67
利润总额(万元)	530.64	32885.10	119.62	23876.78

深圳市卓翼科技股份有限公司

公司概况	公司名称	深圳市卓翼科技股份有限公司			证券简称	卓翼科技
	法人代表	夏传武	董秘	魏代英	证券代码	002369
	公司网址	www.zowee.com.cn		电子信箱	message@zowee.com.cn	
	电 话	0755-26997888		传 真	0755-26986712	
	办公地址	广东省深圳市南山区西丽平山民企科技工业园5栋				
	经营范围	计算机周边板卡、消费数码产品、通讯网络产品、音响产品、广播电影电视器材等				

主要财务指标 指标\报告期	2017.06.30	2016.12.31	2016.06.30	2015.12.31
基本每股收益(元)	—	0.0400	0.0200	-0.1100
基本每股收益(扣除后)(元)	-0.0100	—	0.0030	-0.1500
稀释每股收益(元)	—	0.0400	0.0200	-0.1100
每股净资产(元)	3.6362	2.7865	2.7944	2.7431
每股经营现金净流量(元)	0.1417	0.5447	0.8938	0.6824
每股现金流量(元)	0.9572	0.2623	0.2501	-0.0883
每股资本公积金(元)	2.2307	1.3408	1.3606	1.3672
每股盈余公积金(元)	0.1206	0.1437	0.1311	0.1298
每股未分配利润(元)	0.2887	0.3404	0.3378	0.3152
净资产收益率(%)	0.0864	1.2474	0.7002	-4.0458
加权净资产收益率(%)	0.1000	1.2500	0.7000	-3.9600
净资产收益率(扣除)(%)	-0.3299	-0.0177	0.1245	-5.2369
总资产(万元)	322254.55	263167.52	275845.10	320856.69
归属母公司股东权益(万元)	209722.98	134844.22	135250.15	134040.09
营业收入(万元)	136340.22	269798.20	137669.54	377946.51
营业支出(万元)	124677.76	243279.88	124373.38	357037.22
投资收益(万元)	648.11	929.16	233.48	919.28
净利润(万元)	-199.21	1203.16	829.22	-5496.52
营业利润(万元)	-1350.54	-296.99	867.47	-7031.18
利润总额(万元)	-477.59	1549.18	1783.49	-6083.93

浙江亚太药业股份有限公司

公司概况					
公司名称	浙江亚太药业股份有限公司			证券简称	亚太药业
法人代表	陈尧根	董秘	沈依伊	证券代码	002370
公司网址	www.ytyaoye.com		电子信箱	ytdsh@ytyaoye.com	
电　　话	0575-84810101		传　　真	0575-84810101	
办公地址	浙江省绍兴市绍兴县云集路1152号				
经营范围	化学制剂药的开发、生产与销售				

指标＼报告期	2017.06.30	2016.12.31	2016.06.30	2015.12.31
基本每股收益(元)	0.3800	0.5700	0.3100	0.2700
基本每股收益(扣除后)(元)	0.3600	0.5300	0.3000	0.2600
稀释每股收益(元)	0.3800	0.5700	0.3100	0.2700
每股净资产(元)	8.4224	8.1476	4.0565	3.8518
每股经营现金净流量(元)	0.2966	-0.1418	-0.3155	0.4948
每股现金流量(元)	0.2287	1.3143	-0.7890	1.1581
每股资本公积金(元)	5.8722	5.8722	1.6780	1.6780
每股盈余公积金(元)	0.1603	0.1603	0.2035	0.2035
每股未分配利润(元)	1.3787	1.0999	1.1531	0.9395
净资产收益率(%)	4.4973	5.7326	7.7322	7.0631
加权净资产收益率(%)	4.5500	10.8200	7.9000	7.2700
净资产收益率(扣除)(%)	4.2766	5.3858	7.3817	6.6564
总资产(万元)	256436.48	247069.73	193380.11	206094.91
归属母公司股东权益(万元)	225928.09	218557.72	82753.50	78576.74
营业收入(万元)	49464.68	86287.45	42714.53	46314.55
营业支出(万元)	29166.23	52308.56	26222.51	27279.20
投资收益(万元)	33.96	33.49	32.34	35.94
净利润(万元)	10155.75	12727.03	6493.66	5648.90
营业利润(万元)	11357.88	13524.21	7149.31	6296.92
利润总额(万元)	11935.39	14389.21	7439.63	6598.59

北方华创科技集团股份有限公司

公司概况					
公司名称	北方华创科技集团股份有限公司			证券简称	北方华创
法人代表	张劲松	董秘	徐加力	证券代码	002371
公司网址	www.naura.com		电子信箱	002371@naura.com	
电　　话	010-57840288		传　　真	010-57840288	
办公地址	北京市经济技术开发区文昌大道8号				
经营范围	从事基础电子产品的研发、生产、销售和技术服务业务				

指标＼报告期	2017.06.30	2016.12.31	2016.06.30	2015.12.31
基本每股收益(元)	0.1153	0.2202	0.0600	0.1100
基本每股收益(扣除后)(元)	-0.3944	-0.6599	-0.0900	-0.0100
稀释每股收益(元)	0.1153	0.2202	0.0600	0.1100
每股净资产(元)	7.0624	6.9692	5.3366	5.3079
每股经营现金净流量(元)	-0.0018	-0.4398	-0.1967	-0.1237
每股现金流量(元)	-0.1839	1.2832	-0.0508	0.0415
每股资本公积金(元)	4.1220	4.1220	2.3759	2.3759
每股盈余公积金(元)	0.1498	0.1498	0.1679	0.1679
每股未分配利润(元)	1.7923	1.6990	1.7945	1.7656
净资产收益率(%)	1.6320	2.9105	1.1025	2.0673
加权净资产收益率(%)	1.6400	3.6000	1.1100	2.0900
净资产收益率(扣除)(%)	-5.5838	-8.1922	-1.6389	-0.2651
总资产(万元)	712316.17	654087.53	435223.87	417983.92
归属母公司股东权益(万元)	323461.14	319193.73	187954.19	186945.04
营业收入(万元)	104524.22	162238.74	49713.21	85445.87
营业支出(万元)	66997.29	97778.53	29977.68	50740.90
投资收益(万元)	--	--	-	-
净利润(万元)	7111.44	13794.78	3393.93	7510.40
营业利润(万元)	9054.01	-44090.99	-707.59	4516.31
利润总额(万元)	9088.18	17419.59	4892.17	9588.72

浙江伟星新型建材股份有限公司

公司概况					
公司名称	浙江伟星新型建材股份有限公司			证券简称	伟星新材
法人代表	金红阳	董秘	谭梅	证券代码	002372
公司网址	www.china-pipes.com		电子信箱	wxxc@china-pipes.com	
电　　话	0576-85225086		传　　真	0576-85305080	
办公地址	浙江省临海市经济开发区				
经营范围	塑料管道、新型建筑材料及原辅辅料、卫生洁具等的制造加工				

指标＼报告期	2017.06.30	2016.12.31	2016.06.30	2015.12.31
基本每股收益(元)	0.3100	0.8800	0.3100	0.8400
基本每股收益(扣除后)(元)	0.2900	0.8500	0.3000	0.8100
稀释每股收益(元)	0.3000	0.8800	0.3100	0.8400
每股净资产(元)	2.6553	3.5400	2.9600	4.1400
每股经营现金净流量(元)	0.1693	1.2495	0.4316	0.8597
每股现金流量(元)	-0.3771	0.3909	0.0695	0.2808
每股资本公积金(元)	0.6772	1.1313	1.1016	1.5797
每股盈余公积金(元)	0.2314	0.3009	0.2251	0.3017
每股未分配利润(元)	0.8197	1.2630	0.7920	1.2543
净资产收益率(%)	11.6619	24.4154	10.7192	20.2402
加权净资产收益率(%)	11.2800	26.1500	9.7800	21.4600
净资产收益率(扣除)(%)	10.8448	23.6454	10.4114	19.5497
总资产(万元)	353252.28	367116.59	301073.26	290094.88
归属母公司股东权益(万元)	267760.21	274705.47	229980.92	239330.87
营业收入(万元)	159372.15	332149.34	132294.12	274650.15
营业支出(万元)	87703.44	177541.36	71862.73	154291.79
投资收益(万元)	560.96	550.28	307.82	1202.61
净利润(万元)	31207.27	67070.35	24652.07	48441.00
营业利润(万元)	37492.68	77368.80	28813.84	56881.16
利润总额(万元)	37362.91	79549.87	29412.38	57815.13

北京千方科技股份有限公司

公司概况					
公司名称	北京千方科技股份有限公司			证券简称	千方科技
法人代表	夏曙东	董秘	张兴明	证券代码	002373
公司网址	www.ctfo.com		电子信箱	securities@ctfo.com	
电　　话	010-61959518		传　　真	010-50822000	
办公地址	北京市海淀区东北旺西路8号中关村软件园27号院				
经营范围	行业应用软件开发、计算机信息系统集成和专业技术服务				

指标＼报告期	2017.06.30	2016.12.31	2016.06.30	2015.12.31
基本每股收益(元)	0.1400	0.3000	0.1200	0.5800
基本每股收益(扣除后)(元)	0.0900	0.2546	0.1100	0.4800
稀释每股收益(元)	0.1400	0.3000	0.1200	0.5800
每股净资产(元)	3.0188	2.9421	2.7577	5.3835
每股经营现金净流量(元)	-0.2442	0.2267	-0.2315	0.2893
每股现金流量(元)	-0.6617	1.0476	0.2586	1.1540
每股资本公积金(元)	0.9072	0.9142	0.9376	2.8794
每股盈余公积金(元)	0.0326	0.0326	0.0266	0.0531
每股未分配利润(元)	1.0651	0.9735	0.7936	1.4509
净资产收益率(%)	4.6908	10.3371	4.2831	9.8546
加权净资产收益率(%)	4.7200	10.8300	4.3100	23.9900
净资产收益率(扣除)(%)	3.1223	8.6538	4.0379	8.2886
总资产(万元)	614983.53	610368.31	545187.96	434204.08
归属母公司股东权益(万元)	333389.76	324922.12	304552.00	297268.57
营业收入(万元)	94470.43	234483.49	93802.34	154235.86
营业支出(万元)	67510.77	162692.55	65554.51	104338.94
投资收益(万元)	7420.74	3365.69	-217.09	2243.67
净利润(万元)	17586.31	41221.66	16442.08	31760.98
营业利润(万元)	19696.37	43407.29	16979.61	29188.83
利润总额(万元)	19714.08	46893.78	18282.91	34612.25

山东丽鹏股份有限公司

公司概况	公司名称	山东丽鹏股份有限公司		证券简称	丽鹏股份
	法人代表	孙鲲鹏	董秘 李海霞	证券代码	002374
	公司网址	www.lp.com.cn		电子信箱	haixia5229@sina.com
	电　话	0535-4660587		传　真	0535-4660587
	办公地址	山东省烟台市牟平区姜格庄街道办事处丽鹏路1号			
	经营范围	专业从事铝板复合型防伪印刷、防伪瓶盖的生产、销售及相关业务等			

指标\报告期	2017.06.30	2016.12.31	2016.06.30	2015.12.31
基本每股收益(元)	0.0700	0.2000	0.0700	0.3700
基本每股收益(扣除后)(元)	0.0600	0.1900	0.0700	0.3400
稀释每股收益(元)	0.0700	0.2000	0.0700	0.3700
每股净资产(元)	3.5973	3.5568	2.9158	6.0306
每股经营现金净流量(元)	-0.3792	-0.5969	-0.2897	-0.8641
每股现金流量(元)	-0.2859	0.7067	0.1986	-0.0230
每股资本公积金(元)	2.0587	2.0587	1.4790	4.1234
每股盈余公积金(元)	0.0173	0.0173	0.0197	0.0462
每股未分配利润(元)	0.5213	0.4808	0.4171	0.8610
净资产收益率(%)	1.9597	4.9856	2.5021	6.1019
加权净资产收益率(%)	1.9700	6.5100	2.5600	6.2900
净资产收益率(扣除)(%)	1.7617	4.8478	2.5203	5.6247
总资产(万元)	544310.50	528044.23	427667.62	379728.78
归属母公司股东权益(万元)	315635.76	312082.40	225556.46	198799.56
营业收入(万元)	79491.83	174892.69	75595.25	135749.07
营业支出(万元)	66435.27	141207.45	59160.48	106583.31
投资收益(万元)	-114.71	99.65	-	676.47
净利润(万元)	6229.67	15719.71	5700.08	12341.25
营业利润(万元)	6419.51	18178.86	6612.97	13676.20
利润总额(万元)	7250.63	18603.54	6586.59	14138.30

浙江亚厦装饰股份有限公司

公司概况	公司名称	浙江亚厦装饰股份有限公司		证券简称	亚厦股份
	法人代表	丁海富	董秘 戴轶钧	证券代码	002375
	公司网址	www.chinayasha.com		电子信箱	yasha_002375@163.com
	电　话	0571-28208786		传　真	0571-28208785
	办公地址	浙江省杭州市西湖区沙秀路99号亚厦中心A座			
	经营范围	建筑装饰工程、幕墙装饰工程			

指标\报告期	2017.06.30	2016.12.31	2016.06.30	2015.12.31
基本每股收益(元)	0.1300	0.2400	0.1200	0.4300
基本每股收益(扣除后)(元)	0.1300	0.2200	0.1100	0.4200
稀释每股收益(元)	0.1300	0.2400	0.1200	0.4300
每股净资产(元)	5.4494	5.3600	5.2400	5.1854
每股经营现金净流量(元)	-0.4372	0.1151	-0.5917	0.0246
每股现金流量(元)	-0.4194	-0.2793	-0.6494	-0.1841
每股资本公积金(元)	1.3711	1.3711	1.3711	1.3767
每股盈余公积金(元)	0.2248	0.2248	0.2098	0.2099
每股未分配利润(元)	2.8535	2.7609	2.6563	2.5988
净资产收益率(%)	2.4340	4.4482	2.2690	8.2395
加权净资产收益率(%)	2.4500	4.5200	2.2700	8.5500
净资产收益率(扣除)(%)	2.3726	4.0207	2.1236	8.0821
总资产(万元)	1891886.75	1872377.63	1715101.18	1841625.83
归属母公司股东权益(万元)	730222.95	717808.95	701791.32	694494.98
营业收入(万元)	405814.46	893685.35	403955.53	896852.37
营业支出(万元)	347166.46	778512.02	337692.39	747243.75
投资收益(万元)	367.53	1154.97	752.34	1149.27
净利润(万元)	18115.31	33786.88	16276.04	58969.76
营业利润(万元)	20553.93	36916.84	18007.49	68277.26
利润总额(万元)	20669.53	37787.35	18495.99	69028.20

山东新北洋信息技术股份有限公司

公司概况	公司名称	山东新北洋信息技术股份有限公司		证券简称	新北洋
	法人代表	丛强滋	董秘 荣波	证券代码	002376
	公司网址	www.newbeiyang.com.cn		电子信箱	snbc@newbeiyang.com
	电　话	0631-5675777		传　真	0631-5680499
	办公地址	山东省威海市环翠区昆仑路126号			
	经营范围	专业从事专用打印机及相关产品的研发、生产、销售和服务			

指标\报告期	2017.06.30	2016.12.31	2016.06.30	2015.12.31
基本每股收益(元)	0.2100	0.3700	0.1400	0.2500
基本每股收益(扣除后)(元)	0.2100	0.2900	0.1200	0.2300
稀释每股收益(元)	0.2100	0.3700	0.1400	0.2500
每股净资产(元)	3.8389	3.8064	3.5795	3.1831
每股经营现金净流量(元)	0.3464	0.2897	0.0975	0.4794
每股现金流量(元)	0.0053	-0.3524	0.0317	0.3631
每股资本公积金(元)	1.0358	1.0170	1.0170	0.5287
每股盈余公积金(元)	0.3358	0.3358	0.2873	0.3024
每股未分配利润(元)	1.4681	1.4555	1.2768	1.3544
净资产收益率(%)	5.5367	9.4489	3.7026	7.7114
加权净资产收益率(%)	5.4600	10.5500	4.2600	7.9100
净资产收益率(扣除)(%)	5.3624	7.5124	3.0872	7.1550
总资产(万元)	377476.44	390168.89	366832.16	308655.60
归属母公司股东权益(万元)	242423.06	240373.12	226038.73	190986.26
营业收入(万元)	79031.59	163502.13	67633.26	121087.65
营业支出(万元)	45598.47	85324.31	39770.22	63694.43
投资收益(万元)	4281.83	1239.78	282.89	1065.88
净利润(万元)	15904.60	29216.61	11105.15	20141.97
营业利润(万元)	17740.13	23897.75	9807.78	18571.66
利润总额(万元)	18165.50	33534.55	12958.00	22722.76

湖北国创高新材料股份有限公司

公司概况	公司名称	湖北国创高新材料股份有限公司		证券简称	国创高新
	法人代表	高庆寿	董秘 彭雅超	证券代码	002377
	公司网址	www.guochuang.com.cn		电子信箱	p20732@sina.com
	电　话	027-87617347		传　真	027-87617400
	办公地址	湖北省武汉东湖开发区武大科技园武大园三路八号国创高科实业集团办公大楼			
	经营范围	研制、生产、销售成品改性沥青、沥青改性设备等			

指标\报告期	2017.06.30	2016.12.31	2016.06.30	2015.12.31
基本每股收益(元)	-0.0113	0.0100	-0.0127	0.0700
基本每股收益(扣除后)(元)	-0.0123	0.0100	-0.0135	0.0700
稀释每股收益(元)	-0.0113	0.0100	-0.0126	0.0700
每股净资产(元)	1.7326	1.7897	1.7525	1.7501
每股经营现金净流量(元)	-0.2476	0.0623	-0.4921	0.4064
每股现金流量(元)	-0.2298	-0.0036	-0.1670	-0.1863
每股资本公积金(元)	0.3860	0.3860	0.4010	0.3986
每股盈余公积金(元)	0.0450	0.0450	0.0446	0.0446
每股未分配利润(元)	0.3125	0.3687	0.3415	0.3540
净资产收益率(%)	-0.6486	0.6705	-0.7125	4.0621
加权净资产收益率(%)	-0.6300	0.6800	-0.7200	4.1500
净资产收益率(扣除)(%)	-0.7064	0.3388	-0.7592	3.9806
总资产(万元)	179002.92	150527.83	173281.31	182431.55
归属母公司股东权益(万元)	75315.10	77799.41	76783.47	76677.34
营业收入(万元)	22286.87	62499.43	20696.49	142499.36
营业支出(万元)	20496.57	54647.86	18509.05	124972.22
投资收益(万元)	--	97.35	-4.78	154.78
净利润(万元)	-275.09	1008.70	-574.98	3978.30
营业利润(万元)	-260.88	1219.43	-672.87	5131.37
利润总额(万元)	-237.33	1442.55	-637.81	5201.24

崇义章源钨业股份有限公司

公司概况					
公司名称	崇义章源钨业股份有限公司			证券简称	章源钨业
法人代表	黄泽兰	董秘	刘佶	证券代码	002378
公司网址	www.zy-tungsten.com		电子信箱	info@zy-tungsten.com	
电　话	0797-3813839		传　真	0797-3813839	
办公地址	江西省赣州市崇义县城塔下				
经营范围	钨及其他金属矿产品采掘、钨制品的冶炼和深加工、钨制品销售				

主要财务指标：指标\报告期	2017.06.30	2016.12.31	2016.06.30	2015.12.31
基本每股收益(元)	0.0100	0.0500	−0.0200	−0.1700
基本每股收益(扣除后)(元)	0.0096	−0.0400	−0.0600	−0.2100
稀释每股收益(元)	0.0100	0.0500	−0.0200	−0.1700
每股净资产(元)	2.0983	2.1089	2.0398	2.0621
每股经营现金净流量(元)	−0.2687	0.1185	0.0326	0.1956
每股现金流量(元)	−0.1796	0.0080	−0.0714	0.1022
每股资本公积金(元)	0.6234	0.6234	0.6233	0.6231
每股盈余公积金(元)	0.1742	0.1742	0.1569	0.1569
每股未分配利润(元)	0.2909	0.3003	0.2433	0.2666
净资产收益率(%)	0.2660	2.4178	−1.1433	−8.3868
加权净资产收益率(%)	0.2600	2.4400	−1.1400	−8.0500
净资产收益率(扣除)(%)	0.4563	−1.8233	−2.7787	−10.0067
总资产(万元)	344715.83	331229.54	326923.39	312547.38
归属母公司股东权益(万元)	193919.09	194894.20	188510.54	190568.79
营业收入(万元)	96690.23	131138.94	53426.18	134383.74
营业支出(万元)	84890.71	111209.87	50938.79	124089.52
投资收益(万元)	1228.40	579.96	380.38	1023.97
净利润(万元)	530.94	4725.49	−2155.27	−15982.66
营业利润(万元)	1896.47	−2229.45	−5360.52	−18357.56
利润总额(万元)	1458.44	6123.14	−1781.88	−15270.58

山东宏创铝业控股股份有限公司

公司概况					
公司名称	山东宏创铝业控股股份有限公司			证券简称	宏创控股
法人代表	赵前方	董秘	肖萧	证券代码	002379
公司网址	www.hongchuangholding.com		电子信箱	stock@hongchuangholding.com	
电　话	0543-2161727		传　真	0543-2161727	
办公地址	山东省滨州市博兴县经济开发区兴业四路南100米				
经营范围	板带箔生产、加工、销售等				

主要财务指标：指标\报告期	2017.06.30	2016.12.31	2016.06.30	2015.12.31
基本每股收益(元)	0.0078	−0.1278	0.0078	−0.1278
基本每股收益(扣除后)(元)	0.0100	−0.2852	0.0100	−0.2852
稀释每股收益(元)	0.0078	−0.1278	0.0078	−0.1278
每股净资产(元)	1.2962	1.2884	1.2962	1.2884
每股经营现金净流量(元)	−0.0940	−0.2663	−0.0940	−0.2663
每股现金流量(元)	0.0077	−0.4542	0.0077	−0.4542
每股资本公积金(元)	0.6136	0.6136	0.6136	0.6136
每股盈余公积金(元)	0.0125	0.0125	0.0125	0.0125
每股未分配利润(元)	−0.3300	−0.3378	−0.3300	−0.3378
净资产收益率(%)	0.6045	−9.9189	0.6045	−9.9189
加权净资产收益率(%)	0.6100	−9.4600	0.6100	−9.4600
净资产收益率(扣除)(%)	0.6144	−22.1395	0.6144	−22.1395
总资产(万元)	217199.02	215473.55	217199.02	215473.55
归属母公司股东权益(万元)	120079.50	119353.65	120079.50	119353.65
营业收入(万元)	42160.76	152824.56	42160.76	152824.56
营业支出(万元)	41654.04	152444.79	41654.04	152444.79
投资收益(万元)	--	5526.65	--	5526.65
净利润(万元)	725.86	−11838.55	725.86	−11838.55
营业利润(万元)	737.76	−12592.96	737.76	−12592.96
利润总额(万元)	725.86	−9914.52	725.86	−9914.52

南京科远自动化集团股份有限公司

公司概况					
公司名称	南京科远自动化集团股份有限公司			证券简称	科远股份
法人代表	刘国耀	董秘	赵文庆	证券代码	002380
公司网址	www.sciyon.com		电子信箱	sciyon@sciyon.com	
电　话	025-69836008		传　真	86-25-69836118	
办公地址	江苏省南京市江宁区秣陵街道清水亭东路1266号				
经营范围	热工自动化和电厂信息化产品研发、生产、销售和服务				

主要财务指标：指标\报告期	2017.06.30	2016.12.31	2016.06.30	2015.12.31
基本每股收益(元)	0.2100	0.3600	0.1700	0.3000
基本每股收益(扣除后)(元)	0.1900	0.2900	0.1400	0.2700
稀释每股收益(元)	0.2100	0.3600	0.1700	0.3000
每股净资产(元)	8.3032	8.2000	8.0162	4.8042
每股经营现金净流量(元)	0.1249	0.1026	−0.1177	0.0987
每股现金流量(元)	−1.1193	2.3033	2.8127	−0.3475
每股资本公积金(元)	5.7951	5.7951	5.8002	2.5232
每股盈余公积金(元)	0.1996	0.1996	0.1644	0.1934
每股未分配利润(元)	1.3086	1.2030	1.0515	1.0876
净资产收益率(%)	2.4757	4.1926	1.9593	6.2520
加权净资产收益率(%)	2.4800	4.8400	2.5900	6.3800
净资产收益率(扣除)(%)	2.2650	3.4614	1.6160	5.5375
总资产(万元)	227104.78	225213.35	215878.60	125564.78
归属母公司股东权益(万元)	199270.84	196737.51	192381.57	98006.24
营业收入(万元)	23739.80	51268.09	19255.91	42259.17
营业支出(万元)	13773.95	29532.05	10858.63	23689.64
投资收益(万元)	375.67	508.46	-	-
净利润(万元)	4974.05	8577.67	3846.85	6113.15
营业利润(万元)	5329.78	6753.59	2555.59	4825.60
利润总额(万元)	5426.40	9721.94	4072.93	7271.72

浙江双箭橡胶股份有限公司

公司概况					
公司名称	浙江双箭橡胶股份有限公司			证券简称	双箭股份
法人代表	沈耿亮	董秘	张梁铨	证券代码	002381
公司网址	www.doublearrow.net		电子信箱	shenhui0316@163.com	
电　话	0573-88539880		传　真	0573-88539880	
办公地址	浙江省嘉兴市桐乡市洲泉镇晚村				
经营范围	橡胶制品，帆布的生产、销售				

主要财务指标：指标\报告期	2017.06.30	2016.12.31	2016.06.30	2015.12.31
基本每股收益(元)	0.1500	0.1300	0.1100	0.3000
基本每股收益(扣除后)(元)	0.0200	0.1300	0.1100	0.2900
稀释每股收益(元)	0.1500	0.1300	0.1100	0.3000
每股净资产(元)	3.8299	3.7829	3.7598	3.4088
每股经营现金净流量(元)	0.1384	0.0534	0.0501	0.4366
每股现金流量(元)	0.0688	0.2484	0.2835	−0.1055
每股资本公积金(元)	1.5468	1.5472	1.5472	0.8100
每股盈余公积金(元)	0.2031	0.2031	0.1804	0.2202
每股未分配利润(元)	1.0790	1.0323	1.0322	1.3786
净资产收益率(%)	3.8306	3.3255	2.7381	8.9271
加权净资产收益率(%)	3.8000	3.3600	2.7800	9.1100
净资产收益率(扣除)(%)	0.5565	3.3550	2.7812	8.3724
总资产(万元)	203254.55	242629.46	250093.21	152475.21
归属母公司股东权益(万元)	164112.91	162095.64	161106.65	119649.62
营业收入(万元)	54384.55	107194.39	51554.27	95430.58
营业支出(万元)	43711.07	78855.34	36660.70	68446.95
投资收益(万元)	5381.91	5.03	479.60	5.87
净利润(万元)	5682.41	3279.02	4103.82	10642.54
营业利润(万元)	6826.67	4101.95	4614.57	11815.38
利润总额(万元)	6781.82	5122.45	4819.52	13035.46

蓝帆医疗股份有限公司

公司概况					
公司名称	蓝帆医疗股份有限公司			证券简称	蓝帆医疗
法人代表	刘文静	董秘	韩邦友	证券代码	002382
公司网址	www.bluesail.cn		电子信箱	stock@bluesail.cn	
电　　话	0533-7871008		传　　真	0533-7871018	
办公地址	山东省淄博市临淄区稷下街道一诺路 48 号				
经营范围	生产加工 PVC 手套及其他塑料制品、粒料等				

主要财务指标 指标\报告期	2017.06.30	2016.12.31	2016.06.30	2015.12.31
基本每股收益(元)	0.2100	0.3700	0.2000	0.7000
基本每股收益(扣除后)(元)	0.2100	0.3300	0.1700	0.6900
稀释每股收益(元)	0.2100	0.3700	0.2000	0.7000
每股净资产(元)	2.6827	2.6275	2.4477	4.7842
每股经营现金净流量(元)	0.3328	0.3316	0.2993	1.0570
每股现金流量(元)	0.0258	0.0279	-0.1090	0.0364
每股资本公积金(元)	0.7235	0.7191	0.7076	2.3998
每股盈余公积金(元)	0.0785	0.0785	0.0696	0.1391
每股未分配利润(元)	0.9546	0.9455	0.7882	1.5761
净资产收益率(%)	7.7947	13.9402	8.1772	14.3923
加权净资产收益率(%)	7.8400	14.6600	7.9000	15.2400
净资产收益率(扣除)(%)	7.9117	12.3816	6.9068	14.0758
总资产(万元)	169851.85	158701.49	154799.33	149726.99
归属母公司股东权益(万元)	132619.20	129889.66	121003.98	118265.50
营业收入(万元)	78077.57	128877.07	63631.88	150898.47
营业支出(万元)	54364.59	93877.07	44718.62	111751.68
投资收益(万元)	103.76	1892.82	1542.90	539.36
净利润(万元)	10401.35	18032.07	9826.09	16816.35
营业利润(万元)	13352.65	21694.87	12140.37	22398.35
利润总额(万元)	13036.48	22007.13	12287.11	22453.44

北京合众思壮科技股份有限公司

公司概况					
公司名称	北京合众思壮科技股份有限公司			证券简称	合众思壮
法人代表	郭信平	董秘	左玉立	证券代码	002383
公司网址	www.unistrong.com		电子信箱	dongmi@unistrong.com	
电　　话	010-58275500		传　　真	010-58275259	
办公地址	北京市朝阳区酒仙桥路 10 号恒通商业园 1 幢 B10 楼三层				
经营范围	技术开发、技术推广、技术转让、技术咨询、技术服务、技术培训等				

主要财务指标 指标\报告期	2017.06.30	2016.12.31	2016.06.30	2015.12.31
基本每股收益(元)	0.0686	0.4613	0.0174	0.3137
基本每股收益(扣除后)(元)	0.0646	0.4241	-0.0027	0.1564
稀释每股收益(元)	0.0686	0.4613	0.0174	0.3137
每股净资产(元)	4.7815	14.3522	9.2451	9.0748
每股经营现金净流量(元)	-0.6811	-0.3562	-0.4871	-0.3757
每股现金流量(元)	-0.2149	1.3990	-0.1807	-0.0981
每股资本公积金(元)	3.2165	11.6911	6.5415	6.5415
每股盈余公积金(元)	0.0688	0.2065	0.2524	0.2524
每股未分配利润(元)	0.4957	1.4306	1.3035	1.2861
净资产收益率(%)	1.4345	2.7499	0.1881	3.3828
加权净资产收益率(%)	1.4300	4.2900	0.1900	3.7100
净资产收益率(扣除)(%)	1.3503	2.5284	-0.0293	1.6866
总资产(万元)	566949.99	490333.55	273909.75	248992.86
归属母公司股东权益(万元)	350558.29	350742.57	182432.38	179072.26
营业收入(万元)	63636.32	117028.36	33333.98	75706.92
营业支出(万元)	33441.42	64463.94	16774.12	41948.09
投资收益(万元)	-79.07	-197.93	-246.09	975.66
净利润(万元)	4954.26	9792.79	183.90	6335.95
营业利润(万元)	3077.55	9531.99	-775.08	3879.23
利润总额(万元)	4363.49	11418.25	184.15	6937.77

苏州东山精密制造股份有限公司

公司概况					
公司名称	苏州东山精密制造股份有限公司			证券简称	东山精密
法人代表	袁永刚	董秘	冒小燕	证券代码	002384
公司网址	www.sz-dsbj.com		电子信箱	maoxy@sz-dsbj.com	
电　　话	0512-66306201		传　　真	0512-66307172	
办公地址	江苏省苏州市吴中区东山工业园石鹤山路 8 号				
经营范围	精密钣金件和精密铸件的制造与服务				

主要财务指标 指标\报告期	2017.06.30	2016.12.31	2016.06.30	2015.12.31
基本每股收益(元)	0.1100	0.1700	0.1800	0.0400
基本每股收益(扣除后)(元)	0.0800	0.0500	0.1100	0.0100
稀释每股收益(元)	0.1100	0.1700	0.1800	0.0400
每股净资产(元)	6.8900	3.2246	3.3429	3.1700
每股经营现金净流量(元)	-0.4102	0.0886	0.0110	-0.1681
每股现金流量(元)	1.1259	0.6678	-0.0251	0.5216
每股资本公积金(元)	5.4770	1.9437	1.9419	1.9419
每股盈余公积金(元)	0.0318	0.0403	0.0390	0.0390
每股未分配利润(元)	0.3939	0.3570	0.3666	0.1982
净资产收益率(%)	1.6173	5.2776	5.3387	1.1806
加权净资产收益率(%)	3.3400	5.3200	5.4700	1.3900
净资产收益率(扣除)(%)	1.2085	1.6262	3.3393	0.2993
总资产(万元)	2013975.07	1513881.24	793915.83	691243.41
归属母公司股东权益(万元)	737841.95	273248.33	283270.77	268618.82
营业收入(万元)	612063.21	840329.72	242659.85	399287.40
营业支出(万元)	532509.48	738744.53	202190.13	339623.68
投资收益(万元)	2713.66	7296.76	6721.12	956.59
净利润(万元)	12233.49	14913.39	15158.20	3943.30
营业利润(万元)	9263.99	13579.48	16962.07	2237.63
利润总额(万元)	12582.22	16128.56	17642.23	3842.41

北京大北农科技集团股份有限公司

公司概况					
公司名称	北京大北农科技集团股份有限公司			证券简称	大北农
法人代表	邵根伙	董秘	陈忠恒	证券代码	002385
公司网址	www.dbn.com.cn		电子信箱	cwbgs@dbn.com.cn	
电　　话	010-82856450		传　　真	010-82856430	
办公地址	北京市海淀区中关村大街 27 号中关村大厦 14 层				
经营范围	饲料、种子产品的研发、生产、销售				

主要财务指标 指标\报告期	2017.06.30	2016.12.31	2016.06.30	2015.12.31
基本每股收益(元)	0.1279	0.2200	0.0897	0.2800
基本每股收益(扣除后)(元)	0.1137	0.2000	0.0853	0.2200
稀释每股收益(元)	0.1279	0.2200	0.0897	0.2800
每股净资产(元)	2.2871	2.2559	2.1432	3.1528
每股经营现金净流量(元)	-0.0966	0.1567	-0.0515	0.4753
每股现金流量(元)	0.0665	-0.0420	-0.2220	-0.2178
每股资本公积金(元)	0.2239	0.2613	0.2738	0.9044
每股盈余公积金(元)	0.0815	0.0815	0.0661	0.0991
每股未分配利润(元)	0.9806	0.9126	0.8025	1.1491
净资产收益率(%)	5.5944	9.5417	4.1876	8.1859
加权净资产收益率(%)	5.5400	9.8800	4.2000	10.8400
净资产收益率(扣除)(%)	4.9708	8.7545	3.9786	6.3547
总资产(万元)	1572733.93	1525818.41	1431999.18	1384930.53
归属母公司股东权益(万元)	937846.83	925081.15	878847.42	861900.55
营业收入(万元)	838479.27	1684093.71	738675.16	1609808.52
营业支出(万元)	629227.43	1265031.15	541242.36	1218798.98
投资收益(万元)	8975.92	8520.48	5706.95	12533.28
净利润(万元)	54791.97	93581.98	37609.33	70822.67
营业利润(万元)	64671.05	102957.29	45008.78	77478.64
利润总额(万元)	64197.10	111773.80	47335.25	86491.64

宜宾天原集团股份有限公司

公司概况	公司名称	宜宾天原集团股份有限公司				证券简称	天原集团
	法人代表	罗云	董秘	何波		证券代码	002386
	公司网址	www.ybty.com		电子信箱		ybty@ybty.com	
	电　话	0831-5980660　5980789		传　真		0831-5980860	
	办公地址	四川省宜宾市临港经济技术开发区港园路西段61号					
	经营范围	基本化学原料、有机合成化学原料、化工产品制造、销售等					

主要财务指标	指标\报告期	2017.06.30	2016.12.31	2016.06.30	2015.12.31
	基本每股收益(元)	0.0400	0.0821	–0.1000	0.0244
	基本每股收益(扣除后)(元)	–0.0246	0.0068	–0.1000	–0.0655
	稀释每股收益(元)	0.0400	0.0821	–0.1000	0.0244
	每股净资产(元)	6.0622	6.0550	5.8753	5.9721
	每股经营现金净流量(元)	0.1074	0.7243	0.0599	0.0931
	每股现金流量(元)	–0.3344	0.3229	–0.0284	–2.0420
	每股资本公积金(元)	2.7597	2.7597	2.7597	2.7597
	每股盈余公积金(元)	0.3795	0.3795	0.3725	0.3725
	每股未分配利润(元)	1.9204	1.9114	1.7396	1.8362
	净资产收益率(%)	0.6436	1.3557	–1.6441	0.4079
	加权净资产收益率(%)	0.6400	1.3700	–1.6300	0.4100
	净资产收益率(扣除)(%)	–0.4051	0.1130	–1.6598	–4.4024
	总资产(万元)	1413259.59	1422792.93	1319377.21	1346987.72
	归属母公司股东权益(万元)	407185.17	406701.94	394630.69	401132.26
	营业收入(万元)	591911.98	1250186.09	576537.10	1070382.76
	营业支出(万元)	552239.28	1157826.43	544881.80	1010559.88
	投资收益(万元)	246.33	133.45	–146.93	16772.50
	净利润(万元)	1182.51	3080.45	–7906.71	–915.52
	营业利润(万元)	–2328.79	4421.27	–6181.81	–2808.22
	利润总额(万元)	2921.35	11620.25	–5997.83	5758.17

黑牛食品股份有限公司

公司概况	公司名称	黑牛食品股份有限公司				证券简称	黑牛食品
	法人代表	程涛	董秘	刘宇宙		证券代码	002387
	公司网址	www.blackcow.cn		电子信箱		zqb@blackcow.cn	
	电　话	0754-88108997　56982799		传　真		010-56982796	
	办公地址	北京市朝阳区东三环北路辛2号迪阳大厦606单元					
	经营范围	大豆等植物蛋白类营养饮品的研发、生产和销售					

主要财务指标	指标\报告期	2017.06.30	2016.12.31	2016.06.30	2015.12.31
	基本每股收益(元)	–0.2085	0.0558	–0.0803	–1.3666
	基本每股收益(扣除后)(元)	–0.2087	–0.1525	–0.0773	–0.5386
	稀释每股收益(元)	–0.2085	0.0558	–0.0803	–1.3666
	每股净资产(元)	1.3964	1.6049	1.4688	1.5491
	每股经营现金净流量(元)	–0.0310	–0.1024	–0.1923	0.1367
	每股现金流量(元)	2.3295	–0.4644	–0.4940	0.3903
	每股资本公积金(元)	1.1606	1.1606	1.1606	1.1606
	每股盈余公积金(元)	0.0363	0.0363	0.0363	0.0363
	每股未分配利润(元)	–0.8005	–0.5919	–0.7281	–0.6477
	净资产收益率(%)	–14.9317	3.4754	–5.4695	–88.2191
	加权净资产收益率(%)	–13.8900	3.5400	–5.3200	–61.1400
	净资产收益率(扣除)(%)	–14.9450	–9.5027	–5.2653	–34.7755
	总资产(万元)	416516.79	135677.07	96129.95	122689.05
	归属母公司股东权益(万元)	65555.70	75344.25	68954.27	72725.71
	营业收入(万元)	1225.65	15915.76	11261.27	43050.78
	营业支出(万元)	1014.52	11999.76	8585.74	38871.07
	投资收益(万元)	—	10393.53	–	–28752.24
	净利润(万元)	–9788.55	2618.54	–3771.43	–64157.96
	营业利润(万元)	–9797.30	2842.68	–3629.23	–53157.67
	利润总额(万元)	–9788.55	2636.67	–3812.95	–63257.08

深圳市新亚电子制程股份有限公司

公司概况	公司名称	深圳市新亚电子制程股份有限公司				证券简称	新亚制程
	法人代表	许雷宇	董秘	彭聪		证券代码	002388
	公司网址	www.sunyes.cn		电子信箱		info@sunyes.cn	
	电　话	0755-23818518		传　真		0755-23818685	
	办公地址	广东省深圳市福日区中康路卓越梅林中心广场(北区)1栋306A					
	经营范围	电子工具、仪器仪表设备、电子元器件、化工产品的销售及售后服务					

主要财务指标	指标\报告期	2017.06.30	2016.12.31	2016.06.30	2015.12.31
	基本每股收益(元)	0.1300	0.0300	0.0050	0.0100
	基本每股收益(扣除后)(元)	0.0460	0.0200	0.0030	0.0100
	稀释每股收益(元)	0.1300	0.0300	0.0050	0.0100
	每股净资产(元)	2.4205	1.4467	1.4246	1.4195
	每股经营现金净流量(元)	–0.1588	–0.7352	–0.1250	0.0382
	每股现金流量(元)	1.2604	0.0658	0.0082	–0.0535
	每股资本公积金(元)	1.1218	0.1997	0.1997	0.1997
	每股盈余公积金(元)	0.0256	0.0323	0.0323	0.0323
	每股未分配利润(元)	0.2731	0.2147	0.1926	0.1875
	净资产收益率(%)	4.2457	1.8838	0.3576	0.8130
	加权净资产收益率(%)	8.5700	1.8700	0.3600	0.8000
	净资产收益率(扣除)(%)	1.5113	1.3844	0.2252	0.4928
	总资产(万元)	198816.65	125973.49	94306.70	86534.80
	归属母公司股东权益(万元)	121935.06	57811.88	56926.40	56722.83
	营业收入(万元)	41772.70	81438.28	35354.27	56944.44
	营业支出(万元)	32388.24	67280.18	29525.38	46438.53
	投资收益(万元)	–5.60	–11.27	–5.01	8.14
	净利润(万元)	5404.78	1008.50	155.73	495.31
	营业利润(万元)	2625.84	1148.27	273.19	810.44
	利润总额(万元)	6466.63	1540.22	409.37	1141.87

浙江南洋科技股份有限公司

公司概况	公司名称	浙江南洋科技股份有限公司				证券简称	南洋科技
	法人代表	李锋	董秘	杜志喜		证券代码	002389
	公司网址	www.nykj.cc		电子信箱		nykj@nykj.cc	
	电　话	0576-88169898　88170181		传　真		0576-88169922	
	办公地址	浙江省台州市开发区开发大道388号					
	经营范围	电容器专用电子薄膜的制造和销售					

主要财务指标	指标\报告期	2017.06.30	2016.12.31	2016.06.30	2015.12.31
	基本每股收益(元)	0.0800	0.1700	0.0900	0.1600
	基本每股收益(扣除后)(元)	0.0700	0.1600	0.0900	0.1600
	稀释每股收益(元)	0.0800	0.1700	0.0900	0.1600
	每股净资产(元)	4.9263	4.8491	4.7722	4.6958
	每股经营现金净流量(元)	–0.0625	0.1451	–0.0429	0.1348
	每股现金流量(元)	–0.0203	0.0288	–0.0289	0.0050
	每股资本公积金(元)	3.1023	3.1023	3.1103	3.1084
	每股盈余公积金(元)	0.0630	0.0630	0.0580	0.0580
	每股未分配利润(元)	0.7665	0.6893	0.6147	0.5402
	净资产收益率(%)	1.5669	3.5719	1.9739	3.0020
	加权净资产收益率(%)	1.5800	3.6300	1.9900	4.0900
	净资产收益率(扣除)(%)	1.5139	3.3605	1.9405	2.8646
	总资产(万元)	416271.74	398379.55	378439.94	369120.46
	归属母公司股东权益(万元)	349200.70	343729.12	338786.21	333367.37
	营业收入(万元)	66611.49	121376.70	55686.43	92336.62
	营业支出(万元)	51162.14	88277.34	38760.39	62484.31
	投资收益(万元)	986.84	1446.67	596.90	–66.46
	净利润(万元)	6319.93	14142.66	7529.03	11475.96
	营业利润(万元)	7603.97	15357.36	8611.13	12901.84
	利润总额(万元)	7829.75	16282.41	8758.92	13518.41

贵州信邦制药股份有限公司

公司概况	公司名称	贵州信邦制药股份有限公司			证券简称	信邦制药
	法人代表	安怀略	董秘	陈船	证券代码	002390
	公司网址	www.xinbang.com			电子信箱	lhlin410@126.com
	电　话	0851-8660261			传　真	0851-8660280
	办公地址	贵州省贵阳市乌当区新添大道与航天大道交汇处科开1号苑				
	经营范围	中成药的开发、生产和销售				

主要财务指标	指标\报告期	2017.06.30	2016.12.31	2016.06.30	2015.12.31
	基本每股收益(元)	0.0900	0.1500	0.0800	0.1400
	基本每股收益(扣除后)(元)	0.0800	0.1100	0.0700	0.1300
	稀释每股收益(元)	0.0900	0.1500	0.0800	0.1400
	每股净资产(元)	3.7820	3.7258	3.6515	2.0316
	每股经营现金净流量(元)	-0.0034	-0.1165	-0.0800	0.1738
	每股现金流量(元)	0.1488	0.6056	0.5330	-0.0502
	每股资本公积金(元)	2.2919	2.2919	2.2794	0.5867
	每股盈余公积金(元)	0.0302	0.0302	0.0294	0.0400
	每股未分配利润(元)	0.4660	0.4101	0.3429	0.4049
	净资产收益率(%)	2.2725	3.8730	2.0878	6.8603
	加权净资产收益率(%)	2.2800	4.2500	2.4400	7.0700
	净资产收益率(扣除)(%)	2.1609	2.9249	1.8590	6.2036
	总资产(万元)	1148480.32	1079708.12	1054373.31	650489.36
	归属母公司股东权益(万元)	644793.17	635206.28	622548.80	254186.64
	营业收入(万元)	274972.60	515703.18	246930.37	417975.61
	营业支出(万元)	219163.74	404884.15	197078.08	331862.15
	投资收益(万元)	168.90	446.49	20.47	278.64
	净利润(万元)	14094.69	24270.38	12021.84	16840.91
	营业利润(万元)	17892.37	23118.44	13676.12	18441.22
	利润总额(万元)	18402.40	31201.19	15448.75	22819.95

江苏长青农化股份有限公司

公司概况	公司名称	江苏长青农化股份有限公司			证券简称	长青股份
	法人代表	于国权	董秘	闵丹	证券代码	002391
	公司网址	www.jscq.com			电子信箱	irm@jscq.com
	电　话	0514-86424918			传　真	0514-86421039
	办公地址	江苏省扬州市江都区文昌东路1006号				
	经营范围	化学农药的生产、销售				

主要财务指标	指标\报告期	2017.06.30	2016.12.31	2016.06.30	2015.12.31
	基本每股收益(元)	0.3400	0.4500	0.2990	0.6900
	基本每股收益(扣除后)(元)	0.3500	0.4400	0.3110	0.7100
	稀释每股收益(元)	0.3400	0.4500	0.2990	0.6900
	每股净资产(元)	8.1834	8.1431	7.9954	7.9343
	每股经营现金净流量(元)	0.5249	0.5402	0.3750	0.5042
	每股现金流量(元)	-0.4825	0.6206	0.1621	-0.0439
	每股资本公积金(元)	4.5338	4.5338	4.5338	4.5403
	每股盈余公积金(元)	0.3747	0.3747	0.3427	0.3402
	每股未分配利润(元)	2.2708	2.2345	2.1131	2.1008
	净资产收益率(%)	4.1094	5.5561	3.7398	8.2678
	加权净资产收益率(%)	4.0500	5.6100	3.6700	9.0900
	净资产收益率(扣除)(%)	4.2839	5.3552	3.8879	8.5378
	总资产(万元)	394552.70	398952.18	384967.35	355172.81
	归属母公司股东权益(万元)	294181.14	292732.29	287423.60	287331.84
	营业收入(万元)	105019.73	183282.14	95449.13	182080.93
	营业支出(万元)	73832.04	139636.07	69890.12	133337.94
	投资收益(万元)	261.39	209.54	123.97	536.85
	净利润(万元)	12058.42	16141.87	10708.14	23562.19
	营业利润(万元)	15224.56	17464.58	12966.46	27336.88
	利润总额(万元)	14244.30	18131.20	12476.72	26492.67

北京利尔高温材料股份有限公司

公司概况	公司名称	北京利尔高温材料股份有限公司			证券简称	北京利尔
	法人代表	赵继增	董秘	张建超	证券代码	002392
	公司网址	www.bjlirr.com			电子信箱	ir@bjlirr.com
	电　话	010-61712828			传　真	010-61712828
	办公地址	北京市昌平区小汤山工业园				
	经营范围	钢铁、有色、石化、建材等工业用耐火材料的生产和销售等				

主要财务指标	指标\报告期	2017.06.30	2016.12.31	2016.06.30	2015.12.31
	基本每股收益(元)	0.0700	0.1200	0.0690	-0.0387
	基本每股收益(扣除后)(元)	0.0480	0.0999	0.0640	-0.1600
	稀释每股收益(元)	0.0700	0.1200	0.0690	-0.0387
	每股净资产(元)	2.5572	2.5069	2.4514	2.3825
	每股经营现金净流量(元)	0.1103	0.0362	-0.0270	-0.1119
	每股现金流量(元)	0.0392	-0.1755	-0.1598	0.1590
	每股资本公积金(元)	0.8286	0.8286	0.8286	0.8286
	每股盈余公积金(元)	0.0606	0.0606	0.0526	0.0526
	每股未分配利润(元)	0.6646	0.6140	0.5679	0.4990
	净资产收益率(%)	2.7553	4.9093	2.8100	-1.6227
	加权净资产收益率(%)	2.7700	5.0400	2.8500	-1.5900
	净资产收益率(扣除)(%)	1.8963	3.9854	2.3311	-3.4152
	总资产(万元)	534696.03	490123.95	477056.09	470992.03
	归属母公司股东权益(万元)	306500.72	300465.63	293809.61	285553.71
	营业收入(万元)	106904.88	187941.25	93585.50	176518.20
	营业支出(万元)	68855.47	117889.81	59749.29	114404.82
	投资收益(万元)	2289.12	3550.64	159.12	6874.64
	净利润(万元)	8457.14	14784.78	8273.93	-4589.28
	营业利润(万元)	8789.77	18341.78	8996.04	-2727.72
	利润总额(万元)	9742.78	18510.13	9403.71	-3065.67

天津力生制药股份有限公司

公司概况	公司名称	天津力生制药股份有限公司			证券简称	力生制药
	法人代表	齐铁栓	董秘	马霏霏	证券代码	002393
	公司网址	www.lishengpharma.com			电子信箱	lisheng@lishengpharma.com
	电　话	022-27641760			传　真	022-27364239
	办公地址	天津市西青经济技术开发区赛达北一道16号				
	经营范围	片剂、硬胶囊剂、颗粒剂、滴丸剂、原料药及塑料瓶、化工原料				

主要财务指标	指标\报告期	2017.06.30	2016.12.31	2016.06.30	2015.12.31
	基本每股收益(元)	0.4300	0.6300	0.3800	0.6300
	基本每股收益(扣除后)(元)	0.4300	0.6200	0.3700	0.6200
	稀释每股收益(元)	0.4300	0.6300	0.3800	0.6300
	每股净资产(元)	16.6621	16.5254	16.2649	16.2777
	每股经营现金净流量(元)	0.0922	0.9514	0.1697	1.0859
	每股现金流量(元)	-0.4219	-0.6443	-1.2120	-0.2376
	每股资本公积金(元)	9.2711	9.2711	9.2711	9.2711
	每股盈余公积金(元)	1.9099	1.9028	1.8652	1.8652
	每股未分配利润(元)	4.4115	4.2819	4.0656	4.0859
	净资产收益率(%)	2.5783	3.8342	2.3346	3.8457
	加权净资产收益率(%)	2.5700	3.8700	2.3200	3.8900
	净资产收益率(扣除)(%)	2.5985	3.7813	2.2799	3.7955
	总资产(万元)	349905.88	348574.67	340400.01	340944.71
	归属母公司股东权益(万元)	304008.62	301515.02	296760.59	296994.51
	营业收入(万元)	52545.75	84685.32	45752.90	77478.22
	营业支出(万元)	20769.01	36542.81	20059.99	34650.50
	投资收益(万元)	-36.11	1494.63	-37.32	922.06
	净利润(万元)	7838.35	11560.63	6928.16	11421.65
	营业利润(万元)	9212.40	13128.53	7870.31	13362.39
	利润总额(万元)	9140.38	13328.34	8061.13	13538.38

江苏联发纺织股份有限公司

公司概况	公司名称	江苏联发纺织股份有限公司			证券简称	联发股份
	法人代表	薛庆龙	董秘	潘志刚	证券代码	002394
	公司网址	www.lianfa.cn		电子信箱	panzg@gl.lianfa.cn	
	电话	0513-88869069		传真	0513-88869069	
	办公地址	江苏省南通市海安县城东镇恒联路 88 号				
	经营范围	生产销售色织布、服装、纺织品				

	指标\报告期	2017.06.30	2016.12.31	2016.06.30	2015.12.31
主要财务指标	基本每股收益(元)	0.4348	1.2200	0.4600	0.9100
	基本每股收益(扣除后)(元)	0.3000	0.9600	0.3800	0.6900
	稀释每股收益(元)	0.4348	1.2200	0.4600	0.9100
	每股净资产(元)	8.9515	8.8199	8.3547	8.1967
	每股经营现金净流量(元)	0.4850	0.8818	0.6870	1.5304
	每股现金流量(元)	0.3961	0.1630	0.0258	–0.4172
	每股资本公积金(元)	2.9763	2.9763	2.9767	2.9844
	每股盈余公积金(元)	0.5258	0.5258	0.5258	0.5258
	每股未分配利润(元)	4.4347	4.3000	3.8379	3.6827
	净资产收益率(%)	4.8569	13.8011	5.4478	11.0991
	加权净资产收益率(%)	4.8100	14.1900	5.4400	11.0000
	净资产收益率(扣除)(%)	3.3254	10.9209	4.0526	8.3638
	总资产(万元)	486253.56	472518.82	446192.53	447201.87
	归属母公司股东权益(万元)	289758.73	288216.11	270441.12	265326.22
	营业收入(万元)	196908.41	373861.10	186690.72	347697.08
	营业支出(万元)	161052.27	291971.82	149173.21	276011.41
	投资收益(万元)	5634.35	9248.82	4846.60	6866.23
	净利润(万元)	13767.85	38357.34	14237.01	29395.33
	营业利润(万元)	18360.66	48488.16	19349.01	38724.15
	利润总额(万元)	18679.82	51653.19	19574.60	41269.26

无锡双象超纤材料股份有限公司

公司概况	公司名称	无锡双象超纤材料股份有限公司			证券简称	双象股份
	法人代表	唐炳泉	董秘	沈铭	证券代码	002395
	公司网址	www.sxcxgf.com		电子信箱	sx@sxcxgf.com	
	电话	0510-88587333		传真	0510-88997333	
	办公地址	江苏省无锡市新区鸿山街道后宅中路 188 号				
	经营范围	人造革合成革产品的研发、生产和销售				

	指标\报告期	2017.06.30	2016.12.31	2016.06.30	2015.12.31
主要财务指标	基本每股收益(元)	0.0641	0.1988	0.1125	0.1295
	基本每股收益(扣除后)(元)	0.0633	0.2092	0.1069	0.1115
	稀释每股收益(元)	0.0641	0.1988	0.1125	0.1295
	每股净资产(元)	4.7441	4.6800	4.5657	4.5032
	每股经营现金净流量(元)	–0.2313	0.6788	0.1894	0.9584
	每股现金流量(元)	–0.4146	–0.1521	–0.0221	0.5395
	每股资本公积金(元)	2.3898	2.3898	2.3619	2.3619
	每股盈余公积金(元)	0.1703	0.1703	0.1667	0.1667
	每股未分配利润(元)	1.1839	1.1199	1.0372	0.9747
	净资产收益率(%)	1.3504	4.2484	2.4643	2.8755
	加权净资产收益率(%)	1.3600	4.3100	2.4700	2.9000
	净资产收益率(扣除)(%)	1.3334	4.4710	2.3455	2.4755
	总资产(万元)	128933.77	124927.22	119440.47	116852.76
	归属母公司股东权益(万元)	84827.19	83681.65	81638.35	80520.59
	营业收入(万元)	58603.27	105605.08	49743.88	99048.68
	营业支出(万元)	52460.71	90802.12	42591.15	87938.13
	投资收益(万元)	—	—	–	–
	净利润(万元)	2027.28	5457.04	2787.46	3069.00
	营业利润(万元)	2431.11	6497.23	3460.46	3013.41
	利润总额(万元)	2448.23	6298.23	3579.42	3393.08

福建星网锐捷通讯股份有限公司

公司概况	公司名称	福建星网锐捷通讯股份有限公司			证券简称	星网锐捷
	法人代表	黄奕豪	董秘	刘万里	证券代码	002396
	公司网址	www.star-net.cn		电子信箱	liuwanli@star-net.cn	
	电话	0591-83057977 83057009		传真	0591-83057818	
	办公地址	福建省福州市仓山区金山大道 618 号桔园洲星网锐捷科技园 19-22 栋				
	经营范围	研发、生产和销售企业级网络通讯系统设备及终端设备				

	指标\报告期	2017.06.30	2016.12.31	2016.06.30	2015.12.31
主要财务指标	基本每股收益(元)	0.0961	0.5926	0.0715	0.4943
	基本每股收益(扣除后)(元)	0.0583	0.5255	0.0510	0.4358
	稀释每股收益(元)	0.0961	0.5926	0.0715	0.4943
	每股净资产(元)	5.3418	5.3478	4.8235	4.8508
	每股经营现金净流量(元)	–1.3025	1.0081	–0.9796	1.7134
	每股现金流量(元)	–2.3160	0.2182	–2.0321	0.8964
	每股资本公积金(元)	1.5700	1.5700	1.5700	1.5700
	每股盈余公积金(元)	0.2602	0.2602	0.2136	0.2136
	每股未分配利润(元)	2.5081	2.5120	2.0374	2.0660
	净资产收益率(%)	1.7996	11.0804	1.4817	10.0318
	加权净资产收益率(%)	1.7800	11.6200	1.4600	11.2600
	净资产收益率(扣除)(%)	1.0923	9.8256	1.0576	8.8455
	总资产(万元)	522849.32	574973.31	448639.04	534388.18
	归属母公司股东权益(万元)	287980.64	288308.05	260041.94	261510.00
	营业收入(万元)	238643.08	568765.83	187552.53	451650.51
	营业支出(万元)	151794.66	322313.68	111330.71	245311.15
	投资收益(万元)	630.05	1325.43	551.34	684.75
	净利润(万元)	7745.31	55740.04	6838.81	48293.10
	营业利润(万元)	4587.77	38232.15	–513.44	31462.70
	利润总额(万元)	7259.73	61729.48	8558.60	52838.04

湖南梦洁家纺股份有限公司

公司概况	公司名称	湖南梦洁家纺股份有限公司			证券简称	梦洁家纺
	法人代表	姜天武	董秘	李军	证券代码	002397
	公司网址	www.mendale.com		电子信箱	zqb@mendale.com	
	电话	0731-82848012		传真	0731-82848945	
	办公地址	湖南省长沙市高新技术产业开发区麓谷产业基地谷苑路 168 号				
	经营范围	以床上用品为主的家用纺织品的研发、设计、生产和销售				

	指标\报告期	2017.06.30	2016.12.31	2016.06.30	2015.12.31
主要财务指标	基本每股收益(元)	0.1000	0.1400	0.0800	0.2300
	基本每股收益(扣除后)(元)	0.1000	0.1300	0.0800	0.2300
	稀释每股收益(元)	0.1000	0.1400	0.0800	0.2300
	每股净资产(元)	2.1132	2.1101	2.0513	2.0640
	每股经营现金净流量(元)	–0.2683	0.1709	–0.1650	0.0989
	每股现金流量(元)	–0.1647	0.0844	–0.1894	–0.1760
	每股资本公积金(元)	0.3671	0.3611	0.3597	0.3514
	每股盈余公积金(元)	0.1370	0.1379	0.1240	0.1246
	每股未分配利润(元)	0.6121	0.6140	0.5705	0.5912
	净资产收益率(%)	4.8348	6.7645	4.0174	11.1539
	加权净资产收益率(%)	4.6700	6.8700	3.9200	11.6500
	净资产收益率(扣除)(%)	4.7532	6.0624	3.8559	11.0059
	总资产(万元)	264915.67	249498.66	205559.84	197703.82
	归属母公司股东权益(万元)	144960.48	143799.96	139125.49	139263.93
	营业收入(万元)	78518.14	144658.78	54827.18	151744.81
	营业支出(万元)	41859.39	73183.66	26146.95	79220.79
	投资收益(万元)	—	—	–	–
	净利润(万元)	7931.47	9934.21	5590.83	15633.61
	营业利润(万元)	8781.56	11099.55	6298.31	18580.12
	利润总额(万元)	8908.22	12307.45	6568.91	18821.40

厦门市建筑科学研究院集团股份有限公司

公司概况	公司名称	厦门市建筑科学研究院集团股份有限公司		证券简称	建研集团
	法人代表	蔡永太	董秘 叶斌	证券代码	002398
	公司网址	www.xmabr.com		电子信箱	xmabr@winmail.cn
	电话	0592-2273752		传真	0592-2273752
	办公地址	福建省厦门市思明区湖滨南路62号			
	经营范围	建设综合技术服务和混凝土外加剂、商品混凝土等新型建筑材料的研发、生产和销售			

主要财务指标	指标\报告期	2017.06.30	2016.12.31	2016.06.30	2015.12.31
	基本每股收益(元)	0.2300	0.4900	0.2500	0.5900
	基本每股收益(扣除后)(元)	0.2000	0.4000	0.2200	0.5600
	稀释每股收益(元)	0.2300	0.4900	0.2500	0.5900
	每股净资产(元)	6.3444	6.2156	5.9806	5.8300
	每股经营现金净流量(元)	0.0579	0.8407	0.3190	0.6027
	每股现金流量(元)	0.1349	–0.1705	–0.0740	–0.2988
	每股资本公积金(元)	1.6847	1.6847	1.6847	1.6847
	每股盈余公积金(元)	0.1444	0.1444	0.1144	0.1144
	每股未分配利润(元)	3.5154	3.3865	3.1815	3.0284
	净资产收益率(%)	3.6072	7.8527	4.2321	10.1168
	加权净资产收益率(%)	3.6200	8.1200	4.2600	10.5900
	净资产收益率(扣除)(%)	3.1264	6.4615	3.6399	9.5853
	总资产(万元)	280847.02	265705.25	246303.91	247760.35
	归属母公司股东权益(万元)	217443.18	213026.83	204973.11	199725.83
	营业收入(万元)	82084.13	138492.57	56074.71	134532.07
	营业支出(万元)	61489.88	93159.17	35640.37	81489.84
	投资收益(万元)	1082.91	1827.45	882.29	801.83
	净利润(万元)	7926.69	17020.03	8786.82	20469.70
	营业利润(万元)	9034.30	18314.51	9450.77	24243.60
	利润总额(万元)	9463.34	20432.45	10422.93	24678.29

深圳市海普瑞药业股份有限公司

公司概况	公司名称	深圳市海普瑞药业股份有限公司		证券简称	海普瑞
	法人代表	李锂	董秘 步海华	证券代码	002399
	公司网址	www.hepalink.com		电子信箱	stock@hepalink.com
	电话	0755-26980311		传真	0755-86142889
	办公地址	广东省深圳市南山区松坪山郎山路21号			
	经营范围	开发、生产经营原料药(肝素钠)从事货物及技术进出口			

主要财务指标	指标\报告期	2017.06.30	2016.12.31	2016.06.30	2015.12.31
	基本每股收益(元)	0.0060	0.3165	0.2100	0.7248
	基本每股收益(扣除后)(元)	--	0.2310	0.1500	0.6779
	稀释每股收益(元)	0.0060	0.3165	0.2100	0.7248
	每股净资产(元)	6.0292	6.3913	6.2958	10.8961
	每股经营现金净流量(元)	–0.1387	0.2775	0.0985	1.1169
	每股现金流量(元)	–0.3654	0.2889	–0.0162	0.0736
	每股资本公积金(元)	3.3808	3.3826	3.3838	6.5960
	每股盈余公积金(元)	0.3865	0.3865	0.3454	0.5384
	每股未分配利润(元)	1.0275	1.2715	1.2036	2.1343
	净资产收益率(%)	0.0991	4.9791	3.3239	6.6496
	加权净资产收益率(%)	0.0900	4.8400	3.1200	6.8000
	净资产收益率(扣除)(%)	–0.0508	3.6323	2.4073	6.2193
	总资产(万元)	1277713.12	1291358.59	1149515.46	1216848.86
	归属母公司股东权益(万元)	751959.88	797118.75	785208.19	871902.19
	营业收入(万元)	105004.06	226093.24	118986.77	229230.00
	营业支出(万元)	78457.03	153759.65	78536.98	144357.24
	投资收益(万元)	428.50	11653.36	9528.06	11161.31
	净利润(万元)	121.39	38611.82	25554.67	56807.80
	营业利润(万元)	–838.18	43561.11	29840.95	64389.59
	利润总额(万元)	–303.73	47493.92	30147.50	69054.16

广东省广告集团股份有限公司

公司概况	公司名称	广东省广告集团股份有限公司		证券简称	省广股份
	法人代表	陈钿隆	董秘 廖浩	证券代码	002400
	公司网址	www.gimc.cn		电子信箱	db@gimc.cn
	电话	020-87617378 87600168		传真	020-87614601
	办公地址	广东省广州市海珠区新港东路996号保利世界贸易中心G座			
	经营范围	设计、制作、发布、代理国内外各类广告、广告咨询、承办展览业务等			

主要财务指标	指标\报告期	2017.06.30	2016.12.31	2016.06.30	2015.12.31
	基本每股收益(元)	0.1100	0.5000	0.2200	0.6100
	基本每股收益(扣除后)(元)	0.1000	0.4700	0.2100	0.5800
	稀释每股收益(元)	0.1100	0.5000	0.2200	0.6100
	每股净资产(元)	3.0647	3.8713	2.2530	2.6932
	每股经营现金净流量(元)	–0.1189	0.4452	0.1414	0.2934
	每股现金流量(元)	–0.4768	0.7219	0.0646	0.3145
	每股资本公积金(元)	0.8200	1.3567	0.0246	0.0342
	每股盈余公积金(元)	0.0814	0.1058	–	0.1341
	每股未分配利润(元)	1.1634	1.4088	1.2285	1.5249
	净资产收益率(%)	3.5528	11.7740	9.7612	22.4756
	加权净资产收益率(%)	3.5900	17.7700	10.1600	23.9000
	净资产收益率(扣除)(%)	3.3667	11.0270	9.4068	21.4727
	总资产(万元)	986116.09	1046292.11	843880.35	777977.75
	归属母公司股东权益(万元)	534276.07	519147.38	264987.46	243660.90
	营业收入(万元)	447321.35	1091502.23	443278.26	962863.67
	营业支出(万元)	380436.46	893715.72	365668.02	789850.81
	投资收益(万元)	3820.76	5399.49	4554.97	3692.34
	净利润(万元)	21547.91	69782.62	28611.77	60648.44
	营业利润(万元)	22785.23	85703.55	34622.69	78483.02
	利润总额(万元)	25033.49	88613.34	36124.87	81655.90

中远海运科技股份有限公司

公司概况	公司名称	中远海运科技股份有限公司		证券简称	中远海科
	法人代表	蔡惠星	董秘 周晓梅	证券代码	002401
	公司网址	www.cnshippingnt.com		电子信箱	dailan@cnshippingnt.com
	电话	021-58211308		传真	021-58210704
	办公地址	上海市浦东新区民生路600号			
	经营范围	智能交通系统、工业自动化、交通信息化等领域的软、硬件产品的科研、开发、销售等			

主要财务指标	指标\报告期	2017.06.30	2016.12.31	2016.06.30	2015.12.31
	基本每股收益(元)	0.1065	0.1978	0.1045	0.1809
	基本每股收益(扣除后)(元)	0.0886	0.1760	0.0935	0.1746
	稀释每股收益(元)	0.1065	0.1952	0.1045	0.1809
	每股净资产(元)	2.5754	3.0400	2.3919	2.3374
	每股经营现金净流量(元)	–0.0434	1.1600	0.6316	0.5599
	每股现金流量(元)	–0.1332	1.0080	0.5619	0.2502
	每股资本公积金(元)	0.2900	0.2900	0.2838	0.2838
	每股盈余公积金(元)	0.1563	0.1563	0.1377	0.1377
	每股未分配利润(元)	1.1290	1.0425	0.9705	0.9160
	净资产收益率(%)	4.1351	7.8425	4.3686	7.7374
	加权净资产收益率(%)	4.2002	6.6808	4.3900	7.9671
	净资产收益率(扣除)(%)	3.4408	7.0706	3.9079	7.4699
	总资产(万元)	135344.31	161122.61	115000.68	121537.41
	归属母公司股东权益(万元)	78095.48	92158.98	72532.36	70879.89
	营业收入(万元)	32091.15	86764.08	32612.06	65056.72
	营业支出(万元)	26130.95	51269.42	26579.67	51225.36
	投资收益(万元)	–233.23	–429.83	–222.75	–449.92
	净利润(万元)	3397.73	6236.52	3325.05	5776.37
	营业利润(万元)	3333.05	6528.13	3478.98	6586.17
	利润总额(万元)	3970.97	7438.05	3872.18	6811.58

深圳和而泰智能控制股份有限公司

公司概况					
公司名称	深圳和而泰智能控制股份有限公司			证券简称	和而泰
法人代表	刘建伟	董秘	罗珊珊	证券代码	002402
公司网址	www.szhittech.com		电子信箱	het@szhittech.com	
电　话	0755-26727721		传　真	0755-26727137	
办公地址	深圳市南山区高新南区科技南十路6号深圳航天科技创新研究院大厦D座10楼1010-1011				
经营范围	计算机、光机电一体化产品、家用电器、各种设备、装备等				

主要财务指标 指标\报告期	2017.06.30	2016.12.31	2016.06.30	2015.12.31
基本每股收益(元)	0.1200	0.1400	0.1800	0.2300
基本每股收益(扣除后)(元)	0.1100	0.1300	0.1500	0.1800
稀释每股收益(元)	0.1200	0.1400	0.1800	0.2300
每股净资产(元)	1.4077	1.2848	3.0821	3.0029
每股经营现金净流量(元)	0.0673	0.1517	0.1217	0.2622
每股现金流量(元)	0.0938	0.0361	-0.1475	-0.2330
每股资本公积金(元)	0.0076	0.0076	1.3191	1.3202
每股盈余公积金(元)	0.0661	0.0569	0.1245	0.1066
每股未分配利润(元)	0.3344	0.2208	0.6397	0.5773
净资产收益率(%)	8.7218	11.2146	5.8480	7.5134
加权净资产收益率(%)	9.1200	11.6200	5.9200	7.8100
净资产收益率(扣除)(%)	7.5374	9.8077	4.8266	5.9210
总资产(万元)	180422.54	159898.24	147776.15	139769.49
归属母公司股东权益(万元)	116902.24	106700.16	102383.30	99750.81
营业收入(万元)	92266.43	134609.88	61574.03	111057.20
营业支出(万元)	71122.33	104165.54	47850.28	87644.91
投资收益(万元)	1101.63	1269.12	1169.33	1669.10
净利润(万元)	10499.91	12121.32	6070.30	7518.84
营业利润(万元)	11401.05	13667.73	6827.93	8590.73
利润总额(万元)	11608.33	14076.49	6873.67	8790.74

浙江爱仕达电器股份有限公司

公司概况					
公司名称	浙江爱仕达电器股份有限公司			证券简称	爱仕达
法人代表	陈合林	董秘	刘学亮	证券代码	002403
公司网址	www.chinaasd.com		电子信箱	002403@asd.com.cn	
电　话	0576-86199005		传　真	0576-86199000	
办公地址	浙江省台州市温岭市经济开发区科技路2号				
经营范围	炊具、厨房小家电等系列产品的研发、生产和销售等				

主要财务指标 指标\报告期	2017.06.30	2016.12.31	2016.06.30	2015.12.31
基本每股收益(元)	0.2500	0.4100	0.2300	0.3600
基本每股收益(扣除后)(元)	0.2100	0.3600	0.2100	0.2600
稀释每股收益(元)	0.2500	0.4100	0.2300	0.3600
每股净资产(元)	6.0571	6.0120	5.8280	5.3444
每股经营现金净流量(元)	0.1311	0.8979	0.5814	0.4170
每股现金流量(元)	-0.1025	0.7217	0.7637	-0.3421
每股资本公积金(元)	3.5551	3.5551	3.5551	3.1488
每股盈余公积金(元)	0.1486	0.1486	0.1286	0.1444
每股未分配利润(元)	1.3535	1.3084	1.1443	1.0512
净资产收益率(%)	4.0467	6.5222	3.5701	6.8005
加权净资产收益率(%)	4.0000	7.1800	4.1600	6.8000
净资产收益率(扣除)(%)	3.4056	5.6813	3.2376	4.7968
总资产(万元)	367952.06	346244.15	307879.47	273916.91
归属母公司股东权益(万元)	212194.53	210613.98	204166.36	166744.43
营业收入(万元)	141828.38	254753.77	117732.83	224201.94
营业支出(万元)	83965.25	151835.41	68015.77	137519.64
投资收益(万元)	601.18	1483.49	891.93	2873.26
净利润(万元)	8017.22	13427.27	7289.03	11364.19
营业利润(万元)	8811.36	15769.35	8750.51	13083.25
利润总额(万元)	9706.96	16121.51	8706.95	13653.56

浙江嘉欣丝绸股份有限公司

公司概况					
公司名称	浙江嘉欣丝绸股份有限公司			证券简称	嘉欣丝绸
法人代表	周国建	董秘	郑晓	证券代码	002404
公司网址	www.chinesesilk.cn		电子信箱	inf@jxsilk.cn	
电　话	0573-82078789		传　真	0573-82084568	
办公地址	浙江省嘉兴市中环西路588号				
经营范围	丝、绸、服装等产品的研发、生产和销售				

主要财务指标 指标\报告期	2017.06.30	2016.12.31	2016.06.30	2015.12.31
基本每股收益(元)	0.1200	0.1900	0.0800	0.1100
基本每股收益(扣除后)(元)	0.1044	0.1400	0.0700	0.0800
稀释每股收益(元)	0.1200	0.1900	0.0800	0.1100
每股净资产(元)	2.4518	2.4847	2.3823	2.4076
每股经营现金净流量(元)	0.2137	0.1247	0.1860	0.3129
每股现金流量(元)	-0.1635	0.0917	-0.0736	-0.0100
每股资本公积金(元)	0.6063	0.6063	0.6186	0.6186
每股盈余公积金(元)	0.1820	0.1820	0.1616	0.1616
每股未分配利润(元)	0.6511	0.6844	0.5913	0.6135
净资产收益率(%)	4.7629	7.6972	3.2656	4.6605
加权净资产收益率(%)	4.6800	7.8300	3.2000	4.6700
净资产收益率(扣除)(%)	4.2580	5.6722	2.8405	3.3840
总资产(万元)	199008.39	228326.17	204073.93	208908.86
归属母公司股东权益(万元)	127653.73	129367.13	124032.52	125353.49
营业收入(万元)	129278.08	225355.91	110615.08	201359.54
营业支出(万元)	104503.63	180923.21	88391.48	162852.26
投资收益(万元)	333.69	-907.62	-518.09	1096.90
净利润(万元)	6549.63	10582.23	4350.34	6460.87
营业利润(万元)	7810.36	12334.32	5384.81	7961.31
利润总额(万元)	8326.24	14478.62	5791.02	8337.17

北京四维图新科技股份有限公司

公司概况					
公司名称	北京四维图新科技股份有限公司			证券简称	四维图新
法人代表	吴劲风	董秘	孟庆昕	证券代码	002405
公司网址	www.navinfo.com		电子信箱	qinfang@navinfo.com	
电　话	010-82306399　84554886		传　真	010-82306909	
办公地址	北京市海淀区永丰路与北清路交汇处东南角四维图新大厦				
经营范围	导航电子地图的开发和销售等				

主要财务指标 指标\报告期	2017.06.30	2016.12.31	2016.06.30	2015.12.31
基本每股收益(元)	0.1050	0.1502	0.0800	0.1900
基本每股收益(扣除后)(元)	0.0987	0.1391	0.0700	0.1500
稀释每股收益(元)	0.1042	0.1491	0.0700	0.1900
每股净资产(元)	5.1194	2.6192	2.4632	3.5729
每股经营现金净流量(元)	0.0142	0.3738	0.1098	0.4167
每股现金流量(元)	1.1455	0.0777	-0.0571	0.0981
每股资本公积金(元)	3.3841	0.8286	0.8094	1.6610
每股盈余公积金(元)	0.0828	0.0996	0.0931	0.1396
每股未分配利润(元)	0.7564	0.8404	0.7736	1.1046
净资产收益率(%)	1.8479	5.6049	2.9821	5.1207
加权净资产收益率(%)	2.5900	5.9100	3.0200	5.1900
净资产收益率(扣除)(%)	1.7385	5.1784	2.6892	4.0105
总资产(万元)	1103454.14	412224.27	379265.22	372821.90
归属母公司股东权益(万元)	656622.35	279341.75	262757.84	254187.36
营业收入(万元)	83382.12	158530.63	71386.70	150615.34
营业支出(万元)	19814.54	36698.73	17344.27	35597.30
投资收益(万元)	572.81	2045.00	1053.67	2288.40
净利润(万元)	9223.49	11625.89	6285.08	14594.67
营业利润(万元)	7850.19	8541.53	3372.46	12347.48
利润总额(万元)	10475.54	16360.59	8094.83	19873.24

许昌远东传动轴股份有限公司

公司概况					
公司名称	许昌远东传动轴股份有限公司			证券简称	远东传动
法人代表	刘延生	董秘	江荣华	证券代码	002406
公司网址	www.yodonchina.com		电子信箱	yuandongcaiwu@163.com	
电　话	0374-5650017　5656689		传　真	0374-5654051	
办公地址	河南省许昌市北郊尚集镇昌盛路				
经营范围	非等速传动轴及相关零部件的研发、生产与销售				

主要财务指标：指标\报告期	2017.06.30	2016.12.31	2016.06.30	2015.12.31
基本每股收益(元)	0.1500	0.2100	0.1100	0.1600
基本每股收益(扣除后)(元)	0.1600	0.1609	0.0800	0.1300
稀释每股收益(元)	0.1500	0.2085	0.1100	0.1600
每股净资产(元)	4.0050	4.0000	3.9032	3.8917
每股经营现金净流量(元)	0.1454	0.2962	0.0538	0.3252
每股现金流量(元)	0.3997	0.0134	0.0089	0.1493
每股资本公积金(元)	1.5919	1.5919	1.5919	1.5919
每股盈余公积金(元)	0.1792	0.1792	0.1607	0.1607
每股未分配利润(元)	1.2339	1.2290	1.1506	1.1391
净资产收益率(%)	3.8662	5.2111	2.8575	4.2360
加权净资产收益率(%)	3.9400	5.2800	2.8300	4.2800
净资产收益率(扣除)(%)	3.8732	4.0217	1.9247	3.3267
总资产(万元)	273901.19	252183.90	253884.22	248139.17
归属母公司股东权益(万元)	224680.65	224408.99	218972.09	218324.89
营业收入(万元)	72043.43	102427.48	48209.60	92648.65
营业支出(万元)	49394.11	70431.25	33187.64	64843.43
投资收益(万元)	315.33	0.65	-127.48	73.86
净利润(万元)	8692.75	11704.52	6262.85	9257.73
营业利润(万元)	10785.41	11391.16	5209.43	9764.33
利润总额(万元)	10277.19	13767.45	7335.44	11032.81

多氟多化工股份有限公司

公司概况					
公司名称	多氟多化工股份有限公司			证券简称	多氟多
法人代表	李世江	董秘	陈相举	证券代码	002407
公司网址	www.dfdchem.com		电子信箱	dfdzqb@126.com	
电　话	0391-2956992　2956956		传　真	0391-2956956	
办公地址	河南省焦作市中站区焦克路				
经营范围	无机氟化盐、无机酸、助剂产品的生产与销售等				

主要财务指标：指标\报告期	2017.06.30	2016.12.31	2016.06.30	2015.12.31
基本每股收益(元)	0.2400	0.7600	0.4000	0.1700
基本每股收益(扣除后)(元)	0.2000	0.8400	0.4300	0.1100
稀释每股收益(元)	0.2400	0.7600	0.4000	0.1700
每股净资产(元)	4.2856	4.1535	3.7146	8.2612
每股经营现金净流量(元)	0.0776	0.0972	-0.2203	0.3092
每股现金流量(元)	0.3795	0.5033	-0.0321	1.3543
每股资本公积金(元)	2.0395	2.0351	1.9582	6.3521
每股盈余公积金(元)	0.1602	0.1601	0.0780	0.1949
每股未分配利润(元)	1.1219	1.0352	0.7560	1.0434
净资产收益率(%)	5.6070	18.3135	10.7319	1.8882
加权净资产收益率(%)	5.6500	20.8400	11.4100	2.5400
净资产收益率(扣除)(%)	4.6899	20.1755	11.5480	1.2351
总资产(万元)	619826.33	525836.86	441391.21	382527.14
归属母公司股东权益(万元)	269006.35	260881.30	233314.75	207556.09
营业收入(万元)	153063.56	285703.23	127319.96	218210.65
营业支出(万元)	114752.27	168072.92	72547.01	180298.17
投资收益(万元)	730.77	522.53	333.42	307.87
净利润(万元)	16240.38	47545.55	24886.10	3159.91
营业利润(万元)	18410.86	62572.10	31343.86	3426.73
利润总额(万元)	19471.36	56496.21	28817.90	4584.75

淄博齐翔腾达化工股份有限公司

公司概况					
公司名称	淄博齐翔腾达化工股份有限公司			证券简称	齐翔腾达
法人代表	车成聚	董秘	祝振茂	证券代码	002408
公司网址	www.qxtdgf.com		电子信箱	zqb@qxtdgf.com	
电　话	0533-7699066　7699188		传　真	0533-7699066	
办公地址	山东省淄博市临淄区杨坡路 206 号				
经营范围	工业叔丁醇、仲丁醚、甲基叔丁基醚、仲丁醇、甲乙酮、甲醇、三异丁基铝等				

主要财务指标：指标\报告期	2017.06.30	2016.12.31	2016.06.30	2015.12.31
基本每股收益(元)	0.1800	0.2800	0.0800	0.2500
基本每股收益(扣除后)(元)	0.1750	0.2700	0.0700	0.2100
稀释每股收益(元)	0.1800	0.2800	0.0800	0.2500
每股净资产(元)	3.4476	3.3156	3.1077	6.8715
每股经营现金净流量(元)	0.0355	0.3590	0.0636	0.0022
每股现金流量(元)	0.0187	-0.0872	-0.1961	0.1118
每股资本公积金(元)	1.2248	1.2248	1.2248	3.8945
每股盈余公积金(元)	0.1578	0.1578	0.1325	0.2916
每股未分配利润(元)	1.0651	0.9329	0.7504	1.6853
净资产收益率(%)	5.2817	8.5377	2.4220	3.3219
加权净资产收益率(%)	5.3600	8.6700	2.3800	4.0900
净资产收益率(扣除)(%)	5.0736	8.1405	2.2684	2.8160
总资产(万元)	885702.35	855046.20	789961.48	804848.26
归属母公司股东权益(万元)	612029.46	588573.39	551690.57	554467.11
营业收入(万元)	469920.71	587524.11	219697.91	427845.84
营业支出(万元)	404220.22	479714.84	185111.92	367682.06
投资收益(万元)	148.36	347.73	157.97	1494.13
净利润(万元)	32180.01	50714.96	13596.51	18727.63
营业利润(万元)	37052.38	55789.61	15261.63	20029.14
利润总额(万元)	38404.54	58215.19	16115.79	21844.90

江苏雅克科技股份有限公司

公司概况					
公司名称	江苏雅克科技股份有限公司			证券简称	雅克科技
法人代表	沈琦	董秘	覃红健	证券代码	002409
公司网址	www.yokechem.com		电子信箱	ir@yokechem.com	
电　话	0510-87126509		传　真	0510-87126509	
办公地址	江苏省无锡市宜兴市经济开发区荆溪北路				
经营范围	磷酸酯阻燃剂、聚氨酯催化剂、有机硅泡沫稳定剂的研发和生产等				

主要财务指标：指标\报告期	2017.06.30	2016.12.31	2016.06.30	2015.12.31
基本每股收益(元)	0.1240	0.2034	0.0911	0.5428
基本每股收益(扣除后)(元)	0.1104	0.1583	0.0573	0.4020
稀释每股收益(元)	0.1240	0.2034	0.0911	0.5428
每股净资产(元)	4.5401	4.4286	4.0760	8.1151
每股经营现金净流量(元)	-0.0279	0.2126	-0.0192	0.7246
每股现金流量(元)	0.8457	-0.0535	-0.2984	0.3823
每股资本公积金(元)	2.0473	2.1162	1.7590	4.5181
每股盈余公积金(元)	0.1884	0.1947	0.1713	0.3425
每股未分配利润(元)	1.3129	1.2495	1.1601	2.3031
净资产收益率(%)	2.7312	4.4554	2.2338	6.6889
加权净资产收益率(%)	2.7600	4.9200	2.2200	6.8900
净资产收益率(扣除)(%)	2.4327	3.4684	1.4030	4.9536
总资产(万元)	199685.04	183998.58	150705.44	170989.13
归属母公司股东权益(万元)	156099.84	152266.20	135585.55	134970.35
营业收入(万元)	54515.31	89447.83	42437.49	100573.44
营业支出(万元)	41115.60	68641.62	32791.12	76729.26
投资收益(万元)	193.94	1351.56	789.35	3628.23
净利润(万元)	4263.44	6784.09	3028.77	9028.05
营业利润(万元)	4402.45	7513.20	3444.82	11428.13
利润总额(万元)	4744.83	7681.53	3520.75	10996.61

广联达科技股份有限公司

公司概况	公司名称	广联达科技股份有限公司			证券简称	广联达
	法人代表	刁志中	董秘	李树剑	证券代码	002410
	公司网址	www.glodon.com		电子信箱	lisj-c@glodon.com	
	电　话	010-56403000		传　真	010-56403335	
	办公地址	北京市海淀区西北旺东路10号院东区13号楼				
	经营范围	工程造价系列软件、项目管理系列软件的开发、销售和相关软件技术服务				

主要财务指标	指标＼报告期	2017.06.30	2016.12.31	2016.06.30	2015.12.31
	基本每股收益(元)	0.1270	0.3770	0.0960	0.2150
	基本每股收益(扣除后)(元)	0.1200	0.3120	0.0930	0.2090
	稀释每股收益(元)	0.1270	0.3770	0.0960	0.2150
	每股净资产(元)	2.4701	2.6444	2.3349	2.4274
	每股经营现金净流量(元)	-0.0693	0.4630	-0.0087	0.1638
	每股现金流量(元)	-0.8574	0.5075	-0.3443	-0.2667
	每股资本公积金(元)	0.3969	0.3969	0.3792	0.4108
	每股盈余公积金(元)	0.2303	0.2303	0.1967	0.1951
	每股未分配利润(元)	0.8509	1.0240	0.7753	0.8742
	净资产收益率(%)	5.1382	14.2937	4.0975	8.8341
	加权净资产收益率(%)	4.7800	14.8500	3.8400	8.8300
	净资产收益率(扣除)(%)	4.8387	11.8250	3.9628	8.5899
	总资产(万元)	419963.66	449109.35	283090.45	308782.02
	归属母公司股东权益(万元)	276492.68	296000.97	261356.66	273903.87
	营业收入(万元)	90061.18	202955.12	78228.69	153583.37
	营业支出(万元)	6502.78	13542.02	4115.70	6182.88
	投资收益(万元)	61.95	1489.07	77.47	1044.66
	净利润(万元)	14472.47	43753.82	11580.27	25652.43
	营业利润(万元)	17300.44	24362.22	7593.46	11493.19
	利润总额(万元)	17530.88	47981.49	13460.57	28690.94

江苏必康制药股份有限公司

公司概况	公司名称	江苏必康制药股份有限公司			证券简称	必康股份
	法人代表	周新基	董秘	苏熳	证券代码	002411
	公司网址	www.jjjkj.cn		电子信箱	002411@biconjs.com	
	电　话	86-513-84415048　88602411		传　真	0516-81619810	
	办公地址	江苏省新沂市钟吾南路18号财政局大厦北楼				
	经营范围	医药中间体类产品与氮肥类产品的研发、生产和销售				

主要财务指标	指标＼报告期	2017.06.30	2016.12.31	2016.06.30	2015.12.31
	基本每股收益(元)	0.2977	0.6520	0.3480	0.6274
	基本每股收益(扣除后)(元)	0.1550	0.6121	0.3381	0.6295
	稀释每股收益(元)	0.2977	0.6520	0.3480	0.6274
	每股净资产(元)	5.6415	5.4237	5.1178	4.1296
	每股经营现金净流量(元)	0.3761	0.9873	0.3164	0.5465
	每股现金流量(元)	-1.5001	2.7271	0.9012	0.4151
	每股资本公积金(元)	3.1952	3.1952	3.1923	2.3546
	每股盈余公积金(元)	0.2542	0.2542	0.2279	0.2785
	每股未分配利润(元)	1.0315	0.8138	0.5371	0.3551
	净资产收益率(%)	5.2774	11.4749	6.1832	10.9730
	加权净资产收益率(%)	5.3400	12.9100	7.3100	26.1100
	净资产收益率(扣除)(%)	2.7470	10.7739	6.0058	11.0106
	总资产(万元)	1939088.03	1806171.00	1487218.49	918960.41
	归属母公司股东权益(万元)	864430.83	831069.31	784196.02	524754.64
	营业收入(万元)	173112.62	372390.46	183820.85	202340.40
	营业支出(万元)	89828.94	168352.28	81304.14	78009.76
	投资收益(万元)	4581.62	4647.14	184.08	10.93
	净利润(万元)	45681.24	96205.88	49083.36	56828.62
	营业利润(万元)	51739.88	111863.80	56296.70	68985.67
	利润总额(万元)	52280.76	113426.00	57927.45	68725.44

湖南汉森制药股份有限公司

公司概况	公司名称	湖南汉森制药股份有限公司			证券简称	汉森制药
	法人代表	刘令安	董秘	刘厚尧	证券代码	002412
	公司网址	www.hansenzy.com		电子信箱	office@hansenzy.com	
	电　话	86-737-6351486		传　真	86-737-6351067	
	办公地址	湖南省益阳市银城南路龙岭工业园				
	经营范围	胃肠疾病、骨伤科疾病及心脑血管疾病中药制剂的研发、生产与销售等				

主要财务指标	指标＼报告期	2017.06.30	2016.12.31	2016.06.30	2015.12.31
	基本每股收益(元)	0.1800	0.2870	0.1710	0.3313
	基本每股收益(扣除后)(元)	0.1635	0.2691	0.1551	0.3194
	稀释每股收益(元)	0.1800	0.2870	0.1710	0.3313
	每股净资产(元)	3.9315	4.2500	4.1355	4.1135
	每股经营现金净流量(元)	0.1969	0.5811	0.2742	0.2369
	每股现金流量(元)	-0.1155	-0.3127	0.0216	-0.2485
	每股资本公积金(元)	1.3458	1.3458	1.3458	1.4949
	每股盈余公积金(元)	0.2299	0.2299	0.2045	0.2045
	每股未分配利润(元)	1.3558	1.6758	1.5852	1.4142
	净资产收益率(%)	4.5794	6.7496	4.1356	8.0549
	加权净资产收益率(%)	4.1500	6.7400	4.0700	8.3900
	净资产收益率(扣除)(%)	4.1595	6.3308	3.7508	7.7656
	总资产(万元)	166873.73	167438.87	134691.11	138031.64
	归属母公司股东权益(万元)	116371.58	125842.46	122411.02	121760.80
	营业收入(万元)	39405.59	79846.69	36175.48	78112.79
	营业支出(万元)	10932.71	23031.50	10179.43	22591.73
	投资收益(万元)	375.75	-556.08	--	-
	净利润(万元)	5329.11	8502.13	5062.18	10029.90
	营业利润(万元)	6267.66	9526.40	5615.11	11252.66
	利润总额(万元)	6401.99	9947.68	5961.15	11736.51

江苏雷科防务科技股份有限公司

公司概况	公司名称	江苏雷科防务科技股份有限公司			证券简称	雷科防务
	法人代表	戴斌	董秘	刘训雨	证券代码	002413
	公司网址	www.racodf.com		电子信箱	002413@racodf.com	
	电　话	0519-86237018		传　真	0519-86235691	
	办公地址	江苏省常州市武进区延政中路5号常发大厦18楼				
	经营范围	冰箱、空调用蒸发器及冷凝器的生产和销售				

主要财务指标	指标＼报告期	2017.06.30	2016.12.31	2016.06.30	2015.12.31
	基本每股收益(元)	0.0500	0.1000	0.0400	0.5200
	基本每股收益(扣除后)(元)	0.0400	0.0900	0.0400	0.3100
	稀释每股收益(元)	0.0500	0.1000	0.0400	0.5200
	每股净资产(元)	3.1806	3.1600	2.0280	6.6993
	每股经营现金净流量(元)	-0.1240	-0.1772	-0.0622	-0.4489
	每股现金流量(元)	-0.0813	-0.3886	-0.6402	2.0953
	每股资本公积金(元)	1.7335	1.7335	0.6119	3.9970
	每股盈余公积金(元)	0.0525	0.0525	0.0584	0.1809
	每股未分配利润(元)	0.3946	0.3784	0.3577	1.5214
	净资产收益率(%)	1.4514	3.0444	2.1854	6.6100
	加权净资产收益率(%)	1.4500	3.8900	2.0300	8.4300
	净资产收益率(扣除)(%)	1.2672	2.7842	2.1378	4.0836
	总资产(万元)	384721.06	373268.67	224078.54	234361.08
	归属母公司股东权益(万元)	347691.14	345924.25	199540.40	212636.64
	营业收入(万元)	29535.04	53052.87	16836.02	202854.29
	营业支出(万元)	14571.98	25913.97	7778.81	173716.22
	投资收益(万元)	--	--	--	123.58
	净利润(万元)	5098.15	10930.14	4657.13	14055.32
	营业利润(万元)	5614.42	12528.74	5281.89	11013.94
	利润总额(万元)	6008.97	12936.72	5392.81	18022.45

武汉高德红外股份有限公司

公司概况					
公司名称	武汉高德红外股份有限公司			证券简称	高德红外
法人代表	黄立	董秘	陈丽玲	证券代码	002414
公司网址	www.wuhan-guide.com		电子信箱	guide@guide-infrared.com	
电　话	027-81298268		传　真	027-81298268	
办公地址	湖北省武汉市东湖开发区黄龙山南路 6 号				
经营范围	红外热像仪产品的研发、生产和销售并提供技术服务				

主要财务指标				
指标\报告期	2017.06.30	2016.12.31	2016.06.30	2015.12.31
基本每股收益(元)	0.0742	0.1169	0.0640	0.1057
基本每股收益(扣除后)(元)	0.0610	0.0922	0.0558	0.0845
稀释每股收益(元)	0.0742	0.1169	0.0640	0.1057
每股净资产(元)	5.2679	5.2101	4.3605	4.1460
每股经营现金净流量(元)	-0.2262	-0.1976	-0.4364	0.0888
每股现金流量(元)	-0.5059	0.5390	-0.3189	-0.0686
每股资本公积金(元)	3.3113	3.3113	2.4788	2.4788
每股盈余公积金(元)	0.0902	0.0902	0.0925	0.0925
每股未分配利润(元)	0.7058	0.6476	0.6221	0.5740
净资产收益率(%)	1.4081	2.1786	1.4681	2.5485
加权净资产收益率(%)	1.4100	2.5600	1.5300	2.5800
净资产收益率(扣除)(%)	1.1587	1.7188	1.2796	2.0384
总资产(万元)	414736.75	406276.38	343373.48	333769.22
归属母公司股东权益(万元)	328850.63	325245.60	261630.52	248758.82
营业收入(万元)	31597.01	81033.46	30259.20	63234.87
营业支出(万元)	11724.70	38529.25	12706.77	34539.75
投资收益(万元)	173.92	22.44	-	366.40
净利润(万元)	4630.41	7085.75	3841.09	6339.55
营业利润(万元)	4382.77	5984.30	3550.00	2813.38
利润总额(万元)	5347.19	7990.07	4249.17	6702.42

杭州海康威视数字技术股份有限公司

公司概况					
公司名称	杭州海康威视数字技术股份有限公司			证券简称	海康威视
法人代表	陈宗年	董秘	黄方红	证券代码	002415
公司网址	www.hikvision.com		电子信箱	hikvision@hikvision.com	
电　话	0571-89710492		传　真	0571-89986895	
办公地址	浙江省杭州市滨江区阡陌路 555 号				
经营范围	电子产品的研发,生产、销售自产产品、提供技术服务、电子设备安装等				

主要财务指标				
指标\报告期	2017.06.30	2016.12.31	2016.06.30	2015.12.31
基本每股收益(元)	0.3570	1.2270	0.4300	1.4600
基本每股收益(扣除后)(元)	0.3460	1.2020	0.4300	1.4000
稀释每股收益(元)	0.3570	1.2210	0.4300	1.4500
每股净资产(元)	2.6053	3.9800	3.1307	4.7321
每股经营现金净流量(元)	-0.2105	1.0182	0.0652	0.7906
每股现金流量(元)	-0.1079	0.5713	-0.0254	0.7181
每股资本公积金(元)	0.1866	0.1721	0.1471	0.4030
每股盈余公积金(元)	0.2834	0.4286	0.3105	0.4658
每股未分配利润(元)	1.2291	2.4345	1.7655	2.9975
净资产收益率(%)	13.6897	30.5586	13.6431	30.4825
加权净资产收益率(%)	12.9800	34.5600	12.9600	35.2800
净资产收益率(扣除)(%)	13.2668	29.9348	13.4723	29.1106
总资产(万元)	4152493.45	4134842.88	3195833.51	3031644.24
归属母公司股东权益(万元)	2404388.62	2428375.54	1910739.07	1925380.37
营业收入(万元)	1644753.97	3192402.09	1254819.87	2527139.03
营业支出(万元)	942069.50	1864969.41	751638.17	1513679.35
投资收益(万元)	4965.22	4049.33	2645.15	14867.34
净利润(万元)	327593.17	742027.31	261020.19	588239.78
营业利润(万元)	381235.43	683010.07	240878.81	549399.35
利润总额(万元)	384459.00	831017.83	304273.39	675004.17

深圳市爱施德股份有限公司

公司概况					
公司名称	深圳市爱施德股份有限公司			证券简称	爱施德
法人代表	黄文辉	董秘	罗筱溪	证券代码	002416
公司网址	www.aisidi.com		电子信箱	ir@aisidi.com	
电　话	86-755-21519888 21519976		传　真	86-755-83890101	
办公地址	广东省深圳市南山区沙河西路 3151 号新兴产业园(健兴科技大厦)C 栋 8 楼 801-806 号				
经营范围	国内商业移动通讯、电子产品及相关配套产品的购销与代理供应链管理等				

主要财务指标				
指标\报告期	2017.06.30	2016.12.31	2016.06.30	2015.12.31
基本每股收益(元)	0.1527	0.1861	0.0920	0.1410
基本每股收益(扣除后)(元)	0.0946	0.0960	0.0670	0.0790
稀释每股收益(元)	0.1527	0.1861	0.0920	0.1410
每股净资产(元)	5.0865	5.1039	4.5959	4.5074
每股经营现金净流量(元)	-0.8860	1.3457	0.3132	0.2914
每股现金流量(元)	1.8689	-0.5294	-0.6203	0.2684
每股资本公积金(元)	1.7702	1.7702	1.4897	1.4711
每股盈余公积金(元)	0.2239	0.2239	0.2278	0.2250
每股未分配利润(元)	1.8447	1.8419	1.8268	1.7132
净资产收益率(%)	3.0028	3.5620	2.0008	3.1471
加权净资产收益率(%)	2.9500	3.8800	2.0200	3.2100
净资产收益率(扣除)(%)	1.8593	1.8365	1.4619	1.7174
总资产(万元)	1308028.11	989483.56	860623.65	1045470.28
归属母公司股东权益(万元)	525298.26	527098.85	455631.14	446857.51
营业收入(万元)	2406946.97	4833327.78	2326717.70	4956902.83
营业支出(万元)	2332267.59	4703509.75	2259996.11	4828121.29
投资收益(万元)	4432.99	5876.57	751.65	1180.76
净利润(万元)	16379.92	19798.09	9520.31	13836.13
营业利润(万元)	18180.75	22986.63	9903.67	13312.61
利润总额(万元)	19911.82	27798.74	12213.46	16552.28

深南金科股份有限公司

公司概况					
公司名称	深南金科股份有限公司			证券简称	深南股份
法人代表	周世平	董秘	钟科	证券代码	002417
公司网址	www.sunnada.com		电子信箱	ir@honlinegroup.com	
电　话	0755-82730065		传　真	0755-82730281	
办公地址	深圳市福田区福华三路 168 号深圳国际商会中心 54-A				
经营范围	商品销售、系统集成、维护服务、保理业务				

主要财务指标				
指标\报告期	2017.06.30	2016.12.31	2016.06.30	2015.12.31
基本每股收益(元)	0.0600	-0.3900	-0.2200	0.1100
基本每股收益(扣除后)(元)	-0.1400	-0.4100	-0.2200	-0.4200
稀释每股收益(元)	0.0600	-0.3900	-0.2200	0.1100
每股净资产(元)	1.3691	1.2647	1.4379	1.6552
每股经营现金净流量(元)	0.6392	0.2646	-0.0599	-0.2686
每股现金流量(元)	0.3742	-0.3335	-0.5614	0.4618
每股资本公积金(元)	1.5112	1.5112	1.5112	1.5112
每股盈余公积金(元)	0.1014	0.1014	0.1014	0.1014
每股未分配利润(元)	-1.2436	-1.3480	-1.1748	-0.9575
净资产收益率(%)	4.4760	-30.8775	-15.1115	6.5734
加权净资产收益率(%)	4.6500	-26.7500	-14.0500	6.8000
净资产收益率(扣除)(%)	-10.4989	-32.5029	-15.4702	-25.3457
总资产(万元)	50083.18	72688.58	80585.35	104585.95
归属母公司股东权益(万元)	36964.36	34146.52	38823.31	44690.10
营业收入(万元)	9212.64	32503.05	13581.21	47877.60
营业支出(万元)	6711.06	25292.45	10657.10	37734.27
投资收益(万元)	---	6.60	-	11759.17
净利润(万元)	1641.96	-10634.79	-5905.26	2883.63
营业利润(万元)	-3893.37	-10831.41	-6041.05	1407.30
利润总额(万元)	1641.96	-10204.88	-5901.81	4640.91

浙江康盛股份有限公司

公司概况	公司名称	浙江康盛股份有限公司			证券简称	康盛股份
	法人代表	陈汉康	董秘	毛泽璋	证券代码	002418
	公司网址	www.kasun.cn		电子信箱	ksgf@kasun.cn	
	电　话	0571-64836953 64837208		传　真	0571-64836953	
	办公地址	浙江省杭州市淳安县千岛湖镇康盛路 268 号				
	经营范围	制造、销售内螺纹钢管、精密铜管、钢管、铝管、冷轧钢带、铜带、冰箱等				

主要财务指标	指标\报告期	2017.06.30	2016.12.31	2016.06.30	2015.12.31
	基本每股收益(元)	0.0600	0.1700	0.1000	0.2600
	基本每股收益(扣除后)(元)	0.0600	0.1400	0.0900	0.1300
	稀释每股收益(元)	0.0600	0.1700	0.1000	0.2600
	每股净资产(元)	1.8893	1.8300	1.7572	5.0716
	每股经营现金净流量(元)	−0.0846	−2.0505	−1.4130	−0.0092
	每股现金流量(元)	−0.0058	0.2174	0.1355	0.3521
	每股资本公积金(元)	0.3254	0.3254	0.3254	2.9761
	每股盈余公积金(元)	0.0299	0.0299	0.0273	0.0818
	每股未分配利润(元)	0.5141	0.4505	0.3852	0.9556
	净资产收益率(%)	3.3667	9.1970	5.6922	4.7038
	加权净资产收益率(%)	3.4200	9.5700	5.7500	4.8000
	净资产收益率(扣除)(%)	3.2159	7.5797	5.3084	2.3286
	总资产(万元)	734211.77	730687.08	607722.70	409518.77
	归属母公司股东权益(万元)	214702.51	207474.22	199692.43	192113.59
	营业收入(万元)	149310.03	280657.33	127980.08	217958.88
	营业支出(万元)	123583.24	222046.40	99440.48	182964.70
	投资收益(万元)	965.72	1716.52	623.23	−1035.86
	净利润(万元)	9001.56	21966.81	13087.00	9336.82
	营业利润(万元)	11086.63	24145.06	15122.96	6321.16
	利润总额(万元)	11461.95	27401.09	15823.69	11132.83

天虹商场股份有限公司

公司概况	公司名称	天虹商场股份有限公司			证券简称	天虹商场
	法人代表	高书林	董秘	万颖	证券代码	002419
	公司网址	www.rainbow.cn		电子信箱	ir@rainbowcn.com	
	电　话	0755-23651888		传　真	0755-23652166	
	办公地址	广东省深圳市南山区中心路(深圳湾段)3019 号天虹大厦 9-14 楼、17-20 楼				
	经营范围	从事以百货为主的商品零售业务				

主要财务指标	指标\报告期	2017.06.30	2016.12.31	2016.06.30	2015.12.31
	基本每股收益(元)	0.4700	0.6500	0.3600	1.5100
	基本每股收益(扣除后)(元)	0.4300	0.5500	0.3000	0.5600
	稀释每股收益(元)	0.4700	0.6500	0.3600	1.5100
	每股净资产(元)	7.0981	6.9897	6.6918	6.8875
	每股经营现金净流量(元)	−0.7711	2.0397	−0.5290	1.5533
	每股现金流量(元)	−1.9821	−0.3099	−2.1866	2.1900
	每股资本公积金(元)	2.1360	2.1360	2.1360	2.1390
	每股盈余公积金(元)	0.5041	0.5041	0.5041	0.5041
	每股未分配利润(元)	3.4578	3.3494	3.0516	3.2444
	净资产收益率(%)	6.5995	9.3706	5.3290	21.9257
	加权净资产收益率(%)	6.5900	9.5000	5.1100	24.0800
	净资产收益率(扣除)(%)	6.0783	7.8720	4.4218	8.1219
	总资产(万元)	1387079.65	1475802.57	1299404.89	1388444.85
	归属母公司股东权益(万元)	567987.35	559315.13	535473.94	551139.85
	营业收入(万元)	898300.03	1727295.84	854363.81	1739606.49
	营业支出(万元)	671013.95	1309980.95	645342.71	1329593.70
	投资收益(万元)	4162.88	5887.40	3181.76	118769.01
	净利润(万元)	37475.32	52323.71	28477.01	120708.97
	营业利润(万元)	49952.06	67260.89	37007.21	175948.23
	利润总额(万元)	49727.06	71529.30	38692.55	167103.38

广州毅昌科技股份有限公司

公司概况	公司名称	广州毅昌科技股份有限公司			证券简称	毅昌股份
	法人代表	熊海涛	董秘	叶昌焱	证券代码	002420
	公司网址	www.echom.com		电子信箱	zhengquan@echom.com	
	电　话	020-32200889		传　真	86-20-32200850	
	办公地址	广东省广州市高新技术产业开发区科学城科丰路 29 号				
	经营范围	设计、生产和销售电视机外观结构件				

主要财务指标	指标\报告期	2017.06.30	2016.12.31	2016.06.30	2015.12.31
	基本每股收益(元)	−0.1306	0.0500	−0.1879	0.1200
	基本每股收益(扣除后)(元)	−0.2024	−0.0400	−0.2149	0.0400
	稀释每股收益(元)	−0.1306	0.0500	−0.1879	0.1200
	每股净资产(元)	4.0107	4.1419	3.9050	4.1023
	每股经营现金净流量(元)	−0.5584	0.8679	0.4403	0.0915
	每股现金流量(元)	−0.0265	−0.0981	−0.4373	0.1454
	每股资本公积金(元)	2.0148	2.0148	2.0148	2.0148
	每股盈余公积金(元)	0.0782	0.0782	0.0740	0.0740
	每股未分配利润(元)	0.9159	1.0465	0.8149	1.0128
	净资产收益率(%)	−3.2566	1.1563	−4.8115	2.8673
	加权净资产收益率(%)	−3.2000	1.1600	−4.6900	2.9100
	净资产收益率(扣除)(%)	−5.0459	−0.9834	−5.5043	0.8839
	总资产(万元)	422817.71	414922.16	376293.33	405420.07
	归属母公司股东权益(万元)	160827.53	166088.62	156589.42	164502.52
	营业收入(万元)	266628.74	575432.89	222426.68	371610.94
	营业支出(万元)	252231.21	530520.31	205989.65	329663.68
	投资收益(万元)	60.19	654.81	245.37	313.60
	净利润(万元)	−5452.49	1495.80	−7608.74	4733.61
	营业利润(万元)	−7279.00	−2643.30	−9733.45	1664.11
	利润总额(万元)	−5142.32	990.23	−8601.69	5006.89

深圳达实智能股份有限公司

公司概况	公司名称	深圳达实智能股份有限公司			证券简称	达实智能
	法人代表	刘磅	董秘	林雨斌	证券代码	002421
	公司网址	www.chn-das.com		电子信箱	das@chn-das.com	
	电　话	0755-26525166		传　真	0755-26639599	
	办公地址	广东省深圳市南山区高新技术产业园达实智能大厦				
	经营范围	组装生产、研发能源管理产品、IC 卡读写机具产品、安防监控设备和信息终端等				

主要财务指标	指标\报告期	2017.06.30	2016.12.31	2016.06.30	2015.12.31
	基本每股收益(元)	0.0542	0.1453	0.1300	0.2679
	基本每股收益(扣除后)(元)	0.0490	0.1357	0.1100	0.2494
	稀释每股收益(元)	0.0538	0.1429	0.1300	0.2679
	每股净资产(元)	1.4972	1.4583	4.0615	3.9484
	每股经营现金净流量(元)	−0.0596	−0.0077	−0.3439	0.2132
	每股现金流量(元)	−0.0104	−0.2320	−0.7671	0.7661
	每股资本公积金(元)	0.1099	0.1123	2.3299	2.3221
	每股盈余公积金(元)	0.0336	0.0305	0.0792	0.0726
	每股未分配利润(元)	0.3729	0.3520	0.7632	0.6960
	净资产收益率(%)	3.5959	9.8029	3.0454	6.0168
	加权净资产收益率(%)	3.6300	10.3100	3.0800	9.0800
	净资产收益率(扣除)(%)	3.2508	9.1582	2.6376	5.6013
	总资产(万元)	507021.20	483062.88	442107.32	484355.55
	归属母公司股东权益(万元)	287995.66	281035.51	260907.76	253679.29
	营业收入(万元)	115527.48	245701.55	99275.48	171130.87
	营业支出(万元)	84712.19	170782.72	70759.65	121960.91
	投资收益(万元)	−66.06	−155.45	−69.81	−59.67
	净利润(万元)	10637.70	29557.05	8912.47	15992.64
	营业利润(万元)	11429.76	32453.28	9961.73	17644.89
	利润总额(万元)	12550.98	34949.82	10781.25	19140.28

四川科伦药业股份有限公司

公司概况	公司名称	四川科伦药业股份有限公司			证券简称	科伦药业
	法人代表	刘革新	董秘	冯昊	证券代码	002422
	公司网址	www.kelun.com		电子信箱	kelun@kelun.com	
	电　话	028-82860678		传　真	028-86132515	
	办公地址	四川省成都市青羊区百花西路 36 号				
	经营范围	输液产品、非输液产品				

主要财务指标	指标\报告期	2017.06.30	2016.12.31	2016.06.30	2015.12.31
	基本每股收益(元)	0.1800	0.4100	0.2700	0.4500
	基本每股收益(扣除后)(元)	0.1800	0.3700	0.2500	0.4400
	稀释每股收益(元)	0.1800	0.4100	0.2700	0.4500
	每股净资产(元)	8.0785	7.8682	7.8212	7.6806
	每股经营现金净流量(元)	0.4893	1.1982	0.6510	0.8607
	每股现金流量(元)	−0.2100	−0.4648	0.1681	0.1610
	每股资本公积金(元)	2.4315	2.4148	2.5525	2.5520
	每股盈余公积金(元)	0.4095	0.4095	0.3431	0.3431
	每股未分配利润(元)	4.0502	4.0114	3.9398	3.8100
	净资产收益率(%)	2.2019	5.1600	3.4279	5.8343
	加权净资产收益率(%)	2.2100	5.2100	3.4400	5.9100
	净资产收益率(扣除)(%)	2.2753	4.7446	3.1382	5.6718
	总资产(万元)	2485504.00	2340987.89	2385541.22	2258334.73
	归属母公司股东权益(万元)	1163305.23	1133020.49	1126253.67	1106003.94
	营业收入(万元)	494197.69	856594.34	409641.28	776334.00
	营业支出(万元)	273538.57	485466.58	239505.51	450553.61
	投资收益(万元)	1727.63	1570.85	384.68	2861.24
	净利润(万元)	30066.55	62432.48	41031.21	54188.94
	营业利润(万元)	38340.87	66805.76	42775.98	57350.36
	利润总额(万元)	37339.44	71642.61	46133.77	68081.68

中原特钢股份有限公司

公司概况	公司名称	中原特钢股份有限公司			证券简称	中原特钢
	法人代表	鹿盟	董秘	蒋根豹	证券代码	002423
	公司网址	www.zssw.com		电子信箱	jyjgb2007@163.com	
	电　话	0391-6099022　6099031		传　真	0391-6099019	
	办公地址	河南省济源市承留镇小寨村				
	经营范围	工业专用装备及大型特殊钢精锻件的研发、生产、销售和服务				

主要财务指标	指标\报告期	2017.06.30	2016.12.31	2016.06.30	2015.12.31
	基本每股收益(元)	−0.1979	0.0100	−0.0970	−0.4242
	基本每股收益(扣除后)(元)	−0.2034	−0.2800	−0.1290	−0.4782
	稀释每股收益(元)	−0.1979	0.0100	−0.0970	−0.4242
	每股净资产(元)	3.4401	3.6369	3.5296	3.6246
	每股经营现金净流量(元)	0.0061	−0.2079	−0.0136	−0.1653
	每股现金流量(元)	−0.1055	−0.1225	−0.0015	−0.4403
	每股资本公积金(元)	2.1230	2.1230	2.1230	2.1230
	每股盈余公积金(元)	0.0839	0.0839	0.0839	0.0839
	每股未分配利润(元)	0.2289	0.4269	0.3196	0.4165
	净资产收益率(%)	−5.7537	0.2841	−2.7469	−11.7024
	加权净资产收益率(%)	−5.5900	0.2800	−2.7100	−11.0600
	净资产收益率(扣除)(%)	−5.9123	−7.8297	−3.6398	−13.1939
	总资产(万元)	368882.05	377329.62	373121.28	348388.53
	归属母公司股东权益(万元)	173031.10	182933.00	177534.22	182314.12
	营业收入(万元)	50889.19	87421.29	47629.07	95447.78
	营业支出(万元)	50097.44	79181.12	43396.48	93600.43
	投资收益(万元)	36.32	7270.48	0.72	480.85
	净利润(万元)	−9955.62	519.79	−4876.66	−21335.22
	营业利润(万元)	−10230.20	−7585.34	−6461.95	−24135.05
	利润总额(万元)	−9955.62	519.79	−4876.66	−21415.93

贵州百灵企业集团制药股份有限公司

公司概况	公司名称	贵州百灵企业集团制药股份有限公司			证券简称	贵州百灵
	法人代表	姜伟	董秘	牛民	证券代码	002424
	公司网址	www.gzbl.com		电子信箱	blzy@gzbl.com	
	电　话	0853-3415126		传　真	0853-3412296	
	办公地址	贵州省安顺市经济技术开发区西航大道				
	经营范围	片剂、胶囊剂、糖浆剂、软胶囊剂、颗粒剂、丸剂、散剂、喷雾剂、煎膏剂等				

主要财务指标	指标\报告期	0.1700	2016.12.31	2016.06.30	2015.12.31
	基本每股收益(元)	0.1600	0.3400	0.1500	0.2900
	基本每股收益(扣除后)(元)	0.1700	0.3400	0.1500	0.2800
	稀释每股收益(元)	2.2311	0.3400	0.1500	0.2900
	每股净资产(元)	−0.1628	2.1412	1.9493	1.8756
	每股经营现金净流量(元)	−0.3589	0.3307	0.0017	0.2928
	每股现金流量(元)	0.1077	0.1818	−0.1315	0.2119
	每股资本公积金(元)	0.1477	0.1070	0.1039	0.1032
	每股盈余公积金(元)	0.9757	0.1477	0.1144	0.1144
	每股未分配利润(元)	7.5819	0.8865	0.7310	0.6580
	净资产收益率(%)	7.6900	15.9626	7.8479	15.5424
	加权净资产收益率(%)	7.2874	17.6000	7.9400	16.7400
	净资产收益率(扣除)(%)	439662.34	15.6817	7.6432	14.7324
	总资产(万元)	314847.84	423595.65	388417.74	384151.30
	归属母公司股东权益(万元)	122865.19	302161.00	275082.58	264678.89
	营业收入(万元)	46740.09	221421.11	102325.41	189908.76
	营业支出(万元)	--	78895.47	40515.23	72055.91
	投资收益(万元)	24293.61	302.84	–	549.40
	净利润(万元)	29045.51	48626.20	21851.92	41614.87
	营业利润(万元)	29985.15	56990.22	25172.19	47063.45
	利润总额(万元)	0.1700	57994.42	25836.06	49189.94

凯撒(中国)股份有限公司

公司概况	公司名称	凯撒(中国)股份有限公司			证券简称	凯撒文化
	法人代表	郑合明	董秘	彭玲	证券代码	002425
	公司网址	www.kaiser.com.cn		电子信箱	kaiser@vip.163.com	
	电　话	0755-26913931		传　真	0755-26918767	
	办公地址	广东省汕头市龙湖珠津工业区珠津 1 街 3 号凯撒工业城				
	经营范围	成品服装、皮草贸易、游戏分成、数字阅读、技术服务、版权运营等				

主要财务指标	指标\报告期	2017.06.30	2016.12.31	2016.06.30	2015.12.31
	基本每股收益(元)	0.1200	0.3200	0.1000	0.1900
	基本每股收益(扣除后)(元)	0.1200	0.3200	0.0960	0.1400
	稀释每股收益(元)	0.1200	0.3200	0.1000	0.1900
	每股净资产(元)	4.2971	6.7335	6.5774	4.5596
	每股经营现金净流量(元)	−0.0498	0.6899	0.3423	0.1424
	每股现金流量(元)	−0.0875	0.2999	0.3783	−0.4286
	每股资本公积金(元)	2.6344	4.8150	4.8237	2.7806
	每股盈余公积金(元)	0.0624	0.0999	0.0931	0.1091
	每股未分配利润(元)	0.5995	0.8156	0.6608	0.6715
	净资产收益率(%)	2.8172	4.4401	1.3300	4.0867
	加权净资产收益率(%)	2.8400	5.3000	1.3200	4.4200
	净资产收益率(扣除)(%)	2.7532	4.4512	1.2837	3.0769
	总资产(万元)	421294.58	420875.14	414924.58	266946.54
	归属母公司股东权益(万元)	349674.66	342460.50	334519.00	197995.88
	营业收入(万元)	28262.36	51993.06	21885.71	63253.26
	营业支出(万元)	8904.88	16042.15	8756.62	38855.60
	投资收益(万元)	220.69	−333.48	433.59	986.03
	净利润(万元)	9596.16	13697.01	3779.96	5013.94
	营业利润(万元)	8193.68	11276.29	3446.31	3211.08
	利润总额(万元)	8241.14	11491.09	3492.34	4828.50

苏州胜利精密制造科技股份有限公司

公司概况	公司名称	苏州胜利精密制造科技股份有限公司			证券简称	胜利精密
	法人代表	高玉根	董秘	殷勤	证券代码	002426
	公司网址	www.vicsz.com		电子信箱	zhengquan@vicsz.com	
	电　话	0512-69207028 69207200		传　真	0512-69207028 69207112	
	办公地址	江苏省苏州市高新区浒关工业园浒泾路55号				
	经营范围	研发、生产、销售：冲压件、金属结构件、模具、五金配件等				

主要财务指标	指标＼报告期	2017.06.30	2016.12.31	2016.06.30	2015.12.31
	基本每股收益(元)	0.0940	0.1122	0.1415	0.2535
	基本每股收益(扣除后)(元)	0.0456	0.1088	0.1304	0.2495
	稀释每股收益(元)	0.0940	0.1122	0.1415	0.2535
	每股净资产(元)	2.5193	2.4541	1.8369	4.3043
	每股经营现金净流量(元)	–0.0807	–0.0438	–0.1090	–0.3356
	每股现金流量(元)	–0.1393	0.7738	–0.0570	–0.1041
	每股资本公积金(元)	1.1173	1.1173	0.4463	2.6350
	每股盈余公积金(元)	0.0222	0.0222	0.0248	0.0618
	每股未分配利润(元)	0.3789	0.3149	0.3659	0.6087
	净资产收益率(%)	3.7316	5.1144	7.7036	5.2805
	加权净资产收益率(%)	3.7800	7.8700	7.8700	7.1700
	净资产收益率(扣除)(%)	1.8107	4.9627	7.1005	5.1958
	总资产(万元)	1783562.73	1654353.45	1254542.95	1130742.04
	归属母公司股东权益(万元)	861937.87	839628.29	533825.05	502157.56
	营业收入(万元)	738590.73	1347686.47	721389.77	586056.29
	营业支出(万元)	655490.53	1199504.34	633620.44	519752.48
	投资收益(万元)	–398.18	–1041.52	–683.62	194.63
	净利润(万元)	31443.78	47030.10	43266.41	27648.78
	营业利润(万元)	24576.25	54103.95	47520.09	32161.58
	利润总额(万元)	39354.35	56609.51	51933.58	33303.17

浙江尤夫高新纤维股份有限公司

公司概况	公司名称	浙江尤夫高新纤维股份有限公司			证券简称	ST尤夫
	法人代表	翁中华	董秘	赖建清	证券代码	002427
	公司网址	www.unifull.com		电子信箱	ir@unifull.com	
	电　话	0572-3961786		传　真	0572-2833555	
	办公地址	浙江省湖州市和孚镇工业园区				
	经营范围	生产差别化FDY聚酯纤维及特种工业用布、聚酯线带，销售本公司生产产品				

主要财务指标	指标＼报告期	2017.06.30	2016.12.31	2016.06.30	2015.12.31
	基本每股收益(元)	0.3100	0.4200	0.1700	0.2700
	基本每股收益(扣除后)(元)	0.2790	0.3700	0.1400	0.2400
	稀释每股收益(元)	0.3100	0.4200	0.1700	0.2700
	每股净资产(元)	5.8255	5.5370	5.3534	5.3057
	每股经营现金净流量(元)	–0.0427	0.9660	0.6318	0.7149
	每股现金流量(元)	1.2318	2.9554	0.8429	0.2244
	每股资本公积金(元)	3.2982	3.2982	3.3714	3.3713
	每股盈余公积金(元)	0.1580	0.1580	0.1206	0.1206
	每股未分配利润(元)	1.3689	1.0804	0.8618	0.8143
	净资产收益率(%)	5.2959	7.6485	3.1303	4.7359
	加权净资产收益率(%)	5.4200	7.8000	3.1100	6.2800
	净资产收益率(扣除)(%)	4.7891	6.6140	2.6203	4.1964
	总资产(万元)	717225.68	573587.43	320408.45	306698.68
	归属母公司股东权益(万元)	231943.82	220456.54	213147.51	211248.54
	营业收入(万元)	198026.30	246008.95	101362.79	200504.52
	营业支出(万元)	145456.03	198495.99	84116.98	167879.44
	投资收益(万元)	40.10	1651.95	1218.66	848.65
	净利润(万元)	16843.21	18800.25	6870.83	10414.58
	营业利润(万元)	17837.35	20261.63	8108.83	12076.35
	利润总额(万元)	19391.87	21344.00	8065.20	12342.56

云南临沧鑫圆锗业股份有限公司

公司概况	公司名称	云南临沧鑫圆锗业股份有限公司			证券简称	云南锗业
	法人代表	包文东	董秘	金洪国	证券代码	002428
	公司网址	www.sino-ge.com		电子信箱	jinhongguo@sino-ge.com	
	电　话	0871-65955312 65955973		传　真	0871-63635956 63635956	
	办公地址	云南省昆明市呈贡新区马金铺电力装备园魁星街				
	经营范围	锗的采掘、冶炼、提纯、精深加工等				

主要财务指标	指标＼报告期	2017.06.30	2016.12.31	2016.06.30	2015.12.31
	基本每股收益(元)	0.0040	–0.1600	–0.0560	0.0900
	基本每股收益(扣除后)(元)	–0.0080	–0.1700	–0.0600	0.0060
	稀释每股收益(元)	0.0040	–0.1600	–0.0560	0.0900
	每股净资产(元)	2.2620	2.2561	2.3585	2.4432
	每股经营现金净流量(元)	0.0866	0.2906	0.2669	–0.0047
	每股现金流量(元)	0.1517	–0.1424	0.0112	–0.0480
	每股资本公积金(元)	0.5029	0.5022	0.5022	0.5022
	每股盈余公积金(元)	0.1252	0.1252	0.1252	0.1252
	每股未分配利润(元)	0.6260	0.6220	0.7241	0.8100
	净资产收益率(%)	0.1760	–7.0046	–2.3695	3.8272
	加权净资产收益率(%)	0.1800	–6.7300	–2.3200	3.8900
	净资产收益率(扣除)(%)	–0.3470	–7.7440	–2.5553	0.2314
	总资产(万元)	198682.54	190580.41	208107.30	224092.27
	归属母公司股东权益(万元)	147737.78	147350.18	154038.91	159567.67
	营业收入(万元)	17284.41	29833.24	22111.27	40220.76
	营业支出(万元)	13658.68	27670.07	19768.08	27234.06
	投资收益(万元)	—	—	–	3435.61
	净利润(万元)	65.95	–10704.00	–3647.91	6301.93
	营业利润(万元)	–403.84	–12908.10	–4297.95	4349.52
	利润总额(万元)	496.74	–11727.01	–3942.41	7079.13

深圳市兆驰股份有限公司

公司概况	公司名称	深圳市兆驰股份有限公司			证券简称	兆驰股份
	法人代表	顾伟	董秘	方振宇	证券代码	002429
	公司网址	www.szmtc.com.cn		电子信箱	ls@szmtc.com.cn	
	电　话	0755-33614068		传　真	0755-33614256	
	办公地址	广东省深圳市龙岗区南湾街道下李朗社区李朗路一号兆驰创新产业园				
	经营范围	家庭视听消费类电子产品的研发、设计、制造、销售				

主要财务指标	指标＼报告期	2017.06.30	2016.12.31	2016.06.30	2015.12.31
	基本每股收益(元)	0.0724	0.2300	0.1385	0.2200
	基本每股收益(扣除后)(元)	0.0617	0.1800	0.1365	0.1700
	稀释每股收益(元)	0.0724	0.2300	0.1383	0.2200
	每股净资产(元)	1.7647	4.2656	3.0821	3.0143
	每股经营现金净流量(元)	–0.1554	0.3516	–0.0029	0.0176
	每股现金流量(元)	0.2807	–0.1546	–0.2722	0.1906
	每股资本公积金(元)	0.0387	1.5966	0.3073	0.3052
	每股盈余公积金(元)	0.0711	0.1776	0.1740	0.1740
	每股未分配利润(元)	0.6465	1.4637	1.5862	1.5248
	净资产收益率(%)	4.1032	4.8468	4.4887	7.1601
	加权净资产收益率(%)	4.1600	7.2600	4.4800	7.4300
	净资产收益率(扣除)(%)	3.4982	3.8350	4.4138	5.7050
	总资产(万元)	1353243.74	1229590.50	919015.27	945591.28
	归属母公司股东权益(万元)	798887.61	772442.41	493612.00	482742.84
	营业收入(万元)	374550.86	747734.64	309919.31	609587.72
	营业支出(万元)	321279.33	631682.42	264008.15	531909.27
	投资收益(万元)	12374.18	21184.69	9110.08	21740.53
	净利润(万元)	32335.83	35451.26	21582.97	34457.94
	营业利润(万元)	37200.47	30474.61	22006.08	34255.39
	利润总额(万元)	37727.49	42757.69	25013.91	40077.40

杭州杭氧股份有限公司

公司概况	公司名称	杭州杭氧股份有限公司			证券简称	杭氧股份
	法人代表	蒋明	董秘	汪加林	证券代码	002430
	公司网址	www.hangyang.com		电子信箱	investor@hangyang.com	
	电　话	0571-85869078 85869076		传　真	0571-85869076	
	办公地址	浙江省杭州市下城区中山北路 592 号弘元大厦				
	经营范围	空气分离设备、工业气体产品和石化设备的生产及销售业务等				

	指标＼报告期	2017.06.30	2016.12.31	2016.06.30	2015.12.31
主要财务指标	基本每股收益(元)	0.1200	–0.3200	–0.0700	0.1700
	基本每股收益(扣除后)(元)	0.1000	–0.4300	–0.0900	0.1300
	稀释每股收益(元)	0.1200	–0.3400	–0.0700	0.1700
	每股净资产(元)	4.1898	4.0600	4.3302	4.4195
	每股经营现金净流量(元)	0.4445	0.5099	0.0297	0.5201
	每股现金流量(元)	0.1307	0.0998	–0.1184	–0.0297
	每股资本公积金(元)	1.0621	1.0621	1.0621	1.0621
	每股盈余公积金(元)	0.3250	0.3250	0.3250	0.3250
	每股未分配利润(元)	1.7338	1.6156	1.8879	1.9853
	净资产收益率(%)	2.8218	–8.3641	–1.5581	3.9202
	加权净资产收益率(%)	2.8700	–8.0200	–1.5400	4.0000
	净资产收益率(扣除)(%)	2.0944	–10.6756	–2.1241	2.8883
	总资产(万元)	1011762.23	991370.14	965295.88	973071.41
	归属母公司股东权益(万元)	348497.21	337895.74	360171.83	367600.13
	营业收入(万元)	291452.39	494446.58	219949.88	593966.71
	营业支出(万元)	237842.56	423969.91	184828.25	494414.45
	投资收益(万元)	–201.39	4159.29	–45.90	268.11
	净利润(万元)	9888.51	–28084.71	–5572.33	16182.83
	营业利润(万元)	11856.70	–25516.64	–5169.84	16289.55
	利润总额(万元)	15089.74	–25177.09	–2780.08	20926.69

棕榈生态城镇发展股份有限公司

公司概况	公司名称	棕榈生态城镇发展股份有限公司			证券简称	棕榈股份
	法人代表	林从孝	董秘	冯玉兰	证券代码	002431
	公司网址	www.palm-la.com		电子信箱	002431@palm-la.com	
	电　话	020-85189002 85189003		传　真	020-85189000	
	办公地址	广东省广州市天河区马场路 16 号富力盈盛广场 B 栋 23-25 楼				
	经营范围	承接园林绿化、园林建筑、喷泉、雕塑、市政工程、园林规划设计等				

	指标＼报告期	2017.06.30	2016.12.31	2016.06.30	2015.12.31
主要财务指标	基本每股收益(元)	0.0600	0.0900	0.0400	–0.4000
	基本每股收益(扣除后)(元)	0.0600	0.0020	0.0400	0.0900
	稀释每股收益(元)	0.0600	0.0900	0.0400	–0.4000
	每股净资产(元)	3.8427	3.1009	3.0623	7.5407
	每股经营现金净流量(元)	–0.2191	0.0487	–0.2310	–1.2140
	每股现金流量(元)	0.3798	–0.0096	–0.1590	1.7478
	每股资本公积金(元)	1.6888	1.0599	1.0769	4.1849
	每股盈余公积金(元)	0.1171	0.1171	0.1112	0.2780
	每股未分配利润(元)	0.9421	0.9009	0.8571	2.0476
	净资产收益率(%)	1.5933	2.8297	1.2425	–5.0912
	加权净资产收益率(%)	1.9600	2.8700	1.2500	–5.2700
	净资产收益率(扣除)(%)	1.5033	0.0742	1.1484	1.0963
	总资产(万元)	1464771.31	1365616.85	1232855.24	1224505.88
	归属母公司股东权益(万元)	529134.10	426993.41	421682.88	415342.76
	营业收入(万元)	212624.42	390606.48	145208.04	440050.75
	营业支出(万元)	172355.48	325414.47	120743.54	363972.85
	投资收益(万元)	3976.81	1765.57	2820.97	–25356.35
	净利润(万元)	9199.20	12633.23	4537.38	–20282.75
	营业利润(万元)	10597.43	5095.50	5203.92	–19443.47
	利润总额(万元)	11256.42	15483.99	5691.41	–18642.72

天津九安医疗电子股份有限公司

公司概况	公司名称	天津九安医疗电子股份有限公司			证券简称	九安医疗
	法人代表	刘毅	董秘	邬彤	证券代码	002432
	公司网址	www.jiuan.com		电子信箱	ir@jiuan.com	
	电　话	022-87611660-8220		传　真	022-87612379	
	办公地址	天津市南开区南开工业园雅安道金平路 3 号				
	经营范围	开发、生产、销售电子产品、医疗器械及相关的技术咨询服务等				

	指标＼报告期	2017.06.30	2016.12.31	2016.06.30	2015.12.31
主要财务指标	基本每股收益(元)	–0.1100	0.0400	–0.1200	–0.4100
	基本每股收益(扣除后)(元)	–0.1100	–0.3600	–0.1300	–0.4200
	稀释每股收益(元)	–0.1100	0.0400	–0.1200	–0.4100
	每股净资产(元)	3.3702	3.5619	3.4132	1.6370
	每股经营现金净流量(元)	–0.1610	–0.0843	–0.1596	–0.3480
	每股现金流量(元)	0.3267	1.4514	1.8479	0.0516
	每股资本公积金(元)	2.6792	2.6792	2.6792	0.8253
	每股盈余公积金(元)	0.0401	0.0401	0.0401	0.0467
	每股未分配利润(元)	–0.2807	–0.1701	–0.3044	–0.2368
	净资产收益率(%)	–3.2820	0.9404	–2.9555	–24.7577
	加权净资产收益率(%)	–3.1900	1.3500	–7.4400	–22.0400
	净资产收益率(扣除)(%)	–3.2870	–9.4491	–3.2658	–25.4388
	总资产(万元)	230141.26	235619.45	165011.56	81986.72
	归属母公司股东权益(万元)	145865.88	154162.21	147725.41	60894.63
	营业收入(万元)	32679.57	42013.81	18092.90	39785.80
	营业支出(万元)	22177.03	28435.52	11667.55	29556.32
	投资收益(万元)	324.76	14178.79	–487.83	–1388.58
	净利润(万元)	–4788.71	1449.79	–4366.01	–15076.13
	营业利润(万元)	–4595.62	821.57	–5378.44	–15319.63
	利润总额(万元)	–4344.40	1262.23	–4920.03	–15306.98

广东太安堂药业股份有限公司

公司概况	公司名称	广东太安堂药业股份有限公司			证券简称	太 安 堂
	法人代表	柯少彬	董秘	张叶平	证券代码	002433
	公司网址	www.pibao.cn		电子信箱	t-a-t@163.com	
	电　话	0754-88116066 188		传　真	0754-88105160	
	办公地址	广东省汕头市金园工业区广东太安堂药业股份有限公司麒麟园				
	经营范围	中成药的研发、生产和销售				

	指标＼报告期	2017.06.30	2016.12.31	2016.06.30	2015.12.31
主要财务指标	基本每股收益(元)	0.1500	0.3200	0.1100	0.2600
	基本每股收益(扣除后)(元)	0.1400	0.2900	0.0900	0.2600
	稀释每股收益(元)	0.1500	0.3100	0.1100	0.2600
	每股净资产(元)	6.1481	6.0175	5.8153	5.7199
	每股经营现金净流量(元)	0.0462	–0.1511	–0.3442	–1.6465
	每股现金流量(元)	–0.1532	0.1538	0.2192	–0.5247
	每股资本公积金(元)	3.8172	3.8219	3.8270	3.8282
	每股盈余公积金(元)	0.0803	0.0801	0.0678	0.0677
	每股未分配利润(元)	1.2656	1.1468	0.9551	0.8674
	净资产收益率(%)	2.4029	5.2443	1.9198	4.3052
	加权净资产收益率(%)	2.4200	5.3800	1.9300	4.9400
	净资产收益率(扣除)(%)	2.3371	4.7609	1.6051	4.2033
	总资产(万元)	743864.61	687918.56	652202.56	586885.84
	归属母公司股东权益(万元)	472764.66	463985.28	448396.23	441614.00
	营业收入(万元)	157801.60	307544.55	138432.21	237164.78
	营业支出(万元)	115557.44	224512.57	104920.05	169711.43
	投资收益(万元)	--	0.56	–	194.03
	净利润(万元)	11735.99	25287.98	8975.08	19557.83
	营业利润(万元)	13616.47	26611.98	8276.13	21911.95
	利润总额(万元)	14017.96	29514.81	10112.69	22210.78

浙江万里扬股份有限公司

公司概况	公司名称	浙江万里扬股份有限公司			证券简称	万 里 扬	
	法人代表	黄河清	董秘	张雷刚	证券代码	002434	
	公司网址	www.zjwly.com		电子信箱	zlg@zjwly.com		
	电　话	0579-82216776		传　真	0579-82212758		
	办公地址	浙江省金华市宾虹西路 3999 号					
	经营范围	研制、生产、销售汽车变速器及其他汽车零部件					

主要财务指标	指标\报告期	2017.06.30	2016.12.31	2016.06.30	2015.12.31
	基本每股收益(元)	0.3100	0.3000	0.1400	0.4100
	基本每股收益(扣除后)(元)	0.2600	0.2100	0.1000	0.2600
	稀释每股收益(元)	0.3100	0.3000	0.1400	0.4100
	每股净资产(元)	4.3486	4.1364	2.2735	4.5399
	每股经营现金净流量(元)	0.1249	0.1642	-0.0841	0.6947
	每股现金流量(元)	-0.5622	0.4497	-0.2212	0.0413
	每股资本公积金(元)	2.2969	2.2969	0.3328	1.7802
	每股盈余公积金(元)	0.0882	0.0882	0.0967	0.1933
	每股未分配利润(元)	0.9634	0.7512	0.8441	1.5664
	净资产收益率(%)	7.1798	5.5919	5.9750	9.1410
	加权净资产收益率(%)	7.3000	11.8100	5.8700	9.4600
	净资产收益率(扣除)(%)	5.8948	3.8739	4.5193	5.8154
	总资产(万元)	917013.61	988099.54	628510.86	608219.19
	归属母公司股东权益(万元)	587060.40	558410.72	231898.83	231536.78
	营业收入(万元)	268893.38	373225.43	152381.04	197264.56
	营业支出(万元)	199691.55	284590.96	113816.87	141077.88
	投资收益(万元)	3318.45	8142.89	4461.91	-154.47
	净利润(万元)	42605.26	30762.00	13631.45	21183.17
	营业利润(万元)	43852.01	35199.31	14991.99	23529.06
	利润总额(万元)	50939.56	37506.73	15790.36	25523.86

长江润发机械股份有限公司

公司概况	公司名称	长江润发机械股份有限公司			证券简称	长江润发	
	法人代表	郁霞秋	董秘	卢斌	证券代码	002435	
	公司网址	www.cjrfjx.com		电子信箱	lubin@cjrfjx.com		
	电　话	0512-56926898		传　真	0512-56926898		
	办公地址	江苏省苏州市张家港市金港镇晨丰公路					
	经营范围	电梯导轨系统部件的研发、生产、销售及服务					

主要财务指标	指标\报告期	2017.06.30	2016.12.31	2016.06.30	2015.12.31
	基本每股收益(元)	0.3100	0.4800	0.0700	0.2200
	基本每股收益(扣除后)(元)	0.3100	0.1500	0.0700	0.2100
	稀释每股收益(元)	0.3100	0.4800	0.0700	0.2200
	每股净资产(元)	10.5282	10.2200	4.3744	4.4497
	每股经营现金净流量(元)	0.3866	1.2999	0.6002	0.0534
	每股现金流量(元)	-1.2762	-3.2946	-0.0404	-0.0724
	每股资本公积金(元)	8.4296	8.4296	2.1519	2.1519
	每股盈余公积金(元)	0.0692	0.0692	0.1675	0.1675
	每股未分配利润(元)	1.0295	0.7189	1.0550	1.1303
	净资产收益率(%)	2.9502	3.1933	1.7070	4.9570
	加权净资产收益率(%)	2.9900	5.9300	1.6600	5.0300
	净资产收益率(扣除)(%)	2.9005	0.6521	1.6765	4.6384
	总资产(万元)	637571.07	588659.98	137000.89	142253.95
	归属母公司股东权益(万元)	516699.80	501505.29	86613.51	88105.00
	营业收入(万元)	121497.39	211500.35	48042.66	106470.85
	营业支出(万元)	79662.38	142143.49	41618.04	91474.53
	投资收益(万元)	1385.33	57.30	-	-
	净利润(万元)	15097.32	29925.97	1478.51	4367.33
	营业利润(万元)	16407.23	33797.41	1690.08	4684.33
	利润总额(万元)	16784.21	35183.41	1721.23	5014.32

深圳市兴森快捷电路科技股份有限公司

公司概况	公司名称	深圳市兴森快捷电路科技股份有限公司			证券简称	兴森科技	
	法人代表	邱醒亚	董秘	陈岚	证券代码	002436	
	公司网址	www.chinafastprint.com		电子信箱	stock@chinafastprint.com		
	电　话	0755-26074462　26062342		传　真	0755-26051189		
	办公地址	广东省深圳市南山区深南路科技园工业一区 2 栋 A 座 8 楼					
	经营范围	双面、多层印制线路板的设计、生产、购销；国内商业、物资供销业					

主要财务指标	指标\报告期	2017.06.30	2016.12.31	2016.06.30	2015.12.31
	基本每股收益(元)	0.0700	0.1300	0.1400	0.2900
	基本每股收益(扣除后)(元)	0.0600	0.1000	0.1300	0.1700
	稀释每股收益(元)	0.0700	0.1300	0.1400	0.2900
	每股净资产(元)	1.5755	1.5766	4.5020	4.4147
	每股经营现金净流量(元)	0.0872	0.1508	0.1178	0.3729
	每股现金流量(元)	-0.1171	0.1281	-0.1948	0.4710
	每股资本公积金(元)	0.0066	0.0066	2.0161	2.0158
	每股盈余公积金(元)	0.0516	0.0516	0.1369	0.1369
	每股未分配利润(元)	0.5174	0.5250	1.3491	1.2585
	净资产收益率(%)	4.4985	8.2107	3.1224	6.4036
	加权净资产收益率(%)	4.3400	8.5000	3.1300	6.8600
	净资产收益率(扣除)(%)	3.9325	6.1504	2.8429	3.7960
	总资产(万元)	424204.12	425072.73	394656.53	379519.28
	归属母公司股东权益(万元)	234426.05	234578.84	223282.93	218953.50
	营业收入(万元)	166053.89	293980.52	141316.25	211947.89
	营业支出(万元)	116220.75	203857.95	97288.54	146485.77
	投资收益(万元)	141.11	3519.94	-61.48	4784.48
	净利润(万元)	12398.26	22357.84	8238.59	15570.75
	营业利润(万元)	12572.38	21927.04	8311.45	13862.41
	利润总额(万元)	14183.20	24256.09	9069.89	15149.09

哈尔滨誉衡药业股份有限公司

公司概况	公司名称	哈尔滨誉衡药业股份有限公司			证券简称	誉衡药业	
	法人代表	朱吉满	董秘	刘月寅	证券代码	002437	
	公司网址	www.gloria.cc		电子信箱	liuyueyin@gloria.cc		
	电　话	010-80479607　68002437		传　真	010-68002438-607		
	办公地址	北京市顺义区空港开发区 B 区裕华路融慧园 28 号楼					
	经营范围	药品生产和药品代理销售业务等					

主要财务指标	指标\报告期	2017.06.30	2016.12.31	2016.06.30	2015.12.31
	基本每股收益(元)	0.0997	0.3289	0.1555	0.9469
	基本每股收益(扣除后)(元)	0.0995	0.2954	0.1462	0.8646
	稀释每股收益(元)	0.0997	0.3260	0.1555	0.9248
	每股净资产(元)	1.8506	1.8028	1.6308	4.6593
	每股经营现金净流量(元)	0.1275	0.4733	0.2099	0.9578
	每股现金流量(元)	-0.0068	-0.0226	-0.2165	-0.0591
	每股资本公积金(元)	0.1595	0.1595	0.1545	1.4513
	每股盈余公积金(元)	0.1024	0.1024	0.0671	0.2013
	每股未分配利润(元)	0.5893	0.5396	0.4099	2.0127
	净资产收益率(%)	5.3874	18.0831	9.5342	19.8230
	加权净资产收益率(%)	5.3800	19.6300	9.6200	20.4800
	净资产收益率(扣除)(%)	5.3768	16.2526	8.9641	18.1047
	总资产(万元)	883159.50	866654.45	825505.57	831268.11
	归属母公司股东权益(万元)	406809.58	396309.13	358489.99	341532.17
	营业收入(万元)	126516.71	298372.81	133706.78	270065.31
	营业支出(万元)	50623.99	123375.50	55681.38	99183.68
	投资收益(万元)	445.52	1357.49	446.39	664.52
	净利润(万元)	21524.41	72839.94	34631.60	71324.11
	营业利润(万元)	25888.58	77834.08	38384.76	77667.19
	利润总额(万元)	25364.06	85830.32	40364.05	84022.35

江苏神通阀门股份有限公司

公司概况					
公司名称	江苏神通阀门股份有限公司			证券简称	江苏神通
法人代表	吴建新	董秘	章其强	证券代码	002438
公司网址	www.stfm.cn		电子信箱	zhangqq@stfm.cn	
电　　话	0513-83335899 83333645		传　　真	0513-83335998	
办公地址	江苏省南通市启东市南阳镇				
经营范围	生产销售阀门及冶金、电力、化工机械、比例伺服阀				

主要财务指标				
指标\报告期	2017.06.30	2016.12.31	2016.06.30	2015.12.31
基本每股收益(元)	0.0500	0.1100	0.0500	0.0800
基本每股收益(扣除后)(元)	0.0500	0.1892	0.1000	0.0510
稀释每股收益(元)	0.0500	0.2400	0.0500	0.0800
每股净资产(元)	3.4653	2.5100	5.4101	5.2380
每股经营现金净流量(元)	0.0350	0.0505	-0.1706	-0.1861
每股现金流量(元)	0.3409	-0.0587	-0.0815	-0.2689
每股资本公积金(元)	1.6771	2.8682	2.8524	2.8227
每股盈余公积金(元)	0.0875	0.1937	0.1777	0.1876
每股未分配利润(元)	0.7007	1.4881	1.3800	1.3925
净资产收益率(%)	1.5356	4.2334	2.0497	1.4645
加权净资产收益率(%)	1.6900	4.3200	2.0700	1.7600
净资产收益率(扣除)(%)	1.3423	3.3549	1.8132	0.9316
总资产(万元)	238404.42	194766.25	185891.94	175377.17
归属母公司股东权益(万元)	168370.85	121862.22	118790.92	113188.23
营业收入(万元)	32099.08	60048.28	29196.28	42752.23
营业支出(万元)	20751.40	35567.07	17678.97	28421.19
投资收益(万元)	17.60	-11.82	97.42	381.93
净利润(万元)	2585.44	5158.89	2434.83	1657.63
营业利润(万元)	2666.15	5024.18	2618.98	1606.03
利润总额(万元)	3031.34	6180.52	2852.44	1934.68

启明星辰信息技术集团股份有限公司

公司概况					
公司名称	启明星辰信息技术集团股份有限公司			证券简称	启明星辰
法人代表	王佳	董秘	姜朋	证券代码	002439
公司网址	www.venustech.com.cn		电子信箱	ir_contacts@venustech.com.cn	
电　　话	010-82779006		传　　真	010-82779010	
办公地址	北京市海淀区东北旺西路8号中关村软件园21号楼启明星辰大厦				
经营范围	货物进出口、技术进出口、代理进出口、技术开发、技术转让、技术咨询等				

主要财务指标				
指标\报告期	2017.06.30	2016.12.31	2016.06.30	2015.12.31
基本每股收益(元)	---	0.3100	0.0070	0.2900
基本每股收益(扣除后)(元)	-0.0270	0.2900	0.0010	0.2400
稀释每股收益(元)	---	0.3100	0.0070	0.2900
每股净资产(元)	2.9931	2.5600	2.3046	2.0374
每股经营现金净流量(元)	-0.1894	0.1090	-0.2527	0.5024
每股现金流量(元)	-0.2132	-0.3199	-0.5311	0.6428
每股资本公积金(元)	1.0695	0.5046	0.5466	0.2248
每股盈余公积金(元)	0.0454	0.0468	0.0432	0.0452
每股未分配利润(元)	0.8783	1.0097	0.7147	0.7674
净资产收益率(%)	-0.0059	11.9150	0.2844	14.4321
加权净资产收益率(%)	-0.0100	12.6900	0.2900	15.3400
净资产收益率(扣除)(%)	-0.8809	11.1317	0.0388	12.0107
总资产(万元)	363750.23	325495.25	277057.88	282761.66
归属母公司股东权益(万元)	268385.86	222553.49	200254.76	169155.59
营业收入(万元)	68966.26	192737.04	57201.10	153395.82
营业支出(万元)	22077.56	63966.63	15735.24	48325.94
投资收益(万元)	986.10	-299.50	-777.54	2104.88
净利润(万元)	-393.25	26119.34	538.28	25512.55
营业利润(万元)	-4089.23	13305.62	-8721.21	15152.94
利润总额(万元)	-3179.13	29827.13	809.09	29673.73

浙江闰土股份有限公司

公司概况					
公司名称	浙江闰土股份有限公司			证券简称	闰土股份
法人代表	阮静波	董秘	刘波平	证券代码	002440
公司网址	www.runtuchem.com		电子信箱	runtu@runtuchem.com	
电　　话	0575-82519278		传　　真	0575-82045165	
办公地址	浙江省上虞市市民大道1009号财富广场1号楼闰土大厦				
经营范围	主要从事纺织染料、印染助剂和化工原料的研发、生产和销售				

主要财务指标				
指标\报告期	2017.06.30	2016.12.31	2016.06.30	2015.12.31
基本每股收益(元)	0.5200	0.8600	0.3400	0.9600
基本每股收益(扣除后)(元)	0.5160	0.8500	0.3300	0.8700
稀释每股收益(元)	0.5200	0.8600	0.3400	0.9600
每股净资产(元)	8.4227	8.2500	7.7622	7.8131
每股经营现金净流量(元)	0.2853	1.6258	0.6752	1.6470
每股现金流量(元)	-0.1770	0.6161	0.0266	-0.0067
每股资本公积金(元)	1.9846	1.9846	2.0042	2.0042
每股盈余公积金(元)	0.4791	0.4791	0.4429	0.4429
每股未分配利润(元)	4.9656	4.7917	4.3115	4.3672
净资产收益率(%)	6.2199	10.4336	4.4347	12.2447
加权净资产收益率(%)	6.2800	10.7600	4.4200	12.6000
净资产收益率(扣除)(%)	6.1253	10.2696	4.2559	11.0853
总资产(万元)	877885.78	783939.89	725402.19	759030.14
归属母公司股东权益(万元)	646019.72	632672.04	595359.95	599264.94
营业收入(万元)	293115.83	435297.06	209493.31	452182.75
营业支出(万元)	204897.65	296518.93	150495.50	305946.98
投资收益(万元)	581.36	1077.76	569.85	2291.12
净利润(万元)	40659.16	66898.65	27090.46	74963.31
营业利润(万元)	49391.86	80939.55	31807.57	82261.11
利润总额(万元)	49619.06	80500.82	32391.58	87857.59

众业达电气股份有限公司

公司概况					
公司名称	众业达电气股份有限公司			证券简称	众业达
法人代表	吴开贤	董秘	张海娜	证券代码	002441
公司网址	www.zyd.cn		电子信箱	stock@zyd.cn	
电　　话	0754-88738831		传　　真	0754-88695366	
办公地址	广东省汕头市衡山路62号				
经营范围	电器机械及器材、电子产品、电话通讯设备、仪器仪表、金属加工机械等				

主要财务指标				
指标\报告期	2017.06.30	2016.12.31	2016.06.30	2015.12.31
基本每股收益(元)	0.2400	0.2700	0.1700	0.3900
基本每股收益(扣除后)(元)	0.1600	0.2700	0.1700	0.3600
稀释每股收益(元)	0.2400	0.2700	0.1700	0.3900
每股净资产(元)	6.4879	6.3288	6.1771	5.0071
每股经营现金净流量(元)	-0.3678	0.6219	0.4793	0.0654
每股现金流量(元)	-0.2133	0.5554	0.9431	-0.1224
每股资本公积金(元)	3.4253	3.4253	3.4353	2.0449
每股盈余公积金(元)	0.2101	0.2101	0.1904	0.2213
每股未分配利润(元)	1.8527	1.6936	1.5928	1.7976
净资产收益率(%)	3.6861	4.1912	2.5311	7.7380
加权净资产收益率(%)	3.7100	4.5800	2.9500	7.9700
净资产收益率(扣除)(%)	2.5019	4.0739	2.4918	7.1035
总资产(万元)	520414.36	459231.16	456465.49	383218.80
归属母公司股东权益(万元)	350703.87	342104.35	336119.09	234396.12
营业收入(万元)	339685.36	680041.72	293176.89	670173.72
营业支出(万元)	304056.71	608745.25	259818.22	592186.73
投资收益(万元)	5767.74	1300.90	1001.07	687.64
净利润(万元)	12491.51	14162.58	8354.92	17951.64
营业利润(万元)	16082.33	20337.10	10799.65	23637.66
利润总额(万元)	16131.36	19849.31	10972.02	24931.20

龙星化工股份有限公司

公司概况	公司名称	龙星化工股份有限公司			证券简称	龙星化工
	法人代表	庞雷	董秘	吴洁平(代)	证券代码	002442
	公司网址	www.hb-lx.com.cn		电子信箱	lxlishumin@126.com	
	电　话	0319-8869535　8869260		传　真	0319-8869260	
	办公地址	河北省沙河市东环路龙星街1号				
	经营范围	炭黑的生产、销售、电力生产、服务、塑料制品、橡胶轮胎、橡塑产品的加工、销售等				

	指标\报告期	2017.06.30	2016.12.31	2016.06.30	2015.12.31
主要财务指标	基本每股收益(元)	0.0847	0.0642	−0.0200	−0.1717
	基本每股收益(扣除后)(元)	0.0690	0.0462	−0.0240	−0.1783
	稀释每股收益(元)	0.0847	0.0642	−0.0200	−0.1717
	每股净资产(元)	2.3423	2.2567	2.1730	2.1964
	每股经营现金净流量(元)	0.3394	0.5958	0.5964	0.3186
	每股现金流量(元)	0.0471	−0.2426	−0.2736	0.0535
	每股资本公积金(元)	0.8577	0.8577	0.8577	0.8577
	每股盈余公积金(元)	0.0719	0.0714	0.0714	0.0714
	每股未分配利润(元)	0.4105	0.3263	0.2421	0.2621
	净资产收益率(%)	3.6144	2.8452	−0.9188	−7.8188
	加权净资产收益率(%)	3.6800	2.8800	−0.9100	−7.5200
	净资产收益率(扣除)(%)	2.9453	2.0482	−1.1047	−8.1188
	总资产(万元)	295101.59	261378.81	262917.72	283034.39
	归属母公司股东权益(万元)	112432.33	108319.24	104305.35	105427.69
	营业收入(万元)	125924.59	184329.84	82304.15	173706.89
	营业支出(万元)	101948.22	146735.24	67577.66	148730.21
	投资收益(万元)	43.04	--	-	-
	净利润(万元)	4029.72	3080.71	−958.69	−8243.20
	营业利润(万元)	5095.75	3184.65	−720.86	−10378.02
	利润总额(万元)	5088.61	4523.91	−396.95	−9711.33

浙江金洲管道科技股份有限公司

公司概况	公司名称	浙江金洲管道科技股份有限公司			证券简称	金洲管道
	法人代表	孙进峰	董秘	蔡超	证券代码	002443
	公司网址	www.chinakingland.com		电子信箱	info@chinakingland.com	
	电　话	0572-2061996		传　真	0572-2065280	
	办公地址	浙江省湖州市吴兴区八里店区府南路388号				
	经营范围	管道制造、销售、管线工程、城市管网建设、安装、金属材料、建筑材料、装潢材料的销售等				

	指标\报告期	2017.06.30	2016.12.31	2016.06.30	2015.12.31
主要财务指标	基本每股收益(元)	0.0700	0.1200	0.1000	0.1800
	基本每股收益(扣除后)(元)	0.0200	0.0700	0.0700	0.1600
	稀释每股收益(元)	0.0700	0.1200	0.1000	0.1800
	每股净资产(元)	3.8905	3.8167	3.7969	3.7960
	每股经营现金净流量(元)	−0.2450	0.0574	0.1378	0.7552
	每股现金流量(元)	0.1725	−0.0443	0.0667	0.0758
	每股资本公积金(元)	1.4863	1.4863	1.4863	1.4863
	每股盈余公积金(元)	0.1561	0.1561	0.1450	0.1450
	每股未分配利润(元)	1.2481	1.1743	1.1656	1.1647
	净资产收益率(%)	1.8985	3.1620	2.6586	4.8263
	加权净资产收益率(%)	1.9200	3.1700	2.6600	4.8900
	净资产收益率(扣除)(%)	0.4946	1.9063	1.8259	4.2072
	总资产(万元)	336923.19	325950.18	293586.70	273657.57
	归属母公司股东权益(万元)	202515.07	198670.29	197642.69	197593.60
	营业收入(万元)	155763.10	263783.39	114893.04	264157.20
	营业支出(万元)	141357.61	227958.12	98636.38	231360.86
	投资收益(万元)	1442.17	−1934.35	−311.82	−836.73
	净利润(万元)	3933.77	6181.25	4909.63	9033.37
	营业利润(万元)	4307.12	5858.72	5621.17	10458.34
	利润总额(万元)	4644.42	7773.87	5889.56	11004.36

杭州巨星科技股份有限公司

公司概况	公司名称	杭州巨星科技股份有限公司			证券简称	巨星科技
	法人代表	仇建平	董秘	周思远	证券代码	002444
	公司网址	www.greatstartools.com		电子信箱	zq@greatstartools.com	
	电　话	0571-81601076		传　真	0571-81601088	
	办公地址	浙江省杭州市江干区九环路35号				
	经营范围	五金工具的生产销售及进出口业务等				

	指标\报告期	2017.06.30	2016.12.31	2016.06.30	2015.12.31
主要财务指标	基本每股收益(元)	0.2300	0.5800	0.2300	0.4700
	基本每股收益(扣除后)(元)	0.2200	0.6400	0.2500	0.4700
	稀释每股收益(元)	0.2300	0.5800	0.2300	0.4700
	每股净资产(元)	5.3749	5.2322	4.8031	3.9671
	每股经营现金净流量(元)	0.1628	0.5651	0.1106	0.4961
	每股现金流量(元)	−0.7339	0.9275	0.8146	0.6673
	每股资本公积金(元)	1.8581	1.8511	1.7928	0.9603
	每股盈余公积金(元)	0.2790	0.2790	0.2222	0.2356
	每股未分配利润(元)	2.1154	1.9818	1.6841	1.6548
	净资产收益率(%)	4.3458	11.0495	4.6538	11.9293
	加权净资产收益率(%)	4.3800	11.9200	4.8200	12.0000
	净资产收益率(扣除)(%)	4.1265	12.1616	5.2262	11.7244
	总资产(万元)	760300.92	709273.57	704605.40	552582.30
	归属母公司股东权益(万元)	577931.93	562595.00	516446.92	402262.98
	营业收入(万元)	165705.83	360332.29	156729.83	317648.45
	营业支出(万元)	107428.01	242983.66	108610.75	231473.70
	投资收益(万元)	3660.31	−210.72	2190.74	7262.08
	净利润(万元)	25588.19	63184.02	24542.46	48120.36
	营业利润(万元)	33077.97	84450.57	31471.67	60693.24
	利润总额(万元)	32925.53	84657.79	31843.59	61857.67

中南红文化集团股份有限公司

公司概况	公司名称	中南红文化集团股份有限公司			证券简称	中南文化
	法人代表	陈少忠	董秘	陈光	证券代码	002445
	公司网址	www.znhi.com.cn		电子信箱	znhi@znhi.com.cn	
	电　话	0510-86996882		传　真	0510-86993300	
	办公地址	江苏省江阴市高新技术产业开发园金山路				
	经营范围	工业金属管件的研发、生产和销售等				

	指标\报告期	2017.06.30	2016.12.31	2016.06.30	2015.12.31
主要财务指标	基本每股收益(元)	0.1600	0.3000	0.0600	0.1900
	基本每股收益(扣除后)(元)	0.1600	0.2900	0.0600	0.1700
	稀释每股收益(元)	0.1600	0.3000	0.0600	0.1900
	每股净资产(元)	5.0471	4.5345	2.9308	2.9115
	每股经营现金净流量(元)	−0.0185	0.1405	−0.1098	0.2645
	每股现金流量(元)	−0.2347	0.3383	0.2218	0.1002
	每股资本公积金(元)	3.1606	2.7839	1.3618	1.2808
	每股盈余公积金(元)	0.0455	0.0465	0.0504	0.0510
	每股未分配利润(元)	0.9066	0.8002	0.6228	0.5789
	净资产收益率(%)	3.1642	6.2171	2.0760	6.4792
	加权净资产收益率(%)	3.3600	8.1500	2.0900	6.9600
	净资产收益率(扣除)(%)	3.1149	5.9331	1.9387	5.8002
	总资产(万元)	695357.61	630503.05	468280.48	365523.93
	归属母公司股东权益(万元)	418797.96	367727.52	219205.50	215092.36
	营业收入(万元)	63618.13	133959.03	41288.40	111934.88
	营业支出(万元)	35115.43	81681.51	25468.28	75152.98
	投资收益(万元)	2984.96	2182.54	−157.47	−681.09
	净利润(万元)	13073.13	21154.55	4376.37	13910.59
	营业利润(万元)	14024.61	22956.57	5533.08	14330.77
	利润总额(万元)	13709.82	23986.24	5934.38	16119.68

广东盛路通信科技股份有限公司

公司概况						
公司名称	广东盛路通信科技股份有限公司				证券简称	盛路通信
法人代表	杨华	董秘	陈嘉		证券代码	002446
公司网址	www.shenglu.com		电子信箱	stock@shenglu.com		
电　　话	0757-87744984		传　　真	0757-87744984		
办公地址	广东省佛山市三水区西南工业园进业二路四号					
经营范围	通信天线及其相关产品的研发、生产和销售					

主要财务指标：指标\报告期	2017.06.30	2016.12.31	2016.06.30	2015.12.31
基本每股收益(元)	0.1200	0.3600	0.2800	0.3200
基本每股收益(扣除后)(元)	0.1000	0.4200	0.2300	0.3200
稀释每股收益(元)	0.1200	0.3600	0.2800	0.3200
每股净资产(元)	3.2965	5.4529	5.3743	5.1329
每股经营现金净流量(元)	0.0338	0.2380	-0.0565	0.0869
每股现金流量(元)	0.2354	-0.1656	-0.5914	0.2964
每股资本公积金(元)	1.6297	3.4704	3.4704	3.4704
每股盈余公积金(元)	0.0535	0.0910	0.0688	0.0688
每股未分配利润(元)	0.6133	0.8915	0.8351	0.5937
净资产收益率(%)	3.5906	6.6017	5.2363	5.2725
加权净资产收益率(%)	3.6400	6.8000	5.3600	8.9900
净资产收益率(扣除)(%)	3.0781	7.7274	4.1879	5.2007
总资产(万元)	329983.69	326115.10	300668.08	293528.07
归属母公司股东权益(万元)	251231.52	244452.35	240930.35	230107.26
营业收入(万元)	50918.45	115634.16	56196.42	90979.95
营业支出(万元)	32127.83	71345.99	35624.31	62281.06
投资收益(万元)	1307.57	3506.28	2994.80	191.47
净利润(万元)	8737.23	16303.21	12531.56	12129.75
营业利润(万元)	8746.04	24513.75	13879.27	12700.63
利润总额(万元)	9814.71	20039.46	14708.42	13822.55

大连晨鑫网络科技股份有限公司

公司概况						
公司名称	大连晨鑫网络科技股份有限公司				证券简称	晨鑫科技
法人代表	冯文杰	董秘	王红云		证券代码	002447
公司网址	www.dlyiqiao.com		电子信箱	cxkj@morningstarnet.com		
电　　话	0411-82952526		传　　真	0411-82952526		
办公地址	辽宁省大连市中山区长江东路 52 号 1 单元 4 层 9 号					
经营范围	贝苗、鲜活海参、海蜇、鱼虾蟹					

主要财务指标：指标\报告期	2017.06.30	2016.12.31	2016.06.30	2015.12.31
基本每股收益(元)	0.0400	0.3100	0.0100	0.2600
基本每股收益(扣除后)(元)	0.0300	0.2300	0.0100	0.2400
稀释每股收益(元)	0.0400	0.3100	0.0100	0.2600
每股净资产(元)	2.8405	2.7988	2.4781	2.4900
每股经营现金净流量(元)	0.1503	0.4388	0.0392	0.3971
每股现金流量(元)	-0.0038	-0.1479	-0.2214	-0.0058
每股资本公积金(元)	0.5158	0.5128	0.4938	0.4884
每股盈余公积金(元)	0.1376	0.1376	0.1103	0.1103
每股未分配利润(元)	1.1871	1.1484	0.8791	0.8953
净资产收益率(%)	1.3635	11.0920	0.5615	10.4884
加权净资产收益率(%)	1.3700	11.7800	0.5600	11.1400
净资产收益率(扣除)(%)	1.1026	8.1731	0.2473	9.7776
总资产(万元)	322437.85	319499.46	316450.34	327148.72
归属母公司股东权益(万元)	270543.88	266569.90	236029.59	237048.72
营业收入(万元)	14767.49	78163.52	7816.62	57926.31
营业支出(万元)	4123.18	38924.90	3621.71	20804.92
投资收益(万元)	3.31	0.87	-	-
净利润(万元)	5425.82	32622.19	1325.25	24862.58
营业利润(万元)	4732.28	28266.74	554.52	24891.72
利润总额(万元)	5453.24	37357.08	1304.88	26588.70

中原内配集团股份有限公司

公司概况						
公司名称	中原内配集团股份有限公司				证券简称	中原内配
法人代表	薛德龙	董秘	刘向宁		证券代码	002448
公司网址	www.hnzynp.com		电子信箱	zhengquan@hnzynp.com		
电　　话	0391-8298666		传　　真	0391-8298999		
办公地址	河南省焦作市孟州市产业集聚区淮河大道 69 号					
经营范围	内燃机气缸套的生产和销售					

主要财务指标：指标\报告期	2017.06.30	2016.12.31	2016.06.30	2015.12.31
基本每股收益(元)	0.2244	0.3648	0.1800	0.3282
基本每股收益(扣除后)(元)	0.2053	0.3269	0.1560	0.2980
稀释每股收益(元)	0.2244	0.3648	0.1800	0.3282
每股净资产(元)	3.8274	3.7082	3.5237	3.4472
每股经营现金净流量(元)	0.1667	0.4084	0.1695	0.2177
每股现金流量(元)	-0.2410	0.5619	0.2224	-0.1473
每股资本公积金(元)	0.9044	0.9044	0.9044	0.9082
每股盈余公积金(元)	0.2028	0.2028	0.1661	0.1661
每股未分配利润(元)	1.7264	1.6021	1.4542	1.3740
净资产收益率(%)	5.8621	9.8379	5.1135	9.5208
加权净资产收益率(%)	5.9000	10.2200	5.3300	9.8400
净资产收益率(扣除)(%)	5.3653	8.8146	4.4159	8.6453
总资产(万元)	340601.30	274360.94	261646.54	259543.26
归属母公司股东权益(万元)	225087.87	218082.09	207228.97	202730.85
营业收入(万元)	72788.19	117528.42	55729.39	110446.97
营业支出(万元)	43325.20	73323.79	35146.00	70017.29
投资收益(万元)	3264.40	4562.29	2521.06	3777.31
净利润(万元)	13287.82	21388.51	10557.24	19303.29
营业利润(万元)	15291.22	23276.73	11404.27	20961.30
利润总额(万元)	15292.21	24412.04	11920.92	22018.87

佛山市国星光电股份有限公司

公司概况						
公司名称	佛山市国星光电股份有限公司				证券简称	国星光电
法人代表	何勇	董秘	刘艾璨子		证券代码	002449
公司网址	www.nationstar.com		电子信箱	stock@nationstar.com		
电　　话	86-757-82100271		传　　真	0757-82100268		
办公地址	广东省佛山市禅城区华宝南路 18 号					
经营范围	从事 SMDLED 器件及组件的的研发、生产和销售					

主要财务指标：指标\报告期	2017.06.30	2016.12.31	2016.06.30	2015.12.31
基本每股收益(元)	0.3231	0.4042	0.1989	0.3538
基本每股收益(扣除后)(元)	0.3231	0.3537	0.1592	0.2903
稀释每股收益(元)	0.3231	0.4042	0.1989	0.3538
每股净资产(元)	6.2071	6.0840	5.8346	5.8157
每股经营现金净流量(元)	0.3989	1.2151	0.2573	0.1149
每股现金流量(元)	-0.5596	-0.6214	-0.2568	0.0645
每股资本公积金(元)	3.4242	3.4242	3.3782	3.3782
每股盈余公积金(元)	0.2706	0.2706	0.2193	0.2193
每股未分配利润(元)	1.5121	1.3890	1.2369	1.2180
净资产收益率(%)	5.2049	6.6443	3.4088	5.7916
加权净资产收益率(%)	5.2000	6.8500	3.3800	6.3900
净资产收益率(扣除)(%)	5.2050	5.8135	2.7282	4.7500
总资产(万元)	563886.71	567602.73	465109.88	439227.46
归属母公司股东权益(万元)	295303.96	289451.96	277584.42	276682.43
营业收入(万元)	159718.92	241842.39	105458.69	183851.56
营业支出(万元)	125256.08	189710.24	83159.03	142262.82
投资收益(万元)	889.38	706.54	372.66	153.47
净利润(万元)	14881.18	17550.00	8848.92	15412.13
营业利润(万元)	17623.20	18404.42	7905.71	14556.47
利润总额(万元)	17625.73	21459.55	10539.14	18508.20

康得新复合材料集团股份有限公司

公司概况	公司名称	康得新复合材料集团股份有限公司			证券简称	康得新
	法人代表	钟玉	董秘	杜文静	证券代码	002450
	公司网址	www.kangdexin.com		电子信箱	kdx@kdxfilm.com	
	电　话	010-84369638		传　真	010-80107261*6218	
	办公地址	江苏省苏州市张家港市环保新材料产业园晨港路北侧、港华路西侧				
	经营范围	预涂膜和预涂膜覆膜机的研发、生产和销售				

	指标\报告期	2017.06.30	2016.12.31	2016.06.30	2015.12.31
主要财务指标	基本每股收益(元)	0.3553	0.6000	0.2791	0.9800
	基本每股收益(扣除后)(元)	0.3543	0.5700	0.2784	0.9764
	稀释每股收益(元)	0.3550	0.5900	0.2784	0.9800
	每股净资产(元)	4.7120	4.4155	3.1081	5.7056
	每股经营现金净流量(元)	0.4979	–0.0135	0.0813	0.5635
	每股现金流量(元)	0.4333	1.4480	0.0406	3.5524
	每股资本公积金(元)	1.8961	1.9003	0.7845	2.5209
	每股盈余公积金(元)	0.1534	0.1038	0.1009	0.2022
	每股未分配利润(元)	1.6579	1.4117	1.2231	1.9827
	净资产收益率(%)	7.5358	12.5977	8.9631	15.3557
	加权净资产收益率(%)	7.7400	17.3200	9.3300	25.5500
	净资产收益率(扣除)(%)	7.5138	12.0720	8.9405	15.2473
	总资产(万元)	3115358.83	2642513.67	1975584.87	1836800.41
	归属母公司股东权益(万元)	1665303.79	1558143.68	1001990.02	917872.53
	营业收入(万元)	605075.56	923274.94	449917.37	745937.66
	营业支出(万元)	376033.53	549809.17	282074.31	467404.23
	投资收益(万元)	485.34	2528.29	3515.55	–183.73
	净利润(万元)	125553.72	196504.35	89780.36	140492.44
	营业利润(万元)	151796.20	226747.92	106545.03	163582.92
	利润总额(万元)	152221.87	230230.22	106826.71	164639.42

上海摩恩电气股份有限公司

公司概况	公司名称	上海摩恩电气股份有限公司			证券简称	摩恩电气
	法人代表	问泽鸿	董秘	问储韬	证券代码	002451
	公司网址	www.morncable.com		电子信箱	investor@morncable.com	
	电　话	021-58979608		传　真	021-58979608	
	办公地址	上海市浦东新区锦康路258号陆家嘴世纪金融广场1号楼40层				
	经营范围	从事特种电缆的研发、生产和销售				

	指标\报告期	2017.06.30	2016.12.31	2016.06.30	2015.12.31
主要财务指标	基本每股收益(元)	0.0500	0.0200	0.0120	0.0300
	基本每股收益(扣除后)(元)	0.0400	0.0100	0.0050	0.0300
	稀释每股收益(元)	0.0500	0.0200	0.0120	0.0300
	每股净资产(元)	1.3995	1.5258	1.5181	1.5457
	每股经营现金净流量(元)	–0.1293	–0.0279	–0.1024	–0.1001
	每股现金流量(元)	–0.0023	0.0581	–0.0384	0.0115
	每股资本公积金(元)	0.1558	0.1558	0.1554	0.1554
	每股盈余公积金(元)	0.0283	0.0283	0.0283	0.0283
	每股未分配利润(元)	0.2154	0.3417	0.3343	0.3619
	净资产收益率(%)	3.4779	1.2986	0.8168	2.1455
	加权净资产收益率(%)	3.3300	1.3000	0.7800	2.1700
	净资产收益率(扣除)(%)	3.2037	0.3294	0.3247	1.7744
	总资产(万元)	170220.26	177271.91	191167.81	181907.92
	归属母公司股东权益(万元)	61464.29	67013.73	66672.89	67885.09
	营业收入(万元)	20547.56	50080.86	24906.71	57660.59
	营业支出(万元)	13605.00	37920.29	18647.20	41806.27
	投资收益(万元)	10.58	236.04	13.27	–126.74
	净利润(万元)	2147.20	821.07	587.71	1933.22
	营业利润(万元)	3019.36	829.64	551.33	1935.26
	利润总额(万元)	3219.12	1718.59	953.37	2418.56

湖南长高高压开关集团股份公司

公司概况	公司名称	湖南长高高压开关集团股份公司			证券简称	长高集团
	法人代表	马晓	董秘	林林	证券代码	002452
	公司网址	www.gykg.cn		电子信箱	cgjtmx@yahoo.com.cn	
	电　话	0731-88585000		传　真	0731-88585000	
	办公地址	湖南省长沙市望城经济技术开发区金星北路三段393号				
	经营范围	高压隔离开关及接地开关的生产和销售				

	指标\报告期	2017.06.30	2016.12.31	2016.06.30	2015.12.31
主要财务指标	基本每股收益(元)	0.0990	0.2290	0.0880	0.1300
	基本每股收益(扣除后)(元)	0.0990	0.2240	0.0850	0.1000
	稀释每股收益(元)	0.0990	0.2290	0.0880	0.1300
	每股净资产(元)	2.5531	2.5039	2.3531	2.3250
	每股经营现金净流量(元)	–0.1860	0.2723	–0.1174	–0.3084
	每股现金流量(元)	–0.1795	0.3755	–0.1023	–0.1644
	每股资本公积金(元)	0.4326	0.4326	0.4268	0.4261
	每股盈余公积金(元)	0.1112	0.1112	0.1067	0.1067
	每股未分配利润(元)	1.0055	0.9566	0.8196	0.7921
	净资产收益率(%)	3.8718	9.1635	3.7380	5.5790
	加权净资产收益率(%)	3.9000	9.5800	3.7600	5.7300
	净资产收益率(扣除)(%)	3.8777	8.9814	3.5957	4.9698
	总资产(万元)	299854.29	284729.21	213000.92	182259.94
	归属母公司股东权益(万元)	134143.75	131561.31	123639.68	122096.72
	营业收入(万元)	69907.58	129299.28	53965.85	66356.19
	营业支出(万元)	50137.16	92808.57	39817.51	45861.43
	投资收益(万元)	–1.12	0.11	0.11	442.95
	净利润(万元)	5242.11	12135.31	4646.69	6716.07
	营业利润(万元)	6741.20	13893.46	5569.23	7502.84
	利润总额(万元)	6733.38	14165.58	5787.81	7969.30

苏州天马精细化学品股份有限公司

公司概况	公司名称	苏州天马精细化学品股份有限公司			证券简称	天马精化
	法人代表	王广宇	董秘	杜泓博	证券代码	002453
	公司网址	www.tianmachem.com		电子信箱	stock@tianmachem.com	
	电　话	0512-66571019		传　真	0512-66571020	
	办公地址	江苏省苏州市高新区浒青路122号				
	经营范围	自营和代理各类商品及技术的进出口业务等				

	指标\报告期	2017.06.30	2016.12.31	2016.06.30	2015.12.31
主要财务指标	基本每股收益(元)	0.0050	–0.5400	0.0200	0.0400
	基本每股收益(扣除后)(元)	0.0050	–0.5100	0.0200	0.0200
	稀释每股收益(元)	0.0050	–0.5400	0.0200	0.0400
	每股净资产(元)	1.5638	1.5575	2.1068	2.1004
	每股经营现金净流量(元)	–0.0188	–0.2161	0.1746	0.2034
	每股现金流量(元)	0.0199	0.1013	0.3159	–0.0628
	每股资本公积金(元)	0.5964	0.5964	0.5982	0.5962
	每股盈余公积金(元)	0.0479	0.0479	0.0479	0.0479
	每股未分配利润(元)	–0.0895	–0.0943	0.4624	0.4563
	净资产收益率(%)	0.3018	–34.5078	1.0485	2.1129
	加权净资产收益率(%)	0.3000	–29.4000	1.0500	2.1100
	净资产收益率(扣除)(%)	0.1583	–32.4572	1.0601	1.1032
	总资产(万元)	193265.37	189330.33	214597.23	194775.21
	归属母公司股东权益(万元)	89341.68	88978.58	120362.94	119994.72
	营业收入(万元)	65441.59	119421.77	51893.08	106265.75
	营业支出(万元)	55509.39	98065.34	40709.72	85565.50
	投资收益(万元)	2.55	91.75	30.79	624.82
	净利润(万元)	140.89	–32882.19	936.50	2721.99
	营业利润(万元)	196.03	–33129.36	1581.43	2789.62
	利润总额(万元)	334.47	–35079.37	1559.39	3824.91

上海加冷松芝汽车空调股份有限公司

公司概况	公司名称	上海加冷松芝汽车空调股份有限公司		证券简称	松芝股份
	法人代表	陈焕雄	董秘 陈睿	证券代码	002454
	公司网址	www.shsongz.com.cn	电子信箱	chenrui@shsongz.com	
	电　话	021-54424998	传　真	021-54429631	
	办公地址	上海市闵行区莘庄工业区华宁路 4999 号			
	经营范围	生产、研究开发各类车辆空调器及相关配件、销售自产产品			

指标\报告期	2017.06.30	2016.12.31	2016.06.30	2015.12.31
基本每股收益(元)	0.2700	0.5800	0.2700	0.7600
基本每股收益(扣除后)(元)	0.2300	0.4500	0.1700	0.6500
稀释每股收益(元)	0.2700	0.5800	0.2700	0.7600
每股净资产(元)	6.7873	6.6001	6.2568	5.9418
每股经营现金净流量(元)	-0.0354	0.5156	0.1354	0.8489
每股现金流量(元)	-0.2331	0.0612	0.0603	-0.0335
每股资本公积金(元)	2.3095	2.2977	2.2642	2.2343
每股盈余公积金(元)	0.4344	0.4344	0.3928	0.3928
每股未分配利润(元)	3.1920	3.0205	2.8493	2.5820
净资产收益率(%)	3.9993	8.4066	4.2783	12.3486
加权净资产收益率(%)	4.0300	8.9100	4.4000	12.8600
净资产收益率(扣除)(%)	3.3590	6.6096	2.6825	10.4647
总资产(万元)	506129.88	481245.99	445521.82	436995.46
归属母公司股东权益(万元)	286421.92	278518.68	264112.69	251200.90
营业收入(万元)	176371.99	323547.72	150393.77	300097.72
营业支出(万元)	131552.75	242454.06	112428.04	211627.85
投资收益(万元)	664.37	1293.63	886.97	1133.47
净利润(万元)	12026.25	25657.93	12758.13	34490.17
营业利润(万元)	14253.09	27234.33	13428.74	38342.58
利润总额(万元)	14191.74	29847.55	15248.46	40517.19

无锡百川化工股份有限公司

公司概况	公司名称	无锡百川化工股份有限公司		证券简称	百川股份
	法人代表	郑铁江	董秘 陈慧敏	证券代码	002455
	公司网址	www.bcchem.com	电子信箱	bcc@bcchem.com	
	电　话	0510-81629928	传　真	0510-86013255	
	办公地址	江苏省江阴市云亭街道建设路 55 号			
	经营范围	醋酸丁酯、偏苯三酸酐的生产与销售			

指标\报告期	2017.06.30	2016.12.31	2016.06.30	2015.12.31
基本每股收益(元)	0.1200	0.1700	0.0600	0.1300
基本每股收益(扣除后)(元)	0.0700	0.1100	0.0600	0.1200
稀释每股收益(元)	0.1200	0.1700	0.0600	0.1300
每股净资产(元)	1.8141	1.7904	1.6784	1.7135
每股经营现金净流量(元)	0.2895	0.3883	0.2785	0.9434
每股现金流量(元)	0.1726	-0.0447	-0.0756	0.0807
每股资本公积金(元)	0.0934	0.0934	0.0849	0.0849
每股盈余公积金(元)	0.0649	0.0649	0.0609	0.0609
每股未分配利润(元)	0.6557	0.6320	0.5324	0.5677
净资产收益率(%)	6.8206	9.4000	3.8542	7.4011
加权净资产收益率(%)	6.7400	9.6800	3.7400	7.4500
净资产收益率(扣除)(%)	3.9308	6.3075	3.4180	6.7208
总资产(万元)	202688.41	195186.95	179211.26	189184.79
归属母公司股东权益(万元)	86011.58	84887.80	79575.63	81239.60
营业收入(万元)	104853.13	205346.21	92711.40	229575.49
营业支出(万元)	91136.76	178743.15	80670.88	204412.20
投资收益(万元)	-32.58	-58.08	-8.26	-
净利润(万元)	5866.52	7979.44	3066.97	6012.65
营业利润(万元)	3847.68	5809.99	3197.32	6171.03
利润总额(万元)	7143.15	10096.27	3614.68	6844.32

欧菲科技股份有限公司

公司概况	公司名称	欧菲科技股份有限公司		证券简称	欧菲科技
	法人代表	蔡荣军	董秘 肖燕松	证券代码	002456
	公司网址	www.o-film.com	电子信箱	ofkj@o-film.com	
	电　话	0755-27555331	传　真	0755-27545688	
	办公地址	广东省深圳市光明新区公明街道松白公路华发路段欧菲光科技园			
	经营范围	光学、光电子元器件制造			

指标\报告期	2017.06.30	2016.12.31	2016.06.30	2015.12.31
基本每股收益(元)	0.2284	0.6892	0.3567	0.4600
基本每股收益(扣除后)(元)	0.1519	0.5700	0.3009	0.3900
稀释每股收益(元)	0.2284	0.6892	0.3567	0.4600
每股净资产(元)	3.1560	7.4020	6.1573	5.8604
每股经营现金净流量(元)	-0.3963	0.7463	0.3241	0.5675
每股现金流量(元)	0.0595	-0.3143	0.0815	-0.6038
每股资本公积金(元)	1.0806	4.1636	2.8816	2.8816
每股盈余公积金(元)	0.0256	0.0641	0.0471	0.0471
每股未分配利润(元)	1.1419	2.3938	2.2027	1.9161
净资产收益率(%)	7.2361	8.9400	5.7924	7.9216
加权净资产收益率(%)	7.4300	10.8700	5.8900	8.2200
净资产收益率(扣除)(%)	4.8129	7.3899	4.8877	6.6127
总资产(万元)	2928461.29	2343418.10	1991447.01	1606776.53
归属母公司股东权益(万元)	856902.79	804056.76	634578.91	603983.39
营业收入(万元)	1512082.66	2674641.89	1101469.62	1849776.66
营业支出(万元)	1329242.80	2367645.96	970400.50	1612220.98
投资收益(万元)	200.57	318.30	37.21	430.25
净利润(万元)	62005.56	71693.68	36766.92	47845.06
营业利润(万元)	57708.31	68048.48	37195.36	44611.22
利润总额(万元)	74515.39	82201.32	44053.40	52993.41

宁夏青龙管业股份有限公司

公司概况	公司名称	宁夏青龙管业股份有限公司		证券简称	青龙管业
	法人代表	马跃	董秘 范仁平	证券代码	002457
	公司网址	www.qlgd.com.cn	电子信箱	frpyn@163.com	
	电　话	0951-5070380 5673796	传　真	0951-5673796	
	办公地址	宁夏回族自治区银川市兴庆区兴庆科技园兴春路 235 号			
	经营范围	水泥混凝土制品制造、销售、塑胶、橡胶制品制造、销售			

指标\报告期	2017.06.30	2016.12.31	2016.06.30	2015.12.31
基本每股收益(元)	-0.1278	0.0600	0.0017	0.1400
基本每股收益(扣除后)(元)	-0.1325	0.0600	0.0006	0.1200
稀释每股收益(元)	-0.1278	0.0600	0.0017	0.1400
每股净资产(元)	5.2124	5.3552	5.3115	5.3055
每股经营现金净流量(元)	-0.1539	0.5165	-0.1144	0.3801
每股现金流量(元)	-0.1002	0.1760	-0.2923	0.3586
每股资本公积金(元)	2.4502	2.4502	2.4577	2.4504
每股盈余公积金(元)	0.2269	0.2269	0.2194	0.2201
每股未分配利润(元)	1.5353	1.6781	1.6345	1.6350
净资产收益率(%)	-2.4528	1.1821	0.0321	2.7318
加权净资产收益率(%)	-0.0200	1.1900	0.0300	2.7600
净资产收益率(扣除)(%)	-2.5413	0.9863	0.0122	2.3274
总资产(万元)	288853.03	291365.65	250640.76	247363.82
归属母公司股东权益(万元)	174610.96	179396.24	177932.18	177729.59
营业收入(万元)	35238.96	78934.18	28096.11	81627.83
营业支出(万元)	24701.34	55270.98	18549.42	55934.11
投资收益(万元)	697.76	1212.83	69.92	2016.18
净利润(万元)	-4429.80	2301.87	-10.21	4693.36
营业利润(万元)	-3947.73	2832.86	780.03	5648.17
利润总额(万元)	-3969.71	3038.79	820.63	6313.89

山东益生种畜禽股份有限公司

公司概况	公司名称	山东益生种畜禽股份有限公司			证券简称	益生股份
	法人代表	曹积生	董秘	姜泰邦	证券代码	002458
	公司网址	www.yishenggufen.com		电子信箱	dsh@yishenggufen.com	
	电　话	0535-2119065		传　真	0535-2119002	
	办公地址	山东省烟台市福山区(空港路南)益生路1号				
	经营范围	祖代种鸡的引进与饲养、父母代种雏鸡的生产与销售等				

	指标\报告期	2017.06.30	2016.12.31	2016.06.30	2015.12.31
主要财务指标	基本每股收益(元)	-0.3600	1.7000	0.8300	-1.4300
	基本每股收益(扣除后)(元)	-0.4200	1.7200	0.8400	-1.4400
	稀释每股收益(元)	-0.3600	1.6900	0.8100	-1.4300
	每股净资产(元)	4.1399	4.4119	3.5297	1.1338
	每股经营现金净流量(元)	-0.2442	1.7128	0.7176	-0.9227
	每股现金流量(元)	0.0945	0.0825	0.4228	-0.4479
	每股资本公积金(元)	3.0154	2.9414	2.9247	1.5795
	每股盈余公积金(元)	0.1762	0.1782	0.1406	0.1661
	每股未分配利润(元)	-0.0516	0.3081	-0.5290	-1.5773
	净资产收益率(%)	-8.6045	38.2048	22.9327	-124.6900
	加权净资产收益率(%)	-8.4700	49.3200	28.6500	-78.4100
	净资产收益率(扣除)(%)	-10.0175	38.5520	23.1214	-125.6728
	总资产(万元)	203070.63	193706.09	184311.15	175479.57
	归属母公司股东权益(万元)	139672.74	147143.81	117719.60	32130.53
	营业收入(万元)	31311.97	161113.25	79840.49	60429.03
	营业支出(万元)	36046.10	88697.60	44855.14	83141.26
	投资收益(万元)	-1843.72	-1223.69	-728.65	-3302.77
	净利润(万元)	-12106.03	55991.20	26873.63	-40376.86
	营业利润(万元)	-14070.37	56573.01	27137.11	-40663.97
	利润总额(万元)	-12096.51	56057.59	26914.28	-40347.11

秦皇岛天业通联重工股份有限公司

公司概况	公司名称	秦皇岛天业通联重工股份有限公司			证券简称	天业通联
	法人代表	王巍	董秘	徐波	证券代码	002459
	公司网址	www.tianyetolian.com		电子信箱	zqtzb@tianyetolian.com	
	电　话	0335-5302599		传　真	0335-5302528	
	办公地址	河北省秦皇岛市经济技术开发区天山北路3号				
	经营范围	铁路桥梁施工起重运输设备和其他领域起重运输设备的研发、设计、制造和销售				

	指标\报告期	2017.06.30	2016.12.31	2016.06.30	2015.12.31
主要财务指标	基本每股收益(元)	0.0084	0.0500	0.0090	-0.8300
	基本每股收益(扣除后)(元)	-0.0362	-0.0300	-0.0190	-0.8000
	稀释每股收益(元)	0.0084	0.0500	0.0090	-0.8300
	每股净资产(元)	3.1892	3.1809	3.1338	3.1249
	每股经营现金净流量(元)	-0.0630	-0.0129	0.0479	-0.1871
	每股现金流量(元)	0.3575	-0.4038	-0.5260	-0.3519
	每股资本公积金(元)	4.3078	4.3078	4.3078	4.3078
	每股盈余公积金(元)	0.0663	0.0663	0.0663	0.0663
	每股未分配利润(元)	-2.2027	-2.2111	-2.2538	-2.2628
	净资产收益率(%)	0.2646	1.6267	0.2874	-26.5014
	加权净资产收益率(%)	0.2600	1.6400	0.2900	-23.7200
	净资产收益率(扣除)(%)	-1.1335	-0.8529	-0.5939	-25.6706
	总资产(万元)	138279.37	134210.52	133874.12	135284.15
	归属母公司股东权益(万元)	123960.00	123638.13	121808.58	121462.19
	营业收入(万元)	11284.37	32276.28	15108.53	32232.48
	营业支出(万元)	8828.65	24063.77	12179.44	28724.68
	投资收益(万元)	1284.01	2562.61	777.63	140.23
	净利润(万元)	328.05	2011.21	350.10	-32314.46
	营业利润(万元)	75.18	1805.62	165.02	-30588.19
	利润总额(万元)	330.00	2011.21	350.10	-32314.46

江西赣锋锂业股份有限公司

公司概况	公司名称	江西赣锋锂业股份有限公司			证券简称	赣锋锂业
	法人代表	李良彬	董秘	欧阳明	证券代码	002460
	公司网址	www.ganfenglithium.com		电子信箱	info@ganfenglithium.com	
	电　话	0790-6415606		传　真	0790-6860528	
	办公地址	江西省新余市经济开发区龙腾路				
	经营范围	深加二锂产品的研究、开发、生产与销售				

	指标\报告期	2017.06.30	2016.12.31	2016.06.30	2015.12.31
主要财务指标	基本每股收益(元)	0.8100	0.6200	0.3700	0.3400
	基本每股收益(扣除后)(元)	0.5400	0.6285	0.4150	0.2900
	稀释每股收益(元)	0.8100	0.6200	0.3700	0.3400
	每股净资产(元)	3.7100	3.3058	2.7600	4.9827
	每股经营现金净流量(元)	-0.4927	0.8748	0.3301	0.9683
	每股现金流量(元)	0.0284	0.0084	0.0108	-0.5267
	每股资本公积金(元)	0.7558	0.9464	0.9458	2.9337
	每股盈余公积金(元)	0.1223	0.1185	0.0512	0.1020
	每股未分配利润(元)	1.7851	0.9218	0.7416	0.8903
	净资产收益率(%)	22.4601	18.6620	13.3895	6.6482
	加权净资产收益率(%)	22.5900	21.6700	13.8000	6.6900
	净资产收益率(扣除)(%)	15.1216	19.0558	15.0986	5.6571
	总资产(万元)	530555.33	380874.21	309466.18	252755.24
	归属母公司股东权益(万元)	270425.95	248828.84	207740.68	188252.16
	营业收入(万元)	162525.70	284412.03	134321.45	135392.48
	营业支出(万元)	107018.49	186090.25	87530.06	105898.72
	投资收益(万元)	19987.19	2231.72	4.41	144.53
	净利润(万元)	60714.61	46541.87	27809.92	12479.74
	营业利润(万元)	67390.22	57594.44	37038.27	12950.36
	利润总额(万元)	67339.96	53442.23	32870.15	14989.91

广州珠江啤酒股份有限公司

公司概况	公司名称	广州珠江啤酒股份有限公司			证券简称	珠江啤酒
	法人代表	王志斌	董秘	朱维彬	证券代码	002461
	公司网址	www.zhujiangbeer.com		电子信箱	zhengquan@zhujiangbeer.com	
	电　话	020-84206636 84207045		传　真	020-84202560 84207045	
	办公地址	广东省广州市海珠区新港东路磨碟沙大街118号				
	经营范围	制造、加工、销售:酒、饮料、瓶盖、酒花、食品添加剂、饲料等				

	指标\报告期	2017.06.30	2016.12.31	2016.06.30	2015.12.31
主要财务指标	基本每股收益(元)	0.0900	0.1700	0.0800	0.1200
	基本每股收益(扣除后)(元)	0.0300	0.0100	0.0400	0.0700
	稀释每股收益(元)	0.0900	0.1700	0.0800	0.1200
	每股净资产(元)	7.0889	5.1914	5.0202	4.9863
	每股经营现金净流量(元)	0.1639	1.5030	0.1578	1.0616
	每股现金流量(元)	0.1757	0.1067	0.2635	-1.0118
	每股资本公积金(元)	4.9931	2.4340	2.3463	2.3463
	每股盈余公积金(元)	0.1510	0.2457	0.2300	0.2300
	每股未分配利润(元)	0.9448	1.5117	1.4439	1.4100
	净资产收益率(%)	1.0670	3.2255	1.6710	2.4519
	加权净资产收益率(%)	2.3400	3.3000	1.6700	1.4100
	净资产收益率(扣除)(%)	0.4231	0.2714	0.8442	1.3916
	总资产(万元)	1104220.01	661486.57	628309.02	648493.90
	归属母公司股东权益(万元)	784502.45	353102.01	341453.62	339148.72
	营业收入(万元)	183139.54	354299.38	164119.41	351697.15
	营业支出(万元)	107882.51	211544.05	95382.18	207340.85
	投资收益(万元)	—	—	–	–
	净利润(万元)	8840.58	12736.02	6295.20	9725.57
	营业利润(万元)	8765.71	2834.93	4756.26	6177.28
	利润总额(万元)	11721.69	16308.85	8614.46	12678.51

嘉事堂药业股份有限公司

公司概况					
公司名称	嘉事堂药业股份有限公司			证券简称	嘉事堂
法人代表	续文利	董秘	王新侠	证券代码	002462
公司网址	www.cachet.com.cn		电子信箱	cachet@cachet.cn	
电　话	010-88433464		传　真	010-88447731	
办公地址	北京市海淀区昆明湖南路 11 号 1 号楼				
经营范围	销售医疗器材、化学药制剂、中药饮片、中成药、抗生素、生化药品等				

主要财务指标 指标\报告期	2017.06.30	2016.12.31	2016.06.30	2015.12.31
基本每股收益(元)	0.5700	0.8900	0.0800	0.1200
基本每股收益(扣除后)(元)	0.5900	0.8834	0.0400	0.0700
稀释每股收益(元)	0.5700	0.8900	0.0800	0.1200
每股净资产(元)	8.3280	7.9079	5.0202	4.9863
每股经营现金净流量(元)	-1.1508	0.4642	0.1578	1.0616
每股现金流量(元)	-0.2089	1.0331	0.2635	-1.0118
每股资本公积金(元)	2.9424	2.9424	2.3463	2.3463
每股盈余公积金(元)	0.3877	0.3877	0.2300	0.2300
每股未分配利润(元)	3.9979	3.5778	1.4439	1.4100
净资产收益率(%)	6.8451	11.2611	1.6710	2.4519
加权净资产收益率(%)	6.9600	11.9400	1.6700	1.4100
净资产收益率(扣除)(%)	7.0755	11.1322	0.8442	1.3916
总资产(万元)	815977.26	737955.30	628309.02	648493.90
归属母公司股东权益(万元)	208638.05	198114.46	341453.62	339148.72
营业收入(万元)	653582.67	1097157.66	164119.41	351697.15
营业支出(万元)	587635.03	977437.90	95382.18	207340.85
投资收益(万元)	136.63	189.78	-	-
净利润(万元)	24642.50	40999.93	6295.20	9725.57
营业利润(万元)	32458.80	54528.88	4756.26	6177.28
利润总额(万元)	32867.27	55224.30	8614.46	12678.51

沪士电子股份有限公司

公司概况					
公司名称	沪士电子股份有限公司			证券简称	沪电股份
法人代表	吴礼淦	董秘	李明贵	证券代码	002463
公司网址	www.wuscn.com		电子信箱	fin30@wuspc.com	
电　话	0512-57356148 57356136		传　真	0512-57356030	
办公地址	江苏省苏州市昆山市玉山镇东龙路 1 号				
经营范围	印制电路板的研发、生产和销售等				

主要财务指标 指标\报告期	2017.06.30	2016.12.31	2016.06.30	2015.12.31
基本每股收益(元)	0.0600	0.0780	0.0200	0.0033
基本每股收益(扣除后)(元)	0.0500	0.0470	0.0100	-0.0224
稀释每股收益(元)	--	--	-	-
每股净资产(元)	2.0248	2.0100	1.9447	1.9280
每股经营现金净流量(元)	-0.0363	0.1852	0.0261	0.0791
每股现金流量(元)	0.1405	0.0265	0.1016	0.0326
每股资本公积金(元)	0.0991	0.0991	0.0991	0.0991
每股盈余公积金(元)	0.1623	0.1623	0.1505	0.1505
每股未分配利润(元)	0.7601	0.7486	0.7005	0.6824
净资产收益率(%)	3.0377	3.8783	0.9320	0.1716
加权净资产收益率(%)	3.0400	3.9600	0.9400	0.1700
净资产收益率(扣除)(%)	2.3172	2.3381	0.2777	-1.1624
总资产(万元)	568902.60	532359.62	556351.90	543556.19
归属母公司股东权益(万元)	338987.88	336502.81	325574.42	322780.00
营业收入(万元)	214631.01	379028.47	185428.96	337713.63
营业支出(万元)	174750.53	319631.42	158109.13	298130.83
投资收益(万元)	81.80	109.56	3.75	508.53
净利润(万元)	10297.43	13050.51	3034.39	553.80
营业利润(万元)	13472.12	12580.27	3916.45	-3450.80
利润总额(万元)	13530.74	18667.03	6422.72	1727.28

众应互联科技股份有限公司

公司概况					
公司名称	众应互联科技股份有限公司			证券简称	众应互联
法人代表	郑玉芝	董秘	孙铁明	证券代码	002464
公司网址	www.kebdt.com		电子信箱	sz002464@163.com	
电　话	0512-36860986		传　真	0512-36860985	
办公地址	江苏省苏州市昆山开发区春旭路 258 号东安大厦 1701 室				
经营范围	研发、制造和销售各类铭板、薄膜开关、传统塑胶件和 IMD 产品等				

主要财务指标 指标\报告期	2017.06.30	2016.12.31	2016.06.30	2015.12.31
基本每股收益(元)	0.3500	1.2700	0.3200	0.2200
基本每股收益(扣除后)(元)	0.3500	1.3100	0.3300	-0.4100
稀释每股收益(元)	0.3500	1.2700	0.3200	0.2200
每股净资产(元)	5.4159	8.0282	7.0902	6.6861
每股经营现金净流量(元)	0.4571	1.4940	0.5515	0.0917
每股现金流量(元)	0.1033	-0.2244	0.2083	-0.2128
每股资本公积金(元)	3.4235	6.0776	6.0776	6.0776
每股盈余公积金(元)	0.1516	0.2425	0.2425	0.2425
每股未分配利润(元)	0.6843	0.5287	-0.4199	-0.7391
净资产收益率(%)	6.5346	15.7915	4.5016	3.3232
加权净资产收益率(%)	6.8100	17.3200	4.6600	4.1900
净资产收益率(扣除)(%)	4.3323	16.3579	4.6953	-6.1174
总资产(万元)	212739.81	210376.22	209846.69	227313.85
归属母公司股东权益(万元)	126159.93	116882.38	103225.62	97342.52
营业收入(万元)	16077.86	37055.80	17256.25	56064.77
营业支出(万元)	2687.35	5770.19	2828.68	37721.18
投资收益(万元)	--	--	-	300.59
净利润(万元)	8244.05	18457.53	4646.76	3234.87
营业利润(万元)	4406.55	18513.72	4679.98	-8801.84
利润总额(万元)	8263.21	18510.00	4679.98	3616.23

广州海格通信集团股份有限公司

公司概况					
公司名称	广州海格通信集团股份有限公司			证券简称	海格通信
法人代表	杨海洲	董秘	谭伟明	证券代码	002465
公司网址	www.haige.com		电子信箱	hgzqb@haige.com	
电　话	020-38699138		传　真	020-38698028	
办公地址	广东省广州市高新技术产业开发区科学城海云路 88 号				
经营范围	通信设备、导航设备的研制、生产、销售和服务				

主要财务指标 指标\报告期	2017.06.30	2016.12.31	2016.06.30	2015.12.31
基本每股收益(元)	0.0600	0.2500	0.0900	0.2800
基本每股收益(扣除后)(元)	0.0300	0.1800	0.0700	0.2400
稀释每股收益(元)	0.0600	0.2500	0.0900	0.2800
每股净资产(元)	3.4549	3.1134	2.9576	3.0212
每股经营现金净流量(元)	-0.2160	-0.1534	-0.2847	0.3551
每股现金流量(元)	-0.1237	0.0532	-0.4709	0.2394
每股资本公积金(元)	1.7705	1.2086	1.2090	1.2134
每股盈余公积金(元)	0.1329	0.1329	0.1086	0.1086
每股未分配利润(元)	0.7364	0.7719	0.6399	0.6991
净资产收益率(%)	1.7350	7.9357	3.0702	8.9406
加权净资产收益率(%)	1.9100	8.0800	2.9600	10.5700
净资产收益率(扣除)(%)	0.7318	5.6787	2.3866	7.5993
总资产(万元)	1190504.56	1091014.29	965440.33	989506.35
归属母公司股东权益(万元)	797175.01	668056.31	634618.99	648264.78
营业收入(万元)	166649.43	411873.41	159627.66	380657.91
营业支出(万元)	98034.30	245942.53	88259.24	215260.92
投资收益(万元)	676.79	6681.21	1423.06	7709.19
净利润(万元)	15297.47	60785.82	22653.49	65431.43
营业利润(万元)	18863.17	50039.14	21660.61	63153.98
利润总额(万元)	18585.46	66927.30	26140.51	72818.04

天齐锂业股份有限公司

公司概况	公司名称	天齐锂业股份有限公司			证券简称	天齐锂业
	法人代表	蒋卫平	董秘	李波	证券代码	002466
	公司网址	www.tianqilithium.com			电子信箱	likunda@tianqilithium.com
	电　话	028-85183501			传　真	028-85183501
	办公地址	四川省成都市高朋东路10号				
	经营范围	制造、销售电池级碳酸锂、工业级碳酸锂及其锂系列产品、其他化工产品				

	指标\报告期	2017.06.30	2016.12.31	2016.06.30	2015.12.31
主要财务指标	基本每股收益(元)	0.9400	1.5400	0.7587	0.9600
	基本每股收益(扣除后)(元)	0.9400	1.7800	0.7561	1.0700
	稀释每股收益(元)	0.9300	1.5200	0.7516	0.9600
	每股净资产(元)	5.5454	4.6171	3.8408	11.7506
	每股经营现金净流量(元)	1.1782	1.7863	0.9180	2.5225
	每股现金流量(元)	0.5505	0.9283	0.3257	0.4232
	每股资本公积金(元)	2.6686	2.6558	2.6197	12.6914
	每股盈余公积金(元)	0.0601	0.0601	0.0398	0.1512
	每股未分配利润(元)	2.4542	1.7050	0.9567	1.0791
	净资产收益率(%)	16.7559	32.9329	19.5695	8.0673
	加权净资产收益率(%)	18.0700	39.4100	21.5200	8.2400
	净资产收益率(扣除)(%)	16.8258	38.1208	19.5046	9.0074
	总资产(万元)	1239777.06	1120593.43	818917.82	751632.94
	归属母公司股东权益(万元)	551442.41	459131.48	381613.89	307242.47
	营业收入(万元)	241455.48	390456.42	170559.48	186687.67
	营业支出(万元)	75707.61	112264.85	47112.16	99052.02
	投资收益(万元)	2758.21	7131.58	1350.00	583.58
	净利润(万元)	114397.52	178656.04	86153.33	42582.81
	营业利润(万元)	152011.49	221655.83	112717.36	51450.83
	利润总额(万元)	152566.18	215868.55	112748.92	51305.30

申通快递股份有限公司

公司概况	公司名称	申通快递股份有限公司			证券简称	申通快递
	法人代表	陈德军	董秘	陈泉	证券代码	002468
	公司网址	www.sto.cn			电子信箱	yuzhiqiang@sto.cn
	电　话	021-60376669			传　真	021-60376600
	办公地址	上海市青浦区重固镇北青公路6598弄25号				
	经营范围	快递业务				

	指标\报告期	2017.06.30	2016.12.31	2016.06.30	2015.12.31
主要财务指标	基本每股收益(元)	0.4900	1.2300	0.0100	0.0120
	基本每股收益(扣除后)(元)	0.4600	1.1500	0.0100	-0.0040
	稀释每股收益(元)	0.4900	1.2300	0.0100	0.0120
	每股净资产(元)	3.9438	3.5548	2.1981	2.1944
	每股经营现金净流量(元)	0.3156	1.1891	0.2129	0.4551
	每股现金流量(元)	-0.1471	2.4429	-0.0349	0.1426
	每股资本公积金(元)	2.1028	2.1028	0.7902	0.7902
	每股盈余公积金(元)	0.0903	0.0903	0.0938	0.0938
	每股未分配利润(元)	1.4655	1.0779	0.3141	0.3104
	净资产收益率(%)	12.3651	23.1847	0.6238	0.5311
	加权净资产收益率(%)	12.8400	89.2600	0.6300	0.5300
	净资产收益率(扣除)(%)	11.7254	21.7366	0.2533	-0.2294
	总资产(万元)	739441.47	796443.17	160419.62	157036.24
	归属母公司股东权益(万元)	603716.00	544173.56	72928.43	72805.25
	营业收入(万元)	556142.90	988067.13	70677.69	144663.99
	营业支出(万元)	445729.75	791887.03	60569.89	124719.41
	投资收益(万元)	2084.94	1503.53	-45.77	-37.29
	净利润(万元)	74611.20	126240.05	183.76	3.09
	营业利润(万元)	96464.10	163238.67	261.02	-837.39
	利润总额(万元)	99662.60	169052.34	478.31	-364.31

二六三网络通信股份有限公司

公司概况	公司名称	二六三网络通信股份有限公司			证券简称	二六三
	法人代表	李小龙	董秘	李波	证券代码	002467
	公司网址	www.net263.com			电子信箱	invest263@net263.com
	电　话	010-64260109			传　真	010-64260109
	办公地址	北京市朝阳区和平里东土城路14号建达大厦16-18层				
	经营范围	增值通信业务、企业通信业务及其他业务				

	指标\报告期	2017.06.30	2016.12.31	2016.06.30	2015.12.31
主要财务指标	基本每股收益(元)	0.0600	-0.4800	0.1100	0.0800
	基本每股收益(扣除后)(元)	0.0400	-0.4100	0.0200	0.0800
	稀释每股收益(元)	0.0600	-0.4800	0.1100	0.0800
	每股净资产(元)	2.3395	2.2471	2.8509	2.7603
	每股经营现金净流量(元)	0.0828	0.1261	0.0591	0.1622
	每股现金流量(元)	-0.4725	0.1762	-0.9891	0.5647
	每股资本公积金(元)	1.0308	1.1268	1.1225	1.1223
	每股盈余公积金(元)	0.1115	0.1113	0.1113	0.1112
	每股未分配利润(元)	0.1081	0.0457	0.6278	0.5594
	净资产收益率(%)	2.7075	-21.1236	3.7687	2.6734
	加权净资产收益率(%)	2.7400	-18.9600	3.8100	4.1500
	净资产收益率(扣除)(%)	1.5218	-17.8973	0.6757	2.5363
	总资产(万元)	235745.27	269947.04	280852.74	262699.38
	归属母公司股东权益(万元)	183318.93	179072.77	227186.42	220387.01
	营业收入(万元)	41555.79	83567.52	41352.32	71636.18
	营业支出(万元)	14393.53	30346.08	15097.14	26513.46
	投资收益(万元)	1901.73	9306.94	8087.41	30.78
	净利润(万元)	4665.18	-37871.43	8562.08	5891.85
	营业利润(万元)	4635.84	-37674.44	9486.20	6559.50
	利润总额(万元)	4662.82	-37434.36	8777.65	6745.53

山东三维石化工程股份有限公司

公司概况	公司名称	山东三维石化工程股份有限公司			证券简称	三维工程
	法人代表	曲思秋	董秘	高勇	证券代码	002469
	公司网址	www.sdsunway.com.cn			电子信箱	gaoyong@sdsunway.com.cn
	电　话	0533-7993828			传　真	0533-7993803
	办公地址	山东省淄博市临淄区炼厂中路22号				
	经营范围	对外派遣实施境外工程所需的劳务人员等				

	指标\报告期	2017.06.30	2016.12.31	2016.06.30	2015.12.31
主要财务指标	基本每股收益(元)	0.0495	0.0200	0.0409	0.3800
	基本每股收益(扣除后)(元)	0.0400	0.0100	0.0400	0.3400
	稀释每股收益(元)	0.0495	0.0200	0.0409	0.3800
	每股净资产(元)	2.2960	2.3500	2.3641	3.6348
	每股经营现金净流量(元)	-0.2891	0.2876	0.0369	0.7189
	每股现金流量(元)	-0.1610	-0.0220	-0.6289	0.9189
	每股资本公积金(元)	0.3015	0.3015	0.3015	0.9522
	每股盈余公积金(元)	0.1373	0.1373	0.1370	0.2055
	每股未分配利润(元)	0.8572	0.9078	0.9257	1.4771
	净资产收益率(%)	2.1548	0.9964	1.7313	10.3117
	加权净资产收益率(%)	1.9700	0.9900	1.7000	10.9000
	净资产收益率(扣除)(%)	1.7385	0.5282	1.6164	9.3416
	总资产(万元)	164961.67	152632.53	152662.65	157286.81
	归属母公司股东权益(万元)	115551.32	118094.07	118977.22	121949.56
	营业收入(万元)	37958.28	35067.37	16717.41	62649.54
	营业支出(万元)	28766.85	25416.96	11369.08	41734.40
	投资收益(万元)	548.32	599.34	86.62	826.13
	净利润(万元)	2979.83	1832.27	2303.66	13306.05
	营业利润(万元)	3531.76	1869.00	2310.88	14898.22
	利润总额(万元)	3521.81	1881.29	2332.08	15375.92

金正大生态工程集团股份有限公司

公司概况						
公司名称	金正大生态工程集团股份有限公司				证券简称	金 正 大
法人代表	万连步	董秘	崔彬		证券代码	002470
公司网址	www.kingenta.com		电子信箱	jzd@kingenta.com		
电　　话	0539-7198691		传　　真	0539-6088691		
办公地址	山东省临沂市临沭县兴大西街 19 号					
经营范围	复合肥、控释肥的研发、生产和销售					

主要财务指标：指标\报告期	2017.06.30	2016.12.31	2016.06.30	2015.12.31
基本每股收益(元)	0.2500	0.3200	0.2500	0.7100
基本每股收益(扣除后)(元)	0.2400	0.3100	0.2400	0.7000
稀释每股收益(元)	0.2500	0.3200	0.2500	0.7000
每股净资产(元)	3.0061	2.8472	2.7718	5.1248
每股经营现金净流量(元)	0.6871	0.0030	0.1817	1.4382
每股现金流量(元)	1.1260	-0.0748	0.0721	0.1025
每股资本公积金(元)	0.3606	0.3544	0.3509	1.6754
每股盈余公积金(元)	0.1098	0.1100	0.0951	0.1905
每股未分配利润(元)	1.5340	1.3835	1.3254	2.2583
净资产收益率(%)	8.3895	11.3526	8.9437	13.8422
加权净资产收益率(%)	8.4800	12.0300	9.2800	15.0800
净资产收益率(扣除)(%)	8.1207	10.8429	8.7305	13.6163
总资产(万元)	2110407.34	1497911.18	1531357.27	1174595.22
归属母公司股东权益(万元)	946930.88	895780.10	870298.21	803373.68
营业收入(万元)	1247459.13	1873645.52	1056502.21	1774802.84
营业支出(万元)	1034443.64	1577620.59	908961.31	1489567.36
投资收益(万元)	5856.00	406.37	-771.49	-127.88
净利润(万元)	97357.83	84480.94	78642.53	111162.83
营业利润(万元)	109854.14	99158.65	89741.57	128444.10
利润总额(万元)	112149.78	105344.29	92399.16	130939.04

江苏中超控股股份有限公司

公司概况						
公司名称	江苏中超控股股份有限公司				证券简称	中超控股
法人代表	黄锦光	董秘	黄润楷		证券代码	002471
公司网址	www.zcdlgf.com		电子信箱	zccable@126.com		
电　　话	0510-87696868　87698298		传　　真	0510-87698298		
办公地址	江苏省无锡市宜兴市西郊工业园振丰东路 999 号					
经营范围	电线电缆的研发、生产、销售和服务					

主要财务指标：指标\报告期	2017.06.30	2016.12.31	2016.06.30	2015.12.31
基本每股收益(元)	0.0334	0.0883	0.0425	0.0878
基本每股收益(扣除后)(元)	0.0304	0.0750	0.0321	0.0715
稀释每股收益(元)	0.0334	0.0883	0.0425	0.0878
每股净资产(元)	1.4550	1.4318	1.3850	1.3486
每股经营现金净流量(元)	-0.2572	0.4635	0.2639	0.1467
每股现金流量(元)	-0.1874	0.0384	0.0123	-0.0485
每股资本公积金(元)	0.0212	0.0214	0.0207	0.0207
每股盈余公积金(元)	0.0515	0.0515	0.0450	0.0450
每股未分配利润(元)	0.3822	0.3588	0.3193	0.2828
净资产收益率(%)	2.2942	6.1661	3.0719	6.5106
加权净资产收益率(%)	2.3000	6.3500	3.1100	6.6300
净资产收益率(扣除)(%)	2.0913	5.2414	2.3199	5.2982
总资产(万元)	880403.37	851535.58	855886.00	842014.67
归属母公司股东权益(万元)	184489.63	181551.76	175619.75	171000.40
营业收入(万元)	299863.68	621700.11	286559.74	516537.85
营业支出(万元)	256429.56	531623.35	243283.21	439805.02
投资收益(万元)	581.01	117.04	120.61	-41.34
净利润(万元)	4791.55	13907.74	5636.12	11478.44
营业利润(万元)	4757.61	14481.17	5572.88	10705.70
利润总额(万元)	5484.60	16750.42	7157.62	13420.17

浙江双环传动机械股份有限公司

公司概况						
公司名称	浙江双环传动机械股份有限公司				证券简称	双环传动
法人代表	吴长鸿	董秘	叶松		证券代码	002472
公司网址	www.gearsnet.com		电子信箱	ys@gearsnet.com		
电　　话	0571-81671018		传　　真	0571-81671020		
办公地址	浙江省杭州市西湖区古墩路 702 号赞宇大厦 12 楼					
经营范围	传动用齿轮及齿轮零件的生产与销售					

主要财务指标：指标\报告期	2017.06.30	2016.12.31	2016.06.30	2015.12.31
基本每股收益(元)	0.1700	0.2800	0.2500	0.4900
基本每股收益(扣除后)(元)	0.1500	0.2400	0.2200	0.4600
稀释每股收益(元)	0.1700	0.2700	0.2400	0.4700
每股净资产(元)	4.4840	4.4500	8.6000	8.4300
每股经营现金净流量(元)	0.2246	0.3066	0.3352	0.9803
每股现金流量(元)	0.2531	-1.5992	-3.2350	4.3674
每股资本公积金(元)	2.1526	2.1526	5.3006	6.2140
每股盈余公积金(元)	0.1526	0.1526	0.2590	0.3039
每股未分配利润(元)	1.2601	1.1711	2.0835	2.2990
净资产收益率(%)	3.7708	6.1629	2.8405	4.7938
加权净资产收益率(%)	3.7400	6.3400	2.8600	8.5000
净资产收益率(扣除)(%)	3.3495	5.3314	2.5617	4.5762
总资产(万元)	480100.43	390509.16	349941.69	380604.86
归属母公司股东权益(万元)	303454.44	301399.87	290934.00	285248.57
营业收入(万元)	112111.57	174267.47	78397.77	139728.91
营业支出(万元)	85762.85	135137.34	60266.92	104669.21
投资收益(万元)	1475.26	2621.52	984.16	1457.25
净利润(万元)	11442.53	18574.91	8263.90	13674.14
营业利润(万元)	13530.26	18969.29	9143.55	14698.06
利润总额(万元)	13956.58	20637.57	9703.46	15188.49

宁波圣莱达电器股份有限公司

公司概况						
公司名称	宁波圣莱达电器股份有限公司				证券简称	*ST 圣莱
法人代表	符永利	董秘	于良		证券代码	002473
公司网址	www.nbslt.com		电子信箱	sltzq@nbslt.com		
电　　话	0574-87522994		传　　真	0574-87522941		
办公地址	浙江省宁波市江北区金山路 298 号					
经营范围	电热电器、电机电器及配件的制造、加工					

主要财务指标：指标\报告期	2017.06.30	2016.12.31	2016.06.30	2015.12.31
基本每股收益(元)	-0.0770	-0.2200	-0.0700	0.0300
基本每股收益(扣除后)(元)	-0.0800	-0.2200	-0.0700	-0.1000
稀释每股收益(元)	-0.0770	-0.2200	-0.0700	0.0300
每股净资产(元)	2.1754	2.2447	2.3891	2.4619
每股经营现金净流量(元)	-0.0251	0.1693	-0.1206	-0.1167
每股现金流量(元)	-0.0990	0.0174	-0.1277	-0.0130
每股资本公积金(元)	1.3947	1.3872	1.3872	1.3872
每股盈余公积金(元)	0.0703	0.0703	0.0703	0.0703
每股未分配利润(元)	-0.2897	-0.2128	-0.0684	0.0043
净资产收益率(%)	-3.5336	-9.6722	-3.0457	1.0953
加权净资产收益率(%)	-3.4800	-9.2300	-3.0000	1.1000
净资产收益率(扣除)(%)	-3.6991	-9.8291	-3.0474	-3.8650
总资产(万元)	42688.06	44469.58	46032.25	47477.10
归属母公司股东权益(万元)	34805.98	35915.86	38225.49	39389.73
营业收入(万元)	4781.53	9521.21	4368.91	10523.02
营业支出(万元)	4184.70	8249.16	3753.50	8956.04
投资收益(万元)	—	97.50	-	-
净利润(万元)	-1253.89	-3505.45	-1179.32	344.26
营业利润(万元)	-1321.80	-3744.08	-1198.76	-1835.56
利润总额(万元)	-1264.10	-3758.86	-1198.08	367.15

福建榕基软件股份有限公司

公司概况	公司名称	福建榕基软件股份有限公司			证券简称	榕基软件
	法人代表	鲁峰	董秘	万孝雄	证券代码	002474
	公司网址	www.rongji.com			电子信箱	wanxiaoxiong@rongji.com
	电　　话	0591-83517761　87303569			传　　真	0591-87862566
	办公地址	福建省福州市鼓楼区铜盘路福州软件园产业基地				
	经营范围	计算机及网络软件开发服务、计算机硬件技术服务				

主要财务指标	指标\报告期	2017.06.30	2016.12.31	2016.06.30	2015.12.31
	基本每股收益(元)	0.0334	0.0399	0.0260	0.0254
	基本每股收益(扣除后)(元)	0.0244	0.0199	0.0152	-0.0008
	稀释每股收益(元)	0.0334	0.0399	0.0260	0.0254
	每股净资产(元)	2.2749	2.2559	2.2263	2.1975
	每股经营现金净流量(元)	-0.0701	0.0919	-0.0757	0.0289
	每股现金流量(元)	-0.3514	0.2163	-0.0956	0.0735
	每股资本公积金(元)	0.5936	0.5936	0.5844	0.5844
	每股盈余公积金(元)	0.0932	0.0932	0.0880	0.0880
	每股未分配利润(元)	0.5777	0.5543	0.5456	0.5195
	净资产收益率(%)	1.4691	1.7701	1.1688	1.1578
	加权净资产收益率(%)	1.4700	1.8000	1.1800	1.1600
	净资产收益率(扣除)(%)	1.0712	0.8838	0.6846	-0.0341
	总资产(万元)	219189.15	213519.61	202468.64	190647.12
	归属母公司股东权益(万元)	141546.39	140364.56	138521.99	136729.57
	营业收入(万元)	29841.11	70259.23	26650.93	62360.21
	营业支出(万元)	18964.22	47439.05	16673.87	41803.84
	投资收益(万元)	614.65	2634.19	838.37	3360.71
	净利润(万元)	1916.07	2497.72	1451.53	1545.02
	营业利润(万元)	1880.49	1273.63	1032.61	527.59
	利润总额(万元)	1922.44	2143.60	1547.09	1472.65

立讯精密工业股份有限公司

公司概况	公司名称	立讯精密工业股份有限公司			证券简称	黄大伟
	法人代表	王来春	董秘	李维伟	证券代码	002475
	公司网址	www.luxshare-ict.com			电子信箱	Public@luxshare-ict.com
	电　　话	0769-87892475			传　　真	0769-87732475
	办公地址	广东省东莞市清溪镇青皇村青皇工业区葵青路17号				
	经营范围	生产经营连接线、连接器、电脑周边设备、塑胶五金制品				

主要财务指标	指标\报告期	2017.06.30	2016.12.31	2016.06.30	2015.12.31
	基本每股收益(元)	0.3200	0.6000	0.2100	0.8600
	基本每股收益(扣除后)(元)	0.2800	0.5600	0.2000	0.8100
	稀释每股收益(元)	0.3200	0.6000	0.2100	0.8600
	每股净资产(元)	5.6370	5.3074	3.0934	4.3957
	每股经营现金净流量(元)	0.1736	0.6179	0.2509	0.3876
	每股现金流量(元)	-0.1288	1.2310	0.2117	-0.1406
	每股资本公积金(元)	2.6685	2.6685	0.6751	1.5143
	每股盈余公积金(元)	0.1044	0.1044	0.0703	0.1055
	每股未分配利润(元)	1.9021	1.5804	1.4229	1.9055
	净资产收益率(%)	5.7059	10.2784	6.8726	19.5117
	加权净资产收益率(%)	5.8800	16.0900	7.0000	21.0200
	净资产收益率(扣除)(%)	4.9193	9.5294	6.3425	18.2754
	总资产(万元)	2173417.42	2095480.64	1269399.73	1158705.15
	归属母公司股东权益(万元)	1195067.44	1125208.09	583406.72	552748.71
	营业收入(万元)	828685.91	1376259.59	475247.43	1013949.24
	营业支出(万元)	648791.57	1080404.30	364482.65	781936.40
	投资收益(万元)	5288.51	2068.19	-314.45	-210.30
	净利润(万元)	68258.54	118206.60	40102.36	113161.21
	营业利润(万元)	78050.38	130317.84	43684.17	120694.59
	利润总额(万元)	81410.97	138885.63	47348.67	129258.00

山东宝莫生物化工股份有限公司

公司概况	公司名称	山东宝莫生物化工股份有限公司			证券简称	宝莫股份
	法人代表	杜斌	董秘	渠磊	证券代码	002476
	公司网址	www.slcapam.com			电子信箱	cnvca@slcapam.com
	电　　话	0546-7788268			传　　真	0546-7773708
	办公地址	山东省东营市东营区西四路892号				
	经营范围	丙烯酰胺、聚丙烯酰胺的许可生产和销售				

主要财务指标	指标\报告期	2017.06.30	2016.12.31	2016.06.30	2015.12.31
	基本每股收益(元)	-0.0771	0.0242	0.0251	0.0394
	基本每股收益(扣除后)(元)	-0.0784	0.0108	0.0190	0.0149
	稀释每股收益(元)	-0.0771	--	0.0251	0.0394
	每股净资产(元)	1.5091	1.6143	1.6630	1.6600
	每股经营现金净流量(元)	-0.0590	0.2371	0.1108	0.1996
	每股现金流量(元)	-0.0868	0.0572	0.1351	-0.2110
	每股资本公积金(元)	0.2898	0.2898	0.3353	0.3353
	每股盈余公积金(元)	0.0844	0.0844	0.0747	0.0747
	每股未分配利润(元)	0.1540	0.2611	0.2717	0.2766
	净资产收益率(%)	-5.1116	1.5010	1.5083	2.3761
	加权净资产收益率(%)	-4.9000	1.4800	1.5000	2.3700
	净资产收益率(扣除)(%)	-5.1981	0.6702	1.1421	0.8979
	总资产(万元)	137356.78	144985.13	156248.32	154786.12
	归属母公司股东权益(万元)	92357.43	98795.95	101775.12	101589.33
	营业收入(万元)	18543.60	89801.01	44436.49	74164.68
	营业支出(万元)	16786.38	72512.19	36072.98	61167.82
	投资收益(万元)	-601.26	52.69	253.61	43.23
	净利润(万元)	-5168.74	-540.68	983.10	-987.86
	营业利润(万元)	-5326.77	-113.16	1386.16	-2029.27
	利润总额(万元)	-5276.08	603.16	1460.04	337.24

雏鹰农牧集团股份有限公司

公司概况	公司名称	雏鹰农牧集团股份有限公司			证券简称	雏鹰农牧
	法人代表	侯建芳	董秘	吴易得	证券代码	002477
	公司网址	www.chu-ying.com			电子信箱	wuyd@chu-ying.com
	电　　话	0371-62583588　62583825			传　　真	0371-62583825
	办公地址	河南省新郑市薛店镇世纪大道公司办公区				
	经营范围	家畜、家禽养殖与销售				

主要财务指标	指标\报告期	2017.06.30	2016.12.31	2016.06.30	2015.12.31
	基本每股收益(元)	0.1468	0.2800	0.1449	0.2200
	基本每股收益(扣除后)(元)	0.1313	0.1900	0.1346	0.0200
	稀释每股收益(元)	0.1468	0.2800	0.1449	0.2200
	每股净资产(元)	1.7918	1.6380	1.5056	4.2045
	每股经营现金净流量(元)	-0.0730	0.5753	0.1750	-0.2614
	每股现金流量(元)	0.1097	0.6423	0.0375	0.9289
	每股资本公积金(元)	0.1821	0.1752	0.1751	2.5277
	每股盈余公积金(元)	0.0637	0.0637	0.0401	0.1203
	每股未分配利润(元)	0.5459	0.3991	0.2904	0.5565
	净资产收益率(%)	8.1947	16.9238	9.6232	5.0166
	加权净资产收益率(%)	8.5800	18.0000	9.8300	5.8300
	净资产收益率(扣除)(%)	7.3297	11.5445	8.9402	0.4252
	总资产(万元)	2120493.17	1692802.67	1318781.25	1018138.19
	归属母公司股东权益(万元)	561743.13	513541.73	472018.92	439388.35
	营业收入(万元)	252282.02	609017.21	282910.73	361902.12
	营业支出(万元)	195460.21	457276.29	208689.74	306045.79
	投资收益(万元)	51532.50	18668.55	6761.77	3843.37
	净利润(万元)	58910.02	86946.84	43502.52	23010.54
	营业利润(万元)	56802.19	77158.07	41782.98	5145.71
	利润总额(万元)	60516.30	98370.50	44441.83	27428.64

江苏常宝钢管股份有限公司

公司概况	公司名称	江苏常宝钢管股份有限公司		证券简称	常宝股份
	法人代表	曹坚	董秘 王云芳	证券代码	002478
	公司网址	www.cbsteeltube.com		电子信箱	zjb@cbsteeltube.com
	电话	0519-88814347		传真	0519-88812052
	办公地址	江苏省常州市延陵东路 558 号			
	经营范围	石油天然气用管和锅炉管等专用钢管的生产和销售			

指标＼报告期	2017.06.30	2016.12.31	2016.06.30	2015.12.31
基本每股收益(元)	0.0800	0.2700	0.1400	0.5200
基本每股收益(扣除后)(元)	0.0600	0.0800	0.0600	0.3600
稀释每股收益(元)	0.0800	0.2700	0.1400	0.5200
每股净资产(元)	3.3287	7.5049	7.3490	7.4085
每股经营现金净流量(元)	–0.0110	0.3766	0.1805	0.9420
每股现金流量(元)	–0.4328	1.4487	0.1784	–0.7723
每股资本公积金(元)	0.8643	2.7286	2.7286	2.7286
每股盈余公积金(元)	0.3305	0.6611	0.6276	0.6276
每股未分配利润(元)	1.1099	3.0650	2.9649	3.0243
净资产收益率(%)	2.3237	3.6533	1.9127	6.9519
加权净资产收益率(%)	2.1300	3.6900	1.8900	7.0800
净资产收益率(扣除)(%)	1.8420	1.1337	0.7844	4.8759
总资产(万元)	391955.53	393254.79	375386.72	394836.83
归属母公司股东权益(万元)	266362.34	300269.24	294034.13	296412.66
营业收入(万元)	150306.10	220531.76	105026.10	292308.06
营业支出(万元)	128456.35	189557.03	88975.74	245331.04
投资收益(万元)	1525.24	7744.36	4046.32	6205.17
净利润(万元)	7013.82	12954.16	6660.19	22576.03
营业利润(万元)	7600.04	12506.44	7838.20	23314.25
利润总额(万元)	7604.31	14096.21	7937.95	24723.74

浙江富春江环保热电股份有限公司

公司概况	公司名称	浙江富春江环保热电股份有限公司		证券简称	富春环保
	法人代表	张杰	董秘 张杰	证券代码	002479
	公司网址	www.zhefuet.com		电子信箱	252397520@qq.com
	电话	0571-63553779		传真	0571-63553789
	办公地址	浙江省富阳市灵桥镇春永路 188 号			
	经营范围	火力发电、垃圾发电			

指标＼报告期	2017.06.30	2016.12.31	2016.06.30	2015.12.31
基本每股收益(元)	0.2493	0.3100	0.1544	0.2400
基本每股收益(扣除后)(元)	0.2425	0.2900	0.1466	0.2200
稀释每股收益(元)	0.2493	0.3100	0.1544	0.2400
每股净资产(元)	3.4504	3.5900	3.4334	3.4290
每股经营现金净流量(元)	0.1957	0.7081	0.4125	0.2840
每股现金流量(元)	–0.5110	0.1384	–0.1970	0.1166
每股资本公积金(元)	1.2828	1.5680	1.5683	1.5683
每股盈余公积金(元)	0.1672	0.1672	0.1324	0.1324
每股未分配利润(元)	1.0004	0.8511	0.7328	0.7284
净资产收益率(%)	7.2250	8.5760	4.4967	6.6428
加权净资产收益率(%)	6.8100	7.6800	4.4600	7.5200
净资产收益率(扣除)(%)	7.0285	8.0024	4.2694	6.2162
总资产(万元)	526707.39	515008.52	480232.23	498783.84
归属母公司股东权益(万元)	274772.06	285596.07	273420.51	273067.75
营业收入(万元)	170674.77	269926.38	130703.91	287683.35
营业支出(万元)	134472.95	214650.98	102812.55	241839.90
投资收益(万元)	233.93	330.93	–17.47	227.04
净利润(万元)	23276.78	30817.58	14837.21	23307.94
营业利润(万元)	24790.54	31968.45	16242.14	25712.29
利润总额(万元)	27525.40	37415.92	18099.38	29031.18

成都市新筑路桥机械股份有限公司

公司概况	公司名称	成都市新筑路桥机械股份有限公司		证券简称	新筑股份
	法人代表	黄志明	董秘 张杨	证券代码	002480
	公司网址	www.xinzhu.com		电子信箱	vendition@xinzhu.com
	电话	028-82550671		传真	028-82550671
	办公地址	四川省成都市四川新津工业园区			
	经营范围	金属桥梁结构及桥梁零件的设计制造、建筑用金属结构、构件的设计制造			

指标＼报告期	2017.06.30	2016.12.31	2016.06.30	2015.12.31
基本每股收益(元)	–0.1099	0.0290	–0.0648	–0.2449
基本每股收益(扣除后)(元)	–0.1206	–0.2357	–0.1102	–0.2519
稀释每股收益(元)	–0.1099	0.0290	–0.0648	–0.2449
每股净资产(元)	3.4739	3.6043	3.5165	3.5813
每股经营现金净流量(元)	–0.1389	0.3004	0.3334	–0.0667
每股现金流量(元)	0.4133	0.0420	0.3613	0.0375
每股资本公积金(元)	2.2374	2.2374	2.2430	2.2430
每股盈余公积金(元)	0.0967	0.0967	0.0848	0.0848
每股未分配利润(元)	0.1366	0.2665	0.1847	0.2495
净资产收益率(%)	–3.1640	0.8040	–1.8430	–6.8369
加权净资产收益率(%)	–3.1000	0.8100	–1.8300	–6.6100
净资产收益率(扣除)(%)	–3.4707	–6.5388	–3.1324	–7.0329
总资产(万元)	513669.09	480102.46	525021.46	511891.25
归属母公司股东权益(万元)	224197.35	232612.49	226945.40	231127.66
营业收入(万元)	37139.20	151955.55	65487.68	105389.62
营业支出(万元)	24407.40	122528.23	53573.44	83969.49
投资收益(万元)	–28.27	6736.45	4582.75	633.20
净利润(万元)	–7238.40	1789.70	–4396.16	–17190.92
营业利润(万元)	–8488.79	–9430.75	–4576.97	–21113.41
利润总额(万元)	–7953.94	4637.41	–4020.22	–20235.85

烟台双塔食品股份有限公司

公司概况	公司名称	烟台双塔食品股份有限公司		证券简称	双塔食品
	法人代表	杨君敏	董秘 师恩战	证券代码	002481
	公司网址	www.shuangtafensi.com		电子信箱	shuangtashipin@sohu.com
	电话	0535-8938520		传真	0535-8938351
	办公地址	山东省烟台市招远市金岭镇寨里			
	经营范围	纯豆、杂粮和红薯粉丝、豌豆蛋白粉等			

指标＼报告期	2017.06.30	2016.12.31	2016.06.30	2015.12.31
基本每股收益(元)	0.0344	0.0500	0.0500	0.1500
基本每股收益(扣除后)(元)	0.0203	0.0200	0.0300	0.1200
稀释每股收益(元)	0.0344	0.0500	0.0500	0.1500
每股净资产(元)	2.1023	2.0679	2.0849	2.0330
每股经营现金净流量(元)	–0.0829	0.3171	0.0445	0.2361
每股现金流量(元)	–0.0529	0.1206	0.1010	–0.9042
每股资本公积金(元)	0.4883	0.4883	0.4884	0.4884
每股盈余公积金(元)	0.0634	0.0634	0.0606	0.0606
每股未分配利润(元)	0.5506	0.5163	0.5360	0.4840
净资产收益率(%)	1.6342	2.1789	2.4930	7.4200
加权净资产收益率(%)	1.6500	2.1900	2.5200	7.1500
净资产收益率(扣除)(%)	0.9649	0.9582	1.6048	5.9724
总资产(万元)	436100.40	443775.98	453568.37	418415.83
归属母公司股东权益(万元)	265599.23	261258.91	263409.16	256842.36
营业收入(万元)	81380.06	184501.59	84618.24	124297.82
营业支出(万元)	70247.86	159815.20	68745.39	90749.47
投资收益(万元)	1960.09	4045.13	2507.37	4658.00
净利润(万元)	4281.16	5050.52	6196.59	18528.94
营业利润(万元)	3824.62	4661.39	6867.89	20674.41
利润总额(万元)	4633.47	6525.67	7176.14	21573.95

深圳广田集团股份有限公司

公司概况	公司名称	深圳广田集团股份有限公司			证券简称	广田集团
	法人代表	范志全	董秘	赵国文	证券代码	002482
	公司网址	www.szgt.com		电子信箱	zq@szgt.com	
	电　　话	0755-25886666*1187		传　　真	0755-22190528	
	办公地址	广东省深圳市罗湖区深南东路 2098 号广田集团大厦				
	经营范围	承担境内外各类建筑(包括车、船、飞机)的室内外装饰工程的设计与施工等				

主要财务指标	指标\报告期	2017.06.30	2016.12.31	2016.06.30	2015.12.31
	基本每股收益(元)	0.1400	0.2600	0.1100	0.5100
	基本每股收益(扣除后)(元)	0.1300	0.2000	0.1000	0.4400
	稀释每股收益(元)	0.1400	0.2600	0.1100	0.5100
	每股净资产(元)	4.0600	3.9400	3.7905	9.2395
	每股经营现金净流量(元)	0.0903	0.1386	-0.2611	-1.3040
	每股现金流量(元)	0.5389	-0.5280	-0.6230	0.0396
	每股资本公积金(元)	1.5072	1.5106	1.5204	5.3074
	每股盈余公积金(元)	0.1788	0.1773	0.1503	0.3729
	每股未分配利润(元)	1.3756	1.2746	1.1463	2.6814
	净资产收益率(%)	3.4497	6.5967	2.7772	4.8267
	加权净资产收益率(%)	3.4600	6.8000	2.7900	5.9600
	净资产收益率(扣除)(%)	3.3265	5.1162	2.7323	4.2157
	总资产(万元)	1573762.18	1584524.18	1297235.34	1365647.51
	归属母公司股东权益(万元)	624358.74	610488.13	587992.76	577866.33
	营业收入(万元)	518113.56	1011253.74	391277.99	801001.09
	营业支出(万元)	455568.16	902023.95	333286.99	665740.87
	投资收益(万元)	-73.75	7887.96	-635.89	-105.20
	净利润(万元)	22469.21	40044.05	16148.80	31085.53
	营业利润(万元)	25917.69	45061.20	19274.06	32717.35
	利润总额(万元)	26860.13	48031.27	19604.75	36980.97

江苏润邦重工股份有限公司

公司概况	公司名称	江苏润邦重工股份有限公司			证券简称	润邦股份
	法人代表	吴建	董秘	谢贵兴	证券代码	002483
	公司网址	www.rainbowco.com.cn		电子信箱	rbgf@rainbowco.com.cn	
	电　　话	0513-80100206		传　　真	0513-80100206	
	办公地址	江苏省南通市经济技术开发区振兴西路 9 号				
	经营范围	重型装备的设计、生产、销售及服务				

主要财务指标	指标\报告期	2017.06.30	2016.12.31	2016.06.30	2015.12.31
	基本每股收益(元)	0.1100	0.2000	0.1600	-1.2100
	基本每股收益(扣除后)(元)	0.0400	0.1700	0.1400	-1.2100
	稀释每股收益(元)	0.1100	0.2000	0.1600	-1.2100
	每股净资产(元)	3.6189	5.7651	5.7240	5.2711
	每股经营现金净流量(元)	-0.1258	0.5623	-0.3865	0.0929
	每股现金流量(元)	0.0808	0.0010	-0.0527	0.3517
	每股资本公积金(元)	2.3488	4.3581	4.3581	4.3883
	每股盈余公积金(元)	0.0868	0.1389	0.1042	0.0987
	每股未分配利润(元)	0.1833	0.2681	0.2617	0.0976
	净资产收益率(%)	2.1625	3.4601	2.7718	-19.6863
	加权净资产收益率(%)	2.1500	3.5200	2.8100	-21.3300
	净资产收益率(扣除)(%)	0.7123	3.0124	2.4645	-19.6478
	总资产(万元)	461778.99	466269.27	421575.86	450104.75
	归属母公司股东权益(万元)	243355.19	242295.48	240568.33	233900.36
	营业收入(万元)	83650.23	282443.13	155139.79	190800.99
	营业支出(万元)	60102.88	217655.55	119391.07	179278.65
	投资收益(万元)	187.26	425.71	964.41	414.04
	净利润(万元)	7987.94	14064.59	12581.99	-43051.74
	营业利润(万元)	7604.16	17920.48	15825.75	-41604.74
	利润总额(万元)	10370.45	18837.79	16063.48	-40791.96

南通江海电容器股份有限公司

公司概况	公司名称	南通江海电容器股份有限公司			证券简称	江海股份
	法人代表	陈卫东	董秘	王汉明	证券代码	002484
	公司网址	www.jianghai.com		电子信箱	info@jianghai.com	
	电　　话	0513-86726006		传　　真	0513-86571812	
	办公地址	江苏省南通市通州区平潮镇通扬南路 79 号				
	经营范围	生产加工电容器及其材料、配件、电容器设备、仪器、仪表及配件等				

主要财务指标	指标\报告期	2017.06.30	2016.12.31	2016.06.30	2015.12.31
	基本每股收益(元)	0.1081	0.2643	0.1137	0.3878
	基本每股收益(扣除后)(元)	0.0795	0.2299	0.0939	0.3414
	稀释每股收益(元)	0.1081	0.2643	0.1137	0.3878
	每股净资产(元)	3.6812	4.7450	3.2020	5.0412
	每股经营现金净流量(元)	0.1276	0.2803	0.1186	0.3706
	每股现金流量(元)	-0.2148	0.2829	-0.0883	-0.0970
	每股资本公积金(元)	1.6924	2.5001	0.9022	2.0435
	每股盈余公积金(元)	0.1661	0.2160	0.2316	0.3419
	每股未分配利润(元)	0.8227	1.0289	1.0682	1.6558
	净资产收益率(%)	2.9375	5.0094	3.5520	7.6934
	加权净资产收益率(%)	2.9200	7.0100	3.5500	7.9500
	净资产收益率(扣除)(%)	2.1600	4.3580	2.9337	6.7718
	总资产(万元)	356547.04	347793.88	213152.60	205114.41
	归属母公司股东权益(万元)	300075.98	297531.69	170498.43	167770.31
	营业收入(万元)	73897.91	122361.89	55857.00	109128.83
	营业支出(万元)	55304.29	90771.30	41365.41	81346.05
	投资收益(万元)	2549.21	1926.12	507.51	1320.76
	净利润(万元)	9496.08	15894.26	6377.21	13688.93
	营业利润(万元)	9843.31	16227.46	6011.29	13801.68
	利润总额(万元)	11009.00	18066.07	7301.64	15648.88

希努尔男装股份有限公司

公司概况	公司名称	希努尔男装股份有限公司			证券简称	希努尔
	法人代表	范佳昱	董秘	何兆麟	证券代码	002485
	公司网址	www.sinoer.com		电子信箱	sinoer0899@sinoer.cn	
	电　　话	0536-6076188		传　　真	0536-6076188	
	办公地址	山东省诸城市东环路 58 号				
	经营范围	中高档西服、衬衣及服饰的制造、销售本公司制造的产品等				

主要财务指标	指标\报告期	2017.06.30	2016.12.31	2016.06.30	2015.12.31
	基本每股收益(元)	-0.0725	0.0233	0.0900	0.0706
	基本每股收益(扣除后)(元)	-0.0738	-0.1600	-0.0660	-0.1834
	稀释每股收益(元)	-0.0725	0.0233	0.0900	0.0706
	每股净资产(元)	6.1026	6.1751	6.2370	6.1518
	每股经营现金净流量(元)	0.0691	0.1658	0.0712	0.4767
	每股现金流量(元)	0.0113	-0.9801	-1.0388	0.6951
	每股资本公积金(元)	3.9438	3.9438	3.9438	3.9438
	每股盈余公积金(元)	0.2406	0.2406	0.2383	0.2383
	每股未分配利润(元)	0.9182	0.9907	1.0549	0.9697
	净资产收益率(%)	-1.1881	0.3780	1.3666	1.1473
	加权净资产收益率(%)	-1.1800	0.3800	1.3800	1.1500
	净资产收益率(扣除)(%)	-1.2095	-2.5917	-1.0576	-2.9816
	总资产(万元)	223702.53	244498.26	248847.08	275116.70
	归属母公司股东权益(万元)	195283.96	197604.21	199584.77	196857.34
	营业收入(万元)	35697.03	69607.59	35091.25	101276.29
	营业支出(万元)	28475.86	55703.89	26884.72	73280.15
	投资收益(万元)	10.04	474.15	149.00	-
	净利润(万元)	-2320.25	746.86	2727.43	2258.61
	营业利润(万元)	-1921.95	-6412.08	-2697.59	-7444.62
	利润总额(万元)	-1876.34	938.08	3601.15	3386.08

上海嘉麟杰纺织品股份有限公司

公司概况	公司名称	上海嘉麟杰纺织品股份有限公司			证券简称	嘉麟杰
	法人代表	郑小将	董秘	张开彦	证券代码	002486
	公司网址	www.challenge-21c.com		电子信箱	zhangkaiyan@dong-xu.com	
	电话	021-37330000*1998		传真	021-57381100*1998	
	办公地址	上海市金山区亭林镇亭枫公路 1918 号				
	经营范围	高档针织面料的研发、生产和销售				

主要财务指标 指标\报告期	2017.06.30	2016.12.31	2016.06.30	2015.12.31
基本每股收益(元)	-0.0341	0.0143	-0.0446	-0.1230
基本每股收益(扣除后)(元)	-0.0354	-0.0840	-0.0461	-0.1150
稀释每股收益(元)	-0.0341	0.0143	-0.0446	-0.1230
每股净资产(元)	1.0836	1.1163	1.0562	1.0988
每股经营现金净流量(元)	0.1053	0.0142	-0.0398	0.0017
每股现金流量(元)	-0.1201	0.0425	-0.0043	-0.1913
每股资本公积金(元)	0.0024	0.0024	0.0024	0.0024
每股盈余公积金(元)	0.0577	0.0577	0.0577	0.0577
每股未分配利润(元)	0.0300	0.0641	0.0053	0.0499
净资产收益率(%)	-3.1482	1.2768	-4.2228	-11.1922
加权净资产收益率(%)	-3.1000	1.2900	-4.1400	-10.5600
净资产收益率(扣除)(%)	-3.2709	-7.4955	-4.3639	-10.4993
总资产(万元)	163068.06	163203.52	168935.96	160846.96
归属母公司股东权益(万元)	90153.87	92874.77	87879.77	91420.51
营业收入(万元)	38636.84	72789.50	30802.13	70082.52
营业支出(万元)	31496.50	58124.25	24625.82	55721.72
投资收益(万元)	928.68	8305.56	355.39	906.20
净利润(万元)	-3326.72	208.15	-4190.59	-11072.50
营业利润(万元)	-3968.48	-3786.25	-5397.14	-10365.14
利润总额(万元)	-3972.20	-1478.15	-5250.91	-11052.97

辽宁大金重工股份有限公司

公司概况	公司名称	辽宁大金重工股份有限公司			证券简称	大金重工
	法人代表	金鑫	董秘	陈睿	证券代码	002487
	公司网址	www.dajin.cn		电子信箱	stock@dajin.cn	
	电话	0418-6602618		传真	0418-6602618	
	办公地址	辽宁省阜新市新邱区新邱大街 155 号				
	经营范围	钢结构制造、安装、金属门窗制造、安装、海洋工程、石化、港口机械制造等				

主要财务指标 指标\报告期	2017.06.30	2016.12.31	2016.06.30	2015.12.31
基本每股收益(元)	0.0200	0.1300	0.0900	0.1700
基本每股收益(扣除后)(元)	0.0010	0.1000	0.0800	0.1200
稀释每股收益(元)	0.0200	0.1300	0.0900	0.1700
每股净资产(元)	3.1629	3.1535	3.1134	3.0413
每股经营现金净流量(元)	-0.2531	0.0165	-0.0943	0.2148
每股现金流量(元)	0.0069	-0.2295	-0.2302	0.1489
每股资本公积金(元)	1.4078	1.4078	1.4078	1.4078
每股盈余公积金(元)	0.0841	0.0841	0.0740	0.0740
每股未分配利润(元)	0.6710	0.6616	0.6316	0.5595
净资产收益率(%)	0.6133	4.1920	2.9580	5.6427
加权净资产收益率(%)	0.6100	4.2700	2.9900	5.8000
净资产收益率(扣除)(%)	0.0406	3.2972	2.4988	3.8107
总资产(万元)	276961.17	257487.55	253678.02	241532.72
归属母公司股东权益(万元)	170796.29	170288.74	168123.36	164230.29
营业收入(万元)	35252.41	96034.99	38257.83	79645.55
营业支出(万元)	28957.69	74913.34	26656.34	58705.47
投资收益(万元)	532.15	1573.62	868.61	1561.69
净利润(万元)	1047.55	7138.45	4973.08	9266.94
营业利润(万元)	412.83	8597.26	6155.29	9130.88
利润总额(万元)	1031.46	8827.08	6212.85	11317.01

浙江金固股份有限公司

公司概况	公司名称	浙江金固股份有限公司			证券简称	金固股份
	法人代表	孙锋峰	董秘	倪永华	证券代码	002488
	公司网址	www.jgwheel.com		电子信箱	jingu@jgwheel.com	
	电话	0571-63133920		传真	0571-63133950 63102488	
	办公地址	浙江省富阳市富春街道公园西路 1181 号				
	经营范围	从事汽车钢制车轮的研发、制造、销售				

主要财务指标 指标\报告期	2017.06.30	2016.12.31	2016.06.30	2015.12.31
基本每股收益(元)	-0.1200	-0.2700	-0.0900	0.0900
基本每股收益(扣除后)(元)	-0.1300	-0.3200	-0.1000	0.0700
稀释每股收益(元)	-0.1200	-0.2700	-0.0900	0.0900
每股净资产(元)	5.9613	2.7696	3.0302	3.1151
每股经营现金净流量(元)	-0.3939	-0.1543	-0.1304	-0.0464
每股现金流量(元)	3.2806	0.0032	-0.2329	0.1063
每股资本公积金(元)	4.9699	1.6544	1.6527	1.6527
每股盈余公积金(元)	0.0874	0.1155	0.0970	0.0970
每股未分配利润(元)	-0.1026	-0.0076	0.2747	0.3636
净资产收益率(%)	-1.6243	-9.8106	-2.9350	2.9641
加权净资产收益率(%)	-2.8700	-9.2100	-2.9000	2.9800
净资产收益率(扣除)(%)	-1.8691	-11.3880	-3.1412	2.2661
总资产(万元)	667188.86	424162.88	426350.35	371828.46
归属母公司股东权益(万元)	400494.65	140831.08	154079.85	158399.84
营业收入(万元)	130538.38	227191.17	108111.78	152377.37
营业支出(万元)	109346.58	196511.81	89142.92	116254.58
投资收益(万元)	522.14	574.53	311.11	-853.05
净利润(万元)	-6439.19	-13993.02	-4550.64	4355.92
营业利润(万元)	-6096.78	-20576.78	-4358.80	2347.81
利润总额(万元)	-6144.16	-18610.77	-3988.68	4299.59

浙江永强集团股份有限公司

公司概况	公司名称	浙江永强集团股份有限公司			证券简称	浙江永强
	法人代表	谢建勇	董秘	王洪阳	证券代码	002489
	公司网址	www.yotrio.com		电子信箱	yotrioir@yotrio.com	
	电话	0576-85956878 5956868		传真	0576-85956299	
	办公地址	浙江省临海市前江南路 1 号				
	经营范围	户外用品及家具、遮阳用品、工艺品、金属铁制品的制造、销售				

主要财务指标 指标\报告期	2017.06.30	2016.12.31	2016.06.30	2015.12.31
基本每股收益(元)	0.1200	0.0300	0.1000	0.2400
基本每股收益(扣除后)(元)	0.1100	0.0600	0.1300	0.0700
稀释每股收益(元)	0.1200	0.0300	0.1000	0.2400
每股净资产(元)	1.5529	1.4993	1.5741	1.4950
每股经营现金净流量(元)	0.4224	0.0794	0.4143	-0.0198
每股现金流量(元)	0.5392	0.1027	0.2149	-0.0368
每股资本公积金(元)	0.1145	0.1145	0.1145	0.1145
每股盈余公积金(元)	0.1018	0.1018	0.0781	0.0781
每股未分配利润(元)	0.3370	0.2820	0.3821	0.3077
净资产收益率(%)	7.4063	1.8684	6.6308	15.9024
加权净资产收益率(%)	7.5600	1.8700	6.7600	15.6300
净资产收益率(扣除)(%)	7.1132	4.0565	8.3233	4.4642
总资产(万元)	802272.62	652750.42	521854.54	581054.45
归属母公司股东权益(万元)	337872.56	326210.08	342485.08	325280.65
营业收入(万元)	265630.15	379233.63	220225.49	354061.50
营业支出(万元)	188824.26	270042.52	151950.50	273076.40
投资收益(万元)	-1118.74	-8184.49	-5394.04	52911.39
净利润(万元)	24534.69	4329.95	21456.63	50132.07
营业利润(万元)	32085.76	16782.60	32845.79	63660.86
利润总额(万元)	31481.49	17318.29	32766.22	63430.76

山东墨龙石油机械股份有限公司

公司概况	公司名称	山东墨龙石油机械股份有限公司			证券简称	*ST 墨龙
	法人代表	张恩荣	董秘	刘民(代)	证券代码	002490
	公司网址	www.molonggroup.com		电子信箱	sdml@molonggroup.com	
	电　话	0536-5100890 5789083		传　真	0536-5100888	
	办公地址	山东省寿光市文圣街 999 号				
	经营范围	抽油泵、抽油杆、抽油机、抽油管、石油机械、纺织机械、石油设备等				

主要财务指标	指标＼报告期	2017.06.30	2016.12.31	2016.06.30	2015.12.31
	基本每股收益(元)	0.0088	−0.7700	0.0076	−0.3300
	基本每股收益(扣除后)(元)	−0.2100	−0.7800	−0.0025	−0.3500
	稀释每股收益(元)	0.0088	−0.7700	0.0076	−0.3300
	每股净资产(元)	2.2896	2.2800	3.0565	3.0496
	每股经营现金净流量(元)	0.0519	0.1309	−0.1370	0.0259
	每股现金流量(元)	−0.0888	0.3637	0.2109	−0.3491
	每股资本公积金(元)	1.0650	1.0650	1.0647	1.0647
	每股盈余公积金(元)	0.2215	0.2215	0.2215	0.2215
	每股未分配利润(元)	0.0062	−0.0026	0.7726	0.7650
	净资产收益率(%)	0.3843	−33.6698	0.2477	−10.6678
	加权净资产收益率(%)	0.3900	−28.8000	0.2500	−10.1200
	净资产收益率(扣除)(%)	−9.1088	−34.1682	−0.0806	−11.5683
	总资产(万元)	576942.86	577204.28	646148.17	585118.07
	归属母公司股东权益(万元)	182676.86	181906.81	243861.81	243315.72
	营业收入(万元)	122282.86	153111.84	87103.19	161391.77
	营业支出(万元)	126398.36	164180.08	77074.63	149537.38
	投资收益(万元)	--	5.06	-	−112.75
	净利润(万元)	535.44	−65070.57	−1048.69	−28649.89
	营业利润(万元)	−19807.05	−60580.81	−1322.18	−32377.84
	利润总额(万元)	594.37	−59948.60	−291.82	−29847.29

通鼎互联信息股份有限公司

公司概况	公司名称	通鼎互联信息股份有限公司			证券简称	通鼎互联
	法人代表	钱慧芳	董秘	王博	证券代码	002491
	公司网址	www.tdgd.com.cn		电子信箱	td_zqb@163.com	
	电　话	0512-63878226		传　真	0512-63877239	
	办公地址	江苏省苏州市吴江区震泽镇八都经济开发区小平大道 8 号				
	经营范围	市内通信电缆、光缆和铁路信号电缆的生产和销售等				

主要财务指标	指标＼报告期	2017.06.30	2016.12.31	2016.06.30	2015.12.31
	基本每股收益(元)	0.2292	0.4532	0.2164	0.1609
	基本每股收益(扣除后)(元)	0.1797	0.3901	0.1609	0.1494
	稀释每股收益(元)	0.2292	0.4532	0.2164	0.1609
	每股净资产(元)	3.4142	2.4615	2.2411	2.4760
	每股经营现金净流量(元)	−0.0584	0.5567	0.0890	0.3793
	每股现金流量(元)	0.0184	0.1205	0.0193	−0.0512
	每股资本公积金(元)	1.0196	0.2210	0.2383	0.6700
	每股盈余公积金(元)	0.0959	0.1015	0.0830	0.0830
	每股未分配利润(元)	1.3073	1.1481	0.9380	0.7413
	净资产收益率(%)	6.5277	18.3711	9.6576	6.5576
	加权净资产收益率(%)	7.7700	19.0000	9.1500	8.2100
	净资产收益率(扣除)(%)	5.1180	15.8084	7.1807	6.0896
	总资产(万元)	862134.69	674048.45	643764.25	587953.74
	归属母公司股东权益(万元)	430776.08	293375.16	268728.02	296905.28
	营业收入(万元)	203990.34	414345.26	207027.35	312232.73
	营业支出(万元)	144307.36	291234.66	145871.11	241605.91
	投资收益(万元)	8330.84	7302.13	1658.63	2483.45
	净利润(万元)	29186.33	56498.72	27366.19	21589.31
	营业利润(万元)	33342.07	65190.23	32145.88	23995.99
	利润总额(万元)	33725.92	66110.78	32239.36	25450.39

珠海恒基达鑫国际化工仓储股份有限公司

公司概况	公司名称	珠海恒基达鑫国际化工仓储股份有限公司			证券简称	恒基达鑫
	法人代表	王青运	董秘	朱海花	证券代码	002492
	公司网址	www.winbase-tank.com		电子信箱	winbase@winbase-tank.com	
	电　话	0756-3226342 3226242		传　真	0756-3359588	
	办公地址	广东省珠海市高栏港经济区南迳湾				
	经营范围	液体化工产品和油品的码头、仓储的建设与经营等				

主要财务指标	指标＼报告期	2017.06.30	2016.12.31	2016.06.30	2015.12.31
	基本每股收益(元)	0.0958	0.1643	0.1062	0.1264
	基本每股收益(扣除后)(元)	0.0795	0.1436	0.1001	0.1029
	稀释每股收益(元)	0.0958	0.1643	0.1062	0.1264
	每股净资产(元)	2.9079	4.2757	4.1606	4.1217
	每股经营现金净流量(元)	0.1437	0.4091	0.1445	0.1036
	每股现金流量(元)	0.1563	0.0315	0.3731	−0.1882
	每股资本公积金(元)	1.0366	2.0550	2.0550	2.0550
	每股盈余公积金(元)	0.0923	0.1384	0.1233	0.1233
	每股未分配利润(元)	0.7773	1.0822	1.0392	0.9730
	净资产收益率(%)	3.2942	3.8435	2.5519	2.9237
	加权净资产收益率(%)	3.3400	3.9300	2.5600	3.1800
	净资产收益率(扣除)(%)	2.7349	3.3588	2.4048	2.3812
	总资产(万元)	164833.79	153738.53	151698.61	151557.72
	归属母公司股东权益(万元)	117768.91	115444.09	112337.47	111285.95
	营业收入(万元)	10743.87	20917.32	10314.19	15296.44
	营业支出(万元)	5886.77	11363.29	5315.50	9997.65
	投资收益(万元)	737.45	861.56	333.28	1110.14
	净利润(万元)	3677.86	4262.08	2830.48	3202.60
	营业利润(万元)	3786.38	4552.03	3595.37	3374.03
	利润总额(万元)	4181.23	5278.69	3894.17	4069.19

荣盛石化股份有限公司

公司概况	公司名称	荣盛石化股份有限公司			证券简称	荣盛石化
	法人代表	李水荣	董秘	全卫英	证券代码	002493
	公司网址	www.cnrspc.com		电子信箱	rspc@cnrspc.com	
	电　话	0571-82520189		传　真	0571-82527208 8150	
	办公地址	浙江省杭州市萧山区益农镇浙江荣盛控股集团大楼				
	经营范围	PTA、聚酯纤维相关产品的生产和销售等				

主要财务指标	指标＼报告期	2017.06.30	2016.12.31	2016.06.30	2015.12.31
	基本每股收益(元)	0.2900	0.7600	0.2900	0.1600
	基本每股收益(扣除后)(元)	0.2500	0.6300	0.2500	0.1300
	稀释每股收益(元)	0.2900	0.7600	0.2900	0.1600
	每股净资产(元)	3.5212	4.9808	4.5066	4.2490
	每股经营现金净流量(元)	−0.2973	1.1087	0.0564	−0.4813
	每股现金流量(元)	0.2200	0.3394	1.4517	0.1595
	每股资本公积金(元)	0.9707	2.5575	1.9561	2.2375
	每股盈余公积金(元)	0.0542	0.0812	0.0716	0.0819
	每股未分配利润(元)	1.5019	1.9391	1.4797	1.3942
	净资产收益率(%)	8.2093	15.1588	6.3435	3.2575
	加权净资产收益率(%)	8.3400	16.3600	6.5100	5.2500
	净资产收益率(扣除)(%)	6.9746	12.5576	5.5917	2.7464
	总资产(万元)	4607762.82	4386745.57	4473401.55	3747351.49
	归属母公司股东权益(万元)	1343692.36	1420078.76	1146486.29	1080956.26
	营业收入(万元)	3520098.61	4550107.39	1850208.09	2867373.28
	营业支出(万元)	3305751.53	4079675.92	1662221.48	2658387.12
	投资收益(万元)	12195.74	35985.08	7998.91	1634.85
	净利润(万元)	107750.48	195704.54	75311.25	28861.41
	营业利润(万元)	120505.70	217338.94	94066.02	38474.44
	利润总额(万元)	120693.21	223147.62	98230.31	40926.10

华斯控股股份有限公司

公司概况	公司名称	华斯控股股份有限公司			证券简称	华斯股份
	法人代表	贺国英	董秘	郗惠宁	证券代码	002494
	公司网址	www.huasiag.com		电子信箱	huasi@huasigufen.com	
	电　话	0317-5090055		传　真	0317-5115789	
	办公地址	河北省沧州市肃宁县尚村镇				
	经营范围	农业高新技术产品的研发、裘皮、革皮、尾毛及其制品的加工、销售等				

主要财务指标	指标\报告期	2017.06.30	2016.12.31	2016.06.30	2015.12.31
	基本每股收益(元)	0.0300	0.0400	0.0300	0.0500
	基本每股收益(扣除后)(元)	0.0200	0.0400	0.0200	0.0400
	稀释每股收益(元)	0.0300	0.0400	0.0300	0.0500
	每股净资产(元)	5.1939	5.1674	4.0343	4.0310
	每股经营现金净流量(元)	0.3227	0.1284	-0.0259	0.1395
	每股现金流量(元)	-0.0253	0.5935	0.3949	-0.4764
	每股资本公积金(元)	3.2411	3.2408	2.0328	2.0328
	每股盈余公积金(元)	0.1277	0.1277	0.1319	0.1319
	每股未分配利润(元)	0.8265	0.8077	0.8848	0.8848
	净资产收益率(%)	0.5559	0.7562	0.6211	1.2862
	加权净资产收益率(%)	0.5600	1.0000	0.6200	1.2900
	净资产收益率(扣除)(%)	0.3693	0.6550	0.4797	0.8879
	总资产(万元)	250580.88	252566.70	243878.33	229984.04
	归属母公司股东权益(万元)	200254.54	199233.21	140587.95	140472.19
	营业收入(万元)	24605.42	50169.93	20660.84	56690.98
	营业支出(万元)	16498.20	35659.42	13311.80	40749.57
	投资收益(万元)	-16.13	94.39	-32.60	-17.22
	净利润(万元)	1089.48	1008.66	743.78	1322.25
	营业利润(万元)	1020.60	1384.30	764.46	1647.21
	利润总额(万元)	1460.12	1622.38	995.65	2309.14

广东佳隆食品股份有限公司

公司概况	公司名称	广东佳隆食品股份有限公司			证券简称	佳隆股份
	法人代表	林平涛	董秘	许钦鸿	证券代码	002495
	公司网址	www.gdjlfood.com		电子信箱	jialong2495@163.com	
	电　话	0663-2912816		传　真	0663-2918011	
	办公地址	广东省普宁市池尾工业区上寮园256幢0138号				
	经营范围	从事食品研究开发、调味品、罐头食品生产、销售				

主要财务指标	指标\报告期	2017.06.30	2016.12.31	2016.06.30	2015.12.31
	基本每股收益(元)	0.0193	0.0345	0.0363	0.0591
	基本每股收益(扣除后)(元)	0.0183	0.0309	0.0319	0.0493
	稀释每股收益(元)	0.0193	0.0345	0.0363	0.0591
	每股净资产(元)	1.2102	1.1909	1.6552	1.6289
	每股经营现金净流量(元)	0.0442	0.0645	0.0405	0.2007
	每股现金流量(元)	0.0055	-0.0403	-0.0477	0.3247
	每股资本公积金(元)	0.0587	0.0587	0.4822	0.4822
	每股盈余公积金(元)	0.0452	0.0452	0.0585	0.0585
	每股未分配利润(元)	0.1062	0.0869	0.1145	0.0882
	净资产收益率(%)	1.5925	2.8970	2.1915	3.6332
	加权净资产收益率(%)	1.5900	2.9300	2.2000	3.6700
	净资产收益率(扣除)(%)	1.5081	2.5963	1.9279	3.0261
	总资产(万元)	121425.49	117396.30	116677.57	117345.30
	归属母公司股东权益(万元)	113224.80	111421.65	110617.92	108862.04
	营业收入(万元)	14479.88	29824.05	15441.37	33394.51
	营业支出(万元)	8420.55	18051.86	9288.56	21260.10
	投资收益(万元)	--	1.54	7.18	681.26
	净利润(万元)	1803.15	3227.92	2424.18	3955.15
	营业利润(万元)	1980.03	3370.54	2494.00	4564.69
	利润总额(万元)	2092.83	3769.70	2831.79	4665.86

江苏辉丰生物农业股份有限公司

公司概况	公司名称	江苏辉丰生物农业股份有限公司			证券简称	辉丰股份
	法人代表	仲汉根	董秘	孙永良	证券代码	002496
	公司网址	www.hfagro.com		电子信箱	jshuifenggufen@163.com	
	电　话	0515-85055568 85055999		传　真	0515-83516755	
	办公地址	江苏省大丰市海洋经济开发区南区纬二路(王港闸南首)				
	经营范围	化学农药产品的研发、生产及销售等				

主要财务指标	指标\报告期	2017.06.30	2016.12.31	2016.06.30	2015.12.31
	基本每股收益(元)	0.1550	0.1200	0.0700	0.4500
	基本每股收益(扣除后)(元)	0.1170	0.0900	0.0500	0.4200
	稀释每股收益(元)	0.1450	0.1200	0.0700	0.4500
	每股净资产(元)	2.3921	2.2861	2.2390	7.9443
	每股经营现金净流量(元)	0.0052	-0.2886	-0.1513	-0.5679
	每股现金流量(元)	0.0001	-0.0705	-0.0062	0.2914
	每股资本公积金(元)	0.6418	0.6380	0.6385	4.8145
	每股盈余公积金(元)	0.0838	0.0846	0.0722	0.2743
	每股未分配利润(元)	0.6654	0.5627	0.5287	1.8459
	净资产收益率(%)	6.4902	5.0606	3.0940	5.4863
	加权净资产收益率(%)	6.5600	5.2500	3.2200	6.1700
	净资产收益率(扣除)(%)	4.8991	3.8178	2.4402	5.1346
	总资产(万元)	783566.04	745899.27	639379.19	617228.63
	归属母公司股东权益(万元)	360604.08	344621.55	337523.62	315152.02
	营业收入(万元)	604885.31	584036.11	193594.09	333306.76
	营业支出(万元)	558189.46	518142.55	162511.71	268173.08
	投资收益(万元)	6183.47	5223.38	3023.81	1046.18
	净利润(万元)	24471.46	16904.74	10074.60	16347.99
	营业利润(万元)	28840.12	20534.65	11234.96	19783.00
	利润总额(万元)	28628.22	19917.06	11476.74	21343.55

四川雅化实业集团股份有限公司

公司概况	公司名称	四川雅化实业集团股份有限公司			证券简称	雅化集团
	法人代表	高欣	董秘	翟雄鹰	证券代码	002497
	公司网址	www.scyahua.com		电子信箱	yhjt@scyahua.com	
	电　话	028-85325316		传　真	028-85325316	
	办公地址	四川省成都市高新区天府四街66号航兴国际广场1号楼				
	经营范围	工业炸药、民用爆破器材、表面活性剂、纸箱、其他化工产品等				

主要财务指标	指标\报告期	2017.06.30	2016.12.31	2016.06.30	2015.12.31
	基本每股收益(元)	0.1318	0.1400	0.0830	0.1235
	基本每股收益(扣除后)(元)	0.1208	0.1300	0.0771	0.0942
	稀释每股收益(元)	0.1318	0.1400	0.0830	0.1235
	每股净资产(元)	2.5607	2.4900	2.3415	2.3028
	每股经营现金净流量(元)	0.0876	0.0892	-0.0193	0.2391
	每股现金流量(元)	0.1181	-0.0095	-0.0119	-0.0579
	每股资本公积金(元)	0.3942	0.3942	0.3800	0.3800
	每股盈余公积金(元)	0.1072	0.1072	0.1006	0.1006
	每股未分配利润(元)	0.9101	0.8283	0.7786	0.7556
	净资产收益率(%)	5.1468	5.6003	3.5453	5.3618
	加权净资产收益率(%)	5.5800	5.9500	3.5600	5.4200
	净资产收益率(扣除)(%)	4.7175	5.2316	3.2929	4.0274
	总资产(万元)	406811.67	324013.90	298372.33	289331.21
	归属母公司股东权益(万元)	245829.63	238940.46	224781.41	221067.26
	营业收入(万元)	102797.89	157943.29	71657.96	134334.96
	营业支出(万元)	66351.81	91909.13	45373.34	79689.33
	投资收益(万元)	2353.56	4311.95	2205.58	7079.56
	净利润(万元)	14971.78	14772.47	8726.48	12779.92
	营业利润(万元)	17299.74	19024.42	10477.62	16284.16
	利润总额(万元)	18766.97	19382.79	10867.98	16473.64

青岛汉缆股份有限公司

公司概况						
公司名称	青岛汉缆股份有限公司			证券简称	汉缆股份	
法人代表	陈沛云	董秘	王正庄	证券代码	002498	
公司网址	www.hanhe-cable.com		电子信箱	hanhe1@hanhe-cable.com		
电　话	0532-88817759		传　真	0532-88817462		
办公地址	山东省青岛市崂山区九水东路628号					
经营范围	电线、电缆、光缆、电子通信电缆及相关材料制造等					

主要财务指标 指标\报告期	2017.06.30	2016.12.31	2016.06.30	2015.12.31
基本每股收益(元)	0.0500	0.1300	0.0600	0.1000
基本每股收益(扣除后)(元)	0.0300	0.0700	0.0400	0.1000
稀释每股收益(元)	0.0500	0.1300	0.0600	0.1000
每股净资产(元)	1.3458	1.3300	1.2663	1.2443
每股经营现金净流量(元)	-0.0963	0.0974	0.0810	0.0005
每股现金流量(元)	-0.0557	-0.1073	0.1452	-0.0478
每股资本公积金(元)	0.0446	0.0446	0.0445	0.0445
每股盈余公积金(元)	0.0829	0.0829	0.0729	0.0729
每股未分配利润(元)	0.2183	0.2070	0.1489	0.1268
净资产收益率(%)	3.5110	9.3874	4.5077	8.4354
加权净资产收益率(%)	3.4800	9.7400	4.4800	7.8200
净资产收益率(扣除)(%)	2.0709	5.2362	3.1651	8.1615
总资产(万元)	640686.32	643697.37	642281.53	621489.18
归属母公司股东权益(万元)	447712.97	443970.16	421285.05	413938.39
营业收入(万元)	214817.58	413814.45	182838.24	417110.03
营业支出(万元)	181461.10	339939.62	147161.21	335979.05
投资收益(万元)	11186.49	16914.52	6667.45	4286.97
净利润(万元)	15719.28	41677.43	18990.44	34917.04
营业利润(万元)	18520.03	46843.93	22480.40	40634.95
利润总额(万元)	18821.69	50204.78	23415.88	42022.47

科林环保装备股份有限公司

公司概况						
公司名称	科林环保装备股份有限公司			证券简称	科林环保	
法人代表	黎东	董秘	张斌	证券代码	002499	
公司网址	www.kelin-china.com		电子信箱	zq@kelin-china.com		
电　话	023-88561909		传　真	023-88561990		
办公地址	重庆市渝北区龙塔街道红黄路121号紫荆商业广场1幢37楼					
经营范围	袋式除尘器的研发、设计、制造、销售及袋式除尘系统设计业务等					

主要财务指标 指标\报告期	2017.06.30	2016.12.31	2016.06.30	2015.12.31
基本每股收益(元)	0.2303	0.1000	0.0864	0.1500
基本每股收益(扣除后)(元)	0.2303	--	0.0062	-0.0200
稀释每股收益(元)	0.2303	0.1000	0.0864	0.1500
每股净资产(元)	3.9422	3.7200	3.7001	3.6930
每股经营现金净流量(元)	-2.1417	0.2443	0.2103	0.1578
每股现金流量(元)	-0.2084	-0.1390	-0.0153	-0.5963
每股资本公积金(元)	1.8612	1.8580	1.8580	1.8580
每股盈余公积金(元)	0.1210	0.1210	0.1120	0.1120
每股未分配利润(元)	0.9582	0.7359	0.7291	0.7227
净资产收益率(%)	5.8427	2.7465	2.3341	3.9591
加权净资产收益率(%)	6.0100	2.7700	2.3200	4.0300
净资产收益率(扣除)(%)	5.2861	-0.0823	0.1670	-0.4326
总资产(万元)	228525.77	105024.00	98021.06	102493.97
归属母公司股东权益(万元)	74507.32	70260.57	69932.58	69798.56
营业收入(万元)	76575.85	32610.14	14368.94	36180.38
营业支出(万元)	66196.36	24607.98	10572.44	28104.77
投资收益(万元)	301.36	366.99	167.42	3133.59
净利润(万元)	4170.68	1907.31	1602.44	2709.16
营业利润(万元)	5124.23	199.76	394.40	2617.55
利润总额(万元)	5377.13	2169.50	1982.83	3105.20

山西证券股份有限公司

公司概况						
公司名称	山西证券股份有限公司			证券简称	山西证券	
法人代表	侯巍	董秘	王怡里	证券代码	002500	
公司网址	www.sxzq.com		电子信箱	sxzq@i618.com.cn		
电　话	0351-8686905　8686668		传　真	0351-8686667　8686918		
办公地址	山西省太原市府西街69号山西国际贸易中心东塔楼					
经营范围	证券经纪、证券自营、资产管理、投资银行、财务顾问等证券相关业务					

主要财务指标 指标\报告期	2017.06.30	2016.12.31	2016.06.30	2015.12.31
基本每股收益(元)	0.0839	0.1700	0.0653	0.5700
基本每股收益(扣除后)(元)	0.0840	0.1700	0.0650	0.5700
稀释每股收益(元)	0.0839	0.1700	0.0653	0.5700
每股净资产(元)	4.3368	4.3405	4.2266	4.9973
每股经营现金净流量(元)	0.5902	-0.3229	-0.6916	1.4378
每股现金流量(元)	-0.2541	-3.5761	-2.6027	5.3882
每股资本公积金(元)	2.3733	2.3733	2.3733	2.7884
每股盈余公积金(元)	0.1543	0.1543	0.1410	0.1584
每股未分配利润(元)	0.4922	0.4983	0.4463	0.6538
净资产收益率(%)	1.9351	3.8091	1.5169	11.4313
加权净资产收益率(%)	1.9200	3.7800	1.4600	17.9300
净资产收益率(扣除)(%)	1.9304	3.7794	1.5148	11.4023
总资产(万元)	5040947.17	4805767.81	4744038.78	4818064.90
归属母公司股东权益(万元)	1226753.47	1227808.45	1195592.60	1258675.85
营业收入(万元)	209900.55	234562.51	93346.30	383850.03
营业支出(万元)	173526.71	164678.02	63594.17	-
投资收益(万元)	49482.64	42228.27	12074.08	65309.31
净利润(万元)	26011.44	52757.60	21134.12	148136.92
营业利润(万元)	36373.84	69884.49	29752.13	199702.24
利润总额(万元)	36341.97	70765.20	29788.81	200398.42

吉林利源精制股份有限公司

公司概况						
公司名称	吉林利源精制股份有限公司			证券简称	利源精制	
法人代表	王民	董秘	王立国	证券代码	002501	
公司网址	www.liyuanlvye.com		电子信箱	liyuanxingcaizqb@sina.com		
电　话	0437-3166501		传　真	0437-3166501		
办公地址	吉林省辽源市龙山区西宁大路5729号					
经营范围	铝型材及深加工产品的研发、生产与销售业务					

主要财务指标 指标\报告期	2017.06.30	2016.12.31	2016.06.30	2015.12.31
基本每股收益(元)	0.2700	0.5800	0.2900	0.5100
基本每股收益(扣除后)(元)	0.2700	0.5200	0.2800	0.5000
稀释每股收益(元)	0.2700	0.5800	0.2900	0.5100
每股净资产(元)	6.4542	4.7997	4.5069	4.0998
每股经营现金净流量(元)	0.6265	0.7418	0.9337	0.8969
每股现金流量(元)	0.8420	-0.1397	0.6036	-2.3422
每股资本公积金(元)	3.5423	1.6914	1.6914	1.5535
每股盈余公积金(元)	0.1844	0.2355	0.1752	0.1780
每股未分配利润(元)	1.6950	1.8356	1.6072	1.3388
净资产收益率(%)	3.9928	12.0530	6.4294	12.4587
加权净资产收益率(%)	4.3600	12.9200	6.7400	13.2100
净资产收益率(扣除)(%)	3.9589	10.8150	6.2866	12.0934
总资产(万元)	1382465.45	1208959.77	1107933.33	881982.87
归属母公司股东权益(万元)	784083.57	456555.76	428699.04	383740.02
营业收入(万元)	151297.07	255803.15	117097.77	229679.31
营业支出(万元)	96035.68	160765.40	70507.57	147529.89
投资收益(万元)	--	--	-	-
净利润(万元)	31307.24	55028.48	27562.99	47809.17
营业利润(万元)	36646.73	59028.65	31651.41	55459.13
利润总额(万元)	36942.40	65679.86	32495.74	57162.21

骅威文化股份有限公司

公司概况	公司名称	骅威文化股份有限公司		证券简称	骅威文化
	法人代表	郭卓才	董秘 刘先知	证券代码	002502
	公司网址	www.huaweitoys.com		电子信箱	stock@huaweitoys.com
	电　话	0754-83689555		传　真	0754-83689556
	办公地址	广东省汕头市澄海区澄华工业区玉亭路			
	经营范围	各类玩具产品的设计、开发、生产和销售等			

主要财务指标	指标\报告期	2017.06.30	2016.12.31	2016.06.30	2015.12.31
	基本每股收益(元)	0.1800	0.3524	0.1000	0.3500
	基本每股收益(扣除后)(元)	0.1500	0.2600	0.2100	0.3600
	稀释每股收益(元)	0.1800	0.3500	0.1000	0.3500
	每股净资产(元)	3.8028	3.6700	7.4099	7.1999
	每股经营现金净流量(元)	0.0392	0.3443	0.4416	0.4298
	每股现金流量(元)	-0.1220	0.4233	0.4958	0.1780
	每股资本公积金(元)	1.9031	1.9031	5.3964	5.3977
	每股盈余公积金(元)	0.0407	0.0407	0.0750	0.0750
	每股未分配利润(元)	0.8505	0.7132	0.9344	0.7279
	净资产收益率(%)	4.6646	9.6063	2.7862	3.8881
	加权净资产收益率(%)	4.7200	9.2800	2.8300	6.5000
	净资产收益率(扣除)(%)	4.0530	7.0866	2.7537	4.0016
	总资产(万元)	352011.90	361176.81	360520.14	333208.70
	归属母公司股东权益(万元)	326976.08	315437.50	318563.44	309532.88
	营业收入(万元)	38684.52	81227.46	35538.04	59057.31
	营业支出(万元)	20123.82	37210.58	17825.78	31595.66
	投资收益(万元)	1457.08	8145.82	-65.88	536.91
	净利润(万元)	15715.69	33190.46	8841.11	12280.37
	营业利润(万元)	15943.96	33652.78	9469.65	12573.97
	利润总额(万元)	16533.02	35558.90	9527.54	12198.92

搜于特集团股份有限公司

公司概况	公司名称	搜于特集团股份有限公司		证券简称	搜于特
	法人代表	马鸿	董秘 廖岗岩	证券代码	002503
	公司网址	www.celucasn.com		电子信箱	syt@celucasn.com
	电　话	0769-81333505		传　真	0769-81333508
	办公地址	广东省东莞市道滘镇昌平第二工业区第一栋			
	经营范围	设计、销售:服装、皮具、装饰品、日用品			

主要财务指标	指标\报告期	2017.06.30	2016.12.31	2016.06.30	2015.12.31
	基本每股收益(元)	0.1200	0.2600	0.1400	0.1900
	基本每股收益(扣除后)(元)	0.1200	0.2600	0.1300	0.1800
	稀释每股收益(元)	0.1100	0.2600	0.1400	0.1900
	每股净资产(元)	1.7424	3.3066	1.8330	2.2256
	每股经营现金净流量(元)	-0.2190	-0.3960	-0.1830	0.1925
	每股现金流量(元)	-0.0213	0.3504	0.1170	-0.1126
	每股资本公积金(元)	0.3107	1.5691	0.1190	0.4547
	每股盈余公积金(元)	0.0466	0.0941	0.0927	0.1205
	每股未分配利润(元)	0.4215	0.6433	0.6214	0.6505
	净资产收益率(%)	6.6326	7.0746	7.4418	8.4064
	加权净资产收益率(%)	6.8300	12.5400	7.6800	8.6900
	净资产收益率(扣除)(%)	6.2213	6.8934	7.2287	7.9266
	总资产(万元)	866513.17	719470.37	425050.37	366985.69
	归属母公司股东权益(万元)	544353.81	511276.91	247059.17	230747.15
	营业收入(万元)	656017.98	631998.33	228695.71	198277.34
	营业支出(万元)	572845.34	520214.42	176766.04	125765.13
	投资收益(万元)	4465.29	1823.74	1081.64	1711.66
	净利润(万元)	43257.07	39694.10	20394.88	19734.33
	营业利润(万元)	58224.54	53218.73	27561.27	26873.22
	利润总额(万元)	58200.98	53711.14	27653.97	27463.63

北京弘高创意建筑设计股份有限公司

公司概况	公司名称	北京弘高创意建筑设计股份有限公司		证券简称	*ST 弘高
	法人代表	何宁	董秘 江五洲(代)	证券代码	002504
	公司网址	www.honggao.com.cn		电子信箱	hgcy002504@126.com
	电　话	010-57963201		传　真	010-57963201
	办公地址	北京市朝阳区来广营西路朝来高科技产业园 7 号楼弘高大厦			
	经营范围	半导体器件、集成电路的开发、设计、制造、销售、推广应用			

主要财务指标	指标\报告期	2017.06.30	2016.12.31	2016.06.30	2015.12.31
	基本每股收益(元)	0.0800	0.2300	0.3000	0.6500
	基本每股收益(扣除后)(元)	0.0800	0.2300	0.3000	0.7000
	稀释每股收益(元)	0.0800	0.2300	0.3000	0.6500
	每股净资产(元)	1.1378	1.0635	2.3891	2.2108
	每股经营现金净流量(元)	-0.5414	0.0473	-0.3809	-0.0584
	每股现金流量(元)	-0.5538	0.4454	-0.2227	0.0957
	每股资本公积金(元)	0.1820	0.1820	0.4590	0.4537
	每股盈余公积金(元)	0.0295	0.0295	0.0520	0.0513
	每股未分配利润(元)	0.8522	0.7727	1.6912	1.5232
	净资产收益率(%)	6.9860	21.9776	12.3962	29.5904
	加权净资产收益率(%)	7.0900	23.5900	12.7900	35.8900
	净资产收益率(扣除)(%)	6.6454	21.9929	12.4203	29.5467
	总资产(万元)	619379.47	583953.28	463324.60	414112.98
	归属母公司股东权益(万元)	116710.53	108557.14	97162.74	91248.93
	营业收入(万元)	113120.65	363754.13	177639.95	328888.72
	营业支出(万元)	90581.80	303956.46	143586.97	265705.63
	投资收益(万元)	53.58	—	–	–
	净利润(万元)	8153.39	23976.34	12044.48	27000.93
	营业利润(万元)	10797.06	32579.83	16397.98	36535.76
	利润总额(万元)	11024.51	32557.21	16366.80	36588.99

湖南大康国际农业食品股份有限公司

公司概况	公司名称	湖南大康国际农业食品股份有限公司		证券简称	大康农业
	法人代表	葛俊杰	董秘 葛俊杰(代)	证券代码	002505
	公司网址	www.dakangmuye.com		电子信箱	gejunjie@dakangmuye.com
	电　话	021-62430519		传　真	021-52137175
	办公地址	上海市虹口区东大名路 948 号白金湾广场 18 楼			
	经营范围	种猪、仔猪、育肥猪以及饲料的生产销售等			

主要财务指标	指标\报告期	2017.06.30	2016.12.31	2016.06.30	2015.12.31
	基本每股收益(元)	0.0022	0.0139	0.0018	0.0010
	基本每股收益(扣除后)(元)	-0.0235	-0.0075	0.0003	-0.0334
	稀释每股收益(元)	0.0022	0.0139	0.0018	0.0010
	每股净资产(元)	1.0178	1.0249	1.0534	1.9962
	每股经营现金净流量(元)	-0.0441	-0.0790	-0.0285	0.0217
	每股现金流量(元)	0.0430	-0.0339	0.3594	-0.6379
	每股资本公积金(元)	0.0295	0.0295	0.0295	0.9561
	每股盈余公积金(元)	0.0057	0.0057	0.0057	0.0108
	每股未分配利润(元)	-0.0229	-0.0251	0.0219	0.0382
	净资产收益率(%)	0.2169	1.3558	0.1731	0.0520
	加权净资产收益率(%)	0.2200	1.3200	0.1700	0.0500
	净资产收益率(扣除)(%)	-2.3122	-0.7327	0.1364	-1.6747
	总资产(万元)	1545799.07	1636930.64	1066251.38	832058.49
	归属母公司股东权益(万元)	558299.95	562199.92	577831.33	576296.28
	营业收入(万元)	808822.59	622316.36	170928.01	386738.09
	营业支出(万元)	783828.07	573254.31	165247.22	390150.17
	投资收益(万元)	9216.05	4013.73	10272.24	14959.55
	净利润(万元)	3157.39	15551.28	1005.43	492.92
	营业利润(万元)	-924.04	22851.14	1071.29	-7813.47
	利润总额(万元)	2190.16	22007.62	1353.95	2278.82

协鑫集成科技股份有限公司

公司概况	公司名称	协鑫集成科技股份有限公司			证券简称	协鑫集成
	法人代表	舒桦	董秘	张利雄	证券代码	002506
	公司网址	www.gclsi.com			电子信箱	gclsizqb@gclsi.com
	电　　话	86-512-69832889			传　　真	86-512-69832875
	办公地址	江苏省苏州市工业园区新庆路28号(协鑫能源中心)三楼				
	经营范围	研发、生产和销售晶体硅太阳能电池				

	指标\报告期	2017.06.30	2016.12.31	2016.06.30	2015.12.31
主要财务指标	基本每股收益(元)	0.0050	−0.0100	0.0400	0.2500
	基本每股收益(扣除后)(元)	−0.0006	−0.0200	0.0400	0.2500
	稀释每股收益(元)	0.0050	−0.0100	0.0400	0.2500
	每股净资产(元)	0.8276	0.8267	0.7474	0.7091
	每股经营现金净流量(元)	0.0216	−0.8653	−0.2773	−0.2085
	每股现金流量(元)	−0.0498	0.0539	−0.1642	0.3025
	每股资本公积金(元)	0.5226	0.5271	0.4042	0.4042
	每股盈余公积金(元)	0.0150	0.0150	0.0150	0.0150
	每股未分配利润(元)	−0.7106	−0.7154	−0.6718	−0.7101
	净资产收益率(%)	0.5750	−0.6450	5.1199	17.8426
	加权净资产收益率(%)	0.5700	−0.7500	5.2500	99.2700
	净资产收益率(扣除)(%)	−0.0669	−1.9068	5.0796	17.7567
	总资产(万元)	2029257.36	2032885.52	1754209.84	1478585.84
	归属母公司股东权益(万元)	417629.11	417208.20	377162.86	357852.55
	营业收入(万元)	638380.36	1202672.31	670860.76	628384.07
	营业支出(万元)	556188.25	1042587.67	576231.58	531650.18
	投资收益(万元)	2867.01	−3979.80	95.01	−202.04
	净利润(万元)	3133.25	−3334.43	19031.78	63889.78
	营业利润(万元)	5244.72	−2258.75	27649.28	40653.47
	利润总额(万元)	6106.46	3681.26	27852.00	40978.54

重庆市涪陵榨菜集团股份有限公司

公司概况	公司名称	重庆市涪陵榨菜集团股份有限公司			证券简称	涪陵榨菜
	法人代表	周斌全	董秘	韦永生	证券代码	002507
	公司网址	www.flzc.com			电子信箱	weiys@flzc.com
	电　　话	023-72231475　72285806			传　　真	023-72231475
	办公地址	重庆市涪陵区江北街道办事处二渡村一组				
	经营范围	生产、加工、销售蔬菜制品等				

	指标\报告期	2017.06.30	2016.12.31	2016.06.30	2015.12.31
主要财务指标	基本每股收益(元)	0.2200	0.4900	0.2200	0.4900
	基本每股收益(扣除后)(元)	0.2100	0.4400	0.2100	0.4600
	稀释每股收益(元)	0.2200	0.4900	0.2200	0.4900
	每股净资产(元)	2.1356	2.9800	2.7080	4.1805
	每股经营现金净流量(元)	0.2467	0.7655	0.2379	0.7438
	每股现金流量(元)	−0.1191	0.0224	0.0943	−0.3762
	每股资本公积金(元)	0.0270	0.5405	0.5405	1.4647
	每股盈余公积金(元)	0.1315	0.1973	0.1486	0.2377
	每股未分配利润(元)	0.9771	1.2389	1.0190	1.4781
	净资产收益率(%)	10.2003	16.4215	8.1318	11.4453
	加权净资产收益率(%)	10.4600	17.5600	8.1500	12.8500
	净资产收益率(扣除)(%)	9.9193	14.7845	7.7238	10.8544
	总资产(万元)	214829.29	193237.00	173166.88	166004.71
	归属母公司股东权益(万元)	168574.56	156641.78	142507.36	137496.87
	营业收入(万元)	79304.02	112080.60	60725.72	93065.89
	营业支出(万元)	42034.12	60772.19	31732.11	52090.53
	投资收益(万元)	1056.25	834.98	299.75	508.03
	净利润(万元)	17195.16	25722.89	11588.46	15736.96
	营业利润(万元)	19605.68	27564.58	13090.86	17512.99
	利润总额(万元)	20163.06	30579.23	13775.04	18462.58

杭州老板电器股份有限公司

公司概况	公司名称	杭州老板电器股份有限公司			证券简称	老板电器
	法人代表	任建华	董秘	王刚	证券代码	002508
	公司网址	www.robam.com			电子信箱	robam@robam.com
	电　　话	0571-86187810			传　　真	0571-86187769
	办公地址	浙江省杭州市余杭区余杭经济开发区临平大道592号				
	经营范围	制造、加工、销售:吸油烟机、燃气具、消毒碗柜、电压力煲、电磁炉等				

	指标\报告期	2017.06.30	2016.12.31	2016.06.30	2015.12.31
主要财务指标	基本每股收益(元)	0.6300	1.6700	0.5800	1.7300
	基本每股收益(扣除后)(元)	0.5800	1.5900	0.5700	1.7000
	稀释每股收益(元)	0.5800	1.6500	0.5700	1.7200
	每股净资产(元)	4.6294	5.6551	4.5577	6.5208
	每股经营现金净流量(元)	0.7364	2.1169	1.0253	2.3117
	每股现金流量(元)	−0.4591	1.5359	0.5225	1.4763
	每股资本公积金(元)	0.4170	0.8362	0.8187	1.6861
	每股盈余公积金(元)	0.4463	0.5000	0.3902	0.5000
	每股未分配利润(元)	2.7916	3.3903	2.4262	3.4609
	净资产收益率(%)	13.6057	29.2314	12.7078	26.2020
	加权净资产收益率(%)	13.6900	33.3800	12.6500	29.1000
	净资产收益率(扣除)(%)	12.5395	27.7853	12.3240	25.7902
	总资产(万元)	739377.11	641520.25	569332.42	502664.24
	归属母公司股东权益(万元)	439345.37	412855.51	332740.22	316957.72
	营业收入(万元)	319775.80	579489.79	252527.54	454271.80
	营业支出(万元)	136497.45	247404.63	103410.50	189999.83
	投资收益(万元)	−188.44	−185.96	−	−
	净利润(万元)	59774.72	120681.44	42282.90	82795.03
	营业利润(万元)	65058.83	133404.08	48363.33	95302.80
	利润总额(万元)	70608.76	140425.91	49881.80	96880.96

天广中茂股份有限公司

公司概况	公司名称	天广中茂股份有限公司			证券简称	天广中茂
	法人代表	邱茂期	董秘	张红盛	证券代码	002509
	公司网址	www.tianguang.com			电子信箱	tgzq@tianguang.com
	电　　话	0595-26929988			传　　真	0595-86395887
	办公地址	福建省泉州市南安市成功科技工业区新华南路505号				
	经营范围	生产和销售消防器材、消防设备、消防工程的设计、安装与服务				

	指标\报告期	2017.06.30	2016.12.31	2016.06.30	2015.12.31
主要财务指标	基本每股收益(元)	0.1000	0.2700	0.1000	0.2300
	基本每股收益(扣除后)(元)	0.0900	0.2600	0.0900	0.2600
	稀释每股收益(元)	0.1000	0.2700	0.1000	0.2300
	每股净资产(元)	1.8792	2.8815	2.7096	5.7887
	每股经营现金净流量(元)	−0.1961	−0.2481	−0.1036	0.0989
	每股现金流量(元)	−0.0669	0.1789	−0.0590	−0.0465
	每股资本公积金(元)	0.4914	1.3862	1.3847	4.0464
	每股盈余公积金(元)	0.0236	0.0377	0.0347	0.0762
	每股未分配利润(元)	0.3601	0.4514	0.2845	0.6551
	净资产收益率(%)	5.1470	9.3804	3.7027	2.5675
	加权净资产收益率(%)	5.2400	9.8100	3.7500	6.8400
	净资产收益率(扣除)(%)	4.8770	9.0852	3.4586	2.9166
	总资产(万元)	797921.29	738828.07	554552.65	510791.38
	归属母公司股东权益(万元)	468401.24	448885.67	422096.19	409895.48
	营业收入(万元)	154488.56	242482.25	103573.92	69181.61
	营业支出(万元)	113760.14	173313.50	77165.57	46712.85
	投资收益(万元)	1671.79	1401.79	908.27	2280.14
	净利润(万元)	24107.71	42103.75	15625.09	10493.02
	营业利润(万元)	27537.06	45642.90	16701.42	11894.92
	利润总额(万元)	27678.74	47026.10	17912.59	12140.90

天津汽车模具股份有限公司

公司概况	公司名称	天津汽车模具股份有限公司		证券简称	天 汽 模
	法人代表	常世平	董秘 任伟	证券代码	002510
	公司网址	www.tqm.com.cn		电子信箱	zq@tqm.com.cn
	电　话	022-24895297		传　真	022-24895279
	办公地址	天津市空港经济区航天路 77 号			
	经营范围	模具设计、制造、冲压件加工、铆焊加工、汽车车身及其工艺装备设计等			

主要财务指标	指标\报告期	2017.06.30	2016.12.31	2016.06.30	2015.12.31
	基本每股收益(元)	0.0900	0.1800	0.1000	0.4000
	基本每股收益(扣除后)(元)	0.0800	0.1600	0.1000	0.3900
	稀释每股收益(元)	0.0900	0.1800	0.1000	0.4000
	每股净资产(元)	2.5296	2.4196	2.2987	4.3444
	每股经营现金净流量(元)	-0.0418	0.1167	0.0042	0.1786
	每股现金流量(元)	-0.1366	0.3990	0.2574	0.0371
	每股资本公积金(元)	0.5114	0.4145	0.2851	1.5701
	每股盈余公积金(元)	0.0837	0.0862	0.0778	0.1556
	每股未分配利润(元)	0.9364	0.9183	0.8599	1.6194
	净资产收益率(%)	3.5110	7.4206	4.3581	9.1827
	加权净资产收益率(%)	3.7200	7.9800	4.8800	9.5000
	净资产收益率(扣除)(%)	3.0760	6.4824	4.2209	8.8817
	总资产(万元)	443740.67	425289.41	398979.86	371813.35
	归属母公司股东权益(万元)	217587.01	202194.82	189191.50	178781.70
	营业收入(万元)	88559.60	197209.89	92800.74	180470.50
	营业支出(万元)	68722.08	154567.63	70933.51	134723.02
	投资收益(万元)	2169.89	5824.40	1613.37	2987.82
	净利润(万元)	7638.56	14857.28	8240.29	16631.99
	营业利润(万元)	7210.82	16195.08	9119.19	18425.42
	利润总额(万元)	8495.01	16946.03	9432.27	19160.07

中顺洁柔纸业股份有限公司

公司概况	公司名称	中顺洁柔纸业股份有限公司		证券简称	中顺洁柔
	法人代表	邓颖忠	董秘 周启超	证券代码	002511
	公司网址	www.zhongshungroup.com		电子信箱	dsh@zhongshungroup.com
	电　话	86-760-87885678		传　真	0760-87885677
	办公地址	广东省中山市西区彩虹大道 136 号			
	经营范围	生产和销售高档生活用纸系列产品			

主要财务指标	指标\报告期	2017.06.30	2016.12.31	2016.06.30	2015.12.31
	基本每股收益(元)	0.2118	0.5400	0.1433	0.1800
	基本每股收益(扣除后)(元)	0.1971	0.5200	0.2087	0.1400
	稀释每股收益(元)	0.2080	0.5200	0.1420	0.1800
	每股净资产(元)	3.7337	5.3367	5.0211	5.0008
	每股经营现金净流量(元)	0.0604	1.8384	0.4981	0.8818
	每股现金流量(元)	-0.2755	0.6911	0.1115	-0.1131
	每股资本公积金(元)	1.4671	2.6954	2.6888	2.6183
	每股盈余公积金(元)	0.0357	0.0536	0.0536	0.0556
	每股未分配利润(元)	1.3022	1.7438	1.4370	1.3269
	净资产收益率(%)	5.5275	9.6580	4.1687	3.6236
	加权净资产收益率(%)	5.6500	10.2100	4.2500	3.6900
	净资产收益率(扣除)(%)	5.1427	9.2969	4.0018	2.8816
	总资产(万元)	463316.13	451246.18	450131.66	454427.57
	归属母公司股东权益(万元)	282969.67	269638.64	253829.69	243396.66
	营业收入(万元)	212321.64	380934.91	177155.27	295897.66
	营业支出(万元)	135548.40	244119.32	115797.72	201126.97
	投资收益(万元)	6.00	193.02	43.68	642.90
	净利润(万元)	15641.05	26041.66	10581.50	8819.61
	营业利润(万元)	18467.42	32413.42	12559.11	9988.53
	利润总额(万元)	19884.16	33481.73	13072.36	11760.13

中山达华智能科技股份有限公司

公司概况	公司名称	中山达华智能科技股份有限公司		证券简称	达华智能
	法人代表	蔡小如	董秘 韩洋	证券代码	002512
	公司网址	www.twh.com.cn		电子信箱	8888@twh.com.cn
	电　话	0760-22550278		传　真	0760-22130941
	办公地址	广东省中山市小榄镇泰丰工业区水怡南路 9 号			
	经营范围	生产、销售:非接触 IC 智能卡、非接触式 IC 卡读卡器、接触式智能卡等			

主要财务指标	指标\报告期	2017.06.30	2016.12.31	2016.06.30	2015.12.31
	基本每股收益(元)	0.0251	0.1453	0.0273	0.1454
	基本每股收益(扣除后)(元)	0.0116	0.1241	0.0251	0.0837
	稀释每股收益(元)	0.0251	0.1453	0.0273	0.1454
	每股净资产(元)	2.5480	2.5498	2.4293	2.4164
	每股经营现金净流量(元)	-0.1691	0.1634	-0.0129	-0.2093
	每股现金流量(元)	-0.2794	-0.2987	-0.1836	0.8474
	每股资本公积金(元)	0.9863	1.0093	1.0078	1.1034
	每股盈余公积金(元)	0.0293	0.0293	0.0261	0.0286
	每股未分配利润(元)	0.5275	0.5024	0.3877	0.3946
	净资产收益率(%)	0.9869	5.6968	1.1247	4.8654
	加权净资产收益率(%)	0.9900	5.8500	1.1300	8.9700
	净资产收益率(扣除)(%)	0.4569	4.8672	1.0313	2.8009
	总资产(万元)	715842.64	638800.56	517583.64	503043.86
	归属母公司股东权益(万元)	279108.97	279299.51	266103.28	264689.04
	营业收入(万元)	132509.92	346488.20	146951.54	134430.08
	营业支出(万元)	113840.48	293712.54	124953.64	97877.48
	投资收益(万元)	4498.88	7690.66	-248.03	5628.51
	净利润(万元)	3210.12	16924.95	3816.23	14992.54
	营业利润(万元)	1654.94	16170.43	3834.90	14447.34
	利润总额(万元)	4739.87	20505.40	5433.77	17288.74

江苏蓝丰生物化工股份有限公司

公司概况	公司名称	江苏蓝丰生物化工股份有限公司		证券简称	蓝丰生化
	法人代表	杨振华	董秘 陈康	证券代码	002513
	公司网址	www.jslanfeng.com		电子信箱	lfshdmb@jslanfeng.com
	电　话	0516-88920479		传　真	0516-88923712
	办公地址	江苏省徐州市新沂经济开发区苏化路 1 号			
	经营范围	杀虫剂原药及剂型、杀菌剂原药及剂型、除草剂原药及剂型、化工产品等			

主要财务指标	指标\报告期	2017.06.30	2016.12.31	2016.06.30	2015.12.31
	基本每股收益(元)	0.1800	0.3200	0.1900	-0.3200
	基本每股收益(扣除后)(元)	0.1700	0.2700	0.1600	-0.3300
	稀释每股收益(元)	0.1800	0.3200	0.1900	-0.3200
	每股净资产(元)	7.5171	7.3831	7.2624	7.0775
	每股经营现金净流量(元)	0.4217	0.9871	0.2329	1.1770
	每股现金流量(元)	0.1673	0.0651	-0.1494	1.0641
	每股资本公积金(元)	5.3270	5.3270	5.3270	8.5006
	每股盈余公积金(元)	0.1355	0.1355	0.1316	0.2096
	每股未分配利润(元)	1.0097	0.8711	0.7482	0.8938
	净资产收益率(%)	2.3765	4.2686	2.5936	-2.8571
	加权净资产收益率(%)	2.3900	4.3600	2.6300	-6.1700
	净资产收益率(扣除)(%)	2.2863	3.6341	2.2157	-2.8570
	总资产(万元)	429276.17	405014.61	411109.22	403351.44
	归属母公司股东权益(万元)	255646.98	251088.76	246982.92	240695.70
	营业收入(万元)	85146.81	145668.87	67993.47	101041.62
	营业支出(万元)	59835.09	96716.08	45853.71	80698.21
	投资收益(万元)	--	267.23	-	-0.64
	净利润(万元)	6075.57	10718.06	6405.77	-6876.96
	营业利润(万元)	7230.91	10554.87	6449.75	-9488.25
	利润总额(万元)	7239.74	12199.84	7546.33	-8877.73

苏州宝馨科技实业股份有限公司

公司概况	公司名称	苏州宝馨科技实业股份有限公司			证券简称	宝馨科技
	法人代表	朱永福	董秘	朱婷	证券代码	002514
	公司网址	www.boamax.com		电子信箱	zqb@boamax.com	
	电　　话	0512-66729265		传　　真	0512-66163297	
	办公地址	江苏省苏州市高新区浒墅关经济开发区石阳路17号				
	经营范围	从事精密模具、用于电子专用设备、测试仪器、电力通讯设备等的钣金结构件的研发、生产等				

主要财务指标	指标＼报告期	2017.06.30	2016.12.31	2016.06.30	2015.12.31
	基本每股收益(元)	0.0700	–0.1500	0.0200	0.1700
	基本每股收益(扣除后)(元)	0.0700	–0.1200	0.0200	0.1600
	稀释每股收益(元)	0.0700	–0.1400	0.0200	0.1600
	每股净资产(元)	1.7407	1.6631	1.8300	3.5969
	每股经营现金净流量(元)	0.0461	0.0354	–0.0096	–0.1247
	每股现金流量(元)	0.0519	0.0663	0.0361	–0.3250
	每股资本公积金(元)	0.5104	0.5045	0.5022	1.9911
	每股盈余公积金(元)	0.0384	0.0384	0.0384	0.0768
	每股未分配利润(元)	0.1947	0.1204	0.2902	0.5334
	净资产收益率(%)	4.2684	–8.7985	1.2865	4.6930
	加权净资产收益率(%)	4.3700	–8.4800	1.3000	4.6600
	净资产收益率(扣除)(%)	4.0547	–6.9470	1.2512	4.7871
	总资产(万元)	150456.92	145163.35	146546.32	140752.86
	归属母公司股东权益(万元)	96438.68	92138.67	101388.17	99640.29
	营业收入(万元)	27422.37	54790.83	28028.50	52307.19
	营业支出(万元)	16675.58	34339.69	18228.31	37696.37
	投资收益(万元)	36.87	27.56	9.43	98.22
	净利润(万元)	4116.38	–10075.42	990.57	3415.61
	营业利润(万元)	4507.72	–8060.81	879.19	2718.75
	利润总额(万元)	4641.86	–8288.97	1211.66	2578.08

金字火腿股份有限公司

公司概况	公司名称	金字火腿股份有限公司			证券简称	金字火腿
	法人代表	禹勃	董秘	王启辉	证券代码	002515
	公司网址	www.jinzichina.com		电子信箱	jinziham@jinzichina.com	
	电　　话	0579-82262717		传　　真	0579-82262717	
	办公地址	浙江省金华市工业园区金帆街1000号				
	经营范围	金华火腿、火腿制品等发酵肉制品及各类低温肉制品的研发、生产及销售				

主要财务指标	指标＼报告期	2017.06.30	2016.12.31	2016.06.30	2015.12.31
	基本每股收益(元)	0.0200	0.0300	0.0300	0.0600
	基本每股收益(扣除后)(元)	0.0200	0.0200	0.0200	0.0500
	稀释每股收益(元)	0.0200	0.0300	0.0300	0.0600
	每股净资产(元)	1.4191	2.2112	2.2073	3.7538
	每股经营现金净流量(元)	–0.0481	0.1642	0.0986	0.2970
	每股现金流量(元)	0.1280	–0.0439	–0.0553	0.0876
	每股资本公积金(元)	0.1922	0.8872	0.8872	2.2082
	每股盈余公积金(元)	0.0312	0.0500	0.0467	0.0794
	每股未分配利润(元)	0.1899	0.2741	0.2734	0.4663
	净资产收益率(%)	1.3116	1.4716	1.2943	1.6230
	加权净资产收益率(%)	1.3300	1.4800	1.2900	1.7900
	净资产收益率(扣除)(%)	1.1991	0.8210	0.9703	1.4237
	总资产(万元)	213736.76	147474.21	142657.99	144180.49
	归属母公司股东权益(万元)	138830.86	135205.32	134962.53	135014.06
	营业收入(万元)	19052.11	16056.49	9080.47	18688.28
	营业支出(万元)	9477.17	11128.52	6307.62	11806.16
	投资收益(万元)	2229.95	1350.97	1110.69	1219.42
	净利润(万元)	2083.72	2239.92	1995.18	2519.06
	营业利润(万元)	2630.14	2148.81	1919.03	2521.29
	利润总额(万元)	2796.89	2685.77	2080.14	2772.04

旷达科技集团股份有限公司

公司概况	公司名称	旷达科技集团股份有限公司			证券简称	旷达科技
	法人代表	沈介良	董秘	陆凤鸣	证券代码	002516
	公司网址	www.kuangdacn.com		电子信箱	dongmi@kuangdacn.com	
	电　　话	86-519-86540259　86159358		传　　真	86-519-86549358	
	办公地址	江苏省常州市武进区雪堰镇旷达路1号				
	经营范围	化纤复合面料、化纤布、化纤丝、汽车座椅套、座椅、汽车内饰件、纺织机械等				

主要财务指标	指标＼报告期	2017.06.30	2016.12.31	2016.06.30	2015.12.31
	基本每股收益(元)	0.1149	0.2304	0.1035	0.3997
	基本每股收益(扣除后)(元)	0.1168	0.2274	0.1025	0.3955
	稀释每股收益(元)	0.1142	0.2278	0.1030	0.3987
	每股净资产(元)	2.5513	2.4169	1.7262	3.2120
	每股经营现金净流量(元)	0.1840	0.2570	0.0866	0.2372
	每股现金流量(元)	–0.0904	0.1982	–0.0174	0.1621
	每股资本公积金(元)	0.7555	0.7510	0.0979	1.0710
	每股盈余公积金(元)	0.0527	0.0527	0.0579	0.1159
	每股未分配利润(元)	0.7699	0.6764	0.6427	1.2345
	净资产收益率(%)	4.4490	8.2917	5.8196	11.8155
	加权净资产收益率(%)	4.5200	12.0700	5.9300	12.5500
	净资产收益率(扣除)(%)	4.5223	8.1840	5.7641	11.6927
	总资产(万元)	653449.40	698238.17	649847.53	654564.41
	归属母公司股东权益(万元)	383566.05	363360.97	228613.56	212690.15
	营业收入(万元)	109197.38	230165.86	103882.15	186045.51
	营业支出(万元)	68854.18	146615.43	64845.91	116232.63
	投资收益(万元)	--	772.40	–	–
	净利润(万元)	17105.21	29971.67	13130.71	25254.41
	营业利润(万元)	21110.04	36129.89	15821.09	28594.45
	利润总额(万元)	20698.81	36125.46	15987.50	29005.46

恺英网络股份有限公司

公司概况	公司名称	恺英网络股份有限公司			证券简称	恺英网络
	法人代表	王悦	董秘	盛李原	证券代码	002517
	公司网址	www.kingnet.com		电子信箱	dm@kingnet.com	
	电　　话	021-62203181		传　　真	021-50908789-8100	
	办公地址	上海市闵行区陈行路2388号浦江科技广场3号楼3楼				
	经营范围	游戏研发、运营及发行等				

主要财务指标	指标＼报告期	2017.06.30	2016.12.31	2016.06.30	2015.12.31
	基本每股收益(元)	0.5800	1.0000	0.3600	1.1700
	基本每股收益(扣除后)(元)	0.5300	0.9500	0.3300	1.1500
	稀释每股收益(元)	0.5800	1.0000	0.3600	1.1700
	每股净资产(元)	5.1730	4.7274	1.5041	1.1351
	每股经营现金净流量(元)	0.5933	0.7084	0.4572	0.9505
	每股现金流量(元)	–1.9305	2.7765	0.4306	0.2137
	每股资本公积金(元)	3.0322	3.0322	0.4878	0.4866
	每股盈余公积金(元)	0.0293	0.0293	0.0311	0.0311
	每股未分配利润(元)	1.9661	1.4893	0.9338	0.5715
	净资产收益率(%)	11.1500	20.0990	24.0887	85.2363
	加权净资产收益率(%)	11.5400	46.9800	27.4100	72.0800
	净资产收益率(扣除)(%)	10.2381	19.2434	21.6602	83.5806
	总资产(万元)	455790.10	405919.46	166007.43	135488.37
	归属母公司股东权益(万元)	371165.62	339192.55	101796.56	76821.57
	营业收入(万元)	129927.44	272048.18	128993.44	233930.45
	营业支出(万元)	46145.30	99251.18	51575.23	90800.03
	投资收益(万元)	7444.82	8043.62	3150.06	6453.33
	净利润(万元)	41203.85	67584.69	24096.84	65297.39
	营业利润(万元)	40897.01	66031.66	21460.45	64582.01
	利润总额(万元)	43516.61	68621.29	24031.04	65805.90

深圳科士达科技股份有限公司

公司概况					
公司名称	深圳科士达科技股份有限公司			证券简称	科士达
法人代表	刘程宇	董秘	范涛	证券代码	002518
公司网址	www.kstar.com.cn		电子信箱	stock@kstar.com.cn	
电　　话	0755-86168479		传　　真	0755-86169275	
办公地址	广东省深圳市南山区高新北区科技中二路软件园 1 栋 4 楼 401、402 室				
经营范围	UPS 不间断电源、逆变电源、EPS 应急电源、太阳能逆变器、太阳能控制器等				

主要财务指标

指标\报告期	2017.06.30	2016.12.31	2016.06.30	2015.12.31
基本每股收益(元)	0.2600	0.6700	0.2600	0.7900
基本每股收益(扣除后)(元)	0.2500	0.6300	0.2500	0.7700
稀释每股收益(元)	0.2600	0.6600	0.2600	0.7900
每股净资产(元)	3.5065	4.4244	3.9995	5.8606
每股经营现金净流量(元)	-0.0511	0.2659	-0.3893	0.7951
每股现金流量(元)	0.1120	0.5000	-0.1320	0.1047
每股资本公积金(元)	0.7848	1.3202	1.3189	2.4745
每股盈余公积金(元)	0.1731	0.2250	0.1717	0.2575
每股未分配利润(元)	1.5486	1.8791	1.5232	2.1518
净资产收益率(%)	7.3267	15.0161	6.3843	13.4130
加权净资产收益率(%)	7.3800	16.0700	6.3700	14.2800
净资产收益率(扣除)(%)	7.0864	14.1302	6.3267	12.9992
总资产(万元)	296306.34	282175.50	238209.64	252475.00
归属母公司股东权益(万元)	202996.88	197027.23	178139.76	174022.46
营业收入(万元)	107495.33	175044.48	74824.52	152648.31
营业支出(万元)	70794.42	110617.26	48026.27	100758.48
投资收益(万元)	790.32	1531.31	826.03	2867.18
净利润(万元)	14741.77	30014.52	11526.15	23052.01
营业利润(万元)	16542.71	30987.13	13699.40	26040.03
利润总额(万元)	16549.94	33476.83	13829.57	26916.95

江苏银河电子股份有限公司

公司概况					
公司名称	江苏银河电子股份有限公司			证券简称	银河电子
法人代表	吴建明	董秘	吴刚	证券代码	002519
公司网址	www.yinhe.com		电子信箱	yhdm@yinhe.com	
电　　话	0512-58449138 58449198		传　　真	0512-58449267	
办公地址	江苏省苏州市张家港市塘桥镇南环路 188 号				
经营范围	计算机及部件、计算机外部设备、电子产品、网络产品、软件产品、监控设备等				

主要财务指标

指标\报告期	2017.06.30	2016.12.31	2016.06.30	2015.12.31
基本每股收益(元)	0.0800	0.5200	0.2600	0.4100
基本每股收益(扣除后)(元)	0.0700	0.4500	0.2600	0.3850
稀释每股收益(元)	0.0800	0.4900	0.2600	0.4000
每股净资产(元)	3.2386	5.4400	3.5373	3.4200
每股经营现金净流量(元)	0.0251	0.3371	0.2574	0.1503
每股现金流量(元)	-0.1640	0.4328	0.0415	-0.1031
每股资本公积金(元)	1.6842	3.5634	1.7089	1.6344
每股盈余公积金(元)	0.0907	0.1541	0.1531	0.1546
每股未分配利润(元)	0.5134	0.8867	0.7829	0.7825
净资产收益率(%)	2.4560	8.4733	7.2904	11.6911
加权净资产收益率(%)	2.4600	12.7500	7.3300	10.8200
净资产收益率(扣除)(%)	2.0802	7.4236	7.2353	11.0839
总资产(万元)	493743.83	488113.94	374195.84	357728.89
归属母公司股东权益(万元)	369920.22	365830.94	203412.97	194787.05
营业收入(万元)	74502.71	198092.94	100862.07	152634.05
营业支出(万元)	51639.22	125566.49	62213.72	97961.54
投资收益(万元)	-32.85	3156.11	-40.50	-4.13
净利润(万元)	9085.28	30981.82	14805.28	24910.22
营业利润(万元)	7924.74	32944.16	16596.59	26604.30
利润总额(万元)	10506.80	35355.74	17445.96	29327.11

浙江日发精密机械股份有限公司

公司概况					
公司名称	浙江日发精密机械股份有限公司			证券简称	日发精机
法人代表	吴捷	董秘	李燕	证券代码	002520
公司网址	www.rifapm.com		电子信箱	liyan@rifa.com.cn	
电　　话	0575-86337958		传　　真	0575-86337881	
办公地址	浙江省绍兴市新昌县七星街道日发数码科技园				
经营范围	数控机床、机械产品的研制、生产、销售				

主要财务指标

指标\报告期	2017.06.30	2016.12.31	2016.06.30	2015.12.31
基本每股收益(元)	0.0700	0.0700	0.0500	0.1200
基本每股收益(扣除后)(元)	0.0500	0.0500	0.0500	0.1000
稀释每股收益(元)	0.0700	0.0700	0.0500	0.1200
每股净资产(元)	3.1200	3.0417	3.0068	4.4808
每股经营现金净流量(元)	0.0634	-0.0133	-0.0691	0.0620
每股现金流量(元)	0.0078	-1.2794	-1.2589	2.3700
每股资本公积金(元)	1.7524	1.7524	1.7468	3.1202
每股盈余公积金(元)	0.0910	0.0910	0.0836	0.1255
每股未分配利润(元)	0.2611	0.1907	0.1720	0.2358
净资产收益率(%)	2.2553	2.4401	1.6026	2.3912
加权净资产收益率(%)	2.2900	2.4600	1.6000	5.8600
净资产收益率(扣除)(%)	1.7135	1.6120	1.5106	2.0076
总资产(万元)	249100.19	235134.81	234021.48	243157.41
归属母公司股东权益(万元)	172875.78	168534.59	166606.15	165516.24
营业收入(万元)	51068.72	78379.10	41118.57	76779.84
营业支出(万元)	33022.36	48907.29	25153.60	48692.61
投资收益(万元)	759.91	565.31	-	-
净利润(万元)	4288.36	5277.18	3895.39	4546.63
营业利润(万元)	4933.28	5890.28	4241.94	4499.54
利润总额(万元)	5053.52	6851.34	4423.20	5150.87

齐峰新材料股份有限公司

公司概况					
公司名称	齐峰新材料股份有限公司			证券简称	齐峰新材
法人代表	李学峰	董秘	姚延磊	证券代码	002521
公司网址	www.qifeng.cn		电子信箱	qftzswr@163.com	
电　　话	0533-7785585		传　　真	0533-7788998	
办公地址	山东省淄博市临淄区朱台镇朱台路 22 号				
经营范围	造纸及纸制品加工、销售，板材销售，货物进出口等				

主要财务指标

指标\报告期	2017.06.30	2016.12.31	2016.06.30	2015.12.31
基本每股收益(元)	0.1900	0.2900	0.1500	0.5900
基本每股收益(扣除后)(元)	0.1700	0.2800	0.1200	0.5500
稀释每股收益(元)	0.1900	0.2900	0.1500	0.5700
每股净资产(元)	6.7688	6.8823	6.7480	6.7746
每股经营现金净流量(元)	-0.3321	0.7873	0.4047	0.2485
每股现金流量(元)	0.4195	-0.0395	-0.0164	-1.2643
每股资本公积金(元)	4.0236	4.0235	4.0235	4.0223
每股盈余公积金(元)	0.2225	0.2225	0.1773	0.1773
每股未分配利润(元)	1.5227	1.6363	1.5471	1.5946
净资产收益率(%)	2.7542	4.1689	2.2608	8.0598
加权净资产收益率(%)	2.6900	4.2100	2.2300	9.1600
净资产收益率(扣除)(%)	2.5670	4.0249	1.8119	7.5655
总资产(万元)	426666.86	422345.16	411030.49	409741.26
归属母公司股东权益(万元)	334842.01	340459.43	333813.01	335128.90
营业收入(万元)	166020.34	270822.22	123570.90	235561.23
营业支出(万元)	137907.13	226677.65	102118.92	183235.50
投资收益(万元)	1148.99	2708.00	1489.02	1761.00
净利润(万元)	9222.16	14193.28	7546.86	27010.59
营业利润(万元)	12326.41	18288.53	8782.01	29608.20
利润总额(万元)	12013.31	16352.48	9138.12	29881.68

浙江众成包装材料股份有限公司

公司概况	公司名称	浙江众成包装材料股份有限公司			证券简称	浙江众成
	法人代表	陈健	董秘	吴军	证券代码	002522
	公司网址	www.zjzhongda.com		电子信箱	sec@zjzhongda.com	
	电　话	0573-84187845		传　真	0573-84187829	
	办公地址	浙江省嘉善县经济开发区泰山路1号				
	经营范围	生产、销售多层共挤热收缩薄膜、塑料制品等				

主要财务指标	指标\报告期	2017.06.30	2016.12.31	2016.06.30	2015.12.31
	基本每股收益(元)	0.0500	0.1200	0.0600	0.0800
	基本每股收益(扣除后)(元)	0.0400	0.1000	0.0500	0.0500
	稀释每股收益(元)	0.0500	0.1200	0.0600	0.0800
	每股净资产(元)	1.9730	1.6421	1.5781	1.5630
	每股经营现金净流量(元)	0.0075	0.1685	0.0788	0.1298
	每股现金流量(元)	0.2094	0.0444	0.0372	0.0048
	每股资本公积金(元)	0.7071	0.3127	0.3127	0.3127
	每股盈余公积金(元)	0.0747	0.0766	0.0639	0.0639
	每股未分配利润(元)	0.1905	0.2509	0.2017	0.1866
	净资产收益率(%)	2.3257	7.1283	3.4907	4.9092
	加权净资产收益率(%)	2.5200	7.4100	3.5100	4.9700
	净资产收益率(扣除)(%)	2.0369	6.2552	3.1049	3.2335
	总资产(万元)	247417.74	208522.32	189721.00	183013.73
	归属母公司股东权益(万元)	178712.23	145048.08	139389.98	138054.73
	营业收入(万元)	30754.66	53879.33	25305.80	48376.28
	营业支出(万元)	20102.60	32793.33	15309.87	32410.50
	投资收益(万元)	479.83	1191.87	290.90	2281.88
	净利润(万元)	3235.56	9400.93	4510.96	6429.80
	营业利润(万元)	4067.58	11269.12	5424.10	7439.47
	利润总额(万元)	4078.22	11354.36	5452.97	7721.25

株洲天桥起重机股份有限公司

公司概况	公司名称	株洲天桥起重机股份有限公司			证券简称	天桥起重
	法人代表	肖建平	董秘	范洪泉	证券代码	002523
	公司网址	www.tqcc.cn		电子信箱	sid@tqcc.cn	
	电　话	0731-22337000-8007		传　真	0731-22337798	
	办公地址	湖南省株洲市石峰区田心北门				
	经营范围	桥门式起重机产品、选煤机械产品研发、设计、制造、销售等				

主要财务指标	指标\报告期	2017.06.30	2016.12.31	2016.06.30	2015.12.31
	基本每股收益(元)	0.0400	0.1300	0.0400	0.1700
	基本每股收益(扣除后)(元)	0.0400	0.1200	0.0300	0.1500
	稀释每股收益(元)	0.0400	0.1300	0.0400	0.1700
	每股净资产(元)	1.8449	2.1800	2.0988	3.1312
	每股经营现金净流量(元)	-0.0477	0.0471	-0.0587	0.0654
	每股现金流量(元)	-0.0424	-0.0080	-0.0810	0.1343
	每股资本公积金(元)	0.4546	0.7455	0.7455	1.6183
	每股盈余公积金(元)	0.0446	0.0494	0.0472	0.0638
	每股未分配利润(元)	0.3415	0.3842	0.3025	0.4462
	净资产收益率(%)	2.2504	5.8113	2.0504	4.6428
	加权净资产收益率(%)	2.2600	5.9500	2.0400	7.3800
	净资产收益率(扣除)(%)	2.0627	5.3692	1.6010	4.0274
	总资产(万元)	309033.51	300316.89	274087.35	279144.56
	归属母公司股东权益(万元)	186682.01	184101.91	176982.91	176023.44
	营业收入(万元)	46151.08	123889.42	42339.01	91675.29
	营业支出(万元)	33622.68	89214.81	29569.76	65813.22
	投资收益(万元)	490.87	698.88	344.61	923.53
	净利润(万元)	4328.32	10834.20	3525.05	8203.13
	营业利润(万元)	4430.55	10775.21	3527.04	9034.11
	利润总额(万元)	5157.05	12728.27	4133.12	9451.04

光正集团股份有限公司

公司概况	公司名称	光正集团股份有限公司			证券简称	光正集团
	法人代表	周永麟	董秘	周永麟(代)	证券代码	002524
	公司网址	www.gzss.cc		电子信箱	guangzheng@gzss.cc	
	电　话	0991-3766551		传　真	0991-3766551	
	办公地址	新疆维吾尔自治区乌鲁木齐经济技术开发区融合北路266号				
	经营范围	各类钢结构的设计、生产、安装等业务				

主要财务指标	指标\报告期	2017.06.30	2016.12.31	2016.06.30	2015.12.31
	基本每股收益(元)	-0.0700	0.0100	-0.0500	0.0100
	基本每股收益(扣除后)(元)	-0.0800	-0.0900	-0.0600	-0.0400
	稀释每股收益(元)	-0.0700	0.0100	-0.0500	0.0100
	每股净资产(元)	1.4269	1.4635	1.4042	1.5528
	每股经营现金净流量(元)	0.1007	0.1340	0.0083	0.2645
	每股现金流量(元)	0.0181	-0.0466	-0.2554	-0.0226
	每股资本公积金(元)	0.5420	0.5070	0.5057	0.6032
	每股盈余公积金(元)	0.0236	0.0236	0.0229	0.0229
	每股未分配利润(元)	-0.1681	-0.0995	-0.1617	-0.1085
	净资产收益率(%)	-4.8051	0.6573	-3.7951	0.8313
	加权净资产收益率(%)	-4.8000	0.6200	-3.4900	0.8400
	净资产收益率(扣除)(%)	-5.3194	-6.2228	-4.1056	-2.4304
	总资产(万元)	161202.66	162051.42	169317.56	192496.18
	归属母公司股东权益(万元)	71822.86	73664.92	70677.96	78157.93
	营业收入(万元)	20861.57	49929.60	21574.84	55518.53
	营业支出(万元)	16858.68	40805.76	14682.15	36484.73
	投资收益(万元)	-2.92	6362.05	460.55	1334.99
	净利润(万元)	-3359.52	813.30	-2552.96	2545.11
	营业利润(万元)	-3534.46	481.52	-2609.73	120.38
	利润总额(万元)	-3158.23	1361.42	-2378.42	2935.35

山东矿机集团股份有限公司

公司概况	公司名称	山东矿机集团股份有限公司			证券简称	山东矿机
	法人代表	赵华涛	董秘	张星春	证券代码	002526
	公司网址	www.skj.cc		电子信箱	sdkj002526@163.com	
	电　话	0536-6295539		传　真	0536-6295539	
	办公地址	山东省潍坊市昌乐县经济开发区大沂路北段矿机工业园				
	经营范围	煤炭机械设备开发,生产,销售及服务等				

主要财务指标	指标\报告期	2017.06.30	2016.12.31	2016.06.30	2015.12.31
	基本每股收益(元)	0.0280	0.0200	-0.0384	-0.5012
	基本每股收益(扣除后)(元)	0.0200	-0.1675	-0.0468	-0.6117
	稀释每股收益(元)	0.0280	0.0200	-0.0384	-0.5012
	每股净资产(元)	3.2006	3.1865	3.1280	3.1694
	每股经营现金净流量(元)	0.1290	0.2604	0.0585	0.1877
	每股现金流量(元)	0.0819	-0.0466	-0.0567	-0.1235
	每股资本公积金(元)	2.0856	2.0856	2.0886	2.0886
	每股盈余公积金(元)	0.0853	0.0853	0.0853	0.0853
	每股未分配利润(元)	0.0289	0.0008	-0.0606	-0.0192
	净资产收益率(%)	0.8760	0.6281	-1.2282	-15.8145
	加权净资产收益率(%)	0.8800	0.6300	-1.2200	-14.7300
	净资产收益率(扣除)(%)	0.6260	-5.2563	-1.4947	-19.2990
	总资产(万元)	247213.05	266359.69	276927.07	293663.09
	归属母公司股东权益(万元)	170910.83	170158.43	167033.21	169246.70
	营业收入(万元)	49410.49	85652.77	43776.11	107590.84
	营业支出(万元)	41209.60	71942.06	40384.64	87701.63
	投资收益(万元)	-164.54	5423.79	193.06	5203.30
	净利润(万元)	1125.28	1018.88	-2364.22	-28319.45
	营业利润(万元)	737.46	-3993.47	-2728.25	-25077.45
	利润总额(万元)	1132.05	1048.28	-2257.68	-25414.33

上海新时达电气股份有限公司

公司概况	公司名称	上海新时达电气股份有限公司			证券简称	新 时 达
	法人代表	纪翌	董秘	杨丽莎	证券代码	002527
	公司网址	www.stepelectric.com		电子信箱	yangls@stepelectric.com	
	电　　话	021-69926000		传　　真	021-69926163	
	办公地址	上海市嘉定区思义路 1560 号				
	经营范围	变频器与电梯控制系统的研发、生产及销售				

主要财务指标	指标＼报告期	2017.06.30	2016.12.31	2016.06.30	2015.12.31
	基本每股收益(元)	0.1599	0.2800	0.1504	0.3200
	基本每股收益(扣除后)(元)	0.1385	0.2400	0.1176	0.2800
	稀释每股收益(元)	0.1599	0.2800	0.1504	0.3200
	每股净资产(元)	4.4429	4.3841	4.2529	3.7045
	每股经营现金净流量(元)	-0.3735	0.3825	-0.0433	0.1833
	每股现金流量(元)	0.0364	-0.0824	-0.2318	0.4566
	每股资本公积金(元)	2.0333	2.0333	2.0340	1.4652
	每股盈余公积金(元)	0.1391	0.1391	0.1373	0.1443
	每股未分配利润(元)	1.2718	1.2118	1.0836	1.0960
	净资产收益率(%)	3.6001	6.2946	3.4309	8.6802
	加权净资产收益率(%)	3.5800	6.7400	3.7500	9.0600
	净资产收益率(扣除)(%)	3.1181	5.4127	2.6830	7.5065
	总资产(万元)	546477.71	443805.16	455393.41	341306.67
	归属母公司股东权益(万元)	275534.87	271890.95	263752.74	218477.57
	营业收入(万元)	162266.01	272656.78	102852.96	150703.30
	营业支出(万元)	123854.91	203259.79	75110.34	96481.29
	投资收益(万元)	394.81	735.60	469.25	737.03
	净利润(万元)	10040.02	16960.95	8962.02	19156.20
	营业利润(万元)	13945.08	16586.00	7755.85	14834.30
	利润总额(万元)	13961.15	22254.84	11491.74	21443.33

深圳英飞拓科技股份有限公司

公司概况	公司名称	深圳英飞拓科技股份有限公司			证券简称	英 飞 拓
	法人代表	刘肇怀	董秘	华元柳	证券代码	002528
	公司网址	www.infinova.com.cn		电子信箱	invrel@infinova.com.cn	
	电　　话	0755-86096000　86095586		传　　真	0755-86098166	
	办公地址	广东省深圳市宝安区观澜高新技术产业园英飞拓厂房				
	经营范围	电子安防产品的研发、设计、生产和销售等				

主要财务指标	指标＼报告期	2017.06.30	2016.12.31	2016.06.30	2015.12.31
	基本每股收益(元)	0.0252	-0.4360	-0.0397	0.0973
	基本每股收益(扣除后)(元)	-0.0369	-0.4441	-0.0442	0.0954
	稀释每股收益(元)	0.0252	-0.4360	-0.0394	0.0953
	每股净资产(元)	2.7003	2.7552	2.5779	3.3652
	每股经营现金净流量(元)	-0.0227	-0.0646	-0.0518	0.0561
	每股现金流量(元)	-0.0191	-0.0187	-0.1362	0.2417
	每股资本公积金(元)	1.7927	1.7930	1.3222	2.0164
	每股盈余公积金(元)	0.0387	0.0388	0.0438	0.0569
	每股未分配利润(元)	-0.2228	-0.2483	0.1346	0.2266
	净资产收益率(%)	0.9343	-14.6138	-1.5413	2.8547
	加权净资产收益率(%)	0.9200	-16.7900	-1.5400	3.0000
	净资产收益率(扣除)(%)	-1.3677	-14.8816	-1.5485	2.7995
	总资产(万元)	401827.83	408079.27	276565.01	295213.87
	归属母公司股东权益(万元)	282548.13	287968.54	238497.76	239488.55
	营业收入(万元)	114277.71	197871.11	76542.80	181311.26
	营业支出(万元)	81600.35	123455.71	46920.29	105614.82
	投资收益(万元)	380.99	514.34	85.39	1340.66
	净利润(万元)	2613.20	-42198.12	-3663.90	6901.32
	营业利润(万元)	-4269.80	-44769.61	-3910.33	5440.64
	利润总额(万元)	2131.66	-42849.39	-3561.40	6875.30

福建海源自动化机械股份有限公司

公司概况	公司名称	福建海源自动化机械股份有限公司			证券简称	海源机械
	法人代表	李良光	董秘	杨宁	证券代码	002529
	公司网址	www.haiyuan-group.com		电子信箱	hyjx@haiyuan-group.com	
	电　　话	0591-83855071		传　　真	0591-83855031	
	办公地址	福建省福州市闽侯县荆溪镇铁岭北路 2 号				
	经营范围	从事全自动液压设备以及配套设备的研发、生产与销售				

主要财务指标	指标＼报告期	2017.06.30	2016.12.31	2016.06.30	2015.12.31
	基本每股收益(元)	0.1000	-0.1625	-0.0800	0.0140
	基本每股收益(扣除后)(元)	0.0600	-0.1804	-0.0821	-0.0811
	稀释每股收益(元)	0.1000	-0.1625	-0.0800	0.0140
	每股净资产(元)	6.1020	6.0014	6.0140	4.9947
	每股经营现金净流量(元)	-0.2235	-0.4763	-0.0886	-0.1462
	每股现金流量(元)	-0.7095	1.4701	2.0044	0.0233
	每股资本公积金(元)	4.4735	4.4735	4.4142	3.1188
	每股盈余公积金(元)	0.1488	0.1488	0.1488	0.1935
	每股未分配利润(元)	0.4700	0.3698	0.4414	0.6717
	净资产收益率(%)	1.6410	-2.4467	-1.2521	0.2809
	加权净资产收益率(%)	1.6500	-2.8700	-1.5300	0.2800
	净资产收益率(扣除)(%)	1.0196	-2.7174	-1.3655	-1.6229
	总资产(万元)	189115.16	189796.83	182433.75	122068.31
	归属母公司股东权益(万元)	158652.77	156037.52	156363.52	99894.70
	营业收入(万元)	17189.96	20521.31	8082.42	23014.32
	营业支出(万元)	11616.50	14740.76	6053.15	15889.88
	投资收益(万元)	303.00	-74.87	-49.16	-50.64
	净利润(万元)	2603.50	-3817.72	-1957.83	280.62
	营业利润(万元)	1920.54	-5270.60	-2136.84	-2215.75
	利润总额(万元)	3080.41	-4773.58	-1920.00	37.34

金财互联控股股份有限公司

公司概况	公司名称	金财互联控股股份有限公司			证券简称	金财互联
	法人代表	朱文明	董秘	房莉莉	证券代码	002530
	公司网址	www.fengdong.com		电子信箱	fengdong@fengdong.com	
	电　　话	0515-83282838		传　　真	0515-83282843	
	办公地址	江苏省大丰市经济开发区南翔西路 333 号				
	经营范围	开发、生产热处理设备及其辅助设备并销售本公司自产产品等				

主要财务指标	指标＼报告期	2017.06.30	2016.12.31	2016.06.30	2015.12.31
	基本每股收益(元)	0.1600	0.1600	0.0300	0.1300
	基本每股收益(扣除后)(元)	0.1700	0.1300	0.0100	0.1000
	稀释每股收益(元)	0.1600	0.1600	0.0300	0.1300
	每股净资产(元)	7.7033	7.5434	2.5964	2.5984
	每股经营现金净流量(元)	-0.0174	0.4523	0.0600	0.1469
	每股现金流量(元)	-1.3826	3.2072	0.0720	-0.1137
	每股资本公积金(元)	6.0191	6.0204	0.7843	0.7843
	每股盈余公积金(元)	0.0581	0.0581	0.1040	0.1040
	每股未分配利润(元)	0.6260	0.4649	0.7081	0.7101
	净资产收益率(%)	2.0913	1.2577	1.0773	4.8596
	加权净资产收益率(%)	2.1100	4.8400	1.0800	4.9600
	净资产收益率(扣除)(%)	2.1512	1.0409	0.4414	3.8476
	总资产(万元)	424659.65	427711.06	100039.98	99962.80
	归属母公司股东权益(万元)	378033.69	370187.31	69583.03	69637.41
	营业收入(万元)	34676.80	48383.87	17525.12	43480.91
	营业支出(万元)	17702.13	32125.84	12328.46	30593.32
	投资收益(万元)	252.70	230.27	-7.26	537.38
	净利润(万元)	8128.77	4492.90	919.85	3563.84
	营业利润(万元)	8712.40	4474.07	549.56	3562.08
	利润总额(万元)	8803.21	5692.49	1238.86	4417.56

天顺风能(苏州)股份有限公司

公司概况	公司名称	天顺风能(苏州)股份有限公司			证券简称	天顺风能
	法人代表	严俊旭	董秘	吴淑红	证券代码	002531
	公司网址	www.titanmetal.com.cn		电子信箱	public@titanwind.com.cn	
	电　话	021-51093199　0512-82783910		传　真	86-512-82757667	
	办公地址	江苏省太仓港经济技术开发区洋江路28号;上海市长宁区长宁路1193号来福士广场T3,1203室				
	经营范围	从事设计、生产加工各类电力设备(风力发电设备)、船舶设备等				

主要财务指标	指标\报告期	2017.06.30	2016.12.31	2016.06.30	2015.12.31
	基本每股收益(元)	0.1400	0.2700	0.1400	0.3700
	基本每股收益(扣除后)(元)	0.1100	0.2300	0.1200	0.3500
	稀释每股收益(元)	0.1400	0.2700	0.1400	0.3700
	每股净资产(元)	2.5985	2.5812	1.6400	2.7449
	每股经营现金净流量(元)	-0.0932	0.3103	0.1668	0.4120
	每股现金流量(元)	-0.1905	0.2540	0.1067	0.3321
	每股资本公积金(元)	0.9523	0.9523	0.0069	0.8125
	每股盈余公积金(元)	0.0617	0.0617	0.0581	0.1046
	每股未分配利润(元)	0.5834	0.5681	0.5775	0.8305
	净资产收益率(%)	5.2101	8.8518	8.7732	13.4224
	加权净资产收益率(%)	9.4500	14.6700	9.0100	14.2000
	净资产收益率(扣除)(%)	4.1572	7.7577	7.2499	12.7643
	总资产(万元)	868994.15	793929.41	519136.14	464318.23
	归属母公司股东权益(万元)	462286.28	459205.09	242947.71	225903.02
	营业收入(万元)	124451.59	226349.58	97742.62	214861.25
	营业支出(万元)	85200.58	149303.56	62447.85	154267.07
	投资收益(万元)	3367.80	2445.19	1218.87	2621.25
	净利润(万元)	24836.79	41201.65	21236.18	30339.34
	营业利润(万元)	23817.87	43141.67	20706.07	35726.78
	利润总额(万元)	28588.38	48148.42	25059.86	35833.77

新界泵业集团股份有限公司

公司概况	公司名称	新界泵业集团股份有限公司			证券简称	新界泵业
	法人代表	许敏田	董秘	严先发	证券代码	002532
	公司网址	www.shimge.com		电子信箱	zqb@shimge.com	
	电　话	0576-81670968		传　真	0576-86338769	
	办公地址	浙江省温岭市大溪镇大洋城工业区				
	经营范围	各类水泵及控制设备以及空气压缩机的研发、生产和销售				

主要财务指标	指标\报告期	2017.06.30	2016.12.31	2016.06.30	2015.12.31
	基本每股收益(元)	0.1900	0.3600	0.2200	0.3700
	基本每股收益(扣除后)(元)	0.1300	0.3500	0.2100	0.3000
	稀释每股收益(元)	0.1900	0.3600	0.2200	0.3700
	每股净资产(元)	2.6900	4.0400	3.8600	3.7600
	每股经营现金净流量(元)	0.0630	0.7598	0.2720	0.3341
	每股现金流量(元)	0.0221	-0.1757	-0.1480	-0.0618
	每股资本公积金(元)	0.3647	1.1747	1.1487	1.2173
	每股盈余公积金(元)	0.1399	0.2240	0.1904	0.1904
	每股未分配利润(元)	1.1587	1.5987	1.4909	1.3227
	净资产收益率(%)	7.1215	8.9718	5.6632	9.7589
	加权净资产收益率(%)	7.3100	9.3600	5.7000	10.2800
	净资产收益率(扣除)(%)	4.8876	8.6467	5.4291	7.9467
	总资产(万元)	190688.65	230101.42	192134.46	162566.44
	归属母公司股东权益(万元)	138561.52	130016.96	124106.26	120733.68
	营业收入(万元)	70974.09	131789.31	60292.52	114641.68
	营业支出(万元)	49589.94	94810.60	42851.04	83537.56
	投资收益(万元)	4735.89	126.39	69.02	318.67
	净利润(万元)	10109.18	10745.07	6746.40	11551.80
	营业利润(万元)	13088.19	12270.35	8004.44	11032.50
	利润总额(万元)	11958.69	12705.25	8076.05	13154.01

金杯电工股份有限公司

公司概况	公司名称	金杯电工股份有限公司			证券简称	金杯电工
	法人代表	吴学愚	董秘	黄喜华	证券代码	002533
	公司网址	www.gold-cup.cn		电子信箱	xhhang2466@sina.com	
	电　话	0731-82786126　82786129		传　真	0731-82786127	
	办公地址	湖南省长沙市国家高新技术产业开发区东方红中路580号				
	经营范围	加工、制造、销售电线、电缆、生产、销售电线、电缆材料及成品等				

主要财务指标	指标\报告期	2017.06.30	2016.12.31	2016.06.30	2015.12.31
	基本每股收益(元)	0.1170	0.3090	0.1280	0.2680
	基本每股收益(扣除后)(元)	0.1090	0.2800	0.1200	0.2440
	稀释每股收益(元)	0.1160	0.3080	0.1280	0.2670
	每股净资产(元)	3.9975	4.0255	3.7393	3.6824
	每股经营现金净流量(元)	-0.3583	0.6720	0.1069	0.3739
	每股现金流量(元)	-0.7085	0.3269	-0.8189	0.1453
	每股资本公积金(元)	1.4699	1.4616	1.4504	1.4427
	每股盈余公积金(元)	0.1336	0.1336	0.1053	0.1053
	每股未分配利润(元)	1.4003	1.4347	1.2853	1.2575
	净资产收益率(%)	2.8917	7.5887	3.4194	7.1709
	加权净资产收益率(%)	2.8500	7.9700	3.4500	7.4200
	净资产收益率(扣除)(%)	2.7023	6.8757	3.2133	6.5350
	总资产(万元)	322109.88	312654.36	302555.47	283015.82
	归属母公司股东权益(万元)	221109.63	222660.25	206836.00	203685.99
	营业收入(万元)	159622.38	312529.77	131721.27	323613.14
	营业支出(万元)	137143.99	259607.30	108849.00	275868.44
	投资收益(万元)	25.07	-39.80	4.96	-81.22
	净利润(万元)	6752.60	17271.12	7419.32	15253.21
	营业利润(万元)	7719.20	17912.67	8232.49	16269.34
	利润总额(万元)	8182.47	19912.15	8765.23	17895.69

杭州锅炉集团股份有限公司

公司概况	公司名称	杭州锅炉集团股份有限公司			证券简称	杭锅股份
	法人代表	吴南平	董秘	濮卫锋	证券代码	002534
	公司网址	www.chinaboilers.com		电子信箱	boiler@mail.hz.zj.cn	
	电　话	0571-85387519		传　真	0571-85387598	
	办公地址	浙江省杭州市江干区大农港路1216号				
	经营范围	各类余热锅炉、工业锅炉、电站锅炉、核电设备和电站辅机的研发、生产和销售				

主要财务指标	指标\报告期	2017.06.30	2016.12.31	2016.06.30	2015.12.31
	基本每股收益(元)	0.2900	0.3100	0.1400	-0.3900
	基本每股收益(扣除后)(元)	0.2500	0.1600	0.0700	-0.6000
	稀释每股收益(元)	0.2900	0.3100	0.1400	-0.3900
	每股净资产(元)	3.7478	4.2301	4.0336	6.0999
	每股经营现金净流量(元)	0.1393	1.0928	0.6346	0.9604
	每股现金流量(元)	-0.5036	0.9766	0.3365	-0.4468
	每股资本公积金(元)	1.0953	1.5224	1.5030	2.6118
	每股盈余公积金(元)	0.2626	0.2724	0.2724	0.3990
	每股未分配利润(元)	1.4142	1.5364	1.3648	2.0121
	净资产收益率(%)	7.8005	7.3381	3.4486	-6.3417
	加权净资产收益率(%)	7.9400	7.5900	3.4600	-6.1100
	净资产收益率(扣除)(%)	6.6666	3.8478	1.6833	-9.8285
	总资产(万元)	758932.58	759009.67	740055.02	706213.41
	归属母公司股东权益(万元)	277125.51	261008.30	248888.29	244314.77
	营业收入(万元)	178973.66	270558.63	107034.54	261971.78
	营业支出(万元)	134764.92	197421.64	79671.88	201800.91
	投资收益(万元)	1711.60	7035.35	3337.33	1349.16
	净利润(万元)	22271.69	20915.36	10382.90	-20153.62
	营业利润(万元)	22010.94	20403.06	11469.62	-24441.13
	利润总额(万元)	23842.29	25413.61	13403.75	-19115.52

林州重机集团股份有限公司

公司概况					
公司名称	林州重机集团股份有限公司			证券简称	林州重机
法人代表	郭现生	董秘	吴凯	证券代码	002535
公司网址	www.lzzj.com		电子信箱	lzzj002535@126.com	
电　　话	86-372-3263686		传　　真	86-372-3263566	
办公地址	河南省林州市产业集聚区凤宝大道与陵阳大道交叉口				
经营范围	液压支架等煤炭综采支护设备的设计、研发、制造、销售及技术服务				

主要财务指标 指标\报告期	2017.06.30	2016.12.31	2016.06.30	2015.12.31
基本每股收益(元)	0.0300	0.0200	0.0100	-0.5200
基本每股收益(扣除后)(元)	0.1700	-0.0600	-0.0700	-0.7100
稀释每股收益(元)	0.0300	0.0200	0.0100	-0.5200
每股净资产(元)	3.7068	3.6812	3.6742	4.7673
每股经营现金净流量(元)	0.1579	-0.6506	-0.4090	-0.3764
每股现金流量(元)	0.0533	-0.5328	-0.6086	0.6873
每股资本公积金(元)	2.3392	2.3392	2.3392	3.3409
每股盈余公积金(元)	0.1054	0.1054	0.1016	0.1321
每股未分配利润(元)	0.2622	0.2366	0.2335	0.2887
净资产收益率(%)	0.6894	0.4998	0.3099	-10.0907
加权净资产收益率(%)	0.6900	0.5000	0.3100	-11.6200
净资产收益率(扣除)(%)	0.4554	-1.6121	-1.5518	-13.8369
总资产(万元)	694125.25	663274.95	644727.54	693492.58
归属母公司股东权益(万元)	297167.26	295118.55	294556.27	293986.77
营业收入(万元)	65507.24	128388.91	58337.12	123281.02
营业支出(万元)	51856.37	103180.30	49534.72	122084.06
投资收益(万元)	723.33	5296.18	5126.64	-23.37
净利润(万元)	2051.17	1448.53	897.62	-30388.17
营业利润(万元)	1853.35	170.69	1355.39	-45528.23
利润总额(万元)	2669.95	1623.36	2030.64	-34383.44

河南省西峡汽车水泵股份有限公司

公司概况					
公司名称	河南省西峡汽车水泵股份有限公司			证券简称	西泵股份
法人代表	孙耀志	董秘	谢国楼	证券代码	002536
公司网址	www.xixia-waterpump.com		电子信箱	dmb@xixia-waterpump.com	
电　　话	0377-69723888 69662536		传　　真	0377-69722888 69662536	
办公地址	河南省南阳市西峡县工业大道				
经营范围	汽车、摩托车零部件及其机械产品的加工、制造、销售等				

主要财务指标 指标\报告期	2017.06.30	2016.12.31	2016.06.30	2015.12.31
基本每股收益(元)	0.2800	0.3200	0.1600	0.5400
基本每股收益(扣除后)(元)	0.2900	0.2800	0.1300	0.4200
稀释每股收益(元)	0.2800	0.3200	0.1600	0.5400
每股净资产(元)	5.6969	5.5135	5.3485	15.7796
每股经营现金净流量(元)	0.2605	0.2086	0.1674	0.7559
每股现金流量(元)	0.0052	-0.6099	-0.4363	2.3041
每股资本公积金(元)	3.2791	3.2791	3.2819	11.8458
每股盈余公积金(元)	0.1409	0.1409	0.1229	0.3688
每股未分配利润(元)	1.2769	1.0935	0.9436	2.5651
净资产收益率(%)	4.9761	5.8604	2.9028	3.2546
加权净资产收益率(%)	5.0100	6.0100	2.9300	3.7600
净资产收益率(扣除)(%)	5.0739	5.0410	2.4137	2.6909
总资产(万元)	292517.64	286828.01	273526.38	298554.32
归属母公司股东权益(万元)	190168.39	184043.50	178536.10	175579.01
营业收入(万元)	121730.83	208482.66	95429.66	191484.44
营业支出(万元)	89617.38	156948.06	73169.17	147800.97
投资收益(万元)	--	--	-	-
净利润(万元)	9542.03	10877.39	5273.59	5808.05
营业利润(万元)	10350.35	9642.52	4471.47	5355.04
利润总额(万元)	10129.77	11463.35	5523.65	6544.42

海联金汇科技股份有限公司

公司概况					
公司名称	海联金汇科技股份有限公司			证券简称	海联金汇
法人代表	刘国平	董秘	周建孚	证券代码	002537
公司网址	www.haili.com.cn		电子信箱	hlmo@haili.com.cn	
电　　话	0532-89066166		传　　真	0532-89066196	
办公地址	山东省青岛市即墨市青威路1626号				
经营范围	钢板的剪切、冲压加工、彩涂钢板、钢制零部件、模具的开发与生产等				

主要财务指标 指标\报告期	2017.06.30	2016.12.31	2016.06.30	2015.12.31
基本每股收益(元)	0.1400	0.6000	0.1900	0.2400
基本每股收益(扣除后)(元)	0.1200	0.5500	0.1200	0.0200
稀释每股收益(元)	0.1400	0.6000	0.1900	0.2400
每股净资产(元)	5.3808	11.5760	5.0875	4.8900
每股经营现金净流量(元)	-0.2675	0.7623	0.4837	1.6545
每股现金流量(元)	-0.2872	3.8862	0.0255	-0.0778
每股资本公积金(元)	3.7616	9.4756	2.5909	2.5873
每股盈余公积金(元)	0.0357	0.0712	0.0949	0.0864
每股未分配利润(元)	0.5833	1.0279	1.4008	1.2156
净资产收益率(%)	2.6419	3.5375	3.6808	4.9679
加权净资产收益率(%)	2.6700	7.7400	3.7400	5.0700
净资产收益率(扣除)(%)	2.2692	3.2153	2.3717	0.4087
总资产(万元)	1180886.22	1424547.78	285380.41	276674.19
归属母公司股东权益(万元)	673327.99	658436.70	152625.54	147300.02
营业收入(万元)	168922.31	263429.52	101531.68	206507.93
营业支出(万元)	120352.62	201385.11	86125.32	180257.23
投资收益(万元)	-88.62	67.04	164.78	39.39
净利润(万元)	18069.34	26078.12	7464.25	9073.29
营业利润(万元)	18810.56	25596.26	7145.91	1489.29
利润总额(万元)	22443.14	30024.36	11172.93	10976.04

安徽省司尔特肥业股份有限公司

公司概况					
公司名称	安徽省司尔特肥业股份有限公司			证券简称	司尔特
法人代表	金国清	董秘	吴勇	证券代码	002538
公司网址	www.sierte.com		电子信箱	wy3968@sina.com	
电　　话	0563-4181590 4181525		传　　真	0563-4181525	
办公地址	安徽省宁国市经济技术开发区汪溪园区				
经营范围	高浓度磷复肥产品研发、生产和销售等				

主要财务指标 指标\报告期	2017.06.30	2016.12.31	2016.06.30	2015.12.31
基本每股收益(元)	0.1300	0.3400	0.1800	0.4000
基本每股收益(扣除后)(元)	0.0600	0.2500	0.1600	0.3500
稀释每股收益(元)	0.1300	0.3400	0.1800	0.4000
每股净资产(元)	4.5618	4.4352	4.2697	4.1941
每股经营现金净流量(元)	-0.3220	0.8236	0.0018	0.5963
每股现金流量(元)	0.0122	-0.6955	-0.1627	0.8418
每股资本公积金(元)	1.9144	1.9144	1.9137	1.9130
每股盈余公积金(元)	0.1852	0.1852	0.1532	0.1532
每股未分配利润(元)	1.4620	1.3355	1.2027	1.1278
净资产收益率(%)	2.7743	7.6595	4.0975	8.1905
加权净资产收益率(%)	2.8100	7.9100	4.1200	11.6100
净资产收益率(扣除)(%)	1.3147	5.5862	3.7401	7.2528
总资产(万元)	458919.28	474863.93	465169.61	410567.46
归属母公司股东权益(万元)	327590.35	318502.01	306618.37	301188.26
营业收入(万元)	101491.49	281810.07	139223.64	297385.68
营业支出(万元)	79397.99	229422.22	112033.62	242116.22
投资收益(万元)	1265.60	2703.98	392.78	14.19
净利润(万元)	9122.16	24683.59	12732.87	24668.89
营业利润(万元)	8218.80	21987.60	13500.73	25588.62
利润总额(万元)	11144.11	28292.87	14880.04	27713.20

成都云图控股股份有限公司

公司概况

公司名称	成都云图控股股份有限公司			证券简称	云图控股
法人代表	牟嘉云	董秘	王生兵	证券代码	002539
公司网址	www.wintrueholding.com			电子信箱	zhengquan@wintrueholding.com
电　　话	028-87373422			传　　真	028-87373422
办公地址	四川省成都市新都工业开发区南二路				
经营范围	生产、销售复合肥等				

主要财务指标

指标\报告期	2017.06.30	2016.12.31	2016.06.30	2015.12.31
基本每股收益(元)	0.0700	0.1400	0.1100	0.2300
基本每股收益(扣除后)(元)	0.0600	0.0800	0.0800	0.1600
稀释每股收益(元)	0.0700	0.1400	0.1100	0.2300
每股净资产(元)	3.0040	3.0099	2.9767	2.9514
每股经营现金净流量(元)	0.0359	0.6308	0.0510	0.2345
每股现金流量(元)	−0.0302	0.0255	0.0846	0.1275
每股资本公积金(元)	1.1250	1.1250	1.1250	1.1250
每股盈余公积金(元)	0.0786	0.0834	0.0789	0.0789
每股未分配利润(元)	0.7952	0.8033	0.7753	0.7465
净资产收益率(%)	2.4177	4.6942	3.6573	6.7283
加权净资产收益率(%)	2.3800	4.7600	3.6600	7.8300
净资产收益率(扣除)(%)	1.8953	2.7697	2.5290	4.7285
总资产(万元)	928165.88	902243.79	870787.94	886577.85
归属母公司股东权益(万元)	303433.29	304034.54	300678.62	298124.44
营业收入(万元)	372798.03	607207.71	318259.03	583772.96
营业支出(万元)	311176.01	506580.96	263442.08	480804.13
投资收益(万元)	47.27	−26.81	−16.77	−2.54
净利润(万元)	7504.15	15443.40	11859.47	24637.04
营业利润(万元)	9321.94	14267.51	10770.37	24697.46
利润总额(万元)	11335.76	21905.73	15415.20	32502.79

江苏亚太轻合金科技股份有限公司

公司概况

公司名称	江苏亚太轻合金科技股份有限公司			证券简称	亚太科技
法人代表	周福海	董秘	罗功武	证券代码	002540
公司网址	www.yatal.com			电子信箱	dm@yatal.com
电　　话	0510-88278652			传　　真	0510-88278653
办公地址	江苏省无锡市新区坊兴路8号				
经营范围	精密铝管、专用型材和高精度棒材等汽车铝挤压材及其他工业铝挤压材的研发、生产和销售				

主要财务指标

指标\报告期	2017.06.30	2016.12.31	2016.06.30	2015.12.31
基本每股收益(元)	0.1436	0.2854	0.1385	0.2320
基本每股收益(扣除后)(元)	0.1369	0.2745	0.1406	0.2200
稀释每股收益(元)	0.1436	0.2854	0.1385	0.2320
每股净资产(元)	2.9205	2.8372	2.6899	2.6023
每股经营现金净流量(元)	−0.0548	−0.1001	−0.0127	0.1577
每股现金流量(元)	0.0612	0.0026	−0.0422	0.0108
每股资本公积金(元)	0.6837	0.6837	0.6837	0.6837
每股盈余公积金(元)	0.1014	0.1014	0.0841	0.0841
每股未分配利润(元)	1.1351	1.0515	0.9219	0.8334
净资产收益率(%)	4.9181	10.0578	5.1495	8.8976
加权净资产收益率(%)	4.9500	10.4900	5.1800	9.3100
净资产收益率(扣除)(%)	4.6874	9.6755	5.2278	8.4559
总资产(万元)	333154.12	327813.53	302330.69	308570.57
归属母公司股东权益(万元)	303737.18	295067.09	279746.39	270639.42
营业收入(万元)	158902.34	271284.02	119166.25	228938.04
营业支出(万元)	124211.45	207100.88	88463.27	176621.10
投资收益(万元)	254.01	2015.70	1482.51	2803.73
净利润(万元)	14938.04	29677.22	14405.41	24080.29
营业利润(万元)	17351.16	32255.77	15899.13	27148.03
利润总额(万元)	17635.73	34335.66	16705.40	27980.79

安徽鸿路钢结构(集团)股份有限公司

公司概况

公司名称	安徽鸿路钢结构(集团)股份有限公司			证券简称	鸿路钢构
法人代表	王军民	董秘	汪国胜	证券代码	002541
公司网址	www.hong-lu.com			电子信箱	wangguosheng0731@163.com
电　　话	0551-66391405			传　　真	0551-66391725
办公地址	安徽省合肥市双凤工业区				
经营范围	钢结构及其围护产品的制造和销售等				

主要财务指标

指标\报告期	2017.06.30	2016.12.31	2016.06.30	2015.12.31
基本每股收益(元)	0.3183	0.4900	0.3454	0.6600
基本每股收益(扣除后)(元)	0.3183	0.4300	0.3227	0.2200
稀释每股收益(元)	0.3183	0.4900	0.3454	0.6600
每股净资产(元)	11.2608	10.9926	9.6836	9.4083
每股经营现金净流量(元)	−0.6137	0.4910	0.4212	−0.1183
每股现金流量(元)	−0.1949	1.8812	0.4227	−0.6393
每股资本公积金(元)	6.5995	6.5995	4.4617	4.4617
每股盈余公积金(元)	0.2538	0.2538	0.3287	0.3287
每股未分配利润(元)	3.4075	3.1392	3.8932	3.6179
净资产收益率(%)	2.8262	3.7979	3.5666	7.0094
加权净资产收益率(%)	2.8600	4.8900	3.6100	7.2500
净资产收益率(扣除)(%)	1.1348	3.3182	3.3324	2.3469
总资产(万元)	785321.52	767596.65	730758.01	708302.86
归属母公司股东权益(万元)	393166.49	383800.39	259520.76	252141.53
营业收入(万元)	183682.52	362140.30	154946.18	319263.24
营业支出(万元)	159342.57	295523.31	126732.86	261249.81
投资收益(万元)	−1.81	−123.52	−234.47	1028.28
净利润(万元)	11111.83	14576.18	9256.00	17673.52
营业利润(万元)	6019.25	17660.37	10905.58	7008.10
利润总额(万元)	14878.81	20080.59	11661.20	21097.64

中化岩土工程股份有限公司

公司概况

公司名称	中化岩土工程股份有限公司			证券简称	中化岩土
法人代表	梁富华	董秘	赵鹏	证券代码	002542
公司网址	www.cge.com.cn			电子信箱	cge@cge.com.cn
电　　话	010-61271947			传　　真	010-61271705
办公地址	北京市大兴工业开发区科苑路13号				
经营范围	工业、交通与民用各类建筑项目的岩土工程勘察、设计等				

主要财务指标

指标\报告期	2017.06.30	2016.12.31	2016.06.30	2015.12.31
基本每股收益(元)	0.0500	0.1400	0.0500	0.2200
基本每股收益(扣除后)(元)	0.0400	0.1400	0.0400	0.2100
稀释每股收益(元)	0.0500	0.1400	0.0500	0.2200
每股净资产(元)	1.8384	1.8086	1.5162	2.2353
每股经营现金净流量(元)	−0.0583	−0.0897	−0.0782	−0.0943
每股现金流量(元)	0.0129	−0.2783	−0.2961	0.5535
每股资本公积金(元)	0.4094	0.4094	0.2037	0.8055
每股盈余公积金(元)	0.0436	0.0436	0.0385	0.0577
每股未分配利润(元)	0.3811	0.3525	0.2724	0.3710
净资产收益率(%)	2.6408	7.6350	2.9746	8.7192
加权净资产收益率(%)	2.6500	9.1700	2.9900	12.8200
净资产收益率(扣除)(%)	2.3093	7.3435	2.6968	8.2460
总资产(万元)	597422.34	566337.26	457044.02	474845.68
归属母公司股东权益(万元)	330910.16	325539.45	264949.64	260413.65
营业收入(万元)	93183.06	230698.09	92447.39	193079.50
营业支出(万元)	68990.84	171182.43	70958.25	136761.43
投资收益(万元)	993.21	424.18	380.23	1251.96
净利润(万元)	8741.50	24759.05	7772.91	22522.69
营业利润(万元)	10087.89	29079.60	9232.39	26246.78
利润总额(万元)	10252.80	29576.00	9504.22	26590.55

广东万和新电气股份有限公司

公司概况	公司名称	广东万和新电气股份有限公司		证券简称	万和电气
	法人代表	叶远璋	董秘 卢宇阳	证券代码	002543
	公司网址	www.vanward.com		电子信箱	vw@vanward.com
	电　话	0757-28382828		传　真	0757-23814788
	办公地址	广东省佛山市顺德高新区(容桂)建业中路 13 号			
	经营范围	生产销售燃气热水器、燃气采暖热水炉、电热水器、燃气灶具、消毒柜等			

主要财务指标	指标\报告期	2017.06.30	2016.12.31	2016.06.30	2015.12.31
	基本每股收益(元)	0.4857	0.9799	0.5234	0.7252
	基本每股收益(扣除后)(元)	0.4136	0.9246	0.5198	0.7012
	稀释每股收益(元)	0.4857	0.9799	0.5234	0.7252
	每股净资产(元)	6.4002	6.6442	6.6842	6.4103
	每股经营现金净流量(元)	0.8695	2.0091	1.4404	1.5424
	每股现金流量(元)	-0.3650	1.2342	1.3434	0.1011
	每股资本公积金(元)	2.8388	2.8388	2.8386	2.8386
	每股盈余公积金(元)	0.3019	0.2730	0.2204	0.2204
	每股未分配利润(元)	2.2594	2.5325	2.6286	2.3552
	净资产收益率(%)	7.5896	14.7486	7.8308	11.3135
	加权净资产收益率(%)	7.0500	14.2000	7.8500	11.6500
	净资产收益率(扣除)(%)	6.4623	13.9161	7.7772	10.9390
	总资产(万元)	545659.63	509043.46	460216.82	425595.77
	归属母公司股东权益(万元)	281607.81	292344.73	294105.14	282051.86
	营业收入(万元)	306583.29	495951.21	237992.20	419221.97
	营业支出(万元)	218517.40	330906.69	156406.62	289259.99
	投资收益(万元)	-3920.20	2498.35	1298.61	2324.19
	净利润(万元)	21329.49	43031.29	22996.19	31902.90
	营业利润(万元)	21903.07	49530.33	26679.61	36381.14
	利润总额(万元)	25447.30	51913.31	27582.66	37886.34

广州杰赛科技股份有限公司

公司概况	公司名称	广州杰赛科技股份有限公司		证券简称	杰赛科技
	法人代表	韩玉辉	董秘 叶桂梁	证券代码	002544
	公司网址	www.chinagci.com		电子信箱	IR@chinagci.com
	电　话	020-84118343		传　真	020-84119246
	办公地址	广东省广州市新港中路 381 号杰赛科技大楼			
	经营范围	面向信息网络建设提供综合解决方案服务及相关信息网络产品			

主要财务指标	指标\报告期	2017.06.30	2016.12.31	2016.06.30	2015.12.31
	基本每股收益(元)	0.0399	0.2100	0.0317	0.2081
	基本每股收益(扣除后)(元)	0.0285	0.1500	0.0317	0.1800
	稀释每股收益(元)	0.0399	0.2100	0.0317	0.2081
	每股净资产(元)	2.5741	2.5665	2.3912	2.3820
	每股经营现金净流量(元)	-0.9863	0.1214	-1.2151	0.0969
	每股现金流量(元)	-0.6222	0.0422	-0.8172	-0.0473
	每股资本公积金(元)	0.4184	0.4184	0.4199	0.4199
	每股盈余公积金(元)	0.1633	0.1633	0.1464	0.1464
	每股未分配利润(元)	1.0126	1.0027	0.8449	0.8433
	净资产收益率(%)	1.5493	8.0417	1.3237	8.7347
	加权净资产收益率(%)	1.5400	8.3100	1.3300	9.0900
	净资产收益率(扣除)(%)	1.1077	5.8481	1.1691	7.6950
	总资产(万元)	375426.56	379706.17	330477.28	351293.69
	归属母公司股东权益(万元)	132759.47	132367.87	123328.41	122853.11
	营业收入(万元)	135068.20	269611.49	112179.91	229377.75
	营业支出(万元)	111449.09	221121.15	90649.90	184779.44
	投资收益(万元)	35.57	-18.73	-	-
	净利润(万元)	1945.72	10513.79	1529.85	10758.82
	营业利润(万元)	1220.97	8508.52	1428.81	10039.96
	利润总额(万元)	2048.85	12220.61	1665.38	11610.14

青岛东方铁塔股份有限公司

公司概况	公司名称	青岛东方铁塔股份有限公司		证券简称	东方铁塔
	法人代表	韩方如	董秘 何良军	证券代码	002545
	公司网址	www.qddftt.cn		电子信箱	stock@qddftt.cn
	电　话	0532-88056092		传　真	0532-82292646
	办公地址	山东省青岛胶州市广州北路 318 号			
	经营范围	广播电视塔、微波塔、电力塔、导航塔、钢管、公用天线及钢结构设计制造			

主要财务指标	指标\报告期	2017.06.30	2016.12.31	2016.06.30	2015.12.31
	基本每股收益(元)	0.0561	0.1569	0.0744	0.0774
	基本每股收益(扣除后)(元)	0.0559	0.1555	0.0735	0.0752
	稀释每股收益(元)	0.0561	0.1569	0.0744	0.0774
	每股净资产(元)	5.2874	5.2049	3.3089	3.2803
	每股经营现金净流量(元)	0.0276	0.3222	0.3787	0.3073
	每股现金流量(元)	0.0513	-0.0025	-0.0551	-0.0130
	每股资本公积金(元)	3.4501	3.4501	1.2910	1.2910
	每股盈余公积金(元)	0.1048	0.1048	0.1659	0.1659
	每股未分配利润(元)	0.5414	0.5053	0.7625	0.7480
	净资产收益率(%)	1.0607	1.9921	2.2494	2.3610
	加权净资产收益率(%)	1.0700	4.0800	2.2400	2.1500
	净资产收益率(扣除)(%)	1.0580	1.9746	2.2222	2.2925
	总资产(万元)	1092527.83	1079895.78	403986.86	406188.28
	归属母公司股东权益(万元)	696037.15	685175.61	258345.37	256107.65
	营业收入(万元)	84405.75	165777.36	69140.02	118653.29
	营业支出(万元)	58635.43	125670.55	53050.76	93282.93
	投资收益(万元)	3309.92	3844.90	3078.66	4767.70
	净利润(万元)	7311.71	13694.12	5877.72	6034.21
	营业利润(万元)	9703.45	15590.47	6304.14	6004.64
	利润总额(万元)	9725.34	15676.25	6398.51	6279.62

南京新联电子股份有限公司

公司概况	公司名称	南京新联电子股份有限公司		证券简称	新联电子
	法人代表	胡敏	董秘 朱忠明	证券代码	002546
	公司网址	www.xldz.com		电子信箱	zzm@njxldz.com
	电　话	025-83699366		传　真	025-69691747
	办公地址	江苏省南京市江宁经济开发区西门子路 39 号			
	经营范围	用电信息采集系统及设备的研发、生产和销售			

主要财务指标	指标\报告期	2017.06.30	2016.12.31	2016.06.30	2015.12.31
	基本每股收益(元)	0.0600	0.1100	0.0700	0.6200
	基本每股收益(扣除后)(元)	0.0340	0.0900	0.0600	0.5800
	稀释每股收益(元)	0.0600	0.1100	0.0700	0.6200
	每股净资产(元)	3.3277	3.2794	3.2321	5.5492
	每股经营现金净流量(元)	0.0695	0.1222	-0.0081	0.5118
	每股现金流量(元)	-1.7740	1.1125	-0.2809	1.7760
	每股资本公积金(元)	1.4588	1.4588	1.4581	1.8913
	每股盈余公积金(元)	0.1158	0.1158	0.0965	0.3188
	每股未分配利润(元)	0.7530	0.7047	0.6774	2.3391
	净资产收益率(%)	1.7838	3.2968	1.9050	11.1874
	加权净资产收益率(%)	1.7900	3.9800	2.6900	11.5700
	净资产收益率(扣除)(%)	1.0111	2.6036	1.7488	10.5068
	总资产(万元)	323676.22	317622.48	317647.30	184841.46
	归属母公司股东权益(万元)	277547.54	273513.99	269572.67	139839.08
	营业收入(万元)	24762.44	58396.55	31273.36	77701.02
	营业支出(万元)	15764.82	35718.81	18782.45	46168.69
	投资收益(万元)	2323.60	2333.20	399.23	924.00
	净利润(万元)	4952.83	9628.01	5261.40	16362.04
	营业利润(万元)	5548.68	9893.22	5676.48	17005.05
	利润总额(万元)	5725.20	11077.60	6264.77	18604.57

苏州春兴精工股份有限公司

公司概况					
公司名称	苏州春兴精工股份有限公司			证券简称	春兴精工
法人代表	孙洁晓	董秘	蒋威	证券代码	002547
公司网址	www.chunxing-group.com		电子信箱	cxjg@chunxing-group.com	
电　话	0512-62625328　62625319		传　真	0512-62625328	
办公地址	江苏省苏州市工业园区唯亭镇金陵东路120号				
经营范围	通讯系统设备以及汽车用精密铸件及各类精密部件的制造、销售及服务等				

主要财务指标 指标\报告期	2017.06.30	2016.12.31	2016.06.30	2015.12.31
基本每股收益(元)	0.0500	0.1600	0.0900	0.1800
基本每股收益(扣除后)(元)	0.0400	0.1400	0.0900	0.1700
稀释每股收益(元)	0.0500	0.1600	0.0900	0.1800
每股净资产(元)	2.7433	1.9948	1.9212	1.8502
每股经营现金净流量(元)	-0.1169	0.3279	0.1139	0.1544
每股现金流量(元)	0.1282	0.1975	-0.0739	-0.4932
每股资本公积金(元)	1.2766	0.4667	0.4667	0.4667
每股盈余公积金(元)	0.0326	0.0364	0.0234	0.0234
每股未分配利润(元)	0.4311	0.4887	0.4313	0.3602
净资产收益率(%)	1.5546	8.0969	4.7432	9.6756
加权净资产收益率(%)	1.4000	8.4200	4.8100	10.1300
净资产收益率(扣除)(%)	1.3454	6.8148	4.6671	9.0553
总资产(万元)	742995.71	544206.24	388980.58	351213.17
归属母公司股东权益(万元)	309458.66	201871.77	194424.43	187241.07
营业收入(万元)	146944.56	253585.65	120321.48	211774.92
营业支出(万元)	118771.76	200139.15	95405.79	159587.37
投资收益(万元)	1037.83	1882.55	651.20	1434.50
净利润(万元)	4924.54	17058.93	9226.92	18309.18
营业利润(万元)	6108.54	20152.77	10910.90	22372.07
利润总额(万元)	6251.18	21019.87	10973.64	22165.79

深圳市金新农科技股份有限公司

公司概况					
公司名称	深圳市金新农科技股份有限公司			证券简称	金新农
法人代表	陈俊海	董秘	翟卫兵	证券代码	002548
公司网址	www.chengnong.com		电子信箱	jxnfeed@163.com	
电　话	0755-29420820　27166108		传　真	0755-27166396	
办公地址	广东省深圳市宝安区光明新区光明街道光电北路18号金新农大厦				
经营范围	生产、销售预混饲料、浓缩饲料、饲料、饲料添加剂等				

主要财务指标 指标\报告期	2017.06.30	2016.12.31	2016.06.30	2015.12.31
基本每股收益(元)	0.1666	0.4200	0.2200	0.3300
基本每股收益(扣除后)(元)	0.1634	0.3400	0.2000	0.3100
稀释每股收益(元)	0.1666	0.4200	0.2200	0.3300
每股净资产(元)	4.3506	4.3300	4.1158	4.0413
每股经营现金净流量(元)	0.0812	-0.1278	-0.4935	0.7454
每股现金流量(元)	0.3562	-1.0076	-0.5940	1.6034
每股资本公积金(元)	2.3604	2.3602	2.3466	2.3391
每股盈余公积金(元)	0.1283	0.1283	0.0813	0.0813
每股未分配利润(元)	0.8620	0.8453	0.6879	0.6209
净资产收益率(%)	3.8296	9.6229	5.2505	6.6868
加权净资产收益率(%)	3.7900	9.9600	5.2400	12.3100
净资产收益率(扣除)(%)	3.7559	7.8732	4.9177	6.1736
总资产(万元)	358403.17	340801.60	273909.55	244337.59
归属母公司股东权益(万元)	165689.50	165047.10	157705.95	154852.83
营业收入(万元)	148944.25	276285.82	117115.00	250485.32
营业支出(万元)	119014.96	234731.29	96333.95	215338.84
投资收益(万元)	2128.56	11390.57	4878.83	2022.46
净利润(万元)	9616.17	17426.48	9306.10	10751.37
营业利润(万元)	9876.16	18861.04	10046.60	13190.91
利润总额(万元)	10239.48	19070.80	10271.71	13289.48

湖南凯美特气体股份有限公司

公司概况					
公司名称	湖南凯美特气体股份有限公司			证券简称	凯美特气
法人代表	祝恩福	董秘	张伟	证券代码	002549
公司网址	www.china-kmt.cn		电子信箱	zqb@china-kmt.cn	
电　话	0730-8553359		传　真	0730-8551458	
办公地址	湖南省岳阳市岳阳楼区七里山(巴陵石化化肥事业部西门)				
经营范围	干冰、液体二氧化碳、食品添加剂液体二氧化碳等				

主要财务指标 指标\报告期	2017.06.30	2016.12.31	2016.06.30	2015.12.31
基本每股收益(元)	0.0212	0.0300	0.0095	-0.0800
基本每股收益(扣除后)(元)	0.0183	0.0300	-	-0.0900
稀释每股收益(元)	0.0212	0.0300	0.0095	-0.0800
每股净资产(元)	1.5749	1.5513	1.5272	1.5160
每股经营现金净流量(元)	0.0950	0.1467	0.0654	0.1510
每股现金流量(元)	0.0734	-0.1234	-0.1816	0.0760
每股资本公积金(元)	0.1742	0.1742	0.1742	0.1742
每股盈余公积金(元)	0.0576	0.0576	0.0499	0.0499
每股未分配利润(元)	0.3381	0.3148	0.2947	0.2852
净资产收益率(%)	1.4794	2.3978	0.6210	-5.2951
加权净资产收益率(%)	1.4900	2.4300	0.6200	-5.6600
净资产收益率(扣除)(%)	1.2785	1.8300	0.3181	-5.8310
总资产(万元)	113309.00	115687.56	116651.44	119608.77
归属母公司股东权益(万元)	89297.34	87960.21	86590.87	85958.85
营业收入(万元)	17629.92	27004.79	11772.99	15183.97
营业支出(万元)	10389.13	15316.56	6715.40	12319.48
投资收益(万元)	--	16.72	8.48	24.25
净利润(万元)	1383.62	2107.63	516.82	-4552.94
营业利润(万元)	1302.72	751.62	104.04	-6812.30
利润总额(万元)	1533.17	2428.49	900.11	-5187.39

常州千红生化制药股份有限公司

公司概况					
公司名称	常州千红生化制药股份有限公司			证券简称	千红制药
法人代表	王耀方	董秘	蒋文群	证券代码	002550
公司网址	www.qhsh.com.cn		电子信箱	stock@qhsh.com.cn	
电　话	0519-85156003		传　真	0519-85156029	
办公地址	江苏省常州市新北区长江中路90号				
经营范围	片剂、硬胶囊剂、颗粒剂、原料药、冻干粉、冻干粉针剂等				

主要财务指标 指标\报告期	2017.06.30	2016.12.31	2016.06.30	2015.12.31
基本每股收益(元)	0.1128	0.1800	0.1116	0.4200
基本每股收益(扣除后)(元)	0.0760	0.1000	0.0746	0.2700
稀释每股收益(元)	0.1128	0.1800	0.1116	0.4200
每股净资产(元)	1.8732	1.8755	1.8133	3.5534
每股经营现金净流量(元)	0.0006	0.1727	0.1257	0.4477
每股现金流量(元)	-0.0338	-0.0157	0.0272	0.0329
每股资本公积金(元)	0.0505	0.0505	0.0520	1.1041
每股盈余公积金(元)	0.1266	0.1266	0.1091	0.2183
每股未分配利润(元)	0.7313	0.6984	0.6521	1.2311
净资产收益率(%)	6.0056	9.3501	6.1547	11.7471
加权净资产收益率(%)	6.0000	9.6300	6.1300	12.2600
净资产收益率(扣除)(%)	4.0482	5.1978	4.1115	7.7155
总资产(万元)	297282.31	303387.53	284571.43	283313.77
归属母公司股东权益(万元)	239772.44	240062.34	232103.84	227418.65
营业收入(万元)	51696.78	77638.90	36233.97	75705.11
营业支出(万元)	25087.86	27403.55	13381.49	24836.96
投资收益(万元)	--	25.57	25.85	40.79
净利润(万元)	14162.31	22468.35	14015.22	26229.20
营业利润(万元)	17357.19	26095.46	16884.70	29858.05
利润总额(万元)	17406.23	26454.00	16909.78	30298.92

深圳市尚荣医疗股份有限公司

公司概况	公司名称	深圳市尚荣医疗股份有限公司		证券简称	尚荣医疗
	法人代表	梁桂秋	董秘 林立	证券代码	002551
	公司网址	www.glory-medical.com.cn		电子信箱	gen@glory-medical.com.cn
	电　话	0755-82290988		传　真	0755-89926159
	办公地址	广东省深圳市龙岗区宝龙工业城宝龙五路二号尚荣科技工业园1号厂房2楼			
	经营范围	医疗设备及医疗系统工程、医疗设施的设计、生产、销售和安装等			

主要财务指标	指标\报告期	2017.06.30	2016.12.31	2016.06.30	2015.12.31
	基本每股收益(元)	0.1400	0.2600	0.1900	0.3100
	基本每股收益(扣除后)(元)	0.1400	0.2300	0.1900	0.3000
	稀释每股收益(元)	0.1400	0.2600	0.1900	0.3100
	每股净资产(元)	2.7310	3.9727	3.9264	3.3461
	每股经营现金净流量(元)	0.1312	0.6337	-0.0836	0.4997
	每股现金流量(元)	-0.0184	0.2585	0.2490	-0.4313
	每股资本公积金(元)	1.3185	1.8345	1.8494	1.4439
	每股盈余公积金(元)	0.0728	0.0726	0.0721	0.0736
	每股未分配利润(元)	1.2358	1.1185	1.0876	0.9178
	净资产收益率(%)	5.2466	6.4707	4.7726	9.3359
	加权净资产收益率(%)	5.2600	7.2000	5.5500	9.9100
	净资产收益率(扣除)(%)	5.0690	5.8260	4.8098	9.0754
	总资产(万元)	404485.27	405818.50	315858.02	291485.44
	归属母公司股东权益(万元)	181641.88	176415.13	174360.03	145739.09
	营业收入(万元)	101595.97	194604.99	85045.91	166631.95
	营业支出(万元)	76373.29	147105.92	59943.30	121590.60
	投资收益(万元)	250.82	551.22	-	646.56
	净利润(万元)	10325.19	13632.36	9206.13	15507.47
	营业利润(万元)	11973.48	15438.20	10338.78	18150.51
	利润总额(万元)	12459.59	16215.22	10601.69	18601.00

宝鼎科技股份有限公司

公司概况	公司名称	宝鼎科技股份有限公司		证券简称	宝鼎科技
	法人代表	朱宝松	董秘 马韬	证券代码	002552
	公司网址	www.baoding-tech.com		电子信箱	mat@baoding-tech.com
	电　话	0571-86319217		传　真	0571-86319217
	办公地址	浙江省杭州市余杭区塘栖镇工业园区内			
	经营范围	大型铸锻件的研发、生产和销售等			

主要财务指标	指标\报告期	2017.06.30	2016.12.31	2016.06.30	2015.12.31
	基本每股收益(元)	-0.0300	-0.5600	-0.0800	0.0100
	基本每股收益(扣除后)(元)	-0.0500	-0.5600	-0.0900	-0.0100
	稀释每股收益(元)	-0.0300	-0.5600	-0.0800	0.0100
	每股净资产(元)	2.3599	2.3874	2.5994	2.6935
	每股经营现金净流量(元)	0.0424	0.3106	0.1257	0.1230
	每股现金流量(元)	0.2760	-0.0100	-0.0651	0.0415
	每股资本公积金(元)	1.1344	1.1344	1.1344	1.1344
	每股盈余公积金(元)	0.0876	0.0876	0.0876	0.0876
	每股未分配利润(元)	-0.1222	-0.0947	0.3774	0.4715
	净资产收益率(%)	-1.1644	-23.2950	-3.2348	0.5313
	加权净资产收益率(%)	-1.1600	-23.0900	-3.1800	0.5300
	净资产收益率(扣除)(%)	-1.9585	-23.5807	-3.6319	-0.4718
	总资产(万元)	122272.49	115300.50	118670.84	126623.71
	归属母公司股东权益(万元)	70797.69	71622.04	77982.42	80805.03
	营业收入(万元)	11234.88	18020.04	9686.37	32399.06
	营业支出(万元)	9296.88	16974.44	9082.14	26389.40
	投资收益(万元)	-13.59	-539.19	-279.18	-225.11
	净利润(万元)	-826.33	-16692.08	-2527.02	424.40
	营业利润(万元)	-1394.59	-17036.03	-2871.22	-629.65
	利润总额(万元)	-832.36	-16814.74	-2514.82	327.73

江苏南方轴承股份有限公司

公司概况	公司名称	江苏南方轴承股份有限公司		证券简称	南方轴承
	法人代表	史建伟	董秘 顾君黎	证券代码	002553
	公司网址	www.nf-bearings.com		电子信箱	weidong.cai@nf-bearings.com
	电　话	0519-67893573		传　真	0519-89810195
	办公地址	江苏省常州市武进高新技术开发区龙翔路9号			
	经营范围	滚针轴承、离合器、齿轮、滑轮总成、机械零部件、汽车零部件等			

主要财务指标	指标\报告期	2017.06.30	2016.12.31	2016.06.30	2015.12.31
	基本每股收益(元)	0.1268	0.2077	0.1148	0.1874
	基本每股收益(扣除后)(元)	0.1156	0.1566	0.0872	0.1502
	稀释每股收益(元)	0.1268	0.2077	0.1148	0.1874
	每股净资产(元)	1.9178	1.9910	1.8981	1.8833
	每股经营现金净流量(元)	0.1251	0.2002	0.0985	0.1843
	每股现金流量(元)	-0.0555	0.0096	0.0498	-0.2591
	每股资本公积金(元)	0.1624	0.1624	0.1624	0.1624
	每股盈余公积金(元)	0.1217	0.1217	0.1008	0.1008
	每股未分配利润(元)	0.6337	0.7069	0.6349	0.6201
	净资产收益率(%)	6.6116	10.4318	6.0480	9.9515
	加权净资产收益率(%)	6.4900	10.7200	5.9700	10.2300
	净资产收益率(扣除)(%)	6.0284	7.8653	4.5965	7.9774
	总资产(万元)	73290.74	75284.32	71469.23	70976.77
	归属母公司股东权益(万元)	66740.71	69287.87	66055.10	65540.09
	营业收入(万元)	19216.05	32003.64	15270.03	30215.68
	营业支出(万元)	11241.61	19893.73	9437.02	19674.17
	投资收益(万元)	494.25	1908.55	1044.67	1493.50
	净利润(万元)	4412.62	7228.00	3995.02	6522.22
	营业利润(万元)	5329.43	8349.87	4568.04	7598.42
	利润总额(万元)	5154.04	8429.35	4651.38	7699.10

华油惠博普科技股份有限公司

公司概况	公司名称	华油惠博普科技股份有限公司		证券简称	惠博普
	法人代表	黄松	董秘 张中炜	证券代码	002554
	公司网址	www.china-hbp.com		电子信箱	securities@china-hbp.com
	电　话	010-82809807		传　真	010-82809807
	办公地址	北京市海淀区马甸东路17号11层1212			
	经营范围	油气田开发地面系统装备的工艺技术研发、系统设计等			

主要财务指标	指标\报告期	2017.06.30	2016.12.31	2016.06.30	2015.12.31
	基本每股收益(元)	0.0500	0.1300	0.0700	0.3200
	基本每股收益(扣除后)(元)	0.0900	0.1300	0.0600	0.3200
	稀释每股收益(元)	0.0500	0.1200	0.0700	0.3200
	每股净资产(元)	2.0844	2.0100	1.9199	3.8915
	每股经营现金净流量(元)	0.1707	0.0125	-0.0929	0.0297
	每股现金流量(元)	0.0343	0.2677	0.1964	0.2208
	每股资本公积金(元)	0.4879	0.4883	0.4770	1.9540
	每股盈余公积金(元)	0.0518	0.0518	0.0462	0.0924
	每股未分配利润(元)	0.5756	0.5213	0.4744	1.0102
	净资产收益率(%)	2.5650	6.0880	3.6104	7.7480
	加权净资产收益率(%)	2.6300	6.2500	3.3100	8.3300
	净资产收益率(扣除)(%)	4.2142	6.0238	3.5924	7.6401
	总资产(万元)	460904.47	457691.24	356164.74	322512.48
	归属母公司股东权益(万元)	223195.03	215222.74	205664.77	208436.43
	营业收入(万元)	85363.05	105003.67	51149.19	135905.04
	营业支出(万元)	64010.85	74016.63	32297.43	92030.93
	投资收益(万元)	4077.05	6194.13	-10.94	-41.80
	净利润(万元)	5849.02	13306.47	7508.97	17166.92
	营业利润(万元)	5285.01	14655.78	7995.30	20604.33
	利润总额(万元)	5188.81	14426.61	8325.18	20994.39

芜湖顺荣三七互娱网络科技股份有限公司

公司概况						
公司名称	芜湖顺荣三七互娱网络科技股份有限公司			证券简称	三七互娱	
法人代表	李卫伟	董秘	叶威	证券代码	002555	
公司网址	www.37.com		电子信箱	ir@37.com		
电　话	0553-7653737		传　真	0553-7653737		
办公地址	安徽省芜湖市鸠江区瑞祥路88号皖江财富广场A1座11楼					
经营范围	多层汽车塑料燃油箱的研制、生产和销售业务					

主要财务指标 指标\报告期	2017.06.30	2016.12.31	2016.06.30	2015.12.31
基本每股收益(元)	0.4070	0.5130	0.2330	0.5800
基本每股收益(扣除后)(元)	0.3630	0.4850	0.2160	0.5100
稀释每股收益(元)	0.4070	0.5130	0.2330	0.5800
每股净资产(元)	2.9831	2.1698	1.8886	3.4184
每股经营现金净流量(元)	0.5261	0.5046	0.2201	1.2327
每股现金流量(元)	0.3606	-0.1375	-0.1925	0.5817
每股资本公积金(元)	0.9362	0.4482	0.4477	2.2523
每股盈余公积金(元)	0.0448	0.0448	0.0168	0.0400
每股未分配利润(元)	0.9860	0.6780	0.4259	0.5770
净资产收益率(%)	13.6764	23.6570	12.3436	14.2006
加权净资产收益率(%)	17.1800	26.5600	12.8400	17.5800
净资产收益率(扣除)(%)	12.2003	22.3440	11.4217	12.6026
总资产(万元)	878108.34	638621.60	546027.92	462331.08
归属母公司股东权益(万元)	621908.99	452366.53	393724.68	356335.51
营业收入(万元)	307942.89	524789.37	242861.07	465678.73
营业支出(万元)	97896.84	194128.68	99268.59	189592.03
投资收益(万元)	20936.90	5466.85	2657.18	509.46
净利润(万元)	95168.17	121666.86	53845.31	92173.71
营业利润(万元)	101495.21	116488.51	51805.87	80889.60
利润总额(万元)	101657.10	131877.16	60086.11	93291.15

安徽辉隆农资集团股份有限公司

公司概况						
公司名称	安徽辉隆农资集团股份有限公司			证券简称	辉隆股份	
法人代表	李永东	董秘	邓顶亮	证券代码	002556	
公司网址	www.ahamp.com		电子信箱	zqb@ahamp.com		
电　话	0551-2634360		传　真	0551-2655720		
办公地址	安徽省合肥市蜀山区祁门路1777号					
经营范围	农业生产资料、农机具、农用薄膜、化工原料及产品					

主要财务指标 指标\报告期	2017.06.30	2016.12.31	2016.06.30	2015.12.31
基本每股收益(元)	0.1271	0.1430	0.1811	0.3562
基本每股收益(扣除后)(元)	0.0856	0.0601	0.1432	0.1580
稀释每股收益(元)	0.1271	0.1430	0.1811	0.3562
每股净资产(元)	3.1978	3.0743	4.6722	4.4928
每股经营现金净流量(元)	-0.2402	-0.2164	0.0168	1.3183
每股现金流量(元)	0.2821	-0.1661	0.1461	0.8174
每股资本公积金(元)	1.1212	1.1212	2.1835	2.1885
每股盈余公积金(元)	0.1165	0.1165	0.1686	0.1686
每股未分配利润(元)	0.9519	0.8248	1.3099	1.1288
净资产收益率(%)	3.9760	4.6507	3.8768	7.9277
加权净资产收益率(%)	4.0500	4.7100	3.9500	8.1500
净资产收益率(扣除)(%)	2.6771	1.9553	3.0647	3.5117
总资产(万元)	724887.20	686664.04	602055.31	594029.02
归属母公司股东权益(万元)	229471.19	220615.06	223516.67	214933.77
营业收入(万元)	723889.24	884766.88	431272.15	981779.10
营业支出(万元)	689419.08	839165.25	410410.21	923751.82
投资收益(万元)	5966.31	14633.64	7539.60	20708.90
净利润(万元)	10125.66	11048.24	9186.77	19459.90
营业利润(万元)	11029.39	7516.84	9419.78	19698.60
利润总额(万元)	12586.23	12307.39	10499.59	24449.86

洽洽食品股份有限公司

公司概况						
公司名称	洽洽食品股份有限公司			证券简称	洽洽食品	
法人代表	陈先保	董秘	陈俊	证券代码	002557	
公司网址	www.qiaqiafood.com		电子信箱	qiaqia@qiaqiafood.com		
电　话	0551-2227008		传　真	0551-62586500*7040		
办公地址	安徽省合肥市经济技术开发区莲花路1307号					
经营范围	坚果炒货食品的生产和销售等					

主要财务指标 指标\报告期	2017.06.30	2016.12.31	2016.06.30	2015.12.31
基本每股收益(元)	0.2930	0.7000	0.3400	0.7200
基本每股收益(扣除后)(元)	0.2010	0.5600	0.2700	0.5500
稀释每股收益(元)	0.2930	0.7000	0.3400	0.7200
每股净资产(元)	5.7086	5.8170	5.4713	5.6292
每股经营现金净流量(元)	0.4864	0.9317	1.1478	0.5261
每股现金流量(元)	0.1280	-0.0711	0.0278	-0.2413
每股资本公积金(元)	3.1209	3.1209	3.1320	3.1320
每股盈余公积金(元)	0.3628	0.3628	0.2947	0.2947
每股未分配利润(元)	1.2212	1.3283	1.0418	1.2006
净资产收益率(%)	5.1314	11.9933	6.2370	12.7519
加权净资产收益率(%)	4.9700	12.2600	5.9700	11.9400
净资产收益率(扣除)(%)	3.5243	9.6556	4.8765	9.7639
总资产(万元)	397355.46	422014.13	390972.19	458081.14
归属母公司股东权益(万元)	289426.50	294923.22	277396.33	285401.90
营业收入(万元)	160014.42	351301.18	165584.79	331137.26
营业支出(万元)	111439.51	242165.33	113357.51	223392.04
投资收益(万元)	1916.68	2737.57	1646.31	5729.11
净利润(万元)	14868.99	35903.57	17581.46	36515.36
营业利润(万元)	20345.77	43246.94	22602.89	44140.09
利润总额(万元)	20503.21	46986.84	24066.91	47424.62

巨人网络集团股份有限公司

公司概况						
公司名称	巨人网络集团股份有限公司			证券简称	巨人网络	
法人代表	刘伟	董秘	屈发兵	证券代码	002558	
公司网址	www.ga-me.com		电子信箱	ir@ztgame.com		
电　话	021-33979999		传　真	021-33979998		
办公地址	上海市松江区中辰路655号					
经营范围	计算机游戏软件的开发、销售					

主要财务指标 指标\报告期	2017.06.30	2016.12.31	2016.06.30	2015.12.31
基本每股收益(元)	0.3400	0.6800	1.0300	-0.5000
基本每股收益(扣除后)(元)	0.3300	0.6600	0.9700	-0.6800
稀释每股收益(元)	0.3400	0.6800	1.0300	-0.5000
每股净资产(元)	3.9127	4.4805	12.4184	8.8586
每股经营现金净流量(元)	0.4474	0.6743	0.6345	0.3349
每股现金流量(元)	0.4881	3.4226	9.1793	0.2242
每股资本公积金(元)	1.9512	2.5414	9.6255	6.1764
每股盈余公积金(元)	0.0430	0.0517	0.0145	0.1243
每股未分配利润(元)	1.1563	1.1743	2.6509	15.1417
净资产收益率(%)	8.8036	14.1421	7.1553	-5.6120
加权净资产收益率(%)	8.8200	20.5600	16.1800	-5.4900
净资产收益率(扣除)(%)	8.4967	13.6365	6.7043	-7.6335
总资产(万元)	921858.41	868271.63	779971.68	182304.29
归属母公司股东权益(万元)	792069.26	755856.66	698321.98	101515.45
营业收入(万元)	140291.54	232356.43	104999.74	45829.97
营业支出(万元)	25439.04	41272.23	17381.93	40434.57
投资收益(万元)	2151.84	-217.26	-320.39	-
净利润(万元)	73356.16	112733.41	52300.57	-3253.78
营业利润(万元)	80306.36	97732.14	46852.45	-4484.51
利润总额(万元)	78357.39	120154.46	58958.68	-3312.45

江苏亚威机床股份有限公司

公司概况					
公司名称	江苏亚威机床股份有限公司			证券简称	亚威股份
法人代表	冷志斌	董秘	谢彦森	证券代码	002559
公司网址	www.yawei.cc		电子信箱	ir@yawwei.cc	
电　话	0514-86880522		传　真	0514-86880505	
办公地址	江苏省扬州市江都区黄海南路仙城工业园				
经营范围	机床、机械设备、机床配件的制造、加工和销售				

主要财务指标：指标\报告期	2017.06.30	2016.12.31	2016.06.30	2015.12.31
基本每股收益(元)	0.1336	0.3154	0.1200	0.2100
基本每股收益(扣除后)(元)	0.1179	0.2001	0.0900	0.1700
稀释每股收益(元)	0.1323	0.3172	0.1200	0.2100
每股净资产(元)	4.1631	4.2110	3.9110	3.9337
每股经营现金净流量(元)	0.0931	0.3335	0.1077	0.5883
每股现金流量(元)	–0.2038	–0.1712	–0.5275	0.2563
每股资本公积金(元)	2.1530	2.1318	1.9070	1.9047
每股盈余公积金(元)	0.1793	0.1800	0.1541	0.1541
每股未分配利润(元)	0.9519	0.9997	0.8486	0.8734
净资产收益率(%)	3.1406	7.4661	3.1901	5.1080
加权净资产收益率(%)	3.0700	7.9800	3.1600	5.5700
净资产收益率(扣除)(%)	2.7704	4.7693	2.3567	4.2873
总资产(万元)	228123.08	217944.10	205195.99	203861.23
归属母公司股东权益(万元)	155285.53	156426.93	143195.08	144029.48
营业收入(万元)	63938.10	116924.52	53044.16	89330.49
营业支出(万元)	47696.21	86742.50	39987.23	66185.14
投资收益(万元)	225.52	171.16	28.05	–
净利润(万元)	4990.77	11601.75	4544.68	7283.33
营业利润(万元)	5598.30	8496.77	3854.34	6852.84
利润总额(万元)	6050.29	13575.69	5386.04	8468.01

河南通达电缆股份有限公司

公司概况					
公司名称	河南通达电缆股份有限公司			证券简称	通达股份
法人代表	史万福	董秘	张治中	证券代码	002560
公司网址	www.hntddl.com		电子信箱	hntddlzqb@163.com	
电　话	0379-65107666		传　真	0379-67512888	
办公地址	河南省洛阳市偃师市史家湾工业区				
经营范围	钢芯铝绞线的研发、生产和销售				

主要财务指标：指标\报告期	2017.06.30	2016.12.31	2016.06.30	2015.12.31
基本每股收益(元)	0.0200	0.2000	0.1000	0.4100
基本每股收益(扣除后)(元)	0.0200	0.1700	0.0800	0.3900
稀释每股收益(元)	0.0200	0.2000	0.1000	0.4100
每股净资产(元)	3.5400	3.5370	3.4015	9.9865
每股经营现金净流量(元)	–0.4840	–0.0347	–0.3976	0.1830
每股现金流量(元)	–0.4258	–0.2807	–0.2107	1.6521
每股资本公积金(元)	1.6423	1.6395	1.6223	6.8377
每股盈余公积金(元)	0.1080	0.1080	0.0913	0.2738
每股未分配利润(元)	0.8973	0.8764	0.8009	2.0996
净资产收益率(%)	0.5893	5.5135	2.9701	4.0663
加权净资产收益率(%)	0.5900	5.7100	3.0100	4.0900
净资产收益率(扣除)(%)	0.4426	4.6482	2.2491	3.7912
总资产(万元)	228463.14	258671.36	261686.30	232912.01
归属母公司股东权益(万元)	151914.89	151787.20	145647.29	142535.12
营业收入(万元)	72982.67	159274.10	64922.97	123953.92
营业支出(万元)	66788.81	137503.38	55145.88	109718.35
投资收益(万元)	101.46	187.62	121.49	464.41
净利润(万元)	963.16	8792.59	4370.83	6236.31
营业利润(万元)	1127.53	8126.91	3778.95	7201.35
利润总额(万元)	1143.68	9644.55	4979.62	7365.93

上海徐家汇商城股份有限公司

公司概况					
公司名称	上海徐家汇商城股份有限公司			证券简称	徐 家 汇
法人代表	喻月明	董秘	戴正坤	证券代码	002561
公司网址	www.xjh-sc.com		电子信箱	xjh@xjh-sc.com	
电　话	021-64269991 64269999		传　真	021-64269768	
办公地址	上海市徐汇区肇嘉浜路 1000 号 9 楼				
经营范围	百货、针纺织品、工艺美术品、劳防用品、日用杂货、五金交电等				

主要财务指标：指标\报告期	2017.06.30	2016.12.31	2016.06.30	2015.12.31
基本每股收益(元)	0.2800	0.5800	0.2900	0.6100
基本每股收益(扣除后)(元)	0.2500	0.5300	0.2700	0.5500
稀释每股收益(元)	0.2800	0.5800	0.2900	0.6100
每股净资产(元)	4.8725	4.9555	4.6612	4.7297
每股经营现金净流量(元)	0.1153	0.7792	0.2972	0.6526
每股现金流量(元)	–0.7311	0.4305	–0.0645	0.0740
每股资本公积金(元)	1.2592	1.2592	1.2592	1.2592
每股盈余公积金(元)	0.5000	0.5000	0.4768	0.4768
每股未分配利润(元)	2.1078	2.1913	1.9252	1.9938
净资产收益率(%)	5.6733	11.7199	6.2525	12.8725
加权净资产收益率(%)	5.4900	12.0700	6.0500	13.3900
净资产收益率(扣除)(%)	5.1698	10.7676	5.8434	11.5542
总资产(万元)	242783.37	256721.15	236819.77	241496.66
归属母公司股东权益(万元)	202578.80	206032.26	193794.85	196645.38
营业收入(万元)	104257.84	210059.12	102611.07	199568.09
营业支出(万元)	74275.44	148570.27	71900.57	138286.14
投资收益(万元)	1325.86	2780.46	1848.03	3062.45
净利润(万元)	12101.16	25243.09	12632.00	26354.33
营业利润(万元)	15939.98	32533.91	16487.56	34333.17
利润总额(万元)	16105.91	33351.20	16545.63	35037.94

兄弟科技股份有限公司

公司概况					
公司名称	兄弟科技股份有限公司			证券简称	兄弟科技
法人代表	钱志达	董秘	钱柳华	证券代码	002562
公司网址	www.brother.com.cn		电子信箱	stock@brother.com.cn	
电　话	0573-80703928		传　真	0573-87081001	
办公地址	浙江省海宁市海洲街道学林街 1 号				
经营范围	公司主要从事维生素和皮革化学品的研发、生产与销售等业务				

主要财务指标：指标\报告期	2017.06.30	2016.12.31	2016.06.30	2015.12.31
基本每股收益(元)	0.2900	0.3200	0.2500	0.3800
基本每股收益(扣除后)(元)	0.2900	0.2900	0.2100	0.3600
稀释每股收益(元)	0.2900	0.3100	0.2500	0.3800
每股净资产(元)	3.4508	3.2582	6.0669	6.1846
每股经营现金净流量(元)	–0.0292	0.2195	0.4620	0.8415
每股现金流量(元)	0.1919	–0.9759	–2.2627	1.8132
每股资本公积金(元)	1.5633	1.5573	4.0457	4.4141
每股盈余公积金(元)	0.0672	0.0673	0.1227	0.1227
每股未分配利润(元)	0.8856	0.7014	1.0434	0.7942
净资产收益率(%)	8.2681	9.5042	4.1061	4.9204
加权净资产收益率(%)	8.3900	9.8400	3.9300	8.9800
净资产收益率(扣除)(%)	7.9544	8.9223	3.3471	4.6251
总资产(万元)	239814.64	238204.80	219667.03	205907.41
归属母公司股东权益(万元)	186825.33	176414.97	163970.46	167151.63
营业收入(万元)	65367.71	106339.74	50825.55	90529.07
营业支出(万元)	33753.21	65841.67	35052.80	67382.94
投资收益(万元)	587.42	2063.73	1137.65	228.36
净利润(万元)	15446.85	19105.04	8644.81	10233.42
营业利润(万元)	18694.34	23803.48	10322.46	10996.45
利润总额(万元)	18693.27	22958.50	10457.86	11374.02

浙江森马服饰股份有限公司

公司概况	公司名称	浙江森马服饰股份有限公司			证券简称	森马服饰
	法人代表	邱光和	董秘	宗惠春	证券代码	002563
	公司网址	www.semirbiz.com		电子信箱	ir@semir.com	
	电　话	021-67288431		传　真	021-67288432	
	办公地址	上海市闵行区莲花南路 2689 号				
	经营范围	服饰设计与开发、外包生产、服饰营销和分销等				

主要财务指标	指标\报告期	2017.06.30	2016.12.31	2016.06.30	2015.12.31
	基本每股收益(元)	0.2000	0.5300	0.1900	0.5000
	基本每股收益(扣除后)(元)	0.1800	0.5000	0.1800	0.4700
	稀释每股收益(元)	0.2000	0.5300	0.1900	0.5000
	每股净资产(元)	3.5356	3.7096	3.3614	3.4275
	每股经营现金净流量(元)	0.1179	0.3182	-0.0416	0.3235
	每股现金流量(元)	-0.0585	-0.0444	-0.2497	-0.6460
	每股资本公积金(元)	0.9365	0.9442	0.9480	0.9485
	每股盈余公积金(元)	0.3283	0.3283	0.2745	0.2745
	每股未分配利润(元)	1.2774	1.4532	1.1674	1.2271
	净资产收益率(%)	5.6057	14.2750	5.6591	14.6093
	加权净资产收益率(%)	5.2000	14.9200	5.5300	15.4300
	净资产收益率(扣除)(%)	5.1716	13.3150	5.3766	13.7229
	总资产(万元)	1169068.64	1294805.51	1106212.05	1165455.18
	归属母公司股东权益(万元)	952443.08	999307.26	905751.36	923547.25
	营业收入(万元)	443308.54	1066716.57	387926.16	945444.92
	营业支出(万元)	265148.58	657489.92	239656.83	589366.51
	投资收益(万元)	3505.52	8668.06	3469.70	6431.84
	净利润(万元)	52869.08	140227.56	50696.12	134256.37
	营业利润(万元)	71451.09	186637.59	65784.60	179577.39
	利润总额(万元)	71177.79	187576.99	65659.85	180865.64

苏州天沃科技股份有限公司

公司概况	公司名称	苏州天沃科技股份有限公司			证券简称	天沃科技
	法人代表	陈玉忠	董秘	王煜	证券代码	002564
	公司网址	www.thvow.com		电子信箱	zhanghuaji@zhanghuaji.com	
	电　话	0512-58788351		传　真	0512-58788326	
	办公地址	江苏省张家港市金港镇长山村临江路 1 号				
	经营范围	石油化工、煤化工、化工、有色金属等领域压力容器、非标设备的设计、制造等				

主要财务指标	指标\报告期	2017.06.30	2016.12.31	2016.06.30	2015.12.31
	基本每股收益(元)	0.1230	-0.4100	-0.0322	0.0200
	基本每股收益(扣除后)(元)	0.1143	-0.4300	-0.0530	0.0100
	稀释每股收益(元)	0.1230	-0.4100	-0.0322	0.0200
	每股净资产(元)	3.5029	3.3601	3.7343	3.8864
	每股经营现金净流量(元)	-0.5221	0.3604	0.0803	0.1811
	每股现金流量(元)	-0.8846	0.0717	-0.4278	0.2334
	每股资本公积金(元)	1.9066	1.9315	1.9298	2.1145
	每股盈余公积金(元)	0.1072	0.1066	0.1040	0.1040
	每股未分配利润(元)	0.4813	0.3563	0.7335	0.7757
	净资产收益率(%)	3.5147	-12.0582	-0.8615	0.5355
	加权净资产收益率(%)	3.5800	-10.1500	-0.8500	0.5300
	净资产收益率(扣除)(%)	3.2665	-12.7288	-1.4202	0.1906
	总资产(万元)	1917607.94	1700483.55	683988.97	721456.07
	归属母公司股东权益(万元)	257730.19	248552.56	276228.74	292923.34
	营业收入(万元)	697775.25	119514.52	55116.42	196736.09
	营业支出(万元)	647117.47	97983.84	43276.21	151962.28
	投资收益(万元)	3745.41	-194.80	43.44	224.77
	净利润(万元)	14413.65	-30589.59	-2138.04	1061.42
	营业利润(万元)	16820.43	-36004.00	-4270.87	-244.35
	利润总额(万元)	17676.25	-34335.68	-2447.79	955.76

上海顺灏新材料科技股份有限公司

公司概况	公司名称	上海顺灏新材料科技股份有限公司			证券简称	顺灏股份
	法人代表	郭翥	董秘	陈洁敏	证券代码	002565
	公司网址	www.shunhaostock.com		电子信箱	investor@shunhaostock.com	
	电　话	021-66278702		传　真	021-66278702	
	办公地址	上海市普陀区真陈路 200 号				
	经营范围	真空镀铝纸、白卡纸、复膜纸、烟用丙纤丝束等产品的研发、生产和销售等				

主要财务指标	指标\报告期	2017.06.30	2016.12.31	2016.06.30	2015.12.31
	基本每股收益(元)	0.0200	0.1400	0.0600	0.2100
	基本每股收益(扣除后)(元)	0.0600	0.1500	0.0600	0.2000
	稀释每股收益(元)	0.0200	0.1400	0.0600	0.2100
	每股净资产(元)	3.1509	3.0491	2.5996	2.5357
	每股经营现金净流量(元)	-0.1003	0.0914	-0.1601	0.1579
	每股现金流量(元)	-0.0583	-0.0433	-0.0771	0.0261
	每股资本公积金(元)	1.0509	1.0509	0.8578	0.8578
	每股盈余公积金(元)	0.0987	0.0987	0.0869	0.0869
	每股未分配利润(元)	0.6864	0.6619	0.6843	0.6211
	净资产收益率(%)	0.7762	4.6947	2.4543	8.1218
	加权净资产收益率(%)	0.7900	5.2000	2.4800	8.4700
	净资产收益率(扣除)(%)	2.0445	4.8157	2.2780	7.8645
	总资产(万元)	369725.92	372117.49	344083.79	342903.06
	归属母公司股东权益(万元)	216613.44	209614.07	181109.50	176655.77
	营业收入(万元)	83905.84	187248.61	74131.98	185576.41
	营业支出(万元)	61198.12	134629.24	51137.33	134047.63
	投资收益(万元)	871.63	1421.04	791.05	1817.40
	净利润(万元)	1982.18	10560.91	4831.87	14597.06
	营业利润(万元)	6630.40	14275.05	6032.77	17928.89
	利润总额(万元)	3397.38	14029.12	6627.04	18597.87

吉林省集安益盛药业股份有限公司

公司概况	公司名称	吉林省集安益盛药业股份有限公司			证券简称	益盛药业
	法人代表	张益胜	董秘	丁富君	证券代码	002566
	公司网址	www.yisheng-pharm.com		电子信箱	yisheng@yisheng-pharm.com	
	电　话	0435-6236009 6236050		传　真	0435-6236009	
	办公地址	吉林省集安市文化东路 17-20 号				
	经营范围	中成药的研发、生产和销售等				

主要财务指标	指标\报告期	2017.06.30	2016.12.31	2016.06.30	2015.12.31
	基本每股收益(元)	0.0900	0.0399	0.0800	0.0300
	基本每股收益(扣除后)(元)	0.0800	-0.0122	0.0200	0.0030
	稀释每股收益(元)	0.0900	0.0399	0.0800	0.0300
	每股净资产(元)	5.3503	5.2602	5.2935	5.2115
	每股经营现金净流量(元)	0.3370	-0.0529	-0.0629	-0.9799
	每股现金流量(元)	-0.0470	-0.2475	-0.0295	-0.4542
	每股资本公积金(元)	2.5170	2.5157	2.5134	2.5068
	每股盈余公积金(元)	0.2835	0.2835	0.2677	0.2677
	每股未分配利润(元)	1.5498	1.4611	1.5124	1.4370
	净资产收益率(%)	1.6579	0.7579	1.4247	0.6326
	加权净资产收益率(%)	1.6700	0.7600	1.4400	0.6300
	净资产收益率(扣除)(%)	1.4785	-0.2317	0.4022	0.0484
	总资产(万元)	266129.84	267072.07	278640.28	263372.56
	归属母公司股东权益(万元)	177068.17	174087.45	175189.32	172473.91
	营业收入(万元)	49163.93	93901.26	44671.99	81959.81
	营业支出(万元)	11531.98	24909.99	11433.50	21739.65
	投资收益(万元)	--	20.00	19.26	172.09
	净利润(万元)	3923.93	1675.12	2624.00	1051.45
	营业利润(万元)	4407.12	804.34	1275.06	369.48
	利润总额(万元)	4912.29	3045.61	3493.52	1534.80

唐人神集团股份有限公司

公司概况	公司名称	唐人神集团股份有限公司		证券简称	唐人神
	法人代表	陶一山	董秘 孙双胜	证券代码	002567
	公司网址	www.trsgroup.com.cn		电子信箱	sn-fz@trsgroup.cn
	电　话	0731-28591247		传　真	0731-28591159
	办公地址	湖南省株洲市国家高新技术产业开发区栗雨工业园			
	经营范围	生产饲料、饲料添加剂、养殖畜禽种苗以及上述产品自销等			

主要财务指标	指标＼报告期	2017.06.30	2016.12.31	2016.06.30	2015.12.31
	基本每股收益(元)	0.1748	0.4080	0.1351	0.1920
	基本每股收益(扣除后)(元)	0.1707	0.3900	0.1254	0.1640
	稀释每股收益(元)	0.1748	0.4050	0.1351	0.1890
	每股净资产(元)	3.7413	5.1234	4.8508	4.8451
	每股经营现金净流量(元)	0.1518	0.7215	0.3587	0.9831
	每股现金流量(元)	0.0170	-0.5230	-0.6284	1.0971
	每股资本公积金(元)	1.6983	2.5444	2.5444	2.5444
	每股盈余公积金(元)	0.2491	0.4050	0.3532	0.3532
	每股未分配利润(元)	0.7926	1.1720	0.9513	0.9462
	净资产收益率(%)	4.5911	7.9554	2.7857	3.4231
	加权净资产收益率(%)	4.7900	7.8300	2.8300	3.8000
	净资产收益率(扣除)(%)	4.4849	7.6214	2.5846	2.9352
	总资产(万元)	550562.95	473320.62	397352.94	403116.30
	归属母公司股东权益(万元)	300011.51	252685.25	239238.46	238957.57
	营业收入(万元)	653050.61	1088092.35	460288.11	941266.15
	营业支出(万元)	589664.48	985019.16	413933.82	850291.10
	投资收益(万元)	-397.26	-1124.69	-713.82	-2696.22
	净利润(万元)	16944.12	25568.92	9817.85	15179.48
	营业利润(万元)	19030.58	29107.05	11687.22	18540.70
	利润总额(万元)	19248.15	29591.92	12053.32	21039.35

上海百润投资控股集团股份有限公司

公司概况	公司名称	上海百润投资控股集团股份有限公司		证券简称	百润股份
	法人代表	刘晓东	董秘 马良	证券代码	002568
	公司网址	www.bairun.net		电子信箱	Angela.geng@bairun.net
	电　话	021-58135000		传　真	021-58136000
	办公地址	上海市康桥工业区康桥东路558号			
	经营范围	香精香料的制造加工、香精香料化工原料及产品批发零售等			

主要财务指标	指标＼报告期	2017.06.30	2016.12.31	2016.06.30	2015.12.31
	基本每股收益(元)	0.0800	-0.1600	-0.1600	0.5600
	基本每股收益(扣除后)(元)	0.0600	-0.2200	-0.1900	-0.1000
	稀释每股收益(元)	0.0800	-0.1600	-0.1600	0.5600
	每股净资产(元)	1.8019	1.7180	0.9503	1.1120
	每股经营现金净流量(元)	0.0894	-0.2827	-0.2848	0.4278
	每股现金流量(元)	-0.3856	0.3174	-0.0704	-0.1868
	每股资本公积金(元)	1.0160	0.7681	-	-
	每股盈余公积金(元)	0.1168	0.1168	0.1169	0.1169
	每股未分配利润(元)	-0.0830	-0.1670	-0.1666	-0.0049
	净资产收益率(%)	4.6595	-9.1912	-17.0133	50.2042
	加权净资产收益率(%)	4.7700	-15.9300	-15.6800	46.2200
	净资产收益率(扣除)(%)	3.5519	-12.2460	-19.6124	-8.8720
	总资产(万元)	210468.56	245334.05	195909.60	181943.19
	归属母公司股东权益(万元)	167776.72	159959.24	85146.43	99632.68
	营业收入(万元)	51937.60	92542.25	41963.50	235119.77
	营业支出(万元)	15131.73	25153.84	10787.72	55638.68
	投资收益(万元)	—	—	-	-
	净利润(万元)	7817.48	-14702.19	-14486.25	50019.77
	营业利润(万元)	6814.06	-27222.42	-22085.55	62097.53
	利润总额(万元)	9287.54	-20775.69	-19137.32	65940.87

浙江步森服饰股份有限公司

公司概况	公司名称	浙江步森服饰股份有限公司		证券简称	步森股份
	法人代表	陈建飞	董秘 鲁丽娟	证券代码	002569
	公司网址	www.busen.cn		电子信箱	bsgf@busen-group.com
	电　话	0575-87480311		传　真	0575-87043967
	办公地址	浙江省诸暨市枫桥镇步森大道419号			
	经营范围	服装、服饰、针织品、皮革制品的生产、销售、经营进出口业务			

主要财务指标	指标＼报告期	2017.06.30	2016.12.31	2016.06.30	2015.12.31
	基本每股收益(元)	-0.2000	0.0500	-0.1600	0.0800
	基本每股收益(扣除后)(元)	-0.2200	-0.1600	-0.1600	-0.1700
	稀释每股收益(元)	-0.2000	0.0500	-0.1600	0.0800
	每股净资产(元)	3.5512	3.7510	3.5390	3.7038
	每股经营现金净流量(元)	-0.2093	0.0966	-0.0756	0.1965
	每股现金流量(元)	-0.5304	0.2784	-0.1308	-0.0302
	每股资本公积金(元)	2.2771	2.2771	2.2771	2.2771
	每股盈余公积金(元)	0.2242	0.2242	0.2044	0.2044
	每股未分配利润(元)	0.0498	0.2497	0.0575	0.2224
	净资产收益率(%)	-5.6269	1.2566	-4.6589	2.2184
	加权净资产收益率(%)	-5.4700	1.2600	-4.5500	2.2400
	净资产收益率(扣除)(%)	-6.2366	-4.2968	-4.6501	-4.6637
	总资产(万元)	65555.11	62728.12	63998.67	68455.36
	归属母公司股东权益(万元)	49719.76	52517.42	49549.02	51857.46
	营业收入(万元)	12723.70	36958.59	15194.78	40239.25
	营业支出(万元)	8085.10	24731.95	9698.05	24617.07
	投资收益(万元)	351.29	2908.98	-	-
	净利润(万元)	-2797.66	652.53	-2312.01	1137.12
	营业利润(万元)	-2746.74	1435.61	-2291.24	-2653.64
	利润总额(万元)	-2795.50	1956.47	-2309.32	1875.06

贝因美婴童食品股份有限公司

公司概况	公司名称	贝因美婴童食品股份有限公司		证券简称	贝因美
	法人代表	王振泰	董秘	证券代码	002570
	公司网址	www.beingmate.com		电子信箱	security@beingmate.com
	电　话	0571-28038959 28078488		传　真	0571-28077045
	办公地址	浙江省杭州市滨江区南环路3758号			
	经营范围	婴幼儿食品的研发、生产和销售等业务			

主要财务指标	指标＼报告期	2017.06.30	2016.12.31	2016.06.30	2015.12.31
	基本每股收益(元)	-0.3600	-0.7600	-0.2100	0.1000
	基本每股收益(扣除后)(元)	-0.3700	-0.7800	-0.2100	0.0300
	稀释每股收益(元)	-0.3600	-0.7600	-0.2100	0.1000
	每股净资产(元)	2.4646	2.8195	3.3727	3.5873
	每股经营现金净流量(元)	-0.2222	-0.4140	-0.2209	0.0284
	每股现金流量(元)	-0.2754	0.3629	0.3271	0.0042
	每股资本公积金(元)	1.1574	1.1574	1.1574	1.1574
	每股盈余公积金(元)	0.2484	0.2484	0.2484	0.2484
	每股未分配利润(元)	0.0602	0.4203	0.9743	1.1838
	净资产收益率(%)	-14.6089	-27.0787	-6.2118	2.8255
	加权净资产收益率(%)	-13.6300	-23.8300	-6.0200	2.8700
	净资产收益率(扣除)(%)	-15.0848	-27.7040	-6.0863	0.9702
	总资产(万元)	555107.24	600655.39	532195.21	532350.03
	归属母公司股东权益(万元)	252014.75	288295.06	344862.39	366806.19
	营业收入(万元)	128530.71	276449.71	136080.57	453381.61
	营业支出(万元)	51852.03	111508.98	53838.86	197013.91
	投资收益(万元)	-3746.10	-2229.12	165.91	902.07
	净利润(万元)	-36885.64	-77197.68	-26206.24	8947.31
	营业利润(万元)	-35377.46	-64629.29	-34043.94	7549.44
	利润总额(万元)	-35675.28	-62365.43	-34976.46	14394.05

安徽德力日用玻璃股份有限公司

公司概况	公司名称	安徽德力日用玻璃股份有限公司		证券简称	*ST德力
	法人代表	施卫东	董秘 俞乐	证券代码	002571
	公司网址	www.deliglass.com		电子信箱	yl@deliglass.com
	电　话	0550-6678809		传　真	0550-6678868
	办公地址	安徽省滁州市凤阳县工业园			
	经营范围	玻璃制品制造、销售、纸箱、塑料配件加工、销售等			

主要财务指标	指标\报告期	2017.06.30	2016.12.31	2016.06.30	2015.12.31
	基本每股收益(元)	0.0803	–0.1564	–0.0660	–0.1599
	基本每股收益(扣除后)(元)	–0.0382	–0.2733	–0.0681	–0.1723
	稀释每股收益(元)	0.0803	–0.1564	–0.0660	–0.1599
	每股净资产(元)	3.8296	3.7494	3.8101	3.8761
	每股经营现金净流量(元)	0.2796	0.3401	–0.0082	0.1268
	每股现金流量(元)	–0.2047	–0.1165	0.0754	–0.3736
	每股资本公积金(元)	2.3058	2.3058	2.3058	2.3058
	每股盈余公积金(元)	0.0952	0.0952	0.0952	0.0952
	每股未分配利润(元)	0.3990	0.3187	0.4091	0.4751
	净资产收益率(%)	2.0965	–4.1720	–1.7329	–4.1264
	加权净资产收益率(%)	2.1200	–4.1000	–1.7200	–4.0400
	净资产收益率(扣除)(%)	–0.9984	–7.2915	–1.7878	–4.4448
	总资产(万元)	193413.76	200558.50	220695.66	222875.57
	归属母公司股东权益(万元)	150103.18	146956.27	149336.02	151923.85
	营业收入(万元)	38081.49	87190.43	40449.32	85757.73
	营业支出(万元)	30217.28	72774.34	33938.26	67486.74
	投资收益(万元)	560.90	8100.84	845.49	551.29
	净利润(万元)	3148.78	–4904.99	–2588.65	–6273.49
	营业利润(万元)	–1602.85	–5517.53	–2476.61	–6838.59
	利润总额(万元)	4593.98	–4773.88	–2381.89	–6304.48

索菲亚家居股份有限公司

公司概况	公司名称	索菲亚家居股份有限公司		证券简称	索菲亚
	法人代表	江淦钧	董秘 潘雯姗	证券代码	002572
	公司网址	www.sfygroup.com		电子信箱	ningji@suofeiya.com.cn
	电　话	020-87533019		传　真	020-87579391
	办公地址	广东省广州市增城市新塘镇宁西工业园			
	经营范围	定制衣柜及其配套定制家具的研发、生产和销售等			

主要财务指标	指标\报告期	2017.06.30	2016.12.31	2016.06.30	2015.12.31
	基本每股收益(元)	0.3187	1.4800	0.4534	1.0400
	基本每股收益(扣除后)(元)	0.3050	1.4400	0.4485	1.0200
	稀释每股收益(元)	0.3187	1.4800	0.4534	1.0400
	每股净资产(元)	4.1795	8.4216	5.2408	5.2257
	每股经营现金净流量(元)	0.4508	2.5830	0.7063	1.8815
	每股现金流量(元)	--	0.7640	–0.4832	–0.0879
	每股资本公积金(元)	1.6026	4.2052	1.9254	1.9217
	每股盈余公积金(元)	0.1797	0.3593	0.2712	0.2712
	每股未分配利润(元)	1.3973	2.8572	2.0442	2.0907
	净资产收益率(%)	7.6245	17.0769	8.6522	19.9187
	加权净资产收益率(%)	7.4900	22.5500	8.6800	21.8500
	净资产收益率(扣除)(%)	7.2981	16.6680	8.5588	19.5464
	总资产(万元)	601881.34	533816.67	336246.35	315431.63
	归属母公司股东权益(万元)	385944.89	388838.58	231106.82	230444.05
	营业收入(万元)	248742.21	452996.43	166940.44	319573.87
	营业支出(万元)	158565.22	287358.25	107414.93	198775.52
	投资收益(万元)	1588.66	608.15	–9.76	391.63
	净利润(万元)	28658.33	63748.44	17834.05	45189.03
	营业利润(万元)	38794.11	82079.07	25890.42	59998.13
	利润总额(万元)	38834.32	83086.71	26005.61	60578.18

北京清新环境技术股份有限公司

公司概况	公司名称	北京清新环境技术股份有限公司		证券简称	清新环境
	法人代表	张根华	董秘 李其林	证券代码	002573
	公司网址	www.qingxin.com.cn		电子信箱	zhqb@qingxin.com.cn
	电　话	010-88146320		传　真	010-88146320
	办公地址	北京市海淀区西八里庄路69号人民政协报大厦10层			
	经营范围	燃煤电厂烟气脱硫装置的建造和运营等			

主要财务指标	指标\报告期	2017.06.30	2016.12.31	2016.06.30	2015.12.31
	基本每股收益(元)	0.2900	0.7000	0.2500	0.4800
	基本每股收益(扣除后)(元)	0.2900	0.6828	0.2500	0.4771
	稀释每股收益(元)	0.2900	0.7000	0.2500	0.4800
	每股净资产(元)	3.5826	3.3795	2.9293	2.7137
	每股经营现金净流量(元)	0.0454	0.0792	0.0246	0.0884
	每股现金流量(元)	–0.8974	0.7069	0.0365	–0.0020
	每股资本公积金(元)	0.7466	0.7390	0.6746	0.6616
	每股盈余公积金(元)	0.2111	0.2111	0.1373	0.1373
	每股未分配利润(元)	1.6215	1.4273	1.1169	0.9144
	净资产收益率(%)	8.2113	20.5192	8.6117	17.5437
	加权净资产收益率(%)	8.3400	23.2600	8.8800	19.5200
	净资产收益率(扣除)(%)	8.2148	20.2034	8.5709	17.5803
	总资产(万元)	1127780.00	1121620.11	899996.64	654143.83
	归属母公司股东权益(万元)	384479.25	362684.97	312147.90	289173.63
	营业收入(万元)	154944.52	339399.03	108630.83	226780.02
	营业支出(万元)	100757.13	212511.80	67004.41	138353.37
	投资收益(万元)	–191.24	–286.87	–238.77	–324.93
	净利润(万元)	32356.15	75263.10	27793.91	51760.03
	营业利润(万元)	33600.71	83323.46	30363.66	58050.53
	利润总额(万元)	37641.28	89096.94	31909.65	58663.93

浙江明牌珠宝股份有限公司

公司概况	公司名称	浙江明牌珠宝股份有限公司		证券简称	明牌珠宝
	法人代表	虞阿五	董秘 虞豪华	证券代码	002574
	公司网址	www.mingr.com		电子信箱	info@mingr.com
	电　话	0575-84025665 88407066		传　真	0575-84021062
	办公地址	浙江省绍兴市柯桥区柯桥街道镜水路1016号			
	经营范围	中高档珠宝首饰产品的设计、生产和销售			

主要财务指标	指标\报告期	2017.06.30	2016.12.31	2016.06.30	2015.12.31
	基本每股收益(元)	0.1100	0.0800	0.0800	0.1200
	基本每股收益(扣除后)(元)	0.0900	--	0.0400	0.0100
	稀释每股收益(元)	0.1100	0.0800	0.0800	0.1200
	每股净资产(元)	5.8744	5.8199	5.8140	5.7844
	每股经营现金净流量(元)	0.4701	0.4901	0.8629	0.6550
	每股现金流量(元)	0.2523	–0.3503	–0.3068	–0.2626
	每股资本公积金(元)	3.1269	3.1269	3.1264	3.1264
	每股盈余公积金(元)	0.1994	0.1994	0.1968	0.1968
	每股未分配利润(元)	1.5461	1.4904	1.4892	1.4602
	净资产收益率(%)	1.8000	1.4226	1.3592	2.0071
	加权净资产收益率(%)	1.8100	1.4300	1.3600	2.0100
	净资产收益率(扣除)(%)	1.4517	0.0003	0.7536	0.1999
	总资产(万元)	382511.63	492148.10	480181.37	495088.57
	归属母公司股东权益(万元)	310170.74	307288.48	306980.19	305415.26
	营业收入(万元)	187547.00	335037.42	196403.37	523965.63
	营业支出(万元)	167040.79	300660.18	177970.49	484032.25
	投资收益(万元)	7265.55	7725.47	3502.00	4804.04
	净利润(万元)	5571.83	4242.22	4114.42	5678.75
	营业利润(万元)	6208.17	3640.52	4639.49	8196.02
	利润总额(万元)	6191.13	4746.16	4842.52	8761.08

广东群兴玩具股份有限公司

公司概况					
公司名称	广东群兴玩具股份有限公司			证券简称	群兴玩具
法人代表	纪晓文	董秘	朱小艳	证券代码	002575
公司网址	www.qunxingtoys.com		电子信箱	info@qunxingtoys.com	
电　　话	010-66026866　0754-85505187		传　　真	010-66026766	
办公地址	北京市西城区西单大悦城写字楼 12 楼 1203B 会议室				
经营范围	电子电动玩具的研发设计、生产及销售业务				

主要财务指标	2017.06.30	2016.12.31	2016.06.30	2015.12.31
指标\报告期	2017.06.30	2016.12.31	2016.06.30	2015.12.31
基本每股收益(元)	-0.0216	0.0217	0.0190	0.0309
基本每股收益(扣除后)(元)	-0.0243	0.0015	0.0181	0.0260
稀释每股收益(元)	-0.0216	0.0217	0.0190	0.0309
每股净资产(元)	1.5290	1.5400	1.5390	1.5199
每股经营现金净流量(元)	0.0501	0.0904	0.0258	0.1709
每股现金流量(元)	-0.0700	0.0290	-0.0606	0.0773
每股资本公积金(元)	0.2611	0.2611	0.2611	0.2611
每股盈余公积金(元)	0.0496	0.0496	0.0457	0.0457
每股未分配利润(元)	0.2092	0.2308	0.2320	0.2130
净资产收益率(%)	-1.4111	1.4064	1.2364	2.0325
加权净资产收益率(%)	-1.4100	1.4200	1.2400	2.0400
净资产收益率(扣除)(%)	-1.5905	0.0965	1.1760	1.7105
总资产(万元)	91041.75	92507.35	94919.08	96182.37
归属母公司股东权益(万元)	90013.05	90760.71	90602.66	89477.31
营业收入(万元)	5393.58	25070.31	15709.25	31938.39
营业支出(万元)	5125.54	19357.25	12030.77	24945.23
投资收益(万元)	788.15	2346.88	548.16	975.58
净利润(万元)	-1270.18	1276.43	1120.19	1818.64
营业利润(万元)	-1350.15	1287.55	1169.97	1720.08
利润总额(万元)	-1236.03	1412.66	1234.36	2034.74

江苏通达动力科技股份有限公司

公司概况					
公司名称	江苏通达动力科技股份有限公司			证券简称	通达动力
法人代表	魏少军	董秘	王欣(代)	证券代码	002576
公司网址	www.tdchina.com		电子信箱	tongda@tdchina.com	
电　　话	0513-86213861		传　　真	0513-86213965	
办公地址	江苏省南通市通州区四安镇兴石路 58 号				
经营范围	电机定转子冲片和铁心的研发、生产、销售和服务等				

主要财务指标	2017.06.30	2016.12.31	2016.06.30	2015.12.31
指标\报告期	2017.06.30	2016.12.31	2016.06.30	2015.12.31
基本每股收益(元)	0.1079	0.0300	-0.0384	0.0573
基本每股收益(扣除后)(元)	0.0280	-0.0600	-0.0464	0.0400
稀释每股收益(元)	0.1079	0.0300	-0.0384	0.0573
每股净资产(元)	5.2525	5.1546	5.0868	5.1552
每股经营现金净流量(元)	0.0575	0.0148	0.0373	0.1046
每股现金流量(元)	0.3609	-0.0330	-0.2725	-0.1459
每股资本公积金(元)	3.3135	3.3135	3.3135	3.3135
每股盈余公积金(元)	0.1336	0.1336	0.1284	0.1284
每股未分配利润(元)	0.8054	0.7075	0.6449	0.7133
净资产收益率(%)	2.0546	0.5693	-0.7544	1.1112
加权净资产收益率(%)	2.0700	0.5700	-0.9100	1.1200
净资产收益率(扣除)(%)	0.5335	-1.2304	-0.9107	0.8099
总资产(万元)	99864.82	98200.66	109507.22	110997.62
归属母公司股东权益(万元)	86718.28	85101.67	83983.61	85112.51
营业收入(万元)	54551.86	81889.21	38221.63	85821.36
营业支出(万元)	49315.10	73401.48	34321.89	76245.49
投资收益(万元)	-54.32	1622.00	108.98	1061.56
净利润(万元)	1541.14	-560.24	-1140.91	862.83
营业利润(万元)	309.13	-509.97	-1246.69	793.91
利润总额(万元)	1858.38	-232.39	-1030.46	1107.68

深圳雷柏科技股份有限公司

公司概况					
公司名称	深圳雷柏科技股份有限公司			证券简称	雷柏科技
法人代表	曾浩	董秘	谢海波	证券代码	002577
公司网址	www.rapoo.com		电子信箱	board@rapoo.com	
电　　话	0755-28588566		传　　真	0755-28328808	
办公地址	广东省深圳市坪山新区坑梓街道锦绣东路 22 号				
经营范围	鼠标、键盘等电脑外设产品的研发、生产和销售等				

主要财务指标	2017.06.30	2016.12.31	2016.06.30	2015.12.31
指标\报告期	2017.06.30	2016.12.31	2016.06.30	2015.12.31
基本每股收益(元)	0.0600	0.0600	0.7125	-1.5800
基本每股收益(扣除后)(元)	0.0500	0.0500	0.0467	-1.8900
稀释每股收益(元)	0.0600	0.0600	0.7125	-1.5800
每股净资产(元)	4.1817	4.1104	4.1382	3.4078
每股经营现金净流量(元)	-0.0110	-0.0742	-0.1268	-0.0876
每股现金流量(元)	0.1218	-1.4299	-0.8763	1.0457
每股资本公积金(元)	3.4304	3.4400	3.5011	3.4739
每股盈余公积金(元)	0.1188	0.1188	0.1185	0.1185
每股未分配利润(元)	-0.3337	-0.3911	-0.4057	-1.1181
净资产收益率(%)	1.3747	1.5399	17.2171	-46.3180
加权净资产收益率(%)	1.3900	1.5500	13.4700	-37.9200
净资产收益率(扣除)(%)	1.2841	1.2339	1.1296	-55.1740
总资产(万元)	130967.69	130860.73	132527.88	145278.17
归属母公司股东权益(万元)	118375.82	116467.97	117515.17	96772.34
营业收入(万元)	28825.63	57438.08	25605.83	50028.11
营业支出(万元)	20813.19	42318.86	18537.97	35044.08
投资收益(万元)	-50.72	68.15	90.95	-64.75
净利润(万元)	1415.87	115.28	19491.21	-44507.92
营业利润(万元)	1386.49	-524.29	13.12	-59913.16
利润总额(万元)	1514.59	-4.47	22352.15	-49815.51

福建省闽发铝业股份有限公司

公司概况					
公司名称	福建省闽发铝业股份有限公司			证券简称	闽发铝业
法人代表	黄天火	董秘	傅孙明	证券代码	002578
公司网址	www.minfa.com		电子信箱	minfaly@126.com	
电　　话	0595-86279713		传　　真	0595-86279731	
办公地址	福建省南安市南美综合开发区				
经营范围	建筑铝型材和工业铝型材的生产、销售				

主要财务指标	2017.06.30	2016.12.31	2016.06.30	2015.12.31
指标\报告期	2017.06.30	2016.12.31	2016.06.30	2015.12.31
基本每股收益(元)	0.0100	0.0400	0.0200	0.0400
基本每股收益(扣除后)(元)	0.0100	0.0400	0.0100	0.0400
稀释每股收益(元)	0.0100	0.0400	0.0200	0.0400
每股净资产(元)	1.4773	2.9297	2.2809	2.2686
每股经营现金净流量(元)	-0.0520	-0.0337	0.0573	-0.0501
每股现金流量(元)	-0.0789	0.6214	-0.0078	-0.1923
每股资本公积金(元)	0.2240	1.4479	0.7506	0.7506
每股盈余公积金(元)	0.0355	0.0709	0.0772	0.0772
每股未分配利润(元)	0.2191	0.4120	0.4531	0.4371
净资产收益率(%)	0.8859	1.2210	0.7000	1.9575
加权净资产收益率(%)	0.8900	1.8000	0.7000	1.9500
净资产收益率(扣除)(%)	0.8289	1.0792	0.5804	1.6276
总资产(万元)	169144.61	169412.54	124357.88	127583.70
归属母公司股东权益(万元)	145970.47	144742.45	97963.07	97438.30
营业收入(万元)	51250.82	104219.68	45797.55	114363.66
营业支出(万元)	46444.62	94498.31	41196.63	106656.73
投资收益(万元)	75.86	453.49	-45.40	399.15
净利润(万元)	1264.93	1670.71	649.92	1835.29
营业利润(万元)	1455.24	2071.77	647.22	1797.50
利润总额(万元)	1514.04	1993.31	745.07	2153.43

惠州中京电子科技股份有限公司

公司概况	公司名称	惠州中京电子科技股份有限公司			证券简称	中京电子
	法人代表	杨林	董秘	余祥斌	证券代码	002579
	公司网址	www.ceepcb.com		电子信箱	obd@ceepcb.com	
	电　话	0752-2057992		传　真	0752-2057992	
	办公地址	广东省惠州市仲恺高新区陈江街道中京路1号				
	经营范围	印刷线路板的研发、生产和销售等				

主要财务指标	指标\报告期	2017.06.30	2016.12.31	2016.06.30	2015.12.31
	基本每股收益(元)	0.0100	0.2900	0.2400	0.0800
	基本每股收益(扣除后)(元)	0.0100	0.0500	0.0030	0.0400
	稀释每股收益(元)	0.0100	0.3100	0.2400	0.0800
	每股净资产(元)	2.5120	2.6300	2.0866	1.8555
	每股经营现金净流量(元)	0.0421	-0.0106	-0.0435	0.2441
	每股现金流量(元)	-0.0603	0.4649	0.1436	0.0361
	每股资本公积金(元)	1.0707	0.9410	0.4177	0.4177
	每股盈余公积金(元)	0.0702	0.0716	0.0537	0.0537
	每股未分配利润(元)	0.5168	0.6147	0.6152	0.3841
	净资产收益率(%)	0.5904	11.4192	12.5270	4.4965
	加权净资产收益率(%)	0.5600	15.0400	13.1900	4.5700
	净资产收益率(扣除)(%)	0.4428	1.8925	0.1273	1.9893
	总资产(万元)	160742.08	156628.80	126025.90	126126.16
	归属母公司股东权益(万元)	94898.70	97192.87	73125.58	65027.75
	营业收入(万元)	51205.65	79418.85	34624.32	57859.24
	营业支出(万元)	43160.47	65717.64	29259.92	48403.68
	投资收益(万元)	-103.88	11547.14	11639.07	908.25
	净利润(万元)	560.32	11098.04	9160.45	2917.21
	营业利润(万元)	798.43	14190.19	11793.39	1164.69
	利润总额(万元)	1089.07	14526.25	12239.18	3338.59

山东圣阳电源股份有限公司

公司概况	公司名称	山东圣阳电源股份有限公司			证券简称	圣阳股份
	法人代表	宋斌	董秘	于海龙	证券代码	002580
	公司网址	www.sacredsun.cn		电子信箱	zqb@sacredsun.cn	
	电　话	0537-4435777		传　真	0537-4430400	
	办公地址	山东省曲阜市圣阳路1号				
	经营范围	HW49阀控式密封废铅酸蓄电池收集、贮存等				

主要财务指标	指标\报告期	2017.06.30	2016.12.31	2016.06.30	2015.12.31
	基本每股收益(元)	0.0500	0.2400	0.1200	0.1500
	基本每股收益(扣除后)(元)	0.0300	0.1800	0.0900	0.1100
	稀释每股收益(元)	0.0500	0.2400	0.1200	0.1500
	每股净资产(元)	3.3485	5.3252	5.1737	5.0681
	每股经营现金净流量(元)	-0.2829	0.0783	-0.7702	0.1810
	每股现金流量(元)	-0.6537	0.6043	-0.4339	0.2795
	每股资本公积金(元)	1.5245	3.0404	2.9990	2.9769
	每股盈余公积金(元)	0.0973	0.1560	0.1316	0.1303
	每股未分配利润(元)	0.7267	1.1401	1.0432	0.9609
	净资产收益率(%)	1.4022	4.5646	2.3658	2.9077
	加权净资产收益率(%)	1.3900	4.6500	2.3500	3.1800
	净资产收益率(扣除)(%)	0.9346	3.4265	1.8147	2.0205
	总资产(万元)	192357.51	204596.14	194849.53	180490.38
	归属母公司股东权益(万元)	118672.41	118000.99	114344.95	113158.20
	营业收入(万元)	71363.21	155165.47	69746.72	137976.16
	营业支出(万元)	58807.93	119962.59	53248.90	110532.38
	投资收益(万元)	138.65	369.91	198.49	549.57
	净利润(万元)	1743.28	5386.29	2705.20	3290.32
	营业利润(万元)	1292.93	4805.28	2030.55	2563.49
	利润总额(万元)	1806.81	6016.40	2771.94	3745.25

山东未名生物医药股份有限公司

公司概况	公司名称	山东未名生物医药股份有限公司			证券简称	未名医药
	法人代表	潘爱华	董秘	王立君	证券代码	002581
	公司网址	www.sdsinobioway.com		电子信箱	office@sdsinobioway.com	
	电　话	010-82890899　82890086		传　真	010-82899887	
	办公地址	北京市海淀区上地西路39号北大生物城				
	经营范围	原甲酸三甲酯、原甲酸三乙酯等农药、医药中间体的研发、生产和销售等				

主要财务指标	指标\报告期	2017.06.30	2016.12.31	2016.06.30	2015.12.31
	基本每股收益(元)	0.2700	0.6331	0.2300	0.5600
	基本每股收益(扣除后)(元)	0.2700	0.6223	0.2200	0.5500
	稀释每股收益(元)	0.2700	0.6331	0.2300	0.5600
	每股净资产(元)	4.0111	3.7431	3.3418	3.1600
	每股经营现金净流量(元)	0.1734	0.2566	0.2088	0.2088
	每股现金流量(元)	0.1391	-0.1586	0.0617	0.7630
	每股资本公积金(元)	2.0534	2.0534	2.0534	2.0534
	每股盈余公积金(元)	0.1374	0.1374	0.0877	0.0877
	每股未分配利润(元)	1.4730	1.2050	0.8534	0.6715
	净资产收益率(%)	6.6808	16.9143	6.9370	12.0039
	加权净资产收益率(%)	6.9100	18.2100	7.0900	20.7100
	净资产收益率(扣除)(%)	6.6340	16.6426	6.6453	11.7650
	总资产(万元)	282257.50	268754.20	245286.34	241577.48
	归属母公司股东权益(万元)	264627.45	246948.17	220472.96	208477.33
	营业收入(万元)	53027.15	126487.94	55142.24	85828.57
	营业支出(万元)	14995.06	29934.52	13585.85	14240.68
	投资收益(万元)	6227.12	2214.82	-915.67	1327.49
	净利润(万元)	17725.46	41651.47	14662.31	24030.30
	营业利润(万元)	20243.52	44917.95	16701.52	27609.22
	利润总额(万元)	20385.24	45656.11	17637.18	28196.08

好想你健康食品股份有限公司

公司概况	公司名称	好想你健康食品股份有限公司			证券简称	好 想 你
	法人代表	石聚彬	董秘	豆妍妍	证券代码	002582
	公司网址	www.haoxiangni.cn		电子信箱	haoxiangni@haoxiangni.cn	
	电　话	0371-62589968		传　真	0371-62589968	
	办公地址	河南省新郑市薛店镇S102与中华路交叉口北				
	经营范围	枣类相关产品的生产、加工和销售				

主要财务指标	指标\报告期	2017.06.30	2016.12.31	2016.06.30	2015.12.31
	基本每股收益(元)	0.1300	0.2100	0.1000	-0.0200
	基本每股收益(扣除后)(元)	0.0800	-0.2100	-0.2300	-0.1900
	稀释每股收益(元)	0.1300	0.2100	0.1000	-0.0200
	每股净资产(元)	6.2706	12.3448	9.4636	9.3650
	每股经营现金净流量(元)	1.2871	-1.3636	0.4388	1.0726
	每股现金流量(元)	0.2788	1.4674	-0.5991	-0.2879
	每股资本公积金(元)	4.3222	9.6443	5.6605	5.6605
	每股盈余公积金(元)	0.1415	0.2830	0.4195	0.4195
	每股未分配利润(元)	0.8070	1.4175	2.3837	2.2850
	净资产收益率(%)	2.1247	1.2338	1.0424	-0.2339
	加权净资产收益率(%)	2.1400	1.9700	1.0500	-0.2300
	净资产收益率(扣除)(%)	1.2909	-1.1988	-2.4072	-2.0708
	总资产(万元)	430400.37	504603.67	237023.11	237785.98
	归属母公司股东权益(万元)	323366.44	318300.63	139682.96	138226.88
	营业收入(万元)	194327.48	207183.20	43893.25	111305.03
	营业支出(万元)	137858.30	137304.10	25563.85	66655.22
	投资收益(万元)	422.90	2527.15	1833.51	2444.90
	净利润(万元)	6567.03	3909.16	1452.81	-323.31
	营业利润(万元)	5888.93	-1195.19	-2559.32	-1699.92
	利润总额(万元)	9154.78	5701.21	2543.17	-578.56

海能达通信股份有限公司

公司概况	公司名称	海能达通信股份有限公司			证券简称	海能达
	法人代表	陈清州	董秘	陈清州(代)	证券代码	002583
	公司网址	www.hytera.com		电子信箱	stock@hytera.com	
	电话	0755-26972999 1170		传真	0755-86133699 0110	
	办公地址	广东省深圳市南山区高新区北区北环路 9108 号海能达大厦				
	经营范围	开发、生产矿用对讲机、防爆通讯产品及配件、无线电通讯器材及配件等				

主要财务指标	指标\报告期	2017.06.30	2016.12.31	2016.06.30	2015.12.31
	基本每股收益(元)	0.0100	0.2500	0.0200	0.1600
	基本每股收益(扣除后)(元)	0.0100	0.2200	0.0200	0.1100
	稀释每股收益(元)	0.0100	0.2500	0.0200	0.1600
	每股净资产(元)	2.7033	2.7327	1.4782	1.4871
	每股经营现金净流量(元)	-0.3382	-0.2321	-0.2760	0.0388
	每股现金流量(元)	-0.0158	-0.0232	-0.1509	0.0291
	每股资本公积金(元)	1.1464	1.1426	0.0486	0.0464
	每股盈余公积金(元)	0.0652	0.0654	0.0537	0.0537
	每股未分配利润(元)	0.5015	0.5278	0.3766	0.3892
	净资产收益率(%)	0.3894	8.4508	1.3791	11.0717
	加权净资产收益率(%)	0.3900	12.8300	1.3700	11.8800
	净资产收益率(扣除)(%)	0.0477	7.4137	1.0514	7.5135
	总资产(万元)	1041348.97	680813.70	493037.81	460371.06
	归属母公司股东权益(万元)	472028.42	475493.14	227326.50	228676.08
	营业收入(万元)	183575.35	343550.33	126015.17	247755.69
	营业支出(万元)	93228.52	175103.37	63745.37	124986.12
	投资收益(万元)	911.02	314.28	-	116.24
	净利润(万元)	1838.23	40182.84	3135.16	25318.37
	营业利润(万元)	-1090.71	28294.42	-450.49	19458.15
	利润总额(万元)	746.09	41956.30	1710.22	29187.53

西陇科学股份有限公司

公司概况	公司名称	西陇科学股份有限公司			证券简称	西陇科学
	法人代表	黄伟鹏	董秘	邹军晖	证券代码	002584
	公司网址	www.xlhg.com.cn		电子信箱	wujh@xilongs.com	
	电话	020-62612188 82481503		传真	020-87277188	
	办公地址	广东省广州市萝岗区科学城新瑞路 6 号				
	经营范围	从事化学试剂的研发、生产、销售并从事部分化工原料、原料药及食品添加剂等业务				

主要财务指标	指标\报告期	2017.06.30	2016.12.31	2016.06.30	2015.12.31
	基本每股收益(元)	0.0600	0.1700	0.1600	0.4300
	基本每股收益(扣除后)(元)	0.0300	0.1500	0.1400	0.3700
	稀释每股收益(元)	0.0600	0.1700	0.1600	0.4300
	每股净资产(元)	2.8609	2.9753	2.9990	7.3574
	每股经营现金净流量(元)	-0.0818	0.0188	-0.1184	0.5502
	每股现金流量(元)	-0.0126	-0.4832	-0.4866	1.6553
	每股资本公积金(元)	1.1587	1.1587	1.2389	4.5972
	每股盈余公积金(元)	0.0977	0.0977	0.0793	0.1982
	每股未分配利润(元)	0.7136	0.7034	0.6508	1.4911
	净资产收益率(%)	2.1051	5.5589	3.1471	5.2718
	加权净资产收益率(%)	2.0900	5.5200	3.1700	6.8500
	净资产收益率(扣除)(%)	1.1952	4.9654	2.7060	4.5525
	总资产(万元)	234071.93	237254.85	232380.19	239134.93
	归属母公司股东权益(万元)	167426.64	174117.56	175508.34	172226.13
	营业收入(万元)	158689.29	292838.35	109358.77	251352.93
	营业支出(万元)	137999.68	249050.21	87484.90	209445.32
	投资收益(万元)	1422.90	-5.40	388.86	819.92
	净利润(万元)	2946.28	9065.81	5706.38	9669.59
	营业利润(万元)	3499.83	10510.03	6877.27	11603.93
	利润总额(万元)	3434.37	11063.88	7105.87	12075.29

江苏双星彩塑新材料股份有限公司

公司概况	公司名称	江苏双星彩塑新材料股份有限公司			证券简称	双星新材
	法人代表	吴培服	董秘	吴迪	证券代码	002585
	公司网址	www.shuangxingcaisu.com		电子信箱	wudi@shuangxingcaisu.com	
	电话	0527-84252088		传真	0527-84253042	
	办公地址	江苏省宿迁市宿豫区彩塑工业园区井头街 1 号				
	经营范围	新型塑料包装薄膜的研发、生产和销售等				

主要财务指标	指标\报告期	2017.06.30	2016.12.31	2016.06.30	2015.12.31
	基本每股收益(元)	0.0874	0.1854	0.1100	0.1700
	基本每股收益(扣除后)(元)	0.0814	0.1524	0.1000	0.1100
	稀释每股收益(元)	0.0874	0.1854	0.1100	0.1700
	每股净资产(元)	6.3909	7.4538	7.3809	7.2883
	每股经营现金净流量(元)	0.0708	0.1732	0.1451	0.0180
	每股现金流量(元)	-0.1561	0.9029	-0.1955	0.3115
	每股资本公积金(元)	4.4687	5.0698	5.0698	5.0698
	每股盈余公积金(元)	0.1109	0.1787	0.1606	0.1606
	每股未分配利润(元)	0.8113	1.2052	1.1505	1.0579
	净资产收益率(%)	1.2354	2.4879	1.5248	2.3050
	加权净资产收益率(%)	1.4300	2.5200	1.5300	2.3300
	净资产收益率(扣除)(%)	1.1498	2.0440	1.3759	1.4523
	总资产(万元)	879217.81	668782.58	587471.71	581162.21
	归属母公司股东权益(万元)	738961.27	534680.73	529451.46	522813.11
	营业收入(万元)	132991.12	255273.99	118392.79	238053.74
	营业支出(万元)	113544.30	222735.35	100782.09	213608.56
	投资收益(万元)	618.87	81.33	81.33	735.87
	净利润(万元)	9128.77	13302.27	8073.01	12050.77
	营业利润(万元)	10536.22	12462.07	8555.89	9004.76
	利润总额(万元)	10727.99	15267.68	9483.30	13624.21

浙江省围海建设集团股份有限公司

公司概况	公司名称	浙江省围海建设集团股份有限公司			证券简称	围海股份
	法人代表	冯全宏	董秘	陈伟	证券代码	002586
	公司网址	www.zjwh.com.cn		电子信箱	ir@zjwh.com.cn	
	电话	0574-87901130		传真	0574-87901002	
	办公地址	浙江省宁波市高新区广贤路 1009 号				
	经营范围	水利水电工程、市政公用工程、港口与航道工程、房屋建筑工程等				

主要财务指标	指标\报告期	2017.06.30	2016.12.31	2016.06.30	2015.12.31
	基本每股收益(元)	0.0246	0.1300	0.0188	0.0900
	基本每股收益(扣除后)(元)	0.0156	0.1100	0.0148	0.0800
	稀释每股收益(元)	0.0246	0.1300	0.0188	0.0900
	每股净资产(元)	3.9100	2.2701	2.1581	2.1767
	每股经营现金净流量(元)	-0.1717	0.0473	-0.3234	0.1312
	每股现金流量(元)	-0.0607	0.2394	-0.4269	0.0514
	每股资本公积金(元)	2.4507	0.5764	0.5761	0.5761
	每股盈余公积金(元)	0.0580	0.0829	0.0684	0.0684
	每股未分配利润(元)	0.3563	0.5497	0.4551	0.4863
	净资产收益率(%)	0.5668	5.6301	0.8694	3.9924
	加权净资产收益率(%)	0.7000	5.7600	0.8600	4.0300
	净资产收益率(扣除)(%)	0.3596	4.6542	0.6857	3.5195
	总资产(万元)	778516.97	559428.85	458427.03	445623.82
	归属母公司股东权益(万元)	406970.95	165293.41	157136.36	158493.30
	营业收入(万元)	97512.77	219261.52	84840.24	189686.63
	营业支出(万元)	86170.05	190368.90	75469.02	160242.87
	投资收益(万元)	639.22	434.85	290.81	893.45
	净利润(万元)	2116.44	9075.48	1330.51	6431.55
	营业利润(万元)	3497.78	11896.33	2114.73	8515.49
	利润总额(万元)	3501.82	12835.55	2143.24	9193.79

深圳市奥拓电子股份有限公司

公司概况	公司名称	深圳市奥拓电子股份有限公司			证券简称	奥拓电子
	法人代表	吴涵渠	董秘	孔德建	证券代码	002587
	公司网址	www.aoto.com		电子信箱	kongdj@aoto.com	
	电　话	0755-26719889		传　真	0755-26719890	
	办公地址	深圳市南山区粤海街道学府路63号高新区联合总部大厦10楼				
	经营范围	电子自助服务设备、金融电子产品、LED光电产品、电子大屏幕显示屏等				

	指标\报告期	2017.06.30	2016.12.31	2016.06.30	2015.12.31
主要财务指标	基本每股收益(元)	0.1505	0.2300	0.0727	0.0600
	基本每股收益(扣除后)(元)	0.1302	0.2000	0.0669	0.0400
	稀释每股收益(元)	0.1505	0.2300	0.0727	0.0600
	每股净资产(元)	1.7371	2.2562	1.6608	1.5746
	每股经营现金净流量(元)	–0.1729	0.3826	–0.0904	–0.1509
	每股现金流量(元)	–0.0118	0.4628	–0.2015	–0.0403
	每股资本公积金(元)	0.2961	0.6523	0.1056	0.0578
	每股盈余公积金(元)	0.0673	0.1032	0.0844	0.0856
	每股未分配利润(元)	0.4038	0.5687	0.4672	0.4305
	净资产收益率(%)	5.7508	9.6381	4.3747	3.6420
	加权净资产收益率(%)	5.8700	13.8800	4.4700	3.5600
	净资产收益率(扣除)(%)	4.9760	8.1656	4.0230	2.6093
	总资产(万元)	145493.63	126324.99	73503.40	70026.00
	归属母公司股东权益(万元)	106205.70	89522.60	62498.39	58803.01
	营业收入(万元)	44502.57	45707.97	17906.24	29316.73
	营业支出(万元)	27589.49	20400.49	8260.98	15046.73
	投资收益(万元)	39.57	1122.28	62.93	436.87
	净利润(万元)	6092.24	8725.94	2817.58	2163.94
	营业利润(万元)	5888.19	9304.95	3029.06	1291.13
	利润总额(万元)	6859.51	10107.99	3358.60	2032.94

史丹利化肥股份有限公司

公司概况	公司名称	史丹利化肥股份有限公司			证券简称	史丹利
	法人代表	高文班	董秘	胡照顺	证券代码	002588
	公司网址	www.shidanli.cn		电子信箱	002588@shidanli.cn	
	电　话	0539-6263620		传　真	0539-6263620	
	办公地址	山东省临沂市临沭县城常林东大街东首				
	经营范围	生产、经营高浓度复混肥料(复合肥料)、掺混肥				

	指标\报告期	2017.06.30	2016.12.31	2016.06.30	2015.12.31
主要财务指标	基本每股收益(元)	0.1800	0.4400	0.3200	1.0700
	基本每股收益(扣除后)(元)	0.1600	0.4000	0.3100	0.9800
	稀释每股收益(元)	0.1800	0.4400	0.3200	1.0700
	每股净资产(元)	3.5417	3.4636	3.3409	6.2350
	每股经营现金净流量(元)	–0.4167	0.7623	0.1613	0.2721
	每股现金流量(元)	0.0794	–0.4129	–0.2917	–1.5822
	每股资本公积金(元)	0.2589	0.2730	0.2677	1.5398
	每股盈余公积金(元)	0.1996	0.1983	0.1709	0.3414
	每股未分配利润(元)	2.0833	1.9924	1.9023	3.3538
	净资产收益率(%)	4.9858	12.7008	9.6936	17.0452
	加权净资产收益率(%)	4.9700	13.4400	9.9200	18.5700
	净资产收益率(扣除)(%)	4.6239	11.5791	9.3317	15.7074
	总资产(万元)	640108.93	685798.64	618861.00	631532.97
	归属母公司股东权益(万元)	409874.74	403544.04	389565.92	363849.07
	营业收入(万元)	280552.31	622888.06	301941.25	704068.46
	营业支出(万元)	220639.37	480305.32	219688.63	551243.17
	投资收益(万元)	2886.66	2793.13	1264.54	3335.32
	净利润(万元)	20468.82	50417.47	38034.62	62203.82
	营业利润(万元)	20552.19	53753.65	44598.18	69777.24
	利润总额(万元)	22339.16	59187.04	46392.63	75570.39

瑞康医药股份有限公司

公司概况	公司名称	瑞康医药股份有限公司			证券简称	瑞康医药
	法人代表	韩旭	董秘	周云	证券代码	002589
	公司网址	www.realcan.cn		电子信箱	stock@realcan.cn	
	电　话	0535-6737695		传　真	0535-6737695	
	办公地址	山东省烟台市芝罘区机场路326号				
	经营范围	中药材、中药饮片、中成药、化学原料药、化学药制剂、抗生素、生化药品等				

	指标\报告期	2017.06.30	2016.12.31	2016.06.30	2015.12.31
主要财务指标	基本每股收益(元)	0.3420	0.4400	0.1440	0.4400
	基本每股收益(扣除后)(元)	0.3350	0.9700	0.3770	0.4300
	稀释每股收益(元)	0.3420	1.0050	0.1440	0.4400
	每股净资产(元)	4.8695	10.5100	6.1864	5.7604
	每股经营现金净流量(元)	–0.8905	–2.6888	–1.8366	–0.8408
	每股现金流量(元)	–0.0985	1.2762	–0.8837	0.8637
	每股资本公积金(元)	2.6752	7.4575	3.4390	3.3617
	每股盈余公积金(元)	0.0441	0.1015	0.0907	0.0907
	每股未分配利润(元)	1.1502	1.9506	1.6567	1.3080
	净资产收益率(%)	7.0166	8.5921	6.3313	7.3860
	加权净资产收益率(%)	7.2400	13.0200	6.5100	8.1600
	净资产收益率(扣除)(%)	6.8835	8.3246	6.0888	7.1151
	总资产(万元)	2016181.29	1565682.58	1104048.95	886169.38
	归属母公司股东权益(万元)	732718.65	687561.62	343064.17	319440.30
	营业收入(万元)	1039337.05	1561866.62	691800.75	974995.79
	营业支出(万元)	861195.11	1317138.83	599320.72	868034.26
	投资收益(万元)	100.23	225.40	16.15	115.13
	净利润(万元)	64743.22	67507.36	23932.59	24313.37
	营业利润(万元)	83446.58	86134.49	29546.78	30894.10
	利润总额(万元)	84676.20	87806.89	30511.25	31845.63

浙江万安科技股份有限公司

公司概况	公司名称	浙江万安科技股份有限公司			证券简称	万安科技
	法人代表	陈锋	董秘	李建林	证券代码	002590
	公司网址	www.vie.com.cn		电子信箱	lijl@vie.com.cn	
	电　话	0575-87658897　87605817		传　真	0575-87659719	
	办公地址	浙江省诸暨市店口镇工业区中央路188号				
	经营范围	汽车制动系统的研发、生产和销售和配套服务等				

	指标\报告期	2017.06.30	2016.12.31	2016.06.30	2015.12.31
主要财务指标	基本每股收益(元)	0.1500	0.2700	0.1200	0.2200
	基本每股收益(扣除后)(元)	0.1400	0.2600	0.1200	0.2100
	稀释每股收益(元)	0.1500	0.2700	0.1200	0.2200
	每股净资产(元)	3.7312	3.5829	3.4882	1.9697
	每股经营现金净流量(元)	0.1130	0.2735	0.0906	0.4385
	每股现金流量(元)	–0.0615	0.5393	1.2352	0.1982
	每股资本公积金(元)	1.6471	1.6471	1.7062	0.1585
	每股盈余公积金(元)	0.1318	0.1318	0.0725	0.0843
	每股未分配利润(元)	0.9523	0.8040	0.7095	0.7269
	净资产收益率(%)	3.9741	7.3763	3.5638	11.2725
	加权净资产收益率(%)	4.0500	7.8000	4.3000	11.8600
	净资产收益率(扣除)(%)	3.7399	6.9929	3.3335	10.4320
	总资产(万元)	331029.12	319612.38	296889.24	208546.07
	归属母公司股东权益(万元)	178965.73	171853.39	167312.82	81263.43
	营业收入(万元)	112559.69	223181.46	101828.10	169040.28
	营业支出(万元)	81707.66	169584.87	77578.01	130871.16
	投资收益(万元)	–1415.14	–2204.64	–294.52	–10.26
	净利润(万元)	7441.09	13283.17	6094.62	9706.84
	营业利润(万元)	9033.16	15442.44	6868.26	10614.16
	利润总额(万元)	9037.43	16174.00	7226.32	11245.50

江西恒大高新技术股份有限公司

公司概况	公司名称	江西恒大高新技术股份有限公司			证券简称	恒大高新
	法人代表	朱星河	董秘	饶威	证券代码	002591
	公司网址	www.heng-da.com		电子信箱	hengda002591@163.com	
	电　　话	0791-88194572		传　　真	0791-88197020	
	办公地址	江西省南昌市高新开发区金庐北路 88 号				
	经营范围	工业设备特种防护及表面工程、硬面技术服务等				

主要财务指标	指标＼报告期	2017.06.30	2016.12.31	2016.06.30	2015.12.31
	基本每股收益(元)	−0.0431	0.0542	−0.0041	−0.2539
	基本每股收益(扣除后)(元)	−0.0737	−0.1954	−0.0582	−0.2973
	稀释每股收益(元)	−0.0431	0.0542	−0.0041	−0.2539
	每股净资产(元)	4.1400	2.7190	2.6759	2.6876
	每股经营现金净流量(元)	0.0137	0.1195	−0.0027	−0.0235
	每股现金流量(元)	0.4541	0.0159	−0.1278	−0.0843
	每股资本公积金(元)	2.7505	1.2399	1.2399	1.2233
	每股盈余公积金(元)	0.0950	0.1098	0.1098	0.1098
	每股未分配利润(元)	0.2656	0.3512	0.2929	0.2970
	净资产收益率(%)	−0.9250	1.9937	−0.1529	−9.4918
	加权净资产收益率(%)	−1.4500	2.0000	−0.1500	−9.2700
	净资产收益率(扣除)(%)	−1.5805	−7.1879	−2.1735	−10.9457
	总资产(万元)	159598.38	92294.84	93939.47	92847.25
	归属母公司股东权益(万元)	124566.50	70831.26	69709.72	70012.82
	营业收入(万元)	7806.45	14757.53	6305.41	18514.28
	营业支出(万元)	4479.36	10781.36	4117.34	14018.58
	投资收益(万元)	−55.22	6490.36	1165.52	−2829.86
	净利润(万元)	−2051.59	734.42	−346.44	−6804.57
	营业利润(万元)	−2708.53	260.01	−499.24	−7833.33
	利润总额(万元)	−1830.78	895.07	−415.44	−6819.56

南宁八菱科技股份有限公司

公司概况	公司名称	南宁八菱科技股份有限公司			证券简称	八菱科技
	法人代表	顾瑜	董秘	黄缘	证券代码	002592
	公司网址	www.baling.com.cn		电子信箱	nnblkj@baling.com.cn	
	电　　话	0771-3216598		传　　真	0771-3211338	
	办公地址	广西壮族自治区南宁市高新区高新大道东段 21 号				
	经营范围	研究、开发、生产、经营散热器、汽车配件、空调配件、发电机组配件等				

主要财务指标	指标＼报告期	2017.06.30	2016.12.31	2016.06.30	2015.12.31
	基本每股收益(元)	0.2800	0.4500	0.2200	0.5000
	基本每股收益(扣除后)(元)	0.2700	0.4300	0.2100	0.4700
	稀释每股收益(元)	0.2800	0.4500	0.2200	0.5000
	每股净资产(元)	7.3408	7.3100	7.0900	7.0404
	每股经营现金净流量(元)	0.0551	0.4678	0.1597	0.3278
	每股现金流量(元)	−1.1610	−1.0757	−0.2814	1.6151
	每股资本公积金(元)	4.2234	4.2234	4.2279	4.8043
	每股盈余公积金(元)	0.4429	0.4429	0.3804	0.4323
	每股未分配利润(元)	1.6746	1.6468	1.4803	1.6273
	净资产收益率(%)	3.7844	6.1975	3.1644	6.2816
	加权净资产收益率(%)	3.7500	6.3100	3.1400	9.1400
	净资产收益率(扣除)(%)	3.6324	5.8865	3.0078	5.8747
	总资产(万元)	249902.97	247266.08	260376.82	254482.48
	归属母公司股东权益(万元)	207988.16	207203.54	200844.21	199475.46
	营业收入(万元)	41722.33	87839.65	44280.15	64893.86
	营业支出(万元)	34117.85	72030.91	37191.96	50689.37
	投资收益(万元)	4251.43	5310.13	2671.96	4687.11
	净利润(万元)	7871.08	12852.72	6290.10	12519.30
	营业利润(万元)	8758.31	13784.10	6610.81	12851.05
	利润总额(万元)	8765.36	14422.07	6879.72	13522.44

厦门日上集团股份有限公司

公司概况	公司名称	厦门日上集团股份有限公司			证券简称	日上集团
	法人代表	吴子文	董秘	吴小红	证券代码	002593
	公司网址	www.sunrisewheel.com		电子信箱	stock@sunrisewheel.com	
	电　　话	0592-6666866		传　　真	0592-6666899	
	办公地址	福建省厦门市集美区杏林杏北路 30 号				
	经营范围	生产、加工汽车轮圈、汽车零部件、金属制品、零售汽车零部件、建筑材料等				

主要财务指标	指标＼报告期	2017.06.30	2016.12.31	2016.06.30	2015.12.31
	基本每股收益(元)	0.0500	0.1000	0.0700	0.1500
	基本每股收益(扣除后)(元)	0.0200	0.0700	0.0500	0.1300
	稀释每股收益(元)	0.0500	0.1000	0.0700	0.1500
	每股净资产(元)	2.5671	2.5300	2.5020	7.5052
	每股经营现金净流量(元)	−0.2372	0.2337	0.0701	0.2562
	每股现金流量(元)	−0.0351	0.1043	0.0020	0.3060
	每股资本公积金(元)	1.0487	1.0448	1.0449	5.1346
	每股盈余公积金(元)	0.0240	0.0237	0.0181	0.0540
	每股未分配利润(元)	0.5045	0.5096	0.4499	1.3505
	净资产收益率(%)	1.8092	3.8331	1.3277	2.0027
	加权净资产收益率(%)	1.7600	3.8900	1.3200	2.8300
	净资产收益率(扣除)(%)	0.9774	2.5360	0.9746	1.6406
	总资产(万元)	383813.30	349440.36	332630.13	297267.34
	归属母公司股东权益(万元)	179988.10	179603.74	174962.10	174945.82
	营业收入(万元)	87376.92	141495.08	62879.81	128320.74
	营业支出(万元)	73630.32	118090.76	51430.35	106671.41
	投资收益(万元)	385.01	948.50	512.79	505.70
	净利润(万元)	3197.48	6848.35	2318.19	3503.64
	营业利润(万元)	3998.75	6584.45	2714.04	4142.99
	利润总额(万元)	4015.15	8522.88	2988.24	4441.47

比亚迪股份有限公司

公司概况	公司名称	比亚迪股份有限公司			证券简称	比 亚 迪
	法人代表	王传福	董秘	李黔	证券代码	002594
	公司网址	www.byd.com.cn		电子信箱	db@byd.com	
	电　　话	0755-89888888 62237		传　　真	0755-84202222	
	办公地址	广东省深圳市坪山新区比亚迪路 3009 号				
	经营范围	锂离子电池以及其他电池、充电器、电子产品、仪器仪表、柔性线路板等				

主要财务指标	指标＼报告期	2017.06.30	2016.12.31	2016.06.30	2015.12.31
	基本每股收益(元)	0.5900	1.8800	0.8700	1.1200
	基本每股收益(扣除后)(元)	0.3700	1.7300	0.7900	0.4700
	稀释每股收益(元)	0.5900	1.8800	–	–
	每股净资产(元)	19.2893	18.3900	14.0667	13.0430
	每股经营现金净流量(元)	−1.2720	−0.6765	−0.5769	1.5517
	每股现金流量(元)	0.3525	0.3955	−0.4395	0.8845
	每股资本公积金(元)	8.9708	8.9701	4.1652	4.1647
	每股盈余公积金(元)	1.1261	1.1261	0.9627	0.9627
	每股未分配利润(元)	6.3565	5.9521	6.1649	5.2924
	净资产收益率(%)	3.2740	9.8567	6.4879	8.7428
	加权净资产收益率(%)	3.3300	12.9100	7.1400	10.2200
	净资产收益率(扣除)(%)	2.1199	9.0008	5.9345	3.7364
	总资产(万元)	15373497.20	14507077.80	12173483.70	11548575.50
	归属母公司股东权益(万元)	5262390.10	5125592.90	3482917.20	3229440.40
	营业收入(万元)	4503763.70	10346999.70	4494956.50	8000896.80
	营业支出(万元)	3588539.40	8240090.00	3558844.10	6651355.90
	投资收益(万元)	−237.70	−72602.70	−9320.50	121037.00
	净利润(万元)	216516.30	548001.20	246906.70	313819.60
	营业利润(万元)	259543.90	598625.10	278734.60	317596.50
	利润总额(万元)	265001.00	656841.00	300907.50	379498.60

山东豪迈机械科技股份有限公司

	公司名称	山东豪迈机械科技股份有限公司		证券简称	豪迈科技
公司概况	法人代表	张恭运	董秘 姚聪颖	证券代码	002595
	公司网址	www.haomaikeji.com		电子信箱	himile_zqb@himile.com
	电　话	0536-2361002		传　真	0536-2361536
	办公地址	山东省高密市密水科技工业园豪迈路1号			
	经营范围	轮胎模具及橡胶机械、数控机床的研制开发、生产、销售以及高端零部件铸造等			

	指标＼报告期	2017.06.30	2016.12.31	2016.06.30	2015.12.31
主要财务指标	基本每股收益(元)	0.4637	0.9000	0.4578	0.8100
	基本每股收益(扣除后)(元)	0.4493	0.8700	0.4483	0.7900
	稀释每股收益(元)	0.4637	0.9000	0.4578	0.8100
	每股净资产(元)	4.4948	4.4083	3.9658	3.7584
	每股经营现金净流量(元)	0.3501	0.7272	0.6057	0.6918
	每股现金流量(元)	0.0522	-0.0568	0.1562	0.1798
	每股资本公积金(元)	0.6329	0.6329	0.6329	0.6329
	每股盈余公积金(元)	0.3625	0.3625	0.2716	0.2716
	每股未分配利润(元)	2.4945	2.4057	2.0573	1.8495
	净资产收益率(%)	10.3171	20.3497	11.5427	21.4338
	加权净资产收益率(%)	10.2700	22.2000	11.7300	23.5700
	净资产收益率(扣除)(%)	9.9964	19.8176	11.3046	21.0803
	总资产(万元)	421938.42	391766.34	358787.77	352331.35
	归属母公司股东权益(万元)	359586.01	352665.76	317264.11	300673.25
	营业收入(万元)	147985.36	260648.31	123503.54	230891.29
	营业支出(万元)	90242.37	151941.23	68771.01	132332.49
	投资收益(万元)	856.04	1580.47	722.21	579.50
	净利润(万元)	37069.75	71543.86	36492.21	64340.81
	营业利润(万元)	42755.93	82772.19	42422.47	74743.94
	利润总额(万元)	43040.11	83221.36	42531.31	75308.52

海南瑞泽新型建材股份有限公司

	公司名称	海南瑞泽新型建材股份有限公司		证券简称	海南瑞泽
公司概况	法人代表	张海林	董秘 于清池	证券代码	002596
	公司网址	www.hnruize.com		电子信箱	yqc66888@163.com
	电　话	0898-88710266		传　真	0898-88710266
	办公地址	海南省三亚市吉阳镇迎宾大道488号			
	经营范围	商品混凝土生产与销售，加气砖、灰沙砖、新型建材生产与销售等			

	指标＼报告期	2017.06.30	2016.12.31	2016.06.30	2015.12.31
主要财务指标	基本每股收益(元)	0.0700	0.2200	-0.0200	0.2900
	基本每股收益(扣除后)(元)	0.0600	0.1700	-0.0700	0.2200
	稀释每股收益(元)	0.0700	0.2200	-0.0200	0.2900
	每股净资产(元)	2.2448	6.5982	6.3073	6.3590
	每股经营现金净流量(元)	-0.1276	-0.3333	-0.2856	-0.0712
	每股现金流量(元)	-0.1764	0.1988	-0.3754	0.3826
	每股资本公积金(元)	0.6562	3.9683	3.9546	3.9541
	每股盈余公积金(元)	0.0423	0.1269	0.1109	0.1108
	每股未分配利润(元)	0.5462	1.4627	1.2445	1.2968
	净资产收益率(%)	3.0466	3.2707	-0.3596	3.8272
	加权净资产收益率(%)	3.0300	3.3600	-0.3600	4.4300
	净资产收益率(扣除)(%)	2.5875	2.5227	-1.1478	2.8718
	总资产(万元)	408986.20	393447.36	310999.82	316936.25
	归属母公司股东权益(万元)	218982.81	214680.81	204585.93	206324.04
	营业收入(万元)	117992.92	184258.91	61177.66	177528.57
	营业支出(万元)	97189.86	144883.60	50148.89	144157.93
	投资收益(万元)	1317.21	1408.54	280.42	146.91
	净利润(万元)	6908.63	7284.99	-568.30	8805.00
	营业利润(万元)	7543.13	7254.34	-2178.28	9923.49
	利润总额(万元)	8892.31	9908.53	-287.61	10962.61

安徽金禾实业股份有限公司

	公司名称	安徽金禾实业股份有限公司		证券简称	金禾实业
公司概况	法人代表	杨迎春	董秘 仰宗勇	证券代码	002597
	公司网址	www.ajhchem.com		电子信箱	ajhchem@ajhchem.com
	电　话	0550-5612755 5682597		传　真	0550-5682597
	办公地址	安徽省滁州市来安县城东大街127号			
	经营范围	精细化工产品和基础化工产品的生产、研发和销售			

	指标＼报告期	2017.06.30	2016.12.31	2016.06.30	2015.12.31
主要财务指标	基本每股收益(元)	0.8500	0.9700	0.4200	0.3800
	基本每股收益(扣除后)(元)	0.7200	0.7900	0.2700	0.3400
	稀释每股收益(元)	0.8500	0.9700	0.4200	0.3800
	每股净资产(元)	4.8365	4.3659	3.7936	3.5532
	每股经营现金净流量(元)	0.5642	1.6490	0.7560	0.9115
	每股现金流量(元)	0.2905	-0.0360	0.1051	-0.0462
	每股资本公积金(元)	0.8660	0.8603	0.8661	0.9175
	每股盈余公积金(元)	0.3096	0.3096	0.2175	0.2161
	每股未分配利润(元)	2.6000	2.1418	1.6747	1.4169
	净资产收益率(%)	17.7445	22.3830	11.0364	10.6210
	加权净资产收益率(%)	18.4000	24.7400	11.2200	10.9400
	净资产收益率(扣除)(%)	15.0156	18.2733	7.2115	9.5274
	总资产(万元)	403230.36	429238.71	379148.87	363748.96
	归属母公司股东权益(万元)	272933.99	246375.62	214188.48	201910.64
	营业收入(万元)	225718.97	375507.89	166707.38	332775.07
	营业支出(万元)	156192.03	284197.64	130382.69	280501.70
	投资收益(万元)	9281.40	2211.92	1632.85	1734.00
	净利润(万元)	50625.94	56304.01	23527.56	18382.17
	营业利润(万元)	59338.40	54307.70	17748.44	21308.87
	利润总额(万元)	59083.15	66262.43	29005.83	22870.22

山东省章丘鼓风机股份有限公司

	公司名称	山东省章丘鼓风机股份有限公司		证券简称	山东章鼓
公司概况	法人代表	方润刚	董秘 方树鹏	证券代码	002598
	公司网址	www.blower.cn		电子信箱	sdzg@blower.cn
	电　话	0531-83250020		传　真	0531-83250085
	办公地址	山东省济南市章丘区明水经济开发区世纪大道东首			
	经营范围	罗茨鼓风机(罗茨真空泵)及离心鼓风机的研发、制造和销售等			

	指标＼报告期	2017.06.30	2016.12.31	2016.06.30	2015.12.31
主要财务指标	基本每股收益(元)	0.1008	0.1790	0.0817	0.1754
	基本每股收益(扣除后)(元)	0.0961	0.1657	0.0779	0.1609
	稀释每股收益(元)	0.1008	0.1790	0.0817	0.1754
	每股净资产(元)	2.5010	2.4006	2.3023	2.4203
	每股经营现金净流量(元)	0.0267	0.1010	0.0166	0.0259
	每股现金流量(元)	0.0556	-0.2085	-0.1980	0.0333
	每股资本公积金(元)	0.6785	0.6785	0.6785	0.6785
	每股盈余公积金(元)	0.1856	0.1856	0.1678	0.1678
	每股未分配利润(元)	0.6373	0.5364	0.4569	0.5752
	净资产收益率(%)	4.0323	7.4583	3.5466	7.2470
	加权净资产收益率(%)	4.1100	7.4800	3.3600	7.3600
	净资产收益率(扣除)(%)	3.8426	6.9038	3.3843	6.6487
	总资产(万元)	108874.66	103035.34	96158.87	98217.37
	归属母公司股东权益(万元)	78030.70	74898.87	71832.85	75513.63
	营业收入(万元)	31400.95	48128.21	21425.80	44613.51
	营业支出(万元)	21461.00	30856.67	13776.84	27737.29
	投资收益(万元)	545.42	1018.64	448.03	1425.09
	净利润(万元)	3131.21	5555.01	2534.59	5468.13
	营业利润(万元)	3472.47	5810.59	2811.02	5649.16
	利润总额(万元)	3646.62	6299.23	2948.17	6157.79

北京盛通印刷股份有限公司

公司概况	公司名称	北京盛通印刷股份有限公司		证券简称	盛通股份
	法人代表	栗延秋	董秘 肖薇	证券代码	002599
	公司网址	www.shengtongprint.com		电子信箱	ir@shengtongprint.com
	电话	010-67871609		传真	010-52249811
	办公地址	北京市经济技术开发区经海三路 18 号			
	经营范围	出版物印刷、装订等			

主要财务指标	指标\报告期	2017.06.30	2016.12.31	2016.06.30	2015.12.31
	基本每股收益(元)	0.1000	0.2700	0.1048	0.1500
	基本每股收益(扣除后)(元)	0.0700	0.1600	0.0284	0.0700
	稀释每股收益(元)	0.1000	0.2700	0.1048	0.1500
	每股净资产(元)	4.4440	5.0904	4.9042	4.8086
	每股经营现金净流量(元)	-0.1596	1.1127	0.6144	0.3059
	每股现金流量(元)	0.5858	0.2735	-0.0707	0.0349
	每股资本公积金(元)	2.6414	2.3521	2.3315	2.3108
	每股盈余公积金(元)	0.0865	0.2077	0.1857	0.1857
	每股未分配利润(元)	0.7161	1.5306	1.3870	1.3121
	净资产收益率(%)	2.0972	5.3113	2.1376	3.0069
	加权净资产收益率(%)	2.6300	5.4400	2.1600	3.2500
	净资产收益率(扣除)(%)	1.3935	3.1246	0.5786	1.3953
	总资产(万元)	215199.54	139318.41	133089.21	123709.89
	归属母公司股东权益(万元)	143987.70	68719.93	66206.10	64916.71
	营业收入(万元)	52464.66	84344.86	37657.37	70125.75
	营业支出(万元)	41858.99	69374.56	30553.86	57887.12
	投资收益(万元)	-7.60	-5.33	-3.48	-5.06
	净利润(万元)	3015.84	3662.88	1422.23	1943.34
	营业利润(万元)	2341.54	2691.31	907.52	914.87
	利润总额(万元)	3549.44	4399.33	2004.84	2235.84

广东江粉磁材股份有限公司

公司概况	公司名称	广东江粉磁材股份有限公司		证券简称	江粉磁材
	法人代表	汪南东	董秘 梁丽	证券代码	002600
	公司网址	www.jpmf.com.cn		电子信箱	jpmf@jpmf.com.cn
	电话	0750-3506078		传真	0750-3506111
	办公地址	广东省江门市龙湾路 8 号			
	经营范围	永磁铁氧体和软磁铁氧体的研发、生产和销售等			

主要财务指标	指标\报告期	2017.06.30	2016.12.31	2016.06.30	2015.12.31
	基本每股收益(元)	0.0600	0.2200	0.0500	0.0600
	基本每股收益(扣除后)(元)	0.0600	0.2000	0.0500	0.0600
	稀释每股收益(元)	0.0600	0.2200	0.0500	0.0600
	每股净资产(元)	4.4750	4.4606	4.3580	3.0789
	每股经营现金净流量(元)	-0.3310	-0.0378	-0.1566	0.2908
	每股现金流量(元)	-0.1186	0.1917	0.1446	0.2144
	每股资本公积金(元)	3.1666	3.1666	3.1666	1.8826
	每股盈余公积金(元)	0.0314	0.0314	0.0240	0.0321
	每股未分配利润(元)	0.2762	0.2626	0.1674	0.1653
	净资产收益率(%)	2.5397	4.4575	1.0050	1.6996
	加权净资产收益率(%)	2.5200	5.4500	1.5500	2.7100
	净资产收益率(扣除)(%)	2.4869	4.0894	1.0130	1.5747
	总资产(万元)	1293818.70	1274880.20	1074936.37	613659.41
	归属母公司股东权益(万元)	526802.92	525106.38	513024.77	270942.44
	营业收入(万元)	744262.62	1205150.08	412703.31	486927.83
	营业支出(万元)	667849.63	1087468.20	377683.67	445021.79
	投资收益(万元)	784.19	1247.10	500.03	1342.50
	净利润(万元)	13493.99	25156.77	6130.06	5996.14
	营业利润(万元)	17043.46	31233.02	9178.62	8094.10
	利润总额(万元)	17426.87	33085.63	9193.76	8131.60

龙蟒佰利联集团股份有限公司

公司概况	公司名称	龙蟒佰利联集团股份有限公司		证券简称	龙蟒佰利
	法人代表	许刚	董秘 张海涛	证券代码	002601
	公司网址	www.billionschem.com		电子信箱	bll002601@163.com
	电话	0391-3126666		传真	0391-3126111
	办公地址	河南省焦作市中站区焦克路			
	经营范围	钛白粉、锆制品和硫酸铝等产品的生产与销售			

主要财务指标	指标\报告期	2017.06.30	2016.12.31	2016.06.30	2015.12.31
	基本每股收益(元)	0.6500	0.4300	0.1000	0.5700
	基本每股收益(扣除后)(元)	0.6400	0.4400	0.1000	0.5300
	稀释每股收益(元)	0.6400	0.4300	0.1000	0.5700
	每股净资产(元)	6.3000	6.0723	3.3439	11.2424
	每股经营现金净流量(元)	0.3722	0.2127	-0.3307	-2.7489
	每股现金流量(元)	0.3705	0.2939	0.7213	0.4949
	每股资本公积金(元)	4.7181	4.7144	1.2514	6.8705
	每股盈余公积金(元)	0.0553	0.0553	0.1373	0.4804
	每股未分配利润(元)	0.6955	0.2509	1.0658	3.7299
	净资产收益率(%)	10.2348	3.5827	2.9930	4.8488
	加权净资产收益率(%)	10.2200	8.9100	3.0700	4.8500
	净资产收益率(扣除)(%)	9.9954	3.6460	2.9505	4.4499
	总资产(万元)	1965760.91	1804856.36	668230.89	576104.35
	归属母公司股东权益(万元)	1279876.49	1233988.01	237584.94	229822.81
	营业收入(万元)	496034.35	413555.96	129867.51	263453.22
	营业支出(万元)	271787.33	291295.98	100643.41	214685.87
	投资收益(万元)	632.64	214.20	8.32	50.30
	净利润(万元)	135250.72	45931.26	7634.72	11895.82
	营业利润(万元)	160086.08	54968.57	9398.26	12579.04
	利润总额(万元)	160155.00	54053.97	9517.02	13566.33

浙江世纪华通集团股份有限公司

公司概况	公司名称	浙江世纪华通车业股份有限公司		证券简称	世纪华通
	法人代表	王苗通	董秘 严正山	证券代码	002602
	公司网址	www.sjhuatong.com		电子信箱	sjhuatong@sjhuatong.com
	电话	0575-82148872		传真	0575-82208079
	办公地址	浙江省绍兴市上虞区曹娥街道越爱路 66 号			
	经营范围	汽车配件、摩托车配件、精密金属模具制造、加工等			

主要财务指标	指标\报告期	2017.06.30	2016.12.31	2016.06.30	2015.12.31
	基本每股收益(元)	0.6000	0.4900	0.2700	0.4000
	基本每股收益(扣除后)(元)	0.2000	0.4900	0.2700	0.3800
	稀释每股收益(元)	0.6000	0.4900	0.2700	0.4000
	每股净资产(元)	4.8711	4.2694	4.1464	3.8787
	每股经营现金净流量(元)	0.0433	0.6949	0.2217	0.4643
	每股现金流量(元)	0.0893	-0.0221	-0.1629	0.2474
	每股资本公积金(元)	1.8450	1.8450	1.8450	1.8450
	每股盈余公积金(元)	0.0769	0.0769	0.0729	0.0712
	每股未分配利润(元)	1.9487	1.3468	1.2281	0.9622
	净资产收益率(%)	12.3563	11.4812	6.4516	10.2381
	加权净资产收益率(%)	13.1700	11.9600	6.6700	10.7200
	净资产收益率(扣除)(%)	4.0270	11.4130	6.4556	9.9210
	总资产(万元)	622613.87	550392.23	536143.82	507080.99
	归属母公司股东权益(万元)	500305.68	438502.95	425872.81	398380.99
	营业收入(万元)	163293.35	345590.24	169861.34	302582.74
	营业支出(万元)	112138.28	228792.90	110635.35	208775.25
	投资收益(万元)	48733.87	-540.65	-30.25	9.00
	净利润(万元)	61805.24	50720.50	27728.19	41015.42
	营业利润(万元)	73443.34	58849.34	31882.27	45221.69
	利润总额(万元)	73825.41	59391.45	31758.83	46537.11

青岛特锐德电气股份有限公司

公司概况					
公司名称	青岛特锐德电气股份有限公司			证券简称	特锐德
法人代表	于德翔	董秘		证券代码	300001
公司网址	www.qdtgood.com		电子信箱	ir@qdtgood.com	
电　话	0532-80938126		传　真	0532-89083388	
办公地址	山东省青岛市崂山区松岭路 336 号				
经营范围	设计、制造 220kv 及以下的变配电一二次产品以及提供相应技术服务等				

主要财务指标 指标＼报告期	2017.06.30	2016.12.31	2016.06.30	2015.12.31
基本每股收益(元)	0.1000	0.2500	0.0900	0.1600
基本每股收益(扣除后)(元)	0.0880	0.2200	0.0900	0.1400
稀释每股收益(元)	0.1000	0.2500	0.0900	0.1600
每股净资产(元)	2.8212	2.7178	2.5513	2.4565
每股经营现金净流量(元)	–1.1659	0.3884	–0.6233	0.3184
每股现金流量(元)	–1.0025	0.7933	–0.4663	0.6511
每股资本公积金(元)	0.8543	0.8543	0.8462	0.8462
每股盈余公积金(元)	0.1041	0.1041	0.0849	0.0849
每股未分配利润(元)	0.8596	0.7571	0.6158	0.5214
净资产收益率(%)	3.6339	9.2772	3.7178	5.9160
加权净资产收益率(%)	3.5700	9.7200	3.4900	9.0600
净资产收益率(扣除)(%)	3.1089	7.9679	3.4931	5.1193
总资产(万元)	1005443.79	1173686.82	752982.94	640222.20
归属母公司股东权益(万元)	281430.71	271124.46	255629.25	246129.59
营业收入(万元)	261888.19	610850.63	232932.56	300198.15
营业支出(万元)	203628.72	479706.66	177474.85	227705.32
投资收益(万元)	1797.95	608.91	961.96	670.18
净利润(万元)	6389.45	19423.53	7453.74	13644.81
营业利润(万元)	6837.20	17530.62	9156.92	13458.93
利润总额(万元)	8687.32	21523.84	9666.03	15847.37

北京神州泰岳软件股份有限公司

公司概况					
公司名称	北京神州泰岳软件股份有限公司			证券简称	神州泰岳
法人代表	王宁	董秘	张黔山	证券代码	300002
公司网址	www.ultrapower.com.cn		电子信箱	irm@ultrapower.com.cn	
电　话	010-58847555		传　真	010-58847583	
办公地址	北京市朝阳区北苑路甲 13 号院 1 号楼 22 层				
经营范围	软件产品开发与销售、技术服务、系统集成、电子商务等				

主要财务指标 指标＼报告期	2017.06.30	2016.12.31	2016.06.30	2015.12.31
基本每股收益(元)	0.0078	0.2565	0.1232	0.1774
基本每股收益(扣除后)(元)	–0.0278	0.1649	0.0427	0.1258
稀释每股收益(元)	0.0078	0.2565	0.1232	0.1768
每股净资产(元)	2.5846	2.5666	2.5225	2.4993
每股经营现金净流量(元)	0.1030	0.0466	–0.1088	0.0322
每股现金流量(元)	–0.0805	0.0822	–0.0543	–0.2886
每股资本公积金(元)	0.2040	0.1927	0.2372	0.2631
每股盈余公积金(元)	0.1152	0.1152	0.1006	0.0990
每股未分配利润(元)	1.2666	1.2588	1.1882	1.0449
净资产收益率(%)	0.3022	10.0794	4.9447	7.1035
加权净资产收益率(%)	0.3000	10.1800	4.8100	7.4500
净资产收益率(扣除)(%)	–1.0775	6.4783	1.7138	5.1641
总资产(万元)	757407.25	703110.88	618735.08	590657.94
归属母公司股东权益(万元)	506855.82	503334.92	494689.56	494601.00
营业收入(万元)	119420.49	293658.19	141640.42	277348.73
营业支出(万元)	66754.08	171333.10	103144.90	175478.53
投资收益(万元)	5418.52	19119.64	16233.63	8019.07
净利润(万元)	708.91	46905.91	22394.93	29377.65
营业利润(万元)	–1413.81	47344.23	19758.22	29245.41
利润总额(万元)	–481.18	49632.45	21918.30	34140.93

乐普(北京)医疗器械股份有限公司

公司概况					
公司名称	乐普(北京)医疗器械股份有限公司			证券简称	乐普医疗
法人代表	蒲忠杰	董秘	郭同军	证券代码	300003
公司网址	www.lepumedical.com		电子信箱	zqb@lepumedical.com	
电　话	010-80120666		传　真	010-80120776	
办公地址	北京市昌平区超前路 37 号				
经营范围	医疗器械及其配件的技术开发、生产销售等				

主要财务指标 指标＼报告期	2017.06.30	2016.12.31	2016.06.30	2015.12.31
基本每股收益(元)	0.2788	0.3913	0.2190	0.6415
基本每股收益(扣除后)(元)	0.2760	0.3821	0.2152	0.6269
稀释每股收益(元)	0.2788	0.3913	0.2190	0.6415
每股净资产(元)	3.2798	3.1063	2.5506	2.9599
每股经营现金净流量(元)	0.2160	0.3968	0.2002	0.5375
每股现金流量(元)	–0.4018	0.0193	–0.5904	1.6323
每股资本公积金(元)	0.6423	0.6564	0.2760	2.4032
每股盈余公积金(元)	0.1638	0.1674	0.1470	0.3157
每股未分配利润(元)	1.4341	1.2815	1.1287	2.1306
净资产收益率(%)	8.4766	12.2733	8.4877	10.8363
加权净资产收益率(%)	8.6600	14.7000	8.0300	15.6200
净资产收益率(扣除)(%)	8.3915	11.9848	8.3408	10.5901
总资产(万元)	1021853.27	950044.75	735944.25	772989.24
归属母公司股东权益(万元)	584353.73	553439.92	444708.36	480689.87
营业收入(万元)	218263.72	346774.82	167594.97	276871.75
营业支出(万元)	77212.74	135414.10	66831.40	123693.66
投资收益(万元)	–327.95	–221.23	344.93	880.73
净利润(万元)	54602.00	74670.80	40832.51	59599.10
营业利润(万元)	64610.28	86421.48	47439.10	68403.53
利润总额(万元)	65279.56	89096.26	48611.02	70093.99

南方风机股份有限公司

公司概况					
公司名称	南方风机股份有限公司			证券简称	南风股份
法人代表	杨子善	董秘	王娜	证券代码	300004
公司网址	www.ntfan.com		电子信箱	investors@ntfan.com	
电　话	0757-81006199		传　真	0757-81006190	
办公地址	广东省佛山市南海区小塘三环西路(狮南段)31 号				
经营范围	通风与空气处理系统设计和产品开发、制造与销售等				

主要财务指标 指标＼报告期	2017.06.30	2016.12.31	2016.06.30	2015.12.31
基本每股收益(元)	0.1900	0.1800	0.0500	0.0900
基本每股收益(扣除后)(元)	–0.0800	0.1700	0.0400	0.0800
稀释每股收益(元)	0.1900	0.1800	0.0500	0.0900
每股净资产(元)	6.2729	6.0987	5.9700	5.9500
每股经营现金净流量(元)	–0.2624	0.1811	0.1558	0.2753
每股现金流量(元)	–0.2788	0.0052	–0.0397	–0.1497
每股资本公积金(元)	4.2115	4.2115	4.2115	4.2115
每股盈余公积金(元)	0.0619	0.0619	0.0619	0.0619
每股未分配利润(元)	0.9995	0.8253	0.6927	0.6733
净资产收益率(%)	3.0961	2.9852	0.8283	1.4677
加权净资产收益率(%)	3.1300	3.0200	0.8300	1.4700
净资产收益率(扣除)(%)	–1.2292	2.7803	0.7308	1.2715
总资产(万元)	380184.70	382641.60	363920.32	374355.18
归属母公司股东权益(万元)	319430.16	310558.71	303804.35	302815.45
营业收入(万元)	27725.11	89491.78	35043.17	82002.86
营业支出(万元)	22501.68	58154.14	22189.59	52155.22
投资收益(万元)	73.69	47.02	87.13	–62.78
净利润(万元)	9584.55	8552.63	2175.34	3977.63
营业利润(万元)	–4812.46	9758.66	2811.32	4151.15
利润总额(万元)	11436.67	10498.34	3155.64	4852.59

探路者控股集团股份有限公司

公司概况	公司名称	探路者控股集团股份有限公司			证券简称	探路者
	法人代表	王静	董秘	张成	证券代码	300005
	公司网址	www.toread.com.cn		电子信箱	zhang.cheng@toread.com.cn	
	电话	010-81788188		传真	010-81788593	
	办公地址	北京市海淀区知春路6号锦秋国际大厦A座21层				
	经营范围	户外用品研发设计、组织外包生产、销售等				

	指标\报告期	2017.06.30	2016.12.31	2016.06.30	2015.12.31
主要财务指标	基本每股收益(元)	0.0886	0.2953	0.1836	0.5139
	基本每股收益(扣除后)(元)	0.0649	0.2343	0.1516	0.4855
	稀释每股收益(元)	0.0886	0.2953	0.1836	0.5137
	每股净资产(元)	3.0598	4.6624	4.6262	2.7621
	每股经营现金净流量(元)	−0.1342	0.4784	−0.3624	0.1205
	每股现金流量(元)	−0.2644	0.7241	1.3564	−0.2644
	每股资本公积金(元)	1.1068	2.1623	2.2915	0.3561
	每股盈余公积金(元)	0.1815	0.2722	0.2245	0.2596
	每股未分配利润(元)	0.7739	1.2279	1.1186	1.1526
	净资产收益率(%)	2.8972	5.9777	3.4341	18.5548
	加权净资产收益率(%)	2.8700	7.5100	6.4300	19.9000
	净资产收益率(扣除)(%)	2.1209	4.7420	2.8355	17.5335
	总资产(万元)	345185.12	363096.21	371503.37	262709.64
	归属母公司股东权益(万元)	272717.39	277036.29	274881.10	141955.72
	营业收入(万元)	127753.42	287783.33	108743.96	380759.20
	营业支出(万元)	98325.91	203589.61	72874.62	290109.02
	投资收益(万元)	1391.17	159.16	1.31	20.61
	净利润(万元)	7379.54	11224.84	7547.09	25286.28
	营业利润(万元)	6107.52	9959.56	7978.32	27465.39
	利润总额(万元)	8584.60	13277.53	9919.81	29201.14

重庆莱美药业股份有限公司

公司概况	公司名称	重庆莱美药业股份有限公司			证券简称	莱美药业
	法人代表	邱宇	董秘	冷雪峰	证券代码	300006
	公司网址	www.cqlummy.com		电子信箱	cqlm@cqlummy.com	
	电话	023-67300382 67300368		传真	023-67300381	
	办公地址	重庆市北部新区杨柳路2号综合研发楼B塔楼15层				
	经营范围	生产、销售(限本企业自产)大容量注射剂(含抗肿瘤药)、小容量注射剂等				

	指标\报告期	2017.06.30	2016.12.31	2016.06.30	2015.12.31
主要财务指标	基本每股收益(元)	0.0500	0.0090	0.0400	0.1000
	基本每股收益(扣除后)(元)	0.0500	−0.0160	0.0200	0.0700
	稀释每股收益(元)	0.0500	0.0090	0.0400	0.1000
	每股净资产(元)	2.0739	2.0024	2.0341	7.2705
	每股经营现金净流量(元)	−0.0350	0.1547	0.0015	−0.1259
	每股现金流量(元)	0.0761	−0.7614	−0.6475	3.3134
	每股资本公积金(元)	0.7180	0.7195	0.7216	5.8133
	每股盈余公积金(元)	0.0533	0.0533	0.0425	0.1709
	每股未分配利润(元)	0.2331	0.2296	0.2716	1.0450
	净资产收益率(%)	2.5786	0.4292	1.9562	1.2566
	加权净资产收益率(%)	2.6400	0.4100	1.9500	2.0100
	净资产收益率(扣除)(%)	2.2768	−0.8122	1.0717	0.8395
	总资产(万元)	269904.41	248410.91	258057.36	310276.35
	归属母公司股东权益(万元)	168449.37	162644.35	165216.02	164038.56
	营业收入(万元)	53111.61	99021.64	44729.04	96397.52
	营业支出(万元)	31893.45	57612.10	27733.33	60659.30
	投资收益(万元)	695.89	631.34	1446.79	−70.78
	净利润(万元)	3990.73	125.32	3343.39	2039.74
	营业利润(万元)	4320.49	−392.07	4026.63	1652.60
	利润总额(万元)	4648.40	401.57	4240.20	2490.73

汉威科技集团股份有限公司

公司概况	公司名称	汉威科技集团股份有限公司			证券简称	汉威科技
	法人代表	任红军	董秘	肖锋	证券代码	300007
	公司网址	www.hanwei.cn		电子信箱	hwdz@hwsensor.com	
	电话	0371-67169159		传真	0371-67169196	
	办公地址	河南省郑州市高新技术开发区雪松路169号				
	经营范围	气体传感器、气体检测仪器仪表的研发、生产、销售及自营产品出口等				

	指标\报告期	2017.06.30	2016.12.31	2016.06.30	2015.12.31
主要财务指标	基本每股收益(元)	0.1900	0.3100	0.1500	0.2700
	基本每股收益(扣除后)(元)	0.1300	0.0700	0.0900	0.1500
	稀释每股收益(元)	0.1900	0.3100	0.1500	0.2700
	每股净资产(元)	4.5592	4.4193	4.2551	4.1618
	每股经营现金净流量(元)	0.1670	0.6875	0.1562	0.5093
	每股现金流量(元)	0.0906	0.4209	−0.2268	0.9392
	每股资本公积金(元)	2.0022	2.0022	2.0008	2.0341
	每股盈余公积金(元)	0.1101	0.1101	0.0894	0.0894
	每股未分配利润(元)	1.4468	1.3069	1.1650	1.0383
	净资产收益率(%)	4.1257	6.9987	3.4464	6.4491
	加权净资产收益率(%)	4.1700	7.2400	3.4900	6.6300
	净资产收益率(扣除)(%)	2.8807	1.4971	2.0207	3.7039
	总资产(万元)	407077.81	376521.19	336425.36	281080.83
	归属母公司股东权益(万元)	133594.47	129494.57	124684.84	121949.66
	营业收入(万元)	69140.04	110771.92	53362.44	74671.86
	营业支出(万元)	43651.28	67984.83	33276.14	42701.63
	投资收益(万元)	395.00	5622.40	11.78	467.08
	净利润(万元)	7574.26	12807.51	6192.84	9916.28
	营业利润(万元)	9084.96	10173.64	4190.85	7554.81
	利润总额(万元)	9864.91	15303.08	7262.36	11948.78

天海融合防务装备技术股份有限公司

公司概况	公司名称	天海融合防务装备技术股份有限公司			证券简称	天海防务
	法人代表	刘楠	董秘	胡毓	证券代码	300008
	公司网址	www.bestwaysh.com		电子信箱	public@bestwaysh.com	
	电话	021-60859788 60859745		传真	021-60859896	
	办公地址	上海市松江区莘砖公路518号10号				
	经营范围	船舶工程及海洋工程设计、设计工程总承包(EPC)、船舶建造监理等				

	指标\报告期	2017.06.30	2016.12.31	2016.06.30	2015.12.31
主要财务指标	基本每股收益(元)	0.1978	0.4260	0.3440	0.2220
	基本每股收益(扣除后)(元)	0.1905	0.3860	0.3230	0.1940
	稀释每股收益(元)	0.1978	0.4260	0.3440	0.2210
	每股净资产(元)	3.0832	7.5607	7.4190	3.7115
	每股经营现金净流量(元)	0.0572	−0.5294	−0.6554	−0.2482
	每股现金流量(元)	−0.0023	0.8886	0.7065	−0.0093
	每股资本公积金(元)	1.6218	5.5544	5.5185	1.7540
	每股盈余公积金(元)	0.0399	0.0998	0.0971	0.1467
	每股未分配利润(元)	0.4215	0.9064	0.8032	0.8105
	净资产收益率(%)	3.2081	4.9718	3.5906	5.9168
	加权净资产收益率(%)	3.2200	6.5600	6.4100	6.3900
	净资产收益率(扣除)(%)	3.0895	4.4990	3.3774	5.1671
	总资产(万元)	398007.64	380008.48	367079.13	170213.38
	归属母公司股东权益(万元)	295990.58	290334.52	283280.23	93861.27
	营业收入(万元)	66995.96	160570.57	84506.84	119684.27
	营业支出(万元)	51052.32	131913.28	67219.43	103142.41
	投资收益(万元)	1064.00	−327.35	95.72	−121.12
	净利润(万元)	9499.21	14175.59	9983.72	5088.37
	营业利润(万元)	10753.75	16662.93	11751.94	6025.51
	利润总额(万元)	11166.05	18243.89	12483.42	6883.57

安徽安科生物工程(集团)股份有限公司

公司概况	公司名称	安徽安科生物工程(集团)股份有限公司			证券简称	安科生物
	法人代表	宋礼华	董秘	姚建平	证券代码	300009
	公司网址	www.ankebio.com		电子信箱	master@ankebio.com	
	电　话	0551-65316867 65316841		传　真	86-551-65316867	
	办公地址	安徽省合肥市长江西路669号高新区海关路k-1				
	经营范围	生物医药的研究、开发、生产和销售等				

	指标\报告期	2017.06.30	2016.12.31	2016.06.30	2015.12.31
主要财务指标	基本每股收益(元)	0.1626	0.3681	0.1605	0.3600
	基本每股收益(扣除后)(元)	0.1400	0.3400	0.1500	0.3500
	稀释每股收益(元)	0.1626	0.3681	0.1605	0.3600
	每股净资产(元)	1.9753	2.4817	2.3209	2.9837
	每股经营现金净流量(元)	0.1046	0.4712	0.1477	0.2911
	每股现金流量(元)	–0.0990	0.1144	0.1256	–0.2270
	每股资本公积金(元)	0.5351	0.9709	0.5744	1.0721
	每股盈余公积金(元)	0.1213	0.1577	0.1387	0.1802
	每股未分配利润(元)	0.6394	0.7699	0.6078	0.7313
	净资产收益率(%)	8.2309	14.5184	6.9176	11.1965
	加权净资产收益率(%)	8.3100	15.5100	6.9200	17.1400
	净资产收益率(扣除)(%)	6.9212	13.4242	6.3358	10.7473
	总资产(万元)	195983.70	196524.38	184947.14	140129.27
	归属母公司股东权益(万元)	140615.21	135898.57	123035.70	121693.98
	营业收入(万元)	44720.89	84921.64	35510.69	63575.51
	营业支出(万元)	10548.89	21920.90	10165.84	18122.01
	投资收益(万元)	1652.06	543.65	491.50	96.18
	净利润(万元)	11500.86	19787.29	8455.87	13243.10
	营业利润(万元)	13410.47	21930.70	9548.03	15013.96
	利润总额(万元)	13434.21	23123.22	9886.38	15597.28

北京立思辰科技股份有限公司

公司概况	公司名称	北京立思辰科技股份有限公司			证券简称	立思辰
	法人代表	池燕明	董秘	华婷	证券代码	300010
	公司网址	www.lanxum.com		电子信箱	contact@lanxum.com	
	电　话	010-83058080		传　真	010-83058200	
	办公地址	北京市海淀区东北旺西路8号院25号楼立思辰大厦				
	经营范围	办公信息系统解决方案及服务等				

	指标\报告期	2017.06.30	2016.12.31	2016.06.30	2015.12.31
主要财务指标	基本每股收益(元)	0.0401	0.3524	0.0390	0.1955
	基本每股收益(扣除后)(元)	0.0352	0.3331	0.0346	0.1723
	稀释每股收益(元)	0.0400	0.3508	0.0390	0.1951
	每股净资产(元)	6.1018	6.1730	5.9349	2.5394
	每股经营现金净流量(元)	–0.4146	0.3202	–0.1633	0.1437
	每股现金流量(元)	–0.3336	0.3867	1.1373	0.0050
	每股资本公积金(元)	4.3433	4.4462	5.0186	0.9503
	每股盈余公积金(元)	0.0180	0.0180	0.0205	0.0229
	每股未分配利润(元)	0.8103	0.7710	0.5526	0.5715
	净资产收益率(%)	0.6566	5.2150	0.5892	7.4757
	加权净资产收益率(%)	0.6500	7.1200	1.1600	8.4300
	净资产收益率(扣除)(%)	0.5770	4.9289	0.5184	6.6091
	总资产(万元)	737747.17	758579.30	623995.32	271107.75
	归属母公司股东权益(万元)	532447.69	537515.25	513216.49	174096.45
	营业收入(万元)	68077.05	188363.38	50163.28	102314.55
	营业支出(万元)	38940.46	101938.55	25766.38	54721.96
	投资收益(万元)	1714.39	1062.70	–163.35	–108.84
	净利润(万元)	3473.36	30027.13	2556.45	13259.97
	营业利润(万元)	4083.97	30587.76	1371.38	11248.96
	利润总额(万元)	4091.99	36207.05	3855.37	15163.83

北京鼎汉技术股份有限公司

公司概况	公司名称	北京鼎汉技术股份有限公司			证券简称	鼎汉技术
	法人代表	顾庆伟	董秘	吴志刚	证券代码	300011
	公司网址	www.dinghantech.com		电子信箱	ir@dinghantech.com	
	电　话	010-83683366-8287		传　真	010-83683366-8223	
	办公地址	北京市丰台区南四环西路188号十八区2号楼(园区)				
	经营范围	生产轨道交通信号智能电源产品、轨道交通电力操作电源、屏蔽门电源等				

	指标\报告期	2017.06.30	2016.12.31	2016.06.30	2015.12.31
主要财务指标	基本每股收益(元)	0.0160	0.2104	0.0152	0.5010
	基本每股收益(扣除后)(元)	0.0147	0.0806	–0.0339	0.4257
	稀释每股收益(元)	0.0160	0.2103	0.0150	0.4941
	每股净资产(元)	4.0693	4.0770	3.8898	3.9296
	每股经营现金净流量(元)	0.0147	0.1114	–0.1295	0.1797
	每股现金流量(元)	–0.1335	0.1197	–0.0779	–0.4111
	每股资本公积金(元)	1.7740	1.7715	1.7708	1.7613
	每股盈余公积金(元)	0.0954	0.0955	0.0833	0.0836
	每股未分配利润(元)	1.2038	1.2181	1.0396	1.0886
	净资产收益率(%)	0.3921	5.1385	0.3902	12.6918
	加权净资产收益率(%)	0.3900	5.2600	0.3900	13.5500
	净资产收益率(扣除)(%)	0.3581	1.9674	–0.8682	10.7847
	总资产(万元)	350146.86	330480.31	308497.93	310911.42
	归属母公司股东权益(万元)	216099.63	216452.00	205839.72	207102.92
	营业收入(万元)	47382.29	95398.84	36444.72	114457.76
	营业支出(万元)	31340.52	58329.84	22246.39	65326.80
	投资收益(万元)	–167.02	1322.52	–27.65	1438.71
	净利润(万元)	847.33	11122.34	803.17	26241.74
	营业利润(万元)	1028.83	2526.45	–1675.42	24124.96
	利润总额(万元)	1114.43	11223.39	1298.60	29066.59

华测检测认证集团股份有限公司

公司概况	公司名称	华测检测认证集团股份有限公司			证券简称	华测检测
	法人代表	万峰	董秘	陈砚	证券代码	300012
	公司网址	www.cti-cert.com		电子信箱	security@cti-cert.com	
	电　话	0755-33682137		传　真	0755-33683385-2137	
	办公地址	广东省深圳市宝安区新安街道留仙三路4号华测检测大楼				
	经营范围	贸易保障消费品工业品以及生命科学领域的技术检测服务				

	指标\报告期	2017.06.30	2016.12.31	2016.06.30	2015.12.31
主要财务指标	基本每股收益(元)	0.0239	0.1300	0.0210	0.4700
	基本每股收益(扣除后)(元)	0.0067	0.1000	0.0133	0.4400
	稀释每股收益(元)	0.0239	0.1300	0.0210	0.4700
	每股净资产(元)	1.4288	2.8678	1.8372	3.7278
	每股经营现金净流量(元)	0.0419	0.4336	0.0025	0.7238
	每股现金流量(元)	–0.0789	0.4433	–0.1712	0.5176
	每股资本公积金(元)	0.0149	1.0364	0.0437	1.0849
	每股盈余公积金(元)	0.0439	0.0879	0.0909	0.1819
	每股未分配利润(元)	0.3700	0.7422	0.7042	1.4669
	净资产收益率(%)	1.6724	4.2288	1.1453	12.6405
	加权净资产收益率(%)	1.6500	6.0200	1.1300	13.4000
	净资产收益率(扣除)(%)	1.0212	3.3240	0.7250	11.7053
	总资产(万元)	330186.42	312259.56	193341.18	188844.03
	归属母公司股东权益(万元)	239264.60	240113.09	140860.56	142854.01
	营业收入(万元)	84958.33	165226.07	63611.68	128783.54
	营业支出(万元)	45697.62	81608.49	34090.46	59307.62
	投资收益(万元)	292.80	25.82	16.22	103.68
	净利润(万元)	4740.43	11113.74	1762.09	18217.26
	营业利润(万元)	5124.19	12942.23	2478.60	19979.53
	利润总额(万元)	6440.02	15500.63	3209.07	21547.89

江苏新宁现代物流股份有限公司

公司概况	公司名称	江苏新宁现代物流股份有限公司			证券简称	新宁物流
	法人代表	王雅军	董秘	张瑜	证券代码	300013
	公司网址	www.xinning.com.cn		电子信箱	jsxn@xinning.com.cn	
	电　话	0512-57120911		传　真	0512-57999356	
	办公地址	江苏省昆山市张浦镇阳光西路 760 号				
	经营范围	进出口货物的仓储、集装箱堆存及有关配套业务等				

主要财务指标	指标\报告期	2017.06.30	2016.12.31	2016.06.30	2015.12.31
	基本每股收益(元)	0.1170	0.2000	0.0200	-0.5200
	基本每股收益(扣除后)(元)	0.1200	0.1100	-0.0200	-0.5200
	稀释每股收益(元)	0.1170	0.2000	0.0200	-0.5200
	每股净资产(元)	4.5469	4.4412	3.9429	3.9268
	每股经营现金净流量(元)	0.0719	0.1143	-0.1708	-0.1005
	每股现金流量(元)	-0.0624	-0.4037	-0.6065	0.6586
	每股资本公积金(元)	3.0328	3.0338	3.0347	3.0347
	每股盈余公积金(元)	0.0328	0.0328	0.0313	0.0313
	每股未分配利润(元)	0.1702	0.0633	-0.1243	-0.1400
	净资产收益率(%)	2.5708	4.6111	0.3995	-9.3852
	加权净资产收益率(%)	2.6000	5.0800	0.4000	-21.1200
	净资产收益率(扣除)(%)	2.6881	2.5639	-0.6330	-9.2515
	总资产(万元)	207498.75	199521.46	172890.01	171808.88
	归属母公司股东权益(万元)	135404.08	132255.39	117415.03	116935.31
	营业收入(万元)	40059.52	75868.69	33913.49	59027.40
	营业支出(万元)	24335.14	48271.68	23643.64	43296.18
	投资收益(万元)	437.69	662.97	329.59	541.42
	净利润(万元)	3499.85	6041.30	492.83	-10822.39
	营业利润(万元)	4299.00	4044.57	-835.13	-9980.62
	利润总额(万元)	4405.37	8102.16	1153.43	-10059.73

惠州亿纬锂能股份有限公司

公司概况	公司名称	惠州亿纬锂能股份有限公司			证券简称	亿纬锂能
	法人代表	刘金成	董秘	唐秋英	证券代码	300014
	公司网址	www.evebattery.com		电子信箱	ir@evebattery.com	
	电　话	0752-5751928 2605878		传　真	0752-2606033	
	办公地址	广东省惠州市仲恺高新区惠风七路 36 号				
	经营范围	生产、销售锂一次电池、锂二次电池、锂聚合物电池、锂离子电池等				

主要财务指标	指标\报告期	2017.06.30	2016.12.31	2016.06.30	2015.12.31
	基本每股收益(元)	0.2700	0.5900	0.2100	0.3800
	基本每股收益(扣除后)(元)	0.1900	0.5500	0.2083	0.2300
	稀释每股收益(元)	0.2700	0.5900	0.2100	0.3800
	每股净资产(元)	2.5118	4.5522	4.1360	2.5507
	每股经营现金净流量(元)	-0.0873	0.1106	-0.1700	0.1335
	每股现金流量(元)	-0.2361	0.1397	-0.3126	0.8102
	每股资本公积金(元)	0.2937	1.5655	1.5311	1.5289
	每股盈余公积金(元)	0.1178	0.2203	0.1705	0.1706
	每股未分配利润(元)	1.1003	1.7664	1.4344	1.3016
	净资产收益率(%)	10.8151	12.9516	5.0347	8.8544
	加权净资产收益率(%)	11.3300	13.8800	5.1000	13.8600
	净资产收益率(扣除)(%)	7.7226	12.0257	4.7960	5.3839
	总资产(万元)	583354.77	438761.61	317488.56	248795.63
	归属母公司股东权益(万元)	215003.69	194427.85	176704.44	170879.31
	营业收入(万元)	134399.06	233971.20	82128.12	134893.29
	营业支出(万元)	94709.03	165660.95	56819.14	97212.71
	投资收益(万元)	12657.75	9.67	203.32	477.65
	净利润(万元)	26718.03	31525.57	10761.01	16600.68
	营业利润(万元)	31276.54	34040.44	12372.09	13462.93
	利润总额(万元)	30801.33	35891.73	12656.13	18091.22

爱尔眼科医院集团股份有限公司

公司概况	公司名称	爱尔眼科医院集团股份有限公司			证券简称	爱尔眼科
	法人代表	陈邦	董秘	吴士君	证券代码	300015
	公司网址	www.aierchina.com		电子信箱	zhengquanbu@yeah.net	
	电　话	0731-82570739		传　真	0731-85179288 8039	
	办公地址	湖南省长沙市芙蓉中路二段 198 号新世纪大厦 4 楼				
	经营范围	眼科医院的投资和医院经营管理服务等				

主要财务指标	指标\报告期	2017.06.30	2016.12.31	2016.06.30	2015.12.31
	基本每股收益(元)	0.2385	0.5600	0.2737	0.4400
	基本每股收益(扣除后)(元)	0.2402	0.5500	0.2724	0.4700
	稀释每股收益(元)	0.2383	0.5600	0.2722	0.4300
	每股净资产(元)	2.0264	2.7527	2.6904	2.4305
	每股经营现金净流量(元)	0.2752	0.6682	0.3181	0.5298
	每股现金流量(元)	-0.1196	0.0546	0.0807	-0.0665
	每股资本公积金(元)	0.3794	0.5240	0.4361	0.1537
	每股盈余公积金(元)	0.1218	0.1833	0.1421	0.1452
	每股未分配利润(元)	0.6746	1.3381	1.3952	1.1490
	净资产收益率(%)	11.7483	20.0445	10.0659	17.8694
	加权净资产收益率(%)	12.1900	21.8400	10.6800	19.6600
	净资产收益率(扣除)(%)	11.8310	19.6595	10.0183	19.2031
	总资产(万元)	511105.56	406593.25	394268.20	325662.52
	归属母公司股东权益(万元)	308157.90	278114.54	270968.12	239540.72
	营业收入(万元)	259005.74	400040.17	191966.06	316558.05
	营业支出(万元)	137386.79	215580.85	102438.30	169065.93
	投资收益(万元)	1012.13	2118.89	777.45	988.59
	净利润(万元)	39167.72	56711.15	28074.29	43658.15
	营业利润(万元)	50179.53	70050.18	35743.15	60067.06
	利润总额(万元)	48261.44	68421.72	34921.66	55016.74

北京北陆药业股份有限公司

公司概况	公司名称	北京北陆药业股份有限公司			证券简称	北陆药业
	法人代表	王代雪	董秘	刘宁	证券代码	300016
	公司网址	www.beilu.com.cn		电子信箱	blxp@beilu.com.cn	
	电　话	010-62625287		传　真	010-82626933	
	办公地址	北京市海淀区西直门北大街 32 号枫蓝国际 A 座写字楼 7 层				
	经营范围	药品生产以及药品经销等				

主要财务指标	指标\报告期	2017.06.30	2016.12.31	2016.06.30	2015.12.31
	基本每股收益(元)	0.2207	0.0500	0.1719	0.1100
	基本每股收益(扣除后)(元)	0.2169	0.2600	0.1682	0.2800
	稀释每股收益(元)	0.2207	0.0500	0.1719	0.1100
	每股净资产(元)	2.9415	2.7660	2.8838	2.6963
	每股经营现金净流量(元)	0.2141	0.2336	0.1114	0.2446
	每股现金流量(元)	0.1454	-0.5588	-0.2218	0.3726
	每股资本公积金(元)	0.9741	0.9741	0.9682	0.9944
	每股盈余公积金(元)	0.1528	0.1528	0.1478	0.1457
	每股未分配利润(元)	0.8498	0.6391	0.7678	0.6055
	净资产收益率(%)	7.5045	1.8165	6.0308	3.6558
	加权净资产收益率(%)	7.7100	1.8500	6.1700	4.9800
	净资产收益率(扣除)(%)	7.3746	9.2974	5.8992	3.3442
	总资产(万元)	104806.13	95609.26	106355.97	105002.04
	归属母公司股东权益(万元)	95890.23	90169.46	94009.55	89116.29
	营业收入(万元)	28239.55	49886.06	27149.95	49143.10
	营业支出(万元)	10138.48	15445.34	7977.13	13112.66
	投资收益(万元)	107.41	-7773.60	-167.57	-105.44
	净利润(万元)	7196.04	1550.51	5582.08	3091.61
	营业利润(万元)	8173.90	1722.46	6368.71	4464.87
	利润总额(万元)	8320.36	2220.89	6538.82	4800.47

网宿科技股份有限公司

公司概况	公司名称	网宿科技股份有限公司		证券简称	网宿科技
	法人代表	刘成彦	董秘 周丽萍	证券代码	300017
	公司网址	www.chinanetcenter.com		电子信箱	wangsudmb@chinanetcenter.com
	电　话	021-64685982		传　真	021-64879605
	办公地址	上海市徐汇区斜土路2899号光启文化广场A幢5楼			
	经营范围	计算机软硬件的技术开发、技术转让、技术咨询、技术服务、信息采集等			

主要财务指标 指标\报告期	2017.06.30	2016.12.31	2016.06.30	2015.12.31
基本每股收益(元)	0.1729	1.6175	0.7817	1.1870
基本每股收益(扣除后)(元)	0.1372	1.4594	0.6954	1.0703
稀释每股收益(元)	0.1726	1.6026	0.7682	1.1610
每股净资产(元)	3.1344	9.1324	8.2354	3.5355
每股经营现金净流量(元)	0.1282	1.3367	0.6472	1.0141
每股现金流量(元)	0.1681	-0.2768	-0.2198	0.2893
每股资本公积金(元)	0.9056	4.6743	4.5886	0.1790
每股盈余公积金(元)	0.1276	0.3836	0.2298	0.2575
每股未分配利润(元)	1.1053	3.0540	2.4058	2.0912
净资产收益率(%)	5.5073	17.0819	8.9669	33.2129
加权净资产收益率(%)	5.5800	21.5200	12.8100	40.9600
净资产收益率(扣除)(%)	4.3699	15.4127	7.9763	29.9453
总资产(万元)	915382.30	866265.18	750361.39	350573.77
归属母公司股东权益(万元)	755286.75	731998.82	653303.83	250309.06
营业收入(万元)	244215.63	444652.72	205611.69	293166.15
营业支出(万元)	161078.45	258024.63	115942.29	161938.14
投资收益(万元)	3217.65	6304.43	1695.89	3238.13
净利润(万元)	41481.85	124819.70	58486.86	82955.35
营业利润(万元)	35191.05	124688.74	56509.49	81463.82
利润总额(万元)	41921.21	132599.51	62412.36	87845.22

武汉中元华电科技股份有限公司

公司概况	公司名称	武汉中元华电科技股份有限公司		证券简称	中元华电
	法人代表	邓志刚	董秘 董志刚	证券代码	300018
	公司网址	www.zyhd.com.cn		电子信箱	stock@zyhd.com.cn
	电　话	027-87180718		传　真	027-87180719
	办公地址	湖北省武汉市东湖新技术开发区华中科技大学科技园六路6号			
	经营范围	计算机软、硬件、自动化、电力、电子设备与器件、通讯、办公设备的开发、研制等			

主要财务指标 指标\报告期	2017.06.30	2016.12.31	2016.06.30	2015.12.31
基本每股收益(元)	0.0500	0.2200	0.0700	0.3600
基本每股收益(扣除后)(元)	0.0500	0.2200	0.0600	0.3600
稀释每股收益(元)	0.0500	0.2200	0.0700	0.3600
每股净资产(元)	2.9251	2.9583	2.8000	5.5725
每股经营现金净流量(元)	0.0153	0.2483	0.0039	0.4225
每股现金流量(元)	0.0466	0.0154	-0.0989	-0.0358
每股资本公积金(元)	1.2923	1.2456	1.2456	3.4913
每股盈余公积金(元)	0.0765	0.0775	0.0691	0.1381
每股未分配利润(元)	0.6291	0.6352	0.4867	0.9431
净资产收益率(%)	1.7593	7.5067	2.3265	5.6096
加权净资产收益率(%)	1.7600	7.7500	2.3300	8.2200
净资产收益率(扣除)(%)	1.5928	7.3808	2.2449	5.4881
总资产(万元)	161549.47	159812.67	149965.65	152270.73
归属母公司股东权益(万元)	142486.67	142245.69	134701.53	133971.83
营业收入(万元)	14487.93	35901.10	14468.41	27096.11
营业支出(万元)	6138.91	13090.69	5755.25	10579.32
投资收益(万元)	-14.47	-5.13	-	-
净利润(万元)	2625.33	11039.43	3097.50	7392.92
营业利润(万元)	2769.46	10834.96	2804.58	7749.50
利润总额(万元)	3172.49	12346.91	3433.39	8829.78

成都硅宝科技股份有限公司

公司概况	公司名称	成都硅宝科技股份有限公司		证券简称	硅宝科技
	法人代表	王有治	董秘 李松	证券代码	300019
	公司网址	www.guibao.cn		电子信箱	guibao@cnguibao.com
	电　话	028-85317909 86039232		传　真	028-86039232
	办公地址	四川省成都市高新区新园大道16号			
	经营范围	研发、生产和销售有机硅室温胶等			

主要财务指标 指标\报告期	2017.06.30	2016.12.31	2016.06.30	2015.12.31
基本每股收益(元)	0.0558	0.2764	0.1136	0.2736
基本每股收益(扣除后)(元)	0.0425	0.2500	0.1016	0.2453
稀释每股收益(元)	0.0558	0.2764	0.1136	0.2736
每股净资产(元)	2.1574	2.2210	1.9390	1.9800
每股经营现金净流量(元)	0.0802	0.2363	0.0126	0.2032
每股现金流量(元)	-0.1283	0.0158	-0.1917	-0.0667
每股资本公积金(元)	0.1495	0.1495	0.0368	0.0368
每股盈余公积金(元)	0.1426	0.1426	0.1285	0.1285
每股未分配利润(元)	0.8645	0.9087	0.7732	0.8096
净资产收益率(%)	2.5867	12.4466	5.8611	13.8472
加权净资产收益率(%)	2.5400	13.5400	5.6600	14.5400
净资产收益率(扣除)(%)	1.9692	11.0288	5.2376	12.1203
总资产(万元)	94010.57	92298.94	86043.67	89883.97
归属母公司股东权益(万元)	71388.32	72826.29	63290.02	64489.09
营业收入(万元)	31817.55	65247.34	26274.77	60615.64
营业支出(万元)	24034.54	43173.90	16899.16	40679.49
投资收益(万元)	28.29	-0.68	-21.54	-0.39
净利润(万元)	1817.88	9083.72	3713.99	8928.60
营业利润(万元)	2221.16	9309.84	3881.59	9029.90
利润总额(万元)	2222.91	10542.86	4364.46	10390.96

银江股份有限公司

公司概况	公司名称	银江股份有限公司		证券简称	银江股份
	法人代表	章建强	董秘 叶智慧	证券代码	300020
	公司网址	www.enjoyor.net		电子信箱	enjoyor@enjoyor.net
	电　话	86-571-89716117		传　真	86-571-89716114
	办公地址	浙江省杭州市西湖区西湖经济科技园西园八路2号G座			
	经营范围	交通、医疗、建筑、环境、能源、教育智能化及信息化技术开发、技术服务、成果转让、设计			

主要财务指标 指标\报告期	2017.06.30	2016.12.31	2016.06.30	2015.12.31
基本每股收益(元)	0.1300	0.2300	0.3100	0.1800
基本每股收益(扣除后)(元)	0.1300	0.0100	0.1200	0.1300
稀释每股收益(元)	0.1300	0.2300	0.3100	0.1800
每股净资产(元)	4.6891	4.5510	4.5727	4.0697
每股经营现金净流量(元)	-0.2125	-0.2091	-0.4081	0.1512
每股现金流量(元)	-0.1905	-0.2973	-0.5211	1.2617
每股资本公积金(元)	2.0615	2.0615	2.0661	2.0560
每股盈余公积金(元)	0.1528	0.1528	0.1237	0.1238
每股未分配利润(元)	1.2418	1.1131	1.2167	0.9284
净资产收益率(%)	2.7444	5.1392	6.7418	4.1708
加权净资产收益率(%)	2.7500	5.4300	7.0400	5.0600
净资产收益率(扣除)(%)	2.6742	0.1770	2.6563	2.9778
总资产(万元)	594325.47	546877.98	520409.73	472962.07
归属母公司股东权益(万元)	307505.50	298448.71	299870.03	266641.37
营业收入(万元)	93506.27	165530.39	84404.50	193500.20
营业支出(万元)	70151.47	122666.93	64323.30	145136.31
投资收益(万元)	185.40	12449.17	12167.06	513.78
净利润(万元)	8217.13	15086.38	20071.02	10861.82
营业利润(万元)	9796.50	15565.97	22592.46	-21506.96
利润总额(万元)	9808.13	17170.49	23231.35	11498.55

大禹节水集团股份有限公司

公司概况	公司名称	大禹节水集团股份有限公司			证券简称	大禹节水
	法人代表	王浩宇	董秘	李福武(代)	证券代码	300021
	公司网址	www.gsdyjsgs.com			电子信箱	dyjszqb@163.com
	电　话	022-59679312　2689028			传　真	0937-2688963
	办公地址	天津市武清区京滨工业园民旺道10号				
	经营范围	节水灌溉用塑料制品及过滤器、施肥器、排灌机械、建筑用塑料管材等				

主要财务指标	指标\报告期	2017.06.30	2016.12.31	2016.06.30	2015.12.31
	基本每股收益(元)	0.0394	0.2002	0.0600	0.2203
	基本每股收益(扣除后)(元)	0.0369	0.1600	0.0437	0.1791
	稀释每股收益(元)	0.0394	0.2002	0.0400	0.2203
	每股净资产(元)	1.6688	4.1812	3.9669	1.7594
	每股经营现金净流量(元)	−0.1451	−0.3363	−0.5533	0.6762
	每股现金流量(元)	−0.3645	1.1315	1.7496	0.3001
	每股资本公积金(元)	0.3244	2.3111	2.2270	0.1588
	每股盈余公积金(元)	0.0287	0.0716	0.0716	0.0820
	每股未分配利润(元)	0.3157	0.7985	0.6683	0.6971
	净资产收益率(%)	2.1766	4.5357	1.5004	11.3704
	加权净资产收益率(%)	2.1100	6.1300	2.8100	12.0600
	净资产收益率(扣除)(%)	2.0268	3.5664	0.9903	9.2425
	总资产(万元)	237024.40	248612.72	240660.18	169510.50
	归属母公司股东权益(万元)	133064.43	133357.59	126522.90	53989.34
	营业收入(万元)	51972.16	102919.58	51525.85	116009.79
	营业支出(万元)	39345.53	75404.64	39587.94	86361.12
	投资收益(万元)	60.55	485.46	–	−293.39
	净利润(万元)	3144.76	6201.18	1893.55	6141.74
	营业利润(万元)	3468.68	6077.03	1527.49	7161.72
	利润总额(万元)	3703.25	7446.65	2286.83	8507.90

吉峰农机连锁股份有限公司

公司概况	公司名称	吉峰农机连锁股份有限公司			证券简称	吉峰农机
	法人代表	王新明	董秘	杨元兴	证券代码	300022
	公司网址	www.gifore.com			电子信箱	office@gifore.com.cn
	电　话	028-67518546			传　真	028-67518546
	办公地址	四川省成都市郫县成都现代工业港北部园区港通北二路219号				
	经营范围	批发、零售农业机械、机械设备、汽车零配件、摩托车及配件、建筑材料等				

主要财务指标	指标\报告期	2017.06.30	2016.12.31	2016.06.30	2015.12.31
	基本每股收益(元)	−0.0449	0.0309	0.0628	0.0351
	基本每股收益(扣除后)(元)	−0.0495	0.0190	0.0100	−0.0353
	稀释每股收益(元)	−0.0449	0.0309	0.0628	0.0351
	每股净资产(元)	0.6157	0.6627	0.6877	0.2178
	每股经营现金净流量(元)	−0.1224	0.3764	0.1980	−0.0130
	每股现金流量(元)	−0.1372	0.0764	−0.0175	0.1196
	每股资本公积金(元)	0.5306	0.5326	0.5258	0.5249
	每股盈余公积金(元)	0.0392	0.0392	0.0392	0.0392
	每股未分配利润(元)	−0.9618	−0.9169	−0.8851	−0.9478
	净资产收益率(%)	−7.2868	4.6674	9.1309	5.3486
	加权净资产收益率(%)	−7.0100	4.8100	9.5800	12.2300
	净资产收益率(扣除)(%)	−8.0408	2.8706	1.4573	−5.3782
	总资产(万元)	242201.36	222962.95	266336.23	232243.58
	归属母公司股东权益(万元)	23412.62	25197.12	26147.49	23728.41
	营业收入(万元)	147389.89	356628.57	153222.13	328500.54
	营业支出(万元)	125830.89	305103.41	129741.04	280574.97
	投资收益(万元)	4.24	498.84	−41.10	1321.67
	净利润(万元)	−683.82	4068.60	5701.99	3217.53
	营业利润(万元)	165.77	6898.62	6598.35	3134.18
	利润总额(万元)	157.90	6832.64	6642.50	4087.89

西安宝德自动化股份有限公司

公司概况	公司名称	西安宝德自动化股份有限公司			证券简称	宝德股份
	法人代表	赵敏	董秘	范勇建	证券代码	300023
	公司网址	www.bode-e.com			电子信箱	dongmiban@bode-e.com
	电　话	029-89010616			传　真	029-89010610
	办公地址	陕西省西安市高新区草堂科技产业基地秦岭大道西付6号				
	经营范围	微电子及光机电一体化产品的设计、生产、销售、维修、改造及服务等				

主要财务指标	指标\报告期	2017.06.30	2016.12.31	2016.06.30	2015.12.31
	基本每股收益(元)	0.1379	0.2000	0.1140	0.4200
	基本每股收益(扣除后)(元)	0.1100	0.1700	0.1103	0.4100
	稀释每股收益(元)	0.1379	0.2000	0.1140	0.4200
	每股净资产(元)	3.4374	3.3006	3.2154	7.8025
	每股经营现金净流量(元)	1.4096	−5.5577	−4.4822	−12.7729
	每股现金流量(元)	1.3719	0.1947	0.0133	0.5300
	每股资本公积金(元)	1.8657	1.8657	1.8657	6.1642
	每股盈余公积金(元)	0.0220	0.0220	0.0220	0.0550
	每股未分配利润(元)	0.5494	0.4115	0.3267	0.5817
	净资产收益率(%)	4.0105	6.0240	3.5468	5.4334
	加权净资产收益率(%)	4.0900	6.2000	3.6000	8.0800
	净资产收益率(扣除)(%)	3.2049	5.2971	3.4301	5.2590
	总资产(万元)	677599.84	641742.84	605804.28	455657.27
	归属母公司股东权益(万元)	108657.32	104332.69	101642.43	98657.48
	营业收入(万元)	30086.83	67706.98	23823.23	33277.36
	营业支出(万元)	21786.46	46461.32	14045.22	19923.26
	投资收益(万元)	41.53	80.28	42.27	80.59
	净利润(万元)	4885.47	7743.41	3781.50	6583.01
	营业利润(万元)	5448.38	10063.75	5704.53	8151.90
	利润总额(万元)	6646.67	11135.58	5828.26	8790.92

沈阳新松机器人自动化股份有限公司

公司概况	公司名称	沈阳新松机器人自动化股份有限公司			证券简称	机器人
	法人代表	曲道奎	董秘	赵立国	证券代码	300024
	公司网址	www.siasun.com			电子信箱	zlg5335@163.com
	电　话	024-31699888　31699818			传　真	024-31680024
	办公地址	辽宁省沈阳市浑南新区金辉街16号				
	经营范围	机器人与自动化装备、自动化立体仓库及仓储物流设备、机械电子设备等				

主要财务指标	指标\报告期	2017.06.30	2016.12.31	2016.06.30	2015.12.31
	基本每股收益(元)	0.1100	0.2633	0.1100	0.6000
	基本每股收益(扣除后)(元)	0.0900	0.1758	0.0900	0.3600
	稀释每股收益(元)	0.1100	0.2633	0.1100	0.6000
	每股净资产(元)	3.6528	3.5700	3.4013	3.3451
	每股经营现金净流量(元)	−0.1954	−0.1006	−0.1727	−0.1678
	每股现金流量(元)	−0.1072	−1.1170	−0.9216	3.7229
	每股资本公积金(元)	1.6987	1.6987	1.6987	4.5371
	每股盈余公积金(元)	0.1293	0.1293	0.1042	0.2292
	每股未分配利润(元)	0.8483	0.7350	0.6030	1.5930
	净资产收益率(%)	3.1013	7.3795	3.1224	7.5648
	加权净资产收益率(%)	3.1300	7.6400	3.1300	16.7200
	净资产收益率(扣除)(%)	2.4275	4.9273	2.5723	4.4997
	总资产(万元)	755625.74	708039.01	682792.99	656529.67
	归属母公司股东权益(万元)	569929.35	556642.44	530684.30	521920.26
	营业收入(万元)	102655.68	203348.10	88904.76	168539.15
	营业支出(万元)	69586.65	138807.53	59921.43	111084.87
	投资收益(万元)	−248.27	767.50	−55.80	6413.29
	净利润(万元)	17910.48	41949.13	17043.35	40250.72
	营业利润(万元)	20741.76	31878.42	16110.28	32723.24
	利润总额(万元)	20719.67	48761.91	20031.13	46649.29

杭州华星创业通信技术股份有限公司

公司概况	公司名称	杭州华星创业通信技术股份有限公司			证券简称	华星创业
	法人代表	季晓蓉	董秘	鲍航	证券代码	300025
	公司网址	www.hxcy.com.cn		电子信箱	hxcy_1@hxcy.com.cn	
	电　话	0571-87208518		传　真	0571-87208517	
	办公地址	浙江省杭州市滨江区聚才路500号				
	经营范围	移动通信技术服务及研发、生产、销售测试优化系统等				

	指标\报告期	2017.06.30	2016.12.31	2016.06.30	2015.12.31
主要财务指标	基本每股收益(元)	0.0600	0.1700	0.0700	0.5100
	基本每股收益(扣除后)(元)	0.0500	0.1800	0.0600	0.5000
	稀释每股收益(元)	0.0600	0.1700	0.0700	0.5100
	每股净资产(元)	2.1035	2.0900	1.9812	3.8932
	每股经营现金净流量(元)	-0.1312	0.0065	-0.2778	0.1628
	每股现金流量(元)	-0.0953	0.0618	-0.3316	0.3893
	每股资本公积金(元)	0.0624	0.0742	0.0741	1.1483
	每股盈余公积金(元)	0.0217	0.0217	0.0217	0.0433
	每股未分配利润(元)	1.0174	0.9851	0.8752	1.6722
	净资产收益率(%)	2.8687	8.3768	3.2851	13.0062
	加权净资产收益率(%)	2.8700	8.6900	3.2900	13.7700
	净资产收益率(扣除)(%)	2.4833	8.3890	3.2161	12.7987
	总资产(万元)	303960.74	305654.78	217295.89	220022.59
	归属母公司股东权益(万元)	90140.16	89512.78	84900.60	83416.96
	营业收入(万元)	62803.94	131011.96	52423.60	128145.72
	营业支出(万元)	44652.55	97225.18	37850.96	91441.70
	投资收益(万元)	56.58	649.54	162.81	42.08
	净利润(万元)	3907.43	7630.25	2812.02	10821.68
	营业利润(万元)	4444.57	9211.22	3433.34	12866.91
	利润总额(万元)	4908.28	9377.75	3419.02	12998.21

天津红日药业股份有限公司

公司概况	公司名称	天津红日药业股份有限公司			证券简称	红日药业
	法人代表	姚小青	董秘	蓝武军	证券代码	300026
	公司网址	www.chasesun.cn		电子信箱	shangxm_420@sina.com	
	电　话	022-59623217		传　真	022-59623290	
	办公地址	天津市新技术产业园区武清开发区泉发路西				
	经营范围	小容量注射剂、片剂、硬胶囊剂、颗粒剂、原料药等				

	指标\报告期	2017.06.30	2016.12.31	2016.06.30	2015.12.31
主要财务指标	基本每股收益(元)	0.0900	0.2200	0.3100	0.6000
	基本每股收益(扣除后)(元)	0.0900	0.2100	0.2800	0.5600
	稀释每股收益(元)	0.0900	0.2200	0.3100	0.5900
	每股净资产(元)	2.0528	1.9690	5.5530	5.2440
	每股经营现金净流量(元)	0.0978	0.1488	0.1520	0.1204
	每股现金流量(元)	-0.0228	-0.0133	-0.0869	0.8366
	每股资本公积金(元)	0.2050	0.2038	2.6057	2.5980
	每股盈余公积金(元)	0.0433	0.0433	0.1138	0.1137
	每股未分配利润(元)	0.8051	0.7362	1.8777	1.6270
	净资产收益率(%)	4.5689	11.1060	5.5833	10.1514
	加权净资产收益率(%)	4.6600	11.8400	5.7500	20.3700
	净资产收益率(扣除)(%)	4.4401	10.4381	5.0423	9.5375
	总资产(万元)	730211.07	728131.11	668221.61	647257.43
	归属母公司股东权益(万元)	618098.16	592949.94	557775.96	526927.79
	营业收入(万元)	144347.03	386701.73	174679.47	334825.07
	营业支出(万元)	43492.59	95126.95	44039.20	57872.43
	投资收益(万元)	189.93	167.26	161.93	1194.73
	净利润(万元)	27753.98	66107.56	31423.11	53623.44
	营业利润(万元)	33273.14	73324.26	33406.61	57916.41
	利润总额(万元)	33105.09	78357.89	37402.21	61859.96

华谊兄弟传媒股份有限公司

公司概况	公司名称	华谊兄弟传媒股份有限公司			证券简称	华谊兄弟
	法人代表	王忠军	董秘	高辉	证券代码	300027
	公司网址	www.huayimedia.com		电子信箱	ir@huayimedia.com	
	电　话	010-65805818		传　真	010-65881512	
	办公地址	北京市朝阳区新源南路甲2号华谊兄弟办公大楼				
	经营范围	制作、复制、发行:专题、专栏、综艺、动画片、广播剧、电视剧等				

	指标\报告期	2017.06.30	2016.12.31	2016.06.30	2015.12.31
主要财务指标	基本每股收益(元)	0.1500	0.2900	0.1100	0.7600
	基本每股收益(扣除后)(元)	0.0400	-0.0100	0.0200	0.3700
	稀释每股收益(元)	0.1500	0.2900	0.1100	0.7600
	每股净资产(元)	3.4057	3.2437	3.4000	7.1400
	每股经营现金净流量(元)	-0.1417	0.2725	0.1543	0.3786
	每股现金流量(元)	-0.3819	0.5916	0.1690	1.4246
	每股资本公积金(元)	0.9560	0.9068	1.0029	3.0006
	每股盈余公积金(元)	0.1457	0.1451	0.1066	0.2133
	每股未分配利润(元)	1.2785	1.1488	1.0061	1.8959
	净资产收益率(%)	4.5540	8.9435	3.1996	9.8256
	加权净资产收益率(%)	4.6600	8.4500	3.1400	13.6700
	净资产收益率(扣除)(%)	1.0621	-0.4447	0.7351	4.7494
	总资产(万元)	1937063.32	1985263.11	1881786.57	1789397.93
	归属母公司股东权益(万元)	944907.39	903595.35	946294.60	993474.83
	营业收入(万元)	146586.38	350345.73	146813.44	387356.51
	营业支出(万元)	67930.81	171034.80	61166.62	192583.35
	投资收益(万元)	54147.90	111915.50	30429.81	62684.64
	净利润(万元)	52151.70	99395.22	35804.26	121823.49
	营业利润(万元)	61929.24	117701.77	41696.14	138813.53
	利润总额(万元)	63338.15	128776.45	45897.63	149642.96

金亚科技股份有限公司

公司概况	公司名称	金亚科技股份有限公司			证券简称	金亚科技
	法人代表	周洪伶	董秘	周洪伶(代)	证券代码	300028
	公司网址	www.geeya.cn		电子信箱	stocks@geeya.cn	
	电　话	028-68232103		传　真	028-68232100	
	办公地址	四川省成都市蜀西路50号				
	经营范围	数字电视机顶盒、有线电视器材、数字化用户信息网络终端产品等				

	指标\报告期	2017.06.30	2016.12.31	2016.06.30	2015.12.31
主要财务指标	基本每股收益(元)	-0.0652	-0.0612	0.0187	0.0370
	基本每股收益(扣除后)(元)	-0.0702	-9.8000	-0.0097	-0.3900
	稀释每股收益(元)	-0.0652	-0.0612	0.0187	0.0418
	每股净资产(元)	0.9519	1.0172	0.9911	0.9814
	每股经营现金净流量(元)	-0.0262	0.1077	0.0013	0.5047
	每股现金流量(元)	-0.0090	-0.5713	-0.4366	0.4863
	每股资本公积金(元)	0.9029	0.9029	0.8235	0.8311
	每股盈余公积金(元)	--	--	-	-
	每股未分配利润(元)	-0.9510	-0.8857	-0.8197	-0.8384
	净资产收益率(%)	-6.8501	-6.0301	1.8838	3.7696
	加权净资产收益率(%)	-6.6200	-6.0500	1.8900	4.0500
	净资产收益率(扣除)(%)	-7.3769	-9.6618	-0.9808	-38.2376
	总资产(万元)	46480.18	49974.80	62885.74	94990.59
	归属母公司股东权益(万元)	32745.16	34988.22	34310.53	33975.38
	营业收入(万元)	488.01	14345.02	8988.14	24837.98
	营业支出(万元)	782.81	11538.48	6255.72	20689.69
	投资收益(万元)	-919.78	-1865.98	-877.05	12814.21
	净利润(万元)	-2243.07	-2109.83	646.34	1280.75
	营业利润(万元)	-2436.92	-3762.77	-139.21	588.92
	利润总额(万元)	-2233.96	-2267.90	868.65	3114.17

江苏华盛天龙光电设备股份有限公司

公司概况	公司名称	江苏华盛天龙光电设备股份有限公司			证券简称	天龙光电
	法人代表	孙利	董秘	张洪宇	证券代码	300029
	公司网址	www.hstl.cn		电子信箱	info@hstl.cn	
	电　　话	0519-82330395　82686000		传　　真	0519-82330395	
	办公地址	江苏省金坛市经济开发区华城路 318 号				
	经营范围	硅材料生长、加工设备的研发、生产和销售等				

	指标\报告期	2017.06.30	2016.12.31	2016.06.30	2015.12.31
主要财务指标	基本每股收益(元)	−0.1150	−0.2851	−0.0126	−1.7925
	基本每股收益(扣除后)(元)	−0.1159	−0.3768	−0.0757	−1.7362
	稀释每股收益(元)	−0.1150	−0.2851	−0.0126	−1.7925
	每股净资产(元)	0.8290	0.9439	1.1758	1.1884
	每股经营现金净流量(元)	−0.2060	0.1373	−0.1380	0.0400
	每股现金流量(元)	−0.2202	0.1157	−0.1640	0.1871
	每股资本公积金(元)	4.1725	4.1725	4.1573	4.1573
	每股盈余公积金(元)	0.1278	0.1278	0.1278	0.1278
	每股未分配利润(元)	−4.4713	−4.3564	−4.1093	−4.0967
	净资产收益率(%)	−13.8689	−30.1981	−1.0735	−150.8328
	加权净资产收益率(%)	−12.9700	−26.5800	−1.0700	−74.7100
	净资产收益率(扣除)(%)	−13.9841	−39.9145	−6.4395	−146.0989
	总资产(万元)	58779.30	62062.88	57189.18	60878.27
	归属母公司股东权益(万元)	16579.40	18878.78	23515.36	23767.80
	营业收入(万元)	6669.59	15005.49	9421.59	13014.31
	营业支出(万元)	5032.39	11242.41	6788.18	12301.15
	投资收益(万元)	−4.23	497.54	−4.22	−2.28
	净利润(万元)	−2387.08	−6291.05	−269.06	−39976.16
	营业利润(万元)	−2385.66	−7485.20	−1430.92	−38685.97
	利润总额(万元)	−2387.08	−6170.43	−169.56	−39860.75

广州阳普医疗科技股份有限公司

公司概况	公司名称	广州阳普医疗科技股份有限公司			证券简称	阳普医疗
	法人代表	邓冠华	董秘	倪桂英	证券代码	300030
	公司网址	www.improve-medical.com		电子信箱	board@improve-medical.com	
	电　　话	020-32218167　32312573		传　　真	020-32312573	
	办公地址	广东省广州市经济技术开发区科学城开源大道 102 号				
	经营范围	为临床检验实验室与临床护理提供以专业解决方案为依托的技术、产品和服务等				

	指标\报告期	2017.06.30	2016.12.31	2016.06.30	2015.12.31
主要财务指标	基本每股收益(元)	0.0400	0.1000	0.0500	0.1300
	基本每股收益(扣除后)(元)	0.0300	0.0700	0.0400	0.1100
	稀释每股收益(元)	0.0400	0.1000	0.0500	0.1300
	每股净资产(元)	3.1004	3.0583	3.0046	2.9815
	每股经营现金净流量(元)	−0.0855	0.0751	−0.1698	−0.0260
	每股现金流量(元)	0.7704	−0.1203	−0.2111	0.1254
	每股资本公积金(元)	1.2773	1.2773	1.2773	1.2773
	每股盈余公积金(元)	0.1007	0.1007	0.0914	0.0914
	每股未分配利润(元)	0.7125	0.6697	0.6275	0.6052
	净资产收益率(%)	1.3818	3.2272	1.5722	4.3267
	加权净资产收益率(%)	1.3900	3.2700	1.5700	5.0900
	净资产收益率(扣除)(%)	0.8851	2.2017	1.1690	3.6311
	总资产(万元)	178131.78	146987.84	141103.73	143934.08
	归属母公司股东权益(万元)	95738.95	94437.93	92779.30	92068.33
	营业收入(万元)	23499.92	51710.30	22407.29	54534.89
	营业支出(万元)	12282.29	27646.19	12329.21	30853.09
	投资收益(万元)	−200.04	−158.03	172.35	186.34
	净利润(万元)	1241.17	3049.53	1408.96	4128.22
	营业利润(万元)	1060.68	2479.51	1047.43	3824.33
	利润总额(万元)	1607.25	4051.14	1713.85	4978.01

无锡宝通科技股份有限公司

公司概况	公司名称	无锡宝通科技股份有限公司			证券简称	宝通科技
	法人代表	包志方	董秘	张利乾	证券代码	300031
	公司网址	www.btdy.com		电子信箱	boton8011@126.com	
	电　　话	0510-83709871		传　　真	0510-83709871	
	办公地址	江苏省无锡市新区张公路 19 号				
	经营范围	加工制造橡胶产品、普通机械、销售自产产品并提供售后服务等				

	指标\报告期	2017.06.30	2016.12.31	2016.06.30	2015.12.31
主要财务指标	基本每股收益(元)	0.2691	0.3827	0.2271	0.2277
	基本每股收益(扣除后)(元)	0.2623	0.3508	0.2256	0.2101
	稀释每股收益(元)	0.2691	0.3827	0.2271	0.2277
	每股净资产(元)	5.5106	6.4378	6.2652	2.9728
	每股经营现金净流量(元)	0.2612	0.3688	0.2807	0.1603
	每股现金流量(元)	−0.0884	0.7034	1.3562	−0.1971
	每股资本公积金(元)	3.0845	4.1638	4.1594	0.7839
	每股盈余公积金(元)	0.1291	0.1291	0.1214	0.1605
	每股未分配利润(元)	1.2936	1.1245	0.9713	1.0284
	净资产收益率(%)	4.8836	5.5093	3.0929	7.6582
	加权净资产收益率(%)	4.9000	7.0400	5.1600	7.9600
	净资产收益率(扣除)(%)	4.7595	5.0491	3.0729	7.0697
	总资产(万元)	293639.15	310222.66	301252.14	104139.70
	归属母公司股东权益(万元)	218644.26	255432.45	248581.36	89182.80
	营业收入(万元)	74604.98	146460.20	69710.54	46982.04
	营业支出(万元)	36865.35	72002.49	35646.91	31128.04
	投资收益(万元)	122.84	712.28	−	−
	净利润(万元)	11577.73	19565.52	10536.73	6997.18
	营业利润(万元)	12322.73	20372.23	10909.80	7638.00
	利润总额(万元)	12407.95	21015.40	10969.04	8223.40

金龙机电股份有限公司

公司概况	公司名称	金龙机电股份有限公司			证券简称	金龙机电
	法人代表	金绍平	董秘	黄娟	证券代码	300032
	公司网址	www.kotl.com.cn		电子信箱	hj@kotl.com.cn	
	电　　话	0577-61806666-8982		传　　真	0577-61801666	
	办公地址	浙江省温州市乐清市北白象镇进港大道边金龙科技园				
	经营范围	生产、销售微电机和微电机组件、新型电子元器件及消费类电子等				

	指标\报告期	2017.06.30	2016.12.31	2016.06.30	2015.12.31
主要财务指标	基本每股收益(元)	0.2826	0.1900	0.1829	0.4800
	基本每股收益(扣除后)(元)	0.0965	−0.1100	0.1762	0.4200
	稀释每股收益(元)	0.2826	0.1900	0.1829	0.4800
	每股净资产(元)	5.8402	5.7669	3.2491	3.1704
	每股经营现金净流量(元)	−0.0400	0.2595	0.2110	0.1246
	每股现金流量(元)	−0.2440	2.2431	0.1415	0.2296
	每股资本公积金(元)	3.9719	4.0934	1.4609	1.4609
	每股盈余公积金(元)	0.1584	0.1562	0.1255	0.1255
	每股未分配利润(元)	0.7092	0.5171	0.6625	0.5837
	净资产收益率(%)	4.9044	2.9043	5.6307	15.2607
	加权净资产收益率(%)	4.8000	4.2500	5.6400	16.4000
	净资产收益率(扣除)(%)	1.6740	−1.6755	5.4230	13.1371
	总资产(万元)	770515.18	644535.36	428825.93	390731.75
	归属母公司股东权益(万元)	469065.36	469462.07	219617.75	214300.44
	营业收入(万元)	155697.68	337602.05	166628.42	303364.19
	营业支出(万元)	129788.61	298877.13	138079.89	228888.90
	投资收益(万元)	17782.34	612.55	−9.41	4007.21
	净利润(万元)	23115.73	9264.25	9991.58	28784.30
	营业利润(万元)	28031.79	10074.95	12687.96	35824.28
	利润总额(万元)	28192.26	13773.51	13123.54	36914.57

浙江核新同花顺网络信息股份有限公司

公司概况						
公司概况	公司名称	浙江核新同花顺网络信息股份有限公司			证券简称	同花顺
	法人代表	易峥	董秘	朱志峰	证券代码	300033
	公司网址	www.10jqka.com.cn		电子信箱	myhexin@myhexin.com	
	电　话	0571-88852766		传　真	0571-88911818 8001	
	办公地址	浙江省杭州市余杭区五常街道同顺街 18 号				
	经营范围	技术开发、技术服务、电子计算机、电子产品等				

主要财务指标	指标\报告期	2017.06.30	2016.12.31	2016.06.30	2015.12.31
	基本每股收益(元)	0.5300	2.2500	0.6800	1.7800
	基本每股收益(扣除后)(元)	0.4400	2.0100	0.6700	1.7400
	稀释每股收益(元)	0.5300	2.2500	0.6800	1.7800
	每股净资产(元)	5.1104	5.4933	3.8938	3.9568
	每股经营现金净流量(元)	0.3156	1.5781	0.3936	3.0038
	每股现金流量(元)	-0.4382	0.6715	-0.5714	3.2062
	每股资本公积金(元)	0.6636	0.6636	0.6636	0.6636
	每股盈余公积金(元)	0.3924	0.3924	0.1753	0.1753
	每股未分配利润(元)	3.0472	3.4145	2.0548	2.1178
	净资产收益率(%)	10.4248	41.0262	17.3862	44.9999
	加权净资产收益率(%)	10.0600	49.6100	17.2500	57.8100
	净资产收益率(扣除)(%)	8.5489	36.5611	17.1818	44.0452
	总资产(万元)	385518.60	407917.12	336133.26	355817.33
	归属母公司股东权益(万元)	274734.78	295318.04	209328.81	212716.55
	营业收入(万元)	60492.91	173365.64	63808.76	144194.49
	营业支出(万元)	7123.39	14216.23	7445.13	16928.44
	投资收益(万元)	3811.27	18061.43	9363.84	24273.20
	净利润(万元)	28640.60	121157.67	36394.36	95722.28
	营业利润(万元)	31774.68	129584.70	42373.25	108843.11
	利润总额(万元)	34650.86	131986.33	43432.67	112006.13

北京钢研高纳科技股份有限公司

公司概况						
公司概况	公司名称	北京钢研高纳科技股份有限公司			证券简称	钢研高纳
	法人代表	艾磊	董秘	许洪贵	证券代码	300034
	公司网址	www.cisri-gaona.com.cn		电子信箱	mahj@cisri.com.cn	
	电　话	010-62182656		传　真	010-62185097	
	办公地址	北京市海淀区大柳树南村 19 号				
	经营范围	航空航天材料中高温合金材料的研发、生产和销售等				

主要财务指标	指标\报告期	2017.06.30	2016.12.31	2016.06.30	2015.12.31
	基本每股收益(元)	0.0915	0.2294	0.1112	0.3884
	基本每股收益(扣除后)(元)	0.0783	0.2224	0.1058	0.3821
	稀释每股收益(元)	0.0915	0.2285	0.1112	0.3864
	每股净资产(元)	3.1486	3.0966	2.9605	3.7466
	每股经营现金净流量(元)	-0.1144	0.0290	0.1490	0.0125
	每股现金流量(元)	-0.1397	0.0429	0.1077	-0.1984
	每股资本公积金(元)	0.8171	0.7903	0.7711	1.2549
	每股盈余公积金(元)	0.1828	0.1850	0.1638	0.2139
	每股未分配利润(元)	1.1486	1.1213	1.0262	1.2779
	净资产收益率(%)	2.8982	7.3838	3.7508	10.3538
	加权净资产收益率(%)	2.9000	7.6800	3.7700	10.7700
	净资产收益率(扣除)(%)	2.4807	7.1571	3.5679	10.1860
	总资产(万元)	180220.87	179393.05	167916.05	156692.91
	归属母公司股东权益(万元)	132803.92	129971.59	123900.39	120041.28
	营业收入(万元)	33939.35	68142.79	32820.09	70962.30
	营业支出(万元)	25484.03	48116.65	22318.35	48355.31
	投资收益(万元)	-71.13	92.75	-	26.63
	净利润(万元)	3877.05	9340.43	4625.27	12603.91
	营业利润(万元)	3695.14	10620.04	5267.60	14077.08
	利润总额(万元)	4622.30	10496.29	5570.87	14330.82

湖南中科电气股份有限公司

公司概况						
公司概况	公司名称	湖南中科电气股份有限公司			证券简称	中科电气
	法人代表	余新	董秘	黄雄军	证券代码	300035
	公司网址	www.cseco.cn		电子信箱	yueyangzhongke@vip.sina.com	
	电　话	0730-8688891		传　真	0730-8688895	
	办公地址	湖南省岳阳市经济技术开发区岳阳大道中科工业园				
	经营范围	电磁、电气、电子、电器、机械设备的设计、制造及销售等				

主要财务指标	指标\报告期	2017.06.30	2016.12.31	2016.06.30	2015.12.31
	基本每股收益(元)	0.0556	0.1000	0.0700	0.0700
	基本每股收益(扣除后)(元)	0.0500	0.0800	0.0700	0.0600
	稀释每股收益(元)	0.0556	0.1000	0.0700	0.0700
	每股净资产(元)	2.1353	3.5003	3.4699	3.6000
	每股经营现金净流量(元)	0.0911	0.2220	0.1282	0.1083
	每股现金流量(元)	-0.2740	0.5695	0.0494	-1.2886
	每股资本公积金(元)	0.7243	1.6018	1.6018	1.6018
	每股盈余公积金(元)	0.0720	0.1595	0.1498	0.1498
	每股未分配利润(元)	0.3388	0.7389	0.7181	0.8515
	净资产收益率(%)	2.5849	2.7752	1.9193	1.8189
	加权净资产收益率(%)	2.6800	2.7800	1.8300	1.8200
	净资产收益率(扣除)(%)	2.5147	2.3310	1.6690	1.7993
	总资产(万元)	131910.23	97409.28	97708.49	95684.65
	归属母公司股东权益(万元)	110607.87	81856.63	81145.39	84262.02
	营业收入(万元)	16550.24	16283.12	8197.68	16703.48
	营业支出(万元)	9920.80	8346.93	4256.46	9392.29
	投资收益(万元)	154.12	759.53	430.74	305.16
	净利润(万元)	2859.27	2271.72	1557.40	1430.83
	营业利润(万元)	3365.91	2009.12	1630.66	1024.11
	利润总额(万元)	3342.43	2634.11	1838.99	1641.92

北京超图软件股份有限公司

公司概况						
公司概况	公司名称	北京超图软件股份有限公司			证券简称	超图软件
	法人代表	钟耳顺	董秘	李煜	证券代码	300036
	公司网址	www.supermap.com.cn		电子信箱	public@supermap.com	
	电　话	010-59896000 59896232		传　真	010-59896666	
	办公地址	北京市朝阳区酒仙桥北路甲 10 号电子城 IT 产业园 107 号楼 6 层				
	经营范围	地理信息系统、遥感、全球定位系统、办公自动化软件技术开发、技术咨询等				

主要财务指标	指标\报告期	2017.06.30	2016.12.31	2016.06.30	2015.12.31
	基本每股收益(元)	0.0580	0.5800	0.0270	0.3000
	基本每股收益(扣除后)(元)	0.0450	0.4800	0.0200	0.2800
	稀释每股收益(元)	0.0580	0.5700	0.0270	0.3000
	每股净资产(元)	3.5978	3.5942	3.3306	1.7600
	每股经营现金净流量(元)	-0.4485	0.4964	-0.3142	0.6590
	每股现金流量(元)	-0.5980	0.3832	0.4705	0.9410
	每股资本公积金(元)	1.8452	1.8450	2.1356	1.3671
	每股盈余公积金(元)	0.0774	0.0774	0.0723	0.1446
	每股未分配利润(元)	0.7271	0.7292	0.5556	1.1555
	净资产收益率(%)	1.6087	7.8875	0.7133	8.5009
	加权净资产收益率(%)	1.6000	11.0400	1.5400	8.7800
	净资产收益率(扣除)(%)	1.2639	6.6353	0.5279	7.7423
	总资产(万元)	223003.90	219427.09	184047.28	103695.52
	归属母公司股东权益(万元)	161750.30	161585.49	149736.40	69144.21
	营业收入(万元)	40326.17	83315.06	23782.52	46715.10
	营业支出(万元)	15947.49	30508.54	9400.52	16609.14
	投资收益(万元)	355.32	216.37	-41.63	12.58
	净利润(万元)	2458.67	12576.85	1047.10	5831.32
	营业利润(万元)	2708.41	11201.31	400.24	4010.80
	利润总额(万元)	2836.33	14586.20	1361.37	6319.77

深圳新宙邦科技股份有限公司

公司概况					
公司名称	深圳新宙邦科技股份有限公司			证券简称	新宙邦
法人代表	覃九三	董秘	梁作	证券代码	300037
公司网址	www.capchem.com		电子信箱	stock@capchem.com	
电　　话	0755-89924512		传　　真	0755-89924533	
办公地址	深圳市坪山区马峦街道沙坐同富裕工业区				
经营范围	新型电子化学品的研发、生产、销售和服务等				

主要财务指标：指标\报告期	2017.06.30	2016.12.31	2016.06.30	2015.12.31
基本每股收益(元)	0.3400	1.3900	0.6800	0.7200
基本每股收益(扣除后)(元)	0.3100	1.3200	0.6500	0.6700
稀释每股收益(元)	0.3400	1.3900	0.6800	0.7200
每股净资产(元)	5.8726	11.8361	11.1163	10.7393
每股经营现金净流量(元)	0.1336	1.0289	0.4596	0.5643
每股现金流量(元)	0.2290	0.3354	0.0555	−0.4630
每股资本公积金(元)	3.0244	6.3507	6.3479	6.3479
每股盈余公积金(元)	0.2470	0.5080	0.4101	0.4101
每股未分配利润(元)	2.0170	3.9722	3.3559	2.9793
净资产收益率(%)	5.7125	11.7498	6.0866	6.4603
加权净资产收益率(%)	5.7300	12.3800	6.1100	7.5600
净资产收益率(扣除)(%)	5.3156	11.1535	5.8270	6.0531
总资产(万元)	312840.33	279712.14	251227.29	231026.27
归属母公司股东权益(万元)	222238.49	217808.26	204562.88	197626.30
营业收入(万元)	78842.00	158921.38	68398.50	93425.67
营业支出(万元)	49531.81	97467.16	39180.35	60308.81
投资收益(万元)	308.49	80.89	31.18	437.89
净利润(万元)	13108.05	26296.21	12856.82	13309.57
营业利润(万元)	14492.58	29063.79	14645.19	14970.17
利润总额(万元)	15247.52	30384.84	15078.01	15456.55

北京梅泰诺通信技术股份有限公司

公司概况					
公司名称	北京梅泰诺通信技术股份有限公司			证券简称	梅泰诺
法人代表	张志勇	董秘	陈鹏	证券代码	300038
公司网址	www.miteno.com		电子信箱	info@miteno.com	
电　　话	010-82054080		传　　真	010-82055731	
办公地址	北京市海淀区花园东路15号旷怡大厦7-9层				
经营范围	通信基础设施以及通信支撑服务				

主要财务指标：指标\报告期	2017.06.30	2016.12.31	2016.06.30	2015.12.31
基本每股收益(元)	0.6894	0.5677	0.2058	0.3520
基本每股收益(扣除后)(元)	0.6850	0.4237	0.1931	0.3410
稀释每股收益(元)	0.6894	0.5677	0.2058	0.3520
每股净资产(元)	19.6123	10.3061	10.0846	9.8786
每股经营现金净流量(元)	0.4801	0.8441	−0.1073	0.7094
每股现金流量(元)	1.2004	1.4427	−0.7833	1.1957
每股资本公积金(元)	17.1318	7.4751	7.5836	7.5836
每股盈余公积金(元)	0.0746	0.1243	0.1120	0.1120
每股未分配利润(元)	1.5762	1.7074	1.3878	1.1820
净资产收益率(%)	2.8124	5.5082	2.0403	3.0032
加权净资产收益率(%)	3.3800	5.2800	2.0600	4.6900
净资产收益率(扣除)(%)	2.7942	4.1115	1.9152	2.9149
总资产(万元)	1044866.82	394702.65	302948.95	302275.53
归属母公司股东权益(万元)	622334.45	196260.93	192042.11	188118.45
营业收入(万元)	95375.83	98421.87	34165.04	76804.94
营业支出(万元)	65832.41	67589.30	22839.90	53852.36
投资收益(万元)	11.02	2388.21	−7.24	93.49
净利润(万元)	18322.38	12274.52	4007.85	5617.35
营业利润(万元)	19458.65	12741.01	4493.76	5862.38
利润总额(万元)	19594.89	13613.33	4791.87	6227.24

上海凯宝药业股份有限公司

公司概况					
公司名称	上海凯宝药业股份有限公司			证券简称	上海凯宝
法人代表	穆竟伟	董秘	穆竟伟	证券代码	300039
公司网址	www.xykb.com		电子信箱	kbyydmb@126.com	
电　　话	021-37572069		传　　真	021-37572069	
办公地址	上海市工业综合开发区程普路88号				
经营范围	清热解毒类中成药痰热清注射液的研发、生产和销售等				

主要财务指标：指标\报告期	2017.06.30	2016.12.31	2016.06.30	2015.12.31
基本每股收益(元)	0.1815	0.3397	0.2308	0.3381
基本每股收益(扣除后)(元)	0.1873	0.3473	0.2365	0.3196
稀释每股收益(元)	0.1815	0.3397	0.2308	0.3381
每股净资产(元)	2.2350	2.6528	2.5491	2.4176
每股经营现金净流量(元)	0.0863	0.3796	0.1714	0.3923
每股现金流量(元)	0.0496	−0.2733	−0.1078	0.0991
每股资本公积金(元)	−0.0207	0.3011	0.3093	0.3315
每股盈余公积金(元)	0.1767	0.2283	0.1940	0.1931
每股未分配利润(元)	1.0790	1.1594	1.0830	0.9474
净资产收益率(%)	8.1222	12.8440	9.0545	14.0437
加权净资产收益率(%)	8.4700	13.4800	9.1900	14.2500
净资产收益率(扣除)(%)	8.3809	13.1324	9.2773	13.2890
总资产(万元)	273661.55	252791.57	251721.95	242666.85
归属母公司股东权益(万元)	239482.38	220031.06	211455.59	200550.93
营业收入(万元)	93326.24	149715.12	88471.41	139578.86
营业支出(万元)	17293.98	28073.56	15824.48	25036.37
投资收益(万元)	−619.74	−1236.88	−904.90	354.85
净利润(万元)	19451.31	28260.68	19146.18	28164.85
营业利润(万元)	23171.54	32510.33	22189.04	32791.22
利润总额(万元)	23033.47	33323.38	22502.45	33481.53

哈尔滨九洲电气股份有限公司

公司概况					
公司名称	哈尔滨九洲电气股份有限公司			证券简称	九洲电气
法人代表	李寅	董秘	李斌	证券代码	300040
公司网址	www.jze.com.cn		电子信箱	stock@jze.com.cn	
电　　话	0451-58771318		传　　真	0451-58771345	
办公地址	黑龙江省哈尔滨市松北区九洲路609号				
经营范围	电力电子产品、高压变频器、高低压电气设备、箱式变电站、整流装置等				

主要财务指标：指标\报告期	2017.06.30	2016.12.31	2016.06.30	2015.12.31
基本每股收益(元)	0.2300	0.3900	0.0700	0.0700
基本每股收益(扣除后)(元)	0.2100	0.3500	0.0500	0.0400
稀释每股收益(元)	0.2300	0.3800	0.0700	0.0700
每股净资产(元)	5.3185	5.1514	4.8064	4.7388
每股经营现金净流量(元)	−0.5477	0.3307	0.0170	−0.3711
每股现金流量(元)	−0.0757	0.1912	0.0119	0.1116
每股资本公积金(元)	2.3558	2.3577	2.3148	2.3151
每股盈余公积金(元)	0.1952	0.1951	0.1712	0.1712
每股未分配利润(元)	1.8731	1.7509	1.4672	1.3994
净资产收益率(%)	4.1602	7.3143	1.4106	1.2255
加权净资产收益率(%)	4.2000	7.6200	1.4200	1.6300
净资产收益率(扣除)(%)	3.8850	6.7041	1.0042	0.7335
总资产(万元)	292019.05	283253.54	229998.97	233936.48
归属母公司股东权益(万元)	184118.91	178436.36	166338.57	164000.57
营业收入(万元)	72481.06	131949.14	33388.36	75876.72
营业支出(万元)	55724.16	100919.88	24493.99	60650.59
投资收益(万元)	3.60	45.34	153.34	241.43
净利润(万元)	7659.69	13051.62	2346.61	2010.40
营业利润(万元)	9203.61	13692.18	2143.28	1167.50
利润总额(万元)	9197.56	15017.70	2774.02	2292.81

湖北回天新材料股份有限公司

公司概况					
公司名称	湖北回天新材料股份有限公司			证券简称	回天新材
法人代表	章锋	董秘	章宏建	证券代码	300041
公司网址	www.huitian.net.cn		电子信箱	htjy2009@163.com	
电话	0710-3626888-8068		传真	0710-3347316	
办公地址	湖北省襄阳市国家高新技术开发区航天路7号				
经营范围	胶粘剂、汽车制动液、原子灰的生产与销售、精细化工产品的研究与开发、生产、销售				

主要财务指标 指标\报告期	2017.06.30	2016.12.31	2016.06.30	2015.12.31
基本每股收益(元)	0.1810	0.2421	0.1572	0.4742
基本每股收益(扣除后)(元)	0.1576	0.2067	0.1391	0.3300
稀释每股收益(元)	0.1810	0.2421	0.1572	0.4742
每股净资产(元)	4.3131	3.9325	3.8475	7.5307
每股经营现金净流量(元)	0.1295	0.2683	–0.0035	–0.1566
每股现金流量(元)	0.5640	0.0243	–0.1440	0.6282
每股资本公积金(元)	2.1283	1.5726	1.5726	4.1452
每股盈余公积金(元)	0.2205	0.2205	0.2095	0.4189
每股未分配利润(元)	1.1704	1.1394	1.0655	1.9666
净资产收益率(%)	3.9507	6.1570	4.0852	5.5565
加权净资产收益率(%)	4.5000	6.3000	4.1000	7.0700
净资产收益率(扣除)(%)	3.4410	5.2562	3.6164	3.8662
总资产(万元)	216722.18	182622.10	183322.89	177096.87
归属母公司股东权益(万元)	183613.36	157606.90	154202.46	150908.86
营业收入(万元)	72342.57	113159.61	55461.79	97521.25
营业支出(万元)	52733.21	75150.49	36072.49	65499.74
投资收益(万元)	––	11.71	–	–
净利润(万元)	7266.47	9651.40	6248.61	8349.97
营业利润(万元)	6719.73	9761.99	6342.03	6050.79
利润总额(万元)	8320.14	11575.15	7286.92	9441.33

深圳市朗科科技股份有限公司

公司概况					
公司名称	深圳市朗科科技股份有限公司			证券简称	朗科科技
法人代表	魏卫	董秘	王爱凤	证券代码	300042
公司网址	www.netac.com.cn		电子信箱	ir@netac.com	
电话	0755-26727600		传真	0755-26727575	
办公地址	广东省深圳市南山区高新区南区高新南六道10号朗科大厦16、18、19层				
经营范围	电脑软硬件、移动存储产品、数码影音娱乐产品、多媒体产品、网络等				

主要财务指标 指标\报告期	2017.06.30	2016.12.31	2016.06.30	2015.12.31
基本每股收益(元)	0.1708	0.3326	0.1479	0.1818
基本每股收益(扣除后)(元)	0.1328	0.2960	0.1407	0.1619
稀释每股收益(元)	0.1708	0.3326	0.1479	0.1818
每股净资产(元)	6.7230	6.5725	6.4642	6.3167
每股经营现金净流量(元)	–0.4213	0.1590	–0.1839	0.3363
每股现金流量(元)	–0.4236	–1.4610	–1.8959	0.1109
每股资本公积金(元)	4.5094	4.5094	4.5094	4.5094
每股盈余公积金(元)	0.1376	0.1279	0.1152	0.1057
每股未分配利润(元)	1.0652	0.9041	0.8320	0.6936
净资产收益率(%)	2.5407	5.0609	2.2886	2.8779
加权净资产收益率(%)	2.5700	5.1700	2.3100	2.9100
净资产收益率(扣除)(%)	1.9753	4.5032	2.1891	2.5635
总资产(万元)	93713.01	92453.06	89914.00	88254.59
归属母公司股东权益(万元)	89819.88	87808.92	86362.13	84390.93
营业收入(万元)	48799.73	59088.66	22109.26	40413.99
营业支出(万元)	44461.95	50470.61	18429.95	34345.86
投资收益(万元)	565.47	161.98	14.04	47.05
净利润(万元)	2282.08	4443.88	1976.45	2428.72
营业利润(万元)	2619.17	4829.73	2179.67	2539.00
利润总额(万元)	2651.22	5417.24	2346.18	2958.09

星辉互动娱乐股份有限公司

公司概况					
公司名称	星辉互动娱乐股份有限公司			证券简称	互动娱乐
法人代表	陈雁升	董秘	王云龙	证券代码	300043
公司网址	www.rastar.cn		电子信箱	stock@rastar.cn	
电话	86-20-28123517		传真	86-20-28123521	
办公地址	广东省广州市天河区珠江新城华夏路16号富力盈凯广场49楼				
经营范围	车模、玩具车及其他玩具及汽车品牌衍生品等				

主要财务指标 指标\报告期	2017.06.30	2016.12.31	2016.06.30	2015.12.31
基本每股收益(元)	0.1300	0.3700	0.2200	0.2800
基本每股收益(扣除后)(元)	0.0700	0.3400	0.2000	0.1800
稀释每股收益(元)	0.1300	0.3700	0.2200	0.2800
每股净资产(元)	1.9772	1.8935	1.7634	1.6832
每股经营现金净流量(元)	0.0949	0.1551	–0.0124	0.0800
每股现金流量(元)	–0.0764	–0.2291	–0.3170	0.3842
每股资本公积金(元)	0.0441	0.0557	0.0352	0.0314
每股盈余公积金(元)	0.0166	0.0166	0.0017	0.0017
每股未分配利润(元)	0.8818	0.8094	0.7177	0.6471
净资产收益率(%)	6.6941	19.4418	12.2689	16.8051
加权净资产收益率(%)	6.7500	19.7200	12.0800	17.2300
净资产收益率(扣除)(%)	3.6287	18.0999	11.3761	10.4547
总资产(万元)	602137.88	512169.20	475796.35	330110.31
归属母公司股东权益(万元)	246003.53	235588.95	219397.15	209421.10
营业收入(万元)	130505.02	239327.26	90304.61	167266.07
营业支出(万元)	86920.60	158753.04	55671.10	95081.33
投资收益(万元)	10090.54	32621.07	34844.82	14996.55
净利润(万元)	17403.17	45555.10	27232.18	40205.89
营业利润(万元)	17487.03	42210.64	31600.62	44403.94
利润总额(万元)	20990.95	45324.95	33438.48	46470.72

深圳市赛为智能股份有限公司

公司概况					
公司名称	深圳市赛为智能股份有限公司			证券简称	赛为智能
法人代表	周勇	董秘	陈欣宇	证券代码	300044
公司网址	www.szsunwin.com		电子信箱	sunwin@szsunwin.com	
电话	0755-86169631 86169980		传真	0755-86169393	
办公地址	广东省深圳市南山区高新区科技中二路软件园2号楼3楼				
经营范围	为水利行业、城市轨道交通行业、建筑行业、铁路行业提供智能化系统解决方案等				

主要财务指标 指标\报告期	2017.06.30	2016.12.31	2016.06.30	2015.12.31
基本每股收益(元)	0.1461	0.3000	0.0756	0.3500
基本每股收益(扣除后)(元)	0.1193	0.1800	0.0260	0.2500
稀释每股收益(元)	0.1461	0.3000	0.0756	0.3500
每股净资产(元)	4.1003	2.4558	2.2483	2.1910
每股经营现金净流量(元)	–0.9920	–0.2339	–0.2149	0.6056
每股现金流量(元)	–0.0302	0.0738	–0.3142	0.0570
每股资本公积金(元)	2.2792	0.6085	0.4878	1.2329
每股盈余公积金(元)	0.0810	0.0948	0.0710	0.1064
每股未分配利润(元)	0.8583	0.8887	0.7072	0.9770
净资产收益率(%)	3.0432	12.0029	3.3636	10.5435
加权净资产收益率(%)	5.7800	12.7900	3.8300	11.2600
净资产收益率(扣除)(%)	2.4852	7.0354	1.1599	7.4920
总资产(万元)	354860.67	207707.26	143806.86	126108.53
归属母公司股东权益(万元)	164175.37	83995.74	75385.78	73464.70
营业收入(万元)	58258.78	100201.42	25752.37	66494.36
营业支出(万元)	45204.78	83046.64	20816.09	50535.10
投资收益(万元)	82.08	292.01	133.30	1620.52
净利润(万元)	4971.72	10272.78	2715.37	8281.55
营业利润(万元)	4461.55	5462.08	685.78	8571.73
利润总额(万元)	5701.66	11199.45	3054.47	9717.29

北京华力创通科技股份有限公司

公司概况						
	公司名称	北京华力创通科技股份有限公司			证券简称	华力创通
	法人代表	高小离	董秘	吴梦冰	证券代码	300045
	公司网址	www.hwacreate.com.cn		电子信箱	IRM@hwacreate.com.cn	
	电　　话	010-82966393		传　　真	010-82803295	
	办公地址	北京市海淀区东北旺西路 8 号院乙 18 号楼				
	经营范围	基于计算机技术的仿真测试系统及其相关设备的研发、生产和销售等				

主要财务指标	指标\报告期	2017.06.30	2016.12.31	2016.06.30	2015.12.31
	基本每股收益(元)	0.0357	0.0900	0.0260	0.0600
	基本每股收益(扣除后)(元)	0.0308	0.0550	0.0170	0.0500
	稀释每股收益(元)	0.0357	0.0900	0.0260	0.0600
	每股净资产(元)	2.2539	1.7967	1.6400	1.4995
	每股经营现金净流量(元)	−0.1278	0.0493	−0.1243	−0.0525
	每股现金流量(元)	−0.0724	−0.0316	−0.1273	0.0103
	每股资本公积金(元)	0.7280	0.2769	0.2407	0.2354
	每股盈余公积金(元)	0.0443	0.0460	0.0405	0.0405
	每股未分配利润(元)	0.5026	0.4955	0.4349	0.4092
	净资产收益率(%)	1.5480	5.1160	1.5660	3.5044
	加权净资产收益率(%)	2.0000	5.5500	1.5800	3.7500
	净资产收益率(扣除)(%)	1.3384	3.0248	1.0045	3.0707
	总资产(万元)	178822.17	126579.96	119272.18	115809.39
	归属母公司股东权益(万元)	129867.48	99738.25	91071.67	89349.28
	营业收入(万元)	23031.22	41853.68	19579.53	41498.71
	营业支出(万元)	11663.12	21549.43	9356.46	20568.39
	投资收益(万元)	−39.48	−76.69	−	−60.40
	净利润(万元)	1989.62	4927.15	1213.90	2879.03
	营业利润(万元)	2020.53	1748.30	129.10	2124.77
	利润总额(万元)	2347.88	5177.94	1263.15	3163.23

湖北台基半导体股份有限公司

公司概况						
	公司名称	湖北台基半导体股份有限公司			证券简称	台基股份
	法人代表	邢雁	董秘	康进	证券代码	300046
	公司网址	www.tech-sem.com		电子信箱	securities@techsem.com.cn	
	电　　话	0710-3506236		传　　真	0710-3500847	
	办公地址	湖北省襄阳市襄城区胜利街 162 号				
	经营范围	功率晶闸管、整流管、电力半导体模块等大功率半导体元器件及其功率组件等				

主要财务指标	指标\报告期	2017.06.30	2016.12.31	2016.06.30	2015.12.31
	基本每股收益(元)	0.1900	0.2713	0.0722	0.2023
	基本每股收益(扣除后)(元)	0.1866	0.2437	0.0559	0.1686
	稀释每股收益(元)	0.1900	0.2713	0.0722	0.2023
	每股净资产(元)	5.7148	5.5748	5.3757	5.4618
	每股经营现金净流量(元)	0.3755	0.4311	0.1694	0.2001
	每股现金流量(元)	−0.0550	−0.7508	−0.7420	−0.6230
	每股资本公积金(元)	3.9659	3.9659	3.9659	3.9659
	每股盈余公积金(元)	0.3089	0.3089	0.2932	0.2932
	每股未分配利润(元)	0.4400	0.3000	0.1166	0.2944
	净资产收益率(%)	3.3250	4.8662	1.3432	3.6419
	加权净资产收益率(%)	3.3600	4.8900	1.2900	3.6200
	净资产收益率(扣除)(%)	3.2652	4.3712	1.0401	3.0364
	总资产(万元)	102571.63	105135.91	107134.39	83243.13
	归属母公司股东权益(万元)	81195.90	79206.50	76378.09	78904.16
	营业收入(万元)	14178.59	24209.19	8587.01	16615.45
	营业支出(万元)	8784.02	15786.39	6093.51	11395.32
	投资收益(万元)	--	221.22	221.22	65.34
	净利润(万元)	2699.80	3854.35	1025.93	2873.60
	营业利润(万元)	2953.88	4307.12	1181.15	2792.14
	利润总额(万元)	3011.02	4547.20	1232.35	3288.90

深圳天源迪科信息技术股份有限公司

公司概况						
	公司名称	深圳天源迪科信息技术股份有限公司			证券简称	天源迪科
	法人代表	陈友	董秘	陈秀琴	证券代码	300047
	公司网址	www.tydic.com		电子信箱	v-mailbox@tydic.com	
	电　　话	0755-26745678		传　　真	0755-26745600	
	办公地址	广东省深圳市南山区粤海街道高新区南区市高新技术工业村 T3 栋 B3 楼				
	经营范围	计算机硬件及软件的研发、生产和销售及技术咨询服务等				

主要财务指标	指标\报告期	2017.06.30	2016.12.31	2016.06.30	2015.12.31
	基本每股收益(元)	0.0313	0.3400	0.0086	0.2000
	基本每股收益(扣除后)(元)	0.0216	0.2700	0.0023	0.1600
	稀释每股收益(元)	0.0313	0.3400	0.0086	0.2000
	每股净资产(元)	5.5224	5.5227	4.2131	4.0467
	每股经营现金净流量(元)	−0.1968	−0.5939	−0.8570	−0.2073
	每股现金流量(元)	−0.0721	−0.3691	−0.3242	0.1697
	每股资本公积金(元)	2.9531	2.9471	1.8690	1.6387
	每股盈余公积金(元)	0.1736	0.1735	0.1708	0.1774
	每股未分配利润(元)	1.3993	1.4021	1.1733	1.2306
	净资产收益率(%)	0.5675	5.8124	0.1963	4.8157
	加权净资产收益率(%)	0.5700	7.1700	0.2100	5.0100
	净资产收益率(扣除)(%)	0.3908	4.6121	0.0533	4.0267
	总资产(万元)	316492.39	318273.49	269539.98	241727.85
	归属母公司股东权益(万元)	197556.45	197687.80	141637.44	130926.88
	营业收入(万元)	96868.00	244821.96	82060.17	167661.50
	营业支出(万元)	78335.05	201156.62	66485.42	134555.16
	投资收益(万元)	270.86	1940.28	−130.28	268.27
	净利润(万元)	2044.70	13459.09	1103.56	7506.31
	营业利润(万元)	1826.56	11266.14	542.37	5753.37
	利润总额(万元)	1973.68	13443.64	1219.77	7018.85

北京合康新能科技股份有限公司

公司概况						
	公司名称	北京合康新能科技股份有限公司			证券简称	合康新能
	法人代表	叶进吾	董秘	范潇(代)	证券代码	300048
	公司网址	www.hiconics.com		电子信箱	hicon@hiconics.com	
	电　　话	010-59180256		传　　真	010-59180234	
	办公地址	北京市经济技术开发区博兴二路 3 号				
	经营范围	研发、生产、销售各种高压变频器等				

主要财务指标	指标\报告期	2017.06.30	2016.12.31	2016.06.30	2015.12.31
	基本每股收益(元)	0.0400	0.2300	0.1300	0.1500
	基本每股收益(扣除后)(元)	0.0300	0.1100	0.0800	0.1500
	稀释每股收益(元)	0.0400	0.2300	0.1300	0.1500
	每股净资产(元)	2.2300	3.1429	3.0453	5.8956
	每股经营现金净流量(元)	0.0165	0.2024	0.0688	−0.0650
	每股现金流量(元)	−0.1793	−0.1830	−0.3202	0.9205
	每股资本公积金(元)	0.7474	1.4735	1.4740	4.2237
	每股盈余公积金(元)	0.0598	0.0837	0.0717	0.1528
	每股未分配利润(元)	0.4226	0.5857	0.4996	0.8435
	净资产收益率(%)	1.7899	7.2321	4.2395	2.2374
	加权净资产收益率(%)	1.7700	7.4700	4.2900	3.3700
	净资产收益率(扣除)(%)	1.5510	3.5896	2.5207	2.2408
	总资产(万元)	483439.93	492780.38	365989.55	336558.14
	归属母公司股东权益(万元)	245771.37	247439.84	239755.16	232076.61
	营业收入(万元)	60902.93	141739.12	63148.57	80751.56
	营业支出(万元)	45103.65	91324.46	37812.70	49234.62
	投资收益(万元)	29.71	4516.77	4384.33	−146.68
	净利润(万元)	4804.54	22236.02	13595.93	6964.73
	营业利润(万元)	4116.03	15758.62	15131.02	5113.63
	利润总额(万元)	4840.72	26547.92	15987.83	7756.21

内蒙古福瑞医疗科技股份有限公司

公司概况	公司名称	内蒙古福瑞医疗科技股份有限公司			证券简称	福瑞股份
	法人代表	王冠一	董秘	林欣	证券代码	300049
	公司网址	www.fu-rui.com			电子信箱	dshbgs@fu-rui.com
	电　话	010-84683855			传　真	010-84683766
	办公地址	北京市朝阳区新源里 16 号琨莎中心 2 座 7 层				
	经营范围	提供肝病领域诊断及治疗手段以及配套服务等				

主要财务指标	指标\报告期	2017.06.30	2016.12.31	2016.06.30	2015.12.31
	基本每股收益(元)	0.1600	0.4596	0.1700	0.3500
	基本每股收益(扣除后)(元)	0.1700	0.4552	0.1600	0.3600
	稀释每股收益(元)	0.1600	0.4596	0.1700	0.3500
	每股净资产(元)	5.8015	5.5551	5.1544	5.0901
	每股经营现金净流量(元)	0.1132	0.5654	0.2643	0.6003
	每股现金流量(元)	0.2340	–0.5616	0.0682	2.1399
	每股资本公积金(元)	3.0446	3.0408	2.9368	3.1002
	每股盈余公积金(元)	0.1970	0.1969	0.1643	0.1641
	每股未分配利润(元)	1.3510	1.2995	1.0379	0.9715
	净资产收益率(%)	2.5962	8.2775	3.2115	6.8369
	加权净资产收益率(%)	2.6800	8.6500	3.2000	8.2900
	净资产收益率(扣除)(%)	2.6866	8.1983	3.1616	7.0462
	总资产(万元)	243098.31	240663.56	210131.47	204094.62
	归属母公司股东权益(万元)	152610.05	146236.91	135687.98	134102.67
	营业收入(万元)	41186.82	82698.72	35287.43	60419.13
	营业支出(万元)	9779.95	23088.15	9782.11	19704.70
	投资收益(万元)	333.35	906.23	483.69	754.90
	净利润(万元)	5176.74	14813.18	5023.66	9505.73
	营业利润(万元)	6828.81	18539.95	5788.14	12103.13
	利润总额(万元)	6532.75	18688.42	5877.87	11654.67

珠海世纪鼎利科技股份有限公司

公司概况	公司名称	珠海世纪鼎利科技股份有限公司			证券简称	世纪鼎利
	法人代表	王耘	董秘	许泽权	证券代码	300050
	公司网址	www.dinglicom.com			电子信箱	IR@dinglicom.com
	电　话	0756-3626066			传　真	0756-3626065
	办公地址	广东省珠海市港湾大道科技五路 8 号一层				
	经营范围	软件开发、系统集成、电力技术推广、技术服务、通信设备、仪器仪表等				

主要财务指标	指标\报告期	2017.06.30	2016.12.31	2016.06.30	2015.12.31
	基本每股收益(元)	0.1500	0.2400	0.1100	0.4600
	基本每股收益(扣除后)(元)	0.0700	0.2100	0.1000	0.4200
	稀释每股收益(元)	0.1500	0.2400	0.1100	0.4600
	每股净资产(元)	4.3941	4.3000	4.1651	8.2632
	每股经营现金净流量(元)	–0.0737	0.4815	–0.0431	0.3275
	每股现金流量(元)	–0.5041	–0.4214	–0.3012	–0.4069
	每股资本公积金(元)	2.3283	2.3283	2.3283	5.6566
	每股盈余公积金(元)	0.1135	0.1135	0.1088	0.2177
	每股未分配利润(元)	0.9561	0.8603	0.7319	1.3991
	净资产收益率(%)	3.3185	5.5913	2.5763	5.5515
	加权净资产收益率(%)	3.3400	5.7100	2.5600	5.7000
	净资产收益率(扣除)(%)	1.5519	5.0004	2.2892	5.0054
	总资产(万元)	255744.04	247978.87	235784.16	243132.30
	归属母公司股东权益(万元)	219229.15	214507.78	207804.08	206130.93
	营业收入(万元)	33436.00	73568.64	33504.44	69604.24
	营业支出(万元)	19017.00	40070.74	18596.11	36977.93
	投资收益(万元)	3602.37	–248.78	–55.36	38.51
	净利润(万元)	6800.77	12012.38	5347.46	11432.89
	营业利润(万元)	5878.28	10294.93	4661.49	10700.56
	利润总额(万元)	7614.20	13236.65	6161.17	13251.40

厦门三五互联科技股份有限公司

公司概况	公司名称	厦门三五互联科技股份有限公司			证券简称	三五互联
	法人代表	龚少晖	董秘	许欣欣	证券代码	300051
	公司网址	www.35.com			电子信箱	zqb@35.cn
	电　话	0592-5397222　5392104			传　真	0592-5392104
	办公地址	福建省厦门市火炬高新技术产业开发区软件园二期观日路 8 号				
	经营范围	网络工程、信息系统工程、计算机软件及其他电子产品的技术开发等				

主要财务指标	指标\报告期	2017.06.30	2016.12.31	2016.06.30	2015.12.31
	基本每股收益(元)	0.0800	0.1600	0.1100	–0.2400
	基本每股收益(扣除后)(元)	0.0800	0.1300	0.0700	–0.2500
	稀释每股收益(元)	0.0800	0.1600	0.1100	–0.2400
	每股净资产(元)	2.5626	2.4819	2.5301	2.3668
	每股经营现金净流量(元)	0.0647	0.2314	0.0875	–0.0262
	每股现金流量(元)	–0.0515	0.0210	0.0896	0.0664
	每股资本公积金(元)	1.5169	1.5210	1.5172	1.4657
	每股盈余公积金(元)	0.0493	0.0492	0.0492	0.0498
	每股未分配利润(元)	0.0848	0.0060	–0.0371	–0.1495
	净资产收益率(%)	3.0774	6.1957	4.3755	–9.2135
	加权净资产收益率(%)	3.1300	6.3800	4.5600	–14.1600
	净资产收益率(扣除)(%)	2.9777	5.0010	2.8474	–9.4504
	总资产(万元)	140558.73	142788.07	141412.68	135400.47
	归属母公司股东权益(万元)	94734.94	91819.56	93602.57	86552.99
	营业收入(万元)	15816.10	31164.27	14739.19	24896.41
	营业支出(万元)	4569.41	8599.34	4118.03	8185.70
	投资收益(万元)	–0.07	913.86	1336.52	15.04
	净利润(万元)	2690.09	5218.19	3863.70	–8723.59
	营业利润(万元)	2666.26	5007.85	3723.38	–9167.38
	利润总额(万元)	2693.31	5209.43	3805.20	–8820.34

深圳中青宝互动网络股份有限公司

公司概况	公司名称	深圳中青宝互动网络股份有限公司			证券简称	中 青 宝
	法人代表	李瑞杰	董秘	文毅	证券代码	300052
	公司网址	www.zqgame.com			电子信箱	ir@zqgame.com
	电　话	0755-26733925			传　真	0755-26000524
	办公地址	广东省深圳市南山区科技园南区高新南四道 W1B 栋 4 楼				
	经营范围	计算机软、硬件及网络系统的技术开发等				

主要财务指标	指标\报告期	2017.06.30	2016.12.31	2016.06.30	2015.12.31
	基本每股收益(元)	0.0500	–0.1900	0.0200	0.2500
	基本每股收益(扣除后)(元)	0.0300	–0.4900	–0.0400	–1.1900
	稀释每股收益(元)	0.0500	–0.1900	0.0200	0.2500
	每股净资产(元)	2.4820	3.6385	3.8313	3.8385
	每股经营现金净流量(元)	–0.0098	0.3535	0.0827	0.6556
	每股现金流量(元)	0.0847	–0.6534	–0.1125	0.3057
	每股资本公积金(元)	1.0295	2.8768	2.2659	2.2659
	每股盈余公积金(元)	0.2033	0.2033	0.2033	0.2033
	每股未分配利润(元)	0.2590	0.2129	0.3689	0.3730
	净资产收益率(%)	1.8584	–5.2358	0.4144	6.5073
	加权净资产收益率(%)	1.0400	–5.1100	0.4100	6.8200
	净资产收益率(扣除)(%)	1.2637	–13.4494	–1.0551	–30.9349
	总资产(万元)	115239.07	129629.98	115520.60	125585.83
	归属母公司股东权益(万元)	64788.78	111687.63	100012.53	100199.84
	营业收入(万元)	16652.90	32134.81	11879.31	34309.09
	营业支出(万元)	7762.33	12308.61	4506.32	19529.90
	投资收益(万元)	703.01	–430.62	–80.80	24887.04
	净利润(万元)	984.39	–6557.52	484.93	6260.69
	营业利润(万元)	759.21	–13166.83	–1041.25	–9159.66
	利润总额(万元)	1220.19	–4747.77	661.89	8752.10

珠海欧比特控制工程股份有限公司

公司概况						
	公司名称	珠海欧比特控制工程股份有限公司			证券简称	欧 比 特
	法人代表	颜志宇	董秘	段一龙	证券代码	300053
	公司网址	www.myorbita.net		电子信箱	zqb@myorbita.net	
	电 话	0756-3391979 3399569		传 真	0756-3391980	
	办公地址	广东省珠海市唐家东岸白沙路1号欧比特科技园				
	经营范围	集成电路和计算机软件及硬件产品、宇航总线测试系统及产品、智能控制系统及产品等				

主要财务指标	指标\报告期	2017.06.30	2016.12.31	2016.06.30	2015.12.31
	基本每股收益(元)	0.0882	0.1450	0.0350	0.2650
	基本每股收益(扣除后)(元)	0.0800	0.1300	0.0316	0.2470
	稀释每股收益(元)	0.0882	0.1450	0.0350	0.2650
	每股净资产(元)	3.2149	3.1428	2.1804	5.2440
	每股经营现金净流量(元)	–0.1325	0.2277	–0.1387	0.5573
	每股现金流量(元)	–0.4083	0.3242	–0.1309	0.2446
	每股资本公积金(元)	1.6692	1.6692	0.7874	3.4685
	每股盈余公积金(元)	0.0399	0.0399	0.0416	0.1039
	每股未分配利润(元)	0.5016	0.4284	0.3520	0.8227
	净资产收益率(%)	2.7434	4.3191	1.6043	4.6407
	加权净资产收益率(%)	2.7700	6.5200	1.6100	5.7100
	净资产收益率(扣除)(%)	2.4889	3.8574	1.4498	4.3151
	总资产(万元)	244418.56	253254.93	151082.38	149815.81
	归属母公司股东权益(万元)	200346.38	195850.13	126003.93	124622.35
	营业收入(万元)	32500.02	55993.67	15795.25	38881.75
	营业支出(万元)	19513.87	36140.54	10135.46	23533.59
	投资收益(万元)	–246.98	487.83	53.29	79.66
	净利润(万元)	5509.83	8447.11	1960.02	5869.75
	营业利润(万元)	5643.34	8107.30	1517.44	5754.08
	利润总额(万元)	6519.79	9984.83	2338.35	6802.35

湖北鼎龙化学股份有限公司

公司概况						
	公司名称	湖北鼎龙化学股份有限公司			证券简称	鼎龙股份
	法人代表	朱双全	董秘	程涌	证券代码	300054
	公司网址	www.dl-kg.com		电子信箱	hbdl@dl-kg.com	
	电 话	027-59720677 59720699		传 真	027-59720677 59720699	
	办公地址	湖北省武汉市经济技术开发区东荆河路1号				
	经营范围	电子成像显像专用信息化学品的研发、生产和销售及相关贸易业务				

主要财务指标	指标\报告期	2017.06.30	2016.12.31	2016.06.30	2015.12.31
	基本每股收益(元)	0.1600	0.5100	0.2227	0.3600
	基本每股收益(扣除后)(元)	0.1600	0.4900	0.2200	0.3400
	稀释每股收益(元)	0.1600	0.5100	0.2227	0.3600
	每股净资产(元)	3.5299	4.7171	4.4335	2.9496
	每股经营现金净流量(元)	0.1384	0.6078	0.3073	0.2603
	每股现金流量(元)	0.4245	0.4446	0.4106	–0.0996
	每股资本公积金(元)	1.7800	2.4784	2.4825	1.0867
	每股盈余公积金(元)	0.0541	0.1067	0.0858	0.0935
	每股未分配利润(元)	0.7283	1.2262	0.9593	0.8719
	净资产收益率(%)	4.5780	10.4363	4.6142	12.0229
	加权净资产收益率(%)	4.8700	12.8500	7.2700	12.7600
	净资产收益率(扣除)(%)	4.4740	10.0721	4.5182	11.3991
	总资产(万元)	393436.32	298759.99	288892.10	177868.71
	归属母公司股东权益(万元)	339262.91	230063.79	216234.25	132110.51
	营业收入(万元)	84476.96	130633.21	52751.59	104983.64
	营业支出(万元)	53823.85	82098.48	32916.80	69482.42
	投资收益(万元)	338.96	–115.77	115.63	–
	净利润(万元)	16139.32	25773.48	10895.18	18651.10
	营业利润(万元)	18769.13	29413.06	12648.31	20783.07
	利润总额(万元)	19203.78	30829.60	12906.43	21848.56

北京万邦达环保技术股份有限公司

公司概况						
	公司名称	北京万邦达环保技术股份有限公司			证券简称	万 邦 达
	法人代表	王长荣	董秘	杜政修	证券代码	300055
	公司网址	www.waterbd.cn		电子信箱	zhengquan@waterbd.cn	
	电 话	010-58800036 58809232		传 真	010-58800018	
	办公地址	北京市海淀区新街口外大街19号京师大厦9325室				
	经营范围	环境保护工程领域内的技术研发、技术咨询、技术服务、投资、建设等				

主要财务指标	指标\报告期	2017.06.30	2016.12.31	2016.06.30	2015.12.31
	基本每股收益(元)	0.2377	0.3191	0.1814	0.3945
	基本每股收益(扣除后)(元)	0.2322	0.3094	0.1795	0.3874
	稀释每股收益(元)	0.2377	0.3191	0.1814	0.3945
	每股净资产(元)	6.5691	6.3407	6.1983	3.9328
	每股经营现金净流量(元)	0.1067	0.1207	–0.2040	0.0425
	每股现金流量(元)	–0.0791	0.0980	0.9802	0.3039
	每股资本公积金(元)	4.1710	4.1653	4.1630	1.8888
	每股盈余公积金(元)	0.0678	0.0678	0.0635	0.0748
	每股未分配利润(元)	1.3302	1.1075	0.9718	0.9692
	净资产收益率(%)	3.6190	4.7804	2.6334	10.0306
	加权净资产收益率(%)	3.6800	5.7200	3.7700	10.5600
	净资产收益率(扣除)(%)	3.5310	4.6347	2.6061	9.8508
	总资产(万元)	748382.38	729677.13	730255.98	599093.87
	归属母公司股东权益(万元)	568351.39	548587.63	536269.96	289132.61
	营业收入(万元)	103860.35	168466.93	73812.11	197128.32
	营业支出(万元)	75797.98	122289.43	49424.13	141447.96
	投资收益(万元)	360.63	645.43	–51.78	66.13
	净利润(万元)	20611.55	26401.82	14215.85	29005.52
	营业利润(万元)	23670.47	28634.33	15582.16	33186.83
	利润总额(万元)	23814.23	30592.02	16629.43	33712.93

厦门三维丝环保股份有限公司

公司概况						
	公司名称	厦门三维丝环保股份有限公司			证券简称	三 维 丝
	法人代表	罗祥波	董秘	杨未来	证券代码	300056
	公司网址	www.savings.com.cn		电子信箱	savings@savings.com.cn	
	电 话	0592-7769767		传 真	0592-7769502	
	办公地址	福建省厦门市火炬高新区(翔安)产业区春光路1178-1188号				
	经营范围	袋式除尘器核心部件高性能高温滤料的研发、生产和销售				

主要财务指标	指标\报告期	2017.06.30	2016.12.31	2016.06.30	2015.12.31
	基本每股收益(元)	–0.4900	0.6000	0.2000	0.2100
	基本每股收益(扣除后)(元)	–0.4900	0.2700	0.1600	0.1900
	稀释每股收益(元)	–0.4900	0.6000	0.2000	0.2100
	每股净资产(元)	3.8917	3.9906	3.5960	2.2541
	每股经营现金净流量(元)	0.2601	–0.0753	–0.0982	–0.3467
	每股现金流量(元)	–0.0599	0.9083	0.4043	0.2055
	每股资本公积金(元)	2.3613	1.9439	2.0017	0.6665
	每股盈余公积金(元)	0.0588	0.0606	0.0606	0.0689
	每股未分配利润(元)	0.4717	0.9861	0.5337	0.5187
	净资产收益率(%)	–12.4767	14.7740	5.3360	9.2779
	加权净资产收益率(%)	–11.9900	16.7800	6.2200	11.4900
	净资产收益率(扣除)(%)	–12.4918	6.6066	4.1480	8.0847
	总资产(万元)	313645.78	312387.86	267694.18	152825.66
	归属母公司股东权益(万元)	150021.03	149325.96	134560.40	74233.30
	营业收入(万元)	22260.49	104454.60	46368.75	68820.67
	营业支出(万元)	17419.99	69180.29	31030.97	49354.79
	投资收益(万元)	–21.23	10315.20	–88.13	1489.81
	净利润(万元)	–18871.24	21966.83	7336.06	7110.31
	营业利润(万元)	–18984.03	22835.93	6724.45	7263.67
	利润总额(万元)	–18964.43	24915.79	8597.71	8260.46

汕头万顺包装材料股份有限公司

公司概况					
公司名称	汕头万顺包装材料股份有限公司			证券简称	万顺股份
法人代表	杜成城	董秘	黄薇	证券代码	300057
公司网址	www.wanshun.cn			电子信箱	wanshun1@wanshun.cn
电话	0754-83597700			传真	0754-83590689
办公地址	广东省汕头市汕头保税区万顺工业园				
经营范围	纸制品、光电产品、包装材料、塑料制品、工艺美术品的加工、制造等				

指标\报告期	2017.06.30	2016.12.31	2016.06.30	2015.12.31
基本每股收益(元)	0.1072	0.1722	0.0791	0.1499
基本每股收益(扣除后)(元)	0.0832	0.1459	0.0538	0.1019
稀释每股收益(元)	0.1072	0.1722	0.0791	0.1499
每股净资产(元)	5.3522	5.2851	5.1919	5.1427
每股经营现金净流量(元)	0.3758	0.2881	0.0473	0.8153
每股现金流量(元)	–0.1879	–0.5884	–0.2872	0.4464
每股资本公积金(元)	2.8009	2.8009	2.8009	2.8009
每股盈余公积金(元)	0.1232	0.1232	0.1155	0.1155
每股未分配利润(元)	1.4276	1.3604	1.2750	1.2259
净资产收益率(%)	2.0023	3.2575	1.5233	2.8569
加权净资产收益率(%)	2.0100	3.3000	1.5300	3.2200
净资产收益率(扣除)(%)	1.5549	2.7611	1.0371	1.9422
总资产(万元)	502874.19	457247.68	467069.72	453579.53
归属母公司股东权益(万元)	235316.53	232368.52	228267.64	226105.58
营业收入(万元)	133998.16	223591.95	101354.94	219354.25
营业支出(万元)	115160.82	187234.34	86013.66	186000.89
投资收益(万元)	–9.96	–104.78	51.96	–
净利润(万元)	5781.83	9411.95	4092.03	6158.65
营业利润(万元)	5977.49	9656.84	3024.60	4347.93
利润总额(万元)	6908.21	11131.47	4341.36	7425.88

北京蓝色光标品牌管理顾问股份有限公司

公司概况					
公司名称	北京蓝色光标品牌管理顾问股份有限公司			证券简称	蓝色光标
法人代表	赵文权	董秘	熊剑	证券代码	300058
公司网址	www.bluefocusgroup.com			电子信箱	bfg@bluefocus.com
电话	010-56478871 56478872			传真	86-10-56478000
办公地址	北京市朝阳区酒仙桥北路9号(厂区)10幢二层A5-01				
经营范围	公共关系服务、核心业务是为企业提供品牌管理服务、主要内容为品牌传播、产品推广等				

指标\报告期	2017.06.30	2016.12.31	2016.06.30	2015.12.31
基本每股收益(元)	0.1400	0.3300	0.1800	0.0400
基本每股收益(扣除后)(元)	0.0900	0.1800	0.0800	0.1200
稀释每股收益(元)	0.1400	0.3200	0.1800	0.0400
每股净资产(元)	3.3968	2.7126	2.3900	2.1830
每股经营现金净流量(元)	–0.0085	–0.0451	–0.1018	0.2533
每股现金流量(元)	0.5131	–0.8943	–0.6755	1.0302
每股资本公积金(元)	1.6554	1.0038	0.7322	0.7165
每股盈余公积金(元)	0.0612	0.0656	0.0651	0.0674
每股未分配利润(元)	0.8769	0.8575	0.7617	0.6069
净资产收益率(%)	4.1279	11.7974	7.5970	1.6059
加权净资产收益率(%)	4.4700	13.0900	7.9400	1.6300
净资产收益率(扣除)(%)	2.5920	6.4357	3.5263	5.5259
总资产(万元)	1887330.38	1652917.15	1528523.97	1636921.20
归属母公司股东权益(万元)	727670.87	542218.37	461556.35	421578.18
营业收入(万元)	661733.03	1231910.59	514099.41	834726.90
营业支出(万元)	520736.99	965125.70	391401.12	604753.25
投资收益(万元)	12842.33	30052.69	20727.88	3943.44
净利润(万元)	31951.26	68944.77	35774.42	7751.93
营业利润(万元)	33957.96	68139.76	40532.29	–45803.60
利润总额(万元)	37341.43	80837.27	41329.61	12003.23

东方财富信息股份有限公司

公司概况					
公司名称	东方财富信息股份有限公司			证券简称	东方财富
法人代表	其实	董秘	陆威	证券代码	300059
公司网址	www.eastmoney.com			电子信箱	dongmi@eastmoney.com
电话	021-54660526			传真	021-54660501
办公地址	上海市徐汇区宛平南路88号金座				
经营范围	企业投资咨询、策划、商务企业投资咨询、策划、商务咨询、会务会展咨询服务等				

指标\报告期	2017.06.30	2016.12.31	2016.06.30	2015.12.31
基本每股收益(元)	0.0609	0.2059	0.0998	1.0897
基本每股收益(扣除后)(元)	0.0599	0.1717	0.0822	1.0585
稀释每股收益(元)	0.0609	0.2059	0.0998	1.0897
每股净资产(元)	3.0397	3.6042	3.4841	4.4066
每股经营现金净流量(元)	–0.1241	–1.1882	–0.2723	0.2953
每股现金流量(元)	0.5679	–0.5448	0.4337	5.2157
每股资本公积金(元)	1.4445	1.9186	1.9046	2.3754
每股盈余公积金(元)	0.0618	0.0745	0.0649	0.1245
每股未分配利润(元)	0.5345	0.6112	0.5149	0.9065
净资产收益率(%)	1.9952	5.5654	2.7167	22.6283
加权净资产收益率(%)	2.0100	6.6000	3.7600	66.4200
净资产收益率(扣除)(%)	1.9647	4.6403	2.2358	21.9807
总资产(万元)	3291957.81	2698587.03	2728552.36	2373347.57
归属母公司股东权益(万元)	1303664.37	1282503.47	1239742.61	816928.95
营业收入(万元)	47890.23	120305.13	65696.45	281271.27
营业支出(万元)	20078.95	32305.28	14595.95	32405.44
投资收益(万元)	9772.46	4523.98	4424.39	3891.63
净利润(万元)	25922.04	71243.41	33649.81	184851.38
营业利润(万元)	27759.28	66736.18	32632.49	211085.61
利润总额(万元)	28228.61	79817.59	39584.61	217092.63

上海康耐特旗计智能科技集团股份有限公司

公司概况					
公司名称	上海康耐特旗计智能科技集团股份有限公司			证券简称	康旗股份
法人代表	费铮翔	董秘	张惠祥	证券代码	300061
公司网址	www.conantoptical.com			电子信箱	zhanghx@conantoptical.com
电话	021-58598866-1298			传真	021-58598535
办公地址	上海市浦东新区川大路555号				
经营范围	工程塑料、树脂镜片及材料、成镜及配件、眼镜镜架、光学仪器的技术开发及生产等				

指标\报告期	2017.06.30	2016.12.31	2016.06.30	2015.12.31
基本每股收益(元)	0.2100	0.4000	0.1100	0.2100
基本每股收益(扣除后)(元)	0.1700	0.3800	0.1000	0.1800
稀释每股收益(元)	0.2100	0.4000	0.1100	0.2100
每股净资产(元)	6.2882	6.1501	1.8747	1.7239
每股经营现金净流量(元)	0.1340	0.3183	0.1128	0.3138
每股现金流量(元)	0.0329	0.7044	0.0658	0.0787
每股资本公积金(元)	4.6261	4.6766	0.2028	0.1729
每股盈余公积金(元)	0.0368	0.0369	0.0587	0.0589
每股未分配利润(元)	0.6401	0.4538	0.6463	0.5601
净资产收益率(%)	3.2901	3.3584	5.7580	11.9202
加权净资产收益率(%)	3.3100	15.2400	5.9900	12.4300
净资产收益率(扣除)(%)	2.6302	3.2271	5.5610	10.5431
总资产(万元)	386101.81	378538.39	89562.00	83088.02
归属母公司股东权益(万元)	330814.98	323139.19	46868.87	42963.31
营业收入(万元)	84674.22	100094.50	36761.80	69444.12
营业支出(万元)	43406.05	58757.70	24097.06	48070.79
投资收益(万元)	450.67	33.18	–35.78	–51.81
净利润(万元)	11363.84	11488.88	3045.63	5673.97
营业利润(万元)	12878.27	12352.80	3364.88	5617.91
利润总额(万元)	12944.14	12921.65	3511.64	6428.01

中能电气股份有限公司

公司概况	公司名称	中能电气股份有限公司		证券简称	中能电气
	法人代表	陈添旭	董秘	于春江	证券代码	300062
	公司网址	www.ceepower.com		电子信箱	ceepower300062@ceepower.com
	电　　话	0591-83856936		传　　真	0591-86550211
	办公地址	福建省福清市融侨经济技术开发区(宏路街道周店村)			
	经营范围	输配电设备产品的研发、生产和销售等			

主要财务指标	指标\报告期	2017.06.30	2016.12.31	2016.06.30	2015.12.31
	基本每股收益(元)	0.0300	0.5100	0.1900	0.1300
	基本每股收益(扣除后)(元)	0.0200	0.3400	0.1800	0.1000
	稀释每股收益(元)	0.0300	0.5000	0.1900	0.1300
	每股净资产(元)	2.8100	5.6120	5.1756	4.9853
	每股经营现金净流量(元)	-0.3217	0.3632	0.5483	1.0670
	每股现金流量(元)	0.9225	0.2534	-0.4953	-0.0121
	每股资本公积金(元)	0.7563	2.4578	2.3427	2.3427
	每股盈余公积金(元)	0.0801	0.1602	0.1583	0.1583
	每股未分配利润(元)	0.9764	1.9917	1.6746	1.4844
	净资产收益率(%)	1.0860	9.0756	3.6763	2.6515
	加权净资产收益率(%)	1.0800	9.7700	3.1100	2.6600
	净资产收益率(扣除)(%)	0.8079	6.0296	3.4588	2.0080
	总资产(万元)	207904.54	177995.43	269330.73	255000.64
	归属母公司股东权益(万元)	86646.33	86425.02	79703.47	76773.33
	营业收入(万元)	31470.89	100020.61	53979.80	73084.11
	营业支出(万元)	20656.33	66824.61	38294.04	49349.40
	投资收益(万元)	-19.35	575.31	-	-26.12
	净利润(万元)	1152.94	8796.71	3454.75	2515.54
	营业利润(万元)	899.63	8071.83	3895.36	2436.05
	利润总额(万元)	1211.54	11108.17	4228.87	3218.49

广东天龙油墨集团股份有限公司

公司概况	公司名称	广东天龙油墨集团股份有限公司		证券简称	天龙集团
	法人代表	冯毅	董秘	徐永全	证券代码	300063
	公司网址	www.tlym.cn		电子信箱	tljt@tlym.cn
	电　　话	0758-8507810		传　　真	0758-8507823
	办公地址	广东省肇庆市金渡工业园内			
	经营范围	油墨化工业务和林产化工业务等			

主要财务指标	指标\报告期	2017.06.30	2016.12.31	2016.06.30	2015.12.31
	基本每股收益(元)	0.1028	0.4899	0.2326	0.2156
	基本每股收益(扣除后)(元)	0.1003	0.4398	0.2270	0.2023
	稀释每股收益(元)	0.1028	0.4899	0.2326	0.2156
	每股净资产(元)	3.1285	7.6054	7.3461	7.0686
	每股经营现金净流量(元)	0.2055	0.4058	0.3523	0.0378
	每股现金流量(元)	0.1095	0.3954	0.2316	0.1687
	每股资本公积金(元)	1.6355	5.5830	5.5830	5.5196
	每股盈余公积金(元)	0.0141	0.0352	0.0352	0.0352
	每股未分配利润(元)	0.4680	0.9630	0.7058	0.4931
	净资产收益率(%)	3.2847	6.4412	3.1668	2.2667
	加权净资产收益率(%)	3.3200	6.7000	3.2400	5.1600
	净资产收益率(扣除)(%)	3.2074	5.7829	3.0902	2.1269
	总资产(万元)	388758.96	368690.89	374490.89	335142.96
	归属母公司股东权益(万元)	227264.33	220991.40	213457.09	205392.20
	营业收入(万元)	294719.94	528965.61	234769.37	171406.94
	营业支出(万元)	267671.26	467623.29	208443.20	141437.93
	投资收益(万元)	9.20	66.83	1.88	120.58
	净利润(万元)	7113.16	14263.06	6653.75	4293.73
	营业利润(万元)	8768.62	14832.89	8525.94	6718.22
	利润总额(万元)	8979.23	17125.38	8782.95	7025.99

郑州华晶金刚石股份有限公司

公司概况	公司名称	郑州华晶金刚石股份有限公司		证券简称	豫金刚石
	法人代表	郭留希	董秘	张凯	证券代码	300064
	公司网址	www.sinocrystal.com.cn		电子信箱	chinadiamond@sinocrystal.com.cn
	电　　话	0371-63377777		传　　真	0371-63377777
	办公地址	河南省郑州市高新开发区长椿路23号郑州高新企业加速器产业园C5-1/2楼			
	经营范围	超硬材料及设备、原辅材料、超硬材料制品的研发、生产和销售等			

主要财务指标	指标\报告期	2017.06.30	2016.12.31	2016.06.30	2015.12.31
	基本每股收益(元)	0.0783	0.1796	0.1147	0.1558
	基本每股收益(扣除后)(元)	0.0699	0.1752	0.1129	0.1522
	稀释每股收益(元)	0.0783	0.1796	0.1147	0.1558
	每股净资产(元)	5.5667	5.5036	2.9705	2.8748
	每股经营现金净流量(元)	0.0436	0.0311	-0.0253	0.2310
	每股现金流量(元)	-2.3609	2.9095	0.2622	0.0427
	每股资本公积金(元)	3.9267	3.9267	1.0331	1.0331
	每股盈余公积金(元)	0.0638	0.0639	0.0959	0.0959
	每股未分配利润(元)	0.5762	0.5130	0.8414	0.7457
	净资产收益率(%)	1.4060	2.0735	3.8604	5.1404
	加权净资产收益率(%)	1.4100	4.9600	3.9200	5.8800
	净资产收益率(扣除)(%)	1.2558	2.0226	3.8014	5.0213
	总资产(万元)	894719.25	881540.25	417271.56	337700.97
	归属母公司股东权益(万元)	671053.45	663445.19	201434.69	194947.02
	营业收入(万元)	57046.08	96442.32	54729.39	76321.21
	营业支出(万元)	42280.57	64157.23	37405.05	49326.76
	投资收益(万元)	4539.91	232.24	-46.98	-123.47
	净利润(万元)	8637.39	13929.03	8660.66	10968.56
	营业利润(万元)	8654.79	16082.08	9791.94	12844.39
	利润总额(万元)	9859.35	16522.22	9944.84	13101.41

北京海兰信数据科技股份有限公司

公司概况	公司名称	北京海兰信数据科技股份有限公司		证券简称	海兰信
	法人代表	申万秋	董秘	姜楠	证券代码	300065
	公司网址	www.highlander.com.cn		电子信箱	hlx@highlander.com.cn
	电　　话	010-82158018　82151445		传　　真	010-82150083
	办公地址	北京市海淀区中关村东路1号清华科技园科技大厦C座1902室			
	经营范围	技术开发、转让、咨询、服务、培训等			

主要财务指标	指标\报告期	2017.06.30	2016.12.31	2016.06.30	2015.12.31
	基本每股收益(元)	0.1330	0.3400	0.1243	0.1700
	基本每股收益(扣除后)(元)	0.1050	0.2600	0.1000	0.0700
	稀释每股收益(元)	0.1330	0.3400	0.1243	0.1700
	每股净资产(元)	3.7529	5.2196	5.0020	2.8809
	每股经营现金净流量(元)	-0.0883	0.6503	-0.2090	0.2645
	每股现金流量(元)	0.7515	-0.6416	-1.1605	1.2850
	每股资本公积金(元)	2.0434	3.2728	3.2721	3.7695
	每股盈余公积金(元)	0.0504	0.0756	0.0579	0.0664
	每股未分配利润(元)	0.6312	0.8273	0.6299	0.6147
	净资产收益率(%)	3.5448	6.5023	2.4843	2.9961
	加权净资产收益率(%)	3.8100	6.7200	2.5100	5.7700
	净资产收益率(扣除)(%)	2.7980	5.0460	1.9428	1.1742
	总资产(万元)	245146.14	180870.40	157744.73	165728.02
	归属母公司股东权益(万元)	135983.26	126084.01	120828.09	118253.76
	营业收入(万元)	31885.45	71656.99	26632.54	32781.25
	营业支出(万元)	17033.27	43527.30	14609.77	21708.75
	投资收益(万元)	191.25	87.13	-154.89	1375.33
	净利润(万元)	6596.24	11081.02	4274.84	3621.35
	营业利润(万元)	6615.43	10656.50	3918.74	1609.08
	利润总额(万元)	7848.71	13690.94	5035.09	4093.30

三川智慧科技股份有限公司

公司概况	公司名称	三川智慧科技股份有限公司			证券简称	三川智慧
	法人代表	李建林	董秘	倪国强	证券代码	300066
	公司网址	www.ytsanchuan.com			电子信箱	webmaster@ytsanchuan.com
	电　话	0701-6318013　6318005			传　真	0701-6318013
	办公地址	江西省鹰潭市高新区龙岗片区三川水工产业园				
	经营范围	机械水表、智能水表、水表配件的研发、生产、销售业务				

主要财务指标	指标\报告期	2017.06.30	2016.12.31	2016.06.30	2015.12.31
	基本每股收益(元)	0.0427	0.1284	0.0700	0.3400
	基本每股收益(扣除后)(元)	0.0321	0.1183	0.0621	0.2769
	稀释每股收益(元)	0.0427	0.1284	0.0700	0.3400
	每股净资产(元)	1.4285	1.4058	1.3490	3.2700
	每股经营现金净流量(元)	-0.0350	0.1043	0.0271	0.3157
	每股现金流量(元)	-0.2020	-0.2315	-0.0367	0.2147
	每股资本公积金(元)	0.0649	0.0649	0.0656	0.9639
	每股盈余公积金(元)	0.0791	0.0791	0.0655	0.1639
	每股未分配利润(元)	0.2799	0.2572	0.2133	1.1358
	净资产收益率(%)	2.9924	9.1362	5.2618	10.2177
	加权净资产收益率(%)	3.0100	9.4700	5.4900	11.7600
	净资产收益率(扣除)(%)	2.2463	8.4148	4.6014	8.2280
	总资产(万元)	173469.65	176334.02	166989.40	160156.89
	归属母公司股东权益(万元)	148571.20	146205.49	140305.43	136241.12
	营业收入(万元)	26696.96	69512.41	32131.30	64704.72
	营业支出(万元)	17460.27	42726.20	19658.72	42143.03
	投资收益(万元)	1290.28	2501.68	1209.75	2073.08
	净利润(万元)	4558.73	13672.30	7537.40	14616.42
	营业利润(万元)	3929.13	13368.43	7145.49	12659.21
	利润总额(万元)	5239.48	16013.97	8702.07	16948.02

上海安诺其集团股份有限公司

公司概况	公司名称	上海安诺其集团股份有限公司			证券简称	安诺其
	法人代表	纪立军	董秘	徐长进	证券代码	300067
	公司网址	www.anoky.com.cn			电子信箱	investor@anoky.com.cn
	电　话	021-59867500			传　真	021-59867578
	办公地址	上海市青浦工业园区崧华路 881 号				
	经营范围	新型纺织染料的研发、生产、销售和相关技术服务等				

主要财务指标	指标\报告期	2017.06.30	2016.12.31	2016.06.30	2015.12.31
	基本每股收益(元)	0.0900	0.1500	0.1100	0.1200
	基本每股收益(扣除后)(元)	0.0880	0.1400	0.0900	0.1117
	稀释每股收益(元)	0.0900	0.1500	0.1100	0.1200
	每股净资产(元)	1.6600	1.8876	1.8620	1.7632
	每股经营现金净流量(元)	0.0518	0.1989	0.1100	-0.0484
	每股现金流量(元)	0.0217	-0.1865	-0.0325	0.2441
	每股资本公积金(元)	0.1556	0.3769	0.2772	0.2831
	每股盈余公积金(元)	0.0433	0.0521	0.0466	0.0466
	每股未分配利润(元)	0.5589	0.5787	0.5543	0.4485
	净资产收益率(%)	5.6795	7.9853	5.6687	6.6720
	加权净资产收益率(%)	5.8500	8.2700	5.8600	6.8600
	净资产收益率(扣除)(%)	5.3139	7.0228	4.9872	6.3360
	总资产(万元)	160965.52	144347.51	151873.57	137247.76
	归属母公司股东权益(万元)	108414.46	102510.58	98307.68	92861.15
	营业收入(万元)	72170.20	100377.92	46375.34	68994.88
	营业支出(万元)	55891.96	73943.27	32708.73	46568.49
	投资收益(万元)	11.27	-0.03	-	-
	净利润(万元)	6104.86	8076.78	5426.37	6136.48
	营业利润(万元)	7309.41	8718.05	5766.44	7161.63
	利润总额(万元)	7842.72	10020.33	6677.86	7534.57

浙江南都电源动力股份有限公司

公司概况	公司名称	浙江南都电源动力股份有限公司			证券简称	南都电源
	法人代表	王海光	董秘	王莹娇	证券代码	300068
	公司网址	www.naradapower.com			电子信箱	nddy@narada.biz
	电　话	0571-56975697			传　真	0571-56975688
	办公地址	浙江省杭州市文二西路 822 号				
	经营范围	化学电源、新能源储能产品的研究、开发、制造和销售等				

主要财务指标	指标\报告期	2017.06.30	2016.12.31	2016.06.30	2015.12.31
	基本每股收益(元)	0.2000	0.4800	0.2300	0.3400
	基本每股收益(扣除后)(元)	0.1100	0.3900	0.2000	0.2800
	稀释每股收益(元)	0.2000	0.4800	0.2300	0.3400
	每股净资产(元)	7.4790	7.4944	7.2106	5.0301
	每股经营现金净流量(元)	-0.4270	0.0066	-0.5945	0.0691
	每股现金流量(元)	-1.1034	0.8147	3.0516	0.1996
	每股资本公积金(元)	5.1362	5.1428	6.4999	2.8217
	每股盈余公积金(元)	0.1315	0.1317	0.1499	0.1510
	每股未分配利润(元)	1.2141	1.2175	1.3050	1.0596
	净资产收益率(%)	2.6461	5.5863	2.7358	6.6807
	加权净资产收益率(%)	2.6200	7.4300	4.3700	6.9300
	净资产收益率(扣除)(%)	1.5122	4.5392	2.3710	5.6254
	总资产(万元)	934602.50	918936.04	974679.75	693218.51
	归属母公司股东权益(万元)	589312.58	589559.88	562412.28	304313.90
	营业收入(万元)	371924.13	714142.17	294576.22	515312.69
	营业支出(万元)	322262.84	588235.41	247673.94	437533.37
	投资收益(万元)	-885.00	-658.25	-	-421.24
	净利润(万元)	22997.02	47724.91	18737.51	27929.91
	营业利润(万元)	13513.76	28439.80	9867.56	11264.53
	利润总额(万元)	24097.18	50987.20	21266.86	30824.51

浙江金利华电气股份有限公司

公司概况	公司名称	浙江金利华电气股份有限公司			证券简称	金利华电
	法人代表	朱方文	董秘	鲁佳斐	证券代码	300069
	公司网址	www.jlhdq.com			电子信箱	info@jlhdq.com
	电　话	0579-82913366			传　真	0579-82913333
	办公地址	浙江省金华市金东经济开发区傅村镇华丰东路 1088 号				
	经营范围	生产、销售玻璃绝缘子、陶瓷绝缘子等				

主要财务指标	指标\报告期	2017.06.30	2016.12.31	2016.06.30	2015.12.31
	基本每股收益(元)	0.0900	0.2000	0.1700	0.0900
	基本每股收益(扣除后)(元)	0.0900	0.1700	0.1600	0.0500
	稀释每股收益(元)	0.0900	0.2000	0.1700	0.0900
	每股净资产(元)	4.4264	4.3343	4.2987	4.1802
	每股经营现金净流量(元)	-0.0783	0.0327	-0.0085	0.0204
	每股现金流量(元)	-0.0861	0.0261	-0.0543	0.1323
	每股资本公积金(元)	2.2268	2.2268	2.2268	2.2268
	每股盈余公积金(元)	0.1649	0.1649	0.1414	0.1414
	每股未分配利润(元)	1.0347	0.9427	0.9306	0.8120
	净资产收益率(%)	2.0793	4.7101	3.9209	2.1566
	加权净资产收益率(%)	2.1000	4.8000	3.9700	2.1700
	净资产收益率(扣除)(%)	1.9207	3.9986	3.6228	1.1983
	总资产(万元)	90895.07	82102.01	74620.80	69175.59
	归属母公司股东权益(万元)	51788.61	50711.75	50295.18	48908.16
	营业收入(万元)	13843.81	33673.47	15303.04	21343.97
	营业支出(万元)	8492.89	23027.47	10114.99	15740.47
	投资收益(万元)	5.83	—	-	-
	净利润(万元)	1211.92	2388.59	1972.02	1054.74
	营业利润(万元)	1295.89	2626.20	2095.59	746.33
	利润总额(万元)	1249.37	3014.72	2255.85	1232.49

北京碧水源科技股份有限公司

公司概况	公司名称	北京碧水源科技股份有限公司			证券简称	碧水源
	法人代表	文剑平	董秘	何愿平	证券代码	300070
	公司网址	www.originwater.com		电子信箱	ir@originwater.com	
	电　　话	010-88465890		传　　真	010-88434847	
	办公地址	北京市海淀区生命科学园路23-2碧水源大厦				
	经营范围	污水处理和污水资源化领域的技术研究与开发、设备制造与销售等				

	指标\报告期	2017.06.30	2016.12.31	2016.06.30	2015.12.31
主要财务指标	基本每股收益(元)	0.1710	0.6000	0.0900	1.2100
	基本每股收益(扣除后)(元)	0.1030	0.5900	0.0900	1.2000
	稀释每股收益(元)	0.1710	0.5900	0.0900	1.2000
	每股净资产(元)	5.1214	4.9638	4.4900	11.0400
	每股经营现金净流量(元)	-0.2242	0.2404	-0.3079	1.1055
	每股现金流量(元)	-1.0766	0.7234	-0.4634	2.3783
	每股资本公积金(元)	2.1662	2.1369	2.0869	6.6262
	每股盈余公积金(元)	0.1468	0.1472	0.1143	0.2886
	每股未分配利润(元)	1.8203	1.7101	1.2491	3.0337
	净资产收益率(%)	3.3264	11.8920	1.9384	10.0314
	加权净资产收益率(%)	3.3700	12.8000	1.8700	16.3500
	净资产收益率(扣除)(%)	2.0006	11.6924	1.9157	9.9831
	总资产(万元)	3348118.61	3180643.01	2013972.94	1838877.21
	归属母公司股东权益(万元)	1604883.38	1552107.89	1392840.84	1357438.30
	营业收入(万元)	289507.15	889228.51	234717.51	521426.03
	营业支出(万元)	210769.88	610111.78	174810.10	306573.97
	投资收益(万元)	27412.95	26383.76	5492.48	21746.30
	净利润(万元)	52921.84	184972.88	26056.77	145741.90
	营业利润(万元)	61640.01	221260.51	32116.29	168731.53
	利润总额(万元)	64159.51	223498.15	32535.27	169505.74

北京华谊嘉信整合营销顾问集团股份有限公司

公司概况	公司名称	北京华谊嘉信整合营销顾问集团股份有限公司			证券简称	华谊嘉信
	法人代表	刘伟	董秘	黄鑫	证券代码	300071
	公司网址	www.spearhead.com.cn		电子信箱	investor@spearhead.com.cn	
	电　　话	010-58039145		传　　真	010-58039088	
	办公地址	北京市朝阳区广渠路3号竞园文化艺术产业区39B				
	经营范围	终端营销服务、活动营销服务、其他营销服务等				

	指标\报告期	2017.06.30	2016.12.31	2016.06.30	2015.12.31
主要财务指标	基本每股收益(元)	0.0500	0.1900	0.0900	0.1900
	基本每股收益(扣除后)(元)	0.0300	0.1800	0.0700	0.1300
	稀释每股收益(元)	0.0500	0.1900	0.0900	0.1900
	每股净资产(元)	1.7659	1.7566	1.6522	1.5979
	每股经营现金净流量(元)	0.0079	0.0455	-0.1418	0.3143
	每股现金流量(元)	-0.2223	-0.0206	-0.2022	0.1225
	每股资本公积金(元)	0.0131	0.0241	0.0192	0.0192
	每股盈余公积金(元)	0.0522	0.0519	0.0439	0.0439
	每股未分配利润(元)	0.6472	0.6259	0.5342	0.4799
	净资产收益率(%)	3.0654	10.9417	5.7075	11.6585
	加权净资产收益率(%)	3.0400	11.5500	5.7800	11.2800
	净资产收益率(扣除)(%)	1.4398	10.2386	4.4561	8.3427
	总资产(万元)	333539.72	334896.31	277864.41	258457.92
	归属母公司股东权益(万元)	119813.07	119940.93	113222.78	109501.81
	营业收入(万元)	151707.38	345297.99	155043.51	325005.63
	营业支出(万元)	123237.41	280795.16	128837.36	267024.71
	投资收益(万元)	268.22	788.84	523.20	-67.91
	净利润(万元)	3640.76	13217.71	6450.34	12540.42
	营业利润(万元)	2843.82	17611.84	6595.71	18216.90
	利润总额(万元)	5184.97	17367.55	7756.35	19038.69

北京三聚环保新材料股份有限公司

公司概况	公司名称	北京三聚环保新材料股份有限公司			证券简称	三聚环保
	法人代表	刘雷	董秘	曹华锋	证券代码	300072
	公司网址	www.sanju.cn		电子信箱	investor@sanju.cn	
	电　　话	010-82685562		传　　真	010-82684108	
	办公地址	北京市海淀区西直门北大街甲43号金运大厦A座8层、9层、13层				
	经营范围	脱硫净化剂、脱硫催化剂、其他净化剂、特种催化材料及催化剂等的研发、生产、销售等				

	指标\报告期	2017.06.30	2016.12.31	2016.06.30	2015.12.31
主要财务指标	基本每股收益(元)	0.6800	1.3800	0.6800	1.1900
	基本每股收益(扣除后)(元)	0.6700	1.3700	0.6800	1.1800
	稀释每股收益(元)	0.6800	1.3600	0.6800	1.1900
	每股净资产(元)	4.1287	5.2510	4.5481	6.0350
	每股经营现金净流量(元)	-1.1287	0.2688	-0.9183	0.0780
	每股现金流量(元)	-1.5192	2.5129	0.4093	2.4725
	每股资本公积金(元)	0.9302	1.8568	1.8305	2.8285
	每股盈余公积金(元)	0.1170	0.1765	0.0776	0.1189
	每股未分配利润(元)	2.1843	2.4820	1.9061	2.0876
	净资产收益率(%)	16.2818	25.7569	14.8269	17.4716
	加权净资产收益率(%)	17.6300	29.7300	15.9400	29.2800
	净资产收益率(扣除)(%)	16.1571	25.5121	14.7220	17.3620
	总资产(万元)	2075962.01	1851071.31	1479462.57	1023148.03
	归属母公司股东权益(万元)	744994.07	627813.15	542407.93	469655.98
	营业收入(万元)	1208547.69	1753110.15	580660.91	569811.52
	营业支出(万元)	990133.94	1442235.05	437222.37	384443.52
	投资收益(万元)	156.75	33.97	-29.09	87.67
	净利润(万元)	123765.69	163465.42	79040.70	81441.36
	营业利润(万元)	145519.67	188670.06	93066.08	95648.47
	利润总额(万元)	146876.17	191022.06	93840.06	96320.48

北京当升材料科技股份有限公司

公司概况	公司名称	北京当升材料科技股份有限公司			证券简称	当升科技
	法人代表	李建忠	董秘	曲晓力	证券代码	300073
	公司网址	www.easpring.com.cn		电子信箱	securities@easpring.com.cn	
	电　　话	010-52269718		传　　真	010-52269720-9718	
	办公地址	北京市丰台区南四环西路188号总部基地18区21号				
	经营范围	研究开发、生产和销售锂离子电池正极材料、电子粉体材料和新型金属材料等				

	指标\报告期	2017.06.30	2016.12.31	2016.06.30	2015.12.31
主要财务指标	基本每股收益(元)	0.3959	0.5425	0.1996	0.0783
	基本每股收益(扣除后)(元)	0.1348	0.5123	0.1902	0.0366
	稀释每股收益(元)	0.3959	0.5425	0.1996	0.0783
	每股净资产(元)	4.0692	7.3260	6.9829	6.7832
	每股经营现金净流量(元)	-0.2453	-0.3905	-0.2926	0.0554
	每股现金流量(元)	0.1294	0.2563	-0.4408	0.6505
	每股资本公积金(元)	2.1605	5.3404	5.3404	5.3404
	每股盈余公积金(元)	0.0581	0.1162	0.0984	0.0984
	每股未分配利润(元)	0.7754	0.8690	0.5439	0.3444
	净资产收益率(%)	9.7291	7.4045	2.8578	1.0697
	加权净资产收益率(%)	10.3100	7.6900	2.9000	1.3300
	净资产收益率(扣除)(%)	3.3138	6.9927	2.7234	0.5006
	总资产(万元)	271890.03	216280.57	184078.88	174069.79
	归属母公司股东权益(万元)	148959.09	134090.86	127810.12	124155.98
	营业收入(万元)	83487.73	133454.66	55297.44	86042.27
	营业支出(万元)	68708.40	110814.69	47074.14	78866.23
	投资收益(万元)	11503.65	1556.28	599.08	1564.60
	净利润(万元)	14492.31	9928.78	3652.60	1328.16
	营业利润(万元)	16975.43	9455.09	3510.45	563.03
	利润总额(万元)	17517.41	10854.76	3923.19	1425.33

华平信息技术股份有限公司

公司概况						
公司名称	华平信息技术股份有限公司				证券简称	华平股份
法人代表	刘焱	董秘	唐晓云		证券代码	300074
公司网址	www.avcon.com.cn		电子信箱		ir@avcon.com.cn	
电话	021-65650210		传真		021-55666998	
办公地址	上海市杨浦区国权北路1688弄A6座					
经营范围	计算机软硬件及其他电子产品的设计、销售、计算机系统集成服务等					

主要财务指标 指标\报告期	2017.06.30	2016.12.31	2016.06.30	2015.12.31
基本每股收益(元)	0.0130	0.1337	0.0114	0.0635
基本每股收益(扣除后)(元)	0.0097	0.0420	-0.0223	0.0220
稀释每股收益(元)	0.0130	0.1334	0.0114	0.0635
每股净资产(元)	2.0913	2.1130	2.0010	1.9899
每股经营现金净流量(元)	-0.1716	0.0352	-0.0147	0.0539
每股现金流量(元)	-0.1484	0.1555	-0.0396	-0.0967
每股资本公积金(元)	0.4287	0.3750	0.3253	0.3255
每股盈余公积金(元)	0.0949	0.0962	0.0871	0.0871
每股未分配利润(元)	0.6740	0.6902	0.5887	0.5773
净资产收益率(%)	0.6072	6.2444	0.5708	3.1889
加权净资产收益率(%)	0.6000	6.4800	0.5700	3.2500
净资产收益率(扣除)(%)	0.4510	1.9656	-1.1147	1.0861
总资产(万元)	145894.35	138246.50	121996.14	124450.79
归属母公司股东权益(万元)	113602.83	113255.36	105655.29	105067.40
营业收入(万元)	19559.37	34173.83	10018.10	33121.31
营业支出(万元)	9990.24	16475.80	3828.42	14529.69
投资收益(万元)	12.39	4881.04	1606.56	1826.69
净利润(万元)	644.37	7527.23	477.57	3150.80
营业利润(万元)	252.30	6450.73	-31.78	2289.75
利润总额(万元)	461.10	8245.08	685.92	3433.11

北京数字政通科技股份有限公司

公司概况						
公司名称	北京数字政通科技股份有限公司				证券简称	数字政通
法人代表	吴强华	董秘	邱鲁闽		证券代码	300075
公司网址	www.egova.com.cn		电子信箱		egova@egova.com.cn	
电话	010-56161618		传真		010-56161688	
办公地址	北京市海淀区中关村软件园9号楼国际软件大厦三区101室					
经营范围	基于GIS应用的电子政务平台的开发和推广工作等					

主要财务指标 指标\报告期	2017.06.30	2016.12.31	2016.06.30	2015.12.31
基本每股收益(元)	0.1600	0.3400	0.1200	0.3200
基本每股收益(扣除后)(元)	0.1571	0.3500	0.1200	0.2800
稀释每股收益(元)	0.1600	0.3400	0.1200	0.3200
每股净资产(元)	3.6612	3.5323	3.5240	2.9900
每股经营现金净流量(元)	-0.5092	0.0588	-0.3489	0.3255
每股现金流量(元)	-0.6284	-0.4472	-0.9756	0.8989
每股资本公积金(元)	1.3582	1.3678	1.2985	1.1077
每股盈余公积金(元)	0.1604	0.1604	0.1361	0.1393
每股未分配利润(元)	1.3978	1.2689	1.0894	1.0351
净资产收益率(%)	4.3392	9.4034	3.3349	9.6650
加权净资产收益率(%)	4.4000	9.5200	3.5600	10.1400
净资产收益率(扣除)(%)	4.2904	9.6846	3.3071	8.4405
总资产(万元)	232238.67	235223.19	188680.44	186082.83
归属母公司股东权益(万元)	144794.57	139698.88	138011.78	125539.31
营业收入(万元)	33439.20	96733.61	25793.00	65113.53
营业支出(万元)	18825.85	61410.97	14439.34	39433.60
投资收益(万元)	-163.94	-853.29	-248.24	14.94
净利润(万元)	6914.11	14208.32	4902.95	12063.23
营业利润(万元)	5105.61	11864.33	2790.31	8873.16
利润总额(万元)	7078.79	15542.37	4640.68	13713.89

宁波GQY视讯股份有限公司

公司概况						
公司名称	宁波GQY视讯股份有限公司				证券简称	GQY视讯
法人代表	郭启寅	董秘	黄健		证券代码	300076
公司网址	www.gqy.com.cn		电子信箱		investor@gqy.com.cn	
电话	021-61002033		传真		021-61002008	
办公地址	浙江省宁波市杭州湾新区滨海四路131号					
经营范围	大屏拼接屏显示系统、机器人相关产业					

主要财务指标 指标\报告期	2017.06.30	2016.12.31	2016.06.30	2015.12.31
基本每股收益(元)	-0.0400	-0.0500	-	0.0200
基本每股收益(扣除后)(元)	-0.0500	-0.0700	-	0.0100
稀释每股收益(元)	-0.0400	-0.0500	-	0.0200
每股净资产(元)	2.5390	2.4611	2.5147	2.5123
每股经营现金净流量(元)	-0.0215	0.0607	-0.0170	-0.0074
每股现金流量(元)	0.0845	-0.1868	-0.1522	-0.4239
每股资本公积金(元)	1.1977	1.0758	1.0758	3.1517
每股盈余公积金(元)	0.0699	0.0699	0.0699	0.1398
每股未分配利润(元)	0.2713	0.3154	0.3690	0.7331
净资产收益率(%)	-1.7354	-2.0790	0.0973	0.4600
加权净资产收益率(%)	-1.8100	-2.0600	0.1000	0.4600
净资产收益率(扣除)(%)	-1.9106	-2.8530	0.0341	0.2395
总资产(万元)	117031.50	113684.28	114278.57	112021.01
归属母公司股东权益(万元)	107653.30	104352.01	106625.32	106521.52
营业收入(万元)	6123.68	17201.17	10604.21	20351.94
营业支出(万元)	3818.00	12286.30	7074.03	12650.55
投资收益(万元)	45.13	57.02	1.72	10.95
净利润(万元)	-1887.59	-2173.04	103.80	489.96
营业利润(万元)	-2037.58	-3022.80	63.15	454.97
利润总额(万元)	-1885.47	-2137.84	142.44	708.43

国民技术股份有限公司

公司概况						
公司名称	国民技术股份有限公司				证券简称	国民技术
法人代表	罗昭学	董秘	全衡		证券代码	300077
公司网址	www.nationz.com.cn		电子信箱		investors@nationz.com.cn	
电话	86-755-86916692		传真		0755-86916692	
办公地址	广东省深圳市南山区高新南区粤兴三道9号华中科技大学产学研基地A座2-7层					
经营范围	开发、生产、销售手机芯片、数据通讯芯片、图像处理芯片、语音处理芯片等					

主要财务指标 指标\报告期	2017.06.30	2016.12.31	2016.06.30	2015.12.31
基本每股收益(元)	0.0800	0.1800	0.0800	0.3200
基本每股收益(扣除后)(元)	0.0700	0.1400	0.0600	0.1700
稀释每股收益(元)	0.0800	0.1800	0.0800	0.3100
每股净资产(元)	5.4116	5.2600	5.1200	4.9900
每股经营现金净流量(元)	-0.1187	-0.1014	-0.1629	-0.0572
每股现金流量(元)	-0.2769	-0.4567	-0.5025	-4.1808
每股资本公积金(元)	3.7204	3.7204	3.6866	8.3764
每股盈余公积金(元)	0.1163	0.1163	0.1047	0.2093
每股未分配利润(元)	0.6571	0.5986	0.5112	0.9607
净资产收益率(%)	1.4503	3.4152	1.5748	3.0557
加权净资产收益率(%)	1.4800	3.5200	1.6100	3.1200
净资产收益率(扣除)(%)	1.2906	2.5974	1.2554	1.6135
总资产(万元)	330595.40	329416.20	315388.86	319970.24
归属母公司股东权益(万元)	305020.32	296346.10	288733.15	281465.99
营业收入(万元)	35742.84	70612.41	29346.53	56059.25
营业支出(万元)	25235.62	47947.78	18328.23	36076.01
投资收益(万元)	2241.17	9564.34	2402.45	7235.30
净利润(万元)	4423.32	10124.42	4546.78	8598.22
营业利润(万元)	3942.46	7786.32	3356.19	3915.83
利润总额(万元)	4483.71	11640.47	5032.96	9749.23

思创医惠科技股份有限公司

公司概况						
	公司名称	思创医惠科技股份有限公司			证券简称	思创医惠
	法人代表	章笠中	董秘	孙新军	证券代码	300078
	公司网址	www.sichuangyihui.com.cn		电子信箱	zhengquanbu@century-cn.com	
	电　　话	0571-28818665		传　　真	0571-28818665	
	办公地址	浙江省杭州市莫干山路 1418-48 号				
	经营范围	物联网技术的开发、应用、推广、信息系统集成等				

主要财务指标	指标\报告期	2017.06.30	2016.12.31	2016.06.30	2015.12.31
	基本每股收益(元)	0.0900	0.4500	0.1500	0.3400
	基本每股收益(扣除后)(元)	0.0800	0.4200	0.1447	0.2600
	稀释每股收益(元)	0.0900	0.4500	0.1500	0.3400
	每股净资产(元)	2.4732	4.5416	3.1692	3.0679
	每股经营现金净流量(元)	-0.0258	0.2999	0.0662	0.3889
	每股现金流量(元)	-0.5407	0.5556	-0.5989	-0.1487
	每股资本公积金(元)	0.9843	2.5744	1.4356	1.4356
	每股盈余公积金(元)	0.0836	0.1506	0.1387	0.1387
	每股未分配利润(元)	0.4104	0.8270	0.6117	0.5102
	净资产收益率(%)	3.6334	9.2219	4.7817	10.9730
	加权净资产收益率(%)	3.5100	13.7400	4.8500	11.5800
	净资产收益率(扣除)(%)	3.2822	8.6586	4.5660	8.5780
	总资产(万元)	269413.55	295575.07	229876.56	245694.07
	归属母公司股东权益(万元)	199807.96	203840.16	132709.89	128468.40
	营业收入(万元)	47507.64	108996.59	42830.89	85294.70
	营业支出(万元)	27453.80	58189.62	24285.70	48854.25
	投资收益(万元)	-53.88	1461.25	-219.87	1757.50
	净利润(万元)	7064.74	18863.92	6287.61	14031.55
	营业利润(万元)	7538.13	18603.51	6100.58	14926.99
	利润总额(万元)	8318.86	21380.50	7111.78	16627.44

北京数码视讯科技股份有限公司

公司概况						
	公司名称	北京数码视讯科技股份有限公司			证券简称	数码视讯
	法人代表	郑海涛	董秘	姚志坚	证券代码	300079
	公司网址	www.sumavision.com		电子信箱	sumavision@sumavision.com	
	电　　话	010-82345841		传　　真	010-82345842	
	办公地址	北京市海淀区上地信息产业基地开拓路 15 号 1 幢				
	经营范围	数字电视软硬件产品的研发、生产、销售和技术服务业务等				

主要财务指标	指标\报告期	2017.06.30	2016.12.31	2016.06.30	2015.12.31
	基本每股收益(元)	0.0429	0.1666	0.0721	0.1600
	基本每股收益(扣除后)(元)	0.0332	0.1592	0.0657	0.1400
	稀释每股收益(元)	0.0429	0.1666	0.0721	0.1600
	每股净资产(元)	2.5476	2.5357	2.3939	2.3003
	每股经营现金净流量(元)	-0.0486	0.1633	-0.0965	0.0957
	每股现金流量(元)	-0.1241	0.2155	-0.0005	0.2100
	每股资本公积金(元)	0.4831	0.4669	0.4466	0.4231
	每股盈余公积金(元)	0.0704	0.0704	0.0643	0.0643
	每股未分配利润(元)	0.9614	0.9486	0.8601	0.7981
	净资产收益率(%)	1.6830	6.5688	3.0103	6.9057
	加权净资产收益率(%)	1.6800	6.9600	3.0800	7.4700
	净资产收益率(扣除)(%)	1.3050	6.2777	2.7464	5.9059
	总资产(万元)	408203.79	405776.36	389415.12	411848.51
	归属母公司股东权益(万元)	351001.61	349373.16	329831.04	316937.35
	营业收入(万元)	62990.68	147484.86	62437.04	102887.23
	营业支出(万元)	34968.94	74191.32	29278.36	39389.53
	投资收益(万元)	262.91	-67.15	115.40	246.45
	净利润(万元)	6303.21	24214.59	10800.48	22952.07
	营业利润(万元)	4171.50	17867.92	7043.88	13544.30
	利润总额(万元)	5652.39	26217.17	10966.32	23081.95

河南易成新能源股份有限公司

公司概况						
	公司名称	河南易成新能源股份有限公司			证券简称	易成新能
	法人代表	孙毅	董秘	江泳	证券代码	300080
	公司网址	www.ycne.com.cn		电子信箱	ycne@ycne.com.cn	
	电　　话	0371-27771026		传　　真	86-371-27771027	
	办公地址	河南省开封市精细化工产业园区				
	经营范围	晶硅片切割刃料的生产和销售等				

主要财务指标	指标\报告期	2017.06.30	2016.12.31	2016.06.30	2015.12.31
	基本每股收益(元)	-0.4370	0.0409	0.0036	0.0127
	基本每股收益(扣除后)(元)	-0.4397	0.0452	0.0006	-0.0070
	稀释每股收益(元)	-0.4370	0.0409	0.0036	0.0127
	每股净资产(元)	5.9826	6.4489	6.4116	6.4080
	每股经营现金净流量(元)	-0.3879	0.0433	-0.1334	-0.6214
	每股现金流量(元)	-0.2604	0.3423	0.7231	0.0499
	每股资本公积金(元)	4.8089	5.4341	4.8351	4.8351
	每股盈余公积金(元)	0.0883	0.0883	0.0825	0.0825
	每股未分配利润(元)	0.0854	0.5224	0.4941	0.4904
	净资产收益率(%)	-7.3039	0.6340	0.0567	0.1987
	加权净资产收益率(%)	-7.0600	0.6400	0.0600	0.2000
	净资产收益率(扣除)(%)	-7.3492	0.7007	0.0090	-0.1086
	总资产(万元)	694329.17	663783.89	589807.98	542691.90
	归属母公司股东权益(万元)	300808.37	354213.15	322377.99	322195.35
	营业收入(万元)	56054.40	240162.79	115947.59	170876.09
	营业支出(万元)	42967.37	186138.82	93519.83	133695.17
	投资收益(万元)	-252.72	24.62	24.50	-622.16
	净利润(万元)	-22489.94	2933.72	371.34	-88.01
	营业利润(万元)	-27324.81	4679.83	1022.87	-748.96
	利润总额(万元)	-27179.68	3928.87	1147.59	3.65

恒信东方文化股份有限公司

公司概况						
	公司名称	恒信东方文化股份有限公司			证券简称	恒信东方
	法人代表	孟宪民	董秘	吴狄杰	证券代码	300081
	公司网址	www.hxgro.com		电子信箱	office@hxgro.com	
	电　　话	0311-86130089		传　　真	0311-86130089	
	办公地址	河北省石家庄市建设南大街 80 号恒辉商务大厦				
	经营范围	通讯器材、电子产品、移动通讯设备及其支持软件的销售、维修等				

主要财务指标	指标\报告期	2017.06.30	2016.12.31	2016.06.30	2015.12.31
	基本每股收益(元)	0.1300	0.0356	0.0100	0.0800
	基本每股收益(扣除后)(元)	0.0400	-0.0702	0.0100	0.0400
	稀释每股收益(元)	0.1300	0.0356	0.0100	0.0800
	每股净资产(元)	4.2206	2.5560	2.3575	2.3834
	每股经营现金净流量(元)	-0.0257	0.0062	0.0521	0.2283
	每股现金流量(元)	1.8249	-0.4147	-0.3631	-0.8806
	每股资本公积金(元)	2.8858	1.2946	1.0077	4.0194
	每股盈余公积金(元)	0.0244	0.0283	0.0375	0.0936
	每股未分配利润(元)	0.3103	0.2332	0.3123	0.8454
	净资产收益率(%)	2.8231	1.3941	0.6001	1.3262
	加权净资产收益率(%)	3.7100	0.6600	0.6000	1.3400
	净资产收益率(扣除)(%)	0.8366	-2.0727	0.4811	0.6670
	总资产(万元)	227478.91	127850.30	96025.80	97540.81
	归属母公司股东权益(万元)	217192.93	113497.39	78976.38	79842.28
	营业收入(万元)	19085.38	40717.05	18418.79	47488.01
	营业支出(万元)	10809.49	20328.64	10504.90	30929.37
	投资收益(万元)	6725.17	1143.69	289.99	1260.97
	净利润(万元)	6005.83	350.57	-354.22	117.44
	营业利润(万元)	7303.35	312.22	-507.57	-440.59
	利润总额(万元)	6695.17	1199.72	-289.59	79.43

辽宁奥克化学股份有限公司

公司概况						
公司名称	辽宁奥克化学股份有限公司			证券简称	奥克股份	
法人代表	朱建民	董秘	李裕丰	证券代码	300082	
公司网址	www.oxiranchem.com		电子信箱	oxiranchem@126.com		
电　话	0514-83914821　5167408		传　真	0419-5160978		
办公地址	辽宁省辽阳市宏伟区万和七路38号					
经营范围	聚乙二醇、聚醚、化工助剂、化工产品的生产和销售					

主要财务指标	2017.06.30	2016.12.31	2016.06.30	2015.12.31
基本每股收益(元)	0.1194	0.1100	0.0475	-0.3100
基本每股收益(扣除后)(元)	0.0746	0.0600	0.0348	-0.3400
稀释每股收益(元)	0.1194	0.1100	0.0475	-0.3100
每股净资产(元)	4.0211	3.9556	3.8839	3.8815
每股经营现金净流量(元)	0.0786	0.3210	0.0437	0.0018
每股现金流量(元)	-0.1306	0.2144	0.1014	-0.3341
每股资本公积金(元)	2.5170	2.5170	2.5171	2.5171
每股盈余公积金(元)	0.0914	0.0914	0.0914	0.0914
每股未分配利润(元)	0.3812	0.3268	0.2610	0.2636
净资产收益率(%)	2.9689	2.8636	1.2220	-8.0345
加权净资产收益率(%)	2.9900	2.8900	1.2200	-7.6600
净资产收益率(扣除)(%)	1.8632	1.5170	0.8970	-8.7283
总资产(万元)	551669.69	532213.01	513352.96	498519.98
归属母公司股东权益(万元)	270991.91	266576.77	261745.38	261585.01
营业收入(万元)	238082.21	434712.06	178258.42	296531.88
营业支出(万元)	220031.07	392891.39	164126.79	282660.61
投资收益(万元)	2667.06	2113.63	690.01	193.54
净利润(万元)	7892.06	4343.64	2947.21	-23064.94
营业利润(万元)	8018.03	-1566.65	1892.28	-22751.87
利润总额(万元)	8438.92	2439.73	2965.50	-21003.24

广东劲胜智能集团股份有限公司

公司概况						
公司名称	广东劲胜智能集团股份有限公司			证券简称	劲胜智能	
法人代表	王九全	董秘	周洪敏	证券代码	300083	
公司网址	www.januscn.com		电子信箱	ir@januscn.com		
电　话	0769-82288265		传　真	0769-85075902		
办公地址	广东省东莞市长安镇上角村					
经营范围	生产和销售塑胶制品、塑胶五金模具、精冲模、精密型腔模、模具标准件等					

主要财务指标	2017.06.30	2016.12.31	2016.06.30	2015.12.31
基本每股收益(元)	0.2100	0.0900	0.0400	-2.1200
基本每股收益(扣除后)(元)	0.2000	0.0600	0.0300	-2.2100
稀释每股收益(元)	0.2100	0.0900	0.0400	-2.1200
每股净资产(元)	3.7708	3.5976	3.5380	14.0022
每股经营现金净流量(元)	-0.0816	-0.2370	-0.0764	-1.4890
每股现金流量(元)	-0.1015	-0.4669	-0.5100	3.7884
每股资本公积金(元)	2.5469	2.5420	2.5407	13.1609
每股盈余公积金(元)	0.0469	0.0471	0.0471	0.1885
每股未分配利润(元)	0.1973	0.0059	-0.0510	-0.3457
净资产收益率(%)	5.6055	2.5665	1.0006	-9.4416
加权净资产收益率(%)	5.7400	2.6000	1.0100	-27.5200
净资产收益率(扣除)(%)	5.2813	1.7475	0.7301	-9.8254
总资产(万元)	1071999.92	964276.22	880578.58	877268.81
归属母公司股东权益(万元)	540034.26	512143.32	503662.24	498330.51
营业收入(万元)	316554.08	513624.53	240003.30	356669.32
营业支出(万元)	229857.19	394350.60	185595.45	311246.13
投资收益(万元)	39.37	216.79	92.98	-3.04
净利润(万元)	30271.53	13144.77	5040.49	-47154.31
营业利润(万元)	35050.32	16472.60	9056.09	-52380.33
利润总额(万元)	35058.88	21225.23	10516.13	-50147.49

海默科技(集团)股份有限公司

公司概况						
公司名称	海默科技(集团)股份有限公司			证券简称	海默科技	
法人代表	窦剑文	董秘	张立强	证券代码	300084	
公司网址	www.haimo.com.cn		电子信箱	securities@haimo.com.cn		
电　话	0931-8559076		传　真	0931-8553789		
办公地址	甘肃省兰州市城关区张苏滩593号					
经营范围	多相流量计的研发、生产、销售和售后技术服务等					

主要财务指标	2017.06.30	2016.12.31	2016.06.30	2015.12.31
基本每股收益(元)	0.0052	0.0205	0.0090	0.0321
基本每股收益(扣除后)(元)	0.0055	0.0111	0.0068	0.0246
稀释每股收益(元)	0.0052	0.0205	0.0090	0.0321
每股净资产(元)	4.7131	4.7528	3.4019	3.3529
每股经营现金净流量(元)	0.0696	0.0031	0.0124	0.2705
每股现金流量(元)	0.2120	-0.0959	-0.1491	-0.1421
每股资本公积金(元)	3.2328	3.2328	1.8718	1.8718
每股盈余公积金(元)	0.0407	0.0407	0.0413	0.0413
每股未分配利润(元)	0.3890	0.3839	0.4489	0.4399
净资产收益率(%)	0.1101	0.3869	0.2636	0.9558
加权净资产收益率(%)	0.1100	0.5300	0.2700	0.9500
净资产收益率(扣除)(%)	0.1167	0.2088	0.1992	0.7334
总资产(万元)	249939.42	240814.49	168928.04	168818.74
归属母公司股东权益(万元)	181343.75	182873.33	110482.27	108890.83
营业收入(万元)	16280.52	28469.52	15380.22	40702.87
营业支出(万元)	11009.92	19159.50	10339.68	28486.45
投资收益(万元)	---	1818.31	-	-
净利润(万元)	180.17	755.94	343.52	1162.82
营业利润(万元)	180.92	78.32	393.89	863.31
利润总额(万元)	169.93	432.23	478.28	1158.46

深圳市银之杰科技股份有限公司

公司概况						
公司名称	深圳市银之杰科技股份有限公司			证券简称	银之杰	
法人代表	陈向军	董秘	刘奕	证券代码	300085	
公司网址	www.yinzhijie.com		电子信箱	invest@yinzhijie.com		
电　话	0755-83930085		传　真	0755-83562955		
办公地址	深圳市福田区天安数码城天祥大厦AB座10A					
经营范围	兴办实业(具体项目另行申报)、银行验印系统、计算机软、硬件的技术开发等					

主要财务指标	2017.06.30	2016.12.31	2016.06.30	2015.12.31
基本每股收益(元)	0.0148	0.1182	0.0223	0.1393
基本每股收益(扣除后)(元)	0.0148	0.1144	0.0223	0.1428
稀释每股收益(元)	0.0148	0.1182	0.0222	0.1387
每股净资产(元)	1.4161	1.4150	1.3155	1.7110
每股经营现金净流量(元)	-0.0684	0.0697	-0.1879	0.0632
每股现金流量(元)	-0.1795	0.2634	-0.0553	-0.4172
每股资本公积金(元)	0.0744	0.0744	0.0725	0.3942
每股盈余公积金(元)	0.0371	0.0371	0.0301	0.0392
每股未分配利润(元)	0.3040	0.3043	0.2156	0.2813
净资产收益率(%)	1.0426	8.3480	1.6973	8.1098
加权净资产收益率(%)	1.0400	8.6600	1.6900	8.4400
净资产收益率(扣除)(%)	1.0467	8.0798	1.6960	8.3136
总资产(万元)	144457.29	149147.85	130685.35	117850.20
归属母公司股东权益(万元)	96862.53	96785.31	89923.09	89965.96
营业收入(万元)	47606.83	93752.11	37057.40	61966.37
营业支出(万元)	30693.10	56962.04	23181.32	34799.89
投资收益(万元)	-617.80	-593.78	-695.77	-621.01
净利润(万元)	1639.79	9375.34	2011.51	7823.48
营业利润(万元)	2019.11	10114.21	2046.41	8379.85
利润总额(万元)	2019.79	10757.39	2253.08	8433.86

康芝药业股份有限公司

公司概况	公司名称	康芝药业股份有限公司			证券简称	康芝药业
	法人代表	洪江游	董秘	林德新	证券代码	300086
	公司网址	www.honz.com.cn			电子信箱	honz168@honz.com.cn
	电　　话	0898-66812876			传　　真	0898-66812876
	办公地址	海南省海口市国家高新技术产业开发区药谷工业园药谷三路 6 号				
	经营范围	生产销售粉针剂(头孢菌素类)、冻干粉针剂、片剂、胶囊剂、颗粒剂等				

	指标\报告期	2017.06.30	2016.12.31	2016.06.30	2015.12.31
主要财务指标	基本每股收益(元)	0.0708	0.1026	0.0534	0.0534
	基本每股收益(扣除后)(元)	0.0322	0.0505	0.0246	0.0246
	稀释每股收益(元)	0.0708	0.1026	0.0534	0.0534
	每股净资产(元)	4.0721	4.0014	3.9692	3.9692
	每股经营现金净流量(元)	0.0126	0.2020	0.0605	0.0605
	每股现金流量(元)	-0.2013	-0.2123	-0.2307	-0.2307
	每股资本公积金(元)	2.4644	2.4644	2.4811	2.4811
	每股盈余公积金(元)	0.0934	0.0934	0.0841	0.0841
	每股未分配利润(元)	0.5144	0.4436	0.4041	0.4041
	净资产收益率(%)	1.7376	2.5634	1.3461	1.3461
	加权净资产收益率(%)	1.7500	2.5700	1.3600	1.3600
	净资产收益率(扣除)(%)	0.7907	1.2617	0.6207	0.6207
	总资产(万元)	215020.57	218946.23	214636.78	214636.78
	归属母公司股东权益(万元)	183245.79	180061.71	178616.23	178616.23
	营业收入(万元)	23216.60	47147.46	24050.81	24050.81
	营业支出(万元)	13622.46	27562.34	14695.82	14695.82
	投资收益(万元)	1715.24	3749.89	1222.02	1222.02
	净利润(万元)	3090.28	3867.77	2043.62	2043.62
	营业利润(万元)	3909.65	4817.97	3109.63	3109.63
	利润总额(万元)	4084.96	4888.76	3224.59	3224.59

安徽荃银高科种业股份有限公司

公司概况	公司名称	安徽荃银高科种业股份有限公司			证券简称	荃银高科
	法人代表	张琴	董秘	叶红	证券代码	300087
	公司网址	www.winallseed.com			电子信箱	winallseed@yahoo.cn
	电　　话	0551-5355175			传　　真	0551-5320226
	办公地址	合肥市高新区创新大道 98 号				
	经营范围	高产、优质杂交水稻种子研发、繁育、推广及服务等				

	指标\报告期	2017.06.30	2016.12.31	2016.06.30	2015.12.31
主要财务指标	基本每股收益(元)	-0.0300	0.1000	-0.0200	0.0699
	基本每股收益(扣除后)(元)	-0.0400	0.0700	-0.0286	0.0441
	稀释每股收益(元)	-0.0300	0.1000	-0.0200	0.0699
	每股净资产(元)	2.1204	2.0634	1.9284	1.8921
	每股经营现金净流量(元)	-0.3277	0.5667	-0.0307	0.3122
	每股现金流量(元)	-0.3330	0.4054	0.1228	0.0763
	每股资本公积金(元)	0.7023	0.6109	0.5918	0.5321
	每股盈余公积金(元)	0.0404	0.0411	0.0368	0.0371
	每股未分配利润(元)	0.3774	0.4112	0.2997	0.3227
	净资产收益率(%)	-1.2390	4.6486	-1.0368	3.6930
	加权净资产收益率(%)	-1.3100	4.8300	-1.0700	3.7800
	净资产收益率(扣除)(%)	-1.6524	3.3384	-1.4754	2.3032
	总资产(万元)	134989.72	143045.86	114985.84	110779.62
	归属母公司股东权益(万元)	69074.15	65991.62	61675.50	59941.29
	营业收入(万元)	20411.35	75721.82	18205.57	60744.80
	营业支出(万元)	11791.65	48506.17	10864.63	37552.39
	投资收益(万元)	138.19	84.79	29.92	399.59
	净利润(万元)	-624.25	5240.53	-710.90	4287.35
	营业利润(万元)	-802.57	4262.63	-893.09	3904.54
	利润总额(万元)	-580.40	5440.34	-518.50	4384.93

芜湖长信科技股份有限公司

公司概况	公司名称	芜湖长信科技股份有限公司			证券简称	长信科技
	法人代表	陈奇	董秘	陈伟达	证券代码	300088
	公司网址	www.token-ito.com			电子信箱	token@token-ito.com
	电　　话	0553-2398888-6102 2398888			传　　真	0553-5843520
	办公地址	安徽省芜湖市经济技术开发区汽经二路以东				
	经营范围	ITO 导电膜玻璃及手机面板视窗材料的研发、生产及销售等				

	指标\报告期	2017.06.30	2016.12.31	2016.06.30	2015.12.31
主要财务指标	基本每股收益(元)	0.2600	0.3000	0.1200	0.2100
	基本每股收益(扣除后)(元)	0.2400	0.2700	0.1100	0.1800
	稀释每股收益(元)	0.2600	0.3000	0.1200	0.2100
	每股净资产(元)	3.5659	3.2629	3.1823	5.9884
	每股经营现金净流量(元)	0.1086	0.2264	0.1525	0.3424
	每股现金流量(元)	-0.0070	0.0657	0.3865	0.3137
	每股资本公积金(元)	1.1956	1.1956	1.1364	1.1280
	每股盈余公积金(元)	0.1218	0.1218	0.1039	0.1035
	每股未分配利润(元)	1.2501	1.0396	0.9429	0.8209
	净资产收益率(%)	7.3090	9.2547	3.7326	6.7541
	加权净资产收益率(%)	7.5000	9.5200	3.8000	7.5900
	净资产收益率(扣除)(%)	6.7102	8.2589	3.3927	5.7417
	总资产(万元)	721439.91	734120.86	577707.05	483993.64
	归属母公司股东权益(万元)	409879.71	385682.23	365785.61	351958.34
	营业收入(万元)	667677.34	854166.21	299716.78	398699.45
	营业支出(万元)	612630.81	774942.69	272899.29	349334.72
	投资收益(万元)	1056.34	995.51	79.37	1280.82
	净利润(万元)	30283.39	35437.50	13842.99	24054.37
	营业利润(万元)	36469.64	38082.09	15390.07	26586.43
	利润总额(万元)	36669.37	41193.83	16874.00	29350.54

广东文化长城集团股份有限公司

公司概况	公司名称	广东文化长城集团股份有限公司			证券简称	文化长城
	法人代表	蔡廷祥	董秘	任锋	证券代码	300089
	公司网址	www.thegreatwall-china.com			电子信箱	zqb@thegreatwall-china.com
	电　　话	0768-2931898			传　　真	86-768-2931162
	办公地址	广东省潮州市枫溪区蔡陇大道				
	经营范围	艺术陶瓷的研发、生产和销售等				

	指标\报告期	2017.06.30	2016.12.31	2016.06.30	2015.12.31
主要财务指标	基本每股收益(元)	0.0413	0.3500	0.0291	0.0800
	基本每股收益(扣除后)(元)	0.0335	0.1000	0.0277	0.0500
	稀释每股收益(元)	0.0413	0.3500	0.0291	0.0800
	每股净资产(元)	4.0608	4.0445	2.1525	2.1314
	每股经营现金净流量(元)	0.0070	0.3515	-0.0496	0.4152
	每股现金流量(元)	0.0457	0.5688	-0.1908	-0.2983
	每股资本公积金(元)	2.3610	2.3610	0.6957	3.2393
	每股盈余公积金(元)	0.0712	0.0712	0.0822	0.2054
	每股未分配利润(元)	0.6285	0.6123	0.3746	0.8837
	净资产收益率(%)	1.0168	7.7790	1.3520	1.5502
	加权净资产收益率(%)	1.0200	12.4000	1.3600	1.5600
	净资产收益率(扣除)(%)	0.8259	2.3345	1.2857	0.9783
	总资产(万元)	268389.19	245485.57	121672.78	118915.25
	归属母公司股东权益(万元)	176562.03	175853.75	80717.33	79926.00
	营业收入(万元)	22332.05	45239.42	19859.68	44493.27
	营业支出(万元)	13045.46	28926.58	14338.08	32007.89
	投资收益(万元)	107.53	9600.24	358.10	-1480.63
	净利润(万元)	1793.82	13676.06	1091.32	1239.01
	营业利润(万元)	2066.54	14111.13	1143.07	673.01
	利润总额(万元)	2301.97	14342.69	1206.10	1207.69

安徽盛运环保(集团)股份有限公司

公司概况	公司名称	安徽盛运环保(集团)股份有限公司		证券简称	盛运环保
	法人代表	开晓胜	董秘	祝朝刚	证券代码	300090
	公司网址	www.300090.com.cn		电子信箱	zhublueskу@163.com
	电　话	0551-64844638		传　真	0551-64844638
	办公地址	安徽省桐城市经济开发区新东环路			
	经营范围	输送机械产品和环保设备产品的研发、生产和销售等			

主要财务指标	指标\报告期	2017.06.30	2016.12.31	2016.06.30	2015.12.31
	基本每股收益(元)	0.0419	0.0902	0.0616	0.6985
	基本每股收益(扣除后)(元)	0.0375	–0.0020	0.0584	–0.0200
	稀释每股收益(元)	0.0419	0.0902	0.0616	0.6985
	每股净资产(元)	3.9675	3.9210	3.9369	4.2519
	每股经营现金净流量(元)	–0.2074	–0.4774	–0.0781	–0.1899
	每股现金流量(元)	–0.1885	–1.3578	–1.5932	2.0525
	每股资本公积金(元)	1.6410	1.6454	1.6410	1.6410
	每股盈余公积金(元)	0.0808	0.0808	0.0778	0.0778
	每股未分配利润(元)	1.0912	1.0449	1.0193	1.0077
	净资产收益率(%)	1.0556	2.3009	1.5642	13.1792
	加权净资产收益率(%)	1.0625	2.2800	1.4400	28.9300
	净资产收益率(扣除)(%)	0.9459	–0.0509	1.4867	–0.4662
	总资产(万元)	1199376.02	1104879.77	1059204.27	1190615.42
	归属母公司股东权益(万元)	523695.34	517547.53	519655.17	561230.59
	营业收入(万元)	80056.45	157238.21	65148.98	164032.50
	营业支出(万元)	50612.81	104692.35	36851.07	114419.91
	投资收益(万元)	1271.96	1319.85	143.19	87821.94
	净利润(万元)	5647.48	11937.63	8113.31	74048.46
	营业利润(万元)	5766.11	14514.78	8274.41	86893.93
	利润总额(万元)	6449.78	16265.83	8773.89	88096.10

江苏金通灵流体机械科技股份有限公司

公司概况	公司名称	江苏金通灵流体机械科技股份有限公司		证券简称	金通灵
	法人代表	季伟	董秘	陈树军	证券代码	300091
	公司网址	www.jtlfans.com		电子信箱	dsh@jtlfans.com
	电　话	0513-85198488		传　真	0513-85198488
	办公地址	江苏省南通市钟秀中路135号			
	经营范围	大型工业离心鼓风机、通风机、轴流鼓风机、通风机、多级离心鼓风机等			

主要财务指标	指标\报告期	2017.06.30	2016.12.31	2016.06.30	2015.12.31
	基本每股收益(元)	0.1347	0.0900	0.0670	0.1600
	基本每股收益(扣除后)(元)	0.1337	0.0700	0.0630	0.1400
	稀释每股收益(元)	0.1347	0.0900	0.0670	0.1600
	每股净资产(元)	1.8221	1.6963	1.6732	1.6126
	每股经营现金净流量(元)	–0.2084	0.0289	–0.0920	0.2742
	每股现金流量(元)	–0.1340	0.1292	–0.0582	–0.0419
	每股资本公积金(元)	0.2488	0.2488	0.2470	2.1175
	每股盈余公积金(元)	0.0553	0.0553	0.0466	0.1164
	每股未分配利润(元)	0.5169	0.3912	0.3785	0.7948
	净资产收益率(%)	7.3940	5.2356	4.0257	3.9490
	加权净资产收益率(%)	7.6500	5.3700	4.0900	4.0300
	净资产收益率(扣除)(%)	7.3367	4.2818	3.7596	3.4178
	总资产(万元)	290248.96	254368.66	241318.10	213261.79
	归属母公司股东权益(万元)	95203.19	88634.10	87426.41	84259.26
	营业收入(万元)	63483.74	94606.58	48256.13	90252.52
	营业支出(万元)	45364.12	68012.23	34107.59	66466.13
	投资收益(万元)	–22.51	–70.28	–22.86	–21.85
	净利润(万元)	6701.19	3905.37	3259.68	3028.36
	营业利润(万元)	7842.77	4497.40	3396.28	3467.67
	利润总额(万元)	7910.05	5372.41	3685.79	4002.72

四川科新机电股份有限公司

公司概况	公司名称	四川科新机电股份有限公司		证券简称	科新机电
	法人代表	林祯华	董秘	杨多荣	证券代码	300092
	公司网址	www.sckxjd.com		电子信箱	comelec001@sina.com
	电　话	0838-8265111		传　真	0838-8501288
	办公地址	四川省德阳市什邡市经济开发区沱江路西段21号			
	经营范围	三类压力容器的设计、制造、安装、销售等			

主要财务指标	指标\报告期	2017.06.30	2016.12.31	2016.06.30	2015.12.31
	基本每股收益(元)	0.0200	0.1402	0.0500	–0.1800
	基本每股收益(扣除后)(元)	0.0200	0.0558	0.0200	–0.2239
	稀释每股收益(元)	0.0200	0.1381	0.0500	–0.1800
	每股净资产(元)	2.2061	2.1666	2.1150	2.0700
	每股经营现金净流量(元)	–0.2668	–0.1021	–0.1436	0.0983
	每股现金流量(元)	–0.1672	–0.0241	0.1366	0.0129
	每股资本公积金(元)	1.1158	1.0986	0.9072	0.9072
	每股盈余公积金(元)	0.0582	0.0582	0.0609	0.0609
	每股未分配利润(元)	0.2503	0.2294	0.1466	0.0997
	净资产收益率(%)	0.9447	6.1896	2.2167	–8.7032
	加权净资产收益率(%)	0.9600	6.4600	2.2400	–8.3500
	净资产收益率(扣除)(%)	0.2953	2.4624	0.9461	–10.8150
	总资产(万元)	70071.58	69942.72	58691.77	67298.18
	归属母公司股东权益(万元)	52460.44	51521.42	48117.36	47096.13
	营业收入(万元)	13715.72	37437.26	12161.53	23531.72
	营业支出(万元)	11010.01	29163.64	9617.97	20110.76
	投资收益(万元)	73.68	205.82	220.46	–
	净利润(万元)	495.61	3141.90	1030.58	–5106.96
	营业利润(万元)	361.85	2365.41	608.12	–6110.05
	利润总额(万元)	403.69	2993.11	1078.06	–4893.66

广东金刚玻璃科技股份有限公司

公司概况	公司名称	广东金刚玻璃科技股份有限公司		证券简称	金刚玻璃
	法人代表	庄大建	董秘	林臻	证券代码	300093
	公司网址	www.golden-glass.cn		电子信箱	linz@golden-glass.cn
	电　话	0754-82514288		传　真	0754-82535211
	办公地址	广东省汕头市大学路叠金工业区			
	经营范围	特种玻璃产品的研发、生产和销售等			

主要财务指标	指标\报告期	2017.06.30	2016.12.31	2016.06.30	2015.12.31
	基本每股收益(元)	0.0400	0.0200	–	0.0200
	基本每股收益(扣除后)(元)	0.0400	0.0100	–	0.0100
	稀释每股收益(元)	0.0400	0.0200	–	0.0200
	每股净资产(元)	4.0889	4.0420	4.0382	4.0438
	每股经营现金净流量(元)	0.1234	0.2345	0.0811	0.2960
	每股现金流量(元)	0.0495	–2.0238	–0.5604	–0.7191
	每股资本公积金(元)	1.7909	1.7909	1.7909	1.7909
	每股盈余公积金(元)	0.2525	0.2525	0.2500	0.2500
	每股未分配利润(元)	1.0765	1.0354	1.0192	1.0182
	净资产收益率(%)	1.0554	0.5365	0.0741	0.5291
	加权净资产收益率(%)	1.0600	0.5300	0.0700	0.5300
	净资产收益率(扣除)(%)	1.0397	0.3460	0.0151	0.2015
	总资产(万元)	135075.73	127914.33	127461.68	162497.76
	归属母公司股东权益(万元)	88319.31	87306.16	87225.34	87346.71
	营业收入(万元)	19266.19	35226.00	14416.11	34988.65
	营业支出(万元)	12121.95	24071.49	8801.23	22104.15
	投资收益(万元)	——	0.16	–	–
	净利润(万元)	931.06	467.99	64.54	461.85
	营业利润(万元)	1137.21	605.95	154.61	236.66
	利润总额(万元)	1153.68	801.54	218.48	578.37

湛江国联水产开发股份有限公司

公司概况	公司名称	湛江国联水产开发股份有限公司			证券简称	国联水产
	法人代表	李忠	董秘	易绚雯	证券代码	300094
	公司网址	www.guolian.cn		电子信箱	IR@guolian.cn	
	电　话	0759-2533778		传　真	0759-2533791	
	办公地址	广东省湛江市开发区平乐工业区永平南路				
	经营范围	水产种苗、饲料、养殖、加工及销售等业务				

	指标\报告期	2017.06.30	2016.12.31	2016.06.30	2015.12.31
主要财务指标	基本每股收益(元)	0.0900	0.1200	0.0200	0.0644
	基本每股收益(扣除后)(元)	0.0900	0.1300	0.0040	0.0534
	稀释每股收益(元)	0.0900	0.1200	0.0200	0.0644
	每股净资产(元)	2.3896	2.3311	4.9300	4.9000
	每股经营现金净流量(元)	–0.1108	–0.2736	0.1535	0.0499
	每股现金流量(元)	–0.0244	0.0162	–0.0209	–0.0750
	每股资本公积金(元)	0.7545	0.7376	2.8228	2.8228
	每股盈余公积金(元)	0.0826	0.0832	0.1740	0.1740
	每股未分配利润(元)	0.5857	0.4988	0.9217	0.8968
	净资产收益率(%)	3.7829	5.1775	0.5043	1.3135
	加权净资产收益率(%)	3.8300	5.2800	0.5100	1.3200
	净资产收益率(扣除)(%)	3.7472	5.4304	0.0711	1.0902
	总资产(万元)	330695.01	308842.99	257665.66	259605.90
	归属母公司股东权益(万元)	187308.82	181449.31	174418.19	173317.27
	营业收入(万元)	178362.27	262136.69	99778.05	207046.99
	营业支出(万元)	153422.38	228698.57	88720.34	185256.36
	投资收益(万元)	–0.13	–29.25	–	0.04
	净利润(万元)	7085.66	9394.46	879.62	2276.57
	营业利润(万元)	7417.65	9389.57	210.08	1252.09
	利润总额(万元)	7481.26	10443.68	965.61	1989.63

江西华伍制动器股份有限公司

公司概况	公司名称	江西华伍制动器股份有限公司			证券简称	华伍股份
	法人代表	聂景华	董秘	陈凤菊	证券代码	300095
	公司网址	www.hua-wu.com		电子信箱	hwzqb@hua-wu.com	
	电　话	0795-6206009		传　真	0795-6206009	
	办公地址	江西省宜春市丰城市高新技术产业园区火炬大道26号				
	经营范围	工业制动器及其控制系统的研发、设计、制造和销售等				

	指标\报告期	2017.06.30	2016.12.31	2016.06.30	2015.12.31
主要财务指标	基本每股收益(元)	0.0629	0.1310	0.0666	0.1716
	基本每股收益(扣除后)(元)	0.0531	0.0748	0.0384	0.1518
	稀释每股收益(元)	0.0629	0.1306	0.0659	0.1682
	每股净资产(元)	3.3280	3.3000	3.2207	2.6095
	每股经营现金净流量(元)	–0.2084	0.0712	–0.0292	0.3451
	每股现金流量(元)	–0.4383	0.9597	0.9753	0.0327
	每股资本公积金(元)	1.5215	1.5190	1.5112	0.7680
	每股盈余公积金(元)	0.0837	0.0840	0.0772	0.0942
	每股未分配利润(元)	0.7228	0.6924	0.6393	0.7558
	净资产收益率(%)	1.8878	3.7357	1.9028	6.4783
	加权净资产收益率(%)	1.9000	4.2800	2.2100	6.4800
	净资产收益率(扣除)(%)	1.5925	2.1333	1.0976	5.7311
	总资产(万元)	243189.54	212028.42	174434.54	119383.91
	归属母公司股东权益(万元)	125982.21	124281.72	121123.53	80422.60
	营业收入(万元)	26439.16	59434.56	28085.33	56601.43
	营业支出(万元)	17506.32	37612.29	18064.35	35634.33
	投资收益(万元)	1534.76	–201.05	–116.23	–61.71
	净利润(万元)	2725.14	5577.54	2816.38	5727.46
	营业利润(万元)	2584.85	4645.50	2062.43	5635.06
	利润总额(万元)	3045.77	6313.70	3373.68	6635.11

易联众信息技术股份有限公司

公司概况	公司名称	易联众信息技术股份有限公司			证券简称	易 联 众
	法人代表	张曦	董秘	李虹海	证券代码	300096
	公司网址	www.ylzinfo.com		电子信箱	tylee173@163.com	
	电　话	0592-2517011　6307553		传　真	0592-2517008	
	办公地址	福建省厦门市软件园二期观日路18号502室				
	经营范围	研发、设计和生产智能卡、银行卡、销售智能卡、开发、生产计算机软件等				

	指标\报告期	2017.06.30	2016.12.31	2016.06.30	2015.12.31
主要财务指标	基本每股收益(元)	–0.0955	0.0250	0.0029	0.0500
	基本每股收益(扣除后)(元)	–0.0975	–0.0100	0.0051	0.0300
	稀释每股收益(元)	–0.0955	0.0250	0.0029	0.0500
	每股净资产(元)	1.5547	1.6552	1.6508	1.6468
	每股经营现金净流量(元)	–0.2903	–0.6409	–0.2016	0.1275
	每股现金流量(元)	–0.2709	0.0562	–0.2093	0.1882
	每股资本公积金(元)	0.0762	0.0762	0.0935	0.0875
	每股盈余公积金(元)	0.0417	0.0417	0.0417	0.0417
	每股未分配利润(元)	0.4368	0.5373	0.5156	0.5176
	净资产收益率(%)	–6.1416	1.4891	0.1786	3.3085
	加权净资产收益率(%)	–5.9400	1.4900	0.1800	3.3700
	净资产收益率(扣除)(%)	–6.2715	–0.6164	–0.1312	1.5181
	总资产(万元)	146617.04	141899.13	95868.07	92622.82
	归属母公司股东权益(万元)	66851.80	71172.60	70983.74	70811.98
	营业收入(万元)	19650.25	51467.33	18648.33	37409.92
	营业支出(万元)	10797.43	27544.30	9421.52	19176.24
	投资收益(万元)	–365.02	609.11	–220.72	875.52
	净利润(万元)	–4121.88	990.36	28.29	1856.20
	营业利润(万元)	–5033.31	417.05	–461.95	1675.45
	利润总额(万元)	–4664.50	1166.88	–88.34	2351.40

大连智云自动化装备股份有限公司

公司概况	公司名称	大连智云自动化装备股份有限公司			证券简称	智云股份
	法人代表	师利全	董秘	史爽	证券代码	300097
	公司网址	www.zhiyun-cn.com		电子信箱	rentong@zhiyun-cn.com	
	电　话	0411-86705641		传　真	0411-86705333	
	办公地址	辽宁省大连市甘井子区营日路32号-1				
	经营范围	自动化制造工艺系统研发及系统集成、自动化装备的研发、设计、制造等				

	指标\报告期	2017.06.30	2016.12.31	2016.06.30	2015.12.31
主要财务指标	基本每股收益(元)	0.2086	0.6300	0.3423	0.4300
	基本每股收益(扣除后)(元)	0.2088	0.2300	0.0880	0.4200
	稀释每股收益(元)	0.2086	0.6300	0.3423	0.4300
	每股净资产(元)	5.1999	8.9831	8.7204	3.7933
	每股经营现金净流量(元)	–0.0230	–0.9470	–0.8265	0.2999
	每股现金流量(元)	0.0290	–0.9163	–0.6410	0.6393
	每股资本公积金(元)	3.0359	6.2133	6.2074	6.0472
	每股盈余公积金(元)	0.0631	0.1137	0.0898	0.0908
	每股未分配利润(元)	1.1008	1.6561	1.4232	1.1089
	净资产收益率(%)	4.0107	6.9305	3.9080	4.4037
	加权净资产收益率(%)	4.0600	7.2500	4.0900	9.7700
	净资产收益率(扣除)(%)	4.0153	2.5308	1.0052	4.2325
	总资产(万元)	234450.10	206864.76	191091.65	199466.02
	归属母公司股东权益(万元)	139850.01	134222.42	130297.05	121920.58
	营业收入(万元)	34217.04	60202.89	18900.04	42102.05
	营业支出(万元)	17856.07	40049.15	10912.79	28110.77
	投资收益(万元)	--	5978.01	4152.40	-
	净利润(万元)	5502.73	8474.88	4320.56	5793.92
	营业利润(万元)	7011.90	9314.16	4774.03	6190.42
	利润总额(万元)	6999.46	10368.96	5180.77	6608.97

高新兴科技集团股份有限公司

公司概况	公司名称	高新兴科技集团股份有限公司			证券简称	高新兴
	法人代表	刘双广	董秘	陈婧	证券代码	300098
	公司网址	www.gosun.info		电子信箱	irm@gosun.info	
	电话	020-32068888		传真	020-32032888	
	办公地址	广东省广州市黄埔区科学城开创大道2819号六楼				
	经营范围	通信基站/机房运维综合管理服务系统的研发、生产、销售和服务				

	指标\报告期	2017.06.30	2016.12.31	2016.06.30	2015.12.31
主要财务指标	基本每股收益(元)	0.1785	0.2961	0.1234	0.1894
	基本每股收益(扣除后)(元)	0.1684	0.2856	0.1196	0.1813
	稀释每股收益(元)	0.1760	0.2950	0.1231	0.1873
	每股净资产(元)	3.6001	3.4945	3.3100	3.3086
	每股经营现金净流量(元)	-0.0119	0.2602	-0.1174	-0.1110
	每股现金流量(元)	0.2019	0.0085	-0.1905	0.7640
	每股资本公积金(元)	2.0828	1.9128	1.8994	1.8758
	每股盈余公积金(元)	0.0674	0.0562	0.0480	0.0402
	每股未分配利润(元)	0.6981	0.5541	0.3913	0.2874
	净资产收益率(%)	4.7981	8.4127	3.7135	4.0980
	加权净资产收益率(%)	4.9300	8.8000	3.7700	10.8300
	净资产收益率(扣除)(%)	4.5279	8.1157	3.6030	3.9228
	总资产(万元)	552436.97	483021.92	439165.57	429540.50
	归属母公司股东权益(万元)	398378.88	375572.07	355752.11	341971.65
	营业收入(万元)	83040.79	130766.66	61201.12	108059.32
	营业支出(万元)	51259.05	71991.44	36803.93	77581.83
	投资收益(万元)	-159.21	-549.29	-54.65	466.23
	净利润(万元)	18284.09	31576.49	13148.71	14087.56
	营业利润(万元)	19887.18	28228.07	13441.85	13564.06
	利润总额(万元)	21115.20	35577.52	15484.21	16228.67

尤洛卡精准信息工程股份有限公司

公司概况	公司名称	尤洛卡精准信息工程股份有限公司			证券简称	尤洛卡
	法人代表	黄自伟	董秘	曹洪伟	证券代码	300099
	公司网址	www.uroica.com.cn		电子信箱	chen19341912@163.com	
	电话	0538-8926155		传真	0538-8926202	
	办公地址	山东省泰安市高新区凤祥路以西规划支路以北				
	经营范围	煤矿顶板安全监控设备的研发、生产与销售等				

	指标\报告期	2017.06.30	2016.12.31	2016.06.30	2015.12.31
主要财务指标	基本每股收益(元)	0.0096	0.0400	0.0047	0.1100
	基本每股收益(扣除后)(元)	0.0086	0.0600	0.0057	0.0136
	稀释每股收益(元)	0.0096	0.0540	0.0047	0.1100
	每股净资产(元)	2.4164	2.4700	1.5097	3.8627
	每股经营现金净流量(元)	0.0303	0.1540	-0.0115	0.0469
	每股现金流量(元)	-0.0340	0.1831	-0.0512	-0.0434
	每股资本公积金(元)	1.1344	1.1735	0.1024	1.7560
	每股盈余公积金(元)	0.0581	0.0602	0.0716	0.1789
	每股未分配利润(元)	0.2239	0.3251	0.3358	0.9277
	净资产收益率(%)	0.3974	1.8068	0.3086	2.8221
	加权净资产收益率(%)	0.3800	3.1900	0.2900	2.7900
	净资产收益率(扣除)(%)	0.3576	1.8865	0.3773	0.3517
	总资产(万元)	173355.35	182479.34	90392.17	94334.98
	归属母公司股东权益(万元)	159577.91	165549.35	80996.98	82893.01
	营业收入(万元)	9099.86	23035.83	5397.95	16506.60
	营业支出(万元)	4218.79	10727.75	2035.50	7677.42
	投资收益(万元)	93.03	1.23	-	2231.59
	净利润(万元)	665.73	4773.45	307.65	3450.43
	营业利润(万元)	1014.43	4606.38	415.77	2496.12
	利润总额(万元)	1006.37	5195.83	417.13	3565.71

宁波双林汽车部件股份有限公司

公司概况	公司名称	宁波双林汽车部件股份有限公司			证券简称	双林股份
	法人代表	邬建斌	董秘	叶醒	证券代码	300100
	公司网址	www.shuanglin.cn		电子信箱	qcbjzqb@shuanglin.com	
	电话	0574-83518938 69237995		传真	0574-83518939	
	办公地址	上海市青浦区北盈路202号				
	经营范围	汽车零部件的生产与销售等				

	指标\报告期	2017.06.30	2016.12.31	2016.06.30	2015.12.31
主要财务指标	基本每股收益(元)	0.4300	0.8200	0.4100	0.6200
	基本每股收益(扣除后)(元)	0.4200	0.8000	0.3900	0.6000
	稀释每股收益(元)	0.4300	0.8200	0.4100	0.6200
	每股净资产(元)	6.7739	6.3590	5.6783	5.3500
	每股经营现金净流量(元)	0.2589	0.8618	0.2511	0.9130
	每股现金流量(元)	-0.0234	-0.1298	-0.1533	-0.0494
	每股资本公积金(元)	2.6502	2.6490	2.6120	2.5706
	每股盈余公积金(元)	0.1920	0.1920	0.1778	0.1778
	每股未分配利润(元)	2.7104	2.2968	1.9142	1.5995
	净资产收益率(%)	6.4020	12.9121	7.2622	11.4970
	加权净资产收益率(%)	6.6000	14.3500	7.5000	12.1700
	净资产收益率(扣除)(%)	6.2001	12.5884	6.9143	11.1663
	总资产(万元)	644329.76	552383.43	472613.80	406609.54
	归属母公司股东权益(万元)	269566.80	253058.68	225970.14	211661.81
	营业收入(万元)	200963.02	330372.95	146736.98	247223.37
	营业支出(万元)	151451.65	238021.57	105736.93	180776.58
	投资收益(万元)	-329.74	—	-	-
	净利润(万元)	19606.33	35435.93	17345.66	24604.52
	营业利润(万元)	21834.56	38862.59	19325.23	27409.14
	利润总额(万元)	23015.35	40850.76	20370.43	28917.35

成都振芯科技股份有限公司

公司概况	公司名称	成都振芯科技股份有限公司			证券简称	振芯科技
	法人代表	莫晓宇	董秘	杨国勇	证券代码	300101
	公司网址	www.gotecom.com		电子信箱	corpro@corpro.cn	
	电话	028-65557625		传真	028-65557627	
	办公地址	四川省成都市高新区高朋大道1号				
	经营范围	设计、开发、销售集成电路、微波组件及相关电子器件、开发、生产、销售等				

	指标\报告期	2017.06.30	2016.12.31	2016.06.30	2015.12.31
主要财务指标	基本每股收益(元)	0.0442	0.0720	0.0803	0.1400
	基本每股收益(扣除后)(元)	0.0345	0.0347	0.0682	0.1100
	稀释每股收益(元)	0.0442	0.0720	0.0803	0.1400
	每股净资产(元)	1.5454	1.5013	1.5097	1.4795
	每股经营现金净流量(元)	-0.1555	-0.2830	-0.2333	0.0874
	每股现金流量(元)	-0.2271	-0.5457	-0.6434	0.0078
	每股资本公积金(元)	0.0856	0.0856	0.0856	0.0856
	每股盈余公积金(元)	0.0402	0.0402	0.0397	0.0397
	每股未分配利润(元)	0.4198	0.3756	0.3845	0.3542
	净资产收益率(%)	2.8582	4.7931	5.3205	9.5154
	加权净资产收益率(%)	2.9000	4.8400	5.3200	9.9000
	净资产收益率(扣除)(%)	2.2315	2.3084	4.5191	7.5164
	总资产(万元)	114472.45	114658.88	110063.03	135616.81
	归属母公司股东权益(万元)	85925.77	83469.88	83937.95	82257.65
	营业收入(万元)	20253.64	43657.85	24970.13	53515.00
	营业支出(万元)	8869.15	20371.05	11045.34	24903.81
	投资收益(万元)	37.74	-277.17	39.35	320.49
	净利润(万元)	3364.46	5640.85	6001.61	10109.13
	营业利润(万元)	3893.59	4083.20	6125.70	9859.82
	利润总额(万元)	4036.63	6623.58	6935.83	11853.14

厦门乾照光电股份有限公司

公司概况	公司名称	厦门乾照光电股份有限公司		证券简称	乾照光电
	法人代表	金张育	董秘	刘文辉	证券代码	300102
	公司网址	www.changelight.com.cn		电子信箱	300102@changelight.com.cn
	电　话	0592-7616279 7616258		传　真	0592-7616278
	办公地址	福建省厦门市火炬高新区(翔安)产业区翔天路 259-269 号			
	经营范围	半导体光电产品的研发、生产和销售业务等			

主要财务指标	指标\报告期	2017.06.30	2016.12.31	2016.06.30	2015.12.31
	基本每股收益(元)	0.1445	0.0700	-0.0088	-0.1500
	基本每股收益(扣除后)(元)	0.1130	0.0200	-0.0343	-0.1700
	稀释每股收益(元)	0.1445	0.0700	-0.0088	-0.1500
	每股净资产(元)	3.6833	3.5488	3.4714	3.4802
	每股经营现金净流量(元)	0.1727	-0.1018	-0.1353	-0.2174
	每股现金流量(元)	-0.0618	-0.0311	0.0262	-0.0832
	每股资本公积金(元)	2.1336	2.1336	2.1336	2.1336
	每股盈余公积金(元)	0.0664	0.0664	0.0628	0.0628
	每股未分配利润(元)	0.4834	0.3489	0.2750	0.2838
	净资产收益率(%)	3.9226	1.9350	-0.2525	-3.6791
	加权净资产收益率(%)	3.9900	1.9500	-0.2500	-4.8500
	净资产收益率(扣除)(%)	3.0677	0.5125	-0.9875	-4.2197
	总资产(万元)	333879.46	329733.32	338706.84	336060.33
	归属母公司股东权益(万元)	259509.83	250034.73	244579.01	245196.49
	营业收入(万元)	57431.25	114963.28	45833.92	61447.04
	营业支出(万元)	37280.80	89964.16	40424.46	49252.88
	投资收益(万元)	250.69	181.64	336.60	-120.11
	净利润(万元)	10179.65	4838.24	-617.48	-9021.13
	营业利润(万元)	9784.88	1359.80	-2016.37	-12295.47
	利润总额(万元)	12094.74	5473.16	-387.79	-10816.96

西安达刚路面机械股份有限公司

公司概况	公司名称	西安达刚路面机械股份有限公司			证券简称	达刚路机
	法人代表	孙建西	董秘	韦尔奇	证券代码	300103
	公司网址	www.sxdagang.com		电子信箱	investor@dagang.com.cn	
	电　话	029-88327811		传　真	029-88327811	
	办公地址	陕西省西安市高新区毕原三路 10 号				
	经营范围	公路机械设备、公路沥青材料、软件的开发、研制、销售及技术咨询等				

主要财务指标	指标\报告期	2017.06.30	2016.12.31	2016.06.30	2015.12.31
	基本每股收益(元)	0.0997	0.1117	0.0693	0.1778
	基本每股收益(扣除后)(元)	0.0987	0.1042	0.0668	0.1734
	稀释每股收益(元)	0.0997	0.1117	0.0693	0.1778
	每股净资产(元)	4.0850	4.0349	3.9812	3.9603
	每股经营现金净流量(元)	-0.0671	0.1785	0.0681	0.2405
	每股现金流量(元)	-1.4335	0.3721	-0.1784	-0.1017
	每股资本公积金(元)	1.5078	1.5078	1.4962	1.4962
	每股盈余公积金(元)	0.2061	0.2061	0.1949	0.1949
	每股未分配利润(元)	1.3637	1.3140	1.2828	1.2635
	净资产收益率(%)	2.4399	2.7675	1.7404	4.4902
	加权净资产收益率(%)	2.4500	2.8000	1.7500	4.5900
	净资产收益率(扣除)(%)	2.4157	2.5815	1.6782	4.3789
	总资产(万元)	99507.07	99774.79	100636.01	101066.70
	归属母公司股东权益(万元)	86494.36	85433.57	84295.73	83854.04
	营业收入(万元)	17197.79	21970.72	11021.59	22682.07
	营业支出(万元)	12867.23	16433.65	7852.62	16243.67
	投资收益(万元)	433.39	833.63	37.62	582.95
	净利润(万元)	2110.35	2364.37	1467.12	3765.21
	营业利润(万元)	2594.23	2733.74	1732.41	4311.30
	利润总额(万元)	2618.82	2920.65	1794.12	4421.08

乐视网信息技术(北京)股份有限公司

公司概况	公司名称	乐视网信息技术(北京)股份有限公司			证券简称	乐 视 网
	法人代表	刘淑青	董秘	赵凯	证券代码	300104
	公司网址	www.le.com		电子信箱	ir@le.com	
	电　话	010-51665282		传　真	010-59283480	
	办公地址	北京市朝阳区姚家园路 105 号院 3 号楼乐视大厦				
	经营范围	提供网络视频服务、网络终端设备及视频平台增值服务等				

主要财务指标	指标\报告期	2017.06.30	2016.12.31	2016.06.30	2015.12.31
	基本每股收益(元)	-0.3200	0.2900	0.1500	0.3100
	基本每股收益(扣除后)(元)	-0.3300	0.2900	0.1437	0.3000
	稀释每股收益(元)	-0.3200	0.2900	0.1500	0.3000
	每股净资产(元)	6.8001	5.1600	2.5800	2.1200
	每股经营现金净流量(元)	-1.0956	-0.5390	0.1544	0.4718
	每股现金流量(元)	-0.3344	-0.6285	0.3272	1.2217
	每股资本公积金(元)	5.1039	3.1273	0.6478	0.2959
	每股盈余公积金(元)	0.1435	0.1445	0.0956	0.0965
	每股未分配利润(元)	0.5358	0.8607	0.8234	0.7088
	净资产收益率(%)	-4.6944	5.4252	5.8885	14.5895
	加权净资产收益率(%)	-5.3500	8.2000	6.7400	16.1700
	净资产收益率(扣除)(%)	-4.8174	5.3253	5.5243	14.1288
	总资产(万元)	3574292.11	3223382.60	2485109.53	1698215.46
	归属母公司股东权益(万元)	1356429.46	1022556.83	482947.01	392765.94
	营业收入(万元)	554088.66	2195095.14	1005655.89	1301672.51
	营业支出(万元)	561453.55	1822922.06	855838.00	1111200.91
	投资收益(万元)	25910.44	3663.71	1507.41	7874.94
	净利润(万元)	-83001.25	-22189.26	8029.81	21711.68
	营业利润(万元)	-109442.67	-33749.93	2837.23	6942.28
	利润总额(万元)	-109562.69	-32870.85	4604.19	7416.92

烟台龙源电力技术股份有限公司

公司概况	公司名称	烟台龙源电力技术股份有限公司			证券简称	龙源技术
	法人代表	唐超雄	董秘	刘克冷	证券代码	300105
	公司网址	www.lypower.com		电子信箱	lypower@lypower.com.cn	
	电　话	0535-3417182		传　真	0535-3417190	
	办公地址	山东省烟台市经济技术开发区白云山路 2 号				
	经营范围	生产、销售、安装和运营电力、能源及相关领域生产设备等				

主要财务指标	指标\报告期	2017.06.30	2016.12.31	2016.06.30	2015.12.31
	基本每股收益(元)	--	-0.3205	-0.0900	-0.0932
	基本每股收益(扣除后)(元)	0.0005	-0.3506	-0.0900	-0.1079
	稀释每股收益(元)	--	-0.3205	-0.0900	-0.0932
	每股净资产(元)	3.7386	3.7365	3.9703	4.0556
	每股经营现金净流量(元)	-0.1561	0.4407	0.1926	0.0785
	每股现金流量(元)	-1.4714	-0.6275	-0.8870	0.0044
	每股资本公积金(元)	1.3193	1.3193	1.3193	1.3193
	每股盈余公积金(元)	0.2128	0.2128	0.2128	0.2128
	每股未分配利润(元)	1.2053	1.2028	1.4376	1.5233
	净资产收益率(%)	0.0678	-8.5776	-2.1586	-2.2976
	加权净资产收益率(%)	0.0700	-8.2300	-2.1300	-2.2500
	净资产收益率(扣除)(%)	0.0130	-9.3825	-2.2886	-2.6520
	总资产(万元)	235519.60	254995.97	263414.49	279308.53
	归属母公司股东权益(万元)	191871.23	191761.43	203762.56	208138.94
	营业收入(万元)	25477.36	44453.38	20214.69	83776.47
	营业支出(万元)	19901.40	40870.10	16037.24	66423.86
	投资收益(万元)	1213.15	1289.60	-	-
	净利润(万元)	-37.21	-17383.78	-4675.93	-5096.05
	营业利润(万元)	-158.72	-15535.21	-5213.62	-6682.53
	利润总额(万元)	-33.46	-15015.22	-4903.52	-5817.84

新疆西部牧业股份有限公司

公司概况					
公司名称	新疆西部牧业股份有限公司			证券简称	西部牧业
法人代表	徐义民	董秘	梁雷	证券代码	300106
公司网址	www.xjxbmy.com		电子信箱	xbmy20030608@126.com	
电话	0993-2516883		传真	0993-2516883	
办公地址	新疆维吾尔自治区石河子市北三东路 29 号				
经营范围	优质生鲜乳的供应及辅助产品的生产与销售等				

主要财务指标 指标\报告期	2017.06.30	2016.12.31	2016.06.30	2015.12.31
基本每股收益(元)	-0.2195	-0.2600	-0.1261	0.1400
基本每股收益(扣除后)(元)	-0.2530	-0.3200	-0.1313	0.0200
稀释每股收益(元)	-0.2195	-0.2600	-0.1261	0.1400
每股净资产(元)	4.4447	4.6642	4.7962	3.9840
每股经营现金净流量(元)	-0.2504	-1.2756	-0.7681	0.4443
每股现金流量(元)	0.0233	0.3227	0.1713	0.2234
每股资本公积金(元)	2.9371	2.9371	2.9371	1.7130
每股盈余公积金(元)	0.1032	0.1032	0.0961	0.1239
每股未分配利润(元)	0.4044	0.6239	0.7630	1.1471
净资产收益率(%)	-4.9389	-5.2972	-2.6299	3.5418
加权净资产收益率(%)	-4.8200	-5.5000	-3.2000	3.5900
净资产收益率(扣除)(%)	-5.6930	-6.5717	-2.7383	0.4649
总资产(万元)	285621.72	277289.29	240683.63	227087.75
归属母公司股东权益(万元)	93931.11	98570.29	101358.60	65258.06
营业收入(万元)	34000.55	66458.48	33641.73	59990.20
营业支出(万元)	31231.20	61717.05	29385.77	56657.26
投资收益(万元)	2.78	-2565.61	9.70	-129.38
净利润(万元)	-4890.75	-4676.53	-2857.70	2097.18
营业利润(万元)	-4930.05	-15003.41	-2906.77	-11694.30
利润总额(万元)	-4221.76	-5083.29	-2796.91	1752.73

河北建新化工股份有限公司

公司概况					
公司名称	河北建新化工股份有限公司			证券简称	建新股份
法人代表	朱守琛	董秘	彭建民	证券代码	300107
公司网址	www.jianxinchemical.com		电子信箱	jx@jianxinchemical.com	
电话	0317-3598366		传真	0317-3598366	
办公地址	河北省沧州市清池南大道建新大厦 8 楼				
经营范围	生产销售氯乙烷、间氨基苯酚、间氨基苯磺酸、间羟基-N、N-二乙基苯胺等				

主要财务指标 指标\报告期	2017.06.30	2016.12.31	2016.06.30	2015.12.31
基本每股收益(元)	0.0400	0.0420	0.0235	0.0430
基本每股收益(扣除后)(元)	0.0400	0.0390	0.0218	0.0440
稀释每股收益(元)	0.0400	0.0420	0.0235	0.0410
每股净资产(元)	1.6782	1.6723	1.6527	1.6554
每股经营现金净流量(元)	0.0256	0.2168	0.1041	0.1142
每股现金流量(元)	-0.1941	0.2036	0.1466	-0.0718
每股资本公积金(元)	0.3035	0.3035	0.3024	0.2980
每股盈余公积金(元)	0.0519	0.0519	0.0478	0.0480
每股未分配利润(元)	0.3211	0.3147	0.3008	0.3084
净资产收益率(%)	2.1682	2.4995	1.4207	2.5813
加权净资产收益率(%)	2.1500	2.5000	1.4200	2.6300
净资产收益率(扣除)(%)	2.4205	2.3394	1.3182	2.6606
总资产(万元)	99441.25	94337.65	94796.89	94494.56
归属母公司股东权益(万元)	91348.67	91029.17	89873.84	89685.81
营业收入(万元)	23425.87	33118.98	19310.45	41555.08
营业支出(万元)	17457.02	26330.51	15267.23	33398.65
投资收益(万元)	291.19	883.53	406.80	546.83
净利润(万元)	1980.62	2275.28	1276.84	2315.07
营业利润(万元)	2603.32	2425.77	1403.82	2755.75
利润总额(万元)	2332.20	2597.27	1512.16	2672.04

吉药控股股份有限公司

公司概况					
公司名称	吉药控股股份有限公司			证券简称	吉药控股
法人代表	孙军	董秘	张亮	证券代码	300108
公司网址	www.thslhg.com		电子信箱	shuanglong@thslhg.com	
电话	0435-3752903		传真	0435-3751886	
办公地址	吉林省通化市二道江区铁厂镇				
经营范围	高分散白炭黑的研发生产和销售等				

主要财务指标 指标\报告期	2017.06.30	2016.12.31	2016.06.30	2015.12.31
基本每股收益(元)	0.1168	0.3700	0.1439	0.3800
基本每股收益(扣除后)(元)	0.0698	0.2200	0.0958	0.3400
稀释每股收益(元)	0.1168	0.3700	0.1439	0.3800
每股净资产(元)	2.8663	2.7995	2.6025	3.7321
每股经营现金净流量(元)	0.0998	0.1606	-0.1260	0.4037
每股现金流量(元)	0.0500	-0.1974	-0.1473	0.2417
每股资本公积金(元)	1.0993	1.0993	1.0993	2.1490
每股盈余公积金(元)	0.0841	0.0841	0.0538	0.0807
每股未分配利润(元)	0.6829	0.6161	0.4494	0.6301
净资产收益率(%)	4.0737	10.4665	3.6871	8.2881
加权净资产收益率(%)	4.0600	10.9100	3.7300	8.6500
净资产收益率(扣除)(%)	2.4369	7.6052	3.6806	7.2811
总资产(万元)	270218.85	255476.67	241283.42	232017.98
归属母公司股东权益(万元)	182300.78	178054.55	165521.29	163658.52
营业收入(万元)	33462.25	74650.41	31425.30	67840.02
营业支出(万元)	21710.60	45560.30	20097.43	43019.41
投资收益(万元)	--	21.30	-	1.51
净利润(万元)	7570.19	18987.40	6220.09	13830.65
营业利润(万元)	5654.56	17318.72	7618.79	14412.67
利润总额(万元)	9437.00	23474.32	7649.20	16407.32

博爱新开源制药股份有限公司

公司概况					
公司名称	博爱新开源制药股份有限公司			证券简称	新开源
法人代表	方华生	董秘	张军政	证券代码	300109
公司网址	www.china-pvp.com		电子信箱	pr@china-pvp.com	
电话	0391-8610680		传真	0391-8610681	
办公地址	河南省焦作市博爱县文化路(东段)1888 号				
经营范围	经营药用辅料、聚乙烯吡咯烷酮系列产品及乙烯基甲醚/马来酸酐聚合物产品				

主要财务指标 指标\报告期	2017.06.30	2016.12.31	2016.06.30	2015.12.31
基本每股收益(元)	0.3000	0.4700	0.2500	0.4300
基本每股收益(扣除后)(元)	0.2900	0.4600	0.2500	0.4200
稀释每股收益(元)	0.3000	0.4700	0.2500	0.4300
每股净资产(元)	7.3924	7.1905	6.9711	6.8210
每股经营现金净流量(元)	0.2583	0.6695	0.2346	0.3761
每股现金流量(元)	-0.4564	-0.0647	0.1011	1.0041
每股资本公积金(元)	4.9616	4.9616	4.9616	4.9616
每股盈余公积金(元)	0.1364	0.1364	0.1036	0.1036
每股未分配利润(元)	1.2940	1.0925	0.9059	0.7558
净资产收益率(%)	4.0666	6.5294	3.5876	4.9005
加权净资产收益率(%)	4.1000	6.7000	3.6000	8.6200
净资产收益率(扣除)(%)	3.9780	6.3876	3.5375	4.8300
总资产(万元)	137007.65	130990.14	156077.58	123597.36
归属母公司股东权益(万元)	126027.80	122584.60	118845.75	116286.48
营业收入(万元)	23101.59	40061.89	20249.23	29063.98
营业支出(万元)	11877.70	22148.54	11225.24	16771.91
投资收益(万元)	-59.95	-164.61	8.94	5.48
净利润(万元)	5133.99	8022.33	4263.72	5698.57
营业利润(万元)	5857.51	9250.09	4937.49	6607.24
利润总额(万元)	5988.91	9454.51	5007.55	6703.64

华仁药业股份有限公司

公司概况						
	公司名称	华仁药业股份有限公司			证券简称	华仁药业
	法人代表	周强	董秘	吴聪	证券代码	300110
	公司网址	www.qdhuaren.com			电子信箱	huaren@qdhuaren.com
	电　　话	0532-88701303			传　　真	0532-88702625
	办公地址	山东省青岛市高科技工业园株洲路 187 号				
	经营范围	非 PVC 大输液产品的研发设计、生产和销售等				

主要财务指标	指标\报告期	2017.06.30	2016.12.31	2016.06.30	2015.12.31
	基本每股收益(元)	0.0086	0.0242	0.0047	0.0300
	基本每股收益(扣除后)(元)	0.0084	0.0433	0.0064	0.0300
	稀释每股收益(元)	0.0086	0.0363	0.0047	0.0300
	每股净资产(元)	1.4839	2.2280	2.1962	2.1669
	每股经营现金净流量(元)	0.1791	0.2763	0.0308	0.0282
	每股现金流量(元)	0.1137	–0.1745	–0.0759	–0.0904
	每股资本公积金(元)	0.0486	0.4728	0.4728	0.4872
	每股盈余公积金(元)	0.0555	0.0832	0.0791	0.0782
	每股未分配利润(元)	0.3798	0.6719	0.6443	0.6325
	净资产收益率(%)	0.5786	1.6349	0.2120	1.5920
	加权净资产收益率(%)	0.5500	1.6500	0.2100	1.5700
	净资产收益率(扣除)(%)	0.5649	1.9497	0.2947	1.3916
	总资产(万元)	279964.31	272491.55	276068.19	274876.69
	归属母公司股东权益(万元)	146327.60	146467.11	144378.62	144072.48
	营业收入(万元)	58635.08	124897.22	58224.10	110589.60
	营业支出(万元)	28689.54	68930.52	34491.55	60957.20
	投资收益(万元)	---	---	---	-
	净利润(万元)	917.46	2240.68	187.91	2217.66
	营业利润(万元)	1303.20	3223.75	297.54	2265.53
	利润总额(万元)	1323.17	2703.41	157.05	2431.36

浙江向日葵光能科技股份有限公司

公司概况						
	公司名称	浙江向日葵光能科技股份有限公司			证券简称	向日葵
	法人代表	俞相明	董秘	李岚	证券代码	300111
	公司网址	www.sunowe.com.cn			电子信箱	michelle.li@sunowe.com
	电　　话	0575-88919159			传　　真	0575-88919159
	办公地址	浙江省绍兴市袍江工业区三江路				
	经营范围	生产、销售大规格高效晶体硅太阳能电池等				

主要财务指标	指标\报告期	2017.06.30	2016.12.31	2016.06.30	2015.12.31
	基本每股收益(元)	0.0100	0.0300	0.0500	0.0800
	基本每股收益(扣除后)(元)	0.0100	0.0500	0.0500	0.0700
	稀释每股收益(元)	0.0100	0.0300	0.0500	0.0800
	每股净资产(元)	1.1644	1.1615	1.1783	1.1300
	每股经营现金净流量(元)	0.0658	0.3261	0.1525	0.2020
	每股现金流量(元)	0.0367	0.0783	0.0085	0.0477
	每股资本公积金(元)	0.1907	0.1907	0.1911	0.1911
	每股盈余公积金(元)	0.0559	0.0559	0.0493	0.0493
	每股未分配利润(元)	–0.0841	–0.0928	–0.0651	–0.1136
	净资产收益率(%)	0.7545	2.3561	4.1141	6.9253
	加权净资产收益率(%)	0.7600	2.3900	4.2000	7.1800
	净资产收益率(扣除)(%)	0.6001	4.6931	3.9583	5.9761
	总资产(万元)	277245.56	280378.69	296697.48	307874.05
	归属母公司股东权益(万元)	130384.05	130060.74	131942.93	126542.56
	营业收入(万元)	73277.63	160280.28	81814.36	182424.15
	营业支出(万元)	64293.63	125350.43	62560.16	141562.91
	投资收益(万元)	5.52	–8.08	–8.01	4545.03
	净利润(万元)	829.19	2996.04	5404.07	8766.53
	营业利润(万元)	787.46	8295.94	7220.08	9863.08
	利润总额(万元)	1191.29	5153.93	7419.36	10662.24

深圳万讯自控股份有限公司

公司概况						
	公司名称	深圳万讯自控股份有限公司			证券简称	万讯自控
	法人代表	傅宇晨	董秘	董慧宇	证券代码	300112
	公司网址	www.maxonic.com.cn			电子信箱	info@maxonic.com.cn
	电　　话	0755-86250365			传　　真	0755-86250389*10
	办公地址	广东省深圳市南山区高新技术产业园北区三号路万讯自控大楼 1-6 层				
	经营范围	生产经营自动化仪器仪表、数控系统及加工中心、计算机软件、自动化工程等				

主要财务指标	指标\报告期	2017.06.30	2016.12.31	2016.06.30	2015.12.31
	基本每股收益(元)	0.0400	0.1000	0.0400	0.0500
	基本每股收益(扣除后)(元)	0.0400	0.0800	0.0300	0.0500
	稀释每股收益(元)	0.0400	0.1000	0.0400	0.0500
	每股净资产(元)	2.7588	2.7107	2.6619	2.5986
	每股经营现金净流量(元)	0.0759	0.2933	0.0590	0.1004
	每股现金流量(元)	–0.0536	0.2018	–0.0419	–0.1531
	每股资本公积金(元)	1.1611	1.1923	1.2137	1.1850
	每股盈余公积金(元)	0.0501	0.0493	0.0493	0.0491
	每股未分配利润(元)	0.5481	0.5300	0.4648	0.4544
	净资产收益率(%)	1.5088	3.6955	1.3472	1.8257
	加权净资产收益率(%)	1.5000	3.8000	1.3600	2.3000
	净资产收益率(扣除)(%)	1.3389	3.0868	1.1113	1.7330
	总资产(万元)	93093.49	93908.05	92376.24	92023.47
	归属母公司股东权益(万元)	72400.42	72264.30	70961.80	69665.24
	营业收入(万元)	19982.12	44833.74	18332.15	39016.53
	营业支出(万元)	9585.31	21542.83	8690.39	19929.40
	投资收益(万元)	–5.80	157.38	38.32	152.82
	净利润(万元)	1149.96	2782.41	991.49	1559.81
	营业利润(万元)	1354.93	2165.88	719.11	1410.21
	利润总额(万元)	1503.97	3402.18	1149.16	2142.32

杭州顺网科技股份有限公司

公司概况						
	公司名称	杭州顺网科技股份有限公司			证券简称	顺网科技
	法人代表	华勇	董秘	蔡祝平	证券代码	300113
	公司网址	www.shunwang.com			电子信箱	DSH@shunwang.com
	电　　话	0571-87205808 89712215			传　　真	0571-87397837
	办公地址	浙江省杭州市西湖区文一西路 857 号杭州智慧产业创业园 A 座				
	经营范围	互联网娱乐平台的开发与推广以及基于互联网娱乐平台的增值服务业务				

主要财务指标	指标\报告期	2017.06.30	2016.12.31	2016.06.30	2015.12.31
	基本每股收益(元)	0.3300	0.7600	0.3700	0.9800
	基本每股收益(扣除后)(元)	0.3100	0.7000	0.3500	0.9500
	稀释每股收益(元)	0.3300	0.7600	0.3700	0.9700
	每股净资产(元)	4.0051	3.5857	3.1557	4.9770
	每股经营现金净流量(元)	0.3028	1.0009	0.4022	1.5075
	每股现金流量(元)	0.0454	0.6244	0.4976	1.5582
	每股资本公积金(元)	0.9880	0.9162	0.8897	1.5325
	每股盈余公积金(元)	0.1324	0.1337	0.0800	0.1876
	每股未分配利润(元)	1.6111	1.4170	1.0795	1.9232
	净资产收益率(%)	8.1440	21.1538	11.5931	19.6239
	加权净资产收益率(%)	8.6000	24.9400	13.8600	23.6100
	净资产收益率(扣除)(%)	7.6403	19.2438	11.0470	19.0488
	总资产(万元)	362165.38	341211.77	277604.81	190889.10
	归属母公司股东权益(万元)	277699.98	246296.26	216348.57	145536.72
	营业收入(万元)	68626.93	170173.41	68596.26	102214.73
	营业支出(万元)	15745.93	42176.64	11991.61	21822.51
	投资收益(万元)	1567.31	4254.53	705.43	1248.59
	净利润(万元)	25562.01	61217.90	27825.64	31069.84
	营业利润(万元)	29235.47	68264.15	30588.36	32683.64
	利润总额(万元)	29481.03	70426.66	32243.27	33023.23

中航电测仪器股份有限公司

公司名称	中航电测仪器股份有限公司			证券简称	中航电测
法人代表	康学军	董秘	纪刚	证券代码	300114
公司网址	www.zemic.com.cn		电子信箱	jigang@zemic.com.cn	
电话	029-61807799 61807777		传真	029-61807022	
办公地址	陕西省西安市高新技术产业开发区西部大道166号				
经营范围	电阻应变计、传感器、电子衡器、交通运输检测设备、测量与自动控制设备等				

指标\报告期	2017.06.30	2016.12.31	2016.06.30	2015.12.31
基本每股收益(元)	0.1200	0.1700	0.1040	0.3800
基本每股收益(扣除后)(元)	0.1160	0.2500	0.1400	0.3700
稀释每股收益(元)	0.1200	0.2600	0.1040	0.3800
每股净资产(元)	2.3538	2.2700	3.2900	3.1900
每股经营现金净流量(元)	–0.0673	0.5943	0.1086	0.6740
每股现金流量(元)	–0.1535	0.4071	–0.0280	0.2488
每股资本公积金(元)	0.3297	0.9946	0.9948	1.9922
每股盈余公积金(元)	0.2590	0.3762	0.3701	0.5424
每股未分配利润(元)	0.7760	1.0462	0.9464	1.2789
净资产收益率(%)	5.0988	7.6931	4.7236	7.9796
加权净资产收益率(%)	5.1700	7.9500	4.7700	8.3100
净资产收益率(扣除)(%)	4.9081	7.3029	4.3708	7.7957
总资产(万元)	206066.62	193439.79	185848.02	181013.89
归属母公司股东权益(万元)	139053.41	133932.57	129765.54	125724.29
营业收入(万元)	58619.44	108605.94	50587.10	102406.55
营业支出(万元)	37571.07	71475.03	32772.93	67616.75
投资收益(万元)	425.19	1136.28	336.60	1489.07
净利润(万元)	7991.59	12286.12	7286.54	11505.95
营业利润(万元)	8470.69	13702.97	7786.61	13043.87
利润总额(万元)	8791.37	14760.07	8358.28	13293.06

深圳市长盈精密技术股份有限公司

公司名称	深圳市长盈精密技术股份有限公司			证券简称	长盈精密
法人代表	陈奇星	董秘	胡宇龙	证券代码	300115
公司网址	www.ewpt.cn		电子信箱	ir@ewpt.cn	
电话	0755-27347334-8068		传真	0755-29912057	
办公地址	广东省深圳市宝安区福永镇桥头富桥工业三区11栋				
经营范围	生产、销售、开发连接器件、精密五金件、精密接插件及自营进出口业务				

指标\报告期	2017.06.30	2016.12.31	2016.06.30	2015.12.31
基本每股收益(元)	0.3900	0.7600	0.3700	0.8200
基本每股收益(扣除后)(元)	0.3700	0.7100	0.3600	0.8000
稀释每股收益(元)	0.3900	0.7600	0.3700	0.8200
每股净资产(元)	4.6055	4.4101	4.0055	5.9193
每股经营现金净流量(元)	0.1635	1.2062	1.0124	1.5704
每股现金流量(元)	0.3049	0.1989	0.4690	0.4314
每股资本公积金(元)	1.3509	1.3945	1.3755	2.7272
每股盈余公积金(元)	0.1650	0.1650	0.1324	0.2130
每股未分配利润(元)	2.0892	1.8502	1.4972	2.1199
净资产收益率(%)	8.4857	17.1693	9.1272	13.5663
加权净资产收益率(%)	8.6200	18.7600	9.4900	15.6200
净资产收益率(扣除)(%)	8.0392	15.9588	8.8295	13.1861
总资产(万元)	851618.06	818256.22	639856.02	508394.62
归属母公司股东权益(万元)	415944.28	398234.66	360810.68	331535.79
营业收入(万元)	369718.87	611945.09	269933.83	388880.05
营业支出(万元)	271712.18	440846.82	191113.32	279125.14
投资收益(万元)	–151.54	–471.39	–49.31	174.64
净利润(万元)	36179.92	69985.96	33227.03	45420.12
营业利润(万元)	41588.82	73638.32	36222.78	49563.53
利润总额(万元)	41458.18	79485.15	37355.91	51353.91

陕西坚瑞沃能股份有限公司

公司名称	陕西坚瑞沃能股份有限公司			证券简称	坚瑞沃能
法人代表	李瑶	董秘	李军	证券代码	300116
公司网址	www.xajr.com		电子信箱	stock@xajr.com	
电话	86-29-88332970*8060		传真	029-88332680	
办公地址	陕西省西安市高新区科技二路65号6幢10701房				
经营范围	气溶胶自动灭火装置、化工产品、纳米材料的开发、生产与销售等				

指标\报告期	2017.06.30	2016.12.31	2016.06.30	2015.12.31
基本每股收益(元)	0.2296	0.5700	–0.0026	0.0707
基本每股收益(扣除后)(元)	0.2263	0.5200	–0.0263	0.0677
稀释每股收益(元)	0.2296	0.5700	–0.0026	0.0707
每股净资产(元)	3.4479	6.4414	1.9253	1.9130
每股经营现金净流量(元)	–0.6001	–1.7708	–0.0272	–0.0080
每股现金流量(元)	–0.1189	0.6074	–0.0864	–0.2140
每股资本公积金(元)	2.0115	5.0184	0.7480	0.7332
每股盈余公积金(元)	0.0029	0.0059	0.0143	0.0143
每股未分配利润(元)	0.4335	0.4179	0.1629	0.1655
净资产收益率(%)	6.6582	5.4191	–0.1328	3.6959
加权净资产收益率(%)	6.8900	12.7900	–0.1300	3.7500
净资产收益率(扣除)(%)	6.5628	4.8604	–1.3645	2.5574
总资产(万元)	2832123.59	2090151.42	145106.51	145413.60
归属母公司股东权益(万元)	838714.08	783531.74	96309.77	95693.57
营业收入(万元)	606584.37	446730.24	22313.19	58134.31
营业支出(万元)	412959.42	312404.90	17224.59	41098.52
投资收益(万元)	–386.89	1321.96	–0.97	977.76
净利润(万元)	57039.04	42847.20	–111.85	3703.80
营业利润(万元)	73154.94	51809.83	–1113.47	4492.98
利润总额(万元)	73709.97	55650.12	72.83	4690.19

北京嘉寓门窗幕墙股份有限公司

公司名称	北京嘉寓门窗幕墙股份有限公司			证券简称	嘉寓股份
法人代表	田新甲	董秘	牟世风	证券代码	300117
公司网址	www.jiayu.com.cn		电子信箱	service@jiayu.com.cn	
电话	010-69415566 69412772		传真	010-69416588	
办公地址	北京市顺义区牛栏山镇牛富路1号				
经营范围	节能门窗幕墙的研发设计、生产加工、安装及服务				

指标\报告期	2017.06.30	2016.12.31	2016.06.30	2015.12.31
基本每股收益(元)	0.0300	0.1100	0.0600	0.2100
基本每股收益(扣除后)(元)	0.0800	0.0800	0.0700	0.1000
稀释每股收益(元)	0.0300	0.1100	0.0600	0.2100
每股净资产(元)	1.9930	1.9749	1.9375	4.1900
每股经营现金净流量(元)	–0.0354	–0.0566	–0.0645	–0.0564
每股现金流量(元)	0.1026	–0.1693	–0.2857	0.4722
每股资本公积金(元)	0.2080	0.2090	0.2207	1.6841
每股盈余公积金(元)	0.0741	0.0741	0.0619	0.1362
每股未分配利润(元)	0.7099	0.6912	0.6539	1.3683
净资产收益率(%)	1.4430	5.3881	2.1168	4.9749
加权净资产收益率(%)	1.4500	5.5100	2.1300	5.0800
净资产收益率(扣除)(%)	4.0853	3.8362	2.1678	2.2961
总资产(万元)	506987.92	453855.59	418335.76	424463.71
归属母公司股东权益(万元)	142850.40	141548.09	138869.87	136453.28
营业收入(万元)	117776.21	215220.26	82346.07	209803.76
营业支出(万元)	97509.93	184074.75	68885.90	175867.78
投资收益(万元)	—	—	–	142.43
净利润(万元)	2157.67	7627.17	2939.61	6788.39
营业利润(万元)	7096.70	6382.52	3446.81	3321.01
利润总额(万元)	2722.84	8896.00	3386.48	7963.80

东方日升新能源股份有限公司

公司概况	公司名称	东方日升新能源股份有限公司			证券简称	东方日升
	法人代表	林海峰	董秘	雪山行	证券代码	300118
	公司网址	www.risenenergy.com		电子信箱	xuesx@risenenergy.com	
	电　话	0574-65173983		传　真	0574-59953338	
	办公地址	浙江省宁波市宁海县梅林镇塔山工业园区				
	经营范围	电器、灯具、橡塑制品、电子产品、光电子器件、硅太阳能电池组件和部件的制造、加工等				

主要财务指标	指标\报告期	2017.06.30	2016.12.31	2016.06.30	2015.12.31
	基本每股收益(元)	0.3547	1.0600	0.7385	0.4960
	基本每股收益(扣除后)(元)	0.3467	0.7900	0.4297	0.4800
	稀释每股收益(元)	0.3458	1.0200	0.7115	0.4898
	每股净资产(元)	7.8168	5.6018	5.3399	4.4808
	每股经营现金净流量(元)	-0.2662	0.4923	-0.3032	-0.2129
	每股现金流量(元)	2.8369	0.3842	0.2838	-0.0092
	每股资本公积金(元)	5.6317	3.1931	3.1652	3.1498
	每股盈余公积金(元)	0.1287	0.1719	0.1250	0.1250
	每股未分配利润(元)	1.0955	1.2603	1.0028	0.3612
	净资产收益率(%)	3.8669	18.1634	13.3248	10.6654
	加权净资产收益率(%)	4.9900	20.2900	14.7100	11.3000
	净资产收益率(扣除)(%)	3.7796	13.5499	7.7527	10.3208
	总资产(万元)	1557398.22	996465.54	1068743.21	848643.94
	归属母公司股东权益(万元)	707122.21	379250.33	360224.77	302274.77
	营业收入(万元)	577813.56	701675.47	319449.02	525944.20
	营业支出(万元)	477946.28	557395.35	252926.53	411081.97
	投资收益(万元)	989.97	7353.61	1636.99	-199.98
	净利润(万元)	30554.40	72575.59	49451.07	34176.92
	营业利润(万元)	36876.65	70335.57	35797.99	43063.91
	利润总额(万元)	36821.62	85573.84	55479.53	44801.07

天津瑞普生物技术股份有限公司

公司概况	公司名称	天津瑞普生物技术股份有限公司			证券简称	瑞普生物
	法人代表	李守军	董秘	徐健	证券代码	300119
	公司网址	www.ringpu.com		电子信箱	zqb@ringpu.com	
	电　话	022-88958118		传　真	022-88958118	
	办公地址	天津市自贸试验区(空港经济区)东九道1号				
	经营范围	兽用生物制品和兽用制剂研发、生产、销售和技术服务等				

主要财务指标	指标\报告期	2017.06.30	2016.12.31	2016.06.30	2015.12.31
	基本每股收益(元)	0.1389	0.3368	0.1302	0.2800
	基本每股收益(扣除后)(元)	0.1118	0.2832	0.1049	0.2500
	稀释每股收益(元)	0.1389	0.3368	0.1302	0.2800
	每股净资产(元)	4.6947	4.7058	4.1105	4.1313
	每股经营现金净流量(元)	-0.0327	0.5134	0.1017	0.5789
	每股现金流量(元)	-0.0865	0.1294	-0.0057	-0.7178
	每股资本公积金(元)	2.3334	2.3334	1.8949	1.8959
	每股盈余公积金(元)	0.1541	0.1541	0.1397	0.1397
	每股未分配利润(元)	1.2073	1.2183	1.0758	1.0957
	净资产收益率(%)	2.9587	6.9758	3.1666	6.8616
	加权净资产收益率(%)	2.9200	7.7500	3.1200	6.7200
	净资产收益率(扣除)(%)	2.3806	5.8651	2.5508	6.0439
	总资产(万元)	279559.57	273317.07	236833.74	234859.89
	归属母公司股东权益(万元)	189899.50	190348.27	159957.53	160766.36
	营业收入(万元)	47365.29	96985.85	45009.81	79283.45
	营业支出(万元)	21406.14	41360.98	20306.92	32719.25
	投资收益(万元)	841.04	715.42	287.26	389.08
	净利润(万元)	6673.36	15329.82	6048.98	12247.62
	营业利润(万元)	6927.40	14954.45	5759.95	12528.21
	利润总额(万元)	7658.16	17845.10	6989.00	14153.75

天津经纬电材股份有限公司

公司概况	公司名称	天津经纬电材股份有限公司			证券简称	经纬电材
	法人代表	董树林	董秘	黄跃军	证券代码	300120
	公司网址	www.jwdc.cn		电子信箱	tjjwdc@163.com	
	电　话	022-28572588-8551		传　真	022-28572588-8056	
	办公地址	天津市津南区小站工业区创新道1号				
	经营范围	生产、加工、销售电线、电缆、有色金属材料、绝缘材料、矽钢片、电抗器等				

主要财务指标	指标\报告期	2017.06.30	2016.12.31	2016.06.30	2015.12.31
	基本每股收益(元)	0.0765	0.0766	0.0367	0.0326
	基本每股收益(扣除后)(元)	0.0611	0.0654	0.0320	0.0200
	稀释每股收益(元)	0.0765	0.0766	0.0367	0.0326
	每股净资产(元)	3.0143	2.9351	2.8956	2.9084
	每股经营现金净流量(元)	-0.1470	-0.0940	-0.0461	0.0135
	每股现金流量(元)	0.1355	-0.3559	-0.0504	0.0891
	每股资本公积金(元)	1.4905	1.4905	1.4885	1.4887
	每股盈余公积金(元)	0.1472	0.1472	0.1402	0.1402
	每股未分配利润(元)	0.3728	0.2963	0.2630	0.2761
	净资产收益率(%)	2.5385	2.6116	1.2675	1.1272
	加权净资产收益率(%)	2.5700	2.3300	1.2700	1.1200
	净资产收益率(扣除)(%)	2.0274	2.2306	1.1067	0.6931
	总资产(万元)	84749.37	75997.47	80524.59	76745.40
	归属母公司股东权益(万元)	61656.49	60036.64	59228.76	59369.84
	营业收入(万元)	33197.73	63007.53	35170.25	50710.09
	营业支出(万元)	28423.10	54938.24	31447.98	46142.02
	投资收益(万元)	249.86	35.00	-23.34	-125.73
	净利润(万元)	1801.69	1735.66	563.08	505.48
	营业利润(万元)	2027.65	1762.84	554.48	388.84
	利润总额(万元)	1993.70	2044.02	673.07	750.49

山东阳谷华泰化工股份有限公司

公司概况	公司名称	山东阳谷华泰化工股份有限公司			证券简称	阳谷华泰
	法人代表	王文博	董秘	贺玉广	证券代码	300121
	公司网址	www.yghuatai.com		电子信箱	hyg@yghuatai.com	
	电　话	0635-5106606		传　真	0635-5106609	
	办公地址	山东省聊城市阳谷县清河西路217号				
	经营范围	橡胶助剂的研发、生产、销售等				

主要财务指标	指标\报告期	2017.06.30	2016.12.31	2016.06.30	2015.12.31
	基本每股收益(元)	0.2900	0.5600	0.2100	0.1400
	基本每股收益(扣除后)(元)	0.2900	0.5400	0.2046	0.1300
	稀释每股收益(元)	0.2900	0.5500	0.2100	0.1400
	每股净资产(元)	2.5205	2.2600	1.8944	1.7772
	每股经营现金净流量(元)	0.3331	0.5965	0.5923	0.2868
	每股现金流量(元)	-0.2156	0.0237	0.2387	0.0527
	每股资本公积金(元)	0.5147	0.4986	0.4717	0.3434
	每股盈余公积金(元)	0.0785	0.0785	0.0435	0.0448
	每股未分配利润(元)	1.0251	0.8454	0.5457	0.3885
	净资产收益率(%)	11.0952	24.0160	10.9461	7.8775
	加权净资产收益率(%)	11.7900	27.2400	11.4600	7.8800
	净资产收益率(扣除)(%)	11.0499	23.4050	10.7982	7.3653
	总资产(万元)	143810.85	141197.43	135475.77	124125.62
	归属母公司股东权益(万元)	72897.94	65280.87	54789.35	49905.14
	营业收入(万元)	73250.57	123988.89	52838.26	86002.66
	营业支出(万元)	52118.17	88926.99	38276.20	65212.43
	投资收益(万元)	—	—	—	1.46
	净利润(万元)	8088.15	15677.84	5997.27	3931.29
	营业利润(万元)	9903.91	18771.11	7117.45	4661.99
	利润总额(万元)	9966.06	19266.48	7211.42	4962.73

重庆智飞生物制品股份有限公司

公司概况					
公司名称	重庆智飞生物制品股份有限公司			证券简称	智飞生物
法人代表	蒋仁生	董秘	秦菲	证券代码	300122
公司网址	www.zhifeishengwu.com			电子信箱	office2@zhifeishengwu.com
电 话	023-86358226			传 真	023-86358685
办公地址	重庆市江北区金源路 7 号 25 层				
经营范围	疫苗、生物制品的研发、生产和销售等				

主要财务指标 指标\报告期	2017.06.30	2016.12.31	2016.06.30	2015.12.31
基本每股收益(元)	0.1100	0.0200	0.0100	0.2500
基本每股收益(扣除后)(元)	0.1100	0.0200	0.0100	0.2400
稀释每股收益(元)	0.1100	0.0200	0.0100	0.2500
每股净资产(元)	1.6732	1.5758	1.5630	1.5433
每股经营现金净流量(元)	0.0111	0.0562	–0.0116	0.2793
每股现金流量(元)	–0.0841	–0.0227	–0.0731	–0.4087
每股资本公积金(元)	0.1300	0.1300	0.1300	1.2600
每股盈余公积金(元)	0.0521	0.0521	0.0521	0.1041
每股未分配利润(元)	0.4911	0.3937	0.3809	0.8468
净资产收益率(%)	6.4171	1.2898	0.4814	7.9945
加权净资产收益率(%)	6.6000	1.3000	0.4800	7.9400
净资产收益率(扣除)(%)	6.2854	1.0723	0.3890	7.6482
总资产(万元)	322768.50	270947.06	266052.21	268163.08
归属母公司股东权益(万元)	267704.71	252125.70	250077.55	246922.88
营业收入(万元)	44516.20	44594.72	18394.40	71273.81
营业支出(万元)	3445.00	3521.88	1653.12	14176.46
投资收益(万元)	––	––	–	149.94
净利润(万元)	17179.01	3252.03	1203.89	19740.19
营业利润(万元)	19666.81	2878.35	925.84	22062.83
利润总额(万元)	20037.16	3573.68	1182.08	23068.71

亚光科技集团股份有限公司

公司概况					
公司名称	亚光科技集团股份有限公司			证券简称	亚光科技
法人代表	李跃先	董秘	曹锐	证券代码	300123
公司网址	www.cnsunbird.com			电子信箱	stock@cnsunbird.com
电 话	0737–2732399 2606540			传 真	0737–2854608
办公地址	湖南省沅江市游艇工业园				
经营范围	复合材料船艇的设计、研发、生产、销售及服务				

主要财务指标 指标\报告期	2017.06.30	2016.12.31	2016.06.30	2015.12.31
基本每股收益(元)	0.0320	0.0600	0.0190	0.0500
基本每股收益(扣除后)(元)	0.0145	0.0100	0.0100	0.0200
稀释每股收益(元)	0.0320	0.0600	0.0190	0.0500
每股净资产(元)	3.8476	3.8176	3.2297	3.2700
每股经营现金净流量(元)	–0.3810	–0.0010	–0.3606	0.4306
每股现金流量(元)	–0.3647	–0.2065	–0.6986	0.3940
每股资本公积金(元)	2.0812	2.0812	1.5341	1.5341
每股盈余公积金(元)	0.0382	0.0382	0.0352	0.0352
每股未分配利润(元)	0.7407	0.7108	0.6758	0.7132
净资产收益率(%)	0.7782	1.5861	0.5879	1.4473
加权净资产收益率(%)	0.7800	1.7800	0.5800	1.4100
净资产收益率(扣除)(%)	0.3756	0.2641	0.3060	0.5422
总资产(万元)	217770.35	218008.35	186368.55	180303.66
归属母公司股东权益(万元)	116091.52	115188.13	92099.55	93166.87
营业收入(万元)	26901.41	58712.27	24690.70	44156.65
营业支出(万元)	20035.36	45044.77	18590.26	31920.99
投资收益(万元)	––	9.47	–	–
净利润(万元)	966.77	1533.89	477.96	1468.91
营业利润(万元)	818.30	493.88	366.51	952.80
利润总额(万元)	1186.10	2184.40	671.96	1943.79

深圳市汇川技术股份有限公司

公司概况					
公司名称	深圳市汇川技术股份有限公司			证券简称	汇川技术
法人代表	朱兴明	董秘	宋君恩	证券代码	300124
公司网址	www.inovance.cn			电子信箱	ir@inovance.cn
电 话	0755–83185787 83185521			传 真	0755–83185659
办公地址	广东省深圳市宝安区新安街道留仙二路鸿威工业园 E 栋厂房 1,2,3,4,5 楼				
经营范围	工业自动化控制产品的研发、生产及销售等				

主要财务指标 指标\报告期	2017.06.30	2016.12.31	2016.06.30	2015.12.31
基本每股收益(元)	0.2700	0.5900	0.2400	1.0300
基本每股收益(扣除后)(元)	0.2300	0.5400	0.2300	0.9700
稀释每股收益(元)	0.2600	0.5800	0.2400	1.0200
每股净资产(元)	2.8582	2.8400	2.5467	5.1049
每股经营现金净流量(元)	0.1417	0.2610	–0.0118	1.0082
每股现金流量(元)	–0.4122	0.4450	0.0117	–0.1596
每股资本公积金(元)	0.8237	0.7949	0.5034	1.9352
每股盈余公积金(元)	0.2119	0.2191	0.1668	0.3364
每股未分配利润(元)	1.1483	1.2053	0.9250	1.8765
净资产收益率(%)	9.0083	19.7599	9.5171	19.9345
加权净资产收益率(%)	8.7600	21.4900	9.3200	21.9100
净资产收益率(扣除)(%)	7.6559	18.1778	8.8984	18.7570
总资产(万元)	862804.23	797387.20	582351.66	594651.46
归属母公司股东权益(万元)	475929.06	471579.17	408365.19	405970.00
营业收入(万元)	193700.98	366004.52	146476.65	277052.99
营业支出(万元)	105021.09	189900.57	74548.23	142769.09
投资收益(万元)	4800.08	3006.22	1637.76	2648.27
净利润(万元)	44431.22	98017.05	40264.49	83396.69
营业利润(万元)	47078.65	83208.90	33975.47	72481.99
利润总额(万元)	49604.22	104364.61	43210.43	90541.12

大连易世达新能源发展股份有限公司

公司概况					
公司名称	大连易世达新能源发展股份有限公司			证券简称	易 世 达
法人代表	刘振东	董秘	陈祥强	证券代码	300125
公司网址	www.dleast.cc			电子信箱	east300125@dleast.cc
电 话	0411–84732571			传 真	0411–84732571
办公地址	辽宁省大连市高新园区火炬路 32 号 B 座 19–20 层				
经营范围	余热发电技术、环保、节能、新能源工程的设计、技术开发、技术咨询等				

主要财务指标 指标\报告期	2017.06.30	2016.12.31	2016.06.30	2015.12.31
基本每股收益(元)	–0.1200	–0.5300	0.2400	1.0300
基本每股收益(扣除后)(元)	–0.1400	–0.7600	0.2300	0.9700
稀释每股收益(元)	–0.1200	–0.5300	0.2400	1.0200
每股净资产(元)	8.6389	8.7582	2.5467	5.1049
每股经营现金净流量(元)	–0.0435	0.6252	–0.0118	1.0082
每股现金流量(元)	0.0833	–0.6240	0.0117	–0.1596
每股资本公积金(元)	6.8749	6.8749	0.5034	1.9352
每股盈余公积金(元)	0.2072	0.2072	0.1668	0.3364
每股未分配利润(元)	0.5569	0.6761	0.9250	1.8765
净资产收益率(%)	–1.3807	–6.0242	9.5171	19.9345
加权净资产收益率(%)	–1.3700	–5.8400	9.3200	21.9100
净资产收益率(扣除)(%)	–1.6641	–8.6895	8.8984	18.7570
总资产(万元)	165638.92	173418.33	582351.66	594651.46
归属母公司股东权益(万元)	101938.88	103346.40	408365.19	405970.00
营业收入(万元)	4515.08	16260.54	146476.65	277052.99
营业支出(万元)	2971.07	13238.88	74548.23	142769.09
投资收益(万元)	294.19	2034.70	1637.76	2648.27
净利润(万元)	–1440.37	–6052.17	40264.49	83396.69
营业利润(万元)	–1305.66	–8141.47	33975.47	72481.99
利润总额(万元)	–1398.88	–3322.41	43210.43	90541.12

锐奇控股股份有限公司

公司概况	公司名称	锐奇控股股份有限公司			证券简称	锐奇股份
	法人代表	吴明厅	董秘	徐秀兰	证券代码	300126
	公司网址	www.ken-tools.com			电子信箱	300126@china-ken.com
	电　话	021-57825832			传　真	021-37008859
	办公地址	上海市松江区新桥镇新茸路 5 号				
	经营范围	高等级专业电动工具的研发、生产和销售等				

	指标\报告期	2017.06.30	2016.12.31	2016.06.30	2015.12.31
主要财务指标	基本每股收益(元)	0.0050	0.0200	0.0280	0.0250
	基本每股收益(扣除后)(元)	0.0030	0.0200	0.0270	0.0170
	稀释每股收益(元)	0.0050	0.0200	0.0280	0.0250
	每股净资产(元)	3.4089	3.3827	3.4083	3.4139
	每股经营现金净流量(元)	0.1015	0.2531	-0.0885	-0.0973
	每股现金流量(元)	-0.0385	0.0326	-0.1189	-1.2022
	每股资本公积金(元)	1.5570	1.5558	1.5591	1.5562
	每股盈余公积金(元)	0.1353	0.1349	0.1307	0.1303
	每股未分配利润(元)	0.6764	0.6697	0.6815	0.6715
	净资产收益率(%)	0.1360	0.6029	0.8215	0.7323
	加权净资产收益率(%)	0.1400	0.6000	0.8200	0.7400
	净资产收益率(扣除)(%)	0.1001	0.4706	0.7878	0.5075
	总资产(万元)	127769.83	129588.23	130941.00	126610.76
	归属母公司股东权益(万元)	104109.57	103624.05	104409.51	104853.32
	营业收入(万元)	25985.86	52717.74	29756.36	55715.37
	营业支出(万元)	21276.16	41745.18	22798.06	45704.63
	投资收益(万元)	308.29	342.23	177.14	239.55
	净利润(万元)	141.63	622.53	857.83	362.87
	营业利润(万元)	2.91	481.08	1077.41	512.69
	利润总额(万元)	47.46	652.12	1119.19	812.64

成都银河磁体股份有限公司

公司概况	公司名称	成都银河磁体股份有限公司			证券简称	银河磁体
	法人代表	戴炎	董秘	朱魁文	证券代码	300127
	公司网址	www.galaxymagnets.com			电子信箱	huangyinghyhy@126.com
	电　话	028-87823555-892			传　真	028-87824018
	办公地址	四川省成都市高新区西区百草路 6 号(门牌号 608)				
	经营范围	制造、销售永磁合金元件及光机电高新技术服务等				

	指标\报告期	2017.06.30	2016.12.31	2016.06.30	2015.12.31
主要财务指标	基本每股收益(元)	0.3400	0.3700	0.1600	0.2900
	基本每股收益(扣除后)(元)	0.1800	0.3600	0.1600	0.2800
	稀释每股收益(元)	0.3400	0.3700	0.1600	0.2900
	每股净资产(元)	3.5003	3.4100	3.2052	3.2425
	每股经营现金净流量(元)	0.1455	0.2167	0.1138	0.2361
	每股现金流量(元)	0.2794	0.1199	0.1852	-1.3576
	每股资本公积金(元)	1.5355	1.5355	1.5355	1.5355
	每股盈余公积金(元)	0.3233	0.3233	0.2864	0.2864
	每股未分配利润(元)	0.6414	0.5497	0.3832	0.4206
	净资产收益率(%)	9.7617	10.7393	5.0739	8.8684
	加权净资产收益率(%)	9.6600	11.1200	4.9900	9.1300
	净资产收益率(扣除)(%)	5.0138	10.5722	5.0195	8.7386
	总资产(万元)	121075.69	118822.51	112340.13	113224.58
	归属母公司股东权益(万元)	113110.27	110147.44	103573.61	104781.28
	营业收入(万元)	23610.12	42314.03	19282.75	38203.79
	营业支出(万元)	14449.14	26162.68	11953.29	25853.41
	投资收益(万元)	700.85	1768.80	1023.58	1405.44
	净利润(万元)	11091.06	11920.86	5290.75	9365.31
	营业利润(万元)	6739.89	13662.62	6190.34	10767.06
	利润总额(万元)	13057.82	13879.31	6256.62	10927.55

苏州锦富技术股份有限公司

公司概况	公司名称	苏州锦富技术股份有限公司			证券简称	锦富技术
	法人代表	肖鹏	董秘	王文德	证券代码	300128
	公司网址	www.jin-fu.cn			电子信箱	jinfu@jin-fu.cn
	电　话	0512-62820000			传　真	0512-62820200
	办公地址	江苏省苏州市工业园区金田路 15 号				
	经营范围	各类光电显示薄膜器件以及隔热减震类制品和精密模切设备等产品的生产与销售等				

	指标\报告期	2017.06.30	2016.12.31	2016.06.30	2015.12.31
主要财务指标	基本每股收益(元)	0.0166	0.0800	-0.0748	0.0400
	基本每股收益(扣除后)(元)	0.0013	-0.5100	-0.0800	0.0200
	稀释每股收益(元)	0.0166	0.0800	-0.0748	0.0400
	每股净资产(元)	2.3533	2.2313	4.5520	4.4520
	每股经营现金净流量(元)	-0.1215	0.0208	-0.2196	0.6696
	每股现金流量(元)	-0.2021	0.3811	-0.1537	-0.3128
	每股资本公积金(元)	0.7858	2.7221	2.7221	3.1138
	每股盈余公积金(元)	0.0455	0.0798	0.0798	0.0765
	每股未分配利润(元)	0.5370	0.9236	0.7692	0.8190
	净资产收益率(%)	0.7051	1.9420	-1.6426	0.9693
	加权净资产收益率(%)	0.7100	1.7100	-1.6200	0.8600
	净资产收益率(扣除)(%)	0.0531	-12.7511	-1.8509	0.4839
	总资产(万元)	342327.84	351582.94	320524.18	331460.20
	归属母公司股东权益(万元)	198060.21	196714.41	218239.81	222657.87
	营业收入(万元)	130853.47	297319.54	106841.87	315419.14
	营业支出(万元)	116014.00	258905.02	97927.72	283959.31
	投资收益(万元)	3.23	161.88	-35.11	1.78
	净利润(万元)	1521.12	5344.46	-3675.10	3432.11
	营业利润(万元)	118.58	-23630.02	-6120.81	-24395.94
	利润总额(万元)	1860.16	5532.01	-5533.06	4298.27

上海泰胜风能装备股份有限公司

公司概况	公司名称	上海泰胜风能装备股份有限公司			证券简称	泰胜风能
	法人代表	张福林	董秘	邹涛	证券代码	300129
	公司网址	www.shtsp.com			电子信箱	tspzhqb@263.net
	电　话	021-57243692			传　真	021-57243692
	办公地址	上海市金山区卫清东路 1988 号				
	经营范围	风力发电机组配套塔架的制造和销售				

	指标\报告期	2017.06.30	2016.12.31	2016.06.30	2015.12.31
主要财务指标	基本每股收益(元)	0.1500	0.3000	0.1500	0.2600
	基本每股收益(扣除后)(元)	0.1200	0.2800	0.1400	0.2600
	稀释每股收益(元)	0.1500	0.3000	0.1500	0.2600
	每股净资产(元)	3.0421	2.9389	2.7881	2.3901
	每股经营现金净流量(元)	-0.0518	0.2581	-0.0575	0.0890
	每股现金流量(元)	0.0078	0.0746	-0.0933	-0.1579
	每股资本公积金(元)	0.9702	0.9582	0.9582	1.0007
	每股盈余公积金(元)	0.0540	0.0537	0.0436	0.0456
	每股未分配利润(元)	1.0373	0.9475	0.8043	0.7421
	净资产收益率(%)	4.8974	10.1916	5.2406	8.6311
	加权净资产收益率(%)	4.9100	10.6700	5.3000	10.7200
	净资产收益率(扣除)(%)	3.9448	9.6270	4.9118	8.1690
	总资产(万元)	311175.30	305449.95	296108.73	311009.10
	归属母公司股东权益(万元)	221184.22	214987.01	203953.22	196272.87
	营业收入(万元)	71650.98	150562.34	53784.19	159697.66
	营业支出(万元)	53158.99	99395.68	33599.00	107772.34
	投资收益(万元)	409.20	831.09	375.00	926.21
	净利润(万元)	10831.58	21906.69	10686.45	16926.47
	营业利润(万元)	10261.99	25662.49	12349.44	19508.03
	利润总额(万元)	12351.88	26050.08	12563.23	19874.84

深圳市新国都技术股份有限公司

公司概况	公司名称	深圳市新国都技术股份有限公司		证券简称	新国都
	法人代表	刘祥	董秘 宋菁	证券代码	300130
	公司网址	www.nexgo.com.cn		电子信箱	xgd-zqb@nexgo.com.cn
	电　话	0755-83481391		传　真	0755-83890344
	办公地址	广东省深圳市福田区深南路车公庙工业区泰然劲松大厦 17A			
	经营范围	银行卡电子支付终端产品(POS 机)、电子技术密码系统产品、计算机产品等			

主要财务指标	指标＼报告期	2017.06.30	2016.12.31	2016.06.30	2015.12.31
	基本每股收益(元)	0.1300	0.6000	0.1500	0.3700
	基本每股收益(扣除后)(元)	0.1300	0.4100	0.1310	0.3300
	稀释每股收益(元)	0.1300	0.6000	0.1500	0.3700
	每股净资产(元)	6.3061	6.1808	5.6610	5.1490
	每股经营现金净流量(元)	–0.3068	1.0885	0.0330	1.1445
	每股现金流量(元)	–1.2878	0.6362	–0.5386	–0.4671
	每股资本公积金(元)	2.9351	2.8354	2.6755	2.6262
	每股盈余公积金(元)	0.1069	0.1089	0.1049	0.1069
	每股未分配利润(元)	2.2658	2.2360	1.7973	1.7316
	净资产收益率(%)	2.0565	9.5536	2.6268	6.7727
	加权净资产收益率(%)	2.0900	10.2600	2.6800	7.1500
	净资产收益率(扣除)(%)	1.8660	6.5104	2.3216	6.0217
	总资产(万元)	268234.27	279675.80	251307.69	182247.85
	归属母公司股东权益(万元)	151266.44	145517.54	130782.31	126235.44
	营业收入(万元)	50524.78	112654.59	53608.57	97756.64
	营业支出(万元)	30443.94	63667.19	32487.80	60866.45
	投资收益(万元)	–372.32	4627.23	–137.42	409.89
	净利润(万元)	3174.84	14430.80	3480.80	8640.73
	营业利润(万元)	3072.13	5902.81	1441.98	2965.88
	利润总额(万元)	3355.33	13506.06	3569.79	8727.55

深圳市英唐智能控制股份有限公司

公司概况	公司名称	深圳市英唐智能控制股份有限公司		证券简称	英唐智控
	法人代表	胡庆周	董秘 刘林	证券代码	300131
	公司网址	www.yitoa.com		电子信箱	Yitoa_stock@yitoa.com
	电　话	0755-86140392		传　真	0755-26613854
	办公地址	广东省深圳市南山区高新技术产业园高新南五道英唐大厦五楼			
	经营范围	家电智能控制器的软件、硬件的开发与销售、电力智能控制器及设备软件等			

主要财务指标	指标＼报告期	2017.06.30	2016.12.31	2016.06.30	2015.12.31
	基本每股收益(元)	0.0712	0.1900	0.0941	0.0800
	基本每股收益(扣除后)(元)	0.0701	0.1300	0.0383	0.0700
	稀释每股收益(元)	0.0712	0.1900	0.0941	0.0800
	每股净资产(元)	1.7015	1.7508	1.6561	3.1739
	每股经营现金净流量(元)	–0.2369	0.0252	–0.0238	–0.2986
	每股现金流量(元)	–0.1815	0.2154	–0.0414	–0.0958
	每股资本公积金(元)	0.4871	0.4871	0.4871	1.9741
	每股盈余公积金(元)	0.0280	0.0280	0.0131	0.0262
	每股未分配利润(元)	0.1694	0.2182	0.1389	0.1394
	净资产收益率(%)	4.1850	10.7570	5.6846	2.2162
	加权净资产收益率(%)	4.0300	11.3300	5.8100	4.3100
	净资产收益率(扣除)(%)	4.1209	7.3701	2.3127	1.7591
	总资产(万元)	430405.42	361676.10	292027.38	251352.82
	归属母公司股东权益(万元)	181984.19	187254.65	177120.02	169729.00
	营业收入(万元)	328706.65	422205.71	144215.99	177139.49
	营业支出(万元)	304240.08	380426.54	129851.17	158980.58
	投资收益(万元)	27.77	6347.73	6000.06	27.75
	净利润(万元)	8198.74	21016.66	10094.23	3735.94
	营业利润(万元)	10303.71	23958.51	11008.63	4782.78
	利润总额(万元)	10438.91	24108.44	11084.08	5292.33

福建青松股份有限公司

公司概况	公司名称	福建青松股份有限公司		证券简称	青松股份
	法人代表	李勇	董秘 骆棋辉	证券代码	300132
	公司网址	www.greenpine.cc		电子信箱	office@greenpine.cc
	电　话	0599-5820121　5820265		传　真	0599-5820900
	办公地址	福建省南平市建阳区回瑶工业园区			
	经营范围	合成樟脑系列、樟脑磺酸系列、冰片系列、尿嘧啶系列等			

主要财务指标	指标＼报告期	2017.06.30	2016.12.31	2016.06.30	2015.12.31
	基本每股收益(元)	0.1065	0.0848	0.0348	0.0282
	基本每股收益(扣除后)(元)	0.1180	0.0922	0.0327	0.0069
	稀释每股收益(元)	0.1065	0.0848	0.0348	0.0282
	每股净资产(元)	1.7502	1.6443	1.5918	1.5556
	每股经营现金净流量(元)	0.0837	0.1935	0.8145	0.2581
	每股现金流量(元)	0.0594	0.0067	0.1474	–0.0099
	每股资本公积金(元)	0.2136	0.2136	0.2136	0.2136
	每股盈余公积金(元)	0.0592	0.0592	0.0510	0.0510
	每股未分配利润(元)	0.4720	0.3655	0.3237	0.2889
	净资产收益率(%)	6.0847	5.1585	2.1865	1.8158
	加权净资产收益率(%)	6.2700	5.3000	2.2100	1.8100
	净资产收益率(扣除)(%)	6.7414	5.6066	2.0541	0.4419
	总资产(万元)	76791.86	71532.99	68714.48	90239.03
	归属母公司股东权益(万元)	67543.26	63458.11	61432.27	60032.39
	营业收入(万元)	36136.93	55729.08	26732.34	58896.03
	营业支出(万元)	26016.08	44215.95	21482.20	49172.25
	投资收益(万元)	--	--	–	134.45
	净利润(万元)	4109.80	3273.46	1343.21	1090.04
	营业利润(万元)	5242.86	4105.39	1463.39	–304.76
	利润总额(万元)	4712.31	3754.25	1550.56	266.79

浙江华策影视股份有限公司

公司概况	公司名称	浙江华策影视股份有限公司		证券简称	华策影视
	法人代表	傅梅城	董秘 高远	证券代码	300133
	公司网址	www.huacemedia.com		电子信箱	zqsw@huacemedia.com
	电　话	0571-87553075		传　真	0571-81061286
	办公地址	浙江省杭州市文二西路 683 号西溪创意产业园 C-B 座、C-C 座			
	经营范围	电视剧销售、电影销售、影院票房、广告、经纪业务等			

主要财务指标	指标＼报告期	2017.06.30	2016.12.31	2016.06.30	2015.12.31
	基本每股收益(元)	0.1600	0.2700	0.1600	0.4800
	基本每股收益(扣除后)(元)	0.1300	0.2200	0.1400	0.3700
	稀释每股收益(元)	0.1600	0.2700	0.1600	0.4700
	每股净资产(元)	3.7787	3.6518	3.5238	3.3853
	每股经营现金净流量(元)	–0.3469	–0.3953	–0.3511	–0.5673
	每股现金流量(元)	–0.2764	–0.4312	–0.4259	1.4890
	每股资本公积金(元)	1.6310	1.6311	1.6268	3.1972
	每股盈余公积金(元)	0.0457	0.0457	0.0267	0.0427
	每股未分配利润(元)	1.1799	1.0226	0.9231	1.2722
	净资产收益率(%)	4.1627	7.5016	4.4107	8.0480
	加权净资产收益率(%)	4.2500	7.7900	4.4800	11.9200
	净资产收益率(扣除)(%)	3.4106	6.0076	3.9879	6.2458
	总资产(万元)	1127394.03	1038384.92	949629.47	815250.43
	归属母公司股东权益(万元)	660003.24	637826.01	615473.33	590807.23
	营业收入(万元)	175121.52	444497.58	154824.74	265730.33
	营业支出(万元)	131269.80	331872.45	102932.33	166873.81
	投资收益(万元)	4303.13	2736.17	938.82	1984.22
	净利润(万元)	27418.71	49085.26	28438.26	49971.69
	营业利润(万元)	30359.05	46104.27	33226.88	47614.26
	利润总额(万元)	32635.34	55882.39	36747.67	62255.07

深圳市大富科技股份有限公司

公司概况	公司名称	深圳市大富科技股份有限公司			证券简称	大富科技
	法人代表	孙尚传	董秘	林晓媚	证券代码	300134
	公司网址	www.tatfook.com		电子信箱	ir@tatfook.com	
	电　话	0755-29816308		传　真	0755-27356851	
	办公地址	广东省深圳市宝安区沙井街道蚝乡路沙井工业公司第三工业区 A2				
	经营范围	滤波器、合路器、分路器、隔离器、耦合器、微波元器件、电子专用设备等				

	指标\报告期	2017.06.30	2016.12.31	2016.06.30	2015.12.31
主要财务指标	基本每股收益(元)	-0.1200	0.1800	0.0700	0.1500
	基本每股收益(扣除后)(元)	-0.1300	-0.0100	0.0600	0.0400
	稀释每股收益(元)	-0.1200	0.1800	0.0700	0.1500
	每股净资产(元)	7.4882	7.6044	3.7314	3.8593
	每股经营现金净流量(元)	0.1295	0.4409	0.2125	0.2160
	每股现金流量(元)	0.4240	1.1273	0.1139	-0.4527
	每股资本公积金(元)	6.3147	6.3147	2.3097	2.3121
	每股盈余公积金(元)	0.1349	0.1349	0.1329	0.1329
	每股未分配利润(元)	0.0366	0.1519	0.2870	0.4132
	净资产收益率(%)	-1.5396	2.1361	1.9779	3.8119
	加权净资产收益率(%)	-1.5300	3.7200	1.9300	3.8100
	净资产收益率(扣除)(%)	-1.7897	-0.0951	1.6679	1.0941
	总资产(万元)	744025.63	779273.04	454471.81	434926.84
	归属母公司股东权益(万元)	574720.01	583632.63	243585.93	251935.57
	营业收入(万元)	90475.09	240739.52	117823.82	206076.04
	营业支出(万元)	76727.16	187601.98	91631.17	161944.95
	投资收益(万元)	-2265.50	68.36	-431.76	5500.86
	净利润(万元)	-9172.15	12873.22	4892.92	9783.39
	营业利润(万元)	-11396.13	2848.88	4297.45	8642.19
	利润总额(万元)	-9594.10	15320.21	5219.80	10362.42

江苏宝利国际投资股份有限公司

公司概况	公司名称	江苏宝利国际投资股份有限公司			证券简称	宝利国际
	法人代表	周德洪	董秘	王学良	证券代码	300135
	公司网址	www.baolijt.cn		电子信箱	wangxl@baoligroups.com	
	电　话	0510-68838688-835		传　真	0510-86158880	
	办公地址	上海市闵行区申长路 988 弄虹桥万科中心 2 号楼 801-805				
	经营范围	高等级公路新材料的研发、生产和销售等				

	指标\报告期	2017.06.30	2016.12.31	2016.06.30	2015.12.31
主要财务指标	基本每股收益(元)	0.0220	0.0300	0.0210	0.0260
	基本每股收益(扣除后)(元)	-0.0200	0.0020	0.0210	-0.0070
	稀释每股收益(元)	0.0220	0.0300	0.0210	0.0260
	每股净资产(元)	1.2820	1.2804	1.2742	1.2524
	每股经营现金净流量(元)	-0.1331	0.2092	0.0659	-0.0031
	每股现金流量(元)	0.0182	0.0978	-0.1192	-0.0989
	每股资本公积金(元)	0.0383	0.0383	0.0383	0.0383
	每股盈余公积金(元)	0.0454	0.0454	0.0434	0.0434
	每股未分配利润(元)	0.2008	0.1985	0.1919	0.1710
	净资产收益率(%)	1.7400	2.3085	1.6404	2.3246
	加权净资产收益率(%)	1.7300	2.3300	1.6600	2.0400
	净资产收益率(扣除)(%)	-1.6335	0.1413	1.7174	-0.3031
	总资产(万元)	281122.84	290224.84	251284.53	279373.82
	归属母公司股东权益(万元)	118150.61	118002.13	117432.35	115422.59
	营业收入(万元)	65939.45	137994.03	52166.77	175239.67
	营业支出(万元)	61602.92	118067.80	43503.33	155551.59
	投资收益(万元)	716.20	7016.14	3218.46	8292.95
	净利润(万元)	1774.49	2531.67	1935.56	2350.05
	营业利润(万元)	-1292.46	4164.67	2647.49	4186.86
	利润总额(万元)	2405.44	4194.32	2569.68	4171.66

深圳市信维通信股份有限公司

公司概况	公司名称	深圳市信维通信股份有限公司			证券简称	信维通信
	法人代表	彭浩	董秘	杜敏	证券代码	300136
	公司网址	www.sz-sunway.com.cn		电子信箱	ir@sz-sunway.com	
	电　话	86-755-36615880*8811		传　真	0755-86561715	
	办公地址	广东省深圳市宝安区沙井街道西环路 1013 号 A.B 栋				
	经营范围	移动终端天线的设计、技术开发、生产和销售并提供相关技术服务等				

	指标\报告期	2017.06.30	2016.12.31	2016.06.30	2015.12.31
主要财务指标	基本每股收益(元)	0.4151	0.5551	0.1715	0.3912
	基本每股收益(扣除后)(元)	0.3191	0.4859	0.1707	0.3850
	稀释每股收益(元)	0.4151	0.5551	0.1715	0.3912
	每股净资产(元)	2.3477	2.0015	1.5928	2.3237
	每股经营现金净流量(元)	0.3422	0.1573	0.1084	0.3547
	每股现金流量(元)	0.3097	0.3314	0.1238	0.1246
	每股资本公积金(元)	0.3442	0.1498	0.1376	0.8127
	每股盈余公积金(元)	0.0689	0.0705	0.0361	0.0578
	每股未分配利润(元)	1.1659	0.7728	0.4264	0.4581
	净资产收益率(%)	17.4826	27.6410	10.7642	15.9277
	加权净资产收益率(%)	18.9700	32.0300	11.1800	22.6500
	净资产收益率(扣除)(%)	13.4412	24.1944	10.7159	15.6759
	总资产(万元)	382308.64	316320.42	221686.80	194703.84
	归属母公司股东权益(万元)	230736.71	192311.85	152496.62	138983.89
	营业收入(万元)	143210.61	241292.75	77178.94	129997.07
	营业支出(万元)	98533.70	170981.92	50761.26	91000.51
	投资收益(万元)	69.02	-1076.87	-157.32	2859.53
	净利润(万元)	39892.03	52370.53	16080.18	22136.88
	营业利润(万元)	35420.69	45450.93	18156.70	24883.57
	利润总额(万元)	47801.30	54181.24	18243.41	25295.29

河北先河环保科技股份有限公司

公司概况	公司名称	河北先河环保科技股份有限公司			证券简称	先河环保
	法人代表	李玉国	董秘	王少军	证券代码	300137
	公司网址	www.sailhero.com.cn		电子信箱	xhhbzq@sailhero.com.cn	
	电　话	0311-85323900		传　真	0311-85329383	
	办公地址	河北省石家庄市湘江道 251 号				
	经营范围	仪器、仪表、环境治理设备及相关产品的研制开发、生产、安装等				

	指标\报告期	2017.06.30	2016.12.31	2016.06.30	2015.12.31
主要财务指标	基本每股收益(元)	0.1430	0.3100	0.1260	0.2500
	基本每股收益(扣除后)(元)	0.1200	0.2700	0.1100	0.2300
	稀释每股收益(元)	0.1430	0.3100	0.1260	0.2500
	每股净资产(元)	4.2521	4.2092	4.0510	3.8522
	每股经营现金净流量(元)	-0.5331	0.4408	-0.2780	0.0882
	每股现金流量(元)	-0.9224	0.0618	-0.4851	0.0162
	每股资本公积金(元)	1.9680	1.9680	1.9680	1.9680
	每股盈余公积金(元)	0.1435	0.1285	0.1133	0.1031
	每股未分配利润(元)	1.1360	1.1077	0.9665	0.9010
	净资产收益率(%)	3.3699	7.2648	3.1029	6.3365
	加权净资产收益率(%)	3.2700	7.3600	3.0500	6.6200
	净资产收益率(扣除)(%)	2.9308	6.4524	2.8111	5.6650
	总资产(万元)	175866.11	178540.27	167185.31	162891.44
	归属母公司股东权益(万元)	146440.14	144961.54	139513.01	136875.47
	营业收入(万元)	40587.96	78954.34	36256.29	62814.12
	营业支出(万元)	20936.93	39771.73	19711.84	31848.86
	投资收益(万元)	--	--	-	-
	净利润(万元)	5301.47	11684.02	5050.06	9181.76
	营业利润(万元)	6079.62	11280.72	5224.31	9711.41
	利润总额(万元)	6316.65	13793.58	5776.16	11283.74

晨光生物科技集团股份有限公司

公司概况	公司名称	晨光生物科技集团股份有限公司		证券简称	晨光生物
	法人代表	卢庆国	董秘	周静	证券代码	300138
	公司网址	www.cn-cg.com		电子信箱	sesu@hdchenguang.com
	电　话	0310-8859023		传　真	0310-8851655
	办公地址	河北省邯郸市曲周县城晨光路1号			
	经营范围	辣椒红、红米红、甜菜红、姜黄色素、红曲米(粉)、调味油等			

指标\报告期	2017.06.30	2016.12.31	2016.06.30	2015.12.31
基本每股收益(元)	0.2200	0.3558	0.1961	0.3835
基本每股收益(扣除后)(元)	0.1900	0.2826	0.1860	0.2774
稀释每股收益(元)	0.2100	0.3538	0.1961	0.3835
每股净资产(元)	4.2700	5.7344	5.6394	6.5400
每股经营现金净流量(元)	0.8249	-1.2270	1.0412	-0.2986
每股现金流量(元)	0.0602	-0.5034	-0.1597	0.5622
每股资本公积金(元)	2.2044	3.5081	3.5016	4.3503
每股盈余公积金(元)	0.1097	0.1536	0.1248	0.1510
每股未分配利润(元)	1.0315	1.2278	1.0985	1.1439
净资产收益率(%)	5.0156	6.1525	3.4522	4.8614
加权净资产收益率(%)	5.0600	6.3500	3.5300	6.6200
净资产收益率(扣除)(%)	4.3256	4.8869	3.2748	3.5169
总资产(万元)	242391.15	249240.01	192845.27	199126.98
归属母公司股东权益(万元)	156543.60	150303.38	147814.32	141650.32
营业收入(万元)	128952.64	214084.67	104588.00	126762.92
营业支出(万元)	107842.89	182862.04	91093.48	109677.27
投资收益(万元)	16.02	354.46	89.66	-
净利润(万元)	6461.85	9989.29	5765.39	6836.66
营业利润(万元)	7696.65	9689.04	6186.32	5748.11
利润总额(万元)	8834.85	11458.23	6493.63	7924.06

北京晓程科技股份有限公司

公司概况	公司名称	北京福星晓程电子科技股份有限公司		证券简称	晓程科技
	法人代表	程毅	董秘	王含静	证券代码	300139
	公司网址	www.xiaocheng.com		电子信箱	tzz@xiaocheng.com
	电　话	010-68459012-8072		传　真	010-68466652
	办公地址	北京市海淀区西三环北路87号国际财经中心D座503			
	经营范围	承接网络系统集成、自营和代理各类商品及技术的进出口业务等			

指标\报告期	2017.06.30	2016.12.31	2016.06.30	2015.12.31
基本每股收益(元)	--	0.1000	0.0300	0.1300
基本每股收益(扣除后)(元)	0.0038	0.1000	0.0300	0.1400
稀释每股收益(元)	--	0.1000	0.0300	0.1300
每股净资产(元)	4.7915	4.7931	4.6816	4.6278
每股经营现金净流量(元)	0.0912	0.0865	-0.0901	0.0437
每股现金流量(元)	0.6368	-0.1241	-0.1560	-0.2833
每股资本公积金(元)	2.1184	2.1184	2.1184	2.1184
每股盈余公积金(元)	0.2570	0.2570	0.2570	0.2570
每股未分配利润(元)	1.3827	1.3797	1.3043	1.2906
净资产收益率(%)	0.0614	2.1309	0.5694	2.7583
加权净资产收益率(%)	0.0600	2.1700	0.5700	2.8200
净资产收益率(扣除)(%)	0.0792	2.2081	0.5554	2.9429
总资产(万元)	160899.04	145199.43	140759.34	143435.37
归属母公司股东权益(万元)	131287.66	131331.11	128276.25	126802.51
营业收入(万元)	13375.23	22521.90	9438.28	22408.62
营业支出(万元)	6862.71	13367.15	6811.50	11492.54
投资收益(万元)	13.32	28.44	17.85	45.54
净利润(万元)	82.99	2050.89	27.36	3834.54
营业利润(万元)	1451.14	2741.11	680.67	3709.18
利润总额(万元)	1460.49	2714.66	748.08	3580.56

中节能环保装备股份有限公司

公司概况	公司名称	中节能环保装备股份有限公司		证券简称	中环装备
	法人代表	黄以武	董秘	齐岳	证券代码	300140
	公司网址	www.sdricom.com		电子信箱	xxpl@cepec.cn
	电　话	010-62247869 029-86531386		传　真	010-62247869 029-86531333
	办公地址	陕西省西安市经济技术开发区凤城十二路98号			
	经营范围	变压器专用设备及组件的设计、开发、制造、销售、服务等			

指标\报告期	2017.06.30	2016.12.31	2016.06.30	2015.12.31
基本每股收益(元)	0.0607	0.2613	-0.0059	0.0274
基本每股收益(扣除后)(元)	0.0305	0.1303	-0.0144	0.0180
稀释每股收益(元)	0.0607	0.2613	-0.0059	0.0274
每股净资产(元)	3.6810	3.6216	3.1548	3.2127
每股经营现金净流量(元)	-0.5431	-0.6930	0.0983	-0.0039
每股现金流量(元)	-0.1297	-0.3527	0.0202	-0.5657
每股资本公积金(元)	1.4433	1.4433	1.5395	1.5395
每股盈余公积金(元)	0.1584	0.1584	0.1380	0.1380
每股未分配利润(元)	1.0254	0.9647	0.4723	0.5283
净资产收益率(%)	1.6498	7.2138	-0.1879	0.8532
加权净资产收益率(%)	1.6600	7.4500	-0.1900	0.8500
净资产收益率(扣除)(%)	0.8284	2.7197	-0.4565	0.5609
总资产(万元)	355058.49	318572.45	115794.80	115807.61
归属母公司股东权益(万元)	127052.03	125000.51	76976.37	78389.21
营业收入(万元)	66862.63	131576.59	12236.34	28977.58
营业支出(万元)	53064.38	93923.76	8164.07	19341.12
投资收益(万元)	11.51	310.24	-44.28	-107.07
净利润(万元)	2403.41	10071.82	161.76	1370.07
营业利润(万元)	2862.10	10184.93	45.92	1208.94
利润总额(万元)	2962.35	12262.94	323.52	1505.45

苏州工业园区和顺电气股份有限公司

公司概况	公司名称	苏州工业园区和顺电气股份有限公司		证券简称	和顺电气
	法人代表	姚建华	董秘	徐书杰	证券代码	300141
	公司网址	www.cnheshun.com		电子信箱	xushujie@cnheshun.com
	电　话	0512-62862607 62862621		传　真	86-512-62862608
	办公地址	江苏省苏州市工业园区和顺路8号			
	经营范围	高低压电器及成套设备、电工器材、电力滤波装置、无功补偿装置等			

指标\报告期	2017.06.30	2016.12.31	2016.06.30	2015.12.31
基本每股收益(元)	0.0100	0.1800	0.0100	0.1400
基本每股收益(扣除后)(元)	0.0100	0.1700	0.0100	0.1000
稀释每股收益(元)	0.0100	0.1800	0.0100	0.1400
每股净资产(元)	2.7491	4.2251	4.1195	4.1191
每股经营现金净流量(元)	-0.0917	-0.1199	-0.2319	-0.1713
每股现金流量(元)	-0.1958	-0.1062	-0.3731	0.0143
每股资本公积金(元)	0.8302	1.8134	1.8134	1.8134
每股盈余公积金(元)	0.1158	0.1737	0.1634	0.1634
每股未分配利润(元)	0.8031	1.2380	1.1427	1.1702
净资产收益率(%)	0.4048	4.2142	0.3196	3.2637
加权净资产收益率(%)	0.3700	4.2500	0.3500	3.2900
净资产收益率(扣除)(%)	0.3927	4.0937	0.3227	2.3094
总资产(万元)	90710.07	96204.76	91275.40	86207.44
归属母公司股东权益(万元)	68850.60	70544.18	68781.68	69240.94
营业收入(万元)	20801.25	40670.13	12534.95	30138.64
营业支出(万元)	16236.56	27457.61	8335.15	22873.35
投资收益(万元)	-68.10	-35.40	-11.97	256.30
净利润(万元)	261.94	3308.68	242.17	2262.68
营业利润(万元)	354.55	3900.00	495.36	2434.26
利润总额(万元)	356.19	4120.55	496.13	2730.99

云南沃森生物技术股份有限公司

公司概况	公司名称	云南沃森生物技术股份有限公司		证券简称	沃森生物
	法人代表	李云春	董秘 张荔	证券代码	300142
	公司网址	www.walvax.com		电子信箱	ir@walvax.com.cn
	电话	0871-8312779		传真	0871-8312779
	办公地址	云南省昆明市高新区科园路99号鼎易天城9栋A座19楼			
	经营范围	人用疫苗产品研发、生产、销售			

主要财务指标	指标\报告期	2017.06.30	2016.12.31	2016.06.30	2015.12.31
	基本每股收益(元)	-0.0300	0.0500	-0.1200	-0.6000
	基本每股收益(扣除后)(元)	-0.0300	-0.1000	-0.1200	-0.2900
	稀释每股收益(元)	-0.0300	0.0500	-0.1200	-0.6000
	每股净资产(元)	2.0531	2.0861	1.5353	1.6272
	每股经营现金净流量(元)	-0.0175	-0.0585	-0.1222	-0.0494
	每股现金流量(元)	-0.4024	0.2748	0.4430	0.2909
	每股资本公积金(元)	1.1055	1.1106	0.7276	0.7042
	每股盈余公积金(元)	0.0240	0.0240	0.0263	0.0263
	每股未分配利润(元)	-0.0765	-0.0485	-0.2186	-0.1033
	净资产收益率(%)	-1.3628	2.1969	-7.5108	-36.8072
	加权净资产收益率(%)	-1.3500	2.8500	-7.3500	-33.6200
	净资产收益率(扣除)(%)	-1.2693	-4.5468	-7.7301	-18.0964
	总资产(万元)	569369.40	632401.35	686322.88	625784.06
	归属母公司股东权益(万元)	315646.88	320725.26	215559.09	228459.55
	营业收入(万元)	25669.72	59100.46	29299.33	100602.70
	营业支出(万元)	9755.36	28071.86	17666.68	57490.37
	投资收益(万元)	-328.96	7450.84	819.57	772.98
	净利润(万元)	-5223.82	3002.04	-18958.55	-92465.28
	营业利润(万元)	-8503.57	-16035.66	-20002.22	-89816.46
	利润总额(万元)	-8425.83	3468.40	-19288.17	-88468.04

广东星普医学科技股份有限公司

公司概况	公司名称	广东星普医学科技股份有限公司		证券简称	星普医科
	法人代表	霍昌英	董秘 赵璐	证券代码	300143
	公司网址	www.starway.com.cn		电子信箱	starway@starway.com.cn
	电话	0769-87935678		传真	0769-87920269
	办公地址	广东省东莞市塘厦镇蛟坪大道83号			
	经营范围	种植、加工、销售食用菌等农副产品、食(药)用菌和其他有益微生物育种等			

主要财务指标	指标\报告期	2017.06.30	2016.12.31	2016.06.30	2015.12.31
	基本每股收益(元)	0.2873	0.2200	0.0591	0.0700
	基本每股收益(扣除后)(元)	0.1284	0.1600	0.0477	-0.0400
	稀释每股收益(元)	0.2859	0.2200	0.0591	0.0700
	每股净资产(元)	7.8927	7.6521	6.2237	6.1640
	每股经营现金净流量(元)	0.1967	0.1580	-0.0697	0.3553
	每股现金流量(元)	0.1455	0.3689	-0.2626	0.3221
	每股资本公积金(元)	7.9152	7.6542	6.6111	10.4926
	每股盈余公积金(元)	0.0337	0.0344	0.0416	0.0660
	每股未分配利润(元)	-0.7354	-1.0384	-1.4296	-2.3627
	净资产收益率(%)	3.5632	2.5495	0.9498	0.7335
	加权净资产收益率(%)	3.5600	3.1600	0.9500	3.3900
	净资产收益率(扣除)(%)	1.5922	1.9036	0.7668	-0.4451
	总资产(万元)	267450.76	253393.56	181602.87	184885.92
	归属母公司股东权益(万元)	227615.88	216047.72	145597.42	144200.33
	营业收入(万元)	12865.00	43245.41	17329.03	28013.72
	营业支出(万元)	4314.38	25849.19	10738.43	19274.15
	投资收益(万元)	2618.33	-651.72	60.00	79.45
	净利润(万元)	8454.09	4824.51	925.04	1514.28
	营业利润(万元)	7508.01	4998.87	1033.21	-481.05
	利润总额(万元)	9329.37	6324.41	1332.71	1514.28

宋城演艺发展股份有限公司

公司概况	公司名称	宋城演艺发展股份有限公司		证券简称	宋城演艺
	法人代表	张娴	董秘 陈胜敏	证券代码	300144
	公司网址	www.chinascgf.com		电子信箱	zqb@chinascyy.com
	电话	0571-87091255		传真	0571-87091233
	办公地址	浙江省杭州市之江路148号			
	经营范围	实业投资、旅游服务、旅游电子商务、文化传播、餐饮、停车服务、工艺品及书画展览、销售等			

主要财务指标	指标\报告期	2017.06.30	2016.12.31	2016.06.30	2015.12.31
	基本每股收益(元)	0.3600	0.6200	0.2975	0.4500
	基本每股收益(扣除后)(元)	0.3600	0.6100	0.2939	0.4500
	稀释每股收益(元)	0.3600	0.6200	0.2975	0.4500
	每股净资产(元)	4.6818	4.4087	4.0847	3.8567
	每股经营现金净流量(元)	0.4799	0.7092	0.3947	0.6301
	每股现金流量(元)	-0.0640	-0.3289	-0.2473	0.3182
	每股资本公积金(元)	1.7047	1.7046	1.7045	1.7041
	每股盈余公积金(元)	0.1360	0.1360	0.1108	0.1108
	每股未分配利润(元)	1.8362	1.5758	1.2773	1.0498
	净资产收益率(%)	7.6991	14.0893	7.2830	11.2548
	加权净资产收益率(%)	7.9000	15.0700	7.4900	15.1500
	净资产收益率(扣除)(%)	7.6844	13.8525	7.1958	11.3225
	总资产(万元)	789057.04	756733.70	722024.52	698702.76
	归属母公司股东权益(万元)	680086.32	640417.38	593349.70	560258.09
	营业收入(万元)	139262.54	264422.89	118609.70	169451.40
	营业支出(万元)	50638.33	101418.72	42748.44	58206.74
	投资收益(万元)	1290.32	1445.19	163.14	488.09
	净利润(万元)	52727.73	91646.69	43558.92	64544.51
	营业利润(万元)	63591.62	114816.88	54699.18	82782.66
	利润总额(万元)	63221.62	115978.65	54862.83	82512.60

南方中金环境股份有限公司

公司概况	公司名称	南方中金环境股份有限公司		证券简称	中金环境
	法人代表	沈金浩	董秘 沈梦晖	证券代码	300145
	公司网址	www.nanfang-pump.com		电子信箱	smh@nanfang-pump.com
	电话	0571-86397850		传真	0571-86396201
	办公地址	浙江省杭州市余杭区仁和街道仁河大道46号			
	经营范围	不锈钢冲压焊接离心泵及无负压变频供水设备等的研发、制造和销售等			

主要财务指标	指标\报告期	2017.06.30	2016.12.31	2016.06.30	2015.12.31
	基本每股收益(元)	0.2076	0.7700	0.2300	1.0800
	基本每股收益(扣除后)(元)	0.1946	0.7300	0.2300	1.0300
	稀释每股收益(元)	0.2073	0.7700	0.2300	1.0800
	每股净资产(元)	3.5541	6.0717	5.5268	10.6724
	每股经营现金净流量(元)	-0.1143	0.8651	0.1017	0.5773
	每股现金流量(元)	-0.0266	-0.5206	-0.5492	2.0973
	每股资本公积金(元)	1.2864	3.0833	3.0760	7.1401
	每股盈余公积金(元)	0.0945	0.1701	0.1338	0.2682
	每股未分配利润(元)	1.1643	1.8020	1.3037	2.2541
	净资产收益率(%)	5.8407	12.5766	4.1519	7.9821
	加权净资产收益率(%)	5.9700	13.4200	4.2200	16.3300
	净资产收益率(扣除)(%)	5.4748	12.0149	4.0624	7.5504
	总资产(万元)	813444.38	730493.35	620594.60	536301.56
	归属母公司股东权益(万元)	427259.90	405503.54	369243.91	355586.81
	营业收入(万元)	157716.10	279004.80	103928.28	194835.05
	营业支出(万元)	86151.67	152555.25	59464.97	113207.71
	投资收益(万元)	6.45	312.17	875.99	4.45
	净利润(万元)	25060.83	51677.96	15476.85	28192.36
	营业利润(万元)	29419.90	58300.16	18241.16	31535.73
	利润总额(万元)	31087.24	60871.12	18739.77	33253.06

汤臣倍健股份有限公司

公司概况	公司名称	汤臣倍健股份有限公司			证券简称	汤臣倍健
	法人代表	林志成	董秘	吕静莲	证券代码	300146
	公司网址	www.by-health.com.cn		电子信箱	tcbj@by-health.com	
	电　话	020-28956666		专　真	020-28957901	
	办公地址	广东省广州市萝岗区科学城科学大道中99号科汇金谷3街3号				
	经营范围	膳食营养补充剂的研发、生产和销售等				

主要财务指标	指标＼报告期	2017.06.30	2016.12.31	2016.06.30	2015.12.31
	基本每股收益(元)	0.4000	0.3700	0.2500	0.8900
	基本每股收益(扣除后)(元)	0.3200	0.3300	0.2300	0.8500
	稀释每股收益(元)	0.4000	0.3700	0.2500	0.8900
	每股净资产(元)	3.3221	3.1830	3.0812	3.1590
	每股经营现金净流量(元)	0.3142	0.4656	0.2573	0.8721
	每股现金流量(元)	0.4390	0.3906	0.1305	-0.1314
	每股资本公积金(元)	1.3597	1.3565	1.3127	3.6254
	每股盈余公积金(元)	0.1922	0.1922	0.1486	0.2972
	每股未分配利润(元)	0.8188	0.6826	0.6136	1.3343
	净资产收益率(%)	11.9224	11.4361	7.9973	13.9302
	加权净资产收益率(%)	12.6700	11.7600	7.9300	15.6900
	净资产收益率(扣除)(%)	9.6413	10.1673	7.4325	13.3539
	总资产(万元)	552379.11	532835.81	511335.93	490540.97
	归属母公司股东权益(万元)	488383.06	468001.91	448624.57	456201.53
	营业收入(万元)	148654.27	230911.24	123333.11	226604.30
	营业支出(万元)	49161.91	82207.32	42865.76	76421.08
	投资收益(万元)	12103.38	3922.24	2476.75	3180.48
	净利润(万元)	59707.82	50765.47	35127.20	62034.04
	营业利润(万元)	69853.66	63582.98	41226.90	72083.37
	利润总额(万元)	71433.40	65371.58	42731.13	73995.89

广州市香雪制药股份有限公司

公司概况	公司名称	广州市香雪制药股份有限公司			证券简称	香雪制药
	法人代表	王永辉	董秘	徐力	证券代码	300147
	公司网址	www.xphcn.com		电子信箱	directorate@xphcn.com	
	电　话	020-22211007　22211239		传　真	020-22211018	
	办公地址	广东省广州市萝岗区广州经济技术开发区科学城金峰园路2号				
	经营范围	现代中药生产与销售、辅之医疗设备等业务				

主要财务指标	指标＼报告期	2017.06.30	2016.12.31	2016.06.30	2015.12.31
	基本每股收益(元)	0.0734	0.1000	0.0804	0.2800
	基本每股收益(扣除后)(元)	0.0393	0.0200	0.0732	0.2300
	稀释每股收益(元)	0.0734	0.1000	0.0804	0.2800
	每股净资产(元)	5.2065	5.1349	5.1139	5.1516
	每股经营现金净流量(元)	-0.0682	0.3001	-0.1631	0.2417
	每股现金流量(元)	-0.1858	-0.2258	-0.3720	0.5071
	每股资本公积金(元)	3.2266	3.2266	3.2267	3.2267
	每股盈余公积金(元)	0.1383	0.1383	0.1282	0.1282
	每股未分配利润(元)	0.8436	0.7701	0.7608	0.8004
	净资产收益率(%)	1.4106	1.9438	1.5729	5.2029
	加权净资产收益率(%)	1.4200	1.9400	1.5500	6.9000
	净资产收益率(扣除)(%)	0.7544	0.4616	1.4319	4.3203
	总资产(万元)	854176.72	798872.69	569935.36	465200.22
	归属母公司股东权益(万元)	344394.56	339659.58	338270.46	340768.57
	营业收入(万元)	111745.12	186208.79	81431.95	146460.48
	营业支出(万元)	80175.93	127402.10	53853.42	83908.32
	投资收益(万元)	1044.61	360.07	41.81	510.70
	净利润(万元)	7124.60	9763.70	7107.31	20164.63
	营业利润(万元)	4962.03	5920.99	6970.71	18556.46
	利润总额(万元)	7657.35	11459.93	7636.13	21750.20

天舟文化股份有限公司

公司概况	公司名称	天舟文化股份有限公司			证券简称	天舟文化
	法人代表	肖志鸿	董秘	杨灏	证券代码	300148
	公司网址	www.t-angel.com		电子信箱	tangeldm@126.com	
	电　话	0731-88834956		传　真	0731-85462505	
	办公地址	湖南省长沙市岳麓区银杉路31号绿地中央广场紫峰写字楼6栋33楼				
	经营范围	图书出版发行业务、移动互联网游戏业务等				

主要财务指标	指标＼报告期	2017.06.30	2016.12.31	2016.06.30	2015.12.31
	基本每股收益(元)	0.1300	0.4400	0.1426	0.4200
	基本每股收益(扣除后)(元)	0.1200	0.4200	0.1410	0.3400
	稀释每股收益(元)	0.1300	0.4400	0.1426	0.4200
	每股净资产(元)	5.2368	6.6801	3.9149	4.5668
	每股经营现金净流量(元)	0.0687	0.4675	0.0204	0.5083
	每股现金流量(元)	0.0308	1.1474	-0.3473	0.2313
	每股资本公积金(元)	3.4338	4.7606	2.0739	2.6887
	每股盈余公积金(元)	0.0251	0.0327	0.0385	0.0462
	每股未分配利润(元)	0.7778	0.8867	0.8026	0.8320
	净资产收益率(%)	2.4892	5.6100	3.6422	9.1361
	加权净资产收益率(%)	2.5100	9.1000	3.6800	9.5400
	净资产收益率(扣除)(%)	2.3391	5.3205	3.6018	7.5240
	总资产(万元)	486210.59	494485.14	220030.50	208578.68
	归属母公司股东权益(万元)	442476.83	434172.73	198417.68	192879.98
	营业收入(万元)	36266.69	77993.96	23898.21	54428.25
	营业支出(万元)	13135.60	30043.76	9305.84	23577.07
	投资收益(万元)	75.27	-39.94	-234.50	2618.53
	净利润(万元)	10381.87	25646.96	7302.10	17699.74
	营业利润(万元)	11354.95	28323.15	8491.96	20673.29
	利润总额(万元)	11545.73	30279.11	8572.97	22132.94

量子高科(中国)生物股份有限公司

公司概况	公司名称	量子高科(中国)生物股份有限公司			证券简称	量子高科
	法人代表	曾宪经	董秘	梁宝霞	证券代码	300149
	公司网址	www.qht.cc		电子信箱	boardsecretary@qht.cc	
	电　话	0750-3869162		传　真	0750-3869666	
	办公地址	广东省江门市高新区高新西路133号				
	经营范围	以低聚果糖、低聚半乳糖为代表的益生元系列产品的研发、生产和销售等				

主要财务指标	指标＼报告期	2017.06.30	2016.12.31	2016.06.30	2015.12.31
	基本每股收益(元)	0.0780	0.1500	0.0760	0.1400
	基本每股收益(扣除后)(元)	0.0640	0.1300	0.0660	0.1300
	稀释每股收益(元)	0.0780	0.1500	0.0760	0.1400
	每股净资产(元)	1.8550	1.8239	1.7456	1.7146
	每股经营现金净流量(元)	0.0871	0.1688	0.0814	0.2385
	每股现金流量(元)	0.8394	0.1456	0.1111	-0.5152
	每股资本公积金(元)	0.1935	0.1901	0.1901	0.1848
	每股盈余公积金(元)	0.0845	0.0845	0.0685	0.0685
	每股未分配利润(元)	0.5770	0.5493	0.4870	0.4613
	净资产收益率(%)	4.1884	8.4406	4.3377	8.2170
	加权净资产收益率(%)	4.1800	8.7400	4.3800	8.5200
	净资产收益率(扣除)(%)	3.4456	7.3908	3.8082	7.4344
	总资产(万元)	82908.97	79316.41	76106.91	75600.38
	归属母公司股东权益(万元)	78301.06	76986.50	73683.21	72373.74
	营业收入(万元)	12706.78	25864.45	12291.04	31864.50
	营业支出(万元)	6838.07	12800.17	5783.43	16259.97
	投资收益(万元)	920.11	547.65	453.81	463.15
	净利润(万元)	3226.70	6492.61	3195.04	6070.54
	营业利润(万元)	3853.50	7435.31	3672.59	6893.72
	利润总额(万元)	3832.01	7647.71	3771.11	7043.75

北京世纪瑞尔技术股份有限公司

公司概况	公司名称	北京世纪瑞尔技术股份有限公司			证券简称	世纪瑞尔
	法人代表	牛俊杰	董秘	朱江滨	证券代码	300150
	公司网址	www.c-real.com.cn		电子信箱	ireal@c-real.com.cn	
	电　　话	010-62970877		传　　真	010-62962298	
	办公地址	北京市海淀区上地信息路22号上地科技综合楼B座九、十层				
	经营范围	包括铁路综合视频监控系统、铁路防灾安全监控系统、铁路综合监控系统平台等				

主要财务指标	指标\报告期	2017.06.30	2016.12.31	2016.06.30	2015.12.31
	基本每股收益(元)	-0.0353	0.1700	0.0017	0.2100
	基本每股收益(扣除后)(元)	-0.0360	0.1100	0.0019	0.1300
	稀释每股收益(元)	-0.0353	0.1700	0.0017	0.2100
	每股净资产(元)	2.7703	2.8656	2.6991	2.7974
	每股经营现金净流量(元)	-0.1121	0.0980	-0.1228	-0.0063
	每股现金流量(元)	-0.3726	-0.3607	-0.1328	-0.1309
	每股资本公积金(元)	1.3494	1.3494	1.3494	1.3494
	每股盈余公积金(元)	0.1249	0.1249	0.1164	0.1164
	每股未分配利润(元)	0.2960	0.3912	0.2333	0.3316
	净资产收益率(%)	-1.2727	5.8669	0.0614	7.5322
	加权净资产收益率(%)	-1.2400	5.9700	0.0600	7.7100
	净资产收益率(扣除)(%)	-1.2983	3.7168	0.0706	4.7330
	总资产(万元)	177922.57	194765.42	159832.17	170661.43
	归属母公司股东权益(万元)	149596.06	154740.00	145751.11	151061.61
	营业收入(万元)	13805.39	46969.37	12280.60	39189.02
	营业支出(万元)	8990.25	27293.42	7147.52	21635.06
	投资收益(万元)	-317.19	3075.75	-337.23	5319.94
	净利润(万元)	-1862.72	10057.52	391.93	11546.35
	营业利润(万元)	-2055.50	10866.33	622.29	11951.45
	利润总额(万元)	-2008.12	11178.79	589.58	13557.44

深圳市昌红科技股份有限公司

公司概况	公司名称	深圳市昌红科技股份有限公司			证券简称	昌红科技
	法人代表	李焕昌	董秘	刘军	证券代码	300151
	公司网址	www.sz-changhong.com		电子信箱	changhong@sz-changhong.com	
	电　　话	0755-89785568*885		传　　真	0755-89785598	
	办公地址	广东省深圳市坪山新区坪山锦龙大道西侧				
	经营范围	非金属制品模具设计、加工、制造,塑料制品、模具、五金制造				

主要财务指标	指标\报告期	2017.06.30	2016.12.31	2016.06.30	2015.12.31
	基本每股收益(元)	0.0300	0.0600	0.0400	0.0600
	基本每股收益(扣除后)(元)	0.0200	0.0500	0.0300	0.0600
	稀释每股收益(元)	0.0300	0.0600	0.0400	0.0600
	每股净资产(元)	1.6156	1.6264	1.6007	1.5859
	每股经营现金净流量(元)	0.0262	0.0883	0.0220	0.0980
	每股现金流量(元)	0.1697	-0.0250	-0.0134	-0.6278
	每股资本公积金(元)	0.2210	0.2210	0.2210	0.2210
	每股盈余公积金(元)	0.0424	0.0424	0.0386	0.0386
	每股未分配利润(元)	0.3508	0.3544	0.3352	0.3256
	净资产收益率(%)	1.6328	3.8546	2.4729	3.7217
	加权净资产收益率(%)	1.6100	3.9000	2.4700	3.7500
	净资产收益率(扣除)(%)	1.0696	2.8847	2.1638	3.6434
	总资产(万元)	95693.02	100731.26	96557.79	96780.29
	归属母公司股东权益(万元)	81185.45	81724.96	80436.75	79692.27
	营业收入(万元)	26858.09	58831.17	26766.23	54871.55
	营业支出(万元)	20006.59	43542.90	20021.45	43224.77
	投资收益(万元)	158.63	555.72	301.31	923.02
	净利润(万元)	1249.54	3248.77	1971.90	2900.40
	营业利润(万元)	1541.25	3945.99	2161.17	3274.88
	利润总额(万元)	1630.89	4105.25	2466.93	3298.00

徐州科融环境资源股份有限公司

公司概况	公司名称	徐州科融环境资源股份有限公司			证券简称	科融环境
	法人代表	毛军亮	董秘	李庆义(代)	证券代码	300152
	公司网址	www.kre.cn		电子信箱	sun.cy@kre.cn	
	电　　话	86-516-87986552		传　　真	86-516-87986552	
	办公地址	江苏省徐州市经济开发区杨山路12号				
	经营范围	锅炉点火及燃烧成套设备和控制系统的设计制造等				

主要财务指标	指标\报告期	2017.06.30	2016.12.31	2016.06.30	2015.12.31
	基本每股收益(元)	0.0360	-0.1800	0.0170	0.0400
	基本每股收益(扣除后)(元)	0.0007	-0.2100	0.0036	0.0300
	稀释每股收益(元)	0.0360	-0.1800	0.0170	0.0400
	每股净资产(元)	1.9419	1.9089	2.1146	2.0559
	每股经营现金净流量(元)	-0.0401	0.3411	-0.0804	-0.1695
	每股现金流量(元)	-0.1155	0.0726	0.3844	-0.1415
	每股资本公积金(元)	0.7099	0.7094	0.7108	0.6691
	每股盈余公积金(元)	0.0535	0.0535	0.0535	0.0535
	每股未分配利润(元)	0.1785	0.1460	0.3503	0.3333
	净资产收益率(%)	1.8282	-9.6895	0.8070	1.7690
	加权净资产收益率(%)	1.8400	-9.3200	0.7000	1.7600
	净资产收益率(扣除)(%)	0.0338	-10.8081	0.1655	1.4266
	总资产(万元)	300066.92	306010.00	346997.19	325806.32
	归属母公司股东权益(万元)	138416.54	136065.98	150731.78	146547.25
	营业收入(万元)	34319.04	76486.69	45955.30	99864.26
	营业支出(万元)	25700.10	65977.68	33279.37	74868.69
	投资收益(万元)	45.00	138.29	0.28	64.81
	净利润(万元)	2671.81	-13389.08	2145.93	3203.18
	营业利润(万元)	274.26	-15878.15	1741.01	3453.81
	利润总额(万元)	3214.24	-14652.76	2849.88	4102.13

上海科泰电源股份有限公司

公司概况	公司名称	上海科泰电源股份有限公司			证券简称	科泰电源
	法人代表	谢松峰	董秘	廖晓华	证券代码	300153
	公司网址	www.cooltechsh.com		电子信箱	irm@cooltechsh.com	
	电　　话	021-69758010　69758012		传　　真	021-69758500	
	办公地址	上海市张江高新区青浦园天辰路1633号				
	经营范围	新能源及柴油发电机组系统集成的开发、设计、制造等				

主要财务指标	指标\报告期	2017.06.30	2016.12.31	2016.06.30	2015.12.31
	基本每股收益(元)	0.0500	0.1500	0.0400	0.1300
	基本每股收益(扣除后)(元)	0.0500	0.0600	0.0300	0.1200
	稀释每股收益(元)	0.0500	0.1500	0.0400	0.1300
	每股净资产(元)	2.9900	3.0329	2.9318	2.9822
	每股经营现金净流量(元)	-0.5250	-0.0783	-0.0605	0.0071
	每股现金流量(元)	-0.5455	0.0723	-0.1733	-0.1385
	每股资本公积金(元)	1.5457	1.5457	1.5457	1.5457
	每股盈余公积金(元)	0.0937	0.0937	0.0741	0.0741
	每股未分配利润(元)	0.3509	0.4004	0.3155	0.3709
	净资产收益率(%)	1.6879	4.9927	1.5237	4.3189
	加权净资产收益率(%)	1.6600	5.0300	1.5000	4.3600
	净资产收益率(扣除)(%)	1.5152	1.9638	1.1635	3.9484
	总资产(万元)	145746.06	137775.53	151186.54	135784.80
	归属母公司股东权益(万元)	95681.30	97053.41	93818.87	95429.02
	营业收入(万元)	49515.68	81511.40	37711.51	81735.63
	营业支出(万元)	38526.60	65534.73	28953.73	64244.36
	投资收益(万元)	576.35	4466.84	664.41	1713.92
	净利润(万元)	1498.94	3246.79	572.99	5076.86
	营业利润(万元)	1449.26	2247.19	-55.46	5321.57
	利润总额(万元)	1588.07	3296.93	406.24	5763.96

深圳市瑞凌实业股份有限公司

公司概况					
公司名称	深圳市瑞凌实业股份有限公司			证券简称	瑞凌股份
法人代表	邱光	董秘	潘文	证券代码	300154
公司网址	www.riland.com.cn		电子信箱	riland@riland.com.cn	
电　话	0755-27345888		传　真	0755-27345999	
办公地址	广东省深圳市宝安区新安街道留仙二路飞扬兴业科技厂区厂房				
经营范围	逆变焊割设备的研发、生产、销售等				

主要财务指标 指标\报告期	2017.06.30	2016.12.31	2016.06.30	2015.12.31
基本每股收益(元)	0.1200	0.1600	0.1000	0.1800
基本每股收益(扣除后)(元)	0.1100	0.1500	0.0900	0.1800
稀释每股收益(元)	0.1200	0.1600	0.1000	0.1800
每股净资产(元)	3.4415	3.4700	3.3681	3.4046
每股经营现金净流量(元)	0.2748	0.3923	0.1524	0.1002
每股现金流量(元)	0.0266	0.5463	0.2567	-0.0447
每股资本公积金(元)	1.5568	1.5518	1.5518	1.5518
每股盈余公积金(元)	0.1540	0.1540	0.1360	0.1360
每股未分配利润(元)	0.6835	0.7127	0.6706	0.7168
净资产收益率(%)	3.5103	4.7217	3.0812	5.3513
加权净资产收益率(%)	3.4200	4.7700	3.0000	5.3600
净资产收益率(扣除)(%)	3.1278	4.2753	2.8033	5.2627
总资产(万元)	190529.76	178350.85	166965.77	170333.25
归属母公司股东权益(万元)	153834.81	155142.65	150556.17	152186.51
营业收入(万元)	34193.52	54527.62	26572.90	55265.96
营业支出(万元)	23406.80	38894.61	19183.16	39885.64
投资收益(万元)	0.06	329.14	340.83	74.93
净利润(万元)	5331.56	6957.99	4518.26	8026.81
营业利润(万元)	5703.79	7835.67	5120.22	9206.77
利润总额(万元)	6410.66	8293.44	5263.34	9463.25

广东安居宝数码科技股份有限公司

公司概况					
公司名称	广东安居宝数码科技股份有限公司			证券简称	安居宝
法人代表	张波	董秘	黄伟宁	证券代码	300155
公司网址	www.anjubao.com		电子信箱	anjubao@anjubao.net	
电　话	020-82051026		传　真	020-82082030	
办公地址	广东省广州市开发区科学城起云路6号安居宝科技园				
经营范围	自动控制设备、通讯设备的开发、设计、研发、制造、销售及技术咨询等				

主要财务指标 指标\报告期	2017.06.30	2016.12.31	2016.06.30	2015.12.31
基本每股收益(元)	-0.0200	0.0300	0.0100	0.0600
基本每股收益(扣除后)(元)	-0.0200	0.0200	0.0028	0.0500
稀释每股收益(元)	-0.0200	0.0300	0.0100	0.0600
每股净资产(元)	2.0686	2.0938	2.0648	2.0833
每股经营现金净流量(元)	-0.1526	0.0753	-0.0834	-0.0899
每股现金流量(元)	-0.3108	-0.0304	-0.1338	-0.1759
每股资本公积金(元)	0.6575	0.6568	0.6532	0.6825
每股盈余公积金(元)	0.0995	0.0995	0.0926	0.0926
每股未分配利润(元)	0.3097	0.3349	0.3106	0.3249
净资产收益率(%)	-0.7372	1.5470	0.2780	3.0862
加权净资产收益率(%)	-0.7300	1.5500	0.2700	3.1200
净资产收益率(扣除)(%)	-0.9088	0.8411	0.1342	2.3945
总资产(万元)	149201.32	147592.55	140899.96	140277.25
归属母公司股东权益(万元)	112401.37	113772.70	112194.56	113936.56
营业收入(万元)	33133.72	79773.57	33948.07	78410.23
营业支出(万元)	21328.00	48335.81	20253.19	47467.27
投资收益(万元)	--	--	-	-
净利润(万元)	-595.73	2171.16	492.64	3524.97
营业利润(万元)	-981.81	-1523.02	-785.26	-124.50
利润总额(万元)	-666.10	1926.00	402.64	3501.62

神雾环保技术股份有限公司

公司概况					
公司名称	神雾环保技术股份有限公司			证券简称	神雾环保
法人代表	吴道洪	董秘	卢邦杰	证券代码	300156
公司网址	www.swet.net.cn		电子信箱	lubangjie@swet.net.cn	
电　话	010-80470099　80470166		传　真	010-80470098	
办公地址	北京市朝阳区将台路5号院15号楼座5-7层				
经营范围	环保节能工程的设计、技术开发、技术咨询、技术服务、专业承包、销售等				

主要财务指标 指标\报告期	2017.06.30	2016.12.31	2016.06.30	2015.12.31
基本每股收益(元)	0.4000	0.7000	0.2500	0.4500
基本每股收益(扣除后)(元)	0.4000	0.6100	0.1900	0.1800
稀释每股收益(元)	0.4000	0.7000	0.2500	0.4500
每股净资产(元)	2.7956	2.4959	2.0486	4.3305
每股经营现金净流量(元)	0.0680	0.2154	-0.6322	0.2706
每股现金流量(元)	-0.1022	1.4590	0.5191	-0.2064
每股资本公积金(元)	0.3476	0.3476	0.3476	2.1076
每股盈余公积金(元)	0.0563	0.0563	0.0400	0.1000
每股未分配利润(元)	1.3917	1.0909	0.6605	1.1211
净资产收益率(%)	14.3364	27.9959	12.3010	10.3576
加权净资产收益率(%)	14.8600	34.0700	13.5600	10.8000
净资产收益率(扣除)(%)	14.3433	24.4550	9.2815	4.0752
总资产(万元)	634320.21	503213.99	471331.70	313987.85
归属母公司股东权益(万元)	282361.67	252093.14	206918.22	174954.85
营业收入(万元)	206413.60	312509.57	112559.57	121468.03
营业支出(万元)	139126.77	204852.90	75341.48	86407.36
投资收益(万元)	17.70	5101.53	5122.59	-
净利润(万元)	40553.27	70824.37	25456.89	17548.22
营业利润(万元)	48022.17	78486.38	27038.53	19957.61
利润总额(万元)	47998.33	79873.50	28106.68	19886.21

恒泰艾普集团股份有限公司

公司概况					
公司名称	恒泰艾普集团股份有限公司			证券简称	恒泰艾普
法人代表	汤承锋	董秘	刘庆枫	证券代码	300157
公司网址	www.ldocean.com.cn		电子信箱	zqb@ldocean.com.cn	
电　话	010-56931156		传　真	010-56931156	
办公地址	北京市海淀区丰秀中路3号院4号楼401室				
经营范围	石油、天然气勘探的技术开发、销售,计算机软件的开发、销售等				

主要财务指标 指标\报告期	2017.06.30	2016.12.31	2016.06.30	2015.12.31
基本每股收益(元)	0.1000	0.1300	0.0200	0.1300
基本每股收益(扣除后)(元)	0.0100	-0.0300	0.0200	0.1200
稀释每股收益(元)	0.1000	0.1300	0.0200	0.1300
每股净资产(元)	5.3628	5.2700	5.1900	3.8600
每股经营现金净流量(元)	-0.4403	-0.2845	-0.2811	-0.1027
每股现金流量(元)	-0.0839	0.0952	0.4699	0.3588
每股资本公积金(元)	3.4453	3.4362	3.4267	1.9678
每股盈余公积金(元)	0.0360	0.0360	0.0328	0.0429
每股未分配利润(元)	0.8198	0.7203	0.6918	0.8361
净资产收益率(%)	1.8558	2.2609	0.3805	3.2566
加权净资产收益率(%)	1.8700	2.6900	0.5500	3.3100
净资产收益率(扣除)(%)	0.1876	-0.5699	0.2676	3.0088
总资产(万元)	645735.95	574539.11	580425.75	387584.48
归属母公司股东权益(万元)	382246.41	375754.51	370071.95	230461.09
营业收入(万元)	155321.16	135214.41	56055.90	83980.53
营业支出(万元)	138816.82	96472.38	36841.49	42345.29
投资收益(万元)	6903.03	12987.93	-1321.40	442.13
净利润(万元)	7053.68	10441.48	1331.20	13060.89
营业利润(万元)	8552.53	13158.86	1599.54	13510.53
利润总额(万元)	8797.82	14690.41	2298.85	14468.77

山西振东制药股份有限公司

公司概况					
公司名称	山西振东制药股份有限公司			证券简称	振东制药
法人代表	李安平	董秘	宁潞宏	证券代码	300158
公司网址	www.zdjt.com		电子信箱	zqb@zdjt.com	
电　　话	0355-8096012		传　　真	0355-8096018	
办公地址	山西省长治市长治县光明南路振东科技园				
经营范围	生产和销售中药制剂(仅限原料药比卡鲁胺、甘草酸二铵)、小容量注射剂、片剂等				

主要财务指标 指标\报告期	2017.06.30	2016.12.31	2016.06.30	2015.12.31
基本每股收益(元)	0.3102	0.5558	0.1186	0.2245
基本每股收益(扣除后)(元)	0.2761	0.4900	0.0956	0.1452
稀释每股收益(元)	0.3102	0.5558	0.1186	0.2245
每股净资产(元)	10.3838	10.0930	6.5013	6.9269
每股经营现金净流量(元)	-0.2112	-0.0860	0.0938	0.5272
每股现金流量(元)	0.1476	0.6314	0.4245	-0.0972
每股资本公积金(元)	8.3472	8.3207	4.5216	4.4367
每股盈余公积金(元)	0.1621	0.1621	0.2647	0.2729
每股未分配利润(元)	0.9828	0.7219	0.7149	1.2173
净资产收益率(%)	2.9886	3.8707	1.7874	3.2405
加权净资产收益率(%)	3.0300	6.2600	1.7100	3.2700
净资产收益率(扣除)(%)	2.6598	3.4128	1.4413	2.0966
总资产(万元)	715214.60	687471.57	435595.36	407045.38
归属母公司股东权益(万元)	539467.35	524612.23	193048.41	199494.31
营业收入(万元)	161366.76	328300.00	111999.76	226209.31
营业支出(万元)	86324.51	182510.38	65869.10	122923.73
投资收益(万元)	203.93	117.16	-	-
净利润(万元)	15857.18	19313.11	2918.92	5516.59
营业利润(万元)	17579.66	20730.27	2629.98	4282.16
利润总额(万元)	19266.88	23320.39	3370.69	6875.75

新疆机械研究院股份有限公司

公司概况					
公司名称	新疆机械研究院股份有限公司			证券简称	新研股份
法人代表	周卫华	董秘	曹钟滢	证券代码	300159
公司网址	www.xjjxy.com.cn		电子信箱	xinyangufen@126.com	
电　　话	0991-3792045　3736150		传　　真	0991-3736150	
办公地址	新疆维吾尔自治区乌鲁木齐市经济技术开发区融合南路661号				
经营范围	生产和销售农牧业机械等				

主要财务指标 指标\报告期	2017.06.30	2016.12.31	2016.06.30	2015.12.31
基本每股收益(元)	0.0614	0.1700	0.0122	0.2018
基本每股收益(扣除后)(元)	0.0495	0.1500	0.0021	0.3600
稀释每股收益(元)	0.0614	0.1700	0.0122	0.2018
每股净资产(元)	3.9470	3.9030	3.7416	3.7518
每股经营现金净流量(元)	-0.1071	0.1284	-0.1317	0.3626
每股现金流量(元)	-0.4015	-0.1163	-0.3418	0.3672
每股资本公积金(元)	2.3178	2.3178	2.3178	2.3178
每股盈余公积金(元)	0.0341	0.0341	0.0317	0.0317
每股未分配利润(元)	0.5806	0.5363	0.3825	0.3923
净资产收益率(%)	1.5544	4.3140	0.3265	5.3788
加权净资产收益率(%)	1.5600	4.3900	0.3300	18.8600
净资产收益率(扣除)(%)	1.2537	3.8743	0.0570	5.1207
总资产(万元)	807166.51	806016.55	747716.10	752661.78
归属母公司股东权益(万元)	588238.62	581685.09	557636.36	559145.93
营业收入(万元)	48751.96	179141.05	26129.29	140103.89
营业支出(万元)	28666.43	119563.27	16359.33	87580.08
投资收益(万元)	-84.38	81.15	-39.56	191.81
净利润(万元)	8763.62	24508.39	1675.40	30041.98
营业利润(万元)	10429.87	26082.11	518.62	33403.88
利润总额(万元)	10323.79	29097.55	2021.41	34898.82

江苏秀强玻璃工艺股份有限公司

公司概况					
公司名称	江苏秀强玻璃工艺股份有限公司			证券简称	秀强股份
法人代表	卢秀强	董秘	高迎	证券代码	300160
公司网址	www.jsxq.com		电子信箱	zqb@jsxq.com	
电　　话	0527-81081160		传　　真	0527-84459085	
办公地址	江苏省宿迁市宿豫区江山大道28号				
经营范围	生产冰箱玻璃、汽车玻璃、家居玻璃、生产钢化、中空、夹胶、热弯等				

主要财务指标 指标\报告期	2017.06.30	2016.12.31	2016.06.30	2015.12.31
基本每股收益(元)	0.1904	0.2000	0.1211	0.3236
基本每股收益(扣除后)(元)	0.1814	0.1900	0.1162	0.3433
稀释每股收益(元)	0.1904	0.2000	0.1211	0.3236
每股净资产(元)	2.2037	2.0532	1.9747	6.0314
每股经营现金净流量(元)	0.0332	0.2583	0.1190	0.7848
每股现金流量(元)	0.1944	-0.0310	0.0088	-0.5964
每股资本公积金(元)	0.3851	0.3851	0.3851	3.4324
每股盈余公积金(元)	0.0911	0.0911	0.0738	0.2362
每股未分配利润(元)	0.7274	0.5770	0.5157	1.3628
净资产收益率(%)	8.6413	9.7403	6.1320	5.3654
加权净资产收益率(%)	8.8600	10.1700	6.2400	5.4600
净资产收益率(扣除)(%)	8.2326	9.2519	5.8852	5.6920
总资产(万元)	207267.95	171408.59	164819.45	153527.54
归属母公司股东权益(万元)	131726.84	122735.00	118036.92	112666.87
营业收入(万元)	72256.12	114725.90	60753.91	102006.95
营业支出(万元)	47393.00	80105.67	43114.35	74671.95
投资收益(万元)	—	—	-	-
净利润(万元)	11637.52	11945.94	7236.78	6045.02
营业利润(万元)	13194.26	13416.17	8220.86	7415.03
利润总额(万元)	13529.04	13987.87	8571.73	6981.19

武汉华中数控股份有限公司

公司概况					
公司名称	武汉华中数控股份有限公司			证券简称	华中数控
法人代表	陈吉红	董秘	田茂胜	证券代码	300161
公司网址	www.huazhongcnc.com		电子信箱	hcnc@hzncc.com	
电　　话	027-87180605		传　　真	027-87180605	
办公地址	湖北省武汉市东湖开发区华工科技园				
经营范围	数控系统、机电一体化、电子、计算机、激光、通信等技术及产品的开发、研制等				

主要财务指标 指标\报告期	2017.06.30	2016.12.31	2016.06.30	2015.12.31
基本每股收益(元)	0.0178	0.0800	-0.2200	-0.2557
基本每股收益(扣除后)(元)	-0.1511	-0.2100	-0.3100	-0.6721
稀释每股收益(元)	0.0178	0.0800	-0.2200	-0.2557
每股净资产(元)	6.4769	6.4608	4.8151	5.0377
每股经营现金净流量(元)	-1.0827	-0.0341	-0.9711	-0.9816
每股现金流量(元)	-0.8135	1.3506	-0.7335	-0.5820
每股资本公积金(元)	4.4234	4.5482	3.0137	3.0137
每股盈余公积金(元)	0.1762	0.1811	0.1882	0.1882
每股未分配利润(元)	0.8772	0.8833	0.6132	0.8358
净资产收益率(%)	0.2752	1.1930	-4.6230	-5.0758
加权净资产收益率(%)	0.2800	1.6000	-4.5200	-4.9400
净资产收益率(扣除)(%)	-2.3323	-3.0575	-6.3875	-13.3420
总资产(万元)	223909.84	221391.69	148998.61	150387.03
归属母公司股东权益(万元)	111914.64	111636.54	77882.35	81482.87
营业收入(万元)	40224.32	81281.31	27994.38	55073.66
营业支出(万元)	26694.98	54366.15	19475.67	37677.00
投资收益(万元)	-207.00	-195.52	-28.92	-332.70
净利润(万元)	343.47	481.99	-4502.47	-4527.79
营业利润(万元)	-3748.39	-4473.13	-5918.78	-12361.58
利润总额(万元)	755.59	1265.20	-4285.71	-4606.23

深圳雷曼光电科技股份有限公司

公司概况	公司名称	深圳雷曼光电科技股份有限公司			证券简称	雷曼股份
	法人代表	李漫铁	董秘	罗竝	证券代码	300162
	公司网址	www.ledman.cn		电子信箱	ledman@ledman.cn	
	电　话	0755-86137035		传　真	0755-86139001	
	办公地址	广东省深圳市南山区松白路百旺信高科技工业园二区第八栋				
	经营范围	生产及销售发光二极管及LED显示、照明及其他应用产品				

主要财务指标	指标\报告期	2017.06.30	2016.12.31	2016.06.30	2015.12.31
	基本每股收益(元)	0.0600	0.0900	0.0800	0.0600
	基本每股收益(扣除后)(元)	0.0600	0.0600	0.0700	0.0200
	稀释每股收益(元)	0.0600	0.0900	0.0800	0.0600
	每股净资产(元)	3.1523	3.1997	3.1315	3.0551
	每股经营现金净流量(元)	–0.0667	0.2827	0.1089	0.1413
	每股现金流量(元)	–0.0703	–0.2130	–0.0030	–0.1767
	每股资本公积金(元)	1.8085	1.8006	1.7814	1.8601
	每股盈余公积金(元)	0.0478	0.0478	0.0445	0.0465
	每股未分配利润(元)	0.2654	0.3035	0.2950	0.2285
	净资产收益率(%)	1.9589	2.7484	2.4326	1.8958
	加权净资产收益率(%)	1.8700	2.6400	2.4100	2.6600
	净资产收益率(扣除)(%)	1.8360	2.0311	2.0988	0.7211
	总资产(万元)	135459.23	149959.07	129256.53	142765.14
	归属母公司股东权益(万元)	110174.53	111921.94	109534.50	106863.22
	营业收入(万元)	31106.63	56249.95	25071.77	38079.07
	营业支出(万元)	21207.03	36598.87	16557.69	24752.12
	投资收益(万元)	138.66	829.73	450.98	805.54
	净利润(万元)	2190.63	3051.68	2643.19	1830.45
	营业利润(万元)	2618.14	3007.09	3030.68	1641.51
	利润总额(万元)	2659.88	3482.45	3009.91	2371.42

宁波先锋新材料股份有限公司

公司概况	公司名称	宁波先锋新材料股份有限公司			证券简称	先锋新材
	法人代表	卢先锋	董秘	熊军	证券代码	300163
	公司网址	www.aplus.cn		电子信箱	xj622972@sina.com	
	电　话	0574-88003135		传　真	0574-88003131	
	办公地址	浙江省宁波市海曙区集士港镇汇士路8号				
	经营范围	从事高分子复合遮阳材料(阳光面料)产品的研发、生产和销售				

主要财务指标	指标\报告期	2017.06.30	2016.12.31	2016.06.30	2015.12.31
	基本每股收益(元)	0.0100	0.1400	0.0685	0.0700
	基本每股收益(扣除后)(元)	--	0.1000	0.0500	0.0600
	稀释每股收益(元)	0.0100	0.1400	0.0685	0.0700
	每股净资产(元)	1.5196	1.5585	1.4813	1.4308
	每股经营现金净流量(元)	0.0421	0.3092	0.1429	0.0930
	每股现金流量(元)	–0.1742	0.1850	0.0469	–0.1105
	每股资本公积金(元)	0.1985	0.1985	0.1977	0.1992
	每股盈余公积金(元)	0.0485	0.0485	0.0342	0.0342
	每股未分配利润(元)	0.2956	0.3402	0.2797	0.2362
	净资产收益率(%)	0.3542	9.1944	4.6249	4.6817
	加权净资产收益率(%)	0.3500	9.5700	4.6800	4.7200
	净资产收益率(扣除)(%)	–0.0286	6.4071	3.1568	3.8834
	总资产(万元)	113950.39	123000.10	117174.79	116002.62
	归属母公司股东权益(万元)	72028.46	73874.26	70214.06	67821.17
	营业收入(万元)	35760.53	76203.99	37813.93	74344.67
	营业支出(万元)	19761.56	39617.07	19868.51	39120.40
	投资收益(万元)	--	--	-	-
	净利润(万元)	101.92	7123.67	3332.74	2980.90
	营业利润(万元)	–438.68	5866.20	2739.67	2616.78
	利润总额(万元)	–109.94	8253.82	3920.30	3267.94

西安通源石油科技股份有限公司

公司概况	公司名称	西安通源石油科技股份有限公司			证券简称	通源石油
	法人代表	张国桉	董秘	张志坚	证券代码	300164
	公司网址	www.tongoiltools.com		电子信箱	investor@tongoiltools.com	
	电　话	029-87607465		传　真	029-87607465	
	办公地址	陕西省西安市高新区科技二路70号软件园唐乐阁D301室				
	经营范围	石油、天然气开发领域中钻井、测井、录井和井下作业等				

主要财务指标	指标\报告期	2017.06.30	2016.12.31	2016.06.30	2015.12.31
	基本每股收益(元)	0.0092	0.0500	–0.0289	–0.1100
	基本每股收益(扣除后)(元)	–0.0102	0.0300	–0.0427	–0.1200
	稀释每股收益(元)	0.0092	0.0500	–0.0289	–0.1100
	每股净资产(元)	3.4751	3.3902	3.1733	3.2231
	每股经营现金净流量(元)	–0.1859	–0.0350	0.0833	0.4879
	每股现金流量(元)	–0.0753	–0.3892	–0.2963	0.3312
	每股资本公积金(元)	1.9796	1.7732	1.6002	1.6258
	每股盈余公积金(元)	0.0884	0.0902	0.0981	0.0981
	每股未分配利润(元)	0.4723	0.4825	0.4415	0.4703
	净资产收益率(%)	0.2612	1.4717	–0.9095	–3.5567
	加权净资产收益率(%)	0.2700	1.5900	–0.9000	–3.1900
	净资产收益率(扣除)(%)	–0.2884	0.9218	–1.3464	–3.7019
	总资产(万元)	213827.53	210010.32	178831.11	202449.75
	归属母公司股东权益(万元)	156124.52	149317.09	128549.30	130565.70
	营业收入(万元)	30468.83	39986.40	11880.00	63559.01
	营业支出(万元)	17696.16	21721.02	6469.58	32548.90
	投资收益(万元)	395.93	806.23	377.16	-
	净利润(万元)	–243.24	920.18	–1873.87	–3855.27
	营业利润(万元)	–1483.37	–581.82	–3231.07	–5105.69
	利润总额(万元)	–292.54	391.60	–2549.85	–5153.80

江苏天瑞仪器股份有限公司

公司概况	公司名称	江苏天瑞仪器股份有限公司			证券简称	天瑞仪器
	法人代表	刘召贵	董秘	肖廷良	证券代码	300165
	公司网址	www.skyray-instrument.com		电子信箱	zqb@skyray-instrument.com	
	电　话	0512-57017339		传　真	0512-57018681	
	办公地址	江苏省昆山市玉山镇中华园西路1888号天瑞大厦				
	经营范围	化学分析仪器及其应用软件的研发、生产、销售等				

主要财务指标	指标\报告期	2017.06.30	2016.12.31	2016.06.30	2015.12.31
	基本每股收益(元)	0.0915	0.1200	0.1185	0.2000
	基本每股收益(扣除后)(元)	0.0711	0.0500	0.0894	0.0600
	稀释每股收益(元)	0.0915	0.1200	0.1185	0.2000
	每股净资产(元)	3.3707	3.3029	3.2610	3.2312
	每股经营现金净流量(元)	–0.0347	–0.0650	–0.0910	–0.0228
	每股现金流量(元)	–0.5891	0.0204	–0.1743	–1.2593
	每股资本公积金(元)	1.6628	1.6628	1.6628	4.3257
	每股盈余公积金(元)	0.1004	0.1004	0.0912	0.1823
	每股未分配利润(元)	0.5972	0.5307	0.4982	0.9385
	净资产收益率(%)	2.7133	3.6550	2.4228	3.0453
	加权净资产收益率(%)	2.7300	3.7000	2.3900	3.0700
	净资产收益率(扣除)(%)	2.1092	1.5763	1.3100	0.8976
	总资产(万元)	197764.01	210773.98	174055.67	171554.39
	归属母公司股东权益(万元)	155646.67	152513.33	150579.05	149203.04
	营业收入(万元)	26876.89	43040.04	18093.59	32147.39
	营业支出(万元)	11956.93	21608.62	8021.75	14296.99
	投资收益(万元)	89.84	684.61	326.51	348.40
	净利润(万元)	4210.80	5330.66	3525.09	4390.39
	营业利润(万元)	5152.95	3925.39	3069.20	3522.83
	利润总额(万元)	5147.17	6179.93	3946.46	5494.59

北京东方国信科技股份有限公司

公司概况	公司名称	北京东方国信科技股份有限公司		证券简称	东方国信
	法人代表	管连平	董秘 刘彦斐	证券代码	300166
	公司网址	www.bonc.com.cn		电子信箱	investor@bonc.com.cn
	电　话	010-64392089		传　真	010-64398978
	办公地址	北京市朝阳区创达三路1号院1号楼东方国信大厦			
	经营范围	因特网信息服务业务等			

主要财务指标	2017.06.30	2016.12.31	2016.06.30	2015.12.31
基本每股收益(元)	0.1000	0.5300	0.1200	0.4100
基本每股收益(扣除后)(元)	0.0800	0.4400	0.1100	0.4000
稀释每股收益(元)	0.1000	0.5300	0.1200	0.4000
每股净资产(元)	3.8353	6.0212	5.8045	3.2758
每股经营现金净流量(元)	-0.2137	0.1375	-0.0523	0.1563
每股现金流量(元)	0.2115	0.1592	2.5036	0.3910
每股资本公积金(元)	2.0037	3.8003	3.7915	1.2217
每股盈余公积金(元)	0.0677	0.1083	0.0803	0.0930
每股未分配利润(元)	0.8798	1.2998	0.9357	0.9612
净资产收益率(%)	2.5742	8.2990	1.8230	12.3394
加权净资产收益率(%)	2.5900	10.2700	2.8000	13.2800
净资产收益率(扣除)(%)	2.0099	6.9460	1.7625	12.0343
总资产(万元)	464694.37	493962.69	470444.02	282994.32
归属母公司股东权益(万元)	402695.65	395108.59	380088.20	185191.57
营业收入(万元)	54725.59	127774.77	44909.51	93110.91
营业支出(万元)	29593.95	68630.50	26027.43	49307.81
投资收益(万元)	2117.27	1427.88	-336.76	-121.43
净利润(万元)	10479.14	33385.39	6889.58	22797.80
营业利润(万元)	12111.11	30541.25	6616.60	21862.68
利润总额(万元)	12450.39	36615.81	7601.30	24738.62

深圳市迪威迅股份有限公司

公司概况	公司名称	深圳市迪威迅股份有限公司		证券简称	迪威迅
	法人代表	季刚	董秘 张晓宇	证券代码	300167
	公司网址	www.dvision.cn		电子信箱	ir@dvision.cn
	电　话	0755-26727427		传　真	0755-26727234
	办公地址	广东省深圳市南山区西丽镇茶光路中深圳集成电路设计应用产业园307			
	经营范围	智慧城市规划设计,建设,运营服务,技术开发,技术服务等			

主要财务指标	2017.06.30	2016.12.31	2016.06.30	2015.12.31
基本每股收益(元)	0.0037	0.0979	-0.0500	0.0300
基本每股收益(扣除后)(元)	0.0005	0.0855	-0.0520	0.0120
稀释每股收益(元)	0.0037	0.0979	-0.0500	0.0300
每股净资产(元)	2.3243	2.4209	2.2765	2.2132
每股经营现金净流量(元)	-0.1519	-0.3764	-0.0731	0.1831
每股现金流量(元)	-0.6116	0.2006	-0.1442	0.0381
每股资本公积金(元)	0.9939	0.9939	0.9939	0.9939
每股盈余公积金(元)	0.0393	0.0393	0.0353	0.0353
每股未分配利润(元)	0.2897	0.3860	0.2457	0.2921
净资产收益率(%)	0.1591	4.0428	-2.0371	1.4360
加权净资产收益率(%)	0.1500	4.1300	-2.0200	1.4500
净资产收益率(扣除)(%)	0.0226	3.5325	-2.2887	0.5170
总资产(万元)	122574.56	136564.47	107349.32	121957.25
归属母公司股东权益(万元)	69783.73	72686.10	68348.52	69732.57
营业收入(万元)	20718.32	44588.89	10331.15	33637.97
营业支出(万元)	14527.44	28142.69	6871.07	19111.35
投资收益(万元)	3.13	42.95	-	249.74
净利润(万元)	-364.41	3067.25	-1750.20	1683.43
营业利润(万元)	28.66	3957.97	-2002.66	1911.89
利润总额(万元)	37.08	4505.66	-1756.48	2511.91

万达信息股份有限公司

公司概况	公司名称	万达信息股份有限公司		证券简称	万达信息
	法人代表	史一兵	董秘 张令庆	证券代码	300168
	公司网址	www.wondersgroup.com		电子信箱	invest@wondersgroup.com
	电　话	15921621686		传　真	86-21-32140588
	办公地址	上海市闵行区联航路1518号			
	经营范围	计算机专业领域内的技术咨询、开发、转让、培训、承包等			

主要财务指标	2017.06.30	2016.12.31	2016.06.30	2015.12.31
基本每股收益(元)	0.0371	0.2343	0.0313	0.2319
基本每股收益(扣除后)(元)	0.0308	0.2360	0.0396	0.2163
稀释每股收益(元)	0.0371	0.2320	0.0313	0.2240
每股净资产(元)	2.2217	2.2074	1.9732	1.8878
每股经营现金净流量(元)	-0.5025	0.1117	-0.4989	0.0122
每股现金流量(元)	-0.3042	0.1397	-0.0178	0.0608
每股资本公积金(元)	0.2893	0.2893	0.2502	0.1478
每股盈余公积金(元)	0.0916	0.0916	0.0842	0.0842
每股未分配利润(元)	0.8393	0.8247	0.6376	0.6763
净资产收益率(%)	1.6714	10.4687	1.5866	11.9489
加权净资产收益率(%)	1.6700	11.3000	1.6500	12.7000
净资产收益率(扣除)(%)	1.3871	10.5450	2.0080	11.1449
总资产(万元)	642695.74	602740.26	580821.94	507608.24
归属母公司股东权益(万元)	229074.09	227605.88	201912.63	193173.53
营业收入(万元)	87144.89	207503.88	72234.15	186856.16
营业支出(万元)	54307.69	126697.04	43815.75	112328.16
投资收益(万元)	-62.46	2641.20	1157.24	201.59
净利润(万元)	3232.02	24205.94	2714.62	22942.30
营业利润(万元)	3528.77	25925.17	3894.18	24704.66
利润总额(万元)	4500.38	26985.03	3338.85	27425.76

常州天晟新材料股份有限公司

公司概况	公司名称	常州天晟新材料股份有限公司		证券简称	天晟新材
	法人代表	吴海宙	董秘 李桦	证券代码	300169
	公司网址	www.tschina.com		电子信箱	dongmi@tschina.com
	电　话	0519-86929019 86929011		传　真	0519-88866091
	办公地址	江苏省常州市龙锦路508号			
	经营范围	塑料制品、橡胶制品(限分支机构经营)、新型复合材料、新型墙体材料等			

主要财务指标	2017.06.30	2016.12.31	2016.06.30	2015.12.31
基本每股收益(元)	0.0076	0.0558	0.0117	0.0719
基本每股收益(扣除后)(元)	0.0028	0.0494	0.0068	0.0696
稀释每股收益(元)	0.0076	0.0558	0.0117	0.0719
每股净资产(元)	3.8489	3.8642	3.8171	3.7987
每股经营现金净流量(元)	-0.0022	-0.0566	-0.0038	0.4242
每股现金流量(元)	-0.0700	0.0738	-0.0942	0.0408
每股资本公积金(元)	2.5429	2.5429	2.5429	2.5429
每股盈余公积金(元)	0.0460	0.0460	0.0406	0.0406
每股未分配利润(元)	0.2497	0.2631	0.2244	0.2127
净资产收益率(%)	0.1979	1.4442	0.3075	1.8936
加权净资产收益率(%)	0.2000	1.4600	0.3100	1.9100
净资产收益率(扣除)(%)	0.0735	1.2778	0.1777	1.8311
总资产(万元)	205477.39	204581.98	191693.27	182086.51
归属母公司股东权益(万元)	125466.61	125966.79	124432.40	123832.03
营业收入(万元)	37438.55	82242.53	34188.76	76118.61
营业支出(万元)	27164.81	58773.34	24758.89	54012.29
投资收益(万元)	12.86	-99.81	23.79	-229.11
净利润(万元)	392.24	1781.99	372.33	2344.87
营业利润(万元)	475.76	1717.74	323.89	2376.58
利润总额(万元)	659.86	2045.82	511.26	2668.64

上海汉得信息技术股份有限公司

公司概况						
	公司名称	上海汉得信息技术股份有限公司			证券简称	汉得信息
	法人代表	陈迪清	董秘	李西平	证券代码	300170
	公司网址	www.hand-china.com		电子信箱	investors@vip.hand-china.com	
	电　　话	86-21-50177372		传　　真	021-59800969	
	办公地址	上海市青浦区汇联路33号				
	经营范围	研究、开发和生产计算机软件、信息系统和网络产品等				

主要财务指标	指标\报告期	2017.06.30	2016.12.31	2016.06.30	2015.12.31
	基本每股收益(元)	0.1503	0.2800	0.1260	0.2600
	基本每股收益(扣除后)(元)	0.1289	0.2600	0.1100	0.2300
	稀释每股收益(元)	0.1503	0.2700	0.1260	0.2600
	每股净资产(元)	2.5324	2.3938	2.2399	1.8640
	每股经营现金净流量(元)	–0.2484	–0.3136	–0.2633	0.2488
	每股现金流量(元)	–0.1489	–0.2370	–0.3392	0.1697
	每股资本公积金(元)	0.6840	0.6925	0.4853	0.4769
	每股盈余公积金(元)	0.1228	0.1221	0.0959	0.0967
	每股未分配利润(元)	1.0298	0.9243	0.8214	0.7313
	净资产收益率(%)	5.9445	11.6918	5.6191	12.3702
	加权净资产收益率(%)	6.0500	12.7200	5.7100	13.5800
	净资产收益率(扣除)(%)	5.1010	10.6679	5.0122	11.0554
	总资产(万元)	285905.22	263726.53	218135.34	210838.02
	归属母公司股东权益(万元)	217254.03	206454.66	187119.37	173190.90
	营业收入(万元)	95455.01	171021.80	72174.91	121879.81
	营业支出(万元)	60682.55	104003.21	46527.14	72990.81
	投资收益(万元)	396.88	–467.66	–448.19	162.73
	净利润(万元)	12041.19	23188.31	10524.48	21484.81
	营业利润(万元)	11630.20	20149.12	8469.80	17141.28
	利润总额(万元)	13250.11	23311.27	10406.55	19911.73

上海东富龙科技股份有限公司

公司概况						
	公司名称	上海东富龙科技股份有限公司			证券简称	东富龙
	法人代表	郑效东	董秘	王艳	证券代码	300171
	公司网址	www.tofflon.com		电子信箱	dfl@tofflon.com	
	电　　话	021-64909699		传　　真	021-64909369	
	办公地址	上海市闵行区都会路1509号				
	经营范围	医用冻干机及冻干系统的研发、设计、生产、销售和服务				

主要财务指标	指标\报告期	2017.06.30	2016.12.31	2016.06.30	2015.12.31
	基本每股收益(元)	0.1306	0.3700	0.2284	0.6200
	基本每股收益(扣除后)(元)	0.1143	0.3100	0.1984	0.5800
	稀释每股收益(元)	0.1306	0.3700	0.2283	0.6200
	每股净资产(元)	4.6874	4.6063	4.4604	4.5226
	每股经营现金净流量(元)	–0.1410	0.1693	0.0181	0.2216
	每股现金流量(元)	0.2288	–0.2455	–0.2128	–0.7427
	每股资本公积金(元)	1.8061	1.8297	1.8403	1.8725
	每股盈余公积金(元)	0.3001	0.2972	0.2649	0.2648
	每股未分配利润(元)	1.5410	1.4956	1.3831	1.4578
	净资产收益率(%)	2.7855	8.0229	5.0393	13.4694
	加权净资产收益率(%)	2.7700	8.1200	4.8600	14.1100
	净资产收益率(扣除)(%)	2.4391	6.6111	4.3758	12.6464
	总资产(万元)	431172.23	419801.86	398391.63	406221.38
	归属母公司股东权益(万元)	294526.00	292301.60	283044.42	287083.51
	营业收入(万元)	78599.27	132783.66	72648.12	155555.61
	营业支出(万元)	47931.25	77324.60	41166.00	86519.03
	投资收益(万元)	693.58	3233.33	574.63	1066.51
	净利润(万元)	8515.93	24330.99	14096.33	39523.37
	营业利润(万元)	10312.84	26177.91	15483.30	43574.53
	利润总额(万元)	10300.33	28394.70	16985.94	45842.42

中电环保股份有限公司

公司概况						
	公司名称	南京中电环保股份有限公司			证券简称	中电环保
	法人代表	王政福	董秘	张维	证券代码	300172
	公司网址	www.ce-ep.com		电子信箱	zhangwei.cec@163.com	
	电　　话	025-86533202　86533261		传　　真	025-86524972	
	办公地址	江苏省南京市江宁开发区诚信大道1800号				
	经营范围	环保、电力、化工、水处理设备的研发、设计、制造、系统集成及销售等				

主要财务指标	指标\报告期	2017.06.30	2016.12.31	2016.06.30	2015.12.31
	基本每股收益(元)	0.1100	0.2200	0.0900	0.3000
	基本每股收益(扣除后)(元)	0.0900	0.1900	0.0900	0.2700
	稀释每股收益(元)	0.1100	0.2200	0.0900	0.3000
	每股净资产(元)	2.2501	2.1900	2.0651	3.0061
	每股经营现金净流量(元)	–0.0566	0.0137	–0.1656	0.1709
	每股现金流量(元)	–0.1717	–0.3866	–0.2964	–0.1040
	每股资本公积金(元)	0.2399	0.2399	0.2399	0.8598
	每股盈余公积金(元)	0.0981	0.0981	0.0747	0.1120
	每股未分配利润(元)	0.9121	0.8479	0.7506	1.0344
	净资产收益率(%)	5.0775	9.8395	4.5699	9.9295
	加权净资产收益率(%)	5.1100	10.2800	4.6100	10.3900
	净资产收益率(扣除)(%)	3.9356	8.5937	4.2489	8.8326
	总资产(万元)	192420.91	172176.25	156640.60	151063.94
	归属母公司股东权益(万元)	114078.48	110821.19	104701.64	101606.89
	营业收入(万元)	33084.11	64825.77	30399.71	60761.42
	营业支出(万元)	22916.38	43130.44	19903.41	41347.01
	投资收益(万元)	707.89	443.08	38.26	293.65
	净利润(万元)	5931.75	11729.33	5086.21	10390.08
	营业利润(万元)	5346.75	11528.99	5410.05	10512.04
	利润总额(万元)	6878.04	13423.21	5915.76	11947.75

松德智慧装备股份有限公司

公司概况						
	公司名称	松德智慧装备股份有限公司			证券简称	智慧松德
	法人代表	郭景松	董秘	齐文晗	证券代码	300173
	公司网址	www.songde.com.cn		电子信箱	sec@sotech.cn	
	电　　话	0760-23112733		传　　真	0760-23380870	
	办公地址	广东省中山市南头镇东福北路35号				
	经营范围	生产、加工、销售包装机械及材料、印刷机械、光电材料及其设备等				

主要财务指标	指标\报告期	2017.06.30	2016.12.31	2016.06.30	2015.12.31
	基本每股收益(元)	0.0900	0.1300	0.0800	0.1300
	基本每股收益(扣除后)(元)	0.0300	0.0900	0.0500	0.0900
	稀释每股收益(元)	0.0900	0.1300	0.0800	0.1300
	每股净资产(元)	2.8891	2.8027	2.7557	2.7158
	每股经营现金净流量(元)	–0.0306	–0.0395	–0.0950	–0.0474
	每股现金流量(元)	0.2486	0.1924	–0.1748	–0.0731
	每股资本公积金(元)	1.3945	1.3945	1.3945	1.3945
	每股盈余公积金(元)	0.0305	0.0305	0.0305	0.0305
	每股未分配利润(元)	0.4640	0.3777	0.3307	0.2908
	净资产收益率(%)	2.9887	4.5286	2.9009	4.6231
	加权净资产收益率(%)	3.0600	4.6100	2.9000	4.7300
	净资产收益率(扣除)(%)	1.1983	3.1066	1.8326	3.4122
	总资产(万元)	255727.12	245170.25	213722.59	206916.49
	归属母公司股东权益(万元)	169350.48	164289.04	161535.09	159193.76
	营业收入(万元)	24956.90	73233.47	22990.16	51185.88
	营业支出(万元)	17255.53	51820.73	14962.52	34370.69
	投资收益(万元)	2417.39	–101.58	–108.74	141.52
	净利润(万元)	5061.44	7439.99	4686.03	7359.68
	营业利润(万元)	4902.68	5174.38	3227.20	4547.01
	利润总额(万元)	6341.12	9018.05	5685.26	8393.42

福建元力活性炭股份有限公司

公司概况					
公司名称	福建元力活性炭股份有限公司			证券简称	元力股份
法人代表	许文显	董秘	罗聪	证券代码	300174
公司网址	www.yuanlicarbon.com		电子信箱	dm@yuanlicarbon.com	
电　　话	0599-8558803		传　　真	0599-8558803	
办公地址	福建省南平市八一路 356 号				
经营范围	一直致力于木质活性炭的研发、生产和销售等				

主要财务指标 指标\报告期	2017.06.30	2016.12.31	2016.06.30	2015.12.31
基本每股收益(元)	0.1239	0.3129	0.1536	0.2270
基本每股收益(扣除后)(元)	0.1185	0.3227	0.1499	0.1731
稀释每股收益(元)	0.1239	0.3129	0.1536	0.2270
每股净资产(元)	2.2650	4.0540	3.8947	3.8412
每股经营现金净流量(元)	0.0514	0.6547	0.3591	0.3383
每股现金流量(元)	0.0977	-0.1013	-0.0732	0.2341
每股资本公积金(元)	0.5886	1.8594	1.8594	1.8594
每股盈余公积金(元)	0.0976	0.1758	0.1439	0.1439
每股未分配利润(元)	0.5788	1.0189	0.8914	0.8378
净资产收益率(%)	5.4693	7.7171	3.9427	5.9109
加权净资产收益率(%)	5.4000	7.9600	3.9500	5.7300
净资产收益率(扣除)(%)	5.2320	7.9596	3.8496	4.5057
总资产(万元)	114612.68	110249.42	85100.51	88785.95
归属母公司股东权益(万元)	55447.13	55134.54	52968.11	52239.76
营业收入(万元)	38406.24	65250.33	30256.85	58830.65
营业支出(万元)	26410.41	50601.92	24861.38	48020.13
投资收益(万元)	1182.65	3103.26	1508.96	1940.84
净利润(万元)	3772.79	6293.70	3115.45	4456.74
营业利润(万元)	3975.69	3874.59	1112.66	1785.04
利润总额(万元)	3961.72	6801.28	3130.87	4516.49

朗源股份有限公司

公司概况					
公司名称	朗源股份有限公司			证券简称	朗源股份
法人代表	戚大广	董秘	李博	证券代码	300175
公司网址	www.lontrue.com		电子信箱	ir@lontrue.com	
电　　话	0535-8611766		传　　真	0535-8610658	
办公地址	山东省烟台市龙口市高新技术产业园区朗源路 299 号				
经营范围	鲜果和干果种植管理、加工、仓储及销售等				

主要财务指标 指标\报告期	2017.06.30	2016.12.31	2016.06.30	2015.12.31
基本每股收益(元)	0.0985	0.0600	0.0330	0.0760
基本每股收益(扣除后)(元)	-0.0320	0.0190	0.0314	0.0700
稀释每股收益(元)	0.0985	0.0600	0.0330	0.0760
每股净资产(元)	1.7066	1.6960	1.9101	1.9132
每股经营现金净流量(元)	0.1241	0.8331	0.6800	0.3008
每股现金流量(元)	-0.2866	-0.0627	-0.2551	0.3783
每股资本公积金(元)	0.1573	0.1573	0.1496	0.1496
每股盈余公积金(元)	0.0726	0.0726	0.0673	0.0673
每股未分配利润(元)	0.6829	0.5943	0.5729	0.5495
净资产收益率(%)	5.7746	3.5473	1.7275	3.9485
加权净资产收益率(%)	5.9500	3.1000	1.7100	4.0800
净资产收益率(扣除)(%)	-2.2169	1.0963	1.6436	3.6444
总资产(万元)	87079.54	120087.04	128226.80	157540.07
归属母公司股东权益(万元)	80346.31	79846.58	89926.94	90072.55
营业收入(万元)	15551.84	58937.19	29979.37	84652.89
营业支出(万元)	14170.41	51799.31	25386.82	72456.93
投资收益(万元)	6596.47	11.32	287.15	243.31
净利润(万元)	4639.70	3870.72	2307.01	3759.03
营业利润(万元)	5065.24	2187.60	2232.78	3846.51
利润总额(万元)	6682.75	4408.83	2308.23	3877.12

广东鸿特精密技术股份有限公司

公司概况					
公司名称	广东鸿特精密技术股份有限公司			证券简称	鸿特精密
法人代表	张林	董秘	晋海曼	证券代码	300176
公司网址	www.hongteo.com.cn		电子信箱	zq@hongte.com	
电　　话	0758-2696038 0769-26989968		传　　真	0769-26989818	
办公地址	广东省东莞市南城区众创金融街 1 号楼 20 层				
经营范围	设计、制造、加工、销售铝合金精密压铸件、汽车零配件及通讯类零配件				

主要财务指标 指标\报告期	2017.06.30	2016.12.31	2016.06.30	2015.12.31
基本每股收益(元)	0.4283	0.4671	0.2392	0.3567
基本每股收益(扣除后)(元)	0.3499	0.4047	0.2114	0.3057
稀释每股收益(元)	0.4283	0.4671	0.2392	0.3567
每股净资产(元)	6.1724	5.9441	5.7162	5.5770
每股经营现金净流量(元)	2.6555	2.3603	0.0782	2.4973
每股现金流量(元)	1.4947	-0.5704	-0.5281	0.7859
每股资本公积金(元)	2.9764	2.9764	2.9764	2.9764
每股盈余公积金(元)	0.2504	0.2504	0.2146	0.2146
每股未分配利润(元)	1.9456	1.7173	1.5252	1.3860
净资产收益率(%)	6.9382	7.8584	4.1844	6.3956
加权净资产收益率(%)	6.9500	8.1200	4.2100	6.5700
净资产收益率(扣除)(%)	5.6695	6.8084	3.6982	5.4811
总资产(万元)	193537.80	181044.12	179577.05	203247.79
归属母公司股东权益(万元)	66217.12	63768.44	61323.32	59830.09
营业收入(万元)	89324.80	143296.16	70260.33	143298.41
营业支出(万元)	59378.75	111122.85	54139.76	113235.27
投资收益(万元)	---	---	-	-
净利润(万元)	4594.28	5011.15	2566.04	3826.51
营业利润(万元)	5745.44	4844.12	2784.45	3539.19
利润总额(万元)	5791.17	5631.80	3137.54	4200.21

广州中海达卫星导航技术股份有限公司

公司概况					
公司名称	广州中海达卫星导航技术股份有限公司			证券简称	中 海 达
法人代表	廖定海	董秘	欧阳业恒	证券代码	300177
公司网址	www.hi-target.com.cn		电子信箱	zhdsec@hi-target.com.cn	
电　　话	86-20-22883958		传　　真	020-28688200	
办公地址	广东省广州市番禺区番禺大道北 555 号番禺节能科技园总部中心 13 号楼				
经营范围	卫星导航定位系统及软硬件产品、地理信息采集系统及软硬件产品等				

主要财务指标 指标\报告期	2017.06.30	2016.12.31	2016.06.30	2015.12.31
基本每股收益(元)	0.0555	0.0432	0.0392	0.0036
基本每股收益(扣除后)(元)	0.0326	-0.0145	0.0154	-0.0500
稀释每股收益(元)	0.0553	0.0432	0.0392	0.0036
每股净资产(元)	3.6110	3.5445	3.5580	3.5287
每股经营现金净流量(元)	-0.0568	0.2604	-0.0537	-0.0725
每股现金流量(元)	-0.0699	-0.4871	-0.6628	0.5435
每股资本公积金(元)	1.9204	1.8942	1.7192	1.7192
每股盈余公积金(元)	0.0960	0.0960	0.0931	0.0931
每股未分配利润(元)	0.7678	0.7282	0.7457	0.7165
净资产收益率(%)	1.5044	1.1924	1.1030	0.1007
加权净资产收益率(%)	1.5200	1.2200	1.1100	0.1100
净资产收益率(扣除)(%)	0.8817	-0.4006	0.4315	-1.3155
总资产(万元)	212523.82	205759.28	190357.63	190346.83
归属母公司股东权益(万元)	161324.86	158356.15	155456.58	154178.89
营业收入(万元)	41266.51	76564.11	33148.32	63798.47
营业支出(万元)	21989.02	42627.19	19767.30	37965.21
投资收益(万元)	536.43	1517.66	941.94	1274.87
净利润(万元)	2325.05	1858.93	1538.38	15.91
营业利润(万元)	2381.34	-899.24	661.67	-2743.96
利润总额(万元)	2916.72	1847.44	1559.94	105.21

腾邦国际商业服务集团股份有限公司

公司概况					
公司名称	腾邦国际商业服务集团股份有限公司			证券简称	腾邦国际
法人代表	钟百胜	董秘	叶昌林	证券代码	300178
公司网址	www.feiren.com		电子信箱	tt@tempus.cn	
电　话	0755-83663222		传　真	0755-83663222	
办公地址	广东省深圳市腾邦国际互联网金融产业园(福田保税区桃花路9号腾邦集团大厦)5楼				
经营范围	经营国际、国内航线或香港、澳门、台湾地区的航空客运销售代理业务等				

主要财务指标 指标\报告期	2017.06.30	2016.12.31	2016.06.30	2015.12.31
基本每股收益(元)	0.2900	0.3300	0.1400	0.2700
基本每股收益(扣除后)(元)	0.1600	0.3197	0.1400	0.2686
稀释每股收益(元)	0.2900	0.3200	0.1400	0.2600
每股净资产(元)	3.1471	2.8716	2.6042	2.4906
每股经营现金净流量(元)	–0.0653	0.3622	–0.3412	–0.2114
每股现金流量(元)	0.3902	0.1693	–0.3355	0.3708
每股资本公积金(元)	0.7211	0.7130	0.6494	0.6461
每股盈余公积金(元)	0.1242	0.1242	0.1058	0.1058
每股未分配利润(元)	1.4162	1.1572	1.0355	0.9252
净资产收益率(%)	9.2783	11.1614	5.3906	10.5182
加权净资产收益率(%)	9.6500	12.1200	5.4700	11.1600
净资产收益率(扣除)(%)	5.0672	10.7940	5.4158	10.3812
总资产(万元)	573609.42	471581.58	384225.80	328372.69
归属母公司股东权益(万元)	175063.41	159736.96	144655.91	138345.57
营业收入(万元)	140311.50	128024.37	52584.98	92820.32
营业支出(万元)	108996.61	75366.62	26246.21	43366.72
投资收益(万元)	7615.28	2043.84	–145.38	315.85
净利润(万元)	17587.84	19538.33	8166.98	15688.23
营业利润(万元)	20000.18	24032.57	10801.79	20368.75
利润总额(万元)	20218.00	24675.52	10726.28	20479.13

河南四方达超硬材料股份有限公司

公司概况					
公司名称	河南四方达超硬材料股份有限公司			证券简称	四方达
法人代表	方海江	董秘	刘海兵	证券代码	300179
公司网址	www.sf-diamond.com.cn		电子信箱	sr@sf-diamond.com	
电　话	0371-66728022		传　真	0371-86070182-321	
办公地址	河南省郑州市经济技术开发区第十大街109号				
经营范围	超硬复合材料、超硬复合材料制品、微粉等				

主要财务指标 指标\报告期	2017.06.30	2016.12.31	2016.06.30	2015.12.31
基本每股收益(元)	0.0857	0.0618	0.0183	0.0971
基本每股收益(扣除后)(元)	0.0798	0.0402	0.0125	0.0820
稀释每股收益(元)	0.0857	0.0616	0.0183	0.0971
每股净资产(元)	1.6406	1.5594	1.5151	1.5473
每股经营现金净流量(元)	0.0904	0.0903	0.0128	–0.0203
每股现金流量(元)	–0.0890	–0.3862	–0.1297	0.1989
每股资本公积金(元)	0.1202	0.1329	0.1348	0.1359
每股盈余公积金(元)	0.0686	0.0685	0.0609	0.0610
每股未分配利润(元)	0.4707	0.3843	0.3480	0.3799
净资产收益率(%)	5.2257	3.9576	1.2070	6.2272
加权净资产收益率(%)	5.3500	3.9800	1.1700	6.3700
净资产收益率(扣除)(%)	4.8653	2.5826	0.7777	5.2939
总资产(万元)	90167.93	86161.80	83776.65	85574.57
归属母公司股东权益(万元)	78325.71	74578.53	72529.24	74072.97
营业收入(万元)	14900.48	16687.30	6380.82	20326.17
营业支出(万元)	7590.86	9363.83	3714.36	10385.87
投资收益(万元)	235.83	689.60	9.64	648.94
净利润(万元)	4097.92	2963.03	839.24	4264.09
营业利润(万元)	4751.18	2971.90	679.97	4420.18
利润总额(万元)	4847.48	3465.58	1036.61	4551.03

上海华峰超纤材料股份有限公司

公司概况					
公司名称	上海华峰超纤材料股份有限公司			证券简称	华峰超纤
法人代表	尤小平	董秘	程鸣	证券代码	300180
公司网址	www.microfibre.huafeng.com		电子信箱	chengming2003@126.com	
电　话	021-57243140		传　真	021-57245968	
办公地址	上海市金山区亭卫南路888号				
经营范围	超细纤维聚氨酯合成革的研发、生产、销售与服务等				

主要财务指标 指标\报告期	2017.06.30	2016.12.31	2016.06.30	2015.12.31
基本每股收益(元)	0.1800	0.2200	0.1000	0.3000
基本每股收益(扣除后)(元)	0.1600	0.1700	0.0900	0.3100
稀释每股收益(元)	0.1800	0.2200	0.1000	0.3000
每股净资产(元)	7.4517	5.5414	5.4223	3.7751
每股经营现金净流量(元)	–0.1786	–0.3717	–0.2210	0.2719
每股现金流量(元)	0.4526	0.0502	0.0870	–0.2867
每股资本公积金(元)	5.2684	3.1211	3.1211	1.3723
每股盈余公积金(元)	0.1258	0.1672	0.1421	0.1709
每股未分配利润(元)	1.0574	1.2531	1.1591	1.3185
净资产收益率(%)	1.8348	3.8200	1.7074	7.7970
加权净资产收益率(%)	3.2200	4.3100	2.1400	8.0800
净资产收益率(扣除)(%)	1.6622	2.8863	1.5342	7.9471
总资产(万元)	671111.55	384290.29	333814.90	264384.94
归属母公司股东权益(万元)	470215.90	263218.02	257560.67	152542.20
营业收入(万元)	99972.13	143908.29	62579.93	113695.79
营业支出(万元)	77450.90	114072.60	47775.64	83218.05
投资收益(万元)	–24.63	–35.71	26.19	–
净利润(万元)	8627.41	10054.81	4397.47	11893.65
营业利润(万元)	8744.87	8931.30	4763.11	13776.12
利润总额(万元)	9724.20	11716.37	5333.58	13537.29

浙江佐力药业股份有限公司

公司概况					
公司名称	浙江佐力药业股份有限公司			证券简称	佐力药业
法人代表	汪涛	董秘	郑超一	证券代码	300181
公司网址	www.jolly.com.cn		电子信箱	zhengcy@zuoli.com	
电　话	0572-8281383		传　真	0572-8281246	
办公地址	浙江省湖州市德清县阜溪街道志远北路388号				
经营范围	乌灵菌粉及乌灵胶囊的生产等				

主要财务指标 指标\报告期	2017.06.30	2016.12.31	2016.06.30	2015.12.31
基本每股收益(元)	0.0792	0.1200	0.0944	0.1500
基本每股收益(扣除后)(元)	0.0660	0.0900	0.0830	0.1300
稀释每股收益(元)	0.0792	0.1200	0.0944	0.1500
每股净资产(元)	2.2308	2.1716	2.1476	2.1223
每股经营现金净流量(元)	–0.1604	0.0958	–0.0983	0.1596
每股现金流量(元)	–0.4290	–0.2072	–0.3419	0.3359
每股资本公积金(元)	0.6769	0.6769	0.6769	0.6759
每股盈余公积金(元)	0.0908	0.0800	0.0800	0.0676
每股未分配利润(元)	0.4631	0.4147	0.3908	0.3788
净资产收益率(%)	3.5497	5.4490	4.3945	6.5630
加权净资产收益率(%)	3.5900	5.5400	4.3500	7.6400
净资产收益率(扣除)(%)	2.9576	4.2395	3.8633	5.7456
总资产(万元)	208361.61	203785.00	203138.81	185054.66
归属母公司股东权益(万元)	135773.85	132171.51	130711.06	129169.02
营业收入(万元)	44149.43	84003.79	46763.42	67085.71
营业支出(万元)	19031.24	34007.68	16936.80	21034.14
投资收益(万元)	112.99	1040.02	95.31	70.84
净利润(万元)	5368.51	8197.30	6338.79	9363.64
营业利润(万元)	3387.64	5824.00	5346.64	7988.71
利润总额(万元)	6262.52	9511.02	7167.75	10544.69

北京捷成世纪科技股份有限公司

公司概况					
公司名称	北京捷成世纪科技股份有限公司			证券简称	捷成股份
法人代表	徐子泉	董秘	游尤	证券代码	300182
公司网址	www.jetsen.com.cn		电子信箱	jetsen@jetsen.cn	
电　　话	010-82330868		传　　真	010-61736100	
办公地址	北京市海淀区知春路 1 号学院国际大厦 709 室				
经营范围	专业从事音视频整体解决方案的设计、开发与实施等				

主要财务指标 指标\报告期	2017.06.30	2016.12.31	2016.06.30	2015.12.31
基本每股收益(元)	0.2043	0.3877	0.2577	0.3918
基本每股收益(扣除后)(元)	0.1985	0.3816	0.2447	0.3843
稀释每股收益(元)	0.2043	0.3869	0.2577	0.3899
每股净资产(元)	3.7125	3.5033	5.4207	2.5154
每股经营现金净流量(元)	0.1607	0.2440	-0.1969	0.0892
每股现金流量(元)	-0.0705	0.1424	-0.0886	0.2709
每股资本公积金(元)	1.7877	1.7855	3.5562	1.2752
每股盈余公积金(元)	0.0620	0.0619	0.0809	0.0975
每股未分配利润(元)	0.8788	0.6725	0.7836	0.6604
净资产收益率(%)	5.5035	10.7100	4.3528	12.4018
加权净资产收益率(%)	5.6600	12.5900	5.9600	18.9000
净资产收益率(扣除)(%)	5.3466	10.5862	4.1323	12.1635
总资产(万元)	1367328.72	1267193.41	1159356.92	602098.89
归属母公司股东权益(万元)	948542.37	897715.41	926167.04	429782.94
营业收入(万元)	181908.56	327816.45	136924.19	221061.47
营业支出(万元)	103523.50	183547.54	75150.41	139935.41
投资收益(万元)	1812.13	8441.80	2730.86	8305.03
净利润(万元)	53375.12	99393.94	42017.72	53614.18
营业利润(万元)	54990.72	101031.51	44033.30	54993.58
利润总额(万元)	56746.68	111852.94	49805.58	59058.78

青岛东软载波科技股份有限公司

公司概况					
公司名称	青岛东软载波科技股份有限公司			证券简称	东软载波
法人代表	崔健	董秘	王辉	证券代码	300183
公司网址	www.eastsoft.com.cn		电子信箱	wanghui@eastsoft.com.cn	
电　　话	0532-83676959		传　　真	0532-83676855	
办公地址	山东省青岛市市北区上清路 16 号甲				
经营范围	计算机软件开发及配套技术服务、集成电路设计及销售等				

主要财务指标 指标\报告期	2017.06.30	2016.12.31	2016.06.30	2015.12.31
基本每股收益(元)	0.2906	0.7865	0.3022	0.6151
基本每股收益(扣除后)(元)	0.2717	0.7533	0.2900	0.5964
稀释每股收益(元)	0.2906	0.7865	0.3022	0.6151
每股净资产(元)	5.8652	5.5746	5.0868	4.9845
每股经营现金净流量(元)	0.1201	0.5606	0.2184	0.4468
每股现金流量(元)	-0.0695	0.5193	0.4868	-1.4518
每股资本公积金(元)	1.9303	1.9303	1.9267	1.9267
每股盈余公积金(元)	0.3613	0.3613	0.2913	0.2913
每股未分配利润(元)	2.5735	2.2829	1.8688	1.7665
净资产收益率(%)	4.9544	14.1079	5.9419	12.2157
加权净资产收益率(%)	5.0800	14.6200	5.8900	13.4700
净资产收益率(扣除)(%)	4.6329	13.5123	5.7172	11.8438
总资产(万元)	289467.56	278892.88	253211.18	246889.04
归属母公司股东权益(万元)	265847.33	252676.18	230566.36	225931.75
营业收入(万元)	39947.76	98390.90	39745.89	82532.64
营业支出(万元)	16081.28	35757.04	14626.38	35731.72
投资收益(万元)	90.29	308.50	64.02	195.75
净利润(万元)	13015.49	35121.52	13532.31	27314.41
营业利润(万元)	12812.19	32969.52	12863.88	26262.23
利润总额(万元)	13786.95	39270.95	15870.12	32628.26

武汉力源信息技术股份有限公司

公司概况					
公司名称	武汉力源信息技术股份有限公司			证券简称	力源信息
法人代表	赵马克	董秘	王晓东	证券代码	300184
公司网址	www.icbase.com		电子信箱	zqb@icbase.com	
电　　话	027-59417345		传　　真	027-59417373	
办公地址	湖北省武汉市东湖新技术开发区武大园三路 5 号				
经营范围	电子产品、电子元器件、信息技术及相关成套产品方案的开发、研制、生产、销售等				

主要财务指标 指标\报告期	2017.06.30	2016.12.31	2016.06.30	2015.12.31
基本每股收益(元)	0.2863	0.1221	0.0574	0.1014
基本每股收益(扣除后)(元)	0.2574	0.1120	0.0540	0.0876
稀释每股收益(元)	0.2839	0.1211	0.0567	0.0993
每股净资产(元)	6.1625	3.1078	1.8604	1.7900
每股经营现金净流量(元)	-0.1966	0.0021	-0.1132	-0.2116
每股现金流量(元)	0.0883	0.1836	0.0778	-0.1445
每股资本公积金(元)	4.6938	1.7292	0.5531	0.5511
每股盈余公积金(元)	0.0108	0.0170	0.0185	0.0185
每股未分配利润(元)	0.4530	0.3443	0.3104	0.2531
净资产收益率(%)	3.7876	3.6287	3.0838	5.3815
加权净资产收益率(%)	5.7400	5.6300	3.1400	5.8200
净资产收益率(扣除)(%)	3.4054	3.3292	2.9040	4.6530
总资产(万元)	644816.15	174181.28	115944.79	100481.53
归属母公司股东权益(万元)	405615.67	130486.44	71452.99	68795.63
营业收入(万元)	358163.97	159273.69	64870.23	102038.10
营业支出(万元)	332269.98	140797.09	56968.04	86434.82
投资收益(万元)	83.24	104.92	-	-185.99
净利润(万元)	15363.13	4734.90	2203.43	4180.02
营业利润(万元)	18940.89	5109.54	2330.39	4117.67
利润总额(万元)	19014.22	5716.19	2458.84	4845.38

通裕重工股份有限公司

公司概况					
公司名称	通裕重工股份有限公司			证券简称	通裕重工
法人代表	司兴奎	董秘	祖吉旭	证券代码	300185
公司网址	www.tongyuheavy.com		电子信箱	tyzgsaj@126.com	
电　　话	0534-7520688		传　　真	0534-7287759	
办公地址	山东省德州(禹城)国家高新技术产业开发区				
经营范围	从事锻件坯料、锻件、管模的制造和销售等				

主要财务指标 指标\报告期	2017.06.30	2016.12.31	2016.06.30	2015.12.31
基本每股收益(元)	0.0300	0.0500	0.0900	0.1300
基本每股收益(扣除后)(元)	0.0300	0.0500	0.0800	0.1200
稀释每股收益(元)	0.0300	0.0500	0.0900	0.1300
每股净资产(元)	1.5184	1.5281	4.6079	3.9648
每股经营现金净流量(元)	0.0190	0.0631	0.1016	0.1859
每股现金流量(元)	-0.0687	-0.0220	1.2497	0.3462
每股资本公积金(元)	0.3529	0.3529	3.0587	2.3931
每股盈余公积金(元)	0.0290	0.0290	0.0804	0.0875
每股未分配利润(元)	0.1362	0.1459	0.4679	0.4839
净资产收益率(%)	1.9953	3.3287	1.6554	3.3805
加权净资产收益率(%)	1.9700	3.7700	2.1600	3.4100
净资产收益率(扣除)(%)	1.8476	2.9688	1.4370	3.0234
总资产(万元)	937981.34	910031.60	933665.03	789078.20
归属母公司股东权益(万元)	496158.15	499334.00	501913.27	356832.17
营业收入(万元)	139274.84	242957.98	116682.67	234284.42
营业支出(万元)	107502.45	178533.72	84958.86	180244.66
投资收益(万元)	222.56	249.97	249.97	1680.61
净利润(万元)	9978.47	19089.03	9938.07	12243.31
营业利润(万元)	11340.38	21397.97	10921.11	12469.68
利润总额(万元)	12339.59	23708.40	12331.10	13985.61

永清环保股份有限公司

公司概况	公司名称	永清环保股份有限公司		证券简称	永清环保
	法人代表	刘正军	董秘	陈炳华	证券代码	300187
	公司网址	www.yonker.com.cn		电子信箱	pear77hi@163.com
	电话	0731-83285599		传真	0731-83285599
	办公地址	湖南省长沙市浏阳市国家生物医药产业基地(319国道旁)			
	经营范围	大气污染防治工程、新能源发电、火力发电工程的咨询、设计等			

	指标\报告期	2017.06.30	2016.12.31	2016.06.30	2015.12.31
主要财务指标	基本每股收益(元)	0.0892	0.2200	0.0900	0.5500
	基本每股收益(扣除后)(元)	0.0706	0.1800	0.0800	0.3800
	稀释每股收益(元)	0.0892	0.2200	0.0900	0.5500
	每股净资产(元)	2.3732	2.2865	2.1208	6.1246
	每股经营现金净流量(元)	0.0020	0.4752	0.0399	0.0716
	每股现金流量(元)	-0.0517	-0.1699	-0.1763	1.6086
	每股资本公积金(元)	0.6119	0.6120	0.5923	3.7772
	每股盈余公积金(元)	0.0772	0.0772	0.0629	0.1887
	每股未分配利润(元)	0.7395	0.6502	0.5354	1.3712
	净资产收益率(%)	3.7604	9.5573	4.1662	8.5390
	加权净资产收益率(%)	3.6900	10.1700	4.2400	10.3900
	净资产收益率(扣除)(%)	2.9744	7.9874	3.7857	5.8672
	总资产(万元)	305566.50	299590.17	278092.96	231070.50
	归属母公司股东权益(万元)	153913.78	148078.19	137345.31	132213.00
	营业收入(万元)	65052.20	153594.87	64265.77	77332.15
	营业支出(万元)	52640.04	117101.96	51329.35	59358.37
	投资收益(万元)	695.03	817.79	718.82	1802.99
	净利润(万元)	6131.45	16965.93	6043.61	11013.68
	营业利润(万元)	6918.78	19654.46	6907.57	11101.74
	利润总额(万元)	7118.77	20307.55	7159.76	12858.69

厦门市美亚柏科信息股份有限公司

公司概况	公司名称	厦门市美亚柏科信息股份有限公司		证券简称	美亚柏科
	法人代表	滕达	董秘	蔡志平	证券代码	300188
	公司网址	www.300188.cn		电子信箱	tzzgx@300188.cn
	电话	0592-3698792		传真	0592-2519335
	办公地址	福建省厦门市软件园二期观日路12号美亚柏科大厦			
	经营范围	系统集成、计算机软件开发、信息咨询服务等			

	指标\报告期	2017.06.30	2016.12.31	2016.06.30	2015.12.31
主要财务指标	基本每股收益(元)	0.0660	0.3800	0.0490	0.3100
	基本每股收益(扣除后)(元)	0.0600	0.3500	0.0400	0.2800
	稀释每股收益(元)	0.0650	0.3800	0.0490	0.3100
	每股净资产(元)	3.8156	3.7603	3.4528	3.7748
	每股经营现金净流量(元)	-0.2822	0.6943	-0.3468	0.4098
	每股现金流量(元)	-0.0515	-0.1438	-0.2581	0.1086
	每股资本公积金(元)	1.7569	1.7272	1.4998	1.7469
	每股盈余公积金(元)	0.1151	0.1151	0.0968	0.1065
	每股未分配利润(元)	1.1667	1.1411	0.8561	0.9214
	净资产收益率(%)	1.7176	9.7849	1.3915	7.9603
	加权净资产收益率(%)	1.7200	10.3900	1.3900	13.3700
	净资产收益率(扣除)(%)	1.5410	8.9422	1.1475	7.2180
	总资产(万元)	254301.15	262675.30	210097.58	220246.58
	归属母公司股东权益(万元)	189381.81	186638.84	168237.94	167285.98
	营业收入(万元)	37029.99	99790.85	25894.70	76316.04
	营业支出(万元)	14921.53	34534.57	8052.21	26332.97
	投资收益(万元)	129.64	-351.57	-156.21	-586.14
	净利润(万元)	2553.96	17874.28	1866.37	15247.56
	营业利润(万元)	2428.73	14023.16	-671.67	12876.71
	利润总额(万元)	2835.05	20155.46	2176.14	17285.01

海南神农基因科技股份有限公司

公司概况	公司名称	海南神农基因科技股份有限公司		证券简称	神农基因
	法人代表	黄培劲	董秘	胥洋	证券代码	300189
	公司网址	www.sndf.com.cn		电子信箱	sndf2010@126.com
	电话	0898-68598068		传真	0898-68545606
	办公地址	海南省海口市紫荆路2-1号紫荆信息公寓26A			
	经营范围	优质杂交水稻种子和其他农作物良种的选育、推广、销售等			

	指标\报告期	2017.06.30	2016.12.31	2016.06.30	2015.12.31
主要财务指标	基本每股收益(元)	0.0066	0.0166	0.0051	0.0073
	基本每股收益(扣除后)(元)	0.0019	-0.0075	-	-0.0245
	稀释每股收益(元)	0.0066	0.0166	0.0051	0.0073
	每股净资产(元)	1.4083	1.4016	1.3921	1.3870
	每股经营现金净流量(元)	0.0183	-0.8339	-0.1602	0.0748
	每股现金流量(元)	-0.1038	-0.0473	-0.0899	-0.0542
	每股资本公积金(元)	0.2738	0.2738	0.2738	0.2738
	每股盈余公积金(元)	0.0191	0.0191	0.0191	0.0191
	每股未分配利润(元)	0.1153	0.1087	0.0991	0.0940
	净资产收益率(%)	0.4719	1.1870	0.3647	0.5265
	加权净资产收益率(%)	0.4730	1.1900	0.3700	0.5859
	净资产收益率(扣除)(%)	0.1320	-0.5372	-0.0013	-1.7658
	总资产(万元)	255787.61	323755.24	255555.42	228150.67
	归属母公司股东权益(万元)	144208.41	143527.94	142548.99	142029.05
	营业收入(万元)	71223.15	115941.46	51132.95	33274.54
	营业支出(万元)	60610.57	99174.93	44597.51	25188.84
	投资收益(万元)	118.15	1528.67	-72.48	51.65
	净利润(万元)	1731.26	2846.16	838.17	15.67
	营业利润(万元)	1949.72	2804.40	684.12	-3559.14
	利润总额(万元)	2422.29	3974.96	1267.60	62.26

江苏维尔利环保科技股份有限公司

公司概况	公司名称	江苏维尔利环保科技股份有限公司		证券简称	维尔利
	法人代表	李月中	董秘	朱敏	证券代码	300190
	公司网址	www.jswelle.com		电子信箱	info@jswelle.com
	电话	0519-85125884 89886102		传真	0519-85125883
	办公地址	江苏省常州市汉江路156号			
	经营范围	环保设备的设计、集成、制造等			

	指标\报告期	2017.06.30	2016.12.31	2016.06.30	2015.12.31
主要财务指标	基本每股收益(元)	0.1700	0.2400	0.1300	0.3500
	基本每股收益(扣除后)(元)	0.1600	0.2300	0.1200	0.3300
	稀释每股收益(元)	0.1700	0.2400	0.1300	0.3500
	每股净资产(元)	7.8184	6.8219	6.7086	4.5539
	每股经营现金净流量(元)	-0.1162	0.0771	-0.3196	0.1487
	每股现金流量(元)	-0.2111	2.7252	2.8085	0.2946
	每股资本公积金(元)	5.8369	4.8616	4.8616	2.6472
	每股盈余公积金(元)	0.0797	0.0883	0.0686	0.0804
	每股未分配利润(元)	0.8947	0.8697	0.7758	0.8263
	净资产收益率(%)	1.9836	3.3315	1.6944	7.6048
	加权净资产收益率(%)	2.3900	4.0800	2.5900	7.8800
	净资产收益率(扣除)(%)	1.9003	3.1833	1.5424	7.2728
	总资产(万元)	565038.45	449134.66	424074.55	277756.53
	归属母公司股东权益(万元)	353614.28	278416.22	273791.01	158530.31
	营业收入(万元)	54757.00	77347.41	35123.89	96090.90
	营业支出(万元)	37087.40	48592.73	21764.30	63293.07
	投资收益(万元)	-35.55	-130.46	-138.69	-16.12
	净利润(万元)	6641.31	9398.39	4784.38	12709.87
	营业利润(万元)	7073.64	8867.64	5214.88	14253.06
	利润总额(万元)	7879.71	10054.76	5652.87	14868.82

潜能恒信能源技术股份有限公司

公司概况	公司名称	潜能恒信能源技术股份有限公司			证券简称	潜能恒信
	法人代表	周锦明	董秘	张卉	证券代码	300191
	公司网址	www.sinogeo.com		电子信箱	zqb@sinogeo.com	
	电　话	010-84922368		传　真	010-84928085	
	办公地址	北京市朝阳区北苑路甲 13 号北辰新纪元大厦 2 塔 22 层				
	经营范围	为石油公司提供地震数据处理解释一体化找油服务等				

	指标＼报告期	2017.06.30	2016.12.31	2016.06.30	2015.12.31
主要财务指标	基本每股收益(元)	-0.0498	0.0400	0.0191	-0.1500
	基本每股收益(扣除后)(元)	-0.0508	0.0100	0.0101	-0.1500
	稀释每股收益(元)	-0.0498	0.0400	0.0191	-0.1500
	每股净资产(元)	3.6144	3.6790	3.6544	3.6443
	每股经营现金净流量(元)	0.1084	-0.2441	-0.0588	0.1932
	每股现金流量(元)	0.1127	-0.4569	-0.3185	0.3302
	每股资本公积金(元)	1.7172	1.7172	1.7172	1.7172
	每股盈余公积金(元)	0.2258	0.2258	0.2202	0.2202
	每股未分配利润(元)	0.6654	0.7260	0.7152	0.7061
	净资产收益率(%)	-1.3791	0.9652	0.5223	-4.0904
	加权净资产收益率(%)	-1.3400	0.9700	0.5200	-4.0000
	净资产收益率(扣除)(%)	-1.4060	0.2232	0.2762	-4.1038
	总资产(万元)	128055.43	127854.43	122756.44	125855.10
	归属母公司股东权益(万元)	115661.68	117726.59	116942.26	116617.45
	营业收入(万元)	2404.04	8038.89	4583.49	4483.32
	营业支出(万元)	2483.84	4725.86	2129.00	2789.54
	投资收益(万元)	34.57	-217.65	-35.54	-
	净利润(万元)	-1667.53	1134.58	609.80	-4816.91
	营业利润(万元)	-1690.65	419.04	557.84	-4444.76
	利润总额(万元)	-1659.51	1446.24	896.35	-4426.28

苏州科斯伍德油墨股份有限公司

公司概况	公司名称	苏州科斯伍德油墨股份有限公司			证券简称	科斯伍德
	法人代表	吴贤良	董秘	张峰	证券代码	300192
	公司网址	www.szkinks.com		电子信箱	szkinks@szkinks.com	
	电　话	0512-65370257		传　真	0512-65374760	
	办公地址	江苏省苏州市相城区潘阳工业园春申路 989 号				
	经营范围	胶印油墨的研发、生产和销售等				

	指标＼报告期	2017.06.30	2016.12.31	2016.06.30	2015.12.31
主要财务指标	基本每股收益(元)	0.0400	0.1500	0.0800	0.1400
	基本每股收益(扣除后)(元)	0.0300	0.1400	0.0700	0.1300
	稀释每股收益(元)	0.0400	0.1500	0.0800	0.1400
	每股净资产(元)	2.9550	2.9070	2.8305	2.7982
	每股经营现金净流量(元)	0.0950	0.2419	0.1024	0.1917
	每股现金流量(元)	0.0953	0.1164	0.0356	0.0375
	每股资本公积金(元)	0.8272	0.8272	0.8272	0.8272
	每股盈余公积金(元)	0.1353	0.1353	0.1165	0.1165
	每股未分配利润(元)	0.9923	0.9529	0.8986	0.8733
	净资产收益率(%)	1.3324	5.1057	2.6613	5.1160
	加权净资产收益率(%)	1.3400	5.1700	2.6600	5.2000
	净资产收益率(扣除)(%)	0.9742	4.6864	2.4442	4.5520
	总资产(万元)	79598.93	80943.97	78454.28	80292.28
	归属母公司股东权益(万元)	71672.74	70509.06	68653.02	67869.65
	营业收入(万元)	22053.01	48973.97	22759.74	49507.85
	营业支出(万元)	17644.59	37484.30	17194.04	38798.24
	投资收益(万元)	--	--	-	-
	净利润(万元)	961.05	3600.92	1827.04	3472.21
	营业利润(万元)	1034.27	3955.19	2082.34	3678.10
	利润总额(万元)	1245.52	4382.94	2248.88	4072.41

深圳市佳士科技股份有限公司

公司概况	公司名称	深圳市佳士科技股份有限公司			证券简称	佳士科技
	法人代表	潘磊	董秘	李锐	证券代码	300193
	公司网址	www.jasic.com.cn		电子信箱	jasiczqb@jasic.com.cn	
	电　话	0755-21674251		传　真	0755-21674250	
	办公地址	广东省深圳市南山区桃园路田厦国际中心 A 栋 1606-1610				
	经营范围	焊割设备及配件、五金制品、电子设备、电源设备及配件的生产、加工、销售等				

	指标＼报告期	2017.06.30	2016.12.31	2016.06.30	2015.12.31
主要财务指标	基本每股收益(元)	0.1400	0.2100	0.1100	0.1600
	基本每股收益(扣除后)(元)	0.1300	0.1800	0.1000	0.1500
	稀释每股收益(元)	0.1400	0.2000	0.1000	0.1500
	每股净资产(元)	4.3467	4.1770	4.0800	3.9250
	每股经营现金净流量(元)	0.1743	0.4982	0.1783	0.2508
	每股现金流量(元)	0.4276	0.6723	0.3236	-1.6465
	每股资本公积金(元)	2.5214	2.5166	2.5131	2.4762
	每股盈余公积金(元)	0.1370	0.1369	0.1172	0.1175
	每股未分配利润(元)	0.7329	0.6217	0.5453	0.4732
	净资产收益率(%)	3.2446	4.7608	2.5324	3.8832
	加权净资产收益率(%)	3.2900	4.9200	2.5800	3.9700
	净资产收益率(扣除)(%)	2.9218	4.1491	2.4592	3.6469
	总资产(万元)	253703.03	248337.69	237186.20	228906.93
	归属母公司股东权益(万元)	220513.49	212166.82	207162.93	199043.98
	营业收入(万元)	40105.16	70553.28	32349.34	62487.08
	营业支出(万元)	25768.93	44374.38	20622.29	41248.94
	投资收益(万元)	482.26	645.18	-59.27	-250.56
	净利润(万元)	7346.74	10323.64	5367.96	7485.16
	营业利润(万元)	8191.61	11953.72	5650.39	8624.44
	利润总额(万元)	8475.84	12793.18	5823.94	9304.07

福安药业(集团)股份有限公司

公司概况	公司名称	福安药业(集团)股份有限公司			证券简称	福安药业
	法人代表	汪天祥	董秘	汤沁	证券代码	300194
	公司网址	www.fapharm.com		电子信箱	tangqin@fapharm.com	
	电　话	023-61213003		传　真	023-68573999	
	办公地址	重庆市渝北区黄杨路 2 号				
	经营范围	从事单环β-内酰胺类、青霉素类、头孢类抗生素原料药及制剂的研发、生产和销售等				

	指标＼报告期	2017.06.30	2016.12.31	2016.06.30	2015.12.31
主要财务指标	基本每股收益(元)	0.1500	0.6800	0.3000	0.2400
	基本每股收益(扣除后)(元)	0.1500	0.6600	0.2800	0.2100
	稀释每股收益(元)	0.1500	0.6800	0.3000	0.2400
	每股净资产(元)	3.4054	9.9947	9.0078	7.5707
	每股经营现金净流量(元)	0.1895	0.9435	0.4011	0.5710
	每股现金流量(元)	-0.0516	0.0763	0.0964	-1.8455
	每股资本公积金(元)	1.8606	7.6207	6.8382	5.3242
	每股盈余公积金(元)	0.0412	0.1237	0.1126	0.1389
	每股未分配利润(元)	0.5023	1.2491	1.0549	1.1046
	净资产收益率(%)	4.4796	5.5999	2.6735	3.0399
	加权净资产收益率(%)	4.4900	7.7200	3.8600	3.3300
	净资产收益率(扣除)(%)	4.4005	5.4311	2.5457	2.6876
	总资产(万元)	451629.88	439761.53	390522.45	247908.64
	归属母公司股东权益(万元)	405145.99	396361.67	313469.15	213492.33
	营业收入(万元)	94228.77	129701.69	49737.69	70809.60
	营业支出(万元)	46885.04	68843.93	26011.42	39512.26
	投资收益(万元)	1017.95	666.81	409.85	1011.79
	净利润(万元)	18148.91	22212.61	8402.75	6555.62
	营业利润(万元)	22769.17	25576.01	9883.08	7795.88
	利润总额(万元)	22593.30	25733.17	9946.38	7637.27

天津长荣科技集团股份有限公司

公司概况	公司名称	天津长荣科技集团股份有限公司			证券简称	长荣股份
	法人代表	李莉	董秘	李东晖	证券代码	300195
	公司网址	www.mkmchina.com		电子信箱	crgf@mkmchina.com	
	电　话	022-26986268		传　真	022-26973430	
	办公地址	天津市北辰科技园区双辰中路11号				
	经营范围	印刷设备的设计制造、主要集中于印后加工设备的设计与制造等				

主要财务指标	指标\报告期	2017.06.30	2016.12.31	2016.06.30	2015.12.31
	基本每股收益(元)	0.1900	0.4000	0.2100	0.5800
	基本每股收益(扣除后)(元)	0.0800	0.1800	0.1200	0.4900
	稀释每股收益(元)	0.1900	0.4000	0.2100	0.5800
	每股净资产(元)	9.0771	7.3181	7.1239	6.6914
	每股经营现金净流量(元)	0.4908	0.8067	0.2912	0.0288
	每股现金流量(元)	2.0059	0.1827	–0.4828	–0.1122
	每股资本公积金(元)	6.4905	4.3094	4.3393	4.3393
	每股盈余公积金(元)	0.2730	0.3026	0.2571	0.2571
	每股未分配利润(元)	1.3424	1.7484	1.5895	1.3822
	净资产收益率(%)	1.8644	5.4950	2.9094	7.0520
	加权净资产收益率(%)	2.2600	5.6400	3.0400	7.2400
	净资产收益率(扣除)(%)	0.8108	2.5006	1.7252	5.9790
	总资产(万元)	511467.85	363868.49	354877.13	367480.70
	归属母公司股东权益(万元)	393478.91	246857.86	241714.14	233650.76
	营业收入(万元)	49221.84	115106.74	49724.25	111112.86
	营业支出(万元)	33205.25	75620.44	31181.42	65391.51
	投资收益(万元)	1600.97	3807.00	1713.52	2395.16
	净利润(万元)	6588.61	13339.50	7294.60	17581.39
	营业利润(万元)	3490.94	8498.20	5699.80	18394.63
	利润总额(万元)	8378.18	16883.09	8786.08	21382.29

江苏长海复合材料股份有限公司

公司概况	公司名称	江苏长海复合材料股份有限公司			证券简称	长海股份
	法人代表	杨国文	董秘	蔡志军	证券代码	300196
	公司网址	www.changhaigfrp.com		电子信箱	finance@changhaigfrp.com	
	电　话	0519-88712521　88702681		传　真	86-519-88712521	
	办公地址	江苏省常州市武进区遥观镇塘桥村				
	经营范围	玻璃钢制品、蓄电池配件、玻璃纤维制品的制造、加工等				

主要财务指标	指标\报告期	2017.06.30	2016.12.31	2016.06.30	2015.12.31
	基本每股收益(元)	0.4900	1.3000	0.6500	1.1100
	基本每股收益(扣除后)(元)	0.4200	1.2400	0.6400	1.0000
	稀释每股收益(元)	0.4900	1.3000	0.6500	1.1100
	每股净资产(元)	10.8886	10.6945	7.2365	6.7300
	每股经营现金净流量(元)	0.6110	1.5513	0.7901	1.5387
	每股现金流量(元)	–0.3409	0.8944	0.2229	0.4743
	每股资本公积金(元)	5.5827	5.5830	2.3796	2.3796
	每股盈余公积金(元)	0.3859	0.3859	0.3174	0.3174
	每股未分配利润(元)	3.9200	3.7257	3.5395	3.0359
	净资产收益率(%)	4.5401	11.3497	9.0312	16.5189
	加权净资产收益率(%)	4.5400	15.5700	9.2900	17.9200
	净资产收益率(扣除)(%)	3.8689	10.8571	8.7792	14.8352
	总资产(万元)	300024.32	302618.78	232540.82	226749.49
	归属母公司股东权益(万元)	231107.64	226989.46	138940.26	129272.34
	营业收入(万元)	92572.55	176791.98	85713.75	151606.43
	营业支出(万元)	67870.45	120430.79	57321.58	104358.45
	投资收益(万元)	1659.56	237.82	80.83	–78.00
	净利润(万元)	10687.44	27090.08	13445.31	22470.32
	营业利润(万元)	12530.86	30646.43	15238.22	23388.37
	利润总额(万元)	12655.42	31494.59	15593.17	26044.29

深圳市铁汉生态环境股份有限公司

公司概况	公司名称	深圳市铁汉生态环境股份有限公司			证券简称	铁汉生态
	法人代表	陈阳春	董秘	杨锋源	证券代码	300197
	公司网址	www.sztechand.com		电子信箱	yangfengyuan@sztechand.com	
	电　话	0755-82917023		传　真	0755-84355370	
	办公地址	广东省深圳市福田区红荔西路8133号农科商务办公楼5、6、7、8楼				
	经营范围	水土保持、生态修复、园林绿化工程施工和园林养护、生态环保产品的技术开发等				

主要财务指标	指标\报告期	2017.06.30	2016.12.31	2016.06.30	2015.12.31
	基本每股收益(元)	0.1800	0.3500	0.1900	0.3900
	基本每股收益(扣除后)(元)	0.1700	0.3300	0.1800	0.3800
	稀释每股收益(元)	0.1800	0.3500	0.1900	0.3900
	每股净资产(元)	3.4657	3.3675	4.7140	4.0068
	每股经营现金净流量(元)	0.0961	–0.4129	–0.2053	–0.0705
	每股现金流量(元)	0.5749	0.0723	0.2877	0.5213
	每股资本公积金(元)	1.3399	1.3689	2.5563	1.6602
	每股盈余公积金(元)	0.1033	0.1033	0.1144	0.1435
	每股未分配利润(元)	1.0225	0.8953	1.0433	1.2032
	净资产收益率(%)	5.1125	10.2016	3.7142	9.4578
	加权净资产收益率(%)	5.1300	11.3400	4.4500	11.9100
	净资产收益率(扣除)(%)	4.9114	9.6097	3.6546	9.2889
	总资产(万元)	1416759.00	1143951.99	940215.99	693829.83
	归属母公司股东权益(万元)	526660.35	511747.64	477575.49	323586.83
	营业收入(万元)	279483.01	457326.29	144933.56	261327.30
	营业支出(万元)	208229.96	334821.77	103839.21	191047.81
	投资收益(万元)	5221.35	13473.14	8207.75	13206.41
	净利润(万元)	26547.95	52898.97	17861.76	30410.14
	营业利润(万元)	29083.73	56654.74	19884.34	32877.70
	利润总额(万元)	29497.19	60463.01	20225.89	33632.44

福建纳川管材科技股份有限公司

公司概况	公司名称	福建纳川管材科技股份有限公司			证券简称	纳川股份
	法人代表	陈志江	董秘	罗靖	证券代码	300198
	公司网址	www.nachuan.com		电子信箱	nachuan@nachuan.com	
	电　话	0595-87770399　87770616		传　真	0595-87962111	
	办公地址	福建省泉州市泉港区普安工业区				
	经营范围	塑料管道生产销售、钢管塑料防腐处理及塑料防腐钢管成品销售等				

主要财务指标	指标\报告期	2017.06.30	2016.12.31	2016.06.30	2015.12.31
	基本每股收益(元)	0.0262	0.0633	0.0524	0.0640
	基本每股收益(扣除后)(元)	0.0270	0.0580	0.0510	0.0590
	稀释每股收益(元)	0.0262	0.0633	0.0524	0.0640
	每股净资产(元)	1.5547	1.5384	3.2963	2.7227
	每股经营现金净流量(元)	–0.0379	0.0318	–0.1154	–0.0909
	每股现金流量(元)	0.0769	0.0764	0.4925	0.2221
	每股资本公积金(元)	0.1360	0.1360	1.4992	0.8676
	每股盈余公积金(元)	0.0360	0.0360	0.0795	0.0893
	每股未分配利润(元)	0.3829	0.3667	0.7177	0.7660
	净资产收益率(%)	1.6880	4.0245	1.4409	2.3633
	加权净资产收益率(%)	1.6900	4.2800	1.7000	2.3800
	净资产收益率(扣除)(%)	1.7220	3.7062	1.3908	2.1816
	总资产(万元)	287731.39	245453.83	238051.45	207700.08
	归属母公司股东权益(万元)	160375.49	158697.74	154558.08	113231.35
	营业收入(万元)	52871.94	111697.12	47656.62	130794.81
	营业支出(万元)	41510.90	77950.75	34699.56	103105.26
	投资收益(万元)	62.70	–49.49	585.52	2026.83
	净利润(万元)	2618.64	8496.58	3173.20	5315.04
	营业利润(万元)	3858.46	8052.29	3564.41	4430.19
	利润总额(万元)	3788.26	10085.45	3856.26	5201.05

深圳翰宇药业股份有限公司

公司概况	公司名称	深圳翰宇药业股份有限公司		证券简称	翰宇药业
	法人代表	曾少贵	董秘 朱文丰	证券代码	300199
	公司网址	www.hybio.com.cn		电子信箱	hy@hybio.com.cn
	电　话	0755-26588036		传　真	0755-26588078
	办公地址	广东省深圳市南山区高新技术工业园中区翰宇生物医药园办公大楼四层			
	经营范围	生产经营片剂、硬胶囊剂、颗粒剂、小容量注射剂、冻干粉针剂、原料药等			

指标＼报告期	2017.06.30	2016.12.31	2016.06.30	2015.12.31
基本每股收益(元)	0.1700	0.3300	0.1200	0.3400
基本每股收益(扣除后)(元)	0.1700	0.3000	0.1200	0.3300
稀释每股收益(元)	0.1700	0.3300	0.1200	0.3400
每股净资产(元)	3.9411	3.9251	3.1021	2.9632
每股经营现金净流量(元)	−0.0049	0.3228	0.0528	0.1560
每股现金流量(元)	−0.0593	0.7566	0.1658	−0.5779
每股资本公积金(元)	1.9215	1.7869	1.1519	1.1190
每股盈余公积金(元)	0.0606	0.0617	0.0759	0.0759
每股未分配利润(元)	1.0929	1.0396	0.8568	0.7575
净资产收益率(%)	4.3500	8.0987	4.0074	11.5778
加权净资产收益率(%)	4.3500	9.8500	4.1100	12.7300
净资产收益率(扣除)(%)	4.2465	7.3574	3.8832	11.2740
总资产(万元)	460318.76	445701.06	379160.27	354599.94
归属母公司股东权益(万元)	368370.43	360458.78	276088.99	263731.51
营业收入(万元)	47896.47	85504.79	34352.13	76826.38
营业支出(万元)	9372.44	16943.08	7033.51	14675.34
投资收益(万元)	417.00	285.58	254.20	716.65
净利润(万元)	16024.22	29192.47	11064.00	30534.20
营业利润(万元)	16882.84	27785.24	11643.39	32893.48
利润总额(万元)	17361.23	30918.95	12046.97	33835.90

(主要财务指标)

北京高盟新材料股份有限公司

公司概况	公司名称	北京高盟新材料股份有限公司		证券简称	高盟新材
	法人代表	何宇飞	董秘 史向前	证券代码	300200
	公司网址	www.co-mens.com		电子信箱	zqb@co-mens.com
	电　话	010-69343241		传　真	010-69343241
	办公地址	北京市房山区燕山东流水工业区 8 号			
	经营范围	复合聚氨酯胶粘剂的研制、开发、生产和销售等			

指标＼报告期	2017.06.30	2016.12.31	2016.06.30	2015.12.31
基本每股收益(元)	0.0675	0.2700	0.1737	0.2500
基本每股收益(扣除后)(元)	0.0616	0.2500	0.1669	0.2500
稀释每股收益(元)	0.0675	0.2700	0.1737	0.2500
每股净资产(元)	5.4853	3.6650	3.5725	3.5989
每股经营现金净流量(元)	−0.1158	0.5046	0.3000	0.3653
每股现金流量(元)	1.8229	−0.6171	−0.7439	−0.1092
每股资本公积金(元)	4.0013	1.9569	1.9569	1.9569
每股盈余公积金(元)	0.1106	0.1350	0.1163	0.1163
每股未分配利润(元)	0.3733	0.5731	0.4994	0.5257
净资产收益率(%)	1.2306	7.2624	4.8619	6.9642
加权净资产收益率(%)	2.2200	7.3600	4.7600	7.0500
净资产收益率(扣除)(%)	1.1226	6.9545	4.6731	6.8441
总资产(万元)	212671.88	87358.39	81560.91	83683.40
归属母公司股东权益(万元)	142974.02	78284.82	76309.55	76871.47
营业收入(万元)	32690.65	52771.78	23094.00	48847.29
营业支出(万元)	25357.14	35518.43	14982.21	32487.51
投资收益(万元)	195.51	476.51	99.21	19.08
净利润(万元)	1759.46	5685.35	3710.08	5353.47
营业利润(万元)	1976.54	6394.65	4244.25	6352.01
利润总额(万元)	2158.36	6678.44	4413.92	6464.67

(主要财务指标)

徐州海伦哲专用车辆股份有限公司

公司概况	公司名称	徐州海伦哲专用车辆股份有限公司		证券简称	海伦哲
	法人代表	丁剑平	董秘 栗沛思	证券代码	300201
	公司网址	www.xzhlz.com		电子信箱	hlzzqb@xzhlz.com
	电　话	0516-87987729		传　真	0516-87987777
	办公地址	江苏省徐州市徐州经济技术开发区宝莲寺路 19 号			
	经营范围	设计、制造专用汽车、工程机械、建设机械、环保机械等产品，销售自产产品等			

指标＼报告期	2017.06.30	2016.12.31	2016.06.30	2015.12.31
基本每股收益(元)	0.0275	0.0890	0.0111	0.0727
基本每股收益(扣除后)(元)	0.0259	0.0884	0.0033	0.0631
稀释每股收益(元)	0.0275	0.0878	0.0108	0.0714
每股净资产(元)	1.3331	1.3136	2.8433	1.8261
每股经营现金净流量(元)	−0.0772	−0.0687	−0.3577	0.2450
每股现金流量(元)	−0.1506	0.2013	0.1285	0.0440
每股资本公积金(元)	0.0895	0.0838	1.4845	0.7123
每股盈余公积金(元)	0.0152	0.0136	0.0277	0.0323
每股未分配利润(元)	0.2233	0.2124	0.3199	0.3775
净资产收益率(%)	2.0650	6.5414	0.3348	3.2850
加权净资产收益率(%)	2.0700	6.5400	0.5100	3.4000
净资产收益率(扣除)(%)	1.9416	6.5594	0.1001	2.8524
总资产(万元)	241350.09	257550.63	201612.90	131855.56
归属母公司股东权益(万元)	137121.31	135113.20	121194.43	77833.79
营业收入(万元)	57889.71	141639.79	40477.45	82134.81
营业支出(万元)	42380.25	99031.52	27936.68	60019.24
投资收益(万元)	−40.36	−141.38	−10.69	57.40
净利润(万元)	2868.77	8683.38	263.16	2482.83
营业利润(万元)	3020.38	10140.69	56.06	2342.05
利润总额(万元)	3598.92	10304.20	363.63	2739.95

(主要财务指标)

聚龙股份有限公司

公司概况	公司名称	聚龙股份有限公司		证券简称	聚龙股份
	法人代表	柳永诠	董秘 洪莎	证券代码	300202
	公司网址	www.julong.cc		电子信箱	zy041@julong.cc
	电　话	0412-2538288		传　真	0412-2538311
	办公地址	辽宁省鞍山市铁东区千山中路 308 号			
	经营范围	金融办公自动化设备制造、设计、经营及有关技术咨询和技术服务等			

指标＼报告期	2017.06.30	2016.12.31	2016.06.30	2015.12.31
基本每股收益(元)	0.0290	0.5671	0.0249	0.4700
基本每股收益(扣除后)(元)	0.0200	0.5600	0.0200	0.4400
稀释每股收益(元)	0.0290	0.5700	0.0249	0.4700
每股净资产(元)	3.1009	3.3723	2.8295	2.8855
每股经营现金净流量(元)	−0.3650	0.1601	−0.2527	0.3235
每股现金流量(元)	−0.7960	0.6595	0.3278	−0.0565
每股资本公积金(元)	0.1776	0.1776	0.1776	0.1776
每股盈余公积金(元)	0.2332	0.2332	0.2162	0.2162
每股未分配利润(元)	1.6957	1.9667	1.4415	1.4966
净资产收益率(%)	0.9335	16.8154	0.8793	16.3680
加权净资产收益率(%)	0.8700	18.1600	0.8600	17.3800
净资产收益率(扣除)(%)	0.6468	16.5195	0.6932	15.2641
总资产(万元)	242928.93	264353.72	223299.01	182269.90
归属母公司股东权益(万元)	170395.41	185308.59	155482.13	158558.02
营业收入(万元)	22204.91	93007.48	21115.75	88682.24
营业支出(万元)	13668.15	38994.93	9899.31	41352.63
投资收益(万元)	−251.96	−455.05	−13.51	-
净利润(万元)	1462.18	30928.43	1339.34	25914.50
营业利润(万元)	−1941.90	27714.11	338.77	19645.04
利润总额(万元)	1250.38	32303.19	1793.41	29028.46

(主要财务指标)

聚光科技(杭州)股份有限公司

公司概况						
	公司名称	聚光科技(杭州)股份有限公司			证券简称	聚光科技
	法人代表	叶华俊	董秘	田昆仑	证券代码	300203
	公司网址	www.fpi-inc.com		电子信箱	fpi@fpi-inc.com	
	电　话	0571-85012176		传　真	0571-85012008	
	办公地址	浙江省杭州市滨江区阡陌路459号				
	经营范围	光机电一体化产品和相关软件的研究、开发、生产、安装等				

主要财务指标	指标\报告期	2017.06.30	2016.12.31	2016.06.30	2015.12.31
	基本每股收益(元)	0.2250	0.9000	0.1890	0.5500
	基本每股收益(扣除后)(元)	0.1750	0.6900	0.1500	0.5800
	稀释每股收益(元)	0.2240	0.8900	0.1880	0.5500
	每股净资产(元)	6.1283	6.0500	5.2857	5.1860
	每股经营现金净流量(元)	-0.7760	0.2638	-0.6034	0.6021
	每股现金流量(元)	-0.8433	0.6557	-0.3941	0.2985
	每股资本公积金(元)	2.1252	2.1274	2.1119	2.1036
	每股盈余公积金(元)	0.2388	0.2388	0.1817	0.1816
	每股未分配利润(元)	2.8311	2.7558	2.1127	2.0238
	净资产收益率(%)	3.6575	14.6836	3.5574	10.5115
	加权净资产收益率(%)	3.6500	15.8700	3.5600	11.1800
	净资产收益率(扣除)(%)	2.8535	11.2073	2.8325	11.0584
	总资产(万元)	546602.11	541331.75	436835.22	411346.90
	归属母公司股东权益(万元)	277489.48	274001.89	239433.10	235019.03
	营业收入(万元)	99014.63	234889.68	72966.84	183325.20
	营业支出(万元)	50252.62	121967.34	37299.98	95346.93
	投资收益(万元)	97.30	874.26	532.41	130.67
	净利润(万元)	11101.71	44982.68	8471.32	26956.54
	营业利润(万元)	12836.08	32801.60	5245.94	26265.06
	利润总额(万元)	13460.12	51544.44	9907.43	32635.31

舒泰神(北京)生物制药股份有限公司

公司概况						
	公司名称	舒泰神(北京)生物制药股份有限公司			证券简称	舒 泰 神
	法人代表	周志文	董秘	马莉娜	证券代码	300204
	公司网址	www.staidson.com		电子信箱	securities@staidson.com	
	电　话	010-67875255		传　真	010-67875255	
	办公地址	北京市北京经济技术开发区经海二路36号				
	经营范围	主要从事生物制品和部分化学药品的研发、生产和销售等				

主要财务指标	指标\报告期	2017.06.30	2016.12.31	2016.06.30	2015.12.31
	基本每股收益(元)	0.3000	0.5400	0.2500	0.6300
	基本每股收益(扣除后)(元)	0.3000	0.5400	0.2500	0.6100
	稀释每股收益(元)	0.3000	0.5400	0.2500	0.6300
	每股净资产(元)	4.0972	3.9747	3.6160	4.9020
	每股经营现金净流量(元)	0.2448	0.4441	0.1977	0.6806
	每股现金流量(元)	0.1145	-1.4260	-0.1886	0.3906
	每股资本公积金(元)	1.2280	1.2353	1.1801	2.0448
	每股盈余公积金(元)	0.2512	0.2510	0.1953	0.2739
	每股未分配利润(元)	1.6840	1.5644	1.3382	1.7279
	净资产收益率(%)	7.2769	13.5253	6.8773	12.6751
	加权净资产收益率(%)	7.3300	14.6600	6.9500	13.4100
	净资产收益率(扣除)(%)	7.2746	13.4777	6.8565	12.4114
	总资产(万元)	241486.66	235059.55	210421.55	207085.59
	归属母公司股东权益(万元)	195911.94	190217.27	172101.50	166529.26
	营业收入(万元)	70864.22	140331.71	61857.78	124789.18
	营业支出(万元)	3524.44	7057.80	3405.33	6772.91
	投资收益(万元)	2310.00	3171.36	988.71	1799.55
	净利润(万元)	14019.95	25487.12	11733.39	20941.64
	营业利润(万元)	16140.29	29522.45	14152.08	23797.76
	利润总额(万元)	16145.37	29627.15	14159.37	24304.62

武汉天喻信息产业股份有限公司

公司概况						
	公司名称	武汉天喻信息产业股份有限公司			证券简称	天喻信息
	法人代表	张新访	董秘	代恒	证券代码	300205
	公司网址	www.whty.com.cn		电子信箱	tyobd@whty.com.cn	
	电　话	86-27-87920301		传　真	027-87920306	
	办公地址	湖北省武汉市东湖新技术开发区华工大学科技园天喻楼				
	经营范围	专业从事智能卡产品及相关应用系统的研发、生产、销售和服务等				

主要财务指标	指标\报告期	2017.06.30	2016.12.31	2016.06.30	2015.12.31
	基本每股收益(元)	0.0688	0.0462	0.0820	0.0163
	基本每股收益(扣除后)(元)	0.0619	0.0051	0.0710	0.0045
	稀释每股收益(元)	0.0688	0.0462	0.0820	0.0163
	每股净资产(元)	2.7237	2.5779	2.6152	2.5849
	每股经营现金净流量(元)	-0.8097	0.1874	-0.6273	0.6792
	每股现金流量(元)	-0.3502	-0.0184	-0.2027	-0.4597
	每股资本公积金(元)	0.9623	0.9661	0.9666	0.9666
	每股盈余公积金(元)	0.1302	0.1302	0.1117	0.1117
	每股未分配利润(元)	0.5110	0.4722	0.5265	0.4945
	净资产收益率(%)	2.5252	1.7904	3.1346	0.6293
	加权净资产收益率(%)	2.5900	1.7900	3.1200	0.6300
	净资产收益率(扣除)(%)	2.2721	0.1960	2.7149	0.1739
	总资产(万元)	199473.90	166017.36	190323.52	168340.84
	归属母公司股东权益(万元)	117136.22	110865.39	112468.33	111163.32
	营业收入(万元)	106036.52	162732.69	80878.31	148329.60
	营业支出(万元)	80587.80	116154.20	56653.06	103038.04
	投资收益(万元)	-77.40	-381.99	-147.35	-129.24
	净利润(万元)	2151.09	452.33	2565.97	611.11
	营业利润(万元)	3056.84	-50.19	3582.23	1167.17
	利润总额(万元)	3413.28	2048.28	4137.47	1769.81

深圳市理邦精密仪器股份有限公司

公司概况						
	公司名称	深圳市理邦精密仪器股份有限公司			证券简称	理邦仪器
	法人代表	张浩	董秘	祖幼冬	证券代码	300206
	公司网址	www.edan.com.cn		电子信箱	ir@edan.com.cn	
	电　话	0755-26851437		传　真	0755-26850550	
	办公地址	广东省深圳市坪山新区坑梓街道金沙社区金辉路15号				
	经营范围	产科、多参数监护、超声影像、心电四大系列产品的研发、生产和销售等				

主要财务指标	指标\报告期	2017.06.30	2016.12.31	2016.06.30	2015.12.31
	基本每股收益(元)	0.0835	0.0450	0.0386	0.4400
	基本每股收益(扣除后)(元)	0.0509	0.0490	0.0104	-0.1100
	稀释每股收益(元)	0.0835	0.0450	0.0386	0.4400
	每股净资产(元)	2.1091	2.0556	1.9800	2.0300
	每股经营现金净流量(元)	0.1265	-0.0767	-0.0265	0.1216
	每股现金流量(元)	0.0586	0.0496	0.0576	-1.5464
	每股资本公积金(元)	0.7460	0.7460	0.6695	3.1738
	每股盈余公积金(元)	0.0677	0.0575	0.0569	0.1294
	每股未分配利润(元)	0.3050	0.2656	0.2598	0.7758
	净资产收益率(%)	3.9582	2.1914	1.9496	8.7026
	加权净资产收益率(%)	3.9900	2.2500	1.9000	8.5900
	净资产收益率(扣除)(%)	2.4131	2.3832	0.7073	-2.1734
	总资产(万元)	148008.29	146740.66	142476.59	145255.77
	归属母公司股东权益(万元)	123384.24	120253.41	115785.42	118595.44
	营业收入(万元)	41913.25	69800.78	32477.34	55013.64
	营业支出(万元)	18331.83	31536.07	14771.64	25984.35
	投资收益(万元)	-84.39	248.80	368.43	10136.92
	净利润(万元)	4688.78	1946.50	1873.96	10100.05
	营业利润(万元)	2547.93	1620.05	623.16	6550.80
	利润总额(万元)	4620.71	1798.77	1804.52	10087.78

欣旺达电子股份有限公司

公司概况	公司名称	欣旺达电子股份有限公司			证券简称	欣旺达
	法人代表	王威	董秘	曾玓	证券代码	300207
	公司网址	www.sunwoda.com		电子信箱	huangying@sunwoda.com	
	电话	0755-27352064		传真	0755-29517735	
	办公地址	广东省深圳市宝安区石岩街道石龙社区颐和路2号综合楼				
	经营范围	锂离子电池模组研发制造业务，主要产品为锂离子电池模组等				

主要财务指标 指标\报告期	2017.06.30	2016.12.31	2016.06.30	2015.12.31
基本每股收益(元)	0.1400	0.3600	0.2400	0.5300
基本每股收益(扣除后)(元)	0.1200	0.3300	0.2200	0.5400
稀释每股收益(元)	0.1400	0.3500	0.2300	0.5100
每股净资产(元)	1.9500	1.7600	3.0344	2.4712
每股经营现金净流量(元)	-0.3062	0.8107	0.4677	0.9853
每股现金流量(元)	0.3418	0.0540	-0.1981	0.0192
每股资本公积金(元)	0.0405	0.0504	1.0432	1.0193
每股盈余公积金(元)	0.1133	0.1133	0.1703	0.1430
每股未分配利润(元)	0.9044	0.7978	1.1862	1.0448
净资产收益率(%)	7.2311	19.7600	7.5168	18.0924
加权净资产收益率(%)	7.7000	22.3000	7.8400	20.0500
净资产收益率(扣除)(%)	5.8263	17.9743	7.0766	18.5679
总资产(万元)	961847.43	832886.22	582057.79	571149.85
归属母公司股东权益(万元)	251861.62	227696.87	195745.60	179639.56
营业收入(万元)	546956.44	805196.56	308396.67	647155.80
营业支出(万元)	481742.39	682875.37	263496.86	547912.79
投资收益(万元)	1900.86	-369.33	1.52	368.52
净利润(万元)	18711.58	46266.46	14374.55	33191.54
营业利润(万元)	19043.12	47008.07	15765.00	37183.53
利润总额(万元)	21044.46	51876.43	16504.15	35660.70

青岛市恒顺众昇集团股份有限公司

公司概况	公司名称	青岛市恒顺众昇集团股份有限公司			证券简称	恒顺众昇
	法人代表	贾晓钰	董秘	莫柏欣	证券代码	300208
	公司网址	www.qdhengshun.com		电子信箱	hengshun@188.com	
	电话	0532-68004136		传真	0532-87712839	
	办公地址	山东省青岛市城阳区流亭街道双元路西侧(空港工业聚集区)				
	经营范围	高压无功补偿装置、滤波装置及核心部件的研发、设计、生产与销售等				

主要财务指标 指标\报告期	2017.06.30	2016.12.31	2016.06.30	2015.12.31
基本每股收益(元)	0.3300	0.3300	0.2000	0.4600
基本每股收益(扣除后)(元)	0.3200	0.3400	0.2000	0.4100
稀释每股收益(元)	0.3300	0.3400	0.2000	0.4500
每股净资产(元)	2.4123	2.0805	1.7617	1.5032
每股经营现金净流量(元)	-0.1078	-0.2374	-0.1452	0.7419
每股现金流量(元)	-0.0820	-0.2832	-0.3873	0.2745
每股资本公积金(元)	0.2724	0.2690	0.1047	0.0967
每股盈余公积金(元)	0.1019	0.1019	0.0740	0.0740
每股未分配利润(元)	1.0935	0.7666	0.6642	0.4648
净资产收益率(%)	13.5500	15.8512	11.3186	29.3910
加权净资产收益率(%)	14.5500	19.2800	12.2100	34.6900
净资产收益率(扣除)(%)	13.4191	16.0707	11.2250	25.9413
总资产(万元)	338064.90	277525.64	222118.42	213675.22
归属母公司股东权益(万元)	184905.63	159474.24	135035.86	115222.07
营业收入(万元)	81768.75	119936.88	59409.22	116326.62
营业支出(万元)	47225.42	71034.51	32515.90	63845.80
投资收益(万元)	--	--	-	-
净利润(万元)	25068.02	26370.79	15789.65	33853.21
营业利润(万元)	29882.47	31337.29	17998.88	35195.50
利润总额(万元)	30166.05	30989.10	18284.37	39853.47

天泽信息产业股份有限公司

公司概况	公司名称	天泽信息产业股份有限公司			证券简称	天泽信息
	法人代表	陈进	董秘	高丽丽	证券代码	300209
	公司网址	www.tiza.com.cn		电子信箱	tianze@tiza.com.cn	
	电话	025-87793753		传真	025-87793753	
	办公地址	江苏省南京市建邺区云龙山路80号				
	经营范围	车辆远程管理信息服务及配套软硬件的研发与销售等				

主要财务指标 指标\报告期	2017.06.30	2016.12.31	2016.06.30	2015.12.31
基本每股收益(元)	0.0700	0.3600	0.1000	0.0100
基本每股收益(扣除后)(元)	0.0600	0.3500	0.0900	-0.0100
稀释每股收益(元)	0.0700	0.3600	0.1000	0.0100
每股净资产(元)	6.8095	6.8454	6.5948	3.7051
每股经营现金净流量(元)	0.0284	0.0581	-0.1639	0.0510
每股现金流量(元)	-0.0041	-0.0521	-0.2403	-0.6811
每股资本公积金(元)	5.0726	5.0726	5.0726	2.1783
每股盈余公积金(元)	0.0462	0.0462	0.0462	0.0551
每股未分配利润(元)	0.6757	0.7093	0.4559	0.4684
净资产收益率(%)	0.9746	4.8696	1.2117	0.1938
加权净资产收益率(%)	0.9600	6.3300	2.5400	0.2000
净资产收益率(扣除)(%)	0.8807	4.7493	1.1744	-0.1729
总资产(万元)	249211.97	245156.77	230402.03	100494.90
归属母公司股东权益(万元)	198919.91	199969.12	192648.69	90748.61
营业收入(万元)	30438.76	72410.11	25694.66	29458.67
营业支出(万元)	18783.69	42518.53	15996.48	16874.02
投资收益(万元)	51.44	52.81	33.15	16.14
净利润(万元)	1426.76	9029.45	2083.44	-88.30
营业利润(万元)	1732.02	10420.27	2401.22	-651.05
利润总额(万元)	2005.60	11365.65	2599.71	105.83

鞍山森远路桥股份有限公司

公司概况	公司名称	鞍山森远路桥股份有限公司			证券简称	森远股份
	法人代表	孙斌武	董秘	于健	证券代码	300210
	公司网址	www.assyrb.com		电子信箱	assyrb@assyrb.com	
	电话	0412-5260113 5223068		传真	0412-5223068	
	办公地址	辽宁省鞍山市高新技术产业开发区鞍千路281号				
	经营范围	公路筑路养护设备、除雪设备、市政环卫设备、港口设备、铁路养护设备等				

主要财务指标 指标\报告期	2017.06.30	2016.12.31	2016.06.30	2015.12.31
基本每股收益(元)	0.0500	0.2800	0.1200	0.3600
基本每股收益(扣除后)(元)	0.0500	0.1600	0.1200	0.1868
稀释每股收益(元)	0.0500	0.2800	0.1200	0.3600
每股净资产(元)	2.6100	4.6296	4.4642	4.3752
每股经营现金净流量(元)	0.0294	-0.1246	-0.6156	-0.0098
每股现金流量(元)	-0.2213	-0.2401	-0.2362	0.4010
每股资本公积金(元)	0.3997	1.5194	1.5194	1.5194
每股盈余公积金(元)	0.0784	0.1411	0.1352	0.1352
每股未分配利润(元)	1.1201	1.9498	1.7922	1.7064
净资产收益率(%)	2.0509	6.1402	2.7281	7.6224
加权净资产收益率(%)	2.0600	6.2300	2.7500	9.8300
净资产收益率(扣除)(%)	1.8494	3.5665	2.6324	4.2685
总资产(万元)	228692.46	207355.83	182186.99	174373.39
归属母公司股东权益(万元)	126430.36	124541.43	120092.82	117696.50
营业收入(万元)	20476.89	45771.57	16793.74	40442.41
营业支出(万元)	10642.12	25001.31	8368.05	22353.30
投资收益(万元)	--	196.82	-	751.18
净利润(万元)	2482.09	7567.91	3248.91	8971.19
营业利润(万元)	3109.37	8224.21	3495.21	7984.55
利润总额(万元)	3571.03	9178.20	3937.14	10187.65

江苏亿通高科技股份有限公司

公司概况	公司名称	江苏亿通高科技股份有限公司		证券简称	亿通科技
	法人代表	王振洪	董秘 王桂珍	证券代码	300211
	公司网址	www.yitong-group.com		电子信箱	yitong@yitong-group.com
	电　话	0512-52816252		传　真	0512-52818006
	办公地址	江苏省常熟市通林路 28 号			
	经营范围	有线电视网络设备、数字化用户信息网络终端产品等			

主要财务指标	指标\报告期	2017.06.30	2016.12.31	2016.06.30	2015.12.31
	基本每股收益(元)	0.0090	0.0125	0.0226	0.0737
	基本每股收益(扣除后)(元)	0.0075	0.0085	0.0207	0.0632
	稀释每股收益(元)	0.0090	0.0125	0.0226	0.0737
	每股净资产(元)	1.6516	1.6526	1.6627	1.6464
	每股经营现金净流量(元)	0.0238	0.1185	–0.0211	0.3429
	每股现金流量(元)	–0.0389	0.0328	–0.0739	0.0793
	每股资本公积金(元)	0.1235	0.1235	0.1235	1.1346
	每股盈余公积金(元)	0.0664	0.0664	0.0652	0.1239
	每股未分配利润(元)	0.4617	0.4627	0.4740	0.8697
	净资产收益率(%)	0.5459	0.7589	1.3612	2.3545
	加权净资产收益率(%)	0.5500	0.7600	1.3700	2.3700
	净资产收益率(扣除)(%)	0.4531	0.5121	1.2456	2.0195
	总资产(万元)	56282.74	58455.06	57946.64	59498.77
	归属母公司股东权益(万元)	49990.62	50020.39	50325.80	49831.93
	营业收入(万元)	7877.54	21975.25	12141.53	22702.08
	营业支出(万元)	6296.56	16854.45	8904.57	17079.35
	投资收益(万元)	––	––	–	–
	净利润(万元)	272.90	379.63	685.03	1173.31
	营业利润(万元)	252.07	328.68	757.42	1325.27
	利润总额(万元)	303.52	459.13	825.85	1424.33

北京易华录信息技术股份有限公司

公司概况	公司名称	北京易华录信息技术股份有限公司		证券简称	易华录
	法人代表	韩建国	董秘 颜芳	证券代码	300212
	公司网址	www.ehualu.com		电子信箱	zhengquan@ehualu.com
	电　话	010-52281160		传　真	010-52281188
	办公地址	北京市石景山区阜石路 165 号中国华录大厦 B 座			
	经营范围	智能交通管理系统、公共安全系统、智慧城市系统的研发、生产和销售等			

主要财务指标	指标\报告期	2017.06.30	2016.12.31	2016.06.30	2015.12.31
	基本每股收益(元)	0.2155	0.3816	0.2120	0.3740
	基本每股收益(扣除后)(元)	0.1954	0.3406	0.2054	0.4310
	稀释每股收益(元)	0.2155	0.3816	0.2120	0.3740
	每股净资产(元)	6.9895	6.8900	6.7279	6.6152
	每股经营现金净流量(元)	–1.0022	–1.1372	–0.9467	–1.1279
	每股现金流量(元)	1.2824	0.7190	–0.5577	0.6019
	每股资本公积金(元)	4.2432	4.2432	4.2432	4.2432
	每股盈余公积金(元)	0.1336	0.1336	0.1228	0.1228
	每股未分配利润(元)	1.6117	1.5163	1.3610	1.2490
	净资产收益率(%)	3.0826	5.5353	3.1508	5.1068
	加权净资产收益率(%)	3.0800	5.6500	3.1500	9.1600
	净资产收益率(扣除)(%)	2.7959	4.9414	3.0524	5.8812
	总资产(万元)	802438.90	646929.53	485062.97	465496.90
	归属母公司股东权益(万元)	258460.39	254921.59	248790.04	244619.19
	营业收入(万元)	122083.05	224947.90	89619.77	161393.07
	营业支出(万元)	86643.67	162426.19	60569.45	107250.58
	投资收益(万元)	–89.91	–332.85	–165.47	–
	净利润(万元)	10292.27	19443.58	9273.25	14882.45
	营业利润(万元)	11026.09	19575.36	10534.71	18780.54
	利润总额(万元)	11913.82	22402.07	11068.82	17882.12

北京佳讯飞鸿电气股份有限公司

公司概况	公司名称	北京佳讯飞鸿电气股份有限公司		证券简称	佳讯飞鸿
	法人代表	林菁	董秘 王翊	证券代码	300213
	公司网址	www.jiaxun.com		电子信箱	zqb@jiaxun.com
	电　话	010-62460088		传　真	010-62492088
	办公地址	北京市海淀区地锦路 5 号院 1 号楼			
	经营范围	生产、制造数字调度设备、专用通信设备等			

主要财务指标	指标\报告期	2017.06.30	2016.12.31	2016.06.30	2015.12.31
	基本每股收益(元)	0.0574	0.3900	0.1631	0.3200
	基本每股收益(扣除后)(元)	0.0316	0.3600	0.1511	0.3200
	稀释每股收益(元)	0.0574	0.3900	0.1631	0.3200
	每股净资产(元)	2.8157	5.6167	3.4239	3.4219
	每股经营现金净流量(元)	–0.1882	0.2517	–0.2331	0.3683
	每股现金流量(元)	–0.3113	1.3661	–0.3736	0.1787
	每股资本公积金(元)	1.0480	3.0959	0.9820	1.0432
	每股盈余公积金(元)	0.0722	0.1444	0.1361	0.1361
	每股未分配利润(元)	0.6956	1.3764	1.3058	1.2426
	净资产收益率(%)	2.0373	6.3950	4.7648	9.2847
	加权净资产收益率(%)	2.0300	10.0700	4.7600	8.8900
	净资产收益率(扣除)(%)	1.1208	5.8897	4.4117	9.2056
	总资产(万元)	222902.57	232582.96	167016.52	165083.68
	归属母公司股东权益(万元)	161809.26	161386.00	89368.33	89317.59
	营业收入(万元)	33840.44	104835.48	52552.55	101253.23
	营业支出(万元)	20115.51	70612.16	36831.97	71808.84
	投资收益(万元)	284.90	550.43	95.00	–
	净利润(万元)	3275.12	10312.24	4242.13	9150.10
	营业利润(万元)	1794.31	8927.23	3685.16	6812.65
	利润总额(万元)	3539.06	12290.70	4748.54	10477.83

山东日科化学股份有限公司

公司概况	公司名称	山东日科化学股份有限公司		证券简称	日科化学
	法人代表	彭国锋	董秘 田志龙	证券代码	300214
	公司网址	www.rikechem.com		电子信箱	tianzhilong@ rikechem.com
	电　话	0536-6283716		传　真	0536-6283716
	办公地址	山东省潍坊市昌乐县英轩街 3999 号			
	经营范围	PVC 塑料改性剂产品的研发、生产和销售等			

主要财务指标	指标\报告期	2017.06.30	2016.12.31	2016.06.30	2015.12.31
	基本每股收益(元)	0.0900	0.2000	0.1100	0.2600
	基本每股收益(扣除后)(元)	0.0900	0.1800	0.1100	0.2400
	稀释每股收益(元)	0.0900	0.2000	0.1100	0.2600
	每股净资产(元)	3.3951	3.3554	3.2676	3.2579
	每股经营现金净流量(元)	0.1331	–0.1385	–0.1304	0.5104
	每股现金流量(元)	–0.0102	–0.3740	–0.2725	0.4110
	每股资本公积金(元)	1.1071	1.1071	1.1071	1.1071
	每股盈余公积金(元)	0.1401	0.1401	0.1211	0.1211
	每股未分配利润(元)	1.1478	1.1081	1.0394	1.0296
	净资产收益率(%)	2.6422	5.8859	3.3597	8.1261
	加权净资产收益率(%)	2.6400	5.9400	3.3300	8.4200
	净资产收益率(扣除)(%)	2.5969	5.3314	3.2456	7.3778
	总资产(万元)	151602.42	147611.68	143777.83	155139.22
	归属母公司股东权益(万元)	137499.79	135891.70	132339.46	131943.29
	营业收入(万元)	93057.62	154703.36	69387.43	142336.31
	营业支出(万元)	81079.41	131611.75	57622.46	117072.96
	投资收益(万元)	––	551.90	–	–
	净利润(万元)	3633.08	7998.41	4446.17	10780.68
	营业利润(万元)	4827.26	10332.96	5680.39	12301.55
	利润总额(万元)	4895.75	10755.00	5867.23	13589.52

苏州电器科学研究院股份有限公司

公司概况	公司名称	苏州电器科学研究院股份有限公司			证券简称	电科院
	法人代表	胡德霖	董秘	顾怡倩	证券代码	300215
	公司网址	www.eeti-easa.com		电子信箱	zqb@eeti.cn	
	电话	0512-68252194		传真	0512-68081686	
	办公地址	江苏省苏州市吴中区越溪前珠路5号				
	经营范围	开展各类发电设备、输变电设备、机电设备、高低压电器元件等				

主要财务指标	指标\报告期	2017.06.30	2016.12.31	2016.06.30	2015.12.31
	基本每股收益(元)	0.0700	0.1000	0.0200	0.0400
	基本每股收益(扣除后)(元)	0.0600	0.0900	0.0200	0.0300
	稀释每股收益(元)	0.0700	0.1000	0.0200	0.0400
	每股净资产(元)	2.5147	2.5024	1.8417	1.8362
	每股经营现金净流量(元)	0.2335	0.4492	0.1974	0.3564
	每股现金流量(元)	0.1792	-0.1606	-0.3372	0.4167
	每股资本公积金(元)	0.9535	0.9535	0.3413	0.3413
	每股盈余公积金(元)	0.0835	0.0835	0.0791	0.0791
	每股未分配利润(元)	0.4777	0.4654	0.4213	0.4158
	净资产收益率(%)	2.6767	3.7242	1.1102	1.9821
	加权净资产收益率(%)	2.6500	4.6400	1.1100	1.9900
	净资产收益率(扣除)(%)	2.5392	3.4620	0.8384	1.4071
	总资产(万元)	390850.64	373982.96	358234.69	382134.28
	归属母公司股东权益(万元)	190694.19	189760.65	132599.48	132207.42
	营业收入(万元)	29625.72	55341.03	24717.80	41740.22
	营业支出(万元)	14155.14	27934.65	13984.91	21622.93
	投资收益(万元)	--	228.12	228.12	-
	净利润(万元)	5119.93	7124.07	1499.94	2675.83
	营业利润(万元)	6798.79	7715.08	1602.97	1884.60
	利润总额(万元)	6784.58	8074.82	1772.71	2827.40

湖南千山制药机械股份有限公司

公司概况	公司名称	湖南千山制药机械股份有限公司			证券简称	千山药机
	法人代表	刘祥华	董秘	陈龙晖	证券代码	300216
	公司网址	www.chinasun.com.cn		电子信箱	zqb@chinasun.com.cn	
	电话	0731-84030025		传真	0731-84030025	
	办公地址	湖南省长沙市经济技术开发区盼盼路9号				
	经营范围	制造、销售制药机械、食品饮料机械、包装机械及备品备件、包装材料等				

主要财务指标	指标\报告期	2017.06.30	2016.12.31	2016.06.30	2015.12.31
	基本每股收益(元)	0.0700	0.5700	0.0300	0.1700
	基本每股收益(扣除后)(元)	0.0600	0.1100	0.0300	0.1000
	稀释每股收益(元)	0.0700	0.5700	0.0300	0.1700
	每股净资产(元)	3.3660	3.2779	2.7618	2.7548
	每股经营现金净流量(元)	-0.0016	-0.0462	-0.0146	0.2963
	每股现金流量(元)	0.2541	0.5836	-0.0040	0.0726
	每股资本公积金(元)	0.6162	0.5982	0.5982	0.5982
	每股盈余公积金(元)	0.2009	0.2009	0.1346	0.1346
	每股未分配利润(元)	1.5552	1.4853	1.0121	1.0122
	净资产收益率(%)	2.0747	17.3701	1.0827	6.0027
	加权净资产收益率(%)	2.1100	18.8800	1.0800	6.1700
	净资产收益率(扣除)(%)	1.9696	3.2688	0.9541	3.7939
	总资产(万元)	439352.05	409167.24	319295.15	287030.41
	归属母公司股东权益(万元)	121658.13	118475.97	99820.21	99566.55
	营业收入(万元)	44711.99	76406.66	31582.70	54587.58
	营业支出(万元)	22376.08	37893.99	15427.14	24589.75
	投资收益(万元)	-122.78	1050.54	1035.33	-
	净利润(万元)	1677.05	19893.74	1233.16	6328.34
	营业利润(万元)	2499.67	5484.46	1466.69	5316.20
	利润总额(万元)	2639.15	22326.72	1639.92	8301.81

镇江东方电热科技股份有限公司

公司概况	公司名称	镇江东方电热科技股份有限公司			证券简称	东方电热
	法人代表	谭荣生	董秘	孙汉武	证券代码	300217
	公司网址	www.dongfang-heater.com		电子信箱	sunhw@dongfang-heater.com	
	电话	0511-88988598		传真	0511-88988060	
	办公地址	江苏省镇江市镇江新区大港五峰山路18号				
	经营范围	电加热产品的研发、生产、销售等				

主要财务指标	指标\报告期	2017.06.30	2016.12.31	2016.06.30	2015.12.31
	基本每股收益(元)	0.0297	0.0360	0.0194	0.1881
	基本每股收益(扣除后)(元)	0.0201	0.0300	0.0187	0.1658
	稀释每股收益(元)	0.0297	0.0360	0.0194	0.1881
	每股净资产(元)	1.4386	1.4190	1.4024	3.9618
	每股经营现金净流量(元)	-0.1145	0.0618	0.0984	0.2838
	每股现金流量(元)	-0.0267	-0.0479	0.0308	0.1981
	每股资本公积金(元)	0.0330	0.0330	0.0330	1.8925
	每股盈余公积金(元)	0.0452	0.0452	0.0407	0.1140
	每股未分配利润(元)	0.3602	0.3406	0.3284	0.9555
	净资产收益率(%)	2.0608	2.5379	1.3801	4.1794
	加权净资产收益率(%)	2.0700	2.5100	1.3600	6.0900
	净资产收益率(扣除)(%)	1.3948	1.8043	1.3359	3.6852
	总资产(万元)	270712.76	273715.09	217797.10	231673.97
	归属母公司股东权益(万元)	183207.75	180702.83	178589.05	180189.34
	营业收入(万元)	79882.91	92968.20	36217.89	94216.76
	营业支出(万元)	64354.18	70708.79	28163.25	70855.69
	投资收益(万元)	683.64	1160.76	707.18	12.80
	净利润(万元)	4730.68	4592.78	2410.58	7972.27
	营业利润(万元)	5088.16	5599.73	2894.22	8628.95
	利润总额(万元)	5859.15	6023.71	2993.86	9474.01

安徽安利材料科技股份有限公司

公司概况	公司名称	安徽安利材料科技股份有限公司			证券简称	安利股份
	法人代表	姚和平	董秘	刘松霞	证券代码	300218
	公司网址	www.chinapuleather.com		电子信箱	anli@mail.hf.ah.cn	
	电话	0551-65896888		传真	0551-65896562	
	办公地址	安徽省合肥市经济技术开发区桃花工业园拓展区(创新大道与繁华大道交叉口)				
	经营范围	专业从事中高档聚氨酯合成革的研发、生产、销售与服务等				

主要财务指标	指标\报告期	2017.06.30	2016.12.31	2016.06.30	2015.12.31
	基本每股收益(元)	0.0140	0.2690	0.1543	0.2552
	基本每股收益(扣除后)(元)	-0.0154	0.1870	0.1133	0.1971
	稀释每股收益(元)	0.0140	0.2690	0.1543	0.2552
	每股净资产(元)	4.5689	4.6404	4.5260	4.3724
	每股经营现金净流量(元)	-0.0418	0.7871	0.0680	0.5376
	每股现金流量(元)	0.1673	0.0907	0.0022	-0.4225
	每股资本公积金(元)	1.6621	1.6621	1.6621	1.6621
	每股盈余公积金(元)	0.3552	0.3552	0.3175	0.3175
	每股未分配利润(元)	1.5455	1.6174	1.5404	1.4711
	净资产收益率(%)	0.3065	5.7979	3.4090	5.7157
	加权净资产收益率(%)	0.3000	5.9200	3.4200	5.8400
	净资产收益率(扣除)(%)	-0.3371	4.0293	2.5036	4.4140
	总资产(万元)	198954.11	192110.71	185828.94	180863.22
	归属母公司股东权益(万元)	99138.36	100689.87	98209.34	96754.91
	营业收入(万元)	69060.34	140488.03	67300.49	137608.99
	营业支出(万元)	55359.98	109626.21	51480.57	108660.80
	投资收益(万元)	--	--	-	-
	净利润(万元)	374.40	6483.88	3675.57	6170.36
	营业利润(万元)	-101.21	4946.77	3037.50	4764.02
	利润总额(万元)	663.58	6926.60	3953.36	6463.09

鸿利智汇集团股份有限公司

公司概况	公司名称	鸿利智汇集团股份有限公司		证券简称	鸿利智汇
	法人代表	李国平	董秘	邓寿铁	证券代码	300219
	公司网址	www.honglitronic.com		电子信箱	stock@honglitronic.com
	电　话	020-86733958		传　真	020-86733777
	办公地址	广东省广州市花都区花东镇先科一路1号			
	经营范围	从事LED器件及其应用产品的研发、生产与销售等			

主要财务指标	指标\报告期	2017.06.30	2016.12.31	2016.06.30	2015.12.31
	基本每股收益(元)	0.2600	0.2100	0.2200	0.2500
	基本每股收益(扣除后)(元)	0.1800	0.1300	0.1500	0.2300
	稀释每股收益(元)	0.2600	0.2100	0.2200	0.2500
	每股净资产(元)	3.5278	2.7200	2.7376	1.7096
	每股经营现金净流量(元)	−0.0709	0.3496	0.1331	0.3834
	每股现金流量(元)	−0.2691	0.5022	0.8149	0.1254
	每股资本公积金(元)	1.5693	0.9280	0.9461	0.0464
	每股盈余公积金(元)	0.0533	0.0566	0.0537	0.0587
	每股未分配利润(元)	0.9081	0.7346	0.7364	0.6101
	净资产收益率(%)	6.9604	7.5630	7.4959	14.4785
	加权净资产收益率(%)	9.1800	10.4000	11.5900	15.5200
	净资产收益率(扣除)(%)	4.9202	4.6630	5.1087	13.4965
	总资产(万元)	447510.79	332790.47	305171.14	206269.13
	归属母公司股东权益(万元)	251741.17	182687.02	183827.31	105112.17
	营业收入(万元)	162562.36	225810.94	99404.52	159231.83
	营业支出(万元)	129622.37	172309.23	73206.40	117826.72
	投资收益(万元)	607.01	3412.34	3081.62	364.91
	净利润(万元)	17620.22	13827.94	13779.52	16578.78
	营业利润(万元)	14086.26	12502.28	14747.48	18405.42
	利润总额(万元)	20659.20	16071.52	17041.53	19680.21

武汉金运激光股份有限公司

公司概况	公司名称	武汉金运激光股份有限公司			证券简称	金运激光
	法人代表	梁萍	董秘	李丹	证券代码	300220
	公司网址	www.goldenlaser.cn		电子信箱	whjydm2015@163.com	
	电　话	027-82943465		传　真	027-82943465	
	办公地址	湖北省武汉市江岸区石桥一路金运激光大厦				
	经营范围	光机电系列激光设备、激光器的研制、生产、销售及技术服务等				

主要财务指标	指标\报告期	2017.06.30	2016.12.31	2016.06.30	2015.12.31
	基本每股收益(元)	0.0526	0.0534	0.0447	−0.1180
	基本每股收益(扣除后)(元)	0.0486	0.0086	0.0400	−0.1490
	稀释每股收益(元)	0.0526	0.0534	0.0447	−0.1180
	每股净资产(元)	2.3142	2.2617	2.2499	2.2046
	每股经营现金净流量(元)	−0.2161	0.1593	0.0173	−0.1102
	每股现金流量(元)	−0.2071	0.3982	−0.1703	−0.0219
	每股资本公积金(元)	0.6637	0.6637	0.6607	0.6607
	每股盈余公积金(元)	0.0793	0.0793	0.0752	0.0752
	每股未分配利润(元)	0.5692	0.5166	0.5119	0.4672
	净资产收益率(%)	2.2714	2.3631	1.9871	−5.3525
	加权净资产收益率(%)	2.3000	2.4000	2.0100	−5.2200
	净资产收益率(扣除)(%)	2.0982	0.3805	1.8767	−6.5291
	总资产(万元)	46056.31	46557.36	47010.93	47044.06
	归属母公司股东权益(万元)	29159.28	28496.95	28349.02	27777.63
	营业收入(万元)	9758.66	18733.07	8657.05	18290.45
	营业支出(万元)	6350.61	11838.52	5379.55	11930.00
	投资收益(万元)	−46.95	307.18	−10.54	44.46
	净利润(万元)	652.88	572.25	527.33	−1551.09
	营业利润(万元)	740.00	478.05	604.47	−2062.64
	利润总额(万元)	799.42	653.34	639.24	−1731.13

广东银禧科技股份有限公司

公司概况	公司名称	广东银禧科技股份有限公司			证券简称	银禧科技
	法人代表	谭颂斌	董秘	郑桂华	证券代码	300221
	公司网址	www.silverage.cn		电子信箱	silverage@silverage.cn	
	电　话	0769-38858388		传　真	0769-38858399	
	办公地址	广东省东莞市道滘镇南阁二业区银禧工程塑料(东莞)有限公司				
	经营范围	生产和销售改性塑料等				

主要财务指标	指标\报告期	2017.06.30	2016.12.31	2016.06.30	2015.12.31
	基本每股收益(元)	0.2150	0.3800	0.2490	0.1000
	基本每股收益(扣除后)(元)	0.1940	0.3200	0.2230	0.0700
	稀释每股收益(元)	0.2120	0.3800	0.2490	0.1000
	每股净资产(元)	4.1689	2.2476	2.0994	1.8688
	每股经营现金净流量(元)	−0.1435	0.1221	0.0338	0.1851
	每股现金流量(元)	0.1507	0.0227	0.0841	0.0145
	每股资本公积金(元)	2.3565	0.3577	0.3402	0.3270
	每股盈余公积金(元)	0.0675	0.0849	0.0526	0.0525
	每股未分配利润(元)	0.7485	0.8125	0.7134	0.4982
	净资产收益率(%)	4.8261	16.9216	11.8584	5.3336
	加权净资产收益率(%)	5.7500	18.4800	12.5100	5.5700
	净资产收益率(扣除)(%)	4.3510	13.9545	10.6350	3.9181
	总资产(万元)	328128.86	160884.37	145786.13	127516.03
	归属母公司股东权益(万元)	210818.16	90413.08	84453.35	75355.99
	营业收入(万元)	112980.26	144055.67	61172.64	114871.23
	营业支出(万元)	89288.49	117369.26	49392.33	93876.09
	投资收益(万元)	−1067.95	9496.77	7387.10	1715.83
	净利润(万元)	10344.48	15442.20	10098.85	3959.18
	营业利润(万元)	7963.63	13297.50	9300.42	2857.14
	利润总额(万元)	7844.36	16482.75	10519.44	4110.65

科大智能科技股份有限公司

公司概况	公司名称	科大智能科技股份有限公司			证券简称	科大智能
	法人代表	黄明松	董秘	穆峻柏	证券代码	300222
	公司网址	www.csg.com.cn		电子信箱	mjb@csg.com.cn	
	电　话	021-50804882		传　真	021-50804883	
	办公地址	上海市浦东新区张江高科技园区碧波路456号A203-A206室				
	经营范围	智能配电网监控通讯装置与自动化系统软硬件产品的生产、销售等				

主要财务指标	指标\报告期	2017.06.30	2016.12.31	2016.06.30	2015.12.31
	基本每股收益(元)	0.1500	0.4400	0.1200	0.2400
	基本每股收益(扣除后)(元)	0.1100	0.3900	0.1100	0.2200
	稀释每股收益(元)	0.1400	0.4300	0.1200	0.2400
	每股净资产(元)	5.1813	5.0209	3.9800	2.4200
	每股经营现金净流量(元)	−0.1451	0.0799	−0.1166	0.2678
	每股现金流量(元)	−0.1402	−0.1218	−0.4809	−0.0134
	每股资本公积金(元)	3.8472	3.8140	2.8786	1.1249
	每股盈余公积金(元)	0.0304	0.0304	0.0258	0.0258
	每股未分配利润(元)	0.7833	0.7056	0.5278	0.4742
	净资产收益率(%)	2.6572	7.5697	2.8131	9.3683
	加权净资产收益率(%)	2.7100	11.1700	5.0200	10.0700
	净资产收益率(扣除)(%)	2.0609	6.7936	2.5459	8.3954
	总资产(万元)	528579.93	487690.44	365543.25	218840.97
	归属母公司股东权益(万元)	377262.86	365584.81	264835.87	145905.80
	营业收入(万元)	92114.36	173398.50	53371.08	85788.63
	营业支出(万元)	60691.58	107546.14	32365.10	48206.87
	投资收益(万元)	1591.19	1630.22	467.17	775.02
	净利润(万元)	10436.25	28282.43	7479.93	15148.49
	营业利润(万元)	11413.99	30114.45	8109.98	15865.29
	利润总额(万元)	11820.29	32468.15	8745.49	17514.15

北京君正集成电路股份有限公司

公司概况	公司名称	北京君正集成电路股份有限公司			证券简称	北京君正
	法人代表	刘强	董秘	张敏	证券代码	300223
	公司网址	www.ingenic.cn		电子信箱	investors@ingenic.cn	
	电　话	010-82825005		传　真	010-56345001	
	办公地址	北京市海淀区西北旺东路10号院东区14号楼A座一至三层				
	经营范围	32位嵌入式CPU芯片及配套软件平台的研发和销售等				

主要财务指标	指标\报告期	2017.06.30	2016.12.31	2016.06.30	2015.12.31
	基本每股收益(元)	0.0227	0.0424	0.0185	0.1926
	基本每股收益(扣除后)(元)	-0.0580	-0.1434	-0.0790	-0.1340
	稀释每股收益(元)	0.0227	0.0424	0.0185	0.1926
	每股净资产(元)	6.6225	6.5961	6.5360	6.5473
	每股经营现金净流量(元)	-0.1425	-0.3950	-0.2050	0.3140
	每股现金流量(元)	-0.6961	0.9717	0.0470	-4.7630
	每股资本公积金(元)	4.4475	4.4435	4.4076	4.4076
	每股盈余公积金(元)	0.1927	0.1927	0.1776	0.1776
	每股未分配利润(元)	0.9873	0.9648	0.9560	0.9675
	净资产收益率(%)	0.3431	0.6425	0.2833	2.9417
	加权净资产收益率(%)	0.3400	0.6500	0.2800	2.9900
	净资产收益率(扣除)(%)	-0.8786	-2.1742	-1.2086	-2.0462
	总资产(万元)	114647.37	113482.85	111021.17	112630.71
	归属母公司股东权益(万元)	110220.41	109759.37	108759.19	108947.58
	营业收入(万元)	7694.47	11168.58	3879.75	7010.50
	营业支出(万元)	4564.96	5990.35	1856.56	3146.96
	投资收益(万元)	971.42	2850.47	1239.31	1544.56
	净利润(万元)	378.14	705.21	308.10	3255.49
	营业利润(万元)	58.20	-573.95	-316.17	-1285.29
	利润总额(万元)	547.14	1118.96	421.78	3777.54

烟台正海磁性材料股份有限公司

公司概况	公司名称	烟台正海磁性材料股份有限公司			证券简称	正海磁材
	法人代表	秘波海	董秘	宋侃	证券代码	300224
	公司网址	www.zhmag.com		电子信箱	dmb@zhmag.com	
	电　话	0535-6397287		传　真	0535-6397287	
	办公地址	山东省烟台市经济技术开发区汕头大街9号				
	经营范围	高性能钕铁硼永磁材料的研发、生产、销售和服务等				

主要财务指标	指标\报告期	2017.06.30	2016.12.31	2016.06.30	2015.12.31
	基本每股收益(元)	-0.0200	0.3800	0.1400	0.3200
	基本每股收益(扣除后)(元)	-0.0200	0.3500	0.1300	0.2900
	稀释每股收益(元)	-0.0200	0.3800	0.1400	0.3200
	每股净资产(元)	3.4173	4.4715	4.2079	4.0246
	每股经营现金净流量(元)	0.2012	-0.1027	0.0416	0.2280
	每股现金流量(元)	-0.3019	-0.1910	-0.2550	-0.2859
	每股资本公积金(元)	1.6388	1.9080	1.8785	1.8467
	每股盈余公积金(元)	0.1156	0.1906	0.1598	0.1602
	每股未分配利润(元)	0.6610	1.4500	1.2477	1.1662
	净资产收益率(%)	-0.5245	8.4333	3.4221	7.7571
	加权净资产收益率(%)	-0.5300	8.9000	3.5100	8.5800
	净资产收益率(扣除)(%)	-0.6485	7.5744	3.0693	7.0555
	总资产(万元)	363040.73	320669.37	298047.11	293817.26
	归属母公司股东权益(万元)	285392.79	226357.04	213010.79	203271.80
	营业收入(万元)	40331.28	158761.20	72403.80	136583.71
	营业支出(万元)	31648.38	116752.37	56271.01	98392.85
	投资收益(万元)	832.19	1519.18	713.55	1265.06
	净利润(万元)	-1970.05	19482.25	7428.06	16015.86
	营业利润(万元)	-4183.77	18382.08	6813.66	16932.04
	利润总额(万元)	-3717.92	20890.43	7796.46	18296.27

上海金力泰化工股份有限公司

公司概况	公司名称	上海金力泰化工股份有限公司			证券简称	金力泰
	法人代表	Wu Yichao	董秘	杜晟华	证券代码	300225
	公司网址	www.knt.cn		电子信箱	knttzxx@knt.cn	
	电　话	021-31156097		传　真	021-31156068	
	办公地址	上海市化学工业区楚工路139号				
	经营范围	制造、加工高性能涂料产品、溶剂、添加剂、销售自产产品等				

主要财务指标	指标\报告期	2017.06.30	2016.12.31	2016.06.30	2015.12.31
	基本每股收益(元)	0.0553	0.1490	0.0832	0.1470
	基本每股收益(扣除后)(元)	0.0531	0.1490	0.0816	0.1400
	稀释每股收益(元)	0.0553	0.1490	0.0832	0.1470
	每股净资产(元)	1.8526	1.8469	1.7824	1.7679
	每股经营现金净流量(元)	0.1196	0.1916	0.0745	0.0756
	每股现金流量(元)	-0.2531	0.1414	-0.1551	-0.0794
	每股资本公积金(元)	0.0535	0.0535	0.0535	0.0535
	每股盈余公积金(元)	0.1587	0.1587	0.1450	0.1450
	每股未分配利润(元)	0.6305	0.6252	0.5728	0.5596
	净资产收益率(%)	2.9862	8.0853	4.6666	8.3268
	加权净资产收益率(%)	2.9600	8.2900	4.6200	8.4800
	净资产收益率(扣除)(%)	2.8639	8.0015	4.5791	7.8900
	总资产(万元)	115547.16	115714.86	109434.08	107150.36
	归属母公司股东权益(万元)	87134.76	86868.08	83832.61	83153.50
	营业收入(万元)	36926.15	79030.73	37137.40	70249.66
	营业支出(万元)	28009.71	55914.01	25931.11	50269.66
	投资收益(万元)	188.08	294.39	17.48	362.50
	净利润(万元)	2560.66	5982.41	3688.46	6305.76
	营业利润(万元)	2917.93	7540.48	4024.19	6652.96
	利润总额(万元)	2896.37	7627.52	4109.81	7081.53

上海钢联电子商务股份有限公司

公司概况	公司名称	上海钢联电子商务股份有限公司			证券简称	上海钢联
	法人代表	朱军红	董秘	肖斌	证券代码	300226
	公司网址	www.mysteel.com		电子信箱	public@mysteel.com.cn	
	电　话	021-26093997		传　真	021-66896911	
	办公地址	上海市宝山区园丰路68号				
	经营范围	钢铁、能源、矿业和有色金属等相关行业信息服务为基础的B2B电子商务服务等				

主要财务指标	指标\报告期	2017.06.30	2016.12.31	2016.06.30	2015.12.31
	基本每股收益(元)	0.1432	0.1402	0.0871	-1.6100
	基本每股收益(扣除后)(元)	0.1323	0.1166	0.0694	-1.6400
	稀释每股收益(元)	0.1432	0.1402	0.0871	-1.6100
	每股净资产(元)	3.3106	3.1294	2.4682	0.4951
	每股经营现金净流量(元)	-2.5390	-4.8329	-1.4929	-1.0138
	每股现金流量(元)	0.2868	-1.0367	2.5974	0.9541
	每股资本公积金(元)	2.8287	2.7906	2.1988	0.3128
	每股盈余公积金(元)	0.1178	0.1178	0.1145	0.1145
	每股未分配利润(元)	-0.6361	-0.7793	-0.8452	-0.9323
	净资产收益率(%)	4.3245	4.4303	3.5289	-324.2018
	加权净资产收益率(%)	4.4500	5.6400	4.8600	-99.2200
	净资产收益率(扣除)(%)	3.9958	3.6868	2.8118	-330.7186
	总资产(万元)	683744.01	576421.99	311268.66	187087.54
	归属母公司股东权益(万元)	52783.33	49894.47	38503.73	7723.13
	营业收入(万元)	3188060.67	4127899.11	1672018.47	2135713.57
	营业支出(万元)	3168642.41	4097335.61	1658726.05	2149991.54
	投资收益(万元)	339.49	-735.93	-167.87	-206.24
	净利润(万元)	2934.05	2929.03	1745.55	-44789.05
	营业利润(万元)	3157.61	2717.78	1576.00	-44821.03
	利润总额(万元)	3219.37	3196.23	1918.51	-44234.30

深圳光韵达光电科技股份有限公司

公司概况						
公司概况	公司名称	深圳光韵达光电科技股份有限公司			证券简称	光韵达
	法人代表	侯若洪	董秘	李璐	证券代码	300227
	公司网址	www.sunshine-laser.com		电子信箱	info@sunshine-laser.com	
	电　话	0755-26981580		传　真	0755-26981500	
	办公地址	广东省深圳市南山区高新区北区朗山路13号清华紫光科技园C座1层				
	经营范围	从事激光应用技术的研究与开发、提供激光切割、激光钻孔、激光焊接等				

主要财务指标	指标\报告期	2017.06.30	2016.12.31	2016.06.30	2015.12.31
	基本每股收益(元)	0.0944	0.1179	0.0029	0.1883
	基本每股收益(扣除后)(元)	0.0820	0.0800	−0.0067	0.0100
	稀释每股收益(元)	0.0944	0.1179	0.0029	0.1883
	每股净资产(元)	4.3845	2.8151	2.6642	2.6700
	每股经营现金净流量(元)	0.2125	0.1775	0.0447	0.3873
	每股现金流量(元)	0.2187	0.0131	−0.0065	−0.0428
	每股资本公积金(元)	2.3828	0.8156	0.9054	0.9054
	每股盈余公积金(元)	0.0364	0.0397	0.0391	0.0391
	每股未分配利润(元)	1.0476	1.0496	0.9225	0.9295
	净资产收益率(%)	2.1528	4.1869	0.1101	7.0381
	加权净资产收益率(%)	2.9500	4.2600	0.1100	6.4800
	净资产收益率(扣除)(%)	1.8704	2.7656	−0.2497	0.3449
	总资产(万元)	96125.63	68978.22	63483.41	60401.07
	归属母公司股东权益(万元)	65669.37	38657.68	37072.95	37161.92
	营业收入(万元)	18466.89	31244.25	10922.53	22577.59
	营业支出(万元)	10404.18	18635.10	6524.88	13695.84
	投资收益(万元)	--	−13.69	-	2610.34
	净利润(万元)	1299.62	1373.64	−77.99	2432.92
	营业利润(万元)	1352.94	1126.20	−123.41	2566.52
	利润总额(万元)	1571.83	1784.54	33.88	2838.48

张家港富瑞特种装备股份有限公司

公司概况						
公司概况	公司名称	张家港富瑞特种装备股份有限公司			证券简称	富瑞特装
	法人代表	邬品芳	董秘	宋清山	证券代码	300228
	公司网址	www.furuise.com		电子信箱	furui@furuise.com	
	电　话	0512-58982295		传　真	0512-58982293	
	办公地址	江苏省张家港市杨舍镇晨新路19号				
	经营范围	金属压力容器的设计、生产和销售等				

主要财务指标	指标\报告期	2017.06.30	2016.12.31	2016.06.30	2015.12.31
	基本每股收益(元)	0.0900	−0.6300	−0.1500	0.0600
	基本每股收益(扣除后)(元)	0.0600	−0.6700	−0.1500	0.0038
	稀释每股收益(元)	0.0900	−0.6300	−0.1500	0.0600
	每股净资产(元)	3.7563	3.6700	4.1597	4.2670
	每股经营现金净流量(元)	0.0957	−0.1351	−0.5170	0.2295
	每股现金流量(元)	−0.0200	−0.5190	−0.5132	0.9772
	每股资本公积金(元)	1.8639	1.8366	1.8475	3.5155
	每股盈余公积金(元)	0.1436	0.1446	0.1446	0.2330
	每股未分配利润(元)	0.7538	0.6658	1.1484	2.1045
	净资产收益率(%)	2.4609	−17.2898	−3.6528	0.8154
	加权净资产收益率(%)	2.4300	−15.9000	−3.6500	1.0500
	净资产收益率(扣除)(%)	1.6323	−18.1814	−4.1295	0.0537
	总资产(万元)	434355.84	392742.53	375930.55	384616.64
	归属母公司股东权益(万元)	178011.97	172721.38	195768.64	200815.13
	营业收入(万元)	80823.95	88650.09	36236.10	130339.41
	营业支出(万元)	58350.32	67485.58	28678.24	91235.41
	投资收益(万元)	1535.03	−1192.52	−540.44	−452.35
	净利润(万元)	3731.02	−29726.92	−7878.49	1208.18
	营业利润(万元)	2945.39	−35103.69	−9188.49	−1073.06
	利润总额(万元)	3091.07	−33314.68	−8083.20	865.84

北京拓尔思信息技术股份有限公司

公司概况						
公司概况	公司名称	北京拓尔思信息技术股份有限公司			证券简称	拓尔思
	法人代表	李渝勤	董秘	何东炯	证券代码	300229
	公司网址	www.trs.com.cn		电子信箱	ir@trs.com.cn	
	电　话	010-64848899-190　64848899		传　真	010-64879084	
	办公地址	北京市朝阳区大屯路科学园南里风林西奥中心B座16层				
	经营范围	技术推广、技术开发、技术转让、技术服务、技术咨询等				

主要财务指标	指标\报告期	2017.06.30	2016.12.31	2016.06.30	2015.12.31
	基本每股收益(元)	0.0356	0.2941	0.0343	0.2598
	基本每股收益(扣除后)(元)	0.0247	0.2724	0.0258	0.2356
	稀释每股收益(元)	0.0356	0.2936	0.0343	0.2598
	每股净资产(元)	3.4986	3.4846	3.2282	3.2433
	每股经营现金净流量(元)	−0.1132	0.1899	−0.2110	0.2031
	每股现金流量(元)	−0.0919	−0.3895	−0.6840	0.1963
	每股资本公积金(元)	1.3430	1.3145	1.1709	1.1709
	每股盈余公积金(元)	0.1366	0.1366	0.1189	0.1189
	每股未分配利润(元)	1.1479	1.1622	0.9363	0.9520
	净资产收益率(%)	1.0188	8.3364	1.0634	8.0091
	加权净资产收益率(%)	1.0200	8.7400	1.0600	8.2800
	净资产收益率(扣除)(%)	0.7072	7.7216	0.7992	7.2637
	总资产(万元)	208779.97	206157.09	191489.17	180658.32
	归属母公司股东权益(万元)	165006.85	164345.33	150397.20	151099.69
	营业收入(万元)	31427.87	68012.27	24606.39	38796.15
	营业支出(万元)	10044.58	20944.20	8880.02	7747.89
	投资收益(万元)	85.27	−140.37	55.32	477.99
	净利润(万元)	2332.23	14705.67	1865.12	12101.67
	营业利润(万元)	1875.99	12318.66	605.13	10254.62
	利润总额(万元)	2394.70	15840.02	1915.20	13831.16

上海永利带业股份有限公司

公司概况						
公司概况	公司名称	上海永利带业股份有限公司			证券简称	永利股份
	法人代表	史佩浩	董秘	恽黎明	证券代码	300230
	公司网址	www.yonglibelt.com		电子信箱	yongli@yonglibelt.com	
	电　话	021-59884061		传　真	021-59884157	
	办公地址	上海市青浦区徐泾镇徐旺路58号				
	经营范围	从事各类轻型输送带的研发、生产及销售				

主要财务指标	指标\报告期	2017.06.30	2016.12.31	2016.06.30	2015.12.31
	基本每股收益(元)	0.3253	0.6843	0.2632	0.5030
	基本每股收益(扣除后)(元)	0.3127	0.6413	0.2468	0.4782
	稀释每股收益(元)	0.3253	0.6843	0.2632	0.5030
	每股净资产(元)	5.7294	9.9650	5.1166	4.9457
	每股经营现金净流量(元)	0.4422	0.7326	0.1122	0.3389
	每股现金流量(元)	−0.1886	3.1964	0.1963	−0.4868
	每股资本公积金(元)	3.5207	7.1416	2.4606	2.4606
	每股盈余公积金(元)	0.0728	0.1310	0.1370	0.1370
	每股未分配利润(元)	1.1163	1.6238	1.5355	1.3722
	净资产收益率(%)	5.6770	6.1169	5.1450	9.2763
	加权净资产收益率(%)	5.7200	9.3200	5.2000	11.3800
	净资产收益率(扣除)(%)	5.4577	5.7326	4.8244	8.8197
	总资产(万元)	407921.22	407100.33	180646.55	168182.55
	归属母公司股东权益(万元)	259800.42	251033.71	104748.59	101250.16
	营业收入(万元)	137242.04	182678.92	70401.12	92843.79
	营业支出(万元)	94152.27	129822.41	49815.15	63642.39
	投资收益(万元)	−48.95	79.22	92.65	−105.99
	净利润(万元)	15134.98	16484.56	6062.93	9704.26
	营业利润(万元)	17744.91	18862.98	6838.48	11184.72
	利润总额(万元)	17858.33	19938.26	7135.88	11731.04

北京银信长远科技股份有限公司

公司概况	公司名称	北京银信长远科技股份有限公司			证券简称	银信科技
	法人代表	詹立雄	董秘	林静颖	证券代码	300231
	公司网址	www.trustfar.cn		电子信箱	public@trustfar.cn	
	电　话	010-82629666		传　真	010-82621118	
	办公地址	北京市朝阳区安定路 35 号北京安华发展大厦 8 层				
	经营范围	法律、行政法规、国务院决定禁止的				

	指标\报告期	2017.06.30	2016.12.31	2016.06.30	2015.12.31
主要财务指标	基本每股收益(元)	0.1822	0.3386	0.1676	0.2571
	基本每股收益(扣除后)(元)	0.1795	0.3487	0.1707	0.2477
	稀释每股收益(元)	0.1822	0.3511	0.1676	0.2571
	每股净资产(元)	1.8412	1.8011	1.5153	1.4632
	每股经营现金净流量(元)	-0.1411	0.0002	-0.5969	0.1337
	每股现金流量(元)	0.2218	-0.2915	0.0548	-0.0562
	每股资本公积金(元)	0.4038	0.3959	0.3712	0.2168
	每股盈余公积金(元)	0.1175	0.1175	0.0849	0.0865
	每股未分配利润(元)	0.5124	0.4802	0.3419	0.2775
	净资产收益率(%)	9.8970	18.7985	11.0633	16.9298
	加权净资产收益率(%)	9.6300	21.3900	11.0200	19.7800
	净资产收益率(扣除)(%)	9.7516	18.6731	11.0632	16.3104
	总资产(万元)	120054.55	100428.74	106695.61	65867.20
	归属母公司股东权益(万元)	63061.43	61689.77	51898.85	49208.62
	营业收入(万元)	40589.21	105027.34	38280.48	67105.93
	营业支出(万元)	26370.22	76097.88	25986.34	46060.39
	投资收益(万元)	—	—	—	-
	净利润(万元)	6241.18	11596.78	5741.72	8330.94
	营业利润(万元)	7143.17	13812.02	6759.21	9410.13
	利润总额(万元)	7251.05	13951.93	6763.74	9794.91

深圳市洲明科技股份有限公司

公司概况	公司名称	深圳市洲明科技股份有限公司			证券简称	洲明科技
	法人代表	林洺锋	董秘	徐朋	证券代码	300232
	公司网址	www.unilumin.com		电子信箱	irm@unilumin.com	
	电　话	0755-29918999		传　真	86-755-29912092	
	办公地址	广东省深圳市宝安区福永街道桥头社区永福路 112 号 A 栋				
	经营范围	LED 显示屏、LED 灯饰、LED 照明灯的生产和销售等				

	指标\报告期	2017.06.30	2016.12.31	2016.06.30	2015.12.31
主要财务指标	基本每股收益(元)	0.2203	0.2900	0.1139	0.5600
	基本每股收益(扣除后)(元)	0.2033	0.2700	0.1075	0.4600
	稀释每股收益(元)	0.2203	0.2900	0.1139	0.5600
	每股净资产(元)	2.5947	2.4915	1.8864	4.4810
	每股经营现金净流量(元)	-0.1465	0.3590	0.0422	0.3371
	每股现金流量(元)	-0.3456	0.6027	-0.1158	0.8038
	每股资本公积金(元)	0.9016	0.7138	0.2453	2.1012
	每股盈余公积金(元)	0.0763	0.0792	0.0569	0.1423
	每股未分配利润(元)	0.8392	0.6988	0.5887	1.2480
	净资产收益率(%)	8.3361	11.0079	6.0377	11.0272
	加权净资产收益率(%)	8.1000	14.0300	6.1700	16.0700
	净资产收益率(扣除)(%)	7.6902	10.3224	5.6976	9.1033
	总资产(万元)	311329.53	260567.16	194834.65	170381.07
	归属母公司股东权益(万元)	163547.87	151212.24	108531.51	102988.67
	营业收入(万元)	122020.23	174594.37	67152.54	130637.24
	营业支出(万元)	83181.65	122587.29	46013.69	89808.31
	投资收益(万元)	-13.22	-408.98	-356.72	-268.46
	净利润(万元)	13558.59	16676.01	6555.39	14430.21
	营业利润(万元)	15022.78	17778.53	7348.80	14624.61
	利润总额(万元)	16326.08	18942.19	7783.96	16535.73

山东金城医药集团股份有限公司

公司概况	公司名称	山东金城医药集团股份有限公司			证券简称	金城医药
	法人代表	赵叶青	董秘	朱晓刚	证券代码	300233
	公司网址	www.jinchengpharm.com		电子信箱	jcpc@300233.com	
	电　话	0533-5439432		传　真	0533-5439426	
	办公地址	山东省淄博市淄川经济开发区双山路 1 号				
	经营范围	抗菌素类医药化工产品生产、经营和销售等				

	指标\报告期	2017.06.30	2016.12.31	2016.06.30	2015.12.31
主要财务指标	基本每股收益(元)	0.3600	0.6300	0.3000	0.6800
	基本每股收益(扣除后)(元)	0.3500	0.5600	0.2500	0.6500
	稀释每股收益(元)	0.3600	0.6300	0.3000	0.6800
	每股净资产(元)	9.3919	5.6743	5.3427	5.1047
	每股经营现金净流量(元)	0.1309	0.9537	0.5074	0.8212
	每股现金流量(元)	0.2756	0.1616	-0.0137	0.0653
	每股资本公积金(元)	6.5142	2.1062	2.1110	2.1048
	每股盈余公积金(元)	0.1496	0.2323	0.1818	0.1818
	每股未分配利润(元)	1.7287	2.4232	2.1393	1.9942
	净资产收益率(%)	3.3869	11.0940	5.5232	13.2282
	加权净资产收益率(%)	4.2700	11.7200	5.6700	14.1900
	净资产收益率(扣除)(%)	3.2891	9.9133	4.6170	12.6992
	总资产(万元)	467853.74	225688.28	203313.40	199629.22
	归属母公司股东权益(万元)	369245.03	143672.38	135278.10	129251.89
	营业收入(万元)	121111.42	142038.50	51629.25	117856.03
	营业支出(万元)	84374.50	102471.87	34701.43	76293.39
	投资收益(万元)	—	—	-	-
	净利润(万元)	13073.50	15624.79	7238.62	16920.49
	营业利润(万元)	14515.55	14973.80	6642.94	16506.50
	利润总额(万元)	14990.78	16978.00	8204.54	17311.01

浙江开尔新材料股份有限公司

公司概况	公司名称	浙江开尔新材料股份有限公司			证券简称	开尔新材
	法人代表	邢翰学	董秘	许哲远	证券代码	300234
	公司网址	www.zjke.com		电子信箱	stock@zjke.com	
	电　话	0579-89178185　89178185		传　真	0579-82886066	
	办公地址	浙江省金华市金东区曹宅工业区				
	经营范围	立面装饰搪瓷材料、工业保护搪瓷材料系列的研发、生产和销售等				

	指标\报告期	2017.06.30	2016.12.31	2016.06.30	2015.12.31
主要财务指标	基本每股收益(元)	0.0021	0.1000	0.0600	0.2500
	基本每股收益(扣除后)(元)	-0.0016	0.0300	0.0300	0.2000
	稀释每股收益(元)	0.0021	0.1000	0.0600	0.2500
	每股净资产(元)	3.4603	3.4679	3.4228	2.2127
	每股经营现金净流量(元)	-0.1247	0.1966	0.1304	0.0645
	每股现金流量(元)	-0.0933	0.0349	-0.0508	0.0832
	每股资本公积金(元)	1.4321	1.4321	1.4321	0.1581
	每股盈余公积金(元)	0.1233	0.1233	0.1123	0.1232
	每股未分配利润(元)	0.9052	0.9131	0.8787	0.9317
	净资产收益率(%)	0.0615	2.8340	1.5450	11.3283
	加权净资产收益率(%)	0.0600	3.1900	1.9400	11.8700
	净资产收益率(扣除)(%)	-0.4563	0.9614	0.8144	9.1701
	总资产(万元)	117618.70	118622.61	116597.17	87603.23
	归属母公司股东权益(万元)	100188.19	100408.04	99100.88	58415.84
	营业收入(万元)	13195.68	36244.72	14829.19	42116.27
	营业支出(万元)	8500.02	24740.57	10166.92	25252.04
	投资收益(万元)	438.35	472.18	125.54	-
	净利润(万元)	26.38	2994.07	1568.73	6512.02
	营业利润(万元)	175.88	1690.59	1144.90	6460.58
	利润总额(万元)	254.19	3400.47	1977.82	7883.06

深圳市方直科技股份有限公司

公司概况					
公司名称	深圳市方直科技股份有限公司			证券简称	方直科技
法人代表	黄元忠	董秘	李枫	证券代码	300235
公司网址	www.kingsunsoft.com		电子信箱	feng.li@kingsunsoft.com	
电　话	0755-86336966		传　真	0755-86336977	
办公地址	广东省深圳市南山区大新路198号创新大厦B栋9楼				
经营范围	计算机软件、硬件、网络及教育软件和教学资源的开发、销售等				

主要财务指标 指标\报告期	2017.06.30	2016.12.31	2016.06.30	2015.12.31
基本每股收益(元)	–0.0125	0.1200	0.0307	0.1400
基本每股收益(扣除后)(元)	–0.0219	0.0700	0.0104	0.1000
稀释每股收益(元)	–0.0125	0.1200	0.0307	0.1400
每股净资产(元)	3.4304	2.2193	2.1338	2.1631
每股经营现金净流量(元)	–0.0376	0.0609	–0.0567	0.1226
每股现金流量(元)	1.4368	–0.0635	–0.1615	–0.3058
每股资本公积金(元)	1.6788	0.3951	0.3951	0.3951
每股盈余公积金(元)	0.1135	0.1154	0.1066	0.1033
每股未分配利润(元)	0.6381	0.7088	0.6321	0.6647
净资产收益率(%)	–0.3546	5.2377	1.4392	6.4874
加权净资产收益率(%)	–0.4400	5.3000	1.4500	6.5500
净资产收益率(扣除)(%)	–0.6194	3.3531	0.4879	4.4655
总资产(万元)	59164.69	37223.92	35054.07	36769.57
归属母公司股东权益(万元)	57572.08	35154.06	33799.25	34263.20
营业收入(万元)	3685.38	9691.96	4326.14	9944.18
营业支出(万元)	1185.77	2906.71	1478.34	3486.39
投资收益(万元)	–171.47	397.97	237.80	713.52
净利润(万元)	–220.58	1828.72	486.45	2222.81
营业利润(万元)	–257.86	1412.39	436.63	2160.66
利润总额(万元)	–219.07	2087.08	577.11	2525.89

上海新阳半导体材料股份有限公司

公司概况					
公司名称	上海新阳半导体材料股份有限公司			证券简称	上海新阳
法人代表	王福祥	董秘	杨靖	证券代码	300236
公司网址	www.sinyang.com.cn		电子信箱	info@sinyang.com.cn	
电　话	021-57850066		传　真	021-57850620	
办公地址	上海市松江区思贤路3600号				
经营范围	制造加工与电子科技、信息科技、半导体材料、航空航天材料有关的化学产品等				

主要财务指标 指标\报告期	2017.06.30	2016.12.31	2016.06.30	2015.12.31
基本每股收益(元)	0.1791	0.2800	0.1524	0.2800
基本每股收益(扣除后)(元)	0.1772	0.2500	0.1314	0.2700
稀释每股收益(元)	0.1791	0.2800	0.1524	0.2800
每股净资产(元)	6.4943	6.4092	6.2472	4.9200
每股经营现金净流量(元)	0.1519	0.3534	0.2459	–0.0298
每股现金流量(元)	0.0286	0.3141	1.0468	–0.3295
每股资本公积金(元)	4.0896	4.0896	4.1131	2.8236
每股盈余公积金(元)	0.1084	0.1084	0.1005	0.1064
每股未分配利润(元)	1.2369	1.1578	1.0282	0.9842
净资产收益率(%)	2.7574	4.3804	2.3720	4.6734
加权净资产收益率(%)	2.7500	4.7400	2.7200	4.8100
净资产收益率(扣除)(%)	2.7278	3.8798	2.0456	4.4812
总资产(万元)	143090.50	147010.30	136193.99	115995.99
归属母公司股东权益(万元)	125837.89	124187.64	121659.58	90568.38
营业收入(万元)	23163.67	41383.53	19179.21	36848.02
营业支出(万元)	14045.44	23304.05	10721.80	21593.95
投资收益(万元)	–225.30	153.15	147.38	–89.29
净利润(万元)	3427.96	5332.84	2844.25	4144.38
营业利润(万元)	4072.27	5295.97	3139.59	4481.16
利润总额(万元)	4078.88	5963.84	3356.34	4849.53

山东美晨生态环境股份有限公司

公司概况					
公司名称	山东美晨生态环境股份有限公司			证券简称	美晨生态
法人代表	郑召伟	董秘	李炜刚	证券代码	300237
公司网址	www.meichen.cc		电子信箱	liweigang@meichen.cc	
电　话	0536-6151511		传　真	0536-6320138	
办公地址	山东省潍坊市诸城市密州街道北十里四村600号				
经营范围	非轮胎橡胶制品的研发、生产和销售				

主要财务指标 指标\报告期	2017.06.30	2016.12.31	2016.06.30	2015.12.31
基本每股收益(元)	0.2933	0.5500	0.1900	0.3100
基本每股收益(扣除后)(元)	0.2875	0.5600	0.1815	0.3100
稀释每股收益(元)	0.2933	0.5500	0.1900	0.3100
每股净资产(元)	3.5064	3.2731	2.9175	2.7560
每股经营现金净流量(元)	–0.1532	–0.4683	–0.5927	–0.2808
每股现金流量(元)	–0.2783	–0.3591	–0.3695	0.7932
每股资本公积金(元)	1.1630	1.1630	1.1694	1.1694
每股盈余公积金(元)	0.0557	0.0557	0.0430	0.0430
每股未分配利润(元)	1.2876	1.0543	0.7051	0.5438
净资产收益率(%)	8.3652	16.9042	6.5580	9.3985
加权净资产收益率(%)	8.0300	18.3700	6.7300	15.0700
净资产收益率(扣除)(%)	8.1986	16.9759	6.2204	9.0260
总资产(万元)	672750.62	587856.15	470961.52	443001.06
归属母公司股东权益(万元)	283056.91	264223.81	235517.28	222493.72
营业收入(万元)	149459.28	295014.67	101980.31	180319.26
营业支出(万元)	98436.77	196422.34	68904.68	120296.99
投资收益(万元)	28.64	1758.63	284.38	–344.64
净利润(万元)	23693.74	44507.76	15339.91	20693.32
营业利润(万元)	28437.86	52923.27	17774.24	23904.56
利润总额(万元)	28956.91	52143.39	18314.05	24925.89

冠昊生物科技股份有限公司

公司概况					
公司名称	冠昊生物科技股份有限公司			证券简称	冠昊生物
法人代表	周利军	董秘	周利军	证券代码	300238
公司网址	www.guanhaobio.com		电子信箱	ir@guanhaobio.com	
电　话	020-32952205		传　真	020-32051692	
办公地址	广东省广州市黄埔区玉岩路12号				
经营范围	专业从事再生医学材料及再生型医用植入器械研发、生产及销售				

主要财务指标 指标\报告期	2017.06.30	2016.12.31	2016.06.30	2015.12.31
基本每股收益(元)	0.1000	0.2600	0.0600	0.2600
基本每股收益(扣除后)(元)	0.0700	0.1900	0.0400	0.2200
稀释每股收益(元)	0.1000	0.2600	0.0600	0.2600
每股净资产(元)	5.2863	5.2225	2.4200	2.3525
每股经营现金净流量(元)	0.0040	0.2339	0.1208	0.2748
每股现金流量(元)	–0.1909	0.1312	–0.3478	0.2493
每股资本公积金(元)	3.1430	3.1140	0.4558	0.4568
每股盈余公积金(元)	0.1288	0.1285	0.1247	0.1181
每股未分配利润(元)	1.0036	0.9843	0.8716	0.8148
净资产收益率(%)	1.8334	4.7092	2.5901	10.9055
加权净资产收益率(%)	1.8600	8.2100	2.4600	11.4400
净资产收益率(扣除)(%)	1.3645	3.5308	1.5833	9.1839
总资产(万元)	161341.23	163669.26	94395.55	80702.37
归属母公司股东权益(万元)	140168.22	138814.54	59611.84	58104.49
营业收入(万元)	19793.09	31278.97	10680.29	22617.25
营业支出(万元)	5270.66	6841.31	2444.72	4089.84
投资收益(万元)	–686.02	–864.28	–269.27	–276.62
净利润(万元)	2422.37	6278.03	1453.75	6247.72
营业利润(万元)	2418.64	5828.70	945.15	6167.46
利润总额(万元)	3283.58	7739.87	1746.56	7421.38

包头东宝生物技术股份有限公司

公司概况	公司名称	包头东宝生物技术股份有限公司			证券简称	东宝生物
	法人代表	王军	董秘	刘芳	证券代码	300239
	公司网址	www.dongbaoshengwu.com		电子信箱	xmliu@dongbaoshengwu.com	
	电　话	0472-6208676		传　真	0472-6208676	
	办公地址	内蒙古自治区包头市稀土高新技术产业开发区黄河大街46号				
	经营范围	生产经营照相明胶、药用明胶、食用明胶、工业明胶、骨油、骨粉等				

主要财务指标	指标\报告期	2017.06.30	2016.12.31	2016.06.30	2015.12.31
	基本每股收益(元)	0.0263	0.0417	0.0181	0.0290
	基本每股收益(扣除后)(元)	0.0226	0.0268	0.0103	0.0109
	稀释每股收益(元)	0.0263	0.0417	0.0181	0.0290
	每股净资产(元)	1.5611	1.5598	1.5362	3.0661
	每股经营现金净流量(元)	0.0025	0.0880	-0.0217	0.1978
	每股现金流量(元)	-0.2582	-0.2446	-0.1523	0.8880
	每股资本公积金(元)	0.3304	0.3304	0.3304	1.6608
	每股盈余公积金(元)	0.0507	0.0507	0.0463	0.0927
	每股未分配利润(元)	0.1801	0.1787	0.1594	0.3126
	净资产收益率(%)	1.6875	2.6746	1.1792	0.8336
	加权净资产收益率(%)	1.6700	2.7000	1.1800	1.4700
	净资产收益率(扣除)(%)	1.4501	1.7156	0.6711	0.3137
	总资产(万元)	87864.29	83313.23	77063.91	78004.33
	归属母公司股东权益(万元)	71947.91	71886.00	70798.16	70654.62
	营业收入(万元)	16221.07	31659.40	16117.39	29191.61
	营业支出(万元)	12875.28	25173.21	13156.69	23625.39
	投资收益(万元)	77.25	313.90	237.93	52.65
	净利润(万元)	1214.10	1922.70	834.85	588.96
	营业利润(万元)	1454.23	1797.68	812.77	373.80
	利润总额(万元)	1437.95	2279.42	990.31	738.56

江苏飞力达国际物流股份有限公司

公司概况	公司名称	江苏飞力达国际物流股份有限公司			证券简称	飞力达
	法人代表	沈黎明	董秘	李镭	证券代码	300240
	公司网址	www.feiliks.com		电子信箱	dshmsc@feiliks.com	
	电　话	0512-55278563 55278689		传　真	0512-55278558	
	办公地址	江苏省昆山市开发区玫瑰路999号				
	经营范围	综合货运站(场)(仓储)、货物专用运输(集装箱)、普通货运、承办空运等				

主要财务指标	指标\报告期	2017.06.30	2016.12.31	2016.06.30	2015.12.31
	基本每股收益(元)	0.1100	0.1800	0.0900	0.1800
	基本每股收益(扣除后)(元)	0.0700	0.1100	0.0600	0.1000
	稀释每股收益(元)	0.1100	0.1800	0.0900	0.1800
	每股净资产(元)	2.8329	2.8534	2.7617	4.0072
	每股经营现金净流量(元)	-0.1341	0.3402	0.3103	0.7888
	每股现金流量(元)	0.0422	0.1277	0.0045	0.3957
	每股资本公积金(元)	0.5776	0.6713	0.6709	1.5064
	每股盈余公积金(元)	0.0606	0.0606	0.0531	0.0797
	每股未分配利润(元)	1.2029	1.1275	1.0449	1.4323
	净资产收益率(%)	3.7224	6.3395	3.2593	4.4136
	加权净资产收益率(%)	3.7500	6.5500	3.3300	4.4800
	净资产收益率(扣除)(%)	2.5622	3.8006	1.9969	2.6092
	总资产(万元)	212403.70	202747.08	184363.78	168555.39
	归属母公司股东权益(万元)	103558.36	104307.33	100956.40	97657.39
	营业收入(万元)	142070.58	238498.34	119594.39	222938.15
	营业支出(万元)	123527.63	199973.10	100397.37	184883.28
	投资收益(万元)	168.85	303.87	-48.73	154.30
	净利润(万元)	4624.54	7934.31	3498.15	5900.45
	营业利润(万元)	4967.37	6104.62	3096.03	5558.11
	利润总额(万元)	6545.60	10182.60	5088.18	8418.78

深圳市瑞丰光电子股份有限公司

公司概况	公司名称	深圳市瑞丰光电子股份有限公司			证券简称	瑞丰光电
	法人代表	龚伟斌	董秘	刘智	证券代码	300241
	公司网址	www.refond.com		电子信箱	yafang.liu@refond.com	
	电　话	0755-66831166		传　真	0755-66821166	
	办公地址	广东省深圳市南山区科技南十二路28号康佳研发大厦A座5C				
	经营范围	电子产品的购销及其他国内商业、物资供销业等				

主要财务指标	指标\报告期	2017.06.30	2016.12.31	2016.06.30	2015.12.31
	基本每股收益(元)	0.1606	0.2262	0.0984	0.1513
	基本每股收益(扣除后)(元)	0.0798	0.1872	0.0669	0.1032
	稀释每股收益(元)	0.1606	0.2262	0.0984	0.1513
	每股净资产(元)	3.8779	3.7062	3.8912	3.0129
	每股经营现金净流量(元)	0.3549	0.0068	0.1883	0.0897
	每股现金流量(元)	0.4050	-0.1145	0.1895	0.0536
	每股资本公积金(元)	2.3758	2.3448	2.0430	1.1252
	每股盈余公积金(元)	0.0858	0.0858	0.0915	0.1056
	每股未分配利润(元)	0.9227	0.7821	0.7566	0.7846
	净资产收益率(%)	4.1419	4.8796	2.4171	5.0480
	加权净资产收益率(%)	4.2400	5.2200	2.7200	5.1400
	净资产收益率(扣除)(%)	2.0569	4.0386	1.6436	3.4434
	总资产(万元)	225901.61	189451.17	171680.19	118446.65
	归属母公司股东权益(万元)	107223.90	102476.30	98020.91	65765.62
	营业收入(万元)	78747.09	117935.56	51922.47	92093.22
	营业支出(万元)	65514.18	95456.72	41925.44	77785.03
	投资收益(万元)	133.83	294.16	164.34	644.73
	净利润(万元)	4369.32	5011.32	2391.72	3327.67
	营业利润(万元)	2635.23	4556.82	1783.12	2456.03
	利润总额(万元)	5578.57	5746.26	2721.71	3575.16

广东明家联合移动科技股份有限公司

公司概况	公司名称	广东明家联合移动科技股份有限公司			证券简称	明家联合
	法人代表	郑毅	董秘	李惠军	证券代码	300242
	公司网址	www.migsurge.com		电子信箱	mig-dshh@migsurge.com.cn	
	电　话	0755-86969363		传　真	0755-26921645	
	办公地址	广东省深圳市南山区深南大道9966号威盛科技大厦1601				
	经营范围	互联网信息服务增值电信业务经营、研发、销售等				

主要财务指标	指标\报告期	2017.06.30	2016.12.31	2016.06.30	2015.12.31
	基本每股收益(元)	0.1700	0.2900	0.3600	0.2600
	基本每股收益(扣除后)(元)	0.1300	0.2600	0.3200	0.0600
	稀释每股收益(元)	0.1700	0.2900	0.3600	0.2600
	每股净资产(元)	3.4803	3.3465	6.5105	6.1638
	每股经营现金净流量(元)	0.0386	-0.2533	-0.5649	-0.0689
	每股现金流量(元)	-0.1381	-0.2513	-0.7913	0.8035
	每股资本公积金(元)	1.9841	1.9868	5.0073	4.8915
	每股盈余公积金(元)	0.0187	0.0187	0.0294	0.0295
	每股未分配利润(元)	0.5303	0.3936	0.5789	0.2427
	净资产收益率(%)	4.7545	8.5403	5.4579	2.8296
	加权净资产收益率(%)	4.8200	8.9100	5.6100	11.1400
	净资产收益率(扣除)(%)	3.7678	7.8036	4.8849	0.7052
	总资产(万元)	278754.03	279534.05	267517.09	257036.85
	归属母公司股东权益(万元)	221757.88	213333.27	207515.60	195563.58
	营业收入(万元)	129886.31	282385.78	130044.01	90082.53
	营业支出(万元)	114392.57	247191.38	109972.96	78190.40
	投资收益(万元)	2112.56	642.25	515.88	3902.37
	净利润(万元)	10543.51	18219.39	11325.97	5533.76
	营业利润(万元)	10744.24	18025.09	11367.09	5700.95
	利润总额(万元)	10837.66	19089.16	12109.78	6083.04

山东瑞丰高分子材料股份有限公司

公司概况						
	公司名称	山东瑞丰高分子材料股份有限公司			证券简称	瑞丰高材
	法人代表	周仕斌	董秘	赵子阳	证券代码	300243
	公司网址	www.ruifengchemical.com		电子信箱	zhaozy@ruifengchemical.com	
	电　话	0533-3220711		传　真	0533-3256800	
	办公地址	山东省淄博市沂源县经济开发区东岭路				
	经营范围	从事以加工助剂和抗冲改性剂为主的高性能PVC助剂的研发、生产和销售等				

主要财务指标	指标\报告期	2017.06.30	2016.12.31	2016.06.30	2015.12.31
	基本每股收益(元)	0.0700	0.0900	0.0800	0.2300
	基本每股收益(扣除后)(元)	0.0500	0.0800	0.0800	0.2100
	稀释每股收益(元)	0.0700	0.0900	0.0800	0.2300
	每股净资产(元)	2.3955	2.3317	2.3195	2.2641
	每股经营现金净流量(元)	-0.1317	2.0438	0.0561	-1.1846
	每股现金流量(元)	0.0619	-0.2935	-0.1521	0.0772
	每股资本公积金(元)	0.2154	0.2034	0.2022	0.2022
	每股盈余公积金(元)	0.1072	0.1076	0.0992	0.0992
	每股未分配利润(元)	1.0803	1.0122	1.0255	0.9701
	净资产收益率(%)	2.9900	3.7054	3.2499	10.1358
	加权净资产收益率(%)	3.0400	3.7600	3.2800	10.6600
	净资产收益率(扣除)(%)	2.1367	3.4980	3.2867	9.4833
	总资产(万元)	97969.85	85714.51	117466.58	124523.49
	归属母公司股东权益(万元)	49554.41	47739.40	47817.57	46675.85
	营业收入(万元)	53962.87	87351.47	41234.04	80485.28
	营业支出(万元)	44226.69	64399.29	28938.77	59645.41
	投资收益(万元)	--	3.96	3.96	30.64
	净利润(万元)	1481.66	1781.12	1554.01	4730.95
	营业利润(万元)	2054.43	2315.75	2490.54	5900.13
	利润总额(万元)	1952.72	2442.47	2468.28	6278.93

迪安诊断技术集团股份有限公司

公司概况						
	公司名称	迪安诊断技术集团股份有限公司			证券简称	迪安诊断
	法人代表	陈海斌	董秘	王彦肖	证券代码	300244
	公司网址	www.dazd.cn		电子信箱	zqb@dagene.net	
	电　话	0571-58085608		传　真	0571-58085606	
	办公地址	浙江省杭州市西湖科技园金蓬街329号				
	经营范围	诊断服务、诊断产品、健康体检、冷链物流等				

主要财务指标	指标\报告期	2017.06.30	2016.12.31	2016.06.30	2015.12.31
	基本每股收益(元)	0.3300	0.4800	0.2500	0.6500
	基本每股收益(扣除后)(元)	0.3200	0.4500	0.2400	0.6000
	稀释每股收益(元)	0.3300	0.4800	0.2500	0.6500
	每股净资产(元)	3.8619	2.0877	3.6110	2.5342
	每股经营现金净流量(元)	-0.2501	0.2400	0.0740	0.4865
	每股现金流量(元)	-0.4348	0.5571	0.3053	-0.2896
	每股资本公积金(元)	1.5608	1.5608	1.5605	0.6794
	每股盈余公积金(元)	0.0489	0.0489	0.0366	0.0747
	每股未分配利润(元)	1.5363	1.2324	1.0139	1.6804
	净资产收益率(%)	8.5092	12.5859	6.8120	18.8583
	加权净资产收益率(%)	8.6900	13.6300	7.5100	21.3100
	净资产收益率(扣除)(%)	8.2805	11.7926	6.5876	17.4567
	总资产(万元)	625115.28	571751.35	408489.80	229218.29
	归属母公司股东权益(万元)	212801.05	208774.34	198976.89	92688.43
	营业收入(万元)	231907.78	382398.06	162824.70	185818.09
	营业支出(万元)	153898.38	261963.70	110987.75	123346.09
	投资收益(万元)	3183.70	4187.85	1609.39	2551.25
	净利润(万元)	23467.46	33795.02	16383.86	17878.54
	营业利润(万元)	28931.28	41585.24	19439.57	19454.04
	利润总额(万元)	29584.95	43435.27	19968.53	21045.66

上海天玑科技股份有限公司

公司概况						
	公司名称	上海天玑科技股份有限公司			证券简称	天玑科技
	法人代表	陆文雄	董秘	陆廷洁	证券代码	300245
	公司网址	www.dnt.com.cn		电子信箱	public@dnt.com.cn	
	电　话	021-54278888		传　真	86-21-23521380	
	办公地址	上海市闵行区田林路1016号科技绿洲三期6号楼				
	经营范围	计算机软硬件开发、销售、维修、系统集成、通讯设备的销售及维修等				

主要财务指标	指标\报告期	2017.06.30	2016.12.31	2016.06.30	2015.12.31
	基本每股收益(元)	0.1603	0.2200	0.1416	0.1700
	基本每股收益(扣除后)(元)	0.0761	0.1800	0.0854	0.1300
	稀释每股收益(元)	0.1585	0.2100	0.1416	0.1700
	每股净资产(元)	2.8150	2.6660	2.8749	2.5034
	每股经营现金净流量(元)	-0.0973	0.2017	-0.2155	0.1246
	每股现金流量(元)	-0.3711	-0.2711	-0.2947	-0.2843
	每股资本公积金(元)	0.6211	0.7351	0.7270	0.5008
	每股盈余公积金(元)	0.1603	0.1583	0.1298	0.1310
	每股未分配利润(元)	1.1796	1.0575	1.0180	0.9180
	净资产收益率(%)	5.6170	7.8749	4.9444	6.6363
	加权净资产收益率(%)	5.5600	8.1700	5.3100	6.6500
	净资产收益率(扣除)(%)	2.6665	6.5374	2.9801	5.2172
	总资产(万元)	93885.01	99930.25	89705.37	81591.50
	归属母公司股东权益(万元)	76463.80	73364.49	79085.39	68264.05
	营业收入(万元)	19102.88	41722.41	22541.21	39499.56
	营业支出(万元)	11636.11	26037.65	13933.90	23700.75
	投资收益(万元)	2621.56	605.06	1432.57	-15.87
	净利润(万元)	3817.57	5027.88	3658.18	4289.83
	营业利润(万元)	4563.76	5150.09	4053.08	3306.93
	利润总额(万元)	4591.22	5894.46	4449.69	4571.38

广东宝莱特医用科技股份有限公司

公司概况						
	公司名称	广东宝莱特医用科技股份有限公司			证券简称	宝莱特
	法人代表	燕金元	董秘	杨永兴	证券代码	300246
	公司网址	www.blt.com.cn		电子信箱	ir@blt.com.cn	
	电　话	0756-3399909		传　真	0756-3399903	
	办公地址	广东省珠海市高新区科技创新海岸创新一路2号				
	经营范围	医疗监护仪及配套软、硬件技术的开发等				

主要财务指标	指标\报告期	2017.06.30	2016.12.31	2016.06.30	2015.12.31
	基本每股收益(元)	0.2621	0.4600	0.2014	0.1600
	基本每股收益(扣除后)(元)	0.2174	0.4300	0.1872	0.1100
	稀释每股收益(元)	0.2621	0.4600	0.2014	0.1600
	每股净资产(元)	3.3914	3.1793	3.0855	2.9342
	每股经营现金净流量(元)	-0.0314	0.3478	-0.0127	0.1944
	每股现金流量(元)	-0.4371	-0.3181	-0.2007	0.0178
	每股资本公积金(元)	0.6247	0.6247	0.7892	0.7892
	每股盈余公积金(元)	0.1749	0.1749	0.1468	0.1468
	每股未分配利润(元)	1.5917	1.3796	1.1496	0.9982
	净资产收益率(%)	7.7289	14.4565	6.5271	5.5802
	加权净资产收益率(%)	7.9800	14.6600	6.6900	5.7100
	净资产收益率(扣除)(%)	6.2135	13.4194	6.0666	3.8290
	总资产(万元)	71475.55	68656.59	64526.34	58064.70
	归属母公司股东权益(万元)	49543.97	46445.19	45076.14	42864.41
	营业收入(万元)	32216.00	59431.44	26772.48	38050.55
	营业支出(万元)	19857.45	35367.55	16447.39	23092.65
	投资收益(万元)	9.18	7.94	7.94	16.34
	净利润(万元)	4553.67	7870.29	3410.72	2929.17
	营业利润(万元)	4760.54	8330.79	3625.29	2444.14
	利润总额(万元)	5257.70	9148.13	3990.11	3317.02

安徽乐金健康科技股份有限公司

公司概况	公司名称	安徽乐金健康科技股份有限公司		证券简称	乐金健康
	法人代表	金道明	董秘 梁俊	证券代码	300247
	公司网址	www.saunaking.com.cn		电子信箱	saunaking@saunaking.com.cn
	电　话	0551-5329393		传　真	0551-5847577
	办公地址	安徽省合肥市高新区合欢路 34 号			
	经营范围	从事家用桑拿设备的研发、生产和销售等			

主要财务指标 指标\报告期	2017.06.30	2016.12.31	2016.06.30	2015.12.31
基本每股收益(元)	0.0429	0.1200	0.0213	0.1500
基本每股收益(扣除后)(元)	0.0416	0.0900	0.0147	0.1300
稀释每股收益(元)	0.0429	0.1200	0.0213	0.1300
每股净资产(元)	2.9075	2.8921	2.0440	4.0625
每股经营现金净流量(元)	0.0943	0.0546	−0.0345	−0.0710
每股现金流量(元)	0.0968	0.0729	−0.0968	0.4686
每股资本公积金(元)	1.6719	1.6705	0.9490	3.0619
每股盈余公积金(元)	0.0278	0.0278	0.0308	0.0651
每股未分配利润(元)	0.3263	0.3135	0.2537	0.5237
净资产收益率(%)	1.4729	3.6797	1.0441	2.7993
加权净资产收益率(%)	1.4700	5.4700	1.0400	4.7400
净资产收益率(扣除)(%)	1.4304	2.9215	0.7239	2.4835
总资产(万元)	288431.23	285873.91	189490.05	193153.61
归属母公司股东权益(万元)	233970.01	232724.46	146801.12	145880.74
营业收入(万元)	44803.47	59990.50	19845.69	42921.94
营业支出(万元)	31010.67	37373.32	12277.24	25376.99
投资收益(万元)	858.85	1449.33	1068.59	731.85
净利润(万元)	3409.92	8494.99	1570.99	4129.37
营业利润(万元)	4008.51	8085.76	1330.55	3587.48
利润总额(万元)	4121.81	9900.63	1805.88	4718.82

新开普电子股份有限公司

公司概况	公司名称	新开普电子股份有限公司		证券简称	新开普
	法人代表	杨维国	董秘 华梦阳	证券代码	300248
	公司网址	www.newcapec.com.cn		电子信箱	zqswb@newcapec.net
	电　话	0371-67579758		传　真	0371-67579716
	办公地址	河南省郑州市高新技术产业开发区迎春街 18 号			
	经营范围	计算机系统集成、计算机及相关产品、仪器仪表、各类智能卡应用产品等			

主要财务指标 指标\报告期	2017.06.30	2016.12.31	2016.06.30	2015.12.31
基本每股收益(元)	0.0701	0.2800	0.0310	0.2100
基本每股收益(扣除后)(元)	0.0668	0.2700	0.0260	0.2100
稀释每股收益(元)	0.0701	0.2800	0.0310	0.2100
每股净资产(元)	3.7068	3.6934	2.6591	2.6785
每股经营现金净流量(元)	−0.3554	0.4326	−0.2145	0.2601
每股现金流量(元)	−1.4806	1.1985	−0.5086	0.0874
每股资本公积金(元)	2.1225	2.1225	0.9072	0.9072
每股盈余公积金(元)	0.0925	0.0925	0.0825	0.0825
每股未分配利润(元)	0.8532	0.8402	0.6694	0.6888
净资产收益率(%)	1.8358	7.0770	1.1524	7.4648
加权净资产收益率(%)	1.8300	9.7500	1.1400	9.8600
净资产收益率(扣除)(%)	1.7486	6.7210	0.9773	7.4427
总资产(万元)	168205.07	181431.38	127192.69	136533.82
归属母公司股东权益(万元)	120318.53	119895.12	80330.71	80915.49
营业收入(万元)	27100.93	68348.81	22504.83	51044.33
营业支出(万元)	12085.56	30765.82	10788.85	23735.90
投资收益(万元)	−186.02	−158.47	−63.05	21.71
净利润(万元)	2005.01	8563.49	656.80	6070.76
营业利润(万元)	−153.38	7379.00	−802.58	6631.51
利润总额(万元)	2348.50	9815.55	850.09	6963.53

四川依米康环境科技股份有限公司

公司概况	公司名称	四川依米康环境科技股份有限公司		证券简称	依米康
	法人代表	张菀	董秘 李华楠	证券代码	300249
	公司网址	www.sunrisegroup.com		电子信箱	lihn@ymk.com.cn
	电　话	028-85185206 85977635		传　真	028-82001888*1
	办公地址	四川省成都市高新区科园南二路二号			
	经营范围	生产、销售及安装制冷设备、空调、不间断电源、电池及相关产品等			

主要财务指标 指标\报告期	2017.06.30	2016.12.31	2016.06.30	2015.12.31
基本每股收益(元)	0.0537	0.1300	0.0200	0.0800
基本每股收益(扣除后)(元)	0.0251	0.0400	0.0200	0.0700
稀释每股收益(元)	0.0537	0.1300	0.0200	0.0800
每股净资产(元)	1.6365	1.5726	1.6296	3.9407
每股经营现金净流量(元)	−0.1606	0.2408	0.0699	−0.0807
每股现金流量(元)	−0.3166	0.4113	−0.0627	−0.4655
每股资本公积金(元)	0.1780	0.1762	0.2865	2.2161
每股盈余公积金(元)	0.0438	0.0434	0.0255	0.0638
每股未分配利润(元)	0.3861	0.3290	0.2707	0.6447
净资产收益率(%)	3.2794	6.4218	1.5262	2.1134
加权净资产收益率(%)	2.5000	6.2400	1.2300	2.1600
净资产收益率(扣除)(%)	1.5334	2.4630	1.3536	1.7465
总资产(万元)	230407.87	218037.42	185912.12	158138.64
归属母公司股东权益(万元)	71249.30	69183.43	71692.55	69344.85
营业收入(万元)	39433.50	97320.40	39104.20	87728.72
营业支出(万元)	27910.49	73853.88	28259.17	64847.82
投资收益(万元)	−59.91	−191.58	−39.91	−341.25
净利润(万元)	1747.21	3924.96	1790.36	2728.67
营业利润(万元)	588.66	−1254.64	1786.74	2838.09
利润总额(万元)	944.12	5322.19	2056.24	3231.85

杭州初灵信息技术股份有限公司

公司概况	公司名称	杭州初灵信息技术股份有限公司		证券简称	初灵信息
	法人代表	洪爱金	董秘 许平	证券代码	300250
	公司网址	www.cncr-it.com		电子信箱	IR@cncr-it.com
	电　话	0571-86791278 86797396		传　真	0571-86791287
	办公地址	浙江省杭州市滨江区浦沿街道伟业路 1 号 5 幢			
	经营范围	信息接入方案的设计及相应设备的研发、生产和销售等			

主要财务指标 指标\报告期	2017.06.30	2016.12.31	2016.06.30	2015.12.31
基本每股收益(元)	0.0600	0.6000	0.2300	0.7600
基本每股收益(扣除后)(元)	0.0500	0.5600	0.2300	0.7200
稀释每股收益(元)	0.0600	0.6000	0.2300	0.7400
每股净资产(元)	6.9998	7.1402	6.7807	8.3033
每股经营现金净流量(元)	−0.0419	0.5968	−0.0767	0.8516
每股现金流量(元)	−0.3577	0.5443	−0.0609	0.7363
每股资本公积金(元)	4.8092	4.7767	4.7932	5.1915
每股盈余公积金(元)	0.1109	0.1120	0.0845	0.1983
每股未分配利润(元)	1.0796	1.2517	0.9030	1.9136
净资产收益率(%)	0.8314	8.3045	3.1967	8.7981
加权净资产收益率(%)	0.8200	9.7000	4.6300	10.0300
净资产收益率(扣除)(%)	0.6982	7.6747	2.9155	8.3489
总资产(万元)	176594.52	182008.20	173727.37	95045.23
归属母公司股东权益(万元)	162582.78	164191.31	155924.50	81396.76
营业收入(万元)	14266.22	45058.41	19729.58	36638.73
营业支出(万元)	5471.08	13732.26	6599.05	17749.18
投资收益(万元)	—	−77.11	3.80	189.63
净利润(万元)	953.79	13621.31	4912.06	6887.61
营业利润(万元)	462.43	11177.14	4533.13	5673.59
利润总额(万元)	726.35	14396.82	6058.22	7318.70

北京光线传媒股份有限公司

公司概况	公司名称	北京光线传媒股份有限公司			证券简称	光线传媒
	法人代表	王长田	董秘	侯俊	证券代码	300251
	公司网址	www.ewang.com		电子信箱	ir@ewang.com	
	电　话	010-64516451		传　真	010-64516488	
	办公地址	北京市东城区和平里东街11号院内3号楼3层				
	经营范围	广播电视节目的制作、发行、设计、制作、代理、发布国内及外商来华广告等				

主要财务指标	指标\报告期	2017.06.30	2016.12.31	2016.06.30	2015.12.31
	基本每股收益(元)	0.1400	0.2500	0.1100	0.2800
	基本每股收益(扣除后)(元)	0.1200	0.1800	0.1000	0.2500
	稀释每股收益(元)	0.1400	0.2500	0.1100	0.2800
	每股净资产(元)	2.4324	2.3981	2.3623	4.6900
	每股经营现金净流量(元)	0.0847	0.2546	0.2959	0.2712
	每股现金流量(元)	-0.2288	0.0026	0.1154	0.6351
	每股资本公积金(元)	0.4710	0.4710	0.4707	1.9272
	每股盈余公积金(元)	0.0494	0.0494	0.0438	0.0875
	每股未分配利润(元)	0.6862	0.5896	0.4523	0.7854
	净资产收益率(%)	5.6134	10.5316	4.6387	5.8511
	加权净资产收益率(%)	5.6100	10.6700	4.6300	7.0400
	净资产收益率(扣除)(%)	5.1075	7.3728	4.3986	5.2740
	总资产(万元)	909111.45	914951.27	872124.77	818921.17
	归属母公司股东权益(万元)	713573.40	703512.48	692997.51	687199.12
	营业收入(万元)	102927.46	173131.16	72169.09	152329.47
	营业支出(万元)	58348.07	87520.16	34451.83	101017.58
	投资收益(万元)	5872.53	27740.82	2540.89	7568.59
	净利润(万元)	40795.61	73995.49	32060.29	41661.07
	营业利润(万元)	40211.92	79479.94	34146.92	43330.78
	利润总额(万元)	41107.16	81567.47	35786.17	45406.02

深圳金信诺高新技术股份有限公司

公司概况	公司名称	深圳金信诺高新技术股份有限公司			证券简称	金信诺
	法人代表	黄昌华	董秘	伍婧娉	证券代码	300252
	公司网址	www.kingsignal.com		电子信箱	debbie.wu@kingsignal.com	
	电　话	0755-26016250*877		传　真	0755-26581802	
	办公地址	广东省深圳市南山区科技中二路深圳软件园9号楼302室				
	经营范围	从事中高端射频同轴电缆的研发、生产和销售等				

主要财务指标	指标\报告期	2017.06.30	2016.12.31	2016.06.30	2015.12.31
	基本每股收益(元)	0.2523	0.4700	0.2800	0.3400
	基本每股收益(扣除后)(元)	0.2490	0.4500	0.2700	0.3200
	稀释每股收益(元)	0.2523	0.4700	0.2700	0.3400
	每股净资产(元)	5.1505	4.8981	2.2377	2.0300
	每股经营现金净流量(元)	-0.9476	0.4071	0.0144	0.3384
	每股现金流量(元)	-0.2987	2.5079	-0.0195	-0.0840
	每股资本公积金(元)	2.8940	2.7959	0.2569	0.2552
	每股盈余公积金(元)	0.0881	0.0766	0.0774	0.0648
	每股未分配利润(元)	1.1680	1.0272	0.9190	0.7278
	净资产收益率(%)	4.8983	8.9765	12.2356	16.7016
	加权净资产收益率(%)	4.9400	17.5800	12.6200	17.9400
	净资产收益率(扣除)(%)	4.8333	8.4578	12.0482	15.4139
	总资产(万元)	483534.63	406356.89	257893.16	234430.33
	归属母公司股东权益(万元)	228922.67	217720.06	91416.14	82948.04
	营业收入(万元)	106589.62	201592.97	98548.87	153223.93
	营业支出(万元)	78051.04	146501.11	70009.33	109607.21
	投资收益(万元)	454.62	231.75	-	-
	净利润(万元)	12313.94	21769.31	12605.93	14850.50
	营业利润(万元)	14480.70	24031.79	14839.78	16235.60
	利润总额(万元)	14682.45	25457.59	15089.07	17498.28

卫宁健康科技集团股份有限公司

公司概况	公司名称	卫宁健康科技集团股份有限公司			证券简称	卫宁健康
	法人代表	周炜	董秘	靳茂	证券代码	300253
	公司网址	www.winning.com.cn		电子信箱	wndsh@winning.com.cn	
	电　话	021-80331033		传　真	021-80331001	
	办公地址	上海市静安区寿阳路99弄9号卫宁健康大厦				
	经营范围	医疗卫生领域应用软件的研究开发、销售和技术服务等				

主要财务指标	指标\报告期	2017.06.30	2016.12.31	2016.06.30	2015.12.31
	基本每股收益(元)	0.0562	0.6413	0.2786	0.1988
	基本每股收益(扣除后)(元)	0.0538	0.2030	0.0927	0.2536
	稀释每股收益(元)	0.0558	0.5805	0.2745	0.1967
	每股净资产(元)	1.5085	2.8357	2.7119	1.8250
	每股经营现金净流量(元)	-0.1379	0.1701	-0.0671	0.1431
	每股现金流量(元)	-0.1652	0.4556	0.3386	-0.2572
	每股资本公积金(元)	0.2067	1.0852	1.0679	0.2468
	每股盈余公积金(元)	0.0402	0.0780	0.0551	0.0807
	每股未分配利润(元)	0.3681	0.6725	0.5890	0.4975
	净资产收益率(%)	3.6916	22.1705	19.1946	15.0515
	加权净资产收益率(%)	3.7400	28.2700	26.2300	17.8600
	净资产收益率(扣除)(%)	3.5348	7.0175	3.3614	13.7182
	总资产(万元)	337449.51	334670.92	297900.47	173485.50
	归属母公司股东权益(万元)	241424.20	233924.22	220610.20	101321.53
	营业收入(万元)	42029.06	95447.33	36341.93	75315.77
	营业支出(万元)	20167.61	43550.35	15769.58	34549.25
	投资收益(万元)	-1171.63	37871.12	40335.49	-24.51
	净利润(万元)	8269.46	52547.96	42425.36	16149.15
	营业利润(万元)	8447.99	51770.89	46349.91	10170.47
	利润总额(万元)	8974.31	58347.47	49016.92	15450.67

山西仟源医药集团股份有限公司

公司概况	公司名称	山西仟源医药集团股份有限公司			证券简称	仟源医药
	法人代表	赵群	董秘	俞俊贤	证券代码	300254
	公司网址	www.cy-pharm.com		电子信箱	stock@cy-pharm.com	
	电　话	0352-6116426		传　真	0352-6116452	
	办公地址	山西省大同市经济技术开发区湖滨大街53号				
	经营范围	医药研发、生产和销售等				

主要财务指标	指标\报告期	2017.06.30	2016.12.31	2016.06.30	2015.12.31
	基本每股收益(元)	0.1023	0.1447	0.1154	0.1389
	基本每股收益(扣除后)(元)	0.0928	0.0299	0.1114	0.1236
	稀释每股收益(元)	0.1023	0.1447	0.1154	0.1389
	每股净资产(元)	3.9340	3.8820	4.5933	4.5279
	每股经营现金净流量(元)	0.1067	0.1999	-0.0030	0.0890
	每股现金流量(元)	-0.2116	-0.2767	-0.0069	0.4699
	每股资本公积金(元)	2.1285	2.1285	2.7477	2.7477
	每股盈余公积金(元)	0.0751	0.0751	0.0831	0.0831
	每股未分配利润(元)	0.7304	0.6781	0.7625	0.6971
	净资产收益率(%)	2.6004	3.7281	2.5124	2.9135
	加权净资产收益率(%)	2.6100	3.7900	2.5200	3.4000
	净资产收益率(扣除)(%)	2.3580	0.7708	2.4263	2.5925
	总资产(万元)	152719.35	143259.01	145692.21	130843.06
	归属母公司股东权益(万元)	81948.51	80865.52	79735.41	78599.80
	营业收入(万元)	42121.41	74607.69	33309.29	68393.49
	营业支出(万元)	14469.21	25238.90	10588.61	21428.25
	投资收益(万元)	-54.04	1414.13	-63.14	220.23
	净利润(万元)	2570.26	3755.96	2266.66	2905.48
	营业利润(万元)	2840.28	2370.84	2789.44	3086.92
	利润总额(万元)	2995.45	4426.01	2875.83	3834.47

河北常山生化药业股份有限公司

公司概况	公司名称	河北常山生化药业股份有限公司			证券简称	常山药业
	法人代表	高树华	董秘	吴志平	证券代码	300255
	公司网址	www.heparin.cn			电子信箱	csyyzqb@163.com
	电　话	0311-89190181			传　真	0311-89190182
	办公地址	河北省石家庄市正定新区银川大街北首				
	经营范围	肝素系列产品的研发、生产和销售等				

	指标\报告期	2017.06.30	2016.12.31	2016.06.30	2015.12.31
主要财务指标	基本每股收益(元)	0.0900	0.2000	0.0800	0.3300
	基本每股收益(扣除后)(元)	0.0900	0.1900	0.0800	0.3100
	稀释每股收益(元)	0.0900	0.2000	0.0800	0.3300
	每股净资产(元)	2.4583	2.3839	1.8376	1.7851
	每股经营现金净流量(元)	–0.1246	0.1839	0.1265	–0.0810
	每股现金流量(元)	–0.1933	0.3654	0.1169	–0.1731
	每股资本公积金(元)	0.6063	0.6063	0.0827	0.9472
	每股盈余公积金(元)	0.0888	0.0888	0.0782	0.1408
	每股未分配利润(元)	0.7844	0.7100	0.6767	1.1251
	净资产收益率(%)	3.6362	7.8735	4.4141	10.3266
	加权净资产收益率(%)	3.6800	9.6200	4.4700	10.8600
	净资产收益率(扣除)(%)	3.5949	7.6089	4.2215	9.6606
	总资产(万元)	316304.31	313197.24	256335.92	232827.14
	归属母公司股东权益(万元)	229838.32	222883.50	155810.58	151354.13
	营业收入(万元)	51440.63	111841.44	51353.72	91598.72
	营业支出(万元)	14611.92	39490.44	18398.47	30411.93
	投资收益(万元)	---	140.65	–	–
	净利润(万元)	8657.60	17831.53	7024.32	15667.39
	营业利润(万元)	9985.83	19886.56	8020.42	17426.80
	利润总额(万元)	10102.88	20417.33	8374.66	18616.53

浙江星星科技股份有限公司

公司概况	公司名称	浙江星星科技股份有限公司			证券简称	星星科技
	法人代表	王先玉	董秘	李伟敏	证券代码	300256
	公司网址	www.first-panel.com			电子信箱	irm@first-panel.com
	电　话	0576-89081618			传　真	0576-89081616
	办公地址	浙江省台州市椒江区洪家星星电子产业基地4号楼				
	经营范围	各种视窗防护屏、触控显示模组、新型显示器件及相关材料和组件的研发和制造等				

	指标\报告期	2017.06.30	2016.12.31	2016.06.30	2015.12.31
主要财务指标	基本每股收益(元)	0.0470	0.2269	0.0446	0.2400
	基本每股收益(扣除后)(元)	0.0376	0.0312	0.0359	0.1757
	稀释每股收益(元)	0.0470	0.2269	0.0446	0.2400
	每股净资产(元)	5.2497	5.1721	5.1411	4.9916
	每股经营现金净流量(元)	–0.5735	0.4777	0.2864	–0.1291
	每股现金流量(元)	0.0566	0.1345	–0.0860	0.4851
	每股资本公积金(元)	3.9841	3.9506	4.1027	8.9965
	每股盈余公积金(元)	0.0244	0.0174	0.0174	0.0342
	每股未分配利润(元)	0.2412	0.2042	0.0210	–0.0476
	净资产收益率(%)	0.8946	4.4142	0.8789	2.0074
	加权净资产收益率(%)	0.9000	4.4600	0.8900	2.8200
	净资产收益率(扣除)(%)	0.7161	0.6067	0.7080	1.4444
	总资产(万元)	847600.27	784411.70	678228.95	636149.45
	归属母公司股东权益(万元)	340239.63	330864.64	328881.11	324189.48
	营业收入(万元)	272323.53	499393.69	224006.36	388522.01
	营业支出(万元)	234728.42	425070.11	194063.63	341975.54
	投资收益(万元)	4.15	---	–	282.13
	净利润(万元)	2805.84	14602.29	2021.02	5024.12
	营业利润(万元)	3994.88	4937.63	3040.29	5653.49
	利润总额(万元)	4648.01	17466.35	3675.92	7460.39

浙江开山压缩机股份有限公司

公司概况	公司名称	浙江开山压缩机股份有限公司			证券简称	开山股份
	法人代表	曹克坚	董秘	杨建军	证券代码	300257
	公司网址	www.kaishancomp.com			电子信箱	zqtzb@kaishangroup.com
	电　话	0570-3662177 3662788			传　真	0570-3662786
	办公地址	浙江省衢州市经济开发区凯旋西路9号				
	经营范围	空气压缩机、真空泵、螺杆膨胀机及配件的生产、销售等				

	指标\报告期	2017.06.30	2016.12.31	2016.06.30	2015.12.31
主要财务指标	基本每股收益(元)	0.0375	0.1200	0.0515	0.2100
	基本每股收益(扣除后)(元)	0.0370	0.1000	0.0474	0.2000
	稀释每股收益(元)	0.0375	0.1200	0.0515	0.2100
	每股净资产(元)	3.8947	4.0334	3.9265	3.8818
	每股经营现金净流量(元)	0.0643	0.0952	0.0452	0.0168
	每股现金流量(元)	–0.3649	–0.2914	–0.5113	–0.4334
	每股资本公积金(元)	1.7539	1.7539	1.7574	1.7612
	每股盈余公积金(元)	0.1870	0.1870	0.1724	0.1724
	每股未分配利润(元)	0.9511	1.0636	1.0138	0.9623
	净资产收益率(%)	0.9634	2.8739	1.3113	5.2832
	加权净资产收益率(%)	0.9300	2.9300	1.3200	5.2700
	净资产收益率(扣除)(%)	0.9500	2.3866	1.2068	5.1378
	总资产(万元)	534221.85	502938.33	455129.32	422525.60
	归属母公司股东权益(万元)	334165.50	346066.13	336892.88	333062.04
	营业收入(万元)	108729.33	172753.64	72596.70	163786.72
	营业支出(万元)	80667.66	129790.82	56854.08	123124.11
	投资收益(万元)	413.45	172.79	70.27	245.09
	净利润(万元)	3165.89	10090.98	4536.43	17849.93
	营业利润(万元)	4592.66	11161.60	5534.74	22136.89
	利润总额(万元)	4647.84	12997.51	5909.78	22471.82

江苏太平洋精锻科技股份有限公司

公司概况	公司名称	江苏太平洋精锻科技股份有限公司			证券简称	精锻科技
	法人代表	夏汉关	董秘	董义	证券代码	300258
	公司网址	www.ppforging.com			电子信箱	ppf@ppforging.com
	电　话	0523-80512658 80512699			传　真	0523-80512000
	办公地址	江苏省泰州市姜堰区双登大道198号				
	经营范围	汽车精锻齿轮及其它精密锻件的研发、生产与销售等				

	指标\报告期	2017.06.30	2016.12.31	2016.06.30	2015.12.31
主要财务指标	基本每股收益(元)	0.3086	0.4708	0.2284	0.5182
	基本每股收益(扣除后)(元)	0.2839	0.4387	0.2042	0.4825
	稀释每股收益(元)	0.3086	0.4708	0.2284	0.5182
	每股净资产(元)	3.8030	3.5909	3.3464	3.1886
	每股经营现金净流量(元)	0.3573	0.7677	0.3239	0.7563
	每股现金流量(元)	0.1124	–0.0724	–0.2239	0.3263
	每股资本公积金(元)	0.8657	0.8657	0.8657	1.7986
	每股盈余公积金(元)	0.1759	0.1759	0.1458	0.2186
	每股未分配利润(元)	1.7439	1.5354	1.3231	1.7521
	净资产收益率(%)	8.1136	13.1093	6.8244	10.8353
	加权净资产收益率(%)	8.2700	13.9000	6.9100	11.3600
	净资产收益率(扣除)(%)	7.4645	12.2137	6.1019	10.0890
	总资产(万元)	221000.87	204569.28	181299.32	180446.23
	归属母公司股东权益(万元)	154021.42	145458.25	135529.46	129136.93
	营业收入(万元)	52378.58	89860.47	41982.89	69844.48
	营业支出(万元)	29677.25	53369.25	25133.45	42547.95
	投资收益(万元)	14.40	23.99	23.99	17.13
	净利润(万元)	12496.72	19068.57	9249.09	13992.34
	营业利润(万元)	15631.58	21776.19	10179.84	16073.90
	利润总额(万元)	15647.93	23380.27	11394.09	17277.84

新天科技股份有限公司

公司概况	公司名称	新天科技股份有限公司			证券简称	新天科技
	法人代表	费战波	董秘	杨冬玲	证券代码	300259
	公司网址	www.suntront.com		电子信箱	xtkj@suntront.com	
	电　话	0371-56160968		传　真	0371-56160968	
	办公地址	河南省郑州市高新技术产业开发区红松路 252 号				
	经营范围	开发、研制、生产、销售电子仪器、仪表、电子元器件、计算机外部设备及软件等				

主要财务指标	指标\报告期	2017.06.30	2016.12.31	2016.06.30	2015.12.31
	基本每股收益(元)	0.0700	0.2200	0.0800	0.1700
	基本每股收益(扣除后)(元)	0.0800	0.2000	0.0700	0.1400
	稀释每股收益(元)	0.0700	0.2200	0.0800	0.1700
	每股净资产(元)	3.2400	3.1900	1.9271	1.8819
	每股经营现金净流量(元)	0.0169	0.2572	0.0419	0.1004
	每股现金流量(元)	-1.3573	1.5298	0.0295	-0.2878
	每股资本公积金(元)	1.3193	1.3290	0.0456	0.0640
	每股盈余公积金(元)	0.1080	0.1078	0.1027	0.1024
	每股未分配利润(元)	0.8229	0.7842	0.7788	0.7154
	净资产收益率(%)	2.0773	6.1583	4.2138	9.0513
	加权净资产收益率(%)	2.0800	9.7600	4.2300	9.5200
	净资产收益率(扣除)(%)	2.3735	5.5414	3.4109	7.2249
	总资产(万元)	209101.11	204491.86	107513.41	103094.29
	归属母公司股东权益(万元)	172968.36	170988.98	89669.08	87835.63
	营业收入(万元)	23461.47	50594.59	19592.88	38048.63
	营业支出(万元)	12533.02	28490.51	11022.23	22381.46
	投资收益(万元)	365.28	841.90	544.75	1379.97
	净利润(万元)	3407.62	11058.83	3792.24	7908.06
	营业利润(万元)	3843.84	10341.73	4058.32	7409.20
	利润总额(万元)	4235.03	12625.18	4453.22	9058.99

昆山新莱洁净应用材料股份有限公司

公司概况	公司名称	昆山新莱洁净应用材料股份有限公司			证券简称	新莱应材
	法人代表	李水波	董秘	郭红飞	证券代码	300260
	公司网址	www.kinglai.com.cn		电子信箱	lucy@kinglai.com.cn	
	电　话	0512-87881808		传　真	0512-57871472	
	办公地址	江苏省昆山市陆家镇陆丰西路 22 号				
	经营范围	以高纯不锈钢为母材之高洁净应用材料研发、生产与销售等				

主要财务指标	指标\报告期	2017.06.30	2016.12.31	2016.06.30	2015.12.31
	基本每股收益(元)	0.0619	0.1218	0.0370	0.0208
	基本每股收益(扣除后)(元)	0.0590	0.1218	0.0370	0.0160
	稀释每股收益(元)	0.0619	0.1218	0.0370	0.0208
	每股净资产(元)	3.2656	6.5560	6.4890	6.4407
	每股经营现金净流量(元)	-0.0613	0.7227	0.3036	-0.5682
	每股现金流量(元)	0.0706	-0.2247	0.0541	-0.3601
	每股资本公积金(元)	1.5032	3.8943	3.9289	3.9289
	每股盈余公积金(元)	0.0905	0.1827	0.1691	0.1691
	每股未分配利润(元)	0.7426	1.4603	1.3876	1.3521
	净资产收益率(%)	1.8945	1.8585	0.3729	0.3237
	加权净资产收益率(%)	2.0000	1.8700	0.3700	0.3100
	净资产收益率(扣除)(%)	1.7487	1.8478	0.3729	0.2354
	总资产(万元)	106693.93	100884.00	100387.21	101485.57
	归属母公司股东权益(万元)	65945.18	65592.83	64922.26	64440.07
	营业收入(万元)	31589.95	49028.18	20988.27	42662.51
	营业支出(万元)	24080.37	36234.48	16003.63	32954.79
	投资收益(万元)	5.62	5.62	-5.62	-5.62
	净利润(万元)	1145.86	964.38	169.96	-218.54
	营业利润(万元)	1364.07	1245.56	255.40	-148.23
	利润总额(万元)	1556.36	1244.69	296.82	-82.54

雅本化学股份有限公司

公司概况	公司名称	雅本化学股份有限公司			证券简称	雅本化学
	法人代表	蔡彤	董秘	王卓颖	证券代码	300261
	公司网址	www.abachem.com		电子信箱	info@abachem.com	
	电　话	021-32270636		传　真	021-51159188	
	办公地址	江苏省太仓市太仓港港口开发区石化区东方东路 18 号				
	经营范围	从事医药和农药中间体产品的研发、生产、销售等				

主要财务指标	指标\报告期	2017.06.30	2016.12.31	2016.06.30	2015.12.31
	基本每股收益(元)	0.0776	0.0304	0.0235	0.1560
	基本每股收益(扣除后)(元)	0.0756	0.0260	0.0229	0.1581
	稀释每股收益(元)	0.0776	0.0304	0.0235	0.1560
	每股净资产(元)	1.9207	1.8832	1.8762	1.8366
	每股经营现金净流量(元)	0.2445	0.0393	-0.0187	0.1779
	每股现金流量(元)	-0.0435	0.0425	0.0736	0.0116
	每股资本公积金(元)	0.4861	0.4861	0.4861	0.3135
	每股盈余公积金(元)	0.0517	0.0517	0.0496	0.0679
	每股未分配利润(元)	0.3829	0.3453	0.3404	0.4552
	净资产收益率(%)	4.0402	1.6026	1.2355	8.4962
	加权净资产收益率(%)	4.0400	1.6800	1.3500	8.7600
	净资产收益率(扣除)(%)	3.9366	1.3711	1.2076	8.6071
	总资产(万元)	215286.75	189541.82	187092.93	157876.36
	归属母公司股东权益(万元)	103139.36	101120.39	100744.55	72069.00
	营业收入(万元)	54098.19	66155.33	28716.81	62715.10
	营业支出(万元)	39320.06	47409.39	19094.80	41563.10
	投资收益(万元)	---	-63.96	-55.83	100.69
	净利润(万元)	4227.74	1983.20	1381.71	6254.42
	营业利润(万元)	4976.29	1558.74	1426.59	7099.92
	利润总额(万元)	5093.99	1821.51	1496.62	7195.75

上海巴安水务股份有限公司

公司概况	公司名称	上海巴安水务股份有限公司			证券简称	巴安水务
	法人代表	张春霖	董秘	陆天怡	证券代码	300262
	公司网址	www.safbon.com		电子信箱	safbon@safbon.com	
	电　话	021-32020653		传　真	021-52135781	
	办公地址	上海市青浦区练塘镇章练塘路 666 号				
	经营范围	环保水处理、污水处理、饮用水处理系统工程设计、咨询及设备安装、调试等				

主要财务指标	指标\报告期	2017.06.30	2016.12.31	2016.06.30	2015.12.31
	基本每股收益(元)	0.2682	0.3595	0.2200	0.2064
	基本每股收益(扣除后)(元)	0.2673	0.3516	0.1100	0.1969
	稀释每股收益(元)	0.2679	0.3590	0.2200	0.2064
	每股净资产(元)	4.7316	4.4724	2.0235	1.6968
	每股经营现金净流量(元)	-0.0427	-0.9402	-0.4034	-0.3546
	每股现金流量(元)	0.1369	0.6256	0.0258	0.1069
	每股资本公积金(元)	2.5260	2.5253	0.0468	0.0468
	每股盈余公积金(元)	0.1078	0.0992	0.1029	0.0856
	每股未分配利润(元)	1.0914	0.8318	0.8533	0.6512
	净资产收益率(%)	5.6679	7.0489	10.8235	11.4744
	加权净资产收益率(%)	5.7700	13.5300	10.0100	12.1200
	净资产收益率(扣除)(%)	5.6444	6.8938	10.3968	10.9457
	总资产(万元)	436215.81	356392.37	253742.45	176804.99
	归属母公司股东权益(万元)	211481.76	199898.03	75582.17	67195.25
	营业收入(万元)	79755.32	103022.12	53390.47	67926.74
	营业支出(万元)	53259.46	68287.43	36726.85	49292.33
	投资收益(万元)	150.23	897.31	326.07	945.37
	净利润(万元)	11322.31	13859.51	8083.02	7620.90
	营业利润(万元)	15174.83	18066.44	9569.92	9565.91
	利润总额(万元)	15214.80	18479.45	9949.37	10039.57

洛阳隆华传热节能股份有限公司

公司概况					
公司名称	洛阳隆华传热节能股份有限公司			证券简称	隆华节能
法人代表	李占明	董秘	段嘉刚	证券代码	300263
公司网址	www.longhuachuanre.com		电子信箱	lylhzqb@126.com	
电　话	0379-67891813　67891833		传　真	0379-67891813	
办公地址	河南省洛阳市空港产业集聚区				
经营范围	冷却(凝)设备的研发、设计、生产和销售压力容器和机械零配件的生产和销售等				

主要财务指标：指标\报告期	2017.06.30	2016.12.31	2016.06.30	2015.12.31
基本每股收益(元)	0.0279	0.0173	0.0208	0.4300
基本每股收益(扣除后)(元)	0.0216	--	0.0103	0.3400
稀释每股收益(元)	0.0279	0.0173	0.0208	0.4300
每股净资产(元)	2.7562	2.7383	2.7255	5.4493
每股经营现金净流量(元)	0.1100	0.1332	-0.1254	0.1783
每股现金流量(元)	-0.2894	-0.3225	-0.3165	1.1416
每股资本公积金(元)	1.1240	1.1240	1.1203	3.2406
每股盈余公积金(元)	0.0553	0.0553	0.0550	0.1101
每股未分配利润(元)	0.5769	0.5589	0.5597	1.1175
净资产收益率(%)	1.0139	0.6314	0.7624	7.3955
加权净资产收益率(%)	1.0100	0.6300	0.7600	9.0400
净资产收益率(扣除)(%)	0.7821	-0.0203	0.3745	5.7546
总资产(万元)	334495.86	331815.61	341501.55	362104.46
归属母公司股东权益(万元)	243121.65	241538.62	241646.55	241567.06
营业收入(万元)	46079.08	81219.26	42621.79	137079.93
营业支出(万元)	34311.26	61034.16	33670.18	102557.61
投资收益(万元)	1382.02	3219.00	1829.48	2170.14
净利润(万元)	2735.55	1625.43	1924.71	18030.45
营业利润(万元)	3004.28	674.47	1338.63	16480.37
利润总额(万元)	3261.12	2012.63	2441.21	21323.45

深圳市佳创视讯技术股份有限公司

公司概况					
公司名称	深圳市佳创视讯技术股份有限公司			证券简称	佳创视讯
法人代表	陈坤江	董秘	李汉辉	证券代码	300264
公司网址	www.avit.com.cn		电子信箱	avit@avit.com.cn	
电　话	0755-83571200　83575056		传　真	0755-83575099	
办公地址	广东省深圳市福田区滨河路以南、沙嘴路以东中央西谷大厦15层01-08、16层04、05				
经营范围	从事数字电视软硬件产品的研发、生产、销售和系统集成				

主要财务指标：指标\报告期	2017.06.30	2016.12.31	2016.06.30	2015.12.31
基本每股收益(元)	-0.0467	0.0300	-0.0070	0.0300
基本每股收益(扣除后)(元)	-0.0697	0.0100	-0.0178	0.0100
稀释每股收益(元)	-0.0467	0.0300	-0.0070	0.0300
每股净资产(元)	1.4413	1.5100	1.4680	1.4750
每股经营现金净流量(元)	-0.2737	0.0542	-0.0286	-0.0056
每股现金流量(元)	0.1383	-0.4105	-0.2935	-0.6559
每股资本公积金(元)	0.2336	0.2336	0.2336	1.2204
每股盈余公积金(元)	0.0553	0.0553	0.0493	0.0888
每股未分配利润(元)	0.1526	0.2194	0.1852	0.3461
净资产收益率(%)	-3.2431	2.1906	-0.4798	1.1762
加权净资产收益率(%)	-3.1700	2.2100	-0.4800	1.1700
净资产收益率(扣除)(%)	-4.8367	0.5219	-1.2145	0.4322
总资产(万元)	84337.45	89610.37	69004.89	66286.38
归属母公司股东权益(万元)	59541.58	62286.31	60643.17	60933.61
营业收入(万元)	7828.66	23221.21	8532.28	14603.78
营业支出(万元)	5783.68	14503.85	6043.47	8542.75
投资收益(万元)	271.38	710.06	316.93	581.32
净利润(万元)	-2162.35	673.70	-617.29	145.37
营业利润(万元)	-3459.96	-258.02	-1379.57	-916.81
利润总额(万元)	-2167.90	1061.84	-640.60	361.25

江苏通光电子线缆股份有限公司

公司概况					
公司名称	江苏通光电子线缆股份有限公司			证券简称	通光线缆
法人代表	张忠	董秘	姜独松	证券代码	300265
公司网址	www.tgjt.cn		电子信箱	cwb@tgjt.cn	
电　话	0513-82263991		传　真	0513-82105111	
办公地址	江苏省海门市海门镇渤海路169号				
经营范围	生产销售半导体芯片、光有源、无源器件、电子线缆、计算机软件开发等				

主要财务指标：指标\报告期	2017.06.30	2016.12.31	2016.06.30	2015.12.31
基本每股收益(元)	0.1200	0.3700	0.2100	0.2700
基本每股收益(扣除后)(元)	0.1000	0.3400	0.1900	0.2900
稀释每股收益(元)	0.1200	0.3700	0.2100	0.2700
每股净资产(元)	2.8479	2.7734	2.7515	2.5446
每股经营现金净流量(元)	0.1127	-0.0391	-0.2887	0.1090
每股现金流量(元)	-0.1157	0.1282	-0.1087	-0.0746
每股资本公积金(元)	0.5782	0.5782	0.7243	0.7243
每股盈余公积金(元)	0.1106	0.1106	0.0827	0.0827
每股未分配利润(元)	1.1590	1.0846	0.9430	0.7377
净资产收益率(%)	4.3690	13.4156	7.4642	10.5355
加权净资产收益率(%)	4.3700	13.7000	7.7600	11.0500
净资产收益率(扣除)(%)	3.5569	12.4366	6.7452	11.2823
总资产(万元)	214946.58	202764.66	153097.67	130907.09
归属母公司股东权益(万元)	96115.25	93600.82	92862.42	85881.07
营业收入(万元)	76878.33	145283.38	47981.09	97903.01
营业支出(万元)	60438.98	104422.15	29630.38	66664.04
投资收益(万元)	2254.45	2353.79	470.50	-873.74
净利润(万元)	4194.28	12274.65	6931.44	9048.01
营业利润(万元)	4255.93	11224.82	7751.51	9906.30
利润总额(万元)	4355.05	12457.98	8123.83	10554.66

兴源环境科技股份有限公司

公司概况					
公司名称	兴源环境科技股份有限公司			证券简称	兴源环境
法人代表	周立武	董秘	樊昌源	证券代码	300266
公司网址	www.xingyuan.com		电子信箱	stock@xingyuan.com	
电　话	0571-88771111		传　真	0571-88793599	
办公地址	杭州市余杭区杭州余杭经济技术开发区望梅路1588号				
经营范围	过滤机及其配件的制造、浓缩、分离、过滤、破碎、筛分、干化、成型技术的研究与开发等				

主要财务指标：指标\报告期	2017.06.30	2016.12.31	2016.06.30	2015.12.31
基本每股收益(元)	0.2554	0.3700	0.2794	0.2500
基本每股收益(扣除后)(元)	0.1835	0.3600	0.2658	0.2200
稀释每股收益(元)	0.2554	0.3700	0.2794	0.2500
每股净资产(元)	3.0693	5.6772	5.8211	2.5970
每股经营现金净流量(元)	-0.2943	-0.0869	-0.2304	-0.0988
每股现金流量(元)	0.0267	1.2978	0.5491	0.1273
每股资本公积金(元)	1.3546	3.7091	3.7475	0.9826
每股盈余公积金(元)	0.0225	0.0451	0.0576	0.0516
每股未分配利润(元)	0.6845	0.9081	0.9967	0.6929
净资产收益率(%)	8.3211	6.4346	4.0600	8.9480
加权净资产收益率(%)	8.6217	8.2800	6.8100	9.3500
净资产收益率(扣除)(%)	5.9791	6.2207	3.8619	8.1804
总资产(万元)	777190.60	602881.45	500901.16	188300.10
归属母公司股东权益(万元)	312183.97	288721.71	296038.78	113840.61
营业收入(万元)	157186.66	210275.26	85605.56	88434.83
营业支出(万元)	120559.17	159164.76	61614.48	60603.93
投资收益(万元)	9233.28	319.78	53.67	46.52
净利润(万元)	26090.12	18697.50	12148.64	10349.54
营业利润(万元)	31904.36	22496.97	13411.88	11542.57
利润总额(万元)	32147.67	23818.92	14093.44	12450.29

湖南尔康制药股份有限公司

公司概况	公司名称	湖南尔康制药股份有限公司			证券简称	尔康制药
	法人代表	帅放文	董秘	罗琨	证券代码	300267
	公司网址	www.hnerkang.com		电子信箱	300267@hnerkang.com	
	电　话	0731-83282597		传　真	0731-83282705	
	办公地址	湖南省长沙市浏阳经济技术开发区康平路167号				
	经营范围	药用蔗糖、药用甘油、药用氢氧化钠、药用丙二醇、变性淀粉及淀粉胶囊等				

主要财务指标	指标\报告期	2017.06.30	2016.12.31	2016.06.30	2015.12.31
	基本每股收益(元)	0.2100	0.5000	0.2600	0.6600
	基本每股收益(扣除后)(元)	0.1900	0.4800	0.2400	0.6400
	稀释每股收益(元)	0.2100	0.5000	0.2600	0.6600
	每股净资产(元)	2.6882	2.5154	2.2492	4.0683
	每股经营现金净流量(元)	0.2135	0.2361	0.0456	0.5046
	每股现金流量(元)	0.0514	-0.4941	-0.4273	1.5456
	每股资本公积金(元)	0.4604	0.4594	0.4506	1.8965
	每股盈余公积金(元)	0.0498	0.0499	0.0326	0.0653
	每股未分配利润(元)	1.1611	0.9772	0.7521	1.0944
	净资产收益率(%)	7.6231	19.8054	11.3938	14.4509
	加权净资产收益率(%)	7.8700	22.0000	11.9000	29.0200
	净资产收益率(扣除)(%)	7.0702	18.9281	10.8762	14.1653
	总资产(万元)	642569.28	565324.06	500075.81	480135.54
	归属母公司股东权益(万元)	554461.74	518260.70	462588.11	418366.27
	营业收入(万元)	159519.90	296089.68	130316.83	175599.89
	营业支出(万元)	100061.63	155075.94	63140.77	85220.53
	投资收益(万元)	505.01	1567.94	1176.37	123.51
	净利润(万元)	41664.48	101273.48	52228.73	59898.54
	营业利润(万元)	42632.17	105601.35	54197.64	64628.96
	利润总额(万元)	46332.54	109341.12	57023.04	65916.30

佳沃农业开发股份有限公司

公司概况	公司名称	佳沃农业开发股份有限公司			证券简称	佳沃股份
	法人代表	汤捷	董秘	张久利	证券代码	300268
	公司网址	www.wanfushk.com		电子信箱	wanfushk@126.com	
	电　话	0736-6689376		传　真	0736-6689376	
	办公地址	湖南省常德市桃源县陬市镇桂花路1号				
	经营范围	从事稻米精深加工系列产品的研发、生产和销售等				

主要财务指标	指标\报告期	2017.06.30	2016.12.31	2016.06.30	2015.12.31
	基本每股收益(元)	-0.0446	0.0440	-0.0386	-0.7420
	基本每股收益(扣除后)(元)	-0.0482	-0.0300	-0.0405	-0.7430
	稀释每股收益(元)	-0.0446	0.0440	-0.0386	-0.7420
	每股净资产(元)	1.5292	1.5739	1.4914	1.5300
	每股经营现金净流量(元)	-0.0549	0.0204	-0.0292	-0.1176
	每股现金流量(元)	-0.0492	0.2837	-0.0201	-0.8258
	每股资本公积金(元)	2.8133	2.8133	2.8133	2.8133
	每股盈余公积金(元)	0.0105	0.0105	0.0105	0.0105
	每股未分配利润(元)	-2.2946	-2.2500	-2.3324	-2.2939
	净资产收益率(%)	-2.9196	2.7879	-2.5854	-48.5039
	加权净资产收益率(%)	-2.8800	2.8300	-2.5500	-39.0400
	净资产收益率(扣除)(%)	-3.1542	-1.9330	-2.7155	-48.5922
	总资产(万元)	22851.64	23841.97	25869.64	26612.09
	归属母公司股东权益(万元)	20491.80	21090.08	19985.40	20502.11
	营业收入(万元)	24.40	686.56	14.48	692.49
	营业支出(万元)	14.02	491.89	14.84	512.32
	投资收益(万元)	328.12	297.67	316.67	-
	净利润(万元)	-598.28	587.97	-516.71	-9944.32
	营业利润(万元)	-646.35	-407.66	-542.71	-9962.43
	利润总额(万元)	-598.28	587.97	-516.71	-9944.32

深圳市联建光电股份有限公司

公司概况	公司名称	深圳市联建光电股份有限公司			证券简称	联建光电
	法人代表	刘虎军	董秘	王峰	证券代码	300269
	公司网址	www.lcjh.com		电子信箱	dm@lcjh.com	
	电　话	0755-29746682		传　真	0755-29746765	
	办公地址	广东省深圳市南山区深圳湾科技生态园9栋B1座19楼				
	经营范围	中高端LED全彩显示应用产品的研发、生产和销售等				

主要财务指标	指标\报告期	2017.06.30	2016.12.31	2016.06.30	2015.12.31
	基本每股收益(元)	0.3014	0.6976	0.2648	0.4533
	基本每股收益(扣除后)(元)	0.2867	0.6591	0.2264	0.4237
	稀释每股收益(元)	0.3013	0.6976	0.2646	0.4533
	每股净资产(元)	8.7728	8.7316	8.2966	5.2191
	每股经营现金净流量(元)	0.1551	0.7378	0.2347	0.4553
	每股现金流量(元)	0.2632	0.4042	1.1607	-0.0014
	每股资本公积金(元)	6.4816	6.4704	7.8290	3.2589
	每股盈余公积金(元)	0.0812	0.0812	0.0719	0.0721
	每股未分配利润(元)	1.3038	1.2020	0.9706	0.8886
	净资产收益率(%)	3.4392	7.5201	2.8181	8.4775
	加权净资产收益率(%)	3.4100	9.1500	4.1000	9.3400
	净资产收益率(扣除)(%)	3.2714	7.1057	2.4097	7.9239
	总资产(万元)	801208.30	743006.43	687324.68	325962.48
	归属母公司股东权益(万元)	538374.56	535845.35	509234.78	263842.63
	营业收入(万元)	170113.34	280345.77	99624.86	152259.64
	营业支出(万元)	117497.46	179129.27	64052.27	93821.71
	投资收益(万元)	358.33	899.35	368.79	665.22
	净利润(万元)	18115.13	40088.67	14336.66	22398.16
	营业利润(万元)	20349.78	45231.08	15025.64	25328.90
	利润总额(万元)	21408.07	47242.44	17087.25	27027.24

杭州中威电子股份有限公司

公司概况	公司名称	杭州中威电子股份有限公司			证券简称	中威电子
	法人代表	石旭刚	董秘	孙琳	证券代码	300270
	公司网址	www.joyware.com		电子信箱	sunlin@joyware.com	
	电　话	0571-88373153		传　真	0571-88394930	
	办公地址	浙江省杭州市滨江区西兴路1819号中威电子大厦17层				
	经营范围	安防视频监控传输技术及产品的研发、生产和销售等				

主要财务指标	指标\报告期	2017.06.30	2016.12.31	2016.06.30	2015.12.31
	基本每股收益(元)	0.1000	0.1600	0.1322	0.1600
	基本每股收益(扣除后)(元)	0.1000	0.1200	0.1310	0.1500
	稀释每股收益(元)	0.1000	0.1600	0.1322	0.1600
	每股净资产(元)	2.4262	2.2968	2.2642	2.1180
	每股经营现金净流量(元)	-0.2493	0.3277	-0.0322	-0.3501
	每股现金流量(元)	0.0730	0.0652	-0.0520	-0.2529
	每股资本公积金(元)	0.5397	0.5388	0.5349	0.5285
	每股盈余公积金(元)	0.0977	0.0977	0.0811	0.0811
	每股未分配利润(元)	0.7888	0.7071	0.6958	0.5934
	净资产收益率(%)	4.1850	6.9574	5.8370	7.3716
	加权净资产收益率(%)	7.2400	7.2400	6.0600	7.7200
	净资产收益率(扣除)(%)	4.1538	5.2105	5.7875	6.7523
	总资产(万元)	93883.09	90084.14	85774.63	77562.80
	归属母公司股东权益(万元)	66114.65	62603.13	61736.19	57749.89
	营业收入(万元)	15370.22	29515.66	15724.90	25245.28
	营业支出(万元)	7142.33	16617.62	6935.86	11096.77
	投资收益(万元)	--	-13.70	-	-
	净利润(万元)	2746.10	4269.58	3614.23	4102.19
	营业利润(万元)	3325.96	2132.29	3080.61	1084.57
	利润总额(万元)	3353.84	4421.73	3942.45	4126.69

北京华宇软件股份有限公司

公司概况	公司名称	北京华宇软件股份有限公司		证券简称	华宇软件
	法人代表	邵学	董秘 韦光宇	证券代码	300271
	公司网址	www.thunisoft.com		电子信箱	ir@thunisoft.com
	电　话	010-82150085		传　真	010-82150616
	办公地址	北京市海淀区中关村东路 1 号院清华科技园科技大厦 C 座 25 层			
	经营范围	第二类增值电信业务中的呼叫中心业务和信息服务业务等			

主要财务指标 指标\报告期	2017.06.30	2016.12.31	2016.06.30	2015.12.31
基本每股收益(元)	0.2400	0.4300	0.2000	0.6900
基本每股收益(扣除后)(元)	0.2400	0.4200	0.2000	0.6700
稀释每股收益(元)	0.2400	0.4200	0.2000	0.6700
每股净资产(元)	2.9492	2.7900	2.5700	2.3800
每股经营现金净流量(元)	-0.4704	0.3681	-0.2957	1.0909
每股现金流量(元)	-0.3742	0.0133	-0.5437	0.7956
每股资本公积金(元)	0.7429	0.4330	0.4395	1.8428
每股盈余公积金(元)	0.0642	0.0665	0.0597	0.1196
每股未分配利润(元)	1.5112	1.3749	1.1571	2.0300
净资产收益率(%)	7.9338	15.1100	7.5655	13.7029
加权净资产收益率(%)	8.3300	16.3700	7.9100	16.0000
净资产收益率(扣除)(%)	7.8976	14.7515	7.4930	13.3791
总资产(万元)	293249.68	287686.84	254211.25	267727.41
归属母公司股东权益(万元)	197156.29	179810.46	165180.91	152125.83
营业收入(万元)	84780.02	182010.82	66559.84	135166.99
营业支出(万元)	46340.97	110266.27	36731.05	76390.54
投资收益(万元)	-161.38	327.14	-63.91	208.87
净利润(万元)	14971.89	27436.07	12426.09	20861.80
营业利润(万元)	16494.79	23049.86	10908.97	18504.93
利润总额(万元)	16595.28	30264.75	13894.07	24107.80

上海开能环保设备股份有限公司

公司概况	公司名称	上海开能环保设备股份有限公司		证券简称	开能环保
	法人代表	瞿建国	董秘 蒋玮芳	证券代码	300272
	公司网址	www.canature.com		电子信箱	dongmiban@canature.com
	电　话	021-58599901		传　真	021-58599079
	办公地址	上海市浦东新区川大路 518 号			
	经营范围	水处理整体设备、水处理核心部件、壁炉、服务等			

主要财务指标 指标\报告期	2017.06.30	2016.12.31	2016.06.30	2015.12.31
基本每股收益(元)	0.0976	0.2720	0.1051	0.2309
基本每股收益(扣除后)(元)	0.0852	0.2444	0.0972	0.2018
稀释每股收益(元)	0.0976	0.2720	0.1051	0.2315
每股净资产(元)	2.0064	2.0453	1.8629	1.8343
每股经营现金净流量(元)	0.0061	0.1506	-0.0228	0.2424
每股现金流量(元)	-0.1749	0.2253	0.0892	0.0315
每股资本公积金(元)	0.6245	0.4043	0.4028	0.4076
每股盈余公积金(元)	0.1296	0.1554	0.1214	0.1214
每股未分配利润(元)	0.2522	0.4872	0.3525	0.3191
净资产收益率(%)	4.8637	13.2976	5.6083	12.4884
加权净资产收益率(%)	5.6100	14.0000	5.5700	13.4000
净资产收益率(扣除)(%)	4.2438	11.9492	5.1891	10.9234
总资产(万元)	226737.45	260768.08	168910.22	126818.06
归属母公司股东权益(万元)	79890.19	67868.95	61816.17	60866.47
营业收入(万元)	30974.54	64299.50	26368.18	45684.14
营业支出(万元)	19465.23	40392.24	17003.30	27257.24
投资收益(万元)	749.39	1102.67	562.12	805.79
净利润(万元)	2586.86	8920.26	3023.17	7600.98
营业利润(万元)	2674.59	9495.56	3727.66	8213.47
利润总额(万元)	2813.49	10479.08	3804.26	8682.77

珠海和佳医疗设备股份有限公司

公司概况	公司名称	珠海和佳医疗设备股份有限公司		证券简称	和佳股份
	法人代表	郝镇熙	董秘 吴炜	证券代码	300273
	公司网址	www.hokai.com		电子信箱	ir@hokai.com
	电　话	0756-8686333		传　真	0756-8686077
	办公地址	广东省珠海市香洲区宝盛路 5 号			
	经营范围	医疗设备的研发、生产、销售和服务等			

主要财务指标 指标\报告期	2017.06.30	2016.12.31	2016.06.30	2015.12.31
基本每股收益(元)	0.0686	0.1100	0.1293	0.1400
基本每股收益(扣除后)(元)	0.0338	0.0900	0.0977	0.1000
稀释每股收益(元)	0.0686	0.1100	0.1293	0.1400
每股净资产(元)	3.0072	2.9536	3.0151	2.8858
每股经营现金净流量(元)	-0.5714	-0.5203	-0.2812	-1.0114
每股现金流量(元)	0.2024	0.3380	0.0950	0.1306
每股资本公积金(元)	1.2197	1.2197	1.2151	1.2151
每股盈余公积金(元)	0.0946	0.0946	0.0820	0.0820
每股未分配利润(元)	0.6929	0.6393	0.7179	0.5886
净资产收益率(%)	2.2812	3.8346	4.2888	4.6545
加权净资产收益率(%)	2.3000	3.8900	4.3800	6.3700
净资产收益率(扣除)(%)	1.1235	3.0324	3.2397	3.4574
总资产(万元)	500924.63	457022.95	404334.91	372983.81
归属母公司股东权益(万元)	236913.08	232690.35	237534.22	227346.84
营业收入(万元)	41016.44	91920.48	46480.12	79104.64
营业支出(万元)	19497.71	42476.03	22184.07	30264.58
投资收益(万元)	165.43	-350.97	-13.36	286.37
净利润(万元)	5746.08	9612.00	10561.62	10763.26
营业利润(万元)	4131.37	10155.04	8900.78	9520.63
利润总额(万元)	6924.20	12790.18	12009.17	13141.85

阳光电源股份有限公司

公司概况	公司名称	阳光电源股份有限公司		证券简称	阳光电源
	法人代表	曹仁贤	董秘 解小勇	证券代码	300274
	公司网址	www.sungrowpower.com		电子信箱	board@sungrowpower.com
	电　话	0551-65327867 65325617		传　真	0551-5327800
	办公地址	安徽省合肥市高新区习友路 1699 号			
	经营范围	新能源发电设备、分布式电源及其配套产品的研制、生产、销售、服务等			

主要财务指标 指标\报告期	2017.06.30	2016.12.31	2016.06.30	2015.12.31
基本每股收益(元)	0.2600	0.4100	0.3400	0.6500
基本每股收益(扣除后)(元)	0.2400	0.3700	0.3000	0.5900
稀释每股收益(元)	0.2600	0.4100	0.3400	0.6400
每股净资产(元)	4.4426	4.2066	7.2534	4.2582
每股经营现金净流量(元)	-0.6523	0.6121	-0.3684	-0.4943
每股现金流量(元)	-0.3467	0.7034	4.0317	-0.7220
每股资本公积金(元)	2.1441	2.0873	5.3742	1.5810
每股盈余公积金(元)	0.1240	0.1270	0.2331	0.1836
每股未分配利润(元)	1.1734	0.9909	1.7790	1.4895
净资产收益率(%)	5.7353	9.3053	3.9714	15.1169
加权净资产收益率(%)	5.9400	12.6000	7.6900	16.3500
净资产收益率(扣除)(%)	5.2185	8.4637	3.5415	13.8315
总资产(万元)	1380049.49	1165679.91	1069425.23	678311.66
归属母公司股东权益(万元)	643627.43	594943.90	566788.68	281407.41
营业收入(万元)	354132.23	600366.25	238179.86	456924.72
营业支出(万元)	257047.79	452743.62	179684.79	348639.28
投资收益(万元)	2058.55	1086.00	247.47	-141.49
净利润(万元)	36489.28	54612.99	22510.97	42611.08
营业利润(万元)	41760.22	61328.65	25030.05	44356.38
利润总额(万元)	43021.33	66813.57	28464.51	49251.01

重庆梅安森科技股份有限公司

公司概况					
公司名称	重庆梅安森科技股份有限公司			证券简称	梅安森
法人代表	马焰	董秘	张亚	证券代码	300275
公司网址	www.cqmas.com		电子信箱	mas@cqmas.com	
电　话	86-23-68467829 68467887		传　真	86-23-68465683	
办公地址	重庆市九龙坡区福园路28号				
经营范围	煤矿安全生产监测监控设备及成套安全保障系统的研发、设计、生产和销售				

主要财务指标 指标\报告期	2017.06.30	2016.12.31	2016.06.30	2015.12.31
基本每股收益(元)	0.1460	−0.4200	−0.1900	−0.4000
基本每股收益(扣除后)(元)	0.1500	−0.4500	−0.2000	−0.4400
稀释每股收益(元)	0.1460	−0.4200	−0.1900	−0.4000
每股净资产(元)	3.2708	3.0971	3.3091	3.4937
每股经营现金净流量(元)	−0.0234	−0.3909	−0.1209	−0.3965
每股现金流量(元)	−0.3241	0.0821	−0.2019	−0.4151
每股资本公积金(元)	1.3687	1.4194	1.4769	1.4768
每股盈余公积金(元)	0.2110	0.2091	0.2069	0.2069
每股未分配利润(元)	0.6837	0.5347	0.7617	0.9463
净资产收益率(%)	4.7037	−13.6141	−5.5791	−11.3496
加权净资产收益率(%)	4.8200	−12.7200	−5.4300	−10.6900
净资产收益率(扣除)(%)	4.5878	−14.6510	−5.8784	−12.3182
总资产(万元)	98708.70	92085.11	84550.43	86185.71
归属母公司股东权益(万元)	53609.36	51342.28	55439.93	58532.14
营业收入(万元)	17480.89	17140.84	5267.14	13905.79
营业支出(万元)	10253.35	10718.83	2854.58	8367.34
投资收益(万元)	411.25	1033.84	397.80	689.06
净利润(万元)	1968.69	−7311.87	−3302.74	−7005.48
营业利润(万元)	1761.13	−8491.80	−3605.85	−9263.82
利润总额(万元)	1835.94	−7595.55	−3387.98	−8141.18

湖北三丰智能输送装备股份有限公司

公司概况					
公司名称	湖北三丰智能输送装备股份有限公司			证券简称	三丰智能
法人代表	朱汉平	董秘	张蓉	证券代码	300276
公司网址	www.cnsanf.com		电子信箱	sfgfzxh@163.com	
电　话	0714-6399668 6399669		传　真	0714-6359320	
办公地址	湖北省黄石市黄石经济技术开发区黄金山工业新区鹏程大道98号				
经营范围	智能输送成套设备的研发设计、生产制造、安装调试与技术服务等				

主要财务指标 指标\报告期	2017.06.30	2016.12.31	2016.06.30	2015.12.31
基本每股收益(元)	0.0226	0.0397	0.0220	0.0615
基本每股收益(扣除后)(元)	0.0158	0.0301	0.0200	0.0495
稀释每股收益(元)	0.0226	0.0397	0.0220	0.0615
每股净资产(元)	1.6261	1.6135	1.5959	1.5838
每股经营现金净流量(元)	−0.0132	0.0943	0.0886	−0.0105
每股现金流量(元)	−0.0022	−0.1333	−0.0444	−0.1957
每股资本公积金(元)	0.1102	0.1102	0.1102	0.1102
每股盈余公积金(元)	0.0647	0.0647	0.0612	0.0612
每股未分配利润(元)	0.4513	0.4387	0.4245	0.4124
净资产收益率(%)	1.3897	2.4606	1.3811	3.8855
加权净资产收益率(%)	1.4000	2.4800	1.3900	3.9600
净资产收益率(扣除)(%)	0.9695	1.8668	1.2656	3.1268
总资产(万元)	97045.53	97065.56	93799.93	87523.87
归属母公司股东权益(万元)	60882.77	60411.08	59749.85	59299.03
营业收入(万元)	15648.00	32757.72	14149.12	34453.22
营业支出(万元)	11677.51	23444.29	10045.60	25498.88
投资收益(万元)	12.35	73.04	36.74	95.52
净利润(万元)	704.07	1624.11	870.13	2309.02
营业利润(万元)	255.37	913.73	909.81	2039.02
利润总额(万元)	636.40	1558.25	987.42	2674.36

深圳海联讯科技股份有限公司

公司概况					
公司名称	深圳海联讯科技股份有限公司			证券简称	海联讯
法人代表	王天青	董秘	章文藻(代)	证券代码	300277
公司网址	www.hirisun.com		电子信箱	szhlx@hirisun.com	
电　话	0755-26972918		传　真	0755-26972818	
办公地址	广东省深圳市南山区深南大道市高新技术园R2厂房B区3a层				
经营范围	系统集成、软件开发与销售、技术及咨询服务、物业租赁等				

主要财务指标 指标\报告期	2017.06.30	2016.12.31	2016.06.30	2015.12.31
基本每股收益(元)	−0.0191	0.0780	−0.0403	0.0600
基本每股收益(扣除后)(元)	−0.0191	−0.0029	−0.0403	0.0500
稀释每股收益(元)	−0.0191	0.0780	−0.0403	0.0600
每股净资产(元)	1.3842	1.4533	1.3477	3.4999
每股经营现金净流量(元)	−0.1071	0.1295	−0.0987	0.0930
每股现金流量(元)	0.0354	0.2975	−0.1073	−0.1484
每股资本公积金(元)	0.2474	0.2474	0.2474	2.1185
每股盈余公积金(元)	0.0483	0.0483	0.0487	0.1217
每股未分配利润(元)	0.0801	0.1492	0.0432	0.2388
净资产收益率(%)	−1.3827	5.3653	−2.9913	1.6379
加权净资产收益率(%)	−1.3300	5.5000	−2.8900	1.6600
净资产收益率(扣除)(%)	−1.3808	−0.2021	−2.9887	1.4492
总资产(万元)	60888.88	67289.63	59436.43	64045.15
归属母公司股东权益(万元)	46369.25	48685.37	45146.38	46898.85
营业收入(万元)	7122.30	31854.05	5740.86	41056.84
营业支出(万元)	6259.77	24579.78	4438.97	31807.78
投资收益(万元)	171.00	200.00	100.00	−159.16
净利润(万元)	−1209.52	2616.95	−1597.91	491.80
营业利润(万元)	−1176.78	−324.66	−1566.80	145.85
利润总额(万元)	−1179.60	2812.43	−1570.07	357.91

华昌达智能装备集团股份有限公司

公司概况					
公司名称	华昌达智能装备集团股份有限公司			证券简称	华昌达
法人代表	陈泽	董秘	陈泽(代)	证券代码	300278
公司网址	www.hchd.com.cn		电子信箱	hchd@hchd.com.cn	
电　话	0719-8767909		传　真	0719-8767768	
办公地址	湖北省十堰市东益大道9号				
经营范围	机械设备及电气、环保设备、机械输送系统设计、制造、销售、安装、检修等				

主要财务指标 指标\报告期	2017.06.30	2016.12.31	2016.06.30	2015.12.31
基本每股收益(元)	0.1200	0.2137	0.1100	0.1800
基本每股收益(扣除后)(元)	0.0900	0.2033	0.1100	0.1800
稀释每股收益(元)	0.1200	0.2137	0.1100	0.1800
每股净资产(元)	2.9734	2.8631	2.8222	2.7087
每股经营现金净流量(元)	0.1280	−0.1577	−0.0498	−0.0550
每股现金流量(元)	0.0449	0.3336	0.0320	0.2754
每股资本公积金(元)	1.2682	1.2682	1.2682	1.2682
每股盈余公积金(元)	0.0238	0.0238	0.0236	0.0236
每股未分配利润(元)	0.7314	0.6336	0.5345	0.4201
净资产收益率(%)	4.0303	7.4636	4.0566	6.8182
加权净资产收益率(%)	4.0900	7.6700	4.1400	7.0500
净资产收益率(扣除)(%)	2.9254	7.1020	3.8967	6.5109
总资产(万元)	472765.82	437764.47	354739.77	324943.24
归属母公司股东权益(万元)	162065.60	156051.40	153819.86	147635.09
营业收入(万元)	165441.66	226273.38	110513.41	174970.87
营业支出(万元)	140660.55	181860.02	89277.87	143597.73
投资收益(万元)	2.25	−3.72	−4.13	−5.20
净利润(万元)	6560.62	11603.07	6138.97	10073.62
营业利润(万元)	5950.73	13526.67	8144.20	11288.09
利润总额(万元)	8059.65	14198.96	8425.47	11828.93

无锡和晶科技股份有限公司

公司概况	公司名称	无锡和晶科技股份有限公司			证券简称	和晶科技
	法人代表	陈柏林	董秘	陈瑶	证券代码	300279
	公司网址	www.hodgen-china.com		电子信箱	stock@hodgen-china.com	
	电　话	0510-85259761		传　真	0510-85258772	
	办公地址	江苏省无锡市新吴区汉江路5号-1号楼-5楼				
	经营范围	嵌入式软件开发和技术咨询服务等				

	指标\报告期	2017.06.30	2016.12.31	2016.06.30	2015.12.31
主要财务指标	基本每股收益(元)	0.1130	0.4535	0.3356	0.1805
	基本每股收益(扣除后)(元)	0.1070	0.4250	0.3137	0.1681
	稀释每股收益(元)	0.1130	0.4535	0.3356	0.1805
	每股净资产(元)	3.6769	10.0548	10.0213	4.4592
	每股经营现金净流量(元)	-0.0722	0.2780	-0.1600	-0.1380
	每股现金流量(元)	-0.1459	1.5828	1.6314	-0.0755
	每股资本公积金(元)	2.2211	8.0190	8.0190	2.6175
	每股盈余公积金(元)	0.0305	0.0854	0.0854	0.1029
	每股未分配利润(元)	0.4258	0.9758	0.9453	0.7810
	净资产收益率(%)	3.0734	4.2491	2.9611	4.0470
	加权净资产收益率(%)	3.1000	5.4600	4.3200	4.0800
	净资产收益率(扣除)(%)	2.9099	3.9818	2.7673	3.7699
	总资产(万元)	297075.69	277340.28	229747.97	133564.95
	归属母公司股东权益(万元)	165071.61	161214.61	160678.54	59374.48
	营业收入(万元)	78732.96	132588.49	62216.60	78740.44
	营业支出(万元)	59706.83	100991.14	48098.76	65005.43
	投资收益(万元)	-2116.56	-3173.56	-1483.80	-1240.92
	净利润(万元)	6279.33	9315.53	4779.83	2402.90
	营业利润(万元)	6972.31	10242.31	5342.62	3200.27
	利润总额(万元)	7703.03	11809.45	6006.26	3506.11

南通锻压设备股份有限公司

公司概况	公司名称	南通锻压设备股份有限公司			证券简称	南通锻压
	法人代表	姚小欣	董秘	鲍蕾	证券代码	300280
	公司网址	www.ntdy.com.cn		电子信箱	ntdygs@163.com	
	电　话	0513-82153885		传　真	0513-82153885	
	办公地址	江苏省南通市如皋市经济开发区锻压产业园区内				
	经营范围	锻压设备(液压机床、机械压力机)及配件的制造、销售、维修等				

	指标\报告期	2017.06.30	2016.12.31	2016.06.30	2015.12.31
主要财务指标	基本每股收益(元)	0.0094	0.0175	0.0411	0.0491
	基本每股收益(扣除后)(元)	-0.0202	0.0137	0.0398	0.0448
	稀释每股收益(元)	0.0094	0.0175	0.0411	0.0491
	每股净资产(元)	4.9468	4.9451	4.9669	4.9445
	每股经营现金净流量(元)	-0.1949	0.2610	0.1046	0.4015
	每股现金流量(元)	0.1943	0.4787	0.5152	-0.2889
	每股资本公积金(元)	3.2963	3.2963	3.2971	3.2991
	每股盈余公积金(元)	0.0871	0.0871	0.0810	0.0810
	每股未分配利润(元)	0.5291	0.5296	0.5594	0.5383
	净资产收益率(%)	0.1910	0.3533	0.8280	0.9924
	加权净资产收益率(%)	0.1900	0.3500	0.8300	1.0000
	净资产收益率(扣除)(%)	-0.4093	0.2777	0.8019	0.9054
	总资产(万元)	82791.52	82430.72	84594.51	80998.76
	归属母公司股东权益(万元)	63319.45	63297.89	63576.48	63289.86
	营业收入(万元)	11669.83	25497.62	12626.33	25043.98
	营业支出(万元)	9125.21	19211.58	9130.88	19071.74
	投资收益(万元)	788.40	1937.62	821.66	1540.00
	净利润(万元)	120.93	222.89	526.25	614.49
	营业利润(万元)	-308.76	331.31	641.03	645.55
	利润总额(万元)	174.93	386.57	659.64	710.43

广东金明精机股份有限公司

公司概况	公司名称	广东金明精机股份有限公司			证券简称	金明精机
	法人代表	马镇鑫	董秘	谢珍慧	证券代码	300281
	公司网址	www.jmjj.com		电子信箱	stock@jmjj.com	
	电　话	0754-89811399		传　真	0754-89811303	
	办公地址	广东省汕头市濠江区纺织工业园				
	经营范围	货物进出口、技术进出口(法律、行政法规禁止的项目除外)等				

	指标\报告期	2017.06.30	2016.12.31	2016.06.30	2015.12.31
主要财务指标	基本每股收益(元)	0.1200	0.1300	0.1000	0.1200
	基本每股收益(扣除后)(元)	0.1100	0.1100	0.0900	0.1100
	稀释每股收益(元)	0.1200	0.1300	0.1000	0.1200
	每股净资产(元)	3.0444	3.0400	2.9929	2.9364
	每股经营现金净流量(元)	0.0021	0.0207	-0.0315	-0.0397
	每股现金流量(元)	-0.2288	-0.1065	-0.1253	-0.1492
	每股资本公积金(元)	0.9115	0.9848	0.9845	0.9806
	每股盈余公积金(元)	0.1188	0.1188	0.1044	0.1045
	每股未分配利润(元)	1.0140	0.9409	0.9204	0.8678
	净资产收益率(%)	4.0436	4.4074	3.4506	4.0864
	加权净资产收益率(%)	4.0400	4.4900	3.4600	4.2100
	净资产收益率(扣除)(%)	3.4937	3.5379	3.0685	3.5962
	总资产(万元)	116119.08	114882.54	109879.01	104299.84
	归属母公司股东权益(万元)	74114.79	74119.68	73142.92	71709.50
	营业收入(万元)	21260.00	35524.04	17421.30	31380.44
	营业支出(万元)	13893.40	23570.84	11087.42	20453.22
	投资收益(万元)	--	--	-	-
	净利润(万元)	2891.53	3184.29	2543.09	2980.58
	营业利润(万元)	3392.53	2854.44	2622.64	3161.52
	利润总额(万元)	3387.79	3646.61	2963.24	3590.80

北京汇冠新技术股份有限公司

公司概况	公司名称	北京汇冠新技术股份有限公司			证券简称	汇冠股份
	法人代表	林荣滨	董秘	海洋	证券代码	300282
	公司网址	www.irtouch.com		电子信箱	dm@irtouch.com	
	电　话	010-84573455		传　真	010-84574981	
	办公地址	北京市海淀区西北旺东路10号院21号楼汇冠大厦5-6层				
	经营范围	研发生产销售触摸屏和电子白板等				

	指标\报告期	2017.06.30	2016.12.31	2016.06.30	2015.12.31
主要财务指标	基本每股收益(元)	0.2097	0.5600	0.1776	-0.4800
	基本每股收益(扣除后)(元)	0.1998	0.5300	0.1719	-0.4900
	稀释每股收益(元)	0.2097	0.5600	0.1776	-0.4800
	每股净资产(元)	9.5931	7.8799	5.6087	5.3763
	每股经营现金净流量(元)	-0.4738	0.7189	-0.2459	0.8172
	每股现金流量(元)	0.9940	0.2315	-0.2486	0.3622
	每股资本公积金(元)	8.0739	7.1244	4.6420	4.5865
	每股盈余公积金(元)	0.0327	0.0370	0.0370	0.0356
	每股未分配利润(元)	0.4862	0.3149	-0.0703	-0.2452
	净资产收益率(%)	2.1674	6.6570	3.2947	-9.0384
	加权净资产收益率(%)	2.4000	9.8400	3.2500	-8.6300
	净资产收益率(扣除)(%)	2.0646	6.2837	3.1884	-9.3005
	总资产(万元)	360131.74	325600.74	219093.41	217286.07
	归属母公司股东权益(万元)	239383.52	188827.91	123674.90	123322.16
	营业收入(万元)	84630.04	169618.48	65835.10	163573.07
	营业支出(万元)	65441.81	131863.71	50509.95	131379.83
	投资收益(万元)	-145.59	427.63	-34.84	51.50
	净利润(万元)	6038.89	15975.13	5475.96	-8460.13
	营业利润(万元)	7114.72	17673.36	6425.39	-7011.85
	利润总额(万元)	7380.88	18723.05	6616.80	-6517.46

温州宏丰电工合金股份有限公司

公司概况

公司名称	温州宏丰电工合金股份有限公司			证券简称	温州宏丰
法人代表	陈晓	董秘	严学文	证券代码	300283
公司网址	www.wzhf.com	电子信箱	zqb@wzhf.com		
电　话	0577-85515911	传　真	0577-85515915		
办公地址	浙江省温州市瓯江口产业集聚区瓯锦大道 5600 号				
经营范围	电接触功能复合材料、元件及组件的研发、生产和销售等				

主要财务指标

指标\报告期	2017.06.30	2016.12.31	2016.06.30	2015.12.31
基本每股收益(元)	0.0200	0.0600	0.0400	0.0200
基本每股收益(扣除后)(元)	0.0200	0.0600	0.0400	0.0100
稀释每股收益(元)	0.0200	0.0600	0.0400	0.0200
每股净资产(元)	1.3703	1.3607	1.3483	1.9700
每股经营现金净流量(元)	-0.0367	-0.3644	-0.1209	0.1876
每股现金流量(元)	-0.0129	-0.2191	-0.0252	-0.2771
每股资本公积金(元)	0.0412	0.0412	0.0333	0.5500
每股盈余公积金(元)	0.0541	0.0541	0.0481	0.0721
每股未分配利润(元)	0.2746	0.2655	0.2669	0.3479
净资产收益率(%)	1.4695	4.3030	3.0865	1.0506
加权净资产收益率(%)	1.4700	3.9000	3.1200	1.0400
净资产收益率(扣除)(%)	1.1784	4.3107	2.9322	0.2209
总资产(万元)	131986.86	122207.12	89868.49	83464.06
归属母公司股东权益(万元)	56780.13	56381.96	55866.62	54419.31
营业收入(万元)	45938.11	77927.81	31423.34	62786.41
营业支出(万元)	39619.89	64184.80	25156.85	54655.21
投资收益(万元)	22.73	53.14	33.47	351.94
净利润(万元)	705.11	1868.32	1602.89	242.23
营业利润(万元)	810.64	2580.70	1989.28	206.60
利润总额(万元)	994.01	2844.17	2030.96	340.33

苏交科集团股份有限公司

公司概况

公司名称	苏交科集团股份有限公司			证券简称	苏交科
法人代表	符冠华	董秘	潘岭松	证券代码	300284
公司网址	www.jsti.com	电子信箱	sjkdmb@jsti.com		
电　话	025-86576542	传　真	025-86576666		
办公地址	江苏省南京市建邺区富春江东街 8 号				
经营范围	公路、市政、轨道、水运交通的勘察设计、检测、科研与技术咨询服务、施工监理等				

主要财务指标

指标\报告期	2017.06.30	2016.12.31	2016.06.30	2015.12.31
基本每股收益(元)	0.2713	0.6821	0.2266	0.5823
基本每股收益(扣除后)(元)	0.2516	0.6244	0.2204	0.5565
稀释每股收益(元)	0.2713	0.6772	0.2266	0.5755
每股净资产(元)	5.5277	5.4171	4.8880	4.7667
每股经营现金净流量(元)	-0.8368	0.1381	-1.0726	0.0213
每股现金流量(元)	-0.3953	-0.1262	0.3657	0.4998
每股资本公积金(元)	1.9574	1.9660	1.9421	1.9382
每股盈余公积金(元)	0.2118	0.2131	0.1766	0.1767
每股未分配利润(元)	2.2840	2.1666	1.7587	1.6514
净资产收益率(%)	4.8879	12.5591	4.6351	11.7522
加权净资产收益率(%)	4.9000	13.3600	4.6600	13.2900
净资产收益率(扣除)(%)	4.5331	11.4969	4.5090	11.2133
总资产(万元)	959734.45	897465.24	636333.87	544568.31
归属母公司股东权益(万元)	310066.65	301939.96	271261.73	264319.55
营业收入(万元)	244060.06	420125.96	122388.33	256256.91
营业支出(万元)	177815.36	293373.82	84301.94	164421.03
投资收益(万元)	-172.64	76.99	-184.62	245.04
净利润(万元)	16326.46	41401.48	14077.80	33944.44
营业利润(万元)	18554.63	41653.45	16204.70	40953.34
利润总额(万元)	20026.89	49823.89	16641.08	42882.27

山东国瓷功能材料股份有限公司

公司概况

公司名称	山东国瓷功能材料股份有限公司			证券简称	国瓷材料
法人代表	张曦	董秘	许少梅	证券代码	300285
公司网址	www.sinocera.com.cn	电子信箱	sinocera@sinocera.com.cn		
电　话	0546-8073768	传　真	0546-8073610		
办公地址	山东省东营市东营区辽河路 24 号				
经营范围	生产、销售电子陶瓷粉体材料(不含危险品)、对销售后的产品进行技术服务等				

主要财务指标

指标\报告期	2017.06.30	2016.12.31	2016.06.30	2015.12.31
基本每股收益(元)	0.1900		0.2000	0.3400
基本每股收益(扣除后)(元)	0.1800		0.1700	0.2600
稀释每股收益(元)	0.1900		0.2000	0.3400
每股净资产(元)	2.9614		5.3894	3.1335
每股经营现金净流量(元)	0.0964		0.2060	0.1844
每股现金流量(元)	0.2338		1.8643	-0.0325
每股资本公积金(元)	1.1298		3.2596	0.9051
每股盈余公积金(元)	0.0864		0.1375	0.1611
每股未分配利润(元)	0.7451		0.9923	1.0673
净资产收益率(%)	6.3949		3.3642	10.7387
加权净资产收益率(%)	6.5100		4.4400	11.3500
净资产收益率(扣除)(%)	6.2008		2.9678	8.2109
总资产(万元)	333954.25		187859.09	118674.72
归属母公司股东权益(万元)	177179.23		161224.65	80011.84
营业收入(万元)	54461.49		28374.36	53268.39
营业支出(万元)	31655.19		17033.36	32926.69
投资收益(万元)	393.03		446.74	166.59
净利润(万元)	12189.04		6068.07	9829.42
营业利润(万元)	13744.81		6149.46	8940.33
利润总额(万元)	14204.66		6991.17	11015.03

安科瑞电气股份有限公司

公司概况

公司名称	安科瑞电气股份有限公司			证券简称	安科瑞
法人代表	周中	董秘	罗叶兰	证券代码	300286
公司网址	www.acrel.cn	电子信箱	acrel@acrel.cn		
电　话	021-69158331	传　真	021-69158330		
办公地址	上海市嘉定区育绿路 253 号				
经营范围	用户端智能电力仪表的研发、生产和销售等				

主要财务指标

指标\报告期	2017.06.30	2016.12.31	2016.06.30	2015.12.31
基本每股收益(元)	0.3400	0.5700	0.2800	0.4600
基本每股收益(扣除后)(元)	0.3100	0.5300	0.2700	0.4300
稀释每股收益(元)	0.3400	0.5700	0.2800	0.4600
每股净资产(元)	4.2933	4.1608	3.8718	3.7597
每股经营现金净流量(元)	0.2377	0.7578	0.2325	0.5862
每股现金流量(元)	-0.1387	-0.7404	-0.4606	-0.0383
每股资本公积金(元)	1.4296	1.2802	1.2751	1.2740
每股盈余公积金(元)	0.2796	0.2832	0.2276	0.2273
每股未分配利润(元)	1.7576	1.6413	1.4129	1.3330
净资产收益率(%)	7.7819	13.4990	7.1724	11.9397
加权净资产收益率(%)	8.0300	14.2900	7.3600	12.7000
净资产收益率(扣除)(%)	7.0281	12.5045	6.7957	11.1401
总资产(万元)	80375.85	76175.42	69178.96	67274.51
归属母公司股东权益(万元)	61951.67	59359.46	55236.44	53706.49
营业收入(万元)	18991.67	32936.32	15367.97	30717.15
营业支出(万元)	8455.93	14092.55	6185.83	13178.96
投资收益(万元)	171.12	106.43	-63.54	47.27
净利润(万元)	4820.08	7991.67	3948.97	6148.83
营业利润(万元)	5017.47	7129.44	3490.13	5327.24
利润总额(万元)	5566.87	9143.15	4607.23	7368.95

北京飞利信科技股份有限公司

公司概况	公司名称	北京飞利信科技股份有限公司			证券简称	飞利信
	法人代表	杨振华	董秘	许莉	证券代码	300287
	公司网址	www.philisense.com		电子信箱	phls@philisense.com	
	电话	010-62053775 62058123		传真	010-60958100	
	办公地址	北京市海淀区塔院志新村2号飞利信大厦				
	经营范围	国务院决定未规定许可的自主选择经营项目开展经营活动				

主要财务指标	指标\报告期	2017.06.30	2016.12.31	2016.06.30	2015.12.31
	基本每股收益(元)	0.1100	0.2500	0.1100	0.1600
	基本每股收益(扣除后)(元)	0.1000	0.2300	0.1000	0.1600
	稀释每股收益(元)	0.1100	0.2500	0.1100	0.1600
	每股净资产(元)	3.9204	3.8100	3.6734	2.4024
	每股经营现金净流量(元)	−0.0227	0.0061	−0.1198	−0.0290
	每股现金流量(元)	−0.1543	0.5035	0.2728	0.1014
	每股资本公积金(元)	2.3010	2.3010	2.3005	1.0492
	每股盈余公积金(元)	0.0096	0.0096	0.0081	0.0095
	每股未分配利润(元)	0.6097	0.5022	0.3647	0.3437
	净资产收益率(%)	2.7427	6.2145	2.6667	6.1088
	加权净资产收益率(%)	2.7800	7.4200	3.7400	12.5300
	净资产收益率(扣除)(%)	2.6590	5.8194	2.4637	5.9992
	总资产(万元)	698960.41	674212.86	668408.87	559858.16
	归属母公司股东权益(万元)	562678.98	547246.20	527230.17	295692.15
	营业收入(万元)	86861.00	203762.62	82617.04	135614.80
	营业支出(万元)	51610.06	119963.90	47538.15	84187.79
	投资收益(万元)	244.67	829.00	−2.55	787.67
	净利润(万元)	15292.96	34797.19	13856.32	18327.90
	营业利润(万元)	16214.49	35119.61	13167.45	20107.72
	利润总额(万元)	17186.34	38320.06	15065.15	21083.32

贵阳朗玛信息技术股份有限公司

公司概况	公司名称	贵阳朗玛信息技术股份有限公司			证券简称	朗玛信息
	法人代表	王伟	董秘	李博	证券代码	300288
	公司网址	www.longmaster.com.cn		电子信箱	zhengquanbu@longmaster.com.cn	
	电话	0851-3842119		传真	0851-3835538	
	办公地址	贵州省贵阳市观山湖区长岭南路31号国家数字内容产业园二楼				
	经营范围	计算机技术及软件开发、销售、计算机硬件及耗材销售、计算机网络互联设备销售等				

主要财务指标	指标\报告期	2017.06.30	2016.12.31	2016.06.30	2015.12.31
	基本每股收益(元)	0.8100	0.2500	0.1200	0.2900
	基本每股收益(扣除后)(元)	0.1400	0.1700	0.0900	0.2200
	稀释每股收益(元)	0.8100	0.2500	0.1200	0.2900
	每股净资产(元)	3.9020	3.3400	3.0166	2.9008
	每股经营现金净流量(元)	0.3786	0.2644	0.1036	0.3771
	每股现金流量(元)	0.0484	−0.4315	−0.3129	0.1754
	每股资本公积金(元)	0.9317	1.1227	0.9313	0.9313
	每股盈余公积金(元)	0.1223	0.1223	0.0835	0.0835
	每股未分配利润(元)	1.8480	1.0991	1.0017	0.8859
	净资产收益率(%)	20.7297	7.5342	3.8388	10.0377
	加权净资产收益率(%)	22.2300	8.0700	3.9100	10.5900
	净资产收益率(扣除)(%)	3.5128	5.0817	2.9977	7.4576
	总资产(万元)	328515.99	136986.08	127918.13	120675.72
	归属母公司股东权益(万元)	131864.97	113012.46	101942.59	98029.20
	营业收入(万元)	98250.52	39807.61	18951.54	31662.65
	营业支出(万元)	74661.37	17468.60	7618.30	7663.79
	投资收益(万元)	22476.79	690.78	75.84	404.28
	净利润(万元)	30358.48	7326.32	3583.90	9438.58
	营业利润(万元)	32092.07	5710.10	3315.79	8773.09
	利润总额(万元)	32287.54	8814.64	4432.14	11038.74

北京利德曼生化股份有限公司

公司概况	公司名称	北京利德曼生化股份有限公司			证券简称	利德曼
	法人代表	沈广仟	董秘	张丽华	证券代码	300289
	公司网址	www.leadmanbio.com		电子信箱	leadman@leadmanbio.com	
	电话	010-84923554		传真	010-67856540*8881	
	办公地址	北京市北京经济技术开发区宏达南路5号				
	经营范围	主要从事体外诊断产品及生物化学原料的研发、生产和销售等				

主要财务指标	指标\报告期	2017.06.30	2016.12.31	2016.06.30	2015.12.31
	基本每股收益(元)	0.1000	0.1700	0.0800	0.4000
	基本每股收益(扣除后)(元)	0.0900	0.1400	0.0800	0.3800
	稀释每股收益(元)	0.1000	0.1700	0.0800	0.3900
	每股净资产(元)	3.0144	2.9298	2.8600	2.8000
	每股经营现金净流量(元)	0.1191	0.1930	0.0720	0.4181
	每股现金流量(元)	0.0733	0.0483	−0.0354	0.1712
	每股资本公积金(元)	0.5920	0.5979	0.6273	0.6273
	每股盈余公积金(元)	0.1468	0.1468	0.1424	0.1420
	每股未分配利润(元)	1.2822	1.1967	1.1195	1.0929
	净资产收益率(%)	3.1669	5.6093	2.9248	13.2456
	加权净资产收益率(%)	3.2100	5.7300	2.9400	14.7600
	净资产收益率(扣除)(%)	3.1345	4.7873	2.7202	12.5730
	总资产(万元)	168232.63	166283.88	161112.71	165867.99
	归属母公司股东权益(万元)	127753.92	124166.91	121130.98	118695.58
	营业收入(万元)	25602.60	53339.18	25706.47	68167.58
	营业支出(万元)	11650.69	23909.19	11355.61	28788.34
	投资收益(万元)	——	——	–	−4.06
	净利润(万元)	4980.17	9162.96	4443.81	17812.27
	营业利润(万元)	5807.53	9563.07	4995.60	19850.69
	利润总额(万元)	5856.24	10777.97	5295.22	20907.25

荣科科技股份有限公司

公司概况	公司名称	荣科科技股份有限公司			证券简称	荣科科技
	法人代表	付永全	董秘	张羽	证券代码	300290
	公司网址	www.bringspring.com		电子信箱	zqtz@bringspring.com	
	电话	024-22851050		传真	024-22851050	
	办公地址	辽宁省沈阳市经济技术开发区开发大路7甲3号				
	经营范围	计算机软硬件技术、电控工程技术开发、计算机系统集成及咨询服务等				

主要财务指标	指标\报告期	2017.06.30	2016.12.31	2016.06.30	2015.12.31
	基本每股收益(元)	0.0505	0.1008	0.0423	0.1707
	基本每股收益(扣除后)(元)	0.0505	0.0998	0.0421	0.1550
	稀释每股收益(元)	0.0505	0.1008	0.0423	0.1707
	每股净资产(元)	2.2009	2.7444	2.6687	2.6610
	每股经营现金净流量(元)	−0.1782	0.1535	−0.2462	0.1648
	每股现金流量(元)	−0.2849	−0.1532	−0.4257	0.5549
	每股资本公积金(元)	0.3633	0.9354	0.9191	0.9191
	每股盈余公积金(元)	0.0960	0.0960	0.0874	0.0874
	每股未分配利润(元)	0.7398	0.7103	0.6604	0.6532
	净资产收益率(%)	2.2941	3.6727	1.5838	5.9201
	加权净资产收益率(%)	1.9600	3.7500	1.5800	7.8600
	净资产收益率(扣除)(%)	2.2944	3.6352	1.5785	5.3754
	总资产(万元)	103540.79	111206.60	100397.81	107012.48
	归属母公司股东权益(万元)	70743.73	88212.42	85779.38	85531.76
	营业收入(万元)	17324.38	50260.73	21801.01	54187.30
	营业支出(万元)	11525.09	34289.73	14961.70	37266.43
	投资收益(万元)	——	——	–	–
	净利润(万元)	1322.71	4004.61	1238.88	5827.28
	营业利润(万元)	1552.25	3699.81	1137.51	5650.27
	利润总额(万元)	1552.12	4298.45	1483.73	6412.42

北京华录百纳影视股份有限公司

公司概况	公司名称	北京华录百纳影视股份有限公司			证券简称	华录百纳
	法人代表	陈润生	董秘	李倩	证券代码	300291
	公司网址	www.hlbn.cc		电子信箱	hbndsh@hlbn.cc	
	电　话	010-52281866		传　真	010-56842325	
	办公地址	北京市石景山区阜石路165号中国华录大厦13层				
	经营范围	影视剧和经纪业务等				

	指标\报告期	2017.06.30	2016.12.31	2016.06.30	2015.12.31
主要财务指标	基本每股收益(元)	0.0790	0.5150	0.1290	0.3770
	基本每股收益(扣除后)(元)	0.0780	0.4940	0.1130	0.3370
	稀释每股收益(元)	0.0790	0.5150	0.1290	0.3770
	每股净资产(元)	7.9196	7.8402	5.5180	5.4689
	每股经营现金净流量(元)	-0.1603	-0.5687	-0.0287	-0.2030
	每股现金流量(元)	-0.7347	1.0331	0.0460	0.0990
	每股资本公积金(元)	5.5644	5.5644	3.4601	3.4601
	每股盈余公积金(元)	0.0416	0.0416	0.0477	0.0477
	每股未分配利润(元)	1.3137	1.2343	1.0102	0.9612
	净资产收益率(%)	1.0026	5.9414	2.3383	6.8879
	加权净资产收益率(%)	1.0100	8.2600	2.3400	7.1100
	净资产收益率(扣除)(%)	0.9804	5.6910	2.0432	6.1555
	总资产(万元)	729453.26	713208.84	505847.15	469800.73
	归属母公司股东权益(万元)	643438.69	636987.79	390968.47	387494.59
	营业收入(万元)	87476.60	257486.40	109605.20	188488.72
	营业支出(万元)	68886.51	187868.69	87166.89	139990.67
	投资收益(万元)	730.81	34.11	9.16	3.45
	净利润(万元)	6887.90	38480.47	9487.19	26857.74
	营业利润(万元)	8215.34	37432.49	9028.19	25031.02
	利润总额(万元)	8227.99	39024.17	10019.76	27612.79

吴通控股集团股份有限公司

公司概况	公司名称	吴通控股集团股份有限公司			证券简称	吴通控股
	法人代表	万卫方	董秘	姜红	证券代码	300292
	公司网址	www.cnwutong.com		电子信箱	wutong@cnwutong.com	
	电　话	0512-83982280		传　真	0512-83982282	
	办公地址	江苏省苏州市相城经济开发区漕湖街道太东路2596号				
	经营范围	互联网数据产品的研发、互联网信息服务等				

	指标\报告期	2017.06.30	2016.12.31	2016.06.30	2015.12.31
主要财务指标	基本每股收益(元)	0.0700	0.1300	0.4100	0.6100
	基本每股收益(扣除后)(元)	0.0700	0.1200	0.3900	0.5600
	稀释每股收益(元)	0.0700	0.1300	0.4100	0.6100
	每股净资产(元)	2.0265	1.9962	7.9194	7.5036
	每股经营现金净流量(元)	-0.0880	0.1371	-0.1929	0.3886
	每股现金流量(元)	-0.2148	0.1336	-0.5801	0.2851
	每股资本公积金(元)	0.6909	0.6795	5.6706	5.6652
	每股盈余公积金(元)	0.0199	0.0199	0.0478	0.0478
	每股未分配利润(元)	0.3154	0.2963	1.1990	0.7892
	净资产收益率(%)	3.4094	6.6002	5.1664	6.9953
	加权净资产收益率(%)	3.3900	6.8000	5.3000	10.0900
	净资产收益率(扣除)(%)	3.3607	6.1856	4.9244	6.3532
	总资产(万元)	336064.93	335365.39	303658.83	305772.96
	归属母公司股东权益(万元)	258346.89	254482.40	252402.55	239341.00
	营业收入(万元)	114805.44	198229.18	96499.84	150099.11
	营业支出(万元)	88702.51	147543.54	70251.42	110544.07
	投资收益(万元)	--	--	-	73.60
	净利润(万元)	8979.11	16796.32	13040.17	16742.52
	营业利润(万元)	10301.77	17664.91	13653.33	17003.71
	利润总额(万元)	10449.86	18866.55	14367.17	18795.85

沈阳蓝英工业自动化装备股份有限公司

公司概况	公司名称	沈阳蓝英工业自动化装备股份有限公司			证券简称	蓝英装备
	法人代表	郭洪涛	董秘	白雪亮	证券代码	300293
	公司网址	www.chnsbs.net		电子信箱	sbs@blue-silver.net	
	电　话	024-23810393		传　真	024-23825186	
	办公地址	辽宁省沈阳市浑南产业区东区飞云路3号				
	经营范围	专业机械和自动化电气控制系统的设计、生产、安装、调试、销售等				

	指标\报告期	2017.06.30	2016.12.31	2016.06.30	2015.12.31
主要财务指标	基本每股收益(元)	0.0404	0.0600	0.0159	0.0402
	基本每股收益(扣除后)(元)	0.0334	-0.1500	0.0096	0.0076
	稀释每股收益(元)	0.0404	0.0600	0.0159	0.0402
	每股净资产(元)	2.5177	2.4549	2.4110	2.5682
	每股经营现金净流量(元)	-0.2377	1.0689	0.2931	0.1585
	每股现金流量(元)	-0.9197	1.4501	-0.0433	-0.2888
	每股资本公积金(元)	0.5892	0.5892	0.5892	0.5892
	每股盈余公积金(元)	0.1495	0.1495	0.0889	0.0889
	每股未分配利润(元)	0.7001	0.7098	0.7292	0.8132
	净资产收益率(%)	1.6035	2.3282	0.6615	1.6125
	加权净资产收益率(%)	1.6500	2.3200	0.6400	1.5400
	净资产收益率(扣除)(%)	1.3268	-6.3082	0.3963	0.3067
	总资产(万元)	300121.67	119444.48	97996.42	180057.57
	归属母公司股东权益(万元)	67978.84	66282.87	65096.02	67343.90
	营业收入(万元)	56843.92	18147.67	9856.45	22619.48
	营业支出(万元)	43685.72	12213.81	6278.51	14354.87
	投资收益(万元)	6.67	4.97	5.23	3.70
	净利润(万元)	1169.75	1541.69	430.63	1083.49
	营业利润(万元)	710.66	-4159.23	-646.87	-1531.77
	利润总额(万元)	1099.20	2155.06	-199.82	710.44

博雅生物制药集团股份有限公司

公司概况	公司名称	博雅生物制药集团股份有限公司			证券简称	博雅生物
	法人代表	廖昕晰	董秘	范一沁	证券代码	300294
	公司网址	www.china-boya.com		电子信箱	dongmi@china-boya.com	
	电　话	0794-8264398		传　真	0794-8237323	
	办公地址	江西省抚州市金巢经济开发区惠泉路333号				
	经营范围	血液制品的研发、生产和销售等				

	指标\报告期	2017.06.30	2016.12.31	2016.06.30	2015.12.31
主要财务指标	基本每股收益(元)	0.3900	1.0200	0.4000	0.6600
	基本每股收益(扣除后)(元)	0.3400	1.0000	0.3900	0.5400
	稀释每股收益(元)	0.3900	1.0200	0.4000	0.6600
	每股净资产(元)	5.5461	7.8292	7.2100	7.0100
	每股经营现金净流量(元)	-0.1606	0.7433	0.1491	0.5498
	每股现金流量(元)	0.1861	-1.0370	-0.5735	1.3166
	每股资本公积金(元)	2.6329	4.4493	4.4493	4.4493
	每股盈余公积金(元)	0.1777	0.2666	0.1922	0.1922
	每股未分配利润(元)	1.7354	2.1132	1.5657	1.3702
	净资产收益率(%)	7.0911	12.9952	5.4850	8.0967
	加权净资产收益率(%)	7.2800	13.7400	5.5300	16.2300
	净资产收益率(扣除)(%)	6.1024	12.8221	5.4040	6.6505
	总资产(万元)	290612.99	241948.24	221663.48	218821.56
	归属母公司股东权益(万元)	222439.91	209339.66	192708.68	187483.18
	营业收入(万元)	54043.54	94659.61	40166.53	54318.27
	营业支出(万元)	17455.76	34988.99	15591.65	19494.78
	投资收益(万元)	1965.59	97.30	-20.55	2308.32
	净利润(万元)	16101.56	27755.47	10805.47	16704.51
	营业利润(万元)	18874.75	32566.22	12723.68	19229.02
	利润总额(万元)	19650.56	32815.28	12831.62	19759.01

江苏三六五网络股份有限公司

公司概况	公司名称	江苏三六五网络股份有限公司			证券简称	三六五网
	法人代表	章海林	董秘	凌云	证券代码	300295
	公司网址	www.house365.com		电子信箱	dshbgs@house365.com	
	电　话	025-83201657 83203503		传　真	025-85507365	
	办公地址	江苏省南京市建邺区新城科技园云龙山路 99 号省建大厦 B 座				
	经营范围	新房网络营销服务、二手房网络营销服务、家居网络营销服务以及研究咨询业务等				

	指标\报告期	2017.06.30	2016.12.31	2016.06.30	2015.12.31
主要财务指标	基本每股收益(元)	0.2500	0.5600	0.3000	0.6600
	基本每股收益(扣除后)(元)	0.2000	0.3900	0.2300	0.5700
	稀释每股收益(元)	0.2500	0.5600	0.3000	0.6600
	每股净资产(元)	5.5870	5.3404	5.0837	4.7694
	每股经营现金净流量(元)	−1.3207	−1.7218	0.2165	0.7524
	每股现金流量(元)	−0.4283	−2.7609	0.9382	0.4624
	每股资本公积金(元)	1.4211	1.4249	1.4284	1.4181
	每股盈余公积金(元)	0.3175	0.3175	0.2930	0.2930
	每股未分配利润(元)	2.8393	2.5898	2.3623	2.0583
	净资产收益率(%)	4.4831	10.5642	5.9798	13.7927
	加权净资产收益率(%)	4.5800	11.1700	6.0300	14.8200
	净资产收益率(扣除)(%)	3.5176	7.3651	4.5757	11.9165
	总资产(万元)	137814.65	125960.15	120961.10	108548.01
	归属母公司股东权益(万元)	107304.70	102567.85	97638.25	91601.53
	营业收入(万元)	22507.15	57854.27	29248.03	64146.03
	营业支出(万元)	1254.08	3908.38	1912.20	3666.90
	投资收益(万元)	606.15	2550.34	893.84	826.02
	净利润(万元)	5088.98	10644.60	5692.61	11407.23
	营业利润(万元)	6308.41	12032.33	6337.46	12930.90
	利润总额(万元)	6323.56	13288.35	6872.00	14090.26

利亚德光电股份有限公司

公司概况	公司名称	利亚德光电股份有限公司			证券简称	利亚德
	法人代表	李军	董秘	李楠楠	证券代码	300296
	公司网址	www.leyard.com		电子信箱	leyard2010@leyard.com	
	电　话	010-62864532 62888888		传　真	010-62877624	
	办公地址	北京市海淀区颐和园北正红旗西街 9 号				
	经营范围	专业从事 LED 应用产品研发、设计、生产、销售和服务等				

	指标\报告期	2017.06.30	2016.12.31	2016.06.30	2015.12.31
主要财务指标	基本每股收益(元)	0.2300	0.8700	0.2400	0.4800
	基本每股收益(扣除后)(元)	0.2200	0.7500	0.2200	0.4000
	稀释每股收益(元)	0.2300	0.8700	0.2400	0.4800
	每股净资产(元)	2.9157	5.4687	3.2897	3.1165
	每股经营现金净流量(元)	0.0448	0.0169	−0.1653	0.1578
	每股现金流量(元)	0.5645	0.3283	−0.3564	0.5037
	每股资本公积金(元)	0.9805	2.9609	1.3033	1.3346
	每股盈余公积金(元)	0.0257	0.0515	0.0297	0.0306
	每股未分配利润(元)	0.8977	1.4697	0.9678	0.8192
	净资产收益率(%)	7.8094	15.0163	7.3420	13.9648
	加权净资产收益率(%)	8.0000	22.0600	7.5800	21.2300
	净资产收益率(扣除)(%)	7.4167	13.0055	6.6557	11.4487
	总资产(万元)	1115090.56	821580.86	582801.99	528182.54
	归属母公司股东权益(万元)	474946.82	445403.00	250038.98	236873.90
	营业收入(万元)	251273.07	437793.52	173181.56	202262.51
	营业支出(万元)	149781.52	269560.07	109088.15	117813.79
	投资收益(万元)	−253.14	4383.89	49.18	−53.51
	净利润(万元)	37055.51	66626.85	18069.70	33204.27
	营业利润(万元)	37356.49	70189.91	19128.03	30780.24
	利润总额(万元)	39708.56	75982.02	21486.62	39075.61

蓝盾信息安全技术股份有限公司

公司概况	公司名称	蓝盾信息安全技术股份有限公司			证券简称	蓝盾股份
	法人代表	柯宗贵	董秘	李德桂	证券代码	300297
	公司网址	www.bluedon.com		电子信箱	stock@chinabluedon.cn	
	电　话	020-85639340		传　真	020-85639340	
	办公地址	广东省广州市天河区科韵路 16 号自编 1 栋 2101				
	经营范围	计算机软、硬件开发、计算机信息集成、布线、承接网络工程建设项目等				

	指标\报告期	2017.06.30	2016.12.31	2016.06.30	2015.12.31
主要财务指标	基本每股收益(元)	0.1200	0.3000	0.0800	0.1300
	基本每股收益(扣除后)(元)	0.1200	0.2800	0.0700	0.1100
	稀释每股收益(元)	0.1200	0.3000	0.0800	0.1300
	每股净资产(元)	3.1429	3.0385	2.8210	1.2803
	每股经营现金净流量(元)	−0.6477	0.2920	−0.1013	0.1143
	每股现金流量(元)	−0.5335	1.3166	1.1281	0.1806
	每股资本公积金(元)	1.6000	1.5960	1.7095	0.0105
	每股盈余公积金(元)	0.0263	0.0260	0.0249	0.0252
	每股未分配利润(元)	0.5583	0.4688	0.2840	0.2443
	净资产收益率(%)	3.8118	9.0405	2.3632	9.6120
	加权净资产收益率(%)	3.8700	12.4100	4.8500	11.8900
	净资产收益率(扣除)(%)	3.6918	8.5341	2.0963	8.2628
	总资产(万元)	727210.65	630174.03	558236.28	225666.25
	归属母公司股东权益(万元)	369439.83	357163.83	331600.67	124274.59
	营业收入(万元)	93985.22	157350.46	51632.38	100092.52
	营业支出(万元)	42321.26	74901.78	24179.45	62001.78
	投资收益(万元)	21.14	42.54	14.63	49.99
	净利润(万元)	14652.78	32385.60	7834.20	12182.39
	营业利润(万元)	17016.46	33106.94	8062.79	11198.96
	利润总额(万元)	17512.94	37320.75	9200.80	14278.92

三诺生物传感股份有限公司

公司概况	公司名称	三诺生物传感股份有限公司			证券简称	三诺生物
	法人代表	李少波	董秘	黄安国	证券代码	300298
	公司网址	www.sinocare.com.cn		电子信箱	investor@sinocare.com	
	电　话	0731-89935529		传　真	0731--89935530	
	办公地址	湖南省长沙市国家高新技术开发区谷苑路 265 号				
	经营范围	利用生物传感技术研发、生产、销售即时检测产品等				

	指标\报告期	2017.06.30	2016.12.31	2016.06.30	2015.12.31
主要财务指标	基本每股收益(元)	0.2678	0.3611	0.1747	0.5509
	基本每股收益(扣除后)(元)	0.2466	0.3255	0.2124	0.4939
	稀释每股收益(元)	0.2678	0.3611	0.1747	0.5503
	每股净资产(元)	3.0266	3.7689	3.5184	4.7381
	每股经营现金净流量(元)	0.4425	0.6012	0.3283	0.4655
	每股现金流量(元)	−0.0102	−0.5855	0.5745	−1.0949
	每股资本公积金(元)	0.7986	1.1782	1.2257	1.9041
	每股盈余公积金(元)	0.3193	0.3823	0.3282	0.4255
	每股未分配利润(元)	0.8627	1.1210	0.9893	1.4407
	净资产收益率(%)	7.6330	9.0335	4.3986	11.6155
	加权净资产收益率(%)	7.2000	9.4700	4.3100	12.4200
	净资产收益率(扣除)(%)	7.0282	8.1441	5.3476	10.4151
	总资产(万元)	144233.72	147351.01	131157.36	133401.25
	归属母公司股东权益(万元)	122589.23	127523.15	119046.42	123681.90
	营业收入(万元)	49307.73	79584.13	34427.15	64550.07
	营业支出(万元)	16876.24	28589.54	13549.15	22098.93
	投资收益(万元)	−2215.89	−8482.57	−1848.65	1134.09
	净利润(万元)	9354.58	11449.58	5199.66	14311.36
	营业利润(万元)	11207.52	7315.21	3575.48	13802.69
	利润总额(万元)	11682.92	13632.05	6162.59	16168.31

富春通信股份有限公司

公司概况	公司名称	富春通信股份有限公司			证券简称	富春通信
	法人代表	缪品章	董秘	缪品章(代)	证券代码	300299
	公司网址	www.forcom.com.cn		电子信箱	fuchungroup@163.com	
	电　话	0591-83992010		传　真	0591-83920667	
	办公地址	福建省福州市鼓楼区铜盘路软件大道89号C区25号楼				
	经营范围	通信网络建设前期的规划咨询、可行性研究、勘察设计等				

	指标\报告期	2017.06.30	2016.12.31	2016.06.30	2015.12.31
主要财务指标	基本每股收益(元)	0.2100	0.2900	0.1100	0.2100
	基本每股收益(扣除后)(元)	0.2000	0.2500	0.0900	0.1816
	稀释每股收益(元)	0.2100	0.2900	0.1100	0.2100
	每股净资产(元)	3.9354	3.7216	3.5398	3.4822
	每股经营现金净流量(元)	0.0115	0.3951	−0.0234	0.2511
	每股现金流量(元)	−0.0417	0.2245	−0.0980	0.0418
	每股资本公积金(元)	2.1100	2.1100	2.1103	2.1103
	每股盈余公积金(元)	0.0285	0.0285	0.0252	0.0252
	每股未分配利润(元)	0.7964	0.5822	0.4037	0.3465
	净资产收益率(%)	5.4417	7.7642	3.0274	5.2863
	加权净资产收益率(%)	5.5900	8.0200	3.0300	7.5200
	净资产收益率(扣除)(%)	5.0644	6.6826	2.6349	4.5764
	总资产(万元)	261149.01	207730.18	162821.48	161756.51
	归属母公司股东权益(万元)	149545.38	141420.45	134514.67	132325.53
	营业收入(万元)	26567.43	45262.53	18306.11	37842.45
	营业支出(万元)	9203.62	18312.65	8084.20	18658.94
	投资收益(万元)	−293.50	676.12	194.23	201.77
	净利润(万元)	8118.75	11004.57	4000.05	7265.44
	营业利润(万元)	8868.05	11796.07	4493.97	7049.12
	利润总额(万元)	9472.64	13299.86	4828.05	7971.88

汉鼎宇佑互联网股份有限公司

公司概况	公司名称	汉鼎宇佑互联网股份有限公司			证券简称	汉鼎宇佑
	法人代表	项坚	董秘	项坚(代)	证券代码	300300
	公司网址	www.hakim.com.cn		电子信箱	hakim@hakim.com.cn	
	电　话	0571-89938397		传　真	0571-88303333	
	办公地址	浙江省杭州市下城区永福桥路5号汉鼎国际大厦12楼、15楼				
	经营范围	建筑智能化、公共安全管理智能化等				

	指标\报告期	2017.06.30	2016.12.31	2016.06.30	2015.12.31
主要财务指标	基本每股收益(元)	0.0999	0.0900	0.0614	0.2100
	基本每股收益(扣除后)(元)	0.0757	−0.0300	0.0564	0.1000
	稀释每股收益(元)	0.0998	0.0900	0.0610	0.2000
	每股净资产(元)	4.8431	4.7400	4.7285	2.0554
	每股经营现金净流量(元)	0.0124	−0.6605	−0.3739	−0.2188
	每股现金流量(元)	−0.6690	1.5735	2.6811	0.1472
	每股资本公积金(元)	2.9984	2.9976	3.0105	0.1845
	每股盈余公积金(元)	0.0833	0.0833	0.0776	0.0931
	每股未分配利润(元)	0.7654	0.6655	0.6427	0.7778
	净资产收益率(%)	2.0624	1.7560	1.1539	10.0018
	加权净资产收益率(%)	2.0800	2.2200	1.9900	10.4400
	净资产收益率(扣除)(%)	1.5640	−0.5106	1.0608	4.6308
	总资产(万元)	360472.08	351951.47	336669.55	161779.25
	归属母公司股东权益(万元)	222486.74	217752.20	217223.19	78679.60
	营业收入(万元)	21476.61	42882.89	33413.50	71260.51
	营业支出(万元)	14704.24	31226.45	25143.16	51986.60
	投资收益(万元)	3783.98	2660.42	512.58	3989.35
	净利润(万元)	4670.71	3943.51	2594.11	7898.43
	营业利润(万元)	3611.73	−472.18	2690.97	7861.62
	利润总额(万元)	5013.73	4494.77	2917.12	8732.66

深圳市长方集团股份有限公司

公司概况	公司名称	深圳市长方集团股份有限公司			证券简称	长方集团
	法人代表	邓子长	董秘	胡济荣	证券代码	300301
	公司网址	www.cfled.com		电子信箱	ir@cfled.com	
	电　话	86-755-82828966		传　真	0755-83981999	
	办公地址	广东省深圳市坪山新区大工业区聚龙山3号路				
	经营范围	主要从事LED照明光源器件和LED照明产品的研发、设计、生产和销售等				

	指标\报告期	2017.06.30	2016.12.31	2016.06.30	2015.12.31
主要财务指标	基本每股收益(元)	0.0156	−0.0838	0.0533	0.1536
	基本每股收益(扣除后)(元)	--	−0.0998	0.0458	0.1417
	稀释每股收益(元)	0.0156	−0.0838	0.0531	0.1533
	每股净资产(元)	2.7113	2.6904	2.8133	2.8983
	每股经营现金净流量(元)	0.0288	−0.0051	−0.1143	0.2098
	每股现金流量(元)	0.0024	0.2386	0.7709	0.1747
	每股资本公积金(元)	1.4454	1.4401	1.4381	0.6528
	每股盈余公积金(元)	0.0350	0.0350	0.0350	0.0401
	每股未分配利润(元)	0.2313	0.2157	0.3426	0.3478
	净资产收益率(%)	0.5751	−2.9517	1.6895	7.1696
	加权净资产收益率(%)	0.5800	−3.9200	2.4200	8.5700
	净资产收益率(扣除)(%)	0.0010	−3.5153	1.4524	6.6114
	总资产(万元)	388891.89	379372.29	382454.88	307700.27
	归属母公司股东权益(万元)	214225.52	212574.20	222353.61	140686.16
	营业收入(万元)	85555.68	160261.69	72748.63	141853.22
	营业支出(万元)	65687.94	126624.36	53247.03	105047.96
	投资收益(万元)	778.63	118.90	−	2.79
	净利润(万元)	3908.82	−771.15	6165.67	13309.98
	营业利润(万元)	3462.79	−3658.76	6246.09	13527.67
	利润总额(万元)	4466.44	−1616.58	7023.09	14701.00

北京同有飞骥科技股份有限公司

公司概况	公司名称	北京同有飞骥科技股份有限公司			证券简称	同有科技
	法人代表	周泽湘	董秘	沈晶	证券代码	300302
	公司网址	www.toyou.com.cn		电子信箱	zqtz@toyou.com.cn	
	电　话	010-62491977		传　真	010-62491977	
	办公地址	北京市海淀区地锦路9号院2号楼1至4层101				
	经营范围	数据存储、数据保护、容灾等技术的研究、开发和应用等				

	指标\报告期	2017.06.30	2016.12.31	2016.06.30	2015.12.31
主要财务指标	基本每股收益(元)	0.0300	0.3100	0.1000	0.3400
	基本每股收益(扣除后)(元)	0.0200	0.2900	0.1000	0.3100
	稀释每股收益(元)	0.0300	0.3100	0.1000	0.3400
	每股净资产(元)	1.6923	1.7082	1.4540	2.8584
	每股经营现金净流量(元)	−0.2026	−0.1651	−0.2359	1.3983
	每股现金流量(元)	−0.8865	−0.1899	−0.7394	1.6274
	每股资本公积金(元)	0.2053	0.2015	0.1955	1.2849
	每股盈余公积金(元)	0.0772	0.0772	0.0466	0.0978
	每股未分配利润(元)	0.5164	0.5379	0.3674	0.8022
	净资产收益率(%)	1.6703	17.8844	7.1852	11.4866
	加权净资产收益率(%)	1.6500	20.1700	7.3700	12.2700
	净资产收益率(扣除)(%)	1.0022	17.1947	6.9434	10.9675
	总资产(万元)	81844.37	87961.97	79139.06	92140.10
	归属母公司股东权益(万元)	71292.42	71996.30	61281.91	57368.46
	营业收入(万元)	12773.17	47151.70	17572.45	36111.64
	营业支出(万元)	8232.91	26132.78	9856.60	21164.52
	投资收益(万元)	241.51	245.69	−	−
	净利润(万元)	1190.79	12876.12	4403.21	6589.69
	营业利润(万元)	1007.89	12344.51	3702.94	7037.50
	利润总额(万元)	1326.70	14988.95	5109.41	7622.54

深圳市聚飞光电股份有限公司

公司概况	公司名称	深圳市聚飞光电股份有限公司			证券简称	聚飞光电
	法人代表	邢其彬	董秘	于芳	证券代码	300303
	公司网址	www.jfled.com.cn		电子信箱	jfzq@jfled.com.cn	
	电话	0755-29646311		传真	0755-29646312	
	办公地址	广东省深圳市龙岗区平湖街道鹅公岭社区鹅岭工业区4号				
	经营范围	专业从事SMD、LED器件的研发、生产与销售等				

主要财务指标	指标\报告期	2017.06.30	2016.12.31	2016.06.30	2015.12.31
	基本每股收益(元)	0.0600	0.2300	0.0900	0.1600
	基本每股收益(扣除后)(元)	0.0500	0.2100	0.0900	0.1300
	稀释每股收益(元)	0.0600	0.2300	0.0900	0.1600
	每股净资产(元)	1.4600	2.6271	2.5063	2.4679
	每股经营现金净流量(元)	0.0713	0.2006	0.0839	0.2667
	每股现金流量(元)	0.1004	-0.0156	-0.0691	-0.2666
	每股资本公积金(元)	0.0049	0.8088	0.7835	0.7835
	每股盈余公积金(元)	0.0751	0.1247	0.1115	0.1027
	每股未分配利润(元)	0.4006	0.7279	0.6092	0.5817
	净资产收益率(%)	3.9471	8.5131	3.4453	6.0286
	加权净资产收益率(%)	3.9000	8.8200	3.4400	9.1100
	净资产收益率(扣除)(%)	3.7309	8.1070	3.4033	4.7666
	总资产(万元)	296947.26	290154.73	252239.74	222672.92
	归属母公司股东权益(万元)	182352.46	182320.36	172448.44	169804.10
	营业收入(万元)	81479.51	150909.94	65496.35	95948.46
	营业支出(万元)	63013.58	114377.53	50082.39	73343.07
	投资收益(万元)	1417.46	2422.74	927.66	2552.35
	净利润(万元)	7166.14	15568.44	5993.10	10005.77
	营业利润(万元)	7542.10	17424.76	6609.45	10831.93
	利润总额(万元)	7916.35	18299.89	6694.71	11554.38

江苏云意电气股份有限公司

公司概况	公司名称	江苏云意电气股份有限公司			证券简称	云意电气
	法人代表	付红玲	董秘	李成忠	证券代码	300304
	公司网址	www.yunyi-china.com		电子信箱	dsh@yunyi-china.com	
	电话	0516-83306666		传真	0516-83306669	
	办公地址	江苏省徐州市铜山经济开发区黄山路26号				
	经营范围	车用整流器和调节器等汽车电子产品的研发、生产和销售等				

主要财务指标	指标\报告期	2017.06.30	2016.12.31	2016.06.30	2015.12.31
	基本每股收益(元)	0.0900	0.5100	0.3000	0.3500
	基本每股收益(扣除后)(元)	0.0800	0.4600	0.2500	0.2800
	稀释每股收益(元)	0.0900	0.5100	0.3000	0.3500
	每股净资产(元)	1.9007	6.9755	6.7630	4.9088
	每股经营现金净流量(元)	0.0697	0.4070	0.2089	0.5153
	每股现金流量(元)	-0.7155	1.1330	1.2032	1.1631
	每股资本公积金(元)	0.3745	4.2181	4.2188	2.2391
	每股盈余公积金(元)	0.0657	0.2496	0.2017	0.2287
	每股未分配利润(元)	0.4606	1.5078	1.3425	1.4410
	净资产收益率(%)	4.7394	6.9554	4.0212	7.1989
	加权净资产收益率(%)	4.8200	8.0500	5.2100	7.3600
	净资产收益率(扣除)(%)	4.3006	6.2909	3.4727	5.7923
	总资产(万元)	196544.59	204404.89	180091.77	125244.82
	归属母公司股东权益(万元)	163832.91	158225.62	153404.28	98176.27
	营业收入(万元)	32571.67	53562.68	25568.07	43151.47
	营业支出(万元)	20961.89	35334.78	16511.37	29756.14
	投资收益(万元)	588.18	330.61	-	1008.03
	净利润(万元)	7754.80	10955.36	6461.61	6978.30
	营业利润(万元)	8293.71	11267.79	5956.92	7161.64
	利润总额(万元)	8626.45	12383.25	7393.60	7890.45

江苏裕兴薄膜科技股份有限公司

公司概况	公司名称	江苏裕兴薄膜科技股份有限公司			证券简称	裕兴股份
	法人代表	王建新	董秘	陈琼	证券代码	300305
	公司网址	www.czyuxing.com		电子信箱	info@czyuxing.com	
	电话	0519-83905129		传真	0519-83971008	
	办公地址	江苏省常州市钟楼经济开发区童子河西路8-8号				
	经营范围	中厚型特种功能性聚酯薄膜的研发、生产和销售等				

主要财务指标	指标\报告期	2017.06.30	2016.12.31	2016.06.30	2015.12.31
	基本每股收益(元)	0.1222	0.2500	0.1231	0.5688
	基本每股收益(扣除后)(元)	0.0908	0.2028	0.1062	0.5222
	稀释每股收益(元)	0.1218	0.2485	0.1228	0.5665
	每股净资产(元)	4.8727	4.8142	4.6885	9.1674
	每股经营现金净流量(元)	0.2125	0.2928	0.2839	0.4288
	每股现金流量(元)	0.3461	-0.2322	-0.1148	-0.8498
	每股资本公积金(元)	2.0305	2.0597	2.0597	5.0361
	每股盈余公积金(元)	0.4437	0.4422	0.3928	0.7864
	每股未分配利润(元)	1.4186	1.3521	1.2758	2.4445
	净资产收益率(%)	2.5049	5.1605	2.6179	6.1613
	加权净资产收益率(%)	2.5000	5.3100	2.6300	6.4000
	净资产收益率(扣除)(%)	1.8624	4.1890	2.2586	5.6560
	总资产(万元)	149242.16	146452.85	142355.84	139962.45
	归属母公司股东权益(万元)	141206.10	139991.43	136335.90	133160.45
	营业收入(万元)	26473.45	52031.90	26192.14	52113.35
	营业支出(万元)	22182.32	40041.61	19233.06	38917.87
	投资收益(万元)	1099.54	1581.72	564.93	972.39
	净利润(万元)	3537.05	7224.31	3569.15	8204.37
	营业利润(万元)	3922.99	7899.90	4120.51	9222.37
	利润总额(万元)	4102.55	8336.05	4387.53	9620.86

杭州远方光电信息股份有限公司

公司概况	公司名称	杭州远方光电信息股份有限公司			证券简称	远方信息
	法人代表	潘建根	董秘	张晓跃(代)	证券代码	300306
	公司网址	www.everfine.cn		电子信箱	board@everfine.cn	
	电话	0571-88990665		传真	0571-86673318	
	办公地址	浙江省杭州市滨江区滨康路669号				
	经营范围	计算机软件、电流表、电压表、电功率表、功率因素表、光学标准灯等				

主要财务指标	指标\报告期	2017.06.30	2016.12.31	2016.06.30	2015.12.31
	基本每股收益(元)	0.2400	0.3600	0.1600	0.2300
	基本每股收益(扣除后)(元)	0.2100	0.3500	0.1600	0.1900
	稀释每股收益(元)	0.2400	0.3600	0.1600	0.2300
	每股净资产(元)	6.6181	6.4507	4.5570	4.4880
	每股经营现金净流量(元)	0.0164	0.3526	0.1643	0.3193
	每股现金流量(元)	-0.8923	-0.1465	-0.0141	0.0184
	每股资本公积金(元)	3.9234	3.9234	1.9338	1.9273
	每股盈余公积金(元)	0.1913	0.1913	0.1924	0.1924
	每股未分配利润(元)	1.4986	1.3296	1.4270	1.3663
	净资产收益率(%)	3.5810	4.6989	3.5382	5.1750
	加权净资产收益率(%)	3.6100	7.8800	3.5300	5.2800
	净资产收益率(扣除)(%)	3.1779	4.5624	3.4483	4.2810
	总资产(万元)	211812.08	229325.39	116438.51	115479.42
	归属母公司股东权益(万元)	190253.25	185439.92	109367.63	107711.72
	营业收入(万元)	24666.79	22325.12	9822.23	18440.64
	营业支出(万元)	9767.47	7813.49	3212.71	6625.81
	投资收益(万元)	205.38	499.07	104.67	1057.58
	净利润(万元)	6845.18	8737.84	3879.92	5583.04
	营业利润(万元)	7483.29	8733.28	3972.45	5021.97
	利润总额(万元)	7932.96	9887.14	4517.14	6342.39

宁波慈星股份有限公司

公司概况	公司名称	宁波慈星股份有限公司			证券简称	慈星股份
	法人代表	孙平范	董秘	杨雪兰	证券代码	300307
	公司网址	www.ci-xing.com		电子信箱	ir@ci-xing.com	
	电　　话	0574-63932279		传　　真	0574-63932266	
	办公地址	浙江省宁波市杭州湾新区滨海四路 708 号				
	经营范围	纺织机械制造、纺织制成品设计及制造、机械用电脑集成电路开发等				

	指标\报告期	2017.06.30	2016.12.31	2016.06.30	2015.12.31
主要财务指标	基本每股收益(元)	0.2200	0.1500	0.1400	0.1300
	基本每股收益(扣除后)(元)	0.1300	0.0900	0.1000	0.0900
	稀释每股收益(元)	0.2200	0.1500	0.1400	0.1300
	每股净资产(元)	4.9868	4.8775	4.8485	4.8013
	每股经营现金净流量(元)	0.2552	0.0813	0.1084	0.0852
	每股现金流量(元)	0.1898	-0.0427	-0.1893	0.0781
	每股资本公积金(元)	2.4038	2.4038	2.4038	2.4038
	每股盈余公积金(元)	0.2643	0.2643	0.2499	0.2499
	每股未分配利润(元)	1.2996	1.1838	1.1831	1.1433
	净资产收益率(%)	4.3265	3.1753	2.8838	2.6666
	加权净资产收益率(%)	4.3500	3.2100	2.8700	2.7000
	净资产收益率(扣除)(%)	2.5171	1.9142	2.5721	1.8449
	总资产(万元)	513631.54	480469.19	427926.65	409712.01
	归属母公司股东权益(万元)	399942.61	391178.04	388848.41	385061.69
	营业收入(万元)	73422.16	109827.25	56446.98	74959.24
	营业支出(万元)	44254.69	63035.63	34179.04	44947.92
	投资收益(万元)	2021.97	3222.32	1980.74	222.83
	净利润(万元)	17095.98	11977.72	11037.93	10053.62
	营业利润(万元)	12191.86	9666.50	10495.47	2190.95
	利润总额(万元)	19216.52	13292.65	12672.89	11239.89

中际旭创股份有限公司

公司概况	公司名称	中际旭创股份有限公司			证券简称	中际旭创
	法人代表	王伟修	董秘	王军	证券代码	300308
	公司网址	www.zhongji.cc		电子信箱	info@zhongji.cc	
	电　　话	0535-8573360		传　　真	0535-8573360	
	办公地址	山东省龙口市诸由观镇驻地				
	经营范围	电机绕组制造装备的研发、设计、生产和销售等				

	指标\报告期	2017.06.30	2016.12.31	2016.06.30	2015.12.31
主要财务指标	基本每股收益(元)	0.0200	0.0500	0.0200	0.0300
	基本每股收益(扣除后)(元)	0.0100	0.0030	-0.0280	0.0010
	稀释每股收益(元)	0.0200	0.0500	0.0200	0.0300
	每股净资产(元)	2.5826	2.5729	2.5594	2.5379
	每股经营现金净流量(元)	0.0490	0.1566	0.1209	0.1248
	每股现金流量(元)	0.1579	-0.2266	0.1318	0.2878
	每股资本公积金(元)	1.0756	1.0756	1.0756	1.0756
	每股盈余公积金(元)	0.0617	0.0617	0.0570	0.0570
	每股未分配利润(元)	0.4386	0.4303	0.4230	0.3984
	净资产收益率(%)	0.7114	1.8090	0.9626	1.0204
	加权净资产收益率(%)	0.7100	1.8200	0.9700	1.0200
	净资产收益率(扣除)(%)	0.4172	0.0812	-1.1013	0.0311
	总资产(万元)	62314.15	63215.34	62941.37	64131.16
	归属母公司股东权益(万元)	55785.96	55578.22	55286.51	54820.72
	营业收入(万元)	7058.77	13162.04	5668.80	12140.99
	营业支出(万元)	4662.28	9139.82	4086.40	8844.99
	投资收益(万元)	208.02	339.07	79.68	351.54
	净利润(万元)	396.88	1005.41	532.18	559.40
	营业利润(万元)	363.75	-241.38	-685.53	252.53
	利润总额(万元)	438.14	1091.09	629.02	637.28

吉艾科技集团股份公司

公司概况	公司名称	吉艾科技集团股份公司			证券简称	吉艾科技
	法人代表	黄文帜	董秘	杨培培	证券代码	300309
	公司网址	www.gi-tech.cn		电子信箱	investor@gi-tech.cn	
	电　　话	010-83612293		传　　真	010-83612366	
	办公地址	北京市东城区东直门南大街 11 号中汇广场 A 座 1101				
	经营范围	石油测井仪器的研发、生产、销售和现场技术服务等				

	指标\报告期	2017.06.30	2016.12.31	2016.06.30	2015.12.31
主要财务指标	基本每股收益(元)	0.0600	-0.9900	-0.0200	0.1700
	基本每股收益(扣除后)(元)	0.0700	-1.2000	-0.0200	0.1500
	稀释每股收益(元)	0.0600	-0.9900	-0.0200	0.1700
	每股净资产(元)	2.9643	2.8722	3.0132	3.0189
	每股经营现金净流量(元)	-0.2427	-1.6320	0.1240	0.0116
	每股现金流量(元)	-0.6058	0.7136	0.5491	-0.2333
	每股资本公积金(元)	2.0060	1.9792	1.1175	1.1175
	每股盈余公积金(元)	0.0849	0.0849	0.0945	0.0945
	每股未分配利润(元)	-0.0581	-0.1210	0.9110	0.9297
	净资产收益率(%)	2.1254	-31.6012	-0.6202	5.7198
	加权净资产收益率(%)	2.1600	-37.2500	-0.6200	5.7100
	净资产收益率(扣除)(%)	2.2109	-38.2041	-0.6707	5.1459
	总资产(万元)	323171.68	334228.93	277466.67	252166.85
	归属母公司股东权益(万元)	143481.92	139019.69	130938.21	131186.81
	营业收入(万元)	34707.29	23850.88	8980.30	28987.33
	营业支出(万元)	23961.59	15762.84	5717.18	11428.01
	投资收益(万元)	874.70	1010.73	938.42	17.35
	净利润(万元)	3200.57	-44296.07	-980.95	8511.43
	营业利润(万元)	4584.67	-52421.64	-628.04	8984.53
	利润总额(万元)	4438.29	-39798.91	-544.05	9853.26

广东宜通世纪科技股份有限公司

公司概况	公司名称	广东宜通世纪科技股份有限公司			证券简称	宜通世纪
	法人代表	钟飞鹏	董秘	李伟	证券代码	300310
	公司网址	www.etonetech.com		电子信箱	etonetech@etonetech.com	
	电　　话	020-66819698　66810090		传　　真	020-85566235	
	办公地址	广东省广州市天河区科韵路 16 号广州信息港 A 栋 12 楼				
	经营范围	通信网络技术服务和系统解决方案等				

	指标\报告期	2017.06.30	2016.12.31	2016.06.30	2015.12.31
主要财务指标	基本每股收益(元)	0.1300	0.3900	0.2000	0.2700
	基本每股收益(扣除后)(元)	0.1200	0.3700	0.1900	0.2700
	稀释每股收益(元)	0.1300	0.3900	0.2000	0.2700
	每股净资产(元)	3.9002	5.3102	5.1200	3.1771
	每股经营现金净流量(元)	-0.2200	0.2308	-0.2195	0.4565
	每股现金流量(元)	-0.0523	1.8739	0.6481	0.2197
	每股资本公积金(元)	2.4397	3.3059	3.3059	0.9141
	每股盈余公积金(元)	0.0433	0.0817	0.0636	0.1233
	每股未分配利润(元)	0.5694	0.9226	0.7471	1.1396
	净资产收益率(%)	3.0043	7.2428	3.7320	8.6097
	加权净资产收益率(%)	4.1500	8.7500	5.6400	8.9400
	净资产收益率(扣除)(%)	2.9061	6.7283	3.5217	8.3431
	总资产(万元)	445669.54	325141.39	298861.95	108841.12
	归属母公司股东权益(万元)	344171.07	235735.78	227138.74	72692.10
	营业收入(万元)	104394.93	182094.99	78053.43	118443.42
	营业支出(万元)	78932.58	140981.30	58124.43	92791.88
	投资收益(万元)	-69.10	322.49	-130.00	-383.88
	净利润(万元)	9928.05	16670.91	8324.36	5966.32
	营业利润(万元)	11839.77	19218.43	9575.66	6466.84
	利润总额(万元)	11921.19	20026.26	10099.56	6728.91

任子行网络技术股份有限公司

公司概况	公司名称	任子行网络技术股份有限公司			证券简称	任子行
	法人代表	景晓军	董秘	景晓军(代)	证券代码	300311
	公司网址	www.1218.com.cn		电子信箱	zhangwen@1218.com.cn	
	电话	0755-86156779		传真	0755-86168355	
	办公地址	广东省深圳市南山区高新区科技中2路软件园2栋6楼				
	经营范围	计算机软硬件技术开发、销售及相关技术服务、计算机信息系统集成等				

	指标\报告期	2017.06.30	2016.12.31	2016.06.30	2015.12.31
主要财务指标	基本每股收益(元)	0.1000	0.2500	0.1100	0.2600
	基本每股收益(扣除后)(元)	0.0900	0.2100	0.1000	0.2200
	稀释每股收益(元)	0.1000	0.2500	0.1100	0.2600
	每股净资产(元)	2.8845	2.7590	2.5860	3.7387
	每股经营现金净流量(元)	-0.0790	0.2045	-0.0304	0.2514
	每股现金流量(元)	-0.1519	-0.0451	-0.1348	0.2851
	每股资本公积金(元)	1.1282	1.1276	1.1086	2.1565
	每股盈余公积金(元)	0.0790	0.0790	0.0477	0.0715
	每股未分配利润(元)	0.7201	0.6171	0.5123	0.6410
	净资产收益率(%)	3.5542	8.8563	4.1712	5.8487
	加权净资产收益率(%)	3.5700	9.3200	4.2400	9.5000
	净资产收益率(扣除)(%)	3.1536	7.4604	3.8573	4.9929
	总资产(万元)	223842.46	178672.00	163668.02	158537.98
	归属母公司股东权益(万元)	129229.56	123696.02	115940.11	111770.97
	营业收入(万元)	45984.01	66285.98	24354.44	35991.24
	营业支出(万元)	25806.61	27970.31	8317.24	12500.01
	投资收益(万元)	203.66	793.43	205.00	-4.05
	净利润(万元)	4930.98	12517.36	5621.78	5707.93
	营业利润(万元)	5136.89	11147.19	5161.09	4639.86
	利润总额(万元)	5715.71	13712.12	6245.21	6676.95

邦讯技术股份有限公司

公司概况	公司名称	邦讯技术股份有限公司			证券简称	邦讯技术
	法人代表	张庆文	董秘	牛巨辉	证券代码	300312
	公司网址	www.boomsense.com		电子信箱	zqb@boomsense.com	
	电话	010-64998205		传真	010-65800000-8166	
	办公地址	北京市海淀区杏石口路80号益园文化创意产业基地A区4号楼				
	经营范围	通信设备、仪器仪表、计算机软件、电力输配电及控制设备的技术开发、技术转让等				

	指标\报告期	2017.06.30	2016.12.31	2016.06.30	2015.12.31
主要财务指标	基本每股收益(元)	-0.0400	0.0600	-0.0800	0.0600
	基本每股收益(扣除后)(元)	-0.0500	-0.3100	-0.0815	0.0200
	稀释每股收益(元)	-0.0400	0.0600	-0.0800	0.0600
	每股净资产(元)	2.4842	2.5300	2.3845	4.9624
	每股经营现金净流量(元)	-0.1258	-0.0409	-0.1033	-0.7297
	每股现金流量(元)	-0.3402	-0.1899	-0.1921	-0.3653
	每股资本公积金(元)	1.1168	1.1168	1.1168	3.2335
	每股盈余公积金(元)	0.0758	0.0758	0.0747	0.1494
	每股未分配利润(元)	0.2917	0.3356	0.1931	0.5796
	净资产收益率(%)	-1.7691	2.4325	-3.4267	1.1490
	加权净资产收益率(%)	-1.7500	2.4600	-3.3500	1.1500
	净资产收益率(扣除)(%)	-2.0985	-12.3484	-3.4196	0.3038
	总资产(万元)	142300.60	159340.55	163468.71	165169.20
	归属母公司股东权益(万元)	79505.00	80911.51	76313.70	79408.84
	营业收入(万元)	18081.82	36209.39	18020.82	53345.09
	营业支出(万元)	10568.52	21924.69	10034.64	27451.58
	投资收益(万元)	-319.91	14509.64	-192.86	-107.05
	净利润(万元)	-1439.34	1513.27	-2762.05	696.86
	营业利润(万元)	-1389.67	1492.74	-3190.73	511.58
	利润总额(万元)	-1079.04	1485.94	-3197.18	747.84

新疆天山畜牧生物工程股份有限公司

公司概况	公司名称	新疆天山畜牧生物工程股份有限公司			证券简称	天山生物
	法人代表	李刚	董秘	于舒玮	证券代码	300313
	公司网址	www.xjtssw.com		电子信箱	tsxmgs@sina.com	
	电话	0994-6566618		传真	0994-6566616	
	办公地址	新疆维吾尔自治区昌吉市长宁南路121号佳弘大厦13楼				
	经营范围	种牛、奶牛的养殖、销售和进出口种羊养殖、销售进出口冻精、胚胎的生产、销售等				

	指标\报告期	2017.06.30	2016.12.31	2016.06.30	2015.12.31
主要财务指标	基本每股收益(元)	0.0085	-0.7200	-0.1516	-0.2000
	基本每股收益(扣除后)(元)	-0.0100	-0.7200	-0.1662	-0.1800
	稀释每股收益(元)	0.0085	-0.7200	-0.1516	-0.2000
	每股净资产(元)	1.8231	1.8629	2.4156	1.7801
	每股经营现金净流量(元)	0.1086	0.6164	0.3861	-1.0700
	每股现金流量(元)	-0.5179	0.2440	0.2941	0.0831
	每股资本公积金(元)	1.4001	1.4521	1.4699	0.9303
	每股盈余公积金(元)	0.0541	0.0541	0.0547	0.0571
	每股未分配利润(元)	-0.6198	-0.6283	-0.0733	0.0836
	净资产收益率(%)	0.4668	-37.9787	-6.2778	-10.1506
	加权净资产收益率(%)	0.4600	-35.1500	-7.6000	-9.5400
	净资产收益率(扣除)(%)	-0.7704	-37.9988	-6.8788	-9.2549
	总资产(万元)	75572.01	85536.88	103841.07	91191.28
	归属母公司股东权益(万元)	35980.06	36765.33	47672.68	35131.02
	营业收入(万元)	7970.92	37520.71	21034.79	24686.79
	营业支出(万元)	4789.11	37947.87	20522.68	19723.28
	投资收益(万元)	15.61	19.87	9.42	-472.48
	净利润(万元)	17.37	-18341.83	-4218.36	-4749.88
	营业利润(万元)	212.58	-18759.50	-4402.04	-4876.56
	利润总额(万元)	253.05	-18672.31	-4187.92	-4684.76

宁波戴维医疗器械股份有限公司

公司概况	公司名称	宁波戴维医疗器械股份有限公司			证券简称	戴维医疗
	法人代表	陈再宏	董秘	李则东	证券代码	300314
	公司网址	www.nbdavid.com		电子信箱	zqb@nbdavid.com	
	电话	0574-65982386		传真	0574-65950888	
	办公地址	浙江省宁波市象山经济开发区滨海工业园金兴路35号				
	经营范围	婴儿保育设备研发、生产、销售等				

	指标\报告期	2017.06.30	2016.12.31	2016.06.30	2015.12.31
主要财务指标	基本每股收益(元)	0.1314	0.2200	0.1083	0.1600
	基本每股收益(扣除后)(元)	0.1186	0.1900	-	0.1500
	稀释每股收益(元)	0.1314	0.2200	0.1083	0.1600
	每股净资产(元)	2.6705	2.5991	2.4916	2.4233
	每股经营现金净流量(元)	-0.0129	0.2672	0.0131	0.1681
	每股现金流量(元)	-0.2954	0.0572	-0.1501	-1.0731
	每股资本公积金(元)	0.6095	0.6095	0.6095	0.6095
	每股盈余公积金(元)	0.1411	0.1411	0.1162	0.1162
	每股未分配利润(元)	0.9199	0.8485	0.7659	0.6976
	净资产收益率(%)	4.9199	8.3049	4.3473	6.4385
	加权净资产收益率(%)	4.9300	8.6200	4.3700	6.5900
	净资产收益率(扣除)(%)	4.4408	7.1383	3.5222	6.2839
	总资产(万元)	83299.86	83903.20	77221.16	75277.41
	归属母公司股东权益(万元)	76910.67	74854.72	71757.66	69790.13
	营业收入(万元)	14190.02	26494.88	11132.48	21942.74
	营业支出(万元)	6534.15	12386.42	5138.87	10351.53
	投资收益(万元)	335.80	641.27	480.52	2.75
	净利润(万元)	3783.95	6216.59	3119.54	4493.42
	营业利润(万元)	4481.26	7018.29	3430.62	5283.36
	利润总额(万元)	4467.61	7381.21	3704.52	5391.35

北京掌趣科技股份有限公司

公司概况	公司名称	北京掌趣科技股份有限公司			证券简称	掌趣科技
	法人代表	刘惠城	董秘	王娉	证券代码	300315
	公司网址	www.ourpalm.com		电子信箱	ir@ourpalm.com	
	电　话	010-65073699		传　真	010-65073699	
	办公地址	北京市海淀区宝盛南路1号院奥北科技园领智中心C座				
	经营范围	第二类增值电信业务中的信息服务业务				

	指标\报告期	2017.06.30	2016.12.31	2016.06.30	2015.12.31
主要财务指标	基本每股收益(元)	0.1000	0.1800	0.1500	0.1900
	基本每股收益(扣除后)(元)	0.0800	0.1600	0.1500	0.1600
	稀释每股收益(元)	0.1000	0.1800	0.1500	0.1900
	每股净资产(元)	3.1008	3.0358	2.9744	2.4018
	每股经营现金净流量(元)	0.0901	0.3161	0.1626	0.1823
	每股现金流量(元)	–0.0950	0.3188	0.5706	–0.1700
	每股资本公积金(元)	1.4793	1.4762	1.4733	1.0186
	每股盈余公积金(元)	0.0440	0.0440	0.0425	0.0443
	每股未分配利润(元)	0.5627	0.4853	0.4538	0.3338
	净资产收益率(%)	3.1089	6.0460	5.0723	7.3676
	加权净资产收益率(%)	3.1300	6.3500	5.3400	11.1000
	净资产收益率(扣除)(%)	2.6165	5.0973	4.9713	6.2210
	总资产(万元)	1037013.55	1040141.63	1006108.07	787824.93
	归属母公司股东权益(万元)	859201.21	841195.63	825066.70	638487.45
	营业收入(万元)	82696.24	185468.78	95441.02	112377.86
	营业支出(万元)	31998.84	81332.53	37064.10	43340.91
	投资收益(万元)	6383.62	973.17	–359.80	–881.94
	净利润(万元)	28065.32	55719.62	44201.51	50119.40
	营业利润(万元)	33567.11	53925.80	44557.48	51173.75
	利润总额(万元)	33594.41	56922.19	45414.10	53552.97

浙江晶盛机电股份有限公司

公司概况	公司名称	浙江晶盛机电股份有限公司			证券简称	晶盛机电
	法人代表	曹建伟	董秘	陆晓雯	证券代码	300316
	公司网址	www.jsjd.cc		电子信箱	jsjd@jsjd.cc	
	电　话	0571-88317398		传　真	0571-89900293	
	办公地址	浙江省杭州市余杭区五常街道创智一号2号楼				
	经营范围	晶体生长炉、半导体材料制备设备、机电设备制造、销售、进出口业务等				

	指标\报告期	2017.06.30	2016.12.31	2016.06.30	2015.12.31
主要财务指标	基本每股收益(元)	0.1400	0.2300	0.0900	0.1200
	基本每股收益(扣除后)(元)	0.1400	0.1700	0.0700	0.1100
	稀释每股收益(元)	0.1400	0.2300	0.0900	0.1200
	每股净资产(元)	3.3797	3.3300	2.0829	2.0474
	每股经营现金净流量(元)	–0.0735	–0.0671	–0.0414	–0.1064
	每股现金流量(元)	–0.3925	0.7770	–0.0208	–0.5523
	每股资本公积金(元)	1.5721	1.5783	0.3950	0.3740
	每股盈余公积金(元)	0.0957	0.0957	0.0821	0.0822
	每股未分配利润(元)	0.7230	0.6791	0.6352	0.6111
	净资产收益率(%)	4.2561	6.2052	4.0850	5.7839
	加权净资产收益率(%)	4.2400	9.7000	4.1100	5.9400
	净资产收益率(扣除)(%)	3.9908	4.7005	3.4951	5.3083
	总资产(万元)	477766.10	413114.15	259067.45	236284.11
	归属母公司股东权益(万元)	332925.69	328352.36	184351.78	180873.05
	营业收入(万元)	80892.82	109146.83	42229.02	59177.76
	营业支出(万元)	53575.30	66722.15	26696.83	32794.67
	投资收益(万元)	2560.76	312.72	1062.69	251.78
	净利润(万元)	13460.33	18399.67	7003.05	11321.01
	营业利润(万元)	14371.87	19105.04	7169.57	10737.70
	利润总额(万元)	14745.78	21844.82	8235.37	12303.85

深圳珈伟光伏照明股份有限公司

公司概况	公司名称	深圳珈伟光伏照明股份有限公司			证券简称	珈伟股份
	法人代表	丁孔贤	董秘	陈琼阁	证券代码	300317
	公司网址	www.jiawei.com		电子信箱	jw@jiawei.com	
	电　话	0755-85224478		传　真	0755-85224353	
	办公地址	广东省深圳市龙岗区坪地街道高桥社区富高东路4号A、B、C、D栋厂房				
	经营范围	光伏照明产品的研发、生产与销售等				

	指标\报告期	2017.06.30	2016.12.31	2016.06.30	2015.12.31
主要财务指标	基本每股收益(元)	0.2640	0.7189	0.3148	0.4849
	基本每股收益(扣除后)(元)	0.2592	0.7189	0.3040	0.4155
	稀释每股收益(元)	0.2640	0.7189	0.3148	0.4849
	每股净资产(元)	5.6100	9.4893	8.0246	6.0474
	每股经营现金净流量(元)	–0.2920	0.5220	–0.2080	0.3728
	每股现金流量(元)	–0.2596	1.6614	1.5901	–0.1925
	每股资本公积金(元)	3.8799	7.5388	6.2953	4.4971
	每股盈余公积金(元)	0.0156	0.0279	0.0208	0.0238
	每股未分配利润(元)	0.7993	1.0594	0.7207	0.5289
	净资产收益率(%)	4.7083	6.9411	3.4589	5.9011
	加权净资产收益率(%)	4.8400	8.9800	4.8800	10.0500
	净资产收益率(扣除)(%)	4.6233	6.8136	3.3397	5.0565
	总资产(万元)	940800.40	906188.25	864508.28	647699.01
	归属母公司股东权益(万元)	479143.35	452445.94	353534.05	232016.18
	营业收入(万元)	211705.11	279413.19	129948.91	190226.61
	营业支出(万元)	160412.49	202555.96	103202.32	143031.80
	投资收益(万元)	--	--	-	–143.19
	净利润(万元)	22567.17	31246.46	12255.02	13623.62
	营业利润(万元)	26026.69	35835.90	13416.17	14352.18
	利润总额(万元)	26452.80	36413.80	13885.47	16499.05

北京博晖创新光电技术股份有限公司

公司概况	公司名称	北京博晖创新光电技术股份有限公司			证券简称	博晖创新
	法人代表	卢信群	董秘	刘敏	证券代码	300318
	公司网址	www.bohui-tech.com		电子信箱	dsh@bohui-tech.com	
	电　话	010-88850168		传　真	010-80764188	
	办公地址	北京市昌平区生命园路9号院				
	经营范围	临床检验快速检测技术的研发及应用产品系统等				

	指标\报告期	2017.06.30	2016.12.31	2016.06.30	2015.12.31
主要财务指标	基本每股收益(元)	0.0191	0.0290	0.0150	0.0303
	基本每股收益(扣除后)(元)	0.0057	0.0264	0.0147	0.0415
	稀释每股收益(元)	0.0191	0.0289	0.0150	0.0303
	每股净资产(元)	1.7573	1.7300	1.7041	3.3938
	每股经营现金净流量(元)	–0.0738	0.0949	0.0069	0.2174
	每股现金流量(元)	–0.0133	–0.0794	–0.0276	–0.5320
	每股资本公积金(元)	0.3800	0.3774	0.3672	1.6813
	每股盈余公积金(元)	0.0543	0.0543	0.0513	0.1031
	每股未分配利润(元)	0.3442	0.3252	0.3143	0.6042
	净资产收益率(%)	1.0792	1.6626	0.8757	0.8558
	加权净资产收益率(%)	1.0900	1.6700	0.8800	1.0700
	净资产收益率(扣除)(%)	0.3196	1.5168	0.8587	1.1709
	总资产(万元)	252283.37	209429.99	210899.70	207019.71
	归属母公司股东权益(万元)	144343.34	141939.19	139990.98	138842.83
	营业收入(万元)	19171.62	40404.86	19455.20	26884.60
	营业支出(万元)	8901.45	18922.01	9406.67	14057.32
	投资收益(万元)	1037.31	–397.15	–200.66	-
	净利润(万元)	1584.58	4814.85	2233.96	1548.06
	营业利润(万元)	1563.25	4362.92	2176.25	1087.41
	利润总额(万元)	1705.27	4963.24	2378.98	1473.85

深圳市麦捷微电子科技股份有限公司

公司概况

公司名称	深圳市麦捷微电子科技股份有限公司			证券简称	麦捷科技
法人代表	李文燕	董秘	姜波	证券代码	300319
公司网址	www.szmicrogate.com		电子信箱	securities@szmcirogate.com	
电　　话	0755-28085000-320		传　　真	0755-28085605	
办公地址	广东省深圳市宝安区观澜街道广培社区裕新路南兴工业园厂房第一栋、第二栋				
经营范围	生产各类电子元器件、集成电路等电子产品等				

主要财务指标

指标\报告期	2017.06.30	2016.12.31	2016.06.30	2015.12.31
基本每股收益(元)	0.0600	0.7300	0.2000	0.4700
基本每股收益(扣除后)(元)	0.0500	0.6800	0.2000	0.4400
稀释每股收益(元)	0.0600	0.7300	0.2000	0.4700
每股净资产(元)	3.1816	9.4717	6.0716	5.5865
每股经营现金净流量(元)	-0.0471	1.4113	0.0142	0.1863
每股现金流量(元)	-0.3062	3.3634	0.0242	0.6140
每股资本公积金(元)	1.8188	7.1505	4.0630	3.8024
每股盈余公积金(元)	0.0374	0.1128	0.1001	0.0984
每股未分配利润(元)	0.4177	1.2140	0.9126	0.6945
净资产收益率(%)	1.9300	7.0693	3.4027	6.3940
加权净资产收益率(%)	1.9400	12.1700	3.5700	12.1900
净资产收益率(扣除)(%)	1.3185	6.6014	3.3675	5.9441
总资产(万元)	312512.79	312365.50	221760.29	206563.89
归属母公司股东权益(万元)	224086.19	221325.60	128642.76	120326.63
营业收入(万元)	67587.36	169422.13	59958.14	67889.83
营业支出(万元)	58084.18	137720.58	48835.92	53147.84
投资收益(万元)	--	--	-	93.17
净利润(万元)	4336.36	15283.66	4328.92	7686.59
营业利润(万元)	3849.44	16434.19	4887.03	7985.10
利润总额(万元)	4930.69	17708.88	4935.88	8500.56

江阴海达橡塑股份有限公司

公司概况

公司名称	江阴海达橡塑股份有限公司			证券简称	海达股份
法人代表	钱振宇	董秘	胡蕴新	证券代码	300320
公司网址	www.haida.cn		电子信箱	haida@haida.cn	
电　　话	0510-86900687		传　　真	0510-86221558	
办公地址	江苏省江阴市周庄镇云顾路 585 号				
经营范围	橡胶零配件的研发、生产和销售等				

主要财务指标

指标\报告期	2017.06.30	2016.12.31	2016.06.30	2015.12.31
基本每股收益(元)	0.2052	0.1572	0.1405	0.2240
基本每股收益(扣除后)(元)	0.2002	0.2700	0.1366	0.2110
稀释每股收益(元)	0.2052	0.1572	0.1405	0.2240
每股净资产(元)	2.9881	2.8470	2.7019	2.6068
每股经营现金净流量(元)	-0.0458	0.0865	0.0589	0.3277
每股现金流量(元)	-0.0349	-0.1388	-0.1523	0.0380
每股资本公积金(元)	0.2250	0.2250	0.2250	0.2250
每股盈余公积金(元)	0.2020	0.1811	0.1510	0.1510
每股未分配利润(元)	1.5615	1.4382	1.3259	1.2309
净资产收益率(%)	6.8686	9.9360	5.1990	8.5997
加权净资产收益率(%)	7.0600	10.4000	5.2500	8.9000
净资产收益率(扣除)(%)	6.7001	9.6428	5.0574	8.1032
总资产(万元)	137909.16	121070.18	107235.79	108920.52
归属母公司股东权益(万元)	87654.07	83515.37	79259.11	76470.96
营业收入(万元)	51897.58	85574.79	39387.89	82878.69
营业支出(万元)	35911.08	60656.32	28365.82	61223.64
投资收益(万元)	49.52	-56.13	-11.12	-6.57
净利润(万元)	6002.64	8374.39	4149.10	6975.99
营业利润(万元)	7050.66	9969.45	4755.52	8382.85
利润总额(万元)	7224.51	10259.37	4893.71	8750.46

山东同大海岛新材料股份有限公司

公司概况

公司名称	山东同大海岛新材料股份有限公司			证券简称	同大股份
法人代表	孙俊成	董秘	于洪亮	证券代码	300321
公司网址	www.td300321.com		电子信箱	tdhdgf@126.com	
电　　话	0536-7191939 7199701		传　　真	0536-7191956	
办公地址	山东省昌邑市同大街 522 号				
经营范围	海岛纤维材料、鞋材、服装面料(不含棉纺)、沙发革、汽车座套及高档擦拭布等生产销售				

主要财务指标

指标\报告期	2017.06.30	2016.12.31	2016.06.30	2015.12.31
基本每股收益(元)	0.1085	0.3732	0.1624	0.7791
基本每股收益(扣除后)(元)	0.0887	0.3425	0.1463	0.7311
稀释每股收益(元)	0.1085	0.3732	0.1624	0.7791
每股净资产(元)	6.5091	6.5000	6.2897	6.3048
每股经营现金净流量(元)	0.0751	0.9259	0.1049	1.6854
每股现金流量(元)	-1.3006	0.5670	-0.2429	0.2991
每股资本公积金(元)	2.6809	2.6809	2.6809	6.3618
每股盈余公积金(元)	0.3419	0.3419	0.3046	0.6091
每股未分配利润(元)	2.4863	2.4778	2.3042	4.6388
净资产收益率(%)	1.6670	5.7411	2.5812	6.1788
加权净资产收益率(%)	1.6600	5.8400	2.5400	6.2800
净资产收益率(扣除)(%)	1.3626	5.2683	2.3266	5.7979
总资产(万元)	69049.26	67768.03	65892.91	68954.97
归属母公司股东权益(万元)	57800.44	57724.91	55852.54	55987.07
营业收入(万元)	22511.52	43241.43	21729.17	45321.52
营业支出(万元)	18421.06	34284.59	17636.17	35630.27
投资收益(万元)	8.39	58.00	38.00	-
净利润(万元)	963.53	3314.04	1441.67	3459.34
营业利润(万元)	985.97	3485.17	1570.16	3742.02
利润总额(万元)	1184.54	3748.27	1699.44	3992.89

惠州硕贝德无线科技股份有限公司

公司概况

公司名称	惠州硕贝德无线科技股份有限公司			证券简称	硕贝德
法人代表	朱坤华	董秘	谢荣钦	证券代码	300322
公司网址	www.speed-hz.com		电子信箱	speed@speed-hz.com	
电　　话	0752-2836716		传　　真	0752-2836145	
办公地址	广东省惠州市东江高新区上霞片区 SX-01-02 号				
经营范围	无线通信终端天线的研发、生产和销售等				

主要财务指标

指标\报告期	2017.06.30	2016.12.31	2016.06.30	2015.12.31
基本每股收益(元)	0.0200	0.1600	0.1200	-0.2600
基本每股收益(扣除后)(元)	0.0100	0.0400	0.0100	-0.2700
稀释每股收益(元)	0.0200	0.1600	0.1200	-0.2600
每股净资产(元)	1.4356	1.4467	1.3499	1.2082
每股经营现金净流量(元)	-0.0793	0.0157	-0.2368	-0.0752
每股现金流量(元)	-0.0492	0.1501	0.0164	0.0365
每股资本公积金(元)	0.2096	0.2096	0.1619	0.1448
每股盈余公积金(元)	0.0618	0.0572	0.0474	0.0475
每股未分配利润(元)	0.1729	0.1881	0.1573	0.0331
净资产收益率(%)	1.3492	11.3913	9.2077	-21.0787
加权净资产收益率(%)	1.3300	12.4600	9.8100	-19.9000
净资产收益率(扣除)(%)	0.3793	2.7060	0.8690	-22.2121
总资产(万元)	252639.37	243480.83	210459.79	0.01
归属母公司股东权益(万元)	58503.58	58953.94	55104.27	49199.23
营业收入(万元)	80480.76	172539.16	80469.18	77058.54
营业支出(万元)	63178.16	139505.74	65347.84	64091.35
投资收益(万元)	--	4105.60	4133.28	9.13
净利润(万元)	-1869.62	2234.52	4231.21	-12146.27
营业利润(万元)	-1286.11	1345.86	3341.97	-12857.07
利润总额(万元)	-1384.79	3427.56	4185.78	-12029.92

华灿光电股份有限公司

公司概况	公司名称	华灿光电股份有限公司			证券简称	华灿光电
	法人代表	俞信华	董秘	俞信华(代)	证券代码	300323
	公司网址	www.hcsemitek.com		电子信箱	zq@hcsemitek.com	
	电　话	027-81929003		传　真	027-81929091-9003	
	办公地址	湖北省武汉市东湖开发区滨湖路8号				
	经营范围	LED外廷片及芯片的研发、生产和销售业务等				

主要财务指标	指标\报告期	2017.06.30	2016.12.31	2016.06.30	2015.12.31
	基本每股收益(元)	0.2600	0.3500	0.0800	–0.1400
	基本每股收益(扣除后)(元)	0.1500	0.0300	–0.0500	–0.2800
	稀释每股收益(元)	0.2600	0.3500	0.0800	–0.1400
	每股净资产(元)	4.3133	4.1359	4.8181	2.4731
	每股经营现金净流量(元)	–0.0411	0.3792	0.2797	–0.0387
	每股现金流量(元)	0.5327	0.0620	0.8338	0.0389
	每股资本公积金(元)	2.6123	2.5961	3.4524	1.2131
	每股盈余公积金(元)	0.0250	0.0252	0.0312	0.0312
	每股未分配利润(元)	0.7119	0.5079	0.3118	0.2330
	净资产收益率(%)	5.9553	7.7305	1.6349	–5.7485
	加权净资产收益率(%)	6.0800	9.8300	3.1400	–5.5800
	净资产收益率(扣除)(%)	3.5137	0.7380	–1.0471	–11.4211
	总资产(万元)	868373.20	688308.77	634438.10	421511.41
	归属母公司股东权益(万元)	362745.28	345633.31	325219.03	166935.97
	营业收入(万元)	119303.35	158230.70	61295.28	95539.36
	营业支出(万元)	79076.93	120346.94	50390.00	79539.92
	投资收益(万元)	1490.41	–7.06	–860.38	–
	净利润(万元)	21602.43	26719.04	5317.16	–9596.39
	营业利润(万元)	14632.96	4710.72	–2920.26	–19974.64
	利润总额(万元)	26336.24	30986.47	6434.01	–9177.41

北京旋极信息技术股份有限公司

公司概况	公司名称	北京旋极信息技术股份有限公司			证券简称	旋极信息
	法人代表	陈江涛	董秘	黄海涛	证券代码	300324
	公司网址	www.watertek.com		电子信箱	investor@watertek.com	
	电　话	010-82885950		传　真	010-82885950	
	办公地址	北京市海淀区丰秀中路3号院12号楼				
	经营范围	从事嵌入式系统的开发、生产、销售和技术服务业务等				

主要财务指标	指标\报告期	2017.06.30	2016.12.31	2016.06.30	2015.12.31
	基本每股收益(元)	0.1354	0.3726	0.1143	0.2172
	基本每股收益(扣除后)(元)	0.1326	0.3682	0.1162	0.2157
	稀释每股收益(元)	0.1354	0.3726	0.1143	0.2172
	每股净资产(元)	4.1916	4.2017	1.4275	1.3549
	每股经营现金净流量(元)	0.0956	0.5072	0.1832	0.6877
	每股现金流量(元)	0.0288	1.6561	0.1771	0.3969
	每股资本公积金(元)	2.8071	2.6892	0.1446	1.2880
	每股盈余公积金(元)	0.0177	0.0181	0.0178	0.0359
	每股未分配利润(元)	0.5822	0.5275	0.3029	0.5084
	净资产收益率(%)	3.1792	7.8068	7.0048	7.6157
	加权净资产收益率(%)	3.1900	17.9200	7.1900	12.8800
	净资产收益率(扣除)(%)	3.1139	7.7148	7.1236	7.5633
	总资产(万元)	738086.48	687473.19	251632.72	219347.63
	归属母公司股东权益(万元)	491334.75	483293.43	142742.45	135485.24
	营业收入(万元)	126448.72	218877.59	79100.33	98031.92
	营业支出(万元)	66428.13	88981.58	28719.14	49040.83
	投资收益(万元)	398.43	1476.75	–507.96	699.85
	净利润(万元)	21305.31	59996.88	21889.80	11560.15
	营业利润(万元)	26476.64	66804.51	23334.67	12928.48
	利润总额(万元)	26490.03	71895.27	26311.95	15109.00

江苏德威新材料股份有限公司

公司概况	公司名称	江苏德威新材料股份有限公司			证券简称	德威新材
	法人代表	周建明	董秘	李红梅	证券代码	300325
	公司网址	www.chinadewei.com		电子信箱	dongmi@chinadewei.com	
	电　话	0512-53229379　53229354		传　真	0512-53222355	
	办公地址	江苏省太仓市沙溪镇沙南东路99号				
	经营范围	线缆用高分子材料的研发、生产、销售等				

主要财务指标	指标\报告期	2017.06.30	2016.12.31	2016.06.30	2015.12.31
	基本每股收益(元)	0.0100	0.0800	0.0300	0.2000
	基本每股收益(扣除后)(元)	0.0100	0.0700	0.0800	0.1910
	稀释每股收益(元)	0.0100	0.0800	0.0300	0.2000
	每股净资产(元)	1.4484	1.4900	3.5147	2.5700
	每股经营现金净流量(元)	–0.0807	–0.3472	–0.8118	0.1794
	每股现金流量(元)	0.0807	0.2242	1.0347	0.2034
	每股资本公积金(元)	0.0611	0.0628	1.6465	0.3650
	每股盈余公积金(元)	0.0483	0.0483	0.1046	0.1330
	每股未分配利润(元)	0.3801	0.3901	0.8742	1.0683
	净资产收益率(%)	0.6678	5.2074	2.0861	7.6962
	加权净资产收益率(%)	0.6900	5.7100	2.5800	7.9400
	净资产收益率(扣除)(%)	0.4694	4.6137	2.1050	7.4320
	总资产(万元)	374012.33	328819.94	306445.94	214773.85
	归属母公司股东权益(万元)	147308.37	151331.31	142988.38	82164.91
	营业收入(万元)	85820.19	158073.03	89744.03	156803.27
	营业支出(万元)	72962.13	131774.81	78288.21	135726.45
	投资收益(万元)	52.02	926.63	22.53	122.89
	净利润(万元)	759.71	7874.06	2936.43	6507.82
	营业利润(万元)	1074.40	9132.08	3660.26	7616.69
	利润总额(万元)	1409.10	9182.39	3632.42	7860.27

上海凯利泰医疗科技股份有限公司

公司概况	公司名称	上海凯利泰医疗科技股份有限公司			证券简称	凯利泰
	法人代表	秦杰	董秘	丁魁	证券代码	300326
	公司网址	www.kineticmedinc.com.cn		电子信箱	KMC@shkmc.com.cn	
	电　话	021-50728758		传　真	021-50728758	
	办公地址	上海市浦东新区张江高科技园区东区瑞庆路528号23幢2楼				
	经营范围	椎体成形微创介入手术系统的研发、生产和销售等				

主要财务指标	指标\报告期	2017.06.30	2016.12.31	2016.06.30	2015.12.31
	基本每股收益(元)	0.1329	0.2287	0.1842	0.3426
	基本每股收益(扣除后)(元)	0.1293	0.2123	0.1645	0.2557
	稀释每股收益(元)	0.1325	0.2273	0.1825	0.3386
	每股净资产(元)	2.7115	2.5722	4.3295	3.3164
	每股经营现金净流量(元)	–0.0706	0.1823	0.0733	0.3157
	每股现金流量(元)	–0.3227	0.3574	0.7699	–0.3161
	每股资本公积金(元)	0.9798	0.9726	2.4348	1.4947
	每股盈余公积金(元)	0.0433	0.0433	0.0724	0.0755
	每股未分配利润(元)	0.6889	0.5560	0.8267	0.7463
	净资产收益率(%)	4.9017	8.6382	3.8654	10.3306
	加权净资产收益率(%)	5.0300	10.3500	5.1600	11.0000
	净资产收益率(扣除)(%)	4.7689	8.0166	3.4521	7.7096
	总资产(万元)	257780.18	221692.59	208444.56	169574.19
	归属母公司股东权益(万元)	193849.28	183882.90	171205.50	116786.95
	营业收入(万元)	36632.50	55059.66	26286.47	46288.52
	营业支出(万元)	11554.05	13480.96	6350.43	12451.92
	投资收益(万元)	–142.52	–84.79	–1.56	3113.89
	净利润(万元)	9493.27	16513.15	7267.48	14981.75
	营业利润(万元)	11481.69	18053.47	7696.72	16722.32
	利润总额(万元)	11779.89	19373.10	8517.39	17313.55

中颖电子股份有限公司

公司概况					
公司名称	中颖电子股份有限公司			证券简称	中颖电子
法人代表	傅启明	董秘	潘一德	证券代码	300327
公司网址	www.sinowealth.com		电子信箱	ir@sinowealth.com	
电　话	021-61219988 1688		传　真	021-61219989	
办公地址	上海市长宁区金钟路 767 弄 3 号				
经营范围	集成电路的设计、制造、加工、与研发相关电子系统模块、销售自产产品等				

主要财务指标 指标\报告期	2017.06.30	2016.12.31	2016.06.30	2015.12.31
基本每股收益(元)	0.2988	0.5669	0.2214	0.2920
基本每股收益(扣除后)(元)	0.2985	0.5116	0.2159	0.2880
稀释每股收益(元)	0.2974	0.5655	0.2205	0.2918
每股净资产(元)	3.6416	3.6534	3.7755	3.5433
每股经营现金净流量(元)	0.4695	0.4435	0.1742	0.2537
每股现金流量(元)	0.7111	0.2508	0.0281	−0.7400
每股资本公积金(元)	1.8397	1.8552	2.1301	2.1193
每股盈余公积金(元)	0.2118	0.1766	0.1499	0.1270
每股未分配利润(元)	0.6577	0.7141	0.6304	0.4320
净资产收益率(%)	8.9641	15.4505	5.8632	8.1071
加权净资产收益率(%)	8.6600	16.3500	6.0500	8.3900
净资产收益率(扣除)(%)	8.9548	13.9471	5.7196	7.9949
总资产(万元)	91621.20	82519.18	76325.67	74022.87
归属母公司股东权益(万元)	69254.34	69662.71	65431.00	61407.06
营业收入(万元)	31225.08	51770.24	23898.96	41137.14
营业支出(万元)	17782.31	28886.31	13502.28	23725.07
投资收益(万元)	621.94	1420.04	497.45	693.51
净利润(万元)	5974.44	10681.20	3836.34	4978.32
营业利润(万元)	6802.32	10136.00	4315.34	5326.19
利润总额(万元)	6809.90	11143.62	4427.22	5407.62

东莞宜安科技股份有限公司

公司概况					
公司名称	东莞宜安科技股份有限公司			证券简称	宜安科技
法人代表	杨洁丹	董秘	张春联	证券代码	300328
公司网址	www.e-ande.com		电子信箱	eon@e-ande.com	
电　话	0769-87387777		传　真	0769-87367777	
办公地址	广东省东莞市清溪镇银泉工业区				
经营范围	铝合金、镁合金等轻合金精密压铸件的研究、开发、生产和销售等				

主要财务指标 指标\报告期	2017.06.30	2016.12.31	2016.06.30	2015.12.31
基本每股收益(元)	0.0514	0.0759	0.0340	0.2400
基本每股收益(扣除后)(元)	0.0347	0.0626	0.0241	0.1979
稀释每股收益(元)	0.0514	0.0759	0.0340	0.2400
每股净资产(元)	1.8206	1.7787	1.6758	2.9985
每股经营现金净流量(元)	0.2315	0.0710	0.0732	0.5628
每股现金流量(元)	−0.0447	0.1036	0.1818	0.2733
每股资本公积金(元)	0.1879	0.1755	0.1077	0.9391
每股盈余公积金(元)	0.0667	0.0667	0.0629	0.1133
每股未分配利润(元)	0.5626	0.5313	0.5026	0.9435
净资产收益率(%)	2.8219	4.2104	2.0263	8.0054
加权净资产收益率(%)	2.8400	4.4700	2.0100	8.3100
净资产收益率(扣除)(%)	1.9038	3.4731	1.4373	6.6008
总资产(万元)	135052.92	113292.88	104520.01	92363.35
归属母公司股东权益(万元)	74603.74	72885.65	67567.80	67166.61
营业收入(万元)	35317.73	56302.53	23986.11	55522.61
营业支出(万元)	25926.58	40388.98	16695.08	39195.50
投资收益(万元)	9.25	5.20	2.74	9.27
净利润(万元)	1867.28	3021.57	1306.79	5356.26
营业利润(万元)	1067.54	2875.80	999.39	5104.57
利润总额(万元)	1877.98	3508.20	1469.75	6295.40

海伦钢琴股份有限公司

公司概况					
公司名称	海伦钢琴股份有限公司			证券简称	海伦钢琴
法人代表	陈海伦	董秘	石定靖	证券代码	300329
公司网址	www.hailunpiano.com		电子信箱	phil@hailunpiano.com	
电　话	0574-86813822		传　真	0574-55221607	
办公地址	浙江省宁波市北仑区龙潭山路 36 号				
经营范围	钢琴制造、乐器制品、汽车配件、装潢五金、模具制品、非金属制品模具设计、加工、制造				

主要财务指标 指标\报告期	2017.06.30	2016.12.31	2016.06.30	2015.12.31
基本每股收益(元)	0.0805	0.1325	0.0710	0.1285
基本每股收益(扣除后)(元)	0.0573	0.0900	0.0500	0.1100
稀释每股收益(元)	0.0805	0.1325	0.0710	0.1285
每股净资产(元)	3.2400	3.1846	3.1231	3.0761
每股经营现金净流量(元)	−0.0380	0.1672	−0.0228	0.1914
每股现金流量(元)	−0.0710	−0.8782	−0.9592	0.7127
每股资本公积金(元)	1.3920	1.3920	1.3920	1.4504
每股盈余公积金(元)	0.1086	0.1015	0.0947	0.0913
每股未分配利润(元)	0.7395	0.6911	0.6364	0.6215
净资产收益率(%)	2.4841	4.1593	2.2737	4.0096
加权净资产收益率(%)	2.5000	4.2300	2.2800	5.6000
净资产收益率(扣除)(%)	1.7684	2.7080	1.6955	3.3022
总资产(万元)	95085.20	92899.76	89442.13	88951.85
归属母公司股东权益(万元)	81418.82	80024.54	78480.51	77299.16
营业收入(万元)	20809.48	38917.71	17946.84	36906.16
营业支出(万元)	15244.92	28677.17	13102.46	26444.56
投资收益(万元)	507.62	879.26	490.20	41.39
净利润(万元)	2030.98	3315.80	1774.68	3128.52
营业利润(万元)	1986.45	3080.27	1944.34	3037.56
利润总额(万元)	2397.31	3745.08	2130.33	3645.52

上海华虹计通智能系统股份有限公司

公司概况					
公司名称	上海华虹计通智能系统股份有限公司			证券简称	华虹计通
法人代表	项翔	董秘	佘嘉音	证券代码	300330
公司网址	www.huahongjt.com		电子信箱	hhjt@huahongjt.com	
电　话	021-31016917		传　真	021-31016909	
办公地址	上海市锦绣东路 2777 弄 9 号楼				
经营范围	设计、开发、生产和销售智能卡读写设备及系统、自动售检票设备及系统等				

主要财务指标 指标\报告期	2017.06.30	2016.12.31	2016.06.30	2015.12.31
基本每股收益(元)	−0.0466	−0.1700	−0.0463	−0.0800
基本每股收益(扣除后)(元)	−0.0527	0.1700	−0.0493	−0.1000
稀释每股收益(元)	−0.0466	−0.1700	−0.0463	−0.0800
每股净资产(元)	2.2202	2.2667	2.3973	2.5742
每股经营现金净流量(元)	−0.2247	0.0611	−0.0635	−0.0505
每股现金流量(元)	−0.0473	−0.6633	−0.5978	−0.0944
每股资本公积金(元)	1.1293	1.1370	1.1463	1.1596
每股盈余公积金(元)	0.0734	0.0734	0.0731	0.0731
每股未分配利润(元)	0.0205	0.0670	0.1915	0.2378
净资产收益率(%)	−2.0943	−7.5783	−1.9315	−3.2744
加权净资产收益率(%)	−2.0700	−7.2100	−1.9100	−3.1600
净资产收益率(扣除)(%)	−2.3649	−7.7002	−1.9636	−3.8704
总资产(万元)	49863.13	50095.20	54109.85	55153.90
归属母公司股东权益(万元)	37413.80	38197.37	40569.79	41579.53
营业收入(万元)	7318.69	13380.68	7866.47	21209.12
营业支出(万元)	5968.49	11888.09	6794.74	18554.71
投资收益(万元)	204.30	184.46	51.05	210.30
净利润(万元)	−783.57	−2894.72	−783.60	−1361.48
营业利润(万元)	−940.79	−2989.97	−796.61	−1683.79
利润总额(万元)	−821.68	−2935.19	−783.60	−1392.23

苏州苏大维格光电科技股份有限公司

公司概况	公司名称	苏州苏大维格光电科技股份有限公司			证券简称	苏大维格
	法人代表	陈林森	董秘	姚维品	证券代码	300331
	公司网址	www.svgoptronics.com		电子信箱	info@svgoptronics.com	
	电　　话	0512-62868882-881		传　　真	0512-62589155	
	办公地址	江苏省苏州市苏州工业园区科教创新区新昌路68号				
	经营范围	微纳光学产品的设计、开发与制造、关键制造设备的研制和相关技术的研发服务等				

	指标\报告期	2017.06.30	2016.12.31	2016.06.30	2015.12.31
主要财务指标	基本每股收益(元)	0.1600	0.1700	0.0300	0.0500
	基本每股收益(扣除后)(元)	0.1200	0.0800	−0.0300	−0.0400
	稀释每股收益(元)	0.1600	0.1700	0.0300	0.0500
	每股净资产(元)	5.9700	5.8631	2.6403	2.6161
	每股经营现金净流量(元)	−0.0643	−0.0453	−0.1307	0.1218
	每股现金流量(元)	−0.5289	1.1052	−0.1432	−0.1800
	每股资本公积金(元)	4.1542	5.0486	0.9202	0.9046
	每股盈余公积金(元)	0.1253	0.1523	0.1278	0.1278
	每股未分配利润(元)	0.6916	0.7093	0.5923	0.5837
	净资产收益率(%)	2.6446	2.3872	1.0816	1.9689
	加权净资产收益率(%)	2.6100	6.3300	1.0900	1.9900
	净资产收益率(扣除)(%)	2.0705	1.0675	−0.9676	−1.5098
	总资产(万元)	182355.45	182318.17	71826.72	70060.76
	归属母公司股东权益(万元)	134974.17	132534.88	49109.12	48659.18
	营业收入(万元)	41754.93	41572.34	18127.94	36515.79
	营业支出(万元)	29163.99	28161.87	12644.37	26250.45
	投资收益(万元)	83.81	195.16	92.44	170.59
	净利润(万元)	3376.32	2793.93	356.07	351.79
	营业利润(万元)	3853.77	1560.39	−377.83	−926.93
	利润总额(万元)	4147.48	3431.03	723.60	882.85

天壕环境股份有限公司

公司概况	公司名称	天壕环境股份有限公司			证券简称	天壕环境
	法人代表	陈作涛	董秘	张洪涛	证券代码	300332
	公司网址	www.trce.com.cn		电子信箱	ir@trce.com.cn	
	电　　话	010-62211992		传　　真	010-62213992	
	办公地址	北京市海淀区西直门北大街32号枫蓝国际中心2号楼906室				
	经营范围	能源技术咨询、技术开发、工业废气余热发电等节能项目的工程设计等				

	指标\报告期	2017.06.30	2016.12.31	2016.06.30	2015.12.31
主要财务指标	基本每股收益(元)	0.0186	0.0800	0.0776	0.4100
	基本每股收益(扣除后)(元)	0.0086	0.0500	0.0467	0.4000
	稀释每股收益(元)	0.0186	0.0800	0.0763	0.4000
	每股净资产(元)	3.6972	4.2969	2.9610	2.9140
	每股经营现金净流量(元)	0.0635	0.1859	0.0158	0.1155
	每股现金流量(元)	−0.1955	0.7248	−0.0003	0.0109
	每股资本公积金(元)	2.1517	2.5036	1.3338	3.6526
	每股盈余公积金(元)	0.0344	0.0401	0.0349	0.0698
	每股未分配利润(元)	0.5318	0.6158	0.6224	1.1732
	净资产收益率(%)	0.4952	1.7543	2.5777	6.2239
	加权净资产收益率(%)	0.4900	2.5700	2.5900	8.3200
	净资产收益率(扣除)(%)	0.2294	1.1491	1.5510	5.9771
	总资产(万元)	809479.70	759772.28	505979.69	414071.26
	归属母公司股东权益(万元)	333343.21	332745.08	229293.10	225655.12
	营业收入(万元)	75809.12	168822.42	63490.38	95343.02
	营业支出(万元)	60221.47	130800.73	50708.77	70077.28
	投资收益(万元)	−48.21	2218.67	2178.00	278.27
	净利润(万元)	1466.34	4856.07	6172.44	13869.43
	营业利润(万元)	853.23	5088.15	5635.96	11083.46
	利润总额(万元)	3646.60	8859.37	7566.43	15386.79

深圳兆日科技股份有限公司

公司概况	公司名称	深圳兆日科技股份有限公司			证券简称	兆日科技
	法人代表	魏恺言	董秘	余凯	证券代码	300333
	公司网址	www.sinosun.com.cn		电子信箱	IR@sinosun.com.cn	
	电　　话	86-755-23609873		传　　真	0755-83420054	
	办公地址	广东省深圳市福田区车公庙泰然八路泰然大厦C座1605				
	经营范围	计算机软件、硬件、电子产品的技术开发、销售和技术咨询等				

	指标\报告期	2017.06.30	2016.12.31	2016.06.30	2015.12.31
主要财务指标	基本每股收益(元)	0.0507	0.0569	0.0444	0.1239
	基本每股收益(扣除后)(元)	0.0453	0.0700	0.0424	0.1182
	稀释每股收益(元)	0.0507	0.0569	0.0444	0.1239
	每股净资产(元)	2.5387	2.5330	2.5130	7.5409
	每股经营现金净流量(元)	−0.0572	0.1009	−0.0267	0.1327
	每股现金流量(元)	−0.2265	−0.4878	−0.4668	0.0717
	每股资本公积金(元)	1.1543	1.1543	1.1468	1.1468
	每股盈余公积金(元)	0.0895	0.0895	0.0836	0.0836
	每股未分配利润(元)	0.2949	0.2891	0.2826	0.2832
	净资产收益率(%)	1.9985	2.2445	1.7678	4.9292
	加权净资产收益率(%)	1.9900	2.2600	1.7600	5.0300
	净资产收益率(扣除)(%)	1.7836	2.6589	1.6875	4.7016
	总资产(万元)	88163.81	89710.07	87043.47	89102.29
	归属母公司股东权益(万元)	85300.35	85107.59	84438.33	84457.61
	营业收入(万元)	10113.85	19156.76	8478.48	20014.31
	营业支出(万元)	3672.70	6894.19	3035.70	7244.11
	投资收益(万元)	216.43	229.29	92.52	225.75
	净利润(万元)	2441.59	3350.62	2106.06	5861.98
	营业利润(万元)	3094.77	4605.66	2602.45	7221.91
	利润总额(万元)	3093.21	4331.19	2689.52	7500.90

天津膜天膜科技股份有限公司

公司概况	公司名称	天津膜天膜科技股份有限公司			证券简称	津膜科技
	法人代表	李新民	董秘	郝锴	证券代码	300334
	公司网址	www.motimo.com		电子信箱	IR@motimo.com.cn	
	电　　话	022-66230126		传　　真	022-66230122	
	办公地址	天津市经济技术开发区第11大街60号				
	经营范围	生产销售中空纤维膜、膜组件、膜分离设备、水处理设备及相关产品等				

	指标\报告期	2017.06.30	2016.12.31	2016.06.30	2015.12.31
主要财务指标	基本每股收益(元)	−0.0800	0.1717	0.0200	0.2000
	基本每股收益(扣除后)(元)	−0.0800	0.1400	0.0200	0.1200
	稀释每股收益(元)	−0.0800	0.1717	0.0200	0.2000
	每股净资产(元)	4.7071	4.8039	4.6530	4.6522
	每股经营现金净流量(元)	−0.7804	−0.2544	−0.4156	−0.6559
	每股现金流量(元)	−0.7500	−0.7994	−0.5298	1.3201
	每股资本公积金(元)	2.5000	2.5000	2.5000	2.5000
	每股盈余公积金(元)	0.1437	0.1437	0.1273	0.1273
	每股未分配利润(元)	1.0634	1.1602	1.0258	1.0249
	净资产收益率(%)	−1.6316	3.5742	0.4486	4.1187
	加权净资产收益率(%)	−1.6100	3.6300	0.4400	5.8100
	净资产收益率(扣除)(%)	−1.6607	3.0138	0.3725	2.4350
	总资产(万元)	237192.92	230513.57	214125.61	211828.49
	归属母公司股东权益(万元)	129932.40	132604.44	128441.03	128416.93
	营业收入(万元)	36068.80	74919.24	24372.78	60462.04
	营业支出(万元)	28088.59	51809.68	14551.88	41266.68
	投资收益(万元)	172.21	439.73	214.49	420.41
	净利润(万元)	−1950.65	4949.28	639.04	5330.08
	营业利润(万元)	−1933.37	4739.60	318.99	3175.89
	利润总额(万元)	−1888.86	5493.54	434.04	5718.60

广州迪森热能技术股份有限公司

公司概况					
公司名称	广州迪森热能技术股份有限公司			证券简称	迪森股份
法人代表	马革	董秘	黄博	证券代码	300335
公司网址	www.devotiongroup.com		电子信箱	zcl@devotiongroup.com	
电　话	020-82199956		传　真	020-82199901	
办公地址	广东省广州市经济开发区东区东众路42号				
经营范围	利用生物质燃料等新型清洁能源、为客户提供热能服务等				

主要财务指标 指标\报告期	2017.06.30	2016.12.31	2016.06.30	2015.12.31
基本每股收益(元)	0.2441	0.3500	0.1198	0.1400
基本每股收益(扣除后)(元)	0.2397	0.3100	0.0913	0.1100
稀释每股收益(元)	0.2441	0.3500	0.1198	0.1400
每股净资产(元)	3.0671	2.9238	2.6784	4.5869
每股经营现金净流量(元)	-0.0909	0.6469	0.1745	0.2776
每股现金流量(元)	-0.4173	-1.3940	-1.0646	2.3179
每股资本公积金(元)	0.9146	0.8981	0.8854	3.3202
每股盈余公积金(元)	0.0996	0.0996	0.0975	0.1114
每股未分配利润(元)	1.1239	0.9616	0.7312	0.7276
净资产收益率(%)	7.8201	12.0514	4.4731	2.7970
加权净资产收益率(%)	7.9600	10.3100	2.7400	5.4200
净资产收益率(扣除)(%)	7.6787	10.6225	3.4070	2.1662
总资产(万元)	298195.57	261611.55	206030.83	228227.42
归属母公司股东权益(万元)	112382.23	105804.78	96925.73	166250.80
营业收入(万元)	74513.57	106066.11	34481.60	50891.60
营业支出(万元)	48818.04	68345.80	22431.17	35038.54
投资收益(万元)	87.99	498.64	48.06	-
净利润(万元)	11344.02	14454.74	4266.92	4212.53
营业利润(万元)	13759.32	14992.43	3928.93	3137.87
利润总额(万元)	13565.37	16053.92	4785.32	4645.70

上海新文化传媒集团股份有限公司

公司概况					
公司名称	上海新文化传媒集团股份有限公司			证券简称	新文化
法人代表	杨震华	董秘	许彬	证券代码	300336
公司网址	www.ncmedia.com.cn		电子信箱	xinwenhua@ncmedia.com.cn	
电　话	021-65871976		传　真	021-65873968	
办公地址	上海市虹口区东江湾路444号北区238室				
经营范围	影视剧的投资、制作、发行及衍生业务等				

主要财务指标 指标\报告期	2017.06.30	2016.12.31	2016.06.30	2015.12.31
基本每股收益(元)	0.2733	0.4900	0.2161	0.4700
基本每股收益(扣除后)(元)	0.2011	0.3500	0.1506	0.4400
稀释每股收益(元)	0.2733	0.4900	0.2161	0.4700
每股净资产(元)	5.3876	5.2414	4.9577	4.9269
每股经营现金净流量(元)	-0.0672	0.8308	0.0219	-0.0970
每股现金流量(元)	-0.2175	1.0233	0.1321	0.0863
每股资本公积金(元)	2.7727	2.7727	2.7727	2.7727
每股盈余公积金(元)	0.1752	0.1463	0.1098	0.0883
每股未分配利润(元)	1.4102	1.2658	1.0250	0.9303
净资产收益率(%)	5.0736	9.4127	4.3593	9.3704
加权净资产收益率(%)	5.1100	9.7300	4.3400	10.2400
净资产收益率(扣除)(%)	3.7333	6.5868	3.0385	8.8882
总资产(万元)	507448.37	444542.62	385609.77	372256.56
归属母公司股东权益(万元)	289611.08	281750.12	266501.09	264845.36
营业收入(万元)	65115.41	111304.74	54652.82	102608.74
营业支出(万元)	45291.28	68691.88	35635.86	55089.10
投资收益(万元)	9712.37	7190.80	2929.30	863.20
净利润(万元)	14727.45	26354.25	11551.99	24826.88
营业利润(万元)	16395.34	31952.09	13615.57	31544.08
利润总额(万元)	17627.06	35216.36	15525.28	33039.38

银邦金属复合材料股份有限公司

公司概况					
公司名称	银邦金属复合材料股份有限公司			证券简称	银邦股份
法人代表	沈健生	董秘	张稷	证券代码	300337
公司网址	www.cn-yinbang.com		电子信箱	stock@cn-yinbang.com	
电　话	0510-88991610		传　真	0510-88990799	
办公地址	江苏省无锡市新区鸿山街道后宅鸿山路99号				
经营范围	铝合金复合材料、铝基多金属复合材料以及铝合金非复合材料的研究、生产和销售等				

主要财务指标 指标\报告期	2017.06.30	2016.12.31	2016.06.30	2015.12.31
基本每股收益(元)	0.0335	0.0089	0.0028	-0.2273
基本每股收益(扣除后)(元)	0.0146	-0.0407	0.0014	-0.2324
稀释每股收益(元)	0.0335	0.0089	0.0028	-0.2273
每股净资产(元)	1.9003	1.8663	1.8572	1.8543
每股经营现金净流量(元)	-0.1384	-0.2989	-0.1838	-0.3456
每股现金流量(元)	0.0053	-0.0010	0.0286	-0.0080
每股资本公积金(元)	0.6951	0.6951	0.6952	0.6952
每股盈余公积金(元)	0.0448	0.0448	0.0448	0.0448
每股未分配利润(元)	0.1566	0.1232	0.1171	0.1143
净资产收益率(%)	1.7621	0.4763	0.1531	-12.2559
加权净资产收益率(%)	1.7800	0.4800	0.1500	-11.4900
净资产收益率(扣除)(%)	0.7703	-2.1799	0.0779	-12.5345
总资产(万元)	268391.39	255483.56	251731.32	244720.06
归属母公司股东权益(万元)	156190.04	153390.87	152643.59	152408.64
营业收入(万元)	88734.71	156489.77	76518.81	136070.90
营业支出(万元)	78320.18	144362.08	72512.07	136692.74
投资收益(万元)	15.67	1554.21	1396.97	-91.17
净利润(万元)	2752.29	730.66	232.74	-18694.98
营业利润(万元)	929.67	-1965.36	97.98	-20039.98
利润总额(万元)	2752.29	1381.23	232.74	-19435.50

长沙开元仪器股份有限公司

公司概况					
公司名称	长沙开元仪器股份有限公司			证券简称	开元股份
法人代表	罗建文	董秘	郭剑锋	证券代码	300338
公司网址	www.chs5e.com		电子信箱	gojefe@126.com	
电　话	0731-84874926		传　真	0731-84874926	
办公地址	湖南省长沙市长沙经济技术开发区开元路172号				
经营范围	检测分析测量仪器、设备及相关软件的开发、生产、销售等				

主要财务指标 指标\报告期	2017.06.30	2016.12.31	2016.06.30	2015.12.31
基本每股收益(元)	0.1863	0.0234	0.0200	0.0151
基本每股收益(扣除后)(元)	0.1815	0.0100	0.0148	0.0057
稀释每股收益(元)	0.1863	0.0234	0.0200	0.0151
每股净资产(元)	6.0659	2.9981	2.9919	2.9794
每股经营现金净流量(元)	0.1749	0.1326	-0.1494	-0.0836
每股现金流量(元)	0.1190	0.0739	-0.1753	0.1962
每股资本公积金(元)	4.2719	1.1360	1.1360	1.1360
每股盈余公积金(元)	0.0773	0.1042	0.0993	0.0993
每股未分配利润(元)	0.6873	0.7210	0.7225	0.7125
净资产收益率(%)	2.6750	0.7798	0.6688	0.5053
加权净资产收益率(%)	3.9100	0.7800	0.6700	0.5000
净资产收益率(扣除)(%)	2.6055	0.4760	0.4950	0.1918
总资产(万元)	264030.82	96442.55	90635.42	93107.18
归属母公司股东权益(万元)	206010.16	75553.14	75397.00	75079.94
营业收入(万元)	31279.64	34092.49	13849.92	28247.87
营业支出(万元)	9198.18	19756.12	7474.26	14985.58
投资收益(万元)	54.12	-2.66	-2.66	-
净利润(万元)	5755.69	388.68	440.74	185.24
营业利润(万元)	6978.22	-793.17	0.07	-787.29
利润总额(万元)	7169.60	558.76	678.93	477.63

江苏润和软件股份有限公司

公司概况					
公司名称	江苏润和软件股份有限公司			证券简称	润和软件
法人代表	周红卫	董秘	朱祖龙	证券代码	300339
公司网址	www.hoperun.com		电子信箱	company@hoperun.com	
电　　话	025-52668518		传　　真	025-52668895	
办公地址	江苏省南京市雨花台区软件大道168号				
经营范围	为国际、国内客户提供专业领域的软件外包服务等				

主要财务指标：指标\报告期	2017.06.30	2016.12.31	2016.06.30	2015.12.31
基本每股收益(元)	0.0900	0.8500	0.1400	0.6400
基本每股收益(扣除后)(元)	0.0800	0.4800	0.1000	0.4100
稀释每股收益(元)	0.0900	0.8500	0.1400	0.6400
每股净资产(元)	4.9170	9.8462	8.8923	8.9064
每股经营现金净流量(元)	-0.4059	0.8096	-0.4609	0.2145
每股现金流量(元)	-0.5438	0.6331	-0.4344	-0.0581
每股资本公积金(元)	3.0377	7.0728	6.9398	6.9587
每股盈余公积金(元)	0.0564	0.1127	0.0901	0.0901
每股未分配利润(元)	0.8988	1.8144	1.1276	1.1377
净资产收益率(%)	1.8560	8.6159	1.5702	6.1031
加权净资产收益率(%)	1.8400	9.1300	1.5600	9.9400
净资产收益率(扣除)(%)	1.6325	4.9370	1.0868	3.8845
总资产(万元)	493794.45	512552.20	489374.26	499862.51
归属母公司股东权益(万元)	351796.53	352346.98	318434.63	319004.45
营业收入(万元)	69608.04	131496.78	55975.85	112858.40
营业支出(万元)	43096.66	77043.80	34861.99	70081.93
投资收益(万元)	380.74	4865.59	-55.60	5370.54
净利润(万元)	6483.60	30753.55	4923.06	19305.10
营业利润(万元)	7039.52	20945.13	1909.61	18241.39
利润总额(万元)	7484.29	32405.44	4959.46	22174.51

江门市科恒实业股份有限公司

公司概况					
公司名称	江门市科恒实业股份有限公司			证券简称	科恒股份
法人代表	万国江	董秘	唐秀雷	证券代码	300340
公司网址	www.keheng.com.cn		电子信箱	tangxiulei@keheng.com.cn	
电　　话	0750-3863815		传　　真	0750-3899896	
办公地址	广东省江门市江海区滘头工业区滘兴南路22号				
经营范围	生产、销售化工原料及化工产品等				

主要财务指标：指标\报告期	2017.06.30	2016.12.31	2016.06.30	2015.12.31
基本每股收益(元)	0.5156	0.3309	0.0410	-0.7433
基本每股收益(扣除后)(元)	0.4925	0.3002	0.0736	-0.7630
稀释每股收益(元)	0.5156	0.3309	0.0410	-0.7433
每股净资产(元)	11.4299	10.9100	7.9868	7.9458
每股经营现金净流量(元)	-0.7054	0.0151	-0.2112	-0.6204
每股现金流量(元)	-0.4486	-0.2840	-1.2192	-1.0495
每股资本公积金(元)	8.0930	8.0884	5.1352	5.1352
每股盈余公积金(元)	0.2317	0.2317	0.2731	0.2731
每股未分配利润(元)	2.1051	1.5895	1.5785	1.5375
净资产收益率(%)	4.5114	2.6121	0.5140	-9.3542
加权净资产收益率(%)	4.6100	3.9600	0.5200	-8.9300
净资产收益率(扣除)(%)	4.3088	2.3699	0.9217	-9.6022
总资产(万元)	274778.52	216366.20	97852.92	94998.23
归属母公司股东权益(万元)	134710.65	128578.81	79868.15	79457.66
营业收入(万元)	74695.58	78699.08	25465.97	39132.82
营业支出(万元)	60132.35	67886.69	23007.03	38038.60
投资收益(万元)	1121.04	1160.71	461.28	2275.15
净利润(万元)	6097.73	3388.41	413.85	-8340.43
营业利润(万元)	6057.39	3157.34	813.03	-9651.07
利润总额(万元)	6378.42	3521.41	487.37	-9740.02

麦克奥迪(厦门)电气股份有限公司

公司概况					
公司名称	麦克奥迪(厦门)电气股份有限公司			证券简称	麦迪电气
法人代表	杨泽声	董秘	李臻	证券代码	300341
公司网址	www.motic-electric.com		电子信箱	info@motic-electric.com	
电　　话	0592-5676713 5676875		传　　真	0592-5626612	
办公地址	福建省厦门市火炬高新区(翔安)产业区舫山南路808号				
经营范围	研制、开发、生产和销售输变电行业相配套的绝缘制品及其他相关部件等				

主要财务指标：指标\报告期	2017.06.30	2016.12.31	2016.06.30	2015.12.31
基本每股收益(元)	0.1071	0.2241	0.0763	0.3726
基本每股收益(扣除后)(元)	0.1028	0.2119	0.0755	0.3431
稀释每股收益(元)	0.1064	0.2225	0.0763	0.3708
每股净资产(元)	2.0002	1.9425	1.7981	3.5050
每股经营现金净流量(元)	0.0909	0.2214	0.0280	0.4800
每股现金流量(元)	0.0107	0.0272	0.0685	-0.2075
每股资本公积金(元)	0.1596	0.1593	0.1537	1.2886
每股盈余公积金(元)	0.1275	0.1275	0.1207	0.2404
每股未分配利润(元)	0.7056	0.6490	0.5095	0.9621
净资产收益率(%)	5.3222	11.4666	4.2511	10.5508
加权净资产收益率(%)	5.4000	12.2600	4.2300	11.2400
净资产收益率(扣除)(%)	5.1093	10.8434	4.2039	7.9446
总资产(万元)	116991.63	113434.02	106817.41	104483.85
归属母公司股东权益(万元)	102054.12	99130.78	91763.17	89808.57
营业收入(万元)	36800.84	73187.42	32736.46	71403.26
营业支出(万元)	21532.20	43908.49	20077.93	43108.44
投资收益(万元)	28.11	236.51	147.64	82.99
净利润(万元)	5430.38	11423.19	3918.64	9478.52
营业利润(万元)	6234.13	12882.87	4718.11	10932.62
利润总额(万元)	6490.40	13677.75	4792.57	11567.33

常熟市天银机电股份有限公司

公司概况					
公司名称	常熟市天银机电股份有限公司			证券简称	天银机电
法人代表	赵晓东	董秘	李玲玲	证券代码	300342
公司网址	www.tyjd.cc		电子信箱	tyjd@tyjd.cc	
电　　话	0512-52690818		传　　真	0512-52691888	
办公地址	江苏省苏州市常熟碧溪新区迎宾路8号				
经营范围	冰箱压缩机零部件的研发、生产和销售				

主要财务指标：指标\报告期	2017.06.30	2016.12.31	2016.06.30	2015.12.31
基本每股收益(元)	0.2200	0.5200	0.2300	0.5500
基本每股收益(扣除后)(元)	0.2100	0.5100	0.2300	0.5300
稀释每股收益(元)	0.2200	0.5200	0.2300	0.5500
每股净资产(元)	2.9224	3.7200	3.4411	2.8631
每股经营现金净流量(元)	0.2291	0.3649	0.1865	0.4592
每股现金流量(元)	-0.0643	0.4858	0.6139	-0.8322
每股资本公积金(元)	0.8849	1.4503	1.4531	1.7024
每股盈余公积金(元)	0.1461	0.1698	0.1501	0.2179
每股未分配利润(元)	0.8832	1.0880	0.8234	1.3504
净资产收益率(%)	7.3804	13.5161	6.3590	12.7605
加权净资产收益率(%)	7.3900	15.6200	7.3900	13.4000
净资产收益率(扣除)(%)	7.3196	13.2504	6.1567	12.4514
总资产(万元)	154290.45	147307.61	129299.61	105092.12
归属母公司股东权益(万元)	124813.22	122280.83	113051.36	85892.61
营业收入(万元)	37785.90	65448.03	30240.55	53377.33
营业支出(万元)	23004.73	39470.21	18925.93	32832.01
投资收益(万元)	30.68	8.62	-	-
净利润(万元)	9192.31	16574.18	7267.18	12580.35
营业利润(万元)	10811.89	19095.08	8359.63	14467.87
利润总额(万元)	10825.90	19475.61	8628.75	14849.43

山东联创互联网传媒股份有限公司

公司概况	公司名称	山东联创互联网传媒股份有限公司			证券简称	联创互联
	法人代表	王宪东	董秘	胡安智	证券代码	300343
	公司网址	www.lecron.cn		电子信箱	lczq@lecron.cn	
	电话	0533-6286018		传真	0533-6286018	
	办公地址	山东省淄博市张店区东部化工区昌国东路 219 号				
	经营范围	互联网广告、组合聚醚、聚醚减水剂等				

主要财务指标	指标\报告期	2017.06.30	2016.12.31	2016.06.30	2015.12.31
	基本每股收益(元)	0.2209	0.3600	0.1489	0.3000
	基本每股收益(扣除后)(元)	0.1986	0.3200	0.1349	0.2800
	稀释每股收益(元)	0.2209	0.3600	0.1489	0.2800
	每股净资产(元)	6.9390	6.8181	6.6201	5.8326
	每股经营现金净流量(元)	0.5124	-0.0830	0.0485	0.3978
	每股现金流量(元)	0.3391	0.3263	0.4534	0.3336
	每股资本公积金(元)	5.2080	5.2080	5.2080	10.8470
	每股盈余公积金(元)	0.0319	0.0319	0.0319	0.1506
	每股未分配利润(元)	0.6991	0.5782	0.3802	1.3735
	净资产收益率(%)	3.1832	5.0033	2.1617	1.8417
	加权净资产收益率(%)	3.1900	5.9300	3.4600	2.8800
	净资产收益率(扣除)(%)	2.8624	4.4217	1.9549	1.6891
	总资产(万元)	484119.31	505562.78	483594.01	247733.69
	归属母公司股东权益(万元)	409672.32	402535.71	390844.52	167317.75
	营业收入(万元)	103254.78	233093.96	87089.97	96457.92
	营业支出(万元)	82185.47	181766.23	67919.57	81773.77
	投资收益(万元)	--	1411.14	-	132.75
	净利润(万元)	13040.51	19856.69	8449.03	2743.27
	营业利润(万元)	13700.60	26898.17	10023.01	3694.77
	利润总额(万元)	15453.11	28562.44	11457.61	4424.49

北京太空板业股份有限公司

公司概况	公司名称	北京太空板业股份有限公司			证券简称	太空板业
	法人代表	樊立	董秘	李争朝	证券代码	300344
	公司网址	www.taikong.cn		电子信箱	public@taikong.cn	
	电话	010-83682311		传真	010-63789321	
	办公地址	北京市丰台区科学城中核路 1 号 3 号楼 12 层				
	经营范围	太空板(发泡水泥复合板)系列产品的研发、设计、生产、销售及安装等				

主要财务指标	指标\报告期	2017.06.30	2016.12.31	2016.06.30	2015.12.31
	基本每股收益(元)	-0.0355	0.1025	-0.1464	-0.2709
	基本每股收益(扣除后)(元)	-0.0361	0.0020	-0.1443	-0.2918
	稀释每股收益(元)	-0.0355	0.1025	-0.1464	-0.2709
	每股净资产(元)	1.8909	2.7192	2.4663	2.6127
	每股经营现金净流量(元)	-0.0891	-0.2104	-0.1683	-0.0221
	每股现金流量(元)	-0.4313	0.7600	0.2925	-0.0293
	每股资本公积金(元)	0.7065	1.3891	1.3891	1.3891
	每股盈余公积金(元)	0.0761	0.1066	0.1066	0.1066
	每股未分配利润(元)	0.1049	0.2167	-0.0323	0.1142
	净资产收益率(%)	-1.8795	3.7686	-5.9380	-10.3677
	加权净资产收益率(%)	-1.8500	3.9900	-5.7700	-9.8600
	净资产收益率(扣除)(%)	-1.9094	0.0882	-5.8508	-11.1670
	总资产(万元)	137702.46	150936.00	95257.77	86998.56
	归属母公司股东权益(万元)	63864.73	65600.92	59498.96	63032.02
	营业收入(万元)	16263.44	33179.81	1857.46	11736.19
	营业支出(万元)	9987.51	20224.18	1314.61	10265.90
	投资收益(万元)	-15.87	2562.78	-	-
	净利润(万元)	-694.31	3840.03	-3581.76	-6656.61
	营业利润(万元)	-338.43	3911.70	-3630.53	-7505.98
	利润总额(万元)	-306.00	4368.48	-3689.17	-6903.97

湖南红宇耐磨新材料股份有限公司

公司概况	公司名称	湖南红宇耐磨新材料股份有限公司			证券简称	红宇新材
	法人代表	朱红玉	董秘	朱明楚	证券代码	300345
	公司网址	www.chinahongyu.cn		电子信箱	hongyu_zqtzb@163.com	
	电话	86-731-89661618*8031		传真	86-731-89661610	
	办公地址	湖南省长沙市岳麓区银杉路 031 号(绿地中央广场)6 栋 31 楼				
	经营范围	磨球、磨段、衬板、辊类耐磨件及各种耐磨新材料生产、加工、销售等				

主要财务指标	指标\报告期	2017.06.30	2016.12.31	2016.06.30	2015.12.31
	基本每股收益(元)	-0.0030	0.0200	0.0250	0.0800
	基本每股收益(扣除后)(元)	-0.0030	0.0170	0.0250	0.0700
	稀释每股收益(元)	-0.0030	0.0200	0.0250	0.0800
	每股净资产(元)	1.7824	1.8148	1.8200	1.8201
	每股经营现金净流量(元)	-0.0569	-0.2063	-0.3421	-0.0440
	每股现金流量(元)	-0.0533	-0.4181	-0.3956	0.2438
	每股资本公积金(元)	0.5590	0.5590	0.5590	0.5590
	每股盈余公积金(元)	0.0512	0.0512	0.0488	0.0488
	每股未分配利润(元)	0.1722	0.2045	0.2116	0.2122
	净资产收益率(%)	-0.1933	1.1407	1.3952	3.7623
	加权净资产收益率(%)	-0.1800	1.1400	1.3900	4.7500
	净资产收益率(扣除)(%)	-0.2252	0.9332	1.3718	3.4612
	总资产(万元)	105701.04	111129.71	109012.57	108456.68
	归属母公司股东权益(万元)	78657.50	80084.82	80291.52	80318.64
	营业收入(万元)	9951.04	19871.61	11526.15	25055.74
	营业支出(万元)	7556.37	12163.71	6709.16	15586.94
	投资收益(万元)	96.63	-396.85	-196.09	541.51
	净利润(万元)	-151.52	836.22	1081.13	3198.02
	营业利润(万元)	-71.59	780.95	1255.68	3021.04
	利润总额(万元)	-102.56	1115.65	1295.17	3403.37

江苏南大光电材料股份有限公司

公司概况	公司名称	江苏南大光电材料股份有限公司			证券简称	南大光电
	法人代表	冯剑松	董秘	张建富	证券代码	300346
	公司网址	www.natachem.com		电子信箱	natainfo@natachem.com	
	电话	0512-62520998*228		传真	86-512-62527116	
	办公地址	江苏省苏州市工业园区翠薇街 9 号月亮湾国际商务中心 701-702				
	经营范围	光电新材料 MO 源的研发、生产和销售等				

主要财务指标	指标\报告期	2017.06.30	2016.12.31	2016.06.30	2015.12.31
	基本每股收益(元)	0.1164	0.0469	0.0225	0.2764
	基本每股收益(扣除后)(元)	0.0659	0.0013	0.0032	0.1551
	稀释每股收益(元)	0.1164	0.0469	0.0225	0.2764
	每股净资产(元)	7.5058	7.3895	7.3651	7.4426
	每股经营现金净流量(元)	0.0828	0.2055	0.0533	0.1709
	每股现金流量(元)	-0.0989	0.0906	0.6407	-1.4932
	每股资本公积金(元)	4.1067	4.1067	4.1067	4.1067
	每股盈余公积金(元)	0.2630	0.2630	0.2534	0.2534
	每股未分配利润(元)	2.1361	2.0197	2.0050	2.0824
	净资产收益率(%)	1.5502	0.6350	0.3062	3.7144
	加权净资产收益率(%)	1.5600	0.6300	0.3000	3.7600
	净资产收益率(扣除)(%)	0.8774	0.0176	0.0441	2.0838
	总资产(万元)	129719.22	128507.26	126590.70	129943.50
	归属母公司股东权益(万元)	120742.08	118870.37	118478.22	119724.14
	营业收入(万元)	7803.41	10132.55	4835.94	12037.23
	营业支出(万元)	4010.51	6153.39	2975.16	6372.12
	投资收益(万元)	191.90	2511.64	506.51	710.20
	净利润(万元)	1986.60	523.48	254.24	4494.45
	营业利润(万元)	1269.71	-269.13	14.40	2447.34
	利润总额(万元)	2247.94	599.51	383.61	5064.35

杭州泰格医药科技股份有限公司

公司概况	公司名称	杭州泰格医药科技股份有限公司			证券简称	泰格医药
	法人代表	叶小平	董秘	曹晓春	证券代码	300347
	公司网址	www.tigermed.net		电子信箱	ir@tigermed.net	
	电　话	0571-89986795		传　真	0571-89986795	
	办公地址	浙江省杭州市滨江区江南大道618号15层				
	经营范围	医药相关产业产品及健康相关产业产品的技术开发、技术咨询等				

	指标＼报告期	2017.06.30	2016.12.31	2016.06.30	2015.12.31
主要财务指标	基本每股收益(元)	0.2392	0.3000	0.1700	0.3600
	基本每股收益(扣除后)(元)	0.2092	0.2100	0.1500	0.3500
	稀释每股收益(元)	0.2392	0.3000	0.1700	0.3600
	每股净资产(元)	4.7005	3.4259	3.2085	2.0682
	每股经营现金净流量(元)	0.2201	0.4041	0.0454	0.4286
	每股现金流量(元)	0.4255	0.3415	0.2537	-0.4654
	每股资本公积金(元)	2.4981	1.4048	1.3200	0.4214
	每股盈余公积金(元)	0.0969	0.1020	0.0829	0.0902
	每股未分配利润(元)	1.1101	0.9173	0.8115	0.8109
	净资产收益率(%)	5.0882	8.6458	5.1682	15.5911
	加权净资产收益率(%)	6.3300	9.3400	5.4600	17.2300
	净资产收益率(扣除)(%)	4.4518	5.9935	4.5307	15.1336
	总资产(万元)	323901.16	238832.75	214132.37	161003.12
	归属母公司股东权益(万元)	235110.38	162681.78	151216.11	100235.48
	营业收入(万元)	74319.45	117453.82	56576.75	95699.77
	营业支出(万元)	42249.48	72787.39	33080.19	53474.70
	投资收益(万元)	1873.83	3815.80	38.12	574.77
	净利润(万元)	14092.92	15678.07	8614.70	17389.15
	营业利润(万元)	18481.55	19794.17	10341.83	21365.28
	利润总额(万元)	18694.49	21206.03	11301.67	22020.60

深圳市长亮科技股份有限公司

公司概况	公司名称	深圳市长亮科技股份有限公司			证券简称	长亮科技
	法人代表	王长春	董秘	徐亚丽	证券代码	300348
	公司网址	www.sunline.cn		电子信箱	invest@sunline.cn	
	电　话	0755-86168118　828		传　真	0755-86168166	
	办公地址	广东省深圳市南山区沙河西路深圳湾科技生态园一区2栋A座5层				
	经营范围	计算机软、硬件及电子仪器的开发及服务、网络技术的开发及服务等				

	指标＼报告期	2017.06.30	2016.12.31	2016.06.30	2015.12.31
主要财务指标	基本每股收益(元)	0.0666	0.3648	0.0214	0.2766
	基本每股收益(扣除后)(元)	0.0531	0.2624	0.0174	4.9728
	稀释每股收益(元)	0.0657	0.3595	0.0213	0.2758
	每股净资产(元)	3.2787	2.7828	2.3975	4.8122
	每股经营现金净流量(元)	-0.5329	-0.0744	-0.5515	0.0240
	每股现金流量(元)	-0.1229	-0.0071	-0.5752	1.6759
	每股资本公积金(元)	1.5607	1.0242	1.0551	3.1881
	每股盈余公积金(元)	0.0977	0.1001	0.0739	0.1528
	每股未分配利润(元)	0.7447	0.7804	0.4809	1.0332
	净资产收益率(%)	1.9237	12.4527	0.8736	5.2556
	加权净资产收益率(%)	2.0100	13.4200	0.8700	7.3300
	净资产收益率(扣除)(%)	1.5317	8.9587	0.7079	4.9386
	总资产(万元)	126028.94	115609.00	106357.29	100627.21
	归属母公司股东权益(万元)	98154.71	81309.92	70064.28	70315.86
	营业收入(万元)	35797.46	65080.89	23474.55	43624.61
	营业支出(万元)	19969.80	31009.67	13479.16	20047.64
	投资收益(万元)	203.41	3389.60	385.76	124.93
	净利润(万元)	1924.85	10356.81	646.03	3674.28
	营业利润(万元)	2056.72	10968.26	429.13	4136.62
	利润总额(万元)	2224.47	11517.60	566.70	4389.44

金卡智能集团股份有限公司

公司概况	公司名称	金卡智能集团股份有限公司			证券简称	金卡智能
	法人代表	杨斌	董秘	马芳芬	证券代码	300349
	公司网址	www.china-goldcard.com		电子信箱	stock@china-goldcard.com	
	电　话	0571-56615623		传　真	0571-56615621	
	办公地址	浙江省杭州经济技术开发区金乔街158号				
	经营范围	软件开发、电子设备及电子元器件、燃气设备、仪器仪表的制造、销售等				

	指标＼报告期	2017.06.30	2016.12.31	2016.06.30	2015.12.31
主要财务指标	基本每股收益(元)	0.4023	0.4800	0.2183	0.4600
	基本每股收益(扣除后)(元)	0.3731	0.5300	0.2155	0.4500
	稀释每股收益(元)	0.4023	0.4800	0.2183	0.4600
	每股净资产(元)	11.7441	11.5152	5.3639	5.1867
	每股经营现金净流量(元)	0.3794	1.1048	-0.0382	0.5264
	每股现金流量(元)	-0.8637	1.2958	0.1036	-1.4239
	每股资本公积金(元)	8.2141	8.2863	1.7231	1.7034
	每股盈余公积金(元)	0.2450	0.2450	0.2784	0.2784
	每股未分配利润(元)	2.2746	1.9723	2.3476	2.1894
	净资产收益率(%)	3.4255	3.2378	4.0689	8.8120
	加权净资产收益率(%)	3.4500	8.0400	4.1300	9.1400
	净资产收益率(扣除)(%)	3.1766	3.6091	4.0169	8.6716
	总资产(万元)	341061.11	333050.50	127580.05	125415.02
	归属母公司股东权益(万元)	275954.79	270576.16	96551.09	93360.55
	营业收入(万元)	61227.34	85425.18	31764.38	59269.96
	营业支出(万元)	31485.60	49238.52	19654.46	36469.83
	投资收益(万元)	1018.17	-65.48	637.88	2531.83
	净利润(万元)	8926.10	9594.53	4161.22	8907.66
	营业利润(万元)	10857.63	8730.83	4137.64	7914.72
	利润总额(万元)	10900.31	11691.00	4821.06	10395.50

华鹏飞股份有限公司

公司概况	公司名称	华鹏飞股份有限公司			证券简称	华鹏飞
	法人代表	张京豫	董秘	程渝淇	证券代码	300350
	公司网址	www.huapengfei.com		电子信箱	ir@huapengfei.com	
	电　话	0755-84190977　84190988		传　真	0755-84160867	
	办公地址	广东省深圳市龙岗区坂田街道南坑社区华鹏飞物流基地				
	经营范围	综合物流服务以及供应链商品销售等				

	指标＼报告期	2017.06.30	2016.12.31	2016.06.30	2015.12.31
主要财务指标	基本每股收益(元)	0.1100	0.4400	0.1200	0.3800
	基本每股收益(扣除后)(元)	0.1100	0.3500	0.1100	0.3200
	稀释每股收益(元)	0.1100	0.4400	0.1200	0.3800
	每股净资产(元)	3.5529	6.2328	5.9025	5.8360
	每股经营现金净流量(元)	0.0070	1.1329	0.4738	0.6487
	每股现金流量(元)	-0.1359	-0.1138	0.0750	0.1229
	每股资本公积金(元)	1.8180	4.0723	4.0704	4.0704
	每股盈余公积金(元)	0.0409	0.0735	0.0593	0.0593
	每股未分配利润(元)	0.6941	1.0870	0.7728	0.7063
	净资产收益率(%)	3.0872	7.1382	1.9746	4.9317
	加权净资产收益率(%)	3.1200	7.3700	1.9800	8.6300
	净资产收益率(扣除)(%)	2.9984	5.6001	1.8948	4.1898
	总资产(万元)	263790.36	263096.95	203854.12	214084.91
	归属母公司股东权益(万元)	189598.13	184782.49	174989.00	173016.83
	营业收入(万元)	43657.29	69568.38	28073.08	77706.70
	营业支出(万元)	28835.44	45796.12	19921.58	58515.97
	投资收益(万元)	-15.64	1473.50	140.98	1182.50
	净利润(万元)	7164.54	13635.04	3443.28	8780.32
	营业利润(万元)	8442.08	13487.76	3906.24	9369.16
	利润总额(万元)	8584.88	15887.20	4117.65	10271.31

浙江永贵电器股份有限公司

公司概况	公司名称	浙江永贵电器股份有限公司			证券简称	永贵电器
	法人代表	范纪军	董秘	余文震	证券代码	300351
	公司网址	www.yonggui.com		电子信箱	yonggui@yonggui.com	
	电　话	0576-83938635		传　真	0576-83938061	
	办公地址	浙江省天台县白鹤镇东园路 5 号(西工业区)				
	经营范围	从事连接器、端接件及接线装置等产品的研发、生产、销售				

主要财务指标	指标\报告期	2017.06.30	2016.12.31	2016.06.30	2015.12.31
	基本每股收益(元)	0.1764	0.4500	0.1708	0.3404
	基本每股收益(扣除后)(元)	0.1706	0.4400	0.1658	0.3306
	稀释每股收益(元)	0.1764	0.4500	0.1708	0.3404
	每股净资产(元)	7.0441	6.9341	4.8533	3.1795
	每股经营现金净流量(元)	-0.1110	0.1018	0.0439	0.1653
	每股现金流量(元)	-0.1857	0.7027	-0.1952	-0.8596
	每股资本公积金(元)	4.7115	4.7129	2.8287	1.2053
	每股盈余公积金(元)	0.0953	0.0953	0.0882	0.0936
	每股未分配利润(元)	1.2372	1.1258	0.9363	0.8807
	净资产收益率(%)	2.5040	6.0512	3.3505	10.7062
	加权净资产收益率(%)	2.5100	8.9900	4.8700	11.2100
	净资产收益率(扣除)(%)	2.4222	5.8715	3.2524	10.3968
	总资产(万元)	316683.49	310619.77	247936.20	128154.41
	归属母公司股东权益(万元)	270919.69	266689.11	173585.18	107212.38
	营业收入(万元)	52850.26	95536.73	32315.41	51112.84
	营业支出(万元)	34094.64	56254.71	18495.97	28100.67
	投资收益(万元)	193.69	-37.99	-52.17	1.26
	净利润(万元)	6490.07	15806.60	5642.54	11236.57
	营业利润(万元)	7791.28	18119.84	6367.53	12794.82
	利润总额(万元)	7889.75	18679.19	6560.92	13162.99

北京北信源软件股份有限公司

公司概况	公司名称	北京北信源软件股份有限公司			证券简称	北信源
	法人代表	林皓	董秘	李旭	证券代码	300352
	公司网址	www.vrv.com.cn		电子信箱	vrvzq@vrvmail.com.cn	
	电　话	86-10-62140485		传　真	010-62147259	
	办公地址	北京市海淀区中关村南大街 34 号中关村科技发展大厦 C 座 1602 室				
	经营范围	信息安全软件产品的研发、生产、销售及技术服务等				

主要财务指标	指标\报告期	2017.06.30	2016.12.31	2016.06.30	2015.12.31
	基本每股收益(元)	0.0122	0.1500	0.0334	0.2600
	基本每股收益(扣除后)(元)	0.0118	0.1500	0.0331	0.2500
	稀释每股收益(元)	0.0122	0.1500	0.0334	0.2600
	每股净资产(元)	1.4753	3.6974	1.6422	3.0998
	每股经营现金净流量(元)	-0.0464	-0.0350	-0.0937	-0.0097
	每股现金流量(元)	-0.0915	1.9614	-0.1300	-0.3159
	每股资本公积金(元)	0.2179	2.0447	0.0272	0.9517
	每股盈余公积金(元)	0.0299	0.0747	0.0709	0.1348
	每股未分配利润(元)	0.2288	0.5814	0.5470	1.0209
	净资产收益率(%)	0.8300	3.7471	2.0318	8.4427
	加权净资产收益率(%)	0.8200	8.2500	2.0200	9.5400
	净资产收益率(扣除)(%)	0.7976	3.6494	2.0178	8.0870
	总资产(万元)	238000.74	231431.77	97843.24	97134.73
	归属母公司股东权益(万元)	213893.16	214425.42	84317.93	83764.51
	营业收入(万元)	16872.32	49229.98	14227.32	47001.53
	营业支出(万元)	4024.61	18258.95	2585.40	21446.74
	投资收益(万元)	-241.13	-208.45	-	22.67
	净利润(万元)	1721.14	8023.59	1713.17	7071.96
	营业利润(万元)	1521.72	6843.54	1089.92	5674.14
	利润总额(万元)	1604.43	8625.98	1809.91	7769.03

北京东土科技股份有限公司

公司概况	公司名称	北京东土科技股份有限公司			证券简称	东土科技
	法人代表	李平	董秘	吴建国	证券代码	300353
	公司网址	www.kyland.com.cn		电子信箱	ir@kyland.com	
	电　话	010-88793012		传　真	010-88799850	
	办公地址	北京市石景山区实兴大街 30 号院 2 号楼 8 层 901				
	经营范围	生产电子产品、技术开发、技术转让、技术推广、技术服务、计算机系统服务等				

主要财务指标	指标\报告期	2017.06.30	2016.12.31	2016.06.30	2015.12.31
	基本每股收益(元)	0.0842	0.2502	0.0791	0.1709
	基本每股收益(扣除后)(元)	0.0800	0.2256	0.0744	0.1347
	稀释每股收益(元)	0.0842	0.2502	0.0791	0.1709
	每股净资产(元)	4.1269	4.0001	3.8326	2.3732
	每股经营现金净流量(元)	-0.0643	0.0818	-0.0533	0.1880
	每股现金流量(元)	-0.1513	0.3315	0.7433	0.0723
	每股资本公积金(元)	2.6223	2.5326	2.6734	1.1117
	每股盈余公积金(元)	0.0531	0.0531	0.0438	0.0464
	每股未分配利润(元)	0.4525	0.4163	0.2720	0.2174
	净资产收益率(%)	2.0391	5.9553	1.8835	5.4841
	加权净资产收益率(%)	2.0900	7.6200	2.9700	12.0500
	净资产收益率(扣除)(%)	1.9699	5.3705	1.7721	4.3237
	总资产(万元)	280075.67	253795.58	247784.59	142282.28
	归属母公司股东权益(万元)	213336.24	206779.06	198119.72	109846.51
	营业收入(万元)	33809.00	66180.56	25804.08	40255.32
	营业支出(万元)	15653.31	32267.15	12673.34	21006.80
	投资收益(万元)	-66.81	69.17	-12.97	-12.34
	净利润(万元)	4052.41	12073.49	3546.83	6996.39
	营业利润(万元)	4964.02	10752.24	3592.28	5746.53
	利润总额(万元)	5137.47	14042.90	4314.03	8117.94

江苏东华测试技术股份有限公司

公司概况	公司名称	江苏东华测试技术股份有限公司			证券简称	东华测试
	法人代表	刘士钢	董秘	瞿小松	证券代码	300354
	公司网址	www.dhtest.com		电子信箱	dhc@dhtest.com	
	电　话	0523-84908559		传　真	0523-84892079	
	办公地址	江苏省靖江市新港大道 208 号(沿江公路罗家港桥东北侧)				
	经营范围	静态应变测试分析系统、动态信号测试分析系统、分析仪器、配件、开发服务等				

主要财务指标	指标\报告期	2017.06.30	2016.12.31	2016.06.30	2015.12.31
	基本每股收益(元)	0.0015	0.0143	0.0109	0.0590
	基本每股收益(扣除后)(元)	0.0005	0.0029	0.0037	0.0524
	稀释每股收益(元)	0.0015	0.0143	0.0109	0.0590
	每股净资产(元)	2.4918	2.4946	2.4592	2.4599
	每股经营现金净流量(元)	-0.0468	0.1017	-0.0860	0.0476
	每股现金流量(元)	-0.0922	-0.0845	-0.1912	-0.1341
	每股资本公积金(元)	0.8033	0.8056	0.7693	0.7693
	每股盈余公积金(元)	0.1204	0.1204	0.1112	0.1112
	每股未分配利润(元)	0.5665	0.5699	0.5756	0.5768
	净资产收益率(%)	0.0594	0.5731	0.4416	2.3989
	加权净资产收益率(%)	0.0600	0.5800	0.4400	2.4400
	净资产收益率(扣除)(%)	0.0186	0.1152	0.1508	2.1320
	总资产(万元)	38014.14	38000.44	37141.85	36516.65
	归属母公司股东权益(万元)	34471.66	34517.95	34028.08	34037.59
	营业收入(万元)	5075.86	12980.56	4889.33	11419.38
	营业支出(万元)	2125.36	5562.58	2037.03	4817.97
	投资收益(万元)	--	--	-	-
	净利润(万元)	20.49	197.83	150.26	816.54
	营业利润(万元)	24.61	-337.03	-66.42	520.99
	利润总额(万元)	47.90	337.87	224.67	1006.00

内蒙古蒙草生态环境(集团)股份有限公司

公司概况	公司名称	内蒙古蒙草生态环境(集团)股份有限公司		证券简称	蒙草生态
	法人代表	樊俊梅	董秘	安旭涛	证券代码	300355
	公司网址	www.mengcao.com		电子信箱	mckh2010@163.com
	电　话	0471-6695191*866		传　真	0471-6695192
	办公地址	内蒙古自治区呼和浩特市公园南路39号银都大厦B座3层			
	经营范围	生态环境的修复、治理、保护等			

主要财务指标	指标\报告期	2017.06.30	2016.12.31	2016.06.30	2015.12.31
	基本每股收益(元)	0.2500	0.3500	0.1300	0.3600
	基本每股收益(扣除后)(元)	0.2400	0.3300	0.1300	0.3400
	稀释每股收益(元)	0.2500	0.3500	0.1300	0.3600
	每股净资产(元)	1.9666	2.8109	2.2902	4.3868
	每股经营现金净流量(元)	-0.5429	0.1054	-0.5066	0.1803
	每股现金流量(元)	-0.2856	0.4840	0.1589	0.2780
	每股资本公积金(元)	0.1765	0.8824	0.5284	2.0568
	每股盈余公积金(元)	0.1129	0.1806	0.1362	0.2723
	每股未分配利润(元)	0.6771	0.7478	0.6256	1.0577
	净资产收益率(%)	12.5692	12.0395	5.7106	7.7421
	加权净资产收益率(%)	13.1500	14.1500	5.8000	10.2900
	净资产收益率(扣除)(%)	12.0299	11.1640	5.5179	7.2516
	总资产(万元)	900765.31	702312.79	540445.35	455075.48
	归属母公司股东权益(万元)	315494.77	281832.23	214711.52	205637.80
	营业收入(万元)	269215.22	286050.64	105867.52	176839.65
	营业支出(万元)	185270.56	195458.55	73639.46	119395.59
	投资收益(万元)	303.37	68.24	-17.45	91.35
	净利润(万元)	41167.65	36981.93	12412.51	17358.07
	营业利润(万元)	49286.16	42440.82	14446.99	20288.39
	利润总额(万元)	49142.35	45282.94	14941.61	21843.22

光一科技股份有限公司

公司概况	公司名称	光一科技股份有限公司		证券简称	光一科技
	法人代表	龙昌明	董秘	戴晓东	证券代码	300356
	公司网址	www.elefirst.com		电子信箱	gykj300356@163.com
	电　话	025-68531928		传　真	025-68531868
	办公地址	江苏省南京市江宁区润麒路86号			
	经营范围	电力设备、仪器仪表、计算机软硬件的开发、设计、制造、销售及服务等			

主要财务指标	指标\报告期	2017.06.30	2016.12.31	2016.06.30	2015.12.31
	基本每股收益(元)	0.0698	0.3888	0.0343	0.2454
	基本每股收益(扣除后)(元)	0.0017	0.2691	0.0315	0.1917
	稀释每股收益(元)	0.0698	0.3888	0.0343	0.2454
	每股净资产(元)	3.4572	8.4837	8.5910	8.0424
	每股经营现金净流量(元)	-0.2366	0.9344	0.1714	0.1575
	每股现金流量(元)	-0.4054	0.5884	0.7055	-1.0032
	每股资本公积金(元)	1.8117	6.2420	6.1244	5.7489
	每股盈余公积金(元)	0.0512	0.1281	0.1229	0.1267
	每股未分配利润(元)	0.7331	1.6882	1.3436	1.3691
	净资产收益率(%)	2.0192	4.5261	0.3992	2.9760
	加权净资产收益率(%)	2.0400	4.6900	0.4200	3.0100
	净资产收益率(扣除)(%)	0.0502	3.1322	0.3621	2.3249
	总资产(万元)	211186.76	226680.41	232333.00	217797.37
	归属母公司股东权益(万元)	143577.40	140932.25	142715.59	132923.16
	营业收入(万元)	20561.09	81429.81	28685.70	70767.37
	营业支出(万元)	14703.21	56394.08	20155.57	50143.07
	投资收益(万元)	-29.65	-258.85	-256.97	-76.07
	净利润(万元)	2722.87	8062.29	971.86	4940.19
	营业利润(万元)	121.70	7012.82	1424.92	5273.28
	利润总额(万元)	3484.78	9474.81	1589.38	6301.29

浙江我武生物科技股份有限公司

公司概况	公司名称	浙江我武生物科技股份有限公司		证券简称	我武生物
	法人代表	胡赓熙	董秘	颜华	证券代码	300357
	公司网址	www.wolwobiotech.com		电子信箱	Invest@wolwobiotech.com
	电　话	0572-8350682		传　真	0572-8351800
	办公地址	浙江省湖州市德清县武康镇志远北路636号			
	经营范围	研发、生产和销售变应原制品			

主要财务指标	指标\报告期	2017.06.30	2016.12.31	2016.06.30	2015.12.31
	基本每股收益(元)	0.4872	0.8000	0.3300	0.7300
	基本每股收益(扣除后)(元)	0.4610	0.8000	0.3300	0.7000
	稀释每股收益(元)	0.4872	0.8000	0.3300	0.7300
	每股净资产(元)	4.2939	4.0568	3.5921	3.6071
	每股经营现金净流量(元)	0.4573	0.7597	0.3700	0.7105
	每股现金流量(元)	-0.5710	-0.2248	-0.2263	-0.0227
	每股资本公积金(元)	1.1244	1.1244	1.1244	1.1244
	每股盈余公积金(元)	0.3149	0.3149	0.2346	0.2346
	每股未分配利润(元)	1.8545	1.6173	1.2330	1.2481
	净资产收益率(%)	11.3461	19.7080	9.3248	20.2123
	加权净资产收益率(%)	11.3300	21.0200	9.0100	21.9800
	净资产收益率(扣除)(%)	10.7367	19.7985	9.0585	19.3321
	总资产(万元)	72856.78	69689.46	60798.36	61148.75
	归属母公司股东权益(万元)	69389.64	65557.67	58048.95	58291.35
	营业收入(万元)	16513.29	31208.58	13341.56	26710.56
	营业支出(万元)	501.79	1155.53	600.07	1310.40
	投资收益(万元)	304.29	343.16	178.23	154.31
	净利润(万元)	7873.01	12920.10	5412.94	11781.66
	营业利润(万元)	9092.16	15596.59	6368.31	13412.26
	利润总额(万元)	9284.41	15183.21	6371.93	13861.62

楚天科技股份有限公司

公司概况	公司名称	楚天科技股份有限公司		证券简称	楚天科技
	法人代表	唐岳	董秘	周飞跃	证券代码	300358
	公司网址	www.truking.cn		电子信箱	truking@truking.cn
	电　话	0731-87938220		传　真	0731-87938211
	办公地址	湖南省长沙市宁乡县玉潭镇新康路1号			
	经营范围	医药包装机械、食品包装机械和其它通用机械系列产品的研制、生产和销售			

主要财务指标	指标\报告期	2017.06.30	2016.12.31	2016.06.30	2015.12.31
	基本每股收益(元)	0.1500	0.3300	0.1100	0.6200
	基本每股收益(扣除后)(元)	0.1400	0.3300	0.1000	0.5500
	稀释每股收益(元)	0.1400	0.3200	0.1100	0.6200
	每股净资产(元)	3.8218	3.7432	3.4500	3.4135
	每股经营现金净流量(元)	-0.0380	-0.0671	-0.0875	-0.1188
	每股现金流量(元)	-0.0472	-0.0456	-0.0766	-0.0610
	每股资本公积金(元)	1.7931	1.7931	1.7573	3.2471
	每股盈余公积金(元)	0.1496	0.1496	0.1303	0.2093
	每股未分配利润(元)	1.3721	1.2936	1.1038	1.8005
	净资产收益率(%)	3.6521	8.5667	3.2381	10.0954
	加权净资产收益率(%)	3.6600	9.0800	3.2400	13.7600
	净资产收益率(扣除)(%)	3.5423	7.8427	2.9571	8.9422
	总资产(万元)	327855.18	288108.65	257144.27	238637.23
	归属母公司股东权益(万元)	170578.65	167071.48	153928.36	151940.19
	营业收入(万元)	53477.02	103673.99	43941.53	97482.87
	营业支出(万元)	29714.57	57090.80	24249.15	55037.67
	投资收益(万元)	22.93	—	-	-
	净利润(万元)	6229.78	14312.50	4984.37	15338.90
	营业利润(万元)	6795.10	14898.56	5089.59	15301.49
	利润总额(万元)	7029.24	16224.19	5602.73	17068.11

全通教育集团(广东)股份有限公司

公司概况	公司名称	全通教育集团(广东)股份有限公司			证券简称	全通教育
	法人代表	陈炽昌	董秘	左桃林	证券代码	300359
	公司网址	www.qtone.cn		电子信箱	qtjy@qtone.cn	
	电　话	0760-88368596		传　真	0760-88328736	
	办公地址	广东省中山市东区中山四路 88 号尚峰金融商务中心 5 座 17-18 层				
	经营范围	计算机软、硬件的研发、销售、销售等				

主要财务指标	指标\报告期	2017.06.30	2016.12.31	2016.06.30	2015.12.31
	基本每股收益(元)	-0.0300	0.1600	0.0600	0.4300
	基本每股收益(扣除后)(元)	-0.0300	0.1300	0.0500	0.3900
	稀释每股收益(元)	-0.0300	0.1600	0.0600	0.4300
	每股净资产(元)	3.1526	3.1808	3.0698	7.5892
	每股经营现金净流量(元)	-0.2916	-0.0662	-0.2815	0.4339
	每股现金流量(元)	-0.1816	-0.4467	-0.6484	1.8970
	每股资本公积金(元)	1.6684	1.6684	1.6636	5.6589
	每股盈余公积金(元)	0.0378	0.0378	0.0368	0.0919
	每股未分配利润(元)	0.4463	0.4745	0.3695	0.8385
	净资产收益率(%)	-0.8938	5.1066	1.8444	4.8615
	加权净资产收益率(%)	-0.8900	5.2300	1.8500	17.4500
	净资产收益率(扣除)(%)	-0.8997	4.2120	1.5789	4.4528
	总资产(万元)	277366.51	257056.32	218410.73	234880.34
	归属母公司股东权益(万元)	199802.36	201588.16	194689.87	192524.54
	营业收入(万元)	44357.45	97716.11	40661.69	43901.85
	营业支出(万元)	34300.35	65224.26	26326.24	21202.94
	投资收益(万元)	-120.65	1717.26	383.50	109.54
	净利润(万元)	-1387.19	14300.70	4423.41	11586.67
	营业利润(万元)	-1776.40	16599.06	4905.42	13194.65
	利润总额(万元)	-1805.35	17288.29	5490.44	14137.32

杭州炬华科技股份有限公司

公司概况	公司名称	杭州炬华科技股份有限公司			证券简称	炬华科技
	法人代表	丁敏华	董秘	姜千才	证券代码	300360
	公司网址	www.sunrisemeter.com		电子信箱	sunrise@ sunrisemeter.com	
	电　话	0571-89935881		传　真	0571-89935899	
	办公地址	浙江省杭州市余杭区仓前街道龙潭路 9 号				
	经营范围	电能计量仪表和用电信息采集系统产品研发、生产与销售等				

主要财务指标	指标\报告期	2017.06.30	2016.12.31	2016.06.30	2015.12.31
	基本每股收益(元)	0.2200	0.7100	0.3500	0.9900
	基本每股收益(扣除后)(元)	0.1900	0.6700	0.3300	0.9300
	稀释每股收益(元)	0.2200	0.7000	0.3500	0.9800
	每股净资产(元)	3.6671	3.5976	3.2013	4.4700
	每股经营现金净流量(元)	0.0037	0.6631	-0.1451	0.6650
	每股现金流量(元)	-0.2613	0.1376	-0.1863	-0.4555
	每股资本公积金(元)	0.1296	0.1318	0.1233	0.5943
	每股盈余公积金(元)	0.3072	0.3072	0.2418	0.3627
	每股未分配利润(元)	2.2566	2.1856	1.8975	2.6199
	净资产收益率(%)	6.0265	19.5814	10.9631	21.8381
	加权净资产收益率(%)	6.0000	21.6300	11.2900	24.5800
	净资产收益率(扣除)(%)	5.2033	18.4741	10.2180	20.6176
	总资产(万元)	175733.84	179530.91	161361.09	162013.81
	归属母公司股东权益(万元)	132998.56	130475.82	116104.72	108129.03
	营业收入(万元)	48991.89	119399.78	56263.38	108683.64
	营业支出(万元)	32936.23	75703.92	35799.68	72371.91
	投资收益(万元)	12.84	1.51	-	77.67
	净利润(万元)	8015.11	25548.85	12728.62	23613.28
	营业利润(万元)	7845.79	28074.59	13904.16	25851.14
	利润总额(万元)	9469.31	30318.85	15099.55	27587.66

成都天翔环境股份有限公司

公司概况	公司名称	成都天翔环境股份有限公司			证券简称	天翔环境
	法人代表	邓亲华	董秘	王培勇	证券代码	300362
	公司网址	www.tbhic.cn		电子信箱	tbzz@tbhic.cn	
	电　话	028-83625802　83623182		传　真	028-83623182	
	办公地址	四川省成都市青白江区大同镇大同路 188 号				
	经营范围	大型节能环保及清洁能源设备的研发、生产和销售				

主要财务指标	指标\报告期	2017.06.30	2016.12.31	2016.06.30	2015.12.31
	基本每股收益(元)	0.0540	0.3035	0.1486	0.4614
	基本每股收益(扣除后)(元)	0.0511	0.2640	0.1171	-
	稀释每股收益(元)	0.0540	0.3033	0.1486	0.4614
	每股净资产(元)	4.0797	3.9922	11.9219	11.5725
	每股经营现金净流量(元)	0.1200	0.0812	-0.8986	-0.2711
	每股现金流量(元)	0.2529	-0.3297	-3.5803	10.1520
	每股资本公积金(元)	2.7741	2.7572	9.5682	12.4015
	每股盈余公积金(元)	0.0589	0.0589	0.1449	0.2041
	每股未分配利润(元)	0.6108	0.6166	1.1658	1.8351
	净资产收益率(%)	1.3295	7.2830	1.2219	2.9165
	加权净资产收益率(%)	1.3500	7.3700	1.2600	19.1500
	净资产收益率(扣除)(%)	1.2613	6.3453	0.9625	2.6931
	总资产(万元)	454616.02	423836.51	351240.65	384775.80
	归属母公司股东权益(万元)	177629.43	173821.24	172556.85	162522.35
	营业收入(万元)	42994.82	107386.86	31673.72	49379.04
	营业支出(万元)	25400.10	66047.02	20149.11	27552.95
	投资收益(万元)	49.94	95.97	296.89	294.29
	净利润(万元)	2454.35	13317.79	2261.31	5398.94
	营业利润(万元)	2944.81	15205.32	2502.26	6214.69
	利润总额(万元)	3127.85	16319.27	2918.90	6619.42

重庆博腾制药科技股份有限公司

公司概况	公司名称	重庆博腾制药科技股份有限公司			证券简称	博腾股份
	法人代表	居年丰	董秘	陶荣	证券代码	300363
	公司网址	www.porton.cn		电子信箱	porton.db@porton.cn	
	电　话	023-65936900		传　真	023-65936901	
	办公地址	重庆市北碚区水土园区方正大道重庆博腾制药科技股份有限公司新药外包服务基地研发中心				
	经营范围	医药定制研发生产服务				

主要财务指标	指标\报告期	2017.06.30	2016.12.31	2016.06.30	2015.12.31
	基本每股收益(元)	0.1400	0.4100	0.2200	0.2700
	基本每股收益(扣除后)(元)	0.1400	0.4100	0.2300	0.2600
	稀释每股收益(元)	0.1400	0.4000	0.2200	0.2700
	每股净资产(元)	3.1359	3.0200	2.8166	2.6549
	每股经营现金净流量(元)	0.6509	0.6712	0.2433	0.2664
	每股现金流量(元)	-0.3955	0.8287	0.3494	-0.4292
	每股资本公积金(元)	0.6149	0.6176	0.5978	0.5346
	每股盈余公积金(元)	0.1645	0.1644	0.1132	0.1141
	每股未分配利润(元)	1.4165	1.3358	1.2028	1.0323
	净资产收益率(%)	4.4733	13.3374	7.7589	9.8613
	加权净资产收益率(%)	4.5700	14.3000	8.0200	11.9500
	净资产收益率(扣除)(%)	4.3328	13.5315	8.0031	9.6286
	总资产(万元)	271303.17	287145.01	266072.12	237940.13
	归属母公司股东权益(万元)	133262.07	128352.68	119733.92	111947.04
	营业收入(万元)	59324.94	132663.40	61282.97	102120.92
	营业支出(万元)	36411.23	80043.80	36014.64	68871.54
	投资收益(万元)	-16.84	-57.53	-14.70	0.61
	净利润(万元)	5525.28	16244.66	9031.51	10563.45
	营业利润(万元)	7031.74	20759.45	11871.36	12907.40
	利润总额(万元)	7244.17	20533.03	11527.37	13175.64

中文在线数字出版集团股份有限公司

公司概况	公司名称	中文在线数字出版集团股份有限公司			证券简称	中文在线
	法人代表	童之磊	董秘	王京京	证券代码	300364
	公司网址	www.chineseall.com		电子信箱	ir@chineseall.com	
	电　　话	010-84195757		传　　真	010-84195550	
	办公地址	北京市东城区东总布胡同 58 号天润财富中心 B 座 13 层				
	经营范围	数字阅读产品、数字出版运营服务、数字内容增值服务				

	指标\报告期	2017.06.30	2016.12.31	2016.06.30	2015.12.31
主要财务指标	基本每股收益(元)	0.0761	0.1368	0.0326	0.2700
	基本每股收益(扣除后)(元)	0.0699	0.0272	0.0297	0.1500
	稀释每股收益(元)	0.0758	0.1364	0.0326	0.2700
	每股净资产(元)	9.0364	8.9114	2.5536	4.2651
	每股经营现金净流量(元)	0.0016	0.7021	0.1309	0.3009
	每股现金流量(元)	-1.4584	4.6392	0.0438	0.2818
	每股资本公积金(元)	7.4414	7.4101	0.6914	1.5736
	每股盈余公积金(元)	0.0881	0.0880	0.0886	0.1786
	每股未分配利润(元)	0.8155	0.7391	0.7735	1.5130
	净资产收益率(%)	0.8423	1.3810	1.2684	6.1067
	加权净资产收益率(%)	0.8500	2.5500	1.4500	6.5700
	净资产收益率(扣除)(%)	0.7739	0.2748	1.1576	3.3553
	总资产(万元)	282944.28	285265.60	99212.95	87899.68
	归属母公司股东权益(万元)	257145.22	253755.01	61731.31	51180.86
	营业收入(万元)	29717.05	60151.56	22717.49	39024.62
	营业支出(万元)	12575.49	31085.51	10754.08	20612.05
	投资收益(万元)	-785.58	-538.61	-11.09	581.54
	净利润(万元)	1975.74	3674.49	744.86	2936.66
	营业利润(万元)	2685.43	1851.55	1170.42	2133.62
	利润总额(万元)	2896.46	5337.60	1247.71	3540.92

北京恒华伟业科技股份有限公司

公司概况	公司名称	北京恒华伟业科技股份有限公司			证券简称	恒华科技
	法人代表	方文	董秘	陈显龙	证券代码	300365
	公司网址	www.ieforever.com		电子信箱	irm@ieforever.com	
	电　　话	010-62078588		传　　真	010-62032013	
	办公地址	北京市东城区安定门外大街 138 号皇城国际中心 A 座 12 层				
	经营范围	软件开发和技术服务				

	指标\报告期	2017.06.30	2016.12.31	2016.06.30	2015.12.31
主要财务指标	基本每股收益(元)	0.2706	0.7100	0.1700	0.4600
	基本每股收益(扣除后)(元)	0.2430	0.7000	0.1700	0.4000
	稀释每股收益(元)	0.2706	0.7100	0.1700	0.4600
	每股净资产(元)	3.7255	4.1500	3.7165	3.5822
	每股经营现金净流量(元)	-0.4508	0.0822	-0.3387	-0.0334
	每股现金流量(元)	-1.1098	0.3319	-0.0483	-0.2416
	每股资本公积金(元)	0.3944	1.0102	0.9871	0.9703
	每股盈余公积金(元)	0.2420	0.2420	0.1751	0.1753
	每股未分配利润(元)	2.2273	2.0317	1.5543	1.4366
	净资产收益率(%)	7.2629	17.1998	4.5504	12.8122
	加权净资产收益率(%)	6.3200	18.6900	4.6100	13.7500
	净资产收益率(扣除)(%)	6.5147	16.8811	4.5306	11.0961
	总资产(万元)	102052.91	100869.65	82097.02	72271.38
	归属母公司股东权益(万元)	65533.47	72924.54	65387.71	62960.79
	营业收入(万元)	29378.18	60330.27	18269.23	39178.59
	营业支出(万元)	17785.95	34581.45	10093.03	21843.31
	投资收益(万元)	-259.44	220.14	-	-
	净利润(万元)	4861.59	13432.69	3350.40	9108.49
	营业利润(万元)	4864.14	13523.35	3375.78	8989.80
	利润总额(万元)	5406.45	14588.17	3687.48	10571.52

四川创意信息技术股份有限公司

公司概况	公司名称	四川创意信息技术股份有限公司			证券简称	创意信息
	法人代表	陆文斌	董秘	王晓伟	证券代码	300366
	公司网址	www.sc-troy.com		电子信箱	zq@sc-troy.com	
	电　　话	028-87827800 87825555		传　　真	028-87825625	
	办公地址	四川省成都市高新西区西芯大道 28 号				
	经营范围	电信外包服务中的电信级数据网络系统解决方案及技术服务				

	指标\报告期	2017.06.30	2016.12.31	2016.06.30	2015.12.31
主要财务指标	基本每股收益(元)	0.1147	0.5149	0.0551	0.8373
	基本每股收益(扣除后)(元)	0.0970	0.4952	0.0420	0.8470
	稀释每股收益(元)	0.1147	0.5149	0.0551	0.8373
	每股净资产(元)	5.4119	10.6922	6.0037	8.9230
	每股经营现金净流量(元)	-0.1527	0.0168	-0.6963	-0.3280
	每股现金流量(元)	-1.2285	3.4636	-0.3609	-0.0582
	每股资本公积金(元)	3.6352	8.2684	3.7892	6.1838
	每股盈余公积金(元)	0.0783	0.1566	0.1730	0.2594
	每股未分配利润(元)	0.6987	1.2675	1.0416	1.4798
	净资产收益率(%)	2.1203	4.1592	0.9174	7.4245
	加权净资产收益率(%)	2.1300	7.5700	0.9200	21.1400
	净资产收益率(扣除)(%)	1.7920	4.0003	0.6989	7.5104
	总资产(万元)	371868.83	377997.31	175684.04	169253.05
	归属母公司股东权益(万元)	284435.21	281039.23	133297.27	132074.38
	营业收入(万元)	51769.46	111352.20	28177.03	62073.26
	营业支出(万元)	37586.68	80464.68	21081.11	43550.61
	投资收益(万元)	488.13	290.53	-25.29	196.00
	净利润(万元)	6051.47	12030.28	1270.83	9746.33
	营业利润(万元)	6366.13	12945.48	1318.98	10709.74
	利润总额(万元)	7019.28	13706.49	1661.70	10910.08

东方网力科技股份有限公司

公司概况	公司名称	东方网力科技股份有限公司			证券简称	东方网力
	法人代表	赵永军	董秘	张晨	证券代码	300367
	公司网址	www.netposa.com		电子信箱	irm@netposa.com	
	电　　话	010-82325566		传　　真	010-82328940	
	办公地址	北京市朝阳区阜通东大街 1 号望京 SOHO 塔二 C 座 26 层				
	经营范围	城市视频监控管理平台的研发、制造、销售及提供相关技术服务				

	指标\报告期	2017.06.30	2016.12.31	2016.06.30	2015.12.31
主要财务指标	基本每股收益(元)	0.1229	0.4186	0.0842	0.8391
	基本每股收益(扣除后)(元)	0.1091	0.3488	0.0845	0.8333
	稀释每股收益(元)	0.1221	0.4132	0.0837	0.8288
	每股净资产(元)	3.8556	4.0265	2.4931	6.0909
	每股经营现金净流量(元)	-0.2945	0.1000	-0.2928	0.4389
	每股现金流量(元)	-1.0707	0.9106	-0.5853	1.0079
	每股资本公积金(元)	1.8061	2.0691	0.8062	3.4685
	每股盈余公积金(元)	0.0998	0.0997	0.0706	0.1766
	每股未分配利润(元)	1.0365	0.9543	0.7165	1.7069
	净资产收益率(%)	3.1679	9.7174	3.3592	12.6561
	加权净资产收益率(%)	3.2000	15.0800	3.4000	25.6000
	净资产收益率(扣除)(%)	2.8152	8.0988	3.3695	12.5693
	总资产(万元)	575791.15	545660.54	369137.63	366814.53
	归属母公司股东权益(万元)	329823.74	344444.63	200923.55	196349.19
	营业收入(万元)	73911.78	148124.69	58624.60	101678.26
	营业支出(万元)	33221.38	61006.25	25745.73	44440.34
	投资收益(万元)	-1602.95	8627.51	-251.12	460.34
	净利润(万元)	10119.95	35321.33	6986.91	27009.42
	营业利润(万元)	11593.07	32457.72	4697.73	24840.64
	利润总额(万元)	11896.30	39917.90	8063.61	30269.63

河北汇金机电股份有限公司

公司概况	公司名称	河北汇金机电股份有限公司			证券简称	汇金股份
	法人代表	孙景涛	董秘	张云霞	证券代码	300368
	公司网址	www.hjjs.com		电子信箱	hbhuijin@hjjs.com	
	电　话	0311-66858368　66858108		传　真	0311-66858108	
	办公地址	河北省石家庄市高新技术产业开发区湘江道 209 号				
	经营范围	金融机具的研发、生产、销售及服务				

	指标\报告期	2017.06.30	2016.12.31	2016.06.30	2015.12.31
主要财务指标	基本每股收益(元)	–0.0285	0.0841	–0.0279	0.2142
	基本每股收益(扣除后)(元)	–0.0297	0.0733	–0.0303	0.2034
	稀释每股收益(元)	–0.0285	0.0841	–0.0279	0.2142
	每股净资产(元)	1.9263	1.9985	1.8550	3.7928
	每股经营现金净流量(元)	–0.2583	0.0795	–0.1980	0.3945
	每股现金流量(元)	–0.2887	0.0249	–0.2627	0.6697
	每股资本公积金(元)	0.5364	0.4439	0.4147	1.8294
	每股盈余公积金(元)	0.0586	0.0593	0.0538	0.1075
	每股未分配利润(元)	0.4329	0.4864	0.3800	0.8559
	净资产收益率(%)	–1.4618	4.2073	–1.5056	5.1730
	加权净资产收益率(%)	–1.4400	4.3500	–1.4800	9.3000
	净资产收益率(扣除)(%)	–1.5244	3.6665	–1.6343	4.9103
	总资产(万元)	165865.60	175209.37	146198.04	145389.32
	归属母公司股东权益(万元)	106008.76	108707.52	100904.74	103155.06
	营业收入(万元)	16594.84	67601.90	14931.51	50892.31
	营业支出(万元)	9273.79	35872.92	9306.57	27353.90
	投资收益(万元)	–164.90	71.09	268.95	–12.36
	净利润(万元)	–3279.10	7536.09	–2592.16	7693.52
	营业利润(万元)	–3184.27	7043.82	–2903.24	6786.13
	利润总额(万元)	–3087.03	8651.00	–2449.92	8286.42

北京神州绿盟信息安全科技股份有限公司

公司概况	公司名称	北京神州绿盟信息安全科技股份有限公司			证券简称	绿盟科技
	法人代表	沈继业	董秘	赵晓凡	证券代码	300369
	公司网址	www.nsfocus.com		电子信箱	ir@nsfocus.com	
	电　话	010-68438880		传　真	86-10-68728708	
	办公地址	北京市海淀区北洼路 4 号益泰大厦 5 层				
	经营范围	信息安全产品的研发、生产、销售及提供专业安全服务				

	指标\报告期	2017.06.30	2016.12.31	2016.06.30	2015.12.31
主要财务指标	基本每股收益(元)	–0.0595	0.6100	0.0078	0.5500
	基本每股收益(扣除后)(元)	–0.0676	0.5400	–0.0265	0.4600
	稀释每股收益(元)	–0.0595	0.6100	0.0078	0.5500
	每股净资产(元)	3.2878	5.1556	4.6787	4.6935
	每股经营现金净流量(元)	–0.1333	0.2515	–0.3218	0.3758
	每股现金流量(元)	–0.5743	0.3085	–0.5085	0.3056
	每股资本公积金(元)	1.6660	2.5801	2.1632	1.9421
	每股盈余公积金(元)	0.1150	0.2461	0.1951	0.1973
	每股未分配利润(元)	0.7964	1.9578	1.5716	1.5811
	净资产收益率(%)	–1.7709	11.4692	0.1664	11.4977
	加权净资产收益率(%)	–2.1500	12.4700	0.1700	13.4400
	净资产收益率(扣除)(%)	–2.0113	10.2931	–0.5658	9.7760
	总资产(万元)	330585.68	271122.72	212003.45	213287.19
	归属母公司股东权益(万元)	261992.94	191926.52	170339.26	169010.47
	营业收入(万元)	36189.86	109069.39	31518.21	87766.48
	营业支出(万元)	8087.48	24201.44	6860.27	19033.05
	投资收益(万元)	31.68	1804.26	1060.35	–82.87
	净利润(万元)	–4673.89	21997.06	242.96	19347.87
	营业利润(万元)	–5261.09	17848.54	–1226.36	11929.47
	利润总额(万元)	–4573.94	25869.88	1338.52	21515.14

北京安控科技股份有限公司

公司概况	公司名称	北京安控科技股份有限公司			证券简称	安控科技
	法人代表	俞凌	董秘	聂荣欣	证券代码	300370
	公司网址	www.etrol.com		电子信箱	zhuangweijia@etrol.com	
	电　话	010-62971668		传　真	010-62979746	
	办公地址	北京市海淀区地锦路 9 号院 6 号楼				
	经营范围	计算机应用软件开发及服务等				

	指标\报告期	2017.06.30	2016.12.31	2016.06.30	2015.12.31
主要财务指标	基本每股收益(元)	–0.0105	0.1569	–0.0206	0.3270
	基本每股收益(扣除后)(元)	–0.0146	0.1501	–0.0210	0.3181
	稀释每股收益(元)	–0.0105	0.1569	–0.0206	0.3270
	每股净资产(元)	1.3056	2.1236	1.4762	3.0435
	每股经营现金净流量(元)	–0.1965	–0.1193	–0.1145	–0.0060
	每股现金流量(元)	–0.1144	0.8440	–0.0554	–0.1142
	每股资本公积金(元)	0.1524	0.8326	0.1310	1.2519
	每股盈余公积金(元)	0.0331	0.0529	0.0536	0.1072
	每股未分配利润(元)	0.2320	0.4180	0.2913	0.6839
	净资产收益率(%)	–0.8078	6.7836	–1.3967	9.8319
	加权净资产收益率(%)	–0.8000	8.8400	–1.3700	16.1700
	净资产收益率(扣除)(%)	–1.1187	6.4901	–1.4241	9.5632
	总资产(万元)	298931.09	285351.38	169899.10	154210.93
	归属母公司股东权益(万元)	125167.19	127243.00	79093.92	81532.87
	营业收入(万元)	29369.01	93464.75	12577.35	54764.70
	营业支出(万元)	21251.01	60860.98	7013.99	32331.92
	投资收益(万元)	–251.74	–341.77	–253.10	511.61
	净利润(万元)	–975.77	10307.13	–1403.83	8137.05
	营业利润(万元)	–1295.49	11261.02	–1906.38	8779.81
	利润总额(万元)	–1227.99	12206.87	–1818.22	9384.65

汇中仪表股份有限公司

公司概况	公司名称	汇中仪表股份有限公司			证券简称	汇中股份
	法人代表	张力新	董秘	杨文博	证券代码	300371
	公司网址	www.hzyb.com		电子信箱	tshzdmb@hzyb.com	
	电　话	0315-3856690		传　真	0315-3190081	
	办公地址	河北省唐山市高新技术产业开发区高新西道 126 号				
	经营范围	超声热量表、超声水表、超声流量计等产品的开发、生产和销售				

	指标\报告期	2017.06.30	2016.12.31	2016.06.30	2015.12.31
主要财务指标	基本每股收益(元)	0.0916	0.4410	0.0691	0.5600
	基本每股收益(扣除后)(元)	0.0843	0.4242	0.0641	0.5500
	稀释每股收益(元)	0.0916	0.4410	0.0691	0.5600
	每股净资产(元)	4.5641	4.5624	4.1906	4.2914
	每股经营现金净流量(元)	–0.1749	0.4759	–0.1376	0.5058
	每股现金流量(元)	0.0268	–0.0183	–0.1234	–1.1617
	每股资本公积金(元)	1.5383	1.5383	1.5383	1.5383
	每股盈余公积金(元)	0.3173	0.3173	0.2732	0.2732
	每股未分配利润(元)	1.7085	1.7069	1.3791	1.4800
	净资产收益率(%)	2.0074	9.6660	1.6493	13.0411
	加权净资产收益率(%)	2.0000	10.0300	1.6200	13.8400
	净资产收益率(扣除)(%)	1.8460	9.2978	1.5296	12.8458
	总资产(万元)	58087.45	60250.61	54390.70	56154.38
	归属母公司股东权益(万元)	54768.75	54749.31	50286.63	51497.24
	营业收入(万元)	6863.24	21366.16	6216.17	21249.91
	营业支出(万元)	2720.80	9001.27	2406.03	8443.76
	投资收益(万元)	105.83	98.88	69.64	96.06
	净利润(万元)	1099.44	5292.06	829.38	6715.79
	营业利润(万元)	1194.88	4578.04	407.27	6400.15
	利润总额(万元)	1193.07	6208.23	900.76	7863.79

扬州扬杰电子科技股份有限公司

公司概况	公司名称	扬州扬杰电子科技股份有限公司			证券简称	扬杰科技
	法人代表	梁勤	董秘	梁瑶	证券代码	300373
	公司网址	www.21yangjie.com		电子信箱	zjb@21yangjie.com	
	电　话	0514-87755155		传　真	0514-87943666	
	办公地址	江苏省扬州市维扬经济开发区荷叶西路6号				
	经营范围	新型电子元器件及其它电子元器件的制造、加工、销售等				

主要财务指标	指标\报告期	2017.06.30	2016.12.31	2016.06.30	2015.12.31
	基本每股收益(元)	0.2900	0.4700	0.2400	0.3300
	基本每股收益(扣除后)(元)	0.2300	0.4400	0.2300	0.3000
	稀释每股收益(元)	0.2900	0.4700	0.2400	0.3300
	每股净资产(元)	4.4561	4.2800	2.2265	2.0143
	每股经营现金净流量(元)	0.0874	0.5365	0.1869	0.2013
	每股现金流量(元)	0.0508	0.0709	−0.0242	−0.0091
	每股资本公积金(元)	2.1104	2.0987	0.1360	0.0802
	每股盈余公积金(元)	0.1133	0.1133	0.0929	0.0935
	每股未分配利润(元)	1.3400	1.1735	1.1015	0.9352
	净资产收益率(%)	6.4281	9.9857	10.4209	16.3146
	加权净资产收益率(%)	6.4800	15.9900	11.0300	17.6800
	净资产收益率(扣除)(%)	5.0893	9.4305	10.0724	14.8077
	总资产(万元)	294081.37	248883.27	145270.28	133051.25
	归属母公司股东权益(万元)	210545.95	202110.91	93971.85	84466.04
	营业收入(万元)	68686.01	119016.28	54613.88	83389.34
	营业支出(万元)	44935.55	76937.70	35390.85	54507.08
	投资收益(万元)	2651.36	234.20	28.92	752.07
	净利润(万元)	13581.78	20227.81	9817.64	13850.71
	营业利润(万元)	15892.27	22530.65	11166.29	15669.11
	利润总额(万元)	16002.19	23706.09	11516.07	16407.18

北京恒通创新赛木科技股份有限公司

公司概况	公司名称	北京恒通创新赛木科技股份有限公司			证券简称	恒通科技
	法人代表	孙志强	董秘	谭黎明	证券代码	300374
	公司网址	www.htcxms.com		电子信箱	hengtongsaimu@sohu.com	
	电　话	010-57961616　57961617		传　真	010-57961616	
	办公地址	北京市房山区长阳万兴路86-5号				
	经营范围	技术开发、技术转让、技术咨询、技术服务、技术培训等				

主要财务指标	指标\报告期	2017.06.30	2016.12.31	2016.06.30	2015.12.31
	基本每股收益(元)	0.1400	0.2600	0.0300	0.2300
	基本每股收益(扣除后)(元)	0.1300	0.2300	0.0100	0.1700
	稀释每股收益(元)	0.1400	0.2600	0.0300	0.2300
	每股净资产(元)	4.2552	4.1390	3.9309	3.9158
	每股经营现金净流量(元)	−0.6778	0.1853	−0.4089	−0.3112
	每股现金流量(元)	−0.2067	−0.1895	−0.3368	0.1685
	每股资本公积金(元)	1.3143	1.3226	1.3314	1.3345
	每股盈余公积金(元)	0.0483	0.0483	0.0444	0.0444
	每股未分配利润(元)	1.8701	1.7552	1.5534	1.5261
	净资产收益率(%)	3.4064	6.2323	0.6933	5.7039
	加权净资产收益率(%)	3.4500	6.4000	0.6900	6.4700
	净资产收益率(扣除)(%)	3.0389	5.4703	0.1796	4.1103
	总资产(万元)	161622.55	130347.72	119022.95	114075.14
	归属母公司股东权益(万元)	82839.29	80577.77	76525.97	76233.55
	营业收入(万元)	51237.14	82967.64	8798.34	45066.02
	营业支出(万元)	42483.10	71897.03	5290.27	31219.28
	投资收益(万元)	——	——	–	–
	净利润(万元)	2877.19	5060.99	451.20	4313.57
	营业利润(万元)	3195.24	5722.73	21.82	4746.27
	利润总额(万元)	3628.69	6600.66	551.01	6112.73

天津鹏翎胶管股份有限公司

公司概况	公司名称	天津鹏翎胶管股份有限公司			证券简称	鹏翎股份
	法人代表	张洪起	董秘	刘世玲	证券代码	300375
	公司网址	www.pengling.cn		电子信箱	liushiling@pengling.cn	
	电　话	022-63267828		传　真	022-63267817	
	办公地址	天津市滨海新区大港葛万公路1703号				
	经营范围	汽车用流体管路的设计、研发、生产和销售				

主要财务指标	指标\报告期	2017.06.30	2016.12.31	2016.06.30	2015.12.31
	基本每股收益(元)	0.3500	0.8600	0.3400	0.6900
	基本每股收益(扣除后)(元)	0.3191	0.7600	0.3200	0.6600
	稀释每股收益(元)	0.3500	0.8600	0.3400	0.6900
	每股净资产(元)	6.9517	6.8305	6.2377	6.0705
	每股经营现金净流量(元)	−0.0369	0.6663	0.1258	0.6318
	每股现金流量(元)	−0.5416	0.1042	−0.2065	0.3099
	每股资本公积金(元)	1.9384	1.9263	1.9022	1.8765
	每股盈余公积金(元)	0.6194	0.6192	0.5444	0.5444
	每股未分配利润(元)	3.4690	3.3585	2.9198	2.7849
	净资产收益率(%)	5.0300	12.3967	5.3711	11.0529
	加权净资产收益率(%)	5.0500	13.2900	5.4100	12.5700
	净资产收益率(扣除)(%)	4.5444	10.9361	5.1442	10.5850
	总资产(万元)	156114.55	156706.36	142729.88	141953.91
	归属母公司股东权益(万元)	129151.59	126900.77	115918.13	112870.80
	营业收入(万元)	55969.99	108783.85	51230.79	98532.21
	营业支出(万元)	40878.28	75600.30	35932.27	69063.64
	投资收益(万元)	——	——	–	–
	净利润(万元)	6496.37	15731.50	6226.08	12475.45
	营业利润(万元)	6930.68	16119.73	7094.84	14060.50
	利润总额(万元)	7615.33	18075.94	7424.25	14711.38

易事特集团股份有限公司

公司概况	公司名称	易事特集团股份有限公司			证券简称	易事特
	法人代表	何思模	董秘	赵久红	证券代码	300376
	公司网址	www.eastups.com		电子信箱	zhaojh@eastups.com	
	电　话	0769-22897777-8223		传　真	86-769-87882853*8569	
	办公地址	广东省东莞市松山湖科技产业园区工业北路6号				
	经营范围	本公司主要从事UPS等功率电子装置的研发、生产、销售和服务				

主要财务指标	指标\报告期	2017.06.30	2016.12.31	2016.06.30	2015.12.31
	基本每股收益(元)	0.1400	0.9000	0.3100	1.1100
	基本每股收益(扣除后)(元)	0.1300	0.7100	0.2600	0.9700
	稀释每股收益(元)	0.1400	0.9000	0.3100	1.1100
	每股净资产(元)	1.7100	6.3615	2.8362	4.6193
	每股经营现金净流量(元)	−0.1435	0.9769	0.6196	0.8824
	每股现金流量(元)	−0.2353	1.4672	0.3133	−0.4206
	每股资本公积金(元)	0.0835	3.3163	0.1194	0.2404
	每股盈余公积金(元)	0.0579	0.2317	0.1699	0.3399
	每股未分配利润(元)	0.5686	1.8131	1.5467	3.7390
	净资产收益率(%)	8.0581	12.8726	10.8301	20.9469
	加权净资产收益率(%)	8.3300	20.3100	11.1800	23.1100
	净资产收益率(扣除)(%)	7.5406	10.1892	9.2016	18.2137
	总资产(万元)	1006534.41	916837.36	526472.50	443715.38
	归属母公司股东权益(万元)	393956.43	366393.45	142070.56	133233.84
	营业收入(万元)	345172.70	524536.38	229073.32	368238.51
	营业支出(万元)	285722.28	433997.33	195537.13	303985.23
	投资收益(万元)	163.84	9870.68	970.87	2504.33
	净利润(万元)	31852.23	47036.74	15490.03	27866.91
	营业利润(万元)	33883.65	50667.77	15785.32	28007.87
	利润总额(万元)	35874.63	54248.60	18135.98	31643.80

深圳市赢时胜信息技术股份有限公司

公司概况	公司名称	深圳市赢时胜信息技术股份有限公司			证券简称	赢时胜
	法人代表	唐球	董秘	程霞	证券代码	300377
	公司网址	www.ysstech.com		电子信箱	ysstech@ysstech.com	
	电　话	0755-23968617		传　真	0755-88265113	
	办公地址	广东省深圳市南山区侨香路 4068 号智慧广场 B 栋 1101 室				
	经营范围	计算机软件的技术开发、咨询、销售及售后服务等				

主要财务指标	指标\报告期	2017.06.30	2016.12.31	2016.06.30	2015.12.31
	基本每股收益(元)	0.0671	0.4239	0.0796	0.5300
	基本每股收益(扣除后)(元)	0.0667	0.3992	0.0761	0.5200
	稀释每股收益(元)	0.0671	0.4225	0.0796	0.5300
	每股净资产(元)	3.4159	8.6439	8.3520	4.1337
	每股经营现金净流量(元)	−0.3023	0.1783	−0.0139	0.5805
	每股现金流量(元)	−0.5106	2.9941	4.4683	−0.2945
	每股资本公积金(元)	2.1477	6.8597	6.7226	1.2441
	每股盈余公积金(元)	0.0496	0.1241	0.0844	0.2247
	每股未分配利润(元)	0.2830	0.8389	0.5450	1.6648
	净资产收益率(%)	1.9752	4.7146	0.8343	12.7661
	加权净资产收益率(%)	1.9300	6.0000	1.3900	13.2800
	净资产收益率(扣除)(%)	1.9649	4.4408	0.7982	12.6905
	总资产(万元)	270710.20	271451.85	250682.11	50754.81
	归属母公司股东权益(万元)	253643.64	256735.56	246160.36	45760.16
	营业收入(万元)	19561.59	35080.84	12798.66	25010.52
	营业支出(万元)	3605.83	6317.90	2700.52	4628.16
	投资收益(万元)	686.50	1318.94	−64.73	−
	净利润(万元)	5272.93	12180.26	2023.15	5783.45
	营业利润(万元)	5965.78	12125.90	2210.25	6268.41
	利润总额(万元)	6006.11	12894.44	2303.24	6371.42

鼎捷软件股份有限公司

公司概况	公司名称	鼎捷软件股份有限公司			证券简称	鼎捷软件
	法人代表	孙蔼彬	董秘	张苑逸	证券代码	300378
	公司网址	www.digiwin.com.cn		电子信箱	digiwin-zhengquan@ digiwin.biz	
	电　话	021-51791699		传　真	021-51791660	
	办公地址	上海市静安区江场路 1377 弄绿地中央广场 1 号楼 22 层				
	经营范围	制造业、流通业及微型企业的信息化建设与管理软件应用咨询、销售与服务				

主要财务指标	指标\报告期	2017.06.30	2016.12.31	2016.06.30	2015.12.31
	基本每股收益(元)	0.1300	0.1600	0.0800	0.0600
	基本每股收益(扣除后)(元)	0.0900	0.1300	0.0800	0.0100
	稀释每股收益(元)	0.1300	0.1600	0.0800	0.0600
	每股净资产(元)	4.5466	4.4343	4.3605	5.6188
	每股经营现金净流量(元)	0.1019	0.3885	−0.1912	0.6264
	每股现金流量(元)	0.0267	−0.7438	−0.3928	−1.2432
	每股资本公积金(元)	2.1450	2.2458	2.1174	3.0469
	每股盈余公积金(元)	0.1663	0.1648	0.1413	0.1837
	每股未分配利润(元)	1.2190	1.1809	1.1378	1.4775
	净资产收益率(%)	2.7922	3.5170	1.7918	1.0340
	加权净资产收益率(%)	2.8100	3.5000	1.8000	1.0300
	净资产收益率(扣除)(%)	2.1049	2.9972	1.8222	0.2193
	总资产(万元)	182827.97	178220.73	166105.88	155070.79
	归属母公司股东权益(万元)	118651.83	116810.54	113795.91	112794.22
	营业收入(万元)	57401.49	114001.28	52318.21	102011.66
	营业支出(万元)	9449.96	20029.35	8885.65	20116.61
	投资收益(万元)	358.15	598.39	114.69	265.21
	净利润(万元)	3298.12	4250.83	2094.24	1215.69
	营业利润(万元)	4003.75	3538.51	1893.64	−1882.84
	利润总额(万元)	4551.90	5942.66	2827.97	1807.58

北京东方通科技股份有限公司

公司概况	公司名称	北京东方通科技股份有限公司			证券简称	东方通
	法人代表	黄永军	董秘	徐少璞	证券代码	300379
	公司网址	www.tongtech.com		电子信箱	tongtech@tongtech.com	
	电　话	010-82652668		传　真	010-82652226	
	办公地址	北京市海淀区彩和坊路 10 号 1+1 大厦三层				
	经营范围	技术推广;软件服务;销售计算机、软件及辅助设备				

主要财务指标	指标\报告期	2017.06.30	2016.12.31	2016.06.30	2015.12.31
	基本每股收益(元)	0.0269	0.4396	0.0565	0.6135
	基本每股收益(扣除后)(元)	0.0248	0.8083	0.0972	0.5353
	稀释每股收益(元)	0.0268	0.8762	0.0563	0.6081
	每股净资产(元)	6.3600	12.8200	11.9800	7.3000
	每股经营现金净流量(元)	0.0253	1.0650	0.1320	0.5691
	每股现金流量(元)	−0.5812	3.4266	6.9836	−1.0019
	每股资本公积金(元)	4.2634	9.4800	11.1990	4.3282
	每股盈余公积金(元)	0.0950	0.1902	0.1279	0.1279
	每股未分配利润(元)	1.0015	2.1511	1.8308	1.8428
	净资产收益率(%)	0.4237	6.2762	0.7871	8.4053
	加权净资产收益率(%)	0.4300	8.5300	1.5400	8.7400
	净资产收益率(扣除)(%)	0.3891	5.7703	0.6770	7.3339
	总资产(万元)	187634.17	196423.29	231068.23	92288.89
	归属母公司股东权益(万元)	176192.88	177438.20	165411.17	84097.80
	营业收入(万元)	10055.57	32539.76	11054.22	23727.72
	营业支出(万元)	1984.30	7212.39	2108.19	3753.31
	投资收益(万元)	−0.51	19.72	21.51	3.24
	净利润(万元)	746.49	11136.36	1302.00	7068.64
	营业利润(万元)	718.14	8276.01	289.18	4828.88
	利润总额(万元)	714.36	12589.57	1777.59	8228.01

上海安硕信息技术股份有限公司

公司概况	公司名称	上海安硕信息技术股份有限公司			证券简称	安硕信息
	法人代表	高勇	董秘	王和忠	证券代码	300380
	公司网址	www.amarsoft.com		电子信箱	ir@amarsoft.com	
	电　话	021-55137223		传　真	021-65108010	
	办公地址	上海市杨浦区国泰路 11 号 2308 室				
	经营范围	计算机软件的开发、实施，以及提供相关技术咨询和服务				

主要财务指标	指标\报告期	2017.06.30	2016.12.31	2016.06.30	2015.12.31
	基本每股收益(元)	−0.0500	−0.1400	0.0500	0.1600
	基本每股收益(扣除后)(元)	−0.0590	−0.1400	0.0500	0.1200
	稀释每股收益(元)	−0.0500	−0.1400	0.0500	0.1600
	每股净资产(元)	2.7958	2.8461	3.0426	3.0879
	每股经营现金净流量(元)	−0.9073	−0.0699	−0.8266	0.1938
	每股现金流量(元)	−1.1734	−0.1359	−1.1212	0.0402
	每股资本公积金(元)	1.0415	1.0415	1.0415	1.0415
	每股盈余公积金(元)	0.1500	0.1500	0.1487	0.1487
	每股未分配利润(元)	0.6043	0.6545	0.8525	0.8977
	净资产收益率(%)	−1.7969	−4.9833	1.7995	5.0400
	加权净资产收益率(%)	−1.7800	−4.7800	1.7500	5.1000
	净资产收益率(扣除)(%)	−2.0943	−5.0051	1.8118	3.9048
	总资产(万元)	57093.63	60483.87	53566.15	53616.91
	归属母公司股东权益(万元)	38425.71	39116.19	41817.96	42439.85
	营业收入(万元)	20126.31	41005.51	16011.69	30325.19
	营业支出(万元)	12975.85	26939.53	9333.59	17491.65
	投资收益(万元)	−131.59	−135.92	−77.44	51.19
	净利润(万元)	−1188.56	−2201.87	564.41	2064.06
	营业利润(万元)	−1376.10	−2148.86	434.15	1557.58
	利润总额(万元)	−1211.36	−2143.59	612.23	2124.08

广东溢多利生物科技股份有限公司

公司概况

公司名称	广东溢多利生物科技股份有限公司			证券简称	溢多利
法人代表	陈少美	董秘	周德荣	证券代码	300381
公司网址	www.yiduoli.com	电子信箱	vtr@yiduoli.com		
电　话	0756-8676888*8829	传　真	0756-8680252		
办公地址	广东省珠海市南屏高科技工业区屏北一路8号				
经营范围	从事饲用酶制剂产品研发、生产和销售				

主要财务指标

指标\报告期	2017.06.30	2016.12.31	2016.06.30	2015.12.31
基本每股收益(元)	0.0513	0.2959	0.2685	0.7019
基本每股收益(扣除后)(元)	0.0531	0.2477	0.2275	0.6807
稀释每股收益(元)	0.0513	0.2959	0.2685	0.7019
每股净资产(元)	4.6614	4.6701	13.5111	10.7941
每股经营现金净流量(元)	0.2547	-0.1085	-0.7292	0.4511
每股现金流量(元)	-0.2134	0.1686	4.3186	0.4896
每股资本公积金(元)	2.5682	2.5682	10.9598	6.8939
每股盈余公积金(元)	0.0988	0.0988	0.3186	0.3186
每股未分配利润(元)	0.9944	1.0031	2.8506	2.5815
净资产收益率(%)	1.1005	5.9784	1.7637	5.5427
加权净资产收益率(%)	1.0900	7.0700	2.4400	9.6300
净资产收益率(扣除)(%)	1.1399	5.0061	1.4940	5.2382
总资产(万元)	340409.28	320981.62	334033.32	245226.24
归属母公司股东权益(万元)	189605.90	189959.89	183189.98	129591.87
营业收入(万元)	63617.54	151244.10	62189.86	70347.27
营业支出(万元)	39366.09	91761.08	39626.34	37555.30
投资收益(万元)	--	8.80	8.80	-
净利润(万元)	2683.90	14531.41	4164.42	8026.70
营业利润(万元)	3336.88	13596.07	4182.54	8833.03
利润总额(万元)	3249.50	15864.65	4810.19	9398.49

苏州斯莱克精密设备股份有限公司

公司概况

公司名称	苏州斯莱克精密设备股份有限公司			证券简称	斯莱克
法人代表	安旭	董秘	单金秀	证券代码	300382
公司网址	www.slac.com.cn	电子信箱	stock@slac.com.cn		
电　话	0512-66590361	传　真	0512-66248543		
办公地址	江苏省苏州市吴中区胥口镇孙武路1028号				
经营范围	研发,生产,加工精冲模,冲压系统和农产品,食品包装的新技术,新设备及相关零配件				

主要财务指标

指标\报告期	2017.06.30	2016.12.31	2016.06.30	2015.12.31
基本每股收益(元)	0.3600	0.9100	0.3700	0.8400
基本每股收益(扣除后)(元)	0.3200	0.8600	0.3500	0.7400
稀释每股收益(元)	0.3600	0.9100	0.3700	0.8400
每股净资产(元)	8.0458	8.2553	5.3497	5.4600
每股经营现金净流量(元)	-0.3919	0.1740	-0.0740	-0.1119
每股现金流量(元)	-0.0853	0.4856	-0.1342	-0.2184
每股资本公积金(元)	4.0758	4.0551	1.5001	1.4806
每股盈余公积金(元)	0.4650	0.4650	0.4070	0.4070
每股未分配利润(元)	3.0371	2.6752	2.3884	2.5226
净资产收益率(%)	4.5009	10.4995	6.8383	15.3036
加权净资产收益率(%)	4.2900	14.4700	6.2200	15.5600
净资产收益率(扣除)(%)	3.9451	9.9045	6.4526	13.5577
总资产(万元)	126000.35	122335.66	92384.76	83439.33
归属母公司股东权益(万元)	100714.00	103326.12	62656.48	63931.61
营业收入(万元)	17585.14	38845.43	16037.40	34833.16
营业支出(万元)	8614.41	19021.80	8159.95	18488.07
投资收益(万元)	241.20	--	-	592.60
净利润(万元)	4408.21	10450.32	4159.12	9708.26
营业利润(万元)	4750.88	11518.97	4572.62	10707.61
利润总额(万元)	5145.69	12335.79	4918.53	11465.68

北京光环新网科技股份有限公司

公司概况

公司名称	北京光环新网科技股份有限公司			证券简称	光环新网
法人代表	耿殿根	董秘	高宏	证券代码	300383
公司网址	www.sinnet.com.cn	电子信箱	i_r@sinnet.com.cn		
电　话	010-64183433	传　真	010-64181819		
办公地址	北京市东城区东中街9号东环广场A座2A				
经营范围	宽带接入服务、IDC及其增值服务以及其它互联网服务				

主要财务指标

指标\报告期	2017.06.30	2016.12.31	2016.06.30	2015.12.31
基本每股收益(元)	0.1400	0.5000	0.2100	0.2100
基本每股收益(扣除后)(元)	0.1400	0.4400	0.2200	0.1700
稀释每股收益(元)	0.1400	0.5000	0.2100	0.2100
每股净资产(元)	4.2819	8.3739	8.0744	1.3962
每股经营现金净流量(元)	0.0180	0.6631	0.1532	0.1831
每股现金流量(元)	-0.0497	0.1193	2.0028	-0.1110
每股资本公积金(元)	2.8208	6.6417	6.6226	0.0201
每股盈余公积金(元)	0.0356	0.0711	0.0597	0.0725
每股未分配利润(元)	0.4255	0.6611	0.3921	0.3036
净资产收益率(%)	3.3844	5.5345	2.2666	14.9056
加权净资产收益率(%)	3.4200	7.7700	8.0200	15.5100
净资产收益率(扣除)(%)	3.3173	4.8468	2.2772	12.4543
总资产(万元)	921228.92	891762.42	843206.57	157563.98
归属母公司股东权益(万元)	619308.34	605578.33	583921.41	76205.10
营业收入(万元)	180398.06	231762.66	83779.65	59153.04
营业支出(万元)	143821.93	167749.22	56787.16	39621.76
投资收益(万元)	2253.73	2047.91	51.50	50.68
净利润(万元)	20916.89	33121.34	13296.33	11417.86
营业利润(万元)	23137.88	34238.05	16683.46	10996.24
利润总额(万元)	23624.89	39121.25	16569.24	13162.33

北京三联虹普新合纤技术服务股份有限公司

公司概况

公司名称	北京三联虹普新合纤技术服务股份有限公司			证券简称	三联虹普
法人代表	刘迪	董秘	韩梅	证券代码	300384
公司网址	www.slhpcn.com	电子信箱	slhp@slhpcn.com		
电　话	010-64392238	传　真	010-64391702		
办公地址	北京市朝阳区广泽路2号院(西区)3号楼W-301、W-302、W-303				
经营范围	纺织化工设备的技术开发、技术转让;纺织化工工程设计、咨询、技术服务等				

主要财务指标

指标\报告期	2017.06.30	2016.12.31	2016.06.30	2015.12.31
基本每股收益(元)	0.3651	0.5472	0.3582	0.7706
基本每股收益(扣除后)(元)	0.3643	0.5045	0.3448	0.6781
稀释每股收益(元)	0.3651	0.5472	0.3582	0.7706
每股净资产(元)	9.3682	5.5069	5.3178	5.1000
每股经营现金净流量(元)	-0.3644	0.2583	0.1169	-0.6052
每股现金流量(元)	0.0483	-0.7421	-1.0687	0.6765
每股资本公积金(元)	5.8497	1.7629	1.7629	1.7629
每股盈余公积金(元)	0.3142	0.3523	0.2930	0.2930
每股未分配利润(元)	2.2043	2.3917	2.2619	2.1037
净资产收益率(%)	3.6161	9.9369	6.7354	14.9342
加权净资产收益率(%)	5.2100	10.0700	6.7100	15.6500
净资产收益率(扣除)(%)	3.6087	9.1616	6.4846	13.1426
总资产(万元)	196782.16	122736.51	115463.47	118744.14
归属母公司股东权益(万元)	156874.04	82246.30	79422.98	77060.58
营业收入(万元)	17487.03	24736.23	12817.56	37560.68
营业支出(万元)	8209.79	10485.83	4147.25	19966.54
投资收益(万元)	197.14	497.43	59.54	1417.05
净利润(万元)	5625.73	8177.24	5343.67	11508.38
营业利润(万元)	6641.44	9254.96	6088.87	13065.67
利润总额(万元)	6624.08	9434.50	6241.28	13357.24

无锡雪浪环境科技股份有限公司

公司概况	公司名称	无锡雪浪环境科技股份有限公司			证券简称	雪浪环境
	法人代表	杨建平	董秘	汪崇标	证券代码	300385
	公司网址	www.cecm.com.cn		电子信箱	zqsw@cecm.com.cn	
	电　话	0510-85183412		传　真	0510-85183412	
	办公地址	江苏省无锡市滨湖区蠡湖大道2020号				
	经营范围	烟气净化与灰渣处理系统设备的研发、生产、系统集成、销售及服务等				

	指标\报告期	2017.06.30	2016.12.31	2016.06.30	2015.12.31
主要财务指标	基本每股收益(元)	0.3025	0.7392	0.2733	0.4713
	基本每股收益(扣除后)(元)	0.2925	0.4891	0.2562	0.4465
	稀释每股收益(元)	0.3025	0.7392	0.2733	0.4713
	每股净资产(元)	6.6373	6.4599	5.9972	5.8223
	每股经营现金净流量(元)	–0.5014	–0.1524	–0.9089	0.3019
	每股现金流量(元)	–0.2672	–0.0163	–0.3029	–0.3611
	每股资本公积金(元)	2.6411	2.6411	2.6411	2.6411
	每股盈余公积金(元)	0.3274	0.3274	0.2580	0.2580
	每股未分配利润(元)	2.6689	2.4914	2.0949	1.9216
	净资产收益率(%)	4.5571	11.4434	4.5572	8.0953
	加权净资产收益率(%)	4.6200	12.0500	4.6000	8.3800
	净资产收益率(扣除)(%)	4.4066	7.5720	4.2713	7.6681
	总资产(万元)	175529.44	161806.60	152602.31	140634.07
	归属母公司股东权益(万元)	79647.88	77518.24	71966.44	69867.15
	营业收入(万元)	37065.60	69632.31	30595.84	57953.94
	营业支出(万元)	25860.41	46712.51	19775.15	38281.65
	投资收益(万元)	---	2919.24	–	0.22
	净利润(万元)	4287.29	10352.27	3948.12	7037.12
	营业利润(万元)	5457.89	12437.71	4847.11	7989.69
	利润总额(万元)	5455.41	13348.18	5103.26	8409.22

飞天诚信科技股份有限公司

公司概况	公司名称	飞天诚信科技股份有限公司			证券简称	飞天诚信
	法人代表	黄煜	董秘	吴彼	证券代码	300386
	公司网址	www.ftsafe.com.cn		电子信箱	wubi@ftsafe.com	
	电　话	010-62304466-1709		传　真	010-62304477	
	办公地址	北京市海淀区学清路9号汇智大厦B楼17层				
	经营范围	以身份认证为核心的信息安全产品的研发、生产、销售和服务				

	指标\报告期	2017.06.30	2016.12.31	2016.06.30	2015.12.31
主要财务指标	基本每股收益(元)	0.0600	0.2900	0.0700	0.8800
	基本每股收益(扣除后)(元)	0.0300	0.2600	0.0500	0.7300
	稀释每股收益(元)	0.0600	0.2900	0.0700	0.8800
	每股净资产(元)	3.7183	3.7571	3.5399	7.1810
	每股经营现金净流量(元)	–0.4608	0.2364	–0.3071	0.5048
	每股现金流量(元)	–1.1804	0.6722	1.2134	–2.1080
	每股资本公积金(元)	0.8699	0.8699	0.8699	2.7398
	每股盈余公积金(元)	0.2181	0.2181	0.1844	0.3689
	每股未分配利润(元)	1.6305	1.6691	1.4857	3.0735
	净资产收益率(%)	1.6522	7.6142	1.9484	12.2308
	加权净资产收益率(%)	1.6300	7.8100	1.9100	12.6500
	净资产收益率(扣除)(%)	0.7536	6.9362	1.4427	10.1261
	总资产(万元)	186166.23	181290.13	168730.02	175407.06
	归属母公司股东权益(万元)	155439.49	157062.04	147981.90	150099.01
	营业收入(万元)	40596.34	88943.19	34566.33	91159.61
	营业支出(万元)	24313.51	52724.82	19776.45	54788.16
	投资收益(万元)	1347.50	942.51	864.73	3052.07
	净利润(万元)	2328.91	11399.55	2677.68	18139.10
	营业利润(万元)	2620.02	9702.53	1817.34	14464.43
	利润总额(万元)	3068.49	13388.20	3476.19	19680.81

湖北富邦科技股份有限公司

公司概况	公司名称	湖北富邦科技股份有限公司			证券简称	富邦股份
	法人代表	王仁宗	董秘	万刚	证券代码	300387
	公司网址	www.forbon.com		电子信箱	hbforbon@forbon.com	
	电　话	0712-3257290		传　真	0712-3257290	
	办公地址	湖北省应城市经济技术开发区				
	经营范围	化肥助剂的研发、生产、销售和服务				

	指标\报告期	2017.06.30	2016.12.31	2016.06.30	2015.12.31
主要财务指标	基本每股收益(元)	0.3500	0.6900	0.4200	0.5200
	基本每股收益(扣除后)(元)	0.3500	0.6900	0.3600	0.5800
	稀释每股收益(元)	0.3500	0.6900	0.4200	0.5200
	每股净资产(元)	5.9741	5.7300	4.6479	4.9748
	每股经营现金净流量(元)	0.2560	0.7555	0.5338	0.6424
	每股现金流量(元)	0.4973	0.0013	0.0243	0.5546
	每股资本公积金(元)	2.0788	2.0695	1.4380	2.0074
	每股盈余公积金(元)	0.2572	0.2572	0.2263	0.2263
	每股未分配利润(元)	2.7881	2.5740	2.2543	2.0146
	净资产收益率(%)	5.8779	11.9108	7.5235	10.2515
	加权净资产收益率(%)	5.9400	12.6000	8.0300	10.7000
	净资产收益率(扣除)(%)	5.8836	11.7987	7.5127	11.3941
	总资产(万元)	141335.19	119971.76	88422.10	86322.10
	归属母公司股东权益(万元)	74659.13	71626.50	57950.02	62026.20
	营业收入(万元)	25207.31	49691.98	26640.89	39234.72
	营业支出(万元)	14575.30	27449.19	14348.56	22459.88
	投资收益(万元)	–3.81	–33.62	–21.84	–0.72
	净利润(万元)	4283.09	8373.70	5132.57	6605.23
	营业利润(万元)	5159.33	9319.63	5979.00	7661.61
	利润总额(万元)	5154.33	9415.24	5986.31	7690.79

安徽国祯环保节能科技股份有限公司

公司概况	公司名称	安徽国祯环保节能科技股份有限公司			证券简称	国祯环保
	法人代表	王颖哲	董秘	李燕来	证券代码	300388
	公司网址	www.gzep.com.cn		电子信箱	gzhb@gzep.com.cn	
	电　话	0551-65324976		传　真	0551-65324976	
	办公地址	安徽省合肥市高新技术产业开发区科学大道91号				
	经营范围	项目投资及投资管理、资产管理、企业管理、建设工程项目管理等				

	指标\报告期	2017.06.30	2016.12.31	2016.06.30	2015.12.31
主要财务指标	基本每股收益(元)	0.1987	0.4100	0.1500	0.2600
	基本每股收益(扣除后)(元)	0.1851	0.4000	0.1500	0.2400
	稀释每股收益(元)	0.2023	0.4000	0.1500	0.2600
	每股净资产(元)	5.1356	4.9433	4.4750	2.9256
	每股经营现金净流量(元)	–1.2012	–1.7045	–1.7901	–1.1363
	每股现金流量(元)	–0.0166	0.9023	0.6281	0.4001
	每股资本公积金(元)	2.5965	2.5073	2.4406	0.9610
	每股盈余公积金(元)	0.1205	0.1205	0.1077	0.1175
	每股未分配利润(元)	1.9080	1.8093	1.5489	1.5884
	净资产收益率(%)	3.8621	8.5901	3.2091	9.0546
	加权净资产收益率(%)	3.8000	10.6500	4.3200	9.4500
	净资产收益率(扣除)(%)	3.6090	8.3230	3.0857	8.0755
	总资产(万元)	639694.97	541681.68	485961.58	397568.81
	归属母公司股东权益(万元)	156979.39	151125.89	136106.00	82795.48
	营业收入(万元)	89283.26	146269.35	57075.73	104629.77
	营业支出(万元)	64090.95	98163.77	37705.13	74407.88
	投资收益(万元)	199.41	726.33	208.90	202.65
	净利润(万元)	6546.63	14700.98	4465.48	8145.68
	营业利润(万元)	7316.09	13070.91	3781.45	7572.85
	利润总额(万元)	7858.32	17766.15	5853.85	10483.83

深圳市艾比森光电股份有限公司

公司概况	公司名称	深圳市艾比森光电股份有限公司			证券简称	艾比森
	法人代表	丁彦辉	董秘	张文磊	证券代码	300389
	公司网址	www.absen.cn		电子信箱	dm@absen.com	
	电　话	0755-28794126		传　真	0755-28792955	
	办公地址	广东省深圳市龙岗区坂田街道雪岗路2018号天安云谷产业园一期3栋A座20层				
	经营范围	LED应用产品的研发、生产、销售和服务，主要产品为LED全彩显示屏				

主要财务指标	指标\报告期	2017.06.30	2016.12.31	2016.06.30	2015.12.31
	基本每股收益(元)	0.1088	0.4765	0.1913	0.7983
	基本每股收益(扣除后)(元)	0.0841	0.4528	0.1878	0.7444
	稀释每股收益(元)	0.1088	0.4765	0.1913	0.7983
	每股净资产(元)	3.0605	3.0518	2.7725	5.3437
	每股经营现金净流量(元)	0.0499	0.2220	-0.1369	-0.1481
	每股现金流量(元)	0.1777	0.0985	-0.4222	0.7888
	每股资本公积金(元)	0.2198	0.2188	0.2278	1.4479
	每股盈余公积金(元)	0.2226	0.2216	0.1835	0.3658
	每股未分配利润(元)	1.6172	1.6106	1.3656	2.5395
	净资产收益率(%)	3.5550	15.5344	6.8605	14.6583
	加权净资产收益率(%)	3.4900	16.5600	6.8500	15.0700
	净资产收益率(扣除)(%)	2.7457	14.7621	6.7347	13.6696
	总资产(万元)	172610.44	164760.57	138220.84	131713.60
	归属母公司股东权益(万元)	97240.49	97430.83	88571.12	85640.93
	营业收入(万元)	51189.85	116599.84	50867.42	101353.86
	营业支出(万元)	32655.91	76088.97	33596.05	67989.78
	投资收益(万元)	48.26	165.98	38.98	738.72
	净利润(万元)	3356.75	15344.20	6131.59	12745.32
	营业利润(万元)	2865.62	17246.72	7494.25	14374.55
	利润总额(万元)	3462.02	17898.52	7587.92	14658.94

苏州天华超净科技股份有限公司

公司概况	公司名称	苏州天华超净科技股份有限公司			证券简称	天华超净
	法人代表	裴振华	董秘	陆建平	证券代码	300390
	公司网址	www.canmax.com.cn		电子信箱	thcj@ canmax.com.cn	
	电　话	0512-62852336		传　真	0512-62852120	
	办公地址	江苏省苏州市工业园区双马街99号				
	经营范围	防静电制品、无尘制品、医用防护制品的研发与制造及相关技术咨询等				

主要财务指标	指标\报告期	2017.06.30	2016.12.31	2016.06.30	2015.12.31
	基本每股收益(元)	0.0400	0.0500	0.0300	0.4000
	基本每股收益(扣除后)(元)	0.0300	0.0400	0.0300	0.3900
	稀释每股收益(元)	0.0400	0.0500	0.0300	0.4000
	每股净资产(元)	2.3616	2.3206	2.3055	2.8924
	每股经营现金净流量(元)	0.0347	0.0637	0.0177	0.3928
	每股现金流量(元)	-0.0512	-0.1159	-0.2143	0.1651
	每股资本公积金(元)	0.8156	0.8107	0.8097	3.5242
	每股盈余公积金(元)	0.0562	0.0562	0.0562	0.1405
	每股未分配利润(元)	0.4895	0.4535	0.4395	1.2172
	净资产收益率(%)	1.5237	2.0096	1.4159	5.8064
	加权净资产收益率(%)	1.5300	2.0100	1.3900	12.3500
	净资产收益率(扣除)(%)	1.3569	1.7693	1.3356	5.6033
	总资产(万元)	101723.43	101486.32	92277.92	97036.56
	归属母公司股东权益(万元)	81367.72	79957.31	79436.80	81067.95
	营业收入(万元)	33788.38	59098.87	25163.70	46012.98
	营业支出(万元)	26969.87	45750.26	19016.24	34011.68
	投资收益(万元)	0.50	-160.64	-79.24	-1.86
	净利润(万元)	1386.99	1759.57	1230.93	4849.77
	营业利润(万元)	1742.31	2094.76	1597.07	5567.83
	利润总额(万元)	1733.59	2302.25	1650.90	5780.27

康跃科技股份有限公司

公司概况	公司名称	康跃科技股份有限公司			证券简称	康跃科技
	法人代表	郭晓伟	董秘	杨月晓	证券代码	300391
	公司网址	www.chinakangyue.com		电子信箱	kysecu@chinakangyue.com	
	电　话	0536-5788238		传　真	0536-5788238	
	办公地址	山东省潍坊市寿光市开发区(原北洛镇政府驻地)				
	经营范围	内燃机增压器的研发、制造和销售等				

主要财务指标	指标\报告期	2017.06.30	2016.12.31	2016.06.30	2015.12.31
	基本每股收益(元)	0.1853	0.0300	0.0136	0.0300
	基本每股收益(扣除后)(元)	0.1705	-0.0200	-0.0271	-0.0200
	稀释每股收益(元)	0.1853	0.0300	0.0136	0.0300
	每股净资产(元)	4.5674	2.1716	2.1599	2.1864
	每股经营现金净流量(元)	0.0644	-0.1080	-0.1825	0.2459
	每股现金流量(元)	-0.0849	-0.2279	-0.3793	0.2496
	每股资本公积金(元)	2.7724	0.4089	0.4089	0.4089
	每股盈余公积金(元)	0.0843	0.1003	0.0972	0.0972
	每股未分配利润(元)	0.6977	0.6624	0.6539	0.6602
	净资产收益率(%)	3.6259	1.1662	0.6315	1.3925
	加权净资产收益率(%)	5.9800	1.1700	0.6300	1.3900
	净资产收益率(扣除)(%)	3.3368	-0.9397	-1.2548	-0.6974
	总资产(万元)	180682.34	74810.95	70781.18	69464.11
	归属母公司股东权益(万元)	90527.94	36195.53	36000.75	36106.77
	营业收入(万元)	28733.44	23486.60	11317.61	19125.06
	营业支出(万元)	19922.15	15840.62	7788.75	12718.69
	投资收益(万元)	--	--	-	-
	净利润(万元)	3195.89	230.01	153.95	395.42
	营业利润(万元)	3531.53	-1654.84	-1014.35	-1137.28
	利润总额(万元)	3537.25	-71.46	61.45	78.33

北京腾信创新网络营销技术股份有限公司

公司概况	公司名称	北京腾信创新网络营销技术股份有限公司			证券简称	腾信股份
	法人代表	史实	董秘	梁芳	证券代码	300392
	公司网址	www.tensynchina.com		电子信箱	board@tensynchina.com	
	电　话	010-52937866		传　真	010-52937865	
	办公地址	北京市朝阳区光华路15#院2#楼铜牛国际大厦六层601室				
	经营范围	技术开发;技术转让;技术咨询;技术推广;计算机网络技术培训等				

主要财务指标	指标\报告期	2017.06.30	2016.12.31	2016.06.30	2015.12.31
	基本每股收益(元)	0.0154	-0.6900	0.0700	0.3800
	基本每股收益(扣除后)(元)	0.0134	-0.7000	0.0600	0.3800
	稀释每股收益(元)	0.0154	-0.6900	0.0700	0.3800
	每股净资产(元)	1.6072	1.5918	2.4089	2.3400
	每股经营现金净流量(元)	-0.0095	-0.0144	0.0662	-0.3616
	每股现金流量(元)	0.1277	-0.3563	-0.0792	-0.7702
	每股资本公积金(元)	0.2130	0.2130	0.2130	0.2130
	每股盈余公积金(元)	0.1207	0.1207	0.1207	0.1207
	每股未分配利润(元)	0.2735	0.2581	1.0752	1.0084
	净资产收益率(%)	0.9573	-43.4890	2.7754	16.3664
	加权净资产收益率(%)	0.9600	-41.9600	2.8100	17.7300
	净资产收益率(扣除)(%)	0.8355	-44.0542	2.4816	16.2288
	总资产(万元)	144206.62	143628.28	150325.78	146660.51
	归属母公司股东权益(万元)	61715.83	61125.00	92502.22	89934.88
	营业收入(万元)	76394.27	134915.96	69795.76	145238.61
	营业支出(万元)	68838.21	133001.59	61512.06	119980.36
	投资收益(万元)	-74.48	226.60	33.04	0.28
	净利润(万元)	601.85	-26630.65	2552.23	14653.06
	营业利润(万元)	604.35	-31153.43	2689.23	16651.30
	利润总额(万元)	692.78	-30746.93	3009.01	16796.89

苏州中来光伏新材股份有限公司

公司概况	公司名称	苏州中来光伏新材股份有限公司		证券简称	中来股份
	法人代表	林建伟	董秘 张超	证券代码	300393
	公司网址	www.jolywood.cn		电子信箱	stock@jolywood.cn
	电　话	0512-52933702		传　真	0512-52334544
	办公地址	江苏省常熟市沙家浜镇常昆工业园区青年路			
	经营范围	太阳能电池背膜的研发、生产与销售			

主要财务指标　指标\报告期	2017.06.30	2016.12.31	2016.06.30	2015.12.31
基本每股收益(元)	0.8400	0.9200	0.4500	0.9000
基本每股收益(扣除后)(元)	0.7100	0.9400	0.4500	0.8800
稀释每股收益(元)	0.8400	0.9200	0.4500	0.9000
每股净资产(元)	6.1026	5.2896	4.9091	6.9819
每股经营现金净流量(元)	-1.9116	-0.8372	0.2992	0.8616
每股现金流量(元)	-0.6794	0.8767	-0.8460	0.6118
每股资本公积金(元)	2.1846	2.2152	1.8675	2.8092
每股盈余公积金(元)	0.3761	0.3761	0.2534	0.3802
每股未分配利润(元)	2.9203	2.0786	1.7812	2.7927
净资产收益率(%)	13.7927	17.0816	9.2213	12.9083
加权净资产收益率(%)	14.7800	18.5100	9.3400	13.7800
净资产收益率(扣除)(%)	11.6357	17.4484	9.1283	12.5766
总资产(万元)	423387.88	346964.59	191138.72	159816.54
归属母公司股东权益(万元)	111552.97	96691.24	87988.17	83426.94
营业收入(万元)	157145.48	138770.96	60721.88	73403.52
营业支出(万元)	121934.86	95955.81	41641.09	49701.62
投资收益(万元)	2841.31	-483.49	-295.22	-1226.34
净利润(万元)	15734.67	16509.80	8061.13	10770.44
营业利润(万元)	17914.56	21403.75	9715.63	12856.06
利润总额(万元)	19498.17	20957.78	9806.53	13179.31

苏州天孚光通信股份有限公司

公司概况	公司名称	苏州天孚光通信股份有限公司		证券简称	天孚通信
	法人代表	邹支农	董秘 陈凯荣	证券代码	300394
	公司网址	www.tfcsz.com		电子信箱	zhengquan@tfcsz.com
	电　话	0512-66905892		传　真	0512-66256801
	办公地址	江苏省苏州市高新区银珠路 17 号			
	经营范围	陶瓷套管、光纤适配器和光收发接口组件			

主要财务指标　指标\报告期	2017.06.30	2016.12.31	2016.06.30	2015.12.31
基本每股收益(元)	0.3281	0.6542	0.3238	1.4400
基本每股收益(扣除后)(元)	0.3096	0.6115	0.2989	1.3500
稀释每股收益(元)	0.3281	0.6542	0.3238	1.4400
每股净资产(元)	4.0817	4.0737	3.7445	9.1087
每股经营现金净流量(元)	0.2938	0.8261	0.3412	1.3900
每股现金流量(元)	0.4141	0.4430	0.2899	0.8673
每股资本公积金(元)	1.1914	1.1914	1.1914	4.4784
每股盈余公积金(元)	0.2396	0.2396	0.1812	0.4529
每股未分配利润(元)	1.6508	1.6427	1.3720	3.1774
净资产收益率(%)	8.0380	16.0586	8.6483	15.2502
加权净资产收益率(%)	7.8400	17.0400	8.5900	17.4000
净资产收益率(扣除)(%)	7.5840	15.0112	7.9831	14.3460
总资产(万元)	82371.72	81599.90	73895.79	70742.44
归属母公司股东权益(万元)	75859.27	75708.94	69592.02	67714.20
营业收入(万元)	17138.04	31004.71	14402.64	23703.09
营业支出(万元)	6840.93	11861.12	5238.21	8750.70
投资收益(万元)	104.27	674.34	435.16	404.03
净利润(万元)	6029.06	12157.77	6018.55	10326.56
营业利润(万元)	7030.61	14009.87	6976.29	11802.82
利润总额(万元)	7151.29	14233.71	7080.64	12119.13

湖北菲利华石英玻璃股份有限公司

公司概况	公司名称	湖北菲利华石英玻璃股份有限公司		证券简称	菲利华
	法人代表	吴学民	董秘 郑巍	证券代码	300395
	公司网址	www.feilihua.com		电子信箱	zqb@feilihua.com
	电　话	0716-8304687		传　真	0716-8304640
	办公地址	湖北省荆州市东方大道 68 号			
	经营范围	生产、销售石英玻璃材料及制品			

主要财务指标　指标\报告期	2017.06.30	2016.12.31	2016.06.30	2015.12.31
基本每股收益(元)	0.1815	0.3685	0.1500	0.6515
基本每股收益(扣除后)(元)	0.1672	0.5190	0.2191	0.6693
稀释每股收益(元)	0.1714	0.5516	0.1495	0.6499
每股净资产(元)	2.7883	4.1458	3.7227	5.1856
每股经营现金净流量(元)	0.1652	0.5331	0.2625	0.6997
每股现金流量(元)	-0.3619	-0.2729	-0.1009	-0.1013
每股资本公积金(元)	0.3756	1.0577	1.0145	1.9774
每股盈余公积金(元)	0.1827	0.2741	0.2281	0.3421
每股未分配利润(元)	1.2851	1.9076	1.6293	2.3608
净资产收益率(%)	6.4514	13.2409	5.9559	11.6982
加权净资产收益率(%)	6.2800	14.2300	5.9300	12.3800
净资产收益率(扣除)(%)	6.0924	12.4381	5.7968	12.0177
总资产(万元)	101347.17	103522.74	95525.61	86729.34
归属母公司股东权益(万元)	82302.94	81589.03	73261.93	71958.00
营业收入(万元)	23763.18	44081.32	19579.87	34027.71
营业支出(万元)	12114.82	22881.03	10408.74	16684.85
投资收益(万元)	1.10	-136.60	--	-
净利润(万元)	5322.69	10810.65	4363.37	8417.80
营业利润(万元)	6399.50	11930.64	5163.17	10126.74
利润总额(万元)	6791.12	12986.13	5301.49	9859.30

迪瑞医疗科技股份有限公司

公司概况	公司名称	迪瑞医疗科技股份有限公司		证券简称	迪瑞医疗
	法人代表	宋勇	董秘 李洪谕	证券代码	300396
	公司网址	www.dirui.com.cn		电子信箱	zqb@dirui.com.cn
	电　话	0431-81931002		传　真	0431-81931002
	办公地址	吉林省长春市高新开发区宜居路 3333 号			
	经营范围	医疗检验仪器及配套试纸试剂的研发、生产与销售			

主要财务指标　指标\报告期	2017.06.30	2016.12.31	2016.06.30	2015.12.31
基本每股收益(元)	0.5900	0.8160	0.4100	0.7100
基本每股收益(扣除后)(元)	0.5100	0.7200	0.3800	0.6500
稀释每股收益(元)	0.5900	0.8200	0.4100	0.7100
每股净资产(元)	7.5343	7.1236	6.7115	6.1114
每股经营现金净流量(元)	0.8502	1.3938	0.7312	0.9911
每股现金流量(元)	-0.2757	0.5423	-0.0779	-2.4506
每股资本公积金(元)	2.6733	2.6733	2.6733	2.6733
每股盈余公积金(元)	0.3336	0.3336	0.2666	0.2666
每股未分配利润(元)	3.5077	3.1134	2.7716	2.5644
净资产收益率(%)	7.8879	11.4551	6.0676	10.8557
加权净资产收益率(%)	8.0400	12.0100	6.1000	11.3600
净资产收益率(扣除)(%)	6.7174	10.1453	5.6243	10.0392
总资产(万元)	183234.05	185835.33	183024.41	176694.09
归属母公司股东权益(万元)	115538.20	109240.13	102920.86	99743.04
营业收入(万元)	39630.92	75869.42	33538.11	56732.60
营业支出(万元)	14425.72	28370.86	12716.15	23373.18
投资收益(万元)	1151.02	278.47	123.83	198.40
净利润(万元)	11069.15	15752.04	7793.42	11994.80
营业利润(万元)	12247.53	15391.75	7857.48	11394.43
利润总额(万元)	12805.10	18111.12	8986.81	13689.32

西安天和防务技术股份有限公司

公司概况	公司名称	西安天和防务技术股份有限公司			证券简称	天和防务
	法人代表	贺增林	董秘	贺增林(代)	证券代码	300397
	公司网址	www.thtw.com.cn		电子信箱	thdsh126@126.com	
	电　话	029-88454533		传　真	029-88452228	
	办公地址	陕西省西安市高新区科技五路9号				
	经营范围	以连续波雷达技术和光电探测技术为核心的侦察、指挥、控制系统的研发、生产、销售等				

主要财务指标	指标\报告期	2017.06.30	2016.12.31	2016.06.30	2015.12.31
	基本每股收益(元)	0.0849	−0.2900	−0.0904	−0.4600
	基本每股收益(扣除后)(元)	0.0106	−0.3800	−0.1186	−0.6000
	稀释每股收益(元)	0.0849	−0.2900	−0.0904	−0.4600
	每股净资产(元)	4.8923	4.8100	5.0116	10.2045
	每股经营现金净流量(元)	0.1003	−0.1379	−0.1685	−0.6241
	每股现金流量(元)	−0.4309	−0.0557	−0.1037	−3.3597
	每股资本公积金(元)	2.1976	2.1976	2.1976	5.3952
	每股盈余公积金(元)	0.1020	0.1020	0.1020	0.2040
	每股未分配利润(元)	1.5916	1.5067	1.7109	3.6026
	净资产收益率(%)	1.7346	−6.1272	−1.8043	−4.5182
	加权净资产收益率(%)	1.7500	−5.9400	−1.7900	−4.4000
	净资产收益率(扣除)(%)	0.2159	−7.8905	−2.3672	−5.8383
	总资产(万元)	154850.59	164108.35	168181.71	162074.73
	归属母公司股东权益(万元)	117414.61	115380.97	120277.53	122454.50
	营业收入(万元)	18134.31	21806.77	7826.16	7787.38
	营业支出(万元)	10483.20	14406.01	5234.82	5511.71
	投资收益(万元)	2355.88	7823.33	590.19	785.47
	净利润(万元)	2327.58	−6355.02	−1947.05	−5296.03
	营业利润(万元)	3193.27	−8601.74	−2533.22	−7570.73
	利润总额(万元)	3220.88	−6550.44	−2202.49	−6251.26

上海飞凯光电材料股份有限公司

公司概况	公司名称	上海飞凯光电材料股份有限公司			证券简称	飞凯材料
	法人代表	张金山	董秘	苏斌	证券代码	300398
	公司网址	www.phichem.com.cn		电子信箱	investor@phichem.com.cn	
	电　话	021-50322662		传　真	021-50322661	
	办公地址	上海市宝山区潘泾路2999号				
	经营范围	高科技领域适用的紫外固化材料等新材料的研究、生产和销售				

主要财务指标	指标\报告期	2017.06.30	2016.12.31	2016.06.30	2015.12.31
	基本每股收益(元)	0.0700	0.6500	0.3500	1.0100
	基本每股收益(扣除后)(元)	0.0600	0.4700	0.2500	0.9000
	稀释每股收益(元)	0.0700	0.6500	0.3500	1.0100
	每股净资产(元)	2.1837	7.5106	7.2050	7.0556
	每股经营现金净流量(元)	0.1265	0.5639	0.1884	0.8530
	每股现金流量(元)	−0.0689	−0.6440	−0.7852	−1.1243
	每股资本公积金(元)	0.0907	2.8174	2.8174	2.8174
	每股盈余公积金(元)	0.0369	0.1293	0.0949	0.0949
	每股未分配利润(元)	1.0550	3.5593	3.2904	3.1419
	净资产收益率(%)	3.0495	8.6783	4.8360	14.3384
	加权净资产收益率(%)	3.0800	8.9900	4.9100	15.3300
	净资产收益率(扣除)(%)	2.9584	6.2395	3.4755	12.8129
	总资产(万元)	128271.69	114350.70	105001.99	99583.13
	归属母公司股东权益(万元)	79488.06	78110.76	74932.15	73378.64
	营业收入(万元)	24900.36	39104.02	19506.53	43207.27
	营业支出(万元)	14581.02	21642.60	10247.34	22182.70
	投资收益(万元)	100.00	216.95	216.95	24.40
	净利润(万元)	2531.82	6772.28	3623.73	10521.34
	营业利润(万元)	2885.95	5107.66	3428.69	10898.06
	利润总额(万元)	2854.41	7348.82	4732.12	12169.81

北京无线天利移动信息技术股份有限公司

公司概况	公司名称	北京无线天利移动信息技术股份有限公司			证券简称	京天利
	法人代表	邝青	董秘	陈洪亮	证券代码	300399
	公司网址	www.ihandy.cn		电子信箱	IRM@ihandy.cn	
	电　话	010-57551331		传　真	010-57551123	
	办公地址	北京市石景山区实兴大街30号院6号楼901室				
	经营范围	因特网信息服务业务				

主要财务指标	指标\报告期	2017.06.30	2016.12.31	2016.06.30	2015.12.31
	基本每股收益(元)	−0.0100	0.1000	0.1300	0.2200
	基本每股收益(扣除后)(元)	0.1200	0.1800	0.1100	0.1600
	稀释每股收益(元)	−0.0100	0.1000	0.1300	0.2200
	每股净资产(元)	2.8093	2.8610	2.8948	2.8029
	每股经营现金净流量(元)	−0.0739	0.2101	0.0472	0.2180
	每股现金流量(元)	−0.0818	−0.1496	0.4968	−0.9926
	每股资本公积金(元)	0.4175	0.4175	0.4175	0.4175
	每股盈余公积金(元)	0.1519	0.1519	0.1462	0.1462
	每股未分配利润(元)	1.2394	1.2910	1.3311	1.2393
	净资产收益率(%)	−0.4137	3.4797	4.6234	7.9809
	加权净资产收益率(%)	−0.4100	3.5200	4.6700	7.8300
	净资产收益率(扣除)(%)	4.1491	6.2019	3.9495	5.5899
	总资产(万元)	52311.15	50485.43	48991.25	45183.84
	归属母公司股东权益(万元)	42701.78	43486.44	44000.23	42604.31
	营业收入(万元)	17869.34	28750.19	14604.36	18539.60
	营业支出(万元)	12088.97	19937.05	10078.20	11828.51
	投资收益(万元)	546.93	643.57	403.73	822.43
	净利润(万元)	−143.03	1578.11	2095.58	3592.16
	营业利润(万元)	2770.18	4063.82	2816.74	3857.25
	利润总额(万元)	−24.72	2072.85	2838.71	4254.74

深圳市劲拓自动化设备股份有限公司

公司概况	公司名称	深圳市劲拓自动化设备股份有限公司			证券简称	劲拓股份
	法人代表	吴限	董秘	宋天玺	证券代码	300400
	公司网址	www.jt-ele.com		电子信箱	zqtzb@jt-ele.com	
	电　话	0755-89481726		传　真	0755-89481726	
	办公地址	广东省深圳市宝安区西乡街道广深高速公路北侧鹤洲工业区劲拓自动化工业厂区				
	经营范围	兴办实业(具体项目另行申报),机械设备、电子设备及其零配件的购销等				

主要财务指标	指标\报告期	2017.06.30	2016.12.31	2016.06.30	2015.12.31
	基本每股收益(元)	0.1300	0.4300	0.1682	0.2700
	基本每股收益(扣除后)(元)	0.1300	0.3830	0.1452	0.2400
	稀释每股收益(元)	0.1300	0.4300	0.1682	0.2700
	每股净资产(元)	1.8550	3.5793	3.3132	3.1950
	每股经营现金净流量(元)	0.2423	0.2195	0.1458	0.4149
	每股现金流量(元)	−0.0086	0.0133	0.0532	0.2636
	每股资本公积金(元)	0.0989	0.6977	0.6977	0.6977
	每股盈余公积金(元)	0.1150	0.2301	0.1871	0.1871
	每股未分配利润(元)	0.6411	1.6514	1.4284	1.3102
	净资产收益率(%)	6.8922	12.1319	5.0753	8.3564
	加权净资产收益率(%)	6.9400	12.8400	5.1400	8.6400
	净资产收益率(扣除)(%)	6.7377	10.7007	4.3838	7.6481
	总资产(万元)	66936.14	57251.57	52967.11	46902.41
	归属母公司股东权益(万元)	44519.75	42951.34	39758.37	38340.53
	营业收入(万元)	20247.41	32849.85	13959.50	25744.05
	营业支出(万元)	11572.32	19879.17	8187.31	15567.24
	投资收益(万元)	——	——	–	24.79
	净利润(万元)	3070.68	5216.61	2009.48	3176.23
	营业利润(万元)	3531.96	4398.86	1820.14	2699.55
	利润总额(万元)	3612.90	6009.05	2384.89	3689.70

浙江花园生物高科股份有限公司

公司概况	公司名称	浙江花园生物高科股份有限公司			证券简称	花园生物
	法人代表	邵君芳	董秘	喻铨衡	证券代码	300401
	公司网址	www.hybiotech.com		电子信箱	gkstock@hybiotech.cn	
	电　话	0579-86271622		传　真	0579-86271615	
	办公地址	浙江省东阳市南马镇花园村				
	经营范围	主营业务为维生素 D3 上下游系列产品的研发生产和销售				

	指标\报告期	2017.06.30	2016.12.31	2016.06.30	2015.12.31
主要财务指标	基本每股收益(元)	0.4100	0.2400	0.0900	0.0700
	基本每股收益(扣除后)(元)	0.4000	0.2100	0.0700	0.0300
	稀释每股收益(元)	0.4100	0.2400	0.0900	0.0700
	每股净资产(元)	4.5160	4.1515	3.9969	3.9252
	每股经营现金净流量(元)	0.3088	0.2716	0.0379	0.2344
	每股现金流量(元)	0.0036	–0.1149	0.0666	0.0284
	每股资本公积金(元)	0.2788	0.2788	0.2788	0.2788
	每股盈余公积金(元)	0.2504	0.2504	0.2307	0.2307
	每股未分配利润(元)	2.9867	2.6222	2.4873	2.4156
	净资产收益率(%)	9.1784	5.8125	2.1695	1.6958
	加权净资产收益率(%)	9.5600	5.9800	2.1900	1.7000
	净资产收益率(扣除)(%)	8.7496	5.1039	1.8113	0.6684
	总资产(万元)	92891.12	87714.66	86151.53	78783.76
	归属母公司股东权益(万元)	81919.56	75307.67	72503.35	71202.49
	营业收入(万元)	23297.93	32909.38	15913.37	15122.11
	营业支出(万元)	11319.28	20725.34	10385.36	9575.90
	投资收益(万元)	136.76	9.15	6.73	356.33
	净利润(万元)	7518.89	4377.28	1572.95	1207.47
	营业利润(万元)	8737.51	4458.21	1573.54	678.65
	利润总额(万元)	8775.66	5070.83	1872.35	1177.82

南京宝色股份公司

公司概况	公司名称	南京宝色股份公司			证券简称	宝色股份
	法人代表	高颀	董秘	申克义	证券代码	300402
	公司网址	www.baose.com		电子信箱	dsoffice@baose.com	
	电　话	025-51180028		传　真	025-51180028	
	办公地址	江苏省南京市江宁滨江经济开发区景明大街 15 号				
	经营范围	研发、制造、安装、维修、销售、技术咨询;金属腐蚀试验检测等				

	指标\报告期	2017.06.30	2016.12.31	2016.06.30	2015.12.31
主要财务指标	基本每股收益(元)	0.0077	–0.4900	–0.2860	0.0200
	基本每股收益(扣除后)(元)	–0.1219	–0.5900	–0.3012	–0.0300
	稀释每股收益(元)	0.0077	–0.4900	–0.2860	0.0200
	每股净资产(元)	2.9541	2.9464	3.1536	3.4495
	每股经营现金净流量(元)	–0.0274	–0.3290	–0.2036	0.2755
	每股现金流量(元)	–0.1294	–0.3755	–0.2427	–0.6727
	每股资本公积金(元)	1.1100	1.1100	1.1100	1.1100
	每股盈余公积金(元)	0.1580	0.1580	0.1580	0.1580
	每股未分配利润(元)	0.6862	0.6785	0.8856	1.1816
	净资产收益率(%)	0.2618	–16.7372	–9.0684	0.5985
	加权净资产收益率(%)	0.2600	–15.4200	–8.6500	0.6000
	净资产收益率(扣除)(%)	–4.1279	–20.1775	–9.5517	–0.9305
	总资产(万元)	122310.01	132818.95	147893.04	152067.63
	归属母公司股东权益(万元)	59673.54	59517.31	63702.04	69680.81
	营业收入(万元)	20878.95	25250.84	8706.06	66740.17
	营业支出(万元)	18302.73	23202.45	8568.68	52502.64
	投资收益(万元)	—	1434.90	–	–
	净利润(万元)	156.24	–9961.51	–5776.77	417.02
	营业利润(万元)	–431.59	–10907.69	–6200.95	–458.33
	利润总额(万元)	163.17	–10295.01	–5884.80	622.29

江门市地尔汉宇电器股份有限公司

公司概况	公司名称	江门市地尔汉宇电器股份有限公司			证券简称	地尔汉宇
	法人代表	石华山	董秘	马俊涛	证券代码	300403
	公司网址	www.idearhanyu.com		电子信箱	idearhanyu@oceanhanyu.com	
	电　话	0750-3839060		传　真	0750-3839366	
	办公地址	广东省江门市高新技术开发区清澜路 336 号				
	经营范围	高效节能家用电器排水泵的研发、生产和销售				

	指标\报告期	2017.06.30	2016.12.31	2016.06.30	2015.12.31
主要财务指标	基本每股收益(元)	0.2878	1.4296	0.7913	1.1030
	基本每股收益(扣除后)(元)	0.2828	1.2400	0.6383	1.1779
	稀释每股收益(元)	0.2878	1.4296	0.7913	1.1030
	每股净资产(元)	4.2018	9.9960	9.3685	9.1271
	每股经营现金净流量(元)	0.3332	1.2598	0.6674	1.2802
	每股现金流量(元)	0.1481	1.5504	1.2664	–1.9035
	每股资本公积金(元)	1.3328	4.7930	4.8037	4.8037
	每股盈余公积金(元)	0.2269	0.5671	0.4342	0.4342
	每股未分配利润(元)	1.6422	3.6359	3.1306	2.8893
	净资产收益率(%)	6.8494	14.3017	8.4468	12.0851
	加权净资产收益率(%)	6.9500	15.2500	8.3800	12.1000
	净资产收益率(扣除)(%)	6.7301	12.3898	6.8130	12.9060
	总资产(万元)	164851.54	148682.60	139057.31	135694.19
	归属母公司股东权益(万元)	140759.04	133946.62	125537.65	122303.73
	营业收入(万元)	37305.79	75820.05	37647.75	69630.54
	营业支出(万元)	21412.95	44047.46	22280.61	42726.44
	投资收益(万元)	143.86	1585.78	1009.13	219.23
	净利润(万元)	9607.87	18845.26	10410.99	14512.00
	营业利润(万元)	11241.74	21957.59	12468.51	16795.10
	利润总额(万元)	11323.47	22243.35	12576.03	16993.84

广州博济医药生物技术股份有限公司

公司概况	公司名称	广州博济医药生物技术股份有限公司			证券简称	博济医药
	法人代表	王廷春	董秘	韩宇萍	证券代码	300404
	公司网址	www.gzboji.com		电子信箱	board@gzboji.com	
	电　话	020-35647628		传　真	86-20-38473053	
	办公地址	广东省广州市天河区华观路 1933 号万科云广场 A 栋 7 楼				
	经营范围	接受医药企业和其他新药研发机构委托提供新药研发外包服务				

	指标\报告期	2017.06.30	2016.12.31	2016.06.30	2015.12.31
主要财务指标	基本每股收益(元)	0.0034	0.0200	–0.0126	0.2008
	基本每股收益(扣除后)(元)	–0.0025	–0.0365	–0.0208	0.1868
	稀释每股收益(元)	0.0034	0.0157	–0.0126	0.2008
	每股净资产(元)	3.3115	3.2100	3.1824	3.2450
	每股经营现金净流量(元)	–0.0271	–0.2568	–0.1427	0.0144
	每股现金流量(元)	0.1605	–0.2165	0.1360	0.1261
	每股资本公积金(元)	1.2945	1.1900	1.1900	1.1900
	每股盈余公积金(元)	0.1278	0.1287	0.1042	0.1042
	每股未分配利润(元)	0.8892	0.8919	0.8882	0.9508
	净资产收益率(%)	0.1033	0.4875	–0.3956	5.9313
	加权净资产收益率(%)	0.1100	0.4800	–0.3900	7.1900
	净资产收益率(扣除)(%)	–0.0740	–1.1376	–0.6525	5.4922
	总资产(万元)	56460.33	51885.05	51031.69	52015.19
	归属母公司股东权益(万元)	44464.14	42810.37	42433.82	43268.36
	营业收入(万元)	5453.47	7215.15	2322.52	12662.60
	营业支出(万元)	3282.31	3704.51	1203.59	6383.24
	投资收益(万元)	7.07	309.06	228.56	61.82
	净利润(万元)	12.11	202.47	–167.85	2566.38
	营业利润(万元)	–77.44	–726.39	–377.73	2740.95
	利润总额(万元)	15.33	92.10	–249.47	2965.05

辽宁科隆精细化工股份有限公司

公司概况	公司名称	辽宁科隆精细化工股份有限公司		证券简称	科隆股份
	法人代表	姜艳	董秘 王笑衡	证券代码	300405
	公司网址	www.kelongchem.com		电子信箱	kelong@kelongchem.com
	电　话	0419-5589876		传　真	0419-5589837
	办公地址	辽宁省辽阳市宏伟区万和七路36号			
	经营范围	公司主要从事以环氧乙烷为主要原料的精细化工新材料系列产品研发、生产与销售等			

指标\报告期	2017.06.30	2016.12.31	2016.06.30	2015.12.31
基本每股收益(元)	0.1220	0.2013	0.0627	-0.4219
基本每股收益(扣除后)(元)	0.0529	0.1556	0.0481	-0.4848
稀释每股收益(元)	0.1220	0.2013	0.0627	-0.4219
每股净资产(元)	8.0246	11.8538	8.6339	9.0160
每股经营现金净流量(元)	-0.5539	0.2665	0.4846	0.2635
每股现金流量(元)	-0.0817	-0.7543	-0.3316	-1.2393
每股资本公积金(元)	4.7151	7.5726	4.0477	4.0477
每股盈余公积金(元)	0.2330	0.3495	0.4001	0.4001
每股未分配利润(元)	2.0304	2.8626	3.1230	3.0603
净资产收益率(%)	1.5205	1.6982	0.7259	-4.9246
加权净资产收益率(%)	1.5300	2.3400	0.7300	-4.7700
净资产收益率(扣除)(%)	0.6593	1.3129	0.5574	-5.6581
总资产(万元)	180032.78	167786.88	129778.34	128382.37
归属母公司股东权益(万元)	94072.64	92641.57	58710.62	58262.26
营业收入(万元)	44821.11	77669.49	29731.99	80003.70
营业支出(万元)	36490.37	63685.65	24955.89	68729.87
投资收益(万元)	40.87	40.43	-	98.75
净利润(万元)	1443.26	1570.82	427.52	-2869.98
营业利润(万元)	1560.79	1542.26	378.81	-3812.71
利润总额(万元)	1629.53	1962.25	497.96	-3300.36

北京九强生物技术股份有限公司

公司概况	公司名称	北京九强生物技术股份有限公司		证券简称	九强生物
	法人代表	邹左军	董秘 王建民	证券代码	300406
	公司网址	www.bsbe.com.cn		电子信箱	jiuqiangzhengquan@bsbe.com.cn
	电　话	010-82247199		传　真	010-82012812
	办公地址	北京市海淀区花园东路15号旷怡大厦5层			
	经营范围	主要从事体外诊断试剂的研发、生产和销售，并辅以销售生化分析仪器			

指标\报告期	2017.06.30	2016.12.31	2016.06.30	2015.12.31
基本每股收益(元)	0.2182	0.5500	0.2424	0.9800
基本每股收益(扣除后)(元)	0.2214	0.5400	0.2423	0.9700
稀释每股收益(元)	0.2172	0.5400	0.2424	0.9800
每股净资产(元)	2.6961	2.7767	2.4551	4.7039
每股经营现金净流量(元)	0.1381	0.4865	0.1232	0.5707
每股现金流量(元)	-0.4695	0.1895	-0.0739	0.2115
每股资本公积金(元)	0.0790	0.0523	0.0429	1.0643
每股盈余公积金(元)	0.2532	0.2320	0.2020	0.3555
每股未分配利润(元)	1.4263	1.5337	1.2633	2.3902
净资产收益率(%)	8.0519	19.5707	9.8744	20.8511
加权净资产收益率(%)	7.8000	21.4200	9.9900	22.8900
净资产收益率(扣除)(%)	8.1723	19.2575	9.8711	20.5214
总资产(万元)	146760.33	147111.44	131046.42	126176.52
归属母公司股东权益(万元)	135027.28	138802.51	122673.67	117520.50
营业收入(万元)	28711.28	66740.27	29490.22	56620.17
营业支出(万元)	7477.06	21052.70	8569.17	15776.66
投资收益(万元)	--	--	-	-
净利润(万元)	10892.81	27164.61	12113.31	24504.34
营业利润(万元)	13067.96	31089.13	14096.39	28211.70
利润总额(万元)	12825.95	31600.60	14101.11	28667.53

天津凯发电气股份有限公司

公司概况	公司名称	天津凯发电气股份有限公司		证券简称	凯发电气
	法人代表	孔祥洲	董秘 蔡登明	证券代码	300407
	公司网址	www.keyvia.cn		电子信箱	zhengquan@keyvia.cn
	电　话	022-60128018		传　真	022-60128001*8049
	办公地址	天津滨海高新区华苑产业园(环外)海泰发展二路15号			
	经营范围	铁路供电及城市轨道交通自动化设备和系统的研发、生产、销售与技术服务			

指标\报告期	2017.06.30	2016.12.31	2016.06.30	2015.12.31
基本每股收益(元)	-0.0700	0.4500	0.0400	0.5100
基本每股收益(扣除后)(元)	-0.0800	0.2100	0.0400	0.4900
稀释每股收益(元)	-0.0700	0.4500	0.0400	0.5100
每股净资产(元)	3.2266	3.3500	2.8998	5.8200
每股经营现金净流量(元)	-0.6942	-0.4606	-0.1488	-0.3127
每股现金流量(元)	-0.0686	-0.0320	-0.2266	-0.6656
每股资本公积金(元)	0.5513	0.4528	0.4528	1.9056
每股盈余公积金(元)	0.1283	0.1300	0.1249	0.2498
每股未分配利润(元)	1.6086	1.7248	1.3221	2.6645
净资产收益率(%)	-2.2826	13.3511	1.3747	8.8022
加权净资产收益率(%)	-2.2500	14.4000	1.3800	9.1600
净资产收益率(扣除)(%)	-2.4604	6.2455	1.3009	8.4887
总资产(万元)	195544.41	180600.14	109771.54	114678.94
归属母公司股东权益(万元)	88892.19	91202.84	78874.33	79150.04
营业收入(万元)	59044.41	77273.43	17566.37	42352.76
营业支出(万元)	45853.76	51552.64	10053.42	23836.50
投资收益(万元)	17.78	529.38	259.40	1156.93
净利润(万元)	-1940.00	12219.32	1107.51	7052.48
营业利润(万元)	-1956.11	4686.48	1041.10	7451.09
利润总额(万元)	-1787.96	13226.39	1413.69	8217.64

潮州三环(集团)股份有限公司

公司概况	公司名称	潮州三环(集团)股份有限公司		证券简称	三环集团
	法人代表	张万镇	董秘 徐瑞英	证券代码	300408
	公司网址	www.cctc.cc		电子信箱	dsh@cctc.cc
	电　话	0768-6850192		传　真	0768-6850193
	办公地址	广东省潮州市凤塘三环工业城内综合楼			
	经营范围	研究、开发、生产、销售各类型电子元器件			

指标\报告期	2017.06.30	2016.12.31	2016.06.30	2015.12.31
基本每股收益(元)	0.2500	0.6200	0.2900	1.0200
基本每股收益(扣除后)(元)	0.2100	0.5300	0.2600	0.9300
稀释每股收益(元)	0.2500	0.6100	0.2900	1.0200
每股净资产(元)	3.0142	2.9596	2.6047	4.9536
每股经营现金净流量(元)	0.3572	0.5486	0.1911	0.6120
每股现金流量(元)	0.0678	0.1122	-0.0037	-1.0872
每股资本公积金(元)	0.0785	0.0735	0.0648	1.1091
每股盈余公积金(元)	0.2933	0.2933	0.2336	0.4671
每股未分配利润(元)	1.6849	1.6361	1.3746	2.5162
净资产收益率(%)	8.2538	20.7114	11.1904	20.4170
加权净资产收益率(%)	8.1500	22.4100	11.3700	22.1100
净资产收益率(扣除)(%)	7.0673	17.8980	9.8198	18.6372
总资产(万元)	631227.10	588341.16	524033.56	499453.38
归属母公司股东权益(万元)	520838.67	511403.22	449996.13	427899.24
营业收入(万元)	130835.73	288750.79	145567.71	248922.49
营业支出(万元)	70280.92	150404.95	77060.51	125093.40
投资收益(万元)	4852.89	10570.83	4435.13	4838.41
净利润(万元)	43020.58	105983.41	50381.84	87576.25
营业利润(万元)	48256.79	116985.35	56501.88	98678.66
利润总额(万元)	50682.37	123355.50	59325.15	102812.53

广东道氏技术股份有限公司

公司概况					
公司名称	广东道氏技术股份有限公司			证券简称	道氏技术
法人代表	荣继华	董秘	张翼	证券代码	300409
公司网址	www.dowstone.com.cn		电子信箱	dm@dowstone.com.cn	
电　话	0757-82260396		传　真	0757-82106833	
办公地址	广东省佛山市禅城区季华四路意美家卫浴陶瓷世界 30 栋 2 楼				
经营范围	无机非金属材料、高分子材料、陶瓷色釉料及原辅料、陶瓷添加剂等				

主要财务指标

指标\报告期	2017.06.30	2016.12.31	2016.06.30	2015.12.31
基本每股收益(元)	0.3200	0.4700	0.2200	0.5200
基本每股收益(扣除后)(元)	0.3000	0.4700	0.2200	0.5200
稀释每股收益(元)	0.3200	0.4700	0.2200	0.5200
每股净资产(元)	5.6370	5.4471	5.1972	5.9779
每股经营现金净流量(元)	0.4107	-0.1687	-0.1519	-0.7376
每股现金流量(元)	2.0582	0.6773	1.0092	-2.2643
每股资本公积金(元)	2.9203	2.9282	2.9282	2.5005
每股盈余公积金(元)	0.1682	0.1682	0.1399	0.3084
每股未分配利润(元)	1.5484	1.3507	1.1291	2.1689
净资产收益率(%)	5.6370	8.6366	4.2429	8.7351
加权净资产收益率(%)	5.7300	9.3200	4.6300	8.9200
净资产收益率(扣除)(%)	5.3032	8.6020	4.1687	8.6734
总资产(万元)	331093.88	182505.93	157266.90	106791.14
归属母公司股东权益(万元)	121195.52	117113.42	111739.76	58284.20
营业收入(万元)	43339.43	80365.34	31652.58	55356.31
营业支出(万元)	27050.75	47911.60	19359.01	33323.47
投资收益(万元)	294.33	182.26	72.26	-
净利润(万元)	7290.22	10522.49	4735.58	5090.46
营业利润(万元)	7805.72	12267.93	5517.86	5878.31
利润总额(万元)	8071.40	12204.51	5568.80	5923.71

广东正业科技股份有限公司

公司概况					
公司名称	广东正业科技股份有限公司			证券简称	正业科技
法人代表	徐地华	董秘	王巍	证券代码	300410
公司网址	www.zhengyee.com		电子信箱	ir@zhengyee.com	
电　话	0769-88774270		传　真	0769-88774271	
办公地址	广东省东莞市松山湖科技产业园区科技九路 2 号				
经营范围	主要从事 PCB 精密加工检测设备及辅助材料的研发、生产、销售和服务				

主要财务指标

指标\报告期	2017.06.30	2016.12.31	2016.06.30	2015.12.31
基本每股收益(元)	0.4400	0.4500	0.1223	0.2623
基本每股收益(扣除后)(元)	0.4200	0.4000	0.1079	0.2261
稀释每股收益(元)	0.4400	0.4400	0.1223	0.2623
每股净资产(元)	9.5200	6.3500	6.2815	3.3811
每股经营现金净流量(元)	0.0405	0.2840	0.0959	-0.2165
每股现金流量(元)	0.3056	-0.0763	-0.1398	-0.2218
每股资本公积金(元)	7.1021	4.1755	4.0061	1.0316
每股盈余公积金(元)	0.1048	0.1140	0.0990	0.1124
每股未分配利润(元)	1.6709	1.4434	1.1665	1.2372
净资产收益率(%)	4.3537	6.3353	1.7533	7.2928
加权净资产收益率(%)	5.1500	9.1800	3.0800	9.8300
净资产收益率(扣除)(%)	4.1577	5.7551	1.5472	6.2870
总资产(万元)	265802.11	154869.98	142432.93	77795.06
归属母公司股东权益(万元)	187684.97	114969.37	113771.55	53944.54
营业收入(万元)	54374.32	60034.47	23212.85	35708.35
营业支出(万元)	33869.58	37081.62	14340.11	23039.44
投资收益(万元)	153.12	1686.58	372.21	792.58
净利润(万元)	8171.25	7283.65	1994.73	3934.04
营业利润(万元)	9031.06	7163.50	1843.65	3836.82
利润总额(万元)	9494.95	7959.90	2119.50	4475.22

浙江金盾风机股份有限公司

公司概况					
公司名称	浙江金盾风机股份有限公司			证券简称	金盾股份
法人代表	王淼根	董秘	管美丽	证券代码	300411
公司网址	www.jindunfan.com		电子信箱	zqb@jindun.cc	
电　话	0575-82952012		传　真	0575-82952018	
办公地址	浙江省绍兴市上虞区章镇工业园区				
经营范围	从事风机、消声器、风阀等通风设备及通风系统的研发、生产和销售				

主要财务指标

指标\报告期	2017.06.30	2016.12.31	2016.06.30	2015.12.31
基本每股收益(元)	0.1000	0.2700	0.1200	0.2700
基本每股收益(扣除后)(元)	0.0900	0.2400	0.1200	0.2300
稀释每股收益(元)	0.1000	0.2700	0.1200	0.2700
每股净资产(元)	3.6882	3.6353	3.4936	3.4190
每股经营现金净流量(元)	-0.3914	0.1066	-0.1371	-0.1792
每股现金流量(元)	-0.1529	-0.0893	-0.2029	-1.1539
每股资本公积金(元)	1.2502	1.2502	1.2502	1.2502
每股盈余公积金(元)	0.1485	0.1485	0.1219	0.1219
每股未分配利润(元)	1.2895	1.2366	1.1216	1.0467
净资产收益率(%)	2.7888	7.3334	3.5756	7.8446
加权净资产收益率(%)	2.7900	7.5700	3.5900	8.1100
净资产收益率(扣除)(%)	2.5571	6.5566	3.3656	6.8524
总资产(万元)	95937.24	88187.16	86858.58	83960.56
归属母公司股东权益(万元)	59010.68	58165.01	55898.24	54699.51
营业收入(万元)	15745.63	34384.41	16514.15	33556.86
营业支出(万元)	9686.94	20288.66	9631.11	20467.23
投资收益(万元)	--	--	-	-
净利润(万元)	1645.67	4265.50	1998.72	4290.95
营业利润(万元)	1973.13	4450.61	2195.18	4387.22
利润总额(万元)	1946.45	4960.66	2318.81	4992.45

浙江迦南科技股份有限公司

公司概况					
公司名称	浙江迦南科技股份有限公司			证券简称	迦南科技
法人代表	方亨志	董秘	晁虎	证券代码	300412
公司网址	www.china-jianan.com		电子信箱	dsb@china-jianan.com	
电　话	0577-67976666		传　真	0577-67378833	
办公地址	浙江省温州市永嘉县瓯北镇东瓯工业园区园区大道				
经营范围	固体制剂设备的研发、生产和销售				

主要财务指标

指标\报告期	2017.06.30	2016.12.31	2016.06.30	2015.12.31
基本每股收益(元)	0.0900	0.4800	0.2200	0.4400
基本每股收益(扣除后)(元)	0.0800	0.4500	0.2000	0.4000
稀释每股收益(元)	0.0900	0.4700	0.2200	0.4400
每股净资产(元)	2.8189	5.7055	3.1614	3.3444
每股经营现金净流量(元)	-0.2248	0.1904	-0.1010	0.3401
每股现金流量(元)	-0.4261	1.3721	-0.7685	-0.2752
每股资本公积金(元)	1.2597	3.5195	0.8029	0.8029
每股盈余公积金(元)	0.1079	0.2158	0.1933	0.1933
每股未分配利润(元)	0.5935	1.2587	1.1653	1.3483
净资产收益率(%)	3.1603	7.7120	6.8639	13.0960
加权净资产收益率(%)	3.1000	11.9400	6.4100	13.8100
净资产收益率(扣除)(%)	2.8805	7.3730	6.3021	11.8573
总资产(万元)	111017.08	100897.65	48546.59	53799.53
归属母公司股东权益(万元)	73086.30	73963.55	37140.21	39290.13
营业收入(万元)	15364.30	30179.28	11679.51	21741.84
营业支出(万元)	8295.59	15099.22	5529.34	10587.84
投资收益(万元)	38.89	23.61	12.38	106.58
净利润(万元)	2226.59	5961.98	2630.59	5145.43
营业利润(万元)	2202.05	6010.82	2846.54	5362.34
利润总额(万元)	2572.91	6977.56	3137.05	5966.94

快乐购物股份有限公司

公司概况	公司名称	快乐购物股份有限公司			证券简称	快乐购
	法人代表	张华立	董秘	伍俊芸	证券代码	300413
	公司网址	www.happigo.com		电子信箱	happigo@happigo.com	
	电　话	0731-82168010		传　真	0731-82168899	
	办公地址	湖南省长沙市金鹰影视文化城金鹰阁				
	经营范围	日用化学品、日用百货、文体用品、玩具、五金工具、家用电器、首饰珠宝零售等				

主要财务指标	指标\报告期	2017.06.30	2016.12.31	2016.06.30	2015.12.31
	基本每股收益(元)	0.0500	0.1700	0.0704	0.2500
	基本每股收益(扣除后)(元)	0.0200	0.0500	0.0528	0.2200
	稀释每股收益(元)	0.0500	0.1700	0.0704	0.2500
	每股净资产(元)	4.0894	4.0399	4.0064	3.9360
	每股经营现金净流量(元)	-0.1448	-0.1274	0.1861	-0.0500
	每股现金流量(元)	0.1524	-1.2439	-0.1488	0.4627
	每股资本公积金(元)	1.6793	1.6793	1.6793	1.6793
	每股盈余公积金(元)	0.1888	0.1888	0.1716	0.1716
	每股未分配利润(元)	1.2214	1.1719	1.1556	1.0852
	净资产收益率(%)	1.2105	4.1066	1.7568	6.0250
	加权净资产收益率(%)	1.2200	4.1700	1.7700	6.3100
	净资产收益率(扣除)(%)	0.5131	1.3007	1.3190	5.4179
	总资产(万元)	225859.99	233787.84	226998.04	235966.76
	归属母公司股东权益(万元)	163986.64	162001.66	160657.46	157835.06
	营业收入(万元)	131238.70	321927.91	173494.66	279760.72
	营业支出(万元)	99457.17	253739.01	136520.80	204608.59
	投资收益(万元)	88.64	2935.76	-	-
	净利润(万元)	1376.03	6385.45	2707.37	9274.48
	营业利润(万元)	1229.13	4829.15	2037.92	7741.60
	利润总额(万元)	1478.83	6414.20	2741.30	8699.92

四川中光防雷科技股份有限公司

公司概况	公司名称	四川中光防雷科技股份有限公司			证券简称	中光防雷
	法人代表	王雪颖	董秘	周辉	证券代码	300414
	公司网址	www.zhongguang.com		电子信箱	IR@zhongguang.com	
	电　话	028-66755418		传　真	028-87843532	
	办公地址	四川省成都市高新区西部园区天宇路19号				
	经营范围	研发、设计、生产、销售避雷器材及设备				

主要财务指标	指标\报告期	2017.06.30	2016.12.31	2016.06.30	2015.12.31
	基本每股收益(元)	0.1162	0.3430	0.2191	0.6500
	基本每股收益(扣除后)(元)	0.0973	0.3000	0.2037	0.5900
	稀释每股收益(元)	0.1162	0.3430	0.2191	0.6500
	每股净资产(元)	4.5998	4.2434	4.1198	7.5734
	每股经营现金净流量(元)	-0.0821	0.4068	0.2067	0.3715
	每股现金流量(元)	-0.0655	-1.4575	-0.7654	2.0387
	每股资本公积金(元)	1.5930	1.2492	1.2492	1.2492
	每股盈余公积金(元)	0.2288	0.2239	0.2115	0.1898
	每股未分配利润(元)	1.7780	1.7704	1.6591	1.5817
	净资产收益率(%)	2.5076	8.0785	5.3188	11.8919
	加权净资产收益率(%)	2.6500	8.3600	5.3800	19.9100
	净资产收益率(扣除)(%)	2.1006	7.0501	4.9454	10.7932
	总资产(万元)	91058.55	82906.67	80740.85	79997.09
	归属母公司股东权益(万元)	78616.82	71514.81	69430.35	67759.82
	营业收入(万元)	16151.85	31627.02	18253.10	35977.28
	营业支出(万元)	11071.85	20550.39	11723.95	23112.46
	投资收益(万元)	348.36	697.39	336.96	406.09
	净利润(万元)	1889.06	5777.35	3692.89	8057.91
	营业利润(万元)	2213.69	6524.38	4344.62	9093.62
	利润总额(万元)	2310.13	6883.72	4405.83	9525.67

广东伊之密精密机械股份有限公司

公司概况	公司名称	广东伊之密精密机械股份有限公司			证券简称	伊之密
	法人代表	陈敬财	董秘	余焯焜	证券代码	300415
	公司网址	www.yizumi-group.com		电子信箱	chenjw@yizumi.com	
	电　话	0757-29262256　29262162		传　真	0757-29262337	
	办公地址	广东省佛山市顺德高新区(容桂)科苑三路22号				
	经营范围	生产经营、研究伺服高精密注塑机、压铸机、橡胶注射成型机等				

主要财务指标	指标\报告期	2017.06.30	2016.12.31	2016.06.30	2015.12.31
	基本每股收益(元)	0.3100	0.4500	0.2100	0.3000
	基本每股收益(扣除后)(元)	0.2800	0.4300	0.2000	0.2400
	稀释每股收益(元)	0.3100	0.4500	0.2100	0.3000
	每股净资产(元)	2.1539	3.4995	3.2619	3.1894
	每股经营现金净流量(元)	-0.2441	0.9542	0.3657	0.1851
	每股现金流量(元)	-0.1650	-0.1297	-0.2883	0.3650
	每股资本公积金(元)	0.0838	0.9509	0.9509	0.9509
	每股盈余公积金(元)	0.1268	0.2283	0.2121	0.2121
	每股未分配利润(元)	0.9287	1.2957	1.0708	1.0044
	净资产收益率(%)	14.3399	12.9600	6.5114	9.4485
	加权净资产收益率(%)	14.8100	13.6600	6.4900	10.0600
	净资产收益率(扣除)(%)	12.7548	12.2897	6.1388	7.3282
	总资产(万元)	205658.79	180612.23	167896.28	143682.32
	归属母公司股东权益(万元)	93048.05	83986.99	78286.59	76544.57
	营业收入(万元)	92925.79	144271.51	64189.54	118888.93
	营业支出(万元)	58465.30	90334.04	40775.61	78438.10
	投资收益(万元)	233.44	72.31	22.40	35.51
	净利润(万元)	13565.06	11331.51	5164.62	7709.87
	营业利润(万元)	15690.62	12572.03	5605.98	6686.78
	利润总额(万元)	16146.14	13366.02	6079.16	8573.68

苏州苏试试验仪器股份有限公司

公司概况	公司名称	苏州苏试试验仪器股份有限公司			证券简称	苏试试验
	法人代表	钟琼华	董秘	陈英	证券代码	300416
	公司网址	www.chinasti.com		电子信箱	sushi@chinasti.com	
	电　话	0512-66658033		传　真	0512-66658030	
	办公地址	江苏省苏州市工业园区中新科技城唯亭镇科峰路18号				
	经营范围	研发、组装加工生产振动试验仪器				

主要财务指标	指标\报告期	2017.06.30	2016.12.31	2016.06.30	2015.12.31
	基本每股收益(元)	0.1800	0.4300	0.1600	0.7900
	基本每股收益(扣除后)(元)	0.1800	0.4000	0.1500	0.7100
	稀释每股收益(元)	0.1800	0.4300	0.1600	0.7900
	每股净资产(元)	3.9350	3.8685	3.5949	7.0800
	每股经营现金净流量(元)	-0.3969	0.2734	-0.2555	0.1487
	每股现金流量(元)	-0.3662	0.2337	-0.3712	0.4485
	每股资本公积金(元)	1.0982	1.1158	1.1158	3.2316
	每股盈余公积金(元)	0.1308	0.1308	0.1096	0.2193
	每股未分配利润(元)	1.7060	1.6219	1.3695	2.6267
	净资产收益率(%)	4.6783	11.1084	4.3436	10.8937
	加权净资产收益率(%)	4.6700	11.6300	4.3400	11.7100
	净资产收益率(扣除)(%)	4.5209	10.2573	4.1537	9.7991
	总资产(万元)	83646.65	76511.57	63036.69	61395.36
	归属母公司股东权益(万元)	49423.06	48588.42	45152.25	44447.03
	营业收入(万元)	21866.21	39423.40	16700.42	31293.23
	营业支出(万元)	11938.20	21245.32	9008.40	16569.64
	投资收益(万元)	—	—	-	-
	净利润(万元)	2670.62	6083.25	2270.24	5338.44
	营业利润(万元)	3295.15	6734.89	2663.84	5946.94
	利润总额(万元)	3256.51	7358.76	2772.24	6562.51

佛山市南华仪器股份有限公司

公司概况	公司名称	佛山市南华仪器股份有限公司			证券简称	南华仪器
	法人代表	杨耀光	董秘	伍颂颖	证券代码	300417
	公司网址	www.nanhua.com.cn		电子信箱	IR@nanhua.com.cn	
	电　话	0757-86718362		传　真	0757-86718963	
	办公地址	广东省佛山市南海区桂城街道夏南路 59 号				
	经营范围	机动车环保和安全检测用分析仪器及系统研发、生产和销售				

主要财务指标	指标\报告期	2017.06.30	2016.12.31	2016.06.30	2015.12.31
	基本每股收益(元)	0.2228	0.4304	0.2001	0.8079
	基本每股收益(扣除后)(元)	0.2122	0.3987	0.1854	0.7823
	稀释每股收益(元)	0.2228	0.4304	0.2001	0.8079
	每股净资产(元)	4.7031	4.7583	4.4636	8.7260
	每股经营现金净流量(元)	0.1025	0.4276	0.0772	0.4577
	每股现金流量(元)	-0.1742	-1.2231	-0.3084	0.8599
	每股资本公积金(元)	1.4698	1.4698	1.4698	3.9396
	每股盈余公积金(元)	0.2232	0.2232	0.1877	0.3753
	每股未分配利润(元)	1.9733	2.0005	1.8057	3.4112
	净资产收益率(%)	4.7375	9.0459	4.4832	9.0658
	加权净资产收益率(%)	4.6000	9.1600	4.5000	9.7200
	净资产收益率(扣除)(%)	4.5117	8.3787	4.1543	8.7785
	总资产(万元)	42260.99	42677.92	39106.53	38884.37
	归属母公司股东权益(万元)	38377.29	38827.79	36422.72	35602.21
	营业收入(万元)	8530.87	17523.79	7698.75	16898.01
	营业支出(万元)	4856.52	9885.61	4241.11	9015.26
	投资收益(万元)	469.09	46.33	1.46	-
	净利润(万元)	1818.12	3512.30	1632.90	3227.62
	营业利润(万元)	2025.09	3415.19	1489.51	3441.40
	利润总额(万元)	2026.84	4036.84	1786.88	3855.22

北京昆仑万维科技股份有限公司

公司概况	公司名称	北京昆仑万维科技股份有限公司			证券简称	昆仑万维
	法人代表	周亚辉	董秘	金天	证券代码	300418
	公司网址	www.kalends.cn		电子信箱	ir@kunlun-inc.com	
	电　话	010-65210366		传　真	010-65210399	
	办公地址	北京市东城区西总布胡同 46 号明阳国际中心 B 座				
	经营范围	公司的主营业务集中于网络游戏的开发和全球发行				

主要财务指标	指标\报告期	2017.06.30	2016.12.31	2016.06.30	2015.12.31
	基本每股收益(元)	0.3300	0.4700	0.2200	0.3700
	基本每股收益(扣除后)(元)	0.3000	0.4700	0.1900	0.2200
	稀释每股收益(元)	0.3300	0.4700	0.2200	0.3700
	每股净资产(元)	3.4105	2.7972	2.4932	2.4400
	每股经营现金净流量(元)	0.4383	0.3168	0.0661	0.1705
	每股现金流量(元)	0.0807	0.0553	0.0291	0.2573
	每股资本公积金(元)	1.2615	0.8446	0.8266	0.7747
	每股盈余公积金(元)	0.0783	0.0805	0.0698	0.0698
	每股未分配利润(元)	1.3514	1.1567	0.9123	0.8008
	净资产收益率(%)	9.7210	16.8621	8.6812	15.1226
	加权净资产收益率(%)	10.3600	18.3100	8.8500	16.6700
	净资产收益率(扣除)(%)	8.6667	16.7102	7.3799	9.2011
	总资产(万元)	740283.17	630605.05	557344.12	388848.43
	归属母公司股东权益(万元)	395319.06	315202.79	281019.31	268001.90
	营业收入(万元)	173735.43	242467.06	122577.95	178914.06
	营业支出(万元)	38229.39	113990.89	57420.09	69861.53
	投资收益(万元)	922.20	49261.08	18472.52	15879.25
	净利润(万元)	55072.04	54525.09	25197.45	40528.84
	营业利润(万元)	66100.98	55737.13	24045.77	40254.75
	利润总额(万元)	66329.89	56939.48	24748.58	41595.85

北京浩丰创源科技股份有限公司

公司概况	公司名称	北京浩丰创源科技股份有限公司			证券简称	浩丰科技
	法人代表	孙成文	董秘	杨志炯	证券代码	300419
	公司网址	www.interact.net.cn		电子信箱	haofeng@interact.net.cn	
	电　话	010-82001150		传　真	010-88878800*5678	
	办公地址	北京市石景山区八角东街 65 号融科创意中心大厦 A 座 11 层				
	经营范围	公司是国内领先的营销信息化解决方案提供商				

主要财务指标	指标\报告期	2017.06.30	2016.12.31	2016.06.30	2015.12.31
	基本每股收益(元)	0.0800	0.3400	0.1600	1.4200
	基本每股收益(扣除后)(元)	0.0800	0.3300	0.1500	1.3300
	稀释每股收益(元)	0.0800	0.3400	0.1600	1.4200
	每股净资产(元)	3.9986	7.9302	7.7503	31.5440
	每股经营现金净流量(元)	-0.0315	0.2119	-0.2585	-0.0513
	每股现金流量(元)	-0.2426	-0.2620	0.1279	5.4459
	每股资本公积金(元)	2.1771	5.3542	5.3542	24.4106
	每股盈余公积金(元)	0.0506	0.1011	0.0847	0.3788
	每股未分配利润(元)	0.7709	1.4748	1.3114	5.7546
	净资产收益率(%)	2.0885	4.2120	1.9885	4.4136
	加权净资产收益率(%)	2.0900	4.4700	2.1800	10.0200
	净资产收益率(扣除)(%)	1.9298	4.0540	1.8831	4.1273
	总资产(万元)	173310.68	175713.30	159160.73	144174.89
	归属母公司股东权益(万元)	147049.96	145817.59	142509.59	129645.83
	营业收入(万元)	21193.43	46646.77	16446.73	35444.30
	营业支出(万元)	14840.79	32698.88	10665.88	24962.67
	投资收益(万元)	293.36	287.21	181.58	376.33
	净利润(万元)	3071.14	6141.81	2833.82	5722.04
	营业利润(万元)	3061.10	5735.46	2571.32	5524.26
	利润总额(万元)	3138.75	6287.51	2976.87	6088.39

江苏五洋停车产业集团股份有限公司

公司概况	公司名称	江苏五洋停车产业集团股份有限公司			证券简称	五洋停车
	法人代表	侯友夫	董秘	侯友夫(代)	证券代码	300420
	公司网址	www.wuyangkeji.com		电子信箱	wuyangsh@163.com	
	电　话	0516-83501768　83502188		传　真	0516-83501768	
	办公地址	江苏省徐州市铜山新区银山路东,珠江路北				
	经营范围	散料搬运核心装置及设备研发、设计、生产和销售				

主要财务指标	指标\报告期	2017.06.30	2016.12.31	2016.06.30	2015.12.31
	基本每股收益(元)	0.0908	0.3000	0.3495	0.2800
	基本每股收益(扣除后)(元)	0.0867	0.2500	0.3362	0.1900
	稀释每股收益(元)	0.0908	0.3000	0.3495	0.2800
	每股净资产(元)	2.3957	4.6097	11.1825	8.4700
	每股经营现金净流量(元)	-0.0718	0.1000	-0.1609	0.6219
	每股现金流量(元)	-0.1848	0.0753	-0.3528	1.5772
	每股资本公积金(元)	0.9264	2.8528	8.6585	6.1926
	每股盈余公积金(元)	0.0293	0.0586	0.1371	0.1466
	每股未分配利润(元)	0.4400	0.6983	1.3868	1.1290
	净资产收益率(%)	3.7908	6.4993	2.9575	2.8223
	加权净资产收益率(%)	3.8600	7.5100	3.8600	5.4800
	净资产收益率(扣除)(%)	3.6190	5.3820	2.8445	1.9551
	总资产(万元)	151833.47	146126.39	147101.05	141582.62
	归属母公司股东权益(万元)	116244.60	111837.98	108521.48	76877.44
	营业收入(万元)	28183.71	60662.73	25105.79	20671.27
	营业支出(万元)	17429.86	38681.94	16273.85	13122.67
	投资收益(万元)	233.64	516.87	197.38	101.38
	净利润(万元)	4168.16	7094.43	3197.00	2169.72
	营业利润(万元)	5200.42	7168.83	3566.17	1888.50
	利润总额(万元)	5189.20	8169.85	3710.42	2565.88

江苏力星通用钢球股份有限公司

公司概况						
公司概况	公司名称	江苏力星通用钢球股份有限公司			证券简称	力星股份
公司概况	法人代表	施祥贵	董秘	张邦友	证券代码	300421
公司概况	公司网址	www.jgbr.com.cn			电子信箱	board@jgbr.cn
公司概况	电话	0513-87513793			传真	0513-87516774
公司概况	办公地址	江苏省如皋市如城街道兴源大道 68 号				
公司概况	经营范围	精密轴承钢球的研发、生产和销售				

主要财务指标 指标\报告期	2017.06.30	2016.12.31	2016.06.30	2015.12.31
基本每股收益(元)	0.2792	0.4984	0.2354	0.5046
基本每股收益(扣除后)(元)	0.2347	0.4609	0.2313	0.4553
稀释每股收益(元)	0.2792	0.4453	0.2354	0.5046
每股净资产(元)	8.6887	8.8161	5.0630	5.1776
每股经营现金净流量(元)	0.2732	0.2560	0.0922	–0.0585
每股现金流量(元)	0.2435	0.5606	–0.1707	0.1931
每股资本公积金(元)	6.5442	6.5442	2.8724	2.8724
每股盈余公积金(元)	0.2390	0.2390	0.2281	0.2281
每股未分配利润(元)	0.9049	1.0257	0.9625	1.0771
净资产收益率(%)	3.2128	5.0512	4.6501	9.3401
加权净资产收益率(%)	3.1300	8.0300	4.5500	10.3600
净资产收益率(扣除)(%)	2.7016	4.6712	4.5681	8.4280
总资产(万元)	143390.93	127029.80	70353.07	69586.91
归属母公司股东权益(万元)	113434.98	115097.96	56706.11	57989.24
营业收入(万元)	30010.82	48617.82	23933.20	47810.48
营业支出(万元)	22157.66	35606.12	17846.16	36153.73
投资收益(万元)	496.30	––	–	–
净利润(万元)	3644.44	5813.78	2636.86	5416.26
营业利润(万元)	4242.83	6329.01	3146.78	5725.90
利润总额(万元)	4428.77	6843.64	3201.46	6348.23

广西博世科环保科技股份有限公司

公司概况						
公司概况	公司名称	广西博世科环保科技股份有限公司			证券简称	博世科
公司概况	法人代表	宋海农	董秘	陈国宁	证券代码	300422
公司概况	公司网址	www.bossco.cc			电子信箱	bskdb@bossco.cc
公司概况	电话	0771-3225158			传真	0771-4960252
公司概况	办公地址	广西壮族自治区南宁市高新区科兴路 12 号				
公司概况	经营范围	环保设备制造及销售				

主要财务指标 指标\报告期	2017.06.30	2016.12.31	2016.06.30	2015.12.31
基本每股收益(元)	0.1504	0.4896	0.1600	0.3500
基本每股收益(扣除后)(元)	0.1356	0.4200	0.1200	0.3000
稀释每股收益(元)	0.1499	0.4881	0.1600	0.3500
每股净资产(元)	2.9300	6.9985	3.0479	2.9006
每股经营现金净流量(元)	–0.3497	–0.3923	–0.4465	–0.5884
每股现金流量(元)	–0.3374	2.2146	–0.0821	0.5613
每股资本公积金(元)	1.2925	4.7331	1.1684	1.1237
每股盈余公积金(元)	0.0720	0.1488	0.1519	0.1382
每股未分配利润(元)	0.6785	1.4126	1.2659	1.1771
净资产收益率(%)	5.0732	6.2859	5.3332	11.6444
加权净资产收益率(%)	5.1700	11.8400	5.4700	13.1100
净资产收益率(扣除)(%)	4.5750	5.3550	4.0993	9.8110
总资产(万元)	296448.40	229756.61	137299.97	104203.94
归属母公司股东权益(万元)	104424.90	99712.85	38795.43	36920.72
营业收入(万元)	55255.80	82896.91	28167.43	50467.33
营业支出(万元)	39424.82	60360.70	19815.52	35777.32
投资收益(万元)	–41.32	10.95	–43.48	–14.25
净利润(万元)	5222.07	6122.23	2033.83	4289.23
营业利润(万元)	5925.55	5884.01	1779.88	4175.77
利润总额(万元)	6169.97	6982.21	2342.78	4972.14

山东鲁亿通智能电气股份有限公司

公司概况						
公司概况	公司名称	山东鲁亿通智能电气股份有限公司			证券简称	鲁亿通
公司概况	法人代表	纪法清	董秘	崔静	证券代码	300423
公司概况	公司网址	www.luyitong.com			电子信箱	lyt@luyitong.com
公司概况	电话	0535-7962672 7962877			传真	0535-7962999
公司概况	办公地址	山东省莱阳市龙门西路 256 号				
公司概况	经营范围	电气成套设备的研发设计、生产与销售				

主要财务指标 指标\报告期	2017.06.30	2016.12.31	2016.06.30	2015.12.31
基本每股收益(元)	0.0900	0.2300	0.0800	0.5200
基本每股收益(扣除后)(元)	0.1000	0.2100	0.0700	0.4900
稀释每股收益(元)	0.0900	0.2300	0.0800	0.5200
每股净资产(元)	4.3259	4.2498	4.3576	5.0031
每股经营现金净流量(元)	0.1105	0.4926	0.1707	0.2753
每股现金流量(元)	–0.3942	0.2778	–0.0113	0.4976
每股资本公积金(元)	1.6994	1.7553	1.7446	2.0309
每股盈余公积金(元)	0.1935	0.1923	0.1693	0.2072
每股未分配利润(元)	1.6192	1.5674	1.4436	1.7650
净资产收益率(%)	2.1445	5.4107	1.9090	9.9955
加权净资产收益率(%)	2.1500	5.5200	2.0200	11.2800
净资产收益率(扣除)(%)	2.2840	4.9164	1.6084	9.4370
总资产(万元)	59078.71	61876.69	59478.89	58599.83
归属母公司股东权益(万元)	46314.48	45769.34	46929.81	44027.47
营业收入(万元)	12131.49	23332.31	9568.62	31417.21
营业支出(万元)	8423.82	16083.86	6677.53	21491.28
投资收益(万元)	––	––	–	–
净利润(万元)	993.21	2476.46	895.90	4400.75
营业利润(万元)	1215.97	2595.32	851.48	5087.29
利润总额(万元)	1139.96	2860.71	1017.45	5376.56

广州航新航空科技股份有限公司

公司概况						
公司概况	公司名称	广州航新航空科技股份有限公司			证券简称	航新科技
公司概况	法人代表	卜范胜	董秘	陈茜茜	证券代码	300424
公司概况	公司网址	www.hangxin.com			电子信箱	securities@hangxin.com
公司概况	电话	020-66350978			传真	020-66354166
公司概况	办公地址	广东省广州市经济技术开发区科学城光宝路 1 号				
公司概况	经营范围	从事航空机载设备研制、机载设备检测设备研制和机载设备维修服务等				

主要财务指标 指标\报告期	2017.06.30	2016.12.31	2016.06.30	2015.12.31
基本每股收益(元)	0.1600	0.4500	0.1506	0.5900
基本每股收益(扣除后)(元)	0.1300	0.3700	0.1303	0.4100
稀释每股收益(元)	0.1600	0.4500	0.1506	0.5900
每股净资产(元)	6.4365	6.5758	6.2740	6.1475
每股经营现金净流量(元)	–0.6638	–0.0638	–0.4872	0.0551
每股现金流量(元)	–1.0879	–0.4206	–0.7051	0.7820
每股资本公积金(元)	2.2780	2.2780	2.2780	2.2780
每股盈余公积金(元)	0.2786	0.2771	0.2509	0.2509
每股未分配利润(元)	2.8782	3.0163	2.7432	2.6176
净资产收益率(%)	2.5384	6.8411	2.4003	8.8263
加权净资产收益率(%)	2.4500	7.0700	2.4400	10.3100
净资产收益率(扣除)(%)	2.0147	5.6983	2.0774	7.5652
总资产(万元)	103316.48	111047.58	98257.75	100433.26
归属母公司股东权益(万元)	85651.17	87503.59	83488.26	81804.73
营业收入(万元)	19462.27	42452.28	16938.00	41264.65
营业支出(万元)	11210.39	24312.09	9573.53	21184.90
投资收益(万元)	167.70	331.74	59.14	258.15
净利润(万元)	2152.53	5986.22	2003.93	7220.34
营业利润(万元)	2057.42	4010.04	1686.53	5870.01
利润总额(万元)	2535.73	6740.69	2341.95	8265.38

环能科技股份有限公司

公司概况					
公司名称	环能科技股份有限公司			证券简称	环能科技
法人代表	倪明亮	董秘	唐益军	证券代码	300425
公司网址	www.scimee.com			电子信箱	tyj@scimee.com
电　话	028-85001659			传　真	028-85001655
办公地址	四川省成都市武侯区武兴一路3号				
经营范围	磁分离水体净化成套设备的销售				

主要财务指标 指标\报告期	2017.06.30	2016.12.31	2016.06.30	2015.12.31
基本每股收益(元)	0.1010	0.3900	0.1904	0.3400
基本每股收益(扣除后)(元)	0.1011	0.3500	0.1887	0.3000
稀释每股收益(元)	0.1010	0.3900	0.1904	0.3400
每股净资产(元)	3.7665	7.5292	6.1730	6.0752
每股经营现金净流量(元)	-0.0253	0.3485	-0.0283	0.0675
每股现金流量(元)	0.2828	-0.2997	-0.6430	1.3148
每股资本公积金(元)	2.0517	5.1064	3.6276	3.6276
每股盈余公积金(元)	0.0784	0.1666	0.1430	0.1430
每股未分配利润(元)	0.7542	1.5263	1.3465	1.2561
净资产收益率(%)	2.6599	4.9757	3.0842	4.8635
加权净资产收益率(%)	2.6200	6.3200	3.0900	7.5100
净资产收益率(扣除)(%)	2.6625	4.4145	3.0566	4.3824
总资产(万元)	232721.08	209268.54	139302.09	142964.19
归属母公司股东权益(万元)	141345.62	139745.47	109028.25	107301.69
营业收入(万元)	33813.09	48801.37	23624.52	32955.73
营业支出(万元)	19616.01	28087.29	13587.23	17225.18
投资收益(万元)	66.79	--	-	-
净利润(万元)	3621.10	7063.67	3388.30	5078.01
营业利润(万元)	4491.57	6132.29	3256.21	4718.82
利润总额(万元)	4255.82	8014.15	3742.61	5354.99

浙江唐德影视股份有限公司

公司概况					
公司名称	浙江唐德影视股份有限公司			证券简称	唐德影视
法人代表	吴宏亮	董秘	李兰天	证券代码	300426
公司网址	www.tangde.com.cn			电子信箱	investor@tangde.com.cn
电　话	86-10-58549091　56075455			传　真	010-62367673
办公地址	北京市海淀区花园路16号				
经营范围	主要从事电视剧的投资、制作、发行和衍生业务				

主要财务指标 指标\报告期	2017.06.30	2016.12.31	2016.06.30	2015.12.31
基本每股收益(元)	0.1500	0.4500	0.3500	0.7300
基本每股收益(扣除后)(元)	0.1300	0.4100	0.2900	0.6800
稀释每股收益(元)	0.1500	0.4500	0.3500	0.7300
每股净资产(元)	2.6906	2.5872	5.6990	5.4250
每股经营现金净流量(元)	-0.7103	-0.4360	-1.9535	-0.7800
每股现金流量(元)	-0.4476	0.0748	-1.2436	1.5772
每股资本公积金(元)	0.2753	0.2753	2.1883	2.1883
每股盈余公积金(元)	0.0821	0.0821	0.1886	0.1886
每股未分配利润(元)	1.3336	1.2284	2.3223	2.0482
净资产收益率(%)	5.5819	17.3076	6.2148	12.9435
加权净资产收益率(%)	5.6600	17.3500	6.3200	14.9800
净资产收益率(扣除)(%)	4.8038	15.9315	5.0234	12.0149
总资产(万元)	295495.36	253493.33	202822.81	147887.99
归属母公司股东权益(万元)	107624.34	103489.36	91183.50	86800.74
营业收入(万元)	31111.80	78791.21	26617.14	53746.72
营业支出(万元)	14759.05	45760.21	14818.39	34403.35
投资收益(万元)	16.43	190.12	8.49	-
净利润(万元)	6075.51	17442.39	5589.78	11225.71
营业利润(万元)	6568.43	16067.09	5196.82	13585.65
利润总额(万元)	7441.80	17907.79	6635.49	14582.31

厦门红相电力设备股份有限公司

公司概况					
公司名称	厦门红相电力设备股份有限公司			证券简称	红相电力
法人代表	杨成	董秘	李喜娇	证券代码	300427
公司网址	www.redphase.com.cn			电子信箱	securities@redphase.com.cn
电　话	86-592-8126108			传　真	86-592-2107581
办公地址	福建省厦门市思明区南投路3号1002单元之一				
经营范围	电力设备状态检测、监测产品和电能表的研发、生产和销售				

主要财务指标 指标\报告期	2017.06.30	2016.12.31	2016.06.30	2015.12.31
基本每股收益(元)	0.0505	0.2600	0.0455	0.8300
基本每股收益(扣除后)(元)	0.0490	0.2400	0.0330	0.6700
稀释每股收益(元)	0.0505	0.2600	0.0455	0.8300
每股净资产(元)	2.1937	2.1884	1.9739	6.3608
每股经营现金净流量(元)	0.1048	0.4601	-0.1056	0.4790
每股现金流量(元)	0.0900	0.5304	-0.1795	2.0902
每股资本公积金(元)	0.0157	0.0157	0.0157	2.2502
每股盈余公积金(元)	0.1300	0.1300	0.1063	0.3401
每股未分配利润(元)	1.0510	1.0455	0.8546	2.7792
净资产收益率(%)	2.3018	11.8878	2.3032	12.5774
加权净资产收益率(%)	2.2900	12.4900	2.2500	13.6700
净资产收益率(扣除)(%)	2.2319	11.0456	1.6712	10.0499
总资产(万元)	88836.66	89411.64	72837.27	75972.80
归属母公司股东权益(万元)	62246.14	62094.09	56008.30	56401.00
营业收入(万元)	13771.70	41055.75	15373.33	30525.46
营业支出(万元)	6931.92	19552.73	8635.47	15220.43
投资收益(万元)	--	70.46	41.18	474.65
净利润(万元)	1794.48	8471.70	1657.05	7554.49
营业利润(万元)	2129.41	8990.11	1428.93	7164.96
利润总额(万元)	2170.27	10078.74	2048.68	8792.49

河北四通新型金属材料股份有限公司

公司概况					
公司名称	河北四通新型金属材料股份有限公司			证券简称	四通新材
法人代表	臧立国	董秘	李志国	证券代码	300428
公司网址	www.stnm.com.cn			电子信箱	info@stnm.com.cn
电　话	0312-5806816			传　真	0312-5806515
办公地址	河北省保定市清苑县发展路西街359号				
经营范围	铝基中间合金、铜基中间合金、铁基中间合金、镍基中间合金及特殊合金材料制造、销售				

主要财务指标 指标\报告期	2017.06.30	2016.12.31	2016.06.30	2015.12.31
基本每股收益(元)	0.1500	0.2900	0.4200	0.8200
基本每股收益(扣除后)(元)	0.1400	0.3000	0.4000	0.7400
稀释每股收益(元)	0.1500	0.2900	0.4200	0.8200
每股净资产(元)	2.6580	2.5800	7.2657	7.8097
每股经营现金净流量(元)	0.0467	0.1254	0.1016	0.1999
每股现金流量(元)	0.0886	-0.1578	-0.2265	0.8354
每股资本公积金(元)	0.5437	0.5437	3.6312	3.6312
每股盈余公积金(元)	0.1282	0.1282	0.2990	0.2990
每股未分配利润(元)	0.8997	0.8337	2.1457	2.7213
净资产收益率(%)	5.6073	11.1883	5.8409	9.8454
加权净资产收益率(%)	5.6300	11.3800	5.5100	11.7100
净资产收益率(扣除)(%)	5.4148	11.5262	5.4444	8.9354
总资产(万元)	87482.41	73228.19	63939.41	70338.91
归属母公司股东权益(万元)	64430.93	62490.51	58706.69	63102.16
营业收入(万元)	53980.28	89862.16	39339.80	74599.20
营业支出(万元)	47821.94	77131.55	33953.09	64891.09
投资收益(万元)	85.60	-297.65	-32.23	206.69
净利润(万元)	3658.22	7050.05	3429.00	6212.66
营业利润(万元)	4159.28	7909.76	3643.89	6476.65
利润总额(万元)	4175.39	8267.79	4018.77	7222.74

常州强力电子新材料股份有限公司

公司概况					
公司名称	常州强力电子新材料股份有限公司			证券简称	强力新材
法人代表	钱晓春	董秘	倪寅森	证券代码	300429
公司网址	www.tronly.com		电子信箱	ir@tronly.com	
电　话	0519-88388908		传　真	0519-85788911	
办公地址	江苏省常州市武进区遥观镇钱家工业园				
经营范围	光刻胶专用化学品的研发、生产和销售及相关贸易业务				

主要财务指标：指标\报告期	2017.06.30	2016.12.31	2016.06.30	2015.12.31
基本每股收益(元)	0.2885	0.4614	0.7000	1.1566
基本每股收益(扣除后)(元)	0.2622	0.4011	0.5600	1.0874
稀释每股收益(元)	0.2885	0.4614	0.7000	1.1566
每股净资产(元)	3.9280	3.7393	8.0239	7.5420
每股经营现金净流量(元)	0.1761	0.3898	0.5144	0.8061
每股现金流量(元)	0.2449	0.1390	1.7814	−0.1229
每股资本公积金(元)	1.4839	1.4841	3.7334	3.7334
每股盈余公积金(元)	0.0786	0.0786	0.1948	0.1948
每股未分配利润(元)	1.3643	1.1757	3.0957	2.6138
净资产收益率(%)	7.3453	12.0638	8.7473	14.3746
加权净资产收益率(%)	7.4300	15.2700	8.8900	17.2900
净资产收益率(扣除)(%)	6.6755	10.4880	6.9942	13.5148
总资产(万元)	115173.00	109089.65	104571.92	65501.03
归属母公司股东权益(万元)	101023.29	96168.40	64030.74	60185.38
营业收入(万元)	31410.09	43958.11	17930.66	33443.86
营业支出(万元)	18396.74	24972.39	9767.12	18529.12
投资收益(万元)	182.50	378.54	301.75	277.07
净利润(万元)	7530.39	11560.77	5580.18	8627.86
营业利润(万元)	8642.49	12357.68	5563.72	9814.17
利润总额(万元)	9159.12	13718.58	6610.81	10093.15

北京诚益通控制工程科技股份有限公司

公司概况					
公司名称	北京诚益通控制工程科技股份有限公司			证券简称	诚益通
法人代表	梁学贤	董秘	刘棣	证券代码	300430
公司网址	www.ctntech.com		电子信箱	sec@eastctn.com	
电　话	010-61258926		传　真	010-61258926	
办公地址	北京市大兴区生物医药产业基地庆丰西路27号				
经营范围	面向大中型制药、生物企业，提供个性化的自动化控制系统产品及整体解决方案				

主要财务指标：指标\报告期	2017.06.30	2016.12.31	2016.06.30	2015.12.31
基本每股收益(元)	0.3400	0.5500	0.3200	0.5900
基本每股收益(扣除后)(元)	0.3200	0.5300	0.3100	0.5400
稀释每股收益(元)	0.3400	0.5500	0.3200	0.5900
每股净资产(元)	13.0364	6.7299	6.4936	6.2900
每股经营现金净流量(元)	−0.1211	−0.2377	−0.1170	−0.3453
每股现金流量(元)	1.8998	−0.7888	−0.3558	0.8036
每股资本公积金(元)	9.3780	2.8840	2.8840	2.8840
每股盈余公积金(元)	0.2394	0.2789	0.2307	0.2307
每股未分配利润(元)	2.4190	2.5670	2.3789	2.1738
净资产收益率(%)	2.3448	8.2082	4.8678	8.7606
加权净资产收益率(%)	3.6900	8.5000	4.9200	10.2400
净资产收益率(扣除)(%)	2.2396	7.8445	4.7961	7.9797
总资产(万元)	191579.19	94065.34	96133.29	90775.85
归属母公司股东权益(万元)	147751.06	65468.69	63169.92	61174.73
营业收入(万元)	24479.16	37305.92	20156.67	34449.57
营业支出(万元)	15444.44	23677.80	12933.96	22458.46
投资收益(万元)	26.53	—	–	–
净利润(万元)	3439.56	5373.77	3075.00	5359.25
营业利润(万元)	3772.54	5853.07	3607.34	5629.46
利润总额(万元)	3955.57	6187.27	3662.96	6231.10

暴风集团股份有限公司

公司概况					
公司名称	暴风集团股份有限公司			证券简称	暴风集团
法人代表	冯鑫	董秘	王婧	证券代码	300431
公司网址	www.baofeng.com		电子信箱	ir@baofeng.com	
电　话	010-62309066		传　真	010-62036697	
办公地址	北京市海淀区学院路51号首享科技大厦6层,13层				
经营范围	互联网信息服务业务				

主要财务指标：指标\报告期	2017.06.30	2016.12.31	2016.06.30	2015.12.31
基本每股收益(元)	0.0500	0.2000	0.0700	0.7000
基本每股收益(扣除后)(元)	0.0100	0.1400	0.0300	0.2200
稀释每股收益(元)	0.0500	0.1900	0.0700	0.6900
每股净资产(元)	2.7200	3.2790	2.5090	2.4285
每股经营现金净流量(元)	−0.4102	−0.6351	0.2772	0.3222
每股现金流量(元)	−0.1693	−0.6082	−0.3837	1.0003
每股资本公积金(元)	1.0095	1.4635	0.9493	0.5822
每股盈余公积金(元)	0.1309	0.1570	0.1011	0.1018
每股未分配利润(元)	1.0309	1.2036	1.1364	1.0754
净资产收益率(%)	1.7414	5.8211	2.7163	27.0331
加权净资产收益率(%)	1.7300	7.0000	2.8000	33.8400
净资产收益率(扣除)(%)	0.2095	4.1411	1.1136	8.4370
总资产(万元)	248647.02	256017.46	164320.80	134850.52
归属母公司股东权益(万元)	90299.45	90724.90	69446.39	64111.60
营业收入(万元)	82633.44	164734.89	49512.74	65211.01
营业支出(万元)	65951.25	120114.45	28132.95	22492.90
投资收益(万元)	−1423.54	−2365.94	−107.85	10403.51
净利润(万元)	−7883.84	−24150.28	−4833.36	15779.10
营业利润(万元)	−11683.48	−39103.64	−5667.17	16076.36
利润总额(万元)	−11267.52	−37328.02	−4262.78	16740.63

绵阳富临精工机械股份有限公司

公司概况					
公司名称	绵阳富临精工机械股份有限公司			证券简称	富临精工
法人代表	曹勇	董秘	黎昌军	证券代码	300432
公司网址	www.fulinpm.com		电子信箱	fljgzqb@fulinpm.com	
电　话	0816-6800673		传　真	0816-6800655	
办公地址	四川省绵阳市高端装备制造产业园凤凰中路37号				
经营范围	汽车发动机精密零部件的研发、生产和销售				

主要财务指标：指标\报告期	2017.06.30	2016.12.31	2016.06.30	2015.12.31
基本每股收益(元)	0.4200	0.6356	0.3100	0.5733
基本每股收益(扣除后)(元)	0.4015	0.6277	0.3070	0.5497
稀释每股收益(元)	0.4200	0.6356	0.3100	0.5733
每股净资产(元)	6.9497	6.8331	2.6200	2.5254
每股经营现金净流量(元)	0.1088	0.3613	0.1855	0.2075
每股现金流量(元)	−0.4368	0.5832	0.1091	0.4959
每股资本公积金(元)	4.6951	4.6951	0.3290	0.3290
每股盈余公积金(元)	0.1495	0.1495	0.1481	0.1481
每股未分配利润(元)	1.1047	0.9885	1.1390	1.0483
净资产收益率(%)	5.9895	6.5665	11.8737	19.1067
加权净资产收益率(%)	5.9500	23.7300	11.5900	23.3300
净资产收益率(扣除)(%)	5.7773	6.4842	11.6909	18.3198
总资产(万元)	456969.39	446424.36	149658.73	133402.87
归属母公司股东权益(万元)	354426.79	348480.19	94175.61	90913.46
营业收入(万元)	109919.45	117163.62	55000.12	85940.78
营业支出(万元)	72318.08	77411.47	35939.97	56075.89
投资收益(万元)	75.26	108.24	108.24	392.73
净利润(万元)	21228.54	22882.91	11182.15	17370.65
营业利润(万元)	24490.80	26406.93	13050.44	19786.11
利润总额(万元)	25305.84	26619.48	13144.05	20235.02

蓝思科技股份有限公司

公司概况	公司名称	蓝思科技股份有限公司			证券简称	蓝思科技
	法人代表	周群飞	董秘	彭孟武	证券代码	300433
	公司网址	www.hnlens.com		电子信箱	lsgf@hnlens.com	
	电　　话	0731-83285699		传　　真	0731-83285010	
	办公地址	湖南省浏阳市生物医药园				
	经营范围	公司的主营业务是视窗防护玻璃的研发、生产和销售				

主要财务指标	指标\报告期	2017.06.30	2016.12.31	2016.06.30	2015.12.31
	基本每股收益(元)	0.1188	0.5700	0.1192	2.3500
	基本每股收益(扣除后)(元)	0.0860	0.3600	-0.0169	1.6700
	稀释每股收益(元)	0.1188	0.5700	0.1192	2.3500
	每股净资产(元)	5.3963	6.4179	5.9806	5.1611
	每股经营现金净流量(元)	0.5954	1.5490	0.2648	5.0785
	每股现金流量(元)	0.0706	0.1972	0.0247	0.4064
	每股资本公积金(元)	1.1416	1.4700	1.4700	2.1650
	每股盈余公积金(元)	0.3279	0.3935	0.3181	1.0305
	每股未分配利润(元)	2.9225	3.5644	3.2014	11.3010
	净资产收益率(%)	2.2019	8.5963	1.8941	14.7974
	加权净资产收益率(%)	2.2000	9.4500	2.1300	16.6000
	净资产收益率(扣除)(%)	1.5931	5.4107	-0.2682	10.5111
	总资产(万元)	2758795.06	2380934.37	2161694.19	2049183.65
	归属母公司股东权益(万元)	1412710.47	1400135.07	1304734.00	1042583.35
	营业收入(万元)	866097.70	1523611.69	565761.43	1722738.47
	营业支出(万元)	658356.11	1138485.81	437331.31	1312050.79
	投资收益(万元)	-114.05	2322.43	1329.30	1155.58
	净利润(万元)	30653.34	120496.02	24824.90	154218.09
	营业利润(万元)	24164.21	90718.99	-2193.19	135554.38
	利润总额(万元)	34704.64	138288.82	25562.55	173816.78

四川金石东方新材料设备股份有限公司

公司概况	公司名称	四川金石东方新材料设备股份有限公司			证券简称	金石东方
	法人代表	蒯一希	董秘	林强	证券代码	300434
	公司网址	www.goldstone-group.com		电子信箱	goldstone@goldstone-group.com	
	电　　话	028-87086807		传　　真	028-87086861	
	办公地址	四川省成都市青羊区家园路8号大地新光华广场A1区8楼				
	经营范围	研发、生产、销售塑料复合管材、管件及设备				

主要财务指标	指标\报告期	2017.06.30	2016.12.31	2016.06.30	2015.12.31
	基本每股收益(元)	0.1000	0.1877	0.0876	0.3800
	基本每股收益(扣除后)(元)	0.0900	0.1300	0.0693	0.2600
	稀释每股收益(元)	0.1000	0.1877	0.0876	0.3800
	每股净资产(元)	10.0242	2.9590	2.8589	2.8214
	每股经营现金净流量(元)	0.4816	0.1850	0.0957	0.4531
	每股现金流量(元)	2.1929	-0.9583	-0.9760	1.1440
	每股资本公积金(元)	7.2486	0.5395	0.5395	2.0790
	每股盈余公积金(元)	0.1607	0.1607	0.1413	0.2826
	每股未分配利润(元)	1.3109	1.2589	1.1782	2.2811
	净资产收益率(%)	1.0174	6.3431	3.0639	6.0934
	加权净资产收益率(%)	3.4000	6.4900	3.0600	7.1900
	净资产收益率(扣除)(%)	0.8610	4.4118	2.4246	4.3050
	总资产(万元)	284767.26	48379.32	45035.22	43242.86
	归属母公司股东权益(万元)	136328.73	40243.06	38881.71	38370.41
	营业收入(万元)	14309.42	16241.45	7747.37	11711.21
	营业支出(万元)	7588.21	10617.25	5081.96	7104.52
	投资收益(万元)	144.55	405.39	211.92	217.60
	净利润(万元)	1506.77	2515.95	1182.46	2338.06
	营业利润(万元)	1647.26	2398.09	1282.79	2077.01
	利润总额(万元)	1755.60	2908.60	1363.37	2682.87

杭州中泰深冷技术股份有限公司

公司概况	公司名称	杭州中泰深冷技术股份有限公司			证券简称	中泰股份
	法人代表	章有虎	董秘	周娟萍	证券代码	300435
	公司网址	www.zhongtaihangzhou.com		电子信箱	info@zhongtaichina.com	
	电　　话	86-571-58838858		传　　真	0571-58838859	
	办公地址	浙江省杭州市富阳区东洲街道高尔夫路228号				
	经营范围	生产、销售冷箱、压力容器、压力管道及相关技术咨询服务				

主要财务指标	指标\报告期	2017.06.30	2016.12.31	2016.06.30	2015.12.31
	基本每股收益(元)	0.1400	0.2400	0.2700	1.2300
	基本每股收益(扣除后)(元)	0.0800	0.2000	0.2300	1.0700
	稀释每股收益(元)	0.1400	0.2300	0.2700	1.2300
	每股净资产(元)	2.9374	2.8556	2.6679	7.8498
	每股经营现金净流量(元)	0.0195	0.2048	0.0502	-0.7476
	每股现金流量(元)	-0.0484	0.2295	0.0015	0.5718
	每股资本公积金(元)	0.6532	0.6532	0.6430	3.9290
	每股盈余公积金(元)	0.1458	0.1458	0.1230	0.3690
	每股未分配利润(元)	1.2290	1.1472	1.0557	3.0133
	净资产收益率(%)	4.8269	8.1350	4.4223	14.4211
	加权净资产收益率(%)	4.8400	8.5300	4.4300	17.3300
	净资产收益率(扣除)(%)	2.8491	6.9644	3.6932	12.5163
	总资产(万元)	111824.62	101939.22	99495.45	92757.35
	归属母公司股东权益(万元)	71908.36	69906.23	65310.47	64054.22
	营业收入(万元)	20498.94	33716.40	13336.64	46246.40
	营业支出(万元)	15250.39	22943.72	8575.11	30029.75
	投资收益(万元)	95.17	836.48	498.61	313.43
	净利润(万元)	3470.93	5686.86	2888.24	9237.33
	营业利润(万元)	2465.35	6537.08	3368.09	9731.83
	利润总额(万元)	4040.41	6647.85	3418.37	10816.11

福建广生堂药业股份有限公司

公司概况	公司名称	福建广生堂药业股份有限公司			证券简称	广生堂
	法人代表	李国平	董秘	牛妞	证券代码	300436
	公司网址	www.cosunter.com		电子信箱	niuniu@cosunter.com	
	电　　话	0591-38305333		传　　真	0591-38305305	
	办公地址	福建省福州市鼓楼区软件大道89号软件园B区10号楼B座				
	经营范围	片剂、胶囊剂、茶剂、颗粒剂、原料药、人工天竺黄				

主要财务指标	指标\报告期	2017.06.30	2016.12.31	2016.06.30	2015.12.31
	基本每股收益(元)	0.1921	0.4681	0.2911	0.9241
	基本每股收益(扣除后)(元)	0.1866	0.4403	0.2699	0.8692
	稀释每股收益(元)	0.1943	0.4742	0.2911	0.9241
	每股净资产(元)	3.8710	3.8933	3.7496	3.7085
	每股经营现金净流量(元)	0.3531	0.5205	0.2191	0.7973
	每股现金流量(元)	-0.8832	1.7724	1.5787	0.2674
	每股资本公积金(元)	1.6892	1.6570	1.2518	1.2518
	每股盈余公积金(元)	0.2670	0.2670	0.2205	0.2205
	每股未分配利润(元)	1.3340	1.3919	1.2773	1.2362
	净资产收益率(%)	4.9636	12.0235	7.7629	19.9336
	加权净资产收益率(%)	4.8700	12.5600	7.6400	27.1500
	净资产收益率(扣除)(%)	4.8206	11.3087	7.1992	18.7494
	总资产(万元)	72158.41	70066.64	60145.52	60069.98
	归属母公司股东权益(万元)	54919.83	55236.14	52494.71	51919.59
	营业收入(万元)	15019.05	31288.26	14929.70	30892.34
	营业支出(万元)	1719.39	4081.76	1830.01	3763.31
	投资收益(万元)	-268.81	-354.56	-160.55	-7.53
	净利润(万元)	2725.99	6641.30	4075.12	10349.46
	营业利润(万元)	3186.73	6982.20	4453.64	11413.86
	利润总额(万元)	3075.51	7449.16	4801.77	12140.25

河南清水源科技股份有限公司

公司概况	公司名称	河南清水源科技股份有限公司			证券简称	清水源
	法人代表	郝德武	董秘	宋长廷	证券代码	300437
	公司网址	www.qywt.com.cn		电子信箱	dongshihui@qywt.com.cn	
	电　　话	0391-6089790		传　　真	0391-6089341	
	办公地址	河南省济源市轵城镇207国道东侧正兴玉米公司北邻				
	经营范围	水处理剂、化学清洗剂、油田注剂及包装桶的生产销售				

主要财务指标	指标＼报告期	2017.06.30	2016.12.31	2016.06.30	2015.12.31
	基本每股收益(元)	0.1303	0.2296	0.0902	0.6399
	基本每股收益(扣除后)(元)	0.1260	0.2147	0.0786	0.5554
	稀释每股收益(元)	0.1303	0.2296	0.0902	0.6399
	每股净资产(元)	5.4500	5.4000	2.2994	6.3463
	每股经营现金净流量(元)	-0.1194	0.1254	0.1285	0.4246
	每股现金流量(元)	-0.2806	0.8136	-0.2108	1.1780
	每股资本公积金(元)	3.3627	3.3627	0.2392	2.4697
	每股盈余公积金(元)	0.1155	0.1155	0.1220	0.3416
	每股未分配利润(元)	0.9716	0.9213	0.9381	2.5240
	净资产收益率(%)	2.3900	3.8371	3.9235	9.2421
	加权净资产收益率(%)	2.3800	6.7300	3.9500	11.0000
	净资产收益率(扣除)(%)	2.3123	3.5870	3.4164	8.0211
	总资产(万元)	169580.60	149329.29	52402.49	48064.56
	归属母公司股东权益(万元)	118988.89	117893.61	42944.45	42329.51
	营业收入(万元)	30763.37	47877.42	20557.51	39803.36
	营业支出(万元)	21526.56	35135.89	15795.28	30469.90
	投资收益(万元)	115.50	284.64	188.35	65.63
	净利润(万元)	3224.05	4523.68	1684.94	3912.16
	营业利润(万元)	3646.73	5419.82	1927.43	3928.04
	利润总额(万元)	3745.34	5612.15	1995.28	4470.46

广州鹏辉能源科技股份有限公司

公司概况	公司名称	广州鹏辉能源科技股份有限公司			证券简称	鹏辉能源
	法人代表	夏信德	董秘	鲁宏力	证券代码	300438
	公司网址	www.greatpower.net		电子信箱	info@greatpower.net	
	电　　话	020-39196852		传　　真	020-39196767	
	办公地址	广东省广州市番禺区沙湾镇市良路(西村段)912号				
	经营范围	能源技术研究、技术开发服务				

主要财务指标	指标＼报告期	2017.06.30	2016.12.31	2016.06.30	2015.12.31
	基本每股收益(元)	0.3600	0.5500	0.1700	1.1300
	基本每股收益(扣除后)(元)	0.3400	0.5100	0.1600	1.0500
	稀释每股收益(元)	0.3600	0.5500	0.1700	1.1300
	每股净资产(元)	6.7741	3.7725	3.3978	3.2852
	每股经营现金净流量(元)	-0.2622	0.0176	-0.2652	0.2901
	每股现金流量(元)	0.5839	-0.1906	-0.2210	1.0112
	每股资本公积金(元)	3.8821	1.0086	1.0086	5.0258
	每股盈余公积金(元)	0.1102	0.1229	0.0888	0.2664
	每股未分配利润(元)	1.8129	1.6408	1.2975	3.5727
	净资产收益率(%)	5.0517	14.5985	5.1007	10.5437
	加权净资产收益率(%)	6.7200	15.6400	5.1400	12.6100
	净资产收益率(扣除)(%)	4.7026	13.5176	4.7064	9.7949
	总资产(万元)	301667.66	190161.64	146820.58	137661.22
	归属母公司股东权益(万元)	190454.76	95065.89	85625.72	82787.15
	营业收入(万元)	79513.84	127135.36	47926.30	87873.57
	营业支出(万元)	58887.44	95883.83	36652.75	66853.47
	投资收益(万元)	442.03	100.08	86.02	274.11
	净利润(万元)	9595.62	13748.67	4355.24	8591.59
	营业利润(万元)	11188.63	14859.87	4614.37	9469.56
	利润总额(万元)	11128.29	15995.71	5019.19	9924.54

美康生物科技股份有限公司

公司概况	公司名称	美康生物科技股份有限公司			证券简称	美康生物
	法人代表	邹炳德	董秘	赵家保	证券代码	300439
	公司网址	www.nbmedicalsystem.com		电子信箱	mksw@nbmedicalsystem.com	
	电　　话	0574-28882206		传　　真	0574-28882205	
	办公地址	浙江省宁波市鄞州区启明南路299号				
	经营范围	第二、三类6840体外诊断试剂的制造、加工				

主要财务指标	指标＼报告期	2017.06.30	2016.12.31	2016.06.30	2015.12.31
	基本每股收益(元)	0.2800	0.5200	0.2500	0.5200
	基本每股收益(扣除后)(元)	0.2600	0.4400	0.2100	0.4700
	稀释每股收益(元)	0.2800	0.5200	0.2500	0.5200
	每股净资产(元)	4.3924	4.1641	3.8578	3.7878
	每股经营现金净流量(元)	0.0195	0.0071	0.0701	0.5222
	每股现金流量(元)	0.5611	-0.6879	-0.4368	1.1295
	每股资本公积金(元)	1.6413	1.6102	1.6208	1.3440
	每股盈余公积金(元)	0.2028	0.2030	0.1525	0.1525
	每股未分配利润(元)	1.8295	1.6195	1.4403	1.2888
	净资产收益率(%)	6.1866	12.2618	6.3758	12.5214
	加权净资产收益率(%)	6.0600	13.0400	6.5000	16.6300
	净资产收益率(扣除)(%)	5.7234	10.4310	5.2580	11.3200
	总资产(万元)	270889.62	236802.11	196566.91	144679.16
	归属母公司股东权益(万元)	152863.39	144753.65	134107.33	128793.67
	营业收入(万元)	72293.49	105505.67	38446.60	68314.12
	营业支出(万元)	35866.52	48452.55	14334.99	28201.70
	投资收益(万元)	2378.44	1710.92	1265.08	327.42
	净利润(万元)	10580.10	18810.07	8480.29	15946.22
	营业利润(万元)	12760.45	20999.53	10116.64	17615.35
	利润总额(万元)	13104.47	22606.56	10428.90	19152.17

成都运达科技股份有限公司

公司概况	公司名称	成都运达科技股份有限公司			证券简称	运达科技
	法人代表	何鸿云	董秘	王海峰	证券代码	300440
	公司网址	www.yd-tec.com		电子信箱	wanghf@yd-tec.com	
	电　　话	028-82839983		传　　真	028-82839988	
	办公地址	四川省成都市高新区新达路11号				
	经营范围	从事轨道交通机务运用安全系统的研发、生产和销售				

主要财务指标	指标＼报告期	2017.06.30	2016.12.31	2016.06.30	2015.12.31
	基本每股收益(元)	0.1475	0.6009	0.2120	1.2502
	基本每股收益(扣除后)(元)	0.1432	0.5535	0.2109	1.2257
	稀释每股收益(元)	0.1475	0.6009	0.2120	1.2502
	每股净资产(元)	2.6866	5.7467	5.3578	5.2758
	每股经营现金净流量(元)	0.1447	0.2956	-0.1007	0.7106
	每股现金流量(元)	-1.2258	0.4414	-2.0631	4.4602
	每股资本公积金(元)	0.6258	2.8150	2.4116	5.8233
	每股盈余公积金(元)	0.1370	0.2789	0.2184	0.4367
	每股未分配利润(元)	1.0544	2.0516	1.7278	3.2916
	净资产收益率(%)	5.4570	10.4561	3.9573	10.8614
	加权净资产收益率(%)	4.8700	10.9200	3.9600	13.6000
	净资产收益率(扣除)(%)	5.2628	9.6322	3.9363	10.6479
	总资产(万元)	179219.70	189601.27	151922.69	160125.94
	归属母公司股东权益(万元)	122512.38	137660.60	120015.13	118177.81
	营业收入(万元)	24261.57	59730.41	19322.98	45988.54
	营业支出(万元)	12223.91	32420.03	9769.98	21470.60
	投资收益(万元)	117.65	308.82	522.43	800.84
	净利润(万元)	6697.72	13386.89	4750.29	12822.76
	营业利润(万元)	4744.54	11357.51	3903.03	12228.49
	利润总额(万元)	7436.37	14956.40	5389.80	14590.01

宁波鲍斯能源装备股份有限公司

公司概况	公司名称	宁波鲍斯能源装备股份有限公司		证券简称	鲍斯股份
	法人代表	陈金岳	董秘 陈军	证券代码	300441
	公司网址	www.cnbaosi.com		电子信箱	chenj@cnbaosi.com
	电　话	0574-88661525		传　真	0574-88661529
	办公地址	浙江省宁波市奉化区西坞街道尚桥路 18 号			
	经营范围	主要从事螺杆压缩机核心部件——螺杆主机以及螺杆压缩机整机的研发生产及销售			

指标\报告期	2017.06.30	2016.12.31	2016.06.30	2015.12.31
基本每股收益(元)	0.2000	0.2100	0.0800	0.1900
基本每股收益(扣除后)(元)	0.2000	0.2100	0.0800	0.1600
稀释每股收益(元)	0.2000	0.2100	0.0800	0.1900
每股净资产(元)	3.7826	2.8992	2.7715	2.6844
每股经营现金净流量(元)	0.1991	0.2353	0.1458	0.1701
每股现金流量(元)	0.0904	0.0812	0.3452	0.3974
每股资本公积金(元)	2.2135	1.3496	1.3510	0.4689
每股盈余公积金(元)	0.0729	0.0770	0.0619	0.1277
每股未分配利润(元)	0.4966	0.4725	0.3586	1.0878
净资产收益率(%)	5.2645	6.9885	2.6562	6.8928
加权净资产收益率(%)	6.0500	9.1700	4.7100	8.1300
净资产收益率(扣除)(%)	5.1059	6.7883	2.5116	5.8134
总资产(万元)	212118.02	141003.10	131907.80	60838.90
归属母公司股东权益(万元)	139184.45	101039.07	96591.45	45355.30
营业收入(万元)	48384.20	56599.02	21647.30	25722.56
营业支出(万元)	29926.94	37274.20	14851.38	18411.38
投资收益(万元)	-251.91	-191.19	-44.19	-
净利润(万元)	8322.39	7504.91	2664.64	3097.83
营业利润(万元)	9497.53	8534.95	3013.29	2954.55
利润总额(万元)	9800.92	8889.24	3165.75	3531.98

上海普丽盛包装股份有限公司

公司概况	公司名称	上海普丽盛包装股份有限公司		证券简称	普丽盛
	法人代表	姜卫东	董秘 池国进	证券代码	300442
	公司网址	www.cn-pls.com		电子信箱	pls@cn-pls.com
	电　话	021-57211797		传　真	021-57213028
	办公地址	上海市金山区张堰镇金张支路 84 号			
	经营范围	液态食品包装机械和纸铝复合无菌包装材料的研发			

指标\报告期	2017.06.30	2016.12.31	2016.06.30	2015.12.31
基本每股收益(元)	0.0200	0.0700	0.0400	0.5500
基本每股收益(扣除后)(元)	0.0100	0.0400	0.0200	0.5100
稀释每股收益(元)	0.0200	0.0700	0.0400	0.5500
每股净资产(元)	9.7013	9.6729	9.6374	9.7014
每股经营现金净流量(元)	-0.0272	-0.6172	-0.4274	-0.4759
每股现金流量(元)	-0.8529	-0.8122	-0.6175	1.0215
每股资本公积金(元)	5.2063	5.2063	5.2063	5.2063
每股盈余公积金(元)	0.2082	0.2082	0.2082	0.2082
每股未分配利润(元)	3.2680	3.2584	3.2229	3.2869
净资产收益率(%)	0.2541	0.7494	0.3842	5.1606
加权净资产收益率(%)	0.2500	0.7400	0.3800	6.2200
净资产收益率(扣除)(%)	0.1469	0.4285	0.1774	4.8613
总资产(万元)	164478.99	141954.30	128895.26	125936.25
归属母公司股东权益(万元)	97012.90	96728.87	96374.33	97014.03
营业收入(万元)	30143.60	57581.58	24056.22	54061.19
营业支出(万元)	21763.33	41101.44	17375.79	35939.95
投资收益(万元)	--	14.00	-	-
净利润(万元)	399.62	-56.38	106.06	5006.54
营业利润(万元)	450.15	176.90	102.88	5494.48
利润总额(万元)	452.16	530.12	318.69	5837.83

山东莱芜金雷风电科技股份有限公司

公司概况	公司名称	山东莱芜金雷风电科技股份有限公司		证券简称	金雷风电
	法人代表	伊廷雷	董秘 周丽	证券代码	300443
	公司网址	www.jinleiwind.com		电子信箱	jinleizqb@163.com
	电　话	0634-6494368 6492889		传　真	0634-6494367
	办公地址	山东省莱芜市钢城区里辛镇张家岭村			
	经营范围	风电主轴研发、锻造，金属锻件、机械零部件加工销售			

指标\报告期	2017.06.30	2016.12.31	2016.06.30	2015.12.31
基本每股收益(元)	0.4085	1.8200	0.7745	2.7700
基本每股收益(扣除后)(元)	0.4050	1.8500	0.8012	2.6600
稀释每股收益(元)	0.4085	1.8200	0.7745	2.7700
每股净资产(元)	6.5900	12.7200	8.5135	15.9981
每股经营现金净流量(元)	0.5564	1.9497	1.3335	1.4158
每股现金流量(元)	0.2703	0.6296	-0.9468	2.5989
每股资本公积金(元)	2.8721	6.7442	3.3439	7.6879
每股盈余公积金(元)	0.2609	0.5219	0.3655	0.7310
每股未分配利润(元)	2.4539	4.4509	3.8041	6.5792
净资产收益率(%)	6.2009	13.8658	9.0973	16.1400
加权净资产收益率(%)	6.2800	18.0000	9.3800	20.2900
净资产收益率(扣除)(%)	6.1480	14.0919	9.4113	15.4898
总资产(万元)	169449.10	172997.79	110909.54	102988.68
归属母公司股东权益(万元)	156806.31	151367.87	95794.29	90005.07
营业收入(万元)	33592.79	63629.77	26205.62	66120.41
营业支出(万元)	19284.61	35411.93	14921.73	43479.17
投资收益(万元)	475.22	125.93	-	-
净利润(万元)	9723.47	20988.36	8714.74	14526.77
营业利润(万元)	11344.08	22932.90	8344.63	18304.43
利润总额(万元)	11441.76	22404.41	7990.81	19084.27

北京双杰电气股份有限公司

公司概况	公司名称	北京双杰电气股份有限公司		证券简称	双杰电气
	法人代表	赵志宏	董秘 李涛	证券代码	300444
	公司网址	www.sojoline.com		电子信箱	zqb@sojoline.com
	电　话	010-62987100		传　真	010-62988464
	办公地址	北京市海淀区上地三街 9 号 D 座 1111			
	经营范围	输配电及控制设备的研发、生产和销售			

指标\报告期	2017.06.30	2016.12.31	2016.06.30	2015.12.31
基本每股收益(元)	0.0600	0.3484	0.0700	0.3900
基本每股收益(扣除后)(元)	0.0500	0.3394	0.0700	0.3700
稀释每股收益(元)	0.0600	0.3479	0.0700	0.3900
每股净资产(元)	3.1322	3.1635	2.8198	2.8851
每股经营现金净流量(元)	-0.1340	0.2199	0.1177	0.0646
每股现金流量(元)	-0.0968	-0.6849	-0.2893	1.2353
每股资本公积金(元)	1.0992	1.0945	1.0903	1.0856
每股盈余公积金(元)	0.1304	0.1304	0.1130	0.1130
每股未分配利润(元)	1.0645	1.1035	0.8547	0.9287
净资产收益率(%)	1.9466	10.8161	2.6961	11.0264
加权净资产收益率(%)	1.9400	11.4300	2.6000	13.3100
净资产收益率(扣除)(%)	1.7995	10.5409	2.6868	10.5289
总资产(万元)	183952.78	168528.68	166746.75	121164.56
归属母公司股东权益(万元)	88757.57	89645.61	79910.21	81761.09
营业收入(万元)	46938.42	99848.03	30061.68	66106.33
营业支出(万元)	35553.34	69320.41	20308.03	40886.09
投资收益(万元)	-353.93	244.96	-2.25	-0.17
净利润(万元)	1995.70	9900.96	2154.48	9015.33
营业利润(万元)	2282.97	10435.20	2460.85	9910.34
利润总额(万元)	2394.22	10887.44	2534.68	10492.92

北京康斯特仪表科技股份有限公司

公司概况	公司名称	北京康斯特仪表科技股份有限公司		证券简称	康斯特
	法人代表	姜维利	董秘　刘楠楠	证券代码	300445
	公司网址	www.constgroup.com		电子信箱	zqb@constgroup.com
	电　话	010-56973355		传　真	010-56973349
	办公地址	北京市海淀区丰秀中路3号院5号楼			
	经营范围	数字压力、温度校准仪表产品的研究、开发、生产、销售、技术服务、技术转让			

	指标\报告期	2017.06.30	2016.12.31	2016.06.30	2015.12.31
主要财务指标	基本每股收益(元)	0.1114	0.2701	0.0827	0.5456
	基本每股收益(扣除后)(元)	0.1140	0.2635	0.0862	0.5265
	稀释每股收益(元)	0.1114	0.2696	0.0827	0.5456
	每股净资产(元)	2.5597	2.4825	2.3139	4.5472
	每股经营现金净流量(元)	0.0243	0.2620	-0.0074	0.5794
	每股现金流量(元)	-0.0418	0.3568	-0.0822	1.8811
	每股资本公积金(元)	0.3726	0.3565	0.1595	1.3191
	每股盈余公积金(元)	0.1535	0.1535	0.1296	0.2592
	每股未分配利润(元)	1.2274	1.1623	1.0183	1.9613
	净资产收益率(%)	4.3507	10.7205	3.5733	11.4986
	加权净资产收益率(%)	4.3900	11.3200	3.5700	14.2700
	净资产收益率(扣除)(%)	4.4543	10.4600	3.7248	11.0967
	总资产(万元)	48316.95	47595.76	39245.96	40108.72
	归属母公司股东权益(万元)	42396.61	41117.72	37762.22	37105.38
	营业收入(万元)	8286.64	17610.25	6945.58	16252.36
	营业支出(万元)	2269.88	5262.59	1998.73	4757.59
	投资收益(万元)	--	--	-	-
	净利润(万元)	1844.56	4408.01	1349.36	4266.60
	营业利润(万元)	2405.35	4191.00	1404.09	3844.47
	利润总额(万元)	2353.69	5109.36	1631.42	4951.40

保定乐凯新材料股份有限公司

公司概况	公司名称	保定乐凯新材料股份有限公司		证券简称	乐凯新材
	法人代表	张新明	董秘　周春丽	证券代码	300446
	公司网址	maginfo.luckyfilm.com.cn		电子信箱	lekaixincai@luckyfilm.com
	电　话	0312-7922999		传　真	0312-7922999
	办公地址	河北省保定市和润路569号			
	经营范围	感光化学品及热敏化学品等的研发、生产和销售			

	指标\报告期	2017.06.30	2016.12.31	2016.06.30	2015.12.31
主要财务指标	基本每股收益(元)	0.3712	0.8793	0.4258	1.7500
	基本每股收益(扣除后)(元)	0.3562	0.8248	0.4082	1.6800
	稀释每股收益(元)	0.3712	0.8793	0.4258	1.7500
	每股净资产(元)	4.1212	4.0500	3.5965	6.9414
	每股经营现金净流量(元)	0.4541	0.9736	0.4553	1.7644
	每股现金流量(元)	-0.4864	0.0200	-0.0405	-0.2049
	每股资本公积金(元)	0.2899	0.2899	0.2899	1.5799
	每股盈余公积金(元)	0.3510	0.3510	0.2630	0.5261
	每股未分配利润(元)	2.4803	2.4091	2.0436	3.8355
	净资产收益率(%)	9.0070	21.7111	11.8401	23.1626
	加权净资产收益率(%)	8.8700	23.5400	11.7200	28.4900
	净资产收益率(扣除)(%)	8.6420	20.3662	11.3501	22.1916
	总资产(万元)	54871.82	54306.84	49493.06	47096.72
	归属母公司股东权益(万元)	50608.04	49733.75	44165.17	42619.98
	营业收入(万元)	11915.13	26142.95	13103.64	24138.75
	营业支出(万元)	4653.90	9587.78	4899.98	8695.38
	投资收益(万元)	179.00	548.93	219.30	171.29
	净利润(万元)	4558.29	10797.76	5229.18	9871.90
	营业利润(万元)	5285.78	12497.75	6143.79	11291.17
	利润总额(万元)	5319.52	12726.54	6174.47	11597.52

南京全信传输科技股份有限公司

公司概况	公司名称	南京全信传输科技股份有限公司		证券简称	全信股份
	法人代表	陈祥楼	董秘　陈祥楼(代)	证券代码	300447
	公司网址	www.qx-kj.com		电子信箱	fangjin@qx-kj.com
	电　话	025-83245761		传　真	025-52777568
	办公地址	江苏省南京市鼓楼区汉中门大街301号01幢12层			
	经营范围	从事国防军工用高性能传输线缆及线缆组件的研发、生产和销售等			

	指标\报告期	2017.06.30	2016.12.31	2016.06.30	2015.12.31
主要财务指标	基本每股收益(元)	0.2294	0.5604	0.2969	0.9666
	基本每股收益(扣除后)(元)	0.2159	0.5411	0.2815	0.9416
	稀释每股收益(元)	0.2304	0.5601	0.2969	0.9666
	每股净资产(元)	3.8716	3.9238	3.6649	3.4413
	每股经营现金净流量(元)	-0.1325	0.1398	-0.2601	0.4360
	每股现金流量(元)	-0.1877	0.0163	-0.5038	2.1508
	每股资本公积金(元)	1.7500	0.9189	0.7347	2.4658
	每股盈余公积金(元)	0.1343	0.2284	0.1747	0.3495
	每股未分配利润(元)	1.3175	1.9497	1.7555	3.0672
	净资产收益率(%)	5.4896	14.1937	8.1015	12.8743
	加权净资产收益率(%)	9.5000	15.0200	8.2700	15.9000
	净资产收益率(扣除)(%)	5.1691	13.7051	7.6801	12.5413
	总资产(万元)	169805.52	97037.30	74303.07	67974.41
	归属母公司股东权益(万元)	115975.01	64046.20	59371.85	55748.24
	营业收入(万元)	27432.96	41848.74	17555.27	25126.35
	营业支出(万元)	13282.45	20439.90	7334.64	10295.83
	投资收益(万元)	-2.01	25.74	-8.65	40.80
	净利润(万元)	6621.54	9432.38	4780.69	7188.60
	营业利润(万元)	7278.11	9514.16	5357.12	6950.98
	利润总额(万元)	7715.46	11149.36	5625.40	8349.17

浩云科技股份有限公司

公司概况	公司名称	浩云科技股份有限公司		证券简称	浩云科技
	法人代表	雷洪文	董秘　陈翩	证券代码	300448
	公司网址	www.haoyuntech.com		电子信箱	zqb@haoyuntech.com
	电　话	020-34831515		传　真	020-34831415
	办公地址	广东省广州市番禺区东环街番禺大道北555号天安总部中心2号楼2201			
	经营范围	金融安防业务，包括安防系统、安防设备销售			

	指标\报告期	2017.06.30	2016.12.31	2016.06.30	2015.12.31
主要财务指标	基本每股收益(元)	0.0400	0.4400	-0.1900	0.9000
	基本每股收益(扣除后)(元)	0.0300	0.4000	-0.2000	0.8700
	稀释每股收益(元)	0.0400	0.4300	-0.1900	0.9000
	每股净资产(元)	3.3242	3.3322	2.6517	7.2119
	每股经营现金净流量(元)	-0.4073	0.2724	-0.5426	0.3182
	每股现金流量(元)	-0.8306	-0.7096	-0.7936	3.3781
	每股资本公积金(元)	1.2877	1.2705	1.2296	3.8348
	每股盈余公积金(元)	0.1502	0.1502	0.1219	0.3056
	每股未分配利润(元)	1.0123	1.0637	0.4760	2.3092
	净资产收益率(%)	1.0785	12.9232	-7.0173	11.3219
	加权净资产收益率(%)	1.0800	13.9700	-6.6800	14.4400
	净资产收益率(扣除)(%)	0.7936	11.7972	-7.3597	10.9560
	总资产(万元)	94771.69	89864.78	70666.68	67996.95
	归属母公司股东权益(万元)	67304.58	67444.85	53617.62	58191.47
	营业收入(万元)	19001.38	54495.39	13349.89	46569.14
	营业支出(万元)	10819.46	29536.93	9937.29	26402.39
	投资收益(万元)	--	--	-	46.38
	净利润(万元)	637.10	9303.44	-3896.99	6588.39
	营业利润(万元)	514.01	9265.51	-4234.79	7477.02
	利润总额(万元)	753.71	10551.10	-3973.38	7738.63

北京汉邦高科数字技术股份有限公司

公司概况	公司名称	北京汉邦高科数字技术股份有限公司			证券简称	汉邦高科
	法人代表	王立群	董秘	王立群(代)	证券代码	300449
	公司网址	www.hbgk.net		电子信箱	kzhshao@hbgk.net	
	电　话	010-57985711		传　真	010-57985799	
	办公地址	北京市海淀区长春桥路 11 号 4 号楼裙房四层南侧 1-12 号房间				
	经营范围	公司主要从事安防行业数字视频监控产品和系统的研发、生产和销售				

主要财务指标	指标\报告期	2017.06.30	2016.12.31	2016.06.30	2015.12.31
	基本每股收益(元)	0.0100	0.2200	0.1300	0.7000
	基本每股收益(扣除后)(元)	0.0011	0.2100	0.1300	0.7000
	稀释每股收益(元)	0.0100	0.2200	0.1300	0.7000
	每股净资产(元)	4.6190	4.5958	4.4900	4.4939
	每股经营现金净流量(元)	-1.1714	-1.0544	-1.2550	-2.3628
	每股现金流量(元)	-0.4882	-0.8026	-0.6696	0.6028
	每股资本公积金(元)	2.0896	2.1944	2.1867	4.6273
	每股盈余公积金(元)	0.1420	0.1411	0.1252	0.2554
	每股未分配利润(元)	1.6724	1.6790	1.5968	3.1052
	净资产收益率(%)	0.1083	4.8155	2.7438	7.1528
	加权净资产收益率(%)	0.1100	4.6700	2.7600	8.6700
	净资产收益率(扣除)(%)	0.0234	4.5529	2.7463	7.0837
	总资产(万元)	106604.41	93697.05	92876.95	86175.06
	归属母公司股东权益(万元)	66178.32	66264.33	64738.43	63544.14
	营业收入(万元)	22433.58	55343.14	19433.66	47919.15
	营业支出(万元)	17256.11	37284.45	11948.26	31028.92
	投资收益(万元)	--	-16.79	-	-
	净利润(万元)	71.67	3190.93	1776.27	4545.17
	营业利润(万元)	204.15	1818.83	1016.24	3970.79
	利润总额(万元)	270.53	3477.61	1818.92	5258.90

无锡先导智能装备股份有限公司

公司概况	公司名称	无锡先导智能装备股份有限公司			证券简称	先导智能
	法人代表	王燕清	董秘	陈强	证券代码	300450
	公司网址	www.leadchina.cn		电子信箱	lead@leadchina.cn	
	电　话	0510-81163600		传　真	0510-81163638	
	办公地址	江苏省无锡市国家高新技术产业开发区新锡路 20 号				
	经营范围	电子工业专用设备研发、生产和技术服务				

主要财务指标	指标\报告期	2017.06.30	2016.12.31	2016.06.30	2015.12.31
	基本每股收益(元)	0.4387	0.7124	0.2331	1.7400
	基本每股收益(扣除后)(元)	0.3995	0.7015	0.2267	1.6500
	稀释每股收益(元)	0.4387	0.7124	0.2331	1.7400
	每股净资产(元)	2.6226	2.3139	1.8346	5.3500
	每股经营现金净流量(元)	0.8612	0.2579	-0.0631	1.5952
	每股现金流量(元)	0.9947	-0.2549	-0.2228	0.9343
	每股资本公积金(元)	0.2032	0.2032	0.2032	2.6097
	每股盈余公积金(元)	0.1447	0.1447	0.0734	0.2201
	每股未分配利润(元)	1.2746	0.9659	0.5580	1.5248
	净资产收益率(%)	16.7272	30.7871	12.7062	19.9886
	加权净资产收益率(%)	17.7700	35.5600	12.8800	27.3400
	净资产收益率(扣除)(%)	15.2340	30.3160	12.3544	18.9332
	总资产(万元)	349998.53	241574.51	195506.25	171657.73
	归属母公司股东权益(万元)	107001.44	94407.13	74852.92	72821.92
	营业收入(万元)	62263.27	107898.08	39138.40	53611.08
	营业支出(万元)	34491.28	61981.62	23094.57	30532.51
	投资收益(万元)	289.24	518.04	376.64	343.47
	净利润(万元)	17898.30	29065.21	9510.99	14556.08
	营业利润(万元)	19126.80	26950.31	9477.44	13054.54
	利润总额(万元)	21006.52	33411.40	11195.06	17025.70

创业软件股份有限公司

公司概况	公司名称	创业软件股份有限公司			证券简称	创业软件
	法人代表	葛航	董秘	胡燕	证券代码	300451
	公司网址	www.bsoft.com.cn		电子信箱	bsoft@bsoft.com.cn	
	电　话	0571-88925701		传　真	0571-88217703	
	办公地址	浙江省杭州市滨江区长河街道越达巷 92 号创业智慧大厦五楼				
	经营范围	医疗卫生信息化应用软件和基于信息技术的系统集成业务				

主要财务指标	指标\报告期	2017.06.30	2016.12.31	2016.06.30	2015.12.31
	基本每股收益(元)	0.1400		-0.0100	0.8200
	基本每股收益(扣除后)(元)	0.1400		-0.0300	0.7700
	稀释每股收益(元)	0.1400		-0.0100	0.8100
	每股净资产(元)	7.6948		2.8923	2.7061
	每股经营现金净流量(元)	-0.6943		-0.1844	0.2636
	每股现金流量(元)	-0.8259		-0.1027	1.8698
	每股资本公积金(元)	6.1302		1.1904	4.9505
	每股盈余公积金(元)	0.1470		0.1433	0.4317
	每股未分配利润(元)	1.2783		1.1447	3.6414
	净资产收益率(%)	1.7484		-0.5072	8.2999
	加权净资产收益率(%)	1.8300		-0.5100	10.2200
	净资产收益率(扣除)(%)	1.7445		-0.9129	7.8490
	总资产(万元)	241653.80		87520.85	88845.13
	归属母公司股东权益(万元)	186944.89		61029.04	59858.31
	营业收入(万元)	49560.60		19613.56	42597.16
	营业支出(万元)	26919.35		10867.79	21518.00
	投资收益(万元)	-19.77		-24.76	-237.02
	净利润(万元)	3502.57		-311.30	4968.45
	营业利润(万元)	4292.65		-1057.33	3343.99
	利润总额(万元)	4303.19		-315.86	5829.70

安徽山河药用辅料股份有限公司

公司概况	公司名称	安徽山河药用辅料股份有限公司			证券简称	山河药辅
	法人代表	尹正龙	董秘	胡浩	证券代码	300452
	公司网址	www.shanhe01.com		电子信箱	sunhere@shanhe01.com	
	电　话	0554-2796116		传　真	0554-2796150	
	办公地址	安徽省淮南市经济技术开发区河滨路 2 号				
	经营范围	药用辅料的研发、生产和销售				

主要财务指标	指标\报告期	2017.06.30	2016.12.31	2016.06.30	2015.12.31
	基本每股收益(元)	0.2700	0.5300	0.5900	1.0700
	基本每股收益(扣除后)(元)	0.2200	0.4700	0.5300	0.9400
	稀释每股收益(元)	0.2700	0.5300	0.5900	1.0700
	每股净资产(元)	4.4644	4.3395	4.1079	7.8276
	每股经营现金净流量(元)	0.1971	0.5963	0.3392	0.9193
	每股现金流量(元)	0.8884	0.0877	0.4567	1.3199
	每股资本公积金(元)	1.2166	1.2166	1.2166	3.4333
	每股盈余公积金(元)	0.2509	0.2509	0.2001	0.4002
	每股未分配利润(元)	1.9930	1.8720	1.6912	2.9941
	净资产收益率(%)	6.0692	12.1145	7.1598	12.1897
	加权净资产收益率(%)	6.0500	12.7400	7.2400	15.7300
	净资产收益率(扣除)(%)	4.9398	10.7282	6.4399	10.7085
	总资产(万元)	52663.98	51284.99	48475.36	45806.22
	归属母公司股东权益(万元)	41429.31	40270.47	38121.32	36319.91
	营业收入(万元)	15298.91	28640.33	14246.68	25891.92
	营业支出(万元)	10462.99	18959.03	9102.56	16921.81
	投资收益(万元)	258.54	335.71	150.18	222.83
	净利润(万元)	2514.42	4878.56	2729.40	4427.30
	营业利润(万元)	2658.76	5383.10	3019.11	4770.65
	利润总额(万元)	2940.41	5704.17	3191.77	5180.72

江西三鑫医疗科技股份有限公司

公司概况						
公司名称	江西三鑫医疗科技股份有限公司				证券简称	三鑫医疗
法人代表	彭义兴	董秘	乐珍荣		证券代码	300453
公司网址	www.sanxin-med.com		电子信箱		sanxin-med@vip.163.com	
电　话	0791-85950380		传　真		0791-85988030	
办公地址	江西省南昌市南昌县小蓝经济开发区富山大道 999 号					
经营范围	一次性使用无菌注输类医疗器械的研发、生产和销售					

主要财务指标 指标＼报告期	2017.06.30	2016.12.31	2016.06.30	2015.12.31
基本每股收益(元)	0.1264	0.2300	0.1205	0.7300
基本每股收益(扣除后)(元)	0.1100	0.2300	0.1078	0.6300
稀释每股收益(元)	0.1264	0.2300	0.1205	0.7300
每股净资产(元)	3.5082	3.4817	3.3716	6.7020
每股经营现金净流量(元)	0.1205	0.3862	0.0598	0.7923
每股现金流量(元)	–0.2663	–0.6484	–0.8729	1.8279
每股资本公积金(元)	1.0235	1.0235	1.0235	3.0470
每股盈余公积金(元)	0.1698	0.1698	0.1471	0.2943
每股未分配利润(元)	1.3149	1.2885	1.2009	2.3608
净资产收益率(%)	3.6044	6.6256	3.5752	9.7535
加权净资产收益率(%)	3.6000	6.8000	3.5900	12.6500
净资产收益率(扣除)(%)	3.1433	6.7273	3.1971	8.3989
总资产(万元)	63533.84	62526.44	60231.80	59227.81
归属母公司股东权益(万元)	55681.42	55261.65	53513.46	53187.45
营业收入(万元)	18547.21	31777.44	15210.20	31184.82
营业支出(万元)	12832.06	21166.60	10145.03	20342.75
投资收益(万元)	168.78	66.35	13.80	1.08
净利润(万元)	2006.98	3661.40	1913.20	5187.64
营业利润(万元)	2186.95	4351.77	1987.37	5229.00
利润总额(万元)	2320.31	4218.16	2210.79	6037.61

北京康拓红外技术股份有限公司

公司概况						
公司名称	北京康拓红外技术股份有限公司				证券简称	康拓红外
法人代表	赵大鹏	董秘	曹昶辉		证券代码	300455
公司网址	www.cchbds.com.cn		电子信箱		cchbds@cchbds.com.cn	
电　话	010-68378620		传　真		010-68379141	
办公地址	北京市海淀区知春路 61 号 9 层					
经营范围	主要从事铁路车辆运行安全检测领域和机车车辆检修自动化领域相关设备的销售、安装和服务					

主要财务指标 指标＼报告期	2017.06.30	2016.12.31	2016.06.30	2015.12.31
基本每股收益(元)	0.0558	0.2400	0.1100	0.4900
基本每股收益(扣除后)(元)	0.0514	0.2400	0.1100	0.4800
稀释每股收益(元)	0.0558	0.2400	0.1100	0.4900
每股净资产(元)	1.6651	2.3100	2.1288	4.2306
每股经营现金净流量(元)	0.0300	–0.0478	–0.1417	–0.0445
每股现金流量(元)	0.2458	0.0449	–0.2216	0.2170
每股资本公积金(元)	0.0616	0.2862	0.2846	1.5692
每股盈余公积金(元)	0.0861	0.1205	0.0967	0.1933
每股未分配利润(元)	0.5174	0.9012	0.7475	1.4681
净资产收益率(%)	3.3536	10.4426	2.9822	10.3492
加权净资产收益率(%)	3.3700	10.9000	2.9900	12.8400
净资产收益率(扣除)(%)	3.1342	10.4425	2.9639	10.2267
总资产(万元)	77168.05	80447.03	73423.36	73887.21
归属母公司股东权益(万元)	65271.63	64622.68	59605.93	59228.38
营业收入(万元)	9656.52	28362.69	8349.22	25209.54
营业支出(万元)	5202.20	16004.30	4590.92	14487.00
投资收益(万元)	40.39	324.89	162.36	250.27
净利润(万元)	2188.96	6748.29	1777.55	6129.63
营业利润(万元)	2511.86	6464.65	1469.32	5191.92
利润总额(万元)	2527.21	7901.30	1958.91	7167.10

北京耐威科技股份有限公司

公司概况						
公司名称	北京耐威科技股份有限公司				证券简称	耐威科技
法人代表	杨云春	董秘	张阿斌		证券代码	300456
公司网址	www.navgnss.com		电子信箱		zqb@navgnss.com	
电　话	010-82252103		传　真		010-59702066	
办公地址	北京市西城区裕民路 18 号北环中心 A 座 2607 室(中关村德胜园区)					
经营范围	从事惯性导航产品、卫星导航产品的研发、生产与销售					

主要财务指标 指标＼报告期	2017.06.30	2016.12.31	2016.06.30	2015.12.31
基本每股收益(元)	0.1301	0.3400	0.0827	0.6300
基本每股收益(扣除后)(元)	0.0870	0.3295	0.0802	0.5472
稀释每股收益(元)	0.1301	0.3400	0.0827	0.6300
每股净资产(元)	7.5594	7.3352	3.4602	6.8750
每股经营现金净流量(元)	0.1698	0.1763	0.0404	0.2423
每股现金流量(元)	0.2855	–0.0003	0.1350	1.8996
每股资本公积金(元)	4.8992	4.8939	1.0924	3.1848
每股盈余公积金(元)	0.0266	0.0266	0.0289	0.0577
每股未分配利润(元)	1.5050	1.4249	1.3389	2.6325
净资产收益率(%)	1.7208	4.3477	2.3900	8.2477
加权净资产收益率(%)	1.7400	6.5500	2.3400	10.7600
净资产收益率(扣除)(%)	1.1514	4.2489	2.3180	7.1306
总资产(万元)	202515.61	177605.04	66772.63	66481.01
归属母公司股东权益(万元)	139991.07	135839.19	58131.51	57750.17
营业收入(万元)	28102.65	33695.58	6908.93	17097.39
营业支出(万元)	18809.24	19158.84	3933.94	9684.03
投资收益(万元)	10.22	202.48	33.18	29.27
净利润(万元)	2384.24	6677.89	1431.71	4937.21
营业利润(万元)	2364.83	7139.99	1318.69	3889.13
利润总额(万元)	3302.49	7961.14	1713.75	5543.72

深圳市赢合科技股份有限公司

公司概况						
公司名称	深圳市赢合科技股份有限公司				证券简称	赢合科技
法人代表	王维东	董秘	王晋		证券代码	300457
公司网址	www.yhwins.com		电子信箱		yinghekejiid@163.com	
电　话	86-752-2566289		传　真		86-752-2566289	
办公地址	广东省深圳市南山区海德三道天利中央广场 B 座 10 楼 1001					
经营范围	锂离子电池自动化生产设备的研发、设计、制造、销售与服务					

主要财务指标 指标＼报告期	2017.06.30	2016.12.31	2016.06.30	2015.12.31
基本每股收益(元)	0.9400	1.0600	0.4900	0.5700
基本每股收益(扣除后)(元)	0.8700	0.9600	0.4700	0.4500
稀释每股收益(元)	0.9400	1.0600	0.4900	0.5700
每股净资产(元)	9.2380	5.3775	4.8100	4.4200
每股经营现金净流量(元)	–1.2269	0.2433	0.3431	0.1519
每股现金流量(元)	0.0049	–0.2231	–0.0875	0.2125
每股资本公积金(元)	5.0021	1.6084	1.6084	1.6084
每股盈余公积金(元)	0.2592	0.2436	0.1859	0.1859
每股未分配利润(元)	2.9776	2.5264	2.0183	1.6254
净资产收益率(%)	9.9835	19.6883	10.2422	11.6470
加权净资产收益率(%)	11.9100	19.6100	10.4400	11.7800
净资产收益率(扣除)(%)	9.2917	17.8321	9.8900	9.1589
总资产(万元)	261307.43	178833.06	151802.95	97730.00
归属母公司股东权益(万元)	114516.33	62916.18	56307.03	51709.93
营业收入(万元)	73685.27	85049.04	32606.19	36517.09
营业支出(万元)	48383.33	54541.70	18921.22	23893.60
投资收益(万元)	1.00	––	–	–
净利润(万元)	11903.12	12790.72	5833.99	5995.42
营业利润(万元)	12380.85	12659.31	5772.29	4417.33
利润总额(万元)	13321.13	15245.43	6564.91	6727.18

珠海全志科技股份有限公司

公司概况	公司名称	珠海全志科技股份有限公司			证券简称	全志科技
	法人代表	张建辉	董秘	蔡霄鹏	证券代码	300458
	公司网址	www.allwinnertech.com		电子信箱	ir@allwinnertech.com	
	电　话	0756-3818276		传　真	0756-3818300	
	办公地址	广东省珠海市高新区唐家湾镇科技二路9号				
	经营范围	电子元器件、软件的研发及销售；系统集成				

主要财务指标	指标\报告期	2017.06.30	2016.12.31	2016.06.30	2015.12.31
	基本每股收益(元)	0.0050	0.9200	0.4130	0.8900
	基本每股收益(扣除后)(元)	-0.0730	0.8500	0.3960	0.7800
	稀释每股收益(元)	0.0050	0.9200	0.4130	0.8900
	每股净资产(元)	6.0191	12.3033	9.7942	9.5794
	每股经营现金净流量(元)	-0.5865	0.4639	-0.1004	1.7037
	每股现金流量(元)	-0.8392	0.4247	-1.5067	3.6007
	每股资本公积金(元)	2.0136	5.1431	2.5259	2.5259
	每股盈余公积金(元)	0.2504	0.5000	0.4376	0.4376
	每股未分配利润(元)	2.8662	6.0123	5.8282	5.6151
	净资产收益率(%)	0.0844	7.2536	4.2183	8.3497
	加权净资产收益率(%)	0.0800	8.8100	4.2500	9.8800
	净资产收益率(扣除)(%)	-1.2203	6.6743	4.0461	7.3094
	总资产(万元)	230397.20	248269.26	174758.54	178505.71
	归属母公司股东权益(万元)	200241.19	205006.66	156707.34	153269.90
	营业收入(万元)	44874.22	125203.92	47694.80	120946.55
	营业支出(万元)	25976.81	73751.11	26654.20	75729.04
	投资收益(万元)	182.21	140.75	-	-
	净利润(万元)	-158.38	14431.23	6610.43	12797.54
	营业利润(万元)	126.13	13203.90	7408.30	10883.00
	利润总额(万元)	361.18	15122.75	8045.18	13117.70

浙江金科娱乐文化股份有限公司

公司概况	公司名称	浙江金科娱乐文化股份有限公司			证券简称	金科文化
	法人代表	魏洪涛	董秘	张维璋	证券代码	300459
	公司网址	www.jinke-chem.com		电子信箱	zqb@jinkegroup.com	
	电　话	0571-83822329　83822339		传　真	0571-83822330	
	办公地址	浙江省杭州市萧山区钱江世纪城平澜路299号浙江商会大厦36层				
	经营范围	从事氧系漂白助剂SPC的研发、生产和销售				

主要财务指标	指标\报告期	2017.06.30	2016.12.31	2016.06.30	2015.12.31
	基本每股收益(元)	0.1290	0.1900	0.2200	0.1900
	基本每股收益(扣除后)(元)	0.1270	0.1800	0.2100	0.1800
	稀释每股收益(元)	0.1290	0.1900	0.2200	0.1900
	每股净资产(元)	3.2278	3.1400	9.0797	5.6647
	每股经营现金净流量(元)	0.0929	0.2134	0.2261	0.4837
	每股现金流量(元)	-0.2981	0.6789	3.0933	0.0896
	每股资本公积金(元)	1.8692	1.8694	7.6082	0.6123
	每股盈余公积金(元)	0.0140	0.0140	0.0312	0.0621
	每股未分配利润(元)	0.3259	0.2268	0.4296	0.6811
	净资产收益率(%)	3.9998	4.1322	1.4033	7.7320
	加权净资产收益率(%)	4.0400	6.5600	5.0000	9.0600
	净资产收益率(扣除)(%)	3.9345	4.0464	1.3644	7.3958
	总资产(万元)	569699.75	536170.27	539948.80	87671.45
	归属母公司股东权益(万元)	510393.50	496097.27	478579.90	62697.30
	营业收入(万元)	65211.89	89456.12	35051.00	50644.25
	营业支出(万元)	35770.19	51589.51	22101.16	38006.18
	投资收益(万元)	2509.91	-216.30	-63.90	-60.87
	净利润(万元)	21140.70	21924.76	7491.07	5540.58
	营业利润(万元)	22589.79	24745.48	8673.59	6386.37
	利润总额(万元)	22866.68	25214.55	8876.94	6546.55

广东惠伦晶体科技股份有限公司

公司概况	公司名称	广东惠伦晶体科技股份有限公司			证券简称	惠伦晶体
	法人代表	赵积清	董秘	王军	证券代码	300460
	公司网址	www.dgylec.com		电子信箱	yl@dgylec.com	
	电　话	0769-38879888*2233		传　真	0769-38879889	
	办公地址	广东省东莞市黄江镇东环路鸡啼岗段36号				
	经营范围	设计、生产和销售新型电子元器件				

主要财务指标	指标\报告期	2017.06.30	2016.12.31	2016.06.30	2015.12.31
	基本每股收益(元)	0.0400	0.1700	0.0700	0.2700
	基本每股收益(扣除后)(元)	0.0100	0.1600	0.0600	0.2600
	稀释每股收益(元)	0.0400	0.1700	0.0700	0.2700
	每股净资产(元)	3.9615	3.9691	3.8727	3.8683
	每股经营现金净流量(元)	0.1655	0.2889	0.2216	0.3657
	每股现金流量(元)	0.0943	0.0936	0.2250	0.0886
	每股资本公积金(元)	1.5266	1.5266	1.5266	1.5266
	每股盈余公积金(元)	0.1567	0.1567	0.1406	0.1406
	每股未分配利润(元)	1.2782	1.2857	1.2055	1.2011
	净资产收益率(%)	0.9453	4.3042	1.9226	6.3552
	加权净资产收益率(%)	0.9400	4.3500	1.9100	7.8400
	净资产收益率(扣除)(%)	0.2638	3.9874	1.6361	6.1053
	总资产(万元)	94916.97	87507.16	88929.74	86216.06
	归属母公司股东权益(万元)	66662.65	66789.72	65167.82	65092.85
	营业收入(万元)	15474.44	36979.74	17382.30	41641.71
	营业支出(万元)	12967.60	29401.48	13463.26	30907.28
	投资收益(万元)	--	37.13	37.13	94.93
	净利润(万元)	630.16	2874.79	1252.89	4136.77
	营业利润(万元)	670.74	2683.09	1047.30	4590.11
	利润总额(万元)	729.89	2894.95	1229.80	4686.55

浙江田中精机股份有限公司

公司概况	公司名称	浙江田中精机股份有限公司			证券简称	田中精机
	法人代表	钱承林	董秘	詹劲松	证券代码	300461
	公司网址	www.tanac.com.cn		电子信箱	securities@tanac.com.cn	
	电　话	0573-84778878　89118800		传　真	0573-89119388	
	办公地址	浙江省嘉兴市嘉善县姚庄镇新景路398号				
	经营范围	从事数控自动化电子线圈生产设备的研发、生产和销售				

主要财务指标	指标\报告期	2017.06.30	2016.12.31	2016.06.30	2015.12.31
	基本每股收益(元)	0.2200	0.2000	0.0500	0.3700
	基本每股收益(扣除后)(元)	0.1900	0.1100	0.0200	0.3100
	稀释每股收益(元)	0.2200	0.2000	0.0500	0.3700
	每股净资产(元)	4.5453	4.5072	4.3664	4.5574
	每股经营现金净流量(元)	-0.9657	-0.3389	0.0400	0.1673
	每股现金流量(元)	0.0767	-1.4021	-0.8145	0.8888
	每股资本公积金(元)	3.9849	2.2853	2.2853	2.2853
	每股盈余公积金(元)	0.1960	0.2074	0.2052	0.2052
	每股未分配利润(元)	1.1262	1.0196	0.8754	0.9713
	净资产收益率(%)	4.7184	4.4467	1.2395	7.4163
	加权净资产收益率(%)	4.8500	4.4900	1.2100	8.5300
	净资产收益率(扣除)(%)	3.9528	2.3746	0.5344	6.2154
	总资产(万元)	107442.12	94466.49	32782.59	32923.43
	归属母公司股东权益(万元)	32064.47	30054.05	29115.36	29681.17
	营业收入(万元)	23578.82	21272.31	5271.73	10853.39
	营业支出(万元)	13850.10	12507.14	2851.96	5280.31
	投资收益(万元)	39.16	294.69	178.43	297.33
	净利润(万元)	3226.61	2504.39	360.89	2201.24
	营业利润(万元)	3560.09	2627.58	403.87	2476.34
	利润总额(万元)	3968.33	2998.81	459.48	2586.73

上海华铭智能终端设备股份有限公司

公司概况	公司名称	上海华铭智能终端设备股份有限公司			证券简称	华铭智能
	法人代表	张亮	董秘	蔡红梅	证券代码	300462
	公司网址	www.hmmachine.com		电子信箱	hmzn@hmmachine.com	
	电　话	021-57784382		传　真	021-57784383	
	办公地址	上海市松江区茸北工业区施惠路北侧				
	经营范围	自动售检票系统终端设备的研发、生产、销售与维护				

主要财务指标	指标\报告期	2017.06.30	2016.12.31	2016.06.30	2015.12.31
	基本每股收益(元)	0.1400	0.3500	0.2000	0.3400
	基本每股收益(扣除后)(元)	0.0860	0.2700	0.1500	0.3000
	稀释每股收益(元)	0.1400	0.3500	0.2000	0.3400
	每股净资产(元)	4.0812	4.0112	3.8548	3.6586
	每股经营现金净流量(元)	-0.2914	0.0486	-0.0469	-0.1939
	每股现金流量(元)	-1.5546	-0.2322	-1.7725	1.2793
	每股资本公积金(元)	1.4374	1.4374	1.4374	1.4374
	每股盈余公积金(元)	0.2044	0.2044	0.1672	0.1672
	每股未分配利润(元)	1.4394	1.3693	1.2502	1.0540
	净资产收益率(%)	3.4322	8.7904	5.0904	8.4026
	加权净资产收益率(%)	3.4600	9.1900	5.2200	10.7700
	净资产收益率(扣除)(%)	2.1128	6.6436	4.0075	7.4545
	总资产(万元)	76248.18	75140.91	69411.19	68874.85
	归属母公司股东权益(万元)	56223.25	55257.90	53103.72	50400.52
	营业收入(万元)	13771.99	21344.58	9217.62	18707.96
	营业支出(万元)	9664.91	12602.46	5072.46	9626.29
	投资收益(万元)	197.79	625.18	278.82	537.47
	净利润(万元)	1878.56	4837.65	2703.20	4234.95
	营业利润(万元)	2237.30	4704.72	2866.02	4483.52
	利润总额(万元)	2242.99	5517.78	3264.72	5001.11

迈克生物股份有限公司

公司概况	公司名称	迈克生物股份有限公司			证券简称	迈克生物
	法人代表	唐勇	董秘	史炜	证券代码	300463
	公司网址	www.maccura.com		电子信箱	zqb@maccura.com	
	电　话	028-81731186		传　真	028-81731188	
	办公地址	四川省成都市高新区安和二路8号				
	经营范围	自主研发、生产和销售体外诊断产品以及代理销售国外知名品牌的体外诊断产品				

主要财务指标	指标\报告期	2017.06.30	2016.12.31	2016.06.30	2015.12.31
	基本每股收益(元)	0.3500	0.5600	0.3000	1.4700
	基本每股收益(扣除后)(元)	0.3300	0.5100	0.2500	1.4300
	稀释每股收益(元)	0.3500	0.5600	0.3000	1.4700
	每股净资产(元)	4.2159	4.0204	3.7856	10.7267
	每股经营现金净流量(元)	-0.0265	0.0884	-0.0962	0.1784
	每股现金流量(元)	0.1931	-0.1387	-0.2179	0.1027
	每股资本公积金(元)	1.0101	1.0481	1.0770	5.2173
	每股盈余公积金(元)	0.1479	0.1479	0.1044	0.3133
	每股未分配利润(元)	2.0580	1.8244	1.6042	4.1961
	净资产收益率(%)	8.1959	13.9085	7.8069	12.5826
	加权净资产收益率(%)	8.2400	14.6800	7.9700	17.1800
	净资产收益率(扣除)(%)	7.8450	12.6612	6.6407	12.1875
	总资产(万元)	301791.07	269832.93	253757.62	237218.10
	归属母公司股东权益(万元)	235247.43	224339.66	211237.08	199515.91
	营业收入(万元)	84319.73	148878.09	66901.84	106516.90
	营业支出(万元)	39996.53	68340.65	30564.31	45839.85
	投资收益(万元)	246.19	3388.79	2676.15	1087.34
	净利润(万元)	20321.50	32889.00	17332.49	25096.25
	营业利润(万元)	23724.38	40304.50	21102.81	30232.04
	利润总额(万元)	24448.42	40068.35	21307.41	30239.67

广东星徽精密制造股份有限公司

公司概况	公司名称	广东星徽精密制造股份有限公司			证券简称	星徽精密
	法人代表	蔡耿锡	董秘	鲁金莲	证券代码	300464
	公司网址	www.sh-abc.cn		电子信箱	sec@sh-abc.cn	
	电　话	0757-26332400		传　真	0757-26326798	
	办公地址	广东省佛山市顺德区北滘镇工业园兴业路7号				
	经营范围	从事滑轨、铰链等精密金属连接件的研发、设计、生产、销售及服务				

主要财务指标	指标\报告期	2017.06.30	2016.12.31	2016.06.30	2015.12.31
	基本每股收益(元)	0.0640	0.1995	0.2000	0.5000
	基本每股收益(扣除后)(元)	0.0594	0.1812	0.1700	0.4700
	稀释每股收益(元)	0.0640	0.1995	0.2000	0.4900
	每股净资产(元)	2.4399	2.4242	5.7571	5.6221
	每股经营现金净流量(元)	-0.1388	0.4445	0.0709	0.4933
	每股现金流量(元)	0.2685	-0.3402	-0.5988	0.6095
	每股资本公积金(元)	0.6089	0.6024	3.0432	3.0122
	每股盈余公积金(元)	0.1231	0.1231	0.2576	0.2576
	每股未分配利润(元)	0.8159	0.8067	1.7636	1.6595
	净资产收益率(%)	2.6244	8.2292	3.5458	7.6068
	加权净资产收益率(%)	2.6600	8.5000	3.5600	9.8600
	净资产收益率(扣除)(%)	2.4348	7.5084	2.9713	7.1768
	总资产(万元)	101930.08	83381.16	74856.75	67589.22
	归属母公司股东权益(万元)	51178.19	50847.66	48483.69	47346.14
	营业收入(万元)	23786.12	45894.16	20600.74	41190.29
	营业支出(万元)	18305.04	35139.00	15818.94	30953.62
	投资收益(万元)	39.93	136.55	23.95	79.17
	净利润(万元)	1255.40	4184.37	1719.16	3601.54
	营业利润(万元)	1545.13	4504.74	1705.71	4077.33
	利润总额(万元)	1528.52	4879.71	2009.27	4238.43

高伟达软件股份有限公司

公司概况	公司名称	高伟达软件股份有限公司			证券简称	高伟达
	法人代表	于伟	董秘	高源	证券代码	300465
	公司网址	www.git.com.cn		电子信箱	securities@git.com.cn	
	电　话	010-57321010		传　真	010-57321000	
	办公地址	北京市朝阳区亮马桥路32号高斓大厦1601室				
	经营范围	向以银行、保险、证券等为主的金融企业客户提供IT解决方案、IT运维服务				

主要财务指标	指标\报告期	2017.06.30	2016.12.31	2016.06.30	2015.12.31
	基本每股收益(元)	0.0100	0.0540	0.0400	0.3500
	基本每股收益(扣除后)(元)	--	0.0556	0.0300	0.3400
	稀释每股收益(元)	0.0100	0.0539	0.0400	0.3500
	每股净资产(元)	2.3426	2.3046	5.5258	5.5879
	每股经营现金净流量(元)	-0.4652	0.1168	-0.5816	0.2301
	每股现金流量(元)	-0.3392	-0.2131	-0.8976	1.1099
	每股资本公积金(元)	0.8074	0.8287	2.8824	2.6635
	每股盈余公积金(元)	0.0509	0.0506	0.1692	0.1713
	每股未分配利润(元)	0.5663	0.5532	1.7214	1.7531
	净资产收益率(%)	0.4230	2.2138	0.6339	5.5334
	加权净资产收益率(%)	0.4300	3.0600	0.6300	10.4300
	净资产收益率(扣除)(%)	0.1723	2.2809	0.6273	5.4320
	总资产(万元)	212387.23	169967.61	92807.78	86671.61
	归属母公司股东权益(万元)	105507.31	104390.94	74565.41	74508.61
	营业收入(万元)	52807.45	97268.33	40390.03	93862.40
	营业支出(万元)	38583.69	73774.71	29733.81	71219.80
	投资收益(万元)	-0.11	---	-	-
	净利润(万元)	475.59	2310.96	472.69	4122.89
	营业利润(万元)	-130.12	2171.25	228.69	4538.99
	利润总额(万元)	134.36	2127.83	252.92	4665.65

赛摩电气股份有限公司

公司概况	公司名称	赛摩电气股份有限公司			证券简称	赛摩电气
	法人代表	厉达	董秘	李恒	证券代码	300466
	公司网址	www.saimo.cn		电子信箱	dshoffice@saimo.cn	
	电　　话	0516-87885998		传　　真	0516-87793650	
	办公地址	江苏省徐州市经济开发区螺山2号				
	经营范围	研发、生产、销售煤能源及其他矿物料的计量、采样设备				

主要财务指标	指标\报告期	2017.06.30	2016.12.31	2016.06.30	2015.12.31
	基本每股收益(元)	0.0155	0.2100	0.0279	0.4600
	基本每股收益(扣除后)(元)	0.0141	0.2000	0.0226	0.4300
	稀释每股收益(元)	0.0155	0.2100	0.0279	0.4600
	每股净资产(元)	3.7908	3.7602	1.9569	5.5700
	每股经营现金净流量(元)	-0.1219	-0.0946	-0.1673	-0.0672
	每股现金流量(元)	-0.1373	-0.3012	-0.3823	1.4648
	每股资本公积金(元)	2.0311	2.0311	0.2679	2.8036
	每股盈余公积金(元)	0.0674	0.0674	0.0741	0.2224
	每股未分配利润(元)	0.6834	0.6554	0.6126	1.8540
	净资产收益率(%)	0.7380	5.0577	1.4281	7.0453
	加权净资产收益率(%)	0.7400	7.6100	1.4300	8.7200
	净资产收益率(扣除)(%)	0.6699	4.7392	1.1545	6.4672
	总资产(万元)	144875.51	138450.77	59847.36	62347.11
	归属母公司股东权益(万元)	112533.20	111622.23	46965.33	47036.89
	营业收入(万元)	15072.77	33141.35	8952.57	23324.39
	营业支出(万元)	7923.04	18253.85	5509.81	14099.87
	投资收益(万元)	-11.97	--	-	-
	净利润(万元)	830.45	5645.56	670.73	3313.89
	营业利润(万元)	963.18	4162.59	108.03	2496.19
	利润总额(万元)	962.95	6045.95	789.16	3818.95

四川迅游网络科技股份有限公司

公司概况	公司名称	四川迅游网络科技股份有限公司			证券简称	迅游科技
	法人代表	章建伟	董秘	康荔	证券代码	300467
	公司网址	www.xunyou.com		电子信箱	corp@xunyou.com	
	电　　话	028-65598000*247		传　　真	028-65598000*247	
	办公地址	四川省成都市高新区世纪城南路599号7栋6,7层				
	经营范围	为网游等互联网实时交互应用提供网络加速服务				

主要财务指标	指标\报告期	2017.06.30	2016.12.31	2016.06.30	2015.12.31
	基本每股收益(元)	0.1800	0.2400	0.1200	0.3800
	基本每股收益(扣除后)(元)	0.1600	0.1600	0.0900	0.3600
	稀释每股收益(元)	0.1800	0.2400	0.1200	0.3800
	每股净资产(元)	3.3869	3.2271	2.8020	2.7188
	每股经营现金净流量(元)	0.0345	0.2378	-0.0558	0.3367
	每股现金流量(元)	-0.5063	0.5282	0.2638	-0.0799
	每股资本公积金(元)	2.5657	2.5604	2.4403	1.3620
	每股盈余公积金(元)	0.1496	0.1496	0.1220	0.1267
	每股未分配利润(元)	0.5816	0.4270	0.3438	0.2302
	净资产收益率(%)	5.4491	7.2654	4.3531	13.6470
	加权净资产收益率(%)	5.5600	8.1900	3.7700	20.6700
	净资产收益率(扣除)(%)	4.6855	4.8827	3.1755	12.7446
	总资产(万元)	69233.12	74862.04	71046.69	49794.62
	归属母公司股东权益(万元)	56504.48	53837.70	46528.05	43500.41
	营业收入(万元)	8634.93	15800.38	7683.07	17186.79
	营业支出(万元)	2730.15	5197.30	2502.21	4955.27
	投资收益(万元)	1285.62	791.13	448.70	134.22
	净利润(万元)	2714.75	2057.74	1509.05	5628.26
	营业利润(万元)	3085.05	857.80	841.31	5340.03
	利润总额(万元)	3221.59	2862.34	1854.26	6546.12

深圳四方精创资讯股份有限公司

公司概况	公司名称	深圳四方精创资讯股份有限公司			证券简称	四方精创
	法人代表	周志群	董秘	李琳	证券代码	300468
	公司网址	www.formssi.com		电子信箱	formssyntronss@formssi.com	
	电　　话	0755-86649962		传　　真	0755-86329137	
	办公地址	广东省深圳市南山区高新中一道9号软件大厦10楼1008室				
	经营范围	以定制化软件开发为主的各类型专业IT外包服务				

主要财务指标	指标\报告期	2017.06.30	2016.12.31	2016.06.30	2015.12.31
	基本每股收益(元)	0.2700	0.7400	0.2039	0.5700
	基本每股收益(扣除后)(元)	0.2700	0.7200	0.2030	0.5500
	稀释每股收益(元)	0.2700	0.7400	0.2039	0.5700
	每股净资产(元)	8.3814	8.1420	7.4976	7.7096
	每股经营现金净流量(元)	-0.2252	0.5509	-0.3412	0.2568
	每股现金流量(元)	-0.2732	0.2923	-0.0776	3.2882
	每股资本公积金(元)	5.9352	5.5635	5.4599	4.6917
	每股盈余公积金(元)	0.4117	0.4177	0.3462	0.3598
	每股未分配利润(元)	2.0935	2.1077	1.6527	1.6636
	净资产收益率(%)	3.1736	8.9403	2.6928	6.5682
	加权净资产收益率(%)	3.2500	9.3700	2.6900	8.7000
	净资产收益率(扣除)(%)	3.1660	8.6528	2.6805	6.3929
	总资产(万元)	103350.43	99596.70	92391.35	81463.50
	归属母公司股东权益(万元)	88348.11	84597.39	77916.06	77095.57
	营业收入(万元)	19734.33	36704.54	13934.86	30032.97
	营业支出(万元)	9852.08	18247.98	7092.62	16757.75
	投资收益(万元)	--	--	-	-
	净利润(万元)	2803.80	7563.28	2098.16	5063.82
	营业利润(万元)	2982.74	7919.40	2338.29	5407.20
	利润总额(万元)	2990.60	8205.58	2349.02	5566.19

上海中信信息发展股份有限公司

公司概况	公司名称	上海中信信息发展股份有限公司			证券简称	信息发展
	法人代表	张曙华	董秘	徐云蔚	证券代码	300469
	公司网址	www.cesgroup.com.cn		电子信箱	ir@cesgroup.com.cn	
	电　　话	021-51208285		传　　真	021-51208285	
	办公地址	上海市中江路879号11号楼				
	经营范围	从事面向档案、食品流通追溯、政法等领域的信息化系统开发与服务				

主要财务指标	指标\报告期	2017.06.30	2016.12.31	2016.06.30	2015.12.31
	基本每股收益(元)	-0.1540	0.4450	-0.1750	0.6540
	基本每股收益(扣除后)(元)	-0.1310	0.4470	-0.2050	0.3990
	稀释每股收益(元)	-0.1540	0.4450	-0.1750	0.6540
	每股净资产(元)	6.4500	6.6149	4.7352	4.3548
	每股经营现金净流量(元)	-2.2694	-0.9336	-3.0599	-0.4857
	每股现金流量(元)	-0.4155	-0.7064	-2.1845	1.8263
	每股资本公积金(元)	3.3076	3.2106	1.9014	1.9014
	每股盈余公积金(元)	0.2631	0.2631	0.2292	0.2292
	每股未分配利润(元)	1.8793	2.1412	1.6046	1.9799
	净资产收益率(%)	-2.3928	6.6421	-3.7013	11.2023
	加权净资产收益率(%)	-2.3200	7.7900	-3.5100	15.2700
	净资产收益率(扣除)(%)	-2.0354	6.6671	-4.4532	6.8360
	总资产(万元)	101857.05	85961.31	68943.05	68815.46
	归属母公司股东权益(万元)	44053.17	45179.54	31631.34	34138.12
	营业收入(万元)	21153.15	52110.51	18235.89	43790.00
	营业支出(万元)	12921.18	30435.02	11409.51	25916.09
	投资收益(万元)	--	--	-	-
	净利润(万元)	-1177.74	3099.06	-1314.25	3903.86
	营业利润(万元)	-1877.45	2077.82	-1881.45	2444.54
	利润总额(万元)	-1400.00	3158.70	-1515.92	4277.86

四川日机密封件股份有限公司

公司概况	公司名称	四川日机密封件股份有限公司			证券简称	日机密封
	法人代表	赵其春	董秘	陈虹	证券代码	300470
	公司网址	www.sns-china.com		电子信箱	chenhong@sns-china.com	
	电　话	028-85361968 85542909		传　真	028-85366222	
	办公地址	四川省成都市武侯区武科西四路八号				
	经营范围	通用零部件制造及机械修理				

主要财务指标	指标\报告期	2017.06.30	2016.12.31	2016.06.30	2015.12.31
	基本每股收益(元)	0.4096	0.9200	0.6800	1.7600
	基本每股收益(扣除后)(元)	0.4061	0.8300	0.6400	1.5900
	稀释每股收益(元)	0.4096	0.9200	0.6800	1.7600
	每股净资产(元)	8.5428	8.3300	15.8110	15.1336
	每股经营现金净流量(元)	0.1805	0.6558	0.4388	0.4741
	每股现金流量(元)	0.1416	0.7508	0.1778	6.3412
	每股资本公积金(元)	3.7170	3.7170	7.9341	7.9341
	每股盈余公积金(元)	0.4859	0.4859	0.7845	0.7845
	每股未分配利润(元)	3.3399	3.1302	6.0925	5.4151
	净资产收益率(%)	4.7953	10.9964	4.2846	10.1693
	加权净资产收益率(%)	4.8000	11.5100	4.3800	14.3200
	净资产收益率(扣除)(%)	4.7540	9.9297	4.0357	9.1903
	总资产(万元)	127750.15	114292.39	94762.06	91326.04
	归属母公司股东权益(万元)	91134.56	88898.02	84336.09	80722.66
	营业收入(万元)	21661.58	33406.05	16502.96	32357.10
	营业支出(万元)	9695.03	13861.58	7740.81	13644.28
	投资收益(万元)	24.21	95.49	57.37	47.66
	净利润(万元)	4368.81	9766.03	3613.43	8208.94
	营业利润(万元)	5294.65	10403.00	3980.08	8737.17
	利润总额(万元)	5317.51	11430.29	4172.85	9624.43

成都华气厚普机电设备股份有限公司

公司概况	公司名称	成都华气厚普机电设备股份有限公司			证券简称	厚普股份
	法人代表	江涛	董秘	黄凌	证券代码	300471
	公司网址	www.hqhop.com		电子信箱	hpgf@hqhop.com	
	电　话	028-63165919		传　真	028-63165920	
	办公地址	四川省成都市高新区康隆路555号				
	经营范围	天然气汽车加气站设备及信息化集成监管系统的研发、设计、生产、销售和服务				

主要财务指标	指标\报告期	2017.06.30	2016.12.31	2016.06.30	2015.12.31
	基本每股收益(元)	0.1669	0.4570	0.1604	1.3690
	基本每股收益(扣除后)(元)	0.1395	0.9620	0.2910	1.2910
	稀释每股收益(元)	0.1660	1.1300	0.1604	1.3690
	每股净资产(元)	4.5972	11.3300	9.9485	9.9300
	每股经营现金净流量(元)	–0.4639	–0.6501	–1.1278	0.4322
	每股现金流量(元)	–0.7260	–2.9854	–2.6290	4.9434
	每股资本公积金(元)	2.0572	6.5631	6.3097	6.0952
	每股盈余公积金(元)	0.2216	0.5540	0.4728	0.4073
	每股未分配利润(元)	1.6094	3.9363	3.2974	3.5624
	净资产收益率(%)	3.6298	9.9596	4.0259	12.0149
	加权净资产收益率(%)	3.6200	10.8700	3.9000	17.5900
	净资产收益率(扣除)(%)	3.0337	8.4035	2.9217	11.3278
	总资产(万元)	269201.94	241049.34	219704.44	235415.78
	归属母公司股东权益(万元)	170449.46	168006.95	147206.62	146955.25
	营业收入(万元)	46299.27	130102.31	46032.69	111319.61
	营业支出(万元)	31565.41	84230.04	26302.31	63309.80
	投资收益(万元)	–124.34	134.41	–16.05	79.30
	净利润(万元)	6080.46	16826.81	5919.75	17656.56
	营业利润(万元)	6012.44	14344.91	4160.76	18122.62
	利润总额(万元)	7221.19	19932.32	6946.45	20590.68

北京万向新元科技股份有限公司

公司概况	公司名称	北京万向新元科技股份有限公司			证券简称	新元科技
	法人代表	朱业胜	董秘	潘帮南	证券代码	300472
	公司网址	www.newu.com.cn		电子信箱	newu@newu.com.cn	
	电　话	010-51607598		传　真	010-88131355	
	办公地址	北京市海淀区阜成路58号新洲商务大厦409房间				
	经营范围	提供工业智能化物料输送、配料成套解决方案				

主要财务指标	指标\报告期	2017.06.30	2016.12.31	2016.06.30	2015.12.31
	基本每股收益(元)	0.0400	0.1900	0.0400	0.4300
	基本每股收益(扣除后)(元)	0.0300	0.1600	0.0300	0.3600
	稀释每股收益(元)	0.0400	0.1900	0.0400	0.4300
	每股净资产(元)	3.8665	3.8592	3.7247	5.6259
	每股经营现金净流量(元)	0.1344	–0.4538	–0.2573	–0.5122
	每股现金流量(元)	–0.1333	–0.2579	0.1709	0.3649
	每股资本公积金(元)	1.5137	1.5137	1.5223	2.7705
	每股盈余公积金(元)	0.1421	0.1421	0.1202	0.1803
	每股未分配利润(元)	1.2107	1.2034	1.0822	1.6751
	净资产收益率(%)	1.0423	4.1967	0.8019	6.7261
	加权净资产收益率(%)	1.0400	4.2600	0.8000	8.9100
	净资产收益率(扣除)(%)	0.8438	3.6184	0.6363	5.5574
	总资产(万元)	59220.61	61364.27	50207.46	50301.33
	归属母公司股东权益(万元)	38667.31	38594.31	37249.13	37507.98
	营业收入(万元)	12658.47	21908.27	6661.73	21427.21
	营业支出(万元)	8764.21	14107.44	4344.53	14496.71
	投资收益(万元)	––	105.32	31.59	–
	净利润(万元)	394.43	1616.84	297.38	2522.82
	营业利润(万元)	509.34	1512.46	231.34	2164.59
	利润总额(万元)	509.87	1846.77	357.45	2876.51

阜新德尔汽车部件股份有限公司

公司概况	公司名称	阜新德尔汽车部件股份有限公司			证券简称	德尔股份
	法人代表	李毅	董秘	韩颖	证券代码	300473
	公司网址	www.dare-auto.com		电子信箱	zqb@ dare-auto.com	
	电　话	0418-3399169		传　真	0418-3399170	
	办公地址	辽宁省阜新市经济开发区E路55号				
	经营范围	机电产品、汽车零部件、环保设备的技术开发、技术咨询及生产、销售				

主要财务指标	指标\报告期	2017.06.30	2016.12.31	2016.06.30	2015.12.31
	基本每股收益(元)	0.6187	1.0971	0.6226	1.5796
	基本每股收益(扣除后)(元)	0.5660	1.0242	0.5786	1.5309
	稀释每股收益(元)	0.6187	1.0971	0.6226	1.5796
	每股净资产(元)	14.7834	15.1015	14.6240	15.0019
	每股经营现金净流量(元)	1.0334	1.9822	1.1917	1.6091
	每股现金流量(元)	–6.9335	–0.7559	–0.6502	6.3770
	每股资本公积金(元)	11.2358	9.9233	9.9233	9.9233
	每股盈余公积金(元)	0.6990	0.7335	0.5858	0.5849
	每股未分配利润(元)	3.6259	3.4435	3.1262	3.4951
	净资产收益率(%)	4.0866	7.2647	4.2574	9.2131
	加权净资产收益率(%)	3.8800	7.3300	4.1100	12.5200
	净资产收益率(扣除)(%)	3.7384	6.7822	3.9564	8.9291
	总资产(万元)	390973.04	196445.38	188598.70	188068.93
	归属母公司股东权益(万元)	155122.48	151015.50	146240.23	150019.40
	营业收入(万元)	79697.08	62267.74	31383.82	69456.94
	营业支出(万元)	54195.01	38298.67	19176.80	42336.24
	投资收益(万元)	––	––	––	–
	净利润(万元)	6571.55	11279.32	6420.86	13526.55
	营业利润(万元)	8282.44	12180.38	7258.25	15879.56
	利润总额(万元)	8952.91	13098.40	7815.87	16393.92

长沙景嘉微电子股份有限公司

公司概况	公司名称	长沙景嘉微电子股份有限公司			证券简称	景嘉微
	法人代表	曾万辉	董秘	廖凯	证券代码	300474
	公司网址	www.jingjiamicro.com			电子信箱	public@jingjiamicro.com
	电 话	0731-82737008-8003			传 真	0731-82737001
	办公地址	湖南省长沙市岳麓区梅溪湖路1号				
	经营范围	高可靠军用电子产品的研发、生产和销售				

主要财务指标	指标\报告期	2017.06.30	2016.12.31	2016.06.30	2015.12.31
	基本每股收益(元)	0.2100	0.4700	0.2300	0.8900
	基本每股收益(扣除后)(元)	0.2100	0.4200	0.4400	0.8600
	稀释每股收益(元)	0.2100	0.4700	0.2300	0.8900
	每股净资产(元)	3.4649	3.2563	6.3053	3.9400
	每股经营现金净流量(元)	-0.1133	0.1757	0.0601	0.5186
	每股现金流量(元)	-0.3346	1.0649	1.9737	0.3363
	每股资本公积金(元)	0.8642	0.8642	2.7284	0.0351
	每股盈余公积金(元)	0.2331	0.2331	0.4061	0.4523
	每股未分配利润(元)	1.3676	1.1590	2.1707	2.4520
	净资产收益率(%)	6.0213	12.1097	6.3656	22.5808
	加权净资产收益率(%)	6.2100	14.3000	8.6700	25.4500
	净资产收益率(扣除)(%)	6.0372	11.0163	6.1709	21.7574
	总资产(万元)	103287.78	94650.68	90609.86	54783.40
	归属母公司股东权益(万元)	92514.16	86943.63	84176.30	39393.95
	营业收入(万元)	17008.90	27800.58	13030.68	23967.97
	营业支出(万元)	3884.61	6083.10	2426.32	6073.52
	投资收益(万元)	6.90	99.65	13.25	-
	净利润(万元)	5570.52	10528.65	5358.32	8895.48
	营业利润(万元)	6629.46	11200.96	5897.56	9978.05
	利润总额(万元)	6603.24	11816.76	6193.07	10420.35

安徽聚隆传动科技股份有限公司

公司概况	公司名称	安徽聚隆传动科技股份有限公司			证券简称	聚隆科技
	法人代表	刘军	董秘	曾柏林	证券代码	300475
	公司网址	www.ahjlcd.com			电子信箱	ahjlcd@126.com
	电 话	0563-4186119 4132111			传 真	0563-4186119
	办公地址	安徽省宣城市宁国市经济技术开发区创业北路16号				
	经营范围	新型、高效节能洗衣机减速离合器研发、生产、销售				

主要财务指标	指标\报告期	2017.06.30	2016.12.31	2016.06.30	2015.12.31
	基本每股收益(元)	0.1465	0.4800	0.2519	0.6000
	基本每股收益(扣除后)(元)	0.1221	0.3900	0.2311	0.5700
	稀释每股收益(元)	0.1465	0.4800	0.2519	0.6000
	每股净资产(元)	5.7357	5.6862	5.4550	5.3091
	每股经营现金净流量(元)	0.2856	0.4468	0.2486	0.8136
	每股现金流量(元)	-0.0183	-0.4161	0.4098	1.3060
	每股资本公积金(元)	2.1700	2.1700	2.1700	2.1700
	每股盈余公积金(元)	0.2241	0.2241	0.1911	0.1911
	每股未分配利润(元)	2.3417	2.2922	2.0939	1.9480
	净资产收益率(%)	2.5534	8.4972	4.6176	9.9216
	加权净资产收益率(%)	2.5500	8.8000	4.6800	12.9300
	净资产收益率(扣除)(%)	2.1294	6.8522	4.2360	9.3635
	总资产(万元)	142158.28	145137.48	132622.16	125364.84
	归属母公司股东权益(万元)	114714.01	113724.86	109099.18	106181.41
	营业收入(万元)	18665.45	48146.35	19953.63	38461.15
	营业支出(万元)	12989.08	31524.22	12655.08	21362.99
	投资收益(万元)	445.42	1367.78	-	-
	净利润(万元)	2917.30	9651.43	5037.52	10534.85
	营业利润(万元)	3200.66	10586.74	5461.29	11637.40
	利润总额(万元)	3435.50	11596.77	6032.65	12521.73

胜宏科技(惠州)股份有限公司

公司概况	公司名称	胜宏科技(惠州)股份有限公司			证券简称	胜宏科技
	法人代表	陈涛	董秘	赵启祥	证券代码	300476
	公司网址	www.shpcb.com			电子信箱	zqb@shpcb.com
	电 话	0752-3761918			传 真	0752-3761928
	办公地址	广东省惠州市惠阳区淡水镇新桥村行诚科技园				
	经营范围	高密度印制线路板的研发、生产和销售				

主要财务指标	指标\报告期	2017.06.30	2016.12.31	2016.06.30	2015.12.31
	基本每股收益(元)	0.3100	0.6200	0.2500	0.9800
	基本每股收益(扣除后)(元)	0.3000	0.6000	0.2300	0.9300
	稀释每股收益(元)	0.3100	0.6200	0.2500	0.9800
	每股净资产(元)	4.1705	3.8638	3.4526	8.3448
	每股经营现金净流量(元)	0.2373	0.5689	0.5457	0.1258
	每股现金流量(元)	-0.4314	0.4220	0.2660	0.9838
	每股资本公积金(元)	1.5302	1.5330	1.5102	5.2754
	每股盈余公积金(元)	0.1484	0.1252	0.0963	0.1915
	每股未分配利润(元)	1.6254	1.3423	1.0083	2.2834
	净资产收益率(%)	7.3430	16.0304	7.3742	10.1390
	加权净资产收益率(%)	7.6200	17.4000	7.4000	13.8100
	净资产收益率(扣除)(%)	7.1485	15.5023	6.7170	9.5973
	总资产(万元)	235681.41	236174.06	217429.30	198295.61
	归属母公司股东权益(万元)	156259.06	144769.56	129092.05	124805.37
	营业收入(万元)	103162.11	181769.50	78957.47	128463.15
	营业支出(万元)	76966.02	132108.89	57388.46	97157.03
	投资收益(万元)	19.54	288.31	486.05	580.69
	净利润(万元)	11474.03	23207.12	9519.48	12653.97
	营业利润(万元)	12852.52	26559.12	10243.72	14151.40
	利润总额(万元)	12743.70	27070.39	10787.46	14587.22

北京合纵科技股份有限公司

公司概况	公司名称	北京合纵科技股份有限公司			证券简称	合纵科技
	法人代表	刘泽刚	董秘	冯峥	证券代码	300477
	公司网址	www.chinahezong.com			电子信箱	hezong@chinahezong.com
	电 话	010-62973188			传 真	010-62975911
	办公地址	北京市海淀区上地三街9号(嘉华大厦)D座1211,1212				
	经营范围	从事配电及控制设备制造及相关技术服务				

主要财务指标	指标\报告期	2017.06.30	2016.12.31	2016.06.30	2015.12.31
	基本每股收益(元)	0.1200	0.3200	0.1100	0.9200
	基本每股收益(扣除后)(元)	0.1100	0.3100	0.1100	0.8600
	稀释每股收益(元)	0.1200	0.3200	0.1100	0.9200
	每股净资产(元)	3.1120	3.1420	2.6605	6.2410
	每股经营现金净流量(元)	-0.1736	0.1514	0.0597	0.2789
	每股现金流量(元)	-0.5066	-0.2091	-0.1479	0.4219
	每股资本公积金(元)	0.6000	0.6000	0.2788	2.1970
	每股盈余公积金(元)	0.1246	0.1246	0.1237	0.3092
	每股未分配利润(元)	1.3875	1.4175	1.2581	3.2673
	净资产收益率(%)	3.8555	9.9874	4.1779	11.9406
	加权净资产收益率(%)	3.7500	11.1300	4.0200	15.3200
	净资产收益率(扣除)(%)	3.5054	9.6931	4.0965	11.1647
	总资产(万元)	215142.30	200877.67	167721.59	156431.06
	归属母公司股东权益(万元)	87064.89	87904.65	71954.56	73275.60
	营业收入(万元)	63104.74	126197.39	48189.72	111744.90
	营业支出(万元)	47115.49	91999.63	33729.50	81792.46
	投资收益(万元)	—	—	-	-
	净利润(万元)	3357.48	8851.10	3078.31	8721.11
	营业利润(万元)	3302.67	9765.75	3590.61	9250.18
	利润总额(万元)	3815.47	10292.98	3645.95	9920.20

杭州高新橡塑材料股份有限公司

公司概况	公司名称	杭州高新橡塑材料股份有限公司			证券简称	杭州高新
	法人代表	高长虹	董秘	蒋鹏	证券代码	300478
	公司网址	www.gxsl.com		电子信箱	hzgaoxinxiangsu@163.com	
	电话	0571-88581338		传真	0571-88581338	
	办公地址	浙江省杭州市余杭区径山镇龙皇路10号				
	经营范围	线缆用高分子材料的研发、生产和销售				

	指标\报告期	2017.06.30	2016.12.31	2016.06.30	2015.12.31
主要财务指标	基本每股收益(元)	0.2000	0.5300	0.2300	0.7000
	基本每股收益(扣除后)(元)	0.2000	0.4800	0.2300	0.6500
	稀释每股收益(元)	0.2000	0.5300	0.2300	0.7000
	每股净资产(元)	7.7760	7.7237	7.4201	7.3440
	每股经营现金净流量(元)	–0.4930	0.6535	0.1849	0.0379
	每股现金流量(元)	–0.2603	–0.2404	0.5571	1.6411
	每股资本公积金(元)	3.6020	3.6020	3.6020	3.6020
	每股盈余公积金(元)	0.5332	0.5332	0.4537	0.4537
	每股未分配利润(元)	2.6409	2.5886	2.3644	2.2883
	净资产收益率(%)	2.6013	6.8581	3.0468	8.3971
	加权净资产收益率(%)	2.5900	7.0400	3.0300	11.2400
	净资产收益率(扣除)(%)	2.5987	6.0540	3.0483	7.7720
	总资产(万元)	67868.60	61849.98	65860.31	59055.47
	归属母公司股东权益(万元)	51842.56	51494.05	49469.81	48962.61
	营业收入(万元)	27562.40	56156.79	27945.65	54231.06
	营业支出(万元)	21958.82	44230.99	21475.98	41405.07
	投资收益(万元)	—	—	–	–
	净利润(万元)	1348.26	3531.49	1507.25	4111.43
	营业利润(万元)	1594.45	3402.28	1789.00	4252.34
	利润总额(万元)	1596.25	3854.73	1765.39	4603.96

神思电子技术股份有限公司

公司概况	公司名称	神思电子技术股份有限公司			证券简称	神思电子
	法人代表	王继春	董秘	李宏宇	证券代码	300479
	公司网址	www.sdses.com		电子信箱	security@sdses.com	
	电话	0531-88878969		传真	0531-88878968	
	办公地址	山东省济南市高新区舜华西路699号				
	经营范围	智能身份认证终端和行业应用软件的研发、生产、销售与服务				

	指标\报告期	2017.06.30	2016.12.31	2016.06.30	2015.12.31
主要财务指标	基本每股收益(元)	0.0545	0.1288	0.0500	0.7100
	基本每股收益(扣除后)(元)	0.0523	0.0830	0.0400	0.6500
	稀释每股收益(元)	0.0545	0.1288	0.0500	0.7100
	每股净资产(元)	2.5075	2.5100	2.4343	5.0684
	每股经营现金净流量(元)	–0.5338	–0.2945	–0.3460	0.1900
	每股现金流量(元)	–0.5071	–0.5217	–0.5568	2.1040
	每股资本公积金(元)	0.5090	0.5090	0.5090	2.0180
	每股盈余公积金(元)	0.1401	0.1370	0.1288	0.2475
	每股未分配利润(元)	0.8584	0.8669	0.7965	1.8028
	净资产收益率(%)	2.1740	5.1249	2.0579	12.1895
	加权净资产收益率(%)	2.1500	5.1000	1.9600	16.6000
	净资产收益率(扣除)(%)	2.0842	3.3046	1.7143	11.2708
	总资产(万元)	55056.85	50994.70	45303.08	50024.93
	归属母公司股东权益(万元)	40119.78	40207.59	38948.55	40547.01
	营业收入(万元)	14835.34	27933.45	11798.36	34919.49
	营业支出(万元)	9080.50	19448.24	8428.88	23807.22
	投资收益(万元)	—	—	–	–
	净利润(万元)	1181.90	2144.05	801.54	4942.49
	营业利润(万元)	1428.07	1118.54	380.42	4017.34
	利润总额(万元)	1472.67	2621.21	847.42	5550.96

光力科技股份有限公司

公司概况	公司名称	光力科技股份有限公司			证券简称	光力科技
	法人代表	赵彤宇	董秘	曹伟	证券代码	300480
	公司网址	www.gltech.cn		电子信箱	info@gltech.cn	
	电话	0371-67858887		传真	0371-67991111	
	办公地址	河南省郑州市高新开发区长椿路10号				
	经营范围	从事煤矿安全监控设备及系统的研发、生产、销售				

	指标\报告期	2017.06.30	2016.12.31	2016.06.30	2015.12.31
主要财务指标	基本每股收益(元)	0.0900	0.1700	0.0800	0.3000
	基本每股收益(扣除后)(元)	0.0800	0.1300	0.0700	0.2400
	稀释每股收益(元)	0.0900	0.1700	0.0800	0.3000
	每股净资产(元)	2.6563	2.5700	2.4659	2.8364
	每股经营现金净流量(元)	–0.1296	0.1057	–0.0724	0.3124
	每股现金流量(元)	–0.1842	–0.2687	–0.3073	1.5352
	每股资本公积金(元)	0.6006	0.6006	0.5833	1.9775
	每股盈余公积金(元)	0.1356	0.1356	0.1190	0.2391
	每股未分配利润(元)	0.9796	0.9365	0.8646	1.7285
	净资产收益率(%)	3.5037	6.5052	3.1962	5.3604
	加权净资产收益率(%)	3.5600	6.6400	3.1000	6.5400
	净资产收益率(扣除)(%)	2.8877	5.0329	2.6983	4.3057
	总资产(万元)	55557.30	55331.99	51208.76	50234.17
	归属母公司股东权益(万元)	49091.77	47516.43	45571.63	45495.06
	营业收入(万元)	7777.85	13215.32	6263.52	12071.40
	营业支出(万元)	3607.83	5005.43	2706.05	5041.85
	投资收益(万元)	56.89	178.80	111.22	–
	净利润(万元)	1722.11	3083.76	1454.65	2437.20
	营业利润(万元)	1853.31	2301.06	1151.77	1614.55
	利润总额(万元)	1975.23	3439.17	1659.55	2700.11

濮阳惠成电子材料股份有限公司

公司概况	公司名称	濮阳惠成电子材料股份有限公司			证券简称	濮阳惠成
	法人代表	王中锋	董秘	陈淑敏	证券代码	300481
	公司网址	www.huichengchem.com		电子信箱	chenshumin@huichengchem.com	
	电话	0393-8910373		传真	0393-8961801	
	办公地址	河南省濮阳市胜利路西段				
	经营范围	顺酐酸酐衍生物等精细化学品的研发、生产、销售				

	指标\报告期	2017.06.30	2016.12.31	2016.06.30	2015.12.31
主要财务指标	基本每股收益(元)	0.2200	0.4100	0.1979	0.8200
	基本每股收益(扣除后)(元)	0.2100	0.3700	0.1729	0.7700
	稀释每股收益(元)	0.2200	0.4100	0.1979	0.8200
	每股净资产(元)	2.9563	2.8600	2.6501	5.4039
	每股经营现金净流量(元)	–0.0543	0.3621	0.1558	0.7521
	每股现金流量(元)	0.0607	0.3823	0.1076	0.3237
	每股资本公积金(元)	0.4966	0.4966	0.4966	1.9933
	每股盈余公积金(元)	0.1689	0.1689	0.1281	0.2562
	每股未分配利润(元)	1.2863	1.1887	1.0223	2.1479
	净资产收益率(%)	7.5295	14.1918	7.4839	13.2982
	加权净资产收益率(%)	7.5500	14.7200	7.1900	17.4200
	净资产收益率(扣除)(%)	7.2100	12.8741	6.5246	12.4374
	总资产(万元)	54466.75	52191.55	45874.76	46329.25
	归属母公司股东权益(万元)	47301.14	45723.40	42402.02	43231.27
	营业收入(万元)	25188.28	37579.73	17640.37	35021.29
	营业支出(万元)	16911.23	25161.35	11494.12	23971.79
	投资收益(万元)	26.59	268.01	148.47	75.23
	净利润(万元)	3532.92	6458.61	3166.78	5748.96
	营业利润(万元)	4064.96	7097.17	3377.59	6320.67
	利润总额(万元)	4176.25	7537.98	3709.12	6758.44

广州万孚生物技术股份有限公司

公司概况						
公司概况	公司名称	广州万孚生物技术股份有限公司			证券简称	万孚生物
	法人代表	王继华	董秘	陈斌	证券代码	300482
	公司网址	www.wondfo.com.cn		电子信箱	stock@wondfo.com.cn	
	电　　话	020-32215701		传　　真	020-32022032	
	办公地址	广东省广州市萝岗区科学城荔枝山路 8 号				
	经营范围	快速诊断试剂、快速检测仪器等 POCT 相关产品的研发、生产与销售				

主要财务指标	指标\报告期	2017.06.30	2016.12.31	2016.06.30	2015.12.31
	基本每股收益(元)	0.6200	0.8200	0.6800	1.6300
	基本每股收益(扣除后)(元)	0.5200	0.7000	0.5400	1.3300
	稀释每股收益(元)	0.6200	0.8200	0.6800	1.6300
	每股净资产(元)	5.2564	4.7878	4.4389	7.9600
	每股经营现金净流量(元)	0.2229	0.6364	0.2927	1.4979
	每股现金流量(元)	–0.8481	–0.1613	–0.5235	3.6583
	每股资本公积金(元)	1.6507	1.6507	1.6507	4.3014
	每股盈余公积金(元)	0.2872	0.2872	0.2390	0.3757
	每股未分配利润(元)	2.3388	1.8681	1.5491	2.2874
	净资产收益率(%)	11.8089	17.2061	10.2849	17.8910
	加权净资产收益率(%)	12.2400	18.7900	10.8400	24.4000
	净资产收益率(扣除)(%)	9.8141	14.5985	9.0792	14.6102
	总资产(万元)	135677.89	100574.72	88093.30	79856.88
	归属母公司股东权益(万元)	92512.93	84264.89	78124.30	70064.19
	营业收入(万元)	44843.83	54735.33	24862.11	42877.98
	营业支出(万元)	15904.64	17245.63	7484.86	14247.97
	投资收益(万元)	210.46	1027.78	436.32	473.81
	净利润(万元)	10817.83	14550.66	8034.99	12535.15
	营业利润(万元)	12384.77	15872.27	8526.08	12179.10
	利润总额(万元)	12516.07	17423.00	9197.58	14414.81

上海沃施园艺股份有限公司

公司概况						
公司概况	公司名称	上海沃施园艺股份有限公司			证券简称	沃施股份
	法人代表	吴海林	董秘	张震坤	证券代码	300483
	公司网址	www.worthgarden.com		电子信箱	worthgarden@worthgarden.com	
	电　　话	021-64093206		传　　真	021-64093209	
	办公地址	上海市闵行区元江路 5000 号				
	经营范围	园艺用品的研发、生产、销售				

主要财务指标	指标\报告期	2017.06.30	2016.12.31	2016.06.30	2015.12.31
	基本每股收益(元)	0.1800	0.2400	0.2100	0.4300
	基本每股收益(扣除后)(元)	0.0900	0.2000	0.1600	0.4100
	稀释每股收益(元)	0.1800	0.2400	0.2100	0.4300
	每股净资产(元)	6.5727	6.4737	6.4403	6.3536
	每股经营现金净流量(元)	0.7073	0.3066	0.3243	0.1652
	每股现金流量(元)	0.8438	–0.9556	–0.4456	1.6482
	每股资本公积金(元)	3.0942	3.0942	3.0942	3.0942
	每股盈余公积金(元)	0.2395	0.2395	0.2137	0.2137
	每股未分配利润(元)	2.2391	2.1401	2.1324	2.0458
	净资产收益率(%)	2.7230	3.7085	3.2087	5.9351
	加权净资产收益率(%)	2.7300	3.7400	3.2000	7.5300
	净资产收益率(扣除)(%)	1.4265	3.1124	2.5035	5.6064
	总资产(万元)	48369.87	50715.54	44929.19	55124.60
	归属母公司股东权益(万元)	40422.10	39813.39	39607.81	39074.93
	营业收入(万元)	19208.21	32066.44	16175.79	38492.87
	营业支出(万元)	14466.44	24039.49	12017.62	28677.80
	投资收益(万元)	—	—	–	–
	净利润(万元)	1157.86	1424.51	1242.89	2236.48
	营业利润(万元)	1000.27	1491.27	1346.88	2480.73
	利润总额(万元)	1623.43	2145.16	1679.28	2860.27

深圳市蓝海华腾技术股份有限公司

公司概况						
公司概况	公司名称	深圳市蓝海华腾技术股份有限公司			证券简称	蓝海华腾
	法人代表	邱文渊	董秘	杨延帆	证券代码	300484
	公司网址	www.v-t.net.cn		电子信箱	information@v-t.net.cn	
	电　　话	0755-27657465		传　　真	0755-81795840	
	办公地址	广东省深圳市南山区西丽阳光社区新锋大楼 B 栋第 6 层				
	经营范围	从事工业自动化控制产品的研发、生产和销售				

主要财务指标	指标\报告期	2017.06.30	2016.12.31	2016.06.30	2015.12.31
	基本每股收益(元)	0.3400	1.5900	0.6900	1.8200
	基本每股收益(扣除后)(元)	0.3400	1.5700	0.6900	1.8100
	稀释每股收益(元)	0.3400	1.5900	0.6900	1.8200
	每股净资产(元)	3.1212	5.8600	5.0186	6.5665
	每股经营现金净流量(元)	0.6819	0.4411	0.0692	–0.7065
	每股现金流量(元)	0.1644	2.2433	1.9574	–1.3271
	每股资本公积金(元)	0.3958	1.7916	1.7916	0.9620
	每股盈余公积金(元)	0.1696	0.3392	0.1880	0.5014
	每股未分配利润(元)	1.5558	2.7305	2.0390	4.1031
	净资产收益率(%)	10.9117	25.4725	12.9585	27.7005
	加权净资产收益率(%)	11.0700	32.0200	17.1600	31.9700
	净资产收益率(扣除)(%)	10.8582	25.0738	12.9305	27.5848
	总资产(万元)	96172.75	100116.54	69315.39	37397.07
	归属母公司股东权益(万元)	64921.85	60957.79	52193.86	25609.32
	营业收入(万元)	29437.18	67786.16	25733.46	30982.11
	营业支出(万元)	17562.59	37451.66	13789.13	16546.57
	投资收益(万元)	–1.59	—	–	–
	净利润(万元)	7084.06	15527.47	6763.54	7093.91
	营业利润(万元)	8559.37	15106.61	6844.98	6824.13
	利润总额(万元)	8559.43	17967.80	7799.21	8124.51

北京赛升药业股份有限公司

公司概况						
公司概况	公司名称	北京赛升药业股份有限公司			证券简称	赛升药业
	法人代表	马骉	董秘	王雪峰	证券代码	300485
	公司网址	www.ssyy.com.cn		电子信箱	ssyyzqb@ssyy.com.cn	
	电　　话	010-67862500		传　　真	010-67862501	
	办公地址	北京市北京经济技术开发区兴盛街 8 号				
	经营范围	主要从事生物生化药品的研发、生产和销售				

主要财务指标	指标\报告期	2017.06.30	2016.12.31	2016.06.30	2015.12.31
	基本每股收益(元)	0.4400	1.0800	0.5500	1.9900
	基本每股收益(扣除后)(元)	0.4000	0.9950	1.1700	1.9900
	稀释每股收益(元)	0.4400	1.0800	0.5500	1.9900
	每股净资产(元)	8.9245	8.7357	8.2082	15.6800
	每股经营现金净流量(元)	0.1490	0.8871	0.5678	1.4113
	每股现金流量(元)	–3.7151	0.1656	–3.4563	4.3106
	每股资本公积金(元)	4.2937	4.2937	4.2937	9.5875
	每股盈余公积金(元)	0.3580	0.3580	0.2500	0.5000
	每股未分配利润(元)	3.2727	3.0839	2.6645	4.5906
	净资产收益率(%)	4.9166	12.3252	6.6910	11.1235
	加权净资产收益率(%)	4.9000	13.0400	6.8200	16.7500
	净资产收益率(扣除)(%)	4.4365	11.4172	6.6653	11.0923
	总资产(万元)	223963.84	221658.76	203441.84	194481.03
	归属母公司股东权益(万元)	214188.48	209656.90	196997.35	188136.31
	营业收入(万元)	26410.16	61623.85	30391.85	60713.83
	营业支出(万元)	8492.30	20329.15	10099.58	23827.38
	投资收益(万元)	1717.27	5183.12	2124.72	2371.56
	净利润(万元)	10528.81	25834.67	13177.01	20922.87
	营业利润(万元)	12756.43	29895.52	15394.20	24254.39
	利润总额(万元)	12782.37	30019.35	15453.80	24324.23

山西东杰智能物流装备股份有限公司

公司概况	公司名称	山西东杰智能物流装备股份有限公司		证券简称	东杰智能
	法人代表	贾俊亭	董秘　张新海	证券代码	300486
	公司网址	www.omhgroup.com		电子信箱	sec@omhgroup.com
	电　话	0351-3633818		传　真	0351-3633818
	办公地址	山西省太原市新兰路51号			
	经营范围	智能物流输送系统和智能物流仓储系统的研发设计、生产制造、销售等			

主要财务指标	指标\报告期	2017.06.30	2016.12.31	2016.06.30	2015.12.31
	基本每股收益(元)	0.1900	−0.3500	−0.2100	0.3000
	基本每股收益(扣除后)(元)	0.1900	−0.4300	−0.2100	0.2300
	稀释每股收益(元)	0.1900	−0.3500	−0.2100	0.3000
	每股净资产(元)	4.6244	4.4197	4.8798	4.9060
	每股经营现金净流量(元)	0.1441	0.2661	−0.0085	−0.5145
	每股现金流量(元)	−0.4306	−0.2859	0.0799	0.7901
	每股资本公积金(元)	2.1776	2.2901	2.3016	2.0249
	每股盈余公积金(元)	0.1684	0.1684	0.1684	0.1714
	每股未分配利润(元)	1.4547	1.2634	1.4061	1.7515
	净资产收益率(%)	4.1367	−7.8496	−4.1845	5.2875
	加权净资产收益率(%)	4.2600	−7.4700	−4.1500	6.8100
	净资产收益率(扣除)(%)	4.1313	−9.4587	−4.2319	4.0884
	总资产(万元)	99694.40	104558.55	98214.88	94594.65
	归属母公司股东权益(万元)	65380.75	62486.81	68990.78	68706.28
	营业收入(万元)	32285.67	19893.97	8880.93	36565.23
	营业支出(万元)	24212.77	16869.46	7010.13	26231.54
	投资收益(万元)	—	7.85	−	−
	净利润(万元)	2633.44	−4966.79	−2965.21	3632.88
	营业利润(万元)	2928.26	−7254.85	−3316.61	2681.22
	利润总额(万元)	3139.84	−5835.09	−3087.98	4084.97

西安蓝晓科技新材料股份有限公司

公司概况	公司名称	西安蓝晓科技新材料股份有限公司		证券简称	蓝晓科技
	法人代表	高月静	董秘　张成	证券代码	300487
	公司网址	www.sunresin.com		电子信箱	pub@sunresin.com
	电　话	029-81112902		传　真	029-88453538
	办公地址	陕西省西安市高新开发区锦业路135号			
	经营范围	研发、生产和销售吸附分离树脂并提供应用解决方案			

主要财务指标	指标\报告期	2017.06.30	2016.12.31	2016.06.30	2015.12.31
	基本每股收益(元)	0.2700	0.7700	0.3100	0.7300
	基本每股收益(扣除后)(元)	0.1600	0.7000	0.2900	0.6500
	稀释每股收益(元)	0.2700	0.7700	0.3100	0.7300
	每股净资产(元)	3.8136	8.9189	8.4478	8.5000
	每股经营现金净流量(元)	0.2038	0.6251	−0.0342	0.3106
	每股现金流量(元)	−0.1359	0.5634	−0.4346	0.5667
	每股资本公积金(元)	1.3991	4.9848	4.9683	4.7860
	每股盈余公积金(元)	0.1546	0.3864	0.3096	0.3133
	每股未分配利润(元)	1.3328	2.8096	2.4319	2.3998
	净资产收益率(%)	6.9473	8.5445	3.6398	7.4792
	加权净资产收益率(%)	7.2100	8.7800	3.6000	9.6000
	净资产收益率(扣除)(%)	4.2569	7.7925	3.4780	6.6931
	总资产(万元)	93371.13	89244.54	82142.39	80885.05
	归属母公司股东权益(万元)	77184.14	72205.05	68391.63	67993.45
	营业收入(万元)	20595.05	33240.60	14894.62	29537.34
	营业支出(万元)	12077.49	20573.18	9400.12	18655.53
	投资收益(万元)	243.10	413.51	228.93	287.69
	净利润(万元)	5362.23	6169.56	2489.32	5085.36
	营业利润(万元)	3918.40	6901.76	2664.71	5534.72
	利润总额(万元)	6103.55	7099.64	2782.55	5848.48

恒锋工具股份有限公司

公司概况	公司名称	恒锋工具段份有限公司		证券简称	恒锋工具
	法人代表	陈尔容	董秘　陈子怡	证券代码	300488
	公司网址	www.esttools.com		电子信箱	pr@esttools.com
	电　话	0573-86169505		传　真	0573-86122456
	办公地址	浙江省嘉兴市海盐县武原镇新桥北路239号			
	经营范围	机床用工具的研发、生产与销售			

主要财务指标	指标\报告期	2017.06.30	2016.12.31	2016.06.30	2015.12.31
	基本每股收益(元)	0.4400	1.1900	0.5700	1.2090
	基本每股收益(扣除后)(元)	0.4000	1.0500	0.4900	1.1100
	稀释每股收益(元)	0.4400	1.1900	0.5700	1.2090
	每股净资产(元)	7.9607	10.5467	9.9184	9.5707
	每股经营现金净流量(元)	0.3718	1.1211	0.5211	1.1356
	每股现金流量(元)	−0.4845	0.2767	0.8726	0.0311
	每股资本公积金(元)	2.8904	3.2675	3.2675	3.2675
	每股盈余公积金(元)	0.3018	0.5000	0.5000	0.5000
	每股未分配利润(元)	3.7688	5.7772	5.1507	4.8032
	净资产收益率(%)	5.5081	11.3214	5.7219	11.3694
	加权净资产收益率(%)	5.8800	11.7500	5.7800	14.6200
	净资产收益率(扣除)(%)	4.9329	9.9991	4.9065	10.4415
	总资产(万元)	93678.09	70068.33	65282.22	63708.59
	归属母公司股东权益(万元)	82455.06	65927.52	62000.05	59826.39
	营业收入(万元)	14379.02	20916.37	9452.12	18385.78
	营业支出(万元)	6367.84	8729.00	3981.33	7227.01
	投资收益(万元)	316.79	636.54	427.66	66.81
	净利润(万元)	4552.36	7463.92	3547.61	6801.90
	营业利润(万元)	5257.71	8381.26	3991.22	7440.59
	利润总额(万元)	5458.98	8726.19	4150.04	7960.95

哈尔滨中飞新技术股份有限公司

公司概况	公司名称	哈尔滨中飞新技术股份有限公司		证券简称	中飞股份
	法人代表	杨志峰	董秘　杨宗璇	证券代码	300489
	公司网址	www.zfgf.cc		电子信箱	hrbzfgf@126.com
	电　话	0451-51835038		传　真	0451-86811102
	办公地址	黑龙江省哈尔滨市哈南工业新城核心区哈南第八大道5号			
	经营范围	高性能铝合金材料及其机加工产品的研发、生产和销售			

主要财务指标	指标\报告期	2017.06.30	2016.12.31	2016.06.30	2015.12.31
	基本每股收益(元)	0.1238	0.3453	0.1198	0.7321
	基本每股收益(扣除后)(元)	0.0947	0.1649	0.1078	0.5373
	稀释每股收益(元)	0.1238	0.3453	0.1198	0.7321
	每股净资产(元)	5.1282	5.0364	9.7467	9.5072
	每股经营现金净流量(元)	−0.2851	−0.1387	−0.6224	0.3638
	每股现金流量(元)	−0.1562	−0.2674	−0.3555	0.2725
	每股资本公积金(元)	2.0726	2.0726	4.6453	4.6453
	每股盈余公积金(元)	0.2049	0.1985	0.3555	0.3365
	每股未分配利润(元)	1.8507	1.7653	3.7460	3.5255
	净资产收益率(%)	2.4141	6.8564	2.4573	6.7370
	加权净资产收益率(%)	2.4300	7.0500	2.4900	8.6500
	净资产收益率(扣除)(%)	1.8464	3.2741	2.2122	4.9443
	总资产(万元)	64600.62	62661.48	62678.60	57938.82
	归属母公司股东权益(万元)	46538.78	45705.69	44225.86	43139.11
	营业收入(万元)	8566.21	13768.59	7400.22	12917.89
	营业支出(万元)	5878.69	8956.25	4546.96	7493.36
	投资收益(万元)	—	—	−	−
	净利润(万元)	1123.49	3133.76	1086.75	2906.30
	营业利润(万元)	1082.56	1783.40	1185.12	2604.12
	利润总额(万元)	1417.67	3709.39	1312.65	3516.57

华自科技股份有限公司

公司概况	公司名称	华自科技股份有限公司			证券简称	华自科技
	法人代表	黄文宝	董秘	宋辉	证券代码	300490
	公司网址	www.cshnac.com		电子信箱	sh@cshnac.com	
	电　话	0731-88238888		传　真	0731-88907777	
	办公地址	湖南省长沙市高新开发区麓谷麓松路 609 号				
	经营范围	水利、电力及工业自动化设备、辅机控制设备、输配电控制设备的研究				

主要财务指标	指标\报告期	2017.06.30	2016.12.31	2016.06.30	2015.12.31
	基本每股收益(元)	0.0911	0.2400	0.1000	0.6000
	基本每股收益(扣除后)(元)	0.0800	0.1800	0.0800	0.5300
	稀释每股收益(元)	0.0911	0.2400	0.1000	0.6000
	每股净资产(元)	2.9424	2.7986	2.7616	2.7602
	每股经营现金净流量(元)	-0.1104	-0.2038	-0.2273	0.3496
	每股现金流量(元)	-0.2472	-1.1224	-1.2033	2.1719
	每股资本公积金(元)	0.9908	0.9908	0.9908	2.9817
	每股盈余公积金(元)	0.1148	0.1148	0.0922	0.1844
	每股未分配利润(元)	0.8368	0.7957	0.6786	1.3544
	净资产收益率(%)	3.0977	8.3091	3.6729	8.1909
	加权净资产收益率(%)	3.1600	8.5400	3.6800	13.5500
	净资产收益率(扣除)(%)	2.7105	6.3284	2.9877	7.1999
	总资产(万元)	90679.53	91262.30	92524.15	98838.05
	归属母公司股东权益(万元)	58848.28	58025.35	55232.58	55203.95
	营业收入(万元)	23013.17	51522.94	22468.86	41932.45
	营业支出(万元)	14049.67	33083.25	14076.14	26345.20
	投资收益(万元)	53.92	310.67	138.76	235.15
	净利润(万元)	1667.27	5315.02	2028.63	4521.70
	营业利润(万元)	1689.75	3125.35	1598.48	3517.61
	利润总额(万元)	1878.61	5467.93	2307.40	5113.10

石家庄通合电子科技股份有限公司

公司概况	公司名称	石家庄通合电子科技股份有限公司			证券简称	通合科技
	法人代表	马晓峰	董秘	祝佳霖	证券代码	300491
	公司网址	www.sjzthdz.com		电子信箱	Investor@sjzthdz.com	
	电　话	0311-67300568		传　真	0311-67300568	
	办公地址	河北省石家庄高新区漓江道 350 号				
	经营范围	高频开关电源的研发、制造和销售				

主要财务指标	指标\报告期	2017.06.30	2016.12.31	2016.06.30	2015.12.31
	基本每股收益(元)	-0.0451	0.5100	0.2345	0.7100
	基本每股收益(扣除后)(元)	-0.0581	0.4100	0.1834	0.7000
	稀释每股收益(元)	-0.0431	0.5100	0.2345	0.7100
	每股净资产(元)	2.7212	5.1146	4.8792	4.9447
	每股经营现金净流量(元)	-0.1014	0.1910	-0.0601	0.3576
	每股现金流量(元)	-0.2539	-0.3821	-1.1207	2.2723
	每股资本公积金(元)	1.2554	3.0012	2.4827	2.4827
	每股盈余公积金(元)	0.1217	0.2190	0.1706	0.1706
	每股未分配利润(元)	0.6428	1.4347	1.2259	1.2914
	净资产收益率(%)	-1.5846	9.9021	4.8065	10.8038
	加权净资产收益率(%)	-1.5400	10.2600	4.7300	21.1400
	净资产收益率(扣除)(%)	-2.0575	8.0013	3.7579	10.6092
	总资产(万元)	54456.20	56546.32	49575.05	52629.30
	归属母公司股东权益(万元)	39689.48	41443.84	39033.39	39557.24
	营业收入(万元)	6544.28	22264.54	8698.42	18547.15
	营业支出(万元)	4164.23	13280.10	5018.15	9225.21
	投资收益(万元)	28.30	13.42	-	-
	净利润(万元)	-628.90	4103.80	1876.15	4273.70
	营业利润(万元)	-796.04	2603.82	1179.90	3445.96
	利润总额(万元)	-636.65	4516.17	2135.20	4687.50

山鼎设计股份有限公司

公司概况	公司名称	山鼎设计股份有限公司			证券简称	山鼎设计
	法人代表	袁歆	董秘	刘骏翔	证券代码	300492
	公司网址	www.cendes-arch.com		电子信箱	cendes.bso@cendes-arch.com	
	电　话	028-86713701		传　真	028-86672200	
	办公地址	四川省成都市锦江区东大街芷泉段 6 号时代 1 号 37F				
	经营范围	主要向客户提供建筑工程设计及相关咨询服务				

主要财务指标	指标\报告期	2017.06.30	2016.12.31	2016.06.30	2015.12.31
	基本每股收益(元)	0.0500	0.2400	0.0500	0.4300
	基本每股收益(扣除后)(元)	0.0300	0.2300	0.0400	0.4100
	稀释每股收益(元)	0.0500	0.2400	0.0500	0.4300
	每股净资产(元)	3.5816	3.5792	3.3824	3.4869
	每股经营现金净流量(元)	-0.1994	0.0105	-0.2212	0.1117
	每股现金流量(元)	0.0659	-0.8441	-0.7231	1.5458
	每股资本公积金(元)	1.1564	1.1564	1.1564	1.1564
	每股盈余公积金(元)	0.2012	0.2012	0.1741	0.1741
	每股未分配利润(元)	1.2240	1.2215	1.0519	1.1564
	净资产收益率(%)	1.4656	6.7683	1.3451	9.2383
	加权净资产收益率(%)	1.4600	6.8800	1.3000	15.8500
	净资产收益率(扣除)(%)	0.9575	6.3496	1.3050	8.7355
	总资产(万元)	36700.18	34315.03	35193.08	40323.82
	归属母公司股东权益(万元)	29799.29	29778.54	28141.57	29011.03
	营业收入(万元)	6641.49	15771.81	6973.01	18546.83
	营业支出(万元)	4094.85	8604.68	4274.75	10455.43
	投资收益(万元)	--	--	-	-
	净利润(万元)	436.75	1982.84	387.38	2684.70
	营业利润(万元)	444.18	2214.78	455.84	2997.04
	利润总额(万元)	520.70	2337.05	469.73	3169.29

上海润欣科技股份有限公司

公司概况	公司名称	上海润欣科技股份有限公司			证券简称	润欣科技
	法人代表	郎晓刚	董秘	庞军	证券代码	300493
	公司网址	www.fortune-co.com		电子信箱	investment@fortune-co.com	
	电　话	021-54264260		传　真	021-54264261	
	办公地址	上海市徐汇区田林路 200 号 A 号楼 301 室				
	经营范围	电子产品、通信设备、软件及器件的研发、生产、批发				

主要财务指标	指标\报告期	2017.06.30	2016.12.31	2016.06.30	2015.12.31
	基本每股收益(元)	0.1000	0.4100	0.1900	0.4600
	基本每股收益(扣除后)(元)	0.0900	0.3800	0.1800	0.4300
	稀释每股收益(元)	0.1000	0.4100	0.1900	0.4600
	每股净资产(元)	1.6025	3.9600	3.6955	5.0500
	每股经营现金净流量(元)	0.0972	-2.0834	-0.2608	-0.2850
	每股现金流量(元)	0.0384	0.2214	0.0563	-0.2899
	每股资本公积金(元)	0.1088	1.7720	1.7720	1.7720
	每股盈余公积金(元)	0.0514	0.1284	0.0989	0.0989
	每股未分配利润(元)	0.4373	1.0030	0.8158	0.9216
	净资产收益率(%)	5.9979	10.3665	5.2534	9.0731
	加权净资产收益率(%)	5.9900	10.6800	4.7800	14.4600
	净资产收益率(扣除)(%)	5.6082	9.6348	4.9679	8.4902
	总资产(万元)	106798.43	99458.94	68375.58	64843.76
	归属母公司股东权益(万元)	48075.85	47570.15	44346.13	45411.03
	营业收入(万元)	82947.87	153891.73	61983.16	114340.07
	营业支出(万元)	73955.01	137490.01	54722.57	100762.81
	投资收益(万元)	83.60	210.96	151.61	61.64
	净利润(万元)	2895.37	4946.27	2344.76	4118.56
	营业利润(万元)	3363.39	5933.63	2720.48	4683.87
	利润总额(万元)	3484.53	6132.17	2869.38	4995.19

湖北盛天网络技术股份有限公司

公司概况						
公司名称	湖北盛天网络技术股份有限公司				证券简称	盛天网络
法人代表	赖春临	董秘	曹晴		证券代码	300494
公司网址	www.stnts.com		电子信箱		info@stnts.com	
电　话	027-86655050		传　真		027-86695525	
办公地址	湖北省武汉市东湖新技术开发区光谷大道77号金融港B7栋9-11楼					
经营范围	计算机软硬件研发、技术服务					

主要财务指标 指标\报告期	2017.06.30	2016.12.31	2016.06.30	2015.12.31
基本每股收益(元)	0.1750	0.4600	0.1620	0.8500
基本每股收益(扣除后)(元)	0.1660	0.3800	0.1620	0.8300
稀释每股收益(元)	0.1750	0.4600	0.1620	0.8500
每股净资产(元)	3.8120	3.7748	3.4790	6.6351
每股经营现金净流量(元)	0.1548	0.4622	0.1283	0.8660
每股现金流量(元)	–0.5050	0.1682	0.0084	4.5022
每股资本公积金(元)	1.4037	1.4037	1.4037	3.8073
每股盈余公积金(元)	0.2364	0.2189	0.1893	0.3463
每股未分配利润(元)	1.1720	1.1523	0.8861	1.4814
净资产收益率(%)	4.5960	12.1142	4.6423	9.6093
加权净资产收益率(%)	4.6200	12.9000	4.7500	25.0800
净资产收益率(扣除)(%)	4.3523	9.9663	4.4828	9.3474
总资产(万元)	95783.79	95470.10	86715.55	85890.92
归属母公司股东权益(万元)	91488.82	90596.00	83497.20	79620.98
营业收入(万元)	18880.88	34411.00	12531.55	23978.82
营业支出(万元)	9200.29	15649.50	4793.80	6734.03
投资收益(万元)	143.73	284.97	12.49	5.00
净利润(万元)	4204.82	10975.02	3876.21	7650.99
营业利润(万元)	4786.68	10046.01	4237.09	8521.74
利润总额(万元)	4794.13	11518.48	4406.80	8809.32

美尚生态景观股份有限公司

公司概况						
公司名称	美尚生态景观股份有限公司				证券简称	美尚生态
法人代表	王迎燕	董秘	赵湘		证券代码	300495
公司网址	www.misho.com.cn		电子信箱		ir@misho.com.cn	
电　话	0510-82702530		传　真		0510-82762145	
办公地址	江苏省无锡市滨湖区山水城科教软件园B区3号楼					
经营范围	生态景观建设					

主要财务指标 指标\报告期	2017.06.30	2016.12.31	2016.06.30	2015.12.31
基本每股收益(元)	0.1870	0.4103	0.1410	2.2081
基本每股收益(扣除后)(元)	0.1867	1.0100	0.3294	2.1148
稀释每股收益(元)	0.1842	0.4066	0.1410	2.2081
每股净资产(元)	4.4679	10.8307	5.1803	15.3840
每股经营现金净流量(元)	–0.3631	–0.7668	–0.9563	–2.1470
每股现金流量(元)	0.0789	–0.2394	–1.0643	7.8128
每股资本公积金(元)	2.5334	7.8062	2.5171	8.0941
每股盈余公积金(元)	0.0779	0.1949	0.1667	0.5000
每股未分配利润(元)	1.0265	2.2556	2.0865	5.7821
净资产收益率(%)	4.1227	8.0236	6.6817	10.7648
加权净资产收益率(%)	4.2000	17.0900	6.7400	23.2700
净资产收益率(扣除)(%)	4.1153	7.9010	6.2439	10.3102
总资产(万元)	538599.78	484281.47	179126.84	173798.40
归属母公司股东权益(万元)	268613.77	260467.04	105559.61	102558.96
营业收入(万元)	81668.34	105489.33	31581.57	58034.66
营业支出(万元)	59661.15	72249.80	21992.87	37341.09
投资收益(万元)	22.46	147.95	38.40	–
净利润(万元)	11074.20	20890.11	7048.41	11024.91
营业利润(万元)	13501.63	24743.84	8291.76	13091.90
利润总额(万元)	13511.93	24747.40	8303.69	12994.59

中科创达软件股份有限公司

公司概况						
公司名称	中科创达软件股份有限公司				证券简称	中科创达
法人代表	赵鸿飞	董秘	冯娟鹃		证券代码	300496
公司网址	www.thundersoft.com		电子信箱		zq@thundersoft.com	
电　话	010-82036551		传　真		010-82036511	
办公地址	北京市海淀区龙翔路甲1号泰翔商务楼4层					
经营范围	移动智能终端操作系统产品的研发、销售及提供相关技术服务					

主要财务指标 指标\报告期	2017.06.30	2016.12.31	2016.06.30	2015.12.31
基本每股收益(元)	0.1434	0.3039	0.1843	1.5548
基本每股收益(扣除后)(元)	0.0964	0.2695	0.1460	1.4564
稀释每股收益(元)	0.1434	0.2999	0.1843	1.5548
每股净资产(元)	3.0587	2.7365	2.5250	9.6982
每股经营现金净流量(元)	0.0951	0.1835	0.1177	0.3163
每股现金流量(元)	–0.9421	0.9800	–0.0835	4.8766
每股资本公积金(元)	1.5213	1.5353	1.4477	5.9602
每股盈余公积金(元)	0.1206	0.1204	0.0840	0.3386
每股未分配利润(元)	0.8140	0.7395	0.6587	2.4242
净资产收益率(%)	4.6970	10.9054	7.2261	12.0238
加权净资产收益率(%)	5.1500	11.6100	7.3100	30.8400
净资产收益率(扣除)(%)	3.1561	9.6894	5.7530	11.2628
总资产(万元)	260126.07	190649.64	163258.29	119626.97
归属母公司股东权益(万元)	123065.51	110296.19	101792.47	96982.29
营业收入(万元)	46769.72	84790.22	34580.29	61546.33
营业支出(万元)	26242.88	45433.85	17148.01	29811.40
投资收益(万元)	299.94	378.67	112.16	–147.03
净利润(万元)	5616.20	12006.44	7306.80	11638.28
营业利润(万元)	4628.49	8863.58	5087.65	10622.54
利润总额(万元)	6029.42	13127.18	8055.36	12813.15

江西富祥药业股份有限公司

公司概况						
公司名称	江西富祥药业股份有限公司				证券简称	富祥股份
法人代表	包建华	董秘	黄晓东		证券代码	300497
公司网址	www.fushine.cn		电子信箱		stock@fushine.cn	
电　话	0798-2699929		传　真		0798-2699928	
办公地址	江西省景德镇市昌江区鱼丽工业区2号(鱼山与丽阳交界处)					
经营范围	专业从事原料药、医药中间体及相关产品研发、生产与销售					

主要财务指标 指标\报告期	2017.06.30	2016.12.31	2016.06.30	2015.12.31
基本每股收益(元)	0.9300	1.6100	1.0600	1.7300
基本每股收益(扣除后)(元)	0.8800	1.4700	1.2000	1.7000
稀释每股收益(元)	0.9000	1.5800	9.0500	1.7300
每股净资产(元)	7.6390	6.7479	1.2752	11.0400
每股经营现金净流量(元)	0.8479	1.6828	–1.0884	1.0279
每股现金流量(元)	1.2203	–0.2786	4.4923	4.0689
每股资本公积金(元)	3.7978	3.5983	0.3340	4.4199
每股盈余公积金(元)	0.3648	0.3658	3.2239	0.3340
每股未分配利润(元)	3.0958	2.7016	13.2554	2.5237
净资产收益率(%)	11.7825	23.0033	13.4800	15.6994
加权净资产收益率(%)	12.4300	25.9400	11.7053	29.6500
净资产收益率(扣除)(%)	11.0597	21.0407	114223.87	15.3612
总资产(万元)	163996.75	139836.67	65195.01	100965.86
归属母公司股东权益(万元)	85814.85	75601.83	36356.23	59621.37
营业收入(万元)	47450.48	76368.69	21122.35	57974.31
营业支出(万元)	28590.58	43721.13	95.97	37408.35
投资收益(万元)	352.43	199.74	8641.85	32.76
净利润(万元)	10041.68	17252.02	9184.14	9360.18
营业利润(万元)	11192.03	18854.21	10330.53	10990.27
利润总额(万元)	11628.65	20362.94	1.2000	11158.48

广东温氏食品集团股份有限公司

公司概况	公司名称	广东温氏食品集团股份有限公司			证券简称	温氏股份
	法人代表	温志芬	董秘	梅锦方	证券代码	300498
	公司网址	www.wens.com.cn		电子信箱	dsh@wens.com.cn	
	电　话	0766-2292926		传　真	0766-2292613	
	办公地址	广东省云浮市新兴县新城镇东堤北路9号				
	经营范围	肉鸡、肉猪的养殖和销售				

主要财务指标	指标\报告期	2017.06.30	2016.12.31	2016.06.30	2015.12.31
	基本每股收益(元)	0.3468	2.7101	1.6600	1.7100
	基本每股收益(扣除后)(元)	0.3175	2.7202	1.6500	1.6900
	稀释每股收益(元)	0.3468	2.7101	1.6600	1.7100
	每股净资产(元)	5.2702	7.0020	6.4030	5.1178
	每股经营现金净流量(元)	0.0838	3.3682	1.7869	2.5662
	每股现金流量(元)	-0.0249	-0.1613	-0.0848	0.0071
	每股资本公积金(元)	0.9279	1.3135	1.3139	1.7777
	每股盈余公积金(元)	0.2492	0.2990	0.1725	0.2070
	每股未分配利润(元)	3.0839	4.2846	3.8621	3.1411
	净资产收益率(%)	6.5797	38.7050	25.9437	27.8717
	加权净资产收益率(%)	6.0900	43.4800	27.9900	34.9500
	净资产收益率(扣除)(%)	6.0253	38.8488	25.8143	27.4989
	总资产(万元)	4028453.56	4143815.12	3653942.32	3273496.56
	归属母公司股东权益(万元)	2751209.80	3046089.29	2785498.45	2226405.88
	营业收入(万元)	2512351.53	5935523.72	2835945.18	4823736.98
	营业支出(万元)	2178390.37	4260582.87	1941448.86	3879580.74
	投资收益(万元)	25514.05	22887.48	6257.89	49104.07
	净利润(万元)	179403.51	1223792.37	757760.77	663647.69
	营业利润(万元)	186813.88	1250130.92	759837.10	672063.49
	利润总额(万元)	188360.93	1236886.26	763235.50	668928.10

广州高澜节能技术股份有限公司

公司概况	公司名称	广州高澜节能技术股份有限公司			证券简称	高澜股份
	法人代表	李琦	董秘	李琦(代)	证券代码	300499
	公司网址	www.goaland.com.cn		电子信箱	ir@goaland.com.cn	
	电　话	020-66616248 62800131		传　真	020-62800132	
	办公地址	广东省广州市高新技术产业开发区科学城南云五路3号				
	经营范围	大功率电力电子装置用纯水冷却设备及控制系统的研发、设计、生产和销售				

主要财务指标	指标\报告期	2017.06.30	2016.12.31	2016.06.30	2015.12.31
	基本每股收益(元)	0.1100	0.5000	0.3200	1.0200
	基本每股收益(扣除后)(元)	0.0600	0.4100	0.2800	0.9200
	稀释每股收益(元)	0.1100	0.5000	0.3200	1.0200
	每股净资产(元)	4.9656	4.9596	8.3580	6.4700
	每股经营现金净流量(元)	0.1189	-0.0112	-1.1725	0.8326
	每股现金流量(元)	-0.0654	0.7211	0.8572	0.8399
	每股资本公积金(元)	1.7942	1.7942	4.0303	1.1551
	每股盈余公积金(元)	0.2146	0.2146	0.2819	0.3760
	每股未分配利润(元)	1.9551	1.9482	3.0453	3.9370
	净资产收益率(%)	2.1669	9.6177	3.5021	15.7499
	加权净资产收益率(%)	2.1500	10.7000	4.0200	17.1000
	净资产收益率(扣除)(%)	1.2048	7.8857	3.1788	14.2600
	总资产(万元)	110044.64	111595.71	95198.01	75419.14
	归属母公司股东权益(万元)	59590.19	59518.56	55723.00	32339.29
	营业收入(万元)	30150.56	46899.57	23826.60	35409.84
	营业支出(万元)	20344.38	26628.80	14915.51	19574.93
	投资收益(万元)	-3.13	—	-	-
	净利润(万元)	1282.03	5701.91	1943.31	5090.79
	营业利润(万元)	1052.84	5427.98	1907.48	4839.15
	利润总额(万元)	1046.84	6987.36	2299.94	5787.44

启迪设计集团股份有限公司

公司概况	公司名称	启迪设计集团股份有限公司			证券简称	启迪设计
	法人代表	戴雅萍	董秘	华亮	证券代码	300500
	公司网址	www.siad-c.com		电子信箱	liang.hua@tusdesign.com	
	电　话	0512-69564641		传　真	0512-65230783	
	办公地址	江苏省苏州市工业园区星海街9号				
	经营范围	建筑设计等工程技术服务				

主要财务指标	指标\报告期	2017.06.30	2016.12.31	2016.06.30	2015.12.31
	基本每股收益(元)	0.2700	1.0700	0.5700	1.1400
	基本每股收益(扣除后)(元)	0.2500	1.2000	0.5700	1.1100
	稀释每股收益(元)	0.2700	1.0700	0.5700	1.1400
	每股净资产(元)	5.8057	11.1769	10.7676	7.7639
	每股经营现金净流量(元)	-0.3375	1.6514	0.0992	0.6540
	每股现金流量(元)	-2.1334	5.1139	5.1358	0.2074
	每股资本公积金(元)	3.1680	7.2379	6.4253	2.7392
	每股盈余公积金(元)	0.2192	0.4383	0.3682	0.4726
	每股未分配利润(元)	1.7994	3.3226	2.9740	3.5520
	净资产收益率(%)	4.5257	9.0470	4.8646	14.6279
	加权净资产收益率(%)	4.5900	10.2800	5.7300	15.2500
	净资产收益率(扣除)(%)	4.1827	10.1440	4.8526	14.2936
	总资产(万元)	91902.62	92652.07	78052.96	44522.73
	归属母公司股东权益(万元)	71410.56	68737.75	64605.77	34937.35
	营业收入(万元)	21662.09	39231.27	17290.66	33230.73
	营业支出(万元)	11982.68	22931.66	10201.06	20169.91
	投资收益(万元)	218.38	59.35	100.00	200.00
	净利润(万元)	3691.46	6556.61	3178.04	5224.01
	营业利润(万元)	4415.64	7636.09	3728.57	5885.51
	利润总额(万元)	4427.34	7770.59	3729.42	6022.91

上海海顺新型药用包装材料股份有限公司

公司概况	公司名称	上海海顺新型药用包装材料股份有限公司			证券简称	海顺新材
	法人代表	林武辉	董秘	童小晖	证券代码	300501
	公司网址	www.haishunpackaging.com		电子信箱	xiaohui@haishunpackaging.com	
	电　话	021-37017626		传　真	021-33887318	
	办公地址	上海市闵行区申滨南路938号龙湖虹桥天街G栋508室				
	经营范围	从事直接接触药品的高阻隔包装材料研发、生产和销售				

主要财务指标	指标\报告期	2017.06.30	2016.12.31	2016.06.30	2015.12.31
	基本每股收益(元)	0.5100	1.2600	0.6800	1.4700
	基本每股收益(扣除后)(元)	0.4400	1.1600	0.6700	1.4000
	稀释每股收益(元)	0.5100	1.2600	0.6800	1.4700
	每股净资产(元)	8.6287	10.7259	10.1420	6.7300
	每股经营现金净流量(元)	-0.0813	0.6269	0.0742	1.3319
	每股现金流量(元)	-0.3695	0.2807	0.8037	0.4770
	每股资本公积金(元)	4.5455	5.9873	5.9873	1.6918
	每股盈余公积金(元)	0.2617	0.3297	0.2748	0.3667
	每股未分配利润(元)	2.8215	3.4089	2.8799	3.6746
	净资产收益率(%)	5.9442	11.2835	6.1765	21.8204
	加权净资产收益率(%)	5.9400	12.7400	7.2900	23.9900
	净资产收益率(扣除)(%)	5.1507	10.4076	6.0360	21.5417
	总资产(万元)	67519.31	68389.31	60700.53	33883.23
	归属母公司股东权益(万元)	58035.43	57254.67	54138.15	26932.32
	营业收入(万元)	17887.82	30127.59	14279.39	29397.84
	营业支出(万元)	11065.28	18471.98	8480.07	18593.06
	投资收益(万元)	344.91	505.09	66.41	101.16
	净利润(万元)	3450.02	6496.88	3343.83	5878.41
	营业利润(万元)	3988.96	7298.63	3628.16	6636.73
	利润总额(万元)	4239.54	7386.24	3652.56	6849.00

成都新易盛通信技术股份有限公司

公司概况	公司名称	成都新易盛通信技术股份有限公司			证券简称	新易盛
	法人代表	高光荣	董秘	王诚	证券代码	300502
	公司网址	www.eoptolink.com		电子信箱	ir@eoptolink.com	
	电　话	028-67087999		传　真	028-67087999	
	办公地址	四川省成都市双流区公兴镇物联西街127号				
	经营范围	从事光模块的研发及制造				

主要财务指标	指标\报告期	2017.06.30	2016.12.31	2016.06.30	2015.12.31
	基本每股收益(元)	0.2700	1.4500	0.7100	1.6200
	基本每股收益(扣除后)(元)	0.2400	1.3200	0.6700	1.5400
	稀释每股收益(元)	0.2700	1.4500	0.7100	1.6200
	每股净资产(元)	4.4288	12.8292	12.0967	9.0328
	每股经营现金净流量(元)	-0.4509	0.0814	-0.1729	0.5614
	每股现金流量(元)	-0.1678	0.7256	1.2636	-0.0384
	每股资本公积金(元)	1.2945	5.8834	5.8834	1.9145
	每股盈余公积金(元)	0.2022	0.6067	0.4762	0.6349
	每股未分配利润(元)	1.9321	5.3388	4.7372	5.4834
	净资产收益率(%)	6.0772	10.5758	5.1635	17.9662
	加权净资产收益率(%)	6.1000	12.3600	6.6200	19.7400
	净资产收益率(扣除)(%)	5.5101	9.6439	4.8136	17.0525
	总资产(万元)	127075.34	119733.41	111653.86	68800.28
	归属母公司股东权益(万元)	103103.57	99554.87	93870.61	52570.98
	营业收入(万元)	43071.26	71393.17	33911.26	61511.96
	营业支出(万元)	32107.94	52565.30	25319.08	44655.32
	投资收益(万元)	184.25	359.09	54.26	–
	净利润(万元)	6265.86	10528.68	4847.03	9445.03
	营业利润(万元)	6910.65	12070.46	5421.16	10515.61
	利润总额(万元)	7414.38	12802.86	5791.63	11047.32

广州市昊志机电股份有限公司

公司概况	公司名称	广州市昊志机电股份有限公司			证券简称	昊志机电
	法人代表	汤丽君	董秘	肖泳林	证券代码	300503
	公司网址	www.haozhihs.com		电子信箱	zqswb@haozhihs.com	
	电　话	020-62868399		传　真	020-32226553-8884	
	办公地址	广东省广州市经济技术开发区永和经济区江东街6号				
	经营范围	机床附件制造、轴承制造、金属切削机床制造、其他金属加工机械制造等				

主要财务指标	指标\报告期	2017.06.30	2016.12.31	2016.06.30	2015.12.31
	基本每股收益(元)	0.1400	0.6600	0.3200	0.5800
	基本每股收益(扣除后)(元)	0.1300	0.5900	0.3000	0.4500
	稀释每股收益(元)	0.1400	0.6500	0.3200	0.5800
	每股净资产(元)	2.7800	6.7600	6.5029	4.5400
	每股经营现金净流量(元)	0.0594	-0.3881	-0.2202	0.0875
	每股现金流量(元)	-0.1028	0.6659	0.8859	-0.3370
	每股资本公积金(元)	0.6689	3.1483	2.6535	1.6366
	每股盈余公积金(元)	0.1397	0.3494	0.2916	0.3889
	每股未分配利润(元)	1.1794	2.7995	2.5577	3.0333
	净资产收益率(%)	5.4619	9.1491	4.3476	9.5610
	加权净资产收益率(%)	4.9800	10.1300	6.0300	10.0400
	净资产收益率(扣除)(%)	5.1222	8.1178	3.9860	7.3942
	总资产(万元)	92818.94	86329.07	76853.51	54224.44
	归属母公司股东权益(万元)	70409.92	68619.74	65028.57	45440.51
	营业收入(万元)	20079.16	33089.57	15662.08	22125.67
	营业支出(万元)	9252.19	15764.57	7603.77	10460.17
	投资收益(万元)	--	--	–	–
	净利润(万元)	3845.74	6278.08	2827.16	4344.57
	营业利润(万元)	4371.29	6373.79	3259.23	3790.56
	利润总额(万元)	4388.85	7206.54	3535.84	4949.28

昆明川金诺化工股份有限公司

公司概况	公司名称	昆明川金诺化工股份有限公司			证券简称	川金诺
	法人代表	刘甍	董秘	陈勇	证券代码	300505
	公司网址	www.kmcjn.com		电子信箱	cjncc61@163.com	
	电　话	0871-67436102		传　真	0871-67412848	
	办公地址	云南省昆明市呈贡区春融街上海东盟商务大厦A座10楼				
	经营范围	湿法磷酸的研究、生产及分级利用				

主要财务指标	指标\报告期	2017.06.30	2016.12.31	2016.06.30	2015.12.31
	基本每股收益(元)	0.2744	0.6637	0.2600	0.6000
	基本每股收益(扣除后)(元)	0.2567	0.6010	0.2400	0.5900
	稀释每股收益(元)	0.2744	0.6637	0.2600	0.6000
	每股净资产(元)	6.7806	6.6477	6.2488	5.1346
	每股经营现金净流量(元)	-0.0610	0.5522	0.1087	0.8612
	每股现金流量(元)	0.0896	0.7186	0.8961	0.1478
	每股资本公积金(元)	2.9706	2.9706	2.9706	1.3943
	每股盈余公积金(元)	0.3437	0.3217	0.2796	0.3402
	每股未分配利润(元)	2.4577	2.3554	1.9986	2.4000
	净资产收益率(%)	4.0462	9.3595	3.5743	11.7389
	加权净资产收益率(%)	4.0400	10.7400	4.9600	12.4700
	净资产收益率(扣除)(%)	3.7854	8.4749	3.3095	11.5858
	总资产(万元)	81535.36	79473.81	79025.40	53440.31
	归属母公司股东权益(万元)	63303.69	62062.51	58339.01	35947.00
	营业收入(万元)	36442.71	64680.45	27992.84	54595.95
	营业支出(万元)	25526.88	42004.42	17863.73	36527.47
	投资收益(万元)	132.07	81.62	–	–
	净利润(万元)	2561.43	5808.73	2085.23	4219.78
	营业利润(万元)	2953.13	6352.68	2306.73	4975.75
	利润总额(万元)	3015.29	6925.50	2488.49	5040.89

深圳市名家汇科技股份有限公司

公司概况	公司名称	深圳市名家汇科技股份有限公司			证券简称	名家汇
	法人代表	程宗玉	董秘	袁艳	证券代码	300506
	公司网址	www.minkave.com		电子信箱	minkave@minkave.com	
	电　话	86-755-26067248 26490198		传　真	86-755-26070372	
	办公地址	广东省深圳市南山区南山街道东滨路4351号荔源商务大厦A座13、14、15楼				
	经营范围	照明工程业务及与之相关的照明工程设计、照明产品的研发、生产、销售及合同能源管理业务				

主要财务指标	指标\报告期	2017.06.30	2016.12.31	2016.06.30	2015.12.31
	基本每股收益(元)	0.2228	0.3600	0.2300	0.5500
	基本每股收益(扣除后)(元)	0.2212	0.3600	0.2300	0.5400
	稀释每股收益(元)	0.2228	0.3600	0.2300	0.5500
	每股净资产(元)	2.0934	1.9700	4.2884	3.0500
	每股经营现金净流量(元)	-0.3750	-0.3886	-0.3774	-0.1838
	每股现金流量(元)	0.0160	0.0770	0.4981	0.1009
	每股资本公积金(元)	0.0865	0.0865	1.7162	0.0900
	每股盈余公积金(元)	0.0981	0.0981	0.1593	0.2124
	每股未分配利润(元)	0.9088	0.7859	1.4129	1.7507
	净资产收益率(%)	10.6435	17.0072	4.6595	18.0894
	加权净资产收益率(%)	10.7000	20.5300	5.9900	19.8900
	净资产收益率(扣除)(%)	10.5832	16.9385	4.6154	17.5342
	总资产(万元)	118548.37	92866.03	72829.26	58207.31
	归属母公司股东权益(万元)	62801.36	59117.12	51460.76	27478.89
	营业收入(万元)	25287.56	41577.93	13222.97	24752.34
	营业支出(万元)	11410.41	19994.55	6797.83	12097.58
	投资收益(万元)	--	--	–	–
	净利润(万元)	6673.81	10054.16	2397.79	4970.77
	营业利润(万元)	7827.08	11759.73	2783.74	5687.12
	利润总额(万元)	7876.57	11808.06	2813.26	5869.49

江苏奥力威传感高科股份有限公司

公司概况	公司名称	江苏奥力威传感高科股份有限公司			证券简称	苏奥传感
	法人代表	李宏庆	董秘	陈武峰	证券代码	300507
	公司网址	www.yos.net.cn		电子信箱	olive@yos.net.cn	
	电　话	86-514-85118056		传　真	86-514-85118071	
	办公地址	江苏省扬州高新技术产业开发区祥园路 158 号				
	经营范围	从事传感器及配件、燃油系统附件及汽车内饰件的生产和销售				

主要财务指标	指标\报告期	2017.06.30	2016.12.31	2016.06.30	2015.12.31
	基本每股收益(元)	0.4300	1.5800	0.8000	1.5600
	基本每股收益(扣除后)(元)	0.4000	1.4600	0.7400	1.4500
	稀释每股收益(元)	0.4300	1.5800	0.8000	1.5600
	每股净资产(元)	6.8231	11.7985	11.0205	6.7174
	每股经营现金净流量(元)	0.1031	0.7557	0.4831	1.4931
	每股现金流量(元)	-0.2779	0.5776	2.8032	0.9480
	每股资本公积金(元)	2.5353	5.3636	5.3636	0.3970
	每股盈余公积金(元)	0.3010	0.5418	0.4163	0.5551
	每股未分配利润(元)	2.9867	4.8931	4.2406	4.7653
	净资产收益率(%)	6.3749	12.2463	6.0509	23.2032
	加权净资产收益率(%)	6.4500	15.5300	9.3400	26.0700
	净资产收益率(扣除)(%)	5.8052	11.3728	5.6160	21.5176
	总资产(万元)	96096.98	94635.76	84039.40	43698.59
	归属母公司股东权益(万元)	81881.62	78660.84	73473.64	33587.02
	营业收入(万元)	29988.87	57533.82	26512.05	46967.45
	营业支出(万元)	21645.25	39772.88	18400.82	33012.20
	投资收益(万元)	1086.57	340.48	-	-
	净利润(万元)	5463.83	10095.11	4637.23	8205.59
	营业利润(万元)	6204.98	11369.25	5085.71	8985.11
	利润总额(万元)	6414.45	11785.02	5466.54	9669.44

上海维宏电子科技股份有限公司

公司概况	公司名称	上海维宏电子科技股份有限公司			证券简称	维宏股份
	法人代表	汤同奎	董秘	刘明洲	证券代码	300508
	公司网址	www.weihong.com.cn		电子信箱	weihongzq@weihong.com.cn	
	电　话	021-33587515		传　真	021-33587519	
	办公地址	上海市奉贤区沪杭公路 1590 号				
	经营范围	主营业务为研发、生产和销售工业运动控制系统等				

主要财务指标	指标\报告期	2017.06.30	2016.12.31	2016.06.30	2015.12.31
	基本每股收益(元)	0.6917	0.8389	0.5466	1.1500
	基本每股收益(扣除后)(元)	0.5265	0.7774	0.5348	1.1000
	稀释每股收益(元)	0.6917	0.8389	0.5466	1.1500
	每股净资产(元)	8.2682	7.7174	7.4074	4.3054
	每股经营现金净流量(元)	0.3638	0.4390	0.1998	1.1005
	每股现金流量(元)	-0.8272	-0.0047	3.7085	0.3693
	每股资本公积金(元)	3.5223	3.5223	3.5223	0.0497
	每股盈余公积金(元)	0.4216	0.4216	0.3432	0.4334
	每股未分配利润(元)	3.3243	2.7736	2.5419	2.8223
	净资产收益率(%)	8.3657	10.1170	6.3555	26.6798
	加权净资产收益率(%)	8.5800	12.6400	9.6600	30.2900
	净资产收益率(扣除)(%)	6.3684	9.3748	6.2187	25.6300
	总资产(万元)	50061.60	46357.88	45564.30	21243.92
	归属母公司股东权益(万元)	46979.78	43850.29	42088.91	19374.09
	营业收入(万元)	9881.88	14407.22	7039.17	13057.72
	营业支出(万元)	2991.76	4218.12	2127.71	4023.68
	投资收益(万元)	704.19	40.53	—	-
	净利润(万元)	3930.20	4436.33	2674.95	5168.97
	营业利润(万元)	4071.76	2935.12	1889.70	4169.64
	利润总额(万元)	4464.43	4928.87	3028.53	5895.84

江苏新美星包装机械股份有限公司

公司概况	公司名称	江苏新美星包装机械股份有限公司			证券简称	新美星
	法人代表	何德平	董秘	侯礼栋	证券代码	300509
	公司网址	www.newamstar.com		电子信箱	dsh@newamstar.com	
	电　话	0512-58693918		传　真	0512-58693908	
	办公地址	江苏省苏州市张家港经济开发区南区(新泾东路)				
	经营范围	液体包装机械、水处理设备制造、销售				

主要财务指标	指标\报告期	2017.06.30	2016.12.31	2016.06.30	2015.12.31
	基本每股收益(元)	0.2700	0.8100	0.4100	0.8300
	基本每股收益(扣除后)(元)	0.2500	0.6400	0.3700	0.7700
	稀释每股收益(元)	0.2700	0.8100	0.4100	0.8300
	每股净资产(元)	7.0587	7.2353	6.8298	5.2000
	每股经营现金净流量(元)	-0.0659	0.1737	-0.1558	1.2306
	每股现金流量(元)	-0.9238	1.3367	1.7940	1.0913
	每股资本公积金(元)	3.8310	3.8310	3.8310	1.5915
	每股盈余公积金(元)	0.2613	0.2613	0.1875	0.2500
	每股未分配利润(元)	1.9572	2.1338	1.8017	2.3503
	净资产收益率(%)	3.8727	10.2953	4.9622	15.8539
	加权净资产收益率(%)	3.7100	12.2600	6.7300	17.2200
	净资产收益率(扣除)(%)	3.4788	8.0979	4.5676	14.7359
	总资产(万元)	111839.43	112503.11	111994.04	87477.44
	归属母公司股东权益(万元)	56469.30	57882.40	54638.29	31227.77
	营业收入(万元)	23565.39	45405.78	23258.91	44828.43
	营业支出(万元)	15856.30	28383.00	14719.20	27413.69
	投资收益(万元)	83.85	416.10	-	-
	净利润(万元)	2186.90	5959.16	2711.27	4950.82
	营业利润(万元)	2353.42	5786.67	2847.53	5280.99
	利润总额(万元)	2440.71	6842.10	3089.07	5666.78

吉林省金冠电气股份有限公司

公司概况	公司名称	吉林省金冠电气股份有限公司			证券简称	金冠电气
	法人代表	徐海江	董秘	赵红云	证券代码	300510
	公司网址	www.jljgdq.cn		电子信箱	jilinjinguan@163.com	
	电　话	0431-84155588		传　真	0431-84155588	
	办公地址	吉林省长春市双阳经济开发区延寿路 4 号				
	经营范围	智能电气成套开关设备及其配套元器件的研发、生产和销售				

主要财务指标	指标\报告期	2017.06.30	2016.12.31	2016.06.30	2015.12.31
	基本每股收益(元)	0.1800	0.3400	0.2600	0.7700
	基本每股收益(扣除后)(元)	0.1700	0.3200	0.2300	0.7100
	稀释每股收益(元)	0.1800	0.3400	0.2600	0.7700
	每股净资产(元)	8.4968	3.4444	6.4426	4.7981
	每股经营现金净流量(元)	-0.2173	0.1390	-0.2143	0.8209
	每股现金流量(元)	-0.4368	0.8016	2.1611	0.6669
	每股资本公积金(元)	6.2427	1.0919	3.1838	0.8933
	每股盈余公积金(元)	0.1225	0.1443	0.2347	0.3132
	每股未分配利润(元)	1.1316	1.2081	2.0241	2.5916
	净资产收益率(%)	1.8513	9.4137	3.1406	16.0174
	加权净资产收益率(%)	4.0400	11.9400	4.9600	17.3400
	净资产收益率(扣除)(%)	1.7594	8.6808	2.8166	14.8829
	总资产(万元)	260553.79	80730.64	73214.53	47212.06
	归属母公司股东权益(万元)	174056.70	59877.39	55999.45	31245.86
	营业收入(万元)	20622.60	37822.60	14016.43	26195.56
	营业支出(万元)	12569.90	23705.84	8844.41	15127.36
	投资收益(万元)	—	—	-	-
	净利润(万元)	3338.52	6064.42	1950.87	5125.37
	营业利润(万元)	3791.16	6632.57	2170.94	5521.45
	利润总额(万元)	3975.98	7121.88	2367.72	5908.01

上海雪榕生物科技股份有限公司

公司概况	公司名称	上海雪榕生物科技股份有限公司		证券简称	雪榕生物
	法人代表	杨勇萍	董秘 丁强	证券代码	300511
	公司网址	www.xuerong.com		电子信箱	xrtz@ xuerong.com
	电　话	021-37198681		传　真	021-37198897
	办公地址	上海市奉贤区现代农业园区高丰路999号			
	经营范围	鲜品食用菌的研发、工厂化种植与销售			

主要财务指标	指标\报告期	2017.06.30	2016.12.31	2016.06.30	2015.12.31
	基本每股收益(元)	0.1790	0.7600	0.0992	1.1000
	基本每股收益(扣除后)(元)	0.1410	0.6700	0.0600	0.9800
	稀释每股收益(元)	0.1790	0.7600	0.0992	1.1000
	每股净资产(元)	5.7757	8.5484	7.9324	5.6437
	每股经营现金净流量(元)	0.4141	2.1181	0.5030	2.4335
	每股现金流量(元)	0.0580	0.2774	0.4294	-0.0173
	每股资本公积金(元)	2.4780	4.2170	4.2170	0.8666
	每股盈余公积金(元)	0.1862	0.2793	0.1746	0.2327
	每股未分配利润(元)	2.1122	3.0496	2.5383	3.5409
	净资产收益率(%)	3.1009	8.1735	1.0423	19.4277
	加权净资产收益率(%)	3.0900	9.9400	1.4900	21.4100
	净资产收益率(扣除)(%)	2.4437	7.1905	0.6277	17.2898
	总资产(万元)	308592.94	246058.23	224709.42	177476.15
	归属母公司股东权益(万元)	129953.89	128226.64	118986.26	63491.10
	营业收入(万元)	46970.49	99867.70	42417.53	101900.10
	营业支出(万元)	35930.78	76830.92	34560.10	74166.19
	投资收益(万元)	38.44	199.58	12.45	-
	净利润(万元)	4043.64	10642.18	1295.48	12524.01
	营业利润(万元)	3319.32	9520.56	798.81	11294.40
	利润总额(万元)	4150.11	10780.12	1331.08	12875.89

杭州中亚机械股份有限公司

公司概况	公司名称	杭州中亚机械股份有限公司		证券简称	中亚股份
	法人代表	史中伟	董秘 徐强	证券代码	300512
	公司网址	www.zhongyagroup.com		电子信箱	zydb@zhongyagroup.com
	电　话	0571-86522536		传　真	0571-88011205
	办公地址	浙江省杭州市拱墅区方家埭路189号			
	经营范围	设计、制造中高端的液态食品包装设备			

主要财务指标	指标\报告期	2017.06.30	2016.12.31	2016.06.30	2015.12.31
	基本每股收益(元)	0.3200	0.7000	0.7200	1.3200
	基本每股收益(扣除后)(元)	0.2800	0.6800	0.6900	1.2100
	稀释每股收益(元)	0.3200	0.7000	0.7200	1.3200
	每股净资产(元)	4.8327	4.9549	9.2813	5.0200
	每股经营现金净流量(元)	0.2295	0.7064	0.2594	1.1586
	每股现金流量(元)	-0.6002	0.3649	4.8871	-0.2109
	每股资本公积金(元)	2.1052	2.1052	5.2104	0.6912
	每股盈余公积金(元)	0.2253	0.2253	0.3341	0.4455
	每股未分配利润(元)	1.4716	1.5971	2.6885	2.8233
	净资产收益率(%)	6.7157	12.0399	6.1518	26.3217
	加权净资产收益率(%)	6.4300	16.4600	11.7200	28.7900
	净资产收益率(扣除)(%)	5.7272	11.5834	5.9269	24.2105
	总资产(万元)	206744.38	203983.33	184584.68	106359.55
	归属母公司股东权益(万元)	130481.90	133782.98	125297.53	50787.61
	营业收入(万元)	33144.71	63623.92	31149.36	58659.51
	营业支出(万元)	18363.23	31882.01	16490.17	31024.20
	投资收益(万元)	1180.41	347.99	10.10	179.74
	净利润(万元)	8762.78	16107.32	7708.03	13368.17
	营业利润(万元)	10316.94	18488.58	8737.50	14727.70
	利润总额(万元)	10322.20	18791.34	9035.73	15794.65

北京恒泰实达科技股份有限公司

公司概况	公司名称	北京恒泰实达科技股份有限公司		证券简称	恒泰实达
	法人代表	钱苏晋	董秘 李淼	证券代码	300513
	公司网址	www.techstar.com.cn		电子信箱	zqsw@techstar.com.cn
	电　话	86-10-62670506　62670518		传　真	86-10-62670508
	办公地址	北京市海淀区东北旺西路8号院23号楼孵化加速器大厦303-305			
	经营范围	技术开发、技术转让、技术咨询、技术服务、技术培训等			

主要财务指标	指标\报告期	2017.06.30	2016.12.31	2016.06.30	2015.12.31
	基本每股收益(元)	-	-	0.1510	0.6819
	基本每股收益(扣除后)(元)	-	-	0.1337	0.6808
	稀释每股收益(元)	-	-	0.1510	-
	每股净资产(元)	-	-	6.7283	5.3743
	每股经营现金净流量(元)	-	-	-0.9618	0.5400
	每股现金流量(元)	-	-	1.5835	0.3752
	每股资本公积金(元)	-	-	3.5446	1.6212
	每股盈余公积金(元)	-	-	0.2072	0.2763
	每股未分配利润(元)	-	-	1.9765	2.4768
	净资产收益率(%)	-	-	1.7765	12.6885
	加权净资产收益率(%)	-	-	2.9200	13.5500
	净资产收益率(扣除)(%)	-	-	1.5727	12.6674
	总资产(万元)	-	-	62707.23	46603.62
	归属母公司股东权益(万元)	-	-	51242.45	30687.07
	营业收入(万元)	-	-	12282.02	40774.60
	营业支出(万元)	-	-	8477.30	28680.37
	投资收益(万元)	-	-	19.83	-17.67
	净利润(万元)	-	-	812.13	3854.15
	营业利润(万元)	-	-	562.70	3868.57
	利润总额(万元)	-	-	958.38	4419.28

深圳友讯达科技股份有限公司

公司概况	公司名称	深圳友讯达科技股份有限公司		证券简称	友讯达
	法人代表	崔涛	董秘 沈正钊	证券代码	300514
	公司网址	www.friendcom.cn		电子信箱	www.friendcom.com
	电　话	0755-86026600　23230588		传　真	0755-86026300
	办公地址	广东省深圳市宝安区石岩街道梨园工业区万业隆科技园综合楼			
	经营范围	生产销售无线传感网络模块、无线传感网络终端和网关等信息采集设备			

主要财务指标	指标\报告期	2017.06.30	2016.12.31	2016.06.30	2015.12.31
	基本每股收益(元)	0.3082	0.5829	0.1741	0.4400
	基本每股收益(扣除后)(元)	0.2782	0.4900	—	0.4200
	稀释每股收益(元)	0.3082	0.5829	0.1741	0.4400
	每股净资产(元)	4.3998	3.0900	—	2.6100
	每股经营现金净流量(元)	-0.1074	1.0069	0.2294	-0.3826
	每股现金流量(元)	1.5994	0.5005	0.1236	-0.1762
	每股资本公积金(元)	2.1390	0.7551	—	0.7866
	每股盈余公积金(元)	0.1237	0.1649	—	0.1110
	每股未分配利润(元)	1.1371	1.1737	—	0.7803
	净资产收益率(%)	5.8380	18.8419	—	16.4900
	加权净资产收益率(%)	8.4000	20.0800	6.4500	18.3100
	净资产收益率(扣除)(%)	5.2686	15.8638	—	15.9973
	总资产(万元)	65836.40	48348.16	—	38772.07
	归属母公司股东权益(万元)	43997.93	23202.58	—	19580.78
	营业收入(万元)	20689.69	45747.11	16673.19	35061.06
	营业支出(万元)	11785.10	27332.08	9647.09	20601.04
	投资收益(万元)	—	—	—	—
	净利润(万元)	2568.62	4371.80	1305.49	3229.81
	营业利润(万元)	2886.07	1964.53	297.12	1172.86
	利润总额(万元)	3123.63	5041.71	1590.01	3721.66

湖南三德科技股份有限公司

公司概况					
公司名称	湖南三德科技股份有限公司			证券简称	三德科技
法人代表	朱先德	董秘	唐芳东	证券代码	300515
公司网址	www.sandegroup.com		电子信箱	sandegroup@163.com	
电话	0731-89864008		传真	0731-89864008	
办公地址	湖南省长沙高新开发区桐梓坡西路 558 号				
经营范围	实验分析仪器及其解决方案的研发、生产和销售等				

主要财务指标：指标\报告期	2017.06.30	2016.12.31	2016.06.30	2015.12.31
基本每股收益(元)	0.0645	0.3976	0.2060	0.5623
基本每股收益(扣除后)(元)	0.0519	0.3520	0.1949	0.4972
稀释每股收益(元)	0.0645	0.3976	0.2060	0.5623
每股净资产(元)	2.2034	4.4755	4.2821	3.0423
每股经营现金净流量(元)	0.0066	0.3149	-0.0677	0.3666
每股现金流量(元)	-0.4576	0.8469	1.7181	0.0982
每股资本公积金(元)	0.5496	2.0992	2.0992	0.6711
每股盈余公积金(元)	0.0922	0.1843	0.1495	0.1994
每股未分配利润(元)	0.5605	1.1920	1.0334	1.1719
净资产收益率(%)	2.9262	7.7726	3.6076	18.4824
加权净资产收益率(%)	2.9000	10.3000	6.5500	19.5200
净资产收益率(扣除)(%)	2.3577	6.8816	3.4137	16.3422
总资产(万元)	50978.70	52703.30	54285.68	34544.35
归属母公司股东权益(万元)	44068.66	44754.64	42820.82	22817.36
营业收入(万元)	8364.64	20880.81	8654.27	22455.64
营业支出(万元)	3788.02	9074.61	3864.50	10398.49
投资收益(万元)	207.31	160.68	–	–
净利润(万元)	1289.53	3478.60	1544.78	4217.19
营业利润(万元)	1333.21	2523.82	951.33	3083.76
利润总额(万元)	1420.65	3940.34	1686.97	4751.97

湖北久之洋红外系统股份有限公司

公司概况					
公司名称	湖北久之洋红外系统股份有限公司			证券简称	久之洋
法人代表	邵哲明	董秘	陆磊	证券代码	300516
公司网址	www.hbjir.com		电子信箱	market@hbjir.com	
电话	86-27-59601200		传真	86-27-59601202	
办公地址	湖北省武汉市江夏区庙山开发区明泽街 9 号				
经营范围	红外热像仪、激光测距仪等产品的研发、生产与销售				

主要财务指标：指标\报告期	2017.06.30	2016.12.31	2016.06.30	2015.12.31
基本每股收益(元)	0.3200	1.3100	0.5400	1.3300
基本每股收益(扣除后)(元)	0.2800	1.2000	0.5400	–
稀释每股收益(元)	0.3200	1.3100	0.5400	1.3300
每股净资产(元)	9.6838	9.7200	8.9729	4.3947
每股经营现金净流量(元)	-0.9611	0.7749	-0.4733	1.3853
每股现金流量(元)	-2.2705	2.5158	4.1282	0.7622
每股资本公积金(元)	5.2339	5.2339	5.2339	0.3125
每股盈余公积金(元)	0.4046	0.4046	0.2871	0.3828
每股未分配利润(元)	3.0453	3.0815	2.4519	2.6993
净资产收益率(%)	3.3445	12.0827	4.7627	30.2917
加权净资产收益率(%)	3.3200	16.9100	9.7500	33.8200
净资产收益率(扣除)(%)	2.9205	11.0528	4.7535	29.7107
总资产(万元)	127354.57	137532.07	126958.02	62663.17
归属母公司股东权益(万元)	116205.85	116639.35	107674.40	39552.17
营业收入(万元)	16158.07	47319.65	19905.61	38633.95
营业支出(万元)	8855.27	25316.79	10470.22	20214.49
投资收益(万元)	450.66	293.79	–	–
净利润(万元)	3886.49	14093.20	5128.25	11981.02
营业利润(万元)	4261.47	13650.27	5378.22	12130.18
利润总额(万元)	4273.51	16201.52	5856.50	13832.63

海波重型工程科技股份有限公司

公司概况					
公司名称	海波重型工程科技股份有限公司			证券简称	海波重科
法人代表	张海波	董秘	冉婷	证券代码	300517
公司网址	www.haiod.com		电子信箱	haiod_dsh@163.com	
电话	027-87028626		传真	027-87028378	
办公地址	湖北省武汉市江夏区郑店街黄金桥工业园 6 号				
经营范围	桥梁钢结构工程业务				

主要财务指标：指标\报告期	2017.06.30	2016.12.31	2016.06.30	2015.12.31
基本每股收益(元)	0.1200	0.5000	0.2500	0.5900
基本每股收益(扣除后)(元)	0.1200	0.4600	0.2500	–
稀释每股收益(元)	0.1200	0.5000	0.2500	0.5900
每股净资产(元)	5.8127	5.8200	4.4451	4.1942
每股经营现金净流量(元)	-0.2465	0.4278	0.4139	0.9720
每股现金流量(元)	0.0084	1.3855	0.0831	–
每股资本公积金(元)	2.5847	2.5847	0.8153	0.8153
每股盈余公积金(元)	0.2469	0.2469	0.2727	0.2727
每股未分配利润(元)	1.9433	1.9485	2.3398	2.0901
净资产收益率(%)	2.1466	7.2792	5.6176	14.0600
加权净资产收益率(%)	2.1200	9.4500	5.7800	15.1500
净资产收益率(扣除)(%)	2.0002	6.7993	5.6315	13.8922
总资产(万元)	95897.38	94796.03	80415.69	73711.27
归属母公司股东权益(万元)	59522.24	59547.72	34138.12	32211.40
营业收入(万元)	13237.04	37894.24	16262.46	37574.13
营业支出(万元)	10010.79	28358.88	12080.14	32431.36
投资收益(万元)	89.18	3.23	–	–
净利润(万元)	1277.73	4334.62	1917.74	4528.90
营业利润(万元)	1396.61	4818.31	2254.47	5142.77
利润总额(万元)	1409.98	5151.33	2248.88	5206.33

深圳市盛讯达科技股份有限公司

公司概况					
公司名称	深圳市盛讯达科技股份有限公司			证券简称	盛讯达
法人代表	陈湧锐	董秘	李衍钢	证券代码	300518
公司网址	www.gamexun.com		电子信箱	SXD@gamexun.com	
电话	0755-82731691		传真	0755-23991975	
办公地址	广东省深圳市福田区深南大道 7888 号东海国际中心一期 A 栋 11 层 01B				
经营范围	手机游戏及其他应用软件的开发和运营，手机整机及配件的生产和销售				

主要财务指标：指标\报告期	2017.06.30	2016.12.31	2016.06.30	2015.12.31
基本每股收益(元)	0.4779	1.2200	0.7100	1.3200
基本每股收益(扣除后)(元)	0.4621	1.1400	0.6700	–
稀释每股收益(元)	0.4779	1.2200	0.7100	1.3200
每股净资产(元)	11.5454	11.2325	10.6587	5.2019
每股经营现金净流量(元)	0.3017	0.9472	0.3292	1.2635
每股现金流量(元)	-2.8269	4.5204	5.2982	–
每股资本公积金(元)	5.2543	5.2543	5.2196	0.7222
每股盈余公积金(元)	0.4833	0.4833	0.3750	0.5000
每股未分配利润(元)	4.8078	4.4949	4.0641	4.7141
净资产收益率(%)	4.1395	9.5069	4.9615	18.9800
加权净资产收益率(%)	4.1700	13.0000	9.6700	20.9700
净资产收益率(扣除)(%)	4.0028	8.9152	4.7378	18.8358
总资产(万元)	129213.39	112545.56	106681.79	51945.19
归属母公司股东权益(万元)	107764.86	104844.06	99488.03	48554.46
营业收入(万元)	9797.87	20724.85	11223.56	20373.71
营业支出(万元)	2731.06	3412.46	1711.71	2448.68
投资收益(万元)	105.26	19.01	–	–
净利润(万元)	4460.91	9967.39	4936.09	9213.64
营业利润(万元)	4480.07	9779.07	5052.52	9826.66
利润总额(万元)	4538.46	11476.66	5702.77	10573.15

浙江新光药业股份有限公司

公司概况						
	公司名称	浙江新光药业股份有限公司			证券简称	新光药业
	法人代表	王岳钧	董秘	蒋源洋	证券代码	300519
	公司网址	www.xgpharma.com		电子信箱		xgpharma@163.com
	电　　话	0575-83292898		传　　真		0575-83292898
	办公地址	浙江省嵊州市剡湖街道环城西路25号				
	经营范围	中成药的研发、生产与销售				

主要财务指标	指标\报告期	2017.06.30	2016.12.31	2016.06.30	2015.12.31
	基本每股收益(元)	0.6400	1.7000	0.9508	–
	基本每股收益(扣除后)(元)	0.6200	1.6100	0.9300	–
	稀释每股收益(元)	0.6400	1.7000	0.9508	–
	每股净资产(元)	8.1428	8.0058	7.2115	–
	每股经营现金净流量(元)	0.7921	1.5148	0.7955	–
	每股现金流量(元)	0.1407	2.0159	3.4854	–
	每股资本公积金(元)	3.0161	3.0161	2.9937	–
	每股盈余公积金(元)	0.5593	0.5593	0.4106	–
	每股未分配利润(元)	3.5262	3.3839	2.7587	–
	净资产收益率(%)	7.8883	18.5738	9.8881	–
	加权净资产收益率(%)	7.7200	25.0500	16.9100	–
	净资产收益率(扣除)(%)	7.6138	17.6330	9.6722	–
	总资产(万元)	73215.18	70095.10	63199.49	–
	归属母公司股东权益(万元)	65142.71	64046.43	57691.83	–
	营业收入(万元)	15077.86	31531.37	15602.86	–
	营业支出(万元)	5790.59	10953.62	5332.32	–
	投资收益(万元)	187.86	70.67	24.00	–
	净利润(万元)	5138.67	11895.88	5704.62	–
	营业利润(万元)	5925.81	13201.36	6535.87	–
	利润总额(万元)	5972.79	13853.91	6669.30	–

科大国创软件股份有限公司

公司概况						
	公司名称	科大国创软件股份有限公司			证券简称	科大国创
	法人代表	董永东	董秘	储士升	证券代码	300520
	公司网址	www.kdgcsoft.com		电子信箱		zhengquanbu@ustcsoft.com
	电　　话	0551-65396760		传　　真		0551-65396799
	办公地址	安徽省合肥市高新区文曲路355号				
	经营范围	软件开发、系统集成、云计算大数据研发与服务				

主要财务指标	指标\报告期	2017.06.30	2016.12.31	2016.06.30	2015.12.31
	基本每股收益(元)	0.0200	0.7200	0.1400	0.6400
	基本每股收益(扣除后)(元)	0.0100	0.6200	0.1300	0.5800
	稀释每股收益(元)	0.0200	0.7200	0.1400	0.6400
	每股净资产(元)	5.5236	5.4894	3.9900	3.8400
	每股经营现金净流量(元)	–1.1088	1.1939	–1.3263	0.5089
	每股现金流量(元)	–1.3622	4.3389	–1.0962	0.3373
	每股资本公积金(元)	4.4954	4.3925	0.9213	0.9213
	每股盈余公积金(元)	0.1389	0.1389	0.1480	0.1480
	每股未分配利润(元)	1.7601	1.8317	1.9132	1.7707
	净资产收益率(%)	0.8761	10.7940	3.5694	45.4675
	加权净资产收益率(%)	0.9100	15.1100	3.6400	18.3100
	净资产收益率(扣除)(%)	0.0712	9.2579	3.3220	41.1534
	总资产(万元)	105942.27	103386.15	48741.81	46506.75
	归属母公司股东权益(万元)	53067.96	52739.80	27538.44	26506.89
	营业收入(万元)	26999.58	59423.15	20543.53	40575.91
	营业支出(万元)	16423.44	37507.66	12800.81	25105.75
	投资收益(万元)	107.06	105.36	–	–
	净利润(万元)	526.93	5420.97	853.99	4287.83
	营业利润(万元)	–814.79	5319.12	649.04	4189.07
	利润总额(万元)	–814.79	6264.31	803.67	4672.29

广州市爱司凯科技股份有限公司

公司概况						
	公司名称	广州市爱司凯科技股份有限公司			证券简称	爱司凯
	法人代表	李明之	董秘	李晓霞	证券代码	300521
	公司网址	www.amsky.cc		电子信箱		amsky@amsky.cc
	电　　话	020-28079595		传　　真		020-37816963
	办公地址	广东省广州市东风东路745号东山紫园商务大厦1401房				
	经营范围	主要从事工业化打印产品的研发、生产和销售				

主要财务指标	指标\报告期	2017.06.30	2016.12.31	2016.06.30	2015.12.31
	基本每股收益(元)	0.2400	0.3500	0.2600	0.7100
	基本每股收益(扣除后)(元)	0.1700	0.6000	0.2400	0.6500
	稀释每股收益(元)	0.2400	0.6700	0.2600	0.7100
	每股净资产(元)	6.0586	3.2300	5.4341	3.8300
	每股经营现金净流量(元)	0.2839	0.3932	0.0218	0.5070
	每股现金流量(元)	–0.0490	0.5403	2.4473	0.3455
	每股资本公积金(元)	2.5507	2.5507	2.5507	0.5856
	每股盈余公积金(元)	0.1731	0.1659	0.1134	0.1435
	每股未分配利润(元)	2.3348	2.1028	1.7700	2.1035
	净资产收益率(%)	3.9481	10.0257	3.6467	18.6138
	加权净资产收益率(%)	4.0300	13.4200	6.6600	20.5200
	净资产收益率(扣除)(%)	2.8348	9.0791	3.3248	17.0396
	总资产(万元)	53668.88	51580.13	49731.74	28710.37
	归属母公司股东权益(万元)	48468.72	46555.12	43472.97	22995.43
	营业收入(万元)	8363.25	18534.52	7748.44	17941.73
	营业支出(万元)	4115.16	8938.41	3800.36	8777.35
	投资收益(万元)	34.53	83.09	–	–
	净利润(万元)	1913.60	4667.48	1585.33	4280.32
	营业利润(万元)	2001.89	4401.41	1377.40	4097.15
	利润总额(万元)	2206.99	5371.45	1838.12	4981.57

苏州世名科技股份有限公司

公司概况						
	公司名称	苏州世名科技股份有限公司			证券简称	世名科技
	法人代表	吕仕铭	董秘	王岩	证券代码	300522
	公司网址	www.smcolor.com.cn		电子信箱		smkj@smcolor.com.cn
	电　　话	0512-57667120		传　　真		0512-57667120
	办公地址	江苏省昆山市周市镇黄浦江北路219号				
	经营范围	色浆的研发、生产和销售				

主要财务指标	指标\报告期	2017.06.30	2016.12.31	2016.06.30	2015.12.31
	基本每股收益(元)	0.4400	1.1100	0.5400	1.1100
	基本每股收益(扣除后)(元)	0.3800	0.9400	0.5100	1.0800
	稀释每股收益(元)	0.4400	1.1100	0.5400	1.1100
	每股净资产(元)	8.4657	8.3298	7.7728	4.5630
	每股经营现金净流量(元)	0.1305	0.6930	0.2445	1.1759
	每股现金流量(元)	–0.1674	1.7629	4.3856	0.7912
	每股资本公积金(元)	4.2703	4.2703	4.2541	0.3765
	每股盈余公积金(元)	0.4172	0.4172	0.3227	0.4302
	每股未分配利润(元)	2.7782	2.6423	2.1960	2.7563
	净资产收益率(%)	5.1490	11.6416	5.5175	24.2300
	加权净资产收益率(%)	5.1000	16.7200	12.3000	27.3200
	净资产收益率(扣除)(%)	4.4494	9.8823	5.2065	23.5854
	总资产(万元)	63305.27	60283.89	65006.14	31910.23
	归属母公司股东权益(万元)	56440.86	55534.83	51821.18	22815.20
	营业收入(万元)	14328.15	27453.27	12969.66	22487.36
	营业支出(万元)	7902.18	15235.56	7081.15	11905.57
	投资收益(万元)	176.53	85.28	–	–
	净利润(万元)	2906.13	6465.12	2859.22	5528.81
	营业利润(万元)	3447.14	6467.35	3197.98	6268.32
	利润总额(万元)	3467.35	7531.77	3387.58	6442.15

北京辰安科技股份有限公司

公司概况	公司名称	北京辰安科技股份有限公司		证券简称	辰安科技
	法人代表	王忠	董秘 吴鹏	证券代码	300523
	公司网址	www.gsafety.com		电子信箱	ir@gsafety.com
	电　　话	010-57930911　57930906		传　　真	010-57930135
	办公地址	北京市海淀区永丰产业基地丰秀中路3号院1号楼			
	经营范围	技术开发、技术服务、技术推广、技术咨询、技术转让等			

主要财务指标 指标＼报告期	2017.06.30	2016.12.31	2016.06.30	2015.12.31
基本每股收益(元)	-0.0500	1.1600	0.2200	1.3000
基本每股收益(扣除后)(元)	-0.0700	1.1200	0.2100	1.2700
稀释每股收益(元)	-0.0500	1.1600	0.2200	1.3000
每股净资产(元)	5.3654	9.9383	5.4700	5.2500
每股经营现金净流量(元)	-1.0039	0.4471	-1.3395	0.9623
每股现金流量(元)	-2.9459	4.7496	-1.2048	0.8443
每股资本公积金(元)	2.8032	5.8457	1.4443	1.4443
每股盈余公积金(元)	0.0877	0.1578	0.1631	0.1631
每股未分配利润(元)	1.4749	2.9358	2.8610	2.6391
净资产收益率(%)	-0.8388	9.9810	4.0600	24.7151
加权净资产收益率(%)	-0.8200	15.2200	4.1400	27.5900
净资产收益率(扣除)(%)	-1.3126	9.6530	3.8334	24.2302
总资产(万元)	110278.36	120941.22	72850.05	77813.60
归属母公司股东权益(万元)	77262.03	79506.51	32800.25	31477.81
营业收入(万元)	14940.13	54758.01	17946.11	41302.40
营业支出(万元)	7264.83	24213.71	8399.99	16213.68
投资收益(万元)	277.01	203.12	11.67	0.04
净利润(万元)	-705.35	9233.44	1355.67	9212.55
营业利润(万元)	-1220.21	8773.80	350.85	9549.78
利润总额(万元)	-573.00	10789.15	1675.02	10686.67

福建博思软件股份有限公司

公司概况	公司名称	福建博思软件股份有限公司		证券简称	博思软件
	法人代表	陈航	董秘 郑升尉	证券代码	300525
	公司网址	www.bosssoft.com.cn		电子信箱	bosssoft@bosssoft.com.cn
	电　　话	0591-87664003		传　　真	0591-87664001　87664003
	办公地址	福建省福州市海西高新科技产业园高新大道5号			
	经营范围	电子计算机软、硬件开发、销售等			

主要财务指标 指标＼报告期	2017.06.30	2016.12.31	2016.06.30	2015.12.31
基本每股收益(元)	0.0714	0.6600	0.0939	0.7197
基本每股收益(扣除后)(元)	0.0703	0.6200	0.0594	0.6782
稀释每股收益(元)	0.0714	0.6600	0.0939	0.7197
每股净资产(元)	6.2679	6.1965	4.5400	4.4500
每股经营现金净流量(元)	-0.6208	0.4843	-0.5124	0.9569
每股现金流量(元)	-0.6067	2.5144	-	0.5632
每股资本公积金(元)	2.8559	2.8559	0.8048	0.8048
每股盈余公积金(元)	0.2046	0.2046	0.2184	0.2184
每股未分配利润(元)	2.2073	2.1359	2.5169	2.4229
净资产收益率(%)	1.1391	9.0714	2.0693	16.1866
加权净资产收益率(%)	1.1500	12.0800	2.0900	17.5400
净资产收益率(扣除)(%)	1.1216	8.5406	1.3091	15.2533
总资产(万元)	46790.00	48044.21	26181.35	27876.40
归属母公司股东权益(万元)	42709.03	42222.54	23172.37	22692.86
营业收入(万元)	7511.98	17125.13	5097.92	15319.75
营业支出(万元)	2285.73	5268.65	1785.00	5040.78
投资收益(万元)	-31.94	28.83	-	39.80
净利润(万元)	374.23	3762.84	514.28	3754.07
营业利润(万元)	410.90	3390.92	157.29	3571.47
利润总额(万元)	419.87	4329.78	545.50	4250.75

中潜股份有限公司

公司概况	公司名称	中潜股份有限公司		证券简称	中潜股份
	法人代表	张顺	董秘 明小燕	证券代码	300526
	公司网址	www.sumnet.com.cn		电子信箱	zqgf8888@163.com
	电　　话	0755-83571281		传　　真	0755-83571291
	办公地址	广东省深圳市福田区车公庙天吉大厦AB座5A2			
	经营范围	潜水及水下救捞装备等涉水运动个人防护装备开发、制造、租售			

主要财务指标 指标＼报告期	2017.06.30	2016.12.31	2016.06.30	2015.12.31
基本每股收益(元)	0.1300	0.4900	0.2800	0.6600
基本每股收益(扣除后)(元)	0.1100	0.4800	0.2800	0.6100
稀释每股收益(元)	0.1300	0.4900	0.2800	0.6600
每股净资产(元)	2.9634	5.8154	4.4931	4.2100
每股经营现金净流量(元)	0.2092	0.0678	-0.0465	1.7062
每股现金流量(元)	0.1040	-0.0521	0.0194	-0.0412
每股资本公积金(元)	0.5148	2.0297	0.0662	0.0662
每股盈余公积金(元)	0.1574	0.2934	0.3631	0.3387
每股未分配利润(元)	1.2875	2.4817	3.0566	2.8025
净资产收益率(%)	4.4660	7.2246	6.1997	15.7583
加权净资产收益率(%)	4.4500	9.7700	6.4000	17.1400
净资产收益率(扣除)(%)	3.8616	7.0244	6.1261	14.4669
总资产(万元)	75602.79	67862.03	60863.67	53222.08
归属母公司股东权益(万元)	50323.40	49376.73	28602.11	26810.18
营业收入(万元)	18662.78	37073.25	17840.06	37067.82
营业支出(万元)	12618.69	25954.40	12320.52	24809.47
投资收益(万元)	--	23.09	23.09	9.35
净利润(万元)	2247.43	3567.26	1773.23	4224.83
营业利润(万元)	2338.02	3975.80	2027.94	4491.39
利润总额(万元)	2696.30	4068.18	2025.51	4892.96

湖北华舟重工应急装备股份有限公司

公司概况	公司名称	湖北华舟重工应急装备股份有限公司		证券简称	华舟应急
	法人代表	余皓	董秘 刘昌奇	证券代码	300527
	公司网址	www.harzone.com.cn		电子信箱	chinaharzone@163.com
	电　　话	027-87970446		传　　真	027-87970222
	办公地址	湖北省武汉市江夏区庙山开发区阳光大道5号			
	经营范围	应急交通工程装备的研发、生产和销售			

主要财务指标 指标＼报告期	2017.06.30	2016.12.31	2016.06.30	2015.12.31
基本每股收益(元)	0.2086	0.3923	0.2130	0.3920
基本每股收益(扣除后)(元)	0.2000	0.3774	0.2090	-
稀释每股收益(元)	0.2086	0.3923	-	0.3920
每股净资产(元)	3.8532	3.8672	2.8600	2.6400
每股经营现金净流量(元)	-0.4517	-0.3493	-1.9427	1.6274
每股现金流量(元)	-0.6365	1.0531	-2.0676	1.4367
每股资本公积金(元)	1.8346	1.9263	0.8363	0.8363
每股盈余公积金(元)	0.1164	0.1222	0.1266	0.1177
每股未分配利润(元)	0.9024	0.8188	0.8946	0.6902
净资产收益率(%)	5.4135	8.6638	7.4625	14.8102
加权净资产收益率(%)	5.5100	14.8600	7.7500	15.5500
净资产收益率(扣除)(%)	5.1912	8.3347	7.4625	14.5654
总资产(万元)	326246.37	339999.27	215044.31	258239.18
归属母公司股东权益(万元)	187203.10	178935.26	99155.06	91755.60
营业收入(万元)	107774.56	195956.27	91463.07	172056.12
营业支出(万元)	86458.23	156257.64	72296.67	135868.60
投资收益(万元)	123.75	2.00	-	1023.78
净利润(万元)	10134.15	15502.60	7399.46	13589.21
营业利润(万元)	11447.44	17330.21	8394.25	15094.42
利润总额(万元)	11936.94	18022.74	8580.98	15352.53

幸福蓝海影视文化集团股份有限公司

公司概况					
公司名称	幸福蓝海影视文化集团股份有限公司			证券简称	幸福蓝海
法人代表	卜宇	董秘	赖业军	证券代码	300528
公司网址	www.omnijoi.com		电子信箱	board@omnijoi.com	
电　话	025-83188552		传　真	025-83188595	
办公地址	江苏省南京市中山路348号中信大厦17楼				
经营范围	电视剧业务和电影业务				

主要财务指标　指标\报告期	2017.06.30	2016.12.31	2016.06.30	2015.12.31
基本每股收益(元)	0.1800	0.4300	0.2900	0.4600
基本每股收益(扣除后)(元)	0.1800	0.3000	0.2700	0.3800
稀释每股收益(元)	0.1800	0.4300	0.2900	0.4600
每股净资产(元)	5.0438	5.9417	5.8100	5.5200
每股经营现金净流量(元)	0.4667	1.4954	0.9912	1.6472
每股现金流量(元)	-0.9740	2.0515	0.5424	0.5215
每股资本公积金(元)	2.3080	2.9696	2.3769	2.3769
每股盈余公积金(元)	0.0956	0.1147	0.1401	0.1401
每股未分配利润(元)	1.6403	1.8576	2.2917	2.0066
净资产收益率(%)	3.4826	6.0977	4.9084	8.3241
加权净资产收益率(%)	3.4900	7.5400	5.0300	8.6900
净资产收益率(扣除)(%)	3.4797	4.1502	4.6700	6.9531
总资产(万元)	235977.43	237609.98	189342.78	181676.48
归属母公司股东权益(万元)	187935.59	184495.01	135267.35	128628.30
营业收入(万元)	72842.99	153805.25	68092.97	143726.81
营业支出(万元)	37748.04	87860.82	33503.66	83084.31
投资收益(万元)	124.05	391.77	45.51	703.72
净利润(万元)	6635.34	11763.54	6880.58	11424.82
营业利润(万元)	6803.05	8260.72	6771.15	10360.40
利润总额(万元)	6811.80	12255.28	7131.15	12208.94

珠海健帆生物科技股份有限公司

公司概况					
公司名称	珠海健帆生物科技股份有限公司			证券简称	健帆生物
法人代表	董凡	董秘	张明渊	证券代码	300529
公司网址	www.jafron.com		电子信箱	IR@jafron.com	
电　话	0756-3619693		传　真	0756-3619373	
办公地址	广东省珠海市高新区科技六路98号				
经营范围	血液灌流相关产品的研发、生产与销售				

主要财务指标　指标\报告期	2017.06.30	2016.12.31	2016.06.30	2015.12.31
基本每股收益(元)	0.3600	0.5200	0.2700	0.5400
基本每股收益(扣除后)(元)	0.3200	0.5000	0.2600	0.5200
稀释每股收益(元)	0.3600	0.5200	0.2700	0.5400
每股净资产(元)	3.0100	2.8739	1.8000	1.5245
每股经营现金净流量(元)	0.3861	0.4336	0.1536	0.5545
每股现金流量(元)	0.6441	1.1475	0.1025	0.1472
每股资本公积金(元)	1.2293	0.9126	0.0003	0.0003
每股盈余公积金(元)	0.2094	0.2118	0.1812	0.1812
每股未分配利润(元)	0.8989	0.7495	0.6146	0.3429
净资产收益率(%)	11.8965	17.0700	15.1239	35.5352
加权净资产收益率(%)	11.9600	24.0800	16.3600	39.5800
净资产收益率(扣除)(%)	10.4319	16.3956	14.5836	0.0034
总资产(万元)	152002.60	129986.69	77533.79	68867.46
归属母公司股东权益(万元)	125256.32	118405.53	66457.27	56406.37
营业收入(万元)	32846.85	54364.05	25990.27	50890.52
营业支出(万元)	5299.64	8734.11	4070.07	7862.46
投资收益(万元)	1004.45	203.85	-	-
净利润(万元)	14901.14	20211.85	10050.90	20044.10
营业利润(万元)	16644.93	23376.93	11558.27	23204.03
利润总额(万元)	17798.55	24145.93	12002.92	23982.28

广东达志环保科技股份有限公司

公司概况					
公司名称	广东达志环保科技股份有限公司			证券简称	达志科技
法人代表	蔡志华	董秘	蔡志斌	证券代码	300530
公司网址	www.dazhitech.com		电子信箱	dazhitech@126.com	
电　话	020-32221952		传　真	020-32221966	
办公地址	广东省广州市经济技术开发区永和经济区田园东路1号、2号				
经营范围	新型环保表面工程化学品的研发、生产及销售				

主要财务指标　指标\报告期	2017.06.30	2016.12.31	2016.06.30	2015.12.31
基本每股收益(元)	0.4200	0.8200	0.4400	0.7200
基本每股收益(扣除后)(元)	0.3200	0.7000	0.3800	0.6900
稀释每股收益(元)	0.4200	0.8200	0.4400	0.7200
每股净资产(元)	6.6587	6.8549	5.2700	4.8328
每股经营现金净流量(元)	0.2225	0.6239	0.3050	1.1677
每股现金流量(元)	-0.3181	-0.7142	0.1592	0.8270
每股资本公积金(元)	2.8704	2.8704	0.7694	0.7694
每股盈余公积金(元)	0.3138	0.3138	0.3282	0.3282
每股未分配利润(元)	2.4745	2.6707	3.1707	2.7352
净资产收益率(%)	6.3500	10.0196	8.2665	14.9729
加权净资产收益率(%)	6.0700	14.2600	8.6200	16.1800
净资产收益率(扣除)(%)	4.8019	8.4588	7.2033	14.3734
总资产(万元)	53896.39	50807.16	29978.78	27352.01
归属母公司股东权益(万元)	46610.91	47984.12	27658.86	25372.43
营业收入(万元)	7040.50	13496.78	6205.76	12164.97
营业支出(万元)	3382.92	6714.04	3080.32	6329.99
投资收益(万元)	399.08	553.29	230.75	-
净利润(万元)	2959.78	4807.81	2286.43	3798.98
营业利润(万元)	3019.42	5336.51	2602.60	4240.27
利润总额(万元)	3461.51	5653.50	2718.06	4419.39

深圳市优博讯科技股份有限公司

公司概况					
公司名称	深圳市优博讯科技股份有限公司			证券简称	优博讯
法人代表	郭颂	董秘	刘镇	证券代码	300531
公司网址	www.urovo.com		电子信箱	info@urovo.com	
电　话	0755-22673923		传　真	0755-86520430	
办公地址	广东省深圳市南山区高新区南区粤兴三道8号中国地质大学产学研基地中地大楼A701-710				
经营范围	计算机软、硬件产品、电子产品、移动手持终端产品、自动识别产品等				

主要财务指标　指标\报告期	2017.06.30	2016.12.31	2016.06.30	2015.12.31
基本每股收益(元)	0.1000	1.0100	0.4200	0.9900
基本每股收益(扣除后)(元)	0.0800	0.8600	0.3800	0.7800
稀释每股收益(元)	0.1000	1.0100	0.4200	0.9900
每股净资产(元)	2.0600	7.0032	4.8600	4.4307
每股经营现金净流量(元)	-0.1052	0.3958	0.1391	0.7818
每股现金流量(元)	-0.0680	1.3967	-0.2507	0.6992
每股资本公积金(元)	0.0980	2.8430	0.3437	0.3437
每股盈余公积金(元)	0.0382	0.1337	0.1594	0.1594
每股未分配利润(元)	0.9209	3.0274	3.3535	2.9293
净资产收益率(%)	4.8020	12.0597	8.7371	22.3796
加权净资产收益率(%)	4.8200	18.0100	9.1400	25.1900
净资产收益率(扣除)(%)	4.1178	10.1808	7.7321	17.4965
总资产(万元)	69827.30	64409.18	36314.19	-
归属母公司股东权益(万元)	57590.29	56025.97	29132.20	-
营业收入(万元)	17652.27	33296.32	14002.94	27259.74
营业支出(万元)	11068.10	19800.57	8525.29	16355.98
投资收益(万元)	249.73	44.63	-	6.00
净利润(万元)	2765.47	6756.54	2545.32	5949.47
营业利润(万元)	2594.77	5163.22	2144.26	4168.87
利润总额(万元)	2889.88	7114.93	2823.48	6607.28

深圳市今天国际物流技术股份有限公司

公司概况	公司名称	深圳市今天国际物流技术股份有限公司		证券简称	今天国际
	法人代表	邵健伟	董秘 张永清	证券代码	300532
	公司网址	www.nti56.com		电子信箱	info@nti56.com
	电　话	0755-82684590		传　真	0755-25161166
	办公地址	广东省深圳市罗湖区笋岗东路 1002 宝安广场 A 座 10 楼 F,G,H			
	经营范围	为客户提供一体化的仓储、配送自动化物流系统及服务			

主要财务指标	指标\报告期	2017.06.30	2016.12.31	2016.06.30	2015.12.31
	基本每股收益(元)	0.1409	0.7800	0.5000	0.9900
	基本每股收益(扣除后)(元)	0.0923	0.7000	0.4600	0.9500
	稀释每股收益(元)	0.1409	0.7800	0.5000	0.9900
	每股净资产(元)	4.5715	8.7180	6.3300	5.8300
	每股经营现金净流量(元)	–0.0576	–0.0184	–0.4116	0.1512
	每股现金流量(元)	0.0918	0.8855	–0.6351	–0.1424
	每股资本公积金(元)	2.2011	4.2683	1.1022	1.1022
	每股盈余公积金(元)	0.2269	0.4160	0.4840	0.4840
	每股未分配利润(元)	1.4684	3.0341	3.7500	3.2489
	净资产收益率(%)	3.0830	7.4614	7.9149	16.9703
	加权净资产收益率(%)	2.9200	10.9800	9.2100	17.7300
	净资产收益率(扣除)(%)	2.0377	6.7364	7.2526	16.2501
	总资产(万元)	116290.14	116078.10	77945.26	79750.67
	归属母公司股东权益(万元)	70414.52	73230.95	39883.00	36712.93
	营业收入(万元)	16990.16	39863.75	17511.24	50724.25
	营业支出(万元)	11132.16	25156.91	10254.90	35544.90
	投资收益(万元)	631.60	123.67	94.30	–
	净利润(万元)	2170.89	5464.03	3156.71	6230.28
	营业利润(万元)	2384.10	5616.14	3365.86	6613.20
	利润总额(万元)	2618.46	6336.75	3611.53	7042.51

深圳冰川网络股份有限公司

公司概况	公司名称	深圳冰川网络股份有限公司		证券简称	冰川网络
	法人代表	高祥	董秘 章国俊	证券代码	300533
	公司网址	www.q1.com		电子信箱	zqb@szgla.com
	电　话	0755-86384819		传　真	0755-86384819
	办公地址	广东省深圳市南山区科技中二路 1 号深圳软件园(2 期)9 栋 601,602 室			
	经营范围	计算机软、硬件的技术开发与销售			

主要财务指标	指标\报告期	2017.06.30	2016.12.31	2016.06.30	2015.12.31
	基本每股收益(元)	0.5100	1.8700	1.1800	2.2900
	基本每股收益(扣除后)(元)	0.5200	1.7700	1.1728	2.2500
	稀释每股收益(元)	0.5100	1.8700	1.1800	2.2900
	每股净资产(元)	14.6908	14.8933	7.4900	6.3100
	每股经营现金净流量(元)	–0.0658	1.0926	0.7369	2.3069
	每股现金流量(元)	–0.6114	3.0159	2.8007	3.5963
	每股资本公积金(元)	8.7978	8.7978	0.5903	0.5903
	每股盈余公积金(元)	0.5000	0.5000	0.5000	0.5000
	每股未分配利润(元)	4.3964	4.5913	5.3985	4.2156
	净资产收益率(%)	3.4378	10.4385	15.7931	36.2752
	加权净资产收益率(%)	3.3600	18.5600	17.1500	38.7100
	净资产收益率(扣除)(%)	3.5269	9.8882	15.6964	35.6231
	总资产(万元)	167028.82	173904.99	82066.80	75865.75
	归属母公司股东权益(万元)	146907.53	148932.90	56176.97	47290.98
	营业收入(万元)	15592.76	38067.91	19139.69	36988.22
	营业支出(万元)	1846.27	3437.34	1473.97	2754.87
	投资收益(万元)	–17.12	–36.53	–8.84	–44.59
	净利润(万元)	4866.88	15778.33	9031.07	17586.21
	营业利润(万元)	5743.16	14977.69	9473.00	19194.93
	利润总额(万元)	5589.85	16365.86	9673.38	20558.92

甘肃陇神戎发药业股份有限公司

公司概况	公司名称	甘肃陇神戎发药业股份有限公司		证券简称	陇神戎发
	法人代表	康海军	董秘 元勤辉	证券代码	300534
	公司网址	www.lsrfzy.com		电子信箱	lsrfyy@126.com
	电　话	0931-5347119 2143366		传　真	0931-5347119
	办公地址	甘肃省兰州市榆中县定远镇国防路 10 号			
	经营范围	中成药的研发、制造和销售			

主要财务指标	指标\报告期	2017.06.30	2016.12.31	2016.06.30	2015.12.31
	基本每股收益(元)	0.0459	0.1917	0.1083	0.9335
	基本每股收益(扣除后)(元)	0.0457	0.6182	0.3672	0.7911
	稀释每股收益(元)	0.0459	0.6710	0.1083	0.9335
	每股净资产(元)	2.3400	8.1200	6.6200	6.2400
	每股经营现金净流量(元)	–0.0506	0.1516	–0.1420	0.4708
	每股现金流量(元)	–0.2567	–0.2047	–1.1086	–0.6428
	每股资本公积金(元)	0.7631	4.8708	2.9678	2.9678
	每股盈余公积金(元)	0.0818	0.2864	0.3118	0.3118
	每股未分配利润(元)	0.4923	1.9625	2.3388	1.9599
	净资产收益率(%)	1.9630	6.7145	5.7249	14.9608
	加权净资产收益率(%)	1.9600	9.6100	5.8900	15.9100
	净资产收益率(扣除)(%)	1.4903	6.1855	5.5486	12.6785
	总资产(万元)	76606.96	76347.62	63556.87	64674.22
	归属母公司股东权益(万元)	70899.81	70373.64	43020.20	40557.32
	营业收入(万元)	13036.82	26968.10	12337.67	27736.09
	营业支出(万元)	8935.81	17191.53	7813.56	16940.79
	投资收益(万元)	54.00	—	—	27.52
	净利润(万元)	1391.73	4725.23	2462.88	6067.72
	营业利润(万元)	1190.14	5011.23	2785.61	6981.76
	利润总额(万元)	1596.16	5473.31	2875.48	7196.29

四川达威科技股份有限公司

公司概况	公司名称	四川达威科技股份有限公司		证券简称	达威股份
	法人代表	严建林	董秘 李红	证券代码	300535
	公司网址	www.dowellchem.cn		电子信箱	dowell@dowellchem.cn
	电　话	028-85136056-8500		传　真	028-85328399
	办公地址	四川省成都市新津县五津镇希望路 555 号			
	经营范围	皮革化学品的研发、生产和销售业务			

主要财务指标	指标\报告期	2017.06.30	2016.12.31	2016.06.30	2015.12.31
	基本每股收益(元)	0.4400	1.1600	0.5500	1.0700
	基本每股收益(扣除后)(元)	0.3700	1.1100	0.5400	–
	稀释每股收益(元)	0.4400	1.1600	0.5500	1.0700
	每股净资产(元)	10.6683	10.4700	7.5800	7.0100
	每股经营现金净流量(元)	–0.0290	0.8136	0.6140	1.5340
	每股现金流量(元)	0.5008	0.4790	–0.0917	0.1492
	每股资本公积金(元)	5.2566	5.2561	1.7153	1.7153
	每股盈余公积金(元)	0.4650	0.4650	0.5000	0.5000
	每股未分配利润(元)	3.9188	3.7135	4.3324	3.7813
	净资产收益率(%)	4.0802	9.2426	7.2743	15.3027
	加权净资产收益率(%)	4.0900	13.5300	7.5500	16.3700
	净资产收益率(扣除)(%)	3.4671	8.8005	7.1701	15.3588
	总资产(万元)	68833.78	68978.46	41037.59	39360.60
	归属母公司股东权益(万元)	63732.51	62559.63	33937.63	31427.03
	营业收入(万元)	15092.78	29915.70	13277.00	27506.32
	营业支出(万元)	7624.45	14748.03	6564.67	21775.77
	投资收益(万元)	288.38	62.50	3.86	26.52
	净利润(万元)	2599.52	5780.58	2466.98	4798.23
	营业利润(万元)	2985.01	6651.29	2900.68	5757.07
	利润总额(万元)	3015.22	6804.72	2904.61	5709.36

武汉农尚环境股份有限公司

公司概况	公司名称	武汉农尚环境股份有限公司		证券简称	农尚环境
	法人代表	吴亮	董秘 郑菁华	证券代码	300536
	公司网址	www.nusunlandscape.com		电子信箱	nusunmax@sina.com
	电　话	027-84899141		传　真	027-84454919
	办公地址	湖北省武汉市汉阳区归元寺路18附8号			
	经营范围	园林绿化工程设计、施工、养护及苗木培育业务			

主要财务指标	指标\报告期	2017.06.30	2016.12.31	2016.06.30	2015.12.31
	基本每股收益(元)	0.2700	0.3700	0.3500	0.6800
	基本每股收益(扣除后)(元)	0.2700	0.6300	0.3500	0.6700
	稀释每股收益(元)	0.2700	0.3700	0.3500	0.6800
	每股净资产(元)	5.4078	5.2430	4.1700	3.8300
	每股经营现金净流量(元)	0.3654	0.1042	0.3524	0.0750
	每股现金流量(元)	0.3413	1.9798	0.3306	0.0424
	每股资本公积金(元)	2.2377	2.2377	0.8840	0.8840
	每股盈余公积金(元)	0.2340	0.2058	0.2359	0.2011
	每股未分配利润(元)	1.9360	1.7996	2.0551	1.7435
	净资产收益率(%)	5.0806	10.4313	8.2963	17.7683
	加权净资产收益率(%)	5.1600	15.1900	8.6600	19.5000
	净资产收益率(扣除)(%)	5.0818	9.8322	8.2961	17.4799
	总资产(万元)	87652.33	78755.95	53489.91	51402.49
	归属母公司股东权益(万元)	50350.20	48816.30	29154.01	26735.30
	营业收入(万元)	20320.92	38085.25	18077.11	35368.56
	营业支出(万元)	14932.40	27852.80	13081.21	25523.81
	投资收益(万元)	—	—	—	–
	净利润(万元)	2558.07	5092.19	2418.71	4750.41
	营业利润(万元)	2965.89	5536.72	2791.01	5402.68
	利润总额(万元)	2965.14	5880.81	2791.10	5493.75

江苏广信感光新材料股份有限公司

公司概况	公司名称	江苏广信感光新材料股份有限公司		证券简称	广信材料
	法人代表	李有明	董秘 周亚松	证券代码	300537
	公司网址	www.kuangshun.com		电子信箱	kuangshun_ir@kuangshun.com
	电　话	0510-68826620　86590160		传　真	0510-68821951
	办公地址	江苏省江阴市青阳镇工业集中区华澄路18号			
	经营范围	专用油墨的研发、生产和销售			

主要财务指标	指标\报告期	2017.06.30	2016.12.31	2016.06.30	2015.12.31
	基本每股收益(元)	0.1500	0.5100	0.1600	0.5500
	基本每股收益(扣除后)(元)	0.1200	0.5000	—	0.5400
	稀释每股收益(元)	0.1500	0.5100	0.1600	0.5500
	每股净资产(元)	5.5401	4.8129	3.5199	3.2400
	每股经营现金净流量(元)	0.0987	0.4165	0.1853	0.6035
	每股现金流量(元)	−0.0273	0.8642	0.0522	−0.2627
	每股资本公积金(元)	3.3849	2.1956	0.6483	0.6483
	每股盈余公积金(元)	0.1474	0.2358	0.2491	0.2491
	每股未分配利润(元)	0.9190	1.3815	1.6224	1.3418
	净资产收益率(%)	2.6942	8.8124	7.9728	17.1176
	加权净资产收益率(%)	4.8100	12.8700	4.6800	18.7200
	净资产收益率(扣除)(%)	2.2421	8.5861	7.9074	16.5635
	总资产(万元)	133779.65	58501.06	35316.92	34652.23
	归属母公司股东权益(万元)	88641.35	48128.79	26398.89	24294.15
	营业收入(万元)	14877.69	27096.07	13112.75	25037.13
	营业支出(万元)	8739.82	14782.65	7165.65	14166.16
	投资收益(万元)	180.42	82.04	—	–
	净利润(万元)	2388.16	4241.30	2104.74	4158.58
	营业利润(万元)	2494.37	5055.72	2511.08	4763.76
	利润总额(万元)	2785.93	5087.78	2531.54	4923.70

深圳市同益实业股份有限公司

公司概况	公司名称	深圳市同益实业股份有限公司		证券简称	同益股份
	法人代表	邵羽南	董秘 徐浪	证券代码	300538
	公司网址	www.tongyiplastic.com		电子信箱	tongyizq@tongyiplastic.com
	电　话	0755-21638277		传　真	0755-27780676
	办公地址	深圳市宝安区宝安中心区兴华路南侧荣超滨海大厦B座0301			
	经营范围	中高端化工及电子材料的销售			

主要财务指标	指标\报告期	2017.06.30	2016.12.31	2016.06.30	2015.12.31
	基本每股收益(元)	0.1300	0.6000	0.3800	1.0100
	基本每股收益(扣除后)(元)	0.0900	0.5900	0.3800	0.9200
	稀释每股收益(元)	0.1200	0.6000	0.3800	1.0100
	每股净资产(元)	6.8282	6.9463	4.6100	4.5200
	每股经营现金净流量(元)	−0.7180	0.3734	0.6008	1.0096
	每股现金流量(元)	0.2466	1.2935	−0.4100	−0.1492
	每股资本公积金(元)	3.8862	3.5895	0.7445	0.7445
	每股盈余公积金(元)	0.1702	0.1717	0.1986	0.1986
	每股未分配利润(元)	2.0925	2.1852	2.6630	2.5793
	净资产收益率(%)	1.8148	7.1756	8.3305	22.2395
	加权净资产收益率(%)	1.7800	11.0100	8.6000	24.3900
	净资产收益率(扣除)(%)	1.3455	7.0543	8.2775	20.3357
	总资产(万元)	55194.64	52401.59	31941.33	36441.87
	归属母公司股东权益(万元)	38563.33	38899.46	19345.69	18994.10
	营业收入(万元)	44528.02	84062.32	39244.11	85701.66
	营业支出(万元)	39522.10	72617.18	33775.71	74036.86
	投资收益(万元)	191.57	4.88	–	–
	净利润(万元)	699.84	2791.25	1611.59	4224.19
	营业利润(万元)	857.30	3390.16	2012.67	4647.86
	利润总额(万元)	906.72	3446.95	2026.34	5130.01

宁波横河模具股份有限公司

公司概况	公司名称	宁波横河模具股份有限公司		证券简称	横河模具
	法人代表	胡志军	董秘 窦保兰(代)	证券代码	300539
	公司网址	www.mouldcenter.com		电子信箱	suhua@mouldcenter.com
	电　话	0574-63254939		传　真	0574-63265678
	办公地址	浙江省慈溪市新兴产业集群区宗汉街道新兴大道588号			
	经营范围	从事家电、LED灯具、工业部件、卫生洁具、医疗器械部件等精密塑料模具的研发等			

主要财务指标	指标\报告期	2017.06.30	2016.12.31	2016.06.30	2015.12.31
	基本每股收益(元)	0.0800	0.4700	0.2000	0.3700
	基本每股收益(扣除后)(元)	0.0700	0.4100	0.2000	0.3600
	稀释每股收益(元)	0.0800	0.4700	0.2000	0.3700
	每股净资产(元)	1.7315	3.7116	3.0900	2.8900
	每股经营现金净流量(元)	0.0292	0.4549	0.3165	0.6965
	每股现金流量(元)	0.7891	0.1150	0.0021	−0.0208
	每股资本公积金(元)	0.0601	1.3104	0.5532	0.5532
	每股盈余公积金(元)	0.0559	0.1229	0.1115	0.1115
	每股未分配利润(元)	0.6152	1.2772	1.4290	1.2284
	净资产收益率(%)	4.4162	10.6457	6.4803	12.8777
	加权净资产收益率(%)	4.4400	14.3700	6.7000	13.6800
	净资产收益率(扣除)(%)	4.1530	9.2568	6.4601	12.2821
	总资产(万元)	72032.93	51996.51	44983.77	44538.28
	归属母公司股东权益(万元)	36187.78	35260.12	22049.03	20618.13
	营业收入(万元)	20803.46	39863.83	18461.11	37348.00
	营业支出(万元)	15544.67	30269.71	14200.58	29666.08
	投资收益(万元)	—	−216.33	–	–
	净利润(万元)	1555.32	3788.12	1444.23	2629.89
	营业利润(万元)	1721.25	3656.40	1591.43	3109.81
	利润总额(万元)	1805.51	4422.72	1724.85	3153.20

成都深冷液化设备股份有限公司

公司概况	公司名称	成都深冷液化设备股份有限公司			证券简称	深冷股份
	法人代表	谢乐敏	董秘	马继刚	证券代码	300540
	公司网址	www.chengduair.com		电子信箱	cdkf-board@chengduair.com	
	电　话	028-87893658 87893653		传　真	028-87893650	
	办公地址	四川省成都市郫都区成都现代工业港北区港北四路 335 号				
	经营范围	提供天然气液化与液体空分工艺包及处理装置				

	指标\报告期	2017.06.30	2016.12.31	2016.06.30	2015.12.31
主要财务指标	基本每股收益(元)	0.0900	0.5800	0.4700	1.0100
	基本每股收益(扣除后)(元)	0.0200	0.4800	0.4800	0.9700
	稀释每股收益(元)	0.0900	0.5800	0.4700	1.0100
	每股净资产(元)	7.9366	7.9381	5.4100	4.9200
	每股经营现金净流量(元)	–0.5265	–0.7386	0.0678	–0.7643
	每股现金流量(元)	–1.2691	1.7011	0.2579	–0.4216
	每股资本公积金(元)	4.1708	4.1708	0.9014	0.9014
	每股盈余公积金(元)	0.2861	0.2861	0.3223	0.3223
	每股未分配利润(元)	2.3864	2.3935	3.0814	2.6074
	净资产收益率(%)	1.1696	6.0765	8.7600	20.5624
	加权净资产收益率(%)	1.1700	9.3100	9.1900	22.4700
	净资产收益率(扣除)(%)	0.2588	4.9950	8.7981	19.6476
	总资产(万元)	90689.52	90752.01	71159.60	73276.75
	归属母公司股东权益(万元)	63493.04	63504.78	32462.19	29534.34
	营业收入(万元)	12623.25	30807.27	16645.41	45429.89
	营业支出(万元)	10228.20	20190.76	13091.70	29625.11
	投资收益(万元)	––	––	–	–
	净利润(万元)	726.58	4180.74	3050.52	6386.42
	营业利润(万元)	166.53	4729.08	3553.72	7244.19
	利润总额(万元)	852.04	4861.23	3526.81	7575.05

北京先进数通信息技术股份公司

公司概况	公司名称	北京先进数通信息技术股份公司			证券简称	先进数通
	法人代表	林鸿	董秘	朱胡勇	证券代码	300541
	公司网址	www.adtec.com.cn		电子信箱	adtec@adtec.com.cn	
	电　话	010-68700009		传　真	010-68700510	
	办公地址	北京市海淀区车道沟一号滨河大厦 D 座六层				
	经营范围	提供面向商业银行为主的 IT 解决方案及服务等				

	指标\报告期	2017.06.30	2016.12.31	2016.06.30	2015.12.31
主要财务指标	基本每股收益(元)	0.1500	0.6100	0.2800	0.6800
	基本每股收益(扣除后)(元)	0.1450	0.5800	0.2600	0.6400
	稀释每股收益(元)	0.1500	0.6100	0.2800	0.6800
	每股净资产(元)	5.9659	5.9147	4.1200	3.8400
	每股经营现金净流量(元)	–1.9977	–0.6402	–3.1418	0.2556
	每股现金流量(元)	–1.9663	1.7587	–1.4795	1.0010
	每股资本公积金(元)	2.9606	2.9606	0.8907	0.8907
	每股盈余公积金(元)	0.2222	0.2222	0.2302	0.2302
	每股未分配利润(元)	1.7832	1.7319	1.9948	1.7141
	净资产收益率(%)	2.5356	8.3842	6.8212	17.6615
	加权净资产收益率(%)	2.5300	13.1900	7.0600	19.3700
	净资产收益率(扣除)(%)	2.4271	7.9591	6.3969	16.7492
	总资产(万元)	114454.02	107468.05	79981.53	72316.31
	归属母公司股东权益(万元)	71591.29	70976.04	37041.97	34515.27
	营业收入(万元)	36675.29	98058.84	38122.23	112144.50
	营业支出(万元)	29155.39	78751.94	29509.23	92390.11
	投资收益(万元)	10.25	––	–	1.74
	净利润(万元)	1815.25	5950.77	2526.70	6095.90
	营业利润(万元)	2159.00	6584.20	2772.94	6750.91
	利润总额(万元)	2159.20	6983.97	2985.15	7202.96

新晨科技股份有限公司

公司概况	公司名称	新晨科技股份有限公司			证券简称	新晨科技
	法人代表	康路	董秘	张大新	证券代码	300542
	公司网址	www.brilliance.com.cn		电子信箱	brilliance@brilliance.com.cn	
	电　话	86-10-88877301		传　真	86-10-88877301	
	办公地址	北京市海淀区蓝靛厂东路 2 号金源时代商务中心 2 号楼 B 座 8 层				
	经营范围	自主研发的新晨交换平台为核心技术平台				

	指标\报告期	0.0840	2016.12.31	2016.06.30	2015.12.31
主要财务指标	基本每股收益(元)	0.0800	0.4700	0.1010	0.5200
	基本每股收益(扣除后)(元)	0.0840	0.4490	0.0900	0.4800
	稀释每股收益(元)	6.2595	0.4700	0.1010	0.5200
	每股净资产(元)	–1.2675	6.2455	5.5900	5.4900
	每股经营现金净流量(元)	–1.7382	–0.1110	–0.9260	–0.2450
	每股现金流量(元)	2.2103	1.4010	–1.0830	0.1322
	每股资本公积金(元)	0.4096	2.2103	0.9516	0.9516
	每股盈余公积金(元)	2.6396	0.4096	0.5000	0.5000
	每股未分配利润(元)	1.3411	2.6256	3.1397	3.0389
	净资产收益率(%)	1.3400	6.1091	1.8027	9.4725
	加权净资产收益率(%)	1.2853	8.0400	1.8200	9.8800
	净资产收益率(扣除)(%)	65360.79	5.8374	1.6240	8.6785
	总资产(万元)	56428.99	72652.43	50090.70	54847.90
	归属母公司股东权益(万元)	24814.68	56303.27	37797.49	37116.10
	营业收入(万元)	18762.92	43142.24	18269.97	41352.72
	营业支出(万元)	––	31242.78	13628.68	30754.98
	投资收益(万元)	756.49	––	–	–
	净利润(万元)	934.74	3439.41	681.39	3515.76
	营业利润(万元)	931.91	3530.68	808.30	3392.67
	利润总额(万元)	0.0840	3727.95	891.20	3875.20

深圳市朗科智能电气股份有限公司

公司概况	公司名称	深圳市朗科智能电气股份有限公司			证券简称	朗科智能
	法人代表	陈静	董秘	吴晓成	证券代码	300543
	公司网址	www.longood.com		电子信箱	stock@longood.com	
	电　话	86-755-36690853		传　真	86-755-33236611	
	办公地址	广东省深圳市宝安区石岩街道上排社区爱群路同富裕工业区 8-4# 厂房				
	经营范围	电子智能控制器产品的研发、生产和销售				

	指标\报告期	2017.06.30	2016.12.31	2016.06.30	2015.12.31
主要财务指标	基本每股收益(元)	0.5790	1.5300	0.7900	1.3900
	基本每股收益(扣除后)(元)	0.2950	1.4400	0.7700	1.3400
	稀释每股收益(元)	0.5790	1.5300	0.7900	1.3900
	每股净资产(元)	5.1200	10.1890	6.3800	5.6000
	每股经营现金净流量(元)	0.3900	1.0779	0.5488	1.9844
	每股现金流量(元)	0.4391	2.6483	–0.1089	0.2014
	每股资本公积金(元)	2.2521	5.5042	1.3872	1.3872
	每股盈余公积金(元)	0.2541	0.3973	0.3387	0.3387
	每股未分配利润(元)	1.6138	3.2875	3.6588	2.8726
	净资产收益率(%)	6.6014	12.5267	12.3136	24.8958
	加权净资产收益率(%)	6.5400	19.9200	13.1200	27.9400
	净资产收益率(扣除)(%)	5.7764	11.7562	12.0804	23.8762
	总资产(万元)	90222.56	93959.79	55466.35	53029.37
	归属母公司股东权益(万元)	61440.05	61134.12	28731.03	25193.22
	营业收入(万元)	48450.51	93596.63	40215.02	71376.09
	营业支出(万元)	38911.42	76557.71	33010.71	57845.58
	投资收益(万元)	259.10	23.01	–	–
	净利润(万元)	4055.93	7658.08	3537.81	6272.05
	营业利润(万元)	4544.28	8273.23	3894.46	7125.29
	利润总额(万元)	4871.21	8815.98	3983.70	7441.02

深圳市联得自动化装备股份有限公司

公司概况	公司名称	深圳市联得自动化装备股份有限公司			证券简称	联得装备
	法人代表	聂泉	董秘	钟辉	证券代码	300545
	公司网址	www.liande-china.com		电子信箱	irm@szliande.com	
	电　话	0755-33687809		传　真	0755-33687809	
	办公地址	广东省深圳市宝安区大浪街道大浪社区同富邨工业园 A 区 3 栋 1-4 层				
	经营范围	电子专用设备与解决方案供应商,产品主要为平板显示模组组装设备				

	指标\报告期	2017.06.30	2016.12.31	2016.06.30	2015.12.31
主要财务指标	基本每股收益(元)	0.3700	0.6600	0.3000	0.9600
	基本每股收益(扣除后)(元)	0.3000	0.5600	0.2500	0.7800
	稀释每股收益(元)	0.3700	0.6600	0.3000	0.9600
	每股净资产(元)	6.9935	6.5067	4.4000	4.1100
	每股经营现金净流量(元)	0.2009	-0.0468	-0.1412	0.5161
	每股现金流量(元)	0.1076	1.5716	-0.2198	-0.0297
	每股资本公积金(元)	3.4382	3.0940	0.6102	0.6102
	每股盈余公积金(元)	0.2844	0.2875	0.3124	0.3124
	每股未分配利润(元)	2.2709	2.1252	2.4824	2.1861
	净资产收益率(%)	5.2328	8.2834	6.7266	23.3571
	加权净资产收益率(%)	5.5000	13.2300	6.9600	25.9400
	净资产收益率(扣除)(%)	4.2492	6.9852	5.7838	19.0632
	总资产(万元)	74833.52	61532.41	32712.04	29659.60
	归属母公司股东权益(万元)	50399.57	46396.57	23556.00	21971.49
	营业收入(万元)	20815.44	25617.57	11436.77	25046.90
	营业支出(万元)	13736.63	17956.05	8039.21	16116.79
	投资收益(万元)	—	—	-	-
	净利润(万元)	2637.30	3843.22	1584.51	5131.90
	营业利润(万元)	3239.85	2951.38	1318.94	4040.35
	利润总额(万元)	3854.16	4420.66	1870.29	5984.62

深圳市雄帝科技股份有限公司

公司概况	公司名称	深圳市雄帝科技股份有限公司			证券简称	雄帝科技
	法人代表	高晶	董秘	姜宁	证券代码	300546
	公司网址	www.xiongdi.cn		电子信箱	dongmiban@xiongdi.cn	
	电　话	0755-83309271		传　真	0755-83416349	
	办公地址	广东省深圳市南山区粤海街道深圳市软件产业基地 1 栋 C 座 9 层				
	经营范围	提供以智能证卡为载体的信息安全、数据管理及行业应用解决方案				

	指标\报告期	2017.06.30	2016.12.31	2016.06.30	2015.12.31
主要财务指标	基本每股收益(元)	0.1900	1.3900	0.4800	1.3400
	基本每股收益(扣除后)(元)	0.1700	1.3100	0.4700	1.1800
	稀释每股收益(元)	0.1900	1.3900	0.4800	1.3400
	每股净资产(元)	4.2735	10.8232	7.4600	6.9800
	每股经营现金净流量(元)	-0.5216	0.8417	-0.9352	0.7646
	每股现金流量(元)	-1.5419	5.3399	-0.9420	0.7887
	每股资本公积金(元)	1.4171	4.4029	0.2578	0.2578
	每股盈余公积金(元)	0.2240	0.5679	0.6091	0.6091
	每股未分配利润(元)	1.9012	4.8524	5.5901	5.1086
	净资产收益率(%)	4.3089	10.4643	6.4570	19.1629
	加权净资产收益率(%)	4.2100	16.3900	6.6700	21.1900
	净资产收益率(扣除)(%)	3.8194	9.8697	6.3565	16.9872
	总资产(万元)	71466.71	71761.09	39213.57	39137.72
	归属母公司股东权益(万元)	57780.52	57731.05	29827.96	27901.97
	营业收入(万元)	13890.71	29290.35	10160.33	24944.31
	营业支出(万元)	5613.83	12675.44	4737.56	11035.28
	投资收益(万元)	65.06	—	-	-
	净利润(万元)	2489.71	6041.13	1925.99	5346.83
	营业利润(万元)	2690.25	6038.11	1708.09	5014.34
	利润总额(万元)	2957.91	7076.15	2330.74	6302.49

四川川环科技股份有限公司

公司概况	公司名称	四川川环科技股份有限公司			证券简称	川环科技
	法人代表	文谟统	董秘	张富厚	证券代码	300547
	公司网址	www.chuanhuan.com		电子信箱	chkj@chuanhuan.com	
	电　话	0818-6923198		传　真	0818-6231544	
	办公地址	四川省达州市大竹县东柳工业园区				
	经营范围	汽车及摩托车零部件、新型材料研究、开发、生产、销售				

	指标\报告期	2017.06.30	2016.12.31	2016.06.30	2015.12.31
主要财务指标	基本每股收益(元)	0.7700	1.7400	0.8100	1.4500
	基本每股收益(扣除后)(元)	0.7100	1.6200	0.7600	1.2900
	稀释每股收益(元)	0.7700	1.7400	0.8100	1.4500
	每股净资产(元)	10.4926	10.2200	7.1200	6.3100
	每股经营现金净流量(元)	0.3379	0.9175	0.5155	1.4888
	每股现金流量(元)	-1.6565	4.1054	0.1466	-0.1377
	每股资本公积金(元)	5.3551	5.3551	0.7071	0.7071
	每股盈余公积金(元)	0.5000	0.5000	0.5000	0.5000
	每股未分配利润(元)	3.6375	3.3646	4.9129	4.1058
	净资产收益率(%)	7.3660	13.8033	11.3350	23.0279
	加权净资产收益率(%)	7.2700	21.2900	12.0200	24.5600
	净资产收益率(扣除)(%)	6.7933	12.9073	10.6272	20.3805
	总资产(万元)	81230.04	82362.71	52754.50	51241.87
	归属母公司股东权益(万元)	62723.95	61092.69	31918.34	28300.39
	营业收入(万元)	30382.97	51073.90	23752.25	44156.95
	营业支出(万元)	20355.49	33324.45	15508.97	29301.83
	投资收益(万元)	—	—	-	-
	净利润(万元)	4620.22	8432.83	3617.95	6516.98
	营业利润(万元)	4894.16	8044.02	3615.92	5955.88
	利润总额(万元)	5316.74	9633.53	4123.05	7430.70

博创科技股份有限公司

公司概况	公司名称	博创科技股份有限公司			证券简称	博创科技
	法人代表	朱伟	董秘	郑志新	证券代码	300548
	公司网址	www.broadex-tech.com		电子信箱	stock@broadex-tech.com	
	电　话	0573-82585880		传　真	0573-82585881	
	办公地址	浙江省嘉兴市南湖区亚太路 306 号				
	经营范围	光通信领域集成光电子器件的研发、生产和销售				

	指标\报告期	2017.06.30	2016.12.31	2016.06.30	2015.12.31
主要财务指标	基本每股收益(元)	0.5100	1.0100	0.5200	0.7100
	基本每股收益(扣除后)(元)	0.4300	0.9800	0.4900	0.6800
	稀释每股收益(元)	0.5100	1.0100	0.5200	0.7100
	每股净资产(元)	7.0191	6.7109	5.1500	4.8400
	每股经营现金净流量(元)	-0.2316	0.8025	0.4289	0.2038
	每股现金流量(元)	-1.2191	1.1304	0.1904	-0.5115
	每股资本公积金(元)	2.7186	2.7186	0.7423	0.7423
	每股盈余公积金(元)	0.4008	0.4008	0.4255	0.4255
	每股未分配利润(元)	2.8987	2.5905	2.9840	2.6678
	净资产收益率(%)	7.2406	12.2399	10.0100	14.6527
	加权净资产收益率(%)	7.3300	18.0400	10.2000	15.3800
	净资产收益率(扣除)(%)	6.0708	11.8758	9.6000	14.1068
	总资产(万元)	65672.54	63207.52	38216.01	35718.30
	归属母公司股东权益(万元)	58026.54	55479.11	31946.07	29984.52
	营业收入(万元)	18339.13	31763.02	15059.45	23726.24
	营业支出(万元)	11672.70	19570.26	9379.08	15337.13
	投资收益(万元)	227.59	—	—	49.36
	净利润(万元)	4201.48	6790.59	3200.19	4393.53
	营业利润(万元)	4398.77	6946.16	3271.49	4586.10
	利润总额(万元)	4969.97	7889.63	3721.83	5096.80

优德精密工业(昆山)股份有限公司

公司概况	公司名称	优德精密工业(昆山)股份有限公司			证券简称	优德精密
	法人代表	曾正雄	董秘	陈海鹰	证券代码	300549
	公司网址	www.jouder.com		电子信箱	jdcn@jouder.com	
	电　话	0512-57770626		传　真	0512-50333518	
	办公地址	江苏省昆山市高科技工业园北门路 3168 号				
	经营范围	汽车模具零部件,半导体计算机模具零部件				

主要财务指标	指标\报告期	2017.06.30	2016.12.31	2016.06.30	2015.12.31
	基本每股收益(元)	0.3059	0.9600	0.4000	0.8800
	基本每股收益(扣除后)(元)	0.2910	0.8700	0.3800	0.8700
	稀释每股收益(元)	0.3059	0.9600	0.4000	0.8800
	每股净资产(元)	3.4822	6.5526	3.7300	3.3300
	每股经营现金净流量(元)	-0.1199	0.8731	0.5123	1.3047
	每股现金流量(元)	-0.1130	1.4188	-0.1239	0.0012
	每股资本公积金(元)	1.3047	3.6094	0.7821	0.7821
	每股盈余公积金(元)	0.1549	0.3098	0.3091	0.3091
	每股未分配利润(元)	1.0226	1.6334	1.6390	1.2419
	净资产收益率(%)	8.7840	11.9034	10.6443	26.4074
	加权净资产收益率(%)	8.9200	21.0400	11.2400	24.5000
	净资产收益率(扣除)(%)	8.3559	10.7348	10.1094	26.1570
	总资产(万元)	68437.50	58508.49	37171.91	37495.07
	归属母公司股东权益(万元)	46431.09	43686.00	18651.00	16665.74
	营业收入(万元)	24073.82	36405.49	16421.92	30909.00
	营业支出(万元)	15748.06	23323.78	10600.81	19262.93
	投资收益(万元)	146.81	—	-	-
	净利润(万元)	4078.49	5200.11	1985.26	4400.99
	营业利润(万元)	4707.48	5551.45	2241.64	5059.05
	利润总额(万元)	4794.46	6152.03	2359.00	5108.14

浙江和仁科技股份有限公司

公司概况	公司名称	浙江和仁科技股份有限公司			证券简称	和仁科技
	法人代表	杨一兵	董秘	章逸	证券代码	300550
	公司网址	www.herenit.com		电子信箱	contact@herenit.com	
	电　话	0571-81397006		传　真	0571-81397100	
	办公地址	浙江省杭州市滨江区西兴街道新联路 625 号				
	经营范围	医疗机构临床医疗管理信息系统及数字化场景应用系统的研发销售、实施集成、服务支持				

主要财务指标	指标\报告期	2017.06.30	2016.12.31	2016.06.30	2015.12.31
	基本每股收益(元)	0.1600	0.8200	0.3000	0.8600
	基本每股收益(扣除后)(元)	0.1400	0.7000	0.2100	0.7300
	稀释每股收益(元)	0.1600	0.8200	0.3000	0.8600
	每股净资产(元)	6.0555	5.9992	3.8700	3.5700
	每股经营现金净流量(元)	-0.3770	0.1986	-0.5492	0.6786
	每股现金流量(元)	-0.2965	0.6841	-0.4168	0.1273
	每股资本公积金(元)	2.8348	2.8348	0.5497	0.5497
	每股盈余公积金(元)	0.2214	0.2214	0.2049	0.2049
	每股未分配利润(元)	1.9993	1.9430	2.1106	1.8131
	净资产收益率(%)	2.5818	10.8496	7.6956	24.1651
	加权净资产收益率(%)	2.5700	18.8800	8.0000	27.4600
	净资产收益率(扣除)(%)	2.2301	9.1880	5.5026	20.3725
	总资产(万元)	59647.54	58899.14	39601.07	37670.87
	归属母公司股东权益(万元)	48444.29	47993.54	23190.71	21406.04
	营业收入(万元)	10789.22	23564.02	9558.83	22512.58
	营业支出(万元)	5099.74	10456.35	4251.03	10557.43
	投资收益(万元)	169.45	39.07	33.84	70.13
	净利润(万元)	1087.04	5172.77	1722.89	5089.09
	营业利润(万元)	1313.07	4099.62	1124.88	4088.63
	利润总额(万元)	1344.35	5813.89	1927.97	5719.72

上海古鳌电子科技股份有限公司

公司概况	公司名称	上海古鳌电子科技股份有限公司			证券简称	古鳌科技
	法人代表	陈崇军	董秘	陈崇军(代)	证券代码	300551
	公司网址	www.gooao.cn		电子信箱	ir@gooao.cn	
	电　话	021-22252595		传　真	021-22252662	
	办公地址	上海市普陀区同普路 1225 弄 6 号				
	经营范围	从事金融设备的研发、生产、销售与服务				

主要财务指标	指标\报告期	2017.06.30	2016.12.31	2016.06.30	2015.12.31
	基本每股收益(元)	-0.0930	0.6548	0.2653	0.9219
	基本每股收益(扣除后)(元)	-0.1626	0.5806	0.2321	0.7274
	稀释每股收益(元)	-0.0930	0.6548	0.2653	0.9219
	每股净资产(元)	6.8536	7.0066	5.2200	4.9600
	每股经营现金净流量(元)	-0.9995	-0.5126	-1.8786	0.3808
	每股现金流量(元)	-1.6979	1.3510	-1.7997	-0.0813
	每股资本公积金(元)	3.1274	3.1274	0.8088	0.8088
	每股盈余公积金(元)	0.2692	0.2692	0.3070	0.3070
	每股未分配利润(元)	2.4570	2.6100	3.1076	2.8423
	净资产收益率(%)	-1.3575	7.3958	5.0795	18.5935
	加权净资产收益率(%)	-1.3400	11.6800	5.2100	20.5000
	净资产收益率(扣除)(%)	-2.3724	6.5584	4.4441	14.6714
	总资产(万元)	64048.07	70398.66	44158.79	47279.78
	归属母公司股东权益(万元)	50277.93	51400.59	28728.50	27269.22
	营业收入(万元)	7537.78	26278.79	11237.60	25777.56
	营业支出(万元)	4077.03	13653.90	6081.35	13641.35
	投资收益(万元)	113.02	—	—	—
	净利润(万元)	-682.79	3800.86	1458.98	5069.72
	营业利润(万元)	-1115.26	2685.47	503.90	3099.04
	利润总额(万元)	-627.94	4106.19	1514.76	5582.70

北京万集科技股份有限公司

公司概况	公司名称	北京万集科技股份有限公司			证券简称	万集科技
	法人代表	翟军	董秘	练源	证券代码	300552
	公司网址	www.wanji.net.cn		电子信箱	zqb@wanji.net.cn	
	电　话	010-59766888		传　真	010-58858966	
	办公地址	北京市海淀区东北旺西路 8 号院中关村软件园 12 号楼万集空间				
	经营范围	计算机与电子信息的技术开发、技术服务、技术咨询				

主要财务指标	指标\报告期	2017.06.30	2016.12.31	2016.06.30	2015.12.31
	基本每股收益(元)	0.0700	0.8200	0.4400	0.8000
	基本每股收益(扣除后)(元)	0.0600	0.7900	0.4300	0.7800
	稀释每股收益(元)	0.0700	0.8200	0.4400	0.8000
	每股净资产(元)	6.7905	6.9700	5.3842	4.9471
	每股经营现金净流量(元)	-1.5919	-0.1133	-2.2839	1.0776
	每股现金流量(元)	-2.3389	1.3920	-1.4893	0.5908
	每股资本公积金(元)	3.2253	3.2253	1.1508	1.1508
	每股盈余公积金(元)	0.2923	0.2923	0.2910	0.2910
	每股未分配利润(元)	2.2728	2.4542	2.9423	2.5052
	净资产收益率(%)	1.0106	9.3222	8.1175	16.1561
	加权净资产收益率(%)	0.9900	14.5400	8.4600	17.5800
	净资产收益率(扣除)(%)	0.9123	8.9873	7.9004	15.7946
	总资产(万元)	90367.31	109133.65	77696.35	72953.80
	归属母公司股东权益(万元)	72454.17	74389.46	43073.28	39576.83
	营业收入(万元)	22419.36	63572.89	29069.50	51191.72
	营业支出(万元)	12487.10	38811.48	17560.69	30929.34
	投资收益(万元)	—	—	—	—
	净利润(万元)	732.22	6934.76	3496.46	6394.06
	营业利润(万元)	540.41	4880.99	2480.31	4392.56
	利润总额(万元)	616.74	8165.40	4102.95	7409.90

杭州集智机电股份有限公司

公司概况	公司名称	杭州集智机电股份有限公司		证券简称	集智股份
	法人代表	楼荣伟	董秘 陈旭初	证券代码	300553
	公司网址	www.zjjizhi.com		电子信箱	investor@zjjizhi.com
	电　话	0571-87203495		传　真	0571-88302639
	办公地址	浙江省杭州市余杭区良渚街道七贤路 1-1 号			
	经营范围	全自动平衡机的研发、设计、生产和销售			

主要财务指标	指标\报告期	2017.06.30	2016.12.31	2016.06.30	2015.12.31
	基本每股收益(元)	0.2700	0.7200	0.4300	—
	基本每股收益(扣除后)(元)	0.2500	0.6900	0.4100	—
	稀释每股收益(元)	0.2700	0.7200	0.4300	—
	每股净资产(元)	6.5221	6.5000	4.5900	—
	每股经营现金净流量(元)	-0.0979	0.5584	0.2590	—
	每股现金流量(元)	-0.5979	1.0611	-0.3243	—
	每股资本公积金(元)	3.4311	3.4311	1.1609	—
	每股盈余公积金(元)	0.2986	0.2986	0.3205	—
	每股未分配利润(元)	1.7923	1.7715	2.1097	—
	净资产收益率(%)	4.1533	8.7447	9.3247	—
	加权净资产收益率(%)	4.1100	14.5400	9.5800	—
	净资产收益率(扣除)(%)	3.7887	8.4551	8.8303	—
	总资产(万元)	35113.29	33982.82	18383.15	—
	归属母公司股东权益(万元)	31306.01	31205.79	16527.85	—
	营业收入(万元)	5326.65	10015.04	5239.05	—
	营业支出(万元)	2422.14	4461.64	2335.38	—
	投资收益(万元)	129.81	15.71	8.52	—
	净利润(万元)	1300.22	2728.84	1541.17	—
	营业利润(万元)	1518.35	2421.95	1480.27	—
	利润总额(万元)	1520.45	3180.73	1806.96	—

南京三超新材料股份有限公司

公司概况	公司名称	南京三超新材料股份有限公司		证券简称	三超新材
	法人代表	邹余耀	董秘 周海鑫	证券代码	300554
	公司网址	www.diasc.com.cn		电子信箱	zhouhx@diasc.com.cn
	电　话	025-84154778-8015 87357880		传　真	025-84154558
	办公地址	江苏省句容市开发区致远路 66 号			
	经营范围	金刚石工具的研发、生产和销售			

主要财务指标	指标\报告期	2017.06.30	2016.12.31	2016.06.30	2015.12.31
	基本每股收益(元)	0.4436	0.9700	0.3504	—
	基本每股收益(扣除后)(元)	0.4207	0.8700	—	—
	稀释每股收益(元)	0.4436	0.9700	0.3504	—
	每股净资产(元)	7.8179	5.7300	—	—
	每股经营现金净流量(元)	0.6707	0.2028	-0.1240	—
	每股现金流量(元)	2.3662	0.0831	-0.2711	—
	每股资本公积金(元)	5.0112	2.6991	—	—
	每股盈余公积金(元)	0.1562	0.2082	—	—
	每股未分配利润(元)	1.6500	1.8251	—	—
	净资产收益率(%)	4.7280	16.9586	—	—
	加权净资产收益率(%)	6.7100	18.4300	6.2100	—
	净资产收益率(扣除)(%)	4.4838	15.1647	—	—
	总资产(万元)	47158.60	31132.80	—	—
	归属母公司股东权益(万元)	40653.18	22358.63	—	—
	营业收入(万元)	8899.39	15585.93	6500.99	—
	营业支出(万元)	4857.26	7968.84	3283.12	—
	投资收益(万元)	—	—	—	—
	净利润(万元)	1922.07	3791.72	1366.43	—
	营业利润(万元)	2153.37	3996.98	1463.71	—
	利润总额(万元)	2272.29	4469.99	1647.06	—

无锡路通视信网络股份有限公司

公司概况	公司名称	无锡路通视信网络股份有限公司		证券简称	路通视信
	法人代表	贾清	董秘 黄晓军	证券代码	300555
	公司网址	www.lootom.com		电子信箱	lootom@lootom.com
	电　话	0510-85113059		传　真	0510-85168153
	办公地址	江苏省无锡市滨湖区胡埭工业园陆藕东路 182 号			
	经营范围	提供广电网络接入网综合解决方案			

主要财务指标	指标\报告期	2017.06.30	2016.12.31	2016.06.30	2015.12.31
	基本每股收益(元)	0.1100	0.8300	0.1600	0.9900
	基本每股收益(扣除后)(元)	0.0800	0.7700	0.3900	0.9000
	稀释每股收益(元)	0.1100	0.8300	0.1600	0.9900
	每股净资产(元)	3.0413	7.4905	4.8700	4.4200
	每股经营现金净流量(元)	-0.3941	-0.2694	-0.2534	0.3281
	每股现金流量(元)	-0.3325	0.5263	-0.0318	-0.0086
	每股资本公积金(元)	0.8477	3.6193	0.4741	0.4741
	每股盈余公积金(元)	0.1306	0.3264	0.3475	0.3475
	每股未分配利润(元)	1.0630	2.5447	3.0111	2.6006
	净资产收益率(%)	3.4561	8.8133	8.4961	22.4255
	加权净资产收益率(%)	3.4500	15.6000	8.8700	25.0200
	净资产收益率(扣除)(%)	2.4721	8.1296	7.9915	20.2657
	总资产(万元)	76424.83	79596.13	49315.66	42821.30
	归属母公司股东权益(万元)	60825.96	59923.78	28996.45	26532.89
	营业收入(万元)	17976.62	39396.97	16227.51	32163.46
	营业支出(万元)	12781.19	27153.01	10410.58	20197.80
	投资收益(万元)	257.91	34.87	—	—
	净利润(万元)	2098.62	5305.87	2427.66	5927.76
	营业利润(万元)	2016.81	4948.27	2364.61	5289.03
	利润总额(万元)	2472.16	6277.68	2961.05	7009.48

丝路视觉科技股份有限公司

公司概况	公司名称	丝路视觉科技股份有限公司		证券简称	丝路视觉
	法人代表	李萌迪	董秘 王军平	证券代码	300556
	公司网址	www.silkroadcg.com		电子信箱	securities@silkroadcg.com
	电　话	0755-88321687 88321338		传　真	0755-88321687 88321338
	办公地址	广东省深圳市福田保税区市花路花样年福年广场 B4 栋 108 室			
	经营范围	提供涵盖静态、动态和场景综合及其他各类的数字视觉综合服务			

主要财务指标	指标\报告期	2017.06.30	2016.12.31	2016.06.30	2015.12.31
	基本每股收益(元)	0.0600	0.3200	0.1200	0.3800
	基本每股收益(扣除后)(元)	0.0200	0.2600	0.1000	0.3200
	稀释每股收益(元)	0.0600	0.3200	0.1200	0.3800
	每股净资产(元)	3.5318	3.7094	3.2200	3.0800
	每股经营现金净流量(元)	-0.0224	-0.0749	-0.2977	0.1453
	每股现金流量(元)	-1.2141	0.8567	-0.1187	0.2189
	每股资本公积金(元)	1.6667	1.6666	1.0367	1.0153
	每股盈余公积金(元)	0.1123	0.1123	0.1236	0.1236
	每股未分配利润(元)	0.7526	0.9302	1.0573	0.9418
	净资产收益率(%)	1.7654	6.5668	3.5894	12.1973
	加权净资产收益率(%)	1.7200	9.7100	3.6700	12.9800
	净资产收益率(扣除)(%)	0.6824	5.4227	3.1086	10.4320
	总资产(万元)	53624.20	59266.75	41017.79	37101.21
	归属母公司股东权益(万元)	39250.20	41223.76	26816.60	25676.24
	营业收入(万元)	22043.24	41645.53	17787.38	34642.97
	营业支出(万元)	13630.67	23895.12	10480.46	19456.81
	投资收益(万元)	433.58	78.46	—	—
	净利润(万元)	114.22	2744.71	780.37	3242.74
	营业利润(万元)	-232.64	2643.31	680.87	3236.16
	利润总额(万元)	-128.33	3201.08	831.72	3769.70

武汉理工光科股份有限公司

公司概况	公司名称	武汉理工光科股份有限公司			证券简称	理工光科
	法人代表	鲁国庆	董秘	林海	证券代码	300557
	公司网址	www.wutos.com		电子信箱	info@wutos.com	
	电　话	027-87960139		传　真	027-87960139	
	办公地址	湖北省武汉市东湖开发区武汉理工大学科技园				
	经营范围	为向用户提供基于光纤传感技术的安全监测系统整体解决方案及相关服务				

主要财务指标	指标\报告期	2017.06.30	2016.12.31	2016.06.30	2015.12.31
	基本每股收益(元)	0.0200	0.9900	0.1900	0.9100
	基本每股收益(扣除后)(元)	–0.1000	0.8000	0.1400	0.8100
	稀释每股收益(元)	0.0200	0.9900	0.1900	0.9100
	每股净资产(元)	8.0146	8.3930	6.3100	6.1100
	每股经营现金净流量(元)	–1.7083	0.5086	–0.9534	0.5991
	每股现金流量(元)	–1.5339	2.6512	–0.9897	0.1196
	每股资本公积金(元)	3.5636	3.5636	1.0444	1.0444
	每股盈余公积金(元)	0.4976	0.4976	0.5597	0.5597
	每股未分配利润(元)	2.9533	3.3317	3.7018	3.5105
	净资产收益率(%)	0.2696	9.3264	3.0300	14.9600
	加权净资产收益率(%)	0.2600	14.3000	3.0800	15.1000
	净资产收益率(扣除)(%)	–1.2440	7.5432	2.2509	13.2224
	总资产(万元)	55609.94	60266.39	34121.42	35834.12
	归属母公司股东权益(万元)	44616.18	46722.62	26275.98	25478.84
	营业收入(万元)	7578.22	20769.95	6239.64	18369.13
	营业支出(万元)	5183.95	11850.09	2995.22	9178.22
	投资收益(万元)	124.39	—	—	—
	净利润(万元)	119.17	4357.54	797.14	3810.37
	营业利润(万元)	–954.47	3191.98	234.59	2614.47
	利润总额(万元)	154.29	4965.07	866.09	4419.99

贝达药业股份有限公司

公司概况	公司名称	贝达药业股份有限公司			证券简称	贝达药业
	法人代表	丁列明	董秘	童佳	证券代码	300558
	公司网址	www.bettapharma.com		电子信箱	betta0107@bettapharma.com	
	电　话	0571-89265665		传　真	0571-89265665	
	办公地址	浙江省杭州市余杭经济技术开发区兴中路355号				
	经营范围	抗癌、抗心血管等新药的研究、开发、技术转让和技术咨询				

主要财务指标	指标\报告期	2017.06.30	2016.12.31	2016.06.30	2015.12.31
	基本每股收益(元)	0.3400	1.0100	0.5900	0.9600
	基本每股收益(扣除后)(元)	0.2600	0.8400	0.4608	0.8500
	稀释每股收益(元)	0.3400	1.0100	0.5900	0.9600
	每股净资产(元)	4.9650	4.7988	3.0650	2.4700
	每股经营现金净流量(元)	0.2774	1.0151	0.6002	1.0710
	每股现金流量(元)	0.2603	–0.2647	–0.4641	0.1732
	每股资本公积金(元)	1.5636	1.5636	0.0296	0.0296
	每股盈余公积金(元)	0.2788	0.2788	0.2031	0.2031
	每股未分配利润(元)	2.0787	1.9169	1.8081	1.2182
	净资产收益率(%)	6.8851	19.1649	19.2471	38.8711
	加权净资产收益率(%)	6.9200	32.8800	21.4800	48.7200
	净资产收益率(扣除)(%)	5.1671	15.8472	15.0355	34.5052
	总资产(万元)	244645.98	216730.30	136865.48	114704.49
	归属母公司股东权益(万元)	199098.17	192433.10	110337.54	88831.60
	营业收入(万元)	49813.93	103506.09	51857.59	91466.39
	营业支出(万元)	2203.25	3282.93	1546.55	2794.31
	投资收益(万元)	835.45	472.24	360.47	–76.19
	净利润(万元)	13526.89	36786.48	21189.36	34343.49
	营业利润(万元)	13293.77	36637.24	19962.22	35811.48
	利润总额(万元)	16237.90	42445.63	24464.71	39872.02

成都佳发安泰科技股份有限公司

公司概况	公司名称	成都佳发安泰科技股份有限公司			证券简称	佳发安泰
	法人代表	袁斌	董秘	文晶	证券代码	300559
	公司网址	www.jf-r.com		电子信箱	cdjiafaantai@163.com	
	电　话	028-65293708		传　真	028-85925610	
	办公地址	四川省成都市武侯区兴五路433号2栋8楼(武侯新城管委会内)				
	经营范围	研发、生产、销售具有自主知识产权和自主品牌的教育考试信息化产品并提供相关服务				

主要财务指标	指标\报告期	2017.06.30	2016.12.31	2016.06.30	2015.12.31
	基本每股收益(元)	0.3273	1.0876	0.5512	1.0703
	基本每股收益(扣除后)(元)	0.2980	0.9900	0.5000	1.0200
	稀释每股收益(元)	0.3273	1.0876	0.5512	1.0703
	每股净资产(元)	8.2609	8.1136	5.0100	4.4600
	每股经营现金净流量(元)	0.3378	0.9356	–0.0005	1.0104
	每股现金流量(元)	–0.6725	0.2043	–0.2613	–0.4080
	每股资本公积金(元)	3.9508	3.9508	0.3868	0.3868
	每股盈余公积金(元)	0.4685	0.4685	0.5108	0.5108
	每股未分配利润(元)	2.8321	2.6848	3.1004	2.5492
	净资产收益率(%)	3.9623	10.6044	11.0000	24.0000
	加权净资产收益率(%)	3.9500	19.4500	11.6400	26.6600
	净资产收益率(扣除)(%)	3.6069	9.6992	10.0400	22.8600
	总资产(万元)	64992.79	64484.61	31745.24	29768.42
	归属母公司股东权益(万元)	59313.51	58255.73	26957.02	23989.86
	营业收入(万元)	7791.82	16573.39	8097.26	14852.02
	营业支出(万元)	3568.51	7400.04	3695.37	6700.99
	投资收益(万元)	—	—	—	—
	净利润(万元)	2350.18	6177.66	2965.23	5758.09
	营业利润(万元)	2473.23	5089.71	2548.81	4390.26
	利润总额(万元)	2488.23	6535.81	3001.92	6463.25

中富通股份有限公司

公司概况	公司名称	中富通股份有限公司			证券简称	中富通
	法人代表	陈融洁	董秘		证券代码	300560
	公司网址	www.zftii.com		电子信箱	zhangweiling@zftii.com	
	电　话	0591-83800952		传　真	0591-87867879	
	办公地址	福建省福州市鼓楼区铜盘路软件大道89号软件园F区4号楼20、21、22层				
	经营范围	为通信行业提供通信网络管理服务业务横跨接入网、传输网和核心网				

主要财务指标	指标\报告期	2017.06.30	2016.12.31	2016.06.30	2015.12.31
	基本每股收益(元)	0.3600	0.6900	0.4300	0.6600
	基本每股收益(扣除后)(元)	0.3300	0.6800	0.4200	0.5900
	稀释每股收益(元)	0.3600	0.6900	0.4300	0.6600
	每股净资产(元)	6.6999	6.4493	5.4800	5.0454
	每股经营现金净流量(元)	–0.4528	0.0840	–0.4807	0.2778
	每股现金流量(元)	–1.6603	1.6787	–0.5686	0.2089
	每股资本公积金(元)	2.6156	2.6156	0.9922	0.9922
	每股盈余公积金(元)	0.2827	0.2827	0.3063	0.3063
	每股未分配利润(元)	2.8093	2.5577	3.1822	2.7555
	净资产收益率(%)	5.3960	8.4367	7.7938	13.0824
	加权净资产收益率(%)	5.4500	12.3400	8.1700	13.9900
	净资产收益率(扣除)(%)	4.9773	8.3898	7.6072	11.7917
	总资产(万元)	55368.87	55370.44	38921.35	37867.25
	归属母公司股东权益(万元)	46979.84	45222.79	28792.77	26533.50
	营业收入(万元)	19212.44	33029.25	16712.36	28580.62
	营业支出(万元)	13510.17	22910.30	11756.70	19482.60
	投资收益(万元)	—	—	—	—
	净利润(万元)	2535.04	3815.44	2244.04	3471.33
	营业利润(万元)	2739.19	4390.53	2643.79	3753.33
	利润总额(万元)	2970.60	4472.80	2667.04	4080.49

珠海汇金科技股份有限公司

公司概况	公司名称	珠海汇金科技股份有限公司		证券简称	汇金科技
	法人代表	陈喆	董秘	蔡林生	证券代码	300561
	公司网址	www.sgsg.cc		电子信箱	investor@sgsg.cc
	电　　话	0756-3236673		传　　真	0756-3236667
	办公地址	广东省珠海市软件园路1号会展中心3#第三层			
	经营范围	电子计算机软硬件、电子产品、安全防范技术产品、通信设备的设计、研发、生产等			

主要财务指标	指标\报告期	2017.06.30	2016.12.31	2016.06.30	2015.12.31
	基本每股收益(元)	0.4500	1.8300	0.8300	1.6900
	基本每股收益(扣除后)(元)	0.3300	1.7400	1.2100	1.5100
	稀释每股收益(元)	0.4500	1.8300	0.8300	1.6900
	每股净资产(元)	7.5956	11.0806	6.1800	5.6400
	每股经营现金净流量(元)	−0.4415	1.1330	−0.3769	1.0390
	每股现金流量(元)	−0.4857	−0.6687	−1.1292	0.4829
	每股资本公积金(元)	3.9491	6.4236	0.9281	0.9281
	每股盈余公积金(元)	0.3383	0.5075	0.4888	0.4888
	每股未分配利润(元)	2.3082	3.1496	3.7619	3.2238
	净资产收益率(%)	5.9050	12.7091	20.2683	29.9575
	加权净资产收益率(%)	6.0200	27.9900	21.1900	34.3800
	净资产收益率(扣除)(%)	4.3837	12.1352	19.5879	26.8480
	总资产(万元)	67034.29	69385.53	28802.32	31294.07
	归属母公司股东权益(万元)	63802.99	62051.39	25951.03	23691.21
	营业收入(万元)	9614.23	21805.44	11593.13	17023.47
	营业支出(万元)	2470.73	5860.73	2878.15	4385.27
	投资收益(万元)	687.15	319.52	146.41	414.12
	净利润(万元)	3767.60	7886.15	5259.82	7097.30
	营业利润(万元)	4016.54	6829.27	6144.34	6050.41
	利润总额(万元)	4471.35	9137.28	6205.66	8235.26

广东乐心医疗电子股份有限公司

公司概况	公司名称	广东乐心医疗电子股份有限公司		证券简称	乐心医疗
	法人代表	潘伟潮	董秘	王继宝	证券代码	300562
	公司网址	www.lifesense.com		电子信箱	ls@lifesense.com
	电　　话	0760-85166286		传　　真	0760-85166521
	办公地址	广东省中山市火炬开发区东利路105号A区			
	经营范围	从事家用医疗健康电子产品的研发、生产和销售及乐心智能健康云平台的研发与运营			

主要财务指标	指标\报告期	2017.06.30	2016.12.31	2016.06.30	2015.12.31
	基本每股收益(元)	−0.0800	1.7700	0.2500	1.1400
	基本每股收益(扣除后)(元)	−0.1000	1.6000	0.7700	0.9100
	稀释每股收益(元)	−0.0800	1.7700	0.2500	1.1400
	每股净资产(元)	2.5396	8.5789	5.7008	5.0800
	每股经营现金净流量(元)	−0.0607	1.3250	0.5651	0.8138
	每股现金流量(元)	−1.1117	3.8929	0.0482	−0.1918
	每股资本公积金(元)	0.6456	4.2658	1.2946	1.2946
	每股盈余公积金(元)	0.1227	0.3925	0.3124	0.3124
	每股未分配利润(元)	0.7715	2.9202	3.0938	2.4751
	净资产收益率(%)	−3.0917	15.9082	14.1384	22.3429
	加权净资产收益率(%)	−2.9400	29.1600	14.9500	24.5700
	净资产收益率(扣除)(%)	−3.7417	14.3772	13.4316	17.8609
	总资产(万元)	68282.23	66210.06	38973.80	34172.47
	归属母公司股东权益(万元)	47947.10	50615.80	25197.35	22463.02
	营业收入(万元)	39828.47	77064.44	36316.67	62900.55
	营业支出(万元)	29334.63	51597.04	24546.86	45902.94
	投资收益(万元)	191.18	−140.68	−120.63	202.79
	净利润(万元)	−1487.21	8052.07	3562.51	5018.88
	营业利润(万元)	−1717.64	8332.19	3707.11	4692.68
	利润总额(万元)	−1346.69	9337.40	3916.63	5878.06

神宇通信科技股份公司

公司概况	公司名称	神宇通信科技股份公司		证券简称	神宇股份
	法人代表	汤晓楠	董秘	殷刘碗	证券代码	300563
	公司网址	www.shenyucable.com		电子信箱	sygf@shenyucable.com
	电　　话	0510-86279909		传　　真	0510-86279909
	办公地址	江苏省江阴市东外环路275号			
	经营范围	射频同轴电缆的研发、生产和销售			

主要财务指标	指标\报告期	2017.06.30	2016.12.31	2016.06.30	2015.12.31
	基本每股收益(元)	0.2900	0.5800	0.3300	0.5400
	基本每股收益(扣除后)(元)	0.2300	0.5400	0.2900	0.5100
	稀释每股收益(元)	0.2900	0.5800	0.3300	0.5400
	每股净资产(元)	5.3917	5.3006	4.3700	4.0400
	每股经营现金净流量(元)	0.2131	0.4012	0.3263	0.8505
	每股现金流量(元)	−0.8623	1.5609	0.1125	−0.0210
	每股资本公积金(元)	1.9868	1.9868	0.5522	0.5522
	每股盈余公积金(元)	0.2338	0.2338	0.2511	0.2511
	每股未分配利润(元)	2.1711	2.0800	2.5651	2.2339
	净资产收益率(%)	5.3992	8.4896	7.5808	13.4111
	加权净资产收益率(%)	5.3500	13.2200	7.8800	14.3800
	净资产收益率(扣除)(%)	4.3055	7.8093	6.5398	12.7009
	总资产(万元)	62794.53	61480.30	39481.77	37273.53
	归属母公司股东权益(万元)	43133.47	42404.62	26210.29	24223.34
	营业收入(万元)	15047.99	31243.53	13718.16	26365.90
	营业支出(万元)	11033.42	23349.20	10372.41	19602.07
	投资收益(万元)	—	—	—	—
	净利润(万元)	2328.90	3599.79	1986.78	3248.60
	营业利润(万元)	2604.19	3775.75	1950.44	3500.14
	利润总额(万元)	2690.27	4115.17	2271.43	3702.78

深圳市科信通信技术股份有限公司

公司概况	公司名称	深圳市科信通信技术股份有限公司		证券简称	科信技术
	法人代表	陈登志	董秘	杨亚坤	证券代码	300565
	公司网址	www.szkexin.com.cn		电子信箱	szkexin@szkexin.com.cn
	电　　话	0755-29893456-8852		传　　真	0755-29895093
	办公地址	广东省深圳市光明新区公明办事处塘家社区高新科技园汇业路南科信小区第1栋			
	经营范围	为通信网络配线设备、光器件、宽带接入网设备的研发、生产与销售等			

主要财务指标	指标\报告期	2017.06.30	2016.12.31	2016.06.30	2015.12.31
	基本每股收益(元)	0.1700	0.5000	0.2800	0.5200
	基本每股收益(扣除后)(元)	0.1700	0.5000	0.2900	0.5100
	稀释每股收益(元)	0.1700	0.5000	0.2800	0.5200
	每股净资产(元)	4.4667	4.4960	3.1300	2.8400
	每股经营现金净流量(元)	0.0870	0.1199	−0.7476	0.0683
	每股现金流量(元)	−1.7366	1.9355	−0.0350	−0.0677
	每股资本公积金(元)	1.9008	1.9008	0.2298	0.2298
	每股盈余公积金(元)	0.1636	0.1636	0.1642	0.1642
	每股未分配利润(元)	1.4024	1.4316	1.7315	1.4476
	净资产收益率(%)	3.8218	8.5942	9.0822	18.4285
	加权净资产收益率(%)	3.7300	15.5200	9.5100	20.3000
	净资产收益率(扣除)(%)	3.7907	8.5784	9.2124	17.9225
	总资产(万元)	109989.95	109349.95	87319.18	76623.99
	归属母公司股东权益(万元)	71467.81	71936.47	37504.71	34098.44
	营业收入(万元)	29301.26	70833.69	34329.54	76678.53
	营业支出(万元)	19002.14	46082.13	21896.17	51263.35
	投资收益(万元)	347.75	—	—	−0.16
	净利润(万元)	2731.33	6182.39	3406.27	6283.82
	营业利润(万元)	3109.97	7024.23	3949.06	6986.18
	利润总额(万元)	3135.80	7170.11	4025.05	7187.91

宁波激智科技股份有限公司

公司概况	公司名称	宁波激智科技股份有限公司			证券简称	激智科技
	法人代表	张彦	董秘	徐赞	证券代码	300566
	公司网址	www.excitontech.cn		电子信箱	investor@excitontech.cn	
	电　话	0574-87908260		传　真	0574-87162028	
	办公地址	浙江省宁波市高新区晶源路 9 号				
	经营范围	液晶显示器用光学膜产品的研发、生产和销售				

主要财务指标	指标\报告期	2017.06.30	2016.12.31	2016.06.30	2015.12.31
	基本每股收益(元)	0.3000	0.9700	0.2400	0.9600
	基本每股收益(扣除后)(元)	0.2900	0.7800	0.3000	0.8700
	稀释每股收益(元)	0.3000	0.9700	0.2400	0.9600
	每股净资产(元)	5.6693	7.0490	4.5000	4.3100
	每股经营现金净流量(元)	-0.3347	-0.4181	-0.0988	0.4133
	每股现金流量(元)	-0.6335	1.2633	-0.5751	0.5221
	每股资本公积金(元)	3.1647	3.7928	1.1592	1.1426
	每股盈余公积金(元)	0.1390	0.2173	0.2290	0.2290
	每股未分配利润(元)	1.3656	2.0390	2.1093	1.9368
	净资产收益率(%)	3.4258	10.5614	7.1716	22.2900
	加权净资产收益率(%)	3.6400	19.6700	7.3700	25.0300
	净资产收益率(扣除)(%)	3.3891	8.4927	6.6439	20.1699
	总资产(万元)	137523.72	136924.15	105353.26	102295.93
	归属母公司股东权益(万元)	70516.53	56103.22	26845.58	25716.77
	营业收入(万元)	29143.57	61138.23	25318.31	47243.99
	营业支出(万元)	20105.68	43211.21	17109.96	31378.32
	投资收益(万元)	—	—	—	—
	净利润(万元)	2415.72	5925.26	1925.25	5732.26
	营业利润(万元)	2654.29	5318.08	2010.36	6013.79
	利润总额(万元)	2847.45	6850.89	2298.65	6829.10

武汉精测电子集团股份有限公司

公司概况	公司名称	武汉精测电子集团股份有限公司			证券简称	精测电子
	法人代表	彭骞	董秘	程疆	证券代码	300567
	公司网址	www.wuhanjingce.com		电子信箱	zqb@wuhanjingce.com	
	电　话	027-87671179		传　真	027-87671179	
	办公地址	湖北省武汉市洪山区南湖大道 53 号洪山科技创业中心 4 楼				
	经营范围	平板显示检测系统的研发、生产与销售				

主要财务指标	指标\报告期	2017.06.30	2016.12.31	2016.06.30	2015.12.31
	基本每股收益(元)	0.6600	1.6000	0.4900	1.2800
	基本每股收益(扣除后)(元)	0.5900	1.4300	0.4700	1.1600
	稀释每股收益(元)	0.6600	1.6000	0.4900	1.2800
	每股净资产(元)	9.1350	8.8503	4.5838	4.0571
	每股经营现金净流量(元)	0.3218	0.5002	-0.1772	0.6679
	每股现金流量(元)	-0.8330	4.5100	0.1599	0.8299
	每股资本公积金(元)	4.5168	4.4968	0.2825	0.2553
	每股盈余公积金(元)	0.3576	0.3576	0.3263	0.3263
	每股未分配利润(元)	3.2358	2.9801	2.9716	2.4793
	净资产收益率(%)	7.1771	13.9380	10.7400	31.5300
	加权净资产收益率(%)	7.1400	33.7100	11.4400	37.5700
	净资产收益率(扣除)(%)	6.4964	12.4819	10.2845	28.4795
	总资产(万元)	91510.15	97909.62	51417.94	43844.49
	归属母公司股东权益(万元)	73079.75	70802.30	27502.75	24342.32
	营业收入(万元)	30693.76	52401.21	22058.84	41754.29
	营业支出(万元)	16262.80	24059.68	10960.06	17722.47
	投资收益(万元)	34.45	—	—	—
	净利润(万元)	5059.57	9002.22	2528.40	7741.46
	营业利润(万元)	5267.66	7243.89	2142.03	6160.18
	利润总额(万元)	5847.34	10518.01	2849.31	9248.14

深圳市星源材质科技股份有限公司

公司概况	公司名称	深圳市星源材质科技股份有限公司			证券简称	星源材质
	法人代表	陈秀峰	董秘	周国星	证券代码	300568
	公司网址	www.senior798.com		电子信箱	zqb@senior798.com	
	电　话	0755-21383902		传　真	0755-21383902	
	办公地址	广东省深圳市光明新区公明办事处田园路北				
	经营范围	锂离子电池隔膜研发、生产及销售				

主要财务指标	指标\报告期	2017.06.30	2016.12.31	2016.06.30	2015.12.31
	基本每股收益(元)	0.3700	1.6800	0.6500	1.3100
	基本每股收益(扣除后)(元)	0.3300	1.6100	0.9900	1.2600
	稀释每股收益(元)	0.3700	1.6800	0.6500	1.3100
	每股净资产(元)	6.4171	10.2776	6.2676	5.8763
	每股经营现金净流量(元)	0.2498	1.4138	1.0423	1.2842
	每股现金流量(元)	0.8442	5.6209	1.7421	-0.1088
	每股资本公积金(元)	3.8360	6.7376	2.5745	2.5666
	每股盈余公积金(元)	0.2611	0.4178	0.3820	0.3820
	每股未分配利润(元)	1.3207	2.1222	2.3111	1.9278
	净资产收益率(%)	5.7559	12.6022	16.4900	22.3800
	加权净资产收益率(%)	5.7000	24.7500	16.1700	23.9900
	净资产收益率(扣除)(%)	5.0689	12.0449	15.7209	21.3642
	总资产(万元)	244528.73	187609.57	120385.59	94628.76
	归属母公司股东权益(万元)	123207.64	123331.07	56408.57	52887.10
	营业收入(万元)	24666.89	50569.83	25374.78	42506.05
	营业支出(万元)	11561.29	19925.07	9567.79	18231.23
	投资收益(万元)	—	6.53	3.77	8.34
	净利润(万元)	6798.45	15333.19	9243.91	11834.18
	营业利润(万元)	7108.49	17233.80	10393.37	13237.90
	利润总额(万元)	8099.69	18028.96	10890.87	13859.27

青岛天能重工股份有限公司

公司概况	公司名称	青岛天能重工股份有限公司			证券简称	天能重工
	法人代表	郑旭	董秘	刘萍	证券代码	300569
	公司网址	www.qdtnp.com		电子信箱	tnzgdb@163.com	
	电　话	0532-58829955		传　真	0532-58829955	
	办公地址	山东省青岛市胶州市李哥庄镇大沽河工业园				
	经营范围	风机塔架的制造和销售				

主要财务指标	指标\报告期	2017.06.30	2016.12.31	2016.06.30	2015.12.31
	基本每股收益(元)	0.3400	2.6700	0.9700	2.7600
	基本每股收益(扣除后)(元)	0.3400	2.6700	1.3129	2.7600
	稀释每股收益(元)	0.3400	2.6700	0.9700	2.7600
	每股净资产(元)	10.8907	19.3313	11.9523	10.2000
	每股经营现金净流量(元)	0.4119	-0.2575	-0.2630	2.8954
	每股现金流量(元)	-0.9838	6.1361	-0.4318	0.3599
	每股资本公积金(元)	6.0049	11.6089	2.9770	2.9770
	每股盈余公积金(元)	0.2963	0.5334	0.4938	0.4938
	每股未分配利润(元)	3.5895	6.1890	7.4816	5.7286
	净资产收益率(%)	3.1018	10.6355	14.6661	27.0779
	加权净资产收益率(%)	3.1000	21.6900	15.8100	31.3200
	净资产收益率(扣除)(%)	3.0967	10.6405	14.6470	27.0522
	总资产(万元)	212471.60	210070.08	131469.51	142279.06
	归属母公司股东权益(万元)	163374.31	161107.05	74749.29	63745.88
	营业收入(万元)	34128.30	96077.96	56320.50	101258.44
	营业支出(万元)	24318.71	61407.97	36392.02	63729.65
	投资收益(万元)	—	—	—	—
	净利润(万元)	5079.10	17501.16	11275.89	17845.56
	营业利润(万元)	6009.94	20947.89	13419.40	21324.36
	利润总额(万元)	6020.73	20941.95	13436.83	21346.45

深圳太辰光通信股份有限公司

公司概况	公司名称	深圳太辰光通信股份有限公司			证券简称	太辰光
	法人代表	张致民	董秘	蔡波	证券代码	300570
	公司网址	www.china-tscom.com		电子信箱	zqb@china-tscom.com	
	电话	0755-89397558-312		传真	0755-83400253	
	办公地址	广东省深圳市福田区车公庙泰然工贸园201栋6楼				
	经营范围	光器件的研发、生产和销售				

	指标\报告期	2017.06.30	2016.12.31	2016.06.30	2015.12.31
主要财务指标	基本每股收益(元)	0.2100	1.0297	0.2700	1.2151
	基本每股收益(扣除后)(元)	0.2060	1.0073	0.2637	1.1900
	稀释每股收益(元)	0.2100	1.0297	0.2700	1.2151
	每股净资产(元)	4.6216	8.3238	—	3.9400
	每股经营现金净流量(元)	0.2221	1.2247	0.5659	1.3373
	每股现金流量(元)	-2.8215	5.3424	-0.0006	0.8539
	每股资本公积金(元)	2.2279	4.8102	—	0.2436
	每股盈余公积金(元)	0.2104	0.3412	—	0.3491
	每股未分配利润(元)	1.1833	2.1724	—	2.3443
	净资产收益率(%)	4.5079	9.5335	—	30.8635
	加权净资产收益率(%)	4.4100	22.6400	12.3000	36.0100
	净资产收益率(扣除)(%)	4.4434	9.3260	—	30.3350
	总资产(万元)	117180.27	117128.54	—	47106.67
	归属母公司股东权益(万元)	106294.59	106358.38	—	37728.77
	营业收入(万元)	23084.77	42103.78	20676.76	50215.77
	营业支出(万元)	14882.39	26847.25	13644.38	31784.55
	投资收益(万元)	547.24	—	—	—
	净利润(万元)	4791.70	10139.68	4608.44	11644.43
	营业利润(万元)	5488.92	11521.57	5297.63	13468.61
	利润总额(万元)	5552.52	11781.26	5423.35	13703.22

杭州平治信息技术股份有限公司

公司概况	公司名称	杭州平治信息技术股份有限公司			证券简称	平治信息
	法人代表	郭庆	董秘	潘爱斌	证券代码	300571
	公司网址	www.anysoft.cn		电子信箱	pingzhi@tiansign.com	
	电话	0571-88939703		传真	0571-88939705	
	办公地址	浙江省杭州市西湖区西溪世纪中心2号楼11层				
	经营范围	移动阅读业务、资讯类业务及其他增值电信业务				

	指标\报告期	2017.06.30	2016.12.31	2016.06.30	2015.12.31
主要财务指标	基本每股收益(元)	1.2600	1.6100	0.8300	0.8600
	基本每股收益(扣除后)(元)	1.1600	1.5300	0.7700	0.7000
	稀释每股收益(元)	1.2600	1.6100	0.8300	0.8600
	每股净资产(元)	7.2673	6.2592	4.2600	3.7800
	每股经营现金净流量(元)	1.7968	2.0660	0.2550	0.4535
	每股现金流量(元)	-1.3505	3.7160	0.0639	0.2466
	每股资本公积金(元)	2.2586	2.2586	0.3965	0.3965
	每股盈余公积金(元)	0.2382	0.2382	0.2547	0.2547
	每股未分配利润(元)	3.7705	2.7623	2.9639	2.1318
	净资产收益率(%)	17.3120	19.3419	18.0286	22.7114
	加权净资产收益率(%)	18.3800	33.4300	18.2800	20.8400
	净资产收益率(扣除)(%)	16.0067	18.3880	16.6282	18.4719
	总资产(万元)	41028.17	34588.07	20065.49	14260.64
	归属母公司股东权益(万元)	29069.26	25036.80	13845.31	11349.19
	营业收入(万元)	41920.60	46901.77	15901.66	16820.19
	营业支出(万元)	32010.13	36066.93	11096.52	10297.79
	投资收益(万元)	27.30	—	—	7.29
	净利润(万元)	5035.30	4830.96	2492.50	2574.81
	营业利润(万元)	6204.70	5826.19	2878.85	2553.78
	利润总额(万元)	6624.81	6093.38	3103.52	3108.12

深圳市安车检测股份有限公司

公司概况	公司名称	深圳市安车检测股份有限公司			证券简称	安车检测
	法人代表	贺宪宁	董秘	李云彬	证券代码	300572
	公司网址	www.anche.cn		电子信箱	anche@anche.cn	
	电话	0577-86182392		传真	0755-86182379	
	办公地址	广东省深圳市南山区科技中2路1号深圳软件园(二期)9栋4楼401室				
	经营范围	机动车检测系统及设备、机动车驾驶人考试系统及设备等				

	指标\报告期	2017.06.30	2016.12.31	2016.06.30	2015.12.31
主要财务指标	基本每股收益(元)	0.5833	0.9542	0.5045	0.8444
	基本每股收益(扣除后)(元)	0.5649	0.9191	0.4945	0.8047
	稀释每股收益(元)	0.5833	0.9542	0.5045	0.8444
	每股净资产(元)	7.8694	7.5961	5.5789	5.0744
	每股经营现金净流量(元)	0.7887	1.8442	0.3846	2.0723
	每股现金流量(元)	-3.9310	4.8122	0.5362	1.6672
	每股资本公积金(元)	4.1604	3.9540	1.5321	1.5321
	每股盈余公积金(元)	0.2890	0.2916	0.2801	0.2801
	每股未分配利润(元)	2.4135	2.3505	2.7668	2.2622
	净资产收益率(%)	7.3587	9.6822	9.0437	16.6405
	加权净资产收益率(%)	7.4400	16.6100	9.4700	18.1500
	净资产收益率(扣除)(%)	7.1266	9.3264	8.8629	15.8578
	总资产(万元)	95988.48	87460.79	52854.12	50789.06
	归属母公司股东权益(万元)	52925.05	50643.09	27894.62	25371.91
	营业收入(万元)	18909.60	31818.12	14793.39	28167.23
	营业支出(万元)	9480.57	16559.69	7745.13	15301.11
	投资收益(万元)	87.19	—	—	53.15
	净利润(万元)	3894.61	4903.38	2522.71	4222.02
	营业利润(万元)	4569.45	4214.84	2225.98	3640.75
	利润总额(万元)	4624.67	5841.55	3006.29	5023.71

沈阳兴齐眼药股份有限公司

公司概况	公司名称	沈阳兴齐眼药股份有限公司			证券简称	兴齐眼药
	法人代表	刘继东	董秘	张少尧	证券代码	300573
	公司网址	www.sinqi.com		电子信箱	stock@ sinqi.com	
	电话	024-31161810		传真	024-31161812	
	办公地址	辽宁省沈阳市沈河区青年大街185-2号45层				
	经营范围	眼科药物研发、生产、销售				

	指标\报告期	2017.06.30	2016.12.31	2016.06.30	2015.12.31
主要财务指标	基本每股收益(元)	0.3600	0.9000	0.5300	0.3700
	基本每股收益(扣除后)(元)	0.3500	0.7000	0.4300	0.3000
	稀释每股收益(元)	0.3600	0.9000	0.5300	0.3700
	每股净资产(元)	6.7454	6.5118	7.0300	6.5000
	每股经营现金净流量(元)	0.0876	0.3515	0.4140	0.3572
	每股现金流量(元)	-0.8789	0.9973	0.1375	-0.1677
	每股资本公积金(元)	2.8739	2.8739	2.8840	2.8840
	每股盈余公积金(元)	0.2977	0.2977	0.3050	0.3050
	每股未分配利润(元)	2.5738	2.3402	2.8415	2.3075
	净资产收益率(%)	5.3154	10.4194	7.5961	5.6388
	加权净资产收益率(%)	5.3600	13.0200	7.9000	5.8000
	净资产收益率(扣除)(%)	5.1500	8.0449	6.1165	4.6103
	总资产(万元)	65687.73	72141.35	64459.19	65094.08
	归属母公司股东权益(万元)	53962.89	52094.53	42183.41	38979.13
	营业收入(万元)	18278.05	33910.01	16541.78	28743.95
	营业支出(万元)	4453.84	8410.64	4432.44	8509.20
	投资收益(万元)	—	304.00	—	13.75
	净利润(万元)	2868.37	5427.93	3204.28	2197.96
	营业利润(万元)	3378.87	5349.05	3080.18	2157.85
	利润总额(万元)	3388.87	6448.30	3814.45	2629.50

江苏中旗科技股份有限公司

公司概况	公司名称	江苏中旗科技股份有限公司			证券简称	中旗股份
	法人代表	吴耀军	董秘	丁阳	证券代码	300575
	公司网址	www.flagchem.com		电子信箱	info@flagchem.com	
	电　话	025-58375015		传　真	025-58375450	
	办公地址	江苏省南京市化学工业园区长丰河路 309 号				
	经营范围	从事新型农药及中间体等精细化工产品的研发、生产和销售				

主要财务指标	指标\报告期	2017.06.30	2016.12.31	2016.06.30	2015.12.31
	基本每股收益(元)	0.8700	1.4000	0.7400	1.7200
	基本每股收益(扣除后)(元)	0.8600	1.3600	0.7300	1.6500
	稀释每股收益(元)	0.8700	1.4000	0.7400	1.7200
	每股净资产(元)	13.0032	12.3524	9.1317	8.5800
	每股经营现金净流量(元)	0.1371	1.4247	1.4400	1.2027
	每股现金流量(元)	-0.8888	4.5023	0.1968	0.4295
	每股资本公积金(元)	6.4338	6.4338	2.2252	2.2252
	每股盈余公积金(元)	0.5485	0.5485	0.5776	0.5776
	每股未分配利润(元)	4.9836	4.3336	5.2738	4.7304
	净资产收益率(%)	6.6907	8.5160	8.1400	20.1000
	加权净资产收益率(%)	6.8200	15.3600	8.4000	22.1600
	净资产收益率(扣除)(%)	6.5824	8.2548	8.0000	19.1994
	总资产(万元)	149276.76	143788.09	94420.81	89662.87
	归属母公司股东权益(万元)	95378.78	90605.17	50224.50	47170.99
	营业收入(万元)	64843.78	89846.65	42353.92	80715.45
	营业支出(万元)	50657.09	71184.87	33081.82	61583.11
	投资收益(万元)	-12.89	-5.06	-1.62	39.67
	净利润(万元)	6381.55	7715.93	4088.90	9480.79
	营业利润(万元)	7756.64	9116.51	4954.63	11014.95
	利润总额(万元)	7738.98	9402.69	5037.78	11523.57

深圳市容大感光科技股份有限公司

公司概况	公司名称	深圳市容大感光科技股份有限公司			证券简称	容大感光
	法人代表	林海望	董秘	蔡启上	证券代码	300576
	公司网址	www.szrd.com		电子信箱	samcai@szrd.com	
	电　话	0755-27312760		传　真	0755-27312759	
	办公地址	广东省深圳市宝安区福永街道福永立新湖第一科技园研发楼第 1-3 楼				
	经营范围	PCB 感光油墨、光刻胶及配套化学品、特种油墨等电子化学品的研发、生产和销售				

主要财务指标	指标\报告期	2017.06.30	2016.12.31	2016.06.30	2015.12.31
	基本每股收益(元)	0.1600	0.5700	0.2800	0.5600
	基本每股收益(扣除后)(元)	0.1500	0.5300	0.2700	0.4800
	稀释每股收益(元)	0.1600	0.5700	0.2800	0.5600
	每股净资产(元)	3.2449	4.7309	3.6700	3.6400
	每股经营现金净流量(元)	0.0851	0.5128	0.3137	0.5524
	每股现金流量(元)	-1.0727	1.9651	-0.2018	0.1249
	每股资本公积金(元)	1.1334	2.1973	0.9190	0.9190
	每股盈余公积金(元)	0.0936	0.1229	0.1440	0.1280
	每股未分配利润(元)	1.0179	1.4107	1.6069	1.5975
	净资产收益率(%)	4.7999	9.0264	10.7007	15.2299
	加权净资产收益率(%)	4.8200	14.8000	7.3700	15.7200
	净资产收益率(扣除)(%)	4.6804	8.3623	7.2997	13.1122
	总资产(万元)	47459.22	48305.42	28383.99	28510.43
	归属母公司股东权益(万元)	38938.39	37846.95	22019.62	21866.68
	营业收入(万元)	16637.39	31353.28	14426.05	27697.84
	营业支出(万元)	11111.50	20336.57	9201.18	18361.75
	投资收益(万元)	86.63	---	---	---
	净利润(万元)	1869.00	3416.21	1652.94	3330.28
	营业利润(万元)	2253.87	3751.10	1985.45	3523.04
	利润总额(万元)	2253.18	4049.43	2039.08	4068.09

安徽开润股份有限公司

公司概况	公司名称	安徽开润股份有限公司			证券简称	开润股份
	法人代表	范劲松	董秘	徐耘	证券代码	300577
	公司网址	www.korrun.com		电子信箱	support@korrun.com	
	电　话	021-51085699		传　真	021-67651780 57683192	
	办公地址	上海市松江区莘砖公路 518 号漕河泾园区 14 号楼 5 楼				
	经营范围	袋类产品的研发、设计、生产与销售				

主要财务指标	指标\报告期	2017.06.30	2016.12.31	2016.06.30	2015.12.31
	基本每股收益(元)	0.9000	1.6800	0.6800	1.3200
	基本每股收益(扣除后)(元)	0.8200	1.5900	0.6100	1.1400
	稀释每股收益(元)	0.9000	1.6800	0.6800	1.3200
	每股净资产(元)	4.6780	8.0205	4.5700	4.1900
	每股经营现金净流量(元)	0.5110	1.3199	0.4465	1.2053
	每股现金流量(元)	-1.1540	4.7356	0.2055	0.6299
	每股资本公积金(元)	2.3752	5.0754	1.2587	1.2028
	每股盈余公积金(元)	0.1358	0.2445	0.2114	0.2114
	每股未分配利润(元)	1.1704	1.7026	1.9875	1.7048
	净资产收益率(%)	10.7360	15.7099	15.3221	32.1965
	加权净资产收益率(%)	11.0000	37.0400	15.7200	37.4700
	净资产收益率(扣除)(%)	9.7348	14.8328	13.6768	27.6006
	总资产(万元)	82856.74	81155.34	45599.78	41411.80
	归属母公司股东权益(万元)	56138.77	53472.46	22276.11	20574.67
	营业收入(万元)	49521.21	77577.45	33818.08	49412.95
	营业支出(万元)	33834.84	55273.44	24637.05	34410.09
	投资收益(万元)	32.92	-8.50	-5.17	---
	净利润(万元)	6666.89	8109.73	3061.69	6323.63
	营业利润(万元)	7014.93	8310.52	2888.65	6468.84
	利润总额(万元)	7676.55	9590.00	3609.15	7588.88

上海会畅通讯股份有限公司

公司概况	公司名称	上海会畅通讯股份有限公司			证券简称	会畅通讯
	法人代表	路路	董秘	路路	证券代码	300578
	公司网址	www.bizconf.cn		电子信箱	BDoffice @bizconf.cn	
	电　话	021-61321868*1872		传　真	021-61321869	
	办公地址	上海市静安区成都北路 333 号招商局广场南楼 17 楼				
	经营范围	国内多方通信服务业务				

主要财务指标	指标\报告期	2017.06.30	2016.12.31	2016.06.30	2015.12.31
	基本每股收益(元)	0.1900	0.5800	0.3000	0.6200
	基本每股收益(扣除后)(元)	0.1800	0.4900	0.2700	0.5600
	稀释每股收益(元)	0.1900	0.5800	0.3000	0.6200
	每股净资产(元)	3.7282	2.4200	2.8800	2.5800
	每股经营现金净流量(元)	0.0253	0.3280	0.1499	0.5847
	每股现金流量(元)	0.6036	-0.2711	0.1086	-0.0690
	每股资本公积金(元)	1.8743	0.0595	0.0794	0.0794
	每股盈余公积金(元)	0.2615	0.2615	0.2886	0.2886
	每股未分配利润(元)	0.5924	0.7441	1.5095	1.2099
	净资产收益率(%)	4.8752	24.0900	10.4100	23.9800
	加权净资产收益率(%)	8.6000	21.2000	10.9800	25.1900
	净资产收益率(扣除)(%)	4.5588	20.2204	9.2541	21.8394
	总资产(万元)	31301.84	17159.76	19786.17	17927.80
	归属母公司股东权益(万元)	26842.88	13069.01	15538.11	13920.69
	营业收入(万元)	13107.45	25218.05	12475.81	25020.43
	营业支出(万元)	6455.86	12977.42	6538.17	14002.25
	投资收益(万元)	11.27	77.17	47.50	110.27
	净利润(万元)	1308.64	3148.32	1617.43	3338.35
	营业利润(万元)	1378.33	3134.21	1711.28	3684.78
	利润总额(万元)	1463.13	3652.02	1875.00	3925.27

北京数字认证股份有限公司

公司概况	公司名称	北京数字认证段份有限公司			证券简称	数字认证
	法人代表	詹榜华	董秘	齐秀彬	证券代码	300579
	公司网址	www.bjca.org.cn		电子信箱	dongban@bjca.org.cn	
	电　　话	010-58045602		传　　真	010-58045836	
	办公地址	北京市海淀区北四环西路 68 号 1501 号				
	经营范围	提供电子认证服务电子认证产品及可管理的信息安全服务				

主要财务指标	指标\报告期	2017.06.30	2016.12.31	2016.06.30	2015.12.31
	基本每股收益(元)	0.4100	1.0000	0.2400	0.8000
	基本每股收益(扣除后)(元)	0.2100	0.9600	0.2100	0.7700
	稀释每股收益(元)	0.4100	1.0000	0.2400	0.8000
	每股净资产(元)	6.1742	6.0648	3.5100	3.4800
	每股经营现金净流量(元)	–0.8420	0.5021	–0.7449	0.7921
	每股现金流量(元)	–2.3757	3.1740	–1.0625	0.5162
	每股资本公积金(元)	3.0282	3.0282	0.5583	0.5583
	每股盈余公积金(元)	0.2388	0.2388	0.2376	0.2376
	每股未分配利润(元)	1.9073	1.7979	1.7138	1.6886
	净资产收益率(%)	6.6312	12.3584	6.7010	22.8485
	加权净资产收益率(%)	6.5800	25.6500	6.6600	25.1700
	净资产收益率(扣除)(%)	3.4256	11.8833	6.0893	22.1668
	总资产(万元)	72690.94	74094.92	40972.54	44708.43
	归属母公司股东权益(万元)	49393.80	48518.42	21057.93	20906.84
	营业收入(万元)	17310.10	44551.51	14759.63	37317.20
	营业支出(万元)	6501.73	18542.54	6091.07	16280.74
	投资收益(万元)	1427.54	---	---	---
	净利润(万元)	3162.10	5755.67	1316.92	4718.81
	营业利润(万元)	3329.68	6252.52	1258.24	4513.60
	利润总额(万元)	3527.69	7182.99	1718.96	5441.50

无锡贝斯特精机股份有限公司

公司概况	公司名称	无锡贝斯特精机股份有限公司			证券简称	贝斯特
	法人代表	曹余华	董秘	陈斌	证券代码	300580
	公司网址	www.wuxibest.com		电子信箱	zhengquan@wuxibest.com	
	电　　话	0510-82475767		传　　真	0510-82475767	
	办公地址	江苏省无锡市滨湖区胡埭镇合欢西路 18 号				
	经营范围	研发、生产及销售各类精密零部件及工装夹具产品				

主要财务指标	指标\报告期	2017.06.30	2016.12.31	2016.06.30	2015.12.31
	基本每股收益(元)	0.3056	0.7797	0.3361	0.6273
	基本每股收益(扣除后)(元)	0.2442	0.7010	0.3000	0.5600
	稀释每股收益(元)	0.3056	0.7797	0.3361	0.6273
	每股净资产(元)	5.8647	4.6470	4.2000	3.9877
	每股经营现金净流量(元)	0.2576	0.7383	0.2173	0.8487
	每股现金流量(元)	0.0157	–0.0084	–0.0378	–0.0595
	每股资本公积金(元)	3.4039	1.9121	1.9121	1.9121
	每股盈余公积金(元)	0.1463	0.1951	0.1171	0.1171
	每股未分配利润(元)	1.3012	1.5244	1.1588	0.9482
	净资产收益率(%)	4.9930	16.7788	8.0009	15.7300
	加权净资产收益率(%)	5.3400	18.0600	8.0900	16.9700
	净资产收益率(扣除)(%)	3.9907	15.0856	7.2575	13.9540
	总资产(万元)	145645.81	106334.83	100370.88	89662.57
	归属母公司股东权益(万元)	117293.84	69704.60	63012.85	59816.06
	营业收入(万元)	28709.05	54741.10	25275.89	47662.31
	营业支出(万元)	17699.89	31229.00	14302.97	28299.85
	投资收益(万元)	590.48	19.30	9.46	7.40
	净利润(万元)	5856.50	11695.62	5041.58	9409.07
	营业利润(万元)	6879.05	12241.60	5401.18	9702.81
	利润总额(万元)	6879.11	13555.79	5915.79	10862.71

西安晨曦航空科技股份有限公司

公司概况	公司名称	西安晨曦航空科技股份有限公司			证券简称	晨曦航空
	法人代表	吴坚	董秘	张军妮	证券代码	300581
	公司网址			电子信箱	XACXHK@163.com	
	电　　话	029-81881858		传　　真	029-81881850	
	办公地址	陕西省西安市高新区锦业路 69 号创业园 C 区 11 号				
	经营范围	研发、生产、销售航空机电产品及提供相关专业技术服务				

主要财务指标	指标\报告期	2017.06.30	2016.12.31	2016.06.30	2015.12.31
	基本每股收益(元)	0.3100	1.5500	0.2694	1.4900
	基本每股收益(扣除后)(元)	0.2900	1.5188	0.5376	1.4055
	稀释每股收益(元)	0.3100	1.5500	0.2694	1.4900
	每股净资产(元)	5.8196	11.4630	6.9800	6.4300
	每股经营现金净流量(元)	–0.6459	0.3363	–0.3128	0.5039
	每股现金流量(元)	–2.0925	5.9145	–0.0975	0.3791
	每股资本公积金(元)	2.4995	5.9990	1.0633	1.0633
	每股盈余公积金(元)	0.2478	0.4529	---	0.4340
	每股未分配利润(元)	1.9738	3.8339	4.2122	3.7350
	净资产收益率(%)	3.1485	10.1202	7.7171	23.1009
	加权净资产收益率(%)	3.1100	26.3500	8.0400	26.4000
	净资产收益率(扣除)(%)	2.9829	9.9318	7.6978	21.8506
	总资产(万元)	64897.96	66528.70	35194.72	33659.16
	归属母公司股东权益(万元)	52609.06	51812.86	23677.13	21805.50
	营业收入(万元)	8467.00	20367.38	8720.97	20028.15
	营业支出(万元)	4307.16	10239.09	4408.13	10509.70
	投资收益(万元)	---	---	---	---
	净利润(万元)	1656.40	5243.56	1827.18	5037.27
	营业利润(万元)	1918.58	6210.20	2236.29	5962.87
	利润总额(万元)	2021.06	6325.04	2241.66	6023.14

英飞特电子(杭州)股份有限公司

公司概况	公司名称	英飞特电子(杭州)股份有限公司			证券简称	英飞特
	法人代表	Guichao Hua	董秘	贾佩贤	证券代码	300582
	公司网址	cn.inventronics-co.com		电子信箱	sc@inventronics-co.com	
	电　　话	0571-56565800		传　　真	0571-86601139	
	办公地址	浙江省杭州市滨江区江虹路 459 号 A 座				
	经营范围	LED 驱动电源的研发、生产、销售和技术服务				

主要财务指标	指标\报告期	2017.06.30	2016.12.31	2016.06.30	2015.12.31
	基本每股收益(元)	0.1200	0.6800	0.3700	0.9400
	基本每股收益(扣除后)(元)	0.0400	0.5700	0.3200	0.8600
	稀释每股收益(元)	0.1200	0.6800	0.3700	0.9400
	每股净资产(元)	4.6517	6.9068	4.2400	3.8700
	每股经营现金净流量(元)	–0.0997	0.1580	0.2295	0.9546
	每股现金流量(元)	–2.3017	3.7371	0.1827	–0.1929
	每股资本公积金(元)	2.5111	4.2666	1.3568	1.3568
	每股盈余公积金(元)	0.1150	0.1726	0.1652	0.1652
	每股未分配利润(元)	1.0250	1.4668	1.7197	1.3450
	净资产收益率(%)	2.5904	7.3358	8.8332	24.3197
	加权净资产收益率(%)	6.0400	16.0600	9.2400	27.6900
	净资产收益率(扣除)(%)	0.8946	6.2331	7.6567	22.2778
	总资产(万元)	130259.19	170482.31	105226.37	83981.39
	归属母公司股东权益(万元)	92104.51	91169.11	42001.93	38287.48
	营业收入(万元)	33857.02	65357.33	29617.09	52674.79
	营业支出(万元)	22585.32	42298.18	18920.86	32410.52
	投资收益(万元)	---	–373.28	–224.41	–37.80
	净利润(万元)	2385.83	6688.02	3710.11	9311.41
	营业利润(万元)	687.03	6098.19	3481.93	9629.09
	利润总额(万元)	2664.87	7278.71	4202.61	10605.77

山东赛托生物科技股份有限公司

公司概况	公司名称	山东赛托生物科技股份有限公司			证券简称	赛托生物
	法人代表	米超杰	董秘	李福文	证券代码	300583
	公司网址	www.sitobiotech.com		电子信箱	stock@sitobiotech.com	
	电　　话	0530-2263536		传　　真	0530-2263536	
	办公地址	山东省菏泽市定陶区东外环路南段				
	经营范围	应用基因工程技术和微生物转化技术制造甾体药物原料				

	指标\报告期	2017.06.30	2016.12.31	2016.06.30	2015.12.31
主要财务指标	基本每股收益(元)	0.2732	1.2600	0.6583	2.3400
	基本每股收益(扣除后)(元)	0.2122	1.2500	0.6500	2.3400
	稀释每股收益(元)	0.2732	1.2600	0.6583	2.3400
	每股净资产(元)	15.2374	7.2462	6.6400	5.9800
	每股经营现金净流量(元)	0.0130	1.0018	0.3997	1.0888
	每股现金流量(元)	0.6869	-0.2429	-0.0393	0.3538
	每股资本公积金(元)	10.5613	1.5605	1.5605	1.5605
	每股盈余公积金(元)	0.3706	0.4941	0.3473	0.3473
	每股未分配利润(元)	3.3055	4.1916	3.7320	3.0737
	净资产收益率(%)	1.7181	17.4535	9.9100	39.0900
	加权净资产收益率(%)	1.9300	19.1200	10.4300	48.6700
	净资产收益率(扣除)(%)	1.3347	17.2061	9.8376	39.0656
	总资产(万元)	179613.36	93623.22	91945.34	83828.01
	归属母公司股东权益(万元)	162531.75	57969.35	53117.88	47851.68
	营业收入(万元)	30582.77	56824.59	26336.00	66816.68
	营业支出(万元)	24281.22	37721.83	16154.91	37252.84
	投资收益(万元)	623.85	—	—	—
	净利润(万元)	2456.01	9634.80	4893.92	18586.73
	营业利润(万元)	2872.23	11442.54	5934.59	21823.23
	利润总额(万元)	2925.31	11585.27	5973.24	21794.34

南京海辰药业股份有限公司

公司概况	公司名称	南京海辰药业股份有限公司			证券简称	海辰药业
	法人代表	曹于平	董秘	严美强	证券代码	300584
	公司网址	www.hicin.cn		电子信箱	ir_hicin@163.com	
	电　　话	025-83241873		传　　真	025-85514865	
	办公地址	江苏省南京经济技术开发区恒发路 1 号				
	经营范围	化学药品的研发、生产和销售				

	指标\报告期	2017.06.30	2016.12.31	2016.06.30	2015.12.31
主要财务指标	基本每股收益(元)	0.3831	0.7539	0.3534	—
	基本每股收益(扣除后)(元)	0.3703	0.7300	0.3500	—
	稀释每股收益(元)	0.3831	0.7500	0.3534	—
	每股净资产(元)	6.0239	4.6019	4.2000	—
	每股经营现金净流量(元)	0.3274	0.6290	0.0776	—
	每股现金流量(元)	1.7019	-0.3250	-0.2815	—
	每股资本公积金(元)	3.1634	1.2108	1.2108	—
	每股盈余公积金(元)	0.1944	0.2592	0.1823	—
	每股未分配利润(元)	1.6661	2.1319	1.8082	—
	净资产收益率(%)	6.0946	16.3833	8.4100	—
	加权净资产收益率(%)	6.4700	17.7700	8.7000	—
	净资产收益率(扣除)(%)	5.8910	16.2742	8.2699	—
	总资产(万元)	55142.33	37077.62	33141.34	—
	归属母公司股东权益(万元)	48191.01	27611.35	25208.00	—
	营业收入(万元)	17234.82	28082.76	12066.04	—
	营业支出(万元)	4236.60	9120.24	4198.18	—
	投资收益(万元)	129.49	—	—	—
	净利润(万元)	2937.06	4523.64	2120.28	—
	营业利润(万元)	3429.22	5207.63	2412.31	—
	利润总额(万元)	3420.99	5245.95	2457.11	—

南京奥联汽车电子电器股份有限公司

公司概况	公司名称	南京奥联汽车电子电器股份有限公司			证券简称	奥联电子
	法人代表	刘军胜	董秘	薛娟华	证券代码	300585
	公司网址	www.njaolian.com		电子信箱	mail@njaolian.com	
	电　　话	025-52102633		传　　真	025-52102616	
	办公地址	江苏省南京市江宁区谷里街道东善桥工业集中区				
	经营范围	专业研发、生产、销售汽车电子电器零部件产品				

	指标\报告期	2017.06.30	2016.12.31	2016.06.30	2015.12.31
主要财务指标	基本每股收益(元)	0.3800	0.8500	0.4300	0.6600
	基本每股收益(扣除后)(元)	0.3700	0.8200	0.4200	0.6300
	稀释每股收益(元)	0.3800	0.8500	0.4300	0.6600
	每股净资产(元)	2.6193	5.2473	3.6400	3.2100
	每股经营现金净流量(元)	0.1197	0.2629	0.1725	1.0137
	每股现金流量(元)	-0.2128	2.2844	-0.1470	-0.2372
	每股资本公积金(元)	0.8113	2.6099	0.8801	0.8801
	每股盈余公积金(元)	0.0891	0.1783	0.1557	0.1557
	每股未分配利润(元)	0.7189	1.4592	1.6019	1.1759
	净资产收益率(%)	7.2277	12.1731	11.7100	20.5200
	加权净资产收益率(%)	6.9600	23.4100	12.4400	21.9100
	净资产收益率(扣除)(%)	6.9775	11.7474	11.4260	19.7339
	总资产(万元)	57853.09	57078.28	32525.84	31760.70
	归属母公司股东权益(万元)	41908.79	41978.69	21826.24	19270.05
	营业收入(万元)	19280.21	32582.34	14309.80	26735.63
	营业支出(万元)	11404.62	19182.40	8326.21	16004.07
	投资收益(万元)	—	—	—	1.89
	净利润(万元)	3038.33	5021.35	2504.82	3947.23
	营业利润(万元)	3524.71	5437.22	2855.48	4213.01
	利润总额(万元)	3689.96	5732.90	2876.30	4489.14

广东美联新材料股份有限公司

公司概况	公司名称	广东美联新材料股份有限公司			证券简称	美联新材
	法人代表	黄伟汕	董秘	段文勇	证券代码	300586
	公司网址	www.malion.cn		电子信箱	mlxc@malion.cn	
	电　　话	0754-89831918		传　　真	0754-89837887	
	办公地址	广东省汕头市美联路 1 号				
	经营范围	高分子复合着色材料的研发、生产、销售和技术服务				

	指标\报告期	2017.06.30	2016.12.31	2016.06.30	2015.12.31
主要财务指标	基本每股收益(元)	0.2700	0.6600	0.3400	0.5700
	基本每股收益(扣除后)(元)	0.2400	0.6300	0.3200	0.5400
	稀释每股收益(元)	0.2700	0.6600	0.3400	0.5700
	每股净资产(元)	5.8390	5.7592	4.5700	4.2300
	每股经营现金净流量(元)	-0.2530	0.5152	0.7104	0.6761
	每股现金流量(元)	-1.8251	2.1177	0.3993	0.4026
	每股资本公积金(元)	3.0160	3.0071	1.5552	1.5552
	每股盈余公积金(元)	0.1752	0.1752	0.1679	0.1679
	每股未分配利润(元)	1.6479	1.5769	1.8479	1.5110
	净资产收益率(%)	4.6415	8.5582	7.3698	13.5041
	加权净资产收益率(%)	4.6500	14.4000	7.6500	14.4800
	净资产收益率(扣除)(%)	4.0978	8.1727	6.9507	12.7408
	总资产(万元)	63762.29	66841.37	45619.36	40358.58
	归属母公司股东权益(万元)	56054.79	55288.11	32911.24	30485.76
	营业收入(万元)	19166.23	41755.35	18904.52	34652.97
	营业支出(万元)	14618.74	32132.77	14312.65	26430.56
	投资收益(万元)	159.99	-2.40	-1.26	-13.18
	净利润(万元)	2601.79	4731.67	2425.48	4116.83
	营业利润(万元)	2777.49	5209.81	2641.76	4473.82
	利润总额(万元)	2984.00	5460.78	2804.09	4747.59

浙江天铁实业股份有限公司

公司概况	公司名称	浙江天铁实业股份有限公司			证券简称	天铁股份
	法人代表	许吉锭	董秘	范薇薇	证券代码	300587
	公司网址	www.tiantie.cn		电子信箱	tiantie@tiantie.cn	
	电话	0576-83812606 81309219		传真	0576-83990868	
	办公地址	浙江省台州市天台县人民东路928号				
	经营范围	轨道工程橡胶制品的研发、生产和销售				

	指标\报告期	2017.06.30	2016.12.31	2016.06.30	2015.12.31
主要财务指标	基本每股收益(元)	0.2700	0.9000	0.4800	0.8500
	基本每股收益(扣除后)(元)	0.2400	0.9000	0.4800	0.8200
	稀释每股收益(元)	0.2700	0.9000	0.4800	0.8500
	每股净资产(元)	7.8424	7.5530	5.3400	5.0800
	每股经营现金净流量(元)	-0.2803	0.5353	0.5554	0.5704
	每股现金流量(元)	-2.5460	3.4287	0.0680	0.2010
	每股资本公积金(元)	4.5466	4.5316	2.0674	2.0674
	每股盈余公积金(元)	0.2810	0.2535	0.2958	0.2476
	每股未分配利润(元)	2.0149	1.7678	1.9772	1.7633
	净资产收益率(%)	3.5004	8.9786	9.0300	16.8300
	加权净资产收益率(%)	3.5600	15.8300	9.3200	18.2000
	净资产收益率(扣除)(%)	3.0181	8.8992	8.9465	16.1193
	总资产(万元)	90488.99	94288.75	55359.36	55787.17
	归属母公司股东权益(万元)	81561.22	78550.79	41654.73	39610.45
	营业收入(万元)	11812.28	29027.70	14085.11	28851.39
	营业支出(万元)	4044.09	8489.42	3851.23	9195.31
	投资收益(万元)	—	—	—	4.84
	净利润(万元)	2854.98	7052.77	3760.28	6667.03
	营业利润(万元)	3376.28	8666.27	4631.52	7909.34
	利润总额(万元)	3567.17	8724.30	4660.09	8212.40

新疆熙菱信息技术股份有限公司

公司概况	公司名称	新疆熙菱信息技术股份有限公司			证券简称	熙菱信息
	法人代表	何开文	董秘	杨程	证券代码	300588
	公司网址	www.sit.com.cn		电子信箱	dongmiban@sit.com.cn	
	电话	021-61620210-2047		传真	021-61620209	
	办公地址	新疆维吾尔自治区乌鲁木齐市高新区(新市区)北京南路358号大成国际大厦10层				
	经营范围	计算机专业领域的技术咨询、技术服务与技术转让等				

	指标\报告期	2017.06.30	2016.12.31	2016.06.30	2015.12.31
主要财务指标	基本每股收益(元)	0.1495	0.5680	0.0737	0.3790
	基本每股收益(扣除后)(元)	0.1240	0.4320	—	0.2870
	稀释每股收益(元)	0.1495	0.5680	0.0737	0.3790
	每股净资产(元)	3.1454	3.0338	—	2.3000
	每股经营现金净流量(元)	-1.0863	0.3142	-0.2178	0.3059
	每股现金流量(元)	-1.1440	1.2204	-0.3338	0.3380
	每股资本公积金(元)	0.9449	0.9429	—	0.3976
	每股盈余公积金(元)	0.0762	0.0762	—	0.0651
	每股未分配利润(元)	1.1243	1.0148	—	0.8216
	净资产收益率(%)	4.7543	14.0408	—	16.5900
	加权净资产收益率(%)	4.8100	22.1100	1.9200	13.5000
	净资产收益率(扣除)(%)	3.9415	10.6908	—	12.5481
	总资产(万元)	72171.75	68773.22	—	49662.76
	归属母公司股东权益(万元)	31453.86	30338.21	—	17131.89
	营业收入(万元)	32637.66	53968.52	20515.38	40356.29
	营业支出(万元)	25487.40	41965.44	16053.75	30957.98
	投资收益(万元)	—	—	—	—
	净利润(万元)	1514.15	4301.68	559.87	2915.86
	营业利润(万元)	1607.47	4536.87	742.25	2709.18
	利润总额(万元)	1761.04	4867.08	782.18	3224.21

江龙船艇科技股份有限公司

公司概况	公司名称	江龙船艇科技股份有限公司			证券简称	江龙船艇
	法人代表	晏志清	董秘	龚雪华	证券代码	300589
	公司网址	www.jianglong.cn		电子信箱	gong.xuehua@jianglong.cn	
	电话	0756-7266221		传真	0756-7725625*801	
	办公地址	广东省珠海市平沙镇珠海大道8028号研发楼				
	经营范围	旅游休闲船艇和公务执法船艇的设计、研发、生产和销售				

	指标\报告期	2017.06.30	2016.12.31	2016.06.30	2015.12.31
主要财务指标	基本每股收益(元)	0.1785	0.4360	0.0959	—
	基本每股收益(扣除后)(元)	0.0756	0.4500	0.1000	—
	稀释每股收益(元)	0.1785	0.5700	0.0959	—
	每股净资产(元)	2.5821	2.6100	2.1700	—
	每股经营现金净流量(元)	-0.8851	0.2808	-0.8952	—
	每股现金流量(元)	0.0963	1.6323	0.3965	—
	每股资本公积金(元)	0.7860	0.2699	0.2699	—
	每股盈余公积金(元)	0.0773	0.1340	0.0773	—
	每股未分配利润(元)	0.7187	1.2059	0.8204	—
	净资产收益率(%)	5.3619	21.7190	5.7500	—
	加权净资产收益率(%)	5.8400	24.3400	5.9200	—
	净资产收益率(扣除)(%)	2.2714	17.3017	4.7912	—
	总资产(万元)	65997.42	51114.95	48601.12	—
	归属母公司股东权益(万元)	29092.24	16963.57	14089.33	—
	营业收入(万元)	18773.17	41550.35	15623.76	—
	营业支出(万元)	14909.76	32694.76	12455.59	—
	投资收益(万元)	-46.62	-15.45	7.43	—
	净利润(万元)	1559.89	3684.32	810.08	—
	营业利润(万元)	708.96	3307.72	636.46	—
	利润总额(万元)	1766.70	4181.85	787.90	—

上海移为通信技术股份有限公司

公司概况	公司名称	上海移为通信技术股份有限公司			证券简称	移为通信
	法人代表	廖荣华	董秘	张杰	证券代码	300590
	公司网址	www.queclink.com		电子信箱	stock@queclink.com	
	电话	021-54450318		传真	021-54451990	
	办公地址	上海市田州路99号新茂大楼501室				
	经营范围	嵌入式M2M终端设备研发、销售				

	指标\报告期	2017.06.30	2016.12.31	2016.06.30	2015.12.31
主要财务指标	基本每股收益(元)	0.2883	1.5878	0.3229	1.6920
	基本每股收益(扣除后)(元)	0.2585	1.5174	0.6300	1.6500
	稀释每股收益(元)	0.2883	1.5878	0.3229	1.6920
	每股净资产(元)	4.4790	3.3704	2.4300	2.9800
	每股经营现金净流量(元)	-0.1003	1.3456	0.6650	1.5649
	每股现金流量(元)	1.0399	0.2084	-0.5502	0.8818
	每股资本公积金(元)	2.7244	0.0283	0.0283	0.0283
	每股盈余公积金(元)	0.1334	0.3558	0.2243	0.2243
	每股未分配利润(元)	0.6212	1.9863	1.1759	1.7300
	净资产收益率(%)	6.1692	47.1105	26.6000	56.7300
	加权净资产收益率(%)	6.7100	57.1900	25.7800	69.6800
	净资产收益率(扣除)(%)	5.5313	45.0211	26.0135	55.3829
	总资产(万元)	77268.18	27605.09	18037.56	22062.62
	归属母公司股东权益(万元)	71664.28	20222.53	14570.67	17895.60
	营业收入(万元)	14210.82	27015.42	11732.66	29144.89
	营业支出(万元)	5791.61	10455.80	4620.95	13079.34
	投资收益(万元)	335.77	—	—	—
	净利润(万元)	4421.10	9526.94	3875.07	10152.17
	营业利润(万元)	5124.92	10548.91	4512.48	11020.07
	利润总额(万元)	5323.11	11043.62	4610.67	11303.59

广东万里马实业股份有限公司

公司概况	公司名称	广东万里马实业股份有限公司			证券简称	万里马
	法人代表	林大耀	董秘	黄晓亮	证券代码	300591
	公司网址	www.wanlima.com.cn		电子信箱	wlm_stock@wanlima.com.cn	
	电话	020-22319138 22319133		传真	020-22319136	
	办公地址	广东省广州市海珠区新港东路1028号保利世界贸易中心F座2-3层				
	经营范围	主要从事皮具产品的研发设计、生产制造、品牌运营及市场销售业务				

主要财务指标	指标\报告期	2017.06.30	2016.12.31	2016.06.30	2015.12.31
	基本每股收益(元)	0.0422	0.2056	0.0696	0.1782
	基本每股收益(扣除后)(元)	0.0417	0.1968	0.0698	0.1783
	稀释每股收益(元)	0.0422	0.2056	0.0696	0.1782
	每股净资产(元)	1.3832	1.5614	1.4300	1.3600
	每股经营现金净流量(元)	-0.5624	0.3759	-0.4731	0.6242
	每股现金流量(元)	-0.0070	0.2889	-0.3944	0.2064
	每股资本公积金(元)	0.3056	0.0807	0.0807	0.0807
	每股盈余公积金(元)	0.0297	0.0514	0.0306	0.0306
	每股未分配利润(元)	0.0492	0.4321	0.3170	0.2474
	净资产收益率(%)	3.0516	13.1658	4.8800	13.1200
	加权净资产收益率(%)	4.5800	14.0700	5.0000	14.0300
	净资产收益率(扣除)(%)	3.0157	12.6061	4.8874	13.1279
	总资产(万元)	79901.10	71132.22	72491.43	63873.72
	归属母公司股东权益(万元)	43155.46	28104.93	25690.61	24447.30
	营业收入(万元)	23188.64	60188.58	29611.25	57968.18
	营业支出(万元)	15950.59	42823.34	21519.98	40979.71
	投资收益(万元)	---	---	---	---
	净利润(万元)	1316.91	3700.23	1253.43	3206.88
	营业利润(万元)	1751.20	4663.63	1587.46	4223.94
	利润总额(万元)	1771.84	4873.37	1584.58	4260.90

湖南华凯文化创意股份有限公司

公司概况	公司名称	湖南华凯文化创意股份有限公司			证券简称	华凯创意
	法人代表	周新华	董秘	王安祺	证券代码	300592
	公司网址	www.huakai.net		电子信箱	ipo@huakaicreative.com	
	电话	0731-85137600		传真	0731-88915658	
	办公地址	湖南省长沙市岳麓区桐梓坡西路229号厂房101				
	经营范围	提供空间环境艺术设计服务				

主要财务指标	指标\报告期	2017.06.30	2016.12.31	2016.06.30	2015.12.31
	基本每股收益(元)	0.0976	0.4400	0.0997	0.4000
	基本每股收益(扣除后)(元)	0.0937	0.3300	0.0600	0.3000
	稀释每股收益(元)	0.0976	0.4400	0.0997	0.4000
	每股净资产(元)	3.7444	3.6203	3.2800	3.1800
	每股经营现金净流量(元)	-0.2147	-0.2115	-0.0856	0.4094
	每股现金流量(元)	0.5490	-0.3413	-0.3477	0.2166
	每股资本公积金(元)	1.3872	0.8019	0.8019	0.8019
	每股盈余公积金(元)	0.0315	0.0419	0.0231	0.0231
	每股未分配利润(元)	1.3258	1.7764	1.4589	1.3592
	净资产收益率(%)	2.4970	12.0466	3.0400	12.6200
	加权净资产收益率(%)	2.5800	12.8200	3.0800	13.4700
	净资产收益率(扣除)(%)	2.3976	9.1117	1.9752	9.5063
	总资产(万元)	86582.26	73679.11	62131.35	62979.71
	归属母公司股东权益(万元)	45824.15	33227.19	30139.92	29224.43
	营业收入(万元)	19829.86	52958.42	17219.96	48150.10
	营业支出(万元)	14839.58	39379.09	12578.92	33870.88
	投资收益(万元)	---	---	---	---
	净利润(万元)	1144.24	4002.76	915.49	3686.87
	营业利润(万元)	1405.34	3521.48	725.33	3219.94
	利润总额(万元)	1458.92	4668.79	1101.98	4288.26

北京新雷能科技股份有限公司

公司概况	公司名称	北京新雷能科技股份有限公司			证券简称	新雷能
	法人代表	王彬	董秘	王华燕	证券代码	300593
	公司网址	www.suplet.com		电子信箱	webmaster@suplet.com	
	电话	010-82912892		传真	010-82912862	
	办公地址	北京市昌平区西三旗建材城西路新雷能大厦				
	经营范围	制造电源变换器、放大器、通讯产品、电子元器件				

主要财务指标	指标\报告期	2017.06.30	2016.12.31	2016.06.30	2015.12.31
	基本每股收益(元)	0.1300	0.5100	0.2700	---
	基本每股收益(扣除后)(元)	0.1000	0.4900	0.2600	---
	稀释每股收益(元)	0.1300	0.5100	0.2700	---
	每股净资产(元)	4.6384	4.1600	3.9200	---
	每股经营现金净流量(元)	-0.0519	0.1960	0.0351	---
	每股现金流量(元)	1.0201	-0.0571	-0.3330	---
	每股资本公积金(元)	1.9604	1.0104	1.0104	---
	每股盈余公积金(元)	0.1163	0.1551	0.1077	---
	每股未分配利润(元)	1.5616	1.9979	1.8020	---
	净资产收益率(%)	2.8725	12.2230	6.7700	---
	加权净资产收益率(%)	3.4300	13.0200	7.0100	---
	净资产收益率(扣除)(%)	2.2259	11.6978	6.5964	---
	总资产(万元)	74858.68	57101.02	50600.83	---
	归属母公司股东权益(万元)	53591.95	36076.75	33967.61	---
	营业收入(万元)	17205.49	34864.73	17268.75	---
	营业支出(万元)	9486.64	18237.19	9416.32	---
	投资收益(万元)	---	38.28	20.20	---
	净利润(万元)	1539.42	4409.67	2300.52	---
	营业利润(万元)	1464.46	4656.69	2458.06	---
	利润总额(万元)	1666.29	4841.34	2507.13	---

欧普康视科技股份有限公司

公司概况	公司名称	欧普康视科技股份有限公司			证券简称	欧普康视
	法人代表	陶悦群	董秘	施贤梅	证券代码	300595
	公司网址	www.orthok.cn		电子信箱	autekchina@126.com	
	电话	0551-65283718		传真	0551-65319185	
	办公地址	安徽省合肥市高新区梦园路7号				
	经营范围	从事硬性角膜接触镜及护理产品的设计、研发、生产和销售				

主要财务指标	指标\报告期	2017.06.30	2016.12.31	2016.06.30	2015.12.31
	基本每股收益(元)	0.5000	2.2400	0.5200	1.7400
	基本每股收益(扣除后)(元)	0.4700	2.0400	0.7400	1.5600
	稀释每股收益(元)	0.5000	2.2400	0.5200	1.7400
	每股净资产(元)	5.7856	6.1076	5.7900	4.9500
	每股经营现金净流量(元)	0.4553	2.1334	0.7508	1.5732
	每股现金流量(元)	-1.0754	0.2217	0.5829	1.2069
	每股资本公积金(元)	3.3378	1.2456	1.2456	1.2456
	每股盈余公积金(元)	0.2083	0.5000	0.3163	0.3163
	每股未分配利润(元)	1.2394	3.3621	3.2295	2.3877
	净资产收益率(%)	8.2522	36.6106	14.5352	35.1400
	加权净资产收益率(%)	9.1500	38.5600	17.3500	40.0400
	净资产收益率(扣除)(%)	7.7105	33.3950	12.7953	31.5035
	总资产(万元)	77169.06	35750.15	35474.74	29680.40
	归属母公司股东权益(万元)	70815.34	31148.90	29536.02	25242.91
	营业收入(万元)	11955.61	23501.87	9637.18	17623.67
	营业支出(万元)	3027.31	6091.54	2354.78	4059.98
	投资收益(万元)	305.22	741.94	377.01	701.86
	净利润(万元)	5831.61	11389.14	4684.60	8835.19
	营业利润(万元)	6964.23	13145.43	5301.14	10136.15
	利润总额(万元)	6963.68	13599.86	5609.29	10521.41

天津利安隆新材料股份有限公司

公司概况	公司名称	天津利安隆新材料股份有限公司			证券简称	利安隆
	法人代表	李海平	董秘	张春平	证券代码	300596
	公司网址	www.rianlon.com		电子信箱	sec@rianlon.com	
	电　话	022-83718775		传　真	022-83718815	
	办公地址	天津市南开区华苑产业园区开华道20号F座20层				
	经营范围	高分子材料抗老化化学助剂的研发、生产、销售及相关服务				

	指标＼报告期	2017.06.30	2016.12.31	2016.06.30	2015.12.31
主要财务指标	基本每股收益(元)	0.3285	1.0064	0.5426	0.8187
	基本每股收益(扣除后)(元)	0.3227	0.9700	0.5200	0.7900
	稀释每股收益(元)	0.3285	1.0064	0.5426	0.8187
	每股净资产(元)	4.5800	5.6057	5.1500	4.6000
	每股经营现金净流量(元)	–0.0757	0.2666	0.1133	0.8968
	每股现金流量(元)	1.1012	0.2151	0.2420	0.5842
	每股资本公积金(元)	1.8900	1.7201	1.7201	1.7201
	每股盈余公积金(元)	0.1302	0.2604	0.1626	0.1626
	每股未分配利润(元)	1.5588	2.6190	2.2530	1.7104
	净资产收益率(%)	6.9661	17.9536	10.5400	17.7900
	加权净资产收益率(%)	7.5400	19.7200	11.1300	19.4800
	净资产收益率(扣除)(%)	6.8442	17.2661	10.0902	17.0602
	总资产(万元)	120552.18	90296.47	77054.52	64569.26
	归属母公司股东权益(万元)	82516.89	50450.93	46339.38	41425.74
	营业收入(万元)	56075.37	80831.27	38037.47	60473.20
	营业支出(万元)	40366.99	58651.17	27616.55	44326.04
	投资收益(万元)	–129.36	–323.10	–143.43	–30.36
	净利润(万元)	5780.40	9064.17	4888.58	7357.17
	营业利润(万元)	6744.93	10141.31	5558.77	8369.50
	利润总额(万元)	6744.93	10541.27	5798.94	8714.45

吉林吉大通信设计院股份有限公司

公司概况	公司名称	吉林吉大通信设计院股份有限公司			证券简称	吉大通信
	法人代表	林佳云	董秘	周伟	证券代码	300597
	公司网址	www.jlucdi.com		电子信箱	jlucdi@jlucdi.com	
	电　话	0431-85152089		传　真	0431-85175230	
	办公地址	吉林省长春市朝阳区南湖学府经典小区第9幢701室				
	经营范围	提供通信网络技术服务包括通信网络设计服务及通信网络工程服务				

	指标＼报告期	2017.06.30	2016.12.31	2016.06.30	2015.12.31
主要财务指标	基本每股收益(元)	0.0584	0.3100	0.0760	0.3200
	基本每股收益(扣除后)(元)	0.0540	0.3000	0.0700	0.3200
	稀释每股收益(元)	0.0584	0.3100	0.0760	0.3200
	每股净资产(元)	2.9305	2.3154	2.0900	2.0100
	每股经营现金净流量(元)	–0.1912	0.1003	–0.1138	0.1344
	每股现金流量(元)	0.5259	0.0878	–0.1208	0.0428
	每股资本公积金(元)	0.8888	—	—	—
	每股盈余公积金(元)	0.1057	0.1409	0.1182	0.1182
	每股未分配利润(元)	0.9345	1.1714	0.9646	0.8886
	净资产收益率(%)	1.9110	13.1931	3.6400	15.9400
	加权净资产收益率(%)	2.2400	14.1200	3.7100	17.3100
	净资产收益率(扣除)(%)	1.7666	13.1178	3.5834	15.9312
	总资产(万元)	88909.73	59325.54	51266.00	53837.54
	归属母公司股东权益(万元)	70332.31	41676.39	37575.05	36231.28
	营业收入(万元)	15114.59	42330.64	16352.85	45126.86
	营业支出(万元)	11428.15	29145.91	12463.00	32111.26
	投资收益(万元)	14.67	32.98	24.40	27.29
	净利润(万元)	1344.03	5498.42	1367.92	5774.05
	营业利润(万元)	1511.55	6617.10	1627.56	7040.43
	利润总额(万元)	1616.38	6621.04	1628.37	7016.57

诚迈科技(南京)股份有限公司

公司概况	公司名称	诚迈科技(南京)股份有限公司			证券简称	诚迈科技
	法人代表	王继平	董秘	梅东	证券代码	300598
	公司网址	www.archermind.com		电子信箱	chengmai@archermind.com	
	电　话	025-58301205		传　真	025-58301205	
	办公地址	江苏省南京市雨花台区软件大道180号南海生物科技园A2栋				
	经营范围	移动智能终端产业链相关的软件外包服务、软件研发和销售				

	指标＼报告期	2017.06.30	2016.12.31	2016.06.30	2015.12.31
主要财务指标	基本每股收益(元)	0.1565	0.8400	0.2800	0.7200
	基本每股收益(扣除后)(元)	0.0459	0.5600	0.1900	0.5100
	稀释每股收益(元)	0.1565	0.8400	0.2800	0.7200
	每股净资产(元)	5.2743	4.6225	4.0600	3.8900
	每股经营现金净流量(元)	–0.3211	0.8700	–0.1047	0.7765
	每股现金流量(元)	1.4166	0.4471	–0.3910	0.3509
	每股资本公积金(元)	2.1915	0.9119	0.9119	0.9119
	每股盈余公积金(元)	0.2003	0.2671	0.2002	0.2002
	每股未分配利润(元)	1.8825	2.4435	1.9476	1.7776
	净资产收益率(%)	2.8429	18.2304	6.9000	18.4300
	加权净资产收益率(%)	4.2700	19.8900	7.0100	20.3000
	净资产收益率(扣除)(%)	0.8342	12.0072	4.6268	13.0145
	总资产(万元)	52241.38	36148.94	31509.75	30588.95
	归属母公司股东权益(万元)	42194.54	27734.99	24358.77	23338.79
	营业收入(万元)	23944.00	50550.24	25346.28	44074.20
	营业支出(万元)	16653.83	34603.94	17357.11	29514.30
	投资收益(万元)	4.57	10.95	10.95	18.41
	净利润(万元)	1228.99	5093.91	1676.53	4332.42
	营业利润(万元)	1374.48	3596.78	1246.41	3428.25
	利润总额(万元)	1415.14	5555.38	1861.08	4905.56

广东雄塑科技集团股份有限公司

公司概况	公司名称	广东雄塑科技集团股份有限公司			证券简称	雄塑科技
	法人代表	黄淦雄	董秘	彭晓伟	证券代码	300599
	公司网址	www.xiongsu.cn		电子信箱	gdxs@xiongsu.cn	
	电　话	0757-81868066　81868008		传　真	0757-81868318	
	办公地址	广东省佛山市南海区九江镇龙高路敦根路段雄塑工业园				
	经营范围	从事“环保、安全、卫生、高性能”塑料管道的研发、生产和销售				

	指标＼报告期	2017.06.30	2016.12.31	2016.06.30	2015.12.31
主要财务指标	基本每股收益(元)	0.1500	0.4400	0.1900	0.4300
	基本每股收益(扣除后)(元)	0.1400	0.4200	0.1800	0.4100
	稀释每股收益(元)	0.1500	0.4400	0.1900	0.4300
	每股净资产(元)	3.7986	2.9089	2.6600	2.6300
	每股经营现金净流量(元)	–0.2198	0.3712	–0.0289	0.6939
	每股现金流量(元)	1.0556	–0.0733	–0.2547	–0.2673
	每股资本公积金(元)	1.8907	0.7561	0.7561	0.7561
	每股盈余公积金(元)	0.1331	0.1775	0.1169	0.1169
	每股未分配利润(元)	0.7749	0.9754	0.7861	0.7588
	净资产收益率(%)	3.7743	15.0962	7.1200	16.4500
	加权净资产收益率(%)	3.8500	15.7000	6.9400	17.3400
	净资产收益率(扣除)(%)	3.6432	14.3765	6.6667	15.5186
	总资产(万元)	153909.06	114998.37	109937.86	110119.61
	归属母公司股东权益(万元)	115478.80	66323.98	60628.42	60005.17
	营业收入(万元)	61810.29	126452.46	50422.40	115711.80
	营业支出(万元)	49543.49	99452.95	38559.22	88859.64
	投资收益(万元)	—	29.90	29.90	9.01
	净利润(万元)	4358.56	10012.41	4316.85	9868.45
	营业利润(万元)	4938.19	12084.39	5085.56	11579.93
	利润总额(万元)	5145.00	12674.60	5409.72	12259.73

常熟瑞特电气股份有限公司

公司概况	公司名称	常熟瑞特电气股份有限公司			证券简称	瑞特股份
	法人代表	龚瑞良	董秘	王东	证券代码	300600
	公司网址	www.cn-ruite.com		电子信箱	zqb@cs-ruite.com	
	电　话	0512-52345677		传　真	0512-52348186	
	办公地址	江苏省常熟市虞山镇高新技术产业园青岛路2号				
	经营范围	从事船舶及海洋工程电气、自动化系统及其系统集成的研发、生产、销售及综合技术服务				

主要财务指标	指标\报告期	2017.06.30	2016.12.31	2016.06.30	2015.12.31
	基本每股收益(元)	0.5829	1.3600	0.6470	1.4200
	基本每股收益(扣除后)(元)	0.5726	1.2700	0.6400	1.0600
	稀释每股收益(元)	0.5829	1.3600	0.6470	1.4200
	每股净资产(元)	8.3748	6.8926	6.1800	5.5400
	每股经营现金净流量(元)	-0.5433	1.0160	0.2629	1.1350
	每股现金流量(元)	1.5530	-0.5223	-0.5614	0.6332
	每股资本公积金(元)	3.8101	1.3169	1.3169	1.3169
	每股盈余公积金(元)	0.3426	0.4568	0.3215	0.3215
	每股未分配利润(元)	3.2221	4.1189	3.5451	2.8981
	净资产收益率(%)	6.9601	19.6748	10.4600	25.7200
	加权净资产收益率(%)	7.2700	21.8200	11.0400	29.5100
	净资产收益率(扣除)(%)	6.8370	18.4649	10.3891	19.0574
	总资产(万元)	100371.21	70882.44	62987.67	58040.15
	归属母公司股东权益(万元)	83748.11	51694.36	46376.03	41523.62
	营业收入(万元)	23472.03	36777.53	18093.01	30176.89
	营业支出(万元)	11553.14	16812.41	8519.83	15371.97
	投资收益(万元)	—	—	—	—
	净利润(万元)	5828.99	10170.74	4852.41	10678.88
	营业利润(万元)	6809.69	11218.51	5740.06	9354.77
	利润总额(万元)	6891.48	11953.77	5780.77	12609.44

深圳康泰生物制品股份有限公司

公司概况	公司名称	深圳康泰生物制品股份有限公司			证券简称	康泰生物
	法人代表	杜伟民	董秘	苗向	证券代码	300601
	公司网址	www.biokangtai.com		电子信箱	office@biokangtai.com	
	电　话	0755-26988558		传　真	0755-26988600	
	办公地址	广东省深圳市南山区科技工业园科发路6号				
	经营范围	人用疫苗的研发、生产和销售				

主要财务指标	指标\报告期	2017.06.30	2016.12.31	2016.06.30	2015.12.31
	基本每股收益(元)	0.1700	0.2300	0.1500	—
	基本每股收益(扣除后)(元)	0.1600	0.2000	0.1300	—
	稀释每股收益(元)	0.1700	0.2300	0.1500	—
	每股净资产(元)	2.1709	1.9900	1.9100	—
	每股经营现金净流量(元)	-0.1201	0.2123	-0.0163	—
	每股现金流量(元)	-0.0721	-0.1170	-0.0289	—
	每股资本公积金(元)	0.6488	0.5346	0.5308	—
	每股盈余公积金(元)	—	—	—	—
	每股未分配利润(元)	0.5222	0.4572	0.3756	—
	净资产收益率(%)	7.9066	11.7298	7.9700	—
	加权净资产收益率(%)	8.2000	12.4900	8.3100	—
	净资产收益率(扣除)(%)	7.1455	10.1422	6.7112	—
	总资产(万元)	186174.89	160089.86	145063.56	—
	归属母公司股东权益(万元)	89224.60	73499.81	70344.19	—
	营业收入(万元)	46931.02	55194.10	20519.43	—
	营业支出(万元)	5289.85	11829.35	5549.83	—
	投资收益(万元)	64.48	76.66	36.35	—
	净利润(万元)	7054.68	8621.35	5608.31	—
	营业利润(万元)	7164.87	8567.89	5470.99	—
	利润总额(万元)	7840.07	9898.01	6469.98	—

深圳市飞荣达科技股份有限公司

公司概况	公司名称	深圳市飞荣达科技股份有限公司			证券简称	飞荣达
	法人代表	马飞	董秘	王燕	证券代码	300602
	公司网址	www.frd.cn		电子信箱	frdzq@frd.cn	
	电　话	0755-86083167		传　真	0755-86081689	
	办公地址	广东省深圳市南山区北环大道高发科技园飞荣达大厦				
	经营范围	电磁屏蔽及导热器件的研发、设计、生产与销售				

主要财务指标	指标\报告期	2017.06.30	2016.12.31	2016.06.30	2015.12.31
	基本每股收益(元)	0.3800	1.5500	0.6800	—
	基本每股收益(扣除后)(元)	0.3700	1.5100	0.6600	—
	稀释每股收益(元)	0.3800	1.5500	0.6800	—
	每股净资产(元)	8.9986	7.4000	6.5200	—
	每股经营现金净流量(元)	0.2738	1.0433	0.5135	—
	每股现金流量(元)	2.8120	0.6191	0.1865	—
	每股资本公积金(元)	3.5217	0.7719	0.7719	—
	每股盈余公积金(元)	0.3146	0.3926	0.3485	—
	每股未分配利润(元)	4.1618	5.2281	4.4035	—
	净资产收益率(%)	4.0101	20.8930	10.3700	—
	加权净资产收益率(%)	4.3100	23.2000	10.8200	—
	净资产收益率(扣除)(%)	3.9381	20.3702	10.0872	—
	总资产(万元)	117814.79	89771.71	72147.83	—
	归属母公司股东权益(万元)	89985.58	55467.49	48925.74	—
	营业收入(万元)	47301.72	84297.77	36507.36	—
	营业支出(万元)	36022.13	58528.89	24391.20	—
	投资收益(万元)	-2.05	-115.73	-115.73	—
	净利润(万元)	3666.89	12015.96	5312.15	—
	营业利润(万元)	4067.59	13555.35	6327.05	—
	利润总额(万元)	4142.86	13890.46	6490.94	—

立昂技术股份有限公司

公司概况	公司名称	立昂技术股份有限公司			证券简称	立昂技术
	法人代表	王刚	董秘	徐嘉曼	证券代码	300603
	公司网址	www.leon.top		电子信箱	leontech@leoncom.cn	
	电　话	0991-3708335		传　真	0991-3680356	
	办公地址	新疆维吾尔自治区乌鲁木齐经济技术开发区(头屯河区)燕山街518号				
	经营范围	为通信运营商提供通信网络技术服务并基于需方业务需求提供安防系统一体化服务				

主要财务指标	指标\报告期	2017.06.30	2016.12.31	2016.06.30	2015.12.31
	基本每股收益(元)	0.3716	0.4600	0.1995	0.3400
	基本每股收益(扣除后)(元)	0.3597	0.3800	0.1500	0.2600
	稀释每股收益(元)	0.3716	0.4600	0.1995	0.3400
	每股净资产(元)	3.7387	3.4841	3.2217	3.0222
	每股经营现金净流量(元)	-1.3952	1.0429	-0.0727	0.3984
	每股现金流量(元)	-0.3453	1.0352	-0.0580	0.0103
	每股资本公积金(元)	1.1832	0.8293	0.8293	0.8293
	每股盈余公积金(元)	0.1485	0.1792	0.1330	0.1330
	每股未分配利润(元)	1.3500	1.3989	1.1827	0.9832
	净资产收益率(%)	9.5249	13.2577	6.1900	11.2000
	加权净资产收益率(%)	10.2800	14.2000	6.3900	11.8600
	净资产收益率(扣除)(%)	9.2182	10.8346	4.5063	8.7407
	总资产(万元)	114128.19	61142.31	45175.05	45483.96
	归属母公司股东权益(万元)	38322.02	26757.60	24742.49	23210.49
	营业收入(万元)	44062.33	36278.49	11086.17	27760.95
	营业支出(万元)	35729.58	28899.02	8474.34	20836.16
	投资收益(万元)	—	—	—	—
	净利润(万元)	3650.15	3547.44	1532.00	2599.48
	营业利润(万元)	4085.85	3486.91	1336.20	2334.49
	利润总额(万元)	4074.81	4249.69	1826.84	3005.95

杭州长川科技股份有限公司

公司概况	公司名称	杭州长川科技股份有限公司			证券简称	长川科技
	法人代表	赵轶	董秘	赵游	证券代码	300604
	公司网址	www.hzcctech.com		电子信箱	zhaoyou@hzcctech.cn	
	电话	0571-85096193		传真	0571-88830180	
	办公地址	浙江省杭州市滨江区江淑路799号3幢第一、第二全楼层和第三、四、五层A单元				
	经营范围	集成电路专用设备的研发、生产和销售				

	指标\报告期	2017.06.30	2016.12.31	2016.06.30	2015.12.31
主要财务指标	基本每股收益(元)	0.2700	0.7200	0.2400	0.5600
	基本每股收益(扣除后)(元)	0.1800	0.5800	—	0.6600
	稀释每股收益(元)	0.2700	0.7200	0.2400	0.5600
	每股净资产(元)	5.0239	3.9200	—	3.1900
	每股经营现金净流量(元)	-0.1222	0.2924	0.0034	0.0232
	每股现金流量(元)	1.4794	0.1143	-0.0040	1.2943
	每股资本公积金(元)	2.9907	1.6631	—	1.6631
	每股盈余公积金(元)	0.0951	0.1268	—	0.0536
	每股未分配利润(元)	0.9381	1.1293	—	0.4777
	净资产收益率(%)	4.4266	18.4928	—	13.6500
	加权净资产收益率(%)	6.1300	20.3800	7.1900	18.6300
	净资产收益率(扣除)(%)	2.9402	14.7208	—	—
	总资产(万元)	44184.41	27660.65	—	21796.20
	归属母公司股东权益(万元)	38279.17	22396.08	—	18254.42
	营业收入(万元)	6536.06	12413.45	4529.02	10156.62
	营业支出(万元)	2960.29	5005.85	1700.96	3794.81
	投资收益(万元)	—	—	—	—
	净利润(万元)	1694.48	4141.66	1362.04	2491.29
	营业利润(万元)	1641.50	2795.55	703.40	1784.40
	利润总额(万元)	1647.34	4688.86	1606.02	2996.24

恒锋信息科技股份有限公司

公司概况	公司名称	恒锋信息科技股份有限公司			证券简称	恒锋信息
	法人代表	魏晓曦	董秘	陈芳	证券代码	300605
	公司网址	www.i-hengfeng.com		电子信箱	investor@i-hengfeng.com	
	电话	0591-87733307		传真	0591-87732812	
	办公地址	福建省福州市闽侯县上街镇乌龙江中大道科技东路创新园5号楼				
	经营范围	提供设计咨询、系统集成、软硬件开发、管理运维等全过程信息技术服务				

	指标\报告期	2017.06.30	2016.12.31	2016.06.30	2015.12.31
主要财务指标	基本每股收益(元)	0.1717	0.5973	0.1902	0.5590
	基本每股收益(扣除后)(元)	0.1556	0.5734	0.1795	0.5456
	稀释每股收益(元)	0.1717	0.5973	0.1902	0.5590
	每股净资产(元)	4.9320	3.6723	3.2700	3.0800
	每股经营现金净流量(元)	-0.8655	-0.0036	-0.4917	0.8212
	每股现金流量(元)	1.0111	-0.1978	-0.7215	0.7114
	每股资本公积金(元)	2.8056	1.3232	1.3232	1.3232
	每股盈余公积金(元)	0.1018	0.1357	0.0761	0.0761
	每股未分配利润(元)	1.0246	1.2135	0.8660	0.6758
	净资产收益率(%)	3.3362	16.2644	5.8200	18.1800
	加权净资产收益率(%)	5.8000	17.7000	6.0000	20.0000
	净资产收益率(扣除)(%)	3.0243	15.5199	5.4970	17.7427
	总资产(万元)	58769.68	40462.77	34075.25	38704.76
	归属母公司股东权益(万元)	41429.06	23135.60	20570.95	19372.74
	营业收入(万元)	14232.86	33024.49	12713.82	31097.07
	营业支出(万元)	10281.29	24095.74	9632.37	21943.23
	投资收益(万元)	—	—	—	—
	净利润(万元)	1383.45	3766.40	1189.65	3515.73
	营业利润(万元)	1414.28	4293.38	1421.28	3921.27
	利润总额(万元)	1566.32	4439.57	1500.61	4020.46

东莞金太阳研磨股份有限公司

公司概况	公司名称	东莞金太阳研磨股份有限公司			证券简称	金太阳
	法人代表	杨璐	董秘	杜燕艳	证券代码	300606
	公司网址	www.chinagoldensun.cn		电子信箱	zqb@chinagoldensun.cn	
	电话	0769-38823020		传真	0769-85652839	
	办公地址	广东省东莞市大岭山镇大环路东66号				
	经营范围	砂纸等涂附磨具的制造和销售				

	指标\报告期	2017.06.30	2016.12.31	2016.06.30	2015.12.31
主要财务指标	基本每股收益(元)	0.2900	0.6000	0.2700	—
	基本每股收益(扣除后)(元)	0.2700	0.5900	0.2600	—
	稀释每股收益(元)	0.2900	0.6000	0.2700	—
	每股净资产(元)	4.7935	3.6300	3.2900	—
	每股经营现金净流量(元)	0.2806	0.7784	0.3388	—
	每股现金流量(元)	0.3675	0.4084	0.1593	—
	每股资本公积金(元)	1.9171	0.5117	0.5117	—
	每股盈余公积金(元)	0.1957	0.2237	0.1898	—
	每股未分配利润(元)	1.6807	1.8904	1.5889	—
	净资产收益率(%)	6.0669	16.5759	8.0700	—
	加权净资产收益率(%)	6.6900	18.0700	8.4100	—
	净资产收益率(扣除)(%)	5.6466	16.3285	7.9361	—
	总资产(万元)	48611.30	31539.24	29168.43	—
	归属母公司股东权益(万元)	42758.24	24257.06	22012.95	—
	营业收入(万元)	12214.00	22027.22	10093.76	—
	营业支出(万元)	7704.04	14064.48	6484.60	—
	投资收益(万元)	—	—	—	—
	净利润(万元)	2594.10	4020.83	1776.71	—
	营业利润(万元)	2780.97	4627.26	2055.69	—
	利润总额(万元)	3007.39	4704.73	2099.57	—

广东拓斯达科技股份有限公司

公司概况	公司名称	广东拓斯达科技股份有限公司			证券简称	拓斯达
	法人代表	吴丰礼	董秘	杨海	证券代码	300607
	公司网址	www.topstarltd.com		电子信箱	topstar@topstarltd.com	
	电话	0769-82893316		传真	0769-85845562	
	办公地址	广东省东莞市大岭山镇新塘村新塘新路90号				
	经营范围	提供工业自动化整体解决方案及相关设备				

	指标\报告期	2017.06.30	2016.12.31	2016.06.30	2015.12.31
主要财务指标	基本每股收益(元)	0.8200	1.4300	0.5500	1.1500
	基本每股收益(扣除后)(元)	0.7800	1.1400	0.3100	1.0900
	稀释每股收益(元)	0.8200	1.4300	0.5500	1.1500
	每股净资产(元)	9.4054	6.1983	5.8700	5.5000
	每股经营现金净流量(元)	-0.5727	1.4973	1.3808	0.5630
	每股现金流量(元)	0.2823	0.1537	0.3143	-0.5940
	每股资本公积金(元)	5.8976	2.5938	2.5906	2.5881
	每股盈余公积金(元)	0.3003	0.4004	0.2611	0.2611
	每股未分配利润(元)	2.2075	2.2040	2.0182	1.6510
	净资产收益率(%)	8.0228	23.0284	9.3900	20.8600
	加权净资产收益率(%)	9.6800	24.1500	9.5900	22.9300
	净资产收益率(扣除)(%)	7.6416	18.4157	5.2419	19.7669
	总资产(万元)	99062.84	57424.64	50283.59	42856.53
	归属母公司股东权益(万元)	68158.82	33686.24	31901.74	29892.08
	营业收入(万元)	31871.77	43308.53	15579.27	30222.03
	营业支出(万元)	18886.74	25264.98	9210.39	15645.82
	投资收益(万元)	95.09	96.35	26.58	72.94
	净利润(万元)	5468.23	7757.41	2995.60	6234.21
	营业利润(万元)	6131.96	7233.45	1997.49	6916.39
	利润总额(万元)	6380.45	9003.82	3534.96	7259.63

北京思特奇信息技术股份有限公司

公司概况	公司名称	北京思特奇信息技术股份有限公司		证券简称	思特奇
	法人代表	吴飞舟	董秘	咸海丰	证券代码	300608
	公司网址	www.si-tech.com.cn		电子信箱	securities@si-tech.com.cn
	电　话	010-82193708		传　真	010-82193886
	办公地址	北京市海淀区中关村南大街6号14层			
	经营范围	技术开发、技术转让、技术咨询、技术服务等			

主要财务指标	指标\报告期	2017.06.30	2016.12.31	2016.06.30	2015.12.31
	基本每股收益(元)	-0.1000	1.1000	-0.1700	0.9400
	基本每股收益(扣除后)(元)	-0.1900	1.1500	-0.2000	1.0100
	稀释每股收益(元)	-0.1000	1.1000	-0.1700	0.9400
	每股净资产(元)	6.5951	7.3414	5.9600	6.3600
	每股经营现金净流量(元)	-1.1466	1.6236	-0.7589	0.0596
	每股现金流量(元)	0.4462	1.4912	-0.9387	0.1822
	每股资本公积金(元)	3.3693	1.9243	1.8819	1.8395
	每股盈余公积金(元)	0.3283	0.5691	44.0205	0.4402
	每股未分配利润(元)	1.8971	3.8469	2.6364	3.0790
	净资产收益率(%)	-1.3868	14.9395	-4.0700	14.7423
	加权净资产收益率(%)	-1.6000	16.1300	-3.9300	15.8100
	净资产收益率(扣除)(%)	-2.7459	15.6907	-3.3531	15.8967
	总资产(万元)	88706.70	74128.55	63858.18	66778.05
	归属母公司股东权益(万元)	57803.79	37121.77	30131.39	32153.75
	营业收入(万元)	21978.57	68543.43	24328.26	61431.79
	营业支出(万元)	11537.00	40246.42	16080.62	34310.91
	投资收益(万元)	14.40	17.03	1.45	27.75
	净利润(万元)	-801.60	5545.79	-1226.83	4740.20
	营业利润(万元)	-1536.88	4897.05	-2303.29	3773.81
	利润总额(万元)	-748.37	6079.19	-1652.53	5230.30

上海汇纳信息科技股份有限公司

公司概况	公司名称	上海汇纳信息科技股份有限公司		证券简称	汇纳科技
	法人代表	张宏俊	董秘	张豪	证券代码	300609
	公司网址	www.winnerinf.com		电子信箱	sadep@winnerinf.com
	电　话	021-31759693		传　真	021-68640278*8712
	办公地址	上海市浦东新区峨山路91弄190号(陆家嘴软件园D楼)			
	经营范围	视频客流分析系统在商业零售领域的推广与布局			

主要财务指标	指标\报告期	2017.06.30	2016.12.31	2016.06.30	2015.12.31
	基本每股收益(元)	0.1094	0.6400	0.0464	0.5000
	基本每股收益(扣除后)(元)	0.1003	0.6000	0.0400	0.4700
	稀释每股收益(元)	0.1094	0.6400	0.0464	0.5000
	每股净资产(元)	4.2178	3.4100	2.8100	2.7600
	每股经营现金净流量(元)	0.1054	0.4918	0.0688	0.0841
	每股现金流量(元)	0.3305	0.4111	-0.0136	-0.0078
	每股资本公积金(元)	2.0730	0.5702	0.7603	0.7603
	每股盈余公积金(元)	0.1280	0.1280	0.1044	0.1044
	每股未分配利润(元)	1.0168	1.1074	0.9452	0.8988
	净资产收益率(%)	2.5939	18.9001	1.6500	17.9300
	加权净资产收益率(%)	2.9500	20.8700	1.6600	19.7900
	净资产收益率(扣除)(%)	2.3781	17.4833	1.4489	17.0557
	总资产(万元)	45453.65	29602.93	23566.70	23765.79
	归属母公司股东权益(万元)	42177.50	25556.11	21073.82	20725.97
	营业收入(万元)	6191.13	17296.18	4631.81	13500.57
	营业支出(万元)	1787.66	5329.22	1573.21	3987.48
	投资收益(万元)	12.62	48.21	-31.70	8.09
	净利润(万元)	1094.06	4830.14	347.85	3695.62
	营业利润(万元)	1238.09	4154.47	121.13	3054.38
	利润总额(万元)	1345.21	5633.26	430.78	4131.86

扬州晨化新材料股份有限公司

公司概况	公司名称	扬州晨化新材料股份有限公司		证券简称	晨化股份
	法人代表	于子洲	董秘	吴达明	证券代码	300610
	公司网址	www.yzch.cc		电子信箱	chzq@yzch.cc
	电　话	0514-82659030		传　真	0514-82659007
	办公地址	江苏省扬州市宝应县曹甸镇镇中路231号			
	经营范围	以氧化烯烃、脂肪醇、硅氧烷等为主要原料的精细化工新材料系列产品的研发、生产和销售			

主要财务指标	指标\报告期	2017.06.30	2016.12.31	2016.06.30	2015.12.31
	基本每股收益(元)	0.2600	0.7400	0.2500	0.6200
	基本每股收益(扣除后)(元)	0.2400	0.7600	0.3900	0.6400
	稀释每股收益(元)	0.2600	0.7400	0.2500	0.6200
	每股净资产(元)	4.2725	5.2090	4.8200	4.5300
	每股经营现金净流量(元)	-0.1375	1.0867	0.2046	1.0582
	每股现金流量(元)	0.2935	0.5786	0.0707	0.4733
	每股资本公积金(元)	1.8176	1.6932	1.6932	1.6932
	每股盈余公积金(元)	0.1212	0.2424	0.1679	0.1679
	每股未分配利润(元)	1.0914	1.8161	1.5278	1.2615
	净资产收益率(%)	5.8510	14.2094	7.8300	13.8100
	加权净资产收益率(%)	6.7600	15.3800	8.1000	14.8500
	净资产收益率(扣除)(%)	5.3780	14.5123	8.0849	14.0717
	总资产(万元)	75144.20	48231.60	44044.28	40683.60
	归属母公司股东权益(万元)	64087.54	39067.51	36145.08	33945.18
	营业收入(万元)	33488.62	58581.63	27389.89	55355.31
	营业支出(万元)	25719.54	43420.43	20313.88	42421.07
	投资收益(万元)	10.80	22.80	10.80	11.88
	净利润(万元)	3749.77	5535.21	2812.88	4629.44
	营业利润(万元)	4028.99	5818.66	3195.63	4674.71
	利润总额(万元)	4374.79	6617.38	3499.67	5279.93

浙江美力科技股份有限公司

公司概况	公司名称	浙江美力科技股份有限公司		证券简称	美力科技
	法人代表	章碧鸿	董秘	章夏巍	证券代码	300611
	公司网址	www.china-springs.com		电子信箱	dsh@china-springs.com
	电　话	0575-86226808		传　真	0575-86060996
	办公地址	浙江省绍兴市新昌县新昌大道西路1365号			
	经营范围	从事高端弹簧产品的研发、生产和销售业务			

主要财务指标	指标\报告期	2017.06.30	2016.12.31	2016.06.30	2015.12.31
	基本每股收益(元)	0.1200	0.8200	0.1300	0.7400
	基本每股收益(扣除后)(元)	0.1200	0.8100	0.2900	0.7200
	稀释每股收益(元)	0.1200	0.8200	0.1300	0.7400
	每股净资产(元)	3.6052	6.3209	5.7945	5.5014
	每股经营现金净流量(元)	-0.0225	1.0736	0.3949	0.7849
	每股现金流量(元)	0.4706	0.1790	-0.0735	0.3662
	每股资本公积金(元)	1.5162	2.4006	2.4006	2.4006
	每股盈余公积金(元)	0.1050	0.2800	0.2066	0.2066
	每股未分配利润(元)	0.9844	2.6401	2.1864	1.8887
	净资产收益率(%)	3.3112	13.0495	5.1400	12.9700
	加权净资产收益率(%)	3.6700	13.9500	5.2700	14.8400
	净资产收益率(扣除)(%)	3.1874	12.7848	4.9625	12.6174
	总资产(万元)	75988.81	57927.11	47845.60	46045.28
	归属母公司股东权益(万元)	64515.90	42416.27	38884.02	36917.47
	营业收入(万元)	18583.04	35923.25	15969.93	29770.61
	营业支出(万元)	12263.16	22540.69	10361.88	18112.57
	投资收益(万元)	41.13	—	—	—
	净利润(万元)	2109.05	5468.90	1979.69	4694.48
	营业利润(万元)	2477.75	6414.38	2289.40	5461.09
	利润总额(万元)	2528.53	6525.83	2357.93	5591.41

第四编

中国基金市场

第一章　中国基金市场概况

2017 年公募基金市场统计数据

截至 2017 年 12 月底，我国境内共有基金管理公司 113 家，其中中外合资公司 45 家，内资公司 68 家；取得公募基金管理资格的证券公司或证券公司资管子公司共 12 家，保险资管公司 2 家。以上机构管理的公募基金资产合计 11.6 万亿元。

类别	基金数量（只）（2017/12/31）	份额（亿份）（2017/12/31）	净值（亿元）（2017/12/31）
封闭式基金	480	5863.27	6097.99
开放式基金	4361	104326.82	109898.87
其中：股票基金	791	5847.66	7602.40
其中：混合基金	2096	16315.05	19378.46
其中：货币基金	348	67253.81	67357.02
其中：债券基金	989	14091.62	14647.40
其中：QDII 基金	137	818.68	913.59
合计	4841	110190.09	115996.86

2017 年度资产证券化业务备案情况综述

2017 年，资产证券化业务持续快速增长，总发行规模突破万亿元，满足了我国资本市场改革创新及服务实体经济的需要。作为企业的直接融资工具之一，资产证券化在推进供给侧结构性改革和金融降杠杆方面发挥了独特的作用，符合政策的鼓励方向，逐渐为市场所关注、接受。协会对截至 2017 年底的资产支持专项计划备案静态数据及动态存量数据进行了多维度统计分析，对存续期不同基础资产类型产品的风险事件进行了梳理，对 2017 年资产证券化业务市场热点和创新产品进行了汇总，供行业机构参考。

一、资产支持专项计划备案总体情况

自 2014 年底备案制启动以来，资产支持专项计划发行规模快速增长，产品累计备案规模突破一万亿元大关，成为市场接受度较高的一种成熟金融产品。截至 2017 年 12 月 31 日，累计共有 118 家机构备案确认 1125 只资产支持专项计划，总发行规模达 16135.20 亿元，较 2016 年底累计规模增长了 133.56%。其中，终止清算产品 210 只，清算产品规模 2323.20亿元，仍在存续期的产品 915 只，存续规模 11710.72 亿元。

（一）发行规模、期限及利率

从发行规模来看，已备案的资产支持专项计划单只发行规模多处于 2 亿 ~ 15 亿元，平均单只发行规模为 14.34 亿元。其中，单只产品发行规模最大的为 134.50 亿元，单只产品发行规模最小的为 0.3 亿元。

从产品期限来看，单只产品平均期限 3.59 年，其中期限最长的产品为 32 年，期限最短的产品为 4 个月。

从发行利率来看，优先级平均预期收益率在 4%—6% 区间，其中最低的优先级预期收益率为 2.31%，最高的优先级预期收益率为 12%。随着金融市场情况的变化，2017 年整体收益率水平较 2016 年度有所提高，总体呈稳定上升态势。

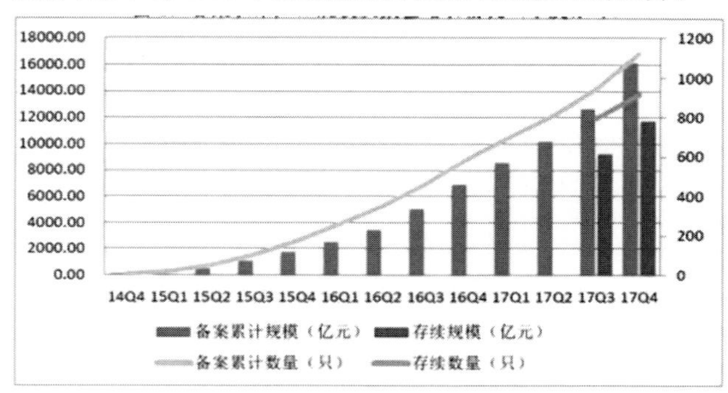

图 1　备案以来产品规模及数量增长情况（季度累计）

（二）参与机构

1. 管理人

在 1125 只出具备案确认函的产品中，管理人为证券公司的 71 家，基金子公司 47 家，企业资产证券化业务主力发行机构仍为证券公司。从发行规模来看，证券公司发行的产品规模合计 12961.00 亿元，占比 80.33%；基金子公司发行的产品规模合计 3174.20 亿元，占比 19.67%。

按照存续规模统计，证券公司发行的产品存续规模合计 9568.50 亿元，占比 81.71%；基金子公司发行的产品规模合计 2142.22 亿元，占比 18.29%。

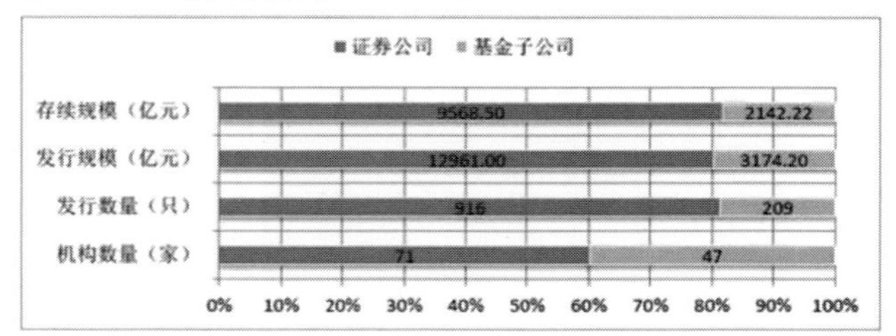

图 2　管理人产品规模及数量分布情况（季度累计）

按照管理人备案产品的数量进行排名，德邦、华泰、中金、中信、广发和国金证券六家机构的发行数量均超过 40 只。按照管理人备案产品的规模进行排名，德邦、中金、华泰、中信、国泰君安和天弘创新发行规模均超过 500 亿元。

表 1　管理人发行排名（按累计备案规模）

序号	公司名称
1	德邦证券股份有限公司
2	中国国际金融股份有限公司
3	华泰证券（上海）资产管理有限公司
4	中信证券股份有限公司
5	上海国泰君安证券资产管理有限公司

序号	公司名称
6	天弘创新资产管理有限公司
7	招商证券资产管理有限公司
8	平安证券股份有限公司
9	恒泰证券股份有限公司
10	广发证券资产管理(广东)有限公司

2. 原始权益人

目前备案的资产支持专项计划原始权益人 500 余家,类别丰富,涵盖融资租赁公司(约 110 家)、小额贷款公司(约 40 家)、银行(26 家)、证券公司(18 家)、信托公司(18 家)、保理公司(14 家)、住房公积金中心(9 家)、航空公司(3 家)、基础设施和公用事业单位、电商、房地产企业和物业公司等各类企业,此外还出现银行作为代理原始权益人、资管计划产品作为原始权益人或联合原始权益人的情况。其中,电商小贷、融资租赁公司、银行、信托公司、保理公司和房地产企业融资规模较大。

表 2 原始权益人发行排名(按累计备案规模)

序号	原始权益人
1	商融(上海)商业保理有限公司 重庆市蚂蚁商诚小额贷款有限公司 重庆市蚂蚁小微小客额贷款有限公司
2	远东国际租赁有限公司 远东宏信(天津)融资租赁有限公司
3	恒丰银行股份有限公司 恒丰银行股份有限公司南京分行
4	五矿国际信托有限公司
5	北京京东世纪贸易有限公司 北京京汇小额贷款有限公司 上海邦汇商业保理有限公司
6	兴业银行股份有限公司
7	深圳市前海一方恒融商业保理有限公司
8	深圳市前海一方商业保理有限公司
9	平安国际融资租赁有限公司 平安国际融资租赁有限公司天津、深圳
10	安徽国元信托有限责任公司

从原始权益人所属地区来看,全国各地区均有覆盖,比较分散,其中北上广深和重庆、江苏地区的原始权益人发行规模 10492.46 亿元,占比达 65%。从原始权益人所属行业来看,分布较为集中,金融业、租赁业和房地产行业合计发行规模达 13378.88 亿元,规模占比接近 83%。

(三)基础资产

资产支持专项计划的基础资产分为五个大类别,分别是金融债权类、企业经营性收入类、不动产类、企业应收款类和信托受益权类。其中,以融资租赁、小额贷款债权为代表的金融债权类产品占比最大,累计规模 8437.92 亿元,占比达 52.30%;其次是信托受益权类产品规模 3756.15 亿元,占比 23.28%;企业应收款类产品规模 1807.08 亿元,占比 11.20%;以公共事业收费权为代表的企业经营性收入类产品规模 1320.03 亿元,占比 8.18%;不动产类产品规模 814.02 亿元,占比 5.04%。

按照基础资产二级分类划分,小额贷款类、信托受益权类、融资租赁类、企业应收款、公共事业收费权类、不动产类资产证券化产品规模占比共计 89.17%,是资产证券化业务的主要基础资产类型。

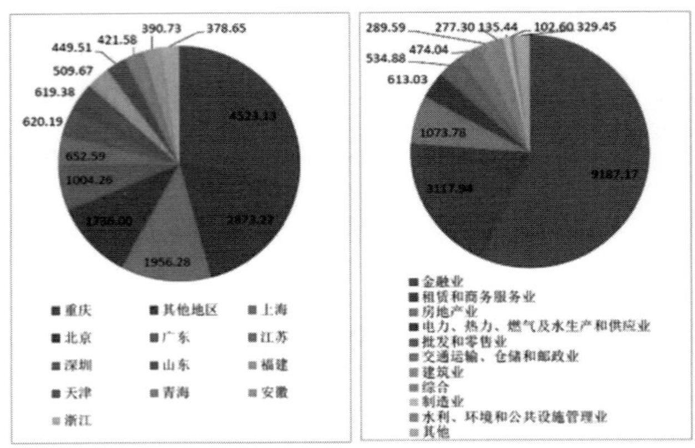

图 3 原始权益人所属地区分布情况、所属行业分布情况(按发行规模:亿元)

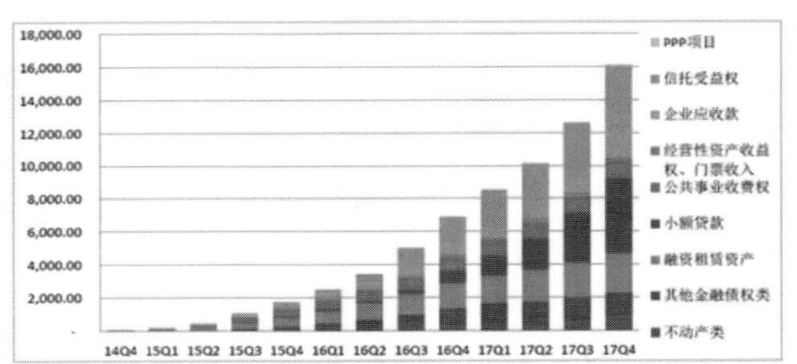

图 4 大类基础资产备案累计规模分布情况(亿元)

从大类基础资产存续规模与发行规模差额分布情况来看,其他金融债权类、融资租赁类和信托受益权类产品的偿付比例较大。其他金融债权类资产中,保理/信用证类资产、股票质押回购和票据收益权类产品,偿付比例均在 50% 以上,主要原因是此类产品期限较短,平均期限在 1.5 年左右;融资租赁类产品存续期规模相比发行规模减少 43.12%,主要原因在于此类产品一般偿付模式为过手摊还,资金归集较为频繁,本金兑付比例高;信托受益权类产品中银行出表资产期限较短,存续期规模相比发行规模减少 28.00%。

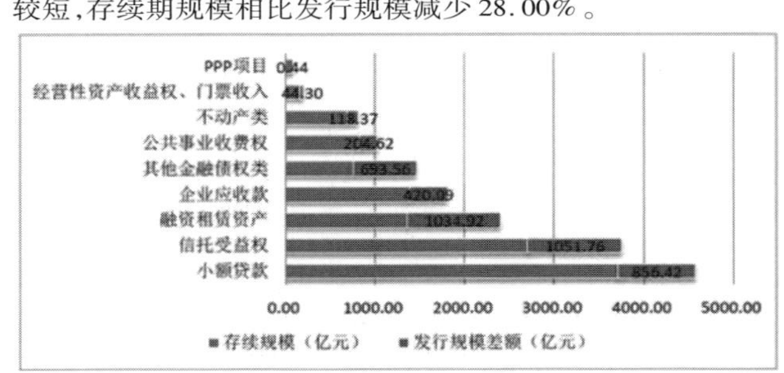

图 5 大类基础资产存续规模与发行规模差额分布情况

存续规模中,因其他金融债权类和融资租赁类产品的偿付比例较大,规模占比下降;小额贷款债权类产品因大都设置循环购买而本金兑付比例较低,该类产品存续规模占存续规模总量的 31.77%,是存续期规模占比最大的一类产品,较累计发行规模占比上升了 3.40%;其他类型资产占比波动不大,基本结构保持稳定。

（四）拟挂牌转让场所

拟在交易场所挂牌转让的产品共计 999 只，不挂牌转让的产品共计 126 只。其中，拟在上交所挂牌的资产证券化产品 668 只，拟在深交所挂牌的产品 259 只，拟在机构间私募产品报价与服务系统挂牌的产品 70 只，拟在证券公司柜台市场挂牌的产品 2 只。

从发行规模来看，拟在上交所挂牌的资产证券化产品规模为 9463.45 亿元，占比 58.65%；拟在深交所挂牌的产品规模为 3030.52 亿元，占比 18.78%；拟在机构间私募产品报价与服务系统挂牌的产品规模为 1142.50 亿元，占比 7.08%；拟在证券公司柜台市场挂牌的产品规模为 35.49 亿元，占比 0.22%；不挂牌产品规模为 2463.24 亿元，占比 15.27%。

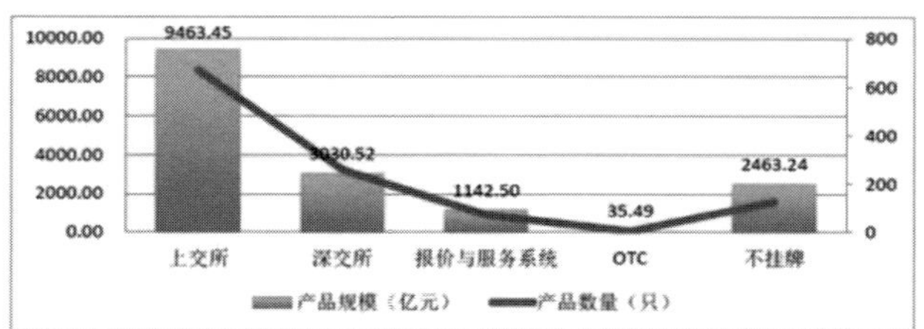

图 6　已备案资产证券化产品拟挂牌场所数量及规模情况

二、2017 年备案情况分析

2017 年，企业资产证券化产品共备案确认 533 只，发行规模 9226.82 亿元，同比增长 78%，增速较快。

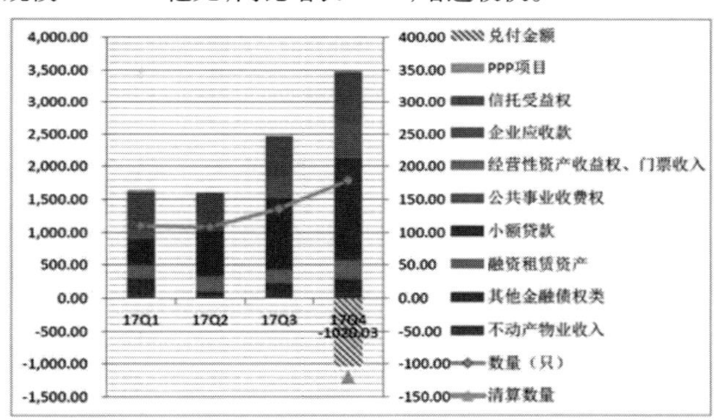

图 7　2017 年季度大类资产规模（亿元）
数量（只）增量与兑付情况分布

从季度规模增量分布情况来看，2017 年一、二季度新增产品规模速度放缓，略有下降趋势，三、四季度反弹。以蚂蚁金服消费贷款为代表的小额贷款类资产 2017 年保持高速增长，备案规模领先于其他类型资产；信托受益权类产品和以购房尾款、供应链金融为代表的企业应收款类产品在 2017 年下半年增长较快。

（一）发行规模、期限及利率

从发行规模来看，2017 年度备案的资产支持专项计划单只发行规模多处于 5～25 亿元，平均单只发行规模为 17.31 亿元，比累计备案产品单只平均发行规模高出 21%。其中，单只产品发行规模最大的为 81.15 亿元，单只产品发行规模最小的为 0.48 亿元。

从产品期限来看，2017 年单只产品平均期限 3.08 年，比累计备案产品单只平均期限低 14%，波动不大。其中期限最长的产品为为 21 年，期限最短的产品为 4 个月。

从发行利率来看，2017 年度优先级证券预期收益率集中在 4%～7% 之间，整体利率水平仍呈上升趋势，其中最低的优先级预期收益率为 3.4%，最高的优先级预期收益率为 10%。

（二）参与机构新增备案产品情况

1. 管理人

2017 年共有 86 家机构备案通过产品 533 只，总规模 9226.82 亿元，其中，证券公司 59 家备案产品 455 只，规模 7829.70 亿元；基金子公司 27 家备案产品 78 只，规模1397.12 亿元。与累计情况相比，2017 年在管理人数量上减少了 32 家，类型上更加集中于证券公司。

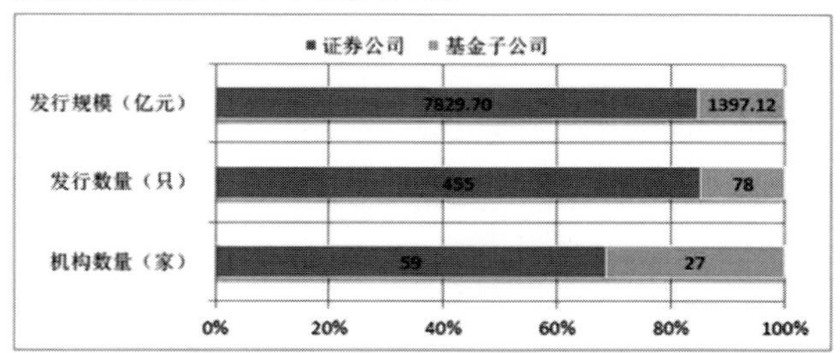

图 8　管理人产品规模及数量分布情况（2017 年度）

按照产品数量排名，德邦证券 2017 年共备案产品 97 只，排名第一；按照产品规模排名，德邦证券、中金公司、华泰资管和天弘创新资本位列前四名。

表 3　管理人 2017 年度新增产品规模排名

序号	机构名称
1	德邦证券股份有限公司
2	中国国际金融股份有限公司
3	华泰证券（上海）资产管理有限公司
4	天弘创新资产管理有限公司
5	平安证券股份有限公司
6	中信证券股份有限公司
7	上海国泰君安证券资产管理有限公司
8	天风证券股份有限公司
9	招商证券资产管理有限公司
10	江海证券有限公司

2. 原始权益人

2017 年参与企业资产证券化业务的原始权益人达 250 余家，类别仍然保持多元化。按照发行规模排名，电商小贷、银行和信托公司依然占据首位，保理公司借助供应链金融产品跃居前列，融资租赁公司发行规模排名下降较多。

表 4　原始权益人 2017 年度新增产品规模排名

序号	原始权益人
1	商融（上海）商业保理有限公司 重庆市蚂蚁商诚小额贷款有限公司 重庆市蚂蚁小微小额贷款有限公司
2	兴业银行股份有限公司
3	恒丰银行股份有限公司
4	五矿国际信托有限公司
5	深圳市前海一方恒融商业保理有限公司

序号	原始权益人
6	北京京东世纪贸易有限公司 北京京汇小额贷款有限公司 上海邦汇商业保理有限公司
7	深圳市前海一方商业保理有限公司
8	远东国际租赁有限公司 远东宏信（天津）融资租赁有限公司
9	安徽国元信托有限责任公司
10	重庆金安小额贷款有限公司

相比累计发行情况，2017 年原始权益人所属地区仍覆盖全国各地区，但所属行业方面更为集中，金融业、租赁业和房地产行业合计规模占比高达 89.53%。

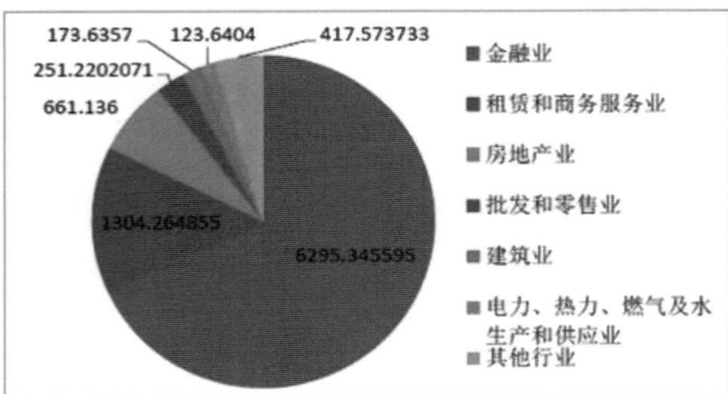

图 9　原始权益人 2017 年度新增产品所属行业分布情况（规模：亿元）

（三）不同基础资产新增备案情况

从备案产品大类基础资产的数量和规模来看，2017 年基础资产类型更为集中，以小额贷款债权、信托受益权、企业应收账款债权和融资租赁债权这四大类资产作为基础资产发行的资产支持专项计划，总规模即占 2017 年全年备案增量的 86.81%，基础资产类型保持稳定，除新增备案 PPP 项目资产证券化产品 7 只规模 78.19 亿元外，未有其他创新类型资产。

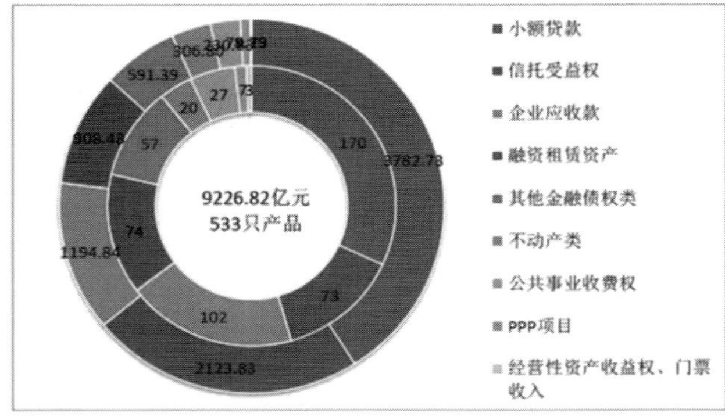

图 10　2017 年大类基础资产备案规模和数量情况（规模：亿元，数量：只）

（四）大类资产发展趋势

从主要基础资产类型产品的规模占比季度数据来看，2017 年小额贷款类产品占比高速增长，较 2016 年底规模占比上涨 16.93%；企业应收款类产品占比小幅上升 2.20%；融资租赁类产品占比同比下降 6.72%、公共事业收费权类产品占比同比下降 5.22%，下降较多；其他类型产品波动较小。

小额贷款类资产证券化产品 2017 年度共备案 170 只，备案规模 3782.73 亿元，占比 41.00%。

企业应收款类产品主要增长点是购房尾款和房企供应链金融资产，信托受益权类产品主要增长点是银行出表需求和物业租金类资产。

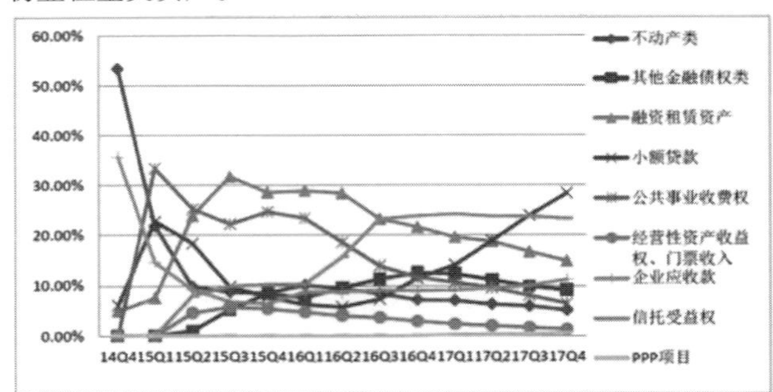

图 11　大类基础资产备案累计规模占比趋势图（%）

（五）拟挂牌转让场所新增备案情况

2017 年拟在上交所挂牌的产品仍然占据主要地位，不挂牌产品数量同比增加较大，无拟在证券公司柜台市场挂牌的产品。

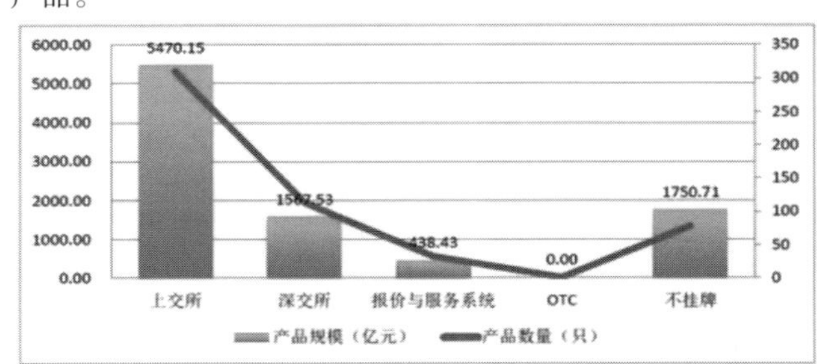

图 12　2017 年度备案新增产品拟挂牌场所数量及规模情况

三、资产支持专项计划监测情况

通过管理人报备的资产支持专项计划存续期日常报告（包括但不限于重大事项报告、收益分配报告、终止清算报告以及其他事项报告等），协会于 2017 年度发现并关注的风险事件主要包括以下几类：一是专项计划现金流归集出现问题，如现金流归集路径异常、未按时归集现金流等问题；二是专项计划实际归集现金流相比预期减少 20% 以上；三是资产支持证券信用等级发生不利调整；四是专项计划启动相关增信措施，如启动差额支付等；五是专项计划发生实质性违约。

发生风险事件产品的基础资产类型主要涉及企业经营性收入类公共事业收费权、信托受益权（底层资产大多为票房收入）、金融债权类融资租赁资产等。根据资产支持专项计划发生风险事件的情况和行业关注热点，协会针对易发生风险事件以及重点关注领域的产品，进行了备案监测情况梳理和风险分析。

（一）收费权类产品和底层资产为票房收入的产品易发生现金流偏差，需关注现金流稳定性

在存续期风险监测中，收费权类产品因基础资产的运营期限长，现金流预测存在较大不确定性，现金流偏差情况较多。造成现金流偏差的主要原因，除市场行情变化、政策环境影响外，特许经营权也面临市政行业政策变化风险，此外部分原始权益人因对资产支持专项计划的业务规范不甚了解，也会导致现金流归集不及时。底层资产为票房收入的产品主要受影片质量下滑、票补力度下降、观众分流等因素影响较大。

（二）融资租赁类产品现首张罚单，需防范资金混同风险

融资租赁类产品是已备案产品中发行总规模较大且发展稳定的一类产品。前期，基础资产中涉及“两高一剩”行业或单一债务人的情况在2016年5月《监管问答一》发布之后已经得到有效控制，而且一般项目都会设置“资产服务机构解任事件”和“权利完善通知”等风险防范措施，同时普遍设置了强有力的外部增信措施，起到缓释风险的作用。2017年8月，因资产支持专项计划发生资金混同、现金流转付不规范等问题融资租赁类产品现首张罚单，暴露出个别管理人对现金流归集把控能力较弱的问题。

（三）实质违约产品管理人多采用法律手段维权，需关注破产隔离问题

对于差额义务承诺人、担保人以及底层资产债务人未按相关约定履行偿付义务，管理人或申请仲裁或提起诉讼，以维护专项计划投资者权益。在管理人采取法律手段维权的过程中，均存在专项计划与原始权益人的破产隔离问题，在法律上，实现真实出售的资产能够较好地实现破产隔离。但对于债权类基础资产，实践中还存在一些影响破产隔离的因素，如暂无司法判例等。

四、资产证券化业务市场热点与发展

（一）PPP项目资产证券化产品渐次落地

紧随发改委、财政部《通知》的发布，2017年发改委和财政部PPP项目库中的PPP项目资产证券化均有所突破。自2017年3月15日，首单PPP项目资产证券化产品“中信建投－网新建投庆春路隧道PPP项目资产支持专项计划”完成备案确认起，2017年已有七单PPP项目资产证券化产品完成备案，总规模78.19亿元。

（二）租赁住房资产证券化破冰

近年来，国务院及相关部委多次印发意见鼓励加快培育和发展住房租赁市场建设，《国务院办公厅关于加快培育和发展租赁市场的若干意见》（国办发〔2016〕39号）以及九部委《通知》中均提出加快培育和发展住房租赁市场，加大对住房租赁企业的金融支持力度，拓宽直接融资渠道，支持发行资产支持证券，专门用于发展住房租赁业务。2017年，魔方公寓、链家自如、新派公寓共计三单租赁住房资产证券化产品完成发行备案。

（三）类REITs及CMBS发行提速

类REITs及CMBS的市场参与机构日益多元化，市场开始出现专业的权益级投资人，2017年度产品发行数量及规模相比2016年均实现倍增。类REITs及CMBS成为房地产企业及金融机构关注的重点业务之一。

（五）公募REITs展开探索

公募REITs是指在交易所公开交易，通过证券化的方式将具有稳定收益的不动产资产或权益（除住宅、商业地产外还包括基础设施、经营性物业、PPP项目等）转化为流动性强的投资基金份额的标准化金融产品。REITs利用企业持有的物业资产进行融资，能够盘活企业的存量资产。2017年，协会积极组织行业专家对公募REITs展开探索，凝聚各方共识，初步取得进展。

2017年私募投资基金登记备案总体情况

截至2017年12月底，基金业协会已登记私募基金管理人22446家。已备案私募基金66418只，管理基金规模11.10万亿元，私募基金管理人员工总人数23.83万人。

	私募管理人（家）	管理基金（只）	管理规模（亿元）
证券	8467	32216	22858
股权及创投	13200	28465	70913
其他	7779	5737	17232
合计	22446	66418	111003

截至2017年12月底，私募基金管理人按基金总规模划分，管理规模在1亿～10亿元的4945家，10亿～20亿元的734家，20亿～50亿元的599家，50亿～100亿元的238家，100亿元以上的187家。

2017年证券期货经营机构资产管理业务数据统计

截至2017年12月31日，基金管理公司及其子公司、证券公司、期货公司、私募基金管理机构资产管理业务总规模约53.57万亿元，其中，公募基金管理机构管理的公募基金规模11.60万亿元，基金管理公司及其子公司专户业务规模13.74万亿元，证券公司资产管理业务规模16.88万亿元，期货公司资产管理业务规模约2458亿元，私募基金管理机构资产管理规模11.10万亿元。

表1　基金管理公司管理公募基金规模

（截至2017年12月31日）

基金类型	基金数量（只）	基金份额（亿份）	资产净值（亿元）
封闭式基金	480	5863.27	6097.99
开放式基金	4361	104326.82	109898.87
其中：股票基金	791	5847.66	7602.40
其中：混合基金	2096	16315.05	19378.46
其中：货币基金	348	67253.81	67357.02
其中：债券基金	989	14091.62	14647.40
其中：QDII基金	137	818.68	913.59
合计	4841	110190.09	115996.86

表2　基金管理公司及其子公司专户业务规模

（截至2017年12月31日）

产品类型	产品数量（只）	资产规模（亿元）
基金公司	6402	64275.59
其中：一对一产品	4269	43144.96
其中：一对多产品	2133	6480.28
其中：社保基金及企业年金	—	14650.34
基金子公司	9999	73098.54
其中：一对一产品	5749	59962.45
其中：一对多产品	4250	13136.10
合计	16401	137374.13

表3　证券公司资产管理业务规模

（截至2017年12月31日）

产品类型	产品数量（只）	资产规模（亿元）
集合计划	3718	21124.99
定向资管计划	18298	143938.08
专项资管计划	15	89.08
直投子公司的直投基金	714	3690.79

产品类型	产品数量(只)	资产规模(亿元)
合计	22745	168842.95

表 4 私募基金管理机构资产管理规模

(截至 2017 年 12 月 31 日)

产品类型	产品数量(只)	资产规模(亿元)
私募证券投资基金	30284	17233.69
股权投资基金	21826	59586.19
创业投资基金	4372	5607.97
顾问管理基金	3814	8779.16
其他	6122	19796.39
合计	66418	111003.40

表 5 在基金业协会登记的私募基金管理人家数

(截至 2017 年 12 月 31 日)

管理人类型	已登记家数(家)
私募证券投资基金管理人	8467
私募股权、创业投资基金管理人	13200
其他类型管理人	779
合计	22446

私募基金服务实体经济情况报告

根据中国证券投资基金业协会(以下简称协会)最新上线的资产管理业务综合报送平台数据显示,截至 2017 年二季度末,协会已备案私募基金 5.66 万只,管理资产规模 9.78 万亿元。从服务实体经济角度看,私募基金存在直接投资于实体企业和间接投资于实体企业两类投资活动。直接投资于实体企业的活动包括境内未上市未挂牌公司股权投资、上市公司定向增发投资、新三板投资、新股发行投资、债券发行与债权投资,以及资产支持证券投资等,直接对接了实体企业融资需求。间接投资于实体企业的活动主要指通过其他资产管理产品最终进入实体企业的活动,包括投资于公募基金、其他私募基金、未在协会备案的合伙企业份额、证券期货机构资产管理计划、银行理财、信托计划、保险资产管理计划等。从全部私募基金持有的资产结构看,境内直接投资活动规模达 5.86 万亿元,占比 57.6%;境内间接投资活动规模为 2.50 万亿元,占比 24.6%;现金管理类资产 1.13 万亿元,占比 11.1%;境外及其他投资 6874.49 亿元,占 6.7%。具体情况见图 1。

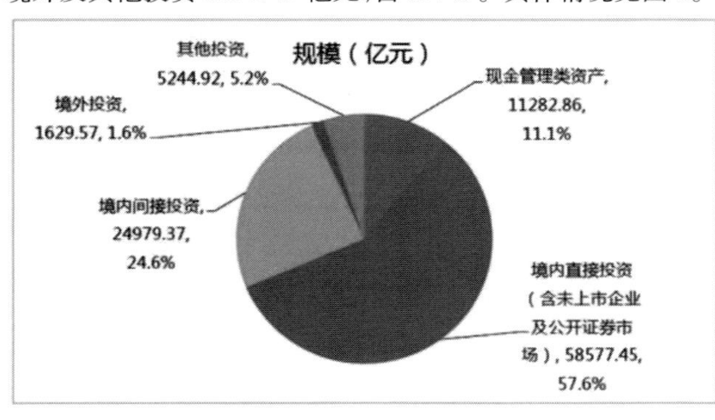

图 1 私募基金持有资产类别分布

在境内直接投资活动中,剔除二级市场投资后的直接投资项目账面价值合计 4.89 万亿元,占全部持有资产规模的 48.1%。具体情况如下。

一、私募基金投资项目行业分布

从投资项目数量分布看,截至 2017 年 6 月末,私募基金所投项目企业数量排名前五位的行业分别为计算机应用、资本品①、原材料、其他金融以及医药生物。其中,投资于计算机运用的项目数量为 15553 个,占比 27.2%;投资于资本品的项目数量为 7059 个,占比 12.4%;投资于原材料的项目数量为 3399 个,占比 6.0%;投资于其他金融的项目数量为 3281 个,占比 5.7%;投资于医药生物的项目数量为 3192 个,占比 5.6%。具体情况见图 2。

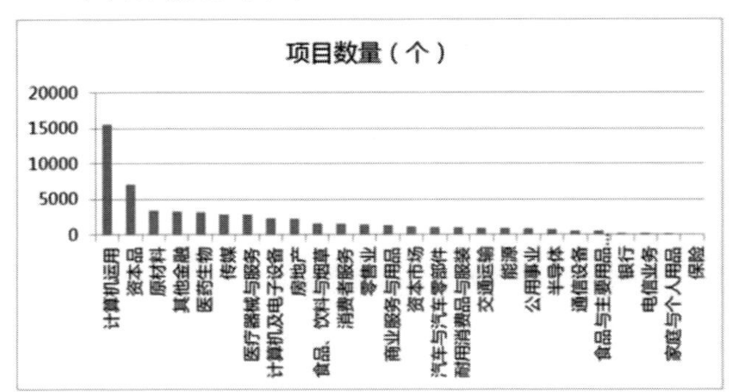

图 2 投资项目数量行业分布

从投资项目账面价值看,截至 2017 年 6 月末,私募基金所投项目企业账面价值排名前五位的行业分别为房地产、资本品、其他金融、计算机运用和交通运输。其中,投资于房地产的账面价值为 8465.56 亿元,占比 17.3%;投资于资本品的账面价值为 7344.02 亿元,占比 15.0%;投资于其他金融的账面价值为 5748.94 亿元,占比 11.7%;投资于计算机运用的账面价值为 4550.50 亿元,占比 9.3%;投资于交通运输的账面价值为 3210.80 亿元,占比 6.6%。具体见图 3。

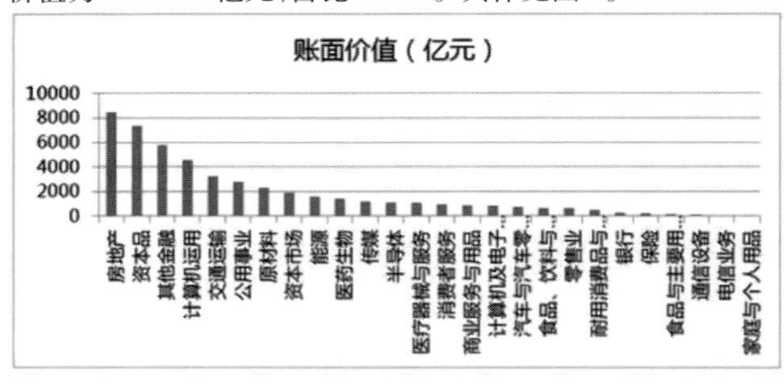

图 3 投资项目账面价值行业分布

二、私募基金投资阶段分布

私募基金所投项目企业中,处于扩张期的数量最多,达到 27303 个,占比 47.80%;其次为起步期,项目数量为 17896 个,占比 31.33%;种子期项目数量为 5907 个,占比 10.3%。具体情况见图 4。

从投资项目的账面价值看,投资于扩张期的规模最大,达到 2.53 万亿元,占比 51.6%;其次为起步期投资,规模为 1.20 万亿元,占比 24.5%;投资于已上市的规模为 5357.95 亿元,占比 11.0%。具体情况见图 5。

---

① 资本品包括航空航天与国防、建筑用品、建设与工程、电气设备、工业集团企业、机械制造、环保设备工程与服务。

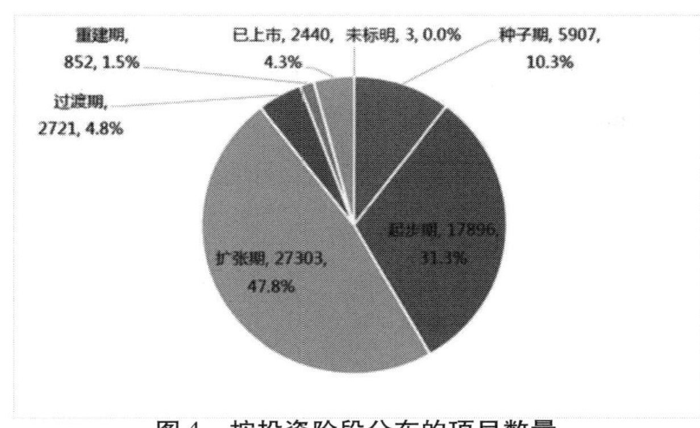

图 4　按投资阶段分布的项目数量

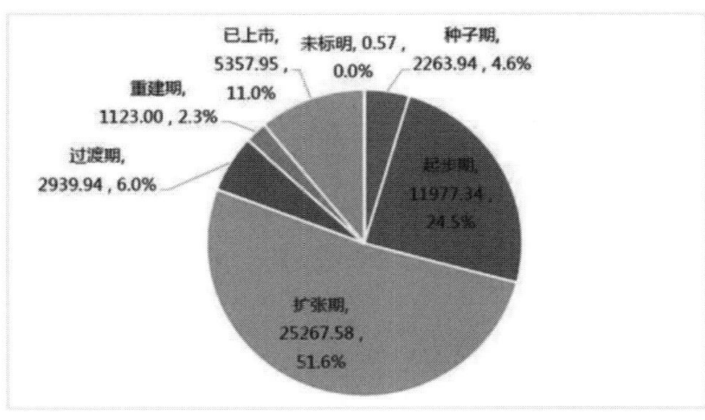

图 5　按投资阶段分布的项目账面价值

三、投资于未上市未挂牌企业股权的项目行业分布

私募基金对未上市未挂牌企业的股权投资是私募基金支持实体经济的核心活动。截至 2017 年 6 月末，该类投资项目数量达到 51283 个，占境内直接投资（不包括二级市场投资）项目数量的 89.8%；该类投资项目账面价值达到 3.16 万亿元，占境内直接投资（不包括二级市场投资）项目账面价值的 64.7%。具体情况如下。

从项目数量分布看，截至 2017 年 6 月末，私募基金对未上市未挂牌企业的股权投资项目数量排名前五位的行业分别为计算机应用、资本品、原材料、其他金融和医药生物。其中，投资于计算机运用的项目数量为 15158 个，占比 29.6%；投资于资本品的项目数量为 6253 个，占比 12.2%；投资于原材料的项目数量为 3083 个，占比 6.0%；投资于其他金融的项目数量为 3077 个，占比 6.0%；投资于医药生物的项目数量为 2758 个，占比 5.4%。具体情况见图 6。

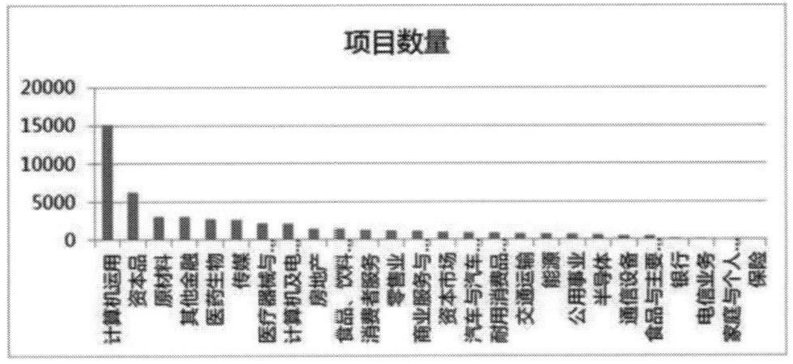

图 6　未上市未挂牌企业投资行业分布（按项目数量）

从投资项目账面价值看，截至 2017 年 6 月末，私募基金对未上市未挂牌企业的股权投资项目账面价值排名前五位的行业分别为计算机运用、资本品、房地产、其他金融和交通运输。其中，投资于计算机运用的账面价值为 4388.31 亿元，占比 13.9%；投资于资本品的账面价值为 3969.70 亿元，占比 12.6%；投资于房地产的账面价值为 2915.95 亿元，占比 9.2%；投资于其他金融的账面价值为 2614.94 亿元，占比 8.3%；投资于交通运输的账面价值为 2424.15 亿元，占比 7.7%。具体情况见图 7。

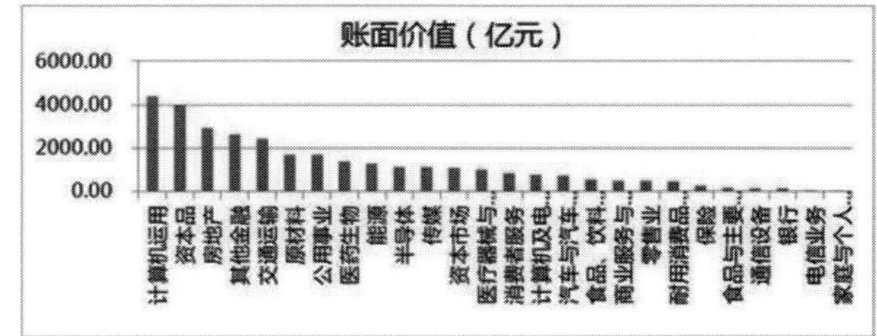

图 7　未上市未挂牌企业投资行业分布（按项目账面价值）

2017 年基金管理公司专户管理资产月均规模前 20 名

排名	公司名称	基金专户2017 年月均规模（亿元）
1	创金合信基金管理有限公司	3681.28
2	建信基金管理有限责任公司	3633.48
3	华夏基金管理有限公司	3383.47
4	中银基金管理有限公司	3074.43
5	易方达基金管理有限公司	2180.61
6	嘉实基金管理有限公司	2174.92
7	工银瑞信基金管理有限公司	2006.21
8	天弘基金管理有限公司	1920.21
9	南方基金管理有限公司	1436.18
10	广发基金管理有限公司	1396.27
11	汇添富基金管理股份有限公司	1304.72
12	博时基金管理有限公司	1287.00
13	中信建投基金管理有限公司	1247.11
14	银华基金管理股份有限公司	1060.99
15	中欧基金管理有限公司	963.46
16	鹏华基金管理有限公司	959.56
17	中邮创业基金管理股份有限公司	938.37
18	富国基金管理有限公司	926.18
19	融通基金管理有限公司	819.10
20	浦银安盛基金管理有限公司	779.93

注：不含基金管理公司管理的社保及企业年金。基金专户 2017 年月均规模指 2017 年各月末基金公司专户资产规模的算术平均。

2017 年基金子公司专户管理资产月均规模前 20 名

排名	公司名称	子公司专户2017 年月均规模（亿元）
1	招商财富资产管理有限公司	5584.46
2	上海浦银安盛资产管理有限公司	4753.20

排名	公司名称	子公司专户2017年月均规模(亿元)
3	深圳平安大华汇通财富管理有限公司	4457.71
4	建信资本管理有限责任公司	4398.04
5	博时资本管理有限公司	3822.94
6	民生加银资产管理有限公司	3381.44
7	工银瑞信投资管理有限公司	3319.88
8	农银汇理(上海)资产管理有限公司	3166.57
9	交银施罗德资产管理有限公司	3012.96
10	兴业财富资产管理有限公司	2940.69
11	鑫沅资产管理有限公司	2685.89
12	易方达资产管理有限公司	2319.51
13	南方资本管理有限公司	2283.93
14	深圳市融通资本管理股份有限公司	2185.89
15	中银资产管理有限公司	1813.97
16	上海兴瀚资产管理有限公司	1798.78
17	北银丰业资产管理有限公司	1769.07
18	万家共赢资产管理有限公司	1512.69
19	银华财富资本管理(北京)有限公司	1477.62
20	天弘创新资产管理有限公司	1308.14

注:子公司专户2017年月均规模指2017年各月末子公司专户资产规模的算术平均。

2017年末基金管理公司社保及企业年金管理规模排名

排名	公司名称
1	博时基金管理有限公司
2	嘉实基金管理有限公司
3	华夏基金管理有限公司
4	工银瑞信基金管理有限公司
5	易方达基金管理有限公司
6	南方基金管理有限公司
7	鹏华基金管理有限公司
8	银华基金管理股份有限公司
9	富国基金管理有限公司
10	海富通基金管理有限公司
11	广发基金管理有限公司
12	招商基金管理有限公司
13	汇添富基金管理股份有限公司
14	国泰基金管理有限公司
15	长盛基金管理有限公司
16	大成基金管理有限公司

2017年基金管理机构非货币公募基金月均规模前20名

排名	公司名称	非货币公募基金2017年月均规模(亿元)
1	工银瑞信基金管理有限公司	2650.57
2	博时基金管理有限公司	2454.17
3	易方达基金管理有限公司	2331.82
4	华夏基金管理有限公司	2196.84
5	嘉实基金管理有限公司	2184.18
6	中银基金管理有限公司	2005.22
7	南方基金管理有限公司	2004.92
8	招商基金管理有限公司	1720.67
9	汇添富基金管理有限公司	1697.33
10	建信基金管理有限责任公司	1514.22
11	广发基金管理有限公司	1466.57
12	富国基金管理有限公司	1461.43
13	鹏华基金管理有限公司	1349.90
14	华安基金管理有限公司	1224.16
15	国泰基金管理有限公司	878.03
16	兴业基金管理有限公司	705.70
17	兴全基金管理有限公司	663.01
18	中欧基金管理有限公司	659.63
19	银华基金管理有限公司	642.23
20	交银施罗德基金管理有限公司	611.14

注:2017年非货币公募基金月均规模指2017年各月末非货币公募基金管理规模的算术平均。

2017年证券公司主动管理资产月均规模前20名

排名	公司名称	主动管理资产2017年月均规模(亿元)
1	中信证券股份有限公司	6230.56
2	广发证券资产管理(广东)有限公司	3627.15
3	上海国泰君安证券资产管理有限公司	3071.20
4	华泰证券(上海)资产管理有限公司	2401.87
5	华融证券股份有限公司	2004.88
6	中银国际证券有限责任公司	1747.55
7	中信建投证券股份有限公司	1553.16
8	中泰证券(上海)资产管理有限公司	1539.72
9	申万宏源证券有限公司	1428.76
10	中国国际金融股份有限公司	1402.97
11	上海光大证券资产管理有限公司	1233.43
12	上海东方证券资产管理有限公司	1129.20
13	德邦证券股份有限公司	898.10
14	财通证券资产管理有限公司	895.44
15	广州证券股份有限公司	886.04
16	上海海通证券资产管理有限公司	871.17
17	招商证券资产管理有限公司	868.69
18	天风证券股份有限公司	806.02
19	长江证券(上海)资产管理有限公司	762.38
20	银河金汇证券资产管理有限公司	700.55

注:2017年主动管理资产月均规模指2017年各月末主动管理资产规模的算术平均。

2017年证券公司资产管理月均规模前20名

排名	公司名称	资产管理2017年月均规模(亿元)
1	中信证券股份有限公司	16182.12
2	华泰证券(上海)资产管理有限公司	7885.62
3	上海国泰君安证券资产管理有限公司	7826.52
4	申万宏源证券有限公司	7056.78
5	中信建投证券股份有限公司	6157.20
6	广发证券资产管理(广东)有限公司	5544.29
7	中银国际证券有限责任公司	5522.94
8	招商证券资产管理有限公司	5474.05
9	上海海通证券资产管理有限公司	4426.65
10	华福证券有限责任公司	3890.21
11	安信证券股份有限公司	3247.69
12	江海证券有限公司	2886.50
13	华融证券股份有限公司	2878.66
14	德邦证券股份有限公司	2847.72
15	银河金汇证券资产管理有限公司	2741.22
16	长城证券股份有限公司	2523.63
17	上海光大证券资产管理有限公司	2513.69
18	中泰证券(上海)资产管理有限公司	2243.85
19	渤海汇金证券资产管理有限公司	2232.04
20	第一创业证券股份有限公司	2201.30

注:2017年资产管理月均规模指2017年各月末资产管理规模的算术平均。

基金管理公司从事特定客户资产管理业务子公司名录

序号	公司名称	母公司名称	注册地
1	工银瑞信投资管理有限公司	工银瑞信基金管理有限公司	上海
2	嘉实资本管理有限公司	嘉实基金管理有限公司	北京
3	深圳平安大华汇通财富管理有限公司	平安大华基金管理有限公司	深圳
4	华夏资本管理有限公司	华夏基金管理有限公司	深圳
5	北京方正富邦创融资产管理有限公司	方正富邦基金管理有限公司	北京
6	长安财富资产管理有限公司	长安基金管理有限公司	上海
7	富安达资产管理(上海)有限公司	富安达基金管理有限公司	上海
8	上海兴全睿众资产管理有限公司	兴全基金管理有限公司	上海
9	北京千石创富资本管理有限公司	国金基金管理有限公司	北京
10	深圳市红塔资产管理有限公司	红塔红土基金管理有限公司	深圳
11	鹏华资产管理有限公司	鹏华基金管理有限公司	深圳
12	天弘创新资产管理有限公司	天弘基金管理有限公司	北京
13	民生加银资产管理有限公司	民生加银基金管理有限公司	上海
14	上海新东吴优胜资产管理有限公司	东吴基金管理有限公司	上海
15	上海锐懿资产管理有限公司	泰信基金管理有限公司	上海
16	万家共赢资产管理有限公司	万家基金管理有限公司	上海
17	首誉资产管理有限公司	中邮创业基金管理有限公司	深圳
18	招商财富资产管理有限公司	招商基金管理有限公司	深圳
19	博时资本管理有限公司	博时基金管理有限公司	深圳
20	德邦创新资本有限责任公司	德邦基金管理有限公司	上海
21	上海金元百利资产管理有限公司	金元惠理基金管理有限公司	上海
22	上海聚潮资产管理有限公司	浙商基金管理有限公司	上海
23	汇添富资本管理有限公司	汇添富基金管理股份有限公司	上海
24	信达新兴财富(北京)资产管理有限公司	信达澳银基金管理有限公司	北京
25	银华财富资本管理(北京)有限公司	银华基金管理股份有限公司	北京
26	深圳华宸未来资产管理有限公司	华宸未来基金管理有限公司	深圳
27	国泓资产管理有限公司	益民基金管理有限公司	北京
28	北京新华富时资产管理有限公司	新华基金管理股份有限公司	深圳
29	中信信诚资产管理有限公司	信诚基金管理有限公司	上海
30	深圳市融通资本管理股份有限公司	融通基金管理有限公司	深圳
31	国泰元鑫资产管理有限公司	国泰基金管理有限公司	上海
32	上海华富利得资产管理有限公司	华富基金管理有限公司	上海
33	上海财通资产管理有限公司	财通基金管理有限公司	上海
34	建信资本管理有限责任公司	建信基金管理有限责任公司	上海
35	瑞元资本管理有限公司	广发基金管理有限公司	珠海
36	易方达资产管理有限公司	易方达基金管理有限公司	珠海
37	兴业财富资产管理有限公司	兴业基金管理有限公司	上海
38	天治北部资产管理有限公司	天治基金管理有限公司	北京
39	深圳前海金鹰资产管理有限公司	金鹰基金管理有限公司	广州
40	中海恒信资产管理(上海)有限公司	中海基金管理有限公司	上海
41	国投瑞银资本管理有限公司	国投瑞银基金管理有限公司	深圳
42	富国资产管理(上海)有限公司	富国基金管理有限公司	上海
43	长城嘉信资产管理有限公司	长城基金管理有限公司	深圳
44	上海长江财富资产管理有限公司	长信基金管理有限责任公司	上海
45	中欧盛世资产管理(上海)有限公司	中欧基金管理有限公司	深圳
46	东方汇智资产管理有限公司	东方基金管理有限责任公司	深圳
47	上海瑞京资产管理有限公司	东海基金管理有限责任公司	上海
48	诺安资产管理有限公司	诺安基金管理有限公司	北京
49	前海开源资产管理有限公司	前海开源基金管理有限公司	深圳
50	农银汇理(上海)资产管理有限公司	农银汇理基金管理有限公司	上海
51	景顺长城资产管理(深圳)有限公司	景顺长城基金管理有限公司	深圳
52	中融(北京)资产管理有限公司	中融基金管理有限公司	北京
53	华安未来资产管理(上海)有限公司	华安基金管理有限公司	上海
54	大成创新资本管理有限公司	大成基金管理有限公司	深圳
55	南方资本管理有限公司	南方基金管理有限公司	深圳
56	长盛创富资产管理有限公司	长盛基金管理有限公司	北京
57	上海浦银安盛资产管理有限公司	浦银安盛基金管理有限公司	上海
58	安信乾盛财富管理(深圳)有限公司	安信基金管理有限责任公司	深圳
59	中铁宝盈资产管理有限公司	宝盈基金管理有限公司	深圳
60	交银施罗德资产管理有限公司	交银施罗德基金管理有限公司	上海
61	深圳华润元大资产管理有限公司	华润元大基金管理有限公司	深圳
62	国海富兰克林资产管理(上海)有限公司	国海富兰克林基金管理有限公司	上海
63	鑫沅资产管理有限公司	鑫元基金管理有限公司	上海
64	北银丰业资产管理有限公司	中加基金管理有限公司	深圳
65	上银瑞金资本管理有限公司	上银基金管理有限公司	上海
66	申万菱信(上海)资产管理有限公司	申万菱信基金管理有限公司	上海
67	永赢资产管理有限公司	永赢基金管理有限公司	上海
68	银河资本资产管理有限公司	银河基金管理有限公司	上海
69	北京国开泰富资产管理有限公司	国开泰富基金管理有限责任公司	北京
70	上海富诚海富通资产管理有限公司	海富通基金管理有限公司	上海
71	柏瑞爱建资产管理(上海)有限公司	华泰柏瑞基金管理有限公司	上海

序号	公司名称	母公司名称	注册地
72	中银资产管理有限公司	中银基金管理有限公司	上海
73	国寿财富管理有限公司	国寿安保基金管理有限公司	上海
74	上海兴瀚资产管理有限公司	华福基金管理有限责任公司	上海
75	尚腾资本管理有限公司	上投摩根基金管理有限公司	上海
76	元达信资本管理(北京)有限公司	中信建投基金管理有限公司	北京
77	上海北信瑞丰资产管理有限公司	北信瑞丰基金管理有限公司	上海
78	光大保德信资产管理有限公司	光大保德信基金管理有限公司	上海
79	深圳英大资本管理有限公司	英大基金管理有限公司	深圳

公募基金管理机构名录

序号	公司名称	注册地	办公地
1	国泰基金管理有限公司	上海	上海
2	南方基金管理股份有限公司	深圳	深圳
3	华夏基金管理有限公司	北京	北京
4	华安基金管理有限公司	上海	上海
5	博时基金管理有限公司	深圳	深圳
6	鹏华基金管理有限公司	深圳	深圳
7	长盛基金管理有限公司	深圳	北京
8	嘉实基金管理有限公司	上海	北京
9	大成基金管理有限公司	深圳	深圳
10	富国基金管理有限公司	上海	上海
11	易方达基金管理有限公司	广东	广州
12	宝盈基金管理有限公司	深圳	北京
13	融通基金管理有限公司	深圳	深圳
14	银华基金管理股份有限公司	深圳	北京
15	长城基金管理有限公司	深圳	深圳
16	银河基金管理有限公司	上海	上海
17	泰达宏利基金管理有限公司	北京	北京
18	国投瑞银基金管理有限公司	深圳	北京
19	万家基金管理有限公司	上海	上海
20	金鹰基金管理有限公司	广东	广州
21	招商基金管理有限公司	深圳	深圳
22	华宝基金管理有限公司	上海	上海
23	摩根士丹利华鑫基金管理有限公司	深圳	深圳
24	国联安基金管理有限公司	上海	上海
25	海富通基金管理有限公司	上海	上海
26	长信基金管理有限责任公司	上海	上海
27	泰信基金管理有限公司	上海	上海
28	天治基金管理有限公司	上海	上海
29	景顺长城基金管理有限公司	深圳	深圳
30	广发基金管理有限公司	广东	广州
31	兴全基金管理有限公司	上海	上海
32	诺安基金管理有限公司	深圳	深圳
33	申万菱信基金管理有限公司	上海	上海
34	中海基金管理有限公司	上海	上海
35	光大保德信基金管理有限公司	上海	上海
36	华富基金管理有限公司	上海	上海
37	上投摩根基金管理有限公司	上海	上海
38	东方基金管理有限责任公司	北京	北京
39	中银基金管理有限公司	上海	上海
40	东吴基金管理有限公司	上海	上海
41	国海富兰克林基金管理有限公司	南宁	上海
42	天弘基金管理有限公司	天津	北京
43	华泰柏瑞基金管理有限公司	上海	上海
44	新华基金管理股份有限公司	重庆	北京
45	汇添富基金管理股份有限公司	上海	上海
46	工银瑞信基金管理有限公司	北京	北京
47	交银施罗德基金管理有限公司	上海	上海
48	中信保诚基金管理有限公司	上海	上海
49	建信基金管理有限责任公司	北京	北京
50	华商基金管理有限公司	北京	北京
51	汇丰晋信基金管理有限公司	上海	上海
52	益民基金管理有限公司	重庆	北京
53	中邮创业基金管理股份有限公司	北京	北京
54	信达澳银基金管理有限公司	深圳	深圳
55	诺德基金管理有限公司	上海	上海
56	中欧基金管理有限公司	上海	上海
57	金元顺安基金管理有限公司	上海	上海
58	浦银安盛基金管理有限公司	上海	上海
59	农银汇理基金管理有限公司	上海	上海
60	民生加银基金管理有限公司	深圳	深圳
61	西部利得基金管理有限公司	上海	上海
62	浙商基金管理有限公司	杭州	杭州
63	平安大华基金管理有限公司	深圳	深圳
64	富安达基金管理有限公司	上海	上海
65	财通基金管理有限公司	上海	上海
66	方正富邦基金管理有限公司	北京	北京
67	长安基金管理有限公司	上海	上海
68	国金基金管理有限公司	北京	北京
69	安信基金管理有限责任公司	深圳	深圳
70	德邦基金管理有限公司	上海	上海
71	华宸未来基金管理有限公司	上海	上海
72	红塔红土基金管理有限公司	深圳	深圳
73	英大基金管理有限公司	北京	北京
74	江信基金管理有限公司	北京	北京
75	太平基金管理有限公司	上海	上海
76	华润元大基金管理有限公司	深圳	深圳
77	前海开源基金管理有限公司	深圳	深圳
78	东海基金管理有限责任公司	上海	上海
79	中加基金管理有限公司	北京	北京
80	兴业基金管理有限公司	福建	上海
81	中融基金管理有限公司	北京	北京
82	国开泰富基金管理有限责任公司	北京	北京
83	中信建投基金管理有限公司	北京	北京

序号	公司名称	注册地	办公地
84	上银基金管理有限公司	上海	上海
85	鑫元基金管理有限公司	上海	上海
86	永赢基金管理有限公司	浙江	上海
87	兴银基金管理有限责任公司	福建	上海
88	国寿安保基金管理有限公司	上海	北京
89	圆信永丰基金管理有限公司	福建	上海
90	中金基金管理有限公司	北京	北京
91	北信瑞丰基金管理有限公司	北京	北京
92	红土创新基金管理有限公司	深圳	深圳
93	嘉合基金管理有限公司	上海	上海
94	创金合信基金管理有限公司	深圳	深圳
95	九泰基金管理有限公司	北京	北京
96	泓德基金管理有限公司	西藏	北京
97	金信基金管理有限公司	深圳	深圳
98	新疆前海联合基金管理有限公司	新疆	深圳
99	新沃基金管理有限公司	上海	北京
100	中科沃土基金管理有限公司	珠海	广州
101	富荣基金管理有限公司	广州	深圳
102	汇安基金管理有限责任公司	上海	北京
103	先锋基金管理有限公司	北京	北京
104	中航基金管理有限公司	北京	北京
105	华泰保兴基金管理有限公司	上海	上海
106	鹏扬基金管理有限公司	上海	北京
107	恒生前海基金管理有限公司	深圳	深圳
108	格林基金管理有限公司	北京	北京
109	南华基金管理有限公司	浙江	北京
110	凯石基金管理有限公司	上海	上海
111	国融基金管理有限公司	上海	北京
112	东方阿尔法基金管理有限公司	深圳	深圳
113	恒越基金管理有限公司	上海	上海
114	弘毅远方基金管理有限公司	上海	上海
115	合煦智远基金管理有限公司	深圳	深圳
116	博道基金管理有限公司	上海	上海
117	蜂巢基金管理有限公司	上海	上海
118	中庚基金管理有限公司	上海	上海

公募证券投资基金名录

序号	基金代码	基金简称	设立日期
1	000001	华夏成长混合	2001-12-18
2	000003	中海可转债债券	2013-03-20
3	000005	嘉实增强信用定期债券	2013-03-08
4	000007	鹏华国企债债券	2013-03-08
5	000008	嘉实中证500ETF联接基金	2013-03-22
6	000009	易方达天天理财货币	2013-03-04
7	000011	华夏大盘精选混合	2004-08-11
8	000014	华夏聚利债券	2013-03-19
9	000015	华夏纯债债券	2013-03-08
10	000017	财通可持续混合	2013-03-27
11	000020	景顺长城品质投资混合	2013-03-19
12	000021	华夏优势增长混合	2006-11-24
13	000022	南方中债中期票据指数债权发起式	2013-05-03
14	000024	大摩双利增强债券	2013-03-26
15	000026	泰达信用合利债券	2013-03-19
16	000028	华富保本	2013-04-24
17	000029	富国宏观策略灵活配置混合	2013-04-12
18	000030	长城久利保本	2013-04-18
19	000031	华夏复兴混合	2007-09-10
20	000032	易方达信用债债券	2013-04-24
21	000037	广发理财7天债券	2013-06-20
22	000039	农银高增长混合	2013-03-26
23	000041	华夏全球股票(QDII)	2007-10-09
24	000042	中证财通可持续发展100指数	2013-03-22
25	000043	嘉实美国成长股票	2013-06-14
26	000045	工银产业债券	2013-03-28
27	000047	华夏双债债券	2013-03-14
28	000049	中银标普全球资源等权重指数(QDII)	2013-03-19
29	000050	长盛纯债债券基金	2013-03-13
30	000051	华夏沪深300ETF联接	2009-07-10
31	000053	鹏华实业债纯债债券	2013-05-03
32	000054	鹏华双债增利债券	2013-03-13
33	000056	建信消费升级混合	2013-06-14
34	000057	中银消费主题混合	2013-04-25
35	000058	国联安保本	2013-04-23
36	000059	国联安医药100	2013-08-21
37	000060	国联安股债动态	2013-06-26
38	000061	华夏盛世混合	2009-12-11
39	000062	银华量化智慧动力灵活配置混合	2013-05-22
40	000063	长盛电子信息主题混合	2013-05-10
41	000064	大摩18个月定期开放债券	2013-06-25
42	000065	国富焦点驱动混合	2013-05-07
43	000066	诺安鸿鑫保本混合	2013-05-03
44	000067	民生加银转债优选	2013-04-18
45	000069	国投瑞银中高等级债券	2013-05-14
46	000071	华夏恒生ETF联接	2012-08-21
47	000072	华安保本混合	2013-05-14
48	000073	上投摩根成长动力混合	2013-05-15
49	000074	工银信用纯债一年定开债券	2013-05-22
50	000078	工银信用纯债两年定开债券	2013-06-21
51	000080	天治可转债	2013-06-04
52	000082	嘉实研究阿尔法股票	2013-05-28
53	000083	汇添富消费行业混合	2013-05-03
54	000084	博时安盈债券	2013-04-23
55	000086	南方稳利	2013-07-23
56	000087	嘉实中证金边中期国债ETF联接	2013-05-10
57	000089	民生加银家盈理财月度	2013-04-25
58	000091	信诚新双盈分级债券	2013-05-09

序号	基金代码	基金简称	设立日期
59	000103	国泰中国企业境外高收益债券	2013-04-26
60	000104	华宸未来信用增利	2013-08-19
61	000105	建信安心回报债券	2013-05-14
62	000107	富国信用增强债券	2013-05-21
63	000110	金鹰元安保本混合	2013-05-20
64	000111	易方达纯债1年定期开放债券	2013-07-30
65	000113	嘉实如意宝定期债券	2013-06-04
66	000116	嘉实丰益纯债定期债券	2013-05-21
67	000117	广发轮动配置混合	2013-05-28
68	000118	广发聚鑫债券	2013-06-05
69	000120	中银美丽中国混合	2013-06-07
70	000121	华夏永福养老理财混合	2013-08-13
71	000122	汇添富实业债券	2013-06-14
72	000124	华宝服务混合	2013-06-27
73	000125	上投摩根天颐年丰混合	2013-07-18
74	000126	招商安润保本混合	2013-04-19
75	000127	农银行业领先混合	2013-06-25
76	000128	大成景安安融债券	2013-05-24
77	000130	大成景兴信用债债券	2013-06-04
78	000132	中银理财21天债券	2013-12-19
79	000134	信诚28日盈	2017-05-25
80	000136	民生加银策略精选混合	2013-06-07
81	000137	民生加银岁岁增利债券	2013-08-01
82	000139	富国国有企业债债券	2013-09-25
83	000142	融通通泰保本	2013-05-30
84	000143	鹏华双债加利债券	2013-05-27
85	000145	长盛季季红1年定期债券	2013-06-14
86	000147	易方达高等级信用债债券	2013-08-23
87	000149	华安双债添利债券	2013-06-14
88	000151	诺安信用债一年定期开放债券	2013-06-18
89	000152	大成景旭纯债债券	2013-07-23
90	000165	国投瑞银策略精选混合	2013-09-27
91	000166	中海安鑫保本混合	2013-07-31
92	000167	广发聚优灵活配置混合	2013-09-11
93	000169	泰达宏利收益债券	2013-06-14
94	000171	易方达裕丰回报债券	2013-08-23
95	000172	华泰柏瑞量化增强混合	2013-08-02
96	000173	汇添富美丽30混合	2013-06-25
97	000174	汇添富高息债债券A	2013-06-27
98	000176	嘉实沪深300指数研究增强	2014-12-26
99	000177	嘉实丰益信用定期债券	2013-08-21
100	000178	博时混合	2013-11-08
101	000179	广发美国房地长指数(QDII)	2013-08-09
102	000181	景顺长城四季金利纯债	2013-07-30
103	000183	嘉实丰益策略定期债券	2013-07-30
104	000184	工银添福债券	2013-10-31
105	000186	华泰柏瑞季季红债券	2013-11-13
106	000187	华泰柏瑞丰盛纯债债券	2013-09-02
107	000189	易方达保本一号混合	2016-01-13
108	000190	中银新回报混合	2013-09-10
109	000191	富国信用债债券	2013-06-25
110	000193	国泰美国房地产开发股票(QDII)	2013-08-06
111	000194	银华信用四季红债券	2013-08-07
112	000195	工银保本3号混合	2013-06-26
113	000197	富国目标收益一年期纯债债券	2013-06-27
114	000198	天弘余额宝货币	2013-05-29
115	000199	国泰目标收益保本混合	2013-08-12
116	000200	博时岁岁增利一年定期开放证券	2013-06-26
117	000201	诺安泰鑫一年定期开放债券	2013-11-05
118	000202	富国目标收益两年期纯债债券	2013-09-13
119	000203	国富日日收益货币	2013-07-24
120	000205	易方达投资级信用债债券	2013-09-10
121	000207	建信双债增强债券	2013-07-25
122	000209	信诚新兴产业混合	2013-07-17
123	000210	光大保德信现金宝货币	2013-09-05
124	000212	泰信鑫益定期开放	2013-07-17
125	000214	广发成长优选混合	2013-12-11
126	000215	广发趋势灵活配置混合	2013-09-11
127	000216	华安黄金易ETF联接	2013-08-22
128	000218	国泰黄金ETF联接	2016-04-13
129	000219	博时裕益混合	2013-07-29
130	000220	富国医疗保健行业混合	2013-08-06
131	000221	汇添富年年利定期开放债券	2013-09-06
132	000225	长盛年年收益定期债券	2013-08-09
133	000227	华安年年红债券	2013-11-14
134	000235	诺安稳固收益一年定期开放债券	2013-08-20
135	000236	工银月月薪定期支付债券	2013-08-14
136	000237	国投瑞银岁添利一年债券	2013-08-20
137	000239	华安年年盈定期开放债	2015-02-03
138	000242	景顺长城策略精选	2013-08-06
139	000244	天弘稳利定期开放	2013-07-19
140	000246	博时月月薪定期支付	2013-07-25
141	000247	方正富邦互利定期开放债券	2013-09-11
142	000248	汇添富中证主要消费联接	2015-03-24
143	000251	工银金融地产混合	2013-08-26
144	000252	景顺长城景兴信用纯债	2013-08-26
145	000254	长城定期开放债券	2013-09-06
146	000256	上投摩根红利回报混合	2013-09-17
147	000257	上投摩根岁岁盈定期开放债券	2013-08-28
148	000259	农银区间收益混合	2013-08-21
149	000260	信诚季季定期支付债券	2013-09-12
150	000263	工银瑞信信息产业混合	2013-11-11
151	000264	博时内需增长混合	2013-07-15
152	000265	易方达恒久1年定期债券	2014-09-10
153	000267	广发集利一年定期开放债券	2013-08-21
154	000269	嘉实合润双债两年期定期开放债券	2017-07-20
155	000270	建信安心保本混合	2013-09-03
156	000271	中邮定期开放债券	2013-11-05

序号	基金代码	基金简称	设立日期
157	000273	华润元大保本混合	2013-09-11
158	000274	广发亚太中高收益债券(QDII)	2013-11-28
159	000277	博时双月薪定期支付债券	2013-10-22
160	000278	融通通泽灵活配置混合	2013-08-30
161	000279	华商红利优选混合	2013-09-17
162	000280	博时双债增强债券	2013-09-13
163	000284	富安达信用纯债债券发起式	2013-10-25
164	000286	银华信用季季红债券	2013-09-18
165	000287	银华永利债券	2014-01-22
166	000289	鹏华丰泰定期开放债券	2013-09-24
167	000290	鹏华全球高收益债(QDII)	2013-10-22
168	000291	鹏华丰信分级债券	2013-10-22
169	000294	华安生态优选混合	2013-11-28
170	000295	鹏华丰实定期开放债券	2013-09-10
171	000297	鹏华可转债债券	2015-02-03
172	000298	中海纯债债券	2014-04-23
173	000300	德邦德利货币	2013-09-16
174	000302	国泰淘金互联网债券	2013-11-19
175	000303	长盛双月红1年定期债券	2013-09-24
176	000305	中银中高等级债券	2013-12-05
177	000306	天弘弘利债券	2013-09-11
178	000307	易方达黄金ETF联接	2016-05-26
179	000308	建信创新中国混合	2013-09-24
180	000309	大摩品质生活精选股票	2013-10-29
181	000310	安信永利信用	2013-11-07
182	000311	景顺长城沪深300指数增强	2013-10-29
183	000312	华安沪深300增强	2013-09-27
184	000314	招商瑞丰混合发起式	2013-11-06
185	000315	融通通祥一年目标触发式混合基金	2013-10-22
186	000316	中海惠利纯债分级债	2013-11-21
187	000319	泰达淘利债券	2014-08-06
188	000322	农银14天理财债券A	2013-12-17
189	000324	华润元大现金收益货币	2013-10-29
190	000326	南方顺达保本混合	2015-10-28
191	000327	南方丰合保本混合	2015-05-28
192	000328	上投摩根转型动力混合	2013-11-25
193	000329	鹏华丰饶定期开放债券	2016-08-24
194	000330	汇添富现金货币	2013-09-12
195	000331	中加货币	2013-10-21
196	000333	长城稳固收益债券型	2015-01-28
197	000336	农银研究精选混合	2013-11-05
198	000338	鹏华双债保利债券	2013-09-17
199	000339	长城医疗保健混合	2014-02-28
200	000342	嘉实新兴市场	2013-11-26
201	000343	华夏财富宝货币	2013-10-25
202	000345	鹏华丰融定期开放债券	2013-11-18
203	000346	建信安心回报两年定期开放债券	2013-11-05
204	000348	广发中债金融债指数	2013-11-07
205	000351	国富恒丰定期债券	2013-11-20
206	000354	长盛城镇化主题混合	2013-11-12
207	000355	南方丰元信用增强债券	2013-11-12
208	000359	易方达易理财货币	2013-10-24
209	000360	信诚年年有余定期开放债券	2013-11-27
210	000362	国泰聚信价值优势灵活配置	2013-12-17
211	000366	汇添富添富通货币	2013-12-10
212	000367	国泰安康养老定期支付混合	2014-04-29
213	000368	汇添富沪深300安中指数	2013-11-06
214	000369	广发全球医疗保健(QDII)	2013-12-10
215	000371	民生加银现金宝货币	2013-10-18
216	000372	中银惠利纯债	2013-11-07
217	000373	华安中证细分医院ETF联接	2014-11-28
218	000377	上投摩根双债增利债券	2013-12-11
219	000379	平安大华日增利货币	2013-12-03
220	000380	景顺长城景益货币	2013-11-26
221	000382	富国恒利分级债券	2013-12-09
222	000385	景顺长城景颐双利债券	2013-11-13
223	000387	泰达宏利瑞利分级债券	2013-11-14
224	000389	广发天天红	2013-10-22
225	000390	华商优势行业混合	2013-12-11
226	000391	招商标普高收益红利指数增强基金	2013-12-11
227	000394	融通通源短融债券	2013-12-31
228	000395	汇添富安心中国债券	2013-11-25
229	000397	汇添富全额宝	2013-12-12
230	000398	华富灵活配置混合	2014-08-07
231	000400	中融增鑫定期开放债券	2013-12-03
232	000402	工银纯债债券	2014-05-16
233	000404	易方达新兴成长混合	2013-11-28
234	000405	信诚月月定期支付债券	2013-12-30
235	000406	汇添富双利增强债券	2013-12-03
236	000408	民生加银城镇化混合	2013-12-11
237	000409	鹏华环保产业股票	2014-03-07
238	000410	益民服务领先混合	2013-12-13
239	000411	景顺长城优质成长	2014-01-02
240	000412	国开岁月鎏金定开信用债	2013-12-23
241	000414	嘉实绝对收益策略定开混合	2013-12-06
242	000415	大摩添利18个月开放债券	2014-09-02
243	000417	国联安精选混合	2014-03-04
244	000418	景顺长城成长之星	2013-12-13
245	000419	大摩华鑫优质信价纯债基金	2014-11-25
246	000421	华泰柏瑞丰汇债券	2014-12-10
247	000423	前海开源事件驱动混合	2013-12-19
248	000424	长盛添利宝货币	2013-12-09
249	000426	大成信用增利一年债券	2014-01-28
250	000428	易方达聚盈分级债券型发起式	2013-11-14
251	000431	鹏华品牌传承混合	2014-01-28
252	000432	中银优秀企业混合	2014-01-28
253	000433	安信鑫发优选混合	2013-12-31
254	000434	新华壹诺宝货币	2013-12-03

序号	基金代码	基金简称	设立日期
255	000435	建信稳定添利债券	2013-12-10
256	000436	易方达裕惠定开混合发起式	2013-12-17
257	000437	融通月月添利定期开放债券	2014-08-29
258	000439	国金鑫盈货币	2013-12-16
259	000440	大成景祥分级债	2013-11-19
260	000452	南方医药保健灵活配置混合	2014-01-23
261	000453	国金通用鑫利分级	2014-01-21
262	000457	上投摩根核心成长	2014-02-10
263	000458	英大领先回报	2014-03-05
264	000462	农银主题轮动混合	2015-04-10
265	000463	华商双债丰利债券	2014-01-28
266	000464	嘉实活期宝货币	2013-12-18
267	000465	景顺长城月薪定期支付债券	2014-03-20
268	000466	融通通瑞债券	2014-03-21
269	000467	信诚惠报	2016-04-08
270	000469	富国目标齐利一年定期纯债	2014-07-24
271	000471	富国城镇发展股票	2014-01-28
272	000473	广发集鑫债券	2014-01-27
273	000475	广发天天利货币	2014-01-27
274	000477	广发主题领先混合	2014-07-31
275	000478	建信中证500指数增强	2014-01-27
276	000480	东方红新动力混合	2014-01-28
277	000483	鑫元货币	2013-12-30
278	000485	嘉实一个月理财债券	2013-12-24
279	000487	嘉实3个月理财债券	2014-06-26
280	000489	光大保德信岁末红利债券	2014-08-12
281	000493	南方现金通货币	2014-01-21
282	000496	长安产业精选混合	2014-05-06
283	000497	财通纯债债券	2014-01-17
284	000502	华富恒富18个月定期开放债券	2014-03-19
285	000503	中信建投稳信一年	2014-01-27
286	000505	国寿安保货币市场	2014-01-20
287	000507	泰达宏利养老混合	2014-03-05
288	000509	广发钱袋子	2014-01-10
289	000510	诺安永鑫一年定期开放债券	2014-06-24
290	000511	国泰国策驱动灵活配置混合	2014-02-17
291	000512	国泰结构转型灵活配置混合	2014-05-19
292	000513	富国高端制造行业股票	2014-06-20
293	000516	富国祥利一年期定期开放债券	2017-08-30
294	000520	上银新兴价值成长混合	2014-05-06
295	000521	诺安瑞鑫定期开放发起式债券	2017-12-28
296	000522	华润元大信息传媒科技混合	2014-03-31
297	000523	国投瑞银医疗保健混合	2014-02-25
298	000524	上投摩根民生需求股票	2014-03-14
299	000526	国泰浓益灵活配置混合	2014-03-05
300	000527	南方新优享灵活配置混合	2014-02-25
301	000528	工银薪金宝货币	2014-01-27
302	000529	广发竞争优势混合	2014-03-12
303	000530	招商丰盛稳定增长混合	2014-03-20

序号	基金代码	基金简称	设立日期
304	000531	东吴阿尔法灵活配置混合	2014-03-19
305	000532	景顺长城优势企业混合	2014-03-19
306	000533	永赢货币	2014-02-27
307	000534	长盛高端装备混合	2014-03-25
308	000535	长盛航天海工混合	2014-03-11
309	000536	前海开源可转债债券	2014-03-25
310	000538	诺安优势行业混合	2014-03-14
311	000539	中银活期宝货币	2014-02-14
312	000540	国金金腾通货币	2014-02-17
313	000541	华商创新成长混合发起式	2014-03-18
314	000542	上银慧财宝货币	2014-02-27
315	000545	中邮核心竞争力灵活配置混合	2014-04-23
316	000546	兴业定期开放债券	2014-03-13
317	000547	建信健康民生混合	2014-03-21
318	000548	鹏华聚财通货币	2017-05-18
319	000549	华安大国新经济股票	2014-04-17
320	000550	广发新动力混合	2014-03-19
321	000551	信诚幸福消费混合	2014-04-29
322	000552	中加纯债一年	2014-03-24
323	000554	中国梦灵活配置混合	2014-06-09
324	000556	国投瑞银新机遇混合	2014-03-11
325	000558	国投瑞银瑞易货币	2014-03-20
326	000559	诺安天天宝货币	2014-03-25
327	000561	南方启元债券	2014-07-25
328	000563	南方通力债券	2014-04-25
329	000566	华泰柏瑞创新升级混合	2014-05-06
330	000567	广发聚祥灵活混合	2014-03-15
331	000569	鹏华增值宝货币	2014-02-26
332	000571	中邮双动力混合型证券投资基金	2014-05-04
333	000572	中银多策略混合	2014-03-31
334	000573	天弘通利混合	2014-03-14
335	000574	宝盈新价值混合	2014-04-10
336	000575	兴全添利宝	2014-02-27
337	000576	中邮货币	2014-05-28
338	000577	安信价值精选股票	2014-04-21
339	000578	鑫元一年定期开放	2014-04-17
340	000581	嘉实活钱包货币	2014-03-17
341	000583	江信聚福	2014-05-29
342	000584	新华一路财富灵活配置混合	2014-04-17
343	000585	嘉实对冲套利定期混合	2014-05-16
344	000586	景顺长城中小板创业板精选股票	2014-04-29
345	000587	大成灵活配置混合	2014-05-14
346	000588	招商招财宝货币	2014-03-25
347	000589	光大保德信银发商机混合	2014-04-29
348	000590	华安新活力混合	2014-04-01
349	000591	中银健康生活混合	2014-05-20
350	000592	建信改革红利股票	2014-05-14
351	000594	大摩进取优选股票	2014-05-29
352	000595	嘉实泰和混合	2014-04-04

序号	基金代码	基金简称	设立日期
353	000596	前海开源中证军工指数	2014－05－27
354	000597	中海积极收益混合	2014－05－26
355	000598	长盛生态环境混合	2014－09－10
356	000599	信诚薪金宝货币	2014－05－14
357	000600	汇添富和聚宝货币	2014－05－28
358	000601	华宝创新混合	2014－05－14
359	000602	富国收益宝货币	2014－05－26
360	000603	易方达创新驱动混合	2015－02－13
361	000604	银华多利宝货币	2014－04－25
362	000606	天弘优选债券	2017－09－26
363	000609	华商新量化混合	2014－06－05
364	000610	新华阿里一号保本混合	2014－04－25
365	000611	长城淘金理财债券	2014－05－07
366	000612	华宝生态混合	2014－06－13
367	000613	国寿安保沪深300指数	2014－06－05
368	000614	华安德国30(DAX)ETF联接	2014－08－12
369	000615	长城工资宝货币	2014－06－25
370	000616	上投摩根优信增利	2014－06－11
371	000618	嘉实薪金宝货币	2014－04－29
372	000619	东方红产业升级混合	2014－06－06
373	000620	易方达现金增利货币	2015－02－05
374	000622	华富恒财分级债券	2014－05－07
375	000626	大成招财宝货币	2014－06－17
376	000628	大成高新技术产业股票	2015－02－03
377	000629	圆信永丰纯债	2014－05－30
378	000632	中银聚利半年期定期开放债券	2014－06－05
379	000634	富国天盛灵活配置混合	2014－04－30
380	000638	富国富钱包货币	2014－05－07
381	000639	宝盈祥瑞养老混合	2014－05－21
382	000640	诺安理财宝货币	2014－05－12
383	000643	华宝活期通货币	2014－05－21
384	000644	招商招金宝货币	2014－06－19
385	000645	华夏薪金宝货币	2014－05－26
386	000646	华润元大医疗保健量化混合	2014－08－18
387	000647	易方达财富快线货币	2014－06－17
388	000649	长城久鑫保本	2014－07－30
389	000652	博时裕隆混合	2014－06－03
390	000654	华商新锐产业混合	2014－07－24
391	000655	鑫元稳利	2014－06－12
392	000656	前海开源沪深300指数	2014－06－17
393	000657	银华活钱宝货币	2014－06－23
394	000663	国投瑞银美丽中国混合	2014－06－24
395	000664	国联安通盈混合	2014－06－13
396	000667	工银瑞信绝对收益混合发起	2014－06－26
397	000668	国寿安保尊享债券	2014－07－24
398	000670	天弘季加利理财	2014－06－17
399	000674	中海惠祥分级债券	2014－08－29
400	000677	工银现金货币	2014－09－23
401	000679	招商丰利混合	2014－08－12
402	000681	信达澳银慧管家货币	2014－06－26
403	000684	长盛养老健康混合	2014－11－25
404	000685	上投摩根现金管理货币	2014－08－19
405	000686	建信嘉薪宝货币	2014－06－17
406	000687	南方薪金宝货币	2014－06－23
407	000688	景顺长城研究精选股票	2014－08－13
408	000689	前海开源新经济混合	2014－08－20
409	000690	前海开源大海洋混合	2014－07－31
410	000693	建信现金添利货币	2014－09－17
411	000694	鑫元鸿利	2014－06－26
412	000695	大成景益平稳收益混合	2014－06－26
413	000696	汇添富环保行业股票	2014－09－16
414	000697	汇添富移动互联股票	2014－08－26
415	000698	宝盈科技30混合	2014－08－13
416	000699	中银薪钱包货币	2014－06－26
417	000701	景顺长城景丰货币	2014－09－16
418	000702	广发季季利债券	2014－09－29
419	000704	易方达天天增利货币	2014－06－25
420	000706	中邮多策略灵活配置	2014－07－24
421	000708	华安安享混合	2015－01－23
422	000709	华安汇财通货币	2014－07－17
423	000710	交银现金宝货币	2014－09－11
424	000711	嘉实医疗保健股票	2014－08－13
425	000712	上投摩根天添宝货币	2014－11－25
426	000714	诺安稳健回报混合	2014－09－15
427	000717	融通转型三动力灵活配置	2015－01－16
428	000721	兴业货币	2014－08－06
429	000724	大成添利宝货币	2014－07－28
430	000727	融通健康产业灵活配置混合	2014－12－25
431	000728	工银目标收益一年定开债券	2014－08－12
432	000729	建信中小盘先锋股票	2014－08－20
433	000730	博时现金宝货币	2014－09－18
434	000732	中原英石货币	2014－09－11
435	000734	博时天天增利货币	2014－08－25
436	000736	诺安聚利债券	2014－11－13
437	000738	中信建投货币	2014－08－05
438	000739	平安大华新鑫先锋	2015－01－29
439	000741	兴银货币	2014－08－27
440	000742	国泰新经济灵活配置混合	2014－09－16
441	000743	红塔红土盛世普益混合发起式	2014－09－18
442	000744	北信瑞丰稳定收益	2014－08－27
443	000746	招商行业精选股票	2014－09－03
444	000747	广发逆向策略混合	2014－09－04
445	000748	广发活期宝货币	2014－08－28
446	000749	国金鑫安保本	2014－08－27
447	000750	安信现金增利货币	2014－11－24
448	000751	嘉实新兴产业股票	2014－09－17
449	000752	博时优势收益信用债债券	2014－09－15
450	000753	华宝量化对冲混合	2014－09－17

序号	基金代码	基金简称	设立日期
451	000755	富安达新兴成长混合	2014-09-11
452	000756	建信潜力新蓝筹股票	2014-09-10
453	000757	华富智慧城市灵活配置混合	2014-10-31
454	000759	平安大华财富宝	2014-08-21
455	000760	工银财富货币	2015-06-19
456	000761	国富健康优质生活股票	2014-09-23
457	000762	汇添富绝对收益定开混合	2017-03-15
458	000763	工银新财富灵活配置混合	2014-09-19
459	000767	华富国泰民安灵活配置混合	2015-02-04
460	000768	长城久盈分级债券	2014-10-28
461	000771	诺安聚鑫宝货币	2014-09-01
462	000772	景顺长城中国回报混合型	2014-11-06
463	000773	万家现金宝	2014-09-23
464	000774	天弘瑞利分级债券	2015-01-20
465	000778	鹏华先进制造股票	2014-11-04
466	000780	鹏华医疗保健股票	2014-09-23
467	000781	国投瑞银岁增利一年债券	2014-09-26
468	000783	博时月月盈短期理财债券	2014-09-22
469	000785	华融现金增利	2014-09-16
470	000788	前海开源中国成长混合	2014-09-29
471	000789	易方达龙宝货币	2014-09-12
472	000791	银华双月定期理财债券	2014-09-05
473	000792	招商定期宝六个月期理财债券	2017-06-16
474	000793	工银高端制造股票	2014-10-21
475	000794	宝盈睿丰创新混合	2014-09-26
476	000797	方正富邦金小宝货币	2014-09-24
477	000798	民生加银季度理财	2017-09-13
478	000799	民生加银半年理财	2018-02-11
479	000800	华商未来主题混合	2014-10-14
480	000801	中金纯债	2014-11-03
481	000803	工银瑞信研究精选股票	2014-10-23
482	000804	中信建投稳利保本	2014-09-26
483	000805	中银新经济混合	2014-09-30
484	000806	信诚3个月理财债券	2014-10-21
485	000808	招商招利1个月期理财债券	2014-09-25
486	000810	富国收益增强债券	2014-10-28
487	000813	鑫元合享分级债券	2014-10-15
488	000816	南方理财金货币 ETF	2014-12-04
489	000817	中银安心回报	2014-10-24
490	000819	新华财富金30天理财债券	2014-09-26
491	000820	华安中证高分红指数增强	2014-11-14
492	000822	东海美丽中国灵活配置混合	2014-11-14
493	000823	银华高端制造业混合	2014-11-13
494	000824	圆信永丰双利	2014-11-19
495	000826	广发百发100指数	2014-10-30
496	000828	泰达转型机遇	2014-11-18
497	000829	易方达天天发货币	2017-02-16
498	000831	工银医疗保健股票	2014-11-18
499	000833	易方达掌柜季季盈理财债券	2017-06-15
500	000834	大成纳斯达克100指数	2014-11-13
501	000835	华润元大富时中国A50指数	2014-11-20
502	000836	国投瑞银钱多宝货币	2014-10-17
503	000839	上投摩根纯债丰利债券	2014-11-18
504	000841	富国新回报灵活配置混合	2014-11-25
505	000844	南方绝对收益策略定期混合	2014-12-01
506	000845	国投瑞银信息消费混合	2014-12-03
507	000847	中融货币	2014-10-21
508	000848	工银添益快线货币	2014-10-21
509	000849	汇丰晋信双核策略混合	2014-11-26
510	000854	鹏华养老产业股票	2014-12-02
511	000855	上投摩根天添盈货币	2014-11-25
512	000860	银华惠普利货币	2014-11-13
513	000865	大成景利混合	2014-12-09
514	000866	华宝制造股票	2014-12-10
515	000867	华宝品质生活股票	2015-01-21
516	000868	国投瑞银增利宝货币	2014-11-13
517	000870	嘉实新收益混合	2014-12-10
518	000871	北信瑞丰宜投宝	2014-11-20
519	000873	华安现金宝	2017-03-10
520	000875	建信稳定得利债券	2014-12-02
521	000877	华泰柏瑞量化优选混合	2014-12-17
522	000878	中海医药混合	2014-12-17
523	000880	富国研究精选灵活配置混合	2014-12-12
524	000882	中金现金管家	2014-11-28
525	000884	民生加银优选股票	2014-12-19
526	000886	北信瑞丰无限互联	2014-12-24
527	000887	上投摩根稳进回报混合	2015-01-27
528	000889	上投摩根纯债添利债券	2014-12-24
529	000892	九泰天宝灵活配置混合	2015-07-23
530	000893	工银创新动力股票	2014-12-11
531	000894	中欧睿达定期开放混合	2014-12-01
532	000895	国寿安保薪金宝货币	2014-11-20
533	000896	鑫元半年定期开放	2014-12-02
534	000898	华富恒稳纯债债券	2014-12-17
535	000900	新华阿鑫一号保本混合	2014-12-02
536	000901	国开泰富货币	2015-01-14
537	000903	新华活期添利货币	2014-12-04
538	000904	银华回报灵活配置定期开放混合发起式	2014-12-12
539	000905	鹏华安盈宝货币	2015-01-27
540	000907	农银红利日结货币	2014-12-19
541	000911	鑫元合丰债券	2014-12-16
542	000912	英大现金宝	2014-12-10
543	000913	农银医疗保健股票	2015-02-10
544	000914	中加纯债	2014-12-17
545	000916	前海开源股息率100强股票	2015-01-13
546	000917	嘉实机构快线货币	2015-06-25
547	000921	中邮现金驿站货币市	2014-12-18
548	000924	宝盈先进制造混合	2014-12-17

序号	基金代码	基金简称	设立日期
549	000925	汇添富外延增长主题股票	2014－12－08
550	000926	中信建投睿信	2015－02－03
551	000928	中融国企改革混合	2014－12－16
552	000931	国寿安保尊益信用纯债一年	2015－01－22
553	000932	前海开源睿远稳健增利混合	2015－01－14
554	000934	国富大中华精选混合(QDII)	2015－02－03
555	000935	汇金转型成长	2014－12－30
556	000936	博时产业新动力混合	2015－01－26
557	000937	华商稳固添利债券	2015－02－17
558	000939	中银研究精选混合	2014－12－23
559	000940	富国中小盘精选混合	2015－01－23
560	000942	广发信息技术联接	2015－01－29
561	000943	工银中高等级信用债债券	2015－12－02
562	000945	华夏医疗健康混合	2015－02－02
563	000947	德邦纯债债券	2015－02－10
564	000948	华夏沪港通恒生 ETF 联接基金	2015－01－13
565	000950	易方达 300 非银联接	2015－01－11
566	000951	中银理财 90 天债券	2017－03－09
567	000953	国泰睿吉灵活配置混合	2015－04－22
568	000955	南方产业活力股票	2015－01－27
569	000958	东吴鼎元双债	2016－05－19
570	000960	招商医药健康产业股票基金	2015－01－30
571	000961	天弘沪深 300	2015－01－20
572	000962	天弘中证 500	2015－01－20
573	000963	兴业多策略混合	2015－01－23
574	000965	汇丰晋信新动力混合	2015－02－11
575	000966	中邮核心科技创新灵活配置混合	2015－02－11
576	000967	华泰柏瑞创新动力混合	2015－02－06
577	000968	广发养老指数	2015－02－13
578	000969	前海开源大安全混合	2015－02－06
579	000970	东方红睿元混合	2015－01－21
580	000971	诺安新经济股票	2015－01－26
581	000972	新华万银策略灵活配置混合	2015－04－10
582	000973	新华增盈回报债券	2015－01－16
583	000974	安信消费医药股票	2015－03－19
584	000975	华夏 MSCI 中国 A 股 ETF 联接	2015－02－12
585	000976	长城新兴产业混合	2015－02－17
586	000977	长城环保主题灵活	2015－04－08
587	000978	景顺长城量化精选股票	2015－02－04
588	000979	景顺长城沪港深精选股票	2015－04－15
589	000981	北信瑞丰现金添利	2015－01－20
590	000984	民生加银新收益债券	2015－12－29
591	000985	嘉实逆向策略股票	2015－02－02
592	000986	太平灵活配置	2015－02－10
593	000988	嘉实全球互联网股票	2015－04－15
594	000991	工银瑞信战略转型股票	2015－02－16
595	000992	广发套利	2015－02－06
596	000993	华宝稳健回报混合	2015－03－26
597	000994	建信睿盈灵活配置混合	2015－02－03

序号	基金代码	基金简称	设立日期
598	000996	中银新动力股票	2015－02－13
599	000997	南方双元债券	2015－02－10
600	001000	中欧明睿新起点混合	2015－01－29
601	001001	华夏债券	2002－10－23
602	001004	新华稳健回报混合发起式	2015－05－28
603	001005	中海合鑫混合	2015－02－11
604	001006	中信建投凤凰货币	2015－03－31
605	001007	国联安鑫安灵活配置混合	2015－01－26
606	001008	工银国企改革股票	2015－01－27
607	001009	上投摩根安全战略股票	2015－02－26
608	001010	易方达增金宝货币	2015－01－20
609	001011	华夏希望债券	2008－03－10
610	001014	中融融安保本混合	2015－02－12
611	001015	华夏沪深 300 指数增强	2015－02－10
612	001017	泰达改革动力混合	2015－02－13
613	001018	易方达新经济混合	2015－02－12
614	001019	兴业年年利定开债券	2015－02－12
615	001020	诺安裕鑫收益定期开放债券	2015－03－23
616	001021	华夏亚债中国指数	2011－05－25
617	001027	前海开源中证大农业指数增强	2015－02－13
618	001028	华安物联网主题股票 HuaAnIOTEquity	2015－03－17
619	001029	国投瑞银新动力混合	2015－02－04
620	001030	天弘云端生活优选	2015－03－17
621	001031	华夏安康债券	2012－09－11
622	001034	华富旺财保本混合	2015－03－16
623	001035	中银恒利半年	2015－01－30
624	001036	嘉实企业变革股票	2015－02－12
625	001037	国投瑞银锐意改革混合	2015－03－31
626	001038	天弘增益宝货币	2015－03－06
627	001039	嘉实先进制造股票	2015－04－24
628	001040	新华策略精选股票	2015－03－31
629	001042	华夏领先股票	2015－05－15
630	001043	工银美丽城镇股票	2015－03－26
631	001044	嘉实新消费股票	2015－03－23
632	001045	华夏可转债增强债券	2016－09－27
633	001047	光大保德信国企改革股票	2015－03－24
634	001048	富国新兴产业股票	2015－03－12
635	001050	汇添富成长多因子量化策略股票	2015－02－16
636	001051	华夏上证 50ETF 联接	2015－03－17
637	001052	华夏中证 500ETF 联接	2015－05－05
638	001053	南方创新经济灵活配置混合	2015－03－24
639	001054	工银新金融股票	2015－03－19
640	001055	博时产业债纯债债券	2015－03－30
641	001056	北信瑞丰健康生活主题灵活配置	2015－03－27
642	001057	华夏理财 30 天债券	2012－10－24
643	001059	中金绝对收益	2015－04－20
644	001060	前海开源高端装备制造	2015－03－27
645	001061	华夏收益债券(QDII)	2012－12－07
646	001064	广发环保指数	2015－03－25

序号	基金代码	基金简称	设立日期
647	001067	鹏华弘盛混合	2015-02-25
648	001068	华融新锐	2015-04-15
649	001069	华泰柏瑞消费成长混合	2015-05-20
650	001070	建信信息产业股票	2015-03-24
651	001071	华安媒体互联网混合	2015-05-15
652	001072	华安智能装备主题股票	2015-04-24
653	001073	华泰柏瑞量化绝对收益混合	2015-06-29
654	001074	华泰柏瑞量化驱动混合	2015-03-24
655	001075	宝盈转型动力混合	2015-04-29
656	001076	易方达改革红利混合	2015-04-23
657	001077	华夏理财21天债券	2013-01-22
658	001086	华富恒利债券	2015-08-31
659	001088	华宝国策导向混合	2015-05-08
660	001092	广发生物科技指数(QDII)	2015-03-30
661	001094	国投瑞银添利宝货币	2015-04-23
662	001096	国寿安保聚宝盆货币	2015-03-02
663	001097	华泰柏瑞积极优选股票	2015-03-26
664	001101	银华惠添益货币	2016-07-21
665	001102	前海开源国家比较优势混合	2015-05-08
666	001103	前海开源工业革命4.0混合	2015-03-27
667	001104	华安新丝路主题股票	2015-04-09
668	001105	信达澳银转型创新股票	2015-04-15
669	001106	华商健康生活混合	2015-03-17
670	001110	中欧瑾泉灵活配置混合A	2015-03-16
671	001112	东方红中国优势混合	2015-04-07
672	001113	南方大数据100指数基金	2015-04-24
673	001115	广发聚安混合	2015-03-25
674	001117	中欧精选定期开放混合	2015-03-18
675	001118	华宝事件驱动混合	2015-04-08
676	001119	国投瑞银新回报混合	2015-03-20
677	001120	东方睿鑫热点挖掘混合	2015-04-15
678	001122	鹏华弘利混合	2015-03-12
679	001125	博时互联网主题混合	2015-04-28
680	001126	上投摩根卓越制造股票	2015-04-14
681	001127	中银宏观策略混合	2015-04-10
682	001128	宝盈新兴产业混合	2015-04-13
683	001133	广发可选消费联接	2015-04-15
684	001135	益民品质升级混合	2015-05-06
685	001136	易方达裕如混合	2015-03-24
686	001137	国投瑞银岁丰利一年债券	2015-07-21
687	001139	华安新动力灵活配置混合	2015-03-24
688	001140	工银总回报灵活配置混合	2015-04-17
689	001141	泰达宏利创盈混合	2015-03-30
690	001143	华商量化进取混合	2015-04-09
691	001144	大成互联网思维混合	2015-04-21
692	001146	中欧瑾源灵活配置混合A	2015-03-31
693	001148	申万菱信多策略灵活配置混合	2015-03-31
694	001150	融通互联网传媒灵活配置混合	2015-04-16
695	001152	融通新区域新经济灵活配置混合	2015-05-20
696	001154	北信瑞丰平安中国主题灵活配置	2015-05-05

序号	基金代码	基金简称	设立日期
697	001155	中海安鑫宝1号保本混合	2015-04-03
698	001156	申万菱信新能源汽车主题灵活配置混合	2015-05-07
699	001157	国联安睿祺灵活配置混合	2015-04-08
700	001158	工银新材料新能源股票	2015-04-28
701	001159	大成景秀灵活配置混合	2015-03-27
702	001160	东方永润18个月定期开放债券	2015-05-04
703	001162	前海开源优势蓝筹股票	2015-04-28
704	001163	银华中国梦30股票	2015-04-29
705	001164	中欧琪和灵活配置混合	2015-04-08
706	001166	建信环保产业股票	2015-04-22
707	001167	金鹰科技创新股票	2015-04-30
708	001168	国投瑞银优选收益混合	2015-04-16
709	001169	国投瑞银新价值混合	2015-04-22
710	001170	泰达宏利复兴混合	2015-04-21
711	001171	工银养老产业股票	2015-04-28
712	001172	鹏华弘泽混合	2015-04-14
713	001173	中欧瑾和灵活配置混合A	2015-04-13
714	001175	山西证券日日添利货币	2015-05-14
715	001178	前海开源再融资股票	2015-05-18
716	001179	德邦大健康灵活配置混合	2015-04-28
717	001180	广发医药卫生联接	2015-05-06
718	001181	南方改革机遇灵活配置混合	2015-05-19
719	001182	易方达安心回馈混合	2015-05-29
720	001183	南方利淘灵活配置混合	2015-04-17
721	001184	易方达新常态混合	2015-04-30
722	001185	安信动态策略混合	2015-04-15
723	001186	富国文体健康股票	2015-05-06
724	001188	鹏华改革红利股票	2015-04-28
725	001189	广发聚宝混合	2015-04-09
726	001190	鹏华弘润混合	2015-04-14
727	001192	上投摩根整合驱动灵活配置混合	2015-04-23
728	001193	中金消费升级	2015-06-24
729	001194	景顺长城稳健回报混合型	2015-04-10
730	001195	工银农业产业股票	2015-05-26
731	001196	东方鼎新灵活配置混合	2015-04-20
732	001197	长盛转型升级混合	2015-04-21
733	001198	东方惠新灵活配置混合	2015-04-20
734	001199	创金合信聚利债券	2015-05-15
735	001201	申万菱信安鑫回报灵活配置混合	2015-04-28
736	001202	东方红领先精选混合	2015-04-17
737	001203	东方红稳健精选混合A 东方红稳健精选混合C	2015-04-17
738	001205	建信稳健回报灵活配置混合	2015-04-16
739	001206	广发聚惠混合	2015-04-15
740	001208	诺安低碳经济股票	2015-05-13
741	001209	前海开源一带一路混合	2015-04-29
742	001210	天弘互联网混合	2015-05-29
743	001211	中欧滚钱宝	2015-06-12
744	001212	华润元大稳健债券	2015-10-16
745	001214	华泰柏瑞中证500ETF联接	2015-05-13
746	001215	博时沪港深优质企业基金	2015-05-14
747	001216	易方达新收益混和	2015-04-17

序号	基金代码	基金简称	设立日期
748	001218	国投瑞银精选收益混合	2015-05-19
749	001219	上投摩根多因子混合	2015-06-01
750	001220	民生加银研究精选	2015-05-27
751	001221	国联安鑫富混合	2015-05-13
752	001222	鹏华外延成长混合	2015-05-19
753	001223	鹏华文化传媒娱乐股票	2016-01-27
754	001224	中邮新思路灵活配置混合	2015-11-11
755	001225	中邮趋势灵活配置混合	2015-05-27
756	001226	中邮稳健添利灵活配置混合	2015-05-05
757	001227	中邮信息产业灵活配置混合	2015-05-14
758	001228	国联安鑫享灵活配置混合	2015-04-28
759	001229	德邦福鑫灵活配置混合	2015-04-27
760	001230	鹏华医药科技	2015-06-02
761	001231	银华泰利灵活配置混合	2015-04-23
762	001232	嘉合货币	2015-05-06
763	001234	国金众赢货币	2015-06-25
764	001235	中银国有企业债	2015-09-29
765	001236	博时丝路主题股票基金	2015-05-22
766	001237	博时上证 50ETF 联接	2015-05-27
767	001238	博时招财一号保本	2015-04-29
768	001239	长盛国企改革混合	2015-06-04
769	001241	国寿安保中证 500ETF 联接	2015-05-28
770	001242	博时中证淘金大数据 100	2015-05-04
771	001244	华泰柏瑞量化智慧混合	2015-06-03
772	001245	工银生态环境股票	2015-06-02
773	001246	兴银长乐定开债	2015-06-08
774	001247	华泰柏瑞新利混合	2015-04-28
775	001249	易方达新利混合	2015-04-30
776	001250	天弘新活力混合	2015-04-29
777	001252	中海进取收益混合	2015-05-13
778	001253	建信回报灵活配置混合	2015-05-13
779	001254	泰达宏利新起点混合	2015-05-14
780	001255	长城改革红利混合	2015-06-09
781	001256	泓德优选成长混合	2015-05-21
782	001257	兴业收益增强债券	2015-05-28
783	001259	德邦鑫星稳健灵活配置混合	2015-05-21
784	001260	广发安心混合	2015-05-14
785	001261	中融新机遇混合	2015-05-04
786	001262	大成景明灵活配置混合	2015-04-29
787	001263	大成景穗灵活配置混合	2015-05-04
788	001264	银华恒利灵活配置混合	2015-05-06
789	001265	国泰兴益灵活配置	2015-05-14
790	001266	国投瑞银招财灵活配置混合	2015-06-02
791	001267	泰达宏利蓝筹混合	2015-06-02
792	001268	富国国家安全主题混合	2015-05-14
793	001270	英大灵活配置	2015-05-07
794	001272	兴业聚利灵活配置混合	2015-05-07
795	001273	民生加银新动力定开混合	2015-05-18
796	001275	中邮创新优势灵活配置混合	2015-07-23
797	001276	建信新经济灵活配置混合	2015-05-26
798	001277	博时国企改革股票	2015-05-19
799	001278	前海开源清洁能源混合	2015-06-16
800	001279	中海积极增利	2015-05-20
801	001280	银华聚利灵活配置混合	2015-05-14
802	001281	长安鑫利优选混合	2015-05-18
803	001282	华安新机遇保本混合	2015-05-28
804	001283	红塔红土盛金新动力混合	2015-06-19
805	001285	易方达新鑫混合	2015-05-14
806	001287	安信优势增长混合	2015-05-19
807	001289	银华汇利灵活配置混合	2015-05-14
808	001290	广发安泰混合	2015-05-14
809	001291	大摩量化多策略股票基金	2015-06-02
810	001292	天弘普惠养老保本混合	2015-05-26
811	001294	新华战略新兴灵活配置混合	2015-06-29
812	001295	大成景源灵活配置混合	2015-05-15
813	001296	长城转型成长混合	2017-04-26
814	001297	平安大华智慧中国混合	2015-06-09
815	001298	金鹰民族新兴混合	2015-06-02
816	001299	兴业添利债券	2015-06-10
817	001300	大成睿景灵活配置混合	2015-05-26
818	001302	前海开源金银珠宝混合	2015-07-09
819	001303	银华稳利灵活配置混合	2015-05-21
820	001304	建信鑫安回报灵活配置混合	2015-05-14
821	001305	九泰天富改革混合	2015-06-10
822	001306	中欧永裕混合	2015-06-04
823	001308	博时证金宝货币	2015-06-15
824	001309	东方红睿逸定期开放混合	2015-06-03
825	001310	华泰柏瑞行业竞争优势混合	2016-12-27
826	001311	华安新回报灵活配置混合	2015-05-19
827	001312	华安新优选灵活配置混合	2015-05-28
828	001313	上投摩根智慧互联股票	2015-06-09
829	001314	易方达新益混合	2015-06-16
830	001316	安信稳健增值混合	2015-05-25
831	001317	东方赢家保本混合	2015-06-12
832	001318	东方新策略灵活配置混合	2015-05-26
833	001319	农银信息传媒股票	2015-06-24
834	001320	工银丰盈回报灵活配置混合	2015-05-22
835	001321	兴业聚优灵活配置混合	2015-05-21
836	001322	东吴新趋势	2015-07-01
837	001323	东吴移动互联	2015-05-27
838	001324	华宝新价值混合	2015-06-01
839	001325	鹏华弘和混合	2015-05-25
840	001327	鹏华弘华混合	2015-05-25
841	001329	鹏华弘实混合	2015-05-25
842	001331	鹏华弘信混合	2015-05-25
843	001333	大成景鹏灵活配置混合	2015-05-22
844	001334	南方利鑫灵活配置混合	2015-05-20
845	001335	南方利众灵活配置混合	2015-05-21

序号	基金代码	基金简称	设立日期
846	001336	鹏华弘益混合	2015-05-29
847	001339	兴银鼎新灵活配置	2015-05-25
848	001340	华泰柏瑞惠利灵活配置混合	2015-05-25
849	001342	易方达新享混合	2015-05-29
850	001344	易方达沪深300医药ETF联接	2017-11-22
851	001345	富国新收益灵活配置混合	2015-05-25
852	001348	大摩新机遇混合	2015-06-23
853	001349	富国改革动力混合	2015-05-20
854	001351	诺安中证500ETF联接	2015-06-08
855	001352	民生加银新战略混合	2015-06-26
856	001353	广发聚康混合	2015-06-01
857	001355	广发聚泰混合	2015-06-08
858	001357	泓德泓富混合	2015-06-09
859	001358	宝盈祥泰养老混合	2015-05-28
860	001359	国联安添鑫灵活配置混合	2015-06-02
861	001361	景顺长城中证TMT150ETF联接	2015-06-15
862	001362	景顺长城领先回报混合	2015-05-25
863	001363	长城久惠保本	2015-07-27
864	001364	大成景润灵活配置混合	2017-01-24
865	001365	大成正向回报灵活配置混合	2015-07-07
866	001366	金鹰产业整合混合	2015-06-16
867	001367	德邦新添利	2015-06-19
868	001368	兴业稳固收益一年理财债券	2015-06-10
869	001369	兴业稳固收益两年理财债券	2015-06-10
870	001370	中银新趋势混合	2015-05-29
871	001371	富国沪港深价值精选灵活配置混合	2015-06-24
872	001373	易方达新丝路混合	2015-05-27
873	001377	中融新产业混合	2017-07-12
874	001382	易方达国企改革混合	2017-08-23
875	001384	东方新思路灵活配置混合	2015-06-25
876	001386	天弘弘运宝货币	2015-08-13
877	001387	中融新经济混合	2015-11-13
878	001389	中融鑫视野混合	2015-10-20
879	001392	国富金融地产混合	2015-06-09
880	001394	博时新趋势混合	2015-05-28
881	001396	建信互联网+产业升级股票	2015-06-23
882	001397	建信精工制造指数增强	2015-08-26
883	001398	华泰柏瑞健康生活混合	2015-06-17
884	001399	安信鑫安得利混合	2015-06-05
885	001401	德邦如意货币	2016-02-03
886	001402	信诚新选混合	2015-06-05
887	001403	招商国企改革混合基金	2015-06-29
888	001404	招商移动互联网产业股票基金	2015-06-18
889	001405	东方红策略精选混合	2015-06-05
890	001408	建信鑫丰回报灵活配置混合	2015-06-16
891	001409	工银互联网加股票	2015-06-05
892	001410	信达澳银新能源产业股票	2015-07-31
893	001411	诺安创新驱动混合	2015-06-17
894	001412	德邦鑫星价值灵活配置混合	2015-06-19

序号	基金代码	基金简称	设立日期
895	001413	中融鑫起点混合	2015-06-12
896	001415	信诚新锐混合	2015-06-11
897	001416	嘉实事件驱动股票	2015-06-09
898	001417	汇添富医疗服务混合	2015-06-17
899	001418	泰达宏利创益混合	2015-06-16
900	001419	泰达宏利新思路混合	2015-06-16
901	001420	南方大数据300指数基金	2015-06-24
902	001421	南方量化成长股票	2015-06-29
903	001422	景顺长城安享回报混合	2015-06-15
904	001424	博时新起点混合	2015-06-24
905	001427	招商丰泽混合	2015-06-11
906	001427	华商改革创新股票	2018-03-02
907	001429	博时新财富混合	2015-06-23
908	001430	中邮乐享收益灵活配置混合	2015-06-15
909	001431	方正富邦优选灵活配置混合	2015-06-25
910	001433	易方达瑞景混合	2015-06-30
911	001437	易方达瑞享混合	2015-06-26
912	001441	易方达瑞信混合	2018-01-30
913	001443	易方达瑞选混合	2015-12-02
914	001445	华安国企改革主题灵活配置混合	2015-06-29
915	001447	天弘惠利混合	2015-06-10
916	001448	华商双翼平衡混合	2015-06-16
917	001449	华商双驱优选混合	2015-07-08
918	001450	东方稳定增利债券	2015-09-30
919	001453	鹏华弘鑫混合	2015-06-19
920	001455	景顺长城中证500ETF联接	2015-06-29
921	001456	华泰柏瑞制造2025混合	2015-08-04
922	001457	华商新常态混合	2015-06-29
923	001458	广发主要消费联接	2015-08-17
924	001459	广发原材料联接	2015-08-17
925	001460	广发能源联接	2015-07-09
926	001463	光大保德信一带一路混合	2015-06-26
927	001464	光大保德信鼎鑫混合	2015-06-11
928	001465	国金鑫运灵活配置混合	2015-06-24
929	001466	华富永鑫灵活配置混合	2015-06-15
930	001468	广发改革混合	2015-07-27
931	001469	广发金融地产联接	2015-07-09
932	001470	融通通鑫灵活配置混合	2015-06-15
933	001471	融通新能源灵活配置混合	2015-06-29
934	001473	建信大安全战略精选股票	2015-07-29
935	001474	兴银丰盈灵活配置	2015-06-24
936	001475	易方达国防军工混合	2015-06-19
937	001476	中银智能制造股票	2015-06-18
938	001477	泰康薪意保货币	2015-06-19
939	001479	中邮风格轮动灵活配置混合	2016-01-27
940	001480	财通成长优选混合	2015-06-29
941	001482	上投摩根新兴服务股票	2015-08-06
942	001483	天弘喜利混合	2016-11-18
943	001484	天弘新价值混合	2015-06-19

序号	基金代码	基金简称	设立日期
944	001485	华安添颐养老混合	2015-06-16
945	001486	天弘鑫安宝保本	2015-10-23
946	001487	宝盈优势产业混合	2015-08-25
947	001488	万家瑞丰	2015-06-19
948	001490	汇添富国企创新增长股票	2015-07-10
949	001491	国泰生益灵活配置混合	2015-06-19
950	001492	鹏华弘锐混合	2015-06-23
951	001494	信诚新鑫混合	2015-06-29
952	001495	东方新价值混合	2015-07-03
953	001496	工银聚焦30股票	2015-06-25
954	001498	建信鑫荣回报灵活配置混合	2016-12-23
955	001499	国投瑞银新增长混合	2015-06-19
956	001500	泓德远见回报混合	2015-08-24
957	001501	招商丰裕混合	2015-11-17
958	001502	创金合信睿合定开混合	2018-03-12
959	001506	景顺长城泰和回报混合	2015-08-19
960	001508	富国新动力灵活配置混合	2015-08-04
961	001511	兴全新视野定期开放混合型发起式	2015-07-01
962	001512	易方达中债3-5年期国债指数	2015-07-08
963	001513	易方达信息产业混合	2016-09-27
964	001517	大成景裕灵活配置混合	2015-06-23
965	001518	万家兴瑞	2015-07-23
966	001519	建信鑫裕回报灵活配置混合	2015-07-02
967	001520	国投瑞银研究精选股票	2017-12-01
968	001521	国寿安保成长优选股票	2015-12-11
969	001522	博时新策略混合	2015-11-20
970	001524	华泰柏瑞军工股票	2016-03-29
971	001526	鑫元安鑫宝	2015-06-26
972	001528	诺安先进制造股票	2015-08-21
973	001529	天弘云商宝	2015-06-25
974	001530	万家瑞富	2016-11-25
975	001531	招商安益保本混合	2015-07-14
976	001532	华安文体健康混合	2017-06-08
977	001533	华泰柏瑞爱利混合	2016-09-20
978	001534	华宝万物互联灵活配置混合	2015-06-30
979	001535	景顺长城改革机遇混合	2015-09-01
980	001536	南方君选	2016-02-03
981	001537	中加改革红利	2015-08-13
982	001538	上投摩根科技前沿混合	2015-07-09
983	001539	嘉实中证金融地产ETF联接	2015-08-06
984	001540	汇金转型驱动	2015-07-27
985	001541	汇添富民营新动力股票	2015-08-07
986	001542	国泰互联网+股票	2015-08-04
987	001543	宝盈新锐混合	2015-11-04
988	001545	博时裕嘉3个月定开债发起式	2015-12-02
989	001546	博时裕盈3个月定开债发起式	2015-09-29
990	001547	兴业聚惠灵活配置混合	2015-07-08
991	001548	天弘上证50	2015-07-16
992	001550	天弘中证医药100	2015-06-30

序号	基金代码	基金简称	设立日期
993	001552	天弘中证证券保险	2015-06-30
994	001554	天弘中证全指运输	2015-06-30
995	001556	天弘量化驱动股票	2015-06-30
996	001558	天弘医疗健康混合	2015-06-30
997	001560	天弘中证移动互联网	2015-06-30
998	001562	易方达瑞和混合	2018-02-02
999	001563	华富健康文娱灵活配置混合	2015-08-04
1000	001564	东方红京东大数据混合	2015-07-31
1001	001565	永赢量化混合发起式	2015-08-06
1002	001566	南方利达灵活配置混合	2015-07-07
1003	001568	泰达宏利增利混合	2016-06-30
1004	001569	泰信国策驱动混合	2015-10-27
1005	001570	南方利安灵活配置混合	2015-11-19
1006	001571	嘉合磐石	2015-07-03
1007	001573	南方互联网+灵活配置混合	2017-11-27
1008	001574	中海混改红利混合	2015-11-11
1009	001575	兴银稳健	2015-12-14
1010	001576	国泰智能装备股票	2017-06-21
1011	001577	嘉实低策略股票	2015-07-27
1012	001578	博时裕瑞纯债债券	2015-06-30
1013	001579	国泰大农业股票	2017-06-15
1014	001581	华安沪港深精选灵活配置混合	2017-02-16
1015	001582	大成景辉灵活配置混合	2015-11-30
1016	001583	安信新常态股票	2015-08-06
1017	001584	国投瑞银新活力混合	2015-11-17
1018	001586	天弘中证100	2015-07-16
1019	001588	天弘中证800	2015-07-16
1020	001590	天弘中证环保产业	2015-07-16
1021	001592	天弘创业板	2015-07-07
1022	001594	天弘中证银行	2015-07-07
1023	001596	信诚新泽	2017-06-27
1024	001597	招商丰融混合	2015-11-17
1025	001599	天弘中证高端装备制造	2015-07-07
1026	001601	鑫元鑫新收益	2015-07-15
1027	001603	易方达安盈回报混合	2017-02-16
1028	001604	汇金转型升级混合	2016-02-03
1029	001605	国富沪港深成长精选股票	2016-01-20
1030	001606	农银工业4.0混合	2015-08-13
1031	001607	英大策略优选混合	2015-12-02
1032	001609	平安大华鑫享混合	2015-07-28
1033	001611	天弘中证休闲娱乐	2015-07-29
1034	001613	长城久祥保本	2015-11-09
1035	001614	东方区域发展混合	2016-09-07
1036	001615	中欧睿尚定期开放混合	2015-09-02
1037	001616	嘉实环保低碳股票	2015-12-30
1038	001617	天弘中证电子	2015-07-29
1039	001620	嘉实新机遇混合发起式	2015-07-13
1040	001622	新华鑫锐混合	2016-10-26
1041	001623	兴业国企改革混合	2015-09-17

序号	基金代码	基金简称	设立日期
1042	001624	兴业添天盈货币	2015-07-23
1043	001626	国泰央企改革股票	2015-09-01
1044	001627	融通新优选灵活配置混合	2016-11-02
1045	001628	招商体育文化休闲股票	2015-08-18
1046	001629	天弘中证计算机	2015-07-29
1047	001631	天弘中证食品饮料	2015-07-29
1048	001633	万家瑞祥	2016-11-17
1049	001635	万家瑞益	2015-12-07
1050	001637	嘉实腾讯自选股大数据策略股票	2015-12-07
1051	001639	嘉实新常态混合	2016-03-30
1052	001641	富国绝对收益多策略定期开放混合型发起式	2015-09-17
1053	001643	汇丰晋信智选先锋股票	2015-09-30
1054	001645	国泰大健康股票	2016-02-03
1055	001647	天弘聚利混合	2016-12-16
1056	001648	工银新价值灵活配置混合	2017-04-27
1057	001649	工银工银4.0股票	2017-06-16
1058	001650	工银丰收回报灵活配置混合	2015-10-27
1059	001651	工银新蓝筹股票	2015-08-06
1060	001652	德邦纯债18个月定开债	2015-12-09
1061	001655	大摩收益18个月开放债券	2015-11-17
1062	001656	农银中国优势混合	2017-06-08
1063	001657	长安鑫富领先混合	2017-02-22
1064	001659	富安达新动力混合	2016-12-07
1065	001660	富安达行业轮动混合	2018-04-04
1066	001662	创金沪港深精选混合	2015-08-24
1067	001663	中银互联网+股票	2015-08-06
1068	001664	平安大华鑫安混合	2015-12-11
1069	001666	鹏华添利宝货币	2015-07-21
1070	001667	南方转型增长灵活配置混合	2016-08-17
1071	001668	汇添富全球互联混合(QDII)	2017-01-24
1072	001670	长城新策略灵活配置混合	2015-11-27
1073	001672	国泰安保智慧生活股票	2015-09-01
1074	001673	红塔红土优质成长	2015-08-06
1075	001675	江信同福	2015-08-27
1076	001677	中银战略新兴产业股票	2015-11-26
1077	001679	前海开源中国稀缺资产混合	2015-09-10
1078	001680	九泰久利灵活配置混合	2016-11-07
1079	001681	新华积极价值灵活配置混合	2015-12-21
1080	001682	新华鑫回报混合	2015-09-02
1081	001683	华夏新经济混合	2015-07-13
1082	001685	汇添富沪港深新价值股票	2016-07-27
1083	001686	安信新动力混合	2015-11-24
1084	001688	嘉实新起点混合	2015-11-27
1085	001691	南方香港成长(QDII)	2015-09-30
1086	001692	南方国策动力股票	2015-08-27
1087	001694	华安沪港深外延增长灵活配置混合	2016-03-09
1088	001695	泓德泓业混合	2015-08-27
1089	001696	南方智造未来股票	2017-08-03

序号	基金代码	基金简称	设立日期
1090	001697	大成恒丰宝货币	2015-08-04
1091	001700	建信鑫盛回报灵活配置混合	2016-06-03
1092	001701	中融产业升级混合	2016-03-18
1093	001702	东方创新科技混合	2015-09-08
1094	001703	银华沪港深增长股票	2016-08-10
1095	001704	国投瑞银进宝混合	2015-08-26
1096	001705	泓德战略转型股票	2015-11-10
1097	001706	诺安积极回报混合	2016-09-22
1098	001707	诺安高端制造股票	2017-06-08
1099	001708	东兴改革精选混合	2015-09-08
1100	001709	华富物联世界灵活配置混合	2016-01-21
1101	001710	安信新趋势混合	2016-12-09
1102	001712	东方红优势精选混合	2015-09-08
1103	001713	中创100联接	2015-12-23
1104	001714	工银文体产业股票	2015-12-30
1105	001715	工银新焦点灵活配置混合	2016-10-10
1106	001716	工银新趋势灵活配置混合	2015-12-15
1107	001717	工银前沿医疗股票	2016-02-03
1108	001718	工银物流产业股票	2016-03-01
1109	001719	工银国家战略主题股票	2016-01-29
1110	001720	工银新增利混合	2016-12-29
1111	001721	工银新增益混合	2016-12-29
1112	001722	工银银和利混合	2016-12-29
1113	001723	华商新动力混合	2015-09-17
1114	001725	汇添富中国高端制造股票	2017-03-20
1115	001726	汇添富新兴消费股票	2015-12-02
1116	001728	银华战略新兴灵活配置定期开放混合发起式	2015-08-27
1117	001729	银华逆向投资灵活配置定期开放混合发起式	2015-11-16
1118	001730	兴银大健康	2015-08-27
1119	001731	广发百发大数据价值混合	2017-06-16
1120	001733	泰达宏利量化股票	2016-08-30
1121	001734	广发百发大数据成长混合	2015-11-18
1122	001736	圆信永丰优加生活	2015-10-28
1123	001737	大摩沪港深新价值混合	2016-02-03
1124	001738	大摩新趋势混合	2017-11-27
1125	001739	中融融安二号保本	2015-09-25
1126	001740	光大保德信中国制造混合	2015-12-23
1127	001741	广发百发大数据精选混合	2015-09-14
1128	001743	诺安优选回报混合	2016-09-22
1129	001744	诺安进取回报混合	2016-09-27
1130	001745	易方达瑞富混合	2017-05-12
1131	001747	易方达瑞祺混合	2018-01-29
1132	001749	招商中国机遇股票	2018-02-08
1133	001750	景顺长城景瑞收益定期开放债券	2015-08-26
1134	001751	华商信用增强债券	2015-09-08
1135	001753	红土创新新兴产业混合	2015-09-23
1136	001754	永赢量化灵活配置混合发起式	2015-09-01

序号	基金代码	基金简称	设立日期
1137	001755	嘉实新思路混合	2016-04-11
1138	001756	嘉实策略优选混合	2016-11-18
1139	001757	嘉实主题增强混合	2016-11-23
1140	001758	嘉实研究增强混合	2016-12-01
1141	001759	嘉实成长增强混合	2016-11-10
1142	001760	嘉实创新成长	2016-02-03
1143	001761	广发安宏回报混合	2015-12-30
1144	001763	广发多策略混合	2015-12-09
1145	001764	广发沪港深股票	2016-05-27
1146	001765	前海开源嘉鑫混合	2016-12-26
1147	001766	上投摩根医疗健康股票	2015-10-21
1148	001767	华宝中国互联股票人民币(QDII)	2015-09-23
1149	001769	易方达瑞惠混合发起式	2015-07-31
1150	001771	南方量化灵活配置混合	2017-08-24
1151	001772	南方消费活力灵活配置混合型发起式	2015-07-31
1152	001773	招商丰庆混合	2015-07-31
1153	001776	中欧兴利债券	2015-09-25
1154	001777	德邦多元回报灵活配置混合	2016-01-27
1155	001779	中融稳健添利债券	2015-10-20
1156	001780	诺安改革趋势混合	2017-08-29
1157	001781	建信现代服务业股票	2016-02-23
1158	001782	九泰久益混合	2017-01-24
1159	001783	兴银双月理财	2017-09-28
1160	001786	国泰信益灵活配置混合	2016-12-16
1161	001787	中欧骏盈	2015-12-24
1162	001789	国泰量化收益灵活配置混合	2017-05-19
1163	001790	国泰智能汽车股票	2017-08-01
1164	001791	大成绝对收益策略混合型发起式	2015-09-23
1165	001794	兴银朝阳	2015-12-07
1166	001795	上投摩根文体休闲混合	2015-12-23
1167	001796	汇添富安鑫智选混合	2015-11-26
1168	001797	华融新利	2015-09-02
1169	001798	泰康新回报灵活配置混合	2015-09-23
1170	001800	华安新乐享保本混合	2015-09-10
1171	001801	汇添富达欣混合	2015-12-02
1172	001802	易方达瑞财混合	2016-02-04
1173	001806	易方达瑞智混合	2017-06-21
1174	001808	银华互联网主题灵活配置混合	2015-11-18
1175	001809	中信建投智信物联网	2016-08-03
1176	001810	中欧潜力价值灵活配置混合	2015-09-30
1177	001811	中欧明睿新常态混合	2016-03-03
1178	001813	国泰福益灵活配置混合	2016-10-26
1179	001814	新华阿鑫二号保本	2015-11-19
1180	001815	华泰柏瑞激励动力混合	2015-10-28
1181	001816	汇添富新睿精选混合	2016-12-21
1182	001817	易方达瑞兴混合	2017-06-23
1183	001819	兴全稳益债券	2015-09-10
1184	001820	兴全天添益货币	2015-11-05
1185	001822	华商智能生活混合	2015-11-13
1186	001824	博时沪港深成长企业	2016-11-02
1187	001825	建信中国制造2025股票	2017-03-08
1188	001826	国寿安保增金宝货币	2015-09-23
1189	001827	富国研究优选沪港深灵活配置混合	2016-03-08
1190	001829	北信瑞丰中国智造主题	2016-01-27
1191	001830	融通跨界成长灵活配置混合	2015-09-30
1192	001832	易方达瑞恒混合	2018-01-10
1193	001835	易方达瑞祥混合	2018-01-19
1194	001837	前海开源沪港深蓝筹精选混合	2015-12-08
1195	001838	国投瑞银国家安全混合	2015-12-02
1196	001839	九泰久兴灵活配置混合	2017-01-20
1197	001841	招商丰享混合	2015-11-17
1198	001842	九泰日添金货币	2015-12-08
1199	001845	国寿安保稳定回报混合	2015-09-29
1200	001846	国寿安保稳健回报混合	2015-11-26
1201	001847	国寿安保尊盈一年定期开放债券	2015-11-03
1202	001849	前海开源强势共识100强股票	2015-12-10
1203	001850	国泰安益灵活配置混合	2016-12-23
1204	001851	中融强国智造混合	2016-11-10
1205	001852	融通中国风1号灵活配置混合	2016-02-03
1206	001854	景顺长城景颐增利债券	2015-09-21
1207	001856	易方达环保主题混合	2017-06-02
1208	001857	易方达现代服务业混合	2017-11-22
1209	001858	建信安心保本二号混合	2015-10-29
1210	001859	大摩增值18个月开放债券	2016-03-03
1211	001861	富安达健康人生混合	2015-11-25
1212	001862	东方红收益增强债券	2015-11-02
1213	001864	中海魅力长三角混合	2016-03-30
1214	001866	北信瑞丰新成长	2015-11-11
1215	001869	招商制造业混合	2015-12-02
1216	001870	前海开源货币A	2015-09-29
1217	001874	前海开源沪港深价值精选混合	2016-11-18
1218	001875	前海开源沪港深优势精选混合	2016-04-19
1219	001877	宝盈国家安全沪港深股票	2016-01-20
1220	001878	嘉实沪港深精选股票	2016-05-27
1221	001879	长城创新动力混合	2017-06-01
1222	001880	长城中国智选混合	2017-03-15
1223	001892	长盛新兴成长混合	2015-11-06
1224	001894	泰达宏利活期友货币	2015-11-04
1225	001896	泰达宏利绝对混合	2015-11-17
1226	001897	九泰久盛量化先锋灵活	2015-11-10
1227	001898	易方达大健康主题混合	2017-09-27
1228	001899	东海社会安全	2015-11-23
1229	001901	前海开源沪港深隆鑫混合	2017-03-01
1230	001903	光大保德信欣鑫混合	2015-11-16
1231	001905	华安安益保本混合	2015-11-16
1232	001906	东方红纯债债券	2015-10-26
1233	001907	国投瑞银境煊混合	2015-10-28
1234	001909	创金合信货币	2015-10-22

序号	基金代码	基金简称	设立日期
1235	001910	泰康新机遇灵活配置混合型	2015-12-08
1236	001911	博时裕恒纯债债券	2015-10-23
1237	001912	中欧强势多策略债券	2015-11-10
1238	001914	中信建投聚利	2015-11-11
1239	001915	宝盈医疗健康沪港深股票	2015-12-02
1240	001916	新沃通宝	2015-10-20
1241	001917	招商量化精选过	2016-03-15
1242	001918	圆信永丰兴利	2016-02-23
1243	001920	景顺长城景颐宏利债券	2015-11-30
1244	001922	国泰新目标收益保本混合	2015-12-02
1245	001923	国泰添益灵活配置混合	2016-08-17
1246	001924	华夏国企改革混合	2015-11-25
1247	001925	兴业鑫天盈货币	2015-11-02
1248	001927	华夏消费升级混合	2016-02-03
1249	001929	华夏收益宝货币	2015-10-30
1250	001931	国寿安保鑫钱包货币	2015-10-21
1251	001932	国寿安保保本混合	2016-04-06
1252	001933	华商新兴活力混合	2016-02-25
1253	001936	国泰全球绝对收益型基金优选	2015-12-03
1254	001937	兴银现金增利	2015-11-02
1255	001938	中欧时代先锋股票	2015-11-03
1256	001939	光大保德信睿鑫混合	2015-11-17
1257	001940	农银现代农业加	2016-01-29
1258	001942	前海开源沪港深汇鑫混合	2016-05-19
1259	001945	东方红信用债债券	2015-11-16
1260	001947	上投摩根安鑫回报混合	2016-08-05
1261	001948	建信稳定丰利债券	2015-12-08
1262	001951	金鹰改革红利混合	2015-12-02
1263	001952	光大保德信尊尚一年债券	2015-12-08
1264	001954	银华生态环保主题灵活配置混合	2016-03-03
1265	001955	中欧养老产业混合	2016-05-13
1266	001956	国联安科技动力股票	2016-01-26
1267	001957	嘉合磐通	2018-01-24
1268	001959	华商乐享互联混合	2015-12-17
1269	001960	兴银瑞益	2015-11-06
1270	001961	博时裕荣纯债债券	2015-11-06
1271	001963	中欧天禧纯债	2015-12-14
1272	001965	圆信永丰兴源	2017-06-21
1273	001967	华宝转型升级混合	2015-12-15
1274	001968	光大保德信尊盈半年债券发起式	2017-05-23
1275	001970	泰信鑫选灵活配置混合	2016-02-04
1276	001972	前海开源沪港深智慧生活混合	2016-01-26
1277	001973	光大保德信耀钱包货币	2015-11-04
1278	001974	景顺长城量化新动力股票	2016-07-13
1279	001975	景顺长城环保优势股票	2016-03-15
1280	001977	创金合信聚财保本混合	2015-11-16
1281	001978	泰信互联网+混合	2016-06-08
1282	001979	南方沪港深价值主题灵活配置混合	2015-12-23
1283	001980	中欧量化驱动混合	2018-05-16

序号	基金代码	基金简称	设立日期
1284	001983	中邮低碳经济灵活配置混合	2016-04-28
1285	001984	上投摩根智慧生活灵活配置混合	2016-04-28
1286	001985	富国低碳新经济混合	2015-12-18
1287	001986	前海开源人工智能主题混合	2016-05-04
1288	001987	东方金元宝货币	2015-11-20
1289	001988	南方纯元债券	2017-05-23
1290	001990	中欧数据挖掘混合	2016-01-13
1291	001991	农银汇理天天利货币	2015-12-21
1292	001993	博时裕泰纯债债券	2015-11-19
1293	001999	博时安荣18个月定期开放债券	2015-11-24
1294	002000	工银新生利混合	2016-12-29
1295	002001	华夏回报混合	2003-09-05
1296	002003	工银新机遇灵活配置混合	2017-04-14
1297	002005	工银新得利混合	2017-03-31
1298	002006	工银新得益混合	2016-11-22
1299	002007	工银新得润混合	2016-12-07
1300	002008	博时裕晟纯债债券	2015-11-19
1301	002009	中欧瑾通灵活配置混合	2015-11-17
1302	002011	华夏红利混合	2005-06-30
1303	002013	中欧琪丰灵活配置混合	2015-11-17
1304	002015	南方荣光灵活配置混合	2015-11-19
1305	002018	鹏华弘安混合	2015-11-24
1306	002020	国都创新驱动	2015-12-28
1307	002021	华夏回报二号混合	2006-08-14
1308	002023	红塔红土稳健回报	2017-03-24
1309	002025	广发聚盛混合	2015-11-23
1310	002027	中加心享混合	2015-12-02
1311	002031	华夏策略混合	2008-10-23
1312	002033	华安新财富灵活配置混合型	2016-09-22
1313	002037	华安新希望灵活配置混合	2016-11-18
1314	002039	国投瑞银新收益混合	2015-11-17
1315	002041	国投瑞银新成长混合	2015-11-27
1316	002048	博时安誉18个月定开债	2015-12-23
1317	002049	融通新机遇灵活配置混合	2015-11-17
1318	002054	中银新财富混合	2015-11-19
1319	002057	中银新机遇混合	2015-11-19
1320	002064	华富产业升级灵活配置混合	2017-05-08
1321	002064	华富产业升级灵活配置混合	2017-05-08
1322	002065	景顺长城景盛双息收益债券	2016-01-26
1323	002067	诺安精选回报混合	2016-03-28
1324	002069	华泰柏瑞盛利混合	2017-03-03
1325	002073	圆信永丰兴融	2015-12-21
1326	002076	浙商灵活配置	2016-05-11
1327	002077	浙商日添利	2015-12-08
1328	002081	大成景沛灵活配置混合	2015-11-24
1329	002083	新华鑫动力灵活配置	2016-06-08
1330	002085	长盛互联网+混合	2015-12-28
1331	002087	国富新机遇混合	2015-11-19
1332	002089	长盛盛鑫混合	2016-07-13

序号	基金代码	基金简称	设立日期
1333	002092	国富新增长混合	2015－11－24
1334	002095	博时新收益	2016－02－03
1335	002097	国富新价值混合	2015－12－02
1336	002099	国富新活力混合	2016－08－26
1337	002101	创金合信鑫优选混合	2015－11－19
1338	002103	招商康泰养老混合	2016－02－04
1339	002104	博时新价值混合	2016－03－18
1340	002107	广发安富回报混合	2015－12－29
1341	002109	博时裕丰纯债发起式	2015－11－25
1342	002110	中海中鑫混合	2015－11－20
1343	002111	华宝新起点混合	2016－12－19
1344	002114	国富新收益混合	2016－08－31
1345	002116	广发安享混合	2016－02－22
1346	002118	广发安盈混合	2016－12－09
1347	002120	广发安悦回报混合	2016－11－07
1348	002121	广发沪港深新起点股票	2016－11－02
1349	002122	广发新常态混合	2016－12－05
1350	002123	北信瑞丰外延增长	2016－05－17
1351	002124	广发新兴产业混合	2016－01－29
1352	002125	广发新兴成长混合	2017－09－15
1353	002126	广发鑫富混合	2016－12－22
1354	002128	广发鑫惠混合	2016－11－16
1355	002129	广发鑫利混合	2016－11－18
1356	002130	广发鑫隆混合	2016－11－07
1357	002132	广发鑫享混合	2016－01－15
1358	002133	广发鑫益混合	2016－11－16
1359	002134	广发鑫裕混合	2016－03－01
1360	002135	广发鑫源混合	2016－11－02
1361	002137	诺安利鑫灵活配置混合	2015－12－02
1362	002138	泓德裕泰债券	2015－12－17
1363	002140	博时裕诚纯债债券	2016－10－31
1364	002142	博时外延增长主题混合	2016－02－03
1365	002143	博时裕坤3个月定开债发起式	2015－11－30
1366	002145	诺安景鑫混合	2015－12－08
1367	002146	长安鑫益增强混合	2016－02－22
1368	002148	国寿安保稳健增利混合	2015－11－26
1369	002149	嘉实新优选混合	2016－04－08
1370	002150	博时裕和纯债	2015－11－27
1371	002152	华宝核心优势混合	2016－01－21
1372	002153	华安安润灵活配置混合	2016－10－31
1373	002155	国金鑫瑞灵活	2017－09－13
1374	002156	长盛盛世混合	2015－12－11
1375	002159	东吴国企改革	2015－12－30
1376	002160	南方转型驱动灵活配置混合	2016－03－23
1377	002161	银华万物互联灵活配置混合	2017－05－02
1378	002167	南方顺康保本混合	2015－11－26
1379	002168	嘉实智能汽车股票	2016－02－04
1380	002169	永赢稳益债券	2015－12－02
1381	002173	东方大健康混合	2016－02－04

序号	基金代码	基金简称	设立日期
1382	002174	东方互联网嘉混合	2016－04－05
1383	002175	博时裕乾纯债	2016－01－15
1384	002179	华安事件驱动量化策略混合	2016－12－14
1385	002180	中银移动互联混合	2017－07－20
1386	002181	华安大安全混合	2017－08－23
1387	002182	东兴蓝海财富混合	2015－12－23
1388	002184	泓德泓利货币	2015－12－21
1389	002188	鹏华丰华债券	2015－12－02
1390	002189	农银国企改革混合	2016－06－03
1391	002190	农银新能源主题	2016－03－29
1392	002191	农银物联网主题	2016－05－04
1393	002194	北信瑞丰稳定增强偏债	2016－04－13
1394	002195	中银机构现金管理货币	2015－12－11
1395	002197	国泰鑫保本混合	2015－12－30
1396	002198	博时裕达纯债债券	2015－12－03
1397	002200	大成慧成货币	2016－02－03
1398	002203	国泰睿信平衡混合	2017－05－26
1399	002204	国泰安心回报混合	2017－11－29
1400	002206	博时裕康纯债债券	2015－12－03
1401	002208	博时境源保本	2015－12－18
1402	002210	创金合信量化多因子股票	2016－01－22
1403	002211	嘉实新财富混合	2016－03－14
1404	002212	嘉实新起航混合	2016－03－14
1405	002213	中海顺鑫保本混合	2015－12－30
1406	002214	中海沪港深价值优选混合	2016－04－28
1407	002215	招商招益一年定开债	2015－12－25
1408	002216	易方达量化策略精选混合	2017－12－19
1409	002218	南方弘利定期开放债券发起式	2015－12－11
1410	002220	南方瑞利灵活配置混合	2015－12－23
1411	002221	嘉实价值增强混合	2016－12－13
1412	002222	嘉实新趋势混合	2016－04－08
1413	002223	中邮尊享一年定期开放灵活配置混合发起式	2015－12－25
1414	002224	中邮绝对收益策略定期开放混合发起式	2015－12－30
1415	002225	长城新视野混合	2016－04－29
1416	002227	长城新优选混合	2016－03－22
1417	002229	华夏经济转型股票	2016－03－15
1418	002230	华夏大中华混合	2016－01－20
1419	002231	华夏新趋势混合	2015－12－10
1420	002236	大成中证360互联网＋大数据100指数	2016－02－03
1421	002238	华安乐惠保本混合	2015－12－30
1422	002240	德邦增利货币	2015－12－23
1423	002242	国投瑞银瑞兴灵活配置混合	2015－12－29
1424	002243	东方金证通货币	2016－03－18
1425	002244	景顺长城低碳科技主题混合	2016－03－11
1426	002245	泰康稳健增利债券	2016－02－03
1427	002247	新疆前海联合海盈货币	2015－12－24
1428	002249	招商境远保本	2015－12－15
1429	002250	红土创新改革红利混合	2016－01－26

序号	基金代码	基金简称	设立日期
1430	002251	华夏军工安全混合	2016－03－22
1431	002252	融通成长 30 灵活配置混合	2015－12－11
1432	002254	长信金葵纯债一年定开债券	2016－01－27
1433	002256	金信新能源汽车混合	2016－04－01
1434	002258	大成国企改革灵活配置混合	2017－09－21
1435	002259	鹏华健康环保混合	2016－01－20
1436	002260	中信建投添鑫宝	2015－12－15
1437	002261	中银宝利混合	2016－02－04
1438	002263	泰达宏利大数据混合	2016－02－23
1439	002264	华夏乐享健康混合	2016－08－03
1440	002265	鑫元兴利	2016－01－13
1441	002266	博时安和 18 个月定开债	2016－01－26
1442	002268	兴业丰利债券	2015－12－28
1443	002269	银华大数据灵活配置定期开放混合发起式	2016－04－08
1444	002270	东吴安盈量化	2016－02－03
1445	002271	招商安弘保本	2015－12－29
1446	002272	新华科技创新灵活配置混合	2016－03－22
1447	002274	中邮纯债聚利债券	2016－02－03
1448	002276	中邮纯债恒利债券	2017－04－13
1449	002278	中邮稳健合赢债券	2017－03－29
1450	002279	浙商惠盈纯债	2015－12－23
1451	002280	华富安享债券	2016－01－21
1452	002281	建信安心保本三号混合	2016－01－04
1453	002282	平安大华安享保本混合	2016－02－03
1454	002283	长盛同裕纯债	2016－03－29
1455	002286	中银美元债(QDII)	2015－12－30
1456	002288	中银稳进保本	2016－01－29
1457	002291	诺安安鑫混合	2016－02－16
1458	002292	诺安益鑫混合	2016－01－22
1459	002293	南方益和保本混合	2016－01－11
1460	002295	广发稳安保本	2016－02－04
1461	002296	长城久安保本	2016－01－12
1462	002298	招商招福宝货币	2017－06－13
1463	002300	长盛医疗量化股票	2016－02－03
1464	002301	兴业聚盛灵活配置混合	2016－02－03
1465	002303	金鹰智慧生活混合	2016－03－22
1466	002304	平安大华安心保本混合	2016－01－15
1467	002305	光大保德信风格轮动混合	2016－02－04
1468	002306	银华合利债券	2016－03－18
1469	002307	银华多元视野灵活配置混合	2016－05－19
1470	002308	安信安盈保本混合	2016－03－09
1471	002310	创金合信沪深 300 增强	2015－12－31
1472	002311	创金合信中证 500 增强	2015－12－31
1473	002317	招商睿逸混合	2016－04－13
1474	002318	鹏华添利交易型货币	2016－01－29
1475	002319	大成一带一路灵活配置混合	2017－06－02
1476	002324	南方日添益货币	2016－02－03
1477	002330	兴业聚宝灵活配置混合	2016－02－03
1478	002331	泰康安泰回报混合	2016－03－23

序号	基金代码	基金简称	设立日期
1479	002332	汇丰晋信沪港深股票	2016－11－10
1480	002334	汇丰晋信大盘波动股票	2016－03－11
1481	002336	创金合信尊享纯债债券	2016－03－11
1482	002337	创金合信尊盈纯债债券	2015－01－07
1483	002338	兴业保本混合	2016－02－03
1484	002340	富国价值优势混合	2016－04－08
1485	002341	招商招瑞纯债债券发起式	2016－03－09
1486	002342	融通增益债券	2016－05－11
1487	002345	华夏高端制造混合	2016－05－11
1488	002346	华夏鼎诚债券	2016－12－13
1489	002348	华夏鼎新债券	2016－03－22
1490	002350	华安安华保本混合	2016－02－03
1491	002351	易方达裕祥回报债券	2016－01－22
1492	002354	博时裕腾纯债	2016－01－15
1493	002355	国投瑞银岁赢利一年债券	2016－03－29
1494	002356	博时安泰 18 个月定开债	2016－02－03
1495	002358	国投瑞银瑞祥保本混合	2016－03－03
1496	002361	国富恒瑞债券	2016－02－04
1497	002363	华安安康保本混合	2016－02－01
1498	002365	国联安鑫禧混合	2016－02－03
1499	002367	国联安稳保本混合	2016－03－11
1500	002368	国联安鑫悦混合	2016－02－03
1501	002376	国寿安保核心产业混合	2016－02－03
1502	002377	建信目标收益一年期债券	2016－02－22
1503	002378	建信安心保本五号混合	2016－02－04
1504	002379	工银香港中小盘股票(QDII)	2016－03－09
1505	002381	东海祥瑞	2016－03－24
1506	002383	大成趋势回报灵活配置混合	2016－03－22
1507	002384	九泰鸿祥服务升级混合	2017－08－16
1508	002386	工银中国制造 2025	2017－04－12
1509	002387	工银沪港深股票	2016－04－21
1510	002388	天弘裕利混合	2016－01－29
1511	002389	招商安德保本混合	2016－02－18
1512	002391	华安全球美元收益债券	2016－03－23
1513	002395	鹏华丰尚定期开放债券	2016－03－22
1514	002397	中邮增力债券	2016－03－22
1515	002398	华安安禧保本混合	2016－04－13
1516	002400	南方亚洲美元收益债券	2016－03－03
1517	002405	光大保德信中高等级债券	2017－08－04
1518	002407	前海开源恒远保本混合	2016－03－28
1519	002408	中信建投医改	2016－04－05
1520	002409	华夏新活力混合	2016－02－23
1521	002411	华夏新机遇混合	2016－03－30
1522	002412	华富安福保本混合	2016－03－23
1523	002413	中银瑞利混合	2016－02－04
1524	002415	融通通盈保本混合	2016－03－15
1525	002419	汇添富盈安保本混合	2016－04－19
1526	002420	汇添富盈鑫保本混合	2016－03－11
1527	002421	新华信用增强	2016－04－13

序号	基金代码	基金简称	设立日期
1528	002424	博时文体娱乐主题混合	2017-05-25
1529	002426	华安全球美元票息债券	2016-06-03
1530	002430	中银丰利混合	2016-08-11
1531	002432	天弘乐享保本混合	2016-03-09
1532	002433	天弘全利混合	2016-12-21
1533	002434	中银宏利混合	2016-08-01
1534	002438	创金合信尊盛纯债债券	2016-02-26
1535	002440	中加心安保本混合	2016-03-23
1536	002442	鑫元汇利	2016-03-09
1537	002443	前海开源沪港深龙头精选混合	2016-07-04
1538	002445	兴业丰泰债券	2016-02-25
1539	002446	广发稳鑫保本	2016-03-21
1540	002447	博时裕安纯债债券	2016-03-03
1541	002448	江信汇福	2016-05-05
1542	002449	民生加银量化中国混合	2016-05-19
1543	002450	平安大华睿享文娱混合	2016-03-29
1544	002452	民生加银和鑫债券	2016-03-23
1545	002453	九泰久稳保本混合	2016-04-22
1546	002455	民生加银鑫喜混合	2016-12-09
1547	002456	招商安元保本混合	2016-03-01
1548	002458	国泰民利保本混合	2016-07-19
1549	002459	华夏鼎利债券发起式	2016-11-18
1550	002461	中银珍利混合	2016-03-10
1551	002463	创金合信价值红利混合	2018-04-23
1552	002464	创金合信尊利纯债债券	2016-02-26
1553	002465	东兴众智优选混合	2016-06-13
1554	002466	博时裕新纯债	2016-03-30
1555	002467	国投瑞银全球债券精选(QDII-FOF)	2016-04-19
1556	002470	泰达多元回报债券	2016-04-13
1557	002472	光大保德信先进服务业混合	2017-09-20
1558	002474	中邮睿信增强债券	2016-08-25
1559	002475	中邮睿利增强债券	2017-08-17
1560	002476	博时安瑞18个月	2016-03-29
1561	002478	中欧天添债券	2016-04-01
1562	002480	东方荣家保本混合	2016-03-29
1563	002481	银华双动力债券	2016-04-05
1564	002482	宝盈互联网沪港深混合	2016-06-16
1565	002483	富国泰利定期开放债券发起式	2016-05-11
1566	002486	上银慧添利债券	2016-03-16
1567	002487	汇添富稳健添利定期开放债券	2016-03-16
1568	002489	国泰民福保本混合	2016-03-29
1569	002490	金鹰元祺保本混合	2016-04-05
1570	002491	银华添益定期开放债券	2016-03-22
1571	002494	兴业聚盈灵活配置混合	2016-04-08
1572	002495	前海开源量化优选	2017-07-03
1573	002497	东方盛世灵活配置混合	2016-04-15
1574	002498	兴业聚鑫灵活配置混合	2016-04-25
1575	002499	德邦纯债9个月定开债	2016-03-28
1576	002501	银华远景债券	2016-04-01
1577	002502	中银腾利混合	2016-06-21
1578	002504	鹏华金鼎保本混合	2016-04-13
1579	002506	招商招盈10个月定开债	2016-06-02
1580	002508	华宝宝鑫债券	2016-04-26
1581	002510	申万菱信中证500指数增强	2016-04-21
1582	002512	长城久润保本	2016-04-26
1583	002514	招商丰益混合	2016-08-24
1584	002516	招商丰达混合	2016-08-25
1585	002518	民生加银鑫福混合	2016-08-22
1586	002519	博时裕景纯债	2016-04-28
1587	002521	永赢双利债券	2016-05-25
1588	002523	光大保德信恒利纯债	2016-09-02
1589	002524	兴业福益债券	2016-03-18
1590	002527	南方安享绝对收益策略定期开放混合发起式	2016-04-08
1591	002528	泰康安益纯债债券	2016-08-30
1592	002530	博时保泽保本	2016-04-08
1593	002532	中欧强盈债券	2016-03-25
1594	002535	中银鑫利混合	2016-03-24
1595	002537	平安大华安盈保本混合	2016-04-22
1596	002538	招商丰嘉混合	2016-08-11
1597	002540	招商丰和混合	2016-08-11
1598	002542	长城久鼎保本	2016-07-21
1599	002543	长城久益保本	2016-04-28
1600	002545	东方岳灵活配置混合	2016-09-22
1601	002547	民生加银养老服务混合	2016-10-21
1602	002548	嘉实稳瑞纯债债券	2016-03-18
1603	002549	嘉实稳祥纯债债券	2016-03-18
1604	002550	嘉实稳荣债券	2016-12-02
1605	002551	嘉实稳泰债券	2016-04-18
1606	002552	华夏恒利定开债券	2016-03-29
1607	002554	信达澳银纯债债券	2016-05-05
1608	002558	博时鑫瑞混合	2016-10-13
1609	002560	诺安和鑫保本混合	2016-04-28
1610	002561	东吴安鑫量化	2016-06-03
1611	002562	泓德泓益量化混合	2016-04-26
1612	002563	泓德泓汇混合	2016-11-16
1613	002564	新沃通盈灵活配置混合	2016-09-22
1614	002565	创金合信鑫安保本混合	2016-05-11
1615	002567	大成国家安全主题灵活配置混合	2016-05-04
1616	002568	博时裕发纯债债券	2016-04-05
1617	002569	博时裕弘纯债债券	2016-06-17
1618	002570	兴银长禧定开债	2016-05-23
1619	002571	长盛同泰债券	2016-05-17
1620	002573	建信安心保本六号混合	2016-04-28
1621	002574	招商瑞庆混合	2016-08-24
1622	002575	招商丰睿混合	2016-08-25
1623	002577	南方新兴龙头灵活配置混合	2016-05-03
1624	002578	博时裕泉纯债债券	2016-09-07
1625	002579	融通增利债券	2016-04-01

序号	基金代码	基金简称	设立日期
1626	002581	招商丰凯混合	2016-08-24
1627	002584	富安达长盈保本混合	2016-05-11
1628	002585	建信安心保本七号混合	2016-06-08
1629	002586	金鹰添利信用债债券	2017-02-22
1630	002588	博时银智大数据100	2016-05-20
1631	002589	山西证券保本基金	2016-05-04
1632	002593	富国美丽中国混合	2016-05-19
1633	002594	工银现代服务业混合	2016-10-27
1634	002595	博时工业4.0主题股票	2016-06-08
1635	002596	华商保本1号混合	2016-05-17
1636	002597	兴业成长动力混合	2016-06-03
1637	002598	平安大华智慧生活混合	2016-06-08
1638	002600	易方达裕景添利6个月定期开放债券	2016-04-12
1639	002601	中银证券保本1号	2016-04-29
1640	002602	易方达丰惠混合	2017-03-24
1641	002603	工银瑞丰纯债半年定开债券	2016-04-22
1642	002604	华夏新起点	2016-06-29
1643	002605	融通新消费灵活配置混合	2016-05-27
1644	002607	融通增裕债券	2016-04-28
1645	002608	博时泰和	2016-04-19
1646	002610	博时黄金ETF联接	2016-05-26
1647	002612	融通国企改革新机遇灵活配置混合	2016-09-20
1648	002614	中银颐利混合	2016-08-09
1649	002616	中银益利混合	2016-04-25
1650	002618	中银裕利混合	2016-04-26
1651	002620	中邮未来新蓝筹灵活配置混合	2017-08-04
1652	002621	中欧消费主题股票	2016-07-22
1653	002622	广发稳裕保本	2016-06-27
1654	002623	广发服务业精选混合	2016-09-23
1655	002624	广发优企精选混合	2016-08-04
1656	002625	博时安怡6个月	2016-04-15
1657	002626	招商丰源混合	2016-08-25
1658	002628	招商安博保本混合	2016-05-26
1659	002630	江信瑞福	2017-02-17
1660	002632	鑫元双债增强	2016-04-21
1661	002634	华宝未来主导混合	2016-11-04
1662	002635	融通增鑫债券	2016-05-05
1663	002636	广发集裕债券	2016-05-11
1664	002638	兴业天融债券	2016-04-21
1665	002639	天弘价值精选	2016-06-16
1666	002640	中信建投稳溢保本	2016-05-19
1667	002641	博时安润18个月	2016-05-20
1668	002643	鹏华兴利定期开放混合	2016-05-11
1669	002644	大成景荣保本混合	2016-05-25
1670	002646	中科沃土货币	2016-06-06
1671	002648	东方合家保本混合	2016-06-15
1672	002649	民生加银智造2025混合	2018-02-07
1673	002650	东方红稳添利纯债	2016-05-13
1674	002651	东方红汇利债券	2016-06-13
1675	002653	泰康沪港深精选混合	2016-06-06
1676	002654	上投摩根策略精选混合	2016-06-16
1677	002655	南方卓享绝对收益策略定期开放混合发起式	2016-05-09
1678	002656	南方创业板ETF联接	2016-05-20
1679	002657	招商安裕保本混合	2016-06-20
1680	002659	兴业聚全灵活配置混合	2016-06-29
1681	002660	兴业聚源灵活配置混合	2016-06-29
1682	002661	兴业天禧债券	2016-05-09
1683	002662	前海开源沪港深大消费主题混合	2016-09-29
1684	002664	万家瑞和	2016-04-26
1685	002666	前海开源沪港深创新成长混合	2016-06-24
1686	002668	兴业聚丰灵活配置混合	2016-07-13
1687	002669	华商万众创新混合	2016-06-28
1688	002670	万家瑞旭	2016-09-26
1689	002672	诺德货币	2016-05-05
1690	002674	中融融丰纯债	2016-06-28
1691	002677	国投瑞银和安债券	2016-04-22
1692	002679	工银安盈货币	2016-04-26
1693	002681	金鹰元和保本混合	2016-05-25
1694	002683	民生加银前沿科技混合	2016-11-30
1695	002684	民生加银鑫安纯债债券	2016-09-09
1696	002685	中欧丰泓沪港深灵活配置混合	2016-11-08
1697	002688	红塔红土长益债券	2016-10-26
1698	002690	前海开源恒泽保本混合	2016-07-14
1699	002692	富国创新科技混合	2016-06-16
1700	002693	中银合利债券	2016-05-19
1701	002694	中银新蓝筹混合	2017-05-15
1702	002695	鹏华兴泽定期开放混合	2016-06-01
1703	002698	博时裕利纯债债券	2016-05-09
1704	002699	华夏新起航混合	2016-09-02
1705	002701	东方红汇阳债券	2016-05-26
1706	002703	长城久源保本	2016-06-21
1707	002704	德邦纯债一年定开债	2016-06-03
1708	002706	民生加银现金添利货币	2016-06-22
1709	002707	大摩科技混合	2017-12-13
1710	002708	大摩健康产业混合	2016-06-29
1711	002709	红塔红土人人宝货币	2016-06-02
1712	002711	广发集丰债券	2016-11-01
1713	002713	广发转型升级混合	2017-11-27
1714	002714	鹏华金城保本混合	2016-06-01
1715	002715	新华健康生活灵活配置	2016-06-16
1716	002716	博时裕通纯债	2016-04-28
1717	002717	红塔红土盛隆保本混合	2016-06-03
1718	002719	融通增祥债券	2016-05-13
1719	002720	国寿安保尊利增强回报债券	2016-05-25
1720	002723	江信祺福	2016-07-27
1721	002725	中欧强瑞多策略债券	2016-05-27
1722	002726	华富诚鑫灵活配置混合	2016-05-05
1723	002728	华富益鑫灵活配置混合	2016-09-07

序号	基金代码	基金简称	设立日期
1724	002730	华富华鑫灵活配置混合	2016-11-11
1725	002732	长盛沪港深混合	2016-07-05
1726	002733	上银慧盈利货币	2016-05-17
1727	002734	泓德裕荣纯债债券	2016-08-15
1728	002736	泓德裕和纯债债券	2016-11-11
1729	002738	泓德裕康债券	2016-07-14
1730	002740	泓德裕泽一年定开债券	2017-05-24
1731	002742	泓德裕祥债券	2017-01-13
1732	002744	嘉实稳丰纯债债券	2016-04-29
1733	002745	北信瑞丰丰利保本	2016-06-21
1734	002746	汇添富多策略定开混合	2016-06-03
1735	002749	嘉实稳盛债券	2016-06-03
1736	002750	工银泰享三年理财债券	2016-05-05
1737	002751	博时安恒18个月	2016-09-22
1738	002754	博时裕创纯债	2016-05-13
1739	002755	博时裕盛纯债	2016-05-20
1740	002756	招商招兴纯债	2016-05-18
1741	002758	建信现金增利货币	2016-07-25
1742	002758	银河鑫月享6个月定期开放混合	2018-03-28
1743	002759	东兴安盈宝货币	2016-06-03
1744	002761	博时安源18个月	2016-06-16
1745	002763	大成景华一年定期开放债券	2016-06-15
1746	002765	新华双利债券	2016-07-13
1747	002767	泰康宏泰回报混合	2016-06-08
1748	002768	华安安进保本混合	2016-07-05
1749	002770	安信新回报混合	2016-05-09
1750	002772	光大保德信产业新动力混合	2016-09-13
1751	002773	光大保德信铭鑫混合	2016-10-17
1752	002775	博时景兴纯债债券	2016-05-20
1753	002776	招商安荣保本	2016-07-14
1754	002778	前海联合新思路混合	2016-11-11
1755	002780	前海联合泓鑫混合	2016-11-30
1756	002781	博时聚瑞纯债债券	2016-05-25
1757	002782	富国祥利定期开放债券发起式	2016-05-25
1758	002783	东方红价值精选混合	2016-09-23
1759	002785	中融融裕双利债券	2016-07-21
1760	002788	融通现金宝货币	2016-11-10
1761	002789	长盛同享保本	2016-06-28
1762	002791	融通通景灵活配置混合	2016-08-19
1763	002792	景顺长城顺益回报混合	2016-12-07
1764	002795	平安大华惠盈纯债	2016-06-03
1765	002796	景顺长城景盈双利债券	2016-07-19
1766	002798	融通稳利债券	2016-11-18
1767	002801	泓德泓信混合	2016-06-01
1768	002802	广发东财大数据混合	2017-12-11
1769	002803	东方红沪港深混合	2016-07-07
1770	002804	华泰柏瑞量化对冲	2016-05-26
1771	002805	浙商汇金聚利一年定期	2016-07-29
1772	002807	融通通安债券	2016-07-21

序号	基金代码	基金简称	设立日期
1773	002808	泓德优势领航混合	2016-12-21
1774	002809	鹏华兴华定期开放混合	2016-06-13
1775	002810	金信转型创新成长混合	2016-06-08
1776	002811	博时裕顺纯债债券	2016-06-23
1777	002813	博时保泰保本混合	2016-06-24
1778	002815	招商招益两年债券	2016-12-15
1779	002817	招商招恒纯债	2016-06-08
1780	002819	招商丰美混合	2016-11-10
1781	002821	招商丰乐混合	2016-08-25
1782	002823	招商盛达混合	2016-08-30
1783	002825	融通通和债券	2016-11-02
1784	002826	中银永利半年定期开放债券	2016-06-21
1785	002830	浙商惠丰定期	2016-08-01
1786	002831	国投瑞银瑞宁混合	2016-07-13
1787	002832	工银恒享纯债基金	2016-05-31
1788	002833	华夏新锦绣混合	2016-08-24
1789	002835	华夏新锦泰混合	2016-08-24
1790	002837	华夏网购精选混合	2016-11-02
1791	002838	华夏新锦程混合	2016-08-09
1792	002840	九泰久鑫	2016-12-19
1793	002842	景顺长城景盈金利债券	2016-09-20
1794	002844	金鹰多元策略混合	2016-08-09
1795	002846	泓德泓华混合	2016-12-01
1796	002848	农银纯债定开债券	2016-06-20
1797	002849	金信智能中国2025混合	2016-07-01
1798	002850	南方甑智定期开放混合型发起式证券投资基金	2016-07-06
1799	002851	南方品质优选灵活配置混合	2016-07-29
1800	002852	招商财富宝货币	2016-06-29
1801	002853	华富元鑫灵活配置混合	2016-08-26
1802	002856	博时保丰保本	2016-06-06
1803	002858	长信富平纯债一年定开债券	2016-08-15
1804	002858	长信消费精选量化股票	2018-03-07
1805	002860	前海开源沪港深新机遇	2016-08-30
1806	002861	工银智能制造股票	2017-06-21
1807	002862	金信量化精选混合	2016-07-01
1808	002863	金信深圳成长混合	2016-12-22
1809	002864	广发安泽回报混合	2016-06-17
1810	002866	新华丰盈回报债券	2016-06-16
1811	002867	新华恒稳添利债券	2016-08-09
1812	002868	鹏华丰茂债券	2016-06-28
1813	002868	添富鑫泽定开债	2018-03-08
1814	002869	融通通裕债券	2016-11-02
1815	002869	信达澳银安益纯债	2018-03-06
1816	002870	兴业增益五年定开债券	2016-06-17
1817	002871	华夏新锦源混合	2016-08-09
1818	002873	华夏新锦福混合	2016-08-09
1819	002875	华夏新锦安混合	2016-08-09
1820	002877	华夏大中华信用债券(QDII)	2016-07-27
1821	002881	中加丰润纯债债券	2016-06-17

序号	基金代码	基金简称	设立日期
1822	002883	华润元大现金通货币	2016 - 07 - 27
1823	002885	大摩万众创新混合	2017 - 12 - 04
1824	002887	民生加银鑫瑞债券	2016 - 06 - 17
1825	002889	交银天利宝货币	2016 - 10 - 19
1826	002891	华夏移动互联网混合	2016 - 12 - 14
1827	002894	华夏天利货币	2016 - 10 - 13
1828	002896	东方臻馨债券	2016 - 06 - 17
1829	002898	富国两年期理财债券	2016 - 12 - 01
1830	002900	南方 500 信息 ETF 发起式联接	2016 - 08 - 17
1831	002901	财通资管积极收益债券	2016 - 07 - 19
1832	002904	博时安仁一年	2016 - 06 - 24
1833	002906	南方中证 500 增强	2016 - 11 - 23
1834	002908	富国睿利定期开放混合型发起式	2016 - 09 - 29
1835	002909	浙商惠享纯债	2016 - 06 - 20
1836	002910	易方达供给改革混合	2017 - 01 - 24
1837	002911	鹏华兴实定期开放混合	2016 - 09 - 27
1838	002912	兴业稳天盈货币	2016 - 07 - 14
1839	002913	鹏华兴益定期开放混合	2016 - 06 - 28
1840	002914	鹏华兴锐定期开放混合	2016 - 09 - 13
1841	002915	鑫元裕利	2016 - 07 - 13
1842	002916	中银尊享半年债券	2016 - 08 - 24
1843	002919	东吴智慧医疗	2016 - 08 - 11
1844	002920	中欧强泽债券	2017 - 02 - 24
1845	002921	创金合信尊誉纯债债券	2016 - 07 - 11
1846	002922	融通增丰债券	2016 - 07 - 19
1847	002924	华商瑞鑫定期开放债券	2016 - 08 - 24
1848	002924	中银证券安誉债券	2018 - 03 - 29
1849	002925	广发集源债券	2017 - 01 - 20
1850	002927	长盛盛和纯债	2016 - 07 - 05
1851	002929	博时聚盈纯债债券	2016 - 07 - 27
1852	002930	博时聚润纯债债券	2016 - 08 - 30
1853	002931	南方荣毅定期开放混合	2016 - 08 - 03
1854	002932	圆信永丰强化收益	2016 - 07 - 27
1855	002934	泰康恒泰回报混合	2016 - 07 - 13
1856	002936	华夏沃利货币	2017 - 01 - 13
1857	002938	中银证券健康产业混合	2016 - 09 - 07
1858	002939	广发创新升级混合	2016 - 08 - 24
1859	002940	中欧强惠债券	2016 - 10 - 20
1860	002941	广发安瑞回报混合	2016 - 07 - 25
1861	002943	广发多因子混合	2016 - 12 - 30
1862	002944	信诚主题轮动	2017 - 01 - 23
1863	002945	大成盛世精选混合	2017 - 12 - 20
1864	002946	大成景盛一年定期开放债券	2016 - 11 - 08
1865	002948	华安聚利 18 个月定开债	2016 - 08 - 09
1866	002950	华安丰利 18 个月定开债	2018 - 02 - 09
1867	002952	建信多因子量化股票	2016 - 08 - 09
1868	002955	融通新趋势灵活配置混合	2016 - 08 - 17
1869	002957	财通财通宝货币	2016 - 07 - 27
1870	002959	汇添富盈稳保本混合	2016 - 08 - 03
1871	002960	博时合利货币	2016 - 08 - 03
1872	002961	中欧双利债券	2016 - 11 - 23
1873	002964	国投瑞银顺鑫一年债券	2016 - 07 - 13
1874	002965	中海合嘉增强收益债券	2016 - 08 - 24
1875	002967	浙商大数据智选消费	2017 - 01 - 11
1876	002968	新华高端制造灵活配置混合	2017 - 07 - 25
1877	002969	易方达丰和债券	2016 - 11 - 23
1878	002970	博时裕昂纯债债券	2016 - 07 - 14
1879	002971	前海开源鼎安债券	2016 - 07 - 19
1880	002980	华夏创新前沿股票	2016 - 09 - 07
1881	002983	长信国防军工量化混合	2017 - 01 - 05
1882	002985	中银季季红定期开放债券	2016 - 07 - 14
1883	002985	嘉合睿金混合	2018 - 03 - 21
1884	002986	泰康丰盈债券	2016 - 08 - 24
1885	002986	中银中债 7 - 10 年国开债指数	2018 - 03 - 30
1886	002988	平安大华鼎信定开债	2016 - 07 - 21
1887	002989	融通通乾研究精选灵活配置混合	2016 - 08 - 12
1888	002991	嘉实稳鑫纯债债券	2016 - 07 - 14
1889	002992	招商招元纯债	2016 - 08 - 31
1890	002994	招商招裕纯债	2016 - 07 - 28
1891	002996	长信稳健纯债债券	2016 - 12 - 13
1892	002997	工银瑞享纯债债券	2016 - 08 - 25
1893	002998	博时弘裕 18 个月定开债	2016 - 08 - 30
1894	003000	招商丰德混合	2017 - 03 - 01
1895	003002	国金及第七天理财债券	2016 - 08 - 04
1896	003003	华夏现金增利货币	2004 - 04 - 07
1897	003004	招商睿祥定开混合	2016 - 08 - 30
1898	003005	华夏鼎益债券	2016 - 12 - 27
1899	003007	前海开源润鑫混合	2018 - 03 - 27
1900	003009	中融盈泽债券	2017 - 03 - 27
1901	003011	中融盈润债券	2017 - 03 - 29
1902	003013	中融恒泰纯债	2016 - 12 - 27
1903	003015	中金沪深 300	2016 - 07 - 22
1904	003016	中金中证 500	2016 - 07 - 22
1905	003017	广发中证军工 ETF 联接	2016 - 09 - 26
1906	003018	富荣福锦混合	2018 - 03 - 16
1907	003021	中欧强裕债券	2016 - 11 - 07
1908	003021	信达澳银新征程定期开放灵活配置混合	2018 - 03 - 27
1909	003022	建信现金添益交易型货币	2016 - 09 - 02
1910	003023	博时景发纯债债券	2016 - 08 - 03
1911	003024	平安大华惠今定开债	2016 - 11 - 02
1912	003025	新华红利回报混合	2017 - 03 - 27
1913	003026	安信新价值混合	2016 - 08 - 19
1914	003028	安信新优选混合	2016 - 07 - 28
1915	003030	安信新目标混合	2016 - 08 - 09
1916	003032	平安大华医疗健康混合	2017 - 11 - 24
1917	003033	南方荣冠定期开放混合	2016 - 08 - 10
1918	003035	广发安祥回报混合	2016 - 08 - 19
1919	003037	广发集瑞债券	2016 - 11 - 18

序号	基金代码	基金简称	设立日期
1920	003038	汇安稳裕债券	2018-03-27
1921	003039	广发集富纯债	2017-01-13
1922	003041	鑫元得利	2016-08-17
1923	003042	交银活期通货币	2016-07-27
1924	003044	东方红战略精选混合	2016-08-30
1925	003046	招商信用定开债(QDII)	2016-09-02
1926	003046	广发量化多因子混合	2018-03-21
1927	003048	民生加银鑫盈债券	2016-07-25
1928	003050	农银金丰定开债券	2016-08-15
1929	003051	农银金利定开债券	2016-11-02
1930	003053	嘉实文体娱乐股票	2016-09-07
1931	003055	博时招财二号保本	2016-08-09
1932	003056	嘉实稳泽纯债债券	2016-09-13
1933	003057	建信瑞盛添利混合	2016-09-13
1934	003059	长信先利半年定开混合	2016-09-07
1935	003060	中融睿丰定期开放债券	2017-06-22
1936	003062	银华通利灵活配置混合	2016-08-05
1937	003069	光大保德信创业板股票	2018-02-13
1938	003071	中融睿祥定期开放债券	2017-08-24
1939	003073	泰达宏利汇利债券	2016-08-30
1940	003075	中欧创新成长灵活配置混合	2018-03-26
1941	003078	泰康安惠纯债债券	2016-12-26
1942	003079	中融银行间3-5年中高等级信用债指数	2016-12-22
1943	003081	中融银行间1-3年中高等级信用债指数	2016-12-27
1944	003083	中融银行间1-3年高等级信用债指数	2016-12-22
1945	003085	中融银行间0-1年中高等级信用债指数	2016-12-27
1946	003087	上投摩根岁岁丰债券	2016-08-26
1947	003089	中融恒瑞纯债	2017-04-07
1948	003091	中欧强利债券	2016-08-03
1949	003092	华商丰利增强定期开放债券	2016-09-20
1950	003093	中银证券汇嘉定期开放债券	2018-03-26
1951	003094	大摩兴利18个月开放债券	2016-09-22
1952	003095	中欧医疗健康混合	2016-09-29
1953	003097	德邦德焕9个月定开债	2016-09-13
1954	003099	长盛盛景纯债	2016-08-04
1955	003101	诺德天禧	2016-08-15
1956	003102	长盛盛裕纯债	2016-08-04
1957	003104	泰达宏利定宏混合	2016-09-13
1958	003105	光大保德信永鑫混合	2016-08-19
1959	003107	光大保德信安祺债券	2017-01-11
1960	003109	光大保德信安和债券	2017-01-05
1961	003115	光大保德信诚鑫混合	2016-12-15
1962	003117	光大吉鑫混合	2016-08-19
1963	003118	中融聚商定期开放混合	2018-03-08
1964	003119	博时鑫源混合	2016-08-24
1965	003121	信诚稳利	2016-08-04
1966	003121	中加心悦混合	2018-03-08
1967	003122	鹏华兴盛定期开放混合	2016-08-25
1968	003123	天治鑫利三年定期开放	2016-12-07
1969	003125	中科沃土沃鑫成长混合发起式	2016-10-25
1970	003126	长信纯债半年定开债券	2016-12-23
1971	003128	景顺长城景盈汇利债券	2017-05-23
1972	003131	国寿安保强国智造混合	2016-09-27
1973	003132	德邦新回报灵活配置混合	2017-01-13
1974	003133	易方达裕鑫债券	2016-09-05
1975	003133	工银创业板ETF联接	2018-03-21
1976	003135	金元顺安沣楹债券	2016-09-22
1977	003140	鹏华弘腾混合	2016-09-29
1978	003142	鹏华弘达混合	2016-08-10
1979	003144	鹏华尊惠定期开放混合	2018-03-21
1980	003145	中融竞争优势	2016-09-07
1981	003146	融通通优债券	2016-08-09
1982	003147	大成动态量化配置策略混合	2016-09-20
1983	003148	中欧瑾悠灵活配置混合	2016-08-22
1984	003150	中欧睿诚定期开放混合	2016-12-01
1985	003152	华富天鑫灵活配置混合	2016-12-29
1986	003154	华宝新活力混合	2016-09-07
1987	003154	兴业安和6个月定开债券发起式	2018-03-02
1988	003155	中加丰尚纯债债券	2016-08-19
1989	003156	招商招悦纯债	2016-08-24
1990	003156	光大保德信精选18个月混合	2018-03-27
1991	003158	国投瑞银瑞达混合	2016-09-29
1992	003159	万家恒瑞18个月	2016-08-15
1993	003160	华夏行业龙头混合	2018-03-07
1994	003161	南方安泰养老混合	2016-09-22
1995	003162	博时富宁纯债债券	2016-08-17
1996	003163	金鹰添益纯债债券	2016-08-19
1997	003164	建信睿丰纯债定期开放债券	2018-03-14
1998	003165	鹏华弘嘉混合	2016-08-19
1999	003167	前海开源鼎瑞债券	2016-08-16
2000	003167	南方希元可转债债券	2018-03-14
2001	003169	长盛盛辉混合	2016-08-16
2002	003169	华泰紫金智盈债券	2018-03-15
2003	003170	南方浙利定开债券发起	2018-03-09
2004	003171	信达澳银慧理财货币	2016-09-18
2005	003171	南方乾利定开债券发起	2018-03-09
2006	003172	鹏华丰安债券	2016-08-25
2007	003172	富国价值驱动灵活配置混合	2018-03-26
2008	003174	前海联合添惠纯债	2018-04-10
2009	003175	华泰柏瑞多策略混合	2016-09-29
2010	003176	德邦景颐债券	2016-08-26
2011	003178	广发盛景纯债	2016-08-30
2012	003179	山西裕利	2016-08-24
2013	003180	前海联合添利债券	2016-11-11
2014	003182	华富弘鑫灵活配置混合	2016-11-24
2015	003183	银华积极成长混合	2018-03-29
2016	003185	华安安逸半年定开债	2018-03-15
2017	003186	鹏华兴安定期开放混合	2016-09-27

序号	基金代码	基金简称	设立日期
2018	003187	嘉实安益混合	2016－08－25
2019	003188	博时聚源纯债债券	2017－02－09
2020	003188	前海开源丰鑫混合	2018－03－21
2021	003189	汇添富保鑫保本混合	2016－09－29
2022	003190	创金合信鑫回报混合	2016－08－22
2023	003190	富国新趋势灵活配置混合	2018－03－12
2024	003191	国投瑞银创新医疗混合	2018－03－28
2025	003192	创金合信尊丰纯债	2016－09－02
2026	003193	创金合信尊智纯债债券	2017－06－16
2027	003194	上海国企 ETF 联接	2016－09－18
2028	003195	光大保德信永利债券	2017－02－17
2029	003195	添富价值多因子股票	2018－03－23
2030	003196	华安安悦债券	2018－03－06
2031	003197	光大保德信安诚债券	2017－03－28
2032	003198	银华心诚灵活配置混合	2018－03－12
2033	003199	长盛盛琪一年债券	2016－09－27
2034	003206	博时合鑫货币	2016－10－12
2035	003207	博时富发纯债	2016－09－07
2036	003208	东兴量化多策略混合	2016－10－27
2037	003209	鹏华丰达债券	2016－08－30
2038	003210	博时智臻纯债债券	2016－08－30
2039	003211	广发集安债券	2017－01－20
2040	003211	华泰柏瑞新金融地产混合	2018－03－08
2041	003212	易方达港股通红利混合	2018－03－07
2042	003213	中银悦享定期开放债券发起式	2016－09－28
2043	003213	银河量化多策略混合	2018－03－28
2044	003214	易方达富惠纯债债券	2016－08－24
2045	003214	安信比较优势混合	2018－03－21
2046	003215	信诚至鑫	2016－10－12
2047	003218	前海开源祥和债券	2016－11－28
2048	003219	招商招鸿6个月定开债发起式	2018－03－15
2049	003220	浙商惠利纯债	2016－09－27
2050	003220	富国军工主题混合	2018－03－29
2051	003221	新华丰利债券	2016－10－26
2052	003221	中银泰享定期开放债券	2018－03－21
2053	003223	广发景丰纯债	2016－11－23
2054	003223	东方量化成长灵活配置混合	2018－03－21
2055	003224	鹏华兴润定期开放混合	2016－09－02
2056	003225	融通红利机会主题灵活配置混合	2018－03－27
2057	003226	信诚稳健	2016－09－02
2058	003228	浦银安盛日日鑫货币	2016－11－30
2059	003228	南华瑞鑫定期开放债券	2018－03－15
2060	003229	华安研究精选混合	2018－03－14
2061	003230	创金合信鑫动力混合	2016－08－30
2062	003232	创金合信鑫价值混合	2016－08－30
2063	003233	农银量化动力混合	2018－03－26
2064	003234	信诚至利	2016－09－02
2065	003236	信诚惠盈	2016－09－02
2066	003236	广发沪港深龙头混合	2018－03－21

序号	基金代码	基金简称	设立日期
2067	003238	新华外延增长主题灵活配置混合	2017－03－02
2068	003238	中海沪港深多策略混合	2018－03－21
2069	003239	博时安祺一年定期开放债券	2016－09－29
2070	003239	广发汇佳定期开放债券	2018－03－12
2071	003240	招商添琪3个月定开债发起式	2018－03－01
2072	003241	创金合信量化发现混合	2016－09－27
2073	003241	国富天颐混合	2018－03－27
2074	003242	嘉实金融精选股票	2018－03－14
2075	003243	上投摩根中国世纪	2016－11－11
2076	003243	前海开源公用事业股票	2018－03－23
2077	003244	安信永盛定开债券	2018－03－30
2078	003245	安信尊享添益债券	2018－03－14
2079	003246	华泰柏瑞天添宝货币	2016－09－22
2080	003247	泰达宏利启智混合	2016－08－30
2081	003247	华富恒玖3个月定期开放债券	2018－03－23
2082	003248	永赢增益债券	2018－03－06
2083	003249	建信恒丰纯债债券	2016－11－15
2084	003249	兴业嘉润3个月定开债券发起式	2018－03－08
2085	003250	融通通尚灵活配置混合	2016－10－19
2086	003250	兴全祥泰定期开放债券	2018－03－16
2087	003251	人保纯债一年定开	2018－03－23
2088	003252	大成添益交易型货币	2016－09－29
2089	003252	前海开源乾盛定期开放债券	2018－03－15
2090	003253	前海联合泓瑞定开债券	2018－03－07
2091	003254	前海开源鼎裕债券	2016－09－23
2092	003255	国泰江源优势精选灵活配置混合	2018－03－19
2093	003256	信诚至益	2016－09－07
2094	003256	财通资管睿智6个月定期开放债券	2018－03－15
2095	003257	易方达恒信定开债券发起式	2018－03－27
2096	003258	博时富祥纯债债券	2016－11－10
2097	003258	国泰聚利价值定期开放灵活配置混合	2018－03－27
2098	003259	博时聚利纯债债券	2016－09－13
2099	003259	银河庭芳3个月定开债券	2018－03－14
2100	003260	博时利发纯债债券	2016－09－07
2101	003260	泰达宏利金利债券	2018－03－19
2102	003261	安信沪深300增强	2016－10－12
2103	003262	平安大华合瑞定开债	2018－03－26
2104	003263	广发汇元纯债定期开放债券	2018－03－30
2105	003264	鑫元常利定期开放	2018－03－22
2106	003265	招商招坤纯债	2016－10－18
2107	003265	华富富瑞3个月定期开放债券	2018－03－29
2108	003268	博时悦楚纯债债券	2016－09－09
2109	003269	招商招乾纯债	2016－10－26
2110	003271	国联安安鑫瑞混合	2016－09－09
2111	003273	安信永丰定开债	2016－10－10
2112	003275	国联安鑫盈混合	2016－09－29
2113	003277	信诚稳瑞	2016－09－09
2114	003279	融通沪港深智慧生活灵活配置混合	2016－11－08
2115	003280	鹏华丰恒债券	2016－09－22

序号	基金代码	基金简称	设立日期
2116	003282	信诚至裕	2016－09－29
2117	003284	中邮医药健康灵活配置混合	2016－12－13
2118	003285	国寿安保安康纯债债券	2016－09－02
2119	003286	平安大华惠享纯债	2016－10－27
2120	003287	信诚稳益	2016－09－09
2121	003289	创金合信尊泰纯债债券	2016－10－21
2122	003290	长城久稳债券	2016－11－11
2123	003291	信达澳银健康中国混合	2017－08－18
2124	003292	嘉实优势成长混合	2016－12－01
2125	003293	易方达科瑞混合	2017－01－03
2126	003295	南方安裕养老混合	2016－11－15
2127	003298	嘉实物流产业股票	2016－12－29
2128	003300	华夏圆和混合	2016－12－29
2129	003301	华夏鼎融债券	2016－11－07
2130	003304	前海开源沪港深核心资源混合	2016－10－17
2131	003306	民生加银鑫益债券	2017－03－07
2132	003308	中信建投睿利	2016－12－07
2133	003309	兴业启元一年定开债券	2016－10－27
2134	003311	大摩睿成大盘弹性股票	2017－04－12
2135	003312	大摩睿成中小盘弹性股票	2017－01－16
2136	003313	中银睿享定期开放债券发起式	2016－09－22
2137	003314	浙商惠南纯债	2016－11－17
2138	003315	景顺长城景瑞双利定期开放债券	2017－01－24
2139	003316	中银证券现金管家货币	2016－12－07
2140	003318	景顺长城中证500行业中性低波动指数	2017－03－03
2141	003319	建信瑞丰添利混合	2016－11－01
2142	003324	东方永兴18个月定期开放债券	2016－11－02
2143	003326	招商睿诚定开混合	2017－04－28
2144	003327	万家鑫璟纯债	2016－09－13
2145	003329	万家鑫安纯债	2016－09－18
2146	003331	博时乐臻定开混合	2016－09－29
2147	003332	南方荣发定期开放混合发起	2016－11－08
2148	003333	泰信智选成长混合	2016－12－21
2149	003334	中融融信双盈	2016－11－02
2150	003336	长江收益增强债券	2016－10－17
2151	003337	南方颐元债券发起式	2016－09－26
2152	003339	华安睿享定开混合	2016－11－02
2153	003341	工银瑞盈18个月定开	2016－11－02
2154	003342	工银国债纯债债券	2016－12－16
2155	003343	鹏华弘惠混合	2016－09－27
2156	003345	安信新成长混合	2016－09－29
2157	003349	长信稳益纯债债券	2016－10－26
2158	003350	广发鑫盛18个月定开混合	2016－11－18
2159	003351	招商稳荣定开灵活混合	2016－10－25
2160	003353	信诚至优	2016－09－26
2161	003355	招商稳祥定开灵活配置混合	2016－10－11
2162	003358	易方达中债7－10年期国开行债券指数	2016－09－27
2163	003360	前海开源瑞和债券	2017－03－30
2164	003362	国联安睿利定期开放混合	2016－12－01
2165	003363	长江乐享货币	2016－10－26
2166	003366	浙商中证转型成长指数	2016－12－19
2167	003367	鹏华兴合定期开放混合	2016－09－27
2168	003369	招商招庆纯债	2016－10－18
2169	003371	招商招轩纯债	2016－10－26
2170	003373	大成景禄灵活配置混合	2016－09－29
2171	003376	广发中债7－10年国开债指数	2016－09－26
2172	003378	泰康策略优选混合	2016－11－28
2173	003379	信诚至选	2016－11－08
2174	003381	博时裕信纯债债券	2016－10－25
2175	003382	民生加银鑫享债券	2016－10－31
2176	003384	金鹰添盈纯债债券	2017－01－11
2177	003385	工银全球美元债(QDII)	2017－01－23
2178	003388	招商招益宝货币	2017－02－23
2179	003390	江信一年定开	2017－04－17
2180	003391	建信天添益货币	2016－10－18
2181	003394	建信恒安一年定期开放债券	2016－11－08
2182	003395	安信尊享纯债	2016－09－29
2183	003396	东方红优享红利混合	2016－10－31
2184	003397	银华体育文化灵活配置混合	2016－11－17
2185	003398	太平日日金	2016－11－04
2186	003400	建信恒瑞一年定期开放债券	2016－11－16
2187	003401	工银可转债债券	2016－12－14
2188	003402	安信活期宝	2016－10－17
2189	003403	华商瑞丰混合	2017－03－01
2190	003404	招商稳盛定开混合	2016－11－10
2191	003406	南方多元债券发起式	2016－09－29
2192	003407	景顺长城景泰丰利纯债债券	2017－01－13
2193	003409	景顺长城景颐盛利债券	2016－10－13
2194	003411	鹏华弘康混合	2016－09－29
2195	003413	华泰柏瑞新经济沪港深混合	2016－11－25
2196	003414	泰达宏利创金混合	2016－09－29
2197	003416	招商财经大数据股票	2016－11－02
2198	003417	中加丰泽纯债债券	2016－12－19
2199	003418	华润元大润鑫债券	2016－10－17
2200	003419	中欧弘安一年定期开放债券	2017－04－07
2201	003420	德邦群利债券	2017－03－10
2202	003422	国寿安保添利货币	2016－12－27
2203	003424	江信洪福	2016－12－07
2204	003425	江信添福	2016－11－02
2205	003427	建信恒远一年定期开放债券	2016－11－17
2206	003428	中加丰盈纯债债券	2016－11－02
2207	003429	中证兴业中高等级信用债指数	2016－11－04
2208	003430	兴业14天理财	2016－10－24
2209	003432	信诚至瑞	2016－10－21
2210	003434	博时鑫泽混合	2016－10－17
2211	003436	博时鑫丰混合	2016－12－21
2212	003438	招商招怡纯债	2016－11－08
2213	003440	招商招享纯债	2017－03－17

序号	基金代码	基金简称	设立日期
2214	003442	招商招惠纯债	2016-12-07
2215	003445	中加丰享纯债债券	2016-11-11
2216	003446	英大睿鑫混合	2016-11-23
2217	003448	招商招华纯债	2016-12-21
2218	003450	招商招信纯债	2017-03-10
2219	003452	招商招盛纯债	2016-10-26
2220	003454	招商招通纯债	2016-10-20
2221	003456	信达澳银新目标混合	2016-10-19
2222	003457	国泰润泰纯债债券	2017-03-01
2223	003458	嘉实稳宏债券	2017-06-02
2224	003460	嘉实现金宝货币	2016-12-22
2225	003461	嘉实稳元纯债债券	2017-03-09
2226	003462	新华鑫盛灵活配置混合	2016-12-21
2227	003463	泰达宏利亚洲债券(QDII)	2016-10-14
2228	003465	平安大华金管家货币	2016-12-07
2229	003466	长城久盛安稳两年定期开放债券	2016-11-04
2230	003467	富荣货币	2016-12-26
2231	003469	德邦德景一年定开债	2016-11-10
2232	003471	前海联合添鑫债券	2016-10-18
2233	003473	南方天天利货币	2016-10-20
2234	003475	前海联合沪深300	2016-11-30
2235	003476	南方安颐养老混合	2016-12-14
2236	003477	南方睿见定期开放混合发起式	2016-12-21
2237	003478	民生加银腾元宝货币	2016-12-02
2238	003479	财通资管鑫管家货币	2016-10-25
2239	003482	交银天鑫宝货币	2016-12-07
2240	003484	金鹰鑫益混合	2016-11-16
2241	003486	平安大华惠隆纯债	2016-11-23
2242	003487	平安大华惠融纯债	2016-11-01
2243	003488	平安大华惠裕	2017-03-10
2244	003490	长盛盛平混合	2016-10-25
2245	003492	前海开源外向企业股票	2016-11-17
2246	003493	申万菱信安鑫优选混合	2016-11-07
2247	003495	鹏华弘尚混合	2016-10-25
2248	003497	银华添泽定期开放债券	2016-11-11
2249	003498	前海联合添和纯债	2016-12-07
2250	003500	鑫元聚利	2016-10-27
2251	003501	泰达睿智稳健混合	2016-11-23
2252	003502	金鹰鑫瑞混合	2016-12-06
2253	003504	景顺长城景颐丰利纯债债券	2017-01-17
2254	003508	华安睿安定开混合	2017-03-15
2255	003510	长盛可转债	2016-12-07
2256	003513	中邮消费升级灵活配置混合型发起式	2016-12-15
2257	003514	国寿安保安享纯债债券	2016-10-19
2258	003515	国泰利是宝货币	2016-12-22
2259	003516	国泰融安多策略灵活配置混合	2017-07-03
2260	003517	国泰润利纯债债券	2017-02-27
2261	003518	万家鑫瑞	2017-06-07
2262	003520	万家鑫稳纯债	2016-11-25

序号	基金代码	基金简称	设立日期
2263	003522	万家鑫通纯债	2016-11-18
2264	003524	易方达深证成指ETF联接	2017-05-04
2265	003525	兴银现金收益	2016-10-25
2266	003526	农银金穗纯债债券	2016-11-07
2267	003527	鹏华丰腾债券	2016-10-27
2268	003528	汇添富长添利定期开放债券	2016-12-06
2269	003530	东方永熙18个月定期开放债券	2016-12-27
2270	003532	汇添富鑫利债券	2017-03-13
2271	003534	浦银安盛日日丰	2016-11-07
2272	003537	招商招利宝货币	2017-04-17
2273	003541	国联安睿智定开混合	2016-12-29
2274	003545	东兴兴利债券	2017-04-14
2275	003546	长城久信债券	2016-11-30
2276	003547	鹏华丰禄债券	2016-10-27
2277	003549	浙商惠裕纯债	2016-11-07
2278	003551	工银恒丰纯债债券	2016-10-27
2279	003552	国泰现金宝货币	2017-03-08
2280	003555	华泰柏瑞睿利混合	2016-11-23
2281	003557	博时泰安债券	2016-12-21
2282	003559	平安大华量化成长混合	2016-11-02
2283	003561	诺德成长精选	2017-02-24
2284	003564	博时安诚18个月定开债	2016-11-10
2285	003566	博时臻选纯债债券	2016-11-07
2286	003567	华夏行业景气混合	2017-02-04
2287	003568	平安大华惠利纯债	2016-11-18
2288	003569	招商招丰纯债	2016-12-07
2289	003571	招商招琪纯债	2016-12-07
2290	003573	中信建投稳裕	2016-11-07
2291	003574	大成惠利纯债债券	2016-11-02
2292	003575	大成惠益纯债债券	2016-11-02
2293	003576	招商招弘纯债	2017-02-23
2294	003580	泰康沪港深价值优选混合	2016-12-29
2295	003581	前海联合国民健康混合	2016-12-29
2296	003582	中金量化多策略	2016-11-10
2297	003583	建信稳定鑫利债券	2017-01-06
2298	003585	先锋现金宝	2016-11-07
2299	003586	先锋精一	2016-11-18
2300	003588	东吴增鑫宝	2016-11-07
2301	003590	建信睿富纯债债券	2016-11-25
2302	003591	华泰柏瑞享利混合	2016-12-29
2303	003593	国泰景气行业灵活配置混合	2017-03-20
2304	003594	长盛盛崇混合	2016-11-10
2305	003596	长盛盛腾混合	2017-01-13
2306	003598	华商润丰混合	2017-01-24
2307	003601	申万菱信安鑫精选混合	2016-11-18
2308	003603	景顺长城泰安回报混合	2016-12-09
2309	003605	景顺长城景泰汇利定期开放债券	2016-11-11
2310	003607	博时富益纯债债券	2016-11-04
2311	003610	南方荣安定期开放混合	2016-11-23

序号	基金代码	基金简称	设立日期
2312	003612	南方卓元债券	2016-11-11
2313	003614	信诚景瑞	2016-12-07
2314	003616	招商招熹纯债	2017-06-16
2315	003618	招商招旺纯债	2016-11-02
2316	003620	招商睿乾混合	2017-07-21
2317	003621	新华鑫丰灵活配置混合	2017-04-17
2318	003622	创金合信优价成长股票	2016-11-02
2319	003624	创金合信资源主题精选股票	2016-11-02
2320	003626	平安大华鑫利定期开放	2016-12-07
2321	003627	兴银长富	2016-12-16
2322	003628	兴银收益增强	2016-11-28
2323	003629	全球多元配置(QDII)	2016-12-19
2324	003632	招商稳乾定开混合	2016-12-29
2325	003634	嘉实农业产业股票	2016-12-07
2326	003637	安信永鑫定开债券	2017-01-13
2327	003639	工银瑞盈半年开放债券	2017-01-24
2328	003640	兴业裕丰债券	2017-01-03
2329	003641	长盛盛丰混合	2016-11-18
2330	003645	融通通弘债券	2017-01-04
2331	003646	创金合信中证1000增强	2016-12-22
2332	003648	融通通祺债券	2016-11-10
2333	003650	融通通润债券	2017-03-13
2334	003651	博时丰达纯债债券	2016-11-08
2335	003652	招商招泰6个月定开债	2016-12-23
2336	003654	博时锦禄纯债债券	2016-11-08
2337	003655	信达澳银新财富混合	2016-11-10
2338	003656	民生加银鑫元纯债债券	2017-06-21
2339	003658	长盛量化多策略	2017-02-22
2340	003659	山证策略精选	2016-12-29
2341	003660	中加纯债两年债券	2016-11-11
2342	003662	鹏华永盛定期开放债券	2016-12-29
2343	003663	鹏华兴泰定期开放混合	2016-11-30
2344	003664	新沃通利纯债	2016-12-27
2345	003666	天弘金明混合	2017-03-09
2346	003667	天弘安盈混合	2016-11-11
2347	003668	东方红益鑫纯债	2016-11-28
2348	003670	中融物联网主题	2017-02-27
2349	003671	兴业裕恒债券	2016-11-04
2350	003672	兴业裕华债券	2016-12-07
2351	003673	中加丰裕纯债债券	2016-11-28
2352	003674	融通通玺债券	2016-12-22
2353	003675	博时安慧18个月定开债	2016-12-16
2354	003677	融通通穗债券	2016-12-27
2355	003678	中融现金增利货币	2016-11-14
2356	003680	华润元大润泰双鑫债券	2017-03-24
2357	003681	建信睿享纯债债券	2016-11-08
2358	003682	博时安弘一年定开债	2016-11-15
2359	003684	汇安丰融混合	2016-12-22
2360	003686	国泰丰益灵活配置混合	2016-12-09
2361	003689	国泰鸿益灵活配置混合	2016-11-25
2362	003691	农银金泰定开债券	2016-12-27
2363	003692	大成景尚灵活配置混合	2016-11-11
2364	003694	国泰景益灵活配置混合	2016-12-09
2365	003696	国泰润鑫纯债债券	2017-07-04
2366	003697	华夏睿磐泰盛定开混合	2017-03-14
2367	003698	华夏新锦祥混合	2017-01-10
2368	003700	民生加银鑫智纯债债券	2017-07-24
2369	003702	平安大华中证沪港深高息股	2017-01-24
2370	003703	博时富鑫纯债债券	2016-11-17
2371	003704	光大保德信事件驱动混合	2017-01-17
2372	003705	工银恒泰纯债债券	2016-11-15
2373	003706	民生加银鑫兴纯债债券	2017-07-21
2374	003708	博时民丰纯债债券	2016-11-29
2375	003710	国投瑞银和顺债券	2016-11-23
2376	003711	泰达宏利京元宝货币	2016-11-23
2377	003713	英大睿盛混合	2016-12-01
2378	003715	宝盈消费主题混合	2017-01-04
2379	003716	平安大华惠益纯债	2017-03-07
2380	003717	中银量化精选混合	2016-12-13
2381	003726	融通通颐定期开放债	2017-03-16
2382	003728	融通通宸债券	2016-12-21
2383	003730	博时富华纯债债券	2016-11-25
2384	003731	长安泓泽纯债债券	2016-11-16
2385	003733	金鹰添裕纯债债券	2016-11-23
2386	003734	万家瑞盈	2016-11-11
2387	003736	新华华荣灵活配置混合	2017-07-25
2388	003737	新华鑫裕灵活配置混合	2017-05-19
2389	003738	新华华瑞灵活配置混合	2017-01-11
2390	003739	新华鑫弘灵活配置混合	2016-11-29
2391	003740	新华华盛灵活配置混合	2017-04-17
2392	003741	鹏华丰盈债券	2016-11-22
2393	003742	汇安嘉汇纯债债券	2016-12-02
2394	003743	广发汇平一年定期开放债券	2017-01-06
2395	003745	广发多元新兴股票	2017-04-25
2396	003746	广发汇瑞一年定期债券	2016-11-28
2397	003747	万家鑫享纯债	2017-02-09
2398	003749	创金合信鑫收益混合	2016-12-19
2399	003751	万家瑞隆	2016-11-30
2400	003752	工银如意货币	2016-12-23
2401	003754	国泰普益灵活配置混合	2016-12-23
2402	003756	国泰嘉益灵活配置混合	2017-03-01
2403	003758	国泰稳益定期开放灵活配置混合	2017-07-26
2404	003760	国泰宁益定期开放灵活配置混合	2017-08-01
2405	003761	华宝港股通恒生香港35指数	2018-03-30
2406	003762	国开泰混合	2016-12-27
2407	003765	广发创业板ETF联接	2017-05-25
2408	003767	泰达宏利纯利债券	2016-11-25
2409	003769	中银品质生活混合	2017-03-08

序号	基金代码	基金简称	设立日期
2410	003770	中银丰庆定期开放债券	2017-03-20
2411	003772	国联安鑫盛混合	2016-11-28
2412	003774	国联安鑫利混合	2016-12-15
2413	003776	南方宣利定期开放债券	2016-12-06
2414	003778	上投摩根安瑞回报混合	2017-01-24
2415	003780	鹏华兴悦定期开放混合	2016-12-13
2416	003781	鹏华兴裕定期开放混合	2016-11-25
2417	003782	招商稳阳定开灵活配置	2017-02-23
2418	003784	招商稳泰定开灵活配置	2017-02-09
2419	003787	方正富邦惠利纯债	2016-12-19
2420	003789	工银丰益一年定开	2016-12-07
2421	003793	泰达宏利溢利债券	2017-01-22
2422	003795	方正富邦睿利纯债	2016-12-16
2423	003797	华安新瑞利灵活配置混合	2016-12-01
2424	003799	华安新泰利灵活配置混合	2016-12-09
2425	003801	华安新安平灵活配置混合	2017-01-10
2426	003803	华安新丰利灵活配置混合	2016-12-29
2427	003805	华安新恒利灵活配置混合	2016-12-09
2428	003807	南方荣优鑫年享定期开放混合	2017-03-24
2429	003809	招商招顺纯债	2016-12-07
2430	003811	中金金利	2016-12-13
2431	003813	泰康金泰3月定开混合	2017-01-22
2432	003814	银华上证10年期国债指数	2016-12-05
2433	003817	银华上证5年期国债指数	2016-12-05
2434	003819	广发景华纯债	2016-11-28
2435	003820	华夏新锦鸿混合	2016-12-06
2436	003824	天弘信利债券	2016-12-16
2437	003826	华夏鼎汇债券	2017-01-18
2438	003828	鹏华兴惠定期开放混合	2017-01-24
2439	003830	建信鑫悦回报灵活配置混合	2016-12-02
2440	003831	建信鑫瑞回报灵活配置混合	2017-03-01
2441	003832	中银丰润定期开放债券	2016-11-30
2442	003833	金鹰添富纯债债券	2016-11-28
2443	003834	华夏能源革新股票	2017-06-07
2444	003835	鹏华沪深港新兴成长混合	2016-12-02
2445	003836	新沃鑫禧	2016-12-22
2446	003837	东方臻享纯债债券	2016-11-28
2447	003839	易方达瑞通混合	2016-12-07
2448	003841	大成惠裕定开纯债债券	2017-05-15
2449	003842	中邮景泰灵活配置混合	2016-12-29
2450	003844	建信睿源纯债债券	2017-08-16
2451	003845	汇安丰恒混合	2017-03-13
2452	003847	华安鼎丰	2016-11-30
2453	003848	中银广利混合	2016-12-14
2454	003850	中银锦利混合	2016-12-22
2455	003852	金鹰添享纯债债券	2017-02-28
2456	003853	金鹰添惠纯债债券	2017-03-10
2457	003854	汇安丰华混合	2017-01-10
2458	003856	国都聚鑫定期开放	2016-12-21
2459	003857	前海开源周期优选混合	2017-01-25
2460	003859	招商招旭纯债债券	2016-12-15
2461	003861	招商兴福混合	2016-12-06
2462	003863	招商招祥纯债	2016-12-07
2463	003866	博时富诚纯债债券	2017-03-17
2464	003867	招商招景纯债	2017-03-08
2465	003869	长信稳势纯债债券	2017-08-18
2466	003874	浙商日添金	2016-11-30
2467	003876	华宝沪深300增强	2016-12-09
2468	003877	富国久利稳健配置混合	2016-12-27
2469	003879	嘉实6个月理财债券	2017-06-19
2470	003880	嘉实定期宝6个月理财债券	2017-03-23
2471	003882	易方达瑞弘混合	2017-01-11
2472	003884	汇安丰泰混合	2017-01-24
2473	003886	汇安丰利混合	2016-12-19
2474	003888	汇安嘉源纯债债券	2016-12-22
2475	003889	汇安丰泽混合	2017-01-13
2476	003891	汇安嘉裕纯债债券	2016-12-05
2477	003892	鹏华普泰债券	2016-12-05
2478	003895	安信新视野混合	2016-12-19
2479	003897	金元顺安桉泰债券	2017-06-09
2480	003898	永赢丰益债券	2017-02-16
2481	003899	国泰民惠收益定期开放债券	2016-12-29
2482	003900	交银瑞鑫定期开放灵活配置混合	2016-12-14
2483	003901	交银瑞景定期开放灵活配置混合	2016-12-21
2484	003902	德邦锐璟债券	2016-12-16
2485	003906	华夏新锦图混合	2016-12-29
2486	003908	万家家泰	2017-03-03
2487	003910	万家家盛	2017-03-09
2488	003912	泰达宏利启富混合	2017-03-14
2489	003914	泰达宏利启迪混合	2017-03-01
2490	003916	泰达宏利启泽混合	2017-03-01
2491	003918	泰达宏利启明混合	2017-03-01
2492	003922	长盛盛康混合	2017-02-13
2493	003924	长盛盛泰混合	2017-03-20
2494	003926	中融恒信纯债	2017-08-09
2495	003928	前海联合永兴纯债	2017-08-14
2496	003929	中银证券安进债券	2016-12-05
2497	003931	工银丰实三年定开债券	2017-06-12
2498	003932	银华中证5年期地方政府债指数	2017-06-01
2499	003934	银华中证10年期地方政府债指数	2017-06-16
2500	003936	南方和利定期开放债券	2017-01-24
2501	003938	南方荣尊定开混合	2017-05-22
2502	003940	银华盛世精选灵活配置混合发起式	2016-12-22
2503	003941	国泰鑫益灵活配置混合	2016-12-09
2504	003943	国泰泽益灵活配置混合	2016-12-09
2505	003945	国泰众益灵活配置混合	2017-03-01
2506	003946	东方红创新优选定开混合	2018-03-22
2507	003947	博时聚享纯债债券	2016-12-19

序号	基金代码	基金简称	设立日期
2508	003949	兴全稳泰债券	2016-12-16
2509	003950	博时鑫润混合	2016-12-07
2510	003952	兴业18个月定开债券	2017-03-20
2511	003954	华泰柏瑞价值精选30混合	2017-02-03
2512	003955	国泰民丰回报定期开放灵活配置混合	2017-03-31
2513	003956	南方现代教育股票	2017-01-24
2514	003957	安信新起点混合	2017-03-16
2515	003959	平安大华量化混合	2017-01-23
2516	003961	易方达瑞程混合	2016-12-15
2517	003963	博时慧选纯债债券	2016-12-19
2518	003964	华夏新锦略混合	2017-01-22
2519	003966	中银润利混合	2016-12-14
2520	003968	交银天益宝货币	2016-12-20
2521	003970	华泰柏瑞兴利混合	2016-12-29
2522	003972	国富美元定期开放债券(QDII)	2017-01-24
2523	003974	中信建投睿泰	2017-02-14
2524	003976	中信建投稳惠	2017-03-03
2525	003978	中信建投稳祥	2017-03-03
2526	003980	中银证券瑞益混合	2017-01-24
2527	003982	国投瑞银顺益纯债债券	2017-03-10
2528	003983	鹏华丰惠债券	2016-12-09
2529	003984	嘉实新能源新材料股票	2017-03-16
2530	003986	申万菱信中证500指数优选增强	2017-01-10
2531	003987	银华中债-10年期国债期货期限匹配金融债指数	2017-04-17
2532	003989	银华中债5年期金融债指数	2017-04-17
2533	003991	富国富利稳健配置混合	2017-01-24
2534	003993	前海开源沪港深核心驱动混合	2016-12-13
2535	003995	银华中债AAA信用债指数	2017-06-21
2536	003997	泓德添利货币	2017-05-04
2537	003999	富荣富祥纯债	2017-03-09
2538	004000	泰达睿选稳健混合	2017-01-23
2539	004001	泰达宏利恒利债券	2017-01-22
2540	004003	泰达宏利启惠混合	2017-03-01
2541	004005	东方民丰回报赢安定开混合	2017-03-09
2542	004007	申万菱信安泰添利纯债一年定期开放债券	2017-06-27
2543	004008	中融鑫思路混合	2017-01-16
2544	004010	华泰柏瑞鼎利混合	2016-12-22
2545	004012	华泰柏瑞裕利混合	2017-01-13
2546	004014	华泰柏瑞锦利混合	2017-01-13
2547	004018	招商兴华灵活混合	2016-12-16
2548	004020	广发景祥纯债	2017-03-02
2549	004021	广发汇富一年定期债券	2017-02-13
2550	004023	广发量化稳健混合	2017-08-04
2551	004024	华泰保兴尊诚定开	2017-02-23
2552	004025	融通收益增强债券	2017-08-30
2553	004027	广发景源纯债	2017-02-17
2554	004029	嘉实稳康纯债债券	2017-06-13
2555	004030	嘉实丰安6个月定期债券	2016-12-29
2556	004031	鑫元添利	2017-03-17

序号	基金代码	基金简称	设立日期
2557	004032	工银丰淳半年定开债券	2017-02-28
2558	004033	金鹰添荣纯债债券	2017-03-07
2559	004034	博时弘康18个月定开债	2017-03-24
2560	004036	鹏华弘樽混合	2016-12-29
2561	004038	中银富享定期开放债券发起式	2017-03-20
2562	004039	中欧骏泰货币	2016-12-19
2563	004040	金鹰鑫富混合	2017-08-01
2564	004042	华夏鼎茂债券	2017-03-14
2565	004044	金鹰转型动力混合	2017-11-16
2566	004045	金鹰添润纯债债券	2017-02-16
2567	004046	华夏新锦顺混合	2017-02-16
2568	004048	华夏新锦汇混合	2017-03-08
2569	004050	华夏新锦升混合	2017-05-31
2570	004052	华夏鼎智债券	2017-01-20
2571	004054	华夏鼎实债券	2017-06-15
2572	004056	华夏惠利货币	2017-02-10
2573	004059	鑫元招利	2016-12-22
2574	004060	博时兴盛货币	2016-12-21
2575	004061	华夏鼎隆债券	2017-02-16
2576	004063	华夏恒融定开债券	2017-03-23
2577	004064	交银瑞利定期开放灵活配置混合	2017-02-24
2578	004065	中融量化多因子混合	2016-12-29
2579	004066	嘉实稳熙纯债债券	2017-03-16
2580	004067	中融鑫回报混合	2016-12-22
2581	004069	南方中证全指证券ETF联接	2017-03-08
2582	004072	金元顺安金通宝货币	2017-01-20
2583	004074	交银瑞安定期开放灵活配置混合	2017-03-02
2584	004075	交银医药创新股票	2017-03-23
2585	004076	国联安锐意成长混合	2017-01-23
2586	004077	金信民发货币	2016-12-16
2587	004079	万家鑫丰纯债	2017-01-18
2588	004081	国联安鑫乾混合	2017-03-02
2589	004083	国联安鑫隆混合	2017-03-03
2590	004085	工银国债(7-10年)指数	2017-01-04
2591	004087	银华添润定期开放债券	2017-03-07
2592	004088	申万菱信安泰增利纯债一年定期开放债券	2017-06-27
2593	004089	汇添富鑫瑞债券	2016-12-26
2594	004091	博时沪港深价值优选	2017-01-24
2595	004093	金元顺安桉盛债券	2017-03-30
2596	004094	招商丰诚灵活混合	2017-01-10
2597	004096	鹏华兴康定期开放混合	2017-02-22
2598	004097	农银日日鑫货币	2016-12-27
2599	004098	前海开源港股通股息率50强股票	2017-05-08
2600	004099	前海开源沪港深景气行业精选混合	2017-05-08
2601	004100	鹏华安益增强混合	2017-02-22
2602	004101	国泰民安增益定期开放灵活配置混合	2017-08-31
2603	004102	信诚稳悦	2017-02-10
2604	004104	信诚稳鑫	2017-03-02
2605	004106	信诚稳丰	2017-01-23

序号	基金代码	基金简称	设立日期
2606	004108	信诚稳泰	2017 - 02 - 16
2607	004110	信诚至盛	2017 - 08 - 30
2608	004112	创金合信国企活力混合	2017 - 01 - 23
2609	004113	华泰柏瑞泰利混合	2017 - 01 - 13
2610	004115	嘉实新添程混合	2017 - 02 - 28
2611	004116	嘉实新添瑞混合	2016 - 12 - 21
2612	004117	大成惠祥定开纯债债券	2017 - 02 - 16
2613	004118	博时裕鹏纯债债券	2016 - 12 - 22
2614	004119	广发创新驱动混合	2017 - 06 - 09
2615	004120	国富安享货币	2017 - 05 - 22
2616	004121	兴银现金添利	2016 - 12 - 30
2617	004122	兴银长益定开债	2017 - 03 - 14
2618	004123	兴银长盈定开债	2017 - 03 - 14
2619	004124	民生加银鑫升纯债债券	2017 - 02 - 17
2620	004127	鹏华丰康债券	2017 - 03 - 17
2621	004128	前海联合泳隆混合	2017 - 08 - 29
2622	004129	国联安鑫汇混合	2017 - 03 - 01
2623	004131	国联安鑫发混合	2017 - 03 - 02
2624	004133	中航航行宝	2017 - 01 - 24
2625	004134	农银金安定开债券	2017 - 03 - 07
2626	004135	申万菱信量化成长混合	2017 - 03 - 10
2627	004136	博时民泽纯债债券	2017 - 01 - 13
2628	004137	博时合惠货币	2017 - 01 - 13
2629	004138	上银鑫达灵活配置混合	2017 - 03 - 09
2630	004139	中邮军民融合灵活配置混合	2017 - 04 - 01
2631	004140	兴业福鑫债券	2017 - 03 - 10
2632	004141	兴业瑞丰6个月定开债券	2017 - 03 - 23
2633	004142	招商盛合灵活混合	2017 - 03 - 01
2634	004144	上投摩根安丰回报混合	2017 - 01 - 17
2635	004146	上投摩根安泽回报混合	2017 - 01 - 17
2636	004148	圆信永丰多策略	2017 - 03 - 29
2637	004149	博时鑫惠混合	2017 - 01 - 10
2638	004151	先锋日添利	2017 - 04 - 14
2639	004153	信诚新悦	2016 - 12 - 29
2640	004155	信诚至泰	2017 - 06 - 06
2641	004157	信诚至诚	2017 - 03 - 10
2642	004159	中欧天启债券	2017 - 01 - 25
2643	004161	国泰中国企业信用精选债券(QDII)	2017 - 09 - 13
2644	004165	北信瑞丰增强回报	2017 - 02 - 20
2645	004166	东方价值挖掘灵活配置混合	2017 - 05 - 17
2646	004168	博时富嘉纯债债券	2017 - 01 - 20
2647	004169	万家现金增利货币	2017 - 02 - 13
2648	004171	信诚永益	2017 - 01 - 24
2649	004173	嘉实增益宝货币	2016 - 12 - 27
2650	004175	博时鑫泰混合	2016 - 12 - 29
2651	004178	丰润货币	2017 - 03 - 10
2652	004180	南方宏元债券发起式	2017 - 01 - 18
2653	004182	建信瑞福添利混合	2017 - 05 - 25
2654	004183	富国产业升级混合	2017 - 06 - 09
2655	004184	民生加银鑫弘债券	2017 - 08 - 22
2656	004185	江信增利货币	2017 - 08 - 03
2657	004189	华商民营活力混合	2017 - 03 - 14
2658	004190	招商沪深300指数	2017 - 02 - 10
2659	004192	招商中证500指数	2017 - 05 - 17
2660	004194	招商中证1000指数	2017 - 03 - 03
2661	004196	泓德裕鑫一年定开债券	2017 - 05 - 24
2662	004198	华富天益货币	2017 - 01 - 24
2663	004200	博时富瑞纯债债券	2017 - 03 - 03
2664	004202	华夏睿磐泰兴混合	2017 - 07 - 14
2665	004203	上投摩根岁岁金定期开放债券	2017 - 04 - 10
2666	004205	东方支柱产业灵活配置混合	2017 - 05 - 24
2667	004206	华商元亨混合	2017 - 01 - 24
2668	004207	交银启通灵活配置混合	2017 - 02 - 24
2669	004209	大成智惠量化多策略混合	2017 - 03 - 21
2670	004211	金鹰周期优选混合	2018 - 01 - 29
2671	004212	中融量化智选混合	2017 - 03 - 22
2672	004213	中欧骏益货币	2017 - 03 - 21
2673	004214	方正富邦鑫利宝货币	2017 - 01 - 24
2674	004216	兴业安润货币	2017 - 01 - 06
2675	004218	前海开源裕和定开混合	2017 - 04 - 12
2676	004219	中海添顺定期开放混合	2017 - 04 - 27
2677	004222	金信民旺债券	2017 - 12 - 04
2678	004223	金信多策略精选混合	2017 - 06 - 08
2679	004224	南方军工改革灵活配置混合	2017 - 03 - 08
2680	004225	国寿安保稳诚混合	2017 - 01 - 20
2681	004227	泰信鑫利混合	2017 - 05 - 25
2682	004229	鹏华新能源产业混合	2017 - 04 - 10
2683	004230	永赢添益债券	2017 - 02 - 27
2684	004238	永赢瑞益债券	2017 - 03 - 02
2685	004242	兴业增益三年定开债券	2017 - 01 - 20
2686	004244	东方周期优选灵活配置混合	2017 - 03 - 14
2687	004245	国都聚益定期开放	2017 - 05 - 03
2688	004246	德邦锐乾债券	2017 - 01 - 18
2689	004248	华宝新动力混合	2017 - 01 - 20
2690	004249	安信中国制造混合	2017 - 03 - 16
2691	004250	银河量化优选混合	2017 - 04 - 27
2692	004254	民生加银汇鑫定开债	2017 - 04 - 25
2693	004258	国寿安保稳嘉混合	2017 - 02 - 10
2694	004260	德邦稳盈增长灵活配置混合	2017 - 03 - 10
2695	004261	招商招禧宝货币	2017 - 03 - 29
2696	004263	华安沪港深机会灵活配置混合	2017 - 05 - 10
2697	004264	海富通瑞合纯债	2017 - 03 - 24
2698	004265	金鹰民丰回报混合	2017 - 06 - 28
2699	004266	招商沪港深科技创新混合	2017 - 04 - 26
2700	004268	中信建投睿康	2017 - 04 - 26
2701	004270	汇添富民丰回报混合	2017 - 09 - 27
2702	004272	中融量化小盘股票	2017 - 05 - 17
2703	004276	浦银安盛安和回报定开混合	2017 - 03 - 23

序号	基金代码	基金简称	设立日期
2704	004278	东方红智逸沪港深定开混合	2017－04－14
2705	004279	国寿安保稳荣混合	2017－02－10
2706	004281	华宝新回报混合	2017－03－23
2707	004282	博时兴荣货币	2017－02－24
2708	004283	中欧达安混合	2017－03－03
2709	004284	华宝新优选混合	2017－03－23
2710	004285	华富天盈货币	2017－03－03
2711	004287	国投瑞银多策略混合	2017－03－29
2712	004290	前海开源顺和定期开放债券	2017－08－03
2713	004292	鹏华沪深港互联网股票	2017－04－06
2714	004295	中欧天尚债券	2017－03－08
2715	004297	长盛盛淳混合	2017－02－23
2716	004299	长盛盛泽混合	2017－02－16
2717	004301	国寿安保稳信混合	2017－03－08
2718	004305	长盛盛禧混合	2017－03－02
2719	004307	博时富元纯债债券	2017－02－16
2720	004308	长盛盛享混合	2017－02－24
2721	004310	长盛盛瑞混合	2017－02－27
2722	004312	长盛盛兴混合	2017－02－16
2723	004314	前海开源沪港深新硬件	2017－03－13
2724	004316	前海开源沪港深裕鑫	2017－03－23
2725	004318	国寿安保尊裕优化回报债券	2017－03－23
2726	004320	前海开源沪港深乐享生活	2017－05－12
2727	004321	前海开源沪港深强国产业	2017－03－01
2728	004322	创金合信尊隆纯债债券	2017－02－10
2729	004323	博时富海纯债债券	2017－03－03
2730	004326	国联安鑫怡混合	2017－03－07
2731	004328	信诚永鑫	2017－02－24
2732	004330	太平日日鑫货币	2017－03－15
2733	004332	恒生前海沪港深新兴产业精选混合	2017－04－01
2734	004334	博时广利纯债债券	2017－02－16
2735	004335	华宝新飞跃混合	2017－02－27
2736	004336	长盛盛乾混合	2017－03－20
2737	004338	长盛盛弘混合	2017－03－20
2738	004340	泰康兴泰回报沪港深混合	2017－06－15
2739	004341	农银汇理尖端科技	2017－03－29
2740	004351	汇丰晋信珠三角混合	2017－06－02
2741	004352	北信瑞丰研究精选	2017－06－28
2742	004353	嘉实新添华定期混合	2017－03－17
2743	004354	益民中证智能消费	2017－05－08
2744	004355	嘉实丰和灵活配置混合	2017－03－20
2745	004357	南方智慧精选灵活配置混合	2017－03－27
2746	004358	华泰柏瑞国企改革混合	2017－02－16
2747	004359	创金合信量化核心混合	2017－03－27
2748	004361	上投摩根安通回报混合	2017－04－26
2749	004363	东方臻悦纯债债券	2017－05－25
2750	004365	嘉实致博纯债债券	2017－08－24
2751	004366	博时汇享纯债债券	2017－02－28
2752	004368	前海开源聚财宝	2017－02－17
2753	004374	华泰保兴吉年丰	2017－03－24
2754	004378	信诚永丰	2017－03－01
2755	004380	信诚永利	2017－02－28
2756	004383	平安大华添益债券	2017－05－24
2757	004385	中金新安	2017－03－29
2758	004386	广发汇安18个月定期债券	2017－03－31
2759	004388	鹏华丰享债券	2017－03－09
2760	004389	大成惠明定开纯债债券	2017－06－06
2761	004390	平安大华转型创新混合	2017－04－14
2762	004392	工银瑞利两年封闭债券	2017－05－24
2763	004393	安信合作创新混合	2017－03－29
2764	004394	华泰柏瑞量化创优混合	2017－05－12
2765	004395	国富恒通纯债债券	2017－03－10
2766	004396	中银文体娱乐混合	2017－04－10
2767	004397	长盛信息安全量化	2017－05－03
2768	004400	金信民兴债券	2017－03－08
2769	004403	平安大华股息精选沪港深	2017－05－17
2770	004403	平安大华股息精选沪港深	2017－05－17
2771	004405	国寿安保稳寿混合	2017－08－01
2772	004411	申万菱信臻选6个月定期开放混合	2017－03－03
2773	004412	申万菱信智选一年期定期开放混合	2017－03－03
2774	004413	建信民丰回报定期开放混合	2017－04－18
2775	004414	泰达宏利京天宝货币	2017－03－10
2776	004419	汇添富美元债债券(QDII)	2017－04－20
2777	004423	华商研究精选混合	2017－05－24
2778	004424	汇添富文体娱乐混合	2018－06－21
2779	004425	德邦锐祺债券	2017－06－21
2780	004427	交银增利增强债券	2017－06－02
2781	004429	南方文旅休闲灵活配置混合	2017－05－19
2782	004432	南方中证申万有色金属ETF联接	2017－09－08
2783	004434	博时逆向投资混合	2017－04－14
2784	004436	汇添富年年泰定开混合	2017－04－14
2785	004438	鹏华永安定期开放债券	2017－03－16
2786	004439	新华安享惠钰定期开放债券	2018－02－02
2787	004441	富荣富兴纯债	2017－03－09
2788	004442	中欧康裕混合	2017－03－14
2789	004443	南方荣知定开混合	2017－06－15
2790	004445	鹏华丰嘉债券	2017－03－13
2791	004446	南方荣年定期开放混合	2017－07－13
2792	004448	博时汇智回报混合	2017－04－11
2793	004449	上银慧增利货币	2017－04－14
2794	004450	嘉实前沿科技沪港深股票	2017－05－19
2795	004451	汇添富年年丰定期混合	2017－04－20
2796	004453	前海开源盈鑫	2017－03－21
2797	004456	兴银消费新趋势灵活配置	2017－06－15
2798	004457	光大保德信智选18个月混合	2017－05－16
2799	004458	博时华盈纯债债券	2017－03－09
2800	004459	鑫元瑞利	2017－03－13
2801	004460	富国嘉利稳健配置定期开放混合	2017－09－26

序号	基金代码	基金简称	设立日期
2802	004463	鹏华丰玉债券	2017-03-10
2803	004464	万家玖盛	2017-06-07
2804	004466	长盛盛杰一年期	2017-05-02
2805	004467	民生加银鑫利纯债债券	2017-07-20
2806	004469	汇添富鑫益定开债	2017-04-20
2807	004473	前海开源尊享	2017-06-12
2808	004475	华泰柏瑞富利混合	2017-09-12
2809	004476	景顺长城沪港深领先科技股票	2017-07-07
2810	004477	嘉实沪港深回报混合	2017-03-29
2811	004479	博时富和纯债债券	2017-08-30
2812	004480	华宝智慧产业混合	2017-05-04
2813	004481	华宝第三产业混合	2017-05-25
2814	004482	泰达宏利港股通股票	2017-05-17
2815	004484	泰达宏利业绩股票	2017-09-06
2816	004486	嘉实稳怡债券	2017-06-21
2817	004487	嘉实稳愉债券	2017-07-12
2818	004488	嘉实富时中国 A50ETF 联接	2017-06-29
2819	004489	鹏华量化策略混合	2017-06-21
2820	004490	海富通欣悦混合	2017-07-13
2821	004492	信诚至信	2017-06-27
2822	004493	华泰保兴货币	2017-04-20
2823	004495	博时量化平衡混合	2017-05-03
2824	004496	前海开源多元策略混合	2017-07-03
2825	004498	鹏华丰源债券	2017-06-08
2826	004499	鹏华丰瑞债券	2017-04-25
2827	004501	嘉实现金添利货币	2017-03-29
2828	004502	中银如意宝货币	2017-05-26
2829	004502	平安大华中证 500ETF	2018-03-23
2830	004503	鹏华永泰定期开放债券	2017-05-25
2831	004504	鹏华永泽定期开放债券	2018-01-24
2832	004505	博时新兴消费主题混合	2017-06-02
2833	004508	融通新动力灵活配置混合	2017-08-03
2834	004512	海富通富睿混合	2017-05-10
2835	004514	鹏华新科技传媒混合	2017-05-25
2836	004515	德邦弘利货币	2017-07-12
2837	004517	南方安康混合	2017-06-14
2838	004518	信诚新丰	2017-07-07
2839	004519	广发上证 10 年期国债 ETF	2018-03-26
2840	004520	富国中证 10 年期 ETF	2018-03-19
2841	004521	安信工业 4.0 混合	2017-07-20
2842	004525	中欧达乐混合	2017-07-04
2843	004528	长盛盛通纯债	2017-05-23
2844	004532	民生加银中证港股通指数	2017-06-02
2845	004534	汇添富年年益定开混合	2017-05-15
2846	004536	嘉实中小企业量化活力灵活配置混合	2017-07-04
2847	004537	民生加银鑫成纯债债券	2017-07-21
2848	004539	信诚惠选	2017-07-12
2849	004541	民生加银鑫泰纯债债券	2017-09-01
2850	004544	嘉实稳华纯债债券	2017-06-14
2851	004545	永赢天天利货币	2017-04-20
2852	004549	富安达消费主题混合	2017-08-01
2853	004550	中科沃土沃祥债券发起	2017-06-29
2854	004551	中银证券瑞享混合	2017-06-02
2855	004555	南方和元债券	2017-05-19
2856	004558	汇安丰裕混合	2017-07-27
2857	004560	汇安丰益混合	2017-08-10
2858	004562	民生加银鑫顺债券	2017-07-21
2859	004564	北信瑞丰鼎利	2018-01-25
2860	004565	新华华丰灵活配置混合	2017-11-06
2861	004571	万家家瑞债券	2017-09-20
2862	004573	新华鑫泰灵活配置混合	2017-08-09
2863	004576	新华恒益量化灵活配置混合	2017-09-01
2864	004577	海富通季季通利理财债券	2017-07-14
2865	004579	民生加银鑫华债券	2017-07-28
2866	004585	鹏扬汇利债券	2017-06-02
2867	004587	中金丰沃	2017-06-02
2868	004591	鹏华丰玺债券	2017-06-08
2869	004592	安信量化多因子混合	2017-07-03
2870	004593	广发全指工业 ETF 联接	2017-06-13
2871	004595	天弘天盈	2017-05-18
2872	004597	南方中证银行 ETF 联接	2017-06-29
2873	004601	博时富腾纯债债券	2017-06-27
2874	004602	前海开源润和定开债券	2017-08-14
2875	004604	富国新活力灵活配置混合	2017-06-01
2876	004606	上投摩根优选多因子股票	2017-08-23
2877	004607	长信利尚一年定开混合	2017-11-17
2878	004608	长信乐信混合	2017-12-07
2879	004610	民生加银鑫信债券	2017-08-09
2880	004614	鹏扬利泽债券	2017-06-15
2881	004616	中欧电子信息产业沪港深股票	2017-07-07
2882	004617	建信鑫稳回报灵活配置混合	2017-12-20
2883	004619	国泰民润纯债债券	2017-12-07
2884	004620	国泰恒益灵活配置混合	2018-01-19
2885	004622	国泰瑞益灵活配置混合	2018-01-25
2886	004624	博时盈海纯债债券	2017-08-14
2887	004625	南方高元债券发起式	2017-06-16
2888	004627	上投摩根岁岁益定期开放债券	2018-01-25
2889	004629	国寿安保安瑞纯债债券	2017-06-12
2890	004634	前海联合泳涛混合	2017-06-07
2891	004637	华夏鼎兴债券	2018-01-12
2892	004640	华夏节能环保股票	2017-08-11
2893	004641	万家量化睿选	2017-08-04
2894	004642	南方中证全指房地产 ETF 联接	2017-08-24
2895	004644	民生加银鑫丰债券	2017-08-23
2896	004646	华宝新优享混合	2017-06-29
2897	004648	南方安睿混合	2017-07-13
2898	004649	国开开航混合	2017-07-13
2899	004652	建信鑫利回报灵活配置混合	2018-01-10

序号	基金代码	基金简称	设立日期
2900	004654	嘉实稳悦纯债债券	2017-08-24
2901	004655	汇添富鑫汇定开债券	2017-06-23
2902	004659	银河嘉祥混合	2017-09-08
2903	004663	国富日鑫月益30天理财债券	2017-06-19
2904	004665	国泰润享纯债债券	2017-12-13
2905	004666	长城久嘉创新成长混合	2017-07-05
2906	004667	招商招财通理财债券	2017-06-19
2907	004668	建信鑫泽回报灵活配置混合	2018-02-07
2908	004670	长盛分享经济混合	2017-07-06
2909	004671	中融核心成长	2017-09-29
2910	004672	华夏鼎盛债券	2017-12-06
2911	004674	富国新机遇灵活配置混合	2017-11-14
2912	004677	博时战略新兴产业混合	2017-08-09
2913	004678	国泰安惠收益定期开放债券	2018-02-02
2914	004680	前海开源沪港深裕瑞定开	2017-09-05
2915	004681	万家安弘	2017-08-18
2916	004683	建信高端医疗股票	2017-07-18
2917	004684	鹏华盈余宝货币	2017-06-08
2918	004685	金元顺安元启灵活配置混合	2017-11-14
2919	004686	华夏研究精选股票	2017-09-06
2920	004687	添富熙和混合	2018-02-11
2921	004689	博时丰庆纯债债券	2017-08-23
2922	004693	前海联合泳隽混合	2018-01-29
2923	004694	天弘策略精选	2017-06-21
2924	004696	东兴量化优享混合	2018-02-09
2925	004698	博时军工主题股票	2017-07-04
2926	004699	前海联合汇盈货币	2017-05-25
2927	004702	南方金融主题灵活配置混合	2017-08-03
2928	004703	南方兴盛灵活配置混合型证券投资基金	2017-09-13
2929	004704	平安大华惠元纯债	2017-06-01
2930	004705	南方祥元债券	2017-08-03
2931	004707	景顺长城睿成混合	2017-11-10
2932	004708	红塔红土盛商一年定开债基	2017-09-15
2933	004710	民生加银鹏程混合	2018-02-13
2934	004712	中金丰鸿	2017-07-07
2935	004714	中金丰颐	2017-07-07
2936	004716	信诚量化阿尔法	2017-07-12
2937	004717	万家天添宝	2017-07-28
2938	004720	华夏睿磐泰茂混合	2017-12-06
2939	004722	中银丰和定期开放债券	2017-06-23
2940	004723	中银丰实定期开放债券	2017-06-21
2941	004724	先锋聚元	2017-11-17
2942	004726	先锋聚优	2017-09-15
2943	004728	中欧瑾泰灵活配置混合	2017-08-09
2944	004730	建信量化事件驱动股票	2017-09-13
2945	004731	万家瑞尧灵活配置混合	2018-01-19
2946	004734	中欧瑾灵灵活配置混合	2017-12-01
2947	004736	富国鼎利纯债债券	2017-06-28
2948	004737	富国新优享灵活配置混合	2017-08-09
2949	004738	上投摩根安隆回报混合	2018-02-08
2950	004741	农银区间策略混合	2017-07-25
2951	004745	长盛创新驱动混合	2017-08-16
2952	004750	广发鑫和混合	2018-01-16
2953	004752	广发中证传媒ETF联接	2018-01-02
2954	004754	广发汇祥一年定期债券	2017-06-27
2955	004756	国寿安保稳吉混合	2017-12-26
2956	004760	国寿安保稳瑞混合	2018-02-07
2957	004763	中科沃土沃嘉混合	2017-12-06
2958	004767	中银智享债券	2018-02-01
2959	004768	申万菱信价值优享混合	2017-07-12
2960	004769	申万菱信价值优先混合	2017-12-14
2961	004770	海富通添益货币	2017-08-14
2962	004772	国寿安保稳泰一年定开混合	2017-08-22
2963	004774	添富添福吉祥混合	2017-07-24
2964	004775	嘉实新添泽定期混合	2017-07-14
2965	004776	鹏华金元宝货币	2017-06-16
2966	004777	国都消费升级	2017-07-03
2967	004778	上投摩根安腾回报混合	2018-02-27
2968	004780	招商招利一年理财债	2017-08-17
2969	004784	招商稳健优选股票	2017-09-20
2970	004786	渤海汇添金货币	2017-07-25
2971	004788	富荣福泰混合	2018-02-11
2972	004790	富荣福安混合	2018-02-13
2973	004792	富荣富乾债券	2018-02-07
2974	004797	国寿安保安盛纯债3个月定开债券发起式	2017-12-26
2975	004798	建信智享添鑫定期开放混合	2018-03-05
2976	004800	浦银安盛盛通定开债券	2017-12-28
2977	004801	浦银安盛安久回报定开混合	2018-04-19
2978	004803	益民信用增利纯债一年	2017-10-16
2979	004806	长信先机两年定开混合	2018-02-06
2980	004807	中银证券安弘债券	2017-08-09
2981	004812	中欧先进制造股票	2018-01-18
2982	004814	中欧红利优享灵活配置混合	2018-04-19
2983	004818	国寿安保目标策略混合发起	2017-10-24
2984	004821	国寿安保安吉纯债半年定开发起式债券	2017-08-22
2985	004825	平安大华惠泽	2017-07-14
2986	004826	平安大华惠悦纯债	2017-09-12
2987	004827	平安大华鑫荣混合	2017-08-23
2988	004829	北信瑞丰兴瑞灵活配置	2017-09-07
2989	004833	先锋聚利	2018-05-09
2990	004844	中银利享定期开放债券	2017-12-26
2991	004845	南华瑞盈混合发起	2017-08-16
2992	004847	中欧聚信债券	2018-02-09
2993	004848	中欧睿泓定期开放混合	2017-11-24
2994	004850	中欧弘涛一年定期开放	2017-09-01
2995	004851	广发医疗保健股票	2017-08-10
2996	004852	广发价值回报混合	2017-11-29
2997	004854	广发中证全指汽车指数	2017-07-31

序号	基金代码	基金简称	设立日期
2998	004856	广发中证全指建筑材料指数	2017-08-02
2999	004859	泰康年年红纯债一年债券	2017-08-30
3000	004860	华泰紫金零钱宝货币	2017-08-24
3001	004861	泰康现金管家货币	2017-09-08
3002	004865	格林货币	2017-07-20
3003	004868	交银股息优化混合	2017-08-25
3004	004871	中银金融地产混合	2017-09-28
3005	004877	添富全球医疗混合(QDII)	2017-08-16
3006	004881	中银量化价值混合	2017-11-24
3007	004882	中银丰荣定期开放债券	2018-01-10
3008	004883	中银证券瑞丰混合	2017-09-06
3009	004885	长信先优债券	2017-08-01
3010	004887	长信稳通三个月定开债券发起式	2017-11-03
3011	004888	财通资管鑫逸混合	2017-08-30
3012	004890	中邮健康文娱灵活配置混合	2017-12-13
3013	004895	华商鑫安混合	2017-09-06
3014	004896	鹏华兴鑫货币	2017-07-13
3015	004897	长安鑫恒回报混合	2017-07-27
3016	004899	中银信享定期开放债券	2017-09-29
3017	004900	财通资管鑫锐混合	2017-12-06
3018	004902	富国丰利增强债券	2017-09-05
3019	004903	人保货币	2017-08-11
3020	004905	华泰柏瑞生物医药混合	2017-08-16
3021	004906	农银金鸿定开债券	2017-09-06
3022	004907	长安鑫垚主题混合	2017-08-09
3023	004910	中加颐享纯债债券	2017-07-27
3024	004911	中加纯债定期开放债券	2017-07-20
3025	004913	中银证券聚瑞混合	2017-11-29
3026	004915	北信瑞丰尊赢定期	2017-10-30
3027	004916	嘉实新添丰定期混合	2017-08-23
3028	004917	中银证券祥瑞混合	2018-02-01
3029	004919	兴全兴泰债券	2017-08-31
3030	004920	富国泓利纯债债券型发起式	2017-07-25
3031	004921	华夏鼎瑞三个月定期开放债券	2017-10-17
3032	004923	华夏鼎祥三个月定期开放债券	2017-10-18
3033	004925	长信低碳环保量化股票	2017-11-09
3034	004926	中航军民融合精选	2018-02-09
3035	004932	招商丰拓灵活混合	2017-08-29
3036	004935	国都智能制造	2017-09-29
3037	004936	中航混改精选	2017-12-14
3038	004940	中加聚鑫纯债一年	2017-09-15
3039	004942	格林伯元灵活配置	2018-02-06
3040	004944	鑫元鑫趋势	2017-08-24
3041	004945	长信中证500指数	2017-08-30
3042	004946	添富盈润混合	2017-09-06
3043	004951	申万菱信价值优利混合	2017-09-21
3044	004952	兴全恒益债券	2017-09-20
3045	004958	圆信永丰优享生活	2017-08-30
3046	004959	圆信永丰优悦生活	2018-01-29
3047	004965	泓德致远混合	2017-08-30
3048	004967	红土创新货币	2017-08-03
3049	004970	南方天天宝货币	2017-08-09
3050	004972	长城收益宝货币	2017-09-06
3051	004975	交银恒益灵活配置混合	2017-09-15
3052	004978	富国聚利纯债定期开放债券发钱式	2017-08-10
3053	004979	华夏鼎诺三个月定期开放债券	2017-10-13
3054	004983	鹏扬通利货币	2017-08-10
3055	004984	西部利得汇盈债券	2018-03-26
3056	004985	博时合晶货币	2017-08-02
3057	004986	鹏华策略回报混合	2017-09-06
3058	004987	诺德新享	2017-08-09
3059	004988	人保双利	2017-12-04
3060	004993	中欧可转债债券	2017-11-10
3061	004995	广发品牌消费股票	2017-12-14
3062	004997	广发高端制造股票	2017-09-01
3063	004998	长信全球债券(QDII)	2017-12-11
3064	005000	泰康泉林量化价值精选混合	2017-09-29
3065	005001	交银持续成长主题混合	2018-01-12
3066	005002	交银天运宝货币	2017-12-29
3067	005004	交银品质升级混合	2018-02-08
3068	005005	中金金泽	2017-09-01
3069	005007	景顺长城景瑞睿利回报定期开放混合	2017-09-27
3070	005009	申万菱信行业轮动股票	2017-09-29
3071	005010	金鹰添瑞中短债	2017-09-15
3072	005014	泰康景泰回报混合	2017-12-13
3073	005016	长江优享货币	2017-08-11
3074	005018	国金民丰回报	2017-11-24
3075	005019	国投瑞银和泰6个月债券	2017-11-24
3076	005020	信诚智惠金货币	2017-08-14
3077	005021	渤海汇金量化汇盈混合	2018-07-20
3078	005024	南方兴利半年定开债券发起	2017-09-12
3079	005027	光大保德信优选一年混合	2017-12-06
3080	005028	鹏华研究精选混合	2017-10-09
3081	005033	银华智能汽车量化股票发起式	2017-09-15
3082	005035	银华信息科技量化股票发起式	2017-09-15
3083	005037	银华新能源新材料股票发起式	2017-09-15
3084	005039	鹏扬景兴	2017-09-27
3085	005041	人保精选	2018-02-01
3086	005043	国寿安保健康科学混合	2017-11-01
3087	005047	南华瑞颐混合	2017-12-26
3088	005049	长安鑫旺价值	2017-09-21
3089	005051	上投摩根标普港股通低波红利指数	2017-12-04
3090	005053	银河量化价值混合	2017-10-13
3091	005054	泰康瑞坤纯债债券	2017-12-27
3092	005055	华泰柏瑞量化阿尔法	2017-09-26
3093	005056	东方红货币	2017-08-25
3094	005059	南方安福混合	2017-11-02
3095	005061	农银永益定开混合	2017-11-02

序号	基金代码	基金简称	设立日期
3096	005062	博时中证500指数增强	2017-09-26
3097	005063	广发中证全指家用电器指数	2017-09-13
3098	005067	融通逆向策略灵活配置混合	2018-02-11
3099	005070	长江乐丰纯债	2017-08-22
3100	005072	中银丰进定期开放债券	2017-11-27
3101	005073	永赢永益债券	2017-09-07
3102	005075	富国研究量化精选混合	2017-11-24
3103	005076	创金合信优选回报混合	2017-09-27
3104	005077	平安大华合韵	2018-04-26
3105	005078	富国宝利增强债券	2018-02-08
3106	005080	海富通量化多因子混合	2018-04-23
3107	005082	诺德量化蓝筹	2017-12-29
3108	005084	平安大华量化先锋	2017-11-01
3109	005088	嘉实新添辉定期混合	2017-09-28
3110	005094	万家臻选混合	2017-12-20
3111	005095	国泰量化成长优选混合	2018-05-09
3112	005104	富荣福康混合	2018-02-11
3113	005106	银华农业产业股票发起式	2017-09-28
3114	005108	圆信永丰双利优选	2017-12-13
3115	005109	汇安多策略混合	2017-11-22
3116	005112	银华中证全指医药卫生指数增强发起式	2017-09-28
3117	005113	平安大华沪深300指数量化增强	2017-12-26
3118	005115	国泰量化价值精选混合	2018-05-14
3119	005117	金信价值精选混合	2017-09-01
3120	005119	银华智荟内在价值灵活配置混合发起式	2017-09-28
3121	005120	上投摩根量化多因子混合	2018-01-19
3122	005121	富国兴利增强债券	2017-09-20
3123	005123	南方优享分红灵活配置混合	2017-12-06
3124	005124	易方达恒益定开债券发起式	2017-10-25
3125	005126	银河量化稳进混合	2017-12-01
3126	005127	平安大华合正	2018-01-19
3127	005128	华夏永康添福混合	2018-02-01
3128	005129	富国金利定期开放混合	2017-12-20
3129	005133	兴业量化混合	2017-12-26
3130	005134	长信长金通货币	2017-09-08
3131	005136	华安幸福生活	2017-10-26
3132	005137	长信量化价值精选混合	2018-04-19
3133	005140	华夏睿磐泰荣混合	2017-12-27
3134	005142	中融沪港深大消费主题	2017-11-16
3135	005144	东吴优益	2017-11-28
3136	005146	兴银丰润混合	2017-11-24
3137	005150	红土创新优淳货币	2017-09-08
3138	005154	博时鑫禧混合	2017-09-26
3139	005156	嘉实领航资产配置混合(FOF)	2017-10-26
3140	005158	长江乐盈定开债	2017-11-24
3141	005159	华泰保兴尊合债券	2017-11-21
3142	005161	华商上游产业股票	2017-12-27
3143	005166	嘉实润和量化定开混合	2018-02-09
3144	005167	嘉实润泽量化定期混合	2018-01-19
3145	005169	华泰保兴策略精选	2017-12-06
3146	005171	富国景利纯债债券	2017-11-09
3147	005172	泰康安悦纯债3月定开债券	2017-11-01
3148	005173	富荣富安债券	2018-04-03
3149	005175	国寿安保消费新蓝海混合	2018-02-11
3150	005176	富国精准医疗灵活配置混合	2017-11-16
3151	005177	华夏睿磐泰利定开混合	2017-12-27
3152	005179	信达澳银新起点定期开放混合	2018-05-04
3153	005183	博时富时中国A股指数	2017-09-29
3154	005185	国泰招惠收益定期开放债券	2018-01-24
3155	005186	长安鑫兴混合	2017-11-29
3156	005188	海富通量化前锋股票	2018-02-08
3157	005191	博时鑫和混合	2017-12-13
3158	005197	工银沪港深精选混合	2017-11-09
3159	005208	国寿安保安裕纯债半年定开发起式债券	2017-11-14
3160	005209	东吴双三角	2017-12-05
3161	005211	银河智慧主题	2017-12-01
3162	005213	华夏鼎旺三个月定期开放债券	2018-02-01
3163	005215	南方全天候策略混合(FOF)	2017-10-19
3164	005217	建信福泽安泰混合(FOF)	2017-11-02
3165	005218	华夏聚惠FOF	2017-11-03
3166	005220	海富通聚优精选混合FOF	2017-11-06
3167	005221	泰达宏利全能混合(FOF)	2017-11-02
3168	005223	广发中证基建工程指数	2018-02-01
3169	005226	山证改革精选	2018-01-12
3170	005228	添富港股通专注成长	2017-11-10
3171	005231	红塔红土盛通混合型发起式	2017-12-07
3172	005233	广发睿毅领先混合	2017-12-14
3173	005234	广发汇吉3个月定期开放债券	2018-01-29
3174	005235	银华食品饮料量化股票发起式	2017-11-09
3175	005237	银华医疗健康量化股票发起式	2017-11-09
3176	005239	银华文体娱乐量化股票发起式	2017-11-09
3177	005241	中欧时代智慧混合	2018-01-25
3178	005243	融通中国概念债券(QDII	2017-11-27
3179	005244	国泰聚优价值灵活配置混合	2017-11-15
3180	005246	国泰可转债债券	2017-12-28
3181	005247	国都量化精选	2017-12-27
3182	005250	银华估值优势混合	2017-11-03
3183	005251	银华多元动力灵活配置混合	2017-12-14
3184	005252	中海添瑞定期开放混合	2018-01-19
3185	005255	浦银安盛港股通量化混合	2018-01-24
3186	005256	富国新优选灵活配置定期开放混合A	2018-01-12
3187	005258	景顺长城量化平衡混合	2017-12-27
3188	005259	建信龙头企业股票	2018-01-24
3189	005260	银华稳健增利灵活配置混合发起式	2017-12-15
3190	005262	鑫元欣享	2017-12-14
3191	005264	国都多策略	2018-05-25
3192	005265	博时厚泽回报混合	2017-11-22
3193	005267	嘉实价值精选股票	2017-11-06

序号	基金代码	基金简称	设立日期
3194	005268	鹏华优势企业	2017-11-29
3195	005269	华泰柏瑞港股通量化混合	2017-12-20
3196	005270	太平改革红利精选	2017-12-01
3197	005273	华商可转债债券	2017-12-22
3198	005274	中银景福回报混合	2018-04-17
3199	005277	海富通融丰定开债券	2018-02-11
3200	005278	中欧优势行业灵活配置混合	2018-06-13
3201	005279	华泰紫金红利低波指数发起	2017-12-01
3202	005280	安信阿尔法定开混合	2017-12-06
3203	005281	中科沃土转型升级混合	2018-01-25
3204	005282	中金价值轮动	2017-12-27
3205	005286	银华岁丰定期开放债券发起式	2018-02-11
3206	005287	海富通创业板增强	2018-04-08
3207	005289	融通通昊定期开放债券	2018-04-17
3208	005290	诺德新盛	2017-12-20
3209	005291	华富星玉衡混合	2017-12-13
3210	005293	诺德新旺	2018-02-07
3211	005294	诺德新宜	2018-01-12
3212	005295	诺德天富	2018-02-07
3213	005296	南华丰淳混合	2017-12-26
3214	005299	万家成长优选混合	2018-02-01
3215	005301	前海开源景鑫混合	2018-01-26
3216	005303	嘉实医药健康股票	2017-12-04
3217	005307	财通资管鑫达混合	2018-01-24
3218	005310	广发电子信息传媒股票	2017-12-11
3219	005311	万家家乐债券	2018-02-07
3220	005313	万家家裕债券	2018-01-30
3221	005315	泰达宏利交利债券	2017-12-27
3222	005317	万家瑞舜灵活配置混合	2018-02-02
3223	005321	中银证券汇宇定期开放债券	2017-11-17
3224	005322	中银丰禧定期开放债券	2017-12-27
3225	005323	前海开源泽鑫混合	2018-01-24
3226	005325	景顺长城泰恒回报混合	2018-01-25
3227	005327	景顺长城景泰稳利定期开放债券	2017-12-26
3228	005328	前海开源价值策略股票	2017-12-22
3229	005329	添富民安增益定开混合	2018-02-13
3230	005335	浙商全景消费混合	2017-12-29
3231	005336	中加颐慧定开债券	2017-11-17
3232	005338	兴业3个月定开债券	2018-06-06
3233	005339	兴业中证国有企业改革指数增强	2018-07-26
3234	005341	长安裕泰混合	2017-12-27
3235	005343	长安裕盛混合	2017-11-29
3236	005345	长安泓润纯债债券	2018-06-06
3237	005351	添富行业整合混合	2018-02-13
3238	005352	鹏扬景泰混合	2017-12-20
3239	005354	富国沪港深行业精选灵活配置混合型发起式	2017-12-11
3240	005355	中金金序量化成长	2018-02-08
3241	005357	富国国企改革灵活配置混合	2018-02-01
3242	005358	东方阿尔法精选混合	2018-02-08
3243	005360	汇安资产轮动混合	2017-12-26
3244	005366	上投摩根丰瑞债券	2017-11-27
3245	005369	富国臻利纯债定期开放债券型发起	2018-04-12
3246	005370	申万菱信价值优选灵活配置混合	2018-01-04
3247	005373	中加紫金混合	2018-04-04
3248	005375	建信睿和纯债定期开放债券	2018-02-02
3249	005377	华安鼎瑞定开债	2017-12-13
3250	005378	前海联合泓元定开债券	2017-12-06
3251	005379	添富价值创造定开混合	2018-01-19
3252	005381	泰康睿利量化多策略混合	2018-02-06
3253	005383	富国绿色纯债一年定开债券	2018-01-26
3254	005384	银河铭忆3个月定开债券	2017-12-20
3255	005385	银河量化配置混合	2018-02-11
3256	005386	银河睿达混合	2018-02-06
3257	005388	兴业安弘3个月定开债券发起式	2017-12-29
3258	005393	南方卓利定开债券发起	2018-01-19
3259	005395	泓德臻远回报混合	2018-05-04
3260	005396	中金丰硕	2018-01-29
3261	005397	南方安养混合	2018-02-06
3262	005398	鹏扬淳优债券	2018-01-18
3263	005400	万家潜力价值混合	2018-02-13
3264	005402	广发资源优选股票	2017-12-14
3265	005403	南方融尚再融资	2018-01-29
3266	005405	中金金序量化蓝筹	2018-02-06
3267	005407	华夏鼎泰六个月定期开放债券	2018-04-13
3268	005409	华泰柏瑞新兴产业混合	2018-01-16
3269	005410	添富鑫盛定开债	2018-04-16
3270	005414	创金合信国证A股指数	2017-12-28
3271	005418	申万菱信量化驱动混合	2018-02-22
3272	005421	中欧嘉泽灵活配置混合	2018-01-26
3273	005422	鹏华兴嘉定期开放混合	2018-02-23
3274	005427	渤海汇金汇增利3个月定开	2017-12-28
3275	005428	渤海汇金汇添益3个月定开	2017-12-28
3276	005429	渤海汇金睿选混合	2018-02-11
3277	005431	上银聚增富定开债券	2017-12-27
3278	005432	上银聚鸿益半年定开债券	2018-07-20
3279	005434	鹏华睿投混合	2018-05-30
3280	005435	国投瑞银顺银债券	2018-02-23
3281	005436	圆信永丰兴瑞	2018-06-11
3282	005437	易方达易百智能量化策略混合	2018-01-24
3283	005439	易方达恒安定开债券发起式	2018-05-15
3284	005443	国金量化多策略	2018-02-01
3285	005445	华宝价值发现混合	2018-01-24
3286	005446	鑫元广利定期开放	2017-12-13
3287	005447	银华智荟分红收益灵活配置混合发起式	2018-02-13
3288	005448	诺安联创顺鑫债券	2018-05-17
3289	005450	华夏稳盛混合	2018-01-17
3290	005451	鹏扬双利债券	2018-02-13
3291	005453	前海开源医疗健康	2018-01-19

序号	基金代码	基金简称	设立日期
3292	005457	景顺长城量化小盘股票	2018－02－06
3293	005458	中邮安泰双核混合	2018－06－13
3294	005459	银河嘉谊混合	2018－02－06
3295	005462	博时富业3个月定开债发起式	2018－07－02
3296	005463	银华多元收益定期开放混合	2018－01－29
3297	005474	泰康均衡优选混合	2018－01－19
3298	005476	南方涪利定开债券发起	2018－04－12
3299	005477	长安鑫禧混合	2018－02－07
3300	005479	安信永泰定开债券	2017－12－28
3301	005481	银华瑞泰灵活配置混合	2018－02－08
3302	005482	博时创新驱动混合	2018－01－26
3303	005485	海富通恒丰定开债券	2018－04－13
3304	005486	平安大华量化精选混合	2018－02－01
3305	005488	天弘尊享	2017－12－25
3306	005489	中金衡优	2018－06－08
3307	005492	农银研究驱动混合	2018－01－24
3308	005493	鑫元价值精选	2018－01－23
3309	005495	创金合信科技成长股票	2017－12－28
3310	005499	国投瑞银兴颐多策略混合	2018－02－08
3311	005500	银华岁盈定期开放债券	2018－07－25
3312	005502	华泰紫金智能量化股票发起	2018－02－01
3313	005504	添富沪港深大盘价值混合	2018－02－13
3314	005507	永赢丰利债券	2018－01－29
3315	005515	银华中小市值量化优选股票发起式	2018－05－11
3316	005519	银华混改红利灵活配置混合型发起式	2018－05－22
3317	005521	华安红利精选混合	2018－01－19
3318	005522	华泰保兴吉年福	2017－12－28
3319	005523	泰康颐年混合	2018－05－30
3320	005525	工银瑞祥定开发起式债券	2018－06－11
3321	005526	工银新生代消费混合	2018－02－13
3322	005529	银华华茂定期开放债券	2018－05－25
3323	005533	银华国企改革混合发起式	2018－06－29
3324	005534	华夏新时代混合(QDII)	2018－05－30
3325	005535	泰信竞争优选混合	2018－05－14
3326	005537	中航新起航	2018－04－23
3327	005541	前海开源盛鑫混合	2018－04－04
3328	005544	银华和瑞灵活配置混合	2018－04－26
3329	005545	中银改革红利灵活配置混合	2018－02－13
3330	005547	诺安圆鼎定开发起式债券	2018－01－23
3331	005548	诺安鑫享定开发起式债券	2018－02－07
3332	005549	富国成长优选三年定开混合	2018－01－31
3333	005550	汇安成长优选混合	2018－02－13
3334	005552	国富新趋势混合	2018－02－08
3335	005554	南方恒生中国企业ETF	2018－02－12
3336	005556	汇安裕华纯债定期开放	2018－02－07
3337	005557	广发海外多元配置(QDII)	2018－02－08
3338	005559	广发集泰债券	2018－07－26
3339	005561	创金合信中证红利低波动指数	2018－04－26
3340	005563	创金合信国证1000指数	2018－02－07
3341	005565	创金合信国证2000指数	2018－02－07
3342	005567	创金合信MSCI中国A股国际指数	2018－02－07
3343	005573	东吴悦秀纯债	2018－04－23
3344	005575	长信稳鑫三个月定开债券发起式	2018－01－19
3345	005577	交易丰晟收益债券	2018－05－23
3346	005581	华夏3－5年中高级可质押信用债ETF联接	2018－05－03
3347	005584	银河量化成长混合	2018－06－07
3348	005585	银河文体娱乐混合	2018－04－19
3349	005588	长安裕腾混合	2018－06－06
3350	005589	长信企业精选两年定开混合	2018－07－19
3351	005590	添富鑫永定开债	2018－01－25
3352	005593	上投摩根创新商业模式灵活配置混合	2018－04－02
3353	005596	建信战略精选灵活配置	2018－04－04
3354	005598	广发中小盘精选混合	2018－05－04
3355	005599	汇安量化优选	2018－07－26
3356	005607	华宝中证500增强	2018－04－19
3357	005611	中银证券汇享定期开放债券	2018－05－29
3358	005612	嘉实核心优势股票	2018－02－01
3359	005613	上投摩根富时发达市场REITs指数(QDII)	2018－04－26
3360	005617	中信保诚嘉鑫	2018－01－30
3361	005620	中欧品质消费股票	2018－02－11
3362	005622	博时富安3个月定开债发起式	2018－02－02
3363	005623	广发中债1－3年农发债指数	2018－04－24
3364	005628	汇安趋势动力股票	2018－04－25
3365	005631	博时富乾3个月定开债发起式	2018－02－08
3366	005632	鹏华量化先锋	2013－07－19
3367	005635	博时量化多策略股票	2018－04－03
3368	005639	平安300ETF联接	2018－04－04
3369	005641	国投瑞银顺源债券	2018－02－07
3370	005642	鹏扬景升混合	2018－04－03
3371	005645	华泰保兴尊信定开	2018－02－06
3372	005650	万家量化同顺多策略混合	2018－05－04
3373	005654	天弘悦享定开债发起式	2018－05－14
3374	005664	鹏扬景欣混合	2018－05－10
3375	005666	上银慧佳盈债券	2018－05－17
3376	005668	融通新能源汽车主题精选灵活配置混合	2018－06－15
3377	005670	嘉实致兴定期纯债债券	2018－06－08
3378	005671	前海联合研究优选混合	2018－07－25
3379	005674	诺德消费升级	2018－05－18
3380	005679	财通资管鑫盛6个月定开混合	2018－05－22
3381	005682	财通资管消费精选混合	2018－04－02
3382	005683	国寿安保华兴灵活配置混合	2018－04－28
3383	005686	财通资管瑞享12个月定开混合	2018－05－29
3384	005689	中银医疗保健混合	2018－06－13
3385	005695	华安睿明两年定开混合	2018－04－23
3386	005698	华夏全球科技先锋混合(QDII)	2018－04－17
3387	005699	工银新经济混合(QDII)	2018－05－10
3388	005701	上投摩根香港精选港股通混合	2018－06－08
3389	005702	恒生前海港股通高股息低波动指数	2018－04－26

序号	基金代码	基金简称	设立日期
3390	005705	永赢恒益债券	2018－05－14
3391	005706	兴业龙腾双益平衡混合	2018－04－19
3392	005707	富国港股通量化精选股票	2018－05－30
3393	005708	国联安远见成长混合	2018－05－16
3394	005711	永赢惠添利灵活配置混合	2018－05－31
3395	005723	中融聚安定期开放债券	2018－04－10
3396	005724	交银致远智投混合	2018－05－18
3397	005738	长城智能产业混合	2018－06－08
3398	005739	富国转型机遇混合	2018－04－25
3399	005741	南方君信灵活配置混合	2018－05－30
3400	005742	南方成安优选混合	2018－04－19
3401	005745	广发汇康定期开放债券	2018－04－16
3402	005750	平安大华双债添益债券	2018－06－04
3403	005754	平安大华短债	2018－05－16
3404	005757	长江汇聚量化多因子	2018－04－26
3405	005758	中融量化精选 FOF	2018－05－04
3406	005760	富国周期优势混合	2018－07－10
3407	005761	招商 MSCI 中国 A 股国际通指数	2018－04－13
3408	005772	工银瑞景定开发起式债券	2018－06－07
3409	005777	广发科技动力股票	2018－05－31
3410	005780	鑫元增利定期开放	2018－05－25
3411	005782	创金合信汇益纯债一年定开债券	2018－06－26
3412	005784	创金合信汇誉纯债六个月定开债券	2018－06－26
3413	005788	MSCI 中国 A 股国际通 ETF 联接	2018－06－08
3414	005790	银河景行 3 个月定开债券	2018－06－13
3415	005793	华富可转债债券	2018－05－21
3416	005794	银华心怡灵活配置混合	2018－07－05
3417	005796	嘉实新添荣定开混合	2018－04－26
3418	005799	创金合信春来回报一年定开混合	2018－06－07
3419	005802	添富智能制造股票	2018－04－23
3420	005803	广发中证京津冀 ETF 联接	2018－04－19
3421	005805	华泰柏瑞医疗健康	2018－06－25
3422	005806	华泰柏瑞国企整合	2018－06－25
3423	005807	安信复兴 100 指数	2018－06－21
3424	005809	前海开源裕源	2018－05－16
3425	005810	南方瑞祥一年定开混合	2018－05－10
3426	005812	鹏华产业精选	2018－05－09
3427	005813	华安 CES 港股通精选 100ETF 联接	2018－05－30
3428	005815	农银睿选混合	2018－05－25
3429	005817	金元顺安沣顺定开债发起式	2018－04－23
3430	005818	金元顺安沣泰定开债发起式	2018－05－09
3431	005820	博时富兴纯债 3 个月定开债发起式	2018－04－12
3432	005821	万家新机遇龙头企业混合	2018－05－25
3433	005822	国富恒裕 6 个月定期开放债券	2018－04－10
3434	005823	泰康颐享混合	2018－06－13
3435	005825	申万菱信智能驱动股票	2018－06－13
3436	005828	长江乐越定开债	2018－04－12
3437	005829	建信 MSCI 联接	2018－05－16
3438	005831	鹏华尊悦发起式定开债券	2018－05－09
3439	005832	景顺长城 MSCI 中国 A 股国际通 ETF 联接	2018－05－16
3440	005841	富国尊利纯债定期开放债券型发起	2018－04－26
3441	005844	东方人工智能主题混合	2018－06－07
3442	005845	长城久荣定期开放债券型发起式	2018－06－13
3443	005846	宝盈盈泰纯债债券	2018－06－20
3444	005847	富国沪港深业绩驱动混合	2018－07－27
3445	005849	鑫元合利定期开放	2018－04－19
3446	005851	财通新视野混合	2018－06－25
3447	005854	财通汇利债券	2018－06－26
3448	005864	国投瑞银顺达纯债债券	2018－06－07
3449	005868	平安大华 MSCI 中国 A 股国际 ETF 联接	2018－06－21
3450	005871	天弘荣享	2018－06－25
3451	005872	太平恒利纯债	2018－06－15
3452	005873	建信创业板 ETF 联接	2018－06－13
3453	005875	易方达中盘成长	2018－07－04
3454	005879	中加颐兴定开债券	2018－06－08
3455	005883	华宝香港精选混合	2018－06－20
3456	005884	平安大华合悦定开债	2018－06－27
3457	005886	华夏鼎沛债券	2018－06－26
3458	005895	平安大华合丰定开债	2018－07－16
3459	005896	平安大华合慧定开债	2018－06－20
3460	005900	国投瑞银行业先锋混合	2018－06－20
3461	005901	诺安汇利混合	2018－07－11
3462	005903	泰达宏利绩优混合	2018－06－13
3463	005904	华泰保兴成长优选	2018－06－07
3464	005906	招商丰茂灵活混合发起式	2018－06－20
3465	005908	华泰保兴尊利债券	2018－06－25
3466	005917	广发汇誉 3 个月定期开放债券	2018－06－20
3467	005921	农银金鑫定开债券	2018－05－03
3468	005923	华富恒悦定期开放债券	2018－06－25
3469	005927	创金合信新能源汽车股票	2018－05－08
3470	005945	工银可转债优选债券	2018－07－02
3471	005947	德邦民裕进取量化精选灵活配置混合	2018－06－22
3472	005949	鑫元行业轮动	2018－05－31
3473	005951	民生加银恒益纯债	2018－06－13
3474	005953	人保转型混合	2018－06－21
3475	005960	博时量化价值股票	2018－06－26
3476	005964	中欧安财债券	2018－05－15
3477	005967	鹏华创新驱动混合	2018－06－06
3478	005972	交银裕如纯债债券	2018－05－25
3479	005974	东方红配置精选混合	2018－05－21
3480	005977	中信保诚至兴	2018－06－27
3481	005988	兴业纯债一年定开债券	2018－06－27
3482	005992	光大保德信超短债债券	2018－06－13
3483	005995	国投瑞银顺泓债券	2018－06－26
3484	006002	工银医药健康股票	2018－07－30
3485	006004	工银添祥一年定开债券	2018－07－25
3486	006007	诺安积极配置混合	2018－07－27
3487	006009	国融融银混合	2018－06－07

序号	基金代码	基金简称	设立日期
3488	006011	中信保诚稳鸿	2018－05－31
3489	006016	平安大华惠安债券	2018－06－04
3490	006020	广发沪深300指数增强	2018－06－29
3491	006022	富国大盘价值量化精选混合	2018－07－19
3492	006029	鹏华尊享发起式定开债券	2018－06－20
3493	006040	安信永瑞定开债	2018－06－01
3494	006043	永赢惠益债券	2018－06－15
3495	006049	恒越研究精选混合	2018－07－04
3496	006055	鹏扬淳合债券	2018－06－21
3497	006061	红土创新增强收益债券	2018－07－25
3498	006063	景顺长城MSCI中国A股国际通指数增强	2018－07－10
3499	006066	中加颐睿纯债债券	2018－07－25
3500	006068	中加颐信纯债债券	2018－06－14
3501	006071	银河睿嘉债券	2018－06－14
3502	006094	永赢泰益债券	2018－06－25
3503	006096	中金浙金	2018－06－21
3504	006098	华宝券商ETF联接	2018－06－27
3505	006103	凯石淳行业精选混合	2018－07－19
3506	006107	招商添利6个月定开债发起式	2018－06－27
3507	006112	易方达恒惠定开债券发起式	2018－06－26
3508	006142	鑫元淳利定期开放	2018－07－11
3509	006163	融通增辉定开债券发起式	2018－07－19
3510	006188	华泰保兴尊颐定开	2018－07－26
3511	020001	国泰金鹰增长混合	2002－05－08
3512	020002	国泰金龙债券	2003－12－05
3513	020003	国泰金龙行业混合	2003－12－05
3514	020005	国泰金马稳健混合	2004－06－18
3515	020006	国泰保本	2004－11－10
3516	020007	国泰货币	2005－06－21
3517	020008	国泰金鹿	2006－04－28
3518	020009	国泰金鹏蓝筹混合	2006－09－29
3519	020010	国泰金牛创新混合	2007－05－18
3520	020011	国泰沪深300指数	2007－11－11
3521	020015	国泰区位优势混合	2009－05－27
3522	020018	国泰金鹿保本混合	2008－06－12
3523	020019	国泰双利债券	2009－03－11
3524	020021	国泰上证180金融ETF联接	2011－03－31
3525	020022	国泰保本混合	2011－04－19
3526	020023	国泰事件驱动混合	2011－08－17
3527	020025	国泰中小板300成长ETF联接	2012－03－15
3528	020026	国泰成长优选混合	2012－03－20
3529	020027	国泰信用债券	2012－07－31
3530	020029	国泰创利债券	2012－09－25
3531	020031	国泰现金管理货币	2012－12－11
3532	020033	国泰民安增利债券	2012－12－26
3533	020035	国泰上证5年期国债ETF联接	2013－03－07
3534	040001	华安创新混合	2001－09－21
3535	040002	华安中国A股增强指数	2002－11－08
3536	040003	华安现金富利货币	2003－12－30
3537	040004	华安宝利配置混合	2004－08－24
3538	040005	华安宏利混合	2006－09－06
3539	040006	华安国际配置混合(QDII)	2006－11－02
3540	040007	华安中小盘成长混合	2007－04－11
3541	040008	华安策略优选混合	2007－08－02
3542	040009	华安稳定收益债券	2008－04－30
3543	040011	华安核心混合	2008－10－22
3544	040012	华安强化收益债券	2009－04－13
3545	040015	华安动态灵活配置混合	2009－12－22
3546	040016	华安行业轮动混合	2010－05－11
3547	040018	华安香港精选股票(QDII)	2010－09－20
3548	040019	华安稳固收益债券	2010－12－21
3549	040020	华安升级主题混合	2011－04－22
3550	040021	华安大中华升级股票(QDII)	2011－05－17
3551	040022	华安可转债债券	2011－06－22
3552	040025	华安科技动力混合	2011－12－20
3553	040026	华安信用四季红债券	2011－12－08
3554	040028	华安月月鑫短期理财债券	2012－05－09
3555	040030	华安季季鑫短期理财债券	2012－05－23
3556	040033	华安月安鑫短期理财债券	2012－06－14
3557	040035	华安逆向策略混合	2012－08－17
3558	040036	华安安心收益债券	2012－09－07
3559	040038	华安日日鑫货币	2012－11－26
3560	040040	华安纯债	2013－02－05
3561	040042	华安7日鑫短期理财债券	2012－12－26
3562	040045	华安信用增强债券	2012－12－24
3563	040046	华安纳斯达克100指数	2013－08－02
3564	040180	华安上证180ETF联接	2009－09－29
3565	040190	华安上证龙头ETF联接	2010－11－18
3566	050001	博时价值增长混合	2002－10－09
3567	050002	博时沪深300指数	2003－08－26
3568	050003	博时现金收益货币	2004－01－16
3569	050004	博时精选混合	2004－06－22
3570	050006	博时稳定价值债券	2005－08－24
3571	050007	博时平衡配置混合	2006－05－31
3572	050008	博时第三产业混合	2007－04－12
3573	050009	博时新兴成长混合	2007－07－06
3574	050010	博时特许价值混合	2008－05－28
3575	050011	博时信用债券	2009－06－10
3576	050012	博时策略混合	2009－08－11
3577	050013	博时上证超大盘ETF联接	2009－12－29
3578	050014	博时创业成长混合	2010－06－01
3579	050015	博时大中华亚太精选股票(QDII)	2010－07－27
3580	050016	博时宏观回报债券	2010－07－27
3581	050018	博时行业轮动混合	2010－12－10
3582	050019	博时转债增强债券	2010－11－24
3583	050020	博时抗通胀增强回报(QDII－FOF)	2011－04－25
3584	050021	博时深证基本面200ETF联接	2011－06－10
3585	050022	博时回报混合	2011－11－08

序号	基金代码	基金简称	设立日期
3586	050023	博时天颐债券	2012-02-29
3587	050024	博时上证自然资源 ETF 联接	2012-04-11
3588	050025	博时标普 500ETF 联接(QDII)	2012-06-14
3589	050026	博时医疗保健行业混合	2012-08-28
3590	050027	博时信用纯债债券	2012-09-07
3591	050028	博时安心收益定期开放债券	2012-12-06
3592	050029	博时新机遇混合	2013-01-28
3593	050030	博时亚洲票息收益债券(QDII)	2013-02-04
3594	050201	博时价值增长贰号混合	2006-09-27
3595	070001	嘉实成长收益混合	2002-11-05
3596	070002	嘉实增长混合	2003-07-09
3597	070003	嘉实稳健混合	2003-07-09
3598	070005	嘉实债券	2003-07-09
3599	070006	嘉实服务增值行业混合	2004-04-01
3600	070007	嘉实浦安保本	2004-12-01
3601	070008	嘉实货币	2005-03-18
3602	070009	嘉实超短债债券	2006-04-26
3603	070010	嘉实主题混合	2006-07-21
3604	070011	嘉实策略混合	2006-12-12
3605	070012	嘉实海外中国股票混合(QDII)	2007-10-12
3606	070013	嘉实研究精选混合	2008-05-27
3607	070015	嘉实多元债券	2008-09-10
3608	070017	嘉实量化阿尔法混合	2009-03-20
3609	070018	嘉实回报混合	2009-08-18
3610	070019	嘉实价值优势混合	2010-06-07
3611	070020	嘉实稳固收益债券	2010-09-01
3612	070021	嘉实主题新动力混合	2010-12-07
3613	070022	嘉实领先成长混合	2011-05-31
3614	070023	嘉实深证基本面 120 联接	2011-08-01
3615	070025	嘉实信用债券	2011-09-14
3616	070027	嘉实周期优选混合	2011-12-08
3617	070028	嘉实安心货币	2011-12-28
3618	070030	嘉实中创 400 联接	2012-03-22
3619	070031	嘉实全球房地产(QDII)	2012-07-24
3620	070032	嘉实优化红利混合	2012-06-26
3621	070033	嘉实增强收益定期债券	2012-09-24
3622	070035	嘉实理财宝 7 天债券	2012-08-29
3623	070037	嘉实纯债债券	2012-12-12
3624	070099	嘉实优质企业混合	2007-12-08
3625	080001	长盛成长价值混合	2002-09-18
3626	080002	长盛创新先锋混合	2008-06-04
3627	080003	长盛积极配置债券	2008-10-08
3628	080005	长盛量化红利混合	2009-11-25
3629	080006	长盛环球行业混合(QDII)	2010-05-26
3630	080007	长盛同鑫行业混合	2014-05-27
3631	080008	长盛战略新兴产业灵活配置混合	2011-10-26
3632	080009	长盛同禧信用增利债券	2011-12-06
3633	080011	长盛货币	2005-12-12
3634	080012	长盛电子信息产业混合	2012-03-27
3635	080015	长盛中小盘精选混合	2012-07-10
3636	080016	长盛添利 30 天理财债券	2012-10-26
3637	080018	长盛添利 60 天理财发起式	2012-11-29
3638	090001	大成价值增长混合	2002-11-11
3639	090002	大成债券	2003-06-12
3640	090003	大成蓝筹稳健混合	2004-06-03
3641	090004	大成精选增值混合	2004-12-15
3642	090005	大成货币	2005-06-03
3643	090006	大成 2020 生命周期混合	2006-09-13
3644	090007	大成策略回报混合	2008-11-26
3645	090008	大成强化收益债券	2008-08-06
3646	090009	大成行业轮动混合	2009-09-08
3647	090010	大成中证红利指数	2010-02-02
3648	090011	大成核心双动力混合	2010-06-22
3649	090012	大成深证成长 40ETF 联接	2010-12-21
3650	090013	大成竞争优势混合	2011-04-20
3651	090015	大成内需增长混合	2011-06-14
3652	090016	大成中证内地消费主题指数混合	2011-11-08
3653	090017	大成可转债增强债券	2011-11-30
3654	090018	大成新锐产业混合	2012-03-20
3655	090019	大成景恒保本混合	2012-06-15
3656	090020	大成健康产业混合	2012-08-28
3657	090021	大成月添利理财债券	2012-09-20
3658	090022	大成现金增利货币	2012-11-20
3659	090023	大成月月盈短期理财债券	2012-11-29
3660	096001	大成标普 500 等权重指数 QDII	2011-03-23
3661	100007	富国 7 天理财宝债券	2012-10-19
3662	100016	富国天源平衡混合	2002-08-16
3663	100018	富国天利增长债券	2003-12-02
3664	100020	富国天益价值混合	2004-06-15
3665	100022	富国天瑞强势混合	2005-04-05
3666	100025	富国天时货币	2006-06-05
3667	100026	富国天合稳健混合	2006-11-15
3668	100029	富国天成红利混合	2008-05-28
3669	100032	富国天鼎中证指数增强	2008-11-21
3670	100035	富国优化增强债券	2009-06-10
3671	100038	富国沪深 300 指数增强	2009-12-16
3672	100039	富国通胀通缩主题混合	2010-05-12
3673	100050	富国全球债券(QDII-FOF)	2010-10-20
3674	100051	富国可转债	2010-12-08
3675	100053	富国上证综指 ETF 联接	2011-01-30
3676	100055	富国全球顶级消费品混合(QDII)	2011-07-13
3677	100056	富国低碳环保混合	2011-08-10
3678	100058	富国产业债	2011-12-05
3679	100060	富国高新技术产业混合	2012-06-27
3680	100061	富国中国中小盘混合	2012-09-04
3681	100066	富国纯债债券发起	2012-11-22
3682	100070	富国强收益定期开放债券	2012-12-18
3683	100072	富国强回报定期开放债券	2013-01-29

序号	基金代码	基金简称	设立日期
3684	110001	易方达平稳增长混合	2002-08-23
3685	110002	易方达策略成长混合	2003-12-09
3686	110003	易方达上证50指数	2004-03-22
3687	110005	易方达积极成长混合	2004-09-09
3688	110006	易方达货币	2005-02-02
3689	110007	易方达稳健收益债券	2005-09-19
3690	110009	易方达价值精选混合	2006-06-13
3691	110010	易方达价值成长混合	2007-04-02
3692	110011	易方达中小盘混合	2008-06-19
3693	110012	易方达科汇灵活配置混合	2008-10-09
3694	110013	易方达科翔混合	2008-11-14
3695	110015	易方达行业领先混合	2009-03-26
3696	110017	易方达增强回报债券	2008-03-19
3697	110019	易方达深证100ETF联接	2009-12-01
3698	110020	易方达沪深300ETF发起式联接	2009-08-26
3699	110021	易方达上证中盘ETF联接	2010-03-31
3700	110022	易方达消费行业股票	2010-08-20
3701	110023	易方达医疗行业混合	2011-01-28
3702	110025	易方达资源行业混合	2011-08-16
3703	110026	易方达创业板ETF联接	2011-09-20
3704	110027	易方达安心回报债券	2011-06-21
3705	110029	易方达科讯混合	2007-12-18
3706	110030	易方达沪深300量化增强	2012-07-05
3707	110031	易方达恒生国企联接(QDII)	2012-08-21
3708	110035	易方达双债增强债券	2011-12-01
3709	110037	易方达纯债债券	2012-05-03
3710	110050	易方达月月利理财债券	2012-11-26
3711	110052	易方达双月利理财债券	2013-01-15
3712	112002	易方达策略成长二号混合	2006-08-16
3713	118001	易方达亚洲精选股票(QDII)	2010-01-21
3714	118002	易方达标普消费品指数增强(QDII)	2012-06-04
3715	121001	国投瑞银融华债券	2003-04-16
3716	121002	国投瑞银景气行业混合	2004-04-29
3717	121003	国投瑞银核心企业混合	2006-04-19
3718	121005	国投瑞银创新动力混合	2006-11-15
3719	121006	国投瑞银稳健增长混合	2008-06-11
3720	121008	国投瑞银成长优选混合	2008-01-10
3721	121009	国投瑞银稳定增利债券	2008-01-11
3722	121010	国投瑞银瑞源保本混合	2011-12-20
3723	121011	国投瑞银货币	2009-01-19
3724	121012	国投瑞银优化增强债券	2010-09-08
3725	121013	国投瑞银纯债债券	2012-12-11
3726	150003	建信优势动力封闭	2008-03-19
3727	150005	银河银富货币	2004-12-20
3728	150103	银河银泰混合	2004-03-30
3729	150968	银河研究精选混合	2017-07-27
3730	150988	银河钱包货币	2017-06-29
3731	151001	银河稳健混合	2003-08-04
3732	151002	银河收益债券	2003-08-04

序号	基金代码	基金简称	设立日期
3733	159001	易方达保证金货币	2013-03-29
3734	159003	招商保证金快线	2013-05-17
3735	159005	汇添富收益快钱货币	2014-12-22
3736	159901	易方达深证100ETF	2006-03-24
3737	159902	华夏中小板ETF	2006-06-08
3738	159903	南方深证成份ETF	2009-12-04
3739	159905	工银深证红利ETF	2010-11-05
3740	159906	大成深证成长40ETF	2010-12-21
3741	159907	广发中小板300ETF	2011-06-03
3742	159908	博时深证基本面200ETF	2011-06-10
3743	159909	深证TMT50ETF	2011-06-27
3744	159910	嘉实深证基本面120ETF	2011-08-01
3745	159911	民营ETF	2011-09-02
3746	159912	汇添富深证300ETF	2011-09-16
3747	159913	交银深证300价值ETF	2011-09-22
3748	159915	易方达创业板ETF	2011-09-20
3749	159916	深证基本面60ETF	2011-09-08
3750	159918	中创400	2012-03-22
3751	159919	嘉实沪深300ETF	2012-05-07
3752	159920	华夏恒生ETF	2012-08-09
3753	159921	诺安中小板等权重ETF	2012-12-10
3754	159922	嘉实中证500EFT	2013-02-06
3755	159923	大成100ETF	2013-02-07
3756	159924	景顺长城沪深300等权重ETF	2013-05-07
3757	159925	南方开元沪深300ETF	1998-03-27
3758	159926	嘉实中证中期国债ETF	2013-05-10
3759	159928	中证主要消费ETF	2013-08-23
3760	159929	中证医药卫生ETF	2012-08-23
3761	159930	中证能源ETF	2013-08-23
3762	159931	中证金融ETF	2013-08-23
3763	159932	500深ETF	2013-09-12
3764	159933	国投瑞银金融地产ETF	2013-09-17
3765	159934	易方达黄金ETF	2013-11-29
3766	159935	景顺长城中证500ETF	2013-12-26
3767	159936	广发中证全指可选消费ETF	2014-06-03
3768	159937	博时黄金ETF	2014-08-13
3769	159938	广发医药	2014-12-01
3770	159939	信息技术	2015-01-07
3771	159940	全指金融	2015-03-23
3772	159941	广发纳指100ETF	2015-06-10
3773	159942	中创100	2015-05-22
3774	159943	深证ETF	2015-06-04
3775	159944	广发中证全指原材料ETF	2015-06-25
3776	159945	广发中证全指能源ETF	2015-06-25
3777	159946	广发中证全指主要消费ETF	2015-07-01
3778	159948	南方创业板ETF	2016-05-13
3779	159949	华安创业板50ETF	2016-06-29
3780	159950	易方达深证成指ETF	2017-04-27
3781	159951	中关村A	2017-06-07

序号	基金代码	基金简称	设立日期
3782	159952	广发创业板 ETF	2017－04－25
3783	159953	广发全指工业 ETF	2017－06－13
3784	159955	嘉实创业板 ETF	2017－07－14
3785	159956	建信创业板 ETF	2018－02－06
3786	159957	华夏创业板 ETF	2017－12－08
3787	159958	创业板 ET	2017－12－25
3788	160105	南方积极配置混合(LOF)	2004－10－14
3789	160106	南方高增长混合(LOF)	2005－07－13
3790	160119	南方中证 500 指数(LOF)	2009－09－25
3791	160121	南方金砖四国指数(QDII)	2010－12－09
3792	160123	南方 10 年国债	2011－05－17
3793	160125	南方中国中小盘股票指数(QDII－LOF)	2011－09－26
3794	160127	南方新兴消费增长分级股票	2012－03－13
3795	160128	南方金利定期开放债券	2012－05－17
3796	160130	南方永利 1 年期定期开放债券(LOF)	2013－04－25
3797	160131	南方聚利 1 年定期开放债券(LOF)	2013－11－28
3798	160133	南方天元新产业股票	2014－07－03
3799	160135	南方中证高铁产业指数分级	2015－06－10
3800	160136	南方中证国有企业改革指数	2015－06－03
3801	160137	南方中证互联网指数分级基金	2015－07－01
3802	160138	南方恒生中国企业精明指数	2017－04－26
3803	160140	南方道琼斯美国精选 REIT 指数	2017－10－26
3804	160142	南方配售	2018－07－06
3805	160211	国泰中小盘成长混合(LOF)	2009－10－19
3806	160212	国泰估值优势分级封闭	2010－02－10
3807	160213	国泰纳斯达克 100 指数(QDII)	2010－04－29
3808	160215	国泰价值经典混合(LOF)	2010－08－13
3809	160216	国泰大宗商品(QDII－LOF)	2012－05－03
3810	160217	国泰信用互利分级债券	2011－12－29
3811	160218	国泰国证房地产行业指数分级	2013－02－06
3812	160219	国泰国证医药卫生行业指数分级	2013－08－29
3813	160220	国泰淘新灵活配置混合	2013－12－30
3814	160221	国泰国证有色金属行业指数分级	2015－03－30
3815	160222	国泰国证食品饮料行业指数分级	2014－10－23
3816	160223	国泰创业板指数(LOF)	2016－11－11
3817	160224	国泰深证 TMT50 指数分级	2015－03－26
3818	160225	国泰国证新能源汽车指数分级	2012－03－15
3819	160311	华夏蓝筹混合(LOF)	2007－04－24
3820	160314	华夏行业混合(LOF)	2007－11－22
3821	160322	华夏港股通精选股票(LOF)	2016－11－11
3822	160323	华泰磐泰定开混合(LOF)	2016－12－26
3823	160324	华夏磐晟定开混合(LOF)	2017－05－31
3824	160415	华安深证 300 指数(LOF)	2011－09－02
3825	160416	华安标普全球石油指数(QDII－LOF)	2012－03－29
3826	160417	华安沪深 300 指数分级	2012－06－25
3827	160418	华安中证银行指数分级	2015－06－09
3828	160419	华安中证全指证券公司指数分级	2015－06－08
3829	160420	华安创业板 50 指数分级	2015－07－06
3830	160421	华安智增精选灵活配置混合	2016－09－13
3831	160422	华安中证定向增发	2017－04－11
3832	160423	华安慧增优选定期开放灵活配置混合	2018－02－06
3833	160505	博时主题行业混合(LOF)	2005－01－06
3834	160512	博时卓越品牌混合(LOF)	2011－04－22
3835	160513	博时稳健回报债券(LOF)	2011－06－10
3836	160515	博时安丰 18 个月定期开债(LOF)	2013－08－22
3837	160516	博时证券保险指数分级基金	2015－05－18
3838	160517	博时银行分级基金	2015－06－08
3839	160518	博时睿远事件驱动混合(LOF)	2016－04－15
3840	160519	博时睿利事件驱动混合(LOF)	2016－05－31
3841	160520	博时弘盈定期开放混合	2016－07－29
3842	160522	博时睿益事件驱动混合(LOF)	2016－08－19
3843	160524	博时弘泰混合	2016－12－09
3844	160525	博时睿丰定开混合	2017－03－21
3845	160602	鹏华普天债券	2003－07－12
3846	160603	鹏华普天收益混合	2003－07－12
3847	160605	鹏华中国 50 混合	2004－05－12
3848	160606	鹏华货币	2005－04－12
3849	160607	鹏华价值优势混合(LOF)	2006－07－18
3850	160610	鹏华动力增长混合(LOF)	2007－01－09
3851	160611	鹏华优质治理混合(LOF)	2007－04－25
3852	160612	鹏华丰收债券	2008－05－28
3853	160613	鹏华盛世创新混合(LOF)	2008－10－10
3854	160615	鹏华沪深 300 指数(LOF)	2009－04－03
3855	160616	鹏华中证 500 指数(LOF)	2010－02－05
3856	160617	鹏华丰润债券封闭	2010－12－02
3857	160618	鹏华丰泽分级债券	2011－12－08
3858	160620	鹏华资源分级	2012－09－27
3859	160621	鹏华中小企业债券	2012－11－05
3860	160622	鹏华丰利分级债	2013－04－23
3861	160624	鹏华消费领先混合	2013－12－23
3862	160625	鹏华证券保险分级	2014－05－05
3863	160626	鹏华中证信息分级	2014－05－05
3864	160627	鹏华策略优选混合	2014－06－10
3865	160628	鹏华地产分级	2014－09－11
3866	160629	鹏华传媒分级	2014－12－11
3867	160630	鹏华国防分级	2014－11－13
3868	160631	鹏华银行分级	2015－04－17
3869	160632	鹏华酒分级	2015－04－29
3870	160633	鹏华证券分级	2015－05－06
3871	160634	鹏华环保分级	2015－06－16
3872	160635	鹏华医药分级	2015－08－14
3873	160636	鹏华互联网分级	2015－06－16
3874	160637	鹏华创业板分级	2015－06－08
3875	160638	鹏华一带一路分级	2015－05－18
3876	160639	鹏华高铁分级	2015－05－27
3877	160640	鹏华新能源分级	2015－05－28
3878	160642	鹏华增瑞混合	2016－09－20
3879	160643	鹏华空天一体军工指数(LOF)	2017－06－13

序号	基金代码	基金简称	设立日期
3880	160644	鹏华港美互联网股票(LOF)	2017-11-16
3881	160706	嘉实沪深300指数(LOF)	2005-08-29
3882	160716	嘉实基本面50指数(LOF)	2009-12-30
3883	160717	嘉实H股指数(QDII)	2010-09-30
3884	160718	嘉实多利分级债券(LOF)	2011-03-23
3885	160719	嘉实黄金(QDII-FOF-LOF)	2011-08-04
3886	160720	嘉实中证中期企业债指数(LOF)	2013-02-05
3887	160722	嘉实惠泽定增混合	2016-09-29
3888	160723	嘉实原油	2017-04-20
3889	160805	长盛同智优势混合(LOF)	2007-01-05
3890	160806	长盛同庆中证800分级	2009-05-12
3891	160807	长盛沪深300指数(LOF)	2010-08-04
3892	160808	长盛同瑞中证200分级	2011-12-06
3893	160809	长盛同辉深100等权重分级	2012-09-13
3894	160810	长盛同丰债券(LOF)	2012-12-27
3895	160812	长盛同益成长回报混合	2014-04-04
3896	160813	长盛同盛成长优选混合	2014-11-05
3897	160814	长盛中证金融地产分级	2015-06-16
3898	160910	大成创新成长混合	2007-06-12
3899	160915	大成景丰债券(LOF)	2010-10-15
3900	160916	大成优选股票(LOF)	2007-08-01
3901	160918	大成中小盘(LOF)	2014-04-10
3902	160919	大成产业升级股票(LOF)	2014-12-26
3903	160921	大成定增灵活配置混合	2016-08-19
3904	160922	大成恒生综合中小型股指数	2016-12-02
3905	160923	大成海外中国机会混合(QDII-LOF)	2016-12-29
3906	160924	大成恒生指数(QDII-LOF)	2017-08-10
3907	161005	富国天惠成长混合(LOF)	2005-11-16
3908	161010	富国天丰强化债券封闭	2008-10-24
3909	161014	富国汇利分级债券	2010-09-09
3910	161015	富国天盈债券(LOF)	2011-05-23
3911	161017	富国中证500指数增强(LOF)	2011-10-12
3912	161019	富国新天锋定期开放债券	2012-05-07
3913	161022	富国创业板指数分级	2013-09-12
3914	161024	富国军工	2014-04-04
3915	161025	富国中证移动互联网指数分级	2014-09-02
3916	161026	富国中证国有企业改革指数分级	2014-12-17
3917	161027	富国中证全指证券公司指数分级	2015-03-27
3918	161028	富国中证新能源汽车指数分级	2015-03-30
3919	161029	富国中证银行指数分级	2015-04-30
3920	161030	富国中证体育产业指数分级	2015-06-25
3921	161031	富国中证工业4.0指数分级	2015-06-15
3922	161032	富国中证煤炭指数分级	2015-06-19
3923	161033	富国中证智能汽车指数(LOF)	2016-02-16
3924	161035	富国中证医药主题指数增强型(LOF)	2016-11-11
3925	161036	富国中证娱乐主题指数增强(LOF)	2017-03-13
3926	161037	富国中证高端制造指数增强(LOF)	2017-04-27
3927	161038	富国新兴成长量化精选混合(LOF)	2017-07-21
3928	161039	富国中证1000指数增强(LOF)	2018-05-31
3929	161115	易方达岁丰添利债券(LOF)	2010-11-09
3930	161116	易方达黄金主题(QDII-LOF-FOF)	2011-05-06
3931	161117	易方达永旭定期开放债券	2012-06-19
3932	161118	易方达中小板指数分级	2012-09-20
3933	161119	易方达中债新综合债券指数发起式(LOF)	2012-11-08
3934	161121	易方达银行分级	2015-06-03
3935	161122	易方达生物分级	2015-06-03
3936	161123	易方达重组分级	2015-06-03
3937	161124	易方达香港恒生综合小型股指数(QDII-LOF)	2016-11-02
3938	161125	易方达标普500指数(QDII-LOF)	2016-12-02
3939	161126	易方达标普医疗保健指数(QDII-LOF)	2016-11-28
3940	161127	易方达标普生物科技指数(QDII-LOF)	2016-12-13
3941	161128	易方达标普科技指数(QDII-LOF)	2016-12-13
3942	161129	易方达原油(QDII-LOF-FOF)	2016-12-19
3943	161130	易方达纳斯达克100指数(QDII-LOF)	2017-06-23
3944	161131	易方达3年封闭战略配售混合(LOF)	2018-07-06
3945	161207	国投瑞银沪深300指数分级	2009-10-15
3946	161210	国投瑞银新兴市场股票(QDII-LOF)	2010-06-10
3947	161211	国投瑞银金融地产ETF联接	2010-04-09
3948	161213	国投瑞银中证消费服务指数(LOF)	2010-12-16
3949	161216	国投瑞银双债增利	2011-03-29
3950	161217	国投瑞银中证上游资源产业指数(LOF)	2011-07-21
3951	161219	国投瑞银新兴产业混合(LOF)	2011-12-13
3952	161222	国投瑞银瑞利混合(LOF)	2015-02-05
3953	161223	国投瑞银中证创业指数分级	2015-03-17
3954	161224	国投瑞银新丝路混合(LOF)	2015-04-10
3955	161225	国投瑞银瑞盈混合	2015-05-19
3956	161226	国投瑞银白银期货(LOF)	2015-08-06
3957	161227	国投瑞银深证100指数(LOF)	2007-07-17
3958	161229	国投瑞银中国价值发现股票(QDII-LOF)	2015-12-21
3959	161230	国投瑞银双债丰利定开债	2016-02-03
3960	161232	国投瑞银瑞盛混合	2016-05-25
3961	161233	国投瑞银瑞泰定增混合	2017-01-22
3962	161505	银河通利债券(LOF)	2012-04-25
3963	161507	银河沪深300成长分级	2013-03-29
3964	161601	融通新蓝筹混合	2002-09-13
3965	161603	融通债券	2003-09-30
3966	161604	融通深证100指数	2003-09-30
3967	161605	融通蓝筹成长混合	2003-09-30
3968	161606	融通行业景气混合	2004-04-29
3969	161607	融通巨潮100指数(LOF)	2005-05-12
3970	161608	融通易支付货币	2006-01-19
3971	161609	融通动力先锋混合	2006-11-15
3972	161610	融通领先成长混合(LOF)	2007-04-30
3973	161611	融通内需驱动混合	2009-04-22
3974	161612	融通深证成分指数	2010-11-15
3975	161613	融通创业板指数	2012-04-06
3976	161614	融通四季添利债券	2012-03-01
3977	161616	融通医疗保健混合	2012-07-26

序号	基金代码	基金简称	设立日期
3978	161618	融通岁岁添利债券	2012－11－05
3979	161620	融通丰利四分法（QDII－FOF）	2013－02－05
3980	161622	融通七天理财债券	2013－03－14
3981	161624	融通标普中国可转债指数增强	2013－03－26
3982	161626	融通通福债券（LOF）	2013－12－10
3983	161628	融通军工分级	2015－07－01
3984	161629	融通证券分级	2015－07－17
3985	161630	融通农业分级	2015－08－25
3986	161631	人工智能	2017－04－10
3987	161706	招商优质成长混合（LOF）	2005－11－17
3988	161713	招商信用添利债券封闭	2010－06－25
3989	161714	招商标普金砖四国指数（QDII－LOF）	2011－02－11
3990	161715	招商中证大宗商品指数分级	2012－06－28
3991	161716	招商双债增强分级债券	2013－03－01
3992	161718	招商沪深300高贝塔指数分级	2013－08－01
3993	161719	招商可转债分级债券	2014－07－31
3994	161720	招商中证全指证券公司指数分级	2014－11－13
3995	161721	招商沪深300地产等权重指数分级	2014－11－27
3996	161722	招商丰泰灵活配置混合	2015－04－17
3997	161723	招商中证银行指数分级	2015－05－20
3998	161724	招商中证煤炭等权指数分级	2015－05－20
3999	161725	招商中证白酒指数分级	2015－05－27
4000	161726	招商国证生物医药指数分级	2015－05－27
4001	161727	招商增荣混合	2016－06－03
4002	161728	招商3年封闭运作战略配售（LOF）	2018－07－06
4003	161810	银华内需精选混合（LOF）	2009－07－01
4004	161811	银华沪深300指数（LOF）	2009－10－14
4005	161812	银华深证100指数分级	2010－05－07
4006	161813	银华信用债券封闭	2010－06－29
4007	161815	银华抗通胀主题（QDII－FOF－LOF）	2010－12－06
4008	161816	银华中证等权90指数分级	2011－03－17
4009	161818	银华消费分级混合	2011－09－28
4010	161819	银华中证内地资源指数分级	2011－12－08
4011	161820	银华纯债	2012－08－09
4012	161821	银华中证中票50指数债券	2012－12－11
4013	161823	银华永兴分级债券发起式	2013－01－18
4014	161825	银华中证800等权指数增强分级	2013－11－05
4015	161826	银华中证增强分级	2013－08－15
4016	161827	银华永益分级债	2014－05－22
4017	161831	银华恒生国企指数分级	2014－04－09
4018	161832	银华中证国防安全指数分级	2015－08－06
4019	161833	银华一带一路主题指数分级	2015－08－13
4020	161834	银华鑫锐定增灵活配置混合	2016－07－29
4021	161835	银华惠丰定期开放混合	2017－05－12
4022	161902	万家增强收益债券	2004－09－28
4023	161903	万家公用事业行业混合（LOF）	2005－07－15
4024	161907	万家中证红利指数（LOF）	2011－03－17
4025	161908	万家添利	2011－06－02
4026	161910	万家中证创业成长指数分级	2012－08－02
4027	161911	万家强化收益定期开放债券	2013－05－10
4028	162006	长城久富混合（LOF）	2007－02－12
4029	162010	长城久兆中小300指数分级	2012－01－30
4030	162102	金鹰中小盘精选混合	2004－05－27
4031	162105	金鹰持久增利债券（LOF）	2012－03－09
4032	162107	金鹰量化精选股票（LOF）	2012－06－06
4033	162108	金鹰元盛债券（LOF）	2013－05－02
4034	162201	泰达宏利成长混合	2003－04－26
4035	162202	泰达宏利周期混合	2003－04－26
4036	162203	泰达宏利稳定混合	2003－04－26
4037	162204	泰达宏利精选混合	2004－07－09
4038	162205	泰达宏利风险预算混合	2005－04－05
4039	162206	泰达宏利货币	2005－11－10
4040	162207	泰达宏利效率优选混合（LOF）	2006－03－29
4041	162208	泰达宏利首选企业股票	2006－12－01
4042	162209	泰达宏利市值优选混合	2007－08－03
4043	162210	泰达宏利集利债券	2008－09－26
4044	162211	泰达宏利品质生活混合	2009－04－09
4045	162212	泰达宏利红利先锋混合	2009－12－03
4046	162213	泰达宏利财富大盘指数	2010－04－23
4047	162214	泰达宏利中小盘混合	2011－01－26
4048	162215	泰达聚利债券	2011－05－13
4049	162216	泰达宏利500指数分级	2011－12－01
4050	162307	海富通中证100指数（LOF）	2009－10－30
4051	162308	海富通稳进增利分级债券（LOF）	2011－09－01
4052	162411	华宝油气	2011－09－29
4053	162412	华宝中证医疗分级	2015－05－21
4054	162413	华宝中证1000指数分级	2015－06－04
4055	162414	华宝新机遇混合	2015－06－11
4056	162415	美国消费	2016－03－18
4057	162509	国联安双禧中证100指数分级	2010－04－16
4058	162510	国联安双力中小板综指分级	2012－03－23
4059	162511	国联安双佳信用分级债券	2012－06－04
4060	162605	景顺长城鼎益混合（LOF）	2005－03－16
4061	162607	景顺长城资源垄断混合（LOF）	2006－01－26
4062	162703	广发小盘成长混合（LOF）	2005－02－02
4063	162711	广发中证500ETF联接基金（LOF）	2009－11－26
4064	162712	广发聚利债券	2011－08－05
4065	162714	广发深证100指数分级	2012－05－07
4066	162715	广发聚源定期债券	2013－05－08
4067	162717	广发鑫吉定增混合	2016－12－19
4068	162718	广发鑫瑞混合	2017－03－03
4069	162719	广发道琼斯石油指数（QDII－LOF）	2017－02－28
4070	162907	泰信基本面400分级	2012－09－07
4071	163001	长信中证中央企业100指数（LOF）	2010－03－26
4072	163003	长信利鑫分级债	2011－06－24
4073	163005	长信利众分级债	2013－02－04
4074	163109	申万深证成分分级	2010－10－22
4075	163110	申万菱信量化小盘股票（LOF）	2011－06－16

序号	基金代码	基金简称	设立日期
4076	163111	申万菱信中小板指数分级	2012-05-08
4077	163112	申万菱信定期开放债券	2013-03-29
4078	163113	申万证券行业指数分级	2014-03-14
4079	163114	申万环保	2014-05-30
4080	163115	申万军工	2014-07-24
4081	163116	申万电子	2015-05-14
4082	163117	申万传媒	2015-05-29
4083	163118	医药生物	2015-06-19
4084	163119	申万菱信中证申万新兴健康产业主题投资指数	2016-10-10
4085	163208	诺安油气能源(QDII-FOF-LOF)	2011-09-27
4086	163209	诺安中证创业成长指数分级	2012-03-29
4087	163210	诺安纯债定期开放债券	2013-03-27
4088	163302	大摩资源优选混合(LOF)	2005-09-27
4089	163303	大摩货币	2006-08-17
4090	163402	兴全趋势投资混合(LOF)	2005-11-03
4091	163406	兴全合润分级混合	2010-04-22
4092	163407	兴全沪深300指数(LOF)	2010-11-02
4093	163409	兴全绿色投资混合(LOF)	2011-05-06
4094	163411	兴全保本混合	2011-08-03
4095	163412	兴全轻资产混合(LOF)	2012-04-05
4096	163415	兴全商业模式优选(LOF)	2012-12-18
4097	163417	兴全合宜混合	2018-01-23
4098	163503	天治核心成长混合(LOF)	2006-01-20
4099	163801	中银中国混合(LOF)	2005-01-04
4100	163802	中银货币	2005-06-07
4101	163803	中银增长混合	2006-03-17
4102	163804	中银收益混合	2006-10-11
4103	163805	中银策略混合	2008-04-03
4104	163806	中银增利债券	2008-11-13
4105	163807	中银优选混合	2009-04-03
4106	163808	中银中证100指数增强	2009-09-04
4107	163809	中银蓝筹混合	2010-02-11
4108	163810	中银价值混合	2010-08-25
4109	163811	中银双利债券	2010-11-24
4110	163813	中银全球策略(QDII-FOF)	2011-03-03
4111	163816	中银转债增强债券	2011-06-29
4112	163818	中银中小盘成长混合	2011-11-23
4113	163819	中银信用增利债券	2012-03-12
4114	163821	中银沪深300等权重指数(LOF)	2012-05-17
4115	163822	中银主题策略混合	2012-07-25
4116	163823	中银保本混合	2012-09-19
4117	163824	中银盛利定期开放债券(LOF)	2013-08-08
4118	163825	中银互利半年定期开放债券	2013-09-24
4119	163827	中银产业债定期开放债券	2014-09-04
4120	163907	中海惠裕分级债券发起式	2013-01-07
4121	163909	中海惠丰分级债券	2013-09-12
4122	164105	华富强债	2010-09-08
4123	164205	天弘文化新兴产业	2010-08-12
4124	164206	天弘添利债券(LOF)	2010-12-03
4125	164208	天弘丰利债券(LOF)	2011-11-23
4126	164210	天弘同利债券(LOF)	2013-09-17
4127	164302	新华惠鑫分级债券	2013-01-24
4128	164304	新华环保	2014-09-12
4129	164401	健康分级	2015-04-16
4130	164402	前海开源中航军工指数分级	2015-03-30
4131	164403	前海开源沪港深农业混合(LOF)	2015-06-04
4132	164508	国富100	2015-03-26
4133	164509	国富恒利分级债券	2014-03-10
4134	164606	华泰柏瑞信用增利债券	2011-09-22
4135	164701	汇添富黄金及贵金属(QDII-LOF-FOF)	2011-08-31
4136	164702	汇添富季季红定期开放债券	2012-07-26
4137	164703	汇添富纯债	2013-11-06
4138	164705	汇添富恒生指数分级	2014-03-07
4139	164808	工银四季收益债券	2011-02-10
4140	164809	工银中证500指数	2012-01-31
4141	164810	工银纯债定期开放债券	2012-06-21
4142	164811	工银深证100指数分级	2012-10-25
4143	164812	工银增利	2013-03-06
4144	164814	工银双债	2013-09-25
4145	164815	工银国际原油(QDII-LOF)	2013-05-28
4146	164818	工银中证传媒指数分级	2015-05-20
4147	164819	环保母基	2015-07-09
4148	164820	高铁母基	2015-07-23
4149	164821	新能母基	2015-07-09
4150	164823	深成LOF	2017-09-15
4151	164824	工银印度基金(QDII)	2018-06-15
4152	164902	交银信用添利债券	2011-01-27
4153	164905	交银国证新能源指数分级	2015-03-26
4154	164906	交银中证海外中国互联网指数(QDII-LOF)	2015-05-27
4155	164907	交银中证互联网金融指数分级	2015-06-26
4156	164908	交银中证环境治理指数(LOF)	2015-08-13
4157	165309	建信沪深300指数(LOF)	2009-11-05
4158	165310	建信双利分级股票	2011-05-06
4159	165311	建信信用增强债券	2011-06-16
4160	165312	建信央视50	2013-03-28
4161	165313	建信优势动力混合(LOF)	2013-03-19
4162	165315	建信中证互联网金融指数分级发起式	2015-07-31
4163	165316	建信有色金属分级	2015-08-06
4164	165317	建信丰裕	2016-09-29
4165	165508	信诚深度价值混合(LOF)	2010-07-30
4166	165509	信诚增强收益债券	2010-09-29
4167	165510	信诚四国配置(QDII-FOF-LOF)	2010-12-17
4168	165511	信诚中证500指数	2011-02-11
4169	165512	信诚新机遇混合(LOF)	2011-08-01
4170	165513	信诚全球商品主题(QDII-FOF-LOF)	2011-12-20
4171	165515	信诚沪深300指数分级	2012-02-01
4172	165516	信诚周期轮动混合(LOF)	2012-05-07
4173	165517	信诚双盈分级债券	2012-04-13

序号	基金代码	基金简称	设立日期
4174	165519	信诚中证800医药指数分级	2013-08-16
4175	165520	信诚中证800有色指数分级	2013-08-29
4176	165521	信诚中证800金融指数分级	2013-12-20
4177	165522	信诚中证TMT产业主题指数分级	2014-11-28
4178	165523	信诚中证信息安全指数分级	2015-06-26
4179	165524	信诚中证智能家居指数分级	2015-06-26
4180	165525	信诚中证基建工程指数分级	2015-08-06
4181	165526	信诚新旺混合(LOF)	2015-06-19
4182	165528	信诚鼎利定增	2016-05-23
4183	165530	信诚惠泽	2016-09-09
4184	165531	信诚策略	2017-06-16
4185	165532	信诚鼎泰多策略	2017-07-28
4186	165705	诺德双翼分级债	2012-02-16
4187	165707	诺德S300	2012-09-10
4188	165806	东吴深证100指数增强(LOF)	2012-03-09
4189	165807	东吴鼎利债券(LOF)	2013-04-25
4190	165809	东吴中证可转债指数分级	2014-05-09
4191	166001	中欧新趋势混合(LOF)	2007-01-29
4192	166002	中欧新蓝筹混合	2008-07-25
4193	166003	中欧稳健收益债券	2009-04-24
4194	166005	中欧价值发现混合	2009-07-24
4195	166006	中欧行业成长混合(LOF)	2009-12-30
4196	166007	中欧沪深300指数增强(LOF)	2010-06-24
4197	166008	中欧增强回报债券	2010-12-02
4198	166009	中欧新动力混合(LOF)	2011-02-10
4199	166010	中欧鼎利分级债券	2011-06-16
4200	166011	中欧盛世	2012-03-29
4201	166012	中欧信用	2012-04-16
4202	166014	中欧货币	2012-12-12
4203	166016	中欧纯债	2013-01-31
4204	166019	中欧价值智选混合	2013-05-14
4205	166020	中欧成长优选混合	2013-08-21
4206	166021	中欧纯债添利分级债券	2013-11-28
4207	166023	中欧瑞丰灵活配置混合	2017-07-31
4208	166024	中欧恒利三年定开混合	2017-11-01
4209	166105	信达澳银鑫安债券(LOF)	2012-05-07
4210	166301	华商新趋势优选混合	2012-09-07
4211	166401	浦银安盛稳健增利债券(LOF)	2011-12-13
4212	166402	浦银安盛沪港深基本面LOF	2017-04-27
4213	166801	浙商聚潮新思维混合	2012-03-08
4214	166802	浙商沪深300指数分级	2012-05-07
4215	166902	民生加银平稳增利	2012-11-15
4216	166904	民生加银平稳添利债券	2013-08-12
4217	167001	平安大华鼎泰混合	2016-07-21
4218	167002	平安大华鼎越混合	2016-09-19
4219	167003	平安大华鼎弘混合	2017-04-26
4220	167004	平安大华鼎沣混合	2017-06-20
4221	167301	方正富邦保险主题	2015-07-31
4222	167501	安信宝利	2013-07-24
4223	167503	安信一带一路分级	2015-05-14
4224	167601	国金沪深300指数增强	2013-07-26
4225	167701	德邦德信中高企债指数分级	2013-04-25
4226	167702	德邦量化优选股票(LOF)	2017-03-24
4227	167705	德邦量化新锐股票(LOF)	2018-04-04
4228	167901	华宸300	2013-04-26
4229	168001	国寿安保中证养老产业指数分级	2015-06-26
4230	168002	国寿安保策略精选混合	2017-09-27
4231	168101	九泰锐智	2015-08-14
4232	168102	九泰锐富事件驱动混合	2016-02-04
4233	168103	九泰锐益定增混合	2016-08-11
4234	168104	九泰锐丰定增混合	2016-08-30
4235	168105	九泰泰富定增混合	2016-09-26
4236	168106	九泰锐华定增混合	2016-12-19
4237	168108	九泰锐诚定增混合	2017-03-24
4238	168201	中融一带一路	2015-05-14
4239	168202	中融白酒	2015-09-30
4240	168203	中融钢铁	2015-06-19
4241	168204	中融煤炭	2015-06-25
4242	168205	中融银行	2015-06-05
4243	168301	东海祥龙定增混合	2016-12-21
4244	168401	红土定增	2016-12-30
4245	168501	北信瑞丰产业升级	2017-06-23
4246	169101	东方红睿丰混合	2014-09-19
4247	169102	东方红睿阳混合	2015-01-19
4248	169103	东方红睿轩沪港深混合	2016-01-20
4249	169104	东方红睿满沪港深混合	2016-06-28
4250	169105	东方红睿华沪港深混合	2016-08-04
4251	169201	浙商鼎盈	2016-12-07
4252	180001	银华优势企业混合	2002-11-13
4253	180002	银华保本增值混合	2004-03-02
4254	180003	银华-道琼斯88指数	2004-08-11
4255	180008	银华货币	2005-01-31
4256	180010	银华优质增长混合	2006-06-09
4257	180012	银华富裕主题混合	2006-11-16
4258	180013	银华领先策略混合	2008-08-20
4259	180015	银华增强收益债券	2008-12-03
4260	180018	银华和谐主题混合	2009-04-27
4261	180020	银华成长先锋混合	2010-10-08
4262	180025	银华信用双利债券	2010-12-03
4263	180028	银华永祥保本混合	2011-06-28
4264	180029	银华永泰积极债券	2011-12-28
4265	180031	银华中小盘混合	2012-06-20
4266	180033	银华上证50等权ETF联接	2012-08-29
4267	183001	银华全球优选(QDII-FOF)	2008-05-26
4268	184689	鹏华普惠封闭	1999-01-06
4269	184690	长盛同益封闭	1999-04-08
4270	184691	大成景宏封闭	1999-05-05
4271	184692	博时裕隆封闭	1999-06-15

序号	基金代码	基金简称	设立日期
4272	184693	鹏华普丰封闭	1999-07-14
4273	184695	基金景博	1999-09-22
4274	184696	基金裕华	1992-12-31
4275	184698	南方天元封闭	1999-08-26
4276	184699	长盛同盛封闭	1999-11-05
4277	184700	基金鸿飞	2001-05-18
4278	184701	大成景福封闭	1999-12-30
4279	184702	基金同智	1992-03-13
4280	184703	国泰金盛封闭	1994-12-01
4281	184705	博时裕泽封闭	2000-03-27
4282	184706	银华天华封闭	2000-07-21
4283	184708	基金兴科	2000-04-08
4284	184709	基金安久	2000-07-04
4285	184710	南方隆元封闭	2000-07-24
4286	184711	基金普华	2000-11-06
4287	184712	基金科汇	2001-04-20
4288	184713	基金科翔	2001-04-20
4289	184718	基金兴安	2000-07-20
4290	184719	基金融鑫	2002-08-09
4291	184720	基金久富	2001-12-27
4292	184721	嘉实丰和价值封闭	2002-03-22
4293	184722	长城久嘉封闭	2002-07-05
4294	184728	宝盈鸿阳封闭	2001-12-10
4295	184738	基金通宝	2001-05-16
4296	184801	鹏华前海万科REITs	2015-07-06
4297	200001	长城久恒混合	2003-10-31
4298	200002	长城久泰沪深300指数	2004-05-21
4299	200003	长城货币	2005-05-30
4300	200006	长城消费增值混合	2006-04-06
4301	200007	长城安心回报混合	2006-08-22
4302	200008	长城品牌优选混合	2007-08-06
4303	200009	长城稳健增利债券	2008-08-27
4304	200010	长城双动力混合	2009-01-15
4305	200011	长城景气行业龙头混合	2009-06-30
4306	200012	长城中小盘混合	2011-01-27
4307	200013	长城积极增利债券	2011-04-12
4308	200015	长城优化升级混合	2012-04-20
4309	200016	长城保本混合	2012-08-02
4310	200017	长城岁岁金债券	2013-01-23
4311	202001	南方稳健成长混合	2001-09-28
4312	202002	南方稳健成长贰号混合	2006-07-25
4313	202003	南方绩优成长混合	2006-11-16
4314	202005	南方成份精选混合	2007-05-14
4315	202007	南方隆元产业主题混合	2007-11-09
4316	202009	南方盛元红利混合	2008-03-21
4317	202011	南方优选价值混合	2008-06-18
4318	202015	南方沪深300指数	2009-03-25
4319	202017	南方深证成份ETF联接	2009-12-09
4320	202019	南方策略优化混合	2010-03-30
4321	202021	南方小康ETF联接	2010-08-27
4322	202023	南方优选成长混合	2011-01-30
4323	202025	南方上证380ETF联接	2011-09-20
4324	202027	南方高端装备	2012-09-25
4325	202101	南方宝元债券	2002-09-20
4326	202102	南方多利中短期债券	2006-03-27
4327	202105	南方广利回报债券	2010-11-03
4328	202108	南方润元纯债债券	2012-07-20
4329	202201	南方避险增值混合	2003-06-27
4330	202202	南方避险增值贰号混合	2003-06-27
4331	202211	南方中证100指数	2008-11-12
4332	202212	南方平衡配置混合	2011-06-21
4333	202213	南方安心保本混合	2012-12-21
4334	202301	南方现金增利货币	2004-03-05
4335	202303	南方理财14天债券	2012-08-14
4336	202305	南方理财60天债券	2012-10-19
4337	202307	南方收益宝货币	2013-01-23
4338	202801	南方全球精选配置(QDII-FOF)	2007-09-19
4339	206001	鹏华行业成长混合	2002-05-24
4340	206002	鹏华精选成长混合	2009-09-09
4341	206003	鹏华信用增利债券	2010-05-31
4342	206005	鹏华上证民企50ETF联接	2010-08-05
4343	206006	鹏华环球发现(QDII-FOF)	2010-10-12
4344	206007	鹏华消费优选混合	2010-12-28
4345	206008	鹏华丰盛债券	2011-04-25
4346	206009	鹏华新兴产业混合	2011-06-15
4347	206010	鹏华深证民营ETF联接	2011-09-02
4348	206011	鹏华美国房地产(QDII)	2011-11-25
4349	206012	鹏华价值精选股票	2012-04-16
4350	206013	鹏华金刚保本混合	2012-06-13
4351	206015	鹏华纯债债券	2012-09-03
4352	206016	鹏华月月发理财	2012-12-19
4353	206018	鹏华产业债债券	2013-02-06
4354	210001	金鹰成份优选混合	2003-06-16
4355	210002	金鹰红利价值混合	2008-12-04
4356	210003	金鹰行业优势混合	2009-07-01
4357	210004	金鹰稳健成长混合	2010-04-14
4358	210005	金鹰主题优势混合	2010-12-20
4359	210006	金鹰保本混合	2011-05-17
4360	210007	金鹰技术领先灵活配置混合	2011-06-01
4361	210008	金鹰策略配置混合	2011-09-01
4362	210009	金鹰核心资源混合	2012-05-23
4363	210010	金鹰灵活配置混合	2012-11-29
4364	210012	金鹰货币	2012-12-07
4365	210014	金鹰元丰保本混合	2013-01-30
4366	213001	宝盈鸿利收益混合	2002-10-08
4367	213002	宝盈泛沿海混合	2005-03-08
4368	213003	宝盈策略增长混合	2007-01-19
4369	213006	宝盈核心优势混合	2009-03-17

序号	基金代码	基金简称	设立日期
4370	213007	宝盈增强收益债券	2008-05-15
4371	213008	宝盈资源优选混合	2008-04-15
4372	213009	宝盈货币	2009-08-05
4373	213010	宝盈中证100指数增强	2010-02-08
4374	217001	招商安泰混合	2003-04-28
4375	217002	招商安泰平衡混合	2003-04-28
4376	217003	招商安泰债券	2003-04-28
4377	217004	招商现金增值货币	2004-01-14
4378	217005	招商先锋混合	2004-06-01
4379	217008	招商安本增利债券	2006-07-11
4380	217009	招商核心价值混合	2007-03-30
4381	217010	招商大盘蓝筹混合	2008-06-19
4382	217011	招商安心收益债券	2008-10-22
4383	217012	招商行业领先混合	2009-06-19
4384	217013	招商中小盘混合	2009-12-25
4385	217015	招商全球资源股票(QDII)	2010-03-25
4386	217016	招商深证100指数	2010-06-22
4387	217017	招商上证消费80ETF联接	2010-12-08
4388	217018	招商安瑞进取债券	2011-03-17
4389	217019	招商深证TMT50ETF联接	2011-06-27
4390	217020	招商安达保本混合	2011-09-01
4391	217021	招商优势企业混合	2012-02-01
4392	217022	招商产业债券	2012-03-21
4393	217023	招商信用增强债券	2012-07-20
4394	217024	招商安盈保本混合	2012-08-21
4395	217025	招商理财7天债券	2012-12-07
4396	217027	招商央视财经50指数	2013-02-05
4397	229001	泰达宏利全球新格局(QDII-FOF)	2011-07-20
4398	229002	泰达宏利逆向混合	2012-05-23
4399	233001	大摩基础行业混合	2004-03-26
4400	233005	大摩强收益债券	2009-12-29
4401	233006	大摩领先优势混合	2009-09-22
4402	233007	大摩卓越成长混合	2010-05-18
4403	233008	大摩消费领航混合基金	2010-12-03
4404	233009	大摩多因子策略混合	2011-05-17
4405	233010	大摩深证300指数增强	2011-11-15
4406	233011	大摩主题优选混合	2012-03-13
4407	233012	大摩多元收益债券	2012-08-28
4408	233015	大摩量化配置混合	2012-12-11
4409	240001	华宝康消费品混合	2003-07-15
4410	240002	华宝宝康配置混合	2003-07-15
4411	240003	华宝宝康债券	2003-07-15
4412	240004	华宝动力组合混合	2005-11-17
4413	240005	华宝多策略股票	2004-05-11
4414	240006	华宝现金宝货币	2005-03-31
4415	240008	华宝收益增长混合	2006-06-15
4416	240009	华宝先进成长混合	2006-11-07
4417	240010	华宝行业精选混合	2007-06-14
4418	240011	华宝大盘精选混合	2008-10-07

序号	基金代码	基金简称	设立日期
4419	240012	华宝增强收益债券	2009-02-17
4420	240014	华宝中证100指数	2009-09-29
4421	240016	华宝上证180价值ETF联接	2010-04-23
4422	240017	华宝新兴产业	2010-12-07
4423	240018	华宝可转债债券	2011-04-27
4424	240019	华宝上证180成长ETF联接	2011-08-09
4425	240020	华宝医药生物	2012-02-28
4426	240021	华宝中证短融50指数债券	2012-06-12
4427	240022	华宝资源优选混合	2012-08-21
4428	241001	华宝海外中国混合(QDII)	2008-05-07
4429	241002	华宝成熟市场	2011-03-15
4430	253010	国联安安心成长混合	2005-07-13
4431	253020	国联安增利债券	2009-03-11
4432	253030	国联安信心增益债券	2010-06-22
4433	253050	国联安货币	2011-01-26
4434	253060	国联安定期开放债券	2012-02-22
4435	253070	国联安中债信用债指数增强	2012-12-12
4436	255010	国联安稳健混合	2003-08-08
4437	257010	国联安小盘精选混合	2004-04-12
4438	257020	国联安精选混合	2005-12-28
4439	257030	国联安优势混合	2007-01-24
4440	257040	国联安红利混合	2008-10-22
4441	257050	国联安主题驱动混合	2009-08-26
4442	257060	国联安上证商品ETF联接	2010-12-01
4443	257070	国联安优选行业混合	2011-05-23
4444	260101	景顺长城优选混合	2003-10-24
4445	260102	景顺长城货币	2003-10-24
4446	260103	景顺长城动力平衡混合	2003-10-24
4447	260104	景顺长城内需增长混合	2004-06-25
4448	260108	景顺长城新兴成长混合	2006-06-28
4449	260109	景顺长城内需贰号混合	2006-10-11
4450	260110	景顺长城精选蓝筹混合	2007-06-18
4451	260111	景顺长城公司治理混合	2008-10-22
4452	260112	景顺长城能源基建混合	2009-10-20
4453	260115	景顺长城中小盘混合	2011-03-22
4454	260116	景顺长城核心竞争力混合	2011-12-20
4455	260117	景顺长城支柱产业混合	2012-11-20
4456	261001	景顺长城稳定收益债券	2011-03-25
4457	261002	景顺长城优信增利债券	2012-03-15
4458	262001	景顺长城大中华混合(QDII)	2011-09-22
4459	263001	景顺长城上证180等权重指数	2012-06-25
4460	270001	广发聚富混合	2003-12-03
4461	270002	广发稳健增长混合	2004-07-26
4462	270004	广发货币	2005-05-20
4463	270005	广发聚丰混合	2005-12-23
4464	270006	广发策略优选混合	2006-05-17
4465	270007	广发大盘成长混合	2007-06-13
4466	270008	广发核心精选混合	2008-07-16
4467	270009	广发增强债券	2008-03-27

序号	基金代码	基金简称	设立日期
4468	270010	广发沪深300指数	2008－12－30
4469	270021	广发聚瑞混合	2009－06－16
4470	270022	广发内需增长混合	2010－04－19
4471	270023	广发全球精选股票(QDII)	2010－08－18
4472	270024	广发聚祥保本混合	2011－03－15
4473	270025	广发行业领先混合	2010－11－23
4474	270026	广发中小板300联接	2011－06－08
4475	270027	广发全球农业指数(QDII)	2011－06－28
4476	270028	广发制造业精选混合	2011－09－20
4477	270029	广发聚财信用债券	2012－03－13
4478	270041	广发消费品精选混合	2012－06－12
4479	270042	广发纳斯达克100指数(QDII)	2012－08－15
4480	270043	广发理财年年红债券	2012－07－19
4481	270044	广发双债添利债券	2012－09－20
4482	270046	广发理财30天债券	2013－01－14
4483	270048	广发纯债债券	2012－12－12
4484	270050	广发新经济混合	2013－02－06
4485	288001	华夏经典混合	2004－03－15
4486	288002	华夏收入混合	2005－11－17
4487	288101	华夏货币	2005－04－20
4488	288102	华夏稳定双利债券	2006－07－20
4489	290001	泰信天天收益货币	2004－02－10
4490	290002	泰信先行策略混合	2004－06－28
4491	290003	泰信双息双利债券	2006－06－15
4492	290004	泰信优质生活混合	2006－12－15
4493	290005	泰信优势增长混合	2008－06－25
4494	290006	泰信蓝筹精选混合	2009－04－22
4495	290007	泰信债券增强收益	2009－07－29
4496	290008	泰信发展主题混合	2010－12－15
4497	290009	泰信债券周期回报	2011－02－09
4498	290010	泰信中证200指数基金	2011－06－09
4499	290011	泰信中小盘精选	2011－10－26
4500	290012	泰信行业精选混合	2012－02－22
4501	290014	泰信现代服务业	2013－02－07
4502	310308	申万菱信盛利精选混合	2004－04－09
4503	310318	申万菱信盛利强化配置混合	2004－11－29
4504	310328	申万菱信新动力混合	2005－11－10
4505	310338	申万菱信收益宝货币	2006－07－13
4506	310358	申万菱信新经济混合	2006－12－06
4507	310368	申万菱信竞争优势混合	2008－07－04
4508	310378	申万菱信添益宝债券	2008－12－04
4509	310388	申万菱信消费增长混合	2009－06－12
4510	310398	申万沪深300价值指数	2010－02－11
4511	310508	申万菱信稳益宝债券	2011－02－11
4512	310518	申万菱信可转债债券	2011－12－09
4513	320001	诺安平衡混合	2004－05－21
4514	320002	诺安货币	2004－12－06
4515	320003	诺安先锋混合	2005－12－19
4516	320004	诺安优化收益债券	2007－08－29
4517	320005	诺安价值增长混合	2006－11－21
4518	320006	诺安灵活配置混合	2008－05－20
4519	320007	诺安成长混合	2009－03－10
4520	320008	诺安增利债券	2009－05－27
4521	320010	诺安中证100指数	2009－10－27
4522	320011	诺安中小盘精选混合	2010－04－28
4523	320012	诺安主题精选混合	2010－09－15
4524	320013	诺安全球黄金(QDII－FOF)	2011－01－13
4525	320014	诺安上证新兴产业ETF联接	2011－04－07
4526	320015	诺安行业轮动混合	2011－05－13
4527	320016	诺安多策略混合	2011－08－09
4528	320017	诺安全球收益不动产(QDII)	2011－09－23
4529	320018	诺安新动力混合	2012－03－05
4530	320020	诺安汇鑫保本混合	2012－05－28
4531	320021	诺安双利债券发起	2012－11－29
4532	320022	诺安研究精选股票	2015－03－31
4533	340001	兴全可转债混合	2004－05－11
4534	340005	兴全货币	2006－04－27
4535	340006	兴全全球视野股票	2006－09－20
4536	340007	兴全社会责任混合	2008－04－30
4537	340008	兴全有机增长混合	2009－03－25
4538	340009	兴全磐稳增利债券	2009－07－23
4539	350001	天治财富增长混合	2004－06－29
4540	350002	天治低碳经济混合	2005－01－12
4541	350004	天治天得利货币	2006－07－05
4542	350005	天治中国制造2025灵活配置混合	2008－05－08
4543	350006	天治稳健双盈债券	2008－11－05
4544	350007	天治趋势精选混合	2009－07－15
4545	350008	天治新消费混合	2011－08－04
4546	350009	天治研究驱动混合	2011－12－28
4547	360001	光大保德信量化股票	2004－08－27
4548	360003	光大保德信货币	2005－06－09
4549	360005	光大保德信红利混合	2006－03－24
4550	360006	光大保德信新增长混合	2006－09－14
4551	360007	光大保德信优势配置混合	2007－08－24
4552	360008	光大保德信增利收益债券	2008－10－29
4553	360010	光大保德信均衡精选混合	2009－03－04
4554	360011	光大保德信动态优选混合	2009－10－28
4555	360012	光大保德信中小盘混合	2010－04－14
4556	360013	光大保德信信用添益债券	2011－05－16
4557	360016	光大保德信行业轮动混合	2012－02－15
4558	360017	光大保德信添天利理财债券	2012－06－19
4559	360019	光大保德信添天盈理财债券	2012－10－25
4560	360021	光大保德信添盛理财债券	2012－09－05
4561	370010	上投摩根货币	2005－04－13
4562	370021	上投摩根分红添利债券	2012－06－25
4563	370023	上投摩根中证消费服务指数	2012－09－26
4564	370024	上投摩根核心优选混合	2012－11－28
4565	370025	上投摩根轮动添利债券	2013－02－04

序号	基金代码	基金简称	设立日期
4566	370027	上投摩根智选30混合	2013-03-06
4567	371020	上投摩根纯债债券	2009-06-24
4568	372010	上投摩根强化回报债券	2011-08-10
4569	373010	上投摩根双息平衡混合	2006-04-26
4570	373020	上投摩根双核平衡混合	2008-05-21
4571	375010	上投摩根中国优势混合	2004-09-15
4572	376510	上投摩根大盘蓝筹股票	2010-12-20
4573	377010	上投摩根阿尔法混合	2005-10-11
4574	377016	上投摩根亚太优势混合(QDII)	2007-10-22
4575	377020	上投摩根内需动力混合	2007-04-13
4576	377150	上投摩根健康品质生活混合	2012-02-01
4577	377240	上投摩根新兴动力混合	2011-07-13
4578	377530	上投摩根行业轮动混合	2010-01-28
4579	378006	上投摩根全球新兴市场混合(QDII)	2011-01-31
4580	378010	上投摩根成长先锋混合	2006-09-20
4581	378546	上投摩根全球天然资源混合(QDII)	2012-03-26
4582	379010	上投摩根中小盘混合	2009-01-21
4583	380001	中银理财14天债券	2012-09-24
4584	380003	中银理财60天债券	2012-10-26
4585	380005	中银纯债债券	2012-12-12
4586	380007	中银理财7天债券	2012-12-24
4587	380009	中银添利债券	2013-02-04
4588	380010	中银理财30天债券A	2013-01-31
4589	392001	中海货币	2010-07-28
4590	393001	中海保本混合	2012-06-20
4591	395001	中海稳健收益债券	2008-04-10
4592	395011	中海增强收益债券	2011-03-23
4593	398001	中海优质成长混合	2004-09-28
4594	398011	中海分红增利混合	2005-06-16
4595	398021	中海能源策略混合	2007-03-13
4596	398031	中海蓝筹混合	2008-12-03
4597	398041	中海量化策略混合	2009-06-24
4598	398051	中海环保新能源混合	2010-12-09
4599	398061	中海消费混合	2011-11-09
4600	399001	中海上证50指数增强	2010-03-25
4601	399011	中海上证380指数	2012-03-07
4602	400001	东方龙混合	2004-11-25
4603	400003	东方精选混合	2006-01-11
4604	400005	东方金账簿货币	2006-08-02
4605	400007	东方策略成长混合	2008-06-03
4606	400009	东方稳健回报债券	2008-12-10
4607	400011	东方核心动力混合	2009-06-24
4608	400013	东方保本混合型基金	2011-04-14
4609	400015	东方增长中小盘混合	2011-12-28
4610	400016	东方强化收益债券	2012-10-09
4611	400018	东方央视财经50指数	2012-12-19
4612	400020	东方安心收益保本	2013-07-03
4613	400022	东方利群混合	2013-07-17
4614	400023	东方多策略灵活配置混合	2014-05-21
4615	400025	东方新兴成长混合	2014-09-03
4616	400027	东方双债添利债券	2014-09-24
4617	400030	东方添益债券	2014-12-15
4618	400032	东方主题精选混合	2015-03-23
4619	410001	华富竞争力优选混合	2005-03-02
4620	410002	华富货币	2006-06-21
4621	410003	华富成长趋势混合	2007-03-19
4622	410004	华富收益增强债券	2008-05-28
4623	410006	华富策略精选混合	2008-12-24
4624	410007	华富价值增长混合	2009-07-15
4625	410008	华富中证100指数	2009-12-30
4626	410009	华富量子生命力混合	2011-04-01
4627	410010	华富中小板指数增强	2011-12-09
4628	420001	天弘精选混合	2005-10-08
4629	420002	天弘永利债券	2008-04-18
4630	420003	天弘永定价值成长混合	2008-12-02
4631	420005	天弘周期策略混合	2009-12-17
4632	420006	天弘现金管家货币	2012-06-20
4633	420008	天弘债券发起式	2012-08-10
4634	420009	天弘安康养老混合	2012-11-28
4635	450001	国富中国收益混合	2005-04-12
4636	450002	国富弹性市值混合	2006-06-14
4637	450003	国富潜力组合混合	2007-03-22
4638	450004	国富深化价值混合	2008-07-03
4639	450005	国富强化收益债券	2008-10-24
4640	450007	国富成长动力混合	2009-03-25
4641	450008	国富沪深300指数增强	2009-09-03
4642	450009	国富中小盘股票	2010-11-23
4643	450010	国富策略回报混合	2011-08-02
4644	450011	国富研究精选混合	2012-05-22
4645	450018	国富恒久信用债券A/C	2012-09-11
4646	457001	国富亚洲机会股票(QDII)	2012-02-22
4647	460001	华泰柏瑞盛世中国混合	2005-04-27
4648	460002	华泰柏瑞积极成长混合	2007-05-29
4649	460005	华泰柏瑞价值增长混合	2008-07-16
4650	460006	华泰柏瑞货币	2009-05-06
4651	460007	华泰柏瑞行业领先混合	2009-08-03
4652	460008	华泰柏瑞稳健收益	2012-12-04
4653	460009	华泰柏瑞量化先行混合	2010-06-22
4654	460010	华泰柏瑞亚洲领导企业混合(QDII)	2010-12-02
4655	460220	华泰柏瑞上证中小盘ETF联接	2011-01-26
4656	460300	华泰柏瑞沪深300ETF联接	2012-05-29
4657	470006	汇添富医药保健混合	2010-09-21
4658	470007	汇添富上证综合指数	2009-07-01
4659	470008	汇添富策略回报混合	2009-12-22
4660	470009	汇添富民营活力混合	2010-05-05
4661	470010	汇添富多元收益债券	2012-09-18
4662	470014	汇添富理财14天债券	2012-07-10
4663	470018	汇添富双利债券	2011-01-26

序号	基金代码	基金简称	设立日期
4664	470021	汇添富优选回报混合	2013－01－24
4665	470028	汇添富社会责任混合	2011－03－29
4666	470030	汇添富理财30天债券	2012－05－09
4667	470058	汇添富可转换债券	2011－06－17
4668	470060	汇添富理财60天债券	2012－06－12
4669	470068	汇添富深证300ETF联接	2011－09－28
4670	470088	汇添富6月红定期开放债券	2011－12－20
4671	470098	汇添富逆向投资混合	2012－03－09
4672	470888	汇添富香港优势精选混合(QDII)	2010－06－25
4673	471007	汇添富理财7天债券	2013－05－29
4674	471028	汇添富理财28天	2012－10－18
4675	481001	工银核心价值混合	2005－08－31
4676	481004	工银稳健成长混合	2006－12－06
4677	481006	工银红利混合	2007－07－18
4678	481008	工银大盘蓝筹混合	2008－08－04
4679	481009	工银沪深300指数	2009－03－05
4680	481010	工银瑞信中小盘混合	2010－02－10
4681	481012	工银深证红利ETF联接	2010－11－09
4682	481013	工银消费服务混合	2011－04－21
4683	481015	工银主题策略混合	2011－10－24
4684	481017	工银量化策略混合	2012－04－26
4685	482002	工银货币	2006－03－20
4686	483003	工银精选平衡混合	2006－07－13
4687	485105	工银增强收益债券	2007－05－11
4688	485107	工银添利债券	2008－04－14
4689	485111	工银瑞信双利债券	2010－08－16
4690	485114	工银添颐债券	2011－08－10
4691	485118	工银瑞信理财债券	2012－08－22
4692	485119	工银信用纯债债券	2012－11－14
4693	485120	工银14天理财债券发起	2012－10－26
4694	485122	工银瑞信60天理财债券	2013－01－28
4695	486001	工银全球股票(QDII)	2008－02－14
4696	486002	工银全球精选股票(QDII)	2010－05－25
4697	487016	工银保本混合	2011－12－27
4698	487021	工银保本2号混合发起	2013－02－07
4699	500001	国泰金泰封闭	1998－03－27
4700	500002	嘉实泰和封闭	1999－04－08
4701	500003	华安安信封闭	1998－06－22
4702	500005	富国汉盛封闭	1999－05－10
4703	500006	博时裕阳封闭	1998－07－25
4704	500007	基金景阳	1999－09－17
4705	500008	华夏兴华封闭	1998－04－28
4706	500009	华安安顺封闭	1999－06－15
4707	500010	南方金元封闭	2000－03－28
4708	500011	国泰金鑫封闭	1999－10－21
4709	500013	基金安瑞	2000－07－18
4710	500015	富国汉兴封闭	1999－12－30
4711	500016	基金裕元	1999－09－21
4712	500017	基金景业	2000－08－16

序号	基金代码	基金简称	设立日期
4713	500018	华夏兴和封闭	1999－07－14
4714	500019	基金普润	2000－08－08
4715	500021	基金金鼎	2000－05－16
4716	500025	基金汉鼎	2000－06－30
4717	500028	基金兴业	2000－08－18
4718	500029	基金科讯	2001－04－20
4719	500035	基金汉博	2000－07－12
4720	500038	融通通乾封闭	2001－08－29
4721	500039	基金同德	2000－10－20
4722	500056	易方达科瑞封闭	2002－03－12
4723	500058	银河银丰封闭	2002－08－15
4724	501000	国金鑫新灵活配置(LOF)	2015－07－03
4725	501001	财通多精选策略混合(LOF)	2015－07－01
4726	501002	长信中证能源互联指数(LOF)	2016－01－21
4727	501003	长信中证上海改革发展指数(LOF)	2017－04－14
4728	501005	汇添富中证精准医指数(LOF)	2016－01－21
4729	501007	汇添富中证互联网医疗指数(LOF)	2016－12－22
4730	501009	汇添富中证生物科技指数(LOF)	2016－12－22
4731	501011	汇添富中证中药指数(LOF)	2016－12－29
4732	501015	财通多策略升级混合(LOF)	2016－03－09
4733	501016	国泰中证申万证券行业指数(LOF)	2017－04－27
4734	501017	国泰融丰外延增长灵活配置混合(LOF)	2016－05－25
4735	501018	南方原油(LOF－QDII)	2016－06－15
4736	501019	国泰国证航天军工指数(LOF)	2017－03－29
4737	501020	国泰中证国有企业改革指数(LOF)	2017－03－29
4738	501021	华宝标普香港上市中国中小盘指数(QDII－LOF)	2016－06－24
4739	501022	银华鑫盛定增灵活配置混合	2016－10－14
4740	501023	鹏华香港中小企业指数(LOF)	2016－09－29
4741	501025	鹏华香港银行指数(LOF)	2016－11－10
4742	501026	财通多策略福享混合	2016－09－18
4743	501027	国泰融信定增灵活配置混合	2017－03－02
4744	501028	财通福瑞定开混合发起	2016－11－18
4745	501029	华宝标普中国A股红利机会指数(LOF)	2017－01－18
4746	501030	汇添富中证环境治理指数(LOF)	2016－12－29
4747	501032	财通福盛定开混合发起式	2017－01－25
4748	501033	银华惠安定期开放混合	2017－03－17
4749	501035	创金合信鼎鑫睿选定开混合	2017－07－07
4750	501036	汇添富中证500指数(LOF)	2017－08－10
4751	501038	银华明择多策略定开混合	2017－08－11
4752	501039	汇添富睿丰混合	2017－09－29
4753	501041	汇添富弘安混合	2017－09－29
4754	501043	汇添富沪深300指数(LOF)	2017－09－06
4755	501046	财通福鑫定开混合发起	2017－10－23
4756	501047	汇添富中证全指证券公司指数(LOF)	2017－12－04
4757	501049	东方红睿玺三年定开混合	2017－11－15
4758	501050	华夏上证50AH优选指数(LOF)	2016－10－27
4759	501051	圆信汇利	2017－11－30

序号	基金代码	基金简称	设立日期
4760	501053	东方红目标优选定开混合	2017-12-18
4761	501054	东方红睿泽三年定开混合	2018-01-31
4762	501055	财通福佑定开混合发起	2018-04-08
4763	501057	汇添富中证新能源汽车产业指数(LOF)	2018-05-23
4764	501059	国企红利	2018-07-11
4765	501100	博时安康定开债(LOF)	2017-02-17
4766	501101	建信中证政策性金融债1-3年指数(LOF)	2017-08-09
4767	501102	建信中证政策性金融债3-5年指数(LOF)	2017-08-09
4768	501103	建信中证政策性金融债5-8年指数(LOF)	2017-08-16
4769	501105	建信中证政策性金融债8-10年指数(LOF)	2017-08-09
4770	501106	广发中证10年期国开债(LOF)	2017-11-15
4771	501186	华夏配售	2018-07-06
4772	501188	添富配售	2018-07-06
4773	501189	嘉实配售	2018-07-06
4774	501300	海富通美元债	2016-11-28
4775	501301	华宝港股通恒生中国(香港上市)25指数(LOF)	2017-04-20
4776	501302	南方恒生ETF联接	2017-07-21
4777	501303	广发恒生中型股指数(LOF)	2017-09-21
4778	501305	汇添富中证港股通高股息投资指数(LOF)	2017-11-24
4779	501307	银河中证沪港深高股息指数(LOF)	2018-04-10
4780	502000	西部利得中证500等权重指数分级	2015-04-15
4781	502003	易方达军工分级	2015-07-08
4782	502006	易方达国企改革分级	2015-06-15
4783	502010	易方达证券公司分级	2015-07-08
4784	502013	长盛中证申万一带一路指数分级	2015-05-29
4785	502016	长信一带一路指数	2015-08-14
4786	502020	国金上证50	2015-05-26
4787	502023	鹏华钢铁分级	2015-08-13
4788	502026	鹏华新丝路分级	2015-08-13
4789	502030	中海中证高铁产业指数分级	2015-07-31
4790	502036	互联金融	2015-06-29
4791	502040	长盛上证50指数分级	2015-08-13
4792	502048	易方达上证50分级	2015-04-15
4793	502053	长盛中证证券公司分级	2015-08-13
4794	502056	广发医疗指数分级	2015-07-23
4795	505888	嘉实元和	2014-09-29
4796	510010	交银上证180公司治理ETF	2009-09-25
4797	510020	博时上证超大盘ETF	2009-12-29
4798	510030	华宝上证180价值ETF	2010-04-23
4799	510050	华夏上证50ETF	2004-12-30
4800	510060	工银上证央企50ETF	2009-08-26
4801	510070	鹏华上证民企50ETF	2010-08-05
4802	510080	长盛全债指数增强债券	2003-10-25
4803	510081	长盛动态精选混合	2004-05-21
4804	510090	建信上证社会责任ETF	2010-05-28
4805	510110	海富通上证周期ETF	2010-09-19
4806	510120	海富通上证非周期ETF	2011-04-22
4807	510130	易方达上证中盘ETF	2010-03-29
4808	510150	招商上证消费80ETF	2010-12-08
4809	510160	南方小康ETF	2010-08-27
4810	510170	国联安上证商品ETF	2010-11-26
4811	510180	华安上证180ETF	2006-04-13
4812	510190	华安上证龙头ETF	2010-11-18
4813	510210	富国上证综指ETF	2011-01-30
4814	510220	华泰柏瑞上证中小盘ETF	2011-01-26
4815	510230	国泰上证180金融ETF	2011-03-31
4816	510260	诺安上证新兴产业ETF	2011-04-07
4817	510270	中银上证国企100ETF	2011-06-16
4818	510280	上证180成长ETF	2011-08-04
4819	510290	南方上证380ETF	2011-09-16
4820	510300	华泰柏瑞沪深300ETF	2012-05-04
4821	510310	易方达沪深300ETF发起式	2013-03-06
4822	510330	华夏沪深300ETF	2012-12-25
4823	510360	广发沪深300ETF	2015-08-19
4824	510380	国寿安保沪深300ETF	2018-01-19
4825	510390	平安300	2017-12-25
4826	510410	博时上证自然资源ETF	2012-04-11
4827	510420	180ETF	2012-06-12
4828	510430	银华上证50等权ETF	2012-08-23
4829	510440	中证500沪市ETF	2012-08-28
4830	510450	上证180高贝塔ETF	2013-07-08
4831	510500	南方中证500ETF	2013-02-06
4832	510510	广发中证500ETF	2013-04-11
4833	510520	诺安中证500ETF	2014-02-07
4834	510560	国寿安保中证500ETF	2015-05-28
4835	510580	易方达中证500ETF	2015-08-27
4836	510610	华夏能源ETF	2013-03-28
4837	510620	华夏材料ETF	2013-03-28
4838	510630	华夏消费ETF	2013-03-28
4839	510650	华夏金融ETF	2013-03-28
4840	510660	华夏医药ETF	2013-03-28
4841	510680	万家380	2013-10-31
4842	510700	长盛上证市值百强(ETF)	2013-04-24
4843	510710	博时上证50ETF	2015-05-27
4844	510810	中证上海国企ETF	2016-07-28
4845	510820	上证上海改革发展主题ETF	2017-12-01
4846	510880	华泰柏瑞上证红利ETF	2006-11-17
4847	510900	易方达恒生国企(QDII-ETF)	2012-08-09
4848	511010	国泰上证5年期国债ETF	2013-03-05
4849	511210	上证企业债30ETF	2013-07-11
4850	511220	海富通上证可质押城投债ETF	2014-11-13
4851	511230	周期债	2017-01-23
4852	511260	上证10年期国债ETF	2017-08-04
4853	511280	华夏3-5年中高级可质押信用债ETF	2018-05-03
4854	511620	国泰瞬利货币ETF	2017-08-04
4855	511650	华夏快线货币ETF	2016-12-29

序号	基金代码	基金简称	设立日期
4856	511670	华泰天金	2017-08-11
4857	511680	安信货币	2016-09-09
4858	511700	平安大华货币 ETF	2016-09-23
4859	511760	德邦现金宝	2016-11-28
4860	511770	金鹰增益货币	2017-03-20
4861	511830	华泰货币	2015-07-14
4862	511860	博时保证金货币 ETF	2014-11-25
4863	511880	银华交易型货币	2013-04-01
4864	511890	景顺长城货币 ETF	2015-07-16
4865	511900	富国收益宝交易型货币	2015-11-24
4866	511930	中融日盈	2015-11-30
4867	511950	广发添利货币 ETF	2016-11-22
4868	511990	华宝现金添益交易型货币市场	2012-12-27
4869	512000	华宝中证全指证券公司 ETF	2016-08-30
4870	512010	易方达 300 医药 ETF	2013-09-23
4871	512070	易方达 300 非银 ETF	2014-06-26
4872	512090	易方达 MSCI 中国 A 股国际通 ETF	2018-05-17
4873	512100	南方中证 1000ETF	2016-09-29
4874	512110	华安中证细分地产 ETF	2013-12-05
4875	512120	华安中证细分医药 ETF	2013-12-05
4876	512160	MSCI 中国 A 股国际通 ETF	2018-04-03
4877	512180	建信 MSCI 中国 A 股国际通 ETF	2018-04-19
4878	512200	南方中证全指房地产 ETF	2017-08-25
4879	512210	景顺长城中证 800 食品饮料 ETF	2014-07-18
4880	512220	景顺长城中证 TMT150ETF	2014-07-18
4881	512230	景顺长城中证医药卫生 ETF	2014-07-18
4882	512280	景顺 MSCI	2018-04-27
4883	512300	南方中证 500 医药卫生 ETF	2014-10-30
4884	512310	南方中证 500 工业 ETF	2015-04-08
4885	512330	南方中证 500 信息技术 ETF	2015-06-29
4886	512340	南方中证 500 原材料 ETF	2015-04-16
4887	512360	平安大华 MSCI 中国 A 股国际 ETF	2018-06-15
4888	512390	平安大华 MSCI 中国 A 股低波动 ETF	2018-06-07
4889	512400	南方中证申万有色金属 ETF	2017-08-03
4890	512500	华夏中证 500ETF	2015-05-05
4891	512510	华泰柏瑞 ETF500	2015-05-13
4892	512520	MSCIETF	2018-04-26
4893	512550	嘉实富时中国 A50ETF	2017-07-03
4894	512560	易方达中证军工 ETF	2017-07-14
4895	512570	易方达中证全指证券公司 ETF	2017-07-27
4896	512580	广发中证环保 ETF	2017-01-25
4897	512600	嘉实中证主要消费 ETF	2014-06-13
4898	512610	嘉实中证医药卫生 ETF	2014-06-13
4899	512640	嘉实中证金融地产 ETF	2014-06-20
4900	512660	国泰中证军工 ETF	2016-07-25
4901	512680	广发中证军工 ETF	2016-08-30
4902	512700	南方中证银行 ETF	2017-06-28
4903	512770	华夏战略新兴成指 ETF	2018-07-13
4904	512780	广发中证京津冀 ETF	2018-04-19
4905	512800	华宝中证银行 ETF	2017-07-18
4906	512810	华宝中证军工 ETF	2016-08-05
4907	512880	国泰中证全指证券公司 ETF	2016-07-25
4908	512900	南方中证全指证券 ETF	2017-03-10
4909	512980	广发中证传媒 ETF	2017-12-27
4910	512990	MSCI 中国 A 股 ETF	2015-02-12
4911	513030	华安德国 30(DAX)ETF	2014-08-08
4912	513050	易方达中证海外中国互联网 50(QDII-ETF)	2017-01-04
4913	513100	国泰纳斯达克 100(QDII-ETF)	2013-04-25
4914	513500	博时标普 500ETF	2013-12-05
4915	513600	南方恒生 ETF	2014-12-23
4916	513660	华夏沪港通恒生 ETF	2014-12-23
4917	513900	华安 CES 港股通精选 100ETF	2018-04-27
4918	518800	国泰黄金 ETF	2013-07-18
4919	518880	华安黄金易(ETF)	2013-07-18
4920	519001	银华价值优选混合	2005-09-27
4921	519002	华安安信消费混合	2013-05-23
4922	519003	海富通收益增长混合	2004-03-12
4923	519005	海富通股票混合	2005-07-29
4924	519007	海富通强化回报混合	2006-05-25
4925	519008	汇添富优势精选混合	2005-08-25
4926	519011	海富通精选混合	2003-08-22
4927	519013	海富通风格优势混合	2006-10-19
4928	519015	海富通精选贰号混合	2007-04-09
4929	519017	大成积极成长混合	2007-01-16
4930	519018	汇添富均衡增长混合	2006-08-07
4931	519019	大成景阳领先混合	2007-12-17
4932	519020	国泰金泰	2012-12-24
4933	519021	国泰金鼎价值混合	2007-04-11
4934	519023	海富通稳健添利债券	2008-10-24
4935	519025	海富通领先成长混合	2009-04-30
4936	519026	海富通中小盘混合	2010-04-14
4937	519027	海富通上证周期 ETF 联接	2010-09-28
4938	519029	华夏稳增混合	2006-08-09
4939	519030	海富通稳固收益债券	2010-11-23
4940	519032	海富通上证非周期 ETF 联接	2011-04-27
4941	519033	海富通国策导向混合	2011-11-16
4942	519034	海富通中证内地低碳指数	2012-05-25
4943	519035	富国天博创新混合	2007-04-27
4944	519039	长盛同德主题混合	2007-10-25
4945	519050	海富通养老收益混合	2013-05-29
4946	519051	海富通一年定期开放	2013-10-24
4947	519055	海富通双利	2013-12-04
4948	519056	海富通内需热点混合	2013-12-18
4949	519059	海富通双福分级债券	2014-05-06
4950	519060	海富通纯债债券	2014-04-02
4951	519062	海富通阿尔法对冲混合	2014-11-20

序号	基金代码	基金简称	设立日期
4952	519066	汇添富蓝筹稳健混合	2008 - 07 - 08
4953	519068	汇添富成长焦点混合	2007 - 03 - 12
4954	519069	汇添富价值精选混合	2009 - 01 - 23
4955	519078	汇添富增强收益债券	2008 - 03 - 06
4956	519087	新华优选分红混合	2005 - 09 - 16
4957	519089	新华优选成长混合	2008 - 07 - 25
4958	519091	新华泛资源优势混合	2009 - 07 - 13
4959	519093	新华钻石品质企业混合	2010 - 02 - 03
4960	519095	新华行业周期轮换混合	2010 - 07 - 21
4961	519097	新华中小市值优选混合	2011 - 01 - 28
4962	519099	新华灵活主题混合	2011 - 07 - 13
4963	519100	长盛中证 100 指数	2006 - 11 - 22
4964	519110	浦银安盛价值成长混合	2008 - 04 - 16
4965	519111	浦银安盛优化收益债券	2008 - 12 - 30
4966	519113	浦银安盛精致生活混合	2009 - 06 - 04
4967	519115	浦银安盛红利精选混合	2009 - 12 - 03
4968	519116	浦银安盛沪深 300 指数增强	2010 - 12 - 10
4969	519117	浦银安盛基本面 400 指数	2012 - 05 - 14
4970	519118	浦银安盛幸福回报债券	2012 - 09 - 18
4971	519120	浦银安盛新兴产业混合	2013 - 03 - 25
4972	519121	浦银安盛 6 个月定期债券	2013 - 05 - 16
4973	519123	浦银安盛季季添利债券	2013 - 06 - 14
4974	519125	浦银安盛消费升级混合	2013 - 12 - 05
4975	519126	浦银安盛新经济结构混合	2014 - 05 - 20
4976	519127	浦银安盛盛世精选混合	2014 - 06 - 26
4977	519128	浦银安盛月月盈定期支付债券	2014 - 12 - 05
4978	519130	海富通新内需混合	2014 - 11 - 27
4979	519131	海富季增	2014 - 08 - 19
4980	519132	海富通东财大数据混合	2016 - 01 - 29
4981	519133	海富通改革驱动混合	2016 - 04 - 28
4982	519134	海富通富祥混合	2016 - 07 - 27
4983	519135	海富通瑞益债券	2016 - 08 - 03
4984	519136	海富通瑞丰一年定开债券	2016 - 08 - 15
4985	519137	海富通瑞福一年定开债券	2017 - 07 - 28
4986	519138	海富通瑞祥一年定开债券	2017 - 07 - 28
4987	519139	海富通沪港深混合	2016 - 11 - 11
4988	519150	新华优选消费混合	2012 - 06 - 13
4989	519152	新华纯债添利债券	2012 - 12 - 21
4990	519156	新华行业灵活配置混合	2013 - 06 - 05
4991	519158	新华趋势领航混合	2013 - 09 - 11
4992	519160	新华安享惠定期开放债券	2013 - 11 - 13
4993	519162	新华信用增益债券	2013 - 12 - 05
4994	519165	新华鑫利灵活配置混合	2014 - 04 - 23
4995	519167	新华鑫安保本一号混合	2014 - 06 - 18
4996	519170	浦银安盛增长动力混合	2015 - 03 - 12
4997	519171	浦银安盛医疗健康混合	2015 - 05 - 22
4998	519172	浦银安盛睿智精选混合	2016 - 02 - 03
4999	519175	浦银安盛经济带崛起混合	2017 - 02 - 07

序号	基金代码	基金简称	设立日期
5000	519180	万家 180 指数	2003 - 03 - 17
5001	519181	万家和谐增长混合	2006 - 11 - 30
5002	519183	万家双引擎灵活配置混合	2008 - 06 - 27
5003	519185	万家精选混合	2009 - 05 - 18
5004	519186	万家稳健增利债券	2009 - 08 - 12
5005	519188	万家信用恒利债券	2012 - 09 - 21
5006	519190	万家岁得利定期开放债券	2013 - 03 - 06
5007	519191	万家城建	2013 - 01 - 24
5008	519192	万家市政	2013 - 11 - 28
5009	519193	万家消费成长	2017 - 02 - 23
5010	519195	万家品质	2015 - 08 - 06
5011	519196	万家新兴蓝筹	2016 - 01 - 26
5012	519197	万家颐达	2016 - 06 - 01
5013	519198	万家颐和	2016 - 06 - 23
5014	519199	万家家享	2016 - 11 - 01
5015	519206	万家年年恒荣	2016 - 11 - 15
5016	519208	万家年年恒祥	2016 - 09 - 18
5017	519210	万家恒景 18 个月	2016 - 12 - 13
5018	519212	万家宏观多策略	2017 - 03 - 30
5019	519220	海富通聚利债券	2016 - 09 - 22
5020	519221	海富通欣益混合	2016 - 09 - 07
5021	519223	海富通欣荣混合	2016 - 09 - 22
5022	519225	海富通集利债券	2016 - 09 - 29
5023	519226	海富通瑞利债券	2017 - 02 - 16
5024	519227	海富通欣盛定开混合	2017 - 03 - 16
5025	519228	海富通欣享混合	2017 - 03 - 10
5026	519230	海富通富源债券	2017 - 03 - 17
5027	519300	大成沪深 300 指数	2006 - 04 - 06
5028	519320	浦银安盛幸福聚利定期开放债券	2016 - 05 - 04
5029	519322	浦银安盛盛元纯债债券	2016 - 07 - 22
5030	519324	浦银安盛盛鑫定开债券	2016 - 07 - 07
5031	519326	浦银安盛幸福聚益定开债券	2016 - 11 - 17
5032	519328	浦银安盛盛泰纯债债券	2016 - 11 - 11
5033	519330	浦银安盛盛跃纯债债券	2017 - 03 - 21
5034	519332	浦银安盛盛达纯债债券	2016 - 12 - 19
5035	519334	浦银安盛盛勤纯债债券	2017 - 04 - 19
5036	519505	海富通货币	2005 - 01 - 04
5037	519508	万家货币	2006 - 05 - 24
5038	519509	浦银安盛货币	2011 - 03 - 09
5039	519511	万家日日薪	2013 - 01 - 15
5040	519518	汇添富货币	2006 - 03 - 23
5041	519519	华泰柏瑞稳本增利债券	2006 - 04 - 13
5042	519528	海富通现金管理货币	2013 - 03 - 14
5043	519566	浦银安盛日日盈货币	2014 - 03 - 25
5044	519588	交银货币	2006 - 01 - 20
5045	519601	海富通中国海外混合(QDII)	2008 - 06 - 27
5046	519602	海富通大中华混合(QDII)	2011 - 01 - 27
5047	519606	国泰金鑫股票	2014 - 09 - 15

序号	基金代码	基金简称	设立日期
5048	519610	银河旺利混合	2016-05-13
5049	519613	银河君尚混合	2016-08-17
5050	519616	银河君信混合	2016-09-07
5051	519619	银河君荣混合	2016-09-05
5052	519622	银河君怡纯债债券	2016-12-27
5053	519623	银河君耀混合	2016-11-18
5054	519625	银河君盛混合	2016-12-09
5055	519627	银河君润混合	2016-12-27
5056	519629	银河睿利混合	2016-12-29
5057	519631	银河君欣债券	2017-03-02
5058	519632	银河君辉债券	2017-04-20
5059	519633	银河君腾混合	2017-03-02
5060	519640	银河鸿利混合	2015-06-19
5061	519642	银河智造混合	2016-03-11
5062	519644	银河智联混合	2015-12-17
5063	519649	银河犇利混合	2017-03-10
5064	519651	银河转型混合	2015-05-13
5065	519652	银河鑫利混合	2015-04-22
5066	519654	银河泽利保本混合	2015-04-09
5067	519655	银河服务混合	2015-04-22
5068	519656	银河灵活配置混合	2014-02-11
5069	519660	银河增利债券	2013-07-17
5070	519662	银河岁岁回报债券	2013-08-09
5071	519664	银河美丽混合	2014-05-30
5072	519666	银河银信添利债券	2007-03-14
5073	519668	银河成长混合	2008-05-26
5074	519669	银河领先债券	2012-11-29
5075	519670	银河行业混合	2009-04-24
5076	519671	银河沪深300价值指数	2009-12-28
5077	519672	银河蓝筹混合	2010-07-16
5078	519673	银河康乐股票	2014-11-18
5079	519674	银河创新混合	2010-12-29
5080	519675	银河润利混合	2014-08-06
5081	519676	银河强化债券	2011-05-31
5082	519677	银河定投宝腾讯济安指数	2014-03-14
5083	519678	银河消费混合	2011-07-29
5084	519679	银河主题混合	2012-09-21
5085	519680	交银增利债券	2008-03-31
5086	519683	交银双利债券	2011-09-26
5087	519686	交银上证180公司治理ETF联接	2009-09-29
5088	519688	交银精选混合	2005-09-29
5089	519690	交银稳健配置混合	2006-06-24
5090	519692	交银成长混合	2006-10-23
5091	519694	交银蓝筹混合	2007-08-08
5092	519696	交银环球精选混合(QDII)	2008-08-22
5093	519697	交银优势行业混合	2009-01-21
5094	519698	交银先锋混合	2009-04-10
5095	519700	交银主题优选混合	2010-06-30
5096	519702	交银趋势混合	2010-12-22
5097	519704	交银先进制造混合	2011-06-22
5098	519706	交银深证300价值ETF联接	2011-09-28
5099	519709	交银全球资源混合(QDII)	2012-05-22
5100	519710	交银策略回报灵活配置混合	2012-06-20
5101	519712	交银阿尔法核心混合	2012-08-03
5102	519714	交银消费新驱动股票	2012-11-07
5103	519716	交银理财21天债券	2012-11-05
5104	519718	交银纯债债券发起	2012-12-19
5105	519721	交银理财60天债券	2013-03-13
5106	519723	交银双轮动	2013-04-18
5107	519726	交银荣祥保本混合	2013-04-24
5108	519727	交银成长30混合	2013-06-05
5109	519729	交银荣泰保本混合	2013-12-25
5110	519730	交银定期支付月月丰债券	2013-08-13
5111	519732	交银定期支付双息平衡混合	2013-09-04
5112	519733	交银强化回报债券	2014-01-28
5113	519736	交银新成长混合	2014-05-09
5114	519738	交银周期回报灵活配置混合	2014-05-21
5115	519740	交银丰盈收益债券	2014-08-11
5116	519743	交银丰润收益债券	2014-12-15
5117	519748	交银丰享收益债券	2015-01-19
5118	519749	交银丰泽收益债券	2015-01-30
5119	519752	交银新回报灵活配置混合	2015-05-15
5120	519753	交银荣和保本混合	2015-05-29
5121	519755	交银多策略回报灵活配置混合	2015-06-02
5122	519756	交银国企改革灵活配置混合	2015-06-10
5123	519758	交银丰硕收益债券	2015-11-09
5124	519762	交银裕通纯债债券	2015-12-29
5125	519764	交银卓越回报灵活配置混合	2016-02-17
5126	519766	交银荣鑫保本混合	2016-03-25
5127	519767	交银科技创新灵活配置混合	2016-05-05
5128	519768	交银优选回报灵活配置混合	2016-04-22
5129	519770	交银优择回报灵活配置混合	2016-04-22
5130	519772	交银新生活力灵活配置混合	2016-11-11
5131	519773	交银数据产业灵活配置混合	2016-08-16
5132	519774	交银裕兴纯债债券	2016-09-07
5133	519776	交银裕盈纯债债券	2016-11-04
5134	519778	交银经济新动力混合	2016-10-20
5135	519779	交银沪港深价值精选混合	2016-11-07
5136	519781	交银领先回报灵活配置混合	2016-09-13
5137	519782	交银裕隆纯债债券	2016-11-28
5138	519784	交银境尚收益债券	2017-03-03
5139	519786	交银裕利纯债债券	2016-11-23
5140	519800	华夏保证金货币	2013-02-04
5141	519808	嘉实宝	2013-12-11
5142	519858	广发现金宝场内货币	2013-12-02
5143	519878	国寿安保场内实时申赎货币	2014-10-20

序号	基金代码	基金简称	设立日期
5144	519886	安心利	2013-03-27
5145	519888	汇添富收益快线货币	2012-12-21
5146	519898	大成现金宝货币	2013-03-27
5147	519908	华夏兴华混合	2013-04-12
5148	519909	华安安顺灵活配置	2014-05-12
5149	519915	富国消费	2014-12-12
5150	519918	华夏兴和混合	2014-05-30
5151	519929	长信电子信息量化混合	2016-07-27
5152	519931	长信上证港股通指数型发起式	2016-12-15
5153	519933	长信利发债券	2016-06-28
5154	519935	长信创新驱动股票	2016-09-29
5155	519937	长信先锐债券	2016-06-02
5156	519939	长信海外收益一年定开债	2016-05-17
5157	519941	长信富全纯债一年定开债券	2016-03-09
5158	519943	长信富泰一年定开债券	2016-07-21
5159	519945	长信富安纯债一年定开债券	2015-11-20
5160	519947	长信利保债券	2015-11-16
5161	519949	长信利信混合	2016-11-10
5162	519951	长信利泰混合	2016-03-23
5163	519953	长信富海纯债一年定开债券	2015-09-30
5164	519955	长信富民纯债一年定期开放债券	2015-09-02
5165	519957	长信睿进混合	2015-07-06
5166	519959	长信多利混和	2015-07-01
5167	519961	长信利广混合	2015-06-12
5168	519963	长信利盈混合	2015-06-09
5169	519965	长信量化多策略股票	2015-07-14
5170	519967	长信利富债券	2015-05-06
5171	519969	长信新利混合	2015-02-11
5172	519971	长信改革红利混合	2014-08-06
5173	519973	长信纯债一年定期开放债	2013-11-29
5174	519975	长信量化中小盘股票	2015-02-04
5175	519977	长信可转债债券	2012-03-30
5176	519979	长信内需成长股票	2011-10-20
5177	519981	长信标普100等权重指数(QDII)	2011-03-30
5178	519983	长信量化先锋混合	2010-11-18
5179	519985	长信纯债壹号债券	2014-07-01
5180	519987	长信恒利优势混合	2009-07-30
5181	519989	长信利丰债券	2008-12-29
5182	519991	长信双利优选混合	2008-06-19
5183	519993	长信增利动态策略混合	2006-11-09
5184	519994	长信金利趋势混合	2006-04-30
5185	519996	长信银利精选混合	2005-01-17
5186	519999	长信利息收益货币	2004-03-19
5187	530001	建信恒久价值混合	2005-12-01
5188	530002	建信货币	2006-04-25
5189	530003	建信优选成长混合	2006-09-08
5190	530005	建信优化配置混合	2007-03-01
5191	530006	建信核心精选混合	2008-11-25
5192	530008	建信稳定增利债券	2008-06-25
5193	530009	建信收益增强债券	2009-06-02
5194	530010	建信上证社会责任ETF联接	2010-05-28
5195	530011	建信内生动力混合	2010-11-16
5196	530012	建信积极配置混合	2014-01-23
5197	530014	建信双周理财债券	2012-08-28
5198	530015	建信深证基本面60ETF联接	2011-09-08
5199	530016	建信恒稳价值混合	2011-11-22
5200	530017	建信双息红利债券	2011-12-13
5201	530018	建信深证100指数增强	2012-03-16
5202	530019	建信社会责任混合	2012-08-14
5203	530020	建信转债增强债券	2012-05-29
5204	530021	建信纯债债券	2012-11-15
5205	530028	建信月盈安信理财	2012-12-20
5206	530029	建信双月安心理财	2013-01-29
5207	530030	建信周盈安心理财	2013-09-17
5208	539001	建信全球机遇混合(QDII)	2010-09-14
5209	539002	建信新兴市场混合(QDII)	2011-06-21
5210	539003	建信全球资源混合(QDII)	2012-06-26
5211	540001	汇丰晋信2016周期混合	2006-05-23
5212	540002	汇丰晋信龙腾混合	2006-09-27
5213	540003	汇丰晋信动态策略混合	2007-04-09
5214	540004	汇丰晋信2026周期混合	2008-07-23
5215	540005	汇丰晋信平稳增利债券	2008-12-03
5216	540006	汇丰晋信大盘股票	2009-06-24
5217	540007	汇丰晋信中小盘股票	2009-12-11
5218	540008	汇丰晋信低碳先锋股票	2010-06-08
5219	540009	汇丰晋信消费红利股票	2010-12-08
5220	540010	汇丰晋信科技先锋股票	2011-07-27
5221	540011	汇丰晋信货币	2011-11-02
5222	540012	汇丰晋信恒生行业龙头指数	2012-08-01
5223	550001	信诚四季红混合	2006-04-29
5224	550002	信诚精萃成长混合	2006-11-27
5225	550003	信诚盛世蓝筹混合	2008-06-04
5226	550004	信诚三得益债券	2008-09-27
5227	550006	信诚经典优债债券	2009-03-11
5228	550008	信诚优胜精选混合	2009-08-26
5229	550009	信诚中小盘混合	2010-02-10
5230	550010	信诚货币	2011-03-23
5231	550012	信诚理财7日盈债券	2012-11-26
5232	550015	信诚至远	2012-12-12
5233	550018	信诚优质纯债债券	2013-02-07
5234	560001	益民货币	2006-07-17
5235	560002	益民红利成长混合	2006-11-21
5236	560003	益民创新优势混合	2007-07-11
5237	560005	益民多利债券	2008-05-21
5238	560006	益民核心增长混合	2012-08-17
5239	570001	诺德价值优势混合	2007-04-19

序号	基金代码	基金简称	设立日期
5240	570005	诺德成长优势混合	2009－09－22
5241	570006	诺德中小盘混合	2010－06－28
5242	570007	诺德 30 混合	2011－05－05
5243	570008	诺德周期策略混合	2012－03－21
5244	571002	诺德灵活配置混合	2008－11－05
5245	573003	诺德增强收益债券	2009－03－04
5246	580001	东吴嘉禾优势精选混合	2005－02－01
5247	580002	东吴双动力混合	2006－12－15
5248	580003	东吴行业轮动混合	2008－04－23
5249	580005	东吴进取策略混合	2009－05－06
5250	580006	东吴新经济	2009－12－30
5251	580007	东吴安享量化	2010－06－29
5252	580008	东吴新产业精选混合	2011－09－28
5253	580009	东吴多策略	2013－01－30
5254	582001	东吴优信稳健债券	2008－11－05
5255	582002	东吴增利债券	2011－07－27
5256	582003	东吴配置优化	2012－08－13
5257	583001	东吴货币	2010－05－11
5258	585001	东吴中证新兴	2011－02－01
5259	590001	中邮核心优选混合	2006－09－28
5260	590002	中邮核心成长混合	2007－08－17
5261	590003	中邮核心优势灵活配置混合	2009－10－28
5262	590005	中邮核心主题混合	2010－05－19
5263	590006	中邮中小盘灵活配置混合	2011－05－10
5264	590007	中邮上证 380 指数增强	2011－11－22
5265	590008	中邮战略新兴产业混合	2012－06－12
5266	590009	中邮稳定收益债券	2012－11－21
5267	610001	信达澳银领先增长混合	2007－03－08
5268	610002	信达澳银精华配置混合	2008－07－30
5269	610003	信达澳银稳定价值债券	2009－04－08
5270	610004	信达澳银中小盘混合	2009－12－01
5271	610005	信达澳银红利回报混合	2010－07－28
5272	610006	信达澳银产业升级混合	2011－06－13
5273	610007	信达澳银消费优选混合	2012－09－04
5274	610008	信达澳银信用债债券	2013－05－14
5275	620001	金元顺安宝石动力混合	2007－08－15
5276	620002	金元顺安成长动力混合	2008－09－03
5277	620003	金元顺安丰利债券	2009－03－23
5278	620004	金元顺安价值增长混合	2009－09－11
5279	620005	金元顺安核心动力混合	2010－02－11
5280	620006	金元顺安消费主题混合	2010－09－15
5281	620007	金元顺安优质精选混合	2011－08－16
5282	620008	金元顺安新经济主题混合	2012－07－31
5283	620009	金元顺安丰祥债券	2013－02－05
5284	620010	金元顺安金元宝货币	2014－07－31
5285	630001	华商领先企业混合	2007－05－15
5286	630002	华商盛世成长混合	2008－09－23
5287	630003	华商收益增强债券	2009－01－23
5288	630005	华商动态阿尔法混合	2009－11－24
5289	630006	华商产业升级混合	2010－06－18
5290	630007	华商稳健双利债券	2010－08－09
5291	630008	华商策略精选混合	2010－11－09
5292	630009	华商稳定增利债券	2011－03－15
5293	630010	华商价值精选混合	2011－05－31
5294	630011	华商主题精选混合	2012－05－31
5295	630012	华商现金增利货币	2012－12－11
5296	630015	华商大盘量化精选混合	2013－04－09
5297	630016	华商价值共享	2013－03－18
5298	650001	英大纯债基金	2013－04－24
5299	660001	农银行业成长混合	2008－08－04
5300	660002	农银恒久增利债券	2008－12－23
5301	660003	农银平衡双利混合	2009－04－08
5302	660004	农银策略价值混合	2009－09－29
5303	660005	农银中小盘混合	2010－03－25
5304	660006	农银大盘蓝筹混合	2010－09－01
5305	660007	农银货币	2010－11－23
5306	660008	农银沪深 300 指数	2011－04－12
5307	660009	农银增强收益债券	2011－07－01
5308	660010	农银策略精选混合	2011－09－06
5309	660011	农银中证 500 指数	2011－11－29
5310	660012	农银消费主题混合	2012－04－24
5311	660013	农银信用添利债券	2012－06－19
5312	660014	农银深证 100 指数	2012－09－04
5313	660015	农银行业轮动混合	2012－11－14
5314	660016	农银 7 天理财债券	2013－02－05
5315	671010	西部利德策略优选混合	2011－01－25
5316	673010	西部利德新动向混合	2011－08－18
5317	673020	西部利德成长精选混合	2015－06－02
5318	673030	西部利得多策略优选混合	2015－07－27
5319	673040	西部利得行业主题优选混合	2016－03－11
5320	673050	西部利得新盈混合	2016－01－22
5321	673060	西部利得景瑞	2016－08－25
5322	673071	西部利得新动力混合	2016－11－17
5323	673081	西部利得祥运混合	2016－12－05
5324	673090	西部利得个股精选股票	2017－01－23
5325	673100	西部利得久安回报混合	2017－03－21
5326	673110	西部利得新润	2017－08－25
5327	673120	西部利得新富	2017－06－16
5328	673141	西部利得景程灵活配置	2018－06－20
5329	675011	西部利德稳健双利债券	2012－06－26
5330	675021	西部利德稳定增利债券	2012－12－25
5331	675031	西部利得天添鑫货币	2016－06－23
5332	675041	西部利得合享	2016－08－25
5333	675051	西部利得合赢债券	2016－09－09

序号	基金代码	基金简称	设立日期
5334	675061	西部利得天添富货币	2016－09－28
5335	675071	西部利得天添金货币	2016－12－05
5336	675081	西部利得祥盈债券	2016－11－17
5337	675091	西部利得祥逸债券	2017－03－10
5338	675100	西部利得得尊债券	2017－03－01
5339	675111	西部利得汇享债券	2017－03－10
5340	675121	西部利得汇逸债券	2017－02－04
5341	675131	西部利得天添益货币	2017－08－01
5342	680001	浙商聚潮策略配置混合	2015－05－04
5343	686868	浙商聚盈信用债债券	2012－09－18
5344	688888	浙商聚潮产业成长混合	2011－05－17
5345	690001	民生加银品牌蓝筹混合	2009－03－27
5346	690002	民生加银增强收益债券	2009－07－21
5347	690003	民生加银精选混合	2010－02－03
5348	690004	民生加银稳健成长混合	2010－06－29
5349	690005	民生加银内需增长混合	2011－01－28
5350	690006	民生加银信用双利债券	2012－04－25
5351	690007	民生加银景气行业混合	2011－11－22
5352	690008	民生加银中证内地资源主题指数	2012－03－08
5353	690009	民生加银红利回报混合	2012－08－09
5354	690010	民生加银现金增利货币	2012－12－18
5355	690011	民生加银积极成长发起式	2013－01－31
5356	690012	民生加银家盈理财7天	2013－02－06
5357	700001	平安大华行业先锋混合	2011－09－20
5358	700002	平安大华深证300指数增强	2011－12－20
5359	700003	平安大华策略先锋混合	2012－05－29
5360	700004	平安大华保本混合	2012－09－11
5361	700005	平安大华添利债券	2012－11－27
5362	710001	富安达优势成长混合	2011－09－21
5363	710002	富安达策略精选混合	2012－04－25
5364	710301	富安达增强收益债券	2012－07－25
5365	710501	富安达现金通货币	2013－01－29
5366	720001	财通价值动量混合	2011－12－01
5367	720002	财通多策略稳健增长债券	2012－07－13
5368	720003	财通收益增强债券	2012－12－20
5369	730001	方正富邦创新动力混合	2011－12－26
5370	730002	方正富邦红利精选混合	2012－11－20
5371	730003	方正富邦货币	2012－12－26
5372	740001	长安宏观策略	2012－03－09
5373	740101	长安沪深300非周期指数	2012－06－25
5374	740601	长安货币	2013－01－25
5375	750001	安信灵活配置混合	2012－06－19
5376	750002	安信目标收益债券	2012－09－25
5377	750005	安信平稳增长混合发起	2012－12－18
5378	750006	安信现金管理货币	2013－02－05
5379	762001	国金国鑫发起	2012－08－28
5380	770001	德邦优化	2012－09－25

证券投资基金托管人名录

序号	托管人名称	注册地
1	中国工商银行股份有限公司	北京
2	中国农业银行股份有限公司	北京
3	中国银行股份有限公司	北京
4	中国建设银行股份有限公司	北京
5	交通银行股份有限公司	上海
6	华夏银行股份有限公司	北京
7	中国光大银行股份有限公司	北京
8	招商银行股份有限公司	深圳
9	中信银行股份有限公司	北京
10	中国民生银行股份有限公司	北京
11	兴业银行股份有限公司	福建
12	上海浦东发展银行股份有限公司	上海
13	北京银行股份有限公司	北京
14	平安银行股份有限公司	深圳
15	广发银行股份有限公司	广东
16	中国邮政储蓄银行股份有限公司	北京
17	上海银行股份有限公司	上海
18	渤海银行股份有限公司	天津
19	宁波银行股份有限公司	浙江
20	浙商银行股份有限公司	浙江
21	海通证券股份有限公司	上海
22	国信证券股份有限公司	深圳
23	徽商银行股份有限公司	安徽
24	广州农村商业银行股份有限公司	广东
25	招商证券股份有限公司	深圳
26	中国证券登记结算有限责任公司	北京
27	包商银行股份有限公司	内蒙古
28	恒丰银行股份有限公司	山东
29	杭州银行股份有限公司	浙江
30	南京银行股份有限公司	江苏
31	广发证券股份有限公司	广东
32	国泰君安证券股份有限公司	上海
33	江苏银行股份有限公司	江苏
34	中国银河证券股份有限公司	北京
35	华泰证券股份有限公司	江苏
36	中信证券股份有限公司	深圳
37	兴业证券股份有限公司	福建
38	中国证券金融股份有限公司	北京
39	中信建投证券股份有限公司	北京
40	中国国际金融股份有限公司	北京
41	恒泰证券股份有限公司	内蒙古
42	中泰证券股份有限公司	山东
43	国金证券股份有限公司	四川

人民币合格境外机构投资者名录

序号	中文名称	英文名称	注册地	批准日期
1	南方东英资产管理有限公司		中国香港	2011.12.21
2	易方达资产管理(香港)有限公司		中国香港	2011.12.21
3	嘉实国际资产管理有限公司		中国香港	2011.12.21
4	华夏基金(香港)有限公司		中国香港	2011.12.21
5	大成国际资产管理有限公司		中国香港	2011.12.21
6	汇添富资产管理(香港)有限公司		中国香港	2011.12.21
7	博时基金(国际)有限公司		中国香港	2011.12.21
8	海富通资产管理(香港)有限公司		中国香港	2011.12.21
9	华安资产管理(香港)有限公司		中国香港	2011.12.21
10	中国国际金融(香港)有限公司		中国香港	2011.12.22
11	国信证券(香港)金融控股有限公司		中国香港	2011.12.22
12	光大证券金融控股有限公司		中国香港	2011.12.22
13	华泰金融控股(香港)有限公司		中国香港	2011.12.22
14	国泰君安金融控股有限公司		中国香港	2011.12.22
15	海通国际控股有限公司		中国香港	2011.12.22
16	广发控股(香港)有限公司		中国香港	2011.12.22
17	招商证券国际有限公司		中国香港	2011.12.22
18	申万宏源(国际)集团有限公司	Shenwan Hongyuan (International) Holdings Limited	中国香港	2011.12.22
19	中信证券国际有限公司		中国香港	2011.12.22
20	安信国际金融控股有限公司		中国香港	2011.12.22
21	国元证券(香港)有限公司		中国香港	2011.12.22
22	工银瑞信资产管理(国际)有限公司		中国香港	2012.08.07
23	广发国际资产管理有限公司		中国香港	2012.08.07
24	上投摩根资产管理(香港)有限公司		中国香港	2012.10.26
25	国投瑞银资产管理(香港)有限公司		中国香港	2012.12.17
26	富国资产管理(香港)有限公司		中国香港	2012.12.17
27	诺安基金(香港)有限公司		中国香港	2013.02.22
28	泰康资产管理(香港)有限公司	Taikang Asset Management (Hong Kong) Company Limited	中国香港	2013.03.14
29	建银国际资产管理有限公司	CCB International Asset Management Limited	中国香港	2013.03.25
30	兴证(香港)金融控股有限公司		中国香港	2013.04.25
31	中国人寿富兰克林资产管理有限公司	China Life Franklin Asset Management Co., Limited	中国香港	2013.05.15
32	农银国际资产管理有限公司	ABCI Asset Management Limited	中国香港	2013.05.15
33	中投证券(香港)金融控股有限公司		中国香港	2013.05.16
34	东方金融控股(香港)有限公司		中国香港	2013.05.23
35	工银亚洲投资管理有限公司	ICBC (Asia) Investment Management Company Limited	中国香港	2013.06.04
36	恒生投资管理有限公司	Hang Seng Investment Management Limited	中国香港	2013.06.04
37	太平资产管理(香港)有限公司	Taiping Assets Management (HK) Company Limited	中国香港	2013.06.19
38	中银香港资产管理有限公司	BOCHK Asset Management Limited	中国香港	2013.07.15
39	横华国际资产管理有限公司	HGNH International Asset Management Co.,Limited	中国香港	2013.07.15
40	长江证券控股(香港)有限公司		中国香港	2013.07.15
41	中国平安资产管理(香港)有限公司	Ping An of China Asset Management (Hong Kong) Company Limited	中国香港	2013.07.19
42	信达国际资产管理有限公司	Cinda International Asset Management Limited	中国香港	2013.07.19
43	弘收投资管理(香港)有限公司	Income Partners Asset Management (HK) Limited	中国香港	2013.07.19
44	汇丰环球投资管理(香港)有限公司	HSBC Global Asset Management (Hong Kong) Limited	中国香港	2013.07.19
45	东亚银行有限公司	The Bank of East Asia, Limited	中国香港	2013.08.15
46	永丰金资产管理(亚洲)有限公司	SinoPac Asset Management (Asia) Ltd.	中国香港	2013.08.15
47	交银国际资产管理有限公司	BOCOM International Asset Management Limited	中国香港	2013.08.20
48	中国东方国际资产管理有限公司	China Orient International Asset Management Limited	中国香港	2013.08.20

序号	中文名称	英文名称	注册地	批准日期
49	惠理基金管理香港有限公司	Value Partners Hong Kong Limited	中国香港	2013.08.20
50	柏瑞投资香港有限公司	PineBridge Investments Hong Kong Limited	中国香港	2013.09.26
51	创兴银行有限公司	Chong Hing Bank Limited	中国香港	2013.09.26
52	JF 资产管理有限公司	JF Asset Management Limited	中国香港	2013.10.30
53	未来资产环球投资(香港)有限公司	Mirae Asset Global Investments (Hong Kong) Limited	中国香港	2013.10.30
54	香港沪光国际投资管理有限公司	SHANGHAI INTERNATIONAL ASSET MANAGEMENT(HONG KONG) COMPANY LIMITED	中国香港	2013.10.30
55	中国光大资产管理有限公司	China Everbright Assets Management Limited	中国香港	2013.10.30
56	中信建投(国际)金融控股有限公司		中国香港	2013.10.30
57	国金证券(香港)有限公司	Sinolink Securities (Hong Kong) Company Limited	中国香港	2013.12.06
58	中国银河国际金融控股有限公司		中国香港	2013.12.11
59	安石投资管理有限公司	Ashmore Investment Management Limited	英国	2013.12.17
60	瑞银资产管理(香港)有限公司	UBS Asset Management (Hong Kong) Limited	中国香港	2013.12.19
61	永隆资产管理有限公司	Wing Lung Asset Management Limited	中国香港	2013.12.30
62	景林资产管理香港有限公司	Greenwoods Asset Management Hong Kong Limited	中国香港	2014.01.10
63	华宝资产管理(香港)有限公司	Hwabao WP Asset Management (Hong Kong) Co., Limited	中国香港	2014.01.20
64	易亚投资管理有限公司	Enhanced Investment Products Limited	中国香港	2014.01.27
65	麦格理基金管理(香港)有限公司	Macquarie Funds Management Hong Kong Limited	中国香港	2014.01.27
66	道富环球投资管理亚洲有限公司	State Street Global Advisors Asia Limited	中国香港	2014.01.27
67	嘉理资产管理有限公司	Galaxy Asset Management (H.K.) Limited	中国香港	2014.03.06
68	施罗德投资管理(香港)有限公司	Schroder Investment Management (Hong Kong) Limited	中国香港	2014.03.06
69	贝莱德资产管理北亚有限公司	BlackRock Asset Management North Asia Limited	中国香港	2014.03.11
70	交银施罗德资产管理(香港)有限公司	BOCOM Schroder Asset Management (Hong Kong) Company Limited	中国香港	2014.03.12
71	越秀资产管理有限公司	Yue Xiu Asset Management Limited	中国香港	2014.03.26
72	润晖投资管理香港有限公司	Cephei Capital Management (Hong Kong) Limited	中国香港	2014.03.27
73	赤子之心资本亚洲有限公司	Pureheart Capital Asia Limited	中国香港	2014.04.15
74	招商资产(香港)有限公司	China Merchants Asset Management (Hong Kong) Company Limited	中国香港	2014.05.21
75	富达基金(香港)有限公司	FIL Investment Management (Hong Kong) Limited	中国香港	2014.05.21
76	日兴资产管理亚洲有限公司	Nikko Asset Management Asia Ltd	新加坡	2014.05.21
77	毕盛资产管理有限公司	APS Asset Management Pte Ltd	新加坡	2014.05.21
78	富敦资金管理有限公司	Fullerton Fund Management Company Ltd	新加坡	2014.05.21
79	辉立资本管理(香港)有限公司	Phillip Capital Management (HK) Ltd	中国香港	2014.06.03
80	长盛基金(香港)有限公司	Changsheng Fund Management (H.K.) Limited	中国香港	2014.06.12
81	贝莱德顾问(英国)有限公司	BlackRock Advisors (UK) Limited	英国	2014.06.13
82	汇丰环球资产管理(英国)有限公司	HSBC Global Asset Management (UK) Limited	英国	2014.06.16
83	齐鲁国际控股有限公司	Zhongtai Financial International Limited	中国香港	2014.06.27
84	三星资产运用(香港)有限公司	Samsung Asset Management (Hong Kong) Limited	中国香港	2014.06.30
85	新思路投资有限公司	New Silk Road Investment Pte. Ltd.	新加坡	2014.07.24
86	新华资产管理(香港)有限公司	New China Asset Management (Hong Kong) Limited	中国香港	2014.07.24
87	元富证券(香港)有限公司	Masterlink Securites (Hong Kong) Corporation Limited	中国香港	2014.07.28
88	国泰君安基金管理有限公司	Guotai Junan Fund Management Limited	中国香港	2014.08.11
89	联博香港有限公司	AllianceBernstein Hong Kong Limited	中国香港	2014.08.12
90	财通国际资产管理有限公司	Caitong International Asset Management Co., Limited	中国香港	2014.08.12
91	元大宝来证券(香港)有限公司	Yuanta Securities (Hong Kong) Company Limited	中国香港	2014.08.15
92	安本亚洲资产管理有限公司	Aberdeen Asset Management Asia Limited	新加坡	2014.08.15
93	法国巴黎投资管理	BNP Paribas Asset Management	法国	2014.08.27
94	天达资产管理有限公司	Investec Asset Management Limited	英国	2014.08.28
95	凯敏雅克资产管理公司	Carmignac Gestion	法国	2014.09.19
96	星展银行有限公司	DBS Bank Ltd	新加坡	2014.09.22
97	利安资金管理公司	Lion Global Investors Limited	新加坡	2014.09.23
98	融通国际资产管理有限公司	Rongtong Global Investment Limited	中国香港	2014.10.8

序号	中文名称	英文名称	注册地	批准日期
99	新韩法国巴黎资产运用株式会社	Shinhan BNP Paribas Asset Management Co., Ltd.	韩国	2014.10.13
100	上海商业银行有限公司	Shanghai Commercial Bank Limited	中国香港	2014.10.13
101	法国巴黎投资管理亚洲有限公司	BNP Paribas Investment Partners Asia Limited	中国香港	2014.10.13
102	中诚国际资本有限公司	CCTIC International Limited	中国香港	2014.10.31
103	百达资产管理有限公司	Pictet Asset Management Limited	英国	2014.11.6
104	亨茂资产管理有限公司	Hamon Asset Management Limited	中国香港	2014.11.19
105	赛德堡资本(英国)有限公司	Cederberg Capital UK LLP	英国	2014.11.19
106	霸菱资产管理(亚洲)有限公司	Baring Asset Management (Asia) Limited	中国香港	2014.11.25
107	信安环球投资(香港)有限公司	Principal Global Investors (Hong Kong) Limited	中国香港	2014.11.25
108	施罗德投资管理(新加坡)有限公司	Schroder Investment Management (Singapore) Ltd	新加坡	2014.12.1
109	未来资产环球投资有限公司	Mirae Asset Global Investment Co., Ltd	韩国	2014.12.4
110	威灵顿投资管理国际有限公司	Wellington Management International Limited	英国	2014.12.10
111	加拿大丰业亚洲有限公司	BNS Asia Limited	新加坡	2014.12.12
112	摩根资产管理(新加坡)有限公司	JPMorgan Asset Management (Singapore) Limited	新加坡	2014.12.24
113	东洋资产运用(株)	Tong Yang Asset Management Corp.	韩国	2014.12.24
114	NH-AMUNDI 资产管理有限公司	NH-AMUNDI Asset Management Co., Ltd.	韩国	2014.12.26
115	富舜资产管理(香港)有限公司	Total Invest Group Asset Management (Hong Kong) Limited	中国香港	2014.12.26
116	东部资产运用株式会社	Dongbu Asset Management Co., Ltd	韩国	2014.12.26
117	韩亚金融投资株式会社	Hana Financial Investment Co.,Ltd	韩国	2014.12.29
118	瑞银韩亚资产运用株式会社	UBS Hana Asset Management Co., Ltd.	韩国	2015.1.5
119	CSAM 资产管理有限公司	CSAM Asset Management Pte Ltd	新加坡	2015.1.5
120	东亚联丰投资管理有限公司	BEA Union Investment Management Limited	中国香港	2015.1.5
121	新加坡政府投资有限公司	GIC Private Limited	新加坡	2015.1.22
122	纽伯格曼新加坡	Neuberger Berman Singapore Pte. Limited	新加坡	2015.1.22
123	TRUSTON 资产管理有限公司	TRUSTON Asset Management Co., Ltd.	韩国	2015.1.22
124	大信资产运用株式会社	Daishin Asset Management Co., Ltd.	韩国	2015.1.22
125	三星资产运用株式会社	Samsung Asset Management Co., Ltd.	韩国	2015.1.22
126	韩国投资信托运用株式会社	Korea Investment Management Co., Ltd.	韩国	2015.1.22
127	景顺投资管理有限公司	Investco Hong Kong Limited	中国香港	2015.2.6
128	MY Asset 投资管理有限公司	MY Asset Investment Management Co., Ltd.	韩国	2015.2.6
129	德意志资产及财富管理投资有限公司	Deutsche Asset & Wealth Management Investment GmbH	德国	2015.2.6
130	新韩金融投资公司	Shinhan Investment Corporation	韩国	2015.2.16
131	凯思博投资管理(香港)有限公司	Keywise Capital Management (HK) Limited	中国香港	2015.2.16
132	兴国资产管理公司	Heungkuk Asset Management	韩国	2015.2.16
133	英杰华投资亚洲私人有限公司	Aviva Investors Asia Pte. Limited	新加坡	2015.2.17
134	中国建设银行(伦敦)有限公司	China Construction Bank (London) Limited	英国	2015.2.17
135	达杰资金管理有限公司	Target Asset Management Pte Ltd	新加坡	2015.2.27
136	KKR 新加坡有限公司	KKR Singapore Pte. Ltd.	新加坡	2015.3.2
137	领航投资澳洲有限公司	Vanguard Investment Australia Ltd	澳大利亚	2015.3.2
138	兴元投资管理有限公司	Genesis Investment Management, LLP	英国	2015.3.6
139	大华资产管理有限公司	UOB Asset Management Ltd	新加坡	2015.3.6
140	苏尔斯英国服务有限公司	Source UK Services Limited	英国	2015.3.25
141	领先资产管理	Lyxor Asset Management	法国	2015.3.25
142	未来资产大宇株式会社	MIRAE ASSET DAEWOO CO., LTD.	韩国	2015.3.25
143	信诚资产管理(新加坡)有限公司	Reliance Asset Management (Singapore) Pte. Ltd.	新加坡	2015.3.31
144	三星生命保险(株)	Samsung Life Insurance Co., Ltd.	韩国	2015.3.31
145	教保安盛资产运用(株)	Kyobo AXA Investment Managers Co., Ltd.	韩国	2015.4.2
146	迈睿思资产管理有限公司	Meritz Asset Management Co., Ltd.	韩国	2015.4.8
147	安联环球投资新加坡有限公司	Allianz Global Investors Singapore Limited	新加坡	2015.4.8
148	方圆投资管理(香港)有限公司	Prudence Investment Management (Hong Kong) Ltd.	中国香港	2015.4.8
149	三星证券株式会社	Samsung Securities Co., Ltd	韩国	2015.4.17

序号	中文名称	英文名称	注册地	批准日期
150	GAM 国际管理有限公司	GAM International Management Limited	英国	2015.4.17
151	华宜资产运用株式会社	HI Asset Management	韩国	2015.5.6
152	华侨银行有限公司	OVERSEA – CHINESE BANKING CORPORATION LIMITED	新加坡	2015.5.6
153	嘉实国际资产管理(英国)有限公司	Harvest Global Investment (UK) Limited	英国	2015.5.6
154	东方汇理资产管理香港有限公司	Amundi Hong Kong Limited	中国香港	2015.5.20
155	瑞士再保险股份有限公司	Swiss Reinsurance Company Ltd	瑞士	2015.6.2
156	东部证券股份有限公司	Dongbu Securities Company Limited	韩国	2015.6.25
157	蓝海资产管理公司	BlueBay Asset Management LLP	英国	2015.6.26
158	爱斯普乐基金管理公司	ASSETPLUS Investment Management Co., Ltd	韩国	2015.6.29
159	KB 资产运用有限公司	KB Asset Management Co., Ltd	韩国	2015.6.29
160	韩国产业银行	Korea Development Bank	韩国	2015.6.29
161	瑞银资产管理(新加坡)有限公司	UBS Asset Management (Singapore) Ltd	新加坡	2015.6.29
162	CI 投资管理公司	CI Investments Inc.	加拿大	2015.6.29
163	元大证券株式会社	Yuanta Securities Korea Co., Ltd.	韩国	2015.7.28
164	UBI 资产管理公司	Union Bancaire Gestion Institutionnelle (France) SAS	法国	2015.7.28
165	韩华资产运用株式会社	Hanwha Asset Management Co., Ltd.	韩国	2015.7.28
166	大信证券(株)	Daishin Securities Co., Ltd	韩国	2015.7.28
167	韩国投资证券株式会社	Korea Investment & Securities Co., Ltd.	韩国	2015.8.10
168	IBK 投资证券株式会社	IBK Securities Co., Ltd.	韩国	2015.8.10
169	三星火灾海上保险公司	Samsung Fire & Marine Insurance Co., Ltd.	韩国	2015.8.31
170	东方汇理资产管理新加坡有限公司	Amundi Singapore Limited	新加坡	2015.8.31
171	Multi Asset 基金管理公司	Multi Asset Global Investment Co., Ltd.	韩国	2015.8.31
172	东方汇理资产管理	Amundi Asset Management	法国	2015.9.17
173	Kiwoom 投资资产管理有限公司	Kiwoom Asset Management Co., Ltd	韩国	2015.9.23
174	现代投资公司(株)	Hyundai Investments Co., Ltd	韩国	2015.10.9
175	中国工商银行(欧洲)有限公司	Industrial and Commercial Bank of China (Europe) S. A.	卢森堡	2015.11.2
176	中国银行(卢森堡)有限公司	Bank of China (Luxembourg) S. A.	卢森堡	2015.11.3
177	广发国际资产管理(英国)有限公司	GF International Asset Management (UK) Company Limited	英国	2015.12.10
178	安大略退休金管理委员会	Ontario Pension Board	加拿大	2015.12.21
179	加拿大年金计划投资委员会	Canada Pension Plan Investment Board	加拿大	2015.12.21
180	保宁资产有限公司	Polunin Capital Partners Limited	英国	2016.1.13
181	贝莱德(新加坡)有限公司	BlackRock (Singapore) Limited	新加坡	2016.1.25
182	野村资产管理德国有限公司	Nomura Asset Management Deutschland KAG mbH	德国	2016.2.1
183	太平洋投资管理公司亚洲私营有限公司	PIMCO Asia Pte Ltd	新加坡	2016.2.15
184	忠利投资卢森堡有限公司	Generali Investments Luxembourg S. A.	卢森堡	2016.2.22
185	法国工商信贷银行有限公司	Credit Industriel et Commercial S. A.	法国	2016.2.22
186	OCTO 资产管理公司	OCTO Asset Management	法国	2016.2.26
187	Avanda 投资管理私人有限公司	Avanda Investment Management Pte. Ltd.	新加坡	2016.3.15
188	瀚亚投资(新加坡)有限公司	Eastspring Investments (Singapore) Limited	新加坡	2016.3.17
189	安盛投资管理有限公司(巴黎)	AXA Investment Managers Paris	法国	2016.4.1
190	广发金融交易(英国)有限公司	GF Financial Markets (UK) Limited	英国	2016.4.1
191	高盛国际资产管理公司	Goldman Sachs Asset Management International	英国	2016.4.15
192	安联环球投资有限公司	Allianz Global Investors GmbH	德国	2016.4.26
193	辉立资金管理有限公司	Phillip Capital Management (S) Ltd	新加坡	2016.4.26
194	迈达思基金管理有限公司	Midas International Asset Management Ltd.	韩国	2016.5.6
195	富达投资管理(新加坡)有限公司	Fidelity Investments (Singapore) Limited	新加坡	2016.6.6
196	荷宝卢森堡股份有限公司	Robeco Luxembourg S. A.	卢森堡	2016.6.8
197	爱德蒙得洛希尔资产管理(法国)有限公司	Edmond de Rothschild Asset Management (France)	法国	2016.6.8
198	新加坡科技资产管理有限公司	ST Asset Management Ltd.	新加坡	2016.6.24
199	海汇通资产管理有限公司	Harveston Asset Management Pte. Ltd.	新加坡	2016.7.19
200	有进投资证券公司	Eugene Investment & Securities Co., Ltd.	韩国	2016.8.12

序号	中文名称	英文名称	注册地	批准日期
201	株式会社新韩银行	Shinhan Bank Co., Ltd.	韩国	2016.8.22
202	凯恩国际基金管理股份有限公司(卢森堡)	Carne Global Fund Managers (Luxembourg) S. A.	卢森堡	2016.9.9
203	开泰基金管理有限公司	Kasikorn Asset Management Co., Ltd	泰国	2016.9.9
204	东吴证券中新(新加坡)有限公司	Soochow Securities CSSD (Singapore) Pte. Ltd	新加坡	2016.10.27
205	罗素投资管理(澳大利亚)有限公司	Russell Investment Management Limited	澳大利亚	2016.10.27
206	贝莱德基金顾问公司	BlackRock Fund Advisors	美国	2016.11.25
207	Lemanik 资产管理股份有限公司	Lemanik Asset Management S. A.	卢森堡	2016.11.25
208	锋裕资产管理公司	Pioneer Asset Management S. A.	卢森堡	2016.12.20
209	联昌信安资产管理有限公司	CIMB – Principal Asset Management Berhad	马来西亚	2017.1.18
210	范达投资有限公司	VanEck Investments Limited	澳大利亚	2017.2.23
211	首域投资管理(英国)有限公司	First State Investment Management (UK) Limited	英国	2017.5.31
212	古根海姆基金投资顾问有限责任公司	Guggenheim Funds Investment Advisors, LLC	美国	2017.6.19
213	申万宏源新加坡私人有限公司	Shenwan Hongyuan Singapore Private Limited	新加坡	2017.7.27
214	Acadian 资产管理有限责任公司	Acadian Asset Management LLC	美国	2017.7.27
215	新盟投资管理公司	Singapore Consortium Investment Management Limited	新加坡	2017.8.18
216	贝莱德机构信托公司	BlackRock Institutional Trust Company, N. A.	美国	2017.9.1
217	霸菱资产管理有限公司	Baring Asset Management Limited	英国	2017.9.26
218	WisdomTree 资产管理	WisdomTree Asset Management, Inc.	美国	2017.10.16
219	海克利尔国际投资有限责任合伙	Highclere International Investors LLP	英国	2018.1.8
220	中加国际资产管理有限公司	BOB Scotia International Asset Management Company Limited	香港	2018.5.2
221	美国桥水投资公司	Bridgewater Associates, LP	美国	2018.5.25
222	道富环球投资信托公司	State Street Global Advisors Trust Company	美国	2018.5.31
223	道富环球投资资产管理有限公司	SSGA Funds Management, Inc.	美国	2018.5.31
224	道富环球投资有限公司	State Street Global Advisors Limited	英国	2018.5.31
225	道富环球投资爱尔兰有限公司	State Street Global Advisors Ireland Limited	爱尔兰	2018.5.31
226	富善国际资产管理(香港)有限公司	Foresee Global Asset Management (HK) Limited	中国香港	2018.7.16

合格境外机构投资者托管行名录

序号	QFII 托管行中文名称	QFII 托管行英文名称
1	汇丰银行(中国)有限公司	HSBC Bank (China) Company Limited
2	花旗银行(中国)有限公司	CitiBank (China) Company Limited
3	渣打银行(中国)有限公司	Standard Chartered Bank (China) Company Limited
4	中国工商银行股份有限公司	Industrial & Commercial Bank of China
5	中国银行股份有限公司	Bank of China
6	中国农业银行股份有限公司	Agricultural Bank of China
7	交通银行股份有限公司	Bank of Communications
8	中国建设银行股份有限公司	China Construction Bank
9	中国光大银行股份有限公司	China Everbright Bank
10	中国招商银行股份有限公司	China Merchants Bank
11	德意志银行(中国)有限公司	Deutsche Bank(China) Company Limited
12	星展银行(中国)有限公司	DBS Bank (China) Limited
13	中国中信银行股份有限公司	China Citic Bank
14	上海浦东发展银行股份有限公司	Shanghai Pudong Development Bank Co.,Ltd.
15	中国民生银行股份有限公司	China Minsheng Bandkingcorp.,Ltd.
16	三菱东京日联银行(中国)有限公司	Bank of Tokyo – Mitsubishi UFJ (China)
17	兴业银行股份有限公司	Industrial Bank Co.,Ltd.
18	平安银行股份有限公司	Ping An Bank Co., Ltd.
19	华夏银行股份有限公司	Hua Xia Bank Co., Ltd

合格境外机构投资者名录

序号	中文名称	外文名称	国别/地区	托管行	批准日期
1	瑞士银行	UBS AG	瑞士	花旗银行	2003-5-23
2	野村证券株式会社	Nomura Securities Co. ,Ltd.	日本	农业银行	2003-5-23
3	摩根士丹利国际股份有限公司	Morgan Stanley & Co. International PLC.	英国	汇丰银行	2003-6-5
4	花旗环球金融有限公司	Citigroup Global Markets Limited	英国	德意志银行	2003-6-5
5	高盛公司	Goldman Sachs&Co. LLC	美国	汇丰银行	2003-7-4
6	德意志银行	Deutsche Bank Aktiengesellschaft	德国	花旗银行	2003-7-30
7	香港上海汇丰银行有限公司	The Hongkong and Shanghai Banking Corporation Limited	中国香港	建设银行	2003-8-4
8	荷兰安智银行股份有限公司	ING Bank N. V.	荷兰	渣打银行	2003-9-10
9	摩根大通银行	JPMorgan Chase Bank, National Association	美国	汇丰银行	2003-9-30
10	瑞士信贷(香港)有限公司	Credit Suisse (Hong Kong) Limited	中国香港	工商银行	2003-10-24
11	渣打银行(香港)有限公司	Standard Chartered Bank (Hong Kong) Limited	中国香港	中国银行	2003-12-11
12	日兴资产管理有限公司	Nikko Asset Management Co. ,Ltd.	日本	交通银行	2003-12-11
13	美林国际	Merrill Lynch International	英国	汇丰银行	2004-4-30
14	恒生银行有限公司	Hang Seng Bank Limited	中国香港	建设银行	2004-5-10
15	大和证券株式会社	Daiwa Securities Co. Ltd.	日本	工商银行	2004-5-10
16	比尔及梅林达盖茨信托基金会	Bill & Melinda Gates Foundation Trust	美国	汇丰银行	2004-7-19
17	景顺资产管理有限公司	INVESCO Asset Management Limited	英国	中国银行	2004-8-4
18	法国兴业银行	Société Générale	法国	汇丰银行	2004-9-2
19	巴克莱银行	Barclays Bank PLC	英国	渣打银行	2004-9-15
20	德国商业银行	Commerzbank AG	德国	工商银行	2004-9-27
21	法国巴黎银行	BNP Paribas	法国	工商银行	2004-9-29
22	加拿大鲍尔公司	Power Corporation of Canada	加拿大	建设银行	2004-10-15
23	东方汇理银行	Credit Agrigole Corporate and Investment Bank	法国	汇丰银行	2004-10-15
24	高盛国际资产管理公司	Goldman Sachs Asset Management International	英国	汇丰银行	2005-5-9
25	马丁可利投资管理有限公司	Martin Currie Investment Management Ltd	英国	花旗银行	2005-10-25
26	新加坡政府投资有限公司	GIC Private Limited	新加坡	渣打银行	2005-10-25
27	柏瑞投资有限责任公司	PineBridge Investment LLC	美国	中国银行	2005-11-14
28	淡马锡富敦投资有限公司	Temasek Fullerton Alpha Pte Ltd	新加坡	汇丰银行	2005-11-15
29	JF 资产管理有限公司	JF Asset Management Limited	中国香港	建设银行	2005-12-28
30	日本第一生命保险株式会社	The Dai-ichi Life Insurance Company, Limited	日本	中国银行	2005-12-28
31	星展银行有限公司	DBS Bank Ltd	新加坡	农业银行	2006-2-13
32	安保资本投资有限公司	AMP Capital Investors Limited	澳大利亚	建设银行	2006-4-10
33	加拿大丰业银行	The Bank of Nova Scotia	加拿大	中国银行	2006-4-10
34	比联金融产品英国有限公司	KBC Financial Products UK Limited	英国	花旗银行	2006-4-10
35	爱德蒙得洛希尔(法国)	Edmond de Rothschild(France)	法国	中国银行	2006-4-10
36	耶鲁大学	Yale University	美国	汇丰银行	2006-4-14
37	摩根士丹利投资管理公司	Morgan Stanley Investment Management Inc.	美国	汇丰银行	2006-7-7
38	瀚亚投资(香港)有限公司	Eastspring Investment(Hong Kong) Limited	中国香港	农业银行	2006-7-7
39	斯坦福大学	Stanford University	美国	汇丰银行	2006-8-5
40	大华银行有限公司	United Overseas Bank Limited	新加坡	工商银行	2006-8-5
41	施罗德投资管理有限公司	Schroder Investment Mangement Limited	英国	交通银行	2006-8-29
42	汇丰环球投资管理(香港)有限公司	HSBC Global Asset Management (Hong Kong) Limited	中国香港	交通银行	2006-9-5
43	瑞穗证券株式会社	Mizuho Securities Co. ,Ltd	日本	建设银行	2006-9-5
44	瑞银资产管理(新加坡)有限公司	UBS Asset Management (Singapore) Ltd	新加坡	花旗银行	2006-9-25
45	三井住友资产管理株式会社	Sumitomo Mitsui Asset Management Company, Limited	日本	花旗银行	2006-9-25
46	挪威中央银行	Norges Bank	挪威	花旗银行	2006-10-24
47	百达资产管理有限公司	Pictet Asset Management Limited	英国	汇丰银行	2006-10-25

序号	中文名称	外文名称	国别/地区	托管行	批准日期
48	哥伦比亚大学	The Trustees of Columbia University in the City of New York	美国	汇丰银行	2008-3-12
49	荷宝基金管理公司	Robeco Institutional Asset management B. V.	荷兰	花旗银行	2008-5-5
50	道富环球投资管理亚洲有限公司	State Street Global Advisors Asia Limited	中国香港	渣打银行	2008-5-16
51	铂金投资管理有限公司	Platinum Investment Company Limited	澳大利亚	汇丰银行	2008-6-2
52	比利时联合资产管理有限公司	KBC Asset Management N. V.	比利时	工商银行	2008-6-2
53	未来资产基金管理公司	Mirae Asset Global Investments Co., Ltd.	韩国	工商银行	2008-7-25
54	安达国际控股有限公司	Chubb INA International Holdings Ltd.	美国	工商银行	2008-8-5
55	魁北克储蓄投资集团	Caisse de dépot et placement du Québec	加拿大	汇丰银行	2008-8-22
56	哈佛大学	President and Fellows of Harvard College	美国	工商银行	2008-8-22
57	三星资产运用株式会社	Samsung Investment Trust Management Co., Ltd.	韩国	中国银行	2008-8-25
58	联博有限公司	AllianceBernstein Limited	英国	汇丰银行	2008-8-28
59	华侨银行有限公司	Oversea-Chinese Banking Corporation Limited	新加坡	建设银行	2008-8-28
60	首域投资管理(英国)有限公司	First State Investment Management (UK) Limited	英国	花旗银行	2008-9-11
61	大和证券投资信托株式会社	DAIWA Asset Management Co.	日本	中国银行	2008-9-11
62	壳牌资产管理有限公司	Shell Asset Management Company B. V.	荷兰	花旗银行	2008-9-12
63	普信投资公司	T. Rowe Price Associates, Inc.	美国	汇丰银行	2008-9-12
64	瑞士信贷银行股份有限公司	Credit Suisse AG	瑞士	工商银行	2008-10-14
65	大华资产管理有限公司	UOB Asset Management Ltd	新加坡	工商银行	2008-11-28
66	阿布达比投资局	ABU Dhabi Investment Authority	阿联酋	汇丰银行	2008-12-3
67	安联环球投资有限公司	Allianz Global Investors GmbH	德国	工商银行	2008-12-16
68	资本国际公司	Capital International, Inc.	美国	汇丰银行	2008-12-18
69	三菱日联摩根士丹利证券股份有限公司	Mitsubishi UFJ Morgan Stanley Securities Co., Ltd.	日本	中国银行	2008-12-29
70	韩华资产运用株式会社	Hanwha Investment Trust Management Co., Ltd.	韩国	花旗银行	2009-2-5
71	安石股票投资管理(美国)有限公司	Ashmore Equities Investment Management(US) LLC	美国	汇丰银行	2009-2-10
72	韩国产业银行	The Korea Development Bank	韩国	建设银行	2009-4-23
73	韩国友利银行股份有限公司	Woori Bank Co., Ltd	韩国	工商银行	2009-5-4
74	马来西亚国家银行	Bank Negara Malaysia	马来西亚	汇丰银行	2009-5-19
75	罗祖儒投资管理(香港)有限公司	Lloyd George Management (Hong Kong) Limited	中国香港	汇丰银行	2009-5-27
76	邓普顿投资顾问有限公司	Templeton Investment Counsel, LLC	美国	汇丰银行	2009-6-5
77	东亚联丰投资管理有限公司	BEA Union Investment Management Limited	中国香港	工商银行	2009-6-18
78	三井住友信托银行股份有限公司	The Sumitomo Trust & Banking Co., Ltd.	日本	花旗银行	2009-6-26
79	韩国投资信托运用株式会社	Korea Investment Trust Management Co., Ltd	韩国	工商银行	2009-7-21
80	霸菱资产管理有限公司	Baring Asset Management Limited	英国	汇丰银行	2009-8-6
81	安石投资管理有限公司	Ashmore Investment Management Limited	英国	工商银行	2009-9-14
82	纽约梅隆资产管理国际有限公司	BNY Mellon Asset Management International Limited	英国	建设银行	2009-11-6
83	宏利资产管理(香港)有限公司	Manulife Asset Management (Hong Kong) Limited	中国香港	花旗银行	2009-11-20
84	野村资产管理株式会社	Nomura Asset Management CO., LTD	日本	工商银行	2009-11-23
85	东洋资产运用(株)	Tongyang Asset Management Corp.	韩国	花旗银行	2009-12-11
86	加拿大皇家银行	Royal Bank of Canada	加拿大	工商银行	2009-12-23
87	英杰华投资集团全球服务有限公司	Aviva Investors Global Services Limited	英国	工商银行	2009-12-28
88	常青藤资产管理公司	Ivy Investment Management Company	美国	汇丰银行	2010-2-8
89	顶峰资产管理有限公司	Asset Management One Co., Ltd.	日本	汇丰银行	2010-4-20
90	法国欧菲资产管理公司	OFI Asset Management	法国	渣打银行	2010-5-21
91	安本亚洲资产管理公司	Aberdeen Asset Management Asia Limited	新加坡	花旗银行	2010-7-6
92	KB资产运用	KB Asset Management Co., Ltd.	韩国	花旗银行	2010-8-9
93	富达基金(香港)有限公司	Fidelity Investments Management (Hong Kong) Limited	中国香港	汇丰银行	2010-9-1
94	美盛投资(欧洲)有限公司	Legg Mason Investements (Europe) Limited	英国	花旗银行	2010-10-8
95	香港金融管理局	Hong Kong Monetary Authority	中国香港	花旗银行	2010-10-27
96	富邦证券投资信托股份有限公司	Fubon Asset Management Co., Ltd.	中国台湾	建设银行	2010-10-29

序号	中文名称	外文名称	国别/地区	托管行	批准日期
97	群益证券投资信托股份有限公司	Capital Securities Investment Trust Corporation	中国台湾	汇丰银行	2010-10-29
98	蒙特利尔银行投资公司	BMO Investments Inc.	加拿大	工商银行	2010-12-6
99	瑞士宝盛银行	Bank Julius Bear & Co. ,Ltd	瑞士	花旗银行	2010-12-14
100	科提比资产运用株式会社	KTB Asset Management Co. ,Ltd	韩国	建设银行	2010-12-28
101	领先资产管理	Lyxor Asset Management	法国	建设银行	2011-2-16
102	元大证券投资信托股份有限公司	Yuanta Securities Investment Trust Co. ,Ltd.	中国台湾	农业银行	2011-3-4
103	忠利保险有限公司	Assicurazioni Generali S. p. A.	意大利	工商银行	2011-3-18
104	西班牙对外银行有限公司	Banco Bilbao Vizcaya Argentaria, S. A.	西班牙	中信银行	2011-5-6
105	国泰证券投资信托股份有限公司	Cathay Securities Investment Trust Co. , Ltd.	中国台湾	农业银行	2011-6-9
106	复华证券投资信托股份有限公司	Fuh Hwa Securities Investment Trust Co. Ltd.	中国台湾	花旗银行	2011-6-9
107	亢简资产管理公司	Comgest S. A.	法国	德意志银行	2011-6-24
108	东方汇理资产管理香港有限公司	Amundi Hong Kong Limited	中国香港	建设银行	2011-7-14
109	贝莱德机构信托公司	BlackRock Institutional Trust Company, N. A.	美国	花旗银行	2011-7-14
110	GMO 有限责任公司	Grantham, Mayo, Van Otterloo & Co. LLC	美国	汇丰银行	2011-8-9
111	新加坡金融管理局	Monetary Authority of Singapore	新加坡	汇丰银行	2011-10-8
112	中国人寿保险股份有限公司(中国台湾)	China Life Insurance Co. , Ltd. (Taiwan)	中国台湾	建设银行	2011-10-26
113	新光人寿保险股份有限公司	Shin Kong Life Insurance Co. , Ltd.	中国台湾	中国银行	2011-10-26
114	普林斯顿大学	Princeton University	美国	汇丰银行	2011-11-25
115	加拿大年金计划投资委员会	Canada Pension Plan Investment Board	加拿大	汇丰银行	2011-12-9
116	泛达公司	Van Eck Associates Corporation	美国	工商银行	2011-12-9
117	瀚博环球投资公司	Hansberger Global Investors, Inc.	美国	渣打银行	2011-12-13
118	安耐德合伙人有限公司	EARNEST Partners LLC	美国	建设银行	2011-12-13
119	泰国银行	Bank of Thailand	泰国	汇丰银行	2011-12-16
120	科威特政府投资局	Kuwait Investment Authority	科威特	工商银行	2011-12-21
121	北美信托环球投资公司	Northern Trust Global Investments Limited	英国	交通银行	2011-12-21
122	中国台湾人寿保险股份有限公司	Taiwan Life Insurance Co. , Ltd.	中国台湾	工商银行	2011-12-21
123	韩国银行	The Bank of Korea	韩国	汇丰银行	2011-12-21
124	安大略省教师养老金计划委员会	Ontario Teachers´Pension Plan Board	加拿大	汇丰银行	2011-12-22
125	韩国投资公司	Korea Investment Corporation	韩国	汇丰银行	2011-12-28
126	罗素投资爱尔兰有限公司	Russell Investments Ireland Limited	爱尔兰	汇丰银行	2011-12-28
127	迈世勒资产管理有限责任公司	Metzler Asset Management GmbH	德国	工商银行	2011-12-31
128	华宜资产运用有限公司	HI Asset Management Co. , Linmited.	韩国	工商银行	2011-12-31
129	新韩法国巴黎资产运用株式会社	Shinhan BNP Paribas Asset Management Co. , Ltd.	韩国	汇丰银行	2012-1-5
130	家庭医生退休基金	Stichting Pensioenfonds voor Huisartsen	荷兰	汇丰银行	2012-1-5
131	国民年金公团(韩国)	National Pension Service	韩国	花旗银行	2012-1-5
132	三商美邦人寿保险股份有限公司	Mercuries Life Insurance Co,Ltd	中国台湾	汇丰银行	2012-1-30
133	保德信证券投资信托股份有限公司	Prudential Financial Securities Investment Trust Enterprise	中国台湾	汇丰银行	2012-1-31
134	信安环球投资有限公司	Principal Global Investors LLC	美国	建设银行	2012-1-31
135	医院管理局公积金计划	Hospital Authority Provident Fund Scheme	中国香港	汇丰银行	2012-1-31
136	全球人寿保险股份有限公司	TransGlobe Life Insurance Inc.	中国台湾	花旗银行	2012-2-3
137	大众信托基金有限公司	Public Mutual Berhad	马来西亚	花旗银行	2012-2-3
138	明治安田资产管理有限公司	Meiji Yasuda Asset Management Company Ltd.	日本	花旗银行	2012-2-27
139	国泰人寿保险股份有限公司	Cathay Life Insurance Co. , LTD.	中国台湾	中国银行	2012-2-28
140	三井住友银行株式会社	Sumitomo Mitsui Banking Corporation	日本	中国银行	2012-2-28
141	富邦人寿保险股份有限公司	Fubon Life Insurance Co. Ltd	中国台湾	花旗银行	2012-3-1
142	友邦保险有限公司	AIA Company Limited	中国香港	中国银行	2012-3-5
143	纽伯格伯曼欧洲有限公司	Neuberger Berman Europe Limited	英国	工商银行	2012-3-5
144	马来西亚国库控股公司	KHAZANAH NASIONAL BERHAD	马来西亚	工商银行	2012-3-7
145	资金研究与管理公司	Capital Research and Management Company	美国	汇丰银行	2012-3-9

序号	中文名称	外文名称	国别/地区	托管行	批准日期
146	日本东京海上资产管理株式会社	Tokio Marine Asset Management Co. ,Ltd	日本	汇丰银行	2012-3-14
147	韩亚金融投资株式会社	Hana Financial Investment Co. ,Ltd	韩国	汇丰银行	2012-3-29
148	兴元资产管理有限公司	Genesis Asset Managers,LLP	美国	德意志银行	2012-3-30
149	伦敦市投资管理有限公司	City of London Investment Managementi Company Limited	英国	汇丰银行	2012-3-30
150	摩根资产管理(英国)有限公司	JPMorgan Asset Management (UK) Limited	英国	工商银行	2012-3-30
151	冈三资产管理股份有限公司	Okasan Asset Management Co. ,Ltd	日本	汇丰银行	2012-3-30
152	预知投资管理公司	Prescient Investment Management PTY LTD	南非	工商银行	2012-4-18
153	东部资产运用株式会社	Dongbu Asset Management Co. ,Ltd.	韩国	建设银行	2012-4-20
154	骏利资产管理有限公司	Janus Capital Management LLC	美国	汇丰银行	2012-4-20
155	瀚森全球投资有限公司	Henderson Global Investors Limited	英国	渣打银行	2012-4-28
156	欧利盛资产管理有限公司	Eurizon Capital S. A.	卢森堡	工商银行	2012-5-2
157	中银国际英国保诚资产管理有限公司	BOCI-Prudential Asset Management Limited	中国香港	渣打银行	2012-5-3
158	富敦资金管理有限公司	Fullerton Fund Management Company Ltd	新加坡	工商银行	2012-5-4
159	利安资金管理公司	Lion Global Investors Limited	新加坡	花旗银行	2012-5-7
160	忠利银行基金管理卢森堡有限责任公司	BG FUND MANAGEMENT LUXEMBOURG S. A.	卢森堡	建设银行	2012-5-23
161	威廉博莱公司	William Blair & Company,L. L. C.	美国	汇丰银行	2012-5-24
162	天达资产管理有限公司	Investec Asset Management Limited	英国	花旗银行	2012-5-28
163	安智投资管理亚太(香港)有限公司	ING Investment Management Aisa Pacific (Hong Kong) Limited	中国香港	花旗银行	2012-6-4
164	三菱日联国际资产管理公司	Mitsubishi UFJ Kokusai Asset Management Co. , Ltd.	日本	汇丰银行	2012-6-4
165	中银集团人寿保险有限公司	BOC Group Life Assurance Company Limited	中国香港	农业银行	2012-7-12
166	霍尔资本有限公司	Hall Capital Partners LLC	美国	花旗银行	2012-8-6
167	得克萨斯大学体系董事会	Board of Regents of The University of Texas System	美国	汇丰银行	2012-8-6
168	南山人寿保险股份有限公司	Nan Shan Life Insurance Company,Ltd.	中国台湾	工商银行	2012-8-6
169	SUVA 瑞士国家工伤保险机构	Suva	瑞士	花旗银行	2012-8-13
170	不列颠哥伦比亚省投资管理公司	British Columbia Investment Management Corporation	加拿大	汇丰银行	2012-8-17
171	惠理基金管理香港有限公司	Value Partners Hong Kong Limited	中国香港	汇丰银行	2012-8-21
172	安大略退休金管理委员会	Ontario Pension Board	加拿大	汇丰银行	2012-8-29
173	教会养老基金	The Church Pension Fund	美国	工商银行	2012-8-31
174	麦格理银行有限公司	Macquarie Bank Limited	澳大利亚	汇丰银行	2012-9-4
175	瑞典第二国家养老金	Andra AP-fonden	瑞典	汇丰银行	2012-9-20
176	海通国际资产管理(香港)有限公司	Haitong International Asset Management (HK) Limited	中国香港	交通银行	2012-9-20
177	IDG 资本管理(香港)有限公司	IDG CAPITAL MANAGEMENT (HK) LIMITED	中国香港	建设银行	2012-9-20
178	杜克大学	Duke University	美国	工商银行	2012-9-24
179	卡塔尔控股有限责任公司	Qatar Holding LLC	卡塔尔	农业银行	2012-9-25
180	瑞士盈丰银行股份有限公司	EFG Bank AG	瑞士	花旗银行	2012-9-26
181	海拓投资管理公司	Cutwater Investor Services Corporation	美国	中国银行	2012-10-26
182	奥博医疗顾问有限公司	OrbiMed Advisors LLC	美国	花旗银行	2012-10-26
183	新思路投资有限公司	New Silk Road Investment Pte. Ltd.	新加坡	汇丰银行	2012-10-26
184	贝莱德资产管理北亚有限公司	BlackRock Asset Management North Asia Limited	中国香港	花旗银行	2012-10-26
185	摩根证券投资信托股份有限公司	JPMorgan Asset Management Taiwan	中国台湾	建设银行	2012-11-5
186	全球保险集团美国投资管理有限公司	AEGON USA Investment Management, LLC	美国	花旗银行	2012-11-5
187	鼎晖投资咨询新加坡有限公司	CDH Investment Advisory Private Limited	新加坡	建设银行	2012-11-7
188	瑞典北欧斯安银行有限公司	Skandinaviska Enskilda Banken AB(publ)	瑞典	中国银行	2012-11-12
189	嘉实国际资产管理有限公司	Harvest Global Investments Limited	中国香港	中国银行	2012-11-12
190	灰石投资管理有限公司	Greystone Managed Investments Inc.	加拿大	工商银行	2012-11-21
191	统一证券投资信托股份有限公司	Uni-President Assets Management Corporation	中国台湾	汇丰银行	2012-11-21
192	大和住银投信投资顾问株式会社	Daiwa SB Investments Ltd.	日本	农业银行	2012-11-19
193	毕盛资产管理有限公司	APS Asset Management Pte Ltd	新加坡	建设银行	2012-11-27
194	中信证券国际投资管理(香港)有限公司	CITIC Securities International Investment Management (HK) Limited	中国香港	工商银行	2012-12-11

序号	中文名称	外文名称	国别/地区	托管行	批准日期
195	太平洋投资策略有限公司	Pacific Alliance Investment Management (HK) Limited	中国香港	建设银行	2012-12-11
196	易方达资产管理(香港)有限公司	E Fund Management (Hongkong) Co. ,Limited	中国香港	汇丰银行	2012-12-11
197	高瓴资本管理有限公司	Hillhouse Capital Management Pte. Ltd.	新加坡	建设银行	2012-12-11
198	永丰证券投资信托股份有限公司	SinoPac Securities Investment Trust Co. ,Ltd	中国台湾	工商银行	2012-12-13
199	华夏基金(香港)有限公司	China Asset Management (Hong Kong) Limited	中国香港	汇丰银行	2012-12-25
200	宜思投资管理有限责任公司	East Capital AB	瑞典	花旗银行	2013-1-7
201	第一金证券投资信托股份有限公司	First Securities Investment Trust Co. , Ltd.	中国台湾	汇丰银行	2013-1-24
202	太平洋投资管理公司亚洲私营有限公司	PIMCO Asia Pte Ltd	新加坡	汇丰银行	2013-1-24
203	瑞银资产管理(香港)有限公司	UBS Asset Management (Hong Kong) Ltd	中国香港	花旗银行	2013-1-24
204	南方东英资产管理有限公司	CSOP Asset Management Limited	中国香港	渣打银行	2013-1-31
205	EJS 投资管理有限公司	EJS Investment Management S. A.	瑞士	交通银行	2013-1-31
206	国泰君安资产管理(亚洲)有限公司	Guotai Junan Assets (Asia) Limited	中国香港	交通银行	2013-2-21
207	泰康资产管理(香港)有限公司	Taikang Asset Management (HK) Company Limited	中国香港	工商银行	2013-2-22
208	招商证券资产管理(香港)有限公司	CMS Asset Management (HK) Co. , Limited	中国香港	交通银行	2013-2-22
209	国民证券株式会社	KB Securities co. , Ltd.	韩国	建设银行	2013-3-22
210	工银亚洲投资管理有限公司	ICBC (Asia) Investment Management Company Limited	中国香港	建设银行	2013-3-25
211	亚洲资本再保险集团私人有限公司	Asia Capital Reinsurance Group Pte. Ltd.	新加坡	花旗银行	2013-4-11
212	AZ 基金管理股份有限公司	AZ Fund Management S. A.	卢森堡	德意志银行	2013-4-11
213	台新证券投资信托股份有限公司	Taishin Securities Investment Trust Co. , Ltd.	中国台湾	建设银行	2013-4-27
214	海富通资产管理(香港)有限公司	HFT Investment Management (HK) Limited	中国香港	工商银行	2013-5-7
215	汇丰中华证券投资信托股份有限公司	HSBC Global Asset Management (Taiwan) Limited	中国台湾	交通银行	2013-5-10
216	太平资产管理(香港)有限公司	Taiping Assets Management (HK) Company Limited	中国香港	建设银行	2013-5-15
217	中国国际金融香港资产管理有限公司	China International Capital Corporation Hong Kong Asset Management Limited	中国香港	建设银行	2013-5-16
218	中国光大资产管理有限公司	China Everbright Assets Management Limited	中国香港	汇丰银行	2013-5-30
219	博时基金(国际)有限公司	Bosera Asset Management (International) Co. , Ltd.	中国香港	汇丰银行	2013-6-4
220	兆丰国际证券投资信托股份有限公司	Mega International Investment Trust Co. , Ltd.	中国台湾	德意志银行	2013-6-4
221	法国巴黎投资管理亚洲有限公司	BNP Paribas Investment Partners Asia Limited	中国香港	中国银行	2013-6-19
222	圣母大学	University of Notre Dame du Lac	美国	汇丰银行	2013-6-19
223	纽堡亚洲	Newport Asia LLC	美国	汇丰银行	2013-7-15
224	华南永昌证券投资信托股份有限公司	HUA NAN INVESTMENT TRUST CORPORATION	中国台湾	花旗银行	2013-7-15
225	景林资产管理香港有限公司	Greenwoods Asset Management Hong Kong Limited	中国香港	汇丰银行	2013-7-15
226	中国信托人寿保险股份有限公司	CTBC Life Insurance Co. , Ltd.	中国台湾	中国银行	2013-8-20
227	凯思博投资管理(香港)有限公司	Keywise Capital Management (HK) Limited	中国香港	工商银行	2013-8-20
228	富邦产物保险股份有限公司	FUBON INSURANCE COMPANY LIMITED	中国台湾	工商银行	2013-8-26
229	欧特咨询有限公司	Alta Advisers Limited	英国	汇丰银行	2013-8-26
230	盛树投资管理有限公司	Flowering Tree Investment Manangement Pte. Ltd.	新加坡	汇丰银行	2013-8-26
231	广发国际资产管理有限公司	GF International Investment Management Limited	中国香港	工商银行	2013-9-26
232	梅奥诊所	Mayo Clinic	美国	汇丰银行	2013-9-29
233	国信证券(香港)资产管理有限公司	Guosen Securities (HK) Asset Management Company Limited	中国香港	花旗银行	2013-9-29
234	新加坡科技资产管理有限公司	ST Asset Management Ltd	新加坡	渣打银行	2013-10-18
235	政府养老基金(泰国)	Government Pension Fund	泰国	建设银行	2013-10-24
236	狮诚控股国际私人有限公司	SeaTown Holdings International Pte. Ltd.	新加坡	汇丰银行	2013-10-30
237	CSAM 资产管理有限公司	CSAM Asset Management Pte Ltd	新加坡	花旗银行	2013-10-30
238	中国人寿富兰克林资产管理有限公司	China Life Franklin Asset Management Co. , Limited	中国香港	建设银行	2013-10-30
239	瑞银韩亚资产运用株式会社	UBS Hana Asset Management Co. , Ltd.	韩国	花旗银行	2013-10-31
240	国泰世华商业银行股份有限公司	Cathay United Bank Co. , Ltd.	中国台湾	工商银行	2013-11-7
241	立陶宛银行	Bank of Lithuania	立陶宛	汇丰银行	2013-11-23
242	富兰克林华美证券投资信托股份有限公司	Franklin Templeton SinoAM SIM Inc.	中国台湾	农业银行	2013-11-23
243	中国信托商业银行股份有限公司	CTBC Bank Co. , Ltd.	中国台湾	中国银行	2013-11-23

序号	中文名称	外文名称	国别/地区	托管行	批准日期
244	华盛顿大学	The Washington University	美国	汇丰银行	2014－1－23
245	澳门金融管理局	Monetary Authority of Macao	澳门	中国银行	2014－1－27
246	史帝夫尼可洛司股份有限公司	Stifel Nicolaus & Company, Inc.	美国	花旗银行	2014－1－27
247	职总英康保险合作社有限公司	NTUC Income Insurance Co－operative Limited	新加坡	花旗银行	2014－1－27
248	Invesco PowerShares 资产管理有限公司	Invesco PowerShares Capital Management LLC	美国	建设银行	2014－1－27
249	瑞士再保险私人有限公司	Swiss RE Asia PTE. LTD.	瑞士	花旗银行	2014－1－27
250	Nordea 投资管理公司	Nordea Investment Management AB	瑞典	汇丰银行	2014－1－27
251	国票华顿证券投资信托股份有限公司	Paradigm Asset Management Co., Ltd.	中国台湾	工商银行	2014－3－11
252	喀斯喀特有限责任公司	Cascade Investment, L. L. C.	美国	德意志银行	2014－3－11
253	铭基国际投资公司	Matthews International Capital Management, LLC	美国	汇丰银行	2014－3－12
254	奥本海默基金公司	Oppenheimer Funds, Inc.	美国	汇丰银行	2014－3－19
255	高观投资有限公司	Overlook Investments Limited	中国香港	汇丰银行	2014－4－8
256	台新国际商业银行股份有限公司	Taishin International Bank	中国台湾	建设银行	2014－6－3
257	花旗集团基金管理有限公司	Citigroup First Investment Management Limited	中国香港	德意志银行	2014－6－16
258	爱斯普乐基金管理公司	ASSETPLUS Investment Management Co., Ltd.	韩国	花旗银行	2014－7－24
259	彭博家族基金会	The Bloomberg Family Foundation Inc.	美国	汇丰银行	2014－7－25
260	石溪集团	The Rock Creek Group, LP.	美国	汇丰银行	2014－7－28
261	麻省理工学院	Massachusetts Institute of Technology	美国	汇丰银行	2014－9－19
262	万金全球香港有限公司	Viking Global Hong Kong Limited	中国香港	花旗银行	2014－9－22
263	高盛国际	Goldman Sachs International	英国	汇丰银行	2014－9－22
264	安盛基金管理有限公司	AXA Fund Management S. A.	卢森堡	汇丰银行	2014－10－8
265	国投瑞银资产管理(香港)有限公司	UBS SDIC Asset Management (Hong Kong) Company Limited	中国香港	工商银行	2014－12－1
266	工银瑞信资产管理(国际)有限公司	ICBC Credit Suisse Asset Management (International) Company Limited	中国香港	汇丰银行	2014－12－4
267	申万宏源投资管理(亚洲)有限公司	Shenwan Hongyuan Asset Management (Asia) Limited	中国香港	工商银行	2014－12－30
268	宾夕法尼亚大学校董会	Trustees of the University of Pennsylvania	美国	汇丰银行	2015－1－5
269	广发资产管理(香港)有限公司	GF Asset Management (Hong Kong) Limited	中国香港	工商银行	2015－1－7
270	麦盛资产管理(亚洲)有限公司	Munsun Asset Management (Asia) Limited	中国香港	兴业银行	2015－1－22
271	玉山商业银行股份有限公司	E. SUN COMMERCIAL BANK, LTD.	中国台湾	中国银行	2015－2－27
272	汇添富资产管理(香港)有限公司	China Universal Asset Management (Hong Kong) Company Limited	中国香港	建设银行	2015－2－27
273	加利福尼亚大学校董会	The Regents of the University of California	美国	德意志银行	2015－3－25
274	富国资产管理(香港)有限公司	Fullgoal Asset Management (HK) Limited	中国香港	汇丰银行	2015－4－8
275	文莱投资局	Brunei Investment Agency	文莱	渣打银行	2015－5－7
276	中国台湾银行股份有限公司	Bank of Taiwan	中国台湾	汇丰银行	2015－5－20
277	淡水泉(香港)投资管理有限公司	Springs Capital (Hong Kong) Limited	中国香港	汇丰银行	2015－5－20
278	安联证券投资信托股份有限公司	Allianz Global Investors Taiwan Limited	中国台湾	德意志银行	2015－5－21
279	安信资产管理(香港)有限公司	Essence Asset Management (Hong Kong) Limited	中国香港	汇丰银行	2015－6－2
280	日盛证券投资信托股份有限公司	Jih Sun Securities Investment Trust Co., Ltd	中国台湾	德意志银行	2015－6－2
281	泛亚投资管理有限公司	General Oriental Investments SA	瑞士	汇丰银行	2015－6－29
282	建银国际资产管理有限公司	CCB International Asset Management Limited	中国香港	工商银行	2015－7－28
283	忠诚保险有限公司	Fidelidade－Companhia de Seguros, S. A.	葡萄牙	工商银行	2015－8－31
284	挚信投资顾问(香港)有限公司	TBP Investment Advisory (HK) Limited	中国香港	工商银行	2015－10－12
285	瀚亚证券投资信托股份有限公司	Eastspring Securities Investment Trust Co. Ltd.	中国台湾	汇丰银行	2015－11－2
286	柏瑞证券投资信托股份有限公司	PineBridge Investments Management Taiwan Limited	中国台湾	德意志银行	2015－11－24
287	农银国际资产管理有限公司	ABCI Asset Management Limited	中国香港	中国银行	2015－11－24
288	融通国际资产管理有限公司	Rongtong Global Investment Limited	中国香港	工商银行	2016－1－15
289	国泰全球投资管理有限公司	Guotai Global Investments Limited	中国香港	建设银行	2016－3－17
290	第一商业银行股份有限公司	First Commercial Bank, Ltd.	中国台湾	汇丰银行	2016－5－3
291	元大证券股份有限公司	Yuanta Securities Co., Ltd.	中国台湾	交通银行	2016－7－19
292	工银国际资产管理有限公司	ICBC International Asset Management Limited Company	中国香港	农业银行	2016－7－19

序号	中文名称	外文名称	国别/地区	托管行	批准日期
293	中国光大证券资产管理有限公司	China Everbright Securities Asset Management Limited	中国香港	交通银行	2016-8-12
294	领航集团有限公司	The Vanguard Group, Inc.	美国	汇丰银行	2016-9-1
295	中邮创业国际资产管理有限公司	China Post & Capital Global Asset Management Limited	中国香港	中国银行	2016-9-9
296	财通国际资产管理有限公司	Caitong International Asset Management Co. Limited	中国香港	中国银行	2016-9-9
297	摩根大通证券股份有限公司	J. P. Morgan Securities plc	英国	汇丰银行	2016-9-28
298	大成国际资产管理有限公司	Da Cheng International Asset Management Company Limited	中国香港	渣打银行	2016-12-6
299	招银国际资产管理有限公司	CMB International Asset Management Limited	中国香港	中国银行	2017-1-5
300	中加国际资产管理有限公司	BOB Scotia International Asset Management Company Limited	中国香港	建设银行	2017-1-10
301	国家第一养老金信托公司	FSS Trustee Corporation	澳大利亚	汇丰银行	2017-1-18
302	海通银行股份有限公司	Haitong Bank, S. A.	葡萄牙	花旗银行	2017-2-13
303	中银香港资产管理有限公司	BOCHK Asset Management Limited	中国香港	农业银行	2017-5-24
304	兴证国际资产管理有限公司	China Industrial Securities International Asset Management Limited	中国香港	兴业银行	2017-6-19
305	山证国际资产管理有限公司	SSIF Asset Management Limited	中国香港	交通银行	2017-8-14
306	上投摩根资产管理(香港)有限公司	China International Fund Management (Hong Kong) Limited	中国香港	中国银行	2017-10-27
307	荷兰汇盈资产管理公司	APG Asset Management N. V.	荷兰	汇丰银行	2017-11-28

基金公司理财中心名录

(截至 2018 年 6 月)

序号	机构名称	地址	邮编	联系电话
1	诺安基金管理有限公司投资理财中心	北京市朝阳区光华路甲 14 号 901 室	100026	010-59027888
2	华夏基金管理有限公司北京海淀投资理财中心	北京市海淀区中关村南大街 11 号光大国信大厦 1 层	100081	010-68458598
3	华夏基金管理有限公司北京朝阳投资理财中心	北京市朝阳区东三环中路 39 号建外 SOHOB 座 0104 室	100022	010-67718453
4	华夏基金管理有限公司北京东中街投资理财中心	北京市东城区东中街 29 号东环广场 B 座 1 层	100027	010-64185187
5	华夏基金管理有限公司北京科学院南路投资理财中心	北京市海淀区中关村科学院南路新科祥园甲 3 号	100080	010-82523195
6	华夏基金管理有限公司北京崇文投资理财中心	北京市东城区安化寺幸福家园 1 层	100062	010-67133687
7	华夏基金管理有限公司北京西三环投资理财中心	北京市海淀区西三环北路甲 35 号	100089	010-52723129
8	华夏基金管理有限公司北京世纪城投资理财中心	北京市海淀区蓝靛厂时雨园甲 2-4 号	100089	010-88892837
9	华夏基金管理有限公司北京望京投资理财中心	北京市朝阳区望京南湖东园 122 楼博泰国际商业广场 1 层 F-36 号	100102	010-64742505
10	华夏基金管理有限公司北京亚运村投资理财中心	北京市朝阳区惠中里 103 号洛克时代中心 1 层	100101	010-84871039
11	华夏基金管理有限公司北京东四环投资理财中心	北京市朝阳区八里庄西里 100 号 1 幢 103 号	100025	010-85869663
12	华夏基金管理有限公司北京朝外大街投资理财中心	北京市朝阳区朝外大街 6 号新城国际 6 号楼 101 号	100020	010-65336597

第二章 资产托管银行

中国工商银行资产托管部

1998年2月24日，经中国证券监督管理委员会、中国人民银行核准，中国工商银行成为中国大陆首家托管银行。作为托管服务的先行者，中国工商银行始终秉承“诚实信用、勤勉尽责”的宗旨，依靠严密科学的风险管理和内部控制体系、规范的业务管理模式、先进的业务营运系统和专业的托管服务团队，为境内外广大投资者、金融资产管理机构和企业客户提供安全、高效、专业的托管服务，展现优异的市场形象和影响力，赢得了客户的长久信赖与尊重。

中国工商银行是国内目前资产托管品种最多、托管规模最大、托管服务最优的银行，连续十九年保持市场份额第一的优势。中国工商银行建立了门类齐全的托管产品体系，同时在国内率先开展绩效评估、风险管理等托管增值服务，可以为各类客户提供个性化的托管服务。中国工商银行始终引领市场创新，自开展托管服务以来，先后参与开发并托管了国内绝大多数的创新产品，在国内首家通过ISAE3402（即原SAS70）国际审计专项认证并将其年度化，首家实施资产托管业务灾难恢复应急演练并将其制度化，创新能力、服务水平和风险控制能力得到市场的高度认可。

中国工商银行致力于为优秀的资本市场参与者提供最专业的托管服务，同时积极响应客户需求，逐步搭建全球托管网络体系，托管服务已由国内延伸到全球，服务范围涵盖国内资产托管服务和全球资产托管服务，可以为客户提供包括基本服务和增值服务在内的全面托管服务。

2004年3月，在香港《亚洲货币》公布的首次针对中国大陆进行的最佳托管银行评选中，中国工商银行被评为唯一的“中国最佳托管银行”，此后连续多年获得英国《全球托管人》、香港《财资》、美国《环球金融》、内地《证券时报》、《上海证券报》等境内外权威财经媒体评选的51项最佳托管银行大奖。中国工商银行是获得奖项最多的国内托管银行，优良的服务品质获得国内外金融领域的持续认可和广泛好评，国际影响力和品牌知名度与日俱增。

2017年10月，中国工商银行托管国内第一只FOF基金——南方全天候策略混合型FOF基金。截至2017年底，共托管证券投资基金808只，托管基金资产规模1.94万亿元，市场占有率16.79%，基金托管规模居行业前列。

截至2017年末，中国工商银行托管资产总净值15.5万亿，连续19年居同业首位。凭借在国内外托管领域的出色表现和品牌影响力，先后获得《环球金融》、《银行家》、银行间市场清算所“2014年度中国最佳托管银行”大奖。

中国建设银行资产托管业务部

1998年3月，经中国证券监督管理委员会和中国人民银行核准，中国建设银行成为我国首批具有证券投资基金托管人资格的托管银行。目前，中国建设银行总行设立资产托管业务部，负责全行各类资产托管业务的经营与管理，具体职责包括承担资产托管业务的整体规划、市场开发和营销、托管产品研究和设计、业务运营服务、风险防范和控制等工作。

经过多年的经营与积淀，中国建设银行在资产托管业务领域积累了丰富的市场及运作经验，培养了大批专业人才，在业内树立了良好的信誉与品牌形象，与国内外众多知名企业建立了稳固长久的业务合作关系，得到了包括行业监管部门、主管部门、专业评价机构、合作客户乃至托管同行的一致认可。

一、托管业务范围持续扩展，托管规模快速增长

中国建设银行紧紧抓住国内金融市场改革开放的有利时机，持续拓展资产托管业务范围，不断涉足新兴业务领域，抢占市场先机。业务品种由最初的封闭式基金托管扩展到开放式基金托管、合格境外机构投资者（QFII）托管、养老金托管、保险资产托管、券商资产托管、信托财产保管、合格境内机构投资者（QDII）托管、特定客户资产托管、银行理财产品托管及股权投资基金托管等各类业务品种；涉及市场已由最初的国内交易所市场扩大到交易所市场、银行间市场、产权市场和柜台交易市场，以及国外所有成熟市场和部分新兴市场；合作客户由基金公司扩展为基金公司、保险公司、证券公司、信托公司、养老金公司、企业年金客户、境外投资机构、产业投资基金、私募股权基金、商业银行、各类专户投资者等社会各界方方面面的企业和个人；提供的服务不仅包括账户开立、财产保管、资金清算、会计核算、资产估值、投资监督等常规服务，还包括基金互认代理、报告定制、公司股务等增值和创新服务。中国建设银行已发展成为国内托管业务体系最完善、牌照最多、产品最全、服务范围最广的托管银行之一，并仍在继续发展和完善。

到2017年底，中国建设银行资产托管业务规模已达到11.54万亿元，较2016年新增2.29万亿元，增速24.72%。托管的股票型基金只数市场第一，托管的债券型基金、商品型基金和QDII（合格境内机构投资者）基金的规模均为市场第一。保险资产托管中标规模同业第一，保险托管规模达到3.56万亿元，较上年增长38.24%。OFII托管规模四大国有商业银行第一。

二、强化产品创新机制，稳步推进产品创新工作

2017年，中国建设银行以客户需求为导向，以监管政策为标准，稳步推进托管产品创新及托管服务的流程优化工作。一是业内首批开展创新型FOF基金托管，抢占市场先机。中国建设银行托管首批募集资金的37.9%，托管只数和首发规模均列市场第一。二是推动产品创新、流程创新和系统创新。其中多项为业内首创，服务水准超业界标准。三是以市场需求为导向，全面推动托管条线创新，积极开展分行托管业务创新评审活动。

三、新一代托管业务系统全面上线，服务能力持续增强

一是新一代托管系统全功能上线，实现多方面能力提升：（1）自动化水平大幅提升，核算业务自动化率超过96%，凭证自动化处理率超过98%；（2）业务管理、产品创新灵活性大幅提升;(3)风险防控能力大幅提升;(4)个性化、增值服务水平大幅提升;(5)工作效率大幅提升。二是系统功能持续完善,服务能力不断增强。业内首家开展非法人产品参与上清所债券净额代理清算业务,成功上线深港通业务托管功能,全面推广托管网银功能,实现 cos_t 直联支付功能,新股网下认购资金中签数据自动解析功能。

四、强化内控风险与基础管理,确保客户资产安全

中国建设银行高度重视客户托管资产的安全,始终以"尽责、规范、稳健、审慎"为原则,把内控风险管理工作放在首位,不断优化运营管理,确保安全运营。一是建章建制,规范业务操作。全年制定各类业务指引、操作规范、业务手册 20 余项,全面规范托管业务操作。二是强化合规风控管理。组织全行托管条线开展"安全生产大检查"工作。完成反洗钱清单检测设置、反洗钱业务梳理、责任客户反洗钱调查评估等重点工作。三是梳理运营风险点,提高风险控制能力。针对线下指令支付、银行间三费缴费功能、实物凭证管理、白名单管理等多个环节梳理主要风控点,减少人工干预,提升处理效率。推进指令电子化,提高运营效率,有效提升支付效率,降低支付风险,减轻人工压力。四是增强服务意识,提升客户体验。制订《托管客户启始运作注意事项》,方便客户及时、准确了解中国建设银行托管运营工作的流程、分工、业务办理要求及联系人信息,提升客户体验。五是聘请会计师事务所按照 ISAE3402 标准进行内部控制审计。自 2008 年开始,中国建设银行每年聘请国际上的权威专业外部审计机构进行 ISAE3402(原 SAS70)审计,审计范围覆盖所有产品和所有环节,已连续十年获得外部审计机构出具的无保留意见审计报告,风险控制能力得到国际权威机构、监管部门和业界的高度认可。

五、托管专业能力得到市场认可

新一代托管系统荣获《亚洲银行家》杂志"最佳托管系统实施奖";连续 11 年获得《全球托管人》《财资》《环球金融》各项托管专业荣誉;连续五年荣获中央国债登记结算有限责任公司"优秀资产托管机构"奖;中国建设银行为中国证券投资基金业协会托管与运营专业委员会主席单位。

中国银行托管业务部

一、基本情况

1912 年 2 月,经孙中山先生批准,中国银行正式成立。在中华人民共和国成立前的 37 年间,中国银行先后是当时的国家中央银行、国际汇兑银行和外贸专业银行。在动荡的历史年代,中国银行作为民族金融的支柱,以服务大众、振兴民族金融业为己任,稳健经营,锐意进取,各项业务取得了长足发展。新中国成立后,中国银行成为国家指定的外汇外贸专业银行,继续保持和发扬了顽强创业的企业精神,为国家对外经贸发展、开展经济建设作出了贡献。1994 年,随着金融体制改革的深化,中国银行由外汇外贸专业银行向功能完善、服务全面的国有商业银行转化。1994 年和 1995 年,中国银行分别成为香港地区、澳门地区的发钞银行。2004 年 8 月 26 日,中国银行股份有限公司在北京注册成立,中国银行成为国家控股的股份制商业银行,标志中国银行向建立拥有良好公司治理机制的现代化股份制商业银行的目标迈出了一大步,中国银行历史翻开了新的一页。中国银行于 2006 年 6 月 1 日在香港联合交易所(股票代号:3988)上市,同年 7 月 5 日亦在上海证券交易所(股票代号:601988)挂牌上市,进一步扩大了中国银行在国际市场和国内市场的实力和影响力,为中国银行的百年品牌再添美誉。中国银行是国内主要金融服务提供商之一,业务范围涵盖商业银行、投资银行和保险领域,旗下有中银香港、中银国际、中银保险、中银基金、中银航空租赁、中银投资等控股金融机构。商业银行为中国银行的主营业务,包括公司金融、个人金融和金融市场等业务。

作为中国唯一连续经营百年的银行,中国银行在全球范围内的卓越表现得到了海内外的高度认可。连续 29 年入选美国《财富》杂志评选的"世界 500 强",中国企业独此一家。中国银行曾先后多次被《欧洲货币》评选为"中国最佳银行""中国最佳国内银行"及"亚洲最佳现金管理银行",多次被香港《财资》(THEASSET)评为"中国最佳国内银行",被美国《环球金融》杂志评为"中国最佳外汇银行"和"最佳国际化银行"等。

2017 年,全球银行业权威杂志英国《银行家》公布"2017 年全球银行品牌 500 强排行榜",中国银行在全球银行业中排名第 5 位,较 2016 年上升 1 位。2017 年,中国银行还获得了"最佳贸易融资银行"《亚洲货币》、"亚太区最佳人民币清算行"《亚洲银行家》、"2017 年度亚洲卓越商业银行"《21 世纪经济报道》、"金融行业最佳海外形象企业"《中国报道》、"最佳上市银行"《金融时报》、"2017 中国区债券承销银行君鼎奖"《证券时报》、"2017 中国区全能银行投行君鼎奖"《证券时报》、"2017 年度私人银行卓越奖"《上海证券报》等诸多荣誉与奖项。

中国银行在注重稳健经营的同时积极进取,不断创新,创造了国内银行业的许多第一,在国际结算、外汇资金和贸易融资等领域得到业界和客户的广泛认可和赞誉。中国银行是中国国际化程度最高的银行。1929 年,中国银行在伦敦设立第一家海外分行,此后在世界各大金融中心相继开设分支机构。中国银行在国内同业中率先引进国际管理技术人才和经营理念,不断向国际化一流大银行的目标迈进。截至 2017 年年末,除在中国内地外,中国银行在香港、澳门等 53 个国家和地区拥有分支机构,海外员工数量超过 25000 名,拥有广泛的国际银行网络。

二、托管业务介绍

(一)基本概况

1998 年 7 月,经中国证监会和中国人民银行核准,中国银行成为国内首批五家从事基金托管业务的银行之一,同年 10 月总行基金托管部成立,2014 年年初正式更名为"托管业务部"。

经过近 20 年的发展,中国银行拥有目前业内最为齐全的托管业务资质,取得了所有监管机构开办托管业务的批复,依托遍布全球一万多家境内外分支机构的网络优势,为全球客户的单一或全球市场投资提供本地托管与跨境托管服务。截至 2017 年末,中银集团全球托管资产规模近 10 万亿元,是业内领先的大型托管银行。

(二)亮点与优势

1. 托管业务起步早,托管经验丰富。中国银行托管业务起步于 1998 年。2003 年率先为中资保险公司的境内投资提供托管服务,2005 年首开中资银行跨境托管之先河。多年的业务运营,使中国银行积累了丰富的托管业务经验。经过十余年的持续努力,中国银行托管业务领域和范围不断拓宽,拥有全面的业务资格、业内最为齐全和丰富的托管产品线,服务手段和内容不断深化,风险管理能力不断增强,积累了丰富的托管运作经验。

2. 产品创新引领市场。中国银行致力于通过创新满足客户需求、引领市场潮流。在几乎所有的托管领域,中国银行均是首家或首批实践者。中国银行首批获得基金、保险、企业年金等托管资格,是国内首家社保资金托管银行与保险资金全托管银行之一,并首批为交易所交易基金(ETF)、QFII、QDII、RQFII、企业年金、信托计划、银行理财、券商资产管理计划等金融产品提供托管服务;中国银行也是最早涉足机构客户QDII、资产证券化等创新业务的托管银行。在托管服务方面,中国银行先后率先推出绩效评估、公司行动、风险分析等托管增值服务,并在业内首家推出"一站式"跨境托管服务。

3. 托管客户类型全面。中国银行拥有最为齐全的托管客户群,其中不但包括以社保基金与保险公司为代表的保险保障类机构、大型央企、主要的基金公司、证券公司、信托公司、商业银行和高端个人客户等客户,还包括众多国际知名金融机构客户。

4. 领先的"一站式"跨境托管能力。中国银行依托海外机构优势,在国内同业中率先构建海内外一体化的托管综合服务平台。以中国银行担任全球托管行,在不同市场委任海外机构或外资托管行,建立全球托管网络,即"总行 + 中银香港/重点海外分行"的托管模式,在香港、美国、新加坡、卢森堡等重点国家和地区利用自有网络和托管系统开展托管业务,同时通过与全球托管行的合作形成覆盖全球的托管网络,为机构和个人投资者的全球投资活动提供全面托管及相关金融服务。目前中国银行拥有最强海外自有托管网络,海外机构托管规模居中资首位,托管境外投资客户数量和规模居市场前列。

5. 安全稳定高效的托管系统平台。中国银行结合国际先进托管业务设计思想,推出了全球托管系统平台,用信息化手段和国际化的管理思维,为客户提供账户管理、指令管理、公司行动、清算交收、核算估值、投资监督等托管服务内容;并率先打造完全自主知识产权的跨境托管模块,直接深入对接海外本地资本市场,为全球托管业务的开展提供了强有力的网络化、电子化和信息化的支持。同时,该平台实现与渠道系统、资金汇划系统及各登记结算机构的无缝衔接,为客户提供安全、稳定、便捷、高效的全球资产托管服务。

中国银行托管债券交收服务能力一直在引领行业:中国银行于2012年首家与中央结算公司系统完成了大证书下的直联,实现了债券结算业务的自动化、电子化,并在后续的一年多时间里,保持行业唯一一家直联托管行的地位;中国银行与2016年3月实现与银行间债券交易另一大结算机构——上清所的直联,目前银行间债券结算业务自动化率达到99%以上,在结算量稳步增长的市场状况下,有力地支持了业务发展,在债券托管市场上树立了品牌形象。

2017年,中国银行持续优化清算功能,提升业务效率。为满足日益增长的上交所 RTGS 业务处理效率,我行推出了上海 RTGS 业务自动支付服务。直连中国结算 FISP 系统,实现场外开放式基金从开户、划款指令、交易接收及确认及日终对账的全自动处理。

中国银行不断优化电子指令功能,实现中债、上清所DVP 账户之间的互划。

6. 严密完善的风险内控体系。中国银行建立了全面、严格的管理制度和操作流程,通过制度控制、岗位控制、系统应用控制、操作风险管理工具应用、业务持续性管理、内控检查及审计等措施建立了涵盖托管业务全流程的风险体系。截至2017年,中国银行托管业务已连续十年获得国际主流内控审阅准则(最新标准为 ISAE3402 和 SSAE16)的无保留意见的内控报告,内部控制获得外部独立审计机构的认可。

7. 卓越的品牌声誉:经过不懈的努力,"中银托管"品牌在业内建立起较高知名度,蜚声海外,取得了境内外客户、监管机构及同业的认同,近年来获得多项荣誉:先后获得《21世纪经济报道》"年度最佳托管银行";《金融理财》"年度金牌最稳健托管银行";《财资》杂志"最佳 RQFII 托管银行"奖、"中国最佳本地托管银行";《首席财务官》杂志"中国 CFO 最佳资产托管银行"等行业奖项。

2018年1月13日,在由东方财富网、天天基金主办的年度金融领域行业大榜——"2017年东方财富风云榜"评选活动中,我行凭借强大的综合实力和2017年度优异的托管服务,荣获"2017年度最佳托管银行"奖。2018年3月22日,由中国基金报主办的中国基金业英华奖公募基金20年特别评选颁奖典礼在北京揭晓,我行荣获公募基金20年"最佳基金托管银行"奖。日前,我行还荣获了中央国债登记结算有限责任公司(简称"中央结算公司")评选的2017年度"优秀托管机构"奖。这是自该奖项设立起,我行连续第五年获此殊荣,体现出中央结算公司、客户及市场对我行托管债券交收服务能力的高度认可。

中国农业银行托管业务部

中国农业银行证券投资基金托管部于1998年5月经中国证监会和中国人民银行批准成立,2014年更名为托管业务部/养老金管理中心,内设综合管理部、业务管理部、客户一部、客户二部、客户三部、客户四部、风险合规部、产品研发与信息技术部、营运一部、营运二部、市场营销部、内控监管部、账户管理部,拥有先进的安全防范设施和基金托管业务系统。中国农业银行托管业务部现有员工近240名,其中具有高级职称的专家30余名,服务团队成员专业水平高、业务素质好、服务能力强,高级管理层均有20年以上金融从业经验和高级技术职称,精通国内外证券市场的运作。截至2017年12月31日,中国农业银行托管的封闭式证券投资基金和开放式证券投资基金共397只,资产托管规模达10.29万亿,较上年末增长14.3%;全年实现托管业务全年实现托管及其他受托业务佣金收入33.68亿元,较上年增长8.0%。

中国农业银行股份有限公司是中国金融体系的重要组成部分,总行设在北京。经国务院批准,中国农业银行整体改制为中国农业银行股份有限公司并于2009年1月15日依法成立。中国农业银行股份有限公司承继原中国农业银行全部资产、负债、业务、机构网点和员工。中国农业银行网点遍布中国城乡,成为国内网点最多、业务辐射范围最广,服务领域最广,服务对象最多,业务功能齐全的大型国有商业银行之一。在海外,中国农业银行同样通过自己的努力赢得了良好的信誉,每年位居《财富》世界500强企业之列。作为一家城乡并举、联通国际、功能齐备的大型国有商业银行,中国农业银行一贯秉承以客户为中心的经营理念,坚持审慎稳健经营、可持续发展,立足县域和城市两大市场,实施差异化竞争策略,着力打造伴你成长服务品牌,依托覆盖全国的分支机构、庞大的电子化网络和多元化的金融产品,致力为广大客户提供优质的金融服务,与广大客户共创价值、共同成长。

中国农业银行是中国第一批开展托管业务的国内商业银行,经验丰富,服务优质,业绩突出,2004年被英国《全球托管人》评为中国"最佳托管银行"。2007年中国农业银行通过了美国 SAS70 内部控制审计，并获得无保留意见的 SAS70 审计报告。自 2010 年起中国农业银行连续通过托管业务国际内控标准（ISAE3402）认证，表明了独立公正第三方对中国农业银行托管服务运作流程的风险管理、内部控制的健全有效性的全面认可。中国农业银行着力加强能力建设，品牌声誉进一步提升，在 2010 年首届"'金牌理财' TOP10 颁奖盛典"中成绩突出，获"最佳托管银行"奖。2010 年再次荣获《首席财务官》杂志颁发的"最佳资产托管奖"。2012 年荣获第十届中国财经风云榜"最佳资产托管银行"称号；2013 年至 2017 年连续荣获上海清算所授予的"托管银行优秀奖"和中央国债登记结算有限责任公司授予的"优秀托管机构奖"称号；2015 年、2016 年荣获中国银行业协会授予的"养老金业务最佳发展奖"称号；2018 年荣获中国基金报授予的公募基金 20 年"最佳基金托管银行"奖。

招商银行总行资产托管部

2002 年 8 月 26 日，招商银行成立总行基金托管部，2005 年 8 月 30 日，更名为总行资产托管部。2002 年 11 月 8 日，经中国人民银行和中国证监会批准获得证券投资基金托管业务资格，招行成为国内首家获得该项业务资格的股份制商业银行。2003 年 4 月 28 日，招行正式开办了证券投资基金托管业务，根据各地托管市场特点与分行专业程度，建立了全行资产托管业务运作与管理体系，2016 年 12 月 12 日，招行海外全球托管中心开业，拉开了托管海外布局的序幕。

招商银行作为托管业务资质最全的商业银行，拥有证券投资基金托管、受托投资管理托管、合格境外机构投资者托管（QFII）、全国社会保障基金托管、保险资金托管、企业年金基金托管等业务资格。2016 年 11 月 29 日，招行成功中标全国社保基金理事会基本养老保险基金托管资格，成为基本养老保险基金托管行。

根据市场变化和客户需要，招商银行托管服务全面覆盖各类资产管理公司、商业银行、工商企业、政府机构及公益基金会、私人客户等，全面涉足基金投资、券商理财、信托财产、银行理财、股权投资基金、养老基金、保险资产、跨境托管、客户资金、慈善基金等所有托（保）管业务领域，托管业务呈现多元均衡发展态势，并在基金客户资产管理、券商资管、银行理财、信托资金、股权投资等托管领域处于行业前列地位。招行充分挖掘庞大托管数据资源，将服务延伸至外包业务和绩效评估领域，连续六年举办"金眼睛"投资绩效评选，打造了独具特色的绩效评估增值服务体系，实现了从单一托管服务商向全面投资者服务机构的转变。

自 2014 年以来，招商银行加速轻型银行转型的进程，资产托管业务迅猛发展。截至 2017 年末，招商银行托管资产规模 11.97 万亿元，较 2016 年末增长 17.70%；全年实现托管费收入 48.55 亿元，同比增长 13.38%。托管资产余额和托管费收入均居国内托管行业第二，成为国内两家托管规模超过十万亿的托管行之一。

坚持技术创造价值，招商银行持续开发与优化托管系统平台：2007 年 5 月，率先开发托管银行系统及独特的客户端，实现了托管指令电子化、托管业务直通式处理。2008 年 5 月，开发了托管核心业务系统，成为国内两家拥有自主研发托管系统的托管行。2009 年 7 月，推出了国内首个集托管业务处理和客户服务为一体的"6S 资产托管综合业务平台"，并获 2010 年度深圳市金融创新奖。2014 年 10 月，推出了国内首个全功能网上托管银行 1.0，实现了托管全流程电子化、自动化、网络化处理。2015 年 6 月，率先采用分布式开发技术对托管系统架构进行颠覆性重构，实现了高效的"一键估值"。2016 年 11 月，发布了全功能网上托管银行 2.0 版，托管平台处理智能化飞跃，率先实现了银行间上清所 DVP 资金直调中债登 DVP 账户，极大地提升了业务处理效率与客户体验，持续领跑国内托管系统建设。

为切实地履行托管人职责，招商银行构建了覆盖全行托管业务全流程、动态化的风险管控体系，有效地维护投资者（委托人）的合法权益，建立了托管人才快速培育机制，拥有一大批掌握托管政策法规、熟悉托管市场与客户需求、较强协调与专业水平的托管专业人才队伍，可快速响应以市场和客户的需要，进行托管产品创新、托管系统开发、业务流程与风控优化，做到业务创新与合规并举。

2006 年招商银行首创了国内托管业内唯一的"6S 托管银行"品牌体系，确立了"因势而变、先您所想"的托管理念、"财富所托、信守承诺"的核心价值，和"保护您的业务、保护您的财富"的历史使命，建立了"6 心"托管服务标准，2017 年招行连获"中国最佳托管银行"（《亚洲银行家》）、"年度最佳托管银行"（《财经》）等多项托管奖项。

交通银行总行资产托管部

交通银行始建于 1908 年，是中国历史最悠久的银行之一，也是近代中国的发钞行之一。1987 年重新组建后的交通银行正式对外营业，成为中国第一家全国性的国有股份制商业银行，总部设在上海。2005 年 6 月交通银行在香港联合交易所挂牌上市，2007 年 5 月在上海证券交易所挂牌上市。根据 2017 年英国《银行家》杂志发布的全球千家大银行报告，交通银行一级资本位列第 11 位，较上年上升 2 位；根据 2017 年美国《财富》杂志发布的世界 500 强公司排行榜，交通银行营业收入位列第 171 位。

截至 2017 年 12 月 31 日，交通银行资产总额为人民币 90382.54 亿元。2017 年 1—12 月，交通银行实现净利润（归属于母公司股东）人民币 702.23 亿元。

一、业务概况

交通银行总行设资产托管业务中心（下文简称"托管中心"）。现有员工具有多年基金、证券和银行的从业经验，具备基金从业资格，以及经济师、会计师、工程师和律师等中高级专业技术职称，员工的学历层次较高，专业分布合理，职业技能优良，职业道德素质过硬，是一支诚实勤勉、积极进取、开拓创新、奋发向上的资产托管从业人员队伍。

截至 2017 年 12 月 31 日，交通银行共托管证券投资基金 335 只。此外，交通银行还托管了基金公司特定客户资产管理计划、证券公司客户资产管理计划、银行理财产品、信托计划、私募投资基金、保险资金、全国社保基金、养老保障管理基金、企业年金基金、QFII 证券投资资产、RQFII 证券投资资产、QDII 证券投资资产和 QDLP 资金等产品。

二、服务品种

（一）证券投资基金托管

交通银行自 1998 年 7 月获得基金托管资格，从封闭式基金托管起步，一直致力于业务的创新和发展，如今交通银行的证券投资基金托管业务已经发展成为一项比较成熟、有较高知名度、市场竞争能力较强的中间业务品种，曾先后托管了国内第一只开放式基金、第一只纯债券基金、第一只伞型基金、首批货币市场基金之一、首只跟踪上证50指数的基金、第一只生命周期型基金,创造了多个第一。

(二)全国社保基金资产托管

2002年底,交通银行从全国社会保障基金理事会托管人招标中脱颖而出,成为全国社保基金首批两家托管行之一。交通银行以高度社会责任感,勤勉尽责地履行托管人义务,为全国社保基金提供高质量的托管服务。

(三)保险资金托管业务

2005年3月,保监会核准交通银行从事保险公司股票资产托管业务。保险资金托管业务是交通银行接受保险行业客户的委托,对其委托资产提供托管服务。具体包括:为委托资产分别开立银行账户和证券账户,安全保管各类资产;为委托资产提供安全、高效的资金清算服务,并执行资产委托人和投资管理人发送的其他资金清算指令;为委托资产单独建账,进行会计核算;对各投资管理人的投资行为进行监控,确保其投资符合监管部门的要求、符合事先确定的投资范围和投资比例;及时与投资管理人进行账务核对;按要求向监管部门提供各类报表;编制托管报告;保管与各保险行业客户有关的重要合同及业务资料等。

(四)券商集合/定向资产管理计划托管

交通银行根据与证券公司签订的《集合资产管理计划托管协议》或《定向资产管理合同》,为资产管理计划的资产提供资产保管、资金清算、会计核算、交易监管等托管服务。

(五)企业年金托管

2005年8月,经劳动和社会保障部批准,交通银行成为首批获得企业年金基金托管业务资格的商业银行之一。如今交通银行企业年金托管客户涉及电力、航空、铁路运输、烟草、金融、石化、港口、基础设施建设等行业的多家大型企业,而且获得了国内多个省市地方社保的整体移交托管项目。

(六)国际托管

2003年9月,交通银行托管了首个QFII项目:日兴资产管理公司的封闭式基金——"日兴中国人民币国债母基金",这是中国首个QFII基金项目。目前交通银行不仅为QFII资产提供托管服务,而且与知名的全球托管银行展开了紧密合作,为境内合格的机构投资者投资境外市场搭建高效的服务平台。

(七)信托资金保管

信托资金保管业务是指交通银行根据国家颁布的有关法律法规的规定和信托资产托管合同的约定,作为信托资金保管人,接受受托人的委托,对信托资产进行保管,办理信托资金名下清算、核算、估值及其资金往来等业务,并对信托财产的投资情况、收益分配情况等进行监督。曾托管首只银行、信托公司、担保公司合作的新型理财产品——得利宝"宝蓝"系列人民币理财产品。

(八)私募股权基金托管

私募股权基金托管业务是指交通银行作为托管人,为有限合伙型、公司型、信托契约型等各种组织形式的私募股权投资基金提供的基金项下资金清算、核算、估值、投资监督等托管服务的总称。目前私募股权基金包括产业投资基金、创业投资基金、私募PE基金等。

(九)资产证券化类产品托管

2006年5月交通银行开始托管由东方证券股份有限公司作为计划管理人的远东首期租赁资产支持收益专项资产管理计划。远东首期租赁资产支持收益专项资产计划是中国金融市场上首只上市交易的国内租赁业资产证券化项目,也是交通银行托管的首只资产证券化创新产品,它的获批标志着交通银行在资产证券化托管业务上的突破。

(十)基金管理公司特定资产管理计划托管业务

基金管理公司特定资产管理计划托管业务是指基金管理公司向特定客户募集资金或接受特定客户财产委托,为资产委托人的利益进行证券投资,托管银行为该委托财产提供托管服务的业务。2008年3月交通银行与客户签订了国内首单基金公司特定资产管理计划的资产管理合同。

平安银行资产托管事业部

平安银行于2008年1月4日经报备深圳市银监局核准,获得运营信托保管业务资格;2008年8月6日经中国证监会及银监会核准,获得证券投资基金托管资格;2010年1月2日经中国银监会及全国社保基金理事会核准,获得全国社会保障基金托管资格;2013年3月29日经中国保监会及银监会核准,获得保险资金托管资格。目前平安银行已开展涵盖证券投资基金、基金公司(含子公司)客户资产管理、信托财产、商业银行理财产品、私募投资基金、全国社会保障基金、保险资金、跨境资产、其他创新产品等二十余种资产托管产品和服务,与众多基金公司、证券公司、信托公司、商业银行、PE公司等紧密合作。此外,我行自主开发的"金橙管家"基金服务平台,涵盖销售监督、募集监督及运营管理服务,能更好地服务于广大客户。

一、高速增长,持续提升

平安银行资产托管业务近年发展迅猛,已跻身于股份制银行第二梯队。截至2017年12月31日,平安银行资产托管净值规模超过6.13万亿,较2016年末增长12.25%,托管费收入30.49亿元,同比增长12%;托管规模占总托管市场份额为4.57%。目前已与50多家知名公募基金开展了紧密合作,托管的公募基金覆盖混合型、股票型、债券型、货币型等所有类型基金产品,夯实了客户基础,有效扩大了市场影响力。

二、机制灵活,管理高效

事业部是平安银行基于"以客户为中心"的理念,按照"流程银行"的要求,实行由成本中心向利润中心的转变,对重点行业、重点业务进行嵌入式管理,专业化、集约化经营的重要举措,承担着银行转型发展的重要任务。自2013年平安银行全面实施事业部制以来,作为产品事业部的平安资产托管事业部充分发挥事业部灵活机制,实行资源集中管控、试行托管业务经营所有权与经营管理权相分离模式,构建"总分一体、统一布局、前置营销、贴身服务"的一级经营营销体系,实现被动型→主动型、银行内→市场上、操作型→服务型、单一化→多元化、重规模→规模效益、跟随型→创新型、集中运营→分层运营转变,客户基础与盈利能力得到显著提升,竞争优势日趋明显,创出一条有特色的发展之路,为托管业务的跨越发展打下良好基础。

三、托管专家,六星服务

2017年平安银行强势推出"托管家"品牌,借助平安集团综合金融优势,通过科技引领、创新驱动、营销前置、高效服务,关注监管政策、聚焦市场创新、拓展合作机构、提升服务水准,实现托管业务快速跨越。平安托管家基于构建的托管业务生态圈,为客户提供贯穿资管产业链的全流程托管增值服务,实现真正的"托管+综合金融服务"。

平安托管家坚持以"托管,就是平安"为核心服务理念,围绕托管银行的核心职责,依托平安银行先进的网络平台、资产托管综合服务系统，集网上托管、云端托管、电子智能于一体，通过建立高效便捷的托管网银、托管微信、托管直联、电子传真系统，强化互通互联；打造基金服务云，应用大数据和云计算技术，实现数据管理和业务管理智能化；建立覆盖商务谈判、签约、开户、投资运营至清算等完善的托管标准全流程，当好委托人的托管"管家 + 专家"，打造集"专心、精心、省心、贴心、核心、创新"于一体的全方位"六星托管服务"，最大限度帮助每一位投资管理人减轻后台运营处理压力，助您"拂去繁杂，专注价值"。

四、锐意创新，努力探索

平安银行密切跟踪资产管理行业政策和市场形势变化，及时研究并落地大资管潮流中新的托管业务机会，紧盯互联网机遇，加快推进具有战略意义的新兴托管业务发展。2015年，平安银行担任业协会"互联网金融资金存管业务课题组"组长单位并积极推进相关课题研究，有效促进互联网金融存管。2017 年 3 月，平安银行正式推出"存管家"网络借贷资金存管业务。在产品和模式创新上，平安银行落地 QDII/QDIE 跨境投资类托管业务、企业资产证券化托管业务等新产品 5 类，开发新模式 24 项，创新设计陆金所网络投融资平台和私募基金销售资金监督模式。

五、严控风险，合规护航

平安银行一直坚持业务发展与风险管控并重，通过制度和流程设计、检查与整改等措施管控托管业务操作风险、声誉风险、合规风险、信息系统风险，为业务健康发展保驾护航。一是总分联动，杜绝或化解风险事件，确保全年零损失；二是以制度建设为抓手，制定或修订多项风控制度，并建立法规政策信息库，大力完善风险管理长效机制；三是根据监管政策和市场环境变化，梳理修订格式合同，排除风险盲点；四是统筹各类业务检查，并督导相关问题整改落实，严控风险隐患；五是提升投资监督效能，积极参与行业协会托管委员会下设投资监督工作组，保障托管履职；六是优化客户准入机制，确保业务安全；七是紧抓日常合规内控，提升内部管理。

六、建设品牌，打造名片

平安银行持续加强托管品牌建设，强力打造"托管，就是平安"的多彩托管品牌：充分发挥托管业务不占用经济资本的"绿色优势"，依托先进的托管系统、资管运营外包云、互联网资金存管平台等"黑色科技"，进军公募、私募基金托管等"蓝海市场"，优化服务、提升效率，打造"橙意服务"，成就"红色业绩"，创建平安托管"金字招牌"。平安银行的托管业务已在业内树立起良好的品牌形象，2016 当选为银行业协会托管委员会第四届主任单位，并荣获"2016—2017 中国最佳资产托管银行""2017 年度金牌资产托管银行""中国最具竞争力资产托管银行"等多项荣誉。

兴业银行资产托管部

兴业银行资产托管部成立于 2005 年 2 月，办公地点常设上海。托管的业务品种涵盖了证券投资基金、基金公司特定客户资产、证券公司集合资产管理计划、证券公司定向资产、保险资金、集合资金信托、单一资金信托、合格境内机构投资者资产（QDII）、商业银行理财产品、产业投资基金、私募股权基金、直投基金、资产证券化资金、基本养老保险个人账户基金、账户监管类资产等多个业务门类。资产托管部下辖综合管理处、市场处、委托资产管理处、稽核监察处、产品研发处、核算管理处、企业年金中心等职能处室。配备了一支涉及证券、基金、银行、会计、计算机、法律等专业的高素质人才队伍，半数以上人员具备证券从业资格。80% 的人员具有 3 年以上金融从业经历，处级以上管理人员均具有 5 年以上金融行业从业经历，部门负责人更是具有 15 年以上金融行业从业经历。目前，资产托管业务已合作信托公司、商业银行、证券公司、基金公司，保险资产管理公司等金融机构约 200 余家。

2017 年，兴业银行资产托管业务通过深化改革创新，加大经营转型，打造业务特色，提升专业服务能力和效率，实现业务发展的总体平稳向上，托管行业地位稳居第一梯队。截至 2017 年末，兴业银行在线托管产品 24,703 只，资产托管业务规模 112,327.29 亿元，较期初增加 17,904.22 亿元，增长 18.96%；实现资产托管中间业务收入 40.63 亿元。

2017 年，兴业银行继续强化传统托管业务，确保其行业优势地位；同时以"专业致胜"的理念促转型、谋发展，着力布局证券投资基金托管和私募基金托管业务，以互联网金融为突破，培育新的业务增长点。截至 2017 年末，证券投资基金托管业务规模 7,234.37 亿元，较期初增加 2,556.04 亿元；私募资产管理产品托管业务规模 5,193.37 亿元，较期初增加 1,884.79 亿元；信托资产管理产品保管业务规模 25,751.62 亿元，较期初增加 5,155.88 亿元；银行理财产品托管业务规模 22,900.15 亿元，较期初增加 3,415.48 亿元；基金公司客户资产管理产品托管业务规模 9,911.10 亿元，较期初减少 642.88 亿元；证券公司客户资产管理产品托管业务规模 18,930.62 亿元，较期初减少 1,185.82 亿元；保险资产管理产品托管业务规模 6,380.65 亿元，较期初减少 622.72 亿元。

兴业银行近年来立足服务实体经济，依靠"托管 +"服务模式服务金融市场取得了突出成就。十多年来，托管产品数量从 4 只增长到 21,457 只，托管规模从 26.52 亿元突破到 11 万亿元。稳居行业第一梯队。在线托管产品 24703 只，保持全行业首位。兴业银行也因为资产托管业绩连获六奖：2017 年第一财经金融价值榜"卓越托管服务银行"奖、2017 年华尔街见闻金融领军者评选"年度卓越资产托管银行"奖、2017 年金融界领航中国金融行业年度评选"杰出资产托管银行"奖、2017 年东方财富风云榜"年度最佳托管银行"奖、2017 年中央国债登记结算有限责任公司"优秀资产托管机构"奖、2017 年第八届金融理财"金貔貅奖""年度金牌资产托管银行卓越贡献奖"。

中国民生银行资产托管部

经中国证券监督管理委员会和中国银行业监督管理委员会核准，中国民生银行于 2004 年 7 月 9 日获得证券投资基金托管业务资格，经过十多年的努力，凭借自身资源禀赋及业务特点，坚持多元化经营和专业化创新并举的发展之路，民生银行资产托管业务已成为国内托管业务资质最全、托管业务服务领域最广的托管银行之一。

一、高效的组织机构，支撑托管业务做大做强

中国民生银行 2007 年成立了全行一级独立部门——资产托管部，资产托管部根据业务条线下设市场营销中心、营销管理与产品研发中心、托管运营中心、风险监督中心、业务管理中心、养老金产品研发与营销中心、养老金账户管理中心，各中心协调运作保证快速响应客户需求。部门从成立之初就本着高起点、高素质的原则，注重人才培养战略，打造出了一支专业知识扎实、业务经验丰富、服务意识卓越的托管专业服务团队。目前资产托管部人员全部为本科以上学历，其中

90% 以上为硕士学历，所有从事托管业务操作人员均获得中国基金业协会颁发的基金从业资格，从事资产托管业务的平均从业年限达到 7 年，最长从业年限达到 20 年。

二、把握市场机遇，实现托管业务快速发展

中国民生银行以敏锐的眼光捕捉托管业务发展的商机，紧抓"大资管"的历史机遇，搭建"托管 + 代销""托管 + 增信""托管 + 投资"等合作模式，凭借一贯的创新精神、优质的服务体系和良好的客户资源，大力拓展资产托管市场，实现资产托管业务快速发展，受到业内的广泛关注。此外，深入推进托管"资信通"和"财富通"平台建设，围绕托管客户需求，开展业务创新，推出"惠通"系列托管综合金融服务，促使托管业务稳步发展。截至 2017 年底，民生银行资产托管规模余额（含基金销售资金监管）为 77,396.52 亿元，实现托管业务收入 28.33 亿元。托管产品组合数量超过 1.1 万支，服务机构客户超过 500 家，覆盖商业银行、基金公司、证券公司、信托公司、保险公司、私募基金等所有资产管理机构客户群体。不论是资产托管规模还是托管业务收入均稳居股份制银行前列，成为国内托管业务领域发展速度最快的新锐。

三、以客户需求为导向，坚持多元化发展战略

中国民生银行目前已经具有全面完备的托管业务资质并积累了丰富的托管业务经验，托管业务涉及境内外资本、货币和实业等多个市场，是目前国内托管业务资格最为齐备、托管业务产品线最为齐全的商业银行之一。民生银行开办的资产托管产品分为：投资类产品、融资类产品、交易类产品、保险保障类产品以及特定目的类产品，托管业务覆盖证券投资基金、私募投资基金、券商资产管理计划、社保基金、信托计划、企业年金、保险资金、商业银行理财、QDII、QFII 等多个业务领域近 30 多个品种。托管服务的对象包括金融机构、企事业法人、自然人客户等。

中国民生银行一直坚持产品多元化发展战略，在新兴产品研发中不遗余力，并不断获得新的突破，在行业内开创了一系列先河：在业内率先推出"托管 + 财务顾问"、"托管 + 担保"模式参与保险债权计划业务；在股份制银行中首家开展企业资产证券化业务托管；首家实现与证券交易软件对接合作互联网式货币基金托管业务，并在互联网公募基金托管方面发展迅速，实现与腾讯、直销银行等各类电商平台的互联网化模式的货币基金的托管；全行业内首家通过先进系统提供 P2P 资金托管的银行，通过互联网交易资金托管平台，打造互联网金融核心服务系统，将之应用于金融资产交易所、互联网信托、互联网门户网站、电商平台、各类商品交易所、P2P 网贷等各类互联网交易资金存管业务；2017 年一季度托管的工银瑞信丰淳债券基金，单只基金上线规模达到 909 亿元，成为国内基金史上首发规模最大的基金，在市场上产生强烈反响。

四、注重科技建设，打造先进的托管系统

中国民生银行一直致力于先进科技系统的建设，每年将税后利润的 10% 投入于科技开发和建设，先后与国际著名的管理咨询公司科尔尼、埃森哲及 SAP 公司合作引进具有国际一流的全功能银行业务系统，并在此基础上开发了新一代核心系统，可以全面满足资产托管业务的各项需要，大幅提升运营效率，全力保障托管业务的稳健运行。目前民生银行已经具有了领先于国内同行的安全、高效、快捷的资金清算系统和支付系统，具有很高的电子化水平，实现了托管系统与核心系统、管理人系统等的无缝衔接。

五、强化风险管理，保障托管业务健康发展

中国民生银行每年聘请外部机构进行内部控制制度和风险管理的评审，其中包含对资产托管业务相关事项的评审。资产托管部也会定期聘请外部机构进行托管业务内控有效性评估。2011—2015 年，先后聘请国际知名的毕马威华振会计师事务所和安永华明会计师事务所根据国际 ISAE3402 准则对资产托管业务及内部控制进行年度审计，并获得审计师出具的无保留意见的 ISAE3402 内部控制报告。中国民生银行是国内首批按照新准则 ISAE3402 进行托管业务内部控制专项审计的托管行之一。

六、重视行业形象，品牌价值不断提升

秉承"专业、优质、高效"的服务理念，以及长期良好的市场口碑，中国民生银行树立了"民生托管安享财富"的托管业务品牌，获得业内及市场的高度认可：曾荣获 21 世纪经济报道评选的"最佳托管银行"、金融理财杂志社评选的"2013 年度金牌最稳健托管银行奖""2015 年度金牌创新托管力银行""2016 年度金牌托管银行"及"2017 年度金牌托管银行"等多项荣誉。

江苏银行资产托管部

江苏银行是在江苏省内无锡、苏州、南通等 10 家城市商业银行基础上，合并重组而成的现代股份制商业银行，开创了地方法人银行改革的新模式。江苏银行于 2007 年 1 月 24 日正式挂牌开业，是江苏省最大的地方法人银行。江苏银行秉承"融创美好生活"的使命，以"融合创新、务实担当、精益成长"企业文化为引领，致力于建设"特色化、智慧化、综合化、国际化"的一流商业银行，已成长为一家综合实力和市场竞争力较强的现代股份制银行。

截至 2017 年末，江苏银行资产总额达 1.77 万亿元，同比增长 10.78%；各项存款 10078 亿元，同比增长 11.07%；各项贷款 7473 亿元，同比增长 15.08%。实现营业收入 338.39 亿元，同比增长 7.58%；实现净利润 120.16 亿元，同比增长 12.96%；实现归属于上市公司股东的净利润 118.75 亿元，同比增长 11.92%；实现基本每股收益 1.03 元。其中，托管业务规模达 1.87 万亿元。

江苏银行下辖 13 家省内分行、4 家省外分行，服务网络辐射长三角、珠三角、环渤海三大经济圈，实现了江苏省内县域全覆盖。营业网点 538 家，员工 1.4 万余人。发起设立了苏银金融租赁公司和丹阳保得村镇银行。

2016 年 8 月 2 日，江苏银行首次公开发行 A 股在上海证券交易所成功上市，股票代码 600919。江苏银行的发展得到了社会各界的肯定，获得江苏省委省政府"江苏省优秀企业"、银监会"全国银行业金融机构小微企业金融服务先进单位"、《金融时报》"最具竞争力中小银行"等多项荣誉称号。在英国《银行家》杂志 2018 年度全球 1000 强银行排名中，按一级资本列 91 位，进入全球银行百强，国内排名第 17 位。是中国排名提升最快的银行之一。被美国《环球金融》杂志评为中国最佳城市商业银行。

在"特色化、智慧化、综合化、国际化"的战略指引下，资产托管业务作为一项不消耗资本的真正非息与转型业务，在推动江苏银行创新转型、提升综合竞争力中的作用逐步显现。近年来，在加快创新转型的大背景下，江苏银行资产托管部从分设成立以来，以"托管 +"思维为指引，发挥跨市场、跨条线、跨客群的纽带作用，加快创新业务模式，着力调整业务结构，持续强化风险管控，不断夯实工作基础，在较短的时间内，实现了规模和效益的跨越式发展。

完善组织架构,打造专业队伍。健全的组织架构是托管业务发展的基础。2015 年 7 月 20 日,江苏银行资产托管部正式从金融同业部分设成为一级部门,下设总经理室,营销管理团队、运营管理团队和风险管理团队。在 17 家分行金融同业部或公司业务部设置了专门的托管岗,在北京、深圳等重点省外分行设立了托管团队,强化总分两级联动,壮大托管条线人员队伍。建立资产托管条线总分行联系人制度并设置托管岗 AB 角,要求托管岗人员必须通过基金从业资格考试,做到持证上岗。坚持外引内培,加强专业人才的选拔培养,加快融入托管条线,提升队伍专业化水平。

强化资质获批,夯实发展后劲。托管业务具有集中度的特点,规模优势是资产托管的利器,达到一定的业务量后,规模效应就会凸显出来。在正式分设成立的第一年,部门以证券投资基金、保险资金托管资质获批为契机,大力拓展业务,实现了规模突破 1 万亿元、收入突破 1 亿元的目标。在 2016 年,部门以"全牌照"托管为目标,选取重点、主动跟进,寻求新资质的突破,拓展业务新空间。相继取得了从业人员管理人、债券受托管理人、险资独立监督人等资质,加入中国证券业协会,成为会员单位。此外,主动对接主管部门,持续做好企业年金与职业年金托管人、基金服务业务等资质申请准备工作,进一步拓宽业务发展渠道。

推进系统建设,释放科技产能。"技术一小步,托管一大步。"资产托管部成立之初,就坚持系统先行策略,以实现审批线上化、运营智能化、报表自动化,达到行业先进水平为目标,加大系统研发投入,着力依托科技创新的力量推动资产托管业务在大资管时代下迅速发展。针对非估值类"三管"业务,自主研发资产托管综合业务平台,顺利实现托管业务管理系统(二期)的投产上线。实现托管清算系统与公司部现金管理系统直连,大大提高了资金划付效率与业务承接能力,有助于全方位保障客户资金安全、实现客户信息全行共享。完成托管估值核算系统与投行部代客理财系统对接开发,通过系统对接提高了理财业务的处理速度,保障我行客户理财资金安全。确定资产托管部同城应急中心,提升业务连续性管理能力。资产托管业务系统的持续完善和信息科技的持续创新极大地释放了人工产能,提高了工作效率,并有效降低了操作风险。

健全内控体系,确保合规运营。资产托管部正式分设成立以来,逐步完善了资金监管业务、私募投资基金托管、保险资金托管、信托计划保管的业务流程。为加强风险控制、提高服务水平,建立了托管产品业务模式库,将作业流程、托管协议标准化,管控好操作风险和法律风险。同时,紧盯政策形势变化,对部门重点产品、重点业务的合同协议进行了修订,完善业务报批流程及风险管控措施,确保合规有序发展。根据 ISAE3402 鉴证服务反馈意见,对存量制度部分条款进行了修订,新制定下发了四项规章制度,并顺利取得 ISAE3402 认证资格,本行资产托管业务在内部控制、安全保障、运营效能等方面得到了外部专业机构的认可。

上海浦东发展银行资产托管部

上海浦东发展银行自 2003 年开展资产托管业务以来,经过十多年的辛勤耕耘,现已发展成为国内托管业务资格最全、产品线最长、托管运作经验最丰富的银行之一。浦发银行以"五星托管、全心服务"为理念,全力打造面向各类客户,联接各类市场,横跨境内、境外,专业服务资产管理与交易的托管平台。

多年以来,浦发银行始终高度重视资产托管业务发展,并将其作为全行"十三五"战略规划中"三强三大"重点业务之一。2016 年,浦发银行以"做强托管业务"为目标,以一切为营销服务、一切为客户服务为出发点,积极进取、勇于创新,不断夯实业务发展基础,力促形成业务发展合力,守住合规经营和安全运营底线,取得良好经营业绩,行业排名稳步提升。

截至 2017 年末,浦发银行资产托管业务规模 10.28 万亿元,比 2016 年末增长 35.98%。实现托管费收入 37.18 亿元,同比增长 5.06%。

一、丰富完备的产品体系

经过十多年的发展,浦发银行已拥有客户资金托管、资金信托保管、证券投资基金托管、全球资产托管、保险资金托管、基金公司客户资产管理托管、证券公司客户资产托管、期货公司客户资产托管、私募投资基金托管、直接股权托管、银行理财产品托管、互联网金融产品托管、养老金托管等多项托管产品,形成完备的产品体系,可满足多领域客户、境内外市场的资产托管需求。

二、协同联动的业务模式

2017 年,浦发银行托管业务协同联动成效显著,业务增长形成合力,全行上下积极推进板块内、行内、集团内托管业务协同联动工作,取得良好效果,新的体制改革优势逐步显现,实现了托管经营和营销资源持续向外拓展。密切关注市场动态,主动适应市场需求,准确判断、快速响应,产品创新卓有成效,细分市场持续保持优势。

三、高效平稳的托管系统

浦发银行新一代托管系统于 2016 年成功上线,运行稳定、自动化、流程化和批量处理能力持续提升,打造产品类型多样化、数据管理集约化、信息流转直通化、运营操作流程化、风险监控智能化、客户服务个性化的托管综合服务平台,不断扩充业务支持范围,强化基础支撑能力,有效支撑业务快速发展。

四、专业集约的运营支撑

浦发银行推动实施托管集约化运营体系,夯实基础管理,强化服务支撑,构建专业、标准、规范、高效、低成本的特色化托管运营服务模式。同时,浦发银行积极推动托管运营流程再造,开展公募基金属地化开户、电子对账推广、三费免指令服务、托管账户开户优化、证券代码转换、投资监督流程梳理、业务统计流程优化等工作,细化服务标准,打造一站式客户服务体系,全面提升客户满意度。

五、安全严谨的风险管控

浦发银行持续加强制度建设,构建严密内控体系。严控各类风险,高度关注客户资金产品边界风险和托管业务清算风险;要求全行严格按照合同约定和监管要求完整履行托管职责。组织开展全行托管业务运营应急演练和总分行托管业务全面自查,研究推动总行建立对外清算的应急机制。持续开展运营流程优化,严守操作风险底线,确保安全运营。细化服务标准,打造一站式客户服务体系,全面提升客户满意度。

中信银行资产托管部

2004 年 8 月 18 日,经中国证监会和中国银监会核准,中信银行获得证券投资基金托管资格。中信银行资产托管部内设市场发展部、托管营运部、投资者服务部和企业年金部四个职能部门,拥有一批高素质的专业托管人才,托管部 90% 以上人员具有基金从业资格,40% 以上的人员具有硕士研究生以上学历，90%以上人员具有三年以上银行或证券基金从业经历。

中信银行拥有强大的托管业务创新能力，坚持将业务创新作为发展和进步的原动力，不断拓宽托管服务的领域和范围，托管资产种类不断增多，已涵盖证券投资基金、证券公司客户资产管理、信托资产、产业基金、企业年金、QDII、保险资金、资产证券化等，合作伙伴包括各大保险公司、证券公司、信托公司、基金公司等金融同业机构、各种组织形式的产业（创投）基金及各类型企事业单位，基于与客户的良好客户关系，托管资产总规模呈现持续跳跃式增长态势，位居股份制商业银行前列。

2017 年，中信银行将资产托管业务列为战略性业务之一，坚持并不断深化“商行 + 投行 + 托管”业务发展模式，完善营销、营运和机构体系，推动“重点地区重点突破、重点项目重点突破”，以“操作简便化、流程智能化、配置一体化和监控实时化”为目标，持续推进系统优化升级，创新上线实时监控系统，打造特色化发展路径。截至 2017 年末，中信银行托管资产规模 80,558.26 亿元，比 2016 末增长 22.62%；新增托管资产规模 14,860.79 亿元；实现资产托管轻资本收入 33.02 亿元，比 2016 年增长 7.38 亿元，增幅为 28.78%。

中信银行资产托管部创造性开拓“商行 + 投行 + 托管”业务模式，成功打造多个发展引擎。公募基金托管规模达 2.10万亿元，当年新增 9,993 亿元，跃升至全行业首位，成为全市场最大的公募基金托管银行。中信银行公募基金、券商资管、银行理财、第三方监管和信托五类产品托管规模均超万亿，形成多元化业务发展格局。同时顺应养老改革方向，推进企业年金与职业年金托管业务布局，截至 2017 年末，企业年金托管规模达 620 亿元，当年新增 107 亿元，继续排名股份制银行前列。

宁波银行资产托管部

2012 年 10 月 31 日，宁波银行成为第十九家获得证券投资基金托管资格的商业银行，也是第三家获得该资格的城市商业银行。2013 年 9 月 30 日，宁波银行获得保险资金托管资格。宁波银行严格履行托管人职责，按照法律法规和托管协议规定，安全保管委托资产，严格监督托管资产投资运作，将业务运作与控制风险有机结合，维护投资人的利益，树立了良好的市场形象，得到监管部门和业界的认同。

截至 2017 年末，公司托管各类资产总规模达到 2.67 万亿元，较 2016 年同期保持稳定，居行业第 16，城商行第 1；实现托管费收入 5.18 亿元，较 2016 年同期增长 23%。公司托管客户总数 464 家，其中托管余额超过 20 亿元的核心客户达到 202 家。

2017 年，公司在优化业务结构、易托管服务推广、业务系统迭代、产品营销支持等方面进行了不懈努力，托管业务收入、客群规模等业务指标数据较上年同期均实现了较稳定增长。公司一方面通过易托管 2.0 系统等新功能平台的升级进一步做强系统优势，一方面通过流程直通化处理、合同签约标准化等运营优化措施，提升服务优势，此外加快产品线延展布局，持续推动基金运营外包业务、三方存管业务的开展。依托上述发展，公司在 2017 年获得了经济观察报颁发的“2016—2017 年度中国卓越金融奖——年度卓越资产托管银行”奖项、中央国债登记结算有限责任公司颁发的“优秀资产托管机构奖”。

中国邮政储蓄银行托管业务部

中国邮政储蓄银行自 2009 年 7 月获得证券投资基金托管资格，成为我国第 16 家具有证券投资基金托管资格的托管银行，可托管证券投资基金、银行理财产品、信托产品、专户理财产品、券商理财等多种资产，为客户提供账户开立、财产保管、资金结算、会计核算、投资监督、信息披露、托管报告等安全、高效、专业的托管服务。

中国邮政储蓄银行股份有限公司总行设托管业务部，下设资产托管处、风险管理处、运营管理处等处室。现有员工 23 人，全部员工拥有大学本科以上学历及基金从业资格，90%员工具有三年以上基金从业经历，具备丰富的托管服务经验。

中国邮政储蓄银行坚持以客户为中心、以服务为基础的经营理念，依托专业的托管团队、灵活的托管业务系统、规范的托管管理制度、健全的内控体系、运作高效的业务处理模式，为广大基金份额持有人和众多资产管理机构提供安全、高效、专业、全面的托管服务，并获得了合作伙伴一致好评。

2017 年，中国邮政储蓄银行加强营销体系建设、突出发展重点托管产品，总分行分级运营体系已臻成熟，业内首次将区块链技术应用于资产托管业务系统，进一步提升托管业务服务能力。截至 2017 年 12 月 31 日，中国邮政储蓄银行托管的证券投资基金共 82 只。至今，中国邮政储蓄银行已形成涵盖证券投资基金、基金公司特定客户资产管理计划、信托计划、银行理财产品（本外币）、私募基金、证券公司资产管理计划、保险资金、保险资产管理计划等多种资产类型的托管产品体系，托管规模达 43857.75 亿元。

中国邮政储蓄银行作为一家新兴的托管银行，从开放式基金、一对多专户理财等产品的托管起步，将持续致力于托管业务的创新和发展，为投资者和合作伙伴提供安全可靠、优质精心的资产托管服务。同时，邮储银行也将依托强大的网络优势、客户资源优势和资金优势，业务联动，以金融同业业务创新为动力，以全面完整的产品线为支撑，建立托管客户综合金融服务体系，与基金公司之间实现优势互补，共创持续创新、合作共赢的新篇章。

中国光大银行投资与托管业务部

2002 年 10 月，经中国人民银行和中国证券监督管理委员会批准同意，中国光大银行成为继工、农、中、建、交行后第六家获得证券投资基金托管资格的国内商业银行。中国光大银行投资与托管业务部拥有一支高素质的员工队伍。人员知识构成中，涉及证券、基金、银行、会计、计算机、法律、国际金融等专业。能够为基金托管业务提供全方位的知识支持。50%以上人员具有海外金融机构培训经历。

2017 年，光大银行积极开拓托管业务市场，加大市场营销力度，银行理财托管规模居股份制商业银行前列；加强业务创新，大力发展资管行政业务，优化新一代托管系统，构建完善的托管产品体系和业务系统；提升市场服务能力，加强托管队伍建设，细化业务流程，确保托管业务高效、安全运行。2017 年末，托管业务规模 52,076.75 亿元，托管业务税后收入 15.67 亿元，均创历史新高。

作为国内获得基金托管人资格的首批股份制银行，近年来，光大银行始终以“忠诚守护，勤勉尽责”为宗旨，牢固树立

“阳光托管”的品牌与服务理念，坚持“在发展中创新，在创新中发展”的工作思路，长期致力于向委托人、投资人提供优质的托管服务，努力促进基金业生态环境发展、提高托管人增值服务水平。

目前，光大银行具有证券投资基金、QFII 境内证券投资、全国社会保障基金、企业年金基金、保险资金等全部资产托管资质，产品链延伸至包括证券投资基金、企业年金基金、信托计划资金、券商集合资产管理计划、基金专户理财、券商专户理财、私募基金、银行理财、QDII、产业投资基金、股权基金及企业债等在内的 10 多类品种。

资产托管业务开办以来，光大银行在业务运做上积累了丰富的实践经验，培养了一批专业人才，为客户打造了高效的“一站式”托管服务，创造了业内的多项第一：首批获得企业年金基金托管人和账户管理人双资格；最早将托管机制引入银行理财产品；首家托管证券公司集合资产管理计划；托管业内规模最大的文化产业基金；首次举办“托管银行投资绩效评估与风险管理研讨会”；首次开展投资者教育活动，等。

依托光大集团的综合经营优势，光大银行将致力于不断整合集团内部的保险、证券、信托、基金、资产管理公司等多种金融资源，努力为客户提供全方位托管服务，在为客户创造价值的过程中实现自身的不断发展。

南京银行资产托管部

南京银行成立于 1996 年 2 月 8 日，是一家具有由国有股份、中资法人股份、外资股份及众多个人股份共同组成独立法人资格的股份制商业银行，实行一级法人体制。南京银行历经两次更名，先后于 2001 年、2005 年引入国际金融公司和法国巴黎银行入股，在全国城商行中率先启动上市辅导程序并于 2007 年成功上市。目前注册资本为 84.82 亿元，资产规模 11411.63 亿元（截至 2017 年末），下辖 17 家分行，172 家营业网点，2016 年，实现布局京沪杭及江苏省内设区市全覆盖。入选英国《银行家》杂志公布的全球 1000 家大银行排行榜和全球银行品牌 500 强榜单以来，排名逐年提升，2017 年分列第 143 位和第 131 位。

2014 年 4 月 9 日，南京银行获得证监会和银监会联合批复的证券投资基金托管业务资格。取得资格后，南京银行充分发挥基金公司、资产管理等牌照齐全的优势，持续加强与金融市场、投资银行等业务的条线联动优，托管产品种类不断丰富，目前可以开展公募基金托管、银行理财托管、基金公司专户产品托管、基金子公司专户/专项产品托管、证券公司定向/集合资产管理计划托管、信托计划保管、私募基金托管、保险资金托管等业务。截至 2017 年 12 月 31 日，南京银行托管产品组合数超过 2000 只，托管规模超 16000 亿。

托管及受托业务实现收入 4.21 亿元，较上年增加 2.5 亿元，增幅 145.84%。

南京银行于 2013 年 10 月 28 日成立了独立的一级部门——资产托管部，下设业务运营部、业务一部、业务二部、内控稽核部、综合管理部、研究开发部六个内设部门。目前，南京银行资产托管部共有 54 人，其中从事会计核算、资金清算、投资监督、信息披露、内控稽核的人员 31 人，市场营销 17 人。相较同期获批基金托管资格的其他银行，南京银行在托管运营上配备较强的人力。

南京银行托管业务系统建设由深圳市赢时胜信息技术股份有限公司承建，使用了其最新版本的资产托管业务系统，能支持目前市场上大多数公募基金的托管业务。该系统采用了基于 EJB 技术的 B/S 结构，支持远程接入功能，能够实现与基金管理人、基金注册登记机构、证券登记结算机构等相关业务机构的系统安全对接，具有良好的安全性、稳定性、开放性和可扩展性，且与本行的其他业务系统严格分离。

2016 年 10 月，资产托管部定制的鑫托管系统上线。“鑫托管”一期功能上线，解决了清算系统问题，大大提升了划款效率。2017 年 5 月，系统二期成功上线，实现了业务全流程系统操作，将系统功能延伸到了客户端。通过“托管网银”，客户可实时查询托管账户资金余额、托管产品处理进度，可通过系统进行指令录入、划款材料上传。下阶段，将持续推动系统建设，优化业务流程，提升托管运营效率。一是着力完善“鑫托管”系统功能，使鑫托管系统成为业务处理平台、数据管理平台、绩效考核平台、内控管理平台、客户关系平台；二是优化“托管网银”功能，实现与管理人指令系统直联；三是上线银银平台系统、外汇交易中心数据处理系统，进一步优化银行间交易确认和监督流程，满足客户交易时效性要求；四是开发系统数据统计分析功能，对业务数据进行深入分析利用。

上海银行资产托管部

上海银行股份有限公司（以下简称“上海银行”）成立于 1995 年 12 月 29 日，总行位于上海，是上海证券交易所主板上市公司，股票代码 601229。

上海银行以“精品银行”为战略愿景，以“精诚至上，信义立行”为核心价值观，近年来通过推进专业化经营和精细化管理，着力在中小企业、财富管理和养老金融、金融市场、跨境金融、在线金融等领域培育和塑造经营特色，不断增强可持续发展能力。

上海银行目前在上海、北京、深圳、天津、成都、宁波、南京、杭州、苏州、无锡、绍兴、南通、常州、盐城等城市设立分支机构，形成长三角、环渤海、珠三角和中西部重点城市的布局框架；发起设立四家村镇银行、上银基金管理有限公司、上海尚诚消费金融股份有限公司，设立上海银行（香港）有限公司，并与全球 120 多个国家和地区近 1500 多家境内外银行及其分支机构建立了代理行关系。

上海银行自成立以来市场影响力不断提升，截至 2017 年末，总资产 18077.67 亿元；实现净利润 153.28 亿元，同比增长 7.13%。在英国《银行家》2018 年公布的“全球前 1000 家银行”排名中，按一级资本总额计算，上海银行列全球银行业第 76 位；多次被《亚洲银行家》杂志评为“中国最佳城市零售银行”。

上海银行于 2009 年 8 月 21 日获得中国证监会、中国银监会核准开办证券投资基金托管业务，批准文号：中国证监会证监许可〔2009〕814 号。内设托管运作团队、稽核监督团队、运行保障团队和市场拓展团队，平均年龄 30 岁，100% 员工拥有大学本科以上学历，业务岗位人员均具有基金从业资格。截至 2016 年 9 月 30 日，上海银行已托管 25 只证券投资基金。

2017 年，上海银行围绕市场需求，大力推进资产托管、行政管理服务、资金监管三大重点产品，拓展业务领域，丰富产品线，实现业务规模和效益持续稳健增长。为各类证券公司、基金公司、信托公司、商业银行、保险公司、私募投资机构等客户提供托管综合金融服务，积极开展托管创新业务；以私募投资机构为重点，开展份额登记、估值核算等行政管理服务；研发各类新型资金存管产品，为投资/交易资金、IPO/定增/发债募集资金、ABS 回款资金及其他专项资金提供监管服务，围绕交易市场、支付机构、电商平台等客户，提供银商通、基金销售支付监督、支付机构备付金存管等创新服务。截至 2017 年末，托管银行业务规模 18,665.53 亿元，较 2016 年末增长 30.51%；资产托管业务规模 16,511.00 亿元，较 2016 年末增长 15.44%；实现托管银行业务收入 10.65 亿元，托管费收入 10.17 亿元。

广发银行资产托管部

广发银行成立于 1988 年，是国内首批组建的股份制商业银行之一。本行以创新为驱动，以服务为宗旨，以合规为基石，秉承“创新、包容、奋进”的企业文化精神开展各项经营管理活动，稳中求进、开拓进取，朝着实现“功能完备、业务多元、特色鲜明、同业一流”的战略愿景不断迈进。

广发银行致力于为客户提供高质量、高效率、全方位的综合金融服务。在北京、天津、河北、山西、辽宁、吉林、黑龙江、上海、江苏、浙江、安徽、福建、江西、山东、河南、湖北、湖南、广东、广西、重庆、四川、云南、陕西、新疆等 24 个省（直辖市、自治区）100 个地级及以上城市和澳门特别行政区设立了 43 家一级分行、843 家营业机构，并与全球 125 个国家和地区的 1,718 家银行总部及其分支机构建立了代理行关系，为超过 30 万对公客户、3,422 万个人客户、5,711 万张信用卡客户、2,427 万移动金融客户提供优质、全面的金融服务。

截至 2017 年末，广发银行总资产 20,729.15 亿元，比年初增加 253.24 亿元；实现净利润 102.04 亿元，同比增长 7.37%；本外币贷款余额 11,015.72 亿元，较年初增加 1,226.70 亿元，增长 12.53%；本外币存款余额 10,798.24 亿元，较年初减少 243.07 亿元，下降 2.20%；资产质量改善，不良贷款率 1.42%。主要监管指标均满足达标要求，其中拨备覆盖率 152.68%，流动性覆盖率 103.60%，资本充足率 10.71%。

广发银行股份有限公司于 2009 年 5 月 4 日获得中国证监会、银监会核准开办证券投资基金托管业务，基金托管业务批准文号：证监许可〔2009〕363 号。广发银行股份有限公司总行设资产托管部，是从事资产托管业务的职能部门，内设客户营销处、保险与期货业务处、增值与外包业务处、业务运行处、内控与综合管理处，部门全体人员均具备本科以上学历和基金从业资格，部门经理以上人员均具备研究生以上学历。

2017 年，广发银行持续加强产品创新、强化资源整合、提高运营效率，托管业务保持平稳良好发展。公募基金托管再创新高，当年新增公募基金托管 13 支；QDII 托管规模连续三年保持股份制银行首位；获得郑州商品交易所期货保证金存管资格，与大连商品交易所签署全面战略合作协议，并与 28 家期货公司开展了期货保证金存管业务合作；与国寿集团在托管业务上的银保协同取得明显成效。投产新托管清算系统，实现了业务的平台化管理、自动化运营和电子化流转。截至 2017 年 12 月 31 日，本行托管资产规模 23,188.47 亿元，较 2016 年末增加 2,758.92 亿元，增长 13.50%。实现托管业务手续费收入 8.56 亿元，同比增长 3.26%。

北京银行资产托管部

北京银行成立于 1996 年，是一家中外资本融合的新型股份制银行。成立以来，北京银行依托中国经济腾飞崛起的大好形势，先后实现引资、上市、跨区域等战略突破。目前，已在北京、天津、上海、西安、深圳、杭州、长沙、南京、济南、南昌、石家庄、乌鲁木齐等十余个中心城市以及香港、荷兰拥有 600 多家分支机构，开辟和探索了中小银行创新发展的经典模式。

截至 2017 年末，北京银行表内外总资产 3.09 万亿元；实现净利润 188.82 亿元；成本收入比 26.85%，人均创利近 130 万元，经营绩效继续保持上市银行领先水平；不良贷款率1.24%，较年初下降 0.03 个百分点，拨备覆盖率 265.57%，拨贷比 3.30%，风险抵御能力在经济转型期持续增强。全行品牌价值大幅提升，一级资本在全球千家大银行排名提升至第 73 位，连续四年跻身全球百强银行；品牌价值提升至 365 亿元，位居中国银行业第 7 位。特别是，荣获“北京市人民政府质量管理奖”，成为唯一一家获得该奖项的金融企业，这是对北京银行 20 多年高质量发展的一次全面检阅和充分肯定。

北京银行总行资产托管部充分发挥作为新兴托管银行的高起点优势，搭建了由高素质人才组成的专业团队，内设核算估值岗、资金清算岗、投资运作监督岗、系统运行保障岗及风险内控岗，各岗位人员均分别具有相应的会计核算、资产估值、资金清算、投资监督、风险控制等方面的专业知识和丰富的业务经验，70% 的员工拥有研究生及以上学历。

北京银行资产托管部秉持“严谨、专业、高效”的经营理念，严格履行托管人的各项职责，切实维护基金持有人的合法权益，为基金提供高质量的托管服务。2017 年，北京银行资产托管业务继续保持稳健的发展态势，托管产品包括证券投资基金、基金公司资产管理计划、券商资产管理计划、信托计划、银行理财、保险机构资产管理产品、股权投资基金等各类产品。托管资产涵盖全市场投资标的。截至 2017 年末，北京银行托管资产规模达到 18,645 亿元，较年初增长 29%。

第三章　基金管理公司

宝盈基金管理有限公司

【公司信息】

法定名称：宝盈基金管理有限公司
英文名称：Baoying Fund Management Co. ,Ltd.
公司属性：中资企业
成立日期：2001－05－18
注册资本：10000（万元）
法人代表：李文众
总 经 理：张啸川
注册地址：广东省深圳市福田区深圳特区报业大厦第15层
办公地址：深圳市福田区福华一路115号投行大厦10、11层
网站地址：www. byfunds. com
邮政编码：518048
客服邮箱：public@ byfunds. com
电话号码：400－8888－300
传真号码：0755－83515599
经营范围：发起设立基金，基金管理业务（按《基金管理公司法人许可证》的规定办理）
基金数量：29（其中普通基金27只，货币基金2只，理财基金0只，封闭式基金0只，其他基金0只）
管理规模：299.06亿元
经理人数：14人

【公司概况】

宝盈基金管理有限公司（以下简称“公司”）成立于2001年5月18日，注册资本人民币1亿元，注册地深圳。公司股东实力雄厚，分别为中铁信托有限责任公司、中国对外经济贸易信托有限公司。

公司主要经营业务是发起设立证券投资基金（以下简称基金）、基金管理、特定客户资产管理以及证监会批准的其他业务。公司旗下基金产品齐全、风格多样，截至2017年12月末，公司共管理基金22只，已构建了涵盖股票型基金、债券型基金、混合型基金和货币市场基金的较完备的产品线，能够满足各类风险偏好投资者的需求。2008年3月，公司获特定客户资产管理业务资格。目前，已管理多只特定客户资产管理产品。

在投资研究方面，公司倡导以深度基本面研究为基础的价值投资，推动权益投资风格多元化，强调以积极的信用风险管理为基础的固定收益投资，力争为投资人创造持续良好的投资回报。在内部控制方面，公司秉持“投资者利益至上”的首要原则，高度重视合规文化的建设，通过加强制度建设和监察稽核工作，将风险控制贯穿在业务操作的各个环节，保证业务运作合法合规。

截至2017年12月末，母公司宝盈基金管理有限公司资产管理规模525.41亿元，子公司中铁宝盈资产管理有限公司资产管理规模273.65亿元，合计资产管理规模799.06亿元。

【公司股东概况】

排序	股东名称	股权比例
1	中铁信托有限责任公司	75%
2	中国对外经济贸易信托投资有限公司	25%

【旗下基金】

序号	基金代码	基金名称	期间申购（亿份）	期间赎回（亿份）	期末总份额（亿份）
1	000241	宝盈核心优势混合C	0.02	0.04	0.16
2	000574	宝盈新价值混合	0.19	1.21	8.04
3	000639	宝盈祥瑞养老混合	0.01	0.07	0.77
4	000698	宝盈科技30混合	0.46	1.77	14.76
5	000794	宝盈睿丰创新混合A/B	0.02	0.10	0.45
6	000796	宝盈睿丰创新混合C	0.11	0.26	1.35
7	000924	宝盈先进制造混合	0.19	0.71	4.73
8	001075	宝盈转型动力混合	0.13	2.76	31.02
9	001128	宝盈新兴产业混合	0.10	2.35	26.87
10	001358	宝盈祥泰养老混合	0.00	0.05	0.86
11	001487	宝盈优势产业混合	0.25	0.31	1.04
12	001543	宝盈新锐混合	0.31	0.26	1.33
13	001877	宝盈国家安全沪港深股票	0.13	0.22	0.99
14	001915	宝盈医疗健康沪港深股票	0.72	1.52	2.52
15	002482	宝盈互联网沪港深混合	0.21	0.44	0.88
16	003715	宝盈消费主题混合	0.08	0.28	2.78
17	213001	宝盈鸿利收益灵活配置混合	0.18	0.51	3.45
18	213002	宝盈泛沿海增长混合	0.30	1.10	18.19
19	213003	宝盈策略增长混合	0.39	1.79	22.94
20	213006	宝盈核心优势混合A	0.32	1.26	11.14
21	213007	宝盈增强收益债券A/B	0.15	0.17	0.88
22	213008	宝盈资源优选混合	0.32	1.81	16.95
23	213009	宝盈货币A	11.74	26.11	16.96
24	213010	宝盈中证100增强	0.80	0.67	1.65
25	213909	宝盈货币B	567.58	622.38	220.42
26	213917	宝盈增强债券C	0.02	0.04	0.10

【公司高管】

李文众先生，1959年生，山西人，中共党员，四川省委党校本科毕业，经济师。1978年12月至1985年5月在中国人民银行成都市支行解放中路办事处工作；1985年6月至1997年12月在中国工商银行成都市信托投资公司任职，先后担任委托代理部、证券管理部经理；1997年12月至2002年11月成都工商信托投资有限责任公司任职，历任部门经

理、总经理助理;2002 年 11 月起在中铁信托有限责任公司任副总经理。2017 年 1 月 26 日至今代任宝盈基金管理有限公司总经理。

博时基金管理有限公司

法定名称:博时基金管理有限公司
英文名称:Bosera Fund Management Co. , Ltd
公司属性:中资企业
成立日期:1998 - 07 - 13
注册资本:25000(万元)
法人代表:张光华
总 经 理:江向阳
注册地址:广东省深圳市福田区深南大道 7088 号招商银行大厦 29 层
办公地址:深圳市福田区深南大道招商银行大厦 29 - 30 层
网站地址:www. bosera. com
邮政编码:518040
客服邮箱:service@ bosera. com
电话号码:95105568
传真号码:0755 - 83195140
经营范围:发起设立基金、基金管理
基金数量:248 (其中普通基金 224 只, 货币基金 18 只, 理财基金 2 只, 封闭式基金 0 只, 其他基金 4 只)
管理规模:5370. 43 亿元
经理人数:47 人

【公司概况】

博时基金管理有限公司成立于 1998 年 7 月 13 日,是中国内地首批成立的五家基金管理公司之一,致力为海内外各类机构和个人投资者提供专业、全面的资产管理服务。博时总部设在深圳,在北京、上海等地设有分公司,同时拥有博时基金(国际)有限公司和博时资本管理有限公司两家全资子公司。博时基金公司经营范围包括基金募集、基金销售、资产管理和中国证监会许可的其他业务。"为国民创造财富"是博时的使命。"做投资价值的发现者"是博时始终坚持的投资理念。

博时基金是目前我国资产管理规模最大的基金公司之一。截至 2018 年 06 月 30 日,博时基金公司共管理 185 只开放式基金,并受全国社会保障基金理事会委托管理部分社保基金,以及多个企业年金账户,管理资产总规模逾 8460 亿元人民币,其中非货币公募基金规模逾 1947 亿元人民币,累计分红逾 872 亿元人民币。博时是首批全国社保基金投资管理人、首批企业年金基金投资管理人、首批基本养老保险基金证券投资管理人,博时养老金资产管理规模在同业中名列前茅。

博时遵循资本市场的价值规律,依托精心打造的专业系统,深入研究投资对象价值,努力为客户实现财富增值。我们的股票投资强调以内部研究为基础的基本面分析,持续挖掘业绩稳定增长、有核心竞争力、有成长潜力的上市公司。我们坚信股票的二级市场价格终将反映企业的内在价值,坚守对企业的深入把握这一获取收益、规避风险的根本方法。二十年来,博时所管理的各类资产均取得良好投资收益增长,产品策略全力满足各类客户的资产配置需求,以实现各类客户长期财富管理的收益目标。

作为首批成立的五家基金公司之一,博时基金不但在中国基金业内率先倡导价值投资理念,而且最早开始细分投资风格小组,进而形成了"权益投资强调于低风险基础上获取稳健收益,固定收益投资满足客户多元需求"的稳健型投资风格。博时基金拥有业内居前的投研团队和完善的投研管理体系。并于 2016 年 7 月,成立多元资产管理部,发力公募 FOF;2018 年 6 月,成立金融科技中心,推动金融科技驱动创新业务发展。经过 20 年稳健发展,博时基金建立了制度、技术、执行三重保障的内部控制体系,设立了以董事会风险管理委员会、公司风险管理委员会为中心的风险管理组织架构。同时博时基金吸引并培养了大批优秀的 IT 人才,搭建起实力雄厚的 IT 信息系统。

【公司荣誉(2017)】

2017 年 12 月 13—15 日,由华尔街见闻主办的"2017 全球投资峰会及颁奖典礼活动"和由时代周报主办的"2017(南翔)年度盛典暨 2017'金桔奖'颁奖典礼"在上海隆重举行。博时基金分别斩获"年度卓越公募基金"和"最佳财富管理机构"两项颇具份量的公司大奖。

2017 年 12 月 8 日,由经济观察报与上海国际信托有限公司联合主办的"观察家金融峰会"暨"2016 - 2017 中国卓越金融奖"颁奖典礼在北京召开,博时基金实力荣获"年度卓越综合实力基金公司"奖项。

2017 年 12 月 5 日,北京商报联手北京市品牌协会主办的"2017 北京金融论坛暨年度北京金融业十大品牌评选"在京揭晓。博时基金凭借优秀的品牌建设及卓越的品牌推广力,在本次论坛中荣获"品牌推广卓越奖"。

2017 年 11 月 27 日,由南方都市报和中国金融改革研究院共同主办的 2017 年(第三届)CFAC 中国金融年会在深召开,博时基金在此次大会上荣获"年度最佳基金公司大奖",这是博时基金第三次获得该项殊荣。

2017 年 11 月 24 日,由《新财富》杂志社主办的"第十五届新财富最佳分析师"评选颁奖盛典在深圳举行博时基金捧得新财富十五周年特别大奖"3i 最智慧投资机构"。

2017 年 10 月 19 日,外汇交易中心公布 2017 年第三季度银行间本币市场活跃交易商名单。博时基金管理有限公司荣誉入选"债券市场活跃交易商"。

2017 年 9 月 24 日,由南方财经全媒体集团和 21 世纪传媒举办的 21 世纪国际财经峰会在深圳举行,博时基金荣获"2017 年度基金管理公司金帆奖"。

2017 年 8 月 6 日,首届济安五星基金"群星汇"暨颁奖典礼在京举行,在基金公司综合奖方面,博时基金获得"群星奖";在基金公司单项奖方面,博时基金获得"纯债型基金管理奖"、"一级债基金管理奖"、"二级债基金管理奖"三大奖项;在基金产品单项奖方面,博时信用债券 A/B(050011)获得"二级债基金"奖,博时裕富沪深 300 指数 A(050002)获"指数型基金"奖;在本次五星基金明星经理奖的颁奖环节,由于博时外服货币、博时双月薪定期支付债券以及博时信用债券 A/B 在 2017 年第二季度持续获得济安金信五星评级,三只基金的基金经理魏桢、过钧及陈凯杨更是因此获得"五星基金明星奖"的荣誉称号。

2017 年 6 月 23 日,由南方日报社主办的"2017 年南方金融峰会暨第六届金榕奖颁奖典礼"在广州举行,博时基金获得"年度资产管理优秀奖"。

2017 年 6 月 17 日,由中国证券报主办的"全球配置时代海外投资动力与机遇——首届海外基金金牛奖颁奖典礼暨高端论坛”在深召开，博时基金海外全资子公司博时基金（国际）有限公司荣获“一年期海外金牛私募管理公司（固定收益策略）”。

2017 年 5 月 12 日，由中国基金报主办的第四届中国机构投资者峰会暨财富管理国际论坛在深召开。博时摘得“2016 年度十大明星基金公司奖”和“2016 年度固定收益投资明星团队奖”两项公司类大奖，博时双月薪和博时稳定价值获“三年持续回报普通债券型明星基金奖”博时新财富获“2016 年度绝对收益明星基金奖”博时信用债纯债获“2016 年度积极债券型明星基金奖”、博时信用债券获“五年持续回报积极债券型明星基金奖”。

2017 年 4 月 25 日，在由中国基金报主办的第四届中国基金业英华奖颁奖典礼暨高峰论坛上，博时基金过钧获评“三年期二级债最佳基金经理”“五年期二级债最佳基金经理”，陈凯杨获评“三年期纯债型最佳基金经理”。

2017 年 4 月 20 日，博时基金在 2017 中国基金业峰会暨第十四届中国“金基金”奖颁奖典礼上，获得“2016 年度金基金 · TOP 公司奖”。

2017 年 4 月 8 日，在第十四届中国基金业金牛奖颁奖典礼上，博时基金被评为“2016 年度固定收益投资金牛基金公司”，旗下博时卓越品牌混合（160512）被评为“五年期开放式混合型持续优胜金牛基金”、博时主题行业（160505）获“2016 年度开放式混合型金牛基金”、博时信用债券（050011）获“三年期开放式债券型持续优胜金牛基金”、博时信用债纯债债券（050027）获“2016 年度开放式债券型金牛基金”。金牛奖作为业内最具分量的基金奖项，素有中国基金行业“奥斯卡”奖的美誉。

2017 年 3 月 27 日，由中金在线主办的“2016 年度财经排行榜、财经博客排行榜”颁奖典礼在福州举办，博时基金斩获四项大奖，其中，博时基金公司荣获年度最佳基金公司、年度最具成长性基金电商平台，博时基金魏凤春与桂征辉也分别获得年度最佳基金经理、最具人气基金分析师的殊荣。

2017 年 2 月 22 日，第二届中国基金业营销创新高峰论坛暨“金果奖”颁奖典礼在京举办，博时基金一举斩获最佳品牌形象建设奖、最具创新精神奖、最佳自媒体建设奖三项大奖。

2017 年 1 月 19 日，深交所召开了新一代交易系统上线运行总结会，会上介绍了深交所新一代交易系统运行情况，并表彰了在新一代交易系统上线过程中，积极参与各项准备和测试工作，为系统顺利上线做出突出贡献的单位和个人。博时基金被授予新一代交易系统建设先行者、突出贡献单位殊荣。博时基金信息技术部车宏原、陈小平、祁晓东被授予突出贡献奖殊荣。

2017 年 1 月 16 日，博时基金荣登中央国债登记结算有限责任公司评选的“优秀资产管理机构”榜单，成为全国十家获此殊荣的基金公司之一。

2017 年 1 月 12 日，由华夏时报、新浪财经联合主办的“第十届金蝉奖颁奖典礼”上，博时基金荣获 “2016 年度市场营销力公司”奖项。

2017 年 1 月 10 日，由信息时报主办的“2016 年度金狮奖金融行业风云榜”颁奖典礼于广州盛大举办，博时基金斩获“年度最佳投研基金公司”大奖。

【股东概况】

排序	股东名称	持股数量（万股）	持股比例（%）
1	招商证券股份有限公司	12250	49%
2	中国长城资产管理公司	6250	25%
3	天津港（集团）有限公司	1500	6%
	璟安实业有限公司	1500	6%
	上海盛业资产管理有限公司	1500	6%
	丰益实业发展有限公司	1500	6%
4	广厦建设集团有限责任公司	500	2%

【旗下基金】

序号	基金代码	基金名称	机构持有比例	个人持有比例	内部持有比例	净值（亿元）
1	000084	博时安盈债券 A	0.06%	99.94%	0.19%	4.69
2	000085	博时安盈债券 C	—	100.00%	0.01%	4.69
3	000200	博时岁岁增利一年定开债券	—	100.00%	0.00%	1.98
4	000219	博时裕益灵活配置	54.84%	45.16%	0.06%	2.09
5	000246	博时月月薪定期支付债券	0.08%	99.92%	0.16%	6.68
6	000264	博时内需增长混合	46.32%	53.68%	0.00%	2.62
7	000277	博时双月薪定期支付债券	17.42%	82.58%	0.17%	15.14
8	000280	博时双债增强债券 A	0.00%	100.00%	0.00%	0.09
9	000281	博时双债增强债券 C	0.10%	99.90%	0.05%	0.09
10	000652	博时裕隆混合	42.45%	57.55%	0.34%	7.56
11	000665	博时现金收益货币 B	99.74%	0.26%	0.00%	193.12
12	000730	博时现金宝货币 A	0.38%	99.62%	0.09%	467.23
13	000734	博时天天增利货币 A	41.39%	58.61%	0.00%	22.18
14	000735	博时天天增利货币 B	99.26%	0.74%	0.00%	22.18
15	000783	博时月月盈短期理财债券 A	—	100.00%	1.86%	0.45
16	000784	博时月月盈短期理财债券 R	—	100.00%	0.00%	0.45
17	000891	博时现金宝货币 B	1.61%	98.39%	0.01%	467.23
18	000927	博时大中华亚太精选美元现汇	29.51%	70.49%	0.07%	2.76
19	000929	博时黄金 ETFD	47.72%	52.28%	1.12%	72.85
20	000930	博时黄金 ETFI	0.02%	99.98%	0.00%	72.85
21	000936	博时产业新动力混合 A	3.65%	96.35%	0.44%	4.28
22	001055	博时产业债纯债债券 A	—	100.00%	0.00%	0.70
23	001125	博时互联网主题灵活配置混合	0.22%	99.78%	0.03%	18.32
24	001215	博时沪港深优质企业基金 A	0.03%	99.97%	0.08%	15.03
25	001236	博时丝路主题股票 A	0.94%	99.06%	0.12%	14.35
26	001237	博时上证 50ETF 联接 A	—	100.00%	0.12%	0.99
27	001242	博时中证淘金大数据 100A	0.95%	99.05%	0.23%	14.19
28	001243	博时中证淘金大数据 100I	—	100.00%	0.06%	14.19
29	001277	博时国企改革股票	0.20%	99.80%	0.07%	14.82
30	001308	博时外服货币	99.85%	0.15%	0.01%	272.40
31	001424	博时新起点混合 A	—	100.00%	0.13%	5.60
32	001425	博时新起点混合 C	100.00%	—	0.00%	5.60
33	001429	博时新财富混合 A	5.79%	94.21%	0.00%	0.30
34	001522	博时新策略灵活配置混合 A	99.98%	0.02%	0.00%	7.41
35	001545	博时裕嘉纯债 3 个月定开债	99.99%	0.01%	0.00%	12.11
36	001546	博时裕盈 3 个月定开债	99.99%	0.01%	0.00%	22.81
37	001578	博时裕瑞纯债债券	99.96%	0.04%	0.00%	3.04
38	001661	博时信用债纯债债券 C	67.37%	32.63%	0.00%	15.67
39	001824	博时沪港深成长企业	99.20%	0.80%	0.16%	3.51
40	001911	博时裕恒纯债债券	99.99%	0.01%	0.00%	25.10
41	001961	博时裕荣纯债债券	99.94%	0.06%	0.00%	5.83
42	001971	博时产业债纯债债券 C	—	100.00%	0.00%	0.70
43	001993	博时裕泰纯债债券	99.97%	0.03%	0.00%	9.95
44	001999	博时安荣 18 个月定开债	—	100.00%	1.28%	2.36
45	002008	博时裕晟纯债债券	100.00%	0.00%	0.00%	32.06

序号	基金代码	基金名称	机构持有比例	个人持有比例	内部持有比例	净值（亿元）
46	002048	博时安誉18个月定开债	54.58%	45.42%	0.00%	2.41
47	002095	博时新收益A	99.93%	0.07%	0.00%	3.42
48	002096	博时新收益C	—	100.00%	19.99%	3.42
49	002104	博时新价值A	99.92%	0.08%	0.01%	5.88
50	002105	博时新价值C	0.00%	100.00%	44.14%	5.88
51	002109	博时裕丰纯债3个月定开债	100.00%	0.00%	0.00%	28.28
52	002140	博时裕诚纯债债券	99.98%	0.02%	0.00%	10.18
53	002142	博时外延增长主题灵活配置混合	74.02%	25.98%	0.32%	2.02
54	002143	博时裕坤3个月定开债	100.00%	0.00%	0.00%	5.16
55	002175	博时裕乾纯债A	0.00%	100.00%	27.58%	1.28
56	002198	博时裕达纯债债券	100.00%	0.00%	0.00%	15.02
57	002206	博时裕康纯债债券	99.98%	0.02%	0.00%	10.05
58	002208	博时境源保本A	35.61%	64.39%	0.00%	15.03
59	002209	博时境源保本C	—	100.00%	0.00%	15.03
60	002294	博时新机遇混合C	—	100.00%	0.45%	7.38
61	002354	博时裕腾纯债	99.99%	0.01%	0.00%	3.99
62	002356	博时安泰18个月定开债A	78.40%	21.60%	0.00%	2.43
63	002357	博时安泰18个月定开债C	—	100.00%	0.00%	2.43
64	002385	博时沪深300指数C	54.10%	45.90%	0.02%	58.25
65	002404	博时裕乾纯债C	0.07%	99.93%	0.00%	1.28
66	002424	博时文体娱乐主题混合	8.49%	91.51%	0.43%	0.13
67	002447	博时裕安纯债	99.97%	0.03%	0.00%	8.17
68	002466	博时裕新纯债	99.99%	0.01%	0.00%	41.11
69	002476	博时安瑞18个月定开债A	58.14%	41.86%	0.00%	5.80
70	002477	博时安瑞18个月定开债C	0.00%	100.00%	0.00%	5.80
71	002519	博时裕景纯债	100.00%	0.00%	0.00%	59.01
72	002530	博时保泽保本A	0.01%	99.99%	0.00%	14.84
73	002531	博时保泽保本C	—	100.00%	0.00%	14.84
74	002553	博时创业成长混合C	0.00%	100.00%	0.04%	3.76
75	002555	博时沪港深优质企业基金C	99.76%	0.24%	0.00%	15.03
76	002556	博时丝路主题股票C	0.00%	100.00%	0.03%	14.35
77	002558	博时鑫瑞混合A	—	100.00%	0.02%	5.43
78	002559	博时鑫瑞混合C	100.00%	0.00%	0.00%	5.43
79	002568	博时裕发纯债	100.00%	0.00%	0.00%	10.13
80	002569	博时裕弘纯债债券	99.99%	0.01%	0.00%	1.45
81	002578	博时裕泉纯债债券	99.99%	0.01%	0.00%	47.59
82	002588	博时银智大数据100A	8.40%	91.60%	0.69%	0.63
83	002595	博时工业4.0主题股票	—	100.00%	0.65%	0.38
84	002610	博时黄金ETF联接A	0.02%	99.98%	0.15%	4.29
85	002611	博时黄金ETF联接C	4.82%	95.18%	0.03%	4.29
86	002625	博时安怡6个月	98.44%	1.56%	0.00%	4.99
87	002698	博时裕利纯债债券	100.00%	0.00%	0.00%	60.20
88	002716	博时裕通定开债A	0.00%	100.00%	9.77%	0.00
89	002751	博时安恒18个月定开债A	40.68%	59.32%	0.00%	29.31
90	002752	博时安恒18个月定开债C	—	100.00%	0.00%	29.31
91	002754	博时裕创纯债	99.99%	0.01%	0.00%	13.94
92	002755	博时裕盛纯债债券	99.90%	0.10%	0.00%	2.12
93	002775	博时景兴纯债债券	99.99%	0.01%	0.00%	7.37
94	002781	博时聚瑞纯债债券	99.99%	0.01%	0.00%	5.07
95	002811	博时裕顺纯债债券	99.97%	0.03%	0.00%	5.09
96	002812	博时裕通定开债C	3.06%	96.94%	0.06%	0.00
97	002813	博时颐泰混合A	54.95%	45.05%	0.00%	21.55
98	002814	博时颐泰混合C	—	100.00%	0.00%	21.55
99	002855	博时现金宝货币C	28.27%	71.73%	0.00%	467.23
100	002856	博时保丰保本A	99.80%	0.20%	0.00%	10.16
101	002857	博时保丰保本C	0.00%	100.00%	0.48%	10.16
102	002904	博时安仁一年定开债A	99.86%	0.14%	0.00%	5.02
103	002905	博时安仁一年定开债C	—	100.00%	3.23%	5.02
104	002929	博时聚盈纯债债券	99.97%	0.03%	0.00%	10.51
105	002930	博时聚润纯债债券	99.98%	0.02%	0.00%	10.00
106	002960	博时合利货币	99.30%	0.70%	0.01%	74.63
107	002970	博时裕昂纯债债券	99.97%	0.03%	0.00%	12.76
108	002998	博时弘裕18个月定开债A	9.14%	90.86%	0.00%	16.30
109	002999	博时弘裕18个月定开债C	—	100.00%	0.03%	16.30
110	003023	博时景发纯债债券	99.97%	0.03%	0.00%	4.86
111	003055	博时招财二号保本	98.41%	1.59%	0.01%	8.12
112	003119	博时鑫源混合A	0.00%	100.00%	0.04%	0.57
113	003120	博时鑫源混合C	5.09%	94.91%	0.01%	0.57
114	003162	博时富宁纯债债券	99.99%	0.01%	0.00%	30.00
115	003188	博时聚源纯债债券	99.94%	0.06%	0.00%	2.05
116	003206	博时合鑫货币	99.97%	0.03%	0.00%	264.22
117	003207	博时富发纯债	99.99%	0.01%	0.00%	3.00
118	003210	博时智臻纯债债券	100.00%	0.00%	0.00%	10.04
119	003239	博时安祺一年定开债A	0.75%	99.25%	0.00%	1.55
120	003240	博时安祺一年定开债C	0.00%	100.00%	0.00%	1.55
121	003258	博时富祥纯债债券	99.95%	0.05%	0.00%	1.99
122	003259	博时聚利纯债债券	100.00%	0.00%	0.00%	92.71
123	003260	博时利发纯债	99.99%	0.01%	0.00%	2.08
124	003268	博时悦楚纯债	100.00%	0.00%	0.00%	143.34
125	003331	博时乐臻定开混合	32.80%	67.20%	0.16%	2.98
126	003381	博时裕信纯债债券	99.99%	0.01%	0.00%	6.06
127	003434	博时鑫泽灵活配置混合A	99.95%	0.05%	0.01%	4.54
128	003435	博时鑫泽灵活配置混合C	—	100.00%	4.36%	4.54
129	003436	博时鑫丰混合A	99.98%	0.02%	0.00%	6.06
130	003437	博时鑫丰混合C	0.00%	100.00%	95.87%	6.06
131	003564	博时安诚18个月定开债A	96.86%	3.14%	0.00%	11.11
132	003565	博时安诚18个月定开债C	—	100.00%	0.12%	11.11
133	003566	博时臻选纯债债券	99.97%	0.03%	0.00%	5.03
134	003607	博时富益纯债债券	99.99%	0.01%	0.00%	20.11
135	003651	博时丰达纯债6个月定开债	100.00%	0.00%	0.00%	25.02
136	003675	博时安慧18个月定开债A	81.07%	18.93%	0.00%	14.13
137	003676	博时安慧18个月定开债C	—	100.00%	0.00%	14.13
138	003682	博时安弘一年定开债A	99.83%	0.17%	0.00%	5.12
139	003683	博时安弘一年定开债C	—	100.00%	0.00%	5.12
140	003703	博时富鑫纯债	99.71%	0.29%	0.00%	0.50
141	003708	博时民丰纯债A	100.00%	0.00%	0.00%	17.85
142	003709	博时民丰纯债C	—	100.00%	0.00%	17.85
143	003730	博时富华纯债债券	100.00%	0.00%	0.00%	10.02
144	003866	博时富诚纯债债券	99.99%	0.01%	0.00%	5.01
145	003950	博时鑫润混合A	0.00%	100.00%	0.03%	1.86
146	003951	博时鑫润混合C	99.85%	0.15%	0.00%	1.86
147	003963	博时慧选纯债定开债	100.00%	0.00%	0.00%	61.19
148	004034	博时弘康18个月定开债A	83.23%	16.77%	0.00%	2.34
149	004035	博时弘康18个月定开债C	—	100.00%	0.26%	2.34
150	004060	博时兴盛货币	99.17%	0.83%	0.00%	64.89
151	004091	博时沪港深价值优选A	0.00%	100.00%	0.46%	0.73
152	004092	博时沪港深价值优选C	0.00%	100.00%	0.01%	0.73
153	004118	博时裕鹏纯债债券	—	100.00%	0.00%	0.02
154	004136	博时民泽纯债债券	100.00%	0.00%	0.00%	68.06
155	004137	博时合惠货币B	38.65%	61.35%	0.05%	642.20

序号	基金代码	基金名称	机构持有比例	个人持有比例	内部持有比例	净值（亿元）
156	004149	博时鑫惠混合 A	99.96%	0.04%	0.00%	5.43
157	004150	博时鑫惠混合 C	—	100.00%	0.00%	5.43
158	004168	博时富嘉纯债债券	100.00%	0.00%	0.00%	5.07
159	004175	博时鑫泰混合 A	0.00%	100.00%	0.00%	1.60
160	004176	博时鑫泰混合 C	99.95%	0.05%	0.00%	1.60
161	004200	博时富瑞纯债债券	99.99%	0.01%	0.00%	2.04
162	004282	博时兴荣货币	99.46%	0.54%	0.00%	138.55
163	004289	博时新财富混合 C	99.98%	0.02%	0.01%	0.30
164	004307	博时富元纯债债券	100.00%	0.00%	0.00%	50.99
165	004323	博时富海纯债	99.99%	0.01%	0.00%	2.02
166	004334	博时广利纯债 3 个月定开	99.99%	0.01%	0.00%	7.10
167	004366	博时汇享纯债债券 A	—	100.00%	0.00%	0.50
168	004367	博时汇享纯债债券 C	99.85%	0.15%	0.00%	0.50
169	004416	博时银智大数据 100C	—	100.00%	7.79%	0.63
170	004434	博时逆向投资混合 A	0.09%	99.91%	0.00%	5.31
171	004435	博时逆向投资混合 C	1.20%	98.80%	0.04%	5.31
172	004448	博时汇智回报灵活配置混合	48.34%	51.66%	0.02%	0.97
173	004458	博时华盈纯债债券	99.99%	0.01%	0.00%	17.02
174	004479	博时富和纯债债券	100.00%	0.00%	0.00%	40.20
175	004495	博时量化平衡混合	26.85%	73.15%	0.02%	0.52
176	004505	博时新兴消费主题混合	45.49%	54.51%	0.01%	3.05
177	004601	博时富腾纯债债券	99.99%	0.01%	0.00%	2.01
178	004624	博时盈海纯债债券	99.81%	0.19%	0.00%	2.03
179	004677	博时战略新兴产业混合	0.79%	99.21%	0.00%	1.04
180	004689	博时丰庆纯债债券	99.88%	0.12%	0.00%	1.01
181	004698	博时军工主题股票	0.00%	100.00%	0.00%	0.94
182	004841	博时合惠货币 A	0.86%	99.14%	0.00%	642.20
183	004985	博时合晶货币	99.94%	0.06%	0.01%	10.74
184	005062	博时中证 500 指数增强 A	17.64%	82.36%	0.35%	1.56
185	005154	博时鑫禧灵活配置混合 A	—	100.00%	0.00%	2.54
186	005155	博时鑫禧灵活配置混合 C	99.97%	0.03%	0.00%	2.54
187	005183	博时富时中国 A 股指数	—	100.00%	0.00%	0.09
188	050001	博时价值增长混合	0.13%	99.87%	0.00%	41.59
189	050002	博时沪深 300 指数 A	8.39%	91.61%	0.01%	58.25
190	050003	博时现金收益货币 A	14.92%	85.08%	0.12%	193.12
191	050004	博时精选混合 A	6.93%	93.07%	0.01%	39.52
192	050006	博时稳定价值债券 B	0.00%	100.00%	0.00%	12.75
193	050007	博时平衡配置	1.77%	98.23%	0.01%	5.90
194	050008	博时第三产业混合	1.49%	98.51%	0.00%	19.68
195	050009	博时新兴成长混合	0.65%	99.35%	0.00%	36.41
196	050010	博时特许价值混合 A	3.62%	96.38%	0.09%	2.74
197	050011	博时信用债券 A/B	63.55%	36.45%	0.04%	17.36
198	050012	博时策略配置	17.15%	82.85%	0.00%	4.39
199	050013	博时上证超大盘联接	0.49%	99.51%	0.00%	2.18
200	050014	博时创业成长混合 A	6.76%	93.24%	0.32%	3.76
201	050015	博时大中华亚太精选股票	29.51%	70.49%	0.07%	2.76
202	050016	博时宏观回报债券 A/B	81.32%	18.68%	0.00%	0.95
203	050018	博时行业轮动混合	11.94%	88.06%	0.21%	3.81
204	050019	博时转债增强债券 A	0.06%	99.94%	0.02%	2.15
205	050020	博时抗通胀增强回报	3.00%	97.00%	0.05%	0.60
206	050021	博时深证 200 联接	5.78%	94.22%	0.05%	0.49
207	050022	博时回报灵活配置	91.22%	8.78%	0.00%	5.67
208	050023	博时天颐债券 A	97.52%	2.48%	0.00%	6.61
209	050024	博时上证自然资源联接	0.41%	99.59%	0.00%	0.57
210	050025	博时标普 500ETF 联接 A	9.67%	90.33%	0.02%	3.20
211	050026	博时医疗保健行业混合 A	7.81%	92.19%	0.00%	5.96
212	050027	博时信用债纯债债券 A	71.11%	28.89%	0.01%	15.67
213	050028	博时安心收益定期债券 A	80.99%	19.01%	0.01%	15.90
214	050029	博时新机遇混合 A	99.27%	0.73%	0.00%	7.38
215	050030	博时亚洲票息收益债券	12.75%	87.25%	0.07%	21.27
216	050106	博时稳定价值债券 A	89.76%	10.24%	0.00%	12.75
217	050111	博时信用债券 C	6.21%	93.79%	0.02%	17.36
218	050116	博时宏观回报债券 C	0.00%	100.00%	0.00%	0.95
219	050119	博时转债增强债券 C	0.11%	99.89%	0.02%	2.15
220	050123	博时天颐债券 C	—	100.00%	0.00%	6.61
221	050128	博时安心收益定期债券 C	13.78%	86.22%	0.12%	15.90
222	050201	博时价值增长贰号混合	0.14%	99.86%	0.00%	15.58
223	050202	博时亚洲票息收益债券现汇	12.75%	87.25%	0.07%	21.27
224	050203	博时亚洲票息收益债券现钞	12.75%	87.25%	0.07%	21.27
225	150225	博时中证 800 证券保险分级 A	19.43%	80.57%	0.00%	2.13
226	150226	博时中证 800 证券保险分级 B	1.80%	98.20%	0.00%	2.13
227	150267	博时中证银行指数分级 A	85.32%	14.68%	0.00%	1.40
228	150268	博时中证银行指数分级 B	4.78%	95.22%	0.00%	1.40
229	159908	博时深证 200ETF	—	15.88%	84.12%	0.55
230	159937	博时黄金 ETF	12.72%	11.12%	76.16%	72.85
231	160505	博时主题行业混合（LOF）	3.02%	96.98%	0.03%	106.53
232	160512	博时卓越品牌混合（LOF）	10.20%	89.80%	0.03%	5.34
233	160513	博时稳健回报债券（LOF）A	0.00%	100.00%	0.34%	0.84
234	160514	博时稳健回报债券（LOF）C	0.28%	99.72%	0.00%	0.84
235	160515	博时安丰 18 个月定开债 A	54.60%	45.40%	0.00%	133.92
236	160516	博时中证 800 证券保险分级	0.24%	99.76%	0.01%	2.13
237	160517	博时中证银行指数分级	0.22%	99.78%	0.36%	1.40
238	160518	博时睿远	24.20%	75.80%	0.18%	9.26
239	160519	博时睿利事件驱动（LOF）	49.19%	50.81%	0.04%	4.09
240	160520	博时弘盈定期开放混合 A	14.75%	85.25%	0.00%	33.30
241	160521	博时弘盈定期开放混合 C	0.00%	100.00%	0.01%	33.30
242	160522	博时睿益事件驱动混合（LOF）	42.92%	57.08%	0.00%	6.84
243	160523	博时安丰 18 个月定开债 C	—	100.00%	0.01%	133.92
244	160524	博时弘泰混合	0.92%	99.08%	0.01%	11.15
245	160525	博时睿丰定开混合	94.97%	5.03%	0.00%	3.59
246	501100	博时安康定开债（LOF）	74.93%	25.07%	0.00%	6.66
247	510020	博时上证超大盘 ETF	2.63%	14.74%	82.63%	2.46
248	510410	博时上证自然资源 ETF	3.66%	44.40%	51.94%	1.03
249	510710	博时上证 50ETF	27.60%	25.12%	47.28%	1.94
250	511860	博时保证金实时交易型货币	49.64%	50.36%	0.00%	8.35
251	513500	博时标普 500ETF	5.81%	29.06%	65.13%	4.57
252	960022	博时沪深 300 指数 R	—	100.00%	0.00%	58.25
253	960026	博时特许价值混合 R	—	100.00%	0.00%	2.74
254	960027	博时信用债券 R	—	100.00%	0.00%	17.36

【公司高管】

张光华先生，博士，董事长。历任国家外汇管理局政研室副主任，计划处处长，中国人民银行海南省分行副行长、党委委员，中国人民银行广州分行副行长、党委副书记，广东发展银行行长、党委副书记，招商银行副行长、执行董事、副董事长、党委副书记，在招商银行任职期间曾兼任永隆银行副董事长、招商基金管理有限公司董事长、招商信诺人寿保险有限公司董事长、招银国际金融有限公司董事长、招银金融租赁有限公司董事长。2015 年 8 月起，任博时基金管理有限公司董事长暨法定代表人。

江向阳先生，2015 年 7 月起任博时基金管理有限公司总经理。中共党员，南开大学国际金融博士，清华大学金融媒体 EMBA。1986—1990 年就读于北京师范大学信息与情报学系，获学士学位；1994—1997 年就读于中国政法大学研究生院，获法学硕士学位；2003—2006 年，就读于南开大学国际经济研究所，获国际金融博士学位。2015 年 1 月—7 月，任招商局金融集团副总经理、博时基金管理有限公司党委副书记。历任中国证监会办公厅、党办副主任兼新闻办（网信办）主任；中国证监会办公厅副巡视员；中国证监会深圳专员办处长、副专员；中国证监会期货监管部副处长、处长；中国农业工程研究设计院情报室干部。现任博时基金管理有限公司董事。

长城基金管理有限公司

【基本情况】

法定名称：长城基金管理有限公司

英文名称：Great Wall Fund Management Co. Ltd.

公司属性：中资企业

成立日期：2001 – 12 – 27

注册资本：15000（万元）

法人代表：何伟

总 经 理：熊科金

注册地址：深圳市福田区益田路 6009 号新世界商务中心 4101 – 4104

办公地址：深圳市福田区益田路 6009 号新世界商务中心 40、41 楼

网站地址：www. ccfund. com. cn

邮政编码：518026

客服邮箱：support@ ccfund. com. cn

电话号码：0755 – 83680399，400 – 8868 – 666

传真号码：0755 – 23982328

经营范围：基金募集、基金销售、资产管理和中国证监会许可的其他业务

基金数量：58（其中普通基金 49 只，货币基金 7 只，理财基金 0 只，封闭式基金 0 只，其他基金 2 只）

管理规模：589. 33 亿元

经理人数：16 人

【公司概况】

长城基金管理有限公司成立于 2001 年 12 月 27 日，由长城证券股份有限公司、东方证券股份有限公司、北方国际信托股份有限公司、中原信托有限公司共同出资设立。公司的经营范围为基金募集、基金销售、资产管理和中国证监会许可的其他业务。

长城基金管理有限公司一直秉承“诚信、规范、专业、创新”的经营理念，坚持基金持有人利益至上的经营原则，凭借完善的公司治理结构、严格的风险控制、规范的业务流程、高效专业的员工团队、开放与学习的文化氛围，努力打造一流的基金管理公司品牌，竭诚为客户提供优质的投资理财产品和服务。

截至 2017 年 8 月，长城基金管理有限公司一共管理基金 43 只。基金产品类别涵盖货币型、债券型、混合型以及指数型基金，形成覆盖低、中、高各类风险收益特征的较为完善的产品线。

【公司荣誉】

债券投资回报基金管理公司奖——2015 年 4 月，由《上海证券报》主办的第十二届金基金奖评选结果在京揭晓，长城基金荣获“第十二届金基金 – 债券投资回报基金管理公司奖”。

2012 年十大金牛基金公司——2013 年 3 月，由《中国证券报》主办的第十届中国基金业金牛奖评选结果在京揭晓，长城基金荣获“2012 年十大金牛基金公司”奖。

2012 年度十大明星基金公司——2013 年 3 月，由《证券时报》主办的 2012 年度“中国基金业明星基金奖”评选结果在京揭晓，长城基金荣获“2012 年度十大明星基金公司”奖。

2011 年度最具影响力客户服务基金——2012 年 2 月 28 日，由凤凰网、凤凰网财经联合主办的“2012 金凤凰金融盛典”在北京举办，长城基金荣获“2011 年度最具影响力客户服务基金”称号。

2011 中国最具发展潜力基金公司——2011 年 10 月，由理财周报主办的《2011 中国三千万基金持有人最尊敬基金公司调查报告》在深圳发布，长城基金荣获“2011 中国最具发展潜力基金公司”奖项。

中国金融企业慈善榜基金业突出贡献奖——2009 年 4 月，金融界网站联合中国社会工作协会共同主办的“2008 中国金融企业慈善榜”揭晓，长城基金荣获“2008 中国金融企业慈善榜基金业突出贡献奖”。

最佳服务基金公司——2009 年 3 月，中国主流媒体理财联盟主办、《钱经》杂志社承办的“2008 · 2009 年度第二届中国理财总评榜”揭晓，长城基金荣获“最佳服务基金公司”奖项。

十大品牌基金公司——2009 年 1 月 8 日，和讯网“2008 年度第六届中国财经风云榜”揭晓，长城基金荣获“2008 年度十大品牌基金公司”奖项。

最有影响力客户服务奖——2008 年 12 月 18 日，“2008 搜狐金融理财网络盛典”揭晓，长城基金再次荣获“2008 年最有影响力客户服务奖”。

卓越成长奖——2008 年 3 月 30 日，《大众理财顾问》杂志举办的“2007 最受消费者青睐的基金公司”评选结果揭晓，长城基金荣获“卓越成长奖”。

十大明星基金公司——2008 年 1 月 11 日，证券时报主办、安信证券协办的“2007 年度中国明星基金暨最佳托管银行评选”结果揭晓，长城基金荣膺“十大明星基金公司”奖项。

最具成长性的基金公司——2008 年 1 月 20 日，和讯网主办的第五届财经风云榜揭晓，长城基金荣获“最具成长性的基金公司”奖项。

最佳基金客户服务奖——2007 年 12 月 20 日，“2007 搜狐金融理财网络调查报告”暨年底评选揭晓，长城基金获得“2007 年最佳基金客户服务奖”。

山东百姓最信赖的基金公司——2007 年 9 月 20 日，齐鲁晚报启动的“山东百姓最信赖的基金公司”理财评选揭晓，长城基金喜获“山东百姓最信赖的基金公司”奖项。

【公司大事记（2017）】

2017 年 9 月 6 日，长城收益宝货币市场基金正式成立。

2017 年 8 月 18 日，公司管理的第四十五只基金——长

城收益宝货币市场基金公开发行。

2017 年 7 月 5 日，长城久嘉创新成长灵活配置混合型证券投资基金正式成立。

2017 年 7 月 4 日，封闭式久嘉证券投资基金终止上市。

2017 年 6 月 1 日，长城创新动力灵活配置混合型证券投资基金正式成立。

2017 年 4 月 27 日，公司管理的第四十四只基金——长城创新动力灵活配置混合型证券投资基金。

2017 年 4 月 26 日，长城转型成长灵活配置混合型证券投资基金正式成立。

2017 年 3 月 23 日，公司管理的第四十三只基金——长城转型成长灵活配置混合型证券投资基金公开发行。

2017 年 3 月 15 日，长城中国智造灵活配置混合型证券投资基金正式成立。

2017 年 2 月 16 日，公司管理的第四十二只基金——长城中国智造灵活配置混合型证券投资基金公开发行。

【股东概况】

排序	股东名称	股权比例
1	长城证券有限责任公司	47.059%
2	东方证券股份有限公司	17.647%
3	北方国际信托投资股份有限公司	17.647%
4	中原信托投资有限公司	17.647%

【旗下基金】

序号	基金代码	基金名称	机构持有比例	个人持有比例	内部持有比例	净值（亿元）
1	000030	长城久利保本混合	0.03	3.89	19.34	19.87
2	000254	长城增强收益定开债券 A	–	–	19.51	21.35
3	000255	长城增强收益定开债券 C	–	–	0.58	0.63
4	000333	长城稳固收益债券 A	0.00	9.50	1.06	1.18
5	000334	长城稳固收益债券 C	0.00	0.01	0.07	0.08
6	000339	长城医疗保健混合	0.05	0.41	0.76	1.20
7	000615	长城工资宝货币 A	0.76	1.26	1.25	1.25
8	000649	长城久鑫灵活配置	0.00	0.71	1.90	1.98
9	000768	长城久盈纯债分级债券	–	–	10.34	10.39
10	000769	长城久盈纯债分级债券 A	–	0.04	0.12	10.39
11	000770	长城久盈纯债分级债券 B	–	–	10.22	10.39
12	000861	长城货币 E	108.92	111.51	7.11	7.11
13	000976	长城新兴产业混合	0.01	0.03	0.81	0.95
14	000977	长城环保主题混合	0.05	0.19	5.31	4.59
15	001255	长城改革红利混合	0.02	0.42	7.77	4.70
16	001296	长城转型成长灵活配置混合	0.00	0.05	1.17	1.19
17	001363	长城久惠灵活配置混合	0.00	0.53	9.84	10.18
18	001613	长城久祥保本	0.00	0.91	8.47	8.87
19	001670	长城新策略混合 A	0.00	0.02	0.04	0.04
20	001671	长城新策略混合 C	0.33	0.34	0.04	0.04
21	001879	长城创新动力灵活配置混合	0.61	0.62	0.24	0.23
22	001880	长城中国智造灵活配置混合	0.00	0.14	0.89	0.87
23	002225	长城新视野混合 A	0.00	0.00	0.00	0.00
24	002226	长城新视野混合 C	0.15	0.22	0.31	0.31
25	002227	长城新优选混合 A	0.00	0.00	5.47	6.31
26	002228	长城新优选混合 C	0.00	0.00	0.01	0.01
27	002296	长城久安保本	0.00	1.34	13.90	14.79
28	002512	长城久润保本	0.00	1.61	12.77	12.93
29	002542	长城久鼎保本混合	0.00	1.91	20.90	21.78
30	002543	长城久益保本 A	0.00	4.69	7.65	8.06
31	002544	长城久益保本 C	0.00	0.36	0.58	0.60
32	002703	长城久源保本混合	0.00	0.98	11.36	11.69
33	003290	长城久稳债券	–	0.00	2.00	2.03
34	003466	长城久盛安稳纯债两年定开债	–	–	10.00	10.32
35	003546	长城久信债券	0.00	0.00	2.06	2.15
36	004568	长城工资宝货币 B	97.05	104.68	51.19	51.19
37	004666	长城久嘉创新成长混合	0.00	0.33	8.26	8.18
38	004972	长城收益宝货币 A	33.81	33.17	46.92	46.92
39	004973	长城收益宝货币 B	19.55	16.68	8.64	8.64
40	150057	长城久兆稳健指数	–	–	0.02	0.18
41	150058	长城久兆积极指数	–	–	0.03	0.18
42	162006	长城久富混合(LOF)	0.05	0.77	6.66	7.56
43	162010	长城久兆中小板 300 指数分级	0.26	0.27	0.15	0.18
44	200001	长城久恒灵活配置混合	0.00	0.02	0.69	0.86
45	200002	长城久泰沪深 300 指数	0.75	0.14	4.50	6.88
46	200003	长城货币 A	35.15	39.76	42.48	42.48
47	200006	长城消费增值混合	0.56	0.43	13.09	12.43
48	200007	长城安心回报混合	0.02	1.04	16.51	16.90
49	200008	长城品牌优选混合	4.92	3.06	27.61	36.64
50	200009	长城稳健增利	0.26	0.28	0.20	0.23
51	200010	长城双动力混合	2.52	0.04	3.40	4.54
52	200011	长城景气行业龙头	0.01	0.02	0.49	0.54
53	200012	长城中小盘成长混合	0.14	0.36	0.98	1.41
54	200013	长城积极增利债券 A	0.77	1.70	2.65	3.57
55	200015	长城优化升级混合	0.01	0.03	0.48	0.82
56	200016	长城保本	0.01	0.49	7.49	8.07
57	200103	长城货币 B	261.96	266.15	116.72	116.72
58	200113	长城积极增利债券 C	0.01	0.08	4.05	5.31

【公司高管】

何伟先生，硕士研究生、硕士。曾任职于北京兵器工业部计算机所、深圳蛇口工业区电子开发公司、深圳蛇口百佳超市有限公司等公司，1993 年 2 月起历任君安证券有限公司投资二部副经理、投资二部经理、总裁办主任、资产管理公司常务副总经理、营业部总经理，国泰君安证券股份有限公司总裁助理（期间先后兼任深圳分公司常务副总经理、深圳分公司常务总经理、企业融资总部总监），华富基金管理有限公司（筹）拟任总经理，国泰君安证券股份有限公司总裁助理（期间先后兼任企业融资总部总监、总裁办主任）、副总裁。自 2011 年起担任长城证券股份有限公司总裁。现任长城证券股份有限公司党委副书记、长城基金管理有限公司董事长。

熊科金先生，中共党员，经济学硕士，长城基金管理有限公司董事、总经理、投资决策委员会主任。曾任中国银行江西信托投资公司证券业务部负责人，中国东方信托投资公司南昌证券营业部总经理、公司证券总部负责人，华夏证券有限公司江西管理总部总经理，中国银河证券有限责任公司基金部负责人、银河基金管理有限公司筹备组负责人，银河基金管理有限公司副总经理、总经理。

长盛基金管理有限公司

【基本情况】

法定名称:长盛基金管理有限公司
英文名称:Changsheng Fund Management Co. ,ltd.
公司属性:合资企业
成立日期:1999 -03 -26
注册资本:18900(万元)
法人代表:周兵
总 经 理:林培富
注册地址:深圳市福田中心区福中三路诺德金融中心主楼10D
办公地址:北京市海淀区北太平庄路18 号城建大厦A座21 层
网站地址:www. csfunds. com. cn
邮政编码:100088
客服邮箱:services@ csfunds. com. cn
电话号码:400 -888 -2666,010 -62350088
传真号码:010 -82255988
经营范围:基金募集;基金销售;资产管理;及中国证监会许可的其他业务
基金数量:87 (其中普通基金73 只,货币基金4 只,理财基金0 只,封闭式基金0 只,其他基金10 只)
管理规模:294.31 亿元
经理人数:14 人

【公司概况】

长盛基金管理有限公司(以下简称长盛基金)注册资本为人民币1.89 亿元,是国内首批成立的十家基金管理公司之一,也是首批获得全国社保基金管理资格的六家基金管理公司之一。长盛基金总部办公地位于北京,在北京、上海、成都、深圳等地设有分支机构,并拥有全资子公司长盛基金(香港)有限公司和长盛创富资产管理有限公司。

长盛基金主营业务范围包括公开募集证券投资基金管理、基金销售、特定客户资产管理,并获得合格境内机构投资者(QDII)资格、特定客户资产管理业务(专户理财)资格和保险资产管理人资格。

长盛基金自成立以来,始终以基金持有人利益最大化为最高追求目标,结合公募基金及受托管理社保基金委托组合的丰富经验,注重投资研究,注重强化风险控制,为客户创造持续稳健的收益。

长盛基金股东为国元证券股份有限公司、新加坡星展银行有限公司、安徽省信用担保集团有限公司、安徽省投资集团控股有限公司。

长盛基金大股东国元证券股份有限公司为深圳证券交易所上市公司,外资股东新加坡星展银行有限公司为新加坡证券交易所上市公司。

经过多年布局,长盛基金建立起较为完善的产品线,覆盖不同的风险和类型,形成传统公募、社保业务、国际业务、险资管理和其他私募业务等多元化、互补的业务结构。

目前,长盛基金共管理70 多只公募基金、多个专户产品,以及多个社保组合,产品线涵盖指数、股票、混合、债券、货币、QDII 等多种类型和风险属性。

长盛基金拥有一支经验较为丰富的投研团队。投资管理实行投资决策委员会领导下的基金经理负责制。投资决策委员会是基金投资运作的最高决策机构,其主要职责是根据公司研究部门提供的研究报告,判断宏观经济和市场走势,确定公司整体投资策略。采用3T 投研方法,即宏观趋势、行业主题、微观标的相结合的投资研究方法:一、自上而下,以宏观策略组的形式,通过对经济走势、宏观政策、市场风格等因素的判断,结合权益部门、固收部门的观点支持,对大类资产给予方向性的判断;二、自下而上,通过对行业研究员以及量化投资部对于细分行业、以及量化风格等信息汇总,实现对组合的优化。

长盛基金秉承“强健合规健康免疫体,严守风控发展生命线”的合规风控理念,打造“业务全过程、公司全层级、机构全覆盖”的自我长效约束的合规文化体系。公司遵循合规性、有效性、独立性、相互制约、成本效益等内部控制五项基本原则,严格按照《基金法》及其配套法规,以及其他相关法律法规的规定,建立健全内部控制制度。公司内部控制制度覆盖到公司的各项业务、各个部门和各级人员,贯穿于决策、执行、监督、反馈的各个环节,具体包括四个层次:公司章程、内部控制大纲、公司基本管理制度及部门业务规章,并建立了严格的内控制度评价程序和报告制度,以保证公司内部控制制度的合理性与有效性。

长盛基金以“专业理财 造福百姓”为企业使命,专注于以良好的投资管理能力和创新能力为投资者创造投资回报。截至2017 年底,公司累计为600 万客户提供专业理财服务,长盛基金累计向持有人分红超360 亿元。

在基金业三大权威评选中,长盛基金先后多次获得十大金牛基金管理公司奖、年度明星基金公司奖以及金基金·TOP 公司大奖等业内顶级大奖。

长盛基金秉承“稳健投资的长跑健将”的投研理念,并努力成为专注客户财富增长的值得托付的基金公司。经过多年的发展与沉淀,公司持续践行“同德同智,同益同盛”的核心价值观,形成了团结友爱、积极向上、独具特色的长盛“家”文化。同时,长盛基金还认真履行社会责任,持续组织开展了“长盛基金雏鹰梦想公益行”“长盛基金微公益——壹个村小图书室”等公益活动,积极投身社会公益事业,用实际行动回报社会,奉献爱心。

【公司大事记(2017)】

2017 年1 月,公司获得东方财富网颁发的“最佳社会责任基金公司”称号。

2017 年1 月,公司获得和讯网颁发的“2016 年影响力公募基金”称号。

【股东概况】

排序	股东名称	持股数量(万股)	持股比例(%)
1	国元证券有限责任公司	6150.00	41%
2	新加坡星展资产管理有限公司	4950.00	33%
3	安徽省创新投资有限公司	1950.00	13%
3	安徽省投资集团有限责任公司	1950.00	13%

【旗下基金】

序号	基金代码	基金名称	期间申购(亿份)	期间赎回(亿份)	期末总份额(亿份)	期末净资产(亿元)
1	000063	长盛电子信息主题灵活配置混合	0.28	1.59	5.48	8.55

序号	基金代码	基金名称	期间申购（亿份）	期间赎回（亿份）	期末总份额（亿份）	期末净资产（亿元）
2	000225	长盛年年收益定期开放债券A	–	–	0.35	0.43
3	000226	长盛年年收益定期开放债券C	–	–	0.05	0.06
4	000303	长盛双月红定期债券A	–	–	0.43	0.41
5	000304	长盛双月红定期债券C	–	–	0.12	0.12
6	000354	长盛城镇化主题混合	0.01	0.05	0.65	0.71
7	000424	长盛添利宝货币A	1.09	1.14	1.00	1.00
8	000425	长盛添利宝货币B	34.63	54.02	24.23	24.23
9	000534	长盛高端装备制造灵活配置	0.03	0.14	2.14	3.05
10	000535	长盛航天海工装备灵活配置	0.06	0.12	1.15	1.04
11	000598	长盛生态环境混合	0.03	0.13	1.42	2.26
12	000684	长盛养老健康产业灵活配置混合	0.02	0.04	0.46	0.60
13	001197	长盛转型升级主题灵活配置混合	0.01	1.69	27.34	22.93
14	001239	长盛国企改革混合	0.10	0.98	19.01	8.06
15	001834	长盛战略新兴产业混合C	–	–	0.00	0.00
16	001892	长盛新兴成长混合	1.03	0.64	5.36	6.03
17	002085	长盛互联网+混合	0.09	0.16	0.79	0.88
18	002089	长盛盛鑫混合A	0.00	0.00	3.99	4.33
19	002090	长盛盛鑫混合C	0.00	0.00	0.00	0.01
20	002156	长盛盛世混合A	0.00	0.00	0.02	0.02
21	002157	长盛盛世混合C	0.00	0.50	1.00	0.89
22	002300	长盛医疗行业量化配置股票	0.32	0.33	0.48	0.56
23	002732	长盛沪港深混合	0.15	0.09	0.50	0.55
24	002789	长盛同享灵活配置A	0.00	15.46	13.17	14.06
25	002790	长盛同享灵活配置C	0.00	–	0.00	0.00
26	002927	长盛盛和纯债A	0.00	0.00	14.93	15.11
27	002928	长盛盛和纯债C	0.01	0.02	0.00	0.00
28	003099	长盛盛景纯债A	0.00	0.00	14.97	15.20
29	003100	长盛盛景纯债C	0.00	0.00	0.00	0.00
30	003102	长盛盛裕纯债A	0.00	0.00	14.97	15.23
31	003103	长盛盛裕纯债C	0.00	0.01	0.00	0.00
32	003169	长盛盛辉混合A	0.00	0.00	0.90	0.93
33	003170	长盛盛辉混合C	0.00	0.00	0.00	0.00
34	003199	长盛盛琪一年债券A	–	–	3.28	3.28
35	003200	长盛盛琪一年债券C	–	–	0.08	0.08
36	003490	长盛盛平灵活配置混合A	0.76	0.65	0.76	0.76
37	003491	长盛盛平灵活配置混合C	0.00	1.45	0.00	0.00
38	003510	长盛可转债债券A	0.00	0.03	0.13	0.13
39	003511	长盛可转债债券C	0.36	0.32	0.40	0.39
40	003594	长盛盛崇灵活配置混合A	0.00	0.00	0.00	0.00
41	003595	长盛盛崇灵活配置混合C	0.00	0.39	0.40	0.46
42	003641	长盛盛丰灵活配置混合A	0.00	0.00	0.00	0.00
43	003642	长盛盛丰灵活配置混合C	0.00	0.00	1.98	1.98
44	003658	长盛量化多策略灵活配置混合	0.02	0.11	0.75	0.76
45	003922	长盛盛康灵活配置混合A	0.00	0.00	0.00	0.00
46	003923	长盛盛康灵活配置混合C	0.00	0.00	4.31	4.51
47	003924	长盛盛泰灵活配置混合A	–	0.28	0.52	0.51
48	003925	长盛盛泰灵活配置混合C	0.00	0.00	0.00	0.00
49	004297	长盛盛淳灵活配置混合A	0.00	0.58	0.52	0.51
50	004298	长盛盛淳灵活配置混合C	–	0.00	0.00	0.00

序号	基金代码	基金名称	期间申购（亿份）	期间赎回（亿份）	期末总份额（亿份）	期末净资产（亿元）
51	004299	长盛盛泽混合A	0.00	0.18	0.52	0.51
52	004300	长盛盛泽混合C	0.00	0.00	0.00	0.00
53	004303	长盛盛德灵活配置混合A	–	1.00	0.10	0.09
54	004304	长盛盛德灵活配置混合C	0.00	0.00	0.00	0.00
55	004305	长盛盛禧灵活配置混合A	–	0.50	0.10	0.09
56	004306	长盛盛禧灵活配置混合C	0.00	0.00	0.00	0.00
57	004308	长盛盛享灵活配置混合A	–	0.18	0.52	0.51
58	004309	长盛盛享灵活配置混合C	0.00	0.00	0.00	0.00
59	004310	长盛盛瑞灵活配置混合A	0.00	0.18	0.52	0.51
60	004311	长盛盛瑞灵活配置混合C	0.00	0.00	0.00	0.00
61	004312	长盛盛兴混合A	0.00	0.18	0.52	0.51
62	004313	长盛盛兴混合C	0.00	0.00	0.00	0.00
63	004336	长盛盛乾灵活配置混合A	–	0.58	0.52	0.52
64	004337	长盛盛乾灵活配置混合C	0.00	0.00	0.00	0.00
65	004338	长盛盛弘混合A	0.00	0.58	0.52	0.51
66	004339	长盛盛弘混合C	0.00	0.00	0.00	0.00
67	004397	长盛信息安全量化策略混合	0.48	0.36	0.66	0.56
68	004466	长盛盛杰一年期定开混合	0.32	3.18	0.76	0.79
69	004670	长盛分享经济主题灵活配置混合	0.33	0.32	0.47	0.52
70	004745	长盛创新驱动灵活配置混合	0.00	0.05	0.93	0.85
71	005230	长盛货币B	74.01	52.91	54.71	54.71
72	080001	长盛成长价值	0.08	0.12	2.77	2.84
73	080002	长盛创新先锋	0.04	0.06	1.18	1.16
74	080003	长盛积极配置债券	0.00	0.02	3.89	4.16
75	080005	长盛量化红利混合	0.09	0.15	1.69	2.05
76	080006	长盛环球行业混合(QDII)	0.01	0.01	0.42	0.57
77	080007	长盛同鑫行业配置混合	0.18	0.14	0.54	0.54
78	080008	长盛战略新兴产业混合A	0.01	0.02	1.07	2.08
79	080009	长盛同禧债券A	0.00	0.21	0.29	0.29
80	080010	长盛同禧债券C	0.24	0.00	0.26	0.25
81	080011	长盛货币A	4.46	6.73	9.42	9.42
82	080012	长盛电子信息产业混合	0.49	1.06	8.87	11.68
83	080015	长盛中小盘精选混合	0.25	0.20	0.72	0.51
84	150064	长盛同瑞200分级A	–	–	0.01	0.11
85	150065	长盛同瑞200分级B	–	–	0.02	0.11
86	150281	长盛中证金融地产指数分级A	–	–	0.15	1.70
87	150282	长盛中证金融地产指数分级B	–	–	0.15	1.70
88	160805	长盛同智优势	0.01	0.17	7.45	5.70
89	160806	长盛同庆中证800(LOF)	0.00	0.02	0.99	1.27
90	160807	长盛沪深300	0.11	0.07	0.45	0.52
91	160808	长盛同瑞200分级	0.00	0.01	0.09	0.11
92	160812	长盛同益成长回报	0.00	0.01	1.06	1.49
93	160813	长盛同盛成长优选	0.00	0.05	2.27	1.72
94	160814	长盛中证金融地产指数分级	0.02	0.12	2.10	1.70
95	502013	长盛中证申万一带一路分级	0.25	2.03	10.61	8.14
96	502014	长盛中证申万一带一路分级A	–	–	0.60	8.14
97	502015	长盛中证申万一带一路分级B	–	–	0.60	8.14
98	502040	长盛上证50指数分级	0.02	0.51	0.21	0.27
99	502041	长盛上证50指数分级A	–	–	0.02	0.27
100	502042	长盛上证50指数分级B	–	–	0.02	0.27
101	502053	长盛中证证券公司分级	0.34	0.19	1.13	1.37

序号	基金代码	基金名称	期间申购（亿份）	期间赎回（亿份）	期末总份额（亿份）	期末净资产（亿元）
102	502054	长盛中证证券公司分级A	-	-	0.43	1.37
103	502055	长盛中证证券公司分级B	-	-	0.43	1.37
104	510080	长盛全债指数增强债券	0.00	1.52	0.77	0.84
105	510081	长盛动态精选混合	0.03	0.86	3.07	2.99
106	519039	长盛同德主题混合	0.01	0.27	9.12	12.07
107	519100	长盛中证100	0.07	0.11	3.10	3.46

【公司高管】

高新先生，中共党员，管理工程硕士。曾担任安徽省国际信托投资公司证券发行部副经理、证券营业部经理，安徽国元信托投资有限责任公司总经理助理，上海安申投资管理公司总经理，国元证券有限责任公司投资银行总部总经理、总裁助理、副总裁，国元证券股份有限公司副总裁。现任长盛基金管理有限公司董事长。

周兵先生，研究生、硕士。曾任中国银行总行综合计划部副主任科员、香港南洋商业银行内地融资部副经理、香港中银国际亚洲有限公司企业财务部经理（副处级）、广发证券股份有限公司北京业务总部副总经理（期间兼任海南华银国际信托投资公司北京证券营业部托管组负责人）、北京朝阳门大街证券营业部总经理。2004 年 10 月加入长盛基金管理有限公司，曾任公司副总经理、总经理。现任长盛基金管理有限公司董事长，兼任长盛基金（香港）有限公司董事长。

林培富先生，硕士、研究生。曾任安徽省信托投资公司国际业务部科长、副经理、投资银行总部副经理、经理，国元证券有限责任公司基金公司筹备组负责人。2005 年 1 月加入长盛基金管理有限公司，曾任公司人力资源部总监、总经理助理、副总经理，长盛创富资产管理有限公司执行董事。现任长盛基金管理有限公司董事、总经理，兼任长盛基金（香港）有限公司董事、长盛创富资产管理有限公司董事长。

长信基金管理有限公司

【基本情况】

法定名称：长信基金管理有限责任公司
英文名称：Chang Xin Asset Management Co. ,ltd.
公司属性：中资企业
成立日期：2003 - 05 - 09
注册资本：16500（万元）
法人代表：成善栋
总 经 理：覃波
注册地址：中国（上海）自由贸易试验区银城中路 68 号 9 楼
办公地址：上海市浦东新区银城中路 68 号时代金融中心九楼
网站地址：www. cxfund. com. cn
邮政编码：200120
客服邮箱：service@ cxfund. com. cn
电话号码：400 - 700 - 5566
传真号码：021 - 61009800
经营范围：基金管理业务，发起设立基金，中国证监会批准的其他业务（涉及许可经营的凭许可证经营）。
基金数量：88（其中普通基金 84 只，货币基金 4 只，理财基金 0 只，封闭式基金 0 只，其他基金 0 只）
管理规模：484.50 亿元
经理人数：19 人

【公司概况】

长信基金管理有限责任公司由长江证券股份有限公司、上海海欣（集团）股份有限公司、武汉钢铁股份有限公司共同发起设立，于 2003 年 4 月 28 日经中国证券监督管理委员会批准，并于 2003 年 5 月 9 日成立。注册资本金 1.65 亿元人民币，公司的经营范围包括发起设立基金、基金管理业务和中国证监会批准的其他业务。

股东会是公司的最高权力机构，下设董事会和监事会。公司组织管理实行董事会领导下的总经理负责制，总经理、副总经理、督察长组成公司的经营管理层。在经营管理层下设内部控制委员会、投资决策委员会，以及固定收益部、固收专户投资部、混合债券部、量化投资部、量化专户投资部、FOF 投资部、混合策略部、研究发展部、权益投资部、绝对收益部、专户投资部、债券交易部、股票交易部、国际业务部、现金理财部、专户产品与机构服务部、战略与产品研发部、保险业务部、银行机构业务部、综合机构部、零售服务部、电子商务部、基金事务部、监察稽核部、信息技术部、综合行政部、财务管理部、培训部等二十八个职能部门，并根据公司发展需要设北京分公司、深圳分公司和武汉分公司。

【公司荣誉（2017）】

长信基金荣获"最具潜力基金公司 - 专户机构业务"

李小羽荣获"五星基金基金经理"

长信可转债荣获"二级债基五星基金"

长信基金荣获"QDII 基金管理奖"

长信量化先锋混合荣获"五年持续回报积极混合型明星基金"

长信利丰债券荣获"五年持续回报积极债券型明星基金"

长信量化先锋混合荣获"2016 年度金基金. 偏股混合型基金奖（一年期）"

长信量化先锋混合荣获"五年期开放式混合型持续优胜金牛基金"

长信可转债荣获"2016 年度金基金. 分红基金奖（三年期）"

李小羽荣获"三年期、五年期二级债最佳基金经理"

长信基金荣获"2016 年度金基金 · TOP 公司奖"

长信基金荣获"金牛基金管理公司"

长信量化先锋混合荣获东方财富风云榜"2016 年度杰出业绩表现基金产品"

【股东概况】

排序	股东名称	持股数量（万股）	持股比例（%）
1	长江证券有限责任公司	7350.00	49%
2	上海海欣集团股份有限公司	5149.50	34.33%
3	武汉钢铁股份有限公司	2500.50	16.67%

【旗下基金】

序号	基金代码	基金名称	期间申购（亿份）	期间赎回（亿份）	期末总份额（亿份）	期末净资产（亿元）
1	002254	长信金葵纯债A	-	-	1.66	1.69

序号	基金代码	基金名称	期间申购（亿份）	期间赎回（亿份）	期末总份额（亿份）	期末净资产（亿元）
2	002255	长信金葵纯债 C	–	–	0.09	0.09
3	002858	长信富平纯债一年定开债 A	–	–	2.90	2.98
4	002859	长信富平纯债一年定开债 C	–	–	0.08	0.08
5	002983	长信国防军工量化混合	2.20	0.30	6.30	4.45
6	002996	长信稳健纯债债券 A	0.00	0.20	1.00	1.04
7	003059	长信先利半年定期开放混合	–	–	2.57	2.48
8	003126	长信纯债半年债券 A	0.00	0.00	0.00	0.00
9	003127	长信纯债半年债券 C	0.00	0.05	0.12	0.12
10	003349	长信稳益纯债	0.06	10.44	0.05	0.06
11	003869	长信稳势纯债	20.15	32.12	10.72	11.55
12	004220	长信纯债壹号债券 C	0.82	1.98	5.38	5.73
13	004221	长信量化先锋混合 C	0.09	0.09	0.01	0.02
14	004607	长信利尚一年定开混合	–	–	2.00	2.00
15	004608	长信乐信灵活配置混合 A	0.00	0.00	1.00	1.02
16	004609	长信乐信灵活配置混合 C	0.00	0.40	0.00	0.00
17	004650	长信海外收益一年定开债美元	0.10	0.92	0.16	0.16
18	004651	长信利丰债券 E	0.00	1.07	1.42	1.89
19	004805	长信消费精选量化股票	0.01	0.39	1.27	1.25
20	004806	长信先机两年定开混合	–	–	2.05	2.02
21	004858	长信量化多策略股票 C	0.00	0.00	0.00	0.00
22	004885	长信先优债券	0.00	0.30	1.00	1.02
23	004887	长信稳通三个月定开债发起式	–	–	21.10	21.30
24	004925	长信低碳环保行业量化股票	0.01	0.30	2.62	2.26
25	004945	长信中证 500 指数增强	0.36	2.65	0.78	0.70
26	004998	长信全球债券人民币	0.01	0.02	0.26	0.26
27	004999	长信全球债券美元	–	–	0.26	0.26
28	005068	长信富海纯债一年定开债 A	–	–	0.50	0.50
29	005069	长信富民纯债一年定开债 A	–	–	0.47	0.48
30	005134	长信长金通货币 A	141.12	161.22	53.87	53.87
31	005135	长信长金通货币 B	6.44	4.64	8.32	8.32
32	005137	长信量化价值精选混合	0.00	1.66	0.54	0.52
33	005575	长信稳鑫三个月定开债发起式	1.98	–	5.08	5.17
34	006047	长信稳健纯债债券 E	0.00	–	0.00	0.00
35	163001	长信医疗保健混合(LOF)	0.10	0.13	0.93	0.95
36	163003	长信利鑫债券(LOF)C	0.03	0.04	0.33	0.21
37	163005	长信利众债券(LOF)C	0.00	0.01	2.58	2.14
38	163007	长信利众债券(LOF)A	0.00	0.00	0.00	0.00
39	163008	长信利鑫债券(LOF)A	0.00	0.00	5.05	3.26
40	501002	长信中证能源互联指数(LOF)	0.00	0.00	0.03	0.02
41	501003	长信量化优选混合	0.02	0.00	0.03	0.03
42	519929	长信电子信息行业量化混合	0.06	0.33	5.61	4.01
43	519931	长信港股通指数	0.02	0.03	0.19	0.23
44	519933	长信利发债券	0.00	0.03	0.06	0.06
45	519935	长信创新驱动股票	0.06	0.53	0.32	0.36
46	519937	长信先锐债券	0.00	0.08	0.43	0.43
47	519939	长信海外收益一年定开债人民币	0.10	0.92	0.16	0.16
48	519940	长信富全纯债一年定开债 C	0.00	–	0.20	0.21
49	519941	长信富全纯债一年定开债 A	–	–	0.25	0.26
50	519942	长信富泰纯债一年定开债 C	–	–	0.23	0.24
51	519943	长信富泰纯债一年定开债 A	–	–	0.19	0.20
52	519944	长信富安纯债一年定开债 C	–	–	0.21	0.21
53	519945	长信富安纯债一年定开债 A	–	–	1.49	1.54
54	519947	长信利保债券	0.00	0.14	0.49	0.44
55	519949	长信利信灵活配置混合	0.00	0.00	5.95	5.88
56	519951	长信利泰灵活配置混合	0.00	2.44	0.08	0.08
57	519953	长信富海纯债一年定开债 C	–	–	2.30	2.34
58	519955	长信富民纯债一年定开债 C	–	–	0.99	1.00
59	519956	长信睿进混合 C	3.55	0.06	3.86	2.98
60	519957	长信睿进混合 A	0.00	0.01	0.06	0.04
61	519959	长信多利混合	0.15	0.23	1.91	2.21
62	519960	长信利广混合 C	0.01	0.50	0.01	0.01
63	519961	长信利广混合 A	3.87	2.82	2.66	3.03
64	519962	长信利盈混合 C	0.00	0.00	0.00	0.00
65	519963	长信利盈混合 A	0.00	0.00	8.75	9.91
66	519965	长信量化多策略股票 A	0.05	0.10	1.36	1.51
67	519967	长信利富债券	0.12	0.15	1.90	1.82
68	519969	长信新利灵活配置混合	0.26	1.44	0.60	0.72
69	519971	长信改革红利混合	0.18	0.18	0.25	0.28
70	519972	长信纯债一年定开债 C	–	–	0.16	0.16
71	519973	长信纯债一年定开债 A	–	–	4.27	4.36
72	519975	长信量化中小盘股票	0.45	4.46	10.64	8.44
73	519976	长信可转债债券 C	4.35	2.81	6.48	7.65
74	519977	长信可转债债券 A	0.37	0.34	2.15	2.59
75	519979	长信内需成长混合	3.54	3.30	22.03	32.93
76	519981	长信美国标普 100	0.01	0.02	0.25	0.31
77	519983	长信量化先锋混合 A	1.44	5.83	20.54	27.67
78	519985	长信纯债壹号债券 A	3.38	1.58	6.21	7.12
79	519987	长信恒利优势混合	0.06	1.76	1.61	1.61
80	519989	长信利丰债券 C	3.52	4.44	13.43	17.89
81	519991	长信双利优选混合	8.25	0.29	13.41	18.18
82	519993	长信增利动态策略混合	0.06	2.11	7.39	6.76
83	519995	长信金利趋势混合	23.43	0.56	49.67	23.76
84	519997	长信银利精选混合	1.10	0.24	14.61	13.64
85	519998	长信利息收益货币 B	206.09	177.97	117.38	117.38
86	519999	长信利息收益货币 A	0.92	1.64	2.92	2.92

【公司高管】

成善栋先生，硕士研究生。曾任职中国人民银行上海市分行静安区办事处办公室科员，中国人民银行上海市分行、工商银行上海市分行办公室科员、科长，上海巴黎国际银行信贷部总经理，工商银行上海市分行办公室副主任、管理信息部总经理、办公室主任、党委委员、副行长，并历任上海市金融学会副秘书长，上海城市金融学会副会长、秘书长。

覃波先生，硕士研究生，1998 年 9 月至 2002 年 7 月曾在长江证券有限责任公司从事资产管理和债券承销发行工作。2002 年 8 月加入长信基金管理有限责任公司，历任市场开发部区域经理、营销策划部副总监、市场开发部总监、专户理财部总监、公司总经理助理、公司副总经理。

大成基金管理有限公司

【基本情况】

法定名称:大成基金管理有限公司
英文名称:Dacheng Fund Management Co., Ltd.
公司属性:中资企业
成立日期:1999-04-12
注册资本:20000(万元)
法人代表:刘卓
总 经 理:罗登攀
注册地址:深圳市福田区深南大道7088号招商银行大厦32层
办公地址:深圳市福田区深南大道7088号招商银行大厦32层
网站地址:www.dcfund.com.cn
邮政编码:518040
客服邮箱:callcenter@dcfund.com.cn
电话号码:400-888-5558
传真号码:0755-83199588
经营范围:基金募集、基金销售、资产管理、中国证监会许可的其它业务
基金数量:124(其中普通基金96只,货币基金20只,理财基金6只,封闭式基金0只,其他基金2只)
管理规模:1479.21亿元
经理人数:24人

【公司概况】

大成基金管理有限公司成立于1999年4月12日,注册资本人民币2亿元,是中国首批获准成立的"老十家"基金管理公司。公司总部设在深圳,同时设置了北方、华东和南方营销总部,在北京、上海等地开设有8家分公司。2009年,公司在香港设立大成国际资产管理有限公司,大力拓展国际业务;2013年,设立大成创新资本管理有限公司,开拓另类投资业务。截至2017年9月底,公司管理总资产2132亿元,其中管理公募资产规模1598亿元,公募基金产品数量86只。同时还受全国社会保障基金理事会委托管理部分社保基金和基本养老保险基金。

公司业务资质齐全,是全国同时具有境内、境外社保基金管理人资格和基本养老保险基金管理人资格的四家基金公司之一,全面涵盖公募基金、机构投资、海外投资、财富管理、养老金管理、私募股权投资等业务,旗下大成国际资产管理公司具备QFII、RQFII以及QFLP等资格。强大的牌照优势奠定了全能型资产管理机构的坚实基础。

历经十八年的磨砺和沉淀,大成基金形成了以长期投资能力为核心竞争优势,打造了一支具有良好职业素养和丰富经验的资产管理队伍。公司致力成为大类资产配置领跑者,目前已形成权益、固定收益、量化投资、商品期货、境外投资、大类资产配置、FOF等七大投资团队,全面覆盖各类投资领域,综合实力不断提升,各项业务迅猛发展,管理资产种类位居同业前列。

经历了中国证券市场多次牛熊交替的长期考验,大成基金以持续优秀的投资业绩赢得了广大投资者的认可和信赖。截至2017年二季度末,公司有9只公募基金获得晨星三年五星权威评级,数量居行业第二,有2只基金同时获得海通、银河、晨星三年五星评级,大成债券是全市场唯一连续15年获得年度正收益的公募基金。公司曾四次荣获中国证券报"金牛基金公司"大奖,四获证券时报"十大明星基金公司"称号。近三年,旗下投资团队和产品荣获中国证券报、证券时报、上海证券报、中国基金报等权威媒体颁发的中国基金业金牛奖、明星基金奖、金基金奖、英华奖等荣誉共计30余次。

大道至简,成就未来。大成基金将以"改善中国人的投资体验"为历史使命,按照"三通四全"的战略方针,持续在提高投研能力、拓展投资领域、创新产品类型等方面用功发力,积极为境内外投资者提供全方位的资产管理服务,全力打造成为一家具有全球竞争力的全能型资产管理机构。

【公司大事记】

1999年4月12日,大成基金管理有限公司成立。

1999年5月4日,景宏证券投资基金基金合同生效,基金规模20亿份,存续期15年。

2002年11月11日,公司第一只开放式基金—大成价值增长证券投资基金合同生效。

2003年4月,率先在业内建立基金运营业务异地灾难备份中心。

2003年9月,在上海建立业内最大客户服务中心。

2004年3月,推出开放式基金网上交易业务。

2006年12月,基金景业成为首只封转开方案获持有人大会全票通过的封闭式基金。

2007年8月1日,创新型封闭式基金大成优选股票型证券投资基金基金合同生效。

2008年1月,公司获得合格境内机构投资者(QDII)业务资格。

2008年3月,公司获得特定客户资产管理业务资格。

2009年3月,公司武汉、西安、成都、沈阳、福州五地分公司获中国证监会批复同意。

2009年4月12日,为庆祝成立10周年,公司在深圳、北京、上海、武汉、西安、成都、福州、沈阳等地开展植树造林活动。

2009年4月,公司出资设立的大成慈善基金会经广东省民政厅批准,正式设立。

2009年10月,香港公司-大成国际资产管理有限公司正式开业。

2010年7月,中资基金公司在香港发行的首只公募产品——大成中证中国内地消费ETF在香港交易所上市。

2010年9月,广州分公司成立。

2010年12月,公司获得全国社保基金境内委托投资管理人资格。

2011年9月,南京分公司成立。

2011年12月,公司香港子公司获人民币合格境外投资者(RQFII)业务资格。

2012年9月,公司获得首批保险资金投资管理人资格。

2013年11月,子公司——大成创新资本管理有限公司成立。

2015年6月,获得全国社保基金投资管理及境外配售产品业务资格。

2016年12月,子公司大成国际获得合格境外投资者(QFII)资格。

2017年8月—2018年4月,公司先后与成都农商行、华夏银行、九江银行、平安银行、徽商银行、民生证券和建信养老

等签订战略合作协议。

2018 年 2 月 1 日，公司与京东金融签署全面战略合作协议。

【股东概况】

排序	股东名称	持股数量（万股）	持股比例（%）
1	中泰信托投资有限责任公司	9600.00	48%
2	光大证券有限责任公司	5000.00	25%
2	中国银河证券有限责任公司	5000.00	25%
3	广东证券股份有限公司	400.00	2%

【旗下基金】

序号	基金代码	基金名称	期间申购（亿份）	期间赎回（亿份）	期末总份额（亿份）
1	000128	大成景安短融债券 A	4.86	4.31	1.66
2	000129	大成景安短融债券 B	1.73	0.22	1.93
3	000130	大成景兴信用债债券 A	0.00	0.50	1.76
4	000131	大成景兴信用债债券 C	0.02	0.12	0.22
5	000152	大成景旭纯债 A	0.02	0.02	0.12
6	000153	大成景旭纯债 C	0.05	0.04	1.37
7	000426	大成信用增利一年定开债券 A	0.00	0.27	0.18
8	000427	大成信用增利一年定开债券 C	0.00	0.17	0.12
9	000587	大成灵活配置混合	0.03	0.18	1.41
10	000626	大成丰财宝货币 A	0.05	0.10	0.21
11	000627	大成丰财宝货币 B	4.73	2.79	176.18
12	000628	大成高新技术产业股票	0.53	0.23	2.02
13	000695	大成景益平稳收益混合	0.00	0.00	1.83
14	000724	大成添利宝货币 A	0.24	0.70	0.24
15	000725	大成添利宝货币 B	351.56	495.29	261.43
16	000726	大成添利宝货币 E	144.38	121.24	92.34
17	000834	大成纳斯达克 100 指数	0.56	0.76	1.30
18	000865	大成景利混合	0.00	0.01	0.32
19	001144	大成互联网思维混合	0.16	1.21	14.31
20	001159	大成景秀灵活配置混合 A	0.00	0.18	0.36
21	001262	大成景明灵活配置混合 A	0.00	0.01	0.05
22	001263	大成景穗灵活配置混合 A	0.00	2.05	0.09
23	001295	大成景源灵活配置混合 A	0.00	0.00	5.52
24	001300	大成睿景灵活配置混合 A	0.03	0.86	9.77
25	001301	大成睿景灵活配置混合 C	0.13	0.60	5.38
26	001333	大成景鹏灵活配置混合 A	0.00	0.00	0.02
27	001364	大成景润灵活配置混合	0.06	0.11	0.14
28	001365	大成正向回报灵活配置混合	0.05	0.16	2.23
29	001497	大成月添利债券 E	0.60	0.45	0.33
30	001516	大成月月盈短期理财债券 E	43.20	27.80	41.31
31	001517	大成景裕灵活配置混合 A	0.00	4.67	0.26
32	001582	大成景辉灵活配置混合 A	0.00	0.00	6.85
33	001697	大成恒丰宝货币 A	0.03	0.12	0.11
34	001698	大成恒丰宝货币 B	3.92	103.20	1.45
35	001699	大成恒丰宝货币 E	3.80	3.88	1.85
36	001791	大成绝对收益策略混合 A	0.00	0.02	0.83
37	001792	大成绝对收益策略混合 C	0.03	0.03	0.04
38	002081	大成景沛灵活配置混合 A	0.00	0.00	6.87
39	002086	大成景安短融债券 E	0.72	0.36	1.83
40	002200	大成慧成货币 A	0.02	0.07	0.10
41	002201	大成慧成货币 B	0.48	48.61	1.78
42	002202	大成慧成货币 E	0.15	0.17	0.06
43	002236	大成 360 互联网 + 大数据 100A	0.11	0.20	0.70
44	002237	大成景沛灵活配置混合 C	–	–	0.00
45	002258	大成国企改革灵活配置混合	0.11	2.50	2.22
46	002290	大成景辉灵活配置混合 C	–	–	0.00
47	002319	大成一带一路灵活配置混合	0.54	0.49	1.69
48	002370	大成景秀灵活配置混合 C	–	–	0.00
49	002371	大成景明灵活配置混合 C	0.57	0.60	0.00
50	002372	大成景穗灵活配置混合 C	0.00	0.00	0.00
51	002373	大成景源灵活配置混合 C	–	–	0.00
52	002374	大成景鹏灵活配置混合 C	0.45	0.65	0.58
53	002375	大成景裕灵活配置混合 C	–	–	0.00
54	002383	大成趋势回报灵活配置混合	0.06	0.16	1.00
55	002567	大成国家安全主题混合	0.01	0.20	0.38
56	002644	大成景荣债券 A	0.00	0.60	16.38
57	002645	大成景荣保本混合 C	–	–	0.00
58	002763	大成景华一年定开债 A	–	–	0.09
59	002764	大成景华一年定开债 C	–	–	0.07
60	002945	大成盛世精选灵活配置混合	0.27	2.74	11.19
61	002946	大成景盛一年定开债 A	–	–	2.05
62	002947	大成景盛一年定开债 C	–	–	0.05
63	003147	大成动态量化混合	0.02	0.27	1.05
64	003252	大成添益交易型货币 A	0.04	0.07	0.08
65	003253	大成添益交易型货币 B	0.01	0.01	0.00
66	003359	大成 360 互联网 + 大数据 100C	0.01	0.02	0.04
67	003373	大成景禄灵活配置混合 A	0.00	0.00	0.00
68	003374	大成景禄灵活配置混合 C	0.63	0.63	0.00
69	003574	大成惠利纯债	–	0.00	14.98
70	003575	大成惠益纯债	0.00	0.00	59.94
71	003692	大成景尚灵活配置混合 A	–	0.00	8.00
72	003693	大成景尚灵活配置混合 C	–	0.00	0.00
73	003841	大成惠裕定开纯债债券	–	–	5.00
74	004117	大成惠祥定开纯债债券	0.00	0.00	20.00
75	004209	大成智惠量化多策略混合	0.04	0.10	0.32
76	004389	大成惠明定开纯债债券	–	–	2.00
77	090001	大成价值增长	0.91	1.33	22.24
78	090002	大成债券 A/B	0.06	0.16	1.45
79	090003	大成蓝筹稳健	0.22	1.95	41.36
80	090004	大成精选增值	0.95	3.24	13.97
81	090005	大成货币 A	3.81	5.65	2.44
82	090006	大成 2020 生命周期混合	0.02	1.13	29.77
83	090007	大成策略回报混合	17.91	8.11	35.24
84	090008	大成强化收益定期开放债券	–	–	1.77
85	090009	大成行业轮动混合	0.23	0.20	1.40
86	090010	大成中证红利指数	0.34	0.23	1.18
87	090011	大成核心双动力混合	0.01	0.34	0.91
88	090012	大成深证成长 40 联接	0.02	0.11	1.41
89	090013	大成竞争优势混合	1.47	2.76	6.69
90	090015	大成内需增长混合	0.31	0.34	1.73

序号	基金代码	基金名称	期间申购（亿份）	期间赎回（亿份）	期末总份额（亿份）
91	090016	大成消费主题混合	0.03	0.04	0.35
92	090017	大成可转债增强债券	0.01	0.03	0.38
93	090018	大成新锐产业混合	0.02	0.05	0.32
94	090019	大成景恒混合 A	0.00	0.04	0.24
95	090020	大成健康产业混合	0.02	0.03	0.26
96	090021	大成月添利债券 A	2.08	1.11	1.78
97	090022	大成现金增利货币 A	20.05	19.49	21.22
98	090023	大成月月盈短期理财债券 A	7.23	4.92	4.12
99	091005	大成货币 B	36.18	36.67	20.37
100	091021	大成月添利债券 B	43.39	8.00	75.73
101	091022	大成现金增利货币 B	2.47	3.39	1.58
102	091023	大成月月盈短期理财债券 B	124.56	22.09	251.37
103	092002	大成债券 C	0.04	0.13	0.39
104	096001	大成标普 500	0.53	0.62	1.41
105	159906	大成深证成长 40ETF	0.01	0.09	1.41
106	159923	大成中证 100ETF	0.45	0.20	0.41
107	159932	大成中证 500 深市 ETF	–	–	0.20
108	159943	大成深证成份 ETF	–	0.01	0.28
109	160910	大成创新成长混合	2.23	1.17	21.23
110	160915	大成景丰债券(LOF)	0.00	0.50	1.59
111	160916	大成优选混合(LOF)	1.07	0.42	3.66
112	160918	大成中小盘混合(LOF)	0.32	0.16	1.97

【公司高管】

刘卓先生，董事，工学学士。先后在共青团哈尔滨市委、哈尔滨银行股份有限公司、中泰信托有限责任公司任职。2007 年 6 月起担任哈尔滨银行股份有限公司执行董事；2008 年 8 月起担任哈尔滨银行股份有限公司董事会秘书；2012 年 4 月起担任哈尔滨银行股份有限公司副董事长，2012 年 11 月起担任中泰信托有限责任公司监事会主席。2014 年 12 月 15 日起任大成基金管理有限公司董事长。

罗登攀先生，董事，耶鲁大学经济学博士，持注册金融分析师（CFA）、金融风险管理师（FRM）资格。曾供职于毕马威（KPMG），任法律诉讼部资深咨询师、金融部资深咨询师；SLCG 证券诉讼和咨询公司合伙人；2009 年至 2012 年，任中国证券监督管理委员会规划委专家顾问委员，机构部创新处负责人；国家"千人计划"专家。2013 年 2 月至至 2014 年 10 月，任中信并购基金管理有限公司董事总经理，执委会委员。2014 年 10 月 14 日起任大成基金管理有限公司董事会董事。2014 年 11 月 26 日起任大成基金管理有限公司总经理。2015 年 3 月起兼任大成国际资产管理有限公司董事长。2015 年 10 月起兼任大成国际资产管理有限公司董事总经理。

东方基金管理有限责任公司

【基本情况】

法定名称：东方基金管理有限责任公司
英文名称：Orient Fund Management Co., Ltd.
公司属性：中资企业
成立日期：2004－06－11
注册资本：30000（万元）
法人代表：崔伟
总 经 理：刘鸿鹏
注册地址：北京市西城区锦什坊街 28 号 1－4 层
办公地址：北京市西城区锦什坊街 28 号 1－4 层
网站地址：www.orient－fund.com
邮政编码：100033
客服邮箱：services@orient－fund.com
电话号码：400－628－5888
传真号码：021－61642003，010－66295999
经营范围：基金募集；基金销售；资产管理；从事境外证券投资管理业务；中国证监会许可的其他业务。（企业依法自主选择经营项目，开展经营活动；依法须经批准的项目，经相关部门批准后依批准的内容开展经营活动；不得从事本市产业政策禁止和限制类项目的经营活动。）
基金数量：62（其中普通基金 58 只，货币基金 4 只，理财基金 0 只，封闭式基金 0 只，其他基金 0 只）
管理规模：141.52 亿元
经理人数：16 人

【公司概况】

东方基金管理有限责任公司成立于 2004 年 6 月，注册地在北京。目前设立了北京、上海、广州三个分公司。是一家业务范围覆盖公募业务、专户特定资产管理业务、大资产管理服务等多个领域的综合型资产管理公司，致力于成为值得投资者托付与信赖的财富管理机构。股东包括东北证券股份有限公司（持股 64%）、河北省国有资产控股运营有限公司（持股 27%）和渤海国际信托有限公司（持股 9%）。

作为以诚信而立的资产管理人，为持有人创造长期稳健的回报是东方基金的核心价值所在。公司成立以来，已经建立起了一套成熟、高效的投资决策、风险控制、研究支持、运作保障和市场拓展体系。

"稳健投资创造持久价值"，未来东方基金将以市场为导向，投资者利益为中心，依托公司完善的治理结构、科学化的风险控制流程，树立知名品牌，提升核心竞争力，努力为千千万万持有人创造优质理财服务，并携手广大投资者共创资本市场美好明天。

截至 2016 年第一季度末，公司旗下拥有 31 只不同风险收益特征的公募基金产品，规模达 281 亿元。管理 28 个特定客户资产管理计划，规模超 48 亿元。各类资产总规模超过 300 亿元，为约 300 万客户提供理财服务。

公司股东结构稳定，治理结构严谨，管理规范，为公司健康发展提供了优势土壤。

【公司大事记（2016）】

2016 年 2 月 4 日，东方大健康混合型证券投资基金成立。

2016 年 3 月 18 日，东方金证通货币市场基金成立。

2016 年 3 月 29 日，东方荣家保本混合型证券投资基金成立。

2016 年 4 月 6 日，东方互联网嘉混合型证券投资基金成立。

2016 年 4 月 15 日，东方盛世灵活配置混合型证券投资基金成立。

2016 年 6 月 16 日，东方合家保本混合型证券投资基金成立。

2016 年 6 月 17 日，东方臻馨债券型证券投资基金成立。

【股东概况】

持股单位	出资金额(人民币)	占总股本比例
东北证券股份有限公司	12800 万元	64%
河北国有资产控股运营有限公司	5400 万元	27%
渤海国际信托有限公司	1800 万元	9%
合计	10000 万元	100

【旗下基金】

序号	基金代码	基金名称	期间申购(亿份)	期间赎回(亿份)	期末总份额(亿份)
1	001120	东方睿鑫热点挖掘混合 A	0.04	0.05	0.38
2	001121	东方睿鑫热点挖掘混合 C	0.13	0.27	2.32
3	001160	东方永润债券 A	0.01	0.06	0.24
4	001161	东方永润债券 C	0.18	0.12	0.26
5	001196	东方鼎新灵活配置混合 A	0.01	0.01	2.20
6	001198	东方惠新灵活配置混合 A	0.00	0.01	3.57
7	001318	东方新策略灵活配置混合 A	0.00	0.23	1.08
8	001384	东方新思路混合 A	0.02	0.39	3.18
9	001385	东方新思路混合 C	0.10	0.26	2.40
10	001450	东方稳定增利债券 A	0.00	0.01	0.08
11	001451	东方稳定增利债券 C	0.00	0.01	0.02
12	001495	东方新价值混合 A	0.00	0.02	3.03
13	001614	东方区域发展混合	0.56	0.21	0.66
14	001702	东方创新科技混合	0.23	0.21	0.54
15	001987	东方金元宝货币	6.58	10.20	4.06
16	002060	东方新策略灵活配置混合 C	–	–	0.00
17	002068	东方多策略灵活配置混合 C	0.00	0.00	0.00
18	002162	东方新价值混合 C	–	0.00	0.00
19	002163	东方惠新灵活配置混合 C	0.00	0.00	0.00
20	002173	东方大健康混合	0.02	0.03	0.12
21	002174	东方互联网嘉混合	0.05	0.05	0.38
22	002192	东方鼎新灵活配置混合 C	0.00	0.00	0.00
23	002193	东方利群混合 C	0.00	0.42	1.72
24	002243	东方金证通货币	30.53	29.06	3.55
25	002480	东方荣家保本混合	–	2.34	1.86
26	002497	东方盛世灵活配置混合	0.00	0.01	1.91
27	002545	东方岳灵活配置混合	0.00	0.00	2.10
28	002648	东方合家保本混合	0.01	0.63	4.17
29	002896	东方臻馨债券 A	0.03	0.52	0.01
30	002897	东方臻馨债券 C	0.00	0.00	0.02
31	003324	东方永兴 18 个月定开债 A	–	–	4.81
32	003325	东方永兴 18 个月定开债 C	–	–	0.83
33	003530	东方永熙 18 个月定开债 A	–	–	2.00
34	003531	东方永熙 18 个月定开债 C	–	–	0.03
35	003837	东方臻享纯债债券 A	–	0.00	2.49
36	003838	东方臻享纯债债券 C	0.00	0.00	0.00
37	004005	东方民丰回报赢安混合 A	0.01	0.47	0.31
38	004006	东方民丰回报赢安混合 C	0.00	0.40	0.05
39	004166	东方价值挖掘灵活配置混合	0.00	0.00	1.60
40	004205	东方支柱产业灵活配置混合	0.22	0.12	0.54
41	004244	东方周期优选灵活配置混合	0.36	0.19	0.47
42	004363	东方臻悦纯债债券 A	0.00	0.00	0.00
43	004364	东方臻悦纯债债券 C	–	0.00	0.00
44	400001	东方龙混合	0.11	0.99	4.00
45	400003	东方精选	0.18	0.76	13.17
46	400005	东方金账簿货币 A	3.50	4.21	3.82
47	400006	东方金账簿货币 B	151.12	163.21	66.28
48	400007	东方策略成长混合	0.08	0.14	1.60
49	400009	东方稳健债券	0.15	0.50	1.26
50	400011	东方核心动力混合	0.02	0.03	0.31

【公司高管】

崔伟先生，董事长，经济学博士。历任中国人民银行副主任科员、主任科员、副处级秘书，中国证监会党组秘书、秘书处副处长、处长，中国人民银行东莞中心支行副行长、党委委员，中国人民银行汕头中心支行行长、党委书记兼国家外汇管理局汕头中心支局局长，中国证监会海南监管局副局长兼党委委员、局长兼党委书记，中国证监会协调部副主任兼中国证监会投资者教育办公室召集人；现任东方基金管理有限责任公司董事长，兼任东北证券股份有限公司副董事长、吉林大学商学院教师、中国证券投资基金业协会理事、东方汇智资产管理有限公司董事长。

刘鸿鹏先生，硕士研究生、管理学硕士。1992 年 7 月至 1998 年 8 月曾在吉林物贸股份有限公司、君安证券有限责任公司、吉林省信托营业部任职；1998 年 9 月至 2004 年 4 月，任新华证券股份有限公司长春同志街营业部副总经理、总经理；2004 年 4 月至 2011 年 4 月，任东北证券股份有限公司长春同志街营业部总经理、杭州营业部总经理、营销交易管理总部副总经理兼市场营销部经理、营销管理部总经理；2011 年 5 月至 2013 年 5 月任东方基金管理有限责任公司总经理助理兼市场总监；2013 年 5 月至今任东方基金管理有限责任公司副总经理。

东吴基金管理有限公司

【基本情况】

法定名称：东吴基金管理有限公司
英文名称：Soochow Asset Management Co., Ltd.
公司属性：中资企业
成立日期：2004－09－02
注册资本：10000(万元)
法人代表：王炯
总 经 理：王炯
注册地址：中国(上海)自由贸易试验区源深路 279 号
办公地址：上海市浦东新区源深路 279 号
网站地址：www.scfund.com.cn
邮政编码：200135
客服邮箱：services@scfund.com.cn
电话号码：021－50509666，400－821－0588－8
传真号码：021－50509884
经营范围：基金募集、基金销售、资产管理、中国证监会许可的其他业务(涉及许可经营的凭许可证经营)

基金数量:41(其中普通基金 35 只,货币基金 4 只,理财基金 0 只,封闭式基金 0 只,其他基金 2 只)

管理规模:292.19 亿元

经理人数:20 人

【公司概况】

东吴基金管理有限公司是经中国证监会批准成立的全国性基金管理公司。公司成立于 2004 年 9 月,总部位于上海。注册资本 1 亿元人民币。

公司股东为东吴证券股份有限公司(占 70% 股份)、海澜集团(占 30% 股份)。其中,东吴证券股份有限公司注册资本 20 亿元,并于 2011 年 12 月 12 日在上海证券交易所挂牌上市,主要从事证券代理买卖、证券自营买卖、证券承销和上市推荐、企业重组、收购与兼并、基金与资产管理等业务;海澜集团成立于 1988 年,是国内服装龙头企业。集团现有总资产 500 亿元。在 2016 年中国企业 500 强中名列 166 位、中国民营企业 500 强中名列 31 位。2016 年,集团完成营业总收入 933 亿元、利税 80 亿元。

公司经营范围包括基金管理业务、发起设立基金和经中国证监会批准的其他业务。自 2005 年发行第一支基金以来,公司逐渐形成了高中低风险结合的完善产品线,并走出了一条独具特色的新兴产业投资产品线,凸显了战略投资基于成长性公司的产品线优势。除了公募业务之外,公司还始终致力于业务多元化发展,公司专户资格已获批,机构理财、专户投资、QDII 等新业务也已准备有序。

依托新兴产业方面的先发优势和良好的投资业绩,公司先后荣获最具投资价值基金公司、最佳投资团队、中国证券报金牛进取奖、上海证券报金基金・股票投资回报公司奖、证券时报明星基金公司成长奖、证券日报金算盘奖、金基金・成长公司奖。由于业绩表现突出,公司多支基金产品也获得业界殊荣。东吴行业轮动获理财周刊“年度最佳表现股票型基金”;东吴双动力获中国证券报“股票型金牛基金”,东吴策略获中国证券报“混合型金牛基金”;东吴嘉禾获证券时报“积极混合型明星基金奖”,东吴双动力获证券时报“股票型明星基金奖”,东吴策略获证券时报“积极混合型明星基金奖”。东吴基金和中央电视台财经频道在上海联合举办的“新经济财富论坛”,已成为业内一年一度的饕餮盛宴,强化了东吴基金在新兴产业方面的权威形象。

东吴基金拥有一支经验丰富而又充满活力的专业团队,平均年龄 33 岁,其中硕士以上学历占 50%;具有 5 年以上基金、证券从业经历的占 60%;公司高管和主要投资管理人员的平均金融从业年限为 10 年,具有丰富的实践操作经验和管理经验。

作为传统吴文化与前沿经济理念的有机结合,东吴基金崇尚“以人为本,以市场为导向,以客户为中心,以价值创造为根本出发点”的经营理念;遵循“诚而有信、稳而又健、和而有铮、勤而又专、有容乃大”的企业格言;树立了“做价值的创造者、市场的创新者和行业的思想者”的远大理想,创造性地树立公司独特的文化体系,在众多基金管理公司中树立自己鲜明的企业形象。

【股东概况】

排序	股东名称	持股数量(万股)	持股比例(%)
1	东吴证券有限责任公司	4900.00	49%
2	上海兰生(集团)有限公司	3000.00	30%
3	江阴澄星实业集团有限公司	2100.00	21%

【旗下基金】

序号	基金代码	基金名称	期间申购(亿份)	期间赎回(亿份)	期末总份额(亿份)
1	000531	东吴阿尔法灵活配置混合	1.91	0.68	2.52
2	000958	东吴鼎元 A	0.00	0.00	0.25
3	000959	东吴鼎元 C	0.08	0.03	0.17
4	001322	东吴新趋势	0.09	0.25	4.91
5	001323	东吴移动互联 A	0.01	0.22	1.40
6	002159	东吴国企改革	0.31	0.01	0.58
7	002170	东吴移动互联 C	-	-	0.00
8	002270	东吴安盈量化灵活配置混合	1.02	0.19	3.44
9	002561	东吴安鑫量化	0.00	0.01	1.76
10	002919	东吴智慧医疗量化策略混合	0.01	0.18	2.04
11	003588	东吴增鑫宝货币 A	0.29	0.22	0.33
12	003589	东吴增鑫宝货币 B	263.19	215.08	173.18
13	005144	东吴优益债券 A	0.00	0.00	0.01
14	005145	东吴优益债券 C	0.00	0.00	0.22
15	005209	东吴双三角 A	0.04	1.06	2.84
16	005210	东吴双三角 C	0.01	0.05	0.38
17	005573	东吴悦秀 A	5.46	1.10	6.86
18	005574	东吴悦秀 C	0.00	0.00	0.00
19	150164	东吴转债 A	-	-	0.11
20	150165	东吴转债 B	-	-	0.05
21	165806	东吴沪深 300A	0.06	0.06	0.05
22	165807	东吴鼎利债券(LOF)	0.04	0.06	0.43
23	165809	东吴转债	0.01	0.11	0.11
24	580001	东吴嘉禾优势精选混合	0.10	0.26	6.51
25	580002	东吴双动力混合	0.09	0.15	4.50
26	580003	东吴行业轮动混合	0.35	0.25	5.95
27	580005	东吴进取策略混合	0.02	0.93	1.65
28	580006	东吴新经济混合	0.01	0.01	0.30
29	580007	东吴安享量化混合	0.00	0.01	1.56
30	580008	东吴新产业精选混合	0.22	0.03	1.03
31	580009	东吴多策略灵活配置混合	0.00	0.00	1.65
32	582001	东吴优信稳健债券 A	0.00	0.32	0.11
33	582002	东吴增利债券 A	0.31	0.22	2.72

【公司高管】

范力先生,本科学历、硕士学位,1989 年 8 月至 1997 年 12 月任苏州团市委干事、科员、副部长、主任、部长;1997 年 12 月至 1998 年 4 月任苏州证券公司办公室副主任;1998 年 4 月至 2000 年 1 月任苏州证券公司投资一部副经理;2000 年 1 月至 2001 年 6 月任苏州证券公司办公室主任、人事部总经理;2001 年 6 月至 2002 年 4 月任东吴证券有限责任公司总裁助理;2002 年 4 月至 2003 年 12 月任东吴证券有限责任公司董事会秘书、总裁助理;2003 年 12 月至 2006 年 4 月任东吴证券有限责任公司党委委员、副总裁、工会主席;2006 年 4 月至 2008 年 11 月任东吴证券有限责任公司党委委员、常务副总裁、工会主席;2008 年 11 月至 2010 年 6 月任东吴证券有限责任公司党委副书记、常务副总裁、工会主席;2010 年 6 月至 2012 年 2 月任东吴证券股份有限公司党委副书记、常务副总裁、工会主席;2012 年 3 月至 2013 年 4 月任东吴证券股份有限公司总裁、党委副书记、工会主席;2013 年 5 月至 2014 年 1

月任东吴证券股份有限公司副董事长、党委副书记、总裁、工会主席;2014 年 1 月至今任东吴证券股份有限公司党委书记、董事长、总裁、工会主席。

王炯先生,东吴基金管理有限公司董事,硕士研究生、经济师,中共党员。历任苏州市统计局综合平衡处科员,东吴证券总裁办公室主任、机构客户部总经理、总裁助理,东吴基金管理有限公司常务副总经理。现任东吴基金管理有限公司总经理。

工银瑞信基金管理有限公司

【基本情况】

法定名称:工银瑞信基金管理有限公司
英文名称:Icbc Credit Suisse Asset Management Co., Ltd.
公司属性:合资企业
成立日期:2005-06-21
注册资本:20000(万元)
法人代表:郭特华
总 经 理:郭特华
注册地址:北京市西城区金融大街 5 号、甲 5 号 6 层甲 5 号 601、甲 5 号 7 层甲 5 号 701、甲 5 号 8 层甲 5 号 801、甲 5 号 9 层甲 5 号 901
办公地址:北京市西城区金融大街 5 号新盛大厦 A 座 8 层
网站地址:www.icbccs.com.cn
邮政编码:100033
客服邮箱:customerservice@icbccs.com.cn
电话号码:400-811-9999
传真号码:010-66583158
经营范围:(1)基金募集;(2)基金销售;(3)资产管理;(4)中国证监会许可的其他业务(依法须经批准的项目,经相关部门批准后依批准的内容开展经营活动)
基金数量:168(其中普通基金 141 只,货币基金 11 只,理财基金 6 只,封闭式基金 0 只,其他基金 10 只)
管理规模:6507.90 亿元
经理人数:44 人

【公司概况】

工银瑞信基金管理有限公司是由中国工商银行和瑞士信贷合资设立的基金管理公司,成立于 2005 年 6 月。目前,公司在北京、上海、深圳等地设有分公司,分别在香港和上海设有全资子公司——工银瑞信资产管理(国际)有限公司、工银瑞信投资管理有限公司。

自成立以来,公司坚持"以稳健的投资管理,为客户提供卓越的理财服务"为使命,依托强大的股东背景、稳健的经营理念、科学的投研体系、严密的风控机制和资深的管理团队,立足市场化、专业化、规范化、国际化,坚持"稳健投资、价值投资、长期投资",致力于为广大投资者提供一流的投资管理服务。

公司秉持"以人为本"的理念,全方位引入国内外优秀人才,组建了一支风格稳健、诚信敬业、创新进取、团结协作的专业团队。目前,公司共有员工逾 640 人,平均年龄 32 岁,72% 的员工拥有硕士以上学历。公司投研团队由资深基金经理和研究员组成,投研人员逾 160 人,投资人员平均拥有约 10 年的从业经验。

经过十多年的发展,工银瑞信(含子公司)已成为一家拥有公募基金、专户管理、企业年金、社保基金境内外委托投资、基本养老保险基金委托投资、保险资金委托投资、企业年金养老产品、职业年金、QDII、QFII、RQFII 等多项业务资格的全能型资产管理公司,公司(含子公司)为逾 2100 万境内外个人和机构投资者提供涵盖公募与私募、上市与非上市、境内与跨境业务的财富管理服务。

公司成立以来以持续优秀的投资业绩、完善周到的客户服务,赢得了广大基金投资人、企业年金客户、专户客户等的认可和信赖。截至 2018 年 6 月 30 日,工银瑞信(含子公司)旗下管理逾 110 只公募基金和多个年金、专户组合,资产管理总规模近 1.4 万亿元,公司已经发展成为国内业务资格全面、产品种类丰富、经营业绩优秀、资产管理规模领先、业务发展均衡的基金管理公司之一。

【股东概况】

排序	股东名称	股权比例
1	中国工商银行	80%
2	瑞士信贷银行股份有限公司	20%

【旗下基金】

序号	基金代码	基金名称	期间申购(亿份)	期间赎回(亿份)	期末总份额(亿份)
1	000045	工银产业债 A	0.26	0.28	3.33
2	000046	工银产业债 B	0.02	0.07	0.83
3	000074	工银信用纯债一年定开债券 A	0.72	3.50	3.11
4	000077	工银信用纯债一年定开债券 C	0.69	0.28	1.09
5	000078	工银信用纯债两年定开债 A	-	0.04	1.40
6	000079	工银信用纯债两年定开债 C	0.00	0.03	0.36
7	000184	工银添福债券 A	0.01	4.33	7.46
8	000185	工银添福债券 B	0.00	0.02	0.28
9	000195	工银保本 3 号混合 A	-	-	27.50
10	000196	工银保本 3 号混合 B	-	-	1.69
11	000236	工银月月薪定期支付债券 A	0.06	0.25	3.25
12	000251	工银金融地产混合	2.33	1.74	9.58
13	000263	工银信息产业混合	0.09	0.25	3.49
14	000402	工银纯债债券 A	6.53	4.29	53.27
15	000403	工银纯债债券 B	4.03	5.18	2.36
16	000528	工银薪金货币 A	321.16	288.69	190.96
17	000667	工银绝对收益混合发起 A	0.03	0.57	0.99
18	000672	工银绝对收益混合发起 B	0.00	0.02	0.32
19	000677	工银现金货币	665.86	652.55	236.81
20	000716	工银薪金货币 B	21.68	32.39	24.73
21	000728	工银目标收益一年定开债	-	-	4.18
22	000760	工银财富货币 A	64.28	65.79	13.14
23	000763	工银新财富灵活配置混合	0.05	1.23	4.10
24	000793	工银高端制造股票	0.28	0.80	8.75
25	000803	工银研究精选股票	0.01	0.16	0.45
26	000831	工银医疗保健	3.44	4.83	23.67
27	000848	工银添益快线货币	1,292.97	1,157.34	1,249.73
28	000893	工银创新动力	0.22	0.57	12.38
29	000943	工银中高等级信用债债券 A	0.54	1.14	6.83
30	000944	工银中高等级信用债债券 B	0.49	0.07	0.74

序号	基金代码	基金名称	期间申购（亿份）	期间赎回（亿份）	期末总份额（亿份）
31	000991	工银战略转型股票	1.56	0.52	7.89
32	001008	工银国企改革股票	0.18	1.56	16.92
33	001043	工银美丽城镇股票	0.05	0.35	4.45
34	001054	工银新金融股票	0.08	0.55	7.90
35	001140	工银总回报灵活配置混合	0.02	0.68	10.89
36	001158	工银新材料新能源股票	0.72	1.43	30.96
37	001171	工银养老产业股票	2.00	0.77	11.46
38	001195	工银农业产业股票	0.30	0.76	12.45
39	001245	工银生态环境股票	0.11	0.64	14.74
40	001320	工银丰盈回报灵活配置混合	0.01	0.35	0.96
41	001409	工银互联网加股票	1.35	5.74	104.97
42	001496	工银聚焦30股票	0.04	0.20	3.40
43	001648	工银新价值灵活配置混合	0.00	0.07	0.62
44	001649	工银工业4.0股票	0.01	0.03	0.54
45	001650	工银丰收回报灵活配置混合A	0.00	0.10	0.63
46	001651	工银新蓝筹股票	0.13	0.48	3.22
47	001714	工银文体产业股票	1.21	0.25	2.97
48	001715	工银新焦点混合A	0.00	0.10	0.60
49	001716	工银新趋势灵活配置混合A	0.00	0.01	0.07
50	001717	工银前沿医疗股票	2.94	1.35	3.27
51	001718	工银物流产业股票	0.12	0.06	0.41
52	001719	工银国家战略股票	0.03	0.05	0.55
53	001720	工银新增利混合	0.00	0.37	1.20
54	001721	工银新增益混合	0.00	0.00	5.00
55	001722	工银银和利混合	0.00	0.00	5.00
56	001997	工银新趋势灵活配置混合C	0.00	0.00	0.97
57	001998	工银新焦点混合C	0.00	0.09	0.19
58	002000	工银新生利混合	0.00	0.00	5.00
59	002003	工银新机遇灵活配置混合A	0.00	0.04	0.41
60	002004	工银新机遇灵活配置混合C	0.00	0.03	0.41
61	002005	工银新得利混合	0.00	0.15	3.05
62	002006	工银新得益混合	0.00	0.49	2.30
63	002007	工银新得润混合	0.00	2.02	5.22
64	002233	工银丰收回报灵活配置混合C	0.00	0.00	2.48
65	002379	工银香港中小盘人民币	0.15	0.54	2.11
66	002380	工银香港中小盘美元	–	–	2.11
67	002386	工银中国制造2025股票	0.14	0.05	0.54
68	002387	工银沪港深股票	8.22	2.48	28.68
69	002492	工银月月薪定期支付债券C	0.00	0.00	0.13
70	002594	工银现代服务业混合	0.00	0.27	2.11
71	002603	工银瑞丰定开纯债	–	–	41.41
72	002679	工银安盈货币A	2.43	1.29	2.42
73	002680	工银安盈货币B	3.19	4.53	5.16
74	002722	工银财富货币B	157.77	161.02	27.17
75	002750	工银泰享三年理财债券	–	–	300.00
76	002832	工银恒享纯债债券	0.00	0.00	0.50
77	002861	工银智能制造股票	0.02	0.13	0.37
78	002997	工银瑞享纯债债券	0.00	0.00	26.86
79	003341	工银瑞盈18个月定开债	0.34	9.25	1.45
80	003342	工银国债纯债债券A	0.03	0.05	0.16
81	003385	工银全球美元债A人民币	0.03	0.16	1.01
82	003386	工银全球美元债A美元现汇	–	–	1.01
83	003387	工银全球美元债C	0.02	0.02	0.08
84	003401	工银可转债债券	0.43	0.97	2.02
85	003643	工银国债纯债债券C	0.13	0.09	0.37
86	003752	工银如意货币A	29.72	29.10	29.90
87	003753	工银如意货币B	174.91	139.12	422.83
88	003931	工银丰实三年定开债券	–	–	2.06
89	004032	工银丰淳半年定开债券	–	18.00	0.10
90	004085	工银国债(7－10年)指数A	0.01	0.01	0.54
91	004086	工银国债(7－10年)指数C	0.11	0.02	0.11
92	004392	工银瑞利两年封闭债券	–	–	2.20
93	005197	工银沪港深精选混合A	1.74	1.33	9.89
94	005198	工银沪港深精选混合C	0.03	0.08	0.49
95	005390	工银创业板ETF联接A	0.14	1.66	0.41
96	005391	工银创业板ETF联接C	1.60	2.98	2.04
97	005526	工银新生代消费混合	0.11	2.63	12.38
98	150055	工银中证500分级A	–	–	0.03
99	150056	工银中证500分级B	–	–	0.04
100	150247	工银中证传媒指数分级A	–	–	0.18
101	150248	工银中证传媒指数分级B	–	–	0.18
102	150323	工银中证环保产业指数分级A	–	–	0.03
103	150324	工银中证环保产业指数分级B	–	–	0.03
104	150325	工银中证高铁产业指数分级A	–	–	0.10
105	150326	工银中证高铁产业指数分级B	–	–	0.10
106	150327	工银中证新能源指数分级A	–	–	0.02
107	150328	工银中证新能源指数分级B	–	–	0.02
108	159905	工银深证红利ETF	0.32	0.45	4.97
109	159958	工银瑞信创业板ETF	2.44	0.70	2.39
110	164808	工银四季收益债券(LOF)	0.98	1.41	8.06
111	164809	工银中证500分级	0.14	0.23	1.14
112	164810	工银纯债定开债	–	–	3.99
113	164811	工银中证京津冀协同发展指数A	0.04	0.22	0.32
114	164814	工银双债增强债券	0.00	0.07	0.63
115	164818	工银中证传媒指数分级	0.25	0.93	0.85
116	164819	工银中证环保产业指数分级	0.01	0.13	0.19
117	164820	工银中证高铁产业指数分级	0.07	0.09	0.42
118	164821	工银中证新能源指数分级	0.03	0.19	0.22
119	164825	工银中证京津冀协同发展指数C	0.00	0.00	0.00
120	481001	工银核心价值混合A	8.19	7.19	155.32
121	481004	工银稳健成长混合A	0.05	0.23	7.78
122	481006	工银红利混合	0.03	0.13	6.14
123	481008	工银大盘蓝筹混合	0.95	0.48	6.60
124	481009	工银沪深300	7.16	1.05	26.08
125	481010	工银中小盘混合	0.05	0.08	1.74
126	481012	工银深证红利联接	1.11	1.15	5.20
127	481013	工银消费服务混合	0.68	1.36	4.20
128	481015	工银主题策略混合	0.13	0.75	5.48
129	481017	工银量化策略混合	0.04	0.19	0.70
130	482002	工银货币	4,294.85	4,212.18	2,843.85
131	483003	工银精选平衡混合	0.19	0.64	33.73
132	485005	工银增强收益债券B	0.08	0.38	3.39

序号	基金代码	基金名称	期间申购（亿份）	期间赎回（亿份）	期末总份额（亿份）
133	485007	工银添利债券 B	2.05	3.21	2.15
134	485011	工银瑞信双利债券 B	0.07	0.17	1.76
135	485014	工银添颐债券 B	0.09	0.45	2.82
136	485018	工银 7 天理财债券 B	43.47	32.47	72.33
137	485019	工银信用纯债债券 B	0.42	0.25	0.42
138	485020	工银 14 天理财债券发起 B	68.63	25.27	87.04
139	485022	工银 60 天理财债券 B	18.40	1.57	27.76
140	485105	工银增强收益债券 A	0.07	1.95	10.19

【公司高管】

尚军先生，中国工商银行战略管理与投资者关系部资深专家、专职派出董事。复旦大学工商管理（国际）硕士，高级经济师。历任中国工商银行河南郑州分行团委书记、国际部副总经理，河南分行国际部副总经理、储蓄处处长、国际业务处处长，河南分行副行长、党委委员，陕西分行党委书记、行长等职务。

郭特华女士，工银瑞信基金管理有限公司董事，博士，现任工银瑞信基金管理有限公司总经理，兼任工银瑞信投资管理有限公司董事、董事长，工银瑞信资产管理（国际）有限公司董事长、工银家族财富（上海）投资管理有限公司的董事。历任中国工商银行总行商业信贷部、资金计划部副处长，中国工商银行总行资产托管部处长、副总经理。

光大保德信基金管理有限公司

【基本情况】

法定名称：光大保德信基金管理有限公司
英文名称：Everbright Pramerica Fund Management Co. ,Ltd.
公司属性：合资企业
成立日期：2004 - 04 - 22
注册资本：16000（万元）
法人代表：林昌
总 经 理：包爱丽
注册地址：上海市黄浦区中山东二路 558 号外滩金融中心 1 幢，6 层至 10 层
办公地址：上海市黄浦区中山东二路 558 号外滩金融中心 1 幢（北区 3 号楼）6 层至 10 层
网站地址：www. epf. com. cn
邮政编码：200002
客服邮箱：epfservice@ epf. com. cn
电话号码：4008 - 202 - 888，021 - 53524620
传真号码：021 - 63351152
经营范围：基金募集、基金销售、资产管理和中国证监会许可的其他业务（依法须经批准的项目，经相关部门批准后方可开展经营活动）
基金数量：68（其中普通基金 61 只，货币基金 5 只，理财基金 2 只，封闭式基金 0 只，其他基金 0 只）
管理规模：1028.41 亿元
经理人数：16 人

【公司概况】

光大保德信基金管理有限公司（以下简称“光大保德信”）成立于 2004 年 4 月，总部设在上海，在北京和广州设有分公司，注册资本 1.6 亿元人民币。光大证券和美国保德信国际投资管理公司分别占有 55% 和 45% 的股份。

依托中国光大集团强大的实力、对中国市场的深刻认知和广泛的网络；借力美国保德信金融集团丰富的国际经验、先进的技术、享誉全球的资产管理能力和品牌，光大保德信基金致力于以科学理性的投资管理，帮助客户实现资产的保值增值，成为投资者可信赖的财富管理专家。

2015 年 8 月，公司全资子公司——光大保德信资产管理有限公司正式成立，成为开启公司新业务的重要平台。

截至 2017 年 3 季度末，光大保德信基金旗下管理着 40 只风格各异的开放式基金。光大保德信基金具有专户管理业务、QDII 业务资格。

【公司大事记】

2018 年 3 月 27 日，公司的第四十四只开放式基金产品——光大保德信多策略精选 18 个月定期开放灵活配置混合型证券投资基金获得同意募集的批复（证监许可〔2017〕2159 号），并于 2018 年 2 月 8 日至 2018 年 3 月 23 日在全国发售。2018 年 3 月 27 日基金合同正式生效，总募集规模为 594,913,151.52 元人民币。

2018 年 2 月 13 日，公司的第四十三只开放式基金产品——光大保德信创业板量化优选股票型证券投资基金获得同意募集的批复（证监许可〔2016〕909 号、证监许可〔2017〕1020 号），并于 2017 年 12 月 22 日至 2018 年 2 月 9 日在全国发售。2018 年 2 月 13 日基金合同正式生效，总募集规模为 786,215,461.17 元人民币。

2017 年 12 月 6 日，公司的第四十二只开放式基金产品——光大保德信多策略优选一年定期开放灵活配置混合型证券投资基金获得同意募集的批复（证监许可〔2017〕1050 号），并于 2017 年 11 月 6 日至 2017 年 12 月 1 日在全国发售。2017 年 12 月 6 日基金合同正式生效，总募集规模为 805,985,916.67 元人民币。

2017 年 9 月 27 日，公司的第四十一只开放式基金产品——光大保德信尊富 18 个月定期开放债券型证券投资基金获得同意募集的批复（证监许可〔2016〕908 号、机构部函〔2017〕1573 号），并于 2017 年 8 月 28 日至 2017 年 9 月 22 日在全国发售。2017 年 9 月 27 日基金合同正式生效，总募集规模为 1,087,960,399.31 元人民币。

2017 年 9 月 20 日，公司的第四十只开放式基金产品——光大保德信先进服务业灵活配置混合型证券投资基金获得同意募集的批复（证监许可〔2017〕1200 号），并于 2017 年 8 月 21 日至 2017 年 9 月 15 日在全国发售。2017 年 9 月 20 日基金合同正式生效，总募集规模为 610,631,889.31 元人民币。

2017 年 8 月 4 日，公司的第三十九只开放式基金产品——光大保德信中高等级债券型证券投资基金获得同意募集的批复（证监许可〔2016〕144 号、机构部函〔2017〕729 号，并于 2017 年 7 月 13 日至 2017 年 8 月 2 日在全国发售。2017 年 8 月 4 日基金合同正式生效，总募集规模为 2,446,683,994.34 元人民币。

2017 年 5 月 23 日，公司的第三十八只开放式基金产品——光大保德信尊盈半年定期开放债券型发起式证券投资基金获得同意募集的批复（证监许可〔2015〕2311 号、机构部函〔2016〕2959 号、证监许可〔2017〕602 号），并于 2017 年 3

月20日至2017年5月17日在全国发售。2017年5月23日基金合同正式生效,总募集规模为3,509,998,000.00元人民币。

2017年5月16日,公司的第三十七只开放式基金产品——光大保德信多策略智选18个月定期开放混合型证券投资基金获得同意募集的批复(证监许可〔2016〕2900号),并于2017年4月13日至2017年5月11日在全国发售。2017年5月16日基金合同正式生效,总募集规模为233,034,462.92元人民币。

2017年3月28日,公司的第三十六只开放式基金产品——光大保德信安诚债券型证券投资基金获得同意募集的批复(证监许可〔2016〕1707号),并于2017年1月25日至2017年3月23日在全国发售。2017年3月28日基金合同正式生效,总募集规模为200,023,844.90元人民币。

2017年2月17日,公司的第三十五只开放式基金产品——光大保德信永利纯债债券型证券投资基金获得同意募集的批复(中国证监会证监许可〔2016〕1769号),并于2017年1月10日至2017年2月15日在全国发售。2017年2月17日基金合同正式生效,总募集规模为200,012,279.38元人民币。

2017年1月18日,公司的第三十四只开放式基金——光大保德信事件驱动灵活配置混合型证券投资基金获得同意募集的批复(中国证监会证监许可〔2016〕2404号),并于2016年12月19日至2017年1月13日在全国发售。2017年1月18日基金合同正式生效,总募集规模为1,370,491,427.03元人民币。

2017年1月11日,公司的第三十三只开放式基金——光大保德信安祺债券型证券投资基金获得同意募集的批复(中国证监会证监许可〔2016〕1512号),并于2017年1月4日至2017年1月10日在全国发售。2017年1月11日基金合同正式生效,总募集规模为200,013,847.93元人民币。

2017年1月5日,公司的第三十二只开放式基金——光大保德信安和债券型证券投资基金获得同意募集的批复(中国证监会证监许可〔2016〕1598号),并于2016年12月5日至2016年12月30日在全国发售。2017年1月5日基金合同正式生效,总募集规模为380,377,699.98元人民币。

【股东概况】

排序	股东名称	出资额(万元)	出资比例
1	光大证券股份有限公司	8800.00	55%
2	保德信投资管理有限公司	7200.00	45%

【旗下基金】

序号	基金代码	基金名称	期间申购(亿份)	期间赎回(亿份)	期末总份额(亿份)
1	000210	光大现金宝货币A	2.66	2.58	1.02
2	000211	光大现金宝货币B	210.52	207.73	151.36
3	000489	光大岁末红利纯债A	1.82	1.26	2.37
4	000490	光大岁末红利纯债C	0.10	0.56	0.74
5	000589	光大银发商机混合	0.02	0.05	1.04
6	001047	光大国企改革股票	0.34	3.20	10.89
7	001463	光大一带一路混合	2.18	0.60	9.81
8	001464	光大鼎鑫混合A	0.00	0.04	7.62
9	001740	光大中国制造2025混合	5.81	4.52	15.97
10	001823	光大鼎鑫混合C	0.00	0.00	0.00
11	001903	光大欣鑫混合A	2.43	0.04	2.51
12	001904	光大欣鑫混合C	0.45	0.61	0.01
13	001939	光大睿鑫混合A	0.00	0.00	4.24
14	001968	光大尊盈半年定开债A	–	–	48.84
15	001969	光大尊盈半年定开债C	–	–	0.10
16	001973	光大耀钱包货币A	9.09	4.60	10.02
17	002075	光大睿鑫混合C	0.99	0.99	0.82
18	002305	光大风格轮动混合	0.39	0.31	0.81
19	002405	光大保德信中高等级债券A	3.56	3.40	8.28
20	002406	光大保德信中高等级债券C	0.06	0.12	0.31
21	002472	光大保德信先进服务业混合	0.01	0.18	2.08
22	002523	光大恒利纯债	1.00	0.06	1.00
23	002772	光大产业新动力混合	0.02	0.21	0.92
24	002773	光大铭鑫混合A	0.00	0.00	1.72
25	002774	光大铭鑫混合C	–	0.00	0.03
26	003065	光大保德信尊富18个月定开债A	–	–	10.75
27	003066	光大保德信尊富18个月定开债C	–	–	0.13
28	003069	光大保德信量化优选股票	0.12	1.12	6.41
29	003105	光大永鑫混合A	0.46	11.99	0.46
30	003106	光大永鑫混合C	–	0.00	0.00
31	003107	光大保德信安祺债券A	–	0.00	2.00
32	003108	光大保德信安祺债券C	–	0.02	0.03
33	003109	光大安和债券A	3.08	1.55	6.73
34	003110	光大安和债券C	0.42	0.27	0.79
35	003115	光大保德信诚鑫混合A	–	–	0.99
36	003116	光大保德信诚鑫混合C	0.63	0.68	0.63
37	003117	光大吉鑫混合A	0.01	0.02	0.04
38	003118	光大吉鑫混合C	0.00	0.30	1.31
39	003195	光大保德信永利纯债A	0.00	–	51.99
40	003196	光大保德信永利纯债C	0.00	–	0.00
41	003197	光大保德信安诚债券A	0.00	0.40	3.53
42	003198	光大保德信安诚债券C	0.00	0.00	0.00

【公司高管】

林昌先生,董事长,北京大学硕士,中国国籍。历任光大证券南方总部研究部总经理、投资银行一部总经理、南方总部副总经理、投资银行总部总经理、光大证券助理总裁。现任本基金管理人董事长。

包爱丽女士,董事、总经理,美国哥伦比亚大学硕士,中国国籍。历任贝莱德资产管理公司研究员、经理、业务负责人,银华基金管理有限公司战略发展部负责人,国投瑞银基金管理有限公司产品发展团队负责人、总经理助理、督察长、副总经理。现任本基金管理人董事、总经理。

广发基金管理有限公司

【基本情况】

法定名称:广发基金管理有限公司
英文名称:Gf Fund Management Co., Ltd.
公司属性:中资企业
成立日期:2003-08-05
注册资本:12688(万元)
法人代表:孙树明
总 经 理:林传辉

注册地址：广东省珠海市横琴新区宝中路 3 号 4004 - 56 室
办公地址：广州市海珠区琶洲大道东 1 号保利国际广场南塔 31 - 33 楼
网站地址：www. gffunds. com. cn
邮政编码：510308
客服邮箱：services@ gf - funds. com
电话号码：020 - 83936999，95105828
传真号码：020 - 89899158
经营范围：基金募集、基金销售、资产管理、中国证监会许可的其他业务
基金数量：250（其中普通基金 225 只，货币基金 17 只，理财基金 4 只，封闭式基金 0 只，其他基金 4 只）
管理规模：3544. 26 亿元
经理人数：43 人

【公司概况】

广发基金管理有限公司经中国证监会证监基金字〔2003〕91 号文批准，于 2003 年 8 月 5 日成立，是业内第 30 家成立的基金管理公司，总部设在广州，公司注册资本金 12688 万元人民币。公司及旗下子公司目前拥有公募基金管理、社保基金境内委托投资管理人、基本养老保险基金证券投资管理机构、特定客户资产管理、QDII、RQFII、QFII、受托管理保险资金投资管理人和保险保障基金委托资产管理投资管理人等业务资格，是具备综合资产管理能力与经验的大型基金管理公司。

截至 2018 年 6 月 30 日，公司管理 175 只开放式基金及多个特定客户资产管理投资组合、社保基金投资组合、养老基金投资组合，资产规模近 7000 亿，长期位居行业前列。公司累计向 4200 万持有人分红超 732 亿元，为持有人赚取盈利超 727 亿元。公司旗下产品覆盖主动权益、债券、货币、海外投资、被动投资、量化对冲、另类投资等不同类别，产品线齐全。公司曾获六届中国证券报“金牛基金管理公司”奖项、四届“固定收益投资金牛基金公司”奖项，连续两届获得“海外投资金牛基金公司”奖项，获八届证券时报“明星基金管理公司”奖项，是行业最全的 QDII 产品提供商，业内最全的行业 ETF 产品提供商，在业内首创公募基金大数据先河。

公司坚持“专业创造价值、客户利益至上”的经营理念，以完备的产品供给、策略供给、区域供给为基础，构建多元投资能力、顶层资产配置能力，致力成为优秀的全能型资产管理公司，为投资者谋求长期稳定的收益，为我国资本市场的繁荣与发展贡献一份力量。

【公司大事记】

2017 年 1 月，广发国际资产管理（英国）有限公司首只公募基金——广发国际 - 富时中国 A 股 ETF 在伦敦证券交易所挂牌上市。

2017 年 11 月，公司全口径资产管理规模突破 5000 亿元，整体资产管理规模（含子公司）超过 6000 亿元。

2016 年 12 月，公司获得首批基本养老保险基金证券投资管理机构资格。

2016 年 9 月，市场上首只投资国开债指数的基金——广发中债 7 - 10 年期国开债指数基金成立。

2016 年 6 月，公司管理的第 100 只基金——广发稳裕保本混合型证券投资基金成立。

【股东概况】

排序	股东名称	持股数量（万股）	持股比例（%）
1	广发证券股份有限公司	5799.60	48.33%
2	烽火通信科技股份有限公司	2000.40	16.67%
2	香江投资有限公司	2000.40	16.67%
3	广东康美药业股份有限公司	1200. 00	10%
4	广州科技风险投资有限公司	999.60	8.33%

【旗下基金】

序号	基金代码	基金名称	期间申购（亿份）	期间赎回（亿份）	期末总份额（亿份）
1	000037	广发理财 7 天债券 A	1.89	2.93	4.24
2	000038	广发理财 7 天债券 B	3.28	25.57	255.05
3	000055	广发纳斯达克 100 指数美元现汇	–	–	2.58
4	000117	广发轮动配置混合	0.17	0.93	5.34
5	000118	广发聚鑫债券 A	0.53	0.80	1.46
6	000119	广发聚鑫债券 C	0.78	0.68	1.30
7	000167	广发聚优灵活配置混合 A	1.65	1.51	7.07
8	000179	广发美国房地产指数	0.25	0.19	0.90
9	000180	广发美国房地产指数现汇	–	–	0.90
10	000214	广发成长优选混合	0.14	0.08	0.67
11	000215	广发趋势优选灵活配置	0.13	0.09	1.07
12	000267	广发集利一年定开债 A	–	–	25.09
13	000268	广发集利一年定开债 C	–	–	2.92
14	000274	广发亚太中高收益债券	0.03	0.27	0.81
15	000275	广发亚太中高收益债券现汇	–	–	0.81
16	000369	广发全球医疗保健现钞	0.12	0.16	1.23
17	000370	广发全球医疗保健现汇	–	–	1.23
18	000389	广发天天红货币 A	163.96	143.24	69.60
19	000473	广发集鑫债券 A	0.01	0.01	1.93
20	000474	广发集鑫债券 C	0.00	0.01	0.03
21	000475	广发天天利货币 A	9.42	6.58	8.92
22	000476	广发天天利货币 B	31.10	28.95	26.34
23	000477	广发主题领先混合	0.17	2.57	7.93
24	000509	广发钱袋子货币 A	187.34	174.67	152.35
25	000529	广发竞争优势混合	1.41	1.67	6.52
26	000550	广发新动力混合	0.12	0.45	3.83
27	000567	广发聚祥灵活混合	0.07	0.33	1.87
28	000747	广发逆向策略混合	0.12	0.09	0.60
29	000748	广发活期宝货币 A	41.73	33.20	26.16
30	000826	广发百发 100 指数 A	0.02	0.31	2.79
31	000827	广发百发 100 指数 E	0.64	1.11	4.81
32	000885	广发全球农业指数美元现汇	–	–	0.35
33	000906	广发全球精选股票美元现汇	–	–	8.13
34	000942	广发信息技术联接 A	2.06	2.11	2.02
35	000968	广发养老指数 A	0.58	0.34	3.88
36	000992	广发对冲套利定期开放混合	1.54	0.19	2.94
37	001064	广发中证环保 ETF 联接 A	2.99	1.55	13.82
38	001092	广发生物科技指数(QDII)	0.15	0.41	3.14
39	001093	广发生物科技指数美元	–	–	3.14
40	001115	广发聚安混合 A	0.00	0.00	0.00
41	001116	广发聚安混合 C	0.00	0.00	2.43
42	001133	广发中证全指可选消费联接 A	0.07	0.35	3.99
43	001134	广发天天利货币 E	354.61	285.17	203.92
44	001180	广发医药卫生联接 A	1.91	0.88	9.40
45	001189	广发聚宝混合	0.01	0.25	1.73

序号	基金代码	基金名称	期间申购（亿份）	期间赎回（亿份）	期末总份额（亿份）
46	001206	广发聚惠混合 A	0.00	0.00	2.88
47	001207	广发聚惠混合 C	–	0.00	0.01
48	001290	广发安泰混合	0.00	0.01	0.84
49	001355	广发聚泰混合 A	0.01	0.06	0.36
50	001356	广发聚泰混合 C	0.25	3.64	0.37
51	001458	广发中证全指主要消费联接 A	0.44	0.52	0.27
52	001459	广发中证全指原材料联接 A	0.37	0.41	0.20
53	001460	广发中证全指能源 ETF 联接 A	0.63	0.61	0.57
54	001468	广发改革混合	0.12	0.68	5.73
55	001469	广发中证全指金融地产联接 A	0.87	0.82	0.37
56	001731	广发百发大数据价值混合 A	0.03	0.25	0.52
57	001732	广发百发大数据价值混合 E	0.01	0.03	0.06
58	001734	广发百发大数据成长混合 A	0.01	0.49	1.60
59	001735	广发百发大数据成长混合 E	0.01	0.05	0.24
60	001741	广发百发大数据精选混合 A	0.01	0.05	0.17
61	001742	广发百发大数据精选混合 E	0.03	0.08	0.54
62	001761	广发安宏回报混合 A	–	0.00	4.50
63	001762	广发安宏回报混合 C	–	0.00	0.00
64	001763	广发多策略混合	0.05	2.52	17.45
65	001764	广发沪港深新机遇股票	11.58	6.92	18.52
66	002025	广发聚盛混合 A	0.00	0.00	2.74
67	002026	广发聚盛混合 C	0.00	0.89	0.02
68	002116	广发安享混合 A	0.00	1.30	1.61
69	002117	广发安享混合 C	0.00	1.99	1.24
70	002118	广发安盈混合 A	0.00	0.00	1.96
71	002119	广发安盈混合 C	0.01	0.00	0.00
72	002120	广发安悦混合	–	0.00	7.00
73	002121	广发沪港深新起点股票	24.79	5.60	33.84
74	002124	广发新兴产业混合	0.49	0.53	1.20
75	002125	广发新兴成长混合	0.08	1.21	3.49
76	002128	广发鑫惠纯债定开	0.10	–	15.07
77	002129	广发鑫利混合	0.00	0.00	6.28
78	002130	广发鑫隆混合 A	0.07	3.52	0.04
79	002131	广发鑫隆混合 C	0.02	0.04	0.01
80	002132	广发鑫享混合	–	0.00	3.00
81	002133	广发鑫益混合	0.00	0.01	37.31
82	002134	广发鑫裕混合	–	0.00	4.14
83	002135	广发鑫源混合 A	–	0.00	1.92
84	002136	发鑫源混合 C	–	0.01	0.02
85	002183	广发天天红货币 B	133.37	58.76	90.61
86	002295	广发稳安保本	0.01	8.53	12.94
87	002446	广发稳鑫保本	0.02	4.32	10.56
88	002622	广发稳裕保本	0.08	0.55	37.82
89	002623	广发服务业精选混合	–	3.73	0.19
90	002624	广发优企精选混合	2.42	1.47	4.87
91	002636	广发集裕债券 A	0.16	0.00	3.24
92	002637	广发集裕债券 C	0.12	0.05	0.16
93	002711	广发集丰债券 A	0.00	0.00	2.14
94	002712	广发集丰债券 C	0.00	0.00	0.00
95	002713	广发转型升级混合	0.02	0.01	1.02
96	002802	广发东财大数据混合	0.02	0.82	1.70
97	002864	广发安泽回报纯债 A	0.00	2.00	8.34
98	002865	广发安泽回报纯债 C	0.00	4.95	0.21
99	002903	广发中证 500ETF 联接 C	10.60	5.45	7.75
100	002925	广发集源债券 A	0.99	1.00	1.99
101	002926	广发集源债券 C	0.00	0.00	0.00
102	002939	广发创新升级混合	2.44	3.70	13.19
103	002941	广发安瑞回报混合 A	–	0.00	4.01
104	002942	广发安瑞回报混合 C	–	0.00	0.00
105	002943	广发多因子混合	–	0.81	0.02
106	002973	广发中证全指能源 ETF 联接 C	1.09	0.76	0.71
107	002974	广发信息技术联接 C	1.15	1.08	0.40
108	002975	广发中证全指原材料联接 C	0.16	0.14	0.12
109	002976	广发中证全指主要消费联接 C	0.24	0.42	0.13
110	002977	广发中证全指可选消费联接 C	0.62	0.06	0.60
111	002978	广发医药卫生联接 C	0.89	0.30	0.96
112	002979	广发中证全指金融地产联接 C	0.96	0.79	0.93
113	002982	广发养老指数 C	0.34	0.18	0.25
114	002984	广发中证环保 ETF 联接 C	2.30	1.92	1.87
115	002987	广发沪深 300ETF 联接 C	3.86	3.11	2.78
116	003017	广发中证军工 ETF 联接 A	0.73	0.56	1.29
117	003035	广发安祥回报混合 A	–	0.00	6.09
118	003036	广发安祥回报混合 C	–	0.00	0.00
119	003037	广发集瑞债券 A	–	0.00	5.49
120	003038	广发集瑞债券 C	–	0.00	0.00
121	003039	广发集富纯债 A	0.01	0.44	0.36
122	003040	广发集富纯债 C	0.00	0.00	0.00
123	003178	广发景盛纯债	0.02	1.41	38.00
124	003211	广发集安债券 A	0.00	1.97	0.03
125	003212	广发集安债券 C	0.00	–	0.00
126	003223	广发景丰纯债	0.00	0.00	39.81
127	003281	广发活期宝货币 B	135.13	260.04	142.47
128	003350	广发鑫盛 18 个月定开混合	–	–	2.61
129	003376	广发中债 7－10 年国开债指数 A	0.55	0.73	3.47
130	003377	广发中债 7－10 年国开债指数 C	1.51	0.14	1.42
131	003743	广发汇平一年定开债 A	0.49	1.93	0.60
132	003744	广发汇平一年定开债 C	0.01	0.10	0.02
133	003745	广发多元新兴股票	0.21	0.70	1.60
134	003746	广发汇瑞 3 个月定开债券	–	–	5.00
135	003765	广发创业板 ETF 联接 A	0.84	0.42	0.97
136	003766	广发创业板 ETF 联接 C	2.13	1.72	0.92
137	003819	广发景华纯债	12.03	6.89	7.37
138	004020	广发景祥纯债	0.00	0.00	42.00
139	004021	广发汇富一年定期债券 A	3.91	5.00	3.91
140	004022	广发汇富一年定期债券 C	–	0.00	0.00
141	004023	广发量化稳健混合	0.00	0.36	0.39
142	004027	广发景源纯债 A	0.00	0.00	101.90
143	004028	广发景源纯债 C	0.00	0.00	0.00
144	004119	广发创新驱动灵活配置混合	0.34	1.73	3.48
145	004243	广发道琼斯石油指数 C	0.02	0.04	0.05
146	004386	广发汇安 18 个月定开债 A	–	–	5.00
147	004387	广发汇安 18 个月定开债 C	–	–	0.00
148	004593	广发全指工业 ETF 联接 A	0.01	0.02	0.15
149	004750	广发鑫和灵活配置混合 A	–	0.01	4.01
150	004751	广发鑫和灵活配置混合 C	–	0.00	0.01
151	004752	广发中证传媒 ETF 联接 A	0.97	0.11	0.99
152	004753	广发中证传媒 ETF 联接 C	0.28	0.08	0.24
153	004754	广发汇祥一年定期债券 A	–	–	9.31
154	004755	广发汇祥一年定期债券 C	–	–	0.19
155	004796	广发钱袋子货币 E	181.68	167.23	26.57

序号	基金代码	基金名称	期间申购（亿份）	期间赎回（亿份）	期末总份额（亿份）
156	004851	广发医疗保健股票	1.49	1.66	3.96
157	004852	广发价值回报混合 A	0.03	0.66	1.20
158	004853	广发价值回报混合 C	0.03	0.61	0.36
159	004854	广发中证全指汽车指数 A	0.13	0.07	0.24
160	004855	广发中证全指汽车指数 C	0.23	0.21	0.13
161	004856	广发中证全指建筑材料指数 A	0.10	0.07	0.15
162	004857	广发中证全指建筑材料指数 C	0.74	0.54	0.26
163	004995	广发品牌消费股票发起式	0.53	0.08	0.59
164	004996	广发恒生中型股指数 C	0.04	0.14	0.29
165	004997	广发高端制造股票	0.25	0.23	0.62
166	005063	广发中证全指家用电器指数 A	0.82	0.53	0.47
167	005064	广发中证全指家用电器指数 C	0.85	0.67	0.30
168	005092	广发货币 C	0.02	0.02	0.01
169	005107	广发添利货币 ETFB	0.61	0.24	0.63
170	005223	广发中证基建工程指数 A	0.01	0.32	1.03
171	005224	广发中证基建工程指数 C	0.02	0.63	0.89
172	005233	广发睿毅领先混合	0.13	1.21	1.58
173	005234	广发汇吉 3 个月定开债	–	–	10.10
174	005285	广发中证 10 年期国开债 C	0.00	0.50	8.47
175	005310	广发电子信息传媒股票	0.51	0.07	0.59
176	005402	广发资源优选股票	1.74	0.49	1.38
177	005692	广发全指工业 ETF 联接 C	0.00	0.00	0.00
178	005693	广发中证军工 ETF 联接 C	0.02	0.01	0.01
179	150083	广发深证 100 指数分级 A	–	–	0.03
180	150084	广发深证 100 指数分级 B	–	–	0.03

【公司高管】

孙树明先生，男，经济学博士，高级经济师。兼任广发证券股份有限公司董事长、执行董事、党委书记，中国注册会计师协会道德准则委员会委员，中国资产评估协会常务理事，上海证券交易所第三届理事会理事，上海证券交易所第一届上市咨询委员会委员，广东金融学会副会长，广东省预算腐败工作专家咨询委员会财政金融运行规范组成员，中证机构间报价系统股份有限公司副董事长。曾任财政部条法司副处长、处长，中国经济开发信托投资公司总经理办公室主任、总经理助理，中共中央金融工作委员会监事会工作部副部长，中国银河证券有限公司监事会监事，中国证监会会计部副主任、主任等职务。

林传辉先生，男，大学本科学历，现任广发基金管理有限公司总经理，兼任广发国际资产管理有限公司董事长，瑞元资本管理有限公司董事长，中国基金业协会创新与战略发展专业委员会委员，资产管理业务专业委员会委员，深圳证券交易所第四届上诉复核委员会委员。曾任广发证券股份有限公司投资银行部常务副总经理，瑞元资本管理有限公司总经理。曾任广发证券投资银行总部北京业务总部总经理、投资银行总部副总经理兼投资银行上海业务总部副总经理、投资银行部常务副总经理，瑞元资本管理有限公司总经理。

国金基金管理有限公司

【基本情况】

法定名称：国金基金管理有限公司
英文名称：Gfund Management Co. ,ltd.
公司属性：中资企业
成立日期：2011－11－02
注册资本：28000（万元）
法人代表：尹庆军
总 经 理：尹庆军
注册地址：北京市怀柔区府前街三号楼 3－6
办公地址：北京市海淀区西三环北路 87 号国际财经中心 D 座 14 层
网站地址：www. gfund. com
邮政编码：100089
客服邮箱：service@ gfund. com
电话号码：4000－2000－18
传真号码：010－88005666
经营范围：基金募集；基金销售；资产管理和中国证监会许可的其他业务（依法须经批准的项目，经相关部门批准后依批准的内容开展经营活动）
基金数量：14（其中普通基金 7 只，货币基金 4 只，理财基金 1 只，封闭式基金 0 只，其他基金 2 只）
管理规模：395 亿元
经理人数：10 人

【公司概况】

国金基金管理有限公司成立于 2011 年 11 月 2 日，总部位于北京，注册资本为 2.8 亿元人民币，是经中国证监会批准成立的从事基金募集、基金销售、资产管理、特定客户资产管理以及中国证监会许可的其他业务的专业资产管理公司。

国金基金拥有四家股东，分别为国金证券股份有限公司、苏州工业园区兆润投资控股集团有限公司、广东宝丽华新能源股份有限公司和涌金投资控股有限公司；同时设有两家子公司，分别为专户子公司北京千石创富资本管理有限公司和销售子公司上海国金理益财富基金销售有限公司。

国金基金依托全面风险管理体系和市场化机制，专注于量化投资和固定收益投资，致力于成为以绝对回报为特色的优秀资产管理机构。

量化投资——掌握顶尖技术的量化专家领衔，秉承“专注、专业、专家”理念，采用“量化平台＋投资事业部”运作模式，以优秀的投资业绩为基石，线上线下融合共进，致力于成为量化投资领域的佼佼者。

固定收益投资——资历丰富的固定收益投资总监，功底扎实、业绩优异的投研团队，严谨完善的信用评级体系，多层次信用研究支持系统，通过稳健的投资风格和出众的流动性管理能力，力争持续为投资人创造绝对回报。

【公司大事记】

2017 年 5 月 12 日，国金基金荣获《证券时报》“2016 年度绝对回报明星基金公司奖”，国金国鑫灵活配置混合型发起式基金荣获“三年持续回报绝对收益明星基金奖”。

2016 年 8 月 4 日，国金及第七天理财债券型证券投资基金（总第 11 只）发行成功，首募 2 亿元。

2016 年 5 月，国金基金荣获《上海证券报》第十三届中国“金基金”成长基金管理公司奖，国金国鑫灵活配置混合型发起式基金荣获《证券时报》中国基金业明星基金奖之“2015 年度平衡混合型明星基金奖”。

2016 年 3 月，国金基金荣获济安金信基金评价中心 2015 年第 4 季度货币型基金和混合型基金两个五星基金公司评级，国金金腾通货币市场证券投资基金和国金国鑫灵活配置混合型发起式基金分获货币型、混合型基金五星评级。

2015 年 12 月,国金基金荣获《经济观察报》2014—2015 年度中国卓越金融奖之“年度卓越成长基金公司”。

2015 年 11 月,国金基金荣获济安金信基金评价中心 2015 年第 3 季度货币型基金和混合型基金两个五星基金公司评级,国金金腾通货币市场证券投资基金和国金国鑫灵活配置混合型发起式基金分获货币型、混合型基金五星评级。

2015 年 7 月 23 日,国金通用完成名称变更,变更后的名称为:国金基金管理有限公司。

2015 年 7 月 6 日,国金通用子公司北京千石创富资本管理有限公司完成办公场所变更,新址为:北京市海淀区西三环北路 87 号国际财经中心 B 座 8 层。

2015 年 7 月 3 日,国金通用鑫新灵活配置混合型证券投资基金(LOF)(总第 10 只)发行成功,首募 2.04 亿元。

2015 年 6 月 25 日,国金通用众赢货币市场证券投资基金(总第 9 只)发行成功,首募 2.00 亿元。

2015 年 6 月 24 日,国金通用鑫运灵活配置混合型证券投资基金(总第 8 只)发行成功,首募 25.45 亿元。

2015 年 5 月 27 日,国金通用上证 50 指数分级证券投资基金(总第 7 只)发行成功,首募 2.07 亿元。

2015 年 4 月,国金通用荣获《证券时报》中国基金业明星基金奖之“2014 年度明星基金公司成长奖”,国金通用国鑫灵活配置混合型发起式基金荣获“2014 年度平衡混合型明星基金奖”。

2014 年 8 月 27 日,国金通用鑫安保本混合型证券投资基金(总第 6 只)发行成功,首募 14.43 亿元。

2014 年 5 月 12 日,国金通用新版网站正式上线。

2014 年 2 月 17 日,国金通用金腾通货币市场证券投资基金(总第 5 只)发行成功,首募 2.02 亿元。

2014 年 1 月 21 日,国金通用首只分级债基金——国金通用鑫利分级债券型证券投资基金(总第 4 只)发行成功,首募 4.3 亿元。

2014 年 1 月 15 日,国金通用全资子公司上海国金通用财富资产管理有限公司在上海正式注册成立。

2013 年 12 月 16 日,国金通用首只货币基金——国金通用鑫盈货币市场证券投资基金(总第 3 只)发行成功,首募 5.45 亿元。

2013 年 7 月 26 日,国金通用首只被动型基金——国金通用沪深 300 指数分级证券投资基金(总第 2 只)发行成功,首募 3.23 亿元。

2013 年 6 月,国金通用荣获《WTO 经济导刊》“2012 金蜜蜂企业社会责任 · 中国榜”之“金蜜蜂 · 成长型企业”奖。

2013 年 4 月 8 日,国金通用完成办公场所变更,新址为:北京市海淀区西三环北路 87 号国际财经中心 D 座 14 层。

2013 年 1 月 25 日,国金通用全资子公司北京千石创富资本管理有限公司在北京正式注册成立。

2012 年 11 月,国金通用荣获《证券日报》第八届中国证券市场年会“金算盘 · 产品创新”奖。

2012 年 9 月 7 日,国金通用完成增资工作,注册资本由 1.6 亿元人民币增加至 2.8 亿元人民币。

2012 年 8 月 24 日,国金通用首只基金——国金通用国鑫灵活配置混合型发起式基金发行成功,首募 1.78 亿元。

2011 年 11 月 2 日,国金通用基金管理有限公司在北京正式注册成立。

【股东概况】

股东名称	持股比例
国金证券股份有限公司	49%
苏州工业园区兆润投资控股集团有限公司	19.5%
广东宝丽华新能源股份有限公司	19.5%
中国通用技术(集团)控股有限责任公司	12%

【旗下基金】

序号	基金代码	基金名称	期间申购(亿份)	期间赎回(亿份)	期末总份额(亿份)
1	000439	国金鑫盈货币	0.43	1.14	0.27
2	000540	国金金腾通货币 A	567.22	536.68	114.12
3	001234	国金众赢货币	446.30	399.73	261.72
4	001621	国金金腾通货币 C	180.92	174.81	29.04
5	002155	国金鑫瑞灵活配置混合	1.49	0.56	1.02
6	003002	国金及第七天理财	4.91	7.64	12.69
7	005018	国金民丰回报 6 个月定开混合	–	–	2.65
8	005443	国金量化多策略混合	–	–	4.25
9	167601	国金沪深 300 指数增强	0.39	0.65	1.58
10	501000	国金鑫新灵活配置(LOF)	0.00	1.09	0.70
11	502020	国金上证 50 分级	0.26	0.14	0.93
12	502021	国金上证 50 分级 A	–	–	0.02
13	502022	国金上证 50 分级 B	–	–	0.02
14	762001	国金国鑫发起	0.10	0.46	1.46

【公司高管】

纪路先生,董事长,学士。历任博时基金管理有限公司分析师、金信证券有限责任公司投资研究中心总经理、国金证券股份有限公司研究所总经理。现任国金证券股份有限公司副总经理,中国证券业协会证券公司专业评价专家,四川证券业协会创新咨询委员会主任委员。2011 年 11 月至今任国金通用基金管理有限公司董事长。

尹庆军先生,董事,硕士。历任中央编译局世界所助理研究员、办公厅科研外事秘书,中央编译出版社出版部主任,博时基金管理有限公司人力资源部总经理、董事会秘书、监事,国金通用基金管理有限公司筹备组拟任督察长,国金通用基金管理有限公司督察长。2012 年 7 月至今任国金通用基金管理有限公司总经理。

国开泰富基金管理有限责任公司

【基本情况】

法定名称:国开泰富基金管理有限责任公司
公司属性:合资企业
成立日期:2013 – 07 – 16
注册资本:36000(万元)
法人代表:郑文杰
总 经 理:杨波
注册地址:北京市怀柔区北房镇幸福西街 3 号 416 室
办公地址:北京市东城区朝阳门北大街 7 号五矿广场 C 座 10 层
网站地址:www. cdbsfund. com
邮政编码:100010
客服邮箱:services@ cdbsfund. com
电话号码:010 – 59363299

传真号码:010－59363298

经营范围:基金募集、基金销售、特定客户资产管理、资产管理和中国证监会许可的其他业务(依法须经批准的项目,经相关部门批准后依批准的内容开展经营活动)

基金数量:5(其中普通基金 3 只,货币基金 2 只,理财基金 0 只,封闭式基金 0 只,其他基金 0 只)

管理规模:5.73 亿元

经理人数:4 人

【公司概况】

国开泰富基金管理有限责任公司(以下简称“国开泰富”)于 2013 年 6 月 28 日正式获得中国证券监督管理委员会批准成立,公司注册地位于北京市,注册资本为人民币 3.6 亿元,其中国开证券有限责任公司出资比例为 66.7%,国泰证券投资信托股份有限公司出资比例为 33.3%。

2010 年 9 月 12 日,《海峡两岸经济合作框架协议》(ECFA)的正式生效,标志着两岸经济关系向正常化、制度化、自由化方向推进又迈出了具有里程碑意义的重要一步。国开泰富正是在互利双赢、合作发展的“ECFA 新时代”下顺势而生的国际化资产管理公司。2013 年 6 月 21 日,两岸签署了《海峡两岸服务贸易协议》,向台湾提出金融服务部门的多项开放承诺,为即将挂牌成立的国开泰富的业务开展带来了机遇。作为连接两岸资本市场的桥梁和纽带,国开泰富将充分融合并发挥双方股东的先进管理经验和市场资源优势,开拓创新,积极实践和探索跨境金融模式创新,不断将两岸资本市场合作推向新的高度。

“潮平两岸阔,风正一帆悬”,承载着海峡两岸金融业的热忱与希冀,国开泰富将秉持“专注、责任、稳健、创新”的经营理念,走差异化发展道路,形成独具特色的核心竞争力。公司将坚持投资人利益至上的宗旨,不断深化和丰富产品体系,提高服务能力,强化风险控制,努力提升资产管理规模和盈利能力,力争引领行业发展,逐步打造固定收益投资领域的国际化品牌。

【股东概况】

股东名称	出资比例
国开证券有限责任公司	66.7%
国泰证券投资信托股份有限公司	33.3%
合计	100%

【旗下基金】

序号	基金代码	基金名称	期间申购(亿份)	期间赎回(亿份)	期末总份额(亿份)
1	000901	国开货币 A	2.56	2.33	1.51
2	000902	国开货币 B	2.13	1.85	1.81
3	003762	国开开泰灵活配置混合 A	0.01	0.00	0.11
4	003763	国开开泰灵活配置混合 C	0.00	0.00	2.02

【公司高管】

郑文杰先生,国开泰富基金管理有限责任公司董事长。硕士,国开证券有限责任公司党委副书记、总裁;曾任职于国家开发银行业务发展局、新疆分行、评审管理局、统计局,及总参兵种部,长期在银行、证券等金融行业从事管理工作。

杨波,国开泰富基金管理有限责任公司总裁。1997 年 7 月－2001 年 9 月,任职于天津磁卡股份有限公司。2004 年 8 月－2015 年 2 月,任职于中信证券股份有限公司。2015 年 3 月－2018 年 3 月,就职于泰康资产管理有限责任公司。2018 年 4 月至今,就职于国开泰富基金管理有限责任公司。

国联安基金管理有限公司

【基本情况】

法定名称:国联安基金管理有限公司

英文名称:CPIC Fund Management Co., Ltd.

公司属性:合资企业

成立日期:2003－04－03

注册资本:15000(万元)

法人代表:于业明

总 经 理:孟朝霞

注册地址:中国(上海)自由贸易试验区陆家嘴环路 1318 号 9 楼

办公地址:上海市浦东新区陆家嘴环路 1318 号星展银行大厦 9 楼

网站地址:www.gtja－allianz.com　www.vip－funds.com

邮政编码:200121

客服邮箱:customer.service@gtja－allianz.com

电话号码:400－700－0365,021－38784766

传真号码:021－50151880

经营范围:基金管理业务;发起设立基金及中国有关政府机构批准及同意的其他业务。【依法须经批准的项目,经相关部门批准后方可开展经营活动】

基金数量:51(其中普通基金 47 只,货币基金 2 只,理财基金 0 只,封闭式基金 0 只,其他基金 2 只)

管理规模:166.79 亿元

经理人数:15 人

【公司概况】

国联安基金管理有限公司是国内首家获准筹建的中外合资基金管理公司。太平洋资产管理有限责任公司持股 51%,德国安联集团持股 49%。公司注册资本为 1.5 亿人民币,注册地为中国上海。

国联安愿景

成为一流的资产管理公司,为社会提供最佳投资产品

公司理念

公司目标:追求可持续回报

经营理念:诚信专业创新卓越

投资理念:择时选股双轮驱动

企业文化

正直:恪守职业准则,以德养身

敬业:工作态度勤勉,业精于勤

进取:主动创造价值,自强不息

合作:团队齐心协力,厚德载物

【股东概况】

排序	股东名称	出资额(万元)	出资比例
1	国泰君安证券股份有限公司	7650.00	51%
2	安联集团(Allianz AG)	7350.00	49%

【旗下基金】

序号	基金代码	基金名称	期间申购（亿份）	期间赎回（亿份）
1	000058	国联安保本混合	0.27	0.05
2	000059	国联安中证医药100	0.45	0.44
3	000417	国联安新精选混合	0.50	0.11
4	000664	国联安通盈混合A	0.40	0.01
5	001007	国联安鑫安灵活配置混合	0.01	0.14
6	001157	国联安睿祺灵活配置混合	0.03	0.11
7	001228	国联安鑫享灵活配置混合A	0.00	0.02
8	001359	国联安添鑫灵活配置混合A	0.01	0.02
9	001654	国联安添鑫灵活配置混合C	0.00	0.00
10	001956	国联安科技动力	0.34	0.44
11	002186	国联安鑫享灵活配置混合C	0.00	1.18
12	002365	国联安鑫禧灵活配置混合A	0.02	0.22
13	002366	国联安鑫禧灵活配置混合C	0.16	0.18
14	002367	国联安安稳混合	0.07	0.81
15	002485	国联安通盈混合C	0.29	0.01
16	003275	国联安鑫盈混合A	0.01	1.01
17	003276	国联安鑫盈混合C	0.14	0.12
18	003362	国联安睿利定开混合	0.35	1.80
19	003541	国联安睿智定开混合	-	-
20	004076	国联安锐意成长混合	0.15	0.23
21	004081	国联安鑫乾混合A	0.00	0.28
22	004082	国联安鑫乾混合C	0.51	0.00
23	004083	国联安鑫隆混合A	-	-
24	004084	国联安鑫隆混合C	0.00	0.00
25	004129	国联安鑫汇混合A	0.00	0.00
26	004130	国联安鑫汇混合C	0.00	0.00
27	004131	国联安鑫发混合A	0.24	0.28
28	004132	国联安鑫发混合C	0.26	0.00
29	150012	国联安双禧中证100A	-	-
30	150013	国联安双禧中证100B	-	-
31	162509	国联安双禧中证100	0.00	0.04
32	162510	国联安双力中小板综指	0.00	0.00
33	162511	国联安双佳信用债券(LOF)	6.93	6.82
34	253010	国联安安心成长混合	0.01	0.13
35	253020	国联安德盛增利债A	0.00	0.02
36	253021	国联安德盛增利债B	0.00	0.01
37	253030	国联安信心增益债券	0.35	0.01
38	253050	国联安货币A	2.23	2.37
39	253051	国联安货币B	77.19	52.61
40	253060	国联安信心增长债券A	0.00	0.01
41	253061	国联安信心增长债券B	0.00	0.01
42	255010	国联安稳健	0.01	0.02
43	257010	国联安德盛小盘精选	0.04	0.21
44	257020	国联安精选混合	21.22	0.79
45	257030	国联安优势混合	0.71	0.05
46	257040	国联安红利混合	0.04	0.07
47	257050	国联安主题驱动混合	0.01	0.06
48	257060	国联安商品ETF联接	0.03	0.06
49	257070	国联安优选行业混合	0.29	0.30

【公司高管】

于业明先生，研究生学历，博士学位，历任宝钢集团财务有限责任公司副总经理、常务副总经理、总经理、董事长，华宝信托投资有限责任公司总经理，联合证券有限责任公司总经理，华宝投资有限公司总经理，华宝信托有限责任公司董事长，华宝证券有限责任公司董事长，并曾担任中国太平洋保险(集团)股份有限公司董事。现任太平洋资产管理有限责任公司党委书记、董事长、总经理。

孟朝霞女士，硕士，历任新华人寿保险股份有限公司企业年金管理中心总经理，泰康养老保险股份有限公司副总经理，富国基金管理有限公司副总经理，融通基金管理有限公司总经理。

国泰基金管理有限公司

【基本情况】

法定名称：国泰基金管理有限公司

英文名称：Guotai Asset Management Co., Ltd.

公司属性：合资企业

成立日期：1998-03-05

注册资本：11000(万元)

法人代表：陈勇胜

总 经 理：周向勇

注册地址：中国(上海)自由贸易试验区世纪大道100号上海环球金融中心39楼

办公地址：上海市虹口区公平路18号8号楼嘉昱大厦16层-19层

网站地址：www.gtfund.com

邮政编码：200082

客服邮箱：service@gtfund.com

电话号码：400-888-8688，021-38569000

传真号码：021-31081800

经营范围：基金设立、基金业务管理，及中国证监会批准的其他业务(依法须经批准的项目，经相关部门批准后方可开展经营活动)

基金数量：142(其中普通基金125只，货币基金5只，理财基金0只，封闭式基金0只，其他基金12只)

管理规模：1656.47亿元

经理人数：22人

【公司概况】

国泰基金成立于1998年3月，是国内首批规范成立的基金管理公司之一。历经20年的市场磨砺，公司稳步发展，目前进入了新的发展阶段。2010年全球领先的保险集团之一意大利忠利集团正式收购公司部分股权，国泰基金变身为中外合资基金公司，并在投资管理、产品研发、风险控制、基金营销等多方面与之展开交流与合作，得到了显著提高。(注：基金管理人与股东之间实行业务隔离制度，股东并不直接参与基金财产的投资运作。)

目前公司已拥有包括公募基金、社保基金投资管理人、企业年金投资管理人、特定客户资产管理业务和合格境内机构投资者等业务资格，是行业内少数拥有并开展多类业务的资产管理公司之一。

自1998年3月23日公开发行国内第一只封闭式基金——基金金泰以来，国泰基金的产品线不断得到丰富和完善。截至2018年6月底，目前公司旗下共管理着99只公募基金，3只养老金产品和包括专户、年金、社保、投资咨询在内90个资产委托组合，形成了丰富的资产管理产品线，能够满足不同风险偏好投资者的需求。

20 年来，国泰基金始终秉承"以最大的专业性和勤勉为投资人实现长期稳定的财富增值，为社会创造更多价值"的经营宗旨，赢得了包括全国社会保障基金理事会在内的数千万投资人的信任。在为投资者创造物质财富的同时，也不忘承担社会责任，通过"红蜡烛公益扶贫计划"开展支学助教活动，积极践行"和谐社会"的价值观，为社会精神财富的创造贡献力量。截至 2018 年，国泰基金"红蜡烛公益扶贫计划"已历时 11 年，在全国范围内完成助教 28 次、捐助"红蜡烛图书馆"12 座、"红蜡烛·梦想中心"多媒体教室 6 个、捐赠图书 3 万余本、受益师生超过 9000 人次。

【公司大事记】

2018 年

公司荣获《中国证券报》评选"2017 年度金牛基金管理公司""中国基金业 20 年卓越贡献公司"；旗下国泰互联网 + 获"2017 年度开放式股票型金牛基金"，旗下国泰成长优选、国泰中小盘成长获"五年期开放式混合型持续优胜金牛基金"，旗下国泰估值优势、国泰新经济获"三年期开放式混合型持续优胜金牛基金"，旗下国泰信用互利分级债券获"三年期开放式债券型持续优胜金牛基金"

公司荣获《上海证券报》"金基金·股票投资回报基金管理公司"；旗下国泰互联网 + 获"金基金·一年期金基金·股票型基金"，旗下国泰估值优势获"金基金·三年期偏股混合型基金"，旗下国泰新经济获"金基金·三年期灵活配置混合型基金"，旗下国泰双利债券获"金基金·五年期债券型基金"

公司荣获《证券时报》"2017 年度十大明星基金公司"、"五年持续回报明星基金公司"；旗下国泰成长优选、国泰金鹰增长、国泰中小盘获"五年持续回报积极混合型明星基金"，旗下国泰估值优势获"三年持续回报积极混合型明星基金"，旗下国泰新经济获"2017 年度平衡混合型明星基金"，旗下国泰民安增利债券、国泰双利债券获"五年持续回报积极债券型明星基金"

2017 年

公司荣获《中国证券报》评选"2016 年度海外投资金牛基金公司奖"；旗下国泰中小盘成长基金获"2016 年度五年期开放式混合型持续优胜金牛基金奖"，旗下国泰成长优选基金、国泰聚信价值优势基金以及国泰生益基金获"2016 年度开放式混合型金牛基金奖"，国泰金龙债券基金获"2016 年度五年期开放式债券型持续优胜金牛基金奖"

公司荣获《上海证券报》"金基金·股票投资回报基金管理公司"；旗下国泰中小盘成长荣获"金基金·偏股混合型基金奖(三年期)"，国泰双利债荣获"金基金·债券基金奖(一年期)"

公司荣获《证券时报》"2016 年度十大明星基金公司"；旗下国泰中小盘成长荣获"五年期持续回报基金混合型明星基金"，国泰估值优势荣获"三年持续回报积极混合型明星基金"，国泰聚信价值荣获"三年持续回报平衡混合型明星基金"，国泰双利债荣获"2016 年度普通债券型明星基金"

【股东概况】

排序	股东名称	股权比例
1	中国建银投资有限责任公司	60%
2	意大利忠利集团	30%
3	中国电力财务有限公司	10%

【旗下基金】

序号	基金代码	基金名称	期间申购（亿份）	期间赎回（亿份）	期末总份额（亿份）
1	000103	国泰中国企业境外高收益债券	0.00	0.04	1.96
2	000199	国泰策略收益灵活配置混合	0.02	0.05	0.37
3	000218	国泰黄金 ETF 联接 A	0.11	0.10	0.45
4	000362	国泰聚信价值优势灵活配置 A	0.45	0.60	5.76
5	000363	国泰聚信价值优势灵活配置 C	0.97	0.99	3.14
6	000367	国泰安康定期支付混合 A	0.02	0.05	0.51
7	000511	国泰国策驱动灵活配置混合 A	0.06	0.15	0.48
8	000512	国泰结构转型灵活配置混合 A	0.01	0.06	0.24
9	000526	国泰浓益灵活配置混合 A	0.01	0.03	0.22
10	000742	国泰新经济灵活配置混合	6.60	3.40	17.88
11	000953	国泰睿吉灵活配置混合 A	0.00	0.01	0.44
12	000954	国泰睿吉灵活配置混合 C	0.01	0.02	0.39
13	001265	国泰兴益灵活配置混合 A	0.06	0.04	1.96
14	001542	国泰互联网 + 股票	6.91	4.85	22.83
15	001576	国泰智能装备股票	0.86	2.11	7.02
16	001579	国泰大农业股票	0.14	0.47	1.48
17	001626	国泰央企改革股票	0.10	0.44	2.36
18	001645	国泰大健康股票	2.50	1.40	3.07
19	001786	国泰信益灵活配置混合	0.00	0.00	1.23
20	001789	国泰量化收益灵活配置混合	0.10	0.98	0.30
21	001790	国泰智能汽车股票	3.36	2.04	11.38
22	001850	国泰安益灵活配置混合 A	0.00	0.00	1.80
23	001922	国泰新目标收益保本混合	0.00	0.86	5.08
24	001923	国泰添益灵活配置混合	0.00	0.00	4.51
25	001934	国泰全球绝对收益美元现钞	0.00	0.01	0.10
26	001935	国泰全球绝对收益美元现汇	0.00	0.01	0.10
27	001936	国泰全球绝对收益人民币	0.00	0.01	0.20
28	002055	国泰兴益灵活配置混合 C	0.00	0.02	0.03
29	002059	国泰浓益灵活配置混合 C	0.00	0.10	0.12
30	002061	国泰安康定期支付混合 C	0.00	0.82	0.39
31	002062	国泰国策驱动灵活配置混合 C	-	-	0.00
32	002063	国泰结构转型灵活配置混合 C	-	0.09	0.05
33	002197	国泰鑫保本混合	0.00	2.84	3.57
34	002204	国泰安心回报混合	0.00	0.55	0.13
35	002458	国泰民利保本混合	0.00	0.69	16.15
36	002489	国泰民福保本混合	0.01	0.80	4.29
37	003457	国泰润泰纯债债券	0.00	0.00	42.10
38	003515	国泰利是宝货币	1,338.17	623.98	739.16
39	003516	国泰融安多策略灵活配置混合	0.05	0.11	0.53
40	003517	国泰润利纯债债券	0.00	0.00	6.99
41	003593	国泰景气行业灵活配置混合	0.94	3.52	10.00
42	003686	国泰丰益灵活配置混合 A	0.00	0.98	2.94
43	003687	国泰丰益灵活配置混合 C	0.00	0.00	0.00
44	003689	国泰鸿益灵活配置混合 A	0.00	0.00	7.98
45	003690	国泰鸿益灵活配置混合 C	0.00	0.00	0.00
46	003696	国泰润鑫纯债债券	7.38	0.01	8.38
47	003754	国泰普益混合 A	0.00	0.00	0.00
48	003755	国泰普益混合 C	0.00	0.00	1.80
49	003758	国泰稳益定开灵活配置混合 A	-	-	1.01
50	003759	国泰稳益定开灵活配置混合 C	-	-	0.33
51	003760	国泰宁益定期开放灵活配置混合 A	-	-	1.40

序号	基金代码	基金名称	期间申购（亿份）	期间赎回（亿份）	期末总份额（亿份）
52	003761	国泰宁益定期开放灵活配置混合C	–	–	0.03
53	003899	国泰民惠收益定开债	–	–	2.08
54	003955	国泰民丰回报定开混合	0.01	0.00	2.11
55	004101	国泰民安增益纯债	0.00	–	2.01
56	004161	国泰企业信用精选A人民币	0.00	0.15	1.54
57	004162	国泰企业信用精选A美元现汇	–	–	1.54
58	004163	国泰企业信用精选A美元现钞	–	–	1.54
59	004164	国泰企业信用精选C人民币	0.00	0.00	0.01
60	004252	国泰安益灵活配置混合C	0.00	–	0.00
61	004253	国泰黄金ETF联接C	0.10	0.09	0.56
62	004620	泰恒益灵活配置混合A	0.01	0.01	1.22
63	004621	国泰恒益灵活配置混合C	0.00	0.01	0.01
64	004678	国泰安惠收益定期开放债券A	–	–	2.00
65	004679	国泰安惠收益定期开放债券C	–	–	0.00
66	005185	国泰招惠收益定期开放债券	–	–	2.10
67	005244	国泰聚优价值灵活配置混合A	0.32	2.11	26.02
68	005245	国泰聚优价值灵活配置混合C	0.17	0.27	2.38
69	005246	国泰可转债债券	0.01	0.14	1.09
70	005730	国泰江源优势精选混合	0.08	1.26	20.03
71	005746	国泰聚利价值定开混合	–	–	3.77
72	005867	国泰沪深300指数C	0.00	0.00	0.00
73	020001	国泰金鹰增长混合	8.17	3.26	54.29
74	020002	国泰金龙债券A	0.49	8.78	1.14
75	020003	国泰金龙行业精选	7.20	9.53	55.05
76	020005	国泰金马稳健	5.30	0.97	16.89
77	020007	国泰货币	199.50	233.04	104.44
78	020009	国泰金鹏蓝筹	0.10	0.22	6.54
79	020010	国泰金牛创新成长混合	0.43	0.51	14.37
80	020011	国泰沪深300指数A	0.83	0.80	21.27
81	020012	国泰金龙债券C	0.01	0.17	0.15
82	020015	国泰区位优势混合	0.01	0.06	0.81
83	020018	国泰金鹿保本混合	0.00	4.24	9.74
84	020019	国泰双利债券A	0.03	0.06	0.26
85	020020	国泰双利债券C	0.01	0.07	0.21
86	020021	国泰上证180金融联接	1.03	0.26	3.67
87	020022	国泰策略价值灵活配置混合	0.01	0.36	0.83
88	020023	国泰事件驱动策略混合	0.03	0.07	0.46
89	020026	国泰成长优选混合	3.72	4.84	17.79
90	020031	国泰现金管理货币A	2.46	2.83	0.52
91	020032	国泰现金管理货币B	0.53	0.61	0.18
92	020033	国泰民安增利债券A	0.66	0.01	0.69
93	020034	国泰民安增利债券C	0.07	0.49	2.35
94	020035	国泰上证5年期国债联接A	0.01	0.01	0.05
95	020036	国泰上证5年期国债联接C	0.03	0.03	0.03
96	150066	国泰互利分级债券A	–	–	0.03
97	150067	国泰互利分级债券B	–	–	0.01
98	150117	国泰国证房地产行业指数分级A	–	–	1.20
99	150118	国泰国证房地产行业指数分级B	–	–	1.20
100	150130	国泰国证医药卫生指数分级A	–	–	9.94
101	150131	国泰国证医药卫生指数分级B	–	–	9.94
102	150196	国泰国证有色金属行业分级A	–	–	2.28
103	150197	国泰国证有色金属行业分级B	–	–	2.28
104	150198	国泰国证食品饮料行业指数A	–	–	0.82
105	150199	国泰国证食品饮料行业指数B	–	–	0.82
106	150215	国泰深证TMT50指数分级A	–	–	0.11
107	150216	国泰深证TMT50指数分级B	–	–	0.11
108	160211	国泰中小盘成长混合(LOF)	0.73	4.82	8.87
109	160212	国泰估值优势混合(LOF)	1.77	3.29	12.37
110	160213	国泰纳斯达克100指数	0.17	0.19	1.76
111	160215	国泰价值经典混合(LOF)	7.08	1.08	27.55
112	160216	国泰商品	0.45	0.33	2.37
113	160217	国泰互利分级债券	0.17	0.04	2.26
114	160218	国泰国证房地产行业指数分级	3.18	5.70	7.21

【公司高管】

陈勇胜先生，硕士研究生。1982年2月至1992年10月在中国建设银行总行工作，历任综合计划处、资金处副处长、国际结算部副总经理（主持工作）。1992年11月至1998年1月任国泰证券有限公司国际业务部总经理，公司总经理助理兼北京分公司总经理。1998年2月至2015年10月在国泰基金管理有限公司工作，其中1998年2月至1999年10月任总经理，1999年10月至2015年8月任董事长。2015年10月至2016年8月，在中建投信托有限责任公司任监事长。2016年8月至11月，在建投投资有限责任公司、建投传媒华文公司任监事长、纪委书记。2016年11月起任公司党委书记，2017年3月起任公司董事长、法定代表人。

周向勇先生，董事，硕士研究生。1996年7月至2004年12月在中国建设银行总行工作，先后任办公室科员、个人银行业务部主任科员。2004年12月至2011年1月在中国建银投资公司工作，任办公室高级业务经理、业务运营组负责人。2011年1月加入国泰基金管理有限公司，任总经理助理，2012年11月至2016年7月7日任公司副总经理，2016年7月8日起任公司总经理及公司董事。

国投瑞银基金管理有限公司

【基本情况】

法定名称：国投瑞银基金管理有限公司
英文名称：UBS SDIC Fund Management Co.，Ltd
公司属性：合资企业
成立日期：2002－06－13
注册资本：10000（万元）
法人代表：叶柏寿
总 经 理：王　彬
注册地址：上海市虹口区东大名路638号7层
办公地址：中国广东省深圳市福田区金田路4028号荣超经贸中心46层
网站地址：www.ubssdic.com
邮政编码：518035
客服邮箱：service@ubssdic.com
电话号码：400－880－6868，0755－83160000
传真号码：0755－82904048
经营范围：基金募集、基金销售、资产管理、中国证监会许可的其他业务。【依法须经批准的项目，经相关部门批准后方可开展经营活动】
基金数量：91（其中普通基金79只，货币基金8只，理财基金0只，封闭式基金0只，其他基金4只）
管理规模：653.41亿元
经理人数：27人

【公司概况】

国投瑞银基金管理有限公司成立于2005年6月8日，是第一家外方持股比例达49%的合资基金公司。公司股东为国投泰康信托有限公司（国家开发投资集团有限公司控股子公司）和瑞银集团（UBSAG），持股比例分别为51%和49%。中外股东强强联合，旨在建立一家品牌认知、投资业绩、资产规模、产品创新及诚信声誉均达一流的资产管理公司。

一、公司发展

自成立以来，国投瑞银基金展现出快速发展的蓬勃朝气和勇于创新的开拓精神，迅速成长为一家具备较强综合实力的基金公司。目前业务范围已涵盖公募基金、专户产品、专项资产管理，并已获得QDII、RQFII、QFII、QDIE等业务资格。银河证券数据显示，截至2017年底，公司共管理68只公募基金，公募基金管理规模1000亿元人民币，业内排名29/122，公司非货币基金管理规模290.66亿元，业内排名45/121，母公司专户规模203.58亿元，专户子公司管理规模610.97亿元，香港子公司管理规模65亿元，公司管理各类资产规模合计1880亿元人民币（含公募、专户、香港子公司、专户子公司）。截至2017年底，公司为超过698万持有人提供投资管理服务，累计为持有人分红237亿元。

公司下设18个一级职能部门，上海、深圳、北京3家分公司，以及国投瑞银资产管理（香港）有限公司和国投瑞银资本管理有限公司两家全资子公司。截至2017年底，公司（包括两家子公司）共有员工239人，平均年龄33岁，其中，硕士及以上学历人员所占比例为62%，平均证券从业年限为7年，在公司工作平均年限为4年。办公地点包括上海、深圳、北京、香港四地。

二、理念文化

国投瑞银基金致力于通过多层次业务线和产品系列，提供不同风险收益特征的资产配置工具和资产管理服务，满足个人和机构客户的多元化资产管理需求。国投瑞银基金始终坚守勤勉、专注、专业的精神，努力为持有人创造持续、稳健的投资回报。公司在发展过程中将风险纳入全面、系统的管理流程，严格风控，以风险管理促业务发展。

优秀的企业文化，是公司得以顺利开展业务、投资管理、风险控制并最终获得成功的基石。公司文化不仅与瑞银集团的公司文化保持高度的一致性和连贯性，而且充分借鉴并吸取了中国本土优秀经验。国投瑞银基金的企业文化包括诚信、创新、包容、客户关注四大方面。

面对中国资产管理行业广阔的发展前景，以及愈发激烈的市场竞争环境，国投瑞银基金始终坚守“持有人利益优先”的经营宗旨，秉承中外方股东合规经营、严格风控的经营理念，依托中外方两大股东的丰富资源优势，以多元化、国际化作为发展的战略核心，打造多元投资管理能力，形成公募和专户、母公司和子公司、主动和被动、相对收益和绝对收益、境内和跨境、个人和机构客户等多层次的产品线和业务线，实现业务板块和资产管理规模的可持续扩张，向着能够为机构投资者和个人投资者提供各类资产管理产品，并且具有一定市场影响力的综合型资产管理公司的方向努力。

三、业务布局

1.公募基金

截至2017年12月底，国投瑞银基金共管理68只公募基金，目前已建立覆盖高、中、低风险等级的较为完整的产品线，为投资者提供多样化选择，满足不同风险偏好的投资需求。

公司我们曾推出多只创新型公募基金：

第一只创新分级基金——国投瑞银瑞福分级基金；

第一只行业指数基金——国投瑞银沪深300金融地产指数基金；

第一只上市型QDII基金——国投瑞银新兴市场股票基金；

第一只定增公募基金——国投瑞银瑞利灵活配置混合基金；

第一只白银期货LOF基金——国投瑞银白银期货证券投资基金（LOF）。

公司未来的目标是建立覆盖权益类、固定收益类、量化类、商品类、境外基金等全方位产品线，除提供优质的主动管理能力外，还为客户提供更为丰富的资产配置工具。

2.专户理财

公司自2008年获得特定客户资产管理业务资格以来，公司专户理财业务快速发展。截至2017年12月底，累计发行专户资产管理计划128只，目前保有专户资产管理计划43只，资产管理规模达203.58亿元人民币。

3.专户子公司

国投瑞银资本管理有限公司是由国投瑞银基金管理有限公司全资设立，注册地为广东省深圳市前海特区，公司于2013年7月29日正式成立，并于2013年8月5日取得中国证监会颁发的特定客户资产管理业务资格证书。2015年11月24日，子公司成功获得合格境内投资者境外投资（QDIE）试点资格。国投瑞银资本成立以来，紧密依靠中外方股东优势，与各合作伙伴高效配合，严控风险、积极拓展，逐渐形成具有自身特色的业务模式。目前，国投资本管理有限公司业务范围覆盖非二级市场投资管理、资产证券化投资、基础设施投资、私募股权等特定领域。

截至2017年底，国投瑞银资本累计成立271只产品，管理存续产品99只，存续管理规模为610.97亿元。到期的172只产品均已按期足额兑付，清算规模为655.90亿元。

四、投资业绩

国投瑞银基金秉承瑞银环球资产管理公司的投资理念，成功吸收其全球市场行之有效的投资方法，并结合本土实际情况，不断加以完善，形成了自身独特的稳中求胜的投资风格。无论是固定收益投资还是权益类投资，国投瑞银基金始终秉承“坚持价值投资，重视基本面研究”二者相结合的投资理念。

国投瑞银基金投资能力业内居前，公司拥有15年债券投资经验，固定收益产品中长期业绩稳健。海通证券数据显示，截至2017年底，国投瑞银旗下固定收益类基金近五年收益率53.86%，在63家可比基金公司中排名第9。

截至2017年底，公司共有投研人员60人，基金经理及投资经理队伍35人，投资经验丰富。其中，股票投研团队超过30人，股票基金经理团队成员平均从业年限9年，研究员平均从业年限6年。固定收益投研团队近20人，债券基金经理团队成员平均从业年限达10年，研究员平均从业年限3年。量化投资团队6人，平均从业年限8年。资产配置团队4人，平均从业年限6年。

国投瑞银基金投研团队始终处于持续不断的优化过程中。在投研队伍建设方面，一方面是坚持梯度建设的基本原则，适时补充新鲜力量特别是在研究员队伍中，另一方面是坚持基金经理自我培养内部晋升为主的原则，以达到投资和研究之间更加融洽的沟通和研究成果向投资业绩的有效转化。

五、市场营销

1. 销售网络

国投瑞银基金构建了健全的销售网络体系。公司销售网络可分为代销、直销两大板块,其中代销包括银行、券商、第互联网第三方;直销包括机构客户和个人(电商)客户。

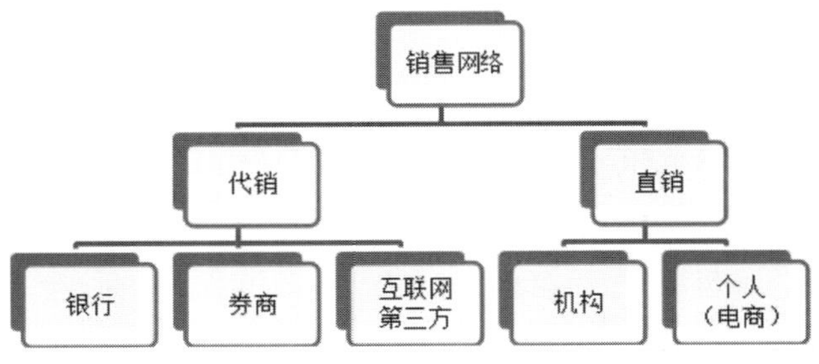

图 国投瑞银销售网络

数据来源:国投瑞银

代销渠道方面,公司构建了北方营销中心(北京)、华东营销中心(上海)以及华南营销中心(深圳)三大营销中心。公司产品销售渠道涵盖工商银行、中国银行、建设银行、农业银行、招商银行、交通银行、光大银行、民生银行等多家股份制银行和部分地方性银行,也包括各大证券公司、第三方互联网基金销售机构以及公司直销平台。截至 2017 年底,公司销售渠道合作伙伴共 113 家,其中银行 23 家,证券公司 64 家,第三方销售 26 家。公司也开通了以工商银行卡、建设银行卡、农业银行卡、兴业银行卡、招商银行卡、浦发银行卡等银联卡和支付宝、通联支付为支付渠道的网上直销交易业务。

直销方面,国投瑞银基金积极为机构、个人客户等提供支持和服务,截至 2017 年底,公司共服务 698 万名客户,其中机构客户 1 万 5 千多家。此外,公司搭建了三大直销平台——国投瑞银基金官网、官方微信服务号"国投瑞银基金",以及官方 APP"国投瑞银"。

2. 客户服务

近年来,公司倾力打造了"国投瑞银客户咨询服务体系",推出针对旗下产品的"投基气象站",倡导以组合方式投资基金,并发布多种及时丰富、优质专业的资讯及服务,包括每日气象、每周气象、月度策略报告及 FOF 投资组合推荐、产品材料包(小档案/单张/PPT)、重点产品运作报告、产品投资风格分析报告、重大事项点评、年度客户投资策略报告、机构客户定制需求等,致力于为广大个人和机构投资者提供更加专业的投资咨询服务,在业内和广大投资者中颇受好评。

六、公司荣誉

自成立以来,国投瑞银频获业内大奖,展现了稳健的投资实力。截至 2018 年 2 季度末,公司成立以来共获 60 项大奖,其中 13 座"金牛奖",17 座"金基金奖",15 座"明星基金奖",13 座"英华奖"和 2 座"政府类金融创新奖"。其中,2017 年,公司共斩获 13 项业内权威大奖,荣获两项"金牛奖"、5 项"金基金奖"、3 项"英华奖"、3 项"明星基金奖"。

海外投资业绩优秀,国投瑞银基金再度揽获"金基金·海外投资回报基金公司奖",为第三次摘取该大奖。产品奖方面,国投瑞银策略精选混合基金(000165)捧回三年期"金牛奖"、三年期"金基金奖"以及三年期"明星基金奖",实现大满贯。长跑健将国投瑞银新兴产业混合基金(LOF)(161219)斩获五年期"金基金奖"。国投瑞银瑞盈(161225)、国投瑞银中国价值发现(LOF)(161229)分别荣获"2016 年度平衡混合型明星基金奖"、"2016 年度 QDII 明星基金奖"。此外,国投瑞银优化增强债券基金今年勇夺三年期"金牛奖"、三年期"金基金奖",基金经理李怡文 2016 年和 2017 年蝉联"英华奖·三年期二级债最佳基金经理""英华奖·五年期二级债最佳基金经理"双项大奖。

13 年风雨兼程,国投瑞银基金始终坚守"持有人利益优先"的宗旨,坚持"诚信、创新、包容、客户关注"的企业文化,努力为持有人创造持续稳健的投资回报。展望未来,我们作为证券业的一员,仍将秉承勤勉、专注、专业的精神,与行业一起迎接更加辉煌的未来。

(奖项来源:证券时报明星基金奖、中证报金牛奖、上证报金基金奖、中国基金报英华奖,数据来源:银河证券、海通证券、国投瑞银)

【股东概况】

排序	股东名称	出资金额(万元)	股权比例
1	国投信托投资公司	5100.00	51%
2	瑞士银行集团(UBS AG)	4900.00	49%

【旗下基金】

序号	基金代码	基金名称	期间申购(亿份)	期间赎回(亿份)	期末总份额(亿份)
1	000069	国投瑞银中高等级债券 A	0.12	0.11	0.66
2	000070	国投瑞银中高等级债券 C	0.17	0.16	0.13
3	000165	国投瑞银策略精选混合	0.10	0.75	2.69
4	000237	国投瑞银一年定期开放债 A	–	–	1.27
5	000238	国投瑞银一年定期开放债 C	–	–	0.05
6	000523	国投瑞银医疗保健混合	2.09	2.59	4.66
7	000556	国投瑞银新机遇灵活配置混合 A	0.02	0.55	0.25
8	000557	国投瑞银新机遇灵活配置混合 C	0.01	0.10	0.37
9	000663	国投瑞银美丽中国混合	0.03	0.16	2.30
10	000781	国投岁增利一年定开债券 A	–	–	0.57
11	000782	国投岁增利一年定开债券 C	–	–	0.05
12	000836	国投瑞银钱多宝货币 A	31.01	15.77	25.02
13	000837	国投瑞银钱多宝货币 I	2.33	3.59	4.91
14	000845	国投瑞银信息消费混合	0.02	0.06	1.13
15	000868	国投瑞银增利宝货币 A	49.44	14.34	39.38
16	000869	国投瑞银增利宝货币 B	394.22	376.90	157.08
17	001029	国投瑞银新动力混合	0.00	0.08	0.55
18	001037	国投瑞银锐意改革混合	0.27	0.68	12.31
19	001094	国投瑞银添利宝货币 A	7.00	10.49	4.81
20	001095	国投瑞银添利宝货币 B	155.63	155.16	29.43
21	001119	国投瑞银新回报混合	0.00	0.12	0.49
22	001137	国投瑞银岁丰利一年债券 A	–	–	0.39
23	001138	国投瑞银岁丰利一年债券 C	–	–	0.11
24	001168	国投瑞银优选收益混合	0.00	0.01	0.49
25	001218	国投瑞银精选收益混合	0.01	0.70	9.73
26	001266	国投瑞银招财混合	3.08	2.15	3.45
27	001499	国投瑞银新增长混合	0.00	0.55	0.99
28	001520	国投瑞银研究精选股票	0.00	0.00	1.00
29	001584	国投瑞银新活力定开混合 A	0.00	0.00	0.00
30	001585	国投瑞银新活力定开混合 C	1.55	1.93	1.90
31	001704	国投瑞银进宝灵活配置混合	1.58	0.56	4.41
32	001838	国投瑞银国家安全混合	13.50	6.29	17.39
33	001907	国投瑞银境煊灵活配置混合 A	0.00	0.06	0.20
34	001908	国投瑞银境煊灵活配置混合 C	0.00	0.32	1.21

序号	基金代码	基金名称	期间申购（亿份）	期间赎回（亿份）	期末总份额（亿份）
35	002039	国投瑞银新收益混合 A	-	0.00	3.38
36	002040	国投瑞银新收益混合 C	-	0.00	0.00
37	002041	国投瑞银新成长混合 A	0.01	1.19	0.04
38	002042	国投瑞银新成长混合 C	0.01	0.00	0.01
39	002242	国投瑞银瑞兴灵活配置混合	0.13	0.24	0.36
40	002355	国投瑞银岁赢利一年债券	0.00	0.95	0.49
41	002358	国投瑞银瑞祥	0.00	0.30	0.71
42	002677	国投瑞银和安债券 A	0.00	0.00	0.10
43	002678	国投瑞银和安债券 C	0.00	0.00	0.00
44	002831	国投瑞银瑞宁混合	0.00	0.14	0.61
45	002964	国投瑞银顺鑫定开	0.10	9.81	0.30
46	003710	国投瑞银和顺债券	0.01	0.33	0.74
47	003982	国投瑞银顺益纯债债券	0.00	0.00	1.99
48	004287	国投瑞银安颐多策略混合	0.09	0.11	0.38
49	005019	国投瑞银和泰 6 个月债券	-	-	30.10
50	005435	国投瑞银顺银定开债	-	-	15.30
51	005499	国投瑞银兴颐多策略混合	0.00	0.57	1.55
52	005520	国投瑞银创新医疗混合	0.30	4.38	3.38
53	005641	国投瑞银顺源 6 个月定开债	-	-	23.00
54	121001	国投瑞银融华债券	0.02	0.11	2.10
55	121002	国投瑞银景气行业混合	1.96	0.16	7.40
56	121003	国投瑞银核心企业混合	1.16	0.89	15.74
57	121005	国投瑞银创新动力混合	0.40	0.50	16.30
58	121006	国投瑞银稳健增长	0.17	0.70	3.19
59	121008	国投瑞银成长优选混合	0.08	0.17	7.65
60	121009	国投瑞银稳定增利债券 A	0.10	0.24	4.01
61	121010	国投瑞银瑞源灵活配置混合	0.01	0.23	1.45
62	121011	国投瑞银货币 A	37.70	41.09	11.94
63	121012	国投瑞银优化增强债券 A/B	6.98	0.84	11.44
64	121013	国投瑞银纯债 A	0.21	0.33	0.13
65	128011	国投瑞银货币 B	284.82	291.98	100.12
66	128013	国投瑞银纯债 B	8.84	12.80	6.04
67	128112	国投瑞银优化增强债券 C	6.84	5.48	2.41
68	150008	国投瑞银瑞和小康	0.00	0.00	0.26
69	150009	国投瑞银瑞和远见	0.00	0.00	0.26
70	150213	国投瑞银中证创业指数分级 A	0.00	0.03	0.35
71	150214	国投瑞银中证创业指数分级 B	0.00	0.03	0.35
72	159933	国投瑞银金融地产 ETF	0.04	0.05	1.47
73	161207	国投瑞银沪深 300	0.08	0.07	1.75
74	161210	国投瑞银新兴市场	0.01	0.03	0.21
75	161211	国投沪深 300 金融地产联接	0.12	0.14	1.87
76	161213	国投瑞银消费服务指数	0.06	0.07	0.26
77	161216	国投瑞银双债债券(LOF)A	0.02	0.13	0.73
78	161217	国投瑞银中证指数	0.21	0.21	2.11
79	161219	国投瑞银新兴产业	0.05	0.07	0.80
80	161221	国投瑞银双债债券 C	0.04	0.05	0.05
81	161222	国投瑞银瑞利混合(LOF)	0.01	0.12	1.85
82	161223	国投瑞银中证创业指数分级	0.09	1.16	0.82
83	161224	国投瑞银新丝路混合(LOF)	0.03	0.12	1.95
84	161225	国投瑞银瑞盈混合(LOF)	0.02	0.14	1.30
85	161226	国投瑞银白银期货(LOF)	0.56	0.97	3.43
86	161227	国投瑞银深证 100 指数	0.03	0.09	4.49
87	161229	国投瑞银中国价值发现股票	0.03	0.05	1.23
88	161230	国投瑞银双债丰利定开债 A	-	-	2.01
89	161231	国投瑞银双债丰利定开债 C	-	-	0.01
90	161232	国投瑞银瑞盛混合(LOF)	0.17	1.38	8.46

【公司高管】

叶柏寿先生，董事长，中国籍，经济学学士，现任国家开发投资公司副总经济师、国投资本控股有限公司董事长（法定代表人）、国投财务有限公司董事、国投电力控股股份有限公司监事会主席、国投融资租赁有限公司董事长。曾任国家计委经济研究所干部、研究室副主任，国家开发投资公司财务会计部干部、处长、副主任、主任，国投资本控股有限公司副董事长。

王彬女士，硕士研究生。曾任国投泰康信托有限公司副总经理兼董事会秘书、国投瑞银基金管理有限公司副总经理兼董事会秘书、国投泰康信托有限公司资产管理部经理兼董事会秘书，北京京能热电股份有限公司董事会秘书、北京国际电力开发投资公司董事会秘书、北京市人民政府新闻处主任科员、北京天然气联合公司职员。

海富通基金管理有限公司

【基本情况】

法定名称：海富通基金管理有限公司

英文名称：Hft Investment Management Co., Ltd.

公司属性：合资企业

成立日期：2003－04－18

注册资本：15000（万元）

法人代表：张文伟

总 经 理：任志强

注册地址：上海市浦东新区陆家嘴花园石桥路 66 号东亚银行金融大厦 36－37 层

办公地址：上海市浦东新区陆家嘴花园石桥路 66 号东亚银行金融大厦 36－37 层

网站地址：www.hftfund.com

邮政编码：200120

客服邮箱：info@hftfund.com

电话号码：40088－40099

传真号码：021－50479997

经营范围：基金募集、基金销售、资产管理和中国证监会许可的其他业务（依法须经批准的项目，经相关部门批准后方可开展经营活动）

基金数量：76（其中普通基金 67 只，货币基金 6 只，理财基金 3 只，封闭式基金 0 只，其他基金 0 只）

管理规模：573.59 亿元

经理人数：17 人

【公司概况】

海富通基金管理有限公司（以下简称“海富通”）成立于 2003 年 4 月，是中国首批获准成立的中外合资基金管理公司之一。总部设于上海，在北京、深圳、成都设有分公司，并设有海富通资产管理（香港）有限公司和上海富诚海富通资产管理有限公司两家子公司。主要业务包括公募基金、企业年金、专户、全国社保、基本养老、保险资金投资管理、投资咨询及海外业务，为国内少数拥有全牌照的资产管理公司。总管理资产规模为 2056 亿元人民币。

从 2003 年 8 月开始，海富通先后募集成立了 56 只公募基金。海富通管理的公募基金资产管理规模突破 507.14 亿元人民币。

2010 年 12 月，海富通被全国社会保障基金理事会选聘为境内委托投资管理人。2012 年 9 月，中国保监会公告确认海富通基金为首批保险资金投资管理人之一。目前，作为国家人力资源和社会保障部首批企业年金基金投资管理人，海富通为 77 家企业超过 376.10 亿元的企业年金基金担任了投资管理人。同时，作为首批特定客户资产管理业务资格的基金管理公司，海富通旗下专项管理业务总管理规模已达 417.29 亿元人民币。2016 年 12 月，海富通基金管理有限公司被全国社会保障基金理事会选聘为首批基本养老保险基金投资管理人。

2004 年末开始，海富通及子公司为 QFII（合格境外机构投资者）及其他多个海内外投资组合担任投资咨询顾问，投资咨询及海外业务规模近 39.09 亿元人民币。2011 年 12 月，海富通全资子公司——海富通资产管理（香港）有限公司获得证监会核准批复 RQFII（人民币合格境外机构投资者）业务资格，能够在香港筹集人民币资金投资境内证券市场。2012 年 2 月，海富通资产管理（香港）有限公司已募集发行了首只 RQFII 产品。2014 年 8 月，上海富诚海富通资产管理有限公司成立。

2016 年，海富通被《中国证券报》评为“固定收益投资金牛基金公司”。2017 年，海富通荣获济安金信“2017 纯债型基金管理奖”，海富通纯债 A 被济安金信评选为“2017 纯债型基金金奖”。

海富通同时还在不断践行其社会责任。公司自 2008 年启动“绿色与希望－橄榄枝公益环保计划”，针对汶川震区受灾学校、上海民工小学、安徽老区小学进行了物资捐赠，向内蒙古库伦旗捐建了环保公益林。几年来，海富通的公益行动进一步升级，持续为上海民工小学学生捐献生活物资，并向安徽农村小学捐献图书室。此外，海富通还积极推进投资者教育工作，每年在全国多地，以多种形式举办投资者教育活动，向投资者传播长期投资、理性投资的理念。海富通基金以“用心投资，稳健远行”为经营理念，以“成为国内领先的资产管理机构”为愿景，力求为投资者奉献更好的投资管理服务。

【股东概况】

排序	股东名称	持股数量（万股）	持股比例（%）
1	海通证券股份有限公司	7650.00	51%
2	法国巴黎投资管理 BE 控股公司	7350.00	49%

【旗下基金】

序号	基金代码	基金名称	期间申购（亿份）	期间赎回（亿份）	期末总份额（亿份）
1	001976	海富通一年定开债 C	–	–	0.00
2	002172	海富通新内需混合 C	–	–	0.00
3	002339	海富通安颐收益混合 C	1.21	1.00	0.47
4	003606	海富通全球收益债券美元	–	–	1.29
5	004264	海富通瑞合纯债	0.00	0.00	2.00
6	004490	海富通欣悦混合 C	0.00	–	0.00
7	004491	海富通欣悦混合 A	–	0.00	0.00
8	004512	海富通富睿混合 C	0.47	0.00	0.48
9	004513	海富通富睿混合 A	0.00	0.16	0.20
10	004770	海富通添益货币 A	19.58	17.90	2.92
11	004771	海富通添益货币 B	139.05	95.67	148.41
12	005080	海富通量化多因子混合 C	0.00	1.94	0.09
13	005081	海富通量化多因子混合 A	0.00	0.10	0.16
14	005188	海富通量化前锋股票 C	0.00	0.09	0.04
15	005189	海富通量化前锋股票 A	0.00	0.45	0.92
16	005220	海富通聚优精选混合（FOF）	0.13	1.48	12.51
17	005277	海富通融丰定开债券	4.92	–	10.02
18	005287	海富通创业板增强 C	0.02	0.10	0.07
19	005288	海富通创业板增强 A	0.01	0.06	0.19
20	005485	海富通恒丰定开债券	–	–	10.10
21	162307	海富通中证 100	0.02	0.03	0.73
22	501300	海富通全球收益债券人民币	0.00	0.21	1.29
23	510110	海富通上证周期 ETF	0.02	–	0.10
24	510120	海富通上证非周期 ETF	–	0.00	0.09
25	511220	海富通上证可质押城投债 ETF	–	0.03	0.29
26	511230	海富通上证周期产业债 ETF	–	–	0.02
27	519003	海富通收益增长	0.06	0.38	12.10
28	519005	海富通股票混合	4.45	3.91	26.52
29	519007	海富通强化回报混合	0.01	0.14	5.05
30	519011	海富通精选	23.10	1.15	55.56
31	519013	海富通风格优势混合	0.06	0.15	6.20
32	519015	海富通精选二号	0.02	0.13	5.09
33	519023	海富通稳健添利债券 C	0.00	0.00	0.08
34	519024	海富通稳健添利债 A	2.88	0.77	2.97
35	519025	海富通领先成长混合	0.01	0.03	0.85
36	519026	海富通中小盘混合	0.12	0.10	1.73
37	519027	海富通上证周期 ETF 联接	0.00	0.01	0.17
38	519030	海富通稳固收益债券	0.01	0.02	1.43
39	519032	海富通上证非周期 ETF 联接	0.00	0.01	0.15
40	519033	海富通国策导向混合	0.12	0.10	1.93
41	519034	海富通中证内地低碳指数	0.02	0.01	0.15
42	519050	海富通安颐收益混合 A	0.00	0.00	3.95
43	519051	海富通一年定开债 A	0.01	–	1.35
44	519056	海富通内需热点混合	0.06	0.09	0.39
45	519059	海富通双福债券	–	–	0.08
46	519060	海富通纯债债券 C	0.01	0.03	0.13
47	519061	海富通纯债债券 A	5.92	6.10	6.05
48	519062	海富通阿尔法对冲混合	1.03	0.15	1.74
49	519130	海富通新内需混合 A	0.00	0.01	0.47
50	519133	海富通改革驱动混合	0.05	1.32	8.02
51	519134	海富通富祥混合	0.00	0.12	0.67

【公司高管】

张文伟先生，董事长，硕士，高级经济师。历任交通银行郑州分行铁道支行行长、紫荆山支行行长、私人金融处处长，海通证券办公室主任，海通证券投资银行总部副总经理、海富通基金管理有限公司董事、副总经理。2013 年 5 月起任海富通基金管理有限公司董事长。

华富基金管理有限公司

【基本情况】

法定名称：华富基金管理有限公司
英文名称：Harfor Fund Management Co.，ltd
公司属性：中资企业
成立日期：2004－04－19

注册资本:25000(万元)
法人代表:章宏韬
总 经 理:余海春
注册地址:中国(上海)自由贸易试验区陆家嘴环路1000号31层
办公地址:中国(上海)自由贸易试验区陆家嘴环路1000号31层
网站地址:www. hffund. com
邮政编码:200120
客服邮箱:hf@ hffund. com
电话号码:400－700－8001,021－50619688
传真号码:021－68887997
经营范围:基金募集、基金销售、资产管理、中国证监会许可的其他业务。【依法须经批准的项目,经相关部门批准后方可开展经营活动】
基金数量:54(其中普通基金48只,货币基金6只,理财基金0只,封闭式基金0只,其他基金0只)
管理规模:391.95亿元
经理人数:12人

【公司概况】

华富基金管理有限公司于2004年4月19日在上海正式注册成立,注册资金2.5亿元。经过多年的积累,华富基金形成了一支精干、团结、自信的人才队伍,逐渐摸索出适合的投资模式。投资团队长期从事投资、研究工作,具有丰富的投资经验。公司凭借团结、高效、锐意、创新的投资团队,以规范、务实的管理风格,科学、理性、健康的投资运作为基金持有人提供专业化、高质量的金融服务。

华富基金管理有限公司是国内证券投资基金业的新锐,秉承"诚信、稳健、专业、进取"的经营理念,致力于为投资人提供专业化、高质量的基金理财服务。

【股东概况】

排序	股东名称	持股数量(万股)	持股比例(%)
1	华安证券有限责任公司	5880.00	49%
2	安徽省信用担保集团有限公司	3240.00	27%
3	合肥兴泰控股集团有限公司	2880.00	24%

【旗下基金】

序号	基金代码	基金名称	期间申购(亿份)	期间赎回(亿份)	期末总份额(亿份)	期末净资产(亿元)
1	000028	华富保本混合	0.01	0.53	3.89	3.91
2	000398	华富灵活配置混合	0.00	0.00	0.23	0.21
3	000501	华富恒富18个月定开债C	–	–	0.17	0.17
4	000502	华富恒富18个月定开债A	–	–	2.97	3.06
5	000622	华富恒财分级债券	–	–	0.83	0.83
6	000623	华富恒财定开债C	–	0.00	0.00	0.00
7	000624	华富恒财定开债A	–	0.61	0.83	0.83
8	000757	华富智慧城市灵活配置混合	0.01	0.03	1.08	0.90
9	000767	华富国泰民安灵活配置混合	0.01	0.07	1.28	1.24
10	000898	华富恒稳纯债债券A	0.00	0.02	0.04	0.05
11	000899	华富恒稳纯债债券C	0.00	0.01	0.02	0.02
12	001086	华富恒利债券A	0.00	0.16	3.34	3.56
13	001087	华富恒利债券C	0.00	0.00	0.00	0.00
14	001466	华富永鑫灵活配置混合A	0.00	0.00	0.01	0.01
15	001467	华富永鑫灵活配置混合C	0.00	0.00	0.04	0.04
16	001563	华富健康文娱灵活配置混合	0.01	0.06	0.38	0.39
17	001709	华富物联世界灵活配置混合	0.02	0.02	0.36	0.36
18	002064	华富产业升级灵活配置混合	0.15	0.12	0.28	0.28
19	002280	华富安享债券	0.00	0.19	0.53	0.54
20	002412	华富安福保本混合	0.00	0.24	1.72	1.73
21	002726	华富诚鑫灵活配置混合A	–	0.00	0.99	1.04
22	002727	华富诚鑫灵活配置混合C	–	0.00	0.00	0.00
23	002728	华富益鑫灵活配置混合A	0.00	0.06	0.93	1.15
24	002729	华富益鑫灵活配置混合C	0.01	0.02	0.46	0.57
25	002730	华富华鑫灵活配置混合A	0.00	0.02	1.26	1.18
26	002731	华富华鑫灵活配置混合C	0.00	0.01	0.08	0.08
27	002853	华富元鑫灵活配置混合A	0.01	0.03	0.07	0.15
28	002854	华富元鑫灵活配置混合C	–	0.00	0.00	0.00
29	003152	华富天鑫灵活配置混合A	0.00	0.07	0.97	0.87
30	003153	华富天鑫灵活配置混合C	0.00	0.06	0.35	0.31
31	003182	华富弘鑫混合A	–	0.01	0.06	0.06
32	003183	华富弘鑫混合C	–	0.00	4.02	4.12
33	003994	华富货币B	45.77	42.20	26.25	26.25
34	004198	华富天益货币A	0.01	0.00	0.01	0.01
35	004199	华富天益货币B	32.29	82.31	266.69	266.69
36	004285	华富天盈货币A	0.10	0.09	0.06	0.06
37	004286	华富天盈货币B	0.01	0.70	1.12	1.12
38	005291	华富星玉衡混合A	–	–	1.89	1.87
39	005292	华富星玉衡混合C	–	–	0.32	0.32
40	005694	华富恒玖3个月定开债	0.00	3.80	6.20	6.22
41	005781	华富富瑞3个月定开债	–	–	16.10	16.26
42	164105	华富强化债券	0.02	0.02	3.24	4.07
43	410001	华富竞争力优选	0.03	0.20	4.71	4.70
44	410002	华富货币A	0.46	0.74	1.47	1.47
45	410003	华富成长趋势混合	0.01	0.16	4.58	4.33
46	410004	华富增强债券A	3.36	2.32	17.32	25.66
47	410005	华富增强债券B	0.06	0.05	0.48	0.70
48	410006	华富策略精选	0.00	0.00	0.11	0.15
49	410007	华富价值增长	0.03	0.04	0.86	0.96
50	410008	华富中证100指数	0.02	0.02	0.77	0.94
51	410009	华富量子生命力混合	0.01	0.02	0.59	0.57
52	410010	华富中小板指数增强	0.01	0.00	0.07	0.09

【公司高管】

章宏韬先生,大学本科学历,工商管理硕士,经济师。历任安徽省农村经济管理干部学院政治处职员,安徽省农村经济委员会调查研究处秘书、副科级秘书,安徽证券交易中心综合部(办公室)经理助理、副经理(副主任),安徽省证券公司合肥蒙城路营业部总经理,华安证券有限责任公司办公室副主任、总裁助理兼办公室主任、副总裁。现任华安证券股份有限公司公司董事、总经理,兼任华富基金管理有限公司董事长,华安期货有限责任公司董事,中国证券业协会创新发展战略专业委员会委员。

余海春先生,总经理,硕士研究生学历。曾先后担任安徽省证券公司合肥营业部业务员、上海自忠路营业部业务主管、合肥第二营业部经理助理,华安证券股份有限公司投资总部副总经理、池州营业部总经理、合肥花园街营业部总经理、办公室主任、固定收益部总经理、投资管理部总经理,现任华富基金管理有限公司总经理。

华夏基金管理有限公司

【基本情况】

法定名称：华夏基金管理有限公司
英文名称：China Asset Management Co.，Ltd.
公司属性：合资企业
成立日期：1998－04－09
注册资本：23800（万元）
法人代表：杨明辉
总 经 理：李一梅
注册地址：北京市顺义区天竺空港工业区A区
办公地址：北京市西城区金融大街33号通泰大厦B座8层
网站地址：www.chinaamc.com
邮政编码：100033
客服邮箱：service@chinaa
传真号码：010－88066508
经营范围：（一）基金募集；（二）基金销售；（三）资产管理；（四）中国证监会核准的其他业务。（依法须经批准的项目，经相关部门批准后依批准的内容开展经营活动。）
基金数量：202（其中普通基金180只，货币基金20只，理财基金2只，封闭式基金0只，其他基金0只）
管理规模：4558.44亿元
经理人数：47人

【公司概况】

华夏基金管理有限公司成立于1998年4月9日，是经中国证监会批准成立的首批全国性基金管理公司之一。公司总部设在北京，在北京、上海、深圳、成都、南京、杭州、广州和青岛设有分公司，在香港、深圳、上海设有子公司。

华夏基金定位于综合性、全能化的资产管理公司，服务范围覆盖多个资产类别、行业和地区，构建了以公募基金和机构业务为核心，涵盖华夏香港、华夏资本、华夏财富的多元化资产管理平台。

华夏基金是首批全国社保基金管理人、首批企业年金基金管理人、境内首批QDII基金管理人、境内首只ETF基金管理人、境内首只沪港通ETF基金管理人、首批内地与香港基金互认基金管理人、首批基本养老保险基金投资管理人资格、首家加入联合国责任投资原则组织的公募基金公司、首批公募FOF基金管理人，以及特定客户资产管理人、保险资金投资管理人，香港子公司是首批RQFII基金管理人。华夏基金是业务领域最广泛的基金管理公司之一。

华夏基金规范运作、稳健经营，以雄厚的综合实力持续保持了行业的领先地位。公司拥有20年投资管理经验，是管理资产规模最大的基金管理公司之一。截至2017年12月31日，公司服务机构客户超过4万户，服务公众持有人超过4900万户。华夏基金秉承“为信任奉献回报”的企业宗旨，注重将投资收益及时转化为红利，为投资人创造了丰厚的回报，累计为持有人分红超过1350亿元。

华夏基金在业内最早提出了“研究创造价值”的投资理念，以卓越的主动投资管理为核心，建立了业内最大的投研团队之一，通过宏观趋势判断、策略研究以及实地调研，审视每一个投资标的基本面及投资潜力，力求为投资者提供长期而稳定的投资收益。

华夏基金拥有卓越的平台、雄厚的实力以及良好的声誉，汇聚了大批优秀的研究员及基金经理，选拔了海内外知名高校的优秀人才，构建了精英荟萃的投研平台，逐步形成了业内规模强大的投资团队，并形成了稳定而长远的投资管理模式。

在公募基金方面，华夏基金建立了完善的基金产品线，旗下公募基金超过120只，可以满足不同投资者的各类投资需求。主动管理的基金囊括了货币型、理财型、债券型、混合型、股票型及FOF产品等6大类不同风险收益特征的品种；在被动管理方面，公司构建了覆盖宽基指数、行业指数、大盘蓝筹指数、中小创指数、A股市场指数、海外市场指数等较为完整的产品线。

华夏基金机构业务包括全国社保、企业年金、基本养老金、职业年金、专户理财业务、机构客户公募基金组合管理业务及海外机构业务。围绕机构客户的多元化投资需求，华夏基金构建了以投资、产品、风控为核心，全面覆盖机构股票投资、机构债券投资、数量投资、现金管理以及海外投资在内的专属投资管理和服务平台。

20年来，华夏基金凭借规范的经营管理及良好的品牌声誉，获得了业界的广泛认可，多次荣获境内外各大权威奖项。华夏基金八次获得《中国证券报》评选的“金牛基金管理公司奖”，八次获得《上海证券报》评选的“金基金top公司大奖”，五次获得《证券时报》评选的“明星基金公司奖”，并多次获得《亚洲投资者》、《亚洲资产管理》以及《财资》等境外权威机构评选的“中国最佳基金管理公司奖”。

【股东概况】

公司股权结构如下：

持股单位	持股占总股本比例
中信证券股份有限公司	59%
南方工业资产管理有限责任公司	11%
山东省农村经济开发投资公司	10%
POWER CORPORATION OF CANADA	10%
青岛海鹏科技投资有限公司	10%
合计	100%

【旗下基金】

序号	基金代码	基金名称	期间申购（亿份）	期间赎回（亿份）	期末总份额（亿份）	期末净资产（亿元）
1	000001	华夏成长	1.64	1.93	42.84	44.75
2	000011	华夏大盘精选	0.42	0.34	2.80	36.62
3	000014	华夏聚利债券	0.33	0.49	0.95	1.07
4	000015	华夏纯债债券A	8.43	4.59	15.24	18.32
5	000016	华夏纯债债券C	4.11	3.71	4.15	4.89
6	000021	华夏优势增长混合	0.71	1.30	34.35	54.78
7	000031	华夏复兴混合	0.15	0.36	8.85	12.71
8	000041	华夏全球精选	0.67	3.62	45.63	46.64
9	000047	华夏双债增强债券A	0.09	0.14	0.43	0.50
10	000048	华夏双债增强债券C	0.01	0.11	0.20	0.23
11	000051	华夏沪深300ETF联接A	5.61	2.90	88.98	7.14
12	000061	华夏盛世混合	0.36	0.58	14.59	9.52
13	000071	华夏恒生ETF联接	1.40	0.85	5.68	0.64
14	000075	华夏恒生联接现汇	–	–	5.68	0.64
15	000076	华夏恒生联接现钞	–	–	5.68	0.64
16	000121	华夏永福混合A	0.16	0.27	2.39	3.74
17	000343	华夏财富宝货币A	1,308.82	1,156.46	853.62	853.62
18	000645	华夏薪金宝货币	636.89	602.47	280.42	280.42

序号	基金代码	基金名称	期间申购（亿份）	期间赎回（亿份）	期末总份额（亿份）	期末净资产（亿元）
19	000945	华夏医疗健康混合 A	1.14	2.10	14.98	23.73
20	000946	华夏医疗健康混合 C	0.56	0.56	3.05	4.74
21	000948	华夏沪港通恒生 ETF 联接 A	1.69	1.35	10.62	0.19
22	000975	MSCI 中国 A 股 ETF 联接 A	0.45	0.20	1.57	0.11
23	001001	华夏债券 A/B	0.12	0.42	4.80	5.00
24	001003	华夏债券 C	1.23	1.31	2.74	2.83
25	001011	华夏希望债券 A	0.06	0.42	5.51	6.00
26	001013	华夏希望债券 C	0.05	0.28	4.17	4.47
27	001015	华夏沪深 300 指数增强 A	0.42	0.24	2.53	3.24
28	001016	华夏沪深 300 指数增强 C	0.22	0.13	0.91	1.15
29	001021	华夏亚债中国指数 A	0.74	4.46	42.94	50.30
30	001023	华夏亚债中国指数 C	1.40	0.51	1.37	1.57
31	001031	华夏安康优选债券 A	0.12	0.14	1.57	1.97
32	001033	华夏安康优选债券 C	0.05	0.42	0.77	0.95
33	001042	华夏领先股票	0.80	1.93	33.00	17.73
34	001045	华夏可转债增强债券 A	0.02	0.08	0.55	0.50
35	001051	华夏上证 50ETF 联接 A	2.13	1.06	9.26	0.72
36	001052	华夏中证 500ETF 联接	5.45	0.55	16.44	0.68
37	001057	华夏理财 30 天债券 A	22.68	9.87	26.65	26.65
38	001058	华夏理财 30 天债券 B	41.94	23.20	264.77	264.77
39	001061	华夏海外收益债券 A	0.82	3.73	6.62	7.84
40	001063	华夏海外收益债券 C	0.27	0.59	2.01	2.32
41	001065	华夏海外收益债券现汇	–	–	6.62	7.84
42	001066	华夏海外收益债券现钞	–	–	6.62	7.84
43	001077	华夏现金宝货币 A	5.60	4.66	6.49	6.49
44	001078	华夏现金宝货币 B	6.57	6.83	3.75	3.75
45	001374	华夏现金增利货币 B	52.54	104.03	201.97	201.97
46	001683	华夏新经济混合	–	0.00	120.10	116.92
47	001924	华夏国企改革混合	0.10	0.75	9.22	7.98
48	001927	华夏消费升级灵活配置混合 A	2.28	1.17	5.37	8.63
49	001928	华夏消费升级灵活配置混合 C	0.40	0.33	1.27	2.01
50	001929	华夏收益宝货币 A	10.26	9.56	1.79	1.79
51	001930	华夏收益宝货币 B	345.11	354.26	71.72	71.72
52	002001	华夏回报混合 A	12.54	8.30	89.11	130.23
53	002011	华夏红利	0.85	1.65	37.27	78.15
54	002021	华夏回报二号混合	6.13	2.37	47.73	58.49
55	002031	华夏策略精选	0.08	0.16	2.28	7.49
56	002229	华夏经济转型股票	1.70	0.75	2.46	3.27
57	002230	华夏大中华混合(QDII)	0.04	0.20	1.52	1.96
58	002231	华夏新趋势混合 A	0.00	0.01	1.89	2.00
59	002232	华夏新趋势混合 C	–	0.10	0.00	0.00
60	002251	华夏军工安全混合	1.80	1.23	2.89	2.44
61	002264	华夏乐享健康混合	0.43	0.38	1.86	2.24
62	002345	华夏高端制造混合	0.12	0.20	1.65	1.15
63	002409	华夏新活力混合 A	0.00	0.00	0.01	0.01
64	002410	华夏新活力混合 C	2.32	2.46	4.78	5.16
65	002411	华夏新机遇混合	0.02	0.06	2.34	2.32
66	002459	华夏鼎利债券发起式 A	0.01	0.01	0.13	0.13
67	002460	华夏鼎利债券发起式 C	0.43	0.34	0.71	0.70
68	002552	华夏恒利定开债	–	–	5.05	5.30
69	002604	华夏新起点混合	0.38	0.25	1.46	1.53
70	002699	华夏新起航混合 A	0.00	0.00	0.00	0.00
71	002700	华夏新起航混合 C	–	–	0.03	0.03
72	002833	华夏新锦绣混合 A	0.00	0.00	1.84	1.74
73	002837	华夏网购精选混合	0.02	0.07	0.58	0.53
74	002838	华夏新锦程混合 A	0.09	0.00	5.03	5.37
75	002871	华夏智胜价值成长 A	0.00	0.00	0.11	0.09
76	002877	华夏大中华信用债 A	0.01	0.58	3.31	3.24
77	002878	华夏大中华信用债美元现汇 A	–	–	3.31	3.24
78	002879	华夏大中华信用债美元现钞 A	–	–	3.31	3.24
79	002880	华夏大中华信用债 C	0.00	0.03	0.23	0.22
80	002891	华夏移动互联混合人民币	0.08	0.19	1.10	1.25
81	002892	华夏移动互联混合美元现汇	–	–	1.10	1.25
82	002893	华夏移动互联混合美元现钞	–	–	1.10	1.25
83	002894	华夏天利货币 A	4.09	4.34	6.11	6.11
84	002895	华夏天利货币 B	9.87	6.93	7.86	7.86
85	002936	华夏沃利货币 A	5.76	3.78	5.87	5.87
86	002937	华夏沃利货币 B	1.62	1.60	7.70	7.70
87	002980	华夏创新前沿股票	0.12	0.38	2.42	2.33
88	003003	华夏现金增利货币 A/E	390.07	333.48	468.20	468.20
89	003300	华夏圆和混合	0.00	0.00	5.03	5.76
90	003301	华夏鼎融债券 A	0.00	0.00	2.00	2.03
91	003302	华夏鼎融债券 C	0.00	0.00	0.00	0.00
92	003567	华夏行业景气混合	0.05	0.15	0.70	0.73
93	003697	华夏睿磐泰盛定开混合	0.00	1.18	1.57	1.57
94	003698	华夏新锦祥混合 A	0.00	0.03	0.02	0.02
95	003820	华夏新锦鸿混合 A	–	0.00	0.00	0.00
96	003821	华夏新锦鸿混合 C	–	0.02	0.00	0.00
97	003826	华夏鼎汇债券 A	0.00	0.00	1.00	1.04
98	003827	华夏鼎汇债券 C	–	0.00	0.00	0.00
99	003834	华夏能源革新股票	1.77	1.91	4.11	4.07
100	003906	华夏新锦图混合 A	0.00	0.09	0.03	0.03
101	004042	华夏鼎茂债券 A	0.84	0.21	1.57	1.65
102	004043	华夏鼎茂债券 C	0.45	0.11	0.55	0.58
103	004046	华夏新锦顺混合 A	0.00	0.00	0.00	0.00
104	004047	华夏新锦顺混合 C	2.21	2.42	4.63	5.25
105	004048	华夏新锦汇混合 A	0.00	0.00	4.29	4.66
106	004050	华夏新锦升混合 A	0.00	0.00	2.00	1.96
107	004052	华夏鼎智债券 A	0.00	0.00	42.02	42.35
108	004053	华夏鼎智债券 C	0.00	0.00	0.00	0.00
109	004056	华夏惠利货币 A	301.98	313.20	41.29	41.29
110	004061	华夏鼎隆债券 A	–	2.29	0.01	0.01
111	004062	华夏鼎隆债券 C	–	–	0.00	0.00
112	004063	华夏恒融一年定开债	–	–	2.21	2.31
113	004201	华夏财富宝货币 B	1.27	7.80	110.17	110.17
114	004202	华夏睿磐泰兴混合	0.00	0.14	0.58	0.58
115	004251	华夏惠利货币 B	0.87	0.98	0.00	0.00
116	004547	华夏稳定双利债券 A	0.00	0.00	0.02	0.02
117	004637	华夏鼎兴债券 A	0.00	0.00	2.00	2.04
118	004638	华夏鼎兴债券 C	0.00	1.00	0.00	0.00
119	004640	华夏节能环保股票	0.21	0.47	3.16	2.36
120	004672	华夏鼎盛债券 A	0.00	0.00	0.00	0.00
121	004673	华夏鼎盛债券 C	0.00	0.12	0.04	0.04
122	004686	华夏研究精选股票	0.07	1.16	8.31	7.52
123	004720	华夏睿磐泰茂混合 A	0.00	0.38	2.60	2.51
124	004721	华夏睿磐泰茂混合 C	0.00	0.01	0.02	0.02
125	004921	华夏鼎瑞三个月定开债 A	–	–	15.10	15.48
126	004923	华夏鼎祥三个月定开债 A	–	–	44.96	45.93
127	004979	华夏鼎诺三个月定开债 A	–	–	15.10	15.36
128	005128	华夏永康添福混合	0.05	1.19	2.04	2.00
129	005140	华夏睿磐泰荣混合 A	0.00	0.01	0.86	0.86
130	005141	华夏睿磐泰荣混合 C	0.00	0.08	0.10	0.10

序号	基金代码	基金名称	期间申购（亿份）	期间赎回（亿份）	期末总份额（亿份）	期末净资产（亿元）
131	005177	华夏睿磐泰利定开混合 A	0.00	0.44	0.44	0.43
132	005178	华夏睿磐泰利定开混合 C	0.00	0.69	0.80	0.78
133	005213	华夏鼎旺三个月定开债 A	-	0.00	10.10	10.28
134	005218	华夏聚惠（FOF）A	0.05	4.76	15.08	15.03
135	005219	华夏聚惠（FOF）C	0.03	1.52	2.53	2.51
136	005407	华夏鼎泰六个月定开债 A	-	-	10.10	10.13
137	005449	华夏行业龙头混合	1.39	11.18	54.04	52.42
138	005450	华夏稳盛灵活配置混合	1.47	18.35	59.52	58.79
139	005658	华夏沪深 300ETF 联接 C	4.54	0.06	4.54	7.14
140	005698	华夏全球科技先锋混合	0.18	0.88	2.75	2.84
141	005733	华夏上证 50ETF 联接 C	0.15	0.07	0.08	0.72
142	005734	华夏沪港通恒生 ETF 联接 C	0.01	0.00	0.01	0.19
143	005735	MSCI 中国 A 股 ETF 联接 C	0.04	0.01	0.03	0.11
144	159902	华夏中小板 ETF	1.28	1.16	7.50	23.54
145	159920	华夏恒生 ETF	2.12	0.34	26.10	38.53
146	159957	华夏创业板 ETF	0.27	0.25	0.75	0.70
147	160311	华夏蓝筹	0.25	0.90	26.68	37.18
148	160314	华夏行业混合（LOF）	0.44	0.69	21.46	20.82
149	160322	华夏港股通精选股票 LOF	0.11	0.92	3.30	3.93
150	160323	华夏磐泰混合（LOF）	-	0.97	1.39	1.38
151	160324	华夏磐晟定开混合（LOF）	-	-	3.66	3.24
152	288001	华夏经典混合	0.22	0.24	7.62	7.59
153	288002	华夏收入混合	0.19	0.32	6.12	26.66
154	288101	华夏货币 A	57.38	37.39	37.22	37.22
155	288102	华夏稳定双利债券 C	0.05	0.43	4.19	4.40
156	288201	华夏货币 B	63.05	58.80	121.62	121.62
157	501050	华夏上证 50AH 优选指数	1.72	0.34	6.70	7.41
158	510050	华夏上证 50ETF	90.07	77.65	136.19	340.61
159	510330	华夏沪深 300ETF	3.10	0.01	46.06	176.38
160	510630	上证主要消费 ETF	0.10	0.18	0.90	2.11
161	510650	上证金融地产 ETF	0.09	0.14	0.19	0.30
162	510660	上证医药卫生 ETF	0.31	0.31	0.47	0.98
163	511650	华夏快线交易型货币	0.03	0.05	0.03	3.20
164	512500	华夏中证 500ETF	1.63	0.01	4.66	11.98
165	512990	MSCI 中国 A 股 ETF	1.35	0.30	5.58	5.71
166	513660	华夏沪港通恒生 ETF	0.68	0.49	5.32	13.54
167	519029	华夏平稳增长	0.14	0.28	8.21	12.25
168	519800	华夏保证金理财货币 A	444.90	472.15	164.99	1.65
169	519801	华夏保证金理财货币 B	65.73	78.36	62.03	0.62
170	519908	华夏兴华混合 A	0.06	0.17	4.61	7.23
171	519918	华夏兴和混合	0.01	0.08	2.39	3.43

【公司高管】

杨明辉先生，硕士，高级经济师。1985 年 2 月至 1988 年 12 月任职于纺织部北京纺织机械研究所，担任工程师、室副主任；1989 年 1 月至 1992 年 12 月任职于中信兴业信托投资公司纺织处，担任项目经理；1992 年 12 月至 1993 年 8 月任职于中国国际信托投资公司证券部，担任项目经理；1993 年 8 月至 1994 年 10 月任职于中信证券北京营业部，担任副总经理；1994 年 11 月至 2002 年 5 月任职于中信证券公司，担任董事、襄理、副总经理等；2002 年 5 月至 2005 年 8 月，任职于中信控股公司，担任董事、常务副总裁，并兼任中信证券董事、中信信托董事；2005 年 8 月至 2011 年 10 月任职于中国建银投资证券有限责任公司，担任党委副书记、执行董事、总裁，其中 2005 年 7 月至 2007 年 1 月兼任信诚基金管理有限公司董事长。2011 年 11 月起任职于中信证券股份有限公司，担任董事总经理、党委委员。李一梅女士，华夏基金管理有限公司副总经理，硕士。兼任上海华夏财富投资管理有限公司执行董事、总经理，证通股份有限公司董事。2001 年 8 月加入华夏基金管理有限公司，曾任基金营销部总经理、营销总监、市场总监等。

汇添富基金管理股份有限公司

【基本情况】

法定名称：汇添富基金管理股份有限公司
英文名称：China Universal Asset Management Co.,ltd
公司属性：中资企业
成立日期：2005－02－03
注册资本：13272.4224（万元）
法人代表：李　文
总 经 理：张　晖
注册地址：上海市黄浦区北京东路 666 号 H 区（东座）6 楼 H686 室
办公地址：上海市富城路 99 号震旦大厦 22 楼
网站地址：www.99fund.com，www.htffund.com
邮政编码：200120
客服邮箱：service@99fund.com
电话号码：400－888－9918，021－28932999
传真号码：021－50199035，50199036
经营范围：基金募集，基金销售，资产管理，经中国证监会许可的其他业务（依法须经批准的项目，经相关部门批准后方可开展经营活动）
基金数量：176（其中普通基金 153 只，货币基金 14 只，理财基金 9 只，封闭式基金 0 只，其他基金 0 只）
管理规模：4348.93 亿元
经理人数：39 人

【公司概况】

汇富基金成立于 2005 年 2 月，是中国一流的综合性资产管理公司之一。公司总部设在上海，在北京、上海、广州、成都等地设有分公司，在香港及上海设有子公司——汇添富资产管理（香港）有限公司和汇添富资本管理有限公司。公司及旗下子公司业务牌照齐全，拥有全国社保基金境内委托投资管理人、全国社保基金境外配售策略方案投资管理人、基本养老保险基金投资管理人、保险资金投资管理人、专户资产管理人、特定客户资产管理子公司、QDII 基金管理人、RQFII 基金管理人及 QFII 基金管理人等业务资格。

汇添富基金自成立以来，始终将投资业绩放在首位，形成了独树一帜的品牌优势，被誉为“选股专家”，并以优秀的长期投资业绩和一流的客户服务，赢得了广大基金持有人和海内外机构的认可和信赖。目前，汇添富资产管理总规模超过 6500 亿元，服务客户近 7000 万人。截至 2018 年上半年，汇添富公募资产管理规模（剔除货基口径）为 2241 亿元，位居行业第 5。根据银河证券基金研究中心数据，截至 2018 年上半年，汇添富最近 5 年、最近 1 年的股票投资主动管理能力在前十大基金公司中排名第一。

目前，汇添富基金已经发展成为长期业绩优异、产品布局完善、业务领域全面、资产管理规模居前的大型基金公司。公募业务方面，截至 2018 年上半年，汇添富基金共管理 110 只公募基金，涵盖股票型基金、指数型基金、QDII 基金、混合型基金、避险策略基金、债券型基金、理财基金及货币市场基金等各类产品。汇添富立志于做中国证券市场的选股专家，并已形成一整套行之有效的独特个股研究方法，旗下基金的投资业绩也因此获得了投资者的充分认可。

汇添富基金是业内最先布局电商业务的基金公司。公司于2009年7月推出了业内首个基金电子账户“现金宝”，经过多年耕耘，汇添富互联网基金保有规模超过1800亿元，个人客户数超过6000万户。2017年以来，新版“现金宝”创新推出“添富智投”“添富养老”“工资宝”、“指数宝”等功能模块，全面提升了客户体验。

汇添富基金在业内率先获得QDII资格，也是业内最早一批获准设立海外子公司的基金管理公司。汇添富资产管理（香港）有限公司于2009年11月正式成立，目前同时拥有RQFII和QFII牌照，是汇添富基金开展跨境业务和合作的重要平台。

汇添富基金在业内首批获得了专户资产管理资格，最早组建了实力强大的专业团队率先开展专户业务，积累了丰富的专户资产管理经验，并拥有出色的投资管理业绩。目前，汇添富基金专户资产规模近1500亿元，位居行业前列。

汇添富基金拥有社保基金境内委托投资管理人资格，所管理的社保组合投资业绩连续多年领先。2015年12月，汇添富基金获得社保基金境外配售策略委托投资管理人资格。2016年12月，汇添富基金获得基本养老保2013年初，汇添富基金设立了汇添富资本管理有限公司，业务范围为特定客户资产管理业务以及中国证监会许可的其他业务。汇添富资本在严控风险的基础上积极创新，成功推出国内第一单参与国企混改的专项产品、第一单购房尾款ABS产品等；成立以来从未发生业务风险，风控能力行业领先。

汇添富基金自成立以来屡获殊荣，多次获得中国基金业金牛奖、中国明星基金奖、中国金基金奖，以及上海市政府颁发的“上海金融创新奖”等多项业内重量级奖项。除此之外，汇添富还收获了“金鼎奖”“最受尊敬基金公司奖”“最佳管理团队”“最佳创新产品”“最佳投资者教育奖”、“卓越雇主——中国最适宜工作的公司”等一系列荣誉奖项。

汇添富基金坚持强调完善的公司治理体系和科学的公司治理文化，是亚洲公司治理协会（ACGA）的首家中国会员企业。汇添富基金致力于为员工提供完善的个人职业发展规划和良好的工作与成长平台，奉行“正直、激情、团队、客户第一、感恩”的价值观，努力营造愉悦简单的工作氛围。

汇添富基金的愿景是：通过全体员工的共同努力和长期坚持不懈的奋斗，成为中国最受认可的资产管理品牌，发展成为中国最佳的资产管理公司之一，和全球资产管理行业最优秀的中国有关资产的管理人之一。险基金投资管理人资格。

【公司大事记（2017）】

12月29日：汇添富基金旗下第75至第76只基金产品汇添富中证环境治理指数型证券投资基金（LOF）、汇添富中证中药指数型发起式证券投资基金（LOF）成立，首募规模分别为3.5亿元和2.8亿元。

12月26日：汇添富基金旗下第74只基金产品汇添富鑫瑞债券型证券投资基金成立，首募规模2.0亿元。

12月22日：汇添富基金旗下第72至第73只基金产品汇添富中证互联网医疗主题指数型发起式证券投资基金（LOF）、汇添富中证生物科技主题指数型发起式证券投资基金（LOF）成立，首募规模分别为2.3亿元和2.3亿元。

12月21日：汇添富基金旗下第71只基金产品汇添富新睿精选灵活配置混合型证券投资基金发成立，首募规模8.7亿元。

12月6日：汇添富荣获首批基本养老保险基金投资管理人资格。

9月18日：汇添富基金旗下第70只基金产品中证上海国企交易型开放式指数证券投资基金联接基金成立，首募规模22.5亿元。

9月1日：由汇添富基金捐建的第八所添富小学——广西百色市右江区永乐镇平塘添富小学正式落成投入使用。

8月29日：中证上海国企交易型开放式指数证券投资基金在上海证券交易所成功上市交易。

8月3日：汇添富基金旗下第69只基金产品汇添富保鑫保本混合型证券投资基金成立，首募规模11.6亿元。

8月3日：汇添富基金旗下第68只基金产品汇添富盈稳保本混合型证券投资基金，首募规模29.7亿元。

8月1日：汇添富基金旗下第67只基金产品汇添富长添利定期开放债券型证券投资基金成立，首募规模150亿元。

7月28日：汇添富基金旗下第65只基金产品中证上海国企交易型开放式指数证券投资基金成立，首募规模152.2亿元。

7月27日：汇添富基金旗下第66只基金产品汇添富沪港深新价值股票型证券投资基金成立，首募规模4.1亿元。

7月26日：“河流·孩子”第九期乡村优秀青年教师培训项目于上海举办。

6月23日：“河流·孩子”汇添富基金湘江流域公益助学计划在湖南邵阳市城步县金紫乡启动。

6月2日：汇添富基金旗下第64只基金产品汇添富多策略定期开放灵活配置混合型发起式证券投资基金成立，首募规模13.0亿元。

4月19日：汇添富基金旗下第63只基金产品汇添富盈安保本混合型证券投资基金成立，首募规模45.7亿元。

3月16日：汇添富基金旗下第62只基金产品汇添富稳健添利定期开放债券型证券投资基金成立，首募规模20.0亿元。

1月21日：汇添富基金旗下第六十只基金产品汇添富中证精准医疗主题指数型发起式证券投资基金（LOF）成立，首募规模18.46亿元。

【股东概况】

排序	股东名称	持股数量（万股）	持股比例（%）
1	东方证券股份有限公司	4700.00	47%
2	文汇新民联合报业集团	2650.00	26.5%
2	东航金戎控股有限责任公司	2650.00	26.5%

【旗下基金】

序号	基金代码	基金名称	期间申购（亿份）	期间赎回（亿份）	期末总份额（亿份）	期末净资产（亿元）
1	000083	汇添富消费行业混合	1.89	2.07	13.39	44.96
2	000122	汇添富实业债债券A	0.05	0.11	0.50	0.54
3	000123	汇添富实业债债券C	0.33	0.35	0.19	0.20
4	000173	汇添富美丽30混合	3.86	1.42	15.27	37.31
5	000174	汇添富高息债债券A	0.02	7.48	0.09	0.13
6	000175	汇添富高息债债券C	0.28	0.31	0.48	0.64
7	000221	汇添富年年利定期开放债券A	–	1.74	6.28	7.33

序号	基金代码	基金名称	期间申购（亿份）	期间赎回（亿份）	期末总份额（亿份）	期末净资产（亿元）
8	000222	汇添富年年利定期开放债券C	0.00	0.05	0.89	1.02
9	000248	汇添富中证主要消费ETF联接	1.93	3.29	10.62	1.53
10	000330	汇添富现金宝货币	1,562.37	1,528.86	665.38	665.38
11	000366	汇添富添富通货币A	0.64	0.96	1.60	1.60
12	000368	汇添富沪深300安中指数	0.08	0.30	2.10	3.01
13	000395	汇添富安心中国债券A	0.38	0.03	1.95	2.30
14	000396	汇添富安心中国债券C	0.11	0.10	0.06	0.07
15	000397	汇添富全额宝货币	942.23	798.99	717.22	717.22
16	000406	汇添富双利增强债券A	0.70	1.05	4.26	4.70
17	000407	汇添富双利增强债券C	0.29	0.01	0.29	0.32
18	000600	汇添富和聚宝货币	127.08	101.64	113.33	113.33
19	000642	汇添富货币C	232.31	229.73	29.95	29.95
20	000650	汇添富货币D	50.90	40.39	37.15	37.15
21	000692	汇添富双利债券C	0.04	0.04	0.17	0.23
22	000696	汇添富环保行业股票	1.13	1.35	17.28	19.38
23	000697	汇添富移动互联股票	9.31	4.60	41.63	51.63
24	000762	汇添富绝对收益定开混合	0.41	0.26	2.31	2.67
25	000925	汇添富外延增长主题	1.70	1.79	29.07	32.76
26	000980	汇添富添富通货币B	311.26	321.51	97.31	97.31
27	001050	汇添富成长多因子量化策略股票	0.84	0.90	10.84	11.29
28	001417	汇添富医疗服务混合	11.50	35.58	88.45	101.19
29	001490	汇添富国企创新股票	0.14	0.71	7.05	6.73
30	001541	汇添富民营新动力股票	0.16	0.28	4.85	4.28
31	001668	汇添富全球互联混合	1.07	0.48	2.42	3.73
32	001685	汇添富沪港深新价值股票	0.15	3.10	3.41	4.26
33	001725	汇添富高端制造股票	6.47	8.70	30.10	39.06
34	001726	汇添富新兴消费股票	0.47	0.86	6.51	6.67
35	001796	汇添富安鑫智选混合A	0.23	0.00	3.47	3.92
36	001801	汇添富达欣混合A	0.00	0.33	0.25	0.27
37	001816	汇添富新睿精选混合A	0.02	0.25	1.13	1.23
38	002158	汇添富安鑫智选混合C	0.02	0.01	0.01	0.01
39	002164	汇添富新睿精选混合C	0.11	0.16	0.41	0.45
40	002165	汇添富达欣混合C	0.04	0.08	0.44	0.47
41	002418	汇添富优选回报灵活配置混合C	0.00	0.00	0.02	0.02
42	002419	汇添富盈安保本混合	0.01	17.92	12.33	13.12
43	002420	汇添富盈鑫保本混合	0.01	3.79	19.02	20.41
44	002487	汇添富稳添利定开债A	–	–	0.50	0.51
45	002488	汇添富稳添利定开债C	–	–	0.00	0.00
46	002746	汇添富多策略定开混合	–	–	17.04	21.94
47	002959	汇添富盈稳保本混合	0.02	1.36	18.87	20.20
48	003189	汇添富保鑫保本混合	0.01	0.60	6.42	6.91
49	003194	汇添富中证上海国企ETF联接	0.94	0.47	9.27	0.44
50	003528	汇添富长添利定开债A	0.00	0.00	150.04	152.89
51	003529	汇添富长添利定开债C	0.00	0.00	0.00	0.00
52	003532	汇添富鑫利债券A	0.00	0.00	2.00	2.10
53	003533	汇添富鑫利债券C	–	0.00	0.00	0.00
54	004089	汇添富鑫瑞债券A	0.00	0.00	7.03	7.19
55	004090	汇添富鑫瑞债券C	0.00	–	0.00	0.00
56	004270	汇添富民丰回报混合A	0.02	0.18	0.63	0.66
57	004271	汇添富民丰回报混合C	0.00	0.04	0.10	0.11
58	004419	汇添富美元债债券人民币A	0.02	1.05	0.43	0.41
59	004420	汇添富美元债债券人民币C	0.20	0.02	0.24	0.24
60	004421	汇添富美元债债券美元现汇A	0.00	0.00	0.01	0.04
61	004422	汇添富美元债债券美元现汇C	0.00	0.00	0.00	0.02
62	004436	添富年年泰定开混合A	0.39	2.51	0.79	0.88
63	004437	添富年年泰定开混合C	0.17	6.50	0.65	0.72
64	004451	汇添富年年丰定开混合A	0.00	3.45	0.44	0.46
65	004452	汇添富年年丰定开混合C	0.00	0.18	0.02	0.03
66	004469	汇添富鑫益定开债A	–	0.00	15.00	15.30
67	004470	汇添富鑫益定开债C	–	0.00	0.00	0.00
68	004534	添富年年益定开混合A	0.25	2.51	0.69	0.73
69	004535	添富年年益定开混合C	0.02	0.24	0.07	0.08
70	004655	汇添富鑫汇定开债券A	–	–	0.60	0.61
71	004656	汇添富鑫汇定开债券C	–	–	0.00	0.00
72	004687	汇添富熙和精选混合A	0.34	0.00	2.20	2.29
73	004688	汇添富熙和精选混合C	0.34	0.00	2.15	2.23
74	004774	添富添福吉祥混合	0.04	0.74	3.12	3.30
75	004831	汇添富鑫泽定开债A	–	–	1.10	1.11
76	004877	汇添富全球医疗混合人民币	1.32	2.21	2.89	3.44
77	004878	汇添富全球医疗混合美元现汇	0.03	0.02	0.07	0.53
78	004879	汇添富全球医疗混合美元现钞	–	–	0.07	0.53
79	004946	汇添富盈润混合A	0.02	0.20	1.05	1.10
80	004947	汇添富盈润混合C	0.02	0.03	0.11	0.12
81	005228	添富港股通专注成长	0.15	1.46	19.25	17.44
82	005329	添富民安增益定开混合A	–	–	3.66	3.71
83	005330	添富民安增益定开混合C	–	–	1.31	1.33
84	005351	汇添富行业整合混合	0.06	0.59	6.52	6.51
85	005379	添富价值创造定开混合	–	–	25.01	24.16
86	005410	汇添富鑫盛定开债A	–	–	30.10	30.27
87	005411	汇添富鑫盛定开债C	–	–	0.00	0.00
88	005503	汇添富理财60天债券E	18.00	7.40	13.91	13.91
89	005504	添富沪港深大盘价值混合	0.21	4.69	35.27	34.36
90	005530	汇添富价值多因子股票	0.09	1.62	2.09	2.01
91	005590	汇添富鑫永定开债A	–	–	20.10	20.48
92	005802	添富智能制造股票	0.16	1.66	67.85	67.03
93	005857	汇添富鑫成定开债A	–	–	10.10	10.15
94	005858	汇添富鑫成定开债C	–	–	0.00	0.00
95	150169	汇添富恒生指数分级A	–	–	1.00	4.85
96	150170	汇添富恒生指数分级B	–	–	1.00	4.85
97	159005	汇添富收益快钱货币A	0.60	0.60	0.01	0.71
98	159006	汇添富收益快钱货币B	0.12	0.12	0.01	1.08
99	159912	汇添富深证300ETF	0.03	–	0.66	0.80
100	159928	汇添富中证主要消费ETF	0.05	0.97	7.18	16.18
101	159929	汇添富中证医药卫生ETF	0.04	0.02	0.71	1.21
102	159930	汇添富中证能源ETF	0.05	0.02	0.19	0.14
103	159931	汇添富中证金融地产ETF	–	–	0.17	0.24
104	164701	汇添富黄金及贵金属	0.08	0.16	2.87	1.68
105	164702	汇添富季季红定期开放债券	–	–	4.13	4.16
106	164703	汇添富纯债债券(LOF)	0.04	0.05	0.63	0.52
107	164705	汇添富恒生指数分级	0.87	0.69	2.03	4.85
108	470006	汇添富医药保健混合	3.63	4.14	18.76	28.63
109	470007	汇添富上证综指	0.89	0.84	15.59	14.79
110	470008	汇添富策略回报混合	0.15	0.33	7.01	11.90
111	470009	汇添富民营活力混合	0.83	1.31	14.30	41.30
112	470010	汇添富多元收益债券A	0.15	0.78	3.62	4.26
113	470011	汇添富多元收益债券C	0.03	0.07	0.20	0.24
114	470014	汇添富理财14天债券A	0.92	0.95	0.70	0.70
115	470018	汇添富双利债券A	0.05	0.06	0.85	1.30
116	470021	汇添富优选回报灵活配置混合A	0.13	0.83	1.13	1.23

序号	基金代码	基金名称	期间申购（亿份）	期间赎回（亿份）	期末总份额（亿份）	期末净资产（亿元）
117	470028	汇添富社会责任混合	5.04	5.12	22.09	36.55
118	470030	汇添富理财30天债券A	1.06	0.91	3.43	3.43
119	470058	汇添富可转换债券A	0.75	0.31	1.70	2.07
120	470059	汇添富可转换债券C	0.07	0.07	1.25	1.47
121	470060	汇添富理财60天债券A	1.00	0.89	2.22	2.22
122	470068	汇添富深证300ETF联接	0.04	0.03	0.51	0.05
123	470078	汇添富增强债券C	0.01	0.03	0.17	0.20
124	470088	汇添富6月红添利定开债A	–	–	20.92	21.68
125	470089	汇添富6月红添利定开债C	–	–	0.01	0.01
126	470098	汇添富逆向投资混合	0.20	0.27	4.14	7.69
127	470888	汇添富香港混合(QDII)	0.08	0.84	1.99	2.24
128	471007	汇添富理财7天债券A	0.94	1.10	1.85	1.85
129	471014	汇添富理财14天债券B	59.69	26.22	172.27	172.27
130	471030	汇添富理财30天债券B	105.01	30.72	305.85	305.85
131	471060	汇添富理财60天债券B	4.05	9.05	29.73	29.73
132	472007	汇添富理财7天债券B	2.01	24.40	155.80	155.80
133	501005	汇添富中证精准医疗指数A	1.15	2.32	4.09	4.01
134	501006	汇添富中证精准医疗指数C	0.18	0.24	0.79	0.77
135	501007	汇添富中证互联网医疗指数A	0.37	0.54	0.47	0.47
136	501008	汇添富中证互联网医疗指数C	0.47	0.47	0.28	0.28
137	501009	汇添富中证生物科技指数A	0.91	0.58	0.83	1.01
138	501010	汇添富中证生物科技指数C	2.66	1.86	1.20	1.47
139	501011	汇添富中证中药指数(LOF)A	0.14	0.12	0.37	0.37
140	501012	汇添富中证中药指数(LOF)C	0.24	0.23	0.18	0.19
141	501030	汇添富中证环境治理指数A	0.14	0.11	0.81	0.54
142	501031	汇添富中证环境治理指数C	0.32	0.30	0.53	0.36
143	501036	汇添富中证500A	0.18	0.21	1.32	1.08
144	501037	汇添富中证500C	0.32	0.28	0.83	0.68
145	501039	汇添富睿丰混合A	–	–	2.28	2.30
146	501040	汇添富睿丰混合C	–	–	1.05	1.06
147	501041	汇添富弘安混合A	–	–	1.91	1.97
148	501042	汇添富弘安混合C	–	–	1.38	1.41
149	501043	汇添富沪深300指数A	0.12	0.10	0.63	0.58
150	501045	汇添富沪深300指数C	0.10	0.13	0.38	0.35
151	501047	汇添富中证全指证券公司指数A	0.14	0.04	0.62	0.47
152	501048	汇添富中证全指证券公司指数C	0.06	0.05	0.32	0.24
153	501305	汇添富中证港股通(LOF)A	0.02	0.32	1.07	1.02
154	501306	汇添富中证港股通(LOF)C	0.03	0.13	0.31	0.30
155	510810	汇添富中证上海国企ETF	1.16	0.51	102.00	86.84
156	510820	上证上海改革发展主题ETF	–	–	47.58	38.50
157	511980	汇添富添富通货币E	0.00	0.01	0.06	6.29
158	519008	汇添富优势精选	1.41	0.94	9.03	26.22
159	519018	汇添富均衡增长混合	0.81	1.92	73.13	43.87
160	519066	汇添富蓝筹稳健	3.31	3.92	22.08	49.79
161	519068	汇添富成长焦点混合	2.57	3.51	35.45	66.62
162	519069	汇添富价值精选混合	10.46	2.53	34.90	83.33
163	519078	汇添富增强收益债券A	0.01	0.06	1.19	1.40
164	519517	汇添富货币B	108.26	70.68	126.85	126.85
165	519518	汇添富货币A	2.10	1.62	2.29	2.29
166	519888	汇添富收益快线货币A	75,089.06	75,007.67	7,203.74	72.04
167	519889	汇添富收益快线货币B	51,249.02	51,617.49	10,101.03	101.01

【公司高管】

李文先生，董事长，中国国籍，1967年出生，厦门大学会计学博士。现任汇添富基金管理股份有限公司董事长，汇添富资本管理有限公司董事长。历任中国人民银行厦门市分行稽核处科长，中国人民银行杏林支行、国家外汇管理局杏林支局副行长、副局长，中国人民银行厦门市中心支行银行监管一处、二处副处长，东方证券有限责任公司资金财务管理总部副总经理，稽核总部总经理，东方证券股份有限公司资金财务管理总部总经理，汇添富基金管理股份有限公司督察长。

张晖先生，2015年4月16日担任董事，总经理。中国国籍，中国，1971年出生，上海财经大学数量经济学硕士。现任汇添富基金管理股份有限公司总经理，汇添富资本管理有限公司董事长。历任申银万国证券研究所高级分析师，富国基金管理有限公司高级分析师、研究主管和基金经理，汇添富基金管理股份有限公司副总经理、投资总监、投资决策委员会副主席，曾担任中国证券监督管理委员会第十届和第十一届发行审核委员会委员。

嘉实基金管理有限公司

【基本情况】

法定名称：嘉实基金管理有限公司
英文名称：Harvest Fund Management Co., Ltd.
公司属性：合资企业
成立日期：1999－03－25
注册资本：15000（万元）
法人代表：赵学军
总 经 理：经 雷
注册地址：中国（上海）自由贸易试验区世纪大道8号上海国金中心二期53层09－11单元
办公地址：北京市建国门北大街8号华润大厦8层
网站地址：www.jsfund.cn
邮政编码：100005
客服邮箱：service@jsfund.cn
电话号码：400－600－8800
传真号码：010－65185678
经营范围：基金募集；基金销售；资产管理；中国证监会许可的其他业务（依法须经批准的项目，经相关部门批准后方可开展经营活动）
基金数量：191（其中普通基金163只，货币基金16只，理财基金10只，封闭式基金0只，其他基金2只）
管理规模：3868.45亿元
经理人数：51人

【公司概况】

嘉实基金管理有限公司成立于1999年3月，是国内最早成立的十家基金管理公司之一。十七年来，嘉实基金坚持合规经营，秉承“远见者稳进”理念，至今已发展形成涵盖公募基金、机构投资、养老金业务、海外投资、私募股权投资、财富管理等“全牌照”业务，联动一、二级市场投资的金融服务全产业链。截至2016年中期，嘉实基金实现各类资产管理规模超9500亿元人民币，连续十年位居行业前列，为逾五千万投资者提供专业、高效的理财服务。

发展中的嘉实基金以“助力产业腾飞，服务财富增长”为核心使命，以普惠金融为理念，创造一流的产品和服务，力争实现客户、员工和公司长期共赢发展，致力于使嘉实成为中国领先、具有国际竞争力的资产管理集团。

以资产管理为核心的嘉实基金，业内首创“全天候、多策略”的投研模式，已建立超过20个投资策略组，构建丰富的产品线，为投资者创造优秀稳定的回报，屡获行业殊荣。十余年来，嘉实不断获得社保追加的委托管理资产，被包括数十家中央企业在内的300余家企业选定为企业年金投资管理人，为超过800万职工提供企业年金服务。

嘉实坚持国际化战略，自2009年建立香港子公司至今连续数年保持了在港中资资产管理机构的领先地位。2012年起嘉实推出海外ETF业务，已经先后完成国内的指数在香港市场、纽约和伦敦挂牌上市。2015年，嘉实分别在伦敦与纽约注册成立分公司，进一步拓展国际市场。

2014年嘉实推进集团化发展，在二级市场投资中所建立的主动管理投资能力，逐步向更广泛的投资领域拓展，投资涵盖VC、PE、PIPE、新三板投资、并购投资等，并围绕优质标的积极进行产业的上下游布局，构建完整金融产业链。

嘉实基金始终以“创造财富增值，服务未来生活”为使命，以普惠金融为理念，创造优质产品和服务，力争实现客户、员工和公司长期共赢发展，从而使嘉实成为具有国际竞争力的综合金融集团。

【企业荣誉(2017)】

2017年5月12日，嘉实美国成长股票(000043)2016年度三年期QDII明星基金奖。

2017年5月12日，嘉实环保低碳股票(001616)2016年度一年期股票型明星基金奖。

2017年5月12日，嘉实成长收益混合A(070001)2016年度四年期平衡混合型明星基金奖。

2017年4月21日，嘉实环保低碳股票(001616)2016年度一年期金基金·股票型基金奖。

2017年4月21日，嘉实沪深300ETF(159919)2016年度三年期金基金·指数基金奖。

2017年4月21日，嘉实基金2016年度一年期金基金·TOP公司大奖。

2017年4月8日，嘉实基金2016年度一年期被动投资金牛基金公司。

【股东概况】

排序	股东名称	持股数量(万股)	持股比例(%)
1	中诚信托投资有限责任公司	6000.00	40%
2	立信投资有限责任公司	4500.00	30%
3	德意志资产管理(亚洲)有限公司	4500.00	30%

【旗下基金】

序号	基金代码	基金名称	期间申购(亿份)	期间赎回(亿份)	期末总份额(亿份)	期末净资产(亿元)
1	000005	嘉实增强信用定期债券	0.00	0.00	1.34	1.37
2	000008	嘉实中证500ETF联接	1.75	0.58	6.05	0.85
3	000043	嘉实美国成长股票	0.42	0.27	0.90	1.63
4	000044	嘉实美国成长股票现汇	0.00	0.01	0.04	0.45
5	000082	嘉实研究阿尔法股票	0.44	0.70	2.69	3.41
6	000087	嘉实中证金边国债ETF联接A	0.00	0.01	0.06	0.01
7	000088	嘉实中证金边国债ETF联接C	0.00	0.01	0.01	0.01
8	000113	嘉实如意宝定期债券A	–	–	8.78	10.08
9	000115	嘉实如意宝定期债券C	–	–	0.30	0.35
10	000116	嘉实丰益纯债定期债券	0.00	–	19.69	19.89
11	000176	嘉实沪深300指数研究增强	0.77	0.60	4.78	5.78
12	000177	嘉实丰益信用定期债券A	0.00	–	1.06	1.07
13	000183	嘉实丰益策略定期债券	–	–	0.89	0.89
14	000269	嘉实合润双债两年期定期债券	–	–	3.35	3.43
15	000341	嘉实新兴市场C2(QDII)	0.00	0.02	0.29	2.08
16	000342	嘉实新兴市场A1(QDII)	0.02	0.27	0.58	0.66
17	000414	嘉实绝对收益策略定期混合	0.00	0.18	0.42	0.50
18	000464	嘉实活期宝货币	81.21	81.76	91.60	91.60
19	000485	嘉实1个月理财债券A	1.39	–	1.39	1.39
20	000486	嘉实1个月理财债券E	0.11	–	0.11	0.11
21	000581	嘉实活钱包货币A	164.40	151.90	93.97	93.97
22	000585	嘉实对冲套利定期混合	0.00	0.50	0.44	0.48
23	000595	嘉实泰和混合	0.17	0.22	4.67	10.22
24	000618	嘉实薪金宝货币	419.37	434.19	229.76	229.76
25	000711	嘉实医疗保健股票	4.38	2.44	11.66	19.16
26	000751	嘉实新兴产业股票	0.60	0.67	3.69	7.87
27	000870	嘉实新收益混合	0.28	0.79	8.89	10.13
28	000917	嘉实快线货币A	305.03	348.05	392.89	392.89
29	000985	嘉实逆向策略股票	0.29	1.38	10.04	9.70
30	000988	嘉实全球互联网股票人民币	1.56	2.97	11.57	17.50
31	000989	嘉实全球互联网股票美元现汇	0.11	0.11	0.84	7.72
32	000990	嘉实全球互联网股票美元现钞	–	–	11.57	7.72
33	001036	嘉实企业变革股票	0.09	0.67	13.70	12.52
34	001039	嘉实先进制造股票	0.46	1.99	17.96	14.12
35	001044	嘉实新消费股票	11.35	2.56	22.70	33.18
36	001416	嘉实事件驱动股票	0.19	3.78	68.37	49.03
37	001539	嘉实中证金融地产ETF联接A	0.21	0.24	0.48	0.04
38	001577	嘉实低价策略股票	0.12	0.30	2.15	2.23
39	001616	嘉实环保低碳股票	4.06	5.47	20.49	24.16
40	001620	嘉实新机遇混合发起式	–	–	120.10	126.95
41	001637	嘉实腾讯自选股大数据策略股票	0.37	0.89	2.38	2.27
42	001639	嘉实新常态混合A	0.00	0.01	0.14	0.15
43	001640	嘉实新常态混合C	0.02	0.02	0.05	0.06
44	001688	嘉实新起点混合A	0.00	0.00	5.01	5.43
45	001755	嘉实新思路混合	0.00	0.00	6.94	7.33
46	001756	嘉实策略优选混合	1.33	1.64	6.15	6.39
47	001757	嘉实主题增强混合	0.00	1.60	6.25	6.81
48	001758	嘉实研究增强混合	0.21	0.45	3.97	3.82
49	001759	嘉实成长增强混合	0.78	0.89	7.00	7.37
50	001760	嘉实创新成长混合	0.02	0.06	0.63	0.61
51	001812	嘉实货币E	9.25	14.36	5.72	5.72
52	001872	嘉实丰益信用定期债券C	0.00	–	0.05	0.05
53	001873	嘉实增强收益定期债券C	–	–	0.00	0.00
54	001878	嘉实沪港深精选股票	6.06	14.91	53.09	78.55
55	002149	嘉实新优选混合	0.00	0.00	6.99	7.37
56	002168	嘉实智能汽车股票	0.53	0.53	1.66	2.11
57	002178	嘉实新起点混合C	–	0.00	0.00	0.00
58	002211	嘉实新财富混合	0.00	0.00	6.93	7.36
59	002212	嘉实新起航混合	0.00	0.00	6.93	7.37
60	002221	嘉实价值增强混合	0.00	0.34	0.12	0.13
61	002222	嘉实新趋势混合	0.38	0.41	3.14	3.59
62	002548	嘉实稳瑞纯债债券	0.00	0.00	13.97	14.77
63	002549	嘉实稳祥纯债债券A	0.14	0.38	0.65	0.71

序号	基金代码	基金名称	期间申购（亿份）	期间赎回（亿份）	期末总份额（亿份）	期末净资产（亿元）
64	002550	嘉实稳荣债券	0.00	0.00	9.98	10.27
65	002749	嘉实稳盛债券	0.00	0.28	2.16	2.28
66	002917	嘉实活钱包货币 E	102.33	93.46	38.75	38.75
67	002991	嘉实稳鑫纯债债券	0.00	0.00	15.11	15.42
68	003053	嘉实文体娱乐股票 A	1.04	1.00	2.40	2.35
69	003054	嘉实文体娱乐股票 C	0.33	0.24	0.42	0.41
70	003056	嘉实稳泽纯债债券	0.00	0.00	8.00	8.46
71	003187	嘉实安益混合	4.62	13.73	2.87	3.13
72	003292	嘉实优势成长混合	0.11	0.10	0.81	0.72
73	003298	嘉实物流产业股票 A	0.06	0.10	0.81	0.91
74	003299	嘉实物流产业股票 C	0.05	0.08	0.16	0.18
75	003357	嘉实稳祥纯债债券 C	1.20	1.87	0.97	1.02
76	003458	嘉实稳宏债券 A	0.00	0.03	0.15	0.14
77	003459	嘉实稳宏债券 C	0.00	0.05	0.07	0.06
78	003460	嘉实现金宝	1.01	1.22	1.14	1.14
79	003461	嘉实稳元纯债债券	0.00	0.00	5.00	5.18
80	003634	嘉实农业产业股票	0.28	0.41	1.67	1.62
81	003880	嘉实定期宝 6 个月理财债券 A	0.00	0.07	0.51	0.51
82	003881	嘉实定期宝 6 个月理财债券 B	1.74	2.86	36.88	36.88
83	003984	嘉实新能源新材料股票 A	0.34	0.79	2.87	2.66
84	003985	嘉实新能源新材料股票 C	0.07	0.07	0.19	0.18
85	004030	嘉实丰安 6 个月定期债券	–	–	15.00	15.54
86	004066	嘉实稳熙纯债债券	0.00	5.00	44.99	45.73
87	004116	嘉实新添瑞混合	0.00	0.00	5.00	5.77
88	004173	嘉实增益宝货币	210.14	203.18	42.21	42.21
89	004353	嘉实新添华定期混合	–	–	4.69	5.10
90	004355	嘉实丰和灵活配置混合	0.05	0.66	7.45	7.20
91	004450	嘉实前沿科技沪港深股票	9.52	8.95	31.66	38.30
92	004477	嘉实沪港深回报混合	5.33	11.53	46.23	51.03
93	004486	嘉实稳怡债券	0.29	0.10	1.39	1.44
94	004488	嘉实富时中国 A50ETF 联接 A	0.18	0.04	0.45	0.04
95	004501	嘉实现金添利货币	987.39	924.33	408.18	408.18
96	004536	嘉实中小企业量化活力混合	0.04	0.09	1.22	1.05
97	004544	嘉实稳华纯债债券	2.14	2.05	3.20	3.39
98	004775	嘉实新添泽定期混合	–	–	10.92	11.26
99	004916	嘉实新添丰定期混合	–	–	4.98	5.26
100	005088	嘉实新添辉定期混合 A	–	–	8.52	8.87
101	005089	嘉实新添辉定期混合 C	–	–	0.37	0.38
102	005156	嘉实领航资产配置混合 A	0.05	2.14	14.70	14.16
103	005157	嘉实领航资产配置混合 C	0.03	0.41	1.79	1.72
104	005166	嘉实润和量化定期混合	–	–	6.90	6.82
105	005167	嘉实润泽量化定期混合	–	–	13.31	13.01
106	005229	嘉实富时中国 A50ETF 联接 C	0.04	0.03	0.03	0.04
107	005267	嘉实价值精选股票	2.30	5.57	42.42	41.45
108	005303	嘉实医药健康股票 A	3.95	15.08	18.79	20.24
109	005304	嘉实医药健康股票 C	0.50	0.53	1.17	1.25
110	005612	嘉实核心优势股票发起式	0.43	8.83	80.73	78.11
111	005662	嘉实金融精选股票 A	0.04	0.56	10.16	9.88
112	005663	嘉实金融精选股票 C	0.01	0.04	0.33	0.32
113	005727	嘉实中创 400ETF 联接 C	0.04	0.02	0.03	0.09
114	005796	嘉实新添荣定期混合 A	–	–	11.36	11.34
115	005797	嘉实新添荣定期混合 C	–	–	0.51	0.51
116	005998	嘉实深证基本面 120 联接 C	0.00	–	0.00	0.29
117	005999	嘉实中证金融地产 ETF 联接 C	0.00	–	0.00	0.04
118	070001	嘉实成长收益混合 A	1.94	2.76	32.48	39.72
119	070002	嘉实增长	0.05	0.11	2.10	20.54
120	070003	嘉实稳健	0.14	1.04	26.44	29.65
121	070005	嘉实债券	4.10	0.47	16.77	20.39
122	070006	嘉实服务增值行业混合	0.02	0.12	3.20	15.80
123	070008	嘉实货币 A	242.55	252.13	204.50	204.50
124	070009	嘉实超短债债券	10.46	4.68	8.63	9.06
125	070010	嘉实主题精选	0.32	1.03	27.08	36.34
126	070011	嘉实策略混合	0.37	0.86	32.06	33.81
127	070012	嘉实海外中国股票混合	0.44	2.41	58.87	51.73
128	070013	嘉实研究精选混合 A	0.97	3.29	16.77	31.75
129	070015	嘉实多元债券 A	0.02	0.05	3.06	3.43
130	070016	嘉实多元债券 B	0.01	0.05	0.59	0.66
131	070017	嘉实量化阿尔法混合	0.03	0.06	1.79	2.19
132	070018	嘉实回报混合	0.15	0.70	3.80	4.38
133	070019	嘉实价值优势混合	1.50	1.29	5.55	8.44
134	070020	嘉实稳固债券	0.66	3.13	5.69	6.15
135	070021	嘉实主题新动力混合	0.14	0.25	3.30	4.43
136	070022	嘉实领先成长混合	0.94	0.52	9.34	17.71
137	070023	嘉实深证基本面 120 联接 A	0.84	0.17	2.21	0.29
138	070025	嘉实信用债券 A	1.47	1.92	7.44	8.31
139	070026	嘉实信用债券 C	0.05	0.12	0.81	0.90
140	070027	嘉实周期优选混合	0.17	0.45	7.87	14.12
141	070028	嘉实安心货币市场 A	0.58	1.56	1.06	1.06
142	070029	嘉实安心货币市场 B	27.59	28.80	25.97	25.97
143	070030	嘉实中创 400ETF 联接 A	0.10	0.09	0.77	0.09
144	070031	嘉实全球房地产	0.02	0.04	0.27	0.30
145	070032	嘉实优化红利混合	3.84	4.58	23.16	34.13
146	070033	嘉实增强收益定期债券 A	–	–	0.75	0.75
147	070035	嘉实理财宝 7 天债券 A	0.04	0.05	0.28	0.28
148	070036	嘉实理财宝 7 天债券 B	44.23	20.30	202.45	202.45
149	070037	嘉实纯债债券 A	10.78	1.60	15.82	17.90
150	070038	嘉实纯债债券 C	0.02	0.01	0.12	0.14
151	070088	嘉实货币 B	53.66	39.16	143.47	143.47
152	070099	嘉实优质企业混合	2.53	0.96	14.87	22.04
153	150032	嘉实多利分级债券优先	–	–	0.23	0.73
154	150033	嘉实多利分级债券进取	–	–	0.06	0.73
155	159910	嘉实深证 120ETF	0.70	0.01	2.32	3.66
156	159918	嘉实中创 400ETF	0.04	0.01	0.73	1.07
157	159919	嘉实沪深 300ETF	2.03	0.58	41.82	161.44
158	159922	嘉实中证 500ETF	0.41	0.07	2.10	11.31
159	159926	嘉实中证中期国债 ETF	0.00	0.00	0.00	0.18
160	159951	嘉实中关村 A 股 ETF	–	0.02	0.24	0.20
161	159955	嘉实创业板 ETF	0.18	0.11	0.42	0.37
162	160706	嘉实沪深 300ETF 联接 A	9.83	6.57	153.13	13.62
163	160716	嘉实基本面 50	1.96	2.60	11.80	16.46
164	160717	嘉实恒生中国企业	0.22	0.40	3.95	3.13
165	160718	嘉实多利分级债券	0.00	0.11	0.46	0.73
166	160719	嘉实黄金	0.10	0.16	2.24	1.53
167	160720	嘉实中证企业债指数 A	0.10	0.22	0.26	0.28
168	160721	嘉实中证企业债指数 C	0.01	0.02	0.06	0.06
169	160722	嘉实惠泽混合（LOF）	0.00	25.32	7.40	7.19
170	160723	嘉实原油（QDII – LOF）	0.31	0.29	0.30	0.40
171	511960	嘉实快线货币 H	0.00	0.00	0.01	0.51
172	512550	嘉实富时中国 A50ETF	0.41	0.29	0.79	0.78
173	512600	嘉实中证主要消费 ETF	–	0.01	0.03	0.08

序号	基金代码	基金名称	期间申购（亿份）	期间赎回（亿份）	期末总份额（亿份）	期末净资产（亿元）
174	512610	嘉实中证医药卫生 ETF	-	0.04	0.10	0.16
175	512640	嘉实中证金融地产 ETF	0.09	0.10	0.31	0.50
176	519808	嘉实保证金场内申赎货币 A	866.60	897.27	118.13	1.18
177	519809	嘉实保证金理财场内货币 B	224.80	241.75	16.03	0.16
178	960024	嘉实成长收益混合 H	-	-	0.01	0.01

【公司高管】

赵学军先生，董事长，经济学博士，中共党员。曾就职于天津通信广播公司电视设计所、外经贸部中国仪器进出口总公司、北京商品交易所、天津纺织原材料交易所、商鼎期货经纪有限公司、北京证券有限公司、大成基金管理有限公司。2000 年 10 月至今任嘉实基金管理有限公司总经理。

经雷先生，总经理，嘉实基金管理有限公司固定收益业务首席投资官。

金鹰基金管理有限公司

【基本情况】

法定名称：金鹰基金管理有限公司

英文名称：Golden Eagle Asset Management Co. ,Ltd

公司属性：合资企业

成立日期：2002 - 11 - 06

注册资本：51020（万元）

法人代表：刘　岩

总 经 理：刘　岩

注册地址：广东省广州市南沙区海滨路 171 号 11 楼自编 1101 之一 J79

办公地址：广东省广州市天河区珠江新城珠江东路 28 号越秀金融大厦 30 层

网站地址：www. gefund. com. cn

邮政编码：510620

客服邮箱：csmail@ gefund. com. cn

电话号码：020 - 83936180，400 - 6135 - 888

传真号码：020 - 83282856

经营范围：基金募集、基金销售、资产管理、特定客户资产管理和中国证监会许可的其他业务（依法须经批准的项目，经相关部门批准后方可开展经营活动）

基金数量：58（其中普通基金 53 只，货币基金 5 只，理财基金 0 只，封闭式基金 0 只，其他基金 0 只）

管理规模：476. 44 亿元

经理人数：16 人

【公司概况】

金鹰基金管理有限公司 2002 年成立，总部设在广州，注册资本 5. 102 亿元人民币。股东包括东旭集团有限公司、广州证券股份有限公司、广州白云山医药集团股份有限公司，分别持有 66. 19%、24. 01% 和 9. 8% 的股份。

公司现设有权益投资一部、权益投资二部、研究部、固定收益部、绝对收益投资部、固定收益研究部、指数及量化投资部、零售业务部、机构业务部、电子商务部、战略客户部、销售管理部、产品研发部、集中交易部、基金事务部、信息技术部、合规风控部、财务管理部、综合管理部等一级部门，在北京、上海、广州、深圳、成都等地设有分公司。

公司旗下全资子公司广州金鹰资产管理有限公司于 2013 年 7 月 30 日成立，是首批获得中国证监会核准成立的基金子公司。

【公司大事记（2017）】

2017 年 10 月 13 日，金鹰基金荣获 2017 年中国金鼎奖专户一对多“最具创新力基金公司”。

2017 年 10 月 13 日，金鹰基金荣获 2017 年中国金鼎奖专户一对多“最佳量化对冲产品 · 市场中性策略”。

2017 年 05 月 12 日，金鹰红利价值荣获“五年持续回报平衡混合型明星基金奖”。

2017 年 04 月 20 日，金鹰稳健成长荣获“金基金一年期偏股混合型基金奖”。

2017 年 04 月 20 日，金鹰红利价值荣获“金基金五年期灵活配置型基金奖”。

2017 年 04 月 08 日，金鹰稳健成长荣获“五年期持续优胜金牛基金奖”。

2017 年 03 月 07 日，金鹰添荣纯债债券型证券投资基金成立。

2017 年 02 月 28 日，金鹰添享纯债债券型证券投资基金成立。

2017 年 02 月 22 日，金鹰添利中长期信用债券型证券投资基金成立。

2017 年 01 月 11 日，金鹰添盈纯债债券型证券投资基金成立。

2017 年 5 月 12 日，金鹰红利价值荣获“五年持续回报平衡混合型明星基金奖”。

【股东概况】

排序	股东名称	持股数量（万股）	持股比例（%）
1	广州证券有限责任公司	12250.00	49%
2	广州白云山医药集团股份有限公司	5000.00	20%
2	广东美的集团股份有限公司	5000.00	20%
3	东亚联丰投资管理有限公司	2750.00	11%

【旗下基金】

序号	基金代码	基金名称	期间申购（亿份）	期间赎回（亿份）	期末总份额（亿份）	期末净资产（亿元）
1	000110	金鹰元安混合 A	0.00	0.00	0.13	0.14
2	001167	金鹰科技创新股票	0.06	5.05	12.84	8.70
3	001298	金鹰民族新兴混合	0.02	0.05	0.79	0.74
4	001366	金鹰产业整合混合	0.03	0.19	6.86	5.17
5	001951	金鹰改革红利混合	0.14	0.56	0.97	0.95
6	002196	金鹰技术领先灵活配置混合 C	0.46	0.43	0.41	0.35
7	002303	金鹰智慧生活混合	0.00	0.01	0.15	0.15
8	002425	金鹰元禧混合 C	0.05	0.06	0.15	0.17
9	002490	金鹰元祺信用债	0.09	0.05	0.19	0.21
10	002513	金鹰元安混合 C	0.99	0.99	5.00	5.06
11	002586	金鹰添利信用债债券 A	0.01	0.07	0.19	0.20
12	002587	金鹰添利信用债债券 C	0.08	0.07	0.04	0.04
13	002681	金鹰元和灵活配置混合 A	6.55	0.57	7.27	7.43
14	002682	金鹰元和灵活配置混合 C	0.00	0.17	0.25	0.26
15	002844	金鹰多元策略混合	0.01	1.87	0.66	0.66

序号	基金代码	基金名称	期间申购（亿份）	期间赎回（亿份）	期末总份额（亿份）	期末净资产（亿元）
16	003163	金鹰添益纯债	0.00	0.00	25.85	26.55
17	003384	金鹰添盈纯债债券	0.22	20.06	10.06	10.09
18	003484	金鹰鑫益混合 A	0.01	0.05	0.16	0.17
19	003485	金鹰鑫益混合 C	0.33	0.02	0.33	0.35
20	003502	金鹰鑫瑞混合 A	0.18	0.06	0.37	0.39
21	003503	金鹰鑫瑞混合 C	1.30	0.09	1.27	1.55
22	003733	金鹰添裕纯债债券	9.76	0.50	9.77	10.08
23	003833	金鹰添富纯债债券	0.00	0.00	2.00	2.10
24	003852	金鹰添享纯债债券	0.00	3.75	0.50	0.51
25	003853	金鹰信息产业股票 A	0.00	0.00	0.00	0.00
26	004033	金鹰添荣纯债债券	0.00	0.00	2.00	2.01
27	004040	金鹰医疗健康产业 A	0.00	0.01	0.01	0.01
28	004041	金鹰医疗健康产业 C	0.01	0.02	0.02	0.02
29	004044	金鹰转型动力混合	0.11	0.35	4.90	4.36
30	004045	金鹰添润定开债	13.02	0.00	15.12	15.06
31	004211	金鹰周期优选混合	0.04	0.75	2.62	2.49
32	004265	金鹰民丰回报定期开放混合	0.00	0.00	2.97	3.06
33	004267	金鹰持久增利债券(LOF)E	0.00	0.00	0.00	0.00
34	004333	金鹰元盛债券型发起式 E	0.14	0.10	0.21	0.26
35	004372	金鹰增益货币 A	7.79	5.83	4.35	4.35
36	004373	金鹰增益货币 B	83.89	73.96	65.53	65.53
37	005010	金鹰添瑞中短债 A	29.53	9.06	32.51	33.10
38	005011	金鹰添瑞中短债 C	40.48	13.46	30.04	30.51
39	005885	金鹰信息产业股票 C	0.02	0.01	0.02	0.02
40	162102	金鹰中小盘精选	0.11	0.20	3.78	3.58
41	162105	金鹰持久增利债券(LOF)C	0.00	0.00	0.50	0.52
42	162107	金鹰量化精选股票(LOF)	0.03	0.04	0.18	0.13
43	162108	金鹰元盛债券型发起式 C	0.01	0.04	0.30	0.33
44	210001	金鹰成份优选	0.12	0.10	3.61	3.10
45	210002	金鹰红利价值	0.13	0.86	2.20	2.47
46	210003	金鹰行业优势混合	0.10	0.15	1.57	1.70
47	210004	金鹰稳健成长混合	2.75	1.18	11.99	13.55
48	210005	金鹰主题优势混合	0.04	0.11	1.89	2.08
49	210006	金鹰元禧混合 A	0.00	0.02	0.24	0.26
50	210007	金鹰技术领先灵活配置混合 A	0.29	0.23	0.47	0.39
51	210008	金鹰策略配置混合	0.09	0.09	0.47	0.52
52	210009	金鹰核心资源混合	0.93	1.93	13.05	12.13
53	210010	金鹰灵活配置混合 A	0.00	0.00	0.03	0.04
54	210011	金鹰灵活配置混合 C	0.00	0.00	3.87	4.21
55	210012	金鹰货币 A	4.83	4.88	3.12	3.12
56	210013	金鹰货币 B	147.49	121.70	184.32	184.32
57	210014	金鹰元丰债券	0.00	0.18	0.57	0.59
58	511770	金鹰增益货币 E	0.03	1.23	0.57	0.57

【公司高管】

李兆廷先生，北京交通大学软件工程硕士。曾任石家庄市柴油机厂技术员、车间主任、总经理助理、副总经理等职务。现任东旭集团有限公司董事长。

刘岩先生，董事，金融学博士，历任中国光大银行总行投行业务部业务主管，中国光大银行总行财富管理中心业务副经理，广州证券有限责任公司资产管理总部总经理等职。经公司第四届董事会第三十九次会议审议通过，并报经中国证监会核准，自 2014 年 8 月 7 日至今，担任金鹰基金管理有限公司总经理。

景顺长城基金管理有限公司

【基本情况】

法定名称：景顺长城基金管理有限公司
英文名称：Invesco Great Wall Fund Management Company Limited
公司属性：合资企业
成立日期：2003－06－12
注册资本：13000（万元）
法人代表：丁　益
总 经 理：康　乐
注册地址：深圳市福田区中心四路 1 号嘉里建设广场第一座 21 层
办公地址：深圳市福田区中心四路 1 号嘉里建设广场第一座 21 层
网站地址：www. igwfmc. com
邮政编码：518048
客服邮箱：investor@ igwfmc. com
电话号码：400－8888－606，0755－82370688
传真号码：0755－22381339
经营范围：从事基金管理、发起设立基金以及法律、法规或中国证监会准许和批准的其他业务。
基金数量：91（其中普通基金 85 只，货币基金 6 只，理财基金 0 只，封闭式基金 0 只，其他基金 0 只）
管理规模：1185.55 亿元
经理人数：21 人

【公司概况】

景顺长城基金管理有限公司成立于 2003 年 6 月 12 日，是国内第一家中美合资的公募基金管理公司，由景顺集团下属景顺资产管理有限公司与长城证券股份有限公司联合开滦（集团）有限责任公司和大连实德集团有限公司共同发起设立，其中景顺资产和长城证券各持有 49% 的公司股份。公司以“为客户持续创造财富”为企业使命，致力于成为中国资产管理行业持续领跑者。

公司注册资本 1.3 亿元人民币，总部设在深圳，在北京、上海、广州设有分公司。截至 2018 年 8 月 31 日，公司旗下共管理 142 只产品，已经建立起覆盖高中低风险等级的较为完善的产品线，并在股票型基金的管理上形成了显著的优势。公司管理总规模为 1,604 亿元。

股东背景

景顺资产管理有限公司隶属景顺集团

全球大型的独立资产管理公司，在全球 20 个国家设有分支机构；

全球资产管理规模达 9633 亿美元（数据来源：景顺，截至 2018 年 6 月 30 日）；

在纽约证券交易所上市，为 MSCIWorld 和 S&P500 指数成分股。

长城证券

国内最早的八家综合类证券公司之一，取得了全面的业务资质；

控股股东华能集团实力雄厚，是以电力产业为主的国家级特大型企业集团。

投资理念

宁取细水长流不要惊涛裂岸

公司历经15年的发展，已构建起了股票投资、固定收益、量化投资、国际投资、养老及资产配置五大业务板块，成为股票投资领先的多资产管理专家。

股票投资

公司在股票投资领域持续领先，享有"股票投资专家"的称号。投研团队采取"自下而上"与"自上而下"相结合的分析方法，专注基本面研究，注重投资对象的成长性和投资价值。曾在2006年、2012年两次揽获当年度的股票型基金冠军，并荣膺2017年偏股混合型基金冠军。今年以来、最近一年、最近两年，景顺长城主动管理权益投资超额收益率排名分列6/110、7/109、5/99，业绩稳居行业第一梯队。（数据来源：海通证券，截至2018年6月30日）。

固定收益投资

固定收益团队对债券市场有深刻的理解，融合国际先进的固定收益管理经验和本土资源，追求绝对回报，长期回报突出；风险管理水准高，信用研究评级体系理性成熟；独立股票投资能力强，同时依托公司整体权益投资实力，股债配置能力突出。借鉴海外经验对风险有更严格的把控，寻求收益性、流动性和安全性之间的最佳平衡。团队连续两年荣获固定收益明星投资团队奖（2015年、2016年《证券时报》）。

量化投资

量化投资团队有效结合海内外先进理念与本土市场，与景顺集团全球量化团队保持密切交流，构建基本面驱动多因子量化投资模型，模型经市场验证成熟有效，持续产生稳定的超额收益，胜率突出，信息比率高。目前量化产品线已覆盖指数增强、主动量化、市场中性/多空对冲、风险平价等多种策略、不同收益/风险特征的产品。

国际投资

作为中美合资公司，景顺长城充分利用外方股东的资源优势，引进、吸收、消化景顺集团的全球化视野和资产管理能力，长期跟踪和关注国际市场动态，深入分析国内外宏观经济，把握境外投资机会。公司早于2005年就获准从事QFII投资顾问，2008年获取QDII基金管理资格，此后长年提供QFII基金投资顾问服务及QDII基金管理，在国际机构客户中塑造了良好的口碑。

养老及资产配置

公司结合股票、固收、量化等投资能力，为客户提供专业的综合解决投资方案。公司成立了独立的养老及资产配置部，负责公募FOF产品、养老产品、资产配置业务的投资管理与研究工作，并借助外方股东的资源，对海外相关市场及产品做了较为深入的了解和研究。

专户管理

专户业务和公募基金业务在投资上独立运作，但共享研究资源。公募基金业务在投资研究、产品设计方面为专户业务提供强有力的支持。专户团队凭借自身的投资实力和业绩表现赢得了机构客户的青睐，业务发展迅速，积累了丰富的专户投资管理服务经验，是受托管理保险资金规模第四大基金管理公司（数据来源：中国保险资产管理业协会，截至2017年12月31日）。

子公司

全资子公司业务范围定位为公司投资能力的延伸，负责母公司投资范围之外的另类投资等创新投资业务，充分借助股东在股票、量化、固定收益投资领域的优势，同时运用公司在另类投资和风控领域的积累，重点打造多元另类投资能力。

【公司荣誉】

凭借长期优异的投资业绩，公司2018年在各大评奖机构中荣获了多达40个奖项，既有公司奖，也有团队、个人和产品的奖项。主要奖项包括：

基金业协会

中国基金业20周年优秀基金管理公司及管理层奖（7－15年组别）——景顺长城基金公司及历任管理层

中国基金业20周年优秀产品及管理及团队奖（7－15年组别）——景顺长城内需增长基金、优选混合基金和鼎益基金及历任基金经理

中国证券报

金牛基金公司——景顺长城基金公司

2017年度股票型金牛基金——景顺长城量化新动力基金

2017年度混合型金牛基金——景顺长城新兴成长基金

三年期混合型持续优胜金牛基金——景顺长城能源基建基金

上海证券报

公募基金20周年·"金基金"股票投资回报基金管理公司奖——景顺长城基金公司

公募基金20周年·"金基金"最佳投资回报基金经理奖——余广先生

第十五届"金基金"奖·股票型基金奖（一年期）——景顺长城量化新动力基金

第十五届"金基金"奖·偏股混合型基金奖（一年期）——景顺长城新兴成长基金

证券时报

2017年度十大明星基金公司——景顺长城基金公司

2017年度股票投资明星团队——股票投资部

2017年度积极混合型明星基金——景顺长城鼎益基金

2017年度积极混合型明星基金——景顺长城核心竞争力基金

2017年度平衡混合型明星基金——景顺长城动力平衡基金

2017年度股票型明星基金——景顺长城量化新动力基金

三年持续回报积极债券明星基金——景顺长城景颐双利债券基金

三年持续回报普通债券型基金——景顺长城鑫月薪定期支付债券基金

三年持续回报积极混合型明星基金——景顺长城能源基建基金

五年持续回报平衡型明星基金——景顺长城优选基金

公募基金20年"最佳回报混合型基金"——景顺长城鼎益基金

景顺长城核心竞争力基金

景顺长城优选基金

景顺长城内需增长基金

公募基金20年"最佳主动权益基金管理人"——景顺长城基金公司

中国基金报

英华奖"五年期权益类投资最佳基金经理"——余广先生

英华奖"三年期二级债最佳基金经理"——毛从容女士

英华奖"三年期量化投资最佳基金经理"——黎海威先生

晨星
2018 年度混合型基金——景顺长城动力平衡基金

【旗下基金】

序号	基金代码	基金名称	期间申购（亿份）	期间赎回（亿份）	期末总份额（亿份）	期末净资产（亿元）
1	000020	景顺长城品质投资混合	3.83	0.41	6.59	12.68
2	000181	景顺长城四季金利债券 A	0.44	0.01	0.90	1.04
3	000182	景顺长城四季金利债券 C	0.00	0.00	0.02	0.03
4	000242	景顺长城策略精选	0.07	0.91	1.84	1.96
5	000252	景顺长城景兴信用纯债 A	0.14	0.06	1.12	1.43
6	000253	景顺长城景兴信用纯债 C	0.00	0.01	0.06	0.07
7	000311	景顺长城沪深 300 增强	6.81	8.60	39.38	74.16
8	000380	景顺长城景益货币 A	301.66	72.58	232.50	232.50
9	000381	景顺长城景益货币 B	8.43	9.33	1.18	1.18
10	000385	景顺长城景颐双利债券 A	0.68	2.91	9.63	14.30
11	000386	景顺长城景颐双利债券 C	0.00	0.02	0.07	0.10
12	000411	景顺长城优质成长	0.38	0.04	0.78	0.83
13	000418	景顺长城成长之星	0.02	0.03	0.37	0.64
14	000465	景顺长城鑫月薪定期支付债券	0.00	0.07	1.12	1.14
15	000532	景顺长城优势企业混合	0.12	0.13	1.58	3.04
16	000586	景顺中小板创业板精选股票	2.67	1.42	5.26	7.73
17	000688	景顺长城研究精选股票	0.01	1.16	0.42	0.59
18	000701	景顺长城景丰货币 A	1.59	2.92	2.71	2.71
19	000707	景顺长城景丰货币 B	166.45	184.50	47.42	47.42
20	000772	景顺长城中国回报灵活配置	0.00	0.03	0.54	0.66
21	000978	景顺长城量化精选股票	12.73	11.86	27.69	35.41
22	000979	景顺长城沪港深精选股票	0.71	3.57	33.12	33.34
23	001194	景顺长城稳健回报混合 A	0.00	0.00	6.59	7.46
24	001361	景顺中证 TMT150ETF 联接	0.27	0.41	6.23	0.23
25	001362	景顺长城领先回报混合 A	0.03	0.05	2.31	2.84
26	001379	景顺长城领先回报混合 C	0.00	0.01	0.05	0.07
27	001407	景顺长城稳健回报混合 C	–	–	0.05	0.06
28	001422	景顺长城安享回报混合 A	0.00	0.01	5.00	5.52
29	001423	景顺长城安享回报混合 C	0.01	0.01	1.85	2.02
30	001455	景顺长城中证 500ETF 联接	0.12	0.14	3.99	0.18
31	001506	景顺长城泰和回报混合 A	0.00	0.00	2.72	3.05
32	001507	景顺长城泰和回报混合 C	0.54	0.54	0.00	0.00
33	001535	景顺长城改革机遇灵活配置混合	0.12	0.11	0.43	0.43
34	001750	景顺长城景瑞收益定开债	–	–	1.37	1.33
35	001854	景顺长城景颐增利债券 A	–	1.73	0.60	0.62
36	001855	景顺长城景颐增利债券 C	–	–	0.00	0.00
37	001920	景顺长城景颐宏利债券 A	0.28	2.30	2.77	2.97
38	001921	景顺长城景颐宏利债券 C	–	0.00	0.00	0.00
39	001974	景顺长城量化新动力股票	1.46	1.20	4.90	6.62
40	001975	景顺长城环保优势股票	3.41	2.33	6.65	9.83
41	002065	景顺长城景盛双息收益债券 A	0.00	0.05	0.23	0.25
42	002066	景顺长城景盛双息收益债券 C	0.10	0.04	0.18	0.18
43	002244	景顺长城低碳科技主题混合	0.14	0.20	1.34	1.34
44	002792	景顺长城顺益回报混合 A	0.00	0.09	0.42	0.46
45	002793	景顺长城顺益回报混合 C	0.00	0.13	0.08	0.08
46	002796	景顺长城景盈双利债券 A	1.92	9.84	1.94	2.03
47	002797	景顺长城景盈双利债券 C	0.00	0.00	0.07	0.07
48	002842	景顺长城景盈金利债券 A	0.01	0.08	0.23	0.24
49	002843	景顺长城景盈金利债券 C	0.12	0.16	0.08	0.08
50	003315	景顺长城景瑞双利债券	0.00	0.01	0.17	0.18
51	003318	景顺中证 500 行业中性低波动	2.21	0.19	5.76	5.02
52	003407	景顺长城景泰丰利纯债 A	0.16	5.03	0.15	0.18
53	003408	景顺长城景泰丰利纯债 C	0.09	0.01	0.08	0.10
54	003409	景顺长城景颐盛利债券 A	–	0.20	0.49	0.50
55	003410	景顺景颐盛利 C	0.00	0.00	0.00	0.00
56	003504	景顺长城景颐丰利债券 A	–	0.00	1.68	1.78
57	003505	景顺长城景颐丰利债券 C	–	0.00	0.00	0.00
58	003603	景顺长城泰安回报混合 A	0.00	0.98	4.02	4.10
59	003604	景顺长城泰安回报混合 C	0.00	0.00	0.00	0.00
60	003605	景顺长城景泰汇利定开债	–	0.00	19.50	20.78
61	004476	景顺长城沪港深领先科技	2.01	0.34	4.19	4.50
62	004707	景顺长城睿成混合 A	0.00	0.00	1.20	1.05
63	004719	景顺长城睿成混合 C	–	0.00	0.02	0.01
64	005007	景顺长城景瑞睿利回报混合	0.00	0.46	2.95	2.92
65	005258	景顺长城量化平衡混合	0.08	0.89	11.08	10.49
66	005325	景顺长城泰恒回报混合 A	0.00	0.00	1.61	1.53
67	005326	景顺长城泰恒回报混合 C	–	0.01	0.01	0.01
68	005327	景顺长城景泰稳利定开债 A	–	4.02	3.00	3.03
69	005457	景顺长城量化小盘股票	4.82	2.26	8.14	7.68
70	006065	景顺长城景泰稳利定开债 C	0.00	–	0.00	0.00
71	159935	景顺长城中证 500ETF	0.04	0.04	1.91	2.70
72	162605	景顺长城鼎益混合(LOF)	7.13	3.54	28.03	38.51
73	162607	景顺长城资源垄断混合	17.62	8.15	47.77	22.36
74	260101	景顺长城优选混合	10.16	0.44	16.49	38.91
75	260102	景顺货币 A	1.19	1.69	2.73	2.73
76	260103	景顺长城动力平衡	0.22	2.30	14.10	16.09
77	260104	景顺长城内需增长混合	0.12	0.12	1.90	9.96
78	260108	景顺长城新兴成长混合	11.96	8.31	29.44	39.75
79	260109	景顺长城内需贰号混合	0.72	0.85	18.86	18.61
80	260110	景顺长城精选蓝筹混合	0.52	1.05	32.07	36.65
81	260111	景顺长城公司治理混合	0.01	0.07	1.79	2.04
82	260112	景顺长城能源基建混合	0.65	2.52	9.53	14.29
83	260115	景顺长城中小盘混合	0.44	0.08	1.56	1.84
84	260116	景顺长城核心竞争力混合 A	1.29	1.20	8.22	24.08
85	260117	景顺长城支柱产业混合	0.01	0.03	1.97	2.28
86	260202	景顺货币 B	4.20	3.65	2.36	2.36
87	261001	景顺长城稳定债券 A	0.01	4.14	2.27	2.32
88	261002	景顺长城优信增利债券 A	0.02	2.48	3.61	4.97
89	261101	景顺长城稳定债券 C	0.00	0.90	3.03	3.09
90	261102	景顺长城信增债券 C	0.01	0.01	0.03	0.04
91	262001	景顺长城大中华混合	0.18	0.02	1.28	2.19
92	510420	景顺长城上证 180ETF	–	0.19	0.34	0.44
93	512220	景顺中证 TMT150ETF	–	0.05	2.52	3.00
94	512280	景顺 MSCI 中国 A 股 ETF	5.92	6.98	14.28	13.15
95	960008	景顺长城核心竞争力混合 H	0.05	0.02	0.37	1.07

摩根士丹利华鑫基金管理有限公司

【基本情况】

法定名称:摩根士丹利华鑫基金管理有限公司
英文名称:Morgan Stanley Huaxin Fund Management Company Limited
公司属性:合资企业
成立日期:2003－03－14
注册资本:22750(万元)

法人代表：于　华
总 经 理：于　华（代）
注册地址：深圳市福田区中心四路 1 号嘉里建设广场第二座第十七层 01 – 04 室
办公地址：深圳市福田区中心四路 1 号嘉里建设广场一期二座 17 楼
网站地址：www. msfunds. com. cn
邮政编码：518048
客服邮箱：Services@ msfunds. com. cn
电话号码：400 – 8888 – 668
传真号码：0755 – 82990384
经营范围：发起设立基金、基金管理业务及中国证监会允许的其他业务
基金数量：30（其中普通基金 30 只，货币基金 0 只，理财基金 0 只，封闭式基金 0 只，其他基金 0 只）
管理规模：158. 49 亿元
经理人数：10 人

【公司概况】

摩根士丹利华鑫基金管理有限公司于 2008 年 6 月 12 日完成工商注册变更登记，是一家中外合资基金管理公司（公司前身为 2003 年 3 月 14 日成立的巨田基金管理有限公司），公司注册资本 2. 275 亿元人民币，注册地为深圳市。公司总部现处深圳，另在北京、上海设有分公司。

“聚环球睿智，成人生梦想”。作为一家合资基金公司，摩根士丹利华鑫基金既受益于外方股东摩根士丹利的国际化视野，又吸收了中方股东华鑫证券的本土投资智慧。在中外股东的共同支持下，摩根士丹利华鑫基金致力于成为国内一流的资产管理公司，立足于中国市场的现实，借助国际化的优势，努力塑造“和谐、规范、透明、进取”的企业文化，以良好的投资业绩及专业的服务和投资人一起成就梦想。

目前，公司已成功为投资者提供包括主动投资、被动投资、量化投资、固定收益投资、特定资产管理等在内的多元资产管理服务，力求全面满足投资人的财富管理需求。

【公司荣誉】

2017 年 8 月，大摩增利 18 个月定期开放债券基金及其基金经理李铁获评首届济安金信“五星基金明星奖”

2017 年 5 月，摩根士丹利华鑫基金获评《证券时报》“2016 年度十大明星基金公司”

大摩强收益债券基金获评《证券时报》“2016 年度积极债券型明星基金”、“五年持续回报普通债券型明星基金”

大摩多元收益债券基金获评《证券时报》“三年持续回报积极债券型明星基金”

大摩多因子策略混合基金获评《证券时报》“五年持续回报积极混合型明星基金”

2017 年 4 月，摩根士丹利华鑫基金获评《中国证券报》“金牛基金管理公司”

大摩多因子策略混合基金获评《中国证券报》“五年期开放式混合型持续优胜金牛基金”

大摩量化配置混合基金获评《中国证券报》“三年期开放式混合型持续优胜金牛基金”

大摩强收益债券基金获评《中国证券报》“2016 年度开放式债券型金牛基金”

摩根士丹利华鑫基金获评《上海证券报》“2016 年度金基金 · TOP 公司奖”

大摩强收益债券基金获评《上海证券报》“2016 年度金基金 · 一年期债券基金奖”

大摩多元收益债券基金获评《上海证券报》“2016 年度金基金 · 三年期债券基金奖”

李铁获评《中国基金报》第四届中国基金业英华奖“三年期二级债最佳基金经理”

2017 年 3 月，大摩多元收益债券基金获评晨星（中国）2017 年度“激进债券型基金奖”

2017 年 2 月，摩根士丹利华鑫基金获评第二届中国基金业营销创新高峰论坛 2016 年度金果奖“最佳公共关系建设奖”

2017 年 1 月，摩根士丹利华鑫基金获评 2016 东方财富风云榜“年度最具社会责任基金公司”

【股东概况】

排序	股东名称	持股数量（万股）	持股比例（%）
1	华鑫证券有限责任公司	8999. 9	39. 560%
2	摩根士丹利国际控股公司	8500. 0825	37. 363%
3	深圳招融投资控股有限公司	2499. 9975	10. 989%
4	汉唐证券有限责任公司	1499. 9075	6. 593%
5	深圳市中技实业（集团）有限公司	1250. 1125	5. 495%

【旗下基金】

序号	基金代码	基金名称	期间申购（亿份）	期间赎回（亿份）	期末总份额（亿份）	期末净资产（亿元）
1	000024	大摩双利增强债券 A	0. 99	2. 09	11. 09	12. 15
2	000025	大摩双利增强债券 C	2. 27	2. 69	6. 16	6. 67
3	000064	大摩 18 个月定期开放债券	–	–	7. 52	7. 75
4	000309	大摩品质生活精选股票	0. 10	0. 46	2. 56	4. 08
5	000415	大摩添利 18 个月开放债券 A	–	–	8. 28	9. 63
6	000416	大摩添利 18 个月开放债券 C	–	–	2. 94	3. 37
7	000419	大摩优质信价纯债 A	17. 51	0. 88	18. 65	20. 70
8	000420	大摩优质信价纯债 C	1. 23	0. 38	0. 95	1. 04
9	000594	大摩进取优选股票	0. 03	0. 03	0. 31	0. 52
10	001291	大摩量化多策略股票	0. 05	0. 31	6. 16	4. 90
11	001348	大摩新机遇混合	0. 09	0. 04	0. 48	0. 53
12	001738	大摩新趋势混合	0. 00	0. 09	0. 66	0. 57
13	001859	大摩增值 18 个月开放债券 A	–	–	3. 97	4. 33
14	001860	大摩增值 18 个月开放债券 C	–	–	1. 24	1. 34
15	002707	大摩科技领先混合	0. 02	0. 26	1. 79	1. 55
16	002708	大摩健康产业混合	1. 09	0. 41	1. 03	1. 31
17	002885	大摩万众创新灵活配置混合	0. 00	0. 13	0. 79	0. 74
18	003312	大摩睿成中小盘弹性股票	0. 01	0. 04	0. 91	0. 75
19	163302	大摩资源优选混合（LOF）	0. 20	0. 24	5. 83	7. 00
20	233001	大摩基础行业混合	0. 04	0. 07	1. 11	1. 05
21	233005	大摩强收益债券	6. 74	2. 63	13. 82	23. 64
22	233006	大摩领先优势混合	0. 07	0. 14	2. 18	4. 42
23	233007	大摩卓越成长混合	0. 08	0. 13	2. 26	4. 83
24	233008	大摩消费领航	0. 04	0. 05	1. 67	1. 22
25	233009	大摩多因子策略混合	0. 67	3. 06	15. 93	17. 42
26	233010	大摩深证 300 指数增强	0. 04	0. 03	0. 29	0. 39
27	233011	大摩主题优选混合	0. 10	0. 09	1. 80	3. 76
28	233012	大摩多元收益债券 A	0. 43	0. 11	1. 75	2. 92
29	233013	大摩多元收益债券 C	0. 14	0. 36	1. 41	2. 29
30	233015	大摩量化配置混合	0. 09	2. 09	4. 72	7. 04

【公司高管】

于华先生，北京大学经济学学士，鲁汶大学工商管理硕士、金融博士，美国注册金融分析师（CFA）。曾任深圳证券交易所综合研究所所长，加拿大鲍尔集团亚太分公司基金与保险业务副总裁，加拿大伦敦人寿保险公司北京代表处首席代表，大成基金管理有限公司董事、总经理，摩根士丹利亚洲有限公司董事总经理、中国投资管理业务主管。现任本公司代董事长、总经理。

南方基金管理有限公司

【基本情况】

法定名称：南方基金管理股份有限公司

英文名称：China Southern Fund Management Co. , Ltd.

公司属性：中资企业

成立日期：1998 – 03 – 06

注册资本：30000（万元）

法人代表：张海波

总 经 理：杨小松

注册地址：深圳市福田区福田街道福华一路六号免税商务大厦 31 – 33 层

办公地址：深圳市福田中心区福华一路 6 号免税商务大厦 22 层，31 – 33 层

网站地址：www. nffund. com

邮政编码：518048

客服邮箱：service@ nffund. com
service@ southernfund. com

电话号码：400 – 889 – 8899

传真号码：0755 – 82763889

经营范围：基金募集、基金销售、资产管理、中国证监会许可的其他业务。

基金数量：254（其中普通基金 221 只，货币基金 20 只，理财基金 5 只，封闭式基金 0 只，其他基金 8 只）

管理规模：5108. 78 亿元

经理人数：42 人

【公司概况】

1998 年 3 月 6 日，经中国证监会批准，南方基金作为国内首批规范的基金管理公司正式成立，成为我国“新基金时代”的起始标志。

南方基金总部设在深圳，注册资本 3 亿元人民币。股东结构为：华泰证券股份有限公司（45%）；深圳市投资控股有限公司（30%）；厦门国际信托有限公司（15%）；兴业证券股份有限公司（10%）。目前，公司在北京、上海、深圳、南京、成都、合肥等地设有分公司，在香港和深圳前海设有子公司——南方东英资产管理有限公司（香港子公司）和南方资本管理有限公司（深圳子公司）。其中，南方东英是境内基金公司获批成立的第一家境外分支机构。

公司拥有一支高素质、经验丰富的专业化团队。截至 2017 年末，公司共有员工 585 人，超过 70% 的员工具有硕士以上学历，投研人员 183 人，占比达 31%，26% 的投研人员具有海外学习或工作经验。

公司经历了中国证券市场多次牛熊交替的长期考验，以持续优秀的投资业绩、完善周到的客户服务，赢得了广大基金投资人、社保理事会、企业年金客户、专户客户的认可和信赖。

截至 2017 年末，南方基金母子公司合并资产管理规模 9549 亿元。其中南方基金母公司资产管理总规模 7268 亿元，位居行业前列。南方基金旗下管理公募基金共 153 只，产品涵盖股票型、混合型、债券型、避险策略型、货币型、指数型、另类投资型、QDII 等，其中公募基金资产管理规模 4400 亿元，2017 年底公募非货基规模排名行业第五，累计向客户分红超过 900 亿元，拥有客户数量超过 4000 万人；南方基金非公募业务管理规模 2868 亿元，在行业中持续保持领先地位。南方资本专户子公司规模 1928 亿元，南方东英香港子公司规模 342 亿元。南方基金已经发展成为国内产品种类最丰富、业务领域最全面、经营业绩优秀、资产管理规模最大的基金管理公司之一。

【公司荣誉】

证券时报第 11 届中国基金业明星基金奖 · 2015 年度十大明星基金公司

大众证券报 2015 年度十大风云基金公司之最佳资产管理公司

信息时报基金业年度活跃品牌竞争力企业

全国银行间同业拆借中心 2015 年度银行间本币市场最佳资产管理人奖

中国证券报 2015 年度被动投资金牛基金公司

中国证券报 2015 年度金牛基金管理公司

上海证券报第十三届中国“金基金”TOP 公司奖

【股东概况】

排序	股东名称	股权比例
1	华泰证券有限责任公司	45%
2	深圳市投资控股有限公司	30%
3	厦门国际信托投资股份有限公司	15%
4	兴业证券股份有限公司	10%

【旗下基金】

序号	基金代码	基金名称	期间申购（亿份）	期间赎回（亿份）	期末总份额（亿份）	期末净资产（亿元）
1	000086	南方稳利 1 年定开债 A	–	0. 32	19. 84	20. 09
2	000326	南方顺达	–	0. 84	14. 67	15. 12
3	000327	南方新蓝筹混合	0. 00	1. 92	2. 50	2. 77
4	000355	南方丰元信用增强债券 A	0. 38	0. 42	0. 73	0. 82
5	000356	南方丰元信用增强债券 C	0. 12	0. 14	0. 24	0. 27
6	000452	南方医药保健灵活配置混合	1. 10	0. 63	3. 65	5. 98
7	000493	南方现金通货币 A	38. 03	38. 02	0. 06	0. 06
8	000494	南方现金通货币 B	2. 60	2. 66	0. 23	0. 23
9	000495	南方现金通货币 C	38. 01	10. 17	99. 03	99. 03
10	000527	南方新优享	2. 05	2. 18	15. 70	38. 52
11	000554	中国梦基金	0. 04	0. 09	5. 02	7. 50
12	000561	南方启元 A	0. 02	0. 02	0. 08	0. 08
13	000562	南方启元 C	0. 00	0. 01	0. 02	0. 03
14	000563	南方通利 A	2. 40	0. 59	5. 27	5. 55
15	000564	南方通利 C	0. 01	0. 63	0. 90	0. 94
16	000687	南方薪金宝	332. 75	323. 24	184. 95	184. 95
17	000719	南方现金通 E	1,515. 25	1,407. 69	792. 10	792. 10
18	000720	南方稳利 1 年定开债 C	–	0. 01	0. 41	0. 41
19	000816	南方理财金交易型货币 A	20. 23	18. 28	30. 61	30. 61
20	000844	南方绝对收益	0. 01	0. 41	3. 89	4. 85
21	000955	南方产业活力	0. 22	0. 74	10. 76	11. 37

序号	基金代码	基金名称	期间申购（亿份）	期间赎回（亿份）	期末总份额（亿份）	期末净资产（亿元）
22	000997	南方双元 A	0.00	0.07	0.39	0.40
23	000998	南方双元 C	0.00	0.02	0.05	0.05
24	001041	南方理财 60 天债券 E	0.00	0.00	0.00	0.00
25	001053	南方创新经济	2.56	2.55	10.25	12.47
26	001113	南方大数据 100A	0.61	2.43	50.08	35.74
27	001181	南方改革机遇	0.04	0.73	12.72	11.00
28	001183	南方利淘 A	0.01	0.25	5.50	6.27
29	001334	南方利鑫 A	0.01	0.02	5.76	6.53
30	001335	南方利众 A	0.02	0.34	1.84	2.03
31	001420	南方大数据 300A	0.16	0.71	4.77	4.72
32	001421	南方量化成长	0.32	0.66	5.60	5.53
33	001426	南方大数据 300C	0.04	0.09	0.66	0.64
34	001503	南方利鑫 C	1.06	1.06	0.22	0.25
35	001504	南方利淘 C	1.19	1.32	0.31	0.35
36	001505	南方利众 C	0.52	0.52	0.00	0.00
37	001536	南方君选	0.10	0.24	2.45	2.65
38	001566	南方利达 A	0.00	0.01	1.00	1.08
39	001570	南方利安 A	0.00	2.01	3.84	4.04
40	001573	南方互联网＋灵活配置混合	0.32	0.81	1.19	1.15
41	001667	南方转型混合	0.02	0.48	4.69	3.70
42	001691	南方香港成长（QDII）	0.03	0.06	13.43	13.92
43	001692	南方国策动力	0.05	0.12	1.49	1.52
44	001696	南方智造股票	0.04	0.11	1.18	1.14
45	001771	南方量化混合	0.00	0.08	0.68	0.63
46	001772	南方消费活力	–	–	120.10	148.95
47	001979	南方沪港深价值	0.02	1.46	1.46	1.30
48	001988	南方纯元 A	9.23	3.02	17.21	17.42
49	001989	南方纯元 C	0.04	0.02	0.04	0.04
50	002015	南方荣光 A	0.47	0.01	5.74	6.28
51	002016	南方荣光 C	0.01	–	0.01	0.01
52	002160	南方驱动混合	0.34	0.30	1.74	2.33
53	002167	南方顺康混合	0.00	0.26	1.81	1.75
54	002218	南方弘利 A	–	–	1.10	1.12
55	002220	南方瑞利灵活配置混合	0.00	0.41	1.56	1.63
56	002293	南方益和保本	–	0.46	22.40	24.22
57	002324	南方日添益 A	34.85	31.43	18.24	18.24
58	002325	南方日添益 E	28.96	31.47	10.11	10.11
59	002400	南方亚洲美元债人民币 A	0.32	4.00	16.59	7.28
60	002401	南方亚洲美元债人民币 C	0.08	1.13	5.76	1.76
61	002402	南方亚洲美元债美元现汇 A	–	–	16.59	10.64
62	002403	南方亚洲美元债美元现汇 C	–	–	5.76	4.40
63	002527	南方安享绝对收益	0.00	0.11	0.78	0.74
64	002577	南方新兴混合	0.05	0.28	2.71	1.97
65	002655	南方卓享绝对收益	0.00	0.19	0.42	0.43
66	002656	南方创业板 ETF 联接 A	2.78	1.22	5.82	0.40
67	002828	南方现金增利货币 E	220.61	220.26	27.19	27.19
68	002829	南方现金增利货币 F	2.09	1.65	0.67	0.67
69	002850	南方甑智混合	–	–	11.65	10.58
70	002851	南方品质混合	5.00	9.45	37.71	54.87
71	002900	南方中证 500 信息技术联接 A	0.38	0.33	1.16	0.11
72	002906	南方中证 500 量化增强 A	0.72	2.13	1.78	1.60
73	002907	南方中证 500 量化增强 C	1.08	0.06	1.63	1.47
74	002931	南方荣毅	–	–	0.99	1.02
75	003033	南方荣冠定开混合	–	–	2.17	2.15
76	003064	南方荣欢混合	–	1.00	4.10	4.18
77	003161	南方安泰混合	0.09	1.28	6.61	6.99
78	003295	南方安裕混合	0.02	1.88	7.13	7.52
79	003332	南方荣发混合	–	–	5.10	5.34
80	003337	南方颐元定开债券发起式 A	10.00	–	20.10	20.57
81	003406	南方多元债券	–	16.70	0.10	0.11
82	003473	南方天天利货币 A	101.96	107.00	62.13	62.13
83	003474	南方天天利货币 B	551.45	410.43	966.04	966.04
84	003476	南方安颐混合	0.00	0.44	1.31	1.32
85	003477	南方睿见混合	–	–	1.94	1.98
86	003610	南方荣安 A	–	–	1.46	1.54
87	003611	南方荣安 C	–	–	0.06	0.06
88	003612	南方卓元债券 A	0.63	0.10	2.21	2.32
89	003613	南方卓元债券 C	0.00	0.10	0.00	0.00
90	003776	南方宣利定开债 A	–	–	5.10	5.21
91	003777	南方宣利定开债 C	–	–	0.00	0.00
92	003807	南方荣优鑫年享定开混合 A	0.00	7.17	0.24	0.26
93	003808	南方荣优鑫年享定开混合 C	–	0.00	0.00	0.00
94	003936	南方和利 A	–	–	0.27	0.29
95	003937	南方和利 C	–	–	0.00	0.00
96	003938	南方荣尊定开混合 A	0.40	1.48	0.81	0.82
97	003939	南方荣尊定开混合 C	0.01	2.93	0.41	0.41
98	003956	南方教育股票	0.07	0.22	1.26	1.09
99	004069	南方中证全指证券 ETF 联接 A	0.30	0.10	0.95	0.12
100	004070	南方中证全指证券 ETF 联接 C	2.38	1.88	2.37	0.12
101	004180	南方宏元债券 A	–	–	0.10	0.11
102	004224	南方军工改革灵活配置混合	1.33	0.92	7.00	4.42
103	004342	南方开元沪深 300ETF 联接 C	0.04	0.02	0.08	0.83
104	004343	南方创业板 ETF 联接 C	1.08	0.43	1.09	0.40
105	004344	南方大数据 100C	0.02	0.01	0.04	0.03
106	004345	南方深证成份 ETF 联接 C	0.04	0.01	0.05	0.25
107	004346	南方小康 ETF 联接 C	0.00	0.00	0.01	0.38
108	004347	南方中证 500 信息技术联接 C	0.11	0.08	0.13	0.11
109	004348	南方中证 500ETF 联接 C	1.04	0.09	4.49	4.26
110	004357	南方智慧混合	0.70	1.29	5.17	5.63
111	004429	南方文旅混合	0.07	0.14	0.56	0.61
112	004432	南方有色金属 ETF 联接 A	0.05	0.03	0.23	0.03
113	004433	南方有色金属 ETF 联接 C	0.10	0.06	0.16	0.03
114	004443	南方荣知定期开放混合 A	0.00	0.67	0.18	0.18
115	004444	南方荣知定期开放混合 C	0.00	2.19	0.29	0.30
116	004446	南方荣年 A	–	–	1.36	1.41
117	004447	南方荣年 C	–	–	2.65	2.73
118	004517	南方安康混合	0.02	0.52	1.48	1.53
119	004555	南方和元 A	4.11	3.00	6.12	6.20
120	004556	南方和元 C	1.00	0.00	1.00	1.01
121	004597	南方银行 ETF 联接 A	0.11	0.12	0.40	0.04
122	004598	南方银行 ETF 联接 C	0.31	0.08	0.42	0.04
123	004625	南方高元债发起 A	0.01	0.00	0.11	0.12
124	004626	南方高元债发起 C	0.00	0.00	0.00	0.00
125	004642	南方房地产 ETF 联接 A	0.02	0.03	0.16	0.02
126	004643	南方房地产 ETF 联接 C	0.09	0.06	0.11	0.02
127	004648	南方安睿混合	0.00	0.23	1.57	1.60
128	004702	南方金融混合	0.04	0.07	0.39	0.31
129	004703	南方兴盛混合	0.44	0.73	3.77	3.79
130	004705	南方祥元债券 A	0.01	0.32	0.89	0.92
131	004706	南方祥元债券 C	0.20	0.00	0.21	0.22
132	004970	南方天天宝货币 A	7.63	4.90	4.81	4.81
133	004971	南方天天宝货币 B	17.72	9.54	9.67	9.67

序号	基金代码	基金名称	期间申购（亿份）	期间赎回（亿份）	期末总份额（亿份）	期末净资产（亿元）
134	005024	南方兴利定开债券	–	–	30.10	30.50
135	005059	南方安福混合	0.00	0.41	1.26	1.27
136	005123	南方优享分红混合	0.76	4.40	41.97	40.52
137	005194	南方天天利货币 E	82.60	79.00	38.48	38.48
138	005206	南方优选成长混合 C	0.00	0.00	0.17	0.40
139	005207	南方高端装备灵活配置混合 C	0.00	0.00	0.01	0.01
140	005215	南方全天候策略（FOF）A	0.03	4.10	12.00	11.94
141	005216	南方全天候策略（FOF）C	0.02	1.30	3.31	3.28
142	005393	南方卓利定开债发起式 A	–	–	50.10	50.90
143	005397	南方安养混合	0.03	0.23	2.55	2.57
144	005403	南方融尚再融资混合	0.01	1.64	5.34	5.32
145	005461	南方希元转债	0.02	3.17	0.58	0.57
146	005469	南方浙利定开债券	–	–	19.10	19.46
147	005470	南方乾利定开债	–	–	35.10	35.77
148	005476	南方涪利定开债	–	–	3.10	3.12
149	005554	南方 H 股联接 A	0.01	0.08	0.34	0.03
150	005555	南方 H 股联接 C	0.03	0.23	0.46	0.03
151	005659	南方恒指 ETF 联接 C	0.00	0.00	0.00	0.03
152	005691	南方中证 100 指数 C	0.01	0.00	0.00	0.00
153	005742	南方成安优选混合	0.05	0.49	1.74	1.75
154	150049	南方消费收益	–	–	0.24	0.24
155	150050	南方消费进取	–	–	0.24	0.17
156	150293	南方中证高铁产业指数分级 A	–	–	0.04	0.04
157	150294	南方中证高铁产业指数分级 B	–	–	0.04	0.02
158	150295	南方中证国有企业改革分级 A	–	–	0.34	0.35
159	150296	南方中证国有企业改革分级 B	–	–	0.34	0.25
160	150297	南方中证互联网指数分级 A	–	–	0.12	0.12
161	150298	南方中证互联网指数分级 B	–	–	0.12	0.04
162	159903	南方深成 ETF	0.21	0.03	3.94	4.02
163	159925	南方开元沪深 300ETF	0.20	–	7.13	10.60
164	159948	南方创业板 ETF	1.42	0.34	3.41	5.71
165	159954	南方恒生中国企业 ETF	–	0.73	2.02	1.92
166	160105	南方积极配置混合（LOF）	0.08	0.23	7.83	7.83
167	160106	南方高增长混合（LOF）	0.63	0.61	12.99	14.07
168	160119	南方中证 500ETF 联接 A	5.42	2.97	38.05	4.26
169	160121	南方金砖四国指数（QDII）	0.09	0.18	0.89	0.94
170	160123	南方中债 10 年期国债 A	0.02	0.02	0.12	0.15
171	160124	南方中债 10 年期国债 C	0.03	0.02	0.52	0.61
172	160125	南方香港优选股票（QDII）	0.07	0.87	3.69	3.85
173	160127	南方新兴消费分级	1.32	1.53	8.97	7.78
174	160128	南方金利定开债（LOF）A	0.86	1.06	2.22	2.28
175	160129	南方金利定开债（LOF）C	0.02	0.68	0.51	0.52
176	160130	南方永利 1 年定开债 A	–	–	1.16	1.13
177	160131	南方聚利 1 年定开债 A	–	–	0.76	0.79
178	160132	南方永利 C	–	–	0.04	0.04
179	160133	南方天元	0.47	0.06	3.06	6.65
180	160134	南方聚利 1 年定开债 C	0.00	–	0.08	0.08
181	160135	南方中证高铁产业指数分级	0.30	0.46	2.14	1.55
182	160136	南方中证国有企业改革指数分级	0.04	0.16	1.31	1.15
183	160137	南方中证互联网指数分级	0.07	0.13	2.49	1.69
184	160138	南方恒生中国企业精明指数 A	0.02	0.05	0.23	0.24
185	160139	南方恒生中国企业精明指数 C	0.05	0.10	0.12	0.12
186	160140	南方道琼斯美国精选 A	0.04	0.04	0.24	0.24
187	160141	南方道琼斯美国精选 C	0.03	0.03	0.14	0.14
188	202001	南方稳健成长	0.10	0.38	14.12	18.85
189	202002	南方稳健成长贰号	0.24	0.87	37.46	16.88
190	202003	南方绩优成长混合	1.27	1.35	48.37	49.43
191	202005	南方成份精选混合	2.20	8.18	43.03	36.72
192	202007	南方隆元产业主题混合	0.12	0.68	26.46	21.77
193	202009	南方盛元红利混合	0.19	0.36	10.59	8.26
194	202011	南方优选价值混合 A	2.92	1.35	15.30	16.46
195	202015	南方开元沪深 300ETF 联接 A	0.63	0.44	6.58	0.83
196	202017	南方深证成份 ETF 联接 A	0.31	0.10	3.45	0.25
197	202019	南方策略优化混合	0.41	0.54	5.04	6.39
198	202021	南方小康 ETF 联接 A	0.15	0.41	5.34	0.38
199	202023	南方优选成长混合 A	0.28	0.84	3.89	9.34
200	202025	南方上证 380 联接	0.11	0.08	1.28	0.14
201	202027	南方高端装备灵活配置混合 A	0.08	0.16	2.39	3.52
202	202101	南方宝元债券	0.65	0.66	9.40	18.79
203	202102	南方多利增强债券 C	0.12	0.57	2.86	3.09
204	202103	南方多利增强债券 A	4.51	1.20	13.94	15.11
205	202105	南方广利债券 A/B	0.01	0.18	2.49	3.22
206	202107	南方广利债券 C	0.01	0.07	1.34	1.69
207	202108	南方润元纯债债券 A/B	0.28	0.43	1.17	1.43
208	202110	南方润元纯债债券 C	0.01	0.26	0.63	0.74
209	202202	南方避险增值	–	0.33	15.38	53.65
210	202211	南方中证 100 指数 A	0.09	0.08	1.62	1.59
211	202212	南方平衡配置混合	0.01	0.12	2.01	2.76
212	202213	南方安心	–	0.64	29.32	30.51
213	202301	南方现金增利货币 A	133.28	139.57	189.14	189.14
214	202302	南方现金增利货币 B	296.18	312.64	533.86	533.86
215	202303	南方理财 14 天 A	9.41	10.83	12.82	12.82
216	202304	南方理财 14 天 B	42.54	25.32	226.35	226.35
217	202305	南方理财 60 天 A	2.81	6.58	7.44	7.44
218	202306	南方理财 60 天 B	0.34	5.30	17.65	17.65
219	202307	南方收益宝货币 A	15.13	15.48	5.28	5.28
220	202308	南方收益宝货币 B	65.80	66.39	46.69	46.69
221	202801	南方全球精选	0.03	1.36	46.92	43.20
222	501018	南方原油	1.12	0.90	1.61	2.05
223	501302	南方恒指 ETF 联接 A	0.03	0.04	0.44	0.03
224	510160	南方中证小康产业 ETF	0.02	0.60	11.88	6.24
225	510290	南方上证 380ETF	0.04	0.02	1.38	1.94
226	510500	南方中证 500ETF	12.54	3.52	43.81	242.13
227	511810	南方理财金交易型货币 H	0.61	0.86	0.69	69.14
228	512100	南方中证 1000ETF	0.30	0.09	1.50	1.00
229	512160	南方 MSCI 中国 A 股国际通 ETF	1.88	6.38	8.60	8.10
230	512200	南方中证房地产 ETF	0.54	0.54	0.52	0.42
231	512300	中证 500 医药卫生 ETF	0.39	0.39	0.43	0.51
232	512310	南方中证 500 工业 ETF	0.05	0.03	1.09	0.53
233	512330	南方中证 500 信息技术 ETF	0.18	0.04	1.65	1.17
234	512340	南方中证 500 原材料 ETF	0.05	0.04	0.58	0.46
235	512400	南方中证申万有色金属 ETF	0.53	0.41	1.20	0.89
236	512700	南方中证银行 ETF	0.40	0.15	1.15	1.05
237	512900	南方中证全指证券 ETF	1.86	1.17	5.21	3.75
238	513600	南方恒生 ETF	–	0.01	0.27	0.69
239	960020	南方优选价值混合 H	0.00	–	0.00	0.00

【公司高管】

张海波先生，1963 年 9 月出生，籍贯安徽，中共党员，工商管理硕士，中国籍。1984 年 8 月至 1993 年 7 月就职于江苏省委农工部，历任科员、副主任科员、主任科员、助理调研员；1993 年 7 月至 1998 年 12 月就职于江苏省政府办公厅农业处，历任副处级秘书、调研员；1998 年 12 月加入华泰证券，曾任总裁助理、投资银行部总经理、投资银行业务总监兼投资银行业务管理总部总经理、华泰证券副总裁兼华泰紫金投资有限责任公司董事长、华泰金融控股（香港）有限公司董事长、华泰证券（上海）资产管理有限公司董事长等职务，曾分管投资银行、固定收益投资、资产管理、直接投资、海外业务、计划财务、人力资源等工作。现任华泰证券股份有限公司副总裁、党委委员、南方基金管理有限公司董事长。

杨小松先生，总裁，中共党员，经济学硕士，注册会计师，中国籍。历任德勤国际会计师行会计专业翻译，光大银行证券部职员，美国 NASDAQ 实习职员，证监会处长、副主任。2012 年加入南方基金，担任督察长，现任南方基金管理有限公司董事、总裁、党委副书记。

诺安基金管理有限公司

【基本情况】

法定名称：诺安基金管理有限公司

英文名称：Lion Fund Management Co. , Ltd.

公司属性：中资企业

成立日期：2003 - 12 - 09

注册资本：15000（万元）

法人代表：秦维舟

总 经 理：奥成文

注册地址：深圳市福日区深南大道 4013 号兴业银行大厦 19 层 1901 - 1908 室 20 层 2001 - 2008 室

办公地址：深圳市深南大道 4013 号兴业银行大厦 19 - 20 层

网站地址：www. lionfund. com. cn

邮政编码：518048

客服邮箱：services@ lionfund. com. cn

电话号码：400 - 888 - 8998

传真号码：0755 - 83026677

经营范围：基金募集、基金销售、资产管理、中国证监会许可的其他业务

基金数量：79（其中普通基金 64 只，货币基金 13 只，理财基金 0 只，封闭式基金 0 只，其他基金 2 只）

管理规模：779.87 亿元；经理人数：23 人

【公司概况】

诺安基金管理有限公司成立于 2003 年 12 月，目前公司旗下管理着超过 50 只开放式基金。截至 2017 年 12 月底，公募基金管理规模为 876.97 亿元，拥有客户数量近 800 万。

“智_汇财富稳_见未来”，诺安基金管理有限公司致力于以科学严谨的专业知识，以稳健的风格，以卓越的远见在瞬息万变的市场中为投资者实现长期持久的投资回报。

业务领域

开放式基金：齐全的产品线，所管理的开放式基金涵盖股票型、混合型、指数型、债券型和货币型基金。

QDII 业务：公司于 2008 年 5 月份获批 QDII 境外证券投资管理业务资格，旗下管理黄金、收益不动产、油气能源等多只主题 QDII 基金。

专户理财业务：公司是首批获得专户理财资格的基金公司之一，目前公司已有多只“一对多”产品成立，产品涵盖个股精选、主题投资、灵活配置、策略精选等不同类别。

公司特色

实力雄厚：2017 年 12 月底公募基金管理规模为 876.97 亿元，旗下基金产品风格齐全，各具特色。

体制创新：公司具有强大的投研团队，特色的人才激励机制以及严格的风险控制制度。

风格稳健：公司经历了多次牛熊交替的考验，始终坚持严谨、稳健的投资风格，为投资者实现了良好的投资回报。

股东背景

诺安基金总部设在深圳，注册资本金为 1.5 亿元人民币。股东结构为：中国对外经济贸易信托有限公司（40%）；深圳市捷隆投资有限公司（40%）；大恒新纪元科技股份有限公司（20%）。

经营理念

诺安基金秉承“领先、创新、责任、卓越”的理念，以诚信为本，取信于社会，取信于市场，取信于每一位基金投资人。走稳健之道，在有效控制风险的前提下，为基金投资人创造良好的投资回报。

【股东概况】

排序	股东名称	持股数量（万股）	持股比例（%）
1	中国对外经济贸易信托投资有限公司	6000.00	40%
1	深圳市捷隆投资有限公司	6000.00	40%
2	北京中关村科学城建设股份有限公司	3000.00	20%

【旗下基金】

序号	基金代码	基金名称	期间申购（亿份）	期间赎回（亿份）	期末总份额（亿份）	期末净资产（亿元）
1	000066	诺安鸿鑫保本混合	0.00	2.50	8.98	9.41
2	000151	诺安信用一年定开债券	–	–	0.50	0.51
3	000201	诺安泰鑫一年定期开放债券 A	–	–	0.53	0.55
4	000235	诺安稳固收益一年定开债券	–	–	3.01	3.17
5	000510	诺安永鑫收益一年定开债券	–	–	1.97	2.02
6	000521	诺安瑞鑫定开债券	–	–	41.57	42.65
7	000538	诺安优势行业混合 A	–	0.28	1.63	2.09
8	000559	诺安天天宝 A	0.17	2.24	0.52	0.52
9	000560	诺安天天宝 E	75.01	70.95	27.46	27.46
10	000625	诺安天天宝 B	40.09	38.71	10.57	10.57
11	000640	诺安理财宝货币 A	0.00	0.04	0.21	0.21
12	000641	诺安理财宝货币 B	267.19	257.28	142.39	142.39
13	000714	诺安稳健回报灵活配置混合	0.00	0.01	0.11	0.15
14	000736	诺安聚利债券 A	1.10	1.38	0.66	0.74
15	000737	诺安聚利债券 C	0.22	0.27	0.08	0.09
16	000771	诺安聚鑫宝货币 A	286.97	290.49	147.23	147.23
17	000779	诺安聚鑫宝货币 B	79.98	87.11	47.28	47.28
18	000818	诺安天天宝 C	0.00	0.00	0.01	0.01
19	000971	诺安新经济股票	0.08	0.15	4.33	3.10
20	001026	诺安理财宝货币 C	0.00	0.00	0.01	0.01
21	001208	诺安低碳经济股票	1.99	1.86	11.71	12.61
22	001351	诺安中证 500ETF 联接	0.05	0.09	1.39	0.08

序号	基金代码	基金名称	期间申购（亿份）	期间赎回（亿份）	期末总份额（亿份）	期末净资产（亿元）
23	001411	诺安创新驱动混合 A	–	0.06	0.75	0.76
24	001528	诺安先进制造股票	0.86	0.46	4.16	6.02
25	001669	诺安聚鑫宝货币 C	7.71	9.14	0.00	0.00
26	001706	诺安积极回报混合	0.00	3.81	5.03	5.24
27	001707	诺安高端制造股票	0.06	0.05	0.49	0.42
28	001743	诺安优选回报混合	0.00	3.51	5.04	5.25
29	001744	诺安进取回报混合	0.00	0.05	2.10	2.04
30	001780	诺安改革趋势灵活配置混合	0.01	0.09	0.93	0.84
31	001867	诺安聚鑫宝货币 D	46.11	43.84	31.85	31.85
32	001964	诺安泰鑫一年定开债 C	–	–	0.00	0.00
33	002051	诺安创新驱动混合 C	–	–	7.15	7.25
34	002052	诺安稳健回报灵活配置混合 C	–	–	7.15	9.35
35	002053	诺安优势行业混合 C	–	–	0.00	0.00
36	002067	诺安精选回报混合	0.00	0.00	1.40	1.24
37	002137	诺安利鑫灵活配置混合	0.21	0.70	1.59	1.88
38	002145	诺安景鑫灵活配置混合	0.01	0.16	1.64	1.42
39	002291	诺安安鑫灵活配置混合	0.01	1.00	2.70	2.72
40	002292	诺安益鑫灵活配置混合	0.05	1.99	2.50	2.54
41	002560	诺安和鑫灵活配置混合	0.00	1.29	1.41	1.33
42	005547	诺安圆鼎定开债	1.98	–	6.08	6.15
43	005548	诺安鑫享定开债发起式	4.95	–	20.05	20.32
44	150073	诺安稳健	–	–	0.02	0.16
45	150075	诺安进取	–	–	0.03	0.16
46	163208	诺安油气能源	0.08	0.29	1.22	1.18
47	163209	诺安中证创业成长指数分级	0.01	0.01	0.14	0.16
48	163210	诺安纯债定期开放债券 A	–	–	3.50	3.83
49	163211	诺安纯债定期开放债券 C	–	–	0.64	0.70
50	320001	诺安平衡混合	0.03	0.38	16.62	14.83
51	320002	诺安货币 A	15.37	0.81	16.95	16.95
52	320003	诺安先锋混合	0.06	0.63	25.18	31.64
53	320004	诺安优化收益债券	0.01	0.71	1.70	1.72
54	320005	诺安价值增长混合	0.04	0.46	13.74	15.00
55	320006	诺安灵活配置	0.32	1.04	7.80	17.09
56	320007	诺安成长混合	0.05	0.33	4.44	3.51
57	320008	诺安增利债券 A	0.00	0.21	0.53	0.70
58	320009	诺安增利债券 B	0.00	0.00	0.04	0.05
59	320010	诺安中证 100 指数	0.13	0.15	1.68	2.04
60	320011	诺安中小盘精选混合	0.37	1.27	5.79	11.19
61	320012	诺安主题精选混合	0.02	0.03	0.76	1.39
62	320013	诺安全球黄金	0.16	0.43	6.72	5.16
63	320014	诺安沪深 300 指数增强	0.44	0.46	0.42	0.44
64	320015	诺安行业轮动混合	0.11	0.41	3.49	3.86
65	320016	诺安多策略混合	0.01	0.02	0.26	0.37
66	320017	诺安全球不动产	0.02	0.06	0.64	0.95
67	320018	诺安新动力灵活配置	0.01	0.01	0.50	0.81
68	320019	诺安货币 B	79.09	93.92	23.61	23.61
69	320020	诺安策略精选股票	–	–	3.10	3.13
70	320021	诺安双利债券	–	0.20	0.52	0.87
71	320022	诺安研究精选股票	0.06	0.39	5.09	4.84
72	510260	诺安上证新兴 ETF	0.45	0.47	0.53	0.57
73	510520	诺安中证 500ETF	–	0.02	0.75	1.02

【公司高管】

秦维舟先生，董事长，工商管理硕士。历任北京中联新技术有限公司总经理，香港昌维发展有限公司总经理，香港先锋投资有限公司总经理，中国新纪元有限公司副总裁，诺安基金管理有限公司副董事长。

奥成文先生，总经理，经济学硕士，经济师。曾任中国通用技术（集团）控股有限责任公司资产经营部副经理，中国对外经济贸易信托投资有限公司投资银行部副总经理。2002 年 10 月开始参加诺安基金管理有限公司筹备工作，任公司督察长，现任公司总经理。

鹏华基金管理有限公司

【基本情况】

法定名称：鹏华基金管理有限公司
英文名称：Penghua Fund Management Co. , Ltd.
公司属性：合资企业
成立日期：1998 – 12 – 22
注册资本：15000（万元）
法人代表：何　如
总 经 理：邓召明
注册地址：深圳市福田区福华三路 168 号深圳国际商会中心第 43 层
办公地址：深圳市福田区福华三路 168 号深圳国际商会中心第 43 层
网站地址：www. phfund. com. cn
邮政编码：518048
客服邮箱：service@ phfund. com. cn
电话号码：400 – 6788 – 999，0755 – 82353668
传真号码：0755 – 82021155
经营范围：基金募集；基金销售；资产管理；中国证监会许可的其他业务
基金数量：211（其中普通基金 167 只，货币基金 12 只，理财基金 0 只，封闭式基金 0 只，其他基金 32 只）
管理规模：3221.76 亿元；经理人数：39 人

【公司概况】

鹏华基金管理有限公司成立于 1998 年 12 月 22 日，注册资本 15,000 万元人民币，总部设在深圳，在北京、上海、广州、武汉设有分公司，2013 年 1 月，在深圳前海设立控股子公司鹏华资产管理有限公司。目前的股东由国信证券股份有限公司、意大利欧利盛资本资产管理股份公司（EurizonCapital-SGRS. p. A.）、深圳市北融信投资发展有限公司组成，三家股东的出资比例分别为 50%、49%、1%，业务范围包括基金募集、基金销售、资产管理及中国证监会许可的其他业务。截至 2018 年 6 月 30 日，公司管理资产总规模达到 5,232.30 亿元，管理 152 只公募基金、10 只全国社保投资组合、3 只基本养老保险投资组合。

【公司荣誉（2017）】

2017 年 5 月在由证券时报社主办的第十二届中国基金业明星基金奖评选中，鹏华弘泽灵活配置混合型证券投资基金获得“2016 年度绝对收益明星基金奖”；鹏华双债增利基金获得“2016 年度普通债券型明星基金奖”。

2017 年 4 月在《中国基金报》主办的第四届中国基金业“英华奖”评选中，鹏华基金梁浩获得“五年期权益类投资最佳基金经理”称号；鹏华基金戴钢获得“三年期纯债型最佳基金经理”称号。“中国基金业英华奖”是《中国基金报》独家推出的业内唯一一个面向大资管行业投资人才的评选，通过纯量化指标考核，考察基金经理的超额收益获取能力以及对风险控制的把握能力。

2017 年 4 月在上海证券报社主办的第十四届中国"金基金"奖评选中，鹏华基金荣获"2016 年度金基金|债券投资回报基金管理公司奖"；鹏华弘泽灵活配置混合型证券投资基金获得"2016 年度金基金|一年期绝对收益基金奖"。

2017 年 4 月在由中国证券报社主办，银河证券、天相投顾、招商证券、海通证券、上海证券协办的第十四届金牛奖评选中，鹏华基金荣获"海外投资金牛基金公司"，这也是鹏华基金第二次获得该奖项。同时，凭借优异的投资业绩表现，鹏华信用增利债券基金(206003)荣获"2016 年度开放式债券型金牛基金"、鹏华安盈宝货币基金(000905)荣获"2016 年度开放式货币市场金牛基金"。

2017 年 4 月在由国金证券主办的第九届中国私募基金年会中，鹏华基金凭借旗下定向增发策略，荣获"最佳机构合作伙伴"。

2017 年 3 月在由中国工商银行私人银行部、资产管理部举办的年度评选中，鹏华基金荣获"2016 年度优秀管理人奖"。

2017 年 1 月在由《信息时报》主办的 2016 年度"金狮奖"评选中，鹏华基金凭借优异的投资回报和突出的风险管控能力，获评"2016 年度最佳稳健风控基金公司"奖。

2017 年 1 月在由《大众证券报》主办的 2016"中国基金风云榜"评选中，凭借完备的产品线布局、优良的投研业绩和专业的资产管理服务，鹏华基金荣获"2016 年度最佳资产管理公司"。

2017 年 1 月在由东方财富网、天天基金网主办的"2016 年东方财富风云榜"评选中，鹏华基金荣获"最佳指数产品基金公司"第 1 名；鹏华全球高收益债荣获"最具特色产品奖"第 1 名。

【股东概况】

排序	股东名称	持股数量(万股)	持股比例(%)
1	国信证券有限责任公司	7500.00	50%
2	Eurizon Capital SGR S. p. A.	7350.00	49%
3	深圳市北融信投资发展有限公司	150.00	1%

【旗下基金】

序号	基金代码	基金名称	期间申购(亿份)	期间赎回(亿份)	期末总份额(亿份)	期末净资产(亿元)
1	000007	鹏华国企债债券	0.01	0.04	0.32	0.37
2	000053	鹏华实业债纯债债券	0.01	0.01	0.16	0.22
3	000054	鹏华双债增利债券	2.25	0.00	2.69	3.03
4	000143	鹏华双债加利债券	0.00	0.04	0.41	0.54
5	000289	鹏华丰泰定期开放债券 A	–	–	6.86	6.86
6	000290	鹏华全球高收益债	0.37	3.52	12.13	12.54
7	000291	鹏华普悦债券	0.00	0.10	1.64	1.59
8	000295	鹏华丰实定期开放债券 A	–	–	11.77	12.39
9	000296	鹏华丰实定期开放债券 B	–	–	0.37	0.38
10	000297	鹏华可转债债券	0.02	0.02	0.58	0.48
11	000329	鹏华丰饶定开债	–	1.16	6.56	6.60
12	000338	鹏华双债保利债券	0.00	0.09	0.57	0.63
13	000345	鹏华丰融定期开放债券	–	–	0.78	0.98
14	000409	鹏华环保产业股票	0.09	0.12	1.68	2.63
15	000431	鹏华品牌传承混合	0.13	0.18	0.80	1.18
16	000548	鹏华聚财通货币	4.93	5.36	6.32	6.32
17	000569	鹏华增值宝货币	287.99	283.73	92.04	92.04
18	000778	鹏华先进制造股票	0.04	0.51	7.70	11.19
19	000780	鹏华医疗保健股票	0.32	0.88	9.62	12.71
20	000854	鹏华养老产业	0.38	0.74	2.65	4.62
21	000905	鹏华安盈宝货币	561.04	562.79	302.73	302.73
22	001067	鹏华弘盛混合 A	0.00	0.13	1.81	2.18
23	001122	鹏华弘利混合 A	0.00	0.09	8.03	9.06
24	001123	鹏华弘利混合 C	0.00	0.06	0.18	0.20
25	001172	鹏华弘泽混合 A	0.00	3.45	1.00	1.13
26	001188	鹏华改革红利股票	0.04	0.82	16.57	13.36
27	001190	鹏华弘润混合 A	0.00	0.02	11.55	13.05
28	001191	鹏华弘润混合 C	0.02	0.01	0.05	0.06
29	001222	鹏华外延成长混合	0.02	0.23	2.75	2.65
30	001223	鹏华文化传媒娱乐股票	0.44	0.21	0.75	0.80
31	001230	鹏华医药科技	3.91	2.99	25.30	15.76
32	001325	鹏华弘和混合 A	0.00	0.81	3.98	4.46
33	001326	鹏华弘和混合 C	0.00	0.00	0.58	0.64
34	001327	鹏华弘华混合 A	0.00	0.01	1.95	2.02
35	001328	鹏华弘华混合 C	0.00	0.00	0.00	0.00
36	001329	鹏华弘实混合 A	0.02	0.01	5.79	6.52
37	001330	鹏华弘实混合 C	0.01	0.01	0.01	0.01
38	001331	鹏华弘信混合 A	0.00	0.00	3.35	3.94
39	001332	鹏华弘信混合 C	0.01	0.00	0.01	0.01
40	001336	鹏华弘益混合 A	0.01	0.01	0.08	0.09
41	001337	鹏华弘益混合 C	0.00	0.00	6.01	6.57
42	001380	鹏华弘盛混合 C	0.16	0.01	0.18	0.29
43	001381	鹏华弘泽混合 C	0.44	0.00	0.63	0.71
44	001453	鹏华弘鑫混合 A	0.02	0.03	0.23	0.23
45	001454	鹏华弘鑫混合 C	0.00	0.72	0.51	0.50
46	001666	鹏华添利宝货币	1,647.73	1,565.22	1,502.95	1,502.95
47	001775	鹏华弘泰 C	0.23	0.00	0.23	0.25
48	001950	鹏华丰泰定开债 B	–	–	0.04	0.04
49	002018	鹏华弘安混合 A	0.00	0.00	8.12	8.74
50	002019	鹏华弘安混合 C	0.00	0.00	0.01	0.01
51	002188	鹏华丰华债券	–	0.00	0.50	0.52
52	002259	鹏华健康环保混合	0.16	0.72	1.08	1.43
53	002318	鹏华添利交易型货币 A	0.61	0.13	0.80	0.80
54	002395	鹏华丰尚定开债 A	0.00	1.35	1.79	1.72
55	002396	鹏华丰尚定开债 B	0.00	0.70	0.77	0.73
56	002504	鹏华金鼎保本混合 A	0.00	1.25	22.76	22.89
57	002505	鹏华金鼎保本混合 C	0.00	0.19	4.28	4.24
58	002643	鹏华兴利混合	0.00	4.84	7.21	7.72
59	002695	鹏华兴泽定期开放混合 A	–	–	1.42	1.53
60	002696	鹏华兴泽定期开放混合 C	–	–	0.62	0.66
61	002714	鹏华金城保本混合	0.00	0.92	28.16	28.69
62	002809	鹏华兴华定期开放混合	–	–	1.56	1.54
63	002868	鹏华丰茂债券	0.00	5.00	9.88	9.93
64	002913	鹏华兴益定期开放混合	–	–	2.42	2.43
65	003122	鹏华兴盛灵活配置混合 A	–	0.25	0.57	0.56
66	003142	鹏华弘达混合 A	0.00	0.00	0.01	0.02
67	003143	鹏华弘达混合 C	–	1.03	6.10	6.40
68	003165	鹏华弘嘉混合 A 类	0.19	0.28	1.20	1.21
69	003166	鹏华弘嘉混合 C 类	0.00	0.10	0.31	0.31
70	003186	鹏华兴安定期开放混合	0.00	1.26	1.35	1.41
71	003209	鹏华丰达债券	–	0.00	14.98	14.69
72	003224	鹏华兴润定期开放混合 A	–	–	1.63	1.70
73	003225	鹏华兴润定期开放混合 C	–	–	1.53	1.58

序号	基金代码	基金名称	期间申购（亿份）	期间赎回（亿份）	期末总份额（亿份）	期末净资产（亿元）
74	003280	鹏华丰恒债券	0.00	0.00	1.65	1.72
75	003343	鹏华弘惠灵活配置混合A	0.00	0.00	1.00	0.99
76	003344	鹏华弘惠灵活配置混合C	0.00	0.01	0.00	0.00
77	003367	鹏华兴合定期开放混合A	–	–	1.79	1.82
78	003368	鹏华兴合定期开放混合C	–	–	0.92	0.93
79	003411	鹏华弘康灵活配置混合A	0.00	0.00	4.58	4.65
80	003412	鹏华弘康灵活配置混合C	–	0.00	0.00	0.00
81	003495	鹏华弘尚灵活配置混合A	–	0.00	7.76	7.81
82	003496	鹏华弘尚灵活配置混合C	–	0.00	0.00	0.00
83	003527	鹏华丰腾债券	–	0.00	19.99	20.48
84	003547	鹏华丰禄债券	0.00	0.00	5.00	5.16
85	003662	鹏华永盛一年定开债	–	–	3.00	3.19
86	003663	鹏华兴泰定期开放混合	–	–	4.10	4.11
87	003741	鹏华丰盈债券	0.00	0.00	19.82	20.23
88	003780	鹏华兴悦定期开放混合	–	–	3.82	3.85
89	003828	鹏华兴惠定期开放混合	–	–	2.85	3.11
90	003835	鹏华沪深港新兴成长混合	0.16	1.14	0.00	0.00
91	003983	鹏华丰惠债券	–	0.00	15.00	15.48
92	004036	鹏华弘樽灵活配置混合A	0.00	1.32	0.05	0.06
93	004037	鹏华弘樽灵活配置混合C	0.00	0.00	0.00	0.00
94	004096	鹏华兴康灵活配置混合A	0.00	0.03	0.25	0.25
95	004100	鹏华安益增强混合	0.31	0.21	0.61	0.66
96	004127	鹏华丰康债券	0.00	0.00	10.00	10.56
97	004292	鹏华沪深港互联网股票	0.03	0.06	1.08	1.26
98	004388	鹏华丰享债券	1.03	0.05	1.02	1.06
99	004438	鹏华永安定期开放债券	–	–	3.00	3.16
100	004463	鹏华丰玉债券	0.00	0.00	20.00	20.49
101	004489	鹏华量化策略混合	0.36	0.39	0.19	0.17
102	004498	鹏华丰源债券	0.00	0.15	0.60	0.62
103	004499	鹏华丰瑞债券	0.09	0.00	15.47	16.06
104	004503	鹏华永泰定期开放债券	–	–	2.06	2.18
105	004504	鹏华永泽18个月定开债	–	–	2.00	2.05
106	004514	鹏华新科技传媒混合	0.05	0.06	0.50	0.49
107	004684	鹏华盈余宝货币A	0.03	0.09	0.20	0.20
108	004701	鹏华盈余宝货币B	0.01	–	1.03	1.03
109	004776	鹏华金元宝货币	172.19	129.06	243.38	243.38
110	004896	鹏华兴鑫宝货币	404.81	390.88	71.91	71.91
111	004986	鹏华策略回报混合	1.88	14.67	17.45	17.47
112	005028	鹏华研究精选灵活配置混合	0.02	1.09	6.62	6.47
113	005268	鹏华优势企业	0.04	0.36	5.71	5.58
114	005416	鹏华尊惠定期开放混合A	–	–	1.83	1.81
115	005417	鹏华尊惠定期开放混合C	–	–	0.29	0.29
116	005422	鹏华兴嘉定期开放混合	–	–	2.11	2.08
117	005632	鹏华量化先锋混合	0.23	0.24	0.31	0.24
118	005870	鹏华沪深300指数增强	0.00	0.00	0.07	0.07
119	006041	鹏华兴盛灵活配置混合C	0.00	–	0.00	0.00
120	006057	鹏华丰和债券(LOF)C	0.00	–	0.00	0.00
121	006062	鹏华兴康灵活配置混合C	0.00	–	0.00	0.00
122	150100	鹏华资源分级A	–	–	0.50	2.28
123	150101	鹏华资源分级B	–	–	0.50	2.28
124	150177	鹏华证券保险分级A	–	–	0.72	8.90
125	150178	鹏华证券保险分级B	–	–	0.72	8.90
126	150179	鹏华信息分级A	–	–	0.17	2.67
127	150180	鹏华信息分级B	–	–	0.17	2.67
128	150192	鹏华地产分级A	–	–	0.27	4.04
129	150193	鹏华地产分级B	–	–	0.27	4.04
130	150203	鹏华传媒分级A	–	–	0.58	4.37

序号	基金代码	基金名称	期间申购（亿份）	期间赎回（亿份）	期末总份额（亿份）	期末净资产（亿元）
131	150204	鹏华传媒分级B	–	–	0.58	4.37
132	150205	鹏华中证国防指数分级A	–	–	5.44	74.96
133	150206	鹏华中证国防指数分级B	–	–	5.44	74.96
134	150227	鹏华银行分级A	–	–	15.75	35.12
135	150228	鹏华银行分级B	–	–	15.75	35.12
136	150229	鹏华酒分级A	–	–	0.12	4.56
137	150230	鹏华酒分级B	–	–	0.12	4.56
138	150235	鹏华证券分级A	–	–	1.47	4.31
139	150236	鹏华证券分级B	–	–	1.47	4.31
140	150237	鹏华环保分级A	–	–	0.04	1.00
141	150238	鹏华环保分级B	–	–	0.04	1.00
142	150243	鹏华创业板分级A	–	–	2.05	4.31
143	150244	鹏华创业板分级B	–	–	2.05	4.31
144	150245	鹏华互联网分级A	–	–	0.07	1.24
145	150246	鹏华互联网分级B	–	–	0.07	1.24
146	150273	鹏华一带一路分级A	–	–	0.11	4.49
147	150274	鹏华一带一路分级B	–	–	0.11	4.49
148	150277	鹏华高铁分级A	–	–	0.27	1.02
149	150278	鹏华高铁分级B	–	–	0.27	1.02
150	150279	鹏华新能源分级A	–	–	0.05	0.39
151	150280	鹏华新能源分级B	–	–	0.05	0.39
152	159911	鹏华深证民营ETF	0.01	0.01	0.12	0.47
153	160602	鹏华普天债券A	3.52	0.31	4.87	5.89
154	160603	鹏华普天收益	0.03	0.66	4.29	5.54
155	160605	鹏华中国50	0.33	0.42	7.46	9.97
156	160606	鹏华货币A	1.29	1.26	3.04	3.04
157	160607	鹏华价值优势混合(LOF)	1.33	7.93	28.07	20.46
158	160608	鹏华普天债券B	0.16	0.13	0.12	0.15
159	160609	鹏华货币B	67.41	65.12	44.95	44.95
160	160610	鹏华动力增长	0.17	0.38	15.74	13.62
161	160611	鹏华优质治理混合(LOF)	0.03	0.21	12.26	8.78
162	160612	鹏华丰收债券	1.71	0.12	30.01	33.36
163	160613	鹏华盛世创新混合(LOF)	0.06	0.09	0.74	0.87
164	160615	鹏华沪深300	0.23	0.13	2.17	3.16
165	160616	鹏华中证500	0.31	0.09	2.26	2.56
166	160617	鹏华丰润债券(LOF)	0.00	0.01	0.71	0.73
167	160618	鹏华丰泽债券(LOF)	0.01	0.20	1.38	1.63
168	160620	鹏华资源分级	0.21	0.29	1.13	2.28
169	160621	鹏华丰和债券(LOF)A	0.00	0.29	1.31	1.40
170	160622	鹏华丰利债券(LOF)	0.00	0.30	7.25	7.27
171	160624	鹏华消费领先混合	0.03	0.05	1.30	2.33
172	160625	鹏华证券保险分级	0.59	1.52	7.51	8.90
173	160626	鹏华信息分级	0.40	0.80	2.15	2.67
174	160627	鹏华策略优选混合	2.18	0.18	3.75	5.61
175	160628	鹏华地产分级	1.10	2.26	3.71	4.04
176	160629	鹏华传媒分级	0.71	0.51	5.38	4.37
177	160630	鹏华国防	23.35	10.87	88.37	74.96
178	160631	鹏华银行分级	8.35	18.52	10.91	35.12
179	160632	鹏华酒分级	2.93	1.51	4.55	4.56
180	160633	鹏华证券分级	1.04	3.70	3.52	4.31
181	160634	鹏华环保分级	0.07	0.08	1.06	1.00
182	160635	鹏华中证医药卫生(LOF)	0.55	0.34	0.56	0.65
183	160636	鹏华互联网分级	0.05	0.11	1.18	1.24
184	160637	鹏华创业板分级	0.87	0.50	1.93	4.31
185	160638	鹏华一带一路分级	0.16	0.46	4.27	4.49
186	160639	鹏华高铁分级	0.12	0.26	0.70	1.02
187	160640	鹏华新能源分级	0.19	0.18	0.46	0.39

序号	基金代码	基金名称	期间申购（亿份）	期间赎回（亿份）	期末总份额（亿份）	期末净资产（亿元）
188	160642	鹏华增瑞混合	-	-	8.06	7.42
189	160643	鹏华中证空天一体(LOF)	0.52	0.38	0.58	0.46
190	160644	鹏华港美互联股票	0.02	0.30	1.97	1.77
191	206001	鹏华弘泰 A	0.02	0.08	2.46	2.63
192	206002	鹏华精选成长混合	0.02	0.09	1.14	1.53
193	206003	鹏华信用增利债券 A	2.82	0.05	5.54	7.12
194	206004	鹏华信用增利债券 B	0.01	0.03	0.09	0.12
195	206005	鹏华上证民企 50ETF 联接	0.01	0.02	0.50	0.04
196	206006	鹏华环球发现	0.02	0.01	0.53	0.54
197	206007	鹏华消费优选混合	1.44	0.94	4.16	9.71
198	206008	鹏华丰盛稳固债券	0.58	0.46	24.60	28.36
199	206009	鹏华新兴产业混合	2.54	0.41	7.56	17.14
200	206010	鹏华深证民营 ETF 联接	0.07	0.07	0.35	0.02
201	206011	鹏华美国房地产	0.18	0.12	0.98	1.07
202	206012	鹏华价值精选股票	0.03	0.02	0.39	0.46
203	206013	鹏华宏观灵活配置混合	0.00	0.10	1.24	1.30
204	206015	鹏华纯债债券	0.29	0.23	0.57	0.57
205	206018	鹏华产业债债券	0.32	0.34	0.70	0.78
206	501023	鹏华香港中小企业指数 LOF	0.14	0.15	0.34	0.39
207	501025	鹏华香港银行指数(LOF)	0.46	0.24	1.80	1.94
208	502023	鹏华钢铁分级	2.63	2.62	2.77	2.42
209	502024	鹏华钢铁分级 A	-	-	0.01	2.42
210	502025	鹏华钢铁分级 B	-	-	0.01	2.42
211	510070	鹏华上证民企 50ETF	0.02	0.03	0.46	0.75
212	511820	鹏华添利交易型货币 B	0.04	0.06	0.10	9.90

【公司高管】

何如先生，鹏华基金管理有限公司董事长，硕士，高级会计师，中国国籍。历任中国电子器件公司深圳公司副总会计师兼财务处处长、总会计师、常务副总经理、总经理、党委书记，深圳发展银行行长助理、副行长、党委委员、副董事长、行长、党委副书记，现任国信证券股份有限公司董事长、党委书记，鹏华基金管理有限公司董事长。

邓召明先生，董事，总裁，经济学博士，讲师，中国国籍。历任北京理工大学管理与经济学院讲师、中国兵器工业总公司主任科员、中国证监会处长、南方基金管理有限公司副总经理，现任鹏华基金管理有限公司总裁、党总支书记、董事。

上投摩根基金管理有限公司

【基本情况】

法定名称：上投摩根基金管理有限公司

英文名称：China International Fund Management Co., Ltd.

公司属性：合资企业

成立日期：2004－05－12

注册资本：25000（万元）

法人代表：陈　兵

总 经 理：章硕麟

注册地址：中国（上海）自由贸易试验区富城路 99 号震旦国际大楼 20 楼

办公地址：中国（上海）自由贸易试验区富城路 99 号震旦国际大楼 25 楼

网站地址：www.cifm.com，www.51fund.com

邮政编码：200120

客服邮箱：services@cifm.com

电话号码：4008894888，021－38794888

传真号码：021－68416113

经营范围：基金募集、基金销售、资产管理和中国证监会许可的其他业务（依法须经批准的项目，经相关部门批准后方可开展经营活动）

基金数量：103（其中普通基金 95 只，货币基金 8 只，理财基金 0 只，封闭式基金 0 只，其他基金 0 只）

管理规模：1312.74 亿元

经理人数：30 人

【公司概况】

上投摩根，成立于 2004 年 5 月，由上海信托和摩根资产管理共同组建，2016 年加入浦发集团，总部位于上海，注册资本 2.5 亿元人民币。其中上海信托出资占比 51%，摩根大通旗下摩根资产管理出资占比 49%。

公司总部位于上海，在香港、北京、深圳、厦门等地拥有分支机构；截至 2018 年一季末，公司业务条线资产规模近 1,800 亿元，公募基金管理规模同行业排名居前；服务个人、机构客户近 1,000 万；公司旗下拥有两家全资子公司：尚腾资本、上投摩根（香港）。

集摩根资产管理 200 余年享誉全球的专业资产管理经验，汇上海信托扎根本土的悠久品牌信誉，上投摩根传承中外股东精粹，致力于设立和管理证券投资基金，为不同类型的投资者提供多元化、国际领先的资产管理服务，成为值得信赖的长期合作伙伴。

【公司大事记】

2004 年，上投摩根经中国证监会证监基字〔2004〕56 号文批准，于 2004 年 5 月 12 日成立。同年 8 月，推出上投摩根中国优势基金，受到了市场广泛关注。

2005 年，上投摩根率先推出了“致富 100”百场理财知识讲座活动，百场讲座全部围绕子女教育、养老、购房购车等与百姓生活息息相关的热门理财话题，为投资者带来深入浅出的全新理财观念。

2006 年，上投摩根创建大型基金理财知识普及活动“摩根基金大学”，讲座内容从基金产品的基本概念到基金投资策略，从子女教育到个人养老，以及总结基金投资误区等，几乎涵盖了投资者所关注的所有领域。同年，上投摩根的股票投资管理能力排名处于全市场前列，展现出了良好的、持续性较长的专业化资产管理风采。

2007 年，上投摩根内需动力和上投摩根亚太优势均创造了当时的基金销售记录。面对火爆的牛市，上投摩根长时间暂停旗下全部股票型基金的申购业务，以保持基金合理运作环境，争取稳健的基金业绩。同年，上投摩根点燃“火炬行动”，通过真实反映十位基金持有人的理财生活，连接十位基金持有人的理财人生，最终播撒倡导健康理财文化的“火种”。

2008 年，上投摩根率先在基金定投客户中，将投资目的为儿女教育成长基金的人群细分出来，创造出了“亲子定投”的概念。此外，上投摩根启动了新的大型投资主题活动“新致富 100”，旨在引导投资者更深刻地理解投资精髓，内容涵盖海外投资、女性理财、子女教育、社会公益、投资者体验等多项内容。

2009 年，上投摩根在业内率先提出了群星计划，将人才、产品、绩效和获利有机地结合，包括外部人才招聘、内部人才培养、投研信息交流、投研成果结合等一系列的步骤和流程，最终全面提高基金业绩。

2010 年，上投摩根进入二次起飞阶段，公司规模排名显著提升，投研团队的精神面貌焕然一新，投研力量得到不断增强，业绩也得到明显改善。

2011 年，上投摩根香港子公司和厦门分公司于 7 月先后成立。

2012 年 10 月，上投摩根南京办事处于 10 月成立。

2013 年 12 月，香港子公司首只 RQFII 产品成立。

2015 年 4 月上投摩根基金全资子公司——尚腾资本管理有限公司成立。

【股东概况】

排序	股东名称	持股数量（万股）	持股比例（%）
1	上海国际信托投资有限公司	12750.00	51%
2	摩根富林明资产管理（英国）有限公司	12250.00	49%

【旗下基金】

序号	基金代码	基金名称	期间申购（亿份）	期间赎回（亿份）	期末总份额（亿份）	期末净资产（亿元）
1	000073	上投成长动力	0.70	0.77	2.61	3.41
2	000125	上投摩根天颐年丰混合 A	0.02	0.07	4.83	4.88
3	000256	上投摩根红利回报混合 A	0.03	0.06	1.41	1.40
4	000257	上投岁岁盈定开债券 A	–	–	0.55	0.56
5	000258	上投岁岁盈定开债券 C	–	–	0.03	0.03
6	000328	上投摩根转型动力灵活配置混合	0.19	0.19	4.51	6.49
7	000377	上投摩根双债增利债券 A	0.01	0.07	0.28	0.29
8	000378	上投摩根双债增利债券 C	0.00	0.03	0.29	0.29
9	000457	上投摩根核心成长	3.43	5.75	30.96	53.71
10	000524	上投摩根民生需求	0.06	0.13	1.57	2.24
11	000616	上投摩根优信增利债券 A	0.00	0.03	0.10	0.13
12	000617	上投摩根优信增利债券 C	0.00	0.00	0.04	0.05
13	000685	上投摩根现金管理货币	6.68	14.00	3.05	3.05
14	000712	上投摩根天添宝货币 A	0.43	0.49	0.17	0.17
15	000713	上投摩根天添宝货币 B	0.68	1.79	6.53	6.53
16	000765	上投岁岁盈定开债券 B	–	–	0.00	0.00
17	000766	上投岁岁盈定开债券 D	–	–	0.00	0.00
18	000839	上投摩根纯债丰利债券 A	0.00	0.06	0.14	0.14
19	000840	上投摩根纯债丰利债券 C	0.00	0.00	0.03	0.03
20	000855	上投摩根天添盈货币 A	0.03	0.03	0.03	0.03
21	000856	上投摩根天添盈货币 B	0.01	2.04	0.00	0.00
22	000857	上投摩根天添盈货币 E	1.19	1.40	1.47	1.47
23	000887	上投摩根稳进回报混合	0.20	0.14	0.51	0.50
24	000889	上投摩根纯债添利债券 A	0.00	4.39	0.08	0.08
25	000890	上投摩根纯债添利债券 C	0.00	0.00	0.03	0.03
26	001009	上投摩根安全战略股票	0.08	0.26	8.06	7.30
27	001126	上投摩根卓越制造股票	0.12	0.76	18.55	11.74
28	001192	上投摩根整合驱动混合	0.15	0.78	15.96	10.65
29	001219	上投摩根动态多因子混合	0.03	0.38	7.70	5.71
30	001313	上投摩根智慧互联股票	0.69	1.10	22.85	15.54
31	001482	上投摩根新兴服务股票	0.02	0.05	0.74	0.75
32	001538	上投摩根科技前沿灵活配置混合	0.03	0.07	0.58	0.59
33	001766	上投摩根医疗健康股票	2.76	1.02	3.50	3.69
34	001795	上投摩根文体休闲灵活配置混合	0.03	0.06	0.74	0.71
35	001947	上投摩根安鑫回报 A	0.02	0.07	1.06	1.06
36	001984	上投摩根智慧生活混合	0.01	0.02	0.16	0.16
37	002436	上投摩根红利回报混合 C	0.00	0.17	0.42	0.41
38	002654	上投摩根策略精选混合	0.02	0.05	0.92	0.80
39	002845	上投摩根安鑫回报 C	0.00	0.02	0.19	0.19
40	003087	上投摩根岁岁丰定开债券 A	–	–	1.41	1.40
41	003088	上投摩根岁岁丰定开债券 C	–	–	0.16	0.16
42	003243	上投摩根中国世纪人民币	0.92	1.09	4.79	6.94
43	003244	上投摩根中国世纪美元现钞	–	–	4.79	6.94
44	003245	上投摩根中国世纪美元现汇	–	–	4.79	6.94
45	003629	上投摩根全球多元配置人民币	0.60	1.39	8.49	9.70
46	003630	上投摩根全球多元配置美元现钞	–	–	8.49	9.70
47	003631	上投摩根全球多元配置美元现汇	–	–	8.49	9.70
48	003778	上投安瑞回报 A	0.00	0.01	0.17	0.17
49	003779	上投安瑞回报 C	0.00	0.00	0.01	0.01
50	004144	上投安丰回报 A	0.00	0.00	4.50	4.73
51	004145	上投安丰回报 C	0.00	0.00	0.00	0.00
52	004146	上投安泽回报混合 A	0.00	0.00	4.50	4.73
53	004147	上投安泽回报混合 C	0.00	0.00	0.00	0.00
54	004203	上投摩根岁岁金定开债 A	0.00	1.66	0.36	0.37
55	004204	上投摩根岁岁金定开债 C	0.00	0.02	0.02	0.02
56	004361	上投摩根安通回报混合 A	0.00	0.19	0.46	0.48
57	004362	上投摩根安通回报混合 C	0.00	0.00	0.02	0.02
58	004606	上投摩根优选多因子股票	0.03	0.29	1.21	1.20
59	004627	上投摩根岁岁益定开 A	–	–	2.00	2.03
60	004628	上投摩根岁岁益定开 C	–	–	0.00	0.00
61	004738	上投摩根安隆回报 A	0.00	0.17	1.65	1.66
62	004739	上投摩根安隆回报 C	0.00	0.00	0.01	0.01
63	004778	上投安腾回报混合 A	0.00	0.01	0.01	0.01
64	004779	上投安腾回报混合 C	0.00	2.04	0.01	0.01
65	005051	上投标普港股通低波红利指数 A	0.02	0.53	5.30	5.20
66	005052	上投标普港股通低波红利指数 C	0.00	0.01	0.08	0.08
67	005120	上投摩根量化多因子混合	0.02	0.25	3.88	3.59
68	005366	上投摩根丰瑞债券 A	3.53	6.99	18.29	18.43
69	005367	上投摩根丰瑞债券 C	0.00	0.00	0.00	0.00
70	005593	上投创新商业模式混合	0.15	1.13	15.18	14.18
71	005613	上投富时发达市场 REITs	0.17	0.74	1.60	1.74
72	005614	上投富时发达市场 REITs 美钞	0.17	0.74	1.60	1.74
73	005615	上投富时发达市场 REITs 美汇	0.17	0.74	1.60	1.74
74	370010	上投货币 A	260.90	260.93	0.92	0.92
75	370011	上投货币 B	1,190.36	1,304.70	863.26	863.26
76	370021	上投分红添利债券 A	0.15	0.10	0.48	0.52
77	370022	上投分红添利债券 B	0.07	0.00	0.11	0.12
78	370023	上投中证消费指数	0.04	0.03	0.20	0.30
79	370024	上投摩根核心优选混合	0.12	0.25	3.37	9.02
80	370025	上投轮动添利债券 A	0.00	0.01	0.07	0.07
81	370026	上投轮动添利债券 C	0.00	0.01	0.06	0.06
82	370027	上投摩根智选 30 混合	0.18	0.51	2.36	4.02
83	371020	上投纯债债券 A	0.03	0.03	2.35	3.39
84	371120	上投纯债债券 B	0.11	0.11	0.34	0.48
85	372010	上投强化债券 A	0.00	0.00	0.04	0.05
86	372110	上投强化债券 B	0.00	0.00	0.03	0.04
87	373010	上投摩根双息平衡混合 A	0.56	0.84	21.62	17.21
88	373020	上投摩根双核平衡混合	0.02	0.07	1.43	2.28

序号	基金代码	基金名称	期间申购（亿份）	期间赎回（亿份）	期末总份额（亿份）	期末净资产（亿元）
89	375010	上投中国优势	0.34	0.39	10.47	11.25
90	376510	上投大盘蓝筹	0.18	0.31	1.91	3.09
91	377010	上投摩根阿尔法混合	0.28	0.66	5.38	17.16
92	377016	上投摩根亚太优势混合	0.09	1.99	62.04	47.93
93	377020	上投摩根内需动力混合	6.79	2.64	49.29	42.40
94	377150	上投摩根健康品质生活混合	0.05	0.02	0.54	1.16
95	377240	上投摩根新兴动力混合 A	2.48	2.83	10.67	28.52
96	377530	上投摩根行业轮动混合 A	0.13	0.57	4.86	8.08
97	378006	上投摩根全球新兴市场混合	0.06	0.23	0.83	0.90
98	378010	上投摩根成长先锋混合	6.90	0.26	14.04	17.78
99	378546	上投摩根全球天然资源混合	0.18	0.48	1.87	1.40
100	379010	上投摩根中小盘混合	0.64	0.16	2.73	5.18
101	960005	上投摩根双息平衡混合 H	0.00	0.00	0.01	0.01
102	960006	上投摩根行业轮动混合 H	0.00	0.01	0.09	0.14
103	960007	上投摩根新兴动力混合 H	0.04	0.03	0.08	0.22

【公司高管】

陈兵先生，博士研究生，高级经济师。曾任上海浦东发展银行大连分行资金财务部总经理，上海浦东发展银行总行资金财务部总经理助理，上海浦东发展银行总行个人银行总部管理会计部、财富管理部总经理，上海国际信托有限公司副总经理兼董事会秘书，上海国际信托有限公司党委副书记、总经理。现任上海国际信托有限公司党委书记、总经理。基金管理人于2017年11月11日发布公告，陈兵先生于2017年11月9日起担任公司董事长职务。

章硕麟先生，总经理。获台湾大学商学硕士学位。曾任怡富证券投资顾问股份有限公司任协理、摩根大通证券副总经理、摩根富林明证券股份有限公司董事长。

泰达宏利基金管理有限公司

【基本情况】

法定名称：泰达宏利基金管理有限公司
英文名称：Manulife Teda Fund Management Co.,ltd.
公司属性：合资企业
成立日期：2002－06－06
注册资本：18000（万元）
法人代表：弓劲梅
总 经 理：刘　建
注册地址：北京市西城区金融大街7号英蓝国际金融中心南楼三层
办公地址：北京市西城区金融大街7号英蓝国际金融中心南楼三层
网站地址：www.mfcteda.com
邮政编码：100033
客服邮箱：irm@mfcteda.com
电话号码：400－698－8888，010－66555662
传真号码：010－66577666
经营范围：基金募集；基金销售；资产管理；中国证监会许可的其他业务
基金数量：79（其中普通基金69只，货币基金6只，理财基金0只，封闭式基金0只，其他基金4只）
管理规模：389.60亿元
经理人数：20人

【公司简介】

泰达宏利基金管理有限公司成立于2002年6月，是中国首批合资基金管理公司之一，注册资本1.8亿元人民币。在吸取外方股东全球投资智慧以及深刻认知中国资本市场的基础上，公司建立并拥有了一整套科学严谨的内控体系，并且在十余年的实践中积累了丰富的投资管理经验，取得了良好的长期投资业绩，赢得了投资者的信任。公司旗下管理的产品类型丰富，具有较为完善的产品线可供选择。

【股东概况】

排序	股东名称	股权比例
1	北方国际信托投资股份有限公司公司	51%
2	宏利资产管理（香港）有限公司	49%

天津泰达投资控股有限公司成立于2001年，其企业规模和实力位居天津市首位，经营范围涉及银行、经纪业务、保险、证券及其他多种行业。旗下的北方信托是经国务院、中国人民银行批准成立的大型国有股份制金融机构，是全国首家引入外资股份的信托投资公司。

宏利金融（Manulife Financial）成立于1887年，总部位于加拿大多伦多，具有超过120年的发展历史，其业务遍布全球19个国家；具有良好的风控文化、经营稳健，获得多个业内财务实力最高评级。宏利金融的主要业务范围为共同基金、个人保险及财富管理、团体福利及退休金、团体寿险及医疗保险等。目前，宏利金融在亚洲10个国家和地区开展业务，已经拥有9家资产管理公司。中国首家合资人寿保险公司——中宏保险，就是宏利金融与中国中化集团合资成立。

【旗下基金】

序号	基金代码	基金名称	期间申购（亿份）	期间赎回（亿份）	期末总份额（亿份）	期末净资产（亿元）
1	000026	泰达信用合利债券 A	-	-	0.44	0.44
2	000027	泰达信用合利债券 B	-	-	0.07	0.07
3	000319	泰达淘利债券 A	1.91	14.48	3.54	4.50
4	000320	泰达淘利债券 C	3.19	0.00	3.19	4.03
5	000387	泰达宏利瑞利债券 A	-	0.05	0.22	0.79
6	000388	泰达宏利瑞利债券 B	-	-	0.61	0.79
7	000507	泰达宏利宏达混合 A	0.16	0.48	2.32	2.70
8	000508	泰达宏利宏达混合 B	0.02	0.08	0.31	0.36
9	000700	泰达宏利货币 B	111.59	139.63	31.42	31.42
10	000828	泰达转型机遇	0.01	0.03	0.83	0.66
11	001017	泰达改革动力混合 A	0.06	0.22	3.69	4.30
12	001141	泰达宏利创盈混合 A	0.00	0.01	1.42	1.65
13	001142	泰达宏利创盈混合 B	0.00	0.00	0.04	0.04
14	001170	泰达宏利复兴混合	1.54	3.17	16.77	15.49
15	001254	泰达宏利新起点混合 A	0.00	0.07	0.72	0.73
16	001267	泰达宏利蓝筹混合	0.02	0.05	1.93	1.23
17	001418	泰达宏利创益混合 A	0.00	0.12	1.92	2.11
18	001419	泰达宏利新思路混合 A	0.75	0.11	1.50	1.50
19	001733	泰达宏利量化股票	0.06	0.19	0.73	0.70
20	001894	泰达宏利活期友货币 A	9.37	9.46	5.32	5.32
21	001895	泰达宏利活期友货币 B	7.43	7.73	0.88	0.88
22	001896	泰达宏利绝对混合	-	0.05	0.64	0.64
23	002263	泰达宏利大数据混合 A	0.02	0.08	0.59	0.65
24	003073	泰达宏利汇利债券 A	0.00	0.00	4.97	5.07
25	003074	泰达宏利汇利债券 C	0.00	0.00	0.00	0.00

序号	基金代码	基金名称	期间申购（亿份）	期间赎回（亿份）	期末总份额（亿份）	期末净资产（亿元）
26	003104	泰达宏利定宏混合	0.00	0.08	0.58	0.57
27	003247	泰达宏利启智灵活配置混合 A	0.00	0.00	3.99	4.38
28	003248	泰达宏利启智灵活配置混合 C	0.00	0.00	0.00	0.00
29	003414	泰达宏利创金混合 A	0.00	0.00	0.00	0.00
30	003415	泰达宏利创金混合 C	0.79	0.20	3.37	3.35
31	003463	泰达宏利亚洲债券(QDII)A	0.00	1.18	0.86	0.82
32	003464	泰达宏利亚洲债券(QDII)C	0.00	0.00	0.05	0.05
33	003501	泰达睿智稳健灵活配置混合	0.00	0.10	1.54	1.34
34	003548	泰达宏利沪深 300 指数增强 C	0.00	0.05	0.01	0.01
35	003550	泰达改革动力混合 C	0.00	0.00	0.00	0.00
36	003554	泰达宏利大数据混合 C	0.00	0.02	0.01	0.01
37	003711	泰达宏利京元宝货币 A	0.39	1.77	2.18	2.18
38	003712	泰达宏利京元宝货币 B	91.57	48.55	136.21	136.21
39	003767	泰达宏利纯利债券 A	0.00	–	2.00	2.02
40	003768	泰达宏利纯利债券 C	0.00	0.00	0.00	0.00
41	003793	泰达宏利溢利债券 A	0.00	0.00	9.97	10.07
42	003794	泰达宏利溢利债券 C	0.00	0.00	0.00	0.00
43	003912	泰达宏利启富混合 A	0.00	0.00	1.80	1.88
44	003913	泰达宏利启富混合 C	–	0.00	0.00	0.00
45	004000	泰达睿选稳健混合	0.00	0.06	0.55	0.51
46	004001	泰达宏利恒利债券 A	0.00	0.00	19.94	20.15
47	004002	泰达宏利恒利债券 C	0.00	0.00	0.00	0.00
48	004414	泰达宏利京天宝货币 A	1.95	1.73	0.22	0.22
49	004415	泰达宏利京天宝货币 B	0.86	1.93	0.00	0.00
50	004482	泰达宏利港股通股票 A	0.01	0.07	0.38	0.45
51	004483	泰达宏利港股通股票 C	0.01	0.09	0.07	0.08
52	004484	泰达宏利业绩股票 A	0.01	0.03	1.04	0.97
53	004485	泰达宏利业绩股票 C	0.01	0.07	0.08	0.08
54	005221	泰达宏利全能混合(FOF)A	0.00	0.67	3.99	3.92
55	005222	泰达宏利全能混合(FOF)C	0.00	0.11	0.35	0.34
56	005315	泰达宏利交利 3 个月定开债 A	–	–	24.07	24.79
57	005753	泰达宏利全利债券	4.95	–	15.05	15.23
58	150053	泰达中证 500 稳健	–	–	0.03	2.46
59	150054	泰达中证 500 进取	–	–	0.04	2.46
60	162201	泰达宏利成长混合	0.24	0.26	4.45	5.01
61	162202	泰达宏利周期混合	0.06	0.14	1.51	1.85
62	162203	泰达宏利稳定混合	0.05	0.08	1.12	1.25
63	162204	泰达宏利行业混合	0.01	0.04	1.33	4.23
64	162205	泰达宏利风险预算混合	0.03	0.06	1.74	1.71
65	162206	泰达宏利货币 A	5.58	7.54	4.88	4.88
66	162207	泰达宏利效率优选混合	0.41	0.17	6.90	8.54
67	162208	泰达宏利首选企业股票	0.03	0.06	3.26	3.62
68	162209	泰达宏利市值优选混合	0.09	0.27	15.64	12.17
69	162210	泰达宏利集利债券 A	1.53	0.12	12.51	15.69
70	162211	泰达宏利品质生活混合	0.01	0.02	0.30	0.22
71	162212	泰达宏利红利先锋混合	0.04	0.04	1.38	1.44
72	162213	泰达宏利沪深 300 指数增强 A	0.09	0.07	1.39	1.84
73	162214	泰达宏利领先中小盘混合	0.02	0.03	1.03	0.92
74	162215	泰达宏利聚利债券(LOF)	0.00	0.14	1.18	1.13
75	162216	泰达中证 500 分级	0.19	1.29	2.70	2.46
76	162299	泰达宏利集利债券 C	0.01	0.17	0.10	0.12
77	229002	泰达宏利逆向策略混合	0.17	0.34	4.03	6.13

【公司高管】

弓劲梅先生，中国国籍，拥有天津南开大学经济学博士学位，曾担任天津信托有限责任公司研究员，天弘基金管理有限公司高级研究员，天津泰达投资控股有限公司高级项目经理，天津市泰达国际控股（集团）有限公司融资与风险管理部副部长。现任天津市泰达国际控股（集团）有限公司资产管理部部长兼泰达宏利基金管理有限公司董事长。

刘建先生，董事。先后毕业于中国政法大学、天津财经学院，获法学学士、经济学硕士学位。1988 年至 2001 年任中国建设银行股份有限公司金融机构部副处长；2001 年至 2003 年任中信银行股份有限公司资金清算中心负责人；2003 年至 2014 年任中银国际证券有限责任公司机构业务部董事总经理。2014 年 10 月加盟泰达宏利基金管理有限公司，2015 年 4 月任公司副总经理，2015 年 8 月起任公司总经理。

泰信基金管理有限公司

【基本情况】

法定名称：泰信基金管理有限公司

英文名称：First – trust Fund Management Co. ,ltd.

公司属性：中资企业

成立日期：2003 – 05 – 23；注册资本：20000（万元）

法人代表：万　众

总 经 理：葛　航

注册地址：中国（上海）自由贸易试验区浦东南路 256 号 37 层

办公地址：上海市浦东新区浦东南路 256 号华夏银行大厦 36 – 37 层

网站地址：www. ftfund. com

邮政编码：200120

客服邮箱：service@ ftfund. com

电话号码：021 – 38784566；400 – 888 – 5988

传真号码：021 – 20899008

经营范围：基金设立、基金业务管理及中国证监会批准的其他业务

基金数量：30（其中普通基金 25 只，货币基金 3 只，理财基金 0 只，封闭式基金 0 只，其他基金 2 只）

管理规模：29.49 亿元

经理人数：9 人

【公司概况】

泰信基金管理有限公司于 2003 年 5 月 8 日获《关于同意泰信基金管理有限公司开业的批复》（证监基金字［2003］68 号），并于 2003 年 5 月 23 日正式成立。公司注册资本金为人民币 2 亿元，是由山东省国际信托股份有限公司（出资 9000 万元）、江苏省投资管理有限责任公司（出资 6000 万元）、青岛国信实业有限公司（出资 5000 万元）共同发起设立的。泰信的三家股东均是其所在地的政府投资主体，实力雄厚、经营稳健、业绩优良，在国内外资本市场上保持着良好的信誉，设立泰信是三家股东长期发展战略的重要组成部分，也将为其今后的发展提供强有力的支持。

泰信基金管理有限公司是第一家以信托公司为主发起人的基金管理公司。自 2003 年 5 月成立至今，公司已经拥有泰信天天收益货币、泰信先行策略混合、泰信双息双利债券、泰信优质生活混合、泰信优势增长混合、泰信蓝筹精选混合、泰信债券增强收益、泰信发展主题混合、泰信债券周

期回报、泰信中证200指数、泰信中小盘精选混合、泰信行业精选混合、泰信中证锐联基本面400指数分级、泰信现代服务业混合、泰信鑫益定期开放债券、泰信国策驱动混合、泰信鑫选混合、泰信互联网+混合等18只开放式基金，形成了较完善的基金产品线。

自成立以来，我们秉承“先行一步创造优质生活”的企业理念，坚守“诚信专业责任共赢”的价值观，努力实现为客户增值财富，为员工创造空间，为股东创造价值，对社会承担责任的使命，力争做最值得公众信赖的财富管理人。

【股东概况】

股东单位名称	现金出资金额	股权比例
山东省国际信托有限公司	9000万元	45%
江苏省投资管理有限责任公司	6000万元	30%
青岛国信实业有限公司	5000万元	25%
合计	2亿元	100%

【旗下基金】

序号	基金代码	基金名称	期间申购（亿份）	期间赎回（亿份）	期末总份额（亿份）	期末净资产（亿元）
1	000212	泰信鑫益定期开放债券A	–	–	0.52	0.56
2	000213	泰信鑫益定期开放债券C	–	–	0.09	0.10
3	001569	泰信国策驱动灵活配置混合	0.02	0.21	1.70	1.13
4	001970	泰信鑫选灵活配置混合A	0.01	0.06	0.27	0.23
5	001978	泰信互联网+混合	0.00	0.02	0.57	0.53
6	002234	泰信天天收益货币B	3.22	5.82	3.09	3.09
7	002235	泰信天天收益货币E	0.00	0.00	0.00	0.00
8	002580	泰信鑫选灵活配置混合C	–	–	0.26	0.23
9	003333	泰信智选成长混合	0.00	0.06	0.66	0.55
10	004227	泰信鑫利混合A	0.00	0.07	0.17	0.17
11	004228	泰信鑫利混合C	0.00	0.05	0.24	0.25
12	150094	泰信基本面400A	–	–	0.01	0.45
13	150095	泰信基本面400B	–	–	0.01	0.45
14	162907	泰信基本面400指数分级	0.01	0.03	0.44	0.45
15	290001	泰信天天收益货币A	0.62	0.61	1.11	1.11
16	290002	泰信先行策略	0.02	0.83	18.01	9.90
17	290003	泰信双息双利债券	0.05	0.08	0.44	0.45
18	290004	泰信优质生活混合	0.06	0.19	5.01	3.15
19	290005	泰信优势增长	0.01	0.02	0.49	0.55
20	290006	泰信蓝筹精选混合	0.02	0.18	0.98	0.96
21	290007	泰信增强债券A	0.00	0.12	0.02	0.02
22	290008	泰信发展主题混合	0.00	0.04	0.53	0.58
23	290009	泰信周期债券	0.00	0.02	0.50	0.58
24	290010	泰信中证200	0.02	0.02	0.54	0.51
25	290011	泰信中小盘精选混合	0.00	0.02	0.37	0.53
26	290012	泰信行业精选混合A	0.15	0.19	0.70	0.75
27	290014	泰信现代服务业混合	0.01	0.00	0.33	0.48
28	291007	泰信增强债券C	0.00	0.00	0.02	0.02

【高管介绍】

万众先生，硕士，高级经济师，历任山东省国际信托有限公司副总经理；山东鲁信实业集团有限公司、山东鲁信恒基投资有限公司副总经理（主持工作）；山东鲁信实业集团有限公司董事长、总经理；山东鲁信实业集团有限公司董事长；现任山东省国际信托股份有限公司总经理。

葛航先生，董事，总经理，上海锐懿资产管理有限公司执行董事，学士；1989年7月加入山东省国际信托有限公司，曾任山东省国际信托有限公司租赁部高级业务经理、山东省国际信托有限公司自营业务部经理。

天治基金管理有限公司

【基本情况】

法定名称：天治基金管理有限公司
英文名称：ChinaNatureAssetManagementCo.，Ltd.
公司属性：中资企业
成立日期：2003–05–27
注册资本：16000（万元）
法人代表：吕文龙
总 经 理：徐克磊
注册地址：浦东新区莲振路298号4号楼231室
办公地址：上海复兴西路159号
网站地址：www.chinanature.com.cn
邮政编码：200031
客服邮箱：marketing@chinanature.com.cn
电话号码：4000984800，02160374800
传真号码：021–64713758
经营范围：基金管理业务，发起设立基金，中国证监会批准的其他业务（依法须经批准的项目，经相关部门批准后方可开展经营活动）
基金数量：14（其中普通基金13只，货币基金1只，理财基金0只，封闭式基金0只，其他基金0只）
管理规模：16.07亿元
经理人数：9人

【公司概况】

天治基金管理有限公司于2003年5月成立，股东为吉林省信托有限责任公司、中国吉林森林工业集团有限责任公司，各股东出资比例分别为61.25%、38.75%。公司注册资本1.6亿元人民币，注册地为上海。

目前，天治公司旗下共有11只开放式基金，分别是天治财富增长基金（混合型）、天治低碳经济基金（混合型）、天治研究驱动基金A&C（混合型）、天治核心成长基金（混合型）、天治中国制造2025基金（混合型）、天治新消费基金（混合型）、天治稳健双盈基金（债券型）、天治天得利基金（货币型）和天治趋势精选基金（混合型）、天治可转债A&C（债券型）、天治鑫利半年定开债A&C（债券型）。

经过多年的积累，天治基金形成了一支精干、团结、自信的人才队伍，逐渐摸索出适合的投资模式。

天治基金秉承以诚感人，以信立业，顺天而治，顺势而为，以智慧发现规律，依规律共享财富增长的经营理念，力争为投资者提供优质的基金理财服务，与投资者共同分享中国经济发展的成果，回报投资者的信任。

天治基金管理有限公司愿所有稳健而理性的投资者生活更美好！

【股东概况】

序号	股东名称	出资额（万元）	出资比例（%）
1	吉林省信托投资有限责任公司	9800.00	61.25
2	中国吉林森林工业（集团）总公司	6200.00	38.75

【旗下基金】

序号	基金代码	基金名称	期间申购（亿份）	期间赎回（亿份）	期末总份额（亿份）	期末净资产（亿元）
1	000080	天治可转债 A	0.00	0.03	0.31	0.33
2	000081	天治可转债 C	0.01	0.03	0.86	0.90
3	002043	天治研究驱动混合 C	–	0.00	0.00	0.00
4	003123	天治鑫利半年定开债 A	–	0.16	0.19	0.19
5	003124	天治鑫利半年定开债 C	–	0.00	0.00	0.00
6	163503	天治核心成长混合(LOF)	0.15	0.20	11.45	4.87
7	350001	天治财富增长	0.01	0.02	0.66	0.77
8	350002	天治低碳经济混合	0.01	0.01	0.42	0.30
9	350004	天治天得利货币	4.83	5.74	5.40	5.40
10	350005	天治中国制造2025	0.01	0.02	0.18	0.35
11	350006	天治稳健双盈债券	0.01	0.08	1.21	2.17
12	350007	天治趋势精选	0.00	0.00	0.25	0.21
13	350008	天治新消费混合	0.00	0.01	0.13	0.20
14	350009	天治研究驱动混合 A	0.00	0.00	0.03	0.03

【公司高管】

吕文龙先生，政治经济学硕士，历任中国人民银行吉林省分行金融管理处科员、副处长，银行处副处长，外汇管理处副处长，非银行处副处长，中国证监会长春特派办机构处处长、稽查处处长，中国证监会吉林监管局期货处处长，吉林省信托有限责任公司总经理助理。现任吉林省信托有限责任公司党委委员、副总经理，兼任天治基金管理有限公司董事、吉林银行监事。

徐克磊先生，2001 年 9 月至 2017 年 6 月任职于泰达宏利基金管理有限公司（原湘财合丰基金管理有限公司、泰达荷银基金管理有限公司），先后担任部门总经理、业务副总监、总经理业务助理、总经理助理等职务。

万家基金管理有限公司

【基本情况】

法定名称：万家基金管理有限公司
英文名称：Wanjia Asset Management Co. , Ltd.
公司属性：中资企业
成立日期：2002 – 08 – 23
注册资本：10000（万元）
法人代表：方一天
总 经 理：经晓云
注册地址：中国（上海）自由贸易试验区浦电路 360 号 8 层（名义楼层 9 层）
办公地址：上海市浦东新区浦电路 360 号陆家嘴投资大厦 9 楼
网站地址：www. wjasset. com
邮政编码：200122
客服邮箱：Callcenter@ ttasset. com
电话号码：400 – 888 – 0800，95538 – 6
传真号码：021 – 38909608，38909609
经营范围：基金募集、基金销售、资产管理和中国证监会许可的其他业务
基金数量：100（其中普通基金 87 只，货币基金 13 只，理财基金 0 只，封闭式基金 0 只，其他基金 0 只）
管理规模：700.42 亿元
经理人数：14 人

【公司概况】

万家基金管理有限公司，原名为天同基金管理有限公司，于 2002 年 8 月 23 日正式成立。2006 年 2 月 20 日正式更名为万家基金管理有限公司。万家基金管理有限公司严格遵守基金合同，运作透明规范，以为百姓提供高水准的理财服务为经营目标，以对投资者的不同需求提供差异化服务为动力，在投资组合管理、定量分析以及风险控制方面追求高专业水准，是一家独具特色、并基于特色全面发展的基金管理公司。

【公司业绩】

2018 年 6 月，万家基金荣获《中国证券报》评选的“2017 年度最受信赖金牛基金公司奖”。

2018 年 3 月，万家基金荣获《中国证券报》评选的“2017 年度金牛基金管理公司奖”。

2017 年 4 月，万家基金荣获《上海证券报》评选的“2016 年度金基金·股票投资回报基金管理公司”奖。

2017 年 4 月，万家双引擎荣获《上海证券报》评选的“2016 年度金基金·灵活配置型基金”奖。

2017 年 4 月，万家精选荣获《中国证券报》评选的“五年期开放式混合型持续优胜金牛基金”奖。

2017 年 4 月，万家稳增荣获《中国证券报》评选的“五年期开放式债券型持续优胜金牛基金”奖。

2017 年 1 月，万家瑞兴荣获 2016 年《东方财富风云榜》评选的“年度最受欢迎权益类基金”奖。

2016 年 5 月，万家精选混合型基金荣获《证券时报》评选的“2015 年度积极混合型明星基金”奖。

2016 年 3 月，万家稳健增利债券基金荣获《中国证券报》“2015 年度开放式债券型金牛基金奖”。

【股东概况】

排序	股东名称	持股数量（万股）	持股比例（%）
1	齐鲁证券有限公司	4900.00	49%
2	新疆国际实业股份有限公司	4000.00	40%
3	山东省国有资产投资控股有限公司	1100.00	11%

【旗下基金】

序号	基金代码	基金名称	期间申购（亿份）	期间赎回（亿份）	期末总份额（亿份）	期末净资产（亿元）
1	000764	万家货币 E	6.29	5.17	3.35	3.35
2	000773	万家现金宝 A	295.36	293.66	33.76	33.76
3	001488	万家瑞丰灵活配置混合 A	0.00	0.56	0.01	0.01
4	001489	万家瑞丰灵活配置混合 C	0.07	0.15	0.03	0.03
5	001518	万家瑞兴	0.25	0.37	2.36	3.10
6	001530	万家瑞富灵活配置混合	–	4.96	1.04	1.02
7	001633	万家瑞祥混合 A	–	0.00	5.59	5.35
8	001634	万家瑞祥混合 C	–	0.00	0.00	0.00
9	001635	万家瑞益灵活配置混合 A	0.00	0.00	0.01	0.01
10	001636	万家瑞益灵活配置混合 C	2.26	2.38	5.49	6.51
11	002664	万家瑞和灵活配置混合 A	0.00	0.00	0.00	0.00
12	002665	万家瑞和灵活配置混合 C	15.37	2.60	14.44	15.01
13	002670	万家沪深 300 指数增强 A	0.00	0.00	0.98	0.92
14	002671	万家沪深 300 指数增强 C	0.00	0.00	0.00	0.00
15	003159	万家恒瑞 18 个月定开债 A	–	–	4.97	5.06
16	003160	万家恒瑞 18 个月定开债 C	–	–	0.00	0.00

序号	基金代码	基金名称	期间申购（亿份）	期间赎回（亿份）	期末总份额（亿份）	期末净资产（亿元）
17	003327	万家鑫璟纯债A	0.99	4.95	0.99	1.00
18	003328	万家鑫璟纯债C	0.00	0.00	0.00	0.00
19	003329	万家鑫安纯债债券A	0.00	0.00	151.69	152.78
20	003330	万家鑫安纯债债券C	0.00	0.00	0.00	0.00
21	003518	万家鑫瑞纯债A	–	0.00	0.00	0.00
22	003519	万家鑫瑞纯债E	–	0.00	19.84	20.86
23	003520	万家鑫稳纯债A	–	–	2.00	2.08
24	003521	万家鑫稳纯债C	–	0.00	0.00	0.00
25	003734	万家瑞盈灵活配置混合A	0.01	0.60	0.01	0.01
26	003735	万家瑞盈灵活配置混合C	1.18	0.00	1.17	1.27
27	003747	万家鑫享纯债A	0.00	0.03	0.00	0.00
28	003748	万家鑫享纯债C	–	0.00	0.00	0.00
29	003751	万家瑞隆混合	0.01	0.01	0.09	0.09
30	004079	万家鑫丰纯债A	0.00	–	4.99	5.07
31	004080	万家鑫丰纯债C	0.00	0.00	0.00	0.00
32	004169	万家现金增利货币A	0.00	0.00	0.00	0.00
33	004170	万家现金增利货币B	0.89	–	105.27	105.27
34	004464	万家玖盛9个月定开债A	–	–	0.50	0.51
35	004465	万家玖盛9个月定开债C	–	–	0.00	0.00
36	004571	万家家瑞债券A	0.00	0.21	0.65	0.66
37	004572	万家家瑞债券C	0.00	0.02	0.05	0.05
38	004641	万家量化睿选混合	0.02	0.20	1.38	1.32
39	004681	万家安弘纯债一年定开债A	–	–	2.32	2.40
40	004682	万家安弘纯债一年定开债C	–	–	0.00	0.00
41	004717	万家天添宝货币A	36.68	28.70	23.33	23.33
42	004718	万家天添宝货币B	5.88	4.09	5.23	5.23
43	004731	万家瑞尧灵活配置混合A	0.01	0.00	2.05	2.07
44	004732	万家瑞尧灵活配置混合C	0.00	0.00	0.00	0.00
45	004811	万家现金宝B	1.78	2.35	0.30	0.30
46	005094	万家臻选混合	2.56	0.71	5.03	5.12
47	005299	万家成长优选混合A	0.04	0.33	1.52	1.38
48	005300	万家成长优选混合C	0.02	0.29	0.48	0.43
49	005311	万家家乐债券A	0.00	0.00	0.02	0.02
50	005312	万家家乐债券C	0.00	0.01	0.01	0.01
51	005313	万家家裕债券A	0.00	0.00	0.00	0.00
52	005314	万家家裕债券C	–	0.01	0.01	0.01
53	005317	万家瑞舜灵活配置混合A	0.00	0.50	0.70	0.67
54	005318	万家瑞舜灵活配置混合C	0.08	0.35	0.53	0.51
55	005400	万家潜力价值灵活配置混合A	0.03	0.78	3.60	3.30
56	005401	万家潜力价值灵活配置混合C	0.05	0.00	0.06	0.05
57	150090	万家中证创业成长指数分级A	–	–	0.05	0.36
58	150091	万家中证创业成长指数分级B	–	–	0.05	0.36
59	161902	万家增强收益债券	0.01	0.04	1.10	1.20
60	161903	万家行业优选混合(LOF)	0.05	0.07	1.57	1.16
61	161907	万家中证红利指数	0.01	0.03	0.28	0.43
62	161908	万家添利债券(LOF)	0.16	0.24	0.51	0.46
63	161910	万家新机遇价值驱动A	0.46	0.17	0.39	0.36
64	161911	万家强化收益定期开放债券	–	–	3.12	3.15
65	510680	万家上证50ETF	–	0.44	0.03	0.07
66	519180	万家180指数	0.13	0.37	16.41	13.67
67	519181	万家和谐增长	1.15	1.90	17.36	13.93
68	519183	万家双引擎灵活配置	0.00	0.40	0.87	1.20
69	519185	万家精选混合	2.50	2.19	25.52	28.76
70	519186	万家稳健增利债券A	0.01	0.29	0.94	1.06
71	519187	万家稳健增利债券C	0.00	0.01	0.06	0.06
72	519188	万家恒利A	6.14	0.01	6.32	7.37
73	519189	万家恒利C	0.03	0.20	0.05	0.05
74	519190	万家双利债券	0.01	0.10	0.93	1.04
75	519191	万家新利灵活配置混合	2.58	2.32	10.64	10.37
76	519193	万家消费成长	0.36	0.49	1.70	2.06
77	519195	万家品质	6.42	0.44	29.11	37.21
78	519196	万家新兴蓝筹灵活配置混合	14.24	1.77	21.96	22.89
79	519197	万家颐达	0.00	0.54	3.52	3.53
80	519198	万家颐和保本混合	0.00	0.10	6.07	6.23
81	519199	万家家享纯债	0.00	0.48	0.51	0.53
82	519206	万家年年恒荣定开债A	–	–	0.50	0.52
83	519207	万家年年恒荣定开债C	–	–	0.00	0.00
84	519208	万家年年恒祥定开债A	–	–	4.00	4.10
85	519209	万家年年恒祥定开债C	–	–	0.00	0.00
86	519210	万家恒景18个月定开债A	0.00	1.71	0.13	0.14
87	519211	万家恒景18个月定开债C	0.00	0.24	0.01	0.01
88	519212	万家宏观择时多策略混合	0.23	0.52	2.45	2.48
89	519501	万家货币R	0.02	0.23	0.02	0.02
90	519507	万家货币B	98.44	89.00	109.92	109.92
91	519508	万家货币A	1.13	1.26	3.89	3.89
92	519511	万家日日薪货币A	1.89	1.81	0.57	0.57
93	519512	万家日日薪货币B	1.48	1.32	1.00	1.00

【公司高管】

方一天先生，大学本科，学士学位，先后在上海财政证券公司、中国证监会系统、上证所信息网络有限公司任职，2014年10月加入万家基金管理有限公司，2014年12月起任公司董事，2015年2月至2016年7月任公司总经理，2015年7月起任公司董事长。

经晓云女士，1965年出生，上海财经大学工商管理硕士，1993年至2010年在上海证券（原上海财政证券）先后担任总经理办公室副主任（主持工作）、市场管理部经理，经纪管理总部副总经理、总经理，负责证券经纪业务的管理和运作。2011年1月至2016年7月任上投摩根基金管理有限公司副总经理，2016年7月加入万家基金管理有限公司，任公司董事、总经理。

鑫元基金管理有限公司

【基本情况】

法定名称：鑫元基金管理有限公司

公司属性：中资企业

成立日期：2013－08－29

注册资本：170000（万元）

法人代表：肖　炎

总 经 理：张乐赛

注册地址：中国（上海）自由贸易试验区浦东大道1200号2层217室

办公地址：上海市静安区中山北路909号12楼

网站地址：www. xyamc. com

客服邮箱：service@ xyamc. com

电话号码：400－606－6188

传真号码：021－20892111

经营范围：基金募集、基金销售、特定客户资产管理、资产管理和中国证监会许可的其他业务（依法须经批准的项目，经相关部门批准后方可开展经营活动）

基金数量：40（其中普通基金 34 只，货币基金 4 只，理财基金 0 只，封闭式基金 0 只，其他基金 2 只）

管理规模：330.81 亿元

经理人数：6 人

【公司概况】

鑫元基金管理有限公司经中国证监会批准，于 2013 年 9 月 12 日在上海正式成立。由南京银行股份有限公司发起，与南京高科股份有限公司联合组建。注册资本金 17 亿元人民币，总部设在上海。鑫元基金经营范围包括基金募集、基金销售、特定客户资产管理、资产管理和中国证监会许可的其他业务。

以“责任金融和谐共赢”为宗旨的“益“文化。鑫元基金努力践行“责任金融”使命，积极履行对于“客户、股东、员工、社会”所承诺的责任，营造公司与各利益相关方相得益彰的“和谐共赢”局面，最终实现金融增益，普惠社会的终极使命。"客户收益、资本增益、公司利益、员工获益、社会公益”是鑫元基金“益”文化的核心。

鑫元基金专注于固定收益资产管理细分市场。与国际市场相比，中国债券市场尚处于起步阶段，固定收益市场的前景非常广阔。各类投资者需要大量收益稳健、风险较低的金融产品来进行专业化资产配置和流动性管理，固定收益类产品将成为资产管理的核心配置。可以预见，固定收益类产品更将迎来黄金发展期，投资标的、投资策略和投资技术的创新将开启理财市场的大时代。此外，鑫元基金也将根据市场变化适当运用权益策略、衍生品工具等，力争为固定收益投资做正向加强，追求长期持续的稳定回报。截至 2018 年 3 月 31 日，公司旗下管理 24 只公募产品，包括 2 只货币型基金，18 只债券型基金，4 只混合型基金。另外，鑫元基金也为高端客户提供量身定制的，与其风险收益特征、投资期限及现金流相匹配的专户产品或投资咨询服务。

【股东概况】

股东名称	出资比例
南京银行股份有限公司	80%
南京高科股份有限公司	20%
合计	100%

【旗下基金】

序号	基金代码	基金名称	期间申购（亿份）	期间赎回（亿份）	期末总份额（亿份）	期末净资产（亿元）
1	000483	鑫元货币 A	14.88	15.15	7.22	7.22
2	000484	鑫元货币 B	195.56	218.24	131.36	131.36
3	000578	鑫元恒鑫收益增强 A	0.00	0.03	0.90	0.79
4	000579	鑫元恒鑫收益增强 C	0.00	0.03	0.08	0.07
5	000655	鑫元稳利债券	0.80	14.45	0.93	1.01
6	000694	鑫元鸿利债券	1.49	0.59	6.36	7.80
7	000813	鑫元合享分级债券	–	–	7.10	7.08
8	000814	鑫元合享分级债券 A	–	0.06	4.11	7.08
9	000815	鑫元合享分级债券 B	–	–	2.99	7.08
10	000896	鑫元聚鑫收益增强债 A	0.00	0.02	1.13	1.05
11	000897	鑫元聚鑫收益增强债 C	0.00	0.00	0.07	0.06
12	000910	鑫元合丰纯债 C	0.00	0.00	0.00	0.00
13	000911	鑫元合丰纯债 A	0.00	0.00	2.95	3.07
14	001526	鑫元安鑫宝货币 A	35.63	29.06	21.59	21.59
15	001527	鑫元安鑫宝货币 B	73.91	74.29	10.33	10.33
16	001601	鑫元鑫新收益灵活配置混合 A	0.00	0.50	0.99	0.95
17	001602	鑫元鑫新收益灵活配置混合 C	0.00	0.00	0.00	0.00
18	002265	鑫元兴利定期开放债	4.96	0.00	9.94	10.26
19	002442	鑫元汇利债券	0.01	0.01	30.67	31.77
20	002632	鑫元双债增强债券 A	0.02	0.03	10.02	10.07
21	002633	鑫元双债增强债券 C	0.00	0.00	0.00	0.00
22	002915	鑫元裕利债券	0.00	0.00	9.97	10.37
23	003041	鑫元得利债券	0.20	0.00	0.49	0.52
24	003500	鑫元聚利债券	0.00	0.00	19.99	20.54
25	004031	鑫元添利债券	0.00	0.41	0.10	0.10
26	004059	鑫元招利债券	8.94	41.92	8.94	9.07
27	004459	鑫元瑞利定期开放债券	0.00	10.00	19.95	20.27
28	004944	鑫元鑫趋势灵活配置混合 A	0.00	0.01	0.05	0.05
29	004948	鑫元鑫趋势灵活配置混合 C	0.00	0.00	0.51	0.51
30	005262	鑫元欣享灵活配置混合 A	0.00	0.00	0.50	0.47
31	005263	鑫元欣享灵活配置混合 C	0.00	0.00	0.20	0.19
32	005446	鑫元广利定开债发起式	–	–	10.10	10.20
33	005493	鑫元价值精选混合 A	0.10	0.01	0.53	0.50
34	005494	鑫元价值精选混合 C	0.00	0.01	0.02	0.02
35	005779	鑫元常利定开债	–	–	3.10	3.14
36	005849	鑫元合利定开债发起式	–	–	5.10	5.12

【公司高管】

肖炎先生，中国国籍，专科学历。1980 年 1 月至 1996 年 2 月任职于中国农业银行；1996 年 2 月至 2017 年 9 月任职于南京银行股份有限公司，历任总行计划财务部总经理、常州分行行长、党委书记；2017 年 10 月加入鑫元基金管理有限公司，担任党委书记。

张乐赛先生，2001 年 7 月至 2004 年 11 月任职于南京银行股份有限公司，担任资金营运中心债券交易员；2004 年 12 月至 2014 年 12 月，任职于诺安基金管理有限公司，历任基金经理助理、固定收益部总监，同时兼任基金经理；2014 年 12 月加入鑫元基金管理有限公司，担任常务副总经理。

兴全基金管理有限公司

【基本情况】

法定名称：兴全基金管理有限公司

英文名称：AEGON – INDUSTRIAL Fund Management Co. Ltd.

公司属性：合资企业

成立日期：2003 – 09 – 30

注册资本：15000（万元）

法人代表：兰荣

总 经 理：庄园芳

注册地址：上海市黄浦区金陵东路 368 号

办公地址：上海市浦东新区芳甸路 1155 号浦东嘉里城办公楼 28 楼

网站地址：www.xqfunds.com

邮政编码：201204
客服邮箱：service@ xqfunds. com
电话号码：400 - 678 - 0099，021 - 38824536
传真号码：021 - 58368868，58368858
经营范围：基金募集、基金销售、资产管理和中国证监会许可的其他业务（涉及许可经营的凭许可证经营）
基金数量：27（其中普通基金 20 只，货币基金 5 只，理财基金 0 只，封闭式基金 0 只，其他基金 0 只）
管理规模：1947. 50 亿元
经理人数：14 人

【公司概况】

兴全基金管理有限公司（成立时名为“兴业基金管理有限公司”，以下简称“公司”）经证监基金字〔2003〕100 号文批准于 2003 年 9 月 30 日成立。2008 年 1 月，中国证监会批复（证监许可〔2008〕6 号），同意全球人寿保险国际公司（AEGON International B. V）受让公司股权并成为公司股东。2008 年 4 月 9 日，公司完成股权转让、变更注册资本等相关手续后，公司注册资本为人民币 1. 2 亿元，其中兴业证券股份有限公司的出资占注册资本的 51%，全球人寿保险国际公司的出资占注册资本的 49%。2008 年 7 月，经中国证监会批准（证监许可〔2008〕888 号），公司于 2008 年 8 月 25 日完成变更公司名称、注册资本等相关手续后，公司名称变更为“兴业全球基金管理有限公司”，注册资本增加为 1. 5 亿元人民币，其中两股东出资比例不变。2016 年 12 月 28 日，因公司发展需要，公司名称变更为“兴全基金管理有限公司”。

自成立以来，公司始终以“基金持有人利益最大化”为首要经营原则，遵循诚信、规范、稳健的经营方针，倡导严谨、求实、高效的管理作风，以风险控制、长期投资、价值投资的投资理念，专业、专注、创新的运营方式管理和运用基金资产，为基金持有人提供一流的投资理财服务。

目前，公司旗下共管理着兴全可转债混合型基金、兴全趋势混合型基金（LOF）、兴全货币市场基金、兴全全球视野股票型基金、兴全社会责任混合型基金、兴全有机增长混合型基金、兴全磐稳增利债券型基金、兴全合润分级混合型基金、兴全沪深 300 指数增强型基金（LOF）、兴全绿色投资混合型基金（LOF）、兴全精选混合型基金、兴全轻资产投资混合型基金（LOF）、兴全商业模式优选混合型基金（LOF）、兴全添利宝货币市场基金、兴全新视野灵活配置定期开放混合型发起式基金、兴全稳益债券型证券投资基金、兴全天添益货币市场基金、兴全稳泰债券型证券投资基金、兴全兴泰定期开放债券型发起式证券投资基金、兴全恒益债券型证券投资基金、兴全合宜灵活配置混合型证券投资基金、兴全祥泰定期开放债券型证券投资基金共二十二只基金。

近年来公司及旗下基金取得的荣誉有：兴全趋势混合型基金获“五年期混合型金牛基金”（《中国证券报》）、兴全全球视野股票型基金获“五年期股票型金牛基金”（《中国证券报》）、兴全可转债混合型基金获“五年期混合型金牛基金”（《中国证券报》）、兴全社会责任股票型基金获“三年期股票型金牛基金”（《中国证券报》）等。公司也因旗下基金业绩突出，2007 年以来九度荣膺《中国证券报》评选的“年度十大金牛基金公司”称号。

经中国证监会许可（证监许可〔2012〕1760 号），公司于 2013 年 1 月 14 日在上海市黄浦区登记注册成立全资资产管理子公司“上海兴全睿众资产管理有限公司”，注册资本 2000 万元人民币，经营范围是特定客户资产管理和中国证监会许可的其它业务。子公司以“委托人利益最大化“为首要业务发展原则，专注于基础资产为股票的相关业务，重点开展权益类主动管理、收益权转让、综合财富管理以及金融机构同业合作等多种业务，以专业、专注、创新的运营方式管理和运用客户委托资产，为客户提供一流的投资理财服务。

【公司大事记】

2018 年 3 月 7 日，兴全祥泰定期开放债券型证券投资基金公开发行，2018 年 3 月 16 日正式成立，募集份额 10. 10 亿份。

2018 年 1 月 16 日，兴全合宜灵活配置混合型证券投资基金公开发行，2018 年 1 月 23 日正式成立，募集份额 327. 00 亿份。

2017 年 9 月 6 日，经中国证监会批准，公司旗下一只开放式基金从 2017 年 9 月 6 日起变更名称（基金代码保持不变）。兴全保本混合型证券投资基金（LOF）变更为兴全精选混合型证券投资基金（LOF），简称兴全精选混合基金。

2017 年 8 月 24 日，兴全兴泰定期开放债券型发起式证券投资基金公开发行，2017 年 8 月 31 日正式成立，募集份额 100. 10 亿份。

2017 年 8 月 15 日，兴全恒益债券型证券投资基金公开发行，2017 年 9 月 20 日正式成立，募集份额 39. 56 亿份。

2016 年 12 月 28 日，公司中文名称变更为“兴全基金管理有限公司”。

【旗下基金】

序号	基金代码	基金名称	期间申购（亿份）	期间赎回（亿份）	期末总份额（亿份）	期末净资产（亿元）
1	000575	兴全添利宝货币	852. 14	831. 84	557. 03	557. 03
2	001511	兴全新视野定开混合	4. 69	10. 62	59. 76	68. 14
3	001819	兴全稳益定开债发起式	0. 00	-	97. 56	101. 66
4	001820	兴全天添益货币 A	0. 05	0. 03	0. 07	0. 07
5	001821	兴全天添益货币 B	0. 57	-	51. 64	51. 64
6	003949	兴全稳泰债券	0. 45	0. 35	48. 11	48. 52
7	004417	兴全货币 B	78. 41	63. 80	156. 09	156. 09
8	004919	兴全兴泰定期开放债券	0. 00	-	100. 10	101. 77
9	004952	兴全恒益债券 A	2. 02	7. 28	16. 16	16. 34
10	004953	兴全恒益债券 C	0. 07	0. 75	2. 11	2. 13
11	005712	兴全祥泰定期开放债券	-	-	10. 10	10. 30
12	150016	兴全合润分级混合 A	0. 00	0. 02	0. 28	50. 71
13	150017	兴全合润分级混合 B	0. 00	0. 03	0. 42	50. 71
14	163402	兴全趋势投资混合(LOF)	16. 64	16. 97	147. 71	126. 42
15	163406	兴全合润分级混合	5. 18	9. 18	40. 66	50. 71
16	163407	兴全沪深 300 指数(LOF)	1. 76	1. 89	9. 53	15. 92
17	163409	兴全绿色投资混合(LOF)	0. 09	0. 19	3. 11	4. 35
18	163411	兴全精选混合	0. 86	0. 89	5. 10	7. 99
19	163412	兴全轻资产混合(LOF)	1. 93	2. 65	17. 64	52. 83
20	163415	兴全商业模式优选混合	1. 74	1. 78	8. 50	13. 04
21	163417	兴全合宜混合 A	-	0. 00	327. 00	302. 37
22	340001	兴全可转债混合	3. 55	2. 25	30. 84	31. 16
23	340005	兴全货币 A	77. 84	75. 73	87. 85	87. 85
24	340006	兴全全球视野股票	0. 31	0. 38	9. 63	15. 32
25	340007	兴全社会责任混合	2. 21	3. 54	18. 90	62. 43
26	340008	兴全有机增长混合	2. 49	4. 35	20. 00	43. 26
27	340009	兴全磐稳增利债券	7. 78	8. 49	19. 21	26. 34

【公司高管】

兰荣，硕士研究生，曾任福建省建设银行投资处干部、福建省福兴财务公司综合处科长、兴业银行总行计划资金部副总经理、兴业银行总行证券业务部副总经理（主持工作），自1994年4月起至今就职于兴业证券，历任总裁、董事长兼总裁及党委书记、董事长兼党委书记职务，2009年2月24日至2016年5月8日兼任我司董事长及法定代表人职务。

庄园芳：中国国籍，高级工商管理硕士。历任兴业证券交易业务部干部、交易业务部总经理助理、交易业务部负责人、证券投资部副总经理、证券投资部总经理、投资总监、副总裁。2016年5月起任兴全基金管理有限公司董事长，同时兼任兴业证券股份有限公司副总裁、兴证（香港）金融控股有限公司董事、兴证投资管理有限公司执行董事。

兴业全球基金管理有限公司

【基本情况】

法定名称：兴业基金管理有限公司
英文名称：CIB FUND MANAGEMENT CO.，LTD.
公司属性：中资企业
成立日期：2013－04－17
注册资本：120000（万元）
法人代表：卓新章
总 经 理：汤夕生
注册地址：中国福州市鼓楼区五四路137号信和广场25楼
办公地址：上海市浦东新区浦明路198号财富广场7号楼
网站地址：www.cib－fund.com.cn
邮政编码：200120
客服邮箱：service@cib－fund.com.cn
电话号码：40000－95561
传真号码：021－22211999
经营范围：基金募集、基金销售、特定客户资产管理、资产管理和中国证监会许可的其他业务。（依法须经批准的项目，经相关部门批准后方可开展经营活动）
基金数量：66（其中普通基金54只，货币基金10只，理财基金2只，封闭式基金0只，其他基金0只）
管理规模：1831.78亿元
经理人数：16人

【公司概况】

兴业基金管理有限公司（以下简称“兴业基金”或“公司”）成立于2013年4月17日，是兴业银行控股的全国性基金管理公司。公司注册资本12亿元人民币，其中，兴业银行出资10.8亿元，持股比例90%，中海集团投资有限公司出资1.2亿元，持股比例10%。公司业务范围包括基金募集、基金销售、特定客户资产管理、资产管理和中国证监会许可的其他业务。

兴业基金秉承兴业银行的优秀传统，坚持“真诚服务，相伴成长”的经营理念，围绕“大财富、大资管、大投行”的战略目标，选择核心领域、发挥核心优势、建立核心品牌，致力于为投资者提供全面、优质、高效的一站式综合金融服务，帮助投资者实现财富增值。

目前，兴业基金已在全国设立了包括上海、深圳、杭州、南京、武汉等在内的15家分公司，并全资拥有基金子公司——兴业财富资产管理有限公司（以下简称“兴业财富”）。兴业财富成立于2013年6月28日，注册资本人民币7.8亿元，业务范围包括特定客户资产管理及中国证监会许可的其他业务。

【股东概况】

排序	股东名称	持股数量（万股）	持股比例（%）
1	兴业证券股份有限公司	7650.00	51%
2	全球人寿保险国际公司	7350.00	49%

【旗下基金】

序号	基金代码	基金名称	期间申购（亿份）	期间赎回（亿份）	期末总份额（亿份）	期末净资产（亿元）
1	000546	兴业定开债券A	0.76	6.65	3.06	3.45
2	000721	兴业货币A	2.06	4.60	8.20	8.20
3	000722	兴业货币B	241.51	278.59	74.50	74.50
4	000963	兴业多策略混合	0.06	0.14	3.34	3.86
5	001019	兴业年年利定开债	-	-	3.78	3.95
6	001257	兴业收益增强债券A	0.06	0.27	0.67	0.77
7	001258	兴业收益增强债券C	0.02	0.07	0.41	0.46
8	001272	兴业聚利灵活配置混合	0.09	0.15	0.83	1.07
9	001299	兴业添利债券	0.00	0.00	99.93	100.36
10	001369	兴业稳固收益两年理财债券	-	-	18.48	18.57
11	001547	兴业聚惠灵活配置混合A	0.00	2.42	5.60	6.81
12	001623	兴业国企改革混合	0.04	0.14	1.47	1.80
13	001624	兴业添天盈货币A	0.05	0.01	0.04	0.04
14	001625	兴业添天盈货币B	30.00	67.36	22.60	22.60
15	001925	兴业鑫天盈货币A	0.06	0.00	0.10	0.10
16	001926	兴业鑫天盈货币B	244.35	274.51	118.05	118.05
17	002268	兴业丰利债券	0.00	0.00	49.81	51.26
18	002301	兴业聚盛灵活配置混合A	0.01	2.68	6.11	6.72
19	002330	兴业聚宝灵活配置混合	0.01	0.01	0.50	0.51
20	002338	兴业保本混合	0.00	0.46	4.51	4.65
21	002445	兴业丰泰债券	0.00	0.00	49.90	51.57
22	002494	兴业聚盈灵活配置混合	0.00	2.77	6.14	6.61
23	002498	兴业聚鑫灵活配置混合	0.00	0.51	2.21	2.39
24	002507	兴业定开债C	0.00	0.00	0.00	0.00
25	002524	兴业福益债券	0.00	0.00	2.00	2.06
26	002597	兴业成长动力混合	0.00	0.01	0.49	0.53
27	002638	兴业天融债券	0.37	32.22	0.20	0.21
28	002659	兴业聚全灵活配置混合	0.00	2.70	6.15	6.80
29	002660	兴业聚源灵活配置混合	0.00	2.69	6.14	6.83
30	002661	兴业天禧债券	0.00	0.00	3.97	4.07
31	002668	兴业聚丰灵活配置混合	0.00	2.61	5.96	6.83
32	002769	兴业聚盛灵活配置混合C	0.01	0.00	0.01	0.01
33	002870	兴业增益五年定开债	-	-	20.00	20.51
34	002912	兴业稳天盈货币A	64.25	71.17	52.96	52.96
35	002923	兴业聚惠灵活配置混合C	0.00	0.00	0.00	0.00
36	003309	兴业启元一年定开债A	0.00	0.00	0.80	0.83
37	003310	兴业启元一年定开债C	0.00	0.00	0.10	0.10
38	003429	中证兴业中高等级信用债指数	0.00	0.00	79.51	79.75
39	003430	兴业14天理财A	0.02	0.13	0.08	0.08
40	003431	兴业14天理财B	1.02	0.00	102.21	102.21
41	003640	兴业裕丰债券	0.96	9.95	0.96	0.98
42	003671	兴业裕恒债券	4.83	5.15	4.82	5.02
43	003672	兴业裕华债券	0.09	0.09	2.22	2.28
44	003952	兴业18个月定开债A	0.00	0.00	10.00	10.12
45	003953	兴业18个月定开债C	0.00	0.00	0.00	0.00
46	004140	兴业福鑫债券	0.00	0.00	20.99	21.29

序号	基金代码	基金名称	期间申购(亿份)	期间赎回(亿份)	期末总份额(亿份)	期末净资产(亿元)
47	004141	兴业瑞丰6个月定开债	0.00	–	30.00	31.30
48	004216	兴业安润货币A	0.26	0.20	0.22	0.22
49	004217	兴业安润货币B	152.50	138.99	465.12	465.12
50	004242	兴业增益三年定开债券	–	–	2.00	2.09
51	005133	兴业量化精选混合	0.01	0.08	0.84	0.71
52	005202	兴业稳天盈货币B	223.81	122.45	407.58	407.58
53	005340	兴业6个月定开债券	–	–	20.10	20.23
54	005388	兴业安弘3个月定开债	–	–	10.10	10.16
55	005442	兴业安和6个月定开债	–	–	20.10	20.18
56	005706	兴业龙腾双益平衡混合	–	–	4.94	4.97
57	005710	兴业嘉润3个月定开债	–	–	25.10	25.47

【公司高管】

卓新章先生，董事长，本科学历。曾任兴业银行宁德分行副行长、行长，兴业银行总行信贷审查部总经理，兴业银行福州分行副行长，兴业银行济南分行行长，兴业银行基金业务筹建工作小组负责人，兴业银行总行基金金融部总经理，兴业银行总行资产管理部总经理等职。现任兴业基金管理有限公司董事长，兴业财富资产管理有限公司执行董事，兴业银行金融市场总部副总裁。

汤夕生先生，董事，硕士学历。曾任建设银行浦东分行办公室负责人，兴业银行上海分行南市支行行长，兴业银行上海分行副行长等职。现任兴业基金管理有限公司总经理。

易方达基金管理有限公司

【基本情况】

法定名称：易方达基金管理有限公司
英文名称：E Fund Management Co., Ltd.
公司属性：中资企业
成立日期：2001－04－17
注册资本：12000（万元）
法人代表：刘晓艳
总 经 理：刘晓艳
注册地址：广东省珠海市横琴新区宝华路6号105室－42891（集中办公区）
办公地址：广州市天河区珠江新城珠江东路30号广州银行大厦40－43F
网站地址：www.efunds.com.cn
邮政编码：510620
客服邮箱：service@efunds.com.cn
电话号码：400－881－8088
传真号码：020－38799488
经营范围：基金募集、基金销售；资产管理；经中国证监会批准的其他业务
基金数量：233（其中普通基金183只，货币基金24只，理财基金8只，封闭式基金0只，其他基金18只）
管理规模：7184.85亿元
经理人数：39人

【公司概况】

易方达基金成立于2001年，是一家领先的综合性资产管理公司，通过市场化、专业化的运作，为境内外投资者提供专业的资产管理解决方案，努力实现投资者资产持续稳定的保值增值。截至2018年6月30日，总资产管理规模超过1.3万亿元，其中非货币公募基金规模排名行业第一。公司服务于7600万客户，自成立以来公募基金累计分红超1000亿元，为投资者创造了可观的回报。

公司总部设在广州，在北京、上海、香港、深圳等地设有分公司或子公司。公司股权结构均衡稳定，五家股东分别为：广东粤财信托有限公司（25.00%）；广发证券股份有限公司（25.00%）；盈峰投资控股集团有限公司（25.00%）；广东省广晟资产经营有限公司（16.67%）；广州市广永国有资产经营有限公司（8.33%）。截至2018年6月30日，公司共有员工810人。公司始终专注于资产管理业务，依托专业化的团队、着力打造在专业领域的核心竞争优势，坚持价值导向、研究驱动的投研理念，致力于深度研究为基础的价值发现，追求长期、稳健、可持续的投资回报。旗下主动权益类基金自2001年公司成立以来的简单平均年化净值增长率为13.99%、债券类基金自2008年首次发行以来的简单平均年化净值增长率为7.54%，均位居国内基金行业前列，并大幅战胜股、债市场基准指数，其中基金科翔自2001年成立以来累计净值增长17倍，年化收益近19%。

公司提倡开放、民主、协同的管理理念，经过十七年的发展沉淀，逐步形成了以"持信、抱朴、存谐、笃进"为核心内涵的特色公司文化及一支稳定而长期富有激情的专业团队。凭借规范的运营与持续稳定的业绩，易方达赢得社会各界的广泛认可，在市场上牢固树立起了"专业、规范、稳健、绩优"的品牌形象。

公司在十七年的发展中始终专注于资产管理，潜心摸索和探寻资本市场的发展规律，虚心借鉴先进经验和模式，打造跨越周期的投资管理能力，各业务条线的投资理念清晰，投资风格稳定，投资流程不断优化，并建设了行业领先的投资管理系统平台。

公司拥有公募、社保、年金、特定客户资产管理、QDII、QFII、RQFII、QDIE、QFLP、基本养老保险基金投资等业务资格，是国内基金行业为数不多的"全牌照"公司之一，在主动权益、固定收益、指数量化、海外投资、多资产投资等领域全面布局，为境内外投资者提供个性化、多样化的投资管理服务。

公司建立了良好的风控文化，倡导"全员风控"的理念，强调将风险管理贯穿于业务发展的每一方面、每一层次、每一环节，落实到每一岗位的工作之中，不断建立健全相关制度流程，并依托强大的IT系统支持各项制度和风控措施的高效执行，形成了有效运转并相互制衡的风控机制。自成立以来，公司及旗下产品始终保持稳健运营，未出现重大违规及风险。

公司始终高度重视信息系统建设，建立了高度专业化的信息技术研发团队，成员超过300人，并且多年来持续大力投入。公司研发团队业务介入程度深、响应速度快，IT应用系统已覆盖所有业务、所有部门，在投研管理、产品运作、绩效评估、风险控制等方面发挥重要作用。

【股东概况】

排序	股东名称	持股数量（万股）	持股比例（%）
1	广东粤财信托投资有限公司	3000.00	25%
2	广发证券股份有限公司	3000.00	25%
3	广东美的电器股份有限公司	3000.00	25%

排序	股东名称	持股数量(万股)	持股比例(%)
4	重庆国际信托投资有限公司	2000.00	16.67%
5	广州市广永国有资产经营有限公司	1000.00	8.33%

【旗下基金】

序号	基金代码	基金名称	期间申购(亿份)	期间赎回(亿份)	期末总份额(亿份)	期末净资产(亿元)
1	000009	易方达天天理财货币 A	827.02	769.16	480.30	480.30
2	000010	易方达天天理财货币 B	232.81	144.39	344.72	344.72
3	000013	易方达天天理财货币 R	30.53	28.14	30.50	30.50
4	000032	易方达信用债债券 A	2.42	2.26	7.54	9.61
5	000033	易方达信用债债券 C	0.50	0.46	0.86	1.08
6	000111	易方达纯债 1 年定开债 A	–	0.02	13.53	14.98
7	000112	易方达纯债 1 年定开债 C	–	0.01	0.32	0.35
8	000147	易方达高等级信用债债券 A	11.14	3.25	15.93	18.92
9	000148	易方达高等级信用债债券 C	6.13	5.04	3.78	4.48
10	000171	易方达裕丰回报债券	0.07	0.50	18.03	29.00
11	000189	易方达保本一号混合	–	0.66	34.24	35.00
12	000205	易方达投资级信用债债券 A	5.76	0.22	10.45	11.66
13	000206	易方达投资级信用债债券 C	0.61	0.66	0.91	1.01
14	000265	易方达恒久添利 1 年定开债 A	–	–	18.17	19.18
15	000266	易方达恒久添利 1 年定开债 C	–	–	0.65	0.68
16	000307	易方达黄金 ETF 联接 A	0.48	0.89	7.72	0.43
17	000359	易方达易理财货币	2,609.83	2,343.85	1,729.07	1,729.07
18	000404	易方达新兴成长灵活配置	4.87	7.44	11.62	24.85
19	000428	易方达聚盈分级债券发起式	–	–	5.93	6.11
20	000429	易方达聚盈分级债券发起式 A	–	0.47	2.94	6.11
21	000430	易方达聚盈分级债券发起式 B	–	–	2.99	6.11
22	000436	易方达裕惠定开混合发起式	–	–	19.78	32.96
23	000593	易方达标普消费品指数美元现汇 A	–	–	0.37	0.69
24	000603	易方达创新驱动灵活配置混合	0.59	1.12	23.25	20.67
25	000620	易方达现金增利货币 A	4.14	4.41	6.45	6.45
26	000621	易方达现金增利货币 B	192.82	116.48	266.46	266.46
27	000647	易方达财富快线货币 A	81.17	65.90	83.03	83.03
28	000648	易方达财富快线货币 B	30.29	24.28	66.06	66.06
29	000704	易方达天天增利货币 A	9.93	8.95	12.79	12.79
30	000705	易方达天天增利货币 B	6.92	5.06	3.83	3.83
31	000789	易方达龙宝货币 A	51.35	50.81	24.88	24.88
32	000790	易方达龙宝货币 B	0.99	1.42	0.67	0.67
33	000829	易方达天天发货币 A	8.75	8.21	1.28	1.28
34	000830	易方达天天发货币 B	123.13	126.79	270.32	270.32
35	000833	易方达掌柜季季盈理财债券 A	6.20	1.12	7.37	7.37
36	000920	易方达财富快线货币 Y	183.76	172.71	276.28	276.28
37	000950	易方达沪深 300 非银 ETF 联接	0.79	0.73	9.67	0.40
38	001010	易方达增金宝货币	496.18	689.22	141.27	141.27
39	001018	易方达新经济混合	0.84	0.89	9.30	13.97
40	001076	易方达改革红利混合	2.01	3.91	19.02	19.50
41	001136	易方达裕如混合	–	0.01	15.46	15.45
42	001182	易方达安心回馈混合	0.04	0.06	3.45	4.56
43	001184	易方达新常态灵活配置混合	1.46	3.25	71.00	30.37
44	001216	易方达新收益混合 A	0.00	0.01	8.59	10.83
45	001217	易方达新收益混合 C	0.00	0.02	0.02	0.03
46	001249	易方达新利灵活配置混合	0.00	0.03	4.63	5.44
47	001285	易方达新鑫混合 I	0.00	0.00	4.35	4.36
48	001286	易方达新鑫混合 E	0.00	0.00	0.01	0.01
49	001314	易方达新益混合 I	0.00	2.80	2.84	3.94
50	001315	易方达新益混合 E	0.01	0.04	0.09	0.18
51	001342	易方达新享混合 A	0.00	0.91	0.49	0.76
52	001343	易方达新享混合 C	0.14	0.77	0.32	0.36
53	001344	易方达沪深 300 医药 ETF 联接	2.99	1.23	2.84	0.23
54	001373	易方达新丝路灵活配置混合	0.54	6.38	130.40	109.21
55	001382	易方达国企改革混合	0.31	0.53	1.29	1.41
56	001433	易方达瑞景混合	0.02	0.17	4.51	5.28
57	001437	易方达瑞享混合 I	0.01	0.02	0.85	1.11
58	001438	易方达瑞享混合 E	0.02	0.02	0.65	0.69
59	001441	易方达瑞信混合 I	0.03	0.18	3.40	3.01
60	001442	易方达瑞信混合 E	0.03	0.00	0.13	0.12
61	001443	易方达瑞选灵活配置混合 I	0.18	0.10	6.09	6.65
62	001444	易方达瑞选灵活配置混合 E	0.15	0.28	0.43	0.46
63	001475	易方达国防军工混合	6.69	3.80	46.95	35.66
64	001512	易方达中债 3－5 年期国债指数	0.00	0.00	1.03	1.14
65	001513	易方达信息产业混合	0.92	0.60	2.72	3.09
66	001562	易方达瑞和灵活配置混合	0.09	0.48	5.88	5.73
67	001603	易方达安盈回报混合	0.11	0.45	1.01	1.16
68	001745	易方达瑞富灵活配置混合 I	–	0.00	2.60	2.64
69	001746	易方达瑞富灵活配置混合 E	–	0.79	1.71	1.73
70	001747	易方达瑞祺灵活配置混合 I	–	0.00	5.10	5.02
71	001748	易方达瑞祺灵活配置混合 E	–	0.00	0.00	0.00
72	001769	易方达瑞惠混合发起式	–	–	120.10	153.19
73	001802	易方达瑞财混合 I	–	0.00	10.84	11.47
74	001803	易方达瑞财混合 E	–	0.00	0.01	0.01
75	001806	易方达瑞智灵活配置混合 I	–	0.00	0.10	0.10
76	001807	易方达瑞智灵活配置混合 E	–	0.31	2.20	2.16
77	001817	易方达瑞兴灵活配置混合 I	–	0.00	0.10	0.10
78	001818	易方达瑞兴灵活配置混合 E	–	0.32	2.20	2.17
79	001832	易方达瑞恒灵活配置混合	–	1.44	4.98	4.82
80	001835	易方达瑞祥灵活配置混合 I	–	0.00	1.70	1.68
81	001836	易方达瑞祥灵活配置混合 E	–	0.00	0.40	0.40
82	001856	易方达环保主题混合	0.07	0.12	0.98	0.96
83	001857	易方达现代服务业混合	0.93	2.98	19.27	18.89
84	001898	易方达大健康混合	1.23	2.66	7.28	7.82
85	002216	易方达量化策略 A	0.01	0.13	1.38	1.22
86	002217	易方达量化策略 C	0.02	0.06	0.32	0.28
87	002351	易方达裕祥回报债券	1.06	1.59	6.90	7.67
88	002600	易方达裕景添利 6 个月定开债	0.00	0.00	10.27	10.98
89	002602	易方达丰惠混合	0.05	0.42	1.27	1.20
90	002910	易方达供给改革混合	0.09	0.68	1.11	1.06
91	002963	易方达黄金 ETF 联接 C	0.99	1.60	0.73	0.43
92	002969	易方达丰和债券	8.80	19.73	51.10	57.49
93	003133	易方达裕鑫债券 A	0.00	0.64	0.74	0.72
94	003134	易方达裕鑫债券 C	0.00	0.00	0.00	0.00
95	003214	易方达富惠纯债债券	0.03	0.03	42.84	43.35
96	003293	易方达科瑞混合	0.10	0.29	8.81	8.47
97	003321	易方达原油 C 类人民币	0.57	0.32	0.55	0.70
98	003322	易方达原油 A 类美元汇	0.56	0.37	0.55	0.70

序号	基金代码	基金名称	期间申购（亿份）	期间赎回（亿份）	期末总份额（亿份）	期末净资产（亿元）
99	003323	易方达原油C类美元汇	0.57	0.32	0.55	0.70
100	003358	易方达中债7－10年国开债指数	2.00	0.50	7.90	7.71
101	003524	易方达深证成指ETF联接A	0.04	0.02	0.18	0.02
102	003718	易方达标普500指数美元汇	0.68	0.46	1.35	1.54
103	003719	易方达标普医疗保健美元汇	0.03	0.08	0.27	0.30
104	003720	易标普生物科技美元汇	0.17	0.16	0.73	1.00
105	003721	易标普信息科技美元汇	0.11	0.11	0.41	0.55
106	003722	易方达纳斯达克100美元汇	0.13	0.17	0.61	0.70
107	003839	易方达瑞通灵活配置混合A	0.00	0.00	5.96	6.85
108	003840	易方达瑞通灵活配置混合C	0.00	0.02	0.03	0.03
109	003882	易方达瑞弘混合A	0.00	0.50	5.51	6.09
110	003883	易方达瑞弘混合C	0.00	0.00	0.00	0.00
111	003961	易方达瑞程灵活配置混合A	1.41	0.67	1.32	1.39
112	003962	易方达瑞程灵活配置混合C	0.00	0.00	0.00	0.00
113	004742	易方达深证100ETF联接C	0.08	0.08	0.06	1.19
114	004743	易方达上证中盘ETF联接C	0.01	0.01	0.01	0.21
115	004744	易方达创业板ETF联接C	1.18	0.91	1.12	2.31
116	004746	易方达上证50指数C	3.75	1.64	4.04	5.47
117	005097	易方达现金增利货币C	0.00	0.00	0.00	0.00
118	005098	易方达龙宝货币C	0.19	0.15	0.05	0.05
119	005099	易方达掌柜季季盈理财债券B	25.59	28.82	91.62	91.62
120	005100	易方达掌柜季季盈理财债券C	0.07	0.12	0.24	0.24
121	005101	易方达月月利理财债券C	0.07	0.06	0.17	0.17
122	005122	易方达天天理财货币C	5.40	3.83	3.11	3.11
123	005124	易方达恒益定开债券发起式	–	–	80.10	81.54
124	005437	易方达易百智能量化策略A	0.08	0.45	5.86	5.25
125	005438	易方达易百智能量化策略C	0.01	0.02	0.08	0.07
126	005583	易方达港股通红利混合	0.33	3.07	37.33	34.03
127	005675	易方达恒生国企ETF联接C	0.01	0.00	0.83	1.90
128	005676	易方达标普消费品指数C	0.01	0.00	0.01	0.01
129	005740	易方达恒信定期开放债券	–	–	20.10	20.26
130	110001	易方达平稳增长	0.98	1.61	8.10	21.64
131	110002	易方达策略成长	0.08	0.15	4.01	12.51
132	110003	易方达上证50指数A	14.30	6.36	79.19	107.35
133	110005	易方达积极成长	0.78	2.31	31.65	20.88
134	110006	易方达货币A	24.88	25.41	14.05	14.05
135	110007	易方达稳健收益债券A	1.44	2.35	14.13	17.50
136	110008	易方达稳健收益债券B	6.33	8.45	53.28	66.31
137	110009	易方达价值精选混合	0.40	0.69	25.31	26.12
138	110010	易方达价值成长混合	0.51	1.60	32.67	53.86
139	110011	易方达中小盘混合	11.37	4.43	20.46	83.92
140	110012	易方达科汇灵活配置混合	0.09	0.18	32.83	45.27
141	110013	易方达科翔混合	2.35	0.83	11.64	28.96
142	110015	易方达行业领先混合	0.20	0.47	4.31	9.41
143	110016	易方达货币B	1,188.11	1,224.27	279.56	279.56
144	110017	易方达增强回报债券A	0.97	3.86	28.04	33.11
145	110018	易方达增强回报债券B	1.04	11.57	8.75	10.26
146	110019	易方达深证100ETF联接A	0.59	0.69	12.80	1.19
147	110020	易方达沪深300ETF联接	3.33	2.78	33.00	2.78
148	110021	易方达上证中盘ETF联接A	0.20	0.08	1.72	0.21
149	110022	易方达消费行业	21.88	27.88	71.74	168.73
150	110023	易方达医疗保健行业混合	9.72	8.90	18.73	33.90
151	110025	易方达资源行业混合	1.34	1.69	10.60	10.44
152	110026	易方达创业板ETF联接A	5.80	5.78	14.10	2.31
153	110027	易方达安心回报债券A	2.49	7.11	25.92	39.25
154	110028	易方达安心回报债券B	4.86	7.54	17.60	26.43
155	110029	易方达科讯混合	2.62	2.71	43.59	45.82
156	110030	易方达沪深300量化增强	0.68	1.96	4.63	9.89
157	110031	易方达恒生国企ETF联接A	1.35	2.35	13.76	1.90
158	110032	易方达恒生国企ETF联接现汇A	–	–	13.76	1.90
159	110033	易方达恒生国企ETF联接现钞A	–	–	13.76	1.90
160	110035	易方达双债增强债券A	0.01	0.02	0.25	0.31
161	110036	易方达双债增强债券C	0.01	0.03	0.11	0.14
162	110037	易方达纯债债券A	2.30	1.27	4.54	5.12
163	110038	易方达纯债债券C	1.28	0.95	2.08	2.33
164	110050	易方达月月利理财债券A	1.01	1.20	3.68	3.68
165	110051	易方达月月利理财债券B	74.12	23.71	405.39	405.39
166	110052	易方达双月利理财债券A	0.35	0.54	1.91	1.91
167	110053	易方达双月利理财债券B	1.08	9.45	11.07	11.07
168	112002	易方达策略成长二号	0.14	0.33	11.76	10.99
169	118001	易方达亚洲精选	0.78	1.21	7.13	7.55
170	118002	易方达标普消费品指数A	0.08	0.09	0.37	0.69
171	150106	易方达中小板指数分级A	–	–	0.60	3.02
172	150107	易方达中小板指数分级B	–	–	0.60	3.02
173	150255	易方达银行分级A	–	–	0.51	2.82
174	150256	易方达银行分级B	–	–	0.51	2.82
175	150257	易方达生物分级A	–	–	0.06	2.49
176	150258	易方达生物分级B	–	–	0.06	2.49
177	150259	易方达重组分级A	–	–	0.11	9.46
178	150260	易方达重组分级B	–	–	0.11	9.46
179	159001	易方达保证金收益货币A	1.56	1.57	0.01	1.49
180	159002	易方达保证金收益货币B	0.17	0.16	0.01	1.12
181	159901	易方达深证100ETF	1.05	0.88	7.85	33.68
182	159915	易方达创业板ETF	116.66	87.28	85.28	129.96
183	159934	易方达黄金ETF	1.10	1.43	4.04	10.70
184	159950	易方达深证成指ETF	0.01	–	0.19	0.18
185	161115	易方达岁丰添利债券(LOF)	0.01	0.03	1.41	1.84
186	161116	易方达黄金主题	0.11	0.26	3.94	2.73
187	161117	易方达永旭定开债	–	–	16.77	17.49
188	161118	易方达中小板指数分级	0.31	0.29	1.94	3.02
189	161119	易方达新综合债券A	0.02	0.02	0.93	1.20
190	161120	易方达新综合债券C	0.04	0.07	0.19	0.24
191	161121	易方达银行分级	0.97	0.83	2.39	2.82
192	161122	易方达生物分级	0.93	0.56	2.10	2.49
193	161123	易方达重组分级	0.06	1.34	9.13	9.46
194	161124	易方达香港恒生综合小型股指数	0.04	0.51	0.45	0.53
195	161125	易方达标普500指数人民币	0.68	0.46	1.35	1.54
196	161126	易方达标普医疗保健人民币	0.03	0.08	0.27	0.30
197	161127	易标普生物科技人民币	0.17	0.16	0.73	1.00
198	161128	易标普信息科技人民币	0.11	0.11	0.41	0.55
199	161129	易方达原油A类人民币	0.56	0.37	0.55	0.71
200	161130	易方达纳斯达克100人民币	0.13	0.17	0.61	0.70
201	502003	易方达军工分级	1.95	2.19	2.72	3.30
202	502004	易方达军工分级A	–	–	0.90	3.30
203	502005	易方达军工分级B	–	–	0.90	3.30
204	502006	易方达国企改革指数分级	0.03	0.25	2.31	2.93
205	502007	易方达国企改革指数分级A	–	–	0.43	2.93

序号	基金代码	基金名称	期间申购（亿份）	期间赎回（亿份）	期末总份额（亿份）	期末净资产（亿元）
206	502008	易方达国企改革指数分级 B	–	–	0.43	2.93
207	502010	易方达证券公司分级	2.94	1.10	5.33	5.17
208	502011	易方达证券公司分级 A	–	–	0.38	5.17
209	502012	易方达证券公司分级 B	–	–	0.38	5.17
210	502048	易方达上证 50 指数分级	0.95	0.82	2.85	4.56
211	502049	易方达上证 50 指数分级 A	–	–	1.33	4.56
212	502050	易方达上证 50 指数分级 B	–	–	1.33	4.56
213	510130	易方达上证中盘 ETF	0.04	–	0.67	2.43
214	510310	易方达沪深 300ETF	1.80	1.04	25.66	38.61
215	510580	易方达中证 500ETF	0.01	0.02	0.02	0.09
216	510900	易方达恒生 ETF	–	8.18	83.07	95.37
217	511800	易方达货币 E	0.53	2.69	7.91	7.91
218	512010	易方达沪深 300 医药 ETF	1.52	0.32	2.19	4.26
219	512070	易方达沪深 300 非银 ETF	0.23	0.20	5.10	8.46
220	512560	易方达中证军工 ETF	0.02	0.02	0.43	0.32
221	512570	易方达中证全指证券 ETF	–	0.02	0.34	0.24
222	513050	易方达中概互联 50ETF	0.94	2.32	7.41	11.06

【公司高管】

詹余引先生，工商管理博士，董事长。，自 1993 年 1 月至 2001 年 6 月在中国平安保险股份有限公司工作，曾任中国平安保险公司证券部研究咨询室总经理助理，平安证券有限责任公司研究咨询部副总经理（主持工作）、国债部副总经理（主持工作）、资产管理部副总经理、总经理；中国平安保险股份有限公司投资管理部副总经理（主持工作）；2001 年 7 月至 2016 年 1 月在全国社会保障基金理事会工作，曾任投资部资产配置处处长、投资部副主任、境外投资部主任、投资部主任、证券投资部主任。现任易方达基金管理有限公司董事长；易方达国际控股有限公司董事长。

刘晓艳女士，经济学博士，董事、总裁。曾任广发证券有限责任公司投资理财部副经理、基金经理，基金投资理财部副总经理、基金资产管理部总经理；易方达基金管理有限公司督察员、监察部总经理、市场部总经理、总裁助理、公司副总裁、常务副总裁。现任易方达基金管理有限公司总裁；易方达资产管理（香港）有限公司董事长；易方达国际控股有限公司董事。

银河基金管理有限公司

【基本情况】

法定名称：银河基金管理有限公司

英文名称：Galaxy Asset Management Co. , Ltd.

公司属性：中资企业

成立日期：2002 – 06 – 14

注册资本：20000（万元）

法人代表：许国平

总 经 理：范永武

注册地址：中国（上海）自由贸易试验区世纪大道 1568 号 15 层

办公地址：上海市浦东新区世纪大道 1568 号中建大厦 15 楼

网站地址：www. galaxyasset. com

邮政编码：200122

客服邮箱：callcenter@ galaxyasset. com

电话号码：400 – 820 – 0860

传真号码：021 – 38568800

经营范围：许可经营项目有基金募集、基金销售、资产管理、中国证监会许可的其他业务；无一般经营项目

基金数量：95（其中普通基金 89 只，货币基金 4 只，理财基金 0 只，封闭式基金 0 只，其他基金 2 只）

管理规模：689.91 亿元

经理人数：16 人

【公司概况】

银河基金管理有限公司成立于 2002 年 6 月 14 日，是经中国证券监督管理委员会按照市场化机制批准成立的第一家基金管理公司（俗称：“好人举手第一家”），是中央汇金公司旗下专业资产管理机构。

银河基金公司的经营范围包括发起设立、管理基金等，注册资本 2 亿元人民币，注册地中国上海。银河基金公司的股东分别为：中国银河金融控股有限责任公司（控股股东）、中国石油天然气集团公司、首都机场集团公司、上海城投（集团）有限公司、湖南电广传媒股份有限公司。银河基金公司成立以来，股权结构稳定。

【股东概况】

排序	股东名称	持股数量（万股）	持股比例（%）
1	中国银河金融控股有限责任公司	7500.00	50%
2	中国石油天然气集团公司	1875.00	12.5%
2	上海市城市建设投资开发总公司	1875.00	12.5%
2	北京首都机场集团公司	1875.00	12.5%
2	湖南电广传媒股份有限公司	1875.00	12.5%

【旗下基金】

序号	基金代码	基金名称	期间申购（亿份）	期间赎回（亿份）	期末总份额（亿份）	期末净资产（亿元）
1	004250	银河量化优选混合	0.25	0.09	0.59	0.57
2	004612	银河鑫月享定开混合 A	–	–	3.81	3.83
3	004613	银河鑫月享定开混合 C	–	–	0.11	0.11
4	004659	银河嘉祥混合 A	0.00	0.00	0.00	0.00
5	004660	银河嘉祥混合 C	0.07	0.06	0.07	0.07
6	005053	银河量化价值混合	0.01	0.18	2.60	2.29
7	005126	银河量化稳进混合	0.00	0.10	1.47	1.35
8	005211	银河智慧混合	0.01	0.24	3.56	3.30
9	005384	银河铭忆 3 个月定开债券	1.25	32.00	29.95	30.11
10	005385	银河量化配置混合	0.00	0.18	0.11	0.11
11	005386	银河睿达灵活配置混合 A	0.00	0.08	0.46	0.47
12	005387	银河睿达灵活配置混合 C	0.00	0.06	0.05	0.05
13	005459	银河嘉谊灵活配置混合 A	–	0.00	1.00	0.93
14	005460	银河嘉谊灵活配置混合 C	0.00	0.01	0.01	0.01
15	005585	银河文体娱乐混合	0.00	1.21	0.96	0.97
16	005586	银河量化多策略混合	0.05	1.93	0.28	0.28
17	005749	银河庭芳 3 个月定开债券	–	–	35.10	35.38
18	150005	银河银富货币 A	1.67	2.08	2.14	2.14
19	150015	银河银富货币 B	215.41	204.79	142.37	142.37
20	150103	银河银泰混合	0.09	0.26	11.24	11.65
21	150121	银河沪深 300 成长优先	–	–	0.02	0.02
22	150122	银河沪深 300 成长进取	–	–	0.02	0.03

序号	基金代码	基金名称	期间申购（亿份）	期间赎回（亿份）	期末总份额（亿份）	期末净资产（亿元）
23	150968	银河研究精选混合	0.07	0.58	8.16	8.32
24	150988	银河钱包货币 A	0.46	0.61	0.51	0.51
25	150998	银河钱包货币 B	161.56	158.51	128.50	128.50
26	151001	银河稳健	0.24	0.13	4.09	5.93
27	151002	银河收益债券	0.02	0.56	2.29	3.12
28	161505	银河通利债券(LOF)A	0.32	0.17	4.81	5.30
29	161506	银河通利债券(LOF)C	0.00	0.01	0.10	0.12
30	161507	银河沪深 300 成长分级	0.02	0.01	0.09	0.10
31	501307	银河中证沪港深高股息 A	0.01	0.27	1.39	1.34
32	501308	银河中证沪港深高股息 C	0.01	0.38	0.04	0.04
33	519610	银河旺利混合 A	0.00	0.00	0.02	0.02
34	519611	银河旺利混合 C	0.00	0.00	0.00	0.00
35	519612	银河旺利混合 I	–	–	7.55	7.76
36	519613	银河君尚混合 A	0.00	0.01	0.05	0.05
37	519614	银河君尚混合 C	0.00	0.00	0.08	0.08
38	519615	银河君尚混合 I	–	–	1.19	1.18
39	519616	银河君信混合 A	0.00	0.30	8.92	9.14
40	519617	银河君信混合 C	0.00	0.00	0.05	0.05
41	519619	银河君荣灵活配置混合 A	–	0.01	0.02	0.02
42	519620	银河君荣灵活配置混合 C	0.00	0.02	0.07	0.07
43	519621	银河君荣灵活配置混合 I	–	–	0.98	0.94
44	519622	银河君怡债券	0.00	0.00	46.97	47.98
45	519623	银河君耀混合 A	0.00	0.39	3.61	3.72
46	519624	银河君耀混合 C	0.00	0.00	2.03	2.09
47	519625	银河君盛混合 A	0.00	0.00	0.03	0.03
48	519626	银河君盛混合 C	0.00	0.01	2.01	2.01
49	519627	银河君润混合 A	0.00	0.00	5.99	6.18
50	519628	银河君润混合 C	0.00	0.00	0.00	0.00
51	519629	银河睿利混合 A	0.00	0.00	0.20	0.20
52	519630	银河睿利混合 C	0.00	0.00	1.79	1.79
53	519631	银河君欣债券	0.37	0.13	0.89	1.05
54	519632	银河君辉 3 个月定开债	–	–	6.50	6.63
55	519633	银河君腾混合 A	0.00	0.80	0.00	0.00
56	519634	银河君腾混合 C	0.00	0.00	0.86	0.75
57	519640	银河鸿利混合 A	0.00	0.05	0.34	0.35
58	519641	银河鸿利混合 C	0.00	0.00	0.03	0.03
59	519642	银河智造混合	0.07	0.04	0.80	0.99
60	519644	银河智联混合	0.01	0.21	1.80	1.73
61	519646	银河鑫利混合 I	–	0.50	1.00	1.06
62	519647	银河鸿利混合 I	–	–	5.49	5.60
63	519648	银河泰利纯债 I	–	–	4.01	4.07
64	519649	银河犇利灵活配置混合 A	0.00	0.80	0.00	0.00
65	519650	银河犇利灵活配置混合 C	0.00	0.00	0.79	0.77
66	519651	银河转型混合	0.03	0.79	17.59	9.62
67	519652	银河鑫利混合 A	0.00	0.02	0.59	0.63
68	519653	银河鑫利混合 C	0.00	0.00	0.06	0.07
69	519654	银河丰利纯债债券	0.00	0.12	0.40	0.41
70	519655	银河服务混合	0.02	0.54	14.71	13.57
71	519656	银河灵活配置混合 A	0.01	0.02	0.41	0.78
72	519657	银河灵活配置混合 C	0.01	0.02	0.37	0.69
73	519660	银河增利债券 A	0.07	0.02	0.83	1.37
74	519661	银河增利债券 C	0.00	0.01	0.03	0.06
75	519662	银河岁岁回报债券 A	0.01	0.08	2.85	4.78
76	519663	银河岁岁回报债券 C	–	0.02	0.18	0.29
77	519664	银河美丽混合 A	2.78	1.76	5.38	10.72
78	519665	银河美丽混合 C	0.12	0.17	0.85	1.64
79	519666	银河银信添利债券 B	0.00	0.03	0.62	0.64
80	519667	银河银信添利债券 A	0.05	0.06	0.53	0.55
81	519668	银河成长混合	0.08	0.48	2.18	2.56
82	519669	银河领先债券	18.08	7.56	18.01	22.22
83	519670	银河行业混合	0.27	0.56	8.46	11.61
84	519671	银河沪深 300 价值	0.90	0.37	2.71	3.94
85	519672	银河蓝筹混合	0.06	0.06	1.06	2.27
86	519673	银河康乐股票	0.04	0.16	3.60	4.94
87	519674	银河创新成长混合	0.03	0.38	0.64	1.60
88	519675	银河泰利纯债 A	0.00	0.25	3.82	3.91
89	519676	银河强化债券	0.34	0.01	20.69	21.64
90	519677	银河定投宝腾讯济安指数	1.37	0.97	3.23	4.81
91	519678	银河消费混合	0.01	0.02	0.33	0.51
92	519679	银河主题混合	0.07	0.14	2.45	7.69

【公司高管】

刘立达，中国国籍，研究生、硕士。中共党员，英国威尔士大学（班戈）金融 MBA。1988 年至 2008 年在中国人民银行总行工作，历任金融研究所国内金融研究室助理研究员，研究局资本市场处主任科员、货币政策处副调研员等职。2008 年 6 月进入中国银河金融控股有限责任公司工作，曾任股权管理运营部总经理、银河保险经纪公司董事、战略发展部总经理、综合管理部总经理。2016 年加入银河基金管理有限公司担任总经理。

范永武，中共党员，厦门大学会计学博士，哥伦比亚大学硕士，持有注册会计师、注册资产评估师等专业资格证书。1999 年 7 月至 2014 年 1 月任职于中国证监会，担任并购监管二处处长等职务；2014 年 1 月至 2015 年 1 月，担任中信证券股份有限公司董事总经理；2015 年 1 月至 2017 年 11 月，担任中信并购基金管理有限公司法定代表人、总经理；2017 年 12 月加入银河基金管理有限公司。

银华基金管理股份有限公司

【基本情况】

法定名称：银华基金管理股份有限公司
英文名称：Yinhua Fund Management Co. ,ltd.
公司属性：中资企业
成立日期：2001 – 05 – 28
注册资本：22220（万元）
法人代表：王珠林
总　经　理：王立新
注册地址：广东省深圳市福田区深南大道 6008 号特区报业大厦 19 层
办公地址：北京市东城区东长安街 1 号东方广场东方经贸城中二办公楼 15 层
网站地址：www. yhfund. com. cn
邮政编码：100738
客服邮箱：yhjj@ yhfund. com. cn
电话号码：010 – 85186558，400 – 678 – 3333
传真号码：010 – 58162888
经营范围：基金募集、基金销售、资产管理、中国证监会许可的其他业务（凭基金管理资格证书

A012 经营）

基金数量：152（其中普通基金 122 只，货币基金 12 只，理财基金 2 只，封闭式基金 0 只，其他基金 14 只）

管理规模：2103.69 亿元

经理人数：41 人

【公司概况】

银华基金成立于 2001 年 5 月，成立 17 年以来，凭借诚信、规范、稳健、务实的运作风格，已发展为一家全牌照、综合型资产管理公司。截至 2017 年底，银华基金旗下管理公募基金产品 90 只，产品线覆盖股票型、混合型、债券型、货币型及 QDII 基金等多种产品类型，资产管理总规模超五千亿（含子公司）。

银华致力于提供有质量的资产管理和理财服务，帮助投资者打造高品质的财富生活。为实现这一目标，银华强调通过严格的制度和流程化管理提升公司的服务质量。17 年来，银华旗下管理的多只基金业绩排名同类产品前列，赢得独立专业机构高度评价，并获得多项业内大奖，为持有人带来了可持续的稳健投资回报，资产管理规模位居行业前列。截至目前，银华基金先后六次获得金牛基金公司大奖，跻身于国内优秀基金管理公司行列，为数百万不同风险收益特征和理财需求的客户提供专业的资产管理服务。

【企业荣誉】

2016 年 12 月，获选首批基本养老保险基金证券投资管理机构。

2015 年 4 月，在《上海证券报》主办的“金基金”评选中，银华和谐主题混合基金荣获“金基金灵活配置型基金奖（三年期）”。

2015 年 4 月，在由《证券时报》主办的 2014 年度“中国基金业明星基金奖”评选中，银华和谐主题混合基金摘得“三年持续回报积极混合型明星基金奖”奖项。

2015 年 3 月，在由《中国证券报》主办的第十届金牛奖评选中，银华和谐主题混合基金荣膺“三年期开放式混合型持续优胜金牛基金”。

2014 年 9 月，在《中国基金报》推出的第一届中国最佳基金经理评选中，银华基金管理有限公司总经理助理、固定收益投资总监姜永康获得“五年期固定收益类投资最佳基金经理”奖项。

2014 年 3 月，在由《中国证券报》主办的第九届金牛奖评选中，银华优质增长股票基金荣膺“2013 年度股票型金牛基金”。

2013 年 4 月，在《上海证券报》主办的“金基金”评选中，银华基金管理有限荣获“金基金十年·卓越成就奖”。

2011 年 4 月，银华基金管理有限公司在由《中国证券报》主办的第八届金牛奖评选中荣获“2010 年度十大金牛基金管理公司”称号，旗下基金银华富裕主题股票基金也同时荣膺“2010 三年持续优胜股票型金牛基金”。

2011 年 4 月，在由上海证券报社主办，中国银河证券、上海证券、晨星资讯（深圳）有限公司提供技术支持的第八届中国“金基金”奖评选中。银华富裕主题股票基金获“金基金三年期产品·主动型股票基金奖”。

2011 年 4 月，在由《证券时报》主办的 2010 年度“中国基金业明星基金奖”评选中，银华基金管理有限公司荣获“2010 年度十大明星基金公司”称号，旗下银华富裕主题股票基金摘得“三年持续回报股票型明星基金奖”。

2010 年 6 月 21 日，银华基金管理有限公司在由《上海证券报》主办，中国银河证券研究所基金研究中心和晨星资讯（深圳）有限公司提供技术支持的第七届中国“金基金奖”评选中荣获“金基金·投资回报公司奖”，旗下基金银华核心价值优选股票型证券投资基金获得“金基金·主动型股票基金奖”，银华增强收益债券型证券投资基金获得“金基金·债券基金奖”。

2010 年 6 月 21 日，银华富裕主题股票型基金在晨星（中国）2009 年度基金奖评选中荣获“股票型基金奖”，成为业内唯一获此殊荣的股票型基金。

2010 年 5 月，银华基金管理有限公司在由《中国证券报》主办，中国银河证券、天相投资顾问、招商证券、海通证券联合协办的第七届金牛奖评选中荣获“2009 年度十大金牛基金管理公司”称号，旗下基金银华价值优选股票基金和银华富裕主题股票基金也同时荣膺“2009 年度开放式股票型金牛基金”。

2010 年 5 月 19 日，在由《证券时报》主办、晨星资讯（深圳）有限公司提供数据支持的 2009 年度“中国基金业明星基金奖”中，凭借 2009 年的优异表现，银华基金管理有限公司获得“2009 年度十大明星基金公司”称号，银华核心价值优选股票基金、银华富裕主题股票基金、银华领先策略股票基金荣获“2009 年度股票型明星基金奖”，银华增强收益债券基金荣获“2009 年度积极债券型明星基金奖”。

在由《证券时报》主办的“2008 中国明星基金评选”中，银华基金管理有限公司旗下银华核心价值优选基金凭借持续稳健的优异表现，获得“三年持续回报股票型明星基金奖”。

2008 年 3 月 31 日，在由《上海证券报》主办的 2007 年“金基金”评选中，银华基金管理有限公司获“最佳投资者关系”大奖。

2008 年 1 月 11 日，在由《证券时报》主办、安信证券协办的“2007 年度中国明星基金评选”中，银华基金管理有限公司获得“市场营销明星基金公司”奖。同时，银华旗下的增强型指数基金银华－道琼斯 88 精选基金获得“三年持续回报明星基金奖”。

2008 年 1 月，在由《中国证券报》主办的“第五届中国基金业金牛奖”评选中，银华基金管理有限公司荣获“2007 年度金牛基金公司”奖，这是银华基金连续第三次获此殊荣。

2007 年 5 月，在由《证券时报》主办的“2006 证券时报年度明星基金评选”中，银华基金管理有限公司获得“明星基金管理公司奖”，银华优质增长基金获得“大基金明星奖”。

2007 年 1 月，银华基金管理有限公司蝉联“2006 年度金牛基金公司”奖，旗下银华核心价值优选基金获选“2006 年度开放式股票型金牛基金”称号。

2006 年 02 月，银华基金管理有限公司在《中国证券报》主办，由中国银河证券有限责任公司、中信证券股份有限公司、天相投资顾问有限公司联合举行的第三届金牛奖评选中荣获“2005 年度十大金牛基金管理公司”称号及 2005 年度创新奖两项大奖。

【股东概况】

排序	股东名称	股权比例
1	西南证券有限责任公司	49%
2	第一创业证券有限责任公司	29%

排序	股东名称	股权比例
3	东北证券有限责任公司	21%
4	山西海鑫实业股份有限公司	1%

【旗下基金】

序号	基金代码	基金名称	期间申购（亿份）	期间赎回（亿份）	期末总份额（亿份）	期末净资产（亿元）
1	000062	银华量化智慧动力混合	0.01	0.01	0.39	0.45
2	000194	银华信用四季红债券	0.18	0.43	3.25	3.37
3	000286	银华信用季季红债券	7.28	1.34	13.40	14.02
4	000287	银华永利债券 A	0.03	0.03	0.01	0.01
5	000288	银华永利债券 C	0.00	0.00	0.00	0.01
6	000604	银华多利宝货币 A	3.20	4.05	5.99	5.99
7	000605	银华多利宝货币 B	128.67	253.51	171.01	171.01
8	000662	银华活钱宝货币 F	190.17	178.76	373.62	373.62
9	000791	银华双月定期理财债券 A	2.75	4.09	6.32	6.32
10	000823	银华高端制造业	0.18	0.20	3.72	2.98
11	000860	银华惠增利货币	133.53	210.44	139.12	139.12
12	000904	银华回报灵活配置定期开放混合	0.00	0.20	3.22	3.00
13	001101	银华惠添益货币	9.84	9.51	1.77	1.77
14	001163	银华中国梦 30 股票	0.22	0.80	7.55	7.96
15	001231	银华泰利灵活配置混合 A	0.00	0.00	4.82	5.65
16	001264	银华恒利灵活配置混合 A	–	3.55	1.29	1.38
17	001280	银华聚利灵活配置混合 A	0.39	0.20	2.94	3.74
18	001289	银华汇利灵活配置混合 A	2.97	4.80	2.97	4.05
19	001303	银华稳利灵活配置混合 A	0.00	0.00	0.53	0.51
20	001703	银华沪港深增长股票	0.40	0.61	2.29	3.22
21	001728	银华战略新兴定开混合	0.26	0.33	2.05	2.11
22	001729	银华逆向投资定开混合	0.02	0.02	0.29	0.30
23	001808	银华互联网主题灵活配置混合	0.02	0.10	1.15	0.87
24	001954	银华生态环保主题灵活配置混合	0.08	0.11	0.45	0.41
25	002161	银华万物互联灵活配置混合	1.31	0.06	2.20	2.30
26	002269	银华大数据灵活配置定开混合	0.00	0.09	0.61	0.50
27	002306	银华合利债券	0.00	0.18	0.51	0.53
28	002307	银华多元视野灵活配置混合	0.01	0.74	1.50	1.75
29	002322	银华汇利灵活配置混合 C	–	–	0.00	0.00
30	002323	银华稳利灵活配置混合 C	0.00	0.00	0.00	0.00
31	002326	银华聚利灵活配置混合 C	0.08	0.00	0.09	0.11
32	002327	银华恒利灵活配置混合 C	–	1.91	0.00	0.00
33	002328	银华泰利灵活配置混合 C	–	–	0.00	0.00
34	002481	银华双动力债券	0.01	0.50	0.01	0.01
35	002491	银华添益定开债	7.77	4.87	7.97	8.25
36	002501	银华远景债券	0.00	0.00	5.00	5.10
37	003062	银华通利混合 A	0.00	0.00	1.50	1.58
38	003063	银华通利混合 C	–	–	0.00	0.00
39	003397	银华体育文化灵活配置混合	0.09	0.25	0.31	0.31
40	003497	银华添泽定开债	–	–	3.30	3.44
41	003814	银华上证 10 年期国债 A	0.00	0.00	0.51	0.52
42	003815	银华上证 10 年期国债 C	–	0.00	0.00	0.00
43	003816	银华日利 B	0.87	1.35	0.50	51.24
44	003817	银华上证 5 年期国债指数 A	0.00	0.00	0.52	0.54
45	003818	银华上证 5 年期国债指数 C	0.00	0.00	0.00	0.00
46	003932	银华中证 5 年期地方政府债指数 A	0.00	0.00	0.51	0.53
47	003933	银华中证 5 年期地方政府债指数 C	–	0.00	0.00	0.00
48	003934	银华 10 年地方政府债 A	0.00	0.20	0.50	0.52
49	003935	银华 10 年地方政府债 C	0.00	0.00	0.00	0.00
50	003940	银华盛世精选灵活配置混合发起式	13.01	2.12	34.81	41.79
51	003987	银华中债 10 年期金融债指数 A	0.00	0.00	0.51	0.53
52	003988	银华中债 10 年期金融债指数 C	0.21	0.30	0.00	0.00
53	003989	银华中债 5 年期金融债指数 A	0.00	0.00	0.51	0.53
54	003990	银华中债 5 年期金融债指数 C	0.20	0.30	0.00	0.00
55	003995	银华中债 AAA 信用债指数 A	0.00	0.00	0.51	0.53
56	003996	银华中债 AAA 信用债指数 C	0.00	0.00	0.00	0.00
57	004087	银华添润定期开放债券	0.00	–	30.00	30.71
58	004839	银华双月定期理财债券 C	125.19	89.26	257.38	257.38
59	005033	银华智能汽车量化股票发起式 A	0.02	0.01	0.14	0.11
60	005034	银华智能汽车量化股票发起式 C	0.02	0.01	0.03	0.02
61	005035	银华信息科技量化股票发起式 A	0.01	0.01	0.14	0.11
62	005036	银华信息科技量化股票发起式 C	0.02	0.02	0.04	0.03
63	005037	银华新能源新材料 A	0.02	0.04	0.34	0.26
64	005038	银华新能源新材料 C	0.02	0.03	0.37	0.28
65	005106	银华农业产业股票发起式	0.02	0.02	0.21	0.19
66	005112	银华中证全指医药卫生	3.52	1.29	2.77	3.33
67	005119	银华智荟内在价值灵活配置	0.01	0.03	0.27	0.21
68	005235	银华食品饮料量化股票发起式 A	0.27	0.11	0.32	0.33
69	005236	银华食品饮料量化股票发起式 C	0.20	0.10	0.19	0.20
70	005237	银华医疗健康量化优选 A	0.05	0.04	0.22	0.24
71	005238	银华医疗健康量化优选 C	0.05	0.03	0.07	0.08
72	005239	银华文体娱乐量化股票发起式 A	0.01	0.01	0.12	0.09
73	005240	银华文体娱乐量化股票发起式 C	0.01	0.01	0.03	0.02
74	005250	银华估值优势混合	0.13	1.63	22.70	21.04
75	005251	银华多元动力灵活配置混合	0.01	0.17	2.12	1.96
76	005260	银华稳健增利灵活配置混合 A	0.00	0.00	0.12	0.10
77	005261	银华稳健增利灵活配置混合 C	0.00	0.00	0.01	0.01
78	005286	银华岁丰定期开放债券发起式	–	–	10.10	10.29
79	005447	银华智荟分红收益混合	0.00	0.01	0.29	0.25
80	005463	银华多元收益定开混合 A	–	–	1.71	1.62
81	005464	银华多元收益定开混合 C	–	–	0.84	0.79
82	005481	银华瑞泰灵活配置混合	1.15	22.93	27.83	28.01
83	005498	银华积极成长混合	0.00	0.12	4.77	4.62
84	005543	银华心诚灵活配置混合	0.10	1.07	25.96	22.77
85	005544	银华瑞和灵活配置混合	–	–	4.22	4.19
86	150018	银华稳进	–	–	11.91	25.00
87	150019	银华锐进	–	–	11.91	25.00
88	150030	银华中证等权 90 金利	–	–	0.19	1.61
89	150031	银华中证等权 90 鑫利	–	–	0.19	1.61
90	150047	银华消费 A	–	–	0.02	0.73

序号	基金代码	基金名称	期间申购（亿份）	期间赎回（亿份）	期末总份额（亿份）	期末净资产（亿元）
91	150048	银华消费 B	–	–	0.08	0.73
92	150059	银华金瑞	–	–	0.14	0.78
93	150060	银华鑫瑞	–	–	0.21	0.78
94	150138	银华 800A	–	–	0.02	0.35
95	150139	银华 800B	–	–	0.02	0.35
96	150143	银华中证转债指数增强分级 A	–	–	0.24	0.57
97	150144	银华中证转债指数增强分级 B	–	–	0.10	0.57
98	150167	银华沪深 300 指数分级 A	–	–	0.20	1.19
99	150168	银华沪深 300 指数分级 B	–	–	0.20	1.19
100	150175	银华恒生国企指数分级 A	–	–	12.24	33.81
101	150176	银华恒生国企指数分级 B	–	–	12.24	33.81
102	161810	银华内需精选混合(LOF)	0.11	0.10	2.74	3.83
103	161811	银华沪深 300 指数分级	0.08	0.06	0.93	1.19
104	161812	银华深证 100 分级	2.42	3.97	3.36	25.00
105	161813	银华信用债券(LOF)	0.17	0.18	0.24	0.31
106	161815	银华抗通胀主题	0.02	0.13	1.28	0.64
107	161816	银华中证等权 90 分级	0.01	0.05	1.34	1.61
108	161818	银华消费分级混合	0.04	1.09	0.63	0.73
109	161819	银华资源指数分级	0.04	0.04	0.41	0.78
110	161820	银华纯债信用债券	5.40	0.30	16.62	17.98
111	161823	银华永兴纯债债券(LOF)A	2.04	1.29	2.05	2.15
112	161824	银华永兴纯债债券(LOF)C	0.16	0.01	0.77	0.80
113	161825	银华中证 800 分级	0.00	0.01	0.38	0.35
114	161826	银华中证转债指数增强分级	0.01	0.02	0.26	0.57
115	161831	银华恒生国企指数分级	0.09	4.97	10.36	33.81
116	161834	银华鑫锐定增灵活配置混合	–	–	16.22	13.40
117	161835	银华惠丰定开混合	–	–	2.04	2.11
118	180001	银华优势企业	0.04	0.20	6.96	8.01
119	180002	银华保本增值	0.01	1.69	20.49	20.86
120	180003	银华－道琼斯 88 指数	0.21	0.59	19.38	21.06
121	180008	银华货币 A	18.73	17.48	9.51	9.51
122	180009	银华货币 B	30.46	30.41	7.20	7.20
123	180010	银华优质增长混合	0.15	0.47	17.42	24.90
124	180012	银华富裕主题混合	2.54	4.20	24.53	67.83
125	180013	银华领先策略混合	0.23	0.34	7.14	9.99
126	180015	银华增强债券	0.02	0.23	2.06	2.33
127	180018	银华和谐主题	0.10	0.06	1.22	2.60
128	180020	银华成长先锋	0.03	0.08	1.30	1.27
129	180025	银华信用双利债券 A	0.01	0.14	2.08	2.46
130	180026	银华信用双利债券 C	0.00	0.01	0.32	0.36
131	180028	银华永祥灵活配置混合	0.01	0.12	1.01	0.94
132	180031	银华中小盘混合	1.41	2.79	9.95	24.37
133	180033	银华上证 50 等权联接	0.01	0.06	0.72	0.07
134	183001	银华全球优选	0.01	0.02	0.55	0.63
135	501022	银华鑫盛定增混合	–	–	11.06	8.67
136	501033	银华惠安定期开放混合	–	–	3.12	3.06
137	501038	银华明择多策略定期开放混合	–	–	10.89	11.55
138	510430	银华上证 50 等权 ETF	–	0.05	0.59	0.78
139	511880	银华日利 A	2.30	2.18	4.46	455.30
140	519001	银华价值优选混合	0.27	0.62	21.60	42.31

【公司高管】

王珠林先生，董事长，经济学博士。曾任甘肃省职工财经学院财会系讲师，甘肃省证券公司发行部经理，中国蓝星化学工业总公司处长，蓝星清洗股份有限公司董事、副总经理、董事会秘书，西南证券副总裁，中国银河证券副总裁，西南证券董事、总裁；还曾先后担任中国证监会发行审核委员会委员、中国证监会上市公司并购重组审核委员会委员、中国证券业协会投资银行业委员会委员、重庆市证券期货业协会会长。现任公司董事长，兼任中国上市公司协会并购融资委员会执行主任、中国退役士兵就业创业服务促进会副理事长、中证机构间报价系统股份有限公司董事、中国航发动力股份有限公司独立董事、中国中材股份有限公司独立董事、财政部资产评估准则委员会委员。

王立新先生，董事总经理，经济学博士。曾就读于北京大学哲学系、中央党校研究生部、中国社会科学院研究生部、长江商学院 EMBA。先后就职于中国工商银行总行、中国农村发展信托投资公司、南方证券股份有限公司基金部；参与筹建南方基金管理有限公司，并历任南方基金研究开发部、市场拓展部总监。现任银华基金管理股份有限公司总经理、银华财富资本管理（北京）有限公司董事长。此外，兼任中国基金业协会理事、香山论坛发起理事、秘书长、《中国证券投资基金年鉴》副主编、北京大学校友会理事、北京大学企业家俱乐部理事、北京大学哲学系系友会秘书长、北京大学金融校友联合会副会长。

招商基金管理有限公司

【基本情况】

法定名称：招商基金管理有限公司

英文名称：China Merchants Fund Management Co. ,Ltd.

公司属性：合资企业

成立日期：2002－12－27；注册资本：131000（万元）

法人代表：李　浩

总 经 理：金　旭

注册地址：深圳市福田区深南大道 7088 号

办公地址：深圳市深南大道 7088 号招商银行大厦 28 楼

网站地址：www. cmfchina. com

邮政编码：518040

客服邮箱：cmf@ cmfchina. com

电话号码：400－887－9555

传真号码：0755－83076974，0755－83196405

经营范围：基金募集、基金销售、特定客户资产管理、资产管理和中国证监会许可的其他业务（以上经营范围涉及许可经营项目的，应在取得有关部门的许可后方可经营）

基金数量：229（其中普通基金 187 只，货币基金 19 只，理财基金 7 只，封闭式基金 0 只，其他基金 16 只）

管理规模：4054.09 亿元

经理人数：37 人

【公司概况】

招商基金管理有限公司于 2002 年 12 月 27 日经中国证监会〔2002〕100 号文批准设立，是中国第一家中外合资基金管理公司。公司的经营范围包括发起设立基金、基金管理业务和中国证监会批准的其它业务。

经招商基金管理有限公司（以下简称“本公司”）股东会审议通过，并经中国证券监督管理委员会证监许可［2013］1074 号文批复同意。目前，本公司的股东股权结构为：招商银行股份有限公司持有公司全部股权的55%,招商证券股份有限公司持有公司全部股权的45%。公司注册资本金为13.1亿元人民币。目前,招商基金拥有两家全资子公司,分别为招商财富资产管理有限公司和招商资产管理(香港)有限公司。

招商基金以"为投资者创造更多价值"为使命,秉承诚信、理性、专业、协作、成长的核心价值观,努力成为中国资产管理行业具有差异化竞争优势、一流品牌的资产管理公司。

【股东概况】

排序	股东名称	出资额(万元)	出资比例
1	招商银行	11550.00	55%
2	招商证券股份有限公司	9450.00	45%

【旗下基金】

序号	基金代码	基金名称	期间申购(亿份)	期间赎回(亿份)	期末总份额(亿份)	期末净资产(亿元)
1	000126	招商安润保本混合	0.02	4.47	20.91	21.56
2	000314	招商瑞丰灵活配置混合发起式A	0.01	0.02	0.15	0.20
3	000530	招商丰盛稳定增长混合A	0.01	0.10	0.76	0.90
4	000588	招商招钱宝货币A	40.35	43.28	34.54	34.54
5	000607	招商招钱宝货币B	1,407.99	1,292.20	1,279.29	1,279.29
6	000644	招商招金宝货币A	3.06	2.88	4.28	4.28
7	000651	招商招金宝货币B	15.86	13.80	5.87	5.87
8	000679	招商丰利灵活配置混合A	0.00	0.11	0.67	0.76
9	000746	招商行业精选股票基金	0.11	0.28	2.65	3.86
10	000758	招商招钱宝货币C	69.74	69.83	43.18	43.18
11	000792	招商定期宝六个月期理财债券	10.49	0.00	15.51	15.53
12	000808	招商招利1个月期理财债券A	9.28	7.70	15.32	15.32
13	000809	招商招利1个月期理财债券B	10.36	8.00	9.74	9.74
14	000960	招商医药健康产业股票	1.92	1.58	6.49	8.23
15	001403	招商国企改革主题混合基金	0.07	0.32	8.60	7.37
16	001404	招商移动互联网产业股票基金	0.27	1.07	18.37	13.37
17	001427	招商丰泽混合A	–	0.00	8.47	9.75
18	001446	招商丰泽混合C	–	–	0.00	0.00
19	001531	招商安益灵活配置混合	0.01	0.35	7.22	8.12
20	001597	招商丰融混合A	0.01	0.01	4.52	5.69
21	001598	招商丰融混合C	0.00	0.00	0.01	0.01
22	001628	招商体育文化休闲股票	0.05	0.11	0.56	0.46
23	001693	招商招利1个月期理财债券C	2.02	2.60	7.77	7.77
24	001749	招商中国机遇股票	0.03	1.10	9.91	9.23
25	001773	招商丰庆混合A	–	–	120.10	161.07
26	001868	招商产业债券C	0.52	0.76	2.61	3.34
27	001869	招商制造业混合A	1.02	1.28	8.45	8.95
28	001917	招商量化精选股票	0.01	0.03	0.51	0.47
29	002017	招商瑞丰灵活配置混合发起式C	0.02	0.04	5.97	8.04
30	002103	招商康泰灵活配置混合	0.15	0.20	0.36	0.39
31	002249	招商境远灵活配置混合	0.01	0.48	2.75	2.55
32	002271	招商安弘保本混合	0.00	0.78	13.15	14.17
33	002298	招商招福宝货币A	0.00	0.01	0.01	0.01
34	002299	招商招福宝货币B	0.00	0.00	0.50	0.50
35	002317	招商睿逸混合	0.00	0.69	1.59	1.59
36	002341	招商招瑞纯债发起式A	–	–	0.10	0.11
37	002389	招商安德保本混合A	0.00	0.68	9.04	9.67
38	002416	招商丰利灵活配置混合C	0.00	0.01	0.01	0.01
39	002417	招商丰盛稳定增长混合C	0.00	0.04	0.29	0.35
40	002456	招商安元保本混合A	0.00	3.81	7.93	8.40
41	002506	招商招盈18个月定开债	–	–	2.12	2.27
42	002514	招商丰益混合A	–	0.00	0.05	0.05
43	002515	招商丰益混合C	–	0.00	1.49	1.58
44	002520	招商招瑞纯债发起式C	0.01	0.06	0.46	0.49
45	002540	招商丰和混合A	–	0.00	0.00	0.00
46	002541	招商丰和混合C	0.00	0.00	2.00	1.96
47	002574	招商瑞庆混合	0.72	0.37	1.83	1.83
48	002581	招商丰凯混合A	–	0.00	0.05	0.05
49	002582	招商丰凯混合C	–	0.00	1.50	1.59
50	002628	招商安博灵活配置混合A	0.00	8.80	0.71	0.73
51	002629	招商安博灵活配置混合C	0.00	0.14	0.05	0.05
52	002657	招商安裕灵活配置混合A	0.00	8.43	1.44	1.50
53	002658	招商安裕灵活配置混合C	0.00	1.40	0.43	0.44
54	002756	招商招兴纯债A	–	–	8.20	8.67
55	002757	招商招兴纯债C	–	0.00	0.00	0.00
56	002776	招商安荣混合A	0.00	0.55	11.62	12.14
57	002777	招商安荣混合C	2.18	2.15	0.62	0.63
58	002815	招商招益两年定开债A	–	–	1.93	2.04
59	002816	招商招益两年定开债C	–	–	0.14	0.15
60	002817	招商招恒纯债A	–	0.00	1.00	1.03
61	002818	招商招恒纯债C	–	0.00	0.00	0.00
62	002819	招商丰美混合A	–	0.00	8.02	8.34
63	002820	招商丰美混合C	0.00	0.00	0.00	0.00
64	002823	招商盛达混合A	0.00	0.06	0.19	0.18
65	002824	招商盛达混合C	0.07	0.33	0.26	0.24
66	002852	招商财富宝交易型货币A	103.58	106.84	168.78	168.78
67	002994	招商招裕纯债A	–	0.00	1.00	1.06
68	002995	招商招裕纯债C	–	0.00	0.00	0.00
69	003000	招商丰德灵活配置混合A	0.00	0.05	1.53	1.49
70	003001	招商丰德灵活配置混合C	0.00	0.01	0.05	0.04
71	003004	招商睿祥定开混合	–	–	3.88	3.91
72	003046	招商信用定开债人民币	0.01	–	0.68	0.65
73	003047	招商信用定开债美元	–	–	0.68	0.65
74	003156	招商招悦纯债A	0.01	0.00	29.85	29.89
75	003157	招商招悦纯债C	0.00	0.00	0.00	0.00
76	003265	招商招坤纯债A	0.10	0.19	0.88	0.92
77	003266	招商招坤纯债C	0.05	0.07	0.02	0.02
78	003269	招商招乾3个月定开债A	34.24	–	34.66	43.21
79	003270	招商招乾3个月定开债C	–	0.00	0.00	0.00
80	003351	招商稳荣定开混合A	–	–	3.52	3.29
81	003352	招商稳荣定开混合C	–	–	0.02	0.02
82	003355	招商稳祥定开灵活混合A	–	–	1.78	1.85
83	003356	招商稳祥定开灵活混合C	–	–	0.35	0.36
84	003371	招商招轩纯债A	4.64	4.96	4.64	5.22
85	003372	招商招轩纯债C	0.02	0.18	0.00	0.00
86	003388	招商招益宝货币A	0.28	0.24	0.48	0.48
87	003389	招商招益宝货币B	0.08	0.14	0.00	0.00
88	003404	招商稳盛定开混合A	–	–	3.56	3.68
89	003405	招商稳盛定开混合C	–	–	0.31	0.32
90	003416	招商财经大数据股票	0.01	0.03	0.28	0.21
91	003438	招商招怡纯债A	–	0.00	19.98	20.46
92	003439	招商招怡纯债C	0.00	0.00	0.00	0.00

序号	基金代码	基金名称	期间申购（亿份）	期间赎回（亿份）	期末总份额（亿份）	期末净资产（亿元）
93	003440	招商招享纯债 A	0.00	0.00	100.00	100.46
94	003442	招商招惠 3 个月定期开放债券 A	0.10	0.00	62.03	65.16
95	003448	招商招华纯债 A	0.00	0.00	5.00	5.15
96	003450	招商招信定开债 A	0.10	–	50.09	50.34
97	003452	招商招盛纯债 A	0.00	0.00	93.71	106.21
98	003453	招商招盛纯债 C	–	0.00	0.00	0.00
99	003454	招商招通纯债 A	–	0.00	0.55	0.57
100	003455	招商招通纯债 C	–	0.00	0.00	0.00
101	003537	招商招利宝货币 A	121.99	114.24	187.93	187.93
102	003538	招商招利宝货币 B	31.40	32.95	72.38	72.38
103	003569	招商招丰纯债 A	0.00	0.00	14.96	15.44
104	003571	招商招琪纯债 A	–	0.00	75.52	79.09
105	003618	招商招旺纯债 A	–	0.00	5.00	5.22
106	003619	招商招旺纯债 C	–	0.00	0.00	0.00
107	003632	招商稳乾定开混合 A	–	–	0.60	0.63
108	003633	招商稳乾定开混合 C	–	–	0.03	0.03
109	003652	招商招泰 6 个月定开债 A	–	–	0.45	0.48
110	003653	招商招泰 6 个月定开债 C	–	–	0.04	0.04
111	003782	招商稳阳定开混合 A	–	–	0.84	0.88
112	003783	招商稳阳定开混合 C	–	–	0.09	0.09
113	003784	招商稳泰定开混合	–	–	0.51	0.54
114	003809	招商招顺纯债 A	0.00	0.00	15.00	15.45
115	003859	招商招旭纯债 A	1.27	0.20	1.08	1.10
116	003860	招商招旭纯债 C	1.25	7.19	1.25	1.28
117	003861	招商兴福混合 A	–	0.00	1.97	1.98
118	003862	招商兴福混合 C	–	0.00	0.00	0.00
119	003863	招商招祥纯债 A	0.00	0.00	14.99	15.54
120	003867	招商招景纯债 A	0.00	0.00	39.99	40.33
121	004142	招商盛合灵活混合 A	0.00	0.05	0.32	0.30
122	004143	招商盛合灵活混合 C	0.00	0.01	0.05	0.05
123	004190	招商沪深 300 指数增强 A	0.05	0.02	0.36	0.38
124	004191	招商沪深 300 指数增强 C	0.06	0.07	0.35	0.37
125	004192	招商中证 500 指数 A	0.03	0.02	0.31	0.29
126	004193	招商中证 500 指数 C	0.05	0.28	0.35	0.33
127	004194	招商中证 1000 指数增强 A	0.05	1.51	0.12	0.10
128	004195	招商中证 1000 指数增强 C	0.09	0.04	0.24	0.19
129	004261	招商招禧宝货币 A	147.74	138.67	65.66	65.66
130	004262	招商招禧宝货币 B	0.92	1.08	0.93	0.93
131	004266	招商沪港深科技创新混合	0.27	0.54	0.24	0.24
132	004407	招商上证消费 80ETF 联接 C	0.04	0.01	0.03	0.10
133	004408	招商深证 100 指数 C	0.00	0.00	0.00	0.00
134	004409	招商深证 TMT50ETF 联接 C	0.00	0.00	0.00	0.04
135	004410	招商央视财经 50 指数 C	0.01	0.01	0.02	0.03
136	004569	招商制造业混合 C	0.00	0.00	0.00	0.00
137	004667	招商招财通理财债券 A	0.01	–	0.64	0.64
138	004780	招商招利一年理财债券	–	–	23.39	24.12
139	004784	招商稳健优选股票	0.01	0.05	0.77	0.66
140	004932	招商丰拓灵活混合 A	0.01	2.65	2.08	2.15
141	004933	招商丰拓灵活混合 C	0.00	0.00	0.01	0.01
142	005594	招商添润 3 个月定开债 A	–	–	100.10	102.64
143	005606	招商招鸿 6 个月定开债发起式	–	–	20.10	20.49
144	005648	招商添琪 3 个月定开债 A	–	–	82.10	83.78
145	005761	招商 MSCI 中国 A 股国际通 A	2.23	3.36	30.52	29.64
146	005762	招商 MSCI 中国 A 股国际通 C	0.85	12.26	6.11	5.93

序号	基金代码	基金名称	期间申购（亿份）	期间赎回（亿份）	期末总份额（亿份）	期末净资产（亿元）
147	150145	招商沪深 300 高贝塔分级 A	–	–	0.02	0.14
148	150146	招商沪深 300 高贝塔分级 B	–	–	0.02	0.14
149	150188	招商可转债分级债券 A	–	–	0.43	0.77
150	150189	招商可转债分级债券 B	–	–	0.19	0.77
151	150200	招商中证全指证券公司分级 A	–	–	10.68	30.95
152	150201	招商中证全指证券公司分级 B	–	–	10.68	30.95
153	150207	招商沪深 300 地产等权重分级 A	–	–	0.14	1.82
154	150208	招商沪深 300 地产等权重分级 B	–	–	0.14	1.82
155	150249	招商中证银行指数分级 A	–	–	0.17	3.27
156	150250	招商中证银行指数分级 B	–	–	0.17	3.27
157	150251	招商中证煤炭等权指数分级 A	–	–	0.19	7.93
158	150252	招商中证煤炭等权指数分级 B	–	–	0.19	7.93
159	150269	招商中证白酒指数分级 A	–	–	0.64	54.12
160	150270	招商中证白酒指数分级 B	–	–	0.64	54.12
161	150271	招商国证生物医药指数分级 A	–	–	0.09	4.29
162	150272	招商国证生物医药指数分级 B	–	–	0.09	4.29
163	159003	招商保证金快线 A	1.03	1.04	0.03	2.54
164	159004	招商保证金快线 B	0.54	0.54	0.05	5.35
165	159909	招商深证 TMT50ETF	0.00	0.01	0.13	0.58
166	161706	招商优质成长混合(LOF)	0.23	0.29	6.61	9.55
167	161713	招商信用添利债券(LOF)	2.19	1.45	5.21	5.24
168	161714	招商标普金砖四国指数	0.01	0.05	0.24	0.24
169	161715	招商大宗商品(LOF)	0.29	0.31	0.47	0.42
170	161716	招商双债增强债券(LOF)	0.05	0.04	0.94	1.07
171	161718	招商沪深 300 高贝塔指数分级	0.06	0.05	0.12	0.14
172	161719	招商可转债分级债券	0.02	0.06	0.25	0.77
173	161720	招商中证全指证券公司指数分级	3.15	5.11	14.61	30.95
174	161721	招商沪深 300 地产等权重分级	1.68	1.59	2.42	1.82
175	161722	招商丰泰混合(LOF)	0.02	0.10	0.54	0.63
176	161723	招商中证银行指数分级	1.17	1.09	3.34	3.27
177	161724	招商中证煤炭等权指数分级	6.07	3.38	8.12	7.93
178	161725	招商中证白酒指数分级	35.87	51.79	42.73	54.12
179	161726	招商国证生物医药指数分级	1.71	1.43	3.62	4.29
180	161727	招商增荣混合(LOF)	0.00	2.21	2.02	2.00
181	217001	招商安泰混合	0.96	3.13	13.23	4.50
182	217002	招商安泰平衡	0.02	0.04	0.44	0.41
183	217003	招商安泰债券 A	0.09	0.18	1.37	1.56
184	217004	招商现金增值货币 A	89.32	93.39	120.06	120.06
185	217005	招商先锋	0.20	0.47	16.90	14.96
186	217008	招商安本增利债券	0.04	0.56	1.52	1.93
187	217009	招商核心价值混合	0.04	0.28	9.12	9.58
188	217010	招商大盘蓝筹混合	0.06	0.19	2.80	3.83
189	217011	招商安心收益债券	3.28	1.21	8.08	12.26
190	217012	招商行业领先混合 A	0.09	0.38	3.25	3.98
191	217013	招商中小盘混合	0.04	0.08	1.10	1.53
192	217014	招商现金增值货币 B	614.62	676.07	187.58	187.58
193	217015	招商全球资源	0.01	0.01	0.24	0.25
194	217016	招商深证 100 指数 A	0.05	0.06	0.56	0.70

序号	基金代码	基金名称	期间申购（亿份）	期间赎回（亿份）	期末总份额（亿份）	期末净资产（亿元）
195	217017	招商上证消费80ETF联接A	0.11	0.12	0.79	0.10
196	217018	招商安瑞进取债券	0.01	0.04	0.77	1.29
197	217019	招商深证TMT50ETF联接A	0.04	0.06	0.45	0.04
198	217020	招商安达灵活配置混合	0.01	0.31	1.77	2.04
199	217021	招商优企灵活配置	0.01	0.02	0.33	0.65
200	217022	招商产业债券A	1.26	0.37	6.60	8.61
201	217023	招商信用增强债券	0.01	0.13	3.39	3.32
202	217024	招商安盈保本混合	0.00	0.86	14.81	15.62
203	217025	招商理财7天债券A	12.85	7.98	7.13	7.13
204	217026	招商理财7天债券B	0.70	-	63.09	63.09
205	217027	招商央视财经50指数A	0.65	0.52	1.86	3.60
206	217203	招商安泰债券B	0.70	0.88	0.35	0.41
207	510150	招商上证消费80ETF	0.44	0.44	0.27	1.37
208	511850	招商财富宝交易型货币E	0.09	0.09	0.17	17.41

【公司高管】

李浩，男，招商银行股份有限公司执行董事、常务副行长兼财务负责人。美国南加州大学工商管理硕士学位，高级会计师。1997年5月加入招商银行任总行行长助理，2000年4月至2002年3月兼任招商银行上海分行行长，2001年12月起担任招商银行副行长，2007年3月起兼任财务负责人，2007年6月起担任招商银行执行董事，2013年5月起担任招商银行常务副行长，2016年3月起兼任深圳市招银前海金融资产交易中心有限公司副董事长。现任公司董事长。

金旭女士：北京大学硕士研究生。1993年7月至2001年11月在中国证监会工作，历任法规处副处长、深圳监管专员办事处机构处副处长、基金监管部综合处处长。2001年11月至2004年7月在华夏基金管理有限公司任副总经理。2004年7月至2006年1月在宝盈基金管理有限公司任总经理。2006年1月至2007年5月在梅隆全球投资有限公司北京代表处任首席代表。2007年5月担任国泰基金管理有限公司总经理。2015年1月加入招商基金管理有限公司。现任招商基金管理有限公司公司总经理、董事兼招商资产管理（香港）有限公司董事长。

中海基金管理有限公司

【基本情况】

法定名称：中海基金管理有限公司

英文名称：Zhong Hai Fund Management Co., Ltd.

公司属性：合资企业

成立日期：2004－03－18；注册资本：14666.67（万元）

法人代表：杨皓鹏

总 经 理：杨皓鹏

注册地址：中国（上海）自由贸易试验区银城中路68号2905－2908室及30层

办公地址：上海市浦东新区银城中路68号2905－2908室及30层

网站地址：www.zhfund.com

邮政编码：200120

客服邮箱：service@zhfund.com

电话号码：400－888－9788

传真号码：021－68419525

经营范围：基金募集、基金销售、资产管理、中国证监会许可的其他业务（涉及行政许可的凭许可证经营）

基金数量：45（其中普通基金37只，货币基金2只，理财基金0只，封闭式基金0只，其他基金6只）

管理规模：142.63亿元

经理人数：11人

【公司概况】

中海基金管理有限公司（以下简称“中海基金”）成立于2004年3月18日，前身为国联基金管理有限公司。2006年7月，中国海洋石油总公司旗下中海信托股份有限公司入主成为中海基金第一大股东，公司相应更名为“中海基金管理有限公司”。公司现注册资本为1.47亿元人民币，各方股东持股比例为：中海信托股份有限公司41.591%、国联证券股份有限公司33.409%、法国爱德蒙得洛希尔银行股份有限公司25.000%。公司总部位于上海浦东陆家嘴金融圈，在北京设有分公司，并于2013年7月成立子公司——中海恒信资产管理（上海）有限公司。

中海基金旗下目前拥有包括不同类型、不同风格的数十只公募基金以及多款专户产品（“一对一”与“一对多”）在内的较为完善的产品线，涵盖了主动管理与被动管理、权益投资与固定收益投资等不同领域，在以能源及新能源为视角的主题投资、债券投资和量化投资方面已形成独有特色。公司先后服务机构与个人投资者300多万人（家），并获得投资者广泛好评。公司现有包括公募基金经理、专户投资经理及分析师在内的近40人的投资研究团队，通过扎实研究，努力为客户创造价值。

依托“世界500强”中国海洋石油总公司的产业资本支撑，以及洛希尔银行在资产管理方面的丰富经验，中海基金始终遵循诚实信用、勤勉尽责的原则来管理基金资产，经营稳健、运作规范。公司成立十余年来，从公司治理、风险控制、投资研究等多个方面得到快速提升，熔铸起了稳健的根基，成长为具有强大央企背景及丰富外资先进管理经验的基金管理公司，正在朝“受人尊敬的一流资产管理公司”的目标稳步迈进。

【公司大事记（2012年至今）】

2017－04 中海蓝筹灵活配置混合型基金（398031）荣膺上海证券报“2016年度金基金·分红基金奖（三年期）”。

2015－05－20 中海积极增利灵活配置混合型证券投资基金正式成立（证监许可〔2015〕693号），左剑先生担任中海积极增利灵活配置混合型证券投资基金基金经理。

2015－05－13 中海进取收益灵活配置混合型证券投资基金正式成立（证监许可〔2015〕647号），左剑先生担任中海进取收益灵活配置混合型证券投资基金基金经理。

2015－04－03 中海安鑫宝1号保本混合型证券投资基金正式成立（证监许可〔2015〕391号），刘俊先生担任中海安鑫宝1号保本混合型证券投资基金基金经理。

2015－04 中海蓝筹灵活基金荣膺上海证券报“灵活配置型金基金奖（一年期）”。

2015－04 中海消费主题基金荣膺证券时报“三年持续回报股票型明星基金”；中海蓝筹灵活基金荣膺证券时报“五年持续回报平衡混合型明星基金”。

2015－03 中海蓝筹灵活基金荣膺中国证券报“2014年度开放式混合型金牛基金”。

2015－02－11 中海合鑫灵活配置混合型证券投资基金正式成立(证监许可〔2015〕6 号),骆泽斌先生担任中海合鑫灵活配置混合型证券投资基金基金经理。

2014－12－17 中海医药健康产业精选灵活配置混合型证券投资基金正式成立(证监许可〔2014〕1137 号),郑磊先生担任中海医药健康产业精选灵活配置混合型证券投资基金基金经理。

2014－08－29 中海惠祥分级债券型证券投资基金正式成立(证监许可〔2014〕348 号),江小震先生担任中海惠祥分级债券型证券投资基金基金经理。

2014－05－26 中海积极收益灵活配置混合型证券投资基金正式成立(证监许可〔2014〕288 号),刘俊先生担任中海积极收益灵活配置混合型证券投资基金基金经理。

2014－04－23 中海纯债债券型证券投资基金基金正式成立(证监许可〔2013〕1020 号),冯小波先生担任中海纯债债券型证券投资基金基金基金经理。

2013－11－21 中海惠利纯债分级债券型证券投资基金正式成立(基金部函〔2013〕995 号),陆成来先生担任中海惠利纯债分级债券型证券投资基金基金经理。

2013－09－12 中海惠丰纯债分级债券型证券投资基金正式成立(基金部函〔2013〕799 号),陆成来先生担任中海惠丰纯债分级债券型证券投资基金基金经理。

2013－07－31 中海安鑫保本混合型证券投资基金正式成立(基金部函〔2013〕622 号),刘俊先生担任中海安鑫保本混合型证券投资基金基金经理。

2013－07－30 中海基金出资设立的专户子公司中海恒信资产管理(上海)有限公司正式成立,业务范围包括特定客户资产管理业务以及中国证监会认可的其他业务。

2013－03－20 中海可转换债券债券型证券投资基金正式成立(基金部函〔2013〕203 号),周其源先生担任中海可转换债券债券型证券投资基金基金经理。

2013－01－07 中海惠裕纯债分级债券型发起式证券投资基金正式成立(基金部函〔2013〕12 号),江小震先生担任中海惠裕纯债分级债券型发起式证券投资基金基金经理。

2012－10－18 中海基金获得由中国保监会颁发的保险资金受托管理业务资质。

2012－06－20 中海保本混合型证券投资基金正式成立(基金部函〔2012〕506 号),刘俊先生担任中海保本混合型证券投资基金基金经理。

2012－03－07 中海上证 380 指数型证券投资基金正式成立(基金部函〔2012〕120 号),陈明星先生担任中海上证 380 指数型证券投资基金基金经理。

【股东概况】

排序	股东名称	持股数量(万)	持股比例(%)
1	中海信托投资有限责任公司	6100.01472	41.591%
2	国联证券有限责任公司	4899.98778	33.409%
3	法国爱德蒙得洛希尔银行	3666.6675	25%

【旗下基金】

序号	基金代码	基金名称	期间申购(亿份)	期间赎回(亿份)	期末总份额(亿份)	期末净资产(亿元)
1	000003	中海可转债 A	0.16	0.15	0.41	0.28
2	000004	中海可转债 C	0.01	0.02	0.26	0.17
3	000166	中海策略精选灵活配置混合	0.00	0.10	0.48	0.48
4	000298	中海纯债债券 A	0.00	0.01	0.55	0.56
5	000299	中海纯债债券 C	0.00	0.01	0.03	0.03
6	000316	中海惠利纯债分级债券	-	-	0.55	0.54
7	000317	中海惠利纯债分级债券 A	-	-	0.09	0.54
8	000318	中海惠利纯债分级债券 B	-	-	0.46	0.54
9	000597	中海积极收益混合	1.63	0.40	1.66	1.99
10	000674	中海惠祥分级债券	-	-	29.55	27.18
11	000675	中海惠祥分级债券 A	-	-	0.12	27.18
12	000676	中海惠祥分级债券 B	-	-	29.43	27.18
13	000878	中海医药健康产业精选混合 A	1.68	1.08	4.85	8.31
14	000879	中海医药健康产业精选混合 C	1.30	0.80	1.38	2.29
15	001252	中海进取收益混合	0.01	0.05	0.44	0.43
16	001279	中海积极增利混合	0.02	0.58	2.31	1.88
17	001574	中海混改红利混合	0.17	0.02	0.54	0.47
18	001864	中海魅力长三角混合	0.08	0.00	0.46	0.51
19	002110	中海中鑫灵活配置混合	0.00	0.00	0.74	0.74
20	002213	中海顺鑫灵活配置混合	0.00	0.12	0.55	0.51
21	002214	中海沪港深价值优选混合	0.97	1.07	6.17	9.03
22	002965	中海合嘉增强收益债券 A	0.00	0.24	0.58	0.57
23	002966	中海合嘉增强收益债券 C	0.00	0.02	0.05	0.04
24	004219	中海添顺定期开放混合	0.00	2.01	0.16	0.16
25	005252	中海添瑞定开混合	-	-	2.61	2.65
26	005646	中海沪港深多策略灵活配置混合	0.65	1.87	2.34	2.37
27	163907	中海惠裕纯债发起式	0.00	0.04	4.91	5.26
28	392001	中海货币 A	8.91	6.85	6.26	6.26
29	392002	中海货币 B	14.69	20.40	19.22	19.22
30	393001	中海优势精选灵活配置混合	0.01	0.02	0.65	0.70
31	395001	中海稳健收益债券	0.12	0.13	0.41	0.41
32	395011	中海增强债券 A	0.00	0.00	0.69	0.77
33	395012	中海增强债券 C	0.00	0.00	0.03	0.03
34	398001	中海优质成长混合	0.73	0.81	31.62	13.09
35	398011	中海分红增利混合	0.09	0.30	6.01	4.10
36	398021	中海能源策略	0.12	0.37	17.62	12.04
37	398031	中海蓝筹灵活	0.04	0.07	1.09	0.77
38	398041	中海量化策略混合	0.72	0.49	1.02	0.86
39	398051	中海环保新能源混合	0.28	0.86	1.61	1.43
40	398061	中海消费混合	0.07	0.11	1.59	3.54
41	399001	中海上证 50	0.16	0.13	1.07	1.20
42	399011	中海医疗保健主题股票	7.24	2.81	6.43	11.54
43	502030	中海中证高铁产业指数分级	0.06	0.08	0.23	0.16
44	502031	中海中证高铁产业指数分级 A	-	-	0.03	0.03
45	502032	中海中证高铁产业指数分级 B	-	-	0.03	0.01

【公司高管】

黄晓峰先生,董事长。中国人民大学硕士,高级经济师。现任中海信托股份有限公司总裁、党委书记。历任湖北省计划管理干部学院助教,国家海洋局管理司主任科员,中国海洋石油总公司计划项目处干部、经济评价处干部,中海石油有限公司税收保险岗,中国海洋石油总公司保险处保险主管,中海石油有限公司代理融资岗位经理、资金部副总监,中国海洋石油总公司资金部代理总监、资金部总监,中海石油财务有限责任公司总经理。

杨皓鹏先生，总经理。复旦大学世界经济专业硕士。历任中海信托股份有限公司综合管理部总裁秘书、托管部项目经理、自有资金及信息管理部综合业务经理、办公室主任、党委秘书、人力资源部经理、资产经营部经理。2017 年 7 月进入本公司工作，曾任总经理助理，2017 年 8 月至今任本公司总经理。

中欧基金管理有限公司

【基本情况】

法定名称：中欧基金管理有限公司

英文名称：Lombarda China Fund Management Co. ,ltd.

公司属性：合资企业

成立日期：2006 - 07 - 19

注册资本：18800（万元）

法人代表：窦玉明

总 经 理：刘建平

注册地址：中国（上海）自由贸易试验区陆家嘴环路 333 号东方汇经大厦五层

办公地址：中国（上海）自由贸易试验区陆家嘴环路 333 号东方汇经大厦五层

网站地址：www. zofund. com

邮政编码：200120

客服邮箱：service@ zofund. com

电话号码：021 - 68609700，400 - 700 - 9700

传真号码：021 - 33830351

经营范围：基金管理业务、包括依中国法律从事证券投资基金的设立和管理、基金管理和与此相关的其他业务

基金数量：130（其中普通基金 119 只，货币基金 9 只，理财基金 0 只，封闭式基金 0 只，其他基金 2 只）

管理规模：1547. 09 亿元

经理人数：28 人

【公司概况】

中欧基金成立于 2006 年，是国内首批员工持股的公募基金管理公司之一，核心员工成为公司重要股东。在领先的治理结构下，客户、公司员工与股东的利益紧密捆绑，形成合力，共同打造“聚焦业绩的主动投资精品店”。公司拥有近 300 名员工，其中约半数为专业投研人员，投资人员的平均从业年限近 10 年。

中欧基金为个人投资者和专业机构投资者提供了卓越的长期投资业绩和一流服务。截至 2018 年二季度末，公司资产管理规模近 2500 亿元；过去六年，中欧基金旗下权益类基金平均股票投资主动管理收益率达到 233. 82%，股票投资主动管理能力居行业第一位；机构持有主动权益基金规模全市场第一（银河证券基金研究中心，Wind，截至 2017 年末）。

长期以来，中欧基金与投资者和渠道伙伴紧密合作，帮助客户实现资产长期保值增值。得益于独特的所有权结构，中欧基金得以长期坚持战略方向，聚焦长期投资业绩，专注主动投资，立志成为具有全球竞争力的资产管理精品提供商。

【公司荣誉】

2017 年度金牛基金管理公司中国证券报

2017 年度十大明星基金公司证券时报

【股东概况】

排序	股东名称	持股数量（万股）	持股比例（%）
1	意大利意大利意联银行股份有限公司	6580.00	35%
2	国都证券有限责任公司	5640.00	30%
2	北京百骏投资有限公司	5640.00	30%
4	万盛基业投资有限责任公司	940.00	5%

【旗下基金】

序号	基金代码	基金名称	期间申购（亿份）	期间赎回（亿份）	期末总份额（亿份）	期末净资产（亿元）
1	000894	中欧睿达定期开放混合	0.00	1.22	2.30	2.72
2	001000	中欧明睿新起点混合	0.23	0.97	15.71	15.38
3	001110	中欧瑾泉灵活配置混合 A	0.00	0.00	0.02	0.02
4	001111	中欧瑾泉灵活配置混合 C	0.00	0.00	4.88	5.64
5	001117	中欧精选定期开放混合 A	0.01	0.69	15.56	13.52
6	001146	中欧瑾源灵活配置混合 A	0.00	0.00	0.02	0.02
7	001147	中欧瑾源灵活配置混合 C	0.00	0.00	2.75	3.07
8	001164	中欧琪和灵活配置混合 A	0.00	2.51	1.72	2.05
9	001165	中欧琪和灵活配置混合 C	0.00	0.00	1.08	1.24
10	001173	中欧瑾和灵活配置混合 A	0.02	0.14	1.29	1.37
11	001174	中欧瑾和灵活配置混合 C	0.00	0.00	0.01	0.01
12	001211	中欧滚钱宝货币 A	1,813.88	1,177.21	685.29	685.29
13	001306	中欧永裕混合 A	0.09	0.67	16.33	13.82
14	001307	中欧永裕混合 C	0.03	0.03	0.33	0.27
15	001615	中欧睿尚定期开放混合	-	-	2.43	2.59
16	001776	中欧兴利债券	0.00	0.00	48.32	49.47
17	001810	中欧潜力价值灵活配置混合 A	9.12	3.07	26.48	35.64
18	001811	中欧明睿新常态混合 A	8.48	2.30	25.15	27.28
19	001881	中欧新趋势混合 E	0.04	0.02	0.42	0.45
20	001882	中欧价值发现混合 E	0.07	0.03	0.44	0.99
21	001883	中欧新动力混合（LOF）E	0.00	0.00	0.02	0.04
22	001884	中欧沪深 300 指数增强 E	0.00	0.00	0.01	0.01
23	001885	中欧新蓝筹混合 E	0.75	0.01	0.87	0.98
24	001886	中欧行业成长混合（LOF）E	0.42	0.32	0.67	0.73
25	001887	中欧价值智选混合 E	0.00	0.06	0.14	0.26
26	001888	中欧盛世成长混合（LOF）E	0.01	0.01	0.06	0.07
27	001889	中欧增强回报债券（LOF）E	0.00	0.00	0.01	0.01
28	001890	中欧精选定期开放混合 E	0.01	0.01	0.29	0.26
29	001891	中欧成长优选混合 E	0.00	0.00	0.02	0.03
30	001912	中欧强势多策略债券	0.12	1.03	0.13	0.14
31	001938	中欧时代先锋股票 A	5.89	2.84	20.57	23.51
32	001955	中欧养老产业混合	0.06	0.07	0.53	0.60
33	001963	中欧天禧债券	0.01	0.02	1.60	1.72
34	001990	中欧数据挖掘混合 A	0.07	0.15	1.01	0.95
35	002009	中欧瑾通灵活配置混合 A	0.00	0.00	6.85	7.11
36	002010	中欧瑾通灵活配置混合 C	0.00	0.00	0.00	0.00
37	002013	中欧琪丰灵活配置混合 A	0.00	11.34	0.04	0.05
38	002014	中欧琪丰灵活配置混合 C	0.00	0.00	0.00	0.00
39	002478	中欧天添债券 A	0.00	0.00	0.28	0.29
40	002479	中欧天添债券 C	0.00	0.00	0.37	0.38
41	002532	中欧强盈债券	-	0.00	4.88	5.11
42	002591	中欧信用增利债券（LOF）E	0.00	0.00	0.00	0.00
43	002592	中欧纯债债券（LOF）E	0.00	0.76	0.00	0.00
44	002621	中欧消费主题股票 A	0.28	0.18	0.62	0.82
45	002685	中欧丰泓沪港深混合 A	1.18	0.79	6.25	6.76

序号	基金代码	基金名称	期间申购（亿份）	期间赎回（亿份）	期末总份额（亿份）	期末净资产（亿元）
46	002686	中欧丰泓沪港深混合 C	0.05	0.04	0.41	0.43
47	002697	中欧消费主题股票 C	0.14	0.11	0.21	0.28
48	002725	中欧强瑞多策略债券	–	–	0.52	0.55
49	002747	中欧货币 C	0.22	0.26	0.01	0.01
50	002748	中欧货币 D	62.86	60.16	5.82	5.82
51	002920	中欧强泽债券	–	0.00	0.82	0.87
52	002961	中欧双利债券 A	0.00	0.94	9.05	9.52
53	002962	中欧双利债券 C	0.00	0.00	0.00	0.00
54	003021	中欧强裕债券	0.00	0.31	0.68	0.68
55	003095	中欧医疗健康混合 A	7.80	6.19	10.54	15.36
56	003096	中欧医疗健康混合 C	3.95	2.06	3.09	4.49
57	003148	中欧瑾悠灵活配置混合 A	0.04	1.99	0.04	0.04
58	003149	中欧瑾悠灵活配置混合 C	0.00	0.00	0.00	0.00
59	003150	中欧睿诚定期开放混合 A	0.00	0.48	4.31	4.54
60	003151	中欧睿诚定期开放混合 C	0.00	0.01	0.23	0.24
61	003419	中欧弘安一年定期开放债券	0.15	9.43	2.74	2.81
62	004039	中欧骏泰货币	23.83	33.75	49.06	49.06
63	004159	中欧天启债券 A	0.00	0.00	2.21	2.31
64	004160	中欧天启债券 C	0.00	0.00	0.00	0.00
65	004213	中欧骏益货币	0.01	1.04	0.00	0.00
66	004231	中欧行业成长混合(LOF)C	0.25	0.07	0.71	0.77
67	004232	中欧价值发现混合 C	0.80	0.69	1.26	2.46
68	004233	中欧盛世成长混合(LOF)C	0.02	0.02	0.06	0.06
69	004234	中欧数据挖掘混合 C	0.40	0.02	0.41	0.38
70	004235	中欧价值智选混合 C	0.00	0.00	0.00	0.00
71	004236	中欧新动力混合(LOF)C	0.00	0.00	0.01	0.02
72	004237	中欧新蓝筹混合 C	0.01	0.01	0.05	0.06
73	004241	中欧时代先锋股票 C	0.15	0.06	0.30	0.34
74	004283	中欧达安一年定开混合	–	–	0.88	0.94
75	004295	中欧天尚定开债券 A	0.00	0.00	1.39	1.44
76	004296	中欧天尚定开债券 C	0.00	0.00	0.86	0.89
77	004442	中欧康裕混合 A	0.00	0.00	7.50	8.01
78	004455	中欧康裕混合 C	0.00	0.00	0.00	0.00
79	004525	中欧达乐一年定开混合	–	–	6.58	6.74
80	004616	中欧电子信息产业沪港深股票 A	1.02	0.39	0.98	0.96
81	004728	中欧瑾泰灵活配置混合 A	0.00	0.00	0.49	0.50
82	004729	中欧瑾泰灵活配置混合 C	0.00	0.00	0.39	0.40
83	004734	中欧瑾灵灵活配置混合 A	0.00	0.41	0.69	0.70
84	004735	中欧瑾灵灵活配置混合 C	0.00	0.01	0.07	0.07
85	004740	中欧瑞丰灵活配置混合 C	0.00	0.00	0.06	0.06
86	004812	中欧先进制造股票 A	0.01	0.01	0.15	0.14
87	004813	中欧先进制造股票 C	0.00	0.00	0.01	0.01
88	004814	中欧红利优享混合 A	0.06	0.07	0.45	0.43
89	004815	中欧红利优享混合 C	0.02	1.88	0.10	0.10
90	004847	中欧聚信债券	0.50	0.15	0.60	0.60
91	004848	中欧睿泓定开混合	0.00	1.31	8.62	8.35
92	004850	中欧弘涛一年定期开放债券	–	–	5.95	6.12
93	004938	中欧滚钱宝货币 B	0.51	31.63	5.21	5.21
94	004939	中欧滚钱宝货币 C	1.05	1.33	1.69	1.69
95	004993	中欧可转债债券 A	0.00	0.15	2.05	1.92
96	004994	中欧可转债债券 C	0.00	0.01	0.26	0.24
97	005241	中欧时代智慧混合 A	5.76	1.51	25.33	23.75
98	005242	中欧时代智慧混合 C	0.01	0.15	1.07	1.00
99	005275	中欧创新成长灵活配置混合 A	0.61	2.00	21.70	21.36
100	005276	中欧创新成长灵活配置混合 C	0.06	0.40	0.72	0.70
101	005421	中欧嘉泽灵活配置混合	0.02	0.33	5.58	5.30
102	005620	中欧品质消费股票 A	0.23	0.95	0.61	0.62
103	005621	中欧品质消费股票 C	0.08	0.06	0.10	0.10
104	005763	中欧电子信息产业沪港深股票 C	0.02	0.02	0.00	0.00
105	005764	中欧潜力价值灵活配置混合 C	0.00	0.00	0.00	0.00
106	005765	中欧明睿新常态混合 C	0.08	0.00	0.12	0.13
107	005787	中欧新趋势混合 C	–	–	0.00	0.00
108	150159	中欧添 B	–	–	15.47	16.02
109	166001	中欧新趋势混合 A	0.42	3.62	22.69	23.33
110	166002	中欧新蓝筹混合 A	18.85	3.05	43.56	50.63
111	166003	中欧稳健债券 A	0.10	0.53	0.10	0.11
112	166004	中欧稳健债券 C	0.20	0.02	0.29	0.32
113	166005	中欧价值发现混合 A	6.95	3.28	27.94	54.84
114	166006	中欧行业成长混合(LOF)A	16.02	2.14	58.68	63.90
115	166007	中欧沪深 300 指数增强 A	0.02	0.02	1.11	1.42
116	166008	中欧增强回报债券(LOF)A	4.60	0.32	7.78	8.23
117	166009	中欧新动力混合(LOF)A	0.95	0.93	4.89	7.65
118	166010	中欧鼎利债券	0.00	0.23	0.85	0.88
119	166011	中欧盛世成长混合(LOF)A	0.18	0.75	5.47	6.42
120	166012	中欧信用增利债券(LOF)C	0.03	0.16	0.70	0.75
121	166014	中欧货币 A	0.60	0.70	0.85	0.85
122	166015	中欧货币 B	142.66	123.99	110.53	110.53
123	166016	中欧纯债债券(LOF)C	0.01	0.02	0.10	0.12
124	166019	中欧价值智选混合 A	0.00	0.13	1.52	2.54
125	166020	中欧成长优选混合 A	0.05	0.05	1.17	1.23
126	166021	中欧添利	–	–	15.71	16.02
127	166022	中欧添 A	–	0.06	0.23	16.02
128	166023	中欧瑞丰灵活配置混合 A	0.00	0.00	11.64	10.93
129	166024	中欧恒利三年定期开放混合	–	–	74.41	73.99

【公司高管】

窦玉明先生，清华大学经济管理学院本科、硕士，美国杜兰大学 MBA，中国籍。历任中信国际合作公司交易员（1994 年 9 月起至 1995 年 7 月），深圳君安证券公司投资经理（1995 年 7 月起至 2000 年 2 月），大成基金管理有限公司基金经理助理（2000 年 2 月起至 2000 年 10 月），嘉实基金管理有限公司投资总监、总经理助理、副总经理兼基金经理（2000 年 10 月起至 2008 年 8 月），富国基金管理有限公司总经理董事（2008 年 8 月起至 2013 年 5 月），中欧基金管理有限公司拟任董事长（2013 年 8 月起至 2013 年 12 月）。现任中欧基金管理有限公司董事长。

刘建平先生：中欧基金管理有限公司总经理，中国籍。北京大学法学硕士。历任北京大学助教、副科长；中国证券监督管理委员会基金监管部副处长；上投摩根基金管理有限公司督察长。现任中欧基金管理有限公司董事、总经理。

第五编
中国期货市场

第一章　中国期货市场概况

2017 年中国期货市场运行情况

中国期货业协会统计资料表明，12 月全国期货市场交易规模较上月有所下降，以单边计算，当月全国期货市场成交量为 252,534,087 手，成交额为 165,175.07 亿元，同比分别下降 12.22% 和 5.44%，环比分别下降 3.42% 和 5.86%。1－12 月全国期货市场累计成交量为 3,076,149,758 手，累计成交额为 1,878,964.10 亿元，同比分别下降 25.66% 和 3.95%。

1－12 月全国期货市场累计成交量为 3,076.15 百万手同比下降 25.66%；上期所累计成交量为 1,364.24 百万手，占全国市场的 44.35%，同比下降 18.83%；郑商所累计成交量为 586.03 百万手，占全国市场的 19.05%，同比下降 34.98%。

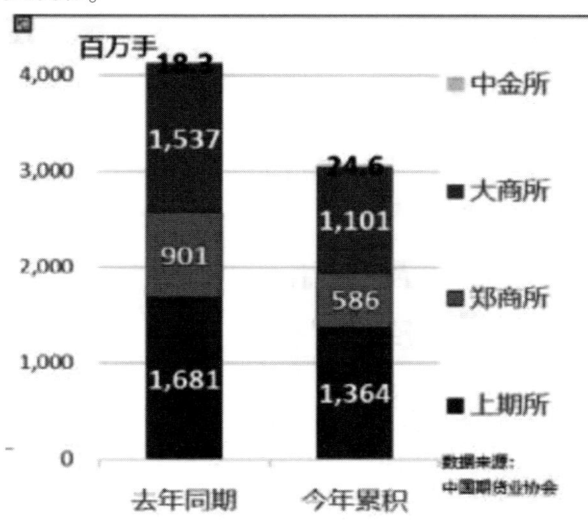

1－12 月全国期货市场累计成交量同比下降 25.66%
数据来源：中国期货业协会

1－12 月全国期货市场累计成交额为 187.90 万亿元同比下降 3.95%；上期所累计成交额为 89.93 万亿元，占全国市场的 47.86%，同比增长 5.83%；郑商所累计成交额为 21.37万亿元，占全国市场的 11.37%，同比下降 31.14%；大商所累计成交额为 52.01 万亿元，占全国市场的 27.68%，同比下降 15.31%；中金所累计成交额为 24.59 万亿元，占全国市场的 13.09%，同比增长 34.98%。

中国期货业协会统计资料表明，2017 年全国期货期权市场累计成交量为 30.76 亿手，累计成交额为 187.89 万亿元，相比 2016 年全国期货市场累计成交量为 41.377 亿手，累计成交额为 195.63 万亿元，分别下降 25.66% 和 3.95%。而 2016 年两大指标同比分别增长 15.65% 和下降 64.70%。2017 年全国期货期权市场成交量为有历史第三高、成交额为五年低点。

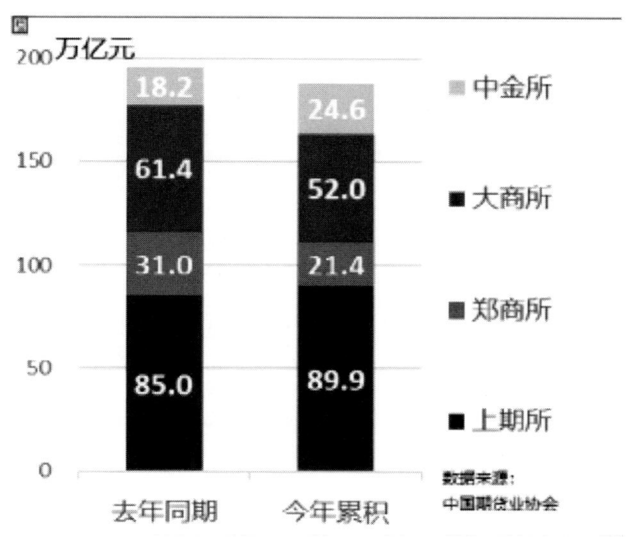

1－12 月全国期货市场累计成交额同比下降 3.95%
数据来源：中国期货业协会

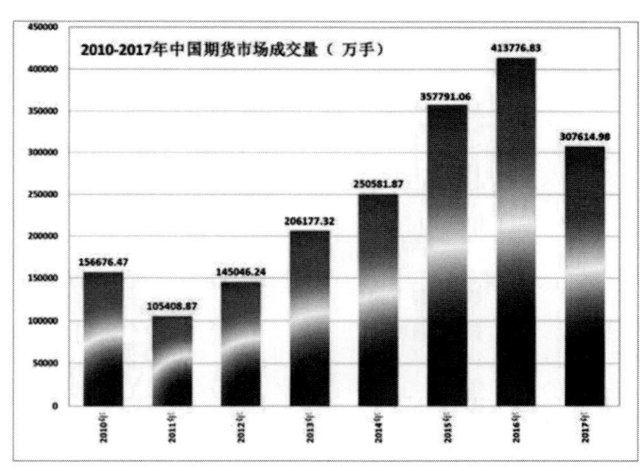

2010－2017 年中国期货期权市场成交量年度变化
数据来源：中期协、方正中期期货投资咨询部整理

根据方正中期期货研究院计算分析，2017 年下半年全国期货期权市场成交量和成交额分别为 15.98 亿手和 101.98 万亿元，同比 2016 年下半年两大指标分别为下滑 13.5% 和增长 5.9%；2017 年下半年全国期货期权市场成交量和成交额环比上半年则分别增长 8.1% 和 18.7%。

2017 年全国商品期货期权市场累计成交量为 30.51 亿手，累计成交额为 163.3 万亿元，相比 2016 年同期的累计成交量为 41.19 亿手和累计成交额为 177.41 万亿元，同比分别萎缩 25.92% 和 7.95%。所以，整体商品期货期权市场成交规模的下滑是 2017 年全国期货期权市场成交规模下降的最关键的原因。

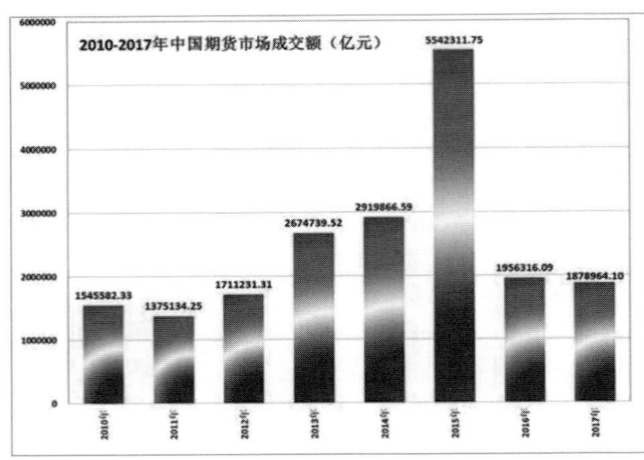

2010－2017 年中国期货期权市场成交额年度变化

数据来源：中期协、方正中期期货投资咨询部整理

从全市场口径来看，2017 年全国商品期货期权市场成交量和成交额占全市场的比重分别为 99.18% 和 86.91%。根据方正中期期货研究院计算分析，2017 年下半年全国商品期货期权市场成交量和成交额分别为 15.86 亿手和 89.99 万亿元，同比 2016 年下半年两大指标分别为下滑 13.7% 和增长 2.9%；2017 年下半年全国商品期货期权市场成交量和成交额环比上半年则分别增长 8.3% 和 22.8%。

2017 年全国期货期权市场季度成交量和成交额变化呈现冲高回落的格局，从季度环比数据上看到第二季度和第三季度市场出现明显回升，而且在第二和第三季度的市场成交额出现大幅增长，分别增长 107% 和 216%，主要原因是多个期货板块品种价格的连续大幅上涨。从季度同比数据上分析，我们看到第三季度市场成交额出现 20% 的同比增长，原因也是多个期货板块品种价格的于第三季度连续大幅上涨。

2017 年各期货公司分类评价结果

中国期货业协会发布 2017 期货公司分类评价结果显示，对比去年大面积降级的窘况，今年情况出现逆转，共 35 家公司上调评级，其中 22 家公司获评 AA 级，也即去年 10 家 AA 公司保持评级不变，但有 12 家期货公司新晋 AA 级。此外，遭降级的公司有 33 家，其中有 3 家期货公司由 A 降至 BBB。

从 2017 年的评级结果来看，全行业 149 家期货公司中，A 类以上期货公司 37 家，去年有 30 家；B 类以上期货公司 100 家，去年有 102 家；C 类以上期货公司 8 家，去年有 15 家；D 类有 4 家，去年有 2 家。

此外，根据中国期货业协会日前公布数据，2016 年，全国 149 家期货公司的净利润总额累计为 64.75 亿元，较 2015 年的 59.13 亿元，增长 5.62 亿元或 9.51%。据悉，2016 年期货公司佣金率回升至万分之零点三三四，被业界视为全行业经营状况改善的重要原因。

本站合作开户期货公司均为 A 类 AA 类级别大型期货公司，手续费最低可以低至交易所基础加 1 分钱，相当于 0 佣金了！

根据《期货公司分类监管规定》（证监会公告〔2011〕9 号），经期货公司自评、中国证监会派出机构初审、期货公司分类监管评审委员会复核和评审等程序，确定了 2017 年各期货公司分类结果，具体情况如下。

期货公司名称	分类评级
永安期货	AA
华泰期货	AA
中信期货	AA
国泰君安	AA
银河期货	AA
光大期货	AA
海通期货	AA
广发期货	AA
申银万国	AA
上海东证	AA
浙商期货	AA
国投安信	AA
方正中期	AA
国际期货	AA
南华期货	AA
中信建投	AA
瑞达期货	AA
招商期货	AA
国信期货	AA
中粮期货	AA
华信期货	AA
长江期货	AA
新湖期货	A
弘业期货	A
鲁证期货	A
宏源期货	A
上海中期	A
兴证期货	A
东航期货	A
五矿经易	A
金瑞期货	A
建信期货	A
信达期货	A
中金期货	A
格林大华	A
东海期货	A
一德期货	A
国贸期货	BBB
平安期货	BBB
中大期货	BBB
大有期货	BBB
大地期货	BBB
华龙期货	BBB
国元期货	BBB
中投天琪	BBB
国海良时	BBB
迈科期货	BBB

新纪元期货	BBB
宝城期货	BBB
国联期货	BBB
民生期货	BBB
英大期货	BBB
中原期货	BBB
安粮期货	BBB
混沌天成	BBB
中融汇信	BBB
西部期货	BBB
徽商期货	BBB
华安期货	BBB
江西瑞奇	BBB
中衍期货	BBB
铜冠金源	BBB
东吴期货	BBB
云晨期货	BBB
广州期货	BBB
恒泰期货	BBB
山金期货	BBB
广州金控	BBB
锦泰期货	BBB
海航期货	BBB
天风期货	BBB
中财期货	BBB
华联期货	BBB
倍特期货	BBB
兴业期货	BBB
上海大陆	BBB
美尔雅期货	BBB
华融期货	BBB
国金期货	BBB
红塔期货	BB
金石期货	BB
华金期货	BB
中辉期货	BB
冠通期货	BB
神华期货	BB
福能期货	BB
南证期货	BB
中钢期货	BB
道通期货	BB
西南期货	BB
华鑫期货	BB
九州期货	BB
华西期货	BB
北京首创	BB
浙江新世纪	BB

中电投先融	BB
同信久恒	BB
金汇期货	BB
上海浙石	BB
上海东方	BB
东兴期货	BB
国富期货	BB
创元期货	BB
渤海期货	BB
华创期货	BB
大越期货	BB
中银国际	BB
乾坤期货	BB
长安期货	BB
盛达期货	BB
金元期货	BB
第一创业	BB
中航期货	B
国都期货	B
中天期货	B
通惠期货	B
财达期货	B
金信期货	B
大通期货	B
摩根大通	B
鑫鼎盛期货	B
新疆天利	B
新晟期货	B
黑龙江时代	B
河北恒银	B
金鹏期货	B
德盛期货	B
招金期货	B
深圳瑞龙	B
瑞银期货	B
上海东亚	B
江海汇鑫	B
津投期货	B
文峰期货	B
江苏东华	B
和融期货	B
集成期货	B
江信国盛	CCC
首创京都	CCC
晟鑫期货	CCC
大连良运	CCC
华闻期货	CCC
海证期货	CCC

天富期货	CCC
天鸿期货	CC
和合期货	D
山西三立	D
东方汇金	D
中州期货	D

资料来源:中国期货业协会,由中国期货排名网整理

2017 年 1 – 10 月全国期货公司经营总体情况

据上表披露的数据显示,2017 年 1 – 10 月期货公司交易额为 153.84 万亿元,相较于去年同期的交易额 156.49 万亿元,依旧小幅缩减。其中,2017 年 1 – 10 月商品期货交易额 133.84 万亿元,同比去年同期的交易额减少 5.87%。受期指松绑的影响,金融期货成交额回升,1 – 10 月份交易额为 20 万亿,较去年同期出现明显增长,涨幅达 39.76%。

项目/时间	1月	2月	3月	4月	5月	6月	7月	8月	9月	10月
交易额(万亿)	11.34	12.77	17.29	13.9	15.39	15.22	16.72	20.7	17.42	13.09
其中:商品期货	9.64	10.99	14.86	12	12.92	12.9	14.66	18.64	15.75	11.48
金融期货	1.7	1.78	2.43	1.9	2.47	2.32	2.06	2.06	1.67	1.61
交易量(亿手)	1.83	2.08	2.89	2.37	2.77	2.84	2.98	3.2	2.66	2
其中:商品期货	1.81	2.06	2.87	2.35	2.75	2.82	2.96	3.18	2.64	1.98
金融期货	0.017	0.018	0.025	0.019	0.025	0.023	0.021	0.02	0.016	0.016
注册资本	586.42	608.61	609.61	611.81	622.6	616.51	616.32	622.04	629.5	634
净资本	699.77	731.6	736.74	734.35	748.54	741.03	736.84	733.53	740.29	751.07
资产总额	5244.32	5562.23	5428.99	5435.47	5462.41	5261.33	5500.62	5575.74	5261.31	5338.26
净资产	920.63	963.53	970.69	974.37	991.59	990.09	991.82	1009.72	1026.38	1036.54
客户权益	4170.08	4441.42	4289.12	4288.44	4301.01	4095.5	4345.29	4408.74	4071.46	4138.17
营业收入	18.94	16.98	25.64	17.68	19.73	26.6	23.09	24.76	28.61	20.39
手续费收入	10.8	10.53	12.66	10.73	10.88	11.1	12.13	15.38	14.52	11.69
营业利润	5.9	5.84	11.89	5.76	7.4	12.27	9.96	9.46	11.37	6.41
净利润	4.23	4.59	9.25	3.02	5.92	9.59	8.37	9.87	8.13	5.19

2017 年 1 – 10 月全国期货公司经营总体情况表(亿元)

数据来源:中国期货业协会

2017 年 1 – 10 月期货市场交易量为 25.62 亿手,同比去年同期交易量 34.72 亿手,减少 26.2%。其中,1 – 10 月商品期货交易量达 25.42 亿手,同比去年交易量 25.80 亿手略减;金融期货 1 – 10 月成交量为 0.2 亿手,与去年相比增幅达38.9%。

2017 年 1 – 10 月期货公司累计营业收入 222.42 亿元,相较于去年 182.75 亿元,增幅为 21.71%;2016 年 1 – 10 月手续费收入累计为 120.42 亿元,同比去年手续费收入额 101.42 亿元,增幅 18.73%;2017 年 1 – 10 月期货公司累计营业利润值为 86.26 亿元,较去年同期增幅达 35%。

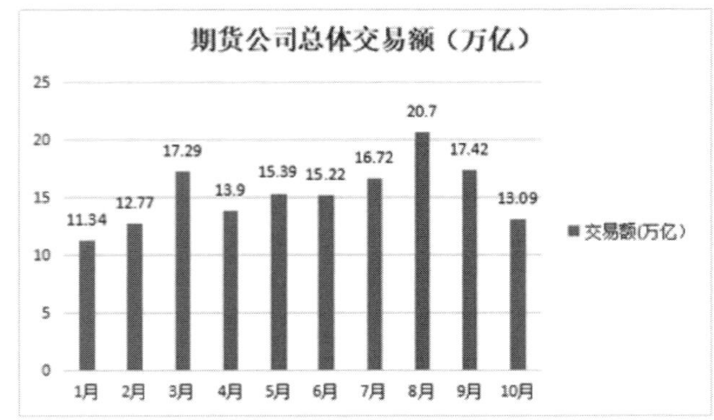

2017 年 1 – 10 月份期货公司总体交易额

数据来源:中国期货业协会

如图所示,2017 年 1 月份因假期效应及交易日减少等原因,市场成交清淡,当月期货公司成交额为 10 个月份最低值 11.34 万亿元,2 月依旧受假期影响,成交额依旧较低,到 3 月份,市场交易恢复常态,成交额明显抬升。而 4 月份交易额再次大幅下行,较 3 月减少 3.39 万亿。整体来看,4、5、6、7 四个月份交易额变化较小,8 月份交易额达到全年峰值,此后再次下行。

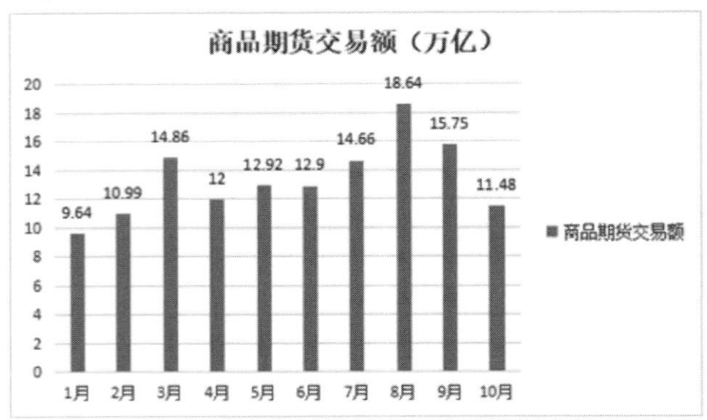

2017 年 1 – 10 月份期货公司商品交易额

数据来源:中国期货业协会

如图所示,2017 年商品市场交易额变动与期货市场总体交易额基本一致,因股指期货依旧受限,对整个市场交易额影响有限。从上图表中可以看到,1 – 10 月份,商品期货交易额出现两波上行走势,1 – 3 月为节后恢复性上涨,6 – 8 月则主要为行情推动,文华商品指数显示,6 月份到 9 月初,商品市场走势强劲,走出了年内最大的一波上涨行情。

相比 2016 年的单边上涨走势,2017 年商品市场称得上跌宕起伏。黑色系商品依然是 2017 年国内商品期市的"领头羊",不过价格振荡加剧,市场活跃度也有所下降。

在方正中期期货研究院院长王骏看来,2017 年商品期货走势分化明显,黑色系、有色金属、能源化工和饲料养殖板块走势较强,而贵金属、油脂油料、软商品板块以下行和振荡筑底为主。

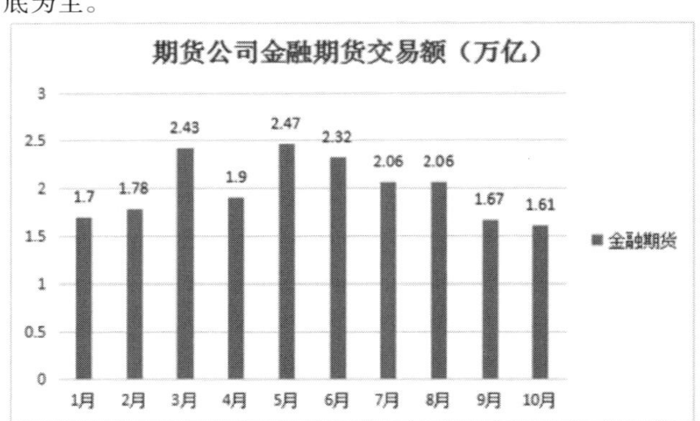

2017 年 1 – 10 月份期货公司金融期货交易额

数据来源:中国期货业协会

如图所示,受年内股指期货两次松绑提振,今年金融期货成交额明显好于去年。2016 年前 10 个月金融期货交易额最高值为 2 万亿,而今年 1 – 10 月份,有 5 个月份交易额均在 2 万亿以上,5 月份创下年内峰值 2.47 万亿。2017 年 1 – 10 月份金融期货交易总额为 20 万亿,与去年同期相比增长 39.76%。

目前,沪深 300 和上证 50 股指期货各合约交易保证金标准已调整为 15%,中证 500 股指期货为 30%;沪深 300、上证 50、中证 500 股指期货各合约平今仓交易手续费标准为成交金额的万分之 6.9,仍为管控前的 6 倍。从这个角度看,松绑

空间依然很大。

2017 年年底，证监会在回应关于择机退出股指期货临时性限制措施方面表示，中金所两次放宽放宽股指期货交易限制，从一段时间的运行来看，股票市场和股指期货市场运行平稳，舆论反应总体良好，达到了预期目的。下一步，我会将坚持依法全面从严监管的理念，在现行制度的基础上继续改进和加强市场监管，抓好相关监管制度建设，并结合期现货市场运行情况，更好促进股指期货功能的有效发挥。

艾方资产总裁兼投资总监蒋锴表示，期指松绑，恢复到正常水平是大方向，但这肯定是循序渐进的过程。期指市场回归常态化，有利于 A 股稳定运行，发挥期指的套保和价格发现功能，同时能吸引更多长线资金进入市场。

从市场环境看，期指明年进一步松绑具备良好基础。2017 年，A 股走势分化，指数表现较为稳定。在一批蓝筹股的带动下，上证 50 指数与沪深 300 指数年内涨幅均超过 20%。此外，A 股将于明年 6 月正式纳入 MSCI(明晟公司)新兴市场指数与全球市场指数，届时将吸引更多海外投资者参与，中国股指期货市场的正常化一直是海外机构非常关心的问题。

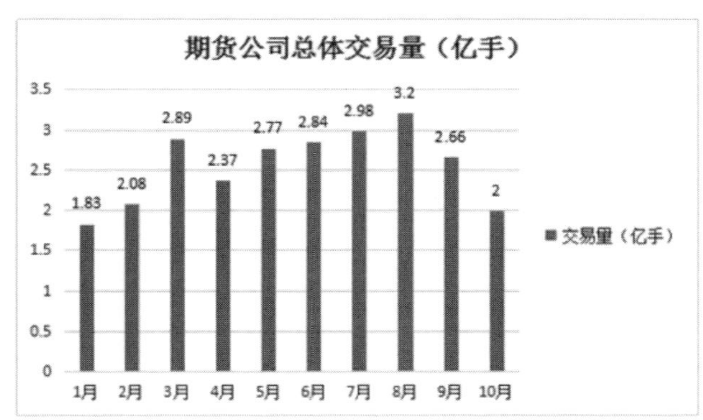

2017 年 1 – 10 月份期货市场交易量

数据来源：中国期货业协会

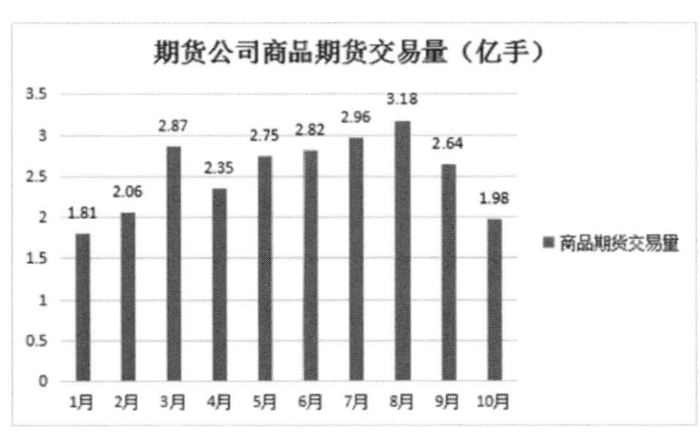

2017 年 1 – 10 月份期货市场商品期货交易量

数据来源：中国期货业协会

如图所示，期货市场交易量在 3 月出现明显抬升，4 月回落后步入持续上行通道，并与 8 月创下年内峰值 3.2 亿手。与 2016 年同期相比，今年交易量出现大幅的下滑，主要表现为商品期货交易量的缩减。2017 年 1 – 10 月商品期货交易量较 2016 年同期下降 26.49%。而金融期货交易量较去年同期则上涨 39.58%，但市场份额依旧较少。

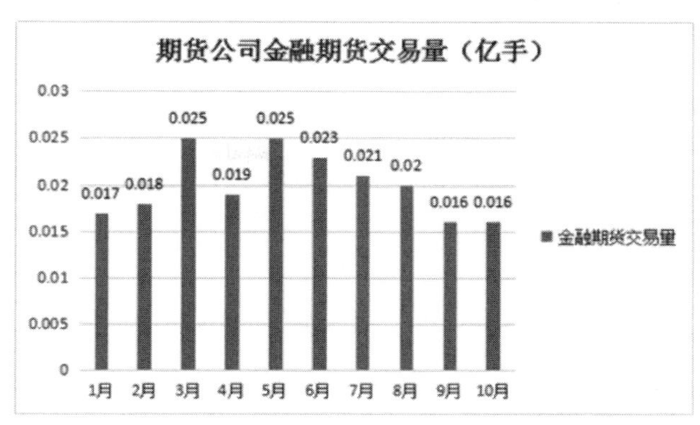

2017 年 1 – 10 月份期货市场金融期货交易量

数据来源：中国期货业协会

趋势性行情不足是 2017 年国内商品期市交投活跃度下降的重要原因之一。另外，金融去杠杆也在一定程度上推升了投资者的避险情绪。此外，得益于临时性交易限制措施的松绑，2017 年，股指期货流动性略有恢复，但市场流动性仍有待提升。业内人士认为，除交易限制外，股指期货市场不活跃的原因还包括金融去杠杆背景下非标理财产品挂钩 A 股市场数量减少，对冲需求也随之下降。另外，公募、保险等金融产品参与股指期货套保的规则尚未放宽。

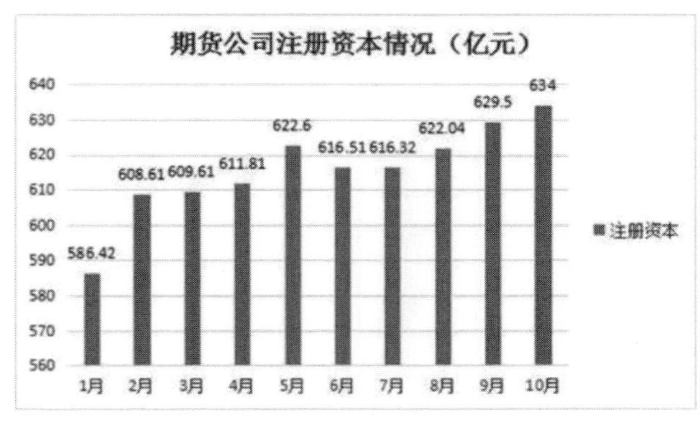

2017 年 1 – 10 月份期货公司注册资本情况

数据来源：中国期货业协会

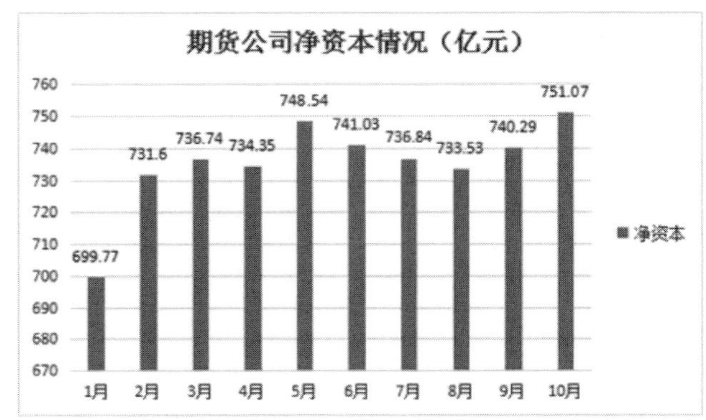

2017 年 1 – 10 月份期货公司净资本

数据来源：中国期货业协会

如图所示，2017 年 1 – 10 月份期货公司注册资本整体呈现增长态势。2017 年是期货公司转型、创新的关键一年，伴随着期货公司转型以及创新业务发展需要，期货公司纷纷增加注册资本。近年来，期货行业的净资本稳步提升，但期货公司的资本规模整体偏小。

期货公司的融资方式主要依靠股东增资,进行公开融资的期货公司较少。股权融资方面,截止 2017 年 11 月底,A 股市场无上市期货公司,香港 H 股上市 2 家,新三板挂牌的期货公司有 13 家;债券发行方面,截止 2017 年 11 月底,共有 8 家期货公司共发行了 9 期次级债券,融资规模 42.50 亿元。整体来看,期货公司通过公开市场融资规模有限。

2017 年 1 - 10 月份期货公司资产总额

数据来源:中国期货业协会

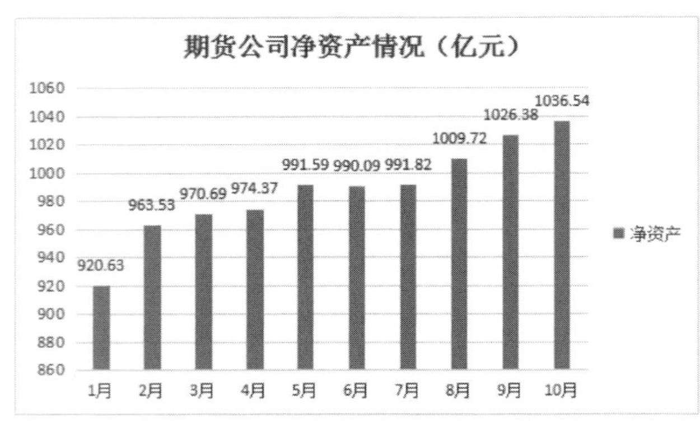

2017 年 1 - 10 月份期货公司净资产情况

数据来源:中国期货业协会

如图所示,2017 年 1 - 10 月份期货公司资产总额与净资本均较往年出现明显增长。2016 年 1 - 10 月份期货公司资产总额最高值为 5258.72 亿元,今年峰值则为 5575.74 亿元,且 10 个月份资产总额均在 5000 亿元以上。2017 年期货公司净资产年内保持稳健增长,1 月净资产仅 920.63 亿元,10 月份则高达 1036.54 亿元,增幅达 12.59%。

2017 年期货公司期末客户权益较 2016 年同期回落。如图所示,2017 年 1 - 10 月期货公司客户权益呈现无趋势性的波动,2 月份即达到年内峰值 4441.42 亿元。方正中期研究院院长王骏分析指出,2 月份市场交易情绪较好,且在春节结束后,大量资金返回期货市场。6 月份期货市场普遍下跌,市场交投低迷,6 月末期货市场主力品种探底开始回升,7 - 8 月市场交易量明显抬升。而 9 月份客户权益进入低谷主要是由于中秋国庆长假临近,加上有色金属价格出现大幅回落,对期货市场整体交易影响很大。2016 年和 2015 年是历年以来增长最快的两年,相比 2010—2014 年的这四年处在 1500—2700 亿元规模出现大幅增长,说明全社会关注期货市场、利用期货市场意识和行动在近两年已经大幅提升。

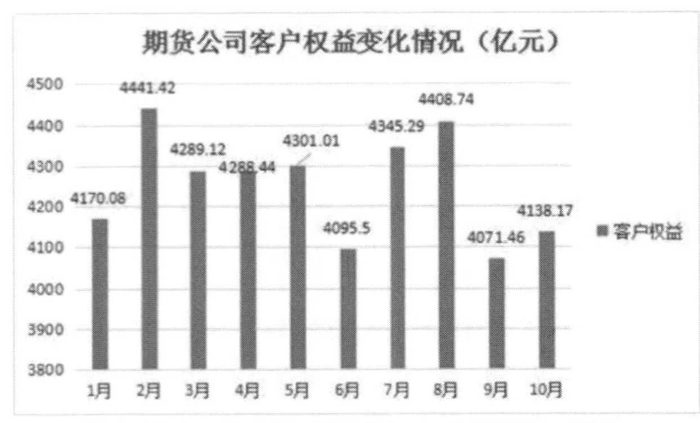

2017 年 1 - 10 月份期货公司客户权益变化情况

数据来源:中国期货业协会

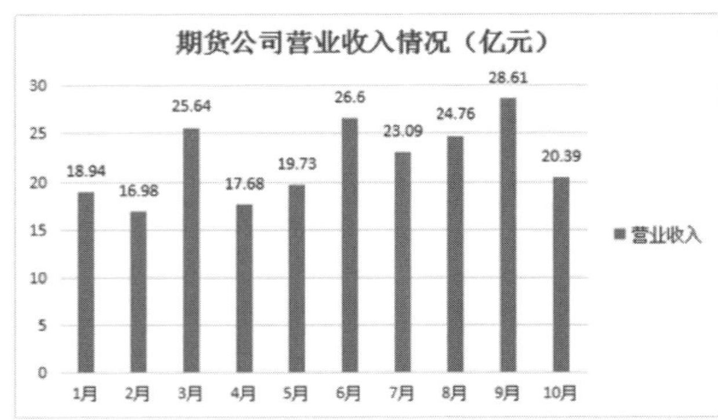

2017 年 1 - 10 月期货公司营业收入情况

数据来源:中国期货业协会

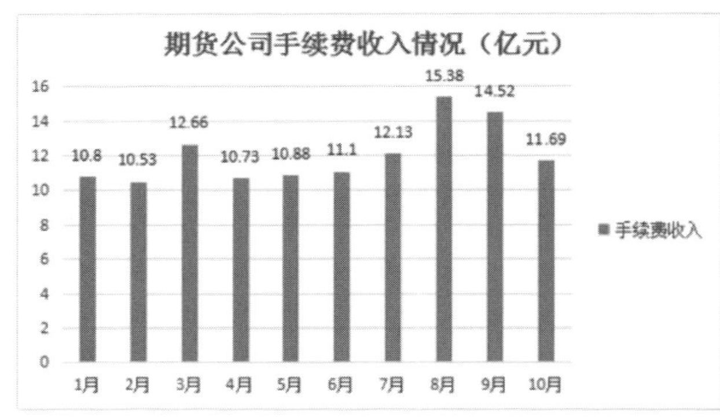

2017 年 1 - 10 月期货公司手续费收入情况

数据来源:中国期货业协会

随着创新业务的不断发展,经纪业务在期货公司的营业收入比重在逐步下降,全市场手续费税率下调、经纪业务竞争愈演愈烈,但大多数期货公司创新业务发展缓慢,对单一经纪业务的依赖性很强,依旧依赖手续费收入。

中国期货业协会数据显示,2017 年 1—10 月,期货行业净利润达到 67.98 亿元,与去年同期相比增长 35.90%。全行业手续费收入 120.24 亿元,相比去年同期增长 18.56%。

截至 2017 年 10 月末,全国共有 149 家期货公司,分布在 30 个辖区。2017 年 10 月交易额 13.09 万亿元,交易量 2.00 亿手,营业收入 20.39 亿元,净利润 5.19 亿元。2017 年 1—10 月营业利润为 86 亿元,相比去年同期 63.9 亿元,增长 34.59%。1—10 月净利润为 67.98 亿元,相比去年同期的 50.02 亿元,增长 35.90%。

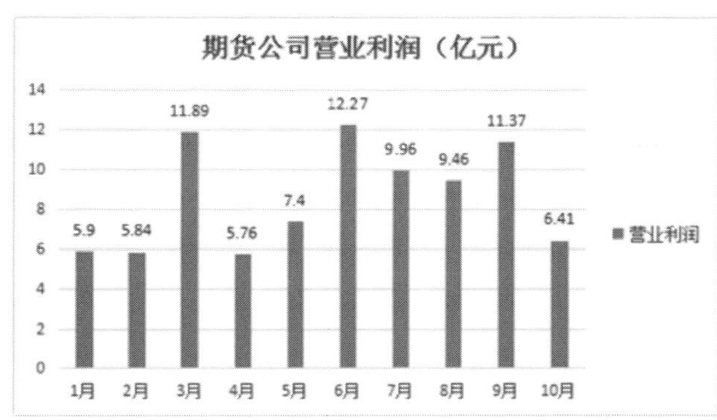

2017 年 1－10 月期货公司营业利润情况

数据来源：中国期货业协会

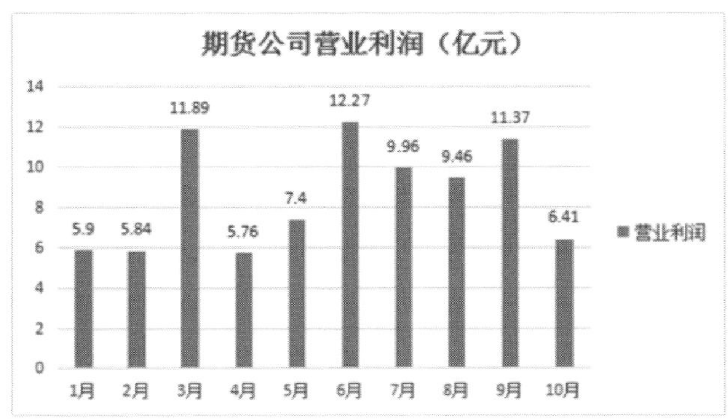

2017 年 1－10 月期货公司净利润情况

数据来源：中国期货业协会

期货公司名录

序号	辖区	期货公司名称
1	北京	北京首创期货有限责任公司
2		第一创业期货有限责任公司
3		方正中期期货有限公司
4		格林大华期货有限公司
5		冠通期货股份有限公司
6		国都期货有限公司
7		国元期货有限公司
8		宏源期货有限公司
9		金鹏期货经纪有限公司
10		九州期货有限公司
11		民生期货有限公司
12		首创京都期货有限公司
13		银河期货有限公司
14		英大期货有限公司
15		中钢期货有限公司
16		中国国际期货股份有限公司
17		中粮期货有限公司
18		中天期货有限责任公司
19		中衍期货有限公司
20	天津	财达期货有限公司
21		和融期货有限责任公司
22		华金期货有限公司
23		津投期货经纪有限公司
24		山金期货有限公司
25		一德期货有限公司
26	河北	河北恒银期货经纪有限公司
27	山西	和合期货经纪有限公司
28		山西三立期货经纪有限公司
29		晟鑫期货经纪有限公司
30	辽宁	江海汇鑫期货有限公司
31		国盛期货有限责任公司
32	吉林	东方汇金期货有限公司
33		天富期货有限公司
34	黑龙江	大通期货经纪有限公司
35		黑龙江时代期货经纪有限公司
36	上海	渤海期货股份有限公司
37		东航期货有限责任公司
38		东吴期货有限公司
39		东兴期货有限责任公司
40		光大期货有限公司
41		国富期货有限公司
42		国泰君安期货有限公司
43		国投安信期货有限公司
44		国信期货有限责任公司
45		海通期货股份有限公司
46		海证期货有限公司
47		恒泰期货股份有限公司
48		华闻期货有限公司
49		华鑫期货有限公司
50		建信期货有限责任公司
51		瑞银期货有限责任公司
52		上海大陆期货有限公司
53		上海东方期货经纪有限责任公司
54		上海东亚期货有限公司
55		上海东证期货有限公司
56		上海浙石期货经纪有限公司
57		中财期货有限公司
58		上海中期期货股份有限公司
59		申银万国期货有限公司
60		天风期货股份有限公司
61		天鸿期货经纪有限公司
62		通惠期货有限公司
63		上海东方财富期货有限公司
64		铜冠金源期货有限公司

序号	辖区	期货公司名称
65		新湖期货有限公司
66		中辉期货有限公司
67		中融汇信期货有限公司
68		中银国际期货有限责任公司
69	江苏	创元期货股份有限公司
70		道通期货经纪有限公司
71		东海期货有限责任公司
72		国联期货股份有限公司
73		弘业期货股份有限公司
74		江苏东华期货有限公司
75		锦泰期货有限公司
76		南证期货有限责任公司
77		前海期货有限公司
78		新纪元期货股份有限公司
79	浙江	宝城期货有限责任公司
80		大地期货有限公司
81		大越期货股份有限公司
82		国海良时期货有限公司
83		南华期货股份有限公司
84		盛达期货有限公司
85		信达期货有限公司
86		永安期货股份有限公司
87		浙江新世纪期货有限公司
88		浙商期货有限公司
89		中大期货有限公司
90	安徽	安粮期货股份有限公司
91		华安期货有限责任公司
92		徽商期货有限责任公司
93	福建	福能期货股份有限公司
94		鑫鼎盛期货有限公司
95		兴证期货有限公司
96	江西	江西瑞奇期货有限公司
97	山东	鲁证期货股份有限公司
98		招金期货有限公司
99		中州期货有限公司
100	河南	华信期货股份有限公司
101		中原期货股份有限公司
102	湖北	长江期货股份有限公司
103		美尔雅期货有限公司
104	湖南	大有期货有限公司
105		德盛期货有限公司
106		金信期货有限公司
107	广东	广发期货有限公司
108		广州金控期货有限公司
109		广州期货股份有限公司
110		华联期货有限公司
111		华泰期货有限公司
112		集成期货股份有限公司
113		摩根大通期货有限公司
114		新晟期货有限公司
115	海南	华融期货有限责任公司
116		金元期货股份有限公司
117	重庆	华创期货有限责任公司
118		西南期货有限公司
119		中电投先融期货股份有限公司
120		中信建投期货有限公司
121	四川	倍特期货有限公司
122		国金期货有限责任公司
123		华西期货有限责任公司
124	云南	红塔期货有限责任公司
125		云晨期货有限责任公司
126	陕西	长安期货有限公司
127		迈科期货股份有限公司
128		西部期货有限公司
129	甘肃	华龙期货股份有限公司
130	青海	中金期货有限公司
131	新疆	金石期货有限公司
132		新疆天利期货经纪有限公司
133	深圳	海航期货股份有限公司
134		混沌天成期货股份有限公司
135		金瑞期货股份有限公司
136		平安期货有限公司
137		乾坤期货有限公司
138		深圳金汇期货经纪有限公司
139		深圳瑞龙期货有限公司
140		神华期货有限公司
141		五矿经易期货有限公司
142		招商期货有限公司
143		中航期货有限公司
144		中投天琪期货有限公司
145		中信期货有限公司
146	大连	大连良运期货经纪有限公司
147	宁波	兴业期货有限公司
148	厦门	国贸期货有限公司
149		瑞达期货股份有限公司

2017 年 1 月份全国期货市场交易情况统计

交易所	品种	今年 1 月成交量（手）	去年 1 月交易量（手）	同比增减百分比（%）	今年 1 月成交金额（亿元）	去年 1 月成交金额（亿元）	同比增减百分比（%）	今年 1－1 月成交总量（手）	去年 1－1 月成交总量（手）
上海期货交易所	铜	3,508,491	8,396,831	－58.22	8,185.22	14,857.41	－44.91	3,508,491	8,396,831
	铝	3,623,728	3,615,083	0.24	2,411.23	1,936.07	24.54	3,623,728	3,615,083
	锌	6,381,395	5,374,077	18.74	7,077.00	3,446.68	105.33	6,381,395	5,374,077
	铅	952,639	138,859	586.05	876.68	89.93	874.82	952,639	138,859
	黄金	1,756,923	2,652,761	－33.77	4,761.47	6,226.51	－23.53	1,756,923	2,652,761
	天胶	5,166,140	7,558,400	－31.65	10,296.91	7,643.89	34.71	5,166,140	7,558,400
	燃料油	651	117	456.41	1.42	0.15	853.08	651	117
	螺纹钢	30,873,320	63,273,826	－51.21	9,712.73	11,408.86	－14.87	30,873,320	63,273,826
	线材		1	－100.00	0.00	0.00	－100.00		1
	白银	4,870,021	5,027,091	－3.12	3,010.91	2,508.80	20.01	4,870,021	5,027,091
	沥青	9,829,626	10,936,765	－10.12	2,637.46	1,909.29	38.14	9,829,626	10,936,765
	热轧卷板	2,712,681	807,476	235.95	949.86	154.92	513.12	2,712,681	807,476
	镍	4,209,195	9,000,890	－53.24	3,577.48	6,185.07	－42.16	4,209,195	9,000,890
	锡	172,573	175,500	－1.67	259.19	167.86	54.41	172,573	175,500
	小计	74,057,383	116,957,677	－36.68	53,757.57	56,535.46	－4.91	74,057,383	116,957,677
郑州商品交易所	强麦	41,108	75,215	－45.35	24.49	43.43	－43.62	41,108	75,215
	棉花	2,073,593	1,704,933	21.62	1,586.96	957.45	65.75	2,073,593	1,704,933
	白糖	3,759,090	14,759,836	－74.53	2,582.58	8,114.00	－68.17	3,759,090	14,759,836
	pta	13,670,249	12,291,279	11.22	3,731.81	2,666.33	39.96	13,670,249	12,291,279
	菜籽油	1,601,172	819,710	95.33	1,152.19	457.92	151.61	1,601,172	819,710
	早籼稻	102	42	142.86	0.05	0.02	153.27	102	42
	甲醇	8,226,022	16,262,684	－49.42	2,271.26	2,830.82	－19.77	8,226,022	16,262,684
	普麦	3	21	－85.71	0.00	0.02	－83.93	3	21
	玻璃	2,978,055	2,871,052	3.73	756.94	484.66	56.18	2,978,055	2,871,052
	油菜籽	371	438	－15.30	0.18	0.17	6.39	371	438
	菜籽粕	5,960,162	12,147,777	－50.94	1,410.38	2,336.22	－39.63	5,960,162	12,147,777
	动力煤	1,043,268	2,346,587	－55.54	538.46	737.27	－26.97	1,043,268	2,346,587
	粳稻	43		—	0.03	0.00	—	43	
	晚籼稻	8	10	－20.00	0.00	0.00	－9.16	8	10
	硅铁	23,635	6,756	249.84	5.91	1.36	333.76	23,635	6,756
	锰硅	317,894	7,225	4,299.92	104.24	1.53	6,695.33	317,894	7,225
	小计	39,694,775	63,293,565	－37.28	14,165.49	18,631.24	－23.97	39,694,775	63,293,565
大连商品交易所	豆一	2,422,678	1,355,286	78.76	1,021.11	484.56	110.73	2,422,678	1,355,286
	豆二	122	56	117.86	0.05	0.02	172.86	122	56
	豆粕	12,725,154	17,471,925	－27.17	3,644.79	4,200.34	－13.23	12,725,154	17,471,925
	玉米	12,188,768	4,855,463	151.03	1,885.82	877.54	114.90	12,188,768	4,855,463
	豆油	3,679,931	6,885,076	－46.55	2,559.15	3,853.60	－33.59	3,679,931	6,885,076
	线型低密度聚乙烯	4,283,799	11,596,033	－63.06	2,139.08	4,655.75	－54.06	4,283,799	11,596,033
	棕榈油	5,388,545	13,073,759	－58.78	3,357.63	6,150.98	－45.41	5,388,545	13,073,759
	聚氯乙烯	1,765,642	195,941	801.11	561.13	46.25	1,113.13	1,765,642	195,941
	焦炭	1,055,706	1,773,696	－40.48	1,721.45	1,123.28	53.25	1,055,706	1,773,696
	焦煤	1,100,193	2,103,310	－47.69	799.60	684.77	16.77	1,100,193	2,103,310
	铁矿石	12,668,753	29,012,551	－56.33	7,641.52	9,130.65	－16.31	12,668,753	29,012,551
	鸡蛋	1,721,677	1,820,933	－5.45	591.98	596.26	－0.72	1,721,677	1,820,933
	胶合板	302	2	15,000.00	0.16	0.00	22,575.54	302	2
	纤维板	111	81	37.04	0.04	0.02	104.42	111	81
	聚丙烯	3,650,416	16,790,218	－78.26	1,614.98	4,880.57	－66.91	3,650,416	16,790,218
	玉米淀粉	5,082,173	8,098,760	－37.25	919.82	1,662.76	－44.68	5,082,173	8,098,760
	小计	67,733,970	115,033,090	－41.12	28,458.32	38,347.35	－25.79	67,733,970	115,033,090
中国金融期货交易所	沪深 300 指数	215,826	445,345	－51.54	2,154.96	4,160.69	－48.21	215,826	445,345
	5 年期国债期货	175,707	452,946	－61.21	1,742.86	4,561.43	－61.79	175,707	452,946
	10 年期国债期货	1,051,420	550,910	90.85	10,154.17	5,516.00	84.09	1,051,420	550,910
	上证 50 股指期货	112,729	165,014	－31.69	784.86	1,028.85	－23.71	112,729	165,014
	中证 500 股指期货	174,253	275,978	－36.86	2,140.19	3,221.99	－33.58	174,253	275,978
	小计	1,729,935	1,890,193	－8.48	16,977.05	18,488.96	－8.18	1,729,935	1,890,193
全国期货市场		183,216,063	297,174,525	－38.35	113,358.42	132,003.01	－14.12	183,216,063	297,174,525

2017 年 2 月份全国期货市场交易情况统计

交易所	品种	今年2月成交量（手）	去年2月交易量（手）	同比增减百分比（%）	今年2月成交金额（亿元）	去年2月成交金额（亿元）	同比增减百分比（%）	今年1-2月成交总量（手）	去年1-2月成交总量（手）
上海期货交易所	铜	4,409,892	4,534,398	-2.75	10,688.08	8,147.02	31.19	7,918,383	12,931,229
	铝	4,359,379	2,466,512	76.74	3,058.70	1,363.76	124.28	7,983,107	6,081,595
	锌	5,701,442	4,277,772	33.28	6,616.34	2,961.41	123.42	12,082,837	9,651,849
	铅	739,392	157,943	368.14	705.82	107.79	554.83	1,692,031	296,802
	黄金	1,555,583	3,087,835	-49.62	4,310.94	7,885.11	-45.33	3,312,506	5,740,596
	天胶	5,328,046	5,111,046	4.25	10,854.68	5,347.16	103.00	10,494,186	12,669,446
	燃料油	373	61	511.48	0.78	0.08	912.83	1,024	178
	螺纹钢	36,548,172	38,255,278	-4.46	12,391.17	7,216.98	71.69	67,421,492	101,529,104
	线材			-	0.00	0.00	-		1
	白银	4,644,594	3,387,943	37.09	2,938.66	1,733.76	69.50	9,514,615	8,415,034
	沥青	8,319,196	10,420,722	-20.17	2,361.63	1,781.68	32.55	18,148,822	21,357,487
	热轧卷板	2,898,214	787,017	268.25	1,049.12	158.22	563.08	5,610,895	1,594,493
	镍	4,398,119	4,859,677	-9.50	3,920.37	3,303.75	18.66	8,607,314	13,860,567
	锡	156,114	220,132	-29.08	229.56	225.87	1.63	328,687	395,632
	小计	79,058,516	77,566,336	1.92	59,125.83	40,232.57	46.96	153,115,899	194,524,013
郑州商品交易所	强麦	50,522	48,709	3.72	30.31	27.79	9.08	91,630	123,924
	棉花	2,095,243	1,927,095	8.73	1,663.37	1,015.36	63.82	4,168,836	3,632,028
	白糖	4,067,366	9,175,612	-55.67	2,796.89	4,955.23	-43.56	7,826,456	23,935,448
	PTA	14,172,998	6,819,624	107.83	4,055.09	1,503.92	169.64	27,843,247	19,110,903
	菜籽油	1,824,095	610,856	198.61	1,292.19	341.73	278.13	3,425,267	1,430,566
	早籼稻	111	18	516.67	0.06	0.01	556.38	213	60
	甲醇期货(MA)	9,512,911	9,406,193	1.13	2,840.63	1,701.55	66.94	17,738,933	25,668,877
	普麦	4	2	100.00	0.00	0.00	101.21	7	23
	玻璃	3,650,586	1,665,122	119.24	990.51	296.26	234.34	6,628,641	4,536,174
	油菜籽	178	63	182.54	0.09	0.02	256.12	549	501
	菜籽粕	6,453,251	6,592,344	-2.11	1,586.42	1,256.69	26.24	12,413,413	18,740,121
	动力煤	1,232,119	1,701,739	-27.60	675.95	556.51	21.46	2,275,387	4,048,326
	粳稻(谷)	18	7	157.14	0.01	0.00	179.44	61	7
	晚籼稻	61	3	1,933.33	0.04	0.00	2,180.77	69	13
	硅铁	32,944	1,250	2,535.52	8.32	0.26	3,071.63	56,579	8,006
	锰硅	500,200	1,638	30,437.24	154.34	0.37	42,123.12	818,094	8,863
	小计	43,592,607	37,950,275	14.87	16,094.23	11,655.72	38.08	83,287,382	101,243,840
大连商品交易所	豆一	2,291,339	874,942	161.88	979.83	304.73	221.54	4,714,017	2,230,228
	豆二	21	46	-54.35	0.01	0.02	-42.88	143	102
	豆粕	14,277,247	10,285,114	38.81	4,198.56	2,450.65	71.32	27,002,401	27,757,039
	玉米	20,860,497	5,399,304	286.36	3,364.06	924.21	263.99	33,049,265	10,254,767
	豆油	4,044,115	4,046,595	-0.06	2,745.54	2,311.74	18.77	7,724,046	10,931,671
	线型低密度聚乙烯	4,632,983	8,275,542	-44.02	2,338.73	3,568.95	-34.47	8,916,782	19,871,575
	棕榈油	5,942,161	7,378,866	-19.47	3,551.59	3,633.54	-2.26	11,330,706	20,452,625
	聚氯乙烯	1,410,443	116,356	1,112.18	471.78	29.14	1,519.28	3,176,085	312,297
	焦炭	1,089,576	1,904,989	-42.80	1,801.40	1,293.15	39.30	2,145,282	3,678,685
	焦煤	1,157,212	1,904,227	-39.23	842.68	671.59	25.47	2,257,405	4,007,537
	铁矿石	16,187,305	27,110,016	-40.29	11,049.08	9,470.10	16.67	28,856,058	56,122,567
	鸡蛋	2,010,745	1,272,976	57.96	685.66	402.33	70.42	3,732,422	3,093,909
	细木工板(胶合板)	554		-	0.28	0.00	-	856	2
	中密度纤维板(纤维板)	121	66	83.33	0.04	0.01	204.69	232	147
	聚丙烯	3,520,588	12,270,852	-71.31	1,598.41	3,884.06	-58.85	7,171,004	29,061,070
	玉米淀粉	5,729,513	4,401,271	30.18	1,072.61	893.36	20.06	10,811,686	12,500,031
	小计	83,154,420	85,241,162	-2.45	34,700.26	29,837.58	16.30	150,888,390	200,274,252
中国金融期货交易所	沪深300指数	245,146	353,421	-30.64	2,509.90	3,118.01	-19.50	460,972	798,766
	5年期国债期货	178,358	240,194	-25.74	1,755.68	2,416.30	-27.34	354,065	693,140
	10年期国债期货	1,087,843	413,613	163.01	10,319.76	4,131.32	149.79	2,139,263	964,523
	上证50股指期货	125,486	125,131	0.28	890.78	734.72	21.24	238,215	290,145
	中证500股指期货	185,088	237,826	-22.18	2,319.93	2,655.81	-12.65	359,341	513,804
	小计	1,821,921	1,370,185	32.97	17,796.05	13,056.16	36.30	3,551,856	3,260,378
全国期货市场		207,627,464	202,127,958	2.72	127,716.37	94,782.02	34.75	390,843,527	499,302,483

2017年3月份全国期货市场交易情况统计

交易所	品种	今年3月成交量（手）	去年3月交易量（手）	同比增减百分比（%）	今年3月成交金额（亿元）	去年3月成交金额（亿元）	同比增减百分比（%）	今年1－3月成交总量（手）	去年1－3月成交总量（手）
上海期货交易所	铜	5,293,386	9,573,066	-44.71	12,555.79	17,962.72	-30.10	13,211,769	22,504,295
	铝	5,605,876	3,432,110	63.34	3,884.21	1,967.93	97.38	13,588,983	9,513,705
	锌	9,682,238	6,984,844	38.62	11,075.08	4,985.01	122.17	21,765,075	16,636,693
	铅	1,034,458	157,339	557.47	933.60	107.69	766.93	2,726,489	454,141
	黄金	2,143,439	5,397,518	-60.29	5,944.30	14,144.18	-57.97	5,455,945	11,138,114
	天胶	7,329,539	11,819,380	-37.99	12,962.90	13,509.90	-4.05	17,823,725	24,488,826
	燃料油	180	81	122.22	0.34	0.09	263.87	1,204	259
	螺纹钢	55,902,410	154,598,723	-63.84	18,721.15	32,753.18	-42.84	123,323,902	256,127,827
	线材	10	10	0.00	0.00	0.00	31.17	10	11
	白银	4,797,736	8,032,161	-40.27	2,992.98	4,141.31	-27.73	14,312,351	16,447,195
	沥青	11,665,102	30,380,076	-61.60	3,164.40	5,623.37	-43.73	29,813,924	51,737,563
	热轧卷板	5,456,181	3,102,996	75.84	1,849.12	708.04	161.16	11,067,076	4,697,489
	镍	6,086,578	10,761,962	-43.44	5,222.15	7,490.00	-30.28	14,693,892	24,622,529
	锡	192,981	703,242	-72.56	279.34	772.92	-63.86	521,668	1,098,874
	小计	115,190,114	244,943,508	-52.97	79,585.36	104,166.35	-23.60	268,306,013	439,467,521
郑州商品交易所	强麦	62,085	71,813	-13.55	38.14	40.56	-5.97	153,715	195,737
	棉花	3,383,036	5,334,533	-36.58	2,645.67	2,743.95	-3.58	7,551,872	8,966,561
	白糖	6,912,108	15,085,685	-54.18	4,662.20	8,258.72	-43.55	14,738,564	39,021,133
	PTA	16,931,292	17,117,120	-1.09	4,415.26	4,000.84	10.36	44,774,539	36,228,023
	菜籽油	2,935,423	1,464,518	100.44	1,954.95	839.68	132.82	6,360,690	2,895,084
	早籼稻	83	54	53.70	0.04	0.03	63.58	296	114
	甲醇期货（MA）	11,267,871	20,781,621	-45.78	3,017.36	3,977.71	-24.14	29,006,804	46,450,498
	普麦	14	3	366.67	0.02	0.00	366.87	21	26
	玻璃	3,883,002	4,605,546	-15.69	976.18	879.98	10.93	10,511,643	9,141,720
	油菜籽	411	1,008	-59.23	0.20	0.40	-48.70	960	1,509
	菜籽粕	8,919,291	19,631,748	-54.57	2,132.65	3,822.04	-44.20	21,332,704	38,371,869
	动力煤	3,366,612	3,611,287	-6.78	2,030.00	1,278.78	58.74	5,641,999	7,659,613
	粳稻（谷）	62	24	158.33	0.04	0.01	180.67	123	31
	晚籼稻	10	46	-78.26	0.01	0.03	-77.31	79	59
	硅铁	581,585	11,413	4,995.81	172.19	2.71	6,253.88	638,164	19,419
	锰硅	2,862,372	16,210	17,558.06	973.29	4.31	22,497.40	3,680,466	25,073
	小计	61,105,257	87,732,629	-30.35	23,018.20	25,849.74	-10.95	144,392,639	188,976,469
大连商品交易所	豆一	3,471,523	2,402,140	44.52	1,355.88	840.20	61.38	8,185,540	4,632,368
	豆二	47	345	-86.38	0.02	0.11	-83.55	190	447
	豆粕	18,860,765	25,360,251	-25.63	5,415.86	5,937.95	-8.79	45,863,166	53,117,290
	玉米	24,523,563	14,147,826	73.34	4,073.19	2,278.38	78.78	57,572,828	24,402,593
	豆油	6,911,769	10,195,589	-32.21	4,454.82	5,998.11	-25.73	14,635,815	21,127,260
	线型低密度聚乙烯	5,917,105	16,767,396	-64.71	2,769.88	7,497.75	-63.06	14,833,887	36,638,971
	棕榈油	7,946,641	16,786,267	-52.66	4,521.79	8,816.10	-48.71	19,277,347	37,238,892
	聚氯乙烯	1,883,509	316,337	495.41	606.73	83.29	628.49	5,059,594	628,634
	焦炭	1,294,108	6,720,345	-80.74	2,339.04	5,045.78	-53.64	3,439,390	10,399,030
	焦煤	1,354,077	4,407,600	-69.28	1,037.23	1,626.32	-36.22	3,611,482	8,415,137
	铁矿石	23,887,190	76,214,430	-68.66	15,244.50	30,913.02	-50.69	52,743,248	132,336,997
	鸡蛋	2,518,173	2,158,167	16.68	882.73	720.53	22.51	6,250,595	5,252,076
	细木工板（胶合板）	105	4	2,525.00	0.06	0.00	3,466.38	961	6
	中密度纤维板（纤维板）	109	18	505.56	0.04	0.00	770.61	341	165
	聚丙烯	4,512,149	27,191,998	-83.41	1,871.32	9,573.83	-80.45	11,683,153	56,253,068
	玉米淀粉	7,081,302	6,629,150	6.82	1,408.22	1,330.29	5.86	17,892,988	19,129,181
	小计	110,162,135	209,297,863	-47.37	45,981.31	80,661.67	-42.99	261,050,525	409,572,115
中国金融期货交易所	沪深300指数	432,841	562,412	-23.04	4,451.49	5,162.75	-13.78	893,813	1,361,178
	5年期国债期货	218,779	313,722	-30.26	2,160.32	3,155.11	-31.53	572,844	1,006,862
	10年期国债期货	1,290,060	550,266	134.44	12,374.89	5,469.53	126.25	3,429,323	1,514,789
	上证50股指期货	205,208	215,968	-4.98	1,443.69	1,349.71	6.96	443,423	506,113
	中证500股指期货	305,130	433,560	-29.62	3,911.35	4,870.92	-19.70	664,471	947,364
	小计	2,452,018	2,075,928	18.12	24,341.75	20,008.02	21.66	6,003,874	5,336,306
全国期货市场		288,909,524	544,049,928	-46.90	172,926.62	230,685.78	-25.04	679,753,051	1,043,352,411

2017 年 4 月份全国期货市场交易情况统计

交易所	品种	今年4月成交量（手）	去年4月交易量（手）	同比增减百分比（%）	今年4月成交金额（亿元）	去年4月成交金额（亿元）	同比增减百分比（%）	今年1－4月成交总量（手）	去年1－4月成交总量（手）
上海期货交易所	铜	5,062,054	6,961,779	-27.29	11,746.38	12,927.05	-9.13	18,273,823	29,466,074
	铝	5,097,805	4,196,617	21.47	3,633.11	2,590.67	40.24	18,686,788	13,710,322
	锌	9,423,609	5,708,450	65.08	10,241.53	4,241.35	141.47	31,188,684	22,345,143
	铅	978,570	130,100	652.17	801.61	86.52	826.55	3,705,059	584,241
	黄金	2,077,080	2,982,096	-30.35	5,919.87	7,760.11	-23.71	7,533,025	14,120,210
	天胶	6,768,952	10,531,501	-35.73	10,213.89	13,263.89	-22.99	24,592,677	35,020,327
	燃料油	4	144	-97.22	0.01	0.17	-95.65	1,208	403
	螺纹钢	49,514,151	143,928,094	-65.60	14,765.19	35,220.35	-58.08	172,838,053	400,055,921
	线材	37	4	825.00	0.01	0.00	885.98	47	15
	白银	4,030,232	8,900,633	-54.72	2,543.41	4,873.40	-47.81	18,342,583	25,347,828
	沥青	9,520,658	29,367,297	-67.58	2,474.21	5,872.62	-57.87	39,334,582	81,104,860
	热轧卷板	5,567,208	5,846,079	-4.77	1,681.17	1,569.64	7.11	16,634,284	10,543,568
	镍	4,539,603	9,593,617	-52.68	3,687.34	6,778.48	-45.60	19,233,495	34,216,146
	锡	176,242	277,390	-36.46	249.23	303.25	-17.81	697,910	1,376,264
	小计	102,756,205	228,423,801	-55.02	67,956.97	95,487.51	-28.83	371,062,218	667,891,322
郑州商品交易所	强麦	89,857	62,147	44.59	54.45	34.45	58.04	243,572	257,884
	棉花	2,104,132	14,466,613	-85.46	1,655.23	8,863.36	-81.32	9,656,004	23,433,174
	白糖	5,419,242	11,736,756	-53.83	3,632.66	6,623.67	-45.16	20,157,806	50,757,889
	PTA	12,372,856	22,563,659	-45.16	3,127.44	5,551.28	-43.66	57,147,395	58,791,682
	菜籽油	2,277,430	2,046,297	11.30	1,437.89	1,249.80	15.05	8,638,120	4,941,381
	早籼稻	45	213	-78.87	0.02	0.12	-80.08	341	327
	甲醇期货(MA)	9,229,022	15,052,907	-38.69	2,268.12	2,966.41	-23.54	38,235,826	61,503,405
	普麦	1	29	-96.55	0.00	0.04	-96.35	22	55
	玻璃	3,876,546	3,880,298	-0.10	982.33	778.25	26.22	14,388,189	13,022,018
	油菜籽	96	4,493	-97.86	0.05	1.79	-97.34	1,056	6,002
	菜籽粕	7,509,762	19,049,094	-60.58	1,793.42	3,995.57	-55.11	28,842,466	57,420,963
	动力煤	2,467,897	4,841,866	-49.03	1,427.48	1,853.82	-23.00	8,109,896	12,501,479
	粳稻(谷)		2	-100.00	0.00	0.00	-100.00	123	33
	晚籼稻	3	3	0.00	0.00	0.00	9.24	82	62
	硅铁	201,705	6,541	2,983.70	53.60	1.45	3,596.89	839,869	25,960
	锰硅	2,397,190	4,964	48,191.50	736.36	1.34	54,907.83	6,077,656	30,037
	小计	47,945,784	93,715,882	-48.84	17,169.07	31,921.35	-46.21	192,338,423	282,692,351
大连商品交易所	豆一	2,430,916	4,584,156	-46.97	919.31	1,645.06	-44.12	10,616,456	9,216,524
	豆二	104	462	-77.49	0.04	0.16	-73.99	294	909
	豆粕	14,069,118	35,282,346	-60.12	3,949.26	8,931.73	-55.78	59,909,251	88,399,636
	玉米	12,581,324	12,425,721	1.25	2,075.41	1,940.38	6.96	70,154,152	36,828,314
	豆油	5,750,535	9,259,457	-37.90	3,399.87	5,746.35	-40.83	20,386,350	30,386,717
	线型低密度聚乙烯	5,260,915	12,653,652	-58.42	2,363.23	5,376.27	-56.04	20,094,802	49,292,623
	棕榈油	5,616,807	12,190,287	-53.92	2,939.51	6,809.25	-56.83	24,894,154	49,429,179
	聚氯乙烯	1,654,796	397,089	316.73	477.92	101.66	370.13	6,714,390	1,025,723
	焦炭	1,878,688	14,691,141	-87.21	3,141.03	14,304.15	-78.04	5,318,078	25,090,171
	焦煤	2,033,120	9,189,446	-77.88	1,418.44	4,000.87	-64.55	5,644,602	17,604,583
	铁矿石	21,389,230	50,176,638	-57.37	10,866.29	21,318.67	-49.03	74,132,478	182,513,635
	鸡蛋	2,138,771	1,546,320	38.31	758.63	600.65	26.30	8,389,366	6,798,396
	细木工板(胶合板)	21	8	162.50	0.01	0.00	254.02	982	14
	中密度纤维板(纤维板)	52	12	333.33	0.02	0.00	391.07	393	177
	聚丙烯	4,023,372	22,520,587	-82.13	1,583.75	7,751.87	-79.57	15,706,525	78,773,655
	玉米淀粉	4,899,134	4,576,708	7.04	980.61	936.02	4.76	22,792,122	23,705,889
	小计	83,726,903	189,494,030	-55.82	34,873.31	79,463.10	-56.11	344,754,395	599,066,145
中国金融期货交易所	沪深300指数	348,350	427,184	-18.45	3,611.53	4,071.93	-11.31	1,242,163	1,788,362
	5年期国债期货	162,275	255,616	-36.52	1,601.58	2,569.62	-37.67	735,119	1,262,478
	10年期国债期货	977,984	383,677	154.90	9,415.39	3,806.18	147.37	4,407,307	1,898,466
	上证50股指期货	155,221	151,846	2.22	1,091.73	977.88	11.64	598,644	657,959
	中证500股指期货	257,531	358,265	-28.12	3,278.74	4,292.54	-23.62	922,002	1,305,629
	小计	1,901,361	1,576,588	20.60	18,998.97	15,718.16	20.87	7,905,235	6,912,894
全国期货市场		236,330,253	513,210,301	-53.95	138,998.32	222,590.12	-37.55	916,060,271	1,556,562,712

2017年5月份全国期货市场交易情况统计

交易所	品种	今年5月成交量v(手)	去年5月交易量(手)	同比增减百分比(%)	今年5月成交金额(亿元)	去年5月成交金额(亿元)	同比增减百分比(%)	今年1-5月成交总量(手)	去年1-5月成交总量(手)
上海期货交易所	铜	4,034,230	6,618,327	-39.04	9,170.01	11,882.75	-22.83	22,308,053	36,084,401
	铝	3,763,166	3,695,444	1.83	2,623.89	2,258.33	16.19	22,449,954	17,405,766
	锌	8,921,998	5,268,359	69.35	9,707.60	3,929.42	147.05	40,110,682	27,613,502
	铅	804,935	124,169	548.26	641.61	80.08	701.21	4,509,994	708,410
	黄金	1,570,461	3,261,407	-51.85	4,400.01	8,695.55	-49.40	9,103,486	17,381,617
	天胶	8,168,050	8,704,666	-6.16	11,358.53	10,000.03	13.58	32,760,727	43,724,993
	燃料油	52	103	-49.51	0.10	0.13	-20.07	1,260	506
	螺纹钢	81,068,694	94,814,015	-14.50	25,147.20	19,996.10	25.76	253,906,747	494,869,936
	线材	28	4	600.00	0.01	0.00	894.29	75	19
	白银	4,073,472	7,124,567	-42.82	2,472.60	3,989.89	-38.03	22,416,055	32,472,395
	沥青	8,034,845	16,818,760	-52.23	2,019.07	3,247.77	-37.83	47,369,427	97,923,620
	热轧卷板	8,266,375	3,824,072	116.17	2,492.26	875.14	184.79	24,900,659	14,367,640
	镍	4,149,510	9,082,128	-54.31	3,184.74	6,345.67	-49.81	23,383,005	43,298,274
	锡	164,887	247,691	-33.43	235.78	269.68	-12.57	862,797	1,623,955
	小计	133,020,703	159,583,712	-16.65	73,453.41	71,570.51	2.63	504,082,921	827,475,034
郑州商品交易所	强麦	32,369	22,897	41.37	16.79	12.24	37.16	275,941	280,781
	棉花	2,722,266	7,848,441	-65.31	2,163.52	4,940.50	-56.21	12,378,270	31,281,615
	白糖	4,908,861	9,575,635	-48.74	3,288.53	5,350.93	-38.54	25,066,667	60,333,524
	PTA	8,349,253	10,543,638	-20.81	2,046.51	2,482.74	-17.57	65,496,648	69,335,320
	菜籽油	2,635,939	2,835,842	-7.05	1,695.59	1,731.74	-2.09	11,274,059	7,777,223
	早籼稻	84	27	211.11	0.05	0.01	210.31	425	354
	甲醇期货(MA)	10,501,200	8,964,605	17.14	2,434.81	1,713.58	42.09	48,737,026	70,468,010
	普麦	14	45	-68.89	0.02	0.05	-67.25	36	100
	玻璃	4,234,752	3,839,755	10.29	1,092.67	740.15	47.63	18,622,941	16,861,773
	油菜籽	137	5,559	-97.54	0.07	2.23	-97.00	1,193	11,561
	菜籽粕	8,561,435	35,551,094	-75.92	2,030.96	8,145.77	-75.07	37,403,901	92,972,057
	动力煤	1,738,174	4,150,608	-58.12	903.39	1,608.76	-43.85	9,848,070	16,652,087
	粳稻(谷)	3	39	-92.31	0.00	0.02	-91.90	126	72
	晚籼稻		8	-100.00	0.00	0.00	-100.00	82	70
	硅铁	235,604	3,669	6,321.48	63.17	0.74	8,434.63	1,075,473	29,629
	锰硅	5,302,040	995	532,768.34	1,715.23	0.23	733,644.84	11,379,696	31,032
	小计	49,222,131	83,342,857	-40.94	17,451.31	26,729.71	-34.71	241,560,554	366,035,208
大连商品交易所	豆一	2,165,620	4,941,309	-56.17	825.94	1,800.11	-54.12	12,782,076	14,157,833
	豆二	246	264	-6.82	0.08	0.09	-9.79	540	1,173
	豆粕	14,366,828	59,341,125	-75.79	4,007.51	16,647.31	-75.93	74,276,079	147,740,761
	玉米	10,024,104	9,042,791	10.85	1,643.49	1,421.96	15.58	80,178,256	45,871,105
	豆油	5,373,584	8,916,682	-39.74	3,190.54	5,416.74	-41.10	25,759,934	39,303,399
	线型低密度聚乙烯	5,220,576	7,723,053	-32.40	2,344.89	3,100.68	-24.38	25,315,378	57,015,676
	棕榈油	5,969,096	11,270,907	-47.04	3,215.13	5,956.54	-46.02	30,863,250	60,700,086
	聚氯乙烯	2,389,976	286,744	733.49	707.10	72.93	869.50	9,104,366	1,312,467
	焦炭	2,129,296	4,753,723	-55.21	3,262.45	4,468.86	-27.00	7,447,374	29,843,894
	焦煤	2,282,674	3,506,512	-34.90	1,424.38	1,456.17	-2.18	7,927,276	21,111,095
	铁矿石	29,033,254	22,878,013	26.90	13,679.21	8,588.33	59.28	103,165,732	205,391,648
	鸡蛋	3,885,600	1,386,963	180.15	1,355.33	536.94	152.42	12,274,966	8,185,359
	细木工板(胶合板)	7	3	133.33	0.00	0.00	168.44	989	17
	中密度纤维板(纤维板)	28		-	0.01	0.00	-	421	177
	聚丙烯	4,535,063	7,468,685	-39.28	1,766.63	2,470.72	-28.50	20,241,588	86,242,340
	玉米淀粉	4,457,452	3,997,706	11.50	864.80	837.44	3.27	27,249,574	27,703,595
	小计	91,833,404	145,514,480	-36.89	38,287.50	52,774.83	-27.45	436,587,799	744,580,625
中国金融期货交易所	沪深300指数	365,795	381,974	-4.24	3,714.86	3,509.28	5.86	1,607,958	2,170,336
	5年期国债期货	311,218	170,331	82.71	3,028.98	1,710.52	77.08	1,046,337	1,432,809
	10年期国债期货	1,346,439	340,429	295.51	12,733.86	3,378.93	276.86	5,753,746	2,238,895
	上证50股指期货	183,774	133,504	37.65	1,302.00	831.59	56.57	782,418	791,463
	中证500股指斯货	329,777	390,231	-15.49	3,890.86	4,419.19	-11.96	1,251,779	1,695,860
	小计	2,537,003	1,416,469	79.11	24,670.56	13,849.51	78.13	10,442,238	8,329,363
全国期货市场		276,613,241	389,857,518	-29.05	153,862.78	164,924.57	-6.71	1,192,673,512	1,946,420,230

2017 年 6 月份全国期货市场交易情况统计

交易所	品种	今年6月成交量（手）	去年6月交易量（手）	同比增减百分比（%）	今年6月成交金额（亿元）	去年6月成交金额（亿元）	同比增减百分比（%）	今年1-6月成交总量（手）	去年1-6月成交总量（手）
上海期货交易所	铜	4,084,742	5,364,433	-23.86	9,391.14	9,646.27	-2.64	26,392,795	41,448,834
	铝	3,212,005	3,203,956	0.25	2,216.69	1,929.81	14.87	25,661,959	20,609,722
	锌	9,009,595	4,882,664	84.52	9,714.81	3,834.71	153.34	49,120,277	32,496,166
	铅	1,008,920	101,666	892.39	859.64	65.30	1,216.50	5,518,914	810,076
	黄金	1,658,636	3,193,948	-48.07	4,661.00	8,761.49	-46.80	10,762,122	20,575,565
	天胶	7,250,856	7,824,753	-7.33	9,372.69	8,591.80	9.09	40,011,583	51,549,746
	燃料油	55	141	-60.99	0.11	0.18	-40.83	1,315	647
	螺纹钢	84,567,358	66,341,632	27.47	25,999.57	14,017.34	85.48	338,474,105	561,211,568
	线材		6	-100.00	0.00	0.00	-100.00	75	25
	白银	4,052,401	5,453,865	-25.70	2,473.11	3,140.35	-21.25	26,468,456	37,926,260
	沥青	8,133,348	10,868,151	-25.16	1,883.74	2,136.80	-11.84	55,502,775	108,791,771
	热轧卷板	10,747,627	3,232,853	232.45	3,403.01	739.97	359.88	35,648,286	17,600,493
	镍	4,081,624	5,583,592	-26.90	3,022.96	3,960.49	-23.67	27,464,629	48,881,866
	锡	195,061	136,727	42.66	280.36	151.38	85.20	1,057,858	1,760,682
	小计	138,002,228	116,188,387	18.77	73,278.83	56,975.90	28.61	642,085,149	943,663,421
郑州商品交易所	强麦	23,987	27,789	-13.68	12.47	14.96	-16.68	299,928	308,570
	棉花	2,154,194	9,015,517	-76.11	1,640.99	6,042.99	-72.84	14,532,464	40,297,132
	白糖	5,224,114	10,536,362	-50.42	3,418.64	6,150.25	-44.41	30,290,781	70,869,886
	PTA	7,906,179	10,644,190	-25.72	1,911.26	2,518.99	-24.13	73,402,827	79,979,510
	菜籽油	2,386,470	1,936,093	23.26	1,502.08	1,204.76	24.68	13,660,529	9,713,316
	早籼稻	163	357	-54.34	0.09	0.19	-53.94	588	711
	甲醇期货(MA)	13,313,549	7,132,922	86.65	3,084.19	1,363.23	126.24	62,050,575	77,600,932
	普麦	5	17	-70.59	0.01	0.02	-70.41	41	117
	玻璃	4,315,761	5,010,880	-13.87	1,127.16	1,024.18	10.05	22,938,702	21,872,653
	油菜籽	398	3,570	-88.85	0.20	1.50	-86.42	1,591	15,131
	菜籽粕	6,300,538	44,722,946	-85.91	1,398.19	11,786.45	-88.14	43,704,439	137,695,003
	动力煤	3,097,679	3,472,726	-10.80	1,732.19	1,450.16	19.45	12,945,749	20,124,813
	粳稻(谷)		63	-100.00	0.00	0.04	-100.00	126	135
	晚籼稻		3	-100.00	0.00	0.00	-100.00	82	73
	硅铁	216,798	2,460	8,712.93	59.18	0.51	11,558.81	1,292,271	32,089
	锰硅	1,797,081	515	348,847.77	567.50	0.12	469,646.85	13,176,777	31,547
	小计	46,736,916	92,506,410	-49.48	16,454.13	31,558.36	-47.86	288,297,470	458,541,618
大连商品交易所	豆一	2,501,675	3,435,497	-27.18	971.16	1,320.31	-26.44	15,283,751	17,593,330
	豆二	1,739	190	815.26	0.56	0.08	648.66	2,279	1,363
	豆粕	13,829,457	66,482,208	-79.20	3,695.98	21,230.63	-82.59	88,105,536	214,222,969
	玉米	9,765,300	9,997,902	-2.33	1,636.89	1,619.04	1.10	89,943,556	55,869,007
	豆油	5,030,875	6,894,586	-27.03	2,935.65	4,188.24	-29.91	30,790,809	46,197,985
	线型低密度聚乙烯	5,387,974	6,806,356	-20.84	2,403.02	2,910.50	-17.44	30,703,352	63,822,032
	棕榈油	5,960,634	8,910,756	-33.11	3,106.82	4,622.21	-32.78	36,823,884	69,610,842
	聚氯乙烯	2,691,268	556,897	383.26	804.93	149.48	438.48	11,795,634	1,869,364
	焦炭	2,344,605	1,555,565	50.72	3,628.69	1,362.00	166.42	9,791,979	31,399,459
	焦煤	3,007,591	1,545,370	94.62	1,813.02	639.13	183.67	10,934,867	22,656,465
	铁矿石	28,695,357	15,158,195	89.31	12,470.07	5,691.05	119.12	131,861,089	220,549,843
	鸡蛋	7,737,653	1,947,335	297.35	2,891.55	756.41	282.27	20,012,619	10,132,694
	细木工板(胶合板)	148	238	-37.82	0.09	0.11	-17.49	1,137	255
	中密度纤维板(纤维板)	85	4	2,025.00	0.03	0.00	3,142.60	506	181
	聚丙烯	5,152,937	6,532,206	-21.11	1,993.30	2,359.56	-15.52	25,394,525	92,774,546
	玉米淀粉	4,681,777	4,432,449	5.63	932.50	976.57	-4.51	31,931,351	32,136,044
	小计	96,789,075	134,255,754	-27.91	39,284.26	47,825.32	-17.86	533,376,874	878,836,379
中国金融期货交易所	沪深 300 指数	386,848	329,603	17.37	4,116.85	3,046.23	35.15	1,994,806	2,499,939
	5 年期国债期货	247,567	132,865	86.33	2,423.80	1,336.60	81.34	1,293,904	1,565,674
	10 年期国债期货	1,108,073	285,003	288.79	10,560.59	2,840.29	271.81	6,861,819	2,523,898
	上证 50 股指期货	243,586	117,740	106.88	1,814.30	737.50	146.01	1,026,004	909,203
	中证 500 股指期货	361,010	351,116	2.82	4,279.59	4,119.64	3.88	1,612,789	2,046,976
	小计	2,347,084	1,216,327	92.96	23,195.13	12,080.25	92.01	12,789,322	9,545,690
全国期货市场		283,875,303	344,166,878	-17.52	152,212.36	148,439.83	2.54	1,476,548,815	2,290,587,108

2017 年 7 月份全国期货市场交易情况统计

交易所	品种	今年7月成交量（手）	去年7月交易量（手）	同比增减百分比（%）	今年7月成交金额（亿元）	去年7月成交金额（亿元）	同比增减百分比（%）	今年1－7月成交总量（手）	去年1－7月成交总量（手）
上海期货交易所	铜	3,996,114	6,904,618	-42.12	9,654.79	13,090.28	-26.24	30,388,909	48,353,452
	铝	3,092,286	3,156,715	-2.04	2,220.06	1,962.86	13.10	28,754,245	23,766,437
	锌	7,663,163	6,152,133	24.56	8,818.64	5,203.58	69.47	56,783,440	38,648,299
	铅	824,206	196,273	319.93	731.85	131.30	457.38	6,343,120	1,006,349
	黄金	1,507,211	3,342,012	-54.90	4,124.51	9,686.38	-57.42	12,269,333	23,917,577
	天胶	10,028,848	10,714,434	-6.40	14,076.25	12,590.81	11.80	50,040,431	62,264,180
	燃料油	43	153	-71.90	0.08	0.20	-59.96	1,358	800
	螺纹钢	82,613,778	84,441,840	-2.16	28,948.97	20,260.30	42.89	421,087,883	645,653,408
	线材	23	15	53.33	0.01	0.00	109.35	98	40
	白银	5,715,277	12,307,056	-53.56	3,292.61	8,137.65	-59.54	32,183,733	50,233,316
	沥青	9,683,743	13,393,721	-27.70	2,441.76	2,717.46	-10.15	65,186,518	122,185,492
	热轧卷板	9,914,184	4,177,563	137.32	3,535.72	1,073.18	229.46	45,562,470	21,778,056
	镍	5,163,511	15,094,876	-65.79	4,065.02	12,122.93	-66.47	32,628,140	63,976,742
	锡	204,716	321,453	-36.32	300.23	382.23	-21.45	1,262,574	2,082,135
	小计	140,407,103	160,202,862	-12.36	82,210.48	87,359.17	-5.89	782,492,252	1,103,866,283
郑州商品交易所	强麦	19,235	25,793	-25.43	10.20	13.50	-24.43	319,163	334,363
	棉花	2,209,987	13,210,466	-83.27	1,663.28	10,065.56	-83.48	16,742,451	53,507,598
	白糖	6,212,611	11,220,002	-44.63	3,863.18	6,784.43	-43.06	36,503,392	82,089,888
	PTA	16,628,449	13,844,828	20.11	4,315.63	3,293.53	31.03	90,031,276	93,824,338
	菜籽油	2,699,448	3,092,262	-12.70	1,780.69	1,974.54	-9.82	16,359,977	12,805,578
	早籼稻	174	161	8.07	0.10	0.09	3.12	762	872
	甲醇期货(MA)	12,738,111	8,170,290	55.91	3,142.38	1,582.76	98.54	74,788,686	85,771,222
	普麦	8	5	60.00	0.01	0.01	70.13	49	122
	玻璃	3,117,537	6,180,118	-49.56	865.33	1,349.96	-35.90	26,056,239	28,052,771
	油菜籽	186	1,550	-88.00	0.10	0.65	-84.97	1,777	16,681
	菜籽粕	7,521,617	40,667,547	-81.50	1,750.71	10,618.24	-83.51	51,226,056	178,362,550
	动力煤	2,764,341	2,705,381	2.18	1,640.40	1,176.24	39.46	15,710,090	22,830,194
	粳稻(谷)	13	56	-76.79	0.01	0.04	-76.79	139	191
	晚籼稻	72	9	700.00	0.04	0.00	812.82	154	82
	硅铁	234,985	29,680	691.73	69.62	6.60	954.29	1,527,256	61,769
	锰硅	1,665,141	54,681	2,945.19	573.30	16.08	3,464.91	14,841,918	86,228
	小计	55,811,915	99,202,829	-43.74	19,674.98	36,882.22	-46.65	344,109,385	557,744,447
大连商品交易所	豆一	2,478,005	2,627,239	-5.68	954.30	994.45	-4.04	17,761,756	20,220,569
	豆二	870	178	388.76	0.29	0.07	300.34	3,149	1,541
	豆粕	17,254,514	56,293,377	-69.35	4,905.00	17,841.25	-72.51	105,360,050	270,516,346
	玉米	8,111,476	10,018,840	-19.04	1,366.43	1,526.62	-10.49	98,055,032	65,887,847
	豆油	5,466,357	10,134,166	-46.06	3,356.08	6,278.39	-46.55	36,257,166	56,332,151
	线型低密度聚乙烯	6,462,316	8,495,647	-23.93	3,000.34	3,833.41	-21.73	37,165,668	72,317,679
	棕榈油	6,496,669	11,689,855	-44.42	3,485.88	5,949.45	-41.41	43,320,553	81,300,697
	聚氯乙烯	3,079,461	531,555	479.33	1,024.95	150.24	582.20	14,875,095	2,400,919
	焦炭	2,488,142	1,620,341	53.56	4,643.79	1,626.65	185.48	12,280,121	33,019,800
	焦煤	3,131,459	1,215,283	157.67	2,256.27	539.94	317.88	14,066,326	23,871,748
	铁矿石	29,502,280	20,794,247	41.88	14,728.67	9,024.93	63.20	161,363,369	241,344,090
	鸡蛋	5,274,507	2,592,169	103.48	2,031.28	1,039.19	95.47	25,287,126	12,724,863
	细木工板(胶合板)	7	117	-94.02	0.00	0.06	-92.87	1,144	372
	中密度纤维板(纤维板)	193	24	704.17	0.07	0.01	905.12	699	205
	聚丙烯	5,340,955	8,126,208	-34.27	2,191.75	3,259.46	-32.76	30,735,480	100,900,754
	玉米淀粉	3,859,153	3,356,379	14.98	770.38	663.07	16.19	35,790,504	35,492,423
	小计	98,946,364	137,495,625	-28.04	44,715.49	52,727.17	-15.19	632,323,238	1,016,332,004
中国金融期货交易所	沪深 300 指数	366,612	333,353	9.98	4,033.85	3,196.47	26.20	2,361,418	2,833,292
	5 年期国债期货	239,290	181,038	32.18	2,340.69	1,831.47	27.80	1,533,194	1,746,712
	10 年期国债期货	893,450	367,711	142.98	8,504.64	3,698.47	129.95	7,755,269	2,891,609
	上证 50 股指期货	256,940	120,343	113.51	2,002.67	778.96	157.10	1,282,944	1,029,546
	中证 500 股指期货	308,479	334,623	-7.81	3,738.27	4,168.55	-10.32	1,921,268	2,381,599
	小计	2,064,771	1,337,068	54.43	20,620.12	13,673.92	50.80	14,854,093	10,882,758
全国期货市场		297,230,153	398,238,384	-25.36	167,221.07	190,642.48	-12.29	1,773,778,968	2,688,825,492

2017 年 8 月份全国期货市场交易情况统计

交易所	品种	今年 8 月成交量（手）	去年 8 月交易量（手）	同比增减百分比（%）	今年 8 月成交金额（亿元）	去年 8 月成交金额（亿元）	同比增减百分比（%）	今年 1－8 月成交总量（手）	去年 1－8 月成交总量（手）
上海期货交易所	铜	5,441,989	4,283,573	27.04	13,942.77	7,988.40	74.54	35,830,898	52,637,025
	铝	10,389,451	2,369,648	338.44	8,340.57	1,463.03	470.09	39,143,696	26,136,085
	锌	8,869,330	5,326,577	66.51	11,004.42	4,673.32	135.47	65,652,770	43,974,876
	铅	1,298,305	162,669	698.13	1,254.54	112.55	1,014.65	7,641,425	1,169,018
	黄金	1,949,392	2,347,614	－16.96	5,440.13	6,767.94	－19.62	14,218,725	26,265,191
	天胶	10,321,580	7,758,908	33.03	16,470.96	9,676.45	70.22	60,362,011	70,023,088
	燃料油	67	47	42.55	0.13	0.06	118.45	1,425	847
	螺纹钢	76,267,899	75,370,272	1.19	29,366.59	19,050.82	54.15	497,355,782	721,023,680
	线材		2	－100.00	0.00	0.00	－100.00	98	42
	白银	6,865,443	8,266,922	－16.95	4,069.01	5,404.97	－24.72	39,049,176	58,500,238
	沥青	9,979,757	11,438,802	－12.76	2,675.41	2,220.52	20.49	75,166,275	133,624,294
	热轧卷板	14,293,645	3,744,198	281.75	5,654.96	1,027.49	450.37	59,856,115	25,522,254
	镍	8,301,501	9,071,383	－8.49	7,373.05	7,422.97	－0.67	40,929,641	73,048,125
	锡	208,162	155,075	34.23	304.28	189.68	60.42	1,470,736	2,237,210
	小计	154,186,521	130,295,690	18.34	105,896.81	65,998.20	60.45	936,678,773	1,234,161,973
郑州商品交易所	强麦	14,601	17,609	－17.08	7.83	9.18	－14.67	333,764	351,972
	棉花	2,588,711	8,230,483	－68.55	1,969.44	5,998.91	－67.17	19,331,162	61,738,081
	白糖	6,445,311	6,800,526	－5.22	4,045.63	4,164.81	－2.86	42,948,703	88,890,414
	PTA	14,025,997	11,670,469	20.18	3,661.93	2,791.61	31.18	104,057,273	105,494,807
	菜籽油	3,016,497	1,654,670	82.30	2,069.33	1,049.39	97.19	19,376,474	14,460,248
	早籼稻	97	181	－46.41	0.05	0.10	－47.25	859	1,053
	甲醇期货（MA）	10,043,035	7,323,607	37.13	2,664.13	1,446.82	84.14	84,831,721	93,094,829
	普麦	29	1	2,800.00	0.04	0.00	2,987.77	78	123
	玻璃	3,290,079	10,315,094	－68.10	935.49	2,446.40	－61.76	29,346,318	38,367,865
	油菜籽	72	156	－53.85	0.04	0.07	－41.95	1,849	16,837
	菜籽粕	6,179,730	21,039,038	－70.63	1,360.86	4,993.90	－72.75	57,405,786	199,401,588
	动力煤	2,984,457	4,901,859	－39.12	1,787.19	2,359.19	－24.25	18,694,547	27,732,053
	粳稻（谷）	24	37	－35.14	0.02	0.02	－37.06	163	228
	晚籼稻	37	13	184.62	0.02	0.01	226.40	191	95
	硅铁	2,611,758	68,063	3,737.27	957.71	15.35	6,137.24	4,139,014	129,832
	锰硅	2,309,708	259,247	790.93	836.02	81.19	929.72	17,151,626	345,475
	棉纱	74,016			85.42			74,016	
	小计	53,584,159	72,281,053	－25.87	20,381.14	25,356.95	－19.62	397,693,544	630,025,500
大连商品交易所	豆一	2,308,079	1,798,190	28.36	899.05	672.64	33.66	20,069,835	22,018,759
	豆二	324	129	151.16	0.11	0.05	114.07	3,473	1,670
	豆粕	14,388,228	27,685,266	－48.03	3,966.18	8,202.27	－51.65	119,748,278	298,201,612
	玉米	7,498,320	8,397,369	－10.71	1,280.26	1,231.31	3.98	105,553,352	74,285,216
	豆油	6,072,369	7,386,955	－17.80	3,808.46	4,630.82	－17.76	42,329,535	63,719,106
	线型低密度聚乙烯	6,140,060	6,634,139	－7.45	2,995.13	2,980.49	0.49	43,305,728	78,951,818
	棕榈油	7,479,786	12,546,192	－40.38	4,070.34	6,759.31	－39.78	50,800,339	93,846,889
	聚氯乙烯	4,402,305	535,259	722.46	1,606.34	153.35	947.52	19,277,400	2,936,178
	焦炭	4,745,078	3,268,029	45.20	10,564.32	3,969.90	166.11	17,025,199	36,287,829
	焦煤	5,815,072	1,754,871	231.37	4,807.07	885.11	443.10	19,881,398	25,626,619
	铁矿石	38,041,898	22,250,484	70.97	21,370.99	9,965.47	114.45	199,405,267	263,594,574
	鸡蛋	4,038,511	2,227,344	81.32	1,735.33	777.72	123.13	29,325,637	14,952,207
	细木工板（胶合板）	10	41	－75.61	0.01	0.02	－70.04	1,154	413
	中密度纤维板（纤维板）	56	22	154.55	0.02	0.01	157.25	755	227
	聚丙烯	5,390,946	5,485,197	－1.72	2,357.24	2,132.32	10.55	36,126,426	106,385,951
	玉米淀粉	3,198,542	3,970,681	－19.45	637.82	722.20	－11.68	38,989,046	39,463,104
	小计	109,519,584	103,940,168	5.37	60,098.66	43,082.98	39.50	741,842,822	1,120,272,172
中国金融期货交易所	沪深 300 指数	357,019	348,864	2.34	3,994.82	3,428.53	16.52	2,718,437	3,182,156
	5 年期国债期货	274,703	244,893	12.17	2,675.19	2,488.55	7.50	1,807,897	1,991,605
	10 年期国债期货	855,885	517,489	65.39	8,104.79	5,239.56	54.68	8,611,154	3,409,098
	上证 50 股指期货	250,212	123,520	102.57	1,989.15	819.20	142.82	1,533,156	1,153,066
	中证 500 股指期货	305,741	315,116	－2.98	3,843.89	3,938.80	－2.41	2,227,009	2,696,715
	小计	2,043,560	1,549,882	31.85	20,607.84	15,914.64	29.49	16,897,653	12,432,640
全国期货市场		319,333,824	308,066,793	3.66	206,984.44	150,352.77	37.67	2,093,112,792	2,996,892,285

2017年9月份全国期货市场交易情况统计

交易所	品种	今年9月成交量（手）	去年9月交易量（手）	同比增减百分比（%）	今年9月成交金额（亿元）	去年9月成交金额（亿元）	同比增减百分比（%）	今年1-9月成交总量（手）	去年1-9月成交总量（手）
上海期货交易所	铜	4,675,606	2,985,622	56.60	12,002.93	5,528.61	117.11	40,506,504	55,622,647
	铝	9,891,454	2,539,988	289.43	8,184.25	1,542.97	430.42	49,035,150	28,676,073
	锌	5,961,757	5,638,785	5.73	7,525.15	5,079.71	48.14	71,614,527	49,613,661
	铅	1,952,910	251,603	676.19	1,955.97	182.61	971.11	9,594,335	1,420,621
	黄金	1,724,654	1,632,191	5.66	4,850.59	4,679.74	3.65	15,943,379	27,897,382
	天胶	8,547,753	5,701,031	49.93	13,542.59	7,381.18	83.47	68,909,764	75,724,119
	燃料油	7	132	-94.70	0.01	0.17	-92.03	1,432	979
	螺纹钢	50,901,572	55,916,653	-8.97	19,471.41	12,999.96	49.78	548,257,354	776,940,333
	线材		5	-	0.00	0.00	-	98	47
	白银	4,184,886	6,254,667	-33.09	2,496.88	4,049.10	-38.33	43,234,062	64,754,905
	沥青	9,011,675	9,170,954	-1.74	2,282.02	1,678.95	35.92	84,177,950	142,795,248
	热轧卷板	11,105,877	2,872,340	286.65	4,525.02	747.68	505.21	70,961,992	28,394,594
	镍	9,145,992	5,494,171	66.47	8,240.83	4,436.13	85.77	50,075,633	78,542,296
	锡	163,964	168,589	-2.74	238.55	212.61	12.20	1,634,700	2,405,799
	小计	117,268,107	98,626,731	18.90	85,316.21	48,519.42	75.84	1,053,946,880	1,332,788,704
郑州商品交易所	强麦	16,235	28,262	-42.56	8.68	15.09	-42.48	349,999	380,234
	棉花	2,251,136	4,594,826	-51.01	1,753.11	3,351.34	-47.69	21,582,298	66,332,907
	白糖	5,101,805	6,684,971	-23.68	3,154.52	4,298.72	-26.62	48,050,508	95,575,385
	PTA	12,226,850	8,490,913	44.00	3,236.21	2,030.66	59.37	116,284,123	113,985,720
	菜籽油	1,946,013	1,301,225	49.55	1,340.14	821.81	63.07	21,322,487	15,761,473
	早籼稻	110	132	-16.67	0.06	0.07	-10.76	969	1,185
	甲醇期货(MA)	12,041,852	7,957,998	51.32	3,395.33	1,625.46	108.89	96,873,573	101,052,827
	普麦	1	19	-94.74	0.00	0.02	-94.28	79	142
	玻璃	2,384,479	11,373,102	-79.03	653.58	2,602.54	-74.89	31,730,797	49,740,967
	油菜籽	14		-	0.01	0.00	-	1,863	16,837
	菜籽粕	6,487,348	11,897,344	-45.47	1,419.86	2,670.67	-46.83	63,893,134	211,298,932
	动力煤	4,126,695	7,127,515	-42.10	2,641.70	3,682.03	-28.25	22,821,242	34,859,568
	粳稻(谷)	15	20	-25.00	0.01	0.01	-17.68	178	248
	晚籼稻	6	52	-88.46	0.00	0.03	-86.62	197	147
	硅铁	3,020,454	40,453	7,366.58	962.28	10.22	9,317.48	7,159,468	170,285
	锰硅	1,949,809	195,457	897.56	693.65	63.84	986.50	19,101,435	540,932
	棉纱	41,094			47.79			115,110	
	小计	51,593,916	59,692,289	-13.57	19,306.94	21,172.50	-8.81	449,287,460	689,717,789
大连商品交易所	豆一	1,515,616	1,650,143	-8.15	580.04	609.22	-4.79	21,585,451	23,668,902
	豆二	299	28	967.86	0.10	0.01	834.68	3,772	1,698
	豆粕	13,277,344	18,596,068	-28.60	3,630.64	5,392.16	-32.67	133,025,622	316,797,680
	玉米	6,528,986	9,584,823	-31.88	1,116.00	1,374.55	-18.81	112,082,338	83,870,039
	豆油	4,669,583	5,802,407	-19.52	2,949.93	3,660.06	-19.40	46,999,118	69,521,513
	线型低密度聚乙烯	4,698,772	4,968,056	-5.42	2,325.17	2,165.93	7.35	48,004,500	83,919,874
	棕榈油	6,237,967	11,125,617	-43.93	3,509.32	6,206.04	-43.45	57,038,306	104,972,506
	聚氯乙烯	4,142,636	773,303	435.71	1,502.57	226.34	563.86	23,420,036	3,709,481
	焦炭	5,273,857	3,668,244	43.77	11,685.21	4,446.50	162.80	22,299,056	39,956,073
	焦煤	5,907,342	3,269,220	80.70	4,652.01	1,810.63	156.93	25,788,740	28,895,839
	铁矿石	32,851,789	16,395,387	100.37	16,999.62	6,695.91	153.88	232,257,056	279,989,961
	鸡蛋	2,860,983	1,554,017	84.10	1,176.35	520.78	125.88	32,186,620	16,506,224
	细木工板(胶合板)		26	-	0.00	0.01	-	1,154	439
	中密度纤维板(纤维板)	29		-	0.01	0.00	-	784	227
	聚丙烯	4,717,638	3,534,896	33.46	2,132.77	1,267.30	68.29	40,844,064	109,920,847
	玉米淀粉	2,790,590	5,767,424	-51.61	557.11	970.39	-42.59	41,779,636	45,230,528
	小计	95,473,431	86,689,659	10.13	52,816.86	35,345.82	49.43	837,316,253	1,206,961,831
中国金融期货交易所	沪深300指数	322,429	276,882	16.45	3,708.18	2,704.08	37.13	3,040,866	3,459,038
	5年期国债期货	194,249	120,699	60.94	1,895.70	1,223.83	54.90	2,002,146	2,112,304
	10年期国债期货	613,086	330,282	85.63	5,827.56	3,332.35	74.88	9,224,240	3,739,380
	上证50股指期货	209,678	111,689	87.73	1,694.95	734.06	130.90	1,742,834	1,264,755
	中证500股指期货	275,217	243,169	13.18	3,622.72	3,053.81	18.63	2,502,226	2,939,884
	小计	1,614,659	1,082,721	49.13	16,749.11	11,048.14	51.60	18,512,312	13,515,361
全国期货市场		265,950,113	246,091,400	8.07	174,189.11	116,085.87	50.05	2,359,062,905	3,242,983,685

2017 年 10 月份全国期货市场交易情况统计

交易所	品种	今年 10 月成交量（手）	去年 10 月交易量（手）	同比增减百分比（%）	今年 10 月成交金额（亿元）	去年 10 月成交金额（亿元）	同比增减百分比（%）	今年 1－10 月成交总量（手）	去年 1－10 月成交总量（手）
上海期货交易所	铜	4,569,833	2,723,868	67.77	12,376.38	5,134.61	141.04	45,076,337	58,346,515
	铝	5,250,266	3,406,328	54.13	4,306.03	2,229.37	93.15	54,285,416	32,082,401
	锌	5,748,274	4,337,733	32.52	7,411.77	3,980.09	86.22	77,362,801	53,951,394
	铅	1,083,621	233,495	364.09	1,069.11	185.26	477.10	10,677,956	1,654,116
	黄金	1,095,167	1,479,866	－26.00	3,026.62	4,088.39	－25.97	17,038,546	29,377,248
	天胶	6,229,741	5,963,032	4.47	8,406.71	8,397.82	0.11	75,139,505	81,687,151
	燃料油		12	－	0.00	0.02	－	1,432	991
	螺纹钢	43,802,348	44,110,300	－0.70	16,017.90	10,817.42	48.08	592,059,702	821,050,633
	线材		4	－	0.00	0.00	－	98	51
	白银	2,546,301	4,312,664	－40.96	1,488.26	2,606.58	－42.90	45,780,363	69,067,569
	沥青	4,977,373	10,332,793	－51.83	1,211.69	1,864.96	－35.03	89,155,323	153,128,041
	热轧卷板	10,698,017	2,760,795	287.50	4,239.78	764.83	454.34	81,660,009	31,155,389
	镍	5,292,517	4,504,252	17.50	4,936.36	3,677.02	34.25	55,368,150	83,046,548
	锡	111,271	140,629	－20.88	162.13	184.36	－12.06	1,745,971	2,546,428
	小计	91,404,729	84,305,771	8.42	64,652.75	43,930.72	47.17	1,145,351,609	1,417,094,475
郑州商品交易所	强麦	6,750	18,580	－63.67	3.55	10.29	－65.44	356,749	398,814
	棉花	935,228	3,960,410	－76.39	703.81	2,995.72	－76.51	22,517,526	70,293,317
	白糖	3,724,091	5,832,906	－36.15	2,312.30	3,953.19	－41.51	51,774,599	101,408,291
	PTA	5,820,141	12,819,803	－54.60	1,502.18	3,118.59	－51.83	122,104,264	126,805,523
	菜籽油	1,527,731	3,270,091	－53.28	1,035.02	2,238.69	－53.77	22,850,218	19,031,564
	早籼稻	22	162	－86.42	0.01	0.09	－86.14	991	1,347
	甲醇期货（MA）	10,638,671	10,392,283	2.37	2,845.40	2,368.75	20.12	107,512,244	111,445,110
	普麦		9	－	0.00	0.01	－	79	151
	玻璃	1,860,609	6,054,202	－69.27	503.31	1,325.25	－62.02	33,591,406	55,795,169
	油菜籽	20		－	0.01	0.00	－	1,883	16,837
	菜籽粕	3,616,916	9,668,188	－62.59	813.10	2,164.69	－62.44	67,510,050	220,967,120
	动力煤	2,791,630	7,383,602	－62.19	1,726.42	4,415.47	－60.90	25,612,872	42,243,170
	粳稻（谷）	59		－	0.04	0.00	－	237	248
	晚籼稻		73	－	0.00	0.04	－	197	220
	硅铁	2,061,955	171,515	1,102.20	650.10	47.00	1,283.22	9,221,423	341,800
	锰硅	1,101,974	328,001	235.97	361.52	122.59	194.90	20,203,409	868,933
	棉纱	4,768			5.47			119,878	
	小计	34,090,565	59,899,825	－43.09	12,462.25	22,760.37	－45.25	483,378,025	749,617,614
大连商品交易所	豆一	1,562,299	1,964,321	－20.47	586.36	737.57	－20.50	23,147,750	25,633,223
	豆二	2,851	33	8,539.39	0.93	0.01	7,256.17	6,623	1,731
	豆粕	7,454,979	17,642,610	－57.74	2,095.03	5,025.93	－58.32	140,480,601	334,440,290
	玉米	3,875,909	9,158,009	－57.68	650.21	1,346.66	－51.72	115,958,247	93,028,048
	豆油	2,716,138	7,462,348	－63.60	1,657.09	4,933.93	－66.41	49,715,256	76,983,861
	线型低密度聚乙烯	4,026,526	4,240,817	－5.05	1,949.99	1,998.99	－2.45	52,031,026	88,160,691
	棕榈油	3,583,079	9,794,151	－63.42	2,011.98	5,674.11	－64.54	60,621,385	114,766,657
	聚氯乙烯	3,884,913	907,161	328.25	1,251.33	298.68	318.96	27,304,949	4,616,642
	焦炭	4,829,702	3,984,572	21.21	8,584.95	6,200.31	38.46	27,128,758	43,940,645
	焦煤	5,062,944	4,245,516	19.25	3,415.46	3,049.00	12.02	30,851,684	33,141,355
	铁矿石	27,176,166	14,027,503	93.73	12,224.14	6,250.98	95.56	259,433,222	294,017,464
	鸡蛋	1,688,523	1,445,013	16.85	713.65	502.73	41.96	33,875,143	17,951,237
	细木工板（胶合板）	16	23	－30.43	0.01	0.01	－14.21	1,170	462
	中密度纤维板（纤维板）	82	1	8,100.00	0.03	0.00	14,597.24	866	228
	聚丙烯	4,914,762	3,429,039	43.33	2,191.11	1,349.04	62.42	45,758,826	113,349,886
	玉米淀粉	1,715,539	6,043,475	－71.61	334.77	1,062.34	－68.49	43,495,175	51,274,003
	小计	72,494,428	84,344,592	－14.05	37,667.06	38,430.28	－1.99	909,810,681	1,291,306,423
中国金融期货交易所	沪深 300 指数	251,578	206,336	21.93	2,969.80	2,041.16	45.50	3,292,444	3,665,374
	5 年期国债期货	230,918	115,436	100.04	2,233.66	1,175.03	90.09	2,233,064	2,227,740
	10 年期国债期货	696,446	312,067	123.17	6,536.32	3,165.16	106.51	9,920,686	4,051,447
	上证 50 股指期货	168,943	89,621	88.51	1,393.27	595.87	133.82	1,911,777	1,354,376
	中证 500 股指期货	223,317	179,204	24.62	2,939.82	2,298.84	27.88	2,725,543	3,119,088
	小计	1,571,202	902,664	74.06	16,072.87	9,276.06	73.27	20,083,514	14,418,025
全国期货市场		199,560,924	229,452,852	－13.03	130,854.94	114,397.43	14.39	2,558,623,829	3,472,436,537

2017 年 11 月份全国期货市场交易情况统计

交易所	品种	今年 11 月成交量（手）	去年 11 月交易量（手）	同比增减百分比（%）	今年 11 月成交金额（亿元）	去年 11 月成交金额（亿元）	同比增减百分比（%）	今年 1－11 月成交总量（手）	去年 1－11 月成交总量（手）
上海期货交易所	铜	4,779,263	8,960,011	－46.66	12,854.65	19,909.36	－35.43	49,855,600	67,306,526
	铝	5,741,735	7,466,828	－23.10	4,442.41	5,141.69	－13.60	60,027,151	39,549,229
	锌	7,353,968	10,370,626	－29.09	9,355.33	11,041.53	－15.27	84,716,769	64,322,020
	铅	1,013,553	1,052,180	－3.67	949.03	1,025.76	－7.48	11,691,509	2,706,296
	黄金	1,411,014	3,094,241	－54.40	3,923.05	8,609.25	－54.43	18,449,560	32,471,489
	天胶	7,534,638	9,032,275	－16.58	10,436.00	14,704.33	－29.03	82,674,143	90,719,426
	燃料油		230	－	0.00	0.34	－	1,432	1,221
	螺纹钢	55,122,058	64,883,549	－15.04	20,843.40	18,783.14	10.97	647,181,760	885,934,182
	线材			－	0.00	0.00	－	98	51
	白银	3,809,883	9,314,928	－59.10	2,242.09	5,836.50	－61.59	49,590,246	78,382,497
	沥青	4,149,669	18,884,148	－78.03	1,074.98	3,931.68	－72.66	93,304,992	172,012,189
	热轧卷板	12,174,964	6,168,220	97.38	4,751.03	2,026.40	134.46	93,834,973	37,323,609
	镍	9,743,401	10,393,011	－6.25	9,460.84	9,505.44	－0.47	65,111,551	93,439,559
	锡	150,225	418,575	－64.11	214.91	613.44	－64.97	1,896,196	2,965,003
	小计	112,984,371	150,038,822	－24.70	80,547.72	101,128.86	－20.35	1,258,335,980	1,567,133,297
郑州商品交易所	强麦	11,641	41,137	－71.70	6.12	23.69	－74.17	368,390	439,951
	棉花	1,652,677	6,530,053	－74.69	1,248.26	5,151.74	－75.77	24,170,203	76,823,370
	白糖	5,361,630	9,294,515	－42.31	3,403.09	6,420.25	－46.99	57,136,229	110,702,806
	PTA	10,221,165	24,669,168	－58.57	2,765.78	6,158.36	－55.09	132,325,429	151,474,691
	菜籽油	1,739,737	4,971,177	－65.00	1,189.25	3,523.87	－66.25	24,589,955	24,002,741
	早籼稻	40	293	－86.35	0.02	0.16	－86.20	1,031	1,640
	甲醇期货(MA)	12,819,025	12,024,088	6.61	3,655.59	2,948.84	23.97	120,331,269	123,469,198
	普麦		19	－	0.00	0.02	－	79	170
	玻璃	3,835,739	7,191,758	－46.66	1,104.91	1,783.76	－38.06	37,427,145	62,986,927
	油菜籽	12	1,613	－99.26	0.01	0.76	－99.15	1,895	18,450
	菜籽粕	6,974,301	15,758,427	－55.74	1,585.83	3,673.60	－56.83	74,484,351	236,725,547
	动力煤	2,603,520	6,431,366	－59.52	1,638.50	4,019.10	－59.23	28,216,392	48,674,536
	粳稻(谷)	16	30	－46.67	0.01	0.02	－48.34	253	278
	晚籼稻		48	－	0.00	0.03	－	197	268
	硅铁	2,199,445	284,058	674.29	742.86	78.63	844.73	11,420,868	625,858
	锰硅	1,573,044	347,536	352.63	530.71	143.70	269.31	21,776,453	1,216,469
	棉纱	2,970			3.43			122,848	
	小计	48,994,962	87,545,286	－44.03	17,874.37	33,926.52	－47.31	532,372,987	837,162,900
大连商品交易所	豆一	1,506,345	2,972,277	－49.32	553.16	1,146.42	－51.75	24,654,095	28,605,500
	豆二	23,408	63	－	7.73	0.02	－	30,031	1,794
	豆粕	12,185,912	32,253,374	－62.22	3,440.36	9,425.43	－63.50	152,666,513	366,693,664
	玉米	5,624,538	15,828,295	－64.47	956.59	2,481.48	－61.45	121,582,785	108,856,343
	豆油	3,734,247	10,052,038	－62.85	2,262.64	6,851.34	－66.98	53,449,503	87,035,899
	线型低密度聚乙烯	4,698,756	6,681,906	－29.68	2,277.37	3,260.02	－30.14	56,729,782	94,842,597
	棕榈油	4,009,054	14,253,309	－71.87	2,227.27	8,705.89	－74.42	64,630,439	129,019,966
	聚氯乙烯	5,644,694	3,647,203	54.77	1,768.10	1,360.28	29.98	32,949,643	8,263,845
	焦炭	6,485,635	4,790,093	35.40	12,319.04	9,469.18	30.10	33,614,393	48,730,738
	焦煤	5,585,928	5,639,062	－0.94	4,101.86	4,917.51	－16.59	36,437,612	38,780,417
	铁矿石	34,567,236	25,441,841	35.87	16,415.03	14,288.48	14.88	294,000,458	319,459,305
	鸡蛋	1,862,688	2,504,627	－25.63	800.62	908.20	－11.85	35,737,831	20,455,864
	细木工板(胶合板)	60	5,537	－	0.04	3.13	－	1,230	5,999
	中密度纤维板(纤维板)	94	356	－	0.04	0.11	－	960	584
	聚丙烯	5,764,767	5,130,942	12.35	2,606.15	2,184.46	19.30	51,523,593	118,480,828
	玉米淀粉	4,343,757	9,451,100	－54.04	902.32	1,753.90	－48.55	47,838,932	60,725,103
	小计	96,037,119	138,652,023	－30.74	50,638.31	66,755.86	－24.14	1,005,847,800	1,429,958,446
中国金融期货交易所	沪深 300 指数	407,218	280,249	45.31	4,982.50	2,868.40	73.70	3,699,662	3,945,623
	5 年期国债期货	401,727	205,107	95.86	3,862.01	2,071.28	86.46	2,634,791	2,432,847
	10 年期国债期货	1,244,654	614,460	102.56	11,521.97	6,148.12	87.41	11,165,340	4,665,907
	上证 50 股指期货	268,824	132,502	102.88	2,330.15	920.51	153.14	2,180,601	1,486,878
	中证 500 股指期货	288,015	226,508	27.15	3,696.02	2,937.23	25.83	3,013,558	3,345,596
	小计	2,610,438	1,458,826	78.94	26,392.66	14,945.54	76.59	22,693,952	15,876,851
全国期货市场		260,626,890	377,694,957	－31.00	175,453.06	216,756.78	－19.06	2,819,250,719	3,850,131,494

2017 年 12 月份全国期货市场交易情况统计

交易所	品种	今年 12 月成交量（手）	去年 12 月交易量（手）	同比增减百分比（%）	今年 12 月成交金额（亿元）	去年 12 月成交金额（亿元）	同比增减百分比（%）	今年 1－12 月成交总量（手）	去年 1－12 月成交总量（手）
上海期货交易所	铜	4,244,535	5,088,389	－16.58	11,306.21	11,797.56	－4.16	54,100,135	72,394,915
	铝	5,396,288	4,842,556	11.43	3,943.57	3,161.17	24.75	65,423,439	44,391,785
	锌	6,732,497	8,743,902	－23.00	8,478.54	9,608.25	－11.76	91,449,266	73,065,922
	铅	817,657	1,854,904	－55.92	775.83	1,806.31	－57.05	12,509,166	4,561,200
	黄金	1,028,530	2,288,034	－55.05	2,830.39	6,120.96	－53.76	19,478,090	34,759,523
	天胶	6,666,909	6,651,830	0.23	9,518.85	12,524.44	－24.00	89,341,052	97,371,256
	燃料油		1,701	－	0.00	3.58	－	1,432	2,922
	螺纹钢	54,837,739	48,214,227	13.74	21,320.40	15,347.44	38.92	702,019,499	934,148,409
	线材		10	－	0.00	0.00	－	98	61
	白银	3,520,923	8,119,064	－56.63	2,007.26	5,048.87	－60.24	53,111,169	86,501,561
	沥青	4,135,538	14,802,058	－72.06	1,100.32	3,711.11	－70.35	97,440,530	186,814,247
	热轧卷板	9,296,582	5,958,142	56.03	3,648.25	2,141.99	70.32	103,131,555	43,281,751
	镍	9,042,975	6,810,382	32.78	8,338.67	6,303.01	32.30	74,154,526	100,249,941
	锡	187,375	203,345	－7.85	260.12	295.55	－11.99	2,083,571	3,168,348
	小计	105,907,548	113,578,544	－6.75	73,528.41	77,870.25	－5.58	1,364,243,528	1,680,711,841
郑州商品交易所	强麦	9,104	60,127	－84.86	4.66	36.09	－87.08	377,494	500,078
	棉花	1,898,029	3,706,759	－48.80	1,438.60	2,887.85	－50.18	26,068,232	80,530,129
	白糖	3,936,969	6,591,078	－40.27	2,411.21	4,589.09	－47.46	61,073,198	117,293,884
	PTA	8,074,260	21,185,179	－61.89	2,196.44	5,701.61	－61.48	140,399,689	172,659,870
	菜籽油	1,404,802	3,309,505	－57.55	927.76	2,492.83	－62.78	25,994,757	27,312,246
	早籼稻	6	360	－	0.00	0.19	－	1,037	2,000
	甲醇期货（MA）	16,676,011	13,269,818	25.67	4,954.97	3,730.13	32.84	137,007,280	136,739,016
	普麦	3	3	－	0.00	0.00	9.00	82	173
	玻璃	3,664,236	4,661,386	－21.39	1,083.26	1,202.40	－9.91	41,091,381	67,648,313
	油菜籽	13	429	－96.97	0.01	0.21	－96.83	1,908	18,879
	菜籽粕	5,252,194	9,542,211	－44.96	1,227.42	2,290.92	－46.42	79,736,545	246,267,758
	动力煤	2,491,791	1,625,332	53.31	1,611.18	881.21	82.84	30,708,183	50,299,868
	粳稻（谷）	8	64	－87.50	0.01	0.04	－87.58	261	342
	晚籼稻	5	66	－92.42	0.00	0.04	－91.66	202	334
	硅铁	4,857,342	33,627	14,344.77	1,858.75	9.09	20,346.87	16,278,210	659,485
	锰硅	3,144,754	148,056	2,024.03	1,267.07	58.46	2,067.25	24,921,207	1,364,525
	棉纱	1,308			1.53			124,156	
	鲜苹果	793,933			636.55			793,933	
	小计	52,204,768	64,134,000	－18.60	19,619.43	23,880.16	－17.84	584,577,755	901,296,900
大连商品交易所	豆一	1,669,963	3,964,658	－57.88	599.43	1,685.95	－64.45	26,324,058	32,570,158
	豆二	12,520	40	31,200.00	4.15	0.02	25,458.48	42,551	1,834
	豆粕	10,211,351	22,256,306	－54.12	2,904.90	6,482.41	－55.19	162,877,864	388,949,970
	玉米	5,741,164	13,506,621	－57.49	1,022.56	2,079.21	－50.82	127,323,949	122,362,964
	豆油	3,708,875	7,725,915	－51.99	2,153.48	5,495.33	－60.81	57,158,378	94,761,814
	线型低密度聚乙烯	4,690,971	6,088,536	－22.95	2,241.57	3,056.18	－26.65	61,420,753	100,931,133
	棕榈油	3,416,036	10,137,933	－66.30	1,806.74	6,385.75	－71.71	68,046,475	139,157,899
	聚氯乙烯	6,050,764	2,979,148	103.10	2,000.44	987.01	102.68	39,000,407	11,242,993
	焦炭	6,506,647	1,730,312	276.04	13,603.65	3,037.18	347.90	40,121,040	50,461,050
	焦煤	5,757,152	2,297,010	150.64	4,575.95	1,766.89	158.98	42,194,764	41,077,427
	铁矿石	34,743,279	22,806,004	52.34	18,105.43	13,442.72	34.69	328,743,737	342,265,309
	鸡蛋	1,524,545	2,018,875	－24.49	605.02	711.14	－14.92	37,262,376	22,474,739
	细木工板（胶合板）	56	2,158	－97.41	0.04	1.09	－96.64	1,286	8,157
	中密度纤维板（纤维板）	96	126	－23.81	0.05	0.04	17.68	1,056	710
	聚丙烯	5,168,273	5,287,519	－2.26	2,356.39	2,420.89	－2.66	56,691,866	123,768,347
	玉米淀粉	2,594,978	6,720,161	－61.39	545.81	1,249.23	－56.31	50,433,910	67,445,264
	小计	91,796,670	107,521,322	－14.62	52,525.59	48,801.02	7.63	1,097,644,470	1,537,479,768
中国金融期货交易所	沪深 300 指数	401,452	279,943	43.40	4,844.18	2,835.11	70.86	4,101,114	4,225,566
	5 年期国债期货	186,543	324,362	－42.49	1,798.81	3,202.56	－43.83	2,821,334	2,757,209
	10 年期国债期货	783,641	1,510,896	－48.13	7,276.97	14,545.45	－49.97	11,948,981	6,176,803
	上证 50 股指期货	262,979	137,508	91.25	2,266.59	963.75	135.18	2,443,580	1,624,386
	中证 500 股指期货	267,371	206,295	29.61	3,313.36	2,584.86	28.18	3,280,929	3,551,891
	小计	1,901,986	2,459,004	－22.65	19,499.91	24,131.74	－19.19	24,595,938	18,335,855
全国期货市场		251,810,972	287,692,870	－12.47	165,173.34	174,683.17	－5.44	3,071,061,691	4,137,824,364

期货从业人员管理办法

（中国证券监督管理委员会令第48号2007年7月4日）

第一章　总则

第一条　为了加强期货从业人员的资格管理，规范期货从业人员的执业行为，根据《期货交易管理条例》，制定本办法。

第二条　申请期货从业人员资格（以下简称从业资格），从事期货经营业务的机构（以下简称机构）任用期货从业人员，以及期货从业人员从事期货业务的，应当遵守本办法。

第三条　本办法所称机构是指：

（一）期货公司；

（二）期货交易所的非期货公司结算会员；

（三）期货投资咨询机构；

（四）为期货公司提供中间介绍业务的机构；

（五）中国证券监督管理委员会（以下简称中国证监会）规定的其他机构。

第四条　本办法所称期货从业人员是指：

（一）期货公司的管理人员和专业人员；

（二）期货交易所的非期货公司结算会员中从事期货结算业务的管理人员和专业人员；

（三）期货投资咨询机构中从事期货投资咨询业务的管理人员和专业人员；

（四）为期货公司提供中间介绍业务的机构中从事期货经营业务的管理人员和专业人员；

（五）中国证监会规定的其他人员。

第五条　中国证监会及其派出机构依法对期货从业人员进行监督管理。

中国期货业协会（以下简称协会）依法对期货从业人员实行自律管理，负责从业资格的认定、管理及撤销。

第二章　从业资格的取得和注销

第六条　协会负责组织从业资格考试。

第七条　参加从业资格考试的，应当符合下列条件：

（一）年满18周岁；

（二）具有完全民事行为能力；

（三）具有高中以上文化程度；

（四）中国证监会规定的其他条件。

第八条　通过从业资格考试的，取得协会颁发的从业资格考试合格证明。

第九条　取得从业资格考试合格证明的人员从事期货业务的，应当事先通过其所在机构向协会申请从业资格。

未取得从业资格的人员，不得在机构中开展期货业务活动。

第十条　机构任用具有从业资格考试合格证明且符合下列条件的人员从事期货业务的，应当为其办理从业资格申请：

（一）品行端正，具有良好的职业道德；

（二）已被本机构聘用；

（三）最近3年内未受过刑事处罚或者中国证监会等金融监管机构的行政处罚；

（四）未被中国证监会等金融监管机构采取市场禁入措施，或者禁入期已经届满；

（五）最近3年内未因违法违规行为被撤销证券、期货从业资格；

（六）中国证监会规定的其他条件。

机构不得任用无从业资格的人员从事期货业务，不得在办理从业资格申请过程中弄虚作假。

第十一条　期货从业人员辞职、被解聘或者死亡的，机构应当自上述情形发生之日起10个工作日内向协会报告，由协会注销其从业资格。

机构的相关期货业务许可被注销的，由协会注销该机构中从事相应期货业务的期货从业人员的从业资格。

第十二条　取得从业资格考试合格证明或者被注销从业资格的人员连续2年未在机构中执业的，在申请从业资格前应当参加协会组织的后续职业培训。

第三章　执业规则

第十三条　期货从业人员必须遵守有关法律、行政法规和中国证监会的规定，遵守协会和期货交易所的自律规则，不得从事或者协同他人从事欺诈、内幕交易、操纵期货交易价格、编造并传播有关期货交易的虚假信息等违法违规行为。

第十四条　期货从业人员应当遵守下列执业行为规范：

（一）诚实守信，恪尽职守，促进机构规范运作，维护期货行业声誉；

（二）以专业的技能，谨慎、勤勉尽责地为客户提供服务，保守客户的商业秘密，维护客户的合法权益；

（三）向客户提供专业服务时，充分揭示期货交易风险，不得作出不当承诺或者保证；

（四）当自身利益或者相关方利益与客户的利益发生冲突或者存在潜在利益冲突时，及时向客户进行披露，并且坚持客户合法利益优先的原则；

（五）具有良好的职业道德与守法意识，抵制商业贿赂，不得从事不正当竞争行为和不正当交易行为；

（六）不得为迎合客户的不合理要求而损害社会公共利益、所在机构或者他人的合法权益；

（七）不得以本人或者他人名义从事期货交易；

（八）协会规定的其他执业行为规范。

第十五条　期货公司的期货从业人员不得有下列行为：

（一）进行虚假宣传，诱骗客户参与期货交易；

（二）挪用客户的期货保证金或者其他资产；

（三）中国证监会禁止的其他行为。

第十六条　期货交易所的非期货公司结算会员的期货从业人员不得有下列行为：

（一）利用结算业务关系及由此获得的结算信息损害非结算会员及其客户的合法权益；

（二）代理客户从事期货交易；

（三）中国证监会禁止的其他行为。

第十七条　期货投资咨询机构的期货从业人员不得有下列行为：

（一）利用传播媒介或者通过其他方式提供、传播虚假或者误导客户的信息；

（二）代理客户从事期货交易；

（三）中国证监会禁止的其他行为。

第十八条　为期货公司提供中间介绍业务的机构的期货从业人员不得有下列行为：

（一）收付、存取或者划转期货保证金；

（二）代理客户从事期货交易；

（三）中国证监会禁止的其他行为。

第十九条　机构或者其管理人员对期货从业人员发出违法违规指令的，期货从业人员应当予以抵制，并及时按照所在机构内部程序向高级管理人员或者董事会报告。机构应当及时采取措施妥善处理。

机构未妥善处理的，期货从业人员应当及时向中国证监会或者协会报告。中国证监会和协会应当对期货从业人员的报告行为保密。

机构的管理人员及其他相关人员不得对期货从业人员的上述报告行为打击报复。

第四章　监督管理

第二十条　中国证监会指导和监督协会对期货从业人员的自律管理活动。

第二十一条　协会应当建立期货从业人员信息数据库，公示并且及时更新从业资格注册、诚信记录等信息。

中国证监会及其派出机构履行监管职责，需要协会提供期货从业人员信息和资料的，协会应当按照要求及时提供。

第二十二条　协会应当组织期货从业人员后续职业培训，提高期货从业人员的职业道德和专业素质。

期货从业人员应当按照有关规定参加后续职业培训，其所在机构应予以支持并提供必要保障。

第二十三条　协会应当对期货从业人员的执业行为进行定期或者不定期检查，期货从业人员及其所在机构应当予以配合。

第二十四条　期货从业人员违反本办法以及协会自律规则的，协会应当进行调查、给予纪律惩戒。

期货从业人员涉嫌违法违规需要中国证监会给予行政处罚的，协会应当及时移送中国证监会处理。

第二十五条　协会应当设立专门的纪律惩戒及申诉机构，制订相关制度和工作规程，按照规定程序对期货从业人员进行纪律惩戒，并保障当事人享有申诉等权利。

第二十六条　协会应当自对期货从业人员作出纪律惩戒决定之日起 10 个工作日内，向中国证监会及其有关派出机构报告，并及时在协会网站公示。

第二十七条　期货从业人员受到机构处分，或者从事的期货业务行为涉嫌违法违规被调查处理的，机构应当在作出处分决定、知悉或者应当知悉该期货从业人员违法违规被调查处理事项之日起 10 个工作日内向协会报告。

第二十八条　协会应当定期向中国证监会报告期货从业人员管理的有关情况。

第二十九条　期货从业人员违反本办法规定的，中国证监会及其派出机构可以采取责令改正、监管谈话、出具警示函等监管措施。

第三十条　期货从业人员自律管理的具体办法，包括从业资格考试、从业资格注册和公示、执业行为准则、后续职业培训、执业检查、纪律惩戒和申诉等，由协会制订，报中国证监会核准。

第五章　罚则

第三十一条　未取得从业资格，擅自从事期货业务的，中国证监会责令改正，给予警告，单处或者并处 3 万元以下罚款。

第三十二条　有下列行为之一的，中国证监会根据《期货交易管理条例》第七十条处罚：

（一）任用无从业资格的人员从事期货业务；

（二）在办理从业资格申请过程中弄虚作假；

（三）不履行本办法第二十三条规定的配合义务；

（四）不按照本办法第二十七条的规定履行报告义务或者报告材料存在虚假内容。

第三十三条　违反本办法第十九条的规定，对期货从业人员进行打击报复的，中国证监会根据《期货交易管理条例》第七十条、第八十一条处罚。

第三十四条　期货从业人员违法违规的，中国证监会依法给予行政处罚。但因被迫执行违法违规指令而按照本办法第十九条第二款的规定履行了报告义务的，可以从轻、减轻或者免予行政处罚。

第三十五条　协会工作人员不按本办法规定履行职责，徇私舞弊、玩忽职守或者故意刁难有关当事人的，协会应当给予纪律处分。

第六章　附则

第三十六条　本办法自公布之日起施行。2002 年 1 月 23 日发布的《期货从业人员资格管理办法（修订）》（证监发〔2002〕6 号）同时废止。

期货经营机构投资者适当性管理实施指引

（试行）

第一章　总则

第一条　为了指导、督促期货经营机构有效落实适当性管理要求，维护投资者合法权益，根据《期货交易管理条例》、《证券期货投资者适当性管理办法》（以下简称《办法》）及相关法律法规，制定本指引。

第二条　期货公司、期货公司子公司以及其他期货经营机构（以下简称“经营机构”）向投资者公开销售或者非公开转让期货及其他衍生产品，或者为投资者提供证券期货相关业务服务，适用本指引。

第三条　经营机构应当根据法律、行政法规、监管规定和本指引的要求，制定投资者适当性管理制度，在经营中勤勉尽责，审慎履职，向投资者销售适当的产品或者提供适当的服务。

第四条　中国期货业协会（以下简称“协会”）按照《办法》、本指引及其他规定对经营机构履行适当性义务进行自律管理。

第二章　投资者分类

第五条　经营机构向投资者销售产品或者提供服务时，应当充分了解《办法》第六条规定的投资者信息，可以采用但不限于以下方式：

（一）查询、收集投资者资料；

（二）问卷调查；

（三）知识测试；

（四）其他现场或非现场沟通等。

第六条　投资者对其提供的信息和证明材料的真实性、准确性、完整性负责，并配合经营机构进行适当性评估、分类及匹配管理。投资者提供的信息发生重要变化，可能影响其投资者分类的，应当及时告知经营机构。

第七条 经营机构应当按照《办法》要求,将投资者分为普通投资者和专业投资者,并实施差异化适当性管理。

第八条 符合《办法》第八条(一)(二)(三)项条件的投资者,应当向经营机构提供营业执照、经营业务许可证、登记或备案证明、开户类型证明等身份资质证明材料。经营机构审核通过的,可将其直接认定为专业投资者,并将认定结果书面告知投资者。

第九条 符合《办法》第八条(四)(五)项条件的投资者划分为专业投资者时,应当遵循以下程序:

(一)投资者提出申请,并提供以下证明材料:

1. 机构投资者提供最近一年的财务报表、金融资产证明文件、本机构的投资经历等;

2. 自然人投资者提供近一个月本人的金融资产证明文件或近3年收入证明、投资经历或工作证明、职业资格证书等。

(二)经营机构审核通过的,认定其为专业投资者。

第十条 经营机构应当将普通投资者按其风险承受能力至少划分为五类,由低至高分别为C1(含风险承受能力最低类别)、C2、C3、C4、C5类。

第十一条 经营机构可以制作投资者风险承受能力评估问卷以了解投资者风险承受能力情况:

(一)问卷内容应当至少包括收入来源和数额、资产状况、债务、投资知识和经验、风险偏好、诚信状况等因素;

(二)问卷问题不少于10个;

(三)问卷应当根据评估选项与风险承受能力的相关性,合理设定选项的分值和权重,建立评估得分与风险承受能力等级的对应关系。

经营机构应当根据了解的投资者信息,结合问卷评估结果,对其风险承受能力进行综合评估。

经营机构在投资者填写风险承受能力评估问卷时,不得进行诱导、误导、欺骗投资者,影响填写结果。

第十二条 风险承受能力经评估为C1类的自然人投资者,符合以下情形之一的,经营机构可以将其认定为风险承受能力最低类别的投资者:

(一)不具有完全民事行为能力;

(二)没有风险容忍度或者不愿承受任何投资损失;

(三)法律、行政法规规定的其他情形。

第十三条 符合《办法》第十一条规定条件的普通投资者,可以申请转化为专业投资者。申请转化流程如下:

(一)投资者填写转化申请书,确认自主承担可能产生的风险和后果,提交符合转化条件的证明材料;

(二)经营机构对投资者提供的资料进行审核,通过追加了解投资者信息、开展投资知识测试或者模拟交易等方式对投资者进行审慎评估,确认其符合转化要求;

(三)经营机构同意投资者转化的,应当向其说明对普通投资者和专业投资者履行适当性义务的差别,警示可能承担的投资风险;经营机构不同意投资者转化的,应当告知其评估结果及理由。

第十四条 符合《办法》第八条第(四)(五)项规定条件的专业投资者,如需转化为普通投资者,应当书面告知经营机构。经营机构应当按照普通投资者的标准,对其履行相应的适当性评估、匹配与管理义务。

第十五条 经营机构应当建立投资者适当性评估数据库,收录投资者信息并及时更新。数据库中应当至少包含以下信息:

(一)《办法》第六条所规定的投资者信息;

(二)投资者在本经营机构从事投资活动所产生的失信行为记录;

(三)投资者历次风险承受能力评估问卷内容、评级时间、评级结果等;

(四)投资者申请成为专业投资者或者不同类别投资者转化的申请及审核记录等;

(五)中国证监会、协会及经营机构认为必要的其他信息。

第十六条 经营机构应当保障投资者评估数据库正常运行,有效满足投资者适当性管理需求。

投资者评估数据库应纳入经营机构信息技术系统运维管理体系统一管理。

第十七条 经营机构应当利用投资者评估数据库及交易行为记录等信息,持续跟踪和评估投资者风险承受能力,必要时调整其风险承受能力等级。经营机构调整投资者风险承受能力等级的,应当将风险承受能力评估结果交投资者签署确认,并以书面方式记载留存。

第三章 产品(服务)分级

第十八条 协会负责制定期货行业的产品或服务风险等级名录。如产品或服务发生变化,协会应根据情况及时更新名录。

第十九条 期货行业产品或服务的风险等级原则上由低到高划分为五级,分别为R1、R2、R3、R4、R5级。

经营机构评估相关产品或服务的风险等级,不得低于协会名录规定的风险等级。

高风险等级的产品或服务可以由经营机构自主确定,但应当至少包含本指引规定的R5风险等级的产品或服务。

第二十条 经营机构应当了解所销售产品或者所提供服务的信息,综合考虑流动性、到期时限、杠杆情况、结构复杂性、投资单位产品或者相关服务的最低金额、投资方向和投资范围、募集方式、发行人等相关主体的信用状况、同类产品或服务过往业绩等因素,根据风险特征和程度审慎评估、划分风险等级。

经营机构应当制作产品或服务风险等级评估表,根据产品或服务的评估因素与风险等级的相关性,确定各项评估因素的分值和权重,建立评估分值与产品或服务风险等级的对应关系。

涉及投资组合的产品或服务,应当按照产品或服务整体风险等级进行评估。

第二十一条 产品或服务对投资者有准入条件要求的,经营机构应当加强要件审核,审慎向符合准入条件的投资者销售产品或者提供服务。

第二十二条 经营机构委托其他机构销售本机构发行的产品或者提供服务,应当确认受托机构具备销售相关产品的资格及落实适当性义务要求的人员、内控制度、技术设备等能力。

经营机构应当制定并告知代销方所委托产品或者提供服务的适当性管理标准和要求,代销方应当严格执行,但法律、行政法规、中国证监会其他规章另有规定的除外。

第四章 适当性匹配与管理

第二十三条 经营机构按照“适当的产品销售给适当的投资者”的原则销售产品或者提供服务,应当遵守下列匹配要求:

（一）投资期限、投资品种、期望收益等符合投资者的投资目标；

（二）产品或服务的风险等级符合投资者的风险承受能力等级；

（三）中国证监会、协会和经营机构规定的其他匹配要求。

第二十四条　普通投资者风险承受能力等级与产品或服务风险等级的匹配，应当按照以下标准确定：

（一）C1 类投资者（含风险承受能力最低类别）可购买或接受 R1 风险等级的产品或服务；

（二）C2 类投资者可购买或接受 R1、R2 风险等级的产品或服务；

（三）C3 类投资者可购买或接受 R1、R2、R3 风险等级的产品或服务；

（四）C4 类投资者可购买或接受 R1、R2、R3、R4 风险等级的产品或服务；

（五）C5 类投资者可购买或接受 R1、R2、R3、R4、R5 风险等级的产品或服务。

风险承受能力最低类别的投资者只可购买或接受 R1 风险等级的产品或服务。

专业投资者可购买或接受所有风险等级的产品或服务。

第二十五条　投资者主动要求购买风险等级高于其风险承受能力的产品或者接受相关服务的，经营机构在确认其不属于风险承受能力最低类别投资者后，应当要求投资者签署特别风险警示书，确认其已知悉产品或服务的风险特征、风险高于投资者承受能力的事实及可能引起的后果。

第二十六条　经营机构向普通投资者销售产品或者提供服务前，应当按照《办法》第二十三条的规定告知可能的风险事项及明确的适当性匹配意见。

第二十七条　经营机构应当告知投资者，应综合考虑自身风险承受能力与经营机构的适当性匹配意见，独立做出投资决策并承担投资风险；经营机构提出的适当性匹配意见不表明其对产品或服务的风险和收益做出实质性判断或者保证，其履行投资者适当性职责不能取代投资者的投资判断，不会降低产品或服务的固有风险，也不会影响其依法应当承担的投资风险、履约责任以及费用。

第二十八条　经营机构向普通投资者销售或者提供高风险等级的产品或服务时，应当履行以下适当性义务：

（一）追加了解投资者的相关信息；

（二）向投资者提供特别风险警示书，揭示该产品或服务的高风险特征，由投资者签字确认；

（三）给予投资者至少 24 小时的冷静期或至少增加一次回访告知特别风险。

第二十九条　经营机构应当根据投资者和产品或服务的信息变化情况，主动调整投资者分类、产品或服务分级以及适当性匹配意见，并告知投资者。

第五章　经营机构的适当性内控管理

第三十条　经营机构应当制定投资者适当性管理的内部制度，包括但不限于以下内容：

（一）了解投资者的标准、方法和流程；

（二）投资者分类的依据、方法和流程；

（三）了解产品或服务的标准、方法和流程；

（四）产品或服务分级的依据、方法和流程；

（五）适当性匹配的标准、方法和流程；

（六）执行投资者适当性管理内部制度的保障措施。

第三十一条　经营机构通过现场方式向普通投资者履行本指引第十三条、第二十六条、第二十八条和第二十九条规定的告知、警示程序的，应当全过程录音或者录像；通过互联网等非现场方式履行告知、警示程序的，经营机构应当完善配套留痕安排，由普通投资者通过符合法律、行政法规要求的电子方式进行确认。

第三十二条　经营机构应当建立投资者适当性评估与销售隔离机制，销售人员不得参与投资者的分类评估、产品与服务的分级评估，以及投资者与产品或服务的匹配。

第三十三条　经营机构应当建立健全回访制度，由从事销售推介业务以外的人员，以电话、电邮、信函、短信等适当方式，每年抽取一定比例进行适当性回访。对于下列普通投资者，经营机构应当进行回访：

（一）生活来源主要依靠积蓄或社会保障的；

（二）购买或接受高风险产品或服务的；

（三）中国证监会、协会和经营机构认为必要的其他投资者。

第三十四条　回访的内容包括但不限于：

（一）受访人是否为投资者本人或者本机构；

（二）受访人是否亲自填写了相关信息表格、问卷，并按要求签字或者盖章；

（三）受访人此前提供的信息是否发生重要变化；

（四）受访人是否已知晓风险揭示或者警示的内容；

（五）受访人是否已知晓风险承受能力应当与所购买的产品或服务相匹配；

（六）受访人是否已知晓可能承担的费用及相关投资损失；

（七）经营机构及其从业人员是否存在《办法》第二十二条禁止的行为；

（八）中国证监会、协会和经营机构认为必要的其他内容。

第三十五条　经营机构应当每年至少开展一次适当性培训，提高相关岗位从业人员的适当性管理知识与技能，不断提升适当性执业规范水平。

第三十六条　经营机构应当明确专门部门对适当性管理工作开展情况进行监督检查，至少每半年开展一次适当性自查，并于每年的三月底及九月底前形成半年度自查报告，报告内容包括但不限于适当性制度建设、适当性评估与匹配、数据库管理、培训记录、资料保管、投诉处理、存在问题与整改措施等情况。

经营机构发现违反适当性管理要求的，应当按照相关要求及时处理并主动报告。

第三十七条　经营机构应当将相关岗位从业人员的适当性工作履职情况、投诉情况等纳入监督问责机制，确保从业人员切实履行适当性义务。

经营机构不得采取可能鼓励其从业人员向投资者销售不适当产品或提供不适当服务的考核、激励机制或措施。

第三十八条　经营机构可以向投资者披露本机构的适当性管理制度，协会鼓励经营机构通过网站、经营场所等披露投资者分类政策、产品或服务分级政策和自查报告等。

第三十九条　经营机构应当妥善保存与履行投资者适当性管理职责有关的信息和资料，包括但不限于匹配方案、告知警示资料、录音录像资料、自查报告等，保存期限不得少于

20 年。

第四十条　经营机构及其从业人员应当对在履行投资者适当性工作职责过程中获取的投资者信息、投资者风险承受能力评估结果等信息和资料严格保密，防止信息和资料被泄露或者被不当利用。

第四十一条　经营机构应当将适当性纠纷处理纳入本机构的投诉管理办法，明确纠纷的处理机制。投资者提出调解的，经营机构应当积极配合，优先通过协商解决争议。

第六章　自律管理

第四十二条　协会可采取现场或者非现场检查等方式，对经营机构建立和执行投资者适当性制度的情况进行定期或者不定期检查。

第四十三条　经营机构及其从业人员应当积极配合协会检查工作，不得拒绝、拖延提供有关资料，或者提供不真实、不准确、不完整的资料。

第四十四条　经营机构及其从业人员履行投资者适当性职责时违反本指引的，协会将依据自律规则规定采取自律惩戒措施。

经营机构与投资者之间发生适当性纠纷，可以向协会申请调解。

第七章　附则

第四十五条　本指引所称书面形式包括纸质或者电子形式。

第四十六条　经营机构履行投资者适当性义务时，可以根据实际情况对附件的内容加以调整和补充，但不得低于本指引及附件规定的标准。

第四十七条　除境外期货经营机构转委托代理开展特定品种交易的情形外，经营机构向境外投资者销售产品或者提供服务，应当遵守本指引规定。

第四十八条　经理事会同意，协会发布产品或服务风险等级名录。

第四十九条　本指引所规定条款与其它证券期货自律规则条款内容发生竞合的，在不与《办法》内容、原则、精神、内在逻辑及证监会相关解释相违背的情况下，适用较为严格的规定条款。

第五十条　本指引经协会第四届理事会第十四次会议（临时）审议通过。

第五十一条　本指引的解释权归协会理事会。

第五十二条　本指引自 2017 年 7 月 1 日起施行。2012 年 9 月 27 日发布、2015 年 4 月 3 日修订发布的《期货公司资产管理业务投资者适当性评估程序》，2010 年 2 月 9 日发布、2013 年 9 月 3 日修订发布的《期货公司执行金融期货投资者适当性制度管理规则（修订）》同时废止。

期货交易管理条例

（2007 年 2 月 7 日国务院第 168 次常务会议通过 2007 年 3 月 6 日国务院令第 489 号公布根据 2012 年 10 月 24 日国务院令第 627 号《关于修改〈期货交易管理条例〉的决定》第一次修订根据 2013 年 7 月 18 日国务院令第 638 号《关于废止和修改部分行政法规的决定》第二次修订根据 2016 年 2 月 6 日国务院令第 666 号《关于修改部分行政法规的决定》第三次修订）

第一章　总则

第一条　为了规范期货交易行为，加强对期货交易的监督管理，维护期货市场秩序，防范风险，保护期货交易各方的合法权益和社会公共利益，促进期货市场积极稳妥发展，制定本条例。

第二条　任何单位和个人从事期货交易及其相关活动，应当遵守本条例。

本条例所称期货交易，是指采用公开的集中交易方式或者国务院期货监督管理机构批准的其他方式进行的以期货合约或者期权合约为交易标的的交易活动。

本条例所称期货合约，是指期货交易场所统一制定的、规定在将来某一特定的时间和地点交割一定数量标的物的标准化合约。期货合约包括商品期货合约和金融期货合约及其他期货合约。

本条例所称期权合约，是指期货交易场所统一制定的、规定买方有权在将来某一时间以特定价格买入或者卖出约定标的物（包括期货合约）的标准化合约。

第三条　从事期货交易活动，应当遵循公开、公平、公正和诚实信用的原则。禁止欺诈、内幕交易和操纵期货交易价格等违法行为。

第四条　期货交易应当在依照本条例第六条第一款规定设立的期货交易所、国务院批准的或者国务院期货监督管理机构批准的其他期货交易场所进行。

禁止在前款规定的期货交易场所之外进行期货交易。

第五条　国务院期货监督管理机构对期货市场实行集中统一的监督管理。

国务院期货监督管理机构派出机构依照本条例的有关规定和国务院期货监督管理机构的授权，履行监督管理职责。

第二章　期货交易所

第六条　设立期货交易所，由国务院期货监督管理机构审批。

未经国务院批准或者国务院期货监督管理机构批准，任何单位或者个人不得设立期货交易场所或者以任何形式组织期货交易及其相关活动。

第七条　期货交易所不以营利为目的，按照其章程的规定实行自律管理。期货交易所以其全部财产承担民事责任。期货交易所的负责人由国务院期货监督管理机构任免。

期货交易所的管理办法由国务院期货监督管理机构制定。

第八条　期货交易所会员应当是在中华人民共和国境内登记注册的企业法人或者其他经济组织。

期货交易所可以实行会员分级结算制度。实行会员分级结算制度的期货交易所会员由结算会员和非结算会员组成。

第九条　有《中华人民共和国公司法》第一百四十七条规定的情形或者下列情形之一的，不得担任期货交易所的负责人、财务会计人员：

（一）因违法行为或者违纪行为被解除职务的期货交易所、证券交易所、证券登记结算机构的负责人，或者期货公司、证券公司的董事、监事、高级管理人员，以及国务院期货监督管理机构规定的其他人员，自被解除职务之日起未逾 5 年；

（二）因违法行为或者违纪行为被撤销资格的律师、注册会计师或者投资咨询机构、财务顾问机构、资信评级机构、资产评估机构、验证机构的专业人员，自被撤销资格之日起未逾

5 年。

第十条　期货交易所应当依照本条例和国务院期货监督管理机构的规定，建立、健全各项规章制度，加强对交易活动的风险控制和对会员以及交易所工作人员的监督管理。期货交易所履行下列职责：

（一）提供交易的场所、设施和服务；

（二）设计合约，安排合约上市；

（三）组织并监督交易、结算和交割；

（四）为期货交易提供集中履约担保；

（五）按照章程和交易规则对会员进行监督管理；

（六）国务院期货监督管理机构规定的其他职责。

期货交易所不得直接或者间接参与期货交易。未经国务院期货监督管理机构审核并报国务院批准，期货交易所不得从事信托投资、股票投资、非自用不动产投资等与其职责无关的业务。

第十一条　期货交易所应当按照国家有关规定建立、健全下列风险管理制度：

（一）保证金制度；

（二）当日无负债结算制度；

（三）涨跌停板制度；

（四）持仓限额和大户持仓报告制度；

（五）风险准备金制度；

（六）国务院期货监督管理机构规定的其他风险管理制度。

实行会员分级结算制度的期货交易所，还应当建立、健全结算担保金制度。

第十二条　当期货市场出现异常情况时，期货交易所可以按照其章程规定的权限和程序，决定采取下列紧急措施，并应当立即报告国务院期货监督管理机构：

（一）提高保证金；

（二）调整涨跌停板幅度；

（三）限制会员或者客户的最大持仓量；

（四）暂时停止交易；

（五）采取其他紧急措施。

前款所称异常情况，是指在交易中发生操纵期货交易价格的行为或者发生不可抗拒的突发事件以及国务院期货监督管理机构规定的其他情形。

异常情况消失后，期货交易所应当及时取消紧急措施。

第十三条　期货交易所办理下列事项，应当经国务院期货监督管理机构批准：

（一）制定或者修改章程、交易规则；

（二）上市、中止、取消或者恢复交易品种；

（三）国务院期货监督管理机构规定的其他事项。

国务院期货监督管理机构批准期货交易所上市新的交易品种，应当征求国务院有关部门的意见。

第十四条　期货交易所的所得收益按照国家有关规定管理和使用，但应当首先用于保证期货交易场所、设施的运行和改善。

第三章　期货公司

第十五条　期货公司是依照《中华人民共和国公司法》和本条例规定设立的经营期货业务的金融机构。设立期货公司，应当在公司登记机关登记注册，并经国务院期货监督管理机构批准。

未经国务院期货监督管理机构批准，任何单位或者个人不得设立或者变相设立期货公司，经营期货业务。

第十六条　申请设立期货公司，应当符合《中华人民共和国公司法》的规定，并具备下列条件：

（一）注册资本最低限额为人民币 3000 万元；

（二）董事、监事、高级管理人员具备任职条件，从业人员具有期货从业资格；

（三）有符合法律、行政法规规定的公司章程；

（四）主要股东以及实际控制人具有持续盈利能力，信誉良好，最近 3 年无重大违法违规记录；

（五）有合格的经营场所和业务设施；

（六）有健全的风险管理和内部控制制度；

（七）国务院期货监督管理机构规定的其他条件。

国务院期货监督管理机构根据审慎监管原则和各项业务的风险程度，可以提高注册资本最低限额。注册资本应当是实缴资本。股东应当以货币或者期货公司经营必需的非货币财产出资，货币出资比例不得低于 85%。

国务院期货监督管理机构应当在受理期货公司设立申请之日起 6 个月内，根据审慎监管原则进行审查，作出批准或者不批准的决定。

未经国务院期货监督管理机构批准，任何单位和个人不得委托或者接受他人委托持有或者管理期货公司的股权。

第十七条　期货公司业务实行许可制度，由国务院期货监督管理机构按照其商品期货、金融期货业务种类颁发许可证。期货公司除申请经营境内期货经纪业务外，还可以申请经营境外期货经纪、期货投资咨询以及国务院期货监督管理机构规定的其他期货业务。

期货公司不得从事与期货业务无关的活动，法律、行政法规或者国务院期货监督管理机构另有规定的除外。

期货公司不得从事或者变相从事期货自营业务。

期货公司不得为其股东、实际控制人或者其他关联人提供融资，不得对外担保。

第十八条　期货公司从事经纪业务，接受客户委托，以自己的名义为客户进行期货交易，交易结果由客户承担。

第十九条　期货公司办理下列事项，应当经国务院期货监督管理机构批准：

（一）合并、分立、停业、解散或者破产；

（二）变更业务范围；

（三）变更注册资本且调整股权结构；

（四）新增持有 5% 以上股权的股东或者控股股东发生变化；

（五）国务院期货监督管理机构规定的其他事项。

前款第三项、第五项所列事项，国务院期货监督管理机构应当自受理申请之日起 20 日内作出批准或者不批准的决定；前款所列其他事项，国务院期货监督管理机构应当自受理申请之日起 2 个月内作出批准或者不批准的决定。

第二十条　期货公司或者其分支机构有《中华人民共和国行政许可法》第七十条规定的情形或者下列情形之一的，国务院期货监督管理机构应当依法办理期货业务许可证注销手续：

（一）营业执照被公司登记机关依法注销；

（二）成立后无正当理由超过 3 个月未开始营业，或者开业后无正当理由停业连续 3 个月以上；

（三）主动提出注销申请；

（四）国务院期货监督管理机构规定的其他情形。

期货公司在注销期货业务许可证前，应当结清相关期货业务，并依法返还客户的保证金和其他资产。期货公司分支机构在注销经营许可证前，应当终止经营活动，妥善处理客户资产。

第二十一条　期货公司应当建立、健全并严格执行业务管理规则、风险管理制度，遵守信息披露制度，保障客户保证金的存管安全，按照期货交易所的规定，向期货交易所报告大户名单、交易情况。

第二十二条　从事期货投资咨询业务的其他期货经营机构应当取得国务院期货监督管理机构批准的业务资格，具体管理办法由国务院期货监督管理机构制定。

第四章　期货交易基本规则

第二十三条　在期货交易所进行期货交易的，应当是期货交易所会员。

符合规定条件的境外机构，可以在期货交易所从事特定品种的期货交易。具体办法由国务院期货监督管理机构制定。

第二十四条　期货公司接受客户委托为其进行期货交易，应当事先向客户出示风险说明书，经客户签字确认后，与客户签订书面合同。期货公司不得未经客户委托或者不按照客户委托内容，擅自进行期货交易。

期货公司不得向客户作获利保证；不得在经纪业务中与客户约定分享利益或者共担风险。

第二十五条　下列单位和个人不得从事期货交易，期货公司不得接受其委托为其进行期货交易：

（一）国家机关和事业单位；

（二）国务院期货监督管理机构、期货交易所、期货保证金安全存管监控机构和期货业协会的工作人员；

（三）证券、期货市场禁止进入者；

（四）未能提供开户证明材料的单位和个人；

（五）国务院期货监督管理机构规定不得从事期货交易的其他单位和个人。

第二十六条　客户可以通过书面、电话、互联网或者国务院期货监督管理机构规定的其他方式，向期货公司下达交易指令。客户的交易指令应当明确、全面。

期货公司不得隐瞒重要事项或者使用其他不正当手段诱骗客户发出交易指令。

第二十七条　期货交易所应当及时公布上市品种合约的成交量、成交价、持仓量、最高价与最低价、开盘价与收盘价和其他应当公布的即时行情，并保证即时行情的真实、准确。期货交易所不得发布价格预测信息。

未经期货交易所许可，任何单位和个人不得发布期货交易即时行情。

第二十八条　期货交易应当严格执行保证金制度。期货交易所向会员、期货公司向客户收取的保证金，不得低于国务院期货监督管理机构、期货交易所规定的标准，并应当与自有资金分开，专户存放。

期货交易所向会员收取的保证金，属于会员所有，除用于会员的交易结算外，严禁挪作他用。

期货公司向客户收取的保证金，属于客户所有，除下列可划转的情形外，严禁挪作他用：

（一）依据客户的要求支付可用资金；

（二）为客户交存保证金，支付手续费、税款；

（三）国务院期货监督管理机构规定的其他情形。

第二十九条　期货公司应当为每一个客户单独开立专门账户、设置交易编码，不得混码交易。

第三十条　期货公司经营期货经纪业务又同时经营其他期货业务的，应当严格执行业务分离和资金分离制度，不得混合操作。

第三十一条　期货交易所、期货公司、非期货公司结算会员应当按照国务院期货监督管理机构、财政部门的规定提取、管理和使用风险准备金，不得挪用。

第三十二条　期货交易的收费项目、收费标准和管理办法由国务院有关主管部门统一制定并公布。

第三十三条　期货交易的结算，由期货交易所统一组织进行。

期货交易所实行当日无负债结算制度。期货交易所应当在当日及时将结算结果通知会员。

期货公司根据期货交易所的结算结果对客户进行结算，并应当将结算结果按照与客户约定的方式及时通知客户。客户应当及时查询并妥善处理自己的交易持仓。

第三十四条　期货交易所会员的保证金不足时，应当及时追加保证金或者自行平仓。会员未在期货交易所规定的时间内追加保证金或者自行平仓的，期货交易所应当将该会员的合约强行平仓，强行平仓的有关费用和发生的损失由该会员承担。

客户保证金不足时，应当及时追加保证金或者自行平仓。客户未在期货公司规定的时间内及时追加保证金或者自行平仓的，期货公司应当将该客户的合约强行平仓，强行平仓的有关费用和发生的损失由该客户承担。

第三十五条　期货交易的交割，由期货交易所统一组织进行。

交割仓库由期货交易所指定。期货交易所不得限制实物交割总量，并应当与交割仓库签订协议，明确双方的权利和义务。交割仓库不得有下列行为：

（一）出具虚假仓单；

（二）违反期货交易所业务规则，限制交割商品的入库、出库；

（三）泄露与期货交易有关的商业秘密；

（四）违反国家有关规定参与期货交易；

（五）国务院期货监督管理机构规定的其他行为。

第三十六条　会员在期货交易中违约的，期货交易所先以该会员的保证金承担违约责任；保证金不足的，期货交易所应当以风险准备金和自有资金代为承担违约责任，并由此取得对该会员的相应追偿权。

客户在期货交易中违约的，期货公司先以该客户的保证金承担违约责任；保证金不足的，期货公司应当以风险准备金和自有资金代为承担违约责任，并由此取得对该客户的相应追偿权。

第三十七条　实行会员分级结算制度的期货交易所，应当向结算会员收取结算担保金。期货交易所只对结算会员结算，收取和追收保证金，以结算担保金、风险准备金、自有资金代为承担违约责任，以及采取其他相关措施；对非结算会员的结算、收取和追收保证金、代为承担违约责任，以及采取其他相关措施，由结算会员执行。

第三十八条　期货交易所、期货公司和非期货公司结算会员应当保证期货交易、结算、交割资料的完整和安全。

第三十九条　任何单位或者个人不得编造、传播有关期货交易的虚假信息，不得恶意串通、联手买卖或者以其他方式操纵期货交易价格。

第四十条　任何单位或者个人不得违规使用信贷资金、财政资金进行期货交易。

银行业金融机构从事期货交易融资或者担保业务的资格，由国务院银行业监督管理机构批准。

第四十一条　国有以及国有控股企业进行境内外期货交易，应当遵循套期保值的原则，严格遵守国务院国有资产监督管理机构以及其他有关部门关于企业以国有资产进入期货市场的有关规定。

第四十二条　境外期货项下购汇、结汇以及外汇收支，应当符合国家外汇管理有关规定。

境内单位或者个人从事境外期货交易的办法，由国务院期货监督管理机构会同国务院商务主管部门、国有资产监督管理机构、银行业监督管理机构、外汇管理部门等有关部门制订，报国务院批准后施行。

第五章　期货业协会

第四十三条　期货业协会是期货业的自律性组织，是社会团体法人。

期货公司以及其他专门从事期货经营的机构应当加入期货业协会，并缴纳会员费。

第四十四条　期货业协会的权力机构为全体会员组成的会员大会。

期货业协会的章程由会员大会制定，并报国务院期货监督管理机构备案。

期货业协会设理事会。理事会成员按照章程的规定选举产生。

第四十五条　期货业协会履行下列职责：

（一）教育和组织会员遵守期货法律法规和政策；

（二）制定会员应当遵守的行业自律性规则，监督、检查会员行为，对违反协会章程和自律性规则的，按照规定给予纪律处分；

（三）负责期货从业人员资格的认定、管理以及撤销工作；

（四）受理客户与期货业务有关的投诉，对会员之间、会员与客户之间发生的纠纷进行调解；

（五）依法维护会员的合法权益，向国务院期货监督管理机构反映会员的建议和要求；

（六）组织期货从业人员的业务培训，开展会员间的业务交流；

（七）组织会员就期货业的发展、运作以及有关内容进行研究；

（八）期货业协会章程规定的其他职责。

期货业协会的业务活动应当接受国务院期货监督管理机构的指导和监督。

第六章　监督管理

第四十六条　国务院期货监督管理机构对期货市场实施监督管理，依法履行下列职责：

（一）制定有关期货市场监督管理的规章、规则，并依法行使审批权；

（二）对品种的上市、交易、结算、交割等期货交易及其相关活动，进行监督管理；

（三）对期货交易所、期货公司及其他期货经营机构、非期货公司结算会员、期货保证金安全存管监控机构、期货保证金存管银行、交割仓库等市场相关参与者的期货业务活动，进行监督管理；

（四）制定期货从业人员的资格标准和管理办法，并监督实施；

（五）监督检查期货交易的信息公开情况；

（六）对期货业协会的活动进行指导和监督；

（七）对违反期货市场监督管理法律、行政法规的行为进行查处；

（八）开展与期货市场监督管理有关的国际交流、合作活动；

（九）法律、行政法规规定的其他职责。

第四十七条　国务院期货监督管理机构依法履行职责，可以采取下列措施：

（一）对期货交易所、期货公司及其他期货经营机构、非期货公司结算会员、期货保证金安全存管监控机构和交割仓库进行现场检查；

（二）进入涉嫌违法行为发生场所调查取证；

（三）询问当事人和与被调查事件有关的单位和个人，要求其对与被调查事件有关的事项作出说明；

（四）查阅、复制与被调查事件有关的财产权登记等资料；

（五）查阅、复制当事人和与被调查事件有关的单位和个人的期货交易记录、财务会计资料以及其他相关文件和资料；对可能被转移、隐匿或者毁损的文件和资料，可以予以封存；

（六）查询与被调查事件有关的单位的保证金账户和银行账户；

（七）在调查操纵期货交易价格、内幕交易等重大期货违法行为时，经国务院期货监督管理机构主要负责人批准，可以限制被调查事件当事人的期货交易，但限制的时间不得超过15个交易日；案情复杂的，可以延长至30个交易日；

（八）法律、行政法规规定的其他措施。

第四十八条　期货交易所、期货公司及其他期货经营机构、期货保证金安全存管监控机构，应当向国务院期货监督管理机构报送财务会计报告、业务资料和其他有关资料。

对期货公司及其他期货经营机构报送的年度报告，国务院期货监督管理机构应当指定专人进行审核，并制作审核报告。审核人员应当在审核报告上签字。审核中发现问题的，国务院期货监督管理机构应当及时采取相应措施。

必要时，国务院期货监督管理机构可以要求非期货公司结算会员、交割仓库，以及期货公司股东、实际控制人或者其他关联人报送相关资料。

第四十九条　国务院期货监督管理机构依法履行职责，进行监督检查或者调查时，被检查、调查的单位和个人应当配合，如实提供有关文件和资料，不得拒绝、阻碍和隐瞒；其他有关部门和单位应当给予支持和配合。

第五十条　国家根据期货市场发展的需要，设立期货投资者保障基金。

期货投资者保障基金的筹集、管理和使用的具体办法，由国务院期货监督管理机构会同国务院财政部门制定。

第五十一条　国务院期货监督管理机构应当建立、健全保证金安全存管监控制度，设立期货保证金安全存管监控机构。

客户和期货交易所、期货公司及其他期货经营机构、非期货公司结算会员以及期货保证金存管银行，应当遵守国务院期货监督管理机构有关保证金安全存管监控的规定。

第五十二条　期货保证金安全存管监控机构依照有关

规定对保证金安全实施监控，进行每日稽核，发现问题应当立即报告国务院期货监督管理机构。国务院期货监督管理机构应当根据不同情况，依照本条例有关规定及时处理。

第五十三条 国务院期货监督管理机构对期货交易所和期货保证金安全存管监控机构的董事、监事、高级管理人员，实行资格管理制度。

第五十四条 国务院期货监督管理机构应当制定期货公司持续性经营规则，对期货公司的净资本与净资产的比例，净资本与境内期货经纪、境外期货经纪等业务规模的比例，流动资产与流动负债的比例等风险监管指标作出规定；对期货公司及其分支机构的经营条件、风险管理、内部控制、保证金存管、关联交易等方面提出要求。

第五十五条 期货公司及其分支机构不符合持续性经营规则或者出现经营风险的，国务院期货监督管理机构可以对期货公司及其董事、监事和高级管理人员采取谈话、提示、记入信用记录等监管措施或者责令期货公司限期整改，并对其整改情况进行检查验收。

期货公司逾期未改正，其行为严重危及期货公司的稳健运行、损害客户合法权益，或者涉嫌严重违法违规正在被国务院期货监督管理机构调查的，国务院期货监督管理机构可以区别情形，对其采取下列措施：

（一）限制或者暂停部分期货业务；

（二）停止批准新增业务；

（三）限制分配红利，限制向董事、监事、高级管理人员支付报酬、提供福利；

（四）限制转让财产或者在财产上设定其他权利；

（五）责令更换董事、监事、高级管理人员或者有关业务部门、分支机构的负责人员，或者限制其权利；

（六）限制期货公司自有资金或者风险准备金的调拨和使用；

（七）责令控股股东转让股权或者限制有关股东行使股东权利。

对经过整改符合有关法律、行政法规规定以及持续性经营规则要求的期货公司，国务院期货监督管理机构应当自验收完毕之日起3日内解除对其采取的有关措施。

对经过整改仍未达到持续性经营规则要求，严重影响正常经营的期货公司，国务院期货监督管理机构有权撤销其部分或者全部期货业务许可、关闭其分支机构。

第五十六条 期货公司违法经营或者出现重大风险，严重危害期货市场秩序、损害客户利益的，国务院期货监督管理机构可以对该期货公司采取责令停业整顿、指定其他机构托管或者接管等监管措施。经国务院期货监督管理机构批准，可以对该期货公司直接负责的董事、监事、高级管理人员和其他直接责任人员采取以下措施：

（一）通知出境管理机关依法阻止其出境；

（二）申请司法机关禁止其转移、转让或者以其他方式处分财产，或者在财产上设定其他权利。

第五十七条 期货公司的股东有虚假出资或者抽逃出资行为的，国务院期货监督管理机构应当责令其限期改正，并可责令其转让所持期货公司的股权。

在股东按照前款要求改正违法行为、转让所持期货公司的股权前，国务院期货监督管理机构可以限制其股东权利。

第五十八条 当期货市场出现异常情况时，国务院期货监督管理机构可以采取必要的风险处置措施。

第五十九条 期货公司的交易软件、结算软件，应当满足期货公司审慎经营和风险管理以及国务院期货监督管理机构有关保证金安全存管监控规定的要求。期货公司的交易软件、结算软件不符合要求的，国务院期货监督管理机构有权要求期货公司予以改进或者更换。

国务院期货监督管理机构可以要求期货公司的交易软件、结算软件的供应商提供该软件的相关资料，供应商应当予以配合。国务院期货监督管理机构对供应商提供的相关资料负有保密义务。

第六十条 期货公司涉及重大诉讼、仲裁，或者股权被冻结或者用于担保，以及发生其他重大事件时，期货公司及其相关股东、实际控制人应当自该事件发生之日起5日内向国务院期货监督管理机构提交书面报告。

第六十一条 会计师事务所、律师事务所、资产评估机构等中介服务机构向期货交易所和期货公司等市场相关参与者提供相关服务时，应当遵守期货法律、行政法规以及国家有关规定，并按照国务院期货监督管理机构的要求提供相关资料。

第六十二条 国务院期货监督管理机构应当与有关部门建立监督管理的信息共享和协调配合机制。

国务院期货监督管理机构可以和其他国家或者地区的期货监督管理机构建立监督管理合作机制，实施跨境监督管理。

第六十三条 国务院期货监督管理机构、期货交易所、期货保证金安全存管监控机构和期货保证金存管银行等相关单位的工作人员，应当忠于职守，依法办事，公正廉洁，保守国家秘密和有关当事人的商业秘密，不得利用职务便利牟取不正当的利益。

第七章 法律责任

第六十四条 期货交易所、非期货公司结算会员有下列行为之一的，责令改正，给予警告，没收违法所得：

（一）违反规定接纳会员的；

（二）违反规定收取手续费的；

（三）违反规定使用、分配收益的；

（四）不按照规定公布即时行情的，或者发布价格预测信息的；

（五）不按照规定向国务院期货监督管理机构履行报告义务的；

（六）不按照规定向国务院期货监督管理机构报送有关文件、资料的；

（七）不按照规定建立、健全结算担保金制度的；

（八）不按照规定提取、管理和使用风险准备金的；

（九）违反国务院期货监督管理机构有关保证金安全存管监控规定的；

（十）限制会员实物交割总量的；

（十一）任用不具备资格的期货从业人员的；

（十二）违反国务院期货监督管理机构规定的其他行为。

有前款所列行为之一的，对直接负责的主管人员和其他直接责任人员给予纪律处分，处1万元以上10万元以下的罚款。

有本条第一款第二项所列行为的，应当责令退还多收取的手续费。

期货保证金安全存管监控机构有本条第一款第五项、第六项、第九项、第十一项、第十二项所列行为的，依照本条第一款、第二款的规定处罚、处分。期货保证金存管银行有本条第一款第九项、第十二项所列行为的，依照本条第一款、第二款的规定处罚、处分。

第六十五条　期货交易所有下列行为之一的，责令改正，给予警告，没收违法所得，并处违法所得 1 倍以上 5 倍以下的罚款；没有违法所得或者违法所得不满 10 万元的，并处 10 万元以上 50 万元以下的罚款；情节严重的，责令停业整顿：

（一）未经批准，擅自办理本条例第十三条所列事项的；

（二）允许会员在保证金不足的情况下进行期货交易的；

（三）直接或者间接参与期货交易，或者违反规定从事与其职责无关的业务的；

（四）违反规定收取保证金，或者挪用保证金的；

（五）伪造、涂改或者不按照规定保存期货交易、结算、交割资料的；

（六）未建立或者未执行当日无负债结算、涨跌停板、持仓限额和大户持仓报告制度的；

（七）拒绝或者妨碍国务院期货监督管理机构监督检查的；

（八）违反国务院期货监督管理机构规定的其他行为。

有前款所列行为之一的，对直接负责的主管人员和其他直接责任人员给予纪律处分，处 1 万元以上 10 万元以下的罚款。

非期货公司结算会员有本条第一款第二项、第四项至第八项所列行为之一的，依照本条第一款、第二款的规定处罚、处分。

期货保证金安全存管监控机构有本条第一款第三项、第七项、第八项所列行为的，依照本条第一款、第二款的规定处罚、处分。

第六十六条　期货公司有下列行为之一的，责令改正，给予警告，没收违法所得，并处违法所得 1 倍以上 3 倍以下的罚款；没有违法所得或者违法所得不满 10 万元的，并处 10 万元以上 30 万元以下的罚款；情节严重的，责令停业整顿或者吊销期货业务许可证：

（一）接受不符合规定条件的单位或者个人委托的；

（二）允许客户在保证金不足的情况下进行期货交易的；

（三）未经批准，擅自办理本条例第十九条所列事项的；

（四）违反规定从事与期货业务无关的活动的；

（五）从事或者变相从事期货自营业务的；

（六）为其股东、实际控制人或者其他关联人提供融资，或者对外担保的；

（七）违反国务院期货监督管理机构有关保证金安全存管监控规定的；

（八）不按照规定向国务院期货监督管理机构履行报告义务或者报送有关文件、资料的；

（九）交易软件、结算软件不符合期货公司审慎经营和风险管理以及国务院期货监督管理机构有关保证金安全存管监控规定的要求的；

（十）不按照规定提取、管理和使用风险准备金的；

（十一）伪造、涂改或者不按照规定保存期货交易、结算、交割资料的；

（十二）任用不具备资格的期货从业人员的；

（十三）伪造、变造、出租、出借、买卖期货业务许可证或者经营许可证的；

（十四）进行混码交易的；

（十五）拒绝或者妨碍国务院期货监督管理机构监督检查的；

（十六）违反国务院期货监督管理机构规定的其他行为。

期货公司有前款所列行为之一的，对直接负责的主管人员和其他直接责任人员给予警告，并处 1 万元以上 5 万元以下的罚款；情节严重的，暂停或者撤销期货从业人员资格。

期货公司之外的其他期货经营机构有本条第一款第八项、第十二项、第十三项、第十五项、第十六项所列行为的，依照本条第一款、第二款的规定处罚。

期货公司的股东、实际控制人或者其他关联人未经批准擅自委托他人或者接受他人委托持有或者管理期货公司股权的，拒不配合国务院期货监督管理机构的检查，拒不按照规定履行报告义务、提供有关信息和资料，或者报送、提供的信息和资料有虚假记载、误导性陈述或者重大遗漏的，依照本条第一款、第二款的规定处罚。

第六十七条　期货公司有下列欺诈客户行为之一的，责令改正，给予警告，没收违法所得，并处违法所得 1 倍以上 5 倍以下的罚款；没有违法所得或者违法所得不满 10 万元的，并处 10 万元以上 50 万元以下的罚款；情节严重的，责令停业整顿或者吊销期货业务许可证：

（一）向客户作获利保证或者不按照规定向客户出示风险说明书的；

（二）在经纪业务中与客户约定分享利益、共担风险的；

（三）不按照规定接受客户委托或者不按照客户委托内容擅自进行期货交易的；

（四）隐瞒重要事项或者使用其他不正当手段，诱骗客户发出交易指令的；

（五）向客户提供虚假成交回报的；

（六）未将客户交易指令下达到期货交易所的；

（七）挪用客户保证金的；

（八）不按照规定在期货保证金存管银行开立保证金账户，或者违规划转客户保证金的；

（九）国务院期货监督管理机构规定的其他欺诈客户的行为。

期货公司有前款所列行为之一的，对直接负责的主管人员和其他直接责任人员给予警告，并处 1 万元以上 10 万元以下的罚款；情节严重的，暂停或者撤销期货从业人员资格。

任何单位或者个人编造并且传播有关期货交易的虚假信息，扰乱期货交易市场的，依照本条第一款、第二款的规定处罚。

第六十八条　期货公司及其他期货经营机构、非期货公司结算会员、期货保证金存管银行提供虚假申请文件或者采取其他欺诈手段隐瞒重要事实骗取期货业务许可的，撤销其期货业务许可，没收违法所得。

第六十九条　期货交易内幕信息的知情人或者非法获取期货交易内幕信息的人，在对期货交易价格有重大影响的信息尚未公开前，利用内幕信息从事期货交易，或者向他人泄露内幕信息，使他人利用内幕信息进行期货交易的，没收违法所得，并处违法所得 1 倍以上 5 倍以下的罚款；没有违法所得或者违法所得不满 10 万元的，处 10 万元以上 50 万元以下的罚款。单位从事内幕交易的，还应当对直接负责的主管人员和其他直接责任人员给予警告，并处 3 万元以上 30 万元以下的罚款。

国务院期货监督管理机构、期货交易所和期货保证金安全存管监控机构的工作人员进行内幕交易的，从重处罚。

第七十条　任何单位或者个人有下列行为之一，操纵期货交易价格的，责令改正，没收违法所得，并处违法所得1倍以上5倍以下的罚款；没有违法所得或者违法所得不满20万元的，处20万元以上100万元以下的罚款：

（一）单独或者合谋，集中资金优势、持仓优势或者利用信息优势联合或者连续买卖合约，操纵期货交易价格的；

（二）蓄意串通，按事先约定的时间、价格和方式相互进行期货交易，影响期货交易价格或者期货交易量的；

（三）以自己为交易对象，自买自卖，影响期货交易价格或者期货交易量的；

（四）为影响期货市场行情囤积现货的；

（五）国务院期货监督管理机构规定的其他操纵期货交易价格的行为。

单位有前款所列行为之一的，对直接负责的主管人员和其他直接责任人员给予警告，并处1万元以上10万元以下的罚款。

第七十一条 交割仓库有本条例第三十六条第二款所列行为之一的，责令改正，给予警告，没收违法所得，并处违法所得1倍以上5倍以下的罚款；没有违法所得或者违法所得不满10万元的，并处10万元以上50万元以下的罚款；情节严重的，责令期货交易所暂停或者取消其交割仓库资格。对直接负责的主管人员和其他直接责任人员给予警告，并处1万元以上10万元以下的罚款。

第七十二条 国有以及国有控股企业违反本条例和国务院国有资产监督管理机构以及其他有关部门关于企业以国有资产进入期货市场的有关规定进行期货交易，或者单位、个人违规使用信贷资金、财政资金进行期货交易的，给予警告，没收违法所得，并处违法所得1倍以上5倍以下的罚款；没有违法所得或者违法所得不满10万元的，并处10万元以上50万元以下的罚款。对直接负责的主管人员和其他直接责任人员给予降级直至开除的纪律处分。

第七十三条 境内单位或者个人违反规定从事境外期货交易的，责令改正，给予警告，没收违法所得，并处违法所得1倍以上5倍以下的罚款；没有违法所得或者违法所得不满20万元的，并处20万元以上100万元以下的罚款；情节严重的，暂停其境外期货交易。对单位直接负责的主管人员和其他直接责任人员给予警告，并处1万元以上10万元以下的罚款。

第七十四条 非法设立期货交易场所或者以其他形式组织期货交易活动的，由所在地县级以上地方人民政府予以取缔，没收违法所得，并处违法所得1倍以上5倍以下的罚款；没有违法所得或者违法所得不满20万元的，处20万元以上100万元以下的罚款。对单位直接负责的主管人员和其他直接责任人员给予警告，并处1万元以上10万元以下的罚款。

非法设立期货公司及其他期货经营机构，或者擅自从事期货业务的，予以取缔，没收违法所得，并处违法所得1倍以上5倍以下的罚款；没有违法所得或者违法所得不满20万元的，处20万元以上100万元以下的罚款。对单位直接负责的主管人员和其他直接责任人员给予警告，并处1万元以上10万元以下的罚款。

第七十五条 期货公司的交易软件、结算软件供应商拒不配合国务院期货监督管理机构调查，或者未按照规定向国务院期货监督管理机构提供相关软件资料，或者提供的软件资料有虚假、重大遗漏的，责令改正，处3万元以上10万元以下的罚款。对直接负责的主管人员和其他直接责任人员给予警告，并处1万元以上5万元以下的罚款。

第七十六条 会计师事务所、律师事务所、资产评估机构等中介服务机构未勤勉尽责，所出具的文件有虚假记载、误导性陈述或者重大遗漏的，责令改正，没收业务收入，暂停或者撤销相关业务许可，并处业务收入1倍以上5倍以下的罚款。对直接负责的主管人员和其他直接责任人员给予警告，并处3万元以上10万元以下的罚款。

第七十七条 任何单位或者个人违反本条例规定，情节严重的，由国务院期货监督管理机构宣布该个人、该单位或者该单位的直接责任人员为期货市场禁止进入者。

第七十八条 国务院期货监督管理机构、期货交易所、期货保证金安全存管监控机构和期货保证金存管银行等相关单位的工作人员，泄露知悉的国家秘密或者会员、客户商业秘密，或者徇私舞弊、玩忽职守、滥用职权、收受贿赂的，依法给予行政处分或者纪律处分。

第七十九条 违反本条例规定，构成犯罪的，依法追究刑事责任。

第八十条 对本条例规定的违法行为的行政处罚，除本条例已有规定的外，由国务院期货监督管理机构决定；涉及其他有关部门法定职权的，国务院期货监督管理机构应当会同其他有关部门处理；属于其他有关部门法定职权的，国务院期货监督管理机构应当移交其他有关部门处理。

第八章 附则

第八十一条 本条例下列用语的含义：

（一）商品期货合约，是指以农产品、工业品、能源和其他商品及其相关指数产品为标的物的期货合约。

（二）金融期货合约，是指以有价证券、利率、汇率等金融产品及其相关指数产品为标的物的期货合约。

（三）保证金，是指期货交易者按照规定交纳的资金或者提交的价值稳定、流动性强的标准仓单、国债等有价证券，用于结算和保证履约。

（四）结算，是指根据期货交易所公布的结算价格对交易双方的交易结果进行的资金清算和划转。

（五）交割，是指合约到期时，按照期货交易所的规则和程序，交易双方通过该合约所载标的物所有权的转移，或者按照规定结算价格进行现金差价结算，了结到期未平仓合约的过程。

（六）平仓，是指期货交易者买入或者卖出与其所持合约的品种、数量和交割月份相同但交易方向相反的合约，了结期货交易的行为。

（七）持仓量，是指期货交易者所持有的未平仓合约的数量。

（八）持仓限额，是指期货交易所对期货交易者的持仓量规定的最高数额。

（九）标准仓单，是指交割仓库开具并经期货交易所认定的标准化提货凭证。

（十）涨跌停板，是指合约在1个交易日中的交易价格不得高于或者低于规定的涨跌幅度，超出该涨跌幅度的报价将被视为无效，不能成交。

（十一）内幕信息，是指可能对期货交易价格产生重大影响的尚未公开的信息，包括：国务院期货监督管理机构以及其他相关部门制定的对期货交易价格可能发生重大影响的政策，期货交易所作出的可能对期货交易价格发生重大影响的决定，期货交易所会员、客户的资金和交易动向以及国务院期货监督管理机构认定的对期货交易价格有显著影响的其他重要信息。

（十二）内幕信息的知情人员，是指由于其管理地位、监督地位或者职业地位，或者作为雇员、专业顾问履行职务，能够接触或者获得内幕信息的人员，包括：期货交易所的管理人员以及其他由于任职可获取内幕信息的从业人员，国务院期货监督管理机构和其他有关部门的工作人员以及国务院期货监督管理机构规定的其他人员。

第八十二条　国务院期货监督管理机构可以批准设立期货专门结算机构，专门履行期货交易所的结算以及相关职责，并承担相应法律责任。

第八十三条　境外机构在境内设立、收购或者参股期货经营机构，以及境外期货经营机构在境内设立分支机构（含代表处）的管理办法，由国务院期货监督管理机构会同国务院商务主管部门、外汇管理部门等有关部门制订，报国务院批准后施行。

第八十四条　在期货交易所之外的国务院期货监督管理机构批准的交易场所进行的期货交易，依照本条例的有关规定执行。

第八十五条　不属于期货交易的商品或者金融产品的其他交易活动，由国家有关部门监督管理，不适用本条例。

第八十六条　本条例自 2007 年 4 月 15 日起施行。1999 年 6 月 2 日国务院发布的《期货交易管理暂行条例》同时废止。

第二章 期货监管与经营机构

第一节 期货监管与自律组织

中国期货业协会

中国期货业协会(以下简称协会)成立于2000年12月29日,是根据《社会团体登记管理条例》设立的全国期货行业自律性组织,为非营利性的社会团体法人。协会的注册地和常设机构设在北京。协会接受中国证保监会和国家社会团体登记管理机关的业务指导和管理。

协会由期货公司等从事期货业务的会员、期货交易所特别会员和地方期货业协会联系会员组成。会员大会是协会的最高权力机构,每四年举行一次。理事会是会员大会闭会期间的协会常设权力机构,对会员大会负责,理事会每年至少召开一次会议。理事会由会员理事、特别会员理事和非会员理事组成。理事任期四年,可连选连任。理事会根据工作需要下设专业委员会,专业委员会为理事会议事机构,对理事会负责。

协会设会长一名,专职副会长若干名,兼职副会长若干名,秘书长一名,副秘书长若干名。会长、副会长和秘书长任期四年,可连选连任。协会实行会长负责制,会长为协会法定代表人。协会设会长办公会,由会长、专职副会长、秘书长、副秘书长以及会长指定的其他人员组成,在理事会闭会期间行使理事会授权的职责。目前协会常设办事机构设办公室、党委办公室(纪检办)、会员部、培训部、投资者教育部、研究部、合规调查部、资格考试与认证部、信息技术部等九个部门。

协会宗旨是:在国家对期货业实行集中统一监督管理的前提下,进行期货业自律管理;发挥政府与期货行业间的桥梁和纽带作用,为会员服务,维护会员的合法权益;坚持期货市场的公开、公平、公正,维护期货业的正当竞争秩序,保护投资者利益,推动期货市场的健康稳定发展。

协会主要职能有:

(1)教育和组织会员及期货从业人员遵守期货法律法规和政策,制定行业自律性规则,建立健全期货业诚信评价制度,进行诚信监督。

(2)负责期货从业人员资格的认定、管理以及撤销工作,负责组织期货从业资格考试、期货公司高级管理人员资质测试及行政法规、中国证监会规范性文件授权的其他专业资格胜任能力考试。

(3)监督、检查会员和期货从业人员的执业行为,受理对会员和期货从业人员的举报、投诉并进行调查处理,对违反本章程及自律规则的会员和期货从业人员给予纪律惩戒;向中国证监会反映和报告会员和期货从业人员执业状况,为期货监管工作提供意见和建议。

(4)制定期货业行为准则、业务规范,参与开展行业资信评级,参与拟订与期货相关的行业和技术标准。

(5)受理客户与期货业务有关的投诉,对会员之间、会员与客户之间发生的纠纷进行调解。

(6)为会员服务,依法维护会员的合法权益,积极向中国证监会及国家有关部门反映会员在经营活动中的问题、建议和要求。

(7)制定并实施期货业人才发展战略,加强期货业人才队伍建设,对期货从业人员进行持续教育和业务培训,提高期货从业人员的业务技能和职业道德水平。

(8)设立专项基金,为期货业人才培养、投资者教育或其他特定事业提供资金支持。

(9)负责行业信息安全保障工作的自律性组织协调,提高行业信息安全保障和信息技术水平。

(10)收集、整理期货信息,开展会员间的业务交流,推动会员按现代金融企业要求完善法人治理结构和内控机制,促进业务创新,为会员创造更大市场空间和发展机会。

(11)组织会员对期货业的发展进行研究,参与有关期货业规范、发展的政策论证,对相关方针政策、法律法规提出建议。

(12)加强与新闻媒体的沟通与联系,广泛开展期货市场宣传和投资者教育,为行业发展创造良好的环境。

(13)表彰、奖励行业内有突出贡献的会员和个人,组织开展业务竞赛和文化活动,加强会员间沟通与交流,培育健康向上的行业文化。

(14)开展期货业的国际交流与合作,代表中国期货业加入国际组织,推动相关资质互认,对期货涉外业务进行自律性规范与管理。

(15)法律、行政法规规定以及中国证监会赋予的其他职责。

协会领导

会　　长:王明伟
副 会 长:张晓轩
纪委书记:陈东升
兼职副会长:叶春和　王晓明　刘志强　李海超
鄭　强　马文胜　陈　方　张　皓
罗旭峰　王化栋
秘 书 长:吴亚军
副秘书长:冉　丽

地　　址:北京市西城区金融大街33号通泰大厦C座八层
邮政编码:100140
联系电话:010－88087239
传真电话:010－88087060
电子邮箱:cfa@ cfachina. org

中国金融期货交易所

中国金融期货交易所（以下简称“中金所”）是经国务院同意，中国证监会批准设立的，专门从事金融期货、期权等金融衍生品交易与结算的公司制交易所。中金所由上海期货交易所、郑州商品交易所、大连商品交易所、上海证券交易所和深圳证券交易所共同发起，于 2006 年 9 月 8 日在上海正式挂牌成立。成立中金所，发展金融期货，对于深化金融市场改革，完善金融市场体系，发挥金融市场功能，适应经济新常态，具有重要的战略意义。

中金所以服务实体经济需要，服务多层次资本市场体系建设为宗旨，通过向市场提供安全、高效、完善的金融衍生产品及服务，促进金融风险合理转移与配置，提升金融市场效率，促进社会经济繁荣。

中金所的主要职能是：组织安排金融期货等金融衍生品上市交易、结算和交割，制订业务管理规则，实施自律管理，发布市场交易信息，提供技术、场所、设施服务，以及中国证监会许可的其他职能。

截至 2017 年末，中国金融期货交易所累计成交量为 24,595,938手，累计成交额为 245,922.02 亿元，同比分别增长 34.14% 和 34.98%，分别占全国市场的 0.80% 和 13.09%。

中金所按照“高标准、稳起步”的原则，积极推动金融期货新品种的上市，努力完善权益、利率、外汇三条产品线，满足参与者多样化风险管理需求。采取全电子化交易方式，以高效安全的技术系统为强大后盾，在借鉴国内外交易所先进技术成果和设计理念的基础上，建立了一个结构合理、功能完善、运行稳定的金融期货交易运行平台。

中金所实行会员分级结算制度，会员分为结算会员和交易会员。结算会员按照业务范围分为交易结算会员、全面结算会员和特别结算会员。实行会员分级结算制度，形成多层次风险控制体系，保障市场安全运行。

中金所建立了投资者适当性、跨市场协调监管、异常交易监控等一系列制度，维护金融市场正常秩序，维护市场公开、公平、公正，维护投资者特别是中小投资者合法权益，牢牢守住不发生系统性风险的底线。

中金所稳步扩大金融期货市场对外开放程度，积极加入国际期货行业组织，与境外主要交易所签订合作谅解备忘录，做实信息共享与互换、人员培训、业务学习、产品开发等合作内容，满足境内外投资的跨境交易需求。

地址：浦东世纪大道 1600 号陆家嘴商务广场 6 楼
邮编：200122
电话：021－5016－0666
传真：021－5016－0606
网址：www.cffex.com.cn

上海期货交易所

上海期货交易所（以下简称“上期所”）是受中国证券监督管理委员会（以下简称证监会）集中统一监管的期货交易所，宗旨是服务实体经济。根据公开、公平、公正和诚实信用的原则，上期所组织经证监会批准的期货交易，目前挂牌铜、铝、锌、铅、镍、锡、黄金、白银、螺纹钢、线材、热轧卷板、燃料油、石油沥青、天然橡胶 14 种期货合约。上海上期商务服务有限公司、上海期货信息技术有限公司、上海期货与衍生品研究院有限责任公司和上海国际能源交易中心股份有限公司是上期所的下属子公司。

上期所坚决维护以习近平同志为核心的党中央权威，牢固树立“四个意识”，以习近平新时代中国特色社会主义思想为行动指南，在证监会党委的领导下，履行市场一线监管职责，服务实体经济和国家战略，坚持以世界眼光谋划未来，以国际标准建立规则，以本土优势彰显特色，做好“寻标、对标、达标、夺标”四篇文章，持续推进交易、结算、信息、研究、技术、人才等中心建设，切实提升价格发现、套期保值功能的质量和水平，着力提升服务实体经济功能，努力建立成为世界一流交易所。

按照《上海期货交易所章程》，会员大会是上期所的权力机构，由全体会员组成。理事会是会员大会的常设机构，下设监察、交易、交割、会员资格审查、调解、财务、技术专门委员会，并根据需要设立其他专门委员会。监事会是上期所的内部监督机构，监督理事会、经营管理层的履职情况。

上期所现有会员 196 家（其中期货公司会员占近 76%），在全国各地开通远程交易席位数 1600 多个。截至 2017 年末，上海期货交易所累计成交量为 13.64 亿手，累计成交额为 89.93 万亿元，同比分别下降 18.83% 和增长 5.83%，分别占全国市场的 44.35% 和 47.86%。

上期所挂牌交易的各品种中，铜期货已成为世界影响力最大的三大铜期货市场之一，并与铝、锌、铅、镍、锡期货形成了完备的有色金属品种系列，能较好地满足实体行业需求。天然橡胶期货的权威定价地位逐步巩固，“保险＋期货”精准扶贫试点喜结硕果。黄金、白银期货，促进了贵金属市场体系的健康发展，丰富了期货市场的参与结构和功能作用。螺纹钢、热轧卷板、线材等黑色金属期货，进一步优化了钢材价格形成机制，助力我国钢铁工业健康有序发展，提高了我国钢铁价格的国际影响力。燃料油、石油沥青期货加快推进能源类期货产品的探索，提升我国石油类商品的市场影响力。上期所首创的保税交割和连续交易，为期货市场对外开放和国际化打下了基础，促进了相关品种国内外价格的及时联动，为投资者实时进行风险管理提供了便利。建设上期标准仓单交易平台，更好为实体经济服务。上期所上海国际能源交易中心正在致力建设原油期货市场，将为服务国家能源战略，推动中国期货市场的对外开放和国际化作出新的贡献。

上期所设有风险管理委员会以及党委办公室、办公室（理事会办公室、监事会办公室）、风险管理部、监查部、交易部、结算部、交割部、运行部、会员服务和投资者教育部、商品一部、商品二部、衍生品部、大宗商品服务部、新闻联络部、法律事务部、国际合作部、信息管理部、内审合规部、人力资源部（党委组织部）、纪检监察办公室、财务部、行政部（张江中心管理办公室）、驻北京联络处、驻新加坡办事处等职能部门。

根据国务院颁布的《期货交易管理条例》及证监会发布的《期货交易所管理办法》等法规，上期所建立了交易运作和市场管理规章制度体系。为确保市场功能发挥，切实维护市场“三公”原则及期货交易各方的合法权益，上期所坚持依法全面从严监管，严字当头，稳字为要，组织市场运行，依托以交易规则为基础的制度体系和多元结合的风险控制体系，监督会员和投资者的交易行为，履行一线监管职责，在牢牢守住不发生系统性风险底线的基础上，保障市场的正常交易秩序。

上期所实行保证金和每日无负债结算制度，每日对会员的交易进行集中结算，期货公司会员负责对其客户交易进行结算;实行实物交割制度,合约到期以实物交割方式履约,全国交割仓库86个,存放点160个;坚持监管、服务两手抓的理念,为会员及投资者提供全面及时的各项服务。

上期所拥有高性能、高可用的计算机交易、结算、风控等系统,通过大容量光纤、数据专线等通讯手段确保远程交易的实时高效和安全可靠。

上期所通过数据专线和互联网将实时和延时交易行情经授权的国内外信息资讯机构进行同步信息发布;通过网站http://www.shfe.com.cn/及时规范地落实信息披露。上期所还通过“市场服务中心”、“投资者教育网站”两大基础平台,为会员、投资者和各方市场参与人士提供全方位的业务咨询及投资者教育课程,并通过举办各类培训、交流活动,进一步拓宽市场培育工作的深度和广度。

通讯地址:上海市浦东新区浦电路500号
邮编:200122
电话:021-68400000
传真:021-68401198
会员热线:021-20767777

上海期货交易所2017年大事记

12月

12月1日,与相关单位联合主办第二届中国钢铁产业期货大会。

12月1日,在亚洲铜业周(ACW)召开期间,与相关单位联合主办2017年国际铜产业(中国)研讨会。

12月3日,在第十三届中国(深圳)国际期货大会召开期间,举办了主题为“推进产品业务创新,助力实体经济发展”的专场活动。

12月6日,举办铝产业链标准仓单交易市场培训会。

12月6日-8日,与相关单位联合举办第十二届中国钢铁流通促进大会。

12月9日-10日,与上期能源及相关单位共同开展了第五次原油期货全市场生产系统演练。

12月10日-11日,与相关单位联合举办2017年钢铁期货会计与税务处理培训班。

12月12日,召开钴市场座谈会。

12月13日,与相关单位联合举办2017黄金期货套期保值与风险管理培训班(第二期)。

12月13日-14日,与相关单位联合开展第五期有色黑色产业培训基地活动。

12月14日,与相关单位联合举办招商期货2018年度投资策略会——全球工业品论坛。

12月15日,举办2017白银及锡期货套期保值与风险管理培训班(第三期)。

12月15日-18日,与相关单位联合举办2018年大宗商品市场高峰论坛暨“我的钢铁”年会。

12月17日,与相关单位联合举办2018镍系产业链高峰论坛。

12月21日-22日,与相关单位联合主办2017钢铁不锈钢市场研讨会暨调研活动。

11月

11月2日,与相关单位联合举办2017年期货服务实体经济培训研讨会(辽宁专场)。

11月2日,举办期货公司首席风险官培训会。

11月2日-3日,与相关单位联合举办2017年中国中原有色金属高峰论坛。

11月6日-9日,与相关单位联合举办2017年中国国际镍钴工业年会。

11月7日-9日,与相关单位联合举办2017年“第十七届再生金属国际论坛”。

11月9日,召开指定交割仓库及质检机构年度工作会议。

11月10日,举办指定交割仓库仓单交易业务培训会。

11月14日-17日,与相关单位联合举办2017年中国国际铝业周。

11月18日,与相关单位联合举办钢铁产业高峰论坛暨第八季钢铁俱乐部会议。

11月22日-24日,与相关单位联合举办2017年全国废钢铁大会暨中国废钢铁应用协会六届四次理事扩大会议。

11月24日,与相关单位联合举办2017黄金产融结合论坛。

11月26日-28日,与相关单位联合举办2017年中国不锈钢行业年会暨中国不锈钢管高端论坛。

11月27日,与相关单位联合举办2017年第三十九场重大市场活动“第九届申万宏源·衍生品论坛——衍生品市场服务实体经济的新时代、新征程、新篇章”。

11月28日,举办铜产业链标准仓单交易市场培训会。

11月28日-12月1日,与相关单位联合举办2017年“亚洲铜业周”(AsiaCopperWeek)。

11月30日-12月1日,与相关单位联合举办第二届中国钢铁产业期货大会。

10月

10月10日,天然橡胶“保险+期货”精准扶贫试点项目首批赔付在云南省临沧市完成。

10月12日-14日,与相关单位联合举办2017橡胶材料市场高峰论坛。

10月17日,与相关单位联合举办期货市场服务于铜骨干企业加强供给侧结构性改革研讨会。

10月18日-20日,与相关单位联合举办2017年第十五届中国国际铜业论坛。

10月20日,与相关单位联合举办有色金属企业交流会。

10月26日,召开上海期货交易所第三届理事会第二次会议。

10月26日-27日,与相关单位联合举办“期货大讲堂走进苏州——金融服务实体企业”活动。

10月26日-27日,与相关单位联合举办2017年(第三届)中国有色金属工业供应链发展论坛。

10月27日-28日,与相关单位联合举办2017中国有色金属行业年会。

10月27日-29日,与相关单位联合举办2018年钢铁产业链发展形势高峰论坛。

10月30日,与相关单位联合举办第八届期货机构投资者年会。

9月

9月7日,与相关单位联合举办2017黄金期货套期保值与风险管理培训班(第一期)。

9月9日,与相关单位联合举办第二届大湄公河次区域(GMS)天然橡胶产业发展研讨会。

9月13日,与相关单位联合举办2017年亚洲锡业周。

9 月 15 日，与相关单位联合举办五矿经易金属衍生品投资及产业高峰论坛。

9 月 15 日 –16 日，与相关单位联合举办 2017（第六届）中国钢铁技术经济高端论坛。

9 月 16 日，与相关单位联合举办第七届中国有色金属现货——期货互动峰会。

9 月 19 日，举办期货公司风险管理子公司仓单业务座谈会。

9 月 19 日 –21 日，举办 2017 年第一期上海期货交易所期货业务技能培训。

9 月 19 日 –23 日，启动第四期有色金属（铝）产业培训基地活动。

9 月 20 日，与相关单位联合举办 2017 橡胶产业创新（上海）论坛。

9 月 20 日 –21 日，举办第四期套期保值企业培训。

9 月 21 日 –22 日，与相关单位联合举办中国第二届超级奥氏体不锈钢及镍基合金国际研讨会。

9 月 22 日，与相关单位联合举办 2017 年钢铁高管期货培训班。

9 月 22 日，与相关单位联合举办 2017 年第三十四场重大市场活动即“2017 铝产业链研讨会”。

9 月 26 日，召开第六次会员大会。

8 月

8 月 4 日 –6 日，与相关单位联合举办 2017（第十一届）中国金属板材产业链年会。

8 月 9 日 –10 日，与相关单位联合举办 2017 中国锂电池正极材料峰会暨镍钴锂产业链高峰论坛。

8 月 18 日 –20 日，与相关单位联合举办第三届产业交易员训练营。

8 月 22 日 –25 日，与相关单位联合举办第三期有色金属（锌）产业培训基地活动。

8 月 23 日，举办 2017 年度第四期上海商品期货月度论坛。

7 月

7 月 4 日 –5 日，与相关单位联合举办 2017 年第三期套期保值企业专场培训。

7 月 12 日，与相关单位联合举办 2017 钢铁中国——第十四届华南黑色金属产业链会议。

7 月 13 日 –15 日，与相关单位联合举办第六届钢铁产业链操作实务高层论坛。

7 月 14 日，召开商品期货基金研讨会。

7 月 24 日 –26 日，与相关单位联合举办不锈钢期货调研论证会。

7 月 25 日 –27 日，启动第二期有色金属（铜）产业培训基地活动。

7 月 28 日，举办 2017 西北地区有色金属及贵金属高峰论坛。

7 月 31 日，召开 2017 年年中工作会。

6 月

6 月 7 日，与相关单位联合举办“期货服务三农，农产品风险管理”培训班。

6 月 13 日、15 日、20 日、22 日、27 日和 29 日，与上期能源分别在上海、杭州、北京、南京、重庆和深圳举办原油期货相关业务巡回培训。

6 月 15 日，与相关单位联合举办中国纸业高层峰会。

6 月 15 日 –16 日，与相关单位联合举办第二届中国钢铁金融衍生品国际大会。在大会召开的同时，上海期货交易所主办了上期所钢材期货论坛。

6 月 16 日，召开燃料油期货合约及规则论证座谈会。

6 月 17 日 –18 日、6 月 24 日 –25 日，与上期能源开展了第一次和第二次原油期货全市场生产系统演练。

6 月 21 日、22 日，与相关单位联合举办两场沥青期货市场活动。

6 月 21 日 –23 日，与相关单位联合举办期货市场服务于铅锌骨干企业供给侧结构性改革培训班。

6 月 22 日，与相关单位联合举办 2017 年第二十二场重大市场活动—大类资产配置视角下的商品投资。

6 月 23 日 –24 日，与相关单位联合举办废钢铁行业标准研讨会。

6 月 24 日，与相关单位联合举办 2017 年第二十三场重大市场活动—第三届全球私募基金西湖峰会永安期货资产配置与私募基金生态链构建分论坛。

6 月 26 日 –30 日，启动 2017 年度第一期有色金属产业培训基地培训项目。

6 月 27 日 –28 日，与相关单位联合举办 2017 年（第五届）中国锡业年会。

6 月 28 日，召开纸浆期货上市意见征询会。

6 月 30 日，召开全面从严治党工作会议。

5 月

5 月 9 日、11 日、16 日和 18 日，分别在青岛、南京、上海和西安举办 2017 年分片区会员座谈会。

5 月 10 日 –11 日，举办 2017 年第二期套期保值企业专场培训。

5 月 25 日 –26 日，与中国金融期货交易所联合举办第十四届上海衍生品市场论坛。

5 月 26 日，举行“保险 + 期货”精准扶贫试点项目签约仪式。

4 月

4 月 6 日，举办“2017 年中国西南铜铝产业链高峰论坛”。

4 月 6 日、12 日和 13 日，分别与相关单位联合举办贵金属期货市场宣传服务活动。

4 月 18 日，召开纸浆期货合约及规则论证会。

4 月 20 日，与相关单位联合举办“2017 年锡期货市场研讨会”。

4 月 21 日，启动 2016 年度优秀分析师评选工作。

3 月

3 月 3 日，召开上海期货交易所全体员工大会。

3 月 3 日、8 日、15 日，分别在重庆、深圳、杭州召开会员及专家座谈会。

3 月 9 日 –10 日，与相关单位联合举办废钢市场研讨会暨调研活动。

3 月 9 日、14 日，与相关单位联合举办铜期货市场宣传服务活动。

3 月 13 日 –27 日，举办《纪念党章诞生 95 周年暨中共二大召开 95 周年》主题展览。

3 月 17 日、21 日，分别在南京、苏州与相关单位联合举办铜期货市场宣传服务活动。

3 月 22 日，召开“有色金属冶炼产品编码规则与条码标识”行业标准审定会。

3 月 23 日，与相关单位联合举办贵金属期货市场宣传服务活动。

3 月 24 日 – 25 日，与相关单位联合举办 2017 年国际镍产业高峰论坛。

2 月

2 月 21 日、23 日，与相关单位联合举办 2 场天然橡胶期货市场宣传服务活动。

1 月

1 月 20 日，证监会领导赴上海期货交易所宣布主要负责人任免事项。

大连商品交易所

大连商品交易所成立于 1993 年 2 月 28 日，是经国务院批准的四家期货交易所之一，也是中国东北地区唯一一家期货交易所。经中国证监会批准，目前已上市的品种有玉米、玉米淀粉、黄大豆 1 号、黄大豆 2 号、豆粕、豆油、棕榈油、鸡蛋、纤维板、胶合板、线型低密度聚乙烯、聚氯乙烯、聚丙烯、焦炭、焦煤、铁矿石共计 16 个期货品种，并推出了棕榈油、豆粕、豆油、黄大豆 1 号、黄大豆 2 号、焦炭、焦煤和铁矿石等 8 个期货品种的夜盘交易。2017 年 3 月 31 日，大商所上市了豆粕期权，同时推出了豆粕期权的夜盘交易。

成立二十多年来，大商所规范运营、稳步发展，已经成为我国重要的期货交易中心。截至 2017 年末，拥有会员单位 165 家，指定交割库 277 个，期货投资者开户数 309.03 万个，其中法人客户 8.93 万个；期权投资者开户数 7630 个，其中法人客户 1961 个。2017 年，大商所期货年成交量和成交额分别达到 10.98 亿手和 52 万亿元，豆粕期权全年成交量和成交额分别达到 363.57 万手和 23.88 亿元。根据美国期货业协会（FIA）公布的全球主要衍生品交易所成交量排名，2016 年大商所在全球排名第 8 位。目前，大商所是全球最大的油脂、塑料、煤炭、铁矿石和农产品期货市场。

经过多年发展，大商所期货品种价格已成为国内市场的权威价格，为相关各类生产经营提供了“指南针”和“避风港”，并为国家宏观调控提供了有效的价格参考。近年来，大商所推出“千村万户”市场服务工程、期货学院、产业大会、“千厂万企”市场服务工程、十大期货投研团队评选活动、“保险 + 期货”服务“三农”试点及场外期权服务产业试点等市场服务品牌，积极探索期货市场服务产业的新路，进一步强化市场功能发挥，促进了相关产业稳步健康发展，也为大连区域性金融中心建设和东北地区振兴做出了积极贡献。

国家对大商所的发展高度重视，国务院 2007 年批准的《东北地区振兴规划》、2009 年批准的《辽宁沿海经济带发展规划》、《关于进一步实施东北地区等老工业基地振兴战略的若干意见》、2012 年批准的《东北振兴“十二五”规划》以及 2016 年批准的《东北振兴十三五规划》，均对大商所的发展提出了要求，明确定位为建设全球重要期货交易中心。2013 年，习近平同志视察并寄语大商所“脚踏实地、大胆探索，努力为中国期货市场发展探索出一条成功之路”。大商所将牢牢把握发展机遇，朝着建成多元开放、国际一流衍生品交易所的宏伟目标不断向前迈进。

地址：中国大连会展路 129 号

邮编：116023

技术服务热线电话：400 – 861 – 8888

电话：0411 – 84808888

传真：0411 – 84808588

大连商品交易所 2017 年大事记

12 月 29 日，大连商品交易所发布实施《大连商品交易所建设国际一流衍生品交易所实施纲要》，为未来一段时间建成全球商品定价中心和风险管理中心提供路线图。

12 月 22 日，由大连商品交易所主办的 2017 年“十大期货投研团队评选活动”顺利落幕。

12 月 22 日，大连商品交易所与中央气象台在北京签署战略合作协议，双方将在农业气象资讯服务、大宗作物产量气象因子系列指数研发、期货交易气象信息应用技术系统开发以及信息交流等方面深化合作。

11 月 29 日，大连商品交易所发布了 24 只商品期货指数，至此大商所对外发布的商品期货系列指数达到 36 只。

11 月 18 日，大连商品交易所在大连成功举办“2017 机构大宗商品衍生品论坛”。论坛吸引了来自期货公司、银行机构、证券公司、基金公司、保险公司、研究机构及相关产业企业的 600 余名专业人士参加。

11 月 15 日，大连商品交易所在广州成功举办“第十二届国际油脂油料大会”。大会吸引了来自农户、现货企业、期货公司及投资机构等超过 900 人参加。

11 月 12 日，大连商品交易所召开“党的十九大代表回基层学习宣传贯彻党的十九大精神报告会”。党的十九大代表、大连商品交易所党委书记、理事长李正强分享了参加大会的切身感受，带领与会人员学习重温党的十九大报告，并就全所基层员工学习宣传贯彻党的十九大精神提出具体要求。

10 月 30 日，大连商品交易所与中国证券监督管理委员会上海监管局在上海签署监管协作备忘录。本次签约旨在加强双方在市场一线监管、投资者教育和保护、市场培育、业务交流等方面的合作，发挥自身优势，形成协作监管合力。

10 月 26 日，大连商品交易所召开党委（扩大）会议，集中传达学习党的十九大和十九届一中全会精神，就进一步深入学习贯彻十九大精神作出具体部署。

9 月 22 日，大连商品交易所与中国农业银行在北京签署战略合作协议。

9 月 20 日，大连商品交易所在大连成功举办“第十届中国玉米产业大会”。大会吸引了来自农户、现货企业、期货公司及投资机构等超过 900 人参加。

9 月 15 日，大连商品交易所发布通知，推出新一期豆粕、豆油和棕榈油仓单串换试点。新一期试点是在豆粕品种上增加了集团间串换业务。

9 月 13 日，大连商品交易所发布通知，根据我国当前铁矿石现货市场变化，对铁矿石期货交割标准品以及替代的相关指标和升贴水进行调整，调整后的规则自铁矿石 1809 合约起施行。

9 月 7 日，大连商品交易所与中信银行在大连签署战略合作协议。

9 月 2 日，大连商品交易所期货学院 2017 年期权及创新业务培训班开学。此次培训是期货学院 28 个分院一年一度的集中大型培训，共有 2594 名学员报名参加。

8 月 31 日，大连商品交易所与广发银行在大连签署战略合作协议。

8 月 29 日，大连商品交易所在大连举行“期货市场服务‘三农’座谈会”。20 余位来自东北、河北、山东、安徽等地的种粮大户和养殖户来到大连，这是大连商品交易所首次邀请基层种粮农户走进期货大厦参观、座谈。

8 月 29 日，大连商品交易所与郑商所均发布通知，为方便投资者参与豆粕期权交易、简化操作流程，将自 2017 年 9 月 1 日起，在期权投资者适当性管理中实施境内交易所商品期权实盘和仿真交易、行权经历互认。

8 月 28 日，大连商品交易所 2017 年"十大期货投研团队"评选活动正式启动。该活动旨在支持会员单位加强投研团队建设，促进期货公司投研能力和产业服务水平的提升，更好地服务实体经济。

8 月 24 日，"2017 中国煤焦矿产业大会"在深圳成功召开。本次大会由中国煤炭工业协会、中国钢铁工业协会、中国炼焦行业协会以及大商所联合主办，上海钢联电子商务股份有限公司承办。

8 月 7 日，大连商品交易所豆粕 M1709 期权系列迎来到期日，当日 32 个合约顺利摘牌。作为首个以期货主力合约为标的的期权系列，M1709 期权系列合约到期是对交易所业务规则设计、技术系统实现以及全体市场参与者的一次全面有效的检验，标志着豆粕期权市场迈向了新的成熟发展阶段。

7 月 31 日，大连商品交易所 2017 年支持期货公司通过试点项目推广基差交易工作启动。

7 月 27 日，大连商品交易所召开年中总结工作会议，传达学习全国金融工作会议和全国证券期货监管系统年中监管工作座谈会精神，全面总结上半年工作，就深入贯彻党中央和会党委要求、迎接党的十九大和下半年工作作出部署。

7 月 21 日，大连商品交易所与中国城市燃气协会签署《关于开展燃气类期货品种研究的合作框架协议》，双方将就共同开发燃气类期货品种开展合作。

7 月 20 日，为深入推进银期合作，进一步提升期货市场服务实体经济的能力和水平，大连商品交易所在大连召开"2017 银期合作业务推介会"，来自大商所 14 家存管银行总分支行的近百人参加了本次会议。

7 月 19 日，大连商品交易所党委召开专题学习会议，集中传达学习全国金融工作会议精神，并就贯彻落实工作作出部署。

7 月 18 日，大连商品交易所与天水市人民政府在天水市举行战略合作协议签约仪式，双方签署"期货市场助推天水市经济发展及脱贫攻坚"合作协议。

7 月 17 日，夜盘时段大连商品交易所新发布了 6 只商品期货指数，至此，大连商品交易所自主研发并对外发布的商品期货指数达 12 只。大连商品交易所商品期货系列指数，由综合指数、成份指数、主题指数和单商品指数四类组成。

6 月 29 日，大连商品交易所主办的"2017 国际农业风险管理论坛"在北京成功召开。此次论坛的成功举办，对于进一步加强我国农业风险管理的探索和实践、促进农民增收、服务农业供给侧结构性改革具有一定的启发和借鉴意义。

6 月 22 日，大连商品交易所与中国建设银行在大连续签全面战略合作协议。

6 月 7 日，大连商品交易所豆粕期权迎来了上市以来的首个到期日，当日豆粕期权 M1707 系列 32 个合约顺利摘牌，平稳走过完整的运行周期。

5 月 31 日，大连商品交易所通过前期组织全市场测试验证黄大豆二号新合约交易功能，完成新合约上市前系统冒烟测试，确保黄大豆二号新合约平稳挂牌上市。

5 月 31 日，大连商品交易所新标准黄大豆二号期货合约上市交易，黄大豆二号新合约规则的实施，将在维护国家粮食安全、促进行业健康发展、掌握大豆国际定价权等方面，发挥重要的作用。

5 月 26 日，大连商品交易所新一代办公系统移动端正式上线，标志着大连商品交易所新一代办公系统完成全面上线工作。此前，已于 4 月 17 日，完成桌面端的上线工作。新一代办公系统投入使用，对推动规范化管理，提升办公效率具有重要作用。

5 月 24 日，由大连商品交易所与中国石油和化工联合会、中国轻工业联合会共同主办的"2017 中国塑料产业大会"在杭州成功召开。

5 月 9 日，大连商品交易所高校期货人才培育项目开班仪式在大连举行。

5 月 5 日，大连商品交易所正式启动 2017 年"保险 + 期货"扩大试点工作。该项工作是大连商品交易所贯彻 2017 年中央一号文件关于"稳步扩大'保险 + 期货'试点"的指示精神，落实国务院及证监会有关工作部署，鼓励期货公司更好服务实体经济的重要举措。

4 月 24 日，大连商品交易所在大连举办"大商所产业培育基地签约仪式暨市场培育服务工作座谈会"，该项活动旨在充分发挥大连期货市场品种集散地或产业聚集区典型企业的示范带动作用，构建高层次、综合性市场培育平台。

4 月 21 日，大连商品交易所与中国石油和化学工业联合会在大连签署战略合作协议。

4 月 18 日，大连商品交易所与辽宁出入境检验检疫局在大连签署战略合作协议。

4 月 10 日，大连商品交易所正式发布了自主研发的 6 只大连商品交易所商品期货系列指数，分别为农产品、油脂油料、饲料类、大豆类等 4 只多商品期货价格指数，以及豆粕、铁矿石等 2 只单商品期货价格指数。

3 月 31 日，大连商品交易所通过前期扎实开展开发、外围及周边系统升级、测试等工作，全力保障期权业务顺利上线。

3 月 31 日，上午 9 时，豆粕期权成功在大商所挂牌交易，标志着我国首个商品期权正式起航。豆粕期权的上市填补了我国商品期权的空白，对建设多元开放、功能完善的国内衍生品市场具有划时代意义。豆粕期权上市当天，市场总体运行平稳，各方评价积极正面。

3 月 27 日，大连商品交易所与莫斯科交易所在莫斯科签署合作谅解备忘录，共同谋求在更广泛的领域中开展合作。

3 月 27 日，大连商品交易所在大连举办 2016"保险 + 期货"试点项目验收评审会及 2017 年试点工作座谈会。大连商品交易所相关人员，评审专家及 12 个试点项目代表参加了评审会和座谈会。

3 月 24 日，大连商品交易所与农业部信息中心在农业部信息会商发布中心共同签署"大宗农产品市场信息共同行动计划"，并发布合作框架下第一个重大成果——"瘦肉型白条猪肉价格指数"。

3 月 24 日，大连商品交易所与中国银行在中国银行总行大厦签署战略合作协议。

3 月 18 日，大连商品交易所开展了第四次期权业务全市场测试，也是证监会正式发布豆粕期权上市日期后的首次全市场测试。

3 月 17 日，大连商品交易所正式公布豆粕期权做市商名单，10 家公司成为大商所豆粕期权的做市商。

3 月 14 日，辽宁省委常委、大连市委书记谭作钧一行来大连商品交易所调研，大连市委常委、秘书长熊博力，大连市副市长洪登金陪同调研。

3 月 14 日，大连商品交易所发布了关于实施《大连商品交易所铁矿石仓单服务管理办法（试行）》的通知，该办法自 5 月 2 日起正式实施。

3 月 10 日，大连商品交易所与汕头市政府签署战略合作协议，并为柏亚交割仓库、产业培育基地揭牌。

3 月 9 日，大连商品交易所公布了首批通过商品期权业务现场检查的期货公司名单，136 家期货公司通过了首批检查。

3 月 7 日，大连商品交易所发布了《大连商品交易所豆粕期货期权合约》及相关实施细则。

2 月 24 日，大连商品交易所在北京组织召开了“保险 + 期货”试点工作座谈会，总结经验，增强共识，深化合作。

2 月 24 日，大连商品交易所发布通知，对《大连商品交易所指定交割仓库管理办法》、《大连商品交易所标准仓单管理办法》和《大连商品交易所交割细则》进行修改，在玉米品种上设立集团交割仓库，以集团化方式进行交割仓库管理，依托集团企业信用建立交割风险分层承担机制。修改后的规则自 C1709 合约开始施行。

2 月 23 日，大连商品交易所发布通知，设立湖北家和美食品有限公司为鸡蛋指定车板交割场所，该指定车板交割场所将于 2017 年 3 月 1 日启用。同日，大连商品交易所发布实施《大连商品交易所鸡蛋指定车板交割场所管理工作办法（试行）》。

2 月 18 日，大连商品交易所完成了第三次期权业务全市场测试，再次检验了交易系统的安全性和有效性，包括会员等在内的整个市场能够支持期权业务的顺利开展。

2 月 15 日，大连商品交易所顺利召开 2017 年第一次临时会员大会。大会表决通过了《大连商品交易所 2017 年第一次临时会员大会表决和选举办法（草案）》，增选了 4 名会员理事。

1 月 24 日，大连商品交易所公布 2016 年度会员表彰名单，国投安信期货等六十家会员单位荣获十二个类别的 148 个奖项，受到表彰。

1 月 19 日，辽宁义县玉米价格“保险 + 期货”理赔兑现仪式在人保锦州分公司举行。这标志着大连商品交易所参与的 2016 年辽宁省玉米价格“保险 + 期货”创新试点取得了突破性成果。

1 月 9 日，大连商品交易所发布《大连商品交易所章程》和《大连商品交易所交易规则》修正案。《章程》和《交易规则》修正案已由大连商品交易所第六次会员大会审议通过，并经中国证监会批准。自发布之日起施行。

郑州商品交易所

郑州商品交易所（以下简称郑商所）是经国务院批准成立的我国首家期货市场试点单位。郑商所隶属中国证券监督管理委员会管理。

郑商所按照《期货交易管理条例》和《期货交易所管理办法》履行职能。依据《郑州商品交易所章程》、《郑州商品交易所交易规则》及其实施细则和办法实行自律性管理。遵循公开、公平、公正和诚实信用的原则，为期货合约集中竞价交易提供场所、设施及相关服务，对期货交易进行市场一线监管，防范市场风险，安全组织交易。

郑商所实行会员制。会员大会是郑商所权力机构，由全体会员组成。理事会是会员大会常设机构，下设咨询顾问委员会和品种、交易、监察、自律管理、财务与审计、技术等 6 个专门委员会。截至 2017 年底，郑商所共有会员 164 家，分布在全国 26 个省（市）、自治区。其中期货公司会员 149 家，占会员总数的 91%；非期货公司会员 15 家，占会员总数的 9%。共有交割仓（厂）库 297 家，期货保证金存管银行 14 家。

郑商所总经理为法定代表人。根据工作需要，内设办公室、党委办公室（理事会办公室、监事会办公室）、农产品部、非农产品部、期货衍生品部、市场服务部、会员部、交易部、结算部、交割部、市场监察部、系统运行中心、法律合规部、新闻信息部、国际合作部（港澳台办公室）、人力资源部（党委组织部）、财务部、行政部（安全保卫部）、内审部、纪检监察室等 20 个职能部门。全资易盛信息技术有限公司、郑州商品交易所期货及衍生品研究所有限公司，以及北京研发中心等 5 个下属机构。

郑商所目前上市交易普通小麦、优质强筋小麦、早籼稻、晚籼稻、粳稻、棉花、棉纱、油菜籽、菜籽油、菜籽粕、白糖、苹果、动力煤、甲醇、精对苯二甲酸（PTA）、玻璃、硅铁和锰硅等 18 个期货品种和白糖期权，范围覆盖粮、棉、油、糖、林果和能源、化工、纺织、冶金、建材等多个国民经济重要领域。

郑商所实行保证金制、每日涨跌停板制、每日无负债结算制、实物交割制等期货交易制度。积极适应市场创新发展要求，不断优化制度安排。

郑商所拥有功能完善的交易、交割、结算、风险监控、信息发布和会员服务等电子化系统。会员和投资者也可以通过远程交易系统进行期货交易。期货交易行情信息通过路透社、彭博资讯、世华信息等多条报价系统向国内外同步发布。

郑商所注重加强对外交流与合作。1995 年 6 月加入国际期权（期货）市场协会。2012 年 10 月加入世界交易所联合会。先后与美国芝加哥期权交易所、芝加哥商业交易所、纽约 - 泛欧交易所集团、印度多商品交易所、尼日利亚证券与商品交易所、香港交易及结算所有限公司、墨西哥衍生品交易所、泰国农产品期货交易所、加拿大多伦多蒙特利尔交易所集团等多家期货交易所签订了友好合作协议，定期交换市场信息，进一步扩大了郑商所在国际上的影响力。

面向未来，郑商所将以习近平新时代中国特色社会主义思想为指导，深入贯彻党的十九大精神、全国金融工作会议和中央经济工作会议精神，狠抓创新发展，强化市场监管，筑牢发展保障，努力把郑商所打造成品种工具丰富、场内场外协同、运行安全高效、功能发挥充分，位居世界前列的期货及衍生品交易所。

地址：郑州市郑东新区商务外环路 30 号

邮编：450018

电话：0371 - 65610069

传真：0371 - 65613068

第二节　期货经营机构

华泰期货有限公司

【基本情况】

公司名称:华泰期货有限公司

许可证号:91440000100022258H

经营范围:商品期货经纪,基金销售业务资格,资产管理业务资格,投资咨询业务资格,金融期货经纪

金融期货业务资格类别:全面结算

取得会员资格的期货交易所名称:大连商品交易所,中国金融期货交易所,郑州商品交易所,上海期货交易所

注册资本(元):1609000000

公司住所:广州市越秀区东风东路 761 号丽丰大厦 20 层、29 层 04 单元

法定代表人:吴祖芳

办公地址和邮编:广州市越秀区东风东路 761 号丽丰大厦 20 层、29 层 04 单元(510600)

客户服务及投诉电话:4006280888

公司网址网址:www. htfc. com

公司电子邮箱:gwf@ htfc. com

【公司概况】

华泰期货有限公司成立于 1994 年 3 月 28 日,是华泰证券(股票代码:601688. SH,6886. HK)控股子公司,目前注册资本 16. 09 亿元,主营业务为商品期货经纪、金融期货经纪、期货投资咨询、资产管理、基金销售。华泰期货是中国首批成立的期货公司之一及全国首批获得投资咨询、资产管理、风险管理子公司业务创新试点的期货公司之一,是中国期货业协会理事会会员、中国金融期货交易所全面结算会员、上海国际能源交易中心会员以及国内三大商品交易所的会员。

华泰期货在全国设立了北京、上海、深圳、成都、大连 5 家分公司,39 家营业部,同时依托华泰证券遍布全国各地的 270 余家营业网点,形成了覆盖全国的 IB 服务网络。旗下设立风险管理子公司华泰长城资本管理有限公司,注册资本 1. 5 亿元(变更中),华泰长城投资管理有限公司,注册资本 3. 5 亿元,以及华泰长城国际贸易有限公司,华泰(香港)期货有限公司,华泰金融美国公司。

华泰期货以中国金融体制改革和多层次资本市场发展为契机,以服务实体经济发展、满足财富管理需求为己任,打造中国领先的金融衍生品综合服务平台。以客户需求为核心,致力于成为金融衍生品领域集风险管理者、资产管理者、财富管理者、市场组织者于一体的现代金融机构。建立并践行“一二三一二”发展战略,即“一条全业务链、两大平台、三大业务线”,以及“一核两翼”的战略布局。

华泰期货的核心价值观是以客户为中心、以奋斗者为本、以执行力为根基,努力实现对客户负责、对股东负责、对员工负责、对社会负责的和谐统一。华泰期货以诚信、专业、高效、创新为经营理念,坚定不移地推进公司转型发展、创新发展、协调发展、规范发展和国际化发展,全面提升公司在行业的领先地位。

海通期货股份有限公司

【基本情况】

公司名称:海通期货股份有限公司

许可证号:913100001321103596

经营范围:投资咨询业务资格,基金销售业务资格,资产管理业务资格,商品期货经纪,金融期货经纪

金融期货业务资格类别:全面结算

取得会员资格的期货交易所名称:上海期货交易所,中国金融期货交易所,大连商品交易所,郑州商品交易所

注册资本(元):1300000000

公司住所:中国(上海)自由贸易试验区世纪大道 1589 号 17 楼,6 楼 01、03、04 单元,25 楼,2 楼 05、03 单元

法定代表人:吴红松

办公地址和邮编:中国(上海)自由贸易试验区世纪大道 1589 号 17 楼,6 楼 01、03、04 单元,25 楼,2 楼 05、03 单元(200122)

客户服务及投诉电话:4008209133

公司网址网址:www. htfutures. com

公司电子邮箱:office@ htfutures. com

【企业概况】

一、海通期货简介

海通期货股份有限公司是海通证券控股的专业期货公司。公司注册资本人民币 13 亿元,是国内三大期货交易所全权会员,中国金融期货交易所全面结算会员。公司在全国设立营业网点 41 家,首批获得期货投资咨询业务资格、资产管理业务资格、基金销售业务资格和股票期权交易参与人资格,获准进入银行间债券市场。公司在业内首批设立了风险管理子公司——上海海通资源管理有限公司,海通资源注册资本为人民币 2 亿元,主要从事仓单服务、定价服务、合作套保、基差交易、做市业务及与风险管理服务相关的业务。公司并设立香港子公司——海通期货香港有限公司进军国际金融市场,海通期货香港设立于 2015 年 10 月,注册资本为港币 7000 万元,已获得香港证监会第 2 号(期货合约交易)和第 5 号牌照(就期货合约提供意见)。

二、海通期货发展情况介绍

海通期货长期以来深入贯彻落实中国证监会“期货市场服务产业经济和国民经济”的精神,着力打造人才集聚平台、技术领先平台、业务创新平台和科学管理平台,努力发挥期货公司服务实体经济的基本职能。海通期货的发展历程是中国券商系期货公司发展壮大的缩影,也是券商系期货公司的一面旗帜。经过十余年辛勤耕耘,海通期货从最初默默无闻发展为业内规模实力领先、品牌影响力卓越的期货公司。自 2010 年以来,公司业务规模已连续 7 年稳居行业前五,其中 4 年排名前三,在金融期货和众多主要商品

期货品种上具有极高的市场份额。海通期货的发展与成长不仅体现在业务规模、市场份额、营收利润，更体现在十余年间建立的专业化团队，和依靠团队在市场中积累的经验、塑造的良好品牌形象。海通期货主动践行金融企业的企业公民职责，对内强化业务培训、对外强化投资者教育，切实维护投资者尤其是中小投资者的合法权益，促进资本市场长期稳定健康发展。公司坚决贯彻落实国家精准扶贫战略，以“保险＋期货”和“场外期权”模式为载体，切实为贫困地区实体经济提供风险管理服务，持续推动专业帮扶、精准扶贫，目前已陆续开展河南睢县鸡蛋，云南勐海县、西畴县、广西隆安县白糖，海南琼中县橡胶，黑龙江明水县玉米，黑龙江桦川县大豆等精准扶贫项目。

海通期货在经营过程中所树立的迎难而上、创新进取、技术领先、市场化运作、合规风控稳健及负责任的企业公民等形象，受到监管部门和社会各界的充分肯定。公司获得上海市总工会颁发的“工人先锋队”荣誉称号，是中国期货业协会理事单位、上海期货同业公会副会长单位、上海期货交易所监事单位、郑州商品交易所资格审查委员会委员单位和大连商品交易所战略咨询委员会委员、陆家嘴金融城理事单位。2016 年度，公司荣获上期所优秀会员 30 强、郑商所市场发展优秀会员、大商所优秀会员金奖、中金所优秀会员白金奖等交易所奖项逾 40 项。发展十余年间，公司也逐渐形成了一些比较鲜明的特色：

一是坚持创新引领企业发展。期货行业的竞争非常激烈，高度市场化的运行机制在一定程度上保障了公司能够更加有效地面对监管政策和市场环境变化，并拥有较大的创新空间。海通期货在业内最早大规模设置营销渠道，目前在全国主要城市铺设营业网点 41 家；在业内首家上线 CTP 交易系统，这一系统具有速度快、容量大、开放式接口等特点，吸引大量客户，近几年来国内绝大部分期货公司都已上线该系统，推动行业的技术水平向前大步迈进；在业内首家通过 ISO 质量管理体系认证，受到上海证监局高度认可，并在辖区内推广；首批获得投资咨询、资产管理、基金销售、股票期权交易等业务资格，在上海自贸区设立了首家风险管理子公司，在香港设立了子公司进军国际市场。

二是坚持“一体两翼”战略布局。“一体”就是以期货经纪业务为主体，“两翼”指的是资产管理和风险管理。传统经纪业务是期货公司发展的基石，海通期货以极速行情和交易系统为切入点，为国内外投资者提供全球 24 小时交易环境，努力提升经纪业务市场占比，打造客户流、资金流和信息流的平台，为开展创新业务奠定根基。2016 年，以单边计算，公司代理成交金额 16.49 万亿元，市场份额 8.43%，行业排名第一；2017 年上半年，公司经纪业务市场份额再创新高，代理成交金额 8.5 万亿元，市场占比 9.89%，在上期所、郑商所、大商所的市场份额均排第一，在中金所市场份额保持行业前列。公司积极发挥期货公司在衍生品领域的专业优势，发展自主管理型资管业务及期现结合业务，服务实体经济，拓展创新业务空间。在资管新规框架下，公司资管业务努力回归期货本源，着力发展自主管理业务，重点打造了“远航私募专享 FOF 系列”产品，并结合公司“笑傲江湖”实盘大赛平台，吸引期货私募产品加盟，扩大产品规模。风险管理业务方面，公司依托风险管理子公司平台，为实体企业提供合作套保、仓单服务、定价服务、基差交易、做市业务等风险管理服务。公司积极响应国家与监管号召，大力发展期现结合业务，通过开展场外期权及其他衍生品的设计和交易，为实体企业和金融机构提供有针对性、定制化的风险管理产品和解决方案，充分运用金融衍生品工具助力实体企业管理风险、稳健运行。公司风险管理子公司在不断扩大服务外延的过程中积极探索业务模式创新，其中为中金蒙矿提供的预销售定价服务具有为实体经济提供专业特色服务的典型意义，该项目论文获评上期所“2017 年期货市场服务实体经济”征文活动二等奖。

三是持续打造“人才、IT、风控、研发”四根支柱。海通期货坚信人才是企业发展的第一动力，目前已集聚了一批卓越的人才团队，员工人数逾 600 人，其中硕士以上和具有海外工作经验的员工占比近 20%。公司每年在 IT 方面大量投入，达到三类信息技术标准，首家上线 CTP 系统，推出了自主研发的高速行情系统，构建了业内首个双中心双活交易集群系统，致力于打造永不中断的核心交易体系。公司一贯积极推行 ISO 质量管理标准，致力于全面改进内部管理、提高客户服务质量，继 2009 年在业内首家引入 ISO9001：2008 质量管理认证体系后，再次成为首家通过升级 2015 版审核的期货公司，并连续多年获得“质量管理体系分类监管 AAA 评级”，推动内部管理更加规范高效。为进一步强化研究支持力度，提升客户服务能力，公司重新构建投研体系，致力于打造一支高素质、专业化的研究团队，为客户提供更专业、更优质和更可靠的服务。

四是倡导积极向上的企业文化。海通秉持“勇于担当、矢志创新、追求卓越”的核心价值观。在这种价值观的影响下，海通团队朝气蓬勃、锐意创新，具备干事创业的激情、勇担责任的心态、追求卓越的意志、敢于创新的魄力、敬业奉献的作风，致力于打造一流团队，提供一流服务，树立一流品牌，创造一流效益，争创国内规模大、实力强、服务全的新型期货公司。

展望未来，为适应实体经济、金融市场和国民理财需求，海通期货将紧密围绕“市场化、多元化、国际化”三条主线，以传统经纪业务为主体，以资产管理业务和风险管理业务为两翼，努力构建“期货与现货、场内与场外、国内与国外、经纪与交易、线上与线下”一体化发展格局，向“总部集团化、业务模块化和职能一体化”管理模式转型，力争成为国内一流并具有一定国际竞争力的金融衍生品综合服务企业。

上海中期期货股份有限公司

【基本情况】

公司名称：上海中期期货股份有限公司

许可证号：9131000063032857XL

经营范围：投资咨询业务资格，资产管理业务资格，商品期货经纪，金融期货经纪

金融期货业务资格类别：交易结算

取得会员资格的期货交易所名称：上海期货交易所，中国金融期货交易所，大连商品交易所，郑州商品交易所

注册资本（元）：600000000

公司住所：中国（上海）自由贸易试验区世纪大道 1701 号 1301 单元

法定代表人：吕海鹏

办公地址和邮编：中国（上海）自由贸易试验区世纪大道 1701 号 1301 单元（200122）

客户服务及投诉电话：4006709898

公司网址网址：www.shcifco.com

公司电子邮箱：manage@shcifco.com

【公司概况】

上海中期期货股份有限公司（简称上海中期）成立于1993年2月28日，是经中国证监会批准，国家工商行政管理局核准的独立法人，2016年9月整体改制为股份有限公司。公司注册资本金6亿元人民币，主要股东为兖矿集团有限公司、兖州煤业股份有限公司。全国中小企业股份转让系统证券代码：871467。

上海中期是上海期货交易所、大连商品交易所、郑州商品交易所、中国金融期货交易所及上海国际能源交易中心的正式会员。

上海中期秉承“三信五精神”的企业文化，以相信期货，相信中期，相信自己，诚实守信合规经营的从业精神，止于至善的客户服务精神，战胜一切困难的拼搏精神，公司利益至上的主人翁精神，主动自觉的企业家精神，谆谆教诲每一位员工。经过二十多年的不懈努力，上海中期已成为具有专业影响力的大型期货经营机构之一。

徽商期货有限责任公司

【基本情况】

公司名称：徽商期货有限责任公司

许可证号：30020000

经营范围：投资咨询业务资格，资产管理业务资格，基金销售业务资格，金融期货经纪，商品期货经纪

金融期货业务资格类别：交易结算

取得会员资格的期货交易所名称：大连商品交易所，郑州商品交易所，上海期货交易所，中国金融期货交易所

注册资本（元）：100000000

公司住所：安徽省合肥市芜湖路258号3号楼6-7层、6号楼1-2层

法定代表人：吴国华

办公地址和邮编：安徽省合肥市芜湖路258号3号楼6-7层、6号楼1-2层（230061）

客户服务及投诉电话：400-887-8707

公司网址网址：www. hsqh. net

公司电子邮箱：zhglb@ hsqh. net

【公司概况】

徽商期货有限责任公司成立于1996年2月，是经中国证监会批准、在国家工商局注册成立的安徽省第一家期货公司，也是安徽省首家获得金融期货经纪业务资格的期货公司。

公司成立之初，中共中央政治局常委、国务院副总理汪洋同志（时任安徽省委常委、常务副省长）亲自揭牌并亲笔题词：“来之不易，精心操作，循序渐进，按法经营，逐步壮大，繁荣经济”。徽商期货总部设在合肥，在北京、上海、广州、深圳、大连、郑州、杭州、武汉等城市设有26家营业部和1家分公司（另外4家营业部正在筹建中），并在香港设立徽商期货国际（香港）有限公司，在上海自贸区设立徽丰实业（上海）有限公司。作为中国证券业协会、中国期货业协会、中国基金业协会会员单位，公司拥有上海期货交易所、大连商品交易所、郑州商品交易所、中国金融期货交易所交易结算会员资格以及上海国际能源交易中心会员资格。公司具备从事商品期货、金融期货、期货投资咨询、资产管理以及基金代销业务资格。

自2007年以来，徽商期货抓住机遇，更新观念，市场占有率快速提升，经营业绩取得了跨越式的发展，客户数、利润增长了100倍以上，客户数超过11万个。公司连续五年净资产收益率全国期货行业排名前两名，其中2013年和2016年净资产收益率全国期货行业排名第一。公司期货交易量、交易额连续多年居全国前十，2012年公司商品期货成交额居全国行业第二。2017年度交易量1.41亿手，交易额7.21万亿元。各项经营指标在安徽省内同行中位居第一，并占全省50%左右份额。

申银万国期货有限公司

【基本情况】

公司名称：申银万国期货有限公司

许可证号：91310000621608721G

经营范围：基金销售业务资格，资产管理业务资格，投资咨询业务资格，金融期货经纪，商品期货经纪

金融期货业务资格类别：全面结算

取得会员资格的期货交易所名称：大连商品交易所，中国金融期货交易所，郑州商品交易所，上海期货交易所

注册资本（元）：1119371400

公司住所：上海市东方路800号7、8、10楼

法定代表人：李建中

办公地址和邮编：上海市东方路800号7、8、10楼（200122）

客户服务及投诉电话：4008887868

公司网址网址：www. sywgqh. com. cn

公司电子邮箱：sf1000@ sywgqh. com. cn

【公司概况】

申银万国期货有限公司成立于2007年，系申万宏源证券有限公司的控股子公司，注册资本金11.19亿元，设有一家全资风险管理子公司、21家营业部。

公司坚持“依法、合规、规范”的经营方针，发扬“解放思想、真抓实干、追求卓越”的企业精神，依靠强大的股东背景优势和专业人才队伍，致力于为客户提供优质的期现货、场内外、境内外、线上下相结合的期货及衍生品服务。公司首批获得期货投资咨询及资产管理业务资格；获批证券投资基金销售业务资格、中国金融期货交易所全面结算会员资格、上海国际能源交易中心会员资格、上海证券交易所股票期权经纪业务交易权限。公司凭借在合规经营、风险控制、技术进步、创新发展、产业服务、品牌影响和金融期货功能发挥等方面的优异表现，连续多年获评中国证监会期货公司分类监管评级A类AA级的最高评级，并荣获政府机关、交易所、主流媒体等颁发的百余项重要奖项和荣誉。

创新业务

申银万国期货率先取得了行业全牌照业务资格，建立广泛的客户资源基础和业务合作渠道。公司加快创新业务投入与发展，在资管业务、风险管理业务、投资咨询业务和网络金融业务方面已取得显著发展与突破。

2016年1月，公司取得了上证所股票期权的经纪业务资格，业务规模持续增长，成交量市占率在同类期货公司中排名第8位。

2018年3月26日原油期货上市首日，公司客户夺得境外中介交易首单。同时公司不断加大与CME、港交所合作举办业务培训力度，积极开展境外期货子公司调研，并推动境外业务的开展

公司全资子公司申银万国智富投资有限公司积极探索

通过场外衍生品业务服务实体经济、为企业提供个性化的风险管理解决方案并实现共赢的业务模式。场外衍生品业务服务客户覆盖了有色金属、黑色金属、化工、农产品等几大产业链,并通过贸易和期权的有机结合所设计的结构化贸易模式帮助客户锁定成品利润、控制生产成本,有效提高企业的经营管理能力。场外衍生品成交量上始终排名行业前列。

公司作为首批获得资产管理业务资格的18家公司之一,2014年以来成功发行自主研发主动管理型期权组合策略、程序化CTA产品,量化ALPHA,量化打新,大力拓展银行、基金、证券渠道,目前资管业务管理产品净值位居行业前列。

利用全牌照优势,公司自2014年起面向市场上尚未阳光化的私募投资咨询人士或机构,提供产品设立、业绩推广、资金支持等多项孵化服务。由此私募管理人士的投资业绩得到专业机构公允评估和发布,从而走上阳光化之路。

社会责任

申银万国期货坚持增收节支的经营理念,通过倡导自身能源节约,努力保护环境,努力减少日常运营对环境带来的影响。全体干部、员工积极响应绿色节能,通过各种途径做到厉行节约,减少社会能耗,支持绿色生态发展。

公司完成上海科委课题《面向证券期货业的金融市场监管平台》,该平台具有数据处理速度快、数据处理频率高、数据处理响应快和数据处理范围广,结果准确等特点,通过异常交易模式识别技术等构建面向证券期货业的异常交易行为识别系统,在金融服务模式创新、服务体系建设等方面起到示范和推动作用。

公司高度重视反洗钱工作,定期举办全公司的反洗钱培训,在开户等日常工作中贯彻落实反洗钱工作要求。在反洗钱集中宣传月活动中,公司通过多种形式向社会大众宣传反洗钱知识,履行反洗钱宣传的社会责任。在营销过程中,公司要求业务人员对客户进行风险教育和投资理念培训,要求业务人员了解客户的风险承受能力及偏好,"把风险讲透,把规则讲够"。同时,公司建立了畅通的投诉处理机制,确保客户的诉求被快速响应,化解矛盾在基层。

服务实体

在服务三农方面,2016年公司成功申报大商所玉米"保险+期货"扩大试点项目,与中国人保大连分公司合作为吉林省乾安县万家农业种植专业合作社和黑龙江巴彦县丰裕合作社提供了1.5万吨玉米期货价格保险。在玉米价格下跌过程中为保障农业合作社种植收入发挥了积极作用。

在服务产业客户方面,公司积极为产业客户提供风险管理顾问、研究分析、交易咨询等服务,协助客户建立风险管理制度、操作流程,为客户设计套期保值、套利等投资方案,切实履行"期货行业服务实体经济"的责任。公司的全资子公司"申银万国智富投资有限公司",为产业客户提供场外期权、仓单服务、合作套保等服务。

精准扶贫

公司与新疆麦盖提县签订了《扶贫服务备忘录》,确定麦盖提县作为公司结对帮扶的对象。公司后续将结合麦盖提县的实际情况,在产业扶贫、消费扶贫、公益扶贫等方面多管齐下,积极履行国有金融企业应担当的经济责任、政治责任和社会责任。

2017年10月14日:,公司与上海期货交易所、中国人保合作推进天然橡胶"保险+期货"项目完成首批赔付。

经过近3个月的沟通和对接,国家级贫困县云南省永德县的2010吨天然橡胶被纳入橡胶价格指数保险保障,该保单于今年9月1日起正式生效。9月以来,橡胶期货合约价格连续下跌,使得9月交易平均价低于保险目标价,触发了橡胶价格指数保险责任。按照保险约定,上海期货交易所、人保财险上海市分公司和申银万国期货公司迅速将首笔赔款送达永德县农户手中,以缓解农户的损失程度。

该项目在云南永德县覆盖贫困建档立卡户104户,保险规模现货产量2000吨,并获得了中央电视台、上海证券报等多家主流媒体的报道。

中投天琪期货有限公司

【基本情况】

公司名称:中投天琪期货有限公司

许可证号:30650000

经营范围:商品期货经纪,资产管理业务资格,基金销售业务资格,金融期货经纪

金融期货业务资格类别:交易结算

取得会员资格的期货交易所名称:上海期货交易所,中国金融期货交易所,大连商品交易所,郑州商品交易所

注册资本(元):300000000

公司住所:深圳市福田区深南大道4009号投资大厦3楼01、04区

法定代表人:任春伟

办公地址和邮编:深圳市福田区深南大道4009号投资大厦3楼01、04区(518048)

客户服务及投诉电话:4001087888

公司网址网址:www. china - invf. com

公司电子邮箱:tqqhbgs@ tqfutures. com

【公司概况】

中投天琪期货有限公司(以下简称"中投期货"),前身为黑龙江省天琪期货经纪有限公司,始创于1996年3月1日,2008年7月1日经中国证监会(《关于核准黑龙江省天琪期货经纪有限公司变更股权及注册资本的批复》证监许可〔2008〕854号)批准,由中国中投证券有限责任公司(原"中国建银投资证券有限责任公司")收购其80%股权并将注册资本金增至3亿元。2009年底将公司注册地址迁往深圳。2012年3月公司正式更名为"中投天琪期货有限公司"。

中投期货经营范围为:商品期货经纪、金融期货经纪、基金销售、资产管理。

目前是上海期货交易所(会员号0335),大连商品交易所(会员号0120)和郑州商品交易所(会员号0155)的全权会员,中国金融期货交易所的金融期货交易结算会员(会员号0168)。

光大期货有限公司

【基本情况】

公司名称:光大期货有限公司

许可证号:31370000

经营范围:金融期货经纪,基金销售业务资格,资产管理业务资格,商品期货经纪,投资咨询业务资格

金融期货业务资格类别:全面结算

取得会员资格的期货交易所名称:上海期货交易所,中国金融期货交易所,大连商品交易所,郑州商品交易所

注册资本(元):1500000000

公司住所:中国(上海)自由贸易试验区杨高南路 729 号 6 楼

法定代表人:俞大伟

办公地址和邮编:中国(上海)自由贸易试验区杨高南路 729 号 6 楼(200127)

客户服务及投诉电话:4007007979

公司网址网址:www. ebfcn. com

公司电子邮箱:xzrsb@ ebfcn. com. cn

【公司概况】

光大期货有限公司(EBF),是光大证券全资子公司,注册资本达 15 亿元,拥有国内全部期货交易所的会员席位。公司前身南都期货成立于 1993 年,是国内首批专业期货公司之一。公司自成立以来,经营稳健,管理规范,服务专业,资产优良,在业内享有着良好的声誉。

光大期货有限公司(EBF),总部位于中国金融中心上海市,在上海、北京、大连、福州、宁波、郑州、青岛、长沙、天津、深圳等地开设了 27 家分支机构,并计划在国内开设多家期货营业部,同时依托光大证券遍布全国的营业网点,全方位拓展金融期货和商品期货经纪业务以及其他创新业务。公司致力于将服务网络覆盖每个地区,成为投资者的最佳选择,无论何时何地,都能提供投资者所需要的服务。

光大期货有限公司(EBF),全力打造一流交易平台,交易结算系统采用上期技术 CTP 交易系统。公司执行严格的保证金封闭管理,开通所有经中国证监会授权银行的银期转帐业务,为投资者提供快捷、安全服务。

光大期货有限公司(EBF),秉承"专业服务,诚信经营,创造价值,追求卓越"的经营理念,依托经验丰富,专业高效的工作团队,始终把投资者的需求放在第一位,真诚为投资者正确做出每一项投资决策提供专业高效的服务。

东海期货有限责任公司

【基本情况】

公司名称:东海期货有限责任公司

许可证号:91320000100021642E

经营范围:基金销售业务资格,资产管理业务资格,商品期货经纪,金融期货经纪,投资咨询业务资格

金融期货业务资格类别:全面结算

取得会员资格的期货交易所名称:上海期货交易所,中国金融期货交易所,大连商品交易所,郑州商品交易所

注册资本(元):500000000

公司住所:江苏省常州市延陵西路 23、25、27、29 号

法定代表人:陈太康

办公地址和邮编:上海市浦东新区东方路 1928 号东海证券大厦 8 楼东海期货(213003)

客户服务及投诉电话:95531

公司网址网址:http://www. qh168. com. cn/

公司电子邮箱:bgs@ dh168. com. cn

【公司概况】

成立于 1993 年,注册地江苏常州,注册资本 5 亿元,中国期货业协会、江苏省期货业协会理事会员,中国证券投资基金业协会联席会员、中国证券业协会会员,大连商品交易所、郑州商品交易所、上海期货交易所、上海国际能源交易中心会员,中国金融期货交易所全面结算会员,拥有商品期货经纪、金融期货经纪、期货投资咨询、资产管理、基金销售等资质,在业内以创新、专业著称。公司于 2014 年 12 月成立了风险管理子公司 - 东海资本管理有限公司,注册资本为 1 亿元人民币。东海期货拥有业内领先的交易、结算等软硬件设施,囊括业内最优秀的行情交易系统。交易系统功能齐全,速度快捷,多条专线直通国内四大交易所。

公司坚持以客户为中心的服务理念,形成涵盖客户开发、产品设计、投资管理、客户服务、风险监控等方面内容的业务体系。拥有稳健精干的管理团队和一流的专业人才队伍,具备持续稳健的经营管理能力和专业创新的市场开拓能力。

浙商期货有限公司

【基本情况】

公司名称:浙商期货有限公司

许可证号:91330000100022442E

经营范围:商品期货经纪,资产管理业务资格,投资咨询业务资格,金融期货经纪

金融期货业务资格类别:全面结算

取得会员资格的期货交易所名称:大连商品交易所,郑州商品交易所,上海期货交易所,中国金融期货交易所

注册资本(元):500000000

公司住所:浙江省杭州市下城区环城北路 305 号 1、11、12、20 层

法定代表人:胡军

办公地址和邮编:浙江省杭州市下城区环城北路 305 号 1、11、12、20 层(310007)

客户服务及投诉电话:4007005186

公司网址网址:www. cnzsqh. com

公司电子邮箱:lxqcx@ live. cn

【公司概况】

浙商期货有限公司 1995 年 9 月在杭州成立,由浙商证券股份有限公司全资控股,目前公司注册资本 5 亿元人民币,净资产 14.7 亿元。公司组织架构完善,风控体系严谨,业务结构合理,是一家集商品期货经纪、金融期货经纪、期货投资咨询、资产管理、境外业务和风险管理业务为一体的综合类期货公司。公司经过二十多年的发展,经营规模持续扩张,目前有分公司 2 家、营业部 25 家、全资子公司 2 家;营销网络覆盖浙江省内 13 个重点城市以及北京、上海、天津、广州、武汉、大连、济南、江苏等全国经济发达地区。

2013 年公司出资 1 亿元设立全资风险管理子公司 - 浙期实业,2016 年增资至 3 亿元;作为行业首批风险管理子公司,浙江浙期实业有限公司经过五年多的发展,打造了一支专业的期现业务团队,体现了良好的风险管理能力及渠道建设能力,在期现业务领域内确立了"浙商"品牌,在橡胶、PTA、焦炭、热卷、铁矿石、铁合金和棕榈油等品种方面建立了稳定的销售渠道和盈利模式。

2015 年公司出资 1000 万港币,在香港设立境外子公司 - 浙商国际金融控股有限公司,2017 年增资到 5000 万元港币。浙商国际金融控股有限公司自开业至今客户权益达到 1.39 亿港元,在同期开展业务的公司中表现突出,为打造境外综合性的金融理财平台做好充分的准备。

二十多年来,公司秉承规范经营、为机构投资者服务、为高端客户服务的理念,在期货行业内赢得了良好的口碑,连续多年被三家商品交易所评为"优秀会员",荣获多项品种优胜奖项,综合排名全国第十一位,部分指标稳居行业前十位。

永安期货股份有限公司

【基本情况】

公司名称:永安期货股份有限公司

许可证号:32080000

经营范围:商品期货经纪,基金销售业务资格,资产管理业务资格,投资咨询业务资格,金融期货经纪

金融期货业务资格类别:全面结算

取得会员资格的期货交易所名称:上海期货交易所,中国金融期货交易所,大连商品交易所,郑州商品交易所

注册资本(元):1310000000

公司住所:杭州市新业路200号华峰国际商务大厦16-17层,2603室、2702室

法定代表人:葛国栋

办公地址和邮编:杭州市新业路200号华峰国际商务大厦16-17层,2603室、2702室(310016)

客户服务及投诉电话:400-700-7878

公司网址网址:http://www.yafco.com

公司电子邮箱:yaqh@yafco.com

【公司概况】

永安期货股份有限公司(简称:永安期货)创办于1994年5月,1997年7月正式注册成立,是一家国有控股的专业期货公司,注册资本人民币13.1亿元,并于2015年10月28日在新三板挂牌上市,证券代码833840。公司实际控制人为浙江省财政厅,持有公司股权主要股东有:财通证券股份有限公司、浙江省产业基金有限公司、浙江东方集团股份有限公司、浙江省经济建设投资有限公司、浙江省协作大厦有限公司。

公司总部设在杭州,北京、上海、广州、深圳等40个城市设有分支机构,香港、新加坡设有子公司。

全资子公司——浙江永安资本管理有限公司、浙江中邦实业有限公司、中国新永安(香港)期货有限公司;

参股公司——永安国富资产管理有限公司、证通股份有限公司、中邮永安(上海)资产管理有限公司、浙江玉皇山南对冲基金投资管理有限公司、浙江永安投资咨询有限公司。

公司是上海期货交易所监事单位、郑州商品交易所理事单位、大连商品交易所理事单位、中国金融期货交易所全面结算会员单位、浙江期货行业协会会长单位。公司总经理葛国栋任郑州商品交易所会员理事、浙江省金融学会理事、浙江省金融业发展促进会副会长。

公司积极创新拓展混业经营、风险管理、财富管理、互联网化、全球配置五大业务领域,致力于成为国内第一、国际一流的综合金融衍生品服务商。

公司以"规范诚信""专业创新""真诚服务""行业领跑"为核心理念,崇尚"合作、分享、共赢"的伙伴文化,以最大限度地满足投资者需求,实现客户资产保值、增值为经营宗旨,努力追求客户、股东和员工的共赢。

南华期货股份有限公司

【基本情况】

公司名称:南华期货股份有限公司

许可证号:91330000100023242A

经营范围:金融期货经纪,基金销售业务资格,资产管理业务资格,投资咨询业务资格,商品期货经纪

金融期货业务资格类别:全面结算

取得会员资格的期货交易所名称:上海期货交易所,中国金融期货交易所,大连商品交易所,郑州商品交易所

注册资本(元):510000000

公司住所:杭州市西湖大道193号二层、三层

法定代表人:罗旭峰

办公地址和邮编:杭州市西湖大道193号二层、三层(310002)

客户服务及投诉电话:4008888910

公司网址网址:http://www.nanhua.net

公司电子邮箱:zjb@nawaa.com

【公司概况】

南华期货股份有限公司(以下简称"南华期货")成立于1996年,主要从事商品期货经纪、金融期货经纪、期货投资咨询、资产管理业务、证券投资基金代销业务,为全牌照类综合性期货公司,是中国金融期货交易所首批全面结算会员单位,是上海期货交易所、郑州商品交易所、大连商品交易所的全权会员单位,是上海证券交易所交易参与人。公司注册资金5.1亿人民币,总资产逾150亿人民币,具有较强的资本实力。公司目前设有上海、北京、宁波、深圳、南京五家分公司及上海芳甸路、兰州、台州、宁波、嘉兴、大连、北京、郑州、成都、温州、慈溪、哈尔滨、绍兴、深圳、青岛、上海虹桥路、萧山、广州、沈阳、天津、芜湖、重庆、太原、济南、永康、余姚、南通、普宁、厦门、桐乡、舟山、南昌、义乌、苏州和汕头等35家营业部,期货代理交易额、客户保证金总量、资产管理业务规模均位居行业前列。同时,公司下设横华国际金融股份有限公司(以下简称"横华国际金融")、浙江南华资本管理有限公司(以下简称"南华资本")、南华基金管理有限公司(以下简称"南华基金")三家全资子公司。

横华国际金融是2006年3月经中国证监会批准成立的全资子公司,是南华期货开展海外金融服务的重要平台。横华国际金融旗下已成立横华国际证券有限公司、横华国际期货有限公司、横华国际外汇有限公司、横华国际财富管理有限公司、横华国际资产管理有限公司、横华国际商贸有限公司、横华国际资本有限公司、HGNHLLC,涵盖期货经纪业务、资产管理业务、证券经纪、杠杆式外汇交易、投资咨询业务、大宗商品贸易、清算业务、培训等多个金融领域。HGNHLLC下设的南华美国有限公司于2013年在芝加哥成立,并于2015年2月13日正式成为CMEGROUP的无条件活跃清算会员,后期拟充分利用该项业务优势,为国内及东南亚地区的金融机构提供CMEGROUP的清算服务。同时,南华美国于2015年7月6日顺利取得DME清算会员资格,成为DME首个中资清算会员,更好的为国内企业提供DME阿曼原油产品等服务。

2012年,公司首批获得资产管理业务资格,在建立健全各项内控制度后,开始稳步推进资产管理业务的开展。资产管理业务作为公司创新业务,2014年以来通过收益互换等各类业务迅速扩大业务规模。2015年,公司进一步增强与各类金融机构的合作,持续提升业务规模成为行业的领先者。

南华资本是2013年4月经中国期货业协会备案成立的风险管理子公司,以服务实体经济为宗旨,立足风险管理,深度服务产业客户。作为南华期货开展风险管理服务的运营平台,南华资本主要业务为国内外大宗商品期货、场外衍生品方

面的风险管理服务业务，范围涵盖仓单服务、合作套保、基差交易、定价服务、做市业务等。

南华基金于2016年10月18日由中国证券监督管理委员会（“中国证监会”）核准设立，于2016年11月17日经工商注册登记成立，是国内第一家由期货公司全资控股的公募基金管理公司。公司注册资本为1.5亿元人民币，经营范围为基金募集、基金销售、资产管理、特定客户资产管理和中国证监会许可的其他业务。

作为中国证监会批准的国内首家期货系公募基金管理公司，南华基金将按照“稳健经营控风险、差异定位求发展”的经营理念，树立“常规产品打好基础、聚焦大宗做出特色”的发展规划，立志为广大投资者多元化资产配置提供专业化服务。

多年来，南华期货始终保持着健康稳定的发展态势，始终保持着良好的市场信誉和形象。公司于2002年在业内首家通ISO9001:2000国际国内双认证，2010年初顺利通过ISO9001:2008质量管理体系换版认证，并建立起分析师的职称评级体系，形成了多层次、多角度的人才梯队。

南华期货自创建以来始终秉承“公开、公平、公正”的基本原则，以“规范、自律、诚实、信用”为准绳，以客户资金的增值赢利为自身经营的目标，努力为投资者提供一流的服务。并且始终围绕以客户为中心的基本导向，成立来从未发生过重大法律纠纷，树立了良好的企业形象，得到了业界的肯定。

五矿经易期货有限公司

【基本情况】

公司名称：五矿经易期货有限公司

许可证号：91440300192223283O

经营范围：商品期货经纪，投资咨询业务资格，资产管理业务资格，金融期货经纪

金融期货业务资格类别：全面结算

取得会员资格的期货交易所名称：上海期货交易所，中国金融期货交易所，大连商品交易所，郑州商品交易所

注册资本（元）：2715151515

公司住所：深圳市福田区益田路西福中路北新世界商务中心4801－A、4802－B、4803、4804

法定代表人：张必珍

办公地址和邮编：深圳市福田区益田路西福中路北新世界商务中心4801－A、4802－B、4803、4804（518026）

客户服务及投诉电话：4008885398

公司网址网址：www.wkjyqh.com

公司电子邮箱：wkjyqh@wkjyqh.com

【公司概况】

五矿经易期货有限公司注册资本人民币271515.151515万元，是国内注册资本最大的期货公司之一。公司总部设在深圳（地址：深圳市福田区益田路西福中路北新世界商务中心48层），在北京、上海、青岛、成都设有四家分公司，且在北京、大连、上海、深圳、郑州、西安、长春、台州、昆明、重庆、天津、广州、杭州、济南、南通、宁波、厦门、无锡、湛江等大中型城市设立了20个营业部。

雄厚的股东实力

公司控股股东中国五矿集团由两个世界500强企业（原中国五矿和中冶集团）战略重组形成的中国最大、国际化程度最高的金属矿业企业集团，是全球最大最强的冶金建设运营服务商。在金融业务中，拥有金融全牌照。

经易控股集团有限公司做为公司的股东之一，以资本运营业务为核心，在黄金珠宝产业、期货产业、风险投资产业、能源投资产业具有一定的行业领先优势。

公司地位

中国金融期货交易所全面结算会员

荣获深圳市金融创新奖、最具潜力的知名品牌奖，为深圳市金融直通车企业

荣获上海市“星级诚信企业”奖

被北京市地方税务局评为“纳税信誉A级企业”

连续多年被评为最佳产业服务奖、最佳有色金属分析机构

套保专家

帮助套保企业制定套保制度、设计业务流程、培训业务人才

为现货的生产、加工、贸易等各类型企业量身定做套期保值方案

为企业提供咨询、交割、物流等全面服务

服务套保企业经验十分丰富，公司领导主编了《套期保值实务》等专业书籍

中国最大的黑色金属企业、中国最大的有色金属企业、中国最大的家电企业等，都选择了五矿经易期货进行套保

套利精英

推出国内领先的风险管理系统——“套保盈”，荣获深圳市政府金融创新奖三等奖

五矿经易期货是国内最早为客户开展套利服务的期货公司

开发的“套利策略池”、程序化交易等创新业务，为客户创造了满意的收益

公司整合多年在套利业务上积累的丰富经验，编撰《期货套利实务操作》

金属权威

五矿经易期货是国内最早与伦敦金属交易所（LME）及境外金属经营机构开展业务合作的期货公司

依托股东强大的有色金属、贵金属、黑色金属的生产、加工、贸易实力，为金属客户提供全面、及时、有价值的资讯，连续多年在铜、锌、铝等金属期货上的成交量和持仓量国内领先

公司对金属从宏观政策到微观经营，从产业链本身到相关行业，从境内到境外，进行全方位、多角度、持续深入地研究，深受生产企业及机构客户的追捧。未来，公司将继续把这些优势，拓展到软商品、农产品上

金融新锐

依托中国五矿集团金融中心各机构之间的协同合作，公司在股指期货、国债期货等金融领域的服务上具有独特优势

对金融期货客户，包括公募基金、私募基金、信托、QFII及个人投资者等，开展针对性强、个性化的特色服务

开展金融创新，设计金融理财产品，为投资者创造财富，并提供金融期货的套利、量化投资、程序化交易等多层次、多选择的服务

荣获中国金融期货交易所“股指期权业务联合研究”课题一等奖

研发实力

五矿经易期货研究所以套保套利、投资管理及风险管理为核心竞争力，搭建了从宏观、行业、品种到投资交易、风险管

理的多层次研究架构。公司在有色、黑色、贵金属等领域保持专业优势和市场影响力,并且在服务产业和套保套利方向继续深化。在投资研究方面,公司在绝对价格和相对价格领域都有细致深入的研究,为资产管理、投资机构等提供了丰富的有色金属套利、黑色金属对冲以及农产品对冲、量化投资策略。

公司三大研究中心分别位于深圳、北京、上海,研究员毕业于复旦大学、南开大学、厦门大学等国内一流院校和美国、英国、新加坡等海外名校。

2014 年,公司"股指期权基础培训"荣获中国金融期货交易所"股指期权投教产品大赛"铜奖;期权和金融期货团队 2013 年承接的中金所期权课题被评为一等奖会员项目。

套期保值服务团队以流程量化管理为基础的全面风险管理系统获 2013 年度深圳市政府金融创新奖三等奖;公司自主开发的"网格交易"程序化交易系统获 2014 年度深圳市政府金融创新优秀奖。

研发团队多次获得大连商品交易所十大期货研发团队评选"最具潜力工业品期货研发团队";金属产品团队多次获得上海期货交易所、《证券时报》和《期货日报》,以及中国有色工业协会传媒中心等举办的业内优秀分析师评选奖项;多人次获得"优秀分析师""杰出产业服务奖""最佳有色金属期货分析师"等称号。

公司荣誉

多次蝉联上海期货交易所评优会员奖项,以及铜、锌、铅、黄金、白银品种的产业服务优胜会员奖

2017 年"第十届中国最佳期货经营机构暨最佳期货分析师"评选中,公司荣获"中国最佳期货公司奖""最佳商品期货产业服务奖""最佳资产管理业务奖""最佳资本运营发展奖""最佳风险管理子公司服务奖""中国金牌期货研究所""最佳品牌建设推广奖""最佳诚信自律期货公司奖""中国优秀期货营业部奖""最佳工业品期货分析师奖"(两名)

2017 年证券时报主办的"2017 中国财富管理机构君鼎奖"评选活动,公司风险管理子公司荣获"2017 中国期货风险管理子公司君鼎奖"

2016 年公司荣获郑州商品交易所"市场成长优秀会员奖"

2016 年公司荣获中国金融期货交易所"优秀会员金奖"

2016 年第四届"中金所杯"全国大学生金融及衍生品知识竞赛,公司荣获"优秀组织二等奖"

2016 年"第九届中国最佳期货经营机构暨最佳期货分析师"评选中,公司荣获"最佳商品期货产业服务奖"、"最具成长性期货公司称号"两项大奖

2015 - 2016 年连续两年公司荣获大连商品交易所"年度最具成长性会员奖"

2014 年公司荣获中国金融期货交易所"优秀会员金奖";2013 - 2014 年连续两年度"会员进步奖"

企业文化

五矿经易期货有限公司秉承中国五矿集团公司"服务为本、自强不息"的企业文化理念,构建和谐企业,以"服务客户,成就员工,回报股东,贡献社会"为核心,积极组织开展大客户答谢、领导员工座谈会、商务礼仪培训、拓展训练、各种丰富的文体活动、"颂歌献给党"朗诵比赛、校企合作、爱心包裹等工作,形成了企业文化建设与经营管理工作双促进的良好局面,展示了公司的良好形象。公司工会于 2014 年 11 月也正式成立,为公司的企业文化建设再添新力。

广发期货有限公司

【基本情况】

公司名称:广发期货有限公司

许可证号:9144000010002128XE

经营范围:金融期货经纪,基金销售业务资格,资产管理业务资格,商品期货经纪,投资咨询业务资格

金融期货业务资格类别:全面结算

取得会员资格的期货交易所名称:上海期货交易所,中国金融期货交易所,大连商品交易所,郑州商品交易所

注册资本(元):1400000000

公司住所:广东省广州市黄埔区峻弦街 12 号 1002 房

法定代表人:罗满生

办公地址和邮编:广东省广州市天河区体育西路 57 号 9 楼、14 楼、15 楼(510620)

客户服务及投诉电话:95105826

公司网址网址:www. gfqh. com. cn

公司电子邮箱:zhouyifeng@ gf. com. cn

【公司概况】

广发期货有限公司成立于 1993 年 3 月,是国内成立较早、在工商管理机关注册的大型专业期货公司之一,现公司注册资本为 14 亿人民币,是广发证券股份有限公司的全资子公司。

公司秉承"知识图强,求实奉献,客户至上,合作共赢"的核心价值观,贯彻执行"稳健经营,持续创新,绩效导向,协同高效"的经营管理理念,在竞争激烈、复杂多变的行业环境中努力开拓,锐意进取,健全内部管理体制和风险防患机制,已形成一套具有自身特色,合乎期货公司规范运作的制度化管理体系,是期货行业中资金充裕,实力雄厚,资产质量和资信条件最好的公司之一。

公司总部位于广州,分别在北京、上海、郑州、珠海、青岛、大连、南宁、福州、武汉、西安、佛山、东莞、肇庆、江门、中山、广州、杭州、无锡、深圳、汕头、成都、昆明、宁波、厦门等地设有营业部及分公司。2006 年 5 月公司在香港设立全资子公司广发期货(香港)有限公司。2013 年 7 月公司收购法国外贸银行旗下 Natixis Commodity Markets Limited 100% 股权并更名为广发金融交易(英国)有限公司,该公司是伦敦金属交易所首家中资圈内一级会员,也是伦敦证券交易所首批中资会员之一,且该公司于 2016 年 4 月获得证监会批准的"人民币合格境外投资者(RQFII)"资格,2016 年 6 月获得国家外管局批准 RQFII 资格及 10 亿元人民币额度,用于开放式基金。2013 年 4 月公司在上海设立全资商贸子公司。广发期货已形成立足珠三角地区,覆盖全国各主要城市,并通过香港和伦敦辐射全球衍生品市场的业务网络。公司的经营范围为商品期货经纪、金融期货经纪、期货投资咨询、资产管理、基金销售。香港子公司及英国子公司可代理香港地区及境外的商品期货和指数、外汇、利率等全品种金融衍生品业务。

公司致力于发展与客户的长期合作关系,拥有一批专业的客户服务队伍,为客户提供优质的投资服务。依托广发证券雄厚的资本实力和金融背景,公司在全国范围内开展期证合作,为投资者提供一站式的金融服务。公司连续八年荣获"中国金牌期货研究所",荣获国际期货期权杂志(FOW)评选的 2014 年"最佳中国期货公司",屡次荣获《期货日报》《证券

时报》评选的“中国最佳期货公司”“中国期货公司金牌管理团队”“最佳金融期货服务奖”“最佳资产管理业务”和各大交易所评选的“优秀会员”等殊荣。

公司十分重视信息技术在业务和管理中的应用，把信息技术的有效应用视为核心竞争力之一。目前，公司已形成国内业务以上期技术综合交易平台（CTP）为主用核心交易系统，恒生 VIP、飞马、飞创 X1、易盛等系统为辅，国际业务则以 PATs、Sharppoint、TT、ATP 为前台交易系统的整体构架，能够为客户提供国内和国际主流期货及衍生品交易的一体化交易平台。同时，公司建立的集规划、运维、开发、技术支持服务（包括境外）为一体 IT 团队，能够快速响应客户需求，提供 IT 咨询、系统优化、定制开发等一系列专业 IT 服务。

公司一贯重视专业人才队伍的建设，长期坚持“知识图强，求实奉献，客户至上，合作共赢”的核心价值，凝聚和培养了一批行业精英。目前，公司共有员工公司共有员工 534 人，87% 为本科以上学历，其中博士 7 人，硕士 146 余人，拥有多位从事期货行业多年、经验丰富的专家型人才。公司研究力量雄厚，不但为客户提供各期货品种高水平的研究报告和咨询服务，更在金融期货的前瞻性研究方面积累了丰硕的成果，力求与客户一起创造期市制胜的先机。

展望未来，广发期货有限公司将不忘初心、砥砺前行，立足衍生品的功能定位；牢记使命，建设受人尊敬的世界一流期货公司。

国泰君安期货有限公司

【基本情况】

公司名称：国泰君安期货有限公司

统一社会信用代码：91310000100020711J

经营范围：商品期货经纪、金融期货经纪、期货投资咨询、资产管理。（依法须经批准的项目，经相关部门批准后方可开展经营活动）

金融期货业务资格类别：全面结算业务资格

取得会员资格的期货交易所名称：上海期货交易所、郑州商品交易所、大连商品交易所、中国金融期货交易所

注册资本：人民币 12 亿

公司住所：上海市静安区延平路 121 号 26 层、28 层、31 层及 6F 室、10A 室、10F 室

法定代表人：王桂芳

办公地址和邮编：上海市静安区延平路 121 号 26 层、28 层、31 层及 6F 室、10A 室、10F 室（200042）

客户服务电话：95521

客户投诉专线电话：95521

公司网址：http://www.gtjaqh.com

公司电子邮箱：service@gtjaqh.com

【公司概况】

国泰君安期货有限公司（GUO TAI JUNAN FUTURES CO.,LTD.），是国泰君安证券股份有限公司的全资子公司。公司注册资本 12 亿元，具有商品期货经纪业务、金融期货经纪业务、期货投资咨询、资产管理业务资格，是国内首批获得金融期货全面结算业务资格的期货公司，是中国金融期货交易所的一号会员，同时也拥有上海期货交易所、大连商品交易所、郑州商品交易所的会员资格和交易结算席位。公司是中国期货业协会第二届至第四届理事会理事单位、中国证监会证券期货业信息化工作专家委员会委员单位、中国期货业协会信息技术委员会委员单位和全国金融标准化技术委员会证券分技术委员会委员单位。公司总部位于上海，服务网点遍及全国 29 个省、直辖市和行政区。

公司具备强大的研究能力，在国内券商系期货公司中最早开设了独立研究机构，创新设立了专兼职的研究服务体系，在业内率先成立了股指期货研究中心和国债期货研究中心，创建了国泰君安期货与金融衍生品研究院。公司践行“贴近市场、贴近客户、贴近业务”的服务理念，努力打造完善齐备的研究体系，在金融和产业领域提供衍生品、期现产品设计和投资策略的全覆盖的期货研究和咨询服务，实现“促营销、提服务、帮风控、固品牌”的效能。

公司具有业内一流的信息技术平台，达到了《期货公司信息技术管理指引》三类要求。公司每年 IT 投入多达几千万元，打造了一流的数据中心和国内领先的交易结算系统，并建设了多条专用交易跑道，为客户提供分类分级服务。公司已全面开通交通银行、工商银行、建设银行、农业银行、中国银行、浦发银行、兴业银行、招商银行、民生银行、中信银行、光大银行、平安银行等十二家银行的银期转账业务。

公司整合各方资源倾力打造国泰君安“君弘”期货服务体系，为客户提供“专业、尊贵、优享”的全方位综合服务，成为中国期货行业内首家通过“品牌化会员分级服务体系”为期货客户提供全方位高端综合服务的期货公司。作为最早为特殊法人提供服务的期货经纪商之一，公司在为证券、基金、信托、保险、私募等机构提供股指期货交易服务方面积累了丰富的经验。

公司围绕母公司战略目标，顺势而为、深化转型，确定了“立足于期货及衍生品金融服务，力争把期货公司打造成为期货及衍生品交易服务最佳提供商”的战略目标，坚持“争创一流，追求卓越——客户、员工、股东一起成长”的核心价值观，倡导“真实、团结、和谐、快乐”的企业文化。

公司自成立以来，充分发挥金融中介机构的功能，服务于国民经济特别是实体经济的发展，不断提高自身规范发展水平，市场影响力不断提升，受到了政府、行业、客户及权威媒体的肯定与褒奖。

浙江新世纪期货有限公司

【基本情况】

公司名称：浙江新世纪期货有限公司

许可证号：9133000010002013XH

经营范围：商品期货经纪，资产管理业务资格，投资咨询业务资格，金融期货经纪

金融期货业务资格类别：交易结算

取得会员资格的期货交易所名称：上海期货交易所，中国金融期货交易所，大连商品交易所，郑州商品交易所

注册资本（元）：150000000

公司住所：杭州市体育场路 335 号

法定代表人：焦岗汉

办公地址和邮编：杭州市体育场路 335 号（310006）

客户服务及投诉电话：400－700－2828

公司网址网址：www.zjncf.com.cn

公司电子邮箱：zjxsjqh@vip.126.com

【公司概况】

浙江新世纪期货有限公司是 1993 年经浙江省人民政府批准、国家工商行政管理总局核准注册成立的国内第一批专

业期货公司，也是国内首批获得金融期货结算业务资格及金融期货代理业务资格的期货公司。目前公司注册资本金为1.5亿元。截止2017年，净资产为3.02亿元。

公司由国有大型企业控股，股东实力雄厚。公司总部位于杭州市繁华的武林广场南侧，营业面积达3100多平方米，下设杭州分公司、浙江萧山、湖州、温州、宁波、东阳、衢州、杭州城西、杭州万寿亭街、北京、上海、宜昌、昆明、武汉、台州、郑州、江阴、深圳、上海浦东等十九家营业部。

公司系上海期货交易所、大连商品交易所、郑州商品交易所、中国金融期货交易所、上海国际能源交易中心会员单位，从事国内期货和金融期货经纪代理、期货投资咨询、资产管理业务。多年来，在董事会的领导和全体员工的共同努力下，公司取得了长足的发展。公司连续多年受到上海期货交易所、大连商品交易所和郑州商品交易所的表彰，多次被上海期货交易所，郑州商品交易所和大连商品交易所评为优秀会员和交易20强单位。

公司拥有现代化的交易系统和先进的通讯设备，法人治理结构健全，员工队伍素质良好，运作规范、稳健，管理专业、严谨。多年来，坚持"以人为本，客户至上"的价值观，坚持"诚信、进取、团结、服务"的企业精神，践行"服务客户、创造价值、回报股东、惠泽员工"的企业宗旨，赢得了广大客户的信赖，客户赢利水平居同行前列，在期货行业享有良好声誉。

兴证期货有限公司

【基本情况】

公司名称：兴证期货有限公司

许可证号：32280000

经营范围：资产管理业务资格，基金销售业务资格，金融期货经纪，商品期货经纪

金融期货业务资格类别：全面结算

取得会员资格的期货交易所名称：上海期货交易所，中国金融期货交易所，大连商品交易所，郑州商品交易所

注册资本（元）：480000000

公司住所：福州市鼓楼区温泉街道湖东路268号6层（兴业证券大厦）

法定代表人：陈德富

办公地址和邮编：福州市鼓楼区温泉街道湖东路268号6层（兴业证券大厦）（350001）

客户服务及投诉电话：95562

公司网址网址：www. xzfutures. com. cn

公司电子邮箱：fissjx@ xzfutures. com

【公司概况】

兴证期货有限公司（简称兴证期货）成立于1995年12月，注册资本48,000万元。经营范围涵盖商品期货经纪、金融期货经纪，基金销售，资产管理。由兴业证券股份有限公司（以下简称兴业证券）投资控股，控股比例为97.18%。兴证期货拥有上海期货交易所（会员号：0311）、大连商品交易所（会员号：0133）、郑州商品交易所（会员号：0268）和上海国际能源中心（会员号：8311）的会员资格，拥有中国金融期货交易所（会员号：0102）交易全面结算会员资格，可以为客户提供境内所有已上市的商品期货与金融期货的交易和结算服务，并可以为中金所交易会员提供结算服务。

经过多年的不懈努力和发展，兴证期货2014、2015、2016、2017年连续四年被评为A类A级期货公司，发展成为拥有17家分支机构、1家全资子公司，覆盖了东北、华北、华东、华南、华中、西南地区的有一定影响力的期货公司，主要业务和经营指标接近或进入行业前20名，公司综合竞争实力、抗风险能力、行业地位和市场影响力不断提升。

展望未来，兴证期货将全力打造良好的公司文化，建立良好的管理制度和激励机制，致力于成为一家"优秀的风险管理服务商"；公司将商品期货和金融期货、场内业务和场外业务并举，培育核心竞争能力、建立高素质的人才队伍、保持持续盈利能力；公司将由单纯的经纪业务逐步向风险管理、财富管理、资产管理、销售交易等多元化业务转变，逐步实现公司的机构化、产品化、专业化，力争到2020年主要业务和经营指标进入行业前10名。

建信期货有限责任公司

【基本情况】

公司名称：建信期货有限责任公司

许可证号：91310000132110287D

经营范围：金融期货经纪，资产管理业务资格，商品期货经纪

金融期货业务资格类别：交易结算

取得会员资格的期货交易所名称：上海期货交易所，中国金融期货交易所，大连商品交易所，郑州商品交易所

注册资本（元）：561059800

公司住所：中国（上海）自由贸易试验区银城路99号502、503室

法定代表人：葛文杰

办公地址和邮编：上海市浦东新区银城路99号5楼（200120）

客户服务及投诉电话：400－90－95533

公司网址网址：www. ccbfutures. com

公司电子邮箱：ccbf@ ccbfutures. com

【公司概况】

建信期货有限责任公司（以下简称"建信期货"）是中国建设银行股份有限公司（以下简称"建设银行"）附属公司。公司成立于1993年，于2014年4月重组更名，注册资本金56105.98万元。

建信期货具有商品期货经纪、金融期货经纪业务资格和资产管理业务资格。公司有多年商品期货经纪业务、金融期货经纪业务服务经验，能够为客户提供全期货品种的投资和风险管理服务。资产管理业务可以根据客户委托，提供多层次、多品种财富管理工具。公司下设全资风险管理子公司——建信商贸有限责任公司，可从事仓单服务、定价服务、合作套保、基差交易等风险管理试点业务以及大宗商品货押风险管理、一般贸易等业务。

建信期货是上海期货交易所、大连商品交易所、郑州商品交易所会员，是中国金融期货交易所交易结算会员，是上海期货交易所监察委员会主任委员单位、大连商品交易所交易委员会委员单位和中国期货业协会第四届理事会资产管理业务委员会委员单位，曾担任第一届中国期货业协会理事单位。公司总部位于上海，在上海、北京、郑州、福清、泉州、厦门、广州、杭州等地拥有9家营业部，在深圳设有1家分公司。

公司控股股东建信信托有限责任公司（简称"建信信托"）是经中国银监会批准，由建设银行控股的子公司，注册资本152727万元。建信信托主要开展的重点业务包括：国

企改制业务、产业基金类业务、股权投资类业务、财富管理业务、证券投资类信托业务、银信合作类信托业务等。建信信托 2016 年受托资产规模 12061.96 亿元,资产总额171.87 亿元。

建信期货将依托建设银行集团,坚持以客户为中心、以市场为导向,坚持服务实体经济,加快创新与转型发展,把公司建成业绩优良、产品丰富、服务高效、技术领先、管理规范的国内一流期货公司。

1. 综合化、多功能的金融集团支持

建信期货是建设银行综合化经营的重要组成部分。截至 2016 年末,建设银行市值约 1926 亿美元。建设银行在国内设有分支机构 14985 个,资产总额达 20.96 万亿元。建设银行已经建成集商业银行、寿险、基金、信托、租赁、期货、投资银行、住房储蓄银行、村镇银行、养老金于一体的多功能金融服务体系。建信期货将依托建设银行综合化、多功能优势,积极推进产品创新和业务创新,利用期货及衍生品工具,为广大客户提供专业、优质的期货投资及风险管理服务。

2. 信息技术优势

公司拥有安全、稳定、高速的多套期货行情系统和交易下单系统,在四大期货交易所托管机房均有极速交易平台部署,可以为个人投资者、机构投资者、专业高频投资者提供个性化的系统支持和标准化的开放式接口接入。公司同时部署有多套资管系统,支持事前、事中、事后全面风控,标准化 API 接口,支持分账户交易。

公司主交易系统 CTP 系统位于速度极快的上海期货交易所张江数据中心 VIP 机房,中心机房配备先进的服务器与安全高速的网络设备,能够容纳 10 万以上客户在线交易,客户报单最快以微秒级速度上报交易所。公司在中金移动机房、数讯机房部署中金飞马平台、上期托管机房部署 CTPMINI 系统、在大连飞创托管机房部署大连 X - ONE 平台,在郑州会员托管机房部署易盛 MINI 系统,可以满足低延时交易要求,实现快速报单,满足高频交易客户需求。

多站点、多客户端、多行情分析系统。公司建设了 12 个交易站点,涵盖所有网络运营商;提供包括快期、POBO(澎博财经)、文华、金字塔、TB(Tradeblazer)、达钱、Multicharts 在内的所有主流交易客户端;提供澎博博易大师、文华财经、富远等多套行情分析系统,方便客户根据个性化需求快速接入公司交易网络。

多席位、多平台对接。公司在四家期货交易所有多个交易席位,能满足客户高速、便捷的交易需求。

3. 研发优势

公司构建了独具特色的研发体系,拥有专业的研发服务团队,善于把握宏观经济发展趋势,能针对不同客户需求,实时提供长、中、短期交易指导。

产品系统。公司研发主要围绕宏观经济及已上市期货品种展开研究与行情研判,能够为客户提供信息、综合资讯等标准化线上、线下服务,也能根据客户需要进行行业分析和产业调研,为客户定制趋势性投资、套期保值、套利等投资策略。

投资方案。将基本面研究和模拟交易有机结合,高度贴近客户真实交易需求,面对中高端客户提供"个性化、专业化"的投资方案。投资方案可以通过公司网站、VIP 服务 QQ 群、微信平台实时发布,全程跟踪。

品种优势。公司研发部门在化工品、农产品等品种上储备有优秀的研究团队,多次对趋势性行情做出准确判断。多名研究员客座第一财经、和讯等主流财经媒体担任特约评论员和嘉宾。2014 年公司研发部获得"大连商品交易所优秀投研团队"称号。

4. 综合服务优势

公司秉承"专业服务、创造价值"的宗旨,整合各类资源为投资者提供"专业、专家、专享"的全方位综合服务。

线下便捷、VIP 式贴身服务。公司通过定期组织周末沙龙、投资者报告会等方式,为客户讲解期货投资策略。公司的"善信"俱乐部可以为高端客户提供一对一专属服务。

客户交易分析系统。公司"客户交易分析系统"能够为客户提供上百个账户交易分析指标和算法,借助统计方法和数据挖掘体系对客户的交易结果和交易行为进行分析,并给出操作建议。

专业团队。公司专业骨干队伍平均从业经验超过 5 年,专业知识丰富。

全方位客服体验。投资者可以选择公司网站(www. ccb-futures. com)乐语系统、客服热线 400 - 90 - 95533 和客服邮箱 khb@ ccbfutures. com 任一渠道与客服人员交流。

个性化服务方案定制。公司可以为高端客户、机构客户量身打造个性化服务方案,通过有效沟通,整合形成以资产管理、风险管理为核心的综合化服务体系。对产业客户可优先推荐建设银行产品。

5. 资产管理业务优势

资产管理业务团队由金融工程、数理统计、信息技术等专业的海内外博士、硕士组成,在组合投资、量化对冲产品设计与投资领域有多年丰富经验,能够利用包括股票、基金、期货、期权及其他市场在内的多种策略为中高净值客户提供投资理财产品和财富管理工具。

公司拥有金仕达、融航等资产管理系统,解决资产管理账户问题。公司租用上证通和深证通传输平台,可以实现与基金公司等专业投资者的业务对接。公司具有产品发行、投资交易、估值清算、风控运营等一体化资产管理业务服务能力。

6. 风控与结算优势

专业团队。公司结算工作人员一半以上具备 5 年以上从业经验,熟练掌握各交易所交割、结算以及风控制度,业务技能熟练,经验丰富,能为客户提供满意的专业结算、风控和交割服务。

便利的银期转账系统。公司已开通包括建设银行、工商银行、农业银行、中国银行、交通银行、浦发银行、兴业银行、中信银行、光大银行等多家商业银行全国集中式银期转账系统。能够为客户提供安全、及时、便利的资金划转服务。

专业化风控系统。公司拥有满足专业投资机构需求的融航风控软件。可以为机构提供集交易管理、账户结算、费率设置、风险监控等功能于一体的多账户解决方案。

个性化风控方案。根据产业客户和机构客户需求设计个性化风控方案

发展方向。未来公司风控结算部将依托股东整体优势,在原油期货、外汇期货、期权产品上市后,建立起更加有效的风险预警与风险控制机制,保证业务体系与时俱进。

7. 人才与团队优势

公司拥有由博士、硕士等精英组成的一流管理队伍,聚集了大量海外、国内高素质、高学历、实战经验丰富的期货及银行、证券行业专业人才。

公司的业务骨干 88% 以上具有本科及以上学历。风控结算部、大宗商品部、信息技术部、研发部等主要业务部门中

一半以上人员从业经验超过8年，能够为有色金属、贵金属、农产品、化工等产业链客户提供专业化的价格风险管理、期货交易、投资策略、交割等综合服务。

平安期货有限公司

【基本情况】

公司名称：平安期货有限公司

许可证号：31610000

经营范围：金融期货经纪，资产管理业务资格，投资咨询业务资格，商品期货经纪

金融期货业务资格类别：交易结算

取得会员资格的期货交易所名称：上海期货交易所，中国金融期货交易所，大连商品交易所，郑州商品交易所

注册资本（元）：420000000

公司住所：广东省深圳市福田中心区金田路4036号荣超大厦14层01单元

法定代表人：姜学红

办公地址和邮编：广东省深圳市福田中心区金田路4036号荣超大厦14层01单元（518026）

客户服务及投诉电话：0755－22623300

公司网址网址：http://futures. pingan. com

公司电子邮箱：szpaqh@ pingan. com. cn

【公司概况】

平安期货有限公司（以下简称平安期货）是经中国证监会批准，并经国家工商局核准登记注册，获中国证监会《期货经纪业务许可证》的全国性专业化期货公司。公司成立于1996年4月，总部位于中国改革开放的前沿城市——深圳，在上海设有营业部，注册资本金1.2亿元。

平安期货是中国平安保险（集团）股份有限公司（以下简称“中国平安”）旗下的子公司，中国平安是中国第一家以保险为核心的，融证券、信托、银行、资产管理、企业年金等多元金融业务为一体的综合金融服务集团。保险、银行、投资是中国平安综合金融集团的三大支柱产业，平安期货是投资产业的重要部分。公司客户除享受专业完善的期货服务外，还可以享有中国平安“VIP俱乐部”的尊贵礼遇，并通过平安集团网站PINGAN. COM等多种渠道获得保险、银行、信托、证券、资产管理、企业年金等综合金融产品的资讯及服务，真正体验一站式金融理财的便捷。

平安期货的控股公司——平安证券有限责任公司是全国性综合类券商（简称平安证券），2006年，经中国证券业协会评审通过，平安证券成为“创新类”券商之一。在“2007世界金融实验室年度大奖”评选中，平安证券荣获“中国最值得信赖的十大证券公司”称号。

平安期货现为上海期货交易所、大连商品交易所、郑州商品交易所会员以及拥有中国金融期货交易所交易结算会员资格。平安期货总部下设人事行政部、财务部、信息技术部、运营部、客服结算部、合规审查部、研究所、业务总部8个职能部门，其中业务总部下设3个业务室，即：营销管理室、IB及创新室、网络营销室。

作为中国平安集团的专业化子公司之一，平安期货专注于包括股指期货和商品期货在内的金融衍生品领域，努力为投资者营造利用金融衍生品的保值和投资平台。平安期货目前的业务范围包括商品期货经纪和金融期货经纪业务。

平安期货投资1300多万元建立了业界领先的交易结算系统，与中国电信、中国联通、SUNGARD金仕达共同打造了安全高速的交易通道，与文华财经、澎博资讯等国内一流信息服务商构建了及时丰富的行情资讯系统，并与建设银行、工商银行和交通银行等携手推出了方便高效的银期转账服务。

承接中国平安集团和平安证券长期打造并夯实的业务基础，平安期货享有无比强大的品牌、技术、管理、风险控制、客户资源、销售拓展、财务等全方位的支持。这些支持将为平安期货的发展提供独一无二的竞争优势。

平安期货的目标是向最广泛的客户提供最全面的金融衍生产品和商品期货的交易结算及投资咨询服务，成为中国金融市场上最受尊敬和信赖的大型期货交易服务商，以及具有国际影响力的期货研究机构和金融资产风险管理机构。

格林大华期货有限公司

【基本情况】

公司名称：格林大华期货有限公司

许可证号：91110000100021431D

经营范围：商品期货经纪，资产管理业务资格，投资咨询业务资格，金融期货经纪

金融期货业务资格类别：交易结算

取得会员资格的期货交易所名称：上海期货交易所，中国金融期货交易所，大连商品交易所，郑州商品交易所

注册资本（元）：800000000

公司住所：北京市朝阳区建国门外大街8号楼21层2101室

法定代表人：孟有军

办公地址和邮编：北京市朝阳区建国门外大街8号楼21层2101室（100022）

客户服务及投诉电话：400－653－7777

公司网址网址：http://www. gldhqh. com. cn

公司电子邮箱：greendhqh@ greendh. com

【公司概况】

格林大华期货有限公司（以下简称“公司”）是经中国证监会批准，由山西证券股份有限公司（以下简称“山西证券”）全资控股的专业期货公司，总部位于北京CBD，其前身格林期货有限公司成立于1993年2月28日，是中国最早的期货公司之一。2013年7月23日，经中国证监会核准格林期货有限公司变更股权并吸收合并大华期货有限公司，并于2013年10月28日经北京市工商行政管理局核准正式更名为格林大华期货有限公司。目前，公司注册资本8亿元，员工355人。公司主营商品期货经纪、金融期货经纪、期货投资咨询业务及资产管理，拥有国内全部四家期货交易所交易结算会员席位，当选历届中国期货业协会理事单位，中国证券业协会会员单位。在北京、上海、广州、深圳、杭州等大中城市设有27家分支机构，同时依托山西证券遍布全国各地的近百家营业网点，形成了覆盖全国的服务网络。

2006年3月，公司获得中国证监会批准在香港设立全资子公司，成为国内首批在香港成立子公司的六家期货公司之一。2014年6月，公司又在香港成立了格林大华证券（香港）有限公司和格林大华资产管理（香港）有限公司。2015年12月，山西证券出资4.5亿港元直接增资格林大华期货（香港）有限公司，注册资本增加至5亿港元，并更名为山证国际金融

控股有限公司，极大地提高了公司为客户提供全球化资产配置服务的能力。2014 年 9 月，经过上海市工商行政管理局自由贸易试验区分局批准，公司设立全资子公司——格林大华资本管理有限公司，从而进一步加强了公司服务实体经济的能力。

【股东背景】

山西证券股份有限公司注册资本 28.2873 亿元，最早成立于 1988 年 7 月，是全国首批证券公司之一，属国有控股性质。经过二十多年的发展，已成为作风稳健、经营稳定、管理规范、业绩良好的创新类证券公司。2010 年 9 月，公司上市首发申请获中国证监会发审委审核通过，11 月 15 日正式在深圳证券交易所挂牌上市，股票代码 002500。

公司股东资金实力雄厚，经营风格稳健，资产质量优良，盈利能力良好，其构成集中体现了多种优质资源、多家优势企业的强强联合。公司控股股东为山西金融投资控股集团有限公司。

经过近三十年的发展，山西证券的经营范围基本涵盖了所有的证券领域，分布于财富管理、资产管理、投资管理、投融资、研究、期货、国际业务等板块，具体包括：证券经纪；证券自营；证券资产管理；证券投资咨询；与证券交易、证券投资活动有关的财务顾问；证券投资基金代销；为期货公司提供中间介绍业务；融资融券；代销金融产品等。同时，公司具备公开募集证券投资基金管理业务资格，并获批开展债券质押式报价回购交易、股票质押式回购交易、约定购回式证券交易、转融通、上市公司股权激励行权融资、直接投资、柜台市场等业务。

公司控股中德证券有限责任公司，从事股票和债券的承销与保荐；全资控股格林大华期货有限公司，从事商品期货经纪、金融期货及期货投资咨询业务；全资控股山证国际金融控股有限公司，从事全面优质的经纪及零售证券、期货、投资理财、财富管理、投资移民等金融产品及服务；全资子公司龙华启富投资有限责任公司，从事投资管理、项目投资、财务顾问、经纪信息咨询等直接投资与管理业务。

公司设有分公司 14 家（管辖 63 家证券营业部），直辖营业部 15 家，2017 年 3 月又获 19 家营业部的筹建批复，期货营业网点 27 家。以上网点分布于山西各地市、主要县区及北京、上海、天津、深圳、重庆、西安、宁波、大连、济南、福州等地，形成了以国内主要城市为前沿，重点城市为中心，覆盖山西、面向全国的业务发展框架，为近 120 万客户提供全面、优质的综合金融专业服务。

近年来，公司先后获得山西省政府颁发的“优秀中介机构”、深交所颁发的“中小企业板优秀保荐机构”、中国证监会颁发的“账户规范先进集体”等荣誉，并连续多年荣获山西省人民政府授予的“支持山西地方经济发展贡献奖”。2012 年，公司荣获“第五届中国机构投资者年会暨金蝉奖——最稳健证券公司奖”“中国最具特色证券经纪商”和“最佳投顾服务品牌”；2013 年，公司荣获山西证监局颁发的“投资者回报优秀单位”“投资者关系管理优秀单位”及“社会责任优秀单位”，在行业内评选中荣获“行业年度贡献奖”“最佳研究实力奖”、“2013 年中国券商‘金方向’奖—最佳创新证券公司”等殊荣；2014 年，公司荣获山西省总工会颁发的“山西省金融系统优质服务先进单位”奖，在行业内评选中获得“中国上市公司风险管理金盾奖”“2014 年中国最具成长性证券经纪商”“中国最佳区域证券经纪商”“中国最佳融资融券商”；2015 年，公司获得山西省金融办、山西证监局颁发的“2015 年度新三板优秀主办券商”的称号，在中国最佳财富管理机构评选活动中获得“中国最佳区域证券经纪商”和“中国最佳投资顾问品牌”等荣誉。

未来的山西证券将秉承“诚信、稳健、规范、创新、高效”的经营理念，“以义制利、协作包容、追求卓越”的核心价值观，以“专业服务创造价值”为使命，坚持“让投资更明白”的服务理念，培育务实高效、恪尽职守的工作作风，营造和谐宽松、风清气正的公司氛围，坚定公司发展过程中差异化、专业化、市场化、集约化的战略原则，打造公司与客户共同发展的平台，努力把公司建设成为有特色、有品牌、有竞争力的一流券商。

国贸期货经纪有限公司

【基本情况】

公司名称：国贸期货有限公司

许可证号：91350000100022792W

经营范围：金融期货经纪，资产管理业务资格，商品期货经纪，投资咨询业务资格

金融期货业务资格类别：交易结算

取得会员资格的期货交易所名称：上海期货交易所，中国金融期货交易所，大连商品交易所，郑州商品交易所

注册资本（元）：530000000

公司住所：福建省厦门市湖里区仙岳路 4688 号国贸中心 A 栋 16 层、15 层 1 单元

法定代表人：朱大昕

办公地址和邮编：福建省厦门市湖里区仙岳路 4688 号国贸中心 A 栋 16 层、15 层 1 单元（361006）

客户服务及投诉电话：400－8888－598

公司网址网址：www. itf. com. cn

公司电子邮箱：client@ itf. com. cm

【公司概况】

国贸期货有限公司于 1995 年成立，注册资本金伍亿叁仟万元人民币，是上市公司厦门国贸（股票代码 600755）的全资子公司，业务覆盖国内商品与金融期货的经纪及投资咨询业务、资产管理业务和风险管理业务。

凭借母公司厦门国贸集团三十余年来在供应链管理领域中积累的丰富经验，国贸期货二十多年持续为能源化工、贵金属、有色金属等多领域企业提供有关成本控制和销售价格管理的套期保值方案及投资、融资策略。目前，公司已构建以期货经纪为基础，提供专业性资产管理、风险管理服务的“一体两翼”打造一流的综合金融衍生品服务商，为客户量身打造一站式财富管理体系。

公司总部位于福建厦门，子公司分布厦门、上海等地，营业网点以国内一线经济城市为轴心，业务覆盖整个大中华地区。

丰富的产业客户服务经验

“国贸启润资本管理有限公司”是国贸期货有限公司的风险管理子公司，以开展风险管理业务为主要经营范围的创新型企业。拥有专业的期现货投研、贸易团队，丰富的交易实战经验，以“期货与现货、场内与场外、国内与国际”互联互通的模式，为实体企业提供包括基差交易、仓单服务、合作套保、定价服务等专业化、个性化的一揽子风险管理业务。

专业化定制资产管理策略

下属资产管理子公司“厦门国贸资产管理有限公司”位

于厦门，是以资产管理业务为主要经营范围的金融服务企业。公司致力于打造综合化金融服务平台，为广大投资者提供适合的金融产品、制定综合性财富管理、资产管理服务方案。拥有一支由内部精英及海内外引进的专业投资人才组成的资产管理专业化投资团队及产品运作团队，先后推出多只资产管理计划，累计发行和管理的产品总规模超过百亿元，位居行业前列。

精进研发搭建策略通道

把握市场脉搏，研发助力业务。公司现已构建“厦门－上海”双研发中心，拥有市场经验丰富、专业知识过硬的研发团队，在期现、跨期、跨品种以及跨市场套利策略分析领域表现出色，为客户提供交易稳定、措施可行的对冲型策略，制定相关套期保值方案。研发中心建设完备，研究品种覆盖范围广，涵盖股指、国债、黑金、有色、贵金属、农副产品、能源化工等各大板块，并长期开展期权研究。

领先技术联通操作环节

工欲善其事，IT 利其器。公司拥有行业一流的信息技术服务平台和运维管理团队，“厦门－上海”双技术中心协同运行，部署多个数据中心和行业领先的交易结算系统，保障客户交易业务稳定安全运行。公司建设部署了多个快速交易通道和万兆网络，为专业的投资者提供极速行情、交易服务及毗邻交易所的万兆网络环境。业内首批推出自己的手机客户端（国贸金服 APP），支持手机开户、掌上交易、行情资讯在内的快捷服务。

银河期货有限公司

【基本情况】

公司名称：银河期货有限公司

许可证号：91110000241285449H

经营范围：金融期货经纪，基金销售业务资格，资产管理业务资格，商品期货经纪，投资咨询业务资格

金融期货业务资格类别：全面结算

取得会员资格的期货交易所名称：上海期货交易所，中国金融期货交易所，大连商品交易所，郑州商品交易所

注册资本（元）：1200000000

公司住所：北京市朝阳区朝外大街 16 号 1 幢 11 层 1101 单元

法定代表人：杨青

办公地址和邮编：北京市朝阳区朝外大街 16 号 1 幢 13 层 1302 单元（100020）

客户服务及投诉电话：4008867799

公司网址网址：www. yhqh. com. cn

公司电子邮箱：yinheqihuo@ chinastock. com. cn

【公司概况】

银河期货有限公司是经中国证券监督管理委员会批准，在国家工商行政管理总局注册，隶属中国银河金融控股有限责任公司旗下，由中国银河证券股份有限公司控股的专业型金融企业，现注册资本金为 12 亿元人民币。

公司总部设在北京，目前已在哈尔滨、长春、沈阳、大连、北京（3）、唐山、济南、青岛、太原、郑州、上海、杭州、南京、宁波、福州、昆明、广州、深圳、佛山、西安、重庆、成都、厦门、武汉 24 个重点城市设立了 26 家营业部。

银河期货拥有上海期货交易所、大连商品交易所、郑州商品交易所、中国金融期货交易所全国四家期货交易所的会员资格，可代理国内所有品种的期货交易。

银河期货是国内第一家中外合资的期货公司，也是国内唯一一家同时具有著名国内投资银行和国际商业银行股东背景的期货公司。中方股东中国银河证券为其提供了强大的业务和网络支持，外方股东苏格兰皇家银行则为其提供了独一无二的全球化资源。

依托强大的股东背景，银河期货将以国际化的服务理念、精英化的团队、高端的技术平台和良好的风险控制能力，提供最专业最细致最个性化的期货交易服务，未来的发展目标是致力于打造国内一流的国际化金融投资服务平台。

一德期货有限公司

【基本情况】

公司名称：一德期货有限公司

许可证号：91120000101162340Q

经营范围：商品期货经纪，资产管理业务资格，投资咨询业务资格，金融期货经纪

金融期货业务资格类别：全面结算

取得会员资格的期货交易所名称：上海期货交易所，中国金融期货交易所，大连商品交易所，郑州商品交易所

注册资本（元）：214500000

公司住所：天津市和平区解放北路 188 号信达广场 14 层（标识：16 整层）

法定代表人：常志武

办公地址和邮编：天津市和平区解放北路 188 号信达广场 14 层（300042）

客户服务及投诉电话：4－007－008－365

公司网址网址：www. ydqh. com. cn

公司电子邮箱：ydqh@ ydqh. com. cn

【公司概况】

一德期货有限公司成立于 1995 年 7 月，历史溯源和人员班底源自原天津联合期货交易所。2007 年，一德期货获得天津市财政投资管理中心注资，总部迁址天津，并将逐步发展成为拥有期货行业全部业务牌照及最高业务资质的全国性期货公司。

在期货行业蓬勃发展的今天，一德期货始终秉承“与客户资产共成长”的经营理念，以专业、专注为出发点，以专业化升级和技术创新为突破口，强化公司核心竞争力的建设，努力构建以期货经纪业务为龙头，以资产管理和风险管理业务为两翼，多层次、立体化的期货业务体系，致力成为行业内最具竞争力、国际化、综合性的金融服务机构。

股东背景

一德期货的主要股东为天津市财政投资管理中心与天津一德投资集团有限公司。强大而专业的股东背景，为公司在经营管理方面提供了优质的政府、产业资源与得天独厚的研发优势。

业务资质

一德期货是中国金融期货交易所最早核准的全国 15 家全面结算会员之一，是大连商品交易所、上海期货交易所和郑州商品交易所的全权会员，可代理客户从事国内所有上市期货品种的交易业务，同时向中国金融交易所的交易会员提供准确、快捷的结算业务。2012 年，经中国证监会（证监许可【2012】38 号）核准，一德期货获准开展期货投资咨询业务资格。2015 年 2 月 5 日，公司资产管理业务资格获中国期货业

协会核准登记(中期协备字(2015)47 号),标志着以资产管理业务为龙头的期货创新业务正式上线运营。2017 年 6 月,公司取得上海国际能源交易中心会员资格。

发展历程

1995 年 07 月公司成立。

1999 年 11 月天津一德投资集团增资扩股,公司注册资本增至三千万元。

2007 年 07 月天津市财政投资管理中心注资,一德期货总部落户天津。

2007 年 11 月核准成为中国金融期货交易所 005 号全面结算会员。

2008 年 03 月位列天津市政府重点推动的 20 大金融项目之一。

2009 年 01 月注册资本增至一亿三千万元人民币。

2012 年 01 月证监会核准一德期货"期货投资咨询"业务资格。

2013 年 05 月公司被天津市财政局评为优秀(AAA)类金融企业。

2013 年 12 月注册资本增至一亿六千五百万元。

2015 年 02 月公司资产管理业务资格获中国期货业协会核准登记。

2017 年 06 月注册资本增至二亿一千四百五十万元人民币。

企业精神

三个思维:互联网思维投行思维战役思维

三个理念:与客户资产共成长

以人唯一,以德为先

一诺千金,德厚载富

四个路径:责任一德科技一德专业一德传媒一德

人才队伍

【管理团队】

公司拥有一支高素质、专业化,以诚信为本、合规经营为己任的经营管理团队。团队成员均深耕期货行业十余年,具有卓越的领导能力、丰富的管理经验、共同的事业远景和创业精神,拥有广泛的人脉资源和现货资源。在公司经营决策过程中,形成了独特的企业管理理念,倾力打造一德期货的品牌影响力和核心竞争力。

【研发团队】

公司目前下设研究院、黑色事业部、能化事业部、产业投研部、产业投资部、投资咨询部、期现创新部、期权部等专业性研究部门,以宏观分析和产业研究为基础,以市场需求为导向,以交易策略和风险管理为核心,发挥高端研究服务平台的优势,关注商品期货和金融期货市场发展动向,拓展金融投资研究的广度和深度,为市场提供一流水准的交易策略、增值理财和风险管理等研发服务。

【服务团队】

公司拥有一支专业性强、经验丰富的高素质服务团队,以便捷、高效、贴心、客户至上的服务理念,全身心协助客户解决问题。以客户需求为第一己任,724 小时全天候服务。紧追行业发展,运用互联网思维,借助大数据管理和新媒体等多元化信息手段,为客户打造智能化服务体系,不断提升客户体验。

公司优势

IT 信息技术

公司在北京、天津、上海、大连等地设有机房,机房设施和服务达到行业最高水平,现已通过信息技术指引评级三类标准,实现了"四地三中心"多机房部署与异地灾备,为客户提供最高标准的稳定、快速交易基础环境,保障客户交易安全。

为满足广大客户不同的需求,公司为客户提供了多种交易通道。目前公司形成了以金仕达为核心,上期技术 CTP、易盛、机构版、X - Speed、飞马等为补充的系统架构。

服务器托管

满足于量化交易或高频交易客户需求,公司拥有各期货交易所的优势机房资源、为客户提供专用交易席位,同时提供服务器托管服务,安全便捷。

行情交易软件

致力于打造多元化的期货行情和交易平台,目前公司配备博易大师和文华财经等行情软件,同时提供点金手、快期、一键通、闪电手、闪电王等多款交易软件。为满足移动客户的需求,还提供文华随身行和掌上财富等手机软件,支持行情查看和交易下单。除此之外,针对编程客户的需求,公司提供 MultiCharts、交易开拓者、金字塔、文华赢智等程序化软件。

账户诊断服务

为提高投资者交易水平,公司自主研发账户诊断系统,供投资者分析诊断使用。该服务对投资者交易账户一段时间内的交易数据进行汇总统计,利用不同的指标和维度根据投资者每天的成交、盈亏、权益变化及类型变动等各项数据来全方位分析投资者的交易行为,供投资者了解自己的投资方向、完善投资策略。

定制化研究资讯

公司立足于系统的研发架构和专业的研发团队,依托多年的服务经验,主要为客户提供风险管理咨询、专项培训等个性化服务;制作、提供各类研究分析报告、资讯信息的研究分析服务;为客户设计套期保值、套利、期现结合方案,拟定交易策略等交易咨询服务。

交割套保服务

服务于产业客户,公司为客户提供全方位的交割知识、业务流程、客户风控和岗位设置等系统化培训指导。亦为客户量身定制业务经营与套保相结合的策略、套期保值的财务会计培训、一站式交割及仓单融资服务等。

金融工程解决方案

应客户的实际需要为客户量身开发风控、套利等软件,操作简单方便,助力于客户交易。运用 R、Python、C#等语言及其数据挖掘软件包,快速高效编写量化策略,实现多样化的策略编写。策略基于 CTP、金仕达等主流交易接口,直接调用 API 函数,无需通过第三方交易软件便可直连公司交易端口接收数据进行交易。

资产管理业务

2015 年 2 月 5 日,一德期货资产管理业务资格获中国期货业协会核准登记(中期协备字(2015)47 号),标志着以资产管理业务为龙头的期货创新业务正式上线运营。目前,公司已建立较为完善的资产管理制度体系,资产管理业务团队岗位分工细致,风险管理流程有效,拥有较为出色的投资经理团队,具备较强的市场潜力和发展实力。

一德期货资产管理部秉承"与客户资产共成长"的经营理念,将投研、投资者关系管理及投资运营团队进行有机结合,以前、中、后台一体化的工作方式保证对委托人的各类需求做出迅捷的反应,通过捕捉市场信号,优化资产配置,帮助机构及高净值个人客户实现不同阶段的财务目标。

投资团队将按照委托人不同的风险偏好，根据经济周期不同阶段中各类资产的区别表现，为委托人制定不同风格的理财方案，进行高效的资产配置与交易，提供完备的投资交易和服务。

为了充分保障投资者的权益，一德期货资产管理部建立了完备的内部控制制度，保证委托资金能够在合规安全的前提下得到更为高效的运用，以帮助委托人实现资产的稳健增值。

鲁证期货股份有限公司

【基本情况】

公司名称：鲁证期货股份有限公司

许可证号：31190000

经营范围：商品期货经纪，资产管理业务资格，投资咨询业务资格，金融期货经纪

金融期货业务资格类别：全面结算

取得会员资格的期货交易所名称：上海期货交易所，中国金融期货交易所，大连商品交易所，郑州商品交易所

注册资本（元）：1001900000

公司住所：济南市市中区经七路86号15、16层

法定代表人：陈方

办公地址和邮编：济南市市中区经七路86号15、16层（250001）

客户服务及投诉电话：400－618－6767

公司网址网址：http://www.luzhengqh.com

公司电子邮箱：bgs@luzhengqh.com

【公司概况】

鲁证期货股份有限公司是经中国证监会批准，在山东省工商局注册登记，由中泰证券股份有限公司出资控股，将泉鑫、齐鲁、三隆3家期货公司“合三为一”重组而来的大型期货公司。公司总部设于山东济南，是山东省最大的期货公司。目前，公司注册资本10.019亿元，员工近500人，在中国设有4家分公司，24家期货营业部，其中10家营业部位于山东，14家营业部位于北京、上海、深圳、广州、大连、郑州及杭州等全国其他主要城市，同时依托中泰证券遍布全国各地的280余家营业网点，形成了覆盖全国的服务网络。

公司业务范围包括商品期货经纪、金融期货经纪、期货投资咨询和资产管理，并不断开展场外衍生品等各类创新业务，得到了社会的广泛好评。公司拥有上海期货交易所、大连商品交易所、郑州商品交易所三家商品期货交易所和中国金融期货交易所席位，是中国金融期货交易所的全面结算会员。公司是中国期货业协会第二届、第三届、第四届理事会理事单位和山东省期货业协会会长单位，曾荣获山东省人民政府“金融创新奖”、济南市人民政府“金融业支持实体经济发展贡献奖”、山东省财政厅“AAA级山东省地方金融企业”等荣誉称号，受到地方政府的高度评价。

公司切实遵守中国证监会和中国期货业协会等机构的各项监管规定，通过实行保证金封闭运行以保障投资者资金安全，谨慎执业以保障投资者利益得到公平对待。公司一贯秉承“合规保障生存、专业提升效率、创新促进发展、诚信铸就品牌”的价值观，倡导“以自身的专业能力帮助各类交易商实现其资产的保值、增值，与我们的客户共同成长”的经营理念，逐步强化金融中介机构应有的功能定位，将服务实体产业和金融机构作为业务发展的战略重点，不断提高服务实体经济的能力和水平。公司自2007年成立以来，客户资产、盈利能力等主要经营指标大幅超越市场平均增长速度，经过几年的艰苦努力，公司主要经营指标跻身于行业前20名。

公司拥有一支优秀的管理团队和专业服务团队，力争以优质的服务回报客户，通过扎实的工作推动行业进步和地方经济的发展，努力将自身建设成具有感召力和文化魅力的现代金融企业。

北京首创期货有限责任公司

【基本情况】

公司名称：北京首创期货有限责任公司

许可证号：91110000101172725G

经营范围：投资咨询业务资格，资产管理业务资格，商品期货经纪，金融期货经纪

金融期货业务资格类别：交易结算

取得会员资格的期货交易所名称：上海期货交易所，中国金融期货交易所，大连商品交易所，郑州商品交易所

注册资本（元）：200000000

公司住所：北京市西城区宣武门外大街甲1号3层301、302、314房间

法定代表人：陈刚

办公地址和邮编：北京市西城区宣武门外大街甲1号3层301、302、314房间（100052）

客户服务及投诉电话：010－58379395

公司网址网址：www.scqh.com.cn

公司电子邮箱：scqh@scqh.com.cn

【公司概况】

北京首创期货有限责任公司（BeijingCapitalFuturesCo.，Ltd）成立于1996年1月，注册资金2亿元人民币，具有商品期货经纪业务、金融期货经纪业务、期货投资咨询、资产管理业务资格，是上海期货交易所、大连商品交易所、郑州商品交易所、中国金融期货交易所、上海国际能源交易中心的会员单位。

首创期货总部位于北京，在全国设有21家营业部，总部设有农产品、金属、煤焦钢、能源化工事业部，经纪业务部，资产管理部，固定收益部。公司拥有油脂油料、有色金属、贵金属、股指期货、期权及场外衍生品高端研究人才；公司资产管理风控规范严格，现成功发行61只产品，资管规模约12.625亿元；公司特色的CRM综合管理平台。

首创期货具有业内一流的信息技术平台，通过并且长期达到中期协信息技术指引三类标准；核心系统为CTP双活版本，全部应用实现热备冗余；快速的二席系统包括CTPMini软件，易盛启明星Mini交易系统V9.0及大连盛立金融REM系统；交易客户端已开通文华赢顺赢智、澎博闪电手、快期、掌上财富、交易开拓者TB、金字塔、达钱，也可以对接迅投资产管理平台，满足了金融市场日益创新的各项需求。

首创期货秉持“规范诚信创新卓越”的经营理念，凭借22年的规范运作，树立了良好的品牌形象，受到了各界的肯定与褒奖，获得中金所“优秀会员金奖”“金融期货宣传奖”，上期所“产业服务优胜会员奖”“交易优胜会员提名”，大商所“优秀会员奖”“最具成长性会员”“市场服务奖”，郑商所“产业服务优秀会员”“市场发展优秀会员奖”，期货日报“中国最具成长性期货公司”“最佳期货IT系统建设奖”，和讯网“金牌

IT 服务奖”等多个荣誉称号。

首创期货充分利用新技术、新手段，努力通过为客户提供覆盖“期货与现货、场内与场外、国际与国内”全市场的整体解决方案，在创新转型的道路上大跨步前行。

国信期货有限责任公司

【基本情况】

公司名称：国信期货有限责任公司

许可证号：913100007109228518

经营范围：商品期货经纪，资产管理业务资格，投资咨询业务资格，金融期货经纪

金融期货业务资格类别：交易结算

取得会员资格的期货交易所名称：上海期货交易所，中国金融期货交易所，大连商品交易所，郑州商品交易所

注册资本（元）：600000000

公司住所：上海市虹口区东大名路 358 号 20 楼

法定代表人：余晓东

办公地址和邮编：深圳市罗湖区红岭中路 1010 号国际信托大厦 13 层（518001）

客户服务及投诉电话：4008695536

公司网址网址：www.guosenqh.com.cn

公司电子邮箱：15034@guosen.com.cn

【公司概况】

国信期货有限责任公司（以下简称“国信期货”）是国信证券股份有限公司（股票代码“002736”，以下简称“国信证券”）的全资子公司，注册地上海，是中国期货业协会、上海期货交易所理事单位，具有中国金融期货交易所交易结算会员资格，上海期货交易所、大连商品交易所、郑州商品交易所、上海国际能源交易中心会员资格，为投资者提供国内所有上市期货品种的经纪业务服务和期货投资咨询、资产管理服务。同时，公司下设风险管理子公司——国信金阳资本管理有限公司，为客户提供个性化的场外衍生品服务。

经过十年的发展，国信期货快速成长为全国性大型专业化期货公司，综合实力稳居行业前十。国信期货营业网点覆盖了北京、上海、广州、深圳、杭州等大城市，并拥有遍布全国主要城市、由国信证券旗下百余家营业部提供的 IB 业务网点。

国信期货坚持“贴近市场、贴近行业、贴近投资者”的服务理念，为投资者提供专业的期货研究、投资咨询和资产管理服务，形成了以能源化工为品牌，同时覆盖黄金、钢材、农产品等品种的研究服务，以及风险管理咨询、专项培训、套保套利方案设计、期货交易策略拟定等期货投资咨询服务，并为有资金配置需求的客户提供全流程、一站式资产管理服务，全方位、多角度满足个人和机构客户不同的投资理财需求。

国信期货致力于为投资者提供优质快捷的行情和交易服务，拥有上期技术 CTP 系统、大连飞创、恒生系统、中金飞马、郑州易盛、FPGA 硬件柜台等交易系统，同时引入了澎博、极星、金点通、通达信等交易行情软件，是期货行业内交易平台最为齐全的期货公司之一。

展望未来，国信期货将继续秉承“务实、专业、和谐、自律”的企业精神，以传统经纪业务为基石，创新业务为突破，发挥国信强大的品牌优势，为投资者提供全方位、高附加值的期货服务。

中信建投期货有限公司

【基本情况】

公司名称：中信建投期货有限公司

许可证号：915000002029366595

经营范围：基金销售业务资格，资产管理业务资格，投资咨询业务资格，金融期货经纪，商品期货经纪

金融期货业务资格类别：全面结算

取得会员资格的期货交易所名称：上海期货交易所，中国金融期货交易所，大连商品交易所，郑州商品交易所

注册资本（元）：700000000

公司住所：渝中区中山三路 107 号上站大楼平街 11 – B，名义层 11 – A，8 – B4，9 – B、C

法定代表人：彭文德

办公地址和邮编：渝中区中山三路 107 号上站大楼平街 11 – B，名义层 11 – A，8 – B4，9 – B、C（400014）

客户服务及投诉电话：4008877780

公司网址网址：www.cfc108.com

公司电子邮箱：chinafutures@csc.com.cn

【公司概况】

中信建投期货有限公司（CHINA FUTURES CO.，LTD.）成立于 1993 年 3 月 16 日，公司注册地为重庆，注册资本为 7 亿元人民币。在全国设有 23 家营业网点，并设有风险管理子公司 – 上海方顿投资管理有限公司。经中国证监会批准，专业从事商品期货经纪、金融期货经纪、期货投资咨询、资产管理以及基金销售业务，并获准进入银行间债券市场。公司目前拥有国内三大商品期货交易所即上海期货交易所（268 号）、大连商品交易所（71 号）、郑州商品交易所（168 号）会员资格以及中国金融期货交易所（115 号）全面结算会员资格。2017 年 5 月，公司首批获准成为上海国际能源交易中心会员（8268 号）。

同时，公司也为中国期货业协会、中国证券业协会、中国证券基金业协会会员单位。

中信建投期货有限公司是中信建投证券股份有限公司的全资子公司。公司拥有北京、上海、济南、长沙、大连、南昌、郑州、廊坊、广州、漳州、重庆、合肥、西安、成都、深圳、杭州、宁波、武汉、南京、太原等地区的 23 家期货营业部，同时有 200 余家证券营业部获准从事期货 IB 业务，可向中信建投期货推荐潜在期货客户，实现交叉销售。

自成立以来，中信建投期货各项业务不断发展，在商品期货、金融期货以及投资咨询业务等领域形成了自身特色和核心业务优势，拥有一支业务素养过硬、执行能力强的员工队伍，搭建了信息技术、研究咨询、运营管理、风险控制等高效的全业务支持体系。

公司始终秉承“服务创造价值，诚信赢得客户”的服务理念，倡导“公司兴衰、我的责任”的企业文化，凭借高度的敬业精神与突出的专业能力，致力于打造业内规范化、专业化、多样化的金融服务平台。

长江期货有限公司

【基本情况】

公司名称：长江期货股份有限公司

许可证号：91420000100023517A

经营范围:金融期货经纪,基金销售业务资格,资产管理业务资格,投资咨询业务资格,商品期货经纪

金融期货业务资格类别:交易结算

取得会员资格的期货交易所名称:上海期货交易所,中国金融期货交易所,大连商品交易所,郑州商品交易所

注册资本(元):534400000

公司住所:武汉市武昌区中北路9号长城汇T2号写字楼第27、28层

法定代表人:谭显荣

办公地址和邮编:武汉市武昌区中北路9号长城汇T2号写字楼第27、28层(430071)

客户服务及投诉电话:027－85861133

公司网址网址:http://www.cjfco.com.cn

公司电子邮箱:cjfco@cjfco.com.cn

【公司概况】

长江期货股份有限公司是经中国证券监督管理委员会批准成立的金融机构,是实力雄厚的长江证券股份有限公司的控股子公司,公司目前注册资本5.344亿元,2013年公司吸收合并湘财祈年期货经纪有限公司后,在北京、上海、广州、深圳、武汉等地拥有3家分公司、19家期货营业部。根据中国证监会公布的《2017年期货公司分类评价结果》,长江期货在全部参与评选的149家期货公司中获得AA评级。2017年9月,公司在新三板挂牌上市,证券代码为872186。2018年5月,公司成功入选新三板创新层。公司是华中地区资格最全、经营范围最广的期货经营机构,经营范围包括:商品期货经纪、金融期货经纪、期货投资咨询、期货资产管理、股票期权业务、公开募集证券投资基金销售业务和银行间债券市场业务。

近年来,公司荣获中国金融期货交易所"优秀会员金奖""客户管理奖",上海期货交易所"2012年度交易优胜会员提名奖",郑州商品交易所"产业服务奖""企业服务奖""行业成长奖""市场发展奖"和"产业客户开发服务奖",大连商品交易所"市场服务成就奖"等奖项。

公司立足于服务产业、服务地方经济发展,先后被湖北省暨武汉市人民政府授予"支持湖北经济发展突出贡献单位"、"湖北资本市场建设发展先进单位",是湖北省"十佳优质文明服务金融机构"之一。公司是湖北省期货业协会第一届、第二届会长单位。公司与行业组织、专业媒体保持了良好合作关系,是中国期货业协会第四届理事单位、大连商品交易所第三届理事单位、湖北省棉花协会副会长单位以及湖北省电线电缆协会、铝业协会、河南省有色金属等协会的理事单位。

公司董事长谭显荣是中国期货业协会第四届理事会会员理事、大连商品交易所第三届理事会会员理事、湖北省青年企业家协会副会长,武汉大学、中南财经政法大学、华中师范大学兼职硕士生导师,湖北省金融业领军人才,武汉市"黄鹤英才"。

长江期货于2014年9月19日设立了风险管理子公司,子公司全称为"长江产业金融服务(武汉)有限公司",注册资本人民币9500万元,总部设在武汉。主要业务范围包括仓单服务、合作套保、基差交易、定价服务、做市业务及创新业务等其他类型的业务。长江产业金融以立足于全产业链研究,源于期货,服务现货,突出为实体经济提供产业金融服务,专注打造风险管理的服务平台,更好的为实体产业发展助力。

长江期货将依托长江证券雄厚的资本实力、遍布全国的营业网点、享誉业内的研究力量以及领先的IT技术,立足华中,面向全国,努力打造成为业内一流的金融衍生品和风险管理的服务商与供应商。

金元期货有限公司

【基本情况】

公司名称:金元期货股份有限公司

许可证号:30960000

经营范围:金融期货经纪,资产管理业务资格,商品期货经纪,投资咨询业务资格

金融期货业务资格类别:交易结算

取得会员资格的期货交易所名称:上海期货交易所,中国金融期货交易所,大连商品交易所,郑州商品交易所

注册资本(元):150000000

公司住所:海南省海口市南宝路36号证券大厦一楼、五楼

法定代表人:王鸿武

办公地址和邮编:海南省海口市南宝路36号证券大厦一楼、五楼(570206)

客户服务及投诉电话:0898－66676633

公司网址网址:www.jyqh.cn

公司电子邮箱:bgs@jyqh.cn

【公司概况】

金元期货股份有限公司是经中国证券监督管理委员会批准,由金元证券股份有限公司、中航鑫港担保有限公司共同出资成立,实际控股股东为首都机场集团公司,注册资本为人民币1.5亿元。公司总部位于海南省海口市南宝路证券大厦一、五楼。拥有上海期货交易所、大连商品交易所、郑州商品交易所、中国金融期货交易所会员资格。公司目前设有深圳、大连、郑州、上海、西安等六家营业部。

公司确立了以"诚信、和谐、效率、创新"为核心的经营理念,建立了完善的法人治理结构、有效的风险控制体系、科学的投资决策机制、合理的绩效评估激励机制。公司凭借雄厚的股东背景、良好的市场信誉、丰富的管理经验、专业化的人才队伍和先进的技术保障手段,在市场研究、客户服务、信息咨询等方面确立了自身特色。公司经营业绩连续多年增长,综合实力稳居海南省同行业榜首。公司相继获得郑州商品交易所"市场成长奖第三名"和大连商品交易所"市场服务奖"及上海期货交易所"会员进步奖"和"天然橡胶产业服务奖"。此外,在股指期货等金融衍生品领域,公司除了有股东金元证券的支持外,还拥有金元比联基金公司关联合作方,已经形成良好的业务发展平台。

国联期货股份有限公司

【基本情况】

公司名称:国联期货股份有限公司

许可证号:913200006079240319

经营范围:资产管理业务资格,投资咨询业务资格,金融期货经纪,商品期货经纪

金融期货业务资格类别:交易结算

取得会员资格的期货交易所名称:上海期货交易所,中国金融期货交易所,大连商品交易所,郑州商品交易所

注册资本(元):450000000

公司住所:无锡市金融一街 8 号

法定代表人:秦顺达

办公地址和邮编:无锡市金融一街 8 号(214002)

客户服务及投诉电话:95570

公司网址网址:http://www.glqh.com

公司电子邮箱:glqh@glsc.com.cn

【公司概况】

国联期货股份有限公司(以下简称“国联期货”或“公司”)是由无锡市国联发展(集团)有限公司(54.72%)、中海信托股份有限公司(39%)、上海中科科创文化集团有限公司(4.5%)、无锡市国联物资投资有限公司(1.78%)共同发起设立的股份制期货公司。总部设在江苏无锡,注册资本 45,000 万元人民币,经营范围商品期货经纪、金融期货经纪、期货投资咨询、资产管理。

公司是上海期货交易所(0018)、郑州商品交易所(0174)、大连商品交易所(0161)会员、上海国际能源交易中心会员,中国金融期货交易所(0118)交易结算会员,是江苏省成立最早、经营规范、稳健的专业期货公司。公司可代理国内所有商品及金融期货的交易、结算、交割,可开展投资咨询、资产管理业务,业务范围覆盖全国主要城市和地区,现已在上海、重庆、南宁、大连等地设立了 24 家营业部,1 家子公司。公司拥有务实高效、勇于开拓创新的领导集体和勤奋敬业、乐于奉献的高素质员工队伍,拥有一批德才兼备并在行业内有一定知名度的专业人才。由于努力拓展市场,近几年连续获得四大交易所和社会各界的嘉奖。2017 年公司资产总额 27.15 亿元,净资产 7.26 亿元,客户日均权益 22.54 亿元,年交易金额 2 万亿元。

国联期货致力于成为资本市场的风险控制商和财富管理商,能提供“私人定制”套保服务,能够充分利用股东金融和产业的平台优势,为各类客户提供泛金融多样化服务。未来五年公司的工作中心紧紧围绕提升公司核心竞争力、提升服务水准和全面提升经济效益,工作重心从宽度外延式发展向服务“深度”和行业“高度”两极发展,谋求树立公司品牌和行业地位。公司全体员工将为国联期货建成百年老店,为千亿国联目标而持续奋斗。

华信期货股份有限公司

【基本情况】

公司名称:华信期货股份有限公司

许可证号:91410000100021394B

经营范围:资产管理业务资格,基金销售业务资格,投资咨询业务资格,金融期货经纪,商品期货经纪

金融期货业务资格类别:交易结算

取得会员资格的期货交易所名称:上海期货交易所,中国金融期货交易所,大连商品交易所,郑州商品交易所

注册资本(元):1830307304

公司住所:郑州市郑东新区商务内环路 27 号楼 1 单元 3 层 01 号、2 单元 3 层 02 号

法定代表人:张岩

办公地址和邮编:郑州市郑东新区商务内环路 27 号楼 1 单元 3 层 01 号、2 单元 3 层 02 号(450016)

客户服务及投诉电话:4006197666

公司网址网址:www.cefcfco.com

公司电子邮箱:service@cefcfco.com

【公司概况】

华信期货股份有限公司于 1993 年 4 月成立于中国现代期货市场的发源地——郑州,是全国最早成立的大型期货公司之一,公司注册资本 18.3 亿元。

作为综合型全牌照期货公司,华信期货主营商品期货经纪、金融期货经纪、风险管理、资产管理、期货投资咨询、基金销售业务,是上海期货交易所、郑州商品交易所、大连商品交易所的全权会员单位,郑州商品交易所的理事单位;也是中国金融期货交易所的交易结算会员单位、上海国际能源交易中心会员单位以及国内首批获得上海证券交易所期权业务代理资格的十家期货公司之一。同时,华信期货还是中国期货业协会理事单位。

华信期货设有上海、华东、华南、华北、西北 5 家分公司,并在上海、广州、杭州、重庆等城市设有 19 家营业部,营业网点遍布全国 19 个省、自治区、直辖市,客户服务网络覆盖全国。

同时,华信期货旗下拥有上海华信物产有限责任公司(下称华信物产)、华信资产管理有限公司两家全资子公司。其中,华信物产注册地为上海自贸区,注册资本 25 亿元,是经中国期货业协会首批备案设立、华信期货全力打造的大宗商品风险管理平台。华信物产围绕服务实体经济,连接期货、现货市场,通过开展仓单业务、合作套保、定价服务、基差交易等业务,实现风险管理咨询、定价体系、衍生品工具等方面的创新,致力于成为大宗商品领域的专业投行。

多年来,华信期货以一支富有实战经验的一流管理团队为核心,以一批具有高学历、高层次和“海归”背景的高级研发团队为基础,专注于服务产业客户和高端投资者。公司多次获得“中国最佳期货公司”“金牌产业服务期货公司”等业内大奖,连续八年获得中国证监会“A”类监管评级。

在中国期货行业创新发展大潮中,华信期货将遵循“稳健、务实、高效、规范”的经营理念,以传统经纪业务为基础,以创新业务为支点,凭借积极的创新意识、卓越的管理模式、完善的股权结构、一流的研发实力,朝着打造大宗商品国际投行的目标迈进。

和融期货有限责任公司

【基本情况】

公司名称:和融期货有限责任公司

许可证号:91120000710928225H

经营范围:商品期货经纪,金融期货经纪

金融期货业务资格类别:交易结算

取得会员资格的期货交易所名称:上海期货交易所,中国金融期货交易所,大连商品交易所,郑州商品交易所

注册资本(元):85000000

公司住所:天津市和平区郑州道 18 号港澳大厦 103,201-1,201-2,302-1,302-2

法定代表人:李江

办公地址和邮编:天津市和平区郑州道 18 号港澳大厦 103,201-1,201-2,302-1,302-2(300050)

客户服务及投诉电话:022-59780725

公司网址网址:www.hrfuture.com.cn

公司电子邮箱:hrqhgs@hrqh.com

【公司概况】

和融期货有限责任公司,是由渤海证券股份有限公司和

天津和融资产管理有限公司共同出资组建并经中国证监会颁发期货经纪业务许可证、经由中国工商总局登记注册的大型专业公司。控股股东渤海证券股份有限公司是国内具有较强影响力和实力的大型证券公司。

公司为独立的企业法人,治理结构规范,设有规范的股东会、董事会、监事、首席风险官,有规范的制度及议事规则;实行董事会领导下的总经理负责制,自主经营、独立核算、自负盈亏。公司具有专业的研发机构、市场业务部门及其他管理和服务部门。

公司经营范围为商品期货经纪和金融期货经纪,为国内四家期货交易所的会员单位,能够为客户提供全部期货交易品种的代理服务,是天津地区规模最大的期货经纪公司之一。

公司座落于天津繁华的商务金融区,交通便利快捷;具有先进的交易系统,开通了建行、工行、农行、交行、民生银行、招商银行等银期转帐业务,为投资者安全、便捷地参与商品、金融期货提供了良好的条件。

公司拥有一支业务素质高、服务意识强的员工队伍,公司秉承"稳健、创新、诚信、服务"的经营理念,在所有的环节上均体现出客户利益至上的原则,以最大限度地满足投资者的需求、为众多企业和投资者提供避险保值和投资服务,争创一流的经济效益和社会效益。

中钢期货有限公司

【基本情况】

公司名称:中钢期货有限公司

许可证号:91110000100023402U

经营范围:金融期货经纪,资产管理业务资格,商品期货经纪,投资咨询业务资格

金融期货业务资格类别:交易结算

取得会员资格的期货交易所名称:上海期货交易所,中国金融期货交易所,大连商品交易所,郑州商品交易所

注册资本(元):280000000

公司住所:北京市海淀区海淀大街8号A座19层

法定代表人:吴立军

办公地址和邮编:北京市海淀区海淀大街8号A座19层(100080)

客户服务及投诉电话:010-62688579

公司网址网址:http://www.zgfcc.com

公司电子邮箱:futures@sinosteel.com

【公司概况】

中钢期货有限公司是经中国证监会批准,在国家工商局注册登记的专业期货公司。中钢期货的前身中钢集团期货贸易部早在1993年就参与了国内期货市场,经历了中国期货行业的发展历程,实现了与中国期货市场的共成长。公司一直以诚实守信、合规运营为宗旨,以领先的技术平台、个性化的服务、系统化的产品解决方案为核心,为客户提供一流服务,为客户创造价值。

中钢期货总部设在北京,在大连商品交易所、上海期货交易所、郑州商品交易所、中国金融交易所和上海国际能源交易中心拥有交易席位,在北京、上海、大连、武汉、重庆、南京、唐山、济南、昆明等地设有营业部。公司全面部署了电子化交易网络,拥有便捷完善的开户、交易、结算系统,使客户在全国各地都能够轻松实现期货交易。

中钢期货拥有专业的管理团队、研发团队和服务团队,人员队伍精干高效,具备良好的职业操守和丰富的实践经验。中钢期货愿为各类机构及个人投资者提供专业、高效的服务,实现与客户的共赢共发展。

海航期货股份有限公司

【基本情况】

公司名称:海航期货股份有限公司

许可证号:30300000

经营范围:投资咨询业务资格,资产管理业务资格,商品期货经纪,金融期货经纪

金融期货业务资格类别:交易结算

取得会员资格的期货交易所名称:上海期货交易所,中国金融期货交易所,大连商品交易所,郑州商品交易所

注册资本(元):500000000

公司住所:广东省深圳市前海深港合作区前湾一路1号A栋201室

法定代表人:程庆芳

办公地址和邮编:深圳市福田区益田路6001号太平金融大厦11层04、05单元(518026)

客户服务及投诉电话:4007700999

公司网址网址:www.dyqh.com.cn

公司电子邮箱:topwin_sz@163.com

【公司概况】

海航期货股份有限公司于1993年成立,注册资本金5亿元,是海航集团全资子公司。海航期货是上海期货交易所、大连商品交易所、郑州商品交易所的正式会员,以及中国金融期货交易所的交易会员。公司除商品和金融经纪业务外,还拥有期货投资咨询、资产管理、风险管理等业务牌照。2014年10月,公司在上海自贸区设立全资控股风险管理子公司:睦盛投资管理(上海)有限公司。2015年11月10日,公司正式在新三板挂牌上市(股票简称:海航期货,证券代码:834104)。

分支机构

海航期货总部位于深圳。下设深圳本部、上海营业部、北京营业部、苏州营业部、郑州营业部、大连营业部、厦门营业部、太原营业部、合肥营业部、兰州营业部、哈尔滨营业部、海口营业部、南宁营业部等13家分支机构。

安全优势

海航期货目前拥有具有高素质、精专业的管理、研究等精英人才近200名,拥有全国一流的电子化交易机房,为广大客户提供全面高效率的期货交易、结算等业务和优质的期货投资咨询服务。海航期货研究所是公司专业从事国内、国际宏观经济研究、金融专业研究及期货品种研究的部门,目前拥有高学历、精专业的研究人员12名,为客户提供专业投资、套期保值、期货投资咨询等专业化服务。

海航期货机房设备先进,具有国内一流的电子化交易设施,建立了国内首家双中心互为灾备机房,并提供文华财经、富远、澎博等三套国内主流的行情软件和金仕达、易盛、恒生等国内先进的交易系统。

公司愿景

海航期货将始终坚持"至诚,至善,至精,至美"的服务理念,开拓一个以期货资产管理业务、风险管理业务和期货投资咨询业务等创新业务为主,兼顾传统期货经纪业务的业务发展模式,并在未来积极发展证券、基金及海外业务等业务,把

公司打造成一个金融投资与服务的综合性企业。同时海航期货将根据行业发展趋势坚持创新转型的发展战略，不断完善金融服务机构的商业模式，提升公司的业务创新能力，更好的满足金融机构投融资需求以及实体企业风险管理需求，为客户提供满意的专业化服务。

中国期货市场的美好明天。

华闻期货有限公司

【基本情况】

公司名称：华闻期货有限公司

许可证号：913100001000223382

经营范围：商品期货经纪，资产管理业务资格，投资咨询业务资格，金融期货经纪

金融期货业务资格类别：交易结算

取得会员资格的期货交易所名称：上海期货交易所，中国金融期货交易所，大连商品交易所，郑州商品交易所

注册资本（元）：300000000

公司住所：上海市黄浦区北京东路 666 号 H 楼 31 层

法定代表人：严文新

办公地址和邮编：上海市黄浦区北京东路 666 号 H 楼 31 层（200001）

客户服务及投诉电话：021 －50368698

公司网址网址：www. hwqh. com. cn

公司电子邮箱：office@ hwqh. com. cn

【公司概况】

华闻期货有限公司是经上海市工商行政管理局登记注册，取得期货经纪业务资格、资产管理业务资格、投资咨询业务资格的全国性专业化期货公司。华闻期货成立于 1995 年，注册资本金三亿元人民币，是上海期货交易所、郑州商品交易所、大连商品交易所的经纪会员，中国金融期货交易所的交易结算会员。

华闻期货总部设在上海黄浦区近外滩，目前在上海、郑州、北京等地设有多家营业部。公司全面开通中国银行、建设银行、工商银行、农业银行和交通银行等银行的全国银期转账业务，为投资者提供专业、优质的期货投资服务。

公司集聚一批业内有影响力、号召力的行业专家和卓越的员工团队；具备强大的研发能力、稳健的风险管理能力；具有高效的管理平台和特色的管理机制；享有较高的品牌价值和社会影响力。

股东背景

华闻期货全资股东为上海新黄浦置业股份有限公司（股票代码 600638）。新黄浦置业创立于 1992 年 12 月 2 日，是沪深 300 指数样本股，是上海市内最早组建上市的房地产企业之一。公司净资产逾 40 亿元，下设 12 个职能部门、22 家控股和参股子公司，多元业务领域覆盖上海、北京、浙江、江西等省市。

近年来，股东公司密切追踪市场动向，结合自身资源禀赋，先后全资控股华闻期货、参股中泰信托、大成基金等多家金融企业，发展成为房地产和金融双轮联动、协同发展，业务领域面向全国的上市公司。

股东旗下的主要金融资产：

人保财险、人保资产、人保健康、人保寿险、人保投资、华闻控股、中诚信托、华泰证券、国都证券、爱建证券、嘉实基金、大成基金、中泰信托、瑞奇期货、华闻期货……

渤海期货股份有限公司

【基本情况】

公司名称：渤海期货股份有限公司

许可证号：30080000

经营范围：投资咨询业务资格，资产管理业务资格，商品期货经纪，金融期货经纪

金融期货业务资格类别：交易结算

取得会员资格的期货交易所名称：上海期货交易所，中国金融期货交易所，大连商品交易所，郑州商品交易所

注册资本（元）：500000000

公司住所：中国（上海）自由贸易试验区新金桥路 28 号 1201，1301 室

法定代表人：王石梅

办公地址和邮编：中国（上海）自由贸易试验区新金桥路 28 号 1201，1301 室（201206）

客户服务及投诉电话：021 －61257854

公司网址网址：www. bhfcc. com

公司电子邮箱：bhqh2007@ 163. com

【公司概况】

渤海期货股份有限公司（以下简称“渤海期货”），是全国中小企业股份转让系统（新三板）挂牌公司，股票代码：870662。渤海期货是国内成立较早、经中国证监会批准注册的期货公司，注册资本为人民币 5 亿元，股东为东北证券股份有限公司（持股比例 96%）和吉林省融商投资有限公司（持股比例 4%），2018 年 3 月 26 日，经上海市工商行政管理局登记批准，公司住所变更为“中国（上海）自由贸易试验区新金桥路 28 号 1201、1301 室”。公司主要从事商品期货经纪、金融期货经纪、资产管理、期货投资咨询。是中国金融期货交易所交易结算会员单位，是上海期货交易所、郑州商品交易所、大连商品交易所、上海国际能源交易中心会员单位。

渤海期货自创立以来，秉承“诚信、高效、勤勉、自强”的企业精神，运作规范，管理严格，服务专业，资产优良，在业内享有良好的声誉。总部设有财务部、综合部、人力资源部、经纪业务部、合规稽核部、风控结算部、交易客服部、研究院、信息技术部、资产管理业务部、投资咨询业务部、运营管理部、零售客户部、创新业务部、华东事业部、北方事业部。已在大连、江苏设立 2 家分公司，在上海、北京、长春、郑州、沈阳、广州、福州、重庆、济南、杭州、厦门、深圳、成都设有 13 家营业部。2015 年 7 月 3 日，公司全资子公司渤海融盛资本管理有限公司在中国（上海）自由贸易试验区成立。2016 年 5 月，渤海融盛资本管理有限公司设立全资子公司渤海融幸（上海）商贸有限公司及渤海融盛商贸（香港）有限公司。

渤海期货作为东北地区最大券商背景下的期货公司，依托股东单位雄厚的资本实力、广阔的金融业务平台、深化合作、共享资源，为全国投资者提供全方位的专业化金融衍生品服务。

云晨期货有限责任公司

【基本情况】

公司名称：云晨期货有限责任公司

许可证号：32000000

经营范围：金融期货经纪，商品期货经纪

金融期货业务资格类别:交易结算

取得会员资格的期货交易所名称:上海期货交易所,中国金融期货交易所,大连商品交易所,郑州商品交易所

注册资本(元):300000000

公司住所:云南省昆明市人民东路111号

法定代表人:曹辉

办公地址和邮编:云南省昆明市人民东路111号(650051)

客户服务及投诉电话:0871-63142036-63142001

公司网址网址:www.ycfutures.cn

公司电子邮箱:ycfutures@yunnancopper.com

【公司概况】

云晨期货有限责任公司(以下简称“公司”)成立于2002年3月7日,是一家主营商品期货经纪和金融期货经纪业务的期货公司,是上海期货交易所、上海国际能源交易中心、大连商品交易所和郑州商品交易所会员和中国金融期货交易所交易结算会员,可代理客户从事国内所有品种的期货交易。公司注册资本为人民币3亿元,其中云南铜业(集团)有限公司占总股本的60%;中铝资本控股有限公司占总股本的40%。在2016年全国期货公司分类评级中,云晨期货被评为BBB级。

公司一直本着“规范经营、理性投资、科学管理、客户至上”的经营指导方针,形成了以铜、天胶、白糖为特色的优势期货品种,在蒙自、楚雄、曲靖开设了营业部,不断扩大营业网点、延伸服务范围。公司提出了独特的“价值投资理念”,针对企业与投资者的多元化需求,极具针对性地开发了“企业风险管理决策系统”和“客户关系管理系统”,可为企业和投资者提供投资交易、套期保值、期现套利、工具设计等多种个性化服务产品和信息咨询服务,还可提供专业培训、驻厂调研和企业保值方案设计等专项服务。公司紧紧围绕“以客户赢利为目标”,在激烈的市场竞争中以至善的服务赢得客户,不仅为客户提供交易通道,更为投资者提供卓越的价值投资机会。

国金期货有限责任公司

【基本情况】

公司名称:国金期货有限责任公司

许可证号:915100006216082388

经营范围:投资咨询业务资格,资产管理业务资格,商品期货经纪,金融期货经纪

金融期货业务资格类别:交易结算

取得会员资格的期货交易所名称:上海期货交易所,中国金融期货交易所,大连商品交易所,郑州商品交易所

注册资本(元):150000000

公司住所:成都市锦江区东大街芷泉段229号1栋2单元28层

法定代表人:李蒲贤

办公地址和邮编:成都市锦江区东大街芷泉段229号1栋2单元28层(610061)

客户服务及投诉电话:4006821188

公司网址网址:www.gjqh.com.cn

公司电子邮箱:webmaster@gjqh.com.cn

【公司概况】

国金期货有限责任公司是国金证券(SH:600109)股份有限公司的全资子公司,注册资本1.5亿元人民币,员工近120名。公司拥有上海期货交易所、大连商品交易所、郑州商品交易所、上海国际能源交易中心会员资格和中国金融期货交易所交易结算会员资格,具备商品期货经纪、金融期货经纪和期货投资咨询、资产管理等业务资格。公司总部位于成都,并在北京、上海、广州、杭州等经济中心城市设有营业部,同时依托国金证券众多的营业网点,期货业务范围辐射全国。

公司控股股东国金证券,是涌金集团旗下的一家资产质量优良、专业团队精干、创新能力突出、服务特色鲜明的综合类上市证券公司,目前是沪深300指数、上证180指数、上证180金融股指数、上证公司治理指数等成份股。证券公司业务牌照齐全,连续20年保持年终税前盈利,是证券行业仅有的2家连续盈利的证券公司之一。2016年,国金证券荣获“2016中国最具突破证券经纪商”“2016年最佳主经纪商大奖”。

国金期货秉承“责任、和谐、共赢”的核心价值观,依托涌金集团旗下所拥有的证券、资管、基金、信托等综合金融资源优势,立足商品期货,面向金融期货,放眼综合金融,坚持走平台化、专业化和产品化的业务发展模式,逐步打造以研究为支撑、产品为导向、机构为重点的全国性的综合金融服务平台。

国都期货有限公司

【基本情况】

公司名称:国都期货有限公司

许可证号:32160000

经营范围:金融期货经纪,资产管理业务资格,投资咨询业务资格,商品期货经纪

金融期货业务资格类别:交易结算

取得会员资格的期货交易所名称:大连商品交易所,中国金融期货交易所,郑州商品交易所,上海期货交易所

注册资本(元):200000000

公司住所:北京市东城区东直门南大街3号国华投资大厦8层、10层

法定代表人:叶晓

办公地址和邮编:北京市东城区东直门南大街3号国华投资大厦8层、10层(100007)

客户服务及投诉电话:4006508822

公司网址网址:www.guodu.cc

公司电子邮箱:gdqh@guodu.cc

【公司概况】

国都期货有限公司是经中国证监会批准,由国都证券股份有限公司和中诚信托有限责任公司共同出资设立的全国性期货公司,公司注册地为北京市。公司注册资本2亿元人民币,其中国都证券股份有限公司持有公司62.31%的股份,中诚信托有限责任公司持有公司37.69%的股份。公司经营范围为商品期货经纪、金融期货经纪、期货投资咨询、资产管理。公司为上海期货交易所、大连商品交易所、郑州商品交易所会员以及中国金融期货交易所交易结算会员,可代理各交易所已上市和即将上市全部期货品种的交易、结算及交割。

公司股东国都证券股份有限公司以其优良的资产质量、健全的内部控制机制和严格的风险控制著称于业内;公司股东中诚信托有限责任公司是中国银监会直接监管的中央级信托投资公司,中国信托业协会首届会员单位。

公司在上海、合肥设有营业部,营业范围覆盖各大期货交

易所所在地。公司各营业部客户保证金实行封闭运行,交易设施先进齐备,资金划转安全便捷,咨询信息及时全面,经营场所优雅舒适,高素质的职业团队,可为客户提供专业化个性化的服务。

公司经营管理始终稳健、审慎经营,合法合规运作,从未发生挪用客户保证金及穿仓等重大风险事件。公司以对客户资产高度负责的态度,在业内树立了诚信、稳健、专业的形象。

中航期货有限公司

【基本情况】

公司名称:中航期货有限公司

许可证号:32200000

经营范围:资产管理业务资格,投资咨询业务资格,商品期货经纪,金融期货经纪

金融期货业务资格类别:交易结算

取得会员资格的期货交易所名称:上海期货交易所,中国金融期货交易所,大连商品交易所,郑州商品交易所

注册资本(元):280000000

公司住所:深圳市前海深港合作区前湾一路 1 号 A 栋 201 室

法定代表人:周小辉

办公地址和邮编:深圳市福田区华富路 1006 号航都大厦 25 层(518026)

客户服务及投诉电话:0755 – 83320464

公司网址网址:http://www.cafco.com.cn

公司电子邮箱:4710558543@qq.com

【公司概况】

中航期货有限公司(原名:中航期货经纪有限公司)控股股东为中航投资控股有限公司。成立于 1993 年 4 月 7 日,由中国航空工业供销总公司独资组建,成立时注册资金 1000 万元。1997 年按照中国证券监督管理委员会的要求改制为股份制有限责任公司,注册资金增加至 3000 万元,股权结构变更为中国航空工业供销总公司持股 95%,中航大厦持股 5%。2006 年 12 月经中国证券监督管理委员会和 2007 年 2 月经国家工商行政管理局核准变更股权结构,由原来的中国航空工业供销总公司持股 95%,中航大厦持股 5%,变更为:上海欣盛航空工业投资发展有限公司持股 49%,中国航空工业供销总公司持股 46%,中航大厦持股 5%。2007 年 9 月,再次增资扩股,注册资金增加至 6500 万元,股权结构变更为:中国航空工业第二集团公司持股 53.85%(现与中国航空工业第一集团公司合并为中国航空工业集团公司)、上海欣盛航空工业投资发展有限公司持股 31.15%、中国航空工业供销有限公司持股 15%。2010 年 3 月公司股权结构变更为:中航投资控股有限公司持股 53.85%、上海欣盛航空工业投资发展有限公司持股 31.15%、中国航空工业供销总公司持股 15%。2013 年 11 月公司注册资本增加至 2.6 亿元,股权结构变更为:中航投资控股有限公司持股 88.46%、上海欣盛航空工业投资发展有限公司持股 7.79%、中国航空工业供销有限公司持股 3.75%。2014 年 6 月 9 日经深圳市市场监督管理局核准,公司名称变更为"中航期货有限公司"。2014 年 10 月吸收合并江南期货经纪有限公司,注册资本变更为 2.8 亿元,股权结构变更为:中航投资控股有限公司出资 23078.947 万元,占比 82.42%,上海欣盛航空工业投资发展有限公司出资 2070.677 万元,占比 7.40%,中航证券有限公司出资 1853.384 万元,占比 6.62%,中国航空工业供销有限公司出资 996.992 万元,占比 3.56%。

公司是中航投资控股有限公司的成员单位,是以商品期货经纪业务、金融期货经纪业务和资产管理为经营范围的非银行金融机构,公司实行董事会领导下的总经理负责制,设有合规稽核部、财务部、行政与人力资源部、信息技术部、交易风控部、结算交割部、经纪业务管理部、研究发展部、投资部和资产管理部。公司有一支伴随期货业发展而成长起来的管理团队,在多年的发展过程中,逐步锻炼出一批能为客户的投资增值提供强大研发能力的业务精英,形成了"诚信、尊重、敬业、服务、创新"的基本行为准则,作为中航工业集团金融板块的重要组成部分,公司在集团"两融、三新、五化、万亿"的战略指引下,以"创新思维提供有价值金融服务,推进产融结合"为指导思想,以"建设一流的,有特色的金融服务商"为目标,坚持"以人为本,追求创新"的经营理念,严格控制风险,稳健经营,推进管理创新,不断提升服务水平。

公司制度严谨、人员齐整,运作规范稳健。目前在上海、深圳、武汉、汕头、南昌、郑州、东莞设有合规的营业部。

近年来在股东单位的支持和全体员工的共同努力下,中航期货公司取得了长足的发展,在资产质量、交易额、研究水平和客户盈利能力等等各方面都有显著提升。在今后的发展中,公司将在集团和中航投资的支持下,进一步加强与集团内部企业和中航证券、中航信托等中航投资成员单位间的紧密协作,发挥金融服务功能,实现公司跨越式发展,为产融结合做出积极的贡献。

公司全体员工热忱欢迎广大企业、证券金融机构及个人投资者充分利用期货这一投资工具进行保值、套利投机等业务,本公司将以诚实高效的服务获得您的信赖,并期望您在我们公司取得良好的收益。

冠通期货有限公司

【基本情况】

公司名称:冠通期货股份有限公司

许可证号:911100001019473323

经营范围:商品期货经纪,资产管理业务资格,投资咨询业务资格,金融期货经纪

金融期货业务资格类别:交易结算

取得会员资格的期货交易所名称:上海期货交易所,中国金融期货交易所,大连商品交易所,郑州商品交易所

注册资本(元):190000000

公司住所:北京市朝阳区朝阳门外大街甲 6 号万通中心 4 座 18 层

法定代表人:杨冠平

办公地址和邮编:北京市朝阳区朝阳门外大街甲 6 号万通中心 D 座 20 层(100020)

客户服务及投诉电话:4006678656

公司网址网址:www.gtfutures.com.cn

公司电子邮箱:gtqhxxbs@gtfutures.com.cn

【公司概况】

冠通期货股份有限公司成立于 1996 年,是国内历史最悠久的期货公司之一,公司法人治理结构完善,在服务能力、研发水平、市场开发、资产管理等方面经验丰富,公司成立至今一直保持连续盈利的经营业绩,在行业监管部门中素来以管

理严谨规范著称。

公司总部设在北京，同时在北京、上海、大连、郑州、秦皇岛、贵阳、南通、青岛、天津、长沙、成都、武汉、深圳等地设有营业部。公司是上海期货交易所、大连商品交易所、郑州商品交易所、中国金融期货交易所及上海国际能源交易中心国内五家交易所的结算会员。

公司股东之一是中国中化集团成员企业——中国对外经济贸易信托有限公司。公司一直以来在金融创新方面成果卓著，打造的“信托 + 期货”的全新合作模式，更是促进了公司在金融衍生品创新领域表现突出，公司在“信托 + 期货”产品的研发方面亦将开创国内金融创新先河。近年来，公司投入大规模人力、物力研究集合资金信托理财产品，广大投资者将可以通过信托基金建立起更多元化的资产配置，与此同时将大幅降低投资者在单独参与期货市场时可能面临的风险，公司将紧随国内金融发展的步伐，适时为广大投资者推出多样化的金融衍生品，为中国金融市场的完善做出贡献。

标准典范

公司严格按照证监会信息技术要求，管理总部建立了一套高规格、高冗余、高容量的交易系统，达到二类标准机房建设，并配备高标准的郑州异地机房备份系统，系统容量满足线性增长要求，随时准备随业务规模的巨增，实现系统容量的快速增长。

网络交易畅通——总部机房内建立了电信和联通中心传输，与电信和联通的中心机房百兆光纤直接链接，保证了网络通讯的持续和稳定。

系统选择多样——文华、彭博两套行情系统；金仕达、易盛、CTP、飞创四套交易系统；文华一键通、博易闪电手等嵌套交易端接入，博易掌上财富、文华随身行手机行情及下单系统为客户交易提供便利。

资金划转便捷——全面开通工、农、中、建、交、民生、兴业、浦发、招商、中信等结算银行的全国银期转账业务，有效保障资金划转的及时性。

增值服务

公司拥有一支充满活力与热情的交易研究团队，融合身经百战的实战专家、资深金融博士、严谨务实的 IT 精英，拥有多市场多品种多策略组合的程序化交易模型、交易投资经理、评估系统等，通过建立专业化、科学化的投资和评估体系，为市场发掘优秀的投资管理人才，为广大投资者提供个性化、专业化的优质投资和咨询服务。

公司研发中心是公司树立品牌优势、开拓专业化市场的核心竞争力。研发中心下设农产品研究组、化工能源研究组、金属研究组、宏观经济研究组、股指期货研究组、金融创新研究组。各小组在各研究领域成绩斐然，为投资者提供了强大的研发保障和支持，其中尤其是金融创新组，该组金融理论知识扎实、全面，在金融工程数量分析、模型构建方面具有丰富的国际工作经验，在国内很多领域的研究还属空缺的情况下推出了系列创新性的研究成果，为投资者在交易策略的具体可操作性、可行性、风险测算、评估等诸多方面提供很好的决策依据，在行业中保持领先水平。

创新贡献

公司董事长杨冠平先生参与组织国家重点文化项目《二十四史文白对照》的编译工程。

业内首创期货交易评估系统（简称 FTES）：期货交易评估系统已经实现面对全国广大期货交易者的自动化交易评估，逐步将行为金融学、交易心理学等前沿学科的学术成果运用到交易评估系统中。期货交易评估系统不仅在国内填补了一项空白，在国际的相应领域也处于相当领先的领域，已经通过国家专利局专利申请，并获得“2011 年证券期货业科学技术奖优胜奖”。

公司于 2017 年成功推出智能衍生品数据推送服务系统，该系统由全球大数据技术领先者一览群智公司与衍生品基本面数据分析理念先行者冠通期货公司合作开发，实现了全球金融衍生品大数据采集、数据挖掘、数据推送、智能报警，让使用者轻松获得所需要的数据以进行交易决策。

库存风险管理是现代企业风险管理的重要组成部分，冠通期货库存风险管理评价系统可以帮助企业有效的分析库存数据，调整库存结构，降低企业的库存管理成本，同时提高库存管理的效率，并且降低在期货交易当中的风险，为企业提供有效的参考。

“慎初笃行为冠，逐鹿得人则通”——公司一直以来秉承“诚信、敬业、创新、服务”的企业宗旨，树立“以客户服务为先导，以诚信规范为基石，以开拓创新为手段，以和谐敬业为追求”的全新企业文化，努力在市场开拓、客户服务、风险管理、经济效益方面争创一流。在我国“实物经济”向“虚拟经济”的转型过程中，与中国金融市场共同成长！

招商期货有限公司

【基本情况】

公司名称：招商期货有限公司

许可证号：91440000100020455 5

经营范围：投资咨询业务资格，资产管理业务资格，商品期货经纪，金融期货经纪

金融期货业务资格类别：交易结算

取得会员资格的期货交易所名称：上海期货交易所，中国金融期货交易所，大连商品交易所，郑州商品交易所

注册资本（元）：630000000

公司住所：深圳市福田区福华一路 6 号免税商务大厦 9 层 9 - 15 单元、7 层 1 - 8 单元、7 层 22 - 26 号单元

法定代表人：闫玉书

办公地址和邮编：深圳市福田区福华一路 6 号免税商务大厦 9 层 9 - 15 单元、7 层 1 - 8 单元、7 层 22 - 26 号单元（518048）

客户服务及投诉电话：95565

公司网址网址：http://qh. newone. com. cn

公司电子邮箱：zsqh@ cmschina. com. cn

【公司概况】

招商期货有限公司是招商证券股份有限公司的全资子公司，注册资本 63000 万元，是中国第一家获批的券商全资控股期货公司。公司具备上海期货交易所、大连商品交易所、郑州商品交易所、中国金融期货交易所四大期货交易所的交易结算会员资格，可代理中国期货市场所有期货品种的交易。

恪守招商传统的运营理念——合规稳健，协调发展。

以保障客户资金安全和客户交易安全为生命线，斥巨资搭建安全可靠、性能卓越的交易系统。完善的制度流程管理，覆盖所有业务环节的合规、风控、稽查，全面掌控风险。

凭借招商卓越的人才机制——以人为本，任人唯贤。

引进期货行业翘楚，自主培养学生精英，形成专业技能精湛、发展潜力巨大的员工队伍，支撑、优化着百年招商的运行管理品牌。

秉承招商独特的研发定位——立足市场，鼓励创新。

公司研究所坚持独立客观、前瞻领先、贴近市场的研究方向，已在套利、程序化交易、短线交易等应用性领域取得显著成果，推出“智睿理财”系列产品。

承载招商真诚的服务理念——服务至上，成就价值。

95565 客服专线无微不至地关爱着客户，一对一高端服务随时随地呵护着客户，详实多样的信息渠道全面精准地引领着客户，各类针对性培训切实真诚地辅导着客户。

百年招商，一脉相承，励新图强，敦行致远。

我们怀着这份信仰，力争建设中国金融市场上服务一流、能力突出、品牌卓越的专业期货交易服务机构，打造客户信赖、社会尊重、股东满意、员工自豪的优秀企业。

宏源期货有限公司

【基本情况】

公司名称：宏源期货有限公司

许可证号：30780000

经营范围：商品期货经纪，资产管理业务资格，投资咨询业务资格，金融期货经纪

金融期货业务资格类别：交易结算

取得会员资格的期货交易所名称：上海期货交易所，中国金融期货交易所，大连商品交易所，郑州商品交易所

注册资本（元）：1000000000

公司住所：北京市西城区太平桥大街 19 号 4 层 4B

法定代表人：王化栋

办公地址和邮编：北京市海淀区西直门北大街甲 43 号金运大厦 B 座 6 层（100044）

客户服务及投诉电话：4006008899

公司网址网址：http://hongyuanqh. com

公司电子邮箱：qhzhbyx@ swhysc. com

【公司概况】

宏源期货有限公司注册地在北京金融街，注册资本 10 亿元，是上海期货交易所、大连商品交易所、郑州商品交易所的全权会员，中国金融期货交易所的交易结算会员，上海国际能源交易中心会员，中国期货业协会副会长单位，北京期货商会会长单位。主要经营商品期货经纪、金融期货经纪、期货投资咨询、资产管理业务。全资拥有宏源恒利（上海）实业有限公司，为客户提供专业化期货、期权及衍生品服务。

全资股东申万宏源集团股份有限公司（证券代码：000166）注册资本 225 亿元，是由申银万国证券与宏源证券合并组建的大型投资控股集团，2015 年 1 月 26 日在深圳证券交易所挂牌上市。申万宏源集团致力于成为以资本市场为依托的全金融产业服务商，并成为中国投资有限责任公司和中央汇金投资有限责任公司金融资产证券化的重要平台。申万宏源集团在巩固和扩大现有证券业务优势的同时，积极拓展银行、保险、信托和租赁等金融领域的业务布局，探索新型金融业态，打造以资本市场为依托的投资与金融全产业链，实现不同类型业务之间客户共享和客户需求的深度挖掘，为实体经济提供综合化的全面金融服务。

公司拥有 CTP 主交易系统以及飞马、易盛、X－One 等系统，可为套利、高频、极速等程序化交易客户提供个性化服务。在北京、上海、天津、重庆、大连、郑州、乌鲁木齐、深圳、福州、合肥、济南、扬州、苏州、杭州、昆明、南宁、厦门等地拥有 18 家分支机构，申万宏源 300 余家营业网点提供期货中间介绍业务，形成覆盖全国的服务网络。

公司以市场为导向，以客户为中心，专业化技能和服务水平不断提高，业务快速成长，推动公司业绩快速成长，成为国内最有影响力的期货公司，多次荣获监管部门、交易所、行业协会和媒体奖励。

公司竭诚为广大投资者提供多元化、标准化、个性化服务，以专业、诚信为投资者创造价值。

通惠期货有限公司

【基本情况】

公司名称：通惠期货有限公司

许可证号：31500000

经营范围：资产管理业务资格，投资咨询业务资格，金融期货经纪，商品期货经纪

金融期货业务资格类别：交易结算

取得会员资格的期货交易所名称：上海期货交易所，中国金融期货交易所，大连商品交易所，郑州商品交易所

注册资本（元）：125000000

公司住所：上海市陆家嘴西路 99 号 7 楼

法定代表人：冯立民

办公地址和邮编：上海市陆家嘴西路 99 号 7 楼（200120）

客户服务及投诉电话：021－68864915

公司网址网址：http://www. thqh. com. cn

公司电子邮箱：thqh@ thqh. com. cn

【公司概况】

通惠期货有限公司，原上海通联期货有限公司，控股股东为中国万向控股有限公司，是多业并举的金融服务平台，其关联公司拥有丰富的现货资源。公司于 1999 年经中国证监会核准在国家工商局登记注册，从事商品期货经纪、金融期货经纪业务、资产管理业务。公司注册资本 1.25 亿元，办公地址位于上海浦东陆家嘴金融贸易区，拥有 1481.62 平方米的办公场所。公司拥有上海期货交易所、大连商品交易所和郑州商品交易所的全权会员资格，拥有上海国际能源交易中心会员资格，是中国金融期货交易所交易结算会员、中国期货业协会团体会员、是上海国际能源交易中心第一批会员。

公司拥有专业的研究团队，汇聚了业内研究水平一流、实务操作成绩稳健的研究员作为核心力量，确保为客户提供高质量的专业咨询，提供专业投资报告，帮助客户进行短长期行情分析，制定套期保值、跨期套利方案；协助客户有效规避风险、获得收益。

公司致力于打造期货行业一流的信息技术平台，采用胜科金仕达、易盛、上期技术综合交易平台等交易系统，拥有文华财经、澎博财经资讯等国内优秀的行情系统，为客户提供赢智 WH8、交易开拓者、达钱等程序化操作和策略平台，特色交易软件有快期、文华一键通、澎博闪电手、金仕达多点登录软件等，开通了工行、农行、建行、交行等全国性银期转帐业务，公司特别提供程序化服务器托管服务，提供高速的交易接入，确保程序化交易的速度、稳定及安全性。

公司具有规范而稳健的管理体系，秉持“诚信、沟通、专业、共赢”的经营理念，建立了基础管理、专业管理、综合管理相配套融合的经营管理体系，并逐渐形成了“客户、员工、股东共同成长”核心价值观，倾全体员工之思想创意、执业精神和专业素养，尽客户服务、研发产品、交易通道、后台运营、人才机制之系统资源，达致客户、员工、股东与公司共赢之境界。

中大期货有限公司

【基本情况】

公司名称：中大期货有限公司

许可证号：32130000

经营范围：资产管理业务资格，基金销售业务资格，商品期货经纪，金融期货经纪，投资咨询业务资格

金融期货业务资格类别：交易结算

取得会员资格的期货交易所名称：上海期货交易所，中国金融期货交易所，大连商品交易所，郑州商品交易所

注册资本（元）：360000000

公司住所：浙江省杭州市中山北路310号3层、11层西、12层东、18层

法定代表人：周学韬

办公地址和邮编：浙江省杭州市中山北路310号3层、11层西、12层东、18层（310003）

客户服务及投诉电话：4008810999

公司网址网址：WWW. ZDQH. COM

公司电子邮箱：zdfc@ zdqh. com

【公司概况】

中大期货有限公司，成立于1993年，是世界500强企业——物产中大集团（股票代码：600704）金融板块的核心成员；是四大期货交易所会员单位。

公司总部位于杭州，在北京、上海、天津、南京、福州、西安等中心城市设有三十多家营业部。公司拥有高效便捷的交易通道、基础雄厚的研发能力、专业贴心的服务团队，秉承"规范经营、稳步发展"的经营方针，竭诚为客户提供涵盖通道、项目、产品的全方位服务。

经中国证监会核准，2011年公司首批获得"期货投资咨询业务资格"，2013年2月获得"资产管理业务资格"，2015年1月成为浙江省内首个获得"基金销售业务资格"的期货公司，目前经营范围为：商品期货经纪、金融期货经纪、期货投资咨询、资产管理、基金销售。

华安期货有限责任公司

【基本情况】

公司名称：华安期货有限责任公司

许可证号：91340000710926713X

经营范围：商品期货经纪，资产管理业务资格，投资咨询业务资格，金融期货经纪

金融期货业务资格类别：交易结算

取得会员资格的期货交易所名称：上海期货交易所，中国金融期货交易所，大连商品交易所，郑州商品交易所

注册资本（元）：270000000

公司住所：合肥市庐阳区长江中路419号

法定代表人：汪泓

办公地址和邮编：合肥市庐阳区长江中路419号（230061）

客户服务及投诉电话：400－882－0628

公司网址网址：www. haqh. com

公司电子邮箱：haqhzh@ 126. com

【公司概况】

华安期货有限责任公司（下称"公司"）成立于1995年5月，由华安证券股份有限公司控股。公司具备从事商品期货和金融期货业务资格、期货投资咨询、资产管理业务资格，注册资本金为人民币2.7亿元，是目前国内综合研究实力较强的期货公司之一。

公司总部位于合肥市长江中路419号，营业面积1600平方米，并在上海、青岛、郑州、芜湖、阜阳、马鞍山、安庆、金华设立了营业部。公司的控股股东华安证券是安徽省第一家由中国证监会核准的具备从事期货中间介绍（IB）业务资格的证券公司。华安期货有限责任公司依托华安证券遍布全国的营业网络，可以为全国各地投资者提供最及时的投资资讯服务；并根据投资者需要设计套保、套利和投资理财等多种不同类型的投资方案，适应具有各类风险偏好投资者的需求。

为保障投资者交易的安全、快捷和稳定，公司配备了先进、稳定的网络系统和双路供电系统，拥有多套最新的澎博、文华、富远等资讯行情系统。为满足各类投资者的交易习惯，公司采用了目前交易速度最快、功能最丰富的恒生、易盛交易系统和上海期货信息技术有限公司最新推出的综合交易平台等先进软件，能为投资者提供闪电手、批量委托、一键通、止损、止盈、套利以及各种策略化、程式化交易等丰富多样的交易功能和手段。

公司拥有上海期货交易所、大连商品交易所和郑州商品交易所的全权会员资格，是中国金融期货交易所的交易结算会员，可代理股指期货、黄金、铜、铝、锌、燃料油、天然橡胶、螺纹钢、线材、小麦、PTA、白糖、棉花、玉米、菜籽油、早籼稻、大豆1号、大豆2号、豆粕、豆油、线型低密度聚乙烯（LLPDE）、棕榈油、PVC等等国内所有上市期货品种的交易。

华安期货有限责任公司奉行"严谨、活力、协作、创新"的经营理念，立足高起点，塑造投资新文化，致力于构建以塑造品质为核心，在业内具备持续竞争力和持久影响力的期货公司。公司广纳具有共同事业信念的业界精英，确立以专业拓展市场、以产品服务客户的业务战略，按照"产品、沟通、服务、诚信"的业务理念，形成了以股指期货等金融衍生品、以有色金属、天然橡胶、钢材等工业原料和以油脂、棉花等农产品为品种特色的研发方向。公司以客户的需求为导向，以客户资产的增值为目标，致力于提高公司研发水平的专业化和投资理财产品的实用性，依托股东优良的金融投资和现货实业背景，全力为投资者打造全方位投资理财平台，实现客户与公司双赢的企业宗旨。

面对中国金融市场的全面开放，华安期货有限责任公司将弘扬"厚积薄发、自强不息"的传统美德，以振兴中华民族的金融企业为己任，在世界金融市场的大潮中尽展炎黄子孙的金融投资智慧！

上海浙石期货经纪有限公司

【基本情况】

公司名称：上海浙石期货经纪有限公司

许可证号：31530000

经营范围：商品期货经纪，金融期货经纪

金融期货业务资格类别：交易结算

取得会员资格的期货交易所名称：上海期货交易所，中国金融期货交易所，大连商品交易所，郑州商品交易所

注册资本（元）：200000000

公司住所：上海市浦东新区浦电路438号

法定代表人：刘志德

办公地址和邮编：上海市浦东新区浦电路 438 号(200122)

客户服务及投诉电话：0571－87812161

公司网址网址：www. zsqh. com

公司电子邮箱：zpfc@ zsqh. com

【公司概况】

上海浙石期货经纪有限公司成立于 1995 年 5 月，是经中国证监会批准设立(期货经纪业务许可证号：31530000)和上海工商行政管理局登记注册(企业法人营业执照注册号：91310000132110738p)，经营范围商品期货经纪和金融期货经纪，注册资本人民币贰亿元整，法定代表人刘志德，总经理俞国华。公司注册地：上海市浦东新区浦电路 438 号双鸽大厦 10G 室，下设杭州、宁波两个营业部。本公司属中国石化集团绝对控股的一家规范合格的期货经纪公司。

上海浙石期货经纪有限公司的前身为原浙江省石油总公司期货部，是国内最早参与期货业务的公司之一。在 1993 年至 1994 年间参与原上海、北京等石油交易所的期货交易，积极利用期货市场所具有的规避风险和发现价格的功能，结合自身的经营业务，卓有成效地开展了套期保值业务，曾以交易规范，遵章守纪荣获上海石油交易所交易优秀一等奖。公司自成立以来一直遵循“浙石期货，信誉永恒”的宗旨，秉承母公司资信优秀、管理规范等优势，始终贯彻稳健经营、稳步发展的经营策略，坚持踏实、务实的工作作风，严格遵守中国证监会和各交易所有关期货法规、制度，建立了一整套规范严格的期货经纪业务管理制度，积极为有关企业和投资者开展商品期货交易和投资提供完善周到的服务，在业内树立了“浙石期货”的良好声誉。公司自成立以来，连年保持盈利。

证监会自 1998 年度实施期货公司年检，我公司每年首批通过年检，按照证监会期货部负责人的解释：每年度第一批通过年检的经纪公司属于在资产质量、抗风险能力、合规经营、内部控制与管理等方面综合考核表现较好，在业内有较好声誉的公司。

目前我司是上海期货交易所(席位号 0075)，大连商品交易所(席位号 0157)，郑州商品交易所(席位号 0205)的正式会员和中国金融期货交易所(席位号 0148)的交易结算会员。可代理客户从事铜、铝、锌、天然橡胶、燃料油、黄金、螺纹钢、线材、大豆、豆粕、玉米、豆油、聚乙烯、棕榈油、小麦、棉花、聚氯乙烯、早籼稻、PTA、糖等国内所有品种的期货交易，并向客户提供与期货相关的信息咨询，人员培训等服务。公司拥有文华财经行情分析系统和博易大师行情分析系统，并开通上海、大连、郑州四家期货交易所的异地同步交易系统，可为客户提供人工报单、自助委托交易、网上交易等多种交易手段。

公司设有交易、风控、财务、结算、信息技术、综合等部门；公司杭州营业部于 96 年 3 月经上海市、浙江省、杭州市证管办批准并报证监会。中国证监会期货字 2000 年 30 号文正式批准设立上海浙石期货经纪有限公司杭州营业部，是获全国首批颁发的《期货经纪公司营业部经营许可证》的公司之一。2002 年经中国证监会批准设立宁波营业部。公司在上海、杭州、宁波三地购置了高端营业办公用房，为投资者创造了长期稳定的交易场所和良好的投资交易环境。公司现有员工 40 余人，其中 8 人获得期货公司高级管理人员任职资格证书，90％的工作人员获得期货从业人员资格证书。93 年至 96 年进入本公司(含原浙江省石油总公司期货部)从事期货经纪业务的员工，占公司人员 60％。

浙石期货稳步经营已走过十八个年头，如果从浙江省石油总公司期货部 93 年运作石油期货和石油期货经纪业务算起，已整整二十年。为了顺应国内期货市场的发展，浙石期货还须进一步壮大公司实力，以适应国际、国内石油期货市场发展的需要，逐步朝着建立以石油期货经纪为主的专业综合类期货公司方向发展。

上海浙石期货经纪有限公司真诚为投资者服务，愿与广大客户携手共进，共创中国期货市场的明天！

锦泰期货有限公司

【基本情况】

公司名称：锦泰期货有限公司

许可证号：30890000

经营范围：商品期货经纪，资产管理业务资格，投资咨询业务资格，金融期货经纪

金融期货业务资格类别：交易结算

取得会员资格的期货交易所名称：上海期货交易所，中国金融期货交易所，大连商品交易所，郑州商品交易所

注册资本(元)：507150000

公司住所：南京市建邺区江东中路 359 号国睿大厦

法定代表人：单宁

办公地址和邮编：江苏省南京市中央路 258－28 号锦盈大厦(210009)

客户服务及投诉电话：4008819966

公司网址网址：www. jtqh. cn

公司电子邮箱：swqhbgs@ sina. com

【公司概况】

锦泰期货有限公司(原江苏苏物期货经纪有限公司)是 1995 年 9 月成立的专业期货公司。公司注册资本为 50715 万元，是江苏省最大的省属企业江苏省国信资产管理集团有限公司旗下的专业期货平台。

公司伴随中国期货行业起伏，逐步成长、壮大。公司秉承“与客户财富共成长”的价值理念和“诚实守信、高效创新、务实稳健”的企业文化，努力打造“最专业的理财顾问”品牌形象。

公司建有先进的机房设施和便捷的信息技术通道，为投资者提供全球实时交易行情和专业信息研究资讯。

公司已设营业部十二家，分别在江苏省内的常熟、常州、连云港、南京、南通及北京、郑州、石家庄、深圳、武汉、温州、海口等大中城市。

随着期货行业的蓬勃发展，锦泰期货有限公司将立足江苏，辐射长三角，布局环渤海、珠三角等经济发达区域，专注于产业客户和专业投资者财富的保值增值，为客户提供综合金融服务，为期货行业谱写更辉煌的篇章。

新湖期货有限公司

【基本情况】

公司名称：新湖期货有限公司

许可证号：32090000

经营范围：金融期货经纪，资产管理业务资格，商品期货经纪，投资咨询业务资格

金融期货业务资格类别：全面结算

取得会员资格的期货交易所名称：上海期货交易所，中国

金融期货交易所，大连商品交易所，郑州商品交易所

注册资本（元）：225000000

公司住所：上海市裕通路100号36层

法定代表人：马文胜

办公地址和邮编：上海市裕通路100号36层、38层3801－5室（200070）

客户服务及投诉电话：021－22155600

公司网址网址：http://www.xinhu.cn

公司电子邮箱：xh@xhqh.net.cn

【公司概况】

新湖期货有限公司（以下简称“新湖期货”）成立于1995年，净资本8亿多元。由新湖集团股份有限公司（证券代码600208）控股。新湖期货2008年重组以来，实现了跨越式发展，员工规模由2008年初的52人扩大至500多人；分支机构由最初的4家增加到25家；公司已取得期货投资咨询业务资格，资管业务牌照和风险管理子公司资格，并获得信息技术管理三类资质。

新湖期货拥有上海、大连、郑州三家期货交易所会员资格，取得中国金融期货交易所交易结算会员资格。

新湖期货可代理客户从事国内所有交易所和品种的期货交易，公司形成了以研究为中心，以营业部事业部制为支点，以产业和专业服务为特色，以先进技术为支持，以合规管理为文化的专业化、投行顾问式期货中介与咨询服务体系。

东航期货有限责任公司

【基本情况】

公司名称：东航期货有限责任公司

许可证号：30270000

经营范围：投资咨询业务资格，资产管理业务资格，商品期货经纪，金融期货经纪

金融期货业务资格类别：交易结算

取得会员资格的期货交易所名称：上海期货交易所，中国金融期货交易所，大连商品交易所，郑州商品交易所

注册资本（元）：450000000

公司住所：上海市吴中路686弄3号D幢16楼

法定代表人：张维洁

办公地址和邮编：上海市吴中路686弄3号D幢16楼（201103）

客户服务及投诉电话：4008889889－02164064643

公司网址网址：www.cesfutures.com

公司电子邮箱：dhqh@kiiik.com

【公司概况】

东航期货有限责任公司成立于1995年2月11日，是上世纪首批由中国证监会核准成立的期货公司之一。公司由国资委直属中央企业中国东方航空集团有限公司及其下属东航金控有限责任公司和东航进出口有限公司三家股东出资成立；2014年4月22日公司完成股权变更，东航金控有限责任公司成为公司唯一股东；2014年5月26日、2015年3月4日公司分别完成增资人民币2亿和1.5亿，目前注册资本为4.5亿元人民币。公司是上海期货交易所、大连商品交易所、郑州商品交易所的全权会员单位和中国金融期货交易所交易结算会员，上海市期货同业公会理事单位。公司经营范围为：商品期货经纪、金融期货经纪、期货投资咨询、资产管理。

东航期货至今已成功发行20余个资管产品，公司还是国内第一家推出移动终端视频开户的期货公司。公司客户累计成交量稳步增加，2016年顺利突破14051万手，全年成交金额近7.8万亿元。公司2017年分类评价结果为A类A级。近年净资产收益率在国内期货公司中排名位居前列。

海证期货有限公司

【基本情况】

公司名称：海证期货有限公司

许可证号：9131000063020370XJ

经营范围：金融期货经纪，资产管理业务资格，商品期货经纪，投资咨询业务资格

金融期货业务资格类别：交易结算

取得会员资格的期货交易所名称：上海期货交易所，中国金融期货交易所，大连商品交易所，郑州商品交易所

注册资本（元）：360000000

公司住所：上海市临平北路19号三楼

法定代表人：刘飚

办公地址和邮编：上海市临平北路19号三楼（200086）

客户服务及投诉电话：4008808998

公司网址网址：www.hicend.com.cn

公司电子邮箱：hzqh@hicend.com.cn

【公司概况】

海证期货有限公司（以下简称“公司”）成立于1995年，其前身是上海实友期货经纪有限公司。

2008年3月，经国家工商行政管理总局核准，上海实友期货经纪有限公司正式更名为海证期货有限公司。公司注册资本3.6亿元人民币，主要从事商品期货经纪、金融期货经纪、期货投资咨询和资产管理业务，是上海期货交易所、大连商品交易所、郑州商品交易所、上海国际能源交易中心会员和中国金融期货交易所交易结算会员。

公司目前在成都、上海、青岛、苏州、杭州开设了营业部，股东上海证券有54家营业部获得了开展中间介绍业务资格，可以为当地期货投资者提供开户、交易等综合服务，进一步提升了公司的服务力量。截至目前，公司的服务范围已经覆盖上海、深圳、温州、重庆、杭州等多个重点省市。

公司坚持“至诚至善，共同成长”的社会责任观，坚持善待客户，善待伙伴，善待员工，真诚服务，共享共赢，实现公司利益与客户利益、员工利益、行业利益和社会利益的和谐统一。公司依靠强大的股东背景优势，秉承“诚信、远见、绩效、专业、和谐”的经营理念，坚持合规经营，建立了完善的法人治理结构和完备的风险控制体系。通过规范账户管理，实施银期转账，强化风险预警，完善以净资本为核心的动态监控机制，实现公司经营风险的可控、可测、可承受。公司将致力于成为能够为客户提供全方位金融衍生品服务的综合型期货公司。

上海东证期货有限公司

【基本情况】

公司名称：上海东证期货有限公司

许可证号：91310000132110914L

经营范围：投资咨询业务资格，基金销售业务资格，资产管理业务资格，金融期货经纪，商品期货经纪

金融期货业务资格类别:全面结算

取得会员资格的期货交易所名称:上海期货交易所,大连商品交易所,中国金融期货交易所,郑州商品交易所

注册资本(元):1500000000

公司住所:中国(上海)自由贸易试验区浦电路500号上海期货大厦14层

法定代表人:卢大印

办公地址和邮编:中国(上海)自由贸易试验区浦电路500号上海期货大厦14层(200122)

客户服务及投诉电话:4008859999

公司网址网址:http://www.orientfutures.com

公司电子邮箱:dzqh@orientfutures.com

【公司概况】

上海东证期货有限公司成立于2008年,是一家经中国证券监督管理委员会批准的经营期货业务的综合性公司。东证期货是东方证券股份有限公司全资子公司,注册资本金15亿元人民币,员工400余人。公司主要从事商品期货经纪、金融期货经纪、期货投资咨询、资产管理、基金销售等业务,拥有上海期货交易所、大连商品交易所、郑州商品交易所和上海国际能源交易中心会员资格,是中国金融期货交易所全面结算会员。公司拥有东证润和资本管理有限公司和上海东祺投资管理有限公司两家全资子公司。

东证期货以上海为总部所在地,在大连、北京、太原、郑州、青岛、常州、上海、长沙、广州、宁波、深圳、杭州、西安、成都、厦门、东营、天津、哈尔滨、重庆等地共设有27家营业部,并在北京、上海、广州、深圳多个经济发达地区拥有97个证券IB分支网点,未来东证期货将形成立足上海、辐射全国的经营网络。

自2008年成立以来,东证期货秉承稳健经营、创新发展的宗旨,坚持市场化、国际化、集团化的发展道路,打造以衍生品风险管理为核心,具有研究和技术两大核心竞争力,为客户提供综合财富管理平台的一流衍生品服务商。

华联期货有限公司

【基本情况】

公司名称:华联期货有限公司

许可证号:91440000100021204Q

经营范围:商品期货经纪,资产管理业务资格,投资咨询业务资格,金融期货经纪

金融期货业务资格类别:交易结算

取得会员资格的期货交易所名称:上海期货交易所,中国金融期货交易所,大连商品交易所,郑州商品交易所

注册资本(元):275875549

公司住所:广东省东莞市城区可园南路1号金源中心16层、17层

法定代表人:甘建明

办公地址和邮编:东莞市城区可园南路1号金源中心16层、17层(523009)

客户服务及投诉电话:0769-22103338

公司网址网址:http://www.hlqh.com

公司电子邮箱:hlqhbgs@hlqh.com

【公司概况】

华联期货有限公司,简称"华联期货",成立于1993年4月,是国内首批取得期货业务经营许可权的期货公司之一。2007年11月,公司完成股权变更和增资扩股,由东莞证券股份有限公司(以下简称"东莞证券")、东莞信托有限公司控股。股权变更完成后,凭借着强大的股东实力,公司经营实现了质的飞跃。2018年5月,公司注册资本增加至人民币2.7587亿元。

公司是上海期货交易所、大连商品交易所、郑州商品交易所、中国金融期货交易所全权会员。2009年4月,经中国证监会核准,东莞证券获准为公司提供中间介绍业务资格。2011年10月,经中国证监会核准,公司成为首批取得投资咨询业务资格的期货公司之一。2015年4月,经中国期货业协会备案通过,公司取得资产管理业务资格。2017年3月,公司成为首批通过商品期权现场检查的期货公司之一。2017年6月,经上海国际能源交易中心董事会批准,公司成为上海国际能源交易中心会员。

公司目前设立了东莞分公司、东莞樟木头营业部、广州营业部、揭阳营业部、佛山营业部、温州营业部、上海分公司、福州分公司共8家分支机构。按照公司长远业务发展规划,公司正以"依托东莞,深耕华南,辐射全国"的经营思路稳健扩张;同时将依托控股股东东莞证券全国范围内的营业网点,为公司提供中间介绍,大力将公司品牌推向全国。公司拥有一支从业经验丰富、专业能力强、爱岗敬业、亲和友善的管理团队和员工队伍,践行为客户提供更新资讯、更快服务、满足个性化需求的服务理念,一直致力和坚持为广大投资者提供专业、优质的服务,在市场发展中不断提高研发专业水平,致力为客户创造财富、为行业创造价值。

公司一直秉承"客户至上,人才为本"的理念诚信经营,凭借多年来的规范运作取得了良好的社会效益和经济效益,树立了良好的品牌形象,获得了社会各界和众多投资者的广泛认可。近几年来,公司市场占有率大幅提升,客户权益、成交量、净利润等主要业务指标保持了稳步的增长,业内排名和影响力也大幅上升,为公司未来发展奠定了良好基础。

展望未来,华联期货将在中国期货市场广阔的发展前景中奋力前行。新的征程中,我们将一如既往,愿与广大投资者携手共进,共创辉煌。

中国国际期货股份有限公司

【基本情况】

公司名称:中国国际期货股份有限公司

许可证号:91110000100022741N

经营范围:金融期货经纪,基金销售业务资格,资产管理业务资格,商品期货经纪,投资咨询业务资格

金融期货业务资格类别:全面结算

取得会员资格的期货交易所名称:中国金融期货交易所,上海期货交易所,郑州商品交易所,大连商品交易所

注册资本(元):1000000000

公司住所:北京市朝阳区建国门外光华路14号1幢1层、12层

法定代表人:王兵

办公地址和邮编:北京市朝阳区建国门外光华路14号1幢1层、12层(100020)

客户服务及投诉电话:95162

公司网址网址:www.cifco.net

公司电子邮箱:cifco-zb@cifco.net

【公司概况】

中国国际期货股份有限公司(简称“中国国际期货”)于1992年12月28日在人民大会堂正式成立,主要股东为中期集团、中国中期(股票交易代码:000996)等,主营商品期货、金融期货、期货投资咨询、资产管理业务及基金销售业务,为中国证监会批准参与境外期货经纪业务试点筹备工作企业,是中国持续引领行业发展的期货龙头企业。公司注册资本金已达到10亿元,雄厚的资本实力和股东实力进一步增强了公司的竞争能力和抗风险管理能力,为业务创新及规模增长奠定了更为扎实的基础。

公司目前设置直属业务总部和北中国区、东中国一区、东中国二区、南中国一区、南中国二区六个区域分部,管理25家营业网点,拥有一支高端的、梯次配置优化的研究服务团队,云集大量具有海外工作和留学背景、名校毕业的高学历专业人才。

2006年,获中国证监会批准,中国国际期货成为首批赴香港设立分支机构的期货公司之一,同年,获香港证监会批准,中国国际期货(香港)有限公司(简称“香港中期”)正式营业,在香港经营香港及国际期货业务。中期香港开业当年即实现盈利,并一直保持稳健经营。2009年,中期香港成为实现境外交割的第一家国内期货公司分支机构。2010年,栉风沐雨17年的中国国际期货成功实现“三合一”,公司进入更为稳健的阶段。2011年,中国国际期货吸收合并珠江期货有限公司,拉开了国内期货行业强强合并的序幕。同年,作为中国曾经从事过境外期货业务代理的唯一一家获得境外三大期货交易所会员资格的期货公司,中国国际期货有限公司被中国证监会确定为参与境外期货业务试点筹备的期货公司。

作为行业的知名品牌,中国国际期货与时俱进,务实拓展,树立了良好的行业形象,多次获得行业内外的好评与表彰。公司先后获得“中国最具影响力企业”“中国期货业特别贡献大奖”“中国最佳期货公司”“十大品牌期货公司”“深圳知名品牌”“深圳市政府金融创新奖”“年度品牌期货公司大奖”“北京市朝阳区优秀企业”以及期货交易所颁发的“最佳产业服务奖”等多项荣誉。

“始于梦想,止于至善”是中国国际期货一以贯之的核心价值观和行为模式,公司顺应政策导向,深刻把握市场变化和客户需求,励精图治,精耕细作,立足于期货市场基本功能的发挥,专注于期货与金融衍生品领域的广度和深度研究与服务,塑造了以市场化精神为核心的独特中期文化,铸就了享誉中外金融服务业的中期品牌。公司推出了系列化基础分析产品,并自主研发了“快枪手”交易系统、中期数据库、衍生品实时风险预警与管理系统、策略宝变频程式化策略、中期商品指数等应用型金融产品系列。通过定期举办各种精品产业会议,如“橡胶高峰论坛”“白糖高峰论坛”“钢材高峰论坛”“基金高峰论坛”等,积极为企业搭建交易咨询服务平台。2011年,中国国际期货峰会的隆重举行也开启了中国国际期货打造行业高端论坛的序幕。2012年,公司荣聘全球金融期货之父利奥·梅拉梅德先生、中国著名经济学家夏斌先生为公司首席顾问,提升公司专业服务能力。公司还结合市场需求,发起了“中小企业期货市场成长计划”“走进企业,带专家上门会诊”“区域产业结构优化助力计划”等创新活动,进一步丰富服务内容,提升服务质量。

多年来,中国国际期货与国内外各界媒体建立了长期、友好互惠的合作关系,通过视频连线、专题、评论、热点等节目制作,提升品牌建设和公众信誉度。中国国际期货不仅与新浪财经频道、和讯网、CCTV财经网站、新华网、搜狐财经频道等网站媒体深入合作,定期发表研究院的科研成果,还通过CCTV2、CCTV9、北京卫视、第一财经、东方卫视、深圳卫视等电视媒体机构,每日发布中期商品指数,参与制作一系列专题、评论、热点、连线等财经节目,成为商品期货类财经节目的业界知名品牌。同时公司也与《期货日报》《证券时报》《经济观察报》等国内一线财经报刊,进行全面合作,在期货行业内获得广泛好评。

在中国期货市场业务创新发展的新时期,中国国际期货进一步拓展战略发展空间,全新打造“柜台中期”“网上中期”“掌上中期”及“95162语音中期”四位一体的立体式服务体系,竭诚为广大客户提供全方位、高水准、专业化的优质期货顾问式服务,努力实现客户资产的保值、增值,铸就期货行业的民族品牌,打造多元化、全方位的金融服务和风险管理平台。未来,我们将立足国内、面向全球,致力于建立中国最具核心竞争力的24小时不间断交易的中国期货及金融衍生品交易中心!

我们相信,一份辛勤、一份收获,未来的中国国际期货有限公司,通过励志图新,整合重组,与资本市场对接,形成覆盖国内外的经营服务网络,培养忠诚于中期发展的人才队伍,中国国际期货有限公司定会拥有更加辉煌的明天!

未来,我们将立足中国,放眼国际,引领期货行业发展,致力于建立最具核心竞争力的24小时不间断交易的全球期货及金融衍生品交易中心!

西部期货有限公司

【基本情况】

公司名称:西部期货有限公司

许可证号:31850000

经营范围:基金销售业务资格,投资咨询业务资格,资产管理业务资格,金融期货经纪,商品期货经纪

金融期货业务资格类别:交易结算

取得会员资格的期货交易所名称:上海期货交易所,中国金融期货交易所,大连商品交易所,郑州商品交易所

注册资本(元):300000000

公司住所:陕西省西安市新城区东新街319号8幢10000室9层、10层

法定代表人:陈杰

办公地址和邮编:陕西省西安市新城区东新街319号8幢10000室9层、10层(710004)

客户服务及投诉电话:400-688-6896

公司网址网址:http://www.westfutu.com

公司电子邮箱:xbqh@westfutu.com

【公司概况】

西部期货有限公司(WESTERNFUTURESCO.,LTD.)是西部证券股份有限公司(002673SZ.)的全资子公司,公司注册资本3亿元,是中国金融期货交易所交易结算会员,上海、大连、郑州商品期货交易所会员。

公司主要从事期货投资咨询、期货资产管理、基金销售以及金融期货、商品期货的经纪代理业务。公司以客户需求为导向,以技术创新为核心驱动力,致力于成为专业化资产管理以及风险管理服务提供商,为客户提供全面的资产管理服务